histoire de la

FRANCE

IN EXTENSO

histoire de la FRANCE

DES ORIGINES À NOS JOURS

sous la direction de

Georges DUBY

de l'Académie française

LAROUSSE

21, Rue du Montparnasse 75283 Paris cedex 06

Distributeur exclusif au Canada : les Éditions Françaises Inc.

ISSN 1264-4242
ISBN 2-03-750.026-2

PRÉFACE

Dans notre mémoire collective, l'histoire de la France apparaît comme une suite d'événements dont la trame, au fil des temps, devient de moins en moins discontinue, de plus en plus serrée et complexe. C'est pourquoi les pages de ce livre sont ponctuées de dates, pour situer en des moments précis certains faits politiques ou militaires, pour marquer aussi les charnières entre les divisions de l'ouvrage.

Il est évident, toutefois, que les batailles ou les émeutes, les crises dynastiques ou les décisions du pouvoir peuvent être généralement tenues pour une effervescence de surface, et que les ressorts profonds de l'histoire sont ailleurs, dans l'aménagement des forces productives, dans la manière dont furent réparties d'âge en âge entre les hommes la puissance et les richesses. Les auteurs ont prêté, par conséquent, la plus grande attention aux structures politiques, sociales, économiques et démographiques. Ils ont voulu saisir les modifications, lentes ou brutales, qui les ont affectées.

Il a semblé nécessaire, en outre, d'ouvrir largement les perspectives sur les deux domaines où s'est le plus récemment engagée la recherche historique. Tandis que progressent en France une archéologie de l'existence quotidienne et les approches d'une anthropologie du passé, tandis que l'on se préoccupe de définir les attitudes mentales et les comportements, on s'est attaché ici à relier, aussi étroitement que possible, à l'histoire des événements et des structures économiques et sociales, celle des manières de vivre, de travailler, de s'établir au sein du milieu naturel, celle aussi des croyances, des pratiques religieuses, des opinions, celle de la création artistique et littéraire, celle de l'éducation, de la morale, de la pensée et du progrès scientifique. En définitive, ce livre est bien une histoire d'ensemble de la civilisation dans les pays qui forment aujourd'hui la France.

Mais une histoire continue et qui entend rejoindre l'actualité. Une telle intention, fondamentale, rend compte de la disposition de cet ouvrage. Des trois parties qui le composent, l'une est tout entière consacrée à cette période courte – à peine plus d'un siècle – qui prend son départ lors de la grande mutation dont la France fut le lieu sous le second Empire et qui se poursuit jusqu'à nos jours. Ici, il a paru préférable de dissocier l'histoire de l'économie, de la société et de la culture de l'histoire proprement politique. Dans les deux premières parties, au contraire, chaque chapitre correspond à l'une des phases en quoi peut être décomposée l'évolution de la civilisation française. Chaque spécialiste a su en dégager les traits les plus originaux, en mettant l'accent sur le politique, sur le social ou sur les expressions de la culture.

Georges DUBY
de l'Académie française

COLLABORATEURS

Maurice Agulhon
Professeur d'histoire contemporaine au Collège de France

Jacqueline Beaujeu-Garnier
Professeur émérite à l'université de Paris-I-Panthéon-Sorbonne

Louis Bergeron
Directeur d'études à l'École des hautes études en sciences sociales et directeur du Centre de recherches historiques

André Bourde
Professeur émérite à l'université de Provence (Aix-Marseille-I)

† Jean Bouvier
Professeur à l'université de Paris-I-Panthéon-Sorbonne

Élisabeth Carpentier
Professeur à l'université de Poitiers

Noël Coulet
Professeur à l'université de Provence (Aix-Marseille-I)

Jean Delumeau
De l'Institut, professeur au Collège de France

Pierre Deyon
Professeur émérite à l'université Charles-de-Gaulle-Lille-III

† Jean Dhondt
Professeur à l'université de Gand

Béatrice Didier
Professeur à l'université de Paris-VIII-Paris-Vincennes-Saint-Denis

Georges Duby
De l'Académie française

Georges Dupeux
Professeur émérite à l'université Michel-de-Montaigne (Bordeaux-III)

Yves Florenne

Jean-Marie d'Hoop
Maître assistant honoraire à l'université de Paris-I-Panthéon-Sorbonne

† René Joffroy
Conservateur en chef du musée des Antiquités nationales de Saint-Germain-en-Laye

André Joris
Professeur ordinaire honoraire à l'université de Liège

Philippe Joutard
Recteur de l'académie de Besançon

Marcel Le Glay
Professeur émérite à l'université de Paris-IV-Panthéon-Sorbonne

Marcel Merle
Professeur émérite au département de sciences politiques de l'université de Paris-I-Panthéon-Sorbonne

† Jean Mettas
Assistant à l'université de Champagne-Ardennes (Reims)

Michel Mollat
de l'Institut

Lucien Musset
Professeur émérite à l'université de Caen

Jacques Néré
Professeur émérite à l'université de Bretagne occidentale (Brest)

Maurice Parodi
Professeur à la faculté des sciences économiques de l'université d'Aix-Marseille-II

René Pillorget
Professeur émérite d'histoire moderne à l'université Charles-de-Gaulle-Lille-III

Pierre Riché
Professeur émérite à l'université de Paris-X-Nanterre

Jacques Rossiaud
Maître de conférences à l'université Auguste-et-Louis-Lumière de Lyon-II

Jacques Rougerie
Maître de conférences à l'université de Paris-I-Panthéon-Sorbonne

Julia Roussot-Larroque
Agrégée de l'Université, directeur des recherches au C.N.R.S., maître de conférences à l'université de Bordeaux-I

Catherine Salles
Maître de conférences à l'université de Paris-X-Nanterre

Denise de Sonneville-Bordes
Directeur honoraire de recherches au C.N.R.S.

Pierre Thibault
Maître de conférences à l'université de Paris-X-Nanterre

André-Jean Tudesq
Professeur d'histoire contemporaine et de science de l'information à l'université Michel-de-Montaigne (Bordeaux-III)

Adriaan Verhulst
Professeur à l'université de Gand

Michel Vovelle
Professeur d'histoire moderne à l'université de Paris-I-Panthéon-Sorbonne

SOMMAIRE

NAISSANCE D'UNE NATION DES ORIGINES À 1348

1. LE PAYS

Le cadre naturel où s'inscrit l'histoire de la civilisation française.

Mille kilomètres du nord au sud, mille kilomètres de l'ouest à l'est, l'hexagone presque régulier qui porte le nom de « France » apparaît comme un bien petit territoire comparé aux géants du monde actuel. Au 37ᵉ rang par sa surface, au 13ᵉ rang par le nombre de ses habitants, la France a cependant joué, au cours des siècles qui viennent de s'écouler, et elle tient encore aujourd'hui, un rôle de premier plan dans la marche de la civilisation et des événements mondiaux. Sans faire preuve d'un déterminisme abusif, il semble juste de rechercher en partie les causes de cette supériorité dans l'étonnant territoire où a pris racine la nation française.

Territoire remarquable par sa situation au cœur de cette Europe occidentale, deux fois berceau, à deux millénaires de distance, de civilisations d'importance et d'expansion mondiales. Territoire placé au carrefour des terres émergées, ouvert à toutes les entreprises, à toutes les aventures, par sa double appartenance de bloc terrien, largement rattaché au continent voisin, l'immense Eurasie, et d'espaces maritimes que viennent battre les flots de quatre mers, chemins de toutes les rives du monde. Territoire émouvant par la variété de ses paysages et de ses promesses, où l'on passe de la douce grisaille des polders nordiques à la lumière ciselante des caps méditerranéens, des plaines lourdes de blé aux plus grands glaciers d'Europe.

De tous ces dons accumulés, c'est peut-être finalement cette incomparable variété du milieu naturel, doublée d'une grande diversité dans le peuplement, qui a offert à l'homme les plus séduisantes perspectives et assure à notre pays non seulement ce charme qui attire, mais aussi cette multiplicité de possibilités maintes fois exploitées dans l'histoire. Pays de la zone tempérée, la France jouit d'un climat fort nuancé, où se combinent les influences océaniques continentales et méditerranéennes. État du bout de l'Europe, elle apparaît comme un résumé des divers ensembles qui se partagent le continent : vastes plaines du Nord, solides massifs anciens, jeunes chaînes hardies dominant d'étroites dépressions. Ces éléments se combinent de telle manière que leurs effets se renforcent pour donner à chaque partie du territoire sa personnalité la plus accusée : ainsi les grandes plaines, à peine gonflées de basses collines, qui occupent tout l'Ouest, offrent-elles un champ de pénétration aux influences venues de l'Océan ; alors que, au contraire, les privilèges du climat méditerranéen sont renforcés par l'écran montagneux qui protège les plaines du Sud-Est. Décrire la France dans son ensemble, ce serait risquer de voir se dissiper de toute cette richesse la diversité naturelle. Celle-ci apparaît au contraire si l'on suit, de région en région, le cheminement changeant des paysages.

I. LE NORD-OUEST

Coin de terre enfoncé dans les mers, le Nord-Ouest est tout entier baigné d'influence maritime. Des cieux mobiles de ses côtes découpées aux brumes qui traînent sur ses landes d'ajoncs, tous ses paysages subissent l'effet de la présence marine.

Mer et ciel

La mer n'est pas seulement l'entrée étroite de la Manche, elle est surtout l'Océan : 5 000 kilomètres d'eau balayés par des vents dominants d'ouest qui pénètrent les terres presque à longueur d'année. Ces souffles marins apportent avec eux des températures régulières : des étés frais et retardés (maximum d'août de 17 °C à Brest), des hivers doux (minimum de 7 °C en janvier), une amplitude thermique la plus faible de France (10 °C) ; le gel et la neige sont presque inconnus sur la côte que vient encore réchauffer la grande dérive d'eaux tropicales tièdes, longtemps connue sous le nom de Gulf Stream, qui frôle la Bretagne au nord-ouest et permet une végétation exceptionnelle. A la douceur se joint l'humidité : pas de grandes pluies, un égouttement parfois imperceptible, parfois ruisselant, qui se traduit par 220 jours de pluie à Brest pour seulement 700 millimètres de pluie — pas plus qu'à Marseille. Cette humidité n'est pas seulement dans la pluie qui tombe, elle est aussi dans les brumes propices aux légendes et dangereuses à la navigation, dans le flou qui noie la transparence des lointains.

Pourtant, il serait faux d'imaginer un paysage terni par la grisaille ; le vent souffle toujours, parfois avec une grande violence. Il lance les vagues à l'assaut des côtes, surtout dans les replis sinueux du Finistère, mais il balaie aussi sans cesse le ciel, poussant après les nuages d'autres nuages et les déchirant souvent pour permettre à la Bretagne d'apparaître dans toute la gloire d'une lumière qui bleuit la mer, sculpte les rochers, agrandit l'horizon et rend méconnaissables l'Armor et l'Arcoat.

L'Armor

C'est le pays de la mer : il n'est pas seulement soumis à son influence plus ou moins lointaine ; il en est découpé, baigné ; il en vit ; il est le rivage même et sa bordure terrestre.

Au nord, la côte est une succession de caps rocheux, parfois grandioses et solitaires comme les géométries roses de Fréhel, parfois hachés, tailladés en blocs brunâtres encadrant des plages de sable fin et se prolongeant au ras des flots par des écueils ou des îlots. Entre ces caps, des baies ouvertes et variées, des rias sinueuses et profondes : ces découpures multiples témoignent de la complexité de l'évolution morphologique. A des failles dont beaucoup sont anciennes, mais ont rejoué au Tertiaire, sont dues les grandes directions du rivage : le V de la baie de Saint-Brieuc, la banquette massive et rectiligne du Léon... ; à la dureté différente des roches, les accidents géométriques de détail : les roches cristallines, injectées de durs filons de quartz qui les soutiennent, dessinent des promontoires aux formes anguleuses, tandis que les baies s'ouvrent dans les schistes tendres (presqu'île de Saint-Jacut, baie de la Fresnaye, ...) ; mais il faut encore ajouter un recul de la mer qui a permis le creusement de profonds canyons, maintenant sous- marins, et sa remontée récente. Au temps de César, il poussait encore une forêt dans la baie du Mont-Saint-Michel, et la légende de la ville d'Ys traduit le souvenir d'un fait réel, cette invasion marine datant des IVe-Ve siècles de notre ère. Ainsi furent ennoyées toutes les anciennes vallées et dessinées ces fameuses rias, comme celle de la Rance, qui, longues et sinueuses, permettent, deux fois le jour, au flot marin de remonter parmi les prairies et les champs. La baie du Mont-Saint-Michel, naguère terrestre, puis plus profondément envahie par la mer, est maintenant colmatée par les alluvions apportées par les rivières locales, et parmi elles le Couesnon, dont les changements de lit sont récents. Le mont Dol, qui domine un paysage de polders, fut un îlot, et le mont Saint-Michel lui-même est plus terrestre que maritime, sauf sur sa face nord.

La côte occidentale, projetée à la rencontre des attaques océaniques, a les mêmes caractères, mais en plus âpre. L'arbre disparaît, chassé par les vents. La profonde rade de Brest, ancienne vallée ennoyée de l'Aulne, ne doit la sûreté de son abri qu'à l'étroitesse du goulet qui la fait communiquer avec le large. Les caps sont hérissés d'écueils qui se prolongent dans la mer (Tas de Pois de Camaret, chaussée de l'île de Sein) et les noms actuels évoquent des risques qu'ont toujours courus les navigateurs (baie des Trépassés).

Au sud, les paysages sont plus riants : les sables l'emportent sur les rochers, les forêts de pins apparaissent, l'ensoleillement est plus fréquent. Le golfe du Morbihan, avec ses rivages plats et onduleux, annonce déjà la douceur ligérienne.

Rivages morcelés aux replis changeants, l'Armor offre des ressources à son image : de multiples abris pour des ports, modestes ou plus puissants, une agriculture côtière bénéficiant du climat et des engrais marins.

L'Arcoat

« Pays de la forêt », la Bretagne intérieure est beaucoup moins fidèlement nommée car, aujourd'hui, la couverture forestière ne subsiste plus que localement, surtout dans les collines. Partout ailleurs, elle n'est que sporadique. Toutefois l'arbre tient une place très visible : pommiers en plein vent, haies qui se multiplient quand on gagne les alentours du bassin de Rennes et remplacent les murets de pierre sombre qui divisent les terres en parcelles infimes.

Sur les collines, c'est généralement la lande qui l'emporte : or des ajoncs épineux qui éclate au printemps, couronnant toutes les terres abandonnées, maigres arbres rabougris torturés par le vent, rares étangs, fonds tourbeux... Ces collines ont une curieuse disposition qui souligne le squelette hercynien de la Bretagne : situées à proximité des rivages, au nord comme au sud, elles ont une direction ouest-sud-ouest est-nord-est à l'ouest (dans les monts d'Arrée, au nord, et dans la Montagne Noire au sud), puis elles s'infléchissent brusquement de l'ouest-nord-ouest au sud-est (dans les landes du Méné au nord et les landes de Lanvaux au sud). Courtaudes et massives, elles ondulent vers 300 mètres, brusquement dominées par des crêtes de quartz, verticalement dressées, âprement disséquées, rigidement alignées, qui les surplombent de quelques dizaines de mètres et portent les plus hauts sommets bretons (mont Saint-Michel-de-Braspart dans les monts d'Arrée, 391 m). Elles correspondent à des roches solides et massives (granite du Huelgoat) ou à des couches primaires dures, plissées et rabotées longuement, mais au sein desquelles les lames redressées des grès quartzites ont résisté plus vigoureusement.

Entre ces collines, où l'altitude pourtant très faible s'accompagne d'un durcissement du climat et où l'on n'utilise guère aujourd'hui le sol que pour l'élevage, s'ouvrent deux bassins plus fortunés, déblayés dans une masse importante de schistes tendres occupant le fond d'un vaste synclinorium dont les lignes de collines constituent les bords redressés.

A l'ouest, c'est le bassin de Châteaulin, étroit, abrité du côté du large par le Menez Hom, qui domine la presqu'île de Crozon, sillonné par les méandres capricieux de l'Aulne, favorable aux cultures et aux prairies. Mais cette dépression est vraiment mal située entre les collines et fermée aussi vers l'est par le fouillis bocager des collines de Rohan.

A l'est, au contraire, s'épanouit le bassin de Rennes, zone à la fois affaissée et déblayée dans les terrains tendres, avant d'être tapissée par des sédiments marins tertiaires et des limons quaternaires qui lui donnent un sol fertile. Cette sorte de vaste cuvette, marquée aussi par une convergence des vallées et située dans une position moins excentrique que le reste de la Bretagne, a vu naître Rennes, naguère capitale du duché, et maintenant la ville française comptant le plus de jeunes.

Les bocages

Au-delà du bassin de Rennes s'ouvre une région de marges, de contacts, qu'il est bien difficile de rattacher aux autres grandes unités du territoire français. C'est le pays des bocages, et beaucoup de traits le rapprochent de la Bretagne orientale. Géologiquement, c'est le même substratum de terrains anciens qui appartiennent au « Massif armoricain » des géologues. Mais là ne se bornent pas les ressemblances. Les collines reprennent avec les mêmes alignements, sensiblement ouest-est ou ouest-nord-ouest- est-sud-est, dans les hauteurs de Normandie ou du Perche, qui font suite aux reliefs septentrionaux de la Bretagne, et nord-ouest-sud-est dans la Vendée, qui prolonge, au-delà de la coupure de la Loire, l'orientation des landes de Lanvaux. Ce sont aussi des croupes alourdies, parfois sillonnées d'un banc plus vigoureux resté en relief (crêtes de grès quartzite des environs de Falaise) ; elles culminent à 417 mètres au mont des Avaloirs. Les vallées s'y encaissent avec vigueur, comme celle de la Sarthe supérieure.

Cette auréole ne jouit certes plus du climat océanique pur de la Bretagne, mais elle reste pourtant encore fortement soumise aux influences maritimes. Si l'été se réchauffe, l'hiver est toujours peu rigoureux, l'humidité abondante, les vents constants. L'herbe pousse en permanence ou presque, et l'arbre est roi : belles forêts drues et majestueuses comme celles d'Écouves, de Pail, des Coëvrons..., haies innombrables, touffues, envahissantes, chemins creux propices aux guérillas, pommiers tordus et abandonnés, sauf au temps de la récolte des pommes à cidre... On est lassé de verdure, privé de larges ouvertures ; les maisons elles-mêmes, dispersées, s'effacent aux creux des haies, au détour des boqueteaux ; les villages se dissolvent dans cette dispersion verdoyante. C'est le « bocage ».

Ce paysage dépasse même les limites des massifs anciens. A la faveur des sables et des terrains argileux et siliceux qui dominent dans les formations d'une couverture sédimentaire peu épaisse, ils se prolongent aux franges du Massif armoricain proprement dit.

Bocage normand, au nord, que couronne la presqu'île du Cotentin, allongée jusqu'au centre de la Manche, où la verdure atteint une espèce de paroxysme ; vallées humides, collines boisées alternent régulièrement, et l'avancée du Massif armoricain porte les collines normandes jusqu'au nord d'Alençon. Bocage manceau, au sud, qui est moins humide et troué de cultures dans les bassins de Mayenne et de Laval, dont la physionomie rappelle, en plus petit et en moins riche, celle du bassin de Rennes, vers lequel ils s'ouvrent à l'ouest ; ici, les vallées se ramifient en bouquets et coulent perpendiculairement aux affleurements géologiques de direction ouest-est, rattachant déjà ces pays au bassin ligérien. Bocages angevin et nantais que coupe la Loire en un étroit sillon et où apparaissent les premiers coteaux viticoles, marquant aujourd'hui, dans cette France océanique, l'avancée la plus septentrionale du vignoble. Bocage vendéen enfin, accompagnant les collines au sud de l'estuaire de la Loire, entre le vignoble nantais au nord-ouest, les marais de la Sèvre Niortaise au sud, asséchés en polders au cours de l'histoire, et les plaines calcaires, plus ouvertes et plus céréalières, du seuil du Poitou, à l'est. Cette extrémité de l'auréole bocagère se ressent de sa position méridionale et la verdure y est moins drue qu'en Normandie.

Ces pays du Nord-Ouest se trouvent liés par des traits physiques communs : un encadrement maritime proche, un substratum de roches anciennes généralement imperméables, mais de duretés très contrastées, une longue évolution morphologique, peu bouleversée par les événements géologiques récents, qui en a fait des pays de collines et de bassins où les reliefs restent marquants sans être contraignants. Tout cela contribue déjà à leur assurer une commune vocation plus herbagère qu'agricole, plus orientée vers l'élevage que vers les cultures (sauf exceptions locales comme les zones de cultures légumières des côtes bretonnes ou le bassin de Rennes).

Un autre facteur commun existe : le relatif éloignement de ces régions du Nord-Ouest par rapport à la masse du territoire français et à l'Europe. Entourées d'une mer qui, certes, assure des liaisons et qui permit la constitution d'une communauté de civilisation celtique aux franges occidentales des îles Britanniques et de la France, mais difficile à utiliser pour une navigation de masse, éloignées des grands courants d'échanges intra-européens, des riches gisements miniers et donc des carrefours du commerce comme des foyers du développement industriel, elles sont restées en marge, repliées sur elles-mêmes, et les efforts de transformation y progressent à peine. Seul l'axe ligérien établit un lien avec l'intérieur, mais il ne traverse lui-même que des pays très particuliers et offre des possibilités d'utilisation limitées. Les traditions sont donc restées fortes, d'autant plus qu'elles s'appuient en Bretagne sur un peuplement homogène original. Les villes n'ont été que des ports locaux ou des marchés agricoles régionaux : les cellules de la vie économique se sont adaptées aux divisions du cadre physique, sans avoir la puissance de les surmonter. A cet égard aussi, l'originalité du Nord-Ouest est frappante.

II. LES PLAINES

Le Nord

La grande plaine nord-européenne, immense en Russie, s'effile vers l'ouest jusqu'à n'être plus que ce petit triangle qui, appuyé au rebord de l'Ardenne et gonflé par l'Artois, constitue le nord de la France. Coupée par la ride crétacée de l'Artois, qui s'élève jusqu'à 200 mètres d'altitude et se prolonge par le seuil de Bapaume (160 m), la plaine n'est pas de même nature en Flandre et en Picardie, où déjà l'on débouche sur le système complexe du Bassin parisien.

Au sud-est, les hauteurs de l'Ardenne (600 m), dernière avancée d'un petit massif montagneux, vont en s'élargissant et en s'élevant dans l'Ardenne belge et le Massif schisteux rhénan. Le plateau occidental, que traverse en belles gorges sombres et isolées la Meuse et que frange la Sambre, vieille surface de roches primaires plissées et tranchées par un aplanissement complexe et presque parfait, se suit par la ligne noire des forêts ; seul la coupe l'encaissement des vallées, recreusées lors du soulèvement postérieur à la pénéplanation. De là, on descend vers la plaine nordique par les collines humides et bocagères de la Thiérache et du Hainaut, terres d'élection de l'élevage et des pommiers.

La plaine

Tournant le dos à la France intérieure, elle s'abaisse vers la mer et vers la Belgique, et les rivières, avec une belle unanimité, sortent des croupes artésiennes et de leurs prolongements pour aller rejoindre les rivages belges, soit directement comme l'Yser, soit par l'intermédiaire de l'Escaut. La plaine est loin d'être uniforme. L'intérieur est même accidenté, à l'échelle des altitudes de la région : relevé vers le sud-est, le sud et le sud-ouest, il s'abaisse jusqu'à une table moyenne aux alentours de 30-35 mètres, dans laquelle se dessinent de larges terrasses (vers 20 m) qui accompagnent les vallées, surtout celles de la Lys et de l'Escaut. Les rivières glissent, très calmes. Des buttes de sable conservées (60 m) se distinguent d'autant mieux qu'elles portent des lambeaux de forêts ; mais les vrais accidents, ce sont, à l'est de Lille, le bombement du Mélantois (100 m), dôme de craie dont le prolongement à travers les marais de la Deûle a fourni le site égoutté, l'« île », propice à la naissance de la capitale flamande, et les monts de Flandre, curieuses buttes alignées de l'ouest à l'est (mont Cassel, mont des Cats, ...), atteignant 160 mètres, et sur l'origine desquels on a fait de multiples et incertaines hypothèses. Au nord des monts, c'est la platitude absolue de la Flandre maritime, avec son quadrillage de polders, ses vieux moulins devenus inutiles, ses maisons dispersées, presque aplaties sur la ligne du sol pour échapper aux vents. Seul, le rivage est marqué par un cordon de dunes plantées d'oyats qui forment un bourrelet au-dessus de la verdure des polders, au sud, et des bancs de sable confondus avec la mer grise, au nord.

Seule région de France ouverte à la mer du Nord, elle en reçoit des influences tout aussi nordiques que maritimes, et son climat, s'il est humide (et davantage sur la côte – 740 mm à Calais – que dans l'intérieur – 680 mm à Lille), est aussi sensiblement rafraîchi, mais non pas rigoureux : la moyenne de janvier est de 3 °C et celle d'août de 15,7 °C à Dunkerque ; l'amplitude est un peu plus forte qu'à Brest (12,7 °C). Quelques nuages se boursouflent toujours dans le ciel et le vrai beau temps est une exception soigneusement remarquée. Le vent court sur la plaine interminablement.

Travail et richesse

Diversement, multiplement, la plaine est riche. Ses terres lourdes, améliorées par un travail humain séculaire, portent aujourd'hui les plus belles récoltes de France. Son sous-sol fournit la moitié du charbon français, et sa position de carrefour, au lieu le plus rapproché des îles Britanniques (pas de Calais, large de 31 km), lui a valu une vie commerciale active, une floraison urbaine précoce, une implantation étendue d'artisanats et, ultérieurement, un puissant essor industriel. Aussi, les hommes y sont-ils nombreux, répartis en gros villages, en petits bourgs encore nourris d'artisanat textile comme dans le Cambrésis, en nébuleuse urbaine sur les 120 kilomètres du bassin minier, qui s'allonge depuis la frontière belge jusqu'au pied de l'Artois, en ports gagnés sur les sables côtiers, tels Calais ou Dunkerque, et, de nos jours, en une conurbation aux activités multiples dont le rayonnement dépasse la frontière politique.

Le Bassin parisien

Que l'on vienne des plateaux picards, des croupes de l'Artois, des hauteurs boisées de l'Ardenne ou du plateau lorrain, des tables calcaires où Marne, Aube et Seine creusent leur première vallée, du petit massif du Morvan ou des hauteurs bocagères de Normandie, on descend vers les régions parisiennes et orléanaises. L'image d'un « bassin » est celle d'un creux central entouré d'un rebord, et c'est la définition même de la topographie de l'ensemble des régions qui s'étendent des Vosges aux collines normandes et du nord du Massif central aux rives de la Manche. Les surfaces moyennes qui forment le plancher des alentours de Paris sont à 100 mètres environ d'altitude ; elles montent même en direction de la mer, puisque la bordure presque maritime du plateau de Picardie dépasse 130 mètres ; elles s'élèvent jusqu'à 200 mètres à l'est du Mans, atteignent 300 mètres sur les plateaux jurassiques qui regardent de haut la Terre Plaine, au nord du Morvan, et 420 mètres sur ceux qui dominent les plaines de Dijon et de la Saône ; elles grimpent enfin à 450 et 500 mètres sur les dernières auréoles, les plus éloignées vers l'est, avant que l'on pénètre dans le monde vosgien.

Nœud de rivières

A cette disposition topographique, plus ou moins marquée, mais incontestable, correspond celle du réseau hydrographique. Le parallélisme est surtout net dans le sud-est : à l'extrême nord-est, la Meuse et la Moselle sont infidèles ; au sud, la Loire également se dérobe ; quant aux fleuves côtiers, ils se dirigent directement vers la mer proche, négligeant l'attraction du creux parisien. Mais le rassemblement des affluents n'en est pas moins frappant, puisque sur une distance de 100 kilomètres, de part et d'autre de Paris, se réunissent des eaux venues du Morvan et de ses abords (Yonne et ses affluents), du plateau de Langres (Marne), de la frontière belge (Oise), des abords de la Loire (Loing) et de ceux du Perche (Eure).

Dépression et convergence centrales ne sont pas les seuls faits marquants ; les auréoles qui se succèdent, régulièrement, quand on va de Paris aux Vosges, éveillent également l'attention ; l'alternance est répétée jusqu'à la monotonie : un plateau doucement ascendant, un rebord, une dépression, et le cycle recommence cinq fois à mesure qu'on rencontre successivement, d'ouest en est, la côte d'Ile-de-France, celle de Champagne, celle des Bars, puis les côtes de Meuse et de Moselle ; en escaladant le plateau lorrain, on retrouve à nouveau, en moins ample, le même assemblage de formes. Il correspond à la structure profonde du bassin, qui est formé – et tel est le sens du mot « bassin sédimentaire » pour les géologues – par un empilement de couches géologiques de plus en plus récentes depuis la bordure vers le centre : adossées aux piliers de socle primaire ou cristallin que constituent les massifs du pourtour (Ardenne, Vosges, Massif central et ses prolongements, Massif armoricain), les couches secondaires plongent l'une après l'autre et constituent la Lorraine, la Champagne, le plateau de Langres, les confins berrichons, l'est du Maine et de la Normandie, la Picardie ; elles sont relayées, plus au centre, par les couches tertiaires, beaucoup moins inclinées, qui forment les plateaux de la dépression centrale orléano-parisienne (Beauce, Brie, plaine de France, Vexin, Soissonnais), tandis que les alluvions quaternaires tapissent les vallées et que les limons, également récents, recouvrent de vastes espaces d'une mince pellicule fertile.

Variété des paysages

La dureté et l'épaisseur de ces couches sont variables ; leur disposition aussi n'est pas toujours la même, et c'est ce qui introduit dans le schéma général du Bassin des paysages de détail originaux. L'est et le sud, plus rythmés, s'opposent à la régularité du nord, à la confusion de l'ouest, à la délicatesse du centre.

Encore faut-il tenir compte d'une influence générale qui se fait sentir partout ou presque : celle des périodes glaciaires du Quaternaire, qui couvrirent de grandes calottes de glace aussi bien la majorité des terres nord-européennes (presque toutes les îles Britanniques, sauf le sud-est, la Scandinavie, le nord de l'Allemagne et des Pays-Bas) et les mers intermédiaires (mer du Nord, Baltique...) que les grands massifs montagneux comme les Alpes, les Pyrénées, et s'inscrivirent même, bien que plus modérément, dans les Vosges et le Massif central. Autour de ces masses de froid régnait un climat « périglaciaire » qui fit sentir ses effets notamment en fragmentant les roches fragiles comme la craie, en permettant des glissements anormaux de versants, et qui détermina ainsi des adoucissements (remblaiements de vallées et de vallons par des « grèves » formant des plaines larges sur lesquelles les rivières actuelles se traînent en faibles héritières), des façonnements de versants, le recul rapide de certaines pentes particulièrement vulnérables dans la craie (comme la côte de Champagne), des dissymétries de vallées en fonction de l'exposition... Toute une modification de détail du relief général fut acquise il y a donc seulement quelques dizaines de milliers d'années. Au même moment, les grands vents qui circulaient autour des calottes glaciaires arrachaient la terre nue et transportaient ailleurs une fine poussière. Ce limon fertile couvrit certaines plaines, s'accumula dans des creux ou le long de certains versants, en épaisseur variant de quelques dizaines de centimètres à quelques mètres, dissimula les possibilités naturelles variées des roches sous-jacentes sous une couverture de richesse uniforme. Manifestées dans plusieurs régions de France, les conséquences des époques glaciaires ont revêtu des formes variées, mais celles qui ont été enregistrées dans le Bassin parisien, région de faible relief, peu éloignée des grands glaciers, constituée largement par des roches très gélives, ont été singulièrement importantes.

Diversité régionale, l'est et le sud

Trois piliers hercyniens, séparés par deux larges coupures, soutiennent de ce côté les extrémités du Bassin. Autour de ces vieux bastions, les côtes dissymétriques s'arquent, s'incurvent, soulignant par toute une série de répliques parallèles la bordure des massifs anciens. A dire vrai, l'influence de l'Ardenne est limitée ; celle des Vosges et du Morvan est beaucoup plus spectaculaire. L'épaisseur des couches secondaires (trias, lias, jurassique, crétacé) est considérable, leur régularité parfaite ; l'opposition des faciès, tour à tour de durs grès ou calcaires et de tendres marnes ou argiles, est bien alternée ; le plongement vers le centre est modéré, mais peu altéré par des accidents secondaires : toutes les conditions sont donc requises pour obtenir un paysage qu'on peut lire à ciel ouvert comme une carte géologique.

A l'assaut des Vosges monte le plateau lorrain, constitué surtout par le grès vosgien et dont la couverture boisée annonce déjà la splendeur de la futaie montagnarde. Dans la profondeur du sous-sol gisent de riches réserves de charbon, de sel et de minerai de fer. Sur les argiles et les marnes imperméables s'étendent des plaines verdoyantes aux eaux abondantes (Woëvre, Champagne humide...), tandis que les revers des plateaux calcaires sont céréaliers et que le sommet des corniches est souligné par des lignes de forêts, comme celle qui couvre les crêtes de l'Argonne. Ce rythme du paysage s'arrête au rebord des plateaux tertiaires, la côte de l'Ile-de-France, riche du fameux vignoble de Champagne.

L'ouest

L'unité architecturale du Bassin ici n'existe plus. Si l'on retrouve dans le Berri le prolongement des grands reliefs de côte de l'est, la percée des pays de la Loire ouvre une large brèche. Quant au contact avec le Massif armoricain, il se fait de manière confuse : la minceur des couches secondaires, qui ne sont pas toutes représentées, la rareté des faciès durs n'ont guère permis le dégagement de beaux reliefs. D'incertains plateaux faiblement accidentés encadrent l'axe de collines du Merlerault qui constitue la grande ligne du partage des eaux entre la vallée de la Loire et les rivages de la Manche. Bocages, champs ouverts, forêts se répartissent au gré des affleurements géologiques plus ou moins imperméables et plus ou moins vallonnés.

La Seine

Au nord, enfin, de l'Artois au Cotentin, le Bassin parisien s'ouvre sur la mer. Mais c'est la vallée de la Seine qui est véritablement l'artère maîtresse de ce contact, comme elle est l'axe central vers lequel converge une bonne partie des eaux et des échanges du Bassin. Fleuve navigable parcourant une ample vallée au milieu de plateaux variés, doté d'un large estuaire remonté par la marée, la Seine ouvre à la mer la partie du territoire français devenue progressivement, au cours de l'histoire, la plus active et la plus peuplée.

Ici, c'est la craie qui domine l'ensemble du paysage ; depuis le fleuve jusqu'à l'Artois, de grandes ondulations régulières nord-ouest-sud-est se traduisent par les alignements des coupures du relief : vallée de la Seine, collines du pays de Bray, vallée de la Somme, collines de l'Artois. La craie, la belle craie blanche, épaisse d'une centaine de mètres, est ici couverte de limons et n'a pas la sécheresse de la Champagne pouilleuse, où elle s'offre à nu. Aussi, le plateau picard est-il riche de moissons, porte de grands champs et de gros villages, tandis que le pays de Caux, plus humide, est surtout voué aux herbages.

La falaise de craie battue par la mer est belle, mais peu favorable à la vie maritime, qui n'apparaît que sporadiquement au nord de l'estuaire. Il faut faire une exception pour l'ouverture du Boulonnais, boutonnière verdoyante au sein de la ride artésienne céréalière.

L'Ile-de-France

Au centre enfin, tout est nuances et délicate harmonie. Les lointains bleutés de l'Ile-de-France séduisent aussi bien par l'arrangement subtil de leurs perspectives que par la variété dans l'utilisation du terrain qui accompagne le moindre changement de pente, la plus fugitive altération des sols ou de l'exposition.

Cette dentelle des paysages, il faut la rapprocher des conditions de la sédimentation tertiaire ; aux couches presque horizontales, minces, localement variables en épaisseur et parfois en faciès, correspondent, d'une part, des tables calcaires qui portent les riches moissons des plaines de France, du Valois, du Soissonnais et qui, couvertes de profond limon, se prolongent encore plus largement dans la Beauce ou la Brie ; d'autre part, des ondulations de sable blanc sillonnées de corniches de grès, alignées suivant d'anciennes dunes et maintenant couvertes de vastes forêts (chênes, châtaigniers, hêtres, ormes, pins...). De tels agencements ne se font pas au hasard : aux plateaux intermédiaires calcaires d'une centaine de mètres d'altitude se superposent des buttes, parfois simples résidus de sables ou d'argiles plus récents, aux silhouettes informes revêtues de verdure, souvent allongées du nord au sud-est ; elles sont couronnées d'une couverture de calcaire silicifié dur et imperméable, la meulière, qui dessine une corniche au-dessus des versants croulant dans les sables ; sur elle s'appuie tel ou tel des grands massifs forestiers qui depuis le sommet s'étendent sur le versant septentrional et jusqu'au fond des vallées (forêts de Montmorency, de Compiègne, de Rambouillet, de l'Hautil, des Alluets, de Saint-Germain-en-Laye...).

L'ensemble plateau-buttes est découpé par de grandes vallées, disproportionnées par rapport aux rivières qui les sillonnent et s'étendant en méandres gigantesques, tels celui de l'Oise avant Pontoise, de la Marne à Saint-Maur, et le train des méandres qui accompagne la Seine dans le creux parisien.

L'espace entier était autrefois boisé. Le patient défrichement des cultivateurs depuis près de trois millénaires, puis les tentacules d'une urbanisation envahissante ont rongé la forêt, ne la laissant plus aujourd'hui subsister que sur les sols impropres à d'autres utilisations. Sur les versants méridionaux des buttes et des vallées, à la vigne, longtemps souveraine, ont succédé les vergers : les fonds se partagent aujourd'hui entre les prairies, les cultures maraîchères et les conquêtes d'un habitat de plus en plus urbain ; les plateaux appartiennent aux grandes fermes et aux gros villages céréaliers.

Paris

Mais quand on se rapproche de Paris, tout le paysage naturel disparaît sous nos yeux devant l'invasion des maisons. Au hasard des lotissements de parcelles, celles-ci découpent géométriquement le paysage rural avant de se fondre en un magma omniprésent. Pourtant, le site de Paris conserve encore son élégance originelle : le grand amphithéâtre d'un ancien méandre abandonné de la Seine, le boursouflement de collines douces comme celles du Panthéon (56 m) ou de l'Etoile, le surgissement du socle à Montmartre et au mont Valérien, le profil des hauteurs de Meudon ou de Belleville qui ferment le cercle de la ville, la trouée du fleuve enfin, large courbe dédoublée d'îles, passage utile et ouverture majestueuse.

Les pays de la Loire

Une unité naturelle se constitue autour de la vallée de la Loire, fleuve royal, mais fleuve irrégulier, qui tantôt se traîne au milieu des bancs de sable et tantôt se gonfle et s'élargit majestueusement.

Douceur et mesure

Deux longs versants qui se rassemblent depuis les collines de Normandie et du Perche, d'où vient, au nord, un bouquet de rivières calmes et tranquilles, et depuis la pente septentrionale du Massif central, d'où descendent des affluents plus irréguliers ; une gouttière large et bien marquée entre Orléans et Angers qui encadre largement le fleuve : tels sont les éléments physiques généraux. Ils suffisent à déterminer l'existence d'un milieu particulier. Cette ouverture à travers des terres plus hautes accueille la douceur maritime ; mais dans cette espèce de golfe terrestre, où les vents s'éloignent de l'Océan sans rencontrer d'élévation, les pluies sont limitées, et de plus en plus vers l'intérieur (700 mm à l'estuaire de la Loire et moins de 500 dans l'Orléanais). Des hivers qui ne sont pas froids, des étés qui sont beaux, un ensoleillement plus élevé qu'au nord et même que dans la région parisienne, ont attiré, retenu, enchanté : du Bellay a célébré la « douceur angevine » que la cour de France voulut goûter pendant deux siècles.

A cette mesure du relief, à cette transparence un peu ouatée de la lumière, à ces cieux bleutés délicatement, s'ajoute un autre charme : la beauté des matériaux naturels dont l'homme s'est servi sans compter, embellissant pendant des siècles le cadre naturel à mesure qu'il le peuplait. Peut-on rêver plus harmonieux mélange que la craie patinée, qui se taille à merveille et s'assemble en beaux murs un peu grenus, et l'ardoise gris bleuté, si fine qu'elle peut suivre toutes les fantaisies ? Creusée, la craie même loge encore des maisons saines ou des caves à vins dans les falaises qui dominent le cours du Loir, de la Loire, de la Vienne ; elle donne aux moindres fermes des allures propres et pimpantes, tandis qu'elle illumine les châteaux, qu'ils soient anciens palais princiers ou simples manoirs bourgeois.

Les vallées

A travers ces régions, la Loire, depuis sa sortie du Massif central, tend un réseau avec ses affluents ; les vallées, même peu marquées, suivies par les courants d'échanges, ont attiré et retenu les villes ; et souvent, largement épanouies, elles offrent à l'homme des milieux de vie particulièrement propices, comme ce fameux « val » qui accompagne toute la Loire moyenne. Elles forment ainsi un lien entre des éléments dispersés et fort divers.

Au sortir du Massif central, les eaux rassemblées de la Loire et de l'Allier filent d'abord vers le nord entre les verdoyants vallonnements du Nivernais et les bandes régulièrement alternées des campagnes berrichonnes ; aux prairies et aux forêts du Boischaut, argileux et recouvert des sables granitiques venus du massif voisin, succèdent des campagnes calcaires aux horizons adoucis et nus, naguère domaine des moutons, maintenant transformées en terres à blé prospères, aux mains de grands exploitants, tout comme dans la vraie Champagne. Les collines de Sancerre marquent le rebord de la côte crétacée. Un peu plus au nord, le fleuve courait, il y a quelques millions d'années encore, vers la Seine, à peu près par la vallée actuelle du Loing ; mais des mouvements d'affaissement vers l'ouest ont permis la formation d'une aire déprimée qui attira la Loire à l'Océan. C'est avant d'aborder la grande courbe d'Orléans que les paysages changent : à l'ossature alternée des couches du Secondaire, qui donne en Berry des paysages réguliers, à l'affleurement des terrains crétacés plus tendres et souvent imperméables dans le haut Maine vallonné, aux tables des calcaires jurassiques plus secs et plus durs du Poitou, se substitue la ligne ondoyante des courbes. Celles-ci s'inscrivent dans des sables venus de la montagne voisine et conservés en masses énormes dans le creux solognot ou dans une partie de la Touraine ou de l'Anjou oriental, et encore dans des couches tertiaires minces, changeantes, peu consistantes. Sur ces plateaux aux formes douces, soulignées parfois d'un rebord en corniche au-dessus des vallées, les landes et les forêts de pins occupent presque tout l'espace (forêts de l'Orléanais, de Chinon, landes du Ruchart...), parfois parsemées d'étangs, comme en Sologne ou dans la Brenne.

La richesse est dans les vallées. La célébrité du Val de Loire, large de 2 à 7 kilomètres, long d'environ 250, éclipse celle de toutes les autres. Les coteaux qui le dominent modérément ont fixé des séries de villages ; quand ils jouissent d'une exposition méridienne, une guirlande de vignobles, aux parcelles petites et soignées, les ourle à mi-pente. Le fond, large et bombé, est généralement sillonné par plusieurs rivières qui se cherchent paresseusement avant de se confondre : successivement, le Loiret, simple résurgence des eaux ligériennes, puis le Cher, l'Indre, la Vienne et d'autres moins importantes forment ainsi cortège à la Loire, ajoutant la largeur de leurs propres vallées à celles du Val royal. Des travaux sont venus peu à peu protéger par des digues les fonds les plus menacés d'inondation, car la Loire et ses affluents du Massif central sont sujets à des crues rapides et terribles ; ils ont permis de dégager des terres gagnées par les prairies, tandis que sur les hauts fonds d'alluvions fertiles, aux riches sols noirs (varennes de Tours), les hommes des villages nombreux cultivent avec raffinement jardins et vergers.

En traversant le massif ancien et les pays de bocage, la vallée se rétrécit, puis elle s'ouvre sur l'Océan par un large estuaire, accompagné de plaines d'alluvionnement récent, mal colmatées dans la Grande Brière, plus égouttées dans le vignoble du pays nantais. Ce fut longtemps le lieu d'une forte activité batelière, qui, par la Loire et le faisceau de ses affluents, animait une bonne part de l'espace français. Le progrès des techniques de circulation a restreint singulièrement cette fonction. Mais le commerce des Iles enrichit Nantes au XVIIIe siècle ; le XIXe créa Saint-Nazaire ; le XXe implanta peu à peu la grande industrie.

L'Aquitaine et ses bordures

Par les plateaux ouverts du Poitou et les coupures de leurs vallées, par le seuil qui, entre les croupes bocagères des massifs anciens, forme passage vers les plaines du Sud-Ouest on pénètre en Aquitaine.

Une gouttière où coule la Garonne

On parle de l'Aquitaine comme d'un « bassin ». Pourtant si, comme le Bassin parisien, elle s'ouvre vers la mer et s'encadre de hauteurs, si, comme lui, elle est formée de plaines, de collines et de plateaux peu élevés et convergeant vers une vallée centrale – celle de la Garonne –, elle en est profondément différente. La raison fondamentale est la dissymétrie de l'environnement montagneux : à la vieille montagne centralienne, rabotée, amortie, éventrée de plateaux calcaires, qui la borde au nord-est, s'oppose la hardiesse violente de la muraille pyrénéenne qui la domine directement au sud. Les deux se rejoignent presque à l'est par leurs apophyses et leurs prolongements, tandis qu'à l'ouest le triangle des plaines s'ouvre largement sur l'Océan. On ne peut donc guère parler de bassin, mais de gouttière : les horizons sont plus rétrécis ; l'ampleur des plaines ne s'épanouit qu'à l'ouest ; le rythme des paysages, calqué sur celui des couches sédimentaires, est bouleversé par les masses considérables de débris récents arrachés aux Pyrénées ou entraînés et accumulés par les vents à partir des sables marins. La succession régulière des couches de plus en plus récentes ne se trouve donc qu'au nord, entre Massif central et Garonne.

De ces conditions bouleversées, le réseau hydrographique reflète le heurt : vers la Garonne, vallée presque géométriquement axiale où coule un fleuve impropre à la navigation d'aujourd'hui par ses excès et sa rapidité, car il naît en plein cœur des Pyrénées centrales et se précipite vers les plaines, se rassemblent les affluents issus du cadre montagneux. Au nord-est, ce sont les longs cours irréguliers des rivières centraliennes : Lot, Tarn et Aveyron, Dordogne et son cortège d'affluents, qui drainent le Limousin méridional et ses marges ; au sud, de courtes rivières venues de la chaîne, comme l'Ariège, ou de son piémont (Save, Gers, Baïse), dévalant la plus courte pente jusqu'au fleuve central. C'est au tracé d'un affluent garonnais qu'on doit le passage le plus aisé entre pays d'Aquitaine et pays de la Méditerranée : la vallée de l'Hers-Mort, creusée dans l'étroit seuil de Naurouze qui s'ouvre entre les derniers contreforts de la Montagne Noire et les ultimes collines des Pyrénées ariégeoises. Pas de creux central, pas de convergence privilégiée : cette constatation relative aux conditions physiques explique peut-être qu'un grand foyer urbain n'ait jamais nettement dominé l'ensemble du « bassin », et que l'influence régionale se soit toujours partagée entre deux capitales, Toulouse et Bordeaux.

Le Bordelais a des étés chauds (août 20,8 °C), des hivers modérés (janvier 4,3 °C), une humidité assez élevée (750 mm). Quand on va vers l'intérieur, l'influence océanique est moins évidente ; dans le Toulousain, plus contrasté au point de vue thermique étant donné son resserrement entre les montagnes (juillet 21,8 °C, janvier 4,9 °C), il pleut un peu moins (660 mm). Mais l'abondance relative des pluies en fin de printemps a fait de cette région, à l'époque où de savantes hybridations n'avaient pas encore permis à cette plante de se répandre à travers presque toute la France nordique et orientale, le domaine privilégié du maïs.

Les pays garonnais

Au centre du bassin, la vallée garonnaise, dès qu'elle est dégagée de l'avant-pays pyrénéen, s'accompagne de terrasses assez vastes et fertiles. Leur ampleur fut acquise aux dépens d'un matériel tendre dans toute la gouttière orientale et centrale qui forme l'axe du bassin : argile, molasse, sables indécis, fragiles bancs de calcaire disséminés et peu épais, ont été sculptés en collines innombrables, pointues ou moutonnantes. A chaque colline sa ferme : l'Agenais est une des régions françaises où l'habitat rural atteint la plus extrême dispersion.

Vers la mer, pourtant, les perspectives s'allongent, et les calcaires à astéries qui ont fourni la pierre de taille de Bordeaux dessinent un paysage de plateaux au-dessus des vallées de la Garonne et de la Dordogne, peu à peu rapprochées puis confondues après le bec d'Ambès. Pays de polyculture, le Bordelais est depuis le XIIIe siècle dominé par le vignoble : sur les alluvions des palus, sur les pentes des versants, sur les tables des plateaux, autour des fameux « châteaux », la vigne pousse dans un milieu naturel qui lui convient parfaitement ; quantité et qualité caractérisent ce vignoble, qui, depuis sa création au voisinage d'un grand port, fournit largement à l'exportation.

Les revers du Massif central

On gagne le Massif central par des paysages fortement architecturés, mais qui n'ont rien de comparable à ceux qui le bordent au nord, dans les marges méridionales du Bassin parisien. Le contact entre vieux massif et couches sédimentaires secondaires est là beaucoup plus brutal : non point une douce montée traduisant un recouvrement graduel, mais, le plus souvent, une brusque dislocation qui juxtapose cristallin et sédimentaire. Compliquée d'accidents multiples, cette zone de fractures se traduit, dans le bassin de Brive, par une oasis de cultures et de vergers ; abritée par les croupes limousines plantées de châtaigniers qui la bordent au nord, elle subit déjà les effets de l'adoucissement méridional. Mais, en général, le contact n'a pas cette grâce verdoyante. Les plateaux de calcaires jurassiques, épais et presque horizontaux, viennent toucher les vieilles et sombres montagnes : solitudes sèches des petits causses du Quercy et du Périgord (500 m), blanches pierrailles abandonnées aux moutons, corniches verticales qui s'écartent de plus en plus jusqu'à n'être que d'étroites crêtes, tandis que s'élargissent les vallées, lieux de verdure, de fraîcheur et de vie, dont l'économie annonce celle des plaines garonnaises.

Le piémont pyrénéen

Au sud, entre la Garonne et l'Adour, le bassin s'efface sous le piémont pyrénéen. Un grand glacis descend en pente douce, régulière, bombée en son centre qui correspond aux plus hautes Pyrénées, jusqu'à la grande courbe du fleuve entre Toulouse et Agen. Détaché du pied de la montagne par une série de dépressions verdoyantes, sillonné par des vallées disposées en éventail qui l'ont découpé en fantastiques collines dissymétriques, le plateau de Lannemezan se digite dans les collines d'Armagnac en s'abaissant de 680 à 250 mètres. Ce sont les matériaux arrachés aux Pyrénées lors de leurs phases de surrection successives qui ont fourni cette accumulation de débris grossiers en cônes et en nappes entremêlés et juxtaposés. Prodigieuse image d'une destruction violente et récente, ces masses de débris ont recouvert des couches secondaires violemment plissées, dans les replis desquelles on a découvert récemment des gisements de gaz naturel et de pétrole. A l'ouest de ces collines peu fertiles, l'Adour échappe à l'attraction de la zone axiale et gagne l'Océan parmi des collines recouvertes de bocage.

Entre les rives de l'Adour et la vallée de la Garonne, un vaste triangle termine à l'ouest le « bassin » d'Aquitaine. Terres de sables longtemps stériles, coupées d'étangs et de marais, les Landes furent pendant des siècles une des portions les plus répulsives du territoire français. Vouées aux moutons, aux rares pasteurs montés sur échasses, elles étaient quasi désertes. Cette énorme accumulation de sables épandus à la fois du Massif central et des Pyrénées par les écoulements continentaux, et repoussés des rivages marins vers l'intérieur par les grands vents du large, n'était pas fixée. Et, de plus, la cimentation à une faible profondeur de ces sables sous forme d'un grès imperméable retenait les eaux stagnantes dans les creux interdunaires. Au XIXe siècle, quelques grands propriétaires locaux s'acharnèrent à assainir, à planter des pins et, ainsi, à fixer les dunes.

III. LES MASSIFS ANCIENS

Epaulant, soutenant, parfois trouant les grandes étendues de plaines, de plateaux et de collines qui forment le nord et l'ouest du territoire français, le bâti des vieilles montagnes dessine un gigantesque V, qui part de la pointe des Vosges et se termine à l'extrémité occidentale du Massif armoricain. Dans tout l'Est, les plis hercyniens ont une orientation dominante nord-est-sud-ouest ou nord-nord-est-sud-sud-ouest, qualifiée de « varisque » ; le rebroussement se fait dans le centre du Massif central : alors que les plis morvandiaux ou les grandes dépressions houillères de l'Est (bassins de Montceau-les-Mines, de Saint-Etienne) sont de direction nord-est-sud-ouest, les grands axes limousins, et plus encore le Massif vendéen ou les plissements bretons, montrent des orientations, dites « armoricaines », nord-ouest-sud-est, ou ouest-nord-ouest-est-sud-est.

Squelette du territoire

Ces vieilles montagnes ont surgi dès l'époque primaire et, constituant alors des reliefs imposants, elles furent soumises ensuite à une érosion multiforme, incessante, sur la plus grande partie de leur étendue. Contre elles sont venues se briser les grandes invasions marines du Secondaire ; sur les parties périphériques des socles rabotés et quasi nivelés se sont déposées les couches sédimentaires qui constituent maintenant les coteaux lorrains, les plaines normandes, berrichonnes ou aquitaines ; dans les zones déprimées et fracturées intérieures se sont infiltrés des golfes, formés des lacs, accumulées des alluvions fluviales constituant parfois, comme dans l'ouest de la Grande Limagne, des matelas sédimentaires de plus de 1 500 mètres d'épaisseur. Au Tertiaire, des climats semblables à ceux de l'Afrique centrale actuelle ont favorisé la « maladie tertiaire des roches », une véritable pourriture due à une désagrégation chimique intense sous l'effet de la chaleur humide ; des soulèvements accompagnés de fractures et localement de volcanisme ont traduit le contrecoup du plissement alpin. Au Quaternaire, le refroidissement lié aux grandes périodes glaciaires a été jusqu'à l'établissement de glaciers dans les Vosges méridionales, sur les hauts sommets volcaniques centraliens, tel le Cantal ; il a provoqué l'éclatement des roches et la désagrégation mécanique par gélivation, le glissement des matériaux décomposés en coulées boueuses empâtant le fond des hautes vallées, sénilisant le relief et s'accompagnant de formation de tourbières, d'étangs, qui entourent maintenant les vieux sommets rabotés. Pourtant, des fossés fracturés, des auges glaciaires, des gorges tourmentées s'entaillent brusquement dans ces topographies usées et rénovent tout à coup l'impression de la majesté montagnarde.

Si le relief du Massif armoricain, le plus éloigné des zones de plissement alpin, n'est plus représenté que par des collines mineures au sein d'une Bretagne dont il constitue la trame, les Vosges et le Massif central sont des montagnes bien individualisées par rapport aux plaines qui les entourent.

Les Vosges

Les Vosges sortent progressivement, à l'ouest, du plateau lorrain boisé qui s'élève vers elles. Dans le nord, où la carapace de grès recouvre plateau et montagne, il est même difficile de dire où commence l'un et où finit l'autre. A l'est, au contraire, la retombée est plus vive et une dénivellation nette sépare la plaine rhénane des hauteurs vosgiennes. A cette dissymétrie ouest-est s'en ajoute une autre entre le nord et le sud : ce ne sont plus que de simples collines de 400 à 500 mètres que coupe la frontière allemande, tandis que la trouée de Belfort est dominée, face au Jura, par un escarpement bien marqué. Les sommets les plus élevés sont groupés au sud-est, qui a enregistré le plus directement les répliques des plissements alpins : ballon de Guebwiller, le point culminant (1 424 m), ballon d'Alsace (1 248 m), Hohneck (1 382 m).

Les Vosges du Sud sont donc plus élevées (généralement plus de 1 000 m) et sans passage facile. Constituées de roches cristallines, elles culminent en sommets arrondis, couverts de chaumes. Les vallées y ont subi l'empreinte glaciaire et se creusent profondément entre de longs versants boisés ; prairies et lacs (Longemer, Retournemer, Gérardmer) occupent les fonds. Les Vosges du Nord, plus basses, commencent au mont Donon (1 008 m) et vont en diminuant de plus en plus d'altitude vers le nord. La couverture de grès rose du trias, épaisse de 200 mètres, n'y a pas été déblayée ; elle encapuchonne la montagne, qu'elle couronne de sommets ruiniformes.

Le climat rude, plus arrosé sur le versant occidental que sur le versant oriental, favorise la forêt : hêtres et sapins, droits, robustes, majestueux, pareils aux piliers d'une cathédrale, constituent la plus belle forêt naturelle française, une des principales ressources traditionnelles et modernes de la région. A l'est, un gradin intermédiaire bien abrité, fragment de socle encadré de failles, recouvert de terrains sédimentaires vers le nord, forme les collines sous-vosgiennes : bien exposé, bien égoutté, à l'abri de l'humidité et des brouillards de la plaine, il s'est couvert très tôt de vignes.

La disposition de la chaîne et sa structure en font une vraie barrière qui abrite la plaine d'Alsace des influences océaniques et n'est perméable aux communications aisées qu'en deux passages : le col de Saverne (330 m) au nord et la trouée de Belfort au sud.

Le Massif central

Un sixième du territoire français est occupé par le Massif central, vraie pièce maîtresse du système hercynien, ossature de l'espace national. Autour de cette masse sans relief hardi, mais remarquable par sa continuité et sa situation centrale, sont venues battre les mers de plus en plus modestes des ères secondaire et tertiaire. Il est bien probable que cette énormité montagneuse, qui aurait compté des sommets de près de 20 000 mètres à l'emplacement du Limousin aux temps de son orogenèse maximale, n'a jamais été recouverte complètement par aucune mer ultérieure. Battu, usé, rongé par l'érosion, soumis à des climats variant du tropical au glaciaire, soulevé, fracturé par le contrecoup des plissements plus récents, il est le témoin le plus complet de l'histoire géologique de notre pays, et il en porte maintes traces pour qui sait les déchiffrer.

Une masse centrale dissymétrique

On y pénètre en venant du nord ou du nord-ouest par des pentes insensibles où seule la forme des vallées, plus encaissées, décèle l'entrée dans le vieux socle ; au contraire, l'escalade à partir de l'est ou du sud se marque par un talus vigoureux, parfois même par une sorte de muraille rectiligne comme dans le Vivarais, où l'on s'infiltre par des gorges sinueuses. Vu des plaines du Rhône, le Massif central est une montagne ; vu des plaines qui l'entourent, le Limousin n'est qu'un fouillis de verdure bocagère ; des corniches calcaires du pourtour du Morvan, il est la terre basse et humide que l'on regarde du plateau voisin.

Vaste, diversement élevé, ouvert par son basculement même aux vents océaniques, et donc bien arrosé, le Massif central est le château d'eau de la France. Ses eaux s'écoulent vers trois mers et aucun des grands fleuves français n'échappe à son influence. La disposition, le tracé, la longueur, le régime des affluents dépendent naturellement du secteur montagneux où ils naissent : aux longues pentes qui descendent vers le nord et vers l'ouest s'opposent les brusques chutes de l'est et surtout du sud-est. Les pluies abondantes, les enneigements marqués du nord et du centre ne se retrouvent pas sur le versant cévenol, déjà teinté d'influence méditerranéenne. Mais il y a plus : les roches qui composent cette masse offrent, elles aussi, des caractères nettement différents, et la porosité des calcaires des Causses n'a pas les mêmes effets que l'imperméabilité des étendues cristallines ou volcaniques qui les encadrent.

Le Limousin

Le nord-ouest est la partie la mieux intégrée aux plaines périphériques. Ses grandes surfaces uniformes s'élèvent lentement de 300 mètres à peine à la périphérie, à moins de 1 000 mètres au centre, mais cette montée est coupée de talus, parfois puissants, de 100 à 200 mètres, bien marqués dans le paysage. La « Montagne » ou « plateau de Millevaches », culmine au centre (978 m) et tombe brusquement à l'est sur les vallées de la Creuse et de la Dordogne. Les plateaux périphériques, remarquablement aplanis au cours des âges géologiques, sont entaillés par des vallées qui s'ouvrent abruptement entre des versants rectilignes et témoignent d'un encaissement lors du soulèvement général du Massif au Tertiaire : certaines portions de vallées, comme celle de la Creuse dans le fossé d'Ahun, calquent le tracé des fractures qui ont cassé le vieux socle, fait de granite, de granulite, de gneiss... C'est le pays des bocages : prairies ou petits champs hachés de haies, bouquets d'arbres, forêts mêlent leur verdure, tandis que les petits hameaux se nichent partout. L'élevage aujourd'hui domine, et anime des foires aux bovins. A l'est, la montagne est plus rude, plus arrosée, plus froide ; elle est couverte de landes de bruyères et de forêts qui tapissent un relief adouci par la désagrégation des roches et l'accumulation des débris dans le fond des vallées sous l'influence récente du climat périglaciaire. Pays maintenant déserté, le plateau de Millevaches annonce déjà les hauteurs centrales.

Le cœur du Massif

Il commence à l'ouest, aux plateaux qui encadrent la vallée de la Sioule, atteint à l'est les confins du bourrelet qui termine le Massif au-dessus des plaines de la Saône et du Rhône, plonge au nord sous les dernières plaines du Bassin parisien méridional et se casse au sud sur les calcaires épais des Grands Causses. Région tourmentée qui associe de hautes et monotones surfaces cristallines, comme la Margeride ou le Forez, rabotées jusqu'à la racine et coupées de gorges grandioses, des reliefs volcaniques hardis, éventrés comme le puy de Sancy (sommet culminant du Massif, 1 886 m) ou le Cantal (ancien cône gigantesque qui put atteindre 3 000 mètres d'altitude, maintenant disséqué et où, à partir des sommets, plomb du Cantal [1 858 m], puy Mary [1 787 m], s'étoilent les plateaux triangulaires des planèzes), lourdauds et pesants comme le puy de Dôme (1 453 m), pointus et surgissant isolés tels le Mézenc (1 754 m) ou le Gerbier-de-Jonc (1 551 m), alignés en une longue chaîne de cônes variés (chaîne des Puys), des dépressions fracturées, aux limites géométriques, aux encaissements nets et profonds, comme les Limagnes qui accompagnent l'Allier, le bassin du Velay, ceux du Forez, du Roannais, liés à la haute vallée de la Loire. Ce sont ces dépressions d'orientation méridienne, quelquefois hérissées elles aussi de restes volcaniques qui, à toutes les époques de l'histoire, ont concentré les activités agricoles et les villes. La plus prospère fut toujours la Grande Limagne, avec Clermont-Ferrand, capitale traditionnelle de l'Auvergne.

Le bourrelet oriental

A l'est et au sud, ce sont encore des hauteurs cristallines qui limitent le Massif. Situées plus près des grandes montagnes de plissement alpin, elles ont enregistré fortement le contrecoup de ces mouvements récents qui ont fracturé la partie centrale et cassé aussi la retombée orientale. Jusqu'à la coupure de Saint-Étienne, des blocs morcelés constituent une série de hauteurs : le Morvan, petit massif forestier culminant à Haut-Folin (902 m) ; le Charolais, le Beaujolais, le Lyonnais, môles plus ou moins cassés, basculés, dissymétriques, herbus et verdoyants vers l'ouest, abritant vers l'est des vignobles. Ces masses sont séparées par d'humides dépressions, vallées peuplées aux bonnes prairies qui furent toujours des voies de passage entre le monde méditerranéen et les pays de la Seine et de la Loire, et qui offrirent leurs ressources minières à la civilisation industrielle naissante. Plus au sud, la montagne devient compacte. Rattachés aux hauts plateaux du Centre qui montent doucement jusqu'à la chute orientale, parfois crêtés de laves qui s'épandent dans les Coirons jusqu'aux plaines du Rhône, les monts du Vivarais ou des Cévennes atteignent 1 500 ou 1 600 mètres (Gerbier-de-Jonc, 1 551 m ; mont Lozère, 1 702 m). L'Aigoual en est le bastion le plus méridional. Aux forêts de conifères qui suivent le versant occidental de climat montagneux humide et frais s'opposent les châtaigneraies crissant de cigales qui s'accrochent aux flancs des « serres », avivées par les torrents dévalant vers la Méditerranée. Montagnes pauvres, souvent refuges abandonnés depuis 1910 par les deux tiers de leur population, ces bordures majestueuses s'incurvent vers le sud, dans l'arête presque est-ouest de la

Montagne Noire, dont les blocs rocheux et les sombres forêts sont à peine séparés des collines ariégeoises.

Entre ces masses cristallines et volcaniques aux terres noires et rouges, aux denses forêts, s'étale la nudité blanche et désolée des Grands Causses, entre les vallonnements et les sommets, l'horizontalité sèche de plateaux calcaires. Cette épaisse masse de sédiments (800 m au maximum), déposée par une invasion des mers secondaires dans une zone déprimée du Massif, a été conservée grâce à la puissance de dislocations répétées qui ont affaissé relativement ce compartiment. Montant de 1 000 mètres à l'ouest vers 1 300 mètres au-dessus de la vallée de Florac, au pied du mont Lozère, la table blanche des plateaux est à peine recouverte par une herbe rase. Seule l'argile rouge, qui tapisse les creux des dolines, peut porter quelques cultures. Les ruines des villages se confondent aujourd'hui avec les chicots et les escarpements que sculpte la dissolution chimique dans les calcaires impurs. Coupant verticalement cette aridité désolée, les canyons, comme celui du Tarn, enserrent un ruban humide, une eau sombre glissant entre les rochers des fonds. Seules traversent les Causses les grandes rivières nées en dehors du calcaire ; assez fortes et bien alimentées, elles ont scié leurs vallées jusqu'à une profondeur suffisante pour rencontrer le secours d'une couche imperméable sous-jacente.

Divers dans les aspects physiques, le Massif a cependant joué dans son ensemble un rôle majeur dans la vie du territoire national. Par sa massivité, son extension, la relative uniformité de ses hautes terres, qui ne sont ouvertes par des couloirs de plaines que dans le centre-nord, il a dressé devant les communications des obstacles étendus et multiples.

Isolés, soumis aux rudes conditions de la vie montagnarde, les habitants n'ont jamais été très nombreux dans les secteurs les plus défavorisés par leur altitude ou l'âpreté de leurs roches. Ils ont toujours émigré. A l'époque contemporaine, ils sont partis en grand nombre vers les plaines voisines ou les grandes villes plus lointaines.

IV. LE COULOIR DES PLAINES ORIENTALES

La retombée des massifs anciens se fait vigoureusement, à l'est et au sud-est, sur des plaines étroites qui s'amincissent jusqu'à disparaître parfois presque complètement, comme à Tain-Tournon, dans la vallée du Rhône.

L'*Alsace* n'est que la moitié occidentale d'une plaine qui s'étend entre les Vosges et la Forêt-Noire. Zone déprimée, qui sans doute a toujours existé entre ces deux blocs, elle a été transformée en un fossé d'effondrement (profond de 3 000 mètres environ) par le contrecoup des plissements alpins, remblayée ensuite sur 2 000 mètres par des sédiments lacustres et continentaux arrachés aux montagnes voisines, surtout à la grande chaîne alpine, au fur et à mesure de sa surrection, et transportés par l'ancêtre du Rhin, puis par le Rhin lui-même. Depuis le rebord des collines sous-vosgiennes, on passe ainsi par une série de terrasses couvertes de limon à la plaine inondable. La terre est ici morcelée à l'extrême, travaillée par une population prolifique et nombreuse, groupée en gros villages ou en petites villes, centres actifs d'échanges commerciaux. Le Rhin, que l'Ill vient rejoindre à Strasbourg, coule, ample et puissant, au milieu de forêts et de prairies.

Les *plaines de la Saône* s'étendent, plates, humides, souvent embrumées, entre deux rebords distants et peu vigoureux. Nulle part, les plateaux calcaires qui accompagnent le Massif central ne dépassent 800 mètres, pas plus que le rebord du Jura qui leur fait face. Celui-ci s'inscrit par un premier relief ; d'imposantes « reculées » s'infiltrent ; il est couronné de forêts et durci de quelques corniches plus au sud. Entre ces lignes nettes, souvent dirigées par la rectitude de quelque faille, fréquemment estompées dans le paysage par la brume qui monte de la plaine, la platitude des pays de la Saône est remarquable et, par les temps pluvieux de la mauvaise saison, les prairies basses, largement inondées, reconstituent en partie l'ancien lac qui occupa longtemps ces lieux. Au centre, la Saône, née sur les plateaux calcaires qui forment un pont entre Morvan et Vosges, est un modèle de calme et de régularité ; navigable, d'anciens canaux assurent ses liaisons avec le Rhin, la Seine, la Loire.

A Lyon, en un carrefour privilégié qui fut très tôt propice au développement urbain, la Saône rencontre le *Rhône*, le plus abondant des fleuves français, mais violent, à peine assagi par sa traversée du lac Léman, et qui a déjà, au passage, tranché par la cluse de Bellegarde les derniers chaînons jurassiens. Après avoir butté contre le Massif central, il descend rapidement vers la Méditerranée, par une vallée tour à tour élargie en plaines riantes (Vienne, Valence) ou resserrée en défilés plus rudes (Tain-Tournon, Donzère-Mondragon).

V. LES JEUNES MONTAGNES

Le Jura

Espèce d'avant-pays alpin projeté en croissant au-delà de la plaine suisse, la plus petite des jeunes montagnes françaises est aussi la plus simple : uniquement formée de roches sédimentaires, essentiellement calcaires, plissées, elle juxtapose des plateaux assez calmes au nord-ouest, seulement coupés par quelques rides anticlinales (Lomont, 839 m), à des plissements beaucoup plus serrés et vigoureux à l'est. Ceux-ci envahissent tout le Jura méridional. La dure ossature calcaire dirige les éléments du relief : « monts » arrondis coïncidant avec les anticlinaux, amples « vaux » suivant le tracé des synclinaux, corniches de plis éventrés, reculées ou « bouts-du-monde » fermés par une muraille calcaire. Tantôt relief conforme à la structure, tantôt dérivé, tantôt inversé, mais toujours soumis, les grandes lignes de l'architecture sont parallèles ou perpendiculaires au dessin général de la montagne, ce qui donne un tracé en baïonnette aisément repérable sur une carte, et qui permet la circulation intra-montagnarde (cluses de Pontarlier, de Nantua, de Bellegarde...).

Mais cette montagne rigoureuse est adoucie par une végétation abondante. Le Jura offre ce paradoxe d'être calcaire et verdoyant. Influence de l'altitude et de la latitude propice à un climat humide et frais, existence de résidus d'argile de décomposition bouchant les fissures de la roche, épandage dans le sud, par les glaciers venus des hautes Alpes, de restes morainiques imperméables : ces divers éléments se combinent pour éviter à la montagne jurassienne le destin aride que connaissent les Causses. Prés et bois dominent un pays voué principalement à l'élevage ; les manifestations karstiques sont limitées à quelques accidents superficiels, surtout des dépressions fermées, et à une certaine circulation d'eaux souterraines : ainsi les sources de la Loue sortent de leurs profondes cavernes pour ramener au jour les eaux perdues du Doubs. Petite « grande montagne », le Jura retient une population nombreuse en villages étirés dans les vaux, en villes gardiennes des cluses de passage.

Les Alpes

La frontière franco-italienne sinue exactement le long des crêtes alpines, laissant à l'Italie une descente rapide en 50 kilomètres sur la plaine du Pô, et à la France des prolongements montagneux longs et complexes qui se terminent à 150 kilomètres du faîte, en face du Massif central, au-dessus de la vallée du Rhône. Ainsi se trouve inversée la disposition pyrénéenne où le versant progressif est espagnol et la chute brutale française. Mais ce n'est pas la seule différence entre les deux plus majestueux éléments du relief de l'Europe occidentale. Un peu plus jeunes, les Alpes englobent une proportion plus faible de socle soulevé à de grandes altitudes ; leur structure est plus compliquée et cependant plus ordonnée, surtout dans la partie septentrionale ; enfin, elles sont incomparablement plus perméables à l'homme et aux communications, et plus « centrales », donc mieux situées dans l'ensemble européen.

La disposition nord-sud à travers le territoire français assure à cette partie de la chaîne une diversité bien marquée : alors que le secteur septentrional est enfoncé dans l'Europe centrale, la portion méridionale est bordée par la lumineuse Méditerranée. Cette opposition climatique, manifestée aux ères géologiques antérieures comme au cours de la période actuelle, est venue mettre en valeur ou renforcer des différences liées à la constitution géologique et à l'orogénie même : Alpes du Nord et Alpes du Sud offrent des paysages et des aptitudes qui n'ont que bien peu d'éléments communs : la coupure se fait au sud du puissant massif du Pelvoux et des rigides préalpes du Vercors.

Alpes du Nord

Ce sont les plus majestueuses, les plus élevées et pourtant les plus aérées et les plus accessibles à l'homme. En effet, elles portent avec le mont Blanc (4 807 m) le plus haut sommet européen ; mais de profondes vallées s'ouvrent au sein de la montagne : au pied même du géant de l'Europe, la vallée de Chamonix n'est qu'à 1 000 mètres d'altitude, le col des Montets, entre la France et la Suisse, à 1 350 mètres.

Cette pénétrabilité est due tout d'abord à la disposition même des éléments montagneux en bandes approximativement nord-est-sud-ouest, qui comprennent les Préalpes, le sillon alpin, les massifs centraux et la zone intra-alpine, et à l'existence de grandes coupures transversales. C'est un véritable quadrillage qui caractérise la région. Les *Préalpes* apparaissent comme une sorte de gigantesque Jura, plus élevé, violent et plus compliqué. Elles sont essentiellement formées de roches sédimentaires secondaires et tertiaires, disposées en plis de direction générale nord-nord-est-sud-sud-ouest, accompagnés de charriages au nord, de déversements, d'étirements, de dislocations, et bouleversés par une érosion violente et multiforme. Les couches calcaires dures y jouent un rôle prédominant ; squelettes dont les pointes hardies ou les grandes crêtes résiduelles charpentent la montagne dans les Préalpes les plus septentrionales (Genevois, Chablais, Giffre...) et prennent de plus en plus d'importance vers le centre (Chartreuse), jusqu'à constituer dans le Vercors l'ossature même du paysage, complètement caparaçonné par le revêtement urgonien. S'élevant progressivement au-dessus des paysages rhodaniens, ces Préalpes tombent à l'est sur un ensemble de dépressions qui se suivent depuis le pied du Mont-Blanc, par les gorges de l'Arly, la vallée moyenne de l'Isère ou Grésivaudan, la vallée inférieure du Drac jusqu'à l'ouest du Pelvoux et dessinent sur 120 kilomètres de long la grande ouverture du *sillon subalpin*, qui abrite voies de communication, cultures, population dense et la plus grande ville, Grenoble. Ce sillon est dominé du côté oriental par les *massifs centraux*, durs et puissants, sculptés dans une masse axiale de socle cristallin, culminant à plus de 4 000 mètres au nord et au sud, couronnés de neiges éternelles et de glaciers, tantôt gonflés en dômes, tantôt lancés en aiguilles, et s'abaissant à peine sur la quatrième bande, la *zone intra-alpine*, largement italienne, plus confuse, avec quelques beaux élancements.

Cet ensemble grandiose est sillonné par un système hydrographique à double direction : une orientation nord-est-sud-ouest adaptée aux grandes lignes de la structure, une seconde sud-est-nord-ouest qui les recoupe. Sans doute, certains cours d'eau se sont-ils établis avant que le relief actuel, constitué en plusieurs phases au cours du Tertiaire, ait atteint sa pleine vigueur et se sont ensuite enfoncés sur place : cette antécédence expliquerait l'incision de cluses hardies, perpendiculaires aux chaînes calcaires ou aux massifs cristallins (cluses d'Annecy, de Chambéry...). De toute manière, des dislocations, des abaissements locaux accidentant les plissements ou les blocs de socle, ont souvent guidé l'installation des vallées. Pourtant, ces tracés remarquables auraient eu une efficacité infiniment moindre si les effets du climat n'avaient pas ajouté à ceux de la structure.

Elevées, septentrionales, bien arrosées, les Alpes du Nord ont été la proie des grands glaciers quaternaires, qui s'y sont développés avec une ampleur extraordinaire, couvrant à certaines époques toute la chaîne, comme un inlandsis actuel, emplissant à d'autres toutes les vallées antérieures de véritables fleuves de glace qui s'écoulaient lentement, mais burinaient, rabotaient, éventraient la masse montagneuse et portaient jusque dans le sud du Jura ou la région lyonnaise les débris morainiques ainsi arrachés. Les vastes cirques abandonnés, les cols profondément creusés, les larges vallées en auge, les lacs profonds témoignent de cette emprise dont les glaciers actuels ne sont que les misérables résidus. Nulle part les Alpes du Nord ne sont donc impénétrables à la vie humaine.

L'économie traditionnelle reposait sur une étroite adaptation aux conditions montagnardes du passé : agriculture vivrière étagée sur les longs versants, élevage avec déplacement des troupeaux au rythme des saisons, artisanat local... ; ébranlée au milieu du XIXe siècle, elle laissa partir près de 50 p. 100 de la population en un siècle. Mais un nouveau visage alpin est né de la technique et des goûts modernes : les villes de la neige et celles de l'industrie poussent à l'envi, animant les hautes pentes et les grandes vallées intérieures.

Alpes du Sud

L'image du relief est celle de la confusion. Il n'y a pas de massifs centraux dans le sud, sauf dans la région du Mercantour, située à l'extrême sud-est, la seule à dépasser 3 000 mètres dans l'Argentera (3 147 m). Pas de sillon subalpin non plus : seule la vallée de la Durance forme un grand couloir transversal plus ou moins large, plus ou moins utilisable comme voie d'accès et de communication. Au contraire, les Préalpes sont très développées et occupent la majeure partie de la zone. Les directions générales du relief sont extrêmement diverses, car les orientations de type alpin proprement dit, qui sont ici sensiblement nord-sud, sont venues se superposer à des plissements plus anciens, en rapport avec l'orogénie pyrénéenne, et disposés de l'ouest à l'est. C'est ce dernier élément qui l'emporte à la bordure, au-dessus des plaines du bas Rhône, donnant des collines linéaires de belle allure (Alpilles, Luberon...). Dans l'intérieur, au contraire, les interférences ont abouti soit à un enchevêtrement de chaînons, soit à la constitution de dômes lourds qu'entaillent les vallées (dôme de Gap). En tout cas, cette complexité offre déjà peu de facilités aux communications.

Mais celles-ci sont encore rendues plus difficiles par la forme même des vallées. La relative sécheresse actuelle du climat ne fait que prolonger celle des périodes antérieures, et notamment du Quaternaire ; s'ajoutant à la faible altitude et à la latitude méridionale, elle a limité la formation et la diffusion des glaciers au massif du Mercantour. Les vallées n'ont donc pas été largement façonnées comme dans le nord, mais elles sont restées à l'état de gorges étroites, parfois même de canyons spectaculaires (Verdon), défiant l'établissement aussi bien des voies de communication que des moindres villages. L'âpreté de ces formes a été accentuée par la nature des roches : les faciès calcaires ont, dans les Alpes du Sud, un développement beaucoup plus grand que chez leurs voisines nordiques et s'entassent sur près de 1 000 mètres d'épaisseur ; ils sont générateurs de corniches vertigineuses et de plateaux arides. La forêt y est rabougrie, l'enneigement insuffisant, et l'herbe maigre ne convient qu'aux moutons. Quant à l'ensoleillement, un des plus élevés de France, son ardeur estivale, non tempérée par la fraîcheur de la végétation, mais brûlant les pierrailles des pentes, en fait plutôt un fléau qu'un attrait. Cette pauvreté a fait fuir les hommes, et ces Alpes du Sud, belles et désolées, sont aujourd'hui parmi les terres les plus dépeuplées de France.

Les Pyrénées

Les Pyrénées se dressent comme une barrière entre la France et l'Espagne sur plus de 450 kilomètres. Aucune autre montagne française n'apparaît aussi hostile à la fois à l'implantation des hommes et à l'établissement de grandes voies de passage transversales. Elevées comme une muraille peu ramifiée au-dessus des collines et des plaines françaises, elles s'abaissent, au contraire, sur le versant espagnol en longues divagations qui atteignent la vallée de l'Ebre. Les altitudes croissent progressivement des extrémités océanique et méditerranéenne vers la partie centrale, qui dépasse régulièrement 3 000 mètres et culmine au pic d'Aneto (3 404 m) ; le franchissement normal n'est possible qu'aux bouts, le long des deux côtes, ou bien en utilisant des cols situés à une faible distance (cols de Roncevaux à l'ouest, du Perthus à l'est) ; certaines routes ne sont ouvertes qu'en été (pont d'Espagne ; Tourmalet, 2 114 m) et les voies ferrées se risquent difficilement à travers la partie centrale.

En effet, toute la partie axiale des Pyrénées est constituée par un lourd morceau de socle ancien, porté à haute altitude par les plissements de la fin du Secondaire et du Tertiaire, qui ont mis en place la chaîne. De part et d'autre, sur les deux versants, les terrains sédimentaires violemment plissés et disloqués forment un cortège plus ou moins large de crêtes et de vallées tourmentées et disparaissent progressivement, dans le bassin d'Aquitaine, sous l'épaisseur de débris arrachés à la montagne. Massive, épaisse au centre, cette zone est à peine entamée par des cols peu creusés ; les sommets se succèdent, aigus ; ce sont des « pics », à peine dégagés de la haute masse qui les porte, et leurs lignes parallèles se doublent sur une grande épaisseur. Peu de glaciers et de neiges éternelles, car les altitudes ne sont pas très élevées et la latitude est déjà méridionale ; beaucoup de petits lacs, de masses de débris qui tapissent les hautes pentes et témoignent d'une présence glaciaire quaternaire plus développée. Celle-ci a aussi laissé ses traces dans l'ouverture en auge des vallées, dans des cirques abandonnés, comme les majestueuses parois de Gavarnie.

En dehors des différences de relief, l'opposition la plus marquée vient du climat : allongées de l'ouest à l'est, les Pyrénées plongent un pied dans l'Océan et l'autre dans la Méditerranée. Offrant des élévations importantes en bordure même de l'Atlantique, elles sont là fortement arrosées : les montagnes occidentales, région la plus humide de France, reçoivent quelque 3 mètres d'eau par an. Au contraire, le versant, abrité des vents d'ouest, qui plonge sur la Méditerranée, est beaucoup plus sec et ensoleillé. Aux paysages ruisselants et verdoyants de l'ouest, au ciel gonflé de nuages, aux brumes qui traînent sur les sommets, s'opposent vers Perpignan la sécheresse des pentes rocailleuses et la pureté des horizons dénudés : la coupure se fait au niveau des Pyrénées ariégeoises. Ces diversités multiples se combinent pour offrir trois ensembles régionaux faciles à caractériser.

Les *Pyrénées occidentales*, ou atlantiques, se terminent par les falaises tertiaires plissées, sombres et ébouleuses que l'Océan attaque de Biarritz à la Bidassoa ; elles montent rapidement en versants boisés ou herbus, et la Rhune (900 m) n'est qu'à 10 kilomètres de la mer ; elles culminent au pic d'Anie (2 504 m). Epine dorsale, gorgée d'eau, du Pays basque, que se partagent la France et l'Espagne, leurs pentes sont couvertes de bocages, sillonnées de rivières abondantes. Douceur et humidité s'allient pour favoriser une végétation exubérante.

A l'est du Somport, on pénètre dans les *Pyrénées centrales*, dont tous les grands sommets ont plus de 2 800 mètres : la zone axiale, réduite à l'ouest, prend ici plus d'ampleur (pic du Midi, mont Perdu, Maladetta, pic d'Aneto...). Ces altitudes se maintiennent jusqu'au-delà du massif du Carlitte (2 921 m), où le col de la Perche fragmente la chaîne, ouvrant un passage entre Roussillon et Cerdagne. Humides et neigeuses jusqu'à la vallée de la Garonne, les montagnes sont encore atteintes de plein fouet par les vents océaniques ; au pied des escarpements, le piémont descend calmement vers l'avant-pays aquitain. A l'est du fleuve, les Pyrénées ariégeoises sont nettement différentes ; elles poussent en avant de nombreux chaînons, et l'on monte graduellement depuis le seuil de Naurouze jusqu'aux sommets culminants où s'accroche la frontière ; elles sont plus abritées, un peu moins élevées, donc plus sèches.

Les *Pyrénées orientales* dépendent déjà du Bassin méditerranéen. Beaucoup plus basses, elles sont presque écrasées par la masse triangulaire du Canigou (2 785 m). Sous un climat sec et lumineux, la couverture végétale est maigre ; la pierraille recouvre les sommets, tandis que les basses collines portent l'olivier et la vigne ; les rivières coulent sur un lit de cailloux et de blocs. La chaîne se ramifie en digitations (Corbières, monts Albères...) qui enserrent des bassins allongés (Roussillon...). La côte pyrénéenne, âpre et colorée, appartient déjà à ce pays catalan qui, comme le Pays basque, s'étend largement en Espagne. Ainsi, les deux extrémités de cette chaîne, pourtant peu perméable à l'homme, se terminent au cœur de provinces dont l'originalité bien marquée se développe sur les deux versants.

Les pays méditerranéens

Au sud de Montélimar apparaît l'olivier. Ici s'ouvrent les pays qui, adossés aux Alpes, au Massif central et aux Pyrénées, s'abritent ainsi des influences venues du nord ou de l'ouest, connaissent des étés secs et chauds (26 °C de moyenne en juillet à Nice et 10 p. 100 des précipitations pour l'ensemble de l'été), des hivers doux (7,8 °C à Nice, en janvier), où la neige et le froid sont exceptionnels. Les pluies, assez abondantes, tombent en averses violentes, surtout au printemps et en automne, et on les oublie devant le soleil qui brille, éclatant et parfois dur. Ce climat s'étend aussi bien sur des montagnes qui plongent dans la mer que sur des plaines de colmatage en cours, encore à demi amphibies. Il n'y a pas d'unité autre que celle du climat à travers les pays méditerranéens.

Par des chaînons arides où s'accrochent la vigne et l'olivier, la retombée pyrénéenne conduit au Languedoc. Cette région associe des garrigues, couvrant un bas plateau calcaire appuyé sur le dernier contrefort du Massif central, et une plaine alluviale récente bordée de cordons littoraux, qui s'accrochent à des pointements rocheux et coupent de la mer des étangs allongés. Un courant d'est transporte ici une partie des alluvions du Rhône. C'est aujourd'hui encore le pays d'une monoculture viticole, qui date de la reconstitution du vignoble à la fin du XIXe siècle, après la crise du phylloxéra, et dont les aspects économiques sont loin d'être satisfaisants. Un canal récemment construit, apportant l'eau du Rhône voisin, permettra-t-il de rénover cette économie ?

De part et d'autre du fleuve s'ouvrent en triangle les plaines du bas Rhône, entre les « serres » cévenoles, où grimpent l'olivier, puis le châtaignier, et les collines calcaires provençales. Celles-ci, relayant les derniers contreforts préalpins, peuvent monter jusqu'aux environs de 2 000 mètres (mont Ventoux, 1 912 m) ; on y trouve aussi la vigne, l'olivier, les touffes parfumées de lavande, l'herbe rase et la broussaille où ne paissent que des moutons. Les plaines ont été formées par le remblaiement d'un immense golfe marin, ramifié entre les chaînons montagneux et progressivement comblé. Le Rhône et ses affluents ont puissamment contribué à ce remplissage : certaines plaines leur doivent même l'essentiel, comme la Crau caillouteuse, ancien delta de la Durance, et la Camargue, dont l'avancée littorale se poursuit toujours, tandis que le colmatage intérieur s'affirme grâce aux apports rhodaniens. Sur ces sols et sous ce climat, l'eau conditionne toute fertilité, et les espaces irrigués sont remarquablement cultivés. Une protection est cependant indispensable contre le mistral, ce fléau du Midi central, vent du nord froid et violent, déterminé par des différences entre les hautes pressions du nord du Massif central et les basses pressions des plaines et de la mer ; il peut dépasser 100 kilomètres à l'heure. Tout un cloisonnement de haies, de cyprès ou de roseaux protège aujourd'hui les plus grandes étendues de cultures de primeurs et de légumes de France. Dans la Camargue, chaleur et large disponibilité en eau ont permis récemment l'installation de rizières.

Le Rhône n'est pas seulement l'artère centrale, fleuve de vie ; il constitue aussi un grand axe de circulation qui débouche près de Marseille, creuset coloré des foules méditerranéennes, dont l'immigration et l'implantation ont peuplé bien des campagnes viticoles ou légumières, et dont la civilisation collective marque largement tous les pays méditerranéens français.

Plus à l'est, la montagne à nouveau se mêle à la mer au long d'une côte grandiosement découpée. Les derniers contreforts des grandes Alpes, faits surtout de couches calcaires plissées et torturées, coupés de vallées pittoresques comme celle du Var, encadrent les restes de deux petits massifs anciens, les Maures et l'Esterel, qui mordent le littoral et sont entourés de dépressions creusées dans les roches plus tendres où coulent des torrents (Gapeau, Argens, Loup...). L'occupation humaine s'adapte aux micro-découpures du relief : légumes, fleurs, fruits, vigne, oliviers, dans les plaines irriguées et sur les terrasses sèches, vieux villages perchés, pullulement récent des installations côtières. Au large, la Corse montagneuse et isolée : un versant occidental rocheux qui rappelle la Provence, une côte orientale alluviale digne du Languedoc, un admirable pays qui souffre de son insularité et de son dépeuplement.

Si l'on découpait un espace de la même dimension que le territoire français à l'intérieur des plaines centrales des Etats-Unis, du plateau brésilien, de la grande plaine russe, on se perdrait dans l'uniformité et la monotonie. Au contraire, notre pays, comme tous ses voisins de l'Europe occidentale, offre des paysages variés presque à l'infini. Mais ces paysages, ce sont des peuples d'origine complexe qui, à partir des conditions naturelles, les ont peu à peu façonnés par des efforts millénaires. Il appartient à l'historien de suivre les étapes de cette création, de montrer comment se sont formées les villes tentaculaires, les cités naguère fortifiées et qui conservent une certaine rigueur, comment se sont établis passages, routes et ponts, comment s'est implanté dans le terroir un habitat rural dont les aspects divers reflètent la variété des matériaux locaux et des occupations paysannes.

2. LA PRÉHISTOIRE

Durant des millénaires, les lents progrès de l'humanité.

Le peuplement de la France a débuté il y a des millénaires. Cette période très lointaine est connue depuis à peine un siècle, grâce aux découvertes de Boucher de Perthes dans la vallée de la Somme et de bien d'autres pionniers dans les cavernes des Pyrénées et du Périgord. Dans le langage populaire, la préhistoire couvre la période de temps qui précède l'arrivée des peuples celtiques. Le chapitre qui lui est ici consacré couvre cette histoire des plus anciens événements qui se sont déroulés sur le sol national. Mais son immense durée exige qu'on y distingue à larges traits deux divisions majeures que rythment phénomènes naturels et mouvements humains : durant les temps glaciaires, l'âge de la pierre ancienne (ou paléolithique), où évoluent très lentement des tribus primitives de chasseurs-pêcheurs ; au post-glaciaire, l'âge de la pierre nouvelle (ou néolithique) et l'âge du bronze, où s'effectue la sédentarisation agricole ; entre ces deux périodes se situe une phase intermédiaire, le mésolithique, pendant laquelle l'économie des chasseurs-pêcheurs passe progressivement à celle des agriculteurs. Les méthodes d'investigation de ces deux périodes distinctes diffèrent considérablement.

I. LA PRÉHISTOIRE ANCIENNE

Les temps glaciaires

Jamais dans l'histoire de la France, la vie de l'homme n'a été liée avec un déterminisme aussi apparent à un phénomène naturel dont les épisodes rythment souverainement déplacements, extension et survie des populations. Comme, alors, toute l'Europe moyenne actuellement tempérée, la France est située à la limite des vastes glaciers étalés sur l'Europe du Nord. En période de crue, cet inlandsis scandinave pousse son front sur les plaines hollandaises et germaniques sans atteindre le territoire français. Mais sa présence proche entraîne dans les espaces du Bassin parisien le développement de phénomènes périglaciaires, commandés par ses pulsations d'avancée et de recul. En période de froid glaciaire, des vents violents soufflent sur les étendues steppiques, transformées en désert par des tempêtes de poussières (lœss) qui se déposent sur les plaines comme un manteau et s'accumulent au versant des vallées. En période de radoucissement interglaciaire, quand la température devient plus tempérée et les précipitations plus fréquentes, ce dépôt de lœss s'amenuise ou s'arrête, et une végétation arbustive remplace la steppe aride. Les herbivores et les pachydermes recommencent à circuler, et l'homme chasseur les suit.

A plusieurs reprises pendant les temps glaciaires, des renversements dans l'extension des nappes de glace qui submergent le nord de l'Europe se produisent et entraînent des oscillations climatiques plus ou moins marquées et plus ou moins longues, dont dépend alors toute vie animale et humaine. Périodes glaciaires et périodes interglaciaires servent de cadre chronologique au récit des temps paléolithiques, en France comme dans le reste de l'Europe. Mais les civilisations primitives de l'âge de la pierre ont été ici plus développées que partout ailleurs sur le continent, ce qui permet de les repérer avec plus de précision et de détail. Il est classique de dénommer les grandes glaciations d'après le nom des affluents du Danube qui ont permis de les définir en Europe centrale. De la plus ancienne à la plus récente se succèdent : la glaciation de Günz, la glaciation de Mindel, datée d'environ 500 000 ans, la glaciation de Riss, très longue et coupée d'importantes rémissions climatiques qui la subdivisent en trois stades majeurs (Riss I, II et III) ; elle se situerait vers 200 000 ans avant notre ère ; enfin la glaciation de Würm, la plus récente et la plus courte, qui débuterait vers 90 000, pour se terminer vers 9 000-10 000 avant notre ère, secondairement subdivisée en quatre stades (Würm I, II, III et IV).

Des glaciers moins épais et moins étendus recouvrent également le Massif central et les Pyrénées. Un autre inlandsis, le glacier alpin, descend dans la vallée du Rhône pour atteindre l'emplacement de Lyon. Ils opposent une barrière à la fréquentation des hautes altitudes sur nos montagnes, mais c'est aussi par les phénomènes périglaciaires qu'ils déterminent qu'ils agissent principalement sur la vie des hommes. Outre le dépôt du lœss, leurs avancées et leurs reculs s'accompagnant de gel et de dégel, déterminent la formation de terrasses ou le creusement des vallées le long des fleuves, le remblaiement ou la vidange des grottes et des cavernes, et, corrélativement à la rétention ou à la fusion des neiges et des glaces, l'abaissement ou le relèvement du niveau de la mer sur les côtes.

Les troupeaux

La faune sauvage a varié tout au long de cette immense période. L'homme a été contemporain peut-être des redoutables *Machairodus*, ces félins à canines en lame de sabre de la faune archaïque du villafranchien. Quand apparaissent, durant la glaciation de Mindel, des témoignages plus évidents de la présence humaine, des bovidés, des cervidés et des équidés coexistent en France avec les grands pachydermes, l'éléphant méridional, le rhinocéros étrusque et l'hippopotame. Puis, pendant l'interglaciaire Mindel-Riss, cette association laisse la place à l'éléphant antique et au rhinocéros de Merck. Cette « faune chaude », accompagnée de la faune des cavernes, avec ours, lions et hyènes, traverse la longue glaciation de Riss, épisodiquement remplacée par une faune froide (Riss III). La grande faune froide est tenue pour caractéristique de la préhistoire. Elle règne durant la glaciation de Würm, la dernière, mais peut-être la plus rigoureuse, avec le mammouth et le rhinocéros laineux, le renne et quantité d'espèces alpines ou arctiques. A la fin des temps glaciaires, cette faune disparaît. Un climat plus tempéré et plus humide facilite le développement de la faune forestière que la France connaît encore aujourd'hui, avec le sanglier, le cerf élaphe, le lynx et le loup. La disparition toute récente du loup est l'événement le plus important qui ait frappé la faune sauvage de France depuis la disparition de la faune froide würmienne, il y a environ 10 000 ans.

Les paysages

La végétation de cette France paléolithique est connue partiellement par l'étude des pollens fossiles recueillis dans les niveaux archéologiques. Il faut renoncer à l'image erronée d'un paysage uniformément arctique de toundra à mousses, lichens, bouleaux et saules nains, analogue à la toundra actuelle du nord de l'Europe. Même au plus fort du froid glaciaire, qui s'est spécialement manifesté dans toute sa rigueur à la fin de la glaciation de Riss (Riss III) et plus encore dans les derniers stades de celle de Würm (Würm III et IV), la France n'a évidemment jamais connu, en raison de sa latitude, les longues nuits polaires et l'obliquité des rayons solaires qui conditionnent actuellement l'établissement et l'extension de la toundra dans le grand Nord. En période de froid sec, des steppes sans arbres ni arbustes s'étendent sur les régions battues des vents, mais les microclimats des vallées abritées laissent toujours subsister quelques arbres ou taillis. En période favorable, quand température et humidité augmentent, la forêt regagne et s'étend, notamment pendant les interglaciaires longs et chauds et même durant les fréquentes améliorations climatiques du Würm. Les arbres forment alors des forêts claires, des taillis, des boqueteaux coupés de prairies herbeuses et, dans les fonds, de marécages à plantes aquatiques.

Ce milieu naturel apparaît notablement différent de celui que connut, des millénaires plus tard, la France historique. Il n'est pourtant ni totalement ni constamment hostile, d'autant que la variété du relief introduit dans ce schéma sommaire une infinité de différences, génératrices dans les zones favorables d'occupations denses et persistantes. Plus qu'aucune autre, la région tournée vers l'Atlantique qui s'étend entre Loire et Pyrénées a bénéficié de facteurs privilégiés.

Les moyens d'action

Durant cette suite de centaines de millénaires, l'homme paléolithique conserve un genre de vie de chasseur-pêcheur, mais son emprise sur l'univers et son adaptation au monde extérieur s'améliorent constamment, avec une grande lenteur tout d'abord, puis avec une accélération notable. Le feu et l'outil sont les moyens de cette conquête.

Les modifications anthropologiques qu'il connaît au cours des temps ont sans doute favorisé cette évolution efficace qui doit beaucoup à une transformation mentale et psychologique dont on ne peut saisir que les résultats extérieurs. Il existe, en effet, une relative concordance entre les stades de l'évolution anthropologique et les principales divisions qu'on peut établir dans le paléolithique au cours de cette immense durée. Le début du paléolithique inférieur, pendant la glaciation de Mindel, est occupé par les très anciens outillages de l'abbevillien (chelléen) qui coïncident avec l'humanité pithécanthropienne (500 000 ans av. J.-C.). Ensuite, pendant la glaciation de Riss, les outillages de l'acheuléen se développent et l'homme passe au stade des prénéandertaliens. Au début de la glaciation de Würm (Würm I et II) apparaît l'homme de Neandertal typique, dont l'extension coïncide avec celle des industries moustériennes du paléolithique moyen (entre 90 000 et 35 000 av. J.-C.). La seconde partie de cette glaciation (Würm III et IV) est marquée par l'apparition de l'*Homo sapiens*, l'homme moderne, et le beau développement des industries complexes du paléolithique supérieur. Quand les temps glaciaires se termi-

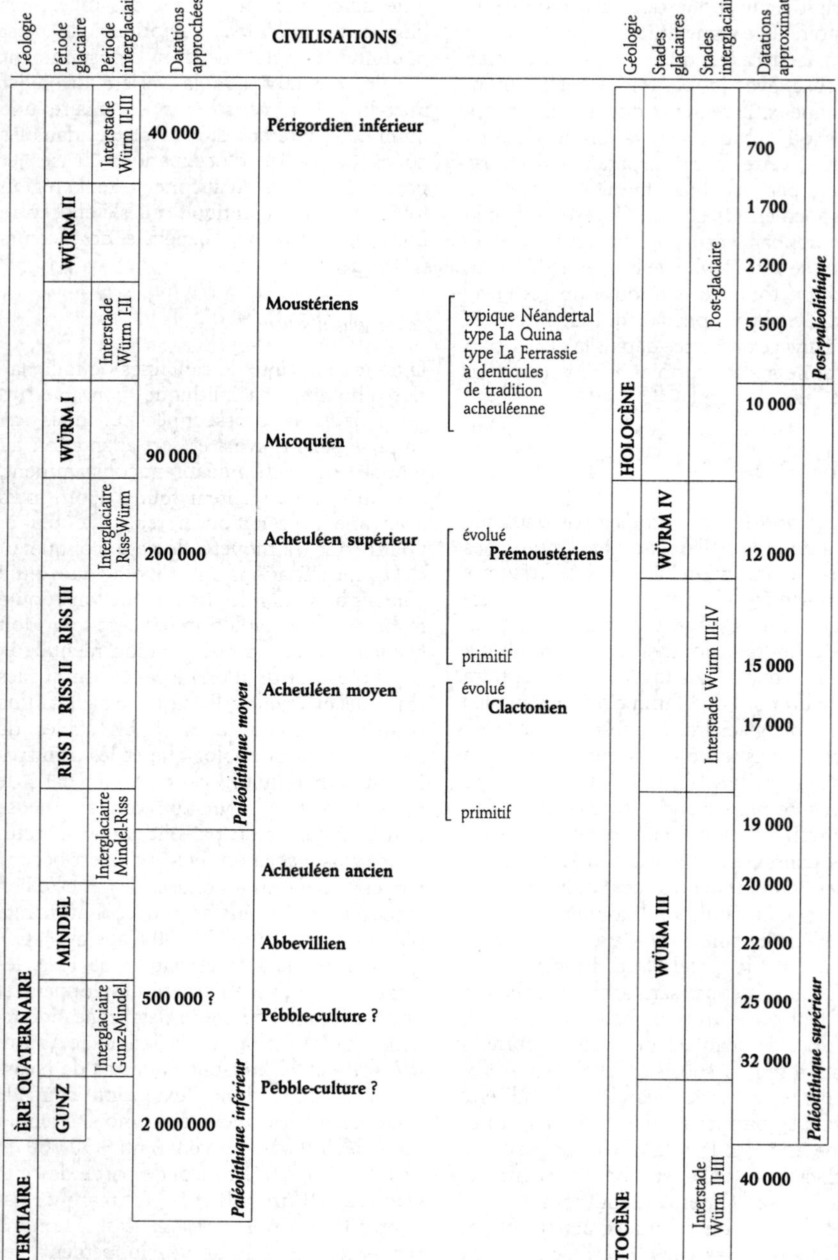

Paléolithique inférieur et moyen et paléolithique supérieur et post-paléolithique en France, d'après A. Roussot.

CIVILISATIONS		INDUSTRIES formes caractéristiques		FOSSILES HUMAINS	ART mobile pariétal
Age du fer *Tène/Hallstatt*		outillage de fer très varié (types modernes).			Art celtique
		épées de fer à antenne. chars.			
		rasoirs de bronze.			
Age du bronze		bracelets. épées et haches de bronze.			Figurations stylisées.
Age du cuivre *chalcolithique*		poignards de silex. flèches à ailerons			Idoles, statues, menhirs
		et pédoncule. perles. poignards			Gravures sur mégalithes
		et aiguilles en cuivres.			
Néolithique		haches polies. pointes de flèches.			Pas d'art figuratif
		céramique.			
Mésolithique		outillage microlithique et géométrique.			
Azilien		harpons plats. pointes aziliennes.		Rochereil	Galets peints
		grattoirs unguiformes. géométriques.			
Magdalénien	V I*b*	harpons à deux rangs.		La Madeleine	Limeuil, Teyjat VI
récent		burins becs-de-perroquet. pointe à cran.			
	V I*a*	pointes de Laugerie-Basse et de Teyjat.		Laugerie-Basse	La Madeleine IV V VI
		sagaies.+ au sommet VI b, pointes			
		aziliennes et microlithes géométriques.		Chancelade	
	V	harpons à un rang. sagaies.			
		baguettes demi-rondes. propulseurs.		St-Germain-la-Rivière	
Magdalénien	IV	prototypes de harpons. pointes à base			Contours découpés
moyen		fourchue. baguettes demi-rondes.		Cap-Blanc	
	III	sagaies à rainures et cannelures.			Cap-Blanc
		baguettes demi-rondes.			La Marche III
		sagaies fines et longues.			
Magdalénien	II	sagaies à base conique ou pyramidale.			
ancien		lamelles. triangles denticulés.			
	I	sagaies à section ovale, à base en			
		éventail ou en lancette, striées en épis.			
	« 0 »	raclettes, perçoirs en étoile.			
		burins transv. sur encoche et ret. latérale.			
Solutréen	final	feuilles-de-laurier. fléchettes solutréennes.		Roc-de-Sers	Roc-de-Sers
	supérieur	feuilles-de-saule. pointes à cran. lamelles.			Fourneau du Diable
	moyen	feuilles-de-laurier.			
	inférieur	pointes à face plane.			
Protosolutréen		pointes à face plane.			
Aurignacien V		sagaies à biseau simple avec canalicules.			
Protomagdalénien		lames retouchées.		Pataud	Bâton décoré
Périgordien	VI	pièces tronquées	burins plans		Bas-reliefs de Laussel
supérieur	Noailles V*c*	burins de Noailles	lamelles à dos		
	Elém. tronq. V*b*	éléments tronqués	grattoirs déjetés		
	Font-Robert V*a*	pointes de la Font-Robert	sur éclat		« Vénus »
	Gravette IV	pointe de la Gravette	fléchettes		
	Fontenioux IV		pointes		
Aurignacien	IV	sagaies biconiques	lamelle Dufour		Blocs peints et gravés :
	III	sagaies ovalaires	burins busqués		abris Blanchard, Cellier.
	II	sagaies losangiques	grattoirs à museau	Cro-Magnon	la Ferrassie, Laussel
	I	sagaies à base fendue	grattoirs carénés	*Négroïdes* de Grimaldi	
	0		lames retouchées		
			os cochés		
Périgordien	des Cottés II	pointes de Châtelperron et des Cottés.		Combe-Capelle	Colorants, parure
inférieur	Châtelperron I	+ outils moustériens. ocres. objets d'os			os et pierres cochés
	0	et d'ivoire incisés. dents percées.			

nent, vers 10 000 av. J.-C., la seule modification anthropologique de grande ampleur est l'apparition de la brachycéphalie.

Le feu

A partir du moustérien, le feu est attesté partout. L'homme de Neandertal, comme, après lui, l'homme du paléolithique supérieur, sait entretenir, dans les grottes qu'il habite, de véritables foyers, limités par des cercles de pierre plus ou moins réguliers et étendus. Il les nourrit de bois, de moelle d'os et, lorsque le bois fait défaut dans la steppe sans arbres, d'os d'animaux, qui brûlent sans lumière. Tous, désormais, sont capables de produire le feu, par percussion, en frappant un bloc de pyrite contre une pierre siliceuse, ou par frottement prolongé de morceaux de bois l'un contre l'autre, selon le procédé des forets ou scies à feu. Des entassements de galets de rivière servent d'accumulateurs de calories : chauffés dans les foyers, ils irradient la chaleur emmagasinée une fois le feu tombé ou éteint. Protection contre les fauves, source de chaleur et de lumière, le feu est un moyen de défense et de survie.

La cuisson des aliments, sans doute aussi séchés ou fumés, en facilite la conservation, peut-être également réalisée par l'utilisation du froid et de la glace dans les périodes ou saisons propices, comme les Esquimaux en offraient naguère un exemple bien connu. Encore très éloignée de la cuisson des argiles, qui conduira bien plus tard à la fabrication des poteries, la combustion des ocres minérales permet d'obtenir une palette de colorants plus diversifiés allant du jaune et du brun au rouge violacé.

La lampe

L'homme a certainement utilisé de tout temps les torches et les brandons pour s'éclairer. Des fragments de bois retrouvés à Lascaux sont des branches de genévrier, bois qui se consume avec une flamme vive, mais sans fumée. C'est au paléolithique supérieur seulement qu'est née l'idée de transporter le feu dans des lampes de pierre. On utilise des géodes naturelles ou on fabrique des lampes en calcaire ou en grès, munies d'un manche de préhension, et creusées d'une cavité qui reçoit la graisse ou la moelle. Ces lampes se retrouvent parfois très nombreuses dans les galeries des grottes ornées : elles ont facilité l'exploration plus hardie des couloirs souterrains et la décoration de leurs parois. Un des blocs sculptés de Laussel (Dordogne) représente une femme nue tenant un objet qui est peut-être une lampe.

Qu'il s'agisse de lampes volontairement façonnées en cuvette ou en godet, avec parfois sur le rebord une rigole ou une rainure d'écoulement des matières grasses, ou simplement de plaquettes de pierre brute, qui, parce qu'elles présentent des traces rougies ou noircies, sont interprétées comme des sortes de lampions, ces témoignages d'une remarquable conquête technique sont, pour la plupart, principalement signalés en France, en particulier pour les lampes décorées, comme celles de La Mouthe, en grès rougeâtre gravé d'un bouquetin, et de Lascaux, en grès rose, piqueté, raclé et poli, au manche gravé de chevrons emboîtés.

L'outil

L'outil est le facteur essentiel du succès de l'espèce humaine. C'est d'abord un simple galet aménagé par quelques retouches réalisées en le frappant avec un autre galet. Il y a peu de témoignages en France de cette très primitive *pebble tool culture*. Des outils en pierre, taillés sur les deux faces, leur succèdent. Ces bifaces, les « coups-de-poing » des anciens auteurs, sont fabriqués à partir de rognons de silex, qui abondent dans les roches calcaires, l'argile et le bief à silex, ou encore en quartz et en quartzite.

Plusieurs techniques sont mises en œuvre pour les transformer en types variés. La taille par percussion directe à la pierre, en frappant le rognon avec un galet ou un autre rognon de silex, est la plus ancienne. Les bifaces fabriqués ainsi ont des enlèvements très marqués (abbevillien ou chelléen). Dans le courant de l'acheuléen, l'homme découvre que le silex se taille mieux si on le frappe avec un percuteur doux (os, bois de cervidés, bois dur). Il fabrique avec cette technique des bifaces plus réguliers et plus plats, avec des enlèvements d'éclats à conchoïde faiblement marquée. La même technique permet aux hommes du moustérien de tradition acheuléenne de réaliser de beaux bifaces triangulaires ou cordiformes. Plus tard, les Solutréens retrouvent ce procédé pour tailler les grandes pièces bifaces foliacées, appelées feuilles-de-laurier. A l'acheuléen encore est inventée la technique de débitage, délicate et difficile à réaliser, dite « technique Levallois » : elle permet d'obtenir des éclats de forme prédéterminée, après une préparation particulière du nucléus.

Les Solutréens inventent une nouvelle technique dans le courant du paléolithique supérieur. La technique de taille par pression consiste non plus à frapper l'objet, mais à presser sur le bord avec un compresseur d'os, d'ivoire ou de bois dur. Lente et difficile, elle s'applique seulement aux objets de dimension réduite, mais elle permet d'obtenir des retouches parallèles, extrêmement régulières, notamment au solutréen, pour fabriquer de belles pointes à cran. Abandonnée ensuite, elle reparaît seulement à l'âge du bronze, qui la porte à un degré de perfection inégalée. Les Solutréens encore découvrent que le silex qui a subi un traitement thermique se taille bien plus facilement et utilisent pour leurs pointes à cran ce procédé très exceptionnel que les Paléoindiens d'Amérique ont inventé de leur côté.

La conservation indéfinie du matériel lithique et son extraordinaire abondance dans les sites français ont permis un classement précis et détaillé des outils de pierre de nos ancêtres. Leur fonction, restée pourtant encore hypothétique, se précisera peut-être par l'examen au microscope électronique à balayage des traces d'usage qu'ils présentent, analysées en relation avec des expériences d'utilisation.

Des traces relevées sur des os d'animaux et sur des bois de cervidés, incisions, stries, mâchonnements, démontrent que les Moustériens se servaient de ces matériaux, mais sans leur faire subir d'aménagements. C'est à partir du paléolithique supérieur, en général, que se développent, avec des formes très variées, des outils et des armes en os, en ivoire et en bois de cervidés, parfois très complexes, comme les propulseurs ou les bâtons à trous, possibles redresseurs de flèches. Périssable, le bois, qui a certainement été très tôt transformé en bâton, gourdin ou épieu, a disparu de ces sites trop anciens.

Le peuplement paléolithique

Origines

Dans la course au berceau de l'humanité, l'Europe fait, pour le moment, piètre figure à côté des découvertes réalisées en Afrique et en Asie. Une très vieille occupation est attestée à la grotte du Vallonet, en Provence, sur la côte méditerranéenne (1961) : quelques éclats et cinq outils sur galets, avec des os peut-être cassés volontairement, et une faune très ancienne du villafranchien supérieur.

L'abbevillien (chelléen) est une industrie peu répandue et mal connue, contemporaine de la glaciation de Mindel. Découverte d'abord dans les terrasses de la Marne à Chelles, aux environs de Paris, elle a son seul gisement bien en place à Abbeville, dans la terrasse de 45 mètres de la Somme. Les niveaux inférieurs des gravières de la Porte du Bois et du Champ de Mars ont livré, vers 1880, une faune archaïque, mais non villafranchienne, et des bifaces aux arêtes sinueuses, taillés à grands éclats au percuteur de pierre, parfois grossièrement pointus, et conservant au talon de larges plages de cortex. C'est le seul site incontestable de cette primitive industrie, bien que des bifaces de ce type aient été récoltés un peu partout sporadiquement. Son fabricant, dont on n'a rien retrouvé, appartenait vraisemblablement au stade pithécanthropien, comme l'hominien dont la mandibule trouvée à Mauer, en Allemagne, près d'Heidelberg, est le seul vestige découvert en Europe pour le moment.

Croissance

A ces traces infimes succèdent, brusquement en apparence, des sites nombreux, riches de faune et d'outillage, qui appartiennent à l'acheuléen, civilisation aussi largement répandue dans l'Europe de l'Ouest qu'elle l'est en Afrique. On en connaît mal les racines, car ses gisements les plus anciens ont été détruits par les phénomènes de solifluxion qui marquent le début de la grande glaciation de Riss. La chronologie de l'acheuléen et son évolution ont été établies d'après les dépôts des terrasses de 30 mètres et de 10 mètres de la Somme dans les sites classiques de la région d'Amiens, dans les carrières de Saint-Acheul et de Cagny-la-Garenne en particulier. Ses riches ateliers livrent, avec la faune chaude à éléphant antique, des bifaces et des outils sur éclat. L'homme de l'acheuléen circule dans les vastes plaines du Nord. Le long des rivières et sur le bord des côtes, les coupes naturelles lui permettent de récolter sans effort les rognons de silex dégagés par l'érosion. Il en fait grand usage et même grand gaspillage.

Plus au sud, on le trouve aussi sur les terrasses de la Charente et sur celles de la Garonne, où, faute de silex, il taille en quartzite ses bifaces traditionnels. Ses haltes de dépeçage et ses ateliers de taille parsèment, comme dans le Nord, les plateaux du Bergeracois et de la Chalosse. Mais sans renoncer à ces parcours, il inaugure dans ces régions méridionales l'installation dans les grottes, où très exceptionnellement se mêlent à la faune et aux outils quelques débris humains. Les découvertes faites à la grotte de Coupe-Gorge à Montmaurin (Haute-Garonne), à la grotte de la Chaise (Charente) et à la caverne de l'Arago à Tautavel (Pyrénées- Orientales) le montrent parvenu au stade prénéandertalien.

La fin de l'acheuléen se situe au début de la glaciation de Würm, le stade terminal de cette puissante industrie, appelé micoquien, comportant de beaux bifaces très lancéolés, à pointe étroite finement retouchée. Il faut tempérer l'impression de large expansion géographique que donne ce premier grand peuplement par la notion de la durée considérable des temps acheuléens, des centaines de milliers d'années. Parallèlement à cette industrie des bifaces, on trouve quelques témoignages d'un complexe industriel qui n'a point de bifaces, mais des outils sur galets. Trouvés dans les niveaux anciens de quelques grottes et abris de la Provence et du Sud-Ouest (Fontéchevade, Micoque), ces outillages sont rapprochés du clactonien de l'Angleterre.

La nappe moustérienne submerge la France dans le début de la dernière glaciation et s'y développe pendant les deux premiers stades, durant environ cinquante millénaires (Würm I et II). Les Moustériens empruntent aux Acheuléens qui les précèdent techniques et genres de vie. Mais ils font accomplir à l'évolution un bond en avant, quoi qu'en pense l'opinion commune, qui ne voit classiquement en eux que des brutes primitives. Ils sont contemporains d'une aggravation considérable du climat, qui devient très rigoureux. La grande faune froide parvient enfin, par poussées successives, des plaines de l'Europe centrale jusqu'aux rivages de l'Atlantique. C'est, jusqu'à la fin des temps glaciaires, le gibier du chasseur préhistorique.

Les sites moustériens sont très nombreux. En plein air, ils prennent fréquemment le relais des acheuléens. C'est le cas dans les plaines de lœss du Bassin de Paris et sur les bords des rivières comme la Somme et la Seine. Leurs outillages mêlés à la faune froide se retrouvent dans la très basse terrasse de 5 mètres de la Somme. Pourtant, les hommes ne se sont sans doute aventurés dans ces régions balayées de vents glacés que pendant les périodes de rémission climatique et pour des expéditions de chasse. De même, dans les montagnes, ils ne se risquent en altitude que par petits groupes, en profitant des améliorations de température, probablement pour se livrer à la chasse aux ours. Par contre, ils stationnent longuement dans le Sud-Ouest, en Charente et en Périgord, où se trouve le site éponyme du Moustier. Les dépôts qui s'accumulent dans les grottes et les abris sur des épaisseurs de plusieurs mètres évoquent une permanence de fréquentation qui correspond même, sans doute, à une installation au moins partiellement sédentaire. Ils ne vont pas d'ailleurs, dans ces abris naturels, au-delà de quelques aménagements rudimentaires, qu'attestent des traces de piquets, quelques murettes et des dallages.

L'activité ingénieuse de l'homme moustérien s'exerce sur l'outillage lithique. Il utilise un lot assez restreint de types d'outils sur éclat, tous déjà inventés par l'homme acheuléen : pointe, racloir, couteau à dos denticulé et à encoche, outre le biface. Avec ce fonds commun, toujours le même, il constitue des groupements, variés en combinaisons, qui demeurent statistiquement stables d'un niveau à l'autre et d'un site à l'autre. Ainsi est-on conduit à distinguer cinq groupes principaux dans le moustérien, qui évoluent parallèlement dans un buissonnement culturel évocateur de traditions transmises : le moustérien typique, sans bifaces, avec des pointes et des racloirs plats ; le moustérien de tradition acheuléenne, avec des bifaces cordiformes et des racloirs, des couteaux à dos et quelques grattoirs et burins, précurseurs du paléolithique supérieur ; le moustérien type Quina, dit charentien, avec des racloirs épais ; le moustérien type La Ferrassie, proche du précédent, mais de technique Levallois ; le moustérien à denticulés, industrie appauvrie, envahie de denticulés et d'encoches.

Les caractères primitifs de l'homme de Neandertal, porteur de ces industries moustériennes, sont bien connus, grâce aux restes nombreux et souvent très complets livrés par les gisements moustériens de France : voûte crânienne surbaissée, arcades sus-orbitaires énormes, front fuyant, chignon occipital, face en museau, menton inexistant. Les recherches modernes ont apporté quelques nuances adoucissantes à ce portrait brutal. Malgré cet aspect, l'homme de Neandertal manifeste des préoccupations psychologiques nouvelles. Il se peignait peut-être le corps avec des crayons de manganèse et d'ocre taillés, frottés et raclés. Surtout, il pratique, pour la première fois dans l'histoire humaine, des rites funéraires qui traduisent respect ou crainte des morts, et donc une conception au moins rudimentaire de la survie future. On trouve des sépultures isolées d'homme à La Chapelle-aux-Saints (Corrèze) ou d'enfant au Roc de Marsal (Dordogne), mais aussi des sépultures de famille, comme à La Ferrassie (Dordogne), où un homme, une femme et quatre très jeunes enfants reposent proches les uns des autres dans des fosses : à proximité, des dépôts de nourriture représentent peut-être les provisions du dernier voyage. On ne sait s'il faut attribuer à un culte des crânes ou à des pratiques d'anthropophages les crânes et les mandibules humains fréquemment découverts isolés, dispersés au hasard et mêlés à la faune dans les niveaux d'habitation. Des squelettes d'ours bruns coffrés sous des tumulus grossiers de pierrailles amoncelées à la grotte moustérienne du Regourdou (Dordogne) ont rendu son actualité au problème controversé du culte des ours à l'époque moustérienne.

Épanouissement

Aux millénaires obscurs du paléolithique inférieur et moyen succède une période infiniment plus courte au regard des temps écoulés depuis l'apparition de l'homme en France, mais encore très longue par rapport à ceux qui la séparent des temps historiques. Durant les vingt millénaires du paléolithique supérieur, une réussite exceptionnelle se réalise sur le sol de notre pays. On en connaît bien les aspects les plus frappants et les plus attrayants, les peintures, les gravures et les sculptures qui abondent sur les parois des grottes et des abris et qui ornent bien des objets mobiliers. Cette création artistique n'est pas indépendante du progrès général, qu'attestent par ailleurs les inventions techniques, l'expansion démographique et, autant qu'on puisse en juger, une certaine organisation sociale. Cette mutation dynamique ne s'accomplit pas d'ailleurs uniformément tout au long de cette période, ni également sur la totalité du territoire.

L'homme nouveau

On admet à juste titre que l'invention des nouvelles techniques coïncide suffisamment avec l'apparition de l'homme anthropologiquement moderne, l'*Homo sapiens*, pour que cette association puisse être considérée comme le départ des temps nouveaux. Il faut, cependant, nuancer cette appréciation. La paléontologie humaine a fait justice d'un homme de Neandertal sans liens organiques possibles avec l'*Homo sapiens* qui lui succède. Le premier de ces nouveaux venus, l'homme de Combe-Capelle (Dordogne), présente encore quelques traits physiques primitifs et son outillage contient bien des types d'outils moustériens. Néanmoins, et malgré ces liaisons anthropologiques et culturelles, témoignages de possibles origines, l'homme du paléolithique supérieur diffère fondamentalement de son prédécesseur par un front droit, une voûte crânienne élevée, un menton bien marqué, et ces caractères se retrouvent en permanence parmi les races successives de Grimaldi, Cro-Magnon et Chancelade.

Les inventions

Les civilisations complexes du paléolithique supérieur sont extrêmement originales les unes par rapport aux autres, mais elles ont en commun des inventions qui les individualisent fortement par rapport au moustérien qui les précède et au mésolithique qui les suit. Pourtant, on ne saurait mettre ces innovations au compte d'une transformation de l'environnement. Climat, faune, végétation ne diffèrent guère de la période précédente, sauf par une aggravation du froid, encore plus rigoureux et plus sec, surtout à la fin, au magdalénien supérieur. Cette recrudescence s'accompagne d'une invasion d'antilopes saïgas, dont les troupeaux, originaires des steppes sèches de l'Asie centrale, atteignent alors les rivages atlantiques, spécialement en Charente et en Gironde.

Incertaines au-delà de 33 000 ans, les dates obtenues au radiocarbone permettent de situer les principaux épisodes du paléolithique supérieur avec une relative précision chronologique. Leur déroulement est bien connu grâce aux stratigraphies détaillées des sites de référence de la région des Eyzies-de-Tayac, en Périgord, les abris de La Ferrassie et de Laugerie-Haute. Le périgordien apparaîtrait vers 33 000 av. J.-C., dans l'interstade qui sépare le stade du Würm II du stade du Würm III. L'aurignacien se développerait à partir de 30 000 av. J.-C. Périgordien et aurignacien suivraient alors des évolutions parallèles tout au long du stade du Würm III. Vers la fin de ce stade, aux environs de 19 000 av. J.-C., débuterait le solutréen, qui les remplace. Dans le courant de l'interstade qui sépare le stade du Würm III du stade du Würm IV apparaîtrait le magdalénien, vers 15 000 av. J.-C. Son développement couvrirait le Würm IV, pour s'achever vers 10 000 av. J.-C., en même temps que s'achèvent les temps glaciaires.

Durant le paléolithique supérieur, ce qui est nouveau, c'est l'invention technique continue. La lame et la lamelle servent désormais à fabriquer des outils, mais, contrairement à l'opinion courante, elles n'en sont pas le support exclusif : l'usage de l'éclat reste fréquent. La création d'outils d'une extrême spécificité est le fait essentiel, qu'ils soient réalisés sur lame ou sur éclat. Les grattoirs, les burins et les perçoirs existaient déjà, peu nombreux, dans le paléolithique moyen. Ils sont désormais fabriqués en innombrables variétés, souvent associés en combinaisons sur une même pièce, comme les grattoirs-burins ou les burins multiples. A ce fonds commun qui confère une remarquable unité typologique à l'outillage lithique du paléolithique supérieur, il s'ajoute des types spéciaux propres à une seule civilisation : grattoirs épais de l'aurignacien, pointes à dos abattu du périgordien, pièces foliacées du solutréen. Certains même ont une existence momentanée, limitée à une très brève période, comme les burins de Noailles et les pointes pédonculées de Font-Robert, au cours du périgordien supérieur.

L'outillage en os fait son apparition au paléolithique supérieur. Quand les pointes en silex font défaut, les pointes en os se développent avec beaucoup de variétés. C'est le cas à l'aurignacien, qui invente, avec la pointe en os à base fendue, le premier exemple d'emmanchement embrassant, technique perdue ensuite et qui est retrouvée seulement à l'âge du bronze, avec l'emmanchement à douille. C'est aussi le cas au magdalénien, qui fabrique en os, en ivoire et en bois de cervidés une gamme très étendue de pointes de sagaie, et aussi des outils très élaborés comme les redresseurs de flèches (« bâtons de commandement »), les harpons et les propulseurs. Inventée au solutréen, l'aiguille à chas abonde au magdalénien. Mais cet outil si ingénieux disparaît ensuite et ne sera réinventé, en métal, qu'à partir de l'âge du bronze.

Frontières

Les limites géographiques de l'expansion humaine sont, comme auparavant, souvent conditionnées par les impératifs climatiques. Plus encore que les Moustériens, les hommes du paléolithique supérieur ont, par exemple, évité de traverser les plaines lœssiques du Bassin parisien, où leurs traces sporadiques témoignent de passages hâtifs. Mais la répartition des cultures successives montre un fait nouveau. Si leurs limites ne se superposent jamais à celles de l'hexagone actuel, il leur arrive fréquemment de coïncider avec certaines des grandes frontières naturelles, qui joueront un rôle au cours des temps historiques. Pyrénées, Loire, Garonne, Rhône, Durance, ce sont par moment des barrières, des obstacles contre lesquels butent certaines cultures ou qu'elles franchissent à peine. Les Pyrénées sont une zone perméable aux passages vers l'Espagne, à leurs extrémités et surtout du côté atlantique. Mais relativement bien peuplées par les tribus de l'aurignacien et du périgordien, les vallées pyrénéennes deviennent un désert au début du solutréen, qui n'y est représenté que dans sa phase avancée, et au début du magdalénien qui n'y est connu, magnifiquement d'ailleurs, que dans sa phase supérieure. Le solutréen ne dépasse pas ou à peine la Loire et le Rhône. Le magdalénien est pratiquement inconnu en rive gauche de la Durance. La répartition des témoignages artistiques appelle des constatations du même ordre. Les frises animales en haut et bas relief que Solutréens et Magdaléniens ont sculptées aux parois des abris sont strictement cantonnées dans une zone étroite que délimitent Loire, Pyrénées et Massif central. Plus répandu, l'art pariétal des grottes ornées ne traverse pourtant, ou très peu, ni la Loire ni le Rhône.

Durant ces vingt millénaires, la seule région de France occupée sans lacunes de façon constante est située entre Loire et Garonne, avec une densité maximale en Périgord, dans les vallées de la Dordogne et de la Vézère : toutes les civilisations du paléolithique supérieur se trouvent représentées dans leur faciès principal et dans leurs variétés secondaires dans cette zone classique. Mais il serait exagéré et inexact d'interpréter cette densité continue comme la preuve que le sud-ouest de la France a joué seul le rôle d'éveilleur d'idées et de techniques, sans rien recevoir de l'extérieur. Le problème est bien plus complexe, et des échanges se sont produits sans qu'il soit toujours très aisé, faute de repères chronologiques assez précis, d'établir les origines, c'est-à-dire les antériorités.

Deux grandes civilisations occupent parallèlement et indépendamment le début du paléolithique supérieur, le périgordien et l'aurignacien. Caractérisé par des pointes de silex – pointes de Châtelperron et pointes de la Gravette –, le périgordien tire sans doute ses origines modestes d'une évolution sur place du moustérien de tradition acheuléenne, qui s'est effectuée entre Loire, Yonne et Garonne, région où existent ses niveaux anciens les plus nombreux et les plus riches. L'aurignacien, par contre, ne diffère pas fondamentalement en France de l'aurignacien d'Europe centrale, qui possède les mêmes pointes en os à base fendue caractéristiques de cette civilisation de l'Atlantique à la Hongrie. Il faut donc supposer l'existence à cette époque d'une vaste communauté culturelle européenne, dont la France n'occupe que la façade atlantique. Au périgordien supérieur, les statuettes féminines, désignées, à tort, sous le terme de « Vénus aurignaciennes », jalonnent une zone qui, outre la France, englobe l'Italie, la vallée du Danube et atteint l'Ukraine : il faut voir là le témoignage au moins de liaisons culturelles, sinon de migrations.

Conquête de l'espace

Au magdalénien supérieur se réalise en France une prodigieuse expansion humaine. L'homme se répand partout, témoignant d'une vitalité qu'attestent également la diversification des techniques et l'abondance des réalisations artistiques de toute nature. Cette conquête reste fondée sur la région classique : pour 400 sites magdaléniens répertoriés en France, 300 se trouvent dans le Sud-Ouest, dont plus du quart en Périgord. Elle s'appuie aussi sur les stations de l'Ile-de-France. Sur le plateau du Beauregard, en effet, près de Nemours, dans la vallée du Loing, les tribus du périgordien supérieur, puis du magdalénien ancien, ont fortement occupé, à plusieurs reprises, ce site de plein air qui constituait peut-être une halte traditionnelle au milieu des plaines inhospitalières du bassin de Paris. Les groupes stationnés au sud de la Loire paraissent l'avoir utilisé comme un relais ou une base pour leurs progressions en direction des Ardennes belges ou des territoires rhénans.

Vers le sud, c'est la reconquête des Pyrénées, abandonnées depuis la faible occupation du solutréen final ; vers l'est, les Magdaléniens font le tour complet du Massif central, investissent, sur la rive droite de la Saône et du Rhône, les débouchés qui entaillent le revers montagneux, s'installent par petits groupes dans les vallées de l'Ardèche et du Gard, s'éparpillent dans la vallée du Tarn, s'implantent fortement dans les pays du Lot. Par les couloirs naturels de la Loire et de l'Allier, ils gagnent les hautes terres froides de la montagne. Le Rhône traversé, ils colonisent Jura, Dauphiné et Savoie. Vers le nord, des groupes campent en plein air, sans qu'il soit possible d'évaluer l'importance des rapports qu'ils entretiennent avec les populations des pays du Rhin. Certaines particularités de leurs outillages lithiques les rapprochent en effet du magdalénien germanique.

Déclin

La fin des temps glaciaires, vers 10 000 av. J.-C., met un terme à cet épanouissement. La faune froide disparaît. Des pluies très abondantes accompagnent un réchauffement général. La forêt remplace la steppe. Dans les grottes et les abris des Pyrénées, et notamment au Mas-d'Azil (Ariège), des Alpes, du Massif central et de ses abords, les petits groupes de l'azilien succèdent aux puissantes tribus magdaléniennes. Ils adaptent à la chasse d'un gibier de forêt un outillage appauvri, aux techniques médiocres : petits grattoirs ronds, pointes à dos courbe, quelques burins, des harpons plats et des poinçons en bois de cerf. Parfois s'y ajoutent des galets peints en rouge de décors géométriques, de destination inconnue.

Vie quotidienne

Durant ces millénaires, l'homme a tiré ses ressources de la chasse, de la pêche et de la cueillette. Malgré l'évolution de la faune au cours des temps, son gibier ne s'est pas modifié de façon fondamentale. Armes et outils lui permettent de capturer, tuer, écorcher, dépecer ces animaux, dont on retrouve les restes dans les sites de plein air ou dans les grottes, carcasses démembrées et os éclatés ou débités : ce sont des grands herbivores (cheval, bœuf, bison), des cervidés (renne, cerf), des fauves (lion, ours, loup, renard, lynx), des bouquetins, des sangliers, enfin de grands pachydermes, éléphants et rhinocéros. De la capture de ce gibier dépend toute vie matérielle. Ces animaux sont des réserves de viande, mais aussi les fournisseurs d'os, d'ivoire et de bois pour les armes et les outils, de cuir et de fourrure pour les vêtements et les courroies, de crins, de ligaments et de boyaux pour les cordes, les liens et les fils. Des appoints alimentaires sont fournis par la chasse aux oiseaux, coqs de bruyère, canards sauvages, perdrix des neiges, dont on utilise aussi les plumes et les os, et par la pêche à la truite, au brochet et surtout au saumon. Au paléolithique supérieur, les vertèbres enfilées de ces poissons sont associées aux dents et aux coquillages percés pour fabriquer les colliers et les bracelets dont on pare les morts. La moelle des os longs, remarquablement énergétique, complète ce menu carné, qui s'équilibre par des baies comme les myrtilles, des racines, des noisettes, des œufs et le miel sauvage. Ainsi, pas de carences alimentaires. Les squelettes ne présentent jamais de traces de rachitisme. Les dents ne sont pas cariées, mais usées parfois jusqu'aux racines pour avoir été utilisées à mâcher des peaux ou à tirer des fils, comme le font encore les Esquimaux.

Le littoral a été fréquenté très anciennement comme l'attestent, sur la côte atlantique, les rognons de silex sommairement taillés, sans doute archaïques, de la plage de la Pointe-aux-Oies à Wimereux en Artois, les campements acheuléens du Havre, à l'estuaire de la Seine, et de l'anse de Treinsiny en Finistère, aussi bien que, sur le littoral méditerranéen, les campements dunaires acheuléens de la plage de Terra Amata, à Nice.

Mais les oscillations du niveau de la mer ont fréquemment modifié le tracé du littoral au cours des millénaires. A la fin des temps glaciaires, il est situé à plus d'une centaine de mètres au-dessous du niveau actuel, et la façade atlantique se trouve à une quinzaine de kilomètres au large de nos côtes. La disparition des gisements ennoyés ultérieurement par la remontée postglaciaire nous prive donc de bien des informations sur les relations de l'homme paléolithique avec le milieu marin et sur l'exploitation de ses ressources par la pêche et la récolte des coquillages.

Quelques ossements de phoque découverts dans les très anciens sols d'occupation du site provençal de Lunel-Viel, tout proche de la côte, y témoignent tout au plus de l'aubaine d'un échange, mais ceux qui ont été trouvés très loin à l'intérieur des terres dans des abris périgourdins du paléolithique supérieur attestent des échanges par troc ou de quelques randonnées à l'Océan.

Attestée par des vertèbres de poissons dès l'acheuléen, l'exploitation des ressources d'eau douce, rivières et lacs, s'est poursuivie tout au long du moustérien pour s'accroître au paléolithique supérieur, que de nouveaux engins de pêche, sagaies et harpons, et des méthodes améliorées en aient facilité la capture ou que l'usage des parures en ait stimulé la quête. C'est au postglaciaire seulement que les chasseurs du mésolithique complètent leurs repas par la consommation des mollusques, escargots, moules d'eau douce et, en bord de mer, huîtres et coquillages marins : les coquilles s'entassent parfois dans les habitats en amoncellements énormes.

Techniques de chasse

Au cours des temps, armes et outils sont devenus plus variés, plus élaborés, plus complexes, et sans doute plus efficaces pour des tâches plus spécialisées. Mais dès l'abbevillien et l'acheuléen, l'homme primitif s'est montré capable de capturer et de tuer des animaux énormes et féroces avec son faible outillage. Il faut supposer, dès cette époque reculée, des expéditions collectives, qui nécessitent organisation et concertation. Trappes et pièges sont indispensables pour la capture des éléphants : ils existaient sans doute ; plus tard, on en retrouve les probables figurations schématiques à la grotte de Bernifal (Dordogne), où l'on voit des « huttes » encadrer des mammouths. A Solutré (Saône-et-Loire), des carcasses de chevaux s'amoncellent — plus de 10 000 têtes —, dans le niveau du périgordien supérieur, que les préhistoriens désignent par le terme évocateur de « magma à chevaux ». Comme le site est placé au pied d'un rocher qui s'avance en promontoire, on a supposé que les chasseurs cernaient les troupeaux sur le plateau et, en les affolant, les obligeaient à se précipiter dans le vide, au bas de la falaise, en un gigantesque « saut de la mort ». Cette hypothèse est aujourd'hui contestée et l'amas de chevaux de Solutré est mis parfois au compte d'une catastrophe naturelle, comme celles qui, aux Etats-Unis, ont parfois frappé les troupeaux de bisons perdus dans des tempêtes de neige. Des figurations schématiques, peintes ou gravées dans les grottes ornées, notamment à Lascaux, sont interprétées comme des barrières ou des enclos : elles attesteraient que les hommes préhistoriques pratiquaient la chasse à l'enclos de capture, qui consiste à rabattre les troupeaux vers des lieux plus ou moins artificiellement clos. Des grottes magdaléniennes des Pyrénées proviennent des figurines en os, faites par contours découpés, de têtes de chevaux, que surchargent des traits secondaires. S'il s'agit, comme on l'a supposé parfois, de la représentation de courroies, licous et harnachements, il faudrait admettre que l'homme avait entrepris, à l'extrême fin du paléolithique, la domestication ou la semi-domestication du cheval. Les pointes en silex ou en os, emmanchées ou non, ont servi d'armatures de projectiles. A partir du solutréen, les sagaies sont lancées par l'intermédiaire d'un propulseur. Mais avant le mésolithique il n'existe aucune preuve de l'existence de l'arc, bien que certains chevaux de Lascaux soient représentés entourés de flèches empennées. Au mésolithique seulement l'homme domestique le chien, qui, à la chasse, rabat et rapporte.

Demeures

A partir du paléolithique moyen, l'homme cesse d'être le nomade qui se déplace constamment à la suite du gibier. Il se fixe au moins pour un temps dans les abris et les grottes, dont l'occupation avait débuté d'ailleurs dès l'acheuléen, mais de façon très occasionnelle. Par l'étude des dents de renne trouvées dans les niveaux d'occupation, on a démontré que l'homme tuait des rennes tout le long de l'année sans interruption et les rapportait à la grotte. Il y résidait donc, ou tout au moins ne s'en éloignait pas pour longtemps. Il vivait à l'entrée, sur le talus d'accès, à l'abri des surplombs rocheux. Il fréquentait rarement les profondeurs des couloirs et des galeries souterrains. Cette sédentarisation relative n'excluait nullement les déplacements, dont témoignent de très nombreux sites de plein air. De dimensions très variables, c'étaient des haltes ou des campements de chasse, des stations saisonnières, parfois fréquentées à plusieurs reprises, quand les hommes y revenaient par habitude ou par tradition. Au paléolithique supérieur, ces sites sont souvent pavés de galets de rivière.

Vêtement

L'homme préhistorique n'a certainement pas affronté le climat, parfois très rigoureux, sans vêtements de fourrure ou de cuir. Mais les documents font presque totalement défaut. Les statuettes périgordiennes, les « Vénus », sont nues, seulement ornées de colliers ou de bracelets de bras ou de cheville. Les femmes magdaléniennes gravées sur les parois ou sculptées sont aussi dépourvues de vêtements. Quand ils ne sont pas nus, eux aussi, les hommes sont affublés de défroques animales, costumes de circonstance pour des rituels de sorcellerie ou déguisements de chasseurs. Seule la « figure à l'anorak », gravée dans la grotte de Gabillou (Dordogne), donne une idée du costume fonctionnel de l'époque : un vêtement épais à capuchon.

L'invention des aiguilles à chas et leur développement au magdalénien permettent ou facilitent la fabrication de vêtements cousus. Elles sont de dimensions variées, surtout en os, quelquefois en ivoire ou en bois de cervidé, raclées et polies, mais très rarement décorées. Lustrées par l'usage, elles sont souvent fracturées et alors fréquemment réparées, à la pointe et surtout au chas. Cette partie fragile est percée par divers procédés : perforation par pression ou rotation ou souvent par approfondissement d'une rainure, travail qui est effectué à partir des deux faces pour éviter l'éclatement des parois. Cette technique difficile de l'aiguille à chas s'éclipse à l'azilien.

Démographie

Même au magdalénien, période d'explosion démographique, le peuplement de la France reste largement discontinu et encore très faible, malgré les concentrations exceptionnelles du Sud-Ouest. Trop rares, les squelettes ne nous renseignent que très fragmentairement sur les maladies des hommes paléolithiques : quelques déformations congénitales, des fractures surtout de l'avant-bras, des arthroses relativement fréquentes et diverses lésions et anomalies dentaires : la carie est encore totalement inconnue. D'après l'étude des squelettes d'âge et de sexe déterminables, trouvés dans les sépultures, très rares encore au moustérien, bien plus nombreux au paléolithique supérieur, surtout au magdalénien, il a été établi que la longévité de ces populations était très faible : chez les moustériens, un seul sujet, l'homme de Neandertal lui-même, dépasse la quarantaine ; au paléolithique supérieur, les « vieillards » dépassent rarement la soixantaine. Les femmes meurent plus tôt que les hommes, sans doute à cause des risques de la grossesse et de l'accouchement. Dans les sépultures, elles sont parfois accompagnées de fœtus ou d'enfants en bas âge. La mortalité infantile est très élevée. Dans ces populations primitives, le taux de fécondité atteint normalement le taux naturel. Les adultes jeunes tiennent sans doute les leviers de commande. Mais il est bien difficile d'évaluer numériquement les groupes. Pour les périodes très anciennes, acheuléen et moustérien, le groupe ne doit pas dépasser quelques dizaines d'individus, comme chez les Bushmen ou les Australiens actuels, qui ont un genre de vie plus ou moins comparable. Dans les cas très favorables, à la belle époque du magdalénien, du moins dans les zones de longue implantation comme le Périgord, il atteint peut-être la centaine. Les expéditions en territoire neuf ou difficile, les déplacements en montagne ou dans les plaines du bassin de Paris ne doivent pas mobiliser plus d'une dizaine d'individus.

Les femmes

A aucun moment la femme ne semble écartée de la vie sociale. Dès le moustérien, elle reçoit, comme l'enfant, la même protection funéraire que l'homme dans les sépultures, et, à partir du paléolithique supérieur, les mêmes parures, colliers et bracelets de coquilles et de dents percées. A Saint-Germain-la-Rivière (Gironde), une femme magdalénienne saupoudrée d'ocre rouge, ornée d'un collier de soixante-dix canines de cerfs gravées de dessins géométriques, est inhumée sous la dalle d'une sorte de petit dolmen. Les femmes ne sont pas éloignées des grottes et des cérémonies qui s'y déroulent peut-être : leurs mains imprimées en rouge ou en noir se mêlent, sur les parois de Gargas (Hautes-Pyrénées), à celles des enfants et des hommes. Au cours des temps, leur rôle s'est sans doute modifié dans la société. Les Vénus enceintes aurignaco-périgordiennes, statuettes ou bas-reliefs comme ceux de Laussel (Dordogne), sont sans doute liées au pouvoir d'exorcisme que les primitifs attribuent au sexe féminin ou encore à un culte de la fécondité. Par contre, les figurations gravées ou sculptées de femmes couchées ou penchées, fréquentes au magdalénien, paraissent avoir une signification plus profane et peut-être érotique.

Magie

A partir de l'aurignacien, le développement considérable de la vie artistique signifie vie sociale et organisation des loisirs, mais aussi réflexion individuelle ou collective sur les procédés susceptibles de faciliter les rapports de l'homme avec le monde naturel et même avec le monde des choses secrètes. On trouve dès l'aurignacien des os et des bois qui sont incisés de lignes répétées, disposées régulièrement, mais de façon très variée. Ces « marques de chasse » se multiplient au solutréen et au magdalénien. Il s'agit peut-être de procédés de dénombrement, sans qu'on sache à quoi correspondent ces inventaires : tableaux de chasse, ennemis abattus, recensements. Des petites scènes gravées sur os de la fin du magdalénien sont peut-être des messages exprimés dans un langage pictographique. Les galets coloriés de l'azilien ont été interprétés comme une sorte d'écriture.

Des signes à signification obscure, gravés ou peints, surchargent ou encadrent, sur les parois des grottes ornées, certaines des figurations animales. Quelques-uns s'interprètent aisément comme des traits ou des flèches, d'autres moins évidemment comme des trappes, des pièges ou des barrières. Tous traduiraient des rites de magie possessive, préfigurant la chasse future et en facilitant l'heureuse issue. D'autres signes, placés dans les passages d'accès difficile ou aux changements topographiques, seraient des signes de piste, des repères jalonnant le parcours souterrain. Ils ont, sans doute, des significations et des usages variés, qui malheureusement nous échappent. Mais il ne paraît guère possible de leur attribuer, comme le propose une théorie récente, une signification exclusivement sexuelle, féminine ou masculine. Des mains rouges ou noires, féminines ou masculines, positives ou négatives, parfois privées de quelques doigts ou phalanges, se trouvent dans certaines grottes : on y voit tantôt des signes de possession, liés à l'antique magie de la main, tantôt la figuration d'un langage conventionnel à doigts ou phalanges repliés.

La proportion relative des espèces animales figurées sur les parois des grottes est très variable. L'homme a fait un choix dans le parc zoologique qui l'entoure. Le cheval et le bison sont les animaux les plus représentés, mais ils n'existent pas partout en pourcentage dominant. Rouffignac (Dordogne) contient, par exemple, une quantité insolite de mammouths et de rhinocéros. A Cougnac (Lot), il n'y a ni cheval ni bison, mais des cerfs, des éléphants et des bouquetins. On peut admettre que ces choix ont un rapport avec les intentions magiques des hommes et que ces intentions nous échappent. De toute façon, les superpositions de figures, peintes ou gravées sur une même paroi, manifestent une complète indifférence de l'artiste pour l'œuvre du prédécesseur : à Lascaux, dans la salle des Taureaux, on dénombre six périodes de peintures successives qui se recouvrent. Dans cet art d'inspiration magique, ce qui, fondamentalement, compte, c'est l'acte de figurer et aussi de figurer sur une paroi qui a fait les preuves de son pouvoir. Des parois restent entièrement vides, à côté de celles que surchargent peintures et gravures accumulées. L'existence d'une caste de sorciers n'est pas impossible : de nombreuses figurations humaines grotesques, recouvertes de dépouilles animales, ont été interprétées comme des *medicinemen* ou des chamans. Peut-être artistes et sorciers ne se distinguaient-ils guère dans cette société où la chasse heureuse reste la condition essentielle de la survie des individus.

II. LA PRÉHISTOIRE RÉCENTE

Le mésolithique

Déclin de l'économie prédatrice

La préhistoire récente commence au mo ment où s'éteignent, avec l'industrie azilienne, les dernières lueurs de la civilisation paléolithique. Les temps glaciaires sont finis. Un climat tempéré s'installe dans notre pays ; d'abord humide, puis sensiblement plus chaud et plus sec, il n'exige plus de l'homme un effort considérable d'adaptation. Pourtant, dans les forêts qui couvrent alors la majeure partie de la France, l'humanité mésolithique ne connaît pas le développement démographique et culturel qu'on serait en droit d'attendre. Des abris calcaires de Provence ou d'Aquitaine aux sables de Fontainebleau, une population clairsemée chasse le cerf, le sanglier ou... l'escargot, pêche les poissons et récolte les coquillages. Les bords d'étangs ou de rivières, les buttes sableuses, les côtes de l'Atlantique ont reçu ses maigres campements, lorsque les zones poissonneuses ou giboyeuses ne lui offraient pas l'abri de grottes ou de chaos de rochers. Les outillages, qui ont évolué pendant les trois ou quatre millénaires des temps mésolithiques, ont pourtant en commun une tendance à la « miniaturisation », déjà apparue au magdalénien. Certains outils communs demeurent de taille moyenne, mais on voit se développer à côté d'eux de minuscules silex retouchés en forme de pointes, segments de cercle, triangles, puis trapèzes, qui sont ou des armes adaptées au menu gibier, premières flèches tirées par l'arc, que l'homme de ce temps semble avoir connu, ou bien des éléments d'outils composites, barbelures de harpon fixées dans des manches de bois ou d'os. Ces chasseurs-pêcheurs, comme leurs prédécesseurs, ignorent l'art du potier. Ils sont déjà accompagnés de chiens, qu'ils ont domestiqués, ou qui se sont domestiqués eux-mêmes, et qui chassent peut-être avec leurs maîtres.

Le soin des morts

Quelques sépultures sont connues ; ainsi, les mésolithiques des îlots d'Hœdic et de Téviec, en Bretagne, avaient pieusement enseveli leurs morts. Déposés dans des fosses peu profondes, parfois surmontées d'un massif de pierres brutes, les squelettes avaient reçu des offrandes de nourriture, des outils, des parures de coquillages ; de l'ocre rouge les saupoudrait. Un honneur spécial avait été rendu à certaines de leurs dépouilles mortelles, sous la forme d'une couronne de bois de cerf entiers. Trois enfants avaient été enterrés dans des creux de roche ; un mobilier d'armes et d'objets de parure si abondant accompagnait l'un d'eux que l'on a parlé d'un « enfant-roi » ; deux autres enfants sont ensevelis, l'un sur les genoux de sa mère (?), l'autre sur ceux de son père (?), qui tient encore les petits pieds dans sa main, et l'on peut se demander si adultes et enfants sont bien morts en même temps, ou si les uns n'ont pas été sacrifiés au décès des autres. Nous ignorons tout des croyances religieuses ou morales de ces hommes. Les colliers de coquillages, les pendeloques, les coquilles de moule dentelées, les morceaux d'ocre témoignent d'un souci de parure corporelle ; des graffiti, traits entrecroisés gravés sur des blocs de grès, des plaquettes ou des objets d'os dénotent un art non figuratif, bien modeste auprès des « chapelles sixtines » du paléolithique supérieur.

Une population sous-développée

Dans l'ensemble, le mésolithique français ne donne pas l'impression d'une civilisation florissante, ni d'un essor démographique, que ne favorisait d'ailleurs pas la dispersion en petits groupes isolés dans un vaste territoire. La durée moyenne de la vie était faible : à l'exception d'un seul, tous les hommes de Téviec sont morts avant trente ans. Les rhumatismes chroniques, le rachitisme, la gingivite expulsive, sans compter des fractures et blessures par flèches de silex, ont assombri leur courte vie. Petits et peu robustes, avec une grosse tête, ils eussent fait piètre figure auprès des fiers Cro-Magnons...

En somme, si le hiatus entre paléolithique et néolithique est tant bien que mal comblé par le mésolithique, celui-ci fait figure d'époque d'attente ; dans les conceptions classiques, tout se passe comme si une population sous-développée techniquement et culturellement, incapable de résoudre ses propres problèmes, ne pouvant utiliser la nature par le biais des inventions techniques, comme l'avaient fait les hommes de la pierre ancienne, et ne sachant pas encore, par l'agriculture et l'élevage, obliger la nature à travailler pour elle, s'efforçait de survivre, tandis qu'ailleurs des groupes humains plus dynamiques préparaient la « révolution néolithique ».

A ce sombre tableau, on doit, certes, apporter des nuances : du sauveterrien au tardenoisien final, l'humanité mésolithique a évolué ; les changements de l'outillage reflètent sans doute de nouvelles techniques de pêche ou de chasse ; des vestiges de grands feux de bois étouffés ont fait penser que les poissons pêchés avaient peut-être été fumés. Conserves de poisson, élevage, c'est-à-dire provisions de viande : sans doute, l'homme mésolithique se souciait-il de l'avenir, et les rituels funéraires témoignent aussi que la dimension temporelle de son univers ne se limitait pas à l'éternel présent du sauvage.

Néolithique pré-céramique ?

Les découvertes spectaculaires de l'archéologie du Proche-Orient, en révélant l'existence d'un proto-néolithique et d'un prénéolithique, où des civilisations maîtrisant l'agriculture, l'élevage et le polissage de la pierre ignorent encore la céramique, ont suscité l'hypothèse d'un stade similaire en France, où l'analyse des pollens fossiles montre en mainte région une déforestation intense à des périodes où l'existence de poterie n'est pas formellement attestée. On sait que lorsque l'homme détruit la forêt, certaines plantes, l'armoise, le plantain, qui ne peuvent croître sous le couvert des bois, envahissent les espaces libérés ; leurs pollens se conservent dans les tourbes ou les vieux sols et, des millénaires plus tard, révèlent qu'en ce lieu la forêt a été détruite. Sur les anciens habitats, les fouilles modernes arrivent à détecter les macro-restes végétaux, graines, débris de plantes... Ainsi a-t-on pu découvrir que les derniers chasseurs mésolithiques furent aussi les premiers jardiniers de notre pays, selon l'expression de J. Vaquer. Ces modestes cultures de pois, lentilles, gesses ou vesces, ne sont sans doute qu'un appoint, chasse et cueillette fournissant encore l'essentiel de l'alimentation. Que le jardin ait précédé le champ, cela n'est point nouveau, mais il n'est pas indifférent que les céréales, si fondamentales dès le néolithique pour nos civilisations, vraies civilisations du blé, n'apparaissent pas en premier. En Europe occidentale comme en Europe centrale, les légumes ont une incontestable priorité chronologique. Leur culture apparaît dès le VIIe millénaire dans quelques zones privilégiées comme le Languedoc, au sein de groupes qui ne possèdent encore ni la céramique ni la pierre polie. Ce jardinage archaïque annonce de grands changements ; il prépare une humanité, encore mésolithique par certains aspects, à accepter un peu plus tard principes et contraintes d'une agriculture céréalière qui transformera plus radicalement l'organisation de leurs activités dans le temps et dans l'espace.

Parallèlement, et surtout dans la zone méditerranéenne, de la Provence à la Catalogne, les débuts de la domestication animale sont annoncés par une intensification des rapports de l'homme avec les espèces qu'il chasse. Plus que ses ancêtres, sans doute, il se préoccupe de sauvegarder l'équilibre de son milieu par un abattage sélectif tenant compte du sexe et de l'âge pour assurer un taux suffisant de reproduction.

Est-ce à dire que l'élevage s'introduit sans rupture dans ce type d'exploitation de la faune ? On n'oserait l'affirmer, car les premiers animaux domestiqués avant l'apparition de la céramique sont les ovicapridés, moutons ou chèvres (la distinction est malaisée sur les seuls os). Comme dans l'Europe méridionale, le mouton est sans doute, dans le sud de la France, le premier animal d'élevage, utilisé alors seulement pour sa viande et son lait. La laine ne lui viendra que plus tard, comme un effet secondaire de la sélection par les éleveurs ; elle remplacera le poil, sans doute coloré, qu'il tenait de ses ancêtres sauvages, les mouflons du Proche-Orient. Des recherches récentes, basées entre autres sur les caractères sanguins de ces animaux, indiquent en effet que le mouflon de Corse ou de Sardaigne ne peut être l'ancêtre de nos moutons, n'étant lui-même qu'un animal « marron » échappé de quelques élevages anciens et redevenu sauvage dans un milieu naturel favorable. Si cette importante découverte se confirme, les restes d'ovicapridés « mésolithiques » de certains gisements, antérieurs d'un ou de deux millénaires à l'apparition de la céramique, ne pourraient provenir que d'animaux domestiques importés du Proche-Orient, ce qui reculerait considérablement dans le temps les débuts de la production de nourriture en Europe occidentale, bouleversant les idées reçues sur cette question.

Quand bien même ces prodromes d'agriculture et d'élevage n'auraient eu, dans les premiers temps, qu'une faible importance économique et qu'un impact très limité sur le genre de vie ou les structures sociales de ces communautés humaines, se trouvent posées dès lors les bases de la future organisation socio-économique dont le néolithique verra le développement. La « révolution néolithique » dont parlait Gordon Childe n'a pas eu la brutalité soudaine qu'on lui attribuait naguère ; ses racines plongent profondément dans le substrat mésolithique local qui en déterminera les caractères originaux autant et plus que les importations étrangères, source ou occasion de cette mutation.

Des changements subtils s'opèrent d'ailleurs en même temps dans l'équipement matériel de ces groupes humains ; ils affectent certains types d'outils, sur lesquels la retouche couvrante commence à apparaître, et jusqu'au style même du débitage du silex, au point qu'il y a parfois plus de distance entre le début et la fin du mésolithique qu'entre celui-ci et le néolithique ancien, qui, dans beaucoup de régions, prolonge sans grande rupture les industries à trapèzes du mésolithique final.

Dans ces transformations, le rôle de la navigation est assurément très important. Dès le VIIe millénaire avant notre ère, les bateaux mésolithiques circulaient en Méditerranée ; ainsi furent peuplées maintes îles, dont la Corse, et avec les hommes vinrent aussi, sans doute, les animaux et les plantes.

La néolithisation de la France

Deux courants principaux de civilisation intéressent notre pays au néolithique ancien.

L'un prolonge dans la moitié sud de la France le courant précurseur de l'agriculture et de l'élevage très tôt apparu ; une belle céramique, décorée d'empreintes de coquilles de cardium, vaut à cette culture le nom de « cardial »... Quelques haches polies y apparaissent. Encore pastorale, et utilisant parfois les grottes comme habitats temporaires, la civilisation cardiale connaît déjà des habitats de plein air, comme à Courthézon (Vaucluse), où les huttes rondes ont des pavements de galets. L'agriculture céréalière y est à présent bien attestée par des meules, molettes et même des grains carbonisés de blé nu et d'orge. Sur la côte provençale, le cardial apparaît dès 6 000 av. J.-C. ; il se prolongera dans des cultures épicardiales jusque vers le milieu du IVe millénaire, occupant alors une aire beaucoup plus vaste, Provence, Languedoc, Roussillon, Aquitaine et même sud du Massif central.

Un autre courant culturel, venu d'Europe centrale, atteint l'est de la France vers le milieu du Ve millénaire. Il apporte avec lui l'agriculture, l'élevage du porc et du bœuf, les lourdes haches polies en pierre noire et la céramique rubanée. D'abord simple extension de groupes culturels d'outre-Rhin en Alsace et en Lorraine, la civilisation danubienne s'étend vers l'ouest, et évolue en se diversifiant jusqu'à constituer de nouveaux groupes régionaux qui suivent les terrains lœssiques favorables à l'agriculture. Elle occupe la vallée de l'Aisne, le Bassin parisien, poussant même vers l'ouest jusqu'en Normandie et en Loir-et-Cher, vers le sud jusqu'en Auvergne. Les colons danubiens y construisent, comme en Europe centrale, de vastes maisons de bois rectangulaires dont le toit à double pente est soutenu par cinq rangées parallèles de poteaux. Cette colonisation se poursuivra au cours du IVe millénaire.

Le rayonnement de ces deux courants culturels dut être intense et provoqua l'élimination progressive du mode de vie mésolithique. Dès 3 900 av. J.-C., à 250 km de la Méditerranée, les habitants de la doline de Roucadour (Lot) avaient assimilé les nouvelles techniques ; ils possédaient le blé, élevaient peut-être des porcs et imitaient maladroitement la céramique de leurs initiateurs. De proche en proche, ces techniques firent fortune et le néolithique moyen voit la néolithisation du territoire français dans sa quasi-totalité.

L'apogée

Vers le milieu du IVe millénaire, parfois plus tôt, le territoire français, maintenant néolithisé à peu près totalement, est occupé par une civilisation relativement homogène correspondant au néolithique moyen, la civilisation de Chassey. Ses origines sont obscures ; peut-être les trouverait-on dans le Sud catalan et languedocien dès 4 500-4 000 avant notre ère. Dans le Midi, certains éléments peuvent dériver du cardial finissant ; des relations ont existé aussi avec l'Italie par la Ligurie et la Provence. Pour l'essentiel, la céramique frappe par la rareté du décor, les surfaces polies, généralement de couleur sombre, les formes plus variées qu'auparavant, assiettes, écuelles carénées, coupes à socle, bouteilles, les anses à perforations filiformes multiples ou en flûte de Pan.

Une évolution dans le même sens a lieu à la même période sur une vaste zone de l'Europe occidentale, sans qu'on puisse lui attribuer fermement une origine méridionale. Très tôt, en effet, dès la fin du Ve millénaire, la façade occidentale, et particulièrement la Bretagne, connaît un développement remarquable. A la différence du midi de la France, les habitats y sont mal connus, mais les sépultures prennent un aspect monumental qui frappe l'imagination ; ce sont les premiers dolmens et cairns sépulcraux, encore inconnus, à l'époque, des Chasséens provençaux ou languedociens.

Dans l'est et le centre de la France s'installent des groupes locaux chasséens ou assimilés. Par-delà les différences régionales, tenant à la variété des substrats préexistants, l'unité de la civilisation chasséenne demeure sensible.

La crise du néolithique récent

Vers le milieu du IIIe millénaire, un peu plus tôt ou plus tard selon les régions, se produisent d'importants changements. Déjà, vers 2 800- 2 700 av. J.-C., des cultures originales étaient apparues dans le Centre-Ouest, établissant sur des buttes calcaires d'étranges camps à fossés circulaires. Leur céramique fait coexister pour la première fois fonds plats et fonds ronds ; les vases portent des motifs en forme d'yeux, de soleils ou de vagues. L'origine de ces cultures ne semble pas due au Chasséen ; elles se prolongent, en s'abâtardissant, jusque vers 2 300 ou 2 200 av. J.-C.

Presque partout ailleurs, l'unité de la civilisation chasséenne éclate, à partir de 2 600-2 500 avant notre ère, et de nombreux groupes régionaux apparaissent. Dans l'aire du Chasséen méridional prolifèrent des groupes au territoire limité, Couronnien de Provence, civilisation de Ferrières, en Languedoc, qui introduit les premiers dolmens dans la région, Gourgasien et Saint-Ponien, dans le nord du Languedoc, etc.

Le nord et l'ouest de la France voient apparaître une culture importante et dynamique, centrée sur le Bassin parisien, celle de « Seine-Oise- Marne », qui déborde largement sur les régions voisines, Normandie, Armorique, Loire moyenne, nord de l'Aquitaine. La céramique est pauvre et grossière, mais les outils de pierre ou d'os et les objets de parure sont abondants et variés. Les habitats sont mal connus ; les sépultures, allées couvertes ou hypogées, apportent l'essentiel des renseignements dont nous disposons sur cette culture. Un art schématique s'exprime sur les parois des hypogées creusés dans la craie de Champagne : haches emmanchées ou figure humaine stylisée à tête de chouette, assez proche des statues-menhirs érigées à la même époque dans le midi de la France.

Vers l'est, en Savoie et dans le Jura, une autre culture, celle de « Saône-Rhône », occupant aussi la Suisse occidentale, établit sur les rives des cours d'eau et des lacs ses habitats aux grandes maisons de bois rectangulaires sur pilotis.

Ces cultures reçoivent quelques éléments métalliques (or, cuivre) venus de groupes plus avancés, mais sans modification profonde de leur structure.

Comme on le voit, les trois millénaires du néolithique ont vu se constituer, lutter et disparaître bien des groupes culturels (nous n'avons mentionné que les principaux). On touche ici du doigt le phénomène de l'accélération de l'histoire : il semble se passer plus de choses pendant ces 3 000 ans que pendant toute la durée du paléolithique. Et pourtant, nous connaissons encore assez mal la vie de l'homme néolithique.

Vie quotidienne

Pas plus que l'homme mésolithique, il n'eut à souffrir de graves écarts de température. Le climat, plus chaud que le nôtre au début, devient progressivement assez humide, et le niveau de la mer s'élève, ennoyant les habitats côtiers. Ce phénomène, qui s'est poursuivi avec des oscillations jusqu'à nos jours, a transformé en îlots les stations mésolithiques d'Hœdic et Téviec, ainsi que l'important ensemble néolithique d'Er Lannic et de Gavr'inis, dans le golfe du Morbihan. Du Finistère aux Charentes, des mégalithes immergés attestent la montée des eaux. Vers le néolithique moyen, le climat devient plus frais et plus sec ; le hêtre colonise la forêt, tandis que l'orme recule. Dans les zones les plus peuplées, le paysage naturel fait place à une semi-colonisation agricole ou pastorale ; elle grignote la forêt par des brûlis, qui fertilisent le sol pour quelques années, ou par l'abattage des arbres à la hache de silex. D'autres pratiques contribuèrent sans doute à l'éclaircissement des zones forestières : l'effeuillage des jeunes pousses d'orme pour nourrir le bétail est peut-être partiellement responsable du recul de cette essence au cours du néolithique. Il n'est désormais plus possible d'expliquer par le seul climat les variations du paysage naturel ; la transformation du milieu est amorcée, elle ne fera que s'amplifier au cours de l'histoire, sans changer fondamentalement de direction.

Chasse et pêche

Dans la sylve où les pionniers ne se sont encore taillé que de modestes exploitations, la faune sauvage demeure la même : cerf, chevreuil, sanglier. Les loups, les renards et les ours sont pourchassés comme nuisibles, mais aussi pour leur fourrure. Les lapins sont moins recherchés, sauf dans le Midi, ainsi que le gibier à plume. La pêche fournit un appoint de nourriture. L'économie de production n'exclut donc pas les activités ancestrales de chasse et de pêche, et il en sera ainsi jusqu'à une époque très récente. Toutefois, la part de la chasse dans l'alimentation carnée au néolithique varie très curieusement selon les cultures. Si les « sauvages convertis » du néolithique ancien de Roucadour ne mangeaient presque que du gibier avec les céréales de leurs récoltes, les Cardiaux consommaient les bœufs et les moutons de leur élevage, dont les restes sont dix fois plus nombreux que ceux des cerfs. Quant aux Danubiens anciens, hommes des lœss, ils sont plus agriculteurs qu'éleveurs, et plus éleveurs que chasseurs. Cette désaffection pour la chasse, notons-le, ne plaide guère en faveur d'une forte tradition mésolithique.

Au néolithique moyen, les Chasséens semblent surtout pêcheurs et grands amateurs de coquillages : huîtres, escargots de mer. Ils ont aussi mangé les tortues. La chasse au cerf leur procurait de quoi fabriquer gaines de hache, lissoirs, gouges, voire perles, petits vases ou lampes de corne, et les défenses de sanglier, refendues et polies, servaient de parure. Comme eux, les pasteurs de Ferrières aimaient à transformer en pendeloques les dents des loups et des castors tués à la chasse. Les Peu-Richardiens demandaient à l'élevage au moins 70 p. 100 (et parfois 90 p. 100) de la viande qu'ils mangeaient. Au néolithique récent, la répartition est inversée, et l'on trouve peut-être là les plus forts pourcentages d'animaux sauvages : plus des deux tiers à Videlles (Essonne). La situation forestière de ce gisement exagère peut-être la prédominance de la faune sauvage, prédominance bien réelle pourtant, qui souligne le caractère attardé, ou plutôt régressif de la civilisation de la « Seine-Oise-Marne ».

La colonisation agricole

Sur les techniques de l'agriculture, on sait peu de chose. Les premiers défrichements détectés par l'étude des pollens datent du VIe millénaire, dans l'est des Pyrénées ; on les constate un peu plus tard en Normandie et en Bretagne. Au début, la destruction de la forêt se proposait d'assurer des parcours aux animaux d'élevage, mais très vite apparaissent des pollens de céréales. A un premier stade d'agriculture sur brûlis succèdent des techniques déjà améliorées. Le travail à la houe de bois dur ou de pierre polie se complète ensuite de labours à l'araire ; des traces de labours néolithiques croisés à angle droit sont connues dans les îles Britanniques au début du IIIe millénaire ; il est probable que l'on en découvrira de semblables en France. La traction animale, bien attestée à l'âge du bronze, a dû être connue au moins à la fin du néolithique. Dans la vallée des Merveilles, au-dessus de Nice, plusieurs gravures montrent une paire de bœufs tirant un araire. Les premiers champs permanents, enclos de murs ou de talus, n'apparaîtront que plus tard, au plus tôt à l'âge du bronze. L'épuisement rapide de la terre – la fumure n'est pas encore utilisée – nécessite une rotation fréquente ; cette agriculture cyclique est pratiquée dès le néolithique ancien rubané en Europe centrale. Un rôle prépondérant revient au blé, dont plusieurs variétés sont cultivées, engrain, amidonnier et blés tendres ; l'orge joue un rôle plus modeste ; l'avoine et le seigle n'apparaîtront que beaucoup plus tard.

La récolte se fait à la faucille de silex, grande lame ou outil composite formé d'éclats ou de lames fixés en série dans un manche de bois. La silice contenue dans les tiges laisse sur le tranchant de l'outil un enduit brillant, le « lustré des céréales ». La récolte est conservée dans des silos creusés dans le sol et revêtus d'argile durcie au feu ; parfois le grain est torréfié pour éviter une germination intempestive. On le broie dans des moulins à main primitifs, composés d'une meule dormante et d'une molette circulaire ou semi-cylindrique animée d'un mouvement de va-et-vient. On cultive aussi des plantes à huile : l'olivier dans le Midi, le lin partout ailleurs ; cette plante sert aussi par ses fibres à la confection de textiles. De fins tissus, aux tissages variés, parfois brodés, nous ont été conservés dans la vase de certains lacs suisses. A côté des fruits sauvages, qu'ils continuent à récolter, les Néolithiques connaissent aussi des pommes cultivées.

L'élevage du mouton, de la chèvre, du porc, du bœuf amène une modification sensible de ces animaux par rapport à leurs ancêtres sauvages, en particulier une diminution certaine de la taille et un raccourcissement du crâne. L'isolement et sans doute aussi de mauvaises conditions alimentaires durant la période d'hiver, les prairies artificielles n'étant pas connues, expliquent sans doute en partie ces changements morphologiques. Le rapport agriculture-élevage varie assez considérablement selon les groupes culturels, mais on n'observe pas une véritable spécialisation où des peuples pasteurs s'opposeraient à des paysans sédentaires. La cueillette, la chasse, la pêche fournissent encore une part variable, mais importante, de l'alimentation et des matières premières (bois de cerf, os).

Sédentarisation et habitat

Au Proche-Orient, la sédentarisation précède l'installation du néolithique ; il n'en va pas de même sur le territoire français, où cette période ne connaît ni agglomérations urbaines ni « tells » aux multiples superpositions. Une moindre densité de population, une plus grande mobilité relative expliquent sans doute cette différence. Les plus grands sites ne sont guère que des villages, voire des hameaux. Au néolithique ancien, les Danubiens de la vallée de l'Aisne, comme leurs proches parents d'Europe centrale, ont aligné côte à côte, dans le même sens, de grandes maisons de bois rectangulaires dont on ne connaît que le plan au sol, dessiné par 5 rangées de trous de poteaux parallèles. On pense que les rangées internes soutenaient la charpente d'un toit à deux pentes. Les parois étaient faites de poteaux plantés côte à côte, joints par des branchages entrelacés et colmatés d'argile. Des fosses d'extraction d'argile bordent d'ailleurs les maisons à l'extérieur. Les réfections semblent avoir été fréquentes. Ces maisons longues d'une dizaine de mètres et larges de 5 à 6 mètres ont pu abriter une famille nucléaire. Elles se groupent en villages de plaine, parfois entourés d'une palissade.

Cette architecture de bois persistera au néolithique moyen dans la même aire géographique ; les formes deviennent parfois légèrement trapézoïdales et plus courtes, mais le type, issu de la tradition des plaines centreuropéennes, demeure, ainsi que le matériau, adapté aux conditions du milieu. Une interprétation plus récente s'en retrouve dans les maisons sur pilotis rectangulaires riveraines des lacs ou des cours d'eau du Jura ou de la Savoie, jusqu'à la fin du néolithique.

A ces villages de plaine ou de bords de lacs ouverts, à peine entourés parfois d'une palissade peu défensive, s'opposent, à partir du néolithique moyen, des camps retranchés, ceinturés de fossés ou de remparts, perchés sur des promontoires ou adossés à des méandres de rivières, dont la vocation semble moins paisible. Aux éperons barrés du Nord, de Normandie, de Bourgogne ou du Centre-Ouest répondent les sites de méandres du Bassin parisien, les camps à fossés interrompus de Picardie, de Vendée, de Saintonge. La vocation militaire de ces camps n'est pas toujours établie avec certitude, mais l'effort considérable demandé par leur établissement ne paraît pas proportionné à la plupart des fins pacifiques qu'on a voulu leur attribuer : parcs à bestiaux ou protection contre les bêtes sauvages... De toute manière, il s'agit d'un type d'habitat bien différent des villages ouverts. On connaît mal, en général, les maisons situées à l'intérieur de ces retranchements. Il semble que certaines s'appuyaient à l'intérieur contre le rempart. Les surfaces encloses, pratiquement jamais inférieures à un hectare, devaient comporter aussi des champs ou des jardins, et des dépendances agricoles. Près de Toulouse, un site de hauteur, défendu par un système de fossés et de palissades, compte plus de 300 cabanes.

Le Midi, pour une grande part, manifesta sa préférence pour les constructions de pierres sèches ou, du moins, à substructions de pierre, matériau plus facile à rassembler que le bois dans ces régions ; le climat favorable permettait aussi des édifices temporaires en matériaux légers, qui n'ont laissé que peu de traces. Le Cardial connaît des hameaux de cabanes circulaires dallées de galets. Au néolithique moyen apparaissent des villages formés d'une vingtaine de maisons rectangulaires à soubassement de pierres sèches.

Vie sociale et religieuse

La société néolithique, dans son ensemble, ne paraît pas avoir connu de grandes inégalités dans la distribution des honneurs et des richesses, à l'exception peut-être du sud de la Bretagne, où une caste de prêtres ou de chefs, ceux-là même qui ont fait élever les grands monuments de Carnac, se révèle par la richesse du mobilier de certaines tombes. Ailleurs, dans un village donné, toutes les cases sont faites sur le même plan ; on ne constate pas de disparités marquantes dans la répartition du mobilier ; nulle part on ne voit de ces constructions imposantes ou simplement différentes, de ces temples, de ces palais, de ces portes monumentales tôt apparus dans la Méditerranée orientale. L'habitation paraît convenir à la vie quotidienne d'une famille nucléaire ou étendue. Sauf dans l'aire danubienne, on n'y constate même pas l'existence de ces grandes cases où s'exercent, dans presque toutes les communautés humaines, les fonctions de la vie sociale, politique et religieuse. Pourtant, l'effort collectif que représentent l'édification des grandes maisons danubiennes ou la construction des mégalithes suppose une collectivité organisée, avec tout un réseau de droits et de devoirs, minutieusement codifiés. Mais ces villages, qui ne groupent guère plus d'une vingtaine de feux, et n'ont ni rues, ni égouts, ni puits, ne sont, en vérité, que des hameaux.

Populations et races

A vrai dire, tandis que naît en Orient le phénomène urbain, le territoire français est encore peu peuplé et l'habitat y semble très dispersé. L'estimation du peuplement néolithique a donné lieu à bien des controverses. Selon le Dr Riquet, de qui nous nous inspirons pour ce développement, compte tenu des zones inhospitalières, on peut se représenter une densité moyenne de 2,2 habitants au kilomètre carré. Les civilisations les plus brillantes et les plus dynamiques ont peut-être atteint 5 à 10 habitants au kilomètre carré (le chiffre de 20 habitants au kilomètre carré est un maximum, concevable seulement dans des secteurs exceptionnels, comme la côte du Morbihan au néolithique moyen. Une très forte mortalité infantile ne fut peut-être pas toujours compensée par la puissance de la natalité, et la disparition de certaines civilisations semble liée à un affaiblissement démographique. La civilisation de « Seine-Oise-Marne » fournit seule des données suffisantes : le pourcentage de sujets morts avant l'âge de vingt ans atteint 57 p. 100, sans tenir compte des très jeunes enfants, qui furent peut-être enterrés en dehors des nécropoles ; un sujet sur deux a dû mourir avant l'âge de douze ans ; les vieillards sont très rares et beaucoup de femmes mouraient avant trente ans ; il est vrai que celles qui survivaient vivaient plus longtemps que leurs compagnons. Épidémies et disettes devaient cruellement sévir, et si l'on voit des « barbares » fraîchement acculturés supplanter des civilisations plus brillantes et apparemment mieux douées, c'est peut-être qu'un relatif isolement les avait préservés des maladies qui décimaient les collectivités plus organisées. A la variété des cultures répond la variété des types raciaux. Les Danubiens forment un groupe à part : petits – on les a parfois abusivement qualifiés de Pygmées –, graciles, ils ont un crâne et un visage très longs, un nez large et court. On connaît mal les Cardiaux. Quant aux Chasséens, leurs restes ont été souvent bousculés par leurs successeurs dans les dolmens. L'élément méditerranéen domine apparemment au néolithique moyen, sauf dans l'Est. Quelques sujets plus grands, au crâne allongé aussi, évoquent la race atlanto-méditerranéenne. Au néolithique récent, un type physique plus brutal, plus primitif d'allure, apparaît dans les allées couvertes et les hypogées de « Seine-Oise-Marne ».

L'architecture funéraire

Autant et plus que dans les plans de ses villages, l'homme projette dans l'architecture funéraire ses aspirations personnelles, son organisation sociale et ses croyances. Là encore, il est impossible de traiter en bloc le néolithique. Individuelles ou collectives, monumentales ou sans appareil, les sépultures ont fourni une part importante des collections de nos musées. Malheureusement, on ne s'est pas toujours avisé que la disposition du mobilier dans les tombes, la posture des squelettes, les moindres détails de l'agencement intérieur pouvaient nous apprendre bien plus encore que les épaves archéologiques qui garnissent les vitrines d'exposition. Au début du néolithique, Danubiens et Cardiaux n'ont pratiqué que l'inhumation individuelle, en simple fosse creusée dans le sol pour les premiers, en grottes ou abris pour les seconds. La position repliée, genoux ramenés contre la poitrine, est la plus fréquente, mais non la seule. On y a vu un retour à la position fœtale, ce qui pourrait signifier l'espoir d'une renaissance dans le sein de la terre.

Le néolithique moyen voit apparaître un phénomène extrêmement important : la naissance du mégalithisme. Dans le Midi, le Chasséen se contente d'abord de petits caissons, simples fosses creusées dans le sol, revêtues de pierres plates posées de chant. Mais, pendant ce temps, sur les rivages de l'Atlantique et de la Manche occidentale, en Bretagne et dans le Centre-Ouest, des groupes culturels dont la céramique s'apparente au chasséen élèvent de grandioses monuments, véritables temples funéraires. Ces tertres géants, allongés, ovales ou rectangulaires, mesurent jusqu'à 125 mètres de long. Ceux de la région de Carnac sont célèbres, mais les pays de la Charente en possèdent d'aussi grands. La nécropole de Bougon (Deux-Sèvres) constitue un ensemble, unique en Europe, de six tumulus géants si proches les uns des autres que leurs extrémités se touchent presque. Longtemps attribués au chalcolithique, ces imposants monuments sont maintenant datés du début du IVe millénaire par un ensemble concordant de datations au carbone 14. L'énorme masse du grand tumulus dit « le mont Saint-Michel », à Carnac, ne recouvre que de très petites cistes de pierres recélant, avec quelques restes humains, parfois incomplets, de magnifiques haches en jadéite verte translucide, très longues, des perles de callaïs et de la céramique. Les dolmens qui s'ouvrent à l'une des extrémités de certains tertres ne sont que des réutilisations postérieures. Il ne faut pas confondre ce type architectural avec les grands cairns mégalithiques tels que Barnenez en Plouézoch (Finistère), construits pour abriter un groupe de dolmens dont les entrées ouvraient sur une façade soigneusement appareillée ; derrière celle-ci s'élevaient en gradins des parements concentriques, évoquant de loin la silhouette de quelque mastaba. Certains dolmens sont faits de dalles, d'autres de pierres sèches, ou de combinaisons variées de ces éléments, mais tous comportent au moins un couloir et une chambre plus large que le couloir. Un grand nombre de types ont été définis, dont la signification chronologique et culturelle constitue une partie très importante de l'étude du néolithique. Tous les dolmens ont été, en tout cas, des sépultures collectives, utilisées plus ou moins longtemps. Tous étaient à l'origine recouverts d'un tumulus qui en assurait l'étanchéité et protégeait les cadavres de l'incursion des charognards. L'érosion et les prélèvements de matériaux ultérieurs ont souvent rendu ce tumulus peu visible, mais les fouilles en retrouvent presque toujours la trace. Les mêmes causes de destruction affectent souvent le couloir des dolmens, qui prennent alors l'allure trompeuse de dolmens « simples » : trois pierres recouvertes d'une quatrième. Le terme d'« allée couverte » est réservé aux monuments où la distinction d'une chambre et d'un couloir est impossible, les côtés du mégalithe étant parallèles, et leur hauteur, constante sur toute leur longueur.

Les allées couvertes apparaissent au néolithique récent dans le Nord, le Bassin parisien, l'ouest et le centre-ouest de la France. Dans la moitié sud, le mégalithisme, apparu à la fin du néolithique moyen, poursuit son développement autonome jusqu'au chalcolithique. Auprès des dolmens languedociens, à chambre quadrangulaire et couloir, existent des formes locales variées, appartenant pour la plupart au néolithique final et au chalcolithique, comme les pseudo-allées couvertes de l'Aude, les dolmens coudés, les dolmens simples, etc.

Outre les outils, les armes et les vases offerts au défunt pour son voyage dans l'au-delà, les dolmens et les allées couvertes recèlent parfois des gravures, signes mystérieux, haches, crosses, poignards, lignes serpentiformes, idoles féminines schématisées, en forme de bouclier, de pieuvre, ou simple paire de seins surmontés d'un collier. Des peintures qui décoraient peut-être certains d'entre eux, comme en Espagne, il ne reste plus rien, mais une allée couverte du plateau de Ger (Hautes-Pyrénées) avait encore, lorsqu'on l'ouvrit, un crépi d'argile que le contact d'air extérieur réduisit presque aussitôt en poudre.

La « religion des dolmens »

Les dolmens ont fait couler beaucoup d'encre. On a parlé d'une religion mégalithique, dont les missionnaires seraient venus par mer jusqu'en Bretagne, d'un lointain pays de la Méditerranée orientale ; on a fait des cartes de répartition montrant une concentration des mégalithes le long des côtes et des cours d'eau. La première hypothèse est plausible, mais invérifiable. Quant à la seconde, il y a tant de cours d'eau grands ou petits en France, que n'importe quelle carte de répartition a certaines chances de coïncider avec eux. Ces cartes, en revanche, mettent l'accent sur les deux pôles du mégalithisme en France : la Bretagne côtière (surtout le Morbihan) et le Languedoc, doté d'un groupe serré de dolmens, moins imposants que ceux de Bretagne, peut-être, mais plus nombreux. Peut-on vraiment parler d'un « peuple des dolmens » ? Assurément pas. L'idée mégalithique a bien pu être véhiculée par une religion à vaste diffusion, mais cette idée, une fois adoptée, a été l'objet d'interprétations variées dans des groupes culturels différents. En outre, le phénomène mégalithique a duré, au bas mot, deux millénaires sur le territoire français. C'est pourquoi, sans doute, l'architecture mégalithique revêt en France tant de diversité.

Variables furent aussi les rites funéraires ; dans certains dolmens apparemment inviolés, les restes humains étaient disposés en petits tas symétriques, qui font penser que l'on avait peut-être décharné préalablement les cadavres, tandis que, dans d'autres monuments comme les allées couvertes, plus récentes, les derniers corps déposés ont encore leurs os en connexion anatomique.

Les grottes artificielles et la déesse des Morts

Le néolithique est décidément une ère fertile en inventions dans le domaine funéraire. A l'architecture aérienne des tumulus mégalithiques et non mégalithiques s'ajoute l'architecture souterraine des grottes artificielles ou hypogées. Ce type de sépulture, assez répandu dans le monde méditerranéen, apparaît à la fois dans le Midi méditerranéen et dans le Bassin parisien. Au Castellet, près d'Arles, quatre tombes ont été creusées dans le calcaire, dont trois sont couvertes de dalles. La quatrième, la plus vaste, mérite pleinement le nom d'hypogée, car la strate supérieure du rocher sert de plafond à la chambre, haute de 4 mètres, longue de 25 et large de 3, où conduit un couloir voûté taillé dans le roc. Une rampe d'accès de 10 mètres de long, comportant cinq marches, et un « narthex » bilobé de 9 mètres de large, à ciel ouvert, complètent ce monument qui, avec ses 42 mètres de long, est l'une des plus grandes réalisations de l'architecture néolithique. Il est recouvert d'un tumulus rond, près duquel se dresse un menhir. Aucun vestige archéologique n'y a été trouvé. En Champagne, les hommes de la « Seine-Oise-Marne » furent les architectes des célèbres grottes artificielles de la Marne, qui comportent une rampe d'accès en pente douce, débouchant soit directement dans une chambre taillée dans la craie, soit dans une antégrotte, sorte de vestibule s'ouvrant lui-même sur une ou parfois deux chambres sépulcrales en enfilade. La paroi du vestibule située en face de l'entrée, surtout du côté gauche, porte parfois une figure symbolique, masculine ou féminine, sculptée et rehaussée de peinture, sans bouche, à tête de chouette, portant collier ou hache emmanchée. Parfois, la hache apparaît seule sur l'un des piliers, symbole d'un culte de la hache comme en Crète, ou simple menace à l'égard des éventuels violateurs de sépultures.

Médecine et magie

On ne saurait dire non plus si la trépanation, fréquemment pratiquée sur les crânes de la « Seine-Oise-Marne », répondait à des préoccupations magico-religieuses ou à un souci de thérapeutique médicale ; des blessures de guerre, par flèches de silex qui ont profondément pénétré dans les os où on les voit encore en place, l'ont rendue parfois nécessaire ; mais les rondelles prélevées sur les crânes ont été portées comme ornement ou amulette. Certaines de ces trépanations se sont parfaitement cicatrisées ; dans d'autres cas, la réparation osseuse ne s'est pas produite, soit que le patient ait succombé rapidement, soit que l'on ait prélevé après la mort des rondelles porte-bonheur. C'est probablement le cas d'un crâne absolument décalotté trouvé dans un ossuaire de « Seine-Oise-Marne ». La méthode opératoire, couronne de perforations exécutées avec des outils de silex, puis enlèvement de la partie découpée et régularisation des bords, ne diffère pas sensiblement des techniques classiques. Les « chirurgiens » de l'époque obtenaient aussi de bonnes réductions des fractures, bien que l'on constate quelques échecs. Plusieurs crânes féminins portent la trace d'incisions ou de cautérisations superficielles du cuir chevelu dessinant le « T sincipital ». Enfin, de légères déformations du crâne, observées par le Dr Riquet dans ces mêmes populations, pourraient avoir pour cause le port d'une coiffure rigide ou d'un bandeau serré.

Les échanges

Les relations entre les groupes humains sont attestées non seulement par les blessures de guerre, mais aussi par la diffusion à distance d'idées et de techniques nouvelles. Le troc, ou quelque autre forme de commerce, porte sur les objets de luxe, choisis pour leur rareté ou leur valeur esthétique ou magique : colliers et bracelets de coquillages, roches vertes à grain fin, ou perles de callaïs, sorte de turquoise d'un vert clair, dont les gisements nous sont inconnus. Les matières premières indispensables, silex ou roches tendres pour fabriquer les haches polies, faisaient aussi l'objet d'un commerce.

Le chalcolithique : les industriels du silex

A la fin du IIIe millénaire, le premier métal connu, le cuivre, fait son apparition en France. Présenté d'abord sous la forme discrète de petits objets de parure, perles, aiguilles, « alênes à tatouer », il se pose bientôt en concurrent sérieux du silex pour la fabrication de l'outillage courant, haches et poignards. Des colporteurs ou des artisans-fondeurs, peut-être ambulants, proposent les nouveaux produits, obligeant les hommes du silex, producteurs de matière première ou de produits finis, à s'organiser pour mieux résister et à s'adapter aux exigences nouvelles du progrès technique. Jusque-là, c'est à la pierre que l'on demandait la majeure partie de l'outillage, l'industrie de l'os ne jouant qu'un rôle d'appoint pour les emmanchements d'outils ou les petits objets comme poinçons, aiguilles, lissoirs à poterie. Industrie de la pierre, et surtout du silex. On polissait, certes, des roches diverses, serpentines ou jadéites précieuses, éclogites, dolérites ou fibrolites plus courantes, mais pour les grattoirs, perçoirs, pointes de flèche tranchantes ou perçantes, le silex était irremplaçable. De plus, il se laissait polir aussi bien que les roches « dures » qu'il concurrençait pour la fabrication des haches. C'est pourquoi, dans les régions où il abondait, des ateliers importants s'étaient peu à peu développés. L'exploitation des affleurements n'avait pas sans doute été systématique dès les origines : chacun devait prendre alors son silex où il le trouvait, quitte à obtenir par échange ce qui lui manquait chez lui. Au néolithique récent, la situation n'est plus tout à fait la même. On s'est avisé, sans doute, que les rognons de silex facilement accessibles, demeurés longtemps en surface, exposés au gel, se taillent moins bien que ceux que l'on peut extraire du sol. Le néolithique récent voit ainsi naître les industries d'extraction et apparaître des mines de silex, puits verticaux et galeries horizontales. De telles entreprises ne se conçoivent pas à l'échelle individuelle et supposent une division du travail social, peut-être même une forme d'esclavage. Des éboulements se sont parfois produits dans les mines, emprisonnant au fond les mineurs, que l'on retrouve, leurs pics en bois de cerf auprès d'eux. Fait curieux, certains étaient des femmes, et l'on a même remarqué, sur le sable qui bouchait une galerie désaffectée, des traces de mains enfantines. Le travail de ces ouvriers, peut-être prisonniers de guerre, était livré sous la forme de « lingots » de silex, façonnés ensuite, peut-être par d'autres spécialistes, en haches ébauchées ou en objets finis, prêts à polir. Des phénomènes de spécialisation et de concentration industrielle établirent dans les « Ruhr du silex » (J. Guichard) de grands ateliers qui exportaient leur production : lames du Grand-Pressigny ou de Collorgues, haches taillées du Bergeracois, plaquettes retouchées de Salinelles.

La résistance au progrès

Cette industrie que menaçait l'apparition des objets de cuivre essaya de se défendre ; stimulée, la taille du silex progressa. Jamais les formes n'ont été plus belles ni les retouches plus régulières : les pointes de flèche se munissent de pédoncules et d'ailerons bien dessinés ; l'apparition du poignard pousse l'industrie de la lame à atteindre, dans les ateliers du Grand-Pressigny, en Touraine, un de ses sommets. Mais c'est le chant du cygne. L'outillage commun, pour lequel la concurrence du métal ne se fait sans doute pas sentir aussi vivement, devient de plus en plus grossier ; des pièces bifaciales irrégulières et des éclats retouchés donnent parfois l'illusion d'une culture archaïque, le pseudo-campignien.

Pourtant, l'adoption du métal ne se fit pas partout sans résistance, et certains groupes néolithiques attardés, qui l'acceptèrent comme objet de parure – épingles, perles –, et encore en très faible quantité, ne l'utilisèrent pas pour les outils ou les armes. La civilisation de « Seine-Oise-Marne » traverse le chalcolithique sans modifier de manière sensible son mode de vie, ses rites funéraires ou la composition de son outillage. Peut-être utilise-t-elle maintenant quelques poignards de silex à dos poli, mais ses flèches à tranchant transversal appartiennent encore à l'armement néolithique ; peut-être a-t-elle tendance à enterrer ses morts dans les hypogées plutôt que dans les allées couvertes, mais le rite demeure inchangé. Et si la céramique porte désormais parfois des oreilles grossières, ses formes et sa cuisson sont toujours aussi peu soignées. De 2500 à 1800 av. J.-C., et peut-être même plus tard, cette culture semble constituer un ensemble massif très peu évolutif, au sein d'un monde qui change. Elle ne pourra cependant faire durablement obstacle aux représentants d'un courant novateur qui, à la même époque, parcourait l'Europe de la Bohême à la Bretagne et du Portugal aux îles Britanniques : celui de la civilisation campaniforme, attestée chez nous dès 2200 av. J.-C., et qui, dans notre pays, appartient totalement au chalcolithique.

Le peuple des archers

Les gobelets en forme de cloches qui ont donné son nom à cette civilisation portent un décor typique, imitant des empreintes de cordelettes. Ils s'accompagnent de poignards de cuivre, d'alênes à tatouer, de boutons à perforations en V ; les poignards de silex à dos poli, les pointes de flèche à ailerons carrés ou à long pédoncule sont encore utilisés. On a fait des Campaniformes les premiers métallurgistes, commis voyageurs en Europe de la civilisation du cuivre, voire géologues prospecteurs des ressources minières. Cela n'est pas impossible, et quelques découvertes d'outils de fondeur ou de scories de cuivre associés à leur outillage dans des sépultures des Pays-Bas sont venues confirmer cette hypothèse. On a voulu les présenter parfois comme les apôtres du mégalithisme, alors qu'ils se sont bornés à utiliser comme « squatters » les monuments antérieurs. On leur attribue aussi les très beaux bijoux d'or des dolmens du Morbihan : ce métal, en effet, dut être connu à peu près en même temps que le cuivre, sinon avant, puisqu'il se rencontre à l'état natif et se travaille facilement.

Les Campaniformes ne semblent pas très sectaires en matière de rites funéraires ; suivant les régions, ils ont enseveli leurs morts dans des caissons simples, des tumulus, des dolmens ou des allées couvertes réutilisés. Leurs habitats sont très mal connus en France, à l'exception d'un village, ou atelier de potier, près de Mailhac (Aude). Avec la « civilisation des gobelets à zones » (comme on l'appelle aussi parfois) apparaissent en nombre, pour la première fois dans notre pays, des brachycéphales, hommes au crâne rond, aux traits assez brutaux, plus grands que les Méditerranéens ou les Danubiens, assez proches parents des représentants actuels de la race lorraine. Peu nombreux, malgré tout, en France en dehors du couloir rhodanien, du Languedoc-Roussillon et de la Bretagne, leur rôle a peut-être été surtout commercial. Ils ont dû former de petites colonies disséminées ; à leur propos, il serait excessif de parler d'invasion en force, bien qu'on ait appelé parfois les Campaniformes « le peuple des archers », à cause de leurs belles pointes de flèche et de leurs « doigtiers d'archer », plaques de pierre quadrangulaires aux deux extrémités.

Les groupes locaux

Peu nombreux, sauf en Armorique, en Vendée, en Provence et en Languedoc, les Campaniformes ont dû coexister avec des groupes culturels indigènes, moins avancés techniquement, mais plus fortement implantés. Tandis que se maintiennent encore les cultures de « Seine-Oise- Marne » ou de « Saône-Rhône », celle-ci de plus en plus pénétrée d'influences du chalcolithique cordé d'Europe centrale, apparaît, vers 2300 av. J.-C., de la Normandie aux Charentes et de l'Aquitaine à l'Aveyron en passant par le Limousin, le Quercy et le Massif central, une civilisation originale, la civilisation d'Artenac, encore néolithique par bien des aspects, mais connaissant le cuivre. Elle choisit pour habitat des sites de hauteur ou de bord de rivière, utilise les grottes pour ses sépultures, mais bâtit aussi des dolmens simples. Son outillage de silex ou d'os ne diffère guère de celui de ses contemporains : flèches à ailerons et pédoncule, poignards, haches polies, poinçons, mais sa céramique est originale, fonds ronds et fonds plats y coexistent et portent des décors incisés ou pointillés géométriques. Un élément typique est l'anse « nasiforme » à bout relevé. Cette culture a entretenu des relations, sans doute commerciales, avec les Campaniformes, mais elle ne semble pas, contrairement à ce qu'on avait cru, se prolonger au bronze ancien.

Les luttes tribales

Le chalcolithique est d'ailleurs la belle époque des pointes de flèche. Elles ne sont pas toujours réservées à la chasse : les luttes tribales et les guerres entre peuples voisins sont en pleine recrudescence. Dans les garrigues languedociennes, pasteurs de Ferrières, de Fontbouisse et Rodéziens se livrent une lutte sans merci. Dans l'ossuaire du Suquet-Coucolière, aux Matelles (Hérault), on voit les flèches crénelées des Rodéziens encore fichées dans les squelettes de leurs ennemis, les pasteurs de Ferrières.

L'agriculture semble un peu partout en recul, au profit de l'élevage peut-être, bien que la part de la chasse dans l'alimentation carnée augmente assez généralement. Toutefois, le Midi semble connaître encore une certaine prospérité, peut-être due aux mines de cuivre des Cévennes, probablement exploitées dès cette époque. La métallurgie ne joue sans doute encore qu'un rôle limité ; toutefois, il serait entièrement faux de croire que tous les objets de cuivre aient été fabriqués avec des minerais venant d'Ibérie ou d'Europe centrale.

Les villages

L'habitat ne nous est guère connu que dans le Languedoc, spécialement dans le département de l'Hérault, et concerne principalement la civilisation de Fontbouisse. Les hommes de cette civilisation ont construit des cabanes de pierres sèches ellipsoïdales de plus de 10 mètres de long, voûtées en encorbellement. Un couloir long de 2 mètres, parfois coudé, précédait l'entrée de ces « capitelles » appuyées les unes contre les autres, parfois groupées en rond autour d'une cour centrale. Une place semblable existait aussi dans un village des pasteurs de Fontbouisse, à Gravas, près de Tréviers (Hérault). Cette place ne renfermait aucune pierre, même petite, comme si la terre avait été criblée. On ne peut s'empêcher d'évoquer certains villages d'Afrique où les femmes balaient inlassablement la rue principale bordée de cases. Notons en passant que dans ce même village on a découvert une cabane de fondeur de cuivre. Ces villages ne semblent guère plus grands que les hameaux néolithiques. On croit y voir parfois, cependant, la trace d'édifices publics ou de lieux de culte, comme à Bois-Martin, aux Matelles, où des dalles dressées bordent trois allées parallèles conduisant à un enclos adossé au rocher. A Gravas, une statue-menhir a été trouvée à la lisière du village.

Statues-menhirs

Les statues-menhirs de Provence, du Languedoc et du Rouergue sont des stèles sculptées représentant une figure féminine ou masculine schématique, portant un ample vêtement retenu par une ceinture. Le visage évoque celui des « déesses muettes » des hypogées de « Seine-Oise- Marne ». Certaines portent à la ceinture un objet mystérieux, dont on a trouvé quelques exemplaires réels en pierre ou en os. Des stèles de formes semblables, mais non sculptées, ont été trouvées dans des sépultures de Fontbouisse. Les Rodéziens fabriquaient en os des idoles portatives représentant une face humaine très schématique. Si les pasteurs de Ferrières ont continué à enterrer leurs morts dans les dolmens, ceux de Fontbouisse préféraient les hypogées, les galeries de mines de silex désaffectées, les « tombes en ruche », et pratiquaient l'incinération, rite peu courant au néolithique.

Dernières résistances

Malgré un effort de guerre considérable, les pasteurs de Fontbouisse disparaissent vers 1900 av. J.-C. Leurs villages semblent avoir été abandonnés soudainement ; des vases entiers sont encore en place le long des murs ; les objets de métal, très précieux à l'époque, ont été laissés là et personne n'est venu les reprendre. Quelle catastrophe a causé cet abandon ? Une épidémie ? Un tremblement de terre ? Il est plus probable que les envahisseurs ont ravagé le pays. Vers la fin du chalcolithique, les temps paraissent troublés, les villages se fortifient. Le Lébous de Tréviers (Hérault), entouré d'une muraille quadrangulaire flanquée de tours rondes, muni d'une poterne en chicane obligeant ceux qui voulaient entrer à présenter le flanc gauche à découvert, prend déjà des allures de petit château fort. Dans certains villages, le pourcentage des pointes de flèche augmente de façon spectaculaire, jusqu'à représenter la quasi-totalité de l'outillage lithique, comme si toutes les ressources avaient été converties en moyens de défense. Et pourtant, dans le pays où il était le plus brillant, le chalcolithique finit de manière dramatique. Il semble même que, sur le territoire français, la population, affaiblie par les guerres, soit en diminution sensible.

Alors que le néolithique s'était imposé comme une grande époque civilisatrice, jetant des bases économiques sur lesquelles l'humanité a vécu sans grands changements jusqu'au Moyen Age, le chalcolithique paraît moins caractérisé par l'introduction de la métallurgie que par la liquidation de l'époque précédente. Il fraya la voie aux nouvelles cultures de l'âge du bronze ancien et moyen.

L'âge du bronze ancien et moyen

Les premières influences des brillantes civilisations du bronze ancien d'Europe centrale apparaissent en France vers 1 800 av. J.-C. Si cette influence est plus forte dans l'est et le sud-est de la France, des objets appartenant à cette civilisation se rencontrent sporadiquement de l'Eure au Médoc et à l'Aveyron. On pense plutôt à une diffusion des objets métalliques, par échanges de proche en proche, qu'à une invasion ou infiltration de peuples. C'est l'époque où apparaissent les premiers dépôts ou cachettes : des haches, des poignards, des bracelets ou des épingles ont été enfouis dans le sol par des marchands, qui ne pouvaient ou ne voulaient garder sur eux tout leur stock, ou, plus tard, par des fondeurs qui récupéraient, pour les refondre, haches cassées et bracelets démodés, et y joignaient des lingots et les culots de fonte ainsi obtenus. A travers ceux de ces dépôts qui n'ont pas été utilisés par leur propriétaire, l'archéologue peut se faire une image exacte des types d'outils en circulation à un moment donné.

Pendant que s'établissent avec l'Allemagne et la Suisse des relations commerciales et culturelles qui se renforcèrent tout au long de l'âge du bronze, la Bretagne paraît constituer une région à part : une caste de « seigneurs », guerriers conquérants peut-être, domine le pays. Dans les tumulus où ils se font enterrer, des offrandes somptueuses les accompagnent : ce sont des pointes de flèches en silex et en cristal de roche, objets de luxe non fonctionnels, aux ailerons longs et fragiles, et aussi des poignards de métal, parfois décorés de filets. Leur manche en bois, dont on a trouvé des restes fossilisés par l'oxyde de cuivre, était constellé de minuscules clous d'or, pas plus gros qu'une pointe d'épingle, dessinant des motifs géométriques.

Dans le Midi, l'influence italienne commence à se faire sentir avec les épingles à tête olivaire perforée, mais la céramique à cordons et les poignards à manche de bronze s'apparentent plutôt à la civilisation rhodanienne du Valais suisse, tandis que la céramique de Saint- Vérédème, décorée de gros points et de motifs en « fermeture à glissière » profondément imprimés dans la pâte, occupe l'ancien territoire des pasteurs des plateaux languedociens.

Nouvelles entités régionales

La distinction du bronze ancien et du bronze moyen est, en France du moins, assez artificielle. Etant donné le retard pris globalement par notre pays au chalcolithique à l'égard des « grands industriels » du bronze que sont nos voisins de l'Est, le vrai bronze ancien y est rare. Au bronze moyen apparaissent les haches à bords relevés, l'épée se substitue au poignard et la hallebarde disparaît. La céramique excisée, dont les motifs sont sculptés dans l'épaisseur de la pâte, est connue de l'Alsace à la Charente. Dans le Midi, on rencontre de beaux vases à anse surélevée, d'inspiration italienne, et, en Aquitaine, des polypodes, vases munis de petits pieds. Dans le Médoc s'installe une métallurgie importante travaillant des minerais de cuivre et d'étain importés et produisant plusieurs milliers de haches « médocaines » aux bords rectilignes surélevés. En Normandie se fabriquent surtout des haches à talon, dont on a retrouvé aussi quelques moules. La Bretagne, le Centre-Ouest, la Creuse, le Massif central développent aussi des centres de fabrication produisant surtout des haches. Les interactions culturelles, les échanges ne sont pas rares.

On le voit, la rupture est totale entre le chalcolithique et le bronze ancien ou moyen. La répartition des nouveaux groupes culturels diffère totalement ; les influences de l'Est sont prépondérantes, et pour longtemps. L'initiative, la création de types locaux, métalliques ou céramiques, ne dissimulent guère l'importance des emprunts. Pourtant, le pays, tributaire des minerais étrangers, pour une large part au chalcolithique, commence, au bronze moyen tout au moins, à exploiter lui-même ses propres ressources en étain et en cuivre.

Premières difficultés

Il n'est pas sûr que l'intendance suive. L'agriculture, depuis la fin du néolithique, semble connaître des difficultés qu'aggravent peut-être une sécheresse et une chaleur plus fortes. En Alsace, les hommes du début du bronze moyen semblent davantage éleveurs qu'agriculteurs ; quittant la plaine au sol fertile, ils s'enfoncent avec leurs troupeaux dans la forêt, moins dense qu'aujourd'hui. La transformation des Causses en désert, déjà commencée au néolithique, est maintenant un fait accompli.

Le choix des habitats répond à une insécurité qui s'accentue à mesure que l'on approche des grands mouvements du bronze final. Les camps de hauteur sont à nouveau utilisés, ainsi que les grottes, refuges classiques des époques troublées. Les rites funéraires consacrent la rupture avec le passé. Au début, le rite de l'inhumation se maintient ; on continue à utiliser les dolmens et les grottes, surtout dans le Midi. En plein bronze moyen, les peuples méridionaux, fidèles à la tradition de l'inhumation collective en ossuaires, entassent parfois les restes de leurs défunts dans d'étroites fissures de rocher.

Individualisme

Une telle fidélité à la tradition est exceptionnelle. Les sépultures de l'âge du bronze — c'est là un fait important — redeviennent individuelles. Qu'ils soient enterrés en caissons de dalles sous tumulus, en coffres plus spacieux, véritables chambres mortuaires au plancher de bois, ou simplement ensevelis dans la masse du tertre funéraire, les morts reçoivent une sépulture personnelle séparée. Certes, il est rare qu'un tumulus n'ait servi qu'une fois, mais chaque corps est isolé de tous les autres. En même temps, la coutume d'incinérer les cadavres, exceptionnelle au chalcolithique, se répand. Rare au bronze ancien, l'incinération, en Alsace, devient plus fréquente au bronze moyen, avant d'être plus tard la règle. Les tumulus de la forêt de Haguenau fournissent des renseignements sur le cheminement du nouveau rite : au début, seules quelques tombes de femmes, et de femmes riches si l'on en juge par leurs parures, renferment des incinérations ; un peu plus tard, le rite a gagné du terrain, mais touche seulement encore les femmes et les enfants. Dans l'ensemble, l'incinération demeure minoritaire. Les corps sont déposés sur un bûcher dressé hors du tumulus, avec quelques offrandes, bracelets, épingles, qui portent des marques de feu. La crémation achevée, quelques bribes d'os seulement sont prélevées et déposées en pleine terre, avec les offrandes brûlées ; on ajoute à celles-ci des objets de parure non brûlés, dans l'idée peut-être que le mort aimerait à les retrouver intacts dans l'autre monde. Des poteries, contenant sans doute des victuailles, sont placées à côté des cendres.

Structures sociales et familiales

L'usage des sépultures individuelles rend visibles des inégalités sociales qui n'apparaissaient pas aussi nettement dans les tombes collectives. Il est vrai que le désir de posséder une tombe personnelle manifeste déjà une certaine volonté de se distinguer des autres membres du groupe, qui conduit facilement à l'ostentation. On s'est demandé si les tumulus n'étaient pas réservés à certains privilégiés. Ceux d'Armorique révèlent, nous l'avons dit, l'existence d'une caste dominante. Mais le rite semble s'être banalisé par la suite, car on connaît des tombes pauvres en mobilier dans les tumulus plus tardifs. Dans la forêt de Haguenau, les privilèges de la richesse se manifestent autrement : certains tumulus ne renferment qu'une ou deux tombes, au riche mobilier ; d'autres contiennent des sépultures multiples au mobilier pauvre : ce sont des cimetières de petites gens. Certains morts ont été enterrés, dans un tumulus bien à eux, avec des colliers, des bracelets, des anneaux de jambe à spirales plates, des épingles de bronze ; d'autres n'ont pour viatique qu'une ou plusieurs cruches de terre.

La condition des femmes et des enfants n'a pas dû être partout équivalente. En Bretagne, les belles sépultures semblent réservées aux hommes, aux guerriers. En Alsace, au contraire, les femmes paraissent avoir bénéficié des mêmes prérogatives que les hommes, autant qu'on puisse en juger par la qualité des vases et des parures funéraires ou des menus objets de toilette. Les enfants portaient de petits bijoux, copie réduite de ceux de leurs parents. Certains, moins riches, ont été enterrés avec des bracelets et des anneaux de jambe de grandes personnes, mis à leur taille, et aussi des jouets, hochets et vases minuscules, cailloux de cristal.

L'incinération et aussi le fait que les hommes du bronze ancien et moyen ont souvent élevé leurs tumulus dans des régions où le sol ne conserve pas les os font que très peu de squelettes ont pu être étudiés. Peut-être les Nordiques ont-ils commencé à coloniser le nord et l'est de la France, ainsi que la Bretagne.

La fin de la préhistoire

Les relations culturelles et commerciales dépassent alors le cadre de nos frontières. L'analyse des bronzes montre que les minerais d'Europe centrale et d'Espagne sont utilisés dès le bronze ancien. Les relations de la Bretagne avec le Wessex, très brillant à cette époque, sont évidentes, et le commerce de l'ambre baltique se fait sur une grande échelle. Des perles de jais ou d'ambre à perforations complexes se rencontrent aussi bien en Angleterre qu'en Grèce, et si les perles segmentées en pâte de verre bleu ne sont peut-être pas, comme on l'avait cru, directement importées d'Egypte, le modèle en tout cas est égyptien, ainsi sans doute que les procédés de fabrication. Tandis que la céramique, denrée périssable, est fabriquée sur place et, s'inspirant de modes plus générales, conserve certains particularismes locaux, les outils de métal, qui ont achevé de refouler l'usage de la pierre, deviennent des objets de série qui se ressemblent d'un bout de la France à l'autre. Sans doute, des ateliers locaux interprètent-ils à leur goût la mode des épingles ou le galbe des haches à rebords ou à talon, mais ce sont plutôt variations sur un thème donné qu'inventions de formes nouvelles.

Le bronze final

Vers 1200 avant notre ère, de grands changements se produisent, dont les prodromes sont aisément reconnaissables au-delà de nos frontières de l'est ; mais, chez nous, c'est surtout avec le début du Ier millénaire que les mutations ont lieu. Les influences étrangères viennent du monde italique en Provence et en Languedoc oriental, mais surtout de la civilisation des Champs d'Urnes d'Allemagne dans tout le reste du territoire français. Ces dernières sont visibles dans la céramique, généralement très belle et très fine, noire ou chamois, lustrée, ornée de cannelures, de filets gravés, dans le mobilier métallique, où les haches à ailerons subterminaux remplacent les haches à rebords ou à talon, où les épingles copient les modèles d'outre-Rhin, où les épées reçoivent parfois une poignée métallique. Le rite funéraire qui a donné son nom aux « champs d'urnes » est parfois adopté (Jura, Champagne, Bassin parisien, Touraine, Languedoc), mais on connaît aussi des sépultures en grottes ou en tumulus. L'incinération y est la plus fréquente. Les habitats sont souvent des camps de hauteur, fortifiés, ou des grottes, mais il existe aussi des villages de vallée en bordure de rivière et des habitats de bords de lacs. Le Languedoc occidental est atteint par ces influences, qui passeront même les Pyrénées. En face, le monde atlantique, héritier d'une tradition métallurgique remontant au moins au bronze moyen, s'efforce d'affirmer son originalité. Il imite les types orientaux — haches à ailerons subterminaux —, mais continue la fabrication de types anciens, un peu modifiés — haches à talon massives, à anneau latéral — puis crée ses propres modèles, épées à « langue de carpe », dont la lame se termine en pointe effilée, haches à douille armoricaines, dont la fabrication atteindra, vers la fin de l'âge du bronze, une activité fébrile, produisant au moins 22 500 haches, chiffre à doubler si l'on y adjoint le département de la Manche ! Ces haches seront exportées parfois assez loin de l'Armorique. Les bronziers atlantiques ont entretenu des relations avec les îles Britanniques et la péninsule Ibérique. Leurs habitats et leurs sépultures sont actuellement très mal connus.

Les premiers objets de fer apparaissent vers le VIIIe-VIIe siècle av. J.-C. Sont-ils portés par une nouvelle vague de peuples, de ces cavaliers porteurs de la grande épée, que l'on connaît en Wurtemberg ou en Bavière ? Est-ce pour cela que l'on enterre en grands dépôts les objets de la fin de l'âge du bronze ? Ne doit-on pas penser plutôt que, dans bien des régions de France, le fer apparaît discrètement au sein de cultures encore largement référables à l'âge du bronze ? Quoi qu'il en soit, invasion brutale ou insensible transition, cette période marque, pour notre pays, la fin de la préhistoire.

3. LA GAULE AVANT LA CONQUÊTE ROMAINE

Premières lueurs de l'histoire avant la conquête romaine.

Au moment où les civilisations du bronze arrivaient à leur terme, un vaste courant venu, semble-t-il, des confins de la Silésie et du Brandebourg pénétrait dans notre pays. Les nouveaux venus amenaient avec eux des rites inconnus : ils brûlaient leurs morts sur un bûcher et recueillaient leurs cendres dans des urnes qu'ils enterraient. On a parfois donné à cette civilisation le nom de lusacienne. *Nous sommes très mal renseignés sur ces peuples qui, à la fin de l'âge du bronze, se sont avancés à l'est jusqu'en Macédoine et à l'ouest jusqu'au centre de la France, et même en Espagne.*

C'est vers 1200 av. J.-C. que commencent ces bouleversements ethniques, dont le point de départ semble avoir été le bassin du Danube, mais l'occupation du sol de notre pays paraît s'être accomplie d'une façon assez pacifique. Les vieilles coutumes de l'âge du bronze ne sont pas supprimées systématiquement ; on enterre encore parfois le défunt – comme à Veuxhaulles (Côte-d'Or) ou à la Colombine (Yonne) –, mais, à la même époque, d'autres gens, eux, incinèrent leurs morts. Il semble bien qu'en de nombreux endroits il y ait eu coexistence et que les « peuples des champs d'urnes » – c'est ainsi qu'on a dénommé ces nouveaux venus – ont bien vécu côte à côte avec les anciens habitants : à Pougues-les-Eaux, on a découvert un cimetière qui se composait de onze incinérations et de onze inhumations. Les inhumations renfermaient un mobilier en général plus riche que celui des incinérations.

Qu'est-ce qu'un champ d'urnes ?

C'est une nécropole constituée par le dépôt dans le sol – en général, ce sont les fonds de vallée ou les flancs de coteau qui ont été choisis pour ce dépôt – de grandes urnes renfermant les cendres du défunt. Une assiette sert souvent de couvercle à une urne ; parfois, d'autres vases plus petits ont été déposés là rituellement. La céramique des champs d'urnes est très caractéristique : faite à la main, sans l'aide du tour, elle est, en général, d'une pâte foncée, bien cuite, et ornée de mamelons et de cannelures, décorée de gorges obliques ou de rainures circulaires. Les objets métalliques – couteaux, épingles, agrafes de ceinture – n'ont pas subi les effets du feu ; ils ont été déposés dans l'urne ou à côté d'elle. En Champagne, à Aulnay-aux-Planches, on a constaté que les urnes étaient placées au centre d'un fossé circulaire rempli de terre noire ; le diamètre de ces enclos peut atteindre 25 mètres. Creusés dans la craie, ils se détachent sur le sol de base et sont assez facilement repérables par la photographie aérienne. En été, la végétation à l'emplacement de ces fossés est, en effet, beaucoup plus dense ; les blés poussent plus haut, mûrissent moins tôt ; en hiver, la neige fond aussi plus rapidement. C'est ainsi que la prospection aérienne permet de déceler dans de nombreux endroits des structures protohistoriques : c'est un mode de recherche qui n'en est encore qu'à ses débuts, mais qui, de plus en plus, apportera à l'archéologie une aide très efficace pour la découverte de nouveaux sites.

I. LE PREMIER ÂGE DU FER

Au début du Ier millénaire avant notre ère, vers 900, on voit s'implanter en Gaule une nouvelle civilisation, caractérisée par l'emploi d'un métal jusqu'alors inconnu : le fer. On donne souvent à cette civilisation du premier âge du fer le qualificatif de *hallstattienne*, du nom de Hallstatt, petit village d'Autriche situé à environ 50 kilomètres au sud-est de Salzbourg. Dans ce pays montagneux et boisé, on trouve de grands gisements de sel gemme, qui, très tôt, attirèrent les hommes et donnèrent à la région une importance économique sans rivale. Une vaste et riche nécropole renfermant près de 2 000 tombes y a été explorée au cours du XIXe siècle. Les rites funéraires comportaient aussi bien l'incinération que l'inhumation, et les sépultures appartiennent à une période qui va d'environ 850 à 500 avant notre ère.

C'est en Bourgogne que, pour la première fois, on s'aperçut que cette civilisation hallstattienne était représentée en France. Vers 1875, on entreprit à Magny-Lambert, dans le sud du Châtillonnais, la fouille d'un important groupe de tumulus, dont certains étaient de grande dimension, puisque leur diamètre à la base dépassait 30 mètres. Ces tumulus étaient des tertres funéraires où l'on déposait le corps des défunts, ou l'urne contenant leurs cendres, sur le sol naturel, qu'on avait, au préalable, soigneusement aplani ; on entourait les restes du mort avec des dalles qui formaient un coffre grossier et on édifiait alors un tertre, soit en sable, soit en terre ou en pierres sèches.

Il existe dans la moitié nord-est de la France trois régions où ces tumulus sont particulièrement abondants : l'Alsace, la Franche-Comté et la Bourgogne. Les vastes massifs forestiers qui couvrent ces régions ont été un des facteurs de leur protection. Ailleurs, le déboisement et la mise en culture ont concouru à la destruction de ces tertres. En outre, on constate que les points où la densité des vestiges hallstattiens est la plus forte correspondent très exactement aux gisements de minerai de fer facilement exploitables : Lorraine, Châtillonnais, région du Berry.

Un métal nouveau et des armes nouvelles

Ce serait une erreur de croire que l'apparition du fer a entraîné la disparition du bronze ; bien au contraire, celui-ci a continué d'être employé, notamment pour la confection des parures et des bijoux. Nous sommes habitués à voir dans les vitrines des musées des objets en bronze revêtus d'une patine verte ou brune, mais à l'origine, et aussi longtemps qu'ils étaient utilisés, ces objets brillaient d'un vif éclat et, s'ils venaient à se ternir, un nettoyage énergique leur rendait leur beauté originelle.

Au début du Hallstatt, on utilise encore l'épée de bronze, épée qui ne diffère de celle de l'âge du bronze que par quelques détails de forme : sommet du pommeau de forme trapézoïdale, absence de nervure médiane ; le fourreau, en cuir, est terminé à son extrémité inférieure par une bouterolle en bronze dont les ailettes se recourbent gracieusement.

La grande épée de fer copie l'épée de bronze ; elle n'en diffère que par sa taille plus grande — elle peut atteindre et même dépasser 1,10 mètre —, la soie est plate ; le pommeau, la plupart du temps, ne nous est pas parvenu parce qu'il était en bois ; les rares exemplaires en bronze ou en ivoire que l'on connaît ont tous la même forme, celle d'une cloche. C'est en Bourgogne que ces épées sont le plus fréquentes.

A partir du VIe siècle on n'utilise plus cette grande épée, mais on la remplace par un poignard à lame effilée, dont la poignée de bronze ou de fer se termine par deux antennes ; la longueur moyenne de ces poignards est d'environ 0,40 mètre. L'armement offensif comprend aussi des pointes de lance et de javelot dont la forme rappelle les lances de l'âge du bronze ; l'arc est très rare, on n'en connaît pas d'exemplaires, mais quelques pointes de flèche en fer et des restes de carquois attestent l'existence de cette arme.

Les armes défensives sont exceptionnelles. Il ne nous est parvenu aucun reste de bouclier. Par contre, à Fillinges (Haute-Savoie), on a trouvé plusieurs cuirasses en bronze ; une autre provient des dragages de la Saône, à Saint-Germain-du-Plain, mais ce sont là des objets qui semblent avoir été importés.

Dans la moitié sud de la France, les tumulus sont beaucoup plus rares. Dans l'Aquitaine et le Languedoc, on trouve de vastes nécropoles où chaque urne à incinération est, avec une céramique abondante, déposée dans une fosse circulaire.

Les tombes à char

Un certain nombre de sépultures hallstattiennes renferment des restes de chars. Peu nombreuses, une quinzaine dans toute la France, ces tombes sont groupées en Alsace, en Bourgogne, en Franche-Comté ; deux appartiennent au Poitou.

Ces tombes à char sont tardives et se classent au VIe siècle avant notre ère. Souvent, elles étaient constituées par un très grand tumulus, dont le diamètre à la base dépassait parfois une cinquantaine de mètres. Leur hauteur pouvait atteindre 6 à 7 mètres. Le char est toujours un véhicule à quatre roues — plutôt charrette que véritable char.

La découverte, en 1953, à Vix (Côte-d'Or), d'une sépulture de cette sorte, qui nous est parvenue intacte, nous a apporté de précieux renseignements. A Vix, on avait d'abord creusé dans le sol une chambre funéraire cubique de 3 mètres de côté ; on avait coffré cette chambre avec des planches, puis, après y avoir déposé le cadavre et les offrandes, on avait posé un plafond en bois, et enfin on avait édifié le tumulus lui-même, de 40 mètres de diamètre à la base.

Le corps était celui d'une femme d'environ trente ans ; il avait été placé le buste relevé, les jambes allongées dans la caisse du char, dont les quatre roues démontées avaient été rangées le long d'une des parois de la chambre. La défunte avait été enterrée parée de tous ses bijoux : un diadème d'or pesant 480 grammes enserrait encore le crâne, des fibules de bronze ornées de corail et d'ambre devaient retenir ses vêtements, un collier de bronze, des perles d'ambre et de pierre dure paraient sa poitrine ; des bracelets aux poignets, des anneaux aux chevilles formaient un ensemble d'une grande richesse. Le mobilier funéraire se composait d'un énorme cratère en bronze pesant plus de 200 kilos, de trois bassins et d'une cruche à vin de même métal, ainsi que d'une coupe en argent et de deux coupes céramiques grecques. Ces coupes céramiques, dont l'une est peinte de figures noires, ont permis de dater la tombe d'environ 500 av. J.-C.

Quelle était cette femme pour qui on avait placé dans la tombe un mobilier d'une si extraordinaire richesse ? On l'ignore. Peut-être était-ce une princesse, peut-être une prêtresse, mais, ce qu'il y a de sûr, c'est qu'à cette époque, chez les Celtes, certaines femmes occupaient un rang social très élevé.

A Sainte-Colombe, à quelques kilomètres de Vix, et sans doute en relation avec lui, se trouvaient deux énormes tertres funéraires, qui ont livré, l'un, un beau bassin de bronze orné de quatre têtes de griffon — ce bassin était supporté par un trépied de fer et de bronze —, l'autre, deux bracelets et une paire de boucles d'oreilles en or.

D'autres tombes à char ont fourni de fort belles parures ; c'est ainsi que celle de la Motte d'Apremont (Haute-Saône) a donné une volumineuse couronne d'or, une coupe également en or, et de très nombreux éléments de garniture de la caisse du char. Presque toujours, ces tombes à char renfermaient un récipient de bronze.

Les habitats

En général, on ne connaît pas les habitats qui correspondent aux grands groupes de tumulus ; parfois, quelques modestes fonds de cabanes attestent qu'à proximité des tombes s'élevait une demeure. Cependant, de rares sites ont révélé des habitats plus complexes. Près de Salins (Jura), dans le Camp de Château, on a mis au jour des remparts, avec, noyés dans leur épaisseur, des parements internes ; beaucoup d'éperons barrés occupés dès le néolithique ont été de nouveau habités au premier âge du fer. C'est peut-être l'oppidum de Vix qui nous offre le plus bel exemple d'habitat de cette époque.

Cet oppidum est situé sur le mont Lassois, près de Châtillon-sur-Seine. Il domine d'une centaine de mètres la Seine, qui coule à ses pieds. La montagne a été fortifiée au VIIe siècle. Un fossé continu l'entoure ; établi presque à la base, il a un développement de 2,8 kilomètres ; ce fossé est de coupe triangulaire, sa largeur à son ouverture est de 19 mètres et sa profondeur maximale dépasse 5 mètres ; avec les matériaux extraits on a construit en arrière du fossé un rempart large à sa base de 13 mètres ; des entrées en chicane, protégées par des postes de garde, complétaient ce système défensif. De grandes levées de terre descendent jusqu'à des sources au voisinage de la Seine. Quant aux habitats, ils sont très rustiques ; ceux qui étaient sur le plateau qui couronne le mont ont été détruits par les occupants successifs et les cultures, mais d'autres, établis sur les pentes, au niveau de petites terrasses, ont laissé quelques traces : trous de poteaux, fragments d'enduits portant encore les empreintes des branches qui formaient le clayonnage. Les sols étaient battus avec soin ; les toits étaient sans doute en chaume. La pierre n'a pas été utilisée pour la construction.

En Lorraine, les enceintes sont nombreuses, et quelques assises de pierre indiquent l'emplacement des cabanes, qui pouvaient atteindre d'assez grandes dimensions : au Camp d'Affrique, à quelques kilomètres de Nancy, on a reconnu des cabanes rectangulaires de 14 mètres de long sur 3 mètres de large. Ces cabanes étaient en partie enterrées dans le sol ; la porte en chicane empêchait l'air froid de pénétrer directement dans l'habitation. La place du foyer est variable. Dans le Midi, beaucoup de grottes ont été occupées à cette époque, et dans les sites fortifiés, comme le Cayla de Mailhac ou Ensérune, on trouve des soubassements de murs en pierre sèche.

La parure

Les morts étaient enterrés avec les bijoux et les armes qu'ils avaient portés durant leur vie. On constate, selon les régions, des différences dans la parure qui ne sont que les résultantes des particularismes locaux : il n'y a pas si longtemps encore chaque province avait son costume propre.

En Alsace et en Franche-Comté, on rencontre de larges ceintures faites d'une feuille de bronze ornée de dessins estampés. Ce type de ceinture, par contre, est très rare en Bourgogne. A la grande épée de fer est très souvent associé un rasoir en bronze ; il n'est pas certain qu'il s'agisse, en réalité, de rasoirs fonctionnels, ce sont peut-être de simples pendentifs, mais auxquels on attachait une grande valeur. En général, on ne les trouve pas sur le corps, mais enfouis sous les dalles qui le supportaient.

Les colliers rigides, ou torques, n'apparaissent qu'à la fin du premier âge du fer. Ils sont constitués par une feuille de bronze roulée et dont les extrémités, s'emboîtant l'une dans l'autre, sont maintenues par une petite goupille. Des bracelets et des anneaux de cheville de ce type accompagnent souvent ces torques qui semblent avoir été portés aussi bien par les hommes que par les femmes ; mais il existe aussi d'autres types de bracelets : bracelets ouverts ornés d'une grosse boule à chaque extrémité, bracelets décorés d'oves plus ou moins volumineux, bracelets à charnières, ou encore minces anneaux filiformes — armilles — que l'on trouve au nombre de trente à trente-cinq à l'avant-bras. Dans les tumulus du Jura et du Doubs, ainsi qu'en Alsace, on rencontre parfois de volumineux brassards affectant la forme d'un barillet ou d'un tonnelet ; ces bijoux étaient l'apanage des femmes.

La fibule, sorte de broche qui était née à l'âge du bronze, va devenir très fréquente à la fin du premier âge du fer ; en général, elle est caractérisée par un long ressort à petites spires ; le porte-aiguille est surmonté d'un cabochon ou d'une timbale. La variété de ces petits objets utilitaires est très grande et permet très souvent une datation précise. Dans certains, l'ambre et le corail enrichissent le bijou. Quelques types d'objets sont propres à une région bien délimitée ; c'est le cas notamment des pectoraux de bronze ajouré, ornés de chaînettes à l'extrémité desquelles pendent des grelots ou des rouelles — et d'un ornement fait de cercles mobiles, plats et concentriques, gravés sur une face, entourant une plaque centrale bombée en son milieu, baptisée « bouclier de pudeur ». Cette parure se rencontre dans les tombes féminines, placée sur l'abdomen. Pectoraux et boucliers de pudeur ne se trouvent qu'en Franche-Comté. Les ceinturons en cuir étaient terminés par des agrafes en bronze de type varié ; quant aux boucles d'oreilles, elles sont rares et ont le plus souvent la forme de croissants creux.

Tous les bijoux dont il vient d'être question sont en bronze. Il en a existé également en fer, mais l'oxydation les a, la plupart du temps, tellement mutilés et déformés qu'ils ont été négligés par les fouilleurs. Cependant, les exemplaires qui nous sont parvenus témoignent d'une grande habileté ; c'est le cas pour une fibule de la tombe princière de Vix : la fibule en fer est ornée d'or et de corail, ce qui montre bien que le fer était regardé comme un support tout aussi noble — sinon plus — que le bronze.

L'or au premier âge du fer

On constate une raréfaction de ce métal précieux qui était si abondant à l'âge du bronze ; cela tient au fait que les gisements aurifères de surface étaient alors en grande partie épuisés ; il fallait recourir au lavage de certains sables, mais cette technique de l'orpaillage n'est pas très productive. Les bijoux d'or ont été tous trouvés dans des sépultures à char ; rappelons le diadème de la princesse de Vix. Un des deux tumulus de Sainte-Colombe a fourni une paire de bracelets, pesant chacun 64 grammes et constitués par un ruban long de 19 centimètres et large de 5. Le décor est exécuté au repoussé ; la même tombe renfermait aussi une magnifique paire de boucles d'oreilles, constituées par un ruban ployé de façon à former un anneau et sur lequel avaient été soudées trente-deux cupulettes. Ces bijoux sont d'une remarquable finesse d'exécution et attestent l'habileté des orfèvres, de même que les bandeaux d'or, qui devaient être utilisés non comme couronnes, mais comme garnitures de coiffure et dont les plus caractéristiques ont été trouvés dans le grand tumulus d'Apremont.

Les importations italo-grecques

A l'âge du bronze, d'importants courants commerciaux mettaient en relation les pays nordiques avec la Gaule : l'Irlande a envoyé chez nous de nombreux bijoux d'or. Au premier âge du fer, c'est entre la Gaule et le monde méditerranéen que se sont faits les échanges. Les objets importés sont essentiellement des vases de bronze et des céramiques.

Les vases de bronze sont assez fréquents : ce sont des cistes à cordons, sorte de seaux cylindriques ornés de cordons circulaires parallèles et munis soit d'anses mobiles, soit de poignées fixes. Ces cistes ont été fabriquées en Italie du Nord. En Gaule, ces vases se localisent dans deux régions seulement, la Bourgogne et le Berry ; ces provinces, d'autre part, sont celles qui ont donné le plus grand nombre d'épées en fer.

Alors que le corps des cistes est cylindrique, celui des situles est tronconique, mais la technique de fabrication est analogue à celle des cistes : une feuille de bronze battu est courbée et ses bords sont assemblés à l'aide de rivets. En Gaule, on ne rencontre que des situles unies, comme celles de Plougoumelen (Morbihan), Sens (Yonne). Jusqu'ici on n'a pas trouvé de situles historiées à décor figuré comme celles qui ont été recueillies en Italie du Nord ou en Illyrie. Nous avons déjà mentionné le cratère de Vix, ainsi que le trépied et le bassin de Sainte-Colombe.

Pendant longtemps, on a cru que tous ces objets avaient été importés d'Etrurie, car les tombes étrusques renferment un grand nombre de pièces similaires. En réalité, les objets provenant des sépultures étrusques n'étaient pas indigènes. Il semble que les centres de fabrication doivent être recherchés dans les ateliers helléniques de l'Italie du Sud. Ces ateliers ont eu des dépôts, puis des centres de fabrication en Italie méridionale, notamment à Cumes et à Capoue.

Un dernier type de nos vases en bronze d'origine grecque est l'œnochoé, sorte de cruche servant à verser le vin, caractérisée par une embouchure trilobée : un bel exemplaire a été recueilli dans le tumulus de l'Agnel, à Pertuis (Vaucluse) ; un autre, d'un modèle différent, mais qui devait devenir très fréquent au début du second âge du fer, a été trouvé dans la tombe de Vix.

La céramique grecque existe notamment sur les côtes de Provence et atteste ainsi une certaine hellénisation de la région. Lorsqu'on s'enfonce à l'intérieur de la Gaule, elle devient extrêmement rare, et on ne peut guère citer que les tessons attiques à figures noires et à figures rouges trouvés au Camp de Château, près de Salins, et les deux coupes du tumulus de Vix.

Les voies empruntées par les objets importés

Un problème se pose : par où sont venus ces objets italo-grecs ? Lorsqu'on se souvient que Marseille a été fondée vers 600, il paraît logique de supposer que ces importations ont suivi le couloir rhodanien avant d'arriver en Bourgogne ou en Franche-Comté. En fait, cet itinéraire ne semble pas être celui qui correspond à la réalité. Le commerce de Marseille s'est, à cette époque, étendu surtout le long du littoral, mais n'a que peu pénétré à l'intérieur des terres. La carte de répartition des trouvailles d'objets italo-grecs présente un blanc caractéristique tout le long de la Saône. C'est par les vallées du Tessin, par le col du Grand-Saint-Bernard, que sont arrivés chez nous la plupart des objets importés. D'ailleurs, ce cheminement est jalonné de trouvailles caractéristiques.

Le commerce en Gaule au premier âge du fer

Nous sommes très mal renseignés sur le commerce ; nous constatons la présence d'objets précieux, de vases métalliques, importés pour la plupart d'Italie, mais nous connaissons mal ce que donnaient en échange les Gaulois ; sans doute s'agissait-il de produits alimentaires dont il ne reste aucune trace. L'opulence de l'oppidum de Vix, où les restes de plus de cinquante vases céramiques grecs ont été déjà dénombrés et où le mobilier funéraire de sa tombe princière et des tumulus de Sainte-Colombe est d'une si grande richesse, s'explique difficilement : la région est pauvre, le minerai de fer affleure, mais ne suffit pas pour légitimer l'état florissant de la citadelle, et c'est plutôt dans sa position géographique que doit être recherchée la cause véritable de cette opulence. Le mont Lassois verrouille et commande la vallée, et la Seine cessait d'être navigable à partir de Vix. D'autre part, à cette époque, l'étain nécessaire à la fabrication du bronze provenait pour la majeure partie du sud de l'Angleterre ; empruntant la voie fluviale, par les vallées de la Somme, de l'Oise, puis de la Seine, il arrivait à Vix, où il était déchargé et ensuite acheminé par la voie de terre vers l'Italie du Nord ; le franchissement des cols devait être assez facile. Plus tard, mais plus tard seulement, d'après le témoignage de Pline, l'étain est descendu directement vers le sud et le littoral méditerranéen. Du jour où l'étain a emprunté la voie maritime, la prospérité de l'oppidum de Vix s'est effondrée et, vers 475 av. J.-C., le site a été abandonné ; il ne fut réoccupé qu'au Ier siècle avant notre ère.

La céramique

Au premier âge du fer, la céramique est abondante. Lorsqu'on trouve un vase déposé dans une tombe, on peut toujours se demander s'il s'agit d'un récipient fonctionnel ou d'un vase destiné spécialement à un usage funéraire. Les peuples de l'Allemagne méridionale fabriquaient de magnifiques urnes où, sur un fond blanc, se détache un décor peint en rouge et en brun, mais ce type ne semble pas avoir été utilisé en Gaule.

La céramique hallstattienne n'est jamais faite au tour ; elle est caractérisée par des vases à col assez haut, vertical ou légèrement évasé, et par une panse globuleuse. De vieux procédés d'ornementation employés à l'âge du bronze sont encore utilisés : poinçons, dépressions, application de cordons plus ou moins torsadés. A Vix, les couches d'habitat ont fourni une grande quantité de tessons peints à la barbotine (argile liquide et colorée appliquée à l'aide d'un pinceau) ; le décor est presque toujours géométrique rectiligne ; triangles hachurés, chevrons emboîtés, damiers, etc. ; ce n'est qu'exceptionnellement qu'on trouve des décors curvilignes et il faut attendre la fin du ve siècle pour les voir se répandre et devenir le motif préféré de l'art celtique ; quelques rares tessons portent des représentations d'animaux — oiseaux, quadrupèdes —, soit figurés d'une façon naturaliste, soit stylisés.

II. LE SECOND ÂGE DU FER

Des peuples nouveaux

Vers 450 av. J.-C., la Gaule est envahie par des peuples venant de l'Est et qui apportent avec eux des coutumes et des mœurs nouvelles. C'est alors qu'on peut parler de Celtes au sens propre du terme. Lorsqu'ils arrivèrent en Champagne, les Celtes trouvèrent un pays où la densité de la population, autant qu'on en puisse juger par les nécropoles de la fin du premier âge du fer, était assez faible. Ayant pour eux la puissance du nombre, ils submergèrent les autochtones et s'implantèrent solidement dans ces plaines crayeuses au sol léger, peut-être pas très fertiles, mais faciles à travailler. Tandis qu'entre le bronze final et le premier âge du fer il y avait eu passage, transmission (les premières épées de bronze du Hallstatt ancien ne diffèrent que par quelques détails des épées du bronze final, et il est indiscutable qu'elles en dérivent), on a l'impression dans bien des régions, notamment dans l'est de la France, d'un véritable hiatus entre le premier et le second âge du fer. Les rites funéraires diffèrent, les tombes plates succèdent aux sépultures tumulaires, et on constate un abandon total des grands sites d'habitat du Hallstatt final ; bien souvent, il faut attendre deux ou même trois siècles avant de trouver une réoccupation du terrain.

Ce second âge du fer, qui va du milieu du ve siècle jusqu'au début de l'ère chrétienne, a été appelé « période de La Tène ». Le site éponyme de La Tène se situe en Suisse, sur le lac de Neuchâtel, où existait un important centre de commerce, avec magasins et vastes entrepôts. Le choix de ce site éponyme n'est pas heureux, car dans la station même de La Tène les périodes les plus anciennes du second âge du fer sont fort mal représentées. Il est bien évident que, dans une période qui s'étend sur plus de quatre siècles, il y a eu des évolutions ; c'est pourquoi on a subdivisé l'époque dite « de La Tène » en trois phases : Tène I, de 450 à 300, Tène II, de 300 à 100, et Tène III, de 100 à notre ère.

Les habitats

On connaît peu d'habitats de La Tène I et de La Tène II ; le plus souvent, ils sont réduits à de simples fonds de cabane, sans emploi de matériaux non périssables comme la pierre. Les murs, faits de torchis, de branchages ou de planches, n'ont laissé aucune trace ; seuls les trous des poteaux qui maintenaient l'ensemble ont été conservés et permettent de constater qu'on utilisait à la fois des huttes circulaires et des huttes quadrangulaires.

Par contre, datant de la dernière période, on connaît de véritables agglomérations, dont les plus célèbres sont Bibracte, près d'Autun, Gergovie, près de Clermont-Ferrand, Alésia, en Côte-d'Or. César et les auteurs anciens ont, à maintes reprises, parlé de ces villes. Beaucoup de ces sites ont été l'objet de fouilles méthodiques qui nous permettent de nous faire une idée assez exacte de ce qu'étaient avant la conquête romaine les villes gauloises. C'étaient, avant tout, des places bien protégées contre les incursions des peuples ennemis par un épais rempart construit selon une technique originale et auquel on a donné le nom de *murus gallicus*. Ce *murus gallicus* est constitué par un ensemble en pierres sèches dans lequel sont noyées de longues poutres de bois perpendiculaires au parement du mur ; à l'intérieur de l'appareil, d'autres poutres sont placées parallèlement au rempart, de sorte qu'on obtient une sorte d'armature interne, dont les éléments de bois sont rendus solidaires les uns des autres à l'aide de longues fiches de fer. De telles murailles, épaisses de plusieurs mètres, défiaient toute attaque exécutée à l'aide de béliers ou d'autres machines de guerre. Un de ces remparts parmi les mieux conservés actuellement se trouve à Murcens (Lot).

Cette technique ne fut pas abandonnée après la conquête : alors qu'il n'était plus besoin de construire des ouvrages défensifs, on l'utilisa pour ceindre la ville d'un mur soutenant une sorte de boulevard périphérique, comme c'est le cas pour *Vertillum* (Vertault, Côte-d'Or). Très souvent, d'ailleurs, ces murs de défense furent arasés à l'époque gallo-romaine et on ne rencontre plus que les dernières assises encore enfouies dans le sol.

Dans le midi de la France, où les Romains s'implantèrent bien avant la conquête, les systèmes défensifs sont plus complexes, mais on n'a pas employé de poutres noyées dans la masse pierreuse, et une influence grecque se manifeste dans l'appareillage de pierres du parement externe et par l'existence de tours.

La ville la mieux connue est Bibracte, à 27 kilomètres d'Autun, située sur le mont Beuvray, montagne de plus de 800 mètres d'altitude. Ceinte d'un rempart de près de 5 kilomètres de développement, sa superficie est de 135 hectares. Elle a été édifiée à La Tène III et abandonnée vers l'époque d'Auguste, au profit de l'actuelle Autun. Les habitations rectangulaires étaient construites en bois, avec des soubassements de pierres sèches jointoyées d'argile. Quelques-unes des maisons construites après la conquête sont inspirées des demeures d'Italie. On a reconnu à Bibracte divers quartiers bien spécialisés : quartiers résidentiels avec villas, quartiers artisanaux avec de modestes cases couvertes de chaumes, occupées ici par des forgerons, là par des émailleurs.

A La Tène I, des conquérants...

Quel était l'armement de ces Gaulois qui venaient en envahisseurs ? Certains — les chefs — portaient un casque fait de tôle de bronze richement gravée, décorée parfois de corail ou d'émail ; la forme pointue de ces coiffures fait penser aux casques assyriens, mais c'est là simple coïncidence. Parfois, le casque s'aplatit, il évoque la bombe de nos cavaliers actuels. Au moment de la conquête romaine, il semble que les Gaulois portaient des casques ornés de cornes de taureau, d'aigrettes, ou d'ailes d'oiseau. Les fouilles ne nous ont pas livré de telles coiffures, mais on les voit figurées sur les monuments gallo-romains qui représentent des trophées d'armes gauloises, comme par exemple l'arc d'Orange.

Les historiens de l'Antiquité nous disent que souvent les Gaulois allaient au combat dépouillés de tout vêtement, par une sorte de gloriole qui leur faisait mépriser l'armement défensif. Il n'en demeure pas moins qu'à maintes reprises on a trouvé dans les sépultures des bordures de bouclier en fer, ainsi que l'*umbo* de bouclier, sorte de coquille qui permettait le logement de la main, en même temps qu'elle la protégeait.

Quant aux armes offensives, elles sont représentées d'abord par l'épée, d'excellente qualité, dont la soie est non plus plate, comme au premier âge du fer, mais faite d'une tige grêle. Ces épées étaient protégées par un fourreau de fer, souvent décoré à sa partie supérieure d'ornements gravés d'un très beau style.

A maintes reprises on a trouvé dans les tombes des épées tordues ou brisées, et prétendu que ces épées étaient de si médiocre qualité qu'elles ployaient au combat : le guerrier était obligé de poser le pied dessus pour les redresser. En réalité, les analyses de laboratoire ont montré que ces armes étaient excellentes, d'un forgeage et d'une trempe remarquables, et qu'elles ne pouvaient se tordre. Si l'on rencontre dans les tombes des armes ployées, c'est qu'il s'agit d'une déformation rituelle ; on laissait au défunt ses armes, mais on les rendait inutilisables. Les forgerons étaient si fiers de leur production qu'ils n'hésitaient pas à frapper leur marque, sous forme d'un poinçon au sommet de la lame.

L'armement était complété par le poignard ; à l'origine, il était placé dans un fourreau en bronze, mais, par la suite, le fourreau, comme l'arme, fut en fer. A la fin de l'indépendance, on rencontre un beau type de poignard, appelé *anthropoïde :* sa poignée était constituée par une sorte de croix de Saint-André, rappelant, très schématiquement, des bras et des jambes écartés ; à la base figure une tête humaine, ciselée, d'un style très réaliste. Les lances et les javelots étaient fort répandus ; ils sont toujours fixés à la hampe, non par une soie, mais par une douille dans laquelle pénétrait le bois.

Le costume du Gaulois

Nous sommes très mal renseignés sur l'habillement des Gaulois des IVe et IIIe siècles avant notre ère, un peu mieux sur la période la plus récente. Aucune trace de vêtement ne nous est en effet parvenue ; nulle tourbière, nul tronc de chêne creusé n'ont conservé, comme cela s'est produit parfois en Scandinavie, des habits entiers. Cependant, à partir du IIe siècle, les historiens du monde civilisé commencent à parler des Gaulois ; certains s'efforcent de décrire le costume que portent ces Barbares. D'autre part, comme après la Conquête le costume n'a pas sensiblement évolué, nous pouvons, d'après les représentations figurées sur les monuments gallo-romains, nous faire une idée assez exacte de la façon dont les Gaulois se vêtaient.

La pièce principale du costume était les braies, assez analogues au pantalon actuel, à cette différence que le bas des jambes était serré par un cordon. Ces braies – en latin *bracae* – ont donné son nom à une partie de la Gaule, la Narbonnaise, que l'on a appelée *Gallia bracata* – la Gaule « pantalonnée ». La partie supérieure du corps était protégée par une tunique. Il semble que certains portaient aussi parfois, par-dessus ce vêtement, un manteau – la saie – fait de grosse laine en hiver, d'étoffe beaucoup plus fine en été.

Une des meilleures représentations de Gaulois nous est donnée par un petit bronze d'applique qui fut trouvé à Alésia ; il figure un Gaulois couché – est-il mort, ou se repose-t-il seulement ? Bien que postérieure à la conquête, nous avons là une image très fidèle du costume gaulois tel que César dut le voir. Malgré la rigueur du climat, il semble bien que souvent, dans diverses contrées, les Gaulois étaient nus. Certains indices donnent même à penser que les hommes de ces peuplades se peignaient le corps.

Nous sommes moins bien renseignés sur le costume féminin ; il est vraisemblable que les femmes portaient souvent des robes à manches courtes, puisqu'on trouve des anneaux d'avant-bras placés juste au- dessous du coude. Sans doute, certains tissus de haut luxe étaient-ils brochés d'or ou d'argent. Strabon nous l'affirme, mais nous n'en possédons aucun vestige provenant de fouilles.

Les parures

Comme tous les peuples barbares (« barbares » étant pris ici au sens où les écrivains gréco-latins l'entendaient, c'est-à-dire peuples ne parlant ni la langue de Platon ni celle de Cicéron), les Gaulois aimaient à se parer de bijoux. Datant de La Tène I, les sépultures de la Champagne ont livré d'innombrables torques, colliers rigides de bronze ; contrairement à ce qu'on aurait pu croire, à cette époque ces colliers étaient réservés aux seules femmes ; jamais on n'a trouvé dans les tombes l'association torque et armes. Ce n'est que beaucoup plus tard que les guerriers se sont à leur tour parés de ces colliers. L'anecdote célèbre de Titus Manlius Torquatus, ce Romain qui, après un combat que son père lui avait défendu de livrer, vint se présenter devant l'autorité paternelle paré du torque de son adversaire, prouve néanmoins qu'à la fin de La Tène le torque n'était plus l'apanage des femmes et que les hommes s'en paraient volontiers.

Au début de La Tène, il y a des torques fermés et des torques ouverts ; très souvent, les deux extrémités s'élargissent en forme de tampons finement ciselés. Leur décor permet de définir bien des caractéristiques de l'art gaulois. Parfois, les éléments décoratifs sont groupés en trois motifs équidistants ; le plus souvent, chacun de ces motifs est ternaire et, fait curieux, la région où l'on rencontre ces bijoux correspond assez précisément à celle qu'occupaient les Tricasses, peuple dont Troyes était la capitale.

Les boucles d'oreilles sont relativement rares ; elles sont toujours d'un modèle uniforme, quelle qu'en soit la matière, bronze ou or : une nacelle aux flancs renflés et décorés, dont la poupe et la proue se prolongent par un filament qui forme la boucle proprement dite.

Les bracelets sont très communs, portés aussi bien par les hommes que par les femmes ; les chefs en avaient un en or, très simple ; les exemplaires en bronze, par contre, offrent toutes les variétés de décor : ouverts et terminés par des tampons ; garnis de nodosités sur toute leur longueur, on les a trouvés souvent dans les tombes de Lorraine ; au IIIe siècle, ils deviennent massifs, les godrons et les oves sont décorés de figures géométriques curvilignes où prédomine le triscèle. C'est à cette époque qu'on voit apparaître des bracelets de verre, de fabrication indigène, semble-t-il : la pâte de l'anneau est verte, bleue, transparente ; souvent un fin décor de filet émaillé l'agrémente. On s'est demandé si ces verroteries n'étaient pas d'origine étrangère, orientale, mais la relative abondance de ces bijoux, leur aire de diffusion et leur homogénéité militent en faveur de fabrications artisanales locales.

Si nous ne connaissons pas le costume féminin, nous connaissons au moins ses accessoires. L'un des plus remarquables est la ceinture ; à l'origine, c'était un ruban de cuir terminé à l'une des extrémités par un anneau et à l'autre par une agrafe de bronze ajouré. L'imagination des bronziers, tout en restant fidèle à une règle générale, a donné libre cours à la plus charmante fantaisie : ici, c'est le décor géométrique tout simple qui a été choisi pour décorer l'objet ; là, au contraire, c'est un savant assemblage d'animaux fantastiques groupés en pyramide qui soutient le crochet de fermeture.

Deux siècles plus tard, la ceinture est tout entière en bronze : une suite d'anneaux simples ou jumelés enserre la taille, laissant pendre devant le corps deux longues chaînes ; l'émail parfois ajoute encore sa chaude teinte et concourt à la beauté de cet accessoire du costume.

Un choix étonnant de broches et de clips

Née à la fin de l'âge du bronze, très répandue au Hallstatt final, la fibule va continuer à suivre toutes les vicissitudes de la mode ; de ce fait, elle est devenue, pour les archéologues, un des meilleurs fossiles directeurs, permettant de dater, à un demi-siècle près, une sépulture ou un habitat. Alors que la fibule de la fin du premier âge du fer était caractérisée par un très long ressort aux spires étroites et nombreuses, on constate qu'à La Tène I le ressort se compose au maximum de quatre spires beaucoup plus volumineuses ; le pied qui surmonte le porte-aiguille s'agrémente d'une rosace décorée de corail ou d'émail ; parfois, une figuration stylisée, tête d'oiseau — un canard — ou de bélier, témoigne d'un souci artistique qui avait fait défaut jusqu'alors.

Puis, à La Tène II, la fibule s'allonge ; le plus souvent, elle est en fer et de forme assez constante ; mais, au Ier siècle avant notre ère, la fantaisie reprend le dessus. Le sommet se pare d'ailettes, le porte-aiguille s'ajoure et l'on pressent les innombrables types que l'on rencontrera quelques siècles plus tard à l'époque gallo-romaine.

Des matériaux nouveaux

Dès la fin du premier âge du fer, le corail avait été employé pour la décoration de quelques bijoux, mais cet emploi était resté très timide. Au début de La Tène, l'usage du corail se généralise ; il sert à agrémenter les fibules, certains bracelets, des éléments de harnachement de cheval et parfois des vases de bronze. Le monde gréco-romain a complètement négligé cette matière, qui a joui chez les Celtes d'une grande faveur. Pline nous en indique les différentes provenances : la Corse, les côtes d'Afrique du Nord. Par sa chaude couleur rouge, le corail – aujourd'hui encore fort apprécié en Algérie et en Tunisie – rappelait le sang de la Gorgone et passait pour être doué de vertus magiques. Mais, assez tôt tombé en discrédit, il fut remplacé, peut-être pour de simples raisons économiques comme la fermeture des marchés ou des difficultés d'approvisionnement, par une nouvelle matière, l'émail rouge, qui offrait l'avantage de pouvoir être fabriqué à la demande et qui échappait à l'incertitude de problématiques importations.

On a retrouvé en plusieurs endroits, et en particulier à Bibracte, les ateliers des émailleurs ; une technique bien mise au point permettait de recouvrir le métal d'une couche adhérente d'émail rouge. Il est curieux de constater que les Gaulois, qui connaissaient la fabrication des produits vitreux, n'ont pas essayé d'obtenir des émaux d'une autre couleur ; la raison en est, sans doute, le respect que l'on avait pour une matière qui, à l'origine, était chargée de sens magique et symbolique.

Une céramique variée

C'est la céramique qui, bien souvent, aide les archéologues à définir une civilisation. Nous connaissons la poterie surtout par les tombes. Au début de La Tène, nous trouvons de très nombreux vases déposés dans les sépultures champenoises. Ces vases, si fréquents, n'intéressaient que peu les pilleurs de tombes au XIXe siècle ; lorsqu'ils étaient brisés, ne fût-ce qu'en deux morceaux, ils étaient négligés et rejetés dans les déblais. Cette céramique est caractérisée par des vases à profil anguleux, à pied étroit et à col évasé. La pâte est fine, foncée, soigneusement lissée ; le décor est obtenu soit par des incisions – chevrons emboîtés –, soit par des traits de peinture à la barbotine. Le tour n'est pas encore employé, bien qu'on l'ait, à cette époque, utilisé pour la fabrication de bracelets de schiste. Un peu avant la Conquête apparaît, surtout dans le centre de la Gaule, une très belle céramique à fond blanc sur lequel se détachent en brun des motifs géométriques du plus heureux effet.

Ces morts qui nous apprennent tant de choses

Comme c'est le cas pour la plupart des civilisations protohistoriques, les Gaulois se révèlent à nous surtout par le contenu de leurs sépultures, et c'est à partir de ces humbles offrandes qu'une main pieuse a déposées dans la tombe, que l'archéologue doit s'efforcer de reconstituer l'état matériel d'une culture.

A l'origine, les sépultures furent, en Champagne, du type dit « en tombes plates », c'est-à-dire que dans de simples fosses creusées dans la craie le défunt était déposé allongé sur le dos. Lorsqu'on fouille une tombe de ce type, on est surpris de rencontrer une terre très noire, qui tranche sur les teintes claires de la craie ; on ne sait pas encore exactement, faute d'analyses, quelle est l'origine de cette terre noire. Apport intentionnel ? Peut-être a-t-on mis dans la sépulture un peu du sol de la maison du mort, sol noirci par la cendre des foyers. Ainsi, quelques modestes souvenirs de la vie quotidienne accompagnaient-ils celui ou celle qui partait pour un autre monde.

Des tombes princières

Si les tombes, plus ou moins riches, du début de La Tène – elles sont particulièrement abondantes en Champagne où on en a dénombré plus de dix mille – présentent une remarquable homogénéité quant au mobilier qu'elles renferment, on trouve cependant des sépultures qui, par leur structure et les objets qu'elles livrent, sont très différentes. Ce sont les sépultures dites « à char ». On en connaît près de cent cinquante ; malheureusement, la plupart ont été violées à une époque ancienne, et seules quelques-unes nous ont permis de constater la richesse de leur mobilier.

Une grande fosse rectangulaire avait été creusée dans la craie ; dans le sol de la fosse, deux petites cavités furent aménagées pour le logement de la moitié inférieure des roues du char, car celui-ci était alors un véhicule à deux roues, léger char de combat, et non plus, comme au Hallstatt, un chariot processionnel ou de parade. Le plancher du véhicule reposait ainsi sur le sol de la tombe ; le défunt y était allongé, couché sur le dos, avec ses armes, ses bijoux, et les offrandes qui lui étaient faites pour son ultime voyage. Les offrandes, ce sont de précieux vases de bronze, fabriqués au-delà des Alpes ; parfois, dans une petite fosse contiguë, comme dans les sépultures de Sept-Saulx et de Châlons-sur-Marne, on déposait le corps entier d'un sanglier.

Ce char de combat était traîné par des chevaux. Ceux-ci n'ont jamais été sacrifiés, mais on a pris soin de creuser une petite logette à l'avant de la fosse, dans laquelle on a déposé les éléments du harnachement : mors, phalères, passe-guides et anneaux d'attelage. Dans un cas, à la Gorge-Meillet, une sépulture secondaire placée juste au-dessus du sommet du char a été considérée comme celle du cocher, qui aurait été sacrifié à la mort de son maître (ou qui aurait péri dans le même accident). Selon les divers auteurs anciens, les Gaulois, à l'époque de la Conquête, utilisaient pour combattre des groupes de chars richement ornés, plaqués d'argent. On a même dit que, parfois, ces chars étaient garnis de faux. Malheureusement, les fouilles n'ont jamais mis au jour de tels véhicules, qui ne nous sont connus que par la littérature.

L'art celtique

Les Celtes ont introduit en Gaule un art original, caractérisé par la prédominance des lignes courbes. On a fait remarquer à bon droit que cet art s'applique essentiellement à de petits objets utilitaires qu'il agrémente et décore ; l'œuvre d'art pure, non fonctionnelle, est absente. Les courbes, les contre-courbes, les spirales abondent, et leur combinaison aboutit à des décors très complexes. L'animal, quand il est représenté, est presque toujours déformé selon des canons bien précis ; il devient prétexte, support aux flexuosités. Lorsqu'un vase est décoré de cette manière, il est impossible d'identifier l'animal qui est à l'origine du décor.

Les armes sont richement ornées ; les casques se couvrent de fins tracés gravés ; ou bien des feuilles d'or, travaillées au repoussé et alternant avec des résilles enchâssant des émaux, concourent à la richesse de leur ornementation. L'extrémité supérieure des fourreaux d'épée porte des gravures où la figuration animale subit de telles déformations qu'elle devient purement décorative.

Cet art celtique est divers et évolutif ; c'est peut-être dans les bijoux d'or qui ont été trouvés dans le sud-ouest de la Gaule qu'on peut admirer un de ses aspects les plus caractéristiques. Au premier âge du fer, l'or était employé surtout en plaque mince estampée. A La Tène, il en fut différemment. En Champagne, dans quelques sépultures à char, on a recueilli parfois un bracelet en or, mais c'est un simple anneau qui ne porte aucune ornementation. A La Tène II, en particulier dans le haut bassin de la Garonne, les bijoux sont d'un style très différent ; ainsi, à Lasgraisses (Tarn), on a découvert un torque et un bracelet, fabriqués tous deux selon la même technique : sur une sorte de torsade qui sert de fond apparaissent, comme des bourgeons, des excroissances aux formes tourmentées et agencées d'une façon complexe ; il y a là un foisonnement de nodosités qui sacrifie la pureté de la ligne à la richesse et à l'exubérance du décor. C'est, sans doute, dans les régions du Rhin et du Danube qu'il faut chercher l'origine des bijoux de ce type. Parfois, le collier d'or relève d'un tout autre style : sa tige torsadée se pare de rondelles finement découpées, qui donnent à l'ensemble un aspect bien particulier.

Mais si l'on veut se rendre compte de l'originalité de l'art mobilier celtique, ce sont les œnochoés de Basse-Yutz qu'il faut étudier. Les œnochoés sont des cruches à vin en bronze ; la plupart étaient fabriquées en Italie du Nord et plusieurs furent importées en Gaule au début de La Tène. Presque toutes les tombes à char qui nous sont parvenues non pillées en contenaient un exemplaire. C'étaient là des objets précieux dont la forme élégante tenta les bronziers celtes ; ils s'ingénièrent à les imiter, mais ce ne sont pas des copies serviles qu'ils réalisèrent. Il en est ainsi des deux œnochoés découvertes à Basse-Yutz (Moselle) en 1927, dans des circonstances mal définies ; tout ce qu'on sait, c'est qu'elles voisinaient avec deux autres vases de bronze, et on ne peut préciser s'il s'agissait d'un dépôt ou d'une sépulture. Alors que le prototype italo-grec est sobre, dépouillé, la copie ou, plus exactement, l'interprétation gauloise est tout d'abord enrichie par l'apport de lamelles de corail et de plaques d'émail employées fort judicieusement dans l'ornementation. Mais cet enrichissement ne suffit pas ; la forme même du vase est modifiée ; tout un bestiaire surgit, le récipient sert de base aux créations de l'artiste. L'anse se transforme en un animal fantastique, quadrupède mythique, d'un style où le réalisme le dispute à l'irréel.

La monnaie, œuvre d'art

Un des aspects les plus caractéristiques de l'art celtique nous est révélé par le monnayage gaulois. Le monde grec utilisait déjà depuis longtemps la monnaie et ce sont les statères d'or de Philippe II de Macédoine (382-336 av. J.-C.) qui servirent à l'origine de modèles. Ces pièces présentaient à l'avers une tête d'Apollon lauré et, au revers, un char attelé. Les premières copies gauloises — frappées par les chefs de tribus, non pour un usage commercial, mais pour leur munificence et leurs dons de prestige — s'efforcèrent d'être aussi ressemblantes que possible. Mais, très tôt, l'imagination créatrice des monnayeurs se donna libre cours et le prototype grec subit de telles transformations que, si l'on ne possédait pas tous les stades de la stylisation déformante, il serait difficile de suivre l'évolution. C'est ainsi que les mèches de la chevelure vont se changer en doubles spirales, la ligne du nez rejoindre le sourcil ; la déformation, pourtant, ne devient pas caricaturale ; elle reste purement ornementale, le visage originel n'étant plus qu'un prétexte à toutes les fantaisies. Il en est de même au revers : les chevaux qui traînent le bige prennent peu à peu une allure fantastique : jambes et articulations sont réduites à des traits et à des points ; une tête humaine remplace la tête du cheval.

Chaque peuple, dans son monnayage propre, a fait apparaître sa personnalité, mais, néanmoins, on trouve plus particulièrement dans les monnaies gauloises une remarquable unité de style.

La sculpture

Bien que César affirme que les Gaulois avaient de nombreux « simulacres » de Mercure, on ne possède pas de documents certains dont la datation soit antérieure à la Conquête, si l'on excepte les sculptures sur pierre trouvées dans le midi de la France. Les divinités comme le dieu de Bouray ou celui d'Euffigneix doivent être datées du Ier ou même du IIe siècle de notre ère. D'ailleurs, que faut-il entendre exactement par ce terme de « simulacre » employé par César ? Il peut fort bien désigner non des statues proprement dites, mais de simples symboles, pierres dressées ou poteaux de bois, non figuratifs. Ce n'est, semble-t-il, qu'assez tardivement, subissant en cela l'influence italogrecque, que les Gaulois seraient passés au stade de la représentation anthropomorphique des divinités. Certaines pierres sculptées, comme celle de Kermaria (Finistère), peuvent très bien être la figuration symbolique d'un dieu.

Dans le midi de la France, par contre, au IIe siècle avant notre ère, les Gaulois ont eu une véritable statuaire. Non loin de Marseille, à proximité de Velaux, sur un éperon défendu par un large fossé, se dressait un étrange sanctuaire, dont la partie principale semble avoir été constituée par un portique composé d'au moins trois piliers quadrangulaires supportant un linteau. Ces piliers sont creusés d'alvéoles ovales dans lesquels étaient enchâssées des têtes humaines ; on a retrouvé encore en place les restes des crânes. Cette macabre décoration confirme les dires des auteurs antiques, Strabon,

Diodore de Sicile et Tite-Live, qui mentionnent la coutume des Gaulois de trancher la tête de leurs ennemis, de la porter suspendue au cou de leur cheval ou de la placer fichée sur une pierre à l'entrée de leur demeure. Parfois, on faisait subir à ces trophées une macération dans l'huile afin de pouvoir les conserver plus longtemps et on attachait une telle valeur à ces reliques qu'à aucun prix on n'acceptait de s'en défaire.

Le sanctuaire de Roquepertuse a livré un certain nombre de sculptures, parmi lesquelles un fragment de linteau ou de frise qui appartenait peut-être au portique décrit plus haut, et qui représente quatre têtes de chevaux d'un admirable tracé et d'une grande pureté de ligne ; un hermès double, constitué par deux têtes accolées par la nuque, séparées et surmontées à l'origine par un oiseau dont il ne reste plus que le volumineux bec crochu, est rendu saisissant par l'aspect des visages empreints d'une majestueuse sérénité. Deux statues d'hommes accroupis, les jambes croisées dans une pose bouddhique, doivent représenter des chefs saliens héroïsés ; elles portent encore – comme le portique – des traces de peinture ; le corps est vêtu d'une sorte de chasuble ornée de dessins géométriques (peut-être s'agit-il d'un vêtement de cuir) ; malheureusement, ces statues sont mutilées et privées de leur chef. De Glanum provient aussi un personnage dans la même attitude.

Un autre site célèbre de la Provence est Entremont, à quelques kilomètres d'Aix. C'était une ville fortifiée, capitale des Saliens ; son sanctuaire a livré de nombreuses sculptures, dont des représentations de têtes coupées aux yeux mi-clos. Peut-on parler de portrait ? Ce n'est pas impossible.

A Sainte-Anastasie (Gard), un buste qui devait être supporté par un socle de pierre ou de bois montre un guerrier dont la tête est protégée par un casque volumineux, sans doute en cuir ; une crinière descend très bas sur la nuque ; deux ornements spiralés représentent les cornes de bélier qui agrémentaient ce casque.

On peut, à travers ces œuvres, saisir ce qui caractérise la statuaire gauloise du sud de la France. C'est une sorte d'impassibilité ou de rigidité qui convient à la figuration de têtes coupées. Mais cette rigidité, nous la retrouvons sur des bustes qui, sans aucun doute, représentent des vivants – à moins que ceux-ci ne soient héroïsés et alors figés dans un hiératisme conventionnel.

La religion gauloise

Nous disposons de plusieurs sources pour connaître ce qu'était la religion des Gaulois. Ce sont d'abord les témoignages des auteurs anciens, puis la survivance des cultes indigènes dans la civilisation gallo-romaine, enfin les représentations des divinités après la Conquête. En réalité, cette triple source d'informations est très insuffisante : pour comprendre et saisir avec exactitude ce qu'est une divinité, il faut vivre longuement avec ceux qui l'honorent, et trop souvent les écrivains de l'Antiquité se sont contentés de rapporter des légendes et des faits mal interprétés. La politique religieuse des Romains, politique fort habile, a consisté surtout à assimiler d'une façon toute superficielle le panthéon gaulois au panthéon gréco-latin, sans se soucier de l'exactitude de cette assimilation. Enfin, n'oublions pas que l'enseignement des druides était avant tout oral.

Malgré ces lacunes, il est possible, cependant, de se faire une idée de ce qu'était dans ses grandes lignes la religion gauloise. Il semble bien qu'à l'origine la notion de divinité n'était pas très individualisée. Remontant à la préhistoire, ou tout au moins au néolithique, la notion d'une terre mère, source de tout ce qui naît, vit et croît, a dominé l'ensemble des croyances ; cette divinité de la Terre féconde protège aussi les morts, et le culte qu'on lui rend reste vague ; on adore tout ce qui est étrange – le menhir, le rocher dont la forme naturelle évoque un profil ou un animal, certains arbres de la forêt. Les sources, les lacs et les rivières sont des émanations de cette divinité diffuse.

Cette terre mère était la compagne d'une divinité masculine, sans doute dieu du Ciel, et peut-être même des Enfers, dont la hache et le maillet étaient les attributs.

A travers les assimilations romaines, on s'est efforcé de retrouver les divinités celtiques originelles, tâche complexe, parce que, en raison du particularisme des peuples gaulois, chaque dieu a, selon les régions, une physionomie et une personnalité différentes. Les Romains ne s'y sont pas trompés. Prenons un exemple : Apollon est parfois confondu avec le Soleil et son culte est symbolisé par les oiseaux aquatiques, par le triscèle aux branches courbes et par la barque ; mais on voit cet Apollon devenir, de dieu solaire, dieu guérisseur, et s'associer au culte des eaux, notamment à celui des sources ; il s'appelle Apollon *Vindonnus* à Essarois (Côte-d'Or), Apollon *Grannus* à Aix-la-Chapelle. Lorsque la source est thermale, c'est *Borvo*, qui a donné les Bourbonne, Bourboule, Bourbon, villes réputées encore pour leurs cures bienfaisantes. Ce grand dieu, c'est parfois aussi Jupiter, dieu du Ciel, qui a la roue comme symbole ; c'est également le dieu de la Foudre. On voit par cet exemple combien le problème des assimilations est complexe, et lorsque l'on veut établir des correspondances rigoureuses entre les divinités gauloises et les divinités gréco-romaines, on se trouve souvent face à des faits inconciliables. Le particularisme de chaque tribu, de chaque peuple, a donc eu comme conséquence une originalité locale pour chaque divinité qui reste elle-même, mais dotée de caractères régionaux.

César dit que le dieu qui est le plus populaire chez les Gaulois est Mercure ; mais que recouvre cette étiquette romaine : est-ce Ésus, est-ce Teutatès ? Ne serait-ce pas également Taranis ? Selon les attributs et les fonctions, chacune de ces divinités apparaît comme interchangeable. Elles ont, il est vrai, un trait commun : on leur offre des sacrifices humains, prisonniers enfermés dans de grands mannequins d'osier et brûlés vifs, plongés la tête dans un chaudron jusqu'à ce que mort s'ensuive, ou encore pendus aux branches des arbres.

D'autres divinités

A côté de la triade formée par Esus, Teutatès et Taranis, on connaît d'autres divinités caractérisées par des attributs empruntés aux animaux : c'est Cernunnos, le dieu aux bois de cerf, que l'on représente accroupi dans une pose bouddhique ; c'est Tarvos Triguranus, le dieu-taureau aux trois grues. Parfois le dieu est un monstre, comme ce serpent à tête de bélier, qui associe la force du bélier, sa puissance de mâle, au caractère terrien du reptile qui pénètre les cavités du sol, et qui, par son venin, est si dangereux. Il existe un dieu qui combat avec succès les reptiles maléfiques, Smertrios, qu'on a parfois assimilé à Hercule. La divinité peut aussi être associée à un animal : Epona, protectrice des chevaux et des écuries, est inséparable de sa jument et parfois du poulain ; Arduina chevauche un sanglier, et Artio est accompagnée d'un ours.

Les lieux de culte

Si des arbres sacrés ou des rochers ont été l'objet de pratiques religieuses et d'offrandes, seules les mentions qu'en font les textes latins nous en instruisent. Il n'est pas impossible qu'en Provence les portiques et les piliers de Roquepertuse et d'Entremont aient eu une fonction cultuelle. Nous avons vu que les Gaulois habituellement n'utilisaient pas la pierre et ne construisaient que des édifices en matériaux légers, pisé, torchis, clayonnages ; il est donc vain de chercher une matérialisation des lieux de culte, mais la fouille soigneuse de petits temples gallo-romains, les *fana*, a permis de constater assez souvent, sous les substructions, l'existence d'un sanctuaire antérieur construit en bois et caractérisé par des trous de poteaux au fond desquels des pièces de monnaie gauloises avaient été déposées. Il semble donc qu'au moment de la Conquête, contrairement à ce qu'on croyait jusqu'alors, il y avait de véritables édifices religieux.

Les druides

L'image traditionnelle du druide est celle d'un vénérable vieillard vêtu d'une robe blanche et qui, debout sur un menhir, reçoit le gui qu'avec une faucille d'or il a coupé sur un chêne. L'iconographie populaire a vulgarisé cet aspect, qui possède un défaut, celui de ne pas correspondre aux faits. Les monuments mégalithiques — menhirs et dolmens — étaient érigés depuis près de deux millénaires et les dolmens étaient alors enfouis sous un tumulus de terre et de pierrailles. Puis s'ajoute une légende de sacrifices sanglants, et souvent on a cru retrouver sur la dalle du dolmen des rigoles destinées à recueillir le sang des victimes immolées. Cette vision romantique n'est pas dénuée d'une tragique puissance d'évocation, mais elle est entièrement étrangère à la réalité.

Pline et César nous ont parlé des druides ; l'un d'entre eux, un certain Diviciacus, a dû jouer le rôle d'agent diplomatique entre les Romains et les Éduens. Il est très difficile de définir avec exactitude ce qu'a été le druide : prêtre, c'est incontestable ; mais ce prêtre est doublé d'un médecin ou plutôt d'un guérisseur, d'un maître à penser et d'un savant. Comme prêtre, il est chargé d'ordonner les sacrifices et de régler la liturgie des cérémonies religieuses. Cette caste est dirigée par un chef suprême. Les fonctions médicales des druides sont mal connues, difficiles à dissocier des fonctions magiques auxquelles elles s'apparentent. La connaissance des plantes et de leurs vertus curatives a été très poussée. Ce sont aussi de véritables chirurgiens, pansant les blessures et réduisant les fractures.

Educateurs et arbitres suprêmes

Les druides sont aussi des éducateurs, non seulement de ceux qui se destinent à leur succéder, mais de tous ceux qui veulent apprendre. L'usage de l'écriture était proscrit, seul un enseignement oral était donné dans des lieux retirés, dans la profondeur de la forêt ou dans le mystère de l'antre d'une caverne ; il offrait tous les caractères d'une véritable initiation. La croyance fondamentale était celle de l'immortalité de l'âme, immortalité symbolisée par le gui, qui reste vert et qui fructifie lorsque tombent les feuilles du chêne sur lequel il vit.

Par son rang social éminent, le druide dépasse les limites de la cité ; il peut alors jouer le rôle d'arbitre en cas de conflit entre deux peuples et lancer de véritables excommunications. Une fois par an, une assemblée générale se tenait chez les Carnutes. On hésite sur sa localisation exacte : Chartres, ou plus vraisemblablement Orléans. De grands sacrifices étaient offerts aux dieux, les différends entre les cités trouvaient là une solution et les sanctions prononcées étaient rigoureuses. C'est donc là une fonction du druide, celle d'un juge dont la juridiction se superpose parfois à la juridiction ordinaire.

L'organisation sociale

Nous ne possédons aucun renseignement sur l'organisation sociale des Celtes du premier âge du fer. La richesse du mobilier funéraire de certaines tombes à char, qu'elles soient masculines ou féminines, atteste qu'il y avait des personnages de haut rang, mais c'est tout ce que nous savons. Nous connaissons beaucoup mieux les structures sociales de la Gaule de l'époque qui précéda la Conquête. Chaque année, nobles et druides élisaient un magistrat suprême, le vergobret, qui, maître absolu dans la cité, ne pouvait cependant pas franchir les limites de celle-ci. Les nobles, que César appelle *Equites*, formaient une aristocratie ; mais il faut se défier des assimilations superficielles que les auteurs latins font avec les institutions romaines ; c'est parmi ces nobles que se recrutaient magistrats et capitaines de guerre. On a parlé de sénat, mais y a-t-il eu une véritable assemblée, ou ce terme ne désigne-t-il pas plutôt l'aristocratie, c'est-à-dire les chefs des villages et des grandes familles ?

Les hommes libres formaient la clientèle de ces chefs. Cette clientèle, quand elle était nombreuse, pesait de tout son poids sur l'autorité du vergobret et parfois pouvait la contrebalancer. Au reste, peu respectueux de l'ordre établi, les Gaulois n'hésitaient pas à recourir fréquemment à des révolutions de palais, ce qui entraînait des guerres intestines. La dernière classe était celle des esclaves, qui paraissent avoir été traités de façon assez douce.

Quelle était la densité de la population ?

Il est impossible d'évaluer le nombre exact d'habitants de la Gaule aux IVe et IIIe siècles avant notre ère. Si certaines régions comme la Champagne montrent, par les sépultures qu'on y dénombre, une occupation très dense, d'autres provinces sont beaucoup plus pauvres en nécropoles. On peut néanmoins tenter une estimation concernant la population au moment de la Conquête. Les historiens ne sont pas d'accord : certains considèrent qu'il n'y avait guère que 5 millions d'habitants à l'époque de César, d'autres exagèrent et décuplent cette évaluation. D'après les travaux les plus récents, il semble que la réalité se situe aux alentours de 15 millions d'habitants, peut-être même plus bas.

Une poussière de peuples

Grâce à Jules César, nous sommes assez bien renseignés sur la grande diversité des peuples gaulois. La Gaule, dit-il, est divisée en trois régions : l'Aquitaine, la Celtique et la Belgique ; ces trois provinces diffèrent par la langue, par les lois et par les coutumes. En réalité, la Gaule comprenait aussi la Province, qui dès 121 avait été conquise par les Romains.

La Province, c'est la Narbonnaise, dont la vallée du Rhône constitue l'axe médian et qui va des Pyrénées aux Alpes. Ouverte sur la Méditerranée, cette Province présentait de telles affinités avec l'Italie qu'elle échappa très tôt à l'emprise celtique ; mais bien avant de tomber sous la coupe de Rome, cette région avait subi l'influence grecque. C'est vers 600 av. J.-C. que des Grecs de Phocée abordèrent le rivage à la hauteur de Marseille, et fondèrent là un comptoir et une petite colonie, *Massilia*. Les vestiges du port grec de Marseille ont été mis au jour en 1967. On a parfois considéré que la présence de Grecs sur la côte provençale, les nombreux comptoirs qu'ils établirent – Nice, Antibes entre autres – avaient eu pour conséquence une véritable hellénisation de la Provence. En fait, les Grecs eurent à lutter contre des populations hostiles, les farouches Saliens et les Ligures. Les autres principaux peuples de la Narbonnaise sont les Voconces, les Tricastins et les Volques – Volques Tectosages et Volques Arecomiques. Le couloir rhodanien constitua cependant une voie commerciale importante. Le rôle de Marseille fut grand ; c'est sans doute grâce à Marseille que les Gaulois, quand ils écrivirent – ce qui leur arriva très rarement –, utilisèrent des caractères grecs ; si la statuaire de pierre, absente dans le reste de la Gaule, se trouve en Provence – à Entremont, à Roquepertuse –, c'est sans aucun doute à l'influence de Marseille qu'elle doit son existence ; le plus ancien monnayage gaulois attesté est celui de Marseille.

L'Aquitaine

Elle s'étendait au sud et à l'ouest de la Garonne, et ses populations se rapprochaient bien plus du type ibérique que du type gaulois, mais les Celtes avaient dès le VIe siècle occupé le pays, ainsi qu'en témoignent les importantes nécropoles du premier âge du fer, qu'on rencontre notamment sur le plateau de Ger. L'influence ibérique est plus difficile à mettre en évidence, mais elle est certaine à partir du IIe siècle avant notre ère. Un assez grand nombre de petits peuples – une vingtaine au moins – habitaient cette région ; les plus connus sont les Convènes du Comminges, les Ausques et les Tarbelles.

La Celtique

C'est la région la plus étendue, celle où étaient implantés les peuples les plus puissants, souvent groupés en fédérations. Au centre de la Celtique, on trouvait, à l'ouest de la Loire, les Bituriges ; leur plus grande ville, *Avaricum* (Bourges), était renommée pour sa beauté. Au nord, touchant la Seine, les Carnutes possédaient deux grandes places fortes, *Genabum* (Orléans) et *Autricum* (Chartres). Le territoire des Carnutes passait pour être le centre de la Gaule, et c'est chez eux que se tenait chaque année la grande assemblée des druides.

Les Carnutes voisinaient au nord avec les Parisiens, qui contrôlaient le confluent de l'Oise et de la Seine – leur ville principale, Lutèce, deviendra Paris –, et à l'est avec les Sénons, dont *Agedincum* (Sens) était la capitale ; leur territoire correspond à peu près à l'actuel Sénonais. Peuple turbulent, les Senons firent de nombreuses expéditions ; un de leurs chefs, Brennus, se rendit célèbre en prenant Rome en 390 av. J.-C.

Les Lingons possédaient tout le plateau de Langres, avec pour capitale *Andematunum* (Langres). Au temps de César, c'était un des peuples les plus puissants de la Gaule. Eux aussi firent des incursions en Italie et une partie d'entre eux s'installa à l'embouchure du Pô. Le Jura et la Franche-Comté appartenaient aux Séquanes, qui, à l'origine, devaient être établis sur la haute Seine : *Vesontio* (Besançon) avait pour elle l'avantage d'une position fortifiée naturellement par la boucle du Doubs. Les Helvètes occupaient la Suisse. Le territoire des Eduens, fort étendu, se limitait à l'ouest par la Loire et, à l'est, il touchait et même débordait largement la Saône : cette situation privilégiée fut une des causes de leur puissance ; leurs places principales étaient *Cabilonum* (Chalon-sur-Saône), port actif, *Matisco* (Mâcon), autre port fluvial, et surtout Bibracte, centre industriel implanté sur le mont Beuvray. Les Eduens avaient au nord des clients, le petit peuple des Mandubiens, dont la ville principale, Alésia, fut le tombeau de l'indépendance gauloise.

Le Massif central était occupé par les Arvernes, gens rudes, courageux et entreprenants, qui, au cours du IIe siècle avant notre ère, constituèrent autour d'eux sinon un véritable empire, du moins une sorte de confédération des autres peuples, confédération dont ils étaient les chefs incontestés, et c'est à leur appel que se levèrent contre César les différentes cités de la Gaule ; certains de leurs rois, comme Luern ou Bituit, furent célèbres par leurs fastes, et leur dernier chef, Vercingétorix, sut défendre avec succès Gergovie, sa capitale.

Le territoire rutène se situait entre celui des Arvernes et celui des Volques Tectosages, avec pour capitale *Segodunum* (Rodez). Le Quercy était le domaine des Cadurques, le Périgord celui des Pétrocores et le Limousin celui des Lémoviques. Vers l'ouest, s'appuyant sur l'Océan, on trouvait, du sud au nord, d'abord les Bituriges Vivisques, qui avaient *Burdigalia* (Bordeaux) pour capitale, puis les Santons, capitale *Mediolanum* (Saintes). L'actuel Poitou était occupé par les Pictons, dont la grande ville était *Lemonum*, à l'emplacement de l'actuel Poitiers. D'autres peuples avaient des territoires d'une étendue moindre : les Namnètes étaient installés à l'embouchure de la Loire, les Andes en Anjou et les Turons en Touraine.

Ce n'est qu'assez tardivement que les Celtes pénétrèrent en Bretagne ; les éléments indigènes y conservèrent une réelle originalité. Le plus célèbre des peuples armoricains est celui des Vénètes, hardis navigateurs qui s'enrichissaient en allant chercher l'étain de la Cornouailles. Marins aussi les Coriosolites de Corseul et les Osismiens. En se dirigeant vers le cours inférieur de la Seine, on rencontrait les Lexoviens et les Aulerques.

Les Belges

La Gaule Belgique débordait largement les limites de la France actuelle, puisqu'elle allait jusqu'au Rhin. C'est ce fleuve qui servait de frontière entre les Celtes et les Germains.

Sur la rive droite de la basse Seine les Véliocasses, avec *Rotomagus* (Rouen) comme capitale, touchaient au nord aux Calètes, qui tenaient la côte. En remontant le littoral de la Manche, se trouvaient d'abord les Ambiens, dont la ville principale était *Samarobriva* (Amiens), puis, à la hauteur du pas de Calais, les Morins.

La Champagne était occupée par les Rèmes, et le Soissonnais par les Suessions. Dès le début du second âge du fer, ces territoires avaient été fortement peuplés ; les terres légères se laissaient facilement cultiver, et l'élevage du mouton était déjà très répandu. Enfin, les Leuques étaient implantés dans la partie méridionale de la Lorraine actuelle.

Cité ou région ?

La diversité des peuples celtes qui occupaient le sol de la Gaule semble correspondre à la diversité des régions naturelles. C. Jullian l'avait bien remarqué lorsqu'il écrivait : « L'aspect du pays change précisément à l'endroit où se trouvait une limite de cité gauloise. Quand, sur la route d'Orléans à Paris, on quitte les éternels et maussades champs de blé de la Beauce, pour les vallons découpés et gracieux du bassin d'Etampes, on passe en même temps de la cité des Carnutes dans celle des Parisiens. »

Il est très difficile de faire pour chaque cité le départ entre élément autochtone et élément proprement celte ; dans certaines régions, le vieux fonds préhistorique persistait, comme en Bretagne ; dans d'autres, il était recouvert par les envahisseurs. En général, ce qui a maintenu et limité la cité gauloise, c'est une unité territoriale : pour vivre et prospérer, il fallait trouver dans une même région des forêts, des pâturages et des terres labourables. C'est, avant la lettre, cette notion de région économique qui a été à la base de la constitution du territoire de la cité.

Une certaine unité

Malgré la diversité des peuples implantés en Gaule au moment de la Conquête, il existait entre eux une très grande unité culturelle. Alors qu'au premier âge du fer on constate des particularismes locaux — les tombes hallstattiennes de Franche-Comté possèdent un mobilier original, comme des pectoraux ou des boucliers de pudeur ; la Bourgogne, et elle seule, fournit de volumineux bracelets décorés d'oves ou de bossettes allongées ; et l'on pourrait multiplier les exemples —, par contre, à La Tène, du nord au sud, de l'est à l'ouest, on trouve les mêmes objets. Seules quelques régions très isolées possèdent en propre des bijoux d'un type original — certaines fibules des vallées alpestres ont une aire de répartition très limitée.

Chaque cité avait sa personnalité particulière, mais, sur le plan matériel, elle était identique à ses voisines. Bien plus, cette unité, on la retrouve loin au-delà des frontières. On a pu mettre en parallèle des objets provenant de Bibracte et de Stradonitz, en Bohême : l'identité est absolue.

La vie quotidienne peu avant la Conquête

Groupés en cités, qui se divisaient elles-mêmes en *pagi*, ou pays, les Gaulois menaient une existence laborieuse. Gros mangeurs de viande, ils pratiquaient en grand l'élevage du porc, un porc encore si proche du sanglier que sa peau était recouverte de longues soies. Sachant saler et fumer la viande, ils la conservaient longtemps. Ils connaissaient la charcuterie. Si les Gaulois étaient peu amateurs de pain, celui-ci, cependant, était, au dire de Pline, très léger. Les laitages étaient fort appréciés et les fouilles livrent de nombreux fragments de faisselles, dans lesquelles on faisait égoutter des fromages.

Repas et banquets étaient copieux, et surtout bien arrosés. Les Gaulois s'asseyaient sur des bottes de paille autour d'une table, alors que, dans le monde méditerranéen, les convives étaient à demi couchés. La bière, que les auteurs anciens ne semblent pas avoir beaucoup appréciée (« jus fétide d'orge pourrie », selon les propos de Denys), était l'objet d'une grande consommation. Mais ce que les nobles gaulois aimaient avant tout, c'était le vin ; pour s'en procurer, ils n'hésitaient pas à se livrer à des trocs étranges, échangeant un jeune esclave contre un tonneau ; ne sachant se limiter et peu accoutumés au vin, ils sombraient rapidement dans l'ivresse, avec son cortège de chants et de bagarres.

L'agriculture, florissante, fournissait des céréales abondantes, plusieurs espèces de blé, l'orge, le millet, cultivés avec soin. Nous ne connaissons que peu de légumes, les oignons, le panais, mentionnés par Pline. Selon les contrées, on enrichissait les terrains par le marnage, le chaulage et, bien entendu, le fumier, employé partout, parfois mélangé à des cendres. La chasse et la pêche apportaient à l'alimentation un appoint non négligeable.

L'industrie

Les Gaulois étaient réputés pour leur habileté manuelle. Excellents charrons, ils construisaient, au premier âge du fer, des chars à quatre roues, puis, à partir du ve siècle, des véhicules légers à deux roues ; véritable char de combat, la *benna* avait une caisse en osier ; après la Conquête, c'est en Gaule Belgique que furent inventées les premières moissonneuses.

Charpentiers de navires, les peuples habitant au bord de l'Océan, Vénètes, Coriosolites, Osismiens, construisaient des vaisseaux robustes, capables de résister aux fortes vagues et aux tempêtes. Ces bâtiments avaient cependant un défaut : trop lourds, ils étaient peu maniables.

Parmi les inventions gauloises, il faut citer d'abord le tonneau : alors que les peuples de l'Antiquité classique enfermaient les boissons dans des jarres et des amphores de terre cuite, récipients pesants et fragiles, de médiocre contenance, les Gaulois utilisaient le tonneau, plus léger et plus pratique. Enfin, ils créèrent le savon, en mélangeant de la graisse et de la soude. Dans une Gaule riche en gisements métallifères, le cuivre, le plomb, l'or, l'argent, le fer furent l'objet d'exploitation intensive, ainsi qu'en témoignent, encore de nos jours, d'énormes crassiers sur l'emplacement des anciennes mines. C'est à Alésia que, dit-on, on inventa l'étamage. La qualité des épées de fer était excellente et les analyses de laboratoire ont montré que les Celtes savaient obtenir un fer aciéré fort résistant.

La guerre des Gaules

Ces armes, les Gaulois durent, à partir de l'an 58 av. J.-C., les dresser contre Jules César. Sous prétexte de protéger les Eduens, alliés de Rome depuis 121, celui-ci fait pénétrer les légions en Celtique, repousse les Suèves d'Arioviste et les Helvètes, mais ne ramène point ensuite ses troupes dans la Province romaine. Contre cette occupation, les Belges se soulèvent en 57. César les mate durement, détruit la flotte armoricaine, organise la défense du pays ; il franchit pour cela le Rhin en 55 et, l'année suivante, passe en Grande-Bretagne. Jouant de la division des peuples, il impose son joug à l'ensemble de la Gaule. Il réprime les révoltes de manière si cruelle qu'en janvier 52 une insurrection largement étendue paraît devoir mettre fin, par une rébellion générale, aux vieilles rivalités tribales et aux dissensions intestines. L'Arverne Vercingétorix, « dont le père avait eu l'empire de la Gaule et avait été tué par ses compatriotes parce qu'il aspirait à la royauté », en prend la tête. Il soumet ses guerriers à une sévère discipline, les lance dans la guérilla contre les fourrageurs romains, brûle villages et fermes, détruit les fortifications inutiles des cités, cherche à priver les légions de tout support. Lorsqu'il succombe à Alésia en septembre, les six années de pression romaine et les dix mois de résistance collective ont transformé la Gaule : ils lui ont donné l'unité. Mais ils n'ont point détruit sa civilisation originale, prête à mêler aux apports de Rome son fonds épais et fertile.

4. LES GALLO-ROMAINS

Sous la domination de Rome, la Gaule prend un nouveau visage.

Fin de la conquête romaine

La défaite de Vercingétorix à Alésia marque, dans l'histoire de la Gaule, une date importante. Elle clôt une période, celle de l'indépendance gauloise, perdue à cause de la désunion des peuples et des dissensions entre les partis. Depuis l'intervention romaine en Gaule du Sud, suivie de l'annexion de la Narbonnaise et de l'établissement de liens d'amitié avec certains peuples gaulois, tels les Héduens, et aussi depuis l'invasion suève en Gaule du Nord-Est et l'entrée en jeu d'Arioviste, qu'appuyaient les Séquanes, on pouvait se demander si la Gaule serait soumise aux Germains ou aux Romains, ou si, plus probablement, elle allait subir un partage. La victoire de César a résolu la question, elle a arraché la Gaule aux Germains pour cinq siècles, elle a sauvé l'unité du pays, elle a fixé la frontière du Rhin comme limite entre les Gaulois et les Germains. Du même coup, elle a fait de la Gaule celtique une province latine.

Date décisive, elle marque le début d'une ère nouvelle. Sous la domination de Rome, non sans quelques manifestations de résistance contre la puissance occupante, les Gaulois, qu'on peut très tôt appeler les Gallo-Romains, se sont pendant plusieurs siècles adonnés aux travaux de la paix. Ils ont profité de cette paix pour cultiver leurs terres, pour fabriquer et pour vendre. Ils ont pris goût à la vie urbaine et se sont embourgeoisés. Ils ont accepté les dieux des Romains, sans pour autant renoncer complètement aux leurs. Ils ont fréquenté les écoles et parlé le latin, sans perdre leur originalité. Leur art même s'est laissé influencer, mais sans abandonner ses caractères propres. Ainsi est née de l'union intime du celtisme et du romanisme une civilisation nouvelle, qui devait survivre aux difficultés et aux crises des invasions germaniques pour fixer définitivement l'aspect latin de notre pays et de sa culture.

Les Gaules après la conquête de César

Au milieu du Ier siècle av. J.-C., l'impression dominante est celle d'un vif contraste entre la Gaule du Sud, romaine depuis 121 av. J.-C., « province pilote » (J.-J. Hatt), et la Gaule du Centre et du Nord, qui sort exsangue d'une guerre meurtrière de huit ans.

Jouissant d'une certaine unité géographique, fondée en particulier sur des conditions climatiques méditerranéennes – ce qu'a très fortement souligné à la fin du Ier siècle Pline l'Ancien, en notant que la Narbonnaise n'est, au total, que le prolongement de l'Italie en terre gauloise –, profondément marquée, d'autre part, par l'empreinte hellénique, la Gaule du Sud se trouve, vers 50 av. J.-C., dans une situation à la fois privilégiée et difficile. Possession romaine depuis soixante-dix ans, elle a bénéficié de l'aménagement de la *via Domitia*, qui, empruntant le tracé de la vieille route protohistorique et grecque (voie héracléenne) pour relier l'Espagne à l'Italie, a entraîné un important développement commercial, tandis que la fondation des colonies d'*Aquae Sextiae* (Aix) en 123 et de *Narbo Martius* (Narbonne) en 118, l'installation d'une garnison à *Tolosa* (Toulouse) en 106 créaient autant de centres de rayonnement de la romanité. Il est vrai qu'en même temps s'implantaient un peu partout des trafiquants italiens, qui non seulement drainaient à leur profit l'essentiel de l'activité économique, mais qui, parfois, mettaient en coupe réglée la province avec la complicité de certains gouverneurs, tel le fameux M. Fonteius, dont Cicéron crut devoir prendre la défense dans un plaidoyer fameux. En dépit des abus et des prévarications, malgré les expropriations foncières au profit des colons romains, malgré l'interdiction faite aux Gaulois de planter de nouvelles vignes et de nouveaux oliviers, malgré les levées d'hommes et les fournitures de denrées effectuées au profit des armées d'Espagne, puis des armées de César en Gaule, on constate néanmoins que la Narbonnaise a connu un réel essor économique. Les découvertes sous-marines d'amphores attestent des importations massives de vins grecs et italiens. L'archéologie révèle qu'à *Glanum* (Saint-Rémy-de- Provence) l'urbanisme s'est développé. Dans l'oppidum de Nages (Gard), fouillé en 1960-1961, une abondante poterie campanienne et arétine témoigne de relations commerciales suivies avec l'Italie.

Et on ne peut oublier que, dans le même moment, des notables voconces (ainsi le grand-père de Trogue Pompée) et helviens (comme C. Valerius Procillus) se parent de noms romains et se placent sous le patronage de Pompée et de César. Paternalisme, soit ! Du moins faut-il reconnaître que, parallèlement à une véritable exploitation colonialiste, s'est alors développée en Gaule du Sud, au profit des citadins et des chefs de tribus, une réelle romanisation, qui préparait la grande œuvre augustéenne.

Par-delà la frontière des Cévennes et du Rhône, la Gaule celtique offre, au lendemain d'Alésia, un spectacle bien différent. Plus en contact qu'on ne l'a cru avec les civilisations méditerranéennes, en possession de techniques avancées dans l'art du fer et de la forge, excellents artisans et bons agriculteurs, artistes même à l'occasion, les Gaulois viennent de payer très cher le prix de la désunion. Habitants d'un pays immense dont les Romains ne méconnaissaient ni les particularités du relief et du climat, ni la variété des ressources, ni la densité de la population, ils sont, pour le moment, subjugués. Si l'on en croit Plutarque, César aurait « pris d'assaut plus de huit cents forteresses, soumis trois cents tribus, combattu trois millions d'ennemis, fait un million de cadavres et capturé un autre million de prisonniers ». Plutarque a dû emprunter ses chiffres aux pancartes promenées à Rome lors du triomphe que le dictateur célébra en 46. Et ces chiffres sont peut-être exagérés. Un historien a évalué récemment à 150 000 le total des esclaves ramassés en Gaule ; il pèche sans doute par un autre excès. Ce qui est sûr, c'est que le territoire a été souvent dévasté, que les villes et même les temples ont été pillés, que les peuples — les Héduens, les Lingons et les Rèmes mis à part, en tant qu'alliés et amis du peuple romain — ont été assujettis et soumis au tribut. Proclamée province romaine en 51 ou en 50, abandonnée par son aristocratie et ses meilleurs guerriers, passés au service du vainqueur, privée de ses druides, pourchassés pour leur opposition, la Gaule chevelue est entrée dans le domaine de César plus que dans le domaine de Rome, avec ses ruines, ses ressources et ses espoirs.

Aussi n'est-elle pas oubliée, malgré le tourbillon des guerres civiles, dans la politique du dictateur. En Narbonnaise, il lotit ses vétérans, à Narbonne ceux de la Xe légion, à Fréjus ceux de la VIIIe, à Béziers ceux de la VIIe, à Arles ceux de la VIe, à Orange ceux de la IIe. Vienne et Valence bénéficient également de la bienveillance de César, comme Nyon chez les Helvètes. Autant de centres d'active romanisation.

En Gaule chevelue, il incorpore les hommes dans les troupes auxiliaires de son armée, sous le commandement des notables de leur peuple, promus au rang de citoyens romains. Et certains même sont admis parmi les sénateurs. C'est du moins ce qu'on racontait à Rome après le triomphe de 46 : « César va conduisant les Gaulois à son triomphe. Les Gaulois, eux, vont déposer leurs braies à la Curie pour y revêtir le laticlave (la toge des sénateurs) ». Des vaincus, le dictateur veut très vite faire des

Romains. Le perfide assassinat des ides de mars 44 devait interrompre cette œuvre d'assimilation des Gaulois, ou du moins la retarder d'un siècle.

I. LA PAIX DE ROME

Pendant deux siècles et demi, la Gaule, qui n'y était pas habituée, a connu la paix. Une paix qui ne fut pas absolument complète, du fait de la résistance gauloise. Grâce à la politique des premiers empereurs romains, elle permit cependant au pays de se relever rapidement.

La pacification des esprits

Malgré le trouble créé par la mort de César, une décision importante intervint l'année suivante, en 43 : la fondation de *Lugdunum* (Lyon). Ce n'était peut-être que la réalisation d'un projet césarien de doter la Gaule d'une capitale. Il y avait déjà, semble-t-il, deux habitats indigènes sur le site de Lyon : l'un, perché sur la colline de Fourvière, s'appelait *Lugdunum* (le haut lieu du dieu Lug), l'autre, au confluent du Rhône et de la Saône, se nommait *Condate*. C'est en ce dernier point que s'étaient réfugiés, en 62 av. J.-C., les commerçants italiens de Vienne, chassés par les Allobroges en révolte. Mais c'est à Fourvière, d'où l'on dominait et le Rhône et la Saône, qu'en mars 43 selon les uns, en octobre seulement selon les autres, le gouverneur de la Gaule chevelue, L. Munatius Plancus, vint, sur l'ordre du sénat, fonder la colonie romaine de *Lugdunum*. Auguste en fit officiellement la capitale des Trois-Gaules. Et, en 10, Drusus, représentant de l'empereur, y procéda à une double inauguration d'une importance considérable : celle du « Concile des Gaules », une assemblée provinciale composée des délégués des 60 peuples gaulois, et celle de l'« autel de Rome et d'Auguste », destiné au culte impérial. Chaque année, le 1er août, les représentants de la Gaule, présidés par un prêtre, se réunirent donc à Lyon, au flanc de la colline de la Croix-Rousse (à partir de 19 apr. J.-C., dans l'amphithéâtre fédéral, actuellement en cours de dégagement), à la fois pour traiter des problèmes provinciaux, vanter ou critiquer l'administration gubernatoriale, et pour célébrer, autour de l'autel fédéral voisin, le culte officiel de Rome et de l'empereur. De telles réunions, reviviscences des anciennes assemblées de la Gaule indépendante, ne pouvaient que donner aux Gaulois l'illusion de participer aux affaires communes, renforcer leur impression d'appartenir à un même peuple, sceller leur réconciliation avec les vainqueurs. A Lyon est née l'amorce d'un « parlement » national (?) de notre histoire.

La pacification des esprits, Octavien-Auguste l'obtint en outre par une politique de présence, par des interventions et des contacts personnels. Il fit quatre voyages en Gaule. Provoqués par des révoltes intérieures ou par des invasions étrangères, ils furent l'occasion de séjours parfois prolongés, d'examens sur place des problèmes provinciaux et de décisions de grande portée. En 39-38, triumvir de la République, il vint pour réduire un soulèvement que signale l'historien Dion Cassius ; et c'est peut-être lors de ce premier voyage que fut édifié, à Arles, le sanctuaire d'où provient un très beau buste d'Octavien jeune, portant encore la barbe en signe de deuil après l'assassinat de César. En 27-25, pendant son séjour en Espagne, deuxième voyage en Gaule, que Dion Cassius met en rapport avec un projet d'expédition en Grande-Bretagne et avec des troubles intérieurs en Aquitaine. Auguste résida alors quelque temps à Dax et à Narbonne, où il régla des questions administratives touchant la province de Narbonnaise. Son séjour le plus long fut celui qu'il fit à Lyon en 16-15, à la suite d'une invasion des peuples germaniques. C'est alors qu'il s'occupa de la tripartition de la Gaule chevelue. En 10, enfin, il effectua son quatrième voyage pour réprimer des troubles sur la frontière du Rhin.

Il était – on le voit – indispensable de pacifier surtout les zones frontières. Ce fut l'un des grands soucis de l'empereur, qui plusieurs fois dirigea lui-même les opérations ou les confia à des proches, assistés de ses meilleurs généraux. Ainsi furent tout à tour soumis les peuples turbulents des hautes vallées des Alpes et les montagnards pyrénéens. Le trophée de *Lugdunum Convenarum* (Saint-Bertrand-de-Comminges), édifié en 25, et celui de La Turbie, construit en 6 av. J.-C., témoignent, par leurs inscriptions et leurs sculptures, tout à la fois de l'ardeur des luttes et de la volonté augustéenne de magnifier, avec la Victoire, la puissance invincible et sacrée de Rome sur la Gaule et ses peuples captifs. Manifestations de prestige donc. C'est bien ainsi qu'il faut également expliquer plus d'un aspect de l'œuvre augustéenne de romanisation.

La romanisation des Gaules

Traitant des Gaulois, Strabon, au début de notre ère, décrit encore ces Celtes moustachus et abondamment chevelus, exubérants, audacieux et irréfléchis, vantards et passionnés de guerre. Un siècle plus tard, de nombreux reliefs les montrent penchés sur leur charrue, au travail dans leurs ateliers, préoccupés avant tout de produire et de commercer. Les fougueux Gaulois de Vercingétorix sont devenus de paisibles Gallo-Romains. Dans cette profonde transformation, trois empereurs du Iᵉʳ siècle ont joué un rôle déterminant : Auguste, Claude et Vespasien.

Auguste, organisateur des Gaules

Dans son souci de pacification des esprits, l'héritier de César et de sa pensée a pris soin, comme son père adoptif, d'embrigader les jeunes Gaulois dans ses armées, détournant ainsi leur ardeur guerrière au service de Rome. Citoyens romains, ils servent dans les légions. On les rencontre en Afrique dans la IIIᵉ légion Auguste, aussi bien qu'en Egypte dans la IIIᵉ légion Cyrénaïque. Sinon, ils constituent des unités auxiliaires, et pour celles-ci la Gaule est un réservoir d'hommes. Cohortes de Gaulois, de Nerviens et de Lingons, aile atectorigienne (d'Atectorix, prince picton), ailes de Gaulois et de Tongres sont appelées à intervenir dans tout l'Empire. Au terme de leurs vingt-cinq années de vie militaire, les hommes reçoivent la citoyenneté romaine. Rentrés chez eux, ils sont fiers de leur nouvelle appartenance à la race des vainqueurs, autant que de leurs états de service. Tel, connu à Saintes par son épitaphe, le Santon Caius Iulius Macer, de la tribu Voltinia, qui, après avoir ainsi étalé son état civil complet de citoyen romain, apprend que, parvenu au grade de soldat à double solde de l'escadron d'Atectorix, il avait, après son temps normal, rengagé dans un corps de Rhétie, pour être finalement libéré après trente-deux ans de service. Ses camarades l'avaient honoré d'un bouclier, de couronnes et d'anneaux d'or. On devine aisément le prestige de ces « anciens combattants » soit dans leur ville natale, soit dans la colonie adoptive qui les accueille, avec terres assignées et privilèges financiers.

Sensibles à ces honneurs et à ces avantages, les Gaulois ne le furent pas moins, semble-t-il, à la réorganisation administrative de leur pays, support et condition de relations plus équitables et plus humaines avec les autorités occupantes. Auguste divisa la Gaule en quatre provinces, réparties en deux ensembles. D'un côté, la Narbonnaise, la vieille province si proche de l'Italie et bien pacifiée, dont Strabon remarque qu'elle a la forme d'un parallélogramme délimité par les Pyrénées, les Cévennes, les Alpes et la Méditerranée. Sous le contrôle du sénat, elle est gouvernée par un proconsul (en fait, un ancien préteur), qui réside à Narbonne avec son entourage. De l'autre, les Trois-Gaules : Aquitaine (étendue jusqu'à la Loire), Lyonnaise (entre Loire, Seine et Marne) et Belgique (au nord), chacune ayant son gouverneur, un légat impérial représentant direct du maître, mais en même temps rassemblées autour d'une même capitale fédérale, Lyon.

En outre, pour que, entre le pouvoir central et les provinciaux, existent des corps intermédiaires plus proches de ceux-ci, plus accessibles, Auguste favorisa la création ou le développement de chefs-lieux au cœur des soixante « peuples » ou « cités » des Trois-Gaules. On assista alors à un double phénomène : à l'abandon progressif des habitats perchés, des *oppida*, habitats-acropoles, symboles de l'indépendance, au profit des habitats de plaine largement ouverts aux échanges, et de ce fait à la naissance de villes, situées en général aux points de contact entre les régions d'économies complémentaires ou aux croisées de routes parallèles. La Gaule se couvrit ainsi de centres urbains au nom évocateur de celui d'Auguste et de César, associé à un radical celtique : *-dunum* ou *-durum*, « forteresse » (*Augusto-dunum*=Autun, *Augustodurum*=Bayeux) ; *-magus*, « marché » (*Iuliomagus*=Angers, *Augustomagus*=Senlis) ; *-ritum*, « gué, passage » (*Augustoritum*=Limoges) ; *-nemetum*, « temple, lieu sacré » (*Augustonemetum*=Clermont-Ferrand). En Narbonnaise, ce furent des colonies qui furent fondées ou renforcées par de nouveaux apports coloniaux. Ainsi, parmi d'autres, Nîmes (*colonia Augusta Nemausus*), Orange (*colonia Iulia Arausio*), Avignon (*colonia Iulia Avennio*), Vienne (*colonia Iulia Augusta Florentia Vienna*), tandis que des cités et des agglomérations d'une certaine importance recevaient un nouveau statut. Pour prendre un exemple précis, celui du département actuel de la Drôme, nous y voyons les Tricastins promus au rang de colonie latine (*colonia Augusta Tricastinorum*), les centres du Diois parés de *Dea Augusta* (Die) et de *Lucus Augusti* (Luc), et même une simple bourgade d'étape sur la route des Alpes nommée *Augusta* (Aouste). Pays jusque-là rural, la Gaule est devenue, grâce à Auguste, un pays de civilisation urbaine. Ce fut un puissant facteur de romanisation.

D'autant que l'empereur prit soin de donner à ces villes – comme il donnait à Rome, l'*Urbs* par excellence – un éclat extraordinaire, grâce à une large politique de subventions, que rendaient possible la mainmise sur les trésors d'Antoine et de Cléopâtre et l'énorme fortune d'Auguste. Nîmes et Vienne se voient offrir la même année (16-15 av. J.-C.) un rempart géant (à Nîmes de 6 km, à Vienne de 7,250 km de pourtour), dont elles n'avaient nul besoin en temps de paix, qui est donc avant tout une enceinte coloniale de prestige. Parmi les innombrables constructions du règne, contentons-nous de citer la Maison carrée de Nîmes et le pont du Gard, le temple d'Auguste et de Livie à Vienne, les théâtres d'Orange et d'Arles, de Vienne et de Lyon. La Gaule augustéenne fut un immense chantier.

On conçoit que la ville ait exercé une attraction sur les ruraux, que les Gaulois aient commencé à prendre goût à la vie urbaine, que, du même coup, se soit créée une bourgeoisie gallo-romaine. Et cela d'autant plus que l'essor urbain était étroitement lié à un immense effort de mise en ordre des contributions financières (recensement, cadastration), à une législation en faveur des corporations, bref à un développement économique, dont l'aménagement du réseau routier constitue l'élément aujourd'hui encore le plus spectaculaire. Ce fut l'œuvre d'Agrippa. Strabon en a très clairement exposé le plan (*Géographie*, IV, 6, 11) ; *Lugdunum* occupant le centre de la Celtique, dont cette ville est en quelque sorte la citadelle par sa situation au confluent des fleuves et à proximité des différentes parties du pays. Agrippa en a fait le point de départ des grandes routes : « Celle qui traverse les Cévennes et aboutit chez les Santons et en Aquitaine, celle du Rhin, celle de l'Océan, qui est la troisième et mène chez les Bellovaques et les Ambiens, enfin celle qui conduit en Narbonnaise et au territoire massaliote. » Une étoile de routes se dessina donc autour de Lyon. Elle forma l'ossature du réseau, qui mit trois siècles à se constituer.

La Gaule doit beaucoup à Auguste, c'est incontestable. Il a réconcilié Gaulois et Romains. Il a créé les conditions de l'intégration. Il ne semble pas pourtant que celle-ci ait été réalisée : en 14, à la mort de l'empereur, la langue couramment parlée reste le celte, la religion populaire est toujours la religion gauloise, les monnaies gauloises continuent de circuler. C'est à Claude qu'il appartint de faire accomplir un nouveau pas à la romanisation.

Claude, l'empereur des Gallo-Romains

Né à Lyon le 1er août 10 av. J.-C., jour de la réunion de l'Assemblée provinciale des Gaules, Claude a manifesté pendant tout son règne un attachement particulier pour la province qui l'avait vu naître. Grand admirateur d'Auguste, son grand-oncle, il a repris et poursuivi son œuvre, restée inachevée, dans trois domaines essentiels : la protection des frontières, l'économie, et le statut des habitants.

En 41, subsistaient au nord-est et au sud-est du pays des zones d'insécurité. Du côté du sud-est, où des taches de dissidence ont subsisté plus longtemps qu'ailleurs dans les tribus montagnardes des Alpes, existe, certes, un bon et solide écran protecteur constitué par les provinces procuratoriennes des Alpes Maritimes au sud et de Rhétie-Vindélicie au nord, qui contrôlent d'une part la voie littorale de l'Italie vers la Gaule du Sud, d'autre part les couloirs qui relient l'Italie à la Germanie et à la Gaule du Centre-Est. Mais entre ces deux provinces organisées, les positions sont moins solides, tant dans le territoire de Cottius (future province des Alpes Cottiennes formée de quatorze cités, dont le préfet est, en 41, Cottius II, fils de l'ancien roi vaincu) que dans les Alpes Grées (la Tarentaise) et les Alpes Pennines (le Valais), dont le nom moderne dit assez l'intérêt, celui d'une voie occupée par des peuples (Nantuates, Véragres, Sédunois et Ubères) qui vivent du trafic par le Grand-Saint- Bernard et le Simplon. Dans ces trois régions, où l'œuvre d'Auguste est restée inachevée, Claude, son continuateur, apparaît comme le génial organisateur des voies de passage vers l'Italie du Nord. Certes, depuis longtemps existaient de vieux sentiers muletiers (dont l'ouverture est attribuée par la légende à Héraklès). Claude les fit aménager en routes carrossables. Ainsi prirent pour l'avenir toute leur importance et « la route des Alpes » par La Turbie et Cimiez, capitale des Alpes Maritimes, où l'archéologie a récemment attesté le rôle éminent de l'empereur, et les deux routes qui, l'une par le col du Grand-Saint-Bernard, l'autre par le Petit-Saint-Bernard, traversent le Valais et la Tarentaise. Deux voies appelées à jouer un rôle historique important ; leur présence explique bien des faits ultérieurs, tels que le choix de Pavie comme capitale des rois lombards et les dispositions du projet de partage conçu par Charlemagne en faveur de ses trois fils. Pour le moment, c'est toute l'histoire du Valais qui s'en trouve modifiée, et profondément, avec l'attribution à ses habitants du statut de droit latin, converti peu après en droit romain, et avec la création de *Forum Claudii Vallensium* (Martigny) comme capitale de la province des Alpes Pennines, tandis qu'en Tarentaise *Forum Claudii Ceutronum* (Aime) devient capitale de la province des Alpes Grées.

Du côté du nord et du nord-est, le front du Rhin, qui, de la Rhétie jusqu'à l'embouchure du fleuve, séparait les Germains de la Gaule romaine, restait un double sujet de préoccupation pour Rome. Pour résister aux tribus germaniques, toujours remuantes, on avait créé deux bastions fortifiés, les deux provinces de Germanie supérieure et de Germanie inférieure, où stationnaient huit légions, avec leurs auxiliaires et des milices locales, au total environ 100 000 hommes. Mais ce remède n'allait pas sans risques. Au péril germanique (le désastre de Varus n'était pas si loin !) s'ajoutait la menace que pouvaient faire peser sur le régime les deux puissants gouverneurs des Germanies : en 39, Cornelius Lentulus Gætulicus, commandant la Germanie supérieure, s'était révolté. Il y allait donc de la sécurité de la Gaule et de la stabilité du pouvoir impérial. Contre ce double danger, Claude, aussi opposé à l'offensive que l'avait été Auguste, pratiqua une habile politique de protectorat, qu'il mena de pair avec une politique réfléchie de consolidation de la frontière. En créant, en 50, la *colonia Claudia Ara Augusta Agrippinensium* (Cologne), en développant, peut-être même en fondant Trèves, il posait deux bases solides de résistance et de fidélité. En même temps étaient aménagés les forts de Seltz, de Rheingonheim et de Hofheim (ce dernier apparaît comme le prototype des forts de soutien du futur *limes* flavien), et était construit en dur le camp de Bonn, jusque-là en terre et en bois. Surtout, et par là, Claude apparaît encore comme un précurseur des empereurs qui conçurent le *limes* comme une « zone » protégée en profondeur, il fit aménager, en arrière des points fortifiés, des routes destinées à les raccorder au réseau augustéen et à développer celui-ci dans une région restée vide. Trois routes (de Mayence à l'embouchure du Rhin par Cologne, voie de rocade sur la rive gauche du fleuve : de Reims à Trèves et à Bingen ; de Boulogne à Cologne, par Bavai) vont former l'ossature du réseau routier de la Gaule du Nord et du Nord-Est. Sans qu'il soit encore possible de parler de *limes* organisé, comment ne pas penser que la politique rhénane de Claude préfigure et annonce la grande entreprise des Flaviens ?

Ces voies devaient avoir une double utilité. Lors de la conquête de la Bretagne (l'Angleterre actuelle), elles ont singulièrement facilité les relations entre les camps de la région rhénane et le théâtre des opérations militaires. Mais, en même temps, les préparatifs de la conquête qui se développèrent en Gaule Belgique, et surtout chez les Morins et les Ménapiens, ont provoqué là une activité économique jusqu'à ce moment inconnue. En liaison avec l'heureuse campagne qui devait faire de la Bretagne un poste avancé couvrant la Gaule du Nord-Ouest et avec l'emprise romaine sur le sol de la Gaule du Nord, que traduit la création du réseau routier, on peut avancer que de là date la romanisation de la Belgique. Archéologues français et belges, se fondant sur leurs découvertes céramiques et monétaires notamment, sont d'accord pour rapporter au règne de Claude le tournant décisif, l'orée d'une ère nouvelle dans l'histoire de ces régions. Dans un pays jusque-là exclusivement rural, on voit naître la vie urbaine : Boulogne, petit port de pêche des Morins, devient le grand centre des relations avec la Bretagne ; Amiens, simple étape, devient le principal relais et l'entrepôt militaire sur la route de Lyon à la Bretagne ; de même, Bavai, sur la route de Cologne à Boulogne, Tournai et Courtrai, camps provisoires, se développent déjà en villes ; plus loin, chez les Silvanectes par exemple, une inscription dédiée à Claude en 48 (et retrouvée en 1959) semble constituer l'acte de naissance de la *civitas* et de sa capitale, née elle aussi de la route, Senlis. Son nom antique d'*Augustomagus* ne doit pas faire illusion : ou bien il a été donné par Claude en hommage à l'organisateur de l'empire, ou bien il marque la promotion au rang de ville-capitale d'une bourgade fondée par Auguste.

Quant à l'essor des campagnes, deuxième témoin de la romanisation de ces régions, deux historiens belges viennent de le mettre en évidence, l'un en montrant que, sur le territoire de l'actuelle Belgique, quarante grands domaines agricoles au moins, repérables par leurs *villae,* ont commencé leur activité sous Claude (il fallait fournir aux armées leur ravitaillement), l'autre en étudiant les nécropoles, qui révèlent au même moment une forte poussée de la population rurale.

La guerre de Bretagne devait avoir une autre conséquence. En faisant participer aux opérations militaires des auxiliaires recrutés en Gaule du Nord, chez les Ménapiens, les Morins, les Nerviens et les Bataves, Rome réussissait une triple opération psychologique : elle dissociait la cause des Celtes de celle des Bretons ; elle créait une fraternité d'armes entre les Gaulois et les Romains ; elle permettait aux préfets commandant des troupes auxiliaires de devenir citoyens romains et d'accéder à un rang social supérieur. La Bretagne était devenue, depuis César et la législation antidruidique de Tibère, le refuge du druidisme et du celtisme. Par la conquête de la Bretagne et la mesure qu'il prit alors d'interdire le druidisme en Gaule, Claude a levé les derniers obstacles à la romanisation des Gaulois. Ce qui lui a permis d'accomplir son œuvre de promotion civique par l'extension de la citoyenneté romaine.

Au regard du statut juridique des Gaulois, la situation qu'avait trouvée Claude lors de son avènement était celle-là même qu'avait laissée Auguste. En Narbonnaise, il existe de nombreuses villes dont beaucoup sont colonies de citoyens romains bien intégrés à la vie de l'Empire (dès Caligula, Vienne fournit son premier consul, Valerius Asiaticus) et des centres de diffusion de la romanité ; à côté, des cités gauloises sont complètement ou partiellement romanisées : depuis 14, tous les citoyens romains détiennent le *ius honorum,* c'est-à-dire le droit d'accéder aux magistratures et donc au sénat de Rome ; quant aux peuples qui n'ont pas la citoyenneté romaine, ils jouissent du droit latin. Voisines d'une Narbonnaise déjà très romanisée, les Trois-Gaules sont loin de présenter le même aspect. D'abord, il y a beaucoup moins de villes, on y a beaucoup moins construit : très peu de vestiges archéologiques, Lyon mise à part, remontent à la première moitié du Ier siècle. Mais surtout la grande différence avec la Narbonnaise réside dans le statut des habitants. A l'exception de trois colonies romaines (dont Lyon, qui a déjà fourni des sénateurs), les vieilles divisions celtiques subsistent avec leurs vergobrets. Et dans ces communautés gauloises, les citoyens romains eux-mêmes n'ont qu'un droit de cité diminué : ils ne sont ni électeurs ni éligibles aux magistratures, donc au sénat de Rome. Disons que le pays, sous l'angle romain, est sous-administré, et, sous l'angle gaulois, en état d'infériorité juridique. Là encore, c'est Claude qui lui fit franchir un pas décisif. Au niveau du simple droit de cité, en le concédant avec générosité aux Gaulois, ce qui explique le grand nombre de *Claudii*, inscrits dans la tribu *Quirina* (la tribu de l'empereur), qu'on rencontre dans les inscriptions gallo-romaines. Au niveau aussi du plein droit de cité, de la *civitas Romana* à part entière, comportant notamment l'éligibilité aux magistratures, en prenant lui-même en main la cause des notables des Trois-Gaules, qui, en 47, au cours de leur assemblée fédérale annuelle, réclamèrent ce droit jusque-là toujours refusé. Nous savons par Tacite et par la fameuse Table claudienne de Lyon que l'affaire n'alla pas sans difficulté. Mais l'empereur décida d'exposer personnellement la question au sénat, et malgré une opposition assez vive, alimentée par le conservatisme des uns, la gallophobie des autres, il obtint satisfaction. Désormais, les Gaulois des Trois-Gaules déjà citoyens romains le sont de plein droit, l'éligibilité aux magistratures et l'accès au sénat sont incorporés à leur statut personnel.

Romanisation par les villes, romanisation par les routes, romanisation par l'armée. L'ancienne Gaule chevelue doit surtout à Claude la romanisation des esprits. C'est, en effet, ce prince si discuté, présenté par les auteurs anciens comme un grotesque, un être stupide, abruti par le vin et les femmes, qui réussit un double revirement psychologique. Du côté romain, en mettant fin à la séculaire méfiance à l'égard de la Gaule et des Gaulois. Du côté gaulois, en abolissant le souvenir des batailles meurtrières de la conquête et des violences répressives occasionnées par les révoltes passées. Avant Claude, il y avait en Gaule des Gaulois et des Romains. Après lui, la Gaule est acquise à la cause et à la civilisation de Rome ; il y a encore des Gaulois, mais tous peuvent maintenant devenir des Gallo-Romains.

Pour que ces Gallo-Romains puissent vivre réellement en paix, à l'abri à la fois des incursions germaniques et des sautes d'humeur des légions rhénanes, dont les événements de 68-70 qui avaient gravement secoué les Gaules venaient de démontrer la nocivité, Vespasien (69-79) et ses fils, Titus (79-81) et Domitien (81-96), entreprirent une œuvre non moins décisive que celle de Claude pour l'avenir du pays : la création du *limes* rhénan.

Les Flaviens créateurs du limes *rhénan et de la paix des Gaules*

Claude en avait posé les premières bases. Il n'avait pas résolu toutes les questions. Les peuples germaniques restaient turbulents. Pour faire face aux menaces barbares, il fallait entretenir là des armées puissantes, foyers d'ambitions politiques. Les événements dramatiques qui avaient entraîné la mort de Néron et ensanglanté pendant deux ans la partie occidentale de l'Empire, risquant de provoquer en Gaule un tragique soulèvement, montrèrent à Vespasien, empereur réfléchi, consciencieux, « l'empereur du bon sens », a-t-on dit, l'urgente nécessité d'apporter une solution constructive au problème de la frontière du Rhin. Vespasien mena une triple action. Mêlant habilement la diplomatie et la force, il renforça l'influence romaine au-delà du Rhin en imposant à plusieurs peuples barbares un régime de protectorat. Exploitant l'ardeur guerrière des indigènes, il continua de les enrôler activement dans les troupes auxiliaires, mais il les plaça sous l'autorité de chefs romains et les expédia loin de leur pays d'origine, tandis qu'il amenait dans les Germanies de nouvelles légions pour remplacer les unités dissoutes ou déplacées. Surtout, conscient de la précarité de ces solutions, il décida de bloquer le dangereux couloir ouvert entre le Rhin et le Danube et d'organiser une véritable zone fortifiée. Cette œuvre fut conduite en plusieurs temps. Il commença par exploiter la situation créée par Claude au nord du Main : le fort claudien de Hofheim fut doublé par le fort de Heddernheim. Ce coin solidement enfoncé sur la rive droite du Rhin, il entreprit, en 73-74, une puissante action offensive au-delà du fleuve, qui aboutit à l'annexion du territoire compris entre *Argentorate* (Strasbourg) et le lac de Constance. Pour ouvrir ce territoire, une ligne de forts fut construite entre les deux points, prolongée ensuite jusqu'à Ladenburg, sur le Neckar. La charnière du système fortifié, doublé de routes, était – on le voit sur la carte – *Argentorate*, dont le camp légionnaire, abandonné vers 60, fut alors reconstruit sur un nouveau plan développé. Et pour colmater mieux encore cette voie de passage naturelle, on installa des colons chargés de cultiver les terres assignées moyennant une dîme (*decuma*), d'où le nom de « Champs décumates » attaché dès lors à cette région. Enfin, dans un troisième temps, après une expédition lancée en 77-78 contre le peuple des Bructères, animé par la prophétesse Velléda, une autre série de forts fut édifiée de Bingen à Kalkar pour défendre la frontière du Rhin inférieur.

Domitien – encore un empereur systématiquement décrié par les auteurs anciens – poursuivit l'œuvre de son père. A la suite de deux campagnes difficiles, mais heureuses, le *limes* se trouva porté en avant. Entre 83 et 88, après une victoire sur les Chattes remportée à partir de la zone forte d'Hofheim-Heddernheim, une nouvelle ligne de forts construits entre Fines sur le Rhin et Kesselstadt sur le Main engloba une des régions rhénanes les plus riches en blé. Après une nouvelle campagne victorieuse, le nouveau *limes* fut, entre 90 et 96, prolongé vers le sud, le long du Main et du Neckar, jusqu'au confluent de la Reuss et, de là, vers l'est jusqu'à Hienheim, sur le haut Danube. En vérité, il ne faudrait pas parler de « ligne fortifiée », évoquant précisément une défense linéaire, mais bien plutôt d'une « zone forte » ou d'un système de défense et de surveillance comprenant quatre éléments : une route continue marquant la frontière (le *limes* proprement dit) ; des forts destinés à couvrir la route ; entre les forts des tours de guet, et, en arrière, des ouvrages défensifs plus ou moins importants, depuis le simple fortin jusqu'au camp militaire occupé par une aile de cavalerie ou une cohorte d'infanterie, tous ces éléments étant reliés entre eux par un réseau de routes.

Plus tard, la route frontière fut doublée d'une palissade et d'un fossé. Et tout ce système ressembla beaucoup à celui que l'archéologie aérienne a permis de reconnaître en Afrique du Nord, à la lisière du Sahara. Sous les Antonins, au IIe siècle, quelques rectifications furent apportées et les ouvrages (tours et forts), d'abord en bois et en terre, furent construits en dur. Néanmoins, c'est à Vespasien et à son fils Domitien qu'il faut attribuer l'essentiel de cette œuvre de grande portée. La constitution du *limes* germano-rhétique allait mettre la Gaule à l'abri des invasions pour deux siècles. Par l'activité qu'elle provoqua, elle assura dans le pays une véritable « relance » économique. Ce qui contribua singulièrement à abolir chez les Gallo-Romains tout esprit de résistance et à créer les conditions matérielles et morales d'un essor qui atteignit son apogée au IIe siècle.

Fin de la résistance à Rome

Ce serait, en effet, une erreur de croire que la domination romaine ait été acceptée par les Gaulois sans résistance. Les peuples conquis ont manifesté une opposition. Non pas tous. Certains, ceux de Gaule Narbonnaise notamment, n'ont guère donné de souci au pouvoir impérial. Mais d'autres, qui par rapport à leurs voisins « stipendiaires », c'est-à-dire soumis à l'impôt, jouissaient d'un statut privilégié, comme les Trévires, qui étaient « libres », c'est-à-dire, en fait, dispensés du *stipendium*, et les Héduens, qui étaient fédérés, autrement dit alliés de Rome en vertu d'un traité, ont pourtant constitué à certains moments des foyers de résistance, voire de révolte. C'est dire que l'opposition n'a pas toujours revêtu une forme « nationale ». Ses aspects, comme ses causes, sont variés et complexes.

Partout d'ailleurs l'occupant a trouvé des collaborateurs. Nulle part, semble-t-il, autant qu'en Helvie (le Vivarais actuel), où dès 83 av. J.-C. le prince gaulois Cabur reçut, avec la citoyenneté romaine, le nom de C. Valerius Caburus. Son fils C. Valerius Procillus devint plus tard l'ami fidèle de César. Ayant rendu aux Helviens les terres qui leur avaient été enlevées par Pompée, puis ayant fait de leur pays sa base de départ lors de sa campagne contre les Arvernes, César leur sut gré de leur attachement. Et Auguste, son héritier, les couvrit de privilèges politiques et économiques : avec le droit latin et, semble-t-il, la faveur de constituer des corporations d'artisans en application de la *lex Iulia de collegiis*, le titre d'*Augusta* pour leur chef-lieu, la colonia *Alba Helviorum* (aujourd'hui Alba, à 15 km de Montélimar).

Souvent aussi l'occupant a trouvé des résistants. Pendant le règne d'Auguste, on l'a vu, plusieurs soulèvements violents ont éclaté, en particulier dans le Nord et le Nord-Est chez les Morins et les Trévires, et dans le Sud-Ouest chez les Aquitains, soulèvements assez inquiétants pour provoquer l'intervention personnelle de l'empereur. Mais, outre ces révoltes très mal connues d'ailleurs, il y en eut d'autres, non violentes, contre le recensement et l'impôt, contre les escroqueries des intendants fiscaux (on pense au fameux Licinus qui profitait des incertitudes du calendrier pour effectuer des levées d'impôts supplémentaires), révoltes de petites gens contre les rigueurs d'une administration lointaine et exigeante et qui se traduisaient par l'émigration de commerçants et d'artisans en Germanie et jusque chez les Marcomans de Bohême, où l'on retrouve les traces de leurs activités. Nul doute que la large politique augustéenne de subventions et de grands travaux n'ait voulu stopper cette hémorragie humaine.

Elle eut aussi, hélas ! pour contrecoup des difficultés financières qui, sensibles déjà à la fin du règne, se développèrent en crise sous Tibère. Pour réduire le déficit, le nouvel empereur dut supprimer les immunités fiscales dont bénéficiaient les peuples fédérés et libres. Cela suffit, semble-t-il, avec certaines mesures anti-druidiques, pour provoquer, en 21 apr. J.-C., une révolte chez les Trévires (peuple libre) et chez les Héduens (peuple fédéré). Conduite par deux Gaulois de haute naissance et romanisés, Iulius Florus et Iulius Sacrovir, elle fut surtout une révolte de la noblesse terrienne contre Rome, sans véritable prise sur le peuple. On ne peut donc certainement pas la considérer comme un mouvement d'insurrection nationale. Elle fut pourtant « la dernière révolte proprement nationaliste de la Gaule » (J.-J. Hatt).

Très différent, en effet, apparut l'esprit de la résistance qui se manifesta quarante-sept ans plus tard, en 68-70, bien qu'alimenté, semble-t-il, par les mêmes causes fiscales : un recensement avait eu lieu en 61 et plusieurs auteurs anciens ont noté que les Gaulois succombèrent alors, écrasés par les impôts. Mais le mouvement de rébellion, s'il fut plus grave et plus ample, risquant même d'entraîner la formation d'un empire gaulois, ne se développa nulle part dans un sens national anti-romain. La révolte venait cependant de plusieurs horizons différents : du milieu sénatorial avec Vindex, Aquitain d'origine, devenu gouverneur de la province de Lyonnaise ; — de l'aristocratie gallo-romaine avec le Lingon Iulius Sabinus et les deux Trévires Iulius Tutor et Iulius Classicus, ce dernier de sang royal ; — du petit peuple des campagnes enfin avec l'aventurier boïen Mariccus, qui réussit à soulever 8 000 partisans dans la paysannerie héduenne. Hormis peut-être ce dernier, un « illuminé » (F. Lot) qui se proclama libérateur des Gaules, avant d'être arrêté sur ordre des décurions d'Autun et mis à mort, les autres s'étaient insurgés non contre Rome, mais contre les excès du pouvoir néronien. L'appel de Vindex est significatif : « Soulevez-vous et, en veillant à votre propre salut, secourez aussi les Romains, libérez l'Univers. » Quand Tutor, Classicus et Sabinus proclament l'empire gaulois, c'est en uniforme et avec les insignes de commandement romains. Finalement, devant la révolte batave, interprétée comme l'annonce d'une nouvelle menace germanique, l'assemblée des peuples gaulois à Reims affirma sa fidélité à Rome et plusieurs cités participèrent à la répression.

Rien mieux que les événements sanglants des années 68-70 ne montre que les Gaulois de l'époque augustéenne, devenus, grâce à Claude, des Gallo-Romains, se sentaient désormais associés à Rome, à sa civilisation, à son destin. La résistance était morte. La Gaule était romaine. Ses frontières solidement verrouillées, elle allait connaître un siècle de grande prospérité.

Essor et apogée sous les Antonins

Grâce à la paix sur leur territoire, grâce à l'or des Daces qui permit à Trajan de renouer avec la politique de largesses financières d'Auguste, les Gaules ont été, au IIe siècle, le théâtre d'une activité urbanistique et économique jusque-là inconnue. De ce règne (98-117) date, par exemple, l'exploitation massive des carrières de marbre de Saint-Béat, dans les Pyrénées, où furent taillées beaucoup de colonnes et de plaques de revêtement destinées à l'ornementation des villes et des villas gallo-romaines.

Hadrien, son successeur (117-138), traversa et inspecta la Gaule deux années de suite : en 121, en partant pour la frontière du Rhin, et en 122, à son retour de Bretagne. Pendant un séjour qu'il fit à Nîmes, il dédia une basilique à l'impératrice Plotine, veuve de Trajan, qui venait elle-même de mourir. A la munificence impériale, Lyon, entre autres villes (l'empereur s'y arrêta peut-être en 121), dut non seulement un de ses quatre aqueducs, celui du Gier, mais aussi la complète remise à neuf du vieux forum augustéen, l'agrandissement de son théâtre (dont le nombre de places passa de 4 500 à 10 700), la réfection de l'amphithéâtre fédéral et même le déplacement du port des nautes rhodaniens.

Originaire de Nîmes, Antonin (138-161) ne se contenta pas de favoriser sa ville, il se chargea également de la reconstruction de Narbonne, partiellement détruite par un incendie ; Lyon lui doit son odéon, le temple de Cybèle qui domine le théâtre, l'aménagement d'un nouveau forum sur le plateau de la Sarra et la construction d'un cirque, qui a aujourd'hui complètement disparu. La ville a alors atteint l'apogée de sa splendeur. Quant à la Gaule, elle lui doit, attestés par de nombreuses bornes milliaires retrouvées le long des voies, la remise en état et le développement de son réseau routier.

C'est sous Marc Aurèle (161-180) et sous Commode (180-192) que se font jour les premières difficultés. Rien de grave encore. En 162 et en 174, quelques incursions germaniques, dont les traces destructrices ont été relevées à Strasbourg, hors de l'enceinte, dans les quartiers civils. Des soulèvements chez les Séquanes, où il est possible que la Porte Noire de Besançon, dont les reliefs évoquent partout la Victoire et le style la fin du IIe siècle, date précisément de ce moment. Une agitation religieuse locale se produisit à Lyon, où s'opposèrent fidèles de Cybèle et disciples du Christ, « une sorte de règlement de comptes », a-t-on dit, qu'on méconnaîtrait s'il n'avait abouti, en 177, à la première persécution et aux premiers martyrs de Gaule. Sous Commode, l'archéologie révèle un signe de crise qui ne trompe pas : l'enfouissement de dépôts monétaires. Au même moment, d'ailleurs, se rapportent les premiers brigandages campagnards en Aquitaine, qui préfigurent la grande jacquerie des Bagaudes aux derniers siècles de l'Empire.

Il ne faut cependant rien exagérer. Ce ne sont là que des signes avant-coureurs de difficultés beaucoup plus graves. Jusqu'en 196-197, les Gallo-Romains ont pu, sous l'aile de Rome, dans la tranquilité et la prospérité générales, s'adonner aux travaux de la paix. Quelles étaient leur vie, leurs activités, leurs distractions, leurs préoccupations ? Poser ces questions, c'est aussi se demander quelle est, à l'égard de Rome, la dette de la Gaule.

II. LA VIE DES GALLO-ROMAINS

Dès le début du livre IV de sa *Géographie*, consacré à la Gaule transalpine, Strabon, en introduction à la description des quatre provinces, observe que « la Narbonnaise produit partout les mêmes fruits que l'Italie, alors que si l'on monte vers le nord et les Cévennes, l'olivier et le figuier disparaissent, les autres cultures restant semblables. Et plus au nord encore, la vigne a de la peine à arriver à maturité. La Celtique tout entière, en revanche, produit du blé en abondance, du millet et des glands, et toutes les espèces de bétail d'élevage y prospèrent. On n'y voit pas de sol inactif, sauf en quelques endroits défendus par des étangs et des forêts. Et pourtant, du fait de la surabondance de la population plus que de son activité, même ces endroits sont habités. Les femmes, en effet, sont fécondes et bonnes nourrices, et les hommes plutôt guerriers ou agriculteurs. Aujourd'hui, il est vrai, ils ont dû déposer leurs armes et se mettre au travail de la terre ». Un peu plus loin, traitant des peuples qui occupent la basse vallée du Rhône, il note qu'« ils ne sont plus barbares, puisqu'ils ont le plus souvent abandonné leurs mœurs pour se modeler sur les Romains, dont ils pratiquent la langue et le mode de vie ». Précisons : ce qu'ils ont abandonné, ce sont leurs mœurs simples de ruraux ; ce qu'ils ont adopté, c'est le mode de vie urbain, puisqu'on sait que pour un Romain la civilisation est liée à la ville. De ce renversement des valeurs entre campagne et ville, le cadre historique qu'on a essayé de tracer plus haut rend d'ailleurs assez bien compte. Il est clair qu'au Ier siècle domine encore une aristocratie terrienne. Renforcée par les chefs militaires que la victoire romaine a rendus à leurs biens-fonds, elle est liée à ses habitudes et à ses libertés, jalouse des privilèges administratifs et financiers concédés, non sans arrière- pensées politiques, par César et Auguste. La révolte de Florus et Sacrovir, représentants de cette classe touchée par les restrictions financières et les mesures fiscales de Tibère, l'a montré ; à cet égard, on peut la considérer au fond comme « une crise de croissance » (A. Grenier). En urbanisant les Gaules, en provoquant les grandes entreprises urbaines, en favorisant la vie artisanale et commerciale, les empereurs du Ier siècle ont créé une « bourgeoisie » municipale. Et c'est cette bourgeoisie d'artisans et de commerçants enrichis, aussi attachée à la paix qui assure ses profits qu'à l'ordre romain qui garantit sa position sociale, qui, en 70, lors de l'assemblée de Reims, a emporté la décision de la fidélité à Rome. Les Gaulois étaient des guerriers et des agriculteurs, comme dit Strabon. Les Gallo-Romains sont toujours, dans leur masse, des ruraux, mais leur élite dirigeante se confond de plus en plus avec la bourgeoisie urbaine.

Propriétaires ruraux et paysans

La vie rurale demeure, certes, prédominante. Mais la question se pose de savoir dans quelle mesure la conquête a affecté le style de vie des paysans, le paysage agraire et, en premier lieu, les domaines qui, dans la Gaule préromaine, constituaient les cellules essentielles de la vie rurale.

Le statut de la terre

Un nouveau statut de la terre fut naturellement établi avec la domination romaine ; simplifié dans ses détails à la fin du Ier siècle, il distinguait les terres des citoyens romains, propriétaires de plein droit, des terres des non-citoyens, frappées de redevances, en particulier du tribut, signe tangible de la sujétion. A quoi s'ajoutaient les monopoles que Rome s'était réservés, en Gaule comme ailleurs, sur les mines, les carrières et certaines forêts, le *saltus pyrenaeus*, par exemple. Pour dresser l'assiette de l'impôt foncier, un recensement des terres se révéla indispensable. Agrippa, l'ami et le gendre d'Auguste, fut, en 27, chargé de cette énorme opération cadastrale, qui fut ensuite révisée à fond sous Vespasien. Une belle découverte épigraphique effectuée à Orange permet de se faire une idée précise du sort réservé au terroir colonial entre Orange et Montélimar. Les trois cadastres, qui y sont superposés, montrent clairement que les colons ont d'abord accaparé les meilleures terres, tandis que les autres, incultes ou vouées au pâturage, formaient deux parts : l'une rendue aux anciens propriétaires indigènes du Tricastin, l'autre louée aux colons ou aux indigènes. C'est, semble-t-il, parce que des colons avaient abandonné leurs terres — on reviendra sur ce phénomène de la dépopulation des campagnes au Ier siècle — et que les particuliers exploitaient indûment les terres devenues vacantes que Vespasien, en 77, dut réviser le premier plan cadastral, restituant à la colonie les terres qu'Agrippa lui avait attribuées. Une opération identique fut menée vers le milieu du IIe siècle, sous Antonin sans doute.

Ailleurs, en dehors des terroirs coloniaux — et dans les Trois-Gaules en particulier, ceux-ci étant aussi rares que les colonies elles-mêmes —, les anciennes propriétés ont subsisté. Seul changement, appréciable il est vrai : les propriétaires doivent maintenant, lors des recensements qui interviennent tous les quinze ans, déclarer la contenance en terres cultivées, en prairies et en terres incultes, les rendements, le nombre des plants de vigne ou d'oliviers, etc. Sur cette déclaration portée sur les registres fiscaux est fondé l'impôt foncier. En somme, le changement de statut qui a affecté la vie des campagnes n'a guère modifié, en général, la structure agraire elle-même. Le cadre fondamental est resté le *fundus* – le domaine –, mais il est désormais centré sur la *villa*.

Le domaine et sa villa

Là où s'est produite une extension de l'agriculture, sous Claude, c'est par la découverte des *villae* qu'on la décèle le plus souvent : en Gaule du Nord, par exemple, plus de quarante demeures, on s'en souvient, dateraient de l'époque de Claude. Et il en est de même là où des défrichements, dans les Basses-Vosges et en Brie, entre autres, ou bien des drainages de landes ou de vallées marécageuses, comme celle de la Marne, ont gagné de nouvelles terres à la culture. Il n'est guère de régions où l'archéologie n'ait livré de *villae*. Même en Picardie, où l'on s'étonnait à bon droit de n'en point trouver, la photographie aérienne a révélé récemment plus de trois cents établissements ruraux gallo-romains, dont une vingtaine de grandes *villae*. En Lorraine, chez les Médiomatriques, on a recensé en moyenne une *villa* pour 100 hectares. La proportion n'est guère différente chez les Héduens. En revanche, le pays des Leuques paraît plus pauvre ; de même, la Bretagne en possède moins que la Normandie, tandis qu'elles abondent dans les pays de la Loire, en Poitou, en Limousin, dans le Périgord et le Bordelais, dans les vallées de la Saône et du Rhône.

En principe, le domaine tend à vivre le plus possible sur lui-même ; il compte donc des champs cultivés, des prairies, des bois, mais aussi des ateliers (meunerie, forge, tissage, scierie, menuiserie, brasserie dans le Nord ; installation vinicole dans le Sud) ; bref, il représente ce qu'on appellerait aujourd'hui un « complexe économique ». Il ne faudrait pas croire pour autant, comme on le dit trop souvent, qu'un domaine gallo-romain vit en autarcie. Les découvertes effectuées dans les *villae* – prenons celle de Guiry, dans le Vexin, pour exemple – montrent que l'on achetait à l'extérieur non seulement la vaisselle – poteries de la Graufesenque (Aveyron), de Lezoux (Puy-de-Dôme), plus tard (au IVe s.) de l'Argonne – mais les bijoux (fibules fabriquées en Belgique dans la *villa* d'Anthée) et aussi certaines denrées, très appréciées, telles que les fruits de mer (huîtres, moules, bernigues), dont on retrouve partout les coquilles (vingt-deux espèces différentes dans la *villa* de Montmaurin).

L'activité d'un domaine est néanmoins multiforme. Même incomplet, le calendrier rustique que représente une mosaïque de Saint-Romain-en-Gal l'illustre assez bien. Et maints reliefs des stèles d'Arlon, de Trèves, de la colonne d'Igel notamment, en soulignent l'extrême variété. Sous la direction d'un intendant (*villicus*) – car, de plus en plus, le propriétaire vit en ville, se contentant de venir sur son domaine pour l'inspecter et se livrer à son sport favori, la chasse –, une trentaine de personnes assurent la bonne marche d'un *fundus* de moyenne importance, correspondant à une centaine d'hectares.

Cœur du domaine, la *villa* regroupe, en général autour d'une cour centrale, les appartements du propriétaire et de l'intendant, des thermes, mais aussi les granges et celliers, les écuries, les étables et bergeries ainsi que les divers ateliers dont l'activité est nécessaire à la vie de l'ensemble. A côté de ce type courant et relativement uniforme existent de grandioses et luxueuses exceptions.

Un type de grande propriété gallo-romaine

Dans une région qui comptait beaucoup de grandes propriétés – le rhéteur bordelais Ausone, au IVe siècle, considérait comme un « petit domaine » une propriété de 260 ha –, le terroir de la villa de Montmaurin devait être l'un des plus vastes du Sud-Ouest. Sa superficie a été évaluée à quelques 1 500 hectares de terres arables, de prairies et de forêts, où travaillaient plusieurs centaines d'employés. Au centre, la *villa* couvrait à elle seule 18 hectares, et, comme la plupart des demeures des grands propriétaires fonciers, elle comportait deux ensembles de constructions : d'une part, l'habitation seigneuriale (la seule fouillée), qui s'étendait sur près de 4 hectares, d'autre part les communs et les dépendances (connus seulement par des sondages), qui constituaient les bâtiments d'exploitation. Avec ses forges, ses tuileries, fours, ateliers de tissage, attestés par des scories, des fragments de tuiles et de céramiques, des pesons de métiers à tisser, une telle installation implique cette fois une tendance à vivre en économie fermée. Ce qui se comprend si l'on sait que la villa de Montmaurin, construite au IIe siècle et enrichie au cours de ce siècle et du suivant, détruite vers 275-280, fut relevée de ses ruines dans le second quart du IVe siècle. Exposée alors aux jacqueries paysannes et aux invasions barbares, l'économie domaniale a tout naturellement évolué vers l'autarcie.

A la différence de la plupart des propriétaires fonciers gallo-romains, à la différence aussi de Pline le Jeune, qui ne faisait que des apparitions dans sa villa des Laurentes, aux environs d'Ostie, le maître du domaine de Montmaurin, quant à lui, devait y séjourner à longueur d'année. Mais comme Pline, cette fois, c'était pour y mener une existence de citadin dans une demeure luxueuse, aux murs revêtus de marbres polychromes, meublée avec recherche et dotée du confort qu'assurent le chauffage central, l'eau courante et une glacière. Le « maître de Montmaurin » vivait déjà en châtelain, dans un raffinement que ne connaîtront ni les seigneurs féodaux, ni les princes de la Renaissance, ni Louis XIV à Versailles.

Petits propriétaires et paysans

Moins bien connus, et pour cause — ils n'ont pas laissé de vestiges durables de leur activité constructrice —, beaucoup de petits propriétaires ont cependant coexisté avec les grands et moyens seigneurs de l'Antiquité. Dans les Basses-Vosges, par exemple, dominent les petits établissements collectifs, pratiquant sans doute une exploitation communautaire. De même a-t-on noté un contraste très net entre les petits domaines dispersés des vallées pyrénéennes et les *fundus* des plaines de la Garonne. Sur ces marges, loin des grandes terres à blé, la campagne gallo-romaine connaissait donc plus de variété.

De même, si les paysans, libres ou non, vivaient le plus souvent à l'ombre de la *villa* (qui a si couramment laissé son souvenir dans la toponymie sous la forme *-ville*) ou du domaine (qui se survit dans le suffixe *-acus* ou *-iacus* joint au nom du propriétaire : *Juliacus*, le domaine de Julius, a donné Julliac, Juilly, Juillé, comme *Pauliacus*, le domaine de Paulus, a donné Paulhac, Pauliat, Pouillé et Pouilly), d'autres groupaient leurs maisons en *vici* (villages), soit autour d'une station routière, soit autour d'un temple, lieu de pèlerinage, ou autour d'un marché. Ces *vici* sont évoqués aujourd'hui par Vic, Vieu, ou en composition par *-wy* (Longwy), ou encore Vieux-Vic ou Vissèche (*vicus siccus*). Pour ces paysans, la grande révolution de l'époque romaine a consisté dans la substitution à la « cabane » gauloise de la maison en dur, qui, presque partout, domina à partir des Flaviens.

Les ressources agricoles

Grands, moyens et petits propriétaires, colons et esclaves, tous ensemble ont, dans la Gaule romaine, développé une activité telle que « pour la culture des terres, la dignité des mœurs des habitants, par l'abondance de ses ressources, la Narbonnaise ne le cède à aucune province » (Pline l'Ancien). Les arbres fruitiers et les légumes, l'élevage, transhumant en Tricastin, mais surtout la vigne et l'olivier comptaient parmi ses principaux produits. Malgré les interdits de la fin de la République, puis de Domitien, la vigne a partout progressé, au-delà même des limites de la Narbonnaise, en Bourgogne, en Moselle et dans le Bordelais. Dans la province même, un cépage comme celui que les Helviens d'Alba avaient mis au point (la *carbonica vitis*) offrait assez de garanties contre les risques de coulure pour être, au dire de Pline, adopté partout, et un cru comme l'allobrogique, et notamment le *picatum* de Vienne (ou poissé), était apprécié des gourmets de Rome.

Dans les Trois-Gaules, les ressources étonnaient par leur variété. Dès le principat d'Auguste, Strabon en avait été frappé. Avec le blé, le millet, l'orge (pour la cervoise, c'est-à-dire la bière), le lin et le chanvre (qui alimentaient une solide industrie textile), l'élevage fournissait les principaux produits du sol. Les Séquanes et les peuples de la vallée du Rhône ravitaillaient la Gaule, et Rome même, en charcuterie. Les Trévires, les Héduens, les Arvernes et les gens du Perche fournissaient des chevaux. Partout on élevait bovins et ovins, ce qui entretenait d'actives industries : des fromages dans les Alpes et les Cévennes, de la draperie chez les Morins, ailleurs de la tannerie. Quant aux oies des Morins, elles alimentaient les bonnes tables romaines en pâtés de foie, dont le célèbre gastronome Apicius nous a laissé la recette.

Les techniques agricoles des Gallo-Romains

Mais ce qui faisait l'originalité de leur agriculture, c'était surtout les techniques auxquelles recouraient les Gallo-Romains.

Les gros rendements qu'ils obtenaient de leur sol étaient dus, en effet, à la fois à leurs « façons » culturales et à l'outillage perfectionné qu'ils utilisaient. C'est ainsi qu'à l'imitation des Belges, ils fertilisèrent leurs champs par le marnage et qu'aux Héduens et aux Pictons ils empruntèrent la pratique du chaulage. De même, dans les régions froides se répandit la culture du blé de printemps, que les Trévires ensemençaient après les gelées de mars. Tous procédés ingénieux qui supposaient une longue expérience du terroir.

Non moins remarquable était l'outillage, pour une très large part d'ailleurs hérité de l'époque de l'indépendance, si l'on en juge par l'abondance des instruments agricoles retrouvés dans les tombes de La Tène III. Faucilles, serpes, socs de charrue y voisinent avec les faux, dont Pline a souligné les qualités en précisant que, plus longues que celles d'Italie, elles doivent être tenues à deux mains. Mais les paysans gallo-romains avaient surtout à leur disposition de véritables machines agricoles. Outre l'araire à soc de fer triangulaire et, à partir du début de notre ère, la charrue à roue (qui est peut-être une invention des Gaulois de Rhétie), ils employaient une authentique moissonneuse. Déjà Pline, dans son *Histoire naturelle* écrite à la fin du Ier siècle, l'avait brièvement mentionnée en décrivant les diverses façons de couper les récoltes : « Dans les vastes domaines des Gaules, de grandes moissonneuses (*valli*), sur le bord desquelles s'insèrent des dents, sont poussées sur deux roues à travers la moisson par un bœuf attelé en sens contraire ; ainsi arrachés, les épis tombent dans la moissonneuse. » Et Palladius, un auteur plus tardif, du IVe siècle, dépeint à son tour avec plus de détails cette machine extraordinaire, composée de deux parties : un caisson monté sur roues qui recueille les épis, coupés ou arrachés par une armature de dents de métal fixée à l'avant du véhicule, lequel peut être levé ou abaissé selon la hauteur des tiges. Ainsi, note-t-il, « tout en épargnant la main-d'œuvre, il suffit d'un bœuf pour expédier toute une moisson... En quelques heures d'allées et venues toute la moisson est achevée ». Plusieurs documents archéologiques, l'un figuré sur la porte de Mars à Reims, deux autres provenant d'Arlon et de Buzenol-Montauban, en Belgique, sont venus à point illustrer ces textes littéraires en montrant une moissonneuse en action. « Chef-d'œuvre de technique, mais aussi d'élégance rustique », le *vallus* est un beau témoignage de l'ingéniosité des Gaulois dans un monde et à une époque qui ne brillent pas précisément par leurs inventions techniques.

En somme, aux campagnes Rome a apporté l'ordre et la paix, aux ruraux son sens de l'organisation, aux produits de leur activité des moyens de transport et des débouchés nouveaux. La Gaule, pour sa part, a fourni ses hommes et ses techniques. Grâce à quoi la Gaule romaine a connu une brillante prospérité matérielle. Rien n'en témoigne mieux que l'éclat de ses villes.

Les villes et la bourgeoisie urbaine

Partout, dans toutes ses provinces, Rome a fondé et transformé des villes, mais nulle part peut-être avec autant d'ambitieuse ampleur et de splendeur monumentale que dans la Gaule conquise. Au point qu'en écho renforcé du mot de C. Jullian sur l'« apothéose de la ville » comme caractéristique

ENCEINTES URBAINES DU HAUT-EMPIRE

	Pourtour	*Nombre de tours*	*Hauteur des murs (évaluée)*	*Épaisseur des murs*
Vienne	7,250 km	54	8 m	2,50 m
Nîmes	6,200 km	+ de 60	9-10 m	2,60-3 m
Autun	6 km	54	11 m	2,50 m
Avenches	5,500 km	72	5 m	1,35-1,65 m
Lyon	5 km			
Cologne	4 km	+ de 16	7,80 m	2,30-2,50 m
Fréjus	3,500 km			2,50 m
Orange	3,500 km			
Aix-en-Provence	2,700 km			2,50 m

essentielle de l'empire romain, on a pu parler récemment, à propos de la Gaule, d'une « civilisation trop urbaine ». Il est bien vrai – et les dernières recherches archéologiques l'ont montré ou confirmé – que des centres urbains d'importance moyenne comme Vaison avec les vestiges colossaux d'un monument du Haut-Empire découverts sous la cathédrale, ou Cimiez, avec son amphithéâtre agrandi au IIe siècle et ses thermes du IIIe siècle, ou Bavai, avec ses énormes cryptoportiques, ont accordé à leurs édifices publics une place démesurée aux dépens des habitations particulières. Comme il paraît démontré que des villes plus importantes, comme Fréjus, Nîmes et Autun, avec leurs enceintes respectives de 3,5 kilomètres de pourtour pour la première, de 6 kilomètres pour les deux autres, disposaient d'un cadre d'une ampleur excessive pour leur population. Quant à Vienne, avec son rempart de 7,250 kilomètres enfermant sur la rive gauche du Rhône une superficie de plus de 200 hectares, il est encore plus évident que les surfaces habitées et bâties n'en occupaient qu'une portion réduite depuis qu'un important quartier urbain a été retrouvé, en dehors de l'enceinte coloniale, sur la rive droite du fleuve, avec ses maisons, ses ateliers et ses boutiques.

Construites pour afficher dans leur architecture la grandeur et la puissance de Rome, mais aussi pour promouvoir l'activité industrielle et les échanges, pour distraire les oisifs et diffuser à tous la culture, les villes n'ont cependant regroupé, semble-t-il, qu'une population relativement faible par son nombre, forte cependant par son degré de romanisation, la qualité de ses élites et leur rôle dans l'administration de la Gaule et de l'Empire.

L'architecture, instrument de la romanisation

Nouvellement fondées ou anciennes bourgades indigènes aménagées, jamais villes ne furent plus encombrées de chantiers – sauf peut-être de nos jours – que celles des Gaules aux deux premiers siècles de notre ère. Aujourd'hui, les chantiers préparent des logements. Rome, elle, bâtissait des édifices publics, les siens, à peu de chose près les mêmes qu'elle érigeait en Afrique, en Asie et en Bretagne. Un Gallo-Romain, en poste ou en voyage à l'autre extrémité du monde méditerranéen, trouvait dans cette uniformité architecturale un des secrets de l'unité de l'empire. Comme aux yeux d'un paysan allobroge ou biturige, les monuments grandioses de Vienne ou de Bordeaux affirmaient la magnificence de Rome et la supériorité de sa civilisation. La plupart des grands édifices publics furent des constructions de prestige.

Dès l'abord des villes de statut colonial, devait frapper l'allure imposante des remparts aux murs énormes appuyés sur de solides tours. Ailleurs, des portes monumentales (la porte de Mars, à Reims) ou des arcs rehaussés de sculptures triomphales (ceux d'Orange et de Glanum, la Porte Noire de Besançon) accueillaient le visiteur. Par de larges rues dallées il accédait au forum, vaste esplanade fermée, elle aussi dallée, entourée de portiques à colonnades, ornée de statues et flanquée de monuments publics : la curie où se réunissait le conseil municipal, la basilique qui tenait lieu à la fois de palais de justice et de bourse, et souvent de salle des pas perdus, le Capitole où l'on priait les grands dieux de Rome, le marché où, comme sous les portiques, on échangeait marchandises et nouvelles. Le forum constituait réellement le « cœur de la ville ». Aussi ses dimensions étaient-elles souvent aussi imposantes que somptueuse sa décoration. A Saint-Bertrand-de-Comminges, il formait un rectangle de 75 mètres sur 60, flanqué d'un temple, de thermes, d'une basilique entourée de boutiques, et rehaussé lui-même des glorieux trophées qui commémoraient les victoires augustéennes sur l'Espagne et les Aquitains insoumis. A Besançon, c'était une esplanade bordée de portiques évaluée à 80 mètres sur environ 120, au centre de laquelle se dressait un temple ; colonnes en cipolin, chapiteaux, plaques de revêtement et statues en marbre blanc retrouvés dans des sondages donnent une idée de la richesse de sa décoration.

Non loin du forum, plus ou moins disséminés dans la ville, les thermes, où, à l'imitation des Romains, on venait passer l'après-midi, étalaient dans le luxe des marbres, des statues, des mosaïques non seulement leurs salles de bains, mais leurs palestres, leurs promenoirs, leurs salles de lecture, leurs bars et leurs échoppes, bref tout ce qui pouvait agrémenter les loisirs. Les thermes de Cluny, à Paris, sont justement célèbres pour leur ampleur (l'ensemble de leurs constructions couvrait 6 500 m²), la noblesse de leur architecture et l'originalité de leur décor : ils furent vraisemblablement bâtis par la corporation des nautes, c'est-à-dire des armateurs de la Seine, qui s'y réservaient, semble-t-il, des salles de réunion. Les thermes de Cimiez – le vieux Nice – ne manquent pas non plus de grandeur. Saint-Bertrand-de-Comminges, qui, bien que capitale, ne fut jamais une grande ville, ne possédait pas moins de quatre établissements de bains. A Vienne-Sainte-Colombe, le palais du Miroir, malgré son nom, n'est qu'un élément d'un puissant et luxueux édifice thermal qui a livré beaucoup d'œuvres d'art. De même, à Arles, le palais de la Trouille. Pour alimenter les thermes publics et privés – toute habitation particulière de quelque importance en possédait – et pour ravitailler les citadins en eau potable, on conçoit que d'énormes moyens aient été mis en œuvre. Des aqueducs, chefs-d'œuvre d'architecture, allaient chercher l'eau à plusieurs dizaines de kilomètres de distance des villes. Celui du pont du Gard est bien connu, et tout aussi digne d'admiration est le château d'eau qui, à Nîmes, répartissait le précieux liquide. Lyon était ravitaillé par quatre aqueducs, qui ont été fort bien étudiés. Et l'aqueduc de Metz à Jouy-aux-Arches, dont la conduite court sur plus de 22 kilomètres, est un des monuments les plus imposants de France. Avec les fontaines et les nymphées qui parsèment les villes, avec toutes les conduites annexes qui assurent la distribution des eaux, les unes en terre cuite, les autres en plomb (huit plombiers sont connus par leurs estampilles dans le quartier récemment découvert à Vienne-Saint- Romain-en-Gal), avec les égouts qui évacuent les eaux usées, les aqueducs représentent des travaux considérables et l'un des apports les plus spectaculaires et les plus utiles de Rome à la Gaule. Ils garantissaient aux citadins des conditions de vie que les installations plus sommaires des campagnes leur refusaient souvent.

Parmi les grands édifices qui paraient les quartiers urbains, les temples occupaient une place importante : temples qui mêlaient les traditions indigènes et le canon classique comme à Izernore (Ain), ou à Périgueux avec le sanctuaire rond dit « tour de Vésone » ; temples de la religion romaine traditionnelle comme les capitoles, voués à la triade Jupiter- Junon-Minerve ; temples du culte impérial, dont la Maison carrée de Nîmes et le temple d'Auguste et de Livie à Vienne constituent les exemples les plus classiques et les mieux conservés à la fois.

A côté des temples, ce sont sans doute les lieux de spectacles qui, de la manière la plus éclatante, démontrent l'emprise de Rome sur les Gaules. Une carte révèle leur extraordinaire densité, tant dans les campagnes que dans les villes. Souvent associés à un marché et à un temple, les théâtres ruraux permettaient aux gens de la campagne de se réunir et, par les spectacles, de participer à la culture gréco-romaine, dont la diffusion était assurée par des tournées d'artistes. Qui dira le niveau de cette culture et la valeur de ces spectacles ? On sait seulement qu'il existait des troupes d'acteurs. Les quelques inscriptions qui nous les font connaître mentionnent, il est vrai, plutôt que des tragédiens ou des comédiens, des pantomimes, des jongleurs et des artistes de music-hall, tel ce jeune éphèbe de douze ans, nommé Septentrion, qui à Antibes « dansa et plut » (*saltavit et placuit*) avant de mourir.

Les spectacles des théâtres urbains n'étaient peut-être pas d'un niveau intellectuel, moral et artistique très élevé non plus. Du moins attiraient-ils beaucoup de monde, de la ville même et des environs, si l'on en juge par les dimensions des édifices. Avec ses 148 mètres de diamètre, le théâtre d'Autun pouvait accueillir 33 000 spectateurs. Celui de Mandeure (Doubs) n'était guère plus petit : 142 mètres. Ceux de Lyon et Vienne ne différaient guère ; un odéon doublait d'ailleurs l'un et l'autre.

Plus grandioses encore que les théâtres, les amphithéâtres et les cirques rencontraient une vogue qu'attestent leur nombre et leurs dimensions ; plusieurs dizaines de milliers de spectateurs (26 000 à Arles, 24 000 à Nîmes) pouvaient assister là aux combats de gladiateurs et aux chasses, ici aux courses de chars pour lesquelles l'engouement des Gallo-Romains était également très grand. Selon Tacite, les Héduens entretenaient même une troupe « indigène » de gladiateurs, les « crupellaires », qui étaient bardés de fer. Il est vrai que leur capitale, Autun, passait, toujours d'après Tacite, « pour une ville de richesse et adonnée aux plaisirs ». Il faut voir une autre preuve d'attrait pour les jeux sanglants de l'arène dans l'aménagement de théâtres-amphithéâtres, qui servaient aussi bien à ces jeux qu'aux représentations théâtrales. C'était une singularité des Trois-Gaules. Moins courants, réservés aux villes importantes, les cirques ont appelé les grandes foules jusqu'au milieu du VIe siècle, puisque l'historien Procope rapporte que les rois francs, devenus maîtres d'Arles, y donnaient des courses de chars.

Centres de séduction pour les distractions qu'elles offraient, les villes attiraient aussi pour la culture qu'elles dispensaient. Les théâtres et les odéons surtout pouvaient quelquefois transmettre à leur public des bribes de la culture gréco-latine. Mais ce sont les écoles qui, bien que mal connues, durent contribuer le plus à diffuser le latin, devenu en Gaule langue de l'administration, langue officielle en même temps que langue de culture. Toute ville devait avoir ses *litteratores* et ses *grammatici* pour enseigner au premier et au second degré : on en connaît à Toulouse, à Arles, à Lyon, à Limoges et à Besançon, où sévissait un *grammaticus graecus*. Quelques-unes étaient même dotées d'universités : celle de Marseille, héritée de l'hellénisme, était renommée pour ses études de sciences et de médecine ; le rhéteur Eumène illustra celle d'Autun à la fin du IIIe siècle et Ausone, à la fin du IVe siècle, celle de Bordeaux. Précepteur de l'empereur Gratien, ce Bordelais qui chérissait sa ville ne se laissa pas griser par la vie politique et le consulat que lui valut la faveur impériale. Il revint à Bordeaux et nous lui devons tant de précieux renseignements sur la vie universitaire de son temps, sur ses « chers collègues », sur ses élèves et même sur la Gaule romaine d'alors, qu'on ne peut lui en vouloir de les avoir habillés souvent de détestable rhétorique ou de médiocre poésie.

La ville, centre industriel et commercial

Si la ville attire les ruraux, c'est aussi à cause des activités industrielles et commerciales qui s'y déploient. Architectes et sculpteurs ont laissé un beau bilan de leurs travaux. Et de même tous ceux qui ont consacré leur labeur aux constructions privées aussi bien qu'officielles. Mais à côté d'eux, combien d'artisans dont les stèles, les reliefs et les inscriptions révèlent les occupations ! Indépendants ou groupés en corporations, ils fabriquent tuniques et toges à la romaine, et tout autant les braies (ou pantalons) et les manteaux à capuchon, spécialités gauloises. Les Cadurques produisent des toiles de lin renommées ; les Atrébates, et beaucoup de peuples du Nord et des régions d'élevage fournissent des draps ; les Lyonnais ont déjà, sous les Sévères, au début du IIIe siècle, des barbaricaires, c'est-à-dire des tisserands de brocarts. En s'associant entre eux pour ravitailler les viticulteurs helviens, des groupements professionnels d'Alba fournissent toutes les marchandises indispensables à leur activité : les dendrophores apportent les bois aux tonneliers et aux armateurs, qui, grâce aux outres préparées par les utriculaires pour alléger les cargaisons et aux bâches faites par les centonaires pour les couvrir, peuvent transporter sur les turbulentes rivières rhodaniennes des vins que les marchands lyonnais réexpédient jusqu'aux Pays-Bas, chez les Bataves.

Autre spécialité gallo-romaine : les *caligae*, à qui l'empereur Caligula doit son nom, grosses chaussures militaires fabriquées dans les régions d'élevage bovin, où abondent les tanneries. Excellents bronziers et forgerons, les Gaulois étaient aussi des verriers et des orfèvres réputés : à Narbonne et à Lyon, des *argentarii* ciselaient la vaisselle précieuse et les bijoux. Mais c'est la céramique qui représentait sans doute la production intensive des Gallo-Romains. Implantée à Lyon, sur les bords de la Saône, par des artisans venus du grand centre italien d'Arezzo, la poterie sigillée acquit dès le règne d'Auguste une telle renommée que, grâce à l'excellent réseau routier d'Agrippa, elle concurrença la production italienne et très vite la distança. Grâce à une technique plus évoluée, améliorant des traditions ancestrales, elle essaima chez les Rutènes, où la Graufesenque, Montans, Banassac devinrent dès le Ier siècle de gros centres de fabrication et de diffusion, relayés ensuite par Lezoux chez les Arvernes et par Gueugnon chez les Héduens. De leurs officines, comme des ateliers du Nord-Est, sortaient ces beaux vases rouges, vernissés, rehaussés de scènes variées, qu'on exhume sur tous les chantiers de fouilles. Tandis qu'à Lyon, au IIe siècle, on se spécialisait dans les vases à médaillons d'applique, les ateliers de la vallée de l'Allier expédiaient dans toutes les directions des statuettes, surtout féminines, en terre cuite blanche. On a retrouvé dans les ruines de Pompéi une caisse remplie de bols et de lampes de la Graufesenque, que la soudaine catastrophe de 79 n'avait pas permis d'ouvrir.

Toutes ces industries alimentaient donc une activité commerciale que les besoins des villes à eux seuls n'eussent pu entretenir. Boutiques et marchés urbains mettaient leurs produits à la disposition des clients, citadins et ruraux, venus faire leurs emplettes. Mais plus la ville avait d'importance, plus elle avait besoin d'amples entrepôts. A Narbonne, les *horrea* formaient un quadrilatère de 176 mètres de puissantes et hautes galeries, flanquées de 126 pièces de réserves ; l'ensemble était aménagé à 5 mètres sous le sol. De vastes cryptoportiques ont été retrouvés en maints endroits du territoire, à Arles notamment, où les galeries atteignent 4,50 mètres de hauteur, mais aussi à Reims et à Bavai. Ces monuments, qui présentent souvent des dispositifs de protection contre l'humidité, semblent avoir surtout servi de resserres à provisions.

On conçoit que pareille activité industrielle et commerciale ait attiré dans les villes une population très mêlée. A Lyon, qui atteint son apogée au IIe siècle, des calculs récents ont montré qu'à ce moment 22 p. 100 des habitants portaient des noms grecs ; encore leur proportion atteignait-elle 28 p. 100 dans le quartier commerçant des *Canabae*. Un Syrien d'Antioche y fabriquait des poteries ; un Carthaginois, de la verrerie ; un armateur, originaire de Rome, y était entrepreneur de transports maritimes entre Lyon et Pouzzoles. A la fin du IIIe siècle, deux médecins lyonnais s'appellent Phlégon et Alexandre. Et le premier évêque, martyr en 177, se nomme Pothinos. Or, c'est dans cette ville cosmopolite que chaque année se réunissaient, pour tenir leur concile, les délégués des soixante peuples gaulois. Comment n'auraient-ils pas senti la puissance de Rome, apprécié l'universalité et l'unité de sa civilisation, en fin de compte subi la séduction de la romanité ?

La ville, centre de vie politique
Les « bourgeois » gallo-romains

De telles villes, animées, riches de monuments et de plaisirs, importantes et peuplées, il y en eut beaucoup. La Gaule Celtique n'avait connu que des agglomérations sans architecture véritable. Et Strabon écrit de Vienne : « Ce n'était autrefois qu'une bourgade, bien qu'on la dît déjà capitale du peuple [allobroge] ; ce sont les plus nobles d'entre eux [les Allobroges] qui en ont fait une ville. »

Rome a urbanisé les Gaules. A partir du Ier siècle, chaque peuple eut son ou ses centres urbains. Au lieu de l'oppidum de Bibracte, les Héduens purent fréquenter Autun ; à la place de Gergovie, les Arvernes eurent accès à Clermont. Jusqu'à la fin du IVe siècle même, des villes furent fondées ou transformées : Lutèce dut partiellement son essor au César Julien, et Cularo devint, grâce au disciple d'Ausone, Gratianopolis, aujourd'hui Grenoble. « L'urbanisme fut le trait capital de la civilisation romaine en Gaule » (A. Grenier).

Est-ce à dire que les Gaulois, même devenus des Gallo-Romains en partie grâce à leurs villes, se soient laissés envoûter par elles et soient devenus des bourgeois ? Oui et non. Oui, parce qu'un certain nombre d'artisans et de commerçants enrichis, sans parler des grands propriétaires ruraux habitant la ville, furent très tôt attirés par la politique municipale, même confinée au domaine étroit de l'administration. L'exemple du Trévire C. Apronius Raptor est probant : batelier et patron des bateliers de la Saône, patron des marchands de vins de Lyon, il est aussi décurion (conseiller municipal) de Trèves. De même le Viennois L. Helvius Frugi, curateur, puis patron des bateliers du Rhône et de la Saône, qui accéda, comme duumvir, à la mairie de Vienne. Pourtant, de tels cas n'abondent pas. En général, artisans et petits commerçants ne s'élèvent pas jusqu'aux charges municipales, réservées à ce qu'il vaudrait mieux appeler une « aristocratie » locale ; ils se contentent du sévirat augustal, qui leur vaut, outre la charge de célébrer le culte impérial, des honneurs fort appréciés, des places de choix aux jeux, le port de la toge prétexte et même une escorte de deux licteurs. Mais il s'agit là, on le voit, d'apparat, de leurre décoratif, non de responsabilités administratives, toujours confiées à une caste plus ou moins héréditaire. Il est donc difficile de parler de bourgeoisie. Et plus encore d'élite sociale cultivée et engagée dans le vie de l'Empire.

Pareille élite a pourtant existé. La Gaule Narbonnaise et Lyon ont fourni des sénateurs dès le Ie siècle. Vienne a donné un consul sous Caligula. Claude a ouvert le sénat aux notables des Trois-Gaules. C. Cornelius Gallus peut-être, Agricola sûrement, étaient de Fréjus, et l'empereur Antonin, de Nîmes. Mais tous, issus de l'aristocratie provinciale, étaient des notables ruraux ou de très riches citadins, magnats du grand commerce.

Et on s'étonne à bon droit de la médiocrité de la vie intellectuelle. Qui citer dans la grande littérature ? Personne ou presque personne : trois poètes précieux dont l'audience ne dépassa guère les cercles mondains de Rome, Terentius Varro, Cornelius Gallus et Valerius Cato ; un historien voconce, Trogue Pompée, dont l'*Histoire universelle* soulignait les vices de la conquête romaine. En revanche, de nombreux orateurs : Vibius Gallus et Iulius Florus, que Quintilien nomme « le prince de l'éloquence gauloise », Marcus Aper et le Santon Iulius Africanus, et surtout Cn. Domitius Afer, de Narbonne, le plus grand orateur de son temps selon Quintilien. Hormis ces avocats, tous des Méridionaux, chez qui « l'art de la parole, comme la vigne, se développe si aisément » (C. Jullian), la liste des génies littéraires issus de la Gaule est bien courte.

C'est qu'à la différence de l'Espagne, le latin, avant de triompher en Gaule, s'est heurté à une vive résistance du celtique. Le calendrier de Coligny (Ain), que l'on date parfois du IIe siècle après J.-C., est celtique ; et maintes marques de potiers portent, au lieu du latin *fecit*, qui veut dire « a fait », le gaulois *avot*, qui signifie la même chose. On note, d'ailleurs, une égale résistance dans un domaine, plus encore que la langue, révélateur de l'âme d'un peuple, sa religion.

La religion des Gallo-Romains

Là non plus l'emprise de Rome ne fut ni facile ni complète. Pourtant, on l'a vu, en supprimant les druides et en organisant le culte de l'empereur associé à celui de Rome, le pouvoir central a voulu la romanisation des âmes. Qu'il ait obtenu une adhésion officielle, ce n'est pas douteux. Le nombre des dédicaces religieuses, des statues et statuettes offertes aux divinités du panthéon gréco-latin le prouve. Dans les milieux de l'administration provinciale et même municipale, dans les milieux romains et gaulois profondément romanisés, on a vénéré le Jupiter, l'Apollon, le Mars et le Mercure des Romains.

Mais dans la vie religieuse de la masse des Gallo-Romains, s'il y a un trait frappant, c'est précisément la persistance des divinités, des croyances et des rites celtiques. Persistance qui se manifeste de plusieurs manières. D'abord par la survivance en pleine époque romaine des dieux et déesses purement indigènes : dieux-animaux comme le taureau à trois cornes dans la Gaule du Centre-Ouest et dans la vallée du Rhin, le taureau aux trois grues qui apparaît sur le monument des nautes parisiens, ou, sur des reliefs charentais et bourguignons, le serpent à tête de bélier et queue de poisson. Ou bien ce sont des monstres qui peuvent être mi-humains, mi-animaux — tel Cernunnos, le dieu à ramure de cerf figuré sur le pilier des nautes, sur des reliefs de Reims et de Vendœuvres —, ou qui peuvent avoir trois têtes : on ne connaît pas moins de dix-huit statues de dieu tricéphale, dont Bordeaux détient la plus remarquable. A la même catégorie des divinités indigènes appartient la célèbre Epona, protectrice des chevaux, déesse domestique et des morts, qui n'est pas sans affinités avec les déesses mères, garantes de la fécondité et gardiennes des tombeaux : leur culte était de loin le plus populaire. Presque aussi populaire et de caractère tout aussi indigène étaient les cultes naturistes, culte des montagnes et des pierres, culte des arbres et des forêts, mais surtout culte des eaux, eaux de sources et tout particulièrement, bien sûr, eaux guérisseuses. Dans la seule cité des Lingons, on a dénombré plus de cent soixante-dix sources divinisées. Nemausus, le dieu de la Fontaine, a donné son nom à la ville de Nîmes, Divona « la divine » à Cahors, et combien d'autres exemples ! Au sanctuaire des sources de la Seine, les statuettes et statues en bois de chêne récemment exhumées offrent autant de valeur religieuse que d'intérêt artistique.

Mais la survie des divinités celtiques n'apparaît pas moins forte et tenace dans l'effort d'assimilation aux divinités romaines qu'ont tenté les Gaulois, tandis que, pour leur part, les Romains installés en Gaule assimilaient leurs dieux à ceux des Gaulois. Ainsi s'est produite une double interprétation, « interprétation romaine » (comme dit Tacite) des dieux indigènes, interprétation celtique des dieux gréco-romains. Jupiter-Taranis est avant tout le dieu céleste au foudre et à la roue, quelquefois difficile à distinguer de Mars, qui a acquis l'universalité par de nombreuses assimilations : Mars-Leucetius est dieu de la Lumière, Mars-Albiorix est vénéré au mont Genèvre comme guérisseur et protecteur des voyageurs. Mars-Rudianus est un dieu des Sommets, Mars-Sutugius protège les défunts, et Mars-Smertrius accorde l'abondance. Mais Smertrios est aussi rapproché d'Hercule, qui lui-même, à Aix-les-Bains, prête ses traits à Borvo, plus généralement assimilé pourtant à Apollon, considéré comme dieu guérisseur. A Grand, dans les Vosges, Apollo-Grannus retrouve, il est vrai, son caractère solaire, tandis qu'à Alésia Apollo-Moritasgus conserve ses vertus salutaires. Identifié à Silvain, Sucellus, le dieu au maillet, protège les vignobles et les maisons. Et Mercure, paré d'au moins vingt-cinq surnoms, reste le dieu du Commerce, des Voyages et des Techniques, mais, pour les Gallo-Romains, il est aussi guérisseur et dieu des Sommets ; à ce titre il règne, semble-t-il, sur tous les Montmartres.

Pour avoir su sauvegarder, sous une apparence romaine, ses dieux et ses croyances, la religion des Gallo-Romains a réussi à maintenir aussi certains traits originaux dans son architecture sacrée et même dans ses rites. Bien que classique dans sa forme et ses proportions, le temple d'Izernore porte une marque celtique dans les galeries qui entourent la *cella* sur ses quatre faces. Mais nombreux sont les sanctuaires ruraux, et même urbains (la « tour de Vésone » à Périgueux et le temple dit de Janus à Autun, par exemple), qui restent étonnamment fidèles à la tradition celtique : temples à plan centré sur une *cella* carrée ou proche du carré (exceptionnellement circulaire ou octogonale), entourée d'une large galerie de circulation périphérique pour les processions. Ouverts à l'est, alors que les temples étrusques s'ouvrent au sud et les temples romains à l'ouest, ils sont souvent installés sur une position dominante et enclos dans une vaste enceinte. A tous ces égards, le sanctuaire du Châtelard de Lardier est typique. Souvent, aussi, ils se réduisent au rang de simples *fana* de très petites dimensions, qui parsèment les campagnes pour accueillir les prières et les offrandes des paysans.

Soumis à Rome, les Gaulois ont senti peser un régime politique et financier bien lourd. Ils ont perdu leurs libertés, mais ils ont gagné la paix et l'ordre, qui leur ont permis de cultiver, de produire et de vendre. Leur fougue et leur spontanéité sont tombées ; mais ils ont appris à connaître la civilisation urbaine, pour en retenir surtout, il est vrai, le patriotisme municipal et l'esprit de clocher. Ont-ils donc, comme on l'a dit, en perdant la liberté, perdu leur âme ? Dans la mesure où l'âme d'un peuple s'exprime en grande partie par sa langue, disons qu'elle a bien résisté avant de céder devant la langue et la pensée latines. Quant à la religion qui, elle aussi, et mieux que la langue, révèle l'âme d'un peuple, en profitant habilement de la tolérance romaine, ils ont su la préserver. Intégrés dans la vie matérielle de l'Empire, les Gallo-Romains ont ainsi maintenu quelque chose de leur spécificité spirituelle. Viennent les difficultés et les crises ; qui va l'emporter, leur loyalisme de vaincus ou leurs attaches avec le passé ? Ou bien les ruines accumulées vont-elles sceller une communauté nouvelle ?

III. LES DIFFICULTÉS ET LES CRISES

C'est sous Marc Aurèle et Commode, on l'a vu, que se sont produites les premières infiltrations barbares depuis la création du *limes*. Toutefois, les premiers signes du déclin sont venus d'ailleurs, de difficultés internes inaugurées par la lutte pour le pouvoir de Septime Sévère et de Clodius Albinus.

La lutte pour le pouvoir et le début de la décadence de la Gaule romaine

En 196, la Gaule devint le théâtre de la lutte qui opposait deux généraux proclamés empereurs par leurs troupes, Clodius Albinus, soutenu par les légions de Bretagne et d'Espagne, et Septime Sévère, soutenu par celles des provinces danubiennes et rhénanes. Quelques tribus du nord de la Gaule et une partie des armées de Germanie se soulevèrent en faveur d'Albinus, qui installa son quartier général à Lyon, dont la 13e cohorte urbaine, chargée du maintien de l'ordre, s'était ralliée à sa cause. Venant d'Illyrie, par Besançon, Septime Sévère marcha contre son rival. Le 19 février 197, un violent combat les opposa sous les murs de Lyon. Septime Sévère fut vainqueur, et Albinus se suicida. La ville subit certainement des dommages matériels, moins grands pourtant qu'on ne l'a cru. Ce sont surtout, semble-t-il, les membres de l'aristocratie lyonnaise qui, s'étant prononcés pour Albinus, pâtirent de la rancune du vainqueur. Attiré par l'Afrique, d'où il était issu, et par la Syrie, patrie de l'impératrice Iulia Domna, Septime Sévère, non plus que ses successeurs, ne devait s'intéresser beaucoup à la Gaule. Sauf à tirer les conclusions des événements de 197. La 13e cohorte urbaine fut remplacée à Lyon par des détachements des quatre légions rhénanes fidèles. Sur le *limes* même, on restaura les camps et les routes qui en avaient besoin, en même temps qu'étaient réoccupés et reconstruits les camps de l'arrière, comme Andernach et Strasbourg, dégarnis, sous Hadrien, au profit des fortifications avancées. Ainsi en revenait-on « à la saine conception du double front de défense présentant, en première ligne, les postes du *limes*, et, en seconde ligne, les camps rhénans restaurés » (J. J. Hatt). Aux mêmes préoccupations militaires se rattache l'organisation du *cursus publicus*, c'est-à-dire des transports publics, chargés maintenant d'acheminer vers les troupes frontalières, outre leur solde augmentée, leur ravitaillement en blé prélevé dans les provinces comme impôt en nature. A cet égard, il est remarquable que, pour le « préfet des véhicules », responsable de ce service, ait été joint le territoire de la Belgique à celui des deux Germanies, comme si les Gaules se trouvaient maintenant divisées en deux secteurs : l'un militaire, axé sur l'armée du Rhin et ses besoins, l'autre civil, comprenant la Narbonnaise, l'Aquitaine et la Lyonnaise. Au premier alla la faveur impériale. Dans le second, les proscriptions et les confiscations de biens, au détriment surtout des classes dirigeantes favorables à Albinus, annoncèrent le début des crises qui, pendant trois siècles, allaient secouer les Gaules. Tout au plus peut-on signaler à l'actif du règne, et dans la vallée du Rhône notamment, l'inauguration de quelques monuments édifiés ou reconstruits : à Bourg-Saint-Andéol un mithraeum, à Alba un vaste ensemble architectural, comme si l'empereur avait tenté de ressaisir une opinion publique hostile.

Son fils et successeur, Caracalla, fut lui aussi particulièrement préoccupé par le secteur militaire du pays, qu'il visita en 213, pour organiser une campagne contre les Germains. Restaurateur du *limes* et des routes de l'arrière-pays, il a laissé son nom sur de nombreux milliaires et son souvenir dans maintes villes du Nord-Est (Strasbourg, Grand notamment), qui l'honorèrent de statues. Cette œuvre de défense préludait aux graves crises du IIIe siècle.

Les invasions et les crises du IIIe siècle

Ces préoccupations militaires devaient, en effet, s'aggraver sérieusement à partir de 235-236, doublées de difficultés sociales et économiques. Profitant de la protection romaine, l'aristocratie a retrouvé et même accru sa puissance de jadis. Elle a accaparé les terres vacantes et constitué d'énormes domaines, dont celui de Montmaurin fournit l'image. Après quoi, tirant parti de sa force, elle a pesé de toute son influence sur les milieux impériaux de Rome. Le marbre de Thorigny en donne la mesure par les relations dont se targue en 238 le notable viducasse T. Sennius Sollemnis.

Attitude oppressive, voire tyrannique, des grands propriétaires fonciers, misères nées de l'inflation monétaire, de la hausse des prix et du poids des charges fiscales, des mesures économiques autoritaires prises en faveur exclusive des soldats, tout cela dut favoriser la crise sociale des campagnes. Inaugurée par des brigandages, elle se développa en jacquerie au cours de la seconde moitié du IIIe siècle. Paysans ruinés, bergers sans travail, les Bagaudes ont fait régner en Gaule une insécurité aussi redoutable que les incursions des envahisseurs barbares, Alamans et Francs.

Ce sont les Alamans qui, en 233-234, entreprirent la première invasion sérieuse. Plusieurs camps du *limes* anéantis, ils traversèrent les champs décumates et détruisirent les camps de la seconde ligne, *Saletio* et *Argentorate* (Strasbourg). La route de l'intérieur était ouverte. Il fallut la réaction brutale de Maximin, successeur d'Alexandre Sévère en 235, pour repousser les Germains jusqu'à l'Elbe.

Encouragées par l'anarchie gouvernementale que favorisaient des règnes aussi éphémères que ceux des Gordiens, de Pupien et de Balbin, par les intrigues politiques et par l'affaiblissement des légions, les invasions reprirent de plus belle en 244, puis en 253-254. Leurs voies sont jalonnées par les trésors monétaires que cachaient les réfugiés avant de partir ou sur les routes de leur exode, et que retrouvent les archéologues au cours des fouilles.

A partir de 256-258, les invasions devinrent catastrophiques : par leur ampleur (tandis que les Francs pénètrent par les vallées de la Sambre et de la Meuse, les Alamans enfoncent — et définitivement — la région moyenne du *limes*), par leur profondeur (les Francs traversent la Gaule de part en part en direction de l'Espagne, les Alamans atteignent la vallée du Rhône), par leurs suites de maux (massacres, dévastations, ruines, grande peur).

Le désordre fut à son comble quand l'empereur Gallien, après une victoire sur les Francs qui lui valut, en 256, le titre de *restitutor Galliarum*, eut décidé de dégarnir la frontière rhénane pour réprimer un soulèvement militaire sur le Danube. De nouvelles et puissantes troupes germaniques s'engouffrèrent vers le sud de la Gaule en 259-260. Bourges, Clermont et même Alba, chez les Helviens du Vivarais, furent pillées par les bandes alémaniques de Chrocus. L'insécurité devint générale. La monnaie ne valait plus grand-chose. Rome semblait hors d'état d'assurer la paix et l'ordre. Les Gaules réagirent par une tentative d'autodéfense qui devait durer quinze ans.

L'empire des Gaules (260-275)

C'est en 259 ou 260 qu'un officier gaulois, Postumus, responsable du front rhénan, fut proclamé empereur par ses troupes. Mais il faut bien prendre garde à ne pas interpréter cette proclamation comme une volonté de sécession. Il s'agissait non de constituer un empire « gaulois », mais bien un empire « romain des Gaules », d'assurer sa défense contre les Barbares et par là de sauver le monde romain. Ce qu'expriment clairement les salutations qui accueillirent le nouvel empereur lors de son entrée à Cologne : *restitutor Galliarum* et *restitutor Orbis*. Ses premières mesures ne manquèrent pas d'habileté : il fit émettre dès 260 une monnaie beaucoup plus saine que la monnaie romaine officielle, ce qui lui gagna tout de suite la confiance des Gallo-Romains. Il fit restaurer les routes. Il organisa la défense en profondeur. Et ses campagnes contre les Barbares, bien que compliquées par les attaques que dirigeait contre lui l'empereur Gallien, furent couronnées de succès. Pendant huit ans, la Gaule ne connut pas d'invasions graves.

Simple répit, hélas ! Postumus est assassiné en 268 par ses propres troupes, auxquelles il a interdit le pillage de Mayence ! Et ses successeurs, Marius, Victorinus, Tetricus, n'ont ni sa valeur ni son autorité. De nouvelles incursions germaniques se produisirent, attestées par de nouveaux enfouissements de trésors. Des dissensions internes et une forte inflation monétaire ruinèrent le crédit d'empereurs éphémères et sans prestige. Autun fit défection et appela à l'aide l'empereur de Rome. Après un siège de sept mois, la ville fut reprise en 269 par les troupes bataves de Victorinus et pillée par elles avec autant d'ardeur qu'en eussent déployé les Barbares. Pendant ce temps, les Bagaudes saccageaient les campagnes. On retrouvait la même situation qu'en 259. La mettant à profit, l'empereur Aurélien, proclamé Auguste en 270, usa d'énergie. Il liquida d'abord la tentative, parallèle à celle des Gaules, qu'avait menée à Palmyre la redoutable reine Zénobie. Puis, en 273, il s'en prit à Tetricus, un vieil et placide aristocrate aquitain élevé au pouvoir contre son gré depuis 270. Au cours d'un semblant de combat à Châlons-sur-Marne, Tetricus se rendit ; il parut au triomphe de son vainqueur et fut plus tard nommé gouverneur de Lucanie. Ainsi finit l'empire romain des Gaules.

Les nouvelles invasions

A la mort d'Aurélien, en 275, les invasions reprirent, plus amples que jamais. Cette fois, la Gaule, pénétrée de quatre côtés – par le Rhin inférieur, Bavai et Paris, par la Meuse et Reims, par la Moselle, Trèves et Metz, par Saverne, Langres, les vallées de la Saône et du Rhône – était à feu et à sang. Il est question de soixante ou soixante-dix villes pillées par les Francs et les Alamans dans les Trois-Gaules. L'empereur Probus réussit à les repousser ; mais, après son assassinat en 282, de nouvelles poussées barbares amenèrent les Alamans et les Burgondes dans l'Est, les Francs dans le Nord et les pirates saxons sur les côtes occidentales.

A la fin du IIIe siècle, après un siècle de crises et de difficultés, la situation des Gaules était lamentable. La plupart des villes pillées, les campagnes razziées soit par les envahisseurs, soit par les Bagaudes, les populations terrorisées en fuite, les aristocrates terriens retranchés dans leurs villas fortifiées, la monnaie dépréciée et son cours troublé par des émissions irrégulières, les monuments en ruine : tel est le tableau. Les Gaules allaient-elles sombrer dans l'anarchie, la misère, la barbarisation ? Face à cette situation tragique, Dioclétien d'abord, Constantin ensuite, ont voulu son relèvement.

Le relèvement de la Gaule au IVe siècle

Utilisant l'expérience de l'empire romain des Gaules qui, dans ses débuts au moins, avait mis en évidence l'intérêt d'un partage des responsabilités, Dioclétien eut le grand mérite de tirer, de façon très pragmatique, les conclusions des événements pour réformer très progressivement l'État et finalement créer un système politique fondé à la fois sur la décentralisation des commandements et, pour empêcher leur éclatement, sur la hiérarchisation des pouvoirs, d'abord au nombre de deux, puis de quatre. La Tétrarchie a sauvé la Gaule, en la transformant profondément, en lui donnant à beaucoup d'égards une physionomie nouvelle.

Le retour à la paix

La première tâche de Maximien, associé à Dioclétien, fut de ramener la paix intérieure en réprimant les brigandages des Bagaudes. Grâce à l'emploi de colonnes légères, grâce aussi à une politique habile, mêlant la force répressive et la clémence, Maximien sut rendre les campagnes à l'activité agricole. Son second souci fut de défendre les territoires contre les Barbares. Contre les Germains, Maximien et Dioclétien, intervenant ensemble, usèrent de tous les moyens : l'offensive militaire, qui en 288 conduisit les deux empereurs au-delà des Champs décumates, l'occupation de certains territoires et peut-être la reconstruction de certains forts du *limes*, la négociation aboutissant à des traités avec les tribus du Rhin inférieur par exemple, voire à l'association entre Romains et Barbares, ceux-ci se plaçant dans l'allégeance de l'empereur de Rome. Contre les pirates saxons et frisons, Maximien utilisa d'abord le Ménape Carausius. Mais après sa révolte et sa tentative d'instauration d'un empire maritime, il dut s'associer Constance Chlore, qui reprit *Gesoriacum* (Boulogne), place forte du rebelle sur le continent et, finalement, en 296, anéantit Allectus, successeur de l'usurpateur breton. En 298-299, Constance Chlore dut lutter de nouveau contre les Alamans, qui avaient franchi le Rhin, envahi la Suisse et l'Alsace : deux fois, il les tailla en pièces.

Décidément, en dépit de tous les efforts militaires, la zone critique restait la région comprise entre le Rhin et le Danube. A cette première constatation s'en ajoutaient deux autres : d'une part, la défense de la frontière rhénane étant d'une importance vitale pour les Gaules, il fallait à la fois fortifier son arrière-pays et en rapprocher le quartier général ; d'autre part, les problèmes de protection contre les périls extérieurs et intérieurs primant les autres, il était nécessaire de constituer sur des bases surtout stratégiques de nouvelles provinces. De là sortit une nouvelle carte administrative de la Gaule.

La nouvelle carte administrative de la Gaule

Au lieu des quatre Gaules, deux diocèses : l'un de caractère plus militaire, le diocèse des Gaules, dont la capitale, Trèves, convenait mieux que Lyon, trop éloignée de la frontière, à l'installation d'un état-major ; l'autre, d'allure plus civile, le diocèse de Viennoise, avec Vienne pour capitale.

Le diocèse des Gaules, qui couvrait les territoires situés au nord de la Loire et du cours supérieur du Rhône, regroupa huit provinces :

- la Lyonnaise Ire, capitale : Lyon ;
- la Lyonnaise IIe, capitale : Rouen ;
- la Grande Séquanie, capitale : Besançon. Défendue par un *limes* particulier et une légion stationnée à Kaiseraugst, elle devait boucler les passages barbares par la vallée du Rhin supérieur ;
- les Alpes Grées et Pennines, capitale : Moûtiers ;
- la Belgique Ire, capitale : Trèves ;
- la Belgique IIe, capitale : Reims ;
- la Germanie Ire, capitale : Mayence ;
- la Germanie IIe, capitale : Cologne.

Le diocèse de Viennoise, au sud de la Loire et du Rhône supérieur, comprit quant à lui cinq provinces :

- la Viennoise, capitale : Vienne ;
- la Narbonnaise, capitale : Narbonne ;
- les Alpes-Maritimes, capitale : Embrun ;
- l'Aquitaine, capitale : Bourges ;
- la Novempopulanie, capitale : Eauze. Ici résidaient les neuf peuples de l'ancienne Aquitaine, qui, au IIIe siècle, d'après l'inscription dite d'Hasparren, avaient réclamé leur séparation des Gaulois.

Après Dioclétien, intervinrent, au cours du IVe siècle, d'autres modifications : une Aquitaine IIe fut créée, avec Bordeaux comme capitale, de même une Lyonnaise IIIe (capitale : Tours) et une Lyonnaise IVe (capitale : Sens), une Narbonnaise IIe (capitale : Aix). Soit, en tout, dix-sept provinces.

Doublée d'une réforme de l'armée, que Constantin devait parachever en distinguant les troupes de couverture, établies sur les frontières, et les forces mobiles d'intervention, stationnées à l'intérieur, d'une réforme fiscale et monétaire visant à fonder sur plus de justice un système d'impôt qui permette de faire face aux lourdes charges militaires et administratives, l'œuvre de réorganisation de Dioclétien devait aussi donner une nouvelle physionomie aux villes comme aux campagnes gallo-romaines.

Une nouvelle physionomie urbaine

A partir du IIIe siècle, la dépopulation des villes et l'insécurité chronique avaient amené beaucoup d'entre elles, qui à la belle époque disposaient d'espaces souvent démesurés, à se replier sur elles-mêmes et souvent à se doter d'enceintes fortifiées. Celles-là même qui étaient encloses dans un rempart dès le Haut-Empire, comme Nîmes ou Vienne, se retirèrent derrière une nouvelle fortification. A Nîmes, celle-ci n'englobait plus que l'ancien quartier sud-est, autour des arènes : 32 hectares au lieu de 220. A Vienne, le rempart du Bas-Empire n'atteint pas 2 kilomètres de pourtour. De même, des villes qui, comme Autun, avaient durement pâti des troubles et qui durent se reconstruire, le firent sur un plan très réduit. Autun, sous Auguste, avait une enceinte de 6 kilomètres et une superficie de 200 hectares ; Autun rebâti s'étend sur 11 hectares, protégés par un rempart de 1,300 kilomètre. Bourges, bien que promue au rang de capitale provinciale, ne couvre plus que 26 hectares, et Bordeaux 32. Après l'étalement de la vie urbaine aux deux premiers siècles, son resserrement est un phénomène capital du Bas-Empire en Gaule.

Quant aux villes qui n'avaient pas de remparts, beaucoup s'en donnèrent. Les unes en hâte, sous la menace barbare, en utilisant comme matériaux les pierres des monuments détruits ou abandonnés ; ce fut le cas à Paris, à Sens, à Tours, à Périgueux. D'autres, moins directement en danger, purent construire tranquillement leurs murs en se servant de moellons soigneusement taillés, comme firent, à la fin du IIIe siècle ou au début du IVe, sous la Tétrarchie, Le Mans, Die et Grenoble. Par un singulier retour des choses, les villes sont redevenues des bourgades, mais des bourgades solidement fortifiées.

Une nouvelle physionomie rurale

Dans les campagnes, les transformations ne sont pas moins profondes. Ce serait sans doute une erreur de croire que les razzias des Barbares et des Bagaudes aient tout ruiné. A partir de Probus, on voit même la viticulture se développer dans le nord-est de la Gaule. Toutefois, l'exode de nombreux paysans et, là encore, l'insécurité ont entraîné dans la vie rurale deux grands changements.

C'est, d'une part, l'installation, sur le territoire des cités dévastées, chez les Rèmes et les Lingons notamment, de colons choisis parmi les prisonniers barbares et fixés au sol ; ces lètes — comme on les appelle — apparaissent comme les pionniers d'un système d'implantation des Barbares dans l'Empire qui devait triompher à partir de Théodose et préparer la création des royaumes franc et burgonde. C'est, d'autre part, l'extension de la grande propriété terrienne, centrée sur une *villa*, qui, de plus en plus, veut vivre en autarcie économique, administrative et même judiciaire. Pour se défendre elle-même, elle se fortifie comme font les stations routières (Jublains, par exemple) et les relais de poste. La *villa* de Chiragan, près de Martres-Tolosane (Haute-Garonne), enferme ses constructions dans un rectangle de 16 hectares entouré de murs. Et le *burgus Leontii* (devenu Bourg-en-Gironde), que mentionne Sidoine Apollinaire, devait être une *villa*-forteresse, d'un type rare en Gaule certes, mais qui, tout de même, annonce le château fort du Moyen Age. D'autant que, l'empereur étant désormais un personnage bien lointain, le maître du sol a accordé son patronage aux petites gens, à moins qu'il ne le leur ait imposé ; il est déjà devenu leur seigneur.

Christianisme et culture

Du fait de son expansion tardive, le christianisme, en revanche, n'a apporté ni à la physionomie de la Gaule ni à la vie gallo-romaine des IIe et IIIe siècles de profonds changements. C'est seulement dans le IIe siècle avancé que sont attestées les premières communautés de Lyon et de Vienne. Datée du IIIe siècle, une inscription grecque trouvée à Autun prouve qu'il y avait là, comme à Lyon, des chrétiens d'origine orientale. Et une inscription mutilée de Marseille qui fait allusion à deux martyrs est sans doute plus ancienne. Après quoi, il faut attendre 254 pour trouver, dans une lettre de saint Cyprien de Carthage, mention de l'évêque d'Arles Marcien et d'autres évêques, non cités, de la Gaule : preuve qu'il existait alors, en dehors de Lyon, un épiscopat gaulois. Où ? On ne peut le dire avec certitude. Probablement à Reims, à Trèves et à Paris, à Narbonne et à Toulouse. Mais c'est seulement à partir du IVe siècle et de la paix de l'Église que le christianisme a connu une forte poussée. Très vite, dès lors, chaque cité eut son propre évêque, sa communauté religieuse et ses édifices de culte.

De même, c'est seulement à la fin du IIIe siècle et au début du IVe que, après une longue absence, la Gaule rentre dans la littérature, avec Eumène, professeur de rhétorique à Autun, auteur de Panégyriques impériaux, puis avec Ausone, né à Bazas vers 310 et qui devait illustrer l'université de Bordeaux dans les derniers beaux jours du siècle.

En somme, après les deux siècles d'or que, d'Auguste à Commode, connurent la Gaule romaine et ses habitants, tout n'a pas été perdu. Bien au contraire. Des difficultés et des crises du IIIe siècle est née la France. Entre les deux diocèses créés par Dioclétien, la frontière esquisse déjà celle des pays de langue d'oïl et des pays de langue d'oc. Plusieurs de ses provinces annoncent les régions médiévales. De nombreuses villes, enserrées dans leurs nouvelles enceintes, la vie ne débordera guère avant des siècles. Quant à la vie rurale, elle est fixée pour longtemps dans ses techniques, sinon dans ses paysages. Et la chrétienté s'élabore. Après avoir, non sans peine, adopté la langue, la pensée et la civilisation latines, la Gaule, aux prises avec le danger barbare, a retrouvé son originalité, et les Gallo-Romains l'âme de leurs ancêtres.

5. LES MIGRATIONS BARBARES

Au IVe et au Ve siècle, des peuples germaniques s'établissent en Gaule.

Peu de périodes sont aussi obscures que celle qui vit disparaître l'Empire romain en Occident et s'édifier sur ses ruines une série de royaumes fondés par des peuples germaniques. Et pourtant peu, dans notre passé national, ont été aussi décisives. Nous lui devons, avec le nom même de notre pays, quelques-uns des traits les plus durables de sa physionomie politique, comme la fixation de son centre de gravité vers le milieu du bassin de Paris et le rattachement du Midi à des foyers de décision situés au nord de la Loire. Le semis de nos villages ruraux, prenant la place des villae *gallo-romaines, et la formation de ces circonscriptions régionales, si fortement ancrées dans la conscience populaire, comme l'Alsace ou la Bourgogne, remontent aussi, pour l'essentiel, à cette période clé. Mais, sur elle, les textes sont rares, laconiques ou d'une interprétation difficile ; les données de l'archéologie, malgré un effort remarquable au cours de ces dernières années, restent obscures et fragmentaires. Depuis plus de deux siècles, chaque génération d'historiens a ébauché, sous l'influence des préoccupations du moment, son propre système explicatif, que la génération suivante est venue saper. Quel que soit notre désir d'échapper à cette caducité, nous ne dissimulons pas que les pages qui suivent comportent une part considérable d'hypothèses de travail, susceptibles d'être à chaque instant contestées et renversées par la critique ou par un apport de documents nouveaux, apport que l'on ne peut guère espérer que de la recherche archéologique. Nous poserons plus de problèmes que nous n'en résoudrons.*

Une société menacée

La société gallo-romaine du Bas-Empire abondait en contrastes criants que la direction totalitaire des empereurs, de leurs bureaux et de leur police secrète (les *agentes in rebus*) ne parvenait pas à réduire.

Au sommet de la hiérarchie des honneurs, mais souvent assez loin du pouvoir de fait, c'était d'abord l'aristocratie sénatoriale, le petit groupe des lignages qui avaient vocation de fournir des sénateurs et des magistrats à Rome. Le titre restait attaché à la famille, même si, au moment envisagé, aucun de ses membres ne siégeait effectivement au sénat : cette aristocratie tendait vers une sorte de noblesse. Elle se définissait plus par son genre de vie et son immense fortune que par ses fonctions, généralement de courte durée et souvent tout à fait insignifiantes. Formée dès son jeune âge au culte des lettres, à une certaine pratique du droit, à l'art assez vain des discours d'apparat, elle avait le sentiment d'incarner l'essence et la grandeur du nom romain. Totalement christianisée à la fin du IVe siècle, elle adhère parfois avec une grande sincérité à la foi nouvelle, jusqu'à donner des exemples éclatants d'ascèse, mais la nuance générale est plutôt celle d'une religiosité accommodante qui prête la main à la conservation de l'ordre social.

Les fortunes des sénateurs sont souvent colossales (les dépenses somptuaires requises des magistrats entrant en charge restent écrasantes). Elles sont constituées de grands domaines ruraux répandus autour du bassin occidental de la Méditerranée, exceptionnellement jusqu'en Orient, et cette dispersion même donne de la cohésion à l'Empire. Cependant, toute une tranche de cette aristocratie n'est déjà plus exactement romaine, mais plutôt gauloise : son cœur est en Gaule, avec une bonne part de ses biens ; c'est là qu'elle réside quand ses devoirs ne l'appellent pas à exercer une magistrature ou à faire une démarche à la Cour, et c'est dans le cadre d'une cité gauloise qu'elle vit les incidents quotidiens de l'existence.

Compétente dans la mesure où l'autorise sa formation, cette classe n'exerce que des responsabilités limitées : quelques grandes charges d'apparat et la haute administration des provinces au civil. Les commandements militaires, seuls décisifs à cette époque, et les postes de confiance de la Cour et des bureaux de Ravenne lui échappent en général. Elle a quelque conscience de ces restrictions, mais s'en accommode le plus souvent : le loisir est nécessaire à l'exercice d'un bel esprit, ce loisir qu'elle trouve, en général, dans de somptueuses *villae* ressemblant à des palais, qui sont un phénomène nouveau et typique du Bas-Empire. Profondément attachée à l'idée romaine, cette classe sait la dissocier maintenant du loyalisme envers tel ou tel souverain éphémère porté au pouvoir par un parti de soldats ou de courtisans. Au fur et à mesure des catastrophes politiques du Ve siècle, elle transfère une part de son allégeance envers l'Empire à l'Eglise, désormais seule dépositaire incontestable de la tradition latine. Beaucoup de sénateurs devinrent évêques en fin de carrière et, dans leurs nouvelles fonctions, déployèrent la compétence administrative acquise au service de l'Etat. D'autres se firent moines et donnèrent, notamment à Lérins, à l'ascétisme chrétien des préoccupations intellectuelles dont il s'était peu soucié jusque-là.

Les fastes de la classe sénatoriale sont illuminés par ce qui survit de la littérature du temps, d'Ausone à Sidoine Apollinaire. Les autres catégories sociales sont beaucoup plus obscures : nous n'avons guère, pour les connaître, que de secs textes de lois, des inscriptions de moins en moins significatives, quelques trouvailles archéologiques. D'où, peut-être, l'impression médiocre qu'elles nous font dans l'ensemble.

Les décurions, qui forment dans chaque cité de province un petit sénat, la curie, sont surtout connus à l'occasion de leurs déboires fiscaux : on les tient pour responsables de la rentrée, toujours extrêmement difficile, de l'impôt foncier, et ils essaient par tous les moyens d'esquiver ce pénible devoir. L'État n'a guère confiance en eux et rogne de plus en plus l'autonomie municipale, qui est leur chose, et place au-dessus des curies des commissaires du pouvoir — les « défenseurs des cités » — et des contrôleurs financiers — les « curateurs ». Les décurions, quand le fisc leur laisse du répit, n'ont plus guère comme attribution que l'enregistrement des mutations foncières. A la fin du vᵉ siècle, les commissaires impériaux, à leur tour, doivent s'effacer devant les commandants militaires, investis de pleins pouvoirs, les « comtes des cités ». Détachés de l'entourage des souverains, ils apparaissent d'abord dans le midi de la Gaule et se généralisent à l'époque mérovingienne. Pour autant qu'on entrevoit, au-delà des démêlés avec le fisc, l'activité de cette aristocratie municipale, elle se voue surtout, semble-t-il, au trafic d'influence, vendant cher son « patronage », c'est-à-dire sa protection contre les exactions, aux petits propriétaires du voisinage, contre l'abandon d'une partie de leurs biens. Ses membres vivent sans doute surtout, comme les sénateurs, à la campagne ; mais les *villae* de moyenne importance ont été touchées en très grand nombre par les invasions. Il en reste relativement peu et leur aspect est souvent celui, pitoyable, de ruines sommairement mises hors d'eau, d'où les agréments de l'existence ont disparu. Seule innovation : beaucoup ont reçu des oratoires domestiques. Bientôt, l'activité réelle des campagnes s'en éloignera pour se fixer dans les villages destinés à les remplacer.

Bien plus privilégiés, en fait sinon en droit, que les décurions sont ceux que leur profession autorise à porter les armes. Les soldats de l'Empire, d'abord, répartis en plusieurs masses aux fonctions fort différentes : les garnisons des frontières de terre et de mer (*limitanei, ripenses*), peu mobiles et peu efficaces en cas de grave péril, mais bien enracinées dans le pays ; les armées d'intervention, dont la principale était cantonnée dans le nord et l'est du bassin de Paris, plus manœuvrières, souvent redoutables, mais totalement étrangères au milieu civil ; enfin des détachements, non moins étrangers, gardant dans l'intérieur quelques centres de communication, quelques arsenaux et quelques quartiers généraux. Puis les soldats des particuliers : car tous les puissants étaient entourés de gardes du corps, entraînés et entretenus comme des troupiers, les *bucellarii* (du nom de leur ration quotidienne, la *bucella*). La majorité de ces militaires de tous ordres est encore « romaine » à quelque titre au ɪvᵉ siècle. Mais au vᵉ elle sera formée de Barbares plus ou moins récemment entrés dans l'Empire et d'autant plus appréciés de leurs chefs qu'ils ont conservé des méthodes de combat plus brutales.

Le commandement aussi est envahi progressivement par des Barbares, en général des Germains appartenant à de petits peuples qui ne constituent pas un réel danger politique. Par cette voie, certains d'entre eux accèdent aux sommets de la hiérarchie des honneurs : ainsi, ouvrant la marche, le Franc Mérobaude dès 377. Les vieux Romains se voilent la face et crient à la trahison, à tort, semble-t-il, car la plupart de ces chefs sont sincèrement ralliés aux idéaux romains et leur restent fidèles dans les troubles les plus graves. Pour les simples soldats, que leur inculture met à l'abri de tout contact fécondant avec les dépositaires de la tradition romaine, le Bas-Empire expirant imagine, dans des conditions que nous connaissons mal, un statut de « soldats-laboureurs » qui, sous le nom de *letes* ou de *fédérés*, les installe comme colons sur des terres dévastées ou abandonnées, comme il y en a beaucoup après chaque invasion. Ces îlots ruraux furent sans doute les premiers facteurs de germanisation dans la Gaule septentrionale ; mais, en retour, bien des usages agraires gallo-romains y furent adoptés. Cette interpénétration dans l'inculture aurait, selon quelques esprits perspicaces, jeté les premières bases de ce que devait être, au vɪᵉ siècle, la « civilisation » mérovingienne.

On sait peu de chose de la population urbaine. Les gens de métier étaient étroitement contrôlés par l'Etat. Les uns, notamment les armuriers et les tisserands d'étoffes de prix travaillaient dans des manufactures directement gérées par les bureaux de l'Empire. D'autres étaient embrigadés dans des corporations héréditaires, dont ils ne pouvaient s'évader qu'en se découvrant un remplaçant. Ainsi les boulangers : leur condition, réputée « ignoble », les exposait à des châtiments plus féroces au regard du droit pénal. La mobilité des marchands ne les mettait pas à l'abri d'une surveillance tatillonne. Constamment soupçonnés de rogner les espèces ou de faire faux poids, d'exporter indûment le numéraire ou de glisser frauduleusement leurs ballots dans les véhicules ou les navires au service de l'Etat, ils étaient traqués par une nuée de fonctionnaires et devaient acquitter aux limites de la Gaule et aux principaux nœuds de communication la taxe du *teloneum* (tonlieu), généralement de 5 p. 100. Qu'on ne s'imagine d'ailleurs pas que la belle monnaie d'or impériale, les *solidi*, était émise pour faciliter les transactions commerciales : sa fonction principale était d'ordre fiscal, car sa valeur unitaire était trop forte pour les achats de la vie quotidienne, et l'on ne frappait presque plus de piécettes d'argent ou de bronze. Les particuliers avaient le choix entre la fabrication de fausse monnaie — fréquente, mais épouvantablement dangereuse — et le retour au troc... L'Etat n'en avait cure.

Certains parmi les ateliers de grande production n'étaient pas en ville. Dès le Haut-Empire, les fours des potiers de la Graufesenque, puis de Lezoux avaient donné l'exemple d'une véritable grande industrie en milieu rural. Au IVe siècle, les ateliers de l'Argonne et de la région rhénane avaient pris le relais ; jusqu'à la ruine de l'Empire, parfois même au-delà, l'industrie céramique garda ce caractère. Il en allait de même de la verrerie, autre grande consommatrice de bois, localisée surtout dans la forêt ardennaise, et souvent aussi des ateliers de métallurgie. On connaît mal le statut social de ces entreprises et de ceux qui y travaillaient, mais leurs liens avec l'économie d'Etat devaient être un peu plus lâches.

La population rurale, qui formait une majorité absolument écrasante, n'était certainement pas homogène. Certains de ses éléments participaient profondément à la vie générale de l'Empire, par le biais du très grand domaine et d'une agriculture quasi spéculative. D'autres végétaient, tout à fait en dehors des cadres et des idéaux de Rome, repliés sur eux-mêmes et sur un passé encore presque préhistorique ; ceux-ci gardaient sans doute encore au IVe siècle l'usage sporadique de la langue gauloise, et plus certainement des goûts et des mœurs sur lesquels rien de ce qui avait affecté la Gaule depuis César n'avait réussi à laisser de trace indélébile.

Les grands domaines atteignent parfois, au IVe siècle, à une véritable démesure. C'est sans doute pour des exploitations aussi vastes que l'on avait mis au point des techniques agricoles perfectionnées que le haut Moyen Age devait abandonner, comme la moisson à la faux, ou encore les assolements comportant des céréales de printemps. On produisait ainsi des excédents de céréales et, quand le climat le permettait, de vin, qui contribuaient au ravitaillement des villes impériales : Trèves, résidence du préfet du prétoire des Gaules jusqu'en 407, puis Arles, où il se replia. Pour moudre ces excédents, les ingénieurs de l'Etat mirent au point une machine nouvelle : le moulin à eau, qui convenait à une population où la masse servile, susceptible de moudre avec ses bras, diminuait. Comme les précédentes, cette innovation subit, après la chute de Rome, une longue éclipse. Bref, nous devons imaginer ces grandes exploitations ouvertes au progrès, sensibles aux fluctuations du marché, à la sécurité des routes, à l'incidence des impôts, au total engagées fort avant dans l'économie générale de l'Empire et dépendant largement de sa survie politique. De fait, passé le Ve siècle, elles perdirent leur splendeur et, le plus souvent, disparurent. Rien n'assure d'ailleurs que la masse des paysans qui y travaillait en eût à souffrir : les vrais bénéficiaires de ce système devaient être en très petit nombre, et la main-d'œuvre dut voir avec un certain soulagement disparaître les contraintes inhérentes à ce type d'économie rurale.

Mais une partie considérable des populations de la campagne restait fort étrangère à ces préoccupations. Une minorité avait sans doute toujours vécu en marge de l'organisation romaine, n'en tirait nul profit et restait dépositaire de traditions archaïques dans les hameaux où elle habitait loin des *villae*. Il semble qu'à la fin du IVe siècle et surtout au Ve cette minorité se renforça si bien qu'en certaines régions, dans le nord-ouest de la Gaule surtout, elle devint majorité. Fuyant l'inexorable pression du fisc impérial, les exigences des très grands propriétaires ou les dévastations barbares, des transfuges de la civilisation romaine vinrent rejoindre ces arriérés, sous les regards complaisants d'une partie de l'aristocratie locale, qui n'aimait ni un souverain trop lointain ni des percepteurs trop actifs. De la passivité, on en vint à la résistance ouverte, puis armée : telle est, semble-t-il, l'histoire du mouvement mystérieux que l'on nomme la Bagaude. Cette sorte de « maquis », rejetant l'esprit et les formes du système politique et social de Rome, fut endémique dans de vastes zones de la Gaule occidentale et de l'Espagne septentrionale au ve siècle. Elle prit en plusieurs endroits, mais non partout, une allure de résurgence indigène, celtique ici (le nom qu'elle porte est significatif), ibérique ou basque ailleurs ; mais elle se rallia aussi des mécontents appartenant à des milieux bien romanisés.

La désaffection envers Rome devenait un sentiment répandu. Elle prenait rarement des formes explicites, comme sous la plume de Salvien, polémiste chrétien du milieu du ve siècle, qui étale une extraordinaire partialité en faveur des Barbares. Mais on la décela presque à tous les niveaux bien avant la date fatidique de 476 qui vit disparaître l'empire d'Occident. Les plus vénérables coutumes sont délaissées, qu'il s'agisse du port de la toge (à laquelle se substituent le vêtement ajusté et le pantalon barbare) ou des *tria nomina*, les trois noms qui signalaient l'homme libre antique. Affaire de mode, sans doute. Mais il y a plus : les archéologues décèlent dans une foule de domaines la remontée en surface d'un style « barbare » que la culture grécoromaine avait refoulé, depuis César, dans d'obscures profondeurs. Les céramiques ne s'ornent plus des tableautins mythologiques ou des rinceaux classiques chers jadis aux potiers de Lezoux, mais de motifs géométriques en chevrons ou en têtes de clou. Des techniques celtiques apparemment oubliées, comme celles des émaux ou des lames damassées, reprennent le dessus. Il ne s'agit pas nécessairement d'une régression, mais d'un changement radical du goût, d'une nouvelle orientation des esprits, qui les détachaient des souvenirs de la grandeur romaine.

Une idéologie nouvelle

Quels sont les facteurs de cette véritable révolution ? Certains sont d'ordre purement matériel. Depuis leur destruction presque générale lors des invasions du IIIe siècle, les villes de Gaule n'offraient plus toujours aux populations le tableau si impressionnant des réalisations impériales. La plupart des grands édifices de prestige avaient disparu et avaient même servi de carrières pour construire à la hâte les enceintes étroites derrière lesquelles il fallait maintenant se tasser. La fréquentation quotidienne des soldats barbares avait aussi joué son rôle. Mais ce n'était pas l'essentiel : beaucoup de villes, et avant tout les capitales, Trèves, Lyon et Arles, gardaient leur parure monumentale, et les civils de l'intérieur avaient peu de contacts avec la troupe.

C'est dans l'ordre spirituel que s'était produit le grand renversement. L'ancien ciment religieux du loyalisme romain s'était effrité. Les cultes de Rome et d'Auguste ou des douze grands dieux ne signifiaient plus rien. Restait une religiosité païenne largement représentée, mais qui n'apportait plus guère de contribution au civisme, qu'elle se situât au niveau quasi mystique des doctrines de salut d'ascendance orientale, ou à celui, très terre à terre, des cultes topiques des arbres, des sources ou des hauteurs. Depuis Constantin, le paganisme entier se trouvait réduit à la condition d'une sorte de fossile. Il gardait des adhérents susceptibles de réactions violentes à l'échelon local, mais ne constituait plus une force spirituelle appréciable. Le christianisme occupait désormais seul le devant de la scène ; seul il pouvait servir de base à une idéologie nouvelle.

Le ralliement des empereurs au christianisme depuis les années 320 (sauf le règne éphémère de Julien, 360-363) est le fait majeur de l'histoire du IVe siècle en Gaule. D'une religion illicite et très minoritaire, il fait la doctrine officielle, l'idéal moral, bientôt — mais avec plus de réticences — le cadre de la vie intellectuelle.

Les rapports politiques et sociaux en furent moins transformés qu'on n'aurait pu l'imaginer. L'Etat totalitaire inauguré par Dioclétien — le *dominat* comme l'appellent volontiers les historiens modernes — fit fort peu de concessions pratiques à une doctrine tout imprégnée de charité et d'amour du prochain. Il suffit de feuilleter le Code

Théodosien, recueil méthodique des constitutions impériales depuis 313, promulgué en 438, pour voir combien cette législation, qui date tout entière de l'époque chrétienne, reste peu accessible aux idéaux apostoliques. Sans doute y note-t-on quelques adoucissements à la dure condition de l'esclave, de l'enfant ou de la femme ; mais ils sont compensés, et au-delà, par la multiplication insensée des contraintes, le plus souvent assorties de pénalités atroces, comme la mort par le feu, qui revient à chaque page. Les structures fondamentales de la société antique ne furent aucunement remise en cause, notamment la très profonde inégalité des classes ou l'existence d'une ample population servile. L'Eglise fit plus de pas en direction de l'Etat, dont elle accepta en grande partie les conceptions juridiques et administratives, que celui-ci n'en fit en direction de la morale chrétienne.

A l'avènement de Constantin, le christianisme était encore très faiblement implanté en Gaule, sauf le long du grand axe de communication Rhône-Rhin, et le poids de la Gaule dans l'Eglise universelle restait insignifiant : un seul évêque, Nicaise de Die, suffit à la représenter au concile œcuménique de Nicée en 325. Deux siècles plus tard, la Gaule était presque tout entière chrétienne et jouait dans le monde chrétien un rôle de premier plan. Esquissons les étapes de cette grande transformation.

Au point de départ, nous trouvons, en 314, au concile occidental réuni à Arles, douze évêques, venant d'Arles, Vienne, Lyon, Vaison, Marseille, Bordeaux, Eauze, Autun, Rouen, Reims, Trèves et Cologne, sans compter des délégués de quatre autres diocèses méridionaux. Beaucoup de ces évêques portent encore des noms grecs, caractéristiques des premiers âges de la chrétienté en Occident, quand la nouvelle foi n'avait pas encore gagné les masses latines. C'est seulement à partir du milieu du IVe siècle que s'accomplirent auprès de celles-ci les progrès décisifs. L'Etat favorisa la naissance de structures hiérarchiques calquées sur celles de l'administration civile : un évêque par cité (il y en avait peut-être 120 dans l'ensemble de la Gaule), coiffé dans chaque province par un métropolitain (on en comptait 17 à la fin du IVe siècle). Evidemment, des cadres aussi ambitieux ne furent pas remplis d'un seul coup : beaucoup restèrent vacants jusqu'au VIe siècle, dans la moitié septentrionale du pays. D'autre part, en conformité avec les traditions méditerranéennes antiques, ces structures ne concernaient directement que les villes. Dans le Midi, où les territoires des cités étaient fort petits, l'inconvénient n'était pas considérable ; mais dans le reste de la Gaule, où le réseau urbain était moins dense, les populations campagnardes restèrent longtemps hors d'atteinte. Il faut attendre Martin de Tours et ses imitateurs pour voir l'Eglise tenter un sérieux effort en direction des campagnes. Leur pénétration demanda des labeurs presque infinis durant un demi-millénaire : elle ne s'acheva, en effet, qu'à l'époque carolingienne par l'organisation méthodique des paroisses rurales. Mais ce fut l'un des grands événements de notre histoire.

Comme tout l'Empire, cette Eglise de Gaule fut sollicitée au cours du IVe siècle par les grandes querelles des théologiens au sujet de la christologie et de la prédestination. Elle eut la sagesse de n'y guère céder. Non par stérilité intellectuelle, comme le montre l'extrême activité de l'évêque de Poitiers, saint Hilaire (v. 350-v. 368), lors des controverses ariennes, ni par incapacité à comprendre des questions surtout débattues par des Orientaux : Athanase d'Alexandrie, exilé à Trèves en 335, y trouva un auditoire, et le monachisme, idée orientale s'il en fut, recruta très vite des adeptes gaulois. Mais par sens de la mesure et souci des tâches immédiates. C'est à l'époque des empereurs de Trèves entre 367 et 390 environ, que le christianisme accomplit en Gaule ses plus rapides progrès, véritablement étonnants : la très grande majorité des citadins fut baptisée, endoctrinée et organisée, l'administration supérieure entièrement prise en main, l'enseignement même, comme le montre à Bordeaux l'exemple d'Ausone, fut gagné ; le tout avec douceur, sans heurts ni résistances déclarées. Sans doute savait-on l'Etat prêt à intervenir ; mais il ne le fit que sous un usurpateur, et pour sévir non contre un païen, mais contre un chrétien, disputeur endurci, l'Espagnol Priscillien, qui fut exécuté à Trèves en 384 malgré les protestations de Martin de Tours : ce fut le premier exemple d'une intervention du bras séculier pour réprimer l'hérésie, la consécration de cette symbiose de l'Église et de l'Etat qui allait caractériser le monde médiéval.

Dans le souvenir des générations suivantes, un très grand nom domine cette histoire de la conversion des Gaules : celui de Martin de Tours. Peu importe la part exacte, discutée si âprement par les savants modernes, qui revient dans cette gloire posthume à la savante mise en scène organisée par le biographe du saint évêque, Sulpice Sévère. La carrière de Martin résume bien ce que furent, pour les chrétiens fervents, les combats de sa génération. Elle se déroule encore dans un monde romain unifié, qui ne pressent pas sa future division : commencée en Pannonie (la Hongrie actuelle), elle se poursuit en Gaule aussi bien qu'en Italie. Mais c'est un monde où le chrétien militant ne peut encore songer au salut en restant à la place que sa naissance lui attribue dans une société encore peu transformée par l'abandon officiel du paganisme : étant officier à l'armée de Gaule, Martin doit lutter pour obtenir, en 356, son congé de César Julien. Libre désormais de se perfectionner et de fuir le monde, il n'échappe pourtant pas tout à fait aux répercussions de la grande controverse arienne. Devenu moine, l'un des premiers en Gaule, à Ligugé, près de Poitiers, il doit, en 371, reprendre une certaine sorte de service en acceptant la dignité d'évêque de Tours. Désormais, le voici pris dans un tourbillon de luttes, parfois contre des autorités civiles abusives, mais plus souvent contre le paganisme rural et la superstition. Les inimités ne lui manquent pas : infatigable, il les néglige ou les surmonte jusqu'à sa mort, le 8 novembre 397. Après son intervention passionnée, on n'entrevoit plus en Gaule de résistance païenne autre que passive, inorganique, sans espoir. La gloire en moins, Martin a une réplique presque exacte en la personne de l'évêque Victrice, de Rouen, son contemporain, un autre ancien officier devenu propagandiste des idéaux monastiques et pourfendeur d'idoles dans l'extrême nord de la Gaule. Ainsi se devine un autre trait déjà prémédiéval : le passage à l'Église d'une élite qui renonce à servir l'État.

Soulignons encore un dernier trait qui annonce le Moyen Age : la place croissante prise, dans la communauté chrétienne, par les moines. Jusqu'au début du ve siècle, leur rôle resta modeste : de très petits groupes, retranchés du monde par l'habitat et le genre de vie, établis dans des îles ou les banlieues de quelques grandes villes. Mais la gloire acquise par Martin et le désespoir qui se répandit lors des invasions suivant 406 attirèrent ensuite au monachisme de nombreuses recrues, souvent issues des classes supérieures. La « conversion » de leurs mœurs n'empêchait pas les aristocrates de garder sous l'habit monastique leur goût pour la culture intellectuelle, comme leurs capacités administratives. Bien mieux : ils transférèrent simplement à leurs fondations ascétiques leurs très grands domaines, comme l'avait fait l'admirateur de saint Martin, Sulpice Sévère, à *Primuliacum*, près de Toulouse, dès 395-396. Ainsi naquit un monachisme gaulois bien différent de celui qu'avaient suscité les Pères du désert : si les soucis spirituels et moraux restaient la préoccupation principale, les monastères devenaient également capables de fournir à l'Eglise des cadres pieux et compétents. Le principal laboratoire de ce nouveau monachisme fut à Lérins, dans une île en face de Cannes, où un réfugié de l'Est, Honorat, fonda, peu avant 410, une colonie ascétique qui devint, au bout d'une quinzaine d'années, une véritable pépinière d'évêques et un foyer intellectuel de premier ordre. Un Oriental, Jean Cassien, venu de la région des bouches du Danube, donnait une impulsion comparable à Saint-Victor de Marseille. La tradition érémitique, qui se développait parallèlement, se trouva quelque peu rejetée dans l'ombre par les succès extrêmement rapides de la nouvelle formule. A la fin du ve siècle, le nord de la Gaule fut atteint, vers le moment où la domination franque s'y établissait : la civilisation mérovingienne en subit une empreinte ineffaçable. Les monastères prirent place, aux côtés de la classe sénatoriale et de quelques-uns des conquérants, parmi les plus grands propriétaires de la Gaule.

Le danger barbare

Pour des yeux habitués, comme les nôtres, au tableau de la société du Haut-Empire, cette Gaule du Ve siècle n'apparaît sans doute pas très attirante. Mais pour ses voisins, restés en dehors des cadres de la civilisation antique, c'était encore, n'en doutons pas, une sorte de terre promise. Si diminuées qu'aient été ses villes, elles pouvaient seules offrir le prestige des grands monuments, des thermes, surtout des amphithéâtres où se déroulaient encore des jeux fascinants. Sur les paysans d'outre-Rhin, pratiquant une culture extensive dans des clairières dégagées par brûlis, ou luttant contre l'humidité des plaines maritimes, la richesse des grands domaines céréaliers et des vignobles gaulois ne pouvait manquer de faire forte impression. Or, beaucoup d'entre eux avaient eu, pour l'entrevoir, des occasions favorables, soit qu'ils aient pris part à quelque raid manqué en territoire romain, soit, et plus souvent, qu'un de leurs parents ait fait, au service de Rome, une carrière militaire. Cette civilisation gallo-romaine, ils étaient, sans aucun doute, plus tentés de s'en approprier les bénédictions que de la détruire. Mais comment y avoir accès en masse sans employer la force ? Ce n'est point par l'effet d'un plan réfléchi que les Barbares ont anéanti les structures romaines, mais plutôt par hâte désordonnée d'en tirer profit – un profit que beaucoup d'entre eux, sans nul doute, ne concevaient guère que sous les formes rudimentaires du pillage et du partage forcé.

La Gaule était exposée à ces convoitises sur deux faces : sur ses côtes et sur sa frontière rhénane. Les premières, depuis le IIIe siècle, étaient en état d'alerte. Une assez pesante machine militaire couvrait ce *litus saxonicum* (comprenez : cette côte à défendre contre les Saxons), du Rhin à la Gironde, appuyée sur quelques fortins ; rien n'indique que son efficacité ait été bien grande, car l'archéologie n'en a retrouvé nulle trace. Mais, par fortune, les Saxons s'engouffrèrent, au Ve siècle, dans une autre direction : c'est la Grande-Bretagne qu'ils envahirent et colonisèrent en masse, profitant du retrait des troupes romaines. La Gaule ne vit donc arriver que de minces filets dérivés du grand flot saxon ; ils ne recouvrirent durablement le sol que dans deux secteurs : le bas Boulonnais et le Bessin. Ces étroites têtes de pont ne sont guère connues que par l'indice très sûr qu'apportent des noms de lieux presque semblables à ceux que l'on trouve en Angleterre. Quand l'organisation romaine de la Gaule craqua, le *litus saxonicum* fut abandonné ; mais ce ne furent pas les Saxons, déjà nantis outre-Manche, qui se présentèrent pour en profiter : l'extrême-ouest fut envahi par des immigrants assez inattendus, des Bretons de Grande-Bretagne, inquiétés par la ruée saxonne et désireux de mettre la mer entre eux et leurs ennemis païens. Ces Bretons commencèrent sans doute à débarquer sur le continent dans la seconde moitié du Ve siècle ; au début du VIe, ce fut une véritable invasion, qui prit pied en Armorique et dans les îles adjacentes, d'abord jusqu'à une ligne allant de Dol à Vannes. Très combatifs, mais médiocrement organisés dans l'ordre politique, ils ont donné à l'extrémité nord-ouest de la Gaule son nom – Bretagne –, ainsi qu'une civilisation originale et la langue celtique qu'elle a conservées depuis. On discute dans quelle mesure cette implantation put être facilitée par la rencontre des immigrants d'outre-mer avec des éléments indigènes restés fidèles aux traditions gauloises.

Mais ces événements maritimes sont marginaux. C'est vers le Rhin que s'est joué le destin des Gaules, comme on l'avait d'ailleurs pressenti depuis longtemps. Les défenses permanentes avaient été accumulées le long du fleuve, mais n'étaient tenues que par des troupes de second ordre. Les espoirs de Rome reposaient bien plutôt sur une armée de campagne, cantonnée dans le Bassin parisien, qui pouvait intervenir rapidement en cas de percée. Quoique formée en bonne partie de recrues barbares, cette armée fut la dernière citadelle de l'allégeance à Rome dans les Gaules : elle ne succomba qu'en 486, dix ans après la disparition de l'Empire d'Occident. C'est dire que, tout compte fait, elle répondit assez bien aux intentions de ses créateurs.

Ce dispositif, militairement efficace, présentait toutefois un inconvénient politique majeur : il laissait sans couverture Trèves, métropole secondaire de l'Occident et, au nord-est, vraie capitale des Gaules. On n'avait pu se résigner à réduire à un périmètre défendable l'immense enceinte qui, sur 285 hectares, couvrait ses superbes monuments. Aussi fallut-il, en 407, replier les services administratifs de la préfecture à Arles, bien protégée, mais trop lointaine. Trèves tomba quatre fois aux mains des Barbares durant la première moitié du ve siècle, sans résistance sérieuse. La classe dirigeante émigra en masse vers le Midi : la base, assez étroite, sur laquelle avait reposé la société politique gauloise du IVe s. s'effondra totalement.

Il serait fastidieux de redire toutes les épreuves qui s'abattirent, durant deux siècles, sur les défenses romaines de la Gaule. Mais il importe de bien distinguer les peuples qui en furent les auteurs et les grandes étapes chronologiques de leur intervention. La commune étiquette de « Barbares » ou de « Germains » — tout comme celle de « grandes invasions » — risquerait de masquer des dissemblances profondes.

Tous les voisins immédiats du monde romain sur le Rhin étaient, au IVe siècle, des Germains, mais ils relevaient de plusieurs rameaux linguistiques et de contextes culturels assez divergents. Sur le Rhin inférieur, de Mayence à la mer, la Gaule avait pour voisins les Francs, population depuis longtemps sédentaire, issue sans doute de la fusion, au cours du IIIe siècle, d'une série de petits groupes ethniques usés par de longues luttes contre les armées romaines : les Chamaves, les Bructères, les Chattes (Hessois), etc. Ils avaient participé dès le milieu du IIIe siècle à des percées profondes à travers le dispositif militaire romain, s'étaient un moment essayés à des expéditions maritimes, puis étaient entrés dans la voie, plus profitable, des accords avec l'autorité impériale. Beaucoup de chefs francs, à titre personnel, firent carrière dans les armées romaines, y obtenant souvent des postes éminents ; leurs qualités militaires et leurs capacités politiques semblent avoir été appréciées. Sous Constantin apparaît le premier officier franc ; vers 370-390, un groupe d'officiers francs arrive à dominer l'Empire en Occident, atteignant même par trois fois à la dignité consulaire. Mais surtout, des roitelets francs — il y en eut toujours plusieurs simultanément jusqu'au VIe siècle — conclurent avec Rome des accords qui les faisaient globalement passer au service de l'Empire : le premier connu est de 287-288 ; des terres leur étaient accordées, parmi celles que les invasions avaient dévastées, afin de les cultiver, en conservant sans doute leurs institutions nationales. Evidemment, de tels accords n'étaient pas longtemps respectés, et les hostilités, plus ou moins générales, étaient fréquentes entre Rome et les Francs. Mais ils indiquaient la voie particulière que, finalement, le peuple franc devait suivre avec tant de succès : celle de la composition avec Rome, ses institutions et sa civilisation.

Plus en amont sur le Rhin se pressaient des peuples variés, beaucoup plus instables, dont beaucoup n'avaient été jetés là qu'assez récemment par les mouvements violents qui avaient animé le monde germanique au IIIe siècle. La plupart appartenaient à un autre rameau linguistique, dont les Gots étaient les principaux représentants. Beaucoup n'eurent pour l'histoire de Gaule qu'une signification épisodique : ainsi les Vandales et les Suèves, qui se ruèrent, en 406, au travers des défenses du *limes* pour passer, dès 409, en Espagne. Bien plus importants pour nous sont les Burgondes (plus exactement les Burgondions), venus au IIIe siècle de la Pologne actuelle vers la Franconie et la Souabe ; franchissant, eux aussi, le Rhin en 406, ils devaient s'arrêter en Gaule et y terminer en Bourgogne leur carrière. Proches parents des Gots, ils semblent avoir subi l'influence assez nette de certains peuples de la steppe et adopté certaines coutumes hunniques. Enfin, les Alamans longeaient, au IVe siècle, le Rhin supérieur jusqu'au lac de Constance. Plus d'un trait de leur histoire rappelle celle des Francs : comme eux, ils semblent issus du regroupement de tribus usées au contact des armées romaines ; comme eux, ils ne se déplacèrent finalement que sur une très courte distance lors des opérations décisives du Ve siècle et réussirent un enracinement durable. Mais ils furent moins accueillants aux influences romaines et ne passèrent qu'individuellement au service de l'Empire.

Nul ne songeait à une menace barbare, au IVe siècle, du côté des Alpes, où n'existait aucune défense, mais simplement une ligne de démarcation administrative et douanière. C'est pourtant de ce côté que pénétrèrent en Gaule les premiers Germains destinés à s'y établir de façon permanente : les Visigots en 412, quand, après avoir dévasté la péninsule des Balkans et l'Italie, leur roi Athaulf les entraîna dans le Midi. Ce peuple était le plus prestigieux et le mieux organisé des envahisseurs germaniques. Venu au IIe siècle des côtes baltiques, il avait fondé au IVe siècle un royaume semi-nomade dans les steppes de l'Ukraine, royaume puissant dont les souvenirs n'ont cessé de hanter les poètes épiques médiévaux d'expression germanique. Un homme de génie, l'évêque Wulfila, lui avait apporté les premières semences d'un christianisme calqué sur celui qui régnait alors à Byzance (l'empereur Constance était acquis à l'hérésie arienne), mais adapté à son usage par la traduction des livres saints en langue gotique. Plus tard, ce royaume avait été détruit par les Huns (375), et les Visigots avaient exigé, puis obtenu par la force le droit de s'établir, les premiers des Germains, sur le territoire impérial, dans le nord des Balkans. Une génération de cohabitation, d'ailleurs le plus souvent houleuse, avec les autorités romaines leur avait appris la valeur de la notion d'Etat et les avantages du régime du Bas-Empire pour qui savait les exploiter. Leurs chefs, au moins, en étaient fort conscients quand ils se fixèrent, au début du Ve siècle, vers Toulouse et vers Bordeaux.

L'aventure des Visigots, celle aussi des Burgondes, nous rappelle que ces peuples germaniques n'étaient pas entièrement maîtres de leurs mouvements. Derrière eux se profilaient les nomades cavaliers de la steppe eurasiatique, dont les contacts avec la Chine ou l'Iran remontaient si haut qu'ils avaient pu en oublier à peu près les leçons de civilisation. Deux surtout comptaient : les Alains (des Iraniens) et les Huns (des Turcs). Leur dynamisme était sans doute plus redoutable que leur nombre : le monde des sédentaires a toujours surestimé les nomades, et la légende occidentale n'y manque pas à l'époque que nous envisageons, surtout en ce qui concerne les Huns. Habileté consciente ou simple instinct, les Huns surent s'entourer d'un halo de terreur qui décupla leur efficacité militaire et leur attira en foule des clients, fidèles tant que le succès les accompagna, recrutés parmi les petits peuples germaniques errant en Europe centrale. Rome reçut d'eux des coups sensibles, mais sut finalement les repousser et hâter leur ruine. Leur principale signification historique, en Gaule, est d'avoir poussé vers ce pays des Germains que rien ne prédisposait à s'y établir. Car leurs raids n'atteignirent notre pays qu'en 451, et cette même année, le 20 juin, la défaite des « Champs catalauniques » — due en partie aux Visigots, qu'une vieille haine opposait aux Huns — décourageait Attila de les continuer. Les Alains restèrent bien plus longtemps en contact avec la Gaule, pendant toute une génération après la percée de 406, mais leurs petites bandes se bornèrent à ajouter au désordre général quelques ravages sans envergure.

Les premières invasions

Ces voisins avaient toujours été incommodes pour Rome. Mais la vigoureuse restauration constantinienne avait, durant toute la première moitié du IVe siècle, rejeté le problème à l'arrière-plan. L'agressivité des Germains se réveilla à la faveur des usurpations tentées par Magnence et trois ou quatre autres officiers en 350 : Francs et Alamans forcèrent le *limes* et tentèrent de s'implanter sur le sol gaulois. Le César Julien les rejeta au-delà du Rhin, tout en admettant la tribu franque des Saliens, au titre de fédérés, à s'établir dans le nord du Brabant. Bientôt, sans doute, ils poussèrent leurs avant-postes à peu près jusqu'à une ligne allant de Boulogne-sur-Mer à Tongres. Un certain répit fut ainsi obtenu. Mais, à l'intérieur, la montée des Barbares apparaissait à beaucoup de Romains tout aussi menaçante : tant de chefs francs parvenaient aux commandements les plus élevés, disposaient même, comme en 392, de la pourpre impériale au gré de leur fantaisie ; après 402, un Vandale, Stilicon, quoique dévoué à l'Empire, attira toutes les haines : cumulant les commandements, devenu neveu par alliance de l'empereur Théodose, il était le vrai maître de la cour installée à Ravenne. En Orient, depuis longtemps, on avait dû admettre les Gots, qui erraient impunément dans la péninsule des Balkans, tantôt alliés et tantôt ennemis du gouvernement ; l'Occident, pour l'instant, restait libre, mais sentait venir sa ruine, et en rendait responsables les officiers barbares de l'armée de campagne, la seule force dont on pouvait encore disposer. Rien n'indique pourtant que ces esprits avisés aient jamais songé à partager les bonnes places qu'ils détenaient avec leurs congénères avides qui se pressaient au-delà des frontières.

C'est alors que survint la percée décisive. Le 31 décembre 406, les Vandales, les Alains et les Suèves franchirent le Rhin par surprise quelque part entre Worms et Mayence. Pour la première fois depuis que César avait arrêté Arioviste, les Barbares obtinrent en Gaule des résultats définitifs, irréversibles, non que cette ruée témoignât d'une organisation plus méthodique que les précédentes, mais par la faiblesse de Rome, qui, cette fois, ne put colmater la brèche. On jeta vainement au combat l'armée de campagne cantonnée en Grande-Bretagne, sans autre effet que de la voir fondre dans la fournaise. Pendant près de trois ans, les Barbares tournèrent en tout sens à travers la Gaule ; quand elle fut exsangue, la plupart passèrent en Espagne à l'automne de 409, ne laissant qu'une arrière-garde d'Alains, à peu près ingouvernables, qui entretinrent longtemps l'insécurité. Le désastre renouvelait ceux du IIIe siècle. Bien plus, les peuples, relativement inoffensifs jusque-là, qui voisinaient depuis longtemps avec Rome sur le Rhin, furent saisis du désir compréhensible de profiter des circonstances. Les Burgondes vinrent en masse sur la rive gauche, en aval de Coblence. Un important groupe franc occupa un autre secteur de la Rhénanie et s'en alla piller Trèves. Des détachements alamans commencèrent à s'installer en Alsace et dans le Palatinat. Ces migrations consécutives à la ruée de 406 furent extrêmement lourdes de conséquences : elles réussirent pour la première fois à implanter les langues germaniques à l'ouest du Rhin, sur une profondeur de 50 à 100 kilomètres. Aucune des invasions suivantes, si grand qu'ait été leur succès politique, n'obtint, sur le plan territorial, des résultats aussi profonds.

La décomposition de l'Empire

L'absence de réaction de l'Empire s'explique d'abord par l'absence de toute pensée politique à sa tête : l'empereur Honorius, enfermé dans Ravenne, s'y occupait bassement à massacrer ses meilleurs officiers supérieurs, stupidement accusés de complicité avec les Barbares. Elle s'explique encore davantage par la simultanéité des désastres qui frappèrent en même temps les régions les plus essentielles. Comment secourir la Gaule quand les hordes de Radagaise et l'armée gotique d'Alaric ravagent l'Italie, quand l'Espagne flambe, quand les coups de boutoir des Huns retentissent sur le *limes* du Danube ? Rome elle-même succomba en 410. La méfiance invétérée du régime totalitaire n'avait pas permis d'organiser une « auto-défense » des provinces : la Gaule était incapable de résister seule.

L'Empire, pourtant, ne mourut pas. Deux expédients lui permirent de survivre durant trois quarts de siècle. L'un était de faire la part du feu, de tailler des lots de terre assez vastes et assez riches pour qu'en les abandonnant aux Barbares on pût espérer les calmer quelque temps. L'autre, lent et dangereux, consistait à exciter des Barbares plus lointains contre ceux dont la menace immédiate était insupportable. La Gaule fut le principal théâtre de ces deux expériences, menées par des hommes d'Etat intelligents, le patrice Constantius pour la première, le patrice Aetius pour la seconde.

Julien, en son temps, avait abandonné aux Francs un lambeau du Brabant. En 413, on venait de reconnaître aux Burgondes le droit d'occuper leur secteur de Rhénanie moyennant allégeance à Rome. Pourquoi n'en pas faire autant sur une grande échelle ? C'est l'idée qui s'imposa quand les Visigots apparurent dans le Midi. Leur projet était de passer en Espagne, puis en Afrique. Mais, en 416, leur roi Wallia préféra renoncer à l'aventure et se laissa persuader par Constantius de traiter avec l'Empire. Ainsi prit naissance le premier grand Etat barbare incrusté sur le sol romain, ce royaume got de Toulouse et de Bordeaux qui dura presque un siècle. Son régime, adopté ensuite par presque tous les Etats germaniques riverains de la Méditerranée, était celui de l'« hospitalité » : une sorte de condominium qui laissait à Rome le pouvoir civil, désarmé, et confiait aux Germains les pouvoirs militaires, le tout aux frais de la population locale, qui entretenait par ses impôts fonctionnaires et soldats et recevait en cantonnement l'armée barbare. Les Gots, en échange d'une solde et de leur entretien, devenaient alliés de Rome et devaient répondre à son appel en cas de danger. Ils le firent effectivement quelquefois : Théodoric II mourut ainsi, en 451, en luttant contre Attila. Mais ils ne renoncèrent pas pour autant à profiter de la décrépitude de plus en plus apparente du vieil Empire : Euric (466-484) lui arracha Arles — ce qui fit tomber entre ses mains les rouages si précieux de la préfecture du prétoire des Gaules —, puis l'Auvergne et un vaste territoire au-delà des Pyrénées.

Aetius fut surtout un chef de guerre réaliste et efficace. Ancien otage chez les Huns, il les prit longtemps comme instrument contre les autres Barbares, d'abord contre les Burgondes, dont les velléités d'expansion lui paraissaient menaçantes : vaincus, ils furent transférés de Rhénanie en *Sapaudia* (Suisse romande) en 443, avec mission d'y empêcher la progression des Alamans. Ce fut l'origine du royaume burgonde de Genève, qui, une trentaine d'années plus tard, se procura une seconde capitale en annexant Lyon. Ici encore fonctionna le régime de l'hospitalité. Entretemps, les Huns, dont l'effort principal se tournait jusque-là vers les Balkans, se décidèrent à diriger leurs raids vers la Gaule, en partie sur des instigations venues du territoire romain. Ici encore Aetius se montra à la hauteur de sa tâche : Attila put être repoussé. Mais bientôt le faible empereur Valentinien III assassina Aetius (454). Les désordres se multipliaient dans l'intérieur de la Gaule.

En effet, derrière le voile des opérations militaires, auxquelles ils ne participaient guère que comme victimes, les Gaulois se lançaient avec une certaine passion dans des aventures politiques diverses. Beaucoup d'entre eux, surtout dans le nord-ouest, passaient à la Bagaude : deux graves explosions se produisirent vers 435 et vers 448. D'autres, recrutés dans les classes supérieures, cherchaient à faire carrière dans le sillage des chefs barbares. Certains devenaient les conseillers et les fonctionnaires des rois visigots de Toulouse et des rois burgondes de Lyon. Par le crédit de ces mêmes Visigots, un sénateur qui avait en Auvergne l'essentiel de ses biens, Avitus, réussit un instant (455-456) à se faire donner le trône impérial. D'autres, enfin, se regroupaient autour des chefs de l'armée de campagne du Bassin parisien, Aegidius, puis Syagrius, armée qui cessa, à partir de 461, de reconnaître aucun des empereurs éphémères et sans pouvoir qui se succédaient à Ravenne. Personne ne se souciait d'ailleurs beaucoup du peu qui subsistait des prérogatives impériales. Le pouvoir réel passa presque partout aux commandants militaires locaux (auxquels on commence à donner le titre nouveau de « comtes des cités »).

Durant les vingt années qui séparent la déposition d'Avitus de celle de Romulus Augustule, le dernier empereur d'Occident (476), le territoire où l'autorité de Rome subsistait en fait se réduisait à peu près à l'Auvergne et à ses annexes (dont les Visigots prirent le contrôle en 475) et à la Provence. Aussi la disparition de l'étiquette impériale fut-elle peu remarquée.

La conquête franque

Notre historiographie, qui est essentiellement méditerranéenne, remarque inversement fort peu les transformations beaucoup plus graves qui affectaient à la même époque le nord de la Gaule et qui y portaient au premier plan le peuple des Francs. Jusque vers le milieu du ve siècle, leur intervention dans l'histoire de la Gaule avait revêtu deux aspects : une poussée locale vers l'ouest en Belgique et en Rhénanie, la fourniture de cadres d'une haute valeur aux armées romaines. Après 451, les Francs, et plus spécialement la tribu que gouvernent les rois mérovingiens, deviennent les principaux partenaires de l'armée de campagne de Gaule.

Le plus souvent, ils sont ses auxiliaires : c'est ainsi que leur roi Childéric combat, au service des maîtres de la milice, Aegidius et Paul, contre les Visigots qui voulaient franchir la Loire ou contre les Saxons qui voulaient la remonter. Parfois ils sont ses adversaires : c'est ce qui se produisit sous le fils de Childéric, Clovis, à partir de 486.

Le déroulement des faits est très mal connu. On entrevoit que Childéric mourut à Tournai en 481 (sa tombe y fut retrouvée par hasard en 1653), puis que Clovis, en l'an V de son règne, vainquit Syagrius, fils et successeur d'Aegidius, enleva son quartier général, qui était à Soissons, et étendit sans doute, par là même, sa domination jusqu'à la Loire. Ce qui restait de l'armée « romaine » dut passer à son service, et lui-même fixa bientôt à Paris le centre de son pouvoir. L'élimination des rois francs concurrents de sa dynastie lui causa probablement plus de soucis : Grégoire de Tours, au siècle suivant, a des récits pittoresques et cruels sur la liquidation de ceux qui avaient leurs bases à Cologne, à Cambrai et au Mans. Mais la chronologie de tous ces événements est très embrouillée, et leur succession même se laisse mal reconnaître. Plutôt que de se perdre dans ces controverses érudites, il vaut mieux réfléchir sur la portée des faits les mieux établis.

La conquête franque fut un phénomène d'un tout autre ordre que l'irruption des Barbares en 406. Pour l'essentiel, ce fut un mouvement de petite amplitude : la grande masse du peuple ne se transporta que d'une rive à l'autre du Rhin, sur quelques dizaines de lieues. Des habitats primitifs des Francs sur la Lippe ou la Lahn jusqu'à la pointe la plus avancée de leur pénétration compacte, sur le pas de Calais, il n'y a pas plus de 400 kilomètres à vol d'oiseau : la continuité ne fut jamais rompue entre le foyer où le peuple s'était formé, immédiatement à l'est du Rhin, et la Flandre, qui garde en conséquence l'héritage le plus direct du principal mouvement colonisateur.

Cette brève migration n'est toutefois qu'une face de l'expansion franque, l'autre étant représentée par la prise de possession des pays entre Somme et Loire au début du règne de Clovis. Ici non plus, il ne s'agit pas d'invasion à proprement parler, et il serait à peine exagéré de dire que les événements ressemblèrent plus à un coup d'Etat, comme celui accompli par Odoacre en Italie en 476, qu'à une vraie conquête. En effet, les Francs étaient déjà présents sur une bonne partie du territoire : on se rappelle que le père de Clovis, Childéric, avait tenu garnison sur la Loire vers 463-465 ; on retrouve, au temps de Clovis, un roitelet franc qui, dans des conditions sans doute voisines, opérait dans la région du Mans. L'élimination de Syagrius en 486, accomplie par des gens que l'on connaissait déjà bien dans le nord de la Gaule, fut sans doute ressentie par les civils comme la simple substitution d'un pouvoir militaire à un autre.

Un changement, toutefois, aurait pu choquer profondément l'opinion gauloise : en 486, Clovis était encore païen. Mais il comprit très vite quelle faiblesse c'était pour lui et choisit fort judicieusement de recevoir le baptême catholique, qui le plaçait, dans l'ordre religieux, du même côté que ses sujets. Ce fut à coup sûr le geste le plus politique du roi, celui qui décida le plus de l'avenir. Malheureusement, les circonstances et les causes nous en échappent. Il paraît établi que le roi franc prit sa décision sous l'influence de sa femme Clotilde, une Burgonde catholique, lors d'une guerre contre les Alamans. Mais fut-ce en 496 ? en 498 ? ou en 506 ? Et fut-ce bien à Reims, des mains de saint Rémi, qu'il reçut le baptême ? On peut sans doute le croire, mais non le démontrer.

Quoi qu'il en soit, le ralliement de Clovis au catholicisme est un des événements décisifs de notre histoire nationale. En ne devenant pas arien, comme l'étaient alors tous les autres rois germains établis dans l'Empire, Clovis évita à la Gaule et aux Francs la longue période de ségrégation religieuse et nationale que connurent l'Italie gotique et lombarde, l'Espagne visigotique, l'Afrique vandale. Qu'elle ait duré dix ou vingt ans, la période où les conquérants francs et leurs sujets romains se trouvèrent séparés par une barrière religieuse fut trop courte pour avoir laissé des traces. Presque aussitôt les deux classes dirigeantes purent se rapprocher, en attendant de fusionner au siècle suivant. La Gaule, sans heurts, devint progressivement la France, alors que l'Espagne ne fut point une Gotie. Le simple changement de nom mesure l'originalité des relations que nouèrent chez nous Germains et autochtones.

Roi d'un peuple dont le centre de gravité se trouvait entre Tournai et Cologne, Clovis n'avait probablement pas, au départ, projeté de reconstituer au profit de son peuple l'unité de la Gaule. Une grande partie des entreprises de son règne furent dirigées non vers le sud, mais vers l'est, pour soumettre les autres tribus franques et les Thuringiens (compatriotes de sa mère) et pour contenir la poussée des Alamans. Ses fils encore mèneront, au VIe siècle, une politique extérieure germanique autant que gauloise. Mais ce sont surtout ses conquêtes gauloises qui nous importent. Il tenta de bousculer les Burgondes, établis en nombre dans le Jura et les plaines de la Saône, mais sans grand succès : les rois de Genève et de Lyon, tolérants et ouverts aux idées romaines, étaient bien vus de leurs administrés gaulois. Face aux Visigots, il eut plus de chance : leur arianisme était plus agressif et leur récente mainmise sur les pays entre Garonne et Loire avait entraîné bien des heurts avec les sénateurs et les évêques romains. Certains de ces derniers intriguaient avec les Francs. En une seule grande bataille, à Vouillé, près de Poitiers (507), la question fut tranchée. Le roi visigot Alaric II fut tué, ses capitales, Bordeaux et Toulouse, furent prises, et le gros du peuple gotique dut entamer une lente migration qui le mena des rives de la Garonne à celles du Douro et du Tage. Clovis annexa tous les pays entre la Loire et les Pyrénées, sauf la côte méditerranéenne. Dans ces régions tardivement acquises, les Francs ne constituèrent jamais qu'un encadrement très mince : le caractère de l'Aquitaine, jusqu'à la grande poussée des Basques au VIIIe siècle, resta donc fondamentalement romain.

A son retour d'Aquitaine, Clovis reçut à Tours la consécration de ses succès : l'empereur d'Orient Anastase lui fit parvenir des diplômes et des insignes honorifiques dont la nature est mal établie (consulat honoraire ?). Puis il se fixa à Paris, y mourut en 511 et y fut enterré dans l'église Sainte-Geneviève — devant la porte du lycée Henri-IV d'aujourd'hui.

Malgré le caractère rapide et complet de leur victoire, les Francs ne perdirent pas la prudence politique qui, depuis longtemps, caractérisait leurs mouvements. C'est évidemment pour ne pas heurter à fond le puissant royaume ostrogot d'Italie que Clovis s'abstint, après Vouillé, d'annexer la Septimanie (le bas Languedoc d'aujourd'hui), qui formait comme un pont territorial entre Ostrogots et Visigots. La même sagesse le retint de frapper monnaie à son nom, ce qui eût constitué un affront délibéré envers l'empereur d'Orient : on continua à graver sur les coins le nom de ce souverain dépourvu de toute autorité en Gaule. Tout semble indiquer que les anciens sujets de Syagrius ne rencontrèrent chez leur nouveau souverain aucune hostilité *a priori* : le baptême de Clovis effaça d'un coup le contentieux passé. S'il y a bien quelque fierté agressive d'être Franc dans le prologue de la loi salique ou dans d'autres textes, d'ailleurs rares, le triomphe des Francs ne signifia nullement la réduction des vaincus en servitude au profit d'un *Herrenvolk*, ivre de sa victoire. Avec une rapidité surprenante, les vainqueurs firent place à ceux des vaincus qui proposaient leur collaboration : le gouvernement mérovingien fut presque un *condominium* exercé conjointement, sous l'autorité du roi, par une aristocratie militaire franque et une classe dirigeante, civile et ecclésiastique, d'ascendance gallo-romaine.

A cet égard, le choix que Clovis fit de Paris pour y fixer sa principale résidence et sa sépulture est significatif. Il montrait que la dynastie se détachait de son pays d'origine et des régions où les Francs constituaient la majorité de la population. Paris était une ville romaine d'importance moyenne : les Francs n'avaient pas à redouter d'y être dominés par les souvenirs du passé, comme à Trèves, par exemple ; mais elle était à peu près intacte et rien n'y indique l'implantation massive de garnisons franques ou de précautions spéciales prises par les rois, non plus qu'autour des nombreuses résidences rurales de la région environnante où la cour séjournait souvent. S'y fixer impliquait une certaine confiance dans l'avenir des relations entre Francs et Romains : l'ancienneté des relations entre les deux peuples la justifiait sans doute, comme l'avenir le montra, mais c'était aussi préparer, dans la synthèse des civilisations qui allait s'élaborer, la prédominance à longue échéance des éléments romans.

Le baptême de Clovis n'a pas résolu d'un coup le problème païen. Parmi les Francs du nord de la Gaule, un nombre appréciable restèrent rebelles au baptême. Au nord de Rouen, vers Amiens, vers Arras et surtout en Flandre, des îlots païens ont survécu jusqu'au commencement du VIIe siècle ; il est souvent difficile de déterminer si ce paganisme se haussait encore à la hauteur d'une religion ou si ce n'était plus, comme chez les Gallo-Romains, qu'un amas de superstitions locales conservées par des populations rurales coupées de toute culture. Mais, jusque sur les bords du Rhin, tout ce qui comptait, politiquement et socialement, se rallia au christianisme. Dès le règne de Clovis, une alliance fut conclue entre monarchie franque et Église catholique. On ne saurait exagérer sa portée.

Alors que dans tous les royaumes barbares, l'existence d'une Église arienne à l'usage des conquérants était venue rompre la symbiose entre Église et État inaugurée par Constantin à l'intérieur du monde romain, la Gaule mérovingienne, pour sa part, put en retrouver l'esprit. Dès 511, Clovis réunissait un concile à Orléans, lui soumettait un certain nombre de questions et se voyait reconnaître le contrôle des ordinations. De cette entente, les rois tirèrent d'abord du prestige, puis une relative garantie contre d'éventuelles entreprises de reconquête « romaine » (c'est-à-dire byzantine), enfin et surtout un facteur incomparable de concorde civile. L'Église n'en retira pas moins de bénéfices : le maintien de ses structures, la défense et l'accroissement de son immense patrimoine, la liberté de poursuivre son œuvre spirituelle. Au regard d'un bilan si positif, les inconvénients, dans l'immédiat, semblèrent mineurs. Ils n'apparurent en pleine lumière qu'avec un certain recul. Chez les rois, vers 580, Chilpéric Ier constatait avec rage que « toutes ses richesses étaient passées aux églises » ; dans l'Église, comment ne pas enregistrer que l'association intime avec des princes et un peuple incultes et violents entraînait la ruine de la culture intellectuelle, la dégradation des valeurs morales, la renonciation aux idéaux les plus chers de l'âge patristique ?

La pénétration germanique

L'histoire de la Gaule au Moyen Age sera donc essentiellement l'histoire de l'État franc. Les composantes gotiques (en Aquitaine), burgondes (dans le Jura, la vallée de la Saône et du Rhône moyen), alémaniques (en Alsace) ou saxonnes (sur les côtes de la Manche) n'intéressent guère que les histoires locales, tandis que ce sont les Francs qui ont modelé la civilisation mérovingienne, laquelle, à son tour, a donné le *la* à l'Europe barbare pendant deux ou trois siècles. Sans doute cette civilisation n'a-t-elle pris sa forme définitive qu'au VIe siècle. Mais, dès la mort de Clovis, ses racines sont presque toutes en place dans le sol gaulois. Passons-les rapidement en revue.

Quelle a été la profondeur des apports germaniques en Gaule ? Il faudrait, pour l'apprécier exactement, disposer de plus de recul chronologique que le terme fixé à ce chapitre ne l'autorise : en effet, les influences venues d'au-delà du Rhin ont continué à se faire sentir, sous des formes plus discrètes, bien après le règne de Clovis, et certaines ont pris une nouvelle vigueur avec l'avènement de la dynastie carolingienne, plus profondément marquée de germanisme que ne le furent la plupart des derniers Mérovingiens. Risquons-nous pourtant à poser quelques jalons, relatifs à des domaines importants pour l'évolution ultérieure de la France.

Évoquons d'abord le domaine linguistique, parce que c'est celui où l'esprit le moins prévenu saisit le mieux la différence entre romanité et germanisme (bien qu'à y regarder de très près les choses perdent beaucoup de cette belle clarté). Deux régions géographiques s'opposent fortement. Dans l'une, qui couvre toute l'ancienne zone du *limes* sur une profondeur variant de 50 à 100 kilomètres à l'ouest du Rhin, les parlers germaniques ont finalement triomphé ; dans l'autre – le reste de la Gaule, sauf l'extrémité de l'Armorique –, des parlers romans, héritiers du latin, ont survécu. Entre ces deux aires existe, au moins depuis dix siècles, une « frontière linguistique » au tracé très net, presque partout linéaire, qui a fort peu bougé depuis la chute de la dynastie carolingienne, sauf dans les Alpes centrales. Les historiens et les linguistes ne cessent de s'interroger sur ses origines. Elles restent assez mystérieuses, car cette frontière ne correspond à aucun obstacle naturel existant ou même disparu, à aucune limite politique ou administrative identifiable ; elle court, avec la rigidité d'un mur, au travers de la plaine belge comme du plateau lorrain. Faisons grâce au lecteur de toutes les hypothèses, pour ne retenir que quelques conclusions vraisemblables.

Il est d'abord certain que cette frontière n'a pris son caractère linéaire que fort longtemps après la conquête franque du ve siècle. Des îlots de parler roman ont survécu au nord jusque fort avant dans le Moyen Age (par exemple, autour de Tongres, d'Aix-la-Chapelle et surtout de Trèves et de la vallée moyenne de la Moselle), et, inversement, des îlots germaniques ont existé plus au sud. C'est après l'absorption de ces taches minoritaires par le milieu environnant que l'on en est arrivé au tracé moderne.

La démarcation primitive elle-même, avant réduction des enclaves, ne devait exister avec netteté qu'à un certain niveau social, celui des populations rurales. Il est fort vraisemblable que des groupes de soldats francs, que l'aristocratie franque aient pu conserver pendant quelque temps, au moins jusqu'à la Loire, un usage limité de leur parler national, avant de le perdre sous l'influence conjuguée des cadres romains, de la cour mérovingienne et des paysans qui les faisaient vivre. C'est sans doute à cette couche mince, mais jouissant d'un grand prestige social, qu'il faut attribuer l'invasion de vocables franciques que l'on constate dans le vieux français de la Gaule du Nord : beaucoup sont effectivement des noms d'institutions (chambellan, échevin, ordalie...) ou des termes relatifs aux choses de la guerre (maréchal, gonfanon, fourreau, flèche, garde...). C'est sûrement d'elle que dérive la mode, si rapidement généralisée, de donner aux enfants des noms germaniques, pour la plupart formés de deux termes (comme *Dagobert* « brillant jour », *Theuderic* ou Thierry, « roi (du) peuple », *Arnolf* ou Arnoul, « loup + aigle », etc.). Mode qui s'était insinuée dans certains milieux bien avant la chute de Rome (ainsi pour sainte Geneviève, née à Paris, un demi-siècle avant Clovis) et qui devait durer près de six siècles, jusqu'au triomphe des prénoms chrétiens au xiie siècle. Les considérations toponymiques – qu'il serait trop délicat d'analyser ici – mènent à des conclusions voisines : ce sont les seigneurs qui ont fait la loi et imposé le plus souvent de nouveaux noms aux anciens domaines ; quand ils s'appuyaient sur un peuplement germanique appréciable, le village a pris un nom purement germanique ; ailleurs, le nouveau nom revêt, en général, une forme hybride, joignant à un nom de propriétaire francique un second terme d'origine latine (ainsi dans les noms comme Arnouville, la « villa » d'Arnulf, Aboncourt, la « ferme » d'Abbon).

Vers une civilisation nouvelle :

... du côté des Romains

Les détails concrets, les scènes vécues sont bien rares sur la cohabitation des anciens habitants et des nouveaux venus, et la plupart de ceux que la littérature nous fait entrevoir sont relatifs à d'autres milieux que celui des Francs mérovingiens. Ils n'en ont pas moins leur prix. On connaît surtout le tableau que le gendre de l'empereur Avitus, Sidoine Apollinaire, peint des officiers burgondes qu'il dut endurer dans la région lyonnaise vers 457. Tout, dans ces Barbares, répugne à l'aristocrate dont le beau-père venait de porter un instant la pourpre impériale : leur costume, leur langue, leur cuisine, leur taille, leurs horaires et leurs chants. Sans doute, chaque Gaulois n'avait-il pas l'épiderme aussi sensible, et les répugnances devaient diminuer à mesure que l'on descendait dans l'échelle sociale. C'est probablement par le bas, et en tout cas dans une commune inculture, que le rapprochement dut commencer. Mais il gagna les couches supérieures avec une surprenante rapidité. Sans parler de milieux étroits qui avaient pris en haine le régime romain à cause de son inhumanité ou de sa corruption – tel celui dont le moraliste Salvien se fit le porte-parole –, il est permis de penser que beaucoup de Romains se résignèrent aisément à un nouveau régime qui leur permettait, au prix d'une allégeance qui coûtait peu, de conserver leurs biens, voire de tenter des carrières dont autrefois ils n'avaient pu rêver. Car les rois conquérants, dès la première génération, sentirent le besoin de s'entourer de techniciens du droit, des finances et de l'administration que seul le milieu romain pouvait leur offrir. Ainsi, dès le milieu du ve siècle, Léon de Narbonne joua auprès du roi visigot d'Aquitaine, Euric, le rôle de principal ministre. Même les rois francs, dont l'expérience des choses de Rome était plus ancienne et plus profonde, recoururent occasionnellement à l'aide de sénateurs romains au cours du VIe siècle.

Une place à part doit être faite à l'Église. Ni les invasions ni le baptême de Clovis n'avaient changé ce fait essentiel : la hiérarchie restait purement romaine. De tous les évêques attestés au ve siècle, deux seulement portent des noms germaniques : ce sont des membres de familles passées depuis longtemps au service de l'Empire. Durant la majeure partie du VIe siècle encore, l'épiscopat resta une citadelle presque intacte de la tradition romaine. Or, c'était sur lui que l'État avait de plus en plus tendance, dans le désordre général, à se décharger de tâches essentielles : l'assistance publique, l'enseignement, la justice de conciliation, les affaires familiales et même, dans une large mesure, l'administration des villes. On ne s'étonnera pas de rencontrer dans beaucoup de ces domaines des survivances romaines. Nous ignorons comment, au niveau inférieur, les Francs convertis vinrent s'insérer dans la communauté chrétienne. Mais un fait est certain, et il est capital : alors que dans tout le reste de l'Occident barbare l'Église avait contribué à maintenir autour des Germains, parce qu'ils étaient hérétiques, une barrière de ségrégation presque insurmontable, que les rois n'avaient pas contestée puisqu'elle contribuait à préserver l'originalité de leur existence nationale et à sauvegarder leur foi arienne, en Gaule l'Église ne mit, ni en droit ni dans les faits, aucun obstacle à la fusion complète entre Francs et Romains. Les mariages mixtes, théoriquement prohibés ailleurs, furent ici licites et couramment pratiqués, du haut en bas de la société. La généalogie des saints mérovingiens – qui sont les personnages les mieux connus du VIe siècle – en présente de nombreux exemples.

Sans doute, au temps de Clovis, cette fusion n'était-elle pas encore allée bien loin. De nombreux indices montrent qu'au VIe siècle encore, en beaucoup de régions, les villages francs et les villages romains restaient souvent distincts et que les groupes francs établis dans les villes gardaient une grande cohésion. Dans les pays de la Moselle, les vignerons romains de la vallée frayaient peu avec les cultivateurs francs des plateaux ; dans le Bassin parisien, les localités appelées « La Fère » ou « La Fare » semblent correspondre à des implantations franques compactes ; à Rouen, les Francs de la ville forment un corps à part. Mais au bout de deux ou trois générations presque tous ces groupes juxtaposés commencèrent à communiquer largement les uns avec les autres. La fusion qui en résulta fut décisive pour la formation du peuple français. Des processus semblables eurent lieu chez les Burgondes des régions rhodaniennes, puis chez les Visigots du Languedoc au cours du VIe siècle, après leur ralliement au catholicisme, mais ne jouèrent pas un rôle comparable.

... du côté des envahisseurs

Nous sommes fort peu renseignés sur les Francs eux-mêmes. Il serait téméraire de projeter dans le ve siècle ce que Grégoire de Tours nous apprend de la société mérovingienne un siècle plus tard, et plus hasardeux encore de s'en remettre aux clichés fabriqués par Augustin Thierry et ses épigones. Sait-on qu'il serait plus sage, pour commencer, d'effacer les étiquettes que l'on a coutume d'accrocher à l'équipement du guerrier franc ? Que la hache de jeu franque à un tranchant ne fut dénommée « francisque » qu'en Espagne ? Que la framée est plutôt une épée qu'une lance ? Qu'il n'est pas sûr que le couteau que l'on portait au côté soit bien le *scramasax* que cite Grégoire de Tours ? Renonçons donc à dresser le portrait du soldat de Clovis. Mais cherchons à discerner son influence.

De nombreux indices suggèrent, en effet, que la migration du peuple franc et son implantation sur le sol romain se sont accompagnées chez les envahisseurs de profondes mutations sociales. La plus considérable fut certainement la naissance d'une aristocratie foncière qui prit plus ou moins vite — les spécialistes en discutent encore avec vivacité — un rang et une fonction analogues à ceux qu'occupaient sénateurs et décurions du Bas-Empire. La faveur royale, par la distribution des terres du fisc ou de celles devenues vacantes, joua un rôle évident et capital dans cette évolution. Dès l'époque de la loi salique, on en perçoit quelques traces, mais c'est surtout, semble-t-il, à la génération suivante qu'elle prit forme définitive. En confiant à des Francs les fonctions administratives de comte ou de *grafio*, la royauté contribua puissamment à délimiter un groupe dirigeant dans l'ordre politique.

Le commun peuple aussi subit une mutation après le passage du Rhin. Nous soupçonnons la profondeur de celle-ci grâce à l'étude archéologique des « cimetières à rangées » (*Reihengräber*), au VIe siècle, dans la moitié septentrionale de la Gaule : presque tout, dans les coutumes funéraires, a changé. L'adoption officielle du christianisme, à laquelle on pense d'abord comme facteur d'évolution, n'a, en fait, tenu qu'un rôle modeste : elle n'a même pas pu rejeter définitivement dans l'ombre des rites incroyablement archaïques, tels que l'usage d'allumer des feux dans les fosses ou de décapiter parfois les cadavres. C'est d'une synthèse entre tradition gallo-romaine, résurgences celtiques et apports proprement germaniques que résultent les nouveaux usages, synthèse commencée sans doute bien avant 476 dans les colonies germaniques installées par Rome en Gaule : ainsi l'inhumation dans des sarcophages ou des coffres de pierres plates, régulièrement disposés en rangées parallèles, en sorte que les morts aient les pieds à l'est et la tête à l'ouest ; ainsi le dépôt d'armes et de bijoux, parfois de vases et d'offrandes dans les tombes.

Quels que soient les changements subis, le peuple franc a importé en Gaule une *Kriegerkultur*, une civilisation où tout homme libre est un guerrier, toujours prêt à prendre les armes, et il l'a communiquée aux descendants des Gallo-Romains. La frontière sociale précise qui, au Bas-Empire, séparait les soldats des civils, obligatoirement désarmés, disparaît pour de longs siècles : c'est l'une des grandes charnières entre l'histoire ancienne et l'histoire médiévale, lourde de conséquences politiques, administratives et juridiques. Sauf autour du roi ou de quelques grands personnages qui entretiennent des gardes, il n'y a plus d'armée permanente. Mais, jusque dans le fond des campagnes, tout homme libre et adulte est fier de son épée et sait s'en servir en cas de besoin. Une telle société est difficile à maintenir dans le sillon d'une administration méticuleuse : la plupart de ceux qui, après Clovis, tentèrent de percevoir en Gaule l'impôt direct l'apprirent vite à leurs dépens. Les contraintes de l'économie d'Etat perdent toute portée. La justice ne peut plus venir d'en haut : elle doit être imposée aux récalcitrants par la pression locale des hommes libres en armes, qui, réunis en plein air au *mallus*, en deviennent le principal organe. Le recul de la culture aidant, la société franque est dominée à tous les niveaux par la violence ; à la longue, l'Église même n'échappera pas entièrement à la contagion.

Cependant, c'est autour de l'épiscopat que se sont regroupés les survivants de la classe dirigeante romaine, les derniers adhérents du système de pensée antique. Dans le sens où « civil » s'oppose à « militaire », on peut dire que l'Église devient, pour très longtemps, le refuge de la société civile. Dans son sein seulement les hiérarchies ne dépendent pas de l'aptitude à acquérir un armement ou à s'en servir, mais, au moins en principe, des qualités morales ou intellectuelles de chaque individu.

Cette nouvelle société s'exprime par son droit. Tous les Barbares ont sans doute été les porteurs d'un droit. Nous ignorons quel fut celui des peuples de la steppe, mais chaque « nation » germanique, dès qu'au lendemain des invasions elle disposa d'un instant pour reprendre son souffle, prit à cœur d'affirmer son originalité en se donnant un système cohérent de lois. Nous avons conservé la plupart de celles qui intéressèrent la Gaule, car l'influence du milieu romain exigea bientôt qu'une forme écrite leur fût donnée. Ce sont, chez les Francs, la fameuse loi salique (première rédaction vers 507-511), chez les Visigots le code d'Euric (vers 470-480), chez les Burgondes la loi Gombette (sous Gondebaud, vers 501-515). Malgré les singularités nationales qu'elles tiennent à souligner, elles révèlent un esprit commun : solidarité de la famille, recours aux « jugements de Dieu » (ordalies) et aux serments « purgatoires » pour confirmer l'accusation ou disculper l'accusé, règlement des affaires, même criminelles, par un tarif très élaboré de compositions pécuniaires (*Wergeld*), procédure orale extrêmement formaliste devant un corps d'hommes libres chargés de « trouver » le jugement, etc. Frappé par ces traits si étrangers aux codes romains du Bas-Empire, l'historien a d'abord tendance à voir dans les lois des ve-vie siècles un produit purement germanique. Une réflexion plus poussée, sans nier les apports massifs des envahisseurs, nuance quelque peu cette appréciation et discerne dans le système du droit barbare des éléments apparus après le passage du Rhin. Ainsi, la « personnalité des lois », cette curieuse pratique qui fait juger chacun selon la loi de son peuple d'origine et non selon celle du lieu où le procès s'engage, n'a sans doute eu ni la généralité qu'on lui a prêtée (Gots et Burgondes l'ont peut-être ignorée) ni l'ascendance purement barbare qu'on lui assignait (Rome a déjà dû la pratiquer au bénéfice des soldats et des colons germains admis sur son territoire). Dans plus d'un cas, un droit romain vulgaire, non écrit, avait probablement préparé les voies aux solutions codifiées par le droit barbare. Bref, celui-ci doit être, comme presque tous les éléments de la civilisation mérovingienne, le résultat d'une synthèse ; mais comme les lois ont été rédigées très tôt, cette synthèse juridique comprit relativement plus d'éléments germaniques qu'on ne le constate dans les autres domaines.

La loi salique, vu son importance pour l'avenir, mérite quelques détails complémentaires. Elle existe en de nombreuses rédactions : la plus ancienne, en soixante-cinq chapitres, paraît remonter à la fin du règne de Clovis, entre 507 et 511, et semble destinée à un territoire s'étendant de la « forêt charbonnière » (en Belgique moyenne) à la Loire ; mais comme on n'en possède pas de manuscrit antérieur à la fin du viiie siècle, elle peut avoir subi quelques retouches, par exemple dans le domaine monétaire. Cependant, les influences romaines (hors du fait que la loi est écrite en latin) et chrétiennes y sont fort limitées. Il s'agit d'un droit profondément germanique (l'essentiel du vocabulaire technique n'a pas été traduit), très formaliste, attaché surtout à maintenir la paix civile ou à la rétablir par des procédures minutieuses, en dehors de toute intervention d'une administration ou d'une force publique ; mais il tient compte, dans une certaine mesure, de la place considérable que la royauté venait de conquérir. Contrairement à une opinion ancienne, encore souvent répétée, la loi ripuaire n'est pas un texte symétrique de la loi salique et destiné à une autre tribu franque, mais seulement une forme plus tardive prise au viie siècle par le même droit dans la région de Cologne.

Ici encore, les bases qui furent jetées vers la fin du ve siècle se montrèrent extrêmement durables. Jusque vers le xe siècle, toute justice, en Gaule, s'administra dans le cadre des lois « barbares » ou des versions de la loi romaine qui subsistaient à leur côté à l'usage des éléments gallo-romains de la population. Par-delà l'anarchie juridique qui marque, entre le xe et le xiie siècle, le début du second Moyen Age, beaucoup de traits du droit franc ont été transmis aux coutumes qui ont régi la France du Nord jusqu'à la Révolution.

Essai de bilan

Le choc des invasions du ve siècle a proportionnellement laissé beaucoup moins de traces directes en Gaule que celui qui fut subi dans la seconde moitié du IIIe siècle. Sans doute avons-nous une certaine tendance à le surestimer, parce qu'il ébranla et ruina les structures politiques et s'accompagna d'une notable colonisation germanique. Mais il faut reconnaître qu'il n'a rien modifié d'essentiel dans la répartition ou la topographie des villes — incendiées, elles se reconstruisirent avec une obstination qui montre que leur fonction restait nécessaire, et elles demeurèrent à la tête des mêmes circonscriptions (*civitates*) ; qu'il a moins détruit de *villae* rurales que le désastre du IIIe siècle ; qu'il s'est traduit par l'enfouissement d'infiniment moins de trésors monétaires — l'appauvrissement de la Gaule ne suffit pas à rendre compte de cette différence ; enfin, qu'il a laissé en place l'essentiel des structures religieuses, pourtant récentes et fort liées à l'Etat. Ce n'est probablement pas la violence plus grande des assauts barbares postérieurs à 406 qui explique leur plus grand succès, mais bien plutôt leur date : survenant après tant d'autres, et avec une telle simultanéité dans toutes les parties du monde romain, ils l'ont trouvé usé, incapable de recommencer le prodigieux effort de réaction et de reconstruction fourni jadis par l'Empire à partir du règne d'Aurélien. Et ce n'est pas parce que Clovis était le plus puissant des rois barbares — il s'en faut — qu'il a réussi, mais surtout parce qu'il est venu le dernier. Seul, il a eu le loisir de s'implanter, parce que nul autre peuple ne le poussait sur ses arrières. Les Saxons, seuls voisins orientaux que les Francs aient eu à redouter, ne s'intéressaient pas, à cette époque, à une expansion continentale.

La Gaule avait donc été arrachée à l'Empire méditerranéen de Rome, à ses ambitions universalistes, à sa civilisation somptueuse, pour tomber tout entière au pouvoir de tribus germaniques pour lesquelles elle représentait surtout une terre à exploiter. Mais l'empreinte de Rome avait été assez profonde pour que la dislocation de l'édifice politique n'entraînât point la ruine complète de son œuvre. Rome laissait à la Gaule une héritière privilégiée, l'Eglise catholique, porteuse de sa culture et de sa langue ; Rome lui laissait aussi ses villes, ses monuments, ses routes, ses cadres administratifs et, pour un ou deux siècles encore, ses cadres économiques. L'ombre de Rome domine encore, de très haut, toute l'histoire mérovingienne et, par là, toute l'histoire de France. Et la France se prépare à être la médiatrice entre cet héritage antique et le monde germanique au-delà du Rhin.

6. LES TEMPS MÉROVINGIENS

VIe-VIIe siècle : fusion des apports barbares, du christianisme et des vestiges de la romanité.

I. LA GAULE ENTRE LES MONDES MÉDITERRANÉEN ET GERMANIQUE

A la fin du ve siècle, la Gaule présente de curieux contrastes. Mis à part l'Armorique, où des populations celtes venues du Pays de Galles commencent à s'établir et à constituer un pays autonome, la Gaule du Nord et de l'Est, fortement germanisée, s'oppose nettement aux régions d'outre-Loire, encore romanisées. Les Francs, qu'ils viennent des régions de l'Escaut ou du Rhin, et les Alamans se sont installés dans des territoires qui avaient été assez superficiellement romanisés et qui, par suite des migrations germaniques et de l'occupation du sol par les nouveaux venus, ont très vite perdu l'essentiel de la culture romaine. C'est au nord et à l'est de l'actuelle frontière linguistique entre les domaines germanique et roman que les tombes barbares sont le plus nombreuses. Les régions entre Seine et Meuse n'ont peut-être pas subi de colonisation massive, mais n'en sont pas moins très influencées par les Germains. Les villes, dévastées par les invasions, ont une vie très diminuée, les paysans gallo-romains ne diffèrent en rien des Germains, la civilisation de l'écrit a disparu, comme en témoigne la rareté des inscriptions. Quelques îlots de romanité subsistent dans la vallée de la Moselle ou du Rhin, mais ils sont par leur isolement voués à disparaître. L'organisation ecclésiastique n'a pas longtemps résisté et le paganisme traditionnel, renforcé par les apports germaniques, a repris vigueur. Trop proche des pays germaniques, la Gaule qu'il faut bien appeler « barbare » semble destinée à partager le destin d'un monde abandonné par Rome.

Tout différent est le sort des pays qui s'étendent au sud de la Loire et du plateau de Langres. Si nous jetons un coup d'œil sur une carte des trouvailles funéraires, nous constatons que les tombes barbares sont ici peu nombreuses. Ou bien si, comme dans le royaume burgonde, elles ne manquent pas, elles sont concentrées sur les plateaux jurassiens ou dans les hautes vallées du Doubs et de la Saône. La loi des Burgondes parle de partage de terres entre Romains et Barbares selon la procédure de l'*hospitalitas*, mais rien n'indique que le peuplement burgonde ait été massif. Pour l'Aquitaine, il est insignifiant. Quelques tombes et toponymes de l'Albigeois attestent la présence de Gots, qui sont peut-être restés après la défaite de Vouillé ; quelques armes trouvées en Charente proviennent sans doute de Saxons venus de la mer ; pour le reste, c'est à peu près le vide. L'Auvergne, bastion naturel, a particulièrement bien résisté à toute pénétration. Les Francs ont pu soumettre politiquement l'Aquitaine, ils ne l'ont pas peuplée. Ils ont même, la plupart du temps, confié le gouvernement des cités à des Gallo-Romains de famille sénatoriale.

Dans ces pays de Gaule encore « romaine », les villes gardent leur rôle sinon administratif, du moins économique. Jusqu'au milieu du VIIe siècle, on y rencontre des marchands syriens et des colonies juives. Le réseau des routes romaines permet des échanges entre villes et les liaisons avec les ports méditerranéens, l'Espagne et l'Italie. Marseille, Arles, même Bordeaux restent en relation avec l'Orient. Le Rhône est toujours la grande voie de pénétration commerciale, et les tonlieux installés jusqu'à Chalon continuent au VIIe siècle à percevoir des droits sur les produits importés. Si l'aristocratie s'éloigne des villes, elle n'en est pas totalement séparée, surtout en Provence et en Burgondie.

Cette aristocratie sénatoriale conserve le genre de vie que ses ancêtres menaient sous l'Empire. Les Aviti, les Syagrii, les Apollinaires sont fiers de leurs ancêtres et, comme eux, fournissent les cadres de l'administration civile et religieuse. Ils organisent leurs domaines ruraux selon une tradition séculaire. Si nous comparons les descriptions littéraires d'un domaine faites par Ausone au IVe siècle, Sidoine Apollinaire au Ve siècle et Fortunat au siècle suivant, nous sommes frappés par les ressemblances. Fortunat nous permet de connaître les domaines du Bordelais possédés par la famille des Leontii ; maison fortifiée du *dominus*, installations de thermes, chapelle privée, troupes d'esclaves, colons installés sur quelques tenures : nous sommes encore en pays romain.

L'aristocratie, de plus, garde contact avec la culture antique et cherche à se distinguer par sa connaissance des lettres classiques. Elle n'a plus, comme en Italie ostrogotique ou en Afrique vandale, la possibilité d'envoyer les enfants à l'école du grammairien ou du rhéteur. Les dernières écoles publiques disparaissent en Gaule méridionale à la fin du Ve siècle. C'est alors au sein de la famille que la culture classique est transmise. Des précepteurs, ou le plus souvent les parents, initient les enfants au culte des belles-lettres et leur donnent accès aux livres que gardent les bibliothèques familiales. Cet attachement à la culture classique se maintient dans quelques familles de Provence, de Burgondie et d'Aquitaine jusque vers le premier tiers du VIIe siècle.

L'opposition entre la Gaule du Nord et la Gaule du Sud a bien été ressentie par les contemporains. Jusqu'au milieu du VIIIe siècle, les Francs désignent les Aquitains du nom de *Romani* ; de leur côté, les Aquitains sont fiers de leur appartenance au monde romain et ne cherchent pas à connaître la civilisation germanique. Le meilleur témoin du VIe siècle, Grégoire de Tours, si bien renseigné sur les faits et gestes des rois, a été incapable de comprendre les coutumes juridiques et sociales des Francs.

Les Francs, de leur côté, se sentent attirés vers le sud et au VIe siècle sont en relation avec le monde méditerranéen. Clovis rêva d'occuper le royaume burgonde de Gondebaud et les rives provençales de la Méditerranée. Ce qu'il ne put pas faire, ses fils le réalisèrent : le nouveau roi burgonde Sigismond fut battu et son royaume bientôt partagé entre les princes francs (533-534). La Provence fut abandonnée aux Mérovingiens par les Ostrogots en 537. Ainsi, les Francs, à leur tour, touchaient à la Méditerranée, objet de convoitise de tous les Barbares, et possédaient Arles et Marseille, sources d'importants revenus fiscaux. Théodebert, petit-fils de Clovis, se fit aider par des lettrés gallo-romains (particulièrement par le patrice Parthenius, ancien élève des écoles de Ravenne). Sous leur influence, il chercha à imiter les empereurs romains en organisant des jeux hippiques dans le cirque d'Arles et en osant frapper une monnaie d'or à son effigie, ce qui scandalisa les Byzantins. Son fils Théodebald, né d'un mariage avec une patricienne languedocienne, fut fidèle à sa politique méditerranéenne et tenta d'occuper les régions de l'Italie du Nord. Cette expansion franque outre-monts fut contrariée par la conquête de l'Italie par les Lombards. Une alliance entre les rois d'Austrasie — maîtres d'une partie de la Provence — et les empereurs byzantins fut ébauchée. Si elle ne donna pas les résultats souhaités, car les Francs y voyaient surtout une source de profits en or, elle n'en témoigne pas moins d'une ouverture des Barbares vers les foyers de civilisation antiques. Les ambassades échangées entre Dagobert et Héraclius vers 631 sont le couronnement, mais aussi l'achèvement de cette politique. A cette date, les produits orientaux, soie, épices, aromates, encens, papyrus, continuent à parvenir en Gaule. Des reliques sont apportées en nombre important d'Orient par les pèlerins de retour de Terre sainte. L'or ne manque pas aux monétaires qui continuent à frapper des *trientes* (tiers de sou) de bon aloi, ni aux orfèvres, qui, tel Eloi, se mettent au service des grands. Il faut attendre la fin du VIIe siècle pour assister à un renversement progressif de la conjoncture.

La pénétration des Francs en Gaule méridionale devait, d'autre part, profiter à la Gaule « barbare ». On aurait pu croire que les progrès de Clovis et de ses successeurs au sud de la Loire allaient entraîner une barbarisation de l'ensemble du royaume. C'est le contraire qui se produisit : le Sud aida à la « reconstruction » du Nord. Grâce aux Aquitains, l'Église de la Gaule septentrionale et orientale put commencer à se réorganiser. En 534, le roi Thierry emmène des clercs arvernes pour le service de l'église de Trèves ; les Aquitains Goar et Fridolin fondent des monastères dans les régions mosellanes ; Nicet, évêque de Trèves, d'origine limousine, fait appel à des Méridionaux pour restaurer son église ; Aquitains eux aussi, Philibert, Eloi, Amand sont les grands missionnaires du VIIe siècle. Les architectes au service des évêques et des rois construisent des basiliques de type romain à Paris, Auxerre, Selles-sur-Cher, etc. Les chapiteaux, colonnes et sarcophages sont taillés et façonnés non loin des carrières pyrénéennes et envoyés par voie d'eau vers les chantiers de construction du Nord.

La Gaule du Sud n'a pas fourni que des clercs ou des artistes. Elle a donné aux princes des conseillers lettrés qui les ont familiarisés avec les pratiques de l'administration romaine. Dans l'entourage des premiers rois mérovingiens, nous trouvons des *convivae regis* gallo-romains, rédacteurs de la loi salique en latin ; d'autres, comme Parthenius, encouragèrent les rois à remettre en route le système des impôts directs sur les hommes et les biens fonciers. Au contact de ces lettrés, l'aristocratie franque fut gagnée à l'acte écrit, rédigea des testaments, fit établir des actes de ventes ou de donations que nous ont conservés les Formulaires. Au VIIe siècle, dans les pays de civilisation germanique, l'écrit ainsi fait son apparition. On peut en juger en comparant la loi salique et les lois des Ripuaires ou des Bavarois. Les princes francs du VIe siècle ne refusèrent pas d'apprendre le latin. L'Italien Fortunat, qui séjourna longtemps à la cour d'Austrasie, a noué avec les Francs des liens d'amitié qui se traduisent par des échanges épistolaires. Rien ne nous permet de dire que ses correspondants étaient incapables de comprendre son style maniéré. Nous avons, au contraire, des preuves de l'intérêt que tel ou tel Barbare – par exemple, le maire du palais Gogo – portait aux lettres latines. Chilpéric, roi de Neustrie, se piquait d'être poète et, à la façon de l'empereur romain Claude, voulut ajouter trois lettres à l'alphabet latin. A cette époque commence à se répandre la légende de l'origine troyenne des Francs, qui permet à ces Barbares d'avoir droit de cité dans le monde civilisé. Enfin, les princes et les membres de l'aristocratie, fervents catholiques, se rendent compte que leur nouvelle foi présuppose un minimum de culture. C'est sous une forme religieuse que se maintient au VIIe siècle la culture latine.

La Gaule a donc profité de ce long crépuscule de la civilisation romaine. Mais à la fin du VIIe siècle les conditions changent et les forces du germanisme paraissent l'emporter, donnant un autre visage à la Gaule mérovingienne. Il ne faut pas oublier que, pendant que les rois francs regardaient du côté de la Méditerranée, ils poursuivaient leur progression dans les terres barbares. Les rois de Reims et de Metz, Thierry, Théodebert (511-548) ; Clotaire Ier, soumirent la Bavière, l'Alémanie cisrhénane (Alsace) et la Thuringe. Radegonde, princesse thuringienne, fut destinée à épouser Clotaire. Les Bavarois conservèrent leurs ducs nationaux, mais les Francs les contrôlèrent. Dès 539, leur roi peut écrire à Justinien : « Notre domination atteint le Danube, la frontière de Pannonie et l'Océan. » Sur le Danube moyen et les monts de Bohême, celle-ci touche aux mondes slave et avar. Dès le milieu du VIe siècle, les Avars, venus des steppes asiatiques et installés en Pannonie, attaquent les Francs et font prisonnier le roi Sigebert. En 596, ils attaquent la Thuringe. Un marchand, Samo, avait au début du VIIe siècle pris la direction de la résistance slave contre les Avars. Il réussit à se tailler un royaume, sans doute dans les limites de la Bohême actuelle. Dagobert groupa contre lui une coalition de Bavarois, Lombards et Austrasiens, mais ne put parvenir à l'abattre. On devine derrière l'histoire de Samo — que seul le pseudo-Frédégaire nous a rapportée — quelques relations commerciales qui unirent les pays danubiens, et par suite l'Orient, aux terres germaniques. Les Francs, par une autre voie, retrouvaient la route de l'Est.

L'expansion des Francs en Germanie leur permit de garder un contact avec les pays d'où ils étaient primitivement issus et de préserver les traits germaniques de leur civilisation. La loi salique, rédigée à la fin du Ve siècle, nous donne une idée de la société franque et de ses coutumes juridiques originales. Le chef de guerre est censé descendre des dieux païens et se distingue des guerriers par quelques traits extérieurs, dont la fameuse chevelure. Il s'entoure d'une aristocratie, de naissance ou de valeur, à qui il distribue les terres et les biens conquis (le célèbre épisode du vase de Soissons prouve que le partage du butin ne se faisait pas sans difficulté). A sa mort, ses fils reçoivent chacun une partie de l'héritage. C'est ainsi que le royaume mérovingien subit aux VIe et VIIe siècles des partages qui ne tenaient aucun compte des populations ou de l'idée d'État. Le gros du peuple franc est composé des hommes libres qui portent les armes, possèdent la terre ou la cultivent, sont maîtres d'esclaves, prisonniers de guerre ou débiteurs insolvables.

La famille franque garde sa cohésion d'antan. A sa tête, le père a le pouvoir absolu (*mund*) sur ses filles jusqu'à leur mariage et sur ses fils jusqu'à ce qu'ils soient admis, vers douze ou quinze ans, dans la communauté des guerriers. C'est la famille qui est responsable des fautes de chacun des membres, qui paie ses dettes, le venge lorsqu'il est lésé ou acquitte le « prix du sang » lorsqu'il a commis un crime. La loi salique nous a rapporté la procédure de la *chrenecruda* par laquelle un Franc insolvable abandonne ses biens et ses dettes à sa famille. Le coupable jure qu'il n'a plus rien, puis recueille de la terre dans les quatre angles de sa maison ; il la jette de sa main gauche par-dessus son épaule sur ses plus proches parents ; enfin, en chemise, sans ceinture ni chaussures, il saute au-dessus de la haie qui entoure sa maison, voulant signifier qu'il l'abandonne complètement.

Cette cérémonie n'est qu'un exemple du formalisme juridique des Germains dont hérita le Moyen Age. Nous le retrouvons dans la coutume du *wergeld* instituée pour diminuer les excès de la vengeance privée (*faida*) et rétablir l'ordre voulu par les dieux. Les Germains, comme beaucoup de peuples primitifs, ont imaginé de faire verser à la victime ou à sa famille une somme proportionnelle à l'importance du délit ou à l'échelon social de la victime : un homme dans la force de l'âge « coûte » plus qu'un enfant, qu'un vieillard ou qu'une femme ; une blessure faite au deuxième doigt — qui sert à tirer l'arc — est plus chère qu'une autre. « Avoir frappé à la tête quelqu'un de telle façon que le cerveau apparaisse et que les trois os qui le recouvrent soient à nu : 30 sous ; avoir arraché à autrui une main, un pied, un œil, le nez : 100 sous ; si la main reste pendante, réduit à 60 sous. » Pareille minutie en ce qui concerne les atteintes à la propriété, les bris de clôture, le vol de bétail, l'honneur des femmes... La loi burgonde condamne un homme qui a voulu toucher les cheveux d'une femme libre à 24 sous d'amende, tandis que la loi des Bavarois précise que celui qui a levé le vêtement au-dessus du genou d'une femme paie 12 sous. Pour la loi salique « un homme libre qui aura étreint la main, le bras ou le doigt d'une femme libre devra, le fait prouvé, payer 15 sous ; s'il a pressé le bras, 30 sous, et au-dessus du coude 35 sous ».

Tous les actes de la vie du Franc sont empreints de religiosité. Le paganisme, proche des vieilles coutumes celtiques, n'a pas perdu de sa force, même après la conversion de Clovis et de ses guerriers au catholicisme. L'étude des tombes et de leur mobilier prouve suffisamment que les croyances germaniques survivent. Les inscriptions runiques que nous lisons sur les armes, les bijoux, les pierres ont un rôle essentiellement magique. Elles protègent celui qui porte ces objets et, suivant le sens même du mot *rune*, restent pour la plupart « secrètes ». Les figurations animales que font connaître les boucles de ceinturon, cerf, cheval, hippogriffe, taureau, oiseaux, sont autant de témoignages d'un paganisme qui vient de très loin et qui ne veut pas mourir.

Les techniques métallurgiques révélées par les trouvailles funéraires montrent que les Francs, les Alamans, les Burgondes restent liés au monde germanique. Le forgeron est considéré dans la législation ou les légendes comme un personnage important de la société. Procope, chroniqueur byzantin du VIe siècle, a été frappé par l'armement des guerriers de Théodebert qu'il a pu voir en Italie : « A un signal donné, ils ont l'habitude de lancer leurs haches qui brisent les boucliers de leurs ennemis, ce qui leur permet de les massacrer. » Une lettre de Cassiodore au roi des Varnes ou Varins, peuplade installée en Thuringe, fait connaître l'admiration envieuse d'un Méditerranéen pour les épées longues, « capables de trancher même les armures » : « Votre patrie fut de la sorte si comblée par la nature qu'elle vous a assuré une renommée singulière : que la beauté de ces épées les ferait attribuer à Vulcain, qui passait pour forger le fer avec tant d'élégance que l'ouvrage de ses mains paraissait l'œuvre non de mortels, mais d'un dieu. » Dans l'épopée germanique, le dieu forgeron apparaît aussi sous les traits de Wieland. Les orfèvres germaniques ont eu également une solide réputation. Que les Germains aient emprunté leurs techniques et leur art aux populations pontiques, peu importe ; le fait essentiel est qu'ils aient répandu des fibules, boucles et plaques de ceinture, au décor zoomorphique et coloré, dans une grande partie de l'Europe du Nord. Les Mérovingiens sont maîtres d'un art qui se perfectionne au cours des VIe et VIIe siècles et qu'ils transmettent à leurs successeurs carolingiens.

Grâce à la force créatrice du germanisme, les Mérovingiens ont pu résister à la tentation méditerranéenne et, au moment où la civilisation antique disparaissait, ils ont pu appuyer leur domination sur les traditions nationales.

A la fin du VIIe siècle, nous assistons à un déplacement significatif des centres de gravité de la Gaule. Clovis et ses premiers successeurs avaient établi leurs capitales en Neustrie, c'est-à-dire dans les pays entre Somme et Loire, et avaient pu espérer établir un relatif équilibre entre forces gallo-romaines et germaniques. Tout en conquérant les pays au-delà du Rhin, ils n'avaient cependant jamais cherché à installer vers l'est les centres de leur Etat ; le grand fleuve demeurait frontière, comme il l'avait été dans l'Empire romain.

Lorsque se précisèrent les échecs byzantins en Occident, et que se firent sentir les contrecoups de l'invasion arabe en Méditerranée, tout changea : la Provence fut abandonnée à elle-même et les routes de passage vers l'Italie se fixèrent plus au nord, dans les Alpes. L'Aquitaine, où s'était conservée longtemps la civilisation antique, n'attira plus les Francs. L'Austrasie, entre la Marne et le Rhin, devint le vrai centre du royaume. C'est de là que sortirent les grandes familles aristocratiques, riches en terre et en hommes, et parmi celles-ci la famille des Pippinides, ancêtres des Carolingiens. Herstal, Landen dans la vallée de la Meuse, Metz sur la Moselle sont choisies comme résidences. Les missionnaires catholiques, patronnés par les grands d'Austrasie, établissent des églises en Alémanie, Thuringe ou Frise, et sont en relations directes avec les royaumes anglo-saxons nouvellement convertis. Les monastères du nord de la Gaule deviennent les seuls centres de culture religieuse, voire profane. En même temps, le commerce atlantique se développe grâce aux échanges entre la Gaule, l'Irlande et l'Angleterre. Les embouchures de la Seine, de la Meuse et du Rhin reçoivent des bateaux venant des îles Britanniques. Rouen, Quentovic sur la Canche connaissent dès cette époque une activité promise à un brillant avenir. Les marchands anglo-saxons et frisons se servent, vers 674, d'une nouvelle monnaie d'argent, le *sceatta*, qui imite les monnaies d'or et bientôt supplante les monnaies traditionnelles. Ainsi s'organise dans la « Méditerranée nordique » un nouveau commerce qui permet les échanges de produits, d'hommes et d'idées entre les pays riverains de la mer du Nord ou de la Manche.

La Gaule mérovingienne a bénéficié de ce déplacement vers le nord des forces économiques et culturelles. Alors que les autres royaumes barbares méditerranéens ne peuvent pas s'adapter aux nouvelles conditions politiques et sont les victimes des bouleversements méditerranéens (repli des Byzantins vers l'Orient, invasion arabe, etc.), la Gaule, parce qu'elle garde contact avec le monde germanique, non seulement résiste, mais apparaît comme le seul Etat stable autour duquel s'opère un regroupement de toutes les forces barbares.

Ce n'est pas sans raison que la papauté, menacée par Byzance ou par les Lombards, fait appel en 739 au maire du palais Charles Martel, qui vient de remporter sur les Arabes la célèbre victoire de Poitiers. Si l'appel demeure sans effet à cette date, il est entendu en 754. Se scelle alors l'alliance des deux forces, spirituelle et temporelle, de l'Occident, la papauté et la monarchie franque.

II. LES MOYENS D'ACTION DE LA MONARCHIE MÉROVINGIENNE

Les rois et leur entourage

Issus de la famille de Mérovée, petit chef franc plus ou moins légendaire, les rois tirent leur force de leur origine réputée divine et de leurs vertus guerrières. Le nom même de Clovis (c'est-à-dire Louis) signifie « célèbre au combat » (*Chlodovechus*). Le souverain est reconnu par les assemblées des hommes libres, composées, en fait, des guerriers aristocrates. Il exerce une autorité absolue, mais qui reste souvent théorique. En effet, les caractères de la chefferie tribale ont dû peu à peu s'adapter à un vaste royaume conquis en quelques années. D'où les difficultés et les compromis. Le roi n'a aucune notion de l'Etat dans sa forme antique et considère toujours son royaume comme un bien qu'il partage entre ses fils. Il confond naturellement sa fortune personnelle et les revenus de la communauté. Il dirige ses sujets comme un propriétaire ses paysans, sans tenir compte de leur appartenance religieuse ou régionale. Les différents partages mérovingiens regroupent momentanément sous une même autorité des Aquitains et des Austrasiens, des Neustriens et des Provençaux, et les populations ne paraissent pas réagir, car en fait, elles ignorent cette autorité. On signale rarement des révoltes populaires, sinon lorsqu'une trop lourde imposition vient frapper les contribuables. Les percepteurs sont alors assassinés et la vie reprend son cours.

L'autorité du roi se limite bien souvent à son entourage. Sous l'influence des éléments gallo-romains, le prince a organisé sa cour à la façon impériale. Quelques « officiers » s'occupent de son écurie (*comes stabuli*, connétable, et *marisschalk*, maréchal), de sa table, de son tribunal. Un « maire du palais » (*majordomus*) contrôle les intendants, qui mettent en valeur les domaines du roi. Car déjà « le roi vit du sien » et tire la plupart de ses ressources des biens personnels, anciens fiscs impériaux ou terres conquises récemment. Les besoins économiques et le goût du changement, hérité peut-être des migrations rurales de ses ancêtres, amènent le roi à se transporter de domaine en domaine. Bien que Clovis ait établi à Paris la *cathedra regni*, pour reprendre le mot de Grégoire de Tours, les rois mérovingiens préfèrent les résidences rurales dans les pays forestiers, tels Chelles, Clichy, Nogent, Rueil, Verberie, etc. Les villes leur servent de refuge ou de nécropole : à Paris, l'abbaye des Saints-Apôtres (Sainte-Geneviève) reçut les dépouilles de Clovis et de Clotilde, celle de Saint-Germain-des-Prés les corps de Childebert, de Chilpéric et de Clotaire II, avant que Saint-Denis ne les supplante dans ce rôle. On peut voir là un exemple de compromis entre les traditions germaniques et romaines.

Le roi mérovingien est un Barbare, mais qui, de temps en temps, se souvient qu'il dirige des populations habituées à l'administration romaine. D'où un embryon de bureaucratie qu'anime le « référendaire » et d'où sortent des préceptes et des édits. Pendant longtemps, les traditions des bureaux impériaux (emploi du papyrus, écriture curiale, titulature officielle) furent observées. Des notaires laïcs, qui connaissaient les Formulaires et le style artificiel des législateurs antiques, purent donner l'illusion que l'écrit jouait toujours un rôle dans l'administration. Mais, au milieu du VIIe siècle, par suite de la disparition de la culture laïque, leurs fonctions perdirent de leur réalité. L'engagement oral, le serment sur des reliques se généralisèrent.

Pour se faire respecter, le roi doit avoir un trésor important et des forces militaires prêtes à servir. Tous les Mérovingiens ont voulu entasser dans leur « chambre » l'or sous tous ses aspects : bijoux, lingots, vaisselles, monnaie... Ils montrent avec fierté ce qu'ils reçoivent de Byzance ou ce qu'ils confisquent aux vaincus. Ils recueillent le produit des amendes, des levées d'impôts indirects (tonlieux) ou directs, lorsqu'ils arrivent à lever ces derniers. Héritiers du droit de battre la monnaie, ils émettent à leur effigie des pièces d'or, tiers de sou ou *trientes*. Mais ils sont incapables d'empêcher les ateliers privés de frapper la monnaie.

La tradition germanique faisait de tout homme libre un guerrier, protégé par un *wergeld* supérieur. Tous les ans, au printemps, le roi convoque ses hommes, qui sont des guerriers de sa race, c'est-à-dire des Francs. Mais il impose aussi le service militaire aux Gallo-Romains, du moins aux riches propriétaires et à la bande des gardes du corps qui les entoure. Ces derniers acceptent volontiers, tant les opérations leur paraissent fructueuses. Une page de Grégoire de Tours, racontant l'expédition de Gontran en Septimanie, permet de saisir l'action des armées « franques » : « Les peuples qui habitaient au-delà de la Saône, du Rhône et de la Seine, ayant fait leur jonction avec les Burgondes, causèrent de graves ravages tant aux récoltes qu'au bétail. Tandis qu'ils perpétraient de nombreux homicides, incendies et pillages dans leur propre pays, allant jusqu'à dépouiller les églises et à assassiner des clercs, des prêtres et le reste de la population près des autels consacrés à Dieu, ils s'avancèrent jusqu'à la ville de Nîmes. »

Comtes et évêques

Pour convoquer son armée, le roi fait appel à ses représentants dans les cités, les comtes. Dans les trop grandes *civitates*, on a divisé le territoire en « pays » *(pagi)*. Le comte (en germanique *graf*) détient tous les pouvoirs, administratifs, judiciaires, financiers, militaires. Il est nommé par le roi et, en principe, révocable. Les Mérovingiens demandèrent aux sénateurs gallo-romains d'exercer cette fonction en Gaule du Sud et, semble-t-il, n'eurent pas à s'en plaindre. Un brevet de nomination dont nous avons conservé le texte indique bien ce que l'on attend du comte : « Ayant éprouvé ta fidélité et ton zèle, nous te confions le pouvoir comtal dans tel *pagus* qu'administrait jusqu'à présent un tel, pour que les populations franques, romaines, burgondes ou de toute autre origine vivent en paix sous ton administration et gouvernement, pour que tu les guides sur le droit chemin conformément à leurs lois et coutumes, pour que tu sois particulièrement le défenseur de la veuve et de l'orphelin, pour que tu châties larrons et malfaiteurs impitoyablement, pour que, sous ton action, la population vive en paix, tranquille, heureuse, enfin pour que tout ce qui est dû au fisc en ce qui te concerne soit chaque année, par tes propres mains, amené à notre trésor. » Beau programme sans doute, inspiré des législations romaine et chrétienne, mais que, dans ces temps difficiles, il était peu aisé d'appliquer.

Le comte pouvait être soit un juge équitable, soit un tyran. Il pouvait s'entourer des notables (*boni homines* et, dans le Nord, rachimbourgs) pour présider le tribunal (*mallus*) et juger chacun selon sa loi, ou bien utiliser son pouvoir absolu aux dépens des populations. Des rois, tel Dagobert, organisaient alors des tournées dans le royaume pour permettre les appels au tribunal royal. Les comtes, qui n'étaient pas rémunérés, avaient la tentation de multiplier les amendes et les impositions, si bien que les populations se tournaient vers le second personnage de la cité, l'évêque.

En effet, depuis la conversion des rois au catholicisme, les évêques apparaissent comme d'autres agents du pouvoir royal. Les rois surveillent de près les élections épiscopales et imposent aux électeurs traditionnels, le clergé et le peuple, des clercs ou des laïcs dont ils connaissent la fidélité et les aptitudes administratives. Pendant la période des invasions, les évêques avaient été amenés à protéger les populations, à intervenir auprès des envahisseurs, à restaurer les ruines laissées par les sièges des villes. Aux Ve et VIe siècles, ils gardent le souci de l'administration temporelle et interviennent en cas de défaillance des pouvoirs publics. Ainsi Félix, évêque de Nantes, non seulement fait construire une cathédrale dont Fortunat nous donne la description, mais aménage un port sur la Loire et crée des moulins. Nizier de Trèves se fait construire un magnifique palais sur la Moselle et l'exploite comme un grand propriétaire. Didier de Cahors restaure les murailles de sa ville et s'intéresse à son ravitaillement en eau. Lorsque les exigences des percepteurs sont trop lourdes, l'évêque intervient : Oustrille, évêque de Bourges, et son successeur Sulpice empêchent le fonctionnaire royal Garnier de lever l'impôt ; Injuriosus de Tours menace le percepteur de la colère de saint Martin. Les évêques interviennent dans la justice non seulement, ce qui est conforme au droit canon, lorsque les clercs sont impliqués, mais pour les causes intéressant tous les citoyens ; « O évêque, tu dois dispenser à tous la justice! » rappelle Chilpéric à Grégoire de Tours. Peu à peu, les évêques, profitant des troubles civils, étendirent leur autorité temporelle et même, à la fin du VIIe siècle, devinrent les seuls chefs des cités, tel saint Léger d'Autun.

L'aristocratie

Le personnel dirigeant du royaume, qu'il fût laïc ou ecclésiastique, sortait généralement de l'aristocratie. Mais de quelle aristocratie ? Gallo-romaine ou barbare ? La faculté d'adaptation de l'aristocratie sénatoriale fut assez remarquable. Considérons la famille des Apollinaires : Sidoine, resté fidèle à l'Empire, défend Clermont contre les Wisigots d'Euric ; son fils combat dans les rangs wisigots contre Clovis, à Vouillé ; son petit-fils Arcadius invite Childebert à occuper l'Auvergne. Ces ralliements successifs s'expliquent par une sorte d'indifférence au pouvoir politique. Les aristocrates défendent leur rôle et leurs biens, comme l'avaient fait les sénateurs de l'Italie ostrogotique, Cassiodore le premier. Ils estiment normal d'être choisis pour exercer les fonctions de comte ou pour occuper un siège épiscopal. Leur culture, leur fortune, leurs ancêtres les placent au premier rang. Du côté barbare, l'aristocratie est composée des amis du prince qui se sont distingués dans les combats et qui ont reçu des terres au moment du partage. Ils font parfois partie de la « truste » royale, c'est-à-dire qu'ils sont unis au prince par des liens de fidélité. Ils suivent leur seigneur au cours des guerres qui opposent roi à roi et réclament, une fois la paix revenue, la restitution des biens qu'ils ont perdus. C'est du moins ce que prescrit l'article 12 de l'édit de Paris en 613 : « Ce qu'un des fidèles, ou « leudes », a perdu pour avoir gardé fidélité à son seigneur légitime, nous ordonnons qu'il lui soit justement restitué. »

Au VIIe siècle, les deux aristocraties fusionnent par mariages entre Gallo-Romains et Francs ; elles sont appelées à des tâches administratives communes. Les rois eurent, en effet, le désir d'attirer à la cour les fils de bonnes familles de toutes les régions du royaume. Le recrutement se faisait sans règles précises et l'on entrait généralement au palais par relations. Lorsqu'un jeune homme atteignait l'âge de la puberté, il pouvait prétendre à entrer dans le groupe des « nourris » (*nutriti*). Le maire du palais était chargé de leur surveillance et s'occupait également de l'éducation des jeunes princes. Cette communauté de vie de la jeunesse mérovingienne permettait l'établissement de liens d'amitié entre tous les « palatins ». Didier de Cahors, après avoir reçu une première instruction dans sa famille, fut envoyé à la cour de Clotaire II. Il fut élevé avec le jeune Dagobert. Plus tard, il rappelle à ce dernier « le souvenir de la camaraderie et la douceur d'une jeunesse passée sous un jour favorable ». A la cour, il avait retrouvé d'autres Aquitains, tel Eloi, des Neustriens, tel Dadon, le futur saint Ouen, des Austrasiens, tel Arnulf, futur évêque de Metz.

Contrairement à ce qu'on a souvent dit, ces jeunes gens ne recevaient pas à la cour une éducation littéraire. Certains l'avaient déjà reçue chez eux, d'autres restaient étrangers aux lettres classiques. A la cour, école de cadres, ils apprenaient à être fonctionnaires ou soldats. Ils étaient formés par les notaires royaux à la pratique administrative et pouvaient par la suite diriger la chancellerie, tel Dadon, ou les services du trésor, tel Didier. Ayant fait leurs preuves, ils étaient élevés à la fonction de comte ou d'évêque.

En même temps, les jeunes aristocrates pouvaient acquérir un certain « art de vivre ». Certes, les hagiographes du temps nous ont dépeint le palais comme un mauvais lieu, mais il ne faut pas les prendre trop au sérieux : pour rehausser la mémoire de leur héros, ils ont noirci à dessein cette cour où il était si malaisé d'acquérir la sainteté. De loin, les mères craintives craignaient le pire pour leur fils. Dans les lettres que la mère de Didier de Cahors envoyait à ce dernier, les bons conseils ne manquent pas : « Sois fidèle au roi, choisis avec soin tes compagnons, aime et crains Dieu, garde avant tout la chasteté ». Didier, d'ailleurs, garda toute sa vie un bon souvenir des années passées à la cour. Ecrivant à un ancien camarade, il regrette le temps où « sous l'habit du siècle, dans l'entourage du sérénissime prince Clotaire, nous avions coutume de nous délasser en échangeant des propos sans importance ». Un poème, qui fut peut-être écrit à la cour, évoque les histoires (*saeculares fabulae*) que se racontaient les courtisans ; les chants accompagnés de la harpe et de la cithare sont également mentionnés, mais nous n'avons rien conservé qui puisse nous permettre de reconstituer une « histoire poétique des Mérovingiens ». La cour mérovingienne n'était pas cet endroit sinistre qu'on veut parfois nous dépeindre, du moins jusqu'à la mort de Dagobert. Sa réputation avait même franchi les limites de la Gaule, puisque la veuve du roi Edwin de Northumbrie y envoya ses deux fils afin qu'ils y fussent éduqués. Dans la seconde moitié du VIIe siècle, la cour souffrit de la décadence du pouvoir royal et ne retrouva son prestige qu'avec les premiers Carolingiens.

Crise à la fin du VIIe siècle

Les rois, qui arrivaient jusque-là à se faire obéir tant bien que mal, perdent, après la mort de Dagobert, et leur autorité et leurs moyens d'action. La monarchie tombe entre les mains de jeunes gens prématurément vieillis par la débauche ou la maladie, Clovis II meurt à vingt-trois ans, Sigebert III à vingt-sept ans, d'autres n'atteignent pas vingt ans. Les maires du palais, issus de l'aristocratie, ne se contentent plus des responsabilités à l'intérieur de la maison royale ; ils aspirent à diriger le royaume. Ou du moins ce qui reste du royaume. En effet, l'Aquitaine, qui avait tant donné à la Gaule, mène de plus en plus une vie à part. Les attaques des populations basques au sud de la Garonne obligent l'aristocratie à se choisir des chefs locaux : vers 672, un concile se réunit « sur la médiation de l'homme illustre, le duc Loup ». La Provence devient également autonome. A l'ouest, l'Armorique, peuplée par des Celtes, avait longtemps inquiété les rois francs ; Vannes et Rennes, cités gallo-romaines, étaient continuellement menacées, et les Mérovingiens avaient dû établir quelques ouvrages fortifiés ; Dagobert avait réussi à faire venir à Clichy le prince breton Judicaël et à lui imposer une sorte de suzeraineté ; mais, après la mort du dernier des grands Mérovingiens, les Bretons retrouvèrent leur indépendance. A l'est les Alamans et les Bavarois se libèrent de tout lien de sujétion ; les Saxons font des incursions saisonnières en Thuringe ; au nord, les Frisons gagnent les rives de l'Escaut. A l'intérieur, enfin, le royaume se fractionne en plusieurs parties : Neustrie, Burgondie, Austrasie, qui ont chacune et leur roi et leur maire du palais.

Le trésor, d'autre part, est de moins en moins alimenté par les impôts, même indirects. La disparition de ces ressources et, à la fin du VIIe siècle, de la frappe de la monnaie d'or, coïncide avec la crise politique. Les rois, pour s'assurer des fidélités, abandonnent alors à des particuliers, surtout ecclésiastiques, les privilèges régaliens, et multiplient la concession d'« immunités » : le comte et ses agents n'ont plus le droit de pénétrer dans tel territoire privé pour percevoir les amendes, exercer la justice, lever des hommes d'armes. Bien plus, les rois cèdent à telle ou telle abbaye une partie de leurs domaines. Saint-Denis doit à Dagobert, et surtout à ses successeurs, une grande partie de sa fortune foncière. Les rois lui donnent le profit des tonlieux levés pendant la foire d'automne, mais les comtes de Paris acceptent difficilement d'être ainsi dépossédés ; d'où des procès qui se sont poursuivis jusqu'au règne de Pépin, et dont nous avons conservé la trace dans les diplômes royaux.

Les rois ont cherché à acquérir d'autres moyens d'action en s'entourant de fidèles liés personnellement à eux. A la pratique du patronage romain s'était ajoutée, en effet, celle du *comitatus* germanique, dont parle déjà Tacite. Les guerriers aristocrates s'entouraient de protégés, qui leur devaient, en revanche, aide et assistance. Le roi avait ainsi sa « truste », ses « leudes », jouissant d'un triple *wergeld*, hommes de confiance sur lesquels il pouvait compter tant que son autorité était grande et que ses largesses étaient assurées. Mais à mesure que les unes et les autres diminuaient, les fidèles se faisaient plus rares ou se mettaient au service des puissants du jour.

Les chefs de l'aristocratie laïque et ecclésiastique se constituèrent donc des clientèles, première forme de ce que sera la vassalité. Pour attirer ces « vassaux » (le mot apparaît pour la première fois dans un diplôme de 735), les grands leur font des cadeaux, le plus fréquemment des terres. Ces dons ou « bienfaits » (*beneficia*) sont le plus souvent octroyés à titre viager et contre le versement d'un faible cens. Comme le demandeur adressait au concédant une « prière », ces bénéfices prirent le nom de *precaria*, d'où l'expression « à titre précaire ».

L'aristocratie sait, dès le VIIᵉ siècle, utiliser ces liens personnels entre protecteur et protégé pour prendre la direction des affaires du royaume, ou des royaumes. En Burgondie, l'évêque d'Autun, Léger, qui avait fait ses premières armes à la cour, réussit un moment à se tailler une véritable principauté ; mais son rival, le maire du palais Ebroïn, l'abat et le fait mourir dans des supplices qui valurent à Léger le titre de martyr et la vénération populaire : cinquante-six villages français portent son nom. En Austrasie, une famille se distingue, celle de Pépin de Landen. Il était maître d'immenses domaines dans la vallée de la Meuse et reçut la charge de maire du palais d'Austrasie au temps de Dagobert. Son fils Grimaud lui succéda en 640 ; il se crut assez fort pour exiler en Irlande le roi d'Austrasie, Dagobert II, et le remplacer par son propre fils. Ce premier coup d'Etat était encore prématuré, et en 662 la dynastie mérovingienne reprit sa place. Mais les Pippinides ne désarmèrent pas, s'alliant, en Austrasie, avec une autre puissante famille dont le chef était Arnulf, évêque de Metz, ancien conseiller de Dagobert. Aux forces venant des domaines fonciers s'ajoutait ainsi l'appui de l'Eglise. Pépin II, dit Pépin le Jeune, ou encore, du nom d'un de ses domaines mosans, Pépin de Herstal, petit-fils de Pépin Iᵉʳ et d'Arnulf de Metz, regroupa les Austrasiens et réussit, après la mort d'Ebroïn, à battre les Neustriens à Tertry, en Vermandois (687). Cette bataille marque la fin de l'histoire mérovingienne.

III. ÉLÉMENTS D'UNE CIVILISATION MÉROVINGIENNE

Deux siècles d'histoire, emplis de péripéties difficiles à suivre, de luttes civiles, d'invasions contenues, ont donné à la Gaule un nouveau visage. La civilisation mérovingienne, née des affrontements entre forces romaine et germanique, peut difficilement être cernée, car elle n'a connu d'apogée à aucune époque. Le « siècle de Dagobert » n'a duré que dix ans! Le visage de la Gaule médiévale s'est lentement modelé ; il nous apparaît alors encore informe. Pourtant, pendant deux siècles, les hommes et les femmes ont vécu, tant bien que mal. Quels sont les cadres de leur vie matérielle et spirituelle ?

Le paysage rural

Comme la Gaule romaine, la Gaule mérovingienne est recouverte de grandes étendues boisées. Nous connaissons par les textes certaines des forêts qui n'ont guère été entamées à l'époque : forêt Charbonnière, s'étendant entre la région de Bruxelles et l'Artois ; forêt d'Ardenne, où le hêtre dominait, depuis les lisières de la Picardie jusqu'à l'Eifel et le massif vosgien ; forêts du Bassin parisien, installées sur l'auréole du crétacé inférieur (Argonne, Der), sur les plateaux tertiaires de la région parisienne (Brie, pays de l'Oise, Hurepoix) ; forêts du Perche, du Chartrain, de Basse-Normandie, d'Armorique, des plateaux bourguignons, du Massif central, de la moyenne Garonne. Certaines de ces forêts formaient de véritables frontières entre les différentes parties du royaume, telles les forêts de Vicogne, Arrouaise, du Laonnois et du Soissonnais, qui séparaient la Neustrie de l'Austrasie. Refuges des hors-la-loi ou des ermites, ces forêts n'étaient pas laissées à un naturel abandon. Les rois mérovingiens, grands chasseurs, y avaient constitué des réserves non loin de leur résidence. Il se peut que le mot *foresta*, qui apparaît au VIIe siècle, désigne des districts réservés aux chasses royales. Les princes avaient le privilège d'abattre les bêtes fauves, aurochs, ours, sangliers... Pour les paysans, et même les citadins, la forêt était essentielle à l'alimentation (viande, fruits sauvages, miel), à la cuisson et au chauffage, à la construction, aux « industries » du verre et du métal, au pacage des animaux domestiques, particulièrement des porcs. Comme leurs ancêtres de la préhistoire, les hommes des temps mérovingiens restaient chasseurs, cueilleurs et éleveurs. Sans doute l'occupation du sol gaulois par les Germains, même s'ils formaient une minorité, a-t-elle pu contribuer aux défrichements de régions marginales. La fondation des abbayes au cours des VIe et VIIe siècles a ici et là prolongé ces entreprises. Mais un outillage rudimentaire et la rareté de la main-d'œuvre empêchèrent les massifs forestiers d'être profondément pénétrés.

La forêt reste un des éléments essentiels des grands domaines, gallo-romains ou francs, tels qu'ils apparaissent à travers quelques donations et testaments ou les vestiges toponymiques. Le grand domaine de type romain s'est maintenu longtemps en Gaule du Sud. Les témoignages de Sidoine Apollinaire, de Fortunat et de Grégoire de Tours concordent à ce sujet. La demeure fortifiée du propriétaire abrite sa *familia* d'esclaves. Les terres de culture (*ager*), que l'on oppose aux terres en friche ou aux forêts (*saltus*), sont confiées de plus en plus à des tenanciers libres, héritiers des colons de l'Antiquité, mais aussi à des esclaves « casés », qui partagent le même sort.

Les aristocrates barbares de la Gaule septentrionale et orientale ont organisé de la même façon leurs domaines, qu'ils ont occupés par la force ou qu'ils ont reçus de la générosité des rois. On a cru longtemps que les lieux dont le nom est constitué du suffixe *court* ou *ville* précédé par un nom germanique, qui foisonnent par milliers au nord de la Loire, rappelaient l'existence de ces domaines barbares. En fait, il s'agit bien souvent de domaines gallo-romains débaptisés au VIIe ou VIIIe siècle, lors de la germanisation de l'onomastique. Plus intéressants sont les noms en *ans, -ens, -ange, -enge*, mais ils désignent vraisemblablement des fractions de domaines, des hameaux, des écarts.

Les Barbares n'ont pas changé les méthodes d'exploitation de la terre, sinon peut-être exceptionnellement, en utilisant la charrue pour labourer les terres lourdes des plaines du Nord-Ouest ; mais l'araire resta pour longtemps encore l'outil, médiocre, du paysan. Comme les Gallo-Romains, ils se contentaient d'enrichir les terres cultivées par le brûlis ou les laissaient en friche plusieurs années. De toute façon, les rendements devaient être très faibles.

Aussi bien dans la Gaule du Sud que dans le Nord, nous apercevons une classe de petits propriétaires qui, aidés de quelques esclaves, cultivent directement leurs terres. Ces exploitations familiales commencent, au VIIe siècle, à prendre le nom de « manses » (du latin *maneo*, demeurer). La résistance de ces petites propriétés a pu être renforcée par l'influence germanique. En effet, le texte de la loi salique atteste l'attachement à la possession individuelle. Le Franc défend son jardin, son pré, sa vigne ; une lourde amende punit le vol, les bris de clôture, les dégâts causés par les animaux dans la moisson d'autrui.

Les grands propriétaires n'ont pu maintenir intacts leurs domaines. Les testaments, actes de vente ou d'échange que nous avons conservés attestent la mobilité de la fortune foncière. Les « parts », les « portions », passent de main en main, sont regroupées, puis disloquées, si bien que le domaine divisé en réserve et tenures apparaît comme exceptionnel. La réalité est bien plus complexe, et l'historien peut à peine la saisir.

Le paysage urbain

Nous sommes dans un terrain plus assuré si nous regardons du côté des villes. Si, comme nous l'avons dit, la civilisation urbaine a survécu en Gaule méridionale au VIe siècle, elle paraît compromise au siècle suivant. Les villes perdent leur fonction administrative et même commerciale. Les trafiquants orientaux, les *Syri*, disparaissent et les juifs, que l'on n'a pas cherché à convertir de force comme en Espagne, demeurent les rares commerçants. Les villes ont un double caractère, militaire et religieux. Entourées par des remparts depuis les invasions du IIIe siècle, elles se replient encore sur elles-mêmes et deviennent quelquefois de véritables citadelles. Les habitants prennent appui sur une île comme à Paris et à Melun, sur une colline (à Auxerre ou à Autun) ou sur un grand monument antique (l'amphithéâtre de Tours). Les comtes et surtout les évêques veillent à l'entretien des murailles, tels saint Didier à Cahors et saint Léger à Autun. Dijon est, selon Grégoire de Tours, une place forte (*castrum*), protégée par une haute muraille renforcée de trente-trois tours. Les armées mérovingiennes se heurtent constamment au système défensif urbain ; rois ou reines pourchassés s'y réfugient avec leur trésor.

Le *suburbium* des villes n'est pas entièrement vide. Auprès des cimetières se dressent des monastères et basiliques. A Poitiers, l'hypogée de Mellebaude (fin du VIIe s.) est construit dans le cimetière des Dunes. Pour protéger les villes des fléaux, les hommes de ce temps construisirent des églises hors les murs. « Cette ville est plus efficacement défendue par ses basiliques que par ses remparts », disait Avit en parlant de Lyon. Bertrand, évêque du Mans, construisit une basilique dans la banlieue « pour la défense de la ville et la bonne santé du peuple ». Car il fallait redouter autant les épidémies que les guerres. Des églises pouvaient également servir à recevoir les fidèles que les trop petites cathédrales, construites à l'intérieur des murs, ne suffisaient pas à contenir lors des grandes fêtes liturgiques. L'évêque d'Auxerre Aunaire, qui fit, à la fin du VIe siècle, un règlement pour la célébration des litanies, mentionne six églises sur huit en dehors de la ville. A Paris, dix églises s'élèvent sur la rive gauche et quatre sur la rive droite. Les villes de la Gaule ont souvent été sauvées par l'établissement des centres religieux et par la présence de l'évêque. Par suite, elles souffrirent de la désorganisation ecclésiastique : au début du VIIIe siècle, les villes du Sud, qui, pendant quelques décennies, n'ont plus eu d'évêques, déclinèrent alors plus vite que les villes du Nord. Elles souffrirent également de la multiplication des églises privées que les grands propriétaires établirent dans leurs domaines. Le clergé rural et les fidèles oublièrent le chemin de la ville.

Difficultés de vie

Replacer les hommes des temps mérovingiens dans les décors rural et urbain ne suffit pas. En deux siècles, la population de la Gaule a sans doute évolué. Aucun document chiffré ne permet d'esquisser une courbe démographique. Le relevé des cimetières barbares donne une idée de l'implantation des nouvelles populations dans une région donnée. Mais il faudrait pouvoir dater ces trouvailles et être certain de la nationalité des guerriers enterrés. Les Germains ont pu occuper des régions vides ou abandonnées par les Romains, à l'exemple de leurs ancêtres, que, dès le IIIe siècle, le pouvoir impérial avait installés. La cohésion et la fécondité de la famille germanique auraient pu permettre une augmentation de la population sans les guerres, les épidémies et la sous- alimentation. En effet, l'existence était terriblement menacée. En analysant les squelettes trouvés dans les tombes, on relève des traces de rachitisme, de tuberculose, de caries dentaires, et l'on constate que la mortalité infantile était très forte. Les rares inscriptions et les textes confirment ce fait. Pour un adulte, mourir à quarante-cinq ans était considéré comme normal. Si Clovis a atteint cet âge, Dagobert est mort à trente-six ans. Les causes de la mortalité, en dehors des guerres, sont multiples. Grégoire de Tours prend soin de noter toutes les catastrophes naturelles, tremblements de terre, incendies, inondations, qui affectent la Gaule. Il donne également de précieux renseignements sur les épidémies et particulièrement sur la grande peste qui, venant de Byzance, atteint l'Italie en 543, la Provence en 546 et gagne une grande partie de la Gaule du Sud. L'épidémie reprend à la fin du siècle : « Un navire venant d'Espagne avec son chargement habituel avait abordé au port de Marseille en apportant avec lui le germe de la maladie. » Au milieu du siècle suivant, nouvelle alerte : l'évêque de Clermont annonce à Didier de Cahors que le fléau accable la Provence et demande que l'on ferme les routes qui mènent au centre de la Gaule. La peste n'est pas la seule épidémie et les textes parlent de varioles, de dysenteries, etc. Ces fléaux provoquent inévitablement l'arrêt du travail agricole et par suite des famines ; et les famines, affaiblissant les populations, favorisaient la mortalité. Grégoire de Tours note que, vers 585, « une grande famine ravagea pendant sept années presque toutes les Gaules ; bien des gens firent du pain avec des pépins de raisin, des fleurs de noisetier, quelques-uns même avec des racines de fougère ». Le peuple se nourrissait de bouillies ou de galettes faites d'orge et d'avoine, ou même de glands et de châtaignes.

A la recherche de protecteurs

Les populations en proie aux difficultés de la vie quotidienne cherchaient naturellement des protecteurs. Les rois étaient lointains, impuissants à réprimer les troubles et à réparer les injustices. Ils n'avaient pas réussi ni cherché à donner à leurs sujets une âme commune. Lorsqu'un homme se présentait devant le tribunal, il était jugé selon sa « loi » personnelle. Et s'il se transportait dans une autre région, trouvait-il le même langage ? C'est improbable. Des historiens se sont demandé à quelle époque on a cessé de parler latin en Gaule. La réponse n'est pas facile. La connaissance du latin s'est maintenue dans l'aristocratie méridionale jusqu'au VIIe siècle, tandis qu'au nord elle a dû disparaître assez tôt, sauf dans quelques milieux privilégiés, influencés par des lettrés méridionaux. Une langue populaire, ou plutôt des langues populaires, ont remplacé le latin. Les unes influencées par la langue celte, qui se maintenait peut-être en Auvergne, certainement en Armorique, les autres par le germanique. Les nombreux emprunts du latin à la langue des Barbares se sont faits progressivement, et plus rapidement dans les régions du nord et de l'est. La *lingua rustica romana*, ancêtre de notre langue romane, a pris des caractères différents selon les régions. Elle ne pouvait pas permettre les échanges culturels dans tout le royaume. Seule, l'Eglise, nous en reparlerons, a pu édifier une culture qui s'est imposée aux particularismes.

C'est donc dans le cadre de régions individualisées que les sujets des Mérovingiens pouvaient se comprendre et se sentir solidaires. Dans ce cadre étroit, ils cherchaient des appuis. Les puissants, maîtres de domaines ou chefs de troupes guerrières, leur accordaient protection par un contrat parfois écrit, connu par telle formule juridique : « Attendu qu'il est parfaitement connu de tous que je n'ai pas de quoi me nourrir et me vêtir, j'ai demandé à votre pitié de pouvoir me livrer ou me recommander en votre « maimbour ». Ce que j'ai fait aux conditions suivantes. Vous devrez m'aider et me soutenir pour la nourriture autant que pour le vêtement dans la mesure où je pourrai vous servir et bien mériter de vous... » Pareille demande pouvait être faite à la puissance ecclésiastique. Evêques et abbés ne refusaient pas de protéger et d'entretenir ceux qui s'adressaient à eux, qu'il s'agit de paysans ou de citadins. Bien des hommes y trouvaient un double avantage, une aide matérielle et un appui spirituel. Car le saint patron d'une église ou d'un monastère, saint Martin de Tours ou saint Denis, par exemple, serait pour eux au ciel un intercesseur efficace. Le développement du culte des saints, qui s'accélère à l'époque mérovingienne, n'est pas sans rapports avec ce besoin de protection. L'Eglise l'encouragea, car elle y voyait un moyen de lutter contre le paganisme, qui était encore profondément enraciné dans les cœurs.

Protection des divinités païennes

Les Gallo-Romains étaient encore fidèles, comme le montrent les sermons de Césaire d'Arles, aux pratiques païennes, ablutions nocturnes au moment du solstice de juin, hurlements collectifs lors des éclipses de Lune, offrandes aux fontaines et aux arbres, recours aux magiciens, devins et enchanteurs, etc. Les populations d'origine germanique ou germanisées — l'étude des tombes en porte témoignage — recherchaient plus encore les protections de l'au-delà. Hommes et femmes portaient des phylactères d'origine animale ou végétale : bois de cervidés, défenses de sangliers, canines d'ours, coquillages, morceau de résine ou d'ambre. Les sacrifices d'animaux, voire d'hommes, leur assuraient la bienveillance des dieux. L'absorption de breuvages rituels, à base de cervoise ou de bière, les entraînait dans une ivresse sacrée, qui pouvait dégénérer en orgies. Les figurations animales dessinées sur les bijoux témoignent également du maintien des cultes païens. Le cheval, qui permet au défunt d'échapper au démon, le taureau et le poisson, symboles de la fécondité, l'aigle, qui demeure dans l'« arbre cosmique », les dragons multiformes et les monstres de toute sorte, regardant en arrière, hérités du monde des steppes. Rappelons enfin que les symboles solaires, cercles, roues, croix gammée, entrelacs, sont utilisés autant pour leur valeur religieuse que pour leur effet décoratif.

L'Eglise tenta de substituer à ces signes païens d'autres signes religieux qui paraissaient, eux aussi, protéger les fidèles. Le chrisme, accompagné de l'alpha et oméga, la croix surtout, sont gravés sur des bijoux. Daniel affrontant les lions, c'est-à-dire le chrétien triomphant des forces du mal, thème venu d'Orient, figure sur de nombreuses plaques burgondes. Les offrandes destinées aux divinités païennes furent peu à peu offertes à des saints locaux. Grégoire de Tours rappelle que les populations du Gévaudan avaient coutume de jeter dans un lac réputé sacré toisons, fromages, cire, pain. Un évêque fit élever en ce lieu une basilique dédiée à Saint Hilaire, y plaça les reliques du saint, et recommanda d'y déposer désormais les dons traditionnels. Les monstres et dragons multiformes du paganisme furent dès lors présentés comme autant de manifestations du diable.

Protection des saints

Pour échapper aux maux physiques et moraux, les fidèles sont invités à vénérer la tombe des saints. Au tombeau de saint Martin de Tours on vint de toutes les régions du royaume, et même d'autres pays. Grégoire de Tours a enregistré les prodiges et miracles dont ce fameux sanctuaire a été le théâtre. Il montre les foules de pèlerins, marchant à pied, portés sur des brancards, s'entassant dans l'*atrium* de la basilique. Prier le plus près possible du tombeau, gratter un peu de la pierre du sarcophage, déposer une étoffe qui se chargeât de la vertu du saint, recueillir de l'huile des lampes qui brûlaient nuit et jour étaient des entreprises difficiles, tant la presse était grande. Ceux qui étaient guéris restaient parfois au service du monastère, d'autres s'en retournaient munis de précieuses « reliques » qui leur servaient de phylactères. Les pèlerins cherchaient quelquefois leur salut dans des sanctuaires très lointains ; le culte des Apôtres s'était répandu en Gaule dès le VIe siècle ; au siècle suivant, les pèlerinages à Rome se multiplièrent et contribuèrent à resserrer les liens entre la Gaule et la papauté. Certains chrétiens allaient encore plus loin et n'hésitaient pas à franchir les mers. Nous avons gardé le souvenir du pèlerinage de l'évêque bourguignon Arculf, qui dicta ses notes de voyages à Adamnan, moine d'Iona, en Écosse. Ce livre, intitulé *Des lieux saints*, est un guide de pèlerins parmi d'autres. Les pèlerinages en Orient eurent pour conséquence d'introduire en Gaule le culte des saints orientaux, saint Georges, saint Cyr, sainte Thècle, etc.

Le désir de posséder un protecteur sacré est si grand qu'il suffit que meure un évêque actif ou un ascète réputé pour qu'il devienne aussitôt le patron vénéré. Posséder le tombeau d'un saint personnage est un privilège envié et clercs et moines se disputent les restes d'un Bonet de Clermont (mort à Lyon vers 706) ou d'un Léger d'Autun (mort vers 680). La présence d'un saint tombeau est non seulement une source de biens spirituels, mais aussi la promesse de profits matériels sous forme de dons lors des pèlerinages. Sur la tombe s'élève un *martyrium* ou, le plus souvent, une basilique. Il n'existe plus de *martyrium*, monument de petite dimension, décoré de peintures, de mosaïques ou d'étoffes. L'hypogée de Poitiers en offre l'image. Les basiliques aussi ont presque toutes disparu. Mais les textes permettent de les évoquer : celle de Tours, qui mesurait une cinquantaine de mètres et avait cent vingt colonnes, huit portes et cinquante-deux fenêtres, devait ressembler à la basilique Saint-Pierre de Vienne, encore debout. Les architectes utilisaient les colonnes antiques et les chapiteaux de marbre en remploi, comme dans la basilique de Selles-sur-Cher, construite par Childebert en l'honneur de l'ermite Eusice. Une coupole et une tour modeste s'élevaient au-dessus de l'autel et de la tombe sainte ; le jour pénétrait par les arcades inférieures de la tour et éclairait les mosaïques de la coupole ; ainsi, l'endroit le plus sacré de la basilique était illuminé et attirait tous les regards. La basilique ou la chapelle, élevée au-dessus du corps d'un saint, fut souvent le point de départ d'une agglomération hors des murailles de la ville. Le mort vénéré attira d'autres morts, qui cherchaient *ad sanctos* la protection éternelle ; puis les vivants, desservants du lieu saint, esclaves ou *matricularii*, c'est-à-dire protégés de la basilique marchands même. Mais l'évêque, installé près de la cathédrale à l'intérieur des murailles, veillait à ce que les grandes cérémonies liturgiques et surtout les baptêmes continuent d'être célébrés sous son autorité.

Cette vie religieuse intense ne doit pas faire oublier les difficultés de l'Église dans sa mission pastorale ou d'évangélisation. Ou bien le paganisme résistait, ou bien il contaminait les pratiques chrétiennes. Il résista plus solidement dans les régions septentrionales et orientales. Les efforts des rois ou des missionnaires appuyés par les rois furent bien souvent vains, et les édits sur la destruction des sanctuaires ou des idoles inappliqués. Au VIIe siècle, Eloi de Noyon s'élève contre les pratiques païennes de ses diocésains : « Que nul chrétien ne croie aux bûchers superstitieux, que nul ne s'asseye auprès pour chanter, que nul n'ose faire des cérémonies lustrales ni enchanter les plantes, ni faire passer les bêtes par des arbres percés de part en part... » Le synode d'Auxerre (fin du VIe s.) interdit de célébrer des cérémonies dans les maisons particulières ou de faire des veillées privées lors de la fête des saints. Il dénonce les vœux auprès d'arbres sacrés, de fontaines ou de sculptures en bois représentant des hommes ou des pieds. Nous devinons à travers ces quelques textes toute la richesse de la culture religieuse populaire et des traditions folkloriques. Les masses rurales qui composent l'essentiel des populations mérovingiennes pèsent de toutes leurs forces et échappent à la direction des clercs ou des moines.

Forces du monachisme

Ces derniers, pourtant, pouvaient, mieux que tous autres, comprendre les paysans, puisqu'ils avaient adopté volontairement une vie proche de la vie rustique. C'est du moins ce que l'on peut supposer en étudiant l'évolution du monachisme en Gaule mérovingienne pendant ces deux siècles. Au départ, les principaux monastères sont situés en Gaule du Sud, Lérins, Arles, Vienne, Agaune (Saint-Maurice en Valais), Condat dans le Jura (Saint-Claude) ; les moines sont des ascètes qui suivent des règles apparentées aux coutumes orientales, ils s'astreignent au travail manuel et, lorsque les lieux le leur permettent, tirent leurs ressources de la terre. La *Vie des Pères du Jura*, écrite au VIe siècle, nous parle de défrichements difficiles : « Ils coupèrent les sapins, arrachèrent les souches ; avec la serpe, ils défrichèrent et firent des champs, de sorte que ces terrains propices aux cultures adoucirent l'indigence des habitants de Condat. » Mais ces moines refusent toute donation de terre : Lupicin, invité par un prince burgonde à recevoir des champs et des vignes, se contente d'une rente en nature. Au nord de la Loire, les monastères sont moins nombreux. Des ermites attirent quelques compagnons, ou bien s'efforcent de demeurer solitaires : c'est le cas du seul stylite qui nous soit connu en Occident, le Lombard Wulfilaic ; installé sur une colonne, à Carignan (Ardennes), il attire les foules, les exhorte à abandonner le culte de Diane, mais, à la demande des évêques, doit abandonner sa colonne et rejoindre les frères en communauté. Dans les villes, le monachisme est moins exigeant et offre déjà des signes de faiblesse. La révolte des moniales de Poitiers, monastère fondé par la reine Radegonde, en est un signe parmi d'autres.

A la fin du VIe siècle, le monachisme fut revigoré par l'arrivée des moines irlandais. Partis de Bangor, Colomban et ses compagnons débarquent en Gaule et s'installent près de Luxeuil, à l'écart du monde (591). Les débuts sont rudes, mais le succès est prompt. En effet, les moines attirent par leur austérité exigeante, leur non-conformisme, leur indépendance d'esprit. Les pratiques liturgiques et les usages qu'ils apportent d'Irlande scandalisent les évêques, mais séduisent les laïcs, hommes et femmes. Colomban, chassé de Bourgogne par Brunehaut, traverse à deux reprises la Gaule du Nord et multiplie les vocations. A sa règle il ajoute à l'usage des laïcs un pénitentiel, sorte de catalogue des fautes et tarif spirituel de leur rachat.

Après le départ de Colomban pour l'Italie, ses disciples continuent les fondations. Dadon, futur saint Ouen, fait connaître à la cour la spiritualité colombanienne et influence Éloi et Didier de Cahors. Par la cour, la règle celte pénètre dans le sud de la Gaule, où commence, par ailleurs, à être connue la règle de saint Benoît de Nursie. Ces deux règles procèdent d'un esprit très différent : saint Benoît avait hérité de la modération romaine et ne voulait faire supporter à ses moines « rien de trop ». Colomban appelait, au contraire, à une rigoureuse ascèse. L'un et l'autre, cependant, recommandaient les études religieuses, et surtout la lecture de la Bible, mais Colomban pas plus que Benoît ne voulaient être lettrés et faire de leurs moines des « humanistes ». La rencontre de ces deux règles permit au monachisme celte de se consolider en Gaule. Saint Wandrille, saint Philibert et d'autres adoptèrent le compromis de « la règle de Benoît à la façon de Luxeuil ».

L'arrivée des moines celtes permit également de revivifier l'église séculière. Les évêques mérovingiens étaient, nous l'avons dit, issus des classes aristocratiques. Ils étaient cultivés, mais leur culture était surtout profane, comme il convenait à des aristocrates. Félix de Nantes, Bertrand de Bordeaux, Sulpice de Bourges imitaient le poète Fortunat. Les prédications étaient marquées par le lointain héritage de la rhétorique antique. Grégoire de Tours considère comme normal que des évêques étudient les arts libéraux. Inversement, les évêques montrent peu de goût pour la théologie et l'exégèse. La Gaule n'a donc pas connu, à la différence de l'Espagne ou de l'Empire byzantin, de grandes querelles doctrinales. Aucun commentaire biblique n'est conservé pour le VIe siècle, et l'on peut se demander si la Bible même était souvent lue. Or, les moines celtes mettent l'accent sur la culture religieuse et renouent ainsi avec la tradition du monachisme oriental dont s'inspiraient les monastères de Lérins et d'Arles au début du VIe siècle. Les moines qui sont appelés à être évêques à Tournai, à Thérouanne, à Noyon, à Maëstricht représentent un nouveau type de pasteurs. Moins administrateurs sans doute, mais plus spirituels et missionnaires. La Gaule du Nord et celle de l'Est sont à nouveau évangélisées et les rois soutiennent ces efforts. Saint Amand, encouragé par Dagobert, convertit les païens de la région de Gand : il rachète des esclaves, les instruit, en fait des prêtres dont la valeur religieuse est supérieure à celle des clercs séculiers de son entourage. Remacle, un autre Aquitain, fondateur de Stavelot-Malmédy, est aidé par Sigebert III. Il fait de ces centres des séminaires de missionnaires. Les Pippinides imitent les princes et président à la création de monastères de ce type.

Le renouveau religieux bénéficie d'apports extérieurs qui ne cessent pas. Les Irlandais restent en contact avec leur pays d'origine, ou avec l'Italie du Nord, puisque Bobbio, fondé par Colomban, devient un centre de pèlerinage. A la suite des Celtes arrivent les Anglo-Saxons, lorsque l'Eglise d'Angleterre, fondée en grande partie par les missionnaires romains envoyés par Grégoire le Grand, commence à se développer. La Gaule est le lieu de passage obligé entre les îles Britanniques et l'Italie. En 653, Wilfrid, voyageant vers Rome, s'arrête à Lyon, étape normale des pèlerins anglo-saxons. Ces voyages établissent des relations culturelles entre Gaule, Irlande, Angleterre, Italie, développent les échanges d'hommes, d'idées et de manuscrits. Les monastères de la Gaule mérovingienne, vers la fin du VIIe siècle, enrichissent leur bibliothèque et, par suite, s'ouvrent à la culture même profane. Vers 700, le moine Defensor, de Ligugé, reprenant un passage d'Isidore de Séville, invite ses lecteurs novices à ne pas lire les « mensonges des poètes ». Des manuscrits d'auteurs classiques ramenés d'Italie commencent, en effet, à être recopiés dans les ateliers de scribes. La culture ascétique, ranimée par les moines colombaniens, évolue de la sorte à la fin du VIIe siècle vers une culture plus humaniste.

En même temps, les monastères sont les foyers d'un renouveau artistique. Que l'on songe aux « cryptes » de Jouarre édifiées par Agilbert vers 680. Les colonnes et les chapiteaux de marbre sont de facture antique ; l'inscription du tombeau de Théodechilde est si parfaite que les archéologues ont hésité pendant longtemps à la dater de l'époque mérovingienne. Les premiers manuscrits à peinture en sont contemporains à Luxeuil (le *Lectionnaire* vers 700), à Corbie, à Laon. Ces manuscrits n'ont pas l'éclat de ceux de Northumbrie, mais dans leur genre ils marquent l'origine du renouveau carolingien. Alors que l'Eglise séculière est désorganisée, que les conciles ne se réunissent plus, que les clercs deviennent illettrés, les moines, du moins dans certains grands centres, maintiennent le niveau de la culture.

Nous voyons une pareille transformation dans le domaine matériel : les monastères s'érigent en puissances foncières et économiques. Le prestige des moines celtes auprès de l'aristocratie laïque, leur autorité morale et religieuse, furent tels qu'assez rapidement leurs abbayes s'enrichirent. Les grands léguaient une partie de leurs biens à l'établissement qu'ils créaient ou qui les recevait. Ainsi Burgondofara, héritière d'aristocrates de la Brie, donna de nombreux domaines à son monastère de Faremoutiers. Lorsque le roi Sigebert III patronna la fondation de Stavelot-Malmédy, il abandonna une partie de sa réserve dans la forêt d'Ardenne. Corbie et Chelles, fondés par Bathilde, femme de Clovis II, s'établirent sur des fiscs royaux. Après la fondation, le temporel des abbayes fut augmenté par des donations ou des achats. Les laïcs, petits ou grands, et également des évêques, voulurent s'assurer la protection matérielle et spirituelle des moines en leur abandonnant une partie de leurs terres et de leur main-d'œuvre. Tel laïc cède à l'abbaye de Wissembourg un manse, trois vignobles et quelques esclaves. Cette même abbaye achète d'autres manses et des bois. Petit à petit, les monastères cherchent à augmenter leurs possessions. Saint-Bertin est doté à sa fondation, en 649, d'une douzaine de domaines ; en 663, l'abbé acquiert un autre groupe de domaines près de Saint-Quentin ; vingt ans après, un troisième ensemble, puis en 682 un fisc royal. Bien souvent, les domaines sont situés dans des régions différentes, pour offrir des ressources complémentaires. Saint-Denis a des terres en Anjou, en Poitou, dans le Limousin et dans la vallée de l'Escaut ; Saint-Martin de Tours en possède dans le Maine, dans le Berry, en Bordelais. Ainsi, les abbayes disposent de produits essentiels à la vie de la communauté : blé, vin, bois, sel. Par suite, il fallut organiser l'exploitation de ces terres, le transport des ressources, la vente des surplus. Des flottilles monastiques furent créées, des marchés ouverts. Pour supprimer les obstacles douaniers entre les différentes régions, les abbés obtinrent souvent soit l'exemption des droits à payer (c'est le cas pour Corbie en 661), soit la remise de ces tonlieux. Plus généralement, des privilèges d'immunité furent donnés par le pouvoir royal aux abbayes. Les abbés, traitant directement avec les rois, profitèrent de la décadence du pouvoir royal pour acquérir une indépendance totale.

Un passage de la *Vie de saint Philibert* évoque à la fin du VIIe siècle les bâtiments monastiques : « Sur un plan carré, la masse des murailles flanquées de tours et, pour les hôtes, d'admirables cloîtres accueillant les arrivants... » A l'est, l'église en forme de croix, au nord, une chapelle dédiée à saint Denis et à saint Germain, au sud la cellule où vécut Philibert. « La maison où dorment les moines élève ses deux étages du côté de l'est, longue de 90 mètres sur 16 mètres. » Nous sommes loin des huttes de bois construites par les premiers fondateurs. Les moines se sont « installés ». Ils ont dans ces locaux prévu des ateliers de travail pour les scribes et les copistes. L'enrichissement des monastères coïncide avec le renouveau de la culture intellectuelle et artistique. Le même texte évoque les « frondaisons chevelues de la forêt, la multiplicité des fruits, le verdoiement des prairies, les grappes des vignobles », le fleuve, « voie pour les vaisseaux, commodité d'échanges pour beaucoup : presque rien ne manque, qu'on use des transports pédestres ou animaux, de chariots ou de barques ».

Il est difficile de connaître le nombre de moines réunis dans tel monastère. On parle de 900 pour Jumièges, ce qui paraît exagéré. A côté des moines habitaient les esclaves, qui n'étaient pas « casés », et les affranchis qui restaient au service de l'Eglise. Ainsi, les terres qui constituaient la « réserve » pouvaient-elles être cultivées. Ailleurs, les colons exploitaient leurs tenures moyennant redevances et quelques corvées de charroi ou d'entretien. Il est certain que l'organisation des grands domaines monastiques a favorisé les défrichements, les assèchements de zones marécageuses, la diffusion de nouveaux moyens techniques, comme celle du moulin à eau. Les moines ont eu un réel souci de mise en valeur des terres, et lorsque, à la demande de particuliers, ils cédaient des terres en *precaria*, moyennant un cens souvent symbolique, c'était en grande partie pour en permettre la meilleure exploitation.

Les luttes politiques de la fin du VIIe siècle et du début du VIIIe risquaient d'arrêter le développement de la fortune monastique : les laïcs profitèrent de la désorganisation de l'Eglise pour s'approprier ses biens et se constituer des clientèles. Mais ils ne parvinrent pas à ruiner le temporel monastique et à faire disparaître ce qui était devenu, au cours de l'époque mérovingienne, une des bases de la civilisation franque.

7. LA CONSTRUCTION CAROLINGIENNE

VIIIe siècle-840 : en trois générations, les assises de la civilisation médiévale sont fondées.

I. LES PREMIERS CAROLINGIENS

La fin de la monarchie mérovingienne

Victoire du maire du palais

L'histoire des rois mérovingiens se termine, en fait, avec la victoire de Pépin II, dit Pépin de Herstal, maire du palais d'Austrasie, sur ses rivaux neustriens, à Tertry, près de Saint-Quentin, en 687. Reconnaissant, en théorie, l'autorité du roi neustrien Thierry III, qu'il avait mis en fuite, et sans s'encombrer en Austrasie d'un roi particulier, Pépin II rétablit l'unité du royaume franc à son profit et en sa personne. De l'Austrasie, qu'il ne quitte point, il laisse vivre en Neustrie, dans les vallées de la Seine et de l'Oise, séjour normal des souverains francs depuis Clovis, des rois fantômes qu'il installe à son gré sur le trône, laissant lentement se dissiper le prestige de la race royale. La réalité du pouvoir en ces régions – la charge de maire du palais de Neustrie et de Bourgogne – est déléguée par Pépin à son deuxième fils, Grimoald II. Ainsi, à l'aube du VIIIe siècle, le maire du palais d'Austrasie est considéré comme le chef de toute la monarchie franque. Pépin de Herstal, en fait, est le premier souverain carolingien. La fortune de la maison carolingienne semble assurée. Après l'anarchie des décennies précédentes, l'ordre paraît enfin s'établir.

Premiers succès de Charles Martel

Un ordre tout fragile cependant. Il risque de s'écrouler très vite lorsque Grimoald II, seul survivant des deux fils légitimes de Pépin, se rendant à Jupille, sur la Meuse, où son père, octogénaire, est mourant, tombe sous les coups d'un assassin. Aussi la mort de Pépin est-elle, quelques mois plus tard, le signal d'un soulèvement des grands de Neustrie sous la direction énergique de l'un des leurs, Rainfroi, qu'ils se sont choisi comme nouveau maire du palais.

L'œuvre de Pépin est en péril et l'anarchie semble s'installer à nouveau : déjà les Saxons ont passé le Rhin et s'avancent en Gueldre, aidés par les Frisons. A ce moment apparaît celui qui se révèle le sauveur de la puissance carolingienne : le bâtard Charles Martel, fils de Pépin et de la concubine Alpaïde. Il s'était échappé de la prison où l'avait enfermé Plectrude, veuve de Pépin ; après s'être tenu caché en Ardenne, il bat successivement les Neustriens, les partisans de Plectrude – réfugiée à Cologne –, les Frisons et les Saxons. Ces campagnes dans le Nord à peine terminées, il doit se diriger en toute hâte vers le cœur de la Neustrie : les Aquitains, en effet, pratiquement indépendants sous leur duc Eudes, ont franchi la Loire et se sont alliés à Rainfroi. Charles met Rainfroi en fuite. Il négocie avec Eudes, déjà menacé par les Musulmans qui, après avoir envahi le Roussillon et le bas Languedoc, s'avancent en direction à la fois de Nîmes et de Toulouse.

Invasion sarrasine : Poitiers

Tel, en effet, semble être, dès le début de son gouvernement, le destin de Charles Martel : s'il est le maître effectif des deux grandes fractions du royaume franc, l'Austrasie et la Neustrie, s'il exerce le pouvoir comme maire du palais unique au nom d'un enfant roi qu'il a cependant cru prudent de retirer du cloître, il ne le reste que grâce à des interventions rapides et vigoureuses, maintes fois répétées, à tous les points chauds du royaume. Avec une énergie et une hardiesse exceptionnelles, Charles court d'une frontière à l'autre pour rétablir des situations compromises. Mais tandis qu'il se bat à l'est et au nord du Rhin, où Alamans, Bavarois, Saxons et Frisons ne reconnaissent déjà plus l'hégémonie franque, un danger mortel se précise au cœur même de la Gaule.

Une deuxième vague musulmane, au départ cette fois de Pampelune, s'est, en effet, abattue sur la Gascogne, a passé la Garonne et la Dordogne et s'avance déjà en direction de Tours, Charles accourt en toute hâte, et son armée, les rangs serrés, « immobiles comme un mur », brise l'élan aux abords de Poitiers (732). Sa victoire, l'une des plus décisives pour l'avenir de l'Occident et de la France, vaut au maire du palais un prestige immense dans toute la Gaule.

Conquête du sud de la Gaule

Elle lui apporte en même temps la soumission de l'Aquitaine ; celle-ci garde son duc, mais doit reconnaître la supériorité franque. La victoire de Poitiers ne donne cependant pas de répit à Charles dans le sud-est de la Gaule : la Bourgogne et la Provence sont, en fait, aux mains de quelques grandes familles locales, qui, destituées par Charles au cours de quelques chevauchées, n'hésitent pas à livrer aux Sarrasins Avignon et la rive gauche du Rhône. Aussi le maire du palais est-il obligé de mettre sur pied, plusieurs années de suite, des expéditions punitives dans ces régions. S'il parvient finalement à rendre à l'autorité franque quelque stabilité sur la rive gauche du Rhône, il ne réussit pas toutefois, au cours de ces mêmes campagnes, à libérer le bas Languedoc de la menace des Arabes, qui gardent Narbonne et le Roussillon.

Avènement de Carloman et Pépin

Le royaume dont Charles Martel s'était assuré le gouvernement fut donc et resta jusqu'à sa mort un ensemble faible et même fort fragile, dont seules la présence et l'action personnelles du chef, partout et à chaque moment, réussirent à sauvegarder la cohésion. C'est ce qu'éprouvèrent les deux fils de Charles Martel. Carloman et Pépin, entre lesquels le maire du palais, tel un roi, avait partagé le royaume peu avant sa mort, survenue à Quierzy en 741. La mort de Charles, en effet, fut marquée par une révolte générale de toutes les parties excentriques de l'Etat : Aquitaine, Bavière, Alémanie, Saxe, tandis que le fils bâtard du défunt, Grifon, se soulevait également. Carloman et Pépin réagirent promptement : en la seule année 742, ils parvinrent à soumettre à la fois l'Aquitaine, l'Alémanie et la Bavière ; mais pendant les quatre années suivantes ils furent obligés d'entreprendre de nouvelles expéditions contre des populations et des familles aristocratiques locales dont l'esprit de révolte n'était jamais complètement étouffé.

Le dernier roi mérovingien

Aussi jugèrent-ils prudent de retirer de l'obscurité le représentant légitime de la maison mérovingienne, Childéric III ; ils lui firent occuper le trône que Charles Martel avait pu se permettre de laisser vide depuis 737. Ce geste purement formel, puisque Carloman et Pépin gardèrent pour eux-mêmes la réalité du pouvoir, dénote néanmoins chez eux un souci de légitimité vis-à-vis des autres familles aristocratiques du royaume que seuls la chance et, vraisemblablement aussi, le prestige de Charles Martel avaient écartées du pouvoir. Il était clair, cependant, que le rappel sur le trône du dernier roi mérovingien n'était qu'une mesure provisoire, dictée par les circonstances. Ce simulacre de royauté contenait en soi les germes de son abolition, puisque le roi lui-même proclamait dans ses actes qu'il devait à Carloman sa dignité : « Childéric, roi des Francs, à l'éminent Carloman, maire du palais, qui nous a établi sur le trône... »

Débuts de la royauté carolingienne

Retraite de Carloman et coup d'Etat de Pépin

Deux conditions devaient toutefois être remplies avant que fût mis fin à cette situation anachronique. La première fut réalisée par la retraite de Carloman, qui, en 747, renonça au pouvoir en faveur de son frère Pépin, pour ensuite se faire moine à l'abbaye italienne du Mont-Cassin. La seconde condition était la paix intérieure du royaume, que Pépin, désormais seul au pouvoir, parvint à maintenir pendant trois années consécutives, et malgré les ennuis que lui causa sa clémence vis-à-vis de son demi-frère Grifon.

En l'année 751, le moment était enfin des plus favorables pour renoncer à la fiction mérovingienne. Fort de l'appui du pape – de qui Carloman et Pépin s'étaient rapprochés à l'occasion de la restauration de l'Eglise franque entreprise par saint Boniface –, Pépin convoqua l'assemblée des grands du royaume à Soissons, en novembre 751. Il s'y fit élire roi des Francs, et – cérémonie jusqu'alors inconnue en Gaule – s'y fit sacrer avec de l'huile sainte par les évêques présents, conduits par saint Boniface.

Royauté de droit divin

L'Eglise consacra donc le coup d'Etat et, l'évangélisation progressant plus rapidement que jamais, assura le succès de celui-ci. Néanmoins, une confirmation solennelle de l'option décisive prise par les évêques réunis à Soissons ne parut point superflue. L'occasion se présenta lorsqu'en 754 le pape, pressé par l'avance des Lombards vers Rome, vint trouver lui-même en France, à Ponthion, le nouveau roi pour implorer l'intervention de celui-ci en Italie. Après avoir obtenu de Pépin la promesse écrite de lui donner l'exarchat de Ravenne et de lui assurer la paisible possession du duché de Rome, le pape Etienne II procéda personnellement, en l'église abbatiale de Saint-Denis, au renouvellement du sacre de Pépin, puis au sacre de ses fils Charles, le futur Charlemagne, et Carloman. Un moine de Saint-Denis, peut-être témoin de l'événement, ajoute que « le même jour le Souverain Pontife bénit la reine Bertrade, femme de Pépin, et fit défense à tous, sous peine d'interdit et d'excommunication, d'oser jamais choisir un roi issu d'un autre sang que celui de ces princes, que la divine piété avait daigné exalter et, par l'intercession des saints apôtres, confirmer et consacrer de la main du bienheureux pontife, leur vicaire ». La royauté de droit divin était née. Celui qui, aux yeux des autres familles aristocratiques du royaume, avait pu apparaître d'abord comme un usurpateur, se montrait désormais, et ses descendants en même temps que lui, comme l'élu du Dieu des chrétiens.

Soumission de la Septimanie et de l'Aquitaine

Cette situation totalement nouvelle et aux conséquences décisives, notamment pour l'Eglise, devait – théoriquement du moins – protéger Pépin contre les tentatives possibles d'une réaction à prétextes légitimistes et inspirée sans doute par la jalousie. Pour asseoir son autorité sur des bases solides, le nouveau roi des Francs devait, en effet, triompher encore de nombreuses difficultés. Et ce fut précisément en Gaule que Pépin rencontra les plus vives résistances.

Pas tellement en Septimanie, dont une série de difficultés internes du monde musulman, notamment en Espagne, facilitèrent à Pépin la conquête, vainement tentée par Charles Martel : grâce à la complicité de la population wisigotique, l'armée franque occupa successivement, entre 752 et 759, Nîmes, Maguelonne, Agde, Béziers et, enfin, Narbonne. Il en alla tout autrement de l'Aquitaine, ce vaste ensemble territorial compris entre la Loire, l'Atlantique, la Garonne et les Cévennes, pratiquement indépendant sous l'autorité d'un duc « national ». Déjà, comme maire du palais, Pépin avait dû, en compagnie de son frère Carloman, mener plusieurs campagnes contre ce peuple fier de sa tradition romaine, et dont le duc, théoriquement soumis aux Francs, n'hésitait pas, à chaque occasion, s'appuyant sur les rudes montagnards gascons, à manifester son indépendance réelle avec désinvolture. Devenu roi, Pépin voulut en finir avec ces inconciliables adversaires : presque chaque année, de 760 à 768, il mena de dures campagnes au sud de la Loire ; elles lui assurèrent d'année en année de nouveaux points d'appui, et il atteignit enfin la Garonne, où même les Gascons établis entre ce fleuve et les Pyrénées vinrent lui faire leur soumission. La conquête de l'Aquitaine ainsi terminée, ce fut dans une ville de ce pays même, à Saintes, que Pépin tomba malade. Il s'éteignit quelques jours plus tard, le 24 septembre 768, à Saint-Denis, non sans avoir promulgué des dispositions assurant l'intégration de ce territoire dans le royaume, mais laissant à ses successeurs le soin de réaliser son assimilation morale à la cause carolingienne.

Le règne de Charlemagne

Partage du patrimoine paternel

L'Aquitaine fut précisément un des premiers soucis de Charles et Carloman, les deux fils de Pépin, qui montèrent ensemble sur le trône après la mort de leur père. Celui-ci, fidèle à la vieille conception franque selon laquelle le royaume était le patrimoine privé du roi, avait partagé ses Etats entre ses deux fils par une répartition, assez bizarre d'ailleurs, qui juxtaposait dans les mêmes régions les pouvoirs des deux héritiers. C'était le cas pour l'Aquitaine, dont la moitié occidentale, face à l'Atlantique, fut attribuée à Charles, tandis que Carloman reçut le reste, c'est-à-dire le Massif central et le Languedoc, y compris la Septimanie. Or, dès la mort de Pépin, une révolte des Aquitains éclata de nouveau. Carloman refusa à Charles de le soutenir dans la répression de celle-ci. Ainsi, l'Aquitaine fournit dès l'abord la preuve non seulement du caractère impraticable de la méthode de gouvernement à deux que Pépin avait imposée à ses fils, mais aussi du manque de solidité des résultats acquis par Pépin en ce qui concernait la pacification et la cohésion des différentes régions de son royaume.

Cette double difficulté fut écartée dès 771, lorsque Carloman mourut prématurément. Tandis que la veuve de Carloman et ses deux jeunes fils cherchaient refuge en Italie, auprès du roi des Lombards, Charles occupa les territoires de son frère défunt et prit seul en main la rude tâche de consolider les assises territoriales du royaume franc et d'en assurer l'unité.

Unité rétablie et réorganisation du sud de la Gaule

En Aquitaine, replacée sous son autorité unique, Charlemagne procéda à une refonte totale de l'administration, nommant des comtes d'origine franque dans les principales cités, établissant en grand nombre des vassaux francs à travers tout le pays et plaçant des hommes sûrs à la tête des évêchés et des abbayes. Cependant, comme l'Aquitaine était une région frontière, comme elle restait menacée depuis la campagne manquée vers l'Espagne, où le célèbre Roland avait trouvé la mort, surpris par des bandes basques lorsqu'il repassait les Pyrénées au défilé de Roncevaux, des mesures plus radicales encore s'imposaient pour la maintenir dans l'obéissance et pour surveiller de plus près les Gascons, fauteurs de troubles à chaque occasion. Aussi Charlemagne fit-il de l'Aquitaine, en 781, un royaume particulier sous l'autorité de son fils Louis, le futur Louis le Pieux. Bien que ce royaume restât subordonné étroitement à l'autorité de Charles, qui intervenait parfois directement dans les affaires locales, cette mesure ménageait en même temps les tendances autonomistes des Aquitains. L'importance de ce royaume s'accrut lorsque l'ensemble des territoires espagnols, conquis au cours de nombreuses campagnes, pendant les quinze dernières années du VIIIe siècle, lui fut rattaché dans le cadre du duché ou « marche » de Toulouse, confié au célèbre héros des épopées du « cycle de Guillaume d'Orange », le duc Guillaume, cousin de Charlemagne par sa mère Aude, sœur de Pépin.

Protégés désormais par une frontière méridionale qui dépassait largement, surtout vers l'est, le versant méridional des Pyrénées, soumis en même temps à une intense colonisation franque, l'Aquitaine et le bas Languedoc, délivrés de la menace permanente d'incursions sarrasines, se trouvèrent ainsi, au début du IXe siècle, solidement intégrés au royaume franc.

Luttes contre les Bretons

A l'extension progressive de la *Francia* depuis la Neustrie des vallées de la Seine et de l'Oise, seule la Bretagne résistait encore. L'assimilation difficile de sa remuante population celtique avait été tentée par Charlemagne au départ d'une zone militaire établie à ses frontières et confiée à Roland, le héros malheureux de Roncevaux. Le successeur de celui-ci, un comte nommé Gui, originaire de la région mosellane, homme de confiance du roi et lié d'amitié avec le célèbre lettré Alcuin, fut chargé de la conquête définitive du pays breton : « Il sembla, rapportent les *Annales royales*, que la province fût tout entière soumise. « Mais », ajoute l'auteur du texte remanié de cette source officieuse, « elle l'eût été si l'instabilité de ce peuple perfide ne l'avait incité, selon sa coutume, à un prompt revirement. » Jamais, en effet, la Bretagne ne fut incorporée dans l'Etat franc ; encore sous le règne de Louis le Pieux, successeur de Charlemagne, plusieurs campagnes devaient être inefficaces : les Francs durent se contenter chaque fois de la soumission temporaire des chefs bretons, et d'un renforcement progressif de la zone tampon, maintenue en lisière de la péninsule armoricaine.

Extension et protection des frontières

A l'exception de cette fraction de son territoire, toute la Gaule se trouvait ainsi solidement placée sous l'autorité d'un seul chef et cela peut-on ajouter, pour la première fois dans son histoire médiévale. Tel fut le résultat le plus positif de l'œuvre militaire accomplie par Charlemagne.

Un autre aspect, non moins positif, de cette politique fut la protection des frontières de ce vaste ensemble, du moins de ses frontières terrestres. Il ne faut pas oublier, en effet, qu'en dehors des frontières pyrénéenne et armoricaine, dont il a été question plus haut, les autres frontières terrestres de l'empire carolingien avaient été repoussées par Charlemagne très loin au-delà du Rhin et même des Alpes, par l'annexion de la Frise, de la Saxe, de la Bavière, d'une part, du royaume des Lombards dans l'Italie du Nord, d'autre part. En revanche, les franges maritimes étaient non seulement très longues, et donc extrêmement vulnérables, mais elles bordaient, de surcroît, le noyau même de l'Etat carolingien, la « France », dont les régions vitales étaient directement accessibles de la mer par les grands fleuves, la Loire, la Seine et l'Escaut. Or, à partir de 800, ces frontières, jusqu'ici paisibles, devinrent dangereuses : les Normands apparurent sur les côtes atlantiques et les Musulmans sur la face méditerranéenne.

Tant que Charlemagne vécut, ce ne fut encore que menaces légères que le roi, par des moyens de défense improvisés, réussit à contenir. Mais dès que son empire, après sa mort, s'abîma dans la discorde et l'anarchie, Danois et pirates sarrasins en profitèrent et portèrent à la monarchie franque des coups mortels.

II. L'EMPIRE CAROLINGIEN

Charlemagne et les fondements de l'Empire

L'œuvre territoriale

La construction carolingienne, telle qu'elle a été envisagée jusqu'à présent, est avant tout celle d'un vaste ensemble territorial. De celui-ci, la France est devenue, depuis les régions anciennement peuplées par les Francs entre la Loire et le Rhin – Neustrie et Austrasie –, par l'annexion et l'intégration de la Bourgogne, de la Provence, de l'Aquitaine surtout, puis du Languedoc et de la Septimanie, le noyau solide, sur les franges duquel, telle une nébuleuse, des régions moins étroitement soumises à l'autorité carolingienne et des Etats tampons constituent des frontières de plus en plus éloignées et incertaines, auxquelles se pressent les ennemis danois, slaves et arabes.

L'achèvement territorial de cet empire a été l'œuvre de Charlemagne dès avant son couronnement impérial en 800. La seconde partie de son règne, jusqu'à sa mort en 814, et le règne de son fils Louis le Pieux, de 814 à 840, n'ajoutèrent pratiquement rien à ce qui était dès lors accompli. Au contraire, du point de vue territorial, l'attitude offensive céda de plus en plus devant des nécessités défensives qu'impliqua dorénavant la protection d'un ensemble territorial poussé jusqu'aux limites de ses possibilités d'expansion. La garde sur les frontières terrestres lointaines et sur celles des frontières maritimes toutes proches retint désormais à l'extérieur toute l'attention des Carolingiens. Cependant, la lutte contre les envahisseurs fut bien rarement leur souci prédominant.

L'équilibre politique interne

C'est la cohésion interne de l'Etat carolingien, que ne menacent plus, depuis Charlemagne, les velléités d'indépendance de populations mal soumises ou incomplètement assimilées, qui risque maintenant de s'affaiblir par suite de divisions et de dissensions politiques internes, de luttes entre les grands pour la richesse et le pouvoir, voire, au sein de la famille régnante elle-même, de luttes pour l'autorité suprême.

Pour comprendre cette évolution, qui se prolongea d'ailleurs bien au-delà du règne de Louis le Pieux et qui caractérisa tout le IXe siècle, il faut rappeler que la montée, l'avènement, puis le triomphe de la maison carolingienne, sous Charles Martel, Pépin le Bref et Charlemagne, ne furent en fait qu'un aspect de la révolte des familles aristocratiques — les Pippinides, après tout, n'étaient qu'une de ces familles — contre la royauté mérovingienne. Il est très douteux, dès lors, que les autres grands aient vu avec satisfaction l'un des leurs relever ce pouvoir monarchique que l'aristocratie avait ruiné. Aussi Pépin le Bref, comme nous l'avons vu, avait-il pris soin, après son coup d'Etat de 751, de se faire sacrer, par deux fois, par les plus hautes autorités de l'Eglise, saint Boniface et le pape, et de faire sacrer également ses deux fils, dont Charlemagne. L'Eglise créait ainsi une nouvelle race royale ; elle la revêtait d'un pouvoir divin supérieur à celui que les vieilles croyances païennes attribuaient à la descendance de Clovis. Cette sacralisation cependant n'aurait peut-être pas suffi si Pépin et surtout Charlemagne ne s'étaient efforcés de rechercher continuellement, par des concessions d'une part, des démonstrations de force de l'autre, l'équilibre entre leur autorité et la puissance des grands. Que cet état d'équilibre n'ait pas toujours été maintenu sans peine, même sous Charlemagne, c'est ce que prouvent deux complots contre la vie du souverain, ourdis, il est vrai, à l'est du Rhin, l'un par le comte Hardrad et des conjurés thuringiens en 786, l'autre par le bâtard préféré de Charlemagne, Pépin le Bossu, aidé d'un grand nombre de comtes, en 792.

Le pouvoir royal et l'idée d'Empire

Toutefois, Charlemagne n'a pas cherché délibérément à consolider son pouvoir monarchique par l'accession à la dignité impériale. L'idée d'Empire est née dans l'entourage lettré de Charles, et l'ecclésiastique Alcuin en fut le porte-parole le plus autorisé lorsque, au mois de juin 799, il écrivit au roi : « La dignité royale, que Notre Seigneur Jésus-Christ vous a réservée pour que vous gouverniez le peuple chrétien, l'emporte sur les deux autres dignités (celle de prince des Apôtres et celle de l'empereur de Byzance), les éclipse en sagesse et les surpasse. C'est maintenant sur toi seul que s'appuient les églises du Christ, de toi seul qu'elles attendent le salut : de toi, vengeur des crimes, guide de ceux qui errent, consolateur des affligés, soutien des bons. »

L'idée d'Empire, comme on le voit par ce texte, était une notion universelle, dépassant largement le cadre du royaume franc proprement dit et, *a fortiori*, celui du territoire de la France. C'était une idée chrétienne et plus particulièrement cléricale, voire romaine.

Aussi, même s'il est permis de croire que Charlemagne participait à cet état d'esprit et qu'au moment de son départ pour Rome, en l'automne 800, il était décidé à faire le pas décisif, ne faut-il pas perdre de vue que ce furent la situation dans Rome même et la situation internationale du royaume franc vis-à-vis de l'empire byzantin qui poussèrent le souverain à accepter le titre impérial. Le pape brusqua les choses et mit soudainement, ce 25 décembre 800, la couronne impériale sur la tête de Charlemagne. Celui-ci, certes, n'était pas insensible au prestige de cette dignité nouvelle, mais il ne la considérait pas comme essentielle. La preuve, c'est que, tout en modifiant sa titulature, il n'abandonna cependant pas le titre royal : « Charles auguste, couronné par Dieu, grand et pacifique empereur, gouvernant l'empire romain, et, par la grâce de Dieu, roi des Francs et des Lombards. » Une autre preuve, c'est que sa politique ne changea guère, pas plus que l'organisation de l'Etat. Tout au plus imposa-t-il, en 802, à tous ses sujets, même à ceux qui lui avaient prêté serment comme roi, un nouveau serment de fidélité à l'empereur. Cette décision fut d'ailleurs l'une des rares mesures du programme de gouvernement impérial élaboré par Charlemagne avec les membres de son entourage au palais d'Aix-la-Chapelle pendant l'hiver 801-802, qui aient été réalisées tant bien que mal. Avec quelques autres dispositions, ayant trait principalement à l'obéissance aux ordres de l'empereur et au service militaire, elle fut en même temps la seule de ce programme impérial dont l'inspiration relevât, tout au moins en partie, d'un désir de renforcement du pouvoir royal proprement dit. Il est caractéristique à cet égard que les dispositions du capitulaire « impérial » de 802 concernant le serment ne soient que le prolongement et l'extension de semblables mesures prises par Charlemagne au lendemain des conspirations de 786 et de 792, mentionnées plus haut.

Persistance de la conception patrimoniale du pouvoir

Une dernière preuve, enfin, de l'impact négligeable de l'élévation de Charlemagne à l'Empire sur les affaires intérieures du royaume, particulièrement en France, c'est le règlement de sa succession. Cette disposition promulguée en 806 s'inspire, en effet, de la vieille conception quasi patrimoniale du pouvoir monarchique : elle ne tient compte d'aucune façon de l'unité territoriale impliquée par l'idée abstraite d'Empire, que Charlemagne croyait peut-être destinée à disparaître avec sa personne. Même la division de la France fut prévue par ce règlement, puisque le fils le plus jeune, le futur Louis le Pieux, qui était déjà roi d'Aquitaine, se vit attribuer tout le sud de la Gaule, tandis que l'aîné, Charles, recevait, outre les régions septentrionales de l'Empire, tout le pays au nord de la Loire. Ce furent donc des événements imprévisibles qui empêchèrent l'unité carolingienne de se briser et qui firent survivre l'Empire aux circonstances contingentes qui l'avaient fait naître. A peu d'intervalle, en 810 et en 811, moururent les deux fils aînés de Charlemagne. Louis le Pieux recueillit seul la succession de tout l'Empire, dont la couronne lui fut imposée par son père lui-même, sans aucune intervention de l'Eglise cette fois, quelques mois avant la mort de Charlemagne, qui survint à Aix-la-Chapelle le 28 janvier 814.

Louis le Pieux empereur

Un tournant décisif

L'avènement de Louis le Pieux marque un tournant décisif dans l'histoire de la France. Le contraste entre son règne et celui de son père est saisissant : après les succès de Charlemagne et l'apothéose de son élévation à l'Empire, après des années d'expansion territoriale et de stabilité intérieure, le désordre et la révolte s'installent à nouveau au cœur même de l'Etat et préparent la dislocation du vaste ensemble que les Carolingiens avaient construit avec énergie et ténacité tout au long du VIIIe siècle.

Certes, pendant les treize dernières années du règne de Charlemagne, l'Empire s'était déjà engagé sur la voie de la décomposition : frontières terrestres mal définies, côtes maritimes menacées, déficience de l'administration d'un territoire immense et, surtout, notion mal assise de l'unité de l'Etat.

Ce fut d'ailleurs contre les dangers qui pouvaient menacer, dans l'immédiat ou le futur, l'unité de son empire que Louis le Pieux réagit dès son avènement. Il le fit toutefois avec une telle hardiesse et avec des défauts de caractère tellement évidents, que sa réaction, loin d'atteindre son objectif, provoqua au contraire des réactions en chaîne qui, stimulées par l'anarchie larvée des dernières années du règne de Charlemagne, hâtèrent finalement le processus de dislocation de l'Empire.

Radicalisme des premières mesures impériales

Pour les membres de l'aristocratie franque, l'idée de l'unité de l'Etat, née dans les milieux ecclésiastiques, n'était certainement pas une notion très familière ni très séduisante. L'intérêt des grands coïncidait plutôt avec l'existence d'un pouvoir monarchique partagé ou divisé, d'autant plus que le premier bénéficiaire de l'unité impériale était l'Eglise, dont la défense était la mission fondamentale de l'empereur. Aussi l'aristocratie dut-elle voir d'un mauvais œil les mesures assez radicales dont Louis le Pieux marqua, sans tarder, les premiers mois de son règne : il éloigna du palais les principaux collaborateurs de son père, il chassa les femmes faciles et les bons mangeurs qui entouraient le jovial Charlemagne ; il contraignit ses sœurs, que leur père n'avait jamais voulu marier et qui menaient une vie peu édifiante, à prendre le voile — tout cela, visiblement, à l'instigation de son entourage aquitain, et notamment de Benoît, abbé d'Aniane, sous l'influence duquel le gouvernement prit aussitôt une allure ecclésiastique et même monastique. Sous l'inspiration de ces mêmes conseillers, Louis le Pieux, après avoir rayé de sa titulature, dès 814, les qualités de roi des Francs et des Lombards, chères à son père, pour leur substituer simplement la brève formule « Louis, par ordre de la Providence divine, empereur auguste », promulgua et établit fermement en 817, par un acte d'une portée considérable, l'indivisibilité de l'Empire. En même temps il éleva l'aîné de ses trois fils, Lothaire, à la dignité d'empereur, pour que celui-ci, à la mort de son père, puisse lui succéder seul, sans partage aucun du territoire. « Il ne nous apparut point, observe l'empereur lui-même en tête de l'acte de 817, ni à nous ni à ceux qui jugent sainement, qu'il fût possible, par amour pour nos fils, de laisser se rompre, en procédant à un partage, l'unité d'un empire que Dieu a maintenue à notre profit. »

Mécontentement de l'aristocratie

Cette initiative hardie, en opposition radicale avec la plus authentique tradition franque que même Charlemagne avait cru devoir respecter, mécontenta profondément tous ceux qui en sentirent leurs intérêts gravement lésés. Un vaste soulèvement éclata. De Lombardie, où les mécontents trouvèrent un instrument dans la personne du roi d'Italie Bernard, fils d'un frère de l'empereur, il gagna la Gaule, où il rallia l'illustre poète Théodulf, évêque d'Orléans. Louis le Pieux n'eut pas de peine à mobiliser des forces suffisantes pour écraser l'insurrection ; il la réprima promptement et sauvagement. Les grands, cependant, n'en furent pas pour autant gagnés aux conceptions exprimées dans la constitution sur l'unité de l'Empire. L'ordre, qui leur fut donné en 821, de jurer d'observer cette constitution, fut très mal suivi. La pénitence publique, que l'entourage clérical et « impérialiste » de Louis le Pieux lui imposa l'année suivante à Attigny, en réparation de la cruauté qu'il avait montrée en écrasant le soulèvement de Bernard, fit même apparaître l'empereur aux yeux de l'aristocratie comme un faible, et les ecclésiastiques qui l'entouraient comme le seul obstacle à la prise du pouvoir par les grands. Or, ce même clergé, désormais maître de la situation, ne se rendit pas compte qu'en réclamant de l'empereur la restitution des biens d'Eglise distribués aux vassaux, il affaiblissait non seulement l'Empire, mais braquait surtout contre lui toute l'aristocratie.

Oppositions au sein de la dynastie

Une situation explosive se préparait ainsi lorsqu'en 823 l'impératrice Judith, seconde femme de Louis le Pieux, mit au monde un fils, le futur Charles le Chauve, et lorsqu'elle entendit assurer à cet enfant — en dépit de la constitution sur l'unité de l'Empire et au détriment de Lothaire, empereur désigné et déjà associé au gouvernement de son père — la plus grande part possible dans la succession impériale. Aussitôt une opposition féroce se déclencha au sein même de la dynastie régnante : partisans de Lothaire et de l'unité d'un côté, partisans de Judith de l'autre. Le climat devint propice à la révolte d'une aristocratie déjà exaspérée : chaque camp, en effet, chercha à s'assurer des appuis parmi les grands, en leur promettant des récompenses, bientôt en leur distribuant des richesses.

Le premier soulèvement général

L'explosion se produit dès 830 : l'insurrection éclate dans tout le pays. Les conjurés se posent en libérateurs de l'empereur et de ses fils. Ceux-ci — Lothaire, accouru d'Italie, Pépin, venant d'Aquitaine, et Louis, de la Bavière — se joignent aussitôt aux rebelles, qui se sont emparés de l'impératrice et la contraignent à prendre le voile à l'abbaye de Sainte-Radegonde de Poitiers. Lothaire, empereur associé, prend en fait le pouvoir, et Louis le Pieux, dans une demi-captivité, obligé d'avaliser le succès des révoltés, ne détient plus que l'ombre du pouvoir. La monarchie carolingienne subit alors une humiliation dont elle ne se releva jamais : chacun sut, désormais, que la vraie puissance reposait entre les mains des grands.

Revanche de Louis le Pieux

La victoire de l'aristocratie n'était pas définitive. Louis le Pieux, « en liberté surveillée », préparait sa revanche ; il la prit dès l'année suivante, en 831, ayant réussi à s'attacher assez de partisans, non seulement pour réinstaller Judith sur le trône impérial, mais même pour écarter du pouvoir Lothaire, élément essentiel cependant de l'édifice impérial. Cet éloignement, en effet, signifiait l'annulation des clauses de la constitution impériale de 817 ; obligé de récompenser les deux frères de Lothaire, dont il avait dû s'assurer la neutralité, Louis le Pieux revint au système du partage intégral, réservant également au fils de Judith, le futur Charles le Chauve, un lot important du territoire.

La fin du règne : anarchie et guerres civiles

Cette victoire de Louis le Pieux, toute personnelle et acquise au prix de l'abandon de l'idée d'Empire, fut cependant éphémère. Dès la fin de 831, Pépin est à nouveau en état de rébellion, bientôt rejoint par son frère Louis. Les quatre fils ne pensent plus qu'à faire valoir des droits à un héritage qui est bien loin d'être ouvert : la révolte règne désormais en permanence dans tout l'empire franc.

L'aristocratie décide de la victoire de l'une ou de l'autre faction : celui des princes en lutte qui parvient à s'attacher le plus de grands, avec leur suite de vassaux, l'emporte. Déposé à nouveau, puis restauré encore une fois, Louis le Pieux perd tout prestige, et la dynastie avec lui. Agobard, archevêque de Lyon, porte-parole du clan « impérialiste », s'en prend même à l'empereur en ces termes : « O Seigneur, Dieu du ciel et de la terre, pourquoi as-tu permis que ton fidèle et très chrétien serviteur, notre empereur, en soit arrivé à ne plus discerner les maux qui le menacent de toutes parts ? A chérir ceux qui le haïssent et haïr ceux qui le chérissent ? Et à quoi faut-il s'attendre de sa part, s'il est vrai, comme l'affirment nombre de ceux qui passent pour y voir clair, qu'il se trouve à ses côtés des gens qui escomptent avidement l'extermination de ses fils et ont projeté entre eux de mettre la main sur l'empereur, puis de se partager son royaume ? »

Un avenir hypothéqué

Ainsi l'Empire, pendant les derniers temps de Louis le Pieux, qui mourut le 20 juin 840, s'abîmait dans les guerres civiles. Tandis que son démembrement se préparait, le pouvoir central lui-même était déjà ruiné. Son assise matérielle était détruite : les princes, au cours des luttes, avaient dû faire trop de promesses, se ruiner en concédant trop de domaines et de « bénéfices ». De la glorieuse construction carolingienne, il ne restait ni l'unité politique, si durement acquise, des divers territoires groupés sous l'autorité franque, ni la richesse foncière qui, finalement, avait permis aux Carolingiens de triompher de leurs rivaux.

Par contre, de cette unité, qui avait duré à peine plus d'un demi-siècle, il demeurait des structures durables : un ensemble d'institutions politiques, économiques et sociales, une Eglise mieux organisée et plus riche, une civilisation authentiquement occidentale. Tel fut, pour l'histoire future de la France, le legs majeur de la construction carolingienne.

III. STRUCTURES POLITIQUES

Régions, peuples et Etat : de la diversité à l'unité

Si, comme on le verra plus loin, l'Empire carolingien était réparti administrativement en comtés, cette organisation ne peut cependant masquer une réalité bien plus profonde. S'étant constamment accru par la conquête, le territoire du royaume franc constituait un conglomérat d'entités beaucoup plus vastes que les comtés — anciens royaumes barbares tels que le royaume franc, le royaume burgonde, le royaume aquitain, anciens duchés nationaux tels que le duché de Gascogne ou le duché d'Alémanie, pour ne citer que celles établies sur le sol français. Jusqu'à l'accession au trône de la dynastie carolingienne, ces grands ensembles avaient mené une existence largement indépendante. Même après leur intégration dans l'Empire carolingien, ils demeuraient conscients de leur cohésion interne et donc prédisposés à une nouvelle existence autonome.

Ce particularisme s'explique principalement par le fait que les différents royaumes et duchés intégrés dans l'Empire carolingien avaient d'abord, et en premier lieu, une base ethnique et que chaque peuple, voire chacun des individus le composant, gardait partout et toujours son statut juridique d'origine, c'est-à-dire qu'il conservait son propre droit et vivait sous sa propre loi. Ce n'est que progressivement, après un long procès de territorialisation dont l'achèvement se situe seulement à l'époque post-carolingienne, qu'une certaine uniformisation du droit pouvait être envisagée. Certains partisans de l'unité de l'Empire en ont cependant rêvé dès le règne de Louis le Pieux, tel l'archevêque de Lyon, Agobard, qui, vivant dans une région de populations très mêlées, s'indignait fortement de la confusion qui résultait de la multitude de droits et de lois existant à l'intérieur de l'Empire franc : « Comment admettre, s'écrie-t-il, que soient maintenues de telles différences de traitement entre des fidèles de l'Empereur qui sont tous également fidèles du Christ ? Peut-on accepter qu'à cette unité, œuvre de Dieu, fasse obstacle une telle diversité de lois, que dans une même contrée, dans une même cité, voire dans une même maison, il arrive constamment que, sur cinq hommes marchant côte à côte, assis côte à côte, aucun, sur le plan des choses humaines, ne relève de la même loi, alors qu'au fond d'eux-mêmes, sur le plan des choses éternelles, ils relèvent de la même loi du Christ ? »

Il faut tenir présent à l'esprit l'état de choses décrié par Agobard, et surtout la grande diversité territoriale et ethnique de l'Empire, pour saisir l'ampleur de l'œuvre carolingienne d'assimilation d'abord, d'uniformisation et d'unification ensuite. Cette œuvre survécut dans une large mesure aux divisions politiques et aux troubles des dix dernières années de Louis le Pieux. Sans les Carolingiens, sans Charlemagne avant tout, la France n'eût pas été ce qu'elle est devenue.

Les instruments du pouvoir

Les comtes

Un des instruments principaux de cette politique a été le comte, l'agent territorial par excellence, le rouage essentiel de la machine administrative. Choisis avec précaution par le roi, notamment parmi l'aristocratie franque et spécialement, comme sous Charles Martel et Pépin le Bref, dans des familles aristocratiques austrasiennes, des comtes ont été installés d'un bout à l'autre de l'Empire, même là où, pour satisfaire aux aspirations particularistes de quelques territoires récemment soumis, des ducs « nationaux » avaient été provisoirement maintenus. Le territoire qui leur était confié correspondait soit à une ancienne circonscription romaine, soit à une région naturelle ou au territoire habité par une fraction de peuplade. Il en était de plus vastes que nos plus vastes départements ; il en était dont la superficie ne dépassait pas celle d'un de nos arrondissements. Le comte était le représentant permanent, mais révocable du roi, non rémunéré, mais disposant d'une dotation en domaines attachée à sa fonction. Sa tâche la plus importante, après la sauvegarde des droits du monarque, son attribution la plus absorbante aussi, était le maintien de l'ordre, en vue de quoi il disposait de pouvoirs de police très étendus dont les attributions judiciaires constituaient le complément. A vrai dire, pour l'assister dans sa mission, le comte ne disposait d'aucune administration, mais seulement de quelques subalternes, de quelques serviteurs et d'un petit nombre de vassaux.

Les évêques

Aussi Charlemagne a-t-il insisté constamment sur la collaboration nécessaire entre les comtes et les évêques. Nommé lui aussi par le roi, l'évêque, dans un Etat où l'élément civil et l'élément ecclésiastique étaient indissolublement liés, était précisément l'un des plus utiles instruments de la politique unificatrice et centralisatrice du souverain. Son diocèse avait, d'ailleurs, souvent les mêmes limites que le comté.

Malgré cela, l'institution comtale s'est révélée, après tout, peu efficace. Bien des comtes se montraient négligents dans l'exercice de leurs fonctions, d'autres se laissaient acheter, certains usaient de leurs pouvoirs pour exploiter leurs administrés : les mises en garde, les menaces de sanctions répétées du souverain fournissent la preuve de cette insuffisance.

Les « missi » et les capitulaires

C'est pourquoi Charlemagne développa si fortement l'institution des *missi dominici* (« envoyés du maître »), c'est-à-dire des commissaires royaux envoyés dans toutes les parties du territoire et dont une des tâches les plus importantes était de faire connaître le contenu des capitulaires et de veiller à leur exécution. Les nombreux capitulaires, c'est-à-dire les décrets divisés en articles (ou « chapitres », *capitulum*) dont les chefs d'Etat carolingiens usaient pour publier des mesures, législatives ou le plus souvent purement administratives, permettent précisément d'estimer l'ampleur même du mandat général confié à la plupart des *missi* royaux. Ceux-ci devaient enquêter au sujet des injustices et des abus, les faire cesser, contrôler le comportement des agents territoriaux, en premier lieu des comtes, faire rapport au roi à ce sujet, commenter les dispositions nouvelles qu'ils devaient faire connaître à la population, etc.

Mieux qu'une énumération ou une description, le texte même d'un capitulaire permettra de se rendre compte dans quel esprit devait s'exercer le contrôle des *missi*. Voici un extrait d'une circulaire, reprise dans un capitulaire, que quatre *missi* adressèrent à chacun des comtes dans le ressort desquels ils s'apprêtaient à se rendre : « Employez-vous à maintenir tous les droits de l'empereur, tels qu'ils vous ont été précisés par écrit et oralement, car vous en êtes comptables... Faites pleinement, correctement, équitablement justice aux églises, aux veuves, aux orphelins... Si vous vous heurtez à des actes d'insoumission, de désobéissance, si l'on refuse d'accepter les décisions que vous aurez prises en conformité avec la loi ou la justice, prenez-en note et avertissez-nous... N'hésitez pas, si vous avez un doute sur le sens d'un passage de ce mandement... à nous envoyer d'urgence un de vos représentants capable de comprendre nos explications... » Ce texte, tout comme celui de nombreux autres capitulaires, dont les dispositions très souvent se ressemblent parce que répétant fréquemment les mêmes ordres et les mêmes défenses — preuve de ce qu'ils étaient souvent très mal respectés —, montre bien que le souverain était obligé de tenir constamment ses représentants en haleine s'il voulait assurer l'unité de direction gouvernementale et maintenir dans la monarchie franque un minimum de cohésion, de régularité et de sécurité.

On aura compris que même si les instructions aux *missi* étaient toujours orales, leur mise par écrit, en guise d'aide-mémoire souvent rédigé de manière très concise, constitue un fait important dans l'histoire administrative : l'ample usage de l'écrit introduit par Charlemagne dans l'administration de ses territoires a contribué à la formation et au développement de cadres politiques et sociaux qui ont marqué de leur empreinte les pays ayant appartenu à l'empire carolingien.

Le roi

Importance de son action personnelle

A côté de l'action permanente des agents régionaux du pouvoir, principalement des comtes, à côté de l'action exercée par les *missi*, renforcée par Charlemagne pour pallier les déficiences de l'institution comtale, il y avait enfin l'action directe du roi lui-même, importante aussi longtemps que le roi se déplaça, c'est-à-dire avant les dernières années de Charlemagne, où celui-ci résida de façon quasi permanente à Aix-la-Chapelle. C'est lui, en effet, le moteur central de l'Etat, c'est lui dont la volonté fait la loi, c'est à lui qu'aboutit, en fin de compte, toute l'organisation politique et administrative. Certains aspects du pouvoir royal et impérial ayant été évoqués dans les pages précédentes — notamment son aspect religieux et le rôle du serment de fidélité au roi et à l'empereur — nous nous limiterons dans ce qui va suivre à ce qu'il est convenu d'appeler les institutions centrales. Celles-ci, d'ailleurs, sont intimement liées à la personne du souverain et se confondent avec l'entourage du roi, c'est-à-dire avec sa Cour ou, comme on disait alors, avec le palais.

Un souverain itinérant

Le mot *palais* s'applique également, au sens concret, à telle ou telle résidence royale en particulier. Il ne faut pas oublier, en effet, que les rois carolingiens, comme leurs prédécesseurs mérovingiens, ont été des souverains itinérants. C'est seulement à partir de 807 que Charlemagne, mis à part quelques rares séjours dans d'autres palais, a résidé de façon permanente à Aix-la-Chapelle. Depuis 794-795, cependant, le palais d'Aix était déjà la résidence d'hiver de Charlemagne. Il faut, en effet, distinguer dans l'activité gouvernementale des rois francs deux périodes bien distinctes de l'année : le printemps et l'été, réservés aux activités extérieures, grandes assemblées, expéditions militaires, voyages ; l'automne et l'hiver, consacrés au travail intérieur, c'est-à-dire à la réflexion et à la préparation des grandes décisions. Déjà Pépin avait des résidences d'hiver préférées, notamment celle de Quierzy. D'autre part, alors que les rois mérovingiens avaient généralement résidé dans les anciennes villes romaines de la Gaule, en premier lieu à Paris, les Carolingiens ont commencé à séjourner dans des palais établis au plat pays, peut-être parce que dans leur pays d'origine, dans le nord et le nord-est de la Gaule, entre Meuse et Rhin, les vraies villes faisaient défaut. Le nomadisme du souverain devint même, peu à peu, une nécessité qu'imposait l'énorme étendue du royaume. Mais Charlemagne vieillissant chercha progressivement à le limiter jusqu'à y renoncer.

Les résidences royales ou « palais »

La plupart de ces palais ruraux se situent dans le nord et le nord-est de la France, c'est-à-dire dans le noyau central de l'Empire, notamment à Attigny, Quierzy, Verberie, Compiègne et Thionville. Il serait erroné de se les représenter comme des châteaux, car ils n'étaient généralement pas fortifiés. C'étaient, par contre, de grandes exploitations rurales, pourvues de bâtiments ou de locaux destinés à l'hébergement et à la résidence du souverain et de sa suite ou pouvant être aménagés dans ce dessein.

A défaut de recherches archéologiques poussées sur les « palais » carolingiens situés en territoire français, nous devons faire appel à la description que donne d'une « cour » royale de second rang, située à Annapes, aux confins de la Flandre et de l'Artois, un texte du début du IXe siècle, rédigé par des commissaires royaux en tournée d'inspection : « Nous avons trouvé dans le fisc d'Annapes un palais royal construit en très bonne pierre, trois chambres, la maison tout entourée d'une galerie avec onze petites pièces ; au-dessous, un cellier, deux porches ; à l'intérieur de la cour, dix-sept autres maisons construites en bois, avec autant de chambres et les autres dépendances en bon état : une étable, une cuisine, une boulangerie, deux granges, trois magasins ; une cour munie de fortes palissades, avec une porte de pierre, surmontée d'une galerie. Une petite cour, elle aussi entourée d'une haie, bien ordonnée et plantée d'arbres de diverses espèces. »

Les organes centraux du pouvoir

Les dignitaires de la cour

Le palais au sens abstrait, c'est-à-dire l'entourage du roi, se déplaçait donc avec celui-ci à travers le royaume. Il était composé principalement, en dehors de la famille du souverain, des chefs des services intérieurs, c'est-à-dire, en réalité et à l'origine, des serviteurs personnels du roi : le sénéchal — titre signifiant littéralement « le vieux serviteur » —, chargé de veiller à l'approvisionnement du palais et particulièrement à celui de la table du roi, d'où son titre latin de « préposé à la table royale » ; le « bouteiller », ou chef des échansons ; le « chambrier », gardien de la « chambre » royale où était déposé le trésor ; le « connétable » enfin, responsable de l'écurie et notamment des transports, si importants pour une cour itinérante. Le rôle de ces officiers auliques n'était évidemment pas limité aux affaires privées du souverain et on les voit régulièrement employés à d'autres tâches, notamment à des commandements militaires.

Une administration embryonnaire

Hormis ces dignitaires, l'administration centrale carolingienne, des plus rudimentaires, ne disposait pas de services spécialisés pour les diverses catégories d'affaires, sauf, en raison du personnel qualifié qu'ils exigeaient, deux services assurés, l'un exclusivement, l'autre de préférence, par des clercs : la chapelle et la chancellerie, dont les liens étaient d'ailleurs étroits. La chapelle était constituée du corps des clercs assurant le service religieux à la cour du roi. Leur nombre et leurs attributions ont été augmentés par les Carolingiens, qui les employaient, à cause de leur degré d'instruction, supérieur à celui des laïques, à des tâches non ecclésiastiques : voyages d'inspection en tant que *missi*, missions diplomatiques, rédaction de diplômes. Les clercs utilisés pour cette dernière charge formèrent d'ailleurs, sous Charlemagne, un corps distinct, sous la direction d'un chancelier.

Le tribunal royal

Il faut enfin signaler la présence au palais d'un dernier haut fonctionnaire, le « comte du palais », assesseur spécialisé au tribunal du palais ; sous Charlemagne, il le présida parfois en l'absence du souverain, pour juger les causes que la plupart des personnalités ecclésiastiques ou laïques haut placées avaient le droit de porter devant le roi. Son importance croissante sous Charlemagne, surtout après l'élévation de celui-ci à l'Empire, est caractéristique du rôle personnel que Charlemagne, en raison de la déficience de son administration territoriale, crut devoir jouer de plus en plus, vers la fin de sa vie, dans l'administration de la justice, nourri par l'illusion qu'il serait, lui, mieux à même de châtier les coupables et de faire régner dans l'Empire une paix conforme à la volonté divine.

L'assemblée générale annuelle

Certains procès criminels d'une particulière gravité, tel celui des conjurés de la conspiration menée en 786 par Hardrad, ou celui de Pépin le Bossu et de ses complices en 792, furent néanmoins introduits devant l'assemblée générale ou diète, qui est une des institutions principales de la monarchie carolingienne et dont il importe maintenant de définir le rôle.

Elle n'est pas, malgré la terminologie officielle, l'assemblée populaire qu'imagina naguère une certaine littérature romantique, trompée sans doute par la liaison étroite entre la convocation de l'assemblée et le rassemblement de l'armée au mois de mars – d'où son vieux nom de « champ de mars » – ou en mai – d'où « champ de mai ». L'assemblée générale, au contraire, avait un caractère nettement aristocratique : elle était composée des hauts fonctionnaires du palais, des comtes, souvent aussi d'évêques et d'abbés, ainsi que des principaux vassaux royaux. Les membres de l'assemblée se réunissaient au moins une fois par an, sur convocation du roi et sous sa présidence, dans un des palais royaux dont le choix fut souvent dicté par sa proximité relative du futur théâtre des opérations militaires. Soigneusement préparé par le roi et son entourage, son ordre du jour, mis par écrit, prévoyait parfois une délibération séparée des ecclésiastiques et des laïques au sujet de questions relevant de leur compétence respective, comme c'est le cas dans l'exemple suivant, qui date de 811 :

« Nous voulons tout d'abord mettre nos évêques et abbés d'un côté, nos comtes de l'autre, et entretenir séparément chacun des deux groupes des points que voici : 1° A quelles causes attribuer ce fait qu'on refuse de s'entr'aider, tant aux marches frontières qu'à l'armée, quand il y a nécessité d'agir pour la défense de la patrie ? 4° On leur demandera en quoi et en quels lieux les laïques sont gênés par les ecclésiastiques et les ecclésiastiques par les laïques dans l'exercice de leurs charges... 10° De la vie de ceux qu'on appelle chanoines. Ce qu'elle devrait être. 11° De la vie monastique. Peut-on être moine sans observer la règle de saint Benoît ? »

Dans des cas comme celui-ci, la section ecclésiastique avait parfois le caractère d'un concile, et même d'un grand concile, où d'importantes décisions concernant la vie de l'Eglise furent arrêtées. Les réponses des deux groupes aux questions de l'ordre du jour n'étaient pour le roi que des avis ; toutefois, leur influence sur les décisions prises après les délibérations fut très réelle. Ces décisions étaient le plus souvent traduites sous forme de divers articles ou « chapitres » d'un capitulaire, que le souverain promulguait habituellement en guise de conclusion à l'assemblée.

L'armée

Comme on l'a dit, l'assemblée annuelle coïncidait généralement avec le rassemblement de l'armée, qui, lui aussi, pour une nation guerrière comme l'était celle des Francs, était un événement régulier : chaque année, la belle saison le ramenait avec elle. Sous Charles Martel, Pépin et Charlemagne, l'armée franque guerroya tous les étés. C'était d'ailleurs pour le roi et son royaume presque une nécessité, une condition de survie, tant à l'intérieur qu'à l'extérieur, comme il ressort des pages que nous avons consacrées aux événements politiques.

En principe, tous les hommes libres étaient tenus de répondre au« ban de l'ost ». Puisqu'ils ne recevaient pas de solde et qu'ils devaient, d'autre part, apporter de la nourriture pour trois mois, des vêtements et des armes pour six mois, le service militaire était la charge la plus lourde des hommes libres. Aussi les guerres annuelles les ont-elles appauvris à un tel point que beaucoup d'entre eux, n'en pouvant plus supporter le poids écrasant, finirent par vendre leurs biens et leur personne pour entrer dans l'Eglise ou devenir plus simplement mendiants, bandits ou malfaiteurs. Cette situation s'aggrava vers la fin du règne de Charlemagne, lorsque les guerres ne rendaient plus, c'est-à-dire lorsque les fantassins qu'étaient les hommes libres ordinaires avaient de moins en moins l'occasion d'emporter du butin. Aussi, malgré certaines mesures prises par Charlemagne pour alléger les charges militaires des hommes libres, et notamment celles des hommes libres pauvres, l'arme des fantassins diminua-t-elle en valeur et en importance, cédant progressivement le pas à la cavalerie, dont Charlemagne s'efforça d'augmenter les effectifs en employant la vassalité pour des buts militaires. L'armement et l'équipement du cavalier, spécialement du cavalier lourd, cuirassé, était, en effet, très onéreux – on peut l'évaluer au prix de dix-huit à vingt vaches – et les Carolingiens commencèrent à concéder des terres à des vassaux directs, dont ils multiplièrent le nombre, afin de les mettre à même d'accomplir le service militaire de cavalier et pour disposer ainsi dans les diverses parties du royaume d'éléments sûrs, bien armés et montés. Ils encouragèrent, d'autre part, les grands – comtes, évêques, abbés et riches propriétaires – à entretenir à leur tour des vassaux, développant ainsi, sans dépenses pour le roi, leur cavalerie aux frais de l'aristocratie.

La féodalité carolingienne

Cette introduction de la vassalité et du « bénéfice », c'est-à-dire du fief, dans l'organisation de l'Etat constitue d'ailleurs l'une des réalisations majeures des Carolingiens. Le système auquel elle a donné naissance, et que l'on appelle la *féodalité*, a été pleinement développé après l'époque carolingienne dans tous les Etats nés du démembrement de l'Empire, imposant même à toute la société occidentale, de haut en bas, et pour longtemps, l'un de ses caractères les plus essentiels. Dans son principe, la vassalité était fondée sur un contrat privé entre deux hommes libres, dont l'un, le vassal, « se commandait » au service de l'autre, qu'il reconnaissait pour seigneur en échange de la protection garantie par celui-ci. Comme telle, la vassalité existait déjà à l'époque mérovingienne, dans une société où la notion d'ordre public se perdait peu à peu et où l'insécurité obligeait bien des hommes libres à se chercher des protecteurs. Or, dans le courant du VIIIe siècle, une pratique nouvelle vint concrétiser l'engagement du seigneur protecteur : celui-ci était amené de plus en plus à gratifier son vassal de quelque terre ou de quelque autre bien, que celui-ci tenait de lui à titre de « bienfait » ou « bénéfice », et qu'à partir du Xe siècle on appela « fief », complément et contrepartie désormais du vasselage. Les Carolingiens ont généralisé cette pratique vis-à-vis de leurs propres vassaux, les « vassaux royaux », dont ils ont fait progressivement des vassaux « chasés », en leur concédant une terre ou des terres en bénéfice, au lieu de les entretenir directement dans leur maison comme c'était le cas auparavant. Ces bénéfices étaient pris parmi les domaines royaux ou prélevés de plus en plus, à cause des insuffisances des réserves royales, sur les biens des monastères et des églises. De cette façon, la vassalité royale put fournir en premier lieu les cadres de l'armée carolingienne et son arme la plus efficace, la cavalerie lourde. D'autre part, les vassaux royaux constituèrent, dans les régions où l'autorité royale semblait moins assurée, des sortes de colonies militaires, comme ce fut le cas, par exemple, en Aquitaine. Enfin, Pépin et Charlemagne ont mis la vassalité également au service de leur administration, en engageant les comtes à entrer dans leur vasselage. Ils espérèrent ainsi les attacher plus étroitement à leur personne, doublant leurs devoirs d'Etat de devoirs personnels. Ce ne fut qu'à l'époque postcarolingienne que l'on se rendit compte des inconvénients de ce système, lorsqu'un pouvoir royal fort eut disparu. Dans l'immédiat, cependant, les souverains carolingiens y ont vu un moyen commode de renforcer leur contrôle sur l'appareil administratif de l'Etat.

La multiplication des « bénéfices » conduit à poser le problème des ressources de la royauté carolingienne. Disons immédiatement que les Carolingiens n'ont pas développé une véritable fiscalité d'Etat. Ils se sont contentés des débris du vieux système fiscal romain qui avaient survécu à l'époque mérovingienne. Leur attitude peu constructive à cet égard s'explique fondamentalement par la structure économique de la société carolingienne, dont on doit dire dès à présent qu'elle était caractérisée par la primauté de l'agriculture et de la richesse foncière d'une part, et par la faiblesse des échanges commerciaux et monétaires, d'autre part. Les besoins de l'Etat ont dû s'adapter à cette situation et la royauté s'est préoccupée en premier lieu de sa fortune foncière, dont elle tirait ses revenus les plus réguliers et de beaucoup les plus considérables.

Hormis ceux-ci, de quelles ressources disposait-elle ? De certains profits d'abord réalisés par l'exercice du pouvoir, parmi lesquels on peut ranger les prises de guerre – esclaves, butin, tributs – et les profits de justice – amendes, confiscations de biens –, puis de quelques impôts que l'on pourrait qualifier d'impôts directs, notamment des redevances personnelles subsistant encore çà et là, tels des vestiges d'anciens impôts romains, ou bien les « dons » annuels au roi, auxquels étaient tenus les membres de l'aristocratie et les établissements ecclésiastiques. Toutefois, les impôts indirects constituaient les seules ressources de nature « fiscale » et d'origine romaine qui aient conservé, à travers l'époque mérovingienne, quelque importance réelle aux VIIIᵉ et IXᵉ siècles. Il s'agit avant tout du tonlieu, impôt royal sur la circulation des marchandises et sur leur vente au marché. A l'époque de Charlemagne, ce prélèvement a dû constituer une source de revenus importants pour le roi. Etabli aux frontières, notamment dans les ports maritimes, dans des villes ou agglomérations où se tenait un marché, dans certains ports fluviaux, ou simplement le long de certaines routes, le tonlieu carolingien n'a généralement été perçu que là où il l'était traditionnellement. Que les Carolingiens n'aient donc pas innové dans ce secteur n'empêche pas que certains tonlieux soient devenus particulièrement importants à l'époque, notamment – à l'intérieur de la France actuelle – ceux établis dans quelques ports de la Manche, comme Quentowic, à l'embouchure de la Canche, et Rouen, ou à l'intérieur du pays, comme à Saint-Denis et à Amiens.

IV. ÉCONOMIE ET SOCIÉTÉ RURALE

La grande propriété et le domaine

Représentativité des domaines royaux

Cependant, comme on vient de le dire, tous ces revenus non fonciers du roi carolingien, s'ils valaient au trésor royal un supplément de recettes appréciable, étaient néanmoins insuffisants pour fournir au budget royal autre chose qu'un simple appoint. La véritable base matérielle du pouvoir carolingien résidait dans les domaines royaux. Ceux-ci, d'autre part, sont tellement caractéristiques, par leur structure, leur mode d'exploitation et leur rôle économique, de la civilisation carolingienne en général, qu'il est permis d'en faire le point de départ d'un aperçu de la société rurale française à cette époque.

Les domaines royaux carolingiens étaient inégalement répartis à travers le territoire de la France actuelle : leur plus forte concentration se situe au nord de la Loire, notamment dans la région parisienne, ainsi que dans les bassins de l'Oise, de la Marne, de l'Aisne et de la Meuse, où l'on trouve également les « palais » royaux les plus importants.

Origines du grand domaine

Cœur du royaume, ancien pays des Francs, ces régions sont également celles où domine à l'époque la grande propriété, dont on peut dire qu'elle est le type principal de l'exploitation agraire dans le monde carolingien. Ces coïncidences ne sont évidemment pas l'effet du hasard. Pendant les VIᵉ, VIIᵉ et VIIIᵉ siècles, en effet, le peuplement de ces régions a été caractérisé par l'établissement de colonies germaniques assez denses sur des terres distraites par les rois des très vastes possessions qu'ils avaient conquises dans ces régions. Ces implantations royales et aristocratiques dans le nord et le nord-est de la France ont eu des conséquences importantes pour le régime agraire. Le type d'existence de l'aristocratie de ce temps supposait, en effet, un large ravitaillement, des greniers toujours pleins, des champs de dimensions exceptionnelles, compte tenu du bas niveau des rendements, la disposition enfin de vastes étendues incultes pour l'approvisionnement en gibier et les plaisirs de la chasse et pour l'élevage des chevaux, attributs essentiels d'une aristocratie guerrière.

A ces conditions répondait la constitution de vastes ensembles fonciers, composés de domaines englobant souvent le territoire actuel de plusieurs villages et pour l'exploitation desquels on fit appel à une main-d'œuvre composée principalement, du moins à l'origine, c'est-à-dire pendant l'époque mérovingienne, d'esclaves.

Destinées de l'esclavage

Les esclaves, comparables à beaucoup d'égards à ceux de la Rome antique, étaient employés à la mise en valeur des vastes champs, appelés souvent « coutures » (*culturae* en latin), qui faisaient partie de l'« exploitation du maître » (*mansus indominicatus*), du « domaine », dont la « cour » constituait le centre administratif et économique. Une partie des esclaves était logée dans l'enclos de la cour seigneuriale ; le maître assurait tout leur entretien et ils étaient à sa disposition pour toutes les tâches, domestiques en premier lieu, mais aussi agricoles. Toutefois, à la suite d'un déclin certain de l'esclavage, qui fut l'effet à la fois des progrès de la christianisation et de la fin des conquêtes carolingiennes, en fonction aussi du rendement médiocre d'un troupeau humain que le maître était obligé de nourrir pendant les mortes-saisons alors qu'il n'en avait pas besoin, les grands propriétaires commencèrent à « caser » les esclaves, c'est-à-dire à les installer en nombre croissant sur une terre, où ils purent s'établir avec leur famille et dont ils tiraient par leurs propres bras leur subsistance. En échange de cette dotation, ces « maisons » paysannes, ces « manses » comme on disait, devaient à l'exploitation du maître des prestations diverses, en premier lieu des prestations de travail.

Le régime domanial

Origines et diffusion

Cette transformation du régime d'exploitation du domaine a eu lieu principalement pendant le VIIIe siècle, et d'abord dans les domaines royaux, ou les anciens domaines royaux passés aux mains de l'aristocratie, situés dans leur majorité, comme on l'a vu, dans le Bassin parisien et ses régions avoisinantes du nord et du nord-est de la France. C'est là qu'est né, peu avant et surtout pendant l'époque carolingienne, le mode d'exploitation par excellence de la grande propriété. On l'appelle le régime domanial classique à cause du fait qu'il nous est connu par quelques documents célèbres du début du IXe siècle, que depuis le milieu du siècle passé plusieurs grands érudits ont exploité et à l'aide desquels ils ont construit l'image « classique » et parfois trop abstraite de ce mode d'exploitation du grand domaine.

Avant de le décrire statiquement, à l'aide d'un de ces textes, il convient de dire que, à côté de « manses » serviles, beaucoup de grands domaines, vers la même époque, ont intégré des exploitations préexistantes de paysans possesseurs libres et de gentilshommes campagnards. Ces exploitations y sont devenues des manses « libres ». D'autres domaines encore se sont agrandis par voie de défrichements, opérés par des « hôtes » venus d'ailleurs, dont la terre gagnée sur les friches a bientôt constitué d'autres « manses ». Ajoutons à cela que le régime domanial classique a été aussi celui des grands domaines ecclésiastiques des régions au nord de la Loire — par exemple ceux de l'abbaye de Saint-Germain-des-Prés — dont l'origine remonte d'ailleurs très souvent à une donation royale ou aristocratique. La diffusion de ce régime et, dans une certaine mesure, son uniformisation semblent même avoir été les objectifs d'une politique délibérée, de la part aussi bien de la royauté que des grands établissements religieux.

Description d'un grand domaine

C'est du moins ainsi qu'on interprète la rédaction des quelques textes célèbres auxquels nous faisions allusion. L'un des plus riches est le polyptyque (c'est-à-dire l'inventaire détaillé des charges des manses et de la consistance des domaines) de l'abbaye de Saint-Germain-des-Prés, dressé, entre 806 et 829, sur l'ordre de l'abbé Irminon. Nous en reproduisons ci-après un fragment traduit du latin, se rapportant à la description du domaine (*villa*) de Villeneuve-Saint-Georges, près de Paris :

« Il y a à Villeneuve un manse de maître, avec habitation et autres bâtiments en suffisance. Cent soixante-douze bonniers de terre arable qui peuvent être ensemencés à huit cents muids. Il y a quatre-vingt-onze arpents de vigne, où l'on peut récolter mille muids, cent soixante-six arpents de pré, où l'on peut récolter cent soixante-six chars de foin. Il y a trois fariniers, dont le cens rapporte quatre cent cinquante muids de grain. Un autre n'est pas accensé. Il y a un bois de quatre lieues de tour, où peuvent être engraissés cinq cents porcs.

« ... Actard, colon, et sa femme, colone, nommée Eligilde, hommes de saint Germain, ont avec eux six enfants, nommés Aget, Teudo, Siméon, Adalside, Dieudonnée, Electard. Ils tiennent un manse libre contenant cinq mesures de terre arable, quatre arpents de vigne, quatre arpents et demi de pré. Il fournit pour l'armée quatre sous d'argent, et l'autre année deux sous pour la livraison de viande, et la troisième année, pour la livraison de fourrage, une brebis avec l'agneau. Deux muids de vin pour le droit de pâture des porcs, quatre deniers pour l'usage du bois ; pour le charroi, une mesure de bois, cinquante bardeaux. Il laboure pour les blés d'hiver quatre longueurs, pour les blés de printemps deux longueurs. Les corvées de bêtes et de bras, autant qu'il lui est commandé. Trois poules, quinze œufs. Il clôt quatre longueurs du pré...

« ... Adalgarius, esclave de saint Germain, et sa femme, colone, nommée Hairbolde, hommes de saint Germain. Celui-ci tient un manse servile. Hadvoud, esclave, et sa femme, esclave, nommée Guinigilde, hommes de saint Germain, ont avec eux cinq enfants : Frothard, Girouard, Airolde, Advis, Eligilde. Ces deux-là tiennent un manse libre contenant une mesure et demie de terre arable, trois quarts d'arpent de vigne, cinq arpents et demi de pré. Il fait dans la vigne quatre arpents. Il livre pour la pâture des porcs trois muids de vin, un setier de moutarde, cinquante osiers, trois poules, quinze œufs. Les services de bras, où ils lui sont commandés. Et la femme esclave fait de la serge avec la laine du maître, et gave les volailles autant qu'il lui est commandé.

« Ermenold, colon de saint Germain, et sa femme, esclave ; Foucaud, esclave, et sa femme, esclave, nommée Ragentisme, hommes de saint Germain. Ces deux-là tiennent un manse servile contenant deux mesures de terre arable, un arpent de vigne, deux arpents et demi de pré. Il doit la même chose que le précédent. La femme esclave et sa mère font les serges et gavent les volailles autant qu'il leur est commandé. »

Ce domaine de Villeneuve comprenait, d'une part, l'exploitation du maître, composée de sa cour, de champs très étendus (plus de 200 ha), de prés et de vignes, et à laquelle appartenait également la totalité des bois du domaine. Il comprenait, d'autre part, soixante manses « libres », quatorze manses et un demi-manse « serviles », dont le fragment reproduit ci-dessus fournit, pour un manse de chaque catégorie, la description modèle.

Le manse et la paysannerie

Bien que les différences entre les deux catégories de manses aient tendance à s'estomper, on constate que le manse libre est plus étendu que le manse servile, qu'il doit de lourdes taxes en remplacement du service militaire, auquel seuls les colons, c'est-à-dire les libres, étaient obligés, et qu'il est astreint à des travaux bien définis sur le manse du maître, nécessitant l'emploi d'un attelage. Les manses « serviles », par contre, doivent au manse seigneurial des services de bras et des services domestiques qui rappellent leur origine. On aura toutefois remarqué que déjà les occupants d'un manse libre doivent accomplir, outre certaines tâches fixes, qui leur sont propres, les corvées indéfinies qui, à l'origine, ne pesaient que sur les manses serviles. D'autre part, il n'y a déjà plus de coïncidence entre le statut du manse et celui des hommes qui l'occupent. Les anciennes distinctions juridiques entre libres — devenus « colons », c'est-à-dire, en fait, « demi-libres » — et esclaves sont en voie d'effacement, principalement au détriment des anciens paysans libres, dont nous avons évoqué plus haut, à l'occasion d'un aperçu de l'organisation militaire carolingienne, les conditions d'existence de plus en plus pénibles à l'époque de Charlemagne. Cet effacement fut également la conséquence du fait que les grands propriétaires, en premier lieu le roi, ont utilisé les manses — c'est-à-dire « la terre d'une famille », comme les qualifient certains textes, l'ancienne exploitation familiale — comme des unités commodes pour répartir les réquisitions, au lieu de faire reposer celles-ci, comme c'était probablement le cas à l'époque mérovingienne, sur les individus ou sur l'étendue des champs. Cette étendue variait fortement, même à l'intérieur d'une seule catégorie de manses, du moins dans les régions fortement peuplées du Bassin parisien, où l'on observe, en effet, l'occupation d'un manse par plusieurs familles, et même sa division en demi-manses.

Diversité rurale de la France

Si le peuplement semble donc avoir été très dense dans ces régions – on a calculé que la population dans huit villages de Saint-Germain-des- Prés, autour de Paris, y égalait au IXe siècle presque celle du XVIIIe siècle ! –, si l'agriculture, en conséquence, y était très avancée, notamment par rapport à l'élevage et aussi du point de vue technique – le système de la rotation triennale des cultures aurait trouvé à l'époque carolingienne ses premières applications sur les grandes « coutures » des domaines de cette région –, il serait toutefois bien téméraire d'étendre à l'ensemble de la France l'image que nous fournissent les célèbres polyptyques carolingiens.

A côté de ces îlots surpeuplés, dotés d'une forte organisation agraire, d'autres régions de la France, principalement au sud de la Loire et dans la France de l'Ouest, offraient, sans doute, à la même époque, une image bien différente. Non seulement de larges espaces y demeuraient encore déserts, mais le régime domanial, avec l'avance des cultures, y pénétrait difficilement. La petite propriété paysanne y était plus largement représentée, la concentration des terres en grosses exploitations constituait plutôt l'exception, et même là où celles-ci existaient, l'association des manses – beaucoup plus étendus et uniformes – à l'exploitation de la terre du maître était beaucoup plus lâche, ou même absente. Aussi les textes illustrant un tel état de choses y sont-ils assez rares et d'interprétation difficile : n'avons-nous pas évoqué plus haut le rôle de l'écrit dans la diffusion du régime domanial et sa liaison avec celui-ci, notamment par l'action de la royauté ? Or, celle-ci, dans l'ouest et le sud de la Gaule, disposait d'une implantation beaucoup moins solide et profonde que dans le cœur de l'ancienne Francie, conséquence des événements politiques décrits au début de ce chapitre.

Le rôle économique du grand domaine

Isolement, autarcie ou intégration ?

Aussi, pour interpréter le rôle économique de la propriété foncière à l'époque carolingienne, sommes-nous obligés de faire appel à nouveau aux sources écrites émanant du roi ou des grands établissements ecclésiastiques. Cela peut, certes, déformer nos vues, mais il n'en reste pas moins vrai que l'influence du grand domaine, moins étendue sans aucun doute et moins pénétrante qu'il n'apparaît à travers nos sources, ne laissait pas de s'exercer sur les exploitations agricoles qui n'étaient pas organisées dans le cadre domanial et sur les régions où le grand domaine « classique » n'était pas le type prédominant de l'organisation agraire. Il ne faut pas, en effet, se représenter le grand domaine carolingien comme « un organisme clos destiné à fonctionner entièrement replié sur lui-même ». Il s'intégrait activement dans un ensemble économique plus vaste, et cela pour plusieurs raisons.

Production et commerce

Les grands propriétaires possédaient d'ordinaire plusieurs domaines, répartis sur plusieurs régions dont les aptitudes naturelles étaient souvent très diverses et proposaient une certaine spécialisation dans la production domaniale. Cette situation impliquait des liaisons entre les divers domaines, soit que le propriétaire, tel le roi, se déplaçât constamment de l'un à l'autre et dût rester informé de ce qui se passait dans chacun de ceux qu'il allait visiter, soit qu'un propriétaire à résidence fixe, telle une grande abbaye, dût organiser des transports pour faire venir de ses domaines éloignés son approvisionnement. Enfin et surtout, une part de la production du domaine entrait dans le circuit commercial local, interrégional et même international : les grands propriétaires écoulaient leurs excédents et se procuraient certains produits par le commerce ; les paysans vendaient régulièrement une part de leur production sur les très nombreux marchés hebdomadaires dont on peut repérer l'existence dans les textes carolingiens, afin de pouvoir s'acquitter en argent de certaines redevances. Même si les maîtres mettaient leur idéal à tirer de leur terre de quoi subvenir à tous leurs besoins, le grand domaine se trouvait donc en communication avec d'autres domaines, avec les exploitants paysans qui l'environnaient et même, par l'intermédiaire des marchés locaux et interrégionaux, avec un monde économique aux horizons parfois fort larges.

L'exemple des domaines royaux

Le célèbre *Capitulare De villis*, un capitulaire émanant vraisemblablement de Charlemagne et contenant des prescriptions concernant la gestion des domaines royaux, fait saisir sur le vif à la fois les problèmes que posait à un grand propriétaire l'exploitation d'une immense fortune foncière et quelques aspects des liaisons économiques que nous venons d'évoquer.

« Que nos intendants se chargent de nos vignes, qui sont de leur office, et les fassent bien travailler... S'il faut se procurer d'autre vin, qu'ils le fassent acheter en un lieu d'où ils puissent le conduire à nos domaines...

« Nous voulons que, chaque année, dans le Carême, le dimanche des Rameaux, ils veillent selon nos prescriptions à apporter l'argent provenant de nos profits, après que nous aurons su le montant cette année-là de nos profits...

« Nous voulons que, de l'ensemble des récoltes, ils fassent mettre à part ce qui doit être affecté à notre service ; qu'ils mettent à part de la même façon ce qui doit être chargé sur les charrois de l'armée...

« Lorsque tout sera ainsi réparti, semé et fait, ce qui restera de l'ensemble des récoltes sera gardé, pour être selon nos ordres vendu ou conservé...

« Que chaque administrateur veille à ce que notre domesticité s'applique bien à son travail et n'aille pas perdre son temps sur les marchés... »

Essor commercial et destinées des profits

L'économie du domaine s'ouvre donc normalement sur le commerce. Si l'existence d'échanges commerciaux ne fait point de doute, il convient cependant de ne pas leur attribuer une importance trop grande à long terme. Les grands domaines, au IXe siècle, ont effectivement soutenu l'essor du négoce, le développement le long des rivières d'agglomérations marchandes, l'activité d'un groupe relativement restreint de marchands professionnels. Toutefois, les maigres capitaux créés aux VIIIe et IXe siècles par le travail paysan n'ont guère été investis de façon productive par une aristocratie que dominait l'amour du luxe : ils finirent par s'accumuler, sous forme de bijoux et de parures, dans le trésor des églises, du roi et des grands, et y demeurèrent immobilisés pour plusieurs siècles interdisant ainsi toute possibilité d'investissement et d'essor économique.

V. L'ÉGLISE CAROLINGIENNE

La monarchie et la réforme de l'Église franque

Le roi, chef de l'Église franque

Les Carolingiens, aussi bien Pépin que Charlemagne et Louis le Pieux, ont fait de l'Eglise non seulement un pouvoir spirituel, politique, économique et culturel très réel, mais ils lui ont procuré, en outre, une solidité d'organisation « qui l'a mise à même, au cours des temps difficiles que furent la fin du IXe, le Xe et le début du XIe siècle, de préserver l'essentiel de notre civilisation ». Se révèle donc aussitôt l'aspect fondamental de l'Eglise franque : elle est étroitement soumise au monarque, aussi bien en théorie qu'en pratique. Ce trait a comme explication et comme contrepartie, si l'on peut s'exprimer ainsi, le fait que le roi carolingien se considère comme lié à défendre et à promouvoir la foi chrétienne, en veillant « à améliorer toujours l'état de ses églises », ainsi que dit Charlemagne dans une lettre générale au clergé.

L'œuvre religieuse de Carloman et de Pépin

Cette suprématie – bien plus, l'identification presque totale qui s'établit entre le roi et le pouvoir de décision en matière religieuse – se manifeste dès avant l'accession à la dignité royale des Carolingiens, sous la puissance des maires du palais, Carloman et Pépin, peu de temps après la mort de Charles Martel.

Après la grande crise de la fin du VIIe siècle et du début du VIIIe siècle, où l'Eglise franque avait failli perdre les moyens de remplir sa mission spirituelle, après les premières tentatives de restauration sous l'égide de l'Anglo-Saxon Boniface, qui, en liaison étroite avec le pape, avait déjà reçu l'appui de Charles Martel, ce fut pendant la dernière phase de la réforme « bonifacienne » que Carloman et Pépin eurent l'occasion de démontrer qu'ils avaient pris en main eux-mêmes les destins de l'Eglise en Occident. Le 21 avril 742, après avoir convoqué l'un de ces synodes francs qui ne s'étaient pas réunis depuis plus de quarante ans. Carloman en promulgua lui-même les décisions dans un capitulaire qui débute en ces termes : « Au nom de Notre Seigneur Jésus-Christ, moi, Carloman, duc et prince des Francs, sur le conseil des serviteurs de Dieu et de mes grands, j'ai réuni les évêques et les prêtres qui sont dans mon royaume... pour qu'ils me donnent conseil sur le moyen de restaurer la loi de Dieu et l'Église, corrompues au temps des princes antérieurs... » Aussitôt après, lors d'une réunion tenue à Soissons le 2 mars 744, Pépin suivit pour ses propres territoires l'exemple de son frère Carloman et reprit presque textuellement les dispositions promulguées par celui-ci deux ans plus tôt.

Le roi et l'autorité pontificale

L'objectif de cette réforme était principalement le rétablissement de la hiérarchie ecclésiastique et le contrôle, de haut en bas, des différents niveaux de l'organisation religieuse. A ce propos, une divergence de vues assez nette se manifesta, au synode de Soissons, entre les missionnaires anglo-saxons, conduits par saint Boniface, et l'épiscopat franc, dominé par l'aristocratie. Il était apparu que, dans l'esprit de Boniface, le rétablissement de la hiérarchie ecclésiastique devait aboutir, par l'installation d'archevêques directement rattachés au pape, à une subordination complète de tout le clergé franc à l'autorité pontificale. Le synode empêcha l'établissement d'archevêques à Rouen, Reims et Sens, et Pépin, abandonnant saint Boniface après avoir reçu de lui, sur ordre du pape, l'onction comme premier roi carolingien, prit en main lui-même, dès 755, la poursuite de la réforme, mais selon des méthodes plus souples.

Rétablissement de la hiérarchie ecclésiastique

Le rétablissement des provinces ecclésiastiques et des sièges métropolitains fut remis à plus tard. L'œuvre fut réalisée seulement sous Charlemagne, et assez lentement : en 811, seuls les sièges d'Aix, Eauze et Narbonne n'avaient pas encore vu reconnaître leur caractère métropolitain. Entre-temps, les évêchés étaient devenus plus nombreux, notamment dans la Septimanie reconquise et en Bretagne, et Pépin comme Charlemagne avaient veillé au fonctionnement régulier de l'institution épiscopale et surtout au renforcement de l'autorité des évêques.

Les évêques, auxiliaires du roi

Ceux-ci, en effet, nous l'avons dit plus haut, furent, au même titre que les comtes, considérés par les Carolingiens comme des fonctionnaires publics. Aussi, lorsque la génération d'évêques formés au temps de Boniface, et qui avaient préservé une certaine indépendance, s'effaça vers 780, seuls des hommes choisis par le souverain et qui lui étaient étroitement dévoués accédèrent désormais à l'épiscopat. Sauf quelques exceptions, ils furent généralement choisis parmi les membres de l'aristocratie ; ils menaient donc une existence qui ressemblait très fort à celle des grands laïcs : « Le clergé de toute l'Aquitaine était plus adroit à monter, aux exercices armés et d'archers, qu'à célébrer le rituel chrétien », rapporte un auteur contemporain. Les multiples obligations mondaines et administratives imposées par le souverain aux évêques ont dû les détourner souvent, en effet, de leur fonction religieuse. On comprend, dès lors, pourquoi les instructions de Charlemagne aux évêques, leur rappelant leurs devoirs religieux, ont été tellement nombreuses : la fréquente répétition des mêmes prescriptions permet de croire que celles-ci étaient observées de manière fort imparfaite.

Clergé rural et églises privées

La situation du bas clergé n'était certainement pas meilleure, surtout à la campagne, où les prêtres vivaient dans des conditions matérielles précaires. La prescription de Charlemagne, renouvelée par Louis le Pieux, que chaque église paroissiale dût posséder une dotation en terre, consistant au moins en un manse, afin d'assurer l'entretien matériel du curé, n'a pas toujours été respectée. D'autre part, s'il existait sans aucun doute quelques prêtres qui possédaient leur église sans obligation aucune envers un maître et qui étaient soumis seulement à l'autorité de leur évêque, la majorité des églises rurales à l'époque carolingienne ont été des églises privées. Cela veut dire non seulement qu'elles étaient érigées à proximité de la maison du maître et faisaient partie de l'équipement du manse seigneurial au même titre que les moulins ou les écuries, parfois au détriment d'une église paroissiale préexistante, située à quelque distance et qu'on laissait dès lors tomber en ruine ; cela signifie surtout que leurs desservants dépendaient étroitement du maître, qui les choisissait d'ailleurs généralement lui-même, parmi les serfs de son domaine. Agobard de Lyon atteste qu'aucun état social n'était en ces temps aussi instable que celui des curés : « Pour un oui, pour un non, leur maître les renvoie. »

Charlemagne et la formation des prêtres

Aussi les efforts de Charlemagne pour améliorer la formation des prêtres ont-ils été constants et, peut-on croire, souvent désespérés. Car des problèmes posés par le clergé rural aussi, le grand Carolingien a eu conscience : agissant comme chef de l'Eglise franque, il s'en est occupé en détail, énumérant, par exemple, dans un de ces capitulaires « ecclésiastiques », le minimum de connaissances requis des prêtres : connaître et comprendre l'oraison dominicale et le *Credo*, être capable de les enseigner aux fidèles, puis, dans un second degré, connaître le pénitentiel, le calendrier, les homélies convenant aux jours fériés, le « chant romain », etc.

Pratique religieuse et vie morale

De fait, ces efforts demeurèrent largement inefficaces : une lettre de Charlemagne à Gerbald, évêque de Liège, apprend qu'un jour l'empereur voulut s'assurer que le sacrement du baptême était administré correctement ; il fut désagréablement surpris en constatant que de nombreux parrains et marraines étaient incapables de réciter avec exactitude le *Pater noster* et le *Credo*. L'observation du repos dominical semble avoir été très difficile à implanter. Et si, d'autre part, beaucoup de prêtres étaient très mal armés pour lutter contre la survivance de pratiques païennes, comment pouvaient-ils, dans leur paroisse, lutter contre l'adultère, l'inceste, le vol, le parjure, l'homicide ? De nombreux capitulaires donnent à penser que la conduite morale des prêtres était loin d'être exemplaire.

Il importe cependant de répéter que Charlemagne et, plus rigoureusement, Louis le Pieux ont déployé une grande diligence pour remédier à ces défauts. Grâce à eux, la conception essentiellement séculière que se faisaient de leur mission les hauts dignitaires ecclésiastiques se transforma quelque peu, ce qui amena certains prélats à se consacrer davantage à la surveillance et à la formation du clergé inférieur.

Clercs et moines

Moines ruraux et clercs citadins

Les réformes ou tentatives de réformes en matière ecclésiastique des premiers rois carolingiens visaient en premier lieu au rétablissement de la hiérarchie ecclésiastique et à l'épuration, étroitement surveillée et contrôlée, du clergé séculier, afin que, désormais, celui-ci seul pût s'occuper de propager la foi chrétienne. Depuis le VIIe siècle, en effet, indépendamment de la hiérarchie ecclésiastique ordinaire établie dans les « cités », des monastères fondés par des missionnaires irlandais et anglo-saxons avaient entrepris l'évangélisation des régions rurales au nord de la Loire. Cette activité « parallèle » posait un problème aux premiers Carolingiens : les moines tendaient en effet, de plus en plus, à obtenir les ordinations et à doubler les « clercs », seuls auxiliaires, à l'origine, des évêques dans leur tâche pastorale et missionnaire. Pépin, puis Charlemagne, Louis le Pieux enfin, se sont donc efforcés, progressivement, au moyen d'une législation ecclésiastique toujours plus développée, plus précise et plus stricte, de mettre de l'ordre dans cette situation embrouillée, de rétablir la distinction entre « moines » et « clercs », et de proposer en même temps aux uns et aux autres une définition plus claire, plus stable et souvent nouvelle, de leur tâche et de leur statut.

Réforme du clergé épiscopal : les chanoines

Dans cet esprit, Pépin et Charlemagne se sont d'abord intéressés au clergé des cathédrales, c'est-à-dire aux « clercs » vivant dans l'entourage des évêques, en favorisant notamment leur vie en commun ; ils étendirent à tout le royaume, et non seulement aux clercs des cathédrales, mais également à ceux des basiliques suburbaines et rurales, la règle rédigée à l'usage de son clergé par Chrodegang, évêque de Metz, en 754. Les clercs soumis à une telle règle étaient dits *canonici*, chanoines. Ils étaient obligés de vivre et de prier en commun, et de remettre leurs biens à la communauté, tout en s'en réservant l'usufruit leur vie durant. Certains chanoines, cependant, dispensés de passer la nuit dans le dortoir commun, avaient leur maison particulière dans le cloître. Cette faculté fut reconnue à chaque chanoine dans le statut promulgué en 816, à Aix-la-Chapelle, par Louis le Pieux, qui tendait à uniformiser et à généraliser l'institution des chanoines et des chanoinesses à travers tout l'Empire.

L'habitat canonial

Cette réforme du clergé épiscopal fut un événement d'une grande portée pour le destin d'un certain nombre de villes françaises : la vaste superficie des constructions nouvelles édifiées pour les chanoines — chapitre, réfectoire, cellier, dortoir et maisons particulières — en modifia parfois notablement la topographie. La création d'un nouveau quartier clérical obligea souvent les anciens occupants, c'est-à-dire toute une partie de la population laïque, à chercher un nouvel habitat en dehors de l'ancienne « cité ». Cette extension de la propriété ecclésiastique à l'intérieur des murs de la ville rendit possible la construction d'immenses cathédrales aux XIIe et XIIIe siècles.

Réforme du monachisme

Les Carolingiens, principalement Charlemagne et Louis le Pieux, ont voulu donner une orientation nouvelle au monachisme en mettant fin à l'activité pastorale et évangélisatrice que les moines exerçaient depuis près de deux siècles. Pour cela, ils ont mené une action vigoureuse tendant à imposer uniformément la règle de saint Benoît. Dans beaucoup de monastères, en effet, les moines vivaient selon des usages d'origine diverse et suivaient, en particulier, la règle dite « mixte », composée d'éléments bénédictins et d'éléments irlandais largement adaptés ; dans d'autres monastères, la vie commune ne suivait même pas une règle bien définie ; ailleurs encore, comme dans certains monastères établis de longue date dans une ville — à Tours, par exemple —, la communauté des « moines » était, en réalité, composée de « clercs » vivant autour de l'évêque ; enfin, un peu partout, les traditions monastiques étaient tellement lâches que beaucoup de moines vivaient en « gyrovagues », c'est-à-dire en vagabonds ou en ermites. De fréquentes allusions dans les capitulaires de Charlemagne, les dispositions nombreuses et répétées visant l'observation de la règle de saint Benoît, démontrent que la situation existante rendait fort difficile la diffusion systématique et uniforme de la règle bénédictine. Aussi, avant la législation monastique édictée par Louis le Pieux en 816, l'objectif visé par Charlemagne ne fut-il pas atteint.

Renouveau monastique en Aquitaine

L'action royale, au contraire, provoqua dans le monde monacal stagnation, crise, voire décadence, particulièrement dans les parties centrales du royaume franc, entre Loire et Rhin, où les fondations monastiques nouvelles, par exemple, furent alors fort rares. Ce fut, en réalité, des régions au sud de la Loire, où, à l'époque de Charles Martel et de Pépin, par suite notamment des événements politiques et militaires, toute vie monastique avait été éteinte, que partit, après le rétablissement de l'ordre public par Charlemagne, le renouveau monastique. Sous Louis le Pieux, il s'étendit aux autres parties de l'Empire. Dès l'époque où Louis le Pieux était roi d'Aquitaine, entre 781 et 814, on assista dans cette province à une véritable renaissance du monachisme, dont l'initiative peut être attribuée en grande partie à Charlemagne lui-même, puisque, d'après le biographe aquitain de Louis le Pieux, « il ordonna à travers l'Aquitaine des abbés appartenant au peuple franc ». Le premier but était naturellement la consolidation du pouvoir politique franc dans cette région longtemps indépendante et rebelle. Il s'agissait, en second lieu, de mettre le monachisme aquitain au service d'une œuvre de colonisation intérieure. Le monastère d'Aniane, sous la direction de son illustre abbé Benoît, qui devait être le conseiller de Louis le Pieux et le véritable auteur de la réforme monastique, joua dans cette immense entreprise de défrichement un rôle pionnier. Les moines d'Aniane ne défrichèrent pas seulement les terres autour de leur monastère, ils fondèrent aussi des prieurés, après avoir mis eux-mêmes en culture les terres environnantes. D'autres abbés suivirent cet exemple, notamment à Lagrasse, à Donzère, à Conques, à Carcassonne, ailleurs encore.

Benoît d'Aniane, restaurateur de la règle bénédictine

Cette concrétisation spectaculaire de l'idéal monastique carolingien dans le royaume aquitain de Louis le Pieux se trouva donc placée sous le signe de l'observance de Benoît d'Aniane, restaurateur de la règle bénédictine stricte dans les monastères aquitains et languedociens. Son action constitue « un réel tournant dans l'histoire du monachisme occidental ». Dès l'avènement de Louis le Pieux à l'Empire, en 814, celui-ci installe, en effet, l'abbé d'Aniane à la cour d'Aix-la-Chapelle, ou plutôt fonde pour lui un monastère aux portes d'Aix, à Inda (Cornelimünster). Deux ans plus tard, au synode d'Aix-la-Chapelle de l'été 816, l'empereur promulgue un capitulaire « monastique », parallèle à celui destiné aux chanoines, et préparé en grande partie par Benoît d'Aniane.

Uniformité et unité : l'idéal de Louis le Pieux

Ce capitulaire imposait uniformément dans tout l'Empire un texte rigide de la règle bénédictine. Alors que, depuis le VIe siècle, celle-ci ne constituait qu'un des éléments de la tradition monastique occidentale, elle devint, à partir de 816, sous la forme que lui donna Benoît d'Aniane, le « second Benoît », la règle unique de la vie monastique. Cette mesure radicale, compte tenu de la situation antérieure, et très dans le « style » de Louis le Pieux, suscita naturellement de l'opposition. Plusieurs monastères de « moines », voulant rester fidèles à leurs traditions et usages, et désireux de se soustraire à la rigidité nouvelle ainsi qu'à l'uniformisation, prirent le caractère de monastères de « chanoines ». Aussi Benoît d'Aniane se vit-il dans l'obligation de faire contrôler et surveiller chaque abbaye. A cette fin, Louis le Pieux mit à sa disposition l'institution des *missi*, tout naturellement, puisque l'unité de l'Eglise constituait à ses yeux une condition préalable à l'unité de l'Empire, que l'empereur proclama en 817.

Ici encore se confirme donc l'intégration poussée de l'Eglise et de l'Etat, qui, commencée dès l'accession des Carolingiens au pouvoir, s'est achevée sous l'impulsion de Louis le Pieux et de son entourage clérical. On peut dire, pour conclure, que c'est l'Eglise qui fut finalement bénéficiaire de ce rapprochement : par l'action des Carolingiens, elle devint l'institution robuste qui survécut aux troubles du IXe siècle, auxquels l'Empire lui-même succomba.

VI. LA RENAISSANCE CAROLINGIENNE

Les origines

Barbarie et stérilité

La vie culturelle à l'époque carolingienne est marquée par un renouveau auquel on donne généralement le nom de « renaissance carolingienne ». Cette qualification ambiguë, en ce qu'elle évoque la Renaissance qui ouvre l'époque moderne et, par conséquent, le réveil de la culture antique comme sujet d'imitation et d'inspiration, est néanmoins commode parce que, d'autre part, elle suggère à juste titre l'état de décadence dans lequel était tombée en Gaule la vie intellectuelle, littéraire et artistique pendant la première moitié du VIIIe siècle.

L'époque de Charles Martel et de Pépin le Bref fut, en effet, une époque de barbarie et de stérilité, où les laïques étaient devenus illettrés, où les clercs furent victimes de la situation lamentable de la hiérarchie ecclésiastique et où seuls les moines, dans quelques monastères où avait subsisté une certaine régularité de la vie commune, avaient encore la possibilité de se consacrer aux études, disposant d'une bibliothèque, d'un minimum de formation intellectuelle et sachant au moins lire et écrire. Encore ces quelques centres de culture ou, mieux, ces quelques centres où avait subsisté un minimum de formation intellectuelle et que l'on ose à peine qualifier d'écoles, se trouvent-ils tous au nord de la Loire, car l'Aquitaine, la Provence, la Bourgogne ou le Lyonnais avaient été dévastés par les invasions arabes, par les reconquêtes des premiers Carolingiens ou par la guerre civile. La continuation d'une certaine activité intellectuelle dans ces centres du nord de la France était d'ailleurs souvent le résultat non pas de l'action d'autochtones, de Francs, mais de l'impulsion que leur avait donnée la venue de missionnaires irlandais et anglo-saxons au VIIe et au début du VIIIe siècle. Certes, Pépin le Bref et Carloman n'étaient pas des analphabètes. Ils avaient reçu une certaine instruction à l'abbaye de Saint-Denis, dont il ne faut d'ailleurs pas surestimer le niveau culturel. Mais Pépin, pris par ses occupations politiques et militaires, n'a pas eu l'idée, même lorsqu'il s'occupa de la réforme de l'Eglise franque, d'organiser des écoles pour les clercs et les moines de son royaume. Tout au plus s'est-il occupé d'introduire le « chant romain » dans les églises franques : c'est, en tout cas, la seule initiative « culturelle » que lui attribue expressément son fils Charlemagne.

La formation intellectuelle de Charlemagne

Comment, dès lors, Charlemagne est-il devenu ou a-t-il pu devenir l'initiateur du renouveau intellectuel qui illustre son règne ? Pour résoudre ce problème, qui est, en fait, celui des origines de la « renaissance carolingienne », il faut d'abord s'interroger sur la formation intellectuelle de Charlemagne lui-même. A ce sujet, son biographe Eginhard, qui a bien connu le grand monarque et qui a tracé de lui « un portrait d'une admirable fidélité », nous rapporte ceci : « ...Il s'appliqua à l'étude des langues étrangères et apprit si bien le latin qu'il s'exprimait indifféremment en cette langue ou dans sa langue maternelle. Il n'en était pas de même du grec, qu'il savait mieux comprendre que parler... Pour l'étude de la grammaire, il suivit les leçons du diacre Pierre de Pise, alors dans sa vieillesse ; pour les autres disciplines, son maître fut Alcuin, diacre lui aussi, un Saxon originaire de [la Grande-] Bretagne, l'homme le plus savant qui fût alors. Il consacra beaucoup de temps et de labeur à apprendre auprès de lui la rhétorique, la dialectique et surtout l'astronomie. Il apprit le calcul et s'appliqua avec attention et sagacité à étudier le cours des astres. Il s'essaya aussi à écrire, et il avait l'habitude de placer sous les coussins de son lit des tablettes et des feuillets de parchemin, afin de profiter de ses instants de loisir pour s'exercer à tracer des lettres ; mais il s'y prit tard et le résultat fut médiocre. »

Les sources de la renaissance carolingienne

Dans ce passage de sa *Vie de Charlemagne*, Eginhard fait apparaître déjà deux sources de la « renaissance carolingienne », l'apport de deux savants étrangers, l'un d'origine italolombarde, l'autre d'origine anglo- saxonne. Il est significatif que le biographe de Charlemagne ne cite pas de précepteur d'origine franque. Cet appel à des étrangers fut sans doute une nécessité : un des premiers objectifs de la politique culturelle de Charlemagne ; en effet, fut l'épuration de la langue latine et de la graphie des textes latins, notamment des textes sacrés ; ceux-ci s'étaient encombrés de barbarismes pendant l'époque mérovingienne, sous l'influence de la langue parlée, qui était un latin fortement évolué, et à la suite de la décadence de l'instruction en Gaule. Cette régénération du latin classique nécessita donc l'appel à des hommes instruits provenant de pays où la culture antique faisait encore partie d'une tradition vivante, comme l'Italie, ou de pays où cette même culture avait été soigneusement conservée dans les monastères, comme la Grande-Bretagne et l'Irlande.

Préoccupations religieuses

Chez Charlemagne, cette préoccupation linguistique naquit vraisemblablement d'un souci d'ordre religieux : la pureté de la foi, l'exactitude de la vie religieuse dépendaient, selon lui, de la sûreté et de la pureté des textes sacrés. C'est pourquoi il confia à l'Anglo-Saxon Alcuin, venu en Gaule à son appel en 782 et installé à l'abbaye de Saint-Martin de Tours dès 796, la révision du texte latin de la Bible, fondé sur la Vulgate, dont Alcuin assura ainsi le triomphe sur d'autres traductions. Comme les textes liturgiques avaient le même besoin de nettoyage, de corrections, que ceux de l'écriture sainte, Charlemagne donna des ordres en matière d'enseignement et de copie : il lui fallait des textes sûrs, copiés en nombre suffisant, et pour cela il eut besoin d'un clergé instruit.

Une réforme scolaire

Aussi la « renaissance carolingienne » fut-elle d'abord et principalement une réforme scolaire, s'appliquant surtout aux enfants destinés à l'état clérical. Charlemagne ordonna, en effet, que des écoles soient créées dans les monastères et auprès des églises cathédrales et que, dans des ateliers de copie attachés à ces écoles, les *scriptoria*, moines et clercs, transcrivent avec soin des textes liturgiques dignes de confiance, et aussi des auteurs latins, chrétiens et même païens, afin que l'on puisse acquérir la « maîtrise des lettres », indispensable à la compréhension des textes sacrés.

Le renouveau intellectuel et littéraire

Savants étrangers à la cour de Charlemagne

De ces préoccupations religieuses, de cette réforme scolaire sans souci d'originalité et sans prétention naquit, dans la seconde partie du règne de Charlemagne, un renouveau intellectuel et artistique que l'empereur a également favorisé par son action personnelle, suivant en cela les conseils de son ancien précepteur, devenu son principal collaborateur, Alcuin.

A côté du vieux Pierre de Pise, déjà cité par Eginhard, Charlemagne amène, en effet, à sa cour l'Italien Paul Diacre, l'historien des Lombards, non seulement auteur d'une histoire de l'église cathédrale de Metz, où il enseigna, mais aussi le premier qui fit revivre à la cour royale la poésie latine, disparue de l'Occident depuis Fortunat, deux cents ans plus tôt. Il est bientôt suivi par l'Espagnol Théodulf, d'origine wisigotique, que Charlemagne ordonna évêque d'Orléans : poète satirique doué d'originalité, collectionneur d'antiquités, de monnaies et d'objets d'art, constructeur de l'église de Germigny-des-Prés, qu'il fit décorer d'une mosaïque célèbre.

Poètes francs dans la « Rome nouvelle »

Bien vite, les Francs se piquent d'honneur : ils font, à leur tour, revivre l'Antiquité et justifient par leurs œuvres, imitées des auteurs latins ou inspirées par ceux-ci, le nom de « renaissance » dont nous soulignions plus haut la signification ambiguë. Ainsi Modoin, plus tard évêque d'Autun, se donnant le surnom poétique de *Naso*, emprunté à Ovide, compose, à la gloire de Charlemagne et de sa cour de lettrés, une églogue à la Virgile ; sous forme d'un dialogue, il fait revivre, dans la « Rome nouvelle », c'est-à-dire le palais d'Aix-la-Chapelle, qu'Alcuin qualifia déjà, en 799, d'« Athènes nouvelle », le monde des poètes classiques ; il leur associe celui qui s'attira le surnom d'Homère, Angilbert, abbé laïque de Saint-Riquier, lequel chanta lui-même Charlemagne et sa famille, notamment ses filles (il était l'amant de l'une d'elles).

La cour de Charlemagne devint ainsi non pas, comme on l'a parfois dit, une « école du palais », mais un foyer intellectuel et artistique brillant. Certes, on enseigna dans le palais, mais non pas d'une manière scolaire, organisée : le palais a plutôt rempli une mission éducative de l'esprit et des mœurs parmi la foule de dignitaires et de clercs de tout âge, et dans la jeunesse composée de fils de nobles qui le peuplait.

La « renaissance carolingienne » sous Louis le Pieux

Qu'advint-il de cette renaissance, dans laquelle le souverain lui-même avait joué un rôle personnel prépondérant, lorsque Charlemagne mourut en 814 ? Grâce au talent organisateur de celui-ci et à son réalisme, elle ne finit point avec sa mort, et l'on ne vit pas disparaître l'œuvre intellectuelle et littéraire qu'elle ébauchait. Louis le Pieux, pourtant, n'avait ni la force ni l'état d'esprit propres à continuer cette grande tradition. Certes, la cour impériale ne perdit pas aussitôt sa signification culturelle, mais peu à peu, cependant, les hommes formés par Alcuin ou par d'autres collaborateurs de Charlemagne, ne trouvant plus chez Louis le Pieux ni l'accueil chaleureux ni l'écho qu'ils avaient reçus chez son père, se retirèrent de la cour ou moururent.

Monastères et écoles cathédrales

Aussi, lorsque, quelques décennies plus tard, Charles le Chauve essaya de restaurer la gloire culturelle de la cour royale, le centre de gravité de la renaissance carolingienne s'était-il déjà, depuis longtemps, déplacé vers les centres où Charlemagne avait, dès le début, voulu qu'elle prît forme d'abord, c'est-à-dire vers les monastères et les écoles cathédrales. Pendant la première moitié du IXe siècle, en effet, les effets de l'action de Charlemagne en matière d'enseignement et d'instruction s'y manifestent avec éclat. La vie culturelle y revêt, cependant, un caractère plus spiritualisé, plus intellectualiste qu'à la cour de Charlemagne. On s'y attache en premier lieu, par une activité énorme de transcription, à constituer des bibliothèques où les classiques latins soient bien représentés. C'est le cas à Corbie, qui recueille le *De bello Gallico* de Jules César et des œuvres de Salluste, de Columelle, de Lucrèce ; à Tours, où la bibliothèque de l'abbaye de Saint-Martin renferme des œuvres de Cicéron, de Suétone et d'autres ; à Saint-Denis, où l'on possède un Térence.

Littérature latine et humanisme

C'est grâce à cette activité que nous n'avons pas perdu aujourd'hui toute la littérature latine : la grande majorité des œuvres des auteurs classiques latins qui nous ont été conservées nous sont connues, en effet, par des manuscrits soit carolingiens, soit remontant eux-mêmes à des manuscrits carolingiens. Dans la plupart des cas, cependant, nous ne pouvons identifier les hommes à qui nous devons cette œuvre de conservation et de diffusion. L'abbé Loup de Ferrières, que l'on a appelé l'humaniste de cette seconde renaissance carolingienne, constitue une exception à cet égard : à travers sa correspondance, nous le voyons collectionner de bons manuscrits, qu'il essaie d'obtenir de partout, de France, d'Angleterre, de Rome, d'Allemagne. Il transcrit lui-même certains de ces manuscrits et les étudie ensuite en vrai philologue, comparant les différentes copies, repérant leurs fautes et lacunes, y apportant avec prudence certaines corrections et amendements.

La production littéraire

Comparée à cette abondante œuvre de conservation et d'étude des lettres qui se réalise principalement dans les grands monastères pendant le règne de Louis le Pieux, la littérature créative et originale est moins bien représentée à la même époque. Nous limitant aux auteurs qui ont travaillé dans la partie occidentale de l'Empire carolingien, en France, nous ne citerons dans le domaine de la poésie que l'Aquitain Ermold le Noir, qui a célébré en vers les hauts faits de Louis le Pieux et de son fils Pépin. Le genre de la polémique et du pamphlet, par contre, a connu à l'époque mouvementée de Louis le Pieux plusieurs représentants, dont le plus vigoureux fut sans doute Agobard, archevêque de Lyon : nous avons cité de lui, plus haut, plusieurs extraits illustrant son ton amer et ironique, dont l'empereur lui-même a souvent été la victime. A ces jugements haineux portés sur l'empereur fait contrepoids un ouvrage historique dont Louis le Pieux est le héros : il est dû à un auteur anonyme qu'on est convenu d'appeler l'Astronome, à cause de l'intérêt qu'il porte aux phénomènes célestes. L'unique « histoire » véritable du siècle appartient toutefois au début du règne de Charles le Chauve : elle est l'œuvre d'un Carolingien, Nithard, fils d'une fille de Charlemagne et de son amant Angilbert. Nithard, après un coup d'œil sur le règne de Louis le Pieux, décrit les événements de 840 à 843, auxquels il avait d'ailleurs participé.

Traditionalisme et pragmatisme

Ainsi, malgré la présence, tant sous Charlemagne que sous Louis le Pieux, de certaines personnalités bien individualisées, dont il faut néanmoins souligner, en général, le traditionalisme et le manque d'originalité, la renaissance carolingienne apparaît donc principalement comme un mouvement d'éducation et d'instruction. Sa contribution la plus positive et la plus durable à la civilisation occidentale revêt un caractère pratique, pénétré de préoccupations religieuses : l'introduction, dans la formation intellectuelle, du livre et de la bibliothèque, de l'art d'écrire et de l'école, tout cela sous le signe de la tradition antique.

Le mouvement artistique

Un art officiel

Est-ce à dire que la « renaissance carolingienne » n'a que faiblement contribué au réveil de la vie artistique ? Si dans le domaine des lettres les préoccupations esthétiques demeurèrent secondaires, il n'en fut pas de même dans les beaux-arts, auxquels la renaissance carolingienne a donné une impulsion forte et remarquable. L'art carolingien, comme d'ailleurs l'ensemble des productions culturelles de l'époque, est en premier lieu un art officiel, réalisé sur ordre du souverain.

L'enluminure « royale »

Cela est vrai tout d'abord de l'enluminure. De nombreux manuscrits furent ornés pour le roi dans le *scriptorium* du palais, et leur splendeur, par l'emploi de la pourpre, de l'or et de l'argent, glorifiait le monarque, illustrait sa richesse, son pouvoir et sa dignité. On doit citer à cet égard le célèbre *Evangéliaire de Charlemagne*, œuvre de Godescalk, et, exécuté à Aix-la-Chapelle, l'*Evangéliaire* dont Louis le Pieux fit don, en 827, à l'abbaye de Saint-Médard de Soissons, et celui qu'Angilbert, qui l'avait vraisemblablement reçu de Charlemagne, donna à l'abbaye de Saint-Riquier, dont il était abbé laïque. Ces chefs-d'œuvre, issus des ateliers royaux eux-mêmes et qui incarnent de la façon la plus pure ce qu'on a nommé le « style Charlemagne », ont comme thème principal la représentation de la personne humaine, vraisemblablement sous l'influence de modèles antiques ou byzantins.

La peinture provinciale

Hors de la cour royale, un autre art se distingue dans les enluminures issues de divers centres abbatiaux du nord de la France, principalement de Corbie. Contemporains des plus anciens ouvrages « royaux », ses produits, tout en s'inspirant de thèmes venus d'Italie, sont encore pénétrés d'archaïsme mérovingien ; ils ne se dégagent pas du décor qui faisait l'essentiel de celui-ci, et leurs tentatives pour représenter l'homme sont maladroites. Celles-ci dessinent néanmoins, elles aussi, un courant nouveau qui correspond aux objectifs de la politique royale, sous l'impulsion de laquelle de nombreux progrès seront bientôt réalisés.

Ailleurs en France, c'est le décor venu des îles Britanniques qui domine, comme à Tours, où l'illustration des manuscrits exécutés sous l'influence d'Alcuin, fort médiocre, prouve que celui-ci ne se souciait guère d'imiter ce qui se faisait auprès du souverain. C'est plus tard seulement que le décor des manuscrits tourangeaux acquiert les qualités qui lui vaudront une place d'honneur parmi les grandes écoles du siècle.

Non loin de Tours, à Fleury, dont la qualité des manuscrits est bien supérieure à celle de leurs voisins de Saint-Martin, on s'inspire également de motifs insulaires, ne retenant rien des tendances de l'abbé Théodulf, évêque d'Orléans, qui paraît s'être désintéressé de l'activité artistique du monastère dont il était abbé. En province, donc, diversité et fragmentation, hésitation entre les séquelles mérovingiennes, la tradition anglo-saxonne et les enseignements de l'art méditerranéen. L'opposition est flagrante entre l'art de ces centres abbatiaux et celui de la cour royale, dont l'unité trahit des directives continues.

L'architecture

Si la peinture carolingienne présente les produits les mieux conservés de l'art carolingien, ce qui subsiste de l'architecture, de l'orfèvrerie et de la sculpture carolingiennes est cependant loin d'être négligeable.

En France, quelques monuments carolingiens demeurent présents en tout ou en partie : restes du transept et du chœur de Saint-Philibert de Grand-Lieu, église de Germigny-des-Prés, infidèlement restaurée, ou, mieux, reconstituée en 1869, œuvre de l'évêque Théodulf, dont l'origine wisigotique se marque encore dans la célèbre mosaïque de l'abside ; cryptes de Saint-Paul de Jouarre, de Saint-Quentin, de Chartres, de Saint-Germain d'Auxerre. Les fouilles, d'autre part, font connaître le plan ou certains éléments des très nombreuses églises carolingiennes disparues. Ces différentes données démontrent que les architectes du temps de Charlemagne continuaient des traditions paléochrétiennes encore vivantes ou se tournaient volontairement vers le passé. Il y eut en France, à la fin du VIIIe siècle, et au début du IXe, de nombreux monuments à plan ramassé, un édifice funéraire comme Saint-Laurent de Grenoble, un baptistère comme celui de Nevers, une chapelle de domaine ou de palais comme Germigny-des-Prés, une chapelle de la Vierge, polygonale, comme celle de l'abbaye de Saint-Riquier. Mais déjà certains architectes tentaient, à l'est et à l'ouest, des anciennes nefs à colonnes des basiliques, des synthèses complexes – ainsi à Saint-Denis et à Saint-Riquier –, tandis que cryptes et massifs occidentaux se développaient sous diverses formes pendant le règne de Louis le Pieux. Tout cela prouve une activité architecturale intense, et qui d'ailleurs évolua rapidement de Charlemagne à Charles le Chauve, annonçant déjà par bien des côtés l'art roman.

Trésors d'église et orfèvrerie

La fortune matérielle des églises à l'époque carolingienne, le goût du luxe de leurs dignitaires, ainsi que leur préférence pour l'investissement en objets précieux du surplus de leurs revenus fonciers expliquent que la « renaissance carolingienne » ait donné une impulsion très importante à l'art de l'orfèvrerie. La plupart des descriptions du patrimoine mobilier et immobilier d'une église, que l'on a conservées en assez grand nombre pour le IXe siècle, débutent d'ailleurs par un inventaire détaillé du « trésor » de l'église, où sont énumérés et souvent soigneusement décrits les objets précieux qu'il renfermait et qui étaient généralement des objets du culte ; autels, fixes ou portatifs, fréquemment recouverts de métal précieux, de perles et de gemmes, comme ceux que signale une « description » de Saint-Riquier de 831. De celui de Saint-Denis, provenant d'une donation de Charles le Chauve et vraisemblablement exécuté dans l'atelier de son palais, un tableau du « Maître de Saint Gilles » (Londres, National Gallery) nous en a conservé l'image. Des reliquaires ou des châsses, faits entièrement de métal précieux et richement décorés, il subsiste quelques rares épaves en France, telle la châsse en or conservée dans le trésor de Conques, offerte à Sainte-Foy par Pépin d'Aquitaine, et où est représenté le crucifiement, ou tel le reliquaire dit « Escrin de Charlemagne », conservé jusqu'à la Révolution à Saint-Denis et dont subsiste seul le bijou antique enchâssé d'or et accompagné de perles, qui en constituait le faîtage. Les églises possédaient un nombre considérable de couronnes, de croix et de crucifix, faits de métal précieux artistement travaillé et souvent ornés de perles, dont il ne reste que peu de spécimens.

Ivoires et sculpture

Au trésor des églises appartenaient, d'autre part, des pièces d'ivoire travaillé, au premier rang desquelles se placent les diptyques portant les noms des évêques et des saints récités au cours de la messe. Nulle part la renaissance de l'art du relief n'apparaît mieux que dans ces ivoires somptueusement sculptés et taillés. En effet, la « renaissance carolingienne » paraît avoir échoué dans l'art de la sculpture sur pierre : la plupart de ses produits, provenant de tables d'autel, de clôtures ou de mobilier, continuent simplement les motifs géométriques de l'époque mérovingienne ; quelques pierres sont ornées de scènes à personnages, mais leur exécution est fort médiocre.

Dans le domaine des beaux-arts, tout comme dans celui des lettres, la « renaissance carolingienne » fut donc en premier lieu un mouvement intellectuel et artistique au service de l'Etat et de l'Eglise. L'Eglise en bénéficia largement, tout en y contribuant de façon active sous l'impulsion et souvent même sous la direction immédiate du souverain, dont le rôle moteur apparaît une fois de plus et de façon éclatante : à aucune autre époque de l'histoire médiévale de la France, l'art n'a reflété ni souligné aussi fidèlement les mouvements de l'histoire politique.

8. LES DERNIÈRES INVASIONS

840-980 : un État trop vaste se désagrège dans le tumulte des dernières invasions.

I. LA FIN DE L'EMPIRE

Les frères rivaux

« Tandis qu'il était à la poursuite de son fils Louis (le Germanique) au-delà du Rhin, l'empereur Louis (le Pieux) tomba malade. On le coucha dans un bateau, qui descendit le Main et le Rhin jusqu'à une île proche d'Ingelheim, où il mourut... Aussitôt Lothaire accourut d'Italie et se saisit du pouvoir impérial... [un peu plus tard] Louis (le Germanique) et Charles (le Chauve), se voyant privés de toute part à la succession, unirent leurs forces. » C'est ainsi que le moine bénédictin Réginon de Prum expose brièvement la situation telle qu'elle se présentait en 840. La lutte pour la succession, lutte qui déjà durait depuis dix ans, se poursuivit donc entre les fils de Louis le Pieux. Lothaire, l'aîné, avait été élevé par son père à la dignité impériale et se croyait en droit de lui succéder dans tout l'Etat. Les fils cadets, Louis, Pépin et Charles, réclamaient leur part conformément à l'ancien droit germanique. Pépin, il est vrai, était mort en 838, mais il laissait un fils, Pépin II, qui prit sa place dans la compétition.

L'aspect le plus désastreux de ces guerres, ce n'est pas leur caractère fratricide ni la haine véritablement maladive qui paraît avoir existé entre ces frères, c'est le recours fatal et constant des rivaux aux membres de l'aristocratie. Durant trois ans, les frères manœuvrent pour débaucher les « fidèles » de l'adversaire. Comme Lothaire réclame l'intégralité de la succession paternelle, tandis que Charles et Louis n'en revendiquent chacun qu'une partie, il est possible à ces derniers de se rapprocher et de conclure une alliance contre l'aîné. Ainsi se prépare le choc décisif : il a lieu le 25 juin 841, à Fontenoy-en-Puisaye, près d'Auxerre. Ce fut peut-être la bataille la plus sanglante du siècle. Cette fois, en effet, ce qui était en jeu pour chacun des participants, c'était la fortune ou la ruine : tous les espoirs entretenus par chacun des grands devaient se traduire en réalité ou en fumée, selon l'issue de la bataille. Lothaire fut vaincu. Il ne renonça pas encore, mais les deux frères cadets avaient compris la leçon et, d'une entente accidentelle, ils firent une alliance durable par les fameux « serments de Strasbourg », prêtés le 14 février 842 en présence des deux armées, en roman et en germanique. Alors se prépara le traité de Verdun, l'un des plus décisifs du Moyen Age, puisqu'il se trouve à l'origine de la fondation des Etats de France et d'Allemagne.

Le traité de Verdun

Ce traité ne se fit pas tout seul : les trois frères, d'accord pour faire un partage en trois parties égales, se heurtèrent au fait que l'administration carolingienne était profondément ignorante du nombre et de l'étendue des domaines de la Couronne, ainsi que de leur répartition géographique. On constitua commission sur commission, et on en vint, en août 843, après d'interminables discussions, à l'accord suivant : « Louis obtint ce qui se trouvait au-delà du Rhin, et, en outre, sur la rive occidentale du Rhin, Mayence, Worms et Spire, avec leur comté. La part de Lothaire comprenait le territoire entre Rhin et Escaut jusqu'à la Meuse, avec les comtés de Cambrai, Hainaut, Lomme, Castrice, et les comtés riverains de la Meuse. La frontière occidentale de l'Etat de Lothaire longeait le cours de la Meuse, de la Saône et du Rhône jusqu'à la mer, englobant aussi les comtés riverains. Lothaire avait obtenu, en outre, l'Artois, situé cependant en dehors de cette limite. Tout le reste, jusqu'à l'Espagne, était cédé à Charles le Chauve. » (*Annales de Saint-Bertin.*)

Les chances de la royauté

Tous n'étaient pas satisfaits par ce traité. Ainsi Pépin II : l'Aquitaine avait appartenu à son père et paraissait devoir lui revenir ; il ne se résigna pas à son exclusion, et lutta durant vingt ans par tous les moyens pour faire valoir ses droits.

Par ailleurs, les frères n'avaient pas renoncé sincèrement à se combattre, et pendant trente ans on les vit profiter de la moindre occasion pour créer des troubles hors de leur propre royaume. Cette situation fut exacerbée par le fait que Lothaire Ier mourut assez rapidement (855), que son royaume fut divisé entre ses trois fils, dont aucun n'eut d'héritier légitime. C'est dire que les oncles des jeunes rois guettèrent l'évolution dans ces trois nouveaux royaumes, dont ils finirent, en effet, par s'emparer, non sans s'être âprement combattus. Cette rivalité permanente entre les fils de Louis le Pieux fut le facteur essentiel qui domina toute la politique jusque vers 885. Elle aboutit surtout à affaiblir fondamentalement la position des rois et particulièrement celle de Charles le Chauve, qui vécut sous la menace constante de voir se constituer des coalitions parmi ses grands, alliés au roi d'Allemagne sans aucun souci des intérêts du royaume. Si la monarchie n'a pas complètement succombé alors, ce fut grâce à deux facteurs : l'un est l'action de l'Église, l'autre les oppositions internes dans la noblesse. L'Église, incarnée dans l'épiscopat, prend parti pour la monarchie. Depuis les dernières années du règne de Louis le Pieux, elle s'est vu reconnaître par la Couronne une influence considérable dans le gouvernement, situation qui ne fit que s'accentuer à mesure que la monarchie, de plus en plus affaiblie, s'accroche aux derniers éléments forts rangés de son côté. L'Église a donc intérêt à soutenir la forme d'organisation du pouvoir qui lui laisse la plus grande influence. Autre motif : depuis la sécularisation d'une grande partie de son patrimoine par Charles Martel et Pépin le Bref, le clergé n'a cessé de lutter pour récupérer ses biens. Or, s'il est concevable que les rois reconnaissent les droits de propriété de l'Église, on ne peut espérer rien de tel des grands s'ils s'emparent de ces terres. L'Église a donc tout intérêt à défendre le pouvoir monarchique et à s'opposer à l'extension du pouvoir des grands au détriment de la Couronne.

Quant aux oppositions internes dans l'aristocratie, elles tiennent au fait que, chaque grande famille s'étant assuré une base solide dans un territoire (domaines et fonctions comtales), vise à fortifier sa position en éliminant les dynasties qui, dans la même région, font obstacle à l'extension de son monopole. Ainsi, certaines familles s'appliquent à réserver à leurs membres la charge comtale dans les comtés de leur zone d'influence ; mais ces ambitions se heurtent naturellement à celles des dynasties voisines. Mentionnons encore l'existence de clans parmi les grands. Il existe quelques groupements de familles liées soit par la parenté, soit par la tradition, soit par des intérêts fondamentaux, et c'est par blocs entiers que ces familles comtales se meuvent ou changent de position dans la grande lutte politique. Mais ces blocs sont mutuellement antagonistes : si l'un se rallie au roi, l'autre passe à l'adversaire ; ce qui divise l'aristocratie et assure au souverain un certain soutien, mouvant dans sa composition, assez constant dans son importance.

L'action de ces facteurs n'est pourtant pas suffisante pour assurer un pouvoir central fort. Progressivement, la balance penche en faveur des grandes familles. Revenons maintenant en arrière pour considérer l'autre phénomène dominant de l'époque : les invasions normandes.

Les Normands

Les expéditions normandes, déjà signalées au VIIIe siècle, se font plus fréquentes dans les premières décennies du IXe, plus fréquentes, mais aussi plus importantes et plus persistantes : des coups de main rapides, effectués par des flottilles, se transforment progressivement en expéditions puissantes qui ne se contentent plus d'écrémer en quelque sorte les régions maritimes, mais qui pénètrent profondément dans le continent. Le passage d'une phase à l'autre coïncide à peu près avec le point de départ du présent chapitre.

En effet, si le chroniqueur Nithard, qui meurt au début de 843, n'accorde visiblement pas grande importance aux Normands, cette même année 843 est marquée par un incident dramatique : une flotte normande remonte la Loire ; les Vikings s'emparent de Nantes le jour de la Saint-Jean ; l'évêque est massacré dans la cathédrale, lors de la messe, au moment du *Sursum corda*. Toujours en 843, une flotte viking, forte d'une centaine de vaisseaux semble-t-il, remonte la Garonne jusqu'à la hauteur de Toulouse, puis regagne tranquillement la Gironde. En mars 845, une puissante flotte, commandée par Ragnar Lodbrok, remonte la Seine, atteint Paris, abandonné par ses habitants, le dimanche de Pâques. Interminable serait la liste des cités enlevées et pillées. Mentionnons, parmi beaucoup d'autres, Chartres, prise en 858 par les Normands de la Seine, qui massacrèrent l'évêque. En 859, l'évêque de Beauvais subit le même sort, et un peu plus tard l'évêque de Noyon, Immon.

Les régions du sud-est de la France avaient été épargnées jusqu'alors. Cela ne dura pas : au printemps de 859, une flotte normande établie à l'embouchure de la Seine se dirigea vers le sud, longea, en les pillant, les côtes de l'Espagne musulmane, traversa le détroit de Gibraltar, pilla les côtes de l'Afrique, repassa en Espagne, dévasta les Baléares, poussa jusqu'en Roussillon. Les pirates débarquèrent – probablement à Port-Vendres –, reprirent leur navigation le long des rivages et atteignirent l'embouchure du Rhône. Ils établirent leur base en Camargue ; de là, Nîmes, Arles, Valence furent ravagées. Les Normands, enfin, se réembarquèrent, firent voile vers l'Italie, pillèrent au retour la Bretagne, au printemps de 862.

Une organisation militaire inadaptée

Comment expliquer l'impuissance des Francs, vainqueurs de l'Europe, devant les Normands ? C'est que toute leur organisation militaire était axée sur l'offensive. La force militaire des Francs résidait dans leur vaste armée très bien équipée et commandée, mais dont la concentration était difficile, vu l'étendue du territoire. Cette difficulté n'existait pas dans l'offensive, les guerriers étant convoqués longtemps à l'avance à un rendez-vous général avant le départ en campagne.

Assurément, il existait des frontières menacées, mais elles étaient bien connues, bien délimitées, et organisées en conséquence : il s'agissait des « marches », telles qu'elles étaient établies, par exemple, face aux Bretons ou aux Sarrasins. Elles possédaient des garnisons renforcées (les guerriers du pays ne se rendant pas à l'armée), un commandement militaire unifié à travers tous les comtés de la marche, des modalités particulières de mobilisation des milices locales. On voit bien que toute cette organisation correspondait à la situation d'un peuple conquérant, qui choisit ses zones d'expansion et barricade certaines frontières. Mais rien de cela ne pouvait avoir d'effet contre les Normands : la force principale de ces derniers résidait dans leur mobilité : surgis de la mer, ils demeuraient à peu près inaccessibles tant qu'ils se trouvaient dans leurs vaisseaux circulant sur les fleuves. Ils choisissaient le moment et le lieu de leur débarquement et avaient regagné leur base ou la haute mer bien avant qu'il pût être question de mobiliser une grande armée contre eux. Très vite, ils trouvèrent même le moyen d'augmenter encore et leur mobilité et leur rayon d'action : voyageant par eau, ils réquisitionnaient des chevaux aussitôt débarqués et se déplaçaient ainsi très rapidement.

Il ne faut pas chercher plus loin l'explication militaire des succès normands. Rien n'indique que, comme combattants, ils aient été supérieurs aux Francs. On n'a pas encore étudié cet aspect de la question, mais on verrait sans doute que, dans les rencontres en rase campagne, les succès et les défaites ont alterné et que, semble-t-il, les Normands n'étaient pas tellement friands de ces rencontres : de très loin, ils préféraient se battre à l'abri de bons retranchements.

Toutefois, aux facteurs purement militaires il faut joindre les facteurs politiques. Prenons deux exemples. En 864 eut lieu une grande expédition normande à travers l'Aquitaine ; elle était conduite par Pépin, un Carolingien, le neveu de Charles le Chauve, qui luttait désespérément pour récupérer son héritage. Dans l'été de 857, jamais les Francs ne furent plus proches d'un succès décisif : appuyé par des troupes lorraines commandées par le roi Lothaire II en personne, le roi Charles avait réussi à enfermer la grande armée de Björn dans sa base ; une flotte comme on n'en avait jamais vu avait pu être réunie par les Francs ; il est bien vrai que tous les vassaux n'avaient pas répondu à l'appel du roi Charles, mais en revanche, fait absolument unique, Pépin d'Aquitaine s'était joint à l'armée royale. Le siège de la base normande commençait donc, lorsque le roi Louis le Germanique fit invasion en France, sur quoi la majorité des grands du royaume de France abandonnèrent leur roi, et donc aussi le siège... Les Normands, on le pense bien, reprirent joyeusement leurs expéditions de pillage à travers la France. Tout commentaire serait superflu.

La tactique de Charles le Chauve

Charles le Chauve a néanmoins assez intelligemment construit une politique visant à limiter ou à arrêter les invasions. La première solution à laquelle, contraint et forcé, il eut recours, fut le paiement d'un tribut. Il s'y résigna lorsque, en 845, l'armée de Ragnar Lodbrok s'empara de Paris et que plusieurs des commandants de Charles refusèrent de lui obéir. Il dut proposer 7 000 livres d'argent aux Normands en échange de leur retraite. Il recourut à cette méthode à d'autres moments. Au printemps de 860, Charles eut l'idée de prendre à sa solde la flotte normande commandée par Weland, qui, forte de 200 vaisseaux, croisait à l'embouchure de la Somme : on leur offrait 3 000 livres d'argent pour forcer à la retraite les Normands de la Seine ou, au besoin, les anéantir. L'accord ne se fit pas facilement : il fallut hausser l'offre, exercer des pressions militaires, faire face à la surenchère des Normands menacés. En définitive, l'objectif fut atteint, et après sept ans de pillages (juillet 855-mars 862) la grande flotte normande de la Seine fut contrainte de cingler vers le large.

Mais déjà Charles le Chauve et ses conseillers avaient développé une nouvelle tactique : celle des fortifications érigées partout et, avant tout, aux emplacements des ponts. « Charles ordonna à tous les grands du royaume de venir à l'assemblée générale de Pîtres, là où l'Andelle d'une part, et l'Eure de l'autre, se jettent dans la Seine, et ils durent amener une foule d'ouvriers et de charrois, pour aider à la construction de forteresses qui interdiraient aux Normands de remonter ou de redescendre le fleuve. » (*Annales de Saint-Bertin*). Ce fut là, en fait, le point de départ d'une politique systématique qui rendit les expéditions des Normands plus difficiles et aussi moins fructueuses, puisque les habitants se réfugiaient avec leurs richesses dans l'enceinte fortifiée.

Réaction populaire

Les invasions normandes ont eu pour les hommes et les femmes de ce temps, et particulièrement pour les paysans, des conséquences désastreuses, mais qui n'ont pas été sans quelques compensations. Dans la société du haut Moyen Age, les tâches fondamentales étaient bien définies : les paysans travaillaient, les moines priaient, les seigneurs combattaient. Or, on l'a déjà vu, il n'est pas vrai que les seigneurs mettaient au-dessus de tout la défense du pays contre les Normands. Bien au contraire, ils poursuivaient avant tout leurs intérêts particuliers au sein des guerres civiles. On a l'impression parfois qu'ils ne s'inquiétaient guère des déprédations des Normands lorsqu'elles n'atteignaient pas leurs propres biens. Aussi voit-on des paysans qui prennent les armes contre les envahisseurs et qui sont écrasés par les seigneurs francs. Sans doute, ceux-ci ne trouvaient pas bon que les paysans s'organisent en ligues armées et redoutaient qu'une telle action ne soit pas toujours dirigée contre les pirates !

Ces ligues armées de paysans sont des « conjurations », des ligues jurées d'autodéfense. On rencontre aussi des confréries religieuses de formes chrétiennes, mais d'ascendances païennes, un peu partout à cette époque (ce sont les « gildes »), et l'autorité n'aime pas cela du tout.

Néanmoins, la réaction normale des paysans menacés par les Normands était la fuite ; or, cette fuite comportait aussi quelques avantages : les esclaves, les colons, réfugiés, se trouvaient soustraits par là même à leur maître habituel ; ils échappaient donc aux corvées, aux prestations comme aux incapacités juridiques inhérentes à leur condition. Ils se mariaient librement, par exemple. Ils louaient leurs services contre rémunération à des propriétaires. A vrai dire, beaucoup de puissants réduisirent dans leur propre servitude ces fugitifs. Par le capitulaire de Pîtres de 864, Charles le Chauve essaya de remédier à tout cela en prescrivant aux habitants des régions menacées de se trouver dans leur terre d'origine (et de servitude) au temps des semailles et des moissons, les laissant libres de se réfugier ailleurs et de louer leurs services aux autres époques. Les invasions ont donc pu ainsi favoriser indirectement l'affranchissement d'une partie des esclaves.

Les Normands s'apprivoisent

Le versement occasionnel d'un tribut aux Normands, le développement d'un système fortifié, particulièrement marqué à partir de 869, l'installation des chefs les plus énergiques (tel Robert le Fort, l'ancêtre des Capétiens) aux endroits les plus menacés, tout cela limita sans doute les dégâts causés par les envahisseurs, sans pourtant mettre fin aux invasions. A peu près en permanence, les Scandinaves demeurèrent sur le sol de France. Il en résulta fatalement une certaine normalisation des rapports entre les autochtones et les Normands. Sans doute, quand on lit dans les chroniques et annales du temps le récit des pillages et massacres perpétrés par les Vikings, on se dit qu'aucun contact pacifique n'était possible entre les deux parties, mais on sait bien que la vie tend toujours vers un certain équilibre, indispensable, à la longue, aux uns et aux autres. Les Normands étaient les plus forts, bien sûr, mais, étrangers sur un sol hostile, ils n'avaient aucun avantage à faire autour d'eux le désert : bien mieux valait pour eux se procurer par des voies pacifiques les produits qu'ils devaient consommer ; quant aux Francs, ils avaient besoin de cultiver leurs champs pour subsister, et de vendre leurs produits pour se faire quelque argent. Bref, des rapports commerciaux se nouèrent fatalement. Nous en avons bien des preuves : ainsi, quand, en 881, les Normands ouvrirent leur camp retranché d'Elsloo, une foule de gens y entrèrent « pour faire du commerce ». Nous savons, par ailleurs, que des Francs vendaient aux Normands qui des chevaux, qui même des armes... Hincmar raconte que des Normands, en 873 — ils viennent d'être vaincus —, demandent la permission d'organiser un marché dans une île de la Loire. Une preuve de l'état véritable des rapports entre les deux peuples, c'est que plusieurs centaines de Normands se trouvaient dans les rues et places de Paris lorsque les Vikings, revenant de Bourgogne, passèrent par la Seine.

Il y a enfin et surtout ceci. A partir de 860, les Normands se firent fréquemment verser des tributs en argent et en or. Mais la Scandinavie ne connaissait pas encore l'économie monétaire et on n'a pratiquement pas retrouvé dans le sol scandinave de monnaies carolingiennes, alors qu'on y a découvert des masses énormes de monnaies arabes, venues par l'Orient. Cela ne conduit-il pas à penser que l'argent des tributs francs était dépensé sur place ? Les textes et l'archéologie confirment ce que l'on pouvait supposer *a priori* : la présence côte à côte durant plusieurs années des Normands et des Francs a, par la logique des faits, abouti à créer entre les deux groupes certaines formes pratiques de relations, tout comme cela s'était produit lors des invasions « barbares » de la fin de l'Empire romain. Il ne faut pas non plus perdre de vue que beaucoup de Normands cherchaient à s'établir durablement et, puisqu'ils étaient manifestement incapables de renverser l'Empire franc (alors qu'ils ont été tout près d'anéantir l'Etat anglo-saxon), la solution la plus simple consistait à traiter avec les rois francs, c'est-à-dire à recevoir le baptême et à entrer dans la vassalité royale. Ce que fit, par exemple, le chef viking Weland, dont le cas, significatif, est loin d'être isolé.

Bref, les invasions normandes commencèrent assurément par des expéditions de pillages le long des côtes et dans les estuaires des fleuves, puis par l'occupation prolongée de grandes parties du territoire. Des massacres et des ravages eurent lieu bien certainement. Mais ce n'est là que la partie la plus colorée de l'image. Il s'établit des relations humaines entre Normands et Francs qui préparèrent l'intégration de groupes scandinaves dans la communauté carolingienne. L'exemple le plus démonstratif fut, faut-il le dire, l'établissement des Normands de Rollon dans ce qui devint la Normandie.

La lutte pour le pouvoir

Les invasions ne constituent, en tout cas, qu'un arrière-plan. Le devant de la scène est occupé par la lutte entre les Francs pour le pouvoir. La dynastie carolingienne, très féconde, fut aussi très fragile. Quatre fils de Louis le Pieux avaient atteint l'âge adulte ; la lignée de Lothaire s'éteignit (en succession légitime) après ses trois propres fils et successeurs. De même pour Pépin, de même pour Louis le Germanique : de ses trois fils, aucun n'eut de fils légitimes atteignant l'âge adulte. Pour ce qui est enfin de Charles le Chauve (mort en 877), un seul de ses fils lui survécut, Louis le Bègue (mort en 879), qui laissa trois fils, Louis III (mort en 882), Carloman (mort en 884) et enfin Charles le Simple, qui vécut plus longtemps et dont nous reparlerons.

Ce qui importe dans tout cela, c'est que toutes ces extinctions de lignées entraînèrent des regroupements de territoires entre les survivants, regroupements difficiles : chaque mort, ou presque, fut l'occasion d'une guerre pour la succession. Ce fut surtout pour la Lorraine, située entre la France et l'Allemagne, qu'on se battit et qu'on s'est battu sans fin aux siècles suivants. Notons qu'au fil des successions Charles le Chauve devint finalement empereur en 875. A ce moment, le pouvoir royal en France était réduit à bien peu de chose.

Abaissement de la royauté

Chaque guerre entre frères souverains, chaque expédition lointaine, comme la marche de Charles le Chauve sur Rome, où il fut couronné empereur (875), s'accompagnait de concessions de domaines ou d'autres avantages accordés par le roi aux grands de son Etat, afin de les neutraliser provisoirement. La monarchie se saignait et les grands devenaient toujours plus puissants. Bientôt ils affichèrent leur insubordination. L'affaiblissement du pouvoir souverain se traduisit par la difficulté croissante pour le roi de reprendre les fiefs et les fonctions comtales.

Déjà au synode de Coulaines, en 843, Charles le Chauve dut renoncer pratiquement à retirer leurs fiefs à ses vassaux ; au synode de Quierzy de 877, le roi reconnut un début d'hérédité juridique aux « bienfaits ». Or, toute la force de l'autorité royale reposait sur la possibilité de récompenser les bons serviteurs de la Couronne en leur donnant des fiefs et de punir les vassaux infidèles en leur reprenant leurs bénéfices. Le concile de Quierzy se tint au moment où le roi, devenu empereur, se disposait à retourner à Rome pour y établir son autorité. Que

Charles ait ainsi cédé prouve qu'il se rendait compte du sens de l'évolution des forces dans son royaume ; il choisit pourtant de retourner en Italie.

Il n'alla pas loin, car presque immédiatement éclata en France un formidable soulèvement des grands, qui jugeaient le moment venu d'en finir avec ce qui subsistait d'autorité monarchique. Le dérisoire empereur n'en vit pas la fin ; à peine eut-il repassé les Alpes en toute hâte qu'il mourut misérablement dans un hameau perdu de la Maurienne, empoisonné, affirment certains, par son médecin juif Sedechias. Désormais, pour près de trois siècles, il n'y eut plus de monarchie véritable en France : les grands furent désormais les maîtres. Trois descendants de Charles le Chauve se succédèrent rapidement : Louis le Bègue, l'aîné, craignait tellement de ne pas accéder au trône que, à la mort de son père, il combla les grands de domaines, de fonctions, de dignités. Acte insensé, car ces « honneurs », pour employer le terme de l'époque, il ne les possédait pas : pour les distribuer, il lui fallut d'abord les enlever à ceux qui les détenaient, et son acte provoqua une révolte générale. Il faillit bien y laisser son trône. Il s'en tira en sacrifiant les derniers biens de la Couronne, mais désormais la monarchie carolingienne ne disposait plus en France d'aucune masse de manœuvre en cas de danger. Louis mourut d'ailleurs dès avril 879. Ses deux fils, Louis III « le Victorieux » et Carloman, se partagèrent le royaume, mais ne régnèrent guère. Le premier poursuivait à cheval une jolie fille jusque dans sa maison ; en y pénétrant, il heurta du front une pièce de bois et s'y rompit la tête. Pour Carloman, les uns disent qu'il aurait été tué à la chasse par un sanglier, les autres par un de ses vassaux. A cette époque, des trois fils de Louis le Germanique, seul Charles (le Gros) survivait encore. A la suite de toutes ces morts dans les branches française et allemande, il se trouvait, en 884, le seul Carolingien légitime survivant (mis à part Charles [le Simple], fils de Louis le Bègue, mais encore tout enfant). Les grands appelèrent donc Charles le Gros à régner aussi sur la France.

Nouvelles dynasties pour vieux royaumes

Charles se révéla d'une affligeante incapacité – due peut-être à une maladie grave –, au point que les grands de l'Allemagne se soulevèrent, le déposèrent, et élirent à sa place Arnulf « de Carinthie », fils bâtard de Carloman (887). Même réaction en France, où les grands élirent, eux, un non-Carolingien, Eudes, comte de Paris, qui s'était révélé un chef intrépide dans la lutte contre les Normands. Dans les deux cas, ce furent, sans conteste aucun, les grands qui disposèrent de la couronne. Eudes n'était en rien apparenté aux Carolingiens (Charles le Simple vivait toujours et incarnait la légitimité) et son élection fut en réalité le triomphe d'un parti de grands sur un autre parti qui voulait placer sur le trône Gui de Spolète. Mais ce n'est là qu'un aspect du problème ; l'autre est qu'à cette même époque de nouveaux royaumes se détachèrent du vieux tronc carolingien.

Le royaume de Provence fut fondé par Boson, membre d'une famille comtale. Sa sœur avait été d'abord la concubine, puis l'épouse de Charles le Chauve. Boson était ainsi devenu l'homme de confiance de son beau-frère. Non seulement il se vit attribuer de hautes charges à la cour, mais le roi l'investit du gouvernement de la Provence, puis de l'Italie. Très vite après la mort de Charles le Chauve, Boson osa aspirer à la royauté. En juillet 879, il se donnait dans un acte une qualification singulière : « Moi Boson, qui suis ce que je suis par la grâce de Dieu. » Quelques semaines plus tard, une assemblée de grands et d'évêques de la Provence le proclama roi. Après sa mort (887), son fils Louis se fit élire roi de Provence (890). Au même moment, le comte Rodolphe, de la puissante famille des Welf, se fit proclamer roi de « Bourgogne » (888).

II. NAISSANCE DES PRINCIPAUTES

Personnalité des régions

La fondation de ces royaumes ne constitue pas l'aspect le plus frappant de l'évolution qui s'effectue aux IXe et Xe siècles : le pays se brise en grandes principautés, qui vont subsister à travers tout le Moyen Age et, sous forme de provinces, à travers tout l'Ancien Régime. L'organisation administrative carolingienne, c'est-à-dire la répartition des territoires en comtés, ne masquait que faiblement la survivance d'ensembles plus anciens et ressentis encore de manière vivace, le pays des Burgondes, le pays des Aquitains, le pays des « Gots », par exemple – pour ne rien dire de la Gascogne ou de la Bretagne, encore à peu près indépendantes. Par ailleurs, les Carolingiens avaient été amenés, pour des motifs de défense, à créer eux-mêmes de grands commandements, les marches, les duchés. Il existait, par exemple, une marche « de Bretagne » à la limite du pays breton. Roland fut un de ses marquis ; Robert le Fort, l'ancêtre des Capétiens, en fut un autre. Il existait aussi une marche d'Espagne (Barcelone en était la capitale) et, en deçà des Pyrénées, une marche de Toulouse, une marche de Gotie ou Septimanie. Le sens du terme « duché » est moins clair. Il désigne toujours un grand commandement, mais il peut s'agir soit d'un comté exceptionnellement vaste (tels les comtés d'Autun, de Lyon, de Poitiers, du Mans), soit d'un ensemble de comtés réunis en une seule main.

Dans les années qui suivent la mort de Charles le Chauve, quelques très grands personnages qui administrent, en principe au nom du roi, qui sept, qui dix, qui douze comtés cessent, par une transition presque insensible, bien que rapide – mais elle ne faisait que prolonger une évolution déjà ancienne – de rendre des comptes au roi, de lui transmettre le montant des amendes et des confiscations, de donner suite à sa convocation à l'armée et à la Cour. Bref, ils cessent d'être des fonctionnaires royaux pour devenir des princes, qui désormais gouvernent librement et à leur propre bénéfice les territoires que le roi leur avait donnés à administrer. Les vassaux du roi établis dans ce territoire deviennent des vassaux du prince, les domaines royaux de la région passent aux mains des princes, ainsi que, très généralement, les domaines des églises. Les rois ne peuvent guère s'y opposer : on sait déjà que, après la déposition de Charles le Gros, plusieurs partis se disputent le trône : Eudes de Paris, Gui de Spolète, et bientôt le jeune Carolingien Charles le Simple. Dans un tel contexte, faut-il le dire, le souverain – quel qu'il soit – ne peut avoir de bien grandes prétentions : toute sa politique vise à s'assurer la neutralité du plus grand nombre possible de grands, et ce n'est certes pas le moment de se les aliéner en leur réclamant des comptes ou en s'élevant contre des usurpations de pouvoir.

De nouveaux envahisseurs

A ce moment, le sud et l'est de la Gaule sont parcourus par de nouveaux pillards : les Sarrasins et les Hongrois. Il ne s'agit pas tellement des musulmans d'Espagne, mais de ceux d'Afrique du Nord ; ils ont lancé depuis 827 une offensive dirigée surtout vers l'Italie, mais qui, très fréquemment, se prolonge dans les pays francs : vers 838-842, les côtes de Provence, la vallée du Rhône sont ravagées, et, à partir de 888, les Maures prennent pied en Provence ; ils vont y rester près d'un siècle, lançant des raids depuis leur base, près de Saint-Tropez, à La Garde-Freinet.

Les Magyars, eux, arrivent en 917 aux portes de Metz ; en 926, on les trouve en Champagne ; vers la même époque, ils franchissent les Alpes et se répandent en Bourgogne et en Provence. Nouvelle invasion magyare en 937...

Les rois luttent courageusement. La victoire de Louis III à Saucourt, en Vimeu, celle d'Eudes à Montfaucon, en Argonne, en fournissent la preuve. Mais ils ne peuvent faire front partout, et les populations, ne voyant pas arriver l'armée royale, prennent l'habitude de se retourner vers les grands de la région. Elles les regardent de plus en plus comme leurs protecteurs et leur donnent leur allégeance.

L'autorité effective passe dans les mains du pouvoir effectif. Les rois ne purent guère freiner un tel glissement. Il dut s'établir tacitement comme un *modus vivendi :* le roi ne tente plus d'intervenir directement à l'intérieur d'une principauté ; en échange, le prince lui fait hommage et reconnaît tenir de lui son autorité. Comme il y avait habituellement plus d'une grande famille installée dans chacun des grands cadres territoriaux, la résistance à la fondation de la principauté vint non du souverain, mais des familles rivales. En définitive, celles-ci furent mises à la raison, exterminées ou expulsées. Dans le premier cas, elles donnèrent plus tard les « barons » de la principauté.

L'Aquitaine

L'Aquitaine carolingienne, vaste région qui s'étend du Rhône à l'Atlantique, constitue un ensemble assez cohérent, plus fortement romanisé que la région septentrionale. Duché national au VIIIe siècle, vice-royauté sous Charlemagne, royaume insurgé sous Charles le Chauve, elle englobe, à l'est, les marches d'Espagne, de Gotie ou Septimanie, du Toulousain surtout, axée sur le comté de Toulouse et, au centre et à l'ouest, les comtés d'Auvergne et de Poitiers. Bordeaux et son vaste comté-duché relèvent de la Gascogne, dont l'évolution est distincte de celle de l'Aquitaine. La formation du duché d'Aquitaine fut longue. Entamée par la maison de Gotie — donc à l'est — en 879, elle ne se termina que vers 955 au bénéfice de la maison de Poitiers, c'est-à-dire à l'ouest. On peut tenir alors pour fondé le duché d'Aquitaine tel qu'on le connaîtra désormais et qui, complété par les conquêtes des ducs des Xe et XIe siècles, comprend le Poitou et le Limousin, l'Angoumois et le Périgord, la Marche, l'Auvergne, le Gévaudan, le Berry, la Saintonge. Les différentes parties composantes de l'Aquitaine orientale, Toulousain, Gotie, Rouergue, marche d'Espagne, changèrent plusieurs fois de main, mais une nouvelle puissance commença à se constituer autour du Toulousain. Cette puissance parut un instant pouvoir briguer la dignité ducale. Elle s'imposa en Gotie, en Rouergue, en Albigeois et en Quercy dans ce qui forma, au milieu du XIe siècle, le puissant comté de Toulouse.

Ce qui se passe en Bourgogne

Le frère de Boson, Richard le Justicier, fut le fondateur du duché de Bourgogne. Maître lui-même de l'Autunois qu'il avait reçu du roi, il s'empara de force du Senonais et de l'Auxerrois. Par ailleurs, il avait amené les autres comtes de la Bourgogne franque à se reconnaître ses vassaux. Tout cela se fit rapidement, entre 880 et 890, à l'époque où la monarchie, tenue par Eudes, luttant contre Charles le Simple, était bien incapable d'intervenir. Le fils de Richard, Raoul, intégra au duché le seul comté bourguignon qui ne lui appartînt pas encore, Mâcon. Ce Raoul devint d'ailleurs roi de France après l'éviction de Charles le Simple. Mais son frère Hugues, qui lui succéda, perdit les comtés les uns après les autres ; à sa mort, en 952, le duché de Bourgogne cessa d'exister et passa sous l'autorité des Robertiens. Ceux-ci, toutefois, fondèrent plus tard une nouvelle dynastie et une nouvelle principauté, le duché capétien de Bourgogne, qui traversa les siècles.

Au nord de la Loire

La région comprise entre la Loire et la forêt Charbonnière (c'est-à-dire, pratiquement, l'Escaut) constitue le pays franc par excellence. C'est là que les souverains étaient les plus riches en domaines, qu'ils résidaient le plus souvent, bref, qu'ils se sentaient davantage chez eux. Cela explique que le phénomène de constitution de principautés ait été là moins aisé. Les évêques mirent, en bien des endroits, la main sur les pouvoirs comtaux, ainsi à Reims, à Laon, à Châlons, par exemple. Ils réduisirent à peu de chose ou éliminèrent entièrement les comtes laïcs. C'est là un fait très important, car les évêques étaient, en principe, désignés par le roi ; s'ils devenaient, en fait, des comtes, se créait ainsi, indirectement, une réserve de puissance pour le souverain. Quant aux abbayes, beaucoup étaient extrêmement riches, et grâce à la concession de l'immunité par le roi à l'abbé, ce dernier devenait pratiquement comme un comte dans ses domaines. En Bourgogne, en Aquitaine, les abbayes étaient tombées, en général, sous l'autorité du prince. Au nord de la Loire, le roi put très souvent les soustraire aux usurpations des grands, les garder en sa main — c'est-à-dire qu'il désignait lui-même l'abbé — et par là encore s'assurer des moyens de puissance. Ces éléments ecclésiastiques du pouvoir royal, joints aux vastes domaines que le souverain conserva dans cette région plus longtemps qu'ailleurs, fournirent à la royauté de quoi retarder la constitution de grandes principautés entre Loire et Flandre. Les comtés anciens subsistèrent, relativement peu étendus et peu menaçants pour la Couronne.

Cela ne veut pas dire que cette dernière ait eu alors grande chance de survivre : l'impulsion donnée aux grands sous Charles le Chauve était irréversible, et leur pression demeurait constante. Survint à ce moment l'accident dynastique : la déposition et la mort de Charles le Gros, alors que l'héritier légitime carolingien, Charles le Simple, était un garçonnet parfaitement incapable de saisir le gouvernail de l'Etat et que déferlait sur la Gaule la plus formidable de toutes les invasions normandes, celle qui débute en 879 et ne prend fin qu'en 892.

L'effet de cet accident fut double. D'une part, la race carolingienne fut provisoirement écartée du trône ; les grands se disputèrent la couronne ; ce fut Eudes, on le sait, qui l'emporta. Seconde conséquence : lorsque Charles le Simple eut atteint l'âge d'homme, il se refusa naturellement à reconnaître l'usurpation d'Eudes et prit les armes pour faire valoir ses droits. Faut-il insister sur ce qui se produisit ? Les comtes de la région d'entre Loire et Charbonnière furent trop heureux de voir renaître les querelles pour la couronne, querelles qui leur fournissaient toutes occasions de vendre au plus offrant leur « loyalisme » et leur « fidélité ». Les seigneurs de Lotharingie, qui habitaient de l'autre côté de la forêt Charbonnière, suivaient tout cela avec intérêt : soumis provisoirement au roi d'Allemagne, mais peu soucieux de le demeurer, ils étudiaient l'évolution du pouvoir en France pour intervenir dans la lutte, se rallier à l'un ou l'autre parti, se faire ainsi des alliés contre le souverain allemand et se libérer de ce dernier, sans d'ailleurs se donner en la personne du roi de France un maître énergique. Le roi d'Allemagne, bien sûr, observait tout cela et donnait lui aussi, à l'occasion, un coup de pouce dans le sens qui lui paraissait correspondre à ses intérêts.

Dans un tel trouble commencèrent à se dessiner les linéaments de plusieurs principautés, qui ne mûrirent pas toutes également. Le marquisat de Flandre naquit le premier à l'occasion des luttes entre Eudes et Charles le Simple. Son chef Baudouin manœuvra habilement entre les adversaires, mit la main sur une foule de petits comtés, et fit reconnaître son autorité tant par Eudes que par Charles.

Le duché de France

Apparut ensuite le marquisat de Neustrie, point de départ du duché de France. Voici comment : le roi Eudes, aux approches de la mort, montra un étonnant sens patriotique. Ses dernières années s'étaient passées à combattre le jeune Charles le Simple ; bien qu'il eût en son frère Robert un héritier possible et très valable, il désigna Charles comme son successeur, mettant fin par cet acte d'homme d'Etat aux luttes entre Carolingiens et Robertiens.

Robert, frère d'Eudes, pouvait s'estimer lésé. Dans le contexte du temps, deux voies s'ouvraient devant Charles : faire assassiner Robert ou l'indemniser royalement. C'est cette dernière voie que choisit le Carolingien : il concéda à Robert l'autorité princière entre Seine et Loire, jusqu'à la Bourgogne vers l'est, jusqu'à l'Océan vers l'ouest. Robert ne devint pas comte de tous les comtés, mais les comtes de la région devinrent ses vassaux. Ainsi toute une province échappa à l'influence royale directe, qui désormais ne dépassa pas au sud la Seine, pas plus qu'elle ne dépassait au nord la limite de la Flandre.

Cette concession royale détermina le vrai départ des Robertiens. Auparavant, ils constituaient une maison comtale en vue, mais n'appartenaient pas encore au petit cercle très fermé des princes en devenir. Ils y entrèrent, et de plain-pied en quelque sorte, puisqu'ils ne devaient pas, comme les autres princes, leur accession à des usurpations, des pressions et des chantages, mais bien à une concession royale en bonne et due forme, accordée en reconnaissance d'un bel acte de désintéressement.

Enfin se forma la Normandie. Les invasions normandes, si terribles au IXe siècle, devenaient progressivement moins redoutables. La dernière, assez limitée dans son ampleur, débuta en 896. Il semble que, progressivement, les Normands — il s'agissait surtout de Danois commandés par un chef norvégien, Rollon —, se soient fixés dans une région déterminée. Charles le Simple reconnut le fait : par le traité de Saint-Clair-sur-Epte, en 911, les Normands étaient autorisés à s'établir sur les deux rives de la basse Seine, à charge de défendre le pays contre d'éventuelles nouvelles invasions. Cette « Normandie », assez rapidement, évolua dans le sens d'une principauté comme les autres, avec cependant une particularité : franque du point de vue des institutions, elle comportait de nombreux éléments scandinaves, en particulier dans les domaines ethnique et linguistique. Etendue sur les deux rives de la Seine, la Normandie était incluse en partie dans la principauté robertienne (et, effectivement, on verra le duc de Normandie appeler le Robertien « monseigneur »), mais elle mordait aussi sur la dernière zone d'influence directe de la monarchie, au nord de la Seine.

La ruine définitive de la royauté vint cependant d'ailleurs : elle fut la conséquence des efforts déployés par un autre grand pour créer une principauté aux dépens de ce qui subsistait d'influence royale : il s'agit de l'entreprise d'un individu particulièrement mal vu des historiens, et sans doute avec raison, Herbert, fondateur de la principauté de Vermandois, et, on le verra, geôlier de Charles le Simple jusqu'à la mort de ce dernier.

Charles le Simple et Raoul de Bourgogne

Ayant accédé au trône de ses ancêtres, Charles le Simple crut vraiment un instant qu'il disposait, comme ceux-ci, d'une autorité étendue et reconnue de tous. Il ne lui fallut sans doute pas très longtemps pour se rendre compte qu'en réalité son autorité était à peu près nulle dans la plus grande partie du royaume. Charles le Simple avait comme ami et conseiller un certain Haganon, très probablement lorrain. Ce n'était pas un personnage de rang comtal et, de naissance, il appartenait à la petite noblesse. Il n'est pas inconcevable qu'il ait engagé Charles à affirmer son autorité sur les princes. En tout cas, ceux-ci n'étaient pas disposés à admettre des velléités d'indépendance de la part du roi, ni que celui-ci accueillît des conseils d'un personnage de modeste extraction. Aussi, comme cela se produit souvent dans les monarchies, un grand cri s'éleva contre le conseiller royal. Robert, le personnage le plus puissant dans le nord du royaume, se montra particulièrement mécontent. On exigea le renvoi du favori, on complota, on bouda. Charles tint bon, mais en 922 éclata un soulèvement général des grands, dirigé par Robert. Ce dernier fut proclamé roi par les insurgés (30 juin 922). Une bataille décisive eut lieu devant Soissons ; Robert y fut tué, mais Charles et les siens durent battre en retraite. Sans désemparer, les grands élirent un nouveau roi, Raoul, duc de Bourgogne (13 juillet 923). Et Charles ? Un sort lamentable lui était réservé : fuyant de place en place, il implorait vainement des secours contre ses adversaires. Tous n'approuvaient pas l'insurrection et l'élection d'un nouveau roi, mais nul ne se souciait d'intervenir activement en faveur d'une cause perdue et dont on ne pouvait espérer aucun avantage personnel. En fait, Charles offrait un seul intérêt : il pouvait servir de moyen de pression sur le nouveau roi, incontestablement usurpateur. Tel fut le calcul d'Herbert de Vermandois. Il attira le malheureux roi dans un traquenard et l'emprisonna à Château-Thierry (923). Toujours prisonnier, Charles mourut le 7 octobre 929.

Raoul de Bourgogne fut, à tout prendre, un souverain assez énergique, et son duché lui assurait une puissance très supérieure à celle dont pouvait disposer le malheureux Charles. Mais roi par hasard, Raoul n'était gouverné par aucun des réflexes habituels aux Carolingiens, et même aux Robertiens, qui, eux, pensaient surtout au nord du royaume. Cela revient à dire que Raoul ne concevait pas la Lorraine comme un prolongement de la zone d'influence royale ni comme une réserve de puissance pour la monarchie française. Les Carolingiens avaient toujours lutté pour conserver la Lorraine. Raoul, lui, l'abandonna au roi d'Allemagne. De même, Raoul ne mit pas à défendre le pays entre Seine et Escaut cette détermination fanatique que l'on rencontre chez les Carolingiens et aussi chez les Capétiens. Pour les premiers, cette zone constituait le dernier réduit de la monarchie, pour les seconds la base de leur propre supériorité. Raoul, solidement installé en Bourgogne, laissa trois puissances encore mineures mordre sur cette région : la Flandre s'avança jusqu'à Amiens, la Normandie poussa à l'ouest sur un large front, le Vermandois surtout grandit à vue d'œil au cœur même de la vieille zone d'influence royale. De celle-ci, les deux bastions étaient l'archevêché de Reims, énorme ensemble de domaines et aussi de comtés, et la place forte de Laon, forteresse inexpugnable, la plus solide entre Seine et mer. Tels furent les deux objectifs d'Herbert. Il se heurta, faut-il le dire, à l'opposition résolue des Robertiens.

Ceux-ci n'étaient pas en position très favorable. Hugues, successeur de Robert, était encore bien jeune, et Raoul n'avait pas renouvelé en sa faveur la concession de la puissance ducale entre Seine et Loire. Dès 925, Herbert de Vermandois fit élire son fils archevêque de Reims. Quand on sait que ce nouveau prélat venait alors d'atteindre sa cinquième année, on comprend ce qui se passa : Herbert, tout simplement, avait mis la main sur Reims. En 928, il se rendit maître de Laon et obligea une foule de comtes de la région à lui rendre hommage : en quelques années, le geôlier du roi Charles était devenu le vrai maître au nord de la Seine! Le Vermandois, l'Amiénois, le Vexin, le Laonnais, les immenses possessions de l'archevêché de Reims, Montdidier, Montreuil, Beauvais, Châlons-sur-Marne, tout cela relevait de lui. Il pénètre alors en Champagne ; les comtés de Troyes, de Meaux, de Melun, de Sens, d'autres encore lui appartiennent bientôt...

Les derniers rois carolingiens

Quand Charles le Simple avait été capturé, sa femme, une princesse anglaise, avait réussi à se réfugier auprès de son père avec Louis, l'unique fils issu du mariage. Le roi Raoul mort sans enfants en 936, le problème d'une nouvelle élection royale se posait en France. Les grands rappelèrent alors d'Angleterre le fils de Charles, Louis IV « d'Outremer ». Car élire le plus puissant ou l'un des plus puissants parmi les princes du moment eût abouti automatiquement à la guerre civile, Herbert de Vermandois et Hugues le Robertien se trouvant engagés dans une lutte à mort pour dominer le nord-ouest du royaume. On aurait pu penser à Hugues, duc de Bourgogne, frère de Raoul. Il est probable qu'on ne voulut pas créer en quelque sorte un début de droit héréditaire à la couronne en faveur de la maison de Bourgogne. Dès lors, il ne restait qu'une solution, d'ailleurs satisfaisante pour presque tous : élire roi le Carolingien ; sans aucune autorité, il serait un roi soliveau qui ne dérangerait personne.

De tels calculs ne sont jamais entièrement exacts : quelqu'un toujours est avantagé. En l'espèce, ce fut le Robertien. Il est trop évident, en effet, que le jeune roi, grandi en sol étranger, ignorant les compromis qu'entraîne la pratique du pouvoir, ne pouvait avoir pour le geôlier de son père que la plus vive aversion. Herbert était donc, d'avance, en disgrâce, et le roi se rapprocherait du Robertien, puisqu'il était bien trop faible pour gouverner avec ses propres forces. Mais Hugues exigeait beaucoup, et le roi n'avait pas compris que seules de très larges concessions lui permettraient de se maintenir. Carolingien et Robertien demeurèrent donc plusieurs années face à face. Un double événement les obligea à s'entendre : à peu près simultanément le duc de Normandie mourut assassiné et le puissant comte de Vermandois mourut de sa belle mort. Ainsi s'ouvraient simultanément deux des plus grandes successions de France.

Rien à cette époque n'était plus important. Imaginons au XXe siècle une succession égale à un huitième ou un neuvième de la fortune globale de la France : on voit bien que le déplacement d'une telle fortune risquerait de modifier profondément les rapports de force entre grandes entreprises financières ou industrielles. *Mutatis mutandis*, au Xe siècle, une principauté devenue sans titulaire, c'était la même chose. Assurément, le duc de Normandie, tout comme le comte de Vermandois, avait des fils ; cela importait assez peu ; l'essentiel était de prendre.

Voici ce qui explique le brusque rapprochement du roi Louis et de Hugues le Grand, rapprochement que l'on qualifierait mieux de marché. D'une part, le roi investit Hugues de pouvoirs extraordinaires : il le fait « duc » de France, de Bourgogne et d'Aquitaine (France est naturellement pris ici dans son sens restreint, le pays entre Loire et Escaut). En revanche, Hugues le Grand ne fait valoir aucune prétention à la succession d'Herbert de Vermandois ni à celle de Richard de Normandie ; bien au contraire, il favorise les tentatives du roi pour mettre la main sur ces vastes héritages.

Hugues, le grand-duc

En attribuant à Hugues le pouvoir ducal dans les trois parties du royaume de France, Louis interposait en quelque sorte l'autorité de Hugues entre la sienne et celle de tous les grands. C'était, dira-t-on, payer bien chèrement le désintéressement du Robertien. Sans doute, mais c'est qu'il s'agissait pour la monarchie d'une dernière chance : dénuée à peu près complètement d'éléments de puissance (de domaines pour récompenser des vassaux, de charges comtales disponibles en faveur de fidèles, d'abbayes fournissant un revenu à la Couronne), affrontée, en revanche, à des princes qui détenaient, eux, de tels éléments et avaient, chacun dans sa principauté, éliminé le pouvoir royal effectif, la monarchie n'avait qu'une possibilité de survivre : acquérir, elle aussi, une principauté. Le roi disposerait alors d'un pouvoir réel et traiterait de puissance à puissance avec les princes. L'occasion, c'était la disparition en 942 du duc de Normandie et du comte de Vermandois. Encore fallait-il neutraliser le prince robertien, l'homme le plus puissant du nord de la Loire, et l'on s'explique alors les faveurs exorbitantes dont le roi le combla.

D'ailleurs, l'accord entre le roi et le duc reposait assez largement sur du vent : le duc laissait le roi libre de mettre la main sur les deux successions s'il en avait les moyens. Le roi donnait au duc la permission d'imposer son autorité sur l'Aquitaine, la Bourgogne et ce qui restait de la France s'il en avait la force. Le roi fut dupé, car, en définitive, il ne put obtenir ni la succession normande ni, à quelques bribes près, celle d'Herbert de Vermandois : dans l'un et l'autre cas, ce furent les fils qui héritèrent. L'explication est simple : la puissance matérielle du roi était tellement dérisoire qu'il ne pouvait pas l'emporter sur le Robertien (ce qu'il avait compris), mais non plus sur des princes plus médiocres, tels les Normands, les Flamands ou les fils du comte de Vermandois. Par ailleurs, personne ne désirait aider le roi à reconstituer un pouvoir fort.

Le roi allemand Otton – le futur empereur Otton le Grand – n'avait pas vu avec plaisir réinstaller un Carolingien sur le trône de France : il savait bien que cela créerait des difficultés en Lorraine ; en effet, très vite les seigneurs lorrains s'étaient, une fois de plus, soulevés contre le pouvoir allemand et ralliés à Louis. Dès ce moment, Otton intervint activement dans les affaires de France, visant surtout à maintenir un certain équilibre entre les partis en lutte, de manière à les détourner de l'est. A la mort inopinée de Louis (954), Hugues le Grand n'avait qu'un mot à dire pour devenir roi, mais il vit très justement que le petit roi Lothaire n'aurait d'autre choix que l'amitié robertienne.

Pause dans l'évolution

Hugues laissa donc Lothaire monter sur le trône, puis il exigea confirmation de son autorité ducale en Bourgogne et en Aquitaine. Cette fois, ce n'était plus une ombre de pouvoir : débarrassé de ses adversaires de *Francia*, Hugues put arranger un mariage qui faisait tomber la Bourgogne entre ses mains. Il s'appliqua à réduire l'Aquitaine par la force ; ses premières tentatives échouèrent, mais sans doute allaient-elles être reprises avec vigueur, lorsque Hugues le Grand mourut subitement – de la peste selon toute apparence – au milieu de l'an 956. Ses enfants étaient jeunes encore et, comme le successeur du roi Louis l'était aussi, on vit le spectacle d'une minorité parallèle dans les deux maisons rivales, minorité durant laquelle les deux veuves – qui étaient sœurs, et sœurs aussi du roi Otton de Germanie –

exercèrent en bonne entente l'autorité. Leur autre frère, Brunon, archevêque de Cologne, administrait la Lorraine et servait de conseiller aux deux princesses. C'est ce qui permit aux Carolingiens de consolider quelque peu leur faible pouvoir : l'opposition entre leur dynastie et celle des Robertiens était trop fondamentale pour qu'elle ne se manifestât pas bientôt, mais Brunon ne permit jamais qu'elle se traduisît en succès significatifs de part et d'autre. Il y trouvait un double avantage : l'équilibre en France signifiait la prédominance du pouvoir allemand, et la suzeraineté allemande sur la dynastie empêchait cette dernière de lui créer en Lorraine des difficultés. La mort de Gerberge, mère de Lothaire, en 969, relâcha les liens étroits qui existaient entre les Carolingiens de France et les Ottoniens. La crise éclata en 978 : Lothaire décida de mettre la main sur la Lorraine, et s'avança jusqu'à Aix-la-Chapelle. Tout cela n'aboutit à rien de concret, mais ce fut le départ de l'engrenage qui amena la fin du pouvoir carolingien en France. Le duc de France, Hugues Capet, avait soutenu le roi dans ses entreprises lorraines : le rusé personnage avait calculé qu'il était bon de susciter une inimitié solide entre le roi de France et celui d'Allemagne. Mais Lothaire pénétra ces desseins : dans le plus grand secret, et en dehors de toute intervention du duc de France, il conclut la paix avec Otton II. Hugues Capet se vit joué et s'empressa d'offrir lui-même sa fidélité au roi d'Allemagne. On voit comment la surenchère se développait. C'était désormais la guerre.

La fin

Lothaire mourut en 986, âgé de quarante-quatre ans. Il laissait un fils, Louis V, âgé de dix-neuf ans et déjà couronné roi. Le jeune roi, chassant dans les forêts qui s'étendaient entre Senlis et Compiègne, fit une chute de cheval mortelle en mai 987. Désormais rien n'empêchait plus Hugues Capet, si timoré qu'il fût, d'accéder à un trône qui depuis des dizaines d'années paraissait à portée de sa maison. Toutefois, les Robertiens avaient attendu trop longtemps : dans l'intervalle, la désagrégation féodale s'était manifestée aussi à l'intérieur de leur principauté, où les vicomtes de Blois, de Tours, d'Angers, de Chartres s'étaient déjà transformés en comtes de plus en plus indépendants. Cinquante ans plus tôt, la monarchie capétienne eût pu être puissante. Quand elle se réalisa, elle ne fut que la continuation impuissante de la faible monarchie carolingienne.

III. LES TEMPS OBSCURS

Les routes du commerce

Il a été parfois affirmé que l'époque carolingienne est une époque d'économie fermée où l'homme tire de la terre à peu près tout ce qu'il consomme. C'est vrai et c'est faux. Vrai dans la mesure où le monde paysan fut, et jusqu'à une époque très récente, largement autarcique. Faux si l'on entend qu'il n'existait pas d'économie d'échange à base monétaire à l'époque carolingienne. Disons d'abord qu'à cette époque les pays français étaient situés sur le grand axe commercial qui enserrait l'Europe, et qui, partant de l'Angleterre, touchait le continent à Boulogne, Montreuil-sur-Mer, Quentovic (Etaples), Rouen, Bordeaux, traversait la France, franchissait les Alpes, atteignait Pavie et, de Venise, se dirigeait vers Constantinople, puis vers Kiev, de Kiev vers Novgorod, de Novgorod vers Birka, en Suède, de Birka vers Hedeby, au Danemark, de Hedeby vers Duurstede, non loin d'Utrecht, en Hollande. De Duurstede partaient une route vers l'Angleterre et une autre qui, remontant le Rhin, aboutissait, elle aussi, à Pavie. Dans ce vaste circuit, les pays français occupaient une position un peu excentrique ; mais ils constituaient une région de transit pour l'important commerce entre l'Angleterre et l'Italie, et pour le commerce entre le Nord et l'Espagne.

Le caractère relativement moins développé du commerce en France est dû à l'état des relations entre le monde franc et le monde musulman : les grandes villes orientales et méridionales d'Italie avaient trouvé moyen d'avoir avec les Musulmans — qui dominaient en Méditerranée — des relations en général très cordiales. L'inverse était vrai du monde franc, en guerre à peu près ininterrompue avec les Musulmans d'Espagne, d'Afrique et de Sicile. Il en résulta que le commerce maritime fut pour les Francs à peu près impraticable dans la Méditerranée occidentale, et que de multiples invasions musulmanes ont ruiné, au cours du IXe siècle et pour tout le Xe, la prospérité commerciale de villes comme Marseille et Arles.

Dans l'ensemble, cependant, le IXe et le Xe siècle voient s'amorcer une profonde transformation économique. Les invasions normandes et, dans une mesure moindre, magyares (qui ont moins frappé la France que l'Allemagne ou l'Italie) ont assurément ralenti ce développement, mais sans l'étouffer. C'est qu'il s'agit d'un mouvement fondamental et qui, d'ailleurs, dépasse de loin les limites du royaume de France.

Trois phénomènes économiques sont particulièrement significatifs pour l'époque : l'argent, les marchés, les bourgs.

Le denier

A la monnaie d'or, qui seule existait à l'époque mérovingienne, succède, dès Pépin le Bref, le denier d'argent. Peu importent ici les raisons de cette mutation. Ce qui doit retenir notre attention, c'est sa signification et ses conséquences.

La pièce d'or avait une valeur intrinsèque très grande et servait donc dans les transactions internationales, dans le commerce de gros ou dans celui des marchandises précieuses. Le denier d'argent avait un pouvoir d'achat beaucoup plus réduit (et il existait aussi des oboles, ou demi-deniers) : six pains d'une livre, pour indiquer un ordre de grandeur. C'était donc l'instrument monétaire des transactions quotidiennes, ordinaires, des achats et des ventes des gens du commun.

Le fait que l'époque mérovingienne n'ait connu que la monnaie d'or, tandis que l'époque carolingienne employa surtout la monnaie d'argent, prouve une transformation fondamentale : à l'époque mérovingienne, l'homme du commun ne disposait pas d'un instrument d'échange à la mesure de ses besoins. Il devait se tirer d'affaire avec le troc, technique rudimentaire qui suppose une société où il existe peu d'échanges commerciaux. L'inverse est vrai de l'époque carolingienne : cause ou effet, le denier d'argent permet et suppose une économie d'échange au niveau du paysan, qui vend ses surplus, du consommateur, qui achète la quantité qui lui manque ou le produit qui lui fait envie. L'introduction du denier d'argent, c'est l'intégration de millions de producteurs et de consommateurs dans le circuit commercial.

Une nouvelle monnaie

Le capitulaire de Pîtres de 864 est, avant tout, un capitulaire monétaire : la plupart de ses dispositions tendaient à réformer la monnaie. L'opération visait à remplacer le denier d'argent ancien par un nouveau denier plus léger, et cette mesure s'inscrit dans la grande évolution du prix de l'argent. Ce métal avait été très abondant, apparemment, au VIIIe siècle, ce qui incitait à alourdir constamment le poids du denier. Le mouvement s'inversa au milieu du IXe siècle : l'argent, relativement plus rare, prit de la valeur par rapport à l'or. Le capitulaire de 864 fixa précisément le rapport or-argent à 1/12. Comme seule la monnaie d'argent était d'usage courant, l'augmentation de la valeur de l'argent aurait dû se traduire par un abaissement des prix ; on préféra diminuer le poids du denier, car, dans une économie agraire et seigneuriale, les redevances, fixées par la coutume, constituaient un élément fondamental ; elles postulaient un système monétaire stable pour les prestations en monnaie et, d'autre part, un système de poids et de mesures invariables pour les prestations en nature. Entre les systèmes monétaires et métrologiques existaient ainsi des rapports d'unité à unité qu'il fallait maintenir pour éviter le chaos. Il est facile de comprendre que les gens ressentirent la plus grande défiance envers ce denier plus léger et que, en général, ils refusèrent de le recevoir. Les fonctionnaires royaux eurent recours à des méthodes de véritable terreur pour contraindre à accepter ces pièces, au point que le roi s'en inquiéta et les invita à modérer leur sévérité. Les gens eurent aussi une autre réaction ; ils diminuèrent le poids des denrées qu'ils échangeaient contre les nouveaux deniers, ou falsifièrent ces denrées. Tout cela montre l'importance, au milieu du IXe siècle, du commerce de détail, qui se pratiquait surtout sur les marchés.

Les marchés et les bourgs

En effet, les marchés se multiplient à cette époque. Un capitulaire de 743 révèle qu'il n'existait pas alors un marché dans chaque cité (c'est-à-dire dans chaque évêché). Cent ans plus tard, le nombre des marchés s'était tellement accru que le roi Charles le Chauve prescrivait à ses comtes de dresser une liste des marchés fonctionnant dans leur comté, en distinguant entre ceux qui remontaient au règne de Charlemagne, de Louis le Pieux et de son propre règne. Or, il y avait plusieurs comtés dans chaque diocèse.

Du marché permanent, le chemin n'est pas long vers des agglomérations commerciales, et, en effet, on les rencontre : ce sont les « bourgs ». Le terme apparaît au VIIIe siècle ; les mentions se multiplient dès la seconde moitié du IXe, pour devenir très nombreuses au Xe. Il s'agit, de toute évidence, d'une agglomération dont la fonction n'était pas exclusivement agricole, assurant des services dans les différents secteurs artisanaux. Ces bourgs furent fondés délibérément par un grand propriétaire, laïc ou ecclésiastique. Souvent on les rencontre accolés à des cités ; ce sont alors des « faubourgs », ou bourgs extérieurs. En outre, dès le VIIIe siècle, on rencontre des noyaux commerciaux (*portus, emporium*). A l'époque dont on traite ici, l'éveil économique, attesté par la diffusion de la monnaie d'argent et le marché, se prolonge dans le développement d'une vie urbaine, ou au moins pré-urbaine.

L'Église en proie aux laïcs

L'Eglise, alliée des rois, fut la victime de l'élévation des princes, qui se rendirent maîtres de tout l'état ecclésiastique de leur principauté, nommant les évêques et les abbés, mettant la main sur les biens de l'Eglise. Celle-ci tomba en peu de temps à un niveau très bas : on vendit les charges épiscopales contre deniers comptants, on se les transmit d'oncle à neveu, quand ce n'était pas, comme à Nantes, de père en fils. Dans les monastères, la discipline se relâcha. L'Eglise a rarement connu un abaissement aussi profond. Les ecclésiastiques, d'ailleurs, n'étaient pas les seuls à pâtir de l'anarchie grandissante ; la situation des laïcs pauvres était pire. Si le roi était incapable de contenir les princes, les princes, eux, ne pouvaient contenir leurs barons, et ainsi, de haut en bas de la société, les puissants abusaient de leur puissance à l'égard des plus faibles.

Sous prétexte de guerre privée, de vengeance familiale, on tuait, on détroussait paysans, voyageurs, pèlerins, marchands. Il n'existait pas de recours réel pour ces malheureux, qui en vinrent tout naturellement à appeler à grands cris l'intervention des seules puissances encore susceptibles de répondre aux prières : Dieu, les saints, les reliques...

C'est, en effet, le temps où la dévotion aux reliques se manifeste par de nombreux récits de miracles. Devant l'effondrement de la puissance séculière, qui cesse d'assurer à l'individu une sécurité relative, on en vient à concevoir une société fondée sur Dieu. Le temps de la paix de Dieu se prépare.

Il existe une contradiction, bien sûr, entre l'abaissement du clergé et la confiance qu'on met dans le secours divin. Cette contradiction n'est qu'apparente : ce n'est pas dans ce clergé-là que l'homme du Xe siècle met sa confiance, mais dans un clergé purifié.

Les moines réformés

Un mouvement pour la réforme monastique se dessine. Sans doute, les attaques violentes des réformateurs contre les mœurs et le genre de vie des chanoines qui peuplaient les monastères sont-elles exagérées : c'est d'une opposition entre deux conceptions, l'une plus sévère, l'autre plus douce, qu'il s'agit, bien plus que d'une opposition entre la vertu et le vice, comme la représentent les polémistes réformateurs. Mais l'homme occidental lie instinctivement ascèse et sainteté, et les « pauvres » du Xe siècle, qui avaient vécu la faillite des pouvoirs séculiers et ne voyaient plus d'autre recours qu'en Dieu, voulaient de toute évidence s'assurer auprès du Seigneur les intercesseurs les plus valables. D'où leur appui donné à la réforme monastique. Les puissants de l'époque, eux aussi, l'appuyèrent souvent, sans qu'il y ait là, certes, vraiment un paradoxe. Rien n'est moins édifiant, à beaucoup d'égards, que le comportement des princes et des seigneurs au Xe siècle. Non seulement dans leur vie quotidienne, où la satisfaction des instincts les plus bas constituait bien certainement l'objectif dominant, mais aussi dans leur action politique, tissu de mensonges, de parjures, de trahisons, de meurtres, de pillages, de dévastations, de brigandages. Cela n'empêchait pas les grands d'avoir de brusques élans de piété profonde, et sans doute sincère, tout particulièrement quand la mort les menaçait. Comment auraient-ils pu ne pas penser à la vie future, et, par conséquent, à se prémunir contre ses périls.

Comme les gens du commun, bien que pour des raisons un peu différentes, ils sentaient le besoin d'intercesseurs valables auprès du souverain juge, et comme ils étaient riches, comme ils avaient davantage de notions d'organisation, ils conçurent une solution permanente à leur problème : faire prier à leur intention une communauté de moines menant une sainte existence. Cela explique l'attachement de beaucoup de grands à la réforme, lequel peut s'exprimer symboliquement dans la fondation de l'abbaye de Cluny, en 910, par le duc d'Aquitaine, Guillaume le Pieux. Cluny, en effet, sous ses grands abbés, Odon (926-942) et Maïeul (948-994), fut le départ d'un vaste mouvement de réforme. Un facteur particulier de ce succès, c'est que les abbayes réformées restaient subordonnées à l'abbaye mère, un simple prieur délégué par l'abbé de Cluny les administrant.

Mais son importance historique fut surtout d'avoir témoigné pour la sainteté à une époque où l'Eglise, humiliée, était dépouillée de son auréole dans une société qui cherchait désespérément à se raccrocher aux valeurs surnaturelles. A cet appel venu des entrailles du peuple, Cluny a répondu exactement dans la forme que réclamait le Xe siècle, c'est-à-dire dans le recueillement, la dignité, l'ordre, la magnificence, en contraste pathétique avec l'anarchie quotidienne et effrénée du monde laïc. A la société dominée par des seigneurs aux mœurs sauvages, elle opposa l'image d'une société de seigneurs vivant dans la prière et l'obéissance.

La nuit culturelle

Quant à la renaissance culturelle carolingienne, elle avait, en réalité, atteint son niveau le plus élevé sous Charles le Chauve, prince lettré qui appela à sa cour plusieurs des plus grands penseurs de l'époque. Ce fut alors que la miniature produisit ses monuments les plus admirables. Mais la décadence de la monarchie entraîna la culture dans sa chute. Le clergé cessa de constituer une élite intellectuelle : plus de théologiens, plus d'historiens même. Le grand élan architectural carolingien devait cependant se continuer, mais en Allemagne, non pas sur le territoire français.

Déclin profond, dont l'unique exception est un art qui se développe parallèlement à la confiance croissante des hommes dans les reliques : l'orfèvrerie des châsses. Mais déclin temporaire : en 972, Gerbert, le futur pape Sylvestre II, vient s'établir à Reims pour y étudier la logique. Ici se place le premier éveil de la pensée d'Occident.

9. LES FÉODAUX

Entre 980 et 1075
premier essor
de la civilisation médiévale.

La fin des invasions

Vers 980 se situe, dans l'histoire de la France, l'orée d'une ère nouvelle. A cette date, en effet, la longue période des migrations de peuples, qui durait depuis huit siècles, est terminée. Non point que le danger soit entièrement dissipé. En l'an mille, des flottilles scandinaves venaient encore, de temps à autre, tenter des expéditions de rapines sur les rivages atlantiques, et les raids musulmans menaçaient toujours Narbonne. Mais il ne s'agissait plus que d'alertes, et ces agressions, toujours plus rares, devenaient chaque jour moins difficiles à contenir ; le comte de Provence avait détruit naguère les derniers repaires sarrasins dans les Alpes et les montagnes côtières ; quant aux Hongrois, leurs incursions n'étaient plus qu'un souvenir, durablement établi dans la mémoire collective, mais qui s'enfonçait peu à peu dans le folklore et la légende.

A partir de cette époque, les pays français n'ont plus connu les invasions véritables, les amples vagues qui, successivement, avaient déferlé sur eux depuis la fin de la paix romaine, les passages de peuplades en marche, les irruptions profondes et durables de conquérants et de pillards. Etape décisive, qui marque le départ d'une suite, ininterrompue jusqu'à nous, de progrès matériels et culturels. Les ferments de croissance qui, timidement, sous la domination carolingienne, animaient déjà certaines régions de la Gaule, mais que les troubles du xe siècle avaient quelque temps paralysés, purent de nouveau librement agir ; ils prirent peu à peu de la puissance.

Dans les années qui précédèrent l'an mille, un éveil se manifeste, celui d'un second Moyen Age, qui n'est plus de décadence, mais d'expansion. Les hommes sont, depuis lors, devenus plus nombreux ; ils se sont sentis moins désarmés devant les pouvoirs de la nature, plus capables de faire fructifier les héritages du passé et de pousser de l'avant. Nombre de secousses vinrent contrarier cet essor sans jamais le briser.

Un pays encore très sauvage

A vrai dire, les premiers moments de ce progrès sont pour nous très obscurs : dans un temps encore extrêmement barbare, la civilisation matérielle demeurait, en effet, si primitive que les entreprises humaines n'ont laissé de traces que fort rares et très légères. Certes, les limites de la connaissance historique commencent, pour cette époque, à s'élargir, mais très lentement. Les documents n'éclairent encore de l'activité des hommes que des aspects très exceptionnels et qui se situent presque tous aux niveaux supérieurs de la société ; ils ne disent à peu près rien de la vie des humbles, des parlers ou des parures populaires, de ce qui fait le cadre du quotidien. Si bien que l'historien ne peut guère discerner les ressorts matériels de la croissance qui prend à ce moment son élan.

Que sait-il de la population, de sa densité, des mouvements qui, sans doute, la faisaient croître ? Il la devine seulement très faible, encore toute rassemblée en villages, dans des clairières dispersées qu'isolaient les unes des autres de larges espaces solitaires de nature vierge. Il entrevoit un pays cloisonné, sans routes, où les transports se faisaient par barques le long des fleuves, ou bien à dos d'hommes sur des pistes dont les cavaliers eux-mêmes n'affrontaient pas sans péril les embûches. Point de villes, mais, sur les ruines des cités antiques que n'avaient pas tout à fait rongées les champs et les jardins, près des plus forts châteaux et des plus célèbres monastères, des agglomérations de cabanes ; là vivaient des prêtres, des guerriers, quelques artisans à leur service, des vignerons, et parfois une petite communauté juive, résidu dérisoire de ces colonies de trafiquants orientaux qui, jadis, lorsque le commerce était florissant, avaient prospéré dans la Gaule romaine.

Des textes apprennent que les moulins à eau se multipliaient, mais ils laissent tout ignorer des transformations techniques qui, peut-être, amélioraient alors lentement l'outillage paysan et le rendaient moins inefficace. Et c'est seulement après 1075 que, dans les sources historiques, se révèlent, mais cette fois en brusque jaillissement, les signes évidents d'un essor économique et démographique. Aussi sommes-nous tenus, par l'imperfection de nos moyens d'observation, de considérer l'époque comprise entre les alentours de 980 et le dernier quart du XIe siècle comme un prélude, comme un temps de préparation où se mirent très obscurément en place les cadres et les moteurs du renouveau.

Si l'on devait en quelques mots caractériser cette période, il faudrait mettre en évidence les deux phénomènes majeurs dont il apparaît qu'elle fut le lieu. Ces deux transformations se montrent clairement, puisqu'elles concernent l'une les attitudes religieuses, l'autre les princes et les chefs de guerre, et puisque, en fait, la faible lumière que la documentation dispense n'éclaire quelque peu que la haute aristocratie laïque et ecclésiastique.

Les années qui environnèrent le millénaire de la naissance et celui de la passion du Christ vécurent, d'une part, une intense fermentation religieuse ; dans l'Eglise, et plus spécialement dans les monastères, se déployèrent des efforts soutenus de rénovation, de purification, de rehaussement spirituel, dont les formes que revêtit à cette époque l'art sacré portent le témoignage le plus visible et qui jetèrent les bases d'un christianisme revigoré. Il s'agit là, dans le cadre ecclésiastique, d'un premier témoignage de renouveau, d'une importance extrême, puisqu'il entraîne avec lui la reprise de l'élan culturel qu'avait brisé la décadence de l'ordre carolingien.

Ce temps fut, d'autre part, occupé par l'apparition de nouvelles relations politiques et sociales, par l'établissement de ce que nous appelons la *féodalité* – et c'est cela qui fait son importance dans le long développement de notre civilisation.

Qu'est-ce que la féodalité ?

Le sens de ce terme s'est tellement déformé dans ses usages récents qu'il importe de définir brièvement la réalité historique qu'il désigne. Dans les structures féodales s'affirme, en premier lieu, la supériorité totale d'un groupe social : les hommes qui le composent sont, par leur vocation militaire et la qualité de leur naissance, dotés de privilèges reconnus, et notamment autorisés à vivre dans le loisir du travail des humbles ; ils ne sont soumis à d'autres obligations que celles que leur imposent l'engagement du vassal et le service du fief.

Mais la féodalité, c'est, plus précisément encore, le fractionnement de l'autorité en multiples cellules autonomes. Dans chacune de celles-ci, un maître, le seigneur, détient, à titre privé, le pouvoir de commander et de punir ; il exploite cette puissance comme une part de son patrimoine héréditaire. Par un tel cloisonnement s'opère donc la parfaite adaptation des relations politiques et sociales à la réalité concrète d'une civilisation primitive et toute rurale, où l'espace était immense et coupé d'innombrables obstacles, où les hommes étaient rares, séparés par des distances mal franchissables, et d'une culture intellectuelle si fruste que leur conscience se montrait impuissante à percevoir les notions abstraites d'autorité : un chef ne pouvait obtenir obéissance s'il ne se montrait pas en personne et s'il ne manifestait pas physiquement sa présence.

Certes, les dispositions de la société que révèlent les documents de l'an mille n'étaient pas nouvelles ; pendant tout le haut Moyen Age, les campagnes françaises avaient été dominées par un petit nombre de nobles, qui vivaient entourés de gardes du corps domestiques et qui exerçaient de fait, dans leurs grands domaines, un pouvoir sans limites sur leurs dépendants paysans. Les rapports de subordination personnelle dont on aperçoit le jeu au seuil du XIe siècle s'étaient établis de longue date, dans le privé, sous le manteau des institutions publiques carolingiennes. C'est l'effondrement de celles-ci qui les fait apparaître.

Mais tandis que le pouvoir des rois et de leurs délégués achève de s'évanouir, ces rapports, d'allure domestique, de parenté, de dévouement, de patronage, revêtent une valeur primordiale ; ils se substituent, au sein des règles coutumières, au système d'obligations qui, jadis, maintenaient en paix le peuple franc ; ils deviennent l'armature des relations politiques, et les attitudes mentales qu'ils engendrent retentissent sur tous les aspects de la haute culture. Dans les cadres de la société féodale, qui prend alors au grand jour toute sa consistance, l'histoire de la civilisation française s'inscrira désormais pour des siècles.

I. SITUATION DU ROI DE FRANCE

Situons, au seuil de cette période, un événement : en 987, évinçant Charles de Lorraine, prétendant carolingien, les grands du royaume, réunis à Senlis, choisirent pour souverain Hugues Capet, duc de France, descendant de Robert le Fort. La date est fameuse : elle consacre la fin de la dynastie carolingienne et le passage de la dignité royale, pour de très longues générations, dans le lignage capétien. Il ne faut point penser, cependant, que cette élection ait aux contemporains semblé de si grande conséquence.

Que changeait-elle à leurs yeux ? Déjà, dans le Xe siècle, deux ancêtres de Hugues, Eudes et Robert, avaient ceint la couronne. Le nouveau roi se sentait donc, aussi bien que son concurrent, de race royale, et ceux qui l'acclamèrent le jour du sacre voyaient en lui le légitime successeur de Charlemagne, dont le sang, d'ailleurs, coulait aussi dans ses veines. Simple transfert, par conséquent, de l'une à l'autre des deux familles qui, dans les vieux pays francs, avaient vocation à la souveraineté ; normal, sanctionné par l'adhésion d'une large part de l'aristocratie, il n'affectait en rien, dans son essence, la magistrature royale.

L'égal de l'empereur

Tout au plus peut-on dire que le choix de Hugues Capet aida peut-être les empereurs germaniques à affermir leur autorité sur les provinces orientales de la Gaule, par-delà la frontière des « quatre rivières », qui, depuis 843, bornait le royaume de France. Les prétentions des derniers Carolingiens sur la Lotharingie eussent sans doute contrarié les prérogatives que les rois d'Allemagne entendaient exercer sur cette région, laquelle, décidément, s'agrégea dès lors à l'Empire ; en 1032, ce dernier put également absorber le royaume de Bourgogne, étendu du Jura à la Méditerranée.

A tous, le corps de la chrétienté latine apparut désormais partagé entre deux dominations suprêmes, qui prolongeaient l'une et l'autre l'Etat de Charlemagne, l'Empire teutonique à l'est, le Royaume à l'ouest. Mais celui-ci n'apparaissait nullement, et pas même aux empereurs, en posture de subordination à l'égard du premier. Son souverain tenait pour son égal le roi de Germanie, bien qu'il portât le diadème ; il se sentait, au même titre que lui, chargé par Dieu de guider vers le salut l'ensemble du peuple chrétien. Et le moine clunisien Raoul Glaber, le chroniqueur de l'an mille, construisit son œuvre historique autour de deux figures maîtresses, celle d'Henri, l'empereur, celle de Robert le Pieux, le roi de France ; ils lui semblaient, l'un et l'autre, les héritiers conjoints des missions carolingiennes et les seuls véritables monarques de son temps.

« Tous deux vinrent un jour sur les bords de la Meuse, qui limite les deux royaumes, pour s'y rencontrer ; dans l'une et l'autre escorte, beaucoup jugeaient peu convenable à de si grands seigneurs de s'abaisser à traverser le fleuve, risquant de manifester ainsi une sorte de soumission envers l'autre ; mieux valait qu'ils se fissent tous deux conduire en barque au milieu de la rivière, où aurait lieu l'entrevue. Mais ces souverains remplis de sagesse se souvenaient tous deux de la parole de l'Écriture : « Si tu es grand, abaisse-toi d'autant plus en toute chose. »

« A l'aube, l'empereur se rendit donc avec un petit nombre de compagnons du côté du roi des Francs ; ils s'embrassèrent avec tendresse, participèrent ensemble à la messe que célébrèrent les évêques et décidèrent de prendre leur repas en commun. Après le repas, Robert offrit à Henri d'immenses présents en or, en argent, en pierres précieuses, cent chevaux somptueusement parés, accompagnés chacun d'une armure et d'un casque ; il disait que leur amitié serait diminuée de tout ce que l'empereur n'accepterait pas de prendre. »

« De cette fraternelle générosité, Henri ne reçut pourtant qu'un évangéliaire relié d'or et de pierres précieuses, et un reliquaire de mêmes matières qui contenait une dent de saint Vincent, prêtre et martyr ; sa femme ne prit que deux plats d'or. Ils refusèrent le reste et s'en retournèrent. Le lendemain, le roi Robert franchit à son tour la rivière avec ses évêques ; il vint au camp de l'empereur, qui l'accueillit avec honneur ; après le repas, il lui offrit 100 livres d'or pur. Le roi, de la même façon, ne prit que deux plats d'or. Ils resserrèrent ainsi les liens de leur fraternité, et chacun regagna ses terres. »

Dans ce récit, dans les rites d'accueil et d'offrandes réciproques qu'il décrit, dans tous ces gestes mesurés qui présentaient tant de valeur symbolique en un temps où les relations politiques et les situations sociales s'exprimaient rarement par des écrits, mais toujours par l'ordonnance minutieuse d'un cérémonial, éclate avec évidence le souci des deux monarques et de leur suite de se traiter en frères (comme l'avaient fait quelque temps, après le partage de Verdun, les fils de Louis le Pieux) et d'éliminer tout soupçon de prééminence de la part de l'un deux.

Les premiers Capétiens

On insiste généralement sur la faiblesse des quatre premiers Capétiens et l'on montre que l'autorité monarchique devint entre leurs mains dérisoire. L'opinion n'est pas fausse : les conquêtes de la féodalité, qui fut fractionnement et dissolution de la puissance, se sont opérées aux dépens du pouvoir royal. Mais il convient, cependant, de ne pas pousser trop loin cette idée. Car la société féodale n'a jamais pu se passer d'un roi ; la présence terrestre d'un monarque lui fut aussi nécessaire que celle, invisible, de Dieu. Pour cette raison, tous les rois de France de cette époque – Hugues (987-996), Robert le Pieux (987-1031), Henri Ier (1027-1060) et Philippe, que la mort de son père laissa seul roi à l'âge de huit ans – jouirent d'un prestige et d'un pouvoir de fait sans commune mesure avec ceux que détenaient les princes les plus puissants de leur royaume.

On connaît fort mal leur règne – celui de Robert mis à part, dont Raoul Glaber parle beaucoup et dont la biographie fut écrite dans le monastère de Saint-Benoît-sur-Loire, qu'il protégeait spécialement. On les entrevoit occupés d'abord par des affaires de famille, de mariages, de répudiations, par les conflits qui, lorqu'ils vieillissaient, les opposaient à leurs fils, impatients de leur succéder ; toujours à cheval, ils parcourent sans cesse le nord de leur royaume pour s'y montrer ; nul ne conteste, en leur présence, leur autorité ; ils reçoivent de tous révérence ; mais dès qu'ils sont loin, et jusqu'à leur prochain passage, les chefs de la province agissent de nouveau sans se soucier d'eux. Cependant, il n'est personne qui ne voit en leur corps l'incarnation de la paix et de la justice.

En l'an mille, le roi Robert exerce son magistère de la même manière que Charles le Chauve ou Louis le Pieux ; lorsqu'il n'est pas en chevauchée, il réside à Orléans, dans le pays même qui, depuis Clovis, constitue le cœur de la *Francia* ; il protège à Tours le tombeau de saint Martin, patron des Francs, à Saint-Denis-en-France la sépulture de Dagobert ; il réunit autour de son trône des assemblées composées, comme les grandes cours carolingiennes, par des évêques, des princes et des comtes ; des confins du royaume, les monastères sollicitent de sa magnificence la confirmation de leurs privilèges d'immunité ; et les formules de sa chancellerie exaltent la majesté souveraine sur le ton même des diplômes du IXe siècle ; il est le recours dans les pires dangers : menacé par les Sarrasins, le comte de Barcelone avait réclamé l'aide de son père.

Enfin, le souverain – et c'est là surtout ce qui compte – demeure pour tous les habitants du royaume, pour les magnats les plus jaloux de leur indépendance comme pour les paysans les plus frustes et jusqu'au fond des clairières les plus isolées, ce qu'a fait de lui le sacre : le vicaire de Dieu, l'oint du Seigneur, le lieutenant des puissances de l'au-delà, celui dont les prières d'intercession attirent les bénédictions du ciel sur tout le peuple et de qui dépend la prospérité de chacun, ici-bas et dans l'invisible de la surnature.

Le roi sacré

Situé par la dignité dont il est revêtu, et par les onctions rituelles qui ont imprégné son corps le jour du sacre, à la jonction du spirituel et du temporel, du pouvoir sacerdotal et de la puissance militaire, le roi a pour première fonction de célébrer, entouré des évêques, les offices liturgiques, d'acquérir les grâces divines en comblant de cadeaux les sanctuaires, de protéger ceux-ci et tous les serviteurs de Dieu contre les violences et les usurpations. Il lui faut veiller à la pureté de la foi ; il pourchasse les hérétiques ; il les fait conduire au bûcher.

Conscients de représenter le Christ sur la Terre, pendant la semaine sainte, les rois de France de ce temps, préfigurant saint Louis, mimaient les gestes de Jésus : « Le jour de la Cène du Seigneur, comme il n'y avait pas moins de trois cents pauvres rassemblés ce jour-là par sa providence, [le roi Robert] remettait de sa sainte main, entre leurs mains, chacun faisant une génuflexion, des légumes, du pain, un denier... Puis, après le repas, se préparant au service de Dieu, l'humble roi revêtait un cilice à même la chair, et ayant rassemblé plus de cent soixante pauvres, il leur lavait les pieds à l'exemple du Seigneur » (Helgaud).

Enfin, ce roi-prêtre, ce roi sacré, rempli de la puissance mystérieuse qui imprègne aussi les reliques des saints, cet homme sur qui nul ne peut porter la main sans sacrilège fait des miracles ; chacun sait qu'il guérit les aveugles, comme le Christ l'a fait lui-même, en leur jetant de l'eau au visage : au seuil du XIe siècle, précisément, se situent les premières manifestations de la croyance, si durable, dans le pouvoir surnaturel du roi de France.

Telle est bien, fondée sur les rites de la consécration monarchique, affermie au moment même où s'accélère la décomposition féodale, mais échappant à sa corrosion, car elle ne se situe point dans le matériel, la plus profonde, la plus solide assise du prestige capétien et, dans le royaume, de la supériorité du souverain sur tous les autres princes.

Hérédité de la couronne

Si le pouvoir de Hugues Capet et de ses premiers descendants prolongeait en droite ligne celui de leurs prédécesseurs carolingiens, l'institution royale fut cependant en France, pendant le XIe siècle, le lieu de trois modifications concomitantes.

Hugues, suivant l'exemple du Carolingien Louis V, fit élire et sacrer son fils aîné Robert quelques mois après sa propre élection. Tous ses successeurs, jusqu'à Philippe Auguste, l'imitèrent ; ils s'associèrent, de leur vivant, avec l'assentiment de la haute aristocratie, l'aîné de leurs fils. Un tel dédoublement du personnage royal, qui établissait, à la fin de chaque règne, côte à côte, égaux, deux souverains, l'un vieux et l'autre jeune, fit admettre peu à peu par la coutume que, sans cesser d'être élective, la couronne de France se transmît héréditairement par règle de primogéniture dans la famille capétienne. Cette victoire de l'esprit familial fit donc, de l'élection de 987, naître une dynastie.

Par ce fait même, la dignité royale et la masse des biens dont Hugues Capet avait hérité de ses ancêtres, les ducs de France, se trouvèrent régies par les mêmes règles successorales ; la couronne parut bientôt inséparable de la terre héréditaire, ce qui fit du patrimoine privé des Capétiens le « domaine royal ». De la sorte, le roi de France se trouva doté d'une vaste seigneurie, dont il était le seul maître, admirablement située au cœur de son royaume.

Le domaine royal

Il ne faut pas se représenter le domaine capétien comme une sorte d'Etat compact limité par de strictes frontières. Comme tout héritage, il se trouvait constitué par un ensemble confus et mouvant de droits, de prérogatives, de possessions foncières, par des éléments dispersés, disparates. Aucun inventaire ne le décrit dans son ensemble. On le discerne groupé autour d'Orléans, d'Etampes, de Paris, sur le cours moyen de la Seine, dans la vallée de l'Oise ; par quelques bribes isolées, il s'avance, le long de la Somme, jusqu'aux rivages de la Manche.

Il est coutume de juger cette fortune modeste ; mais on a tort de comparer l'espace géographique où elle se trouvait rassemblée à l'étendue de tel duché ou de tel comté ; car le duc de Bourgogne ou le comte de Toulouse n'étaient pas plus maîtres de l'ensemble de leur principauté que le roi ne l'était de l'ensemble du royaume ; ils n'y possédaient, eux aussi, qu'un « domaine », lequel était beaucoup plus restreint que celui du souverain.

Deux remarques, d'autre part, s'imposent. La région où s'étendaient les possessions capétiennes apparaît alors, plus que toute autre, stimulée par les élans précurseurs de l'essor économique ; la convergence des voies d'eau, les premiers efforts de défrichement, l'extension du grand vignoble des bords de l'Oise et de la Seine, dont les produits se vendaient en Flandre et en Angleterre, favorisèrent dans ces campagnes, le long de ces fleuves et dans les cités d'Orléans et de Paris, le développement de la prospérité ; elle est attestée vers 1075 par la présence de trafiquants venus d'Italie ; les souverains en furent les premiers bénéficiaires. L'argent, sans doute, circulait en plus grande abondance encore autour de Rouen, et Guillaume le Conquérant disposait certainement de ressources monétaires beaucoup plus considérables que n'en pouvait utiliser Philippe Ier. Mais ce dernier était plus riche — et par conséquent plus puissant — que la plupart des historiens ne le disent, et d'une richesse qui ne cessait de croître.

D'autre part, parce que cette fortune était un héritage, qu'elle venait des ancêtres et qu'elle devait être transmise aux descendants, parce que le sentiment de la solidarité familiale dominait alors le comportement de tous les seigneurs et les retenait d'amoindrir un patrimoine dont ils se sentaient les simples dépositaires, les Capétiens se gardèrent bien d'amputer le domaine comme jadis l'avaient fait allègrement les Carolingiens ; ils s'efforcèrent, au contraire, de l'arrondir.

Les anciens souverains francs avaient dilapidé les terres royales dans le vain espoir de raffermir l'incertaine fidélité de la haute aristocratie ; les descendants de Hugues Capet s'interdirent toute largesse, sinon en faveur des églises ; leur foi, le souci de leur salut et de celui de leurs ancêtres, le sens de la dignité royale et de ses missions charismatiques les incitaient à combler d'aumônes les serviteurs de Dieu. Mais ils laissèrent se relâcher une emprise sur les princes que des cadeaux eussent peut-être temporairement resserrée, car ils ne voulurent pas sacrifier le bien familial.

Un pouvoir domestique

Parcimonie, prudence de paysans rassembleurs de terre : cette nouvelle attitude des souverains de la France procède, en fait, d'un bouleversement général des attitudes aristocratiques ; elle traduit le renforcement de l'esprit familial, du souci de la lignée et du patrimoine. Préoccupations d'ordre privé, domestique, que les progrès de la féodalisation poussent en avant, mais qui envahissent aussi l'institution monarchique.

Enfin, dans le cours du XIe siècle, tandis que se raréfiaient les interventions royales loin du domaine, tandis que peu à peu les établissements religieux les plus éloignés de l'Ile-de-France ne sentaient plus l'intérêt de requérir du souverain la confirmation des immunités, la composition de l'entourage royal se modifia. Aux grandes cours solennelles, qui rappelaient encore, en l'an mille, les assemblées générales carolingiennes, succédèrent des réunions plus familières, où ne paraissaient plus les prélats ni les comtes, mais que peuplaient seulement les parents du souverain, des vassaux issus de la petite aristocratie du domaine, des régisseurs, et les chefs de service de la domesticité. Concentration, là encore, sur la fortune privée, sur la famille, sur les amis proches, sur la « maison ».

Repli sans doute. Mais non point déclin. Car ce qui fut abandonné pendant cette période, ce fut la vanité d'une gloire illusoire, les gestes majestueux d'une tradition prestigieuse, mais qui ne signifiait plus rien de réel. Alors que prendre bien en main le domaine, s'y enraciner, en exploiter toutes les ressources, c'était saisir véritablement les leviers d'un futur essor. C'était, sans rien sacrifier des prééminences et des dons miraculeux que conférait le sacre, s'établir solidement parmi les autres princes, au premier rang.

II. PRINCES, CHATELAINS ET CHEVALIERS

Les principautés féodales

Principes, optimates, les « princes », les « grands », l'expression revient sans cesse dans les chartes et les chroniques pour désigner quelques personnages, détenteurs, dans les diverses provinces de Gaule, de pouvoirs semblables à ceux que les Capétiens exerçaient par droit héréditaire dans ce qu'était devenu l'ancien duché de France.

Des chefs de peuples...

Dans la conscience collective se conservait, en effet, toujours très clair, le souvenir des contrastes ethniques que les migrations de peuples et les invasions successives avaient dessinés pendant le haut Moyen Age ; il maintenait vivants des antagonismes entre les « Gots » du Toulousain et les « Aquitains » d'Angoulême ou de Limoges, entre les gens du pays d'Auxerre ou d'Autun, qui se sentaient « Bourguignons », et ceux de « France » ; il nourrit cette animosité malveillante dont fait preuve Raoul Glaber, qui vivait en Bourgogne, lorsqu'il dépeint comme des histrions sans pudeur et sans foi, comme des hommes méprisables, les Aquitains de son temps.

Les Carolingiens avaient dû respecter ces sentiments de solidarité provinciale et, pour les satisfaire, ériger les différents peuples en royaumes particuliers, ou bien organiser en fonction de chacun d'eux les commandements militaires, les « marches » et les « duchés » que les dangers du IXe siècle les forcèrent à instaurer. Sur ces bases anciennes et robustes reposent les grandes dominations régionales du XIe siècle : le duché de Bourgogne (Robert le Pieux en hérita, mais il se garda de l'annexer au domaine royal et le confia à son fils cadet, fondateur d'une nouvelle dynastie ducale, de race capétienne), le duché d'Aquitaine, le duché de Normandie (le plus étranger sans doute au royaume de France), le marquisat de Gotie (le maître en est, de fait sinon en titre, le comte de Toulouse, vieille capitale de la royauté wisigotique), le marquisat de Provence, le duché de Lorraine.

Dans les interstices que ménagent entre elles ces principautés, de fortes constructions politiques se sont édifiées autour de certains comtés, celui de Flandre, ceux d'Anjou et du Maine, bientôt conjoints, ceux de Blois et de Champagne, qui eux aussi se réunissent alors, celui de Bourgogne, que l'on appellera bien plus tard la Franche-Comté, celui de Barcelone.

... qui ne doivent rien au roi

Aucun des hommes qui commandent dans ces territoires n'est sacré ; aucun, par conséquent, ne fait, comme le roi, des miracles ; et nul d'entre eux n'apparaît à personne comme une image de Dieu. Tous se situent donc dans un univers différent de celui, très supérieur et déjà participant aux mystères de la surnature, où trône la majesté royale. Tous, cependant, ont conscience de tenir leur autorité de la grâce divine ; tous comptent dans leur ascendance des princesses carolingiennes, qui leur ont transmis le sang des anciens rois ; tous, comme les Capétiens, se sentent des héritiers, regardent leur dignité comme la possession héréditaire de leur race et cultivent un sentiment dynastique que célèbrent les écrivains à leur service.

Ils veulent être dans leur principauté les protecteurs de l'Eglise ; ils sont parvenus à soustraire au roi le contrôle de certains évêchés ; ils tiennent sous leur garde toujours les plus grands monastères de la région. Ce que sont Saint-Benoît-sur-Loire ou Saint-Denis pour les Capétiens, Saint-Bertin l'est pour les comtes de Flandre, Saint-Aubin d'Angers pour les comtes d'Anjou, Saint-Martial de Limoges pour le comte de Poitiers, duc d'Aquitaine : des lieux où l'on prie pour la victoire du prince, où l'on célèbre sa grandeur et où l'on conserve le souvenir de ses exploits. Autour d'eux, des cours se réunissent, qui n'ont pas moins d'éclat que celle du roi de France ; ces rassemblements de nobles et de guerriers sont même souvent plus brillants, moins austères et pour cela plus fréquentés que la cour royale. Bref, tous les attributs de la royauté s'attachent à la personne des princes.

De leur puissance, enfin, ils jouissent en toute indépendance, dégagés de toute subordination à l'égard du souverain. De celui-ci, ils se disent les fidèles — mais on ne voit point qu'ils soient véritablement ses vassaux et encore moins ses feudataires. On ne doit point imaginer, dans la France de cette époque, une organisation pyramidale des dévouements vassaliques qui eût fait parvenir au roi, par l'intermédiaire de l'hommage des princes, les services des aristocraties régionales. Une telle construction ne s'ébaucha qu'au XIIe siècle. Pour lors, chaque domination princière était le nœud de son propre réseau de liens féodaux, que rien ne reliait aux autres. Les ducs et les comtes se déplaçaient parfois pour assister au sacre du nouveau souverain et pour, en l'acclamant, l'élire. Mais ils ne croyaient point lui devoir quoi que ce fût.

En l'an mille, dans les limites du royaume de France comme dans les provinces qui relevaient de l'autorité impériale, sous le patronage d'un monarque dont les pouvoirs étaient d'ordre moral, religieux et qui, à quelque distance de ses seigneuries privées, n'était pas plus visible au peuple que ne l'est Dieu lui-même, l'espace, l'immense espace d'un pays sauvage, presque vide et sans routes, se trouvait en fait partagé en une quinzaine d'Etats fondés sur les antiques peuplades. D'ailleurs, la dissolution du pouvoir souverain se poursuivait encore, désagrégeant ces formations politiques, comme l'avait été naguère le royaume.

Le château

Ces principautés régionales étaient, en effet, beaucoup trop vastes pour que leur maître pût s'y montrer partout et constamment. Il n'était qu'un ordonnateur : jusqu'à la fin du Xe siècle, ses ancêtres avaient rassemblé les énergies de toute la contrée pour la défendre contre les envahisseurs païens ; il continuait de réunir en faisceau dans sa main les pouvoirs supérieurs de paix et de justice ; mais il devait laisser exercer ceux-ci localement, dans des territoires moins étendus, que l'on pouvait en une journée parcourir à cheval, par des hommes qu'il considérait peut-être encore comme ses délégués, mais qui, pour la plupart, se sentaient, en face de lui, aussi indépendants qu'il l'était lui-même à l'égard du roi.

Déjà, vers le milieu du Xe siècle, à la périphérie des grandes dominations provinciales, certains comtes avaient fondé des dynasties ; leurs descendants en l'an mille entendaient juger, punir, jouir librement de toutes les prérogatives régaliennes sur toute l'étendue de leur circonscription, l'ancien *pagus*. Mais à cette date, par le progrès constant de la décomposition politique, c'était à un degré plus bas encore que se disposaient, en fait, les relations concrètement vécues de commandement et d'obéissance : autour de chaque forteresse, dans l'aire étroite que celle-ci protégeait et sous l'autorité de son gardien. La société féodale s'est, à cette époque, aménagée dans le cadre de la châtellenie autonome.

Des fortifications rudimentaires...

De l'extrême fin du xᵉ siècle datent les premiers donjons de pierre, ceux que firent édifier les comtes d'Anjou. C'étaient encore des constructions très simples, de plan carré ou rectangulaire, des réduits où l'on entassait les réserves de nourriture et où les guerriers se retranchaient au moment des alertes.

Mais les forteresses maçonnées demeurèrent extrêmement rares pendant tout le xɪᵉ siècle. Presque tous les châteaux de ce temps étaient en bois, très vulnérables, parce que l'ennemi pouvait les incendier, mais très faciles aussi à rebâtir : les chroniqueurs évoquent certains d'entre eux, qui furent construits en trois jours. Si rudimentaires qu'il n'en reste plus rien aujourd'hui de visible, sinon leur emplacement, qui les enracinait dans un site, l'escarpement où s'érigeait jadis la tour, ou bien, lorsque le relief ne se prêtait pas naturellement à la défense, la butte amoncelée par les corvées paysannes, la « motte », cernée de fossés profonds, et, à quelque distance, des levées de terre circulaires, autrefois surmontées de palissades.

Ces défenses primitives délimitaient autour du donjon un vaste espace de refuge. C'était là que s'établissaient la demeure du seigneur, les huttes de ses domestiques, les campements de ses hôtes ; dans le danger, les villageois d'alentour venaient s'y abriter, avec leur bétail et tout leur avoir. Aux temps troublés des invasions, ces remparts avaient bien souvent sauvé le peuple ; ils incarnaient tout ce qui pouvait subsister encore d'ordre et de paix. Chacun d'eux demeurait, en l'an mille, l'image de la sécurité collective, la représentation concrète du pouvoir dans ses formes les plus directement efficaces, c'est-à-dire militaires, le symbole même de la souveraineté.

... symboles de l'ordre public...

Remparts encore peu nombreux : disons qu'il ne s'en trouvait guère plus d'une bonne dizaine par comté, et que chacun d'eux protégeait donc une vingtaine, une trentaine de communautés rurales. Il n'est pas aisé de savoir qui les avait fondés. Pour beaucoup d'entre eux, on peut assurer qu'ils étaient déjà anciens en l'an mille, qu'ils n'avaient point été bâtis par celui qui les tenait alors dans sa main ni par ses ancêtres, mais qu'ils avaient été édifiés sur l'ordre des détenteurs de la puissance publique, par le souverain lui-même ou ses agents, le prince, le comte ou l'évêque.

Quelques-uns peut-être dataient de moins loin. Un chef de bande, qui, pendant les fortes alertes, avait dû lui-même organiser la défense du pays contre les pirates, avait pu contraindre les paysans du lieu à le construire. Parfois même le plus riche propriétaire de l'endroit, à l'écart des pistes principales, s'était senti assez mal surveillé par le prince pour oser aménager de sa propre initiative, acte vraiment royal, sa propre « ferté », sa propre « garde », son propre château.

Mais tout donne à penser que de telles audaces furent beaucoup moins fréquentes qu'on ne l'a cru, que la France ne s'est point faite au xᵉ siècle dans le tumulte et le désordre, « hérissée » de forteresses, et que le réseau des lieux forts fut établi dans une relative discipline, avec le concours des populations et sous le contrôle de la puissance souveraine.

Voici pourquoi, lorsque la désagrégation du pouvoir monarchique parvint à son terme, ce fut à ces pauvres retranchements de bois et de terre que s'attachèrent les derniers souvenirs de l'ordre public, les dernières notions claires de la mission naguère assumée tout entière par les rois, de paix, de justice et de protection.

... sièges de dynasties

Beaucoup de châteaux, d'ailleurs, au xɪᵉ siècle, continuaient de relever directement des princes. Il n'était pas de comte qui n'en possédât plusieurs ; les plus puissants seigneurs, un comte de Flandre, un duc de Normandie, tenaient solidement tous ceux de leur Etat, dont les forteresses constituaient l'ossature ; les châtelains demeuraient leurs mandataires fidèles.

Toutefois, il apparaît bien que partout, et d'abord, semble-t-il, dès 980, dans la partie méridionale de la Gaule, où les structures politiques carolingiennes ne s'étaient jamais solidement implantées et d'où l'autorité royale s'était plus tôt retirée, les gardiens des châteaux s'efforcèrent de se rendre indépendants. Ils fondèrent à leur tour des dynasties. Le droit de commander dans la forteresse se transmit de père en fils par ordre de primogéniture, tout comme la dignité royale dans la famille capétienne, tout comme le pouvoir souverain dans les familles des ducs et des comtes. Ils tentèrent de transformer la châtellenie en principauté minuscule, mais libre.

Beaucoup y parvinrent. Non point qu'ils eussent rompu tout lien avec le chef de la province : ils étaient ses vassaux ; ils se rendaient encore à sa cour et le suivaient dans ses expéditions militaires. Mais ils étaient installés dans le château comme dans leur patrimoine. Dans les campagnes de France, certains noms de lieu, La Ferté-Guichard, La Garde-Adhémar, Montfort-l'Amaury, où le nom d'un maître privé se conjugue à celui de la forteresse, planté sur elle comme un étendard de victoire, conservent encore aujourd'hui le souvenir tenace de telles appropriations.

Vers 1030, le comte de Mâcon avait ainsi perdu la libre disposition de presque tous les châteaux de la région. Et dans l'Ile-de-France, au cœur de la principauté capétienne, on voyait des châtelains, celui de Montlhéry, celui du Puiset, commencer de revendiquer une entière domination sur toutes les populations qui trouvaient refuge dans leurs forteresses. Bien plus, lorsque les ducs, les comtes, lorsque le roi lui-même parvenaient à garder fermement en leur main les points d'appui de la défense, c'était moins sur leur titre que sur la possession de ces châteaux que reposait, aux yeux de tous, leur puissance véritable. L'éparpillement de la souveraineté en d'innombrables circonscriptions minuscules, dominées chacune par un lien fort d'où rayonne alentour le pouvoir de commander, de rendre la justice et de lever des impôts, voilà bien le trait essentiel de la nouvelle organisation politique.

Le châtelain protecteur et maître...

Pour tous ceux qui demeurent dans les quelques terroirs voisins du château, pour tous les *manants* (ce terme est dérivé d'un mot latin qui signifie « résider »), pour les « aubains », les étrangers qui traversent cet espace, le châtelain exerce à la fois protection et domination. Pour désigner le territoire environnant la forteresse, les textes de cette époque emploient des expressions très significatives : le mot *sauvement*, qui insiste sur la notion de sauvegarde, les mots *ban* (c'est-à-dire pouvoir de juger, de punir et de rassembler des hommes pour le combat), ou *puissance* (*potestas*), qui mettent l'accent sur l'autorité du chef. Celui-ci — dont le nom paraît flanqué dans les chartes d'un titre, *dominus*, qui veut dire « maître », qui traduit en latin le terme d'ancien français *sire*, mais qui, jadis, décorait seuls le roi et les évêques et que la liturgie applique à Dieu, au Seigneur tout-puissant de l'Apocalypse — remplit un rôle fondamental.

Comme le souverain du haut Moyen Age, le châtelain est celui qui maintient la paix. Aidé par les cavaliers qu'il entretient près de lui, il doit réprimer tous les troubles, apaiser la discorde et faire justice à tous ; il doit assurer la défense contre le danger extérieur. Cette fonction de première nécessité justifie les pouvoirs qu'il s'arroge ; elle légitime les taxes, que ses *sergents*, ses domestiques armés, lèvent sur le pays, ces *exactions* que l'on appelle aussi des « coutumes », puisque le droit de les percevoir est admis désormais par ces règles, fluides, mais souveraines, qu'enregistre la mémoire collective et qui régissent les relations sociales. Les amendes en deniers qu'infligent ses agents dans les assemblées judiciaires et qui punissent méfaits et délits de toutes sortes ; les gerbes d'avoine qu'il prélève aux moissons pour la *maréchaussée*, c'est-à-dire pour nourrir les montures de son escorte, les corvées de charrois et de terrassement par quoi la paysannerie contribue au ravitaillement et à la réparation de la forteresse, les *aides* diverses réclamées en cas de besoin, les *banalités* proprement dites exigées au four, au moulin, les péages et les *conduits* acquittés par les voyageurs : tous ces impôts, les documents les nomment parfois *cadeaux* ou *offrandes*, manifestant ainsi qu'ils étaient censés traduire la reconnaissance spontanée des protégés. Ils soldent, en fait, la sécurité que le sire fait régner (non sans rudesse, mais avec d'autant plus de diligence que cette action préventive ou répressive est pour lui source de profits) dans les marchés, sur les pistes, au fond des forêts et au sein des hameaux que le château tient sous sa sauvegarde et, comme on dit aussi à l'époque, dans son *district*, c'est-à-dire sous sa contrainte.

Ces perceptions conduisent dans les celliers de la forteresse, vers les bas étages de la tour, une portion notable des récoltes, du grain, du vin, des agneaux et des porcs, et transfèrent entre les mains du seigneur la plupart des pièces de monnaie que peuvent gagner les paysans. Que cette fiscalité polymorphe ait pu se mettre en place dans les campagnes françaises au seuil du XIe siècle est l'un des signes les moins imprécis du tout premier élan qui entraînait alors ce pays vers la prospérité. Elle accumulait les réserves de nourriture dans la maison du châtelain, en faisant un îlot de surabondance au sein de la pénurie commune, où les pauvres pouvaient chercher secours, célébrant, en retour, la munificence du maître.

... de tout le pays d'alentour

La famille qui commande dans la forteresse est donc toujours, par le simple jeu de la seigneurie nouvelle qui s'est fondée sur le ban du château, la plus riche du pays. Mais elle l'est aussi par sa fortune foncière, soit que cette richesse même l'ait fait autrefois choisir pour tenir cette place, soit qu'elle doive à sa position, par l'effet d'anciennes largesses royales ou princières, ou par le simple emploi de la force, d'occuper les terres les plus étendues. Elle possède, en particulier, tous les espaces incultes et inhabités, si vastes à l'époque.

Le châtelain n'est pourtant pas, dans le sauvement du château, le seul seigneur foncier. Des villages, des domaines, des champs, des vignes, des esclaves appartiennent à d'autres familles ou à des établissements religieux. Or, il prétend étendre aussi sur ces patrimoines voisins son pouvoir de protection, de contrainte et de perception. Ses auxiliaires, les *prévôts*, qui, par délégation de sa puissance, ont charge d'exploiter ses droits souverains, prétendent soumettre les champs de ces domaines aux mêmes ponctions, leurs tenanciers et leurs domestiques à la même justice et aux mêmes *coutumes* que supportent ailleurs les paysans. Ils se heurtent à des résistances. Les hommes d'église, en particulier, opposent à cette ingérence, qui ampute leurs revenus, les diplômes d'immunité récemment confirmés par les rois et qui interdisent à la puissance publique de charger de taxes la propriété de Dieu et de ses saints. Le sire doit parfois composer, renoncer à dominer les esclaves établis à proximité des maisons seigneuriales concurrentes. Comme celui des principautés, le territoire des châtellenies apparaît ainsi troué d'enclaves autonomes.

Mais, très généralement, le ban du seigneur châtelain, qu'il soit le délégué du roi, du duc ou du comte, ou qu'il se montre tout à fait indépendant, se superpose aux prérogatives des seigneurs fonciers. Il ne les abolit pas, mais les surmonte, et dans nombre de ménages paysans, les exigences du défenseur de la paix s'ajoutent à celles du maître de la terre ou de la personne. L'établissement de la seigneurie du château exerce de la sorte un pouvoir de nivellement, sous lequel s'est opérée, dans les décennies qui encadrent l'an mille, une remise en ordre fondamentale de la classification sociale.

Les trois « ordres » de la société

Devant la puissance du sire s'effacèrent, en effet, les distinctions de statut qui s'étaient maintenues pendant tout le haut Moyen Age au sein de la paysannerie : que le rustre fût possesseur d'un bien libre de dépendance (il existait nombre de ces petits « alleux » dans la France de ce temps), qu'il exploitât une terre concédée par un seigneur, qu'il fût esclave, il devait paraître aux mêmes assemblées judiciaires, acquitter les mêmes taxes et, lorsque le château se trouvait en danger, contribuer à sa défense avec les pauvres armes dont il disposait : sa fourche, sa fronde ou son gourdin.

Cet égal traitement fit ainsi s'estomper, dans la plupart des provinces françaises, l'antique séparation entre liberté et servitude qui avait si longtemps divisé la population rurale. Des formes de servage, de dépendance personnelle héréditaire, devaient se maintenir encore, et pour des siècles, mais le vieux vocabulaire hérité de la Rome antique qui, à l'homme libre de son corps, opposait vigoureusement le *servus*, l'*ancilla*, l'esclave mâle et femelle, tomba pendant le XIe siècle en désuétude. Les rédacteurs des chartes n'osèrent plus employer ces termes pour désigner des êtres que l'autorité, qui s'était substituée à celle des rois, punissait et commandait comme les autres.

Mais si ce fossé se combla, un autre vint alors se creuser, aussi franc, aussi strict qu'était autrefois le premier, en un point différent du corps social. Il isola de la masse des paysans, les « rustres », les « pauvres », comme disent les textes (ce second terme exprimait la soumission totale aux puissances de contrainte et d'exploitation), une petite élite qui, elle, échappait à l'autorité du châtelain, qui n'était point soumise aux « coutumes » ni à la justice des prévôts. Qui étaient ces hommes, peu nombreux, qu'épargnaient les contraintes du ban ?

D'abord les quelques « riches » du pays, les possesseurs de seigneuries foncières, qui ne travaillaient pas eux-mêmes la terre et que nourrissait le travail des paysans. Ensuite, la troupe de garçons que le châtelain entretenait dans sa maison et qui formait la garnison du château. Tous avaient en commun de contribuer directement, sous la conduite du sire, à la défense du pays, munis de l'armement perfectionné et coûteux que le progrès des techniques de combat avait rendu seul efficace, et que leur fortune leur permettait d'acquérir ou que le maître de la forteresse leur procurait. Vis-à-vis des rustres qui, tous, libres ou dépendants, se trouvaient, par leur condition même et du fait de leur dénuement, « désarmés » (*imbelles*), ils apparaissaient comme les seuls « guerriers » valables.

Milites : la lente pénétration de ce vocable dans la langue latine des chartes entre 980 et le milieu du XIe siècle atteste la progressive prise de conscience de cette vocation particulière, ainsi que de la barrière de plus en plus nette qui mettait ces hommes à part du commun. A ces cavaliers, à ces *chevaliers* (c'est ainsi que les dialectes populaires les désignaient, puisque leur monture constituait la pièce maîtresse, et peut-être la plus précieuse, de leur équipement, en même temps que le signe le plus évident de leur supériorité militaire et sociale), cette fonction spécifique, leur association permanente à l'œuvre de paix et de justice valaient un privilège essentiel : ils n'avaient point à coopérer autrement que par les armes à la sécurité collective ; ils étaient les compagnons du sire, ses amis, non point ses sujets.

Les intellectuels de ce temps, les évêques du nord de la France, avaient hérité de l'époque carolingienne une image de la société fondée sur la notion d'« ordre ». Ce terme désignait une catégorie d'hommes soumis à certaines obligations et chargés d'un rôle déterminé. Entre 1025 et 1030, on entend ces prélats proclamer que Dieu, depuis l'origine, a partagé le genre humain en trois catégories fonctionnelles : un « ordre », en position supérieure, le clergé, la part de l'humanité régie par les lois célestes ; une autre élite, celle des gens de guerre, chargés de maintenir l'ordre sur la terre ; enfin la masse des êtres voués au travail, qui, par leur condition et sans espoir de s'en dégager, sont astreints à fournir aux prêtres et aux chevaliers les moyens de leur existence improductive et luxueuse.

« Ici-bas, les uns prient, d'autres combattent, d'autres encore travaillent ; lesquels trois sont ensemble et ne supportent pas d'être désunis, de sorte que, sur la fonction de l'un, les ouvrages des deux autres reposent, tous, à leur tour, apportant leur aide à tous. » Tel est, formulé par l'évêque de Laon Adalbéron, le schéma. Sur lui s'édifiera le système des trois « états », cadre idéologique de la société d'Ancien Régime. Dans le cours du XIe siècle s'affirme peu à peu la cohésion d'un groupe social établi au cœur de la civilisation de l'époque et dominant tous ses aspects, le groupe des guerriers : c'est la chevalerie.

Les chevaliers

Ce groupe est constitué d'éléments disparates. Dans chaque province, il réunit, en effet, d'une part, ceux que l'on désigne spécialement comme des « nobles », les plus hauts seigneurs, maîtres du ban, les princes et les châtelains ; d'autre part, les simples seigneurs fonciers grands et moyens (on peut dénombrer une vingtaine, une trentaine de ces familles plus modestes par châtellenie, c'est-à-dire autant, à peu près, que de villages), lesquels, dans la plupart des régions françaises, forment le plus gros de l'effectif chevaleresque ; et enfin, plus nombreux dans la France du Nord-Ouest, des guerriers domestiques, qui ne possèdent pas de terre et vivent dans les forteresses en familiarité totale avec le châtelain. Mais cette diversité de condition et de puissance disparaît sous des traits communs qui, peu à peu, s'accusent. Cependant, tous les hommes de guerre, partageant le même idéal, respectant le même code moral, se trouvent, face aux gens d'Église et aux paysans, former un corps de mieux en mieux conscient de son unité.

... et la passion de la guerre

Le ciment le plus efficace de cette cohésion progressive réside sans conteste dans une commune activité, la guerre. Cette vocation impose à la chevalerie son premier caractère : c'est une société strictement masculine. Les termes qui marquent l'appartenance au groupe, *miles*, « chevalier », n'ont pas de féminin, et la femme apparaît singulièrement absente de la culture du XIe siècle. L'Eglise la traite avec méfiance, comme un ferment de corruption et de désordre ; dans les chroniques de l'époque, des soupçons de sorcellerie pèsent sur beaucoup de princesses ; les rares figures féminines de l'art sacré, sinueuses, étrangement conjointes aux formes du bestiaire, évoquent les embûches du démon. Quant à la culture laïque, elle ne leur fait aucune place. Son univers est celui des mâles.

C'est pour les garçons, lorsqu'ils sont formés au métier des armes, lorsqu'ils ont atteint dix-huit ou vingt ans, que se déroule le plus important des rites sociaux, une cérémonie d'initiation, l'*adoubement*. Les documents ne la décrivent pas encore, mais on la sent alors toute profane et domestique. Le maître du château ou le chef de famille introduit le jeune homme dans l'équipe des guerriers professionnels en lui remettant son harnachement ; il le soumet à des épreuves, l'invite à démontrer publiquement ses capacités dans un simulacre de combat. Dès lors, le *jeune*, et jusqu'à ce que, prenant femme, il fonde une lignée et devienne à son tour chef de maison, peut s'agréger à la petite bande des combattants non mariés que le châtelain (ou son fils) entraîne à sa suite, nourrit à sa table et récompense en la dirigeant vers des aventures fructueuses.

Pour ces hommes, la guerre est un sport joyeux et profitable. Revêtus d'armes encore rudimentaires, de la casaque de cuir, bientôt du haubert, cette grande chape dont les mailles métalliques les protègent jusqu'aux genoux, coiffés du heaume, montés sur le cheval, mais l'abandonnant au moment de la rencontre, puisqu'il est vulnérable et très coûteux, pour affronter l'ennemi à l'épée. (La longue épée magique que des reliques enchâssées dans la garde rendent invincible, et qui porte un nom propre : celle de Roland s'appelait, on le sait, Durandal, et Courtoise l'épée de Guillaume Taillefer, comte d'Angoulême, « arme fort dure, dont il coupa en deux le roi des Normands [et sa cuirasse] d'un seul coup »).

Ils se lancent au combat allègrement, à chaque printemps. Ils saisissent pour cela tout prétexte, prêts à rejoindre très loin tel prince dont on raconte qu'il prépare une expédition tentante. Toujours en mouvement, hors le temps d'hiver, où la boue, le froid et la nuit forcent les hommes à se terrer dans leurs tanières, ils trompent le désœuvrement où la paix parfois les laisse en poursuivant le gros gibier dans des chasses aussi dangereuses que les embuscades, en organisant ces simulacres d'escarmouches, les tournois, dont la vogue remplira tout le XIIe siècle. Ces jeux militaires diffèrent peu de la guerre véritable ; ce sont des jeux d'équipe où s'opposent brutalement non point des champions, mais des bandes ; on s'y blesse, on s'y tue ; les vainqueurs en ramènent captifs leurs adversaires.

Dans les modèles de comportement que tous les membres de la chevalerie sociale s'efforcent d'imiter, dans la morale commune qui les rassemble en corps, les vertus premières, celles que mettent au premier plan les chants épiques, préludes aux futures chansons de geste, sont la force physique, la bravoure, la vaillance. Que représente la chevalerie, sinon, campés au milieu de la France de cette époque, la violence, l'assaut permanent, l'esprit d'agression et de pillage, une réserve inépuisable de turbulence et de brutalité ?

Le lignage

Il semble bien qu'un mouvement lent, profond, encore mal étudié, mais de grandes conséquences, ait, pénétrant petit à petit depuis les plus hauts degrés de l'édifice social, modifié quelque peu les relations de parenté pendant les xe et xie siècles dans l'aristocratie française. Celle-ci s'ordonne à cette époque, plus fermement que jamais, dans le cadre du *lignage*. Tandis que l' Eglise poursuit et peut-être accentue son effort séculaire pour rendre les pratiques matrimoniales et la morale sexuelle conformes aux prescriptions des Ecritures, tandis que le roi Robert se sépare de Berthe, son épouse, sa cousine au 3e degré, et, selon son biographe, achève sa vie dans la pénitence pour obtenir le pardon du péché d'inceste qu'il avait commis, tandis que, dans la demeure des plus grands princes, les concubines se font plus rares et les rapts moins fréquents, on voit d'abord les races de la plus haute noblesse, puis celles des « sires » de moindre importance, celles enfin des simples chevaliers, se coaguler en strictes lignées.

Primauté des mâles, primauté des aînés. Vénération des aïeux qui ont fondé la maison, à qui l'on doit l'héritage sur quoi se fondent la puissance et le rang social, et dont la mémoire familiale célèbre d'âge en âge la gloire, les exploits, les vertus, que leurs descendants s'efforcent d'égaler. Autour de ce souvenir et d'un surnom patronymique, dont l'usage commence alors à se répandre sur la terre ancestrale et sous l'autorité des plus anciens, une étroite communauté d'intérêt unit le groupe des consanguins. Ils exploitent ensemble le bien collectif ; ils décident ensemble les alliances matrimoniales par quoi s'établissent les relations avec les autres lignées.

Cette « fraternité », cette « amitié » primordiale et naturelle qu'évoquent les écrits de l'époque n'excluent pas les affrontements ni les violences. Les « jeunes » en particulier, les garçons déjà chevaliers, mais qui ne sont pas encore établis sur leur part d'héritage, souffrent de l'absence totale d'indépendance où les maintiennent la totale indivision de la fortune et le pouvoir du père ou de l'oncle. Leur seul recours est de gagner le large et de partir à l'aventure. Les rigueurs d'une si complète cohésion aiguisent encore dans cette classe militaire l'impatience des fils, les conduit souvent à prendre les armes contre les plus vieux du lignage, et l'histoire de toutes les grandes familles apparaît en ce temps déchirée par de tels conflits de générations.

La famille est pourtant d'abord un refuge, le plus sûr. Elle protège l'individu dans l'adversité et les périls. Tous ses membres font corps contre l'agresseur de l'un d'eux, et c'est au coude à coude avec ses frères et ses cousins que le chevalier du xie siècle, mal confiant dans le rempart de sa cuirasse et de son bouclier, surmonte dans les combats la peur et le désespoir. Et comme il ne peut prendre aucune décision grave sans l'avis des siens, les conseils de sa parenté parviennent souvent à réprimer ses impulsions.

La vassalité

D'autres formes d'association venaient renforcer ce frein, celles que nouait l'engagement vassalique. L'usage de celui-ci s'était progressivement répandu depuis le viiie siècle dans toute l'aristocratie des pays francs et dans celle des provinces soumises par les Carolingiens. Autour de l'an mille, lorsque la dissolution de la puissance régalienne acheva de désagréger le pouvoir des souverains et des princes, la vassalité, désormais étroitement liée au fief, devint pour la chevalerie la seule forme acceptable de subordination politique.

Le mot *féodalité* convient donc pour définir les aspects nouveaux que revêtent dans l'aristocratie les relations d'obéissance. Dans le complexe que constituèrent les institutions féodo-vassaliques, l'acte primordial était la reconnaissance d'une dépendance personnelle. Non point totale, involontaire, indéfiniment prolongée de génération en génération dans la progéniture, comme apparaît alors celle du paysan « homme de corps », lequel appartient à son maître, avec tous les enfants qui sortiront de son ventre, « depuis la plante des pieds jusqu'à la racine des cheveux ». Pour le chevalier, la soumission restait libre, honorable, individuelle et souple.

Par un rite, l'« hommage », le chevalier devenait effectivement l'homme d'un autre. Il se présentait à lui tête nue, sans armes, en posture de complet abandon ; il s'agenouillait ; en signe évident de remise de soi-même, il introduisait ses deux mains jointes entre les mains de son futur patron. Mais celui-ci le relevait aussitôt pour lui donner un baiser, marquant ainsi que le nouveau lien unissait, en fait, deux personnes égales, le *vassal* et son *seigneur*. Ces deux termes sont issus d'un vocabulaire domestique et familial. *Vassal* vient d'un très vieux mot qui désignait le « gars », le « valet », c'est-à-dire le « jeune » ; *senior*, en revanche, signifie le « vieux ».

La relation, de fait, correspondait bien à celle qui, dans le lignage, assurait le contrôle des parents de la génération ancienne sur les moins âgés. La vassalité, selon la juste expression de Marc Bloch, se présente donc comme une parenté de supplément. Pour le vassal, le seigneur est un père, qui protège, conseille et parfois nourrit. Il est coutume, d'ailleurs, qu'il accueille dans sa maison, parmi ses propres enfants, les fils de ses vassaux ; il les éduque, les forme au métier militaire et souvent, le jour de l'adoubement, leur remet lui-même des armes. Mais un second rite, de nature religieuse celui-ci, vient aussitôt nouer plus fermement le lien. Après l'hommage, le vassal, par un serment, engage sa foi.

On doit à l'évêque de Chartres Fulbert, en son temps l'un des meilleurs connaisseurs du droit, l'analyse la plus fine des obligations que créaient les deux rites associés de l'hommage et de la foi. Au duc d'Aquitaine, qui l'interrogeait sur les devoirs du vassal, il répond, vers 1020 : « Celui qui a remis sa foi à un seigneur doit toujours avoir présent à l'esprit ces six qualificatifs : sauf, sûr, honnête, utile, facile, possible. *Sauf*, pour ne causer aucun dommage au corps de son seigneur ; *sûr*, pour ne pas nuire à son seigneur en livrant son secret ou les châteaux garants de sa sécurité ; *honnête*, pour ne pas attenter à sa justice et aux autres droits touchant à son honneur ; *utile*, pour ne pas faire tort à ce que son seigneur possède ; *facile* et *possible*, pour ne pas rendre à celui-ci difficile ni impossible le bien qu'il pourrait faire. En toute justice, le vassal doit ainsi s'abstenir de nuire à son seigneur. »

Etre fidèle, c'est donc s'interdire certaines démarches préjudiciables. Il est clair que la vassalité, en soi, ne contient aucune obligation positive. Cependant, Fulbert poursuit : « Mais ce n'est pas ainsi que le vassal mérite son fief. Il ne suffit pas, en effet, de s'abstenir du mal, encore faut-il faire ce qui est bien. S'il veut paraître digne du bienfait qu'il a reçu et tenir fidèlement ce qu'il a juré, il doit encore [...] fournir à son seigneur le conseil et l'aide. »

Le fief

Ici paraît le fief ou, comme l'exprime nettement le terme latin qui fréquemment traduit dans les chartes ce mot vulgaire, le « bienfait ». Envers ses « hommes », le seigneur, en effet, doit se montrer généreux. Comme un père, il lui faut les entretenir chez lui et leur distribuer de temps à autre des présents, des armes, des parures. C'est là le seul aspect que revêt la largesse seigneuriale pour tous les chevaliers domestiques. Toutefois, au début du XIe siècle, les vassaux ont pris l'habitude d'attendre de leur patron, aussitôt après l'hommage, la concession d'un bien, d'un domaine, d'une église, d'une dîme, voire d'un simple champ, qu'ils posséderont leur vie durant, aussi longtemps du moins qu'ils n'auront pas trahi la foi.

De fait, ils en reçoivent l'investiture, au cours de la même cérémonie, par d'autres gestes symboliques, qui font passer de la main du seigneur dans leur main propre un objet, motte de terre, pierre ou rameau, signe visible du cadeau dont ils vont jouir. Ils ne sont plus désormais seulement vassaux, mais feudataires, détenteurs d'une tenure dont le seigneur reste le possesseur éminent, mais dont les profits sont la rétribution non point de leur fidélité, mais de leur service. Ce fief, en effet, doit être *servi*. A cause de lui, le vassal est tenu au *conseil* — c'est-à-dire à se rendre périodiquement auprès du seigneur, à former sa cour, ce rassemblement d'amis sans lequel aucun chef au Moyen Age ne peut rendre la justice ni prendre aucune décision grave — et à l'*aide* — c'est-à-dire à courir au secours du seigneur dès que celui-ci l'appelle et à se ranger sous sa bannière.

Pour son fief, il doit donc se comporter envers lui comme un bon fils envers son père. Et comme, ajoute Fulbert de Chartres, « en toutes choses, le seigneur doit rendre la pareille à son vassal », le réseau des relations féodo-vassaliques complète le réseau des liens de parenté. L'un et l'autre, s'entrecroisant, emprisonnent les chevaliers dans des groupements complémentaires de sécurité, de mutuelle rescousse et d'amitié réciproque, où s'atténuent les ferments de désordre que porte naturellement en elle une classe de guerriers sauvages qui ne reconnaissent aucun maître.

Avec le courage et la vaillance militaires, deux vertus s'établirent au centre de la morale chevaleresque : l'amour, auquel ont droit tous les « amis charnels », tous les membres du lignage ; le respect de la foi jurée, c'est-à-dire la loyauté. Dans la France du XIe siècle, ces deux règles de l'honneur formaient les assises de la paix.

Turbulence chevaleresque

Paix très précaire, mille fois rompue, en vérité. Le récit des pillages, des massacres, des mutilations, des viols, de haines atroces et longuement poursuivies qui divisaient les lignages et qui dissociaient même les groupes de vassaux rassemblés autour d'un même seigneur, remplit les chroniques et les chartes. Chaque province française est un vaste champ clos où s'entrechoquent les épées et que parcourent, la torche à la main, des bandes de cavaliers d'une étonnante brutalité. Les rivalités des seigneurs qui se disputaient les profits de ban aux lisières des châtellenies en formation, cette humeur jalouse qui, à chaque succession, jetait les frères les uns contre les autres entretenaient la discorde parmi les hommes très frustes, peu capables de contenir les éclats de leur rage, que toute leur éducation avait formés à l'agression, et qui, dans leur emportement, oubliaient très vite leurs devoirs.

Mais la permanence des troubles tenait surtout à l'imperfection même des relations féodo-vassaliques. Celles-ci, d'abord, ne tissaient nullement au sein de l'aristocratie une étoffe cohérente. Prêtés de loin en loin, l'hommage et la foi étaient incapables d'établir, entre princes de puissance égale, autre chose que de vagues accords extrêmement fragiles. Les seules compagnies solides, soudées par des contacts quotidiens et dominées par la supériorité matérielle incontestable du seigneur sur ses hommes, réunissaient autour du maître de chaque forteresse les chevaliers de la châtellenie, mais en petits corps isolés et le plus souvent opposés les uns aux autres.

Par ailleurs, ni la fidélité ni le service de son fief ne pouvaient interdire au vassal un acte de violence lorsqu'il ne lésait pas directement son patron ou les autres feudataires de celui-ci. Il échappait alors à toute contrainte et ne relevait d'aucun juge. Contre lui, ses victimes n'avaient qu'un seul recours, la vengeance, la *faide*, qui lançait contre l'agresseur et tous les siens la bande des parents et des amis de sa victime. S'ouvrait alors une guerre sans merci, où le meurtre répondait au meurtre, et qui parfois ne se terminait que par la destruction des deux lignages adverses, à moins que, au terme d'interminables palabres, des arbitres ne fussent parvenus à rétablir la paix dans une cérémonie de réconciliation où chacun acceptait de payer le prix du sang versé de part et d'autre.

Enfin et surtout, entre 1030 et 1075, les rapports entre le fief et la vassalité se modifièrent radicalement dans les pays français. L'élément matériel, immuable et concret, la tenure féodale, prit alors la prépondérance sur le lien d'homme à homme. Déjà il était apparu normal de faire suivre immédiatement l'hommage et l'investiture d'un « bienfait ». La puissance des liens familiaux — qui permit à ce moment même au lignage capétien de s'approprier la dignité royale, qui avait fait s'incruster des dynasties dans les comtés, puis dans les châteaux — exigeait que le fief devînt héréditaire. Nul seigneur n'osa plus retirer au successeur d'un vassal fidèle les biens que ce dernier avait tenus de lui et qui s'étaient, sa vie durant, mêlés à son patrimoine.

Il dut donc accueillir dans son hommage des hommes qui souvent lui étaient étrangers, qui ne prêtaient serment que de bouche et pour ne point lâcher la tenure. Beaucoup de chevaliers n'entrèrent dès lors en vasselage que pour conserver une terre, et non point pour se choisir un ami. Les liens affectifs se relâchèrent donc, et d'autant plus vite que le jeu des successions multipliait les vassaux qui tenaient des fiefs de différents seigneurs. Lequel d'entre eux devaient-ils servir, si ceux-ci se trouvaient opposés par un conflit ? A qui porter ce dévouement partagé, qui jadis avait été don total de la personne ? Dans les mailles trop distendues d'un tissu si lâche, toutes les perfidies, toutes les félonies pouvaient, comme on l'imagine, aisément s'insinuer.

Aussi, dans ce pays encore si barbare et si misérable, on comprend que les hommes d'Eglise, les seuls qui fussent alors capables d'écrire, dont nous tenons toute notre documentation et par les yeux de qui nous voyons tout ce qui est perceptible de cette époque, aient médité sur la parenté verbale des mots *milice* et *malice*. Enclins, certes, au pessimisme par leur état, ils n'avaient cependant pas tout à fait tort, sans doute, de voir dans la chevalerie, dans cette classe de proie que l'évolution des institutions publiques avait établie en posture de totale domination, l'incarnation du mal et l'armée de Satan.

III. LA PURIFICATION DU MONDE

L'attente de la fin des temps

Car le XIe siècle a vécu dans l'inquiétude. Des terreurs de l'an mille, que l'histoire romantique a sombrement décrites, on sait aujourd'hui qu'elles n'ont pas ébranlé aussi fortement les consciences. Point de panique collective. Mais cependant, entre le millénaire de la naissance du Christ et, plus important à une époque où se développaient la liturgie des funérailles et le culte des défunts, celui de sa mort, un regain d'anxiété. Dans ces années, l'angoisse latente au sein du christianisme, devant l'imminence de la fin du monde et du Jugement dernier, incontestablement s'exaspère.

De tous les livres sacrés, l'Apocalypse était celui qui retenait alors l'attention la plus passionnée. On y lisait que « les mille ans écoulés, Satan, relâché de sa prison, s'en irait séduire les nations dans les quatre coins de la Terre », que le mal donc envahirait l'univers, précurseur de l'avènement de l'Antéchrist et de la subversion totale du cosmos. A l'approche de l'an mille, les hommes les plus savants, persuadés qu'il n'existait pas de frontière étanche entre le visible et l'invisible, que les puissances surnaturelles, que les pressions diaboliques, que les intentions divines se manifestaient au niveau des apparences sensibles par des signes, des appels, des présages qu'il appartenait aux sages d'interpréter, guettaient obstinément des prodiges, avertisseurs de la colère de Dieu et des triomphes du Malin.

Les chroniqueurs les notaient avec plus de soin que les événements de la politique et de la guerre. Car, à leurs yeux, ils marquaient beaucoup plus profondément le destin de l'humanité. Leurs œuvres sont donc pleines de récits étranges. Des lueurs inquiétantes, des passages de comètes, des combats d'étoiles troublaient dans le firmament l'ordre cosmique. « La millième année après la Passion du Seigneur, le troisième jour des calendes de juillet, le vendredi vingtième jour de la Lune, se produisit une éclipse, ou obscurcissement, du Soleil qui dura depuis la sixième heure de ce jour jusqu'à la huitième et qui fut véritablement terrifiante. Le soleil avait pris la couleur du saphir ; il portait à sa partie supérieure l'image de la lune à son premier quartier. Les hommes, se regardant les uns les autres, se voyaient pâles comme des morts. Les choses semblaient toutes baignées d'une vapeur couleur de safran. Alors une stupeur et une épouvante immenses s'emparèrent de leur cœur. »

Les famines, les épidémies, les vices qui travaillaient le corps de l'Eglise, les déviations hérétiques signifiaient pour eux très clairement que les assises du monde étaient ébranlées. En 1009, les chrétiens de France apprirent que le « prince de Babylone », c'est-à-dire le khalife du Caire, avait fait détruire à Jérusalem le Saint-Sépulcre. Autre preuve manifeste du déchaînement du mal et de l'invasion des forces perverses.

Le diable du XIe siècle

Car les croyances du XIe siècle sont naturellement dualistes. Deux armées s'affrontent dans l'invisible et, comme les escadrons de chevaliers sous la bannière des châtelains, se livrent sans cesse des escarmouches. Aux légions des anges de Dieu s'opposent les hordes démoniaques, qui n'ont pas toujours le dessus. L'homme est témoin de cette hostilité permanente. Des êtres de lumière lui apparaissent, mais aussi, très souvent, le diable. Trois fois dans sa vie, toujours à l'aube, dans les brumes et la lumière indécise du réveil, Raoul Glaber l'a vu devant lui, au pied de son lit : « ... une espèce de nain horrible à voir ».

Tel est l'Ennemi, dont les embûches sont toujours tendues et dont l'approche de la fin des temps rend les entreprises plus dangereuses. Plus que jamais, il importe de s'en garder, d'adhérer de toute sa vaillance à la troupe rangée sous l'étendard du Christ. Les signes multipliés du courroux de Dieu, toutes les calamités qui se succèdent pressent chaque chrétien de s'engager. De Dieu, qu'il devienne le fidèle vassal ; pour mériter le fief qui sera pour lui sa part de Paradis, qu'il Le serve de tout son pouvoir, sans félonie.

Tout naturellement, dans ces campagnes dominées par des bandes en armes, le comportement des hommes de guerre, leurs vertus, les impératifs de la morale vassalique imprimaient vigoureusement leur marque sur les attitudes et les conceptions religieuses. Le XIe siècle s'est représenté Dieu dans la posture même des seigneurs, trônant au milieu d'une cour de justice ou chevauchant comme un baron.

Pour gagner le salut, pour aider à la victoire du bien dans ces temps de tribulations, la chrétienté tout entière devait donc s'organiser comme une milice spirituelle. Il importait qu'elle revêtit la robe blanche de la pénitence. Elle devait se purifier de tout ce qui la souillait, expulser les Juifs (les premiers pogroms ont suivi l'annonce de la destruction du Saint-Sépulcre), brûler les hérétiques. Car les premières vagues de l'hérésie se déployaient : aux yeux des contemporains, autre expression de l'irruption du mal ; à nos yeux, autre signe des progrès de la culture, de l'éveil des consciences sortant peu à peu de la barbarie et de la passivité.

Elles touchaient les gens du peuple, comme Leutard, clerc de village sans doute, qui, près de Vertus-en-Champagne, brisait les crucifix parce qu'il lui paraissait scandaleux de montrer le corps de Dieu mort sur la croix, qui abandonna sa femme pour vivre dans la chasteté et incitait à ne plus payer les dîmes afin que l'Eglise cessât de vivre dans la richesse. Mais ces déviations venaient aussi des plus savants : les meilleurs chanoines d'Orléans, la ville royale, « qui semblaient plus pieux que les autres », furent accusés d'hérésie et jetés au bûcher en 1023 par le roi Robert. Fascinée par les prodiges du millénaire, la chrétienté devait se réformer, et d'abord dans la meilleure part d'elle-même.

Les réformes monastiques

Les guides de cette rénovation furent les moines. Le clergé séculier, en effet, mêlé étroitement au monde et aux institutions temporelles, avait immédiatement pâti des perturbations consécutives à l'installation des structures féodales. Uni de corps à la royauté (les rites du sacre étaient les mêmes pour les évêques et pour les souverains, et ceux-ci devaient en premier lieu protéger les cathédrales du royaume), l'épiscopat suivit celle-ci dans son déclin. Bon nombre d'évêchés glissèrent sous le contrôle des princes ; certains furent même tout à fait incorporés à des patrimoines privés : à Marseille, à Antibes, par exemple, deux frères géraient ensemble une fortune indivise, l'un en tant que seigneur de la terre, l'autre en tant que prélat de la cité.

La désignation du personnel épiscopal fut donc gouvernée soit par les coutumes successorales, soit par les pratiques d'un patronage peu différent de celui que les seigneurs exerçaient sur leurs chevaliers feudataires : les ducs, certains comtes, le roi lui-même conféraient au titulaire, qu'ils avaient librement choisi parmi leurs bâtards ou les fils de leurs vassaux, l'investiture de sa charge en plaçant dans ses mains la crosse et l'anneau symboliques. Ils attendaient de lui, en échange, non seulement des prières, mais tous les services dus par les fidèles au seigneur de leur fief. Sans doute se souciaient-ils parfois de désigner le plus digne. Mais, fréquemment, d'autres raisons dictaient leur choix.

Beaucoup d'évêques se comportaient, pour cela, comme les chevaliers, leurs parents. Ils s'adonnaient à la guerre plus qu'à l'étude ou à la prédication – ce qui les qualifiait mal pour travailler à dégager l'Eglise des pressions du monde féodal et de la corruption du siècle. A celui-ci, au contraire, les moines tournaient le dos. Ils étaient bien les plus purs, les plus agréables à Dieu. Comme au VIIIe siècle, les valeurs spirituelles du XIe siècle s'établissaient non point dans les cathédrales, mais dans les grands monastères.

Fonctions des monastères

Ceux-ci remplissaient, dans la société de l'époque, des fonctions primordiales. Ils étaient d'abord le lieu d'une célébration liturgique ininterrompue ; à toutes les heures du jour, le chœur des moines – c'était leur mission spécifique, leur office véritable – lançait vers le Tout- Puissant les louanges et les supplications. Ils obtenaient ainsi de lui, par le chant des Psaumes, des grâces qui ruisselaient autour d'eux et se répandaient sur leurs bienfaiteurs.

Car les conceptions religieuses, encore très primitives, voyaient le gage de la rédemption non pas dans l'observance de certaines règles morales – qui pouvait comprendre le sens des exhortations de l'Evangile au milieu de telles violences et d'une telle pénurie ? – mais dans l'achat du pardon de Dieu. Celui-ci, comme les châtelains, exigeait amendes et dons des coupables avant de les accueillir de nouveau dans sa paix. Distribuant les faveurs divines, assurant la bienveillance des saints, le monastère était donc un instrument permanent de salut pour toute la contrée environnante.

C'était aussi une nécropole, où tous les riches venaient ensevelir leurs morts au plus près du sanctuaire, au pied même de l'autel où les moines célébraient en grande pompe les cérémonies expiatoires et les services anniversaires pour les défunts inscrits sur leur nécrologe. Le monastère accueillait les enfants des familles nobles, offerts dans leur jeune âge afin qu'ils s'intègrent au groupe des célébrants et qu'ils prient leur vie durant pour l'âme de leurs parents ; les seigneurs vieillis trouvaient aussi dans le cloître une retraite confortable et bénéfique.

Enfin les établissements monastiques possédaient des reliques. Dans leur crypte reposaient les tombeaux des saints tutélaires, les châsses que l'on promenait parmi les champs au moment des disettes et des épidémies, ces débris sacrés qui inspiraient la terreur, qui lançaient le feu de Dieu sur leurs ennemis, mais qui dispensaient à ceux qui les vénéraient la santé du corps et le repos de l'âme. Le culte des reliques achève à cette époque de s'établir au centre des pratiques de piété ; il suscite un vaste courant de pèlerinages et de donations pieuses ; il ne cesse d'enrichir les abbayes majeures aussi bien que les plus humbles prieurés d'aumônes en deniers et en terre.

Les réformateurs

De plus en plus prospères, ces maisons de prière étaient pour les puissants des proies tentantes. Tous les envahisseurs du Xe siècle s'étaient acharnés sur elles. Passé le temps des incursions païennes, c'était maintenant leur protecteur laïc – le prince, le châtelain, les héritiers de celui qui les avait naguère fondées – qui se laissait aller à tirer profit de leur richesse. Il casait sur leurs terres ses chevaliers vassaux (nombre de fiefs furent prélevés sur les domaines monastiques) ; parfois, pour exploiter plus aisément le temporel, il s'attribuait le titre d'abbé, ou bien le concédait en récompense à tel de ses fidèles.

Les monastères subirent donc, eux aussi, l'emprise des laïcs et tous ses effets corrupteurs. Mais cette intrusion fut pour eux, plus tôt que pour l'épiscopat, ressentie comme dangereuse. La prière des moines paraissait, en effet, plus nécessaire, et pour qu'elle fût efficace il importait qu'elle vînt d'une communauté vraiment pure. Ainsi, dès le Xᵉ siècle, les patrons de certaines abbayes s'employèrent à les tirer de la décadence, cherchant des hommes de haute qualité spirituelle, capables d'y restaurer la règle. Partout la réforme s'était alors mise en marche. Dans le nord de la Gaule, un Jean de Brogne, un Richard de Saint-Vanne avaient, avec l'appui des princes qui acceptaient de desserrer leur étreinte et de s'interdire à l'avenir toute immixtion dans la vie interne des couvents, rétabli dans nombre de communautés la stricte observance des principes bénédictins.

En 1005, l'évêque de Marseille, frère du vicomte, réforme ainsi le monastère de Saint-Victor : « Qu'aucun évêque, qu'aucune personne, de quelque ordre que ce soit, clerc ou laïc, n'ose enlever à l'abbaye, à l'abbé et aux moines quelque terre que ce soit [...], afin que l'abbé et les moines [...] puissent servir Dieu dans la paix et la sérénité, dans l'indépendance à l'égard de la volonté de tout homme, et qu'ils puissent offrir les prières pour nous tous, les fondateurs, et pour le salut de tous les chrétiens, vivants et morts ».

L'un des plus actifs réformateurs de l'an mille fut l'Italien Guillaume de Volpiano, abbé de Saint-Bénigne de Dijon. Appelé par les ducs de Normandie, il fit des monastères de cette province des asiles de sainteté et de savoir. Pour que leur œuvre ne fût pas aussitôt compromise, les artisans de la rénovation réunirent toutes les maisons qu'ils avaient ramenées à la régularité en congrégations, qui formèrent les fondations de base d'une Eglise purifiée. Le mouvement progressa pendant tout le XIᵉ siècle. A sa tête se plaça Cluny.

Cluny

Par les stipulations mêmes de sa charte de fondation, cette abbaye se trouvait, depuis 910, protégée contre les abus du patronage seigneurial et, à cette fin, directement rattachée à l'Eglise de Rome ; elle avait, comme celle-ci, saint Pierre et saint Paul pour protecteurs. Depuis le milieu du Xᵉ siècle, son rayonnement se propageait dans tout le royaume de Bourgogne et en Auvergne. L'abbé Odilon, qui la dirigea entre 994 et 1049, poussa vigoureusement l'extension de cette influence le long des grands itinéraires de pèlerinages qui menaient vers Saint-Jacques-de-Compostelle. Il obtint que toutes les filiales de son monastère fussent soustraites à l'autorité de l'évêque du diocèse.

Les multiples établissements monastiques qui avaient adopté les coutumes en usage à Cluny constituèrent l'*ordo cluniacensis*, l'« ordre » de Cluny, tout entier soumis à la direction d'un seul abbé, celui de la maison mère. Véritable empire qui, dans son expansion irrésistible, désagrégeait les circonscriptions épiscopales, comme les progrès de l'indépendance féodale et des châtellenies autonomes disloquaient au même moment les circonscriptions comtales, et qui commençait de s'insinuer au cœur même du domaine capétien : en 1079, le roi Philippe 1ᵉʳ confiait aux clunisiens le couvent parisien de Saint-Martin-des-Champs.

Comment expliquer ces rapides conquêtes, sinon par l'insertion parfaite de l'esprit de Cluny au sein d'un monde que pénétrait l'esprit chevaleresque. L'interprétation qu'il proposait de la règle de saint Benoît s'ajustait, en effet, parfaitement aux attitudes de l'aristocratie. Ses moines, qui ne possédaient rien en propre, qui respectaient les abstinences et dont l'office, pour cela, plaisait plus que tout autre à Dieu, vivaient cependant dans une large aisance, assise sur une vaste fortune foncière. Comme les nobles, ils ne travaillaient pas de leurs mains. Ils formaient une milice spirituelle, mieux disciplinée que celle des guerriers et donc fort efficace contre les assauts des armées de Satan. Nul chevalier, nul prince ne se sentait déchoir, si, se « convertissant », changeant de vie, abandonnant le siècle, il s'engageait dans leurs rangs.

Dans les maisons de l'ordre de Cluny, les prières pour les défunts prirent une ampleur qui donnait satisfaction aux aspirations les plus puissantes de la religiosité commune. Toute leur activité s'ordonnait en fonction d'une cérémonie perpétuelle et somptueuse, car Cluny avait fait sien, pour la gloire de Dieu, le goût de la parure, du faste, de la fête qui animait la noblesse. Par son éclat, par sa magnificence musicale, par l'ornement de l'autel et du sanctuaire, par la complexité réglée de son rituel, cette liturgie paraissait la plus apte à récolter les faveurs de la Providence et préfigurait en ce monde les splendeurs futures de la cité céleste.

« Les moines de Cluny, écrivait Raoul Glaber, se sont sans cesse préoccupés de ce qui est Dieu, c'est-à-dire des œuvres de justice et de miséricorde ; ils ont donc mérité d'être comblés de tous les biens. Sache que ce monastère n'a pas son pareil dans le monde latin, surtout pour délivrer les âmes tombées au pouvoir du démon. On immole dans ce lieu si fréquemment le sacrifice vivifiant [l'Eucharistie] qu'il ne se passe pas de jour sans que, par une telle entremise, soient arrachés des êtres à la puissance des forces maléfiques. »

La paix de Dieu

Les moines, qui avaient fui les tentations du monde, qui renonçaient à l'argent, aux joies du combat, aux plaisirs de la chair, à toutes les séductions de Satan, et dont la psalmodie faisait écho au chœur des anges, se montraient les modèles d'une purification que l'imminence du Jugement dernier incitait tous les hommes à s'imposer. Pour désarmer le courroux du Seigneur et pour que chacun fût prêt à comparaître devant lui, le monachisme triomphant proposait à tous les fidèles les pratiques de pénitence en usage dans les cloîtres. On voit alors les hommes d'Eglise intensifier leurs exhortations à la chasteté : la *Vie de saint Alexis*, composée vers 1040 dans le dialecte de la Normandie, l'un des rares fragments qui nous restent des œuvres poétiques en langue vulgaire destinées à des auditoires de laïcs, en porte un premier témoignage.

Les aspirations à la pauvreté totale, la condamnation du mariage, le renforcement des interdits sexuels qui se manifestent dans les sectes hérétiques au début du XIe siècle procédaient sans doute de prédications largement répandues dans le peuple. Tandis que s'abattaient sur la Terre tant de calamités, fléaux de la vengeance divine, se réunirent alors de grandes assemblées expiatoires. On y conduisait les reliques les plus saintes ; devant elles, on s'engageait à l'abstinence, à jeûner, à restreindre les activités militaires, condamnées elles aussi comme un péché.

« La millième année après la Passion du Seigneur, écrit Raoul Glaber, les évêques, les abbés et les autres hommes voués à la sainte religion commencèrent, et tout d'abord dans les pays de l'Aquitaine, à réunir tout le peuple en des assemblées où l'on apportait de nombreux corps saints et d'innombrables châsses remplies de reliques. De là, par la province d'Arles, puis par celle de Lyon, et aussi par toute la Bourgogne et jusque dans les contrées les plus reculées de la France, il fut annoncé dans tous les diocèses que, dans des lieux déterminés, les prélats et les grands de tout le pays allaient tenir des assemblées pour le rétablissement de la paix et pour l'institution de la sainte foi. Une notice divisée en chapitres contenait ce qu'il était défendu de faire et les engagements sacrés qu'on avait décidé de prendre envers le Dieu tout-puissant. La plus importante de ces promesses était d'observer une paix inviolable. Les hommes de toute condition, quelque méfait qu'ils eussent commis, devaient désormais pouvoir aller sans crainte et sans armes. Le voleur, celui qui avait envahi le domaine d'autrui, était soumis rigoureusement à des peines corporelles. Aux lieux sacrés de toutes les églises était dû un tel honneur et un tel respect que si quelque malfaiteur s'y réfugiait, il ne devait subir aucun dommage, sauf s'il avait violé ledit pacte de paix ; alors il était saisi, arraché à l'autel et subissait la peine prescrite. Quant aux clercs, aux moines, aux moniales, celui qui traversait le pays en leur compagnie ne devait être soumis à aucune violence. [...] Tout ce monde s'accorda pour sanctifier désormais, chaque semaine, le vendredi en s'abstenant de vin, le samedi en se privant de viande, sauf en cas de maladie grave ou si une grande solennité tombait ce jour-là ; si l'on était amené à relâcher un peu cette règle, on devait alors nourrir trois pauvres ».

Les institutions de paix naquirent donc dans le sud du royaume, dans les provinces où l'autorité monarchique s'était le plus tôt dissoute. Ici, l'Eglise, devant l'incurie royale, prit elle-même la charge de défendre les

« pauvres » contre les puissants. Les premiers conciles de paix se tinrent en 989-90 à Charroux, en Poitou, et à Narbonne, puis se multiplièrent dans le duché d'Aquitaine et en Gotie ; par la vallée du Rhône et de la Saône, le mouvement, vers 1023, gagna le nord de la France ; mais il s'arrêta aux frontières de la Lotharingie, dont le souverain, l'Empereur, se montrait encore capable de maintenir lui-même la sécurité. La paix de Dieu fut donc instituée pour remédier à l'affaiblissement de l'autorité royale. Œuvre pie, ce furent les puissances ecclésiastiques qui, par l'excommunication et la menace de sanctions surnaturelles, la firent respecter.

Le danger venait des spécialistes de la guerre, du nouveau corps social qui prenait à ce moment consistance : la chevalerie. C'était elle qu'il fallait contenir, c'était contre ses impulsions que toutes les prescriptions étaient édictées. Se priver de vin et de viande, se priver de combattre : les interdits ne s'appliquaient pas à la masse du peuple, qui vivait dans l'indigence et sans armes, mais aux riches, aux chevaliers.

Comment les imposer à ces cavaliers farouches ? Par un engagement individuel, celui même qui scellait le pacte vassalique, le serment. La main sur les reliques, prenant Dieu à témoin et se préparant en cas de violation à subir sa justice immanente, chaque chevalier, à son tour, venait promettre de respecter le nouveau contrat social et de se liguer contre ceux qui le briseraient. « Je n'envahirai une église d'aucune façon ; en raison de sa sauveté, je n'envahirai pas non plus les celliers qui sont dans l'enclos d'une église. Je n'attaquerai pas le clerc ou le moine ; je ne pillerai pas, ne dépouillerai pas, ne capturerai pas le paysan, ni le marchand, ni le pèlerin, ni la femme noble, aucun être désarmé. » Tel est, en substance, le texte du serment établi par l'évêque de Beauvais en 1023-1025.

De la sorte furent protégés contre les assauts des gens de guerre les sanctuaires d'abord et l'aire sacrée qui les entourait ; on délimita par des croix ces « sauvetés », où l'usage de la violence était prohibé et où vinrent se concentrer les demeures des paysans. Les sauvegardes s'étendirent aussi à tous ceux qui n'étaient pas voués à l'exercice des armes, aux gens d'Église et aux travailleurs. Les dispositions de la paix de Dieu s'accordaient ainsi à l'organisation de la société féodale. Elles en accusaient les traits ; elles en précisaient les contours. Isolant nettement des autres les *bellatores*, les combattants professionnels, les chevaliers, ce groupe dangereux qui seul perturbait l'ordre divin, elles donnaient corps à la théorie des trois ordres, dont les premières expressions claires sont, dans les années 20 du XIe siècle, très exactement contemporaines des décisions conciliaires qui voulaient restaurer la paix.

Vers la croisade :
christianisation de la chevalerie

Mais celles-ci, peu à peu, prirent plus d'ampleur. L'Église, en effet, s'appliquait à christianiser les rites de la chevalerie ; elle s'introduisait dans les cérémonies de l'adoubement ; elle y bénissait maintenant les épées ; elle en faisait des reliquaires. Elle s'efforça bientôt d'imposer aux chevaliers des règles morales qui n'étaient pas seulement négatives. On avait établi des lieux d'asile, élevé des interdictions qui refoulaient l'action militaire dans les limites de la classe guerrière. On en vint, un peu plus tard, à restreindre davantage le droit de combattre. Tout emploi des armes, même entre chevaliers, fut proscrit pendant certains jours que l'on jugeait spécialement saints.

La trêve de Dieu ôtait « à tout mortel, entre le mercredi soir et l'aube du lundi suivant, le droit de prendre par la force quoi que ce fût à quiconque, ni de tirer vengeance d'aucun ennemi, ni même de saisir des gages de garantie d'un contrat [...], car si le dimanche est tenu pour vénérable en souvenir de la résurrection du Seigneur, de même le cinquième, le sixième et le septième jour de la semaine, en souvenir de la Cène et de la Passion du Seigneur, doivent être fériés et exempts d'actes d'impiété ». Enfin, à Narbonne, en 1054, toute agression contre des chrétiens fut déclarée coupable, « car quiconque tue un autre chrétien répand sans aucun doute le sang du Christ ».

Ces armes bénites que Dieu lui avait confiées, le chevalier ne pouvait plus en user à sa guise. Sa fonction, ses privilèges lui imposaient des devoirs. Les seuls combats qui, désormais, fussent pour lui licites ne pouvaient l'opposer qu'aux ennemis même de Dieu et de ses pauvres. En s'étendant progressivement, la notion de la paix de Dieu débouchait sur la notion de guerre sainte.

Les pèlerins

Cette notion s'était développée spontanément dans l'exercice d'un acte pieux, mieux accordé que tous les autres aux goûts de la noblesse : le pèlerinage. Quitter les siens, affronter les dangers de la route, partir visiter l'un après l'autre les tombeaux des plus grands saints, était une pratique ascétique, et des plus dures. Mais elle valait à ceux qui s'y prêtaient les plus grands avantages : car les puissances invisibles à qui l'on allait rendre hommage ne marchandaient pas aux pèlerins leur protection. Il était d'usage, pour se préparer à la mort, de s'imposer cette sorte de pénitence, ce qu'avait fait le roi Robert, qui « se rendit pendant le carême auprès des saints qui sont unis à lui dans le service de Dieu, les prier, les honorer, frapper leurs oreilles d'humbles et salutaires prières afin d'être trouvé digne de chanter avec tous les saints les louanges de Dieu » (Helgaud).

Mais de tels voyages, garants du salut éternel, dispensaient aussi des plaisirs, surtout quand on les menait en bandes, en compagnie d'amis. Quelle aventure pouvait mieux tenter les nobles à l'affût de tout prétexte pour s'évader de l'étroite région où se cantonnait leur chevauchée ordinaire et que tenaillait le souci de leur rédemption ? Ce fut, vers l'an mille, l'un des signes les plus évidents de la décontraction économique et sociale, que la vogue subite des grands pèlerinages. Les abbayes l'encourageaient, car elles en tiraient des profits substantiels ; les recueils de *Miracles*, qui publiaient les vertus des reliquaires, entendaient stimuler le zèle des voyageurs. Tous les princes rêvèrent de conduire un jour les meilleurs de leurs vassaux jusqu'à l'un des trois sépulcres les plus prestigieux : celui de saint Pierre à Rome, celui de saint Jacques à Compostelle, celui de Jésus à Jérusalem.

En l'année 1033, millième de la Passion, Raoul Glaber situe, dans son histoire, l'apogée du pèlerinage de Terre sainte : « Une foule innombrable se mit à converger du monde entier vers le sépulcre du Sauveur. Ce furent d'abord les gens des classes inférieures, puis ceux du moyen peuple, puis tous les plus grands, rois, comtes, marquis, prélats ; enfin, ce qui ne s'était jamais vu, beaucoup de femmes, les plus nobles avec les plus pauvres, se rendirent là-bas. La plupart avait le désir d'y mourir. » Et ne voyait-on pas dans cette affluence vers la cité sainte l'un des signes précurseurs de la fin du monde ?

Ces longs voyages, celui de Compostelle, dont les itinéraires traversaient en Espagne les confins chrétiens menacés par les pillards musulmans, celui surtout d'Orient, que facilitait depuis l'an mille la conversion des Hongrois au christianisme, mais qui, au-delà des pays byzantins, s'aventurait profondément en terre d'Islam, conduisaient les pèlerins chrétiens au contact des infidèles. Les chevaliers ne s'y risquaient pas sans leurs armes, et leur cohorte prenait l'allure d'une escorte militaire encadrant la troupe des fidèles désarmés. Quelle occasion meilleure pour eux que de se lancer au passage dans des engagements militaires qui leur étaient maintenant interdits dans tous les pays chrétiens ?

Ils se comportaient ainsi pleinement en vassaux du Christ ; ils coopéraient, comme les engageait à le faire la nouvelle morale de l'adoubement, à la protection des pauvres et à l'extension du royaume de Dieu. Commencèrent alors pour les chevaliers de Gascogne, de Normandie, de Champagne et de Bourgogne les lointaines expéditions agressives contre les mécréants d'Espagne et de Sicile. Ces attaques extérieures manifestent, elles aussi, l'élan de vitalité qui anime alors les pays français.

IV. PREMIER ESSOR

Les fléaux

Ceux-ci demeuraient dans une profonde indigence. Des paysans qui les peuplaient, les chroniques n'évoquent guère que les effroyables misères. Les rivalités des châtelains et les méditations sur le texte de l'Apocalypse, le tumulte saisonnier des guerres privées et l'épuration de l'Eglise monastique se développent sur un fond tragique de dénuement biologique, d'épidémie et de malnutrition.

En 997, « sévissait parmi les hommes un fléau terrible, un feu caché qui, lorsqu'il s'attaquait à un membre, le consumait et le détachait du corps ; la plupart, en l'espace d'une nuit, étaient complètement dévorés par cette abominable combustion ». Parce qu'en 1045 les princes du nord de la France, et le roi parmi eux, avaient violé la paix de Dieu, un feu mortel se mit à dévorer « force victimes, autant parmi les grands que dans les classes moyennes et inférieures du peuple ; il en réserva quelques-uns amputés d'une partie de leurs membres pour l'exemple des générations suivantes » (Raoul Glaber).

Ce mal des ardents, toutes les « pestes » frappaient des populations sous-alimentées, que de loin en loin décimaient de terrifiantes famines. Pendant trois ans, aux alentours de 1033, Raoul Glaber vit dans les environs de Cluny les affamés se disputer la nourriture et tromper leur fringale en mangeant de la terre :

« On ne voyait que des faces pâles et émaciées ; beaucoup présentaient une peau distendue par les ballonnements [...]. Les carrefours, les bordures des champs servaient de cimetières ». Dans ces charniers, on jetait les corps « par cinq cents et plus, tant qu'il restait de la place, mêlés en désordre, demi-nus et même sans aucun voile ».

Le progrès matériel

Interprétées comme une punition du ciel, et pourtant naturelles dans une civilisation aux techniques agraires rudimentaires, trop mal outillée pour surmonter sans dommage les caprices du climat et pour tirer du sol une subsistance régulière, de telles mortalités se trouvèrent peut-être alors aggravées par les premières poussées de la croissance démographique. Celle-ci se révèle à certains indices, la multiplication notamment d'agglomérations nouvelles, ces « bourgs » ruraux, nombreux dans l'ouest de la France.

Mais si les campagnes se peuplaient, l'espace agricole demeurait restreint, et l'existence paysanne d'une extrême précarité. Le fruit des premiers défrichements et de l'essor de la production rurale se trouvait, en effet, tout entier absorbé par les exigences accrues des seigneurs. Tous les excédents que procurait le labeur des travailleurs profitaient aux maîtres, aux deux « ordres » supérieurs des guerriers et des gens d'Eglise. Ceux-ci accrurent alors sensiblement leurs ressources. C'est au niveau de ces élites sociales que se discernent tous les effets perceptibles du progrès matériel.

Pour l'aristocratie laïque, l'enrichissement servait aux plaisirs. Celui de se parer d'abord, d'apparaître, dans les cours seigneuriales, revêtu de tissus moins grossiers et de couleur plus éclatante, de boire ensemble de meilleurs vins, corsés d'épices. Pour satisfaire ces goûts, les grands eurent plus souvent recours aux marchands. On devine la circulation monétaire plus active, notamment en certains carrefours privilégiés comme la Normandie ou la Catalogne. Les voies du négoce s'animèrent. Le long des fleuves, près des vieilles cités et des centres de pèlerinage, grossirent d'autres « bourgs », peuplés ceux-ci par des artisans et des trafiquants.

Les « bourgeois » du Mans, en 1069, se sentaient assez aisés et assez sûrs d'eux-mêmes pour former contre leur seigneur une association de défense. Après 1070, on trouve trace, dans les chartes, de conflits au sujet des péages et de taxes nouvelles imposées aux négociants.

Toutefois, dans cette société dont la principale occupation était la guerre, ce fut au perfectionnement des instruments de combat que servirent d'abord les profits de la domination seigneuriale. Les chevaliers souhaitèrent employer des armes, offensives et défensives, plus efficaces, et ce temps connut un vif progrès de la métallurgie militaire. Ils voulurent de meilleurs chevaux, et les utiliser non plus seulement pour approcher plus facilement l'ennemi, mais pour l'affronter en selle : tout enveloppée dans le fer des heaumes et des hauberts, la chevalerie de France fait, dans la seconde moitié du XIe siècle, l'apprentissage de l'escrime cavalière. Elle prend de la puissance et pousse au loin ses attaques victorieuses.

Le foyer principal de cet élan guerrier fut la Normandie. Dans cette province, la forte autorité du duc réprimait plus durement que partout ailleurs les turbulences aristocratiques. Elle les obligeait à se déverser en dehors. Au XIe siècle, les aventuriers normands sont partout engagés sur les lisières de la chrétienté latine, et partout triomphants. Dans l'Italie du Sud et la Sicile, les cadets des plus grandes familles seigneuriales se taillent bientôt, entre les cités byzantines et les émirats musulmans, des Etats qui, peu à peu réunis, constituent l'un des plus puissants royaumes de l'Occident médiéval.

Le duc Guillaume le Bâtard, à l'occasion d'une crise de succession, avait décidé de s'approprier le trône d'Angleterre. Porteur d'une bannière bénie par le pape, paré d'un collier de reliques, dans l'attitude du « chevalier du Christ » qui légitimait son agression, il enrôle des mercenaires, il fait construire des vaisseaux, il entraîne outre-Manche tous les « jeunes » de la France du Nord-Ouest en quête d'exploits et de pillage, dans une expédition dont la broderie de Bayeux livre au regard une admirable description. Victorieux à Hastings, il s'empare rapidement de tout le royaume anglo-saxon ; il établit ses compagnons dans les seigneuries, les évêchés, les abbayes de la terre conquise, substituant pour des siècles à la haute culture indigène celle de l'aristocratie de Normandie.

Essor des études

Toutefois, Guillaume le Conquérant n'utilisa pas toutes ses richesses à faire la guerre. Il en consacra une large part à la gloire de Dieu et fit notamment construire à Caen des églises admirables : celle de la Trinité, achevée en 1066, et celle de Saint-Etienne. Car l'aristocratie laïque, qui craignait le Seigneur, enrichit l'Eglise et, par la prodigalité de ses aumônes, soutint le rapide développement de la culture sacrée. Les évêques et les chanoines des églises-cathédrales profitèrent de ces offrandes ; ils en usèrent, dans la pure tradition carolingienne, pour développer autour d'eux l'enseignement.

Gerbert d'Aurillac, qui s'était initié aux mathématiques en Catalogne, fit des écoles de Reims, avant de devenir pape en 999, les plus brillantes d'Occident. Robert, le futur roi de France, y avait étudié, avec Fulbert, qui devint évêque à Chartres et dont les successeurs devaient peu à peu développer, près de leur cathédrale, un très actif foyer scolaire. Parmi les disciplines enseignées dans ces écoles, l'art de raisonner avait fait de tels progrès vers 1050 que put alors se développer, parmi les évêques de la France du Nord, à propos des écrits de Béranger, qui commentait à Tours les textes sacrés, la première controverse savante sur l'interprétation rationnelle des Ecritures.

La « blanche robe d'églises neuves »

Toutefois, la piété des laïcs favorisait surtout les abbayes, et ce fut dans l'église monastique que s'épanouit, à cette époque, la plus brillante floraison culturelle. Tous les surcroîts de richesse furent ici voués à construire, autour de la célébration liturgique, le cadre le plus splendide.

Le soin de rendre plus éclatantes les cérémonies rituelles stimulait la création musicale qui fleurit alors, notamment à Saint-Martial de Limoges et à Saint-Benoît-sur-Loire. Il incitait à reconstruire le sanctuaire et à l'orner. De multiples expériences architecturales et décoratives préludèrent à l'épanouissement du plus grand art sacré qu'ait connu la France. A Saint-Martin de Tours, puis dans les grandes églises où affluaient les pèlerins, pour canaliser ces foules sans que fût gêné l'office, le plan basilical fut aménagé, et l'on disposa autour des reliques, dans les cryptes, dans les tribunes, les voies multiples de la déambulation sacrée.

Pour améliorer l'acoustique de l'édifice, pour lui conférer une unité substantielle, analogue à celle du cosmos dont il figurait la représentation symbolique, les maîtres d'œuvre s'ingénièrent à remplacer dans la nef, comme elles l'étaient depuis longtemps dans les portions souterraines de l'église et à l'étage inférieur du narthex, les charpentes de bois par une voûte de pierre. Ils y étaient parvenus, aussitôt après l'an mille, dans les petites abbatiales de Catalogne. Quelques années plus tard, des tentatives pour transporter dans la pierre quelques-unes des images dont s'ornaient l'orfèvrerie des autels et les pages des livres sacrés inauguraient la renaissance de la sculpture monumentale.

L'avant-garde de toutes ces recherches esthétiques se situait à Cluny, dont la seconde basilique, terminée par l'abbé Odilon, offrait au seuil du XIe siècle, aux inventeurs de l'art nouveau, le plus prestigieux des modèles. La « blanche robe d'églises neuves » que Raoul Glaber vit se tisser parmi les provinces de France dans le temps du millénaire symbolisait pour lui la nouvelle pureté du monde. Elle présente à nos yeux les prémices d'une adolescence.

10. L'ESSOR DU XIIe SIÈCLE

De 1075 à 1180,
un siècle de progrès décisif.

« La terre n'était pas remplie de tant de gens qu'aujourd'hui, ni si bien cultivée ; et l'on n'y voyait pas tant de riches domaines, tant de châteaux, ni de villes opulentes. On faisait bien dix grandes lieues, voire quinze, sans rencontrer bourg, château ou ville où trouver un gîte. Paris était en ce temps fort petit. »

Ce fragment du Moniage Guillaume, *geste écrite à la fin du XIIe siècle, traduit, sans doute de façon naïve, mais éloquente, le sentiment des contemporains devant le démarrage spectaculaire de l'économie et la mutation profonde de la société entre le milieu du XIe et la fin du XIIe siècle ; il dénombre parfaitement les changements les plus apparents et les plus frappants qu'il suffira de passer en revue pour brosser la toile de fond sur laquelle s'inscrit l'histoire de la France entre 1075 et 1180.*

Au vrai, sous les aspects contrastés de l'anarchie et du bouillonnement de la période précédente, des forces puissantes commençaient à faire sentir leur action, des mouvements profonds se préparaient qui devaient produire tous leurs effets une centaine d'années plus tard.

I. LES CAMPAGNES ET LES VILLES

Des hommes plus nombreux

A la racine de cet essor, un phénomène de grande ampleur, qui se manifeste, avec des variantes selon les temps et les lieux, un peu partout dans l'Europe du Nord-Ouest : la croissance de la population. Phénomène capital dont on ne saisit clairement ni les causes ni les phases, mais dont les effets sont évidents, dans les campagnes comme dans les villes, à mille signes suggestifs.

Fragmentation des exploitations rurales, multiplication des « villes neuves », des « sauvetés » et des « bourgs », développement des villes, multiplication des paroisses, prolifération des monastères, croisades en Espagne et en Terre sainte, tout postule un nombre d'hommes accru. Il est certain, également, qu'il s'agit d'un mouvement de longue durée qui se manifeste en France à partir du milieu du XIe siècle pour se poursuivre, de façon continue et soutenue, jusqu'aux environs de 1350. Ses causes demeurent obscures. Certes, les améliorations des techniques agricoles et des méthodes de culture l'ont certainement accompagné, stimulé, favorisé dans une très large mesure. L'ont-elles provoqué ? Ou bien faut-il mettre en cause la fin des grandes migrations de peuples, le recul progressif du désordre, les à-coups moins brutaux des disettes et des chertés de vivres (seules les trois grandes famines de 1125, 1197 et 1317 prendront encore l'allure de catastrophes) ? La réponse reste en suspens, car l'observation est malaisée dans une économie compartimentée à l'extrême, où variétés et oppositions régionales sont la règle. Quoi qu'il en soit, les résultats sont indéniables : les cellules familiales deviennent de plus en plus nombreuses et de plus en plus fécondes. Un sondage méticuleux dans les chartes conservées montre qu'en Picardie le pourcentage des familles nombreuses – c'est-à-dire comptant entre quatre et huit garçons et autant de filles, soit, en tout, entre huit et douze ou quinze enfants – passe de 9 p. 100 vers 1120 à 12 p. 100 en 1150, 33 p. 100 en 1180 et 42 p. 100 en 1210. Taux très élevé, on le voit, constaté sur un territoire relativement restreint, qui abonde en terres fertiles. Sans doute serait-il imprudent d'en généraliser sans précaution les valeurs à l'échelle de la France. Il n'en demeure pas moins révélateur d'une tendance très nette.

Cet accroissement de population coïncide d'ailleurs avec un bouleversement considérable de la vie agricole traditionnelle, base presque exclusive de la société, et cette conjonction de deux mouvements qui s'épaulent l'un l'autre explique pour une bonne part l'accélération du processus de mutation.

Une agriculture plus productive

Améliorations dans l'outillage employé tout d'abord : le progrès le plus spectaculaire à cet égard est l'expansion des moulins hydrauliques, dont la première et principale fonction était de moudre le grain. Connus dès l'époque romaine, peu à peu répandus à partir de l'époque carolingienne, les moulins à eau se multiplièrent au XIe et surtout au XIIe siècle, aussi bien à travers les campagnes de Normandie, de la Champagne, du Dauphiné (pour le blé, l'huile, etc.) que dans les villes, où leurs possibilités industrielles (moudre l'orge pour la bière, broyer les écorces pour le tan, fouler le drap, aiguiser les outils) sont rapidement reconnues et exploitées. A Troyes, par exemple, on en construit onze entre 1157 et 1191. Dans un seul quartier de Rouen, cinq nouveaux moulins viennent s'ajouter, pendant le XIIe siècle, aux deux installations mises en marche au Xe. Bientôt, les moulins à vent deviennent nombreux en Normandie, en Picardie, dans le Ponthieu et en Flandre. Ces « mécaniques » permettent de traiter des quantités de céréales incomparablement plus importantes que les antiques meules à bras, d'ailleurs traquées par les agents des seigneurs locaux. Pour les outils usuels, encore très rudimentaires (haches, houes, bêches), l'emploi d'un fer de meilleure qualité, qui renforce les parties les plus exposées, se généralise, procurant résistance plus grande et durée plus longue. Par-dessus tout, cependant, c'est la charrue à versoir qui joue le rôle capital, d'autant que les progrès de l'attelage et de la ferrure permettent à présent d'en faire assurer la traction, tout comme celle de la herse, par un cheval mieux que par des bœufs. Labours plus profonds et plus fréquents, superficies plus vastes, traitées plus rapidement, défoncement de terrains encombrés de racines : telles sont quelques-unes des conséquences les plus tangibles de ces perfectionnements.

Amélioration des façons culturales ensuite. Il semble que les possibilités du sol cultivé aient été accrues, dans les domaines les plus soigneusement gérés tout au moins, par un système de rotation des cultures, prévoyant une alternance entre les grains semés en automne, comme le froment et le seigle, et ceux semés au printemps, comme l'orge et l'avoine. Ainsi se réduit la part communément réservée à la jachère improductive.

Il ne faut pourtant pas exagérer la portée de ces améliorations substantielles. Partout, l'empirisme triomphe. Méthodes et systèmes varient de contrée à contrée, selon les conditions du climat, de l'économie, selon les habitudes alimentaires et les exigences seigneuriales aussi. Le type d'agriculture semi-nomade avec pratique de l'écobuage demeure encore très répandu. Les graines cultivées sont légion : à côté de celles que nous avons citées, on relève l'épeautre, le mil, le millet. Pour autant qu'on puisse les mesurer à travers des données parcimonieuses et peu sûres, les rendements restent encore, dans l'ensemble, très faibles. Si l'on se réfère aux résultats d'une enquête menée vers 1150, dans un ou deux domaines de l'abbaye de Cluny — bien gérés et bien équipés —, la récolte atteint quatre à six fois la semence confiée à la terre ; mais dans quatre autres, les rendements ne s'élèvent guère au-dessus de ceux de l'époque carolingienne, c'est-à-dire de deux à deux fois et demie la semence. Très inégales et diversement réparties, les conquêtes sont néanmoins sensibles, et c'est leur relative régularité qui procure les surplus indispensables au démarrage de l'économie.

Peuplement et vie rurale

Peut-on, d'ailleurs, mettre en doute l'action de ces progrès, alors qu'on en constate les effets dans tous les domaines. Ce qui frappe tout d'abord, c'est l'extension de la superficie cultivée, réalisée par une main-d'œuvre plus abondante, pourvue de surcroît d'outils plus résistants et plus perfectionnés. A l'échelle individuelle, le paysan s'efforce d'étendre les lisières de son champ. Mais, en outre, sous l'impulsion des possesseurs du sol, moines et seigneurs laïques, des groupes de vilains s'attaquent aux terres incultes : ils assèchent les marécages, endiguent les polders (en Flandre à partir de 1100), s'en prennent de préférence aux broussailles, aux bruyères, aux lisières même de la forêt — qu'ils se gardent de saccager, car elle demeure une réserve inépuisable de gibier et de pâture naturelle pour le petit bétail (moutons, chèvres et porcs). « L'homme a bien davantage lutté contre la ronce que contre le chêne » (R. Fossier). Pendant tout le XIIe siècle, de véritables équipes de « sartiers » manient vigoureusement la hache et la charrue : les innombrables lieux-dits « sarts », « essarts », ou « artigues » du Bordelais témoignent de cet inlassable labeur. Ici, les cultures s'étendent aux confins des lieux habités ; là, les coteaux bien exposés sont plantés de vignobles : le mouvement ne cesse de gagner en ampleur.

Dans des zones jusqu'alors vides d'hommes, seigneurs laïques et ecclésiastiques s'efforcent d'attirer des « hôtes » qui jouiront d'une condition beaucoup plus favorable que celle de l'ancien serf. Moyennant une redevance insignifiante, on leur cède la jouissance du terrain et de la maison qu'ils occupent. Ainsi, la charte accordée entre 1108 et 1134 par le roi Louis VI aux hôtes qui viendront s'établir à Torfou, près d'Etampes, promet-elle qu'ils « jouiront d'un arpent de terre et d'un quart d'arpent. Ils auront à payer chaque année un cens de 6 deniers, deux poules et deux setiers d'avoine. Ils seront exempts du droit sur les métiers, de la taille et du service d'ost et de chevauchée, sauf le cas de levée générale ; ils ne feront pas de corvée et « ne seront jugés que par notre représentant spécialement délégué à cet effet ».

Bourgs du Centre et de Normandie, villes neuves et franchises du Nord, sauvetés du Midi attirent, eux aussi, les bras devenus trop nombreux sur les anciens domaines. La paix de l'église, que symbolisent les croix qui délimitent le territoire, leur garantit une protection efficace. Ainsi naissent de nouveaux noyaux de peuplement. Non loin de Toulouse, les Hospitaliers de Saint-Jean de Jérusalem ne créent pas moins d'une quarantaine de sauvetés entre 1100 et 1122, déclenchant par là la destruction progressive du manteau forestier qui couvrait alors la région.

Les conséquences de ce nouvel état de choses ne tardent pas à se faire sentir. Tout d'abord, l'ancienne organisation domaniale se lézarde. Les petites tenures se multiplient, au bénéfice de cellules familiales plus réduites, à base conjugale. Mieux nourrie, la famille se développe et les bras nouveaux disponibles encouragent la culture plus intensive et l'extension de l'espace cultivable. Le seigneur, voyant s'améliorer ses revenus, tolère la réduction des corvées traditionnelles qui lui étaient dues pour la façon de ses propres parcelles. Il trouve même plus avantageux de les voir remplacées par des redevances en argent, puisque le commerce se ranime en même temps. Le climat social se détend donc de façon sensible. Le statut favorable consenti aux hôtes et aux habitants des franchises, bourgs et sauvetés agit dans le même sens et son influence contribue à assouplir les cadres rigides qui enserraient la condition des paysans. La diffusion rapide de privilèges calqués sur les dispositions de la charte de Lorris en Gâtinais (1108-1137), octroyée, elle aussi, par Louis VI, est particulièrement significative à cet égard. En général, ces documents limitent strictement les redevances et les impôts exigibles, suppriment les entraves qui lient le vilain à la terre, réglementent le service militaire, allègent les péages perçus sur le marché local. Ils comportent également une réglementation de la procédure judiciaire et prévoient l'adoucissement des peines et des amendes infligées.

Village et seigneurie

De ce démembrement foncier et des nouveaux rapports sociaux naît le village. Groupé autour de son église et souvent autour du château seigneurial, il forme à présent une entité distincte. L'évolution se marque dans la langue : le mot latin *villa*, qui jusqu'alors avait désigné un domaine, prend désormais le sens de « village ». L'attitude du seigneur est, elle aussi, révélatrice. Dans son esprit, les revenus en nature qui lui viennent de sa terre, soit par l'exploitation directe du domaine, soit par les prestations des tenures, n'occupent plus la place prépondérante de naguère. Ce qui l'intéresse à présent bien davantage, c'est le produit des nombreuses redevances auxquelles il soumet les habitants du village, qu'ils soient ou non ses tenanciers, en vertu de son pouvoir de contrainte ou de « ban ». Les taxes levées au moulin, au four et dans les autres installations banales, la vente privilégiée du produit de ses champs et de ses vignobles (« banvin ») sur le marché local, les péages sur les ponts, les dîmes en nature, l'exercice de la justice et de la police et les profits qui en découlent, telles sont à présent ses principales sources de revenus. La seigneurie, type d'organisation sociale et d'exploitation agricole, s'instaure définitivement en France, pour perdurer jusqu'à la fin de l'Ancien Régime.

Échanges, circulation et monnaie

Au sein d'une société presque exclusivement rurale, les résonances de la révolution démographique et agricole sont particulièrement profondes. L'économie, dans son ensemble, en subit le contrecoup. Les surplus de l'agriculture permettent désormais à la plupart des hommes de manger plus régulièrement à leur faim. Un mieux-être relatif se manifeste dans les conditions d'existence. Cette amélioration est évidemment beaucoup plus sensible au niveau de la couche sociale supérieure : seigneurs et haut clergé régulier et séculier. Autour de ceux-ci se développent des cours de plus en plus nombreuses, formées de domestiques recrutés parmi les dépendants et spécialisés dans les offices qui leur sont confiés : majordome, sénéchal, échanson, bouteiller, etc.

Fait plus significatif encore, la vie de relation renaît : les hommes, les marchandises, les idées circulent avec une intensité accrue. Pour étendre et parfaire leurs connaissances, clercs séculiers et réguliers se déplacent de *studia* en *studia* réputés. Pour visiter les lieux saints renommés par leurs reliques, les pèlerins prennent le bâton et cheminent à travers le pays en direction de Rome, du Puy, de Saint-Gilles-du-Gard, de Saint-Jacques-de-Compostelle ou de sanctuaires moins éloignés. Mais surtout, en nombre croissant, ce sont des trafiquants que l'on rencontre. Ils transportent, dans des ballots arrimés au dos des bêtes de somme, des marchandises de toute sorte, mais souvent rares ou précieuses, propres à éveiller l'appétit de luxe des seigneurs et des clercs nantis. Aussi a-t-on pu parler d'une véritable « renaissance des routes terrestres » à partir du XIe siècle. Au vrai, c'est un réseau nouveau qui se constitue. Il n'épouse plus étroitement le tracé des anciennes chaussées romaines, mais son lacis de plus en plus serré unit les châteaux, les abbayes et les petites agglomérations nouvelles qui les entourent. Pour franchir les fleuves et les rivières, des ponts, d'abord en bois, plus tard en pierre, sont construits au gré des initiatives, celle des bourgeois ou des « frères pontifes », c'est-à-dire de fraternités religieuses constituées pour cet office : à Albi, sur le Tarn, en 1035, à Paris et à Rouen, sur la Seine, à Arles et à Avignon, sur le Rhône, avant la fin du XIIe siècle. Circulation plus dense, dont l'intérêt n'échappe pas aux seigneurs locaux, qui lèvent en des lieux de passage obligés (ponts, défilés, châteaux...) des péages ou tonlieux, véritables exactions grevant purement et simplement le transit, mais également sources pour eux de revenus appréciables.

D'autre part, les mentions de barques circulant sur les rivières sont innombrables à cette époque. A Paris, le mouvement commercial est centré sur la « Hanse des marchands de l'eau » (avant 1171), dont les armes de la ville rappellent encore l'emblème et la devise. En certaines régions, en Flandre par exemple, des digues, des quais et des débarcadères sont aménagés. Des canaux relient entre elles les rivières, tandis que leur cours même est régularisé par la construction de « portes d'eau », sortes de barrages que les barques marchandes pouvaient aisément franchir. Au bord de la mer, le comte de Flandre Philippe d'Alsace fonde, entre 1163 et 1183 environ, des villes neuves destinées à favoriser l'activité portuaire : Gravelines, Nieuport, Damme, Dunkerque notamment. Calais est érigée par le comte de Boulogne, Mathieu d'Alsace (1163-1173).

Les foyers commerciaux les plus actifs sont extérieurs à la France proprement dite. C'est principalement sur les rives de la mer du Nord d'une part, en Méditerranée d'autre part qu'ils se situent. Aussi les grandes voies de commerce s'articulent-elles autour de trois courants principaux : en direction de la Flandre, centre de production du drap de qualité ; en direction de la Catalogne, intermédiaire avec le monde arabe ; en direction de l'Italie, dont les villes maritimes commercent avec Byzance et l'Orient. Ces courants se rejoignent assez rapidement d'ailleurs, puisque, dès 1127, des marchands italiens traitent des affaires aux foires de Flandre. Il est bien évident que ce trafic porte essentiellement sur des produits de haut luxe : drap, orfèvrerie, bijoux, objets précieux, épices. Néanmoins, l'action de ce mouvement est profonde : elle a pour corollaire d'activer la circulation des monnaies. Dans le dessein de se procurer certains objets, les métaux précieux, souvent thésaurisés sous forme d'orfèvreries dans les abbayes ou de bijoux chez les barons, sont remis en circulation, d'autant plus que la frappe laisse au seigneur de substantiels profits. Mais les centres d'émission restent très nombreux et la variété de leur production est considérable. Les hommes du temps deviennent plus sensibilisés que leurs prédécesseurs à ces différences de valeur. Aussi les changeurs se révèlent-ils rapidement des intermédiaires indispensables en un temps où les pièces les plus diverses en poids et en aloi ont normalement cours ; certaines pièces, les deniers de Provins, ceux de Châlons, bénéficient d'un plus grand crédit. Parfois techniciens de la frappe, ils manipulent les métaux précieux et joignent à cette spécialité le commerce de l'argent, qui en découle tout naturellement. Dans tous les marchés importants, ils occupent une place en vue et jouissent d'un prestige considérable.

Animation des routes, circulation de l'argent : ces deux traits marquants de la vie économique s'imposent à l'esprit du Saxon Godefroi de Viterbe, fidèle de l'empereur

Frédéric Barberousse et grand voyageur, lorsqu'il explique l'étymologie du double nom de Strasbourg : à ses yeux, *Argentina* évoque le paiement en argent, procédé courant dans cette ville ; *Strassburg*, la route fréquentée qui, des Pays-Bas et de Rhénanie, conduit vers l'Italie. Explication fantaisiste... Dans le contexte de l'époque, elle n'en traduit pas moins une réalité.

Les marchands et les gildes

Dans ce climat économique transformé, un nouveau moyen de vivre et de s'enrichir s'offre à des hommes avertis des fabrications d'une région, des besoins d'une autre, connaissant bien aussi les routes qui les relient. Chemin faisant, ils traitent toutes les affaires qui se présentent à eux, pourvu qu'elles promettent d'être lucratives. Ce sont ces professionnels du trafic que les textes de l'époque appellent *mercatores* ou *negociatores*. Les récits hagiographiques — qui leur sont souvent défavorables — nous livrent une galerie assez pittoresque des représentants de ce type nouveau : au bas de l'échelle, le gagne-petit, comme cet Auvergnat qui, frappé de l'énorme quantité de cire apportée à Sainte-Foy de Conques par les pèlerins, rachète cette denrée à vil prix en spéculant de la revendre quatre fois plus cher là où elle est rare, et se promettant d'effectuer à cette fin de nombreux voyages ; puis les accapareurs de denrées, profitant des disettes locales, les prêteurs sur gages, comme ces deux usuriers de Laon dont Guibert de Nogent dépeint la fin tragique et misérable, les financiers déjà spécialisés, tel Guillaume Cade, de Saint-Omer, qui avance au roi d'Angleterre et aux nobles des environs des sommes considérables (1160), tels les Crespin, les Louchard et les Wagon, à Arras. Au sommet, le marchand de grande envergure, bien informé des conditions de vie propres à chaque pays, tel ce clerc du Puy, émigré à Jérusalem « pour faire son profit » et qui, « comme il convient au marchand parcourant les diverses parties du monde, connaissait, tant sur terre que sur mer, les itinéraires et les grandes voies, les chemins plus modestes et jusqu'aux pistes, mais qui connaissait aussi les lois et les mœurs des populations et leur langue ». Spécialiste de grande classe assurément, mais cet exemple permet de constater qu'à ce niveau le commerce du temps n'était pas forcément un commerce d'illettrés. Ce serait une erreur de l'imaginer « privé de cet élargissement formidable que la lecture, l'écriture et le calcul apportent à l'activité individuelle » (H. Pirenne).

En théorie, l'Eglise voyait d'un assez mauvais œil ces opérations financières, qu'elle assimilait à l'usure, réprouvée par l'Ancien Testament. Papes, conciles et canonistes fulminèrent fréquemment des condamnations draconiennes, allant jusqu'à l'excommunication et au refus de sépulture en terre bénie. Les récits de miracles mettent régulièrement en scène des usuriers punis pour leurs répréhensibles activités. A en juger par les textes, la réalité était notablement différente. Bien des accommodements étaient tolérés, d'autant que les établissements ecclésiastiques aux prises avec des difficultés de trésorerie étaient obligés d'avoir recours à ces prêteurs. Ce n'est guère que dans les cas « d'usure manifeste », c'est-à-dire d'exploitation scandaleuse, que des peines sévères frappaient les coupables.

Dans une société peu policée et où l'anarchie féodale subsiste et pour longtemps encore, « l'aventure de marchandise » n'allait pas non plus sans péril. La sécurité des déplacements et des transactions revêtait une importance primordiale. Au début, on ne pouvait compter sur la puissance publique pour la garantir. Aussi les marchands formaient-ils de véritables caravanes de gens armés, aptes à se défendre aussi bien contre les seigneurs pillards que contre les concurrents peu scrupuleux. Ce groupement s'intitulait soit « carité », « fraternité », « frairie » en langue romane, soit « gilde », « hanse » en langue germanique, et ces appellations en définissent parfaitement la nature. L'entraide y était de rigueur et le groupe prenait la défense de ses membres en cas de difficultés : spoliation, perte, épreuve du duel judiciaire. Mais de ces seuls membres, précise la charte de la gilde de Saint-Omer à la fin du XIe siècle : « Si un marchand demeurant dans notre ville ou dans le faubourg a refusé d'entrer dans notre gilde et qu'au cours d'un voyage il lui arrive d'être détroussé, de perdre ses biens ou d'être provoqué en duel, il ne pourra compter en aucun cas sur notre assistance. » Cette solidarité active se prolongea d'ailleurs dans l'association communale. D'autre part, les seigneurs comprirent rapidement tout le profit qu'ils pouvaient retirer de la protection accordée aux marchands circulant sur leurs terres. Le « conduit » qu'ils leur assuraient, moyennant rétribution évidemment, présentait l'avantage supplémentaire d'approvisionner les marchés locaux en produits rares et recherchés et d'y attirer de plusieurs lieues à la ronde les clients éventuels.

Les foires

Lieux privilégiés de rencontres des marchands, les foires sont des rendez-vous périodiques de professionnels. Ce sont des centres d'échanges et surtout d'échanges en gros. L'emplacement des plus notables d'entre elles dépend en grande partie des courants commerciaux. La Flandre en abrita plusieurs, à Bruges, Ypres, Lille, Messines, Thourout et Gand ; il s'en tint également au Lendit, près de l'abbaye de Saint-Denis, ainsi qu'en Languedoc et à Limoges ; en 1180, les foires de Champagne et de Brie se succédaient tout au long de l'année : « venait d'abord en janvier celle de Lagny-sur-Marne, puis, le mardi avant la mi-carême, celle de Bar-sur-Aube ; en mai, la première foire de Provins, dite de Saint-Quiriace, en juin la « foire chaude » de Troyes, en septembre la seconde foire de Provins ou foire de Saint-Ayoul, et enfin, en octobre, pour fermer le cycle, la « foire froide » de Troyes (H. Pirenne).

En général, ces réunions, dont la durée variait d'une à six semaines, étaient dites « franches » en raison des conditions exceptionnelles dont jouissaient les marchands sous le rapport des impôts et de la juridiction (suspension des représailles, des actions judiciaires, etc.). Elles se tenaient à proximité immédiate de la ville, non loin des murailles. Parmi les échoppes où étaient offertes en vente les marchandises les plus variées : draps de luxe ou d'usage courant, ustensiles en métal, cuirs travaillés, laines, produits tinctoriaux, épices, etc., régnait une activité extraordinaire. Rapidement, d'ailleurs, les princes territoriaux, qui disposaient du pouvoir de création de ces foires, en comprirent l'intérêt et s'employèrent à faire respecter, au besoin par la force, la sécurité des transactions. C'est ainsi que le comte de Flandre Baudouin VII à la Hache s'illustra par son impitoyable répression des entreprises de chevaliers pillards. Aux dires d'Herman de Tournai, l'un d'eux fut, sur l'ordre du comte, bouilli vif dans un chaudron en plein marché de Bruges ; dix autres coupables furent pendus à la foire de Thourout. Châtiments exemplaires, révélateurs à la fois de la cruauté des mœurs du temps et de la volonté délibérée du comte de Flandre d'imposer la « paix » dans les réunions commerçantes. Cette politique fit école : elle inspira certains princes et même le roi.

Dynamisme urbain

Sous l'impulsion de cette renaissance du commerce, des agglomérations nouvelles, que l'on appelle bourgs (*burgus*) ou faubourgs (*suburbium*), apparaissent auprès des centres plus anciens. Des marchands s'y établissent à demeure, mais aussi des serfs que les grands domaines voisins ne suffisent plus à nourrir. Elles se localisent de préférence dans des endroits qui offrent des conditions favorables à la fois pour la circulation et pour la défense. C'est ainsi que, du point de vue commercial, les nœuds routiers, les passages d'eau (gués, ponts, bacs) à l'intersection d'une route ou d'un fleuve, les confluents de rivières et les ports bien abrités attirent ces établissements nouveaux. A condition, toutefois, que la sécurité soit assurée. Dès lors, il est naturel de les voir rechercher soit la protection d'une ancienne cité romaine, dont les remparts ont souvent été remis en état après les invasions normandes et où réside généralement un évêque, parfois détenteur de l'autorité publique, soit celle d'un château édifié par quelque seigneur influent et qui constitue le centre administratif et judiciaire d'une circonscription territoriale, soit enfin celle, tout aussi efficace, d'un monastère, foyer économique et centre de pèlerinages réputés, que protègent son caractère religieux et de solides murailles.

Au cours du XIIe siècle, ces petits noyaux continuent à se développer sous l'action du mouvement commercial. Souvent centrés autour du marché, ils s'étendent en superficie : les terrains encore aux mains des abbayes, des seigneurs, ou déjà cédés à quelques privilégiés, sont lotis pour caser les nouveaux arrivants. Mainte fortune urbaine trouve sa racine dans cette opération fructueuse. Cette population se groupe en « voisinages », situés de préférence soit autour d'églises ou de chapelles, centres de futures paroisses, soit sur un emplacement favorable à certaines activités professionnelles : le bord des rivières pour les teinturiers, les foulons, les cordonniers ; à proximité du marché pour les bouchers, les boulangers, les « fèvres », c'est-à-dire les forgerons, etc. Ainsi voit-on se multiplier ouvroirs d'artisans et échoppes de marchands. Sauf en Flandre, où le phénomène est plus précoce, ces agglomérations marchandes furent elles-mêmes protégées par une enceinte fortifiée dans la première moitié du XIIe siècle. Il en va ainsi à Amiens (1135), à Dijon (1137), à Rouen (1150), à Paris (avant 1150). Les solutions adoptées varient selon les conditions topographiques et politiques locales. Parfois, seule l'agglomération marchande est ceinturée ; parfois, comme à Dijon, le rempart regroupe le point fort ancien, le quartier marchand et même les églises extérieures ; parfois encore, les deux cellules, point fort et bourg marchand, restent séparées, ainsi à Paris et à Orléans.

L'aspect de ces villes du XIIe siècle, pour autant qu'une documentation trop parcimonieuse permette de l'imaginer, demeure quasi rustique. Peu d'édifices imposants, en dehors des grandes églises et du donjon seigneurial, quelques ponts de bois jetés sur les rivières, des chapelles minuscules et souvent peu solides, des habitations médiocres construites en bois ou en torchis, quelques tours de pierre, demeures de personnages puissants, des remparts encore bien sommaires, en majeure partie constitués de fossés et de palissades renforcées de portes en pierre, tel est le tableau, fort infidèle, que l'on peut se risquer à reconstituer. L'eau est fournie par des puits ou des sources qui alimentent tout un quartier ; il n'y a pas d'égouts ; les rues bourbeuses sont livrées au bétail. Aussi les épidémies — les « pestes » — sont-elles fréquentes et meurtrières, tout autant que les incendies qui ravagent périodiquement de vastes îlots urbains, quand ils ne détruisent pas la ville entière, comme Chartres en 1134 et Dijon en 1137. Il n'empêche qu'aux yeux des contemporains, éblouis souvent devant un tel entassement d'hommes et de bâtiments, devant l'abondance des marchandises de toute sorte, devant les commodités relatives et l'agrément de la vie urbaine, ces agglomérations paraissent des réussites extraordinaires. Tous éprouvent à des degrés variés ce sentiment d'admiration qu'exprime naïvement Guillaume le Breton dans sa *Philippide* à la fin du XIIe siècle. En Flandre, voici Gand, « fière de ses maisons ornées de tours, de ses trésors et de sa population nombreuse », Lille, « qui se pare de ses marchands élégants, fait briller dans les royaumes étrangers les draps qu'elle a teints et en rapporte les fortunes dont elle s'enorgueillit ». En Normandie, Caen est une cité opulente « tellement pleine d'églises, de maisons et d'habitants qu'elle se reconnaît à peine inférieure à Paris ». Dans la vallée de la Loire, Guillaume chante la gloire de Tours, « assise entre deux fleuves, agréable par les eaux qui l'avoisinent, riche en arbres fruitiers et en grains, fière de ses citoyens, puissante par son clergé et honorée par la présence du corps très saint de l'illustre prélat Martin ».

Petites touches variées, expressions lyriques, souvenirs scolaires s'enchevêtrent dans ces descriptions. Mais à travers elles se précise l'image de la ville, telle qu'elle apparaît aux yeux d'un homme instruit à la fin du XIIe siècle. Incontestablement, elle s'est complètement détachée de la campagne qui l'entoure.

Essor de Paris

Au même moment, Paris prend son essor et l'impression qu'il produit sur ceux qui le voient est, à n'en pas douter, profonde. Visitant, entre 1175 et 1190, cette « ville royale où l'abondance des biens naturels ne retient pas seulement ceux qui l'habitent, mais invite et attire ceux qui sont loin », Gui de Bazoches brosse un tableau enthousiaste qui aujourd'hui encore garde intact son pouvoir de suggestion. « Elle est assise au sein d'un vallon délicieux, au centre d'une couronne de coteaux qu'enrichissent à l'envi Cérès et Bacchus. La Seine, ce fleuve superbe qui vient de l'Orient, y coule à pleins bords et entoure de ses deux bras une île qui est la tête, le cœur, la moelle de la ville entière. Deux faubourgs s'étendent à droite et à gauche, dont le moins grand ferait encore l'envie de bien des cités. Chacun de ces faubourgs communique avec l'île par deux ponts de pierre : le Grand Pont, tourné au nord, du côté de la mer anglaise, et le Petit Pont, qui regarde la Loire. Le premier, large, riche, commerçant, est le théâtre d'une activité bouillonnante ; d'innombrables bateaux l'entourent, remplis de marchandises et de richesses. Le Petit Pont appartient aux dialecticiens, qui s'y promènent en discutant. Dans l'île, à côté du palais des rois, qui domine toute la ville, on voit le palais de la philosophie où l'étude règne seule en souveraine, citadelle de lumière et d'immortalité. »

Le milieu urbain et ses problèmes

A l'intérieur de ces agglomérations, la majorité de la population est souvent originaire de villages situés dans un rayon de 20 à 30 kilomètres, encore que quelques individus venus de plus loin s'y joignent assez souvent. Les agents du seigneur, fréquemment détenteurs de terres dans la ville, perçoivent les redevances, maintiennent l'ordre, contribuent à rendre la justice, assurent un début d'administration. Eléments dynamiques, les marchands font des « affaires » et celles-ci vont du commerce actif d'exportation du drap, des produits colorants, du cuir... au prêt à la grosse aventure, à la mainmise sur les moulins, les fours, les étaux du marché, à la spéculation foncière aussi, particulièrement profitable en cette période d'expansion. Enfin, on y trouve un nombre déjà considérable d'artisans dont les professions couvrent une gamme plus étendue qu'on ne le suppose parfois. A côté de ceux que le ravitaillement de la ville rend indispensables, comme les bouchers, les boulangers, les meuniers, il y a les techniciens qui approvisionnent toute la région en outils et en matériel : socs de charrue, harnais, selles, armes ; ouvriers du fer comme les forgerons, serruriers, couteliers ; travailleurs du cuir comme les tanneurs, les cordonniers ; artisans de la laine comme les tisserands, les foulons. Cette dernière activité surtout commence dès la seconde moitié du XIIe siècle à faire la fortune de nombre de centres du nord-ouest de la France, entre Seine et Escaut : en Flandre, Artois, Normandie. Leurs draps s'exportent et se vendent sur les places méditerranéennes, à l'époque grandes consommatrices d'étoffes du Nord. Centre de consommation, mais aussi centre de fabrication et de diffusion, la ville et son marché jouent ainsi pleinement dans l'économie un rôle nouveau et actif.

Certains de ces « bourgeois » — le mot paraît à l'origine souligner la résidence dans un bourg — font rapidement fructifier une fortune dont l'essentiel est constitué d'argent liquide, de deniers. Liens familiaux et intérêts communs unissent entre eux les plus fortunés des notables : les « meilleurs » (*meliores*), les « plus puissants » (*potentiores*), selon les termes des documents du temps. Cette conscience d'une solidarité entre tous les habitants d'une même ville, favorisée par l'esprit des associations religieuses et par la cohésion de la « gilde », trouve son expression la plus complète dans ces communautés unies par serment qui portent un nom révélateur : « commune », « amitié », « paix ». Les statuts d'Aire-sur-la-Lys, datant de 1093-1111 et confirmés en 1188, stipulent, par exemple, que « tous ceux qui sont compris dans l'Amitié de la ville ont confirmé par la foi et le serment que chacun porterait aide à chacun comme à un frère en ce qui est utile et honnête ». C'est ainsi que « si quelqu'un a eu sa maison brûlée ou si, tombé en captivité, il doit payer une rançon réduisant ses moyens, chacun des Amis donnera un écu pour secourir l'Ami appauvri ».

Cette solidarité active fondée sur le serment devait rapidement déboucher sur des revendications touchant la gestion de la ville et le statut de ses habitants. Car à cette population nouvelle rassemblée dans les bourgs se pose un problème capital. Composée d'individus d'origines et de conditions juridiques mêlées, elle doit s'efforcer d'obtenir avant tout un statut propre qui lui garantisse des conditions acceptables pour l'exercice de son activité au cœur d'une société tout entière fondée, d'une part, sur les rapports féodaux et, d'autre part, sur les besoins de l'exploitation des domaines ruraux. Ce désir était particulièrement impérieux chez les marchands, dont les transactions s'accommodaient difficilement des entraves de tout genre que la coutume apportait tant à la liberté personnelle (cens, corvées, etc.) qu'aux opérations commerciales (duel judiciaire, ordalies du fer rouge et de l'eau bouillante comme moyens de preuve en cas de procès). La plupart d'entre eux, ainsi que quelques partisans aisés et les possesseurs de biens fonciers, avaient réussi à amasser des fortunes imposantes pour l'époque. Ils supportaient donc de plus en plus difficilement la tutelle du seigneur, maître des personnes et des biens, parfois même propriétaire du sol, d'autant que ce dernier visait alors à renforcer et à multiplier ses exigences en vertu de son pouvoir de ban. Il s'agissait, en fait, de limiter et de définir les exactions seigneuriales (cens, mainmorte, formariage), d'uniformiser le statut des habitants et d'obtenir dans toute la mesure du possible des garanties judiciaires (tribunal particulier) et économiques (exemption des péages, etc.). Programme à peu près général que Guibert de Nogent, peu suspect pourtant de sympathie pour les revendications communales, formule avec netteté : « Tous ceux qui sont tenus au cens capital [c'est-à-dire les serfs, soumis à un impôt payable par tête] paient chaque année en une seule fois ce qu'ils doivent à leur seigneur, selon la coutume, du fait de leur servitude ; commettent-ils une infraction contre le droit en vigueur, ils s'en acquittent en payant une amende fixée par jugement ; quant aux autres perceptions exigées d'habitude des serfs, ils en sont complètement exempts ».

Une solidarité militante : la commune

Le moteur de cette révolution, c'est la conjuration, la « commune ». « Terme nouveau et détestable » aux yeux de Guibert de Nogent, « conspiration turbulente » si l'on en croit le canoniste Yves de Chartres, suivi en cela par la plupart des évêques et même des papes, comme Innocent II, qui donne à Louis VII l'ordre de « disperser par la force les coupables associations des Rémois, dites compagnies ». L'histoire du mouvement communal est donc difficile à écrire, puisque la grande majorité des sources dont on dispose pour le faire sont l'œuvre de clercs, outrés de l'emploi abusif du serment à des fins profanes. Elles sont, en fin de compte, tendancieuses, sinon partiales.

Les méthodes employées ont varié selon les temps et les lieux, selon l'attitude aussi des seigneurs. Réaction prudente du roi de France, soucieux d'éliminer du domaine royal et des évêchés à sa discrétion les ferments de trouble, mais encourageant, au contraire, l'établissement communal chez ses voisins ; attitude ambiguë et souvent hostile des évêques, comme au Mans, à Cambrai, à Laon, provoquant des soulèvements brutaux : soutien affirmé du comte de Flandre, et plus nuancé de la part des autres grands féodaux français.

Dans la plupart des cas, les bourgeois conjurés ont d'abord tenté d'obtenir à prix d'argent la concession de la commune et de ses avantages. Mais irrités par les refus, les réticences, les palinodies qu'ils rencontrèrent, ils n'hésitèrent pas à recourir à la force et à la violence, au soulèvement sauvage avec son cortège d'émeutes, de massacres, de pillages, d'incendies et de répressions sans pitié. La liste de ces « émotions » est longue et sanglante qui va du feu de paille du Mans (1070) et de la révolte de Cambrai (1076) à celles de Laon (1112), d'Amiens (1114) ou de Reims (1139). La révolte de Laon est caractéristique à cet égard. La fourberie et la cupidité de l'évêque Gaudri provoquent l'insurrection des bourgeois. Armés d'épées, de haches, d'arcs et de cognées, ils prennent d'assaut le palais épiscopal, massacrent les défenseurs et lynchent l'évêque, qu'ils ont découvert blotti dans un tonneau. Clercs et nobles sont également chassés. L'incendie succède au pillage et atteint la cathédrale elle-même. La riposte est aussi furieuse : aidés par l'armée royale, seigneurs et chevaliers reprennent Laon, la mettent à sac et égorgent tous les bourgeois qu'ils peuvent trouver. Pareils actes de violence, d'ailleurs courants à l'époque, illustrent cependant l'acuité du conflit et l'ardeur des clans opposés.

C'est, en gros, dans une région comprise entre le littoral, l'Escaut et la Somme, que le mouvement, s'étendant de proche en proche, donne vraiment sa pleine mesure. Enhardies par la prospérité que leur vaut une industrie drapière en plein essor, les villes se montrent ardentes à obtenir les avantages du statut communal : à celles citées plus haut, il faut joindre Saint-Quentin (vers 1080), Beauvais (1099), Noyon (1110), Soissons (1116-1126), Corbie (1120), Saint-Riquier (avant 1126), Abbeville (1130). Dans chaque cas, les péripéties furent différentes, allant de l'accord tacite à l'explosion armée, tandis que suppressions, rétablissements, confirmations se succédaient au hasard des circonstances. C'est ainsi qu'en Flandre l'assassinat du comte Charles le Bon (1127) déclencha une véritable guerre civile dans le comté. Les villes jouèrent le rôle décisif dans la succession ; malgré le soutien du roi de France Louis VI, Guillaume Cliton fut évincé au profit de Thierry d'Alsace, qui s'était assuré l'appui des grandes cités commerçantes (Gand, Bruges, Lille et Ypres) en leur promettant de favoriser leur commerce et leurs libertés. Des soulèvements bourgeois — qui ne prennent pas toujours la forme de la « commune » — sont également signalés à Sens (1149), à Vézelay (1136), à Orléans (1137), à Poitiers (1138), à Toulouse (1139) et à Bordeaux (1147-1149).

Emancipation des villes

Mouvement d'ensemble par conséquent, revêtant des aspects multiformes, mais progrès sensible, variable selon les régions, selon le terrain politique et le milieu économique. Si, en Flandre et dans le Nord, la commune accède à une large autonomie en matière d'administration et de justice, elle doit composer ou renoncer dans les villes où l'influence royale reste suffisamment forte, comme à Châlons, Auxerre et Orléans. Dans les régions de l'Ouest, possessions du roi d'Angleterre, le droit de Rouen, qui laisse intact le pouvoir de haute justice du prince, servira de modèle et sera appliqué à Poitiers, La Rochelle, Bordeaux, Bayonne. Dans le Midi, les « consulats » sont signalés dans le deuxième tiers du XIIe siècle, à Narbonne et à Béziers vers 1130, à Nîmes en 1144, à Toulouse en 1155. Ici, le mouvement est, en général, plus pacifique : les consuls appartiennent aux milieux de notables qui entourent le seigneur et n'ont d'autre ambition que de collaborer à l'exercice de la justice et de prendre en charge l'administration urbaine. Les difficultés rencontrées par leur seigneur permettent même à Toulouse, à Bordeaux et à Marseille de s'ériger, au cours de quelques années des environs de 1200, en petites « républiques » urbaines à l'italienne. A cette évolution d'ensemble, une exception caractéristique : la Bretagne, dont les cités principales n'obtiendront de franchises que beaucoup plus tard.

Quoi qu'il en soit, vainqueur ou vaincu, le mouvement d'émancipation urbaine ne pouvait manquer d'exercer une profonde influence sur les rapports sociaux en général. En introduisant des manières de penser, des attitudes, des procédures nouvelles qui bouleversaient l'ancienne structure féodale, il mettait en place des formes institutionnelles — le régime municipal — qui allaient se maintenir pendant des siècles.

Comme dans les campagnes, le progrès est sensible dans les villes et l'on se trouve en présence d'une véritable mutation. Toutefois, ici comme là, il n'a vraiment élevé le niveau de vie que d'une infime minorité de privilégiés : seigneurs, clercs et notables urbains. Pour les autres, qui constituent la grande majorité, les contraintes se sont, dans l'ensemble, faites moins pesantes, mais les dures exigences de l'existence quotidienne conservent leur angoissante réalité.

II. LE ROYAUME ET LES PRINCIPAUTES

Un territoire morcelé

C'est dans ce contexte économique et social encore mal affermi, mais en incontestable progrès dans tous les domaines, que s'inscrit l'histoire du XIIe siècle français. En réalité, la France d'alors se distingue très profondément à la fois de la Gaule antique et de la France d'aujourd'hui, sous le rapport du territoire. La notion de frontière linéaire, qui nous est si familière, est longtemps restée étrangère aux hommes de l'Ancien Régime : seules les guidaient sur place – et encore – les obédiences seigneuriales, foncières et ecclésiastiques, de surcroît rarement concordantes. Il n'empêche que la « France » au sens le plus large, celle sur laquelle s'exerce théoriquement la royauté française au XIIe siècle, est singulièrement différente de ce que nous avons l'habitude de désigner sous ce nom. Plus étirée en longueur, elle englobe le comté de Flandre au nord et celui de Barcelone au sud. Plus réduite en largeur, par contre, puisque des pays comme la Lorraine, la Franche-Comté, le Jura, toute la vallée du Rhône – y compris, sur la rive droite, les comtés du Lyonnais, du Viennois, le Vivarais – relèvent du Saint Empire ou de ses dépendances. Pour fixer les idées, on peut dire que l'Escaut, la haute Meuse, la Saône et le Rhône en marquent les lisières, laissant à l'écart des cités aussi anciennes et importantes que Arles, Viviers, Lyon, Besançon, Metz, Cambrai. En bref, un royaume dont le centre de gravité se situe plus à l'ouest et plus au nord par rapport à la configuration actuelle du pays.

A l'intérieur de ces limites, la diversité triomphe. Le roi n'est qu'un prince parmi d'autres. Autour de son domaine proprement dit – la France ou Ile-de-France –, centré sur les régions situées entre l'Oise et la Loire, s'agglutinent de vastes fiefs : duchés d'Aquitaine, de Normandie, comtés de Flandre, de Bretagne, de Toulouse, etc., dont les titulaires sont souvent aussi puissants en hommes, en terres et en revenus que leur suzerain. L'un d'eux même, devenu roi d'Angleterre, réunira dans ses mains un ensemble incomparablement plus considérable et par là même singulièrement menaçant. C'est dans ce cadre territorial que les rois vont travailler à affermir leur pouvoir et à imposer, avec des fortunes diverses, leur autorité de préférence à toute autre. Œuvre de longue haleine, faite de quelques succès, mais aussi de nombreux échecs, œuvre surtout de patience et de continuité, attentive à exploiter la conjoncture lorsqu'elle est propice et à en limiter les effets lorsqu'elle est hostile.

La dynastie capétienne

A ces progrès du pouvoir royal, certains éléments sont d'ailleurs favorables. Ainsi, entre 1060 et 1180, trois souverains seulement occupent le trône de France : Philippe Ier (1060-1108), Louis VI (1108-1137), Louis VII (1137-1180). Règnes longs par conséquent, sans problème de successions, grâce au sacre de l'héritier et à son association au trône du vivant de son père, sans minorité troublée. Ni de la part des reines ni de la part des frères du roi, les habituelles intrigues ne prennent un caractère aigu et dangereux pour la dynastie. Aussi l'idée royale sort-elle fortifiée à la fin de la période en vertu de l'onction qui l'assimile de plus en plus au sacerdoce, tandis que la légitimité est définitivement consacrée par le mariage de Louis VII avec Adèle de Champagne (1160), descendante des Carolingiens. Philippe Auguste recueillera définitivement les fruits de cette consolidation.

Pourtant, les personnalités des trois rois sont très contrastées, du moins si l'on se fie à une documentation unilatérale, prompte à porter sur les hommes et sur les évènements des jugements mesurés à l'aune des clercs. C'est ainsi qu'en raison de son mariage contesté avec Bertrade de Montfort, qu'il avait enlevée à Foulque d'Anjou (1092), les sources du temps dépeignent Philippe Ier sous les traits d'un homme gourmand, sensuel, avide, comme un seigneur d'esprit pratique, terre à terre, manquant d'allure. Vice rédhibitoire aux yeux d'une opinion considérant que « le roi qui de France porte couronne d'or, preud'homme doit être et vaillant de son corps ». Louis VI, tout comme son père, est gourmand, sensuel, cupide. Comme lui, il « fait de son ventre un dieu et le plus funeste de tous ». Les revers de sa politique à l'égard du mouvement communal (Laon, 1112) ou de la succession au comté de Flandre (1127-1128) sont parfois cuisants. Mais c'est Suger, abbé de Saint-Denis, son collaborateur fidèle, qui raconte sa vie... Le portrait idéalisé qu'il nous livre insiste sur les qualités pour laisser les défauts dans l'ombre : aussi le dépeint-on volontiers actif, opiniâtre, jaloux de son autorité et soucieux de l'appui de l'Eglise. En fait, son action ne diffère pas de celle de maint baron de son temps, et son principal mérite est de s'insérer parfaitement dans une tradition déjà ancienne. Quant à son fils Louis VII, doux, lettré, pieux, de bonnes mœurs, simple et juste, il réunit toutes les qualités morales qui plaisent aux clercs rédacteurs de chroniques. N'oppose-t-il pas, à l'énumération des richesses d'Henri II d'Angleterre, un programme frugal et austère, conscient des « vraies richesses » en répliquant : « Nous, en France, nous n'avons que du pain, du vin... et de la joie » ? Historiette sans doute, due à la plume de cet échotier inventif qu'est Gautier Map, mais bien révélatrice d'une tournure d'esprit. Il n'empêche que Louis VII manque visiblement de caractère et de moyens et qu'il ne peut songer à réduire la puissance anglo-angevine, dont son divorce avec Aliénor d'Aquitaine a permis la constitution.

Caractères différents, certes, mais qui, plus ou moins consciemment, s'attachent tous trois à maintenir, selon leurs moyens, une tradition ancienne, à poursuivre la réalisation d'objectifs encore bien modestes.

Au fond, trois problèmes permanents s'imposent aux souverains capétiens au cours de ces cent vingt années : l'extension et la reprise en main de leur domaine propre, l'Ile-de-France d'abord, leurs rapports avec les grands barons féodaux ensuite, leurs relations avec la papauté et l'Empire enfin.

Le domaine royal

La question du domaine royal, « nerf de la guerre », est évidemment celle qui se pose avec le plus d'acuité. L'effort d'expansion est notable. A l'avènement de Philippe Ier (1060), les possessions du roi se concentrent essentiellement en trois noyaux principaux : celui du nord de la Loire, avec Orléans comme centre et, vers l'est, un îlot autour de Sens ; celui de la Seine, autour de Paris, avec Saint-Denis et Poissy et, plus loin, Etampes, Dreux, Melun ; enfin celui de l'Oise et de l'Aisne, autour de Senlis, Compiègne, Quierzy et Laon. En une cinquantaine d'années s'y ajouteront le comté de Gâtinais (Château-Landon, 1068), la ville et le territoire du puissant monastère de Corbie, près d'Amiens (1074), le comté de Vexin, avec Mantes et Pontoise, et l'avouerie de Saint-Denis (1077), enfin la vicomté de Bourges, au sud de l'Orléanais (1100). Acquisitions mineures dans l'ensemble, mais bien réparties et étoffant la consistance du territoire antérieur. Sous Louis VI, les progrès sont plus limités : seigneurie de Montlhéry sur la route de Paris à Etampes, comté de Corbeil. Ils le sont encore davantage sous Louis VII et se résument en une poussée au-delà de la Loire (Saint-Pierre-le-Moûtier, en Nivernais, diverses seigneuries en Mâconnais et en Forez). L'agrandissement de leur domaine n'est qu'un des aspects de l'effort des rois. L'autre – et de loin le plus épuisant – est celui qui consiste à y rétablir l'ordre en mettant à la raison ces innombrables petits hobereaux, qui, du haut de leur donjon de bois ou de pierre, narguent l'autorité, pressurent les paysans, rançonnent les monastères. Philippe Ier entame contre cette féodalité turbulente, belliqueuse, une action de pacification qui va se poursuivre sans discontinuer sous les règnes de ses successeurs. Par des rachats, par d'habiles alliances matrimoniales, mais le plus souvent par les armes, les rois s'efforcent de réduire un à un les barons et châtelains de l'Ile-de-France, installés à Montlhéry, à Coucy, à Montigny, à Sancerre, à Pierrefonds, autant de petits points forts dont la médiocrité permet de mesurer la faiblesse capétienne. « Allons, mon fils, garde avec vigilance cette tour (de Montlhéry) qui m'a causé tant de tourments qu'elle a suffi à me faire vieillir » : la recommandation de Philippe Ier à son fils Louis en dit long. A côté de l'ampleur de la menace, elle évoque la somme d'efforts nécessaire pour la réduire à néant, surtout si l'on tient compte du fait que Louis VI et Louis VII ne peuvent guère mettre en campagne une force supérieure à trois ou quatre cents chevaliers. Pourtant, à la fin du règne de Louis VII, l'objectif est atteint : le domaine de l'Ile-de-France est définitivement soumis au roi et les descendants de ces châtelains contre lesquels les Capétiens avaient si longtemps combattu vont passer à leur service et fournir les agents dont les rois ont besoin pour faire exécuter leur volonté.

Parallèlement à cette reconquête intérieure, un effort de réorganisation se dessine du point de vue de l'administration du domaine. Celle-ci est demeurée encore, à bien des égards, rudimentaire. La collecte des revenus, l'exercice de l'autorité, la levée du contingent militaire et certaines prérogatives judiciaires sont, en effet, confiés à des « prévôts ». Ces agents domaniaux, généralement de petite naissance, étaient installés au cœur de circonscriptions d'étendue réduite, où ils jouaient le rôle de gérants de la fortune royale. Tout naturellement, ils tentèrent de rendre leur office héréditaire. C'est pour éviter ce danger et conserver la haute main sur le choix de ses représentants que le roi transforma l'institution au XIIe siècle et mit désormais l'office aux enchères : de gérant, le prévôt devint « fermier ». Initiative qui entraînait, certes, l'avantage d'assurer au trésor royal un revenu rapide et régulier, même si toute latitude était ensuite laissée à l'officier pour récupérer ses débours à sa guise. Le roi conservait fermement en main la gestion de son domaine et cette volonté devait trouver son expression définitive avec l'institution des baillis sous le règne de Philippe Auguste.

L'entourage du roi : le palais

Pour traiter les grandes affaires du royaume, le roi avait recours, conformément à la tradition carolingienne et féodale, à la convocation de l'assemblée des grands personnages laïques et ecclésiastiques. Mais, à partir du milieu du règne de Philippe Ier, un changement très net se dessine, que reflètent les souscriptions au bas des diplômes royaux. Désormais, ce sont les gens du palais qui s'occupent de la solution des affaires, de l'octroi des faveurs royales, du jugement des procès : concentration politique qui traduit l'annonce d'un redressement du pouvoir destiné à se développer pendant tout le règne de Louis VI et de Louis VII.

Autour du roi apparaissent en pleine lumière les officiers domestiques : le sénéchal, le connétable, le bouteiller, qui commandent les chevauchées, administrent la maison royale, préparent les gîtes, veillent aux récoltes ; le chambrier et les chambellans, qui gardent la « chambre » où sont conservés robes, fourrures, armes, bijoux du prince et son trésor ; le chancelier et les clercs, qui rédigent, expédient et scellent les diplômes, de plus en plus nombreux ; les chapelains, qui assurent le service religieux. Ces fonctions sont souvent occupées par des seigneurs de petite noblesse ou par des clercs et des moines d'origine très diverse, dont la carrière est mal connue. Les intrigues de toute sorte y foisonnent et les tribulations d'Etienne de Garlande, qui cumula, sous Louis VI, les charges de sénéchal et de chancelier, tandis que son frère détenait la bouteillerie, sont suffisamment célèbres. Aux côtés de ces officiers auliques figurent également les conseillers du roi, ses « familiers », qualification vague englobant des personnages qui jouissent à un titre quelconque de la confiance du souverain. Le plus célèbre d'entre eux est Suger (1081-1151), conseiller et ami de Louis VI, tuteur de Louis VII. La personnalité de ce clerc entreprenant et instruit marque la première moitié du XIIe siècle.

Suger

D'humble extraction, Suger avait été élevé à Saint-Denis en même temps que le futur Louis VI. Très jeune, il participe à l'administration du monastère, réorganisant notamment certaines seigneuries en Normandie et en Beauce. Il occupe en même temps une place de plus en plus grande parmi les conseillers du roi. Il accompagne celui-ci dans la plupart de ses expéditions militaires et remplit fréquemment des missions diplomatiques de confiance. Elu abbé de Saint-Denis en 1122, il partage son temps entre son abbaye — qu'il réorganise, enrichit et dote d'une magnifique basilique — et le service du roi. De la royauté, il se fait une conception très élevée et tout inspirée d'un idéal chrétien, plaçant le souverain au sommet d'une pyramide féodale idéale et lui assignant la mission « de sauvegarder les églises, de protéger les pauvres et les malheureux, de donner ses soins à la paix et à la défense du royaume ». Après la mort de Louis VI, il continue à guider le jeune roi Louis VII. Ce dernier, au moment de partir pour la Terre sainte, lui confie la régence (1147-1149). Pendant ces deux, ans, Suger assume avec exactitude la gestion du domaine royal, envoie à son maître l'argent nécessaire, constitute des réserves, maintient l'ordre et fait même face à une coalition féodale qui poussait le propre frère du roi, Robert de Dreux, vers le trône.

Prestige de la royauté

A sa mort, la situation est transformée ; le prestige royal n'a pas cessé de grandir. De plus en plus fréquemment, le roi est appelé à intervenir pour garantir les possessions des abbayes, trancher les conflits entre seigneurs, confirmer les chartes de franchises accordées aux bourgeois et aux ruraux. En ce temps où renaît la preuve écrite, des actes sont de plus en plus fréquemment dressés qui conservent le souvenir de ces interventions. Même en tenant compte de l'amélioration de la documentation, il est très significatif de constater l'augmentation des actes émanés de la chancellerie royale : de cent soixante et onze pendant les quarante-huit années du règne de Philippe Ier, ils passent à trois cent cinquante-neuf au moins en trente-neuf ans sous Louis VI, pour atteindre le chiffre de huit cents au moins en quarante-trois ans sous Louis VII. Progression spectaculaire qui reflète, certes, en partie, une évolution générale, mais qui témoigne indiscutablement d'une participation de plus en plus étendue du roi à la vie de son royaume tout entier.

Autre signe parallèle de cette prééminence croissante : la promotion de Paris au rang de capitale. Au vrai, elle ne se marque pas avant la seconde moitié du XIIe siècle. Jusqu'alors, les rois sont restés itinérants : ils visitent tour à tour palais et châteaux de leur domaine, non seulement pour des raisons matérielles d'approvisionnement — comme lorsqu'ils exercent leur droit de gîte aux dépens des abbayes —, mais surtout parce que, en ces temps de gestion directe et orale, leur présence physique est requise dans toutes les parties du domaine, tant pour des raisons militaires que pour des raisons judiciaires. Il est certain que Paris, situé au centre d'une région forestière fort giboyeuse et propice à la chasse, est déjà devenu le séjour favori du roi Henri Ier, alors que son père Robert préférait Orléans. Cette prédilection s'accentue sous Louis VI, qui voit dans l'abbaye de Saint-Denis le « chef de son royaume » (*caput regni nostri*) [1124]. Et davantage encore sous son fils, qui tient la ville pour le siège obligé du royaume, puisque « c'est là que vivaient d'habitude les rois de France, au dire des anciennes chroniques ». Continuité d'une tradition, par conséquent, que matérialise l'ancien palais dans l'île de la Cité, restauré sous Robert le Pieux, mais dont les substructions remontent aux temps romain et mérovingien. Siège permanent de la monarchie capétienne, où prélats et grands barons feront construire, à l'imitation de Suger, abbé de Saint-Denis, là encore initiateur et pionnier, des « hôtels » pour y résider « lorsqu'ils traitent des affaires du royaume », où viendront également s'installer à demeure les services des grands officiers, embryons des futures administrations.

Avec Paris pour capitale, Reims pour ville du sacre, et l'abbaye de Saint-Denis pour nécropole et gardienne de l'oriflamme, la royauté française ne dispose-t-elle pas, au cœur de son domaine, de trois points d'attache dont le passé prestigieux est lié aux plus anciennes traditions franques ? C'est à partir de ces bases matérielles que put se développer une idéologie monarchique qui, sous la plume de Cadurc, chancelier de Louis VII, n'hésite pas à assimiler la fonction du roi au sacerdoce.

Les grands fiefs

Cependant, le roi de France exerce des droits de suzeraineté sur un territoire beaucoup plus vaste, qui s'étend des côtes de la mer du Nord jusqu'au-delà des Pyrénées. Les grands féodaux qui se partagent les différents ensembles territoriaux se considèrent bien maintenant comme ses « hommes », ses vassaux, c'est-à-dire qu'ils lui ont prêté hommage et qu'ils se sentent soumis à lui juridiquement par des liens étroits. L'attitude hostile des ducs d'Aquitaine, en 1079 et 1101, envers les conciles réunis à Poitiers pour condamner le concubinat de Philippe Ier, tout comme celle du comte de Toulouse appelant Louis VII à son secours contre le roi d'Angleterre (1162-1163) sont révélatrices de leur état d'esprit. La réciproque est vraie, et c'est pourquoi Louis VI intervient dans le choix du nouveau comte de Flandre, après le meurtre de Charles le Bon (1127). Les liens juridiques de l'hommage et du fief, les serments prêtés à l'occasion de chaque succession expliquent comment les Capétiens ont pu continuer de dominer, en théorie, des grands vassaux parfois plus puissants qu'eux.

C'est que, en effet, les grandes principautés féodales du royaume : Flandre, Anjou, Bretagne, Champagne, Bourgogne et, à un moindre degré, dans le Midi, le duché d'Aquitaine et le comté de Toulouse, ont été le théâtre d'une activité analogue à celle déployée par les Capétiens dans leur domaine patrimonial. Des dynasties féodales se sont fondées, les princes se sont constitué un domaine personnel considérable. Par le jeu de l'hommage imposé aux barons locaux, par des alliances matrimoniales, par le rachat, ils ont unifié leur territoire en y incorporant, sous forme de fiefs, les seigneuries autonomes. Ils le dotent d'une administration régulière, parfois remarquablement organisée, comme c'est le cas en Flandre et davantage encore en Normandie. Là naissent des institutions originales et appelées à faire école : tels l'Echiquier, cour chargée de contrôler toute l'administration du domaine, ou le bailli, homme de confiance chargé d'une mission de surveillance en matière fiscale ou judiciaire. C'est là également que se généralisent, en matière de procédure, le recours à l'enquête par témoins et le système du jury, qui représentent un progrès considérable sur les modes de preuve et de jugement courants à cette époque dans les autres régions de l'Europe. Sur le plan intérieur, les princes s'efforcent, avec des fortunes diverses, de mater l'anarchie féodale, d'assurer la paix favorable aux monastères et aux villes, d'attirer de nouveaux habitants et des marchands. Ce labeur incessant a des conséquences inattendues : il absorbe pour une large part un dynamisme qui aurait pu se manifester à l'encontre des intérêts du suzerain. C'est alors que s'échafaude, sous l'inspiration de Suger, la théorie de la pyramide féodale. Par l'intermédiaire des hommages prêtés par la masse des seigneurs aux comtes, et par ceux-ci aux ducs, celle-ci aboutit finalement au roi, qui en constitue le sommet. Système juridique idéalisé, mais programme politique assuré d'un avenir fécond.

La carte de la mouvance féodale subit quelques modifications au XIIe siècle. Une perte sensible d'abord : en 1162, le comte de Barcelone, Alphonse II, unit la couronne royale d'Aragon à son comté. A partir de ce moment, lui et ses successeurs s'efforcèrent d'effacer le souvenir de la suzeraineté que le roi de France exerçait sur la Catalogne et le Roussillon. Après le concile de Tarragone (1181), ces pays échappent à la mouvance française. Un gain modeste ensuite : le comté de Forez, jusqu'alors fief d'Empire, finit par passer sous la suzeraineté française (1167), permettant ainsi la future extension en direction du Rhône et préparant la réunion de Lyon à la Couronne. Un échec lourd de conséquences, enfin : l'Aquitaine. Le duc d'Aquitaine, Guillaume X, étant mort, sa fille et héritière Aliénor épouse Louis VII, héritier du trône de France, qui succède à son père la même année (1137). Même si le duché gardait son autonomie, il était clair que, d'un seul coup, la limite méridionale des domaines capétiens se trouvait reportée aux Pyrénées, incorporant les anciens duchés de Guyenne et de Gascogne et les très nombreux fiefs qui en dépendaient. Limoges, Poitiers, Bordeaux, Angoulême passaient peu ou prou sous le contrôle direct du Capétien, sans parler des droits que sa femme pouvait faire valoir sur le comté de Toulouse. Après dix ans de mariage, le désaccord s'installa entre les époux, au retour de Palestine, où la conduite d'Aliénor n'avait pas été sans reproches. Passant outre aux conseils de Suger (mort en 1151) et aux tentatives de réconciliation du pape, le divorce fut prononcé, sous prétexte de consanguinité, le 18 mars 1152, par le concile de Beaugency. Aliénor recouvrait sa liberté et son vaste domaine échappait du même coup à l'héritage capétien.

Vassal ou rival ? Le duc de Normandie, roi d'Angleterre

Dans ses rapports avec ses grands vassaux, un seul danger a véritablement menacé la royauté française, mais il était de taille et faillit d'ailleurs bien l'emporter. La conquête de l'Angleterre par le duc de Normandie, Guillaume, après la bataille d'Hastings (1066), posait à la fois un problème de droit et un problème de fait. Problème de droit : un des grands vassaux devenait roi à son tour et les relations vassaliques traditionnelles prenaient ainsi une allure inattendue et délicate. Problème de fait : solidement tenus en main et réorganisés avec efficacité, les nouveaux domaines procuraient à celui qui n'était que « l'homme » du roi, une puissance de loin supérieure. Les rois de France, de Philippe Ier à Louis VII, n'avaient pas les moyens de s'opposer par la force aux ambitions du duc de Normandie. Leur politique a consisté, d'une part, à maintenir et à faire valoir leurs droits de suzerain, en exigeant, moyennant certains accommodements au besoin, la prestation du serment d'hommage, d'autre part à attiser les dissensions familiales qui, à plusieurs reprises, opposèrent les rois d'Angleterre et ducs de Normandie à leur turbulente progéniture. Solution empirique qui sauvegardait l'essentiel, sans compromettre l'avenir.

« L'Empire angevin »

Cependant, à travers un écheveau compliqué de mariages et de successions, les choses prirent une tournure beaucoup plus grave à partir de la fin du règne de Louis VI. Un nouvel ensemble territorial se constitua dans l'ouest de la France. Comte d'Anjou, du Maine et de la Touraine, Geoffroi le Bel avait épousé la veuve de l'empereur Henri V, Mathilde, qui hérita de son père, le roi Henri Ier (1100-1135), les possessions de la monarchie anglo-normande. Il réussit à se faire reconnaître duc de Normandie en 1144. A sa mort (1151), il transmit à son fils, Henri Plantagenêt, une vaste principauté, composée des fiefs les mieux organisés du royaume. En quelques années, ce dernier se trouva à la tête d'un ensemble territorial extrêmement étendu auquel on a parfois donné le nom d'« Empire angevin ». En 1152, il épousait Aliénor d'Aquitaine, qui venait de se séparer de Louis VII et qui lui apporta la Guyenne et la Gascogne. En 1154, il devint roi d'Angleterre ; en 1158, il contraignit le comte de Nantes, Conan, à résigner son comté entre ses mains, forçant ainsi la porte de la Bretagne, où il installa son fils Geoffroi quelques années plus tard. Prince français — sur trente-quatre ans de règne, il n'en passe que treize en Angleterre —, Henri II est « un homme au poil roussâtre, de stature moyenne ; il a une face léonine, carrée, des yeux à fleur de tête, naïfs et doux lorsqu'il est de bonne humeur, et qui jettent des éclairs lorsqu'il est irrité. Du matin au soir, sans arrêt, il s'occupe des affaires du royaume. Sauf quand il monte à cheval ou prend ses repas, il ne s'assoit jamais. Quand il n'a pas en main un arc ou une épée, il est au Conseil ou en train de lire. Nul n'est plus ingénieux ni plus éloquent, et, quand il peut se libérer de ses soucis, il aime à discuter avec les lettrés ». C'est un grand bâtisseur. En bref, « la domination d'Henri et d'Aliénor embrassait le tiers occidental de la France actuelle, comprenant tout le littoral français de la Manche et de l'océan Atlantique, depuis l'embouchure de la Bresle jusqu'aux rives de la Bidassoa, au-delà de Bayonne ».

Les réactions de Louis VII ne purent enrayer cette ascension. Il fit bien constater la violation du droit féodal que constituait le mariage sans son autorisation de la fille d'un vassal. Henri, refusant de comparaître devant la cour royale, fut déclaré rebelle et ses biens furent frappés de confiscation. Mais cette sentence, importante sur le plan juridique, ne fut jamais exécutée et, dès 1154, le roi renonçait au titre de duc d'Aquitaine. Jusqu'à sa mort, il allait recourir aux méthodes de ses prédécesseurs pour contenir autant que possible la puissance de son rival : attiser les dissensions qui se produisaient entre Henri II et ses fils, affirmer en chaque occasion ses droits de suzerain, toujours reconnus d'ailleurs par son vassal. Tactique habile en fin de compte : au terme de vingt-cinq-années de luttes, de manœuvres, d'intrigues, « le traité de Nonancourt, après lequel il n'y eut plus d'hostilités entre les deux rois, consacrait la fermeté de la résistance capétienne face aux entreprises Plantagenêt. Il manifestait clairement que, depuis 1154, Louis VII n'avait rien perdu ». (M. Pacaut.)

Le roi et l'Empereur

Cette prééminence reconnue au roi de France par les seigneurs de son royaume lui permit d'adopter une attitude indépendante à l'égard de son voisin, l'empereur germanique. A vrai dire, au temps de Philippe Ier, l'empereur Henri IV était aux prises avec la papauté, au plus fort de la querelle des investitures. C'est en vain qu'il requiert à plusieurs reprises le roi de France de se ranger à ses côtés ou de cesser son appui au pape : Philippe ne donne aucune suite. Alerte plus grave en 1124, lorsque Henri V, exaspéré du soutien apporté à Calixte II par Louis VI, veut intervenir dans les querelles entre ce dernier et le comte de Blois. Menaçant le royaume d'invasion, il annonce qu'il va détruire Reims. Derrière l'oriflamme de Saint-Denis, un élan spontané groupe dans la ville du sacre tous les contingents que les seigneurs laïcs et ecclésiastiques ont eu le temps d'envoyer à leur suzerain. L'expédition punitive fit long feu : Henri V ne dépassa pas Metz. Episode sans lendemain, qui ne se rattache à aucune opposition fondamentale. Plus inquiétante par ses prolongements possibles, la prétention de Frédéric Barberousse et de ses légistes, férus de droit romain, à la supériorité de l'Empereur sur ces *reguli*, petits rois des provinces de l'Empire, se révèle, en fin de compte, comme une arme psychologique dans la lutte engagée par cet Empereur contre la papauté, à nouveau soutenue par Louis VII. Menace théorique, à laquelle répond le souci capétien de se rattacher à la famille de Charlemagne par le mariage avec Adèle de Champagne, d'ascendance carolingienne. Tandis qu'à Saint-Denis Suger et ses successeurs s'efforcent de rattacher à l'Ile-de-France les souvenirs carolingiens et ceux de la plus ancienne royauté franque.

Le roi et la papauté

Envers la papauté, les rois de France témoignèrent continuellement d'une fidélité que l'on peut qualifier d'exemplaire, dans la bonne comme dans la mauvaise fortune. Cela ne signifie nullement qu'ils adoptèrent sans réticence et appliquèrent avec enthousiasme dans leur royaume les principes de la réforme grégorienne. Ni Philippe Ier, trois fois excommunié en raison de son mariage avec Bertrade, ni Louis VI, comblant de bénéfices ecclésiastiques son chancelier Etienne de Garlande, ni Louis VII, agissant de même avec le chancelier Cadurc, ne se privèrent, en effet, de vendre les dignités ecclésiastiques et de pratiquer la simonie. En revanche, pour calmer les scrupules des réformateurs rigoristes, le roi de France renonça à exiger l'hommage des évêques et se contenta de recevoir d'eux un simple serment de fidélité. Il n'empêche qu'au cours des innombrables querelles qui les opposèrent à l'Empereur, les papes trouvèrent toujours un refuge assuré auprès des Capétiens, un appui aussi contre leurs rivaux à la chaire de saint Pierre.

De leur côté, ils ne ménagèrent pas les interventions décisives quand les circonstances l'exigeaient. Fait significatif, c'est à Clermont qu'Urbain II prêche la Croisade en 1095. Il y donne en même temps valeur universelle à la trêve de Dieu, qui vise à mettre fin aux innombrables guerres privées que se livrent les seigneurs aux dépens du petit peuple. Certes, Philippe Ier n'a pas participé à la première croisade, laissant ce soin à son propre frère, Hugues de Vermandois, mais Louis VII prend la croix et c'est l'éloquence de saint Bernard qui soulève à Vézelay (1146) l'enthousiasme des assistants et lance le mouvement de la deuxième croisade, chargée de protéger la ville de Jérusalem contre un retour offensif des musulmans. L'échec relatif de cette expédition n'entame pas d'ailleurs les excellentes dispositions de la papauté.

Un bilan positif

Aux environs de 1180, le bilan est, tout compte fait, largement favorable : le souverain capétien a réalisé dans l'ensemble de substantiels progrès. Dans son domaine particulier de l'Ile-de-France, agrandi, pacifié, mieux administré et désormais centré sur Paris, la « capitale » qui s'affirme. Dans son prestige de roi, suzerain de grands vassaux respectueux, malgré tout, des obligations que leur impose l'hommage. Par contre, en France même, la menace anglo-angevine demeure pressante et, sur le plan international, le roi doit une grande part de son crédit à l'appui de la papauté. Néanmoins, les voies sont préparées. Lorsque Philippe Auguste monte sur le trône, des forces nouvelles sont en place dont il saura diriger l'élan pour asseoir définitivement le prestige de la royauté française.

III. FOI, SAVOIR ET SERVICE DE DIEU

Le clergé et son action : ombre et lumière

Entre les conditions de la vie spirituelle de la fin du XIIe siècle et celles de la fin du XIe siècle, les différences sont nettement sensibles. En matière de recrutement du clergé d'abord. Il est clair que la réforme grégorienne, relayant l'effort de purification clunisien, a combattu des pratiques jusqu'alors répandues et préjudiciables à la mission de l'Eglise. La condamnation des investitures laïques par Grégoire VII et ses successeurs fournit aux légats pontificaux — parmi lesquels se détache la figure intransigeante de Hugues de Die — les moyens de traquer la simonie (achat des dignités ecclésiastiques) et le nicolaïsme (concubinage des prêtres). Doctrine plus pure, discipline plus ferme donnent à l'Eglise plus d'indépendance que jadis à l'égard du monde séculier et des conceptions féodales. Encore faut-il nuancer ce jugement. Sans doute, le clergé supérieur est-il, dans son ensemble, mieux choisi, plus soucieux de ses responsabilités pastorales. Les moines, recrutés de plus en plus parmi les fils de chevaliers — ceux qui viennent de la paysannerie portent le nom de « convers » et se chargent des tâches matérielles —, ont plus souvent reçu la prêtrise, obéissent à la règle et élisent librement leur abbé. Les chapitres cathédraux — qui réservent, en fait, leurs prébendes aux fils de nobles — respectent mieux les prescriptions canoniques de la règle d'Aix. Enfin, les évêques sont tous élus par les chanoines : certes, le roi et les grands influencent le choix dans nombre de cas, mais, en général, les candidats sont plus dignes de la charge qu'ils postulent et plus conscients des devoirs qu'elle comporte.

Nette au niveau supérieur, l'amélioration est moins sensible au niveau du bas clergé. Même si les seigneurs ont cédé aux évêchés ou aux abbayes le droit qu'ils s'étaient arrogé de désigner le desservant de l'église construite sur leur domaine, le gain est faible. Certes, les cadres paroissiaux se stabilisent, l'église paroissiale est mieux entretenue, le culte est assuré plus régulièrement, mais, faute de séminaires appropriés, les prêtres ruraux, fils de serfs, vaguement frottés de notions de liturgie, restent souvent grossiers et peu instruits, vivant à la façon de leurs ouailles. A bien des égards, la religion qu'ils enseignent ne s'écarte guère de la superstition, voire des pratiques magiques de la sorcellerie.

Désir d'une religion purifiée...

Un mouvement d'insatisfaction parcourt tout le siècle. Recherche d'une religion plus exigeante, moins liée aux contingences terrestres, plus proche des valeurs spirituelles. Séduits par l'érémitisme, nombre d'esprits de qualité cherchent dans la solitude de régions retirées à créer la pureté évangélique. Bientôt, entourés de quelques compagnons enthousiastes, ils fondent de nouvelles communautés religieuses qui s'écartent de l'idéal bénédictin de Cluny, jusqu'alors en honneur. A Saint-Victor de Paris, autour de Guillaume de Champeaux (1108), ou bien à Prémontré, près de Laon, autour de Norbert de Gennep (1120), se groupent des chanoines qui adoptent la règle très exigeante de saint Augustin. Avant cela, des moines s'étaient attachés à Etienne de Muret, retiré à Grandmont, dans le Limousin (1074), ou à saint Bruno de Cologne, ancien maître des écoles de Reims, réfugié dans la solitude du massif de la Chartreuse (1084). De son côté, Robert d'Arbrissel avait réuni à Fontevrault, en Anjou, des pécheresses repenties. Idéaux communs à ces initiatives : austérité, pauvreté, obligation du silence et de la méditation. L'attrait de ce programme se lit dans la cadence d'une expansion qui dépasse rapidement les frontières de la France.

... parmi les moines : Cîteaux...

Parmi ces communautés nouvelles, une fondation bénédictine brille d'un exceptionnel éclat. C'est, en effet, la règle de saint Benoît, mais appliquée dans sa rigueur originelle, que veut suivre Robert de Molesme, installé d'abord au cœur de la forêt marécageuse de la vallée de la Saône, puis à l'abbaye de Cîteaux (1098), qui devait donner son nom à l'ordre tout entier. La règle cistercienne met en évidence les grandes tendances de la rénovation spirituelle qui se manifeste dans le courant nouveau. Pauvreté absolue : dans le vêtement, dans la nourriture, dans la couche, jusque dans la nudité des églises, dépouillées de toute ornementation figurative (en réaction contre le « luxe » clunisien) ; solitude des monastères, bâtis au « désert », à bonne distance des villages. Retour au travail manuel, par opposition à Cluny, confiné dans ses préoccupations liturgiques ; aidés de frères « convers », fils de paysans, les Cisterciens mettent leurs terres en valeur de leurs propres mains, « parce qu'ils ne lisaient pas dans la règle ni dans la vie de saint Benoît que ce maître eût possédé des autels ou des églises, des offrandes ou des sépultures, la dîme des autres hommes, ni des fours, ni des moulins, des villages ou des paysans » (*Exordium parvum*). Cette condamnation non équivoque du genre de vie seigneurial ne devait nullement les empêcher de s'insérer peu à peu dans les circuits commerciaux. Davantage que vers les défrichements, ils s'orientèrent rapidement vers l'élevage ; les granges, bien réparties sur leur domaine, se mirent à produire laine et cuir, fromages et viande, c'est-à-dire les denrées que réclamait précisément une population urbaine en pleine croissance.

Le renom des Cisterciens repose en grande partie sur la personnalité hors série de saint Bernard, abbé de l'une des filiales, Clairvaux, qui devint l'âme de la congrégation. Cadet d'une famille noble bourguignonne, ce moine passionné et volontaire, dévoré d'une foi ardente, entreprit de réformer la vie monastique, l'épiscopat et jusqu'à la papauté. Conseiller officieux des hauts barons, des rois et des papes, organisateur de la deuxième croisade, il régenta, de 1130 à 1150, la chrétienté tout entière, sur le plan de la doctrine comme dans les faits, avec une vigueur et une énergie parfois excessives. Ses invectives contre la scolastique parisienne — qu'il qualifia de « stultilogie » —, son incompréhension en face des insurrections communales, son échec devant l'hérésie du Midi témoignent cependant des limites de ce fougueux polémiste, auquel l'ordre cistercien dut un lustre incomparable.

... et dans le peuple : cathares et vaudois

Rénovation de la règle bénédictine, création de nouvelles congrégations : aucune de ces innovations ne sort du milieu clérical proprement dit, et leur pénétration dans les masses paysanne et urbaine demeure malgré tout limitée. Or, chez celles-ci aussi, le besoin d'un nouveau style religieux se fait sentir. Aussi n'est-il pas étonnant de voir se multiplier des mouvements hétérodoxes d'inspirations variées, dont certains n'ont qu'une durée fugace, mais dont d'autres vont connaître, à partir des années 1140-1150, une diffusion et un succès, à première vue surprenants. C'est alors que les purs, ou « cathares » (nom grec qui souligne la liaison par l'Italie du Nord avec les Balkans byzantins), s'installent entre Massif central et Pyrénées et instaurent même, après 1167, une véritable église avec hiérarchie et concile. Leur religion, héritière du manichéisme, est fondée sur un dualisme très simple : l'univers (et l'homme, par conséquent) est le théâtre de la lutte entre le principe spirituel du Bien et le principe matériel du Mal. Pour soutenir le parti du Bien, il faut rompre avec la matière : être pauvre, chaste, sans attaches. On atteint ainsi la perfection, donc le salut, sinon l'âme, par une série de transmigrations, se réincarne jusqu'à ce qu'elle parvienne à la pureté parfaite et soit, elle aussi, libérée. Sorte de christianisme simplifié, bien adapté à la mentalité populaire, prêché, en outre, par des hommes qui, contrairement au clergé officiel, pratiquaient véritablement les vertus évangéliques, cette doctrine se répandit rapidement. C'est en vain que saint Bernard tenta, par une tournée de prédications, de ramener le Midi à l'orthodoxie (1145). Les conciles de Reims, de Montpellier, de Tours, enregistrèrent d'année en année le progrès de l'hérésie en Languedoc et en Gascogne. En 1177, le comte de Toulouse signale avec effroi, au chapitre général de Cîteaux, la gravité de la situation à Albi et à Toulouse. Quelques prédications, assorties de brèves expéditions punitives, ne purent cependant enrayer l'extension d'un mouvement spirituel qui répondait à une obscure aspiration populaire.

C'est la même insatisfaction – mais dans le milieu urbain, où l'encadrement par le clergé est notamment insuffisant – que traduit l'aventure spirituelle de Pierre Valdès, ce marchand de Lyon qui, renonçant à ses biens, distribua son argent aux miséreux et prêcha la pénitence et le retour à la pauvreté évangélique (1176). Ignorant la condamnation de l'Eglise, il persévéra dans l'hérésie avec ses disciples, bientôt dénommés vaudois et volontiers confondus avec les cathares.

Cette fermentation spirituelle traduit à coup sûr dans toutes les couches de la société une volonté de retour aux fondements de la religion primitive : pauvreté, humilié, piété. Sous des formes contrastées et anarchiques, pareil élan témoigne visiblement d'une foi et d'une religion plus exigeantes, en fin de compte d'un indéniable progrès sur le plan spirituel.

La transmission du savoir

Progrès également en ce qui concerne la transmission du savoir et la formation des maîtres. Autour de l'écolâtre (*scolasticus*) du chapitre cathédral ou collégial, les clercs de la cité se réunissaient pour recevoir un enseignement consistant dans les arts libéraux : arts littéraires du *trivium* (grammaire, rhétorique, dialectique), c'est-à-dire les techniques de la composition, de la rédaction et du raisonnement oratoire ; arts scientifiques du *quadrivium* (arithmétique, géométrie, musique, astronomie), c'est-à-dire les branches de la science des nombres (la musique étant évidemment considérée sous l'aspect mathématique des proportions harmoniques et de l'acoustique). Ces connaissances préalables sanctionnées par un examen conféraient la « licence » d'enseigner. Les « leçons » des maîtres écolâtres consistaient essentiellement en commentaires littéraux d'auteurs latins, classiques ou chrétiens. La renommée de certains écolâtres ne tarda pas à se répandre et des disciples, accourus d'endroits parfois très éloignés pour suivre leurs leçons, essaimèrent et créèrent à leur tour de nouvelles écoles. C'est ainsi que naquirent certains foyers d'enseignement, ou *studia*, spécialisés dans certains domaines de la connaissance. Parmi ceux qui brillent d'un vif éclat à la fin du XIe siècle et au XIIe siècle, il faut citer Tournai et surtout Laon, Angers, Tours, Orléans, Le Mans, Chartres et Paris. Tous ces centres sont situés – ce fait mérite d'être signalé – au nord de la Loire. Une animation intellectuelle de haute qualité y est entretenue. Stimulée par des controverses et des discussions continuelles, elle va favoriser un enrichissement des connaissances et un perfectionnement des techniques du savoir.

Les répercussions de cette mutation scolaire n'ont pas tardé à se faire sentir dans tous les secteurs de la culture. Ce qui frappe chez tous les écrivains de cette première moitié du XIIe siècle, qu'ils traitent d'histoire, de théologie, de théorie politique, voire de poésie, c'est une familiarité de plus en plus étroite avec les auteurs classiques. Au contact des écrits de Sénèque, de Lucain, de Cicéron, de Virgile, d'Horace, les clercs de ce temps ont acquis rapidement la totale maîtrise des tours et détours de la prose et de la poésie latines. Cadences rythmiques et réminiscences d'auteurs fournissent alors un cadre tout préparé à leur pensée et entraînent même nombre d'entre eux jusqu'à la virtuosité et à la préciosité.

Néanmoins, les poèmes d'Hildebert de Lavardin, de Marbode d'Angers ou de Baudri de Bourgueil prennent un accent profane, tandis que le Normand Orderic Vital donne à sa chronique historique une tournure inspirée de Tite-Live, qui la distingue des besogneux procès-verbaux d'Adémar de Chabannes ou de Raoul Glaber. Il en va de même pour Suger, qui compose la *Vie de Louis le Gros* avec un sens très sûr de la construction littéraire, et pour le vigoureux auteur du *Policraticus*, Jean de Salisbury (1110-1180), « véritable humaniste », Anglais de naissance, maître écouté à Chartres et à Paris. Enfin, certains auteurs trouvent des accents originaux pour relater leurs tribulations personnelles : tels Guibert de Nogent dans *De vita sua* ou Pierre Abélard dans l'*Historia calamitatum*. La plupart d'entre eux sont également habiles à composer des sermons et c'est à leur talent de prédicateurs qu'ils doivent leur notoriété. En bref, le commerce de plus en plus intime avec les grands auteurs de l'Antiquité leur confère une vision du monde beaucoup plus riche et plus nuancée, une manière de penser plus souple et plus subtile.

Progrès de l'art de raisonner

Ce qui se forge également, sous l'influence de ce brassage d'idées, c'est une autre démarche intellectuelle, une nouvelle méthode pour arriver à la compréhension de Dieu, de l'homme et de l'univers. Au lieu de saisir des harmonies, d'interpréter des symboles, mieux vaut comprendre, c'est-à-dire utiliser un système de déduction rationnelle. *Intelligere*, c'est définir, classer, observer, et l'on mesure la place que prend dans cette perspective la dialectique, art du raisonnement. Déjà pour l'écolâtre de Tours Béranger, peu avant 1050, la raison était bien « l'honneur de l'homme, qui est en lui l'image même de Dieu », et la querelle sur la réalité des idées générales (universaux) opposant « nominalistes », qui en nient l'existence, et « réalistes », avait déjà entraîné d'assez graves remous sur le plan de la foi. Dès la fin du XIe siècle, la dialectique est considérée comme une discipline essentielle à la formation du clerc : *Fides quaerens intellectum*, la formule de saint Anselme, le maître influent qui dirigea l'abbaye du Bec en Normandie avant d'accéder au siège archiépiscopal de Cantorbéry (1102), exprime dans une orthodoxie parfaite la place réservée à ce mode privilégié d'investigation.

Cette promotion de la raison caractérise la pensée du XIIe siècle. D'autant plus qu'elle peut exercer son action sur une matière de plus en plus vaste et de plus en plus diversifiée. Car cet essor de la culture s'accompagne, comme l'humanisme, d'une quête fiévreuse d'œuvres antiques. Par l'intermédiaire des Byzantins et des Arabes, à travers la Sicile et surtout l'Espagne, des fragments inconnus de savants et de philosophes grecs : Euclide, Ptolémée, Hippocrate, Galien, Platon, parviennent jusqu'aux écoles françaises. Et surtout la pensée d'Aristote, tronquée certes et corrompue, se révèle à eux ; mais l'*Organon*, la *Logique* et les bribes de l'*Ethique à Nicomaque* suffisent à alimenter un appétit de savoir organisé et cohérent, un désir de logique.

Tout s'enchaîne décidément. Tandis que l'instrument du raisonnement se perfectionne, que le matériel intellectuel disponible s'étoffe, voici que les méthodes d'enseignement se transforment. La « leçon », simple lecture expliquée du texte antique, s'élargit. Elle s'accompagne de « gloses », colligeant et discutant les opinions des « autorités » sur tel point précis, qui sont à leur tour mises par écrit et étudiées comme telles. Quant aux difficultés d'interprétation qui surgissent lors du commentaire, elles sont formulées avec le plus de clarté possible sous forme de « questions », que la dialectique s'applique ensuite à résoudre de façon rationnelle. L'Ecriture et les Pères de l'Eglise sont soumis à cet examen méthodique au cours d'un cycle d'études supérieures, qui couronne les arts libéraux et qui commence à porter le nom de « théologie ». Anselme de Laon, Pierre le Lombard, à Paris, travaillent à mettre de l'ordre dans le dogme, à le réduire en « sentences » et à faire ressortir les « questions » qu'il importe de traiter et d'examiner. Attitude qui ne va pas sans risques, comme le montre l'exemple d'Abélard, logicien et dialecticien brillant, penseur audacieux, professeur populaire, dont l'enseignement consacra définitivement la fortune des écoles de Paris. Prenant position avec fougue dans les controverses cruciales du temps, il clarifie grâce à une argumentation plus subtile le problème des « universaux ». Dans son *Oui et Non* (1135), où sont rassemblées toutes les contradictions des « sentences », il fournit à la théologie une méthode spécifique qui débouche pour lui sur un idéal de tolérance et de confiance dans la raison : « N'emploie jamais la contrainte pour amener ton prochain à la croyance qui est la tienne : c'est par ses lumières seules que l'esprit humain doit se déterminer. En vain essaieras-tu d'obtenir violemment une adhésion mensongère, la foi ne vient pas de la force, mais de la raison ». En butte à l'hostilité déclarée de saint Bernard, finalement condamné par le concile de Sens (1140), Abélard n'en a pas moins assuré les bases d'un système de pensée logique : la scolastique, qui est bien la « première philosophie d'Occident ».

Dans le fil de la tradition : l'art roman

L'Antiquité n'est pas seulement présente par les textes, elle resurgit également, mais transformée, adaptée, dans un art de construire qui atteint son apogée aux alentours de 1100 : l'art roman, qui est, lui aussi, le premier des arts d'Occident. Sans doute naît-il « là où les traditions et innovations se sont mêlées, là où le plan et l'espace carolingiens se sont unis à l'élévation et au décor méridionaux pour réaliser de grandes constructions, c'est-à-dire au centre de la France, en Bourgogne, Touraine et Auvergne » (L. Génicot). Ses particularités essentielles sont l'emploi de la voûte pour couvrir de larges surfaces et le développement de la décoration extérieure.

Emploi de la voûte, car le plan de base hérité de l'âge carolingien et de la basilique romaine ne se modifie pas ; simplement, l'espace clos, propre à la prière et au recueillement, est désormais recouvert d'un plafond de pierre. Soit voûte à la romaine en berceau continu, élevée sur un cintre fait d'un blocage de mœllons et de mortier, donc massive et terriblement lourde, appuyée sur des murs épais et peu élevés. Soit voûte renforcée par des arcs-doubleaux jetés de travée en travée et reposant sur des pilastres étayés par des contreforts. Soit enfin voûte d'arêtes, obtenue par l'intersection à angle droit de deux berceaux qui s'épaulent l'un l'autre. Ces divers types se retrouvent un peu partout, avec des variations dues aux influences locales.

En tout cas, techniques complexes qui supposent l'intervention d'hommes de métier : carriers, tailleurs de pierres, maçons, organisés en compagnies itinérantes et dont les connaissances empiriques sont souvent coordonnées par la vision d'ensemble et les préférences esthétiques du prélat constructeur. Techniques coûteuses, en outre : seules les abbayes très riches ont pu mener à bien en peu d'années pareilles entreprises : Cluny, par exemple, édifiant sa troisième basilique en trente ans (1088-1118), ou la Madeleine de Vézelay, commencée en 1090.

La décoration aussi se transforme. A l'intérieur d'abord : la peinture triomphe sans partage. Sous des couleurs tantôt ternes, tantôt rutilantes, des scènes majestueuses se déroulent, comme la Genèse aux voûtes de Saint-Savin-sur-Gartempe, des personnages surhumains prennent vie, tel le Christ colossal à l'abside de la chapelle de Berzé-la-Ville. Piliers et colonnes deviennent les éléments d'un décor prestigieux et les chapiteaux sculptés n'échappent pas à la polychromie. A l'extérieur, les parois s'animent à leur tour. Aux arcatures, niches et motifs géométriques du premier âge roman succède, dans les dernières années du XIe siècle, la sculpture sur pierre et à figure. Servante de l'architecture, il arrive qu'elle rehausse la façade entière de statues ou de bas-reliefs, comme à Notre-Dame-la-Grande de Poitiers ; le plus souvent, elle se concentre sur les chapiteaux et les portes. Aux premiers, feuillage, motifs géométriques, êtres fantastiques, miracles de saints populaires apportent une vie pittoresque ; des symboles plus subtils apparaissent aussi, comme les tons de la musique disposés autour du maître-autel de Cluny. Personnages et scènes de la Bible envahissent les secondes, linteau, tympan et trumeau, pour créer cette merveille de l'art médiéval : le portail. Sculptures que l'étroitesse du champ rend « irréalistes », représentations déformées de la réalité, mais déformées volontairement sous l'empire de mobiles esthétiques et spirituels.

A partir du premier tiers du XIIe siècle, l'art roman, expression plastique de la France du Sud, commence à décliner. Dernière et éclatante flambée : dans une terre imprégnée de traditions héritées de Rome, Saint-Gilles-du-Gard (vers 1170) rappelle à point nommé ses origines antiques.

Eclosion d'un style nouveau : l'art gothique

A bien des égards, en effet, cet art représente l'aboutissement d'une tradition ancienne. Vers 1100, au moment précis où il atteint son équilibre le plus parfait, une technique de construction révolutionnaire commence à être employée dans les pays du Nord, jusqu'alors fidèles aux charpentes de bois. En Normandie, par exemple, dans la salle capitulaire de l'abbaye de Jumièges, ou en Angleterre, au chœur de la cathédrale de Durham. Hormis ces premières tentatives, c'est décidément dans l'Ile-de-France que s'élabore le style nouveau : l'*opus francigenum*, qui va se répandre dans l'Europe entière et connaître un succès foudroyant. Reflet sur le plan architectural de la promotion de cette contrée autour de Paris où se recoupent les axes du pouvoir, de l'économie, de la pensée et de l'art...

Technique nouvelle : née elle-même de la voûte d'arêtes, bien connue des constructeurs romans, la croisée d'ogives est faite de nervures placées sous les arêtes et destinées simplement à les renforcer et à les soutenir. Le progrès consista à lancer ces « ogives » avant la voûte et à les combiner avec les doubleaux. Pour assurer un meilleur équilibre à l'ensemble, l'arc brisé, déjà couramment utilisé en Bourgogne, fut préféré au plein cintre. De cette façon, on obtint une véritable armature dont il suffisait de remplir les intervalles par de minces parois pour couvrir l'édifice. La voûte, très légère, ne reposait plus que sur les piliers et pouvait s'élever très haut, à condition d'être épaulée par des arcs-boutants, soutiens supplémentaires qui permettaient d'élargir l'assiette de la construction et de répartir plus judicieusement les poussées. On le fit pour la première fois à la nef de Notre-Dame de Paris (1163-1180). Désormais, les murs ne portaient plus rien : le bâtiment reposait entièrement sur les arcs et les piliers. « A ce point, le monument n'était plus une masse, mais un ensemble articulé, élancé et ouvert. Il était gothique ». (L. Génicot).

A partir du déambulatoire de Morienval, dans l'Oise (vers 1122), cette façon de construire se répand en une vingtaine d'années dans les petites églises du Beauvaisis, de la Picardie, de la Région parisienne, et intervient bientôt dans de plus vastes entreprises : à Sens, à La Charité-sur-Loire, à la cathédrale de Langres. Mais c'est à Saint-Denis, « le plus royal de tous les établissements monastiques » — Suger fait reconstruire la basilique entre 1132 et 1144 —, qu'elle s'affirme véritablement comme un style, dans lequel rudiments mathématiques et spéculations philosophiques inspirées du néo-platonisme de l'école de Chartres se combinent harmonieusement pour « éclairer les esprits et les mener par les vraies lumières à la lumière véritable dont le Christ est la véritable porte ».

Par contraste avec le précédent, ce style nouveau frappe par son parti pris de verticalité, par cet irrésistible élan vers le ciel qui commande toute l'ordonnance intérieure. Mais il est plus encore triomphe de la lumière, qui pénètre par les nombreuses verrières, larges baies percées entre les colonnes ou rosaces gigantesques découpant la façade. L'art ancien du vitrail ressuscite : soudés entre eux par des coulées de plomb, les innombrables fragments de verres colorés, de taille et de forme extraordinairement variées, composent tour à tour des figures majestueuses et expressives, ou bien évoquent de petites scènes de l'histoire sainte, de la vie des saints, voire de la vie courante en un chatoiement de bleus profonds et de rouges rutilants qui « font rayonner sur le pavement le soleil aux cheveux d'or ». Au chœur de Saint-Denis, construit par Suger entre 1140 et 1144, flamboient les plus anciens vitraux datés avec certitude.

La sculpture, elle aussi, évolue par rapport à l'âge roman. Dans son inspiration d'abord et ici encore en grande partie sous l'influence de Suger. Au porche de Saint-Denis en premier lieu, et partout ailleurs ensuite, l'iconographie gothique relègue à l'arrière-plan les êtres d'imagination, les effigies terrifiantes et glorieuses pour insister sur ce qu'il y a d'humain dans les mystères chrétiens. L'Ancien Testament introduit à l'Evangile et préfigure la passion du Christ, le Jugement dernier, le Paradis. Le thème de la Nativité, la figure de la Vierge occupent une place grandissante aux tympans du Mans, de Bourges, d'Etampes, de Laon ou de Senlis. Dans ses réalisations ensuite : le naturalisme des personnages est à présent la règle. La sculpture ne déforme plus ; elle creuse le relief et se détache progressivement du corps de la construction, comme dans ces statues-colonnes de rois et de reines, de prophètes ou d'apôtres qui décorent le porche de Saint-Denis ou le portail de Chartres. Ici aussi, une vision nouvelle de l'humanité se fait jour : dans ce « regard » gothique, que sourcils baissés et paupières plissées distinguent de « l'œil » roman, dans cette ébauche de sourire qui éclaire les visages. Ce retour à une religion plus proche de l'homme définit la nouvelle mission que le clergé confie à l'imagier et au verrier : instruire.

De fait, la mode se répand vite, et sans doute les équipes de maçons, d'imagiers, de verriers appelés des grands chantiers du Midi par Suger, ont-elles contribué à sa diffusion. On sait qu'elles ont travaillé au portail royal de Chartres entre 1145 et 1155, et l'esprit qui les guide se retrouve également à Sens (vers 1140), à Senlis (1155), à Laon (1155-1160), à Paris enfin, où le chœur de Notre-Dame surgit en 1163, la nef en 1180, tandis que la nouvelle église de Soissons sort de terre. La localisation de cette première vague du gothique parle d'elle-même : toutes ces cathédrales sont situées dans les villes du domaine royal capétien. Cette concentration exprime à sa façon une double tendance, déjà maintes fois signalée dans les pages qui précèdent : primauté de l'Ile-de-France, primauté des villes.

Dans les autres arts, mineurs malgré tout par rapport à l'architecture, un mouvement identique n'est vraiment sensible qu'en musique : la polyphonie, cultivée à Saint-Martial de Limoges, s'acclimate, elle aussi, à Paris, où Léonin, puis son élève Pérotin le Grand, composent des œuvres admirables à la fin du XIIe siècle. Pour le reste, orfèvres, émailleurs du Limousin, enlumineurs, ivoiriers demeurent plus attachés à leurs ateliers traditionnels. Il est vrai que des relations plus fréquentes et plus aisées atténuent leur isolement. Fatalement, leur production s'engage, elle aussi, dans la voie nouvelle, tant par le choix des couleurs que par celui des sujets traités.

IV. MILIEU CHEVALERESQUE ET CULTURE PROFANE

Si le monde des clercs présente sur le plan des idées, de l'art, des croyances religieuses, le spectacle d'une vitalité exceptionnelle, il n'en va pas autrement du monde des laïcs privilégiés, c'est-à-dire du monde des chevaliers. La croissance économique a profondément transformé les conditions de vie du guerrier-paysan des temps antérieurs. A présent, il tire de son domaine d'abondants revenus en deniers. Ceux-ci peuvent atteindre un niveau respectable lorsque la seigneurie englobe des terres fertiles, une ville active, une foire fréquentée. Revenus fort variables donc, mais qui, généralement, lui permettent de dépenser plus largement – signe extérieur de noblesse au XIIe siècle –, de tenir table ouverte, d'entretenir autour de lui compagnons d'armes et domestiques, de distribuer des aumônes aux églises et aux monastères, bref de donner de sa personne une image qui corresponde à l'idéal que l'on se fait du noble. C'est au cœur de ces « cours » que s'accomplit une mutation décisive de la mentalité seigneuriale.

Des hommes de guerre...

Non que les rudes exercices physiques aient perdu leur attrait. La chasse à l'épieu, au faucon, aux chiens, rude et sanglante, reste un passe-temps général et fort prisé, surtout pendant les périodes où l'on ne peut exercer le noble métier des armes. Car la guerre demeure la raison de vivre de ces hobereaux, pour qui compte avant tout la vigueur physique. Au vrai, l'équipement défensif s'est perfectionné vers la fin du XIe siècle, en même temps que se développait l'habileté des artisans du fer : le heaume s'est pourvu d'un nasal, lame métallique protégeant le visage ; le haubert, fait de mailles ou d'anneaux de fer, protège le corps tout entier. La manœuvre aussi a changé : le poids de l'armement empêche le cavalier de descendre de cheval, et les batailles consistent en charges alternées, où les combattants se servent surtout de la lance pour désarçonner l'adversaire sous le choc et l'amener à rançon.

Quand l'entend Roland (Dieu, il en a si grande douleur)

Son cheval éperonne, le laisse courir à plein élan,

Va frapper le comte aussi fort qu'il peut.

(*Chanson de Roland*, vers 1196-1198).

Sport complexe réclamant vigueur physique, parfait maniement des armes, maîtrise de la monture : les joutes, les tournois, les jeux — tel celui de la quintaine — sont donc autant d'entraînements, toujours brutaux, nécessaires à une pratique correcte du métier des armes. D'ailleurs, à cette féodalité turbulente, dont les membres sont soudés entre eux, par les liens du sang en lignages familiaux, et par les liens du serment en clientèles vassaliques, les occasions d'exercer ses talents ne manquent pas. Moins en France, où les efforts de l'Eglise (trêve de Dieu) et la volonté des hauts barons réussissent, petit à petit, à faire prévaloir une paix, encore bien précaire, mais qui, vaille que vaille, réduit la fréquence des guerres privées. Mais, en dehors, nombre d'expéditions guerrières ouvrent aux cadets de famille mal pourvus l'espoir d'une réussite et d'un enrichissement rapides. Une foule de jeunes aventuriers répond à l'appel des Normands entreprenants. Combien d'autres combattent en Espagne contre les musulmans et entament une « reconquête » qui s'étendra sur plusieurs siècles ? Combien accompagnent les pèlerins armés qui visitent, de plus en plus nombreux, le tombeau du Christ en Terre sainte ? Enfin, au concile de Clermont de 1095, l'appel du pape Urbain II déclenche une véritable migration en direction de la Palestine. La Croisade, œuvre pie par excellence, va mobiliser pour longtemps le trop-plein d'énergie de la classe chevaleresque. Mouvement de masse : on a pu estimer qu'en trente ans (1097-1127) près de la moitié des chevaliers de France étaient partis, pour un temps plus ou moins long, lutter contre les musulmans, soit en Espagne, soit outre-mer.

... aux mœurs moins rudes

Ce sont d'ailleurs ces voyages et ces contacts avec la civilisation très évoluée de l'Islam, sous la bannière de la Croix, qui adoucissent bien des traits de la rude mentalité chevaleresque. A ses qualités de loyauté et de bravoure, le chevalier va devoir joindre des vertus chrétiennes, inspirées d'un souci plus vif d'humanité. Protecteur des faibles et des opprimés, le « preux » se veut également un redresseur de torts. Le cérémonial de l'adoubement traduit cette évolution : retraite et prières sous la direction d'un prêtre précèdent la cérémonie proprement dite et la bénédiction de l'épée. Le *miles Christi* fait désormais partie d'une « milice », dont les austères moines-soldats servant dans les ordres des Templiers et des Hospitaliers, favorisés par d'innombrables donations, sont censés représenter l'élite. Le style de vie se modifie : au donjon massif, flanqué d'une ferme, succède une résidence plus spacieuse, où l'on accueille jongleurs, trouvères, voyageurs. La nourriture s'affine : elle fait place aux fruits et aux épices. Les vêtements deviennent moins rustiques : « chainse » descendant jusqu'aux pieds, recouverte par un « bliaut » aux longues manches, manteau traînant. Plus dégagés, faits d'étoffes plus fines et de couleurs variées, fabriqués en Artois, en Picardie, en Flandre — parfois brodés de soie, ornés de petit-gris et de zibeline, pour les très grands princes. Le goût de la parure se généralise et les bijoux précieux, travaillés par les orfèvres et les émailleurs, trouvent une clientèle de plus en plus exigeante. Enfin, la présence, dans l'entourage des seigneurs, de clercs instruits qui écrivent les chartes, négocient les affaires compliquées, contribue à effacer le mépris des lettres propre au noble du premier âge féodal. Un nouveau milieu naît sous ces influences conjuguées où d'autres modèles sont admirés. D'abord dans l'Ouest, autour du duc de Normandie, du comte d'Anjou, et surtout autour d'Aliénor d'Aquitaine, les « cours », petits centres de la culture nouvelle, se multiplient et se répandent jusqu'aux comtés de Champagne et de Flandre, donnant le ton à une nouvelle société noble, beaucoup plus polie, plus raffinée, plus lettrée que celle qui l'avait précédée.

Chansons de geste et poèmes lyriques

Ce public nouveau est fort avide de distractions littéraires, de poésies et de récits que déclament jongleurs et musiciens ambulants, parfois poètes eux-mêmes, parfois interprètes des œuvres d'autrui.

Au nord, dans le domaine de la langue d'oïl, c'est-à-dire en Normandie, dans les pays du Val de Loire et de l'Ile-de-France, le genre épique triomphe à la fin du XIe siècle. Sur quelque canevas historique très ancien, souvenir des temps carolingiens, les jongleurs brodaient des aventures de guerre selon des recettes capables de plaire à leur public. Reliant les différents épisodes au gré de parentés et de rencontres imaginaires, ils finirent par composer des « gestes » ou des « cycles », centrés sur un héros épique, Raoul de Cambrai, Guillaume d'Orange, Charlemagne. La plus belle et la plus célèbre de ces chansons de geste est la *Chanson de Roland*. Son point de départ historique est le massacre par les Basques, en 778, dans les gorges de Roncevaux, de l'arrière-garde de Charlemagne, massacre où périt Roland, préfet des marches de Bretagne. En quatre mille vers assonancés de dix syllabes, et sans reculer devant inventions et adaptations (Roland devient le neveu de Charlemagne ; les Sarrasins remplacent les Basques, etc.), elle chante les vertus guerrières et le devoir du vassal, l'attachement à la terre natale – la « douce France » –, la lutte sacrée contre les Sarrasins, thèmes propres, au demeurant, à passionner et à émouvoir les membres de l'aristocratie féodale des pays du Nord aux environs de 1100.

Au sud, par contre, entre Poitiers et Limoges, se révèlent les premiers témoignages d'une littérature en langue d'oc. Il s'agit de courtes chansons, composées par des poètes, au nombre desquels des barons de haut parage, tel le duc d'Aquitaine, Guillaume IX (1071-1127), ne dédaignaient pas de figurer : « Puisque de chanter m'a pris l'envie, ferai une chanson dont suis dolent. » Elles étaient chantées par des jongleurs experts dans l'art d'adapter la mélodie aux paroles du maître et d'amuser en même temps les assistants par des danses ou des tours de bateleurs. Evoqué soit sous un aspect idéaliste et sensuel, comme chez Jaufré Rudel (1148), soit avec un réalisme satirique qui n'exclut pas la grâce, comme chez Marcabru (vers 1135-1147), le sentiment amoureux forme le sujet constant de ces poèmes lyriques, très différents par leur préciosité et leur tournure recherchée de la rude vigueur de l'épopée.

L'amour courtois

A travers cette efflorescence littéraire transparaît en filigrane un changement notable dans la mentalité chevaleresque à l'égard de la femme – noble s'entend –, attitude nouvelle qui se marque dans le succès du culte de sainte Madeleine à la fin du XIe siècle et qu'amplifie la vénération croissante envers Notre-Dame.

Au château, l'épouse n'est plus seulement cette servante en chef, génitrice de la race et repos du guerrier ; elle devient la partenaire, l'égale, digne de gérer la seigneurie en l'absence de son mari, parti à la guerre ou à la Croisade. Sa présence éclaire et réjouit les cours seigneuriales, leur enlevant ce cachet de rudesse qu'elles avaient conservé jusqu'alors. Assimilation significative : le sentiment amoureux s'intègre à la vie féodale, en adopte les règles et le vocabulaire particulier.

Alors naît l'amour courtois, dans lequel le chevalier fait « hommage » à sa « dame » et lui voue la même fidélité qu'un vassal à son suzerain. Née dans le Midi, cette attitude, qui s'épanouit à la cour d'Aliénor d'Aquitaine, émigre avec elle à Paris et se répand grâce à ses filles, établies à Blois et en Champagne. Le Nord est conquis et la vogue des chansons de toile, pastourelles, aubes et jeux-partis, composés par des trouvères, traduit l'ampleur du changement de mentalité.

Vogue du « roman »

C'est à ce public au goût plus raffiné que le « roman » s'adresse. Récits d'amour, d'aventures et de féeries, ces longs poèmes de vers octosyllabiques à rimes plates sont destinés non à être chantés, mais lus dans un cercle plus intime d'initiés. Ils sont écrits – leur nom l'indique – dans une langue littéraire nouvelle : le dialecte de l'Ile-de-France, dont ils vont favoriser la diffusion. Le choix des sujets révèle des sources érudites et l'influence des clercs. Parfois, en effet, la trame du conte est fournie par certains auteurs antiques : Virgile et Ovide, Stace ; mais l'imagination du poète y entremêle mainte complication amoureuse, comme dans les *Romans de Thèbes* (1150), *d'Enéas* (1155) et *de Troie* (1165). Plus tard, vers 1170, triomphe la « matière de Bretagne », qui met en scène Artus, roi légendaire du Pays de Galles, et ses chevaliers de la Table ronde. Chrétien de Troyes s'en inspire dans *Erec et Enide* (1168), *Lancelot ou le Roman de la Charrette* (1172), *Yvain ou le Chevalier au Lion*, *Perceval* ; Béroul, trouvère normand, y situe les péripéties de son *Tristan et Yseut* (1160), dont le thème sera repris par Marie de France dans le *Lai du chèvrefeuille*. Avec le *Perceval* (1174-1180) de Chrétien se dessine une évolution parallèle à celle que suit la chevalerie : le *Graal* trahit une conception mystique de l'amour divin, et le personnage de Galaad exalte les vertus de chasteté, de pureté qui viennent s'ajouter au code traditionnel du chevalier chrétien.

Vers une mentalité nouvelle

Par là s'exprime une mutation décisive : la mentalité du noble de la fin du XIIe siècle, plus courtois, plus lettré, plus raffiné dans sa façon de vivre et dans sa sensibilité, diffère profondément de celle de son ancêtre du XIe siècle. Tout au moins dans le milieu restreint qui subit l'influence des « cours » et des « clercs » – le seul qui compte au demeurant. Celui, en tout cas, qu'entraînent le plus rapidement la marche en avant, la découverte de formes et de solutions nouvelles et hardies qui caractérisent, plus d'un contemporain l'a confusément ressenti, le « siècle du grand progrès ». Mouvement dont l'élan se concentre dans cette Ile-de-France, active, peuplée et fertile, au cœur de laquelle le roi capétien assure les fondements de sa puissance. Les conditions d'une efflorescence éclatante sont réunies.

11. LA SYNTHÈSE CAPÉTIENNE

1180-1270 :
autour du roi
et de Paris se rassemblent
toutes les ressources du pays.

En septembre 1180, lorsque le jeune Philippe II succède à Louis VII, son pouvoir n'est pas contesté. Il possède des alliances et des clientèles jusque dans le Midi, mais son vassal Plantagenêt contrôle des terres et des fidélités sur plus de la moitié du royaume, jusqu'au grand fief de Toulouse, lieu d'affrontement lointain des suzerainetés concurrentes. Le roi vit entouré de prélats et de moines, mais les « pauvres » poursuivent une sourde prédication, et, dans le pays cathare, les parfaits ont, en moins de trente ans, conquis presque toutes les positions chrétiennes.

Dans le domaine capétien, l'art royal, grandi auprès des écoles cathédrales, témoigne d'un nouvel âge et d'une foi neuve, mais tout le sud du royaume, domaine de l'immobilité monastique, des traditions romanes et des rêves aristocratiques, le repousse ou le dénature. Trois générations de prospérité, et la monarchie est triomphante, l'hérésie abattue, l'art de France partout conquérant. Car la France du Nord, des villes, des foires et du domaine royal a vécu, au centre du nouvel essor occidental, à un rythme plus rapide.

I. LE RASSEMBLEMENT ÉCONOMIQUE

Un siècle de prospérité commerciale

La France au centre d'un monde plus vaste...

Les mondes nordiques n'étaient plus, en effet, le domaine de l'aventure missionnaire ou marchande. Des colons, partis des pays du Rhin et de la mer du Nord, mettaient en valeur les terres nouvelles de l'Oder et s'établissaient au-delà de la Vistule, dans « l'Empire » des ordres militaires germaniques. Tout au long des rivages baltiques, des villes nouvelles ponctuaient la progression jusque dans les fjords scandinaves ouverts aux commerçants allemands ; les foires de Scanie et l'île de Gotland devenaient les centres d'un nouvel espace économique dominé par les marchands de Lübeck et déjà relié aux ports d'Angleterre et de Flandre. Dès avant 1250 Bruges ouvrait les portes d'un univers commercial qui s'étendait jusqu'au golfe de Finlande et jusqu'à Novgorod.

De l'Espagne à la mer Noire, de nouveaux débouchés s'offraient aux produits de l'Europe du Nord-Ouest. Gênes, Pise, suivies par les villes catalanes et aragonaises, multipliaient leurs établissements sur les côtes du Maghreb. Des convois réguliers cinglaient vers Alexandrie. De Chypre aux Baléares, toutes les îles furent bientôt chrétiennes, tandis que Venise, détournant, en 1204, la quatrième croisade, bâtissait un empire colonial sur les ruines de Byzance, forçait les détroits et pénétrait en mer Noire. Les villes italiennes, regorgeant de produits orientaux, développaient leur artisanat et déléguaient leurs marins et leurs marchands vers de nouveaux marchés. Avant le milieu du siècle, les navires génois, armés du gouvernail d'étambot et de la voile latine, se livraient déjà au cabotage sur les côtes d'Espagne, rejoignant les marins de Biscaye, ceux de Saintonge ou de Bretagne, qui convoyaient le fer, le vin et le sel vers les ports anglais et flamands, tandis que, de Paris à la Lorraine, les hommes d'affaires de Sienne, d'Asti et de Lucques rencontraient les drapiers d'Artois ou de Flandre. Ainsi la France se trouvait enveloppée et pénétrée de toutes parts par les voies essentielles du trafic occidental. Or, elle était elle-même un immense domaine, riche d'hommes et de nombreuses possibilités commerciales.

... et plus riche

L'expansion démographique s'y poursuivait sans désemparer, s'accompagnant encore de migrations et multipliant les lieux habités. Dans les vieilles terres, les agglomérations paysannes devenaient plus compactes ; en Languedoc, en Flandre et en Ile-de-France, les villes se gonflaient du trop-plein de campagnes surpeuplées. En Picardie, les foyers paysans n'avaient jamais été aussi denses. Si la fin du XIIe siècle fut encore fort dure — disettes, épidémies, quatre terribles années de famine —, les crises ensuite s'espacèrent, se firent plus localisées et plus brèves. Une paix relative soutint l'expansion. Hors du Languedoc, meurtri par la croisade, les conflits politiques étaient sans incidences graves ; les princes faisaient respecter sans peine leur loi.

Les hommes, plus nombreux, étaient aussi mieux alimentés. Si bien des humbles devaient encore se contenter de soupe claire, de pain de seigle, de laitage et de fruits, les riches n'étaient plus les seuls à manger du pain de froment, des fromages et des viandes parfumées d'épices et arrosées de vin. Sur les tables aristocratiques, la variété des mets était l'image d'un monde de plus en plus ouvert. Le nombre des services, le rituel des repas donnaient la mesure d'exigences plus nombreuses, que s'efforçaient de satisfaire tous ceux qui le pouvaient, et qui se manifestaient partout, et d'abord dans l'habillement. Les tissus grossiers fabriqués au fond des campagnes n'étaient plus portés que par les valets ou les frères de Saint-François, qui les adoptèrent par humilité. Les vêtements courts et ajustés, le gros cuir, devinrent les marques de la rusticité ou du travail « mécanique ». Bourgeois et nobles doublaient de fourrures rares leurs manteaux de drap aux couleurs éclatantes, portaient des robes aux larges plis, des sous-vêtements de lin, et ils agrémentaient leurs parures de « samits » ou de « cendals » sortis d'ateliers orientaux ou italiens.

Pour les riches, le vêtement se fit aussi changeant ; les prédicateurs, dès le temps de Philippe Auguste, s'élevaient contre les excentricités d'une jeunesse qui se parait d'étoffes dentelées, de tuniques à queues ou de chaussures à plis. Ces attitudes aristocratiques, à la ville comme au château, pesaient d'autant plus sur la vie sociale que le temps était à l'aisance et qu'elles exprimaient un désir général de mieux vivre. Autant que l'élargissement du monde, ou que le nombre des hommes, cette demande plus forte et plus diversifiée stimula la production et intensifia les échanges.

Des instruments rénovés

Routes

Partout dans le royaume les routes s'animaient davantage. Les chemins d'eau d'abord, ponctués de relais et de grèves, qui permettaient de transporter loin et à bas prix les denrées les plus lourdes. Les routes de terre surtout, simples pistes parcourues par des convois de mules et de roncins ou roussins, durs chemins parfois, capables de supporter les chars et les quadriges, tous rendus moins primitifs par les ponts, œuvres pies, édifiés aux passages les plus difficiles (c'est en 1185 que fut achevé celui d'Avignon ; le pont du Rhône à Lyon et le pont Saint-Esprit allaient suivre), et par les nombreuses passerelles de bois qui franchissaient rivières et ravins. La route se fit aussi moins sauvage. Les déserts avaient reculé : hameaux, villeneuves, bourgs nantis de tavernes, auberges bâties auprès des péages plus nombreux, s'ajoutaient aux monastères et aux hôpitaux, recueillaient une part de leurs fonctions et constituaient autant de gîtes où l'on pouvait faire étape, nourrir ses bêtes et placer les marchandises en sécurité. La route devint aussi plus sûre. Les voituriers étaient plus nombreux à l'emprunter. Enfin les princes, roi de France, comtes ou barons, affirmaient leurs droits de justice sur les grands chemins et plaçaient les voyageurs sous leur « conduit ». Par là, le regroupement des pouvoirs politiques contribua à fixer les itinéraires que la monarchie, quant à elle appuyée sur la puissance parisienne, orientait déjà vers la capitale du royaume. Le voyage cessait d'être un péril quotidien. Les grands marchands purent confier leurs balles à des spécialistes du transport et consacrer leur temps aux affaires. Sur le chemin, les aventuriers du commerce se firent plus rares et le trafic acquit plus de régularité.

Monnaies

Des forces identiques eurent peu à peu raison des obstacles monétaires érigés dans tout le royaume. Une multitude de monnaies locales y avaient cours ; plusieurs coexistaient dans une même région. Six ateliers frappaient en Bourgogne et cinq dans le comté de Champagne. Partout les deniers, fréquemment altérés, étaient devenus de petites pièces noires inutilisables pour des opérations d'importance.

Quand, à la fin du XIIe siècle, le stock des monnaies locales devint très insuffisant, on eut en un même lieu une invraisemblable variété de piécettes. La circulation plus rapide des espèces, la sélection naturelle qu'elle entraîna, les efforts des hommes enfin, se conjuguèrent pour ordonner, stabiliser et adapter le système monétaire aux réalités commerciales.

La simplification de la carte monétaire s'opéra au profit d'espèces abondamment émises qui avaient le mérite d'être bonnes et loyales, c'est-à-dire stables. En Champagne, au début du XIIIe siècle, trois ateliers frappèrent le même denier « provinois ». Les monnaies du Lyonnais, de Bourgogne, de la vallée du Rhône s'alignèrent sur le denier de Vienne, d'excellente réputation. Dans ce processus, la monnaie royale « parisis », puis « tournois », joua le premier rôle. Elle pénétra bientôt dans toutes les provinces, en Artois comme en Languedoc. Le roi se borna à reconnaître un état de fait quand, en 1262, il proclama par ordonnance que sa monnaie courait par tout le royaume et que celle des seigneurs ne courait que sur leurs propres terres. A la mort de Saint Louis, la pluralité monétaire demeurait, mais toutes les grandes monnaies étaient alignées les unes sur les autres dans des rapports simples, et également soumises aux destinées de la monnaie royale. De plus, la monarchie s'était réservé le droit de frapper de nouvelles pièces plus lourdes. En 1266, de gros deniers d'argent, les « gros », furent émis sur le modèle des pièces blanches italiennes, et remplacèrent vite dans le commerce régional les deniers anciens, réduits au rôle de monnaie d'appoint. Déjà le grand commerce utilisait un monnayage d'or italien que Saint Louis s'efforça vainement d'imiter.

Crédit

Au terme d'une véritable révolution, le système monétaire souffrait toujours d'une grave insuffisance : la faiblesse des réserves métalliques et, partant, la relative rareté des espèces monnayées. Mais celle-ci avait un effet heureux : elle tempérait la hausse des prix — qui vivifiait tous les secteurs de la production —, et réalisait ainsi un idéal d'expansion dans une relative stabilité. L'insuffisance des signes monétaires, par contre, gênait les transactions. Le crédit y suppléa. Non point le crédit sur gages, coûteux, usuraire, condamné par l'Eglise et sans incidence économique, mais des formes plus souples du commerce de l'argent, nées sur les bancs de change : reconnaissances de dettes négociables, créances payables sur une autre place, virements de compte à compte (l'ordre du Temple, véritable banque de dépôt, pouvait — par un simple jeu d'écriture — se faire payer à Paris d'une créance consentie à Londres ou en Orient).

Ces techniques nouvelles, soutenant l'expansion, atteignirent leur apogée aux foires de Champagne.

Au cœur du commerce européen, les foires de Champagne

Grâce à la situation géographique du Comté, à l'intelligente politique des comtes et à la coordination d'efforts jusqu'alors dispersés, un vieux complexe d'échange devint, dès la fin du XIIe siècle, le cœur du grand commerce européen, rythmant pour près d'un siècle les activités marchandes de la mer du Nord à la Méditerranée. Six foires se succédaient, sans grande interruption, dans quatre villes. Le cycle débutait à Lagny, se poursuivait à Bar-sur-Aube, puis, alternativement, à Provins et à Troyes. Chaque rencontre durait de trois à six semaines. Durant les premiers jours, les marchands installaient leurs étaux, comparaient les qualités et les prix. Ils étaient ensuite autorisés à vendre ; les derniers jours, l'« issue », étaient réservés aux paiements et aux contrats.

Ce vaste quadrilatère marchand était le principal centre exportateur des draperies de Flandre achetées et redistribuées jusqu'aux confins de l'Occident. Les Allemands apportaient en échange les fourrures des forêts et des entrepôts baltiques, les Espagnols des cuirs de Lérida ou de Barcelone, les Italiens, principaux clients, des matières tinctoriales et des épices.

Le système de paiement par compensation qui terminait chaque foire permettait d'y conclure un nombre de transactions infiniment supérieur aux disponibilités monétaires. La régularité et la permanence de ce grand marché rendirent possibles le règlement de créances échéant à date fixe, le développement du crédit de foire à foire, l'établissement du cours régulier des monnaies. Dès 1230, des spécialistes du change, les Siennois, s'y installèrent. Alors qu'elles n'avaient jamais eu l'exclusivité du commerce européen, les foires devinrent le « domicile de change » de toute l'Europe.

Les marchands qui les fréquentaient ne tardèrent pas à s'organiser. Les représentants des villes drapantes d'entre Seine et Meuse se groupèrent dès avant 1230 en une vaste organisation de défense collective, la « hanse des dix-sept villes » ; les colonies italiennes se dotèrent de « consulats », et les commerçants provençaux et languedociens se soumirent à un « capitaine ». Par là se renforçaient les liens entre diverses villes appartenant à un même espace économique, tandis que les ports du Midi, les relais sur les chemins de Champagne, les grands carrefours de la vallée du Rhône se trouvaient vivifiés par le regroupement ou le passage des marchands. Sur les rives de l'Aube ou de la Marne, non loin de l'immense et prestigieuse capitale capétienne, l'Occident prenait confusément conscience d'une unité tissée de prospérité urbaine, que le succès des foires allait diriger vers de nouvelles conquêtes.

Les conquêtes urbaines du XIIIe siècle

Une nouvelle floraison urbaine

Car les villes étaient maintenant plus nombreuses et plus fortes. Le mouvement économique, l'affermissement ou la reconstitution des pouvoirs éminents, les nouvelles préoccupations de l'Eglise et l'expansion démographique, tout concourait à faire de la ville le centre nerveux de la vie régionale.

De l'Escaut à la Seine, les cités conquérantes du XIIe siècle poussent en tous sens leurs nouveaux quartiers et franchissent leurs fossés transformés en canaux. A Bruges, Gand, Arras, dans toutes les villes drapières, les espaces libres se couvrent de maisons, et l'*effrenata populi multitudo* rend indispensable la création de nouvelles paroisses. Paris rassemble déjà sans doute plus de 50 000 âmes, venues, par-delà les campagnes d'Ile-de-France, de toute la France du Nord. Dès 1200, le Languedoc devient une région d'une densité urbaine comparable à celle de la Flandre ou du Bassin parisien. Toulouse compte entre 12 000 et 15 000 habitants. Ailleurs, les carrefours et les ports connaissent une spectaculaire expansion : Lyon, où la ville des marchands entre Saône et Rhône le dispute maintenant à la ville des clercs ; Bordeaux, dont les enceintes successives s'entourent d'une ceinture de faubourgs ; La Rochelle, mêlant autour de ses quais des hommes venus de toutes les campagnes de l'Ouest...

Des provinces entières s'éveillent à la vie urbaine. En Forez comme en Beaujolais ou en Auvergne, le regroupement des pouvoirs a fait naître, autour des forteresses demeurées longtemps isolées, un quartier de serviteurs, de revendeurs et d'artisans. Les gens des villages proches s'y sont établis, la route a fait le reste. Au long des grands chemins, puis des voies transversales, ces bourgades ont grandi. Elles abritent maintenant quelques milliers d'habitants et se distinguent, par la variété de leurs fonctions, des simples bourgs serrés autour de leur marché ou des « villeneuves » émergeant à peine de la vie agricole. Par cette seconde floraison de petites cités prospères, à partir de 1180 et en quatre générations, la géographie urbaine du royaume acheva presque de se constituer, tandis que dans la ville se définissait un nouveau paysage.

Un paysage transformé

Dans les aires du dynamisme commercial, bien des cités unissent maintenant leurs quartiers neufs à leurs vieux centres générateurs. Dans les plus jeunes, une enceinte modeste enserre désormais la *via mercatoria*, grandie auprès du bourg castral. A Paris, à Provins, la muraille atteint un développement gigantesque. Hors les murs, des excroissances désordonnées de maisons basses s'étendent jusqu'à rejoindre la couronne de maladières et d'hôpitaux : faubourgs aux airs de villages où les Frères, Prêcheurs ou Cordeliers, installent bientôt des églises, pour un temps misérables, lorsqu'elles n'ont pu trouver place parmi les vignes et les jardins, à l'intérieur d'un espace urbain circonscrit par une muraille ambitieuse. Au cœur de la cité, les espaces vacants se raréfient, et, conséquence de la cherté du sol, les maisons à étages aux façades étroites, encore bâties de bois, mais déjà opulentes, forment comme un mur fantastique d'encorbellements et de pignons acérés, cernant de toute part les sinuosités des grandes voies charretières et le dédale des ruelles. Elles cachent souvent une autre ville, souterraine et incombustible : salles basses, passages, tavernes, entrepôts et abris. Les étaux des « Lombards », des orfèvres ou des drapiers, le quartier patricien parfois vêtu de pierre et déjà élégant, s'ordonnent autour de la forteresse princière, du beffroi, de la halle aux draps ou du bourg clérical — ville dans la ville, avec ses cloîtres, ses demeures de chanoines, ses prisons et ses magasins —, désormais comme écrasé par les tours vertigineuses et blanches de la cathédrale nouvelle, signalant de très loin la cité et marquant le centre d'une agglomération rythmée par les flèches des églises et des monastères.

De la Loire à l'Artois, l'ambition des clercs, la puissance des princes et l'argent des marchands ébauchaient une nouvelle métrique urbaine, qui allait marquer pour des siècles la cité d'Occident.

Des activités diversifiées

La ville unifie son paysage, mais diversifie ses fonctions. Elle abrite désormais, autour de ses marchands, une étonnante variété d'entreprises artisanales. Dans toutes les cités, avec régularité, des métiers nouveaux apparaissent. On en compte à Paris, vers 1260, plus de 130 ; ils seront près de 300 à la fin du siècle. Le gonflement de la clientèle, les progrès matériels, les exigences nouvelles expliquent cette spécialisation des tâches. On ne s'adresse pas à un même artisan pour faire tailler une robe ou des chausses, acheter un chapeau de plumes ou un chapeau de paon. Les industries du vêtement, du cuir, des métaux ou du bois ont chacune désormais leurs nombreux spécialistes, qui font du choix et de la qualité des produits l'apanage du marché urbain. Ateliers groupés dans une même rue, travail sur commande, association de métier ou confrérie — qui définit peu à peu ses statuts et se soumet aux règlements urbains —, minuscules unités relativement égales, pauvres en moyens et en capitaux : tels sont les cadres, mais aussi les freins de la production. Il n'en est pas de même dans la draperie, activité de pointe du monde occidental, pourvoyeuse de profits, de prestige et de travail. Elle est, en Flandre comme en Artois, presque tout entière concentrée dans les villes. Elle se répand dès la fin du XIIe siècle dans tout le nord du royaume jusqu'à la Seine. Dans les nouveaux centres d'Amiens, Beauvais et Rouen, Châlons-sur-Marne et Reims, on s'efforce d'imiter les draps lourds et éclatants de Bruges et de Gand, les « pers » d'Ypres, les « écarlates vermeils » de Douai, les étoffes plus légères d'Arras. Dans cette « grande draperie », la complexité des opérations urbaines a engendré un extrême fractionnement du travail, qui n'a pas pour objet de produire davantage, mais de produire mieux ; toute mécanisation est suspecte ; le moulin à foulon, diffusé largement dans les campagnes, est banni des grandes villes drapantes pour la prétendue médiocrité de son travail. La hantise d'une marchandise bonne et loyale devient, au XIIIe siècle, d'autant plus forte que les progrès de l'infrastructure commerciale favorisent la concurrence entre les divers centres urbains ; les règlements municipaux définissent avec minutie la qualité des matières premières, les conditions de leur emploi, les normes de travail, obligent à la publicité de l'achat ou de la vente, soumettent au contrôle incessant des inspecteurs de la ville. Ici, la minuscule unité de production demeure, renforcée même par les règlements ; mais, fileurs, peigneurs, tisserands, foulons, tendeurs, et même teinturiers dépendent tous du marchand drapier, qui fournit la matière première, fixe les prix du travail et a seul le droit de vendre. Derrière le décor du petit atelier, les villes drapantes constituent de vastes manufactures tout entières contrôlées par le capitalisme marchand.

Riches hommes, artisans et pauvres

La prospérité urbaine porta le mouvement d'émancipation à son apogée. De la « France » à l'Artois, la monarchie conquérante avait confirmé les anciennes communes et consenti à de nouvelles créations, dont les chartes étaient imitées en Bourgogne ou en Beaujolais. Le régime des « Etablissements de Rouen » continuait de se propager de Poitiers à Bayonne, tandis que les « consulats » se multipliaient dans toute la vallée du Rhône. Mais presque partout, même en des cités qui, récemment encore, avaient bénéficié d'un régime démocratique, une minorité de familles accaparaient les fonctions municipales. La charte concédée à Arras en 1194 réservait aux personnes les plus considérables le partage des charges échevinales. Elle devint un modèle de gouvernement qu'adoptèrent, en moins de cinquante ans, toutes les grandes villes de Flandre. Ici comme en Languedoc, les « riches hommes » accaparaient le pouvoir. Leurs ancêtres s'étaient parfois enrichis dans le service seigneurial, mais plus souvent dans le commerce lointain ; eux vivaient maintenant entourés de valets, dans des hôtels urbains couronnés de tours. Ils s'adonnaient toujours au négoce, mais prêtaient aux princes, protégeaient leur lignage, n'alliaient leurs fils qu'à des familles de même rang, s'organisaient en clans et imitaient en tout la noblesse. Garants des libertés urbaines, ils faisaient peser sur les plus pauvres les charges communes et utilisaient au mieux de leurs intérêts les finances municipales. Dans les grandes villes drapantes, leur puissance était sans limite ; eux seuls étaient capables d'acheter à bon compte les laines, de vendre au loin les draps : maîtres des loyers, réglementant le travail, fixant les prix des matières premières et des étoffes, réservant aux seuls membres de leurs guildes le droit de vendre à la halle, réduisant les artisans à une dépendance proche du salariat, s'opposant à toute organisation corporative, ils tenaient la ville à la merci de leur richesse, de leur législation et de leur justice.

Les Arrode ou les Barbette à Paris, les Chapponay à Lyon, étaient aussi des patriciens ; mais, hors de Flandre et d'Artois, la variété des activités urbaines ne leur conférait pas la même place, assouplissait les structures sociales et tempérait les antagonismes. On retrouvait entre Somme et Loire le monde artisanal fait de solidarité, de charité mutuelle entretenue par la « boîte » ou l'« aumône », de commune protection par les prières collectives devant l'autel du saint patron, de l'intimité des maîtres, valets et apprentis, partageant la même table des mois durant et vivant sous le même toit. La légende dorée des traditions artisanales ne retient que ces traits, mais la stricte hiérarchie des professions qui fixait à chacun sa place dans la parade religieuse était aussi une cascade de mépris. Certaines, d'allure aristocratique, permettaient de mener grand train en gardant les mains blanches, d'autres enrichissaient, la plupart ne faisaient jamais accéder à l'aisance, mais marquaient l'homme de leur dureté quotidienne. Enfin, chaque métier était une association de maîtres. Les valets, s'ils pouvaient toujours accéder à la maîtrise, devaient être assez riches pour acquérir la bourgeoisie, parfois pour « acheter le métier », quand les fils de maîtres ne se réservaient point les places. Beaucoup demeuraient donc, leur vie durant, des compagnons, du moins dans les quelques régions urbaines où le système corporatif déjà se dessinait.

Malgré des divisions sociales sans cesse plus accusées et de dures contraintes, la ville restait un Nouveau Monde, un mirage riche de possibilités d'ascension et, qui sait, d'opulence. On racontait en Ile-de- France l'histoire de ce riche bourgeois parisien qui avait fait enchâsser d'or et d'argent l'humble récipient avec lequel jadis il colportait de la viande, et l'auteur d'*Aiol*, dénonçant l'usure, renforçait encore les illusions : « La dame Hersent au large ventre et son mari sont tous deux natifs de Bourgogne. Quand ils vinrent à Orléans, la grande ville, ils n'avaient pas cinq sous vaillants. Ils étaient chétifs, dolents, morts de faim, mais ils firent tant par l'usure qu'en cinq ans ils ont amassé une fortune. Ils tiennent en gage les deux tiers de la ville et partout ils achètent fours et moulins et déshéritent tous les francs hommes. » Pour une réussite, combien de nouveaux venus, hors de toute solidarité, traînent une existence de misère et de mendicité anonyme. Ils formaient, vers 1250, l'avant-garde toujours plus nombreuse des victimes de la prospérité rurale.

Économie urbaine et transformation du monde rural

Les campagnes et l'argent

Les remparts que les villes élevaient à grands frais ne doivent pas faire illusion. Jamais les relations entre les villes closes et les campagnes qui les entouraient ne furent plus nombreuses. Certes, beaucoup de citadins continuaient de tirer leur subsistance du travail de la terre ; mais la concentration des activités artisanales et commerciales, administratives et religieuses, augmentait sans cesse le nombre de ceux qui ne participaient plus qu'accessoirement à la production agricole. Dès lors, le paysan se trouva engagé à produire pour le ravitaillement des villes. Les grandes entreprises de colonisation du XIIe siècle avaient accru la mobilité des hommes, la prospérité urbaine du XIIIe siècle entraîna celle des biens. La ville développa autant qu'elle le put son influence sur la campagne.

Tout d'abord sur ses environs immédiats : sa « banlieue ». A peu de distance des remparts, auprès des villages qui fournissaient à la cité une main-d'œuvre d'appoint, le paysage offrait des traits inhabituels : les terres communes étaient rares, les friches presque absentes ; la nature s'ordonnait autour de prairies, de jardins et de clos richement amendés, qui abritaient des cultures maraîchères, quelquefois des plantes textiles ou tinctoriales, partout des vignes travaillées avec soin.

C'est là que les citadins, patriciens ou marchands, avaient tout d'abord pris à ferme les revenus des grandes seigneuries urbaines, et, par le crédit, facilement soumis les paysans, les champs ou le cheptel. Les plus riches y possédaient des terres, surveillées par des régisseurs et travaillées par des manœuvres payés en deniers. Dès la fin du XIIe siècle, les minces auréoles qui cernaient les archipels urbains préfiguraient une nouvelle économie rurale. Mais, par-delà ces étroites bandes de terre, la ville en expansion devait drainer les fagots et les fustes pour ses fours et ses charpentes, les blés pour ses moulins, les peaux, les cuirs et les laines nécessaires à ses industries. Les pays de forte densité urbaine qui, comme la Flandre, devaient s'approvisionner aux confins de la chrétienté demeuraient l'exception ; mais les villes opulentes et nombreuses de la France du Nord, les cités du Rhône et du Languedoc, les actifs ports de l'Ouest sollicitaient une part toujours plus étendue des terroirs.

Les activités commerciales s'étendirent donc peu à peu. Des courants commerciaux réguliers s'aménagèrent au long des chemins reliant des bourgades animées depuis peu par des marchés ou des foires saisonnières. Les paysans des villages environnants y venaient écouler leurs surplus. A la halle ou dans la taverne, ils rencontraient les maquignons, les merciers ou les « regrattiers » qui les incitaient à acheter ou à vendre. Par le bourg et ses courtiers, l'économie d'échange parvint à toucher la moindre des agglomérations paysannes.

Transformations du paysage rural...

Ainsi, l'ultime étape de la conquête du sol fut marquée du sceau urbain et refléta l'attention nouvelle portée aux friches et aux forêts. Vers 1230, on ne défrichait plus dans la région parisienne ; vingt ans plus tard, il en était de même en Picardie. Si les essartages étaient encore nombreux en Bourgogne ou dans certaines régions aquitaines, on observait partout un net ralentissement. Les défrichements collectifs par création de villeneuves se faisaient plus rares et, vers 1250, les agglomérations dernièrement créées répondaient fréquemment à d'autres objectifs ou bien ne prospéraient qu'au détriment des anciens villages. Dans nombre de régions, le prix des taillis, des forêts ou des friches dépassait celui des champs. Les possesseurs en défendirent l'accès, et les gardes seigneuriaux restreignirent l'usage des anciennes terres communes ; elles furent en partie cantonnées, interdites et entourées de haies, comme en dressaient au même moment les patriciens autour de leurs bastides ou les paysans qui se sentaient assez forts pour s'installer seuls ou avec quelques compagnons aux confins des terroirs. En Ile-de-France, dans la Brie, le Centre, la montagne beaujolaise, les masures isolées ou les hameaux se multiplièrent dans un cadre d'enclos et de bocage, d'herbage et de bois. Cet habitat intercalaire, désormais régulièrement tissé autour des maisons-Dieu, des hospices, des maisons chevaleresques ou des granges monastiques, était le domaine de l'individualisme, des détenteurs de prés ou de futaies enrichis par la vente des laines, des bêtes sur pied, des viandes et des cuirs, des fagots ou du bois d'œuvre.

Du coup, au cœur de l'ancien finage, contrastant avec l'étendue des garennes, le paysage de champs ouverts fut rendu plus homogène. Manque de terre ou cantonnement incitèrent à développer une discipline collective de l'assolement. Dans les terroirs septentrionaux, timidement, à partir des grandes exploitations d'Ile-de-France, un cycle régulier de cultures faisant alterner sur trois ans blé, marsage — en Artois et en Picardie le pastel, très demandé par les teinturiers de la draperie, entrait en assolement avec le blé — et jachère, se répandit. Concurremment, la pratique des quatre labours s'étendait, alors même que l'usage de meilleurs outils et le remplacement progressif du bœuf par le cheval de trait permettaient un travail plus efficace et plus rapide. Ainsi, dans les plaines de France, de Picardie et de Flandre s'ébauchait un système agraire plus intensif, aboutissant à une hausse des rendements, au moment même où les défrichements se ralentissaient.

Ce dernier fait n'est pas sans lien avec le spectaculaire développement du vignoble. La hausse du niveau de vie, la recherche de vins de qualité contribuaient à l'étendre ; le travail de la vigne permettait aussi à nombre de paysans insuffisamment pourvus de subsister et même de profiter de l'expansion. Frère Salimbene, moine franciscain, note en 1245 que, dans le diocèse d'Auxerre, « monts, coteaux, plaines et champs sont... couverts de vignes. Les gens de ce pays, en effet, ne sèment point, ne moissonnent point, n'amassent pas dans les greniers. Il leur suffit d'envoyer leur vin à Paris par la rivière proche qui y descend. La vente du vin en cette ville leur procure de beaux profits qui leur paient entièrement le vivre et le vêtement ». Paris était pourtant au centre du plus grand vignoble d'Occident ; on y achetait, comme dans les villes de Flandre, les vins de l'Aunis et de la Saintonge, tandis que la demande anglaise multipliait les vignes dans l'arrière-pays bordelais.

... et modification des structures

Dans le même temps, l'essor de l'économie d'échange acheva de transformer les rapports entre seigneurs et paysans. Les besoins d'argent des maîtres du sol les amenèrent à demander aux tenanciers des deniers plutôt que du travail ou des denrées agricoles. Les commutations, déjà nombreuses au siècle précédent, ne cessèrent de se multiplier après 1200. Une somme de deniers fixée une fois pour toutes se substitua aux céréales ou au vin dans le paiement des cens. Les champarts reculèrent devant les censives. En Languedoc comme en Flandre, la valeur réelle des redevances en argent baissait constamment jusqu'à devenir dérisoire, et leur réajustement se heurtait à la force de la coutume et à celle des intérêts paysans, si bien que la condition économique de la tenure paysanne tendit à rejoindre celle de l'alleu. Il en alla de même de sa condition juridique. Les seigneurs, avantagés par les taxes de mutation qu'ils imposaient aux successeurs ou aux acheteurs, acceptèrent de lever les interdictions qui avaient jusqu'alors maintenu tant bien que mal la cohésion du manse ou de ses équivalents. Avant 1250, les censives ou les champarts étaient devenus des domaines utiles dont les tenanciers disposaient librement et, en Flandre ou dans la région parisienne, achats, ventes ou sous-concessions pulvérisèrent les parcelles.

Un identique assouplissement, conséquence de la pénétration des deniers, s'observe dans la structure de la seigneurie. A la fin du règne de Saint Louis – sauf peut-être en Ile-de-France –, la réserve seigneuriale demeurait presque intacte. Mais le système de corvée qui drainait encore les tenanciers vers les coutures seigneuriales, au moment des gros travaux agricoles, fut rapidement remplacé par le salariat. Le domaine réservé continua donc, sous une autre forme, à assurer un complément de ressources aux humbles manouvriers. C'est encore l'argent qui permit, dans les plus vastes exploitations seigneuriales, dont les maîtres étaient accaparés par le service des princes, de confier à des locataires – paysans enrichis par le commerce, bourgeois en quête de profits, régisseurs des grandes seigneuries ecclésiastiques – la gestion du domaine, et d'en alléger ainsi la surveillance. Déjà, par ce moyen, l'infiltration du capital urbain se précipitait dans les campagnes les plus évoluées du Nord et permettait d'orienter toujours davantage la production agricole en fonction du marché.

Ainsi l'argent avait-il entraîné la plus grande partie du monde rural à la suite de la ville, dans une mutation profonde, bouleversant le régime agraire et affectant tous les aspects de l'activité agricole.

Libération paysanne et adaptation de l'aristocratie terrienne

Généralisation des franchises

Les paysans en furent les principaux bénéficiaires. Ils disposaient désormais librement d'un travail dont les fruits pouvaient être écoulés facilement et à bon prix, se sentaient riches de forces neuves et parfois de deniers. Ils s'en servirent pour s'affranchir des mauvaises coutumes territoriales.

Les franchises paysannes, d'abord limitées aux terres neuves, gagnèrent peu à peu tous les vieux terroirs. La gêne financière des sires, la concurrence entre les seigneuries et l'exemple des libertés urbaines, parfois obtenues par la lutte, mais plus souvent à force de deniers, stimulaient, partout dans le royaume, l'émancipation paysanne ; à la mort de Saint Louis, elle était un fait acquis ou en passe de l'être. Les chartes de franchises avaient précisé et limité les exigences seigneuriales, réduit certaines charges, supprimé les plus odieuses, fixé le montant et la périodicité de la taille, jusqu'alors arbitrairement levée, amendé, enfin, les monopoles commerciaux du seigneur.

Comme les autres paysans, les serfs (dans certains villages d'Ile-de- France, au début du XIIIe siècle, un habitant sur cinq était serf) étaient prêts à se battre ou à payer pour être libérés d'une tare devenue insupportable. En 1250-1251, les serfs d'Orly rassemblèrent autour d'eux 2 000 ruraux pour résister aux chanoines de Notre-Dame de Paris. Plus fréquemment, des manumissions collectives accompagnèrent les franchises accordées aux manants. Elles furent si nombreuses dans la région parisienne, à partir de 1245, que le servage en moins de trente ans avait à peu près disparu.

Ainsi, autour de 1270, dans l'ensemble du monde paysan, les différents statuts personnels laissaient place à une commune liberté. Le paysan échappait à l'arbitraire seigneurial ; comme le bourgeois, il pouvait vendre, acheter, tester, car la *laudatio parentum*, le consentement de toute la famille, parents éloignés inclus, n'était plus exigée pour vendre ou pour gager un bien. Comme le bourgeois enfin, il appartenait à une communauté d'habitants juridiquement distinguée : la paroisse.

Nouvelles solidarités paysannes...

La paroisse apparaît comme la cellule essentielle du monde rural ; les conciles en faisaient la pierre angulaire de l'encadrement du peuple et de la résistance à l'hérésie ; des obligations plus strictes attachaient les paroissiens à leur église. Dans les pays du Nord, les contraintes collectives étaient renforcées par l'extension de l'assolement triennal, et, partout, la communauté d'habitants augmentait sa cohésion en défendant contre les intrus, le seigneur ou les communautés concurrentes, ses terres et ses droits d'usages sur les chaumes et les halliers. Elle avait pour cela des confréries, une caisse commune, un groupe solide de « laboureurs » qui ne défendaient pas seulement les « droits du village », mais s'efforçaient de secourir les pauvres et de protéger la communauté par la charité et la prière. La paroisse prit forme sensible : aux confins, quelques arbres, une borne, un chemin ou un bois en indiquèrent les frontières. Au centre du finage, des masures plus nombreuses se serrèrent davantage autour de l'église et de son cimetière, de la taverne, de la forge et parfois du marché, lieux des dévotions, des fêtes et des solidarités paysannes, des confrontations sociales aussi.

... et différenciation des fortunes

Pour beaucoup, la liberté avait été payée d'un prix élevé, dont il fallait verser les lourdes annuités ; la maisonnée, trop nombreuse, consommait tous les produits de la récolte. Que survienne une mauvaise année, et il fallait emprunter, en blé ou en argent, au seigneur, aux communautés religieuses ou au voisin chanceux, gager l'emprunt sur la terre, verser une rente sur l'alleu ou bien le reprendre en censive, puis vendre une partie des terres ou du train de culture. Venait alors le moment des partages difficiles ; les héritiers de quelques arpents allaient grossir le groupe des manouvriers, quand ils ne rejoignaient pas les bandes de pauvres, déracinés par le cantonnement des bois ou des friches, mendiant aux portes des villes, versant quelquefois dans le brigandage ou l'aventure. Un humble visionnaire, exalté par les courants souterrains de la prédication hérétique, offrait à Dieu sa pauvreté, rassemblait derrière lui tous les misérables illuminés par l'œuvre commune de « relèvement de chrétienté », mais surtout par le mirage d'une meilleure existence matérielle. Telles furent les sectes d'« encapuchonnés » qui, à la fin du XIIe siècle, se répandirent dans les campagnes d'Auvergne, de Berri ou de Bourgogne, les « enfants » de la croisade de 1212, les « pastoureaux » de 1250. Tous affamés, attirés par les thaumaturges, suivis de pillards et de filles, et tous dispersés ou massacrés pour la défense de l'Eglise et de l'ordre social.

Plus souvent, encadrés par la paroisse et la seigneurie, les pauvres glissèrent dans une nouvelle dépendance. Leur faim de terre les poussa à accepter l'exploitation de certains fonds réputés serfs et taillables à merci. Ce nouveau servage de la glèbe, qui s'ébauchait en Beauvaisis, en Sologne, Champagne ou Mâconnais, et parfois dans les terroirs en cours d'aménagement, fut celui des victimes de l'expansion économique et de la libération paysanne.

A l'opposé de la hiérarchie des fortunes prospéraient quelques hommes : anciens serviteurs de seigneuries, ayant accumulé les biens — fermiers qui, comme en Ile-de-France, géraient les terres des nobles retenus par le service royal —, mais surtout agriculteurs entreprenants, laboureurs sachant bien vendre, concentrant terres, cens et rentes. Ils étaient trois, quatre ou cinq par village, bien nourris, forts en gueule et hauts en couleur, tels que nous les présente Renart, abritant leurs attelages et leur grain dans de grosses maisons, administrant la confrérie de paroisse, conseillant le maire seigneurial, répartissant l'impôt et rendant la justice. Déjà, certains d'entre eux, possesseurs de rentes et de seigneuries, gagnés par les douceurs de la vie seigneuriale, entendaient bien faire consacrer leur opulence par l'adoubement ou le mariage, et faire ainsi souche de nobles.

Aristocratie foncière, noblesse et chevalerie

La noblesse profitait, elle aussi, de la prospérité des campagnes. Le petit noble demeurait à la tête de son exploitation. Il compensait la dévaluation des cens par des rentes constituées sur les terres de ses paysans, des taxes de mutation, ou des réaccensements. Le hobereau du temps de Saint Louis vivait sans aucun doute mieux que son arrière- grand-père, mais ses dépenses s'étaient multipliées. Non pour de lointaines expéditions, car si les départs en croisade furent encore nombreux au XIIIe siècle, si beaucoup de jeunes écuyers rêvaient encore d'aventures, ils prenaient confusément conscience que la richesse ne les attendait plus outre-mer. Le mirage oriental se concrétisait peu à peu sous leurs yeux dans un monde moins sauvage. Partout, de la cour du prince à la simple maison chevaleresque, étoffes précieuses, armes de prix, parfums et épices rares sollicitaient le désir de mieux vivre et le goût de la parade, stimulés par les marchands et bailleurs de fonds, et entretenus par une morale dont le premier commandement demeurait la largesse.

Mais, dans son village ou au château, dans la paix comme au combat, le chevalier voyait son antique prééminence contestée par des rustres. Bourgeois, paysans enrichis, ministériaux que l'opulence avait libérés du service seigneurial, rassemblaient des terres plus vastes que les siennes, tenaient des fiefs, prêtaient hommage et vivaient noblement. Dans la bataille, le chevalier se heurtait désormais à des soudoyers d'origine roturière, vêtus du « haubert jazeran » — le plus dispendieux —, ou maniant l'arbalète qui, à deux cents pas, navrait le plus valeureux cavalier ; devant les cours royales ou au conseil princier, ses paroles avaient moins de poids que celles d'un rustre instruit dans les universités, et il se voyait parfois acculé à la triste extrémité d'accorder sa fille à un coq de village qui n'exigeait point de dot.

Il importait donc d'affirmer, plus haut que jamais, une noblesse ne résidant pas seulement dans la fortune, le genre de vie ou l'exercice d'une profession, mais avant tout, comme celle des magnats, dans la seule qualité du sang. A la fin du XIIe siècle en Lorraine, entre 1220 et 1240, un peu partout dans le royaume apparurent des qualificatifs, déjà employés dans la vie privée ou la littérature, mais définissant dès lors une situation juridique : les « damoiseaux » du Centre ou les « écuyers » de l'Artois n'étaient plus des enfants impatients de recevoir les armes, mais des hommes mûrs qui avaient négligé de se faire adouber. Leur titre exprimait leur noblesse d'origine, leur « gentillesse ». A la fin du règne de Saint Louis, ils étaient aussi nombreux que les chevaliers et transmettaient normalement leur noblesse à leurs héritiers. Le gentilhomme remplaçait le chevalier, et la chevalerie — qui demeurait le rite de passage obligé dans la noblesse — n'était plus, au sein de celle-ci, qu'une « décoration supplémentaire », coûteuse et chargée de sens religieux. L'adoubement devenait un sacrement, une liturgie, et la chevalerie une confrérie dont les initiés dominaient en prestige la troupe des gentilshommes seigneurs de villages.

Réaction légitime d'un groupe social menacé, les nobles serrèrent les rangs. Les damoiseaux s'efforcèrent de rendre plus éclatante leur supériorité de naissance en érigeant des demeures ceintes de fossés, aux confins du terroir paysan ; les vieux emblèmes militaires devinrent des armoiries jalousement protégées dont la connaissance permettait d'apprécier l'ancienneté d'un lignage et de dépister les intrus. Certaines communautés religieuses se fermèrent aux non-nobles. Dans les cours seigneuriales ou princières, on insista plus qu'auparavant sur les préséances, les titres et les hiérarchies, les vêtements, les couleurs, les manières, qui distinguaient le gentilhomme du rustre. Fécondité de l'imaginaire : les nobles conférèrent à leurs actes des qualités particulières et en vinrent à penser qu'eux seuls, en toute légitimité et depuis l'origine des temps, avaient pu tenir un fief, rendre la justice ou porter l'épée. Les réalités sociales furent plus fortes que l'illusion juridique. Des riches, d'origine bourgeoise ou paysanne, parvinrent localement à faire reconnaître leurs services et consacrer leur richesse par l'adoubement. Mais la réaction nobiliaire contribua d'autant plus à maintenir dans leur éminence sociale et leurs privilèges les descendants appauvris des lignages chevaleresques, qu'elle s'appuyait sur un pouvoir princier prétendant désormais contrôler l'anoblissement.

L'argent et la puissance

En effet, au-delà de ces effets sociaux, la diffusion de l'économie monétaire permit à une minorité de puissants de gouverner directement de vastes étendues, et acheva d'abaisser l'ancienne aristocratie des châtelains qui perdit tout son pouvoir.

Au soir du XIIe siècle, dans nombre de régions, les pouvoirs de commandement étaient toujours aux mains des détenteurs de forteresses. Depuis 1150 au moins, les châtelains éprouvaient tous des difficultés financières ; mais, profitant de l'aisance générale, ils avaient pour la plupart réussi à compenser un surcroît de dépenses par le perfectionnement de leur fiscalité ou par le moyen de quelques emprunts restés sans conséquences.

Insensiblement tout changea. Les sires, pour maintenir leur rang, réchauffer des fidélités par trop sollicitées, satisfaire des princes qui réclamaient plus fréquemment leurs services, reconstruire, à l'imitation de leurs rivaux, des forteresses plus savamment conçues, durent chercher hors des profits traditionnels les moyens de leur politique, et fonder leurs finances sur l'emprunt. Certains le purent, qui contrôlaient de bons pays et trouvaient dans leur lignage d'illustres cautions. La comtesse de Champagne, le duc de Bourgogne, tous ceux qui, grâce aux bailleurs de fonds, dépensaient leurs revenus avant même de les avoir encaissés, purent non seulement sauvegarder leur capital, mais développer leur emprise sur des lignages moins favorisés. Car beaucoup de seigneurs territoriaux, maîtres de villages ou de châteaux demeurés à l'écart des grandes voies commerciales, incapables de garantir leurs dettes, durent renoncer à leur indépendance et sacrifier leurs biens. Leurs droits, aliénés les uns après les autres, entrèrent dans le patrimoine des grands ou dans celui de modestes chevaliers, affectés plus tardivement que le groupe des sires par la gêne financière. En quelques années parfois, de vénérables dominations furent démantelées village par village. Ainsi se constituèrent, à l'orée du XIIIe siècle, des seigneuries de paroisse, au profit de hobereaux qui se paraient désormais du titre de « sire ». Ces chevaliers ou ces damoiseaux, atteints bientôt par la gêne, furent eux aussi, dès avant 1250, obligés d'emprunter et de renoncer peu à peu à leur indépendance. La géographie politique s'en trouva considérablement simplifiée. Entre la masse des chevaliers, grossie de châtelains ruinés, et le petit groupe des très puissants, favorisés par la prospérité commerciale, ne subsistait qu'une minorité de seigneurs qui n'étaient plus de taille à lutter sérieusement contre ces derniers. En Forez, peu après 1270, le comte était vingt fois plus riche que le plus riche de ses vassaux. Quelques hommes seulement dans le royaume, comtes ou ducs, pouvaient alors compter par dizaines de milliers de livres. Derrière eux, quelques dizaines de seigneurs — châtelains enrichis ou établissements ecclésiastiques prestigieux — comptaient par milliers. Jamais les grands n'avaient disposé de tels moyens d'action.

Ils s'en servirent d'abord pour accroître leur domaine direct : parfois par la violence, plus souvent par des alliances matrimoniales, quotidiennement en acceptant des engagements ou des achats qui leur étaient proposés par des seigneurs endettés. Mais ils se préoccupèrent surtout d'augmenter leur puissance politique. Des accords et des « pariages » leur assurèrent des droits de garde sur certains domaines ecclésiastiques. Ils achevèrent de contrôler les forteresses, devenues « jurables et rendables » à première réquisition.

En Bourgogne, les quelques châteaux qui, après 1180, échappaient encore à cette obligation furent en quelques années soumis l'un après l'autre. Vers 1200, les comtes de Forez contrôlaient deux fois plus de forteresses qu'en 1150. En Champagne, enfin, le serment de « reddition » s'appliqua même à des maisons fortes dont l'efficacité militaire était plus que douteuse.

Les grands réussirent enfin à augmenter considérablement le nombre de leurs vassaux, soit en concédant des fiefs assignés sur des revenus en numéraire ou sur leur trésor, soit, surtout, en faisant passer dans leur mouvance des terres allodiales. Il leur suffisait d'offrir la valeur de quelques années de revenus d'une terre aux sires ou aux chevaliers en mal d'argent, pour exiger d'eux des services contraignants reposant sur ce fief dit « de reprise ». Châtelains et chevaliers durent ainsi se soumettre à la puissance régionale ; ils le firent d'autant plus volontiers que le service du prince devenait profitable. De nouvelles charges administratives se créaient, pourvues d'agents salariés, eux-mêmes contrôlés par des hommes venus de la cour : baillis comtaux de Flandre, baillis de Champagne, apparus dès la fin du XIIe siècle, baillis du comté de Nevers ou du duché de Bourgogne, plus tardivement installés. Tous avaient fait la preuve de leur compétence et de leur fidélité dans une cour devenue plus stable et plus complexe, peuplée de clercs et de juristes. La petite noblesse, assaillie par les difficultés, ne pouvait laisser à d'autres groupes sociaux le profit de ces nouvelles charges. On retrouva comme châtelains gagés, baillis ou conseillers du prince, les descendants des sires. Une noblesse de fonction était née, accueillant parfois dans ses rangs des hommes venus du commerce, de l'Université ou du service domestique, et élevés par la faveur du maître. Quant aux nobles de première grandeur, les « barons », présents à la cour du prince, ils consentaient à ses ordonnances et contribuaient ainsi à faire respecter sa justice et sa paix.

Ainsi les progrès de l'économie monétaire conduisirent, par-delà le rassemblement économique, au regroupement des pouvoirs. Par l'argent, par la ville, par l'utilisation du droit féodal, le prince soumet et domine. Le roi bien davantage encore, qui est maître des campagnes les plus profondément rénovées, des villes les plus populeuses, et riche de prestige et de moyens d'action désormais à l'échelle du royaume.

II. LE RASSEMBLEMENT MONARCHIQUE

Les forces neuves de la dynastie

Le roi et son royaume

A la fin du XIIe siècle, la monarchie capétienne s'arme de forces neuves, proclame avec éclat sa supériorité et s'entoure d'une vénération grandissante. Chargé de symbolisme et de merveilleux, huitième sacrement, le sacre — onction par le saint chrême contenu dans une ampoule dont jamais le niveau ne baisse — est un incomparable privilège que reconnaissent désormais les clercs étrangers, « car en tous autres régions, les rois doivent leur onction acheter en la mercerie ». On parle plus volontiers du pouvoir guérisseur ainsi conféré au roi prêtre, protecteur naturel des églises du royaume et rempart contre l'hérésie.

Dès la mort du souverain, sur l'instant, l'héritier légitime est fait roi ; Louis VIII est le premier Capétien qui ne fut ni sacré ni associé au trône du vivant de son père. Dès 1226 enfin, lors du sacre, le rituel de l'acclamation — vestige de l'ancienne élection — a lieu après l'onction et non plus avant. C'est que le problème dynastique semble désormais résolu. Les racines de la maison capétienne plongent dans un passé fabuleux. Louis VII avait épousé une princesse d'ascendance carolingienne. Son fils Philippe, « Karolide », fait de même. La gloire de Charlemagne et de Roland, toujours chantée sur les places et dans les manoirs, rejaillit sur la maison des lys. Les jongleurs placent à Paris le palais des empereurs et font de « douce France » le berceau des Carolingiens. Ils entourent la maison royale d'une gloire héroïque, chantent les lys héraldiques qui font reculer les léopards et les lions, et attribuent à Charlemagne l'oriflamme de cendal rouge, que les rois, avant de partir au combat, vont prendre à la cathédrale Saint-Denis.

Là est née et se fortifie la tradition qui fait de Charlemagne le patron de la France. Tout un groupe d'écrivains politiques y exaltent l'« empereur magne » dont les vertus chrétiennes nimbent le Capétien *rex christianissimus*, et grandissent ses Francs, descendants des Troyens, frères des Romains, et peuple libre. L'indépendance de fait du roi à l'égard de l'Empereur, fût-il surtout Frédéric Barberousse, se nourrit donc d'arguments neufs ; le roi peut revendiquer un rang impérial ; une victoire — Bouvines — et il prend le titre d'*Augustus*. Dans son royaume, que l'on commence à appeler la France, il détient l'autorité suprême ; dès 1204, le pape Innocent III déclare : « De notoriété publique, le roi de France ne reconnaît au temporel aucune autorité supérieure à la sienne. »

Ainsi, alors même que le roi fait admettre définitivement qu'il ne doit l'hommage à personne, quand il exige de tous les grands barons les rites et les contraintes de la vassalité, canonistes, chroniqueurs et prélats lui assignent toujours plus fortement la mission de juger, de protéger et de défendre, et dans tout le royaume, comme Louis VII avait commencé de le faire. Le roi en a désormais les moyens.

Le trésor et les armes

Avant même les grandes annexions, le Capétien possède entre Paris, Laon et Orléans les plus grasses terres de France, semées de gros villages et de cités actives, sillonnées de routes parcourues maintenant par tous ceux qui étudient et commercent, ordonnées autour de l'une des plus grandes villes d'Occident. Dans ce domaine depuis longtemps pacifié, tout a été fait pour accroître le rendement des terres, les profits de la circulation et le nombre des hommes. Les revenus fonciers, auxquels s'ajoutent les droits de ban, les taxes que le roi retire de sa position de suzerain et de la protection qu'il accorde aux églises font du monarque — et de très loin — le plus riche seigneur du royaume : il dispose dès les années 1180 de plus de 100 000 livres parisis de revenus.

Grâce à cette richesse, le roi, comme les princes de l'Ouest ou du Nord, envoie dans ses terres des agents salariés, les baillis — dont les fonctions sont définies dès 1190 —, dans le double but de surveiller les prévôts et d'instituer des cours de justice susceptibles de rayonner hors du domaine. Il peut, au centre d'une cour encore bien modeste, confier les grands offices (sénéchalat, chancellerie), jusqu'alors tenus par de puissantes familles, à des serviteurs gagés, qui sont les instruments dociles de sa volonté. Par sa richesse encore, le roi dénoue les coalitions, achète l'adversaire, maintient des neutralités, constitue un trésor de guerre sur lequel il veille avec un soin jaloux. Il est à même, quand les circonstances l'exigent, de soudoyer, autour du groupe inébranlable des « chevaliers de l'Hôtel », une petite armée, forte de 2 000 à 3 000 hommes, composée de professionnels de la guerre, arbalétriers montés, sergents à cheval et chevaliers, accompagnés de fantassins mercenaires, habiles et impitoyables. Cette force mobile et expérimentée forme le fer de lance de la cavalerie des vassaux et des milices de piétons fournies par les paroisses. Elle peut escadronner aux marches du domaine, en surgir brusquement, y retraiter et se refaire, car elle s'appuie sur un réseau serré de places fortes élevées par les ingénieurs militaires du roi, et sur les enceintes des villes : à tous les points stratégiques, aux frontières du Vexin comme aux abords du Valois, des communes ont été confirmées, consenties ou établies, à charge de fournir au roi de l'argent, des charrois et des hommes. C'est la bravoure des bourgeois de Mantes qui, en 1188, sauve Paris, la capitale.

Paris capitale

Car le roi, désormais, y séjourne, quand il ne chasse pas dans ses manoirs d'Ile-de-France. Philippe Auguste y est né ; les jongleurs l'appellent le « roi de Paris ». Il réside en son palais de la cité, dont les salles et les écuries se dispersent parmi jardins et vergers, non loin du quartier épiscopal, serré autour de Notre-Dame. Deux autres villes entourent la Seine. Sur la rive droite, au-delà du grand pont de pierre défendu par un châtelet, l'agglomération marchande s'étend autour des halles fortifiées des Champeaux et du port de Grève. La rive gauche d'outre-Petit-Pont est le quartier des écoles. De part et d'autre du fleuve, vers les bourgs ecclésiastiques du Temple, de Saint-Martin-des-Champs, Saint-Victor, Sainte-Geneviève et Saint-Germain-des-Prés, la ville pousse ses faubourgs : elle est au carrefour des grands chemins d'Orléans, de Flandre et des foires de Champagne, des voies batelières de Normandie à la Bourgogne, au centre des terroirs les plus peuplés du royaume.

L'expansion est désordonnée ; le roi l'organise. En 1190, à la veille de son départ pour la Terre sainte, Philippe décide d'entourer d'un rempart le quartier marchand ; en 1204, la grosse tour ronde du Louvre défend le passage de Seine ; en 1209 enfin, la muraille cerne le quartier des écoles. Rapidement, les faubourgs, naguère disséminés autour du Châtelet, ne forment plus qu'un bloc pénétré par deux grandes voies — Saint-Denis et Saint-Martin —, pavées par ordre du roi ; de nouvelles paroisses apparaissent, des églises, et, sur la rive gauche, au long de la rue Saint-Jacques, les vignes reculent. La ville est, de très loin, la plus peuplée du royaume, et aussi la plus vaste. La présence de la cour, le passage des barons, des évêques et des clercs, stimulent l'artisanat de luxe et intensifient le mouvement commercial, enrichissent une bourgeoisie déjà puissante que le roi, seigneur de la ville, associe directement à l'exercice du pouvoir ; dès 1190, six bourgeois font partie du conseil de régence, et, dans cette ville sans charte, la puissante « Hanse des marchands de l'eau » obtient une série de privilèges économiques et juridictionnels qui laissent prévoir son futur rôle municipal.

Paris est donc capitale, la première d'Occident en date et en importance. Le donjon du Temple abrite l'argent du roi, la tour du Louvre ses trésors et ses prisonniers ; en son palais, bientôt magnifié par le reliquaire le plus précieux, s'installent à demeure des clercs et des officiers. Ce centre du pouvoir facilite les tâches de gouvernement, d'administration, agit comme un aimant sur les princes et les vassaux, qui y élèvent des hôtels... Paris est une puissance que le roi utilise et d'où il peut, en toute quiétude, protéger ses églises, augmenter ses biens-fonds et rassembler ses hommes.

Le rassemblement des terres et des hommes

Domaine et puissance

Comme le moindre des seigneurs du royaume, le roi, pour tenir son rang, donner à Dieu et bien caser ses fils, continue d'arrondir ses terres. Par une action quotidienne, inlassable, autant que par les armes, sans plan d'ensemble ni grande politique, le domaine, à partir des possessions d'Ile-de-France ou des points d'appui de Mâconnais ou d'Auvergne, s'accroît de petites seigneuries enclavées et lentement absorbées, de droits de commandement acquis à prix d'argent, de terres tombées en déshérence et intégrées au patrimoine. Les achats — un comté entier parfois — se multiplient, succédant fréquemment aux pariages, dont la liste, avec les années, devient toujours plus considérable. En dehors même de son domaine direct, il développe sa puissance politique — la protection des églises lui fournit l'occasion d'intervenir au loin –, multiplie ses « hommes », fait peu à peu entrer dans sa fidélité les principaux personnages, achète les hommages de sires en détresse, distribue des fiefs « de bourse », pratique une politique systématique d'immédiatisation des arrière-vassaux. En outre, par sa puissance, il est désormais en mesure d'exiger des services rigoureux, précis et profitables ; il oblige les seigneurs d'une principauté à se porter garants du prince et à le combattre en cas d'infidélité, assujettit les feudataires au relief, exerce efficacement ses droits de garde et de mariage et réalise progressivement cette « pyramide féodale » restée toujours si imparfaite.

Le roi Philippe agit encore comme l'un de ses barons quand, après avoir épousé Isabelle de Hainaut, il intervient dans les affaires de Flandre, use habilement du droit féodal pour acquérir, pacifiquement mais après des années de négociations et de procédures, l'Artois, puis le Valois, le Vermandois et l'Amiénois.

Transactions et exigences féodales se heurtent cependant aux ambitions concurrentes des grands vassaux ; le rassemblement politique multiplie les occasions de conflits, de jugements devant la cour féodale du roi ; celui-ci use précautionneusement de son droit et du conseil de ses vassaux avant d'intervenir par les armes. Mais les actions armées que les Capétiens furent amenés, en conséquence, à conduire dans l'Ouest et le Midi facilitèrent les opérations de détail, donnèrent des dimensions nouvelles à l'expansion du royaume et un sens au rassemblement territorial.

La désagrégation du domaine angevin

Philippe Auguste, afin d'affaiblir son vassal le plus redoutable, avait bien tenté d'utiliser contre Henri II Plantagenêt l'avidité de ses fils, mais l'amitié qui sembla un moment rapprocher Philippe et Richard Cœur de Lion, roi d'Angleterre en 1184, ne résista pas au temps. Parti en 1190 délivrer les Lieux saints avec Richard, Philippe l'abandonna pour agir contre lui et reprendre le gouvernement du royaume. Le « Lion lâché », une guerre acharnée s'ensuivit, faite d'obscures rencontres aux confins de la Normandie, du Berri et de la Touraine. Le roi y voyait ternir sa gloire, mais révélait ses qualités : maladivement nerveux, mais actif, peu scrupuleux, mais sachant récompenser ses hommes, brave jusqu'à la témérité, mais capable à l'occasion de fuir l'ennemi. Richard mort, son frère Jean réussit à se faire investir par Philippe de toutes les terres angevines. Des années de luttes et de tractations n'avaient abouti qu'à des gains dérisoires.

Peu après, tout changea. En août 1200, Jean, afin de contrecarrer les ambitions d'un trop puissant vassal, épousa Isabelle d'Angoulême, déjà fiancée à Hugues de Lusignan. Les compensations attendues ne venant pas, les Lusignan se révoltèrent, et, leurs fiefs confisqués, en appelèrent à la justice de leur seigneur suprême, le roi de France. Ayant vainement cité Jean à comparaître devant sa cour, Philippe, selon la procédure féodale, et par le conseil de ses vassaux, fit alors prononcer la confiscation de tous les fiefs du vassal félon. L'avenir de ceux-ci n'était guère précisé. Philippe se réservait simplement la province la plus disputée, la plus assimilable et la plus riche : la Normandie.

C'est là que fut emportée la décision. En mars 1204, les mercenaires du routier Cadoc hissèrent la bannière royale sur les murailles du Château-Gaillard. La chute de la forteresse entraîna celle de toutes les places normandes, dont Rouen. L'année suivante, l'Anjou et la Touraine furent occupés presque sans combat. Des années d'efforts, d'humiliation, une entière soumission au pape, et Jean put enfin forger la coalition décisive qui unit aux vassaux lésés par la puissance royale – Raymond de Dammartin, comte de Boulogne, le comte de Flandre Ferrand – l'empereur Otton de Brunswick, suivi d'une imposante cohorte de princes d'Empire. Jean et ses Anglo-Aquitains furent mis en fuite presque sans combat à La Roche-aux-Moines (2 juillet 1214). Quant au rassemblement impérial et flamand, il fut écrasé au même moment à Bouvines, après quelques heures d'une bataille acharnée. Les chantres de la dynastie capétienne se sont complu à décrire la joie de la population du domaine : « Les innombrables danses des gens du peuple... les chants suaves des clercs... les sanctuaires parés au-dedans comme au-dehors, les rues, les maisons, les routes, dans tous les villages et dans toutes les villes, tendues de courtines et d'étoffes de soie, tapissées de fleurs, d'herbe et de feuillage vert... Ceci se passa sur toute la route jusqu'à ce qu'on fût arrivé à Paris. Les bourgeois parisiens, et, par-dessus tout, la multitude des étudiants, le clergé et le peuple allaient au-devant du roi, chantant des hymnes et des cantiques... »

Après Bouvines, la monarchie capétienne semblait invulnérable et les conquêtes réalisées sur les Plantagenêts paraissaient définitivement assurées. Quand, en 1224, Louis VIII entreprit de soumettre le Poitou et la Saintonge, les libéralités consenties à la noblesse régionale et aux villes firent de l'expédition une promenade militaire, menée jusqu'à La Rochelle – principal port atlantique –, qui ouvrit ses portes au roi de France. Toutes les entreprises du jeune roi d'Angleterre Henri III pour reprendre pied dans les provinces perdues échouèrent. Il ne lui demeurait donc que le duché de Guyenne – libre de tout service, puisque, depuis la sentence de commise de 1202, le roi d'Angleterre n'était plus vassal du roi de France pour ses fiefs continentaux.

La pénétration en Languedoc

C'est avec une égale prudence que la monarchie était intervenue dans le grand fief toulousain, conquis par l'hérésie. Le comte de Toulouse, Raymond VI, se bornait à une neutralité faite d'impuissance politique et de sympathie. Les missions cisterciennes, multipliées par le pape, demeuraient sans effet, et la parole de saint Dominique, qui, depuis 1207, parcourait le pays à la manière des parfaits cathares, ne pouvait avoir qu'un succès limité. Le 15 janvier 1209, le meurtre du légat Pierre de Castelnau – qui venait d'excommunier le comte – décida Innocent III à prêcher la croisade et à « exposer en proie » les terres de Raymond VI, tandis qu'il incitait le roi de France à prendre la tête de l'expédition punitive. Accaparé par les affaires du Nord, Philippe Auguste temporise et réserve ses droits : « Condamnez-le comme hérétique ; alors seulement vous aurez le droit de publier la sentence, et de m'inviter, moi le suzerain du comte, à confisquer légalement les domaines de mon feudataire ». Il laisse cependant prêcher la croisade sur ses terres. Venus d'Ile-de- France et du Nord, une foule de chevaliers se rassembla à Lyon et marcha sur les citadelles de l'hérésie, laissant derrière elle un sillage d'incendies, de dévastations et de massacres. Simon de Montfort, baron d'Ile-de- France, chef militaire de la croisade et héritier des dépouilles du vicomte de Carcassonne, agit de même pour forcer dans Toulouse le comte Raymond VI . Mais, en écrasant à Muret (1213) le roi d'Aragon venu au secours de son vassal, Simon scelle le destin du Languedoc, le rattache solidement au royaume, impose aux seigneuries conquises les coutumes d'Ile-de-France. Investi des domaines de Raymond VI par le concile du Latran, il fait hommage de ses fiefs à Philippe Auguste, devient l'un des plus grands feudataires du royaume, mais prépare du même coup l'intervention royale.

Déjà, en 1215, le prince Louis, par sa seule présence dans les rangs des croisés, avait manifesté le contrôle capétien sur une entreprise par trop ambitieuse. Trois ans plus tard, le fils de Simon, Amaury, accablé par la résistance occitane et le retour triomphal du comte, fait appel à son suzerain et, peu après, lui abandonne ses droits. Louis VIII se fait confirmer par l'Eglise la dépossession des domaines du jeune comte Raymond VII. Soutenu par ses principaux vassaux, il prend la croix (1226) et soumet rapidement la plupart des villes languedociennes. La maladie, puis la mort du roi n'interrompent point les opérations. Au traité de Meaux-Paris (1229), le comte dut ratifier le démembrement de ses Etats, doter largement sa fille unique – promise à un frère du roi –, tandis que les sénéchaussées de Beaucaire et de Carcassonne étaient annexées au domaine.

La suite n'alla pas sans difficulté. Les excès de l'Inquisition entraînèrent une résistance armée dans les campagnes, et de violentes réactions urbaines. En 1242, dans une ultime tentative, le comte de Toulouse se joignit au roi d'Angleterre et au comte de la Marche. Mais les prises d'armes des conjurés ne furent pas coordonnées, et Raymond VII dut, une nouvelle fois, implorer sa grâce pour n'être plus que l'auxiliaire zélé de l'orthodoxie. En mars 1244, les flammes qui embrasèrent Montségur marquaient la fin de toute résistance. En 1249, Jeanne de Toulouse, mariée à Alphonse de Poitiers, put, aux termes du traité de Meaux, recueillir sans opposition l'héritage paternel.

Ainsi, en moins de trente années, la monarchie avait atteint les rivages de la Manche, de l'Atlantique et de la Méditerranée. Mais, de toutes les annexions opérées sur l'empire angevin, la Couronne ne garda sous son administration que la Normandie. Le reste fut concédé en apanage par Louis VIII à ses fils. Alphonse de Poitiers, après son mariage avec Jeanne de Toulouse, contrôla ainsi la plus grande partie du Midi de la France, et rien ne pouvait laisser prévoir le retour au domaine de si vastes territoires. Le roi ne se préoccupait pas davantage d'absorber les grands fiefs périphériques. Les grandes conquêtes n'avaient pas modifié la conception du pouvoir. Toutefois, bien avant 1250, tandis que les princes apanagistes gouvernent leurs terres en accord profond avec la politique royale, le roi exerce pleinement sa suzeraineté sur la Flandre, la Champagne, la Bourgogne. Si les grands feudataires se conduisent avec une exacte fidélité, c'est que, le plus souvent, leur duché ou leur comté apparaissent criblés d'enclaves et de petits fiefs relevant de la Couronne. Résultat du prestige du roi, mais plus encore de l'action de ses agents.

Les officiers du roi

Car en moins de trois générations, et sans mutation brusque, le roi devenant plus riche et ses domaines plus vastes, l'administration royale, dans ses formes, ses méthodes et son esprit, s'est transformée en un instrument singulièrement efficace.

L'institution des baillis avait été progressivement étendue aux provinces du Nord, en Normandie, puis en Anjou. Dans l'apanage d'Alphonse de Poitiers et en Languedoc, les « sénéchaux » — terme hérité de l'ancienne organisation princière — reçurent d'identiques attributions. La charge n'était plus collective ; partout un personnage unique, recevant pleine délégation de l'autorité royale, rayonnait autour d'une ville, dont il prenait le nom. Dès avant 1240, de véritables circonscriptions apparaissent, en Amiénois, en Vermandois, puis dans toutes les terres domaniales. Sénéchaux et baillis, fréquemment mutés, doivent régulièrement rendre compte de leur administration devant la cour. Une cour déjà différenciée et qui s'adapte au nombre et à l'importance des affaires qu'elle est amenée à connaître. Elle se réunit plus fréquemment au judiciaire ; ses travaux se prolongent et deviennent plus techniques. Les grands vassaux se bornent bientôt à prononcer les sentences lors des sessions solennelles que tient, quatre fois l'an, cette « cour en parlement » (le terme, d'abord vague, désigne, avant 1250, les seules réunions judiciaires) ; le travail réel est désormais préparé par de véritables juges professionnels — laïques ou ecclésiastiques —, assistés de clercs formant une commission permanente. En matière financière, un personnel spécialisé contrôle la comptabilité des officiers locaux qui, trois fois l'an, viennent déposer leur recette au trésor royal. Quant aux services domestiques du souverain et de sa maison, si longtemps confondus avec la cour, ils s'en détachent progressivement et constituent l'« hôtel », avec ses propres officiers. Auprès du roi enfin, sortant de l'hôtel comme de la cour, gagés et prêtant serment, des chevaliers et des clercs conseillent — à l'égal des barons — et, longtemps retenus dans leurs activités, confèrent enfin à l'action monarchique une continuité qu'elle n'avait jamais connue.

Une plus grande efficacité surtout. A la cour comme dans les provinces, conseillers, baillis, sénéchaux ne sont plus seulement des hommes d'épée. Par leurs lectures, leur travail quotidien, les assises qu'ils président, les traductions dont ils disposent, ils acquièrent les rudiments d'une culture juridique. Certains ont une formation théorique, mais tous sont entourés de clercs sortis des collégiales royales ou des universités (Orléans, dotée dès l'origine de professeurs d'une exceptionnelle qualité, rivale de Bologne, est une pépinière de serviteurs pour le gouvernement royal). Tous apportent au roi cette arme redoutable : l'écrit. Les actes émanant de l'Administration se comptent désormais par milliers : mandements plus nombreux, hommages consignés dans des chartes, statistiques féodales, relevés de services et de taxes, coutumes, sentences conservées par le parlement qui, installé à demeure dans le palais de la Cité, commence à constituer ses archives.

S'attelant à la rédaction de coutumes, fouillis de droits inextricables, les serviteurs royaux mettent au service du monarque leurs connaissances et leur rigueur d'analyse : les études juridiques sont, en effet, gouvernées par les rigoureuses méthodes de la scolastique, science de la clarification constante et des contradictions résolues. Car tous, baillis recrutés dans la petite noblesse d'entre Somme et Loire sauvant leur patrimoine par le service du roi, clercs d'humble origine placés par la grâce royale à la tête d'un évêché ou d'un canonicat, sont irrésistiblement séduits par le pouvoir qu'ils servent. Les sénéchaux s'illustrent encore par l'épée, les clercs par leur connaissance de Justinien et même d'Aristote. Lentement, prenant la suite des canonistes, ils élaborent un droit, associent aux prétentions féodales de la monarchie les réminiscences des codes et des traités, éclairent les notions encore confuses de la « souveraineté du roi », « prince en son royaume », en viennent à penser que toute justice est tenue en fief du roi, et affirment déjà qu'un vassal ne peut s'insurger contre le monarque sans tomber sous le coup de l'antique loi de majesté... Riches d'arguments, de deniers et de prestige, les officiers étendent bien au-delà du domaine la protection royale sur les églises, les villes et les individus. Ils exigent des églises les services féodaux, s'opposent fermement aux empiétements des justices ecclésiastiques et, soutenus par Saint Louis comme par Philippe Auguste, étendent les droits de garde et de régale.

Quant aux villes, victimes des oligarchies, leurs privilèges ne font plus que masquer discordes sociales et désordres financiers. Le roi, « seigneur naturel des communes » selon ses conseillers, se doit de secourir l'enfant « sous-âgé », de restaurer les libertés municipales. L'intervention gonfle le trésor, les « aides » se multiplient, mais la protection royale compense, et au-delà, les exigences fiscales ; ainsi voit-on s'avouer « bourgeois du roi » nombre de marchands qui résident hors du domaine.

L'aristocratie, depuis longtemps déjà, s'était accoutumée à porter ses procès devant les cours royales : celles-ci employaient — comme les cours princières — des méthodes raisonnables, rendaient des sentences claires, rarement violées, et contribuaient, plus encore que les cours princières, à substituer la procédure à la vengeance du lignage. Par l'« assurement », tous ceux qui se sentaient menacés pouvaient se placer sous la sauvegarde royale. Pour cela, aux frontières de Guyenne comme aux marches de l'Empire, nombre d'hommes étaient susceptibles de faire intervenir la justice du roi, et se protégeaient du même coup des prétentions combien plus dangereuses du prince régional. Voilà pourquoi la noblesse ne se dressa pas de front contre l'entreprise monarchique. Les coalitions qui troublèrent la régence de Blanche de Castille manquaient de tablature et furent facilement dispersées.

Quant à la « souveraineté » des princes qui, dans leur baronnie, menaient une semblable politique, elle s'accordait à celle du roi lorsque, à sa cour, ils légiféraient en matière féodale ; elle s'y soumettait déjà lorsqu'ils acceptaient, sous Saint Louis, d'appliquer dans leurs terres des ordonnances prises par le roi et ses conseillers « pour le commun profit », de portée morale pour la plupart, mais accoutumant cependant à subir la loi du roi.

Ainsi le droit féodal n'est plus qu'un instrument entre les mains des officiers qui, pénétrant partout, donnent au royaume plus de consistance. Le français gagne, et la justice et la monnaie du roi. Langues, coutumes, façons de vivre ou de penser demeurent encore nombreuses et dissemblables, mais les juristes ne sont plus seuls à penser que le pays commun des Français est « la couronne du roi ».

Cela grâce à Saint Louis, qui fit du zèle de ses agents une occasion de mieux défendre les humbles, qui réunit des concepts sortis des chaires de droit ou de théologie en une somme chrétienne ordonnée pour le bien de tous, et qui transforma la notion naissante de souveraineté en une conception mystique, selon laquelle « les Français sont un dans le roi, comme les Chrétiens sont un dans le Christ ».

Saint Louis et la synthèse chrétienne

Saint Louis n'est pas, dans sa jeunesse, l'ascète mortifiant son corps, l'émouvant roi mystique des hagiographes ; gai, bon compagnon, volontiers spirituel, il partage les goûts de la noblesse pour les jeux ou les parures, « fait servir courtoisement à sa cour largement et plus qu'il n'y avait depuis longtemps à la cour de ses devanciers », joint la prestance au courage guerrier et force l'admiration de Joinville à Damiette comme à Mansourah. « Merveilleusement courtois », il est aussi « prud-homme ». Car sa piété n'est pas d'un dévot. S'efforçant d'être le meilleur représentant de la nouvelle chevalerie, le roi gouverne simplement, s'entourant de conseils, mais guidé par sa foi et subordonnant tout à son ministère royal. Plus tard, affaibli par les fièvres et les abstinences, *frater Ludovicus,* victime d'un échec et roi de la fin des temps, demeure résolu, autoritaire ; pleinement conscient de sa souveraineté pour ce qu'il considère être le bien du royaume, il impose à tous son idéal de justice, de paix et d'ordre chrétien.

de justice...

Rendre bonne justice : l'image du roi prêcheur, entre ses familiers sous le chêne de Vincennes et faisant droit sans nul intermédiaire aux plaintes de ses sujets, a valeur exemplaire. D'abord pour ses barons. Sans doute se montre-t-il très respectueux des justices seigneuriales (en 1260, il défend à ses baillis de placer des sergents là où ils n'ont pas la justice). Mais il ne tolère pas que leurs détenteurs en abusent ; on connaît la condamnation d'Enguerrand de Coucy. Car le roi entend subordonner la justice, comme les coutumes, à la raison, juger les infractions « en appert et devant le peuple », soumettre à ses propres principes ses officiers. Dans ce dessein, il cerne ceux-ci d'interdits et de contraintes morales, et — pour le bien commun et le soulagement de son âme — fait entreprendre, à la veille de la croisade (1247), de grandes enquêtes sur l'administration et la justice de ses baillis et sénéchaux, n'hésitant pas à restituer des droits indûment acquis. Il étend enfin son idéal d'équité aux transactions commerciales et donne l'exemple d'une scrupuleuse stabilité monétaire. Quand il ordonne de ne recourir, en justice, qu'à des modes de preuves raisonnables — enquête, audition de témoins, et, en cas de déni de justice, appel devant le parlement —, il suit les conseils de ses juristes et sanctionne des usages largement diffusés. Dans l'un et l'autre cas, il les fortifie de son prestige, les pare de son rayonnement moral, les popularise hors du domaine et contribue par là à abattre les obstacles encore dressés devant le pouvoir souverain.

... de paix...

Idéal de justice, quête de paix. Louis enseigne à son fils qu'avant de guerroyer « il faut sommer longuement ». À la tête des Frères qui prêchent la concorde et des princes qui s'efforcent de pacifier, il lutte contre toute violence, interdit la vengeance familiale, renouvelle la « quarantaine-le-roi », essaie d'abolir les tournois, impose, en 1245, une trêve de cinq ans à ceux qui mènent des guerres privées, et, en 1258, interdit « de conseil délibéré... et dans tout le royaume... les guerres et les incendies et les troubles du travail de la terre ». Les troubles ne disparaissent sans doute pas, mais la paix du roi fortifie celle des princes. C'est encore pour la protection de son royaume et « le bien de la paix » qu'il traite, en 1259, avec le roi Henri III d'Angleterre, le fait rentrer en son hommage pour le duché de Guyenne, mettant un terme à l'état de guerre et permettant par là les interventions de la justice royale dans le duché. Un identique esprit l'animait un an auparavant à Corbeil quand, renonçant à des droits illusoires sur les domaines du roi d'Aragon, il assurait définitivement sa mainmise sur le Languedoc.

Au milieu d'une Europe déchirée, devant une Angleterre abaissée et un Empire exsangue, le roi refuse toutes les aventures, garde une égale distance entre le Saint-Siège et l'Empire, ne profite pas des rivalités aragonaises et castillanes, et fait figure de médiateur suprême. De la Flandre au Dauphiné, les villes se soumettent à ses arbitrages. Partout il apaise, rassemble, mais d'abord dans le royaume et pour l'ordre chrétien.

et d'ordre chrétien

Il le fait avec toute la dureté de l'Église qui, dressée contre l'hérésie, encadre, surveille et contraint. On connaît les mots confiés à Joinville : « Quand on entend médire de la foi chrétienne, il ne faut la défendre qu'avec l'épée, dont on doit donner dans le ventre autant qu'elle y peut entrer. » Louis est le protecteur des inquisiteurs du Languedoc, et c'est en son nom, protégé par ses sergents, que Robert le Bougre étend ses persécutions au nord du royaume. Pour régner sur de bons chrétiens et conduire ses sujets au salut, il va même jusqu'à prohiber les jeux, pourchasser la prostitution, punir très cruellement le blasphème. Quant aux juifs, il leur interdit d'exercer l'usure, fait brûler les exemplaires du Talmud, leur impose le port d'insignes distinctifs. Du moins les protège-t-il dans leurs personnes et garde-t-il dans son aversion le sens de la charité et l'espoir de les convertir. Car l'époque de Montségur est aussi le printemps chrétien ; les Dominicains sont des missionnaires, et les Frères Mineurs, imitant le Christ après saint François, vêtus de bure et vivant d'aumônes, chantent partout l'humilité, la joie et la beauté du monde. Le royaume, terre d'élection de l'hérésie, devient, grâce au roi, le jardin où se dressent avant 1275 plus de trois cents maisons de Frères. Pour les fils de Dominique, Paris est une capitale, et l'Ile-de-France, avec l'Ombrie, le lieu privilégié de la spiritualité franciscaine. Louis IX s'entoure de Mendiants et les comble de dons ; il est tertiaire de saint François ; sa sœur Isabelle fonde à Longchamp le couvent des Clarisses. Soutenu par les nouvelles milices spirituelles (qui d'ailleurs servent son pouvoir avec autant de zèle que les baillis et leurs sergents), son gouvernement s'inspire plus encore que par le passé des exigences de la morale évangélique et de la nécessaire purification du monde ; le roi utilise ses richesses à des fins charitables, multiplie maisons-Dieu et hôpitaux, témoigne des valeurs neuves d'un christianisme lucide et généreux, dispute avec les Dominicains et accomplit l'Évangile à l'exemple de saint François. Il abandonne alors tout luxe vestimentaire, mortifie son corps en toute joie, implore le Seigneur de lui faire venir les larmes, et, pour l'amour de son peuple et l'imitation du Christ, « met son corps en aventure de mort », en croisade. En 1244, année de la seconde chute de Jérusalem, il jure de prendre la croix, fait construire Aigues-Mortes, s'y embarque en août 1248 pour frapper la puissance musulmane en son cœur, l'Égypte. Échec, capitulation, et quatre longues années en Palestine à caresser le vain espoir d'une alliance mongole. Rentré en France en 1254, il songe déjà à repartir — contre tous les avis. Le 1er juillet 1270, affaibli par la maladie et l'ascétisme, « sergent du Christ » et missionnaire, il fait voile vers Tunis, campe devant Carthage, et succombe de la peste le 15 août.

On le tenait déjà pour un saint ; son « martyre » auréola une monarchie désormais vénérée jusque dans les villages, plus forte que toute autre, encore traditionnelle, mais déjà souveraine, servie par la prospérité plus que par ses sergents, et grandie par l'éclat de la civilisation parisienne que le prestige royal contribuait à faire rayonner sur tout l'Occident.

III. LA SYNTHÈSE PARISIENNE

Vers 1250, de la Loire à l'Artois et de la Normandie à la Champagne, la France du Nord déploie sur un commun paysage de prospérité urbaine, par ses cercles poétiques, ses écoles et ses cathédrales, les expressions variées d'une même richesse. Car partout la langue des élites urbaines est celle de Pontoise ou de Saint-Denis et, sous les formes diverses des porches et des portails, le style est d'Ile-de-France, la pensée parisienne. Plus que jamais Paris ordonne, rassemble et harmonise. Les chemins de Champagne et de Flandre y convergent, les marchands venus de loin s'y établissent, après les étudiants, attirés de tout l'Occident. Auprès du roi, les princes des fleurs de lis y résident, et les autres s'y font élever des demeures ; les architectes viennent de Troyes, Cambrai ou Amiens y édifier les églises, les couvents et les reliquaires dus aux largesses et aux inquiétudes royales.

Autour des évêques et des théologiens, des étudiants, des chevaliers, des juristes et clercs de la cour, des marchands qui ont de l'or dans leur coffre, de la curiosité dans l'esprit et un fils aux écoles, la ville abrite un peuple de libraires, d'enlumineurs, d'orfèvres et d'ivoiriers, membres d'un même atelier, vivant dans une relative proximité mentale et intellectuelle. Arras ou Troyes ont des cénacles, Paris — fait sans exemple dans le passé médiéval et sans équivalent dans l'Occident du XIIIe siècle — un milieu cultivé. La pensée universitaire lui confère son unité ; la puissance religieuse, politique, commerciale de la cité explique son rayonnement. Ainsi, timidement, inconsciemment parfois, par les hommes, le livre, le langage ou la pierre, se diffusa la substance d'une culture nouvelle, qui ne rencontrait plus d'obstacles depuis qu'un château royal se dressait à Angers, et que les élites occitanes avaient été décimées par les cavaliers du Nord.

Le grand atelier d'Occident

Dès la fin du XIIe siècle, la précellence intellectuelle de Paris est chose universellement admise. La ville est devenue, grâce au prestige de ses maîtres, cette nouvelle Athènes vers laquelle conflue « une admirable multitude venue de tous les points du monde ». Si l'île de la Cité retient encore à l'ombre de Notre-Dame partie des théologiens et des juristes, les arts libéraux se sont fixés entre le Petit-Pont, la montagne Sainte-Geneviève et le bourg Saint-Germain, sur cette rive gauche où les écoles sont encore dispersées parmi les granges et les masures. C'est que l'enseignement se dispense partout : dans des locaux loués par les maîtres, dans des fondations religieuses, cloîtres ou églises, mais aussi dans les rues et sur les places. Pas d'écoles ; il existe simplement des institutions charitables nées de générosités privées ecclésiastiques ou royales hébergeant quelques étudiants pauvres. La plus ancienne s'est ouverte en 1180 ; la plus prestigieuse est fondée par le chapelain de Saint Louis, Robert de Sorbon, richement dotée et réservée aux étudiants en théologie. Mais ces « boursiers » sont en minorité. La plupart des étudiants, s'ils ne sont pas confortablement entretenus par les deniers familiaux, doivent s'entasser dans des chambres chèrement disputées ou dormir à la belle étoile, et mendier pour vivre s'ils n'ont pu obtenir auprès d'un prêtre, d'un hôpital ou d'un libraire, l'emploi qui leur permet d'acheter des livres et de payer les maîtres.

Ce monde, toujours turbulent, est tour à tour animé par la passion de l'étude et celle de l'aventure ; divers par les origines sociales (les fils de nobles côtoient les fils de paysans), géographiques (Scandinaves, Allemands, Anglais, Italiens ou Espagnols se mêlent aux Français de toutes régions), par l'âge (on peut être étudiant à treize ou trente-cinq ans), il est un dans son désir de chercher querelle aux bourgeois, de braver les sergents du Châtelet, de « quérir honneur » par le grade, la prébende ecclésiastique, ou la place dans l'école ; un dans sa volonté de penser à sa guise et de vivre comme il l'entend ; un face au prévôt royal, à l'évêque ou à son écolâtre, qui prétendent toujours, comme au temps d'Abélard, décerner les grades et régir l'enseignement. Il faut donc transférer la collation du droit d'enseigner (la *licentia docendi*) aux propres représentants du métier, par un juste système d'examens ; orienter en toute autonomie l'enseignement ; obtenir enfin des privilèges juridictionnels protégeant l'étudiant de la poigne des sergents du roi et, pour cela, s'organiser à l'image des autres métiers urbains, faire reconnaître officiellement les privilèges et les droits de tous : maîtres et étudiants.

Ces buts furent atteints à la suite d'une série de conflits accidentels dégénérant en émeutes, en grèves prolongées et en exils volontaires. Dès 1200, maîtres et étudiants ont obtenu leurs privilèges d'ordre juridictionnel ; en 1215, le légat du pape Pierre de Courson donne ses premiers statuts à l'« Université », qui détient dorénavant la collation des grades et l'organisation des études ; enfin, en 1231, pleine personnalité juridique est reconnue à l'*universitas magistrorum et scholarium*, placée directement sous la protection pontificale.

Dans cette longue lutte contre l'évêque et la justice royale, les universitaires avaient paradoxalement obtenu l'appui du roi et celui du pape. Le premier avait pleinement conscience de la richesse et du prestige que représentait pour sa capitale un tel luxe d'hommes venus de toutes parts, et qu'il importait de protéger. Le pape, dès les premiers combats, avait accordé aux universitaires toute sa sollicitude. Dans un monde menacé par l'hérésie, le *studium* parisien pouvait plus que tout autre devenir la citadelle de la foi, le meilleur instrument de la répression catholique, le centre d'une théologie surveillée imposant une vérité à l'Eglise tout entière. On peut alors apprécier à leur juste mesure les louanges prodiguées par Innocent III et ses successeurs à l'Université parisienne — « fleuve qui féconde la terre de l'Eglise universelle », « arbre de vie dans le paradis terrestre »...— et l'attentive protection qu'ils lui accordaient pour mieux la surveiller et, au besoin, la soumettre. Dès avant 1231, certains enseignements furent condamnés et des hommes sûrs furent introduits dans la place : Dominicains et Franciscains accaparèrent une partie des chaires les plus prestigieuses, les chaires de théologie.

Grèves, bagarres, libelles se multiplièrent contre ces « usurpateurs d'enseignement » toujours prêts à trahir la cause de l'Université, mais dont la science était incomparable, le prestige professoral intact et les protections éminentes. Les professeurs séculiers durent s'incliner, mais du moins avaient-ils gagné, à l'occasion de ces derniers conflits, une organisation professionnelle durable. L'Université est, vers 1260, composée de quatre facultés. La faculté des arts — où se dispense avant tout un enseignement de philosophie — est celle des débutants de quatorze à vingt-cinq ans, si nombreux qu'ils se sont divisés en « nations » qui ont chacune leur représentation élue et sont supervisées par un recteur. On peut y être bachelier après deux ans d'études, et docteur après six. On s'oriente ensuite vers l'une des trois facultés supérieures, fréquemment vers la médecine ou le droit, car, en cinq ou six ans, on y obtient généralement la licence ou le doctorat, tandis qu'il en faut une quinzaine pour parvenir au même résultat dans la faculté majeure de théologie. Longtemps, les doyens élus de ces trois facultés restent sans grande relation. A l'occasion, ils se concertent avec le recteur de la faculté des arts. C'est celui-ci qui, disposant des moyens les plus importants, a pris en main la défense de l'Université tout entière lors de la lutte entre séculiers et réguliers et fait appliquer les décisions communes. Une union organique était désormais réalisée qui allait traverser les siècles.

Culture et pensée scolastique

Cette université ainsi pourvue de son autonomie, mais non encore figée dans ses privilèges, vibrante de jeunesse, ouverte au monde et émouvante d'optimisme, fit de Paris, malgré les contrôles et les interdictions, le grand atelier d'Occident, où s'élaborait une nouvelle culture.

C'est à l'aurore du XIIIe siècle que se forgent les premières grandes « sommes » de théologie scolastique, exhaustives et systématiques. Elles s'appuyaient sur les autorités — chrétiennes, grecques et latines —, clarifiant et conciliant leur pensée par un strict souci de rigueur linguistique, donc de grammaire, et se soumettant aux lois d'airain de la dialectique, science de la démonstration, enivrante de logique, d'ordre et de division méthodique. Tout se pliait à cette quête de l'intelligence lucide, et d'abord la forme de l'enseignement fait de commentaires de textes (*lectiones*), mais surtout de discussions opposant une autorité à une autre (*quaestiones*) et conduisant le maître, par la critique dialectique, à sa propre solution (*determinatio*). L'exercice de discussion (*disputatio*) en était le produit le plus typique : « tournoi de clercs » tenu en public devant nombre de curieux, ou encore, disputes « quodlibetiques », plus rares, où un maître mettait en jeu sa réputation pour résoudre n'importe quel sujet posé par n'importe qui. L'exercice pouvait être stérile et tomber dans le syllogisme, ce qu'il fit ; toutefois, les méthodes des universitaires diffusaient des habitudes mentales, des schémas intellectuels qui pouvaient aider à résoudre, consciemment ou non, quantité de problèmes particuliers. Un savoir-penser s'imposa non seulement aux professionnels de la dialectique, mais à tous ceux qui, par la parole, l'écrit ou le compas, animaient le chantier urbain.

D'abord aux copistes, auxiliaires indispensables d'un enseignement qui ne pouvait vivre sans livres nombreux, maniables, rapidement multipliés. Pour ce faire, un système rationnel, celui de la *pecia*, régla, dès les premières années du XIIIe siècle, la diffusion du livre jusqu'au développement de l'imprimerie. La division en petits cahiers numérotés d'un exemplaire de manuscrit permit à plusieurs scribes de transcrire simultanément un ouvrage. Plusieurs dizaines de transcriptions pouvaient donc être réalisées dans le délai autrefois nécessaire pour une seule. Cette organisation du travail était déjà un bel exemple de solution dialectique : conciliation des contraires, division de la difficulté et recomposition en un tout. Mais la pensée des docteurs marqua davantage encore la présentation du livre, désormais lui aussi divisé et composé. Jusqu'alors ni la page ni le livre ne manifestaient en rien la démarche de la pensée. Les alinéas étaient arbitraires et l'articulation logique absente. Les copistes comme les scolastiques, et peut-être sur leur conseil, réussirent à résoudre les exigences contradictoires d'une économie d'espace et d'une présentation rationnelle et hiérarchisée. Le cheminement dialectique de l'œuvre, avec ses *partes membra, quaestiones*, ses *articuli*, apparut nettement, précisé par une numérotation et des lettrines ; celles-ci, par leurs dimensions et leurs couleurs, firent du livre une architecture explicitant clairement la pensée, portant la marque de la méthode et de l'esprit du temps.

L'architecte, quant à lui, n'était pas astreint à la lecture des Sommes, mais il vivait dans l'intimité des clercs et des théologiens. Il avait fréquenté les écoles de Chartres, de Laon ou de Paris, assisté aux disputes, assimilé la science des nombres avant la pensée des docteurs. N'était-il pas lui-même comparable à ces maîtres, « docteurs ès pierres », discutant à la manière des dialecticiens le plan idéal d'un chevet ? N'avait-il pas droit, sur sa pierre tombale, au manteau universitaire ? Au XIIIe siècle, l'élaboration gothique progresse, telle une démonstration doctorale : elle précise son vocabulaire de formes, possède ses autorités — les monuments récemment érigés en Ile-de-France —, applique les règles de l'uniformité et de la conciliation des contraires ; les solutions apportées aux façades, aux baies, à l'espace de la cathédrale en font foi. Elle entraîne dans un identique souci d'ordre et de lisibilité la sculpture et la miniature, transmet non seulement un décor d'arcs brisés de pinacles ou de gables environnant les scènes peintes ou sculptées, mais divise géométriquement le tympan comme la page et ordonne hiérarchiquement les catégories représentées. L'architecture, art majeur imposant à tous autres son ordre et son langage ? L'art majeur fut la scolastique ayant la théologie comme fin.

L'homme et la Création

Le raisonnement rigoureux des clercs parisiens ne s'égarait plus dans l'imaginaire. Dans l'école, comme sur le chemin, ils observaient la nature. Plus accueillante, soumise et ordonnée. Ils en découvraient la bouleversante diversité dans les manuscrits venus de Tolède, ou par la bouche des marchands ou des missionnaires, dont les récits, autant que les traités antiques, faisaient toujours reculer les bornes de l'Etrange. Tous les maîtres de l'université, et les autres, conviaient à cette quête du réel : les chanoines de Saint-Victor avaient invité à contempler dans le ciel et la terre les rayonnants témoignages de la splendeur divine, les philosophes des facultés des arts commentaient, après Aristote, les lois qui régissent le monde sensible. Evêques et théologiens insistaient sur la qualité d'une création que les hérétiques cathares condamnaient. Et quand les Franciscains arrivèrent à Paris, ils firent don de leur fraternité des oiseaux, des fleurs et des étoiles. Maîtres séculiers et Dominicains proposaient un univers de clarté, de réalités intelligibles, exprimaient la sève nouvelle de l'homme, son emprise croissante sur la nature, et répondaient au désir de comprendre et de tout analyser dans une foi sereine. Voilà pourquoi le règne de Saint Louis fut le temps des astronomes, des naturalistes et des géomètres ; des « sommes », des « miroirs », des encyclopédies et des inventaires. Leurs auteurs accueillaient encore des monstres, mais qui semblaient comme domestiqués au milieu des herbes et des animaux familiers. Albert le Grand, inventoriant les connaissances de son temps, décrivait méthodiquement la flore des pays rhénans, et corrigeait Aristote. Le Picard Pierre de Maricourt publiait un traité sur l'aimant ; Villard de Honnecourt jetait sur son carnet des croquis de machines et y contrefaisait « al vif » un lion. Les nouveaux romans d'aventures ont un cadre français ; Guillaume de Lorris fit évoluer ses figures allégoriques dans la douceur des vergers et des jardins fleuris, et non plus dans les sombres enchantements de la forêt bretonne. Aux porches des cathédrales, les fantastiques bêtes romanes se transformèrent en grotesques ou disparurent, remplacées par les feuillages du terroir. Aux chapiteaux et dans les frises, les oiseaux chantaient la joie de l'homme. Au centre de l'univers et en harmonie avec lui, comme Dieu incarné au centre de ses créatures, le chrétien de chair au centre de la propagande anti-hérétique, et le corps de saint François au centre de son bonheur. L'homme, dans son activité créatrice, son labeur quotidien, magnifié par les Franciscains, imitant Dieu, enseignant par le Livre et construisant l'Univers le compas à la main.

Les hommes, dans des œuvres littéraires plus soucieuses de concret, prenaient plus de consistance, de vérité sociale et de variété psychologique — car les instruments d'analyse étaient plus acérés et la langue plus souple. Les hommes témoignaient en foule de l'incarnation du Christ aux façades des cathédrales. Ils y pesaient maintenant sur leur socle, se détachaient du mur, dans des proportions plus harmonieuses, des attitudes vraies et des expressions plus exactes, dotés d'un regard éclairé par la proximité de la Vierge et des saints et par la certitude de la rédemption. Idéalisés, soumis à un cadre rationnel bannissant l'accident, ils révélaient l'ordre et l'harmonie du monde, sous la forme des espèces et des catégories, selon l'enseignement d'Aristote.

L'homme, Aristote et Dieu

La logique d'Aristote avait été l'instrument de la nouvelle culture. Les grandes œuvres du physicien, du métaphysicien et du moraliste furent connues pour l'essentiel autour de 1200, et totalement avant le milieu du siècle. Chaque pensée du Stagyrite s'imposait, irrésistible, séduisante, et comme invulnérable ; cependant, peu à peu, la lecture de la *Philosophie naturelle* et de la *Métaphysique* révéla une réflexion dégagée des préoccupations religieuses et différente dans ses fondements de toute la Tradition. L'Eglise s'inquiétait davantage des apocryphes néoplatoniciens qui circulaient sous le nom d'Aristote, et dont la diversité augmentait encore les difficultés de synthèse des docteurs. On s'alarma enfin, après 1230, des commentaires rédigés par le musulman de Cordoue Averroès, qui interprétait au travers de sa propre culture la *Métaphysique* et en comblait les lacunes par des thèses inconciliables avec le christianisme. Dès le début du siècle, l'univers, progressivement dévoilé, du Nouvel Aristote et de ses commentateurs — éternité du monde, unité de l'intellect humain, négation de la liberté — semblait antinomique de la révélation chrétienne.

Dès 1210, l'Eglise réagit. Par l'exclusion. Amaury de Bène, qui enseignait à Paris un panthéisme prenant racine dans la *Philosophie naturelle*, fut condamné. D'incorrigibles disciples furent brûlés ; et il fut interdit aux clercs de lire « publiquement ou secrètement » la *Physique* et la *Métaphysique*. Mesure illusoire et dangereuse! Les écrits prohibés circulaient entre les meilleures mains ; Aristote passionnait par trop les docteurs. Les théologiens n'adoptèrent d'abord que les passages qui confirmaient leurs propres opinions, tandis que d'autres expurgeaient les erreurs et les commentaires fallacieux. Guillaume d'Auvergne, à Paris, dès 1230, ouvrit la route et fit exemple. En 1255, le pape Alexandre IV commanda au dominicain Albert de Cologne – Albert le Grand –, qui avait, dix ans auparavant, enseigné la *Philosophie naturelle*, une réfutation d'Averroès. Il commenta alors tout le corpus aristotélicien, afin « d'orienter tout le savoir vers Dieu ». Il fraya ainsi le chemin à son élève Thomas d'Aquin, également dominicain. Ce dernier, dans le couvent de la rue Saint-Jacques, se proposa d'accorder la foi et la raison ; en l'interprétant et en le corrigeant, il voulut faire du système aristotélicien le fondement même de toute théologie. Sa *Somme théologique* fut le premier système philosophique chrétien, monumental, vertigineux de puissance, de liberté et de rigueur.

Mais Alexandre IV avait installé aussi, dans une autre chaire parisienne de théologie, le franciscain saint Bonaventure. Ce dernier demandait à saint Augustin plus qu'à Aristote, orientait déjà la connaissance de Dieu vers le mysticisme, incitait la philosophie à regagner des limites qu'elle n'aurait jamais dû franchir et mettait en garde ceux qui, déraisonnables à force de raison, finissaient par penser qu'ils pouvaient tout comprendre, même l'incompréhensible. D'ailleurs, beaucoup, en dehors même de saint Bonaventure, trouvaient dangereusement novatrice la tentative de saint Thomas. N'encourageait-elle pas les déviations des philosophes de la faculté des arts, fauteurs de troubles et de propos hérétiques, qui prétendaient soustraire leur science au contrôle des théologiens et la placer au même niveau que la discipline majeure ? Siger de Brabant était de ceux-là, qui empruntait à l'averroïsme et tolérait autour de lui des propos extrémistes. N'allait-on pas jusqu'à nier l'existence de l'âme individuelle !

A Paris se décidait le destin de l'homme. Les tournois philosophiques y étaient encore empreints d'optimisme, mais, peu avant 1270, on prenait confusément conscience de la démesure du combat. Au terme d'une route commune, d'un gigantesque effort de synthèse, les chemins des théologiens divergeaient. Peu auparavant, les imagiers de Reims n'étaient pas parvenus à ordonner sur les façades leurs milliers de figures. C'était un autre signe – parmi beaucoup – d'une dramatique remise en question de l'harmonie du monde chrétien.

La cathédrale et l'harmonie du monde

Le chantier de Chartres, ouvert en 1194, avait été pour l'architecture gothique comme une seconde naissance. De cet édifice exceptionnellement homogène, bâti, pour l'essentiel, en moins de vingt-cinq ans, se dégagea le type classique de la cathédrale, exprimé dans les trente années suivantes à Soissons, Reims, Amiens et Beauvais. L'arc-boutant, employé quelques années auparavant à Notre-Dame de Paris, permit à Chartres de transmettre les poussées mieux équilibrées d'une voûte moins pesante à de solides contreforts extérieurs surmontés de pinacles. Grâce à ce système de construction sans cesse amélioré, on put augmenter la hauteur de l'église, simplifier son élévation par la suppression des tribunes, mieux articuler l'édifice par d'identiques supports verticaux entre lesquels le mur devenait inutile. Dans ce vaste vaisseau à l'espace immédiatement perceptible, l'architecte put donner aux grandes arcades un développement considérable, et, au-delà d'un triforium réduit, ouvrir des fenêtres hautes sur près de la moitié de la hauteur totale.

Les riches possibilités de Chartres furent aussitôt exploitées. Les maîtres de Reims, d'Amiens et de Beauvais accentuèrent cette impression de verticalité, déjà si sensible dans la nef chartraine, en érigeant des voûtes vertigineuses, sous-tendues par d'élégants supports entre lesquels le mur, aboli, laissait place à d'immenses baies de lumière. Quand, au chœur d'Amiens, l'architecte transforma le triforium en claire-voie, l'édifice gothique, avec ses arcs-boutants allégés d'arcatures et de niches, ses pinacles aériens, ses porches aux tympans ajourés, ses façades percées d'immenses roses, se présenta vraiment comme une architecture libérée de toute contrainte, dématérialisée, une « épure revêtue de beauté ».

Beauté faite de rigueur, puis bientôt d'élégance. De nouvelles techniques de construction du fenestrage, découvertes dans les vallées de l'Oise et de la Marne, et introduites à Reims, puis à Amiens, permirent toutes les virtuosités dans le dessin des baies et dans celui des roses. Le décor prit le pas sur la monumentalité, la linéarité sur l'équilibre plastique. On s'attacha désormais à répéter aux différents étages d'identiques jeux de lignes, à en garnir toutes les surfaces, et à lier ces étages décoratifs par de minces faisceaux de colonnettes fusant sans discontinuité du sol jusqu'aux voûtes. Cet art, encore mesuré dans son raffinement, emporta l'adhésion de la cour capétienne, s'imposa dans les innombrables chantiers ouverts en Ile-de-France grâce aux aumônes royales. Sous Jehan de Chelles et Pierre de Montreuil, il triompha à Saint-Denis, à la Sainte-Chapelle et au transept de Notre-Dame. En ce milieu du siècle, comme l'Université, l'art parisien vivait sous ses derniers docteurs. Quand, le 12 mars 1267, Pierre de Montreuil fut inhumé dans la chapelle de la Vierge de Saint-Germain-des-Prés, l'épopée créatrice du XIIIe siècle disparut avec lui. L'art gothique se mourait non pas d'avoir voulu escalader le ciel, mais d'avoir résolu toutes ses *quaestiones*. D'abord art de logicien, de théologien et de missionnaire, il se muait en métier d'ingénieurs.

Art de logicien : à Chartres comme à Amiens, la vertigineuse unité de la cathédrale, où toute forme exprime sans ambiguïté sa fonction, est raisonnée comme une somme. Elle est démonstration scolastique faite d'analyse claire, de dialectique précise et d'harmonie lucide. Car la cathédrale est désormais pleinement ce lieu de félicité spirituelle imaginé par les docteurs et les mystiques. La lumière, manifestation divine et source de toute beauté, s'y déverse comme la bonne doctrine, magnifie l'édifice aux murs resplendissants (à l'image de la Jérusalem céleste), et, par le chatoiement coloré du vitrail, confère au sanctuaire une irréelle unité.

A Chartres, une seule génération de verriers mit en place plus de cent soixante vitraux. Sur les fonds sombres et vibrants de leurs nuances infinies de bleus, de hautes figures vigoureusement composées atteignent une extraordinaire puissance expressive. A la Sainte-Chapelle, quinze verrières rassemblent tous les traits de l'art parisien — qui éclipse l'influence chartraine après 1230 — en d'innombrables miniatures vivement colorées, dont les personnages se perdent dans l'enchantement des harmonies lumineuses.

Car l'enseignement que la cathédrale offre aux fidèles, c'est dans l'immense « prédication muette » des façades qu'il faut le rechercher. Sous les porches solennels et les portails profonds, prophètes et patriarches, apôtres, évêques et docteurs, saints combattants et moines témoignent de la création du monde et de la mission confiée à l'Eglise. Au centre du porche, Dieu incarné accueille les fidèles et ordonne les prêtres autour de sa souveraine majesté, comme l'évêque en sa cathédrale. Au tympan, le Christ triomphe de la mort ; il couronne sa mère, souveraine de l'Eglise, salvatrice et triomphante, à Senlis, Chartres, et plus encore à Reims, hymne marial. Hymne polyphonique, où, dans un commun classicisme et une totale maîtrise de la pierre, s'harmonisent la plénitude chartraine, la calme grandeur parisienne, les traditions antiquisantes des ateliers mosans, l'humanité surnaturelle d'Amiens et l'élégance audacieuse des Anges au sourire...

Sans doute, l'art des grandes cathédrales ne s'impose-t-il pas d'emblée dans tout le royaume. De la Flandre à la Bourgogne, on interprète la formule chartraine, et l'Ouest, jusque vers 1230, développe le style fleuri de ses voûtes à liernes sur des structures demeurées romanes. Mais, au milieu du siècle, les influences parisiennes pénètrent partout. A Clermont en 1248, à Bayonne en 1258, à Carcassonne en 1267, les jalons sont posés d'une irrésistible expansion.

Littérature aristocratique et nouvelle culture

La sagesse du siècle pouvait être fatale aux belles-lettres. La philosophie les étouffait dans l'Ecole. En dehors d'elle, les œuvres littéraires répondirent aux promesses du XIIe siècle, parées de la langue de France qui gagnait tous les genres, stimulées par les curiosités d'un public élargi, vivifiées par la nouvelle culture.

Certes, dans bien des salles, on vibrait encore à la geste de Charlemagne ou de Don de Mayence, dont les cycles épiques toujours plus gonflés devenaient monotones, pleins de redites, de lieux communs et de contrefaçons. Les guirlandes courtoises dont elle s'entourait n'empêchèrent point l'épopée de tomber en décadence. Car, partout dans la France du Centre et du Nord, le lyrisme occitan triomphait : auprès des cours de Flandre, de Blois et de Champagne (le comte de Champagne Thibaud IV fut l'un des grands trouvères du temps), des petites cours régionales, et surtout des patriciats urbains. A Arras, incomparable foyer poétique, mais aussi à Valenciennes, Douai, Tournai ou Cambrai, comme à Provins, Bar ou Troyes, bourgeois ou nobles raffinaient l'art d'amour. Un autre courant courtois, mystique, qui avait pris sa source dans le *Perceval* de Chrétien de Troyes, s'augmenta, peu après 1200, de l'énorme suite du *Lancelot* en prose. Galaad le pur y chevauche, à travers les forêts enchantées et les merveilles chrétiennes, à la *Queste du Saint Graal*, qu'il voit enfin et meurt. Le roman arthurien disparut avec lui. Sur sa tombe, l'Orléanais Guillaume de Lorris édifia une nouvelle cathédrale de courtoisie – fort différente, il est vrai. Son *Roman de la Rose* (vers 1235), « où tout l'art d'amour est enclose », demeura une somme inachevée. Ce songe enchanteur de fraîcheur et de grâce, animé du jeu subtil des allégories, d'une inégalable délicatesse, atteignit la pointe extrême des possibilités courtoises. Il portait déjà la marque de l'école, le goût du raisonnement et de l'abstraction. Car l'idéal aristocratique alliait désormais dans la « prud'homie », l'intelligence au sentiment, la « clergie » à la « sapience », la crainte de Dieu à la connaissance. Les chroniqueurs comme les hagiographes tinrent à évoquer Saint Louis disputant avec Robert de Sorbon ou Vincent de Beauvais.

Ce nouvel équilibre mental ne se limitait pas aux cercles étroits de la cour royale ; il avait pénétré certains milieux aristocratiques. Le chroniqueur Lambert d'Ardres nous peint un comte de Guînes, qui, bien que féru de chasse et d'aventures, vivait, vers 1190, entouré de clercs : « Il les écoutait avec soin, mais comme il aurait voulu tout savoir et ne pouvait tout retenir par cœur, il fit traduire du latin au roman... le *Cantique des Cantiques* avec son interprétation mystique, et le fit souvent lire devant lui... Il reçut aussi, traduite du latin en langue romane, une grande partie de la *Physique*... »

L'ordre et l'harmonie que les théologiens venus d'Italie, d'Angleterre et de l'Empire recherchaient à Paris, le royaume semblait les offrir à l'Occident. Par la personne de son roi, parangon de justice, dont le trône resplendissait sur toutes les cours d'Europe. Charles d'Anjou, frère du roi et comte de Provence, avait été ceint de la couronne de Sicile par un pape français, et les princes et princesses de la maison des lys élevaient, par le sang de Saint Louis, les maisons de Brabant, de Navarre, de Castille et d'Aragon. Par la langue de France – celle des foires de Champagne –, indispensable à tous ceux qui pratiquaient le commerce lointain, langue maternelle des princes et seigneurs de Chypre, de Morée et d'Angleterre, et sceau de toute éducation aristocratique, en Italie comme sur les bords du Rhin. Car le royaume de France, « fleur d'armes, d'honneur, de gentillesse, de courtoisie et de largesse », devint, pour toute la chevalerie occidentale, la source vive des manières de vivre et de penser.

En Germanie, l'engouement pour les œuvres françaises était tel que bien des auteurs affectaient de présenter leurs écrits comme de simples traductions. Tandis que le *Minnesang* naissait de l'inspiration occitane, les poètes anglais abandonnaient leur rythmique traditionnelle pour la prosodie française, et la France inspirait à l'Espagne sa nouvelle poésie érudite.

Partout dans la chrétienté, jusqu'en Hongrie, en Pologne et à Chypre, des évêques formés à l'université de Paris firent appel aux artistes parisiens pour orner leurs églises, et aux architectes picards ou champenois pour reconstruire leurs cathédrales. Dans une Germanie demeurée fidèle aux traditions impériales, les tours de Bamberg reproduisirent celles de Laon, et des hommes venus d'Amiens et de Reims dirigèrent les chantiers de Trèves et de Cologne. En Espagne, les cathédrales de León, de Burgos et de Tolède rappelaient Le Mans, Chartres et Bourges. En Angleterre, le chœur de Westminster témoignait d'un retour éphémère aux manières d'Ile-de-France. En Italie même, par les abbayes cisterciennes, les objets d'art commercés, les œuvres commandées par des papes français, l'art gothique s'était introduit. Partout, certes, il se pliait aux traditions locales. Mais partout aussi le dessin d'une baie ou le profil d'un roi éclairaient l'Occident d'une sagesse et d'une joie écloses non loin du Petit-Pont, entre les tours de Notre-Dame et le palais de la Cité.

Tous les sires n'avaient pas cette soif de connaissance ; mais la plupart d'entre eux avaient voyagé, ils pratiquaient la langue de France, et avaient des idées plus claires que leurs ancêtres. Ils apprenaient le droit pour défendre leur bien ou servir le prince, envoyaient déjà leurs fils aux écoles et avaient auprès d'eux un clerc. Ceux-là abandonnaient les illusions mystiques du *Lancelot* pour des œuvres plus réalistes ou des écrits historiques désormais écrits en langue vulgaire. En 1207, le seigneur champenois Villehardouin commençait sa chronique de la quatrième croisade, tandis que le chevalier Robert de Clari portait témoignage des peines et des joies du combattant marchant sur Constantinople. Par bien des aspects, les goûts de l'aristocratie cultivée répondaient à ceux d'une élite plus large, bourgeoise ou cléricale, qui se divertissait aux exploits multipliés de Renart, aux compositions comiques des fabliaux, et riait à ses propres travers que Rutebeuf allait bientôt dénoncer en d'émouvants poèmes, où il exprime avec sincérité sa tristesse et son désenchantement.

12. LE GRAND ROYAUME

1270-1348 : avant le déferlement des calamités, l'éclatant rayonnement de la prospérité française.

Fils, petit-fils, arrière-petit-fils de Saint Louis : trois générations se sont succédé en France depuis le glorieux désastre de Tunis jusqu'aux tristes événements du milieu du XIVe siècle. La première, celle de Philippe le Hardi – trente ans en 1275 –, vit dans un religieux respect du règne précédent, qu'elle s'efforce de prolonger sur tous les plans. La seconde, celle de Philippe le Bel – trente ans en 1298 –, semble, au contraire, décidée à tirer le maximum d'avantages de la situation ainsi acquise, dans le sens d'une exaltation systématique de la grandeur de la France et de son roi : s'est-elle rendu compte que, ce faisant, elle modifiait l'esprit même de cette grandeur, tandis que se transformait le contexte national et international qui en avait permis l'épanouissement ? La troisième, celle des fils de Philippe le Bel et de son neveu Philippe de Valois – trente ans entre 1319 et 1324 –, commence à souffrir de cette distorsion naissante entre le rêve et la réalité : après avoir fait face à des difficultés multiples, variées et apparemment non liées, elle prend brusquement conscience de la tragique évolution des choses sur le champ de bataille de Crécy, sous les murs de Calais et devant les charniers de la peste noire.

Epoque de transition s'il en est, la période 1270-1348 a déjà posé un problème aux hommes du XIVe siècle. Au lendemain de Crécy et de Poitiers, le chroniqueur liégeois Jean le Bel, un des témoins les plus significatifs de son temps, butte sur cette énigme, cherchant pourquoi « le royaume de France, que tout le monde avait surmonté d'honneur, de sens, de clergie, de chevalerie, de marchandise et de toutes bontés, est ainsi triboulé et en tel meschief allé par ses ennemis et par lui-même... ».

Autrement dit, comment est-on passé de la France rayonnante de Saint Louis et de la France triomphante de Philippe le Bel à la France humiliée et vite épuisée des premiers Valois ? La réponse à cette question essentielle ne peut se trouver dans un découpage chronologique par règnes ou par dynasties ni se ramener à un conflit de générations : elle doit plutôt être cherchée dans l'étude des différents rythmes d'évolution. En période de transition, certains secteurs évoluent très lentement et d'autres beaucoup plus vite ou avec plus d'ampleur. De là des discordances, des ruptures qui semblent défier les lois de l'évolution historique et de la chronologie. C'est autour de thèmes bien plus qu'autour de dates que peut alors s'organiser l'histoire de la période. Deux thèmes nous paraissent caractériser les années 1270-1348. D'abord le thème du grand royaume :

préparé par Saint Louis et Philippe III, il s'exalte sous Philippe le Bel et continue d'animer ses successeurs. Ensuite, la mutation séculaire qui transforme les conditions de la vie matérielle et les mentalités de toute l'Europe occidentale : amorcée vraisemblablement sous Philippe III, déjà visible sous Philippe IV et ses fils, elle entraîne finalement une sélection et une redistribution des forces qui ne furent pas toutes au profit de la France ni de la royauté. D'où l'affrontement entre le rêve et la réalité qui marque si profondément la société française de l'époque, dont la principale référence, niant toute évolution, reste « le temps de Monseigneur Saint Louis », Philippe VI en fit la dure expérience.

I. LE GRAND ROYAUME

Faisant écho au chroniqueur anglais Mathieu Paris, qui qualifiait Louis IX de « roi des rois », un glossateur italien du début du XIVe siècle écrivait : « Dans toute la chrétienté, le roi de France n'a point d'égal. » C'est dans le même esprit que le biographe de Philippe III, Guillaume de Nangis, relate qu'au couronnement de ce roi, le 15 août 1271, Joyeuse, l'épée de Charlemagne, « roi de France et empereur des Romains », fut portée devant son maître : « Cette épée est, en effet, conservée, avec la couronne et le sceptre royal et avec tous les autres ornements royaux destinés à cette cérémonie, dans l'église de Saint-Denis en France... » On voit ici poindre des prétentions nouvelles en faveur de la couronne de France. S'appuyant sur la situation hors de pair dont ils bénéficient au lendemain de la mort de Saint Louis, les derniers Capétiens et leur entourage, non contents de développer encore au profit du roi les institutions de la monarchie féodale, les orientent dans un sens de plus en plus moderne, tout en affichant des ambitions extérieures elles aussi très nouvelles : empirisme ? développement logique ? politique voulue, consciente ? L'énigme est pour nous totale et la personnalité ambiguë des derniers Capétiens n'en rend pas la solution facile.

La documentation, notons-le, change d'aspect : avec l'apparition des comptes royaux, suivis des premiers larges recensements, états de feux, livres de la taille, listes de bailliages, on peut songer à ébaucher une géographie administrative de la France et à hasarder des évaluations démographiques d'ensemble. Signes certains du mouvement qui entraîne la royauté dans de nouvelles directions, à peine perceptibles pour les hommes de ce temps.

Vers l'unification : domaine et royaume

Limites et frontières

Comment, au début du XIVe siècle, un roi de France pouvait-il se représenter son royaume ? Pour inattendue qu'elle soit, la question, soulevée récemment, mérite d'être posée. En l'absence de cartes, en un temps où les premiers documents chiffrés énumèrent des hommes et non des terres, où les déplacements du roi hors de la Région parisienne, de l'Orléanais ou de la Normandie ne sont que de rapides chevauchées au faible rayon d'action, où la notion même de ligne frontière se substitue à peine à celle de région frontière, le roi de France est dans l'impossibilité de se représenter l'étendue et les limites exactes de son domaine comme de son royaume, inextricables enchevêtrements de terres et de droits. Pourtant, il en poursuit inlassablement l'extension.

L'extension du domaine

Après le prodigieux agrandissement du domaine sous Philippe Auguste et sa consolidation sous Louis IX, un nouveau bond en avant est enregistré sous Philippe III. Il illustre parfaitement la politique de la dynastie. L'héritage du comté de Toulouse, par suite de la mort, en 1271, d'Alphonse de Poitiers et de Jeanne de Toulouse, n'est que la conséquence logique de l'ancien traité de

Paris de 1229, et aussi le signe de cette sorte de chance qui, par l'extinction des branches cadettes, a jusqu'ici favorisé les rois capétiens. Mais, à son tour, par le mariage, célébré en 1284, de son fils, le futur Philippe le Bel, avec l'héritière du royaume de Navarre et du comté de Champagne et de Brie, Philippe le Hardi prépare la réunion au domaine de ce comté si proche de Paris. De nouveaux champs d'action s'ouvrent ainsi au roi de France, dans le Midi, où il devient le plus grand seigneur territorial, comme dans l'Est, où il entre en contact avec les terres d'Empire. A côté de ces acquisitions majeures se multiplient, en vertu de l'attraction croissante du domaine, les annexions mineures dont certaines dépassent même les limites traditionnelles du royaume. Philippe III acquiert le comté de Guînes, le port de Harfleur, Montmorillon... Philippe IV achète le comté de Chartres, la mouvance de Montpellier, la seigneurie de Beaugency, le comté de la Marche, la vicomté de Soule et Mauléon, le comté de Bigorre ; à l'est, il étend la suzeraineté royale sur l'Ostrevent, le Barrois mouvant, Toul et Verdun, Lyon et Viviers. Dans toutes les régions réunies directement au domaine pénètrent baillis et sénéchaux et, avec eux, les institutions capétiennes aussi bien que l'art d'Ile-de-France. De ces régions proviennent à leur tour des idées, des principes et des hommes qui vont peu à peu donner aux institutions issues du vieux domaine un nouveau visage. Après celui des sénéchaussées de Carcassonne et de Beaucaire, le rattachement du Languedoc est ici capital, obligeant déjà Philippe le Hardi à créer en son parlement, de tradition coutumière, un auditoire de droit écrit, puis amenant Philippe le Bel à ouvrir les portes de ses conseils à un nombre croissant d'hommes du Midi.

Ces succès n'empêchent pas les rois de continuer à aliéner d'amples portions de leur domaine pour constituer des apanages en faveur de leurs fils cadets, mais avec quelques restrictions qui sont nouvelles. En 1284, Philippe III fait reconnaître par le parlement le principe de retour à la Couronne, au cas où l'apanagiste meurt sans héritier direct, « sans hoir de son corps ». En 1314, prévoyant le cas où son fils Philippe, qui a reçu en apanage le comté de Poitiers, mourrait sans avoir de fils, « laquelle chose ne voudrions ni que le comté fût en main de femelle », Philippe le Bel, sur son lit de mort, restreint la transmission de cet apanage à la ligne masculine : « C'est à savoir que, au cas que ledit Philippe ou aucun de ses hoirs comte de Poitiers, mourrait sans laisser hoir mâle de son corps, nous voulons et ordonnons que la comté de Poitiers retourne à notre successeur, roi de France, et soit rejointe au domaine du royaume. » Précautions rendues inutiles par la forte mortalité qui sévit alors dans la famille royale. En 1328, après l'avènement des Valois, la plupart des grands apanages ont fait retour à la Couronne. Ceux qui subsistent, gouvernés par de proches parents du roi et gagnés aux méthodes de l'administration capétienne, ne constituent pas, à cette époque, des obstacles majeurs à l'unification du royaume.

Les grands fiefs

Tout autre est le problème posé par les puissantes principautés féodales, qui, n'ayant jamais fait partie du domaine, cherchent à échapper à son influence. Le rattachement à la Couronne des comtés de Toulouse et de Champagne réduit maintenant à quatre le nombre de ce que nous appelons les grands fiefs, tous situés dans des régions excentriques par rapport à l'ensemble du royaume : Bourgogne et Bretagne, Guyenne et Flandre. La Bourgogne est la plus perméable aux influences capétiennes et modèle depuis longtemps ses institutions sur celles du domaine, au point que, en 1328, ses paroisses et ses feux sont recensés avec ceux du domaine par les agents royaux ; les ducs de Bourgogne font à Paris de fréquents séjours et, au temps de Philippe VI, les conseillers bourguignons furent des plus influents. Le duché breton, au contraire, poursuit une existence pratiquement indépendante : il faudra la guerre de Cent Ans pour poser la question de Bretagne. Pour l'heure, les vraies difficultés proviennent des deux autres grands fiefs, en état de rébellion quasi permanent et bientôt unis dans une commune hostilité à l'égard de la politique royale. L'intransigeance de celle-ci, à partir de Philippe le Bel, est significative de l'évolution du pouvoir royal. Contre les grands fiefs rebelles sont lancées de vastes expéditions punitives : contre la Guyenne, les campagnes de Philippe le Bel en 1294, 1295, 1296, et de Charles le Bel en 1324, dont la facilité incite à la répétition ; contre la Flandre, des campagnes presque annuelles à partir de 1302. Les armées royales, ici, ne se heurtent plus aux représentants soldés d'un pouvoir lointain, mais à tout un peuple révolté. L'extrême difficulté des campagnes de Flandre — défaite de Courtrai en 1302, victoire contestée de Mons-en-Pévèle en 1304 — entraîne de part et d'autre une exaspération croissante ; elle est le signe d'une contradiction profonde entre les intérêts du fief flamand, attiré économiquement par l'Angleterre et politiquement par l'Empire, et ceux de la couronne de France. Rebelle à l'unification française comme à la centralisation royale, la Flandre se détache progressivement du royaume.

Vers l'absolutisme : le pouvoir royal

Jamais encore, dans le cours de l'histoire de France, le pouvoir royal n'a été aussi systématiquement exalté que dans les cinquante années qui suivent la mort de Saint Louis : notion qui va bientôt dépasser la personne même des rois.

Le point de vue des théoriciens

Tout concourt alors à la mise hors de pair de la dynastie capétienne, depuis le rattachement au grand Charlemagne symbolisé par le port de l'épée Joyeuse au sacre de Philippe III, jusqu'à la canonisation de Saint Louis, qui, accordée en 1297 par le pape Boniface VIII, auréole la descendance du roi martyr d'un prestige nouveau. L'idée apparaît que les dignités réservées à cette famille ne peuvent se transmettre qu'en ligne masculine, comme les deux plus grandes dignités du temps, électives il est vrai : la papauté et l'empire. Nous avons vu Philippe le Bel chercher à éviter « que la comté [de Poitiers] fût en main de femelle », c'est-à-dire placer l'apanage, réservé au fils cadet du roi, hors du droit commun des fiefs. Le même mouvement d'idées aboutit à éliminer en trois étapes — 1316, 1322 et 1328 — les femmes de la couronne de France. Le déroulement de ces événements a été savoureusement décrit par Jean le Bel : « Ce beau roi Philippe [le Bel] eut trois fils — outre cette fille, laquelle fut mariée au roi d'Angleterre dont j'ai parlé ci-dessus — et furent ces trois fils moult beaux, desquels l'aîné eut nom Louiset fut, du vivant de son père, roi de Navarre, et on l'appela le Hutin ; le second eut nom Philippe V le longle Bel ; le troisième eut nom Charles. Et ils furent tous trois rois de France après la mort de leur père, droit par succession, sans avoir engendré hoir mâle de leur corps. Aussi, après la mort du roi Charles, les douze pairs et les barons de France ne donnèrent point le royaume à sa sœur, laquelle était reine d'Angleterre, parce qu'ils voulaient dire et maintenir, et encore font, que le royaume de France est bien si noble qu'il ne doit mie aller à femelle, ni par conséquent au roi d'Angleterre, son fils aîné, car, comme ils disent, le fils de femelle ne peut avoir droit ni succession venant de par sa mère, là où sa mère n'a point de droit. »

Les questions de droit deviennent, en effet, primordiales. On est alors en pleine floraison juridique et l'on a parlé, pour cette époque, d'un « temps des légistes ». C'est l'époque où l'*Ordo* du sacre des rois de France prend sa forme définitive. Mais aussi celle où, indépendamment de toute considération religieuse, le droit féodal raisonné et le droit romain redécouvert glorifient de concert les pouvoirs du suzerain et du souverain. Toute une littérature se développe sur ce thème. Sous Philippe III, les conceptions féodales sont exposées, par exemple, dans les *Etablissements de Saint Louis* ou dans les *Coutumes de Beauvaisis*, rédigées par le grand bailli, Philippe de Beaumanoir. Le premier ouvrage contient le célèbre adage : « Le roi ne tient de personne, sauf de Dieu et de lui ». Sous Philippe IV, à propos du conflit avec le pape Boniface VIII, s'exaltent les théories issues du droit romain. Ne se contentant plus de l'idée déjà avancée sous le règne précédent par l'évêque de Mende, Guillaume Durant, d'un roi de France *princeps in regno suo*, les juristes de Philippe le Bel, dans un ouvrage anonyme publié en 1302, la *Quaestio in utramque partem*, lancent la formule *imperator in regno suo*. Pamphlétaires et publicistes, laïques et ecclésiastiques dissertent inlassablement sur ces thèmes, dans le sens d'une abstraction croissante, liée à la renaissance de la notion d'Etat. Ce n'est plus la personne du roi qui compte, mais l'idée qu'il représente, symbolisée par l'attribut majeur de la royauté : la couronne.

La pratique

Par un étrange paradoxe, cette évolution semble indépendante de la personnalité des rois de la période 1270-1328. Les images qu'en ont laissées les contemporains sont-elles faussées par l'idée qu'ils se faisaient de la grandeur du personnage ? Quoi de plus conventionnel que le portrait de Philippe le Hardi (1270-1285) par Guillaume de Nangis ? Pieux et bien intentionné, Philippe semble s'être surtout rangé aux avis des anciens conseillers de son père, ce qui ne l'empêcha pas de subir l'influence éphémère de son favori, Pierre de la Broce, et les pressions de deux « partis » qui se forment auprès de lui : le parti brabançon — brillant entourage de la jeune reine Marie de Brabant, en qui l'on voit l'animatrice de la première cour de France — et le parti angevin ; ce dernier l'entraîne dans la désastreuse expédition d'Aragon, au retour de laquelle il trouve la mort, à Perpignan, en 1285. Son fils, Philippe IV le Bel (1285-1314), est peut-être le personnage le plus énigmatique de la dynastie. Si son long règne se signale par une exaltation systématique de la royauté et par une série de créations institutionnelles durables, si sa vie privée fut de réputation irréprochable, la vie publique fut alors marquée par une série de retentissants scandales, de grandes « affaires », qui nous laissent aussi perplexes que les contemporains : le conflit avec Boniface VIII, sur lequel nous reviendrons ; le drame du Temple, ouvert en 1307 par l'arrestation des templiers, poursuivi en 1312 par la dissolution de l'ordre au concile de Vienne et, en 1314, par le supplice des principaux templiers, dont le grand maître Jacques de Molay ; la spoliation des juifs en 1306 et l'expulsion des Lombards en 1311 ; les manipulations monétaires ; et d'autres scandales aux motivations encore plus douteuses, mettant en cause la moralité même de l'entourage royal : l'affaire de l'évêque Guichard de Troyes, accusé d'avoir empoisonné la reine, et l'affaire des brus du roi, épouses des futurs Louis X et Charles IV. Accusées et convaincues d'adultère sur dénonciation de leur belle-sœur, la reine Isabelle d'Angleterre, elles sont jetées en prison et l'une d'elles y meurt mystérieusement. Philippe le Bel s'est-il complu dans ces sordides procès ? En a-t-il été l'instigateur ou les a-t-il tolérés, laissant agir des conseillers trop zélés ? En toute hypothèse, son prestige n'en sort pas grandi et il était déjà fort compromis de son vivant. Cette atmosphère de suspicion, d'arbitraire policier, jointe à la politique d'hostilité à l'égard des grands fiefs, à l'échec des campagnes de Flandre et à une pression fiscale grandissante, est une des causes de la situation troublée du royaume à la mort de Philippe le Bel. Ces circonstances difficiles, devant lesquelles il parut céder sur toute la ligne, et la trop courte durée de son règne ne permettent guère de se faire une opinion sur la personnalité de Louis X le Hutin (1314-1316). Le cadet, Philippe V le Long (1316-1322), mit, au contraire, à s'emparer de la régence, puis de la couronne, un esprit de décision qui ne se démentit pas par la suite ; aux prises avec des difficultés multiples, il sut faire preuve d'un sens politique, à la fois ferme et souple, qui pouvait annoncer un grand règne : six ans ne lui permirent pas de s'affirmer. Pas plus qu'au benjamin, Charles IV le Bel (1322-1328), le dernier Capétien direct.

Après avoir évoqué la canonisation de Saint Louis, le vieux Joinville ajoute : « Grand déshonneur, dis-je, à ceux de son lignage qui voudront mal faire, car on les montrera au doigt et on dira que le saint roi, dont ils sont issus, eût répugné à faire telle méchanceté. » En fait, les contemporains — soit respect, soit habitude — mettent rarement en cause la personne même du roi. Ils lui accordent, au contraire, un préjugé favorable, lui attribuant le mérite de toute action bénéfique et rejetant la responsabilité des actions maléfiques sur l'influence perverse de « mauvais conseillers ». Nous pouvons nous étonner du contraste ainsi révélé entre une royauté sans cesse exaltée et un roi de plus en plus soumis aux pressions de son entourage. Il ne faut pas oublier que le roi du Moyen Age ne se conçoit jamais seul. Il n'existe qu'entouré de familiers. L'augmentation et l'organisation croissantes de son entourage sont un signe de puissance. La plupart de nos sources, destinées à un public aristocratique, se font de cet entourage une conception véritablement manichéenne, distinguant d'une part les « bons » conseillers : membres de la famille royale, nobles et chevaliers attachés aux conceptions féodales, à l'idéal chevaleresque et aux traditions du temps de Monseigneur Saint Louis ; d'autre part, les « mauvais conseillers », parvenus, laïques ou ecclésiastiques, qui entraînent le roi, malgré lui, sur la route des « novelletés » — ainsi la célèbre trilogie du règne de Philippe le Bel : Pierre Flote, Guillaume de Nogaret et Enguerrand de Marigny. A l'égard de cette catégorie méprisable, poètes et chroniqueurs ne trouvent pas de termes assez durs :

Trahi êtes, chacun le pense...
Par vos chevaliers de cuisine

déclare Geoffroy de Paris au lendemain du désastre militaire de Courtrai, en 1302. Il renchérit en 1314, accusant par la bouche des barons révoltés

Petites gens parvenus
Qui sont à la cour maîtres devenus,
Qui cousent, rognent et taillent.
Toutes les bonnes coutumes défaillent ;
Justice désormais
A la cour, on ne nous rend jamais.
Serfs, vilains, avocassiers
Sont devenus empereurs.

Ce dualisme sera presque érigé en système par Jean le Bel. Il estimera que Philippe VI a été vaincu parce qu'il « a toujours cru pauvre conseil de clercs et de prélats » et non pas « les seigneurs et barons de son pays ».

Car le roi prend conseil : suivant des modalités encore très empiriques, certes, mais qui tendent à se préciser. Alors que les services domestiques de l'Hôtel du roi prennent leur autonomie, les attributions politiques des familiers du souverain se différencient, suivant une évolution déjà amorcée sous Louis IX. Trois secteurs de responsabilités se dégagent de la cour du roi. Le premier, politique, reste le moins défini, et d'autant plus influent ; c'est ce Conseil du roi, où il retient qui il veut, quand il veut, princes du sang ou petits chevaliers, clercs ou bourgeois. Là se prennent les grandes décisions ou se jugent en dernier ressort les grandes affaires. Mais un organisme aussi restreint et aussi secret peut-il engager l'existence du royaume dans les cas graves ? Depuis longtemps, les rois avaient coutume, en ces circonstances — spécialement à la veille de vastes opérations militaires —, de convoquer de grandes assemblées féodales, où prélats et barons, vassaux du roi, remplissaient leur devoir de conseil en approuvant ses décisions : Philippe III reste fidèle à cette tradition quand il lance la croisade d'Aragon. D'un genre nouveau apparaissent les assemblées réunies à partir de Philippe le Bel, à commencer par celle de 1302. Convoquée à Notre-Dame de Paris par le roi lors de son conflit avec Boniface VIII « au sujet de plusieurs affaires difficiles concernant de façon non médiocre, nous, notre Etat, notre liberté, celle de notre Royaume, des églises, des personnes ecclésiastiques, nobles et séculières et de chaque habitant de notre Royaume », l'assemblée comprenait des nobles, des ecclésiastiques et des gens des villes. « C'était la première consultation nationale du royaume de France. Ce n'était point, comme on l'écrit souvent par erreur, les premiers états généraux ; c'était mieux que cela, une consultation directe de l'opinion publique en France, sans intermédiaire, on pourrait presque dire au suffrage universel » (Lot et Fawtier). Loin d'en être amoindrie, l'autorité royale en sort renforcée : plébiscitée ? Une procédure analogue est suivie lors de l'affaire des templiers et à diverses reprises. Dans tous ces cas, il s'agit non de contrôler, mais de faire approuver les décisions royales par un organisme représentant de la façon la plus large possible la population du royaume. Première prise de conscience de la valeur politique d'une opinion publique naissante ?

Dans le même temps, les sections judiciaire et financière de la cour du roi poursuivent une carrière de plus en plus indépendante. La première, le parlement, réglementée par la grande ordonnance de 1278, se divise à son tour en chambres spécialisées : Grand-Chambre ou Chambre des plaids, Chambre des enquêtes, Chambre des requêtes, auditoire de droit écrit. En effet, le rayonnement de cette cour de justice s'étend très vivement jusqu'aux frontières du royaume : elle reçoit plaintes et appels de toutes parts. La seconde section prend toute son importance sous le règne de Philippe le Bel, quand se développe la fiscalité royale et quand les agents du roi reprennent aux templiers la gestion directe du Trésor. La compétence et les attributions de cette Chambre des comptes sont réglées sous Philippe V par l'ordonnance de Vivier-en-Brie. Nous lui sommes redevables de précieux bilans financiers et archives fiscales. Comme le parlement, elle se voit attribuer des locaux particuliers dans le palais de la Cité, le perfectionnement de l'administration s'opérant dans le sens d'une centralisation grandissante au profit de la capitale, Paris.

Vers la centralisation : Paris

Le palais de la Cité

L'extension des services politiques, judiciaires et financiers de la Couronne s'est accompagnée, inévitablement, de leur sédentarisation en faveur de la résidence la plus habituellement fréquentée par des rois, dont les traditions et les goûts restent encore très empreints du nomadisme médiéval. On a vu comment le choix des Capétiens s'était peu à peu fixé sur Paris, et spécialement sur la partie occidentale de l'île de la Cité. Au vieux palais capétien du XIe siècle, Saint Louis a déjà apporté de notables modifications, à commencer par la construction de la Sainte-Chapelle. Mais la réorganisation et la reconstruction du palais datent de ses successeurs. L'ordonnance de 1278 sur le parlement montre que cette institution est désormais liée à une certaine disposition topographique. En fait, il s'agit non seulement d'attribuer des salles aux différentes sections du parlement, désormais sédentaire et presque permanent, mais aussi d'en loger les membres et de prévoir l'accueil des avocats, des plaignants, des témoins et de tout un peuple de scribes, de serviteurs, de curieux et de marchands qui les accompagnent. Aussi Philippe le Bel entreprend-il, à partir de 1299, la refonte du palais et son agrandissement, tout en assurant sa protection par la construction de nouveaux remparts. Sous son règne est édifiée parallèlement à la Seine la grande salle à deux nefs qui, longue de 70 mètres et large de 29, entourée des statues des rois de France, passe pour être la plus belle du royaume ; destinée aux avocats et à leurs clients, elle donne accès directement à la Chambre des plaids. Elle est supportée par une série de salles basses et voûtées qui existent encore. A la même époque s'élèvent les grosses tours où vont se loger les services de juridiction criminelle. En 1303-1304, les services financiers des Comptes se voient attribuer des locaux nouveaux, une « Chambre » qui va donner son nom à l'institution tout entière. De ce fait, l'importance relative des appartements royaux dans l'ensemble du palais diminue, mais le roi continue à l'habiter quand il séjourne à Paris, les mêmes bâtiments abritant, pour quelques décennies, le roi, la cour et tous les organes centraux du gouvernement.

Un document datant du règne de Philippe V chiffre à 951 le personnel de la cour, se répartissant ainsi : 500 personnes pour l'Hôtel du roi, 200 pour l'Hôtel de la reine, 42 pour les Enfants de France, 24 membres du Grand Conseil, 155 personnes pour le parlement, 30 pour la Chambre des comptes et le Trésor. Ce qui, estime-t-on, avec les familles et la nombreuse domesticité de ces dignitaires, devait représenter une population d'environ 5 000 personnes, soit celle d'une petite ville de province (Le Puy : 4 800 habitants au début du XIVe siècle). Tous, certes, n'habitaient pas dans le palais, mais leur présence à Paris anime singulièrement la vie de la capitale.

Paris capitale

Ainsi s'inscrit dans la pierre le rôle de Paris, capitale du grand royaume d'Occident. Sa fonction centralisatrice est telle qu'il n'attire plus seulement la noblesse du domaine proche, mais que princes du sang, grands vassaux, barons et ecclésiastiques de tout le royaume éprouvent la nécessité d'y posséder une résidence. Nous sommes ici à l'origine de cette floraison d'hôtels qui vont, pendant des siècles, caractériser la physionomie parisienne. Hôtels des grands vassaux : duc de Bourgogne sur la rive gauche, duc de Bretagne et comte de Flandre sur la rive droite ; hôtels des princes apanagés : « fief » de Valois, hôtel de Louis de France, comte d'Evreux et roi de Navarre, hôtel d'Artois ; mais aussi hôtels d'Armagnac, de Forez, de Boulogne, des comtes de Bar, des comtes d'Eu ; tandis que se multiplient les résidences ecclésiastiques des archevêques ou évêques de Sens, Reims, Rouen, Chartres, Auxerre, des abbés de Vézelay, Pontigny, Fécamp, Royaumont, Chaalis... Rien, ou presque, ne subsiste de ces somptueuses demeures qu'imite vite la bourgeoisie parisienne. Mais nous savons que, saisi d'une fièvre de construction — qui nécessitera bientôt l'édification d'une nouvelle enceinte —, Paris est le théâtre de nombreuses expropriations (surtout pour l'agrandissement du palais de la Cité) et de fructueuses spéculations immobilières.

Déjà capitale de l'architecture religieuse du royaume, Paris offre donc maintenant un ensemble exceptionnel d'édifices civils. Par ailleurs, son rôle de capitale intellectuelle de la France et de la chrétienté ne faiblit pas. Des crises, certes, bouleversent l'université de Paris, crises anciennes, comme la condamnation de certaines thèses thomistes en 1277 ou la querelle des séculiers et des mendiants qui se poursuit pendant tout le règne de Philippe III, et crises nouvelles, comme le conflit entre le roi et le pape. Mais la vitalité de l'université se manifeste par la multiplication des collèges (d'Harcourt en 1280, du Cardinal-Lemoine en 1302, de Navarre en 1304...) et par l'attrait qu'elle exerce sur les grands esprits du temps : parmi les plus novateurs, le Majorquin Raymond Lulle, l'Allemand Eckhart, l'Italien Marsile de Padoue sont passés par Paris. D'autre part, la présence d'une abondante clientèle de choix explique la floraison de ces arts que nous qualifions de mineurs, mais qui sont, en réalité, les arts majeurs de l'époque, les vrais foyers de recherche et de création artistiques. Sculpteurs, orfèvres, ivoiriers et miniaturistes des ateliers de la capitale exercent une primauté absolue, qui dépasse non seulement le cadre parisien, mais le cadre français. Nous y reviendrons. Mais arrêtons-nous à l'un de ces chefs-d'œuvre.

En 1317, l'abbé de Saint-Denis, Gilles de Pontoise, offre au roi Philippe V un manuscrit de la *Vie de Monseigneur saint Denis*, enluminé par le moine Yves et primitivement destiné à Philippe le Bel. Le sujet, en lui-même, peut être considéré comme tendant à la glorification de Paris et de la dynastie capétienne, traditionnellement liée à Saint-Denis. Mais, en plus du texte et des illustrations se rapportant directement à la vie du premier évêque de Paris, les bas de page du manuscrit offrent une série de scènes de la vie parisienne, prises sur le vif par le moine Yves. Paris y est toujours représenté de la même façon, hautement significative : la Seine et ses deux rives, reliées par un pont sur lequel s'élève une tour gothique fortifiée abritant les hommes du guet. Sur le pont, des boutiques et des passants ou des voyageurs qui vont vers la tour ou en sortent. Sur la Seine, des bateaux et des péniches, des pêcheurs et des baigneurs... Toute une vie quotidienne est ainsi évoquée, dont quelques aspects doivent être retenus : l'importance du va-et-vient des voyageurs de toutes conditions sociales, du forain au noble cavalier, empruntant tous les moyens de locomotion de l'époque, à pied, à cheval, en bateau ou dans des chars à quatre roues avec chevaux et postillon ; la représentation des principaux métiers de l'artisanat et du commerce : orfèvres et changeurs y tiennent une place de choix, ces derniers rappelant le rôle de Paris comme place financière en ce début du XIVe siècle. Deux aspects encore de la vie parisienne nous sont livrés par ces images : les divertissements offerts par les baladins, les montreurs d'ours sur le pont, les chanteurs dans une barque sur la Seine, et enfin le problème du ravitaillement de la ville en grains, en vin et en denrées alimentaires, mais aussi en bois et en matériaux de construction — et cela aussi bien par chariots défilant sur le pont que par bateaux déchargeant sur les quais du fleuve. Portefaix, porteurs d'eau assurent ensuite la distribution des marchandises. Nous avons ici un témoignage hors de pair sur les problèmes posés par le ravitaillement d'une des plus grandes villes d'Occident.

La population de Paris

Une des plus grandes, ou la plus grande ? La question de la population parisienne au début du XIVe siècle est une des plus irritantes de celles que pose cette période où l'apparition des premiers documents chiffrés permet de tenter quelques évaluations démographiques. Car ces premiers documents sont, hélas! discordants... D'une part, une série de livres de la taille s'échelonnant entre 1292 et 1313 permet de situer entre 13 000 et 14 000 le nombre des contribuables de la capitale ; soit, si l'on considère que chaque contribuable représente un foyer de 3,5 personnes, environ 47 000 habitants, auxquels il faut ajouter, en haut et en bas de l'échelle sociale, une nombreuse population de non-contribuables, nobles, ecclésiastiques, universitaires, étudiants, personnel de la Cour ou, au contraire, pauvres gens : on a évalué l'ensemble à 25 000 personnes. Le Paris de la fin du XIIIe siècle aurait donc compté 72 000 habitants, qui ont pu monter à 80 000 ou 85 000 au maximum dans les vingt ou trente années suivantes. C'est-à-dire que la population parisienne aurait été largement supérieure à celle de toutes les autres cités de l'Europe nord-occidentale, y compris les populeuses villes flamandes, dont la plus importante, Gand, n'atteignait pas 60 000 habitants ; en revanche, Paris serait resté moins peuplé que les grandes villes industrielles et commerçantes d'Italie, dont deux, Milan et Venise, dépassaient sans doute le chiffre de 100 000 habitants, qu'atteignait presque Florence, avec 95 000 âmes en 1338.

Mais la population de Paris n'était-elle pas, au contraire, grandement supérieure à celle des métropoles italiennes elles-mêmes ? C'est ce que laisserait supposer un autre document fiscal, l'*Etat des paroisses et des feux*, qui, rédigé en 1328, décompte « en la ville de Paris et de Saint-Marcel trente-cinq paroisses et soixante et un mille quatre-vingt-dix-huit feux ». Fortement contesté, ce chiffre, qui implique une population de plus de 200 000 personnes, fait de Paris la plus grande ville d'Occident : déjà une monstrueuse excroissance au cœur du royaume. Il a été l'objet de controverses passionnées, certains allant jusqu'à substituer le terme d'*habitant* à celui de *feu*, pour harmoniser les données de 1328 avec celles des tailles précédentes. Mais laissons la parole au dernier historien de la ville, R. Cazelles : « Il paraît difficile d'envisager, pour Paris, une population de moins de deux cent mille habitants. » Le débat reste donc ouvert. Il pose, en tout cas, à l'historien un problème passionnant, celui de l'utilisation de ce document exceptionnel qu'est l'*Etat des feux* de 1328.

La France en 1328 : l'« Etat des paroisses et des feux »

Un document exceptionnel...

A partir du début du XIVe siècle, le roi tend à lever régulièrement des subsides pour subventionner les campagnes de Flandre : d'où la nécessité de plus en plus impérieuse pour les gens de la Chambre des comptes de recenser l'ensemble des contribuables ou, comme il est dit dès 1303, de « faire écrire tous les feux du royaume ». Vers la même époque, le roi se met à convoquer dans les cas graves de vastes assemblées destinées à exprimer l'opinion des nobles, des ecclésiastiques et des non-nobles : d'où, là encore, le besoin, pour l'administration centrale, de posséder des listes exactes de ces différentes catégories de personnes. Le désir de dresser un bilan du royaume est une preuve des ambitions croissantes de cette administration. Qu'elle en ait mené à bien la réalisation, même imparfaite, est pour elle une victoire incontestable, une réussite administrative, certes, mais aussi un acte de grande signification politique. Complété par d'autres documents analogues, mais de portée plus limitée, qui se multiplient dans la première moitié du XIVe siècle dans des cadres territoriaux plus restreints, l'*Etat des paroisses et des feux* permet d'esquisser un tableau administratif et démographique de la France au moment même où elle passe des Capétiens directs à la branche cadette des Valois.

Trois catégories de territoires

Trois catégories de territoires relèvent alors de la couronne de France : le domaine, les apanages et les fiefs. Le premier couvre environ 313 000 kilomètres carrés sur les 424 000 de la France de 1328, soit environ les trois quarts. Il regroupe 24 500 paroisses, dont 23 700, contenant 2 469 987 feux – à raison d'une moyenne de 103,5 feux par paroisse –, ont été comptées dans l'*Etat* de 1328. Celui-ci prend, en effet, pour élément de base la paroisse, réalité vivante se situant au-delà de l'enchevêtrement des droits féodaux et des juridictions seigneuriales. La grande stabilité du cadre paroissial jusqu'à la fin de l'Ancien Régime, puis le relais assuré par les communes permettent d'identifier et de localiser la plupart de ces paroisses. Sur le plan administratif, elles sont regroupées en prévôtés, châtellenies, et surtout en 35 baillies et sénéchaussées, qui, de missions temporaires au cadre mouvant qu'elles étaient un siècle plus tôt, sont devenues le rouage essentiel d'une administration fixe et permanente, étroitement reliée à la cour du roi. Grâce au contrôle rendu possible par d'autres documents, on a pu tenter de dresser la carte administrative de certaines de ces circonscriptions qui, proches de Paris, sont soigneusement énumérées dans l'*Etat* de 1328. Qu'on en juge pour la « vicomté » de Paris, ainsi représentée dans le document tel qu'il fut publié par F. Lot :

	Nombre *de paroisses*	*de feux*
Premièrement en la vicomté de Paris		
En la chastellerie de Courbeull	59	5 876
En la chastellerie de Gonesse	23	2 555
En la chastellerie de Lusarches	5	577
En la chastellerie de Poissy	33	3 296
En la chastellerie de Donmartin	25	2 452
En la chastellerie de Chastiaufort	21	999
En la chastellerie de Monjay	18	1 427
En la chastellerie de Monmorenci	28	2 556
En la prévosté de Paris	203	21 460
Villes de Miaux qui sont en la vicomté de Paris et du ressort	40	2 286
En la ville de Paris et S[aint]-Marcel	35	61 098
En la ville de Saint-Denis	13	2 351
En la chastellerie de Cheureuse et de Maurepas	9	742
En la chastellerie de Montleheri	51	5 533
En la chastellerie de Braye	4	578
Somme toute des paroisses de la vicomté de Paris et des ressorts	567	119 986

Les autres bailliages sont plus sommairement énumérés. Certains ont même échappé au contrôle des agents royaux – ou plutôt les résultats de l'enquête sont parvenus trop tard pour être insérés dans le tableau définitif. C'est le cas des bailliages de Lille et d'Orléans et de quelques circonscriptions isolées, soigneusement signalées. Ainsi s'explique l'écart entre les 23 671 paroisses recensées et les 24 500 paroisses supposées du domaine.

Grands fiefs (Bretagne, Bourgogne, Gascogne anglaise, Flandre, mais aussi comtés de Blois et de Dunois, de Nevers, et Barrois mouvant) et apanages (Artois, Alençon, Evreux, Chartres, Bourbonnais-Marche et Angoumois-Mortain) couvrent à leur tour environ 110 000 kilomètres carrés. En principe, les agents du roi n'y pénètrent pas et ces territoires ne devraient pas figurer sur l'*Etat des feux*. En fait, de même que les petits fiefs enclavés dans le domaine ont été recensés, de même des apanages de date récente figurent dans le relevé — ainsi la Marche, recensée avec la sénéchaussée de Poitiers —, et certains fiefs fort anciens ont été comptabilisés par les baillis voisins : le comté de Nevers par le bailli de Bourges, et surtout le duché de Bourgogne par le bailli de Mâcon. Au total, F. Lot a évalué à 3 363 750 le nombre des feux occupant les 424 000 kilomètres carrés de la France de 1328. Avec quelques retouches, on estime aujourd'hui que le royaume de France avait une densité de 7,7 feux au kilomètre carré.

Un pays très peuplé

Beaucoup d'historiens, de nos jours, préfèrent s'en tenir à ces évaluations par feux, qui ont l'avantage de rester proches de la réalité d'autrefois. Avec ses 7,7 feux au kilomètre carré, la France est un des pays les plus densément peuplés d'Europe, semblable au riche royaume de Naples ou aux Pays-Bas. Certes, des différences régionales et locales sont à noter. On a montré, par exemple, que la Guyenne anglaise, vers 1316, ne contenait que 1/27 de la population de la France sur 1/14 du territoire. En contrepartie, l'étude des densités de la région parisienne montre que celle-ci offrait une densité rurale moyenne de 14,2 feux au kilomètre carré, soit le double de la moyenne nationale, mais avec des écarts locaux impressionnants, s'expliquant aisément par les conditions géographiques, de 5,8 sur les sols pauvres à 19 sur les sols riches.

Nos esprits modernes, cependant, préfèrent souvent des évaluations comparables à nos évaluations actuelles, ce qui pose le problème du coefficient à appliquer au feu médiéval, problème de plus en plus difficile à mesure qu'on l'approfondit. On savait depuis longtemps que le feu rural était différent du feu urbain. On sait maintenant que sa densité dépend aussi du milieu social et de l'état de la conjoncture... Si l'on adopte les coefficients proposés par F. Lot, on obtient pour la France de 1328 : 12 millions d'habitants pour les territoires contrôlés directement par le roi, 16 à 17 millions pour l'ensemble du royaume dans ses limites de 1328 (et 20 millions dans ses limites actuelles). Il ne s'agit que d'un ordre de grandeur peut-être trop optimiste, mais significatif lorsqu'on se met à comparer les 16 à 17 millions de Français de 1328 aux 3 ou 3,5 millions d'Anglais ou aux 8 à 10 millions d'Italiens. Mis à part l'Empire, pour lequel toute estimation globale est impossible et sans portée pratique, la France est l'Etat le plus peuplé d'Europe occidentale.

L'expansion française

Il ressort des chiffres précédents que la France a sans doute été la principale bénéficiaire de la grande poussée démographique qui caractérise l'Europe depuis les environs de l'an mille. Cette vitalité, jointe aux progrès du pouvoir royal, est le principal support des ambitions nouvelles qui apparaissent dans la politique extérieure de la dynastie. Elle constitue le plus solide soutien de l'influence française hors des limites du royaume.

La politique extérieure

En 1285, les armées de Philippe III envahissent le royaume d'Aragon. L'expédition, décidée à la demande du pape, a pour but, sous prétexte de croisade, de détrôner le roi Pierre III, coupable d'avoir aidé à chasser les Franco-Angevins de Sicile, et de le remplacer par le fils cadet du roi de France, Charles de Valois. Malgré son échec, cette guerre d'Aragon marque une date dans l'histoire extérieure de la France, le début des interventions directes dans la politique méditerranéenne ; les fortifications d'Aigues-Mortes par Philippe III en sont un autre symbole. A la même époque, le roi de France établit l'autorité capétienne sur le royaume de Navarre et intervient dans la succession du royaume de Castille. En Italie, la branche cadette issue de Charles d'Anjou, bien que chassée de Sicile, gouverne le royaume de Naples et représente la principale force politique de la péninsule, en attendant d'installer à son tour une branche cadette sur le trône de Hongrie. Après les aventures ibériques, ce sont les aventures italiennes qui tentent maintenant les cadets de la famille royale, les Robert d'Artois, Charles de Valois, Philippe de Valois. Plus réaliste, Philippe le Bel regarde surtout au nord et à l'est. Au nord, on le voit reprendre le vieux projet d'invasion de l'Angleterre et surtout conclure avec les Ecossais les bases d'une alliance riche d'avenir. A l'est, c'est sous son règne, après la réduction des dernières enclaves impériales situées en deçà des Quatre-Rivières, que la mouvance française commence à s'étendre au-delà de cette limite. De plus, Philippe le Bel cherche systématiquement l'appui des princes de l'ouest de l'Empire et réussit, moyennant faveurs et pensions, à les faire entrer dans son alliance ou même dans sa vassalité : ainsi, le dauphin du Viennois, qui fait hommage moyennant 500 livres de pension ; ainsi le comte de Luxembourg, le futur empereur Henri VII, vassal de Philippe, armé chevalier et pensionné par lui. Les princes de la région située entre l'Escaut, la Meuse et le Rhin – comtes de Hainaut et ducs de Brabant au premier chef – sont alors aussi français que ceux du royaume. Mais il semble que les ambitions des Capétiens à l'égard de l'Empire soient allées bien au-delà de ces empiétements journaliers.

La déposition, puis la mort de Frédéric II ouvrent, en effet, en Allemagne, la longue période du Grand Interrègne (1250-1273). La faiblesse ainsi révélée de l'Empire, contrastant avec l'éclat de la monarchie française, amène les théoriciens comme les détenteurs du pouvoir royal en France à adopter de nouvelles attitudes vis-à-vis de la couronne impériale. Du côté des théoriciens, on en profite pour développer simultanément ou successivement deux idées maîtresses : on commence par affirmer, avec plus de vigueur que jamais, l'indépendance totale du royaume de France à l'égard de l'Empire, c'est-à-dire par dénier toute supériorité, même théorique, à l'Empereur ; c'est ce que veut dire – d'abord – l'expression « empereur en son royaume » appliquée au roi de France ; Philippe le Bel s'inscrit dans ce courant d'idées lorsqu'il écrit en 1312 à l'empereur Henri VII : « Il est enseigné par tous et partout que, depuis le temps du Christ, le royaume de France n'a obéi qu'à son roi seul sous ce même Jésus-Christ, ne reconnaissant ou ne subissant aucun pouvoir temporel supérieur, quel que soit l'empereur régnant. » Puis quelques théoriciens – dont le plus bruyant est Pierre Dubois – vont plus loin et soutiennent les droits de la France à l'Empire. N'oublions pas que certains voient alors dans le roi capétien le véritable successeur de Charlemagne. Dans les faits, l'attitude des rois de France change, elle aussi. Alors que Saint Louis avait refusé, en 1240, la couronne impériale pour son frère Robert d'Artois, plusieurs démarches sont effectuées, entre 1270 et 1328, en vue de l'obtenir pour le roi de France ou l'un de ses proches parents. En 1273, Philippe III, poussé par Charles d'Anjou, pose secrètement sa candidature – ce qui a d'ailleurs pour effet d'assurer l'élection rapide de Rodolphe de Habsbourg et la fin du Grand Interrègne. Plus habile, mais sans plus de succès, Philippe le Bel ne se met pas lui-même sur les rangs, mais avance en 1308 la candidature de son frère, Charles de Valois, et en 1314, celle de son fils Philippe, comte de Poitiers. En 1324, Charles IV reprend ces projets pour son propre compte, peut-être suivi, en 1328, par Philippe VI au lendemain de son avènement. Mais, devant des ambitions françaises de moins en moins voilées, les électeurs se dérobent et, surtout, l'appui pontifical fait défaut.

Abaisser l'Empire, mais aussi s'accroître à ses dépens et, si possible, s'en emparer : telle fut, en résumé, la politique des derniers Capétiens envers la principale autorité temporelle du Moyen Age. Leur attitude envers la principale autorité spirituelle, la papauté, procède du même esprit et aboutit à des résultats beaucoup plus sensibles. Le conflit entre la monarchie française, toujours plus consciente de sa force et plus soucieuse de ses droits, et le pouvoir pontifical, exalté par sa victoire sur l'Empire et par la systématisation des doctrines théocratiques, couvait depuis longtemps. Il n'éclate – et nous ne saurions nous en étonner – qu'aux environs de 1300, quand, aux doctrinaires pontificaux, peuvent s'opposer en force les doctrinaires de la royauté française, théoriciens du pouvoir royal. Très vite, en effet, la lutte dépasse le cadre, somme toute banal, des faits. Quoi de vraiment nouveau lorsque

Philippe le Bel, sans l'autorisation du pape, lève sur le clergé français des décimes qui, au lieu de servir à la croisade, sont destinés aux campagnes d'Aquitaine de 1294-1296 ? Quoi de nouveau lorsque Philippe le Bel s'en prend, malgré le for ecclésiastique, à l'évêque de Pamiers, Bernard Saisset, accusé de menées antifrançaises ? Quoi de nouveau lorsque Boniface VIII réplique en menaçant le roi d'excommunication et le royaume d'interdit ? Mais par-delà les rivalités de personnes et les arguments de la plus basse polémique, la question se hausse, cette fois, au niveau des grands principes. Du côté pontifical, une série de documents d'une violence croissante pousse à l'extrême la doctrine théocratique et proclame le droit du pape à réformer non seulement l'Eglise de France, mais le roi et le royaume. Du côté français, Guillaume de Nogaret est l'âme d'une vaste campagne qui, à grand renfort de pamphlets, de libelles et d'appels à l'opinion publique – y compris la fameuse assemblée de 1302 –, proclame l'indépendance absolue du roi de France, « empereur en son royaume », et dénonce les ingérences de la papauté dans les affaires temporelles. Mais Nogaret va plus loin : il revendique pour les laïques, et avant tout pour les princes temporels, le droit d'intervenir dans les affaires de l'Eglise ; il en appelle au concile contre le pape, accuse ce dernier d'hérésie et qualifie la royauté française de *directrix veritatis*. Arrivée à ce degré de passion, l'affaire n'avait d'issue que dans la violence. On connaît les événements : l'attentat d'Anagni, la mort de Boniface VIII, l'impuissance du conclave et finalement l'élection d'une série de papes français qui transfèrent la papauté à Avignon, ville impériale, certes, mais située aux portes de la France, en plein secteur d'expansion française. La victoire de la royauté est ici totale. Sa mainmise sur la papauté et sur les organes de direction de l'Eglise se manifeste de façon éclatante quand Philippe le Bel obtient d'un pape réticent et d'un concile indécis la condamnation des templiers. Qui plus est, au contact de la royauté française, la papauté va se transformer en monarchie moderne, absolue et centralisée.

Le rayonnement français

Nous touchons ici du doigt la puissance du rayonnement de la civilisation française au moment du changement de siècle. Ce rayonnement, évident dans le domaine des idées – qu'il s'agisse des spéculations théologiques ou des doctrines politiques –, se retrouve dans le domaine de l'expression et de la culture. La société internationale du temps vit à l'heure française : les clercs par leur forme de pensée, les laïques, nobles et chevaliers par leur mode de vie et par l'emploi de la langue française. Quelques exemples, ici, suffiront : le chroniqueur Jean le Bel, bourgeois et chanoine de Liège (1290-1370), sujet d'Empire, rédige son œuvre en français et ne rêve que d'une société chevaleresque typiquement française. Du côté noble précisément, la maison de Luxembourg, qui fournit plusieurs souverains à l'Empire et une dynastie au royaume de Bohême, vit dans le sillage de la France ; élevés à la cour, parrainés, armés chevaliers, pensionnés par les rois de France, ces princes sont capables de mourir à son service (Jean de Bohême est tué à Crécy) et de répandre son influence dans la moitié de l'Europe.

Mais l'expression achevée du rayonnement français se trouve, bien évidemment, dans la diffusion du style gothique. Après avoir donné ses chefs-d'œuvre dans la France du Nord, l'architecture gothique se répand dans la France du Midi. C'est un homme du Nord, Jean Deschamps, qui, après avoir dirigé les travaux de la cathédrale de Clermont, anime, à partir de 1273, le chantier de la cathédrale de Limoges, puis celui de Rodez en 1277, et enfin celui de Narbonne à partir de 1286 : toute une série de cathédrales dans le plus pur style « français ». Mais à cette époque on voit cependant s'affronter dans le Midi deux tendances : soit l'adhésion complète au style nouveau, soit son adaptation aux conditions particulières et aux traditions du Midi, avec la prédilection pour les vaisseaux uniques ou les nefs d'égale hauteur, le besoin moins grand de lumière, les nécessités de défense. Le style gothique ainsi adapté donne dans le Midi quelques-unes de ses œuvres les plus originales, telles l'église des Jacobins de Toulouse (à partir de 1289) et la cathédrale d'Albi, dont le chœur est commencé en 1282.

Hors de France, où le rayonnement de l'art gothique n'est pas moins grand, on retrouve ces deux tendances. Les pays les plus ouverts au style français sont alors l'Espagne et les pays germaniques, où les chantiers de Metz et de Strasbourg exercent un rayonnement considérable : la façade et les sculptures de la cathédrale de Strasbourg figurent parmi les œuvres majeures de l'époque. Plus réticentes, l'Angleterre et l'Italie subissent aussi cette influence. En Angleterre, les tendances locales du *decorated style* se développent à partir du cadre gothique. En Italie, le gothique ne pénètre que lentement, mais le problème est posé : à la fin du XIIIe siècle, par exemple, les habitants de la petite ville d'Orvieto, en Ombrie, décident de construire une cathédrale magnifique qui s'élève d'abord dans le style traditionnel ; au bout de quelques années, pris d'inquiétude, les Orviétans abandonnent le premier projet ou plutôt le complètent par une extraordinaire façade gothique avec trois portails, tympans, gables et roses... Puissance de rayonnement de ces formules gothiques qui s'étendent jusqu'aux limites de la chrétienté, en Scandinavie, à la cathédrale d'Upsal, élevée alors par un maître parisien, ou dans la lointaine Famagouste, en l'île de Chypre.

Mais ce rayonnement artistique est-il le fruit d'un passé glorieux ou un véritable gage d'avenir ?

II. LA MUTATION SÉCULAIRE

En 1282, les Français sont chassés de Sicile ; en 1284, les voûtes de la cathédrale de Beauvais, portées à 48 mètres de hauteur, s'effondrent ; en 1291, la dernière garnison franque en Terre sainte, Saint-Jean-d'Acre, capitule devant les infidèles. Réactions nationales, limites de l'art gothique, recul européen : n'avons-nous pas là un faisceau de symptômes révélateurs ou annonciateurs d'une mutation profonde qui, après trois siècles d'expansion continue, vient transformer les structures de l'Europe – et de la France ?

En Europe

Les difficultés matérielles

Elles apparaissent à partir des années 1280. On ne peut encore parler de crise, encore moins de dépression, mais simplement de malaises qui commencent à se faire jour au milieu de la prospérité générale.

Ces signes se manifestent d'abord dans le domaine agricole. En cette fin du XIIIe siècle, les mauvaises récoltes et les disettes locales, qui n'avaient jamais vraiment disparu, semblent se multiplier et se traduisent par des variations désordonnées du volume des récoltes et des courbes de prix, qu'on a pu observer aussi bien en Angleterre qu'en Italie. Ces disettes prennent, dans les années 1315-1317, l'allure d'une famine généralisée dans toute l'Europe du Nord. Beaucoup d'historiens et d'économistes voient dans cette crise de 1315-1317 le signe du retournement de la conjoncture qui fait passer l'Europe de la phase d'expansion des XIe-XIIIe siècles, à la phase de dépression qui caractérisera la seconde moitié du XIVe et le XVe siècle. Mais, si l'on s'entend généralement sur la portée de ces événements, le problème de leurs causes reste très controversé. Pour les uns, les difficultés agricoles pourraient venir d'une altération des conditions climatiques : les chroniques du temps multiplient les allusions à des saisons particulièrement froides et surtout pluvieuses ; allusions qui semblent confirmées par les délicates études de sciences récentes – dendroclimatologie, phénologie, glaciologie : cette dernière indiquant toutefois que le refroidissement serait bien antérieur à la fin du XIIIe siècle... Pour d'autres, les plus nombreux, l'explication serait surtout d'ordre démographique. Après avoir défriché tout ce qui pouvait l'être et mis en culture des terres marginales de faible rapport, les hommes de la fin du XIIIe siècle, incapables d'améliorer les rendements agricoles, se seraient trouvés devant une limite naturelle. L'Europe rurale de la fin du XIIIe siècle est une Europe surpeuplée, au nord comme au sud. Dans certains secteurs de l'Angleterre du Sud-Est, par exemple, plus du tiers des paysans possèdent des exploitations de moins de

3 hectares, insuffisantes pour nourrir une famille. D'où les risques accrus de disettes et de famines. D'où, après l'apogée démographique du début du XIVe siècle, une brusque récession dont les aspects chiffrés ont pu être minutieusement analysés en Haute-Normandie comme en Provence, à Périgueux et à Reims comme dans plusieurs villes toscanes.

Car, s'il est prépondérant, le monde rural n'est pas seul touché. Des difficultés que rencontre alors le monde urbain, artisanal et commercial, retenons simplement quelques signes. Du côté artisanal, il faut noter les troubles flamands, à la fois causes et conséquences des difficultés de la draperie, la seule véritable industrie qu'ait connue le Moyen Age. Du côté du commerce international où s'élaborent à cette époque les premières formes du capitalisme, retenons au premier chef le déclin des foires de Champagne, les faillites en chaîne de plusieurs générations de grandes banques toscanes, enfin les difficultés monétaires dues à la fois, semble-t-il, au manque de métaux précieux et aux variations de leurs cours respectifs. Il est difficile d'établir des liens précis de cause à effet entre ces différents éléments, qui apparaissent isolés dans un contexte général de prospérité. Mais on peut se demander si les fondements mêmes de cette prospérité ne sont pas ébranlés, au moment où s'altèrent les principes d'action qui avaient guidé la chrétienté médiévale.

Les attitudes mentales

Trois grandes idées, en effet, menaient le monde médiéval à l'époque de l'expansion : à l'extérieur, la croisade ; à l'intérieur, la papauté et l'Empire. Force est de constater qu'à l'aube du XIVe siècle ces trois rêves sont morts, ou tout au moins sont devenus inopérants comme principes d'action. La dernière croisade s'est achevée avec la mort de Saint Louis. Malgré d'innombrables projets élaborés par les papes et les princes, aucune expédition d'envergure n'entreprend plus la reconquête de la Terre sainte ; aucun projet de résistance ou d'union des chrétiens ne prend corps pour enrayer les progrès foudroyants de la nouvelle puissance musulmane en Asie Mineure, celle des Turcs Ottomans. Or, indépendamment de toute considération politique ou religieuse, ces expéditions lointaines avaient su, pendant deux siècles, tendre vers un but commun les énergies guerrières de la classe chevaleresque. Celle-ci s'en détourne au moment où, au sein même de l'Europe, s'affaiblissent les grands facteurs d'unité. De sa longue lutte avec la papauté, l'Empire est sorti épuisé ; pour survivre, il va substituer à sa vocation universelle une vocation purement germanique. La papauté, de son côté, se révèle incapable de dominer les progrès des pouvoirs temporels ou les prétentions des Eglises nationales. La lutte entre Boniface VIII et Philippe le Bel a, ici encore, valeur d'exemple. On y voit poindre deux forces nouvelles qui caractériseront l'époque moderne : le gallicanisme, sur le plan religieux, le nationalisme, sur le plan politique. Cette substitution des nationalismes aux vieux rêves universels de la chrétienté médiévale est, sans doute, un des aspects les plus frappants de notre période. Elle coïncide avec la reprise des guerres dans tout l'Occident.

L'affaiblissement des grands idéaux dont avait vécu le Moyen Age s'accompagne d'une modification des mentalités dont nous ne pouvons dégager ici que les lignes directrices. La première serait à placer sous le signe de la diversité. Diversité des études, qui se marque par l'essor des universités rivales de Paris — avant tout, Oxford — et par la multiplication de ces établissements dans tout l'Occident. Diversité de langage qui se marque par le développement des langues nationales, dont on peut donner deux exemples significatifs : à partir de 1274, il existe une version française des *Grandes Chroniques de France* et, à l'aube du XIVe siècle, c'est dans sa langue natale que Dante écrit *la Divine Comédie ;* le latin n'est plus la seule langue de culture. Diversité des doctrines et des méthodes enfin ; après l'échec de la synthèse thomiste, les grands esprits du temps — les Duns Scot, Guillaume d'Occam, Eckhart — explorent de nouvelles voies vers la connaissance, dont les principales sont l'empirisme et le mysticisme, portes ouvertes à un foisonnement de doctrines philosophiques, morales, scientifiques et politiques qui préparent l'épanouissement de l'individualisme moderne. Toutes ces doctrines se développent sur le fonds commun de la chrétienté médiévale. Personne ne renie ou ne met en doute le caractère unique et universel de la vérité chrétienne. Mais, peu à peu, s'affirment des désirs d'émancipation à l'égard de la tutelle de l'Eglise : idée que certains domaines — et d'abord le politique : c'est la grande idée du *Defensor Pacis* de Marsile de Padoue — doivent échapper à l'emprise du religieux, idée aussi que, même dans le domaine religieux, les laïques peuvent s'exprimer au même titre que les clercs : « Notre sainte mère l'Eglise n'est pas constituée seulement de clercs, mais aussi de laïques », proclame-t-on dans l'entourage de Philippe le Bel. Cette laïcisation, encore très timide, aura d'immenses conséquences sur le plan social, intellectuel et artistique.

La redistribution des forces

A travers les difficultés matérielles et l'évolution des mentalités s'opère — insensiblement — un glissement des énergies, sur le plan social comme sur le plan géographique.

Il semble que pour comprendre le trouble, aux environs de 1300, de la société européenne, il faille se référer à l'idéal social du Moyen Age, tel que l'avait exprimé, par exemple, Etienne de Fougères dans son *Livre des manières :* « Les clercs doivent prier pour tous, les chevaliers doivent sans réserve défendre et faire honneur et les paysans travailler. » Ce schéma apparaît comme très dépassé dans les années 1300. Les paysans, de plus en plus nombreux, arrivés à la limite de leurs possibilités, ont cessé de bénéficier du long mouvement de défrichement et de hausse des prix agricoles ; eux-mêmes au bord de la famine, il leur est de plus en plus difficile de supporter, dans le cadre de la seigneurie rurale, le poids des deux autres ordres de la société, dont les revenus vont donc diminuer. En même temps que cette diminution de leur aisance matérielle, ces deux ordres voient leur raison d'être remise en question : les « chevaliers » par les progrès de l'Etat, qui assure la paix publique, par les transformations de l'art militaire et par le ralentissement des expéditions lointaines ; les clercs par les progrès de l'esprit laïque et par les nombreuses crises internes qui rendent chaque jour plus urgente une réforme de l'Eglise. Mais surtout, en marge des trois « ordres » traditionnels, a grandi le monde urbain des artisans et des commerçants, monde fermé des corporations et monde mouvant des ascensions individuelles et des faillites brutales, que dominent une nouvelle classe sociale — la bourgeoisie — et un nouveau critère de réussite — l'argent. Ce monde nouveau n'est qu'une minorité, mais il commence à donner le ton sur le plan économique, à émettre des prétentions politiques, à élaborer une culture nouvelle.

Il en résulte inévitablement une redistribution des forces sur le plan géographique. L'avenir n'appartient pas aux pays ou aux régions qui s'en tiennent aux forces traditionnelles, mais à ceux qui s'ouvrent aux nouvelles voies économiques et sociales, même si elles se révèlent pleines de dangers. A cet égard, il serait du plus haut intérêt de pouvoir dresser des tableaux et des cartes des taux d'urbanisation des différents pays d'Europe. Ils montreraient l'avance des Pays-Bas et de l'Italie, de cette Italie de Dante et de Giotto, de Pétrarque et de Boccace, où s'élaborent une nouvelle culture et un nouvel art européens.

Principal pilier de l'Europe au temps des défrichements, des croisades, de la scolastique et des cathédrales, la France, malgré son avance incontestable dans le domaine politique, va s'adapter difficilement aux nouvelles conditions économiques et sociales.

En France : premiers symptômes

La vie rurale

Elle est à la fois le secteur le plus important et celui qui évolue le plus lentement. Elle offre, en ces siècles lointains, une telle permanence qu'il est presque impossible de dégager, sur ce point, les caractères originaux d'une période, eût-elle quatre-vingts ans. L'entreprise est rendue encore plus difficile par l'extrême cloisonnement de cette vie rurale : ce qui vaut pour une région ne vaut pas forcément pour la région voisine, et toute généralisation à partir d'exemples locaux est très hasardeuse. Aucune révolution technique ou sociale ne vient alors bouleverser les méthodes de culture et le cadre séculaire de la seigneurie rurale ; celle-ci continue à évoluer lentement sous la double pression des affranchissements de serfs et de la pénétration de l'économie monétaire. Mais au-delà de ce long mouvement, quelques symptômes montrent la France rurale aux prises avec les difficultés du temps. On ne saurait s'en étonner, puisque la France, pays le plus peuplé d'Europe, a dû se heurter dans les premières aux limites naturelles de culture que nous évoquions plus haut : les 19 feux au kilomètre carré des riches plateaux d'Ile-de-France représentent une densité rurale énorme, de 100 habitants au kilomètre carré...

Les problèmes de production sont évidemment déterminants. Si quelques régions commencent à ordonner leur agriculture en fonction d'une production dominante destinée à l'exportation — et nous pensons tout spécialement à la région bordelaise, où les années 1300-1310 marquent, en liaison avec le marché anglais, l'apogée du vignoble médiéval ; si, dans d'autres, le vieux conflit entre pasteurs et agriculteurs commence à tourner au profit des premiers — ainsi en haute Provence ; si, enfin, autour de quelques grandes villes — avant tout Paris, mais aussi Metz ou Toulouse —, on a pu observer une sphère d'influence urbaine sur la vie rurale très semblable au *contado* des villes italiennes, l'ensemble du pays reste dominé par une économie céréalière de type traditionnel. Or, cette production céréalière donne des signes de défaillance. Ils se révèlent dans nos sources par l'apparition d'un certain nombre d'éléments de gravité variable qui ont tendance à s'organiser en cycles presque immuables : pluies, mauvaise récolte, hausse des prix, famine et mortalité. Prenons le cas, étudié récemment, de la région forézienne. Ces cycles peuvent être décelés en 1277-1278, 1285-1286, 1298, 1302-1307, 1310-1318, avec un maximum en 1315-1317, 1321-1323, 1326, 1329, etc. Au total, pour la période 1277-1343, on peut compter trente-quatre années de disette, soit un an sur deux à peu près... De tels exemples pourraient être aisément multipliés. Ils étayent solidement la thèse d'une baisse des rendements en nature des exploitations agricoles, au moment où les difficultés et les dévaluations monétaires, sur lesquelles nous reviendrons, tendent à diminuer les revenus fixes en numéraire — cens, rentes et taxes de toutes sortes — perçus par les propriétaires du sol. De plus, en raison des mortalités, les salaires agricoles ont tendance à monter. Ce qui pose le problème des méthodes d'exploitation.

A vrai dire, petits nobles et chevaliers n'ont pas attendu la fin du XIIIe siècle pour vendre des exploitations dont les revenus ne satisfaisaient plus leur besoin croissant de numéraire. Ce qui est nouveau vers 1300, ce sont les difficultés des grands domaines. Les patrimoines ecclésiastiques, qui n'avaient cessé de s'accroître jusque-là, sont particulièrement touchés : en 1308, par exemple, le chapitre général des Cisterciens déclare que « l'ordre glisse vers une profonde misère ». En 1338, une enquête de l'ordre des Hospitaliers en Provence met en relief la baisse des revenus en nature et la hausse des dépenses en argent... Pour faire face à ces difficultés, que connaissent aussi les seigneurs laïques, on tâtonne à la recherche de remèdes empiriques et contradictoires, dont aucun ne peut s'imposer. Vieux remèdes, comme ces contrats de pariage que les Cisterciens concluent dans le Sud-Ouest avec le roi ou d'autres seigneurs en vue de la fondation de bastides : pour le roi, le rôle des bastides est avant tout militaire et administratif, mais pour les Cisterciens elles ont pour effet de remettre en valeur des terres à l'économie défaillante. Des remèdes plus modernes peuvent être trouvés : dans certains cas, on peut voir le seigneur se consacrer à l'exploitation directe de ses domaines et contrôler étroitement le travail de ses régisseurs, afin de réaliser une exploitation aussi « scientifique » que possible pour l'époque ; c'est ainsi que le seigneur artésien Thierry d'Hireçon obtient, entre 1315 et 1328, sur ses domaines des rendements céréaliers deux fois plus élevés que la moyenne souhaitée par les agronomes du siècle précédent. Dans d'autres cas, au contraire, le seigneur abandonne l'exploitation directe ; c'est ce qui se passe, en 1315, pour la grange de Vaulerent, dépendant de l'abbaye cistercienne de Chaalis en Ile-de-France ; les parcelles périphériques sont concédées en censives par petits lots, alors que le corps du domaine est baillé à ferme pour neuf ans, moyennant de lourdes redevances — mais fixes — en argent et en nature. Dans le Midi commence à se répandre la solution du métayage, avec partage des récoltes entre le seigneur et son tenancier ; vers 1320, dans tel village de haute Provence, le propriétaire du sol, Guillaume, concède sa terre « à Raimond Béraud, dudit lieu, présent et recevant ces choses pour les six prochaines années ou pour quatre saisons. Pour laquelle facherie desdites terres, ledit Raimond a promis et convenu pour lui et les siens, de donner et livrer audit Guillaume ou aux siens, la moitié de tous les blés, la paille lui restant pour les bœufs de labour, et de bien et loyalement labourer ces terres et les semer en temps voulu... »

Solutions éparses, remèdes isolés : premiers symptômes d'un malaise qui est encore loin de prendre des proportions catastrophiques. A l'abbaye bénédictine Saint-Martin de Tournai, par exemple, il suffira de quelques années de bonne gestion pour rétablir la prospérité d'un temporel qui, en 1338, était aliéné à 85 p. 100. Mais tout se tient. Aussi bien qu'à la perturbation du cycle de production, de la courbe démographique et des méthodes d'exploitation, le malaise agricole est lié aux difficultés de l'économie urbaine et monétaire. Les villes françaises de la fin du XIIIe siècle connaissent des difficultés financières exceptionnelles qui aboutissent à la mise en accusation des administrations municipales. Quant aux activités artisanales, qui avaient soutenu l'expansion urbaine, elles ont tendance à s'enfermer dans les règles étroites d'un corporatisme conservateur et minutieux : cela au moment où la place de la France dans le commerce international du temps — cette frange d'activité encore minuscule et pourtant déjà décisive — est remise en question.

Problèmes commerciaux et monétaires

Cette place était symbolisée, on l'a déjà vu, par les foires de Champagne. Or, celles-ci subissent, à notre époque, une mutation décisive, bientôt suivie d'une brusque décadence. Il est à noter d'abord — signe inquiétant pour l'historien des temps médiévaux — que la documentation à leur sujet devient abondante à la fin du XIIIe siècle, ce qui semble correspondre à une stabilisation et à une multiplication (à une sclérose ?) des institutions des foires, tant du côté français, avec l'extension de la compétence juridictionnelle des gardes des foires, que du côté non français, les étrangers méridionaux s'organisant sous la direction de « capitaines », supérieurs aux anciens consuls. C'est à l'un de ces Méridionaux, le Florentin Pegolotti, que nous devons l'une des meilleures descriptions du mécanisme des foires dans les années 1310-1320 : « La foire de Lagny commence le premier jour de janvier ; le 17 janvier, on met draperie ; le 19 janvier, le soir tard, on crie haro et on ne montre plus de draperie ; le lendemain, c'est-à-dire le 20 janvier, on installe les bancs [des changeurs] et ils restent quatre semaines ; puis quinze jours après que les quatre semaines soient terminées, est fixé le terme de paiement de ladite foire... » Deux activités essentielles, la vente des draps et les opérations financières, continuent donc à assurer le succès des foires de Champagne, mais la première, la plus ancienne, diminue au profit de la seconde. A cela, plusieurs raisons, qui se ramènent, au fond, à une seule : l'extraordinaire vitalité économique des Italiens. Non contents d'aller choisir maintenant eux-mêmes aux Pays-Bas les draps, apprêtés ou non, qu'ils redistribueront sur le marché méditerranéen, ils mettent sur pied en Italie une industrie drapière pour laquelle ils vont chercher, directement aussi, la laine en Angleterre ; d'où l'ouverture de routes plus directes — par terre — ou moins coûteuses — par mer — pour le transport de cette laine et de ces draps, qui ne transitent plus par la Champagne. Sur le marché champenois ne figurent seulement que les draps français, dont la liste, dressée par Pegolotti, est bien mince à côté de celle des draps flamands et brabançons. Le grand rôle des foires de Champagne est maintenant financier. On continue à y régler les achats de draps flamands, on y pratique le change, on y trouve des capitaux, et le rythme des foires ponctue le rythme du marché de l'argent. Pas seul, cependant, car à côté des foires, placées sous contrôle royal par suite du rattachement de la Champagne au Domaine, grandit une autre place financière : Paris, elle aussi dominée par les financiers italiens. Le rôle des fameux Biche et Mouche sous Philippe le Bel en est une preuve aussi sûre que la frappe de la première monnaie d'or de ce même roi, copie fidèle du florin de Florence et marquée de l'emblème des financiers toscans, les Peruzzi, qui dirigent alors les ateliers monétaires royaux. Mais ce marché financier et monétaire connaît, lui aussi, de graves bouleversements, qu'attestent les faillites italiennes des années 1295-1345 et qui sont une des causes de la décadence brutale des foires de Champagne après les années 1320.

Rendus nécessaires par l'accroissement du volume des échanges, deux phénomènes ont, en effet, marqué, sur l'initiative des Italiens, l'histoire monétaire du XIIIe siècle : la frappe de grosses monnaies d'argent et le retour au bimétallisme, abandonné depuis Charlemagne, par la frappe de monnaies d'or. A la mort de Saint Louis, la France possède, à côté de ses anciennes monnaies « noires » qui contiennent une notable proportion de cuivre, un gros d'argent pesant 4,219 grammes et courant pour 12 deniers tournois en monnaie de compte, et un écu d'or de 4,196 grammes courant pour 10 sous tournois en monnaie de compte, le rapport entre or et argent étant le même que le rapport commercial : 1 à 9,63. Ce système, la bonne monnaie de Monseigneur Saint Louis, représente l'idéal de référence pour toute notre période. Mais il se dégrade rapidement sous une double pression : la hausse du prix des métaux précieux — due peut-être, en cette fin de période d'expansion économique, à un ralentissement de l'accroissement du stock monétaire et de sa vitesse de circulation, ainsi qu'à une thésaurisation accrue —, mais aussi la hausse inégale des deux métaux, qui modifie sans cesse le rapport initial. Dans cette situation, deux possibilités s'offraient aux gouvernements, et pas seulement aux rois de France : soit modifier la valeur nominale des pièces en circulation, c'est-à-dire la hausser par rapport à la monnaie de compte officielle du royaume — livres, sous, deniers — qui s'en trouvait donc dévaluée, soit modifier la valeur intrisèque des pièces en circulation et les multiplier par de nouvelles frappes, c'est-à-dire diminuer leur teneur métallique sans en modifier le cours, ce qui entraîne l'inflation. Les rois de France, à partir de 1290, ont eu recours tour à tour à ces deux expédients, ponctués de tentatives de retour à la bonne monnaie. D'où la multiplication des frappes, qui donnent aux ateliers monétaires parisiens l'occasion de produire des chefs-d'œuvre artistiques à la gloire des rois de France. D'où aussi l'exécrable réputation de manipulateur de faux-monnayeur qui s'attache à la personne de Philippe le Bel. Elle vaut aussi bien pour ses successeurs, mais alors l'habitude était prise. Les conséquences psychologiques et économiques de ces désordres monétaires furent immenses. Les plus immédiates ont été soulignées par Geoffroy de Paris lors de la dévaluation de 1313 :

> En cette année que je compte,
> Toute monnaie vint à honte...
> Mainte gent moururent de rage...
> Si en fut le roi plus haï
> Et tous les maîtres en sa cour...

Le publiciste Pierre Dubois va plus loin, qui pressent, à la lumière de son cas personnel, la ruine des rentiers : « J'ai vu chaque année mon revenu diminuer de 500 livres tournois depuis que l'on a commencé à altérer les monnaies. »

Troubles sociaux

Disettes, famines et hausses des prix résultant des perturbations du cycle agricole, d'une part, troubles monétaires et poids croissant de la fiscalité royale, d'autre part, expliquent la recrudescence des émeutes, surtout urbaines, qui agitent notre période. Les plus caractéristiques sont les émeutes dites antifiscales qui dressent les populations des villes contre les officiers royaux chargés de percevoir les impôts ; ainsi, à Montbrison, en 1308, et en de nombreux endroits dans les années 1313-1314. Très voisines sont les émeutes liées aux manipulations monétaires, par exemple quand s'affrontent, en cas de réévaluation, la mauvaise monnaie amassée par le travail d'hier et la bonne monnaie exigée pour les paiements officiels d'aujourd'hui. Paris fut, en 1306, le théâtre d'une émeute de ce type, qui vit le roi et ses gens assiégés dans le Temple. Si, à ce mécontentement latent, s'ajoutent une disette et une hausse des prix, l'exaspération populaire peut chercher des boucs émissaires et, souvent soutenue par la royauté, détourner sur eux sa colère... Ce fut le cas lors des massacres de lépreux et de juifs qui eurent lieu dans de nombreuses villes de France en 1321.

A côté de ces troubles dont l'origine est surtout économique, il faut signaler le grand mouvement de protestation économique, certes, mais surtout social et politique qui, connu sous le nom de « réaction féodale » de 1314, faillit emporter les formes modernes de la royauté française. Les causes profondes sont à chercher peut-être dans la baisse des revenus terriens de la noblesse et dans son inaptitude à s'insérer dans le nouvel ordre économique ; mais surtout dans la perte, liée à l'évolution du pouvoir monarchique, de certaines de ses prérogatives essentielles. Ses droits de justice et de frappe monétaire, son droit à la guerre privée et aux tournois, sont battus en brèche en même temps que son rôle politique, accaparé par « chétive gent » et « pauvres clercs », et que son rôle militaire, affaibli par l'emploi de mercenaires spécialisés et par la généralisation d'un service dû par tous et rachetable par tous... Sur ce dernier point, le mécontentement des nobles pouvait rencontrer celui des habitants des villes, pressurées et accablées par la répétition des campagnes de Flandre. L'explosion se produit à la fin du règne de Philippe le Bel, sous la forme de ligues de barons, de prélats et de villes, ligues d'abord provinciales, puis fédérées :

> Et tous ensemble s'accordèrent
> Et de France et de Picardie
> Avec ceux de Normandie
> Et de Bourgogne et de Champagne,
> D'Anjou, de Poitou, de Bretagne,
> Du Chartrain, du Perche, du Maine,
> Ceux d'Auvergne et ceux de Gascogne
> Et de tout le royaume de France.

Mais sur quoi s'accordèrent-ils ? Sur quelques revendications immédiates, comme l'arrêt de la levée du subside de 1314. Pour le fond, les ligueurs n'ont rien de révolutionnaire : leur objectif est, au contraire, le retour aux « bonnes coutumes » du temps de Saint Louis. Le préambule de la charte qu'accorde, en conséquence, Louis X aux nobles du Berri montre bien l'esprit du mouvement : « Comme les comtes, barons et les autres nobles de notre bailliage de Bourges et du ressort nous ont de nouveau fait montrer et se plaignent que, depuis le temps de Monseigneur Saint Louis, ils ont été très grevés et indûment traités par les baillis et autres officiers de nos prédécesseurs et qu'ils le sont encore, disent-ils, chaque jour par les nôtres à l'encontre de leurs anciens usages et coutumes dont ils usaient et par lesquels, disent-ils, ils étaient traités et gouvernés au temps passé... » Louis X et Philippe V apaisèrent le mouvement par une série de chartes provinciales qui, tout en affirmant le principe de ces anciennes coutumes, ne changèrent pas grand-chose à la politique de la royauté et de ses officiers. Mais il est significatif que le seul mouvement d'ampleur quasi nationale qu'ait connu la France de ce temps ait été un mouvement de retour au passé ; signe éclatant du divorce qui règne alors, dans la société française, entre le rêve et la réalité.

Le rêve et la réalité

Le monde du rêve et la société chevaleresque

Le divorce entre le rêve et la réalité apparaît pleinement dans la littérature romanesque du temps. On y retrouve tous les grands thèmes des siècles précédents, les cycles antiques et les cycles bretons, les chevaliers de la Table ronde et la quête du Graal, l'amour courtois et la prouesse individuelle, unissant dans une même synthèse de langue française l'esprit du Nord et celui du Midi. Enumérer tous ces romans, dont les plus connus pour nous sont restés *la Châtelaine de Vergi* et *le Châtelain de Coucy*, sans oublier les œuvres du célèbre ménestrel Adenet, serait fastidieux. Arrêtons-nous plutôt à l'une des plus caractéristiques de ces œuvres, *le Roman de Perceforest*, vaste composition d'environ 2 000 vers, qui fut sans doute écrite en Hainaut dans les années 1315-1340. Tout y est très significatif. Tout d'abord le cadre historique, qui unit le cycle antique au cycle breton, avec le passage du paganisme au christianisme et la naissance de la chevalerie ; mais aussi le cadre géographique : la forêt, décor idéal et merveilleux des exploits chevaleresques ; et encore les principaux personnages, quatre rois, dont le premier et le prototype est Alexandre, et les trois autres appartiennent au cycle médiéval : Gadifer, Perceforest et Gallafur. Leurs vertus sont éminentes : Alexandre se distingue par « science, largesse et prouesse » ; l'un de ses successeurs est « preux et hardi, sage et discret ». Tous exercent un pouvoir absolu, mais savent consulter leurs conseillers, tel Gallafur, qui demande, avant d'accepter la couronne, aux chevaliers de son entourage : « De moi aider, conseiller et conforter en tous cas, là où j'en pourrais avoir besoin, pour l'honneur de moi et du royaume. » Car enfin et surtout ces rois et leurs compagnons sont des chevaliers accomplis. Manuel de royauté, au point qu'on y a vu un livre d'éducation destiné aux fils de Philippe le Bel, un peu à la manière du *Télémaque*, ce roman est aussi un manuel de chevalerie, non pas telle qu'elle s'était dégradée au cours des siècles, mais telle que les hommes du XIVe siècle l'imaginaient dans sa pureté primitive. La chevalerie des premiers temps leur apparaît ouverte à tous et aucune convention officielle ni religieuse n'aurait réglementé l'adoubement, qui, en forêt, se réduisait à une simple colée : « Et dit l'histoire qu'en ce temps-là tous ceux qui étaient ornés de sens et de bonnes mœurs et hardis de cœur et forts et recommandables étaient tenus pour gentilshommes d'où qu'ils viennent et devenaient chevaliers s'ils en avaient volonté. » Le type du chevalier est le chevalier errant, qui obéit à quatre lois : ne jamais refuser la joute, soutenir la meilleure cause en cas de guerre, se ranger aux côtés du plus faible dans les tournois, aider quiconque dont la cause est juste. Mais l'obéissance à ces lois doit être l'expression de vertus beaucoup plus profondes : « Si le gentilhomme qui a reçu l'ordre de chevalerie ne ressemble à la pucelle en grâces et en vertus, il n'a pas droit d'être appelé chevalier, si preux qu'il soit. Car si l'on dit : « Il est preux et hardi et bon chevalier » et qu'un autre répond : « Il est fier et orgueilleux et méprisant envers les « pauvres et les plus petits que lui, faux et menteur en ses « paroles, luxurieux et plein de vices en ses actes... », celui-ci n'est pas digne d'être appelé chevalier. » Véritable cri d'alarme lancé par l'auteur à l'encontre des chevaliers de son temps qui vivent surtout l'aspect extérieur de la vie chevaleresque, partageant, comme ceux de Perceforest, leurs loisirs entre les fêtes et les tournois, la chasse et la guerre.

C'est bien vers cet idéal, ramené à un genre de vie très humain et très laïque, que tendent non seulement la noblesse du XIVe siècle, mais aussi la bourgeoisie, qui ne songe qu'à l'imiter. Dans cet idéal se combinent la joie de vivre, le goût de l'action, l'amour des fêtes éclatantes et du luxe journalier : plaisirs à la fois matériels, facilités par des siècles d'expansion économique, et plaisirs plus raffinés que peuvent procurer la vie de cour et de château, l'amour courtois et la prouesse chevaleresque. D'où l'indignation contre les rois de France, qui, depuis Saint Louis, cherchent à limiter la guerre privée et les tournois, devenus trop meurtriers. D'où aussi la recherche d'un nouveau cadre de vie. C'est l'époque où l'architecture civile — nous l'avons vu à Paris — prend son essor en France ; où l'intérieur des châteaux forts se transforme et s'embellit en vue d'un plus grand confort et d'une vie de société plus développée ; les murs des grandes salles se couvrent de fresques et bientôt de tapisseries reconstituant les emblèmes et le cadre des exploits et des plaisirs chevaleresques : blasons, forêt, scènes de guerre, de chasse, de pêche. C'est aussi l'époque où, pour la première fois depuis des siècles, le costume masculin et féminin se met à évoluer ; l'époque surtout où les arts mineurs s'affirment, en vue de fournir à l'élite de la société des objets individuels – souvent en matière très précieuse – qui agrémenteront sa vie, livres, objets de piété, mais aussi chefs-d'œuvre plus matériels, en particulier ces jeux, ces miroirs, ces coffrets qui font la gloire des ivoiriers parisiens. Ornés de scènes profanes d'amour, de chasse ou de guerre souvent empruntées à la littérature romanesque, ils incarnent parfaitement le nouvel art de vivre.

Ce nouveau cadre de vie a tendance à nous apparaître comme un décor, et le goût pour le décor est très certainement un autre trait fondamental de la société du temps. Il se manifeste avec éclat dans trois domaines fort différents. Le premier est évidemment celui du théâtre, en plein essor, après *le Miracle de Théophile* de Rutebeuf, avec les œuvres d'Adam de la Halle – *Jeu de la Feuillée, Robin et Marion* –, les premières « moralités » et les premières « Passions ». Le second est le domaine artistique. L'architecture gothique s'ajoure et s'affine au-delà des limites du possible, et ce que l'on n'arrive pas à créer dans la pierre – témoin la catastrophe de Beauvais –, on le réalise par le moyen du vitrail et du manuscrit. Entre les étroites lancettes de pierre de Saint-Urbain de Troyes, de la cathédrale d'Evreux ou de Saint-Ouen de Rouen, s'élancent des architectures fantastiques, dont l'aspect merveilleux est favorisé par l'emploi de nouvelles couleurs, spécialement les grisailles rehaussées d'or et d'autres teintes précieuses. La même tendance se retrouve dans l'art des manuscrits, dont tant de pages sont encadrées par un décor architectural démesurément allongé, ajouré et sculpté ; la sculpture elle-même tend à devenir un décor non plus soumis à l'architecture, mais qui la dissimule ; ainsi les portails des libraires et de la Calende à Rouen... Il est enfin un troisième domaine – qu'on pourrait appeler social – où se combinent le goût pour la vie chevaleresque et le goût pour le théâtre : c'est ce mouvement qui tend, dans la première moitié du XIVe siècle, à la création d'ordres laïques de chevalerie, avec leurs rites, leur cérémonial et leur étiquette ; ils apparaissent simultanément en Castille, en Dauphiné, puis en France, où un premier projet est élaboré par le duc de Normandie, le futur Jean le Bon, en 1342, au moment où, en Angleterre, le roi Edouard III fait le vœu de rétablir la compagnie de la Table ronde.

Le réalisme

Mais, à côté de la tendance dominante au rêve et au retour au passé, et peut-être en réaction contre elle, un autre courant se fait jour : un courant réaliste, qui, appuyé sur le développement de l'esprit d'observation et la renaissance de l'esprit critique, découvre le monde tel qu'il est.

Il serait vain de dénier l'esprit d'observation aux imagiers romans et aux sculpteurs de la grande période gothique. Mais les uns comme les autres ont orienté leur description du monde créé à des fins qui le dépassaient, en mettant l'accent sur ses aspects didactiques et symboliques, pour dégager des valeurs d'éternité. A la fin du XIIIe siècle, les artistes s'intéressent à ce monde créé pour lui-même et, recherchant la ressemblance, l'expression et le pittoresque, s'efforcent d'en donner une image vivante et actuelle : influence bourgeoise ? influence philosophique des « empiristes » et des scientifiques de l'école anglaise ? influence aussi d'une nouvelle forme de piété, plus personnelle et très attachée aux réalités terrestres de la vie du Christ et de sa Mère ? Tout contribue à amener les artistes, sculpteurs et miniaturistes au premier chef, à donner du monde – hommes et femmes, plantes et animaux – une image aussi fidèle que possible. Pour les sculpteurs religieux, le grand thème de l'époque est la Vierge à l'Enfant : non plus la Vierge en majesté, trônante et couronnée, mais la Mère, debout, qui, hanchée, porte son Fils et bientôt l'allaite et joue avec Lui. De même, aux figures éternelles du Beau Dieu d'Amiens ou de l'Ange de Reims, voit-on se substituer les statues combien expressives et humaines de la cathédrale de Strasbourg. Vices et vertus, saints et saintes deviennent des hommes et des femmes du temps, dans leur réalisme et souvent, pour nous, leur pittoresque ; nulle description d'un pâtre bourguignon du Moyen Age ne vaudra jamais l'extraordinaire saint Jean de l'église de Rouvres. Même souci dans l'art funéraire, puisqu'on estime que la statue funéraire de Philippe III fut sculptée d'après son masque funèbre. Même souci enfin chez les miniaturistes, qui laissent plantes, animaux et scènes vécues envahir non seulement les marges, mais le texte de leurs manuscrits. Toutes ces tendances se retrouvent dans une certaine littérature que l'on a qualifiée de réaliste : c'est un lieu commun de notre histoire littéraire médiévale que d'opposer, par exemple, à l'idéal courtois de Guillaume de Lorris l'esprit positif et encyclopédique du second auteur du *Roman de la Rose*, Jean de Meung, qui écrit à l'époque de Philippe III. Mais, dans le domaine littéraire, la description tourne vite à la critique et à la satire.

Critique non pas du monde créé par Dieu, mais des institutions nées de l'imperfection humaine. Dans le bouleversement des valeurs spirituelles et morales qui, accompagné de l'éveil de l'opinion publique, se produit à cette époque, toutes les valeurs anciennes sont mises en accusation.

Les uns, avec Jean de Meung, dénoncent les origines douteuses de la royauté. Les autres, comme l'épicier de Troyes, qui écrit *Renard le Contrefait*, ou comme les auteurs de « Dits » et de fabliaux, excitent leur verve sur les travers des grands et du commun, des citadins et des paysans. Bourgeois et vilains sont tour à tour ridiculisés. Mais les veines les plus mordantes sont la veine antiféminine et la veine anticléricale. La première apparaît aussi bien dans les théories de Jean de Meung que dans le grossier *Dit des Trois Dames de Paris*, rimé vers 1320 par un homme du Nord, Watriquet Brassenel. La seconde est aussi virulente sous la plume de Rutebeuf vieillissant que chez l'épicier de Troyes ; elle est plus discrète, mais non moins efficace, dans le *Livre de Jean le Maire*, décrivant, à l'époque de Philippe le Bel, les cérémonies d'installation d'un évêque...

Cet intérêt, souvent critique, pour la société humaine explique le goût croissant des hommes du temps pour l'histoire, depuis la traduction en langue vulgaire des *Grandes Chroniques de France* et la rédaction des *Mémoires* de Joinville, jusqu'aux *Chroniques* de Jean le Bel. Ce dernier se fait de son art une conception très haute : « On doit parler le plus à point qu'on peut et au plus près de la vérité. Car l'histoire est si noble, à mon avis, et de si gentille prouesse qu'elle est bien digne et mérite d'être mise par écrit pour que la mémoire en soit retenue au plus près de la vérité... » Ce qui, chez d'autres, n'empêche pas la critique acerbe du pouvoir politique et de la société. A cet égard on retrouve dans l'œuvre de Geoffroy de Paris, sous Philippe le Bel et ses fils, et dans celle de Jean de Venette, sous Philippe VI, à la fois l'esprit des pamphlets politiques et celui des romans et fabliaux du temps. Jean le Bel, au contraire, fidèle à l'idéal romanesque et chevaleresque de la haute société, conçoit l'histoire sous l'angle de la prouesse et de l'exploit. C'est ce qui l'a rendu si sensible au grand drame de l'époque : l'effrondrement français au début de la guerre de Cent Ans.

L'époque de Philippe VI

Les vingt années (1328-1348) qui constituent la majeure partie du règne de Philippe VI (mort en 1350) voient se manifester, sur le plan politique, la tension entre les deux grands courants que nous avons dégagés, c'est-à-dire les progrès du pouvoir royal et les conséquences de la mutation séculaire. Si, dans une première période, la royauté brille d'un éclat particulier, de profonds désastres affectent, au contraire, la fin du règne.

Premiers succès

L'avènement sans opposition réelle de Philippe VI est, en soi, une preuve de la stabilité du pouvoir royal. Cousin germain de Charles IV le Bel, le Valois se voit d'abord, suivant une véritable répétition des événements de 1316, confier la régence jusqu'à la délivrance de la reine veuve, Jeanne d'Evreux, qui était enceinte. Le meilleur écho des discussions d'alors est le récit du moine parisien Jean de Venette : « Toute la question était de savoir à qui, par droit de proximité, devait être confiée la garde du royaume, surtout en raison du principe que dans le royaume de France la femme n'a pas accès personnellement au pouvoir royal. De leur côté, les Anglais déclaraient que leur jeune roi Edouard était le plus proche parent, en tant que fils d'une fille de Philippe le Bel, et par conséquent neveu du feu roi Charles...

Nombre de juristes, compétents en droit canon et en droit civil, s'accordèrent cependant à déclarer qu'Isabelle... était écartée de la garde et de la conduite du royaume non en raison de son degré de parenté, mais à cause de son sexe... La polémique devait se poursuivre quand fut posée la question du trône. Les Français n'admettaient pas sans émotion l'idée d'être assujettis à l'Angleterre. Or, si le fils d'Isabelle avait quelque droit à alléguer, il tenait ce droit de sa mère : or, sa mère n'avait aucun droit. Il en allait donc de même du fils... Cette sentence ayant été retenue comme la plus sensée et adoptée par les barons, la garde du royaume fut donnée à Philippe, comte de Valois... »

La reine ayant accouché d'une fille, le 1er avril, Philippe est donc couronné le 29 mai, au détriment des descendantes des trois derniers Capétiens et du jeune roi d'Angleterre, Edouard III. Celui-ci, en faisant pour ses possessions françaises dès l'année suivante, à Amiens, un hommage transformé en 1331 en hommage lige, semble abandonner toute prétention à la succession. Le choix des barons, appuyé par le sentiment populaire, semble avoir été guidé par des arguments contradictoires : arguments dynastiques et familiaux, d'une part, mais aussi argument national. Utilisant la toute nouvelle idée de l'incapacité des femmes à accéder au trône, ils ont choisi un seigneur français, proche du roi défunt et possesseur du plus grand apanage de France ; ils ont surtout éliminé le jeune prince étranger qui risquait de réunir les deux couronnes de France et d'Angleterre au profit d'un Anglais, car, rappelons-le, « les Français n'admettaient pas sans émotion l'idée d'être assujettis à l'Angleterre ». Manifestation éclatante du nationalisme naissant, caractéristique de la période.

En portant leur choix sur le comte de Valois, les barons ont désigné un des leurs, grand seigneur et chevalier accompli, qui incarnait en sa personne toutes les aspirations de la noblesse du temps. Fils de ce Charles de Valois, éternel prétendant qui avait brigué le trône d'Aragon, le royaume de Jérusalem, le titre d'empereur enfin, d'abord à Constantinople, puis en Occident, Philippe s'était, de son côté, laissé séduire par les aventures italiennes. Il allait faire de sa cour l'assemblée la plus brillante d'Europe et le rendez-vous de la chevalerie occidentale. Bien plus tard, Froissart en donnera cette description éblouie, digne d'un roman de chevalerie : « Et tenait trois rois en son hôtel, et ducs et comtes et barons sans nombre ; il n'y avait jamais eu roi en France dont on se souvînt qu'il eût tenu un état pareil audit roi Philippe. Il faisait faire fêtes, joutes, tournois et ébattements et lui-même les devisait et ordonnait. Et c'était un roi plein de tout honneur, qui s'y connaissait en fait de chevalerie... »

Du point de vue de la chevalerie, le règne commence, en effet, par un coup de maître : à l'appel du comte de Flandre, Philippe VI se trouve, dès l'été 1328, en mesure d'offrir à ses chevaliers une revanche éclatante de la défaite subie devant la piétaille flamande vingt-six ans plus tôt, à Courtrai. La bataille de Cassel est une victoire complète, accompagnée d'un terrible massacre et suivie de fructueuses confiscations sur les biens des Flamands révolté. Elle a une double conséquence : l'une, psychologique, est de fermer la parenthèse ouverte à Courtrai et de confirmer la supériorité militaire de la chevalerie française et de l'armée royale ; l'autre, politique, est de rétablir l'autorité française sur le fief flamand. Il est facile pour les historiens de dénoncer dans ce double triomphe une sorte de trompe-l'œil, lourd de conséquences. Les contemporains y virent simplement une confirmation de l'idée, un instant altérée, qu'ils se faisaient de l'armée et de la royauté françaises. La nouvelle dynastie commençait sous les meilleurs auspices.

Fort de ce premier succès, Philippe VI reprend toutes les ambitions des derniers Capétiens en vue de l'extension du domaine et de l'élargissement de la mouvance française, surtout vers le sud et vers l'est. Trois acquisitions majeures sont réalisées ou préparées sous son règne : celle de Montpellier, qui, en gestation depuis Philippe le Bel, devient effective en 1349 ; celle du Dauphiné, préparée par les conventions de 1343 et de 1344 ; celle enfin de l'héritage bourguignon, non prévue certes, mais rendue possible, après la mort du fils du dernier duc, par de longues années d'étroite alliance. Cette alliance avait, pour Philippe VI, un double avantage : elle faisait contrepoids au danger anglais, gascon, breton, venu de l'ouest ; elle permettait, à l'inverse, une expansion à l'est, en terre d'Empire, suivant les méthodes inaugurées par Philippe le Bel. Cette politique ambitieuse, doublée d'interventions en Espagne et en Italie – comme l'achat de la seigneurie de Lucques – et de très précis projets de croisade, est sans doute à l'origine de la grande coalition qu'Edouard III parvient à rassembler contre le roi de France. Mais les échecs militaires de la fin du règne ne doivent pas masquer le bilan territorial, largement positif.

Premières difficultés

Plus délicat à dresser, le bilan de la politique intérieure est cependant facilité par de minutieuses études conduites récemment sur l'entourage du souverain et le déroulement des crises qui affectent son règne. Il faut d'abord remarquer que, malgré l'apparente facilité de la succession, la plus grande partie du règne, a été hypothéquée par le changement de dynastie. Le roi a dû faire oublier les circonstances de son avènement, récompenser ceux qui l'avaient favorisé ou les écarter s'ils devenaient trop exigeants : ce fut le cas de son cousin et beau-frère Robert d'Artois. Il faut ensuite constater l'importance croissante de l'entourage royal, véritable aristocratie du pouvoir. La place prépondérante y appartient tout à tour à différents groupes provinciaux, sociaux ou familiaux, qui s'expriment à travers l'une ou l'autre des institutions du pouvoir central – parlement ou surtout Chambre des comptes. Contre ce pouvoir central s'élèvent les protestations de certains secteurs de la population ou de certaines régions du royaume, au cours de crises dont on a analysé le caractère cyclique et le déroulement presque immuable : troubles et mécontentement nécessitent la réunion d'Etats ou la concession de réformes, suivies d'un remaniement du Conseil royal et du retour au calme. Leur répétition et leur gravité accrue constituent bel et bien une « crise de la royauté », qui n'éclatera que sous le règne de Jean le Bon. Bien entendu, ces crises ne sont pas purement politiques : elles sont accompagnées de difficultés économiques, disettes, mortalités et crises monétaires qui jalonnent tout le règne. A partir de 1337, elles sont surtout stimulées par la guerre.

Le 24 mai 1337, renouvelant les gestes de Philippe IV et de Charles IV, Philippe VI prononce la confiscation de la Guyenne, bientôt envahie par ses armées. A la Toussaint, Edouard III adresse son défi à « Philippe de Valois, qui se dit roi de France ». Une grande guerre commence, dont nous savons qu'elle durera plus de cent ans. Les contemporains ne pouvaient s'en douter, mais ils ont très vite pressenti l'importance et l'enjeu du conflit, dont ils ont cherché, comme nous, à démêler les véritables causes, au-delà de l'irritation que pouvait causer au roi de France l'appui d'Edouard III à ses sujets gascons et flamands, ou au roi d'Angleterre l'alliance de Philippe VI avec ses ennemis écossais. Les uns virent dans la guerre de Cent Ans une guerre dynastique, suite logique de la succession de 1328. D'autres y virent un conflit féodal entre le duc de Guyenne et son seigneur, le roi de France. Les historiens modernes insistent sur le caractère « national » du conflit franco-anglais et sur ses aspects économiques en analysant les liens très étroits qui unissaient la Gascogne et la Flandre à l'Angleterre. Ces différentes causes n'ont pas toujours joué ensemble et celles qui ont poussé à la poursuite de la guerre ne sont pas forcément celles qui l'avaient déclenchée. Mais c'est surtout leur mélange inextricable qui a créé entre les deux rois une « situation impossible » (Ph. Wolff). La guerre de Cent Ans peut être considérée comme un conflit entre la vieille idée féodale qui plaçait les biens vassaliques au-dessus de toute considération nationale et la naissance précisément des nationalismes modernes : le roi d'Angleterre pouvait-il continuer à être le vassal du roi de France ? Par cette remise en cause fondamentale, la guerre de Cent Ans représente une liquidation de l'esprit du Moyen Age, et sa naissance se situe parfaitement dans une période de mutation.

Le combat, où les périodes de paix et de trêves l'emportent largement sur les périodes de guerre, semblait au premier abord disproportionné entre le petit roi d'Angleterre et le puissant roi de France ; le Florentin Villani n'hésite pas à les comparer à David et Goliath. Dès les premières années, pourtant, Edouard III a su jouer de ses atouts : une vaste coalition qu'il a nouée de la Norvège à l'Espagne et dont l'élément le plus actif est constitué par les Flamands de Jacques Van Artevelde ; une supériorité militaire insoupçonnée du reste de l'Europe, acquise par les archers anglais au cours des sévères luttes galloises et écossaises ; l'exploitation habile d'un nouveau problème, celui de la succession de Bretagne, qui, ouverte en 1341, offrit à Edouard un nouveau théâtre d'opérations et, après la Flandre et la Gascogne, un troisième point d'appui sur le continent ; enfin, un esprit offensif qui lui permet, d'entrée de jeu, de détruire la flotte française (à l'Ecluse, 1340) et de ravager le territoire ennemi au cours de célèbres « chevauchées ». Ces expéditions, menées par le roi lui-même, par son fils ou par de grands seigneurs anglais, font l'admiration d'un amateur de prouesses tel que Jean le Bel. Mais il ne s'agit encore que de combats préliminaires, sans portée décisive, qui préparent plus sûrement la ruine économique du pays que sa défaite militaire.

Premiers désastres

A ces premières entreprises, la riposte de Philippe VI fut surtout diplomatique ; il réussit à détacher de la coalition anglaise de nombreux princes d'Empire et l'empereur Louis de Bavière lui-même. Mais ses efforts militaires semblent avoir été entravés par une sorte de manque de confiance ou d'incapacité d'agir qui déçut beaucoup les contemporains — surtout dans les rangs de la noblesse — et par des difficultés financières de plus en plus graves ; la multiplication des impôts et l'accélération des mutations monétaires engendrent alors le mécontentement populaire et la convocation d'assemblées réunissant les « états ». C'est dans ce climat que vont se produire les premiers désastres de 1346-1347, qui provoquent une véritable crise de régime préfigurant celle de 1356.

Au printemps 1346, les troupes anglaises ravagent depuis des mois le sud-ouest de la France : « Ses gens, dit Jean le Bel en parlant d'Edouard III, avaient gâté et exilé la plus grande partie de la Gascogne jusque près de Toulouse ; et par-deçà gâté et exilé tout le pays de Poitou, et conquis plusieurs bonnes villes et châteaux forts, comme Lusignan, Saint-Jean-d'Angély et la cité de Poitiers, tout en telle manière le grand pays de Bretagne ». Contre-attaquant, les troupes françaises, sous la conduite du duc de Normandie, fils du roi, tentent de reprendre la ville d'Aiguillon, devant laquelle elles vont rester immobilisées plusieurs mois. C'est alors qu'Edouard III débarque en Cotentin pour entreprendre une nouvelle chevauchée : « En sa propre personne, avait gâté et exilé le pays de Cotentin, de Normandie et le comté d'Evreux jusques à Paris, et puis passé la grande rivière de Seine au pont de Poissy, et puis gâté et exilé tout le pays d'Amiénois et de Beauvaisis... »

Ce n'est qu'après qu'Edouard a quitté la région parisienne que Philippe VI, ayant réuni une armée, se décide à le poursuivre. Il le rejoint, le 26 août, sur le plateau de Crécy, où les archers et les cavaliers démontés anglais infligent à la chevalerie française une défaite aussi sanglante qu'inattendue. Si inattendue qu'elle ne s'expliqua que par l'intervention de la Providence : « On ne peut trop louer ni priser ni honorer le très noble roi Edouard que Dieu a voulu si évidemment aider », conclut Jean le Bel. Poursuivant sa chevauchée, Edouard met alors le siège devant Calais. Ravitaillée par mer, la ville ne se rend que le 3 août 1347, après une héroïque résistance de onze mois, et sans que Philippe VI ait vraiment tenté de la dégager par terre.

Mais que sont les morts de Crécy ou de Calais, que vaut le discrédit qui pèse alors sur la royauté française, en face de l'immense tragédie qui se prépare pour la France et pour l'Europe : dans la seconde moitié de 1347, des navires italiens apportent d'Orient la peste bubonique, la « peste noire », qui fait son entrée en France par les villes de Marseille et d'Avignon.

DYNASTIES ET RÉVOLUTIONS DE 1348 À 1852

13. LE MALHEUR DES TEMPS

Du milieu du XIVe siècle à celui du XVe siècle, l'épreuve des épidémies, des troubles civils, de la guerre et du marasme économique.

Temps de douleur et de tentation
Âge de pleur, d'envie et de tourment
Temps de langueur et de damnation
Âge mineur, près du définement

Né vers 1346, le poète Eustache Deschamps exprime les réactions de générations qui ont vu, de 1348 à 1440, les charniers de la peste noire, les ravages et les dégâts de la guerre, les enfants morts de faim sur les tas de fumier, l'amère expérience de la défaite, les révoltes sauvages du petit peuple des campagnes et les séditions du bas état des villes, la guerre civile avec son cortège de proscriptions et de massacres, la crise du pouvoir royal contesté et de l'autorité pontificale divisée. Autant de raisons pour que la virtuosité du rhétoriqueur s'adonne et s'abandonne à la réflexion nostalgique sur le thème du *ubi sunt*, rabâche que « le monde est bien près de sa fin » et cultive une conscience malheureuse du temps.

L'historiographie romantique s'est laissé prendre aux pièges de cette virtuosité et aux séductions du pathétique. Elle a, de ce fait, oublié de respecter les rythmes de l'histoire et d'en marquer les pauses, de rendre compte des discordances de mouvement et de sensibilité dans l'espace français, de discerner l'espoir et ses travaux par-delà le tragique et ses ruines. Cent ans d'hostilités, mais non une guerre de cent ans, troublent un pays, victime des malheurs du temps plus que d'un temps du malheur. La volonté de reconstruire et de revivre s'acharne à chaque répit. A défaut d'une étude régionale qui seule lui rendrait justice, mais que le cadre limité de ce chapitre interdit, il faut au moins marquer la longue pause du temps de la paix reconquise (1360-1400), âge d'or du Paris des cours et des ateliers.

I. FLÉAUX ET DÉSASTRES 1348-1360

La peste noire

L'épidémie

L'an 1315 a ramené la famine. Le temps des hostilités s'est ouvert avec la campagne de 1341. « L'an du Seigneur 1348, le peuple de France... fut frappé par une autre calamité. » Venue des lointaines steppes d'Asie centrale par le relais des comptoirs génois de la mer Noire, la peste est un fléau neuf en Europe : elle ne l'a plus visitée depuis le VIIe siècle. Mais aux yeux du chroniqueur Jean de Venette, elle apparaît d'abord comme un nouveau malheur : « En effet, à la famine et à la guerre qui existaient déjà vinrent s'ajouter dans les diverses parties du monde les épidémies et les tribulations. »

La maladie, telle qu'il la décrit, a des effets foudroyants et se propage, inexorable, par contagion directe : « Ils n'étaient malades que deux ou trois jours et mouraient rapidement, le corps presque sain ; celui qui aujourd'hui était en bonne santé, demain était mort et porté en terre... celui qui, étant sain, visitait un malade échappait rarement au péril de la mort. » Un seul symptôme, « signe infaillible de mort », retient son attention : les bubons, grosseurs qui naissent brusquement sous les aisselles et dans l'aine. Dans une lettre qu'il expédie d'Avignon, alors en proie au fléau, Louis Heilingen, chanoine de Bruges, mentionne lui aussi ces « apostèmes », mais signale en outre d'autres malaises : une infection intestinale et une affection pulmonaire accompagnée de crachements de sang. La peste noire de 1348 associe, en effet, deux formes de l'épidémie : la peste bubonique et la peste pulmonaire. Seule cette dernière est contagieuse d'homme à homme, son temps d'incubation est court et l'évolution du mal rapide ; les chances de survie sont dans ce cas encore plus faibles que dans la forme bubonique.

La mortalité

Les récits des contemporains sont davantage sujets à caution quand ils se risquent à apprécier le nombre des victimes. Ils ont encore les yeux remplis du spectacle macabre des charrettes qui, sans trêve, déversaient leur funèbre chargement sur des charniers débordant de cadavres, et traduisent l'intensité du choc qu'ils ont ressenti dans des chiffres qui ont une valeur plus symbolique que statistique. Les impressions de Jean de Venette sur l'ampleur inouïe de la catastrophe sont fondées : « Un nombre de victimes tel qu'on ne l'avait jamais entendu dire ni vu, ni lu dans les temps passés » ; mais elles le portent à risquer un taux de mortalité de 90 p. 100 : « Sur vingt habitants il n'en restait que deux en vie. » Encore s'agirait-il, ici, d'un maximum enregistré « en certains lieux ». Selon Froissart, c'est « la tierce partie du monde » qui mourut, et d'autres vont jusqu'à la moitié. Ces statistiques d'ensemble sont malheureusement incontrôlables. Mais quand la vérification est possible, la part de l'exagération se révèle énorme : l'abbé de Saint-Martin dénombre à Tournai 25 000 morts, alors que la population de la ville ne devait sûrement pas dépasser 20 000 habitants avant l'épidémie.

Pour dissiper cet impressionnisme statistique, il faut recourir à d'autres sources. On peut prendre une mesure plus précise de l'épidémie dans le registre paroissial de Givry. Le curé de ce petit village des environs de Beaune avait enregistré 39 décès dans sa paroisse en 1345, 25 en 1346, 42 en 1347 ; il en note 649 du début janvier à la mi-novembre 1348, dont 615 survenus entre le 2 août et le 19 novembre. La surmortalité qu'entraîne la peste est évidente. Mais, à défaut de chiffres de population pour la localité au début de 1348, on ne peut apprécier quelle proportion des habitants a péri. D'autres documents permettent une approche de ce problème. En Provence, les archives de la Cour des comptes conservent le procès-verbal d'une enquête effectuée en juillet 1349 dans les environs d'Aix : à Rians, bourgade qui comptait, avant la peste, 300 feux, les agents fiscaux du comte n'en dénombraient plus que 213. Deux villages voisins accusent des pertes encore plus élevées : leur population passe respectivement de 92 feux à 40, et de 40 à 11. En Savoie, les relevés de perception d'une taxe levée pour l'entretien d'un pont sur l'Isère, près de Montmélian, révèlent, pour une paroisse, une chute de 100 feux en 1347 à 55 en 1349, et, pour un groupe de sept autres, une diminution de 303 à 142 feux. Dans quelques villes du Sud-Ouest, des cadastres permettent une mesure analogue : la population d'Albi a diminué de moitié entre 1343 et 1357.

D'une localité à l'autre les variations du taux de mortalité sont donc considérables, mais s'inscrivent, dans l'ensemble, entre un tiers et un huitième de population.

Le choc

La soudaine apparition du fléau interrompt ou désorganise toute forme d'activité. Une récente étude l'a montré en utilisant les registres de notaires de Perpignan : au moment où la peste s'installe, les contrats de la vie quotidienne — achats, ventes, locations, fermages — disparaissent ; les Juifs, que l'on voyait consentir 20 prêts par mois en moyenne de janvier à mars, n'en accordent plus que 8 en avril et cessent de prêter entre mai et juillet. Seuls les testaments remplissent alors les feuillets : sur les 71 enregistrés pendant l'année 1348, 63 le sont entre avril et juillet. Les machines administratives se grippent et les institutions publiques cessent de fonctionner. Aucun des offices du comté de Forez n'est plus pourvu entre le 22 novembre 1347 et le 8 juin 1349, tandis que les commissaires chargés d'une enquête sur le gouvernement du pays interrompent leurs travaux le 17 août 1348, pour les reprendre en mars 1349. La paralysie n'épargne pas le grand commerce. Après la récolte de 1336, le port de Bordeaux avait exporté 16 557 tonneaux de vin ; dans l'année qui suit la vendange de 1348, les navires n'enlèvent même pas 6 000 tonneaux. Cet effondrement reflète la désorganisation des échanges, mais résulte tout autant d'un affaissement de la production agricole, elle aussi victime de la mort, de la stupeur et de la peur.

Atterré devant la catastrophe, l'homme est en quête d'une explication et de responsables. Il voit le mal se propager, tente de s'en prémunir par la fuite ou recourt à d'élémentaires mesures de prophylaxie ; mais l'idée même de contagion lui est étrangère. Le médecin cherche dans une décomposition de l'air le secret de l'épidémie. Le peuple imagine un poison jeté dans l'eau des puits ou des fontaines. Les vieilles haines désignaient des coupables : l'antisémitisme se déchaîne, notamment en Alsace, où 2 000 Juifs sont victimes d'un pogrom à Strasbourg, en 1349. D'autres discernent dans l'évènement un signe de la volonté de Dieu, un avertissement de sa colère et un appel à la repentance. Pour apaiser ce courroux et exhorter à la pénitence, tout en payant d'exemple, des confréries de flagellants déroulent leurs processions dans le nord-est de la France, battant leurs charognes bien fort, selon les termes d'un des cantiques qui rythment leur marche.

La peste installée

L'épidémie enrayée, la vie reprend ses droits : « Les hommes et les femmes qui restaient se marièrent à l'envi », écrit Jean de Venette. Le registre de Givry le confirme. Avant la peste, le curé célébrait, bon an, mal an, une quinzaine de mariages ; en 1349, il en bénit 86. Les échanges reprennent : après la vendange de 1349, 13 427 tonneaux de vin sortent du port de Bordeaux, qui ne tarde pas à retrouver le volume de ses exportations des années 1330-1340. Dans les registres de notaires de Perpignan les contrats d'apprentissage réapparaissent dès la fin décembre 1348, en très grand nombre. Leur retour est un indice de la reprise du travail, mais leur fréquence un signe des vides énormes que la peste a creusés dans la population active. Partout sensible, la pénurie de main-d'œuvre provoque une vigoureuse hausse des salaires. Les pouvoirs publics s'en inquiètent. Les conseils des communes comme le roi et ses agents tentent d'y remédier par des ordonnances qui se veulent draconiennes ; mais faute de disposer de moyens d'exécution appropriés, ils sont bien incapables d'enrayer le mouvement et de ramener effectivement le prix des services au niveau de 1347.

La mutation qui s'est amorcée dans le premier quart du siècle (voir chapitre XII) est accomplie. Le surpeuplement ne menace plus la France. Dans l'espace agricole, les conquêtes les plus téméraires retournent à la friche. La catastrophe de 1348 pourrait ouvrir une nouvelle période d'équilibre sur la base d'un optimum de peuplement enfin réalisé. Mais la peste noire n'a été que la « première peste ». D'autres suivent. En 1361, elle frappe de nouveau, dans presque toute la France. Elle ne cessera pendant un siècle de se manifester ici ou là. Ces retours de peste traduisent une évolution du fléau, un glissement de l'épidémie à l'endémie, que Ph. Wolff a décrit à partir de l'exemple toulousain : « Il ne se propage plus par grandes vagues nettement distinctes dans le temps, généralisées dans l'espace. Il est comme installé à demeure : à tout moment, en tout endroit il peut se réveiller. » Le regain de natalité du milieu du siècle ne saurait faire illusion : la France est entrée pour longtemps dans une phase de profonde dépression démographique.

La défaite

Lente reprise de la guerre

La peste et ses ravages ont suspendu les hostilités. De prolongation en prolongation, la trêve conclue pour un an le 28 septembre 1347 dure jusqu'en avril 1351. A son expiration, la guerre reprend, au gré de campagnes sporadiques et sans ampleur. Elle revêt encore, à l'occasion, les formes d'une guerre chevaleresque scandée d'exploits en champs clos, tel ce combat où s'affrontent, devant Ploërmel, en Bretagne, le 25 mars 1351, deux équipes de 30 chevaliers de l'un et l'autre parti, « très haut fait d'armes qu'on ne doit oublier », et que Froissart relate « pour encourager tous les jeunes nobles et leur donner un exemple ».

Mais c'est surtout une guerre de raids faite de pillages et de rapines, telle la chevauchée du Prince Noir en Languedoc (novembre 1355) : « Après qu'il eut couru le pays de Bordeaux jusque près de Toulouse, et de là jusque à Narbonne, et brûlé, gâté et pillé tout environ, s'en retourna à Bordeaux avec tout son butin et grand foison de prisonniers. » Laconique, ce récit des *Grandes Chroniques de France* met en relief la brutale efficacité de ces expéditions. Mais les belles aventures restent sans lendemain, et les chevauchées s'interrompent « sans plus faire à cette fois ». Aucun combat n'est décisif dans une phase du conflit où les adversaires hésitent à s'engager à fond.

Débarqué à Calais à la fin d'octobre 1355, Edouard III reprend la mer au bout de dix jours, après avoir en vain proposé la bataille, et l'avoir lui-même refusée quand Jean le Bon s'offrait à la livrer. Aucun des souverains n'a par-devers lui les moyens financiers d'une offensive soutenue.

Climat politique des années 50

Les campagnes de 1355 ont englouti tout l'argent dont le roi de France pouvait disposer, et au-delà. La belle saison pourrait fort bien ramener les Anglais sur les frontières du Languedoc ou sur les côtes de la Manche. Jean le Bon convoque donc les états généraux de langue d'oïl à Paris. Conscient de l'importance que l'opinion attache aux mutations monétaires, il lie sa demande de subsides à la promesse d'un retour à la bonne monnaie : « Et pour ce qu'il avait entendu que les sujets du royaume se tenaient fortement aggravés de la mutation des monnaies, il offrit à faire bonne monnaie et durable, mais que l'on fit autre aide qui fût suffisante pour faire sa guerre. » (*Grandes Chroniques de France*). Les états sont prêts à faire les frais d'un effort de guerre accru. De nouveaux impôts permettront de solder pendant un an 30 000 hommes. Mais les états entendent prendre en leurs mains le financement de la guerre. L'établissement de l'assiette de l'impôt, la levée du subside, l'arbitrage des conflits que pourraient soulever cette répartition et cette perception, l'affectation des sommes, et jusqu'à la vérification du nombre et de l'équipement des troupes ainsi soldées par des revues ou « montres » sont placés sous le seul contrôle des états, et du personnel qu'ils désigneront. Le roi et ses agents sont résolument tenus à l'écart. Au cours des débats, d'âpres critiques s'exercent d'ailleurs sur l'administration royale. Une volonté de contrôle s'affirme, en même temps qu'une méfiance s'affiche. Cette attitude trouve un écho dans les délibérations des états généraux de Languedoc, à Toulouse, au printemps 1356.

La préoccupation d'éviter les fraudes et le gaspillage dans le paiement des soldes n'était pourtant pas étrangère à Jean le Bon. Dans les premières années de son règne, il avait entrepris une réorganisation de l'armée qui en témoigne, en même temps que d'un désir d'adapter ses troupes aux nouvelles techniques de combat. De même, par la création de l'ordre de l'Etoile (1351), le souverain, tout en donnant une nouvelle expression aux modes de la chevalerie, à sa mythique et à sa mystique, ne perdait pas de vue l'efficacité militaire : il s'agissait aussi de donner un fondement religieux à la discipline des champs de bataille, de grouper autour du roi une élite de combattants bien entraînés et de « renforcer l'autorité royale par une sorte d'appropriation dynastique de la chevalerie du royaume » (Y. Renouard).

La méfiance des états, cependant, est loin d'être gratuite. L'avidité et la prodigalité d'un roi épris de fêtes et de faste suffiraient à la justifier. Mais leurs réticences s'inscrivent, en outre, dans le climat politique trouble qui entoure ce souverain. Trop d'appétits de pouvoir et de soifs de profits se donnent libre cours autour de lui, trop d'accusations de malhonnêteté pèsent sur ses conseillers, trop d'intrigues se nouent parmi ses proches pour inspirer la confiance et écarter les soupçons. La levée du subside ne s'effectue pas sans mal. La résistance est surtout vive en Normandie, où un parent du roi l'encourage : Charles, qu'on surnomme le Mauvais, petit-fils de Philippe le Bel et gendre de Jean le Bon. Sa parenté lui a valu plus de déconvenues que de profits : sa mère fut écartée du trône lors de la crise dynastique de 1316-1328, Philippe VI la priva de son héritage pour la payer en promesses ; Jean le Bon omit de verser la dot qu'il avait assignée à sa fille. Bien pis, le roi avait gratifié son cousin, favori et connétable, Charles d'Espagne, d'une des terres que revendiquait le Mauvais : le comté d'Angoulême. Le royaume de Navarre et les quelques terres que Charles possède en Normandie ne lui assurent pas une puissance à la mesure de ses rancœurs. Mais il a un certain génie de l'intrigue et aucun scrupule ne l'embarrasse. L'assassinat de Charles d'Espagne (8 janvier 1354) marque son entrée dans l'intrigue politique. Entre la France et l'Angleterre, il mène désormais un subtil jeu de bascule et monnaye chacune de ses réconciliations avec le roi de France. Le traité de Valognes (septembre 1355) avait marqué un nouveau succès de cette tactique lorsque l'agitation antifiscale en Normandie, des bruits de complot, l'inquiétude devant l'ascendant que Charles le Mauvais avait su prendre sur le duc de Normandie, fils aîné de Jean le Bon, provoquent la brutale intervention d'un roi qui ne recule pas devant la justice expéditive. Le 5 avril 1356 il fait irruption au château de Rouen, où le duc de Normandie et le roi de Navarre donnaient un festin ; il fait décapiter sous leurs yeux quatre des familiers du roi de Navarre, et jette ce dernier en prison. Pour le parti navarrais, la vengeance passe par l'alliance anglaise. L'incident contribue ainsi à relancer la guerre.

Le désastre de Poitiers

Des secours anglais ne tardent pas à débarquer en Normandie. Dès juillet, le Prince Noir entreprend une nouvelle chevauchée qui le conduit bien plus au nord : « Ils trouvaient le pays d'Auvergne, où ils n'étaient jamais allés, si gras et si rempli de tous biens que c'était merveille à voir » (Froissart). Le pillage ne perd pas ses droits, mais cette offensive répond à un plan de plus vaste envergure : opérer la jonction des deux armées anglaises au nord de la Loire. Le Prince Noir ne parvient pas à franchir le fleuve. Les ponts sont occupés ou gardés. L'arrivée d'une forte armée que conduit Jean le Bon le contraint à la retraite. Au terme d'une semaine de poursuites, les Français le rejoignent à la hauteur de Poitiers. La bataille qui s'engage le 19 septembre n'est pas sans analogies avec Crécy. Cette fois encore l'armée anglaise triomphe, en dépit d'un rapport de forces nettement défavorable. Elle le doit de nouveau à sa supériorité tactique ; le Prince Noir a choisi un dispositif de combat adapté à la configuration du terrain : « Les Anglais se logèrent en cette même place qu'on dit au pays les plaines de Maupertuis. Et se fortifièrent sagement de haies épineuses drues et fortes, et mirent ce qu'ils avaient de charroi derrière eux : et firent devant eux plusieurs fossés, afin qu'on ne les pût soudainement approcher à cheval ». Un seul accès possible vers cette position, un chemin étroit « fortifié de haies et de buissons » et flanqué d'archers ordonnés en herse. Et, comme à Crécy, la bataille témoigne d'une suprématie technique. C'est une victoire de l'archerie anglaise. Froissart, dont on suit ici le récit, ne s'y trompe pas : « A vrai dire, les archers d'Angleterre portèrent très grand avantage à leurs gens et trop ébahirent les Français, car ils tiraient si uniment et épaissement que les Français ne savaient de quel côté entendre ». C'est ainsi que la cohue s'établit dans les rangs des chevaliers français qui s'avançaient pour « rompre la bataille des archers » : « Les chevaux, sentant les fers des flèches et devenant rétifs, ne voulaient plus avancer. Ils se tournaient, l'un de travers, l'autre de côté, et trébuchaient sur leurs maîtres qui ne se pouvaient aider ni relever ». Une fois encore, au soir de la bataille, on pleure « la fleur de la chevalerie française ». Mais alors qu'à Crécy Edouard III crut devoir interdire toute poursuite à ses gens, Poitiers s'achève par une fructueuse chasse aux prisonniers et aux rançons. Le roi Jean le Bon figure au nombre de captifs. Le lendemain, les Anglais passèrent sous les murs de Poitiers « sans approcher de la cité, car ils étaient si chargés d'or, d'argent, de joyaux et de bons prisonniers qu'ils n'avaient loisir ni intention d'assaillir aucune forteresse ». Bien traité et comblé d'honneurs, Jean le Bon quitte Bordeaux en avril 1357 pour Londres, où l'attend une captivité dorée. Le gouvernement de la France échoit à un jeune homme de dix-huit ans.

Crise politique et troubles sociaux

Vers une monarchie contrôlée ?

Au lendemain de la défaite, « le royaume de France fut durement troublé et courroucé » (Froissart). On murmure contre les nobles et on suspecte leur conduite au combat. Une complainte, notamment, les accuse : « La très grande trahison qu'ils ont longtemps couvée, fut en l'ost dessus dit très clairement prouvée. » On s'inquiète aussi, comparant le poids de la fiscalité et l'ampleur du désastre, du bon emploi de ces aides levées, en leur temps, « pour soutenir la guerre ».

Sans délai, le dauphin a convoqué à Paris les états généraux de langue d'oïl. Il attend d'eux « conseil comment le Roy pourrait être recouvré, et aussi de gouverner les guerres, et aide à ce faire. » Interprètes de ce trouble et de ce courroux, préoccupés de découvrir et châtier les traîtres, « ils dirent que le Roi avait été mal gouverné au temps passé : et tout avait été par ceux qui l'avaient conseillé, par lesquels le Roi avait fait tout ce qu'il avait fait, dont le royaume était gâté et en péril d'être tout détruit ou perdu. Aussi lui requirent qu'il voulût priver les officiers du Roi qu'ils lui nommèrent lors de tout office, et qu'il les fît prendre et emprisonner, et prendre tous leurs biens ». (*Grandes Chroniques de France.*) Ces critiques visent, au-delà de quelques fonctionnaires en vue, toute une administration, accusent une politique et débouchent sur une mise en question du régime. Les états se proposent, en effet, de désigner eux-mêmes les vingt-huit membres d'un conseil du roi rénové « qui auraient puissance de tout faire et ordonner au royaume ainsi comme le Roi ».

En filigrane se dessine une intrigue navarraise ourdie par Robert le Coq, évêque de Laon et familier de Charles le Mauvais. Sous son influence, les états réclament la libération du roi de Navarre, réparation d'un « péché » qui, selon eux, n'a pas peu contribué à attirer l'adversité sur le royaume. En contrepoint, la bourgeoisie parisienne fait sentir sa pression. Durant l'hiver 1356-57, Étienne Marcel, prévôt des marchands de Paris, et principal porte-parole des « bonnes villes » aux états, soulève le peuple contre le dernier en date des remuements de monnaie. Dans la ville, c'est la grève et une atmosphère d'émeute : « Ils firent cesser tous menestreux (gens de métier, artisans) d'ouvrer, et fit commander le dit prévôt par toute la ville que chacun s'armât. » Sans appui, sans argent, le dauphin ne peut que céder. Il retire la « mauvaise » monnaie, et se résigne à en passer par les exigences des Parisiens, puis par celles des états.

Nanties de l'acquiescement du dauphin, les requêtes des états prennent forme de loi dans la grande ordonnance de mars 1357. Des réformateurs nommés par les états procéderont à l'épuration des officiers du royaume. Les maisons royales et princières donneront, par leurs économies, l'exemple de l'austérité financière. La réduction du personnel de la Chambre des comptes, la limitation du nombre des magistrats du Parlement contribueront à cet assainissement financier. Conseillers, juges, officiers commenceront leur travail « à l'heure du soleil levant », et « n'auront garde de muser et s'en aller sans rien faire ». Le rigorisme tatillon qui s'exerce ici au détriment de l'administration procède du même esprit de « réformation » bourgeoise de l'état qui anime toute l'ordonnance. Les états lutteront contre le gaspillage, en surveillant eux-mêmes la perception des impôts qu'ils ont consentie. Ce qui prive le dauphin des moyens d'agir hors du contrôle des états, d'autant qu'il a dû promettre de ne plus remuer la monnaie pendant un an.

Troubles à Paris

Le 9 novembre 1357, le roi de Navarre parvient à quitter sa prison. A la fin du mois, il est aux portes de Paris. Il émeut les habitants, rassemblés pour l'entendre au Pré-aux-Clercs, par le récit de ses malheurs et leur démontre le bien-fondé de ses prétentions dans un long sermon qui vise le dauphin « par paroles couvertes ». Les états généraux, qu'inquiètent les difficultés de perception de l'impôt, Etienne Marcel et son entourage, que préoccupe la répugnance fermement déclarée du dauphin à rester trop longtemps en tutelle, lui font bon accueil. Le dauphin n'est pas en état de se débarrasser des « curateurs » qui lui pèsent. Il fait donc « bonne chère » à Charles le Mauvais et consent à une réconciliation. Elle lui coûte d'autant plus que le Navarrais s'ingénie à lui donner un aspect expiatoire : ne fait-il pas tirer du gibet pour les ensevelir solennellement comme « martyrs » les corps des victimes du courroux de Jean le Bon. Il entend pousser plus loin ses avantages. Ce n'est pas uniquement pour assurer la sécurité des domaines qu'il vient de recouvrer qu'il procède à d'importantes levées et concentrations de troupes dans la région parisienne.

Ces campagnes autour de Paris sont déjà en proie aux bandes de routiers, libérées par la trêve de Bordeaux, conclue avec l'Angleterre, le 22 mars 1357, pour une durée de deux ans. Ces « brigands » pillent, rançonnent et font régner l'insécurité entre Seine et Loire : « par quoi nul n'osait aller entre Paris et Montargis » (Froissart). De son côté, le dauphin a fait à la fin de l'hiver 1357 « grande semonce de gens d'armes ». Ce cliquetis d'armes dans les environs immédiats de la ville, s'ajoutant aux difficultés croissantes de communication et à l'afflux des réfugiés, répand le trouble dans la capitale.

Le dauphin et Etienne Marcel s'emploient, chacun pour leur part, à exploiter ce malaise. Les 11 et 12 janvier 1358, Paris est le théâtre de réunions publiques, et même contradictoires. Les deux partis s'y affrontent, à grand renfort d'éloquence, et s'accusent, sans « paroles couvertes » désormais. Le 24 janvier, le meurtre d'un familier du dauphin par le valet d'un changeur parisien et la brutale vengeance qu'en tire aussitôt le dauphin sont le point de départ de manifestations d'un nouveau genre : deux cortèges funèbres parcourent les rues de Paris, le prévôt des marchands et « grand foison de bourgeois » suivent le cercueil de l'assassin, tandis que le dauphin conduit le deuil de la victime. La tension culmine avec la journée du 22 février, sanglante manœuvre d'intimidation. Convoqués en armes le matin, les gens de métier, près de 3 000 hommes, envahissent le palais. Là, dans la chambre du dauphin, et sous ses yeux, Etienne Marcel ordonne l'exécution de Jean de Conflans, maréchal de Champagne, et de Robert de Clermont, maréchal de Normandie, « faux, mauvais et traîtres », châtiés « de la volonté du peuple ». Puis le prévôt coiffe le dauphin, tremblant dans sa robe ensanglantée, du chaperon aux couleurs de Paris, signe de ralliement de ses partisans. Le lendemain, le dauphin promet d'épurer son conseil pour y introduire trois ou quatre bourgeois.

Mais à la première occasion le régent du royaume — le dauphin a désormais pris ce titre, affirmant ainsi le début d'un règne et la fin d'un simple intérim — quitte Paris pour chercher aide et conseil auprès d'autres assemblées d'états, réunies cette fois dans un cadre provincial, et préparer ainsi les conditions d'un retour en force. Devant la menace d'un siège, Etienne Marcel croit trouver le salut dans une alliance compromettante avec l'insurrection des « Jacques ».

Émotion dans les campagnes

La Jacquerie est encore mal connue. Les chroniqueurs qui la décrivent ne cachent pas leur parti pris d'hostilité. Les lettres de rémission qui confèrent par la suite le pardon du roi à certains insurgés complètent, mais très partiellement, ces récits, et en ordre trop dispersé. Un profil de la révolte se dessine avec une certaine netteté. Voici, par exemple, ce qu'en disent les *Grandes Chroniques de France* : « Le 28 mai 1358, à Saint-Leu-d'Esserent... s'émurent plusieurs menues gens de Beauvaisis... et s'assemblèrent par mouvement mauvais. Et coururent sus à plusieurs gentilshommes qui étaient en la dite ville... et en tuèrent neuf. Et, ce fait, mus de mauvais esprit, allèrent par le pays de Beauvaisis, et chaque jour croissaient en nombre, et tuaient tous gentilshommes et gentilles femmes qu'ils trouvaient, et plusieurs enfants. Et abattaient ou ardaient (brûlaient) toutes maisons de gentilshommes qu'ils trouvaient, tant forteresses qu'autres maisons. Et firent un capitaine que l'on appelait Guillaume Cale. Et allèrent à Compiègne, mais ceux de la ville ne les y laissèrent entrer. Et depuis allèrent à Senlis. » Au commencement donc, un mouvement spontané, et très localisé, un réflexe brutal d'exaspération que provoquent les passages de gens d'armes, tant amis qu'ennemis, le poids de leurs exigences et la multiplication de leurs exactions. Brusquement, cet effroi d'un jour et d'un lieu se transforme en flambée de révolte : l'expédition punitive contre quelques routiers enfin, surpris en position d'infériorité, tourne au massacre systématique de nobles. Anarchique dans un premier temps, l'insurrection trouve un chef, et, dès lors, semble se donner une organisation en même temps qu'un ordre de marche. Mais force est de constater que « les Jacques n'ont pas dit ce qu'ils voulaient » (G. Fourquin). On aurait tort de chercher un programme à une révolte sauvage. Retenons simplement ce cri, que rapporte Froissart : « Dire que tous les nobles du royaume, chevaliers et écuyers, honnissaient et trahissaient le royaume, et que ce serait grand bien qui tous les détruiraient. » Quel droit demeure au gentilhomme, s'il omet de remplir son office ? La question prend tout son poids pour des paysans que leurs seigneurs accablent d'exigences accrues, afin de pallier la crise des profits seigneuriaux et de s'acquitter de leurs rançons. Mais les travaux les plus récents hésitent à réduire la Jacquerie à une seule explosion de misère. La géographie du soulèvement y contredit. Les riches terres à blé ont joué un rôle qui incline à voir dans cette émotion l'effet du malaise qu'engendre dans ces campagnes la stagnation du prix du blé depuis 1315.

Étienne Marcel fournit aux Jacques un encadrement, et, en liaison avec eux, fait mettre à sac, aux abords de Paris, les manoirs des officiers royaux. Cette alliance détache un temps le Navarrais de ses partisans parisiens. Il est plus sensible aux angoisses de ses vassaux normands : « Sire, ne souffrez pas que gentillesse soit mise à néant », et prend la tête de l'armée qui écrase les Jacques à Melle (10 juin), tandis que le captal de Buch – bien qu'il fût Anglais, note Froissart (c'est-à-dire des domaines du roi d'Angleterre) – délivre les gens du régent assiégés dans Meaux. Ces réflexes de solidarité de classe préludent à une cruelle répression.

Le régent en profite pour renforcer ses troupes. Dans Paris assiégé, Étienne Marcel implore l'appui des lointaines communes flamandes. En accord avec Charles le Mauvais, qu'il a fait acclamer « capitaine général » du royaume, il ouvre Paris aux Anglais. Il se coupe ainsi du « commun » de Paris, qui, à la fin juillet, se soulève, chasse les Anglais et abat le prévôt.

La France livrée aux gens d'armes

La paix de Brétigny

Le réseau des forteresses anglo-navarraises contrôle toujours les accès de Paris. Les voies d'eau sont interdites au commerce, les routes du vin coupées, l'approvisionnement en blé est bloqué. Aucun chemin n'est sûr. Parvenus non sans mal à Paris, les délégués aux états généraux de 1359 apprennent du régent les clauses du traité que Jean le Bon vient de signer à Londres et qui cède aux Anglais la moitié de la France. « Ils répondirent au dit régent que le dit traité n'était ni passable ni faisable. Et pour ce ordonnèrent de faire bonne guerre au dit Anglais » (*Grandes Chroniques de France*).

L'effort qu'ils consentent permet de déloger les Navarrais de Melun. Charles le Mauvais, déçu par le traité de Londres, se réconcilie une fois de plus avec le régent. Mais faire bonne guerre aux Anglais est une autre tâche. Car Édouard III, le 28 octobre, débarque à Calais, dans un appareil qui laisse peu de doute sur sa détermination et sur les moyens dont, cette fois, il dispose, au dire de Froissart : « Le plus grand charroi et le mieux attelé qu'on vit jamais sortir d'Angleterre », prévu pour une campagne de longue haleine dans un pays appauvri. On y voit des moulins, des fours, des forges, et des barques de cuir bouilli pour pêcher sur les étangs. L'expédition, cependant, tourne court. Un mois de siège devant Reims, et le rêve d'un couronnement dans la cathédrale s'évanouit. Douze jours d'attente au pied des murs de Paris, et l'espoir de livrer la bataille décisive se dissipe. Au terme de cette série d'échecs, l'orage qui décime son armée en marche au travers de la Beauce, « si grand, si merveilleux et si horrible qu'il semblait que le ciel dût se déchirer et la terre s'ouvrir », prend pour Édouard III valeur de signe. Le 1er mai 1360, les négociations de paix s'ouvrent tout près de là, à Brétigny.

La guerre des aventuriers

L'accord, signé le 9 mai, écarte le danger d'invasion ; il ne libère pas pour autant le pays des gens d'armes, bien au contraire. Les armées des deux souverains sont, en effet, composées, pour une large part, de mercenaires dont la guerre est le métier, que la paix réduit au chômage et prive de leur gagne-pain. Ces petites équipes de rudes brigands (c'est alors que naît le mot, inspiré par un type d'armure, la brigandine), professionnels du combat et techniciens du coup de main, font la guerre avec efficacité, sans trop s'embarrasser des règles de la chevalerie. Leur mobilité les rend particulièrement aptes à cette tactique d'embuscades et d'escarmouches que l'état de ses finances impose au régent. Dans ces bandes cosmopolites, le rustre, voire le clerc — tel Arnaud de Cervole, surnommé l'Archiprêtre, et chef de bande illustre — coudoient le bâtard de grande maison et le pauvre gentilhomme. Car la fortune des armes compense le déclin des profits seigneuriaux : « Et devenaient les uns si riches — si l'on en croit Froissart — et en particulier ceux qui se faisaient maîtres et capitaines des autres brigands, qu'il y en avait qui avaient bien la finance de 60 000 écus. » Et le soldat à gage peut, par sa vaillance, ses exploits, sa générosité, devenir à son tour capitaine et entrepreneur de guerre. Plus d'un « pauvre garçon » eut le destin de Croquard, « qui avait été en son commencement un pauvre garçon et longtemps page du seigneur d'Ercle en Hollande. Quand ce Croquard commença à devenir grand, il eut congé et s'en alla aux guerres de Bretagne, et se mit à servir un homme d'armes. Il se comporta si bien que, à une rencontre où ils furent, son maître fut tué ; mais, pour le vasselage de lui, les compagnons l'élurent à être capitaine au lieu de son maître ; et y demeura. Depuis, en peu de temps, il gagna tant et acquit, et profita par rançons, par prises de villes et de châteaux... qu'il avait la finance de 60 000 écus. Et lui fut promis du roi de France que, s'il voulait revenir Français, le roi le ferait chevalier, et le marierait bien et richement » (Froissart).

Passages des gens d'armes

Quand la guerre s'interrompt, ces bandes sont « cassées aux gages ». Certaines trouvent ailleurs en Europe de nouveaux employeurs, et une occasion de se battre. Le captal de Buch revenait de guerroyer en Prusse le temps d'une trêve, lorsqu'il se porta avec ses hommes au secours des assiégés de Meaux. Au lendemain de Poitiers, un champ d'activité s'ouvre aux routiers désœuvrés : la Provence de la reine Jeanne, une des régions de l'espace français que la guerre jusqu'alors avait épargnée et qui n'a pas encore été pillée ni « gâtée ». Les seigneurs des Baux, qui dirigent la révolte contre Louis de Tarente, recrutent des troupes dans le Sud-Ouest, et s'assurent le concours d'Arnaud de Cervole. Pour résister à cet afflux de brigands et les déloger de leurs places fortes, le sénéchal achète à prix fort l'appui du comte d'Armagnac et de ses routiers. Les Provençaux, victimes tout à la fois des mercenaires de leur parti et de ceux qui servent leurs adversaires, englobent tous ces pillards dans la même épithète générique et parlent de « guerre des Gascons » pour désigner cette guerre civile.

D'autres bandes se dissolvent une fois la trêve signée. Mais la plupart des brigands rechignent à retrouver une existence banale et pauvre, sans aventure, sans profit et sans gloire. Puisqu'ils ne reçoivent plus de solde, il leur reste à opérer pour leur compte. Pillages, meurtres, viols, incendies de granges et de maisons, destruction systématique des champs et des vignes sont autant de moyens d'intimidation pour extorquer une rançon collective aux villages, aux bourgs et aux abbayes, et se procurer ainsi l'argent, les vivres et le fourrage dont ils ont besoin. Leur triste réputation une fois établie, leur simple approche suffit à imposer des pactes de rachat préventifs. Certaines villes versent même, pour gage de leur sécurité, des tributs réguliers, les « pâtis ». Les forteresses dont les capitaines se sont emparés pendant la guerre, et les châteaux qu'ils avaient alors en garde deviennent le siège de leur redoutable puissance. De là ils rançonnent impunément les marchands qui se risquent sur les routes des environs.

La région qu'ils occupaient lors des derniers combats est leur première victime : dès 1358 la région parisienne en fit l'expérience. Mais quand ils ont épuisé les ressources d'une contrée, ils cherchent fortune ailleurs, de préférence dans les pays que la guerre a épargnés. Au lendemain du traité de Brétigny, plusieurs de ces bandes se concentrent sur les plateaux bourguignons, « et là il y avait des capitaines de toutes nations, anglais, gascons, espagnols, navarrais, allemands, écossais et gens de tout pays assemblés ». Cette énorme cohue en armes déferle vers le Midi par la vallée du Rhône. A Brignais, au sud de Lyon, les troupes du roi et du comte de Forez tentent de leur barrer le passage. Les « Tard Venus » les écrasent sans peine, mais n'exploitent pas leur victoire (6 avril 1362). « Cette bataille fit trop grand profit aux compagnons, déclara à Froissart l'un de ces chefs de bande, le Bascot de Mauléon, car ils étaient pauvres et furent là tous riches de bons prisonniers, et de villes et de forts qu'ils prirent en l'archevêché de Lyon et sur la rivière de Rhône. » Les bandes qui formaient la « Grande Compagnie » se séparent, les unes continuent leur route vers Avignon, les autres, les plus nombreuses, se dispersent dans les régions du Centre. Comme la peste, le fléau des compagnies devient endémique.

II. LA LONGUE PAUSE D'UNE PAIX RECONQUISE 1360-1400

La France des années 60

Dommages de guerre

Toute la France connaît désormais les désordres de la guerre et les méfaits des gens d'armes, et en porte la marque. Longtemps, en effet, les hostilités ont eu lieu en marge du royaume, en Bretagne, Thiérache ou Tournaisis. En 1346, une chevauchée pénètre pour la première fois au cœur du royaume, dans une région parisienne encore indemne. Pendant dix ans, l'Ile-de-France, la Normandie, la Bretagne, le Languedoc et le Bordelais seuls supportent le poids de la guerre. En 1356, le grand raid du Prince Noir traverse les provinces de l'Ouest que le conflit avait encore épargnées. Mais la Bourgogne, le Massif central, la vallée du Rhône et les pays du Sud-Est n'ont vu ni Anglais ni routiers avant Poitiers, voire avant 1360. Les bandes qui déferlent alors sont véritablement « tard venues ».

Il ne faut pas exagérer la capacité destructrice du conflit. La guerre, on l'a vu, est intermittente : des négociations l'interrompent, des trêves suspendent les combats. Rares sont les campagnes d'envergure et les batailles rangées. Dans cette succession de chevauchées, d'escarmouches et de sièges, les effectifs engagés sont faibles. C'est avec 4 000 hommes que le Prince Noir ravage le Sud-Ouest. Les bandes de routiers dépassent rarement 50 hommes d'armes ; elles opèrent isolément et ne forment qu'exceptionnellement des « grandes compagnies ». Les conditions naturelles dictent leur itinéraire aux chevauchées, qui s'écartent peu d'étroits couloirs de circulation. Les routiers passent, « courent le pays » plus qu'ils ne s'attardent : « ils prenaient autant qu'ils trouvaient, puis s'en allaient leur chemin, chargés de pillage » (Froissart). Il est peu de régions que la guerre marque en profondeur et d'une emprise durable : celles où les combats s'éternisent, comme la région parisienne, celles où les routiers s'installent, comme la Provence.

Même fugace, le passage d'une armée ou d'une bande s'accompagne toujours de désolations. Le « dégât » n'est pas un à-côté de la guerre, mais un élément d'une tactique — celle que Froissart prête à Edouard III en 1360 : « tellement tanner et fouler les cités et les bonnes villes que, de leur volonté, elles s'accorderaient à lui ». Il contribue, par ailleurs, à ralentir la progression de l'adversaire : à l'approche du Prince Noir en 1356, Jean le Bon fortifie « les marches et frontières par où l'on espérait que les Anglais devaient passer pour leur clore le passage et leur ôter vivres et provisions, afin qu'ils n'en puissent nulle part recouvrer pour eux ni pour leurs chevaux », tandis que les Anglais, lorsqu'ils quittent les villes où ils se sont « raffraîchis », vident les greniers, « effondrant les tonneaux pleins de vin, ardant les blés et les avoines, afin que leur ennemi n'en eût aise ». Le pillage est, en outre, une nécessité d'intendance. Pour une très large part, le ravitaillement de l'armée française repose sur la « prise », la réquisition bien mal remboursée, quand elle l'est. Les Anglais n'ont d'autre ressource que de vivre sur le pays. Une fois l'intendance a suivi, en 1360 — mais « parce que le roi d'Angleterre, avant de partir de son pays, avait ouï parler de la famine et de la pauvreté de France. Il y était venu bien pourvu, et aussi chaque seigneur, selon son état, excepté de fourrage et d'avoine dont les chevaux se passaient au mieux qu'ils pouvaient » (Froissart).

Dans l'ensemble, la guerre affecte peu les villes. Certes, des quartiers entiers disparaissent : à Aix, à Toulouse comme en bien d'autres villes. Mais leur destruction est l'œuvre préventive des citadins eux-mêmes. A l'annonce d'une incursion, ils démolissent en hâte les bourgs ouverts et les couvents situés hors les murs : l'adversaire pourrait s'y loger et exploiter cette position pour s'infiltrer dans la ville. Partout, la population urbaine se tasse à l'intérieur d'une enceinte étriquée, mais régulièrement entretenue. Les chevauchées et les raids se brisent sur ces murailles. Car les systèmes de défense sont plus efficaces que les techniques de siège. A moins d'une ruse heureuse ou d'une trahison, la ville demeure imprenable ; les gens d'armes se retirent ; mais le plat pays, ravagé, garde longtemps l'empreinte des efforts qu'ils ont déployés pour affamer la ville et intimider ses habitants. En outre, l'entretien de ces remparts coûte cher : il faut accroître les tailles, multiplier les taxes indirectes et contracter de nouveaux emprunts. Pour les villes, la guerre est surtout génératrice d'oppression fiscale.

Dans les campagnes, le « dégât » rencontre moins d'obstacles. Mais les gens d'armes préfèrent s'en prendre aux bâtiments écartés, granges, cours, manoirs, bastides, plutôt que d'attaquer l'habitat groupé des villages. Après leur passage, le propriétaire noble doit relever ces ruines, remettre en état les bâtiments d'exploitation, racheter les animaux de trait qu'on lui a volés, les outils qu'on lui a brisés. Il a perdu les récoltes engrangées, ses champs dévastés ne rapporteront rien cette année-là, mais surtout les revenus des fours, moulins et pressoirs démolis ou incendiés sont anéantis pour longtemps. Le rustre s'en tire à meilleur compte : son outillage rudimentaire se remplace aisément. Mais s'il exploite quelques arpents de vignes — culture lente à reconstituer —, s'il possède un train de labour — capital onéreux —, leur destruction le rend pour de longues années à la médiocrité. La guerre dans les campagnes est un facteur de stagnation économique.

Terres vacantes et habitats désertés

La guerre, en outre, crée un climat d'insécurité qui n'incite pas à relever les ruines. A quoi bon rebâtir les granges et les fermes écartées, reconstituer les vignes saccagées si l'on peut s'attendre à voir dans un proche avenir les combats reprendre et les pillards réapparaître. Au dire d'un bailli d'Artois, dans sa circonscription de Tournehem, tous les pays « sont demeurés et demeurent dévastés et ne y pourra-t-on rien avoir, les dites guerres durant, pour ce que nul n'ose réparer ni habiter ». Il suffit de quelques routiers audacieux dans une forteresse du voisinage pour dissuader les uns de remettre en culture les terres qu'ils ont abandonnées devant le danger, et décourager les autres de prendre ces biens à bail, ferme ou tenure. De même restent longtemps vacantes, sur les limites des terroirs urbains, toutes les parcelles qui sont trop distantes de l'enceinte pour que l'exploitant puisse trouver un refuge en cas d'incursion inopinée. La guerre contribue ainsi souvent à réduire l'espace des cultures.

D'autant que la pression démographique est moindre désormais. Après 1348, de nouvelles mortalités sévissent et s'acharnent à décimer la population : peste devenue endémique, dysenterie ou « flux de ventre », grippe et « contagions » de toutes sortes. Le Forez, par exemple, connaît deux grandes vagues de mortalité dans les années 1360-1361 et 1370-1376. Les disettes aussi reviennent périodiquement : en Languedoc, où leur chronologie a pu être établie avec précision, elles se manifestent successivement en 1345-47, 1351, 1361, 1368, 1373-75. Chaque famine fait monter en flèche la courbe de la mortalité, mais surtout leur répétition affaiblit les organismes humains et les rend plus réceptifs aux maladies contagieuses. Tous les indices dont on peut disposer accusent l'importance du fléchissement démographique enregistré dans ces années 60 du XIVe siècle.

En Normandie, le total des feux de la viguerie de Coutances en 1360 est de trente à quarante fois plus faible que dans les années 1330. En Bourgogne, région plus longtemps indemne, le village d'Ouges, avec 41 feux en 1375, a déjà perdu la moitié de sa population depuis un siècle. En Haute-Provence, dans une partie du comté que les guerres civiles ont peu touchée, la petite ville de Guillaumes ne dépasse pas 100 feux en 1364, alors qu'elle en comptait 183 en 1343 et 267 en 1313. Dans le Languedoc, la ville de Castres est passée de 2 339 chefs de famille en 1340 à 1 006 en 1373.

Cette régression démographique s'accompagne d'une redistribution du peuplement à l'intérieur de l'espace habité. Car la guerre accentue la mobilité de la population. Des familles entières ont quitté leurs maisons et leurs terres sous la menace des gens d'armes. Chargées de ce qu'elles ont pu à la hâte rassembler, elles sont parties chercher l'abri des « villes closes ». D'autres quittent délibérément, dans cette période d'incertitude, les hameaux trop exposés, les villages mal fortifiés, les sites malaisés à défendre. Les livres fiscaux des villes du Sud-Ouest témoignent de cet afflux d'immigrants et de ce renouvellement de la population urbaine. L'étude attentive de ces recensements révèle l'apparition d'un très grand nombre de familles nouvelles dans les années 1340 à 1370. Dans un quartier d'Albi, par exemple, on a pu montrer qu'en 1357 la moitié des habitants portent des noms inconnus dans la ville quinze ans auparavant. Certes, ces réfugiés (une centaine de familles en ce cas) sont loin de compenser les pertes subies (ici près de 500 familles disparues en quinze ans). Il arrive même que l'immigration soit purement temporaire, et qu'une certaine alternance de la résidence s'établisse. Ainsi, dans la vicomté de Falaise, en Normandie, où un compte de 1370 signale le cas du hameau de Boisville, « qui est auprès de Sées, dont les gens se sont retirés durant la guerre à Sées, et, à présent, sont revenus à Boisville ». Mais, dans l'ensemble, un fort mouvement d'exode rural se dessine : progressivement, des villages disparaissent, tandis que d'autres se réduisent à deux ou trois maisons encore habitées, isolées au milieu des ruines.

Ces paysans en quête de sécurité ou de conditions de vie plus heureuses laissent derrière eux les terres qu'ils exploitent. Beaucoup sont abandonnées pour longtemps, et retournent à la forêt ou au taillis. Ces « héritages en friche », dont « on ne sait qui les tient », viennent grossir le lot de ces terres « en désert », « en épines », « toutes hermes » qui ne trouvent plus preneurs. Ce sont, d'une part, les terres marginales, conquises sur des sols ingrats à une époque où la surcharge démographique poussait les hommes à élargir sans trêve l'espace de leurs cultures, terroirs de tardive naissance et de difficile croissance, zones de fragilité du paysage rural qui succombent au premier choc. Ce sont aussi les terres les plus isolées, les écarts, les bouts du monde, les exploitations dont l'accès naturellement difficile devient hasardeux maintenant que tout trajet tourne à l'aventure. Ce sont enfin les terres que grèvent les redevances les plus lourdes, les cultures soumises à ces redevances à part de fruit qui transfèrent au seigneur une part de la récolte de grains ou de raisins. La défaillance démographique comme le « dégât » se répercutent au premier chef sur l'économie seigneuriale et ses profits.

Vers un nouvel équilibre ?

L'ébranlement est profond ; les années 60 sont un temps de dépression et de découragement. Elles marquent pourtant dans le conflit avec l'Angleterre une pause qui est aussi un tournant. Au moment même où la crise s'affirme dans toute son ampleur, un revirement de la conjoncture politique s'amorce et des tentatives de reconstruction économique s'ébauchent.

L'un après l'autre, les foyers de guerre s'éteignent. Les hostilités avec l'Angleterre, suspendues en 1360, ne reprennent pas avant 1369. Lentement, le traité de Calais passe dans les faits. Progressivement, non sans réticences çà et là, les provinces cédées deviennent anglaises. Le règlement de la succession de Bourgogne (1361) relance l'opposition navarraise. A nouveau déçu dans ses prétentions d'héritier présomptif – le duc Philippe de Rouvres était son cousin –, Charles le Mauvais reprend les armes. Le captal de Buch, passé à son service, « fait son amas et assemblée de gens d'armes et de compagnons partout où il les pourrait avoir » et tente de « destourber » le couronnement de Charles V en lui coupant la route de Reims ; la tactique de Duguesclin l'emporte à Cocherel (16 mai 1364) ; le Navarrais accepte une réconciliation une fois encore équivoque : il omet, à dessein, de sceller la ratification de son grand sceau. Dans le même temps, la guerre de succession ouverte en Bretagne en 1341 prend fin sur le champ de bataille d'Auray, le 29 septembre 1364 ; les deux parties, épuisées, consentent à éteindre leur querelle. Le problème est alors posé sur la présence des bandes de combattants professionnels que l'arrêt des hostilités laisse sans emploi et sans solde. Elles glissent alors vers les provinces encore riches pour les exploiter. Mais les troubles qui éclatent en 1366 aux portes du royaume, en Castille, fournissent l'occasion d'éloigner de France pour un temps les compagnies sans emploi. Le soulagement est de courte durée : l'armée que Duguesclin a constituée en drainant les bandes de routiers a vite raison de ses adversaires. Mais, après ce prompt reflux, les bandes, affaiblies, se heurtent à une résistance mieux organisée.

Affermissement d'un pouvoir

Dans ce climat de détente, des mutations s'opèrent, et d'abord un redressement politique. Après des années de crise monarchique, un pouvoir s'affirme. Jean II meurt à Londres le 8 avril 1364. Charles V ressemble peu à son père, qui était vigoureux et vaillant, mais « léger à s'informer et dur à ôter d'une opinion lorsqu'il s'y était arrêté » (Froissart). Sa santé fragile, séquelle d'une maladie de jeunesse, l'écarte des tournois et des champs de bataille : « Toute sa vie demeura très pâle et très maigre, et sa complexion moult dangereuse de fièvre... et avec, lui resta de sa dite maladie la main droite si enflée que pesante chose lui était non possible à manier. » Cet homme à l'aspect chétif n'en a pas moins un sens aigu de la majesté royale. Christine de Pisan, sa biographe, le montre attentif à « garder et maintenir et donner exemple à ses successeurs à venir que par solennel ordre se doit tenir et mener le très digne degré de la haute couronne de France ». En outre, les expériences de son temps de régence l'incitent à restaurer dans l'opinion le prestige ébranlé de la monarchie. Délibérément, il s'insère dans la continuité, la « sainte lignée » de Saint Louis ; il modèle sur lui son existence publique et exalte au profit de la couronne de France « le bienheureux Louis, fleur, honneur, bannière et miroir, non seulement de notre race royale, mais de tous les Français ». Les clercs de son entourage exploitent toutes les résonances de la cérémonie du sacre ; ils mettent en valeur les rites qui confèrent au souverain un caractère religieux et presque sacerdotal, et recueillent et diffusent les récits de miracles que cette liturgie a fait naître. On insiste surtout sur le pouvoir miraculeux qui découle de l'onction « par laquelle une telle vertu et une telle grâce sont répandues dans les rois de France que par le seul contact de leurs mains ils défendent les malades du mal des écrouelles ». Cette majesté s'exprime par la magnificence et se manifeste dans le goût du luxe, du décor somptueux, la recherche de « toutes manières de belles choses étranges ou joyaux ». Elle inspire au roi le désir de doter la monarchie d'un cadre à sa mesure : « vrai architecteur », au témoignage de Christine de Pisan, il fait édifier à l'est de Paris un « hôtel solennel et des grands ébattements », l'hôtel Saint-Paul ; il ordonne l'érection du donjon de Vincennes et de la Bastille et il apporte au Louvre aménagements et embellissements. Une des tours de ce palais abrite la « librairie » royale. Collection d'un mécène amateur de belles enluminures et curieux de savoir encyclopédique, elle est plus encore, avec ses traductions en langue vulgaire des ouvrages fondamentaux du droit romain, des œuvres d'Aristote et de *la Cité de Dieu*, un instrument de travail au service d'un roi sage. Car, pour Charles V, gouverner c'est penser. Le sens du bien commun équilibre chez lui la conscience du droit divin. Ses lectures d'Aristote et les réflexions de théoriciens politiques de son entourage (Nicolas Oresme, Philippe de Mézières) concourent à définir une conception de l'office royal qui subordonne l'exercice de l'autorité à l'intérêt de la communauté publique : « Le roi doit seigneurier au commun profit du peuple. » Le respect de cette maxime et l'attention aux sages conseils caractérisent la « bonne policie ». Charles V s'y efforce. Mais son gouvernement puise aussi à une autre tradition : celle du droit romain, et surtout de la pratique des « légistes » habiles à jouer au profit de la souveraineté royale des armes conjuguées de la loi et de la coutume. Le roi lui-même a l'esprit tortueux d'un homme de chicane : Christine de Pisan le dit « sage et visseux » (retors), et Jean de Gand le traite de « royal attorney ». Ses collaborateurs, juristes de formation pour la plupart, défendent âprement la justice du roi contre tout empiétement, mais saisissent chaque occasion de réduire les prérogatives des grands vassaux au profit du souverain.

Contre ses idées et contre sa conscience – « ce sont choses, dit-il sur son lit de mort, quoique je les aie soutenues, qui m'accablent et me pèsent au cœur » –, Charles V perfectionne la fiscalité royale. La « bonne policie » aurait voulu que le consentement à l'impôt fût régulièrement demandé. Le roi, en fait, use largement de la reconduction tacite et de la latitude que lui reconnaissent ses conseillers d'apprécier la nécessité d'instituer ou de prolonger les taxes. Sous la triple forme des « fouages » (contributions directes levées chaque trimestre en fonction du nombre de feux), des « aides » (droits sur les ventes et les boissons) et de la gabelle (taxe sur le commerce du sel), l'impôt tend à devenir permanent. Perçus avec plus de régularité, mieux contrôlés par une administration fiscale réformée, ces subsides permettent de payer régulièrement la solde d'une armée réorganisée. Les troupes soldées sont l'objet d'un contrôle plus strict dirigé contre les capitaines qui « n'ont pas tenu le nombre dont ils faisaient montre et prenaient payement » ou qui « ne payaient pas leurs gens selon ce qu'ils avaient reçu ». Elles sont soumises à une discipline plus sévère : l'ordonnance du 13 janvier 1374 pose en principe que « dorénavant nul ne sera capitaine de gens d'armes sans notre lettre et autorité, ou de nos lieutenants et chefs de guerre » et prévoit que « si les gens d'armes qui seront sous aucuns capitaines font aucune pillerie, roberie ou dommage durant leur service, les capitaines les contraindront à dresser et réparer ces dommages ».

Mutations d'une guerre

Le rapport des forces dans le conflit franco-anglais est dès lors modifié. Le paradoxe a frappé Froissart : « Le roi Charles... fut durement sage et subtil, et bien le montre tant comme il vécut : car tout coi était en ses chambres et en ses déduits, et pourtant reconquerait ce que ses prédécesseurs avaient perdu sur les champs, la tête armée et l'épée au poing. »

Le conflit rebondit sur un point de droit. Une procédure d'appel offre une possibilité d'intervenir en Aquitaine. Le prince de Galles qui gouverne cette province y a établi des fouages ; plusieurs seigneurs gascons en contestent la légitimité. L'un d'eux, le comte d'Armagnac, d'abord débouté par Édouard III, porte sa cause devant Charles V. D'autres suivront son exemple. Mais l'appel est-il recevable ? Les préliminaires de Brétigny prévoyaient que les deux rois abandonnent leur souveraineté et juridiction sur les terres qu'ils se cédaient. Mais on convint à Calais de différer ces renonciations jusqu'à la cession effective des territoires, prévue, avec trop d'optimisme, pour novembre 1361. En 1368, l'échange des territoires n'est pas terminé. De toute façon, en acceptant au titre de suzerain les appels venus de Gascogne, Édouard III a usé, en dépit du traité, de sa souveraineté. Le conseil du roi et les avis de juristes consultés jusqu'à Bologne opinent en faveur de la compétence de la cour de France. Cette décision inaugure le cycle habituel des affaires de Guyenne : sommation à comparaître, défaut de l'intimé, confiscation du duché, recours aux armes.

La guerre reprend dans l'hiver 1368, mais sous le signe d'un nouvel esprit militaire. Soucieux de ne pas « mettre sa chevalerie et son royaume en péril d'être perdus pour un peu de plat pays ». Charles V impose à ses chefs de guerre une tactique dont il a dans sa régence éprouvé les mérites : fuir la bataille rangée, n'engager le combat qu'en position de force (à cinq contre deux, s'il faut en croire Froissart), faire le vide devant l'ennemi en prenant appui sur des forteresses soigneusement entretenues et régulièrement inspectées. Cette stratégie se révèle efficace. L'une après l'autre les chevauchées anglaises tournent court. Le duc de Lancastre après une brève expédition sur la côte normande (1370), Robert Knowles au terme d'un long raid qui le conduit de Calais en Champagne (1371), Jean de Lancastre à nouveau empruntant, cette fois de Bordeaux en Limousin, les itinéraires du Prince Noir (1373), tournent bride, essoufflés, sans autre résultat qu'un copieux butin. En Aquitaine, la situation reste longtemps confuse et « les choses embrouillées : ... les villes et les châteaux étaient entrelacés les uns dans les autres, les uns aux Anglais, les autres aux Français, qui couraient, rançonnaient et pillaient sans relâche » (Froissart). Mais elle évolue au profit des Français, surtout une fois que les galères d'Henri de Trastamare, roi de Castille par le secours de Duguesclin et de ses routiers, ont anéanti la flotte anglaise en rade de La Rochelle. Ce succès facilite la reprise du Poitou, de la Saintonge et de l'Angoumois. Mais une telle guerre est cruelle pour le peuple — « le fort y foulait le faible » — et elle provoque les murmures d'une partie de la chevalerie. Froissart s'est fait l'écho de ces récriminations : elles déterminent en 1373 Charles V à examiner en conseil le bien-fondé de sa tactique. Les meilleurs généraux du roi s'en firent les défenseurs : Duguesclin (« non que je dise qu'ils ne soient combattus, mais je veux que ce soit à notre avantage ») et Olivier de Clisson (« tout considéré, de mon petit avis, je ne conseille pas qu'on les combatte, s'ils ne sont pris en mauvaise posture, ainsi qu'on doit prendre son ennemi »), l'un et l'autre en termes significatifs d'un changement de mentalité chez les combattants.

Tentatives de reprise agricole

En dépit d'une guerre qui délibérément sacrifie le plat pays, d'une fiscalité qui s'appesantit sur les villages, des routiers qui çà et là maintiennent leur emprise, des famines et épidémies qui sévissent avec intensité dans les années 1370, un mouvement de restauration se dessine dans les campagnes françaises. Là où ils trouvent des seigneurs disposés à payer par des concessions le prix de la reconstruction, des paysans entreprenants acceptent de remettre en valeur des terroirs désertés, de s'installer dans des villages détruits pour y rebâtir une maison dans le délai de quelques années. Ils s'engagent à replanter des vignes en trois ou quatre ans, et même à défricher de nouveaux espaces. Ce sont souvent des immigrés, venus d'un proche voisinage en quête de meilleures terres, mais plus encore issus de lointains pays pauvres, au gré de ce grand courant de mobilité du peuplement qui s'affirme.

Certains de ces nouveaux venus, et davantage sans doute les plus aisés des cultivateurs du pays, voient s'ouvrir un nouveau marché des terres. En effet, devant le poids accru des frais de gestion, l'élévation des salaires, les difficultés de recrutement de la main-d'œuvre, la stagnation des prix agricoles et la crise des profits seigneuriaux, des seigneurs de plus en plus nombreux renoncent à mettre eux-mêmes en valeur leur réserve. Ils peuvent de moins en moins concilier un contrôle effectif de l'exploitation, qui supposerait une présence constante, avec les exigences d'un service du roi qui multiplie les occasions de déplacement. Ils cèdent à l'attrait qu'exerce le genre de vie urbain et aussi à la sécurité qu'il procure. Ils préfèrent céder leurs terres en fermage ou en métayage, et s'assurer ainsi un revenu moindre, mais plus régulier et moins aléatoire.

Un premier après-guerre

« Au temps du trépassement du feu roi Charles V, l'an 1380, les choses en ce royaume étaient en bonne disposition, et avaient fait plusieurs notables conquêtes. Paix et justice régnaient. N'y avait fait obstacle sinon l'ancienne haine des Anglais... comme enragés des pertes qu'ils avaient faites, qui leur semblaient irrécupérables ; lesquels sans cesser épiaient et conspiraient à la destruction totale de ce royaume, et méprisaient toutes manières d'ouvertures de paix » (Jean Juvénal des Ursins).

Ouvertes en 1375, les négociations ont traîné en longueur. Aucune solution diplomatique n'est en vue. L'équilibre des forces, cependant, est favorable à la France. Les possessions anglaises sur le continent se réduisent à une étroite frange côtière que jalonnent les ports de Calais, Cherbourg (seul bénéfice durable d'une nouvelle coalition anglo-navarraise en 1378), Brest (occupée à la faveur d'un revirement du duc de Bretagne en 1373), Bayonne et Bordeaux. Elles suffisent, avec quelques forteresses en Auvergne, à lancer, de temps à autre, des chevauchées. Mais des raids français sur les côtes britanniques leur répondent désormais et font naître en Angleterre la peur d'une invasion. Non sans raisons : dans les dernières années de son règne, Charles V l'envisage et l'amiral Jean de Vienne la prépare. En outre, les Anglais n'ont plus la même ardeur à la guerre. La vieillesse d'Édouard III a ouvert un temps de crise politique et de luttes d'influence peu favorables à l'esprit d'offensive et à la continuité en politique extérieure. Sa mort (1377) laisse le royaume à un enfant soumis à des influences contradictoires. Les orientations personnelles de Richard II ne peuvent s'affirmer avant 1389. Dès qu'il commence à gouverner seul, il recherche la paix. Il veut, en effet, le champ libre en Angleterre pour asseoir une monarchie plus autoritaire. Son mariage avec Isabelle, fille de Charles VI, confirme et prolonge par une union dynastique les trêves qui viennent d'être conclues la même année (1396) et qui suspendent le conflit pour plus d'un quart de siècle. Dans les années 90 s'installe un climat d'après guerre : le divertissement succède aux faits d'armes.

Le temps des princes

La situation politique en France s'y prête. Le jeune âge du nouveau roi (douze ans en 1380), sa fragilité et son inexpérience servent l'avidité des princes qui gouvernent en son nom, mais au mieux de leurs intérêts.

Charles V, sentant venir la mort, aurait appelé « ses trois frères en qui il avait le plus confiance : le duc de Berry, le duc de Bourgogne et le duc de Bourbon, mari de sa sœur. Il laissa derrière son second frère, le duc d'Anjou, parce qu'il le sentait trop convoiteux... Mais quoique le roi de France le tînt à l'écart de son lit de mort et l'éloignât des affaires de la France, le duc d'Anjou ne resta pas à l'écart... Car il avait des messagers toujours allant et venant soigneusement entre Paris et Angers, qui lui rapportaient des nouvelles certaines sur le roi. Au dernier jour, quand le roi de France trépassa, le duc était à Paris... assez près de sa chambre. Dès qu'il sut qu'il avait les yeux clos, il saisit tous les joyaux du roi son frère, qui étaient sans nombre, et fit tout mettre en sûreté ». Ce récit de Froissart, très inexact dans les faits — aucun des frères du roi ne fut au chevet du mourant — comme dans sa chronologie, qu'il bouscule au mieux des effets, donne néanmoins le ton de ces premières années du règne de Charles VI, tout occupées par les disputes des oncles, leurs « brouillis », leurs querelles de préséance, leur rouerie et leur avidité. On abandonne bien vite les dispositions arrêtées par Charles V pour « mener et gouverner » le jeune roi « par bonne doctrine » et pour assurer la continuité du gouvernement. Au terme de laborieux marchandages, un arbitrage répartit les profits et les honneurs entre les oncles. Le duc d'Anjou porte le titre de régent, pour quelques mois, jusqu'au sacre (4 novembre 1380), un temps suffisant pour assurer, au détriment du trésor royal, le financement de l'expédition qui le conduit, à partir de 1382, à la conquête de l'héritage de la reine Jeanne de Naples, en Provence, puis en Italie. La tutelle effective des « enfants de France » incombe à Louis de Bourbon et à Philippe le Hardi, duc de Bourgogne. Le premier, chevalier à l'ancienne mode, honnête et désintéressé, joue un rôle effacé. Mais le duc de Bourgogne a plus d'ambition, et moins de scrupules. Sa puissance, comme celle de ses frères, repose sur un apanage qu'il administre comme un État indépendant et qu'il gouverne à l'aide d'institutions calquées sur celles du royaume. Il tient du roi ce domaine, mais ce lien de dépendance, tout comme le lien de parenté, lui est moins une sujétion qu'une incitation à infléchir à son profit la politique royale. Depuis son mariage avec Marguerite de Flandre — en son temps, un succès diplomatique de Charles V (1369) —, il a l'espoir de réunir à la Bourgogne ducale la Franche-Comté, en héritant du comté de Flandre. Lorsque les Flamands se soulèvent contre son beau-père, il lui procure le secours des troupes françaises (1382). Et, pour punir les Anglais de l'aide qu'ils ont apportée aux communes insurgées, il active les préparatifs de débarquement outre-Manche. Devenu comte de Flandre (1384), il élargit ses visées vers les Pays-Bas et les terres d'Empire, ce qui le jette dans de nouvelles et complexes intrigues, où il entraîne le roi de France, sans profit ni gloire pour la Couronne : l'expédition qu'il suscite ainsi en Gueldre (1388) s'achève en désastre. Le quatrième oncle n'eut garde d'être oublié : « Le duc de Berry, voyant que le duc d'Anjou était régent, et les ducs de Bourgogne et de Bourbon avaient la garde du roi, lui déplaisait qu'il n'avait quelque charge, et parla d'avoir le gouvernement du Languedoc et de Guyenne au duc d'Anjou son frère, lequel fut content d'en parler au roi, et de lui aider à obtenir son intention » (Juvénal des Ursins). Il ne poursuit pas de grands desseins politiques. Mais ses besoins d'argent sont énormes, à la mesure de la vie fastueuse qu'il mène. Amateur d'art et de musique, de grandes chasses et de riches soupers, « vrai architecteur » plus encore que son frère, et, pardessus tout, collectionneur — de manuscrits, comme de bijoux, de tapisseries, d'oiseaux, d'animaux rares et exotiques, et même de nains —, il est sans cesse à court de numéraire et, sans scrupule pour renflouer ses caisses, « il ne demandait qu'à exiger argent ». Il envisage sans faveur une reprise de la guerre, et fait échouer au port d'embarquement, et au dernier moment, l'expédition que projetait Philippe le Hardi (1386).

Les rivalités des oncles impriment ainsi à la politique française une allure incohérente. A la Toussaint 1388, le roi, qui « voyait faire à ses oncles, et autres par leurs moyens, choses qui étaient plus au profit d'eux et d'autres particuliers que du bien public », remercie ses oncles et entreprend de gouverner seul. Le choix de ses conseillers, légistes de l'entourage de son père, l'œuvre législative qu'il amorce (« et s'en vint le roi à Paris et fit voir et visiter les ordonnances anciennes que ses prédécesseurs avaient faites, en les confirmant, et ajoutant où métier était, et les fit publier ») présagent d'un retour à la « bonne policie » de Charles V. Mais en 1392, dans la forêt du Mans, le roi, saisi de son premier accès de « frénésie », lance au galop son cheval pour charger son entourage l'épée levée. Des phases de prostration apathique suivent cette bouffée délirante. « Lui-même se déconnaissait ; on lui amenait la reine, et semblait qu'il ne l'eût oncque vue. » Des périodes de rémission alternent avec les crises : le roi « revient à santé », mais pour prendre douloureusement conscience de son état « et était chose bien piteuse d'ouïr les regrets qu'il faisait quand il sentait qu'il devait rechuter ». Les oncles se hâtent de renvoyer les conseillers du roi, ces « marmousets ». La France retombe sous le gouvernement des princes.

Le temps des fêtes

Les oncles font bon accueil aux ouvertures pacifiques de Richard II. La détente se confirme. « Or étaient les trêves fermées (confirmées) entre les deux rois... et allait-on de l'un à l'autre qui voulait. Et pour lors faisait-on grandes chères et ébattements comme joutes, dîners et soupers, et était toute abondance d'or et d'argent. Et régnaient en France merveilleuses pompes, tant en vêtures et habillements, que chaînes d'or et d'argent. Et combien qu'il ne fut point de guerre, toutefois levait-on toujours les aides et l'argent sur le peuple » (Juvénal des Ursins). Le temps des trêves est aussi celui des fêtes. L'emprise fiscale, loin de se desserrer, alimente la caisse des plaisirs après avoir financé le trésor des guerres. Chaque prince a sa cour et organise de somptueux divertissements dans un décor sans cesse embelli. C'est sur leur générosité, leur art de paraître, leur manière de dépenser et de gaspiller que repose, en effet, leur capacité de retenir autour d'eux les nobles en quête de profits. Leur goût des fêtes sert leur volonté de puissance. Autour du roi, on cherche à distraire Charles VI de sa mélancolie : dès que la maladie lui laissait quelque répit « lui donnait-on le plus de plaisance ». Le frère du roi, Louis d'Orléans, dont les oncles réfrènent encore les ambitions politiques, se fait l'ordonnateur de ces plaisirs. Il entraîne dans un tourbillon d'amusements une cour toute de jeunesse : le roi, en 1390, a vingt-deux ans, la reine dix-neuf et Louis d'Orléans dix-huit. On prise par-dessus tout les jeux du travesti. Le roi se divertit à suivre incognito les cérémonies qui accompagnent l'entrée de sa femme à Paris, à se laisser malmener par le service d'ordre et à s'en « farcer » le soir, au souper, devant les dames et demoiselles, avant de « caroler » jusqu'à l'aube. Une de ces mascarades, improvisée en 1393 à l'Hôtel Saint-Paul, le bal des Sauvages, faillit coûter la vie à Charles VI et contribua à ébranler sa fragile raison. Tous ces plaisirs ne sont pas innocents, à en croire la rumeur publique, qui dénonce le duc d'Orléans, et dont Juvénal des Ursins se fait l'écho : « Il se gouvernait aucunement trop à son plaisir, et faisait jeunesses étranges. »

Cette intense vie des cours fait de Paris dans ces dernières années du XIVe siècle le foyer où s'élaborent les modes, où s'inventent les rites sociaux, où se définit le style de vie et où se forme le goût de tous ceux qui, en Europe, prétendent vivre noblement. Les papes ont quitté Avignon, l'Empire pour un temps s'efface ; des marchés se ferment ainsi pour les artistes et les artisans (deux termes et deux réalités sociales encore bien mal différenciés). Ils affluent vers Paris, y trouvent leur clientèle, et font de la tête folle d'un royaume encore exsangue le grand marché européen de l'œuvre d'art et de l'objet précieux.

L'envers d'un décor

Par-delà ce brillant décor, la réalité pour beaucoup, c'est la misère, ou du moins les difficultés et les crises. Le peuple des campagnes et des villes supporte à grand-peine le fardeau des impôts. Déjà, dans les dernières années du règne de Charles V, ici et là, dans le Sud-Ouest notamment, les collecteurs des impôts ont servi de boucs émissaires à l'exaspération populaire. Le grand mouvement d'agitation sociale qui ébranle toute l'Europe des années 80 n'épargne pas la France. Comme en Angleterre et en Flandre, la révolte naît d'un sursaut de résistance devant l'accroissement des charges fiscales. La décision de Charles V sur son lit de mort — « ôter au plus tôt... ces impôts dont les pauvres gens sont accablés » — avait fait naître le vain espoir d'une fin des taxes. Il apparaît bien vite que le gouvernement des oncles n'a pas les mêmes scrupules sur la légitimité des impôts permanents. Privé des fouages, il entend se rattraper sur les aides. Il doit pourtant y renoncer devant un début de tumulte à Paris en novembre 1380. Mais, en 1382, « le duc d'Anjou et aussi les autres seigneurs et ceux de la cour, considérant que depuis que les aides avaient été mises jus (abolies) ils n'avaient pas les profits qu'ils soulaient avoir, désiraient fort à remettre sur (rétablir) les aides » (Juvénal des Ursins). A Rouen, à Paris, c'est alors l'émeute : le peuple — le petit peuple, « aucunes gens du bas état » à Paris, et à Rouen « deux cents personnes mécaniques », poussant devant lui la bourgeoisie marchande engagée de plus ou moins bon gré dans ce mouvement — s'arme, s'organise, se fortifie. Il lutte contre l'oppression fiscale : les fermiers et collecteurs des taxes sont, avec les usuriers et les Juifs, les principales victimes du courroux populaire. Il entend aussi défendre et affermir les libertés communales : les Rouennais, « pource qu'on disait ceux de l'abbaye de Saint-Ouen avoir plusieurs privilèges contre la ville, allèrent furieusement en l'abbaye, rompirent la tour où étaient leurs chartes, et les prirent et les déchirèrent ». Réprimée sans ménagement, l'agitation réapparaît dans le Midi, où la résistance urbaine à l'impôt renforce le brigandage des Tuchins, qui se cachent dans les bois et se répandent dans les campagnes.

III. LES GRANDES DÉTRESSES 1401-1440

Les années terribles

Effacement d'un pouvoir

Le poids des taxes ne s'allège pas. C'est pour en user à leur guise que les ducs se querellent autour du faible roi. Dès 1401 Louis d'Orléans prend une part active à ces jeux et tire profit des phases de rémission de la maladie de son frère, car Charles VI ne lui refuse rien. Jean de Berry, tout à ses collections, et Louis de Bourbon, tout à ses rêves de croisade, demeurent au second plan, sauf à jouer les conciliateurs. Le conseil est un champ clos où le duc d'Orléans et Philippe le Hardi sans cesse s'affrontent, à propos de la solution qu'il convient d'apporter au schisme qui déchire alors l'Eglise et trouble les consciences, ou au sujet du candidat qu'il faut soutenir dans cet autre schisme qui affecte l'Empire. Mais leur volonté de contrôler la perception des impôts et les revenus du domaine est au cœur du débat. « Et dès lors y eut de grands grommelis et manières tenues entre eux bien étranges, tellement qu'on apercevait bien évidemment qu'il y avait haines mortelles. Et toute la principale cause était pour avoir le gouvernement du royaume et mêmement des finances » (Juvénal des Ursins).

L'opinion publique a douloureusement conscience de l'effacement d'un pouvoir. A l'année 1405, le même chroniqueur note : « Le gouvernement, comme on disait, pour lors était bien petit. Et en fut le roi, et aussi les seigneurs, par plusieurs fois avertis par propositions et autrement : mais nulle provision n'y était mise ». Ce fut l'habileté des ducs de Bourgogne, Philippe le Hardi, puis, à sa mort (1404) et avec plus de détermination, Jean sans Peur, que de reprendre à leur compte l'idéal bourgeois de « réformation de l'État ». Dès sa première visite à Paris, Jean sans Peur définit publiquement un programme qui lui vaut la faveur des marchands, du petit peuple et de l'Université : « mettre sus (restaurer) justice », « mettre sus le domaine dont les profits étaient comme nuls et mis à non chaloir et grande négligence », « assembler les trois états pour pourvoir aux affaires du royaume et aviser au gouvernement ». Ces mêmes thèmes reviennent dans la harangue que prononce Jean Petit pour justifier l'assassinat de Louis d'Orléans (les hommes de main de Jean sans Peur l'ont exécuté en pleine rue, à Paris, le 23 novembre 1407) et démontrer la nécessité morale de ce meurtre, tyrannicide salutaire. Le tyran haïssable qui exerce « seigneurie à son propre et singulier profit » n'est-il pas la négation de cette monarchie du bien commun qu'avaient voulu Charles V et ses conseillers ?

La veuve et le fils de Louis d'Orléans entreprennent de venger ce prince impopulaire. Après le mariage de Charles d'Orléans avec la fille du comte d'Armagnac, ils peuvent compter sur ces mercenaires éprouvés que sont les routiers gascons. Mais Paris tient pour les Bourguignons. Les pillages et les ravages que commettent les troupes concentrées dans le plat pays et le renchérissement des denrées qui s'ensuit renforcent dans la capitale la haine des Armagnacs. Le Bourgeois de Paris, probablement chanoine à Notre-Dame, note en son *Journal* (année 1410) : « Chacun disait que le mal qui se faisait était l'œuvre du comte d'Armagnac, tant il était plein de malfaisance : et, à coup sûr, on n'avait pas plus de pitié à tuer ces gens-là que des chiens. On disait : c'est un Armagnac! » Et, dans Paris, le duc de Bourgogne tient le roi, inspire ses décisions, et peuple le conseil de ses créatures.

Dans ce Paris bourguignon, une force s'affirme, violente et trouble, « méchantes gens, tripiers, bouchers et écorcheurs, pelletiers, couturiers et autres pauvres gens de très bas état qui faisaient de très inhumaines, détestables et deshonnêtes besognes » (Juvénal des Ursins). La chasse aux Armagnacs couvre d'autres vengeances et la guerre civile sert les haines de classe. Un « écorcheur de bêtes » de la grande boucherie Saint-Jacques, Caboche, qui souvent prend la tête de ces cortèges, leur donne son nom : ce sont les « Cabochiens », dont, en 1413, les bandes se mêlent aux délégués convoqués pour les états généraux de langue d'oïl. Tandis que les états, une fois de plus, dénoncent les abus et élaborent une grande ordonnance, longue et prolixe, mais sans originalité, les Cabochiens multiplient les arrestations et les exécutions de « traîtres ». Ils ont pris en main la police de la ville et lèvent même l'impôt. La terreur qu'ils instaurent détache la bourgeoisie marchande et l'Université du parti bourguignon. Victime de ces encombrants alliés, Jean sans Peur doit abandonner la capitale. Paris prend les couleurs du parti armagnac et, avec la ville, le roi change de camp.

Effondrement d'une armée

Il reste au duc de Bourgogne le recours de l'alliance anglaise. Car la guerre reprend. La politique pacifique de Richard II n'a guère survécu à sa chute (1399). Ses successeurs, Henri IV et Henri V de Lancastre, sont déterminés à reconquérir leur héritage français. Si le gouvernement des oncles échoue dans sa tentative d'exploiter contre Henri IV les troubles qui surviennent au pays de Galles (1404-1407), le roi d'Angleterre sait mettre à profit la querelle des Armagnacs et des Bourguignons. Sollicité par l'un et l'autre parti en 1412, il dirige vers la France une première chevauchée, dont les princes, réconciliés, doivent acheter fort cher le départ. Henri V (1413-1422) a de plus vastes projets. Il se pose en « cultiveur de paix », mais d'une paix juste, car « justice sans paix ne peut être ni aussi paix sans justice ». Et, comme « l'œuvre de justice est réformatif de toutes injures », il revendique la plénitude de l'héritage successivement confisqué par les rois de France : les possessions de Guillaume le Conquérant et des Plantagenêts. Il accepte les ouvertures de Jean sans Peur, mais n'en continue pas moins à traiter avec l'entourage armagnac de Charles VI. A bout de concessions, les négociateurs, qui viennent d'offrir la main de Catherine, la fille du roi, richement dotée, et l'Aquitaine en pleine propriété, refusent de céder la Normandie. C'est le prétexte de la rupture. Prête à lever l'ancre depuis des mois, la flotte anglaise quitte Portsmouth. Le corps expéditionnaire aborde en Normandie le 13 août 1415. Maître de Harfleur après un mois de siège, Henri V se dirige vers les pays de la Somme en suivant les traces d'Édouard III. Il rencontre l'armée française, le 25 octobre, près d'Azincourt. Comme à Poitiers, les généraux de Charles VI croient tirer les leçons des échecs passés en démontant une partie de la cavalerie. Mais l'archerie est toujours négligée et méprisée. Il n'est pas question d'attendre pour engager le combat l'arrivée de la piétaille, et l'on n'envisage d'autre parade au tir des archers que l'assaut de gens à cheval « qui frapperaient sur eux pour rompre leurs traits ». On ne prête pas plus d'attention à la disposition ou à la nature du terrain. Les chevaliers s'entassent en rangs serrés sur un étroit plateau. « Les Français étaient pesamment armés » (le poids de l'armure n'a cessé d'augmenter et dépasse alors 20 kilos) « et étaient en la terre molle jusque au gros des jambes, ce qui leur était moult grand travail : car à grand peine pouvaient ils ravoir leurs jambes et se tirer de la terre » (Juvénal des Ursins). Quand la bataille s'engage, ils ont le soleil dans les yeux. Sur eux s'abat la pluie des flèches, qui produit ses effets accoutumés : les chevaux lancés contre les archers renversent leurs cavaliers et se jettent sur les hommes d'armes. Jusque-là, cependant, la panique est plus grande que les dommages. « Mais quand se vint au joindre les Français étaient comme jà hors d'haleine... Finalement, les archers d'Angleterre, légèrement armés, frappaient et abattaient les Français à tas, et semblaient que ce fussent enclumes sur quoi ils frappassent... Et churent les nobles français les uns sur les autres, plusieurs y furent étouffés, et les autres morts ou pris » (*ibid.*). Au moment où s'achevait la chasse aux prisonniers, le bruit courut d'un retour offensif des Français. Pour alléger ses troupes, encombrées des captifs comme au soir de Poitiers, Henri V ordonna « que chacun tuât son prisonnier ». Mais ceux qui les avaient pris ne voulurent pas les tuer, car ils en attendaient grande finance. « Les archers se chargent de la besogne : moult pitoyable chose. Car, de sang-froid, toute cette noblesse française fut là tuée et découpés têtes et visages » (Chronique de Jean Lefèvre).

La France livrée aux Anglais

Pour Henri V, la victoire est un jugement du Ciel, « œuvre de Dieu qui leur était adversaire », explique-t-il à Charles d'Orléans et à ses compagnons de captivité. Successivement, l'empereur Sigismond, pris comme arbitre par les deux partis, et le duc de Bourgogne reconnaissent son bon droit (1416). L'année suivante, il commence à « recouvrer » son royaume. Ce n'est plus une chevauchée qui parcourt la Normandie, mais une armée d'occupation qui, avec un sens étonnant de l'organisation qui intimide les Normands, conquiert méthodiquement le pays et s'y implante. Dans les premiers mois de 1419, après la chute de Rouen, toute la Normandie est anglaise et Henri V s'avance vers Pontoise. Au royaume de France l'effacement du pouvoir se confirme. Les ducs d'Orléans et de Bourbon sont aux mains des Anglais. Le duc de Berry et les fils aînés du roi meurent en 1417. Le dauphin Charles est âgé de quinze ans. Le vrai maître du royaume est le comte d'Armagnac. Il a pris prétexte des dangers ambiants et de l'indignation que suscitent chez les gens de bien les scandales de la cour (« quelque guerre qu'il y eût, tempêtes et tribulations, écrit Juvénal des Ursins, les dames et demoiselles menaient grands et excessifs états ») pour éloigner la reine, ce qui rejette Isabeau de Bavière, privée de ressources, dans le camp bourguignon. Il tient Paris sous la terreur d'un véritable régime policier. Les rassemblements y sont interdits et, « lorsque on célébrait un mariage, il y avait obligatoirement aux frais de l'époux des commissaires et des sergents qui veillaient à ce que personne ne murmurât de quoi que ce soit » (*Journal d'un bourgeois de Paris*). Des vagues de proscriptions se succèdent. La ville affamée est écrasée d'exactions. Dans les cités qu'ils occupent, les gens du duc de Bourgogne servent leur propagande en abolissant les taxes. A la fin de mai 1418, les Parisiens, excédés, ouvrent la ville aux partisans de Jean sans Peur. La violence se déchaîne dans de nouveaux massacres (juin 1418). Fuyant la ville jonchée de cadavres armagnacs, « en tas comme porcs au milieu de la boue », le prévôt de Paris emporte le dauphin endormi dans ses bras. Devenu chef du parti armagnac, le futur Charles VII, que son père avait déjà désigné comme lieutenant général du royaume, se proclame régent (décembre 1418). Il a son Parlement et sa Chambre des comptes ; plusieurs régions se rangent dans son obédience. Il y a désormais deux gouvernements en France. Au nom du roi, qui l'a rejoint, Jean sans Peur conduit deux négociations parallèles, contradictoires, et fertiles en rebondissements, avec Henri V et avec le dauphin. Un rapprochement s'amorce entre Armagnacs et Bourguignons : le 19 juillet, un *Te Deum* à Paris célèbre leur réconciliation. Le 10 septembre, une nouvelle rencontre doit sceller ces accords, à Montereau. Le dialogue s'envenime et un serviteur du dauphin abat Jean sans Peur d'un coup d'épée. Pour venger son père, le nouveau duc, Philippe le Bon, signe avec Henri V le traité de Troyes, qui livre la France aux Anglais (21 mai 1420).

Les Trois France

Le traité laisse subsister l'autorité, toute fictive, de Charles VI jusqu'à sa mort. Henri V épouse Catherine de France et devient ainsi « fils » du roi et « droit héritier » du royaume. C'est à lui que revient la « faculté de gouverner la chose publique du royaume » en l'état d'empêchement du souverain. A la disparition de Charles VI, Henri, ou son héritier, lui succédera et « les deux couronnes de France et d'Angleterre pour toujours, perpétuellement, demeureront ensemble et seront à une même personne... qui sera en même temps roi et seigneur souverain de l'un et l'autre royaume... en gardant toutefois... à l'un et l'autre royaume ses droits, libertés ou coutumes, usages et lois, sans soumettre en aucune manière l'un des dits royaumes à l'autre ». Quant au « soi-disant dauphin », en raison de « ses énormes crimes et délits », il n'aura aucune part à cet héritage et les rois de France et d'Angleterre, comme le duc de Bourgogne, s'engagent à ne signer avec lui aucune paix séparée.

Le 31 août 1422, Henri V meurt au château de Vincennes. Une messe de Requiem célébrée à Saint-Denis précède le transfert de ses cendres à Westminster. Charles VI s'éteint le 21 octobre 1422, et sur sa tombe retentit le cri : « Vive le roi Henri de France et d'Angleterre! » Le premier souverain de la double monarchie, Henri VI, a dix mois. Le duc de Bedford assume la régence. A Mehun-sur-Yèvre, le dauphin Charles s'intitule lui aussi roi de France. Mais les riches États du duc de Bourgogne forment une troisième France dont l'arbitrage peut être décisif.

La France des Lancastre

La France « anglaise » associe des éléments fort divers par l'origine, le mode de gouvernement et la situation économique. Les uns ont été déjà reconnus au roi d'Angleterre par le traité de 1380 : Calais, conquête des premiers jours, tête de pont et colonie de peuplement, et la Guyenne, ou ce qu'il en reste depuis l'occupation française, une bande de terre assez étroite parallèle au rivage (Bordelais, Bazadais et Landes). La Normandie, agrandie du Maine, du Vexin et d'une partie du pays chartrain, est la portion de l'héritage patrimonial reçu du Conquérant et des Plantagenêts que Henri V a personnellement « recouvré » et dont le traité de Troyes a reconnu la pleine propriété au roi d'Angleterre. Le reste du royaume revient de droit à Henri VI, roi de France, mais les troupes anglaises n'occupent qu'en partie la Picardie et la Champagne, contrôlent imparfaitement l'Ile-de-France, où les partisans du dauphin s'agrippent à quelques places fortes et se cachent dans les forêts du Hurepoix, tandis que, dans les pays entre Saône et Loire, les deux allégeances s'entremêlent. « Les Anglais prenaient aucunes fois une forteresse sur les Armagnacs au matin, et ils en perdaient aucunes fois deux au soir » (*Journal d'un bourgeois de Paris*).

La Guyenne a depuis longtemps une administration propre : un sénéchal, qui représente le roi-duc, une chancellerie, qui expédie ses actes, un conseil pour le gouvernement et l'administration, une cour pour rendre la justice, et, sous les ordres d'un connétable, un Échiquier et un atelier monétaire. La Normandie a son grand conseil, sa chancellerie et son Échiquier à Rouen, sa Chambre des comptes à Caen. Bedford affecte de respecter les coutumes locales ; il flatte le particularisme normand en créant à Caen une université qui fournira les cadres du régime anglais. Il se garde d'installer des occupants en grand nombre dans le conseil et l'administration centrale, mais il réserve à ses compatriotes les commandements militaires, les charges de bailli, et confisque les fiefs des seigneurs qui refusent de jurer fidélité aux nouveaux maîtres. À Paris, il trouve en place une administration épurée au gré des occupations bourguignonnes successives et peuplée d'honnêtes administrateurs attachés à cet idéal réformateur que Jean sans Peur a pris à son compte. La propagande bourguignonne avait multiplié les promesses démagogiques d'exonération fiscale. L'occupant est loin de les honorer. La France anglaise, et en particulier la Normandie, est écrasée de subsides et d'aides levés pour maintenir les garnisons, financer la conquête et entretenir la cour du régent. « Toujours il (Bedford) enrichissait son pays de quelque chose pris en ce royaume, et quand il revenait, il n'en rapportait rien, sinon une nouvelle taille », note, en 1427, le

Bourgeois de Paris, en dépit de ses sympathies bourguignonnes.

Tous ces pays sont pauvres. Les campagnes bordelaises se remettent lentement des dévastations subies à la fin du XIVe siècle et au début du XVe. Des retours de peste, en 1415 et 1420, brisent net les tentatives de reconstruction et suscitent une grave crise de main-d'œuvre. La stagnation du commerce du vin traduit le malaise du vignoble et donne la mesure de la situation économique – « car le vin de nos vignes est notre substance », disaient, en 1416, les jurats de Bordeaux. Au temps du Prince Noir, la grande époque pour la ville, le port de Bordeaux exportait en moyenne 30 000 tonneaux de vin par an ; la moyenne des années 1400 à 1440 s'établit autour de 10 000 tonneaux seulement. Les vigoureuses offensives françaises ont dépeuplé les campagnes et provoqué l'afflux des réfugiés en ville. Le nombre des bouches à nourrir s'est dangereusement accru et contraint la ville à d'onéreux achats de blé au loin. La médiocrité des profits et des fortunes ralentit les constructions. Pour la Guyenne, comme pour le reste des pays livrés aux Lancastre, l'occupation anglaise n'est pas le temps des mécènes. Les campagnes d'Ile-de-France ont vu passer et repasser les gens d'armes de toute obédience depuis les premiers « brouillis et grommelis » entre les oncles – un sursaut d'autodéfense chez les paysans a fait naître des bandes de « brigands », que la misère transforme vite en écumeurs de route professionnels. Elles ont supporté la peste de 1418, « âpre et furieuse mortalité » peut-être à l'égal de celle de 1348, l'hiver sibérien de 1420-21, de nombreuses années de famine. Lorsque les Anglais en prennent possession, « depuis la Loire jusqu'à la Seine, et de là jusqu'à la Somme, les paysans ayant été tués ou mis en fuite, presque tous les champs restèrent longtemps, durant des années, non seulement sans culture, mais sans hommes en mesure de les cultiver, sauf quelques rares coins de terre ; le peu qui pouvait être cultivé loin des villes, places ou châteaux ne pouvait être étendu, à cause des fréquentes incursions des pillards » (Thomas Basin, *Histoire de Charles VII*).

Le royaume de Bourges

La frontière qui sépare la France anglaise de l'autre royaume de France est malaisée à définir, d'autant qu'elle est mouvante au gré d'une guerre confuse et de combats rarement décisifs. Le dauphin a ses fidèles et ses places fortes au nord de la Loire, on l'a vu. Mais, en gros, son royaume coïncide avec la moitié méridionale de la France, Guyenne exceptée. Il repose sur des possessions personnelles, les apanages de Touraine et de Dauphiné. Il tient par la fidélité des princes qui ont grossi ce noyau de leurs domaines : les ducs d'Anjou, de Bourbon, d'Orléans, les comtes de Foix et d'Armagnac. Charles d'Orléans est prisonnier des Anglais, loin du « très chrétien royaume de France » dont il fera le refrain d'une de ses rares ballades politiques. Il rime à Londres d'élégantes chansons qui célèbrent le tourment d'amour (« Je suis celui au cœur vêtu de noir »). Très à l'aise dans les contraintes formelles des genres à forme fixe, ballades et rondeaux, comme dans le style allégorique qui, depuis plus d'un siècle, prévaut en France (« la nef de Bonne Nouvelle où Espoir a chargé réconfort » et que guette le pirate Dangier), ce poète du nonchaloir, « écolier de mélancolie », les rajeunit par la sensibilité de son ton et l'élégance de ses trouvailles. Tandis qu'il cisèle ses exquis et graciles chefs-d'œuvre d'orfèvrerie poétique, son demi-frère, Jean, comte de Dunois, met sa rude vigueur au service de Charles VII. Autre prisonnier d'Azincourt, Jean de Bourbon laisse le gouvernement de l'État bourbonnais à son fils, comte de Clermont, qui laisse agir sa mère Marie de Berry. Habile politique, elle maintient les « abstinences de guerre » avec le puissant voisin bourguignon tout en ralliant le camp du dauphin. Son attitude n'est pas dénuée d'équivoque, mais le double jeu qu'elle pratique lui permet d'agrandir de l'Auvergne l'apanage des ducs de Bourbon et de marier son fils à la sœur du duc de Bourgogne. Louis III d'Anjou, toujours en quête de l'héritage napolitain de sa maison, part pour l'Italie en 1420. Bedford convoite le Maine et l'Anjou pour en faire le cœur d'une principauté qui lui appartiendrait en propre, ce qui rejette la duchesse mère Yolande d'Aragon dans le camp delphinal. Dans le Sud-Ouest, où, depuis un siècle, les comtes de Foix s'opposent aux comtes d'Armagnac, la guerre civile avait réveillé ces querelles de famille. Tout naturellement, Jean II de Foix s'est trouvé à la tête du parti bourguignon. Il exploite le mécontentement des villes accablées d'exigences financières répétées et s'institue leur protecteur contre les déprédations des routiers. Lorsque les cités chassent les Bourguignons et se déclarent en faveur de Charles VII, Jean de Foix suit le mouvement, d'autant plus aisément que le roi de Bourges a eu l'habileté de l'instituer gouverneur et lieutenant en Languedoc, Auvergne et Guyenne. Dans ces pays, les villes jouent un rôle déterminant dans le ralliement au dauphin, comme, plus au nord, à Lyon. Les partisans des ducs de Bourgogne, qui ont un temps gouverné les cités, n'ont ni supprimé ni allégé les impôts et ont ainsi ruiné leur crédit. La tension entre bourgeoisie marchande et « populaires » est ici moins vive qu'au nord de la Loire, et les classes dirigeantes n'ont aucun mal à imposer l'allégeance au dauphin.

Charles VII a sa résidence de prédilection à Bourges. Il y a établi sa Chambre des comptes. Son parlement et sa Cour des aides siègent à Poitiers. Son conseil comme sa cour sont itinérants, selon les nécessités de la guerre. Il trouve parmi les fonctionnaires que les Bourguignons ont destitués les hommes compétents et efficaces dont son administration a besoin. Il en est d'honnêtes, comme Jean Juvénal des Ursins, l'historien du règne de Charles VI, qui devient maître des requêtes de l'Hôtel à Bourges, ou Alain Chartier, notaire et secrétaire du roi. Tous deux ont été chassés de Paris par les massacres de 1418. Le poète mélancolique de *la Belle Dame sans merci*, Alain « le très noble orateur », renouvelle dans son *Quadrilogue invectif* le formalisme de l'allégorie et du genre littéraire du « jugement » par le souffle de son éloquence d'humaniste et surtout par la sincérité de ses sentiments : désarroi face aux désastres qu'a subis la France, indignation devant les luttes que se livrent les partis, et pitié pour les malheurs du peuple. Les princes qui se sont rangés dans le camp de Charles VII s'empressent de lui proposer des serviteurs pris dans leur entourage pour mieux peser sur sa politique et tirer de plus grands profits de leur ralliement. Yolande d'Aragon place ainsi Jean Louvet, qui présidait à Aix la Cour des comptes de Provence avant de diriger les services financiers du royaume de Bourges.

Plus que la personnalité du souverain, inquiet et soupçonneux, et doutant parfois de sa légitimité, la cour de Bourges est dominée par l'affrontement de clans aux intérêts contradictoires. L'esprit de parti des anciens Armagnacs, la fidélité monarchique des loyaux serviteurs s'y opposent aux partisans d'un rapprochement avec le duc de Bourgogne, tels Yolande d'Aragon et le comte de Clermont. Tantôt somptueuse, tantôt misérable, au gré de rentrées intermittentes des subsides et d'un budget mal géré, cette cour est un foyer d'intrigues. Et la politique du conseil manque de détermination.

L'État bourguignon

C'est, à l'origine, un apanage, duché passé en 1363 des ducs capétiens aux ducs valois. Déjà, on l'a vu, Philippe le Hardi a posé les bases d'un véritable État s'interposant entre le royaume de France et l'Empire. Aux terres proprement bourguignonnes, il a joint la Flandre et s'est efforcé d'élargir ses possessions septentrionales. Une habile politique matrimoniale prépare l'annexion du Brabant, du Hainaut, des Pays-Bas (Hollande et Frise) et même, plus à l'est, du Luxembourg. À la mort de Jean sans Peur, devenu en outre maître de l'Artois, Philippe le Bon hérite tout à la fois d'une vengeance à poursuivre, d'un État à organiser et d'une politique d'expansion à continuer. L'État pose, en raison de sa dispersion, des problèmes de coordination et d'aménagement du gouvernement et de l'administration. Il a fallu doubler à Lille, et parfois à Gand, des institutions qui avaient leur siège à Dijon : chambre du conseil et chambre des comptes. La politique d'expansion se heurte, en Flandre, à la résistance des autonomismes communaux et aux particularismes ethniques ; en marge de ces possessions septentrionales, elle doit affronter l'esprit d'indépendance de la principauté liégeoise, et, dans l'Empire, elle doit compter avec la personnalité de l'empereur Sigismond. Mais le duc, autant et plus que Charles VII, est bien servi, notamment par ses chanceliers, Jean de Thoisy, puis Nicolas Rolin.

Des trois France, la bourguignonne est la plus riche. Elle est restée à l'écart des opérations militaires et à l'abri des brigandages. Des malheurs des temps, les sujets du duc ont surtout connu les pestes – celle de 1399-1400 fut particulièrement grave : pendant un an, tout le personnel administratif a dû fuir Dijon pour Rouvres, et la ville a perdu, semble-t-il, un quart de sa population dans cette tourmente – et les charges fiscales. L'économie rurale est assez prospère. A l'inverse des vignobles d'Ile-de-France ou du Bordelais, les ceps ici ont peu souffert. Les ducs, d'ailleurs, protègent la viticulture. Leurs ordonnances prohibent les cépages communs à gros rendement, générateurs de « petits vins ». Propriétaires exploitant eux-mêmes à Givry, à Beaune, à Poligny, à Blandans, ils encouragent la production par leur propagande. Leurs festins et leurs cadeaux contribuent à placer les vins de Bourgogne au premier rang des vins de table, au détriment des crus du Bourbonnais, de ce saint-pourçain longtemps en honneur à la cour pontificale d'Avignon. En même temps, l'implantation bourguignonne en Flandre élargit le marché d'exportation. Les salines du Jura, celles de Salins notamment, enrichissent le Trésor tout autant que les profits du vignoble. Le duc, en effet, a le monopole de la vente du sel sur ses terres et perçoit, par l'intermédiaire de ses grenetiers, un fructueux « droit de Monseigneur ». Dans cette région de passage longtemps calme, les foires de Chalon conservent une activité, réduite certes, mais à la mesure de la contraction générale du commerce français. Mais qu'est Chalon, que sont les jeunes foires que Charles VII encourage à Lyon, à côté de Bruges, rendez-vous des marchands d'Angleterre, d'Italie et de la Hanse, foyer d'intense activité bancaire où la firme des Médicis ouvre une agence en 1420, grande place de change où sont cotées en Bourse les monnaies de tout l'Occident ? Et que sont les toiles de Dijon, Chalon et Besançon face à la draperie, la sayetterie et la tapisserie de Flandre, de Hainaut et d'Artois ? C'est dans ces provinces du Nord que réside la richesse vive du duché. C'est de là que viennent la plupart des artisans et des artistes qui servent la gloire des ducs.

Car la cour des ducs de Bourgogne – la mieux ordonnée du monde au témoignage de Christine de Pisan, familière et admiratrice de Philippe le Hardi – maintient les traditions de faste des Valois et illustre leur goût de la magnificence. Philippe le Hardi a entrepris de transformer Dijon en résidence princière. Il amorce la rénovation du vieux palais ducal, symbole de puissance, forteresse qui doit être imprenable, mais aussi cadre des fêtes d'apparat qu'il faut élargir et embellir. Sa femme fait bâtir à Germolles la maison des plaisirs d'été, château de campagne et ferme modèle : Sluter y sculpte le couple princier occupé à garder les brebis à l'ombre d'un orme. Philippe le Hardi décide la construction de la chartreuse de Champmol et veut édifier, au cœur de ce monastère où les prières s'accumulent au bénéfice de sa famille, la chapelle ducale, oratoire privé et nécropole dynastique. Les ducs de Valois ont le goût du décor et le sens de la mise en scène. Ils font tendre le palais de tapisseries qui réchauffent et meublent les vastes salles tout en offrant à la méditation des hôtes l'exemple des héros de chevalerie. Ils commandent aux Pays-Bas des retables polychromes aux architectures compliquées pour orner les autels de Champmol. Ils éclairent de vitraux leur chapelle et chargent des compositeurs flamands – tel Gilles Binchois, venu de Mons – d'élaborer, dans un style hérité de Guillaume de Machaut et de l'*ars nova*, le décor musical de cet espace sacré. Les festins, avec leurs entremets, et plus encore les tournois sont ici des spectacles, ballets militaires dont les romans courtois fournissent les livrets. Les obsèques des ducs ne sont pas les cérémonies les moins somptueuses et les liturgies les moins complexes. Les tombeaux de Philippe le Hardi et de Jean sans Peur déroulent au pied du gisant la réplique du long cortège funéraire où les princes du sang, les grands vassaux, les officiers de la maison ducale défilent encapuchonnés de longs manteaux de deuil traînant jusqu'à terre (leur confection exige du Trésor l'achat de 2 000 aunes de drap noir...). Ces tombeaux, vite célèbres hors du duché, font école. C'est en Bourgogne que les sculpteurs à l'œuvre sur les chantiers de Champmol renouvellent la manière et le style des « imagiers » d'Europe. Mais, là encore, les créateurs, à commencer par Claus Sluter et son neveu Claus de Werwe, sont des Hollandais. Le duc de Bourgogne est vraiment le « grand-duc du Ponant » et le centre de gravité de cet État est situé au-delà des limites du royaume de France.

Signes du ciel

Dans les années qui suivent le traité de Troyes, la guerre entre les deux royaumes n'est qu'une succession confuse de combats douteux et de trêves sans lendemain. L'entrée en scène de Jeanne d'Arc marque le retour de la détermination et de la confiance dans le camp du roi de Bourges. Jeanne « chef de guerre » témoigne dans la conduite des opérations militaires de la même résolution qui a permis à la petite paysanne de Domrémy, malgré tous les obstacles, de rencontrer à Chinon (23 février 1429) le « gentil dauphin », qu'elle voulait atteindre, « dussé-je y aller sur mes genoux ». Au siège d'Orléans (29 avril-8 mai) comme sur le chemin de Reims, elle ne se départit jamais de cette certitude tranquille qu'elle affirmait à Poitiers aux théologiens chargés par le souverain soupçonneux de l'examiner : « En nom Dieu les gens d'armes batailleront et Dieu donnera la victoire. » Avant de quitter Blois pour délivrer Orléans, elle écrit au roi d'Angleterre : « Je suis venu ici de par Dieu le roi du ciel pour vous bouter hors de France », l'avertissant que, s'il tarde à se retirer, « il aura des nouvelles de la Pucelle qui vient vous voir sous peu à votre grand dommage ». Ce sont là le plaisir et la volonté de Dieu. Comment en douter alors que vient d'échouer ce siège d'Orléans que Bedford a déclenché, au mépris des lois de la guerre et des règles de chevalerie, contre la ville d'un ennemi prisonnier ? A cette première manifestation de la justice immanente succède un autre jugement de Dieu : à Reims, le 17 juillet, Charles VII reçoit l'onction sainte du sacre qui garantit et manifeste sa légitimité, Jeanne peut alors cesser de l'appeler dauphin : « Gentil roi, ores est exécuté le plaisir de Dieu qui voulait que je levasse le siège d'Orléans et que vous emmenasse en cette cité de Reims recevoir votre saint sacre, en montrant que vous êtes vrai roi et celui auquel le royaume de France doit appartenir. » Les efforts de Bedford et de ses conseillers universitaires parisiens pour établir, à l'aide des procédures et des procédés de l'Inquisition, que Jeanne, capturée le 23 mai 1430 devant Compiègne, et brûlée à Rouen le 30 mai 1431, était une sorcière et usait d'un pouvoir d'origine diabolique, témoignent de l'effet profond de sa mission : qui ne fut ébranlé par le « signe » dont elle avait été porteuse en faveur de Charles VII ? De même, la hâte du régent anglais à faire couronner Henri VI roi de France en la cathédrale de Paris (16 décembre 1431).

Vers la fin de la guerre

Dans les années 30, les indices d'un revirement de la fortune des armes se multiplient. Les soulèvements se font de plus en plus fréquents dans les territoires occupés : « Les Français qui se trouvaient sous la domination anglaise s'étaient, en effet, formé cette opinion des Anglais... qu'ils ne recherchaient guère le profit du pays et la tranquilité de leurs sujets... Mais que plutôt, par cette haine invétérée et pour ainsi dire innée qu'ils avaient des Français, ils voulaient les accabler et les faire périr sous le poids des misères » (Thomas Basin, *Histoire de Charles VII*). De son côté, Philippe le Bon juge que son intérêt n'est plus du côté d'Henri VI et conclut avec le roi de Bourges une paix qui est d'abord l'acte d'extinction d'une vengeance et le geste de réparation d'un crime. « Premièrement le roi dira (que la mort de Jean sans Peur) fut uniquement et mauvaisement faite par ceux qui perpétrèrent le dit cas, et par mauvais conseil, et lui en a toujours déplu, et, s'il eût su le dit cas en tel âge et entendement qu'il a à présent, il eût obvié de tout son pouvoir. » Charles VII doit, en sus de ce désaveu, promettre de châtier les coupables. En implorant le pardon, il doit multiplier les gestes et signes d'expiation : célébration de messes de Requiem, fondation d'un couvent de chartreux à Montereau et érection d'une croix sur le pont qui fut le théâtre de l'incident. Le traité agrandit, en outre, les bases territoriales de la puissance bourguignonne des comtés d'Auxerre et de Mâcon et des villes de la Somme. Il transforme l'apanage en État souverain jusqu'à la mort de Philippe le Bon. Mais, en échange, le duc cesse de contester la légitimité de Charles VII.

En Normandie, la résistance s'intensifie. En 1432, un coup de main sur le château de Rouen faillit réussir. Deux ans après, les exigences fiscales anglaises suscitèrent une insurrection quasi générale de tout le pays normand. Paris, en 1436, ouvre ses portes aux Français. Depuis la mort de Bedford, le conseil d'Henri VI est un champ clos de discordes permanentes. La liquidation de la guerre est en bonne voie. Cependant, les temps n'ont pas épuisé leurs réserves de malheurs. Les routiers sont à nouveau sur les champs : en 1440, le *Journal d'un bourgeois de Paris* raconte les exploits des « écorcheurs » en Bourgogne : « A toute personne qu'ils rencontraient, ils demandaient : qui vive ? Si on était de leur parti, on était simplement dépouillé de tout ; si on était du parti adverse, on était volé et tué. » De nouveau la peste décime la population ; le même chroniqueur note en 1438 : « Quand la mort entrait dans une maison, elle emportait la plupart de ceux qui l'habitaient, et surtout les plus forts et les plus jeunes. » Et la même année, « jour et nuit les petits enfants, les femmes et les hommes criaient : Je meurs, hélas, doux Dieu, je meurs de faim et de froid! ». En 1440, la France n'est délivrée ni de la guerre, ni de la peste, ni de la faim.

« Tout se détruit »

Les malheurs du temps laissent en profondeur leur empreinte. Dans la tourmente, des structures ont cédé. Le pouvoir royal a subi, avec la folie de Charles VI, la rivalité des oncles et les débuts incertains du roi de Bourges, une longue défaillance dont de nouvelles principautés indépendantes se hâtent de tirer avantage. L'autorité pontificale, âprement disputée pendant un demi-siècle entre deux, et même trois, « contendants du papat », doit, à peine restaurée, affronter les tendances gallicanes nées de son abaissement. L'Université de Paris, qui soutient et conseille la politique ecclésiastique des rois de France, s'est affirmée comme groupe de pression politique, mais elle a perdu sa primauté intellectuelle en Europe, tandis que, en France même, les princes fondent de nouvelles écoles pour former chez eux les cadres juridiques et administratifs dont ils ont besoin.

L'ébranlement est sensible à la base autant qu'au sommet. La solidarité paroissiale se renforce, mais bien souvent au gré de litiges qui opposent les fidèles à leur curé : les querelles sur la répartition des frais de reconstruction des églises sont venues s'ajouter aux habituels conflits que suscitait la perception des dîmes ; mais surtout ces discussions prennent une nouvelle tournure, car la piété minutieuse et formaliste des fidèles s'accommode mal de la désinvolture des bénéficiers absentéistes et porte ainsi le débat sur le plan pastoral. Le seigneur aussi s'éloigne de ses hommes. Parce qu'il est nouveau venu, sans attache et sans racine au milieu d'eux, aventurier enrichi par les rançons et anobli par la fortune des armes, étranger installé par un conquérant, ou bourgeois profitant de l'endettement nobiliaire. Parce qu'il a perdu tout lien réel avec la terre et le village et laisse des fermiers diriger l'exploitation de ses domaines et des marchands lever ses droits sur les tenures et les hommes, à charge pour les uns et les autres de lui ristourner une part forfaitaire et de la lui porter dans son hôtel en ville. La guerre et l'évolution économique ont usé les fidélités. « Tout se détruit, et ne sait on comment », répète Deschamps en refrain d'une de ses ballades.

Un temps de pénitence

Cette ballade s'achève, bien moralisante, par de bons et pieux conseils : « A bien faire désormais entendons, de notre cœur aimons Dieu et servons. » C'est que le signe auquel cet âge est attentif, et qui foisonne en ce temps de misères, est moins promesse de catastrophe qu'appel au repentir. La pénitence est le maître mot spirituel de l'époque. Les prédicateurs y invitent, comme les docteurs de l'Université, qui, tel Gerson, commentent l'Écriture pour le roi et sa cour, comme les prêcheurs itinérants qui haranguent les foules enthousiastes des villes et les lancent à la chasse des vains ornements du siècle. La représentation des Passions – l'habitude s'est prise à Paris dès 1380 d'en monter une tous les ans – et les mystères que l'on joue à grand renfort de machinerie et de figuration sont une catéchèse en action pour l'édification des pécheurs « quérans avoir pardon ». Tout comme l'image de la mort, qui, de plus en plus, orne les livres d'heures, décore les murs des cimetières, surmonte les tombeaux et hante les esprits, est au service de la « bonne vie ». La macabre silhouette qui entraîne pape, chevalier et vilain dans sa ronde égalitaire, le squelette décharné et grouillant de vers qui grimace sur les sépulcres, les cadavres desséchés qui invectivent les trois rois vivants insouciants, l'agonisant qui, sur son lit de mort, se dresse dans la confiance de sa prière, l'âme que se disputent sous les yeux du mourant les anges et les démons, tous ces visages de la mort prêchent la même leçon : « Songe qu'il y aura une fin et lave-toi de tes péchés. » Cette hantise de la faute, sans cesse ravivée, installe au cœur d'une religion paisiblement objectiviste le germe d'une piété plus individuelle et plus inquiète. L'imminence de la mort, sans cesse proclamée, place au centre des préoccupations de l'homme cette vie brève et menacée, mais si riche de fragiles saveurs, et ainsi prélude à la rage de vivre tout autant qu'elle introduit à l'art de bien mourir.

Des tonalités nouvelles de la sensibilité s'ébauchent qui vont trouver à s'épanouir dans le climat de la reconstruction.

14. LA RECONSTRUCTION

1440-1515
Passé les temps difficiles, un nouveau départ, depuis 1440, vers le mirage italien et les prestiges de la Renaissance.

En soixante-quinze ans d'apparente stabilité, depuis la Saint-Martin 1436, date de la libération de Paris, jusqu'au 1er janvier 1515, avènement d'un roi de vingt ans, nommé du vocable même de la patrie, la France a plus changé qu'en un siècle de drames. Or, les contrastes des générations expriment les mutations profondes d'une société mieux que les péripéties superficielles des événements.

Même les Français âgés seulement d'une quinzaine d'années lors des derniers soubresauts de la guerre de Cent Ans ne pouvaient souhaiter autre chose que la sécurité. Leurs aînés l'éprouvèrent encore davantage. A l'exception, naturellement, de ceux à qui la chance souriait dans le désordre, tous ont œuvré pour conjurer le retour du malheur et reconstruire le pays. Beaucoup ont cherché à restaurer le passé, quelques-uns à faire du nouveau, tous à vivre mieux. Dans leurs vieux jours – mais la longévité, alors, n'était pas grande –, ils connurent, enfin, la « douceur de vivre » au terme du siècle, sous Louis XII.

Cette douceur de vivre, les jeunes générations n'eurent garde de la dédaigner. Cependant, elle ne leur suffisait plus. Déjà, au temps où déclinait Louis XI, un homme de 55 à 60 ans était jugé sénile et capable d'ennuyer la nouvelle vague par les sages propos de son expérience. Aux yeux des jeunes chevaliers, une « guerre folle » valait mieux que pas de guerre du tout, car ils étaient éblouis par l'héroïsme des temps passés, dépouillé de son cortège de misères, comme plus tard la légende napoléonienne. Quant aux autres, moins soucieux de horions et de panache, mais bénéficiaires des efforts de leurs anciens, ils semblent, eux aussi, avoir éprouvé un désir de progrès, connu l'initiative, aspiré à un nouveau style de vie et de pensée.

La considération des générations successives peut donc servir de révélateur efficace des comportements individuels et collectifs de la société française et des nuances qu'elle a données à ses institutions et aux cadres de son existence, à une étape majeure de son évolution.

I. LES TEMPS DE LA RÉNOVATION

Trois générations de reconstructeurs

La liquidation de la guerre de Cent Ans et le relèvement de la France occupèrent trois générations. Les hommes qui gouvernèrent le royaume constituent une succession curieuse de personnages disparates, mais représentatifs de leur époque, chacun à sa manière.

La transformation du caractère et du comportement de Charles VII, à partir du moment où il reprit confiance en son destin, symbolise exactement le changement du cours de la destinée nationale. Ce n'était plus le dauphin timide et indolent. Sa personnalité, lentement, s'est éveillée. Il devint capable de courage militaire : ainsi, au siège de Montereau, en 1437, son entourage dut modérer son ardeur combative. Il était resté influençable, mais les influences avaient changé. Sa belle-mère, Yolande d'Aragon, mourut en 1442, mais Richemont demeura. Un seigneur angevin, Pierre de Brézé, eut la faveur : « Il savait manier le roy mieux que nul autre », écrit Chastellain. Paradoxalement, les aventures sentimentales du roi ne nuisirent pas toujours à l'exercice de sa fonction ; on ne peut nier que l'influence de deux de ses maîtresses, Agnès Sorel, puis la cousine de cette dernière, Antoinette de Maignelais, n'ait contribué à affermir son caractère. Le roi sut choisir lui-même – et conserver – ses conseillers : quelques grands personnages, Dunois, Jean de Bueil, Jean d'Estouteville ; surtout des hommes de moyen état, appliqués, dévoués, successeurs véritables des Marmousets. C'était Guillaume Cousinot, Jacques Cœur, Jean Jouvenel des Ursins, les frères Bureau, dont la plupart choisis parmi les « Messieurs des finances » et les parlementaires, passionnément dévoués à la cause monarchique. Leur zèle valut à Charles le surnom de « Bien servi ».

L'opposition des générations se manifesta clairement entre Louis XI et son père. Dauphin, Charles avait été indolent ; Louis fut intrigant et brouillon, impatient de régner. Il avait lié partie, en 1456, avec le complot princier connu sous le nom de Praguerie, par analogie avec les troubles de Bohême ; l'affaire ayant échoué, le dauphin dut s'exiler et solliciter l'hospitalité du duc de Bourgogne, Philippe le Bon, à Genappe. Lorsque Louis succède à son père mort le 22 juillet 1461, l'âge (38 ans) n'avait pas atténué les rancœurs. La réaction fut brutale. Le nouveau roi chassa, sans ménagements, les conseillers paternels. C'était mal commencer que de provoquer des mécontentements. D'ailleurs, le prince n'avait rien d'attirant. Son extérieur négligé et son physique disgracieux ne suscitaient pas la sympathie : petit et gras, grosse tête chauve, yeux enfoncés dans les orbites. Il passait pour égoïste et avare, dur et sournois, indifférent envers ses deux femmes, Marguerite d'Écosse, qui se rongeait, dit-on, de chagrin, puis Charlotte de Savoie. Son entourage était médiocre, sinon suspect : Tristan L'Hermite, une âme de policier, Olivier Le Dain, tantôt barbier, tantôt bourreau, des arrivistes comme Balue, ou des intrigants vénaux, mais non sans talents, tel Commynes, son historien.

Louis XI fut essentiellement pragmatiste, envers Dieu comme envers les hommes. Sans doute, sa foi religieuse semble certaine, mais sa dévotion, supertitieuse peut-être, fut un constant marchandage avec la Vierge, dont il visita et enrichit les sanctuaires, et avec l'archange saint Michel, qu'il mobilisa à la tête de l'ordre militaire fondé sous son vocable. Une fois le Ciel acheté, plus besoin de scrupules. Contemporain des tyrans italiens, tel son ami Francesco Sforza, Louis leur ressemblait par son art d'« universelle aragne » à nouer des intrigues, par son talent à redresser des situations parfois compromises par sa propre rouerie ou par ses bavardages incoercibles. Comme *le Prince* de Machiavel, il fut autoritaire, tout en prétendant à la clémence par une sorte de coquetterie, mais jugeait préférable de prévenir le crime. Louis XI ne fut pas aimé ; il fut craint, mais il fut aussi respecté parce qu'il accomplissait strictement son devoir de prince, qu'il tenait en haute estime. Ce fut un grand travailleur. Fort instruit, écrivant bien (sa correspondance emplit onze volumes), il voulut être au courant et décider de tout. Voyageur infatigable, il s'informait sur place, et de préférence auprès des gens de moyen état. Sa hâte de régner n'eut d'égal que son sens de l'intérêt de la Couronne. Il appartint à la génération en laquelle s'est éveillée la conscience française. Face au Bourguignon et à l'Anglais, qui cherchaient de nouveau à exploiter les querelles partisanes, il eut cette réplique : « Je suis France. »

Instruit par l'expérience et méfiant par nature, ne recevant que médecins, astrologues ou thaumaturges comme saint François de Paule dans sa retraite de Plessis-lez-Tours, Louis XI décida, avant de mourir, que son jeune fils, Charles, né en 1470, n'aurait pas de régent. Le véritable successeur de Louis XI fut sa fille, Anne, chargée de gouverner au nom de son frère. Le choix était heureux. Louis XI, pourtant, méprisait les femmes, mais sa fille était « la moins folle du monde, car de sage il n'y en a pas ». Cerveau froid et avisé, dominatrice et ferme, Anne était de la trempe d'Isabelle de Castille, de Marguerite d'Autriche et d'Anne de Bretagne, ses contemporaines. Son mari, Pierre de Beaujeu, cadet de la maison de Bourbon, qui avait eu la confiance de Louis XI, partagea avec elle la direction des affaires. Si Charles VIII trembla devant sa grande sœur, ce fut cependant une chance que de l'avoir pour fondé de pouvoir pendant ses jeunes années. Si les contemporains parlent surtout de « Madame la Grande », l'historien sait que les correspondances du temps disent toujours « Monsieur et Madame ». Par eux, la continuité de l'œuvre de Louis XI fut assurée.

La remise en ordre politique occupa inévitablement le devant de la scène et retint principalement l'attention des hommes de gouvernement. Pourtant, comme on le verra, cette œuvre fut celle de toute la nation et ne s'accomplit pas seule. La ruine affectait tous les domaines de l'activité sociale et le flottement régnait jusque dans les esprits. C'est pourquoi le tableau présente constamment des aspects contradictoires. En tout cas, les coupures chronologiques des règnes n'eurent aucune incidence sur l'évolution continue du pouvoir royal dans la voie de l'affermissement. Implacablement, la royauté renforce ses organes de commandement. Ainsi se prépare la France moderne.

En finir avec la présence étrangère : la fin de la guerre de Cent Ans

Pour ne plus revoir l'étranger dominer une partie du sol du royaume et éloigner les ravages d'une guerre incessante, la France commença par reprendre haleine. Depuis la paix avec la Bourgogne et la libération de Paris, Charles VII avait dégagé les environs de la capitale, pris Pontoise en 1441 et harcelé les confins normands ; il avait esquissé un mouvement offensif en direction de la Guyenne. Il n'avait pas pu aller plus avant, faute de moyens et, aussi, en raison des intrigues des princes. L'ennemi, pourtant, était, lui aussi, très affaibli, las de la guerre, divisé et affecté par l'incapacité d'Henri VI et l'impopularité de ses oncles, Gloucester et Somerset, discrédités l'un par ses aventures, l'autre par ses échecs. Les deux adversaires acceptèrent d'arrêter les frais, grâce à la médiation bourguignonne. A Tours (mai 1444), on s'accorda sur le *statu quo* territorial et, pour gage de bonne volonté, Henri VI, devenu majeur en 1442, prit pour femme Marguerite d'Anjou, fille du roi René et nièce de Charles VII.

Cinq ans de trêve ne profitèrent qu'à la France. Le trône d'Henri VI était déjà secoué par les discussions qui firent la fortune d'Édouard IV. Au contraire, les réformes financières de Charles VII, entreprises au lendemain de la libération, commençaient à porter des fruits. La gestion du domaine, si vivement critiquée au début du siècle, bénéficia de réformes ordonnées en 1438 et 1443. Les finances extraordinaires, seules, pouvaient produire des ressources suffisantes pour soutenir l'effort militaire. Les députés aux états de langue d'oïl en 1435 et 1436, du Languedoc en 1439, en voulant épargner la fréquence des voyages exigés par des réunions annuelles, permirent au roi de reconduire la levée des aides. La permanence de l'impôt autorisa la permanence de l'armée juste au moment où la trêve risquait de condamner les mercenaires au licenciement, c'est-à-dire au banditisme de l'Écorcherie. A partir de 1445 et 1446, les « compagnies de l'ordonnance du roi », comprenant cent lances de six hommes (un homme d'armes, un coutilier, un page, deux archers et un valet de guerre), furent soldées par le roi, logées chez l'habitant, astreintes au contrôle des « montres ». En 1448, pour répondre à l'infanterie anglaise, Charles VII appela les roturiers, à raison d'un homme par cinquante feux, à s'exercer au tir à l'arc chaque dimanche ; dispensés de la taille, ces soldats furent appelés « francs archers ». L'institution n'empêcha pas le roi de recruter encore beaucoup de mercenaires, surtout des Écossais. La réorganisation des effectifs s'accompagna d'une artillerie régulière. Grosses bombardes et couleuvrines de moindre calibre furent réparties en « parcs » de 24 pièces. Utilisées d'abord presque uniquement pour l'attaque et la défense des places fortes, elles firent leur apparition sur les champs de bataille lors des dernières campagnes.

Ainsi, avant même la rupture de la trêve, le roi de France disposait, à pied d'œuvre, d'une armée cohérente, adaptée aux exigences nouvelles de l'art militaire. Force modeste, il est vrai, – environ 15 000 hommes d'armes à cheval –, mais néanmoins capable de contraindre l'étranger à s'en retourner chez soi.

La paix était à la merci d'un incident. Il survint en 1449 (24 mars), à Fougères. Un chef de bande, François de Surienne, opérant pour le compte du duc de Somerset, lieutenant d'Henri VI en Normandie, enleva la place au duc de Bretagne, Jean V, revenu à l'alliance de Charles VII. Le roi de France ne tergiversa pas. Une séance solennelle de son Conseil donna le départ à une offensive immédiate en trois directions : la basse Seine, le centre de la Normandie, le Cotentin. Il suffit de quelques semaines pour prendre Lisieux, Argentan, Saint-Lô et Coutances. Les habitants de Rouen ouvrirent à Charles VII les portes de la ville, et Somerset, débordé, ne put même pas y tenir le château. Le 10 novembre, Charles VII fit une entrée émouvante dans la capitale normande enthousiaste : « Estoit le roy tout armé à blanc et son cheval couvert d'ung drap d'or tout semé de fleurs de lis... Veult le roy que Mgr le Chancelier fust en habit de chancelier (avec) son manteau fourré et devant lui le sceau sur une haquenée blanche... couverte d'un drap d'or... (Ensuite venaient les conseillers du roi :) Mgr le sénéchal de Poitou, le bailly de Laon..., le bailly de Rouen, l'argentier, nommé Jacques Cœur, bien richement habillés, ...les hérauts, trompettes et ménétriers et... Mgr de Dunoys... Après le roy, chevauchaient... le roy de Sicile, Mgrs du Maine, de Nevers, de Clermont, de Castres, de Saint-Pol, de Dampmartin et le sire de Lorraine... Hors de la ville au devant du Roy, alèrent de troys à quatre cens bourgeois, tous vestus de bleu et chapperons rouges... Et après, allèrent toutes les paroisses en procession faire la révérence au roy ès champs. Et puis s'en retournèrent en bel ordre dans la ville... A l'entrée de la ville, y avoit des personnages : ... ung mouton... qui jetait vin par les cornes et les narines ; ... devant Notre-Dame, sur un échafaud, un grand cerf blanc que deux demoiselles... présentoient au roy. A la descente du roy (quatre évêques), mitres sur leurs testes. En ce point, le roy entra dans l'église... »

Peu de temps après la prise de Rouen, la chute d'Honfleur libéra l'estuaire de la Seine. En Basse-Normandie, un suprême effort, tenté avec des troupes fraîches amenées d'Angleterre, fut brisé à Formigny (15 avril 1450) par la précision du tir de l'artillerie de Richemont. Cherbourg tomba quatre mois plus tard. Il n'y avait plus d'Anglais en Normandie.

La reconquête de la Guyenne fut plus difficile en raison de la versatilité des Bordelais, attachés à l'Angleterre par des liens séculaires. En 1451, Bordeaux se rendit à Dunois (30 juin) et Bayonne céda le 20 août. Mais, soucieux d'écouler leur vin, les habitants rappelèrent Talbot et ses bandes anglaises à l'époque des vendanges. Les armées de Charles VII durent attendre un an et demi avant de rentrer en campagne : cette fois, l'opération fut décisive. A Castillon (17 juillet 1453), revanche d'Azincourt, Talbot trouva la mort, en éprouvant l'inanité démodée des charges désordonnées en face de la puissance du feu. Le 19 octobre, Bordeaux capitula. Calais et le comté de Guînes restaient entre les mains anglaises, car Philippe le Bon avait désiré qu'on n'inquiétât pas les marchands de l'étape, de qui ses sujets recevaient la laine, source de leur gagne-pain. Néanmoins, les opérations continentales de la guerre de Cent Ans avaient pris fin. L'exergue de la médaille commémorative de la libération de la Normandie (« Gloire et paix à toi, roi Charles, et louange perpétuelle. La rage des ennemis a été vaincue et ton énergie, grâce au conseil du Christ et au secours de la loi, refait le royaume qu'une crise si grave avait ébranlé ») traduit le soulagement légitime des Français.

Pourtant, rien, pas même une trêve, ne garantissait la France d'un retour offensif des Anglais. Les populations côtières des deux pays vécurent dans un perpétuel qui-vive pendant des décennies : les Français attaquèrent Sandwich et l'île de Wight, les Anglais l'île de Ré. Les corsaires se rendaient coup pour coup. C'est à peine si les Anglais pouvaient boire encore du vin de Bordeaux. Chacun des deux adversaires chercha à profiter des embarras de l'autre. Louis XI soutint le malheureux Henri VI contre Edouard IV ; ce dernier, beau-frère de Charles le Téméraire, négocia avec celui-ci, à deux reprises (1468, 1474), un démembrement de la France. Mais les temps étaient révolus, Louis XI n'était pas un Jean le Bon ; la couronne d'Édouard IV était de fraîche date ; quant à avoir Charles pour allié, cela valait-il mieux que d'être son ennemi ? En 1475, cependant, Édouard IV renouvela le geste initial de la guerre de Cent Ans et revendiqua la couronne de France. Il débarqua à Calais, mais en quelques jours l'entreprise fit long feu. La prudence conseilla aux deux rois le règlement amiable d'une opération mal commencée. A l'entrevue de Picquigny, Édouard fit honneur à la chère française. Une trêve fut signée pour sept ans. Moyennant 75 000 écus et une pension annuelle de 50 000, Louis acheta la retraite d'Édouard. Les Anglais parlèrent de « tribut », mais leur roi était trop content d'avoir de l'argent sans le demander au Parlement. Le bon sens populaire français, lui, ne s'y trompa pas ; sa joie éclata en chansons :

J'ai vu le roi d'Angleterre
Amener son grand ost (armée)
Pour la française terre
Conquérir bref et tost.
Le roi, voyant l'affaire,
Si bon vin leur donna
Que l'autre, sans rien faire,
Content, s'en retourna.

Ni Édouard IV ni son successeur n'abandonnèrent leurs prétentions au trône de France. On redouta, sous Charles VIII, Louis XII, François Ier, une descente anglaise en Normandie ou en Guyenne. Vaines prétentions, craintes sans fondements! L'avenir avait donné raison à Jeanne d'Arc et, à quelque chose malheur étant bon, la guerre, finalement, servit les intérêts des deux peuples hostiles, en rendant l'un à sa vocation insulaire, en donnant à l'autre conscience de son unité dans le cadre d'une monarchie restaurée.

En finir avec le désordre intérieur et la turbulence des princes

Embaucher les bandes dans les compagnies d'ordonnance, ce fut un moyen de neutraliser leurs méfaits. Dieu sait ceux qu'elles avaient commis! Les mieux organisées, celles de Vilandrando, de La Hire, de Xaintrailles, de Perrinet Gressart, sans parler des bandes anglaises, avaient contracté l'habitude de vivre sur le pays et d'imposer des compositions, les « appâtis », même à de grandes villes, comme Toulouse en 1439. La même année, on avait essayé, en vain, de rendre les capitaines responsables des violences de leurs troupes. Les Écorcheurs méritaient bien leur nom. Le dauphin Louis entraîna certains se faire tuer en Lorraine et en Suisse. Le fléau ne cessa pas du jour au lendemain et reparut, sous Louis XI, au temps des guerres bourguignonnes, dans la Région parisienne et en Picardie. Quelques provinces ne connurent la sécurité qu'au terme du siècle. La réduction des princes à l'obéissance fut une œuvre de plus longue haleine et, en réalité, plus importante, parce que l'enjeu en était l'existence même de l'État.

Intrigues partisanes

On avait pu légitimement espérer que la réconciliation de Philippe le Bon avec Charles VII, sanctionnée par le traité d'Arras (1435), mettrait un terme aux anciennes rancunes. Les intrigues princières reprirent cinq ans plus tard, avec des traits nouveaux, dans la Praguerie. Fait rare dans l'histoire de la royauté française, l'héritier du trône s'éleva contre son père. Le dauphin Louis donna inconsidérément sa caution à un complot dont l'un des affidés, le duc d'Alençon, avait pris langue avec les Anglais. Contre eux, Charles VII dut faire campagne en Poitou et en Auvergne. Une autre nouveauté, assez pernicieuse, mais tenace, puisqu'on en suit la trace jusqu'à la Fronde, fut que l'opposition au roi de France se parait des apparences — peut-être, de la bonne conscience — de la défense de l'intérêt commun. En 1440, les Princes reprochèrent à Charles VII de ne pas suivre leurs conseils, puis en appelèrent à une assemblée d'états, au cours d'une réunion tenue à Nevers en 1442. Charles VII sut déjouer l'intrigue avec vigueur et habileté. Pourtant, deux fois encore au cours du siècle, à vingt-trois ans de distance, la royauté vit se dresser contre elle des hommes qui prétendaient agir au nom du « bien public ». Tel fut, en effet, le prétexte sous lequel, par un ironique retour des événements, Louis XI, en 1465, faillit perdre Paris et fut tenu en échec à Montlhéry par une coalition princière animée par le comte de Charolais, héritier de la Bourgogne, et le duc de Bretagne, François II. Cette fois, le rôle joué naguère par le dauphin fut tenu par son frère, Charles. En fait de « bien public », « chacun tendait à son profit » personnel, ainsi qu'en témoignent Commynes et le poète Henri Baude. Il est vrai que les maladresses initiales de Louis XI avaient fait beaucoup de mécontents. Le roi dut traiter d'égal à égal avec les révoltés, à Saint-Maur et à Conflans (octobre 1465), et leur faire de grandes concessions : renouveler au profit du duc de Bourgogne la donation, faite en 1435, des villes de la Somme, annulée au début du règne à la faveur de la sénilité de Philippe le Bon ; rendre au duc de Bretagne les seigneuries d'Étampes et de Montfort- l'Amaury ; transférer la Guyenne au duc de Bourbon et constituer la Normandie en apanage pour son frère Charles. Le prix de la paix était exorbitant, mais du « bien public » il ne fut question désormais, et nul ne parla plus.

Plus exactement, on en argua encore vingt-trois ans plus tard, lors de la réaction de détente qui suivit la mort de Louis XI. « Il se forge un nouveau Bien public », écrivit alors Henri Baude. Les états généraux de 1484 avaient tourné court, et le libéralisme des princes, même celui du futur Louis XII, compromis dans l'affaire, comme autrefois le dauphin Louis et Charles de Guyenne, était trop affecté pour trouver crédit. La rencontre de Saint-Aubin-du-Cormier (28 juillet 1488) ne rappela en rien la bataille de Montlhéry. Cette fois, la guerre princière ne laissa que le souvenir d'une « folie », parce que, d'étape en étape, mais non sans mal, la royauté avait désamorcé les pièges qui lui avaient été tendus. Il nous faut donc revenir en arrière pour suivre le recul progressif des princes territoriaux, qui se terminera par une mise au pas définitive.

Plus loin, nous constaterons combien la noblesse française sortit transformée de la guerre de Cent Ans. L'évolution économique ne fut pas seule responsable. Les modifications de structure introduites dans l'armée ramenaient les chevaliers au rôle de simples combattants au service du roi ou de quelques grands seigneurs, assez puissants pour les « retenir » dans les compagnies. Les nobles voyaient surveiller leurs châteaux ; leurs droits judiciaires et fiscaux étaient limités ; leurs titres féodaux eux-mêmes, sujets à contrôle. Seuls, certains princes territoriaux essayèrent, pendant quelques décennies, de suivre une voie indépendante de la royauté.

Les derniers États princiers

Dès le règne de Charles VII, on peut discerner le sens de l'évolution des rapports entre la Couronne et les princes. Des procès retentissants sanctionnèrent les deux scandales les plus évidents. Le duc Jean II d'Alençon, oublieux de son passé de « gentil » compagnon de Jeanne d'Arc, osa inviter les Anglais à envahir le Cotentin en 1455 ; sa correspondance le dénonça ; il fallut la grâce royale pour commuer en détention la peine capitale dont la Cour des pairs, réunie en 1458, avait puni cette trahison. Le comte d'Armagnac, Jean V, quatre ans plus tard, fut banni et ses biens séquestrés par arrêt du parlement. Il avait bravé l'autorité royale par l'indépendance de sa politique, et l'autorité pontificale par l'inceste dans lequel il persistait avec sa sœur, au mépris de l'excommunication. Entre-temps, les gens du roi avaient fait entendre très haut aux ducs de Bourgogne, de Bourbon et de Bretagne, la vanité de leur prétention à détenir leurs titres « par la grâce de Dieu ». De nouveau prévalait l'adage qu'il n'y a qu'un roi en France.

Ce ne fut pas chose aisée. Les prétentions princières ne s'en tenaient pas à des titres, à des rivalités d'influence, ou à de faux-semblants de défense du bien public. Chaque principauté tendait à devenir un État jouissant de toutes les attributions de la souveraineté, sur les plans administratif, financier, militaire et diplomatique. L'institution des apanages en était arrivée à produire ses effets les plus néfastes, d'autant plus que certains princes des fleurs de lis échappaient juridiquement à l'emprise du roi par la possession de certains territoires sis hors du royaume. Il en était ainsi de la maison d'Anjou, maîtresse de la Provence et détentrice au moins du titre royal de Naples. C'était surtout le cas de la maison de Bourgogne, dont les aspirations à la sécession de fait, sinon de droit, n'étaient pas un mystère.

Philippe le Bon s'était « senti » encore français, mais on ne peut guère en dire autant de Charles le Téméraire, son fils et successeur en 1467. Il rappelait plus volontiers son ascendance portugaise et lancastrienne, en ligne maternelle, et son mariage avec une York. Une bonne moitié de ses territoires relevait non du roi, mais de l'Empereur. Au roi il devait l'hommage pour le duché de Bourgogne, le Charolais, les villes de la Somme, l'Artois et la Flandre jusqu'à l'Escaut ; mais de l'Empereur il tenait le reste de la Flandre, le Hainaut, Liège, le Luxembourg, le Brabant, la Zélande, la Hollande, la Gueldre et le comté de Bourgogne ; il chercha à joindre le tout par la conquête de la Lorraine et la tutelle des villes d'Alsace, afin d'en constituer un bloc unique rappelant l'ancienne Lotharingie. Au seigneur de tout cet ensemble il ne manquait que l'éclat de la dignité royale ; le Téméraire escomptait l'obtenir de l'Empereur.

Le fils de Philippe le Bon fut servi par bien des chances. D'abord, l'œuvre de ce dernier, grand regroupeur de terres et fondateur d'institutions, aussi bien servi que Charles VII par un personnel administratif dévoué dont le chancelier Rolin fut le type le plus marquant. Ensuite, les qualités d'intelligence de Charles, son habileté diplomatique, son art de la propagande, son éloquence, son courage militaire : homme d'État en avance sur son temps, il eut le tort de vouloir réaliser ses projets avec hâte. Autoritaire jusqu'à la violence, il exigea trop de ses sujets, moins avides que lui de gloire et de puissance et plus préoccupés de leur situation présente que de l'avenir. A la fin, la finance italienne elle-même, généralement prompte à saisir les occasions d'investissements profitables, se lassa de l'aider, à commencer par les Médicis. Pourtant, le duc Charles fut, aussi, à diverses reprises, secondé par les finasseries brouillonnes de Louis XI. Bref, il vit loin et grand, trop sans doute, et pour cette raison recueillit le surnom de Téméraire.

Ce qui eût fait la puissance de l'Etat bourguignon eût affaibli et troublé le royaume valois. En effet, le Téméraire fut le catalyseur de tous les mécontentements au temps de la guerre du Bien public, et celui de ses ennemis étrangers à la France, Edouard IV surtout. Le roi de France perdit la première partie, à Montlhéry, puis lors de l'humiliante entrevue de Péronne (9-14 octobre 1468). Venu imprudemment chez son adversaire, chambré ou plutôt emprisonné par lui, Louis XI dut accepter, sous la pression physique et morale, toutes les exigences de Charles, pour éviter le sort de Charles le Simple, jadis captif, au même lieu, du comte de Vermandois. Commynes a retracé en traits inoubliables la colère du duc et le sang-froid du roi. Louis s'engagea à appliquer les traités d'Arras et de Conflans, accepta d'assister à la répression du soulèvement de Liège, sa fidèle alliée, renonça, pour l'avenir, à la juridiction du parlement de Paris sur la Flandre, ce qui équivalait à l'affranchissement du comté de l'autorité royale.

Louis XI avait ployé sous l'orage, bu la honte d'une capitulation et du mépris, car ses sujets, alors, osèrent le chansonner.

Cependant, il rapportait de Péronne deux atouts : la servilité de plusieurs serviteurs de Charles, à commencer par Commynes, qu'il avait corrompus ; la nullité d'engagements consentis sous l'effet de la violence. Habilement, le roi la fit constater par une assemblée tenue à Tours en novembre 1470 et, fort de ce constat, réoccupa les villes de la Somme immédiatement. Ayant, entretemps, financé la restauration d'Henri VI, Louis XI, l'espérant durable, escomptait soutirer à Charles l'alliance anglaise. « J'ay espérance, écrivait alors le roi, que ce sera la fin des Bourguignons. » Hélas! il n'était pas au bout de ses peines.

Après 1468, 1472 fut une année dure. Charles retrouvait l'alliance d'Édouard IV, définitivement restaurée, bénéficiait de la brouille de Louis XI avec les Couronnes de Castille et d'Aragon à la veille même du mariage des Rois Catholiques, survenu en 1474. Le Téméraire tissait les liens d'une coalition étrangère qui se ramifiait à l'intérieur auprès du frère du roi, Charles de France, et des ducs de Bretagne et d'Armagnac. Charles croyait atteindre son but ; déjà, il préparait son couronnement royal.

Cependant, la chance ne sourit pas aux seuls audacieux. La patience de Louis trouva sa récompense. Quoique sévère puisqu'elle dévasta la Picardie et le pays de Caux en 1472, la campagne bourguignonne échoua devant Beauvais, dont l'héroïsme légendaire de Jeanne Laisné, dite Jeanne Hachette, illustra la résistance. Inopinément, Charles de France vint à mourir ; des rumeurs malveillantes attribuèrent sa mort à Louis XI. Le comte d'Armagnac fut défait. Le duc de Bretagne traita séparément avec le roi. Quant à l'Empereur, Frédéric III, longtemps réticent, il finit par décevoir Charles en lui refusant la couronne royale, si ardemment convoitée (entrevue de Trèves, 1473). L'étoile du Téméraire déclinait.

La puissance bourguignonne était arrivée à la limite de ses moyens. En 1474, l'échec du siège de Neuss révéla l'affaiblissement d'une force militaire, pourtant bien dotée en artillerie et réglée, trop tard, par une excellente ordonnance inspirée des principes des condottieri italiens. Au même moment, les villes des Pays-Bas résistaient aux exigences financières du duc. C'était au tour de Louis XI de renverser à son profit les positions diplomatiques. Sans peine, il suscita à Charles de nouveaux adversaires ; Sigismond d'Autriche, les cantons suisses, les villes rhénanes, René II de Lorraine formèrent l'union de Constance (avril 1474). La défection anglaise, au traité de Picquigny, consterna le Téméraire. Pour limiter les dégâts, le duc de Bourgogne se résigna à conclure avec Louis XI une trêve à Soloeuvre (13 septembre 1475).

Charles croyait pouvoir redresser sa situation et la consolider en conquérant la Lorraine et mettre à la raison les cantons suisses. S'il chassa René II de son duché, les piquiers suisses lui infligèrent une double et sévère défaite à Grandson et à Morat (2 mars et 22 juin 1476). Mortifié d'avoir été vaincu par des « vachers », Charles éprouva l'amertume de voir se soulever contre lui les paysans lorrains. Par surcroît, le condottiere napolitain Campobasso trahit Charles. Le sol se dérobait sous ses pas. Le duc n'eut plus qu'environ 2 000 hommes à opposer à René et aux Suisses à une faible distance de Nancy, le 5 janvier 1477. Le son des fameuses trompes d'aurochs des soldats des cantons d'Uri et d'Unterwalden sema la panique parmi les troupes bourguignonnes. Deux jours plus tard, on retrouva le cadavre de Charles. Au reçu de la nouvelle, Louis XI manifesta une joie indécente. Il faut dire que le royaume était libéré d'une menace mortelle.

Des deux « cornes raides » qui menaçaient le roi de France, la Bourgogne étant abattue, restait la Bretagne. Elle constituait une principauté beaucoup moins étendue, moins bien placée, malgré sa position maritime, et surtout moins riche que la Bourgogne. Le duc régnant François II (1458-1488) n'était pas de la trempe du Téméraire ; il était jouisseur et versatile, tandis que s'exerçait sur lui l'influence anglophile du trésorier Pierre Landais. Nantes, résidence ducale, était devenue le nouveau foyer des intrigues des princes, entre eux et avec l'étranger. Avant de mourir, Louis XI n'eut pas le temps d'agir de ce côté. Sa fille s'en chargea et, au lendemain de sa défaite, le vieux duc accepta (traité du Verger, 1488) d'expulser de ses États les ennemis du roi et de ne pas marier ses filles sans son consentement. La cause était gagnée par la royauté contre les grands princes territoriaux. Il n'y a plus qu'un souverain, le roi, et bientôt qu'un seul État, le royaume.

Agrandir le domaine royal

Le triomphe de la royauté sur les particularismes princiers ne pouvait être assuré définitivement que par l'union de leurs possessions au domaine de la Couronne. A cet égard, pendant la seconde partie du XVe siècle, l'extension du domaine fut aussi considérable que variées les modalités : confiscation, reprise, héritage, dotation matrimoniale, achat. Les possibilités offertes par les coutumes féodales continuèrent à être exploitées concurremment avec l'usage croissant des droits de la souveraineté. Grâce à de tels procédés, l'institution des apanages régressa aussi bien que la mouvance traditionnelle. Mieux encore, le domaine continua à s'élargir au-delà même des limites anciennes du royaume, sous l'impulsion d'une conscience de plus en plus claire des frontières naturelles de la région française.

C'est ainsi que la Couronne se saisit, par confiscation, des comtés d'Alençon, d'Armagnac et de Saint-Pol, après la condamnation de leurs turbulents possesseurs. La mort, sans héritier, de Charles de France permit à Louis XI de récupérer le Berry et la Guyenne. Mais les grandes acquisitions résultèrent de la triple succession de Bourgogne, d'Anjou et de Bretagne.

La fille du Téméraire était, au témoignage de Commynes, « la plus grande héritière de la Chrétienté ». Marie de Bourgogne n'ayant que treize ans à la mort de son père, la tutelle et la garde revenaient de droit au roi, selon la coutume. Avec plus de patience et moins de hâte, Louis XI aurait pu, sans beaucoup de mal, garder sous son contrôle la totalité de la succession. Un moment, il forma le projet de marier l'héritière de Bourgogne au dauphin, malgré la disparité de leurs âges. Mais usant hâtivement de ses droits, le roi fit immédiatement occuper, outre le duché, l'Artois et la Picardie, le comté de Bourgogne et Cambrai, sis en terre d'Empire. Pour faire face à la contrainte et à la ruse, Marie ne pouvait plus compter de sujets fidèles qu'aux Pays-Bas et de protecteur qu'en la personne de son autre seigneur, l'Empereur. Voilà pourquoi elle accepta la main de Maximilien de Habsbourg, fils de Frédéric III (18 août 1477). Contre ce dernier, Louis XI soutint une guerre qui traîna cinq ans, sans conviction ni succès ; à la bataille de Guinegatte (7 août 1479), son premier combat, l'infanterie des francs archers se déconsidéra à jamais. En revanche, l'impitoyable châtiment d'Arras, vidée de ses habitants, débaptisée et repeuplée de nouveaux venus, donna la mesure de la rigueur du roi. Le hasard, de nouveau, servit la cause de Louis XI. Marie de Bourgogne mourut accidentellement, des suites d'une chute de cheval. Maximilien se résolut à négocier en 1482 (à Arras, 23 décembre). Il renonçait définitivement à la Bourgogne et à la Picardie en faveur du roi de France et assignait en dot la Comté, le Mâconnais, l'Auxerrois et l'Artois à sa fille Marguerite, née de son union avec Marie, et alors âgée de trois ans ; celle-ci, fiancée au dauphin Charles, fut sans délai confiée à Louis XI, pour être élevée à la cour de France. Maximilien conservait tous les Pays-Bas, y compris la Flandre de langue française. L'État bourguignon était disloqué, le domaine royal agrandi. Tout imparfait qu'il fût, le résultat couronnait l'œuvre de Louis XI et nul ne pouvait prévoir le règne de Charles Quint ni le traité de Madrid.

La succession de la Maison d'Anjou s'ouvrit également avant la mort de Louis XI. Coup sur coup disparurent, sans héritier direct, le roi René (10 juillet 1480) et son neveu, Charles du Maine (11 décembre 1481). En dehors du roi de France, seul René II de Lorraine, neveu d'Isabelle, femme du roi René, pouvait élever quelques prétentions à sa succession. Les Beaujeu, en 1484, laissèrent le Barrois au Lorrain, moyennant quoi l'apanage angevin rentra dans le domaine royal ; s'y ajoutait la Provence, hors des limites féodales du royaume, avec des prétentions, lourdes pour l'avenir, sur la couronne de Naples.

Louis XI n'aurait pas eu le temps, si la prudence lui avait fait défaut, de faire valoir ces droits en Italie ; mais il s'était inconsidérément engagé dans les complications successorales de l'Aragon, où la maison d'Anjou avait éprouvé certains déboires. Non sans maladresse, il réalisa la conquête du Roussillon (1475), au risque de poser entre les Rois Catholiques et la couronne de France un problème délicat, dont Charles VIII, partant vingt ans plus tard pour l'Italie, ne se libéra que par l'abandon de cette province.

Louis XI ne vécut pas assez pour voir s'ouvrir la succession de François II de Bretagne. Mais les Beaujeu la réglèrent comme l'eût fait leur père. Maximilien d'Autriche crut pouvoir renouveler avec la jeune Anne de Bretagne, héritière de François II en 1488, le coup qui avait réussi aux Pays-Bas. Mais la petite duchesse, une enfant de onze ans, était précocement résolue. Sans hostilité envers la France, elle ne voulait pas que la juridiction du parlement de Paris et la suffragance des évêques bretons à l'égard du siège de Tours portassent préjudice à l'autonomie du duché ; elle n'admettait pas d'autre dépendance que celle d'un hommage mal défini. Pour faire face à son suzerain, qui réclamait la « garde » du fief d'une mineure et envoyait une armée, Anne trouva l'aide des paysans bretons et les propositions intéressées des princes étrangers : Henri VII, les Rois Catholiques, Maximilien ; c'était trop tard et trop peu. Anne épousa Maximilien par procuration (1490), mais ne vit jamais ce mari fantôme, et moins encore ses troupes et son argent. Charles VIII, alors, entrait à Nantes, et la Bretagne était menacée d'annexion pure et simple, parce que le traité du Verger avait été violé. Anne accepta la solution française, conseillée par son entourage, et dans l'intérêt breton. Le mariage du roi et de la duchesse fut célébré à Langeais (décembre 1491). Ni annexion ni réunion ; simple union personnelle par contrat volontaire. La Bretagne devait conserver ses institutions et, si le mariage était stérile, Anne épouserait le successeur de son mari. C'est ce qui arriva, puisque Louis XII épousa Anne en secondes noces, et que leur fille, Claude, en 1514, devint la femme de François Ier. Par trois mariages successifs, le duché fut uni à la Couronne. « Bons Bretons et bons Français » tout à la fois, quoique fidèles au souvenir de la « Duchesse Anne », les Bretons n'étaient plus pour la royauté un motif d'inquiétude.

L'avènement de Louis XII détermina la réunion des biens de la maison d'Orléans au domaine royal ; l'étendue de ce dernier coïncida désormais à peu près avec celle du royaume. Hormis le Barrois à l'est, Albret, Foix et Comminges au sud, il ne restait plus qu'un seul grand apanage isolé au centre de la France, celui des Bourbons. La fortune des grandes principautés territoriales avait vécu et, par un singulier paradoxe, Louis XII bénéficia de l'ordre rétabli par ceux-là mêmes contre qui il avait naguère levé l'étendard de la révolte, lors de la Guerre folle. On sait que, devenu roi, il eut le mérite de vouloir « oublier les injures du duc d'Orléans ». Les institutions avaient enfin retrouvé et parfait leur équilibre.

Restaurer l'ordre dans l'Etat

La restauration de l'État ne pouvait pas être l'œuvre des partis. L'échec de l'ordonnance cabochienne en avait été la preuve et rien de sérieux n'avait pu sortir ni de la Praguerie, ni de la ligue du Bien public, ni de la Guerre folle. Une œuvre aussi considérable ne pouvait provenir que de l'autorité royale et seule une action continue, mais progressive, devait réussir. Ce qui était en jeu était, ni plus ni moins, l'exercice des attributions de la puissance publique. La mise au pas des princes n'en était qu'une condition. Et les changements de règne n'eurent qu'une influence limitée sur le cours d'une évolution liée à la nature des choses, et soutenue par l'action des « gens du roi ».

La première tâche avait consisté à rétablir la vie commune du nord et du midi de la France, entre lesquels la Loire, au temps de la guerre, avait joué le rôle de frontière. La dualité administrative d'avant 1436 posa un problème d'institutions et de personnel. Dans les régions naguère occupées par les Anglais, deux titulaires du même office se trouvèrent face à face ; le choix entre eux exigeait du discernement. Dès 1437, on avait restauré une chancellerie et des cours souveraines uniques en fusionnant celles de Bourges, Tours et Poitiers avec les éléments parisiens demeurés fidèles à Charles VII. En Normandie, il fallut résoudre le délicat problème des transferts de propriétés opérés pendant l'occupation au profit des Anglais et de leurs collaborateurs. Plus graves étaient les traditions particularistes des provinces recouvrées, Normandie et Guyenne, ainsi que les tendances régionales du Languedoc, de l'Auvergne, du Poitou, de la Champagne et même des pays environnant Paris, où l'on avait dû, pendant la guerre, tenir des assemblées locales pour le vote des aides, établir des « bureaux » pour leur perception. On avait même institué une cour des aides à Montpellier en 1439, un parlement à Toulouse en 1443. La centralisation monarchique était mise en cause.

Progrès de la fiscalité

L'œuvre commença, on l'a vu, par la récupération de l'impôt et son affermissement, ainsi que par l'institution d'une armée permanente. Désormais, le roi eut entre les mains les instruments nécessaires du pouvoir. Si, pour sa part, l'armée évolua selon les transformations de l'art militaire, les grandes lignes du nouveau système fiscal subsistèrent, de leur côté, pendant plusieurs siècles. A la vieille distinction des finances ordinaires et des finances extraordinaires, administrées dans le cadre des généralités, s'ajoutait, pour celles-ci, un régime décentralisé, mais cohérent, correspondant à leur développement. Des assemblées d'états continuèrent à se tenir dans les fiefs réunis au domaine royal ; ainsi les « pays d'états » s'opposèrent aux « pays d'élection », où les délégués royaux, les « élus », répartissaient les taxes. Le régime fiscal variait aussi selon les impôts et les régions. Les aides, affermées en certaines régions, furent, ailleurs, rachetées par les provinces, qui payaient l'« équivalent ». La gabelle était encaissée, pour le compte du roi, par les marchands fournisseurs des greniers à sel ; mais les pays producteurs la payaient moins cher. La taille, enfin, était assise soit sur les terres (taille réelle), soit sur les personnes (taille personnelle) ; mais il y eut inégalité dans l'imposition, puisque la taille, rachat du service militaire, ne s'appliquait pas au clergé, auquel il était interdit de verser le sang, ni à la noblesse, dont le métier des armes était la vocation. L'organisation fiscale, devenue cohérente, pouvait durer. La recette augmenta constamment ; sa totalité ne s'élevait qu'à 1 800 000 livres par an sous Charles VII, alors que la taille, seule, en donna 2 700 000 en 1474, 4 600 000 en 1481 et 3 900 000 en 1490. Nul souverain en Europe ne disposait, alors, librement de ressources aussi importantes.

L'ordre dans la justice

La guerre terminée, le roi affirma qu'il était maître de la justice et source de tout pouvoir. La réforme administrative réclamée depuis un demi-siècle contre la royauté fut réalisée par elle. La grande ordonnance judiciaire de Montil-lès-Tours (1454) montre l'efficacité restaurée de la volonté législative du roi. Nomination de magistrats, exercice de leurs fonctions, règles de procédure, sont fixés ; en application de l'ordonnance, la publication des coutumes de Bourgogne (1459) inaugura la rédaction du droit coutumier, oral jusque-là, par lequel les régions septentrionales s'opposaient aux méridionales, pays de droit écrit. Un heureux compromis s'établit entre la centralisation et le respect des diversités locales. Le parlement de Paris, avec ses chambres multiples (requêtes, enquêtes, grand-chambre), retrouva son prestige et son rôle de juridiction suprême, dont les décisions, en vertu d'un arrêt de 1474, furent exécutoires dans tout le royaume. Le roi, cependant, contre qui, dès le temps de Louis XI, le parlement « remontrait » l'intérêt de l'État, dut prendre soin de contrôler son recrutement et de limiter ses attributions. On borna son ressort en dotant de parlements Toulouse (1443), Grenoble (1453), Bordeaux (1462), Perpignan (1463), Dijon (1477), et en conservant l'Échiquier de Rouen et la cour d'Aix-en-Provence. On restreignit sa compétence par l'« évocation » des plus grandes « matières » devant le Grand Conseil. Pourtant, les officiers des parlements et des tribunaux inférieurs étaient des instruments zélés de centralisation aux dépens des anciennes justices féodales. Il en était ainsi, également, des « commissaires extraordinaires » chargés d'inspections temporaires. 4 000 à 5 000 officiers, 10 000 ou 12 000 subordonnés, 600 châtellenies, 88 sénéchaussées ou bailliages, 10 gouvernements provinciaux, 4 généralités, 79 élections, 172 greniers à sel, 28 ateliers monétaires, sans oublier les cours souveraines (7 parlements, 4 chambres des comptes, 3 cours des aides, 1 chambre des monnaies), tels étaient les principaux cadres d'une administration au contrôle de laquelle rien n'échappait, pas même les villes, dont la police et la gestion étaient surveillées. Tout dépendait du conseil du roi ; diverse, tempérée par ses propres agents, la monarchie tendait à la centralisation ; elle devint autoritaire sous Louis XI, absolue sous ses successeurs.

Le clergé en tutelle

Astreint par le serment du sacre à protéger les églises, le roi attendait, en retour, la fidélité du clergé. La séparation de l'Église et de l'État était inconcevable en un temps où la société civile et la communauté chrétienne constituaient un corps unique. Ayant recouvré force et prestige, le gouvernement de Charles VII, à partir de 1432, revint aux tendances gallicanes sacrifiées au temps de sa misère. Après la paix d'Arras, les bons offices du pape n'étaient plus nécessaires. Les décrets réformateurs du concile de Bâle, défavorables au pouvoir pontifical, servirent, alors, de modèle à l'assemblée du clergé français tenue à Bourges en 1438. Sans contester l'autorité du pape, la pragmatique sanction rendait au gouvernement royal le contrôle de l'Église de France, dont il avait joui lors des deux soustractions d'obédience de 1398 et de 1407. Le roi pourrait recommander ses candidats aux élections bénéficiales ; les bulles pontificales ne seraient pas publiées sans sa permission ; les appels en cour de Rome seraient limités ; les annates, réserves et expectatives supprimées ; la régale, maintenue au profit du roi. La pragmatique ayant été établie unilatéralement, le Saint-Siège lutta sans cesse pour son abrogation. Parlementaires et universitaires, gallicans, firent échouer toutes les négociations et répondirent par l'affirmation des principes conciliaires et le refus des décimes de croisade aux efforts de conciliation manifestés lors de la légation du cardinal d'Estouteville et du procès de réhabilitation de Jeanne d'Arc.

Prenant le contrepied de son père, Louis XI n'avait pas appliqué la pragmatique en Dauphiné et l'abrogea à son avènement, quitte à en rétablir par ordonnances les principales dispositions. Il était trop fin politique pour négliger l'occasion d'un bon compromis ; un concordat avec Sixte IV, en 1472, réserva le droit de présentation du roi aux bénéfices majeurs. En dépit de quelques concessions du roi, l'Église de France subissait la « lourde servitude » que Pie II reprochait à la pragmatique. Le roi n'entendait pas que son clergé s'administrât lui-même. S'il ne voulait plus des assemblées d'états, pourquoi réunir le clergé ? Il n'y eut pas de concile national après 1438, pas de concile provincial après 1467. Le synode de Sens, en 1485, fut réuni par le roi pour la réforme disciplinaire du clergé. Car il est significatif que la réforme ecclésiastique, à côté de promoteurs individuels tels que l'abbé Jean de Bourbon à Cluny et l'abbé Dumas à Chezal-Benoît, se fit avec l'encouragement du roi. Il en avait été de même pour la réforme universitaire, à laquelle est attaché le nom d'Estouteville. Pour réduire le clergé à l'obéissance, il ne manquait plus que de placer à sa tête, avec l'agrément pontifical, un homme de confiance du roi en qualité de légat : un vice-pape, choisi par le souverain, qui éviterait le recours à Rome. Charles VIII le demanda pour Balue en 1483 ; Louis XII l'obtint pour Georges d'Amboise en 1501.

Refaire la fortune des Français

Et quand Angloys furent dehors,
Chacun se mit en ses efforts
De bâtir et de marchander
Et en biens superabonder.

Expression exacte d'une ardeur confiante, ces vers d'un notaire de Laval, au XVe siècle, ne sont pas exempts d'exagération, au moins au quatrième vers. La guerre n'était pas seule responsable de la ruine, et la dépression économique commune à tout l'Occident freina la reprise pendant plus d'un quart de siècle après la fin des hostilités. Les efforts fournis ne porteront leurs fruits qu'à la génération suivante.

Restauration des campagnes

Dès la trêve de 1444 comme à chacune des accalmies survenues au cours de la guerre de Cent Ans, les initiatives individuelles concoururent à repeupler et à remettre en culture les terres dévastées. Des ordonnances royales secondèrent ces efforts. Le temps fit le reste, et la paix, enfin rétablie, permit ce qui n'avait jamais été possible dans la précarité. Des mouvements de population, encore mal connus, installèrent dans le Bordelais des gens du nord, Bretons surtout, dépourvus d'accent et ignorant le dialecte local, que les anciens habitants appelèrent « gavaches » ; il vint aussi des Bretons en pays de Caux et entre Seine et Loire ; des Limousins et des Berrichons repeuplèrent l'Angoumois ; le roi René attira des Italiens en Provence ; il surgit des villages nouveaux en Picardie, mais beaucoup, en Ile-de-France, par exemple, ne ressuscitèrent pas. La population semble progresser ; les familles de six ou sept enfants paraissent maintenant chose commune.

La réoccupation des terres exigeait la remise des propriétaires en possession de leurs biens. Une ordonnance y pourvut en faveur des victimes de spoliations ennemies. Des documents permettent de suivre la difficile enquête qui servit à définir l'étendue des propriétés dans la Région parisienne. Pour attirer et retenir les paysans, les seigneurs leur consentirent des contrats libéraux d'un type nouveau, comportant allégement temporaire ou perpétuel des cens et des redevances, transformation des services en rentes de taux réduit, fourniture par le propriétaire du cheptel et de l'outillage, moyennant quoi le preneur s'engageait à essarter et à marner les terres. Des lots de défrichement furent accordés à des paysans isolés ou à des groupes de colons ; tel paysan de la Touraine parvint si bien à remettre en état les terres qui lui avaient été baillées à un prix très avantageux que son seigneur, trente ans plus tard, souhaita la révision du contrat. Les droits de pacage, de glandée et de ramassage du bois sur les communaux, et les usages de la vaine pâture se précisèrent. D'une façon générale, vu la médiocre valeur des terres, la durée des baux s'allongea jusqu'à celle d'une ou deux vies. Le métayage fut fréquent. Le régime seigneurial acheva de perdre ses caractères originels. Privé par la royauté du plus clair de ses attributions judiciaires et militaires, le seigneur ne fut plus qu'un « rentier du sol » ; la perception des droits féodaux, des dîmes surtout, fut affermée à un régisseur.

A en juger par quelques exemples, concernant surtout les biens d'Église, abbaye de Cluny, chapitre de Notre-Dame de Paris, abbayes de Saint-Denis ou de Saint-Germain-des-Prés, il est indéniable que l'agriculture, en général, connut un progrès. Progrès lent, cependant, comme tous les phénomènes du monde rural ; la description lamentable des campagnes au temps de Louis XI, par le voyageur anglais Fortescue, n'est pas entièrement faussée par le préjugé national. Le relèvement agricole était freiné par la médiocrité technique, prohibitive de bons rendements, par des charges fiscales excessives et croissantes, par la médiocrité des échanges, par le taux inférieur des prix des denrées agricoles.

Reprise industrielle

Il en était de même de la production des métiers. Sans doute, au lendemain de la guerre, les fabrications traditionnellement réputées se raniment assez rapidement, surtout la draperie, normande (Rouen, Montivilliers, Louviers), champenoise (Reims), picarde (Amiens), rhodanienne (Bourg, Roanne), languedocienne (Toulouse, Lunel, Cabardès). On pensa leur rendre leur ancienne prospérité en aggravant les statuts des métiers : réglementation du travail, suppression de la concurrence par la limitation de la production, surveillance des gardes des métiers, accession à la maîtrise réservée, en fait, aux fils des maîtres. Sous le seul règne de Louis XI, on publia près de 70 règlements de métiers. Le système corporatif était, à ses yeux, un instrument de domination, surtout une possibilité de mettre la richesse publique sous le contrôle de l'État. En cela, déjà,

Louis XI annonce Colbert, de qui on l'a fait, parfois hâtivement, le « précurseur ».

De nouvelles industries se développèrent. Jean Gobelin pratiqua à Paris la teinture des tapisseries auxquelles il a légué son nom. L'imprimerie fut introduite en France, à Lyon et à Paris, où la Sorbonne en fut la première dotée en 1470. Dans le domaine industriel comme dans celui du commerce, nombre d'initiatives sont redevables à Jacques Cœur, même si elles ne se développèrent qu'après lui. A l'exemple des Allemands du Harz et des Autrichiens de Styrie, l'argentier de Charles VII pensa trouver dans les gisements de plomb argentifère du Lyonnais le métal précieux dont la France manquait, comme tout l'Occident ; la pauvreté des filons déçut les espérances, mais l'expérience servit de modèle. La propriété des mines étant, traditionnellement, régalienne, Louis XI promulgua en 1471 une ordonnance sur leur exploitation, dans laquelle il reprenait les règlements élaborés par Jacques Cœur ; le roi nomma un visiteur général des mines, Guillaume Cousinot, et fit faire des prospections en Roussillon. Jacques Cœur s'était intéressé à la soierie et, à Florence même, s'était inscrit à l'Art de la soie ; il y posséda un atelier, avec des associés italiens. Après lui, son principal commis, Guillaume de Varye, fut chargé par Louis XI d'introduire la soierie à Lyon, puis à Tours, en vue d'épargner l'exportation annuelle de 400 000 à 500 000 écus d'or.

Renouveau commercial et assainissement monétaire

Les faits précédents montrent combien les hommes du XVe siècle étaient sensibles à l'aspect monétaire et commercial de l'économie ; pour eux comme pour les économistes des XVIIe et XVIIIe siècles, le seul signe visible de la richesse d'un État était la possession du numéraire ; et, pourtant, sa seule forme ayant une valeur sociale restait la terre. L'éphémère fortune de Jacques Cœur illustre la génération des nouveaux riches issue de la guerre de Cent Ans. La présence de la Cour à Bourges offrit à ce fils d'un pelletier de moyenne aisance l'occasion de se faire la main en une spéculation sur les monnaies. Condamné, gracié, il devint fournisseur de la Cour en produits du Levant, dont il visita les ports d'origine. L'expérience suppléa à l'ignorance de l'aventurier. Maître des monnaies à Bourges (1435), puis à Paris, ensuite commis de l'argenterie, puis argentier (c'est-à-dire dépensier de la Cour et garde des joyaux), il pénétra au Conseil du roi. On le chargea de missions diplomatiques à Rome et à Gênes ; il correspondit avec le roi d'Aragon. Premier des hommes d'affaires qui peuplèrent le gouvernement, on a eu tort, cependant, de voir en lui un homme d'État. Il ne fut pas davantage le novateur qu'on a dit. Brasseur d'affaires, c'est comme tel qu'il considéra les offices dont il était pourvu ; commissaire royal aux états du Languedoc et visiteur général des gabelles, il contrôla un secteur lucratif des ressources fiscales, spécula sur la vente du sel dans les greniers et reçut des gratifications des villes du Midi. Son commerce fut traditionnel : la demi-douzaine de « galées » qu'il arma à Montpellier devait concurrencer les vaisseaux italiens en Méditerranée orientale et approvisionner en produits d'Orient la France et ses voisins. Peut-être, par La Rochelle, Saint-Malo et Rouen, songea-t-il à étendre ses affaires en Angleterre et en Écosse ; mais il n'a pas plus que ses contemporains perçu l'avenir de l'Atlantique. La Méditerranée resta pour lui la clef de toute richesse, et c'est pour la disputer aux Ottomans qu'il est mort à Chio, les armes à la main, en 1456. Du moins a-t-il su désigner Marseille, plus favorable que Montpellier.

Traditionnel et représentatif de son époque, Jacques Cœur le fut encore par l'importance attachée aux investissements fonciers. L'inventaire de son séquestre en montre l'étendue. Placements de ses bénéfices, achetées ou acquises grâce à des créances hypothécaires, ses seigneuries étaient nombreuses, surtout en Berry, Bourbonnais et Beaujolais. A Bourges, il fit construire le somptueux palais que l'on sait ; à Lyon, il posséda un hôtel ; il faisait édifier à Montpellier, lors de son procès, une Loge, sorte de bourse et de tribunal de commerce, destinée à rivaliser avec celle de Barcelone.

Dans le domaine financier, Jacques Cœur fut plus original. Son sens des affaires l'avertit que, seule, une circulation monétaire saine et rapide assure la vitalité du commerce, la stabilité des entreprises et le gain. On a vu à quelles fins il entreprit l'exploitation des mines du Beaujolais et du Lyonnais. On le considère comme l'inspirateur des ordonnances monétaires de Charles VII après la prise de Paris, et son nom est resté attaché à la frappe, en 1447, du « gros de Jacques Cœur ». La devise célèbre de l'argentier : « A vaillans cuers, riens impossible », symbolise son esprit d'entreprise sans limites. Il avait des « facteurs » dans toutes les villes de France et à l'étranger ; ses affaires s'étendaient à Naples, Palerme, Florence, Barcelone, Valence, Bruges et Londres. Blé, sel, laine, drap, pelleterie, épices, orfèvrerie, tout l'intéressait. A l'exemple des Italiens, il formait compagnie pour une affaire ou pour un temps donné avec un associé. Il pratiquait également le crédit, avança à Charles VII les fonds de la campagne de Normandie ; il fut le créancier des courtisans.

Envié par ses confrères, gênant pour ses débiteurs, il eut le sort des hommes parvenus au pouvoir par une fortune rapide. Accusé de crimes et malversations vrais ou supposés, on le condamna à une amende de 400 000 écus (1453). Il devait rester prisonnier jusqu'au paiement, mais il s'évada et mourut sur les vaisseaux du pape, tandis que l'on confisquait ses biens. L'inventaire qu'on en fit révèle qu'une des causes essentielles de l'impuissance de Jacques Cœur à rien faire de durable fut l'insuffisance de sa trésorerie. Dans une conjoncture défavorable, la pénurie monétaire brisait les initiatives, même les moins hardies, et les entreprises judicieusement mûries.

L'aventure de Jacques Cœur frappa les contemporains, et c'est à ses serviteurs et à ses émules, dont Louis XI s'entoura, que le roi dut sinon de pratiquer une « politique économique », du moins d'avoir des « vues d'économiste ». Ce furent Guillaume de Varye, l'*alter ego* de Jacques Cœur, Pierre Doriole, un Rochelais, des Tourangeaux, les Briçonnet, ou encore du Prat, un Lyonnais, sans compter Rouennais et Parisiens, tous experts en affaires. Avec leur conseil, Louis XI protégea le commerce. Selon son habitude, il prodigua plus d'encouragements que de subsides pour l'aménagement des routes et des fleuves ; la « Communauté des marchands fréquentant la rivière de Loire », par exemple, assurait elle-même l'entretien des digues. La création des fameuses postes, en vue de la transmission des ordres du roi, fut l'origine d'un bon réseau routier. Le commerce extérieur était la grande affaire : avoir de l'or, vendre et ne pas acheter. Au développement de la soierie, à l'exploitation des mines. Louis XI ajouta l'interdiction d'exporter des métaux précieux. Pour conquérir le marché anglais, il envoya Beaune et Briçonnet, en 1470, présenter des échantillons à la cour d'Angleterre. Pour concurrencer les foires de Genève, il favorisa celles de Lyon et y attira les banquiers florentins ; pour ruiner celles de Bruges et d'Anvers, il fonda celles de Caen et de Rouen. Il lutta contre la concurrence monétaire anglo- bourguignonne et, décriant les espèces étrangères, émit une monnaie forte, l'écu au soleil (novembre 1475). Deux mois plus tôt, le traité de Picquigny rénovait le commerce franco-anglais, faisant suite à un accord semblable avec la Hanse. Le projet d'une « Compagnie générale de la mer du Levant » devait réaliser les rêves de Jacques Cœur. L'heure de l'Atlantique allait sonner ; tandis que Normands et Bretons nouaient des relations avec Madère, était-ce seulement pour rapporter le sang de tortue nécessaire à sa santé qu'à la veille de mourir Louis XI envoyait Georges Bissipat, d'Honfleur, aux îles du Cap-Vert ? Le commerce français reprenait une vigueur nouvelle.

L'unité de la nation

Sans le support de la conscience nationale, la reconstruction de la France eût été apparente et fragile. Un consentement tacite, mais unanime, à la vie commune fut la base et la condition du succès. La conquête et l'occupation avaient contribué à définir, par contraste avec l'étranger, la communauté des manières de sentir, de penser et d'agir. Inversement, le mot « bourguignon », qui avait d'abord qualifié un parti, en vint à désigner l'appartenance à un État devenu progressivement si étranger au royaume que Georges Chastellain déplorait, avec amertume, la divergence de ces « deux natures de nations, Français et Bourguignons ». Des réalités nouvelles s'exprimèrent dès le XVe siècle, par des termes aux résonances modernes : nation, patrie.

L'unité de la langue tendit à devenir un élément de l'unité française. En Bretagne, comme dans les pays occitans, où les dialectes se différencièrent, le français fut langue officielle, comme en pays de langue d'oïl. Substitué au latin dans les actes de chancellerie vers 1450, le français gagna en étendue et en profondeur par l'action des officiers du roi, surtout dans les parlements ; dans les actes publics, c'est le texte en français, « langage maternel », qui fit loi.

Les états généraux de 1484 furent une expression de l'unité française. Représentation nationale : le terme « généraux », employé pour la première fois, convenait à l'assemblée de deux cent cinquante députés des trois ordres de tout le royaume ; seule, la Bretagne n'avait délégué que des observateurs. Les représentants des villes jouèrent un rôle prépondérant, et l'on vota par tête ; la régente n'avait-elle pas choisi pour siège de l'assemblée Tours, la ville des marchands, où Louis XI avait « fiché son affection » ? Doléances nationales : six bureaux régionaux fondirent les plaintes communes en un cahier unique, sous six rubriques générales : Église, Noblesse, Commun (et Impôts), Justice, Commerce et Conseil. Esprit national aussi : on insista sur la nécessaire rédaction des coutumes ; on demanda la liberté du commerce intérieur. N'instaurerait-on pas un contrôle des états sur le Conseil du roi ? Le chanoine rouennais Jean Masselin, à qui nous devons un compte rendu des débats, réclamait une nouvelle réunion deux ans plus tard pour les impôts. De son côté, le grand sénéchal de Bourgogne, Philippe Pot, formulait des maximes dignes de Mirabeau : « L'État est la chose du peuple ; la souveraineté n'appartient pas aux princes, qui n'existent que par le peuple... J'appelle peuple l'universalité des habitants du royaume. » De telles idées, cependant, n'étaient accessibles qu'à un petit nombre. Auprès des députés bourgeois, le libéralisme affecté des princes n'a pas plus de crédit qu'au temps du « Bien public ». Le gouvernement accepta temporairement un abattement de la taille, éluda la question d'une assemblée biannuelle, composa le Conseil à son gré, prodigua « promesses et faveurs », suspendit l'indemnité des députés. Contrairement à l'intention partisane de Louis d'Orléans, initiateur des états, l'assemblée se concluait, au bout de deux mois, par un renforcement de l'autorité, du consentement tacite des représentants de la nation.

C'est par cette voie que la royauté française, autoritaire sans doute, allait prendre, à la fin du XVe siècle, le caractère patriarcal qui fit le renom de Louis XII. Alors, ni la Cour ni les officiers n'élevaient entre le roi et le peuple l'écran du luxe et la barrière du nombre. Libérée des hypothèques d'un passé récent, et pas encore engagée profondément dans des aventures extérieures, la France semblait reprendre souffle et pouvait se permettre de regarder en avant.

II. LES DÉBUTS DE L'EXPANSION

De nouvelles jeunesses

On n'avait jamais vécu vieux au Moyen Age. La lassitude, cependant, des générations éprouvées par les guerres et les crises de toutes sortes donna à l'ardeur de celles qui recueillirent les fruits des peines de leurs anciens un caractère de juvénilité exceptionnelle. Quand Charles VIII et François Ier prirent en main les destinées de l'État, ils atteignaient tout juste leur vingtième année ; et Louis XII, qui en avait trente-six lors de son avènement, n'avait pas, tout assagi qu'il fût par l'expérience, perdu l'esprit d'entreprise du duc d'Orléans ; un troisième mariage, anglais, cette fois, contracté vers la cinquantaine, prouva — et éprouva — une vitalité bien conservée.

Les jeunesses qui saluèrent ces avènements ne pouvaient avoir aucun souvenir des malheurs passés, et le nombre de ceux qui les composaient semble avoir décuplé l'ardeur de ceux qui croyaient tout possible. En dépit de l'absence d'information statistique, les indices ne manquent pas de l'accroissement de la population du royaume. La Couronne avait acquis des régions très peuplées, comme la Bretagne, et l'œuvre accomplie depuis la guerre de Cent Ans n'avait pas eu pour seul résultat de compenser les vides. « Plusieurs lieux et grandes contrées qui souloient estre [étaient habituellement] inutiles et en friche ou en bois sont à présent, constatait Claude de Seyssel, tous cultivés et habités de villages et de maisons. » Les familles rurales étaient nombreuses et le partage successoral morcelait les terres. En beaucoup de paroisses, il fallut agrandir ou réédifier l'église, devenue exiguë. La population urbaine crût de même : Seyssel note qu'il n'y avait plus de place pour bâtir et que les faubourgs devenaient aussi grands que l'agglomération principale. Tours souffrait d'une crise du logement. Paris et Rouen construisaient sur les terrains libres dans leur enceinte, accroissaient leurs faubourgs, là à Vaugirard, ici à Darnétal. L'agglomération d'Amiens doubla en vingt-cinq ans. La population lyonnaise crût d'année en année. Si Paris avait, peut-être, 250 000 habitants, Lyon, Nantes, Rouen en avaient de 30 000 à 40 000, Toulouse environ 25 000. L'immigration étrangère se développa à partir de 1480 par la suppression du droit d'aubaine et l'octroi de lettres de naturalité : 220 entre 1483 et 1501 (dont 44 pour des Espagnols). Les Castillans étaient nombreux à Bordeaux, Nantes et Rouen. Dans les mêmes villes, mais aussi et surtout à Paris et à Lyon, les immigrés italiens, banquiers, artistes, savants, proposaient les manières d'un style de vie nouveau et attrayant.

L'attrait de l'aventure et de la gloire : les guerres d'Italie

La tradition historique ne se trompa pas en interprétant les premières guerres d'Italie comme l'un des signes des possibilités d'expansion retrouvées par la France à la fin du XVe siècle. Un pays ne peut s'offrir le luxe de telles aventures – tout comme les conquêtes de la Révolution – que s'il a bénéficié de la douceur et de l'ardeur de vivre.

Vers 1490, la France semblait n'avoir plus qu'à faire mûrir les fruits de sa reconstruction. Elle jouissait de la paix intérieure et Commynes pouvait, sans trop d'exagération, conclure ses *Mémoires* par un dithyrambe en l'honneur du prestige européen procuré par Louis XI à la couronne de France. Machiavel, de son côté, citait la France comme un exemple d'État jouissant de l'équilibre d'une constitution. Aucune rivalité aiguë n'opposait la France à ses voisins ; la descente d'Henri VII à Calais en 1492 ne fut qu'une démonstration et un chantage pour obtenir le traité d'Étaples ; rien ne prouve qu'il voulût rouvrir la guerre de Cent Ans. Charles VIII régla ses difficultés avec Maximilien par le traité de Senlis (1493) et n'insista, d'ailleurs en vain, auprès de lui que pour conserver l'Artois et la Franche-Comté ; ces provinces avaient constitué la dot de la jeune Marguerite d'Autriche, fiancée naguère au roi, puis renvoyée à son père, sans préavis. A l'égard de Ferdinand d'Aragon, Charles préféra lui restituer le Roussillon (traité de Barcelone, 1493) pour ne pas demeurer en difficulté avec lui. Ces concessions eussent pu être bénéfiques si leur objet n'avait été que l'affermissement de la paix. En fait, le roi voulait avoir les mains libres pour des entreprises plus glorieuses ; finalement, Charles VIII lâchait la proie pour l'ombre.

L'attraction italienne

Anne de Beaujeu fit l'impossible pour détourner son jeune frère de mirages fallacieux. L'Italie exerçait sur lui et sur sa génération une sorte de fascination, et certaines prétentions juridiques donnaient corps à des rêves illusoires.

Aucun historien ne soutient plus que l'expansion française en Italie s'inscrivait dans la droite ligne des traditions et des intérêts de la royauté. Aucun déterminisme ne l'explique ; elle fut le résultat de la conjonction de circonstances diverses, antérieures et contemporaines. Dans le passé, une succession d'entreprises individuelles de princes français fut l'origine des prétextes de l'intervention. Louis XI avait recueilli dans la succession du roi René les prétentions de la maison d'Anjou sur l'héritage de la reine Jeanne de Naples. L'entrée de Valentine Visconti dans la famille d'Orléans avait donné à cette maison la possession du comté d'Asti et des droits sur Milan, à faire valoir aux dépens de la dynastie usurpatrice des Sforza. Gênes, sous Charles VI, avait sollicité et accepté, pendant plusieurs années, la domination française. Comme dauphin, Louis XI avait pratiqué une politique savoyarde, puis, comme roi, entretenu une correspondance régulière avec Ludovic Sforza, son « compère », sans pour autant s'engager davantage. C'est qu'en effet, du côté italien, aucun objectif concret ne s'imposait immédiatement à la politique française, et il suffisait bien à la royauté, pour sauvegarder ses intérêts religieux et économiques, de louvoyer, par les voies diplomatiques, au milieu des « combinaisons » changeantes des multiples États.

Cependant, rien de ce qui était italien ne pouvait laisser personne indifférent. L'éclat de la civilisation, à l'époque de Laurent le Magnifique, mettait à la mode tout ce qui venait de la péninsule. Venise détenait encore les clés du commerce oriental. La finance florentine jouait un rôle capital, et l'exemple de la chute du Téméraire, consécutive de peu à la liquidation de la filiale brugeoise des Médicis, soulignait l'importance de la banque italienne.

Mais au milieu du chaos politique permanent mal corrigé par la paix de Lodi, les Italiens eux-mêmes sollicitaient l'intervention étrangère. De la poussière de principautés d'inégale petitesse, cinq États se détachaient, trop faibles pour absorber les autres, trop forts pour se laisser absorber. Contre Ferdinand Ier, bâtard d'Aragon et tyran fantasque, la noblesse napolitaine invita Charles VIII à faire valoir ses droits. A Florence, Savonarole prophétisait la venue du roi de France, « nouveau Cyrus », envoyé de Dieu pour châtier les mauvaises mœurs de la Florence médicéenne et pour réunir le concile qui annulerait l'élection simoniaque d'Alexandre VI Borgia. De Milan, Ludovic Sforza, dit « le More », sollicita l'alliance de Charles VIII pour l'aider à conserver le duché usurpé à son neveu Jean-Galéas, gendre du roi de Naples.

A l'invitation italienne, tout un milieu, à la cour de France, était disposé à répondre. Charles VIII, plus généreux qu'intelligent, poursuivait avec la noblesse de son temps les rêves d'héroïsme inspirés par les romans de chevalerie et entretenus par l'éducation strictement militaire que décrit le Loyal Serviteur. Rêves de croisade aussi : n'appartiendrait-il pas au titulaire de la double couronne de Naples et de Jérusalem de venger l'insulte de 1453 et de restaurer l'empire d'Orient ? Au même moment, le prince ottoman Djem, proscrit par son frère, le sultan Bajazet, implorait de l'aide : bel atout pour brouiller le jeu des infidèles. Les Beaujeu étant écartés du pouvoir, le roi trouva d'ambitieux conseillers, disposés à flatter ses projets ; c'était, principalement, Étienne de Vesc, sénéchal de Beaucaire, et Guillaume Briçonnet, évêque de Saint-Malo et impatient d'obtenir le cardinalat. Plusieurs conseillers étaient pensionnés par Ludovic le More. C'est ainsi que Charles VIII devint son allié (mai 1492). Il suffisait d'une circonstance pour passer aux actes.

La mort du roi de Naples, en janvier 1494, fournit à Charles VIII l'occasion d'annoncer sa décision de faire valoir ses droits. Alors commencèrent les préparatifs.

Charles VIII à Naples

On besogna hâtivement. Le Trésor ne suffisait pas ; il fallut recourir, non sans difficulté, au crédit des banquiers lyonnais. Un gros effort militaire fut accompli ; la jeune noblesse française, envieuse des lauriers des vétérans des guerres anglaises, se concentra à Lyon en juillet 1494 ; on embaucha pour la première fois des *estradiots* albanais, et plusieurs milliers de ces fantassins suisses dont les victoires remportées sur le Téméraire venaient d'asseoir, pour un siècle, la réputation. C'était encore une armée toute médiévale, malgré l'importance numérique de l'infanterie et la qualité de l'artillerie. Une flotte fut concentrée à Gênes, occupée par le duc d'Orléans dès le début des opérations (juin 1494).

En cinq mois de marche triomphale, presque sans combattre, le roi de France traversa l'Italie. L'armée passa les Alpes au mont Genèvre et déboucha en Piémont au début de septembre 1494. Charles VIII rencontra Ludovic à Pavie, libéra Pise, sujette de Florence depuis 1406. A l'approche du roi, Pierre II de Médicis, très impopulaire, et Alexandre VI, craignant d'être déposés, tremblaient. Pierre traita, mais fut chassé par l'émeute ; Charles VIII fit dans la ville une entrée spectaculaire. Ensuite, précédé d'étendards timbrés des devises : *Voluntas Dei. Missus a Deo*, le roi s'avança vers la ville du pape Borgia. Rapprochement inattendu et paradoxal : Charles VIII, dont la présence à Florence venait de légitimer la « dictature », violemment réformatrice, de Savonarole, assura le trône du pontife. Le roi de France prêta obédience au pape, qui lui fit miroiter l'investiture de Naples et de Jérusalem (18 janvier 1495) ; il lui livra le prince Djem, le reconnaissant chef d'une croisade dont il publia, sans conviction, la bulle le mois suivant.

Charles VIII poursuivait la réalisation des rêves de la chevalerie qui l'entourait. Le roi de Naples, Alphonse II, abdiqua et s'enfuit en Sicile, que Charles, pour ménager l'Aragon, n'entendait pas conquérir ; son fils, Ferdinand, lutta avec honneur, sans succès, et l'occupation se fit en quelques semaines. Charles VIII entra à Naples le 22 février 1495, portant le manteau impérial et la quadruple couronne de France, Naples, Jérusalem et Constantinople. A la gloire s'ajoutèrent les profits ; les Français firent main basse sur nombre de fiefs, d'offices et de trésors. Tout souriait à l'ardente jeunesse des conquérants : gloire, richesse, plaisirs, avec, toutefois, l'inconvénient du relâchement moral, qui, renouvelant les délices de Capoue, engendra le « mal de Naples ».

Le corps expéditionnaire ne fut pourtant pas démoralisé au point de ne pouvoir tenir tête au péril qui, sourdement, se préparait. La duplicité de Ludovic le More, la complicité d'Alexandre VI, les encouragements de Ferdinand d'Aragon et de Maximilien, enfin l'adresse diplomatique de Venise se conjuguèrent pour duper Commynes, envoyé de Charles VIII en cette ville, et pour former une coalition destinée à refouler les Français. Face à l'invasion étrangère qu'ils avaient appelée eux- mêmes, les Italiens prenaient conscience de leur communauté nationale. Ce fut la « ligue de Venise » (mars 1495).

Charles VIII sut parer le coup. Il laissa à son cousin Gilbert de Montpensier la garde du royaume de Naples, et refit en deux mois le chemin parcouru naguère en cinq. L'ardeur combative de ses troupes, la *furia francese*, lui permit, en une heure, de bousculer les coalisés supérieurs en nombre, et de forcer le passage de l'Apennin, au défilé de Pontremoli, près de Fornoue (5 juillet 1495). A la fin de septembre, le roi était de retour. Gilbert de Montpensier, privé de renforts, attaqué par les Espagnols de Ferdinand d'Aragon, fit son devoir, mais perdit Naples (février 1496).

La sagesse eût conseillé de ne pas renouveler une expérience malheureuse. Il n'en fut rien. Charles VIII préparait une autre expédition, lorsqu'il mourut accidentellement à Amboise (8 avril 1498). Il projetait avec Ferdinand d'Aragon un partage de l'Italie ; ainsi traçait-il la voie à son successeur, qui, de son côté, allait apporter de nouveaux motifs à de nouvelles aventures.

Louis XII à Milan et à Naples

Louis XII porta lui-même un coup à la paix dont son règne a, cependant, conservé la réputation. Dans la question italienne, il fit preuve de vues aussi courtes que son prédécesseur. Les conceptions patrimoniales et dynastiques pesaient fort lourd et la responsabilité des entreprises outre-monts fut partagée entre le roi, son entourage et l'opinion aristocratique. Louis XII était prêt à beaucoup de sacrifices et de compromis pour dominer l'Italie, au moins dans sa partie septentrionale, voisine immédiate du royaume. Il eut affaire, il est vrai, à des adversaires redoutables, Ferdinand le Catholique et le pape Jules II, par qui il se laissa manœuvrer. Son principal conseiller, homme de grand talent, le cardinal Georges d'Amboise, lui épargna bien des faux pas, mais, comme tous ses contemporains, il avait les yeux fixés sur l'Italie et rêvait de la tiare dont, à deux reprises, en 1503, Pie III et Jules II le frustrèrent.

Dès son avènement, Louis XII rompit avec l'attitude amicale de son prédécesseur envers Ludovic Sforza et prit le titre de duc de Milan, auquel son ascendance Visconti lui donnait droit. La politique italienne du roi de France eut désormais un objectif double.

Comme Charles VIII en 1494, il s'assura la neutralité des princes, particulièrement de l'Empereur, oncle de Ludovic le More et suzerain de Milan. Un échange de mutuels services, l'annulation du mariage avec Jeanne de France, d'une part, et la donation à César Borgia du duché de Valentinois, d'autre part, assurèrent à Louis XII la complaisance d'Alexandre VI. Les cantons suisses promirent des mercenaires. Venise, toujours antimilanaise, s'allia au roi, à charge de partager les conquêtes.

Une première occupation du Milanais, réalisée en trois mois (août-octobre 1499), fut interrompue par un retour éphémère de Ludovic à la tête de renforts allemands et suisses (février-mars 1500). La Trémoille rétablit la situation. Ludovic, capturé à Novare (avril 1500), fut envoyé, dans une cage de fer, finir lamentablement ses jours au château de Loches. Georges d'Amboise, chargé d'organiser la conquête, laissa sagement aux Milanais une part de l'administration ; cela permit à la domination française de subsister, sans heurts sérieux, pendant douze ans.

La facilité de la conquête du duché de Milan et le prestige qui en résultait auprès des princes italiens firent illusion à Louis XII. Il comptait sur Venise, avec qui une flotte française tentait, dans l'archipel, un dernier effort de croisade (1499-1501). Il ne pouvait prévoir que la mort prochaine d'Alexandre VI (18 août 1503) le priverait de l'aide de César Borgia, imprudemment encouragé à concentrer sous sa loi les territoires de l'Italie centrale. Louis XII fit alors confiance à Ferdinand d'Aragon et négocia avec lui un projet de partage du royaume de Naples analogue à celui qu'il avait combiné avec Venise pour le Milanais (traité de Grenade, 11 novembre 1500). Marché de dupes. Ferdinand, déjà maître de la Sicile, ne dissimulait pas ses ambitions ; son habileté diplomatique était connue. La collaboration ne dura pas longtemps. Si Louis XII détint l'acte authentique de l'abdication consentie en sa faveur par Frédéric d'Aragon-Castille, roi de Naples, Gonzalve de Cordoue, chef de l'armée espagnole, entreprit d'agrandir la part dévolue à son maître. En dépit d'un nouvel accord signé à Lyon, les escarmouches dégénérèrent en guerre ouverte. Une diversion en Roussillon, l'envoi à Naples de renforts par mer et par terre, des exploits individuels tels que la défense du pont du Garigliano par Bayard, n'empêchèrent pas la défaite. Le vice-roi, le duc de Nemours, perdit Naples ; Gaète capitula. Louis d'Ars réalisa une étonnante retraite avec le dernier contingent français. L'honneur était sauf, mais Naples définitivement perdue (1504). Entre- temps, l'influence française s'était considérablement affaiblie à Rome, du fait de l'élection du pape Jules II et de l'éviction de César Borgia.

Les hésitations françaises

Louis XII perdait l'initiative de sa politique. Ses adversaires étaient plus forts et plus rusés. Gravement malade en 1504 et 1505, il voulut mettre ordre à ses affaires, mais il subissait les influences contraires de son entourage. La reine Anne, toujours déçue dans son espérance de donner un dauphin au roi, ne pouvait pas supporter la présence du jeune et brillant François d'Angoulême, héritier présomptif, que couvait l'orgueil maternel de Louise de Savoie. Jalousie de mères. L'enjeu de leur rivalité était la main de Claude de France, héritière de la Bretagne. Anne ne voulait donner au fils de son ennemie ni sa fille ni sa patrie. Ainsi, les intérêts de la Couronne, en France autant qu'en Italie, ne devenaient que des accessoires du problème, tellement la conception féodale et patrimoniale du royaume restait vivace.

L'influence d'Anne triompha d'abord. Trois traités à Blois, avec l'Empereur, en septembre 1504, promirent au roi l'alliance impériale contre Venise et l'investiture du Milanais en échange des fiançailles du petit-fils de Maximilien, Charles (futur Charles Quint), avec Claude de France, qui lui apporterait en dot la Bretagne, la Bourgogne, le comté de Blois, le comté d'Asti, le duché de Milan et Gênes.

Des circonstances imprévues déjouèrent un projet aussi funeste à l'unité du royaume et liquidèrent de façon honorable la question de Naples. Louis XII profita du désir de Ferdinand d'Aragon, veuf d'Isabelle, de se remarier avec une princesse française ; le roi espagnol épousa Germaine de Foix, à qui son oncle, le roi de France, céda ses droits sur Naples, moyennant une indemnité de 900 000 florins à la charge de Ferdinand (1505). Mieux encore, Louis XII céda à l'influence du parti d'Angoulême et rompit le projet de mariage autrichien. Claude de France fut fiancée à son cousin François, et, pour donner plus de poids à la décision, on la fit ratifier par les états généraux (Tours, 1506). Le roi expliqua aux princes autrichiens que le serment des rois de France est si fort que ce qu'ils peuvent promettre est nul ensuite, si cela est contraire au bien et à l'utilité du royaume.

Louis XII au service de Jules II : la ligue de Cambrai

Le redressement accompli en 1506 par le gouvernement français, l'énergie déployée dans la répression d'une insurrection génoise en 1507, ouvraient à Louis XII la possibilité de dominer les affaires italiennes. Ferdinand recherchait son amitié (entrevue de Savone, juin 1507) ; Jules II, malgré l'affermissement de son autorité dans les États pontificaux, redoutait la conjonction des forces franco-espagnoles, auxquelles les initiatives malheureuses de Maximilien contre Venise ne pouvaient pas faire contrepoids. Ne pouvant pas, pour l'instant, réaliser son dessein de chasser d'Italie les « Barbares », le pape résolut de les utiliser. Pour mater Venise, qui détenait certains de ses territoires, il parvint à grouper, dans la ligue de Cambrai (10 décembre 1508), la France, l'Espagne, l'Empereur. En fait, l'armée française, récemment renforcée de compagnies régionales, origine de nos régiments (ordonnance du 12 janvier 1509), porta seule le poids de la lutte ; elle eut, seule aussi, le mérite de la victoire d'Agnadel (14 mai 1509) ; le profit, cependant, ne fut que pour Jules II : Venise se soumit et fut pardonnée. Il n'entrait pas dans les vues de Jules II de récompenser les services rendus. Puissant, le roi de France pouvait être utile ; vainqueur, il devenait dangereux. Le pape voulait-il dominer l'Italie ou seulement affranchir le Saint-Siège d'un voisin qui deviendrait un tuteur ? « Les Français, dit-il, veulent faire de moi le chapelain de leur roi, mais j'entends être pape et le leur montrerai par des actes. »

Jules II contre Louis XII : la Sainte Ligue

On sait que les questions religieuses, à l'époque du concile de Pise, furent fâcheusement mêlées aux affaires politiques, trait encore spécifiquement médiéval de l'époque. L'opinion française, fortement attachée au Saint-Siège, ressentit douloureusement les sanctions canoniques dont le roi et la France entière furent l'objet. Jules II détestait Louis XII.

La guerre contre Venise à peine terminée, Jules II retourna contre le roi une coalition groupant Ferdinand, Henri VIII, Venise et les cantons suisses, dont il parvint à détourner les mercenaires de servir le roi de France. Ce fut la Sainte Ligue (5 octobre 1511) : « Le Turc qu'il veut attaquer, déclara plaisamment Louis XII, c'est moi. » L'armée française fut commandée par un chef de génie, un neveu du roi, Gaston de Foix, âgé de vingt-deux ans seulement. Une tactique d'usure refoula les Suisses dans leurs montagnes. De vive force, en hiver, Gaston rompit le siège de Bologne, entrepris par les Espagnols et les Pontificaux. Dix jours après, il reprit Brescia aux Vénitiens. Gaston de Foix trouva enfin la gloire, et la mort, sur le champ de bataille de Ravenne (11 avril 1512). Il assiégeait la ville et dut faire face à une armée espagnole venue au secours des assiégés. L'évènement montre que le combat médiéval se transformait : duel d'artillerie de deux heures, puis un mouvement tactique de Gaston. Il disposa son armée en demi-cercle, fit passer — chose absolument nouvelle — son artillerie de sa droite à sa gauche, et attaqua l'ennemi de flanc. Le corps à corps habituel s'engagea, auquel l'intervention du corps tenu en réserve par La Palice mit fin victorieusement. Les archers exploitèrent le succès en disloquant l'ennemi en déroute. La victoire de Ravenne ne procura cependant qu'un répit à Louis XII. Ses efforts se brisèrent. La Palice évacua le Milanais sous la pression des Suisses ; Maximilien Sforza récupéra le trône de ses pères et refoula la dernière tentative française à Novare, en juin 1513. Maximilien avait adhéré à la Sainte Ligue (19 novembre 1512), et Henri VIII, sur les arrières duquel Louis XII tentait de lancer les Ecossais, débarqua à Calais le 1er juillet 1513. L'invasion menaçait : Ferdinand en Navarre, les Suisses devant Dijon, les Impériaux et les Anglais dans le nord. Il fallait en finir.

La pacification

Tout le monde était las d'une guerre dont on avait perdu de vue les objectifs premiers. La disparition de Jules II (21 février 1513) et l'élection d'un pape pacifique, Léon X (11 mars 1513), contribuaient à éclaircir l'horizon. Louis XII se réconcilia avec le nouveau pape en janvier 1514. La mort d'Anne de Bretagne, survenant à ce moment (9 janvier 1514), permit la célébration du mariage de Claude de France avec François d'Angoulême ; la politique du Conseil royal se trouva clarifiée. On pouvait songer à la paix générale. Dès 1513, Louis XII avait traité avec Venise et signé une trêve avec Ferdinand ; La Trémoille avait négocié la retraite des Suisses. Henri VIII accepta de conclure paix et alliance, et même de donner sa sœur Marie en mariage au roi de France ; la guerre de Cent Ans était un lointain souvenir. Seul restait en ligne l'empereur Maximilien, encouragé par les sentiments tenacement anti-français qu'éprouvait sa fille Marguerite.

Louis XII ne jouit pas longtemps de la paix et des charmes de sa nouvelle épouse, beaucoup plus jeune que lui. Il avait arrêté à l'extrême limite les périls qui menaçaient le royaume. Le bilan de tant de guerres et de dépenses était nul ; mais il fallait que la France fût redevenue prospère pour les avoir supportées sans dommage.

L'accélération économique

Rien ne dément le fonds de vérité des *Louenges du roy Louys XIIe*, où Claude de Seyssel, avec une complaisance flatteuse, attribue à son souverain tout le mérite d'une prospérité restaurée par le labeur des générations antérieures. C'est vers 1480 que l'on peut percevoir les effets de l'effort accompli depuis la fin de la guerre de Cent Ans ; c'est le moment, d'ailleurs, où la conjoncture générale, changeant de sens, devint plus favorable.

En notant que la France était le royaume le plus peuplé d'Europe, Seyssel en a très justement relevé l'une des causes, la paix, et le résultat, la richesse. Ce disant, il a par surcroît réfuté l'objection malthusienne, dont on aimerait savoir comment elle était conçue à l'époque : « Le peuple, écrit-il, par la longueur de la paix est tant multiplié que l'on ne se devrait point émerveiller si on trouvait plus de gens pauvres (que de coutume), car d'autant que les biens et l'argent se (ré)partissent entre plus de personnes, autant (en) a moins un chacun. Mais la raison est au contraire : tous labourent et travaillent ; (ainsi) avec les gens croissent les biens, le revenu et les richesses... »

Progrès de la production

L'économie est très régionalisée. Chaque province pratique culture, élevage, exploitation forestière, tannerie et tissage. Si l'on en croit Seyssel, un tiers du sol du royaume aurait été mis en culture depuis 1475-1480, et le revenu annuel des terres aurait représenté, au moment où il écrivait (vers 1508), leur valeur trente ans plus tôt. On continuait, en Bourgogne, en Normandie, en Provence, à défricher bois et marais ; le vignoble parisien fut renouvelé avec des plants du Val de Loire et de Bourgogne ; le pastel s'étendait en Aquitaine ; le blé venait « à foison » en Beauce, le chanvre était cultivé dans tout l'Ouest. On cherchait à produire mieux et à gagner davantage. Ainsi s'appliquait-on, parfois, en vue de la commercialisation des produits du sol, à adapter les cultures à la nature des terroirs, par exemple pour la vigne, le pastel, le chanvre, le lin, le blé. Telle seigneurie berrichonne, où la production du seigle égalait celle du blé en 1483, produit deux tiers de blé en 1503. De riches exploitants d'Ile-de-France purent s'offrir la nouvelle charrue, « toute de ferraille » et montée sur deux roues. Partout la production augmenta ; ainsi, la dîme d'une paroisse bourguignonne rapporta, en 1516, 18 muids au lieu de 13 en 1499 et 5 en 1469. L'abbaye de Saint-Germain-des-Prés vit croître ses revenus alors que le tarif de ses droits avait baissé. La valeur de la terre ne cessa de s'élever ; dans le sud de la région parisienne, du règne de Charles VIII à celui de François Ier, celle des terres labourables augmenta sept fois, et celle des prés et des vignes d'un tiers ; sous François Ier, dans la même région, il y avait si peu de terrain vacant que les champs ne se vendaient plus qu'en parcelles et à prix élevé.

De telles circonstances profitaient au producteur. L'époque de Louis XII vit augmenter le nombre des paysans propriétaires ; ils dotaient leurs filles d'argenterie et de robes de fin tissu, faisaient des legs aux églises. Mais, à côté des « laboureurs aisés », il y avait un nombreux prolétariat d'« ouvriers de bras ».

Pour l'ensemble de la masse paysanne, les conditions de vie restaient dures, mais beaucoup moins qu'aux temps de la guerre et de la fiscalité de Louis XI. Pour les générations suivantes, accablées par les charges de la lutte contre Charles Quint, le quart de siècle écoulé entre la régence des Beaujeu et la fin du règne de Louis XII représentait le bon vieux passé.

Les arts mécaniques, aussi, augmentèrent leur fabrication. Les textiles restaient au premier rang, mais se renouvelaient. Secouant les routines de la vieille draperie rouennaise, la nouvelle draperie des faubourgs, soucieuse de satisfaire rapidement une clientèle de moyennes ressources, utilisa la laine castillane, substitua le rouet à la quenouille, foula au moulin et non plus au pied, acheta l'alun espagnol et teignit « en couleurs joyeuses » ; elle fabriqua en trois semaines ce qui se faisait en cinq. La production surpassa les besoins locaux ; on exporta. Pour l'exportation travailla aussi la manufacture des toiles, en Normandie (Falaise), en Bretagne (Vitré, Locronan), en Poitou (les « olonnes ») et en Champagne (Troyes). Paris se fit une spécialité de la bonneterie et de la chapellerie. Tandis que Tours avait peut-être 8 000 métiers à tisser la soie, le Piémontais Etienne Turquet restaura la soierie lyonnaise, et Toulouse suivit l'exemple. Préoccupées d'exporter, elles aussi, les autres industries se caractérisèrent par le souci de la qualité. Ainsi évolua la métallurgie : orfèvrerie parisienne, coutellerie de Langres, épinglerie et clouterie normandes, armurerie de Paris, corroierie et maroquinerie de Paris, Rouen et Toulouse. L'industrie du livre bénéficia du rayonnement de l'imprimerie à partir de Lyon et Paris, et de l'exemption de taxe douanière à l'exportation accordée par Louis XII en 1514 ; la fabrication du papier, à Troyes et en Auvergne, en profita ; de même, la dominoterie fabriqua images pieuses et cartes à jouer à Paris, Rouen, Lyon et Toulouse. L'« article de Paris » connut dans tout l'Occident une vogue croissante.

D'autres signes traduisent le progrès industriel. La multiplication des forges risquait de dévaster les forêts, dont le roi dut régler l'exploitation ; la Normandie importa le charbon de Newcastle, que la métallurgie commençait à utiliser. Pour limiter les sorties d'or et d'argent qu'exigeait l'acquisition des matières premières, on prospecta le sous-sol français, dans l'espoir de réduire les importations d'alun (acheté en territoire romain), de fer espagnol et d'étain anglais.

Parmi les apports de la nature à la richesse française, le sel était l'un des principaux. Les salines du bas Languedoc et, surtout, celles des côtes atlantiques (Saintonge, baie de Bourgneuf, Guérande) permirent des gains lucratifs aux spéculateurs associés dans les « grosses bourses ». Les côtes vivaient aussi de la pêche. Les convois des « cache-marée » approvisionnaient Paris en poisson frais. A la pêche au hareng, active de la Seine à la Flandre, s'ajouta la pêche morutière à Terre-Neuve, où s'affairaient Basques, Saintongeais, Bretons et Normands ; entre 1500 et 1520, Paimpol et Fécamp inaugurèrent leur carrière.

Intensification du commerce

Parmi les aspects de la vie économique française, les progrès du commerce sont, à coup sûr, les moins mal connus. Le témoignage de Seyssel, là aussi, est édifiant : « L'entrecours de la marchandise, tant par mer que par terre, est fort multiplié... Toutes gens, excepté les nobles, lesquelz encore je n'excepte pas, tous se meslent de marchandise, et pour ung marchant que l'on trouvoit au temps dudit roy Loys onziesme, riche et grossier, à Paris, Rouen, Lyon et aux aultres bonnes villes du royaulme et généralement par toute la France, l'on en trouve de ce règne plus de cinquante... » Et, ajoute-t-il, faisant allusion au développement des relations, « sont à présent moins de difficultez d'aller à Rome, à Naples, à Londres et ailleurs delà la mer, qu'ilz ne faisoient aultreffoys d'aller à Lyon ou à Genesve, tellement que aulcuns y en a qui par mer sont allez chercher et ont trouvé terres nouvelles ».

Le réseau routier, très développé depuis Louis XI, constituait déjà autour de la capitale le réseau concentré décrit en 1552 par Charles Estienne dans son *Guide des chemins de France*. Des pèlerins allaient de Rouen à Lyon en douze jours ; un convoi de mulets faisait en un mois l'aller et retour de Lyon à Marseille. Les bateliers des quatre grands fleuves formèrent de puissantes associations ; le trafic fluvial à Paris, en 1504, fut le double de celui de 1475. Par l'Oise, Paris communiquait avec les Pays-Bas, mais la route vers Anvers prit l'avantage. Les relations transalpines s'animèrent au temps des guerres d'Italie, grâce à l'union du Milanais au royaume sous Louis XII ; elles s'enrichissaient de la route du Mont-Genèvre.

Dans l'émulation qui tournait les peuples d'Occident vers la mer, surtout vers l'Océan, la France cherchait à compenser son retard. Non que l'attention des pouvoirs publics et des marchands, fixée au sud par les guerres italiennes, ne restât fidèle à la tradition méditerranéenne. Marseille demeurait le port d'où l'on attendait épices et tissus d'Orient ; à partir de 1490, les navires des ports atlantiques, en nombre croissant, passaient d'ouest en est le détroit de Gibraltar ; les Normands surtout allaient charger l'alun à Civitavecchia ; d'autres poussaient jusqu'aux Échelles du Levant, où Louis XII, en 1511, obtint des Mameluks des facilités de trafic. Mais le courant tendit à s'établir en sens inverse ; depuis les années 1475-1480, du sucre de Madère et des Canaries, des épices arrivaient à Paris et à Lyon par les ports normands. Bordeaux, Nantes et surtout Rouen, bien placés sur le principal itinéraire du commerce occidental, entre Séville et Lisbonne d'un côté, Anvers de l'autre, prenaient leur part des affaires internationales. Leur trafic monta en flèche à partir des vingt dernières années du XVe siècle ; la guerre ne l'interrompit plus que passagèrement. Le nombre des navires semble considérable, principalement en Normandie et en Bretagne ; les tonnages s'accroissaient, et le roi lui-même s'y intéressait, faisant construire la *Grand-Loyse* (800 tonneaux). La paix favorisait les échanges, et la réglementation de la course se précisa par des accords internationaux. Bordeaux trafiquait avec l'Espagne et l'Angleterre ; Nantes forma avec Bilbao une union marchande (*Contratacio*) ; Rouen, surtout, avant-port de Paris, tenait la première place. Les échanges habituels avec l'Angleterre, les Pays-Bas, l'Espagne et le Portugal s'intensifièrent. Pour la première fois en 1503, le péage danois du Sund signale le passage de navires français. George le Grec, en route vers le Cap-Vert en 1483, retrouva la voie qui avait mené Jean de Béthencourt coloniser les Canaries au début du XVe siècle. Des Bretons revenaient de Madère en 1479 et 1485. Des Honfleurais allèrent à Terre-Neuve en 1506. Vers le même moment, des Français chargeaient du sucre à Agadir. On vit des Indiens à Rouen en 1509. L'expédition de Le Paulmier de Gonneville, au Brésil, en 1503, préfigura les voyages des frères Verrazani. A l'époque de Charles VIII et de Louis XII, le commerce maritime constituait l'une des ressources fondamentales du pays. Vers 1480, le fléau de la balance des échanges changea de sens ; la restauration agricole et l'essor industriel donnèrent l'avantage aux ventes sur les achats. La renaissance économique commença dès la fin du XVe siècle.

Les « Nouveaux Messieurs »

Les bénéficiaires de la prospérité furent les familles bourgeoises, qui, en chaque ville, en ont fourni les initiateurs et les artisans. La richesse s'est concentrée entre leurs mains, pendant trois générations successives, chacune renchérissant sur la précédente. L'aïeul, marchand ou maître d'un métier, gagnait ce que perdaient nobles et clercs au flot des dévaluations monétaires de la première moitié du XVe siècle ; les plus dynamiques ont surmonté la crise : ce sont les contemporains de Jacques Cœur. Surgissent les noms des Toustain, des Beaune et des Briçonnet à Tours, des Picard, des Landais et des Sesmaisons à Nantes, des Eyquem, des Camarsac et des Bernuy à Bordeaux, des Assézat à Toulouse, des Forbin, des Vento, des Romesan à Marseille, des Villars et des Peyrat à Lyon, des Hennequin, des Le Gras et des Roillart à Paris. Le fils continuait les affaires paternelles, avec plus de cordes à son arc ; il spéculait sur les rentes hypothécaires, sur la gabelle, et trafiquait de tout ; contemporain de Louis XI, il était écouté du roi, auquel il lui arrivait de prêter du sien ; en retour, le roi lui permettait d'acquérir des terres nobles, au titre des « francs fiefs ». Nous avons nommé Guillaume de Varye, Pierre Doriole, Jean de Beaune et Jean Briçonnet, Richard Le Pelletier et Guillaume Restout. Tous n'ont pas procédé du même pas. Dans le cas le plus courant, nos gens, les petits-fils, au temps de Charles VIII et de Louis XII, avaient en main les affaires les plus diverses : négoce par mer et par terre, fermes des rentes publiques ou privées, prêts, propriétés foncières. Ils possédaient hôtel à la ville, château à la campagne, car les détenteurs du capital mobilier savaient donner à leurs affaires des « bases plus fermes que les hasards du commerce, et coudre les prés aux bois et les bois aux labours » (Marc Bloch). Telle fut l'entrée en masse des bourgeois parmi les propriétaires du sol. Non contents de détenir le capital, ils mirent la main sur les institutions municipales, ils peuplèrent conseils et offices. Aux offices urbains, ils ajoutèrent en faveur de leurs enfants, les offices royaux et les bénéfices ecclésiastiques.

Ils s'illustraient dans les lettres. Pépinière de la noblesse de robe, la bourgeoisie d'affaires accéda enfin à l'entourage du roi. Quelques noms sont restés célèbres : Robertet, Gaillard, Duprat, Bohier. La carrière des Beaune et des Briçonnet est typique. Tous, d'ailleurs, étaient parents ou alliés. Guillaume Briçonnet était marchand à Tours vers 1450 ; Jean, son fils, receveur général ; parmi les enfants de ce dernier, on compte un conseiller au parlement, trois receveurs généraux et, enfin, Robert, archevêque de Reims et chancelier de France. Jean de Beaune, marchand à Tours, fut l'associé de Guillaume Briçonnet ; son fils, Jacques, pratiqua la banque ; comme Jacques Cœur, il s'enrichit à l'argenterie, devint receveur général, construisit un hôtel à Tours, acheta la seigneurie de Montrichard ; Louis XII l'anoblit ; François Ier le fit baron de Semblançay, nom sous lequel sa fortune et son infortune sont couramment connues.

Un nouveau décor de la vie

Le retour à la paix et le rétablissement économique permirent à la vie urbaine, aux mœurs, à l'art, à la littérature, d'exprimer le charme d'une existence dont les contemporains des troubles et des guerres n'avaient goûté que l'âpre saveur, avec une hâtive frénésie. Les hommes jeunes de la génération de Charles VIII croyaient en l'avenir, et la clarté italienne vint renouveler leur confiance. Mais, pour mesurer le chemin parcouru, il convient souvent de revenir un peu en arrière.

Le décor de la vie s'est transformé dans le sens du mieux-être, du confort, voire du luxe, avec un certain caractère ostentatoire. La moindre démarche humaine traduisait cette transformation. Dans le costume d'abord. Les draps lourds cédaient la place à la fine draperie, aux soieries, au linge délicat, façon de Damas ou de Venise, aux belles fourrures, par exemple dans les trousseaux de mariée des filles de moyen état, au scandale des nobles et des clercs. Les hommes aimaient les chemises bouffantes, les robes amples de velours ou de soie brochée d'or, les ceintures d'argent et les bijoux. La mode parisienne déjà faisait prime ; elle était recherchée à l'étranger, notamment par les Anglais. Les cours princières constituaient des foyers d'élégance, autour des ducs de Bourgogne et du roi René d'Anjou, qu'un goût d'esthète conduisit à dessiner lui-même des modèles et à combiner la mode de France avec celle d'Italie. Luxe de l'alimentation : abondance de viandes, plats raffinés, vins fins, fruits exotiques, sucreries. Mobilier soigné : buffets et coffres sculptés, tables en bois de cyprès, ivoires, vases d'étain, tapisseries de haute lisse à personnages n'étaient pas monopole de princes et ornaient les demeures bourgeoises.

Depuis le milieu du xve siècle, la maison urbaine s'embellit. La fièvre de construction de l'après-guerre ne s'apaise pas. Tours, Toulouse, Rouen, Paris, Troyes, Dijon, Lyon conservent nombre de ces hôtels de gentilshommes ou de bourgeois « vivant noblement ». La maison garde son pignon, mais gagne en élévation ; les pièces, plus nombreuses, sont faites pour recevoir ; la pierre, d'abord réservée aux soubassements, gagne les étages et bientôt toute la construction ; mais elle reste affaire de riche. Les villes, ainsi, s'embellissent et l'urbanisme naît. On pave les rues de pierre, on reconstruit les halles, on éloigne les abattoirs, on multiplie les fontaines. Tours, Lyon, Dijon ont de nouveaux hôtels de ville ; Rouen édifie sous Louis XII son admirable palais de justice. L'architecture civile prend son essor, mais la part de Dieu reste la plus grande. Les moindres villages ont rebâti leurs églises dévastées, et les villes marchandes ont construit à la mesure de leur richesse. Les articulations recherchées de la voûte et l'exubérante floraison sculpturale des feuillages et des choux frisés, la complication des arabesques expriment l'opulence retrouvée et la joie de vivre autant que, naguère, la psychologie tourmentée des temps troublés. Les cathédrales de Bordeaux, de Nantes, de Tours, l'église Notre-Dame d'Alençon, l'abbatiale du Mont-Saint-Michel, la tour Saint-Jacques à Paris, les églises de Troyes, surtout la floraison étonnante des églises rouennaises en restent les témoins.

Le château, en même temps, évolue. Une fois la paix revenue et en face d'une artillerie en progrès, la haute cuirasse de pierre, sans ouvertures, humide et triste, ne répond plus aux exigences de la vie. Le donjon devient un belvédère et une terrasse ; au chemin de ronde succèdent les galeries ouvertes, propices aux cent pas ; les meurtrières font place aux baies à meneaux sculptés et des gâbles ajourés les surmontent ; des rampes courent au long des toits ; la décoration n'épargne pas les cheminées ; l'alternance de la brique et de la pierre fait jouer la lumière. Terrasses, bosquets et fontaines, parterres fleuris et ménageries offrent aux habitants le cadre du nouvel art de vivre. Qu'eussent donc fait de forteresses les seigneurs mués en courtisans et les marchands enrichis déguisés en gentilshommes ? L'évolution du sens des mots « château » et « châtelain » est significative. De telles résidences, les pays de la Loire surtout ne manquent pas : Mehun-sur-Yèvre, Loches, Plessis-lez-Tours, Chaumont, Blois, véritable résumé de l'évolution de l'art français aux xve et xvie siècles ; Azay-le-Rideau et Chenonceaux, tenus par de grands bourgeois, Gilles Berthelot et Thomas Bohier ; et même Amboise et Nantes, que firent transformer Charles VIII et Anne de Bretagne.

Une simplification assez courante voudrait dater les débuts de la Renaissance française de l'expédition de Charles VIII en Italie. Les influences italiennes en France sont antérieures aux guerres, et celles-ci s'expliquent par celles-là. L'originalité de l'époque est d'avoir accepté l'apport italien « comme un accident », sans oublier les traditions nationales. Celles-ci conservaient leur vitalité, et le mécénat ne fut pas une importation italienne. En évoquant le roi René à Aix, la Maison de Bourbon à Moulins, les rois de France, François II et Anne de Bretagne, la Maison de Bourgogne, les hauts fonctionnaires, les évêques issus de la bourgeoisie enrichie, Ruzé, Poncher, Briçonnet et Amboise, on indique en même temps les principaux foyers de l'épanouissement de la civilisation : Provence, Bourgogne et Flandre, Ile-de-France, Normandie et pays de la Loire.

Les « sensations » d'Italie pénétrèrent lentement, surtout dans l'architecture. Le style flamboyant conserva dans le Nord et en Bretagne une vogue durable, et les apports antiques furent, d'abord, seulement des accessoires. Que ce soit, par exemple, les loggias du château de Nantes, la chapelle Saint-Hubert à Amboise, la colonnade de Blois, les pilastres, les médaillons et les marbres de Gaillon. En dépit de la présence d'artistes italiens embauchés par Charles VIII, Louis XII et Georges d'Amboise, la forme extérieure évoluait, mais l'esprit de la construction restait médiéval.

Les arts dits mineurs s'étaient déjà dissociés de l'architecture, animés, les uns et les autres, par la séduction des formes nouvelles, expression de la beauté en soi. Le régionalisme caractérise les foyers artistiques. L'école des pays de la Loire, du Bourbonnais à la Touraine, se montre plus mesurée, mieux ordonnée, plus classique ; la douce nonchalance du milieu local s'exprime dans la miniature, où Jean Fouquet est maître, et dans la grâce des tableaux du Maître de Moulins. Il y a plus de vigueur dans le réalisme équilibré des œuvres sculpturales de Michel Colombe (tombeau du duc François II, à Nantes). Mais déjà l'Italie exerçait son influence ; de leurs séjours dans la péninsule, sculpteurs et peintres rapportaient l'idéal esthétique antique, et la polyphonie se faisait plus simple au contact de la *frottola* italienne. Charles VIII attira le médailleur Giovanni Candida ; Louis XII invita Léonard de Vinci à venir en France, et Georges d'Amboise fit travailler Andrea Solario. On ne méprisait pas encore les traditions de l'art médiéval, mais les façons italiennes étaient à la mode. Rien ne pouvait mieux convenir à une génération de gentilshommes hantés par le culte du héros, et de bourgeois dont la fortune exaltait le succès de l'homme.

Prélude à l'humanisme

Dans le domaine des travaux de l'esprit, la synthèse entre la tradition médiévale et les formes nouvelles semble avoir été plus lente. Si la truculence de Villon apporte une note réaliste et sincère, la pédanterie ampoulée des rhétoriqueurs se prolongea jusqu'au-delà du règne de Louis XII ; elle engendra le « style noble » ; elle enchantait les rimeurs des concours poétiques, des chambres de rhétorique et des puys de palinods, émules de Meschinot, de Crétin, de Bouchet et de Jean Le Maire de Belges. L'histoire, même, fut gâtée ; à côté des panégyriques faussement érudits de Chastellain, de La Marche, de Molinet, de D'Auton et même de Seyssel, la langue directe et la psychologie de Commynes étonnent. Et pourtant, dans les mêmes milieux où se maintenaient les conventions allégoriques, la culture humaniste trouvait ses premiers adeptes. Entre eux, cependant, et ceux de l'humanisme pétrarquisant du début du siècle, la continuité n'est guère perceptible. Le goût des classiques se diffusait. Pic de La Mirandole ne manqua pas d'admirateurs lorsqu'il vint à Paris, et Laurent Valla y avait trouvé des lecteurs. L'hellénisme même n'allait pas tarder à recruter les siens jusque dans des villes provinciales de second rang, comme Dieppe. L'imprimerie, en facilitant la compréhension et l'imitation des Anciens, permit à Robert Gaguin et Guillaume Budé de s'initier à une érudition véritable et d'emprunter aux maîtres la forme authentique de leur style. Ils étaient en liaison étroite avec Érasme et avec leurs émules italiens. Ce furent là initiatives personnelles d'esprits spécialement ouverts, car l'École, insuffisamment réformée malgré l'effort du cardinal d'Estouteville, demeurait engluée dans le conformisme universitaire.

Renouvellement des aspirations religieuses

Lentement aussi, la pensée et la sensibilité religieuses cheminaient vers une épuration et un renouveau. La préoccupation de la réforme ecclésiastique ne fut que la manifestation extérieure d'une telle recherche. En la prenant en main, la monarchie française accomplissait une œuvre parallèle à celle des Rois Catholiques. Au nom du cardinal Cisneros répond celui du cardinal d'Amboise, à la fois Premier ministre et légat. L'œuvre ne fut pas inféconde ; le légat reprit les projets de l'assemblée de Tours de 1493 et généralisa à l'ensemble des monastères l'exemple spontané de certaines abbayes bénédictines (Chezal-Benoît) et du proviseur fougueusement austère du collège de Montaigu, Jean Standonck. Administrative, l'œuvre du légat présentait l'avantage d'être générale et méthodique, mais l'inconvénient de s'appuyer sur la puissance publique. La politique en compromit le succès, car Louis XII commit la faute de mêler la réforme religieuse à son conflit, purement politique et militaire, avec Jules II. La question de l'annulation du mariage du roi avec Jeanne de France, fille de Louis XI, et de son remariage avec Anne de Bretagne avait déjà altéré les relations de la cour de France et du Saint-Siège. Après la mort de Georges d'Amboise, Louis XII crut habile de se poser en champion de la réforme générale de l'Église dans l'espoir de briser l'hostilité de Jules II. Il s'appuya sur l'opinion, gallicane, des prélats français assemblés à Tours et à Lyon (1510-1511) et sur le concours de l'empereur Maximilien, pour convoquer, sans l'aveu du pape, un concile général à Pise (1511-1512). Ce fut un échec : le concile de Pise ne comprit que six cardinaux et vingt-quatre évêques et archevêques, dont seize français ; l'opinion française, en dépit des pamphlets des publicistes officiels, répugnait à l'éventualité d'un schisme ; enfin, le pape eut l'habileté de convoquer lui-même, au Latran, un concile œcuménique. Le concile de Pise ne survécut pas à l'évacuation française du Milanais.

Ainsi, compromise par son caractère officiel, par une certaine rudesse de méthode, par son interférence avec des préoccupations purement politiques, la réforme ecclésiastique fut très imparfaite. La plus grande confusion régnait dans le régime de la collation des bénéfices, parce que l'application du concordat de 1472 était contrariée par les pratiques issues de la pragmatique sanction. Enfin, la réforme de la discipline, trop teintée de politique, ne satisfaisait pas les âmes soucieuses de pureté. Car si la foi demeurait générale, la piété de beaucoup restait formaliste. L'inquiétude de la mort fut, jusqu'à la fin du XVe siècle, une dominante de la mentalité religieuse. Mais l'art de bien mourir supposait l'art de bien vivre ; les plus scrupuleux du rachat des péchés ne pouvaient pas se contenter de l'accumulation, très en vogue, des indulgences. Le problème de la grâce se trouvait posé. C'est ainsi que Jean Standonck fit du collège qu'il dirigeait le foyer rayonnant d'une dévotion sévère, mais intensément personnelle. Le groupe formé autour de Lefèvre d'Étaples, à Meaux, exigeait un retour à une illumination plus vive de la foi par le recours aux saintes écritures, à l'aide, notamment, de la spiritualité paulinienne. De telles dispositions, jointes aux efforts déjà accomplis, préparaient l'Église de France à affronter les drames de conscience de la Réforme, sans rupture profonde, mais avec la volonté réfléchie d'un renouvellement.

15. RENAISSANCE ET DISCORDES RELIGIEUSES

Entre 1515 et 1589, le principal problème est celui que posent la Réforme et les affrontements politiques et religieux qu'elle suscite.

I. DES GUERRES D'ITALIE AUX GUERRES DE RELIGION

Deux paysages historiques

L'année 1559, qui vit la signature des traités du Cateau-Cambrésis et la mort tragique d'Henri II, semble apporter une césure dans l'histoire française du XVIe siècle, séparant une période de paix au moins relative à l'intérieur et d'expéditions militaires à l'étranger d'un temps de guerres civiles et d'effacement croissant du royaume des Valois sur l'échiquier européen. Plus généralement, elle nous paraît signifier le passage de la joie de vivre caractéristique de la période de la Renaissance — du moins à un certain étage de la société — au climat de terreur et de haine engendré par les antagonismes religieux. Cette date n'annonce-t-elle pas aussi, avec le changement de ton de la littérature, le ralentissement général de l'activité artistique ?

Une telle schématisation comporte forcément une part d'illusion qu'une histoire attentive à la vie profonde des peuples se doit de dissiper. Elle n'en est pas moins commode et assez largement justifiée. Car il est bien vrai qu'après 1559 l'existence quotidienne des Français se trouva de plus en plus perturbée — jusqu'au paroxysme final des années 1587-1593 — par la violence grandissante des guerres de Religion. Et il est encore vrai que, sur le plan international — or comment séparer la France de son contexte ? — les années 1558-1563, marquées par l'avènement d'Élisabeth et la conclusion du concile de Trente, constituèrent la frontière entre deux époques. La dernière partie du XVIe siècle, sensiblement plus autoritaire, plus lourde et plus majestueuse que la première en ses démarches et en son décor, vit le durcissement des oppositions confessionnelles, la solidification des frontières politiques, l'afflux en Europe de l'argent américain, l'accélération de la hausse des prix avec pour corollaire l'élargissement du fossé entre riches et pauvres, enfin le glissement vers l'esthétique baroque, plus solennelle et plus pathétique que celle de la Renaissance. Deux paysages historiques se côtoient donc sur la ligne des années 60 du XVIe siècle.

Une diplomatie entreprenante

La France brillante d'avant 1559 pratique sur la scène européenne, voire au-delà des mers, une politique de présence qu'illustrent comme des tapisseries aux riches couleurs l'entrevue du Camp du Drap d'or (7 juin 1520) entre François Ier et Henri VIII, et celle d'Aigues-Mortes (14 juillet 1538) entre le roi de France et l'Empereur. Rencontres au demeurant plus fastueuses qu'utiles, car aucun des partenaires n'y renonce à ses ambitions profondes. En 1519, François Ier a été candidat à la couronne impériale et Charles d'Espagne a dû mobiliser tout le crédit des Fugger et dépenser quelque 852 000 florins (plus de 1 200 kg d'or fin) pour battre son redoutable concurrent. Cet échec du Valois n'a cependant pas signifié l'effacement de la France en Allemagne. A partir de 1531, les frères Du Bellay — Guillaume, sire de Langey, et Jean, évêque de Paris —, négociant outre-Rhin par l'intermédiaire d'humanistes allemands, apportent l'appui et les subsides de la France aux confédérés de Smalkalde, qui contrecarrent la politique unificatrice de l'Empereur. En 1552, Henri II ne craint pas de s'intituler « défenseur de la liberté germanique ». Si attaché qu'il soit au catholicisme, il conclut une alliance effective avec les princes protestants et pénètre avec une armée sur le territoire du Saint Empire. C'est au cours de ce « voyage d'Allemagne » qu'il occupe Toul, Metz, puis Verdun.

Bien sûr, le souverain le plus omniprésent du XVIe siècle reste Charles Quint, prince sans cesse en voyage, dont la domination s'étend sur plusieurs continents et plusieurs océans. Mais il trouve en face de lui une France singulièrement mordante et entreprenante. En 1516, elle oblige les cantons suisses à une *paix perpétuelle* qui lui permet de puiser désormais dans ce réservoir de soldats qu'est la Confédération helvétique. Jusqu'en 1559, des troupes françaises combattent non seulement en Italie de façon presque permanente, mais encore en Navarre en 1521, en Écosse en 1522 et encore de 1542 à 1560. En Orient, la diplomatie du roi de France se révèle tellement active qu'elle scandalise l'Europe chrétienne tant protestante que catholique. Des *capitulations*, donnant aux commerçants français dans tout l'Empire ottoman les privilèges dont ils jouissaient déjà à Alexandrie, semblent bien avoir été signées à Constantinople en 1536. En tout cas, sept ans plus tard, la collaboration militaire franco-turque apparaît évidente lors du siège de Nice, et une flotte ottomane vient hiverner à Toulon. Conséquence de ces bonnes relations entre la France et les Infidèles : le trafic de Marseille, qui va devenir le grand centre d'importation des épices, se développe avec les Échelles du Levant. Il connaîtra son plein essor avec la fin du siècle.

Le testament d'Adam

Il y a plus : la France, au moins par intermittence, paraît vouloir disputer aux Ibériques l'hégémonie dans les Indes occidentales et orientales. Significative à cet égard est la déclaration par laquelle François Ier notifie à Charles Quint en 1540 « que le soleil chauffe pour lui comme pour les autres et qu'il désire fort voir le testament d'Adam pour savoir comment celui-ci avait partagé le monde ». Au vrai, dès le début de son règne, François Ier, refusant implicitement la ligne de partage du monde établie en 1493-1494 par les Espagnols et les Portugais, encourage les marins français et les pilotes étrangers au service des armateurs français à « naviguer sur la mer commune ». D'où le pillage en 1523 des trésors envoyés du Mexique par Cortez et les voyages clandestins du Dieppois Ango et de ses émules sur les côtes du Brésil (1526 et 1531), à Madagascar et à Sumatra (1528-1529), tandis que des relations commerciales se nouent entre France et Maroc (1533). Mais ce que recherchent surtout les milieux maritimes français, c'est la découverte d'une route septentrionale non contrôlée par les Ibériques, qui permettrait d'atteindre la Chine — source, croit-on, de tous les trésors du monde. Ce but explique le voyage américain de Verrazano en 1524, qu'organise Ango et que subventionnent des marchands florentins de Lyon, et les trois expéditions de Jacques Cartier (1534-1543). Chargé de « descouvrir certaines ysles et pays où l'on dit qu'il doibt se trouver grant quantité d'or et autres riches choses », le navigateur malouin prend le Saint-Laurent pour un passage vers la Chine et se persuade que la terre de Saguenay touche à la Tartarie. L'échec relatif de Jacques Cartier — qui provoque un vif soulagement en Espagne — ne décourage pas les Français. En 1550, une fête brésilienne avec vrais et faux sauvages se déroule à Rouen devant Henri II qui, l'année suivante, charge Guillaume Le Testu de reconnaître la côte sud-américaine. Quatre ans plus tard, le général des galères, Villegagnon, fonde dans la baie de Rio de Janeiro une Henryville dont il espère faire la capitale de la « France antarctique ».

Les « voyages » d'Italie

Velléités plus que volonté coloniale des Valois au XVIe siècle. Car François Ier et Henri II, comme Charles VIII et Louis XII, ont constamment les yeux tournés vers l'Italie. C'est dans la Péninsule qu'ils envoient leurs plus belles armées — celle qui passe les Alpes en 1515 est forte de 30 000 hommes — et leurs meilleurs capitaines : Bayard mortellement blessé en Piémont en 1524, La Trémoille tué l'année suivante à Pavie en même temps que La Palice et Bonnivet, Monluc qui défend Sienne en 1555 et François de Guise qui entreprend en 1557 le dernier « voyage de Naples ». C'est en Italie que les Français, entre 1515 et 1559, remportent leurs plus brillantes victoires, subissent leurs plus durs revers. Au triomphe de Marignan, une « bataille de géants », obtenu notamment grâce aux 300 canons de l'artillerie royale, succède, dix ans plus tard, le désastre de Pavie. Les arquebuses à mèche des Espagnols — armes nouvelles à l'époque — y fauchent les charges folles de la cavalerie de François Ier.

Le film des descentes françaises en Italie tout au long des règnes de François Ier et d'Henri II ne laisse pas d'impressionner. Louis XII ayant perdu le Milanais en 1512, son successeur le reconquiert en 1515. Mais il doit l'abandonner six ans plus tard. Trois campagnes successives sont alors menées pour le reconquérir : en 1522 (échec de La Bicoque), en 1523-1524 (mort de Bayard), en 1525 (capture du roi à Pavie). Sorti de sa prison de Madrid et revenu en son royaume, François Ier ne songe qu'à reprendre les armes. Après le sac de Rome en 1527 par les troupes de Charles Quint, Lautrec réoccupe la Lombardie et même une partie du royaume de Naples. Mais la défection de la flotte génoise bouleverse le rapport des forces, et Lautrec bat en retraite. A la paix de Cambrai (1529), François Ier paraît, comme à Madrid trois ans plus tôt, abandonner ses ambitions italiennes. Faux-semblant. Car à la mort du duc Francesco Sforza, en 1535, il revendique le Milanais pour son fils. Charles Quint refuse, et la France occupe les voies d'accès vers la Lombardie, c'est-à-dire la Bresse, le Bugey, la Savoie et le nord du Piémont. La trêve qui intervient en 1538 entre les deux adversaires ne règle pas la question de Milan. Mais, en 1540, Charles Quint donne l'investiture du duché à son fils — le futur Philippe II. La reprise des hostilités permet une victoire — il est vrai sans lendemain — du comte d'Enghien à Cérisoles, en Piémont, en 1544. Henri II (1547-1559), contrairement à une légende tenace, est autant que son père attiré vers l'Italie. En 1551, il fait intervenir les troupes françaises à Parme contre Jules III. De 1552 à 1555, il soutient militairement les Siennois révoltés contre les Impériaux et marque sa présence en Corse par l'envoi de soldats.

Le nonce en France écrit alors que « le Roi Très Chrétien est complètement tourné vers les choses d'Italie ». Et il est probable que dans l'esprit du roi, Metz, Toul et Verdun, occupés en 1552, n'étaient qu'une monnaie d'échange contre Milan ou Asti. En 1555 encore, Henri II s'entend secrètement avec Paul IV Carafa, qui hait les Espagnols, pour chasser ceux-ci du royaume de Naples. Effectivement, l'année suivante, le duc d'Albe envahissant les États de l'Église, François de Guise est envoyé en Italie centrale avec mission d'entrer dans le royaume de Naples. Mais le désastre de Saint-Quentin (10 août 1557) oblige à le rappeler. Si les guerres de Religion n'avaient pas éclaté, il n'est pas sûr que le traité du Cateau-Cambrésis aurait marqué la fin des ambitions italiennes de la France. Certes, elle abandonnait la Corse et ses revendications sur le Milanais. Elle évacuait en principe le Piémont et la Savoie, mais gardait provisoirement cinq places fortes piémontaises, dont Turin et Pignerol, plus le marquisat de Saluces (conservé jusqu'en 1588). N'étaient-ce pas là des bases pour de nouvelles interventions dans la Péninsule ?

Primauté de l'Italie

Est-ce seulement par goût de l'aventure ou pour vivre quelque merveilleux roman de chevalerie que les rois de France cherchèrent avec passion « les gloires et les fumées d'Italie » ? Est-ce parce que la Péninsule leur parut un « paradis terrestre », que les jardins de Naples étaient « pleins de toutes bonnes et singulières choses » — ainsi s'exprimait Charles VIII — et que l'on pouvait tirer des villes italiennes de façon presque inépuisable « librairies, peintures, pierres de marbre et de porphyre » ? On a souvent évoqué le mirage transalpin auquel Charles VIII sacrifia allègrement le Roussillon, l'Artois et la Franche-Comté. Il est vrai, d'autre part, que les « voyages d'Italie » suscitèrent plus d'enthousiasme dans la noblesse belliqueuse et avide que dans l'ensemble de la population française. Au moment où l'armée se rassemblait à Lyon en 1523 pour passer au-delà des Alpes, l'avocat Nicolas Versoris notait en son journal : « Il sambla pour ung temps aux bourgeois de Paris estre destitués et delaissés de tout confort et ayde parce que lors la grant puissance de France estoit envoyée en Italie pour recouvrer Milan, ce qui affoiblissoit le royaulme. » Enfin, les expéditions au-delà des monts eurent pour résultat d'alourdir les impôts des Français. Mais il faut dire que Louis XI lui-même avait regardé du côté de l'Italie et que la Péninsule était à tous égards la région la plus riche, la plus urbanisée, la plus avancée techniquement et la plus civilisée d'Europe. Elle était un réservoir de soldats et de capitaines, d'ingénieurs et d'artistes, le point de rencontre des principaux courants économiques, le lieu géométrique où se concentraient l'argent, le crédit et les banques. Enfin, elle fournissait sa capitale à la catholicité. Qui aspirait à la puissance en Europe devait forcément chercher à s'assurer une place prépondérante en Italie.

Le tort des rois de France fut moins d'avoir nourri des ambitions italiennes que d'avoir dispersé leurs efforts. Au lieu de s'entêter à envoyer des troupes en Toscane et dans le royaume de Naples, ils auraient dû obstinément concentrer sur le Piémont et la Lombardie leurs entreprises militaires et leurs initiatives diplomatiques.

Le royaume sur la défensive

Parce que, jusque vers 1560, on ne pouvait être une grande puissance en Europe sans intervenir en Italie, le Roi Très Chrétien devait nécessairement y rencontrer Charles Quint, qui aspirait à la monarchie universelle ou du moins pratiquait une politique universelle. De fait, les guerres dans la Péninsule changent de sens à partir du moment où Charles d'Espagne est élu empereur en 1519. Considérées du point de vue de la France, elles deviennent défensives, d'offensives qu'elles étaient auparavant. Même si l'initiative vient de François Ier ou d'Henri II, il s'agit bien d'empêcher la domination par l'Empereur de l'Italie entière. Ainsi, au XVIe siècle, les Français ont changé d'ennemi héréditaire : ce n'est plus l'Anglais, c'est le Habsbourg. Certes, l'Angleterre s'est encore trouvée à plusieurs reprises en guerre contre la France — en 1544 lorsque les soldats d'Henri VIII assiégeaient Boulogne, et encore en 1555-1559 —, mais toujours comme alliée et comparse secondaire des Habsbourg. Ces conflits limités permirent, d'ailleurs, à François de Guise de reprendre Calais par surprise en 1558, et la paix du Cateau-Cambrésis confirma l'évacuation par les Anglais de la dernière place qu'ils tenaient encore sur le continent.

Combattre en Italie n'était-ce pas une façon pour les Rois Très Chrétiens d'éloigner la guerre des frontières et du sol français ? Car Charles Quint, maître des Pays-Bas, de la Franche-Comté et de l'Espagne, cherchait à encercler la France, peut-être même à la faire éclater ; la mainmise sur le Milanais accroissait encore la pression des Habsbourg. Enfin, l'Empereur, dont le français était la langue maternelle, rêva toujours de récupérer la Bourgogne, patrie de ses ancêtres. Il ne cessa de réclamer le duché

« tyranniquement et indûment détenu et occupé par le roi de France ». Et on lit dans son testament, rédigé à Bruges en 1522 : « Si, à l'heure de notredit trépas notre duché de Bourgogne était réduit en notre obéissance, en ce cas nous voulons notredit corps être ensépulturé en l'église conventuelle des Chartreux (Champmol), lez notre ville de Dijon, audit duché de Bourgogne, lez et avec les corps de ceux qui furent nos prédécesseurs Philippe dit le Hardi, Jean son fils et Philippe dit le Bon, en leur vivant ducs dudit Bourgogne. » L'Empereur crut toucher au but en 1526, puisque, à Madrid, François Ier accepta non seulement de perdre le Milanais, de renoncer à sa suzeraineté sur la Flandre et l'Artois, et de rendre au duc de Bourbon ses biens et dignités, mais encore d'abandonner la Bourgogne. Mais, rentré en France, appuyé par la ligue de Cognac et les notables bourguignons, il refusa de tenir parole. Charles Quint dut s'incliner au traité de Cambrai (1529).

Durant les quarante années 1519-1559, la France fut en guerre avec Charles Quint, puis avec Philippe II, pendant au moins dix-huit ans (1521-1526, 1527-1529, 1536-1538, 1542-1544, 1552-1559). A chaque fois, des combats en France doublèrent ceux qui se déroulaient en Italie. A chaque fois, malgré des revers, la situation put être rétablie. En 1521, Bayard défendit victorieusement Mézières contre les Impériaux. En 1524, le duc de Bourbon, devenu lieutenant de Charles Quint, envahit la Provence. Mais il usa ses forces devant Marseille au lieu de remonter vers Lyon. En 1536, la Provence fut à nouveau occupée par les troupes de l'Empereur, mais elles ne purent s'y maintenir, car Montmorency fit le vide devant elles. D'où leur retraite dramatique vers l'Italie en laissant derrière elles « les chemins jonchés de morts et de malades [...], hommes et chevaux tous amassés en un tas parmi les autres [...], les mourants pêle-mêle parmi les morts ». Au même moment, les Impériaux, qui avaient pénétré en Picardie, étaient arrêtés devant Péronne. Huit ans plus tard, ils entraient en Champagne, prenaient Saint-Dizier et s'avançaient jusqu'à Epernay et Château-Thierry. Mais la résistance française obligeait bientôt Charles Quint à traiter sans son allié anglais à Crépy-en-Laonnais. On dit que c'est la brillante défense de Metz par François de Guise (1552-1553) qui, décourageant l'Empereur, lui donna l'idée d'abdiquer. L'écrasante victoire d'Emmanuel-Philibert près de Saint-Quentin, en août 1557, put apparaître comme une revanche : l'armée d'Henri II fut mise en déroute, perdit 3 000 morts et 6 000 prisonniers – chiffres considérables pour l'époque. Mais si la France connaissait alors des difficultés financières, plus grandes encore étaient celles de l'Espagne, les deux pays étant l'un et l'autre affectés par le même « creux » de la conjoncture économique qui marqua le milieu du XVIe siècle. Deux mois avant la bataille de Saint-Quentin, Philippe II s'était résigné à une banqueroute partielle. L'épuisement financier et les progrès du calvinisme en Europe occidentale interdirent donc au roi d'Espagne d'exploiter sa victoire. En France, les militaires, tels Monluc et Brantôme, s'indignèrent du traité du Cateau-Cambrésis, qui paraissait marquer la fin des ambitions françaises en Italie : « En une heure, et par un trait de plume, fallut tout rendre et souiller et noircir toutes nos belles victoires passées, de trois ou quatre gouttes d'encre. » Mais si l'on compare la France de 1559 à celle de 1515, on voit qu'elle s'est agrandie et consolidée par l'acquisition des Trois-Évêchés et qu'elle a récupéré Calais et les territoires avoisinants (Guînes et châtellenie d'Oye).

Un pays relativement paisible

Pendant la première partie du XVIe siècle, la vie quotidienne en France avait été plus paisible que celle de beaucoup de pays d'Europe. Non cependant que le calme y ait toujours été complet. En 1529 éclata à Lyon une grande émeute, ou « rebeine », qui faillit faire tomber le gouvernement de la ville entre les mains de ceux qui s'intitulaient la « povre commune » et le « povre monde ». Encore à Lyon éclatera en 1539 la célèbre grève des imprimeurs dont le nom de « tric » qu'elle reçut, déformation de l'allemand *Streik*, témoigne de la présence de nombreux typographes d'origine germanique. Entre 1543 et 1548, une importante rébellion se développa dans l'ouest du royaume, notamment en Guyenne. Paysans et nobles ruinés y refusaient les augmentations d'impôts. Le mouvement fut férocement réprimé. Toutefois, le royaume de François Ier et d'Henri II ne connut aucune révolte comparable à celle des *comuneros* espagnols de 1520-1521, ou à celle des paysans qui soulevèrent en 1524-1525 la moitié de l'Allemagne. Il ne fut pas le théâtre d'une guerre intérieure telle que celle qui déchira l'Empire de 1546 à 1552, en raison du conflit entre la ligue de Smalkalde et Charles Quint. Enfin, il ne fut pas, malgré l'invasion momentanée de la Provence, de la Picardie et de la Champagne, continuellement foulé aux pieds comme l'Italie par les soldats étrangers. Relativement protégée de la guerre, la France fut donc, durant la première moitié du XVIe siècle, le « pays heureusement fertile » vanté par Ronsard, qui « donne à ses filz ce qui leur est utile ».

Dégradation progressive de la situation intérieure

Pourtant, les signes avant-coureurs du drame qui ensanglanta le royaume après la mort d'Henri II n'avaient cessé de se préciser durant la période précédente. La situation religieuse dans le pays et la concorde civile s'étaient progressivement détériorées, de l'exécution de Berquin — un gentilhomme ami d'Erasme — en 1529 à celle du conseiller Anne du Bourg, brûlé le 23 décembre 1559, après avoir été étranglé, pour avoir demandé la suspension des poursuites contre les protestants. Quelques faits majeurs jalonnent cette irréversible dégradation : les persécutions qui suivirent l'affichage en 1534 de placards hostiles à la messe sur la porte même de la chambre du roi à Amboise, le massacre en 1545 de 3 000 vaudois du Luberon sur l'ordre du parlement d'Aix et avec le consentement de François Ier, enfin et surtout la législation antiprotestante mise en place par Henri II. Une « chambre ardente », créée en 1547 au parlement de Paris, rendit en trois ans plus de 500 arrêts contre l'hérésie. Puis l'édit de Compiègne (1557), sans déposséder théoriquement les cours ecclésiastiques, réserva aux tribunaux laïques le jugement des réformés, dès qu'il y aurait scandale public. Dans ce cas, les hérétiques devraient tous être condamnés à mort. Quant à l'édit d'Écouen (1559), il ordonna d'abattre sans jugement tout protestant révolté ou en fuite. C'est contre ces mesures qu'Anne du Bourg s'éleva. Elles prouvent en tout cas que, dans la pensée du roi, le péril huguenot allait en s'accroissant. En effet, aux approches de 1560 on voit une fraction notable de la noblesse adhérer à la Réforme et suivre à cet égard l'exemple de Condé et des trois neveux du connétable de Montmorency — le cardinal Odet de Châtillon, d'Andelot, colonel général de l'infanterie, et l'amiral de Coligny. En outre, les gentilshommes que le traité du Cateau-Cambrésis laisse sans emploi sont maintenant disponibles pour toutes les violences de la guerre intérieure. Suivant leur tempérament, leurs convictions et surtout la clientèle nobiliaire à laquelle ils appartiennent, ils choisissent entre le parti de Condé et celui des Guise, car ceux-ci font déjà figure de chefs de file des catholiques intransigeants. Si Henri II n'était pas mort inopinément dans la force de l'âge, peut-être aurait-il pu contenir la vague montante des périls ? Son autorité n'était pas contestée, et on peut être sûr qu'il aurait poursuivi avec sa raideur habituelle la politique antiprotestante. Ses dernières paroles auraient été : « Que mon peuple persiste et demeure ferme en la foy en laquelle je meurs. » Mais ses successeurs — y compris Catherine de Médicis — furent des hésitants qui, faisant de la France la proie des factions, oscillèrent perpétuellement entre plusieurs conduites.

Entre la paix et la guerre

A la mort de son père, François II n'avait que quinze ans et demi. Les Guise étaient les oncles de la reine Marie Stuart ; ils s'installèrent au pouvoir. La conjuration — ou « tumulte » — d'Amboise (mars 1560), encouragée par Condé, avait précisément pour but l'enlèvement des Guise. Le complot échoua et les conjurés prisonniers furent pendus sur la terrasse du château. Agrippa d'Aubigné avait neuf ans lorsqu'il assista à cette exécution et jura de la venger. La guerre civile, cependant, n'éclata pas encore. Le décès de François II permit à Catherine d'écarter les Guise et de tenter une politique de conciliation. Aux états généraux d'Orléans (décembre 1560-janvier 1561), le nouveau chancelier Michel de l'Hospital prononça la harangue célèbre : « Il nous faut dorénavant garnir de vertus et bonnes mœurs et puis les assaillir [les protestants] avec les armes de la charité, prières, persuasions, paroles de Dieu, qui sont propres à tel combat. [...] Le couteau vaut peu contre l'esprit. [...] Otons ces mots diaboliques : luthériens, huguenots, papistes ; ne changeons le nom de chrétiens. » Catherine de Médicis avait mis beaucoup d'espoir dans un colloque qui s'ouvrit à Poissy en septembre 1561. Douze ministres protestants, dont Théodore de Bèze, y exposèrent leur doctrine devant l'assemblée générale du clergé de France. La confrontation se solda par un échec. Néanmoins, Michel de l'Hospital rédigea l'édit de janvier 1562, destiné dans son esprit à détendre la situation. Le culte réformé était pour la première fois permis en France, hors des villes closes et de jour. La création de consistoires et la réunion de synodes étaient autorisées. Les pasteurs seraient reconnus, mais prêteraient serment aux autorités locales. Cette mesure de pacification déchaîna la guerre civile. En février, le parlement de Paris refusa de l'enregistrer. Puis, le 1er mars, survint le massacre de Vassy : 74 protestants tués et une centaine de blessés sur les 1 200 qui assistaient à un prêche. L'affaire n'avait pas été préméditée et n'en témoigne que mieux de la surexcitation des esprits. François de Guise et ses gens, revenant de Lorraine, s'aperçurent que le culte avait lieu à Vassy même, et non en dehors, comme l'exigeait l'édit de janvier. Au son des trompettes ils chargèrent les protestants. Les guerres de Religion commençaient, car le massacre de Vassy provoqua une « première Saint-Barthélemy ». A Sens, à Tours, dans le Maine et l'Anjou on égorgea des huguenots. Condé occupa Orléans et les protestants s'emparèrent par surprise de plusieurs grandes villes. Aux cruautés des uns répondirent les atrocités des autres, aux excès de Monluc dans le Sud-Ouest ceux du baron des Adrets dans le Dauphiné et le Lyonnais. Le pays s'installait dans la guerre civile, insensible aux appels à la raison. Pourtant, Sébastien Castellion, un protestant indépendant réfugié à Bâle, écrivait en 1562 son *Conseil à la France désolée*, où il interpellait celle-ci en termes angoissés : « Ce ne sont pas estrangers qui te guerroyent, comme bien autrefois a esté faict, lorsque par dehors estant affligée, pour le moins tu avais par dedens en l'amour et accord de tes enfants quelque soulas. Ains sont tes propres enfans qui te désolent et affligent [...], tes villes et villages, voire tes chemins et champs, sont couverts de corps mors, tes rivières en rougissent et l'air en est puant et infect. Brief, en toy n'y a paix ne repos, jour ne nuyct, et n'y oit-on que plaintes et hélas de toutes pars, sans y pouvoir trouver lieu qui soit seur et sans frayeur et meurtre, crainte et espoventement. »

De 1562 date le *Discours sur les misères de ce temps* de Ronsard, suivi, quelques mois après, par la *Continuation du discours des misères* :

> M'apparut tristement l'idole de la France,
> [...] Comme une pauvre femme atteinte de la mort.
> Son sceptre lui pendait, et sa robe semée
> De fleurs de lis était en cent lieux entamée ;
> Son poil était hideux, son œil hâve et profond,
> Et nulle majesté ne lui haussait le front.

De 1562 jusqu'à l'abjuration d'Henri IV, la littérature — aristocratique ou populaire — ne cessera de s'attendrir sur la France déchirée. Dans *le Printemps* de Jacques Yver (composé vers 1570), une jeune dame noble du Poitou chante en s'accompagnant du luth une *Complaincte sur les misères de la guerre civile*. Et voici, seize ans plus tard, lorsque se précise la rébellion de la Ligue, la *Chanson du printemps retourné* :

> Plus il n'y a d'amitié
> Ne pitié,
> Plus n'y a de cortoisye.
> Il n'y a plus de support
> Ne confort,
> Tout n'est plus que fascherie...
> Nous voyons la belle fleur
> De couleur
> Se changer en adventure ;
> Nous voyons le beau jardin,
> Au matin,
> Se fenir de sa verdure.

Trente-six ans de troubles

On distingue d'ordinaire huit guerres de Religion (1562-1563, 1567-1568, 1569-1570, 1572-1573, 1574-1576, 1576-1577, 1579-1580, 1585-1598), la dernière se transformant à partir de 1595 en guerre étrangère contre Philippe II, qui avait soutenu la Ligue. Mais il s'agit là d'une compartimentation qui simplifie la réalité. En fait, la France, déjà très divisée et agitée en 1560, connut à partir de 1562 trente-six années de troubles presque continus, avec seulement deux périodes d'accalmie relative. La première se situe en 1564-1566. Elle permit à Catherine de Médicis d'entreprendre avec Charles IX, qui venait d'être proclamé majeur, un véritable tour de France afin de faire connaître le jeune souverain au pays. Un second temps de répit intervint en 1581-1584, avant la rechute dans une anarchie plus grave encore que celle qui avait précédé. Ces luttes civiles furent marquées non seulement par des massacres inspirés par les haines réciproques, mais encore par d'importantes opérations militaires. De véritables batailles tournèrent au désavantage des protestants à Dreux (1562), à Jarnac et à Moncontour (1569), et au désavantage des ligueurs à Coutras (1587), et plus tard à Arques (1589) et à Ivry (1590). Les troupes royales durent mettre le siège devant Rouen en 1562 et 1592, devant La Rochelle en 1570 et 1573, devant Paris en 1589-1590. Les principaux chefs des partis en présence moururent de mort violente. Les uns furent mortellement blessés en combattant : Antoine de Bourbon et le maréchal de Saint-André en 1562, le connétable de Montmorency en 1567. D'autres furent assassinés : Condé en 1569, François de Guise en 1563, ses fils Henri de Guise et le cardinal de Lorraine en 1588, Coligny en 1572 et Henri III en 1589.

L'anarchie intérieure permit aux étrangers de s'immiscer dans les affaires françaises, au grand désespoir des patriotes lucides. La *Complaincte sur les misères de la guerre civile* de Jacques Yver est pleine d'amertume à cet égard :

Vous tous Princes Europois
Qui jadis la ligue fistes
Pour empescher les François
D'estendre au loing leurs limites.
Vous ne les peustes ranger
Voire en pais estranger :
Mais or qu'ils sont en oppresse
Comme corbeaux acharnez,
Sur ce corps mort vous venez
Et nul de vous ne le laisse...

En 1562, les réformés français s'allièrent à Élisabeth et lui livrèrent Le Havre, que protestants et catholiques, momentanément réconciliés, durent ensuite reconquérir. En 1568, les huguenots obtinrent une paix honorable à Longjumeau, parce qu'ils avaient reçu le renfort de reîtres et de lansquenets conduits par le fils de l'Électeur palatin. Quatre ans plus tard, le même Jean Casimir ramena en France une armée allemande. Ce sont encore des troupes protestantes étrangères – suisses et allemandes – qui furent défaites par Henri de Guise en 1587 à Vimory et à Auneau. Quant à Henri IV, il dut, au début de son règne, faire appel à l'Angleterre, aux Provinces-Unies et aux princes allemands. L'intervention espagnole l'obligeait à cette démarche qui l'humiliait. Car en 1584 les Guise, en tant que chefs du parti catholique, avaient signé avec l'Espagne le traité de Joinville. Il y était convenu que le successeur d'Henri III serait le cardinal de Bourbon et que Philippe II verserait 50 000 écus par mois pour l'entretien des soldats de la Ligue. Après la mort d'Henri III, des soldats espagnols s'installèrent en Bretagne, débloquèrent Paris et Rouen assiégés et tinrent un moment garnison dans la capitale. Dans la *Satire Ménippée*, Paris est appelé « une spelonque (caverne) de bêtes farouches, une citadelle d'Espagnols, Wallons et Napolitains, un asile et sûre retraite de voleurs, meurtriers et assassinateurs ».

L'anarchie en France aurait sans doute été moindre et l'étranger moins tenté d'intervenir dans le royaume si, de 1562 à la mort d'Henri III, la politique royale avait été plus continue. Mais elle fut incohérente. Catherine de Médicis, dont l'influence fut déterminante durant toute cette période, renonça, au plus tard en 1567, c'est-à-dire au début de la seconde guerre de Religion, à sa politique de tolérance. C'est à ce moment que Michel de l'Hospital fut disgracié, lui qui avait voulu

« cheminer droict en homme politique et ne favoriser ny aux uns ny aux autres, ains de servir au roy et à sa patrie ». Si par la suite la reine consentit, voire conseilla des concessions aux protestants, ce fut probablement par tactique et pour gagner du temps. En tout cas, le simple rapprochement chronologique des édits de tolérance et des interdictions du culte réformé dénonce à l'évidence l'inconsistance de la doctrine et des desseins du gouvernement. En effet, le culte protestant fut autorisé — avec des restrictions d'ailleurs variables — en janvier 1562, mars 1563 (paix d'Amboise), mars 1568 (paix de Longjumeau), août 1570 (paix de Saint-Germain), juillet 1573 (paix de La Rochelle), mai 1576 (paix de Beaulieu), septembre 1577 (paix de Bergerac suivie de l'édit de Poitiers), novembre 1580 (paix de Fleix) et avril 1589. Mais il fut interdit en avril 1562, septembre 1568 (édit de Saint-Maur), août 1572 (après la Saint-Barthélemy), juillet 1585 et juillet 1588 (dans ces deux derniers cas sous la pression de la Ligue).

Les étapes de la dégradation

Trois faits majeurs contribuèrent à la détérioration progressive de la situation intérieure française au cours des années 1562-1589 : la révolte des Pays-Bas, la Saint-Barthélemy et la mort du duc d'Anjou, frère cadet d'Henri III. En 1566, une « furie iconoclaste » se déchaîna de Valenciennes à Anvers, qui se transforma quelques années plus tard en révolte généralisée des Pays-Bas contre l'Espagne. Dès lors, les réformés français et les « gueux » ne cessèrent de s'entraider. Quant au massacre de la Saint-Barthélemy — dont Catherine de Médicis partage avec les Guise la responsabilité —, non seulement il fut un crime inutile, puisque Henri III dut le désavouer à la paix de Beaulieu, mais encore il creusa un fossé entre le pouvoir royal et les protestants, et provoqua une crise de la foi monarchique. Aussi bien ne fut-il pas limité à Paris, car sur l'ordre du gouvernement la tuerie s'étendit à tout le royaume : plusieurs milliers de réformés périrent alors, tant dans la capitale qu'en province. Duplessis-Mornay devait écrire plus tard : « L'État s'est crevassé et ébranlé depuis la journée de la Saint-Barthélemy, depuis que la foi du prince envers le sujet et du sujet envers le prince, qui est le seul ciment qui entretient les États en Union, s'est si outrageusement démentie. » Parce qu'il avait perdu confiance dans le roi, le parti protestant s'organisa dès lors plus fortement que par le passé. Il nomma un « gouverneur général et protecteur des églises réformées » — ce sera bientôt Henri de Navarre —, maintint une armée de façon presque permanente, leva des impôts sur les territoires qu'il contrôlait, mit sur pied des états provinciaux et des états généraux. Ainsi apparut en France une sorte de république protestante avec deux capitales, Nîmes et Montauban, et un grand port, La Rochelle. Le massacre de la Saint-Barthélemy provoqua encore un autre résultat : il renforça le groupe de ceux qui plaçaient l'unité de l'État au-dessus de la diversité des opinions religieuses. Ces « politiques », ou « malcontents », constituèrent un tiers parti qui gêna Charles IX et Henri III, mais permit finalement le triomphe d'Henri IV.

Malgré la Saint-Barthélemy, le calme paraissait timidement revenir en France, lorsque le duc d'Anjou mourut le 10 juin 1584. Henri III n'ayant pas d'enfant, le successeur légitime devenait Henri de Navarre, chef du parti protestant. Cette perspective affola les Français. Les catholiques les plus zélés, poussés par les Guise et encouragés par l'Espagne, reconstituèrent la *Sainte Ligue*, née en 1576 au lendemain de la paix de Beaulieu, mais tombée en sommeil. Le royaume, dès lors, sombra dans le chaos. Henri III s'efforça d'abord de neutraliser la Ligue en en prenant la tête. Il se rapprocha des Guise et déclara le Béarnais déchu de ses droits, tandis que Sixte Quint excommuniait « Henri jadis roi de Navarre », qualifié de relaps. Celui-ci fut vainqueur de ses ennemis à Coutras, mais Henri de Guise — le Balafré — défit les contingents étrangers qui venaient au secours des protestants français. Grisé par sa victoire, il se fit acclamer par le peuple de Paris, joua au maire du palais, humilia Henri III, qui abandonna sa capitale et profita de la réunion des états généraux à Blois pour faire assassiner par sa garde le duc de Guise et son frère le cardinal de Lorraine

(23-24 décembre 1588). « A présent je suis roi », s'écria Henri III après ce double meurtre. Il l'était moins que jamais. A la nouvelle des événements de Blois, Paris se souleva, et le duc de Mayenne, frère du Balafré et nouveau chef de la Ligue, en devint le maître. Aussi Henri III dut-il se retourner vers Henri de Navarre et s'allier avec lui. Mortellement frappé à Saint-Cloud par un moine fanatique (1er août 1589), le roi désigna le prince réformé comme son successeur, mais en le suppliant de se convertir. Après quelques nouvelles années de guerre civile particulièrement dramatiques, une double réaction nationale sauva le pays : les états généraux de la Ligue réunis en 1593 demandèrent un souverain catholique, mais refusèrent de donner la couronne à l'infante Isabelle, fille de Philippe II, et Henri IV, de son côté, comprit qu'il ne serait jamais accepté par son peuple s'il n'abjurait pas. Les conditions du retour à la paix civile se trouvaient enfin réunies.

II. SOLIDITÉ DU ROYAUME

Eloge de la France

Il faut se demander pourquoi la France a survécu aux assauts répétés de Charles Quint et de Philippe II et à la tempête des guerres de Religion. La réponse à cette question est que le royaume des Valois est alors le plus solide d'Occident. Ce n'est pas par hasard que Maximilien l'envie, que Machiavel le donne en exemple aux Italiens et que Claude de Seyssel intitule son plus célèbre ouvrage *la Grande Monarchie française*. Les ambassadeurs vénitiens, à tour de rôle, vantent l'unité d'un État où le roi est mieux obéi que partout ailleurs. Dans sa relation de 1546, Marino Cavalli est catégorique : « Il y a des pays plus fertiles et plus riches (que la France) ; il y en a de plus grands et de plus puissants, tels que l'Allemagne et l'Espagne ; mais nul n'est aussi uni, aussi facile à manier que la France. Voilà sa force à mon sens : unité et obéissance. [...] Aussi les Français, qui se sentent peu faits pour se gouverner eux-mêmes, ont-ils entièrement remis leur liberté et leur volonté aux mains de leur roi. Il lui suffit de dire : « Je veux telle ou telle somme, j'ordonne, je consens », et l'exécution est aussi prompte que si c'était la nation entière qui eût décidé de son propre mouvement. »

L'analyse si éclairante de Cavalli doit cependant être complétée sur deux points : la démographie et le sentiment national. La France est alors le pays le plus peuplé d'Europe. Dans ses frontières de l'époque, elle rassemble de 15 à 18 millions d'habitants, alors que l'Italie ne dépasse pas 12 millions, que l'Allemagne (dans ses limites de 1937) n'arrive pas à 15 millions, que la population espagnole se situe aux environs de 8 millions, celle de l'Angleterre et de l'Écosse réunies aux alentours de 5 millions.

Les contemporains ont eu conscience de cette richesse française en hommes ; témoin Claude de Seyssel, qui constatait en 1519 : « Le peuple par la longueur de la paix est tant multiplié » ; témoin aussi Ronsard, qui affirmait avec emphase :

> On ne voit point par les champs qui fleurissent,
> Errer ensemble un tel nombre d'abeilles,
> Baisans les liz et les roses vermeilles :
> Ne par l'esté ne marchent au labeur
> Tant de formiz, animaulz qui ont peur
> Qu'en leur vieillesse ilz n'endurent souffrance,
> Comme l'on voit d'hommes par nostre France
> Se remuer : soit quand Bellone anime
> La majesté de leur cœur magnanime :
> Ou quand la paix, à son rang retournée,
> Chacun renvoie exercer sa journée.

Le sentiment national

L'élément quantitatif a joué en faveur de la France jusqu'à la fin de l'époque napoléonienne. Mais la force démographique auraitelle pesé d'un tel poids si elle n'avait pas été sous-tendue par un réel sentiment national ? Celui-ci n'est pas assurément dans l'Europe du XVIe siècle une exclusivité française. Il bat aussi en Angleterre — Shakespeare l'exaltera dans *Richard II* —, dans les pays ibériques, en Bohême, dans la Suède de Gustave Vasa, et même dans l'Allemagne de Luther et l'Italie de Jules II et de Paul IV. Mais c'est en France, semble-t-il, qu'il est le plus intense. N'est-ce pas lui qui a suscité Jeanne d'Arc et permis la victoire sur les Anglais durant la guerre de Cent Ans ? Il s'agit donc d'un fait de grande conséquence auquel l'histoire des mentalités se doit d'être attentive. Au moment où écrit Ronsard, l'éloge de la France est devenu depuis déjà longtemps un thème classique de la littérature nationale. Elle est le pays heureux et équilibré que la géographie favorise. C'est ce qu'exprimait vers 1450 l'auteur anonyme du *Débat des hérauts d'armes de France et d'Angleterre :* parce que la France se trouve également éloignée des régions chaudes et des régions froides « là se repouse vertu, et y est l'air doulx et plaisant, et tous fruictz y croissent habondamment et sont vertueux et délicieux, et les gens y vivent plaisamment ». Un siècle plus tard c'est par un *Hymne de France* que le futur auteur de *la Franciade* commence, non sans quelque chauvinisme, sa carrière poétique :

> Le Grec vanteur la Grèce vantera
> Et l'Espaignol l'Espaigne chantera
> L'Italien les Itales fertiles,
> Mais moy, Françoys, la France aux belles villes :
> Et son sainct nom, dont le crieur nous sommes,
> Ferons voler par les bouches des hommes.

Et Ronsard de louer ce pays épargné par « la cruauté des vents malicieux » et où se plaît « Cérès la blonde ». « Mille troupeaux frisez de fines laines » campent dans ses plaines. Au dos de ses monts, « les grands forests verdoyent », « à leurs pieds les belles eaus ondoyent ». « Le fer et l'airain [...] sont les biens de ses riches rognons ». Maint grand vaisseau se promène en ses flots, et dedans l'enclos de ses belles cités « mille et mille arts sont exercitez ».

« Patriotisme » et chansons

Plus encore que les vers de Ronsard, les chansons du temps restituent pour nous la qualité du sentiment national tel qu'il était vécu, car elles accompagnent tous les événements qui ont alors scandé la vie du royaume. Elles exultent après la journée de Marignan (« Escoutez, escoutez tous gentils Gallois / La victoire du noble roy François ») ; elles soutiennent Bayard assiégé dans Mézières (« Le comte de Nansault / Tu es bien abusé / De nous donner l'assault ») ; elles raillent le connétable de Bourbon immobilisé devant Marseille (« Quand Bourbon vit Marseille / Il a dict à ses gens : / Vrai Dieu quel capitaine / Trouverons-nous dedans ? »). Elles déplorent la capture de François Ier à Pavie (« Quand le roi partit de France / A la malheur il partit »). La première ébauche de ce qui deviendra au XVIIIe siècle *Malbrough s'en va-t-en guerre* date de 1544, lorsqu'un capitaine de Charles Quint, René de Nassau, trouva la mort devant Saint-Dizier. On chanta alors en France : « Le beau prince d'Orange / Est mort et enterré, / J' l'ai vu porter en terre / Par quatre cordeliers. » Que les guerres de Religion aient ensuite donné naissance à d'innombrables complaintes populaires et regrets rimés sur la grande détresse de la France aide à saisir la profondeur de ce qu'il faut bien appeler du terme moderne de *patriotisme* et à comprendre pourquoi l'aspiration à l'unité l'emporta finalement sur les forces centrifuges. Cette victoire n'aurait sans doute pas été possible sans la présence au creux de l'âme française du temps d'un esprit savoureusement cocardier qui avait fait du poème sur *la Bataille de Marignan* et de la musique de Clément Janequin qui l'accompagne une sorte d'hymne national. Les gentilshommes l'écoutaient l'épée à la main, et « il n'y était celuy [...] qui ne se [haussât] sur ses orteils pour se rendre plus bragard et de plus riche taille ».

Promotion de la langue d'oïl

C'est bien la montée du sentiment national qui explique l'essor des langues vernaculaires un peu partout dans l'Europe du XVIe siècle, dans l'Allemagne de Luther comme dans le Portugal de Ferreira, dans l'Angleterre d'Ascham puis des écrivains élisabéthains comme dans la France de la Pléiade. Du Bellay, dans sa *Deffence et illustration de la langue françoise* (1549), soutient que le génie français, même dans les lettres et les arts, peut rivaliser avec celui des Italiens, « car la France, soit en repos, soit en guerre, est de long intervalle à préférer à l'Italie, serve maintenant et mercenaire de ceulx auxquels elle souloit commander ». Il déplore donc le mépris dans lequel, en

France même, on tient le français : « On le réserve aux petits genres frivoles, ballades, rondeaux et autres épiceries [...] S'agit-il d'exprimer de grandes idées, on use du latin. » Du Bellay, Ronsard et les meilleurs écrivains du temps cherchent donc à hisser les lettres nationales au niveau de celles de l'Antiquité. Pour ce faire, ils retrouvent les vieux mots de terroir, emploient les termes techniques familiers aux « ouvriers et gens mécaniques », inventent à l'occasion des vocables nouveaux « moulés et façonnés toutefois sur un patron déjà reçu du peuple », créent le cas échéant des mots d'origine grecque et latine « pourvu qu'ils soient gracieux et plaisants à l'oreille », et surtout introduisent dans la littérature vernaculaire les « grands genres » imités des Anciens. Mais s'ils pillent allègrement Athènes et Rome, c'est pour « enrichir les temples et autels de France ». Au vrai, il ne s'agit pas seulement d'une promotion limitée au cercle des lettrés : l'ordonnance de Villers-Cotterêts (1539) décide que les actes judiciaires seront désormais « prononcés, enregistrés et délivrés aux parties en langage maternel françois et non autrement ». A l'heure où le toscan devient la langue de Rome et où Luther traduit la Bible en un allemand accessible à tous, un phénomène du même ordre et d'égale conséquence se produit donc en France : le français de Paris et de la Loire, substitué au latin dans les tribunaux, devient la langue nationale.

Omniprésence et autorité du roi

L'ordonnance de Villers-Cotterêts favorise une centralisation qui s'insinue progressivement dans le royaume par de multiples canaux. L'un de ceux-ci, au niveau de l'infrastructure, est l'organisation postale. Louis XI avait créé la poste royale aux chevaux, c'est-à-dire un système de relais permettant un meilleur acheminement de la correspondance gouvernementale. Et Louis XII, en 1506, avait mis ce service à la disposition du public. Sous ses successeurs, la poste du roi prend progressivement le pas sur celles de l'Université de Paris et des communautés urbaines, en même temps qu'un réseau se dessine autour de la capitale administrative — Paris — et de la capitale économique et financière — Lyon. Sous François Ier, la route postale Paris-Lyon est améliorée et sont mises en exploitation celles qui relient Paris à Boulogne-sur-Mer (1530), Lyon à Marseille (1533), à Soleure (1533), à Turin (1538). En 1561, des messagers français se rendent régulièrement à Venise et à Rome. Vingt-trois ans plus tard, l'« état des postes assises pour le service du roi Henri III en son royaume » dénombre sur les routes de France 252 relais à la charge du trésor royal, plus 13 passages surveillés pour la traversée des rivières.

Ainsi, dans de multiples domaines s'affirme chaque jour davantage l'omniprésence d'un roi dont l'autorité stupéfie l'étranger. On connaît la boutade de Maximilien : l'Empereur, disait-il, n'est qu'un roi des rois, le Roi Catholique un roi des hommes, mais celui de France est un roi des bêtes, « car, en quelque chose qu'il commande, il est obéi aussitôt comme l'homme l'est des bêtes ». C'est François Ier qui a fait progresser l'absolutisme en France de façon décisive. Au « Père du peuple » un peu bonhomme succéda celui que Louise de Savoie appelait son « César triomphant », un souverain viveur et superficiel, mais qui était cultivé et brillant. Dès le septième jour de son règne, il employa les formules lourdes de signification politique : « Car tel est notre plaisir » et « Car ainsi nous plaît-il être fait ». Les Italiens appelèrent désormais le roi de France « Sa Majesté », titre jusque-là réservé à l'Empereur. Ce vocabulaire, nouveau dans le royaume, se fondait, en outre, sur la doctrine d'une école de juristes qui favorisait alors la renaissance du droit romain. De ces serviteurs de la monarchie à la fois dévoués et avides, Duprat, premier président du parlement de Paris en 1507 et chancelier à partir de 1515, est particulièrement représentatif. C'est lui qui rappelait à ses anciens collègues des cours souveraines qu'ils n'ont « puissance sinon celle que le prince leur baille », car autrement « faudrait dire que ce royaume ne serait monarchie, ains aristocratie ».

Un halo de gloire autour du souverain

A partir de François Ier, la Cour devint un instrument de règne. Parce qu'il aimait les fêtes et les jeux, parce qu'il avait encouragé la publication du *Cortigiano* de Castiglione, le roi vécut au milieu d'une compagnie brillante. Mais ce rassemblement de nobles jusque-là attachés à leurs terres, de lettrés et d'artistes, d'étrangers accourus notamment d'Italie, enfin de dames d'honneur aux joyeux devis créa comme un halo de gloire autour de la personne royale. Quand elle se déplaçait – ce qui était fréquent – la Cour devenait une ville itinérante. Au repos, dans un château proche de la capitale, elle pouvait compter jusqu'à 15 000 personnes. D'où la nécessité de la loger dans de nouveaux et vastes palais. Les dimensions et la décoration des nouvelles demeures royales du XVIe siècle – Chambord, Fontainebleau, Louvre reconstruit à partir de 1546 – constituent des témoignages très probants sur le culte monarchique qui était en train de se développer alors en France.

Sans être le « chevalier de la Triste Figure » dont a parlé Michelet, Henri II fut plus austère que son père et sa Cour moins brillante. Il supprima bals et concerts, limita le nombre des dames d'honneur. Mais le prestige du monarque se trouva exalté autrement, notamment lors des *Entrées* solennelles à Paris en 1549 et à Rouen en 1550. Tout l'arsenal décoratif que les Italiens avaient mis à la mode dans la Péninsule pour exalter le prince se trouva réutilisé en France au bénéfice de la royauté. Arcs de triomphe, statues à l'antique, pyramides et obélisques constituaient alors autour du souverain un paysage urbain digne des anciens triomphes des généraux et des empereurs de Rome. Le roi devenait l'*Hercule gaulois* qu'accueillaient les meilleurs poètes. En 1549 Ronsard invitait en ces termes la capitale à recevoir dignement le héros royal :

> Sus donq Paris regarde quel doit estre
> Ton heur futur, en adorant ton maistre,
> Ton nouveau Dieu, dont la divinité
> T'enrichira d'une immortalité.

Inachèvement du royaume

La fierté patriotique et la fidélité monarchique apportent, il est vrai, un contrepoids bien nécessaire à la diversité et au manque d'homogénéité du royaume. Des enclaves étrangères y subsistent : Calais jusqu'en 1558 ; le Comtat Venaissin, gouverné par le pape ; la principauté d'Orange, qui appartient aux Nassau depuis 1544, et le Charolais, possession de la maison de Bourgogne passée dans celle des Habsbourg. Si à l'intérieur des frontières le domaine royal comprend la majeure partie du territoire, certains fiefs restent jusqu'en 1589 tenus par des princes souverains qui ont titre de roi. En effet, le mariage en 1548 de Jeanne d'Albret, fille de Marguerite de Navarre, avec l'héritier de la maison de Bourbon- Vendôme, a reconstitué un puissant groupement féodal. Il comprend le duché d'Albret, la vicomté de Béarn, les comtés de Foix, de Bigorre et d'Armagnac, le Rouergue, le Périgord et le Vendômois, à quoi s'ajoute la partie française du royaume de Navarre. C'est seulement l'accession d'Henri IV à la couronne de Saint Louis qui permettra à la monarchie française de gouverner directement ce vaste ensemble territorial.

Enfin, à l'intérieur même du domaine royal, l'unification est loin d'être totale. Certaines provinces, surtout périphériques, d'incorporation relativement ancienne, telles que la Normandie et le Languedoc, ou plus récemment réunies comme le Dauphiné, la Bourgogne, la Provence et la Bretagne, gardent leurs privilèges, leurs coutumes et leurs institutions et conservent jalousement leurs états provinciaux, leur cour de justice, leur chambre des comptes ou leur cour des aides.

Remembrement territorial

Il reste qu'au cours du XVIe siècle l'unification du royaume a sensiblement progressé. C'est une mauvaise querelle, fondée toutefois sur le droit féodal, que François Ier – poussé par sa mère – chercha au connétable de Bourbon au moment où la femme de celui-ci mourut sans enfants en 1521. Le roi réclama les biens apanagés, et Louise de Savoie, la plus proche parente de la défunte, les fiefs appartenant à la branche masculine de la maison de Bourbon. Le parlement de Paris fut amené à se prononcer. Mais, avant même la sentence, François Ier préleva quelques terres qu'il donna à sa mère et mit le reste sous séquestre. Le connétable décida alors de « trahir ». Pour beaucoup de contemporains Charles de Montpensier n'était pas un traître. Il en appelait simplement, conformément au droit vassalique, au suzerain des suzerains : l'Empereur. L'avocat Versoris nota dans son journal à la date du 12 septembre 1523 : « En ce temps le commun peuple de France disoit prévoir beaucoup de malheurs et de misères à cause du départ de M. de Bourbon qu'il disoit leur estre moult propice pour sa sagesse, prouesse et vertu. » Et Brantôme écrira plus tard : « Qu'eût fait M. de Bourbon, s'il n'eût fait ce qu'il fit ? Enfin, il aurait été emprisonné et on lui aurait fait son procès [...], et il en eût été déshonoré pour jamais, lui et les siens. Au lieu qu'il est mort très glorieux, ayant vengé ses injures et offenses [...]. » Mais François Ier voulut profiter de la mort de Suzanne de Bourbon pour démanteler une redoutable entité féodale ; car celle-ci constituait un bloc homogène formé de la Marche, du Bourbonnais, de l'Auvergne, du Forez et du Beaujolais. Moulins faisait figure de capitale. Ce démantèlement une fois obtenu (1527), le roi crut pouvoir restituer à l'une des deux branches des Bourbons les comtés du Montpensier et d'Auvergne, celle des Vendôme gardant le duché de ce nom, la baronnie d'Enghien et la seigneurie de Condé : concessions qui auraient encore lourdement hypothéqué l'avenir si Henri de Bourbon-Navarre n'était devenu Henri IV de France.

La donation d'apanages, qui avait été une des grandes erreurs de Jean le Bon au XIVe siècle, ne cessa pas au XVIe puisque, en 1576, le duc d'Alençon, frère cadet d'Henri III, reçut l'Anjou, la Touraine et le Berry. Aussi la mort prématurée du jeune duc fut-elle une chance pour l'unité française. Du moins, l'avènement de Louis XII en 1498 et celui de François Ier en 1515 avaient-ils fait rentrer dans le domaine royal, d'une part les duchés de Valois et d'Orléans et le comté de Blois, d'autre part le comté d'Angoulême. Enfin, un des succès de la politique unificatrice des Valois au XVIe siècle fut évidemment la réunion de la Bretagne qu'avaient préparée les mariages de Charles VIII et de Louis XII avec la duchesse Anne. En 1532, les états de Bretagne, assemblés à Vannes, acceptèrent que le duché fût définitivement intégré au domaine royal.

Structuration

« Avec François Ier et Henri II, les contemporains eurent le sentiment d'un changement dans les méthodes de gouvernement » (H. Lapeyre). Il est, en effet, significatif que les états généraux n'aient pas été convoqués de 1484 à 1560. Le nouveau style des rois de France et leur autoritarisme soupçonneux apparaissent en pleine lumière lors de procès qui font grand bruit. Connaissent ainsi les foudres de la colère royale, non seulement le connétable de Bourbon, mais encore Semblançay, véritable surintendant des Finances, accusé de concussion et de trahison et exécuté en 1527 à l'indignation de Marot, l'amiral Philippe Chabot arrêté en 1540 et le chancelier Guillaume Poyet qui est embastillé en 1545.

Ces disgrâces brutales et ces condamnations sont l'aspect négatif d'une évolution qui organise en centralisant — mouvement profond de structuration décelable dans tous les États européens à l'époque de la Renaissance. A l'étage supérieur, du *Conseil du roi*, composé des pairs de France, des princes du sang, des grands officiers de la Couronne et d'autres personnages importants, se dégage sous François Ier un groupe restreint de conseillers qui constituent ce qu'on appelle tantôt *Conseil secret*, tantôt *Conseil étroit*, tantôt *Conseil des affaires*. Le Vénitien Michel Suriano explique en 1561 : « Ce conseil est nouveau et fut introduit par le roi François Ier, qui avait en haine les conseils trop nombreux et qui fut le premier à prendre de son chef les grandes décisions. » Sur le devant de la scène, les grands officiers de la Couronne — le connétable, chef de l'armée ; le chancelier, chef de la justice ; l'amiral de France et le grand maître de France (qui dirige la maison du roi) — occupent toujours une position avantageuse. Mais on voit s'accroître l'importance de personnages encore discrets, mais déjà efficaces : *maîtres des requêtes*, qui rapportent les affaires au Conseil du roi : *notaires et secrétaires du roi*, qui se spécialisent dans les affaires de finances. Les uns fournissent sous Henri II les premiers *commissaires départis* – futurs intendants – en Corse et en Piémont occupés. Les autres se voient conférer en 1559 le titre de *secrétaires d'État des Commandements et Finances*. Ils sont quatre et se partagent, selon des secteurs géographiques, à la fois les affaires intérieures et les relations avec les divers pays étrangers.

Finances et Justice

Parce que les Valois ont de grandes ambitions italiennes, parce que François Ier est prodigue et dépensier, mais aussi et surtout parce que, avec le développement des armes à feu, la guerre coûte de plus en plus cher, le roi de France doit accroître les impôts et ajouter de nombreuses *crues* au principal de la taille. Au XVIe siècle, dans toute l'Europe, les nécessités financières des gouvernements ont été la principale raison de la centralisation. Presque partout elles ont imposé l'absolutisme. Capitales sont à cet égard les décisions de François Ier. Il crée le *Trésor de l'épargne* (1523), qui regroupe toutes les recettes, y compris celles qui proviennent du domaine royal. Il fait éclater les quatre anciennes *généralités*, qui se révèlent trop vastes, et les remplace par seize divisions, qui collent davantage à la réalité territoriale. Il généralise la douane et la traite foraine. Henri II complète ces mesures en établissant un *contrôleur général* (1554), qui, au niveau gouvernemental, enregistre le mouvement des fonds du Trésor.

Mais, au cours des siècles antérieurs, c'était notamment par la hiérarchie judiciaire que le souverain avait fait reconnaître son autorité dans le royaume, justice et administration étant d'ailleurs indissolublement liées dans la France d'Ancien Régime. Cette évolution ne s'est pas arrêtée à l'époque de la Renaissance. Au contraire, la justice royale a été au XVIe siècle de plus en plus présente. Deux nouveaux parlements – en Normandie (1515) et en Bretagne (1554) – s'ajoutent aux six déjà existants. Celui de Paris, qui a parmi eux la prééminence et dont le ressort s'étend sur la moitié du pays, s'étoffe. Son effectif passe de 80 membres en 1499 à 150 en 1558 et deux nouvelles chambres des enquêtes y sont créées par François Ier.

Sur le plan national, l'ordonnance de Crémieu (1536) accroît les attributions des tribunaux des bailliages et des sénéchaussées, et affirme leur prééminence sur les autres juridictions locales. Quant à l'ordonnance de Villers-Cotterêts, non seulement elle impose l'unité de langue dans l'ensemble des actes judiciaires et prescrit la tenue de registres d'état civil, mais encore elle codifie la procédure et précise la frontière entre juridiction civile et juridiction ecclésiastique. Enfin et surtout, Henri II complète l'œuvre d'unification judiciaire du royaume par la création en 1552 de 61 présidiaux de 9 juges chacun. Ils seront jusqu'à la fin de l'Ancien Régime des tribunaux d'appel pour les petites causes et un échelon intermédiaire entre les parlements et les juridictions inférieures.

Opposants virtuels

Bien sûr, Henri II a surtout créé les présidiaux pour se procurer de l'argent en vendant des charges de judicature. D'une façon plus générale, la royauté, dont le Trésor était souvent à sec, céda constamment à la facilité en multipliant les offices. Elle en retirait un profit immédiat, mais accroissait sans cesse le volume des gages à payer. Ceux-ci passèrent de 1 200 000 livres par an en 1560 à 5 000 000 en 1585. Progressivement, les officiers se considérèrent comme propriétaires de leur charge. La vente et l'hérédité des offices s'institutionnalisèrent. De sorte que le roi se trouva, par sa propre faute, dessaisi d'une partie de son autorité au profit d'une caste de gens qu'il ne pouvait révoquer qu'en rachetant leurs offices. Politique dangereuse lorsqu'il s'agissait d'officiers aussi importants que les membres des parlements et des autres cours souveraines (chambres des Comptes et cours des Aides). Car les parlementaires de Paris et de province – ils déclaraient ne former qu'un seul corps – aspiraient à jouer un rôle politique. Au moment d'enregistrer les édits royaux, ils étaient autorisés à présenter des *remontrances*. Ils se posaient, en outre, en « conservateurs du royaume et de la chose publique ». Ils prétendaient, enfin, représenter la nation en l'absence des états généraux. C'est un fait que, durant la captivité de François Ier après Pavie, le parlement de Paris s'efforça de diriger le pays conjointement avec la régente Louise de Savoie, dont il essaya de limiter les pouvoirs. D'où la colère du roi lorsqu'il revint en France. Déjà François Ier et le chancelier Duprat étaient entrés en conflit avec le parlement de Paris lorsqu'il s'était agi d'enregistrer le concordat de 1516. L'enregistrement n'avait été obtenu qu'en mars 1518 et avait été entouré de protestations appuyées par l'Université. Aussi, recevant à Amboise, dix mois plus tard, une délégation de parlementaires, le souverain leur avait-il parlé fort sèchement, les assurant « qu'il n'y avait qu'un roi de France [...] et garderait bien qu'il n'y aurait en France un sénat comme à Venise. [...] Allez, partez demain et qu'il n'y ait faute. [...] Partez demain de grand matin ». Au retour de Madrid, François Ier s'efforça de limiter la compétence des parlements aux affaires judiciaires. « Le Roi vous défend, est-il précisé dans un édit du 14 juillet 1527, que vous ne vous entremettiez en quelque façon que ce soit du faict de l'Estat ny d'autre chose que de la justice. [...] Pareillement vous défend et prohibe toute Cour, jurisdiction et cognoissance des matières archiépiscopales, épiscopales et d'abbayes. [...] Et avec ce le dict Seigneur a revocqué et déclaré nulles toutes limitations que pourriez avoir faictes au pouvoir de Madame sa mère, et a revocqué et annullé tout ce que par vous a esté attenté. [...] Semblablement, le dict Seigneur défend à la dicte Cour de n'user par cy-après d'aucunes limitations, modifications ou restrictions sur ses ordonnances, édicts et chartres. [...] D'autre part, le dict Seigneur vous dit et déclare que vous n'avez aucune jurisdiction ou pouvoir sur le chancelier de France, laquelle appartient audict Seigneur et non à autre... »

François Ier et Henri II tinrent donc en respect les parlements. Mais il est bien évident que ceux-ci constituaient une force latente d'opposition prête à se manifester à nouveau dans les temps de crises et de troubles. Une remarque parallèle vaut pour les gouverneurs — ils étaient treize en 1547 —, dont le roi n'avait pas tort de se méfier. Tous issus de très grandes familles, ils tentaient de se constituer dans leurs gouvernements respectifs de véritables clientèles. Inquiet de leurs trop grands pouvoirs, François Ier les révoqua tous en 1542, pour les rétablir aussitôt après, mais en limitant leurs attributions. Toutefois, durant les guerres de Religion et encore dans la première moitié du XVIIe siècle, l'autorité royale se trouva plus d'une fois face à l'indépendance des gouverneurs et plus d'une fois mise en échec par elle.

Consolidation de l'absolutisme

Il reste, en dépit de ces obstacles persistants, que la concentration du pouvoir entre les mains du souverain a réalisé, au cours du XVIe siècle, des progrès décisifs. Le concordat de 1516 constitua à cet égard un remarquable succès pour la monarchie, puisque, supprimant, sauf rares exceptions, les élections épiscopales et abbatiales dans le royaume, il donnait au roi le droit de présentation aux bénéfices majeurs qui venaient à vaquer. En outre, il l'autorisait à lever sur le clergé des décimes ecclésiastiques. François Ier et ses successeurs devinrent ainsi les dispensateurs des deux cinquièmes de la richesse foncière du royaume. L'Église de France fut dans leur main. En outre, ils disposèrent désormais d'un moyen singulièrement efficace de tenir la noblesse dans le devoir en lui faisant espérer ou en lui conférant des biens qui, contrairement aux offices, ne pouvaient pas devenir héréditaires : double avantage pour le monarque. Les contemporains comprirent immédiatement quel atout nouveau le concordat apportait au roi de France : « Il nomme, dit l'ambassadeur vénitien Giustiniani, à dix archevêchés, 82 évêchés, 527 abbayes, à une infinité de prieurés et canonicats. Ce droit de nomination lui procure une grandissime servitude et obéissance des prélats et laïques, par le désir qu'ils ont des bénéfices. [...] Et de cette façon il satisfait non seulement ses sujets de large façon, mais encore il se concilie une foule d'étrangers. »

Il est certain qu'après la mort d'Henri II plus de trente-cinq années de troubles entamèrent profondément l'autorité du monarque et le prestige même de la personne royale. Des théologiens protestants (Hotman, Théodore de Bèze) et des théoriciens ligueurs (Louis Dorléans, Boucher) n'hésitèrent pas à conseiller le recours aux armes contre le prince légitime qui agit en tyran. Dans Paris assiégé, en 1590, des moines firent l'apologie de l'« acte héroïque et tout à fait divin » de Jacques Clément, l'assassin d'Henri III. Rome, enfin, par la plume du jésuite Bellarmin (*Disputationes de controversiis christianae fidei...*, 1586), affirma que le pape, pour de graves raisons religieuses, peut intervenir dans les affaires intérieures des États, voire déposer des souverains indignes. Les états généraux se voulaient indispensables. L'absolutisme était ainsi contesté de toutes parts. Les gouverneurs cherchaient à se rendre héréditaires. Les parlementaires prenaient devant l'opinion une position avantageuse. En 1596, le premier président au parlement de Dijon ne craindra pas de déclarer à Henri IV que les membres des cours souveraines forment « comme une barrière entre la royauté et le peuple pour défendre ce dernier des impositions et charges extraordinaires ». En même temps, les villes recouvraient une partie de l'indépendance que la monarchie depuis longtemps s'était efforcée de leur rogner. Elles recommençaient à s'administrer elles-mêmes, à nommer leurs consuls ou échevins. Parfois, elles correspondaient directement avec des princes étrangers.

Pourtant, même durant cette période où les forces centrifuges et les courants de désagrégation paraissaient l'emporter sur les éléments unificateurs, on ne cessa de s'acheminer vers la formule louis-quatorzième de la monarchie. Catherine de Médicis et ses fils, imitant les Italiens et les Espagnols, accentuèrent à la Cour le cérémonial et l'étiquette. Un souverain aussi décrié qu'Henri III, et qui fut victime à la fois des désordres de son temps et du dérèglement de son esprit, avait la plus haute idée de son autorité. Un jour, il déclare : « Les autres ne sont rien, là où nous ne parlons point. » Plus travailleur qu'on ne le croit souvent, il fut surnommé « le Roi de la basoche », en raison des réformes administratives publiées sous son règne. La grande ordonnance de Blois de mai 1579 reprit et clarifia toute la législation antérieure sur des questions aussi diverses que l'organisation de l'Église, de la justice et de l'enseignement, la réduction du « nombre effréné » des offices, les privilèges de la noblesse, le gouvernement des provinces, la fiscalité, le commerce, etc. Deux autres édits célèbres de 1577 et 1581 constituèrent un « statut des artisans français ». Dans un dessein, il est vrai, essentiellement fiscal, ils étendaient à tous les métiers le système de la maîtrise jurée. Enfin, en 1587 parut ce qu'on a appelé le Code Henri III, c'est-à-dire un recueil « des ordonnances françoises réduictes en sommaires à la forme et modèle du droit romain ». Que cette législation n'ait été à l'époque qu'inégalement appliquée ne doit pas étonner. Mais Henri IV, Richelieu et Colbert puisèrent ensuite largement dans cet arsenal de textes. Fait symptomatique de l'enracinement de l'absolutisme dans la France du XVIe siècle : même durant les pires épreuves des guerres de Religion, les « monarchomaques » — protestants et ligueurs — ne réussissent pas à faire triompher la théorie du contrat liant le roi au peuple et le droit du pays à se soulever si le roi viole le contrat. Pour étayer cette théorie et ce droit, ils utilisent le *Contr'un* qu'Étienne de La Boétie avait composé dès 1548. Au contraire, c'est en 1576 que Jean Bodin, s'attachant à défendre l'autorité royale en faisant prévaloir le point de vue des « politiques », établit dans les six livres de *la République* sa doctrine de la souveraineté. Celle-ci, dit-il, est aussi nécessaire à l'État que la quille au vaisseau, et elle « ne peut estre ny subsister, à parler proprement, sinon en la monarchie ». Les états généraux doivent être assurément réunis et consultés : le souverain doit, d'autre part, respecter les constitutions fondamentales du royaume. Mais la monarchie a pouvoir de « donner et casser la loi ». *La République* de Jean Bodin contribua donc de façon décisive au renforcement des thèses absolutistes.

III. CONJONCTURE ÉCONOMIQUE ET VIE QUOTIDIENNE

Refroidissement du climat et hausse des prix

En s'orientant vers l'absolutisme, la France du XVIe siècle ne faisait pas cavalier seul. Elle se situait, au contraire, à l'intérieur d'une conjoncture politique — et culturelle — qui entraînait dans la même évolution les monarchies ibériques, les États italiens et allemands, les royaumes scandinaves et même l'Angleterre d'Henri VIII et d'Élisabeth. Elle accueillit pareillement dans l'ordre économique et social les mouvements profonds qui, comme une large houle, affectèrent alors dans ses aspects les plus divers la vie quotidienne de l'Europe, voire celle du monde.

On s'est demandé si le climat s'était modifié à l'époque de la Renaissance. E. Le Roy Ladurie a répondu à cette question. Les témoignages concordants sur les saisons, les dates des vendanges et les dimensions des glaciers permettent d'établir qu'à partir des années 1540-1560, et jusque bien au-delà de 1600, les hivers furent moins doux que durant la période 1350-1540, et les étés moins chauds. L'abaissement de la température moyenne annuelle aurait été de l'ordre de 1 °C : modification thermique relativement modeste, mais dont les incidences ne furent pas négligeables. Les glaciers alpins atteignirent vers 1600 leur extension maximale, et une série d'étés pourris et d'hivers rigoureux compromirent plus fréquemment qu'auparavant les récoltes et l'alimentation céréalière. En France, des crises de subsistances se produisirent en 1562-1563, 1565-1566, 1573-1577, 1590-1592, 1596-1597, cette énumération chronologique ne signifiant évidemment pas que le royaume fût exempt de disettes durant la première partie du XVIe siècle.

La conjoncture économique s'exprime notamment par la dynamique des prix. Or, ils connurent une certaine flambée au temps de la Renaissance. D'où ce style de « siècle pressé de vivre » qui nous paraît caractériser l'époque de François Ier et de Catherine de Médicis. On connaît la formule de Jean Bodin affirmant en 1566 que « l'abondance d'or et d'argent a fait enchérir toutes choses dix fois plus qu'elles n'étaient il y a cent ans ». Les recherches récentes ont démontré que l'auteur de *la Response au paradoxe de M. de Malestroit...* exagérait à peine, du moins si l'on s'en tient aux prix nominaux sans considérer la teneur en métal fin de la monnaie. Les prix moyens annuels du setier de froment à Paris exprimés en livres tournois furent successivement : 0,67 L en 1460-1469, 1,57 L en 1500-1509, 6,45 L en 1560-1569, 18,59 L en 1590-1599. A l'époque où Jean Bodin répliquait à M. de Malestroit, les grains de bonne qualité étaient donc à l'indice 962 par rapport à leur niveau de 1460-1469. Ils atteignirent l'indice 2774 dans la dernière décennie du siècle. Celle-ci, toutefois, cumula mauvaises récoltes et siège de Paris. En 1600-1609 on revint au prix moyen plus normal de 9,45 L, soit l'indice 1410 par rapport à l'indice 100 des années 1460-1469, ou, si l'on préfère, l'indice 602 si l'on prend comme base la décennie 1500-1509. Faut-il pour autant parler, comme on l'a souvent fait, de « révolution des prix » ? Il importe de rappeler que les prix nominaux en France se sont enflés de 35 000 p. 100 entre 1875 et 1961, et, d'autre part, qu'au XVIe siècle le grain était de tous les produits le plus sensible aux à-coups de la conjoncture, parce qu'il était à la base même de l'alimentation. Les prix des autres articles — alimentaires ou non — progressèrent moins vite. Il est dès lors raisonnable de penser que le coût de la vie en France, d'un bout à l'autre du XVIe siècle, augmenta de 300 à 400 p. 100 : hausse suffisante pour étonner et alerter les contemporains, et qui explique l'instabilité de la monnaie sous la poussée du métal blanc. Des édits successifs de 1561, 1573 et 1577 tentèrent d'enrayer l'inflation des prix et le fléchissement continu de la monnaie de compte — la livre. La plus importante tentative de stabilisation fut celle de 1577, qui prescrivit qu'à partir du 1er janvier 1578 « tout compte, contrat, vente... au-dessus de 60 sols » devrait être effectué en écus d'or sur la base de trois livres pour un écu. Cet essai de monométallisme-or échoua, et le taux légal se trouva bientôt dépassé par le taux réel. Dès 1602, Henri IV interdit le compte par écus, rétablit le compte par livres et fixa à 65 sols le cours de l'écu.

La récupération démographique

Jean Bodin donne comme principale explication de la montée des prix à son époque l'arrivée en Europe des métaux précieux américains. Assurément, les incidences de cet afflux sur l'enchérissement des denrées ne peuvent être niées, puisque, selon les calculs d'E. Hamilton, 7 440 tonnes d'argent et 154 tonnes d'or arrivèrent du Nouveau Monde à Séville entre 1503 et 1600, compte non tenu de la fraude impossible à chiffrer. Mais, même si l'on s'en tient à une explication quantitative de la monnaie, l'argumentation de Jean Bodin n'est pas totalement satisfaisante, car l'argent américain a surtout inondé l'Europe après 1560. Il se substitua progressivement à celui des mines d'Europe centrale, lesquelles connurent un renouveau de prospérité dans le dernier quart du XVe siècle et la première moitié du XVIe siècle. Vers 1526-1535, 85 tonnes d'argent fin auraient été produites chaque année en Europe. Le « creux » de la conjoncture économique du milieu du XVIe siècle se serait donc produit au moment où la production des métaux précieux s'effondrait en Bohême et en Allemagne, mais n'était pas encore relayée par celle d'Amérique.

Mais les progrès de la connaissance historique ne permettent plus aujourd'hui de rapporter la hausse des prix du XVIe siècle à la seule injection de métaux précieux — allemands, puis américains. D'autres facteurs jouèrent : la montée du luxe, la plus grande vitesse de circulation de la monnaie, l'essor du crédit, l'urbanisation qui forçait certains éléments de la population à passer d'une économie de troc à celle des signes monétaires, le climat, qui, dans les années de mauvaises récoltes, poussait vers le haut le prix des produits les plus indispensables, et enfin le gonflement démographique, sur lequel il faut insister. Les disettes, les pestes et les guerres du XIVe siècle et de la première moitié du XVe avaient décimé la population de l'Europe, et notamment celle de la France. Les années 1450-1560 (voire 1580) furent, au contraire, un temps de reconstruction et de récupération démographique. On revint progressivement au niveau des années 1320, que l'on dépassa même, comme nous avons tout lieu de croire.

Comme un essor démographique est toujours précédé d'une période d'apparente stabilité durant laquelle le mouvement se prépare et les familles se reconstituent, l'accroissement rapide de la population française se produisit surtout durant ce qu'on appelle parfois « le beau XVIe siècle », c'est-à-dire les années 1480-1560. A cette dernière date, dans les campagnes françaises les ruines ont été relevées, les terres en friche remises en culture, et repeuplés le plus grand nombre des hameaux et villages jadis abandonnés.

Des immigrants ont redonné vie au Rouergue et à la Guyenne dévastés par la guerre de Cent Ans. Dans la région parisienne, pourtant gravement touchée, la reprise a été rapide, favorisée non seulement par l'immigration, mais encore par l'essor de la viticulture et le voisinage attrayant de Paris. Partout dans le royaume les forêts ont reculé, les franges pionnières se sont élargies, les emblavures ont repoussé les terrains de pâture, le blé a gagné sur la laine et la viande. Un moraliste français peut évoquer les paysans « qui chantent tous les jours aux champs et ronflent la nuit en leurs petites maisons ». De multiples témoignages attestent le gonflement démographique. En Provence, « dans le dernier quart du XVe siècle, constate E. Baratier, la hausse se manifeste partout et avec beaucoup d'ampleur ; le nombre de feux s'accroît si rapidement qu'il atteint vers 1540 le triple de son niveau de 1470 ». Voici maintenant un cas typique étudié par E. Le Roy Ladurie : Gignac, dans le val d'Hérault. « Au temps des grandes guerres et des grosses pestes » des XIVe et XVe siècles, le village groupait environ 300 chefs de famille contribuables. « En 1519, leurs successeurs sont plus de 350. En 1541, 471. En 1544, 510. En 1559, 650. En 1569, 620. Dans le siècle qui court de 1462 à 1569, le taux d'accroissement décennal est ainsi, à peu de chose près de 10 p. cent par an dans cette communauté. A ce rythme, qu'on rencontre assez souvent, le nombre des chefs de famille aurait dans tout le Languedoc largement doublé de 1490 à

1570. Et le chercheur qui compulse les vieux registres voit littéralement bondir sous ses yeux les effectifs humains recensés par les percepteurs ou « collecteurs » des impôts. »

Une certaine urbanisation

Cette dilatation démographique, qui ne pouvait pas demeurer sans incidence sur les prix, se poursuivait encore durant la première partie des guerres de Religion. Jean Bodin parle alors de « la multitude infinie de peuple qui abonde en ce royaume ». Effectivement, la plupart des registres paroissiaux du XVIe siècle qu'on a pu conserver livrent des chiffres records de baptêmes pour les années 1560-1580. Cet essor quantitatif de la population favorise naturellement l'essor urbain, encore que les indications numériques précises fassent terriblement défaut à cet égard. Pour Paris, deuxième ville d'Europe après Constantinople, et qui se distribue vers 1530 entre 500 rues et 10 000 maisons, on peut risquer l'estimation suivante : 200 000 habitants vers 1500, 300 000 à la veille des guerres de la Ligue. En tout cas, la ville se bâtit rapidement au XVIe siècle — il est vrai, dans le plus grand désordre. Des lotissements inspirés par un urbanisme encore médiéval permettent d'entasser la population nouvelle entre l'actuelle rue Etienne-Marcel et les boulevards Henri-IV et Beaumarchais, dans les faubourgs Saint-Marceau, Saint-Médard, Saint-Jacques et Saint-Germain — ce dernier plus aristocratique parce que proche du palais royal. Lyon, capitale de l'imprimerie et de la banque, et Rouen, premier port de France, approchent (peut-être) vers 1560 des 100 000 habitants. Une délibération des consuls de Lyon affirme en 1542 avec quelque exagération sans doute : « (La ville) s'est accrue non seulement de moitié, mais des quatre cinquièmes, tant en nombre de gens de métier que par les maisons qu'on y élève journellement. » Se développent aussi : Le Havre, création de François Ier ; Marseille, qui est prospère avant les troubles de la Ligue ; La Rochelle, par où les protestants du Midi commercent avec l'étranger ; Saint-Malo, où l'on ne compte qu'une centaine de baptêmes chaque année en 1500 et 430 un siècle plus tard.

Un blocage

Mais, dans les campagnes du moins — or la France d'alors est avant tout rurale —, l'essor démographique se ralentit à la fin du XVIe siècle. La guerre civile y est sans doute pour quelque chose. Mais d'autres facteurs plus profonds expliquent cet essoufflement. Car à l'« élasticité dynamique » de la population s'oppose la « rigidité têtue de la production » en un temps où le progrès technique atteint peu le secteur rural. Les hommes redevenant nombreux, il faut refragmenter le sol comme aux XIIe et XIIIe siècles, multiplier les tenures. Et dès lors, la constante croissance du « beau XVIe siècle » ne pourra que se freiner elle-même.

Un blocage intervient. La terre redevient trop peuplée. Pourtant, d'après les meilleures estimations, elle n'a guère fait que retrouver vers 1580 sa population de 1320. Nous sommes placés ici devant l'histoire proprement cyclique d'une paysannerie qui ne parvient pas à sortir du cercle où l'enferme une contraignante stagnation technique. C'est Olivier de Serres qui écrit en 1600 : « Le masnager a de quoi se contenter quand généralement son domaine, le fort portant le faible, lui rend de cinq à six pour un. » L'agronome huguenot recommande, d'ailleurs, la prudence au paysan : « Ne change point de soc pour le danger de perte que toute mutation porte avec elle. » Avant tout la stabilité!

Quelques innovations, cependant, dans le secteur agricole

Pourtant, quelques innovations botaniques et zoologiques sont à signaler. Le melon est ramené d'Italie par Charles VIII, et l'artichaut, à l'époque de la Renaissance, devient en France comme dans tout le reste de l'Europe occidentale le légume préféré de l'aristocratie. Celle-ci mange maintenant des fraises, des framboises et des groseilles cultivées — on ne connaissait à la fin du XIVe siècle que les espèces sauvages. On sait produire une carotte moins ligneuse qu'autrefois, et le chou-fleur apparaît en France au XVIe siècle. Le sarrasin, venu d'Asie Mineure, atteint la Normandie vers

1460 et la Bretagne vers 1500. Le haricot et le maïs – ainsi que le tabac introduit en 1556 par Thevet – sont, au contraire, originaires d'Amérique. Mais ce n'est qu'au XVIIe siècle que se produira en Languedoc la « révolution du maïs ». La pomme de terre ne prendra pareillement son essor qu'aux approches de la Révolution française, même si les soldats espagnols de la bataille de Saint-Quentin (1557) mangèrent des « patates » cultivées par les paysans de Picardie. L'Amérique semble aussi avoir donné à l'Europe au XVIe siècle une variété de peuplier qui s'acclimata parfaitement dans les lieux humides.

Plusieurs plantes industrielles élargissent leur domaine : le mûrier blanc, venu de Chine par l'Italie, déjà attesté en Provence et en Languedoc à la fin du XVe siècle et qui sera l'objet, sous Henri IV, de la sollicitude gouvernementale ; et plus encore le lin et le chanvre, qui apportent de plus en plus des ressources d'appoint aux paysans de l'Ouest fabricants de toiles. Mention spéciale doit être faite du pastel toulousain – l'« herbe lauragaise » –, qui suscite de 1530 à 1560 un éphémère capitalisme local et qu'on exporte en Espagne, à Rouen, à Londres et à Anvers. Il explique la rapide fortune du « mégalomane » Assézat. Mais la surproduction d'abord, les guerres de Religion ensuite, et, enfin, aux approches du XVIIe siècle, la concurrence de l'indigo américain mettent fin à la légende dorée de la « plante miracle ». A côté du secteur botanique, celui des animaux : les dindons se sont alors multipliés en France et la pintade a été ramenée de Guinée : rien de comparable, toutefois, aux transferts zoologiques qui se sont opérés dans le sens Europe-Amérique. Au total, les innovations qu'on vient de rappeler et certaines améliorations de l'outillage agricole – bêches métalliques plus nombreuses, adaptation aux charrues de la hausse de l'artillerie – n'empêchent pas le monde rural de demeurer techniquement et mentalement conservateur.

Gauchissement vers la technique

Mais en dehors des campagnes le progrès technique est sensible en France comme dans tout l'Occident. Une civilisation relativement dynamique – en tout cas bien plus que celle des Arabes et des Chinois contemporains de François Ier et de Catherine de Médicis – entraîne vers le progrès matériel la fraction riche et cultivée de la population. L'élévation du niveau de vie, les moyens financiers accrus des gouvernements, une réelle conversion intellectuelle de l'élite, qui se détourne quelque peu du « monde des essences » pour se pencher vers l'« univers expérimental » : autant de facteurs qui, à des degrés divers, expliquent ce « gauchissement » de la civilisation vers la technique et la publication à Paris d'ouvrages tels que le *Théâtre des instruments...* de Jacques Besson (1578) et les *Différentes Machines artificielles* de Ramelli (1588). Un technicien de la fin du XVIe siècle ne craint pas d'appeler la mécanique « le plus noble des arts ».

Le XVIe siècle a vu se produire en France beaucoup d'innovations qui ont progressivement modifié la vie quotidienne. Le coffre se transforme en armoire. Les vitres se substituent soit aux toiles et papiers translucides appliqués sur les fenêtres, soit aux vitraux lourds et coûteux. Les lunettes se multiplient. Chez les riches, on mange désormais avec des fourchettes, on possède des horloges, voire des montres, on utilise des carrosses parfois dotés d'un avant-train mobile et d'une suspension. Tous ces progrès sont solidaires d'une civilisation qui fait un emploi croissant du métal et notamment du fer. Celui-ci est désormais nécessaire pour l'armement – concurremment avec le bronze –, pour les parties métalliques des machines, mais aussi pour ces multiples objets domestiques – épingles, clous, rasoirs d'acier, ciseaux, fourchettes – dont la consommation augmente. En outre, avec l'accroissement de la richesse dans les couches aisées de la population, les plaques de cheminée, les portes de fer, les verrous, les serrures et les clés sont demandés en plus grande quantité qu'autrefois. D'où la multiplication des forges attestée en France au XVIe siècle et la concomitante dévastation des forêts déplorée par Ronsard et B. Palissy. François Ier, en 1543, doit ordonner une réduction du nombre des forges à fer, car « il y a en ce royaulme plus de quatre cens soixante forges. Il y en a plus de quatre cens érigées depuis cinquante ans ; par chacun an il s'en érige vingt-cinq ou trente. Item les forgerons demeurant en icelles sont les plus riches et opulans de ce royaulme. Item, combien qu'ils vivent d'art mécanique, ilz ne payent aucune ayde ou subside pour ce qu'ilz se dient avoir semblable privilège que la noblesse de France et de fait en usent ». Certaines de ces forges, surtout dans la seconde moitié du siècle, s'installent dans les régions forestières de Champagne, du Massif central et de Bretagne, à côté de hauts fourneaux disposant de souffleries hydrauliques et capables de fournir 50 tonnes de fonte de fer par an. J. U. Nef estime que, sur une production européenne de 100 000 tonnes de fer, aux environs de 1525, la France en produit 10 000 (l'Espagne du Nord 15 000, la Styrie de 8 000 à 9 000, Liège autant, l'Allemagne 30 000, l'Angleterre 6 000). Le royaume des Valois qui, par ailleurs, possède peu de mines de métaux précieux, n'est donc pas le premier pays métallurgique du continent. Il se situe néanmoins dans un rang honorable. L'artillerie française fait merveille en Italie et une manufacture d'arquebuses fonctionne dès 1516 à Saint-Étienne.

Il serait assurément excessif de parler, dans le domaine technique, de révolution en Europe et donc en France à l'époque de la Renaissance. Mais il importe de souligner la plus grande rapidité de l'évolution dans des secteurs très divers. La fabrique du tricot – de laine et de soie – se répand, et une confrérie de tricoteurs-bonnetiers apparaît à Troyes en 1505. L'imprimerie confirme sa brillante carrière d'industrie de pointe presque capitaliste, tandis que les papeteries, notamment celles de la région d'Angoulême, produisent un papier cinq fois moins cher que le parchemin. 25 000 éditions (de 1 000 exemplaires chacune en moyenne) seraient sorties des presses parisiennes au cours du XVIe siècle et 13 000 des presses lyonnaises (contre 45 000 pour l'ensemble de l'Allemagne, 10 000 pour l'Angleterre, 8 000 pour les Pays-Bas). Enfin, la marine française profite des inventions étrangères et des améliorations de la construction navale. Elle utilise les cartes de déclinaison du soleil et de l'étoile polaire, dont les premières furent imprimées à Venise en 1483. A la fin du XVIe siècle, elle se servira du loch. Le vaisseau marchand français des années 1560 ressemble beaucoup à ceux des flottes étrangères. Il porte généralement des voiles carrées au milieu et à l'avant, et une voile triangulaire au mât d'artimon. L'usage de la voile de gabie, au-dessus de la hune, se généralise, tandis qu'apparaît, dès la première moitié du XVIe siècle, la civadière, petite voile carrée suspendue au-dessous du beaupré. Sur certains navires, à partir des années 1580, les mâts de hune deviennent mobiles, afin de pouvoir être affalés par mauvais temps.

La technique des affaires

Le progrès au XVIe siècle, c'est aussi celui de la technique des affaires. La France se met en ce domaine à l'école de l'Italie, adopte l'assurance maritime – dont les polices sont généralement souscrites à Rouen et à Lyon – – et la comptabilité à partie double. Dans les ports se répand la formule de la *commenda in nave implicata*, qui survivra jusqu'au XIXe siècle. Le schéma en est le suivant : un patron de navire fait appel à des prêteurs qui l'aident à supporter les frais de l'armement du bateau et l'achat d'une cargaison. Le capital est divisé en parts égales. Le patron en tant que tel est le salarié de la société, mais il peut, en outre, détenir un certain nombre de parts de celle-ci. Plus que Paris, c'est Lyon qui fait figure, au XVIe siècle, de capitale économique et financière du royaume, parce que cette ville est un lieu géométrique où se concentrent les hommes d'affaires italiens, allemands et suisses. On a provisoirement dénombré 209 sociétés de marchands-banquiers dans la France du XVIe siècle, dont 169 à Lyon et, parmi ces dernières, 143 italiennes – surtout toscanes – et 15 allemandes ou suisses. Du début du règne de François Ier à 1589, les foires de Lyon, éclipsant celles de Genève, comptent parmi les premières d'Europe. Quatre fois par an les négociants italiens, suisses, allemands, flamands, baltiques y rencontrent les Français et les Ibériques. Durant les quinze jours de la foire, on décide des achats et des ventes, mais sans règlements en espèces. Puis, pendant les deux ou trois semaines qui suivent la clôture, les marchands comparent leurs « bilans » et procèdent aux « virements des parties ». Ceux-ci laissent apparaître des soldes payables soit immédiatement en espèces, soit avec intérêts à la prochaine foire de Lyon, de Medina del Campo ou de Francfort. En 1528, l'ambassadeur vénitien Navagero constate : « Dans les quatre foires de Lyon se font d'innombrables paiements de toute part, si bien qu'ils forment le fondement du commerce de l'argent de toute l'Italie et d'une bonne part de l'Espagne et des Pays-Bas. » A Lyon comme à Medina del Campo, comme aux foires italiennes dites « de Besançon », triomphe donc le titre mobilier, la créance devenue valeur en soi et objet d'échange. C'est la victoire du crédit. « Il est notoire, écrivent des marchands de Saint-Gall en 1596, que le plus grand trafic qui s'y fait, soit pour la banque, soit pour la négociation et marchandise, il se fait en cédules et aux assurances qui s'y donnent. En telle foire il sera négocié pour un million d'or, et, toutefois, entre tous ceux qui auront négocié, il n'aura pas été touché et manié 10 000 écus. » A cet étage supérieur de la vie économique, le papier supplée aux espèces métalliques qui demeurent trop rares malgré les arrivées d'argent américain.

En apprenant à la France de la Renaissance les jeux de la banque, l'Italie lui a également fourni les méthodes de l'emprunt public déjà pratiquées antérieurement à Florence, Venise et Gênes. Comme le recours aux « traitants » coûte cher (au moins 16 p. 100 par an), il s'agit pour l'État de se procurer de grosses sommes en faisant appel à la masse des épargnants et non plus seulement à quelques gros prêteurs. Dans ce dessein sont créées en 1522 les rentes sur l'Hôtel de Ville de Paris. Par l'intermédiaire de celui-ci, le roi emprunte alors à 8 p. 100 200 000 livres gagées notamment sur les aides et gabelles de la capitale. Les besoins s'accroissant, on aliène bientôt des ressources nouvelles. Dès 1553, elles sont perçues même hors de Paris. Puis, à partir de 1561, le clergé s'engage à payer les arrérages des rentes sur l'Hôtel de Ville. Le gonflement de celles-ci, dans la France du XVIe siècle, atteint son maximum en 1568. D'autres appels à un large public sont aussi adressés par l'intermédiaire de la place de Lyon, soit directement, soit par le truchement de syndicats de banquiers, allemands et italiens. En 1542-1543, tandis que la guerre reprend contre Charles Quint, le cardinal de Tournon, lieutenant général à Lyon, d'accord avec les banques, lance un emprunt municipal de 60 000 livres. Il veut drainer vers la France des capitaux qui risquent de fuir en Espagne, « attirer [...] les finances de tous côtés et faire fonds à l'avenir pour en frustrer les ennemis ». L'opération est couronnée de succès et permet de nouveaux emprunts. Les souscripteurs affluent de France, d'Allemagne et d'Italie. Mais quand François Ier meurt, en 1547, il doit plus de deux millions d'écus à la banque de Lyon. En 1555, le cardinal reprend sa tentative sur plus vaste échelle : c'est le « grand party ». Pour amortir la dette publique, le gouvernement emprunte aux banquiers lyonnais 2 600 000 écus remboursables en 41 foires (dix ans et trois mois) à plus de 20 p. 100 par an. En outre, le receveur de Lyon reçoit la souscription de toute personne désireuse de prêter de l'argent au roi. D'abord, on se rue « comme au feu » vers les caisses de l'emprunt. Mais la défaite de Saint-Quentin et la mort d'Henri II amènent des suspensions de paiement et bientôt l'effondrement des cours. Échec qui ne doit pas cacher le caractère moderne des formules essayées.

Les progrès du luxe

Le développement du crédit public dans la France du XVIe siècle, comme dans l'Italie, l'Espagne et les Pays-Bas de l'époque, prouve une indiscutable diffusion de la capacité d'épargne. De même se produisent alors — du moins à partir d'un certain niveau social — une réelle élévation du niveau de vie, un élargissement du secteur de l'économie monétaire et une profonde pénétration à la campagne de l'influence urbaine. En témoignent les *Propos rustiques* de Noël du Fail, publiés en 1547. Ils mettent en scène des vieux paysans de la région de Rennes qui, à l'ombre d'un chêne, évoquent avec mélancolie la simplicité des mœurs d'autrefois. « Ô temps heureux! Ô siècles fortunés! où nous avons veu noz prédecesseurs pères de famille [...] se contentans, quant à l'accoustrement, d'une bonne robbe de bureau, calfeutrée à la mode dalors, celle pour les festes, et une autre pour les jours ouvriers, de bonne toille, doublée de quelque vieux saye [...], chacun content de sa fortune et du mestier duquel pouvoit honnestement vivre [...]. Où est le temps [...] qu'il estoit mal aysé voir passer une simple feste, que quelcun du village ne eust invité tout le reste à disner, à manger sa poulle, son oyson, son jambon ? Mais comme aujourd'huy se fera cela, quand quasi on ne permet ou poulles, ou oysons venir à perfection, quon ne les porte vendre pour largent bailler ou à monsieur Ladvocat, ou Médecin (personnes en ce temps presque incogneües), à lun pour traicter mal son voisin, pour le desheriter, le faire mettre en prison, à lautre pour le guérir dune fièvre, luy ordonner une saignée [...] ou un clystère de tout quoy feu de bonne mémoire Tiphaine la Bloye guérissoit sans tant de barbouilleries, et quasi pour une Patenostre. » Aux regrets d'Anselme le notaire répondent ceux d'Huguet, maître d'école et vigneron : « Et pource que les banquets et festins de nos antécesseurs se offrent (comme sujet de conversation), il fault penser que non moins estoyent de bonne doctrine que bien instruicts, non que je vueille mesurer la conséquence dun banquet en variété et magnifique apparat de mangeries, choses que ne congnoissoyent ces bonnes gens : car leur estoyent incogneuz, poivre, safran, gingembre, canelle, myrabolans (fruit à amandes douces des Indes orientales) à la Corinthiace, muscade, giroffle et autres semblables resveries, transférées des villes en nos villages, quelles choses tant s'en fault quilz nourrissent le corps de lhomme quilz le corrompent et du tout mettent au néant ; sans lesquelles toutefois un banquet de ce siècle est sans goust et mal ordonné, au jugement trop lourd de lignare et sot peuple. »

La paupérisation des pauvres

Jean Bodin, regrettant lui aussi la modestie du temps passé, considère que la montée du luxe, le souci de la mode et le « degast », c'est-à-dire le gaspillage, constituent une des causes de la montée des prix : « On ne se contente pas, écrit-il, d'acoustrer les bélistres et laquais (de soie), ains on la découpe de telle sorte qu'elle ne peut durer ny servir qu'à un maistre [...]. Autant nous en prend il pour la draperie, et principalement pour les chausses, où l'on employe le triple de ce qu'il faut, avec tant de balafres et déchiquetures, que les pauvres gens ne s'en peuvent servir après que monsieur en est dégousté [...]. On a fait de beaux éditz, mais ils ne servent de rien : car pour ce qu'on porte à la Cour ce qui est défendu, on en portera partout [...]. Et de telles braveries on en vient aux meubles de la maison, aux lictz de draps d'or ou broderies exquises, aux objets d'or et d'argent, et afin que tout s'entresuive, il faut bastir où se loger magnifiquement et que les meubles soient sortables à la maison, et la manière de vivre convenable aux vestements, tellement qu'il faut garnir la table de plusieurs metz. »

Ne soyons pas dupes de ces témoignages. Noël du Fail appartient à la noblesse rurale et il parcourt une belle carrière de magistrat. Les paysans mis en scène par lui sont des gens aisés qui sont à l'abri du besoin et sont loin d'être misérables. De même, s'il est vrai que « le grand se débordant le médiocre veut imiter », encore faut-il préciser de quel « médiocre » il s'agit.

Le luxe vestimentaire n'est pas à la portée de n'importe qui. Pour singer les manières et les modes de la Cour, il faut des moyens financiers dont ne dispose qu'une petite minorité. D'où la nécessité de compléter les notations de Noël du Fail et de Jean Bodin par les recherches de l'historiographie récente. Or, celle-ci met désormais en pleine lumière ce fait social majeur : le XVIe siècle a vu s'accroître en France — et en Europe — la paupérisation et s'élargir l'écart entre le petit monde des riches et la masse de la population. Il ne s'est pas seulement agi d'un mouvement en profondeur et en quelque sorte inconscient, mais aussi d'un mépris fondamental du travail manuel et d'une volonté — typique de la Renaissance — de rabaisser le vulgaire. Claude de Rubys, de Lyon, appelle « sordides et déshonnêtes » les bouchers, les cordonniers, les tailleurs, et même les imprimeurs et les orfèvres. A Paris, un édit de 1569 interdit aux boulangers de porter « manteaux, chapeaux et hauts-de-chausses, sinon ès jours de dimanche et autres fêtes, auxquels jours seulement leur est permis porter chapeaux, chausses et manteaux de drap gris ou blanc et non autre couleur ». Détail révélateur : le vertugadin ne fit jamais partie de l'habillement populaire. Un peu partout se précise dans la France du XVIe siècle un mouvement qui tend à exclure des assemblées électorales des villes et des fonctions municipales les « personnes mécaniques et de basse condition ». Encore un témoignage parmi beaucoup d'autres qui pourraient être présentés ici : Olivier de Serres, qui compare ses ouvriers agricoles à l'ordure et au fumier, donne ce conseil : « Quant au salaire du mercenaire, qu'il soit le plus petit possible. »

Pourquoi l'appauvrissement ?

Les raisons de la paupérisation des paysans au cours du XVIe siècle sont maintenant connues. Après la « récupération » démographique des années 1450-1520, les hommes redevinrent trop nombreux pour une production qui plafonnait et tandis que se déchaînait la tempête des prix. Ceux-ci laissèrent loin derrière eux les salaires. Dans le Languedoc, étudié par E. Le Roy Ladurie, le travailleur des champs fut, relativement parlant, exceptionnellement heureux vers 1480. Il consommait du froment et buvait du vin rouge. Un siècle après tout était changé. Car, de 1480 à 1580, le salaire resta rigide, en dépit de l'inflation des prix. Le pouvoir d'achat du manouvrier diminua des deux tiers. Dans son alimentation, le seigle remplaça le froment et la piquette le bon vin. « Mieux : c'est très tôt dans ce siècle d'expansion — dès 1530-1540 — que se situa le Waterloo du travailleur » (D. Richet). Mais la tendance qui se précisait alors s'accentua à la fin du siècle. Les dévastations causées par les guerres de Religion, l'alourdissement des prélèvements fiscaux, le redressement de la rente foncière, l'« impérialisme accru des rassembleurs du sol » qui, autour de Paris notamment, profitèrent de l'affaiblissement des positions paysannes : autant de facteurs qui après 1560 précipitèrent la paupérisation des masses rurales.

Celle-ci ne fut pas moins profonde dans les villes, où la surpopulation des campagnes jeta une masse de miséreux et de vagabonds. A preuve la courbe des salaires des manouvriers parisiens. Le plus haut niveau se situe entre 1444 et 1476, car après les guerres, les disettes et les épidémies, la main-d'œuvre était devenue rare. Mais le décrochage est brutal à partir de 1520-1530. « Ensuite, et par-delà les péripéties conjoncturelles, c'est l'inertie, la stagnation, l'équilibre dans le plus bas niveau. » Les enquêtes conduites par l'équipe de J. Fourastié sur le cas strasbourgeois conduisent à des conclusions concordantes : à la fin du XVe siècle, 60 salaires horaires suffisent pour l'achat d'un quintal de blé. Mais en 1540-1550, la ligne dangereuse des 100 heures est franchie, et vers 1570 celle des 200 heures : la population s'installe à nouveau pour plusieurs siècles dans les temps difficiles.

Les émeutes et les grèves qui éclatèrent dans la ville la plus avancée économiquement du royaume — Lyon — et dans un des rares secteurs industriels où l'esprit capitaliste se faisait jour — celui de l'imprimerie — éclairent pour nous cette paupérisation des masses et le retour à une conjoncture de bas salaires. En 1529, c'est la « grande rebeine », à la suite d'une disette et sous l'influence des doctrines protestantes. Peu s'en faut que Lyon ne tombe aux mains de la « secte artisane ». Dix ans plus tard commencent les grèves — ou *trics* — des compagnons imprimeurs de Lyon et de Paris. Parce que les prix montent, les maîtres veulent abaisser le coût de revient des livres. Aussi s'efforcent-ils d'obtenir de leurs ouvriers un meilleur rendement tout en faisant des économies sur leur nourriture et en multipliant le nombre des apprentis, moins payés que les compagnons. Alors ceux-ci arrêtent le travail, se promènent dans les rues, « vagants et comme vagabonds », battent « le prévôt et les sergents jusques à mutilation et effusion de sang », menacent les non-grévistes de « les battre et mutiler et en outre de les expulser de la confrérie ». A travers accalmies et reprises, la crise dure jusqu'en 1571 et le parlement de Paris doit intervenir. Mais déjà l'ordonnance de Villers-Cotterêts avait renforcé la législation contre les coalitions patronales et surtout ouvrières.

Victimes et profiteurs de la conjoncture

En bref, qui s'est appauvri et qui s'est enrichi dans la France du XVIe siècle, compte tenu des divers facteurs que nous avons analysés : essor démographique et surpopulation croissante des campagnes, hausse des prix, relative urbanisation, montée du luxe chez ceux qui pouvaient se l'offrir, guerres dispendieuses en Italie et ravages — inégaux suivant les régions — provoqués par les luttes civiles ? Dans un pays rural à plus de 90 p. 100, s'est d'abord et surtout appauvrie la masse paysanne, même si une amélioration de son statut juridique s'est produite par le recul continu du servage, qui n'a plus guère subsisté que dans quelques régions du Nord et du Centre. Le morcellement de la terre entre de trop nombreuses parties prenantes a accentué la médiocrité du matériel et des ressources de la plupart des paysans. Petits tenanciers dont la tenure exiguë suffit à peine à faire vivre la famille, « brassiers » qui ne peuvent cultiver leur petit lopin de terre qu'aux heures de loisir, domestiques payés à l'année, journaliers salariés à la journée, métayers dont la situation s'aggrave — en Languedoc et en Aquitaine par exemple — à cause de la concurrence croissante entre candidats au métayage : tout ce prolétariat, qui cherche dans l'industrie rurale — notamment celle des toiles, dans l'Ouest — un appoint financier, est à la merci d'une mauvaise récolte qui compromettrait son alimentation. Et il n'a pas manqué de souffrir des méfaits de la guerre civile partout où elle a sévi.

L'inflation des prix et la faiblesse de la monnaie, jointes aux dépenses en Italie et aux nouvelles habitudes somptuaires, ont durement atteint aussi les gentilshommes des campagnes, même s'ils persistent à s'environner d'« un cortège de droits prétentieux et de redevances vexatoires ». Une tendance constante depuis le XIIIe siècle avait progressivement transformé les redevances en nature en cens invariables stipulés en monnaie. Ces cens, dévalués au cours du XVIe siècle, ont été progressivement réduits à presque rien. D'où les nombreuses lamentations de la noblesse. François de La Noue, en 1587, plaint les gentilshommes « déchus de cette ancienne richesse dont leurs maisons étaient ornées sous les règnes de nos bons rois Louis douzième et François premier : vu que c'est une chose que peu ignorent ». Et il précise que, sur dix familles nobles, il s'en trouve huit « incommodées par les aliénations de quelque portion de leurs biens, engagements ou autres dettes ».

A qui donc a profité l'important déplacement des fortunes qui s'est opéré en France au cours du XVIe siècle ? L'argent est allé à ceux qui en avaient déjà. A la campagne, il s'est agi surtout de trois catégories sociales : les laboureurs-propriétaires, paysans aisés que les actes notariés qualifient d'« honnestes personnes », qui possèdent attelage et main- d'œuvre et disposent de suffisamment d'argent pour prendre à bail, le cas échéant, des métairies nouvelles ; les laboureurs-marchands, ou « blattiers », qui font la loi sur le marché des grains, des bois et des fourrages et sont tout à la fois commerçants et exploitants agricoles ; enfin, les « fermiers-receveurs » des seigneuries qui afferment les dîmes, les droits sur les vins, le sel et les péages. Cette bourgeoisie rurale prête avec usure aux endettés et profite des aliénations de terres auxquelles sont contraintes l'Église et l'ancienne noblesse.

A la ville, c'est le commerce qui enrichit les maîtres des métiers — en particulier les membres des « meilleures » corporations de Paris —, et plus encore ceux qui parviennent à s'imposer comme intermédiaires indispensables dans les principaux circuits du commerce national et international, tel le « magnat du pastel » toulousain Pierre Assézat. Pour eux, « rien n'est trop beau : belles demeures urbaines, riches mobiliers, tableaux et sculptures de choix, poètes ou écrivains attitrés, châteaux à la campagne, seigneuries, sports, chasse, fêtes joyeuses ou les toilettes coûtent une fortune » (Fr. Mauro).

Autre catégorie sociale montante : celle des gens de justice, dénomination globale qui désigne à la fois les avocats, les juges, les procureurs et tous ces fonctionnaires royaux qu'on appelle *officiers*. L'essor des institutions monarchiques et les besoins financiers de la Couronne ont provoqué depuis 1520 une inflation considérable de la société judiciaire et du nombre des officiers, qui deviennent de plus en plus propriétaires de leurs charges. A Toulouse et à Bordeaux, les gens du parlement étaient une vingtaine en 1515 et 80 à la mort d'Henri II. Marino Cavalli assure, en 1546, que le parlement et la Chambre des comptes de Paris font vivre 40 000 personnes. La création des présidiaux ne peut que renforcer cette évolution. Or, beaucoup de riches marchands aspirent aux offices et, d'autre part, les plus fortunés des hommes d'affaires et des officiers aspirent à la noblesse, achètent fiefs et seigneuries, arrondissent leurs domaines ruraux, s'unissent par mariage à la noblesse d'épée. Ainsi l'ascension sociale provoque certes un élargissement de ce que nous appelons la bourgeoisie. Mais celle-ci ne parvient pas à se définir comme classe parce que les plus fortunés des bourgeois cherchent à devenir rentiers, à vivre « noblement », à se donner un blason. A l'époque de la Renaissance, la noblesse s'est renouvelée parce qu'elle est restée ouverte. L'âge d'or de la noblesse de robe commence. Non toutefois que l'ancienne ait toujours et partout été ruinée. Ainsi, en Gâtine poitevine la seigneurie d'épée a su à temps investir en terres ses disponibilités. D'autres nobles – parmi eux le prince de Condé – ont acheté à bon compte les biens aliénés par le clergé. Enfin, comment ignorer ceux qui ont profité de la guerre et de la Cour, sont devenus « bénéficiés du Roi et des princes », voire mignons d'Henri III, tels d'Épernon et Joyeuse ? Au total, dans la France du XVIe siècle, il y eut plus de riches et de pauvres qu'auparavant, et les riches ont été plus riches et les pauvres plus pauvres.

IV. CULTURE ET CONSCIENCE RELIGIEUSE

Non seulement les écarts sociaux se sont accentués au cours du XVIe siècle, mais aussi les écarts culturels. Certes, les habitants du royaume ont entre eux des points communs, et l'on peut tenter une typologie du Français de la Renaissance. L'étranger le répute léger, bouillonnant, inconstant, fier et orgueilleux. Montaigne le juge moins vif d'esprit et moins subtil que l'Italien, mais moins grossier et moins lourd que le Suisse et l'Allemand. En outre, les Français, qu'ils soient nobles, bourgeois ou vilains, partagent avec l'ensemble des Occidentaux du temps un certain nombre de conceptions, de réactions et d'habitudes. Ils se meuvent dans le même univers. Leur outillage mental, même chez les plus cultivés, est encore peu apte à l'abstraction. Ils répugnent à la précision, et Rabelais fait dire à Gargantua : « Jamais je ne me suis assujetti à l'heure. » Hypersensibles et émotifs, ils passent sans transition de la pitié à la cruauté, de la joie aux larmes. Ils sont à la fois téméraires et craintifs, car ils ont souvent peur : peur des brigands, des loups, des monstres, des comètes, des éclipses, de l'inconnu et plus encore de Satan ; d'où l'extraordinaire épidémie de sorcellerie des années 1560 et 1640. N'établissant pas de frontière nette entre nature et surnature, ils croient – A. Paré comme les autres – l'air et les « abysmes de l'onde » peuplés de « daimons ». Ils distinguent mal la chimie de l'alchimie, l'astronomie de l'astrologie. Leur religiosité, qui est ardente, est dominée par la crainte de la damnation et un profond sentiment d'impuissance devant les forces du monde extérieur. Ils ont un goût prononcé pour les spectacles – carnavals ou entrées royales – et notamment pour ceux où la mort entre en jeu : qu'il s'agisse de tournois ou de supplices. Certaines fêtes sont célébrées dans le royaume partout et par tous, en particulier celles des Innocents et de la Saint-Jean. Enfin, certaines distractions sont communes : non la chasse, sport réservé aux nobles, mais la danse, et aussi les dés et les cartes, qui connaissent une faveur croissante. Certains « paradis artificiels » sont encore refusés aux hommes de la Renaissance, qui ne disposent ni du café, ni du thé, ni du cacao. Toutefois, à la fin du XVIe siècle, l'« exquise herbe de Nicotiane » est déjà assez appréciée, et on l'utilise en prise, en chique ou en cigares de feuilles roulées. Tabac mis à part, « la gamme des adjuvants physiologiques à l'évasion est donc assez réduite : pratiquement, rien en dehors de la simple et rude ivresse du vin ou de l'alcool, — et, en tout cas, pas les douces rêveries des drogues orientales » (R. Mandrou). Autre trait commun à la masse des Français — et des Occidentaux — du XVIe siècle : une agressivité sociale aiguë, qui est une des formes du point d'honneur et le négatif des nécessaires solidarités de l'époque. Des haines violentes opposent souvent les uns aux autres des villages, des sociétés de jeunesse, des compagnonnages, des confréries, des clans et déjà des classes.

Les écarts culturels

En dépit de ces dénominateurs communs, la distance n'a cessé de s'accroître, au XVIe siècle, entre niveaux culturels. En cette époque d'urbanisation, une sorte d'abîme paraît désormais séparer les îlots de lumière que sont les villes, du monde rural arriéré, presque étranger à la civilisation de l'écriture. En 1574-1576, 72 p. 100 des laboureurs qui viennent à l'étude de Me Navarre, un notaire de Montpellier, pour solliciter un prêt ou contracter un bail, ne savent pas signer. Mais 63 p. 100 des artisans de la ville, clients du même notaire, signent intégralement, et 11 p. 100 sont capables d'utiliser des initiales. Cette distance culturelle entre cités et plat pays une fois mesurée, il faut aussitôt ajouter qu'un fossé sans cesse plus large sépare les lecteurs d'almanachs et de Vies des saints des familiers d'Ovide et de Plutarque. Certes, il s'est produit dans l'Europe de la Renaissance à la fois une laïcisation et un élargissement de la connaissance. Le groupe des clercs « a cessé de porter la vision du monde la plus riche et la plus élaborée » (R. Mandrou). La noblesse se convertit à l'instruction ; les fils de marchands et d'*officiers* fréquentent l'Université ; les collèges gonflent leurs effectifs d'élèves et de régents. Mais que les enfants des bourgeois côtoient à l'école ceux des gentilshommes ne prouve pas une démocratisation de la culture. C'est le contraire qui s'est produit. L'humanisme a accru la distance intellectuelle entre ceux qui disposaient de loisirs et les autres. A l'époque où l'artiste se sépare de l'artisan, une hiérarchisation brutale rejette dans les ténèbres de la médiocrité tous ceux qui n'ont pas accès aux « humanités ». Dans l'ordre de la culture, celles-ci confèrent de véritables lettres de noblesse.

Faits significatifs : en 1548, les confrères de la Passion reçoivent interdiction de jouer des mystères, tandis que la première tragédie classique française, la *Cléopâtre* de Jodelle (1553), est représentée d'abord devant Henri II à l'hôtel de Reims, puis à nouveau au collège de Boncourt, « où toutes les fenêtres étaient tapissées d'une infinité de personnages d'honneur ». N'affirmons pas, cependant, trop péremptoirement l'effacement au XVIe siècle d'une culture, sinon totalement populaire, du moins reflétant dans une certaine mesure l'existence quotidienne et le style de vie du menu peuple, surtout celui des villes. La farce évolue, mais ne disparaît pas ; les contes, si nombreux, de l'époque persistent dans une tradition réaliste ; Rabelais a parfois le « charme de la canaille » — c'est La Bruyère qui le dira au siècle suivant ; la bouffonnerie et la trivialité le réjouissent. Mais en contrepartie la farce ne devient la comédie qu'en se combinant avec la tradition issue de Plaute et de Térence. Les contes s'adressent souvent à une clientèle aristocratique, même les indécentes et vulgaires *Cent Nouvelles nouvelles*, si répandues au XVIe siècle et qui avaient été offertes en 1462 au duc de Bourgogne. Les personnages qui racontent les histoires de l'*Heptaméron* sont cinq gentilshommes et cinq nobles dames, et bon nombre des récits de la reine de Navarre se situent à la cour de France. Les *Nouvelles Récréations et joyeux devis* sortent eux aussi d'un milieu aristocratique et hautement cultivé. Leur auteur, Bonaventure des Périers, savant helléniste et latiniste, avait été nommé en 1532 valet de chambre de Marguerite d'Angoulême. Quant à la truculence de Rabelais, elle est associée à une telle ivresse de savoir et à une érudition si puissante qu'elle ne pouvait être vraiment appréciée que par des gens ayant disposé de beaucoup de temps pour s'instruire.

Le rôle culturel des cours

Couvents et universités ne sont plus, comme au Moyen Age, les principaux foyers de diffusion de la culture, mais bien les cours. François Ier, que Brantôme appelle « Père et vrai restaurateur des arts et lettres », crée la Bibliothèque royale, la Typographie royale et le collège trilingue qui deviendra le Collège de France ; il fait copier des manuscrits grecs à Venise. La cour de la reine de Navarre rassemble entre 1527 et 1549 les meilleurs humanistes et devient le centre français du néo- platonisme. A la fin du siècle, l'*Académie d'Henri III*, dite aussi *Académie du palais* (1574-1585), réunit en présence du souverain, des grands seigneurs, des dames de la Cour, des écrivains (Ronsard, Baïf, Desportes) et des érudits (Henri Estienne, Scaliger, etc.). L'indépendance d'inspiration et de style qui nous charme chez Rutebeuf, Deschamps et Villon disparaît au XVIe siècle. Le poète humaniste est le plus souvent un poète courtisan. Marot, Ronsard, Desportes et bientôt Malherbe n'échappent pas à la règle. Ce sont pareillement les souverains et leur entourage qui lancent les modes et le goût artistiques. Charles VIII ramène d'Italie ouvriers et artistes. François Ier, en 1515, invite Léonard à se fixer en France. Seize ans plus tard, il appelle le Rosso et le Primatice. Ceux-ci décorent Fontainebleau et créent une sorte d'école qui influence profondément la peinture française du temps. Et c'est encore un roi, Henri II, qui lance le style classique en confiant à P. Lescot la reconstruction du Louvre. Quant à la favorite royale, Diane de Poitiers, elle fait travailler à Anet Philibert de l'Orme, Jean Goujon et Cellini. La cour et les châteaux du souverain suscitent la naissance de cours et de châteaux satellites. Parce que les Valois ont aimé la vallée de la Loire, leurs serviteurs les plus dévoués — et les mieux pensionnés — ont construit ou embelli leurs demeures à proximité de Blois, Amboise et Chambord. Imitant les rois, les grands du royaume jouent aux mécènes : le cardinal d'Amboise à Gaillon, le cardinal de Lorraine à Meudon, le duc de Nemours à Verneuil, le duc de Montmorency à Chantilly et à Ecouen, et un marchand enrichi comme Assézat dans son hôtel de Toulouse.

Non seulement ces châteaux s'écartent physiquement du menu peuple, mais encore ils privilégient dans leur décoration ces « instruments de ségrégation » que sont l'héraldique et l'emblématique. Phénomène qui s'insère dans un contexte plus général de séparation croissante entre la culture humaniste et celle de la masse qui travaille de ses mains. Appartiennent à ce contexte le penchant pour l'ésotérisme cher aux poètes lyonnais et qui se répand avec le néoplatonisme, le barrage constitué par le latin cicéronien remis en honneur, l'emploi nouveau dans la littérature des grands genres qui supposent la connaissance des auteurs antiques, enfin l'appel à une mythologie qui envahit la poésie, la peinture, la sculpture, voire les décors temporaires des entrées princières.

Les influences italiennes

L'Italie, en raison de l'attrait exercé par sa civilisation, a été la grande responsable du progrès au-delà des Alpes d'une culture aristocratique. Le *Décaméron*, imprimé pour la première fois en France en 1483, fut réédité huit fois de 1485 à 1541, et Marguerite de Navarre suscita la nouvelle traduction d'Antoine Le Maçon en 1545. La gloire internationale de Pétrarque provoqua la fortune du sonnet, et la plupart des poètes français pétrarquisèrent peu ou prou. Le *Roland furieux* (1516) de l'Arioste fut un des plus grands succès de librairie du temps — 180 éditions au XVIe siècle. Il inspirait encore sous Louis XIV les fêtes de Versailles. Quant au *Courtisan* (1528) de Baldassare Castiglione, il devint le livre de chevet et le code des belles manières des gens bien nés. On en connaît six traductions françaises de 1537 à 1592. L'arrivée de Léonard de Vinci en France avait mis l'italianisme à la mode, celle de Catherine de Médicis, en 1533, renforça un engouement qui atteignit son paroxysme vers 1570. On s'habilla, on se coiffa, on dansa, on salua, on parla même français à l'italienne. On peignit aussi à l'italienne à partir du moment où l'école de Fontainebleau eut répandu l'esthétique maniériste qui mettait des formes affinées, des couleurs acides et des cadrages étranges au service d'une sensualité inquiète et parfois d'un penchant pervers pour le sadisme.

Restauratrice des humanités, initiatrice du renouveau des études grecques et hébraïques, messagère grâce à Ficin du néoplatonisme, patrie des plus grands peintres, sculpteurs et architectes du temps, l'Italie de la Renaissance imposa à l'Occident le retour au vocabulaire et aux canons de l'art antique. Le pèlerinage aux ruines de Rome était devenu à la fin du XVIe siècle l'indispensable propédeutique de l'architecte. La France, suivant en cela la démarche italienne, mais avec un certain décalage chronologique, eut successivement deux attitudes envers l'art gréco-romain. Dans un premier temps, elle lui demanda des ornements, une décoration que l'on se contenta parfois de plaquer sur une architecture gothique. Au début du XVIe siècle, des grotesques s'insinuent sur le pourtour du chœur de Chartres. De 1509 date la façade du château de Gaillon, où des travées verticales sont réalisées grâce à la superposition de pilastres ornés d'arabesques. Le succès de ce type de travée est bientôt général dans les châteaux de la Loire : à Azay-le-Rideau, au Lude, à Chambord, à Blois, etc. Cette période ornemaniste de la Renaissance française bat son plein entre 1510 et 1540. En témoignent les corniches et les arcatures de l'hôtel de ville de Beaugency, les pilastres ornés de colonnettes en forme de candélabres du pavillon de chasse de Moret (maintenant cours Albert-Ier à Paris), la polychromie raffinée de Chambord. Vers 1520, des ruines romaines avaient fait leur apparition sur les vitraux de Bourges. Moins de vingt ans après, à Moncontour, en Bretagne, l'histoire de saint Yves se trouve distribuée entre neuf tableaux que séparent des colonnes torses et cannelées et qu'égaient des arabesques, des coquilles, des *putti*, des faunes et des dauphins affrontés.

Puis — deuxième temps sensible surtout en architecture — à la fantaisie décorative succède une volonté de purisme puisée aux canons de l'art antique. L'influence de Serlio, mort à Fontainebleau, qui écrivit un célèbre traité d'architecture, la diffusion en France des œuvres de Vitruve — certaines illustrées par Jean Goujon —, l'étude systématique des monuments de Rome, à laquelle s'adonnèrent tant d'artistes, expliquent la promotion après 1540 des valeurs classiques : horizontalité, régularité, symétrie, harmonie. Au château d'Anet, Philibert de l'Orme élève un portique composé des trois ordres antiques superposés : modèle bientôt repris à l'hôtel d'Assézat, à Toulouse (1555-1560). Le tombeau de François Ier, à Saint-Denis (1552) — également de Philibert de l'Orme —, revêt la forme d'un arc de triomphe antique où l'architecte a appliqué strictement le système modulaire des Anciens. Dans la France du XVIe siècle, la réalisation maîtresse de ce classicisme, inspiré à la fois des édifices gréco-romains et des compositions d'Alberti et de Bramante, est la façade du nouveau Louvre. Tous les détails en sont antiques, et surtout l'esprit, dont les options apparaissent avec évidence dans le parti pris de symétrie, le rejet des surcharges, l'art des gradations, les effets de relief et le calcul rigoureux des proportions.

Synthèse artistique

Pourtant, la Renaissance française ne fut pas un asservissement à la culture italo-antique importée d'outre-monts. Philibert de l'Orme aimait avec passion l'Antiquité. Mais il discutait Vitruve et n'hésitait pas à louer les « beaux traits » de l'architecture gothique. Il voulait un art adapté au climat et au tempérament de la France. « Il vaudrait mieux, écrivait-il, faillir aux ornements des colonnes, aux mesures des façades qu'en ces belles règles de nature qui concernent la commodité, l'usage et proufit des habitants. » Au vrai, les traditions artistiques nationales demeuraient trop vigoureuses pour s'effacer tout d'un coup, notamment dans les églises. A la cathédrale de Chartres, la flèche nord, haute de 115 mètres, « buisson d'épines craquant au feu », date du début du XVIe siècle. L'église Saint-Eustache de Paris, commencée en 1532, garde la structure à cinq nefs, le triforium médiéval, les voûtes flamboyantes à liernes et tiercerons. Dans les édifices religieux de la Renaissance française, on retrouve le plus souvent les croisées d'ogives, les arcs-boutants et les ébrasements profonds des portails. Et combien d'œuvres sculptées restent fidèles aux traditions de rigueur, de réalisme et de probité du XVe siècle : mises au tombeau de

Chaource et de Solesmes, « transi » de Ligier Richier tendant son cœur à Dieu, bas-reliefs des batailles de Marignan et de Cérisoles du tombeau de François Ier. Contrats révélateurs que ceux par lesquels Philibert de l'Orme, en 1551-1552, commande à Pierre Bontemps la décoration du soubassement de ce tombeau! Il y est stipulé que ces bas-reliefs seront « remplis et garnis de chevaliers, gens de pied, artillerie, enseignes, étendards, trompettes, clairons, tambours, fifres, munitions, camps, pavillons, bagages, villes, châteaux et autres choses approchant et suivant la vérité historielle ».

N'est-ce pas le même souci de scrupuleuse exactitude qui inspire les célèbres chansons de Clément Janequin : *Bataille de Marignan, Cris de Paris, Chasses,* etc. ?

Parce que les techniques et l'esthétique traditionnelles gardaient vie et santé, l'art de la Renaissance française se présente souvent à nous avec un visage composite. Le château de Chambord reproduit le plan de la forteresse de Vincennes. Ceux de Fontainebleau, Fontaine-Henri, Écouen, Ancy-le-Franc conservent les hautes toitures médiévales. Les charmantes lucarnes au pourtour ouvragé si caractéristiques des bâtiments français de la fin du XVe siècle et du XVIe siècle ne sont ni antiques ni italiennes, mais proprement originales. L'église Saint-Michel de Dijon adapte un arc de triomphe à un édifice qui reste gothique de plan et d'élévation. On continue un peu partout à construire des clochers élancés, mais en les couronnant de lanternons ou de petits dômes. Nulle part plus qu'en Bretagne n'éclate l'étonnante richesse de cette culture synthétique. A Sizun, par exemple, l'enclos paroissial s'ouvre par un arc triomphal (1588) que scandent de hautes colonnes classiques. Mais l'ossuaire voisin associe à la grammaire architecturale antiquisante une saisissante imagerie où des motifs celtiques côtoient des visages qui pourraient être précolombiens. L'art du vitrail, dont la France fut au Moyen Age le pays d'élection, se renouvelle à l'âge de la Renaissance. A Beauvais, à Moulins, à Brou, une technique très élaborée qui connaît le jaune d'argent, les applications de sanguine et le doublage est mis au service d'un sens déjà classique de la composition. Et ces tableaux de verre intègrent des éléments antiquisants. Dans le domaine architectural, même les esprits les plus attirés par l'art italo-antique et les plus soucieux de purisme ne reculent pas devant des alliances hardies. Ainsi, à la chapelle d'Anet, Philibert de l'Orme juxtapose deux flèches de pierre à une coupole (la première construite en France) surmontée d'un lanternon à colonnettes. Mieux, des artistes tels que Pierre Lescot et Philibert de l'Orme ont suffisamment assimilé l'art gréco-romain — revu et corrigé par la Renaissance italienne — pour être capables d'inventer dans son esprit même, créant ainsi un nouveau style classique. A preuve, tout particulièrement, les avant-corps du Louvre avec leurs colonnes engagées et leurs couronnements curvilignes, et l'attique très neuf — hautes fenêtres alternant avec des panneaux à frontons — que Philibert de l'Orme avait conçu pour le palais des Tuileries.

L'originalité française dans les lettres

Plus personnelle encore que dans le domaine des arts, la culture française, qui ne renie pas les *Quatre Fils Aymon* et le *Roman de la Rose,* s'épanouit sur le plan littéraire au cours du XVIe siècle. Certes, entre 1500 et 1600, quelque 700 poètes du royaume, selon le calcul de V. -L. Saulnier, versifièrent en latin. Et Turnèbe, lecteur au Collège royal, ne craint pas d'affirmer : « Notre langue étant pauvre et nécessiteuse au regard de la latine, ce serait errer en sens commun que d'abandonner l'ancienne pour favoriser cette moderne. » Telle est aussi l'opinion de Budé. Il est vrai que le pédantisme fleurit à l'âge d'or de l'humanisme. Boileau reprochera à la muse de Ronsard d'avoir « en français parlé grec et latin ». On abuse de la mythologie, on pindarise et on pétrarquise à l'excès. Mais, en contrepartie, Rabelais, dans la fameuse scène de l'écolier limousin (1533), tourne en ridicule la manie des latinismes, et Du Bellay demande de ne pas imiter les Anciens sans discernement : « Je t'admoneste donc, ô toi qui désires l'accroissement de ta langue, et veux exceller en icelle, de non imiter à pied levé. » Ronsard, dans la préface de *la Franciade* (1572), « supplie très humblement ceux auxquels les Muses ont inspiré leur faveur de n'être plus latiniseurs ni grécaniseurs, comme ils sont plus par ostentation que par devoir, et prendre pitié, comme bons enfants, de leur pauvre mère naturelle : ils en rapporteront plus d'honneur et de réputation à l'avenir que s'ils avaient recousu ou rabobiné je ne sais quelles vieilles rapetasseries de Virgile ou de Cicéron ». Quelques années plus tard, Henri (II) Estienne défend la langue nationale contre l'italien dans les *Deux Dialogues du nouveau langage françois italianisé* (1578) et la *Précellence du langage françois* (1579). Ce patriotisme des écrivains permet aux lettres françaises du XVIe siècle de ne pas se laisser submerger et, malgré d'inévitables plagiats et contaminations, d'assumer entièrement leur propre destin.

Ce qui frappe dans les meilleures œuvres écrites en France à l'époque de la Renaissance, c'est la sincérité du ton et de l'inspiration, grâce à quoi sont balayés les raffinements techniques des rhétoriqueurs et les cuistreries des « Apollons de collèges ». Rappelons-nous les poèmes qui ont bercé notre enfance : églogue de Marot sur *le Printemps de* (sa) *jeunesse folle, Regrets* de Du Bellay, *Amours de Marie* et *Sonnets à Hélène* de Ronsard. Cette sincérité fait le charme le plus profond des *Essais* de Montaigne, le chef-d'œuvre de la littérature personnelle — un genre que l'Antiquité avait ignoré. Autre trait fondamental qui individualise la littérature française du XVIe siècle par rapport à l'italienne : elle ne craint pas d'aborder les grands sujets — la femme, la mort, le péché et la foi. Tout au long du siècle, de *la Nef des dames vertueuses* (1503) de Symphorien Champier au *Philogame ou Amy des nopces* (1578) de François Tillier, les écrivains du royaume s'interrogent sur le mariage, qui sort réhabilité de cette *Querelle des femmes*. La mort est peut-être le principal personnage de la littérature française du XVIe siècle : elle hante la poésie de Marot, de Du Bellay, de Ronsard et les méditations de Montaigne. Quant au débat sur le péché originel et la justification par la foi, il est, à l'époque de la Réforme, au cœur même des préoccupations de Lefèvre d'Étaples, de Marguerite de Navarre et de Calvin.

Deux faits majeurs permettent de mesurer la promotion intellectuelle de la France au cours de la Renaissance. Un Français, Viète, à la fin du XVIe siècle, invente l'application de l'algèbre à la géométrie et apporte une contribution décisive à la simplification et à la symbolisation de l'algèbre en y introduisant systématiquement l'usage des lettres. Avant lui, un autre Français réfugié à Genève avait ouvert à sa langue maternelle les difficiles chemins de l'abstraction théologique : dès 1541, Calvin avait tenu à traduire son *Institutio christianae religionis* dans le parler de tous les jours.

Le problème des causes de la Réforme

Si Calvin avait senti la nécessité de cette traduction (qui, par sa pureté d'expression, constitue une étape essentielle dans l'histoire de notre langue), c'est qu'il voulait s'adresser à un large public et qu'il savait l'intérêt porté par son temps aux problèmes religieux. Au vrai, toute une partie de l'élite française adhéra au protestantisme. Optèrent, entre autres, pour la Réforme, le philosophe Ramus et le musicien Goudimel, les sculpteurs Ligier Richier et Jean Goujon, le céramiste Bernard Palissy, le conteur Noël du Fail, les poètes Du Bartas et d'Aubigné, les imprimeurs Estienne et les architectes Androuet du Cerceau. Mais les idées protestantes, débordant les milieux intellectuels, atteignirent toute une partie de la population du royaume. Dans celui-ci, Coligny comptait, en 1562, 2 150 communautés réformées, et le curé de Provins affirmait vers la même époque que le quart de la France était devenu protestant.

Pourquoi ce rapide succès ? Est-ce l'effet de la vieille tradition gallicane qui s'était manifestée lors des conciles de Constance et de Bâle et qui n'attendait qu'une occasion pour élargir le fossé entre la France et Rome ? Est-ce, comme on l'a longtemps cru, à cause des « granz abuz [...] à tous si publicques » que l'on pouvait alors déplorer dans l'Église — « une prostituée », disait Savonarole, qui a « dévoilé sa honte aux yeux de l'univers entier » et dont « l'haleine empoisonnée s'est élevée jusqu'au ciel » ? Est-ce parce que la conjoncture économique a agi sur l'évolution religieuse, le retard des salaires sur les prix provoquant des mécontentements chez les pauvres, et l'enrichissement de la bourgeoisie sécrétant dans cette partie favorisée de la population un état d'esprit d'indépendance favorable au libre examen ? Ces divers facteurs ont pu jouer ensemble ou séparément, dans des proportions d'ailleurs variables suivant les temps et les lieux. Mais – recommandation capitale de L. Febvre – à révolution religieuse cherchons des causes religieuses. Les *placards* affichés en 1534 à la porte de la chambre royale à Amboise justifient cette hypothèse de travail. Car les « horribles, grands et importants abus » qu'ils dénonçaient étaient bien d'ordre théologique : il s'agissait de la conception catholique de la messe. Autre fait qui doit faire réfléchir : en France comme à l'étranger, les principaux propagandistes de la Réforme furent des hommes d'église à l'instar de Luther, de Zwingli et de Bucer. Au vrai, l'essentiel de la doctrine réformée réside dans l'affirmation que le pécheur est justifié par la foi. Si cette thèse théologique connut une telle faveur en Europe au XVIe siècle, c'est qu'elle répondait incontestablement à un besoin, à une inquiétude.

La peur de l'enfer

Depuis le début du XIVe siècle, une série de malheurs s'étaient abattus sur l'Europe : disettes, peste noire, guerre de Cent Ans, guerre des Deux-Roses et guerres hussites, Grand Schisme – le scandale des scandales –, progrès des Turcs, etc. L'Occident se sentit coupable. Et ce sentiment de culpabilité fut certainement développé par les sermons des prédicateurs, qui, dans les villes tout au moins, tels les prophètes de l'Ancien Testament, insistèrent inlassablement au cours du XVe siècle sur les péchés des chrétiens, les châtiments qui les menaçaient, l'imminence de la fin du monde, l'urgence de la pénitence. De multiples témoignages, notamment iconographiques – danses macabres, représentations de l'Apocalypse et du Jugement dernier –, permettent de diagnostiquer la peur panique qui étreignait l'homme d'Occident, à la veille de la Réforme, devant la perspective de la mort et la menace de l'enfer. Peur d'autant plus affreuse que la notion de circonstances atténuantes n'était pas familière aux Européens de ce temps. Si l'encadrement paroissial avait été solide et la pratique sacramentaire assidue, les fidèles se seraient sentis moins solitaires devant le Juge. Mais le trop fréquent absentéisme des curés – ceux-ci souvent remplacés par de médiocres desservants –, l'ignorance religieuse de ces derniers, la rareté des confessions et des communions, l'insuffisance de l'instruction religieuse provoquèrent dans la masse des chrétiens un très grave déséquilibre psychique. Se sentant coupable, on craignait la colère du Dieu vengeur, et on se demandait par quels moyens échapper à l'enfer. Il est probable que cette angoisse venue des villes – car c'est là que les prédicateurs avaient surtout exercé leur ministère – gagna progressivement les campagnes. L'insistance presque maladive, aux XVe et XVIe siècles, sur la passion du Christ, le recours à la Vierge « au grand manteau » qui protège de la maladie et de Satan, l'inflation du culte des saints, l'affolante arithmétique des indulgences si pratiquée au temps de Luther et de Calvin ne peuvent s'expliquer que par une immense peur de la damnation. Ce sentiment de culpabilité rend pareillement compte de l'antisémitisme de la Renaissance – les ghettos italiens datent du XVIe siècle – et de la recrudescence de la chasse aux sorciers et aux sorcières. On cherchait des coupables autres que soi, des boucs émissaires. A l'angoisse du chrétien, Luther proposa un remède radical : la justification par la foi. Il affirma en substance : Dieu n'est pas juge, mais père. Nous sommes coupables, mais déjà sauvés. Il suffit de croire en celui qui sauve. Pour le croyant sincère, il n'y aura pas d'enfer, pas même de purgatoire, car celui-ci n'existe pas.

Sacerdoce universel et retour à la Bible

Mais le protestantisme sur le plan théologique, c'est aussi le sacerdoce universel et l'infaillibilité de la seule Bible : deux affirmations doctrinales capables de séduire la partie la plus cultivée de la population. Une évolution continue tendait à donner aux laïcs une place sans cesse plus grande dans l'Église. En France, par exemple, le conseil royal intervenait, dès avant 1516, dans de multiples questions ecclésiastiques. D'autre part, avec l'urbanisation les confréries se multipliaient, où prêtres et laïcs se trouvaient associés, presque sur un plan d'égalité. Enfin et surtout, les écrits et l'action de Wyclif et de Huss, le courant spirituel – la *Devotio moderna* – diffusé par les Frères de la vie commune, l'*Imitation de Jésus-Christ* et les œuvres de Gerson avaient répandu dans l'élite le goût et l'habitude de la prière personnelle, développé l'individualisme religieux, provoqué une inévitable dévaluation du sacerdoce, de l'institution monastique, de la hiérarchie et de la liturgie. L'humanisme novateur – celui d'Érasme, de Lefèvre d'Étaples, de Rabelais, de Marguerite de Navarre – recueillit et amplifia ce message. D'où une convergence, à cet égard, entre la doctrine réformée et la spiritualité humaniste. Disciple d'Érasme, Rabelais se moqua des moines oisifs et inutiles qui « marmonnent grand renfort de légendes et pseaulmes nullement par eux entendus », il rejeta pèlerinages, culte des saints, indulgences (« Gaignez les pardons, coquins, gaignez! ils sont à bon marché! ») ; mais il fit l'éloge de la prière quotidienne, « louable coutume entre Christians », et donna en exemple Gargantua et Ponocrates, qui prient chaque jour « Dieu le créateur en l'adorant et rectifiant leur foy envers luy et le glorifiant de sa bonté immense ».

Humanistes et réformateurs se rejoignirent aussi dans une commune volonté de revenir à la Bible – retour aux sources d'autant plus urgent que la confiance en Rome était plus ébranlée. Le divin message, n'était-ce pas le rocher salutaire dans le naufrage ? Avant que Luther ne se soit fait connaître, Érasme avait écrit, en 1516 : « Je voudrais que toutes les bonnes femmes lisent l'Évangile et les Épîtres de Paul. Qu'ils soient traduits dans toutes les langues! Que le laboureur en chante des extraits en poussant sa charrue, que le tisserand en fredonne des airs à son métier [...]. » Sensible à ce conseil, Lefèvre d'Étaples publia en 1523 sa version française du Nouveau Testament, et en 1530 sa Bible complète en langue vulgaire qui inspira fortement la première Bible protestante en français (1535), celle d'Olivétan, cousin de Calvin.

Mais un certain humanisme – celui qui avait une coloration philosophique optimiste – ne pouvait cheminer longtemps d'accord avec le protestantisme qui désespère de l'homme pécheur. Tout un courant de pensée, où l'on identifie Valla, Ficin, Pic de La Mirandole, Érasme, More, Rabelais, Ronsard, voulait réconcilier le ciel et la terre, réhabiliter les joies d'ici-bas, croire en l'homme et en son libre arbitre sans cesser de croire en Dieu. D'où la rupture éclatante entre Érasme et Luther en 1525 – précisément sur ces questions – ; d'où l'anathème lancé par Rabelais sur Calvin dans le *Quart Livre :* « Démoniacle Calvin, imposteur de Genève, engeance d'antiphysis », d'où les attaques de Ronsard contre les « prédicantereaux et ministreaux de Genève ».

L'évangélisme

Mais la publication du *Quart Livre* ne commença qu'en 1548, et les *Discours* de Ronsard contre les protestants sont contemporains du début des guerres de Religion. Auparavant – mais surtout durant la première partie du règne de François Ier –, le royaume avait connu une période de féconde incertitude théologique, un moment privilégié d'« évangélisme » qui semblait permettre et promettre novations et conciliations. Guillaume Briçonnet, évêque de Meaux, qui réunit entre 1521 et 1524 un « cénacle » d'évangélistes – dont les uns devinrent protestants et les autres restèrent catholiques –, était lui-même orthodoxe et condamnait l'hérésie. Mais il ne conservait d'images que celles du Christ, il introduisait le français dans la liturgie, il distribuait à ses diocésains des traductions des Écritures. Ni Marguerite d'Angoulême, qui le soutint dans son œuvre de restauration religieuse, ni Lefèvre d'Étaples, son vicaire général, n'adhérèrent plus tard à la Réforme. Mais l'une et l'autre croyaient à la justification par la foi. Autre exemple éclairant : celui de Marot, qui traduisit les *Psaumes* pour Calvin, mais mourut catholique. On s'explique mieux alors, à cette époque où la réconciliation religieuse paraissait encore possible, les hésitations de François Ier et les variations de son attitude. Tantôt il opta pour la répression dont furent victimes Berquin en 1529, Dolet en 1546, et surtout ceux qui furent soupçonnés d'avoir inspiré en 1534 l'affichage des *placards* d'Amboise ; tantôt, au contraire, sur les conseils de sa sœur Marguerite – et aussi parce qu'il favorisait les protestants d'Allemagne –, il se montra indulgent pour les réformés et les intellectuels favorables à la conciliation. En 1532, il nomma évêque de Paris le cardinal Jean du Bellay, ami des humanistes et protecteur de Rabelais. Et en 1535 il suspendit les poursuites contre les hérétiques. Il est vrai, toutefois, qu'à la fin de son règne, qui coïncida avec l'ouverture du concile de Trente et l'extermination des vaudois, le gouvernement royal s'orientait vers la répression. Le temps des clarifications et des durcissements était arrivé. Les huguenots, quant à eux, étaient devenus suffisamment nombreux pour abandonner la semi-clandestinité et rejeter le « nicodémisme » que fustigeait Calvin.

Progrès du protestantisme

La diffusion des idées luthériennes dans le royaume commença très tôt. Dès 1520, on écrivait à Zwingli : « Il n'y a pas de livres achetés [en France] avec plus d'avidité que ceux de Luther. » La propagande réformée, suivant les grands axes de circulation, fila « comme une épidémie » de ville en ville, pénétrant à Bordeaux en 1523 (grâce à Farel), à Lyon en 1524 (par des imprimeurs), à Montpellier en 1526. « Inséparable d'une certaine acculturation » (E. Le Roy Ladurie), elle gagna d'abord les strates de la population qui avaient accès à la civilisation de l'écriture, donc des gens des villes : artisans, juristes, médecins, enseignants, notaires, marchands, nobles urbanisés et bourgeois divers. Dans un premier temps, le monde archaïque des cultures orales – celui des campagnes – fut peu touché par les idées nouvelles.

En revanche, les éléments citadins furent atteints dans l'ensemble du pays, comme le prouvent les listes de Français réfugiés à Genève et à Strasbourg entre 1549 et 1560.

Après 1555, un fait nouveau se produisit : beaucoup de nobles se détournèrent du catholicisme. Un agent de Philippe II écrivait en 1560 : « En toute la Guienne, la Touraine, le Poitou, le Lyonnais, l'Agenais, le Dauphiné, le Parisis, etc., il y a peu de nobles qui ne s'honorent d'appartenir à la secte. » Estimation exagérée sans doute, mais éclairante. Cette conversion à la Réforme d'une partie de la noblesse pouvait être de grande conséquence : elle risquait de faire basculer une large fraction de la paysannerie du côté de l'hérésie. D'où les alarmes des catholiques. Alarmes d'autant plus justifiées que, maintenant, le protestantisme français, non content d'élargir son audience, solidifiait son armature. Au début, les groupes hérétiques n'avaient formé que de pieuses communautés, sans organisation stricte et sans liens solides les unes avec les autres. Dans ce protestantisme de libre congrégationalisme, on se préoccupait peu des sacrements, mais on lisait avec ferveur les Écritures. Obligés à une semi-clandestinité, les premiers réformés français continuaient parfois à suivre le culte catholique. Or Calvin, qui de Genève suivait de près les affaires de France, eut à cœur de structurer le protestantisme dans le royaume et d'y « dresser » des églises qui auraient consistoire et ministre et où la cène serait célébrée. Les premières célébrations de la cène en France eurent lieu, semble-t-il, à Sainte-Foy en 1541, à Aubigny et à Meaux en 1542, à Tours et à Pau en 1545. Mais c'est surtout à partir de 1555 – la position de Calvin étant consolidée à Genève – que des pasteurs vinrent de cette ville (88 au moins entre 1555 et 1562, peut-être 120 entre 1555 et 1565) pour assumer la direction des plus importantes communautés protestantes. A la fin de 1561, il existait plus de 670 églises « dressées » sur le territoire de la France actuelle. Une première assemblée pastorale française se tint à Poitiers en 1557 (ou 1558) et un synode national se réunit à Paris en 1559, d'où sortit une *Confession*. Le protestantisme était maintenant une force dans le royaume avec épée – la noblesse ralliée à lui – et corps de doctrine.

Pourquoi l'échec du protestantisme ?

Il faut se demander pourquoi et comment cette force s'épuisa au cours des guerres de Religion, malgré la structuration croissante du parti réformé, surtout après 1572. Preuves chiffrées du recul : on ne dénombrait plus en 1598 que 274 000 familles huguenotes (environ un million d'âmes), et Paris ne comptait alors guère plus de protestants que Nîmes (15 000). Dans un pays et à une époque où le patriotisme se confondait avec la fidélité monarchique, l'attitude de la royauté française, au cours de la crise religieuse, constitua certainement un facteur de poids. Même dans les moments où ils accordaient aux protestants des édits de tolérance, les souverains demeurèrent fermes dans la foi traditionnelle. L'attitude du roi fut donc en France déterminante, comme elle l'était dans l'autre sens dans l'Angleterre d'Henri VIII et d'Élisabeth. Deuxième fait non négligeable : si beaucoup de bourgeois d'offices et de robe et beaucoup de légistes des petites villes se laissèrent gagner par la Réforme, en revanche les milieux parlementaires lui restèrent hostiles, en particulier ceux de Paris. Or, le ressort du parlement de Paris couvrait la moitié du royaume. La répression organisée par la principale cour de justice de France est peut-être partiellement responsable du rejet à la périphérie, durant les guerres de Religion, d'un protestantisme répandu auparavant dans presque tout le royaume. D'autre part, le rôle de Paris, capitale et cité de beaucoup la plus peuplée de France, ne saurait être négligé. La ville opta massivement pour le catholicisme et marqua aux réformés une hostilité violente qui se manifesta particulièrement lors de la Saint-Barthélemy et au moment de la Ligue.

Les massacres de 1572 portaient d'ailleurs un coup très dur au parti protestant, qui sortit de cette épreuve diminué qualitativement et quantitativement. Toutes les explications ci-dessus ont leur intérêt et leur vérité. Il n'est pas sûr qu'elles atteignent le cœur du problème. Car pourquoi la royauté, les parlements, Paris et finalement la majorité du pays ne se rallièrent-ils pas à la nouvelle confession religieuse qui, vers 1560, recueillait une audience croissante et paraissait animée d'un dynamisme invincible ? La réponse à cette question fondamentale est vraisemblablement d'ordre structurel. Il faut l'avancer, cependant, comme hypothèse en attendant la confirmation de nouvelles recherches.

Si finalement le catholicisme français a tenu, c'est forcément qu'il était moins malade qu'on l'a dit et que l'encadrement religieux, au moins dans les villes, possédait encore une réelle consistance. C'est probablement aussi que le mouvement de renaissance – ou de réforme – catholique a commencé plus tôt qu'on ne l'enseigne d'ordinaire, c'est-à-dire avant le règne d'Henri IV. Il ne serait pas étonnant que les moines mendiants, dont se sont tant moqués Rabelais et Marguerite de Navarre, aient en réalité joué un rôle décisif dans le conflit qui opposa en France catholiques et protestants. Ce sont eux, notamment, qui fanatisèrent Paris et donnèrent à la Ligue sa mystique héroïque. Or, quand, le calme revenu, la renaissance catholique éclate au grand jour, quand se dessine une sorte de parti dévot, d'où sortent-ils l'un et l'autre ? Des milieux qui avaient été ligueurs. Sans doute le « grand siècle des âmes » a-t-il commencé en France avant Bérulle.

16. LA FRANCE BAROQUE

Baroque, mais déjà tout autant classique, tandis que, de 1589 à 1661, Henri IV, Richelieu et Mazarin construisent l'État.

I. HENRI IV 1589-1610

Un royaume à conquérir

Héritier légitime, Henri IV se retrouve, au lendemain de la mort de son prédécesseur (2 août 1589), presque seul, sans sujets, sans parlement, sans argent. La promesse, faite le 4 août, « de maintenir et conserver la religion catholique, apostolique et romaine, et de se faire instruire par un légitime et libre concile » ne lui vaut l'adhésion hésitante que d'une partie de la noblesse et des princes du sang. Toutes les grandes villes et Paris se déclarent pour la Ligue et son chef, le duc de Mayenne. Des souverains étrangers, Philippe II d'Espagne, les ducs de Lorraine et de Savoie, héritiers par les femmes, se tiennent aux aguets, prêts à intervenir. Le Béarnais n'a vraiment pour lui que sa petite armée de 20 000 hommes et sa merveilleuse énergie.

Roi et capitaine, Henri IV entreprend sans délai la conquête de son royaume. Il délègue Longueville en Picardie, le maréchal d'Aumont en Champagne, et septembre le trouve lui-même en Normandie, à proximité des secours d'Écosse et d'Angleterre. Mayenne l'y poursuit avec une armée plus nombreuse. Henri le tient en échec à Arques (21 septembre 1589) et, enhardi par son succès, tente de surprendre Paris. Il doit finalement se rabattre sur l'Anjou et la Touraine, où il installe le gouvernement royal. Déjà, dans les parlements de Paris et de province, des magistrats plus nombreux se déclarent pour le roi, et opposent parlements royalistes à parlements ligueurs. La campagne de 1590 s'ouvre par de nouveaux succès. Mayenne subit à Ivry, le 14 mars 1590, une véritable défaite, et l'armée royale victorieuse peut commencer au début de mai le siège de Paris. Paris, l'adversaire essentiel, Paris que fanatisent ses prédicateurs et son clergé. Paris où le comité des Seize fait régner la terreur parmi les royalistes, Paris, qui, pour se défendre, mobilise près de 50 000 bourgeois. Le duc de Nemours, l'évêque, le légat pontifical, l'ambassadeur d'Espagne et le comité des Seize dirigent la résistance, tandis que les sermons, les processions et les exécutions maintiennent l'exaltation de la population. Dès juin, le pain commença à manquer, et il aurait fallu songer à la reddition, si Philippe II n'avait dépêché le duc de Parme et son armée pour secourir la ville. Les divisions du royaume, les projets dynastiques de Philippe rendaient inévitable cette intervention ; la guerre étrangère allait, désormais, doubler la guerre civile. Ces soldats d'Espagne contribuent à établir un nouvel équilibre des forces militaires. Aucun camp ne paraît plus capable de remporter sur l'autre une victoire décisive. Henri IV occupe Chartres et Noyon, menace Paris, qui, privé d'une partie de ses greniers, demeure dans une situation précaire ; mais l'on se bat partout dans le pays et le sort des armes est divers et changeant. Le duc de Savoie envahit la Provence, le duc de Lorraine convoite la Champagne, tandis que son cousin Mercœur cherche à se constituer en Bretagne une principauté indépendante. Le pape, enfin, fulmine l'excommunication contre les laïcs et les clercs fidèles à l'hérétique ; contre lui il lève même une armée (septembre 1591).

Les opérations de 1592 sont aussi indécises. Les royalistes assiègent Rouen, mais une armée de secours, menée par le duc de Parme, les oblige à lever le siège (fin avril). En Bretagne, en Languedoc, en Provence, la guerre civile n'aboutit non plus à aucun résultat décisif.

La situation politique, par contre, évolue. Deux faits nouveaux modifient l'état de l'opinion catholique : les divisions des ligueurs parisiens et la révélation des ambitions dynastiques des Habsbourg. La dictature semi-populaire des Seize pèse, en effet, de plus en plus à une partie de la grande bourgeoisie parisienne d'office ou de négoce. A Paris, comme dans beaucoup d'autres villes de province, la Ligue a provoqué un sursaut des milieux populaires d'artisans et de boutiquiers. Ils prétendent participer à la gestion des affaires communales et rétablir contre le pouvoir royal et les magistrats du roi les anciennes libertés municipales. Ils ont tissé tout un réseau de surveillance et d'agitation révolutionnaire ; dans chacun des 16 quartiers siègent des comités à leur dévotion. Contre eux, les modérés, les colonels de la garde bourgeoise, quelques chanoines, un ancien prévôt des marchands et des parlementaires se concertent. Ils veulent préserver pour l'avenir les droits de la monarchie, éliminer des charges municipales les nouveaux venus, « gens vils et de néant ». Ils ne pardonnent pas non plus aux extrémistes leur allégeance à Philippe II. Le conflit éclate au milieu de novembre 1591. Un conseil insurrectionnel de 10 membres fait arrêter et exécuter sommairement le premier président du parlement, Brisson, et deux autres magistrats. L'émotion est si vive dans la bourgeoisie parisienne que Mayenne doit sévir. Il fait emprisonner les principaux coupables et dénie aux Seize toute autorité dans la ville. Il y a désormais dans Paris deux partis irréconciliables, entre lesquels Mayenne aura bien du mal à maintenir l'équilibre.

Le deuxième fait nouveau, c'est le projet de Philippe II de faire monter sur le trône de France sa fille Isabelle. En échange de son argent et de ses soldats, il a obtenu de Mayenne la convocation des états généraux, mais ses intentions soulèvent l'inquiétude et les réticences. Il ne peut s'opposer au déroulement de conciliabules, puis de conférences, à Suresnes, entre catholiques de l'un et l'autre camp, et c'est à ce moment décisif que, en politique avisé, Henri IV fait annoncer par l'archevêque de Bourges sa prochaine conversion (17 mai 1593). Les états de la Ligue sont pris de vitesse. Ils veulent bien élire un prince français et l'infante Isabelle comme reine, mais ils ne peuvent laisser le choix du prétendant au roi d'Espagne, ils hésitent à violer la loi salique, symbole, en ces circonstances, du sentiment national. Le parlement rend un arrêt pour « empêcher que sous prétexte de religion, ce royaume, qui ne dépend d'autre que de Dieu et ne reconnaît autre seigneur quel qu'il soit, pour sa temporalité, ne soit occupé par étrangers ».

Profitant de la trêve, de nombreux Parisiens vont assister à Saint-Denis à la cérémonie publique de l'abjuration. Quelques mois plus tard, l'onction sacrée et le couronnement à Chartres faisaient vraiment d'Henri IV le roi de France et le « Très Chrétien » (27 février 1594). Dans la ville capitale, le parlement se déclarait nettement pour le souverain, manifestait son hostilité aux Espagnols et sommait leurs garnisons de quitter la cité. Le 22 mars, le gouverneur Brissac et le prévôt des marchands ouvraient les portes aux troupes royales. La ville fut prise sans coup férir et presque sans combat. Après cinq ans d'efforts, Henri IV, étonné et ravi, ne cachait pas sa joie. Ni poursuite, ni procès, ni vengeance ; une centaine de personnes seulement étaient éloignées de Paris ; l'indulgence du roi disait clairement son contentement et marquait sa volonté d'apaisement.

En quelques mois, toutes les villes du royaume suivirent l'exemple de la capitale. Mais parce que manquait encore le consentement pontifical, quelques ligueurs se refusèrent au ralliement, et des moines irréductibles poussèrent encore au régicide et au supplice Barrière et Châtel. C'est en accordant enfin son absolution que le pape dissipa les derniers scrupules, leva les derniers obstacles (septembre 1595) et incita Mayenne et la maison de Lorraine à faire enfin leur paix avec le roi.

L'intervention étrangère n'avait plus, désormais, l'ombre d'un prétexte ; les intentions hégémoniques des Espagnols apparurent au grand jour, et Henri IV put lever pour les combattre toutes les forces du royaume. L'adversaire était encore redoutable, et il fallut toute la folle audace du roi pour sauver, à Fontaine-Française, la Bourgogne envahie (15 juin 1595). Au nord, la Picardie demeurait menacée, car Fuentes tenait Doullens. Il s'emparait même de Cambrai en 1595 et, coup redoutable, entrait par surprise dans Amiens, le 11 mars 1597. L'armée royale dut assiéger la ville, occuper les tranchées six mois et repousser une armée de secours. Lorsque, enfin, la garnison espagnole rendit la capitale de la Picardie, les deux adversaires paraissaient l'un et l'autre à bout de ressources (25 septembre 1597). La banqueroute espagnole et la crise financière internationale les empêchaient de solder leurs troupes et de poursuivre les opérations. Contraints et forcés, ils négocièrent. La paix fut signée à Vervins (2 mai 1598). La France retrouvait les frontières fixées au Cateau-Cambrésis en 1559 et une autorité accrue en Europe.

Liberté de conscience ou coexistence provisoire : l'édit de Nantes

La guerre étrangère avait pris fin, il restait à éliminer les risques de guerre civile et religieuse, prétextes des interventions venues de l'extérieur. Ce problème essentiel de la coexistence pacifique des deux religions, Henri IV, au moment même où il concluait la paix de Vervins, tentait de le résoudre par l'édit de Nantes. Les protestants éprouvaient méfiance et ressentiment à l'égard de leur ancien coreligionnaire. Leur situation minoritaire et les manifestations hostiles dont ils étaient victimes les maintenaient dans un état de perpétuelle inquiétude et d'agressivité. Sans l'autorisation du roi, leurs députés s'étaient assemblés à Nantes pour « se remettre en leur distinction » (janvier 1594). Ils divisèrent le royaume en neuf grandes provinces, avec leur conseil particulier, et décidèrent de convoquer chaque année une assemblée générale pour discuter des intérêts du parti. C'était, dans la France monarchique, la constitution en fédération républicaine d'une minorité religieuse. Le danger d'une sécession et d'un nouveau conflit n'était pas illusoire ; déjà, les chefs protestants La Trémoille et Bouillon s'étaient refusés à rejoindre l'armée royale sous les murs d'Amiens. Pour éviter le pire, Henri IV engagea la négociation avec quatre représentants de l'assemblée protestante. Elle aboutit à la publication à Nantes, le 13 avril 1598, d'un nouvel édit de pacification : charte des droits et privilèges des protestants français.

Leur culte était autorisé partout où il se célébrait publiquement à la fin d'août 1597, dans deux villes par bailliage et chez les seigneurs hauts justiciers. Les réformés devaient jouir désormais des mêmes droits civils que les autres sujets du roi, avoir accès aux universités, aux hôpitaux, aux communautés de métier, à toutes les charges et dignités, être assurés enfin de l'impartialité de la justice par la création dans les parlements de chambres mi-parties, composées de magistrats des deux confessions. Ils conservaient leurs synodes provinciaux et nationaux et obtenaient même, par des articles secrets, des garanties militaires, infrastructures de leur future résistance ou de leurs rébellions. L'édit de Nantes comporte, en effet, à côté des articles généraux et particuliers, des brevets accordés par le roi et non soumis à l'enregistrement des cours souveraines. Une dotation annuelle de 45 000 écus était promise pour le traitement des pasteurs, cent cinquante lieux de refuge étaient accordés aux réformés, dont cinquante et une « places de sûreté » confiées à des garnisons et des gouverneurs protestants payés par le roi.

Compromis délicat, négocié de puissance à puissance qui créait un État protestant à l'intérieur de l'État royal et catholique ; accord fragile, car la méfiance des protestants n'avait d'égale que l'hostilité des catholiques. Le pape, le clergé, les universités condamnèrent immédiatement l'Edit. « C'est le plus mauvais édit qui se puisse imaginer », déclara le pape. Les parlements manifestèrent leur répugnance à l'enregistrer. Des prédicateurs vouaient de nouveau aux flammes de l'enfer les magistrats trop complaisants. Presque toutes les cours rédigèrent plaintes et remontrances. Le roi dut tour à tour prier et menacer, et il lui fallut deux ans pour arracher le consentement de tous les parlements. L'idée de la tolérance n'avait encore obtenu en Europe que l'adhésion de quelques intellectuels isolés : Witzel, Castellion, ou bien encore Bodin ou Coornhert. Son triomphe partiel en France est l'œuvre des circonstances et d'un grand politique, bien plus que la reconnaissance de la liberté de conscience. Même pour les politiques, la coexistence des deux religions n'est qu'un mal temporaire et l'idéal demeure : « Un sceptre, une foi. » Jusqu'en 1685 les assemblées du clergé de France ne cesseront de rappeler au « Très Chrétien » le serment du sacre et le presseront d'extirper l'hérésie. C'est la grandeur d'Henri IV d'avoir plaidé avec tant d'éloquence la cause de la paix civile et religieuse et d'avoir profité du répit pour mener à bien son œuvre de restauration monarchique et nationale.

La reconstruction

Les guerres de Religion ont, dans leur dernière phase, porté un coup sévère à la prospérité du royaume. On mesure dans les comptabilités des grands propriétaires et des décimateurs le recul de la production céréalière et le progrès des friches. Dans les villes de manufacture, les statistiques du marquage à la halle des étoffes révèlent souvent une chute de près de 50 p. 100 de la production des toiles et des draps. Le commerce intérieur, enfin, souffre des menaces de l'épidémie et de l'insécurité des chemins. Dans de nombreuses provinces, les opérations militaires et la famine ont favorisé le retour de la peste bubonique. Elle désole encore en 1596 les villes de Picardie et de Champagne et paralyse leurs relations avec l'extérieur. Les discordes intérieures ont surtout fait resurgir violemment le brigandage que l'ordre royal n'avait jamais pu totalement réprimer. Partout des soldats débandés et des officiers licenciés après le retour de la paix détroussent les voyageurs et les rouliers. Aux frontières de la Bretagne et de l'Anjou, le capitaine Guillery tient le maquis pendant quelques années, faisant la guerre aux sergents et vidant la bourse des marchands. Le Languedoc, l'Auvergne, le Dauphiné subissent les exactions de ces bandes de pillards, auxquelles se joint parfois quelque hobereau désargenté. Pour se protéger, les communautés villageoises ont organisé leur autodéfense et se sont armées pour repousser les incursions des royalistes, des ligueurs et des bandits. En 1592, les paysans du Comminges forment des « ligues » ou « campanelles », pour courir sus aux soldats et quelquefois à la noblesse. Ils refusent de payer les tailles ou exigent leur réduction. En 1594 et 1595, les « croquants » du Limousin et du Périgord contestent l'impôt royal, parfois les dîmes, et réclament la suppression des élus. Ils marchent à travers le plat pays, derrière enseignes et tambours, bravant ouvertement gentilshommes et magistrats.

Le rétablissement de l'ordre suppose donc la reprise de l'activité économique et, en attendant la restauration de l'autorité monarchique, quelques mesures de circonstance pour secourir les détresses criantes et apaiser les mécontentements les plus dangereux. Henri IV avait suffisamment d'intelligence et de finesse pour comprendre la nécessité de ces concessions temporaires. Aux paysans du Massif central il accorde son pardon et la remise des arriérés d'impôts. Pour tous les non-privilégiés, Sully réduit, de 1599 à 1602, le montant des tailles. Le roi se préoccupe aussi du sort des communautés villageoises. Parce que trop d'entre elles ont dû pendant les guerres, pour faire face à de très pressants besoins, aliéner leurs communaux, on les autorise, moyennant finance, à reprendre possession de leurs usages et de leurs domaines. Enfin, le règlement général sur le fait des tailles de mars 1600 supprime la pratique redoutable de la contrainte solidaire des contribuables.

Nous aurions tort, cependant, de nous laisser abuser par la peinture idyllique de la situation paysanne qu'a peu à peu imposée l'anecdote légendaire de la poule au pot. Celle-ci est l'un des éléments de cette geste héroïque et touchante du « bon roi Henri » qui parcourt toute l'histoire de l'Ancien Régime et survit à la Révolution, tour à tour justification des fidélités inconditionnelles et des volontés réformatrices. Non, malheureusement, le règne du premier roi bourbon ne fut pas, pour les paysans français, un bucolique âge d'or. Ils payèrent moins pour les tailles, mais davantage pour les gabelles. Sans doute on tenta de remédier aux empiètements commis par les seigneurs et les notables aux dépens des communautés paysannes, mais aucun remède ne fut apporté à l'élimination d'un grand nombre de petits propriétaires paysans, ruinés par l'usure ou par les ravages des soldats, et contraints de laisser adjuger à vil prix leurs parcelles. Tous les minutiers notariaux portent témoignage de cet important transfert. C'est une conséquence sociale majeure de la crise politique et religieuse : elle a réduit dans presque toutes les provinces la part de la propriété paysanne à beaucoup moins de la moitié du sol. Par ailleurs, le rétablissement de l'ordre intérieur s'accompagne partout d'une reprise plus rigoureuse de la perception des dîmes, un moment contestées pendant le déroulement des troubles. Indifférents à la stagnation des techniques et des rendements, les fermages reprennent leur hausse et réduisent davantage encore la part du produit brut laissée aux paysans.

En dépit des pertes dues à la misère, aux épidémies et aux guerres, le royaume de France demeurait l'un des plus densément peuplés d'Europe. Cet avantage explique certainement la rapidité de sa reconstruction matérielle ; mais le pouvoir royal y contribua aussi par la clarté de ses objectifs et de ses choix. Henri IV eut la chance d'être aidé en ce domaine par un collaborateur remarquable, Barthélemy de Laffemas. Dans de nombreux mémoires, Laffemas a présenté au roi un vaste programme mercantiliste de développement du commerce et des manufactures. Nommé contrôleur général du commerce, il anima, de 1601 à 1604, les travaux de la commission du commerce, participa à l'établissement de nombreuses manufactures, verreries, tissages de toiles ou de soieries. Avec l'aide d'un autre protestant, l'agronome Olivier de Serres, auteur du *Théâtre d'agriculture et ménage des champs*, il tenta de diffuser dans les généralités de Paris, Orléans, Tours et Lyon la culture du mûrier et l'élevage du ver à soie. L'entreprise procura bien des mécomptes en Touraine et en Ile-de-France, mais réussit en Languedoc et en Dauphiné et favorisa le progrès des soieries lyonnaises et tourangelles. Le roi soutenait personnellement ces efforts, faisait distribuer à ses frais le livre d'Olivier de Serres, et contraignait certains grands marchands et financiers à fournir les capitaux nécessaires à l'établissement de manufactures privilégiées. Dotées de monopoles, aidées par des subventions et des primes, contrôlées dans leurs fabrications, ces manufactures devaient concurrencer les importations coûteuses, en provenance de l'étranger, de soieries, de draps d'or et d'argent... Ainsi, dans la maison des Gobelins, le roi installait des tapissiers flamands et entretenait au Louvre des ouvriers d'art à l'abri des tracasseries des métiers parisiens. Le gouvernement royal chercha aussi à protéger les fabrications nationales par des taxes ou des prohibitions ; il discuta pendant plusieurs années de la création de compagnies de commerce pour le trafic des Indes orientales et occidentales, et suivit avec sympathie les entreprises de Champlain et de ses compagnons au Canada. Ce sont bien là tous les éléments d'une même politique, destinée à équilibrer favorablement la balance du commerce. Il s'agissait d'attirer à l'intérieur des frontières les espèces d'or et d'argent, source de prospérité matérielle et de puissance militaire. L'Angleterre d'Élisabeth et de Jacques Ier manifeste au même moment les mêmes soucis. Richelieu et Colbert suivront les mêmes principes. En ce domaine, l'administration d'Henri IV propose donc à la France, et pour la première fois, une véritable politique économique cohérente. Cependant, beaucoup de ces entreprises n'eurent que de piètres résultats. Trop rares furent les Français qui participèrent à cette aventure économique. Si les protestants sont si nombreux dans l'entourage du roi dans ces affaires de commerce, de manufacture et de finances, n'est-ce pas parce que la majorité catholique des élites du royaume demeurait attirée par d'autres vocations et d'autres aventures ?

Les progrès du pouvoir royal

Il n'y a pas de véritable autorité pour un gouvernement incapable de gérer la bourse publique. Ce fut le mérite de Sully, surintendant des finances, d'assurer au gouvernement les moyens de sa politique. Le Trésor était chargé des intérêts d'une énorme dette ; Sully diminua sans scrupule les taux d'intérêt, retrancha des arrérages, remboursa beaucoup de rentes à vil prix, annula celles qui lui parurent suspectes. Des impôts royaux et une partie du domaine avaient été aliénés ; il fit exercer par l'État son droit de reprise. Il augmenta le produit des parties casuelles, en instituant le droit annuel sur les offices, et regroupa en un seul contrat la ferme des aides, dont il fit augmenter le bail. Enfin, il établit un état clair des opérations du Trésor, de l'épargne, et réussit, sans génie mais à force de rigueur et d'entêtement, à équilibrer le budget de la monarchie. Il constitua même pour son roi un trésor de réserve ou de guerre.

La guerre civile n'avait pas seulement saccagé l'économie et les finances, elle avait aussi annulé pour l'essentiel les efforts que François Ier et Henri II avaient déployés pour renforcer l'autorité du roi dans les provinces et assurer un meilleur fonctionnement du gouvernement. Henri IV reprend la tradition interrompue. Il porte d'abord remède au désordre du Conseil, limite le nombre de ses membres, superpose au Conseil privé et au Conseil d'État et de finances un conseil plus étroit de cinq ou six membres. Il n'hésite pas à faire sceller par le chancelier des lettres patentes dont il n'a discuté le texte qu'avec un ou deux conseillers, substituant déjà au gouvernement « en grand conseil » un absolutisme plus personnel.

L'absolutisme suppose aussi l'abaissement ou la neutralisation des corps intermédiaires, cours souveraines, états provinciaux, échevinages, collèges d'officiers, assemblées d'ordres, qui traditionnellement, en province ou à Paris, entravaient l'exercice de la volonté royale. Avec les parlements, Henri IV usa tour à tour de bonhomie paternelle, de menace et d'ironie méprisante. Il ménagea celui de Paris, mais sut se faire craindre de tous. Il continua comme ses prédécesseurs à négocier avec les états provinciaux, mais quand les états refusèrent d'accorder ce qu'il demandait, il fit lever malgré eux les deniers d'impôt. Les grandes villes avaient réussi pendant les troubles à préserver et à élargir leur autonomie et leurs privilèges. Sauf exception, le roi respecta leurs institutions, mais les vida peu à peu d'une grande partie de leur signification. Les élections municipales furent soumises à sa surveillance et il désigna souvent lui-même aux suffrages les maires et consuls qu'il voulait voir élire. Parce que les villes sont autant de places fortes contre les menaces de l'étranger ou de la sédition, partout où la population ne lui parut pas sûre, il confia la garde des portes et des remparts aux gouverneurs nommés par lui.

La tranquillité de la province et sa « bonne police » dépendaient pour l'essentiel de ces gouverneurs et de la loyauté des officiers de justice et de finances. L'institution du droit annuel vint à propos fournir à la monarchie un moyen de s'assurer la fidélité des robins. Au début du XVIIe siècle, l'hérédité des offices n'était pas encore complète, puisque la résignation, pour être valable, devait précéder d'au moins quarante jours la mort du résignant. En échange d'une taxe annuelle, égale au soixantième de la valeur de l'office, le roi suspendit la clause des quarante jours. En toutes circonstances, l'office, désormais, demeurait dans l'actif de la succession, soit que l'officier ait résigné en faveur d'un héritier en âge d'être pourvu, soit, au contraire, que les héritiers en fassent à leur profit le libre commerce. Le roi se procurait ainsi d'importantes ressources : le droit annuel, affermé d'abord à Paulet, puis à un groupe de financiers en majorité protestants, rapporta plus d'un million de livres par an. Mais, surtout, l'institution du droit annuel attacha définitivement à la monarchie absolue le corps des officiers. La concession paraissait fragile et révocable ; pendant plus d'un demi-siècle, on agita périodiquement la menace de sa suppression, et la noblesse d'épée en réclama à plusieurs reprises l'extinction. En dépit de leurs traditions et souvent de leur culture, la bourgeoisie d'office et la noblesse de robe furent désormais solidaires de l'absolutisme monarchique. Elles purent gronder, fronder, mais se révolter jamais, car une réaction nobiliaire et aristocratique aurait nécessairement porté atteinte à la vénalité et à l'hérédité des offices. Les conséquences sociales et politiques sont incalculables. La bourgeoisie française va consacrer à la carrière des offices son ambition et une grande partie de ses ressources. Les profits du négoce vont s'investir dans ces charges, qui donnent honneur, privilèges et même parfois noblesse. Leur plus-value rapide donne une idée de leur prestige et de leur faveur. De 1596 à 1635, le prix moyen d'une charge de conseiller au parlement de Paris passe de 10 000 à 120 000 livres. La vénalité et l'hérédité complète des offices constituaient une garantie d'ordre et de stabilité sociale, mais aussi, pour l'économie française, engagée malgré elle dans la course à la prépondérance commerciale, maritime et manufacturière, un lourd handicap.

Restait à s'assurer de la fidélité de la noblesse d'épée. Elle avait joué un rôle souvent décisif dans le déroulement de la guerre civile, et il n'était pas facile de la soumettre complètement à l'autorité monarchique. On lui accorda bien quelques satisfactions matérielles. Beaucoup de familles s'étaient endettées pendant la guerre civile ; le gouvernement royal accorda d'abord aux débiteurs un moratoire, puis réduisit les arrérages. En 1601, il diminua même le taux d'intérêt légal des rentes constituées, l'abaissant du denier 12 au denier 16, et facilitant ainsi le remboursement à meilleur compte des engagements les plus onéreux : « Ayant recherché les causes qui plus ordinairement appauvrissent et travaillent nos dits sujets en la jouissance de leurs biens, et surtout notre noblesse de laquelle nous et nos prédécesseurs avons toujours reçu de signalés services, nous avons reconnu que les rentes constituées au denier dix et douze... ont été en partie cause tant de la ruine de plusieurs bonnes et anciennes familles, pour avoir été accablées d'intérêts et souffert la vente de tous leurs biens. Pour à quoi remédier... et même faciliter à notre noblesse les moyens de rétablir en leurs maisons, les dégâts, ruines et désordres qui leur ont été causés par les troubles, déclarons nuls et de nul effet et vertu tous les contrats de constitution de rentes à plus haut prix que le denier seize. » La réforme monétaire de 1602, qui rétablit le compte en livres tournois et consacra une diminution de la valeur or et argent de cette monnaie, allait dans le même sens d'un allègement des créances.

Cependant, autour des princes du sang, des Grands, des gouverneurs de province, la noblesse demeurait groupée en clientèles. On suivait, dans la fidélité monarchique ou dans la rébellion, celui « auquel on appartenait », car on devait à sa protection un brevet de capitaine, une gouvernance, un beau mariage, une pension ou quelque autre faveur. On lui confiait son honneur, l'intérêt de son propre lignage, on le servait aveuglément à la cour ou à la guerre, partageant ses querelles et ses passions. Pour balancer l'influence de ces clientèles particulières, Henri IV grossit la clientèle du roi. Les gouverneurs s'étaient souvent arrogé des pouvoirs politiques, financiers et de justice ; il réduit leur rôle aux fonctions purement militaires. Il nomme pour garder les places fortes importantes des hommes sûrs, dépendant de lui seul. Il retire au connétable le commandement des armées, et à d'Épernon, colonel général de l'infanterie, le choix et la promotion d'une partie des officiers. Cette volonté et cette politique l'exposent, bien entendu, aux intrigues et aux complots de la haute noblesse. Le maréchal de Biron, son ancien compagnon d'armes, organise une conjuration contre lui, lie partie avec Montmorency, le duc de Montpensier et le duc de Bouillon, sollicite l'appui du roi d'Espagne et du duc de Savoie. Le roi le fait arrêter, juger et exécuter (29 juillet 1602). Comme l'agitation nobiliaire reprend en 1605, il marche sur le Limousin, où les vassaux de Bouillon arment secrètement, puis sur Sedan, où il impose à Bouillon, prince souverain de la ville, une garnison royale (avril 1606). L'énergie et l'habileté politique d'Henri IV finissent par décourager les complots, et le pays jouit de 1606 à 1610 du calme intérieur et de la paix civile – tandis que le roi, pour marquer dans la pierre et l'espace cette souveraineté retrouvée, presse les travaux du Louvre, des châteaux de Saint-Germain et de Fontainebleau, et dessine pour sa capitale un nouveau réseau de places et de rues. Ainsi, par bien des aspects, son règne annonce et préfigure ceux de son fils et de son petit-fils. Son réalisme trace les voies où s'engageront après lui l'administration et la diplomatie monarchiques.

La politique extérieure

Les affaires de l'Europe sont celles qui sollicitèrent ses dernières réflexions, ses derniers projets et qui provoquèrent peut-être son assassinat. Il avait réglé avantageusement son conflit avec le duc de Savoie, et lui avait imposé, par le traité de Lyon, la cession de la Bresse, du Bugey, du Valromey et du pays de Gex (17 février 1601). Son arbitrage venait de contribuer à la conclusion de la trêve de douze ans entre son allié, les Provinces-Unies, et l'Espagne (avril 1609). Mais l'hostilité entre les deux maisons de Habsbourg et de France n'avait guère diminué. La succession de Clèves et de Juliers, ouverte en mars 1609, lui donna une nouvelle occasion de se manifester.

Depuis plus de vingt ans, les progrès de la contre-réforme catholique en Allemagne, soutenus par le duc de Bavière, l'empereur Rodolphe II, les archiducs Mathias et Ferdinand, inquiétaient les protestants et menaçaient l'équilibre européen. Déjà le culte protestant avait été interdit à Vienne, en Carinthie, en Carniole et au Tyrol ; il paraissait près de disparaître dans toute l'Allemagne du Sud. Pour parer au danger, les protestants avaient constitué l'Union évangélique, à laquelle les catholiques avaient immédiatement opposé la Sainte Ligue. Les deux partis paraissaient disposés à en venir aux mains, quand la succession de Clèves et Juliers, réclamée par des princes de l'un et l'autre camp, apporta à leur rivalité de nouveaux arguments. L'empereur ayant, dans l'intérêt catholique, prononcé le séquestre de la succession, Henri IV, inquiet de l'installation sur le Rhin des Habsbourg ou de leurs amis, annonça son intention de défendre « les libertés germaniques ». On se prépara à une guerre générale, l'Espagne soutenant l'Empereur, tandis qu'Henri IV reprochait aux archiducs espagnols de Bruxelles d'accueillir le prince de Condé, venu aux Pays-Bas pour mettre sa jeune femme à l'abri des assiduités du roi.

Henri institua un conseil de régence, accepta de faire sacrer la reine à Saint-Denis, et fixa le départ des troupes françaises pour Clèves dans la seconde quinzaine de mai. La passion précipitait peut-être sa démarche, mais sa politique obéissait à une nécessité stratégique et diplomatique : celle de l'équilibre européen, compromis par la puissance mieux coordonnée et plus envahissante des Habsbourg. Son intervention était peut-être la seule capable de contenir en Allemagne les entreprises de la cour de Vienne, et de préserver, sans guerre générale, les libertés germaniques et bohémiennes. L'opinion française semble cependant avoir accueilli fort mal la perspective du conflit. La préparation des armements et des équipements avait entraîné une hausse des impôts et la multiplication des expédients : ventes de nouveaux offices, « retranchements » des intérêts de la rente. La guerre suscitait surtout le trouble dans l'âme de nombreux catholiques. L'esprit de la Ligue n'était pas mort. Comment accepter une alliance avec des princes protestants contre un souverain catholique, et comment douter des préférences pontificales dans le conflit germanique ? La religion apparaissait à certains directement menacée. Pour eux, le principal responsable de ce danger, catholique douteux, prince absolu et débauché, méritait bien le nom odieux et le sort des tyrans. Pendant trente ans, en France comme à Rome, on avait plaidé la légitimité du tyrannicide. Le 14 mai 1610, Ravaillac, dans l'encombrement d'une rue parisienne, frappait de deux coups de couteau le roi et le tuait. Cette disparition rompit en Europe un équilibre précaire. De 1610 à 1634, l'orientation de la politique extérieure de la France, opposée à celle que le roi avait imaginée, laissa le champ libre aux entreprises de Madrid et de Vienne.

II. LA CRISE DE L'AUTORITÉ MONARCHIQUE 1610-1624

La Régence

Sollicité immédiatement après la mort du roi, le parlement de Paris déclara la reine mère régente « pour avoir l'administration des affaires du royaume pendant le bas âge du dit seigneur son fils ». La minorité de Louis XIII, qui avait à peine neuf ans, allait exposer la France à des dangers redoutables. Marie de Médicis ne possédait aucun talent politique, et l'influence qu'elle accorda à quelques membres de son entourage intime, en particulier à Leonora Galigaï et à son mari Concini, discrédita son gouvernement. Tout semblait propice à une éclatante revanche des Grands, des Condé, Guise, Nevers, Bouillon dont Henri IV avait su contenir les ambitions et combattre les intrigues. En vain, la Régente tenta d'acheter leur docilité à grand renfort de pensions, de grâces et de festivités. Guise et Condé regroupèrent deux factions opposées et se disputèrent l'influence sur le conseil du roi. En février 1614, une révolte des princes et un manifeste menaçant de Condé obligèrent le gouvernement à négocier et à promettre la réunion dans l'année des états généraux.

Les protestants, eux aussi, s'étaient agités. L'autorité d'Henri IV leur avait garanti, avec la liberté de conscience, la sûreté de leurs personnes et de leurs biens. Le roi disparu, ils se sentirent menacés par la majorité catholique du pays. Marie de Médicis eut beau confirmer l'édit de Nantes, ils s'inquiétèrent du départ de Sully, de l'influence considérable auprès de la reine du nonce apostolique et des projets de mariages espagnols pour les enfants royaux. L'assemblée générale des Églises, réunie à Saumur en 1611, renforça leur organisation politique en groupant les provinces en cercles, et en plaçant à la tête de ceux-ci des assemblées permanentes formées de membres du Tiers et de la noblesse réformés ; déjà le jeune et énergique duc de Rohan semblait prêt à diriger une révolte armée. La convocation dans ces circonstances des états généraux n'était pas dépourvue de dangers.

Les états généraux de 1614

Réunis à Paris le 27 octobre 1614, les états comptaient 140 députés du clergé, parmi lesquels figuraient les principaux prélats de l'Église de France : Joyeuse, Du Perron, Camus et le jeune Richelieu, 132 délégués du second ordre, où les partisans des princes étaient moins nombreux que Condé et ses amis l'auraient souhaité, et 192 représentants du tiers état, recrutés essentiellement parmi les officiers de justice, les membres des cours souveraines et les magistrats de quelques grandes villes. Ces députés qui parlent pour le Tiers, mais sont pour la plupart honorés du titre d'« officiers de Votre Majesté, es premières charges de vos provinces », constituent une élite nouvelle. Ils prétendent souvent à la noblesse et excitent par leur richesse la jalousie des gentilshommes. Les rivalités entre la noblesse ancienne et cette nouvelle aristocratie de fonction paralysèrent les états et sauvèrent en quelque sorte l'absolutisme monarchique. A ces parvenus du talent ou de la fortune, les députés de la noblesse ne ménagèrent, en effet, ni les affronts ni les manifestations d'hostilité, réclamant dès le début de la session l'abolition du droit annuel, la suppression de la vénalité des charges militaires, la répression des usurpations de noblesse. On lit dans le cahier général de l'ordre : « Votre Majesté sera très humblement suppliée que les états de généraux des finances, grands maîtres et maîtres particuliers des eaux et forêts soient affectés au corps de la noblesse ... que les états de premier et second président avec le tiers des états de conseillers qui sont en ces cours souveraines de parlement et chambres des comptes soient affectés au corps de la noblesse ... pour n'y être pourvus d'autres que de gentilshommes de trois races et faisant profession des armes. » Le Tiers accepta la suppression de la « paulette », mais exigea en contrepartie la réduction des tailles et des pensions « qui sont tellement effrénées qu'il y a de grands et puissants royaumes qui n'ont pas tant de revenus que celui que vous donnez à vos sujets pour acheter leur fidélité ». L'orateur de la noblesse avait évoqué « cette différence qu'il y a entre la noblesse et ceux, lesquels étant inférieurs, s'en faisaient pourtant accroire par dessus elle sous couleur de quelques honneurs et dignités où ils étaient constitués » ; le président du Tiers Miron, prévôt des marchands de Paris, riposta en exaltant la dignité des officiers, détenteurs par ordre et délégation de la puissance publique : « Nous représentons Votre Majesté en nos charges, et qui nous outrage viole votre autorité, voire commet en certains cas le crime de lèse majesté. » Une autre contestation opposait le Tiers aux membres du clergé. Le Tiers voulait insérer dans son cahier une condamnation expresse des doctrines ultramontaines. Le pape ne pouvait, selon lui, déposséder les rois de France qui tiennent leur couronne immédiatement de Dieu. La Cour ayant ordonné, sur les représentations du clergé, le retrait de cet article, le Tiers riposta en s'opposant à la réception et publication en France des décrets du concile de Trente. Ces querelles condamnèrent les états à l'impuissance. La noblesse aurait voulu continuer à siéger en attendant les réponses de la Cour et l'exécution des premières réformes, et même choisir au sein du conseil du roi ses interlocuteurs ; le Tiers se récusa. La division des ordres sauva l'absolutisme. Après de vagues et irréalisables promesses concernant la vénalité des charges et les pensions, le gouvernement put clore la session des états généraux et renvoyer les députés chez eux. Parce que la tradition française n'assignait pas à l'autorité royale d'autres limites que les vertus du prince et les commandements de Dieu, ils n'avaient pu établir leur contrôle sur le gouvernement monarchique. Les députés du Tiers, officiers et magistrats, bénéficiaient eux aussi du régime des privilèges fiscaux et juridiques ; ils n'eurent ni l'énergie ni les motivations suffisantes pour vouloir et imposer une réforme des finances et de l'impôt. Les états généraux ne devaient plus être convoqués avant la fin de l'Ancien Régime.

Concini

Au lendemain des états généraux, le royaume retomba dans l'incertitude. Le parlement de Paris, entraîné par la chambre des enquêtes, rédigea, en mai 1615, des remontrances qui constituaient un véritable plan de réformes et un programme de politique générale. Il y critiquait la politique extérieure de la reine, demandait le maintien des alliances conclues par le feu roi, l'éloignement des conseillers étrangers. Il dénonçait les concussions de certains conseillers d'État, associés aux fermiers d'impôts, les dépenses excessives de la maison du roi, la multiplication des pensions accordées aux courtisans. Condé, de son côté, dans un manifeste d'août 1615, accusait la Cour de ne pas tenir compte des cahiers des états généraux, affectait de défendre le bien public et suscitait une nouvelle levée nobiliaire en Languedoc, Guyenne et Poitou. Il fallut de nouveau négocier avec les insurgés, absoudre les rebelles, accorder à Condé le titre de chef du conseil (mai 1616). La monarchie et la personne même du roi paraissaient menacées par ce prince du sang, premier héritier de la couronne après les deux fils d'Henri IV. Pour faire face au danger, Concini appela au conseil de nouveaux ministres : Barbin, nommé contrôleur des finances, Mangot, président du parlement de Provence, nommé chancelier, et l'évêque de Luçon, Armand du Plessis de Richelieu, chargé des Affaires étrangères. L'ambition de Concini était sans mesure, mais Richelieu, dans ses mémoires, lui reconnaît une véritable lucidité politique et la volonté d'abaisser les Grands, pour sauvegarder l'autorité de l'État. En quelques semaines tout parut changé : Condé fut embastillé ; trois armées marchèrent vers la Champagne et le Nivernais, que le duc de Nevers venait de soulever ; le conseil fut réorganisé, et un conseil des dépêches chargé de toute la correspondance administrative avec les provinces. Pendant ce temps, le nouveau secrétaire d'État aux affaires étrangères reprenait le cours d'une diplomatie active et cherchait à imposer son arbitrage aux Espagnols et aux Savoyards d'une part, à Venise et à l'archiduc Ferdinand d'autre part. Le point faible de cette grande politique, c'était l'indifférence du roi et l'ignorance dans laquelle il était maintenu de tous ces projets. Jaloux de son autorité, humilié par la superbe de Concini, poussé par Charles d'Albert de Luynes, son ami et son confident, il décida l'éloignement de la reine mère et consentit à l'assassinat de Concini (24 avril 1617).

Luynes favori

Pendant quatre ans, Luynes, promu duc, pair, connétable et gouverneur de Picardie, dirigea les affaires du royaume. Il vint facilement à bout d'un nouveau soulèvement nobiliaire, favorisé par la reine mère et dirigé par d'Épernon en Guyenne et par Longueville en Normandie (août 1620). Dès la mort de Concini, il avait fait vœu de travailler à la ruine des huguenots. Sur ses conseils et à la demande du clergé catholique, Louis XIII, à la tête de ses troupes, alla en Béarn rétablir le culte, rendre ses anciennes terres à l'Église, et proclamer la réunion de la province à la Couronne (1620). Les protestants du Midi ripostant par une insurrection générale, Luynes mena contre eux l'armée royale, mais mourut au terme d'une campagne difficile après avoir échoué devant Montauban. Sa politique extérieure obéit pendant quatre ans aux mêmes impératifs religieux. En dissuadant l'Union évangélique de secourir l'électeur palatin Frédéric, il rendit possible l'écrasement des Tchèques et le triomphe temporaire de l'Empereur. Les mêmes motifs et la même incompétence laissèrent l'armée espagnole s'installer dans la Valteline et se rapprocher ainsi de son allié de Vienne.

L'arrivée de Richelieu au pouvoir

La vigueur des sentiments catholiques dans l'entourage du roi, l'action, dans le royaume, de Bérulle et des ordres religieux anciens ou nouveaux expliquent cette priorité accordée un moment aux seules considérations religieuses. Mais le développement des entreprises habsbourgeoises révéla bientôt la renaissance d'un danger ancien. Philippe IV venait d'attaquer les Provinces-Unies (1621), les Espagnols et les Impériaux occupaient le Palatinat (1622), et le duc de Bavière recevait avec une partie de ce territoire le titre électoral arraché au Palatin. Il était temps de concilier les intérêts de l'Église et ceux de la diplomatie française, de contenir le parti protestant en France et d'enrayer en Europe les progrès de l'Empereur et de Philippe IV. La reine mère avait réussi, en avril 1624, à faire entrer Richelieu au conseil. En quelques mois, il sut rassurer les politiques sans inquiéter les dévots. Il donna son approbation au nouveau traité conclu avec la Hollande et au projet de mariage de la sœur du roi, Henriette de France, avec le prince de Galles ; mais dans chacune de ces négociations il eut l'habileté d'afficher son zèle pour les intérêts du catholicisme en Hollande et en Angleterre. Les uns attendaient du prince de l'Église la ruine des huguenots et la punition des libertins, les autres escomptaient de l'ancien secrétaire d'État aux Affaires étrangères une lutte plus résolue contre la maison d'Autriche. Avec l'aide de libellistes à gages, Richelieu sut soigner sa popularité dans l'un et l'autre camp ; le 13 août 1624, l'arrestation de son rival La Vieuville fit de lui le chef du conseil du roi.

III. LE MINISTÈRE DE RICHELIEU ET LA GUERRE

Les premiers projets

Supérieur à son entourage par l'intelligence, par un mélange d'imagination créatrice et de bon sens, par l'ambition enfin, Richelieu arrivait aux affaires nanti déjà d'une riche expérience politique et apportait avec lui de vastes projets de réforme. A la fin de 1626, sur sa demande, le roi convoqua une assemblée de notables composée de princes, de grands seigneurs, de ministres et de membres des cours souveraines, auxquels il exposa ses plans : réforme du conseil, poursuite du renouveau catholique, réorganisation financière et attention plus grande accordée au commerce et à la marine.

On retrouve certaines de ces propositions, approuvées par les notables, dans les édits et déclarations royales, dans la grande ordonnance de 1629 en particulier. Mais déjà en 1627 il fallut abandonner le projet d'un rachat des offices et d'une suppression de leur vénalité. Les troubles intérieurs et les affaires diplomatiques et militaires empêchèrent par la suite Richelieu de consacrer à ce grand programme l'attention et les moyens nécessaires.

Les troubles intérieurs

Il eut à faire face dès le début de son ministère aux agitations des Grands et des huguenots. Pendant l'été 1626, une conspiration fut nouée entre le frère du roi, les Vendôme, bâtards d'Henri IV, le duc de Longueville, le comte de Chalais et la duchesse de Chevreuse, qui mêla la reine Anne d'Autriche à toute cette intrigue. Les conjurés préparaient l'assassinat de Richelieu, mais ils furent dénoncés, et le comte de Chalais, abandonné par ses complices princiers, paya de sa vie sa légèreté (août 1626). En dépit des prières, des intercessions, le cardinal et le roi demeurèrent inébranlables et refusèrent de faire grâce au condamné.

Ils firent preuve de la même sévérité à l'encontre de Montmorency- Bouteville et de Des Chapelles, qui avaient bravé en plein Paris les édits interdisant les duels et furent décapités le 22 juin 1627. On aurait tort de voir dans ces rigueurs la manifestation d'une quelconque hostilité de Richelieu à l'égard de l'ordre noble. Bien au contraire, il le disait « un des principaux nerfs de l'État », et on lit dans son *Testament politique,* reflet de sa pensée sinon œuvre de sa main : « Il ne faut rien omettre pour conserver la noblesse en la possession des biens que ses pères lui ont laissés et lui procurer les moyens pour qu'elle puisse en acquérir de nouveaux » ; le texte poursuit en proposant au roi divers moyens de secourir la noblesse la moins fortunée. Ce que voulait Richelieu, sensible aux vertus de courage de la noblesse, et solidaire moralement d'un ordre dont il était issu, c'était lui imposer un sens nouveau de l'État, substituer à la turbulence et à la légèreté féodales le seul service du roi.

Entraînés par Rohan et Soubise, les protestants faisaient preuve de cette même légèreté. Au moment même où Richelieu engageait en Italie, en Suisse, en Allemagne une importante opération diplomatique contre les Habsbourg, ils se révoltèrent à La Rochelle et dans le Languedoc. On traita avec eux en février 1626 ; mais l'année suivante, tandis que l'Angleterre, inquiète des projets maritimes et commerciaux de Richelieu, équipait contre le royaume une grande armada et débarquait des troupes dans l'île de Ré, les Rochelais reprenaient l'initiative des combats. Ils redoutaient le prosélytisme remuant des dévots, dont le porte-parole, le cardinal de Bérulle, poussait Richelieu à détruire la capitale protestante. Ils s'inquiétaient aussi des projets maritimes du ministre, de l'établissement de ses grandes compagnies, et du pouvoir sur le littoral que s'était arrogé Richelieu, grand maître et surintendant du commerce et de la navigation. Le siège de La Rochelle dura plus d'un an. Le roi entra le 1er novembre 1628 dans une ville ruinée, dépeuplée par la famine et l'épidémie. Paradoxe d'une France divisée, le ministre qui rêvait sa grandeur maritime avait détruit son premier port et sa principale place de course et d'armement. La guerre se prolongea encore plusieurs mois dans le Midi, et Privas, citadelle de la résistance, fut assiégée et prise. Le roi accorda alors aux rebelles, le 28 juin 1629, la grâce d'Alès. L'édit de Nantes était confirmé, mais l'édit seul et non les brevets annexés à l'édit, qui avaient accordé aux protestants des privilèges militaires et politiques. La défaite protestante entraînait donc la suppression des places de sûreté, la destruction de leurs fortifications, l'interdiction des assemblées protestantes, sauf autorisation expresse du roi. La liberté de conscience et de culte était garantie, mais dans l'esprit du souverain et de son ministre, la paix d'Alès était une étape importante sur la voie de la réunification religieuse. Le texte de l'édit souligne l'espoir du roi d'un retour prochain des réformés à l'Église catholique.

Les conversions d'ailleurs se multipliaient chez les Grands ; Lesdiguières, La Trémoille semblaient montrer l'exemple à leurs coreligionnaires. En août 1629, pour sa part, Richelieu n'hésitait pas à écrire au roi : « Les sources de l'hérésie et de la rébellion sont maintenant éteintes. » Il pensait achever bientôt par d'autres moyens, pacifiques ceux-là, la liquidation d'un protestantisme isolé, désarmé et peu à peu étouffé dans une France absolutiste et catholique.

Le choix décisif, la crise politique de 1630

Fort de ces succès à l'intérieur, le cardinal pensait disposer de plus de liberté pour traiter des affaires de l'Europe. Dans un mémoire de janvier 1629, il avait exposé au roi les buts de sa politique extérieure. « Maintenant que La Rochelle est prise, si le roi veut se rendre le plus puissant monarque du monde... il faut avoir en dessein perpétuel d'arrêter le cours des progrès d'Espagne, et au lieu que cette nation a pour but d'augmenter sa domination et étendre ses limites, la France ne doit penser qu'à se fortifier en elle-même et s'ouvrir des portes pour entrer dans tous les États de ses voisins et les garantir des oppressions d'Espagne. » Politique défensive, mais nettement antihabsbourgeoise, que les victoires en Allemagne de Tilly et de Wallenstein, remportées pour le compte de l'Empereur, justifiaient davantage encore. Richelieu, cependant, souhaitait éviter le plus longtemps possible « d'allumer une guerre ouverte avec l'Espagne » ; une « douce et couverte conduite » lui semblait plus appropriée à la situation politique intérieure et aux moyens matériels de la France. Déjà, en 1624, le roi avait envoyé une petite armée en Valteline pour remettre cette vallée stratégique sous l'autorité des Grisons et empêcher qu'elle puisse servir aux liaisons entre les garnisons espagnoles de la plaine du Pô et les soldats de l'Empereur.

En 1629, Louis XIII, pour des motifs identiques, donna son soutien au duc de Nevers, prétendant à l'héritage de Mantoue et du Montferrat, que convoitaient également les Espagnols et le duc de Savoie. Il prit lui-même la tête de l'armée qui dégagea Casal. L'année suivante, le cardinal dirigea à son tour l'intervention française en Italie du Nord, et s'assura de Pignerol et de Saluces (mars-juillet 1630). C'étaient les Français désormais qui menaçaient Milan et les relations entre l'Espagne et ses armées aux Pays-Bas. Le maintien des Français à Pignerol, le renouvellement de l'alliance avec les Provinces-Unies (juin 1630) rendaient probable une reprise prochaine de la guerre avec l'Espagne, mais, sur le point de s'engager dans cette voie, la France un moment hésita.

L'entourage du roi était divisé. Le cardinal de Bérulle et le garde des Sceaux Michel de Marillac désapprouvaient la politique française en Italie. Ils voulaient poursuivre immédiatement la lutte contre le protestantisme, ils s'inquiétaient des révoltes populaires et invoquaient « les misères et afflictions du peuple de France », que la disette de 1629-1630 rendait plus cruelles encore. Au sein même de la famille royale, ils étaient assurés de l'appui de Gaston d'Orléans et de la reine mère, très hostile désormais à Richelieu. A l'automne 1630, alors pourtant que la diplomatie de Richelieu venait de remporter un double succès en ruinant à la diète de Ratisbonne les ambitions héréditaires des Habsbourg, et en assurant à Charles de Nevers la possession des duchés de Mantoue et Montferrat, ses adversaires parurent près de triompher. Les deux reines avaient profité d'une grave maladie du roi survenue en septembre à Lyon pour l'éloigner de son ministre. Le 10 novembre, au palais du Luxembourg qu'elle habitait, Marie de Médicis pressa son fils de lui accorder la disgrâce de Richelieu. L'arrivée inopinée du cardinal fit éclater la colère de la reine, elle l'accabla, et Louis XIII, bouleversé, silencieux et probablement indécis, se retira sans un regard pour son ministre. On annonçait déjà à la Cour l'arrestation imminente du cardinal. Les courtisans se pressaient au Luxembourg, entouraient et célébraient la reine. Leur méprise était totale, car déjà le roi s'était ressaisi et avait confirmé sa confiance. Le 11, il était à Versailles où Richelieu, convoqué et se croyant perdu, vint se jeter à ses pieds. Louis XIII releva son « principal ministre d'État » et lui signifia de rester. Le même jour, Michel de Marillac était destitué ; bientôt la reine mère devait partir pour l'étranger et l'exil, d'où elle ne revint jamais. La journée des Dupes constitue bien une date essentielle du règne, elle assure l'autorité de Richelieu et engage définitivement la France dans la compétition pour la suprématie européenne. Le cardinal écrit qu'il abandonna désormais « toute pensée de repos, d'épargne et de règlement du dedans du royaume ». La monarchie paraît en effet décidée à sacrifier s'il le faut projets de réforme, équilibre financier, paix intérieure à sa politique européenne et à sa gloire.

Puissance et problèmes de l'économie française

Le redoutable défi que ses dirigeants lancent à l'Espagne, la France est-elle matériellement et moralement capable de la soutenir ? Le royaume, dans ses limites de 1610, est plus peuplé que ceux d'Espagne, d'Italie et d'Angleterre réunis. La comptabilité des registres paroissiaux révèle un accroissement démographique régulier jusqu'en 1630, et souvent jusqu'au début de la Fronde. Dans les campagnes, les destructions de la guerre civile ont été réparées, les friches récupérées, et la production rétablie assure des revenus croissants aux propriétaires du sol, aux seigneurs et au clergé. La production lainière et toilière semble atteindre partout, dans la France du Nord, entre 1620 et 1640, des niveaux élevés. La croissance des villes entretient l'activité du bâtiment et favorise l'épanouissement du « style français » dont les hôtels du Marais et l'ancienne place Royale sont à Paris les plus belles illustrations. La France est assez riche pour solliciter des alliés, puis pour les subventionner. Elle est assez peuplée et assez puissante pour se battre sur quatre fronts et résister aux meilleures armées de la guerre de Trente Ans.

Cette puissance matérielle du royaume n'est cependant pas sans faiblesse. Elle tient davantage à la masse territoriale et démographique qu'à l'ingéniosité technique et commerciale. Les méthodes de l'agriculture demeurent traditionnelles et les rendements médiocres. La métallurgie paraît archaïque par rapport aux innovations liégeoises et anglaises. La marine compte trop peu de navires, l'organisation bancaire et boursière est encore inexistante, les compagnies de commerce rares et éphémères ne réunissent que des associés peu nombreux et des capitaux peu importants. Pour permettre à la France de participer au grand commerce et à l'exploitation coloniale, Richelieu a mûri un vaste projet. « Il remontra que l'Espagne n'est redoutable et ne reçoit des richesses d'Occident que par sa puissance sur mer, que le petit État de MM. des Provinces-Unies ne fait résistance à ce grand royaume que par ce moyen et que l'Angleterre ne supplée à ce qui lui fait défaut que par cette voie. Ce royaume étant destitué de toutes forces de mer en est impunément offensé par nos voisins, qui tous les jours font des lois et ordonnances nouvelles contre nos marchands... Il n'y a pourtant de royaume si bien situé que la France, et si riche de tous les moyens nécessaires pour se rendre maître de la mer. Pour y parvenir, il faut voir comme nos voisins s'y gouvernent, faire de grandes compagnies, obliger les marchands d'y entrer, leur donner de grands privilèges... » La route des épices à travers le Moyen-Orient et la Méditerranée est pour la France une des routes de la richesse ; Richelieu entre donc en négociations avec le Sultan et les pirates barbaresques. Grand maître et surintendant général de la navigation, il envoie des vaisseaux en Russie, car il espère établir dans ce pays un autre relais pour le commerce des produits d'Extrême-Orient. Il essaie de créer des compagnies coloniales pour l'exploitation du Canada et du commerce atlantique (compagnie du Morbihan, compagnie de la Nacelle Fleurdelysée, et compagnie de la Nouvelle France). Pour orienter vers l'aventure maritime l'humeur batailleuse d'une partie de la noblesse française, la grande ordonnance de 1629 autorise les gentilshommes à pratiquer le commerce de mer, sans risque de dérogeance, et promet la noblesse aux plus gros armateurs.

Cet effort du gouvernement s'est heurté cependant à d'importants obstacles psychologiques et institutionnels. Les préjugés mondains tout autant que les scrupules religieux détournent du négoce et de la manufacture de nombreux jeunes bourgeois, et l'ordonnance de 1629 n'a pas atténué le mépris des gentilshommes pour les professions mécaniques ou mercantiles. L'interdiction du prêt à intérêt, que rappellent de nombreux moralistes et théologiens de la réforme catholique, entrave le développement des compagnies, gêne la circulation des billets de commerce et des lettres de change d'une place à l'autre du royaume. La carrière des offices de magistrature attire une partie de l'élite intellectuelle. Les nouvelles créations d'offices provoquent la désertion de nombreux fils de marchands. Sa fortune assurée, la famille bourgeoise investit dans la terre, les seigneuries et les charges, et son capital se stérilise dans des dépenses de prestige et des placements usuraires. Le système des fermes d'impôts mobilise lui aussi une partie de la richesse française, et offre aux traitants des taux de profit infiniment supérieurs à ceux du négoce. Pour toutes ces raisons, l'économie française manque de dynamisme, de souplesse et de disponibilités monétaires. La guerre va la mettre à rude épreuve. Elle va interrompre partiellement le commerce avec l'Espagne et tarir ainsi les sources de l'approvisionnement en métaux précieux. Elle réduira les exportations textiles à destination de Séville, des Pays-Bas et de l'Empire germanique.

Dans les provinces frontières, Picardie, Champagne et Bourgogne, la guerre va désorganiser la production agricole et les exigences du fisc, jointes à celles des propriétaires, appauvriront les paysans. Sans doute, la France ne sera pas seule à souffrir de la récession qui se manifeste à partir de 1630 dans les échanges atlantiques et dans toute l'Europe, mais, engagée à fond dans la guerre, elle va souffrir beaucoup plus que d'autres. Sa surpopulation relative l'expose particulièrement aux effets désastreux des mauvaises récoltes. La faiblesse des rendements agricoles rend catastrophique la succession de quelques intempéries. Aussitôt, les prix montent en flèche et la masse des pauvres meurt de faim.

Accompagnées d'épidémies de choléra, de variole ou de typhus, les famines vont se succéder de 1642 à 1652. D'autre part, la médiocre capacité technique et bancaire du royaume le laisse démuni devant la raréfaction des métaux précieux dans tous les circuits européens. Ces circonstances malheureuses vont obscurcir la fin du règne de Louis XIII et multiplier les mécontentements et les troubles.

La lutte contre les Habsbourg

La France a tenté d'abord de faire à ses adversaires une « guerre couverte », de les combattre par personnes interposées. Son allié, le roi de Suède Gustave Adolphe, a débarqué en Allemagne en juillet 1630 ; il redoute les entreprises de l'Empereur sur les côtes de l'Allemagne du Nord et répond aux appels des protestants allemands que l'édit de restitution réduit nombreux aux abois (mars 1629). La France lui promet pour une période de cinq ans un subside annuel d'un million de livres. Pour mieux mettre en échec les projets de l'empereur Ferdinand sans compromettre trop gravement les intérêts du catholicisme, Richelieu cherche à resserrer ses liens avec l'Union catholique et à créer dans l'Empire un tiers parti ; ainsi, le 8 mars 1631, il conclut une alliance défensive pour huit ans avec la catholique Bavière. Fort de ces deux alliances, il espère se rendre arbitre des affaires allemandes. La rapidité des succès suédois d'abord, puis la mort à Lützen de Gustave Adolphe, suivie d'une contre-offensive victorieuse des Impériaux, l'occupation de l'électorat de Trèves par les Espagnols bouleversent ces plans et le contraignent à l'intervention directe. Après avoir installé ses troupes dans quelques places fortes lorraines et les plus importantes villes alsaciennes, après avoir resserré ses alliances avec la Suède et les Provinces-Unies, le roi de France déclare la guerre au roi d'Espagne le 19 mai 1635 ; il signe avec le duc de Savoie et de Parme le traité de Rivoli pour la conquête du Milanais ; l'Empereur déclare la guerre à la France en septembre de l'année suivante.

Les opérations militaires connurent deux phases successives, l'une très difficile pour la France, l'autre plus heureuse et marquée par l'avance des armées françaises sur tous les fronts. Après des opérations indécises aux Pays-Bas en 1635, le royaume dut faire face, en 1636, à une offensive concertée de ses adversaires. Les Impériaux mirent le siège devant Saint-Jean-de-Losne, les Espagnols enlevèrent Saint-Jean-de-Luz au sud et attaquèrent en Picardie. En quelques semaines, ils s'emparèrent successivement du Catelet et de La Capelle, livrés sans résistance. Corbie, assiégée une semaine, se rendit sans combattre (15 août 1636). Alors même que Paris était menacé, la province s'insurgeait. Pendant l'été, la Saintonge, l'Angoumois, le Poitou, le Limousin furent le théâtre d'une immense jacquerie antifiscale, anarchique et désordonnée. Seuls la fermeté du souverain et du cardinal, l'élan de la population parisienne, d'abord affolée puis galvanisée par leur exemple, permirent d'éviter le pire. On parvint à réunir sous les murs de la capitale une nouvelle armée de 30 000 hommes. L'allié du Nord, le prince d'Orange, prépara une grande offensive ; craignant d'être pris entre ses deux adversaires, le cardinal-infant, qui commandait l'armée espagnole, préféra renoncer à l'entreprise et se retira vers le nord. Le royaume était sauvé, mais l'expérience avait prouvé la fragilité de la frontière et l'impréparation de l'armée. Richelieu, aidé du secrétaire d'État Sublet de Noyers, entreprit de remédier à ces faiblesses. Dès 1638, le roi de France disposait de six armées en Flandre, Picardie, Alsace, Franche-Comté, Guyenne et Italie, et de plus de 150 000 hommes. Auprès de chaque armée, un intendant, parfois le même que l'intendant de la province où séjournait la troupe, s'occupait de la solde, des vivres, maintenait la discipline, contrôlait la fidélité et le zèle des officiers généraux. La flotte de guerre avait été reconstituée ; elle comptait 41 vaisseaux dans l'Atlantique et 30 galères en Méditerranée. Grâce à ces efforts, l'équilibre des forces se modifiait peu à peu en faveur de la France et de ses alliés.

Isolé de la métropole, le cardinal-infant éprouvait des difficultés à défendre les Pays-Bas. Les Hollandais avaient détruit la flotte espagnole au large de Douvres (octobre 1639), et les armées françaises et suédoises sur le Rhin et en Alsace coupaient les routes terrestres des armées d'Espagne. Les soldats de Louis XIII s'emparèrent d'Hesdin en 1639, puis d'Arras en 1640 et de Bapaume l'année suivante. Dans le même temps, la France favorisait le soulèvement des Catalans et des Portugais, avec lesquels elle concluait même une alliance. Elle put ainsi reconquérir sans difficulté le Roussillon et prendre Perpignan en septembre 1642. La victoire semblait acquise et la France en état de traiter favorablement, lorsque Richelieu, brisé par la maladie, s'éteignit le 4 décembre 1642, quelques mois seulement avant le roi (14 mai 1643).

La fin du conflit, les traités victorieux

Ces événements prolongèrent probablement la guerre. Profitant du désarroi créé par la mort du cardinal et la maladie du roi, les Espagnols tentèrent, en 1643, de prendre leur revanche. Ils se jetèrent sur la Champagne, mais leur offensive fut brisée par le duc d'Enghien et la redoutable infanterie d'Espagne perdit à Rocroi une partie de son prestige et de son assurance (19 mai). L'année suivante, Turenne et Enghien, joignant leurs forces, guerroyèrent sur le Rhin, puis Turenne, poursuivant la campagne, battit les Bavarois et les Impériaux à Nordlingen (1645). En mai 1648, la victoire de Zusmarshausen lui ouvrait la route du Danube et de Vienne. L'Empereur acceptait sa défaite, et les traités de Westphalie consacraient, le 24 octobre 1648, l'échec complet de ses projets et de ses ambitions. La paix d'Augsbourg était étendue aux princes calvinistes et la coexistence des trois religions officiellement reconnue. Les « libertés germaniques » garanties par les rois de France et de Suède assuraient désormais aux princes allemands une totale souveraineté ; l'Empereur ne pouvait rien décider d'important sans le consentement de la diète unanime ; l'Empire n'était plus qu'un fantôme d'État. L'Allemagne, impuissante, morcelée en plus de trois cent cinquante principautés et villes indépendantes, ruinée et dépeuplée par la guerre, devait consentir à l'installation des Suédois au débouché septentrional de tous ses grands fleuves et à celle des Français en Alsace. C'en était fini de l'ambition habsbourgeoise à la domination universelle.

L'Espagne, cependant, continuait seule la lutte. Une maladresse diplomatique de Mazarin lui avait permis de se débarrasser de son adversaire hollandais par une paix séparée, signée en janvier 1648, et la nouvelle des premiers troubles de la Fronde l'avait aidée à surmonter les conséquences nouvelles de la défaite que Condé lui avait infligée à Lens le 20 août 1648. La lutte entre les deux monarchies dura encore onze ans. La guerre civile française et la détresse des finances espagnoles empêchèrent les deux adversaires d'entreprendre de grandes et décisives campagnes. Il fallut à la France l'alliance anglaise pour venir à bout de son ennemie, remporter la bataille des Dunes (14 juin 1658) et forcer l'Espagnol à une négociation, qui fut longue et difficile. Mazarin et Hugues de Lionne crurent habile de limiter leurs revendications territoriales : l'Artois, le Roussillon et quelques places fortes sur les frontières de Flandre et de Lorraine, pour mieux réussir l'affaire du mariage espagnol. Philippe IV n'ayant qu'un fils, promis semble-t-il à une mort prochaine, l'infante Marie-Thérèse ne renonça à ses droits à la succession que moyennant le versement d'une dot de 500 000 écus d'or. La somme était exorbitante pour l'Espagne ruinée, et les négociateurs français escomptaient bien que leur jeune souverain pourrait rapidement faire valoir ses droits sur une partie à déterminer de l'héritage de Charles Quint (paix des Pyrénées, 7 novembre 1659). Funeste présent à l'aurore d'un règne qu'ils engageaient ainsi dans des desseins chimériques et imprécis, bien susceptibles de séduire un jeune homme pour qui « la qualité de conquérant était estimée le plus noble et le plus élevé des titres ».

Cette longue guerre de vingt-quatre ans avait exigé du royaume un immense effort. Elle avait obligé Louis XIII, Richelieu, puis Mazarin à recourir à des moyens exceptionnels de gouvernement, à instituer en certaines circonstances une sorte de dictature de guerre, à négliger les réformes nécessaires, à parer au plus pressé pour assurer coûte que coûte les rentrées de deniers. Elle avait provoqué une transformation considérable des institutions du royaume, mais aussi aggravé les abus, alourdi les impôts, multiplié les causes de mécontentement et les risques politiques. Pour mieux comprendre cette évolution de l'absolutisme français, il faut d'abord rappeler ce qu'était la constitution du royaume au début du XVIIe siècle.

IV. L'ÉVOLUTION DES INSTITUTIONS. OPPOSITIONS, RÉVOLTES ET FRONDES

Les lois fondamentales du royaume

Les institutions de la monarchie française demeurent, au début du XVIIe siècle, coutumières et souples. Dans l'opinion de la plupart des juristes, fidèles à la tradition romaine et aux enseignements du grand Jean Bodin, le roi jouit d'un pouvoir absolu, car il fait la loi sans avoir à solliciter le consentement de ses sujets. L'exercice de sa souveraineté échappe à tout contrôle et s'impose à tous. Les Français n'ont cependant pas le sentiment de vivre sous un gouvernement despotique, et il leur plaît souvent de comparer leur « liberté » à l'esclavage auquel sont soumis les sujets du Grand Turc ou du tsar de Moscovie. Incontrôlée ici-bas, la volonté du roi est, en effet, soumise à certaines règles. Raisonnable et paternelle, elle se doit de respecter les propriétés, les personnes et les honneurs des régnicoles. Pour certains théoriciens même, toute la hiérarchie sociale, l'existence des ordres, des corps intermédiaires, parlements, états provinciaux, communautés locales et de métiers relèvent des lois fondamentales du royaume et s'imposent à l'attention et au respect de l'administration monarchique. Chrétienne, la volonté du roi ne peut non plus violer les commandements de Dieu. Sacré par l'Église, protégé et lieutenant de Dieu, investi plusieurs fois l'an du pouvoir miraculeux de guérir les écrouelles, le roi de France est censé obéir par vocation providentielle aux lois chrétiennes. De toute son administration temporelle aussi bien que de son soutien à l'Église, à Dieu seul il devra rendre compte.

Ainsi, absolue parce qu'incontrôlée, limitée parce que soumise à une coutume juridique et religieuse, la monarchie française conservait au début du XVIIe siècle un caractère ambigu et aurait pu évoluer vers une monarchie constitutionnelle à l'anglaise ; les circonstances et les conditions politiques et sociales allaient, au contraire, contribuer au renforcement de l'autorité du souverain et à un démantèlement progressif de la constitution coutumière.

L'âpreté des rivalités internationales, puis la guerre sans merci entre les Bourbons et les Habsbourg exigent, en effet, un renforcement du pouvoir central. Il faut des soldats, de l'argent, et pour unir dans la guerre des provinces, dont certaines comme la Provence, la Bourgogne et la Bretagne viennent de rejoindre l'unité nationale, il faut un gouvernement central plus efficace et mieux représenté loin de la cour, une administration locale plus obéissante. Les prétentions, les intrigues des grands féodaux dans un royaume encerclé et menacé sont autant de dangers mortels qu'il convient d'écarter avec l'énergie sans pitié de la raison d'État. Au peuple qui murmure contre les excès fiscaux ou contre les méfaits de la soldatesque, on impose le silence et, si besoin, un châtiment exemplaire.

Les méthodes d'un gouvernement d'exception

Comme par le passé, le roi, en son Conseil, délibère et décide, mais la composition et l'organisation du Conseil vont être progressivement transformées. Le conseil des Valois accueillait surtout des princes du sang et des grands seigneurs. Henri IV appelle à ses côtés des robins, des officiers de justice et de finances. Ils siègent au conseil des affaires en la personne de Jeannin, Sillery, Villeroy et Bellièvre. Ils peuplent encore le Conseil d'État et des finances et le Conseil privé. Dans ce domaine comme dans bien d'autres, la régence compromet un moment ces premiers résultats. Le Conseil redevient un Conseil féodal et de famille, le champ clos où s'affrontent princes et grands seigneurs. Mais l'œuvre interrompue fut reprise par Louis XIII et ses collaborateurs successifs. De 1615 à 1630, plusieurs règlements fixèrent le recrutement et l'avancement des conseillers. C'en fut fini de la confusion et du bruit qui troublaient les séances, de l'intrusion irrégulière des courtisans ou des membres des cours souveraines. Le Conseil d'en haut, qui réunissait, autour du roi, le principal ministre, le chancelier et les secrétaires d'État, devint l'organe essentiel du gouvernement et réduisit peu à peu les autres conseils à des fonctions purement administratives.

Dans les provinces, l'exécution des ordres du roi dépendait de la bonne volonté des compagnies d'officiers. Les parlements et les cours souveraines s'opposaient souvent aux décisions du Conseil ; en 1632, le roi donna au Conseil le pouvoir de casser les arrêts contraires aux intérêts du royaume et aux prérogatives de la Couronne. En 1641, une autre décision royale imposa aux parlements l'enregistrement immédiat des édits, et réduisit à deux le nombre des remontrances. L'administration financière des bureaux des finances, l'administration de la justice par les tribunaux étaient lentes et formalistes ; propriétaires sans restriction de leurs charges depuis 1604, les officiers n'obéissaient qu'avec des retards et des réserves. Leurs scrupules ou leurs négligences s'accommodaient mal aux exigences d'un gouvernement de guerre. Lorsqu'il fallut, à partir de 1635, multiplier les expédients fiscaux, poursuivre les traîtres et les défaitistes, la monarchie eut recours à d'autres agents d'exécution ; à l'administration par les officiers, elle substitua en partie l'administration par des commissaires et des intendants. Depuis le milieu du XVIe siècle, elle avait coutume d'envoyer dans les provinces des maîtres des requêtes avec le titre d'intendant pour des missions d'inspection et de surveillance, le plus souvent temporaire. L'entrée dans la guerre de Trente Ans entraîna une évolution décisive de l'institution : les « intendants de police, justice et finances » devinrent, dans les généralités et les provinces, les représentants directs et permanents du pouvoir royal. Révocables à volonté, ils exécutent avec diligence les ordres du Conseil. Ils entrent, siègent et président dans les tribunaux, les échevinages, jugent extraordinairement les crimes contre la sûreté du royaume, procèdent ou font procéder à la répartition et à la levée des tailles. Leurs lettres de commission leur accordent souvent pouvoir de réformer la justice, de reconnaître les devoirs rendus par les officiers de judicature, et, au besoin, de punir les coupables. Elles leur confient encore la police des troupes, la répression des complots et des séditions. Ils sont déjà, à partir de 1635, et en collaboration avec le gouverneur, qu'ils assistent ou contrôlent, le roi présent dans les provinces. La surveillance qu'ils exercent sur les robins, les compétences qu'ils s'attribuent à leurs dépens leur valent l'antipathie des notables, tandis que leur solidarité de fait avec les exactions des traitants et fermiers d'impôts cristallise contre eux le mécontentement populaire. Dès le mois de juillet 1648, les cours souveraines exigeront et obtiendront leur rappel temporaire.

Le troisième aspect de la réforme administrative qui caractérise l'absolutisme français au XVIIe siècle, c'est l'effacement des corps intermédiaires. La monarchie tolère de plus en plus difficilement les institutions susceptibles d'exprimer les vœux et les doléances des sujets, groupés en corps. Les états généraux ne seront plus convoqués après la session de 1614-1615. La dernière assemblée de notables se tient en 1626-1627. On ne réunit plus les états de Dauphiné. Les états de Normandie siègent pour la dernière fois en 1655. Les états de Languedoc perdent en 1632 le droit de discuter l'impôt. Le roi surveille les délibérations de l'Assemblée du clergé et en écarte par lettres de cachet les prélats indociles. Il réduit en tutelle les échevinages, prend prétexte de leur endettement pour leur retirer toute autonomie financière, impose aux suffrages des échevins son candidat à la mairie. La police et la propagande deviennent des moyens essentiels du gouvernement monarchique. Soucieux d'entraver l'expression spontanée de l'opinion, le gouvernement cherche aussi à l'orienter, à la conditionner. Richelieu constitua un véritable bureau de presse dont les publicistes à gages menèrent contre la propagande espagnole une guerre incessante de libelles et de pamphlets, tandis que *la Gazette*, hebdomadaire de Théophraste Renaudot, qui parut à partir de mai 1631 et dont le propos était de réduire « plusieurs faux bruits qui servent souvent d'allumettes aux mouvements et séditions intestines », profitait de son monopole officiel pour diffuser les articles et les nouvelles que lui transmettaient le roi et son ministre.

Les complots

La conjonction des dangers extérieurs et intérieurs donne au ministère de Richelieu sa grandeur tragique. La raison d'État, que célèbre le cardinal, évoque avec cent cinquante ans d'avance le combat du salut public. L'ancien protégé de la reine mère, exclu du gouvernement après l'assassinat du maréchal d'Ancre, avait dû faire preuve de beaucoup d'habileté et de patience pour recouvrer la faveur du roi. Jusqu'en 1630 il dut compter au sein même du Conseil sur la présence de personnalités comme le garde des Sceaux Marillac ou le chancelier d'Aligre, peu favorables à ses projets extérieurs, car le parti dévot condamnait sa politique anti-habsbourgeoise. Au sein même de la Cour, les complots succédèrent aux complots. Dans tous on retrouve la personne équivoque et légère de Gaston d'Orléans, frère du roi. Nous avons déjà évoqué la conjuration de 1626, terminée par la condamnation et l'exécution du comte de Chalais, et la crise politique de 1630, dénouée par la journée des Dupes (10 novembre). En 1632, ce fut la révolte du duc de Montmorency, gouverneur du Languedoc. On fit marcher l'armée royale contre ses troupes. Il fut arrêté, condamné et exécuté à Toulouse même. En 1636, c'est un nouveau projet d'assassinat, en 1641 un complot du comte de Soissons, et en 1642 la conspiration de Cinq-Mars qui assombrit la dernière année de Richelieu. Sa mort suivit de peu celle du jeune étourdi et de son ami de Thou. En dépit de l'incapacité politique des auteurs de ces intrigues et de ces projets, leurs relations constantes avec l'Espagne, leurs complicités dans la famille même du souverain donnaient à leurs entreprises un caractère d'exceptionnelle gravité. Le danger grandissait encore en raison de la situation intérieure du royaume et des troubles populaires incessants qui l'agitent, dans toutes ses régions, de 1624 jusqu'à la Fronde. Le risque était grand de voir tel grand seigneur se faire l'avocat des droits de sa province et l'interprète intéressé des doléances populaires. Montmorency tenta ainsi d'exploiter le mécontentement suscité en Languedoc par l'introduction d'un nouveau système de répartition fiscale.

Les soulèvements populaires

De 1624 à 1648, pas une année qui ne fût marquée par plusieurs séditions, pas une province qui ne fût agitée par un soulèvement urbain ou paysan. Jamais, semble-t-il, la chronique des insurrections populaires ne fut aussi riche que dans ce deuxième quart du siècle, préludant ainsi aux troubles généralisés et anarchiques de la Fronde. En 1624, les campagnes et les villes du Quercy se révoltent parce que le roi retire aux anciens états provinciaux l'administration de la taille. En 1630, le gouvernement ayant édicté la suppression des états de Bourgogne, Dijon se soulève à son tour. En 1631, le populaire d'Aix-en-Provence malmène l'intendant, pille les maisons des fermiers d'impôts. En 1632, les ouvriers lyonnais de la soie et des futaines protestent contre une augmentation des taxes à l'exportation. En 1633 et 1635, c'est le tour des villes de Guyenne. Puis, l'année suivante, en 1636, l'insurrection éclate en Angoumois, Saintonge et Poitou. Elle dure plus d'un an, gagne le Périgord ; son motif immédiat, c'est l'augmentation des tailles et des droits de circulation des vins ; les paysans courent sus à tous les agents du fisc. Ils s'organisent en milices, commandent aux gentilshommes de les suivre « à peine de brûler leurs maisons et de n'être plus payés de leurs rentes ». Dans le Poitou, les insurgés prévoient une répartition plus équitable des tailles, ils veulent « les imposer à ceux qui ont les biens pour les payer et soulager les pauvres de Dieu ». Les dîmes doivent demeurer à la paroisse pour l'entretien décent du desservant et des indigents. Le gouvernement, aux abois et qui doit faire face à l'invasion espagnole, ruse, promet et négocie jusqu'au moment où il confie le rétablissement de l'ordre aux soldats du duc de La Valette. Deux ans plus tard, la révolte des Va-Nu-Pieds soulève la basse Normandie, tandis que Rouen est le théâtre de sanglantes émeutes. Les paysans des régions d'Avranches et de Coutances redoutent l'établissement de la gabelle, les artisans rouennais craignent le chômage et la mévente provoqués par les taxes sur le textile et les teintures. La troupe paysanne, l'« armée de souffrance », se range sous le commandement de Jean Va-Nu-Pieds ; elle marche derrière des bannières et des images chrétiennes, et quelques petits gentilshommes, des curés se joignent aux révoltés et les encadrent. Le manifeste de « haut et indomptable capitaine Jean Va-Nu-Pieds » exalte en vers médiocres les libertés normandes menacées par les partisans et les gabeleurs venus de Paris. L'automne venu, l'armée de Gassion et le chancelier Séguier viennent rétablir l'ordre, de nombreux séditieux sont exécutés, tandis que les principaux officiers de la province, les membres du parlement, de la cour des aides, les trésoriers généraux de France, accusés de mollesse ou d'incapacité, sont interdits de leurs charges. En dépit de cette sévérité exemplaire, les troubles continuèrent et se multiplièrent après la mort de Richelieu et de Louis XIII. La noblesse des provinces méridionales s'agitait et participait davantage aux mouvements antifiscaux. De nombreux villages de l'Auvergne et du Rouergue se soulevaient en 1643 ; le Languedoc, le Dauphiné et toute la vallée du Rhône demeuraient peu sûrs. En juin 1644, la population de Marseille, affolée par la cherté des grains, s'insurgea contre ses consuls ; en août, les femmes de Valence assommèrent les collecteurs d'impôts. On n'en finirait pas d'évoquer ces troubles qui, de plus en plus fréquents et de plus en plus graves, précèdent et préparent le déclenchement de la Fronde.

Ces émotions populaires présentent toutes des caractères communs, mais leur origine et leur signification, faute de documents, ne sont pas toujours parfaitement claires. Au départ, dans tous les cas, une motivation antifiscale, le refus de l'impôt royal doublé ou triplé par les exigences de la guerre, provoque ces brusques sursauts de colère. Ce sont souvent les limites des provinces qui fournissent leur cadre géographique aux soulèvements populaires, parce que les expédients financiers et les agents du fisc ignorent les privilèges et les traditions des provinces. La protestation antifiscale rassemble facilement les catégories sociales les plus diverses contre les envoyés du pouvoir et des financiers parisiens. Manifestations éclatantes du désespoir et de la misère du peuple, les révoltes du règne de

Louis XIII traduisent aussi le désarroi, le mécontentement des privilégiés. Souvent, les autorités locales, les échevins, les bourgeois, les conseillers des parlements et la noblesse locale tardent à réprimer l'émeute, la favorisent parfois, quitte à se disculper ensuite auprès du roi et à accabler la « populace ». Il est vrai aussi que ces insurgés, dressés contre l'impôt, demeurent la plupart du temps respectueux des hiérarchies sociales traditionnelles. Contrairement à leurs ancêtres du XVIe siècle, ils ne contestent ni la dîme, ni les droits seigneuriaux, ni les fermages ; leur seule audace vise le receveur ou le fermier d'impôts. Ils assomment les commis des aides, mais crient : « Vive le roi. » A l'avance, leurs soulèvements annoncent les ambiguïtés et l'impuissance de la Fronde.

La Fronde

La régence était toujours, pour l'ancienne monarchie, une période dangereuse. En faisant casser en lit de justice le testament de son mari, qui réglait l'organisation du Conseil de régence, Anne d'Autriche augmentait les risques et justifiait les prétentions des princes du sang et des cours souveraines. Elle gardait sans doute comme principal ministre le cardinal Mazarin, mais le ministériat, qui avait déjà suscité tant de critiques du vivant de Louis XIII, ne pouvait se perpétuer sans crise sous le règne d'un enfant. La guerre compliqua encore les problèmes politiques. Depuis près de dix ans, elle mettait à sac le trésor royal. La victoire du duc d'Enghien à Rocroi écarta l'invasion espagnole, mais il fallut encore cinq ans de combats aux Pays-Bas, sur le Rhin et en Bavière pour contraindre l'Empereur à signer les traités de Westphalie. Indifférente à ces succès extérieurs, la France était déjà entrée dans le tourbillon révolutionnaire.

C'est la crise financière qui mit d'abord le gouvernement aux abois. On dut recourir plus encore que par le passé aux avances des traitants, on obéra les recettes futures, on multiplia les expédients. Successivement, les édits du toisé et du rachat frappant les propriétaires d'immeubles, puis la taxe des aisés, l'augmentation des droits d'octroi et les retranchements de gages et de rentes exaspérèrent les bourgeois, les rentiers et les robins. L'archaïsme du système fiscal portait en partie la responsabilité de la crise, mais le déséquilibre des finances trouvait une autre origine dans la paralysie progressive de l'économie française, atteinte à la fois par un ralentissement des échanges internationaux et par une succession de récoltes désastreuses. Le meilleur blé froment, que l'on payait encore 10 livres le setier à Paris au début de l'année 1646, valut 17 livres en juillet 1648, et 36 livres à l'automne de l'année suivante. Au même moment, l'arrêt des manufactures textiles grossissait l'armée des chômeurs et des indigents.

Le 13 mai 1648, le parlement de Paris prit l'initiative révolutionnaire de convier les représentants des autres cours souveraines à travailler en commun à la réforme des abus de l'État : les délibérations de la chambre Saint-Louis aboutirent à la rédaction d'une liste de propositions, qui auraient consacré en France l'établissement d'une monarchie limitée par les corps intermédiaires et contrôlée par les parlements et l'aristocratie.

« Les intendants de justice et toutes autres commissions extraordinaires non vérifiées ès cours souveraines seront révoqués... ne seront faites aucunes impositions et taxes qu'en vertu d'édits et déclarations bien et duement vérifiés ès cours souveraines, auxquelles la connaissance en appartient avec liberté de suffrage... et que l'exécution des dits édits et déclarations sera réservée aux dites cours... aucun des sujets du roi, de quelque qualité et condition qu'il soit, ne pourra être détenu prisonnier passé vingt-quatre heures, sans être interrogé suivant les ordonnances et rendu à son juge naturel. » A ces principes généraux, les magistrats prirent soin d'adjoindre des dispositions plus intéressées concernant leurs gages, l'hérédité des charges et la création des offices nouveaux. La reine et Mazarin feignirent d'abord d'approuver les propositions réformatrices, puis, enhardis par la victoire de Condé à Lens, résolurent d'employer la force et firent arrêter, le 26 août, les meneurs du parlement. Comme à Londres en 1642, comme plus tard à Paris en 1789, la Fronde naquit d'une opération répressive mal calculée et mal menée. En quelques heures, Paris, en son centre, se couvrit de barricades, Mazarin dut capituler et libérer Broussel. Mais il occupa l'automne à ruser, ramenant Condé et ses troupes vers Paris, et dans la nuit du 5 au 6 janvier 1649, la Cour s'enfuit à Saint-Germain, tandis que l'armée royale entreprenait de réduire la capitale par la force et la faim. Dans la ville assiégée, l'intervention des milieux populaires neutralisa aussitôt les échevins et les magistrats fidèles au roi, et quelques grands seigneurs : le duc de Beaufort, Gondi, le trop subtil coadjuteur de l'archevêque de Paris, le prince de Conti et la belle Longueville, frère et sœur de Condé, apportèrent le prestige de leurs noms, mais aussi un faisceau d'intrigues nouvelles. Piètre état-major d'une révolution incertaine : les uns ne pensent qu'à leurs querelles familiales, à leur ambition personnelle ou à leurs aventures amoureuses, les autres tremblent de leur propre audace. Les magistrats des cours souveraines sont, par vocation intellectuelle et par intérêt, solidaires de la monarchie, ils réprouvent la « tyrannie des ministres », mais craignent la suppression du droit annuel et de l'hérédité des charges. Le droit français des offices est une création si contingente qu'une transformation des institutions monarchiques risque de lui être fatale. Jamais le parlement ne voulut convenir qu'il était en état de rébellion ; à coups de fictions juridiques et d'arguties, il feignit de ne combattre que Mazarin, pour mieux servir le roi. Les conseillers se cotisent pour lever des troupes, mais ils se désolent secrètement des ravages que les soldats de Condé exercent dans leurs belles propriétés de l'Ile-de-France. Ils sont les « pères de la patrie », les protecteurs du « commun peuple », mais ils redoutent ses mouvements désordonnés et l'inspiration sinistre de la faim dans une ville assiégée, où le setier de froment atteint, le 6 mars, le prix record de 60 livres. Les nouvelles d'Angleterre, l'annonce du sacrilège révolutionnaire : l'exécution de Charles Ier d'Angleterre, glacent les plus résolus et les inclinent à la soumission. Leur président, Molé, conclut, le 11 mars, la paix de Rueil, qui met fin à la Fronde parlementaire.

C'est la rivalité entre Gondi, Mazarin et Condé, terminée par l'arrestation de Condé, Conti et Longueville le 18 janvier 1650, qui ouvrit la seconde phase de l'histoire de la Fronde. Les partisans des princes emprisonnés s'organisèrent dans l'Aquitaine et la région de Sedan, mais ils furent défaits par l'armée royale. Les événements confus de la Fronde des princes n'auraient guère d'importance s'ils n'avaient servi de prétexte aux initiatives collectives des deux ordres privilégiés. L'Assemblée du clergé, qui siégeait à Paris depuis mai 1650, s'opposa à la Cour et demanda la libération des princes. Elle accepta d'entrer en relations avec une assemblée de noblesse, réunie elle aussi à Paris, et, après la mise en liberté de Condé, les représentants des ordres privilégiés réclamèrent, en mars 1651, la convocation des états généraux. A cette exigence, la noblesse joignit une série de doléances et de propositions qui rappellent celles qu'elle avait formulées en 1614 : excès de la fiscalité royale, exactions des agents des gabelles, suppression de la vénalité des charges et création d'un Conseil du roi où seraient représentés les trois ordres du royaume. C'était bien d'une réforme fondamentale de l'État qu'il était question. Mais l'hostilité des bourgeois de Paris, celle du parlement, la défection des princes sous la protection desquels l'assemblée s'était imprudemment placée firent échouer ces projets. L'assemblée dut se disperser ; les divisions de la noblesse, les rivalités des clientèles concurrentes, l'arbitrage intéressé des princes condamnèrent cet effort de cohésion politique. Pas plus que le parlement, la noblesse n'était capable de mener contre la monarchie un combat efficace ; à cet égard aussi, la Fronde fut un fiasco complet.

La dernière phase de son histoire n'est qu'une sombre succession d'intrigues et de désordres anarchiques. Gondi, Mazarin et Condé continuent de s'agiter sur le théâtre de l'histoire, tandis que le pays est ravagé par les soldatesques ennemies. Le vainqueur de Rocroi s'engage comme un furieux dans la rébellion armée, soulève son gouvernement de Guyenne, et conclut une alliance avec Philippe IV d'Espagne. Battu par Turenne, il se réfugie à Paris en avril 1652, où ses partisans, manœuvrant les milieux populaires, font pendant quelques mois régner la terreur. Un moment, dans la capitale et à Bordeaux, quelques pamphlétaires hardis attaquent directement la royauté et cherchent à arracher l'extrémisme à l'influence des grands seigneurs. Mais la jonction entre ce courant « radical » et le mouvement social du peuple des villes ne se fait pas. Les artisans et compagnons fournissent les troupes de l'émeute, mais ne semblent pas capables de se donner un programme. Même à Bordeaux, où l'Ormée prolonge jusqu'en 1653 une fronde urbaine, qui prit un moment l'aspect d'une révolution de la petite bourgeoisie, le mouvement demeure politiquement modéré.

Les articles de l'*Union de l'Ormée en la ville de Bordeaux*, après avoir juré obéissance au roi et au gouverneur, se bornent à demander la participation des maîtres des métiers à l'administration municipale. La Fronde, qui ne fut pas non plus une révolution petite-bourgeoise, touche à son terme. Appelé par les marchands et les officiers de la garde bourgeoise, le jeune roi rentre à Paris le 21 octobre 1652, le cardinal le suit en février, Bordeaux capitule en août.

Le bilan politique est entièrement négatif, celui des dévastations est désolant. La guerre civile favorisa la recrudescence des famines et des « pestes » endémiques. Dans l'Ile-de-France, la Champagne, la Picardie, certains villages ont perdu dans la seule année 1652 un quart de leur population. Les registres paroissiaux donnent la mesure des perturbations démographiques : celui de Verdun-sur-le-Doubs enregistre en 1648 86 naissances et 73 décès, mais 37 naissances et 224 morts en 1652. Terrible saignée dont les répercussions sur la courbe de la natalité s'observeront vingt ans plus tard. Le commerce extérieur est désorganisé, la marine ruinée. L'absolutisme royal que les frondeurs ont contesté trouve dans l'expérience de cinq années de troubles une redoutable justification.

Louis XIV n'oubliera jamais l'humiliation et l'insécurité de sa jeunesse : « Ces agitations terribles avant et après ma majorité, une guerre étrangère où les troubles domestiques firent perdre à la France mille et mille avantages, un prince de mon sang et d'un très grand nom à la tête de mes ennemis », ces souvenirs pèseront lourd sur tout son règne et commanderont bien des aspects de sa politique intérieure.

V. FORCES ET COMBATS DU CATHOLICISME

Cette France que Richelieu a engagée dans la compétition pour l'hégémonie européenne n'est pas tout entière disponible pour ce grand dessein. Une tout autre aventure, spirituelle celle-là, sollicite aussi ses élites, et avec un retard de plusieurs décennies sur le concile, les exigences intellectuelles et religieuses de la réforme tridentine s'imposent à un nombre croissant de catholiques. Il n'y a pas coïncidence ni parfois conciliation possible entre les deux entreprises, elles paraissent même à certains égards contradictoires. L'une est enfoncée dans les contingences du temporel, de la géopolitique et de l'intérêt national, l'autre ignore les frontières et convie les princes catholiques au service de l'Église universelle et romaine.

Le renouveau catholique, le clergé

Il est animé d'abord par de petits groupes de laïques et de prêtres, progressivement imposés à la hiérarchie et à la Cour. Ainsi, à Paris, pendant le règne d'Henri IV, Mme Acarie, femme d'un conseiller à la Chambre des comptes, rassemble des mystiques et des réformateurs. Elle a subi fortement l'influence d'un capucin anglais, Benoît de Canfield, auteur de la *Règle de perfection réduite au seul point de la volonté de Dieu*. Dans son hôtel, elle accueille quelques amis : un chartreux, Dom Beaucousin, le jeune abbé Pierre de Bérulle, Marillac, le futur garde des Sceaux, un avocat au grand Conseil, Gautier, traducteur de saint Jean de la Croix, un savant docteur en Sorbonne, André du Val. On lit les œuvres de sainte Thérèse, on parle d'oraisons et d'extase, mais on prépare aussi l'introduction du

Carmel en France, la réformation des monastères et du clergé régulier ; on examine et on juge la politique religieuse d'Henri IV.

Deux hautes figures dominent cette spiritualité catholique française au début du XVIIe siècle. Saint François de Sales, évêque de Genève résidant à Annecy, imitateur fidèle dans son administration diocésaine de saint Charles Borromée, ouvre aux laïques, par son *Introduction à la vie dévote* (1608), la voie de l'oraison et de la sainteté. La perfection n'est pas réservée aux gens d'Église, elle est parfaitement compatible avec l'exercice d'un devoir d'État, car elle réside avant tout dans l'amour de Dieu et du prochain : « Ô Seigneur, si je ne puis vous aimer en l'autre vie, que du moins je mette à profit tous les moments de ma courte existence pour vous aimer ici-bas. » Il réconcilie les chrétiens avec leur temps, mais son humanisme ne sous-estime jamais le rôle de la grâce. Il appelle tous et toutes aux plus hautes destinées spirituelles, sans les arracher à leur famille, à leur profession ou à leur prince. Il tente aussi d'enseigner un nouveau service des pauvres, sans cependant jamais condamner les richesses et les hiérarchies qu'elles établissent : « Je voudrais mettre dans votre cœur la richesse et la pauvreté tout ensemble, un grand soin et un grand mépris des choses temporelles... Ayons donc ce soin gracieux de la conservation, voire de l'accroissement de nos biens temporels... mais quittons donc tous les jours quelque partie de nos moyens en les donnant aux pauvres... » Son *Traité de l'amour de Dieu* (1616) est dédié à Jeanne Françoise de Chantal, qui fonde sous sa direction l'ordre de la Visitation Sainte-Marie.

Le second maître de la réforme catholique française est Pierre de Bérulle, qui découvre dans l'humiliation de Jésus-Christ le modèle de l'anéantissement du moi et de la soumission à Dieu. « Il y a deux états de singulier abaissement dans Jésus : l'un sa naissance et enfance, l'autre sa passion et sa mort. » Son *Discours de l'état et de la grandeur de Jésus...* (1623) prêche l'abnégation intérieure, l'oubli de soi dans la contemplation religieuse. Mais ce mystique est aussi un homme d'action : il participe à la direction spirituelle des carmélites déchaussées, qu'il a contribué à installer en France ; il fonde en 1611 l'Oratoire français. Cette communauté de prêtres séculiers, inspirée par l'Oratoire romain de saint Philippe Neri, travaille à la formation et à la perfection des prêtres. Pour Bérulle, plus encore que la controverse théologique, la sainteté des prêtres est la meilleure arme contre l'hérésie, et ses disciples, Charles de Condren et Jean-Jacques Olier, participeront à la fondation des premiers séminaires français. Ses oratoriens fondent aussi des collèges pour la jeunesse, organisent des missions et figurent en bon rang dans cette milice de plus en plus active et nombreuse de l'Église, car la ferveur et les considérations familiales poussent vers les couvents une fraction importante de la jeunesse noble ou bourgeoise. Des ordres nouveaux sont introduits en France : en 1594, les ursulines, qui vont s'occuper plus particulièrement de l'éducation des filles ; les jésuites, un moment interdits après l'attentat de Châtel contre Henri IV, rentrent en France en 1603. Un des leurs, le père Coton, devient le confesseur du roi cinq ans plus tard, et il exerce encore ce ministère auprès de Louis XIII, inaugurant ainsi pour son ordre une tradition flatteuse, mais redoutable. Les collèges de la Compagnie, au nombre de soixante-dix dès 1640, accueillent non seulement les enfants de l'aristocratie, mais aussi les fils les plus méritants de la moyenne bourgeoisie des villes et des campagnes. Les ordres anciens multiplient de la même façon le nombre de leurs maisons ; chaque ville moyenne voit s'installer dans ses murailles plusieurs communautés nouvelles : à Paris, en un demi-siècle, s'établissent plus d'une centaine de maisons religieuses. Les mendiants, religieux capucins, cordeliers, minimes, récollets, encadrent mieux le peuple des faubourgs et des quartiers pauvres, dont ils partagent le genre de vie et tolèrent parfois les dévotions superstitieuses. Les ordres anciens s'étaient souvent relâchés de leur discipline, beaucoup reviennent à la clôture, à la pauvreté de la table commune et aux rigueurs des offices nocturnes. Les maisons bénédictines réformées constituent la congrégation de Saint-Maur, et le pape, à la demande de Louis XIII, charge le cardinal de La Rochefoucauld de généraliser et d'imposer partout cette renaissance de la règle, tâche difficile, puisque les couvents réunissent les vocations de dévotion et celles de convenance familiale. Richelieu lui-même, après la mort du cardinal de La Rochefoucauld, se préoccupe de la vie et de la discipline des moines de Cluny et de Clairvaux, et son collaborateur, le Père Joseph du Tremblay, suscite et encourage la réforme des Filles de Saint-Benoît, à laquelle l'abbaye de Port-Royal, entraînée par la Mère Angélique Arnauld, a donné l'exemple dès 1609.

Restait la foule délaissée des curés des paroisses, souvent peu instruits ou peu édifiants. A l'appel de Bérulle, les initiatives se multiplient pour améliorer leur formation intellectuelle et religieuse. En 1618, Henri de Gondi essaie de créer, près de l'abbaye de Saint-Magloire, au faubourg Saint-Jacques, un séminaire pour les prêtres du diocèse de Paris ; il charge aussi Bourdoise, qui dirige la communauté de Saint-Nicolas-du-Chardonnet, d'accueillir de futurs prêtres. Saint Vincent de Paul, qui connaît bien la misère morale des campagnes, fonde, en 1625, la Société des prêtres de la Mission ; il reçoit lui aussi, lors des retraites ou des conférences spirituelles, de jeunes prêtres qui se joignent aux lazaristes. Disciple de saint Vincent et de Bérulle, Jean-Jacques Olier, qui, dans son *Traité des saints ordres*, exalte le sacerdoce et l'ordinand, « image du Christ souverain et prêtre », organise à Saint-Sulpice une véritable pépinière d'enseignants et de directeurs pour les séminaires de la province (1642). Dans l'Ouest, Jean Eudes, ancien oratorien, fonde, en 1643, la Congrégation de Jésus et de Marie, dont les membres animent des missions dans les campagnes et instruisent les clercs. Ces efforts préparent l'avenir, mais leurs résultats demeurent limités ; l'Église et les prélats mesurent trop chichement les ressources matérielles de ces diverses fondations, et les séminaires ne reçoivent encore qu'une partie des futurs prêtres. Le haut clergé, recruté par le roi en vertu des dispositions du concordat de Bologne, demeure de qualité spirituelle fort inégale. Louis XIII, cependant, apporte plus d'attention et de scrupule que son père à choisir les évêques, et si l'on trouve toujours à la Cour et à la ville des évêques mondains, plus soucieux de politique et d'intrigue que de pastorale, il en est d'autres qui ne quittent plus leur diocèse et y édifient les fidèles. Nicolas Pavillon s'installe en 1637 dans un diocèse éprouvé, que la maison de Joyeuse, puis la famille de Lestang ont longtemps considéré comme un bien purement temporel. Chaque mois, dans les différentes régions du diocèse, ses vicaires forains rassemblent et chapitrent les curés, qu'il accueille aussi périodiquement pour des retraites au séminaire. François de La Rochefoucauld, lui, s'inspire, à Clermont et à Senlis, de l'exemple sévère de saint Charles Borromée. A Cahors, Alain de Solminihac organise son clergé comme une milice combattante, répartie en congrégations foraines, et ne cesse tout au long de son épiscopat de parcourir son évêché et de visiter ses paroisses (1636-1659). J.-B. Gault, évêque de Marseille, veut s'installer dans une seule chambre de l'Hôtel-Dieu, près des pauvres, qui, avec les marins, les filles débauchées et les esclaves de Tunis, sont l'objet de ses soucis permanents. Il meurt pour avoir voulu confirmer en pleine nuit et en hiver des galériens avant leur départ.

Les laïques ;
pratiques, surveillance des mœurs et assistance

Grâce à ce clergé plus nombreux, moins mal préparé à sa tâche, les laïques sont un peu plus christianisés, un peu mieux aidés et un peu mieux surveillés par l'Église. Capucins, lazaristes, oratoriens et jésuites rivalisent de zèle dans l'organisation des missions intérieures. La mission comporte toujours prêches, sermons, catéchismes pour adultes et enfants. Souvent des conférences spécialisées s'adressent aux différents groupes sociaux. On défie les pasteurs de la religion prétendue réformée, on somme les protestants de se justifier, puis on prie, chante en commun, et la mission se termine par une communion générale et une grande procession. Tandis que saint Jean Eudes parcourt la Normandie et saint François Régis le Vivarais, Julien Maunoir dirige plus de quatre cents missions en basse Bretagne. Par l'usage du dialecte, la composition de cantiques populaires, les encouragements prodigués aux dévotions sensibles et familières, il enracine le catholicisme dans tout l'Ouest armoricain.

L'effort du clergé est soutenu par de nombreuses associations dévotes : confréries et particulièrement confréries mariales, sodalités de collégiens et d'étudiants, tiers ordre franciscain, et surtout Compagnie du Saint-Sacrement (1627-1665). Il s'agit d'une société secrète, groupant des laïcs et des clercs. Parmi ses objectifs figurent, à côté de la dévotion au saint sacrement, l'assistance aux indigents, la lutte contre les protestants et la réforme des mœurs. Elle surveille les libertins, les dénonce aux autorités, suscite contre les réformés et leurs pasteurs une perpétuelle bataille de procédures et de polémiques. Elle poursuit les comédiens de sa réprobation et de ses tracasseries. La présence en son sein de grands seigneurs comme le duc de Ventadour et le prince de Conti, d'ecclésiastiques comme Vincent de Paul et le Père de Condren, de parlementaires comme le premier président Lamoignon donne à ses interventions indirectes une grande influence. Elle contribue à sa façon à une certaine épuration de mœurs, demeurées fort rudes, fait proscrire les danses publiques, régler les banquets et les fêtes des communautés de métier. Elle aide partout dans le royaume la monarchie à interdire les duels et requiert contre les blasphémateurs la rigueur des lois. Cette censure des mœurs risque d'introduire l'espionnage domestique et le conformisme hypocrite ; elle inquiète même la Cour et provoquera l'interdiction de la Compagnie.

Ces efforts missionnaires ont rapproché l'Église militante des misères populaires et suscité les entreprises charitables. « Le peuple meurt de faim et il se damne » : pour saint Vincent de Paul et ses amis, l'assistance est un préalable de la conversion et du salut. Il groupe en charités paroissiales les dames de la bonne société, elles collectent des fonds, visitent et secourent les « pauvres honteux », les amènent à se confesser et à communier, ces dévotions conditionnant toujours la continuation des secours. Bien vite, cependant, l'expérience fait voir « que les dames de condition ont difficulté de porter les vivres aux pauvres malades, de faire leur lit, de leur donner les remèdes et généralement de leur rendre les autres menus services nécessaires ». Saint Vincent réunit donc des femmes du peuple en une Congrégation des Filles de la Charité « pour s'employer aux choses plus basses, qu'il faut exercer envers les dits malades ». Le fondateur voulut pour elles la plus stricte pauvreté, mais ni clôture ni couvent. Habillées à la villageoise, elles consacrèrent leurs soins aux pauvres malades, préférant même ce service ou celui des enfants trouvés aux dévotions habituelles des autres religieuses.

La Fronde et la guerre étrangère multiplièrent encore les détresses, les mendiants peuplèrent les abords des églises, s'entassèrent dans les maisons en ruine et les caves. La charité privée, même encadrée par l'Église et les associations dévotes, parut à demi impuissante, et le problème du vagabondage et du paupérisme devint si angoissant, les dangers qu'il fit courir à la société furent si grands que la Cour et les prélats songèrent à l'enfermement des pauvres. Dans l'Hôpital général de Paris (1656), puis dans les établissements similaires établis en province, on décida de regrouper les indigents valides et de les astreindre au travail. Mais l'entreprise parut très vite démesurée et trop coûteuse : plus de 5 000 mendiants furent un moment rassemblés dans les hôpitaux parisiens, et saint Vincent de Paul, qui aurait voulu éviter la contrainte, s'inquiétait à la veille de sa mort (26 septembre 1660) de la lassitude de l'assistance privée. La répression se substituait peu à peu à la charité évangélique et la société s'accommodait plus facilement de la détresse populaire. Le bilan religieux est plus positif que le bilan social, la pratique dominicale, la communion pascale se généralisent, le catéchisme est mieux enseigné, l'instruction primaire progresse dans les villes. Il reste sans doute beaucoup à faire, la restauration religieuse demeure inachevée, mais des méthodes ont été définies, des équipes constituées ; l'effort sera poursuivi et fera de la France d'Ancien Régime un pays de pratique universelle. Pour l'instant, cependant, les progrès de l'éducation religieuse dans les strates supérieures de la société, le passage que ces progrès déterminent d'une religion de simple conformisme à un christianisme plus intensément vécu ont eu pour immédiate conséquence d'aviver les inquiétudes religieuses et de troubler en profondeur les consciences catholiques.

Le jansénisme

Au plus fort de son élan, la Réforme catholique soudain s'interroge et se divise. Le jansénisme est à la fois témoignage de force, exigence de rigueur et source de faiblesse pour l'Église. Jansénisme, oui, puisque l'évêque d'Ypres Jansen lui a donné dans l'*Augustinus*, paru en 1640, sa charte théologique. Mais le mouvement est bien antérieur et possède aussi ses origines et ses inspirations françaises. L'abbé de Saint-Cyran, le maître et le témoin du premier jansénisme, a connu Jansen à Louvain ; ensemble, ils se sont livrés pendant cinq ans, près de Bayonne, à de vastes recherches de patristique et de scolastique, et dès 1621 Jansen a communiqué à son ami sa théorie de la grâce, selon laquelle l'homme déchu ne peut être sauvé que par la grâce toute-puissante et irréfragable du Christ. Cette question de la grâce ne joue pourtant pas un rôle essentiel aux origines de la crise. Le destin de l'abbé de Saint-Cyran a été autant marqué par l'influence du cardinal de Bérulle que par ses relations avec Jansen : Bérulle qui a proposé à ses disciples une méthode d'oraison et une théologie morale fort différentes de celles des pères jésuites, Bérulle qui s'est également opposé à la Compagnie en prenant la défense de l'autorité et de la juridiction épiscopales, Bérulle, enfin, qui condamna la politique extérieure de Richelieu et mourut en relative disgrâce (1er octobre 1629). C'est l'abbé de Saint-Cyran, son ancien collaborateur, qui lui succède naturellement dans le rôle d'inspirateur spirituel du parti dévot. Il avait dès 1626 reproché aux jésuites leur humanisme, leur indulgence pour les pécheurs et leur conception molinienne de la grâce ; il continue, de 1632 à 1635, sous le pseudonyme de Petrus Aurelius, et avec l'approbation de l'Assemblée du clergé, à combattre pour la défense de l'autorité épiscopale, contre les prétentions et les exemptions des réguliers. D'autres circonstances contribuent à attirer sur lui l'attention de l'opinion et du principal ministre. Sa méthode de direction tout d'abord : il exige de ses dirigés une rupture totale avec le passé, un véritable « renouvellement », la contrition dans la pénitence, le repentir inspiré par l'amour de Dieu et non par la seule peur de l'enfer. Il les maintient donc longtemps dans la pénitence, avant de leur accorder l'absolution, et leur impose après la communion de s'engager dans une période de retraite.

Son enseignement, par l'intermédiaire des membres des familles Arnauld et Lemaître, de Chavigny, le secrétaire d'État, de Jean-Jacques de Barillon, de Jean Bignon, de Mathieu Molé, tous magistrats des cours souveraines, se répand dans le public et suscite des polémiques. Saint-Cyran dirige aussi les religieuses du couvent de Port-Royal, et toute cette notoriété irrite le cardinal de Richelieu, qui redoute cet indocile. Il connaît son amitié avec Jansen, qui vient de publier un pamphlet contre sa politique, le *Mars Gallicus* ; il sait que Saint-Cyran condamne l'annulation du mariage du frère du roi pour raisons politiques. Il y a enfin cette lettre de démission, adressée au chancelier par Antoine Lemaître, que Saint-Cyran dirige. Dans cette lettre, Lemaître annonce sa décision de vivre dans la retraite, sans devenir prêtre ou religieux : « Je renonce aussi absolument aux charges ecclésiastiques qu'aux civiles, je ne veux pas seulement changer d'ambition, mais n'en avoir plus du tout. Je suis plus encore éloigné de prendre les ordres de prêtrise et de recevoir des bénéfices, que de reprendre la condition que j'ai quittée. » Pour le cardinal, cette lettre sonne comme un défi personnel. Admirateur de Machiavel et prince de l'Église, il devait concilier chaque jour les devoirs religieux et les intérêts de la politique profane. Dans son *Traité de la perfection du chrétien*, il avait rappelé que Dieu n'appelle que le plus petit nombre à la vie de méditations et de prières, et que tous les autres doivent remplir leurs devoirs d'état et les obligations de leur condition. Le défi d'Antoine Lemaître était d'autant plus inquiétant que le jansénisme naissant comptait beaucoup de ses sympathisants dans les milieux où se recrutaient les cadres de l'Église et de l'État. Lemaître semblait fidèle à l'enseignement de son maître spirituel.

Il y a bien, en effet, chez Saint-Cyran, une intransigeance prophétique, un extrémisme qui menace tout l'équilibre de la société temporelle. Saint-Cyran jette sur l'Église et le siècle un regard si pessimiste qu'il semble par moment condamner toute activité dans le monde, nier la légitimité des liens familiaux, des activités professionnelles et des devoirs politiques. Avec lui, la Réforme catholique risquait peut-être de s'enfermer dans une impasse, et tout mouvement de rénovation religieuse porte toujours en lui, comme une option extrême, ce refus de composer avec le monde, cette volonté de le révolutionner ou de le nier. L'arrestation de Saint-Cyran, opérée le 14 mai 1638, ne surprend donc guère. Mais elle en fait un martyr, elle condamne l'Église de France aux divisions et crée dans le royaume une force nouvelle d'opposition. En soutenant contre l'arbitraire ministériel les droits de la conscience individuelle, Saint-Cyran devient malgré lui un peu le champion des autres libertés, et un héros pour tous ceux qui souffrent dans leurs intérêts ou leur prestige des progrès de l'absolutisme.

Lorsqu'il sort de prison, pour mourir quelques mois plus tard (octobre 1643), le jansénisme en tant qu'Église dans l'Église est déjà constitué. La publication de l'*Augustinus* (1640) et de *la Fréquente Communion* d'Arnauld lui a donné une théologie et une doctrine des sacrements. Entre les deux camps, les escarmouches se multiplient tout au long de la Régence, puis, en 1649, la Faculté de théologie de Paris est appelée à examiner cinq propositions, censées résumer la doctrine de l'*Augustinus*. Quatre-vingt-cinq des membres de l'Assemblée du clergé décident de les soumettre au Saint-Siège, qui les déclare hérétiques le 31 mai 1653. Loin de s'apaiser, la bataille rebondit et les dix-huit *Provinciales* de Pascal apportent à une opinion alanguie depuis l'échec de la Fronde de nouveaux motifs d'agitation et de curiosité (1656-1657). Elles passionnent les laïcs pour une querelle de théologiens, et réussissent à discréditer en quelques mois la morale accommodante des casuistes. Sur le plan ecclésiastique, cependant, elles n'évitent pas au jansénisme une seconde défaite. Les cinq propositions furent de nouveau condamnées par Rome et expressément attribuées à Jansen (octobre 1656), tandis que l'Assemblée du clergé prescrivait à tous les clercs la signature d'un formulaire qui allait soumettre une partie de l'élite catholique à de douloureux débats de conscience. Les hasards de l'histoire allaient faire des partisans d'un retour aux rigueurs de la primitive Église, des adversaires de l'humanisme et de toute culture laïque, les héros de la libre conscience persécutée.

L'intolérance militante

Le renouveau catholique s'est exprimé aussi par des dénonciations, des polémiques, des persécutions à l'encontre des libertins, des protestants, des magiciens et des sorciers. Contre ces adversaires, considérés à des titres divers comme les jouets et les agents du démon, les catholiques, divisés par la querelle de la grâce, se retrouvent unis, leur zèle dans ce combat valant même en certaines circonstances brevet d'orthodoxie. L'intolérance donne encore la mesure au XVIIe siècle du dynamisme des grandes Églises chrétiennes.

Les plus cruellement persécutés appartiennent à cette communion du sacrilège et des compensations illusoires : la sorcellerie. Depuis le milieu du XVe siècle, cette maladie de l'âme ravage les milieux populaires d'Europe occidentale. La crise des Églises, leurs querelles, l'abandon spirituel où furent laissés longtemps les humbles ont favorisé ses progrès. Partout on traite le mal avec la même sauvage cruauté. Les suspects sont déjà condamnés, la torture arrache les aveux les plus invraisemblables, et les rétracter suppose un courage surhumain. Les exorcismes, les sentences et les exécutions publiques rendent crédible l'imaginaire. Les hommes les plus cultivés, les plus doux, cèdent à cette hantise : Satan et ses créatures, présents toujours et partout parmi les hommes. Marescot, médecin d'Henri IV, ayant émis des doutes à propos des révélations d'une possédée, Marthe Brossier, Bérulle n'hésite pas à le réfuter dans son *Traité des énergumènes*. Rares sont les esprits lucides, prêts, comme Montaigne, à administrer l'ellébore aux sorcières, et qui se refusent, comme Cyrano, à croire toute chose d'un homme, car un homme peut dire et imaginer toute chose : « Non, je ne crois point de sorciers, encore que plusieurs grands personnages n'aient pas été de mon avis, et je ne défère à l'autorité de personne, si elle n'est accompagnée de raison. » Trois scandales, survenus à Aix en 1609, à Loudun en 1633 et à Louviers de 1633 à 1643, contribuent cependant à l'évolution d'une partie de l'opinion éclairée en général, et des magistrats parisiens en particulier. Dans les trois affaires, des religieuses hystériques accusent des prêtres, des confesseurs. L'abbé Gaufridi à Aix, l'abbé Urbain Grandier à Loudun paient d'affreuses souffrances et de leur vie le zèle des exorcistes. Mais entre les trois affaires la contagion et l'imitation sont si évidentes qu'elles commencent à faire réfléchir et préparent les décisions salutaires qui seront prises en 1672 et 1682 par Louis XIV et Colbert.

Le schisme protestant, lui non plus n'a jamais été admis par l'Église catholique, pour qui l'édit de Nantes n'est qu'un mauvais et provisoire compromis. Face à cet adversaire plus dynamique, l'Église réformée de France paraît maintenant douter d'elle-même. Les trois insurrections de 1621-22, 1625-26, 1627-29, puis l'édit de grâce d'Alès l'ont indirectement affaiblie. Sans doute rien n'est modifié aux libertés religieuses, garanties depuis 1598 par l'édit de Nantes, mais les places de sûreté sont détruites ou confiées à des gouverneurs catholiques, les assemblées politiques interdites. Le coup est rude, parce que, dans la France monarchique, la cause du protestantisme est liée au maintien du provincialisme, des particularismes féodaux et à l'existence des corps intermédiaires. Les querelles théologiques à propos de la prédestination, l'opposition entre les académies de Saumur et de Sedan constituent une autre source de faiblesse pour une minorité pressée de tous côtés. Le corps pastoral paraît ébranlé, de nombreux ministres vouent un culte ambigu à la gloire du monarque catholique, d'autres se prêtent à des tentatives d'accommodement, suscitées par Richelieu et une partie de l'épiscopat français. Le nombre des conversions dans la haute société huguenote, la désertion des Condé, de Lesdiguières, celle du fils de Sully témoignent de la gravité de la crise et de la force de conviction et de contrainte du catholicisme tridentin.

Les libertins, ces réfractaires aux règles intellectuelles et morales du christianisme, en éprouvent également les rigueurs. On compte parmi eux de simples épicuriens, jeunes gens à la mode, hardis au sacrilège, joyeux vivants de salon et de Cour. Théophile de Viau est un peu leur poète, et Sorel, dans l'*Histoire comique de Francion*, leur chroniqueur. Mais il existe aussi des libertins d'érudition et de philosophie : les uns, héritiers de l'humanisme érasmien, conservent du christianisme les dogmes essentiels, mais veulent le débarrasser des superstitions dont la religion, pensent-ils, s'est peu à peu encombrée ; d'autres, avec La Mothe Le Vayer, s'interrogent sur la diversité et les contradictions des religions, tandis que Cyrano de Bergerac réunit le matérialisme atomiste antique et le naturalisme padouan. Pour les libertins de pensée comme pour les libertins de débauche, la condamnation et l'arrestation de Théophile de Viau marquent le début de la prudence et de la clandestinité (1625). Contre eux, le Père Garasse fulmine sa *Doctrine des beaux esprits de ce temps...* Mais ils comptent aussi des adversaires plus prestigieux : Mersenne, Descartes et Pascal s'attachent à les réfuter ou à les convaincre. La qualité des contradicteurs dit assez la crainte qu'inspiraient le libertinage et l'incroyance, et par conséquent la vivacité d'un mouvement de pensée qui chemina dans l'ombre sous les rigueurs du contrôle monarchique. Par leur défi, les libertins contribuent au mouvement contemporain de la philosophie et de la science ; par leur enseignement, ils entretiennent une réflexion qui se manifestera de nouveau au grand jour avec Bayle, Fontenelle, Montesquieu, puis Voltaire.

Les ambiguïtés du cartésianisme

Mersenne, avant Descartes, a songé à combattre les libertins en scrutant l'ordonnancement mathématique du monde et de la matière, et il a publié en 1624 et 1625 *l'Impiété des déistes...* et *la Vérité des sciences contre les sceptiques ou pyrrhoniens*. Pour lui, la nature n'est pas animée par des forces mystérieuses, mais ordonnée et déterminée. La structure mathématique de l'univers est un reflet exact de l'éternelle raison créatrice de Dieu ; le seul vrai et grand miracle est celui de l'Incarnation et de la Rédemption chrétiennes.

Les intentions de Descartes ne paraissent pas, au départ, très différentes de celles de son ami. Il conçoit en 1619, et sous la forme d'une illumination dont il veut rendre grâce à Notre-Dame-de-Lorette, le projet de sa recherche : appliquer la raison mathématique à tous les phénomènes de l'univers et trouver le fondement métaphysique de cette efficacité de la raison. C'était reconstituer un système du monde, et répondre aux inquiétudes de son temps. La Renaissance, en effet, avait ébranlé la scolastique sans lui substituer un ensemble cohérent, et les travaux de Copernic, Kepler et Galilée, la découverte de l'univers infini et de l'héliocentrisme révélaient de façon plus criante encore l'insuffisance d'Aristote et de saint Thomas d'Aquin.

En juin 1637, Descartes publie à Leyde le *Discours de la méthode pour bien conduire sa raison et chercher la vérité dans les sciences, plus la dioptrique, les météores et la géométrie, qui sont des essais de cette méthode*. Le doute méthodique de Descartes, point de départ de sa reconstruction, respecte un certain nombre de postulats : la valeur de la raison humaine et mathématique comme souverain juge du vrai, la vérité des idées innées conçues clairement : conscience de soi, notions mathématiques de mouvement, d'étendue et d'infini. La force contraignante de ces idées prouve suffisamment l'existence de Dieu, car ces notions dans l'esprit d'un être fini et imparfait ne peuvent venir que d'un être infini et tout-puissant. Dieu parfait ne peut être trompeur, c'est le fondement de la religion cartésienne et de la vérité mathématique : « Toute la philosophie est comme un arbre dont les racines sont la métaphysique, le tronc la physique, et les branches qui sortent de ce tronc sont toutes les autres sciences... » A la matière réduite à l'étendue, Dieu a donné le mouvement initial, une quantité immuable de mouvement et l'univers tout entier n'est que cette immense mécanique, où l'homme seul possède une âme et l'usage de son libre arbitre. Formulé dans un langage clair et accessible à tous, le cartésianisme reçut d'enthousiastes adhésions ; ce fut un succès mondain et savant, mais aussi le point de départ de nouvelles polémiques.

Il y a d'abord dans l'audacieuse construction scientifique de Descartes des points faibles et des affirmations prématurées. Même parmi ses amis, ses théories de la matière subtile, des tourbillons et des esprits animaux étaient loin de faire l'unanimité. Puis vinrent les objections théologiques de la Compagnie de Jésus, des universités et de l'Église, attachées à un aristotélisme moribond. Déjà la condamnation de Galilée par le Saint-Office, en 1633, laissait mal augurer de la réconciliation souhaitée entre la science et le dogme. Descartes s'était installé dans la bourgeoise et protestante Hollande pour poursuivre en sécurité ses travaux et sa correspondance, mais il aurait souhaité l'approbation de l'Église. Il n'obtint que des réserves, des mises en garde et, finalement, après sa mort, l'inscription à l'Index de ses œuvres et l'interdiction dans l'enseignement de son système. Le cartésianisme possédait, il est vrai, un dynamisme qui dépassait les intentions primitives de son auteur ; le doute méthodique, même provisoire, le silence même respectueux sur la politique et la théologie constituaient autant de dangereux précédents. Nulle part le péché, le Christ, la rédemption n'étaient présents dans ce système, et le Dieu de Descartes, froid géomètre, ne parlait guère au cœur. Pour certains, le cartésianisme menait directement au déisme et à l'agnosticisme religieux. Pascal le lui reproche durement : « Je ne puis pardonner à Descartes ; il aurait bien voulu dans toute sa philosophie se passer de Dieu, mais il n'a pu s'empêcher de lui faire donner une chiquenaude pour mettre le monde en mouvement », et, moins confiant dans la raison humaine, il imagine pour sa part une tout autre apologétique. Mais, approuvé, discuté et bientôt condamné, le cartésianisme contribue à laïciser la pensée européenne et à l'engager dans une nouvelle recherche, celle de la conquête de la nature et de ses secrets.

VI. LE MOUVEMENT ESTHÉTIQUE. RICHESSES BAROQUES ET CHEFS-D'ŒUVRE CLASSIQUES

La France a traversé de 1589 à 1661 des épreuves exceptionnelles et se retrouve au début du règne personnel de Louis XIV politiquement transformée. A l'incertitude politique, aux frondes et aux complots succède un ordre nouveau, celui d'un absolutisme solennel et administratif. Au travers de cette aventure mouvementée, elle a réussi à assurer son indépendance et son hégémonie en Europe. Mais l'aventure n'est pas seulement politique et militaire, la vie culturelle et artistique du pays révèle aussi une étonnante richesse, une diversité qui souvent décourage ou déconcerte les classifications érudites. De 1600 à 1660, tout semble se jouer ; en un moment important de l'unification nationale, bien des traits durables de la culture française se dégagent et s'imposent. Baroque et classicisme, l'opposition comporte une large part d'arbitraire, mais elle a le mérite de souligner l'évolution rapide de l'esthétique littéraire et artistique.

Groupes sociaux et niveaux de culture

Une minorité seulement de la population française peut entrer en contact avec la culture livresque et savante. La moitié des hommes au moins et les trois quarts des femmes ne savent ni lire ni écrire. La tradition populaire transmet de veillée en veillée dans les campagnes, de cabaret en cabaret dans les bourgades, tout un corpus de légendes, de superstitions, de préceptes moraux ou de recettes techniques. Des colporteurs vont vendre de village en village les mêmes romans mythologiques ou burlesques, les mêmes contes féeriques. Le merveilleux semble enchanter l'âme populaire, les vies de saints sont des successions de miracles, et les exploits fantastiques de Roland, d'Olivier et d'Ogier disent les vertus d'une noblesse généreuse. Sans doute, la tradition orale était plus riche, plus nuancée et moins conformiste, mais elle nous échappe et il est bien difficile de la retrouver à travers les quelques contes que nous a transmis le folklore.

Ceux qui avaient eu le privilège de fréquenter les écoles, les collèges, les académies nobles ou les universités étaient les seuls à pouvoir jouer un rôle dans l'élaboration des goûts et des modes artistiques et littéraires. Les collèges, qu'ils soient de la Compagnie de Jésus ou de l'Oratoire, forment leurs élèves par la pratique de la rhétorique latine et l'admiration des héros de l'Antiquité, et la connaissance de cette latinité revue, corrigée, ajustée aux croyances chrétiennes, artificiellement présentée dans des morceaux choisis moralisateurs est censée leur communiquer le respect des règles d'une perfection éternelle, le sens du bon goût et celui du devoir.

Les procédés de la rhétorique, et les sujets sur lesquels elle s'exerce, placent l'adolescent dans un monde idéal, étranger à la vie familière et à l'expérience vécue. Il est par l'art du discours autant que par l'enseignement religieux et la morale néo-stoïcienne appelé à sortir de lui-même, à se conformer à des valeurs universelles d'ordre, d'équilibre, et à manifester aux autorités le respect qu'on leur doit. Ainsi les succès pédagogiques des jésuites préparent les progrès d'une esthétique et d'une politique nouvelles. Tous les aspects de la vie culturelle et artistique sollicitent d'ailleurs l'intervention de l'Église ou de l'État, et la monarchie absolue cherche à exercer son contrôle sur les artistes et les écrivains et à les enrôler au service de sa gloire. Un grand règne ne doit-il pas s'inscrire dans la pierre des monuments et dans l'œuvre des poètes ?

La littérature

Henri IV, qui rêve pour sa capitale d'un urbanisme nouveau, protège aussi Desportes, Bertaut, poètes de cour appelés à célébrer en vers de circonstance la famille royale et sa chronique domestique. Il accueille et favorise Malherbe, Malherbe qui commence à définir, en dépit de Mathurin Régnier et des disciples attardés de la Pléiade, le code de la littérature classique et les règles du beau langage. Après avoir célébré Henri IV, Malherbe vit assez longtemps pour chanter les vertus de Louis XIII et du cardinal ministre, et plusieurs de ses plus fidèles disciples figurent parmi les collaborateurs de Richelieu et les premiers membres de l'Académie française.

Peu d'hommes politiques ont eu autant que Richelieu conscience de l'importance des écrivains dans le gouvernement de l'opinion. Depuis 1631, *la Gazette* de Théophraste Renaudot diffusait dans le public les plaidoyers que le ministre ou le roi lui communiquait. En 1634, ayant appris par Boisrobert qu'un groupe de gens de lettres et de beaux esprits se réunissait chez Valentin Conrart, il leur proposa de former une académie, officiellement reconnue et privilégiée. Il voulait que l'Académie s'occupât de porter à la perfection la langue française et préparât un dictionnaire, une grammaire, une poétique et une rhétorique, où seraient formulées les meilleures règles. Mais il attendait davantage encore. L'Académie reçut l'ordre de célébrer les victoires des armées du roi et de fournir des polémistes à gages dans la guerre de propagande que le gouvernement livrait aux gouvernements des Pays-Bas et de Madrid.

L'intervention d'un organisme officiel et d'un ministre tout-puissant dans le domaine de la critique comporte bien des risques. Les jugements sévères des académiciens à propos du *Cid* affectèrent et irritèrent fort Corneille, qui devinait trop, derrière les critiques de Scudéry et d'Aubignac, les réserves du cardinal.

Toujours au nom du bon goût, Chapelain et ses collègues prétendirent exercer une critique aussi rigoureuse sur la poésie, et leur pédantisme devint si abusif que Racan osa le dénoncer en pleine Académie. Peu à peu, en dépit des protestations, certains courants de cette riche littérature du début du XVIIe siècle furent ainsi discrédités ou étouffés. Théophile de Viau, Racan, Saint-Amant n'eurent vraiment ni disciples ni continuateurs, et on ne retrouva plus avant longtemps ce sens de la nature, de sa description imagée et colorée, ni ce ton élégiaque qui caractérisent leurs œuvres.

Le roman, expression privilégiée de l'esthétique baroque, fut exposé aussi aux dénonciations des directeurs de conscience et aux critiques du pédantisme académique. Pour les uns, c'était un genre mineur, irréductible aux bonnes règles, car n'y sont peintes que des situations extravagantes ; pour les autres, une lecture moralement dangereuse. Le roman eut heureusement la faveur du public, qui partagea ses préférences entre le roman satirique et burlesque et le roman chevaleresque ou précieux. *L'Histoire comique de Francion* trahit chez Sorel l'influence du roman picaresque espagnol (1622). Sorel, qui condamnait le purisme de Malherbe, écrit dans une langue riche et savoureuse ; il nous donne une peinture réaliste de milieux très divers, la Cour, les salons, les collèges, les lieux de débauche, mais il nous propose aussi une philosophie peu orthodoxe, si peu respectueuse même des valeurs établies qu'après l'arrestation de Théophile de Viau, Sorel prit peur, et dans son édition de 1626 allégea son roman des phrases les plus scandaleuses. Il y a plus d'audace encore, mais moins de grivoiseries dans les deux romans de Cyrano de Bergerac : *les États et empires de la Lune* et *l'Histoire comique des États du Soleil*. Sa fantaisie drolatique se donne libre cours dans la description des préparatifs du voyage et la peinture des mœurs des habitants de la planète, mais l'aventure astrale est aussi un prétexte pour critiquer l'orthodoxie religieuse et les croyances en l'immortalité de l'âme ; à mi-chemin entre Rabelais et Voltaire, Cyrano a réussi « à nous donner une version baroque du conte philosophique » ; encore faut-il ajouter que ses romans ne furent publiés qu'après sa mort et après avoir été prudemment expurgés.

L'autre courant du roman baroque soulevait moins de problèmes et moins de scandale, et *l'Astrée* d'Honoré d'Urfé connut un immense succès (publié de 1607 à 1624). Ce roman pastoral et sentimental a transmis à tout le siècle un idéal d'amour courtois et chevaleresque. Imité des anciens romans de chevalerie et d'autres modèles espagnols ou italiens, il mêle aux aventures galantes des récits de cape et d'épée. Les héros de La Calprenède ou de Mlle de Scudéry (*le Grand Cyrus* [1649-1653], *Clélie* [1653-1661], comme ceux de l'Arioste et du Tasse, affrontent, dans des décors pseudo-historiques, tempêtes, pirates, ennemis innombrables. Mais leurs auteurs veulent peindre aussi la société aristocratique de leur temps, et des signes de reconnaissance permettaient à Condé et aux jeunes gentilshommes, fréquentant entre deux campagnes les salons parisiens, de se retrouver et de s'admirer. Ce roman noble et baroque reçut un coup sévère de l'échec de la Fronde et du développement de la Cour, qui concentra la vie de société. L'évolution du goût littéraire n'admettait plus aussi facilement l'emphase, les invraisemblances et toutes ces successions d'enlèvements, de méprises et de reconnaissances.

Les progrès des formes, du style et de l'esprit classique, qui ont été favorisés par le renouveau catholique et l'absolutisme, correspondent aussi à un mouvement spontané de la civilisation et de l'esthétique. Aux valeurs représentatives du baroque : la mobilité, la richesse de l'ornementation et de l'image, la maîtrise des métamorphoses, se sont partiellement substituées des qualités nouvelles d'ordre, de clarté et de discrétion dans l'expression. Les épreuves subies par le pays et l'ambition du projet monarchique, en grandissant l'orgueil national, ont contribué aussi au discrédit de certains genres d'origine étrangère. Ainsi, la pastorale et la tragi-comédie, imitées de Lope de Vega et du Tasse, et qui avaient connu dans les années 20 du siècle un immense succès, perdent peu à peu leur monopole théâtral. Une réaction, encouragée par Richelieu et Chapelain, se dessine à partir de 1634 dans les œuvres de Rotrou et de Mairet. Corneille, pour sa part, dans cette querelle entre les défenseurs de la liberté et les partisans des règles académiques, figure d'abord dans le camp des modernistes : *le Cid* qu'il rédige en 1636 est encore un chef-d'œuvre de la tragi-comédie. Cependant, à partir de son modèle espagnol, Corneille a élagué, simplifié l'intrigue et donné une vraisemblance psychologique à ses personnages. Par un mouvement naturel, indépendamment de tout esprit dogmatique, il a réussi à développer l'effet dramatique en resserrant l'action. La querelle du *Cid*, son désir de plaire à Richelieu, mais aussi l'inspiration de son génie précipitèrent son évolution. *Horace*, en 1640, est un modèle de perfection classique, non pas tant par l'observation des règles que par son unité, sa densité, son rythme haletant, cette progression intérieure qui mène Horace jusqu'au meurtre de sa sœur. La pièce renvoie aussi un écho de son temps et nous livre un témoignage sur les débats et les enjeux politiques de la fin du règne de Louis XIII : *Horace* ou l'affrontement des attachements familiaux et des intérêts de la raison d'État. Quatre ans plus tôt, *le Cid* et le combat contre les Maures avaient fait vibrer Paris, l'année même de l'invasion espagnole. Bientôt, *Cinna*, dans un royaume menacé par les conspirations des Grands, posera les problèmes du salut public, ceux de la répression nécessaire ou de la clémence raisonnable. Œuvres d'histoire, mais certainement pas de circonstance : les personnages échappent, en effet, aux identifications contemporaines. A travers l'histoire, Corneille a poussé si loin l'analyse de ses personnages qu'il a atteint l'homme dans l'universel de ses passions et l'intemporalité de son destin. Ce désir de connaissance et de vérité psychologique donne son sens et son unité à la littérature française du milieu du XVIIe siècle. L'intensité des préoccupations morales ou religieuses inspire sans doute cette recherche de la vraie nature de l'homme. Elle fait la valeur de *l'Astrée* tout autant que de la tragédie cornélienne, et Descartes essaie dans *le Traité des passions de l'âme* de lui trouver de nouvelles justifications et de nouveaux moyens d'investigation (1649).

Ce souci de la vérité humaine et religieuse incite à la clarté et détermine l'évolution des règles du discours. Alors que ses contemporains ne concevaient jusque-là l'éloquence qu'embarrassée de rhétorique savante, le Pascal des *Provinciales* (1656-1657) ne veut que convaincre et toucher. En géomètre, en savant, il recherche l'objectivité des démonstrations et des citations ; en chrétien, il s'alarme ou s'indigne. Sa passion préserve sa composition rigoureuse de toute sécheresse géométrique. Son éloquence se moque de l'éloquence traditionnelle. La rhétorique élevait une barrière à la communicabilité, elle isolait des initiés et des privilégiés. L'éloquence de Pascal n'a pas d'âge et appartient à tous. C'est bien sans doute dans le jaillissement de la production littéraire, dans la recherche d'un langage clair, direct, capable d'exprimer de nouvelles interrogations sur la condition humaine, que se laissent le mieux saisir la vitalité du premier XVIIe siècle et tant de ressources accumulées dont va s'emparer l'ordre louisquatorzien pour en constituer l'ornement de la grandeur monarchique.

L'architecture française
dans la première moitié du XVIIe siècle

Rien ne serait plus faux que d'imaginer dans la France de cette époque le combat de deux écoles ou de deux styles. L'opposition baroque-classique n'avait pas de signification claire et consciente pour les contemporains. En architecture, le premier baroque a conservé en France une retenue qui a facilité les transitions et l'affirmation précoce d'une originalité nationale. Il ne s'affirme vraiment que dans la profusion du décor et de l'ornementation. Sur les murs de l'hôtel de Sully, construit par Jean du Cerceau (1624-1629), il dresse de grandes figures allégoriques, surcharge les fenêtres de frises et de tympans, alourdit les lucarnes de volutes et de masques. Les églises nouvelles, qu'édifient la richesse et la ferveur d'un catholicisme en plein renouveau, introduisent en France les façades à la romaine : colonnes jumelées, frontons triangulaires et circulaires, volutes et tables au-dessus des portes. Salomon de Brosse pour Saint-Gervais de Paris imagine une élévation en trois registres des trois ordres superposés (1616). Pour l'église Saint-Paul-Saint- Louis, le Père Derand s'inspire à la fois de Saint-Gervais pour l'équilibre des masses, et de Saint-Charles d'Anvers pour la richesse de la décoration : façades illustrées de festons, de niches, de balustrades et surmontées par un haut fronton interrompu au sommet. Mais dans l'un et l'autre cas, l'avancée de la partie médiane est peu marquée et les lignes orthogonales charpentent solidement la haute façade. Rien ne rappelle ici les ondulations des édifices romains de Boromini ou de Pierre de Cortone. Le baroque français conserve au XVIIe siècle un caractère sévère et géométrique. Les réalisations de Salomon de Brosse, le Luxembourg (1615), le château de Blérancourt, le palais de justice de Rennes (1618), sont plus remarquables par l'équilibre des masses que par le mouvement des façades. Le baroque n'a triomphé sans réserve en France que dans des constructions provisoires : pompes funèbres, arcs de triomphe dressés dans les villes à la réception d'un prince, théâtres de verdure, décoration de théâtre, et dans le mobilier, les autels et les gloires des églises. La France du XVIIe siècle hésite à inscrire dans la pierre ces décors d'un soir, ces fontaines et ces exubérances de rêve qui font le charme de certaines places romaines, et les travaux d'urbanisme entrepris par Henri IV à Paris n'ont rien des ordonnances et des fastes baroques et s'inspirent d'un esprit politique ou mercantile. La place Dauphine et la place Royale n'alignent que des maisons uniformes et bourgeoises ; aucun palais, aucune église ; le projet de la place de France dispose autour d'une demi-circonférence des bâtiments publics et des marchés, entre lesquels débouchent des avenues au nom des provinces du royaume ; elles convergent comme les rayons d'une roue vers le centre : symbole de l'unité monarchique. Sur les façades, le rythme des chaînages d'angle et des cordons de pierre alternant avec les surfaces de brique constitue le seul élément décoratif. Louis XIII n'a pas repris les projets urbanistiques de son père, et les architectes travaillent surtout pour l'Église, pour Richelieu, pour les Grands et les financiers, ces fastueux parvenus. Les trois plus grands, Jacques Lemercier, François Mansart et Louis Le Vau, développent les leçons de Salomon de Brosse et définissent peu à peu un style nouveau. Lemercier collabore aux projets du cardinal, à Rueil, à Richelieu même, rêve d'une ville géométrique autour d'un château princier, à Paris enfin, où il édifie la Sorbonne et son église (1626), le futur Palais-Royal (1633) et le Val-de-Grâce. Comme lui, son collègue et rival Mansart paraît plus sensible aux leçons de Palladio et de la Renaissance qu'à celles des maîtres italiens ses contemporains. François Mansart est le véritable créateur du style classique français. Dans le château de Blois, il construit pour le duc d'Orléans un monument d'équilibre, aux arêtes vives, où la succession verticale des ordres introduit quelque fantaisie dans le jeu régulier des fenêtres rectangulaires, des colonnes et des pilastres doubles. Il affirme sa maîtrise au Val-de-Grâce (1645). L'église est construite sur un plan circulaire à coupole centrale et trois absides ; il imagine pour entrée un portique en avancée soutenu par huit colonnes, fixant ainsi sur la façade un puissant centre de gravité, une bouche d'ombre, qui donne par opposition au large second étage une élégance inattendue. Au château de Maisons, construit l'année suivante (1642-1648) pour René de Longueil, il réussit à combiner clarté et subtilité plastique. Avec les mêmes qualités, Le Vau construisait dans le quartier du Marais et de l'île Saint-Louis les hôtels d'Aumont, Tambonneau, Lambert et Hæsselin, avant d'entreprendre pour Fouquet le château de Vaux-le-Vicomte, que Le Brun décora et dont Le Nôtre dessina les jardins. Les travaux s'y terminaient quand le surintendant donna la grande fête qui scella son destin et annonçait le temps venu des fastes versaillais.

L'apogée de l'école française de peinture

L'histoire de la peinture française au XVIIe siècle demeure difficile à ordonner, en raison de l'incertitude de certaines attributions, de la disparition de nombreux tableaux et de l'existence d'écoles provinciales encore mal connues. Aucun grand nom de peintre pour illustrer le règne d'Henri IV et de la Régence. C'est un Flamand, François Pourbus le Jeune, qui fait figure à la Cour de peintre officiel, et les artistes qui constituent la seconde école de Fontainebleau, Ambroise Dubois, Toussaint Dubreuil et Martin Fréminet, ne sont que de petits maîtres qui achèvent de décorer les châteaux royaux dans l'esprit du Rosso et du Primatice. Cette médiocrité rend d'autant plus éclatante la révélation successive après 1630 d'un certain nombre de très grands peintres qui font du deuxième tiers du XVIIe siècle une des périodes les plus fécondes et les plus originales de la peinture française. L'attention du roi et de Richelieu, secondés par Sublet de Noyers, surintendant des Bâtiments, encourage les artistes. Ils leur passent des commandes, leur accordent des pensions. Mais surtout se crée peu à peu un public de connaisseurs parisiens. Une correspondance internationale de marchands et d'amateurs s'institue entre Rome, Paris, Anvers, Londres et Amsterdam, qui assure la renommée et l'indépendance relative des plus grands artistes. L'Église catholique, enfin, grande bâtisseuse en ce siècle de ferveur religieuse, propose aux peintres de décorer ses nouveaux autels et d'illustrer ses grandes fêtes liturgiques.

L'arrivée à Paris de Simon Vouet, retour de Rome, donne une nouvelle vie à la peinture française qui s'attardait dans un maniérisme alangui. Vouet, qui fut célébré comme le premier peintre du royaume, introduisit en France les leçons de la grande peinture italienne. Entre les traditions de Michel-Ange, de Raphaël et de Titien, entre le style classique déjà des Carrache, et celui plus tourmenté du Caravage, lui-même hésitait, comme hésitait Vignon, peintre brillant, mais peut-être superficiel.

A l'opposé de cet éclectisme, les cinq grands de la peinture française au milieu du XVIIe siècle, La Tour, Philippe de Champaigne, Le Nain, Poussin et Claude Gellée, ont cherché et trouvé chacun le style personnel approprié aux hautes ambitions de leur peinture.

La Lorraine, encore indépendante, a vu naître au XVIIe siècle trois artistes de réputation universelle : le graveur Jacques Callot, les peintres Claude Gellée et Georges de La Tour. Callot illustra la société contrastée de son temps de faste et de pauvreté, et décrivit de façon presque cinématographique *les Misères de la guerre* (1633). Georges de La Tour, lui, a certainement subi l'influence du Caravage, mais il s'en dégage peu à peu et ses chefs-d'œuvre, comme *la Nativité* de Rennes et *le Martyre de saint Sébastien* (1650), ne ressemblent à rien de ce que l'on avait peint jusque-là. Ce très grand peintre, longtemps méconnu, réduit les formes et les silhouettes à leur essence géométrique, et compose ses toiles presque cubistes de façon monumentale. Par l'élimination de tous les détails, de toutes les anecdotes, par la retenue des gestes, il grandit et concentre l'émotion, et l'immobilité silencieuse de ses personnages crée une atmosphère recueillie et religieuse.

Peintres du silence et de l'intimité méditative, Louis Le Nain et Philippe de Champaigne le furent aussi dans leurs plus achevés chefs-d'œuvre. Nés à Laon, les trois frères Le Nain ont certainement recueilli, outre la tradition nordique de la peinture de genre et de bamboche, l'enseignement du caravagisme. Mais leurs grandes scènes paysannes, plus particulièrement attribuées à Louis, *la Grande Famille* et *le Repas de paysans* du musée du Louvre (1642-1644), ne reconnaissent aucun modèle : des campagnards silencieux, attentifs, vrais mais dignes, et, en présence du pain et du vin de leur repas rustique, une méditation, sans exemple à l'époque, sur le travail et la charité, le spirituel et le profane, et où s'expriment les vraies conquêtes du nouveau christianisme.

Au profane, Philippe de Champaigne a consacré ses nombreux portraits ; au spirituel, après sa rencontre avec Port-Royal en 1643, il a voulu consacrer l'essentiel de son œuvre. Cette influence austère écarte davantage encore cet artiste d'origine bruxelloise du baroque des Pays-Bas et de Rubens. Dans le choix de la couleur et la composition, lui aussi s'impose progressivement un dépouillement, une économie de moyens qui l'aident à exprimer dans le fameux *Ex-voto pour la guérison de sa fille* (1661), l'intensité mystique de l'oraison. Il est certain que Champaigne, Le Nain, La Tour possèdent en commun, en dépit de la diversité de leurs personnalités, un sens de la composition statique et claire, et manifestent un intérêt identique pour la vie intérieure de leurs modèles et la connaissance des âmes. C'est déjà avec eux une esthétique toute différente de l'esthétique baroque qui s'affirme. Mais il appartenait à Claude Gellée et à Poussin de porter le style classique à une sorte d'apogée et de perfection lucide. La plupart des peintres du XVIIe siècle ont fait ou désiré faire le voyage de Rome. Poussin et Claude Gellée ont voulu y demeurer pour vivre et travailler. Claude Gellée a peint la beauté sereine de la campagne latine, le jeu de la lumière sur l'eau des ports. Dans des compositions aussi ordonnées que celles de son ami Poussin, il a réussi par de simples gradations de couleurs à rendre la poésie de la nature et l'infini de l'espace. Claude Gellée était un intuitif et un poète, Poussin (1594-1665), un intellectuel, dont l'œuvre si diverse témoigne d'une longue recherche artistique. L'œuvre de Poussin revêt tant de discrétion, d'équilibre et de mesure qu'on oublie souvent de la situer au premier rang de la peinture européenne. L'artiste a laissé dans sa correspondance et ses notes quelques éléments d'une théorie de l'art qui éclairent l'évolution de son esthétique. Pour plaire à la clientèle romaine et à son protecteur, le cardinal Barberini, il a commencé à peindre selon le goût italien tantôt des compositions baroques (*Martyre de saint Érasme, le Massacre des Innocents*), tantôt des scènes élégiaques, empruntées au Tasse ou à la mythologie païenne, dans une lumière vénitienne et sensuelle. A partir de 1633, sa composition se fait plus simple, plus conforme à l'enseignement de Raphaël (*l'Empire de Flore*). Il choisit ses sujets de prédilection dans l'Ancien Testament (*l'Adoration du veau d'or, les Israélites ramassant la manne*). Sa peinture devient plus sculpturale, plus marmoréenne, mais elle s'attache à rendre la richesse d'expression des visages qu'elle présente au spectateur comme autant de livres ouverts sur le secret des âmes et des passions. Son retour à Rome, après l'échec relatif de son séjour à Paris, ouvre en 1643 une nouvelle période dans l'histoire de sa peinture. « Mon naturel, dit-il, me contraint à chercher et aimer les choses bien ordonnées, fuyant la confusion, qui m'est contraire et ennemie. » Il ajoute encore : « Il faut que le sujet et la matière soient grands comme seraient des batailles, des actions héroïques et les choses divines... Il faut que le peintre s'éloigne des minuties pour ne pas contrevenir au décor de l'histoire, parcourant d'un pinceau hardi les parties magnifiques et grandes, pour négliger celles qui sont vulgaires et de peu de poids. » Ses compositions deviennent plus statiques, parfois simplifiées à l'extrême, ses paysages plus calmes, ses personnages plus souvent immobiles. La coloration stoïcienne de sa philosophie donne à ses tableaux une grandeur méditative (*les Sept Sacrements, les Bergers d'Arcadie, les Cendres de Phocion* et *les Funérailles de Phocion*). La nature, la végétation forestière envahissent certains de ses tableaux mythologiques ou bibliques, une nature féconde, incontrôlable, presque sauvage, mais qui n'altère pas la sérénité panthéiste de l'artiste (*les Quatre Saisons, le Grand Paysage avec Orion*). Dans ses dernières œuvres, le temps, l'action et tout mouvement semblent suspendus (*Apollon et Daphné* du Louvre, *la Sainte Famille* de Leningrad), l'expression des visages est réduite au minimum, mais rien n'altère l'impression d'harmonie calme et triste. C'est bien le terme de cette longue recherche d'une beauté incorporelle, cachée dans la création, d'une harmonie profonde de la nature que l'on pourrait traduire aussi en figures géométriques ou en compositions musicales.

17. L'ÂGE CLASSIQUE

1661-1715
Le « siècle de Louis XIV », où tout se trouve ordonné autour de Versailles et du Roi-Soleil.

Après 1661 et pendant cinquante ans environ, la France connaît la gloire militaire et exerce en Europe une prépondérance plus évidente que ne l'avait été précédemment celle de l'Espagne et que ne devait l'être par la suite celle de l'Angleterre. L'éclat de sa civilisation lui confère un prestige appelé à durer bien au-delà du temps des victoires. En outre, une immense tentative de rénovation administrative et d'équipement économique est entreprise à l'intérieur du royaume. En dépit de circonstances très défavorables, Louis XIV exige un immense effort de ses sujets. Ces quelques décennies offrent le spectacle du rassemblement de toutes les forces de la nation, sous la direction d'un prince qui, tout à la fois, l'incarne et la dirige. A cause du courage et de l'indomptable volonté que montrèrent alors les Français face à l'adversité, à cause du véritable défi que, dans différents domaines, ils opposèrent à une conjoncture tragique, à cause, enfin, de l'éclat de certaines de leurs réalisations, il est juste de donner à cette époque le nom de Grand Siècle. Mais il n'est pas moins équitable de la nommer Siècle de Louis XIV, car le célèbre mot de Voltaire : « Non seulement il s'est fait des grandes choses sous son règne, mais c'est lui qui les faisait », contient une large part de vérité.

I. PRESTIGE ET VICTOIRES DU ROI 1661-1684

Louis XIV et ses conceptions politiques

Que sa valeur et son rôle aient été l'objet de jugements très divers, c'est là le sort ordinaire des grands hommes. Mais ces contradictions s'estompent, au moins dans une large mesure, si l'on prend soin de distinguer entre les phases de sa vie, et de voir, dans leurs justes couleurs, le Louis XIV que modèle avec verve Bernin, vers 1665, celui de la maturité que peint Mignard, couronné par la Victoire, et enfin celui de la vieillesse tel que nous le montre la célèbre cire d'Antoine Benoist. Il possédait la majesté et la grâce, reconnaît Saint-Simon — qui pourtant ne l'aimait guère —, « un visage parfait avec la plus grande mine et le plus grand air qu'on ait jamais vus ». A vingt-deux ans, en 1661, il ajoute à la beauté la force corporelle et l'ardeur de la vie. Homme d'intelligence moyenne, il joint à son grand bon sens une grande maîtrise de soi, une extrême prudence dans ses propos. Son caractère sérieux et réfléchi, sa robuste santé lui permettent d'assumer, durant cinquante-quatre ans, sans faillir, un labeur écrasant — il fait, avec ponctualité, son « métier de roi » —, ainsi qu'une étonnante vie de représentation. Mais ses grandes qualités et son constant contrôle de soi cachent un orgueil inné, des rancunes tenaces, un égoïsme foncier et presque naïvement exprimé, enfin une grande sensualité.

Son éducation a été plus pratique que livresque, et c'est à l'expérience de sa minorité, ainsi qu'aux leçons de Mazarin qu'il doit sa solide formation politique. Ses conceptions sont arrêtées dès avant 1661, et se ramènent à un absolutisme réfléchi. On lit dans ses *Mémoires pour l'instruction du Dauphin* : « Celui qui a donné des rois aux hommes a voulu qu'on les respectât comme ses lieutenants, se réservant à lui seul le droit d'examiner leur conduite. Sa volonté est que quiconque est né sujet obéisse sans discernement. » L'autorité royale doit être absolue et sans partage : en plein accord avec l'opinion publique de l'après-Fronde, Louis ne veut pas de Premier ministre. Mais cette puissance du roi implique de lourdes contreparties : souci du bien public, obligation de ne pas sacrifier l'État à ses passions, travail assidu : « C'est par le travail que l'on règne, c'est pour cela que l'on règne. » Enfin, respect de la loi : sa souveraineté ne permet pas au roi absolu de violer les privilèges, c'est-à-dire les droits de ses sujets. Au contraire, elle doit en être une garantie. Il existe une sphère des droits du souverain, une sphère des droits du sujet, et il n'est pas permis d'empiéter de l'une sur l'autre ; les plus précieux des droits des sujets étant leurs *libertés* — conçues comme privilèges d'ordres, de corps ou de personnes. Cette doctrine, qui reprend bien des thèmes anciens, est connue et universellement admise dans toute l'Europe, catholique ou protestante. Elle est mise en forme par Bossuet, entre 1670 et 1679, dans un livre qui n'est publié qu'en 1709, sa *Politique tirée des propres paroles de l'Ecriture sainte*. Il insiste fortement sur les droits du souverain. Et lorsqu'il écrit : « Quelque mauvais que puisse être un prince, la révolte de ses sujets est toujours infiniment criminelle », il exprime l'opinion unanime de ses contemporains. Les foules voient alors leur salut dans la concentration de tous les pouvoirs entre les mains d'un seul homme. Pour elles, le roi constitue une sorte d'image de Dieu. On avait écrit, bien avant 1661 : « La puissance souveraine du prince est un rayon et éclat de la toute-puissance de Dieu. » La comparaison avec le Soleil venait d'elle-même. Louis XIV, en l'adoptant pour emblème — *Nec pluribus impar* —, à l'occasion de la fête dite du Carrousel, en juin 1662, ne fait qu'insister sur un symbole monarchique déjà ancien.

Le cadre monarchique

Sans doute Paris lui rappelle-t-il la Fronde et l'autorité royale battue en brèche : durant les vingt premières années de son règne personnel, la Cour est itinérante. Elle séjourne au Louvre, aux Tuileries, mais aussi à Fontainebleau, et le plus souvent à Saint-Germain. Mais Louis a pris à Vincennes — résidence de Mazarin qui annonce Versailles par le mélange des bâtiments nouveaux — le goût sincère et réfléchi des belles constructions. Il a été frappé par Vaux-le-Vicomte, résidence du surintendant Fouquet. Avec Colbert, il pense « qu'au défaut des actions éclatantes de la guerre, rien ne marque davantage la grandeur et l'esprit des princes que les bâtiments ». Ils parlent pour eux à la postérité, parce qu'ils « arrêtent avec respect les yeux des peuples ». Il fait travailler un peu partout, à Chambord, à Paris, où naît le jardin des Tuileries, à Saint-Germain, où l'on construit l'admirable terrasse. Mais, en même temps, il fait commencer la transformation d'un hameau perdu dans les bois et les étangs, où son père, qui y aimait chasser, avait bâti un petit château en brique : Versailles. Le site semble prédestiné : deux rangées de collines, entre lesquelles s'enfuit la vue, séparées par une dépression où s'assemblent les eaux. Les travaux commencent dès 1661 et durent plus d'un demi-siècle, le roi suivant une idée qu'il ne découvre que peu à peu pour éviter qu'on lui fasse des objections. Il rassemble autour de lui ceux qui avaient constitué l'équipe artistique du surintendant Fouquet : l'architecte Le Vau, le peintre Le Brun, le jardinier Le Nôtre, l'ingénieur des eaux Franchine, ainsi que d'autres hommes de valeur qui ont travaillé occasionnellement à la décoration et à l'ameublement de Vaux. Et grâce à ce rassemblement de talents naît la plus grande réussite artistique des Temps modernes. Elle impose à l'Europe, pour un siècle, la supériorité de l'art et du style de vie français. Et elle est peu à peu complétée par Trianon, par le Grand Canal, par Marly, surtout, merveilleuse retraite dans la verdure, qui comprend une résidence pour le roi, et douze maisons pour des invités de marque.

« Ce qu'il y a de plus beau, *d'un prix médiocre*, est ce que j'aimerais le mieux » : cette phrase est du roi lui-même. Il n'a pas dépensé sans compter. Le coût des constructions royales n'en a pas moins été élevé : jusqu'en 1683, de 3 à 5 millions par an — sur un budget de 100 à 120 — et plus tard davantage. Il s'explique par le fait que Versailles ne constitue pas seulement le haut lieu du mécénat royal, mais qu'il est également l'expression d'une pensée politique. Devenu résidence principale du roi en 1682, en dépit de son inachèvement, il constitue le cadre monumental où se déroule quotidiennement une sorte de culte monarchique. Autour du roi, la Cour, régie par une étiquette minutieuse, connaît une vie harassante, où la splendeur des fêtes contraste avec les incommodités du château et avec les âpres rivalités des coteries. Il y a des courtisans professionnels. « Un homme qui sait la Cour, écrit La Bruyère, est maître de son geste, de ses yeux et de son visage ; il est profond, impénétrable... Il sourit à ses ennemis, contraint son humeur, déguise ses passions, dément son cœur... » On touche là à un fait politique de première importance, lourd de conséquences sur le plan social : l'autorité royale étant désormais très forte, la noblesse, si elle ne se résigne pas à demeurer sur ses terres, doit venir quémander pensions, bénéfices et commandements à la Cour, et se laisser réduire, peu à peu, à un état de domesticité dorée. « Il est Dieu — écrit de Louis XIV sa cousine, la Grande Mademoiselle —, il faut attendre sa volonté avec soumission, et tout espérer de sa justice et de sa bonté, sans impatience, afin d'en avoir plus de mérite. » L'aigre Saint-Simon lui-même est heureux de jouir du privilège d'une étroite mansarde sous les combles de Versailles. On implore, à mi-voix, sur le passage du monarque : « Sire, Marly ? »

Avec les années, Versailles et ses fastes évoluent. Durant la première partie du règne personnel, ils sont marqués par la gaieté et la licence. La reine est une personne pieuse, bonne et effacée, à qui le roi témoigne les plus grands égards, tout en lui étant très infidèle. C'est alors le temps des grandes favorites : Mlle de La Vallière, Mme de Fontanges, Mme de Montespan — qui, au demeurant, ne jouent aucun rôle politique. Ce n'est qu'après la mort de la reine, survenue en 1683, que la Cour change de ton et se fait dévote. Louis, qui a alors quarante-cinq ans, épouse secrètement Françoise d'Aubigné, marquise de Maintenon, veuve du poète Scarron. Il est alors « Louis le Grand ». Il se trouve à l'apogée de sa puissance, après de multiples succès diplomatiques et militaires.

La politique étrangère : buts et moyens

La politique extérieure française est alors profondément marquée par les conceptions et par le tempérament de Louis XIV. Le désir de gloire constitue sa passion dominante. Et d'ailleurs, pour lui-même comme pour ses contemporains, faire la guerre et vaincre font partie de la vocation royale. On peut, dans sa politique, discerner trois objectifs : affirmer la prééminence de sa couronne sur celles des autres souverains ; préparer la succession de son beau-frère Charles II, qui règne sur l'Espagne à partir de 1665, afin d'en tirer le profit maximum ; enfin, assurer à la France, au nord et à l'est, une bonne frontière stratégique. Les moyens de cette politique sont, pour l'époque, très puissants. Le roi est servi par des diplomates de valeur : Hugues de Lionne, neveu d'Abel Servien et fidèle collaborateur de Mazarin ; Simon Arnauld, marquis de Pomponne, spécialiste des relations avec la Suède, qui remplace Lionne, décédé en 1671 ; plus tard, enfin, Jean-Baptiste Colbert, marquis de Torcy, neveu du grand Colbert et qui, gendre d'Arnauld de Pomponne, a été formé par lui. C'est toute une famille qui se consacre avec ardeur au perfectionnement et au développement de l'armée : Michel Le Tellier, secrétaire d'État à la Guerre, puis chancelier, initiateur des grandes réformes (1603-1685) ; son fils François Michel, marquis de Louvois (1639-1691) ; son petit-fils Louis François,marquis de Barbezieux (1668-1701). Et la continuité d'action des deux premiers de ces trois hommes est si remarquable qu'il est difficile de discerner leurs parts respectives dans l'œuvre commune. Les effectifs deviennent énormes, en une époque qui ne connaît guère que des armées de métier. Ils passent de 72 000 hommes en 1667 à 120 000 en 1672, 290 000 en 1688, pour atteindre près de 400 000 en 1703. Mais ce n'est pas dans cette croissance que se situe la véritable révolution dont l'armée est alors l'objet. Elle était devenue une entreprise privée, monopolisée par la noblesse : Le Tellier et Louvois la rendent au roi. La noblesse n'en est pas exclue ; bien au contraire, elle continue à en fournir les cadres. Mais une concentration d'autorité est opérée, là comme ailleurs, au profit du roi. Toute une administration civile, de recrutement bourgeois, est créée, et — tâche de longue haleine, mais finalement menée à bien — la noblesse d'épée lui est subordonnée. De graves défauts subsistent : on ne peut supprimer la vénalité des grades de colonel et de capitaine. Louvois sévit du moins contre l'absentéisme des officiers, renforce la discipline, fixe la hiérarchie des grades et de l'ancienneté par l'*ordre du Tableau* (1675), crée des grades non vénaux pour les officiers pauvres, entre ceux de capitaine et de colonel : major et lieutenant-colonel — et celui de brigadier au-dessus de colonel. C'est également dans un dessein disciplinaire qu'est généralisé le port de l'uniforme par régiment, déjà usité dans la Maison du Roi, et qu'est fondé l'hôtel des Invalides, destiné à héberger les vétérans estropiés. En outre, la technique militaire est perfectionnée par l'organisation de corps nouveaux : les dragons, sorte d'infanterie montée ; par l'adoption d'une arme nouvelle : la baïonnette à douille, inventée par Vauban ; par le développement d'une intendance digne de ce nom, par la création de casernes et d'arsenaux, de magasins à vivres et à fourrage. Enfin, par l'organisation de la guerre de sièges et par l'aménagement d'une frontière militaire de places fortes en profondeur. Là encore, il faut citer le nom de Sébastien Le Prestre de Vauban (1633-1707), combattant, ingénieur, économiste, aussi grand penseur qu'homme d'action. Et Colbert est l'homme de la marine de guerre aussi bien que de celle de commerce. De 18 vaisseaux en 1661, il la fait passer à 276 en 1683. Il favorise les corsaires — l'arme du pauvre —, organise le système des classes, ébauche de l'inscription maritime, rénove les arsenaux et les ports de guerre.

En dépit d'un certain nombre de faiblesses, Louis XIV dispose donc des moyens indispensables à toute grande politique étrangère.

Les actes de magnificence

Affirmer la prééminence de sa couronne sur celles des autres souverains : ce dessein est atteint par les seules voies diplomatiques. Louis XIV s'affirme le premier souverain d'Europe. A la suite d'une querelle de préséance entre son ambassadeur à Londres et celui du roi d'Espagne, il fait un éclat, et exige de son beau-père Philippe IV , qui vivait encore, une déclaration publique selon laquelle ses représentants devraient désormais s'abstenir de disputer le pas aux envoyés de France. « Je ne sais si depuis le commencement de la monarchie, il s'est jamais rien passé de plus glorieux pour elle », écrit le jeune roi. « C'est une espèce d'hommage de roi à roi, de couronne à couronne, qui ne laisse plus douter à nos ennemis mêmes, que la nôtre ne soit la première de toute la Chrétienté. » Il n'obtient pas aussi rapidement satisfaction du pape Alexandre VII. A la suite d'un incident survenu entre l'ambassadeur de France, Créqui, et la garde corse du pape, il faut deux ans de négociations pour obtenir la dissolution de cette dernière, l'envoi d'un légat chargé de faire des excuses, ainsi que l'élévation à Rome d'une pyramide commémorative. Autre œuvre de prestige, le roi obtient – même des Anglais – la primauté du salut à son pavillon sur mer. Enfin, il sait que le Turc est toujours la terreur de l'Europe centrale, et que celui qui remporte des victoires sur lui acquiert du prestige dans toute la Chrétienté.

C'est pourquoi il envoie un contingent défendre Candie et un autre servir en Hongrie aux côtés des Impériaux. Six mille Français, commandés par La Feuillade et Coligny, participent à la victoire du Saint-Gothard. Et la même année 1664, le duc de Beaufort opère une descente sur la côte nord-africaine, à Djidjelli, descente qui tourna court et fut endeuillée, au retour, par le naufrage d'un navire et de 1 200 soldats au large des côtes de Provence.

La guerre de Dévolution ou de Flandre (1667-1668)

Parallèlement à cette politique de prestige, Louis XIV songe à exploiter la clause du traité des Pyrénées par laquelle son épouse, l'infante Marie-Thérèse, a renoncé à la succession d'Espagne, moyennant le versement – jamais effectué – d'une dot de 500 000 écus d'or. Ce « moyennant » constituera l'argument de base de la diplomatie française, décidée à faire valoir en temps opportun les « droits de la reine ». En attendant la mort de son beau-père, Philippe IV, Louis prépare avec Lionne l'isolement de l'Espagne et prend quelques précautions du côté de l'Empire. Il resserre ses liens avec son cousin Charles II d'Angleterre – dont son frère Philippe, duc d'Orléans, a épousé la sœur – et il lui achète Dunkerque et Mardyck. Il conclut avec les Provinces-Unies, voisines septentrionales des Pays-Bas espagnols, une alliance défensive (1662). A l'est, il tente de se faire céder la Lorraine par son duc, occupe Marsal et renouvelle la ligue du Rhin, alliance avec des princes rhénans, dirigée contre l'Empereur et l'Espagne (1663).

Lorsque meurt Philippe IV et que son fils, Charles II , monte sur le trône d'Espagne, en 1665, Louis entame une guerre juridique et fait publier un *Traité des droits de la reine*. Arguant du droit privé brabançon de « dévolution », étendu abusivement au domaine international, il demande pour son épouse, fille issue d'un premier mariage de Philippe IV, certaines provinces des Pays-Bas, aux dépens de Charles II, né d'un second mariage. Grâce à Louvois, à Vauban et à Turenne, la campagne qui s'ouvre au mois de mai 1667 est brève. Charleroi, Tournai, Douai, Cambrai, Lille et Alost sont pris, et la Franche-Comté est occupée en deux semaines par Condé. Mais le roi, en se plaçant lui-même à la tête de l'armée qui opère dans les Pays-Bas, semble avoir provoqué l'effroi de ses voisins. Armateurs et négociants d'Amsterdam craignent que, bientôt maître d'Anvers, il ne rouvre les bouches de l'Escaut à la navigation commerciale et ne les ruine rapidement. Les Hollandais, alors en guerre avec les Anglais à propos de questions coloniales, traitent précipitamment avec eux à Breda. Jean de Witt et William Temple mettent sur pied la Triple Alliance de La Haye (23-24 janvier 1668). Les Provinces-Unies, l'Angleterre et la Suède proposent, c'est-à-dire imposent, leur médiation entre la France et l'Espagne. Louis XIV n'en tire pas moins de substantiels profits de ses victoires. Le 19 janvier 1668, il signe avec l'empereur Léopold Ier le traité secret négocié à Vienne par Grémonville, qui convient d'une attitude commune en cas de décès du jeune Charles II : c'est un premier traité de partage de la succession d'Espagne. Et le 2 mai 1668, par le traité d'Aix-la-Chapelle, son royaume se trouve agrandi d'une douzaine de places, parmi lesquelles Lille, Tournai, Douai et leurs dépendances — c'est-à-dire autant d'avancées pour une attaque ultérieure.

La préparation de la guerre de Hollande

Il n'y a pas que de la rancune à l'égard des Provinces-Unies dans la décision prise par le roi d'entreprendre une nouvelle guerre : l'expérience a prouvé que l'amélioration de la frontière Nord ne pourrait se faire que contre elles. En outre, Colbert souhaite que soit abattue — ou annexée — la première puissance économique de l'Europe, celle dont les navires font les quatre cinquièmes du commerce mondial, et qui a presque monopolisé le trafic maritime du royaume. Entre les deux pays, une guerre des tarifs douaniers a d'ailleurs commencé en 1667. Hugues de Lionne dirige une brillante préparation diplomatique. Par le traité secret de Douvres, Madame Henriette obtient de son frère Charles II un actif appui anglais, et même, contre argent, la promesse secrète de favoriser le catholicisme (1670). Lionne s'assure soit l'alliance, soit la neutralité d'un certain nombre de princes : l'Électeur de Brandebourg, l'évêque de Münster ; l'archevêque-électeur de Cologne, qui est également évêque de Liège, et qui a pour ministre un actif agent français, Guillaume-Egon de Fürstenberg ; l'Électeur de Bavière ; l'Électeur palatin, qui marie sa fille Charlotte Élisabeth à Philippe d'Orléans, en 1671, un an après le décès subit de Madame Henriette ; la Suède, enfin, grâce à Pomponne, qui y est ambassadeur. En Allemagne, il existe bien un courant francophobe, qu'anime le Franc-Comtois Lisola, et un courant « irénique » — on dirait aujourd'hui neutraliste —, représenté par l'archevêque de Mayence Jean Philippe de Schönborn, le « Salomon allemand ». Mais ils ne peuvent rien ni contre le prestige ni contre l'or, généreusement dispensé, de Louis XIV.

Les opérations (1672-1678)

La guerre qui commence en avril 1672 est pourtant plus longue et plus difficile qu'on n'aurait pu l'envisager. Le Tellier et Louvois acheminent l'armée à pied d'œuvre à travers l'évêché de Liège et les électorats de Cologne et de Trèves, en utilisant les magnifiques voies d'eau que sont la Meuse et la Moselle. Louis XIV et Condé passent le Rhin au gué de Tolhuis, le 12 juin — haut fait chanté par Boileau. Des villes capitulent, et les Hollandais font des offres de paix — la rive gauche de la Meuse et 10 millions — que le roi commet l'erreur de ne pas accepter. Les difficultés ne tardent pas à surgir : on doit s'arrêter devant l'inondation, déclenchée à partir des écluses de Muyden. Une révolution éclate à La Haye. La république bourgeoise, où la France conservait des amis, est renversée, et le stathoudérat — en fait, la dictature — est conféré au jeune Guillaume d'Orange, chef du parti populaire, militaire et protestant fanatique (2-8 juillet 1672). Cet adversaire acharné de Louis XIV réussit à édifier une coalition antifrançaise, tandis que le roi et Vauban sont occupés à assiéger et à prendre Maëstricht (30 juin 1673). L'Angleterre signe une paix séparée avec les Provinces-Unies. En Allemagne, une violente campagne antifrançaise est orchestrée par Lisola. Elle n'est que peu représentative de l'esprit public allemand, mais elle influe fortement sur lui. Et s'il est excessif de situer cette année-là, comme l'ont fait certains, la naissance de l'antagonisme entre France et Allemagne, on peut cependant constater la montée d'un authentique patriotisme allemand. L'indignation née des premiers incendies allumés par les Français entre la Sarre et le Rhin ne fait que l'accroître. L'enlèvement de Fürstenberg par les Impériaux et son emprisonnement en Autriche sont hautement approuvés : on le jugeait un traître. Ce sont des princes rhénans qui sont les premiers à réclamer la rupture de la Diète avec la France, qui a lieu en mai 1674. Seuls, le Hanovre et la Bavière se tiennent à l'écart de cette guerre, la première dans laquelle l'ensemble des Allemands se trouve uni contre la France. L'Espagne, qui a conservé quelque rancune de sa défaite antérieure, et même l'Angleterre, où le parlement impose sa volonté au roi, rejoignent également le camp des Provinces-Unies. Enfin, en 1675, la Suède, alliée de la France, est battue à

Fehrbellin par Frédéric-Guillaume de Brandebourg, le « Grand Électeur », qui a abandonné l'amitié française, semble-t-il, par sympathie pour le sort de ses coreligionnaires calvinistes des Provinces-Unies.

Mais un effort extraordinaire – accompli sur le plan économique et fiscal comme sur le plan militaire – permet à la France de surmonter la crise et de vaincre. Condé est victorieux du prince d'Orange dans les Pays-Bas, à Seneffe. Le roi conquiert la Franche-Comté. Turenne, à la suite de sa très belle campagne d'Alsace et de sa victoire de Turckheim (janvier 1675), rejette les envahisseurs hors du royaume et passe par le Rhin. Tué en juillet à Salzbach, il est remplacé par Condé, qui dirige alors sa dernière campagne. Les opérations traînent ensuite, sur le Rhin avec Créqui, et aux Pays-Bas avec Montmorency-Bouteville, duc de Luxembourg. Mais un très beau succès est remporté sur mer. Près d'Agosta, en Sicile, la flotte de Vivonne et de Duquesne bat l'escadre hollandaise de Ruyter, et acquiert la maîtrise de la Méditerranée. Louis XIV peut traiter brillamment à Nimègue.

Le congrès de Nimègue (1678-1679)

L'Espagne fait les frais de la guerre. La France lui rend quelques places annexées antérieurement, mais trop avancées : Gand, Oudenarde, Charleroi ; mais elle acquiert la ligne Cambrai-Bouchain-Valenciennes-Condé-Maubeuge, complétée par Saint-Omer, Cassel et Ypres, et surtout une province entière : la Franche-Comté. A l'est, elle garde une place située au-delà du Rhin, Fribourg, capitale du Brisgau, porte d'entrée de la Forêt-Noire. Elle rend la Lorraine à son duc, moins Nancy, Longwy et quatre routes stratégiques vers l'Alsace. Mais comme le duc n'accepte pas les conditions qui lui sont faites, l'occupation française est maintenue. En somme, si la France a renoncé aux Pays-Bas, elle a, du moins, consolidé sa frontière au nord et à l'est. Et Vauban ne tarde pas à s'y mettre à l'œuvre. Chose curieuse, les Provinces-Unies, que la guerre avait pour dessein de briser, sont traitées avec bienveillance : elles recouvrent toutes leurs places, et obtiennent même l'abrogation du tarif douanier prohibitif de 1667.

Louis XIV apparaît l'arbitre de l'Europe. Il peut, à la suite d'une campagne de Créqui en Allemagne du Nord, imposer sa paix à tous les ennemis de la Suède – Danemark, duc de Zell, etc. – et même son alliance au plus redoutable d'entre eux, le Grand Électeur, par le traité de Saint-Germain (1679). Il marie le Dauphin à la sœur de Max Emmanuel de Bavière, sa nièce Marie-Louise d'Orléans avec Charles II d'Espagne. Il renoue avec l'Angleterre. Et en Allemagne, il obtient même des promesses de voix pour lui ou pour le Dauphin en cas d'élection impériale. Il est « Louis le Grand ».

La Déclaration des quatre articles (1682)

Lorsqu'on fait, du côté français, le bilan de cette guerre européenne de six ans, l'actif apparaît hautement satisfaisant. Mais il existe aussi un passif, dont l'un des éléments est constitué par un redoutable conflit avec le chef visible de l'Église. Concernant les relations de ce dernier et du pouvoir royal, Louis XIV a des conceptions qui participent de celles des évêques et surtout des parlementaires de son royaume. Il est gallican. Roi de droit divin, ne tenant son pouvoir que de Dieu seul – sans l'intermédiaire du pape –, il estime avoir des droits sur les biens de l'Église. En 1673, pressé par les impérieuses nécessités de la guerre, il étend de son propre chef la *régale* aux cinquante-neuf diocèses, surtout méridionaux, qui en sont exempts. C'est-à-dire qu'en vertu d'un droit éminent de propriété il pourra, en cas de vacance, y toucher les revenus du temporel jusqu'à l'installation du nouvel évêque. Deux prélats seulement protestent ; deux jansénistes convaincus : Pavillon, d'Alet, et Caulet, de Pamiers. Et l'assemblée du clergé, réunie en 1675 – ainsi qu'il est d'usage tous les cinq ans –, ne souffle mot de cette affaire. Mais Caulet, condamné par son archevêque, voit son temporel saisi, et, paradoxe pour un janséniste, il en appelle à Rome. Or, le pape Innocent XI (1676-1689), prélat austère, éprouve peut-être quelque sympathie à l'égard du jansénisme. Quoi qu'il en soit, lorsque l'affaire de la régale est portée devant lui, il défend avec ardeur ce qu'il pense faire partie des droits inaliénables de l'Église. De son côté, le roi recherche l'appui du clergé. En 1680, son assemblée fait cette grave déclaration : « Nous sommes si liés à Votre Majesté que rien n'est capable de nous en séparer », ce qui éveille quelque inquiétude à Rome. Une assemblée extraordinaire du clergé est convoquée pour le mois de novembre 1681. Adroitement, le roi, dans son conflit avec Rome, s'abrite derrière le haut clergé français. Et ce dernier, où abondent les parents et les amis des ministres, se montre d'une remarquable servilité à son égard.

Bossuet tient le rôle le plus apparent dans cette assemblée, mais Harlay de Champvallon, archevêque de Paris et véritable valet du pouvoir, y manœuvre plus discrètement et plus efficacement. Le 19 mars 1682, l'assemblée vote la *Déclaration des quatre articles*, qui a été rédigée par Bossuet en des termes qui ne sont pas exempts d'obscurités – sans doute volontairement, dans le dessein d'éviter l'irréparable. Le premier article affirme que l'autorité du Saint-Siège ne saurait être que spirituelle, que « les rois et les souverains ne peuvent être soumis par ordre de Dieu à aucun pouvoir ecclésiastique dans les choses temporelles, ni déposés directement ou indirectement par l'autorité des chefs de l'Église, ou leurs sujets dispensés de foi et obéissance, et déliés de leur serment de fidélité ». Le deuxième affirme que le concile est supérieur au pape et déclare le pouvoir du pape limité par les conciles et la coutume. Le troisième présente une rapide défense des libertés de l'Église gallicane. Le quatrième nie l'infaillibilité pontificale, et subordonne, même en matière de foi, les décisions du pape à l'approbation de chaque Église. Ces doctrines doivent être enseignées dans les facultés et les séminaires, et le roi leur donne valeur de loi. Louis XIV fonde donc une sorte d'Église nationale, indépendante, rattachée au pape par un simple lien de déférence. Hors de France surtout, beaucoup de catholiques le considèrent comme un téméraire, comme un rebelle, presque comme un schismatique. Louis XIV appliquait la vieille théorie gallicane fondée sur la distinction du Christ entre ce qui est à César et ce qui est à Dieu.

Le temps des réunions

L'excès de confiance en soi lui fait alors perdre sa prudence et sa mesure naturelles. Les États européens semblent alors si absorbés par leurs problèmes propres que l'on peut penser qu'il sera possible de réaliser un nouveau projet : résoudre par voie d'autorité – on dirait aujourd'hui unilatéralement – les menus problèmes ou les vieilles querelles territoriales qui subsistent entre la France et ses voisins. Mais, sous l'influence de Louvois, le roi veut davantage : améliorer largement, à partir de prétextes juridiques, la qualité stratégique de la frontière du royaume. Un remaniement ministériel significatif est opéré : Arnauld de Pomponne, jugé trop prudent, est remplacé par Colbert de Croissy, qui a été intendant d'Alsace et connaît fort bien les problèmes frontaliers. On se met donc à exploiter le caractère imprécis des traités qui ont, dans le passé, cédé des villes ou des territoires « avec leurs dépendances ». Trois tribunaux sont chargés d'étudier les textes et de rechercher en quoi consistent exactement ces « dépendances » : le Conseil supérieur de Brisach, pour l'Alsace ; le parlement de Besançon, pour la Franche- Comté ; enfin, une chambre spécialisée du parlement de Metz, dirigée par le conseiller Ravaulx, pour les marges de la Lorraine. Mais il est évident que les recherches juridiques ont été orientées par les nécessités militaires. La grande majorité des lieux revendiqués en Alsace et sur la Sarre, par exemple, a une valeur stratégique de premier ordre. A mesure que, de Metz ou de Brisach, les arrêts sont lancés, des détachements de cavalerie sont chargés de les faire exécuter ; ils se rendent dans les localités réunies et apposent les armes royales sur le fronton des monuments publics. Le serment d'hommage des villes et seigneuries d'Alsace est exigé, afin de rompre leur « immédiateté d'Empire » ; il l'est également du margrave de Bade et du duc de Deux-Ponts pour leurs possessions alsaciennes. La principauté de Montbéliard, qui dépendait du duché de Wurtemberg, est peu à peu annexée. Il en est de même de nombreux territoires situés entre Rhin et Moselle, qui deviennent la « province de la Sarre ». Les comtés de Chiny et de Luxembourg sont revendiqués, sous prétexte qu'ils relevaient au Moyen Age de l'évêché de Metz, dont la paix de Westphalie avait reconnu la souveraineté à la France quelque trente ans auparavant... L'implantation française semble devoir être durable : Vauban fortifie Sarrelouis, et élève, à proximité de Trarbach, dans un méandre de la Moselle, la forteresse de Mont-Royal.

Le premier moment de surprise passé, des clameurs et des protestations s'élèvent de toutes parts. Le roi de Suède, duc de Deux-Ponts, et le roi d'Espagne font entendre les protestations les plus véhémentes. En outre, l'ambassadeur de Louis XIV à Ratisbonne signale le « désespoir » et la « fureur » de la Diète. Le roi en tient compte. Il accepte de soumettre à des commissaires des deux pays les arrêts qu'on incrimine. Mais, en septembre 1681, alors que les diplomates se réunissent à Francfort, éclate la nouvelle d'une autre provocation à l'Empire et à l'Europe : l'armée française a occupé Strasbourg, sans que l'opération soit justifiée par le moindre motif juridique. Elle est inspirée par de pures considérations d'ordre militaire. Elle s'explique par la nécessité de tenir le pont sur le Rhin : durant la guerre précédente, les Strasbourgeois l'ont deux fois livré aux Impériaux. Elle est réalisée sans violence et facilement acceptée par la population. Elle n'en apparaît pas moins comme la preuve que le roi est décidé à abuser de sa force et elle déchaîne l'indignation des Allemands. Car Strasbourg, ville d'Empire, ville libre, leur est particulièrement chère. Et l'on apprend peu après que le jour même où les troupes françaises l'ont occupée, d'autres troupes sont entrées dans Casal, capitale du Montferrat, que le duc de Mantoue a secrètement vendue à Louis XIV.

La trêve de Ratisbonne

Mais la diplomatie royale, combinant la séduction et la menace, sait utiliser toutes les circonstances favorables. Elle réussit d'autant plus facilement à dissocier la coalition qui s'ébauche que l'Empereur est alors aux prises avec les Turcs de Kara Mustafa, arrivés sous les murs de sa capitale. Et l'Espagne, qui est résolue à défendre la forteresse de Luxembourg, indispensable à la sûreté des Pays-Bas, en est réduite à déclarer la guerre seule (1683). Une armée française pousse donc une pointe en Catalogne ; une autre envahit les Pays-Bas, prend Courtrai, Dixmude, Luxembourg, Adenarde. La guerre est, du côté français, menée très durement. Louvois recommande d'épuiser l'adversaire économiquement, en détruisant le plus possible, en bombardant les villes. Il écrit à l'un de ses subordonnés : « Je vous prie de ne pas vous lasser d'être méchant, et de pousser les choses à cet égard avec toute la rigueur possible. » Et comme la république de Gênes a fourni des galères à l'Espagne, une flotte française commandée par le marquis de Seignelay, fils aîné de Colbert, vient lancer sur la ville dix mille bombes incendiaires qui la détruisent à moitié (19 mai 1684). Et le doge n'en doit pas moins venir à Versailles présenter les excuses de la république.

Le roi ayant décidément la force pour lui et les chances d'une coalition semblant toujours aléatoires, les Provinces-Unies — toujours intéressées au maintien du *statu quo* dans les Pays-Bas — offrent leurs bons offices. Après de rapides négociations, une trêve de vingt ans est conclue à Ratisbonne, le 15 août, entre la France, l'Espagne et l'Empereur. Elle comprend deux traités. Le premier établit avec l'Empereur et l'Empire un armistice de vingt ans, pendant lequel le roi conservera les territoires annexés par « réunion » jusqu'au 1er août 1681 — ainsi que Strasbourg et le port de Kehl, qui ont été conquis après cette date. Le second reconnaît à Louis XIV Luxembourg, Beaumont, Bouvines (près de Dinant), Chimay et leurs dépendances, contre la restitution de Courtrai et de Dixmude démantelées. Trêve illusoire. On se garde bien, de part et d'autre, de passer à l'exécution de ces traités, c'est-à-dire de fixer la limite des territoires reconnus à la France. Louis tient à conserver les mains libres pour de nouvelles entreprises. Léopold Ier — le plus constant de ses adversaires, avec Guillaume d'Orange — ne songe qu'à éviter un règlement général qui l'obligerait à remettre les forces de l'Empire sur le pied de paix, car il se tient pour le seul héritier légitime de la succession d'Espagne.

Cette année 1684 constitue, sur le plan de la politique européenne, le point culminant du règne de Louis XIV. Son royaume est plus étendu qu'il ne l'avait jamais été. Que l'on songe que certaines « réunions » avancées ne sont situées qu'à quelques lieues de Coblence et de Mayence... Ces deux dernières places exceptées, la France domine alors toute la région rhénane supérieure et moyenne, par une série de puissantes forteresses.

Mais l'avenir est gros de menaces. Les rancunes se sont accumulées. L'impossibilité de vivre assurées du lendemain, et sans avoir à redouter quelque entreprise de la France, apparaît clairement aux autres nations. Elles s'alarment de constater qu'elle a acquis depuis la paix de Nimègue plus que plusieurs prédécesseurs de Louis XIV n'avaient acquis par une guerre. La trêve de Ratisbonne, au lieu d'ouvrir une ère de paix définitive, ne fait que prolonger un provisoire lourd de multiples dangers.

II. LA FRANCE DE LOUIS LE GRAND

Louis XIV n'est pas seulement redouté par l'Europe, il est aussi admiré et même vénéré par son peuple. Héros et prince victorieux, il a répondu à l'attente de nombre de ses sujets. Mais la gloire ne constituait pas, vers 1661, la seule, ni sans doute la principale aspiration des Français. Dans le royaume, comme dans toute l'Europe, le XVIIe siècle est marqué par une crise qui affecte toutes les activités humaines : économiques, politiques, religieuses, scientifiques, artistiques. Des tendances contradictoires s'affrontent au plus profond de l'homme. Partout, les Églises, les États, les groupes sociaux, les individus luttent pour rétablir en eux l'unité, l'ordre, la stabilité. Chez beaucoup de Français, les difficultés de la conjoncture générale entretiennent d'une manière latente — et parfois aiguë — un sentiment d'angoisse. Le souvenir de la Fronde leur fait horreur. Ils acceptent et même souhaitent le renforcement du pouvoir royal, qui a su entamer la lutte contre la crise dès ses premières manifestations.

Le Conseil du roi

Les organismes gouvernementaux constituent les premiers moyens d'action de l'autorité royale. Louis XIV est aidé par son Conseil. Il en précise l'organisation par les règlements de 1670 et 1673. Son unité de principe est maintenue. En fait, le nombre de ses sections, dont chacune, dans la pratique, est, elle aussi, appelée « conseil », est accru. Il faut distinguer les conseils de gouvernement, tenus en présence du roi, et qui prennent toutes ses matinées, et les conseils de routine administrative et de justice.

Il y a trois conseils de gouvernement. Le *Conseil d'en haut* ou *Conseil secret des affaires*, qui se réunit deux ou trois fois par semaine, et dont les membres sont ministres d'État à vie : on n'en compte que seize, à raison de trois, quatre ou cinq à la fois, durant tout le règne personnel. Le *Conseil des dépêches*, où siègent, en particulier, les quatre secrétaires d'État, est spécialement chargé des affaires intérieures. Enfin, le *Conseil royal des finances*, ou simplement *Conseil royal*, institué par règlement du 15 septembre 1661, conseil technique très restreint, s'occupe de tout ce qui concerne les revenus du roi, le budget de l'État et l'économie du royaume.

Les conseils de justice et d'administration sont groupés sous l'appellation de *Conseil d'État privé, finances et direction*. Le roi en est absent, mais son fauteuil vide domine les réunions. Ce Conseil tient des séances distinctes. Dans les unes, il siège en tant que Conseil privé : c'est ce que l'on appelle le *Conseil des parties*. Dans les autres, il siège en tant que *Conseil d'État et des finances*. Mais le même personnel participe à toutes les séances : chancelier ; ministres et secrétaires d'État ; et surtout conseillers d'État — dont le nombre, après l'inflation consécutive à la Fronde, est limité à 33, puis à 30 ; intendants des Finances ; maîtres des requêtes ordinaires de l'Hôtel du Roi. Et ce sont les mêmes bureaux qui préparent le travail. Enfin, il existe un *Conseil de conscience*, très différent des précédents, sorte de ministère des Affaires ecclésiastiques, qui comprend l'archevêque de Paris, le jésuite, confesseur du roi, et un ou deux prélats.

La monarchie administrative

Louis ne veut pas de Premier ministre. Il concentre les rouages gouvernementaux autour de sa personne : « Il était nécessaire de partager ma confiance et l'exécution de mes ordres, *sans la donner entière à pas un*, appliquant ces diverses personnes à diverses choses, selon leurs divers talents, (ce) qui est peut-être le premier et le plus grand talent des princes. » Il ne veut pas de grands seigneurs ni même de gentilshommes dans les hautes fonctions gouvernementales. La « vile bourgeoisie » qui les exerce se pare, pour la forme, de titres et de noms de terres. Elle n'en conserve pas moins l'état d'esprit de son milieu d'origine.

Au début, c'est une « triade » qui gouverne, trois conseillers expérimentés de Mazarin : Le Tellier, Lionne, Fouquet. Ce dernier, le célèbre surintendant des Finances, est arrêté dès 1661, et emprisonné à vie pour malversations — et complot — après un procès retentissant. Il ne tarde pas à être remplacé dans la « triade » par son ennemi Jean-Baptiste Colbert, bourgeois rémois rude et bourru, mais d'esprit clair et doté d'une prodigieuse puissance de travail. Il devient contrôleur général des Finances, le titre de surintendant ayant été supprimé. Il le cumule avec d'autres charges : surintendant des Bâtiments, secrétaire d'État à la Maison du Roi et à la Marine. Pratiquement, il s'occupe de tout, sauf des Affaires étrangères et de la Guerre — domaine réservé de Le Tellier et de son fils Louvois. Colbert a une nombreuse famille, qu'il introduit dans les affaires : son oncle Pussort, son frère Colbert de Croissy, son fils Seignelay, son neveu Torcy. La lutte, bien que sourde, est très âpre entre les deux clans Le Tellier et Colbert. Elle ne déplaît pas au roi, qui y gagne en sûreté et en zèle. Il témoigne de sa faveur tantôt aux uns, tantôt aux autres. Mais à mesure que la politique étrangère devient plus dure, Louvois gagne en influence, et, après la mort de Colbert, en 1683, il semble tout-puissant durant quelques années.

Mais, au fond, bien plus que le gouvernement, c'est l'administration qui change, en France, à partir de 1661. La lassitude de la nation au sortir de la Fronde fait que le pouvoir est bien mieux obéi qu'il ne l'avait jamais été. Le rôle de Colbert, à cet égard, est capital : il est le créateur de la monarchie administrative. Les intendants, ces commissaires recrutés parmi la bourgeoisie du Conseil et multipliés par Richelieu, avaient été supprimés pendant la Fronde, puis rétablis subrepticement. Ils conservaient un caractère itinérant, un rôle d'inspecteurs ou d'enquêteurs plus que d'administrateurs. Entre 1661 et 1666, Colbert leur confie deux tâches. L'une, délicate : la répartition de la taille. L'autre, énorme : la vérification et la liquidation des dettes des communes. Leur pouvoir s'en trouve très accru. Et leur seconde attribution, très lourde, les fixe pour des années dans leurs circonscriptions, qui sont les mêmes que celles des recettes générales, les *généralités*. Nommés par le roi, par commission toujours temporaire et révocable, pourvus d'appointements fixes, ces agents dociles et dévoués du pouvoir central gagnent en importance, progressivement, aux dépens des collèges d'officiers, propriétaires de leurs charges, rétribués bien plus par des épices que par leurs gages.

Les gouverneurs de province — grands seigneurs ou maréchaux de France — se trouvent peu à peu confinés dans un rôle de représentation ; ils n'ont plus de troupes personnelles, et leurs attributions militaires passent peu à peu aux mains des lieutenants généraux du roi. Les parlements et les autres cours — qui ne sont plus dénommées souveraines, après 1665, mais supérieures, appellation beaucoup plus modeste — n'ont plus la direction de la province en cas d'absence du gouverneur : elle passe à l'intendant (1667). Et les remontrances de ces cours — en vertu de lettres patentes de 1673, renouvelant un édit de 1641, qui n'avait pu être appliqué — ne sont susceptibles d'être prises en considération qu'après vérification préalable des édits royaux. Du coup, le parlement de Paris préfère ne plus présenter de remontrances et enregistre les décisions royales. Il en est de même des parlements de province.

Avant 1661, les rois s'étaient assez peu soucié d'administrer. Ils avaient laissé les communautés, villes ou villages, et les collèges locaux d'officiers régler un grand nombre d'affaires. Durant le règne personnel de Louis XIV, les corps d'officiers se trouvent réduits au rôle de simples exécutants. Ils ne sont plus les conseillers et les collaborateurs de jadis. Car beaucoup de problèmes sont traités soit sur le bureau de l'intendant, soit même à Paris. Surchargé de travail, l'intendant développe ses bureaux, prend des adjoints : les subdélégués. Comme un seul homme ne peut examiner tous les dossiers d'une généralité, il en arrive à donner à de simples commis le pouvoir d'administrer. Bien souvent, les pièces ne sont plus communiquées à l'intendant que pour signature.

Non seulement la monarchie, désormais, administre, mais elle légifère d'une manière plus précise. Un Conseil de réformation de la justice, où Colbert et son oncle Pussort exercent une grande influence, rédige une série de six codes, dont l'ordonnance civile, ou code Louis, l'ordonnance des eaux et forêts, l'ordonnance criminelle, l'ordonnance commerciale. Mais, en fait, la législation et l'administration ne peuvent exercer une action efficace que dans une mesure très variable.

L'intégration des provinces conquises

On peut mettre à l'actif de l'administration française d'alors une incontestable réussite : l'intégration morale des provinces récemment conquises (Alsace, Artois, Roussillon, Flandre wallonne, Franche-Comté). Elle se garde bien de détruire d'un trait de plume les institutions en place. Simplement, le roi se substitue à l'ancien souverain. C'est l'intendant qui travaille ensuite à introduire les lois et les habitudes françaises, mais avec prudence, avec lenteur, avec scrupule, avec tact, et en faisant de nombreuses concessions aux coutumes locales. Si le roi proclame à plusieurs reprises qu'il n'existe qu'une seule langue officielle dans son royaume, il n'est pas question de l'imposer. Le Conseil d'Alsace se sert indifféremment du français, du latin et de l'allemand. Il existe, dans cette province, des établissements d'enseignement de langue française et d'autres de langue allemande. Pour ne pas froisser les habitants des territoires encore récemment soumis à la domination espagnole, l'édit de Nantes n'y est pas appliqué. L'ordonnance civile est, en principe, destinée à tout le royaume, mais elle n'est que tardivement introduite en Roussillon, et la Flandre conserve ses usages traditionnels. Grâce à la bonne qualité de l'administration et de la justice françaises, grâce à l'habileté d'intendants de la valeur de Colbert de Croissy et de La Grange pour l'Alsace, ou de Chauvelin pour la Comté, grâce aussi au prestige du roi et à l'attirance exercée par Versailles, la politique d'intégration des provinces nouvelles est un plein succès. Les meilleurs agents qu'y trouve la cause française en sont originaires : ainsi le bailli des états du Tournaisis, Michel-Ange de Vuoerden, ou, à Perpignan, l'intendant Raymond de Trobat, un Catalan. Très vite, les populations participent à tous les aspects de la vie du royaume, parfois brillamment. Le Roussillon donne à la France le peintre Rigaud ; la Flandre, le corsaire Jean Bart ; la Comté et l'Alsace, des centaines d'officiers de valeur, et d'une inébranlable fidélité. Aux heures difficiles de la guerre de Succession d'Espagne, Français « anciens » et Français « nouveaux » se sentent non seulement sujets du même roi, mais membres de la même nation.

L'emprise de l'État sur la nation

Il est une autre réussite du gouvernement et de l'administration royale qui répond pleinement au vœu des populations : l'ordre règne. Il n'est plus possible ni aux grands ni aux corps d'officiers de s'opposer à la volonté royale ni de soulever contre elle leurs fermiers ou leurs clients. Il n'est plus question d'états généraux ni d'assemblées de notables qui puissent présenter au roi des doléances d'ensemble. De même, les ordres sont pratiquement mis en tutelle — en particulier les assemblées du clergé de France. Il n'est plus question, pour la communauté protestante, de se révolter contre le pouvoir royal. Depuis l'édit de grâce d'Alès, elle ne dispose plus de places de sûreté. Ses assemblées et ses conseils politiques disparaissent. Les derniers tribunaux mixtes, les chambres « mi-parties » de Languedoc, de Guyenne et de Dauphiné, sont supprimés en juillet 1679. Et après 1659, date de celui de Loudun, les synodes nationaux ne peuvent plus être réunis. Bien avant la révocation de l'édit de Nantes, la communauté protestante ne représente plus une force d'opposition. Il n'est plus question, pour aucune province, de tenir tête à l'autorité royale. De nombreux états provinciaux ont disparu, très souvent dans une quasi-indifférence. Ils ne sont pas officiellement supprimés : le roi cesse simplement de les convoquer. Ainsi, les états du Dauphiné, de Normandie après 1655, de la Basse-Auvergne après 1672, du Quercy et du Rouergue après 1673, d'Alsace après 1683, de Franche-Comté après 1704. Et le roi ne réunit plus les états de Provence depuis 1639. Il se contente d'une simple *assemblée des communautés*, où les prélats et les gentilshommes ne disposent que d'une représentation très réduite, et qui, de ce fait, se montre docile.

D'une manière générale, les villes se trouvent bien plus atteintes que les campagnes par l'action de l'administration. Paris est pratiquement soumis au lieutenant général de police, La Reynie, de 1667 à 1697, homme particulièrement efficace. Partout, dans les villes, les élections municipales sont orientées soit par l'intendant, soit par le lieutenant de police. Puis on vend des offices de maire, et cette fonction échappe donc à l'élection – à moins que la ville ne rachète la charge. Et depuis les lettres patentes de juillet 1658, c'est, à Paris, le procureur du roi au Châtelet – et depuis 1667, ce dernier conjointement avec le lieutenant général de police – qui doit présider à l'élection des jurés de métiers. En province, cette responsabilité incombe aux juges de police et aux intendants. Colbert s'efforce d'ailleurs d'encadrer le plus d'artisans possible dans les jurandes ou corporations. Mais beaucoup y échappent, préférant les confréries – simples sociétés d'entraide à caractère religieux – ou les compagnonnages – associations illicites, ne groupant que des compagnons et point de maîtres.

L'action de l'administration est beaucoup moins sensible dans les campagnes. Cela tient au fait que le « quadrillage administratif » demeure très lâche : en 1665, on compte, pour 24 généralités, 8 648 magistrats de judicature, 4 968 magistrats de finance (trésoriers généraux de France, élus, etc.), 4 245 receveurs, payeurs et leurs contrôleurs, 27 327 officiers ministériels (huissiers, sergents, etc.) et 1 059 officiers domaniaux, soit un total de 46 047 officiers royaux. Soit un officier pour 380 habitants, si l'on admet, avec Vauban et Saugrain, que la France comptait alors 17 millions et demi d'habitants. Mais si l'action de l'administration est beaucoup moins sensible dans les campagnes que dans les villes, c'est aussi, tout simplement, à cause de la lenteur des communications et de l'insuffisance des routes. Il appartient à l'administration royale de lutter contre toute menace de famine. Mais il est difficile à l'intendant – et à plus forte raison au ministre – d'être informé sûrement et rapidement ; à plus forte raison, de secourir efficacement une province en détresse. Aussi les administrés ne se dessaisissent-ils pas facilement de leurs réserves de grains, quand ils en ont. Certes, le paysan français jouit d'une position matérielle et morale sans doute très supérieure à celle de tous les autres paysans d'Europe. Il lui arrive fréquemment de plaider contre son seigneur – et de gagner son procès. Mais le seigneur demeure puissant. Il peut être âpre, surtout lorsqu'il s'agit d'un noble de robe ou d'un bourgeois acquéreur récent de la seigneurie. L'autorité royale n'intervient d'elle-même que lorsque se présente un cas d'oppression particulièrement scandaleux. Ainsi en Auvergne, où les Grands Jours, juridiction exceptionnelle, frappent durement des seigneurs qui maltraitaient leurs paysans (1665-66). Mais il arrive aussi que des magistrats, parfois alliés à eux par des mariages, laissent vivre en paix sur leurs terres des nobles condamnés à mort. Il arrive qu'ils n'appliquent que mollement les édits royaux qui les gênent. Des faux-monnayeurs jouissent parfois d'une impunité scandaleuse. Dans les provinces éloignées des grands centres, des nobles, tyranneaux locaux, sont maîtres des élections municipales dans les communes rurales. Ils les font opprimer par leurs hommes de paille, en faisant exempter de taille leurs fermiers et surcharger les autres habitants. Avec zèle, les intendants luttent pour la justice fiscale et pour une universelle obéissance au roi. Ils remportent des succès considérables. Mais il leur arrive de ne pouvoir qu'entamer la puissance locale des seigneurs.

L'État et la vie économique : le colbertisme

Sur la vie économique, l'emprise de l'État est aussi partielle que sur la vie sociale. L'économie française présente alors un certain nombre de défauts « structurels », qui sont d'ailleurs communs à la plupart des pays d'Europe occidentale : faible productivité de l'agriculture, transports lents et aléatoires, techniques défectueuses. Son état permanent d'instabilité se trouve aggravé par la conjoncture, qui est alors caractérisée par une baisse prolongée des prix, masquée parfois par des mouvements cycliques de faible ou moyenne amplitude, ainsi que par de violentes oscillations saisonnières. La tendance séculaire à la baisse a pour conséquences le ralentissement de la production et l'affaiblissement de l'esprit d'entreprise. La vie économique semble stagner. En outre, le pouvoir royal la prive de tout stimulant inflationniste : il continue la politique de stabilité monétaire de Louis XIII et de Richelieu. La livre tournois conserve jusqu'en 1689 la valeur à laquelle elle a été stabilisée en 1641 : 8,33 grammes d'argent fin. On a souvent reproché aux idées dont Colbert a poursuivi l'application vingt-deux ans durant d'être fondées sur un principe faux : le chryshédonisme, c'est-à-dire la confusion de la richesse et du métal précieux. Jean Meuvret a fait remarquer qu'il n'était pas indifférent, dans les conditions commerciales alors régnantes, de s'assurer une bonne circulation de monnaie métallique. Or, la France, ne possédant pas de mines d'argent, ne peut y parvenir qu'en tirant les conséquences de l'échec espagnol et des succès néerlandais et britannique. L'or et l'argent d'Amérique ne font que transiter à travers l'Espagne, pays qui dépense trop et ne travaille pas assez. Ils affluent, par contre, dans les pays industrieux qui vendent plus qu'ils n'achètent. La balance des comptes — qu'on réduit à la balance commerciale — doit présenter un solde positif. Pour obtenir ce résultat, on peut essayer d'agir directement sur elle, en chargeant de gros droits d'entrée les marchandises étrangères et en favorisant l'exportation des produits nationaux. De là les tarifs douaniers élevés de 1664 et surtout de 1667. Mais, pour conquérir des marchés, rien ne vaut de bonnes marchandises, et d'ailleurs, pour réduire les importations étrangères, n'est-il pas nécessaire de créer ou de fortifier les industries qui, à l'intérieur du royaume, peuvent fournir des productions aussi valables que celles que l'on fait venir de loin, à grands frais ? Au-delà de ces déductions simples s'est fait jour un autre thème de réflexion : le fait que le travail productif est une richesse en soi. Indépendamment de la préoccupation du commerce extérieur, il faut travailler le plus et le mieux possible, et la production doit être encouragée. Sans théorie savante du « plein emploi », comme on dirait aujourd'hui, Colbert a le sentiment instinctif de cette nécessité, qui correspond, d'ailleurs, à son tempérament. Offrir à tous des moyens variés de subsister et même de gagner quelque chose, tel est peut-être, selon Jean Meuvret, le trait le plus frappant de son effort en de multiples directions. Si sa pensée s'inscrit dans le sillage des contemporains d'Henri IV — Montchrestien, Laffemas —, son action reprend des tentatives du temps de Richelieu : tentatives coloniales, afin d'éviter les achats de produits tropicaux étrangers ; efforts pour créer des entreprises industrielles, avec l'aide de techniciens étrangers et de capitaux fournis par l'État et, si possible, par l'épargne privée. Colbert constitue ainsi des manufactures de deux sortes : les manufactures « du Roi », ateliers d'État comme les Gobelins ; les manufactures « royales », entreprises privées, encouragées soit par des subventions ou des exemptions fiscales, soit par un monopole de fabrication et de vente. Comme, pour exporter, il faut maintenir la qualité, une réglementation tatillonne est instaurée, assortie d'un corps d'inspecteurs et de sanctions. Ces manufactures, qu'elles soient « royales » ou « du Roi », visent avant tout à fabriquer des produits de luxe : soieries à Saint-Maur-les-Fossés ; tapisseries à Beauvais ; dentelles à Reims et à Alençon ; verreries à Saint-Gobain, afin d'améliorer la balance commerciale avec l'Italie, en dépassant la réputation des ateliers vénitiens de Murano. Et pour améliorer la fabrication dans les entreprises autres que les manufactures, Colbert développe et renforce le régime corporatif, conçu comme un auxiliaire de l'autorité de l'État. Les syndics et gardes jurés de la corporation surveillent le travail et contrôlent l'exécution des règlements. Mais l'édit de 1673, qui oblige, tous les artisans à faire partie d'une jurande, n'est, en fait, appliqué que pour les métiers les plus importants. Cependant, au prix d'une dure discipline imposée aux fabricants et aux ouvriers, Colbert réussit à libérer la France d'un certain nombre de coûteuses importations étrangères.

Les préoccupations commerciales

Avant tout autre secteur d'activité, Colbert fait porter son effort sur l'industrie. L'agriculture n'est pas totalement absente de ses préoccupations. Mais, pour aider les paysans, il se contente, quand il le peut, de diminuer la taille. Les échanges intérieurs ne tiennent qu'une place secondaire dans son système, parce qu'ils n'apportent aucune richesse supplémentaire au royaume. Il s'efforce cependant de faciliter la circulation des grains de province à province, en cas de mauvaise récolte, et surtout il donne à la France une certaine unité douanière, en groupant un certain nombre de pays dans les limites des « cinq grosses fermes », en dehors desquelles demeurent les régions dites « étrangères ». Il s'intéresse surtout, cela va de soi, à la fiscalité, qui a une portée économique. Il maintient — réaction contre la prépondérance hollandaise, parallèle à l'Acte de navigation des Anglais — la taxe de 50 sous par tonneau, instituée par Fouquet sur tout navire étranger qui n'apporte pas en droiture des marchandises de son pays. Mais ce n'est là qu'un élément négatif dans un vaste programme. Il est aisé, dans la réalisation de ce dernier, de discerner l'échec de la réussite. Échec au moins relatif pour les compagnies, dotées du monopole du trafic dans une région donnée, Nord, Levant, Indes occidentales, Indes orientales, Sénégal, Guinée. Il n'est que partiellement fondé d'opposer ces compagnies à leurs modèles anglais et hollandais, en prétendant que ces derniers étaient le fruit de l'initiative privée, tandis qu'en France c'était le gouvernement qui se trouvait à l'origine de leur fondation. Les compagnies anglaises et hollandaises étaient, elles aussi, des compagnies « à charte », auxquelles les autorités publiques concédaient un privilège dans des conditions précises. La grosse différence, c'est qu'en Angleterre et en Hollande les capitalistes s'y engagent avec confiance, tandis qu'en France la réclame officielle nuit à ces entreprises plus qu'elle ne les aide. On se défie de tout ce qui vient du pouvoir en matière économique : on y soupçonne une opération fiscale. En outre, on sait que les compagnies étrangères ne font plus les bénéfices spectaculaires de la première moitié du siècle, et l'on ne voit pas bien l'intérêt d'en créer en France.

L'expansion coloniale

Liée en partie à ces efforts, mais aussi, pour une part, spontanée, l'expansion coloniale a abouti tantôt à préparer l'avenir, tantôt à des résultats immédiats. Des jalons sont posés dans l'Inde et à Madagascar. Et les résultats les plus certains sont acquis au Canada et aux Antilles. Le peuplement de la Nouvelle-France — terre paysanne et seigneuriale française, province avec gouverneur, évêque et intendant — est l'œuvre personnelle de Colbert. Il y favorise l'immigration. En outre, il est partisan convaincu de l'intégration de la population indigène. Il voudrait qu'elle composât avec les colons « un seul peuple ». Les Antilles se seraient, de toute façon, développées elles-mêmes. Mais il existe toute une politique sucrière de Colbert, qui s'inspire des principes de ce que l'on a appelé plus tard le « pacte colonial ». On attend des plantations de cannes qu'elles fournissent la matière première à des raffineries, réservées à la métropole. Ce système réussit assez bien, combiné avec la traite, qui fournissait la main-d'œuvre africaine. Le Code Noir peut paraître d'une grande dureté à nos contemporains : il n'en a pas moins eu le mérite de protéger l'esclave contre les abus les plus criants, et d'assurer sa survie.

L'effort maritime

Mais la plus grande des œuvres de Colbert est, sans conteste, le relèvement et le développement de la marine. La construction de navires de commerce est encouragée par le droit de 50 sous par tonneau et par des subventions. L'effort est particulièrement poussé en ce qui concerne la marine royale. Et la vie économique du royaume profite de cette source d'activité qui lui est offerte. La construction navale progresse. On doit protéger les forêts, qui fournissent le bois et le goudron ; on doit encourager la culture du chanvre, pour les voiles et les cordages, ainsi que la métallurgie, d'autant plus que les navires de commerce eux-mêmes doivent alors emporter des armes. Enfin, des travaux considérables sont exécutés dans les ports : à Brest et à Sète, sous la direction du chevalier de Clerville, le maître de Vauban ; à Rochefort, sous celle d'un cousin du ministre, Colbert du Terron ; à Dunkerque, à Marseille, où l'intendant des galères, Arnoul, double la superficie de la ville. Plus qu'à toute autre époque, marine de guerre et marine de commerce s'apportent un appui mutuel. Il est certain que le trafic maritime français a reçu, du temps de Colbert, une impulsion décisive, en dépit de la conjoncture défavorable. Comme Richelieu et bien d'autres, Colbert a été qualifié de *mercantiliste,* c'est-à-dire de tenant d'un système économique qui, littéralement, exalte le développement des activités et de la mentalité marchandes. Mais, comme pour l'action de Richelieu, le but recherché n'est pas, en soi, la prospérité, le bien-être des Français, mais la puissance de l'État. Le politique prime l'économique.

Finances et fiscalité

Pour que le roi soit puissant, il faut qu'il ait de bonnes finances. Or, les qualités de comptable de Colbert sont indéniables. Il vise avant tout à établir un véritable budget de l'État et à comprimer les dépenses le plus possible. Mais il ne peut que régler les « acquits au comptant », ordres du roi d'avoir à fournir immédiatement une somme jugée indispensable, et c'est là une pratique qui bouleverse toute prévision. Il poursuit les financiers concussionnaires, fait la chasse aux faux nobles, qui s'exemptaient de la taille. La recette susceptible d'être accrue le plus facilement est alors l'impôt indirect sur les produits de consommation courante : gabelles, traites (douanes intérieures), aides (sur les boissons). La levée en est faite par des « fermiers », entrepreneurs privés, qui passent un contrat avec l'État, lui remettent une somme forfaitaire, et qui la récupèrent, assortie d'un bénéfice, sur les contribuables, avec l'aide d'une armée de commis. Colbert hausse peu à peu le chiffre du bail de chaque « traitant » ou « partisan ». Mais, en contrepartie, il met la maréchaussée à leur disposition, et le roi apparaît solidaire des financiers. Le *Parallèle des trois rois Bourbons* évoque leurs statues dans Paris : celle du bon roi Henri, sur le Pont-Neuf, au milieu du peuple ; celle de Louis XIII, sur la place Royale, parmi les gentilshommes ; et celle de Louis XIV, place des Victoires, au milieu des partisans. Colbert établit de nouvelles taxes indirectes, toutes affermées : l'enregistrement, l'estampille des métaux précieux, la marque des cartes à jouer, le papier timbré, surtout, qui déchaîne une violente révolte en Bretagne et en Guyenne, accompagnée, en certains points, d'une jacquerie paysanne (1675). Mais Colbert ne peut équilibrer le budget. En 1683 – l'année de sa mort –, il prévoyait 103 millions de dépenses, sans les acquits au comptant, et seulement 97 millions de recettes. A vrai dire, en une période particulièrement défavorable, marquée par la déflation générale, Louis XIV et Colbert imposent à la nation deux tâches surhumaines : une politique extérieure de guerre quasi continuelle, une grande tentative d'industrialisation. Le progrès économique de la France apparaît aussi indéniable que ses conquêtes territoriales, et la valeur de la monnaie demeure inchangée. Mais il ne peut être question d'équilibre budgétaire.

Le gouvernement de l'esprit et des arts

Louis XIV est arrivé au trône en un temps où la conjoncture économique était franchement mauvaise, mais où le mouvement littéraire, artistique et scientifique offrait d'incomparables promesses. Et sachant que sa gloire, établie par les succès militaires, en recevrait un nouveau lustre, il a voulu le stimuler et l'ordonner. Il aime d'ailleurs les fêtes éclatantes et les décors magnifiques. Dans la foule des talents qui se révèlent, Colbert s'emploie à discerner ceux qui peuvent être utilisés pour servir le prestige royal, ainsi qu'à faire prévaloir une orientation officielle ; une préférence très nette est accordée aux tendances que l'on a, par la suite, appelées « classiques » : contrôle de l'art par la raison, discipline des forces créatrices, souci de l'universel — au détriment de l'esthétique dite « baroque », art du mouvement, manifestation de désordre intérieur, expression d'une angoisse, en même temps que moyen de la fuir.

Surintendant des Bâtiments, Colbert élargit son rôle très au-delà de la direction, du contrôle et de la comptabilité des travaux effectués dans les demeures royales. Cet homme dont la vie est dévorée par le labeur administratif, se fait ministre des Arts, des Lettres et des Sciences. Il n'a lui-même qu'une culture sommaire. Il sait, du moins, s'entourer des conseillers que, de son temps, l'on pouvait juger les plus sûrs. Jean-Baptiste Lully, surintendant de la musique du roi de 1661 à 1687, est constitué régent de tous les théâtres, académies et écoles de musique. Charles Le Brun, premier peintre du roi jusqu'en 1690, exerce sur le monde des artistes une sorte de dictature, pour laquelle le qualifient ses compétences quasi universelles : les sculpteurs Coysevox, Girardon, Caffieri, les graveurs Audran et Leclerc travaillent d'après ses dessins, et les maîtres tapissiers d'après ses cartons ; Van der Meulen exécute les paysages des tableaux qu'il a esquissés, et d'autres en peignent les personnages. Il dirige tout, surveille tout, fournissant les uns et les autres en idées et en croquis. Comme conseiller littéraire, Colbert a choisi Chapelain, que la plupart des contemporains estiment un grand poète. Enfin, Charles Perrault, futur auteur des *Contes de fées*, frère de l'architecte du Louvre, est directement employé à la réalisation des deux premiers projets conçus par le ministre pour honorer et attirer les talents : la distribution de gratifications et l'organisation — ou la réorganisation — des Académies. Les récompenses en argent ne sont pas prodiguées seulement en France, mais également à l'étranger. Car Colbert s'efforce, comme il le faisait pour les hommes de métier, de soustraire aux pays étrangers les savants ou les artistes d'une valeur exceptionnelle : le Bernin ; le physicien Huygens, qui demeure vingt ans en France, et y compose sa *Dioptrique* ; l'astronome italien Cassini, qui dirige l'Observatoire de Paris. Les Académies, sociétés de spécialistes, sont susceptibles soit de fournir d'utiles renseignements en cas de besoin, soit de collaborer à la gloire du roi. Celles qui existaient déjà sont placées sous une tutelle royale plus étroite. Colbert devient « vice-protecteur » de l'Académie française. Les élections sont guidées, et le jeton de présence est institué pour activer le travail. Elle doit rendre les Français, « par une meilleure connaissance de la langue, plus capables de travailler à la gloire du roi ». Et Jean Racine écrit : « Tous les mots de la langue, toutes les syllabes nous paraissent précieuses, parce que nous les regardons comme autant d'instruments qui doivent servir à la gloire de notre Auguste Protecteur. » L'Académie de peinture et de sculpture se voit offrir un logement, un statut, ainsi que le monopole de l'enseignement de ces disciplines. En outre, Colbert organise et façonne à son gré les nouvelles Académies fondées par lui : Académie des inscriptions et belles-lettres (1663), des sciences (1666), d'architecture (1671), de musique (1672) ; enfin, institution d'un caractère différent des précédentes, l'Académie de France à Rome, où de jeunes pensionnaires étudient les chefs-d'œuvre des Anciens.

Une puissante impulsion est ainsi donnée à un art monarchique dont Versailles constitue la principale, mais non la seule réalisation. Paris doit au Grand Siècle un certain nombre de ses aspects les plus caractéristiques. Ses boulevards sont alors transformés en promenades, ornées d'arcs de triomphe : les portes Saint-Denis et Saint-Martin, destinées à célébrer les victoires du roi. Le Louvre est complété, et reçoit sa colonnade. Libéral Bruant élève l'église de la Salpêtrière, au milieu d'un hôpital qui constitue une véritable ville en plein Paris, et construit l'hôtel des Invalides, que Mansart couronne d'un dôme harmonieux et léger. Mansart aménage aussi la place Vendôme et la place des Victoires, destinées à servir de cadre à des statues du roi. Enfin, dans les foyers artistiques de province, il est des créateurs qui, même s'ils donnent ailleurs l'essentiel de leur œuvre, et même si des traits « baroques » y subsistent, n'en sont pas moins appelés à travailler pour les bâtiments ou pour les vaisseaux du roi : ainsi, le Provençal Pierre Puget.

On a parfois opposé à l'art *Louis XIV* la littérature *classique*, et affirmé que les écrivains gravitaient alors moins étroitement que les artistes autour de la personne royale. Ce n'est que partiellement exact. En fait, les grands auteurs ont tous, à un degré quelconque, bénéficié de la bienveillance ou de l'appui du roi. Que l'on songe — c'est le fait le plus connu — à l'auteur de *Tartuffe*, soutenu contre de redoutables ennemis par le patronage du prince. Les écrivains bénéficient de l'impulsion donnée par le pouvoir à tout ce qui est manifestation de grandeur. Certains aspects de leurs œuvres sont, en outre, étroitement liés au style des premières années du règne. Longtemps, la critique a fait peu de cas des comédies-ballets de Molière : *Mélicerte, le Sicilien ou l'Amour peintre* — ainsi que des intermèdes musicaux ou chorégraphiques qu'il plaçait dans d'autres de ses pièces. Elle n'y voyait qu'une concession faite aux exigences de la Cour. Antoine Adam a fait remarquer que Molière, au contraire, attachait un grand prix à ces tentatives ; qu'il rêvait d'une fusion des arts, où la musique et la danse s'associeraient à la poésie, et qu'il trouvait normal que l'une de ses comédies s'intégrât dans l'ensemble des fêtes royales. Par ailleurs, on trouve d'éclatantes louanges du roi sous la plume des plus grands écrivains du temps. Certaines sont obligées ; d'autres, intéressées. Mais la plupart d'entre elles sont certainement sincères, et expriment non seulement l'enthousiasme de la nation à l'égard du héros, du conquérant, mais aussi la reconnaissance de leurs auteurs à l'égard du protecteur des arts et des lettres. Les Français commencent alors à se persuader que le siècle n'a rien à envier à ceux de Périclès, d'Auguste ou des Médicis. Un académicien, l'abbé Paul Tallemant, exprime une opinion assez généralement répandue lorsqu'il se réjouit d'être né au cours de « l'une de ces périodes merveilleuses de l'Histoire » qui se sont trouvées préparées par un « amas brillant de génies admirables dans tous les arts, et par de nouvelles lumières ». C'est dans un climat de juste fierté nationale que sont nés, entre 1660 et 1680, les grands chefs-d'œuvre de Racine et de Molière, plusieurs des plus belles oraisons funèbres de Bossuet, la quasi-totalité des *Fables* de La Fontaine, un grand nombre de *Lettres* de Mme de Sévigné, *l'Art poétique* de Boileau, les *Maximes* de La Rochefoucauld, ainsi que l'admirable roman de Mme de La Fayette. Ces vingt années constituent la plus magnifique période de la littérature française. Parler d'une « école de 1660 », et surtout présenter Boileau comme son chef, serait une erreur. Il faut cependant reconnaître que quatre des plus grands écrivains de ces années prestigieuses, Racine, La Fontaine, Molière, Boileau, partagent les mêmes goûts, les mêmes admirations, les mêmes hostilités. Même attachement à la « vérité » ou à la « nature », comprise comme le contraire de ces éléments baroques que sont l'artifice, l'outrance, l'excessive subtilité. Même admiration des Anciens. Même hostilité à l'égard du goût dominant, de la poésie coquette de l'abbé Cotin, du roman héroïque de La Calprenède, ou de la tragédie galante de Quinault. En outre, un certain nombre des plus grandes œuvres de ce temps présentent en commun un second caractère qui les distingue de toutes les œuvres françaises antérieures : elles impliquent — cette remarque est également d'Antoine Adam — « une même image de l'homme, et cette image est tragique ». L'homme n'apparaît plus, comme au temps de Pierre Corneille, un être essentiellement raisonnable, lucide, libre, mais comme un chaos de passions. C'est ce qu'expriment les *Maximes* de La Rochefoucauld, « œuvre clef pour comprendre notre littérature classique ». Elles osent dire que nos passions déterminent notre conduite et qu'elles ont une racine commune, l'amour-propre, l'incurable égoïsme qui ramène toutes nos actions à notre intérêt. Il démontre que l'amour est passion de posséder et de dominer – et que, de ce fait, il ne se distingue guère de la haine. Cette image de l'homme, on la retrouve dans l'univers intérieur de Racine, monde cruel où se déchaînent des passions impitoyables ; dans les *Lettres de la religieuse portugaise* (1668), dont l'auteur est un ami de Racine et de Boileau, Guilleragues ; enfin, dans *la Princesse de Clèves*, de Mme de La Fayette (1678). Passant par-dessus des siècles de christianisme, ces auteurs retrouvent une conception grecque de l'homme. Leurs œuvres correspondent « à cette exigence de dure vérité, à cette noblesse aussi dans le pathétique » que l'on rencontre dans toutes les formes de la vie artistique ou intellectuelle de l'époque. Mais elles blessent les goûts non seulement des talents ou des caractères médiocres, mais aussi de tous ceux qui admirent les réussites de la France de Louis le Grand.

Les Anciens et les Modernes

De cette opposition naît, vers 1670, une querelle dont les antécédents étaient assez lointains, celle des Anciens et des Modernes. Les Modernes, ce sont ceux qui estiment que des valeurs authentiques se trouvent réalisées avec la courtoisie, le raffinement et le luxe qui règnent dans la bonne société ; qui estiment qu'avec la floraison des chefs-d'œuvre récents et la création d'une nouvelle langue, il n'est plus possible de s'en tenir à la traditionnelle imitation des Anciens ; qui lient, enfin, en termes exprès, leur attachement à la France et leur goût pour ses productions littéraires récentes. Ils ont pour chefs de file Charles Perrault et Desmarets de Saint-Sorlin. Leurs manifestations se multiplient. Ils réussissent à gagner la grande majorité des gens de lettres et de la société mondaine, les femmes en particulier, l'Académie de peinture et de sculpture, puis l'Académie française. Et il est un événement artistique qui correspond exactement à l'idéal qu'ils se sont forgé. Lorsque, le 27 avril 1673, *Cadmus et Hermione* – musique de Lully, livret de Quinault – est joué devant le roi, l'opéra remporte en France un succès définitif. Les Modernes y voient alors la forme d'art suprême de la France, l'équivalent de la tragédie dans la Grèce antique. Dès 1674, Charles Perrault défend cette thèse, mais de latente la querelle devient aiguë le 27 janvier 1687, jour où il lit à l'Académie française son poème *le Siècle de Louis XIV* qui illustre son point de vue. Les Modernes, ces « beaux esprits de Paris », s'opposent non seulement aux plus grands écrivains de leur temps – à Racine, à Boileau, à Bossuet –, mais encore à tous ceux qui, fidèles au passé, ne partagent pas leur confiance dans le progrès des « lumières » ou des mœurs. La querelle est aigrie par des inimitiés personnelles. Elle dégénère en polémiques de détails. Les uns dénoncent le mauvais goût d'Homère, les autres le défendent avec intransigeance. Les uns réclament pour le poète épique le droit de faire intervenir des anges ou des diables, les autres veulent que l'on s'en tienne aux divinités de l'Olympe. Avec des alternances de léthargie et de réveils, avec des épisodes ridicules et des moments passionnants, la querelle dure jusqu'à la fin du règne.

La « culture populaire »

Elle ne s'étend pas au-delà de cercles assez restreints : gens de lettres, ecclésiastiques lettrés, salons, hôtels princiers. L'« honnête homme », si souvent analysé et vanté, se révèle relativement rare. Et si le public des grands classiques apparaît plus large, il ne fait pas de doute qu'il est, numériquement, beaucoup moins important que celui de La Calprenède, de Madeleine de Scudéry ou de Thomas Corneille. Ce sont ces noms – et non les leurs – qui représentent le mieux le goût dominant de l'époque. Une pièce absurde, le *Timocrate* de Thomas Corneille, connaît une vogue extraordinaire, et le succès de son « chef-d'œuvre », *Ariane*, balance celui du *Bajazet* de Racine (1672). Mais les deux publics réunis – celui des « classiques » et celui des « baroques » – ne constituent pas, et de loin, la majorité des Français. Celle-ci, en particulier dans les campagnes, ignore aussi bien les chimères romanesques que les chefs-d'œuvre classiques ; pourtant, elle a sa culture, elle aussi. Une culture très différente de celle de l'« honnête homme ». Une culture dont les thèmes sont hors du mouvement des idées et des arts de l'époque. La sculpture rustique, par exemple, perpétue des motifs de la Gaule paléochrétienne. Le métier de l'imagier populaire n'a guère varié depuis le XVe siècle – taille sur bois de poirier ou de cerisier, impression à la main plus souvent qu'à la presse, coloriage au pochoir –, et si ses thèmes ont traversé les siècles, c'est qu'en profondeur l'âme populaire a peu varié. Comme à la fin du Moyen Age, ces estampes sont diffusées par colportage. Et il en est de même de ces petits livres de quelques pages, destinés à être lus à la veillée, qu'à retrouvés Geneviève Bollême à Troyes, leur grand centre de diffusion. Cette « Bibliothèque bleue » a le mérite de nous faire connaître les lectures des milieux modestes, plus spécialement ruraux. Elle comprend des calendriers, des almanachs, des guides de voyages, des livres d'arithmétique et de médecine ; des récits participant de la mythologie et du merveilleux païen : contes de fées, contes du loup, histoires de Gargantua, de Till l'Espiègle ; de courts romans, exprimant des traits d'affectivité, comme *la Patience de Grisélidis*, venue tout droit de Boccace ; des adaptations de romans de chevalerie (*la Belle Heleine de Constantinople, Pierre de Provence et la belle Maguelonne*), ancêtres du roman-feuilleton sentimental ; des chansons à boire et des chansons d'amour, parmi lesquelles on discerne un double courant : mariage chrétien et tendances libertines ; des livrets d'éducation ; des mythes historiques, où la croisade et surtout Charlemagne occupent une large place ; enfin, de nombreux ouvrages de piété, en particulier des vies de saints très divers. Dans cette littérature « d'évasion », l'ordre social est indiscuté, accepté tacitement, ne fût-ce qu'à cause de la prudence des auteurs. Et comme elle est faite pour répondre aux goûts et aux besoins du public « populaire », elle est révélatrice de sa mentalité : elle montre, en particulier, la place éminente que tiennent, dans sa vie, la foi chrétienne et l'Église catholique.

L'Église catholique et la vie de la nation

On naît alors « Français et chrétien », comme le dit La Bruyère. L'état civil est tenu par le clergé. Et quelle que soit la place de ce dernier dans la vie de la commune – elle est variable selon les provinces –, la pratique revêt un caractère obligatoire. Ne pas paraître aux offices ou travailler le dimanche, différer le baptême d'un enfant ou l'appel du prêtre auprès d'un malade constituent des fautes susceptibles d'entraîner l'intervention de l'officialité, voire l'appel au bras séculier. Aussi compte-t-on à peu près autant de « communiants » que de paroissiens adultes. Les processions, le culte des reliques, les pèlerinages exercent un grand attrait. Il en est de même – ce qui est plus significatif d'une piété sincère – des confréries de pénitents, des associations charitables, ainsi que de ces congrégations dont les jésuites ont la spécialité, et qui s'étendent à des milieux sociaux très variés. Enfin, la pratique de la communion fréquente et l'habitude de faire une retraite annuelle connaissent une faveur accrue. Certes, il existe un « envers du Grand Siècle », dans le domaine religieux comme dans les autres. Très généralement croyants, les hommes n'en sont pas, pour autant, vertueux. Le jésuite Bourdaloue et le doctrinaire Fléchier dévoilent et attaquent leurs vices sans complaisance.

Mais il est des tares particulières au temps. On croit toujours à la sorcellerie, contre laquelle les poursuites ont pourtant cessé, par voie d'autorité, entre 1672 et 1682. D'autres superstitions, allant jusqu'à la tentation du sacrilège, subsistent, même dans les milieux sociaux les plus élevés : l'Affaire des poisons, où la messe noire est mêlée au crime, rejaillit sur l'entourage même de Louis XIV (1676-1679).

Mais, en dépit de ces ombres, l'Église recueille, en France, le fruit des efforts antérieurs, ceux de Bérulle, de Vincent de Paul, d'Olier. Le nombre des séminaires s'accroît, la valeur des prêtres s'élève. La vie monastique gagne, elle aussi, en qualité. Si le règne personnel est moins riche en fondations que les décennies précédentes, les réformes d'ordres et de couvents, par contre, y sont nombreuses, et vont dans le sens d'une spiritualité exigeante. La Trappe, avec l'abbé de Rancé, en représente, à partir de 1662, l'exemple le plus célèbre. Réveils d'un esprit chrétien qui n'était qu'en sommeil, des « conversions » éclatantes ont lieu : celles du duc et de la duchesse de Longueville, celle du prince de Conti, celle de Seignelay, qui prend Fénelon pour directeur. Enfin, les laïcs des villes s'intéressent bien davantage qu'autrefois aux grands débats théologiques.

L'Église ne se borne pas à une action purement religieuse : assurer le culte, diriger la vie spirituelle et morale des fidèles. Elle assume également la lourde tâche de l'assistance publique, bien que les interventions gouvernementales tendent à se multiplier dans ce domaine à partir de 1662, date de l'édit prescrivant l'ouverture d'un hôpital général dans toutes les grandes villes. On rencontre le souci permanent des pauvres aussi bien dans l'œuvre de Bossuet, qui a consacré un célèbre sermon à leur « éminente dignité », que dans des milliers de documents du temps, par exemple dans les procès-verbaux des réunions de la Compagnie secrète du Saint-Sacrement. En outre — mis à part les îlots de dissidence —, la nation française est tout entière façonnée par l'éducation que dispense l'Église catholique. Les communes, lorsqu'elles recrutent leurs maîtres d'école, soumettent leur choix à l'avis ou à l'approbation de leur curé. En outre, il est des prêtres qui comprennent que pour pouvoir assurer non seulement son enseignement, mais le simple service du culte, le christianisme, religion savante, exige impérieusement au moins un minimum de culture. Trois d'entre eux entreprennent de remédier directement à l'ignorance du « menu peuple » : Charles Démia, fondateur des Sœurs de Saint-Charles ; le minime Nicolas Barré, fondateur des Dames de Saint-Maur ; Jean-Baptiste de La Salle enfin, qui, venu de Reims à Paris, fonde, vers 1680, les Frères des écoles chrétiennes. Ces trois pionniers de l'enseignement populaire s'attaquent au problème essentiel : celui de la formation des maîtres, et ils entreprennent une réforme hardie des méthodes en cours, condamnant notamment celle qui consistait à faire lire les enfants en latin avant de les faire lire en français.

Quant à l'enseignement secondaire et supérieur — que l'on ne distingue guère l'un de l'autre —, il est entièrement du ressort de l'Église, et il appartient en droit à l'Université, corps autonome. Mais cette indépendance à l'égard de l'État et ce monopole se trouvent atteints l'un et l'autre. Le roi ne réalise pas les projets de Colbert, qui souhaiterait réduire le plus possible l'enseignement classique et multiplier les écoles techniques. Mais, traitant l'Université comme un corps laïque, et prenant prétexte des dissensions qui troublent ses assemblées, il la réforme (1667) et, par la suite, désigne ses dignitaires. D'autre part, il favorise ses concurrents, les collèges fondés par les grandes congrégations. Sa protection apparaît éclatante lorsqu'en 1682 il autorise les jésuites à donner le nom de *Louis le Grand* au collège de Clermont, situé à Paris, rue Saint-Jacques. Les établissements fondés par les grandes congrégations connaissent d'autant plus de succès que les vieilles universités, qui conservent le monopole de la collation des grades, sont en décadence un peu partout. Les oratoriens font alors la réputation de Juilly. Les doctrinaires ont pour domaine le Languedoc et la Provence. Les jésuites ont, en France, 70 collèges et plus de 30 000 élèves. La quasi-gratuité de leur enseignement, établie grâce à un système de fondations, leur permet d'y faire accéder des jeunes gens originaires de milieux sociaux beaucoup plus divers qu'on ne l'a cru généralement, ainsi que l'ont montré les travaux du R.P. de Dainville.

En tout temps, il est malaisé de dire dans quelle mesure une école forme ou reflète l'état d'esprit d'une société donnée. Mais une certaine unité, une certaine cohésion morale et politique de la nation, entre 1660 et 1715, ne peut s'expliquer sans tenir compte de l'action éducatrice des collèges, ceux des grandes congrégations.

L'État et la vie religieuse

Cette unité, Louis XIV et beaucoup de ses contemporains la voudraient totale. Or, il existe des îlots de dissidence. Au sein du catholicisme, tout d'abord : la « secte » janséniste. En 1661, les polémiques battaient leur plein et, en 1664, l'archevêque de Paris a lancé l'interdit sur Port-Royal. Un compromis plein d'équivoques, la « paix de l'Église » ou « paix clémentine », est accordé par le pape Clément IX (1667-69). Mais après la paix de Nimègue, la persécution reprend. 1679 marque également pour ceux qui sont séparés de l'Église catholique le commencement du drame. Se trouvant en conflit aigu avec le pape à propos de la régale, Louis XIV semble vouloir prouver son zèle catholique en éliminant l'hérésie de son royaume. Il est d'ailleurs encouragé dans cette voie par une partie importante de ses sujets. Beaucoup de catholiques n'ont pas admis l'édit de Nantes, et c'est alors un principe très communément admis, même par les membres de la « religion prétendue réformée » (R.P.R.), que la pluralité des confessions « défigure l'État ».

Depuis longtemps déjà, de nombreux officiers royaux appliquaient l'édit d'une manière restrictive, et déployaient toutes les ressources de la chicane pour faire démolir les temples. Les ecclésiastiques croient à la puissance de la controverse, Bossuet ayant d'ailleurs réussi, de cette manière, à convertir Turenne. Mais le colloque qui le met en présence du pasteur Claude, en 1678, n'aboutit à rien. On use, parallèlement, de moyens moins évangéliques : la Caisse des conversions, dirigée par l'académicien Pellisson, qui ramène à l'Église catholique un certain nombre de pauvres hères. Mais quand la cour devient dévote le zèle convertisseur s'accentue. Les chambres mi-parties disparaissent. Une série d'arrêts interdit aux réformés l'accès des offices, des professions libérales, de nombreux métiers.

Ces mesures légales sont conjuguées avec, dans certaines régions, la pure violence militaire. Des soldats sont logés chez l'habitant, « missionnaires bottés » dont les atrocités entraînent des résultats rapides : la célèbre « dragonnade » de l'intendant Marillac, en Poitou, opère 30 000 conversions dès 1680. Il y en a d'autres : celles de Foucauld en Béarn, de Lamoignon de Basville en Poitou et en Languedoc. Dans quelle mesure Louis XIV, à qui l'on présentait d'extraordinaires listes de conversions, a-t-il connu ces violences ? Le fait qu'il ait cru sincèrement à la prochaine extinction de l'hérésie contribuerait à expliquer l'acte désastreux de 1685.

La révocation de l'édit de Nantes

Mais cette décision a surtout des motifs de grande politique. Depuis 1683, l'empereur Léopold, vainqueur des Turcs devant Vienne, fait figure de champion de la chrétienté, en dépit du fait que le roi de Pologne a largement contribué à ce succès. En outre, il appuie les efforts du franciscain Spinola, qui collecte des adhésions de princes régnants à un projet d'union des Églises. Pour se poser, lui aussi, en champion de la chrétienté, Louis XIV ne peut se contenter de faire bombarder Alger par Duquesne, comme il le fait en 1682, 1683 et 1684, de libérer des esclaves chrétiens et de purger la mer de la piraterie. Il veut réussir là où Charles Quint a échoué en Allemagne : éliminer l'hérésie ; montrer ainsi que lui seul peut conserver sa splendeur à l'Empire, et préparer son élection comme roi des Romains. C'est en vain que les protestants, sentant venir le coup de grâce, lui adressent une « dernière requête », qui l'assure de leur loyalisme. Les grands zélateurs de la révocation sont l'archevêque de Paris Harlay de Champvallon, Louvois et le chancelier Le Tellier, qui la rédige. L'édit de Fontainebleau, du 18 octobre 1685 – enregistré le 22 – révoque l'édit de Nantes, bannit les pasteurs, interdit aux ex-religionnaires de s'enfuir, sous peine des galères, décrète la fermeture de leurs écoles, le baptême des enfants de « nouveaux convertis » (N.C.), ainsi que la démolition des derniers temples. Il considère donc tous les protestants comme des « N.C. ». L'opinion, dans l'ensemble, approuve chaleureusement, Bossuet, Mme de Sévigné, La Fontaine et La Bruyère en tête. Les conséquences de la révocation sont pourtant multiples et tragiques. Le fait essentiel est l'exode, en dépit d'une terrible chasse aux fugitifs. Quelque 300 000 protestants réussissent à quitter la France. Il y a parmi eux des représentants de tous les milieux sociaux, des cadets de famille, des marchands, des paysans, une véritable élite de techniciens et de chefs d'entreprise qui émigrent vers Genève, vers la Hollande, vers Berlin — vers autant de *refuges* qui deviennent des foyers d'hostilité à la France et à son roi.

III. LE ROI ET LA NATION FACE À L'ADVERSITÉ 1685-1715

Durant la plus grande partie des trente dernières années du règne de Louis XIV, la France se trouve en guerre avec la plupart des États voisins, ce qui entraîne l'exigence d'un effort fiscal accru. En outre, plusieurs accidents, générateurs de souffrances inouïes pour la population, marquent la conjoncture économique. Enfin, ces nouvelles difficultés entraînent une réaction contre les doctrines qui ont semblé jusqu'alors d'utiles remèdes à la crise du siècle : pouvoir absolu, mercantilisme de type colbertien, esthétique classique, rigoureuse orthodoxie catholique. Guerres, famines, crise intellectuelle et morale : autant de drames, qui se déroulent dans un cadre plus vaste que celui du royaume de France — et même, parfois, que celui du continent européen.

La coalition antifrançaise

De l'Angleterre à la Suède, la révocation soulève la conscience protestante, et les récits enfiévrés des réfugiés portent l'indignation à son comble. Une véritable solidarité religieuse s'esquisse entre pays du Nord, tandis que l'Espagne et l'Empereur, et le pape lui-même, semblent mieux disposés envers les princes protestants. Louis XIV n'en continue pas moins sa politique d'intimidation. Il soutient hautement les droits de sa belle-sœur à l'héritage de l'électeur palatin. Il place d'autorité son candidat, Guillaume-Egon de Fürstenberg, sur le trône archiépiscopal de Cologne. Il pousse ainsi ses ennemis à s'unir. Le 9 juillet 1686, l'Empereur, l'Espagne, la Suède, la Bavière et les princes du cercle de Franconie forment contre lui la ligue dite d'Augsbourg. Elle ne l'intimide pas. Lorsqu'un nouveau conflit l'oppose au pape à propos des « franchises » dont jouissait, à Rome, le quartier de l'ambassade de France, il saisit Avignon et le Comtat Venaissin. Puis il fait occuper Cologne et le Palatinat. C'est dans une atmosphère de véritable haine anti-française que l'on apprend, en Europe, le coup de théâtre qui y modifie profondément les rapports de forces : la révolution anglaise de 1688, qui détrône le Stuart francophile et catholique, Jacques II, pour le remplacer par sa fille Marie et par son gendre, le pire ennemi de Louis XIV, Guillaume d'Orange. A la fois stathouder aux Provinces-Unies et roi en Grande-Bretagne, Guillaume III dispose des ressources des deux grandes puissances capitalistes du temps. Les hostilités débutent en septembre 1688, et sont aussitôt marquées par un acte atroce : la dévastation systématique du Palatinat, décidée par le roi à l'instigation de Louvois, dans le dessein de couvrir l'Alsace. Une alliance plus large que la ligue d'Augsbourg est constituée autour de Guillaume. Mais, à vrai dire, cette coalition n'a été formée que pour des raisons très étrangères l'une à l'autre, et d'importance très inégale. Si les Allemands font la guerre contre l'expansion française en Rhénanie, les Espagnols pour reprendre Luxembourg et les Savoyards pour satisfaire les appétits territoriaux de leur duc, l'enjeu de la lutte franco-anglaise est d'une tout autre importance. En 1672, Louis Jolliet et le Père Marquette, partis de Nouvelle-France, ont descendu le Mississippi jusqu'à son confluent avec l'Arkansas. En 1682, Robert Cavelier de La Salle a atteint le golfe du Mexique et proclamé français, sous le nom de Louisiane, tout le bassin du Mississippi. Les colonies britanniques de la côte, dont l'expansion n'a pas dépassé la barrière boisée des Alleghanys, se trouvent virtuellement enveloppées. Aussi, détruire l'empire français d'Amérique constitue-t-il, à Londres, le principal dessein du parti de la guerre.

La guerre de la ligue d'Augsbourg (1689-1697)

Alors que la coalition souffre gravement d'un manque d'unité de direction, Louis XIV exerce une véritable dictature de guerre.

Seignelay et Louvois, disparus coup sur coup en 1690 et 1691, sont remplacés par Louis Phélypeaux de Pontchartrain aux Finances et à la Marine, et par Barbezieux à la Guerre. Ils ne valent pas leurs prédécesseurs, et le roi se réserve de plus en plus tout examen et toute décision concernant les problèmes qui se présentent à lui. Turenne et Condé sont morts, mais deux chefs militaires apparaissent, d'un génie parfois aussi éclatant : le maréchal de Luxembourg et Catinat. Enfin, la flotte est confiée à un marin de premier ordre, Tourville.

Sur la défensive du côté de l'Empire, les Français prennent l'offensive sur trois autres fronts. Aux Pays-Bas, où Luxembourg est vainqueur à Fleurus (1690), à Steinkerque (1692) et à Neerwinden (1693). En Italie, où Catinat force l'entrée de la Savoie à Staffarde (1690) et écrase le duc Victor-Amédée à La Marsaille (1693). Sur mer, la flotte tient en respect, à Bévéziers, Hollandais et Anglais. Mais elle est, en mai 1692, gravement endommagée par un ennemi supérieur, et presque anéantie par la tempête à la Hougue. Par contre, dans les eaux américaines, d'Iberville et les Français d'Acadie portent de rudes coups aux Anglais. Et la paix résulte de la conjonction de deux facteurs. D'une part, l'épuisement des belligérants, qui tient à un effort de guerre sans précédent, conjugué avec les difficultés de la conjoncture. Depuis la fin du XVIe siècle jusqu'à la Fronde, on n'avait pas connu, interrompant le mouvement général de baisse des prix agricoles, des mouvements cycliques d'une très grande ampleur. Les « pointes » n'atteignaient jamais 80 p. 100 de plus que les minimums antérieurs, et variaient entre 55 et 72 p. 100. Après les difficultés des années 1661-1665, les prix ont connu une vingtaine d'années de relative tranquillité. Mais, en 1693 et 1694, plusieurs mauvaises récoltes entraînent une crise d'une extraordinaire violence. Entre le minimum de 1687-88 et la « pointe » de 1693-94, la hausse nominale des prix agricoles est de 500 p. 100 – en valeur argent, d'environ 400 p. 100. Si l'on songe que la consommation de pain absorbe, en année normale, 60 p. 100 au moins des dépenses d'une famille du « menu peuple », on peut se faire une idée des souffrances de ce dernier. En outre, par des incidences en partie psychologiques, la crise se transporte sur un plan général. Tous ceux qui vivent des revenus de la terre restreignent leurs achats de textiles et d'outillage. La mévente frappe les boutiquiers et les artisans. Le chômage apparaît dans les villes. Enfin, directement ou indirectement, la disette provoque des hécatombes. Dans ces conditions, les belligérants ne peuvent plus mener la guerre avec les mêmes ressources ni la même énergie. Le Pelletier, ancien contrôleur général, écrit en 1697 : « Personne n'était plus convaincu que moi qu'il fallait la paix, qu'on ne savait plus et qu'on ne pouvait plus faire la guerre, qui ne se soutenait que par des miracles. Le dedans et le dehors de l'État avaient un besoin indispensable de repos. » Second facteur – décisif – qui amène l'ouverture de négociations : la modération de Louis XIV. Dès 1693, il se réconcilie avec Rome, où règne un nouveau pape, Innocent XII. En échange de l'extension de la régale à tous les évêchés du royaume, il renonce à prescrire l'enseignement des Quatre Articles. Puis, en 1696, il réussit un coup de maître : moyennant la cession de Pignerol, il détache la Savoie de la coalition. Espagnols et Impériaux, menacés dans leurs positions italiennes, retirent alors leurs troupes du Milanais. Enfin, il promet de reconnaître le résultat de la révolution anglaise de 1688.

La paix de Ryswick (1697)

Il montre la même modération lors des négociations qui préludent à la paix générale. Il songe certainement à l'ouverture, qu'on juge prochaine, de la succession d'Espagne. Il rend la Lorraine à son duc, Luxembourg à Charles II, aux Impériaux tous les territoires réunis, sauf Strasbourg et Sarrelouis. Il fait quelques concessions commerciales et surtout stratégiques aux Provinces-Unies : une ligne de places belges recevra des garnisons hollandaises. C'est la *Barrière*, mesure de défiance antifrançaise. Et surtout, clause humiliante, il reconnaît Guillaume III, roi protestant de Grande-Bretagne, roi constitutionnel, et promet de ne plus soutenir les Jacobites, partisans des Stuarts et catholiques. Les Français ne comprennent guère cette modération, après une guerre gagnée. Vauban écrit de cette paix : « Je la tiens plus infâme que celle de Cateau-Cambrésis. » Et le peuple la chansonne. Il n'a plus la même admiration pour son roi qu'en 1679.

Le problème de la succession d'Espagne

Louis XIV n'examine le problème de la succession d'Espagne que dans un esprit conciliant. Il sait que l'Europe ne tolérera pas l'union des deux plus puissantes couronnes sur la même tête. Il envisage donc un partage. Mais, comme l'empereur Léopold n'est disposé à aucune transaction et se flatte d'emporter tout l'héritage en faveur de son fils, l'archiduc Charles, il s'efforce de s'entendre, en dehors de lui, avec Guillaume III d'Angleterre. Comme les « puissances maritimes » — Grande-Bretagne et Provinces-Unies — sont avant tout soucieuses d'écarter la France des Pays-Bas et de l'Amérique espagnole, et que Louis XIV y consent, un traité secret de partage est conclu (1698). Il réserve l'essentiel de la succession au prince électoral de Bavière, Joseph-Ferdinand, neveu de l'archiduc Charles. La solution semble parfaite pour la majorité des cabinets européens, qui ne veulent pas plus de l'hégémonie des Habsbourg que de celle des Bourbons. La France recevra quelques-unes des possessions italiennes du roi d'Espagne, susceptibles d'être échangées plus tard. Mais la mort du petit prince de Bavière nécessite un second traité de partage (1700). Il est prévu, cette fois, que l'archiduc Charles aura l'essentiel de la succession, à condition de renoncer à son héritage autrichien ; des échanges pourront amener la France à recevoir la Lorraine, Nice, la Savoie. Mais le secret est divulgué, et les Espagnols se refusent à tout démembrement de leur empire. Charles II écoute les grands de son royaume, et, un mois avant de mourir, le 1er novembre 1700, il signe un testament excluant tout partage et léguant toutes ses couronnes, en première ligne, à Philippe, duc d'Anjou, second fils du Dauphin — l'archiduc Charles n'y étant mentionné qu'en troisième position. Après un Conseil demeuré célèbre, Louis XIV accepte le testament et présente son petit-fils à la cour en ces termes : « Messieurs, voici le roi d'Espagne. » Devenu Philippe V, le jeune prince est d'ailleurs accueilli très favorablement par ses nouveaux sujets. En prenant sa décision, Louis a été sensible au prestige dynastique. Et de toute façon, comme le pense Torcy, l'Empereur eût fait la guerre pour les droits de son fils : il n'acceptait ni un partage ni un Bourbon à Madrid. Rester passive eût signifié, tôt ou tard, pour la France, la reconstitution de l'empire de Charles Quint, c'est-à-dire l'encerclement. Philippe V est reconnu par de nombreux États. Mais une excessive confiance en soi, venue avec l'âge, porte Louis XIV à toute une série d'imprudences. La possibilité d'une réunion ultérieure des deux couronnes sur la même tête n'est pas exclue : les droits de Philippe V à la succession de France sont maintenus. Les places belges de la Barrière sont occupées au nom du roi d'Espagne, et les garnisons hollandaises expulsées. L'Europe a le sentiment que Philippe V n'est pas réellement indépendant de son grand-père, et que sa monarchie est devenue, tout entière, ce que l'on appellerait, de nos jours, un satellite du royaume de France. Louis XIV, en outre, commet l'erreur de reconnaître le prétendant Jacques III Stuart comme roi de Grande-Bretagne. Et, fait capital, il fait concéder par l'Espagne à la Compagnie française de Guinée l'*asiento*, monopole de la traite négrière dans le Nouveau Monde (27 août 1701). C'est provoquer l'hostilité immédiate des « puissances maritimes ». Guillaume III, appuyé par les intérêts menacés de Londres et d'Amsterdam, conclut la Grande Alliance de La Haye en septembre 1701, peu de mois avant sa mort. Dès juillet, justifiant les craintes de Torcy et de Louis XIV, l'Empereur a fait envahir le Milanais.

La guerre de succession d'Espagne (1702-1713)

La coalition est menée par un triumvirat : le prince Eugène de Savoie, général impérial, le duc de Marlborough, et le Grand Pensionnaire de Hollande, Heinsius. Au début du conflit, Louis XIV tente de frapper fort et de prendre des avantages. Avec les ressources de la France, de l'Espagne et des Indes, avec l'alliance de la Bavière et de la Savoie — utiles bases d'opérations contre l'Autriche —, ses chances paraissent au moins égales à celles de la coalition. Villars franchit le Rhin, opère sa jonction avec les Bavarois sur le haut Danube. Mais dès 1703 la balance des forces s'infléchit au détriment de la France. La Savoie change brusquement de camp. Le Portugal s'allie à l'Angleterre par le traité de John Methuen. Une audacieuse manœuvre de Marlborough, quittant les Pays-Bas pour tendre la main aux Autrichiens du prince Eugène, lui permet de battre les Bavarois et les Français de Tallard à Hochstädt-Blenheim, en Souabe (13 août 1704). La même année, Gibraltar est saisi par surprise et demeurera britannique. La Catalogne se soulève et acclame « Charles III ». La conjonction de cette révolte avec la guerre portugaise permet à l'archiduc Charles d'occuper Madrid quelques jours (1706).

Les Français se trouvent donc refoulés des Pays-Bas et d'Italie du Nord, et la guerre se trouve ramenée aux frontières du royaume. En outre, une grave révolte intérieure oblige d'en distraire une armée. En juillet 1702, l'abbé du Chayla, archiprêtre de Mende, est massacré par des paysans, puis, entre Gard et Lozère, le pays protestant prend feu. Un valet de bergerie, Jean Cavalier, organise une bande très mobile, qui tient en échec les troupes royales. Il faut faire venir Villars et des forces importantes. Par la négociation autant que par le combat, le maréchal amène Cavalier à cesser la lutte (juillet 1704). Mais l'insurrection des « Camisards » ne s'apaise pas totalement. Des poussées sporadiques de révolte, accompagnées de prophétisme, se produisent jusqu'en 1710, tandis que des assemblées recueillies continuent à se tenir au Désert.

Après un temps d'arrêt en 1707, l'ennemi remporte de nouveaux succès sur les frontières. Marlborough est vainqueur à Oudenaarde, et le prince Eugène prend Lille, en dépit des héroïques efforts de Boufflers (1708). Puis survient le drame qui marque le point central de cette guerre, comme la crise de 1693-94 a marqué celui de la précédente. Drame plus brusque et d'une ampleur encore plus prononcée. Le début de l'hiver a été pluvieux. Et brusquement, le 5 janvier 1709, survient une extraordinaire baisse de température. Quatre jours plus tard, la Seine est prise de Paris à son embouchure. Le gel persiste. Et après deux adoucissements successifs, il se produit deux retours offensifs du froid, fin janvier et fin février. Ce Grand Hiver, l'un des plus rigoureux dont on ait gardé le souvenir, a d'atroces conséquences. Tout ce qui a été semé se trouve gelé dans le sol. Dans le Midi, les oliviers sont perdus. En outre, le gel des cours d'eau paralyse les transports. La hausse des prix est gigantesque. A Rozoy-en-Brie, le setier de blé, qui valait 5 livres 10 sous en février 1708, et 8 livres 10 sous en juillet, atteint 58 livres à la fin du Grand Hiver... La misère des paysans est plus cruelle que celle des citadins. Comme chaque fois qu'il se présente une menace de mauvaise récolte, les autorités de chaque ville ont fait convoyer vers l'agglomération tout le blé qu'il leur a été possible de trouver dans le plat pays. Ils ont empli les greniers publics, constitué des stocks. Et lorsque la crise est survenue, les producteurs de céréales ont très souvent manqué de pain. La Bruyère, écrivant des paysans : « Ils épargnent aux autres hommes la peine de semer, de labourer pour vivre, et méritent ainsi de ne pas manquer de ce pain qu'ils ont semé », a exprimé cette situation paradoxale que l'on discerne lors de toutes les crises de cette époque. En 1709 comme en 1693 ou 1694, un mouvement général porte les éléments les plus déshérités du plat pays vers la ville, où, en travaillant et en mendiant, il leur est tout de même possible de se procurer un peu de pain. Et les émeutes de la faim qui surviennent alors doivent être le plus souvent mises en rapport avec ce débordement du monde rural sur le monde urbain.

Défaites, disette, mortalité accrue, grosses dépenses pour secourir les populations, impôts qui rentrent mal, nécessité de dégrèvements, action insidieuse, enfin, d'un parti de la paix à tout prix, pour toutes ces raisons, Louis XIV tente de négocier. Torcy lui-même est envoyé en Hollande. Villars et Boufflers arrêtent une invasion à Malplaquet, en septembre 1709, mais Béthune, Aire et Douai tombent l'année suivante. Aux négociations de Geertruidenberg, dans le sud des Provinces-Unies, on envisage à la fois le retour de la France aux frontières de 1648 (moins l'Alsace) et l'élimination de Philippe V. Et Heinsius, aveuglé par la haine, exige même, au cas où ce dernier refuserait de s'effacer, que Louis XIV le fasse détrôner par ses armées (juin-juillet 1710). Par un manifeste à son peuple, le roi fait alors connaître l'outrage que l'ennemi prétend lui infliger : « J'aime mieux faire la guerre à mes ennemis qu'à mes enfants. » Un redressement franco-espagnol ne tarde pas à suivre : le duc de Vendôme est vainqueur à Villaviciosa (10 décembre 1710). Une circonstance fortuite joue en faveur de Louis XIV : à la mort de son frère, Joseph Ier, le prétendant au trône d'Espagne devient l'empereur Charles VI (1711). En Angleterre, on prend conscience du fait que, devenu également roi d'Espagne, il serait infiniment plus dangereux pour les « puissances maritimes » qu'une France affaiblie et séparée d'une Espagne réduite à la péninsule et à ses colonies. Le gouvernement de la reine Anne abandonne donc froidement son allié autrichien, et signe avec Louis XIV les préliminaires de Londres (8 octobre 1711). Les Provinces-Unies s'y rallient après la très belle victoire remportée par Villars sur le prince Eugène à Denain (24 juillet 1712). Ils sont précisés au congrès d'Utrecht (1713) et Charles VI se résigne à traiter un peu plus tard à Rastatt (1714).

Des quatorze conventions que l'on englobe sous la dénomination de « traités d'Utrecht et de Rastatt », il ressort deux faits principaux. Tout d'abord, Philippe V est maintenu à Madrid, mais il doit céder à Charles VI les Pays-Bas — où les Hollandais tiendront garnison dans les places de la Barrière — et toutes les possessions italiennes de son prédécesseur : Milanais, Naples. Il en éprouve un vif ressentiment. Second fait, l'Angleterre obtient de considérables avantages : sur le plan économique, l'Espagne lui concède l'*asiento*, et entrouve ses colonies à son commerce ; sur le plan territorial ou stratégique, elle tient Minorque et Gibraltar, la France lui cède Terre-Neuve, l'Acadie, la baie d'Hudson, et une île à sucre, Saint-Christophe. Les grands travaux exécutés par Vauban à Dunkerque seront démantelés. Sur le plan moral, enfin : Louis XIV reconnaît la succession protestante. Au prix d'une humiliation politique et d'abandons limités à des possessions lointaines et peu peuplées, il a sauvegardé les frontières stratégiques constituées au cours de son règne. Au nord, celle de 1678, à peu près l'actuelle. A l'est, celle du Rhin : il rend Kehl, Philippsburg, Fribourg, situées au-delà du fleuve, mais acquiert Landau. Au sud-est, la crête des Alpes : s'il renonce à Nice et à la Savoie, il garde Barcelonnette. Après avoir tenté de développer sa puissance à la fois sur le continent et outre-mer, la France s'est trouvée contrainte d'opter entre les deux lignes directrices de son action. Et le roi a préféré sauvegarder les fruits de l'effort continental.

Guerre dynastique en apparence, cette longue lutte constitue peut-être la première guerre nationale entre États européens. Elle en a eu la grandeur et l'acharnement. L'Empire a combattu pour l'Alsace, et deux forces ont sauvé les Bourbons au bord du gouffre : le petit peuple de Castille, vivement hostile aux Catalans et aux Portugais, et les milices formées de paysans de France, appelées à renforcer l'armée, et fortes de quelque 200 000 hommes. Cette lutte qui déborde le cadre du continent présente également — trait apparu, déjà, lors de la guerre de la Ligue d'Augsbourg — un aspect économique, primordial sur les mers et en Amérique. D'ailleurs, les deux guerres peuvent être considérées comme deux épisodes d'un même conflit, séparés par une assez courte trêve. En tout cas, la seconde ne fait que développer les conséquences des mutations apportées par la première dans la vie et les idées des Français.

L'économie de guerre (1688-1714)

Ces deux guerres sont menées dans des conditions difficiles. De nombreux témoignages évoquent, en particulier, un sentiment unanime des contemporains : la conviction que la quantité de monnaie alors en circulation est insuffisante. De fait, le siècle a, dans son ensemble, connu une certaine hausse globale de la production. Mais les conditions monétaires n'ont pas suivi. La France, comme d'autres pays, manque d'une circulation de numéraire adéquate à ses besoins. Jusqu'en 1689 le souci majeur du pouvoir a été de maintenir la stabilité de la livre tournois. Il y est parvenu. Il n'a procédé à un accroissement de la masse monétaire en circulation que dans la mesure où il pouvait y procéder au moyen de bonnes monnaies d'or et d'argent. Il s'est refusé à fonder toute une politique sur une inflation de monnaie de cuivre, ainsi que l'avaient fait jadis l'Espagne et la Suède. Il a même interdit la circulation des pièces de mauvais billon, soit étrangères, soit originaires des principautés enclavées dans le royaume, et il a fait fermer plusieurs des ateliers monétaires de ces dernières : Orange, Trévoux, dans les Dombes, Avignon. Il a constamment amélioré la qualité de ses propres pièces, réussissant à faire reculer le faux-monnayage. Mais, par voie de conséquence, il a accentué l'atonie économique due à une phase de baisse prolongée des prix. Après 1689, l'état de guerre a pour conséquence l'apparition de faits nouveaux dans les pratiques monétaires françaises. D'abord, la fin de la stabilité de la livre tournois. A partir de cette date, des mutations en série, dévaluations que ne compensent pas quelques « renforcements », aboutissent à faire passer l'unité monétaire de la valeur de 8,33 g d'argent fin, à celle de 5,53 g en 1715. Les dévaluations sont de vraies banqueroutes déguisées : elles profitent à l'État, débiteur, qui paie ses créanciers en monnaie dévaluée. Quant aux réévaluations, elles sont opérées de telle sorte que l'État reçoive un plus grand poids de métal lors du paiement des impôts.

C'est également à partir de 1689 que l'on voit apparaître d'ingénieuses tentatives de papier-monnaie. La circulation des lettres d'assignation données par les différents organismes de l'État se développe, et l'on n'hésite pas à les négocier. En raison de sa vitesse de circulation, utiliser ce papier équivaut à multiplier les moyens de paiement. Mais son usage demeure, dans l'ensemble, localisé. Il faut attendre 1701 pour assister, avec la création des « billets de monnaie », à un essai réalisé à l'échelle du royaume. Billets dont les uns portent intérêt et les autres non, ce qui entraîne une certaine confusion dans le public et contribue à l'échec de la tentative.

La fiscalité évolue, elle aussi, durant ces années difficiles. L'État utilise de nombreux expédients : emprunts, vente d'innombrables offices et de lettres de noblesse, augmentation des impôts indirects, désormais affermés par un syndicat de financiers, les fermiers généraux. Mais il est aussi des réflexions et des initiatives qui vont loin. Boisguillebert publie son *Détail de la France*, puis son *Factum de la France* ; Vauban, sa *Dîme royale* (1707). Leurs idées, qui sont loin d'être toutes réalisables, n'en portent pas moins quelques fruits. Mis à part le médiocre Chamillart, les contrôleurs généraux — Pontchartrain, Desmaretz, surtout — ont d'ailleurs été des hommes de valeur et ils ont su choisir de bons collaborateurs : d'Aguesseau, Amelot de Gournay. Une révolution fiscale est tentée, dans le dessein de remplacer le vieil impôt de répartition par un impôt de quotité. En 1695 est créée la capitation, taxe par tête, frappant les contribuables en fonction de leur rang social. En 1710, le dixième, impôt proportionnel à tous les revenus. Mais, faute d'un équipement administratif suffisant, et devant la résistance de la noblesse et du clergé, le poids en retombe surtout sur les taillables. Le déficit budgétaire demeure très lourd.

Les responsables des finances et de l'économie françaises sont tous dans la filiation intellectuelle de Colbert, et ne renient pas ses principes. Mais ils sont convaincus de la nécessité absolue de les assouplir. Opinion qui rencontre celle, plus radicale, des négociants et des armateurs, qui font entendre leurs voix par l'intermédiaire de leurs chambres de commerce. Ils sont, eux, franchement hostiles à la réglementation, aux monopoles, aux grandes Compagnies privilégiées, et ils estiment vivifiantes la concurrence et la liberté du travail. Ainsi s'amorce une politique de semi-libéralisme, ou plutôt de dirigisme mitigé. Elle se manifeste par différents efforts pour utiliser les possibilités que laissent ou qu'ouvrent, parfois, les circonstances politiques. On commerce de plus en plus avec l'Empire espagnol, l'Afrique du Nord, le Levant, les Antilles, l'Extrême-Orient. De nouvelles compagnies sont fondées, avec davantage de capitaux privés et moins de privilèges qu'autrefois, celles d'Afrique (1690), de la Chine (1698), des mers du Sud (1712). On assiste également à un véritable renversement de la politique industrielle. Alors qu'avant 1685 l'effort créateur était essentiellement appliqué aux industries de luxe, dans le dessein d'éviter des importations ruineuses, il est désormais orienté vers des entreprises moins artificielles, vers les produits courants : draperie, toiles de chanvre, métallurgie, bonneterie. Tentatives encore hésitantes, mais qui trouveront leur pleine justification lorsque la conjoncture sera renversée.

Conjoncture et société d'ordres

L'un des caractères essentiels de l'évolution sociale durant les deux guerres est constitué par le triomphe du groupe social des financiers. Hommes partis parfois de très bas, intelligents et dynamiques, devenus peu à peu de gros manieurs d'argent, ils assurent le succès des emprunts royaux et des ventes d'offices, et afferment les impôts indirects. Crozat, Lamotte, Berthelot, Legendre traitent d'égal à égal avec les représentants de l'État. Samuel Bernard, protestant converti, est importateur, munitionnaire et grand spécialiste des opérations de change. Bourvalais, fils d'un paysan breton, a son hôtel place Vendôme et son château à Champs.

D'autre part, la société française repose toujours sur la notion d'*ordres*, dont les travaux de Roland Mousnier ont récemment souligné l'importance – notion juridique et surtout psychologique. Les convenances, alors très puissantes, obligent à situer les personnes dans la hiérarchie sociale d'après de tout autres critères que la fortune. On tient le plus grand compte des privilèges ou du statut du groupe auquel elles appartiennent. On ne se mésallie point. Mais la vie quotidienne, par suite de l'état de guerre et de la dépression économique, devient difficile. Les besoins financiers interviennent d'une façon qui n'est plus exceptionnelle dans des stratifications qui, en principe, devraient ignorer l'argent. Un comportement utilitaire tend à remplacer le comportement traditionnel. De plus en plus nombreux sont les mariages entre gentilshommes pauvres et filles de riches roturiers. « Si le financier manque son coup, les courtisans disent de lui : c'est un bourgeois, un homme de rien, un malotru ; s'il réussit, ils lui demandent sa fille » (La Bruyère). En dépit des satires, ces alliances se multiplient. Et peut-être ce fait social correspond-il à une évolution de la mentalité. Peut-être a-t-on commencé à penser, entre 1661 et 1715, que les anciennes classifications n'avaient plus de valeur. Peut-être commençait-on à passer, lentement, de la société d'ordres à une société fondée sur des distinctions d'origine financière.

Des aspects éternels aux formes actuelles

Cette altération de l'ordre social traditionnel a vivement frappé les contemporains. L'extraordinaire succès des *Caractères* de La Bruyère en constitue la preuve la plus éclatante. Les dramaturges traitent maintenant des sujets liés à la « question d'argent » : Dancourt, avec ses comédies de mœurs, *la Loterie* (1697) et *les Agioteurs* (1710) ; Regnard, avec *le Joueur* (1696) et *le Légataire universel* (1708) ; enfin, Lesage, qui crée le type de *Turcaret* (1709), aventurier cynique, ancien laquais devenu fermier général. L'intrigue cesse d'être l'objet principal de la pièce, et tend à devenir le simple support d'une étude précise des mœurs contemporaines. Ce ne sont plus, comme dans la première partie du règne, les aspects éternels de l'homme qui retiennent l'attention, mais les formes actuelles de la vie. Les arts plastiques portent, eux aussi, la trace des circonstances nouvelles. Sans doute Versailles demeure-t-il une entreprise ouverte, jusqu'à la fin du règne, à la plupart des talents. Mais, faute d'argent, certains ouvrages, comme l'aqueduc de Maintenon, ne peuvent être terminés. Après la mort de Le Brun (1690), l'esthétique imposée aux arts ne peut plus être fermement maintenue. Décorateurs et peintres trouvent de nouveaux mécènes : les financiers, qui provoquent un reflux de l'esprit créateur vers Paris. Un courant artistique, jusque-là masqué par la doctrine officielle, reparaît. Il prend sa source dans le réalisme flamand, prône l'éclat de la couleur, le brillant, la verve — alors que pour Le Brun la noblesse des attitudes et le soin du dessin constituaient les qualités essentielles. Ce courant est représenté par Antoine Coypel, par Jouvenet. Et, dans l'art du portrait, les deux courants ont leurs représentants : Rigaud exécute des représentations solennelles de Louis XIV et de Bossuet ; Largillière est plutôt le peintre des milieux bourgeois. Et Watteau, reçu chez le financier Crozat — propriétaire d'immenses parcs —, donne, dès avant 1715, l'essentiel d'une œuvre qui apparaît déjà étrangère au siècle de Louis XIV.

L'opposition aristocratique

Ce ne sont pas seulement les aspects fiscaux, économiques ou artistiques de l'absolutisme qui sont remis en question durant les deux guerres. La politique étrangère du roi se trouve également l'objet d'acerbes critiques de la part d'une coterie aristocratique qui comprend, outre Fénelon, les ducs de Beauvillier, de Saint-Simon, de Chevreuse, et qui met ses espoirs dans le jeune duc de Bourgogne, fils aîné du Dauphin. Elle souhaite la paix à tout prix. Après la prise de Lille par l'ennemi, le jeune prince, élève de Fénelon, ose déclarer : « L'État n'a-t-il pas subsisté des siècles entiers sans avoir cette ville, ni même Arras et Cambrai ? » Défaitistes en politique étrangère, Fénelon et ses amis se montrent, sur le plan intérieur, des esprits profondément chimériques. Leurs idées — exprimées par le *Télémaque* (1699) et par les fameuses *Tables de Chaulnes* — sont animées d'une double haine : celle de l'autorité royale, celle de la « vile bourgeoisie ». Contre l'une et l'autre, ils dressent des plans visant à réduire le pouvoir royal, à limiter l'économie française à ses activités agricoles, à rétablir la primauté de la noblesse dans l'État et dans la société. Ils rejettent l'absolutisme, condamnent l'œuvre de Louis XIV.

Le progrès du déisme

L'Église subit alors une attaque parallèle, mais d'une tout autre gravité. Elle semble pourtant connaître une piété fervente, ainsi qu'une extraordinaire expansion pastorale : c'est le temps (1701-1716) des missions de Louis-Marie Grignion de Montfort. Le pape et le roi, désormais ultramontain, luttent ensemble contre l'hérésie. Louis obtient facilement, appuyé par Bossuet, une condamnation du quiétisme (1699), hérésie de la mystique Mme Guyon, qui ramène la religion à l'extase du « pur amour » de Dieu, et qui a bénéficié de la complaisance de Fénelon. Et plus tard, par la voie diplomatique, les bulles *Vineam Domini* (1705) et *Unigenitus* (1713), qui condamnent formellement le jansénisme. Il fait raser le couvent, l'église et même le cimetière de Port-Royal. Mais le plus éminent danger couru par l'Église, durant ces années capitales, ne provient ni de l'intérêt accru porté à l'argent ni de l'existence d'une secte en son sein. Il ne tient pas, en soi, au progrès des sciences. Il tient, et ce fait est européen, à la diffusion de la philosophie cartésienne, qui porte partout l'esprit de doute et de libre examen, et déchaîne, bien contre la pensée originelle de son auteur, une vague d'incrédulité. Il tient, plus précisément, à l'expansion encore diffuse d'un système religieux qui ne compte encore d'adeptes déclarés que dans les milieux lettrés. Pour eux, Dieu existe, mais est indifférent au sort des hommes ; par voie de conséquence, il n'y a aucune raison de lui rendre un culte, et la Révélation n'est qu'une fable. Ce système, le « déisme », a pour terre d'élection l'Angleterre. Mais il existe depuis longtemps un déisme français original, celui des « libertins », représenté, entre autres auteurs, par le poète Jean Dehénault, mort en 1682. C'est précisément durant les années suivantes que se manifeste une nouvelle génération d'auteurs « libertins », plus rationalistes, plus systématiques dans leur critique du christianisme. Elle est représentée principalement par Saint-Évremond et par Fontenelle, auteur des *Entretiens sur la pluralité des mondes habités* (1686). Tous deux sortent de collèges jésuites, et ce n'est pas là une rencontre fortuite. Principale congrégation enseignante, avec 150 établissements et quelque 60 000 élèves en 1700, la Compagnie forme environ la moitié des jeunes Français qui font des études secondaires ou supérieures. Or, presque tous les déistes notoires des XVIIe et XVIIIe siècles sont sortis de ses collèges, et, après 1715, on voit apparaître, dans l'élite sociale, une génération où sont nombreux non seulement les déistes, mais aussi les athées. Ces faits obligent à poser le problème du contenu de son enseignement philosophique. Car si le collège n'explique pas l'homme tout entier, son influence n'en est pas moins déterminante dans bien des cas

Les travaux de Jean de Viguerie, qui a notamment retrouvé des cahiers de cours professés par les Pères, fournissent d'utiles éléments de réponse. A la fin du XVIIe siècle, la scolastique connaît la défaveur des régents de collèges jésuites. Ils n'en parlent même plus. Par contre, ils sont gagnés aux thèses des philosophes contemporains, celles de Descartes, celles de Malebranche dont les ouvrages s'échelonnent entre 1674 et 1715 ; et même, parfois, à la physique mécaniste inventée par le Père Mersenne entre 1620 et 1650. Or, ces deux derniers penseurs aboutissent au même résultat. Ils répudient toute métaphysique. Ils situent, d'un côté, les phénomènes, de l'autre Dieu. C'est là favoriser le déisme. En outre, les jésuites, à la fois indulgents et curieux, ont tendance à assimiler au christianisme certaines croyances ou pratiques des peuples qu'évangélise leur Compagnie.

Ils présentent, en particulier, les Chinois comme des chrétiens qui s'ignorent, sans s'apercevoir que, s'il en est ainsi, la Révélation perd de sa valeur et que le Christ devient quelque peu inutile. Dans leurs méthodes missionnaires comme dans leur apologétique à l'usage des Français, on retrouve une même démarche. Ils commencent toujours par présenter Dieu et une sorte de religion naturelle, et ils amènent ensuite une seconde partie : le Christ. La religion naturelle justifie la chrétienne, au lieu que ce soit le contraire. Ils tendent à diminuer l'importance de la Révélation, à reléguer le Christ à une place secondaire. Et par là ils favorisent le déisme. En 1706, alors que le jeune Arouet est élève à Louis-le-Grand, un jésuite déplore l'insuffisance de la formation religieuse et philosophique de la jeunesse : « Ils entrent dans le monde, comme dans un champ de bataille, où la religion est attaquée de toutes parts ; et ils y entrent sans armes ; toujours poussés, comment de jeunes gens pourraient-ils résister ? » Craintes justifiées. Depuis 1689, l'ex-oratorien Richard Simon multiplie les ouvrages d'exégèse biblique qui donnent à l'esprit critique pleine conscience de sa force. En 1697 est parue la première édition du *Dictionnaire historique et critique* de Pierre Bayle, où, sous couleur de débarrasser ses lecteurs « des doutes qui se tirent de l'histoire humaine », il apporte aux sceptiques, surtout dans le domaine religieux, un arsenal d'arguments dans lequel Voltaire ne cessera de puiser.

IV. FRANCE, MÈRE DES ARTS, DES ARMES ET DES LOIS

Les dernières années du roi sont marquées de nombreux deuils, mais « cette fermeté d'âme, cette égalité extérieure, cette espérance contre toute espérance, par courage, par sagesse, non par aveuglement » qu'admire Saint-Simon leur confèrent une exceptionnelle grandeur. En 1711, il perd son fils, le Grand Dauphin. Puis, coup sur coup, la duchesse et le duc de Bourgogne, ses petits-enfants, et l'un de ses arrière-petits-fils. Enfin, deux ans plus tard, son petit-fils, le duc de Berry. Philippe V d'Espagne ne pouvant lui succéder, il n'a plus pour héritier, en ligne directe, que son dernier arrière-petit-fils, né en 1710, enfant de constitution fragile. Pour éviter que le trône ne revienne à son neveu Philippe d'Orléans — notoirement « libertin » —, le roi, par l'édit de juillet 1714, appelle à lui succéder éventuellement les deux fils que lui a donnés Mme de Montespan : le duc du Maine et le comte de Toulouse. Puis, par le testament du 2 août suivant, il institue un Conseil de régence dont le duc d'Orléans ne sera, en fait, que le président. Il sait que ses dernières volontés ne seront sans doute pas mieux respectées que ne l'ont été celles de son père et de son aïeul. Il a du moins la conscience du devoir accompli. Après avoir fait son métier de roi aussi longtemps que ses forces le lui permettent, il meurt, le 1er septembre 1715. Il donne à ses sujets l'exemple d'une fin chrétienne : ses derniers mots sont ceux d'une prière de l'Église. Et sans doute a-t-il conscience d'avoir subi son principal échec dans le domaine religieux. Il a empiété de la sphère de ses droits sur celle des droits de ses sujets, et pourtant l'unification morale de la nation ne s'en est pas trouvée plus avancée. Ni l'Église protestante ni le jansénisme n'ont été éliminés. Par contre, le spectacle des persécutions et des querelles a profondément troublé les âmes et préparé une révolution dans les mentalités. Même impression de défaite sur le plan des réalités les plus matérielles. De 1683 à 1715, la dette publique a décuplé. Elle atteint 2 328 millions de livres, et le déficit annuel est de 45 millions. Une nouvelle dévaluation est inéluctable. Pourtant, en 1715, les conquêtes du passé récent permettent d'envisager un bel avenir. Louis XIV a acquis Lille, Besançon, Strasbourg. La sécurité du royaume est assurée. Il ne sera plus envahi jusqu'en 1792. Une administration efficace et centralisée a été créée, dont les meilleurs pratiques se retrouveront dans les bureaux des préfets napoléoniens. L'économie française est en meilleur état que les finances royales : en pleine guerre, les chefs d'entreprise ont su réaliser, en général, les mutations nécessaires pour profiter de la nouvelle conjoncture qui s'esquisse dans toute l'Europe occidentale. Mais la plus grande conquête des Français, durant ce règne fertile en drames, n'est ni territoriale, ni juridique, ni économique. C'est la suprématie intellectuelle et artistique qu'acquiert alors la France, et ce fait constitue l'une des données majeures de l'histoire de l'Europe durant tout le XVIIIe siècle. Il n'existe pas de fatalité historique ni de déterminisme absolu. Le courage et la volonté sont toujours bénéfiques. Ces deux vertus, guidées par la raison et par le sentiment – se soutenant tour à tour et se gardant l'un par l'autre –, permettent aux nations de triompher des conjonctures les plus défavorables. L'honneur de Louis XIV et de son peuple est d'avoir réalisé une France « mère des arts, des armes et des lois » en dépit des tempêtes d'une persistante adversité.

18. LES « LUMIÈRES »

1715-1789
Dans les fêtes galantes et le bouillonnement des idées philosophiques, la lente dégradation de l'Ancien Régime.

L'esprit du temps

Le XVIIIe siècle est l'une des périodes de l'Ancien Régime des plus malaisées à appréhender et à interpréter globalement. Il semble dépourvu, en effet, de la robuste unité des moments historiques à poigne, ceux pendant lesquels la vie, dans l'exaltation de l'action ou dans la soumission à un ordre imposé et voulu, semble avoir un sens.

Exception faite pour l'épisode frénétique de la Régence ou la course à l'abîme des dernières années du règne de Louis XVI, l'époque (quelque soixante-dix années) se laisse vivre, apparemment. Les agrandissements de territoire que Louis XIV a arrachés par des guerres sanglantes et ruineuses, Louis XV les cueille comme des fruits mûrs : la Lorraine, cadeau posthume d'un prévoyant vieillard, le cardinal Fleury ; la Corse, dévolution de la république de Gênes aux abois. Sur ce territoire agrandi comme par hasard règne une paix profonde (sauf en quelques points limités pendant la guerre de Succession d'Autriche ou la guerre de Sept Ans). Les menaces d'invasion étrangère ne semblent plus que de lointains souvenirs, comme d'ailleurs les « frondes » intérieures, les « réductions » de villes rebellées, les révoltes et les « émotions » parisiennes et provinciales. La « bonne machine », comme disait Louis XV, tant bien que mal fonctionne. En certaines « mauvaises » années — au reste, de plus en plus localisées —, les « peuples » çà et là s'agitent bien encore parfois, mais sans parvenir à émouvoir vraiment la sérénité de Versailles. La France travaille, en de nombreux secteurs, plus efficacement ; sa population s'accroît comme ses productions ; les affaires marchent, la rente foncière se gonfle après 1730, grâce à la hausse des prix, et jamais les rentiers — aristocrates et bourgeois — n'ont autant perçu de leurs propriétés. Malgré les grincheux ou les attardés, la mobilité sociale s'accentue, et par-dessus les barrières qui, autrefois, cantonnaient les « ordres », les passerelles, déjà nombreuses, se multiplient pour ceux qui ont de l'argent, ou du talent, ou de l'esprit. Une civilisation éblouissante (dont les masses restent largement exclues), celle des détenteurs de la richesse, de l'influence et des loisirs, si elle exprime bien le dynamisme et le goût des classes fortunées et de leurs clientèles, dissimule pourtant sous ses prestiges les lézardes qui, graduellement, ébranlent ce bel édifice politique et social.

En effet, cet ordre des choses, intact en apparence, auquel préside la monarchie absolue à partir d'un Versailles plus que jamais fastueux, est affecté dans ses profondeurs par des changements qui, transformant peu à peu les rapports des forces économiques et sociales, suscitent des tensions et des déséquilibres dont le régime ne comprendra que trop tardivement la gravité et auxquels sa nature même et son style n'auraient pu porter remède qu'en reniant un passé vieux de près de deux siècles. De la prospérité du commerce, de celle des rentiers, qui expliquent le brillant de la civilisation aristocratique, l'État ne bénéficie pas à proportion. Constamment gêné, puis finalement ébranlé par une situation financière jamais assainie, déconsidéré par une politique étrangère peu réussie, sa faiblesse et l'incohérence de ses combinaisons politiques le rendent incapable d'arbitrer — sinon, en fin de course, en faveur des aristocrates qui le contrôlent — les antagonismes qui ont grandi avec l'essor de la richesse et l'inégalité dans sa répartition. Il n'écoute guère non plus les ressentiments d'une paysannerie dont la participation à la hausse des prix reste minimale ou précaire, qui se sent menacée par les appétits du seigneur détesté et de ses acolytes campagnards. Ainsi s'accentuent les oppositions entre la campagne et les villes, dans lesquelles les rentiers déploient leur luxe et jouissent d'un confort nouveau. La ville est le foyer de la « civilisation » aristocratique ou bourgeoise ; elle est aussi le creuset où se cristallisent les idées critiques, puis meurtrières pour l'ordre traditionnel, les courants de pensée qui sont l'arsenal où puisent des ambitions contradictoires : celles de l'aristocratie nobiliaire, nostalgique de la société pré-absolutiste dont elle aurait été autrefois la charpente ; celles de la noblesse de robe, son alliée, dont les appétits politiques se développent en même temps qu'elle consolide les situations acquises, et d'abord les siennes ; celles des bourgeoisies nanties, cultivées et ambitieuses, cantonnées cependant, au physique et au moral, dans leur situation subalterne. De toutes parts, l'État absolutiste devient la cible des intérêts frustrés ou en passe de l'être, des ambitions négligées ou méconnues, de la « philosophie » nouvelle qui conteste les bases surnaturelles de sa justification, l'efficacité et la justice du fonctionnement de ses mécanismes sociaux et économiques. Avant que se révèlent les clivages qui les opposent irrémédiablement, les ambitions nobiliaires et bourgeoises se liguent contre le système politique qui préside, orgueilleux et incertain, à ces mouvements, dont il comprend mal la signification et la portée. L'aristocratie l'attaque au nom de la tradition, au nom du droit de propriété ; le tiers état, au nom d'une réforme fondamentale, dont la philosophie des Lumières propose les méthodes et désigne les champs d'application. Dans ce climat d'insatisfaction généralisé, l'esprit des Lumières, en dévoilant les plaies sociales ou politiques, accentue les irritations, dénonce les injustices, donne une voix et des armes aux rancœurs et aux colères, en même temps qu'il réclame des réformes.

Le gouvernement n'est pas hostile aux réformes et le Régent a montré qu'il suffit de vouloir pour instaurer des formes renouvelées d'administration politique ou financière ; des administrateurs plus prudents, Orry, Turgot, tenteront, par touches successives, d'améliorer certains secteurs administratifs, d'introduire plus de justice dans la perception de certains impôts. Tout cela est resté insuffisant, localisé et de médiocre portée générale. De plus en plus, les revenus se révèlent inadéquats à une politique générale restée ambitieuse et dépensière. Depuis 1750, il apparaît bien à certains dirigeants perspicaces que le rang international de la France et la survie même du système politique dépendent d'une refonte fondamentale de certaines structures et d'abord de la répartition du revenu national. Rares pourtant ont été ceux qui ont osé envisager une réforme globale remettant en cause le caractère sacré du pouvoir royal, et qui aurait instauré l'égalité dans la contribution au fonctionnement d'un État devenu la chose de tous et non plus la propriété d'une caste. Quelques esprits hardis ont essayé d'arracher le système à ses contradictions et à ses démons. Des ministres des Finances éclairés, Machault, Bertin, Turgot, ont tenté de faire prendre par l'État l'initiative d'un renversement fondamental du système en soumettant les privilégiés à l'impôt. Des hommes politiques déterminés ont même, entre 1771 et 1774, en supprimant les parlements — réceptacles de toutes les oppositions —, essayé d'ouvrir une voie nouvelle à la monarchie. Les résultats sont restés éphémères : la chance s'en est mêlée et Louis XV est peut-être disparu trop tôt. Le gouvernement de Louis XVI, plus que jamais investi par les intérêts composés de la noblesse et de la robe, est allé de capitulations en capitulations devant la coalition des privilèges. En pareille conjoncture, le roi, en d'autres temps, avait choisi l'alliance avec le « peuple » contre les « grands ». Indécis, scrupuleux, et surtout impolitique, Louis XVI choisit de soutenir « sa » noblesse. En refusant la refonte de la société des privilèges et des ordres séparés, Louis XVI et ses conseillers ont engagé le destin du régime.

I. DILEMMES DE L'ANCIEN RÉGIME

Diversité des problèmes économiques

Les affaires

Les traités d'Utrecht et de Rastatt, qui terminent la guerre de la Succession d'Espagne, ont mis un terme aux grandes ambitions françaises, qu'ils pénalisent durement. Matériellement, pourtant, le solde est moins catastrophique qu'il n'y paraît. Désastreuse pour la marine royale, la guerre a encouragé l'entreprise privée, la « course », qui ouvre au négoce de nouveaux horizons et de nouveaux profits. Désormais, le commerce français étend ses champs d'action, accroît le nombre de ses navires, modernise ses méthodes, protégé de la vindicte des concurrents anglais par l'entente qu'inaugure Dubois, l'astucieux ministre de la Régence, que continue le cardinal Fleury, et qui pendant vingt ans règle les rapports entre Londres et Versailles.

Le système de Law, expédient d'État pour porter remède à la crise financière, apparaît tout autant comme le coup d'envoi à Paris d'un essor sans précédent du monde de la finance française et internationale, que comme une intervention nécessitée par l'archaïsme des structures financières et la crise endémique du trésor royal. Avec l'essor de la Finance, c'est une nouvelle société qui apparaît, une mentalité qui change. La production industrielle est, elle aussi, en voie de transformation, mais moins spectaculaire, plus lente. Le gouvernement veille à ses débouchés extérieurs, distribue protections et avantages, mais réglemente strictement la fabrication de qualité, celle des « métiers jurés » (corporations), celle des manufactures privilégiées ou royales. Par contre, dans le domaine de la production « libre » ou courante, absorbée par le marché intérieur, la tolérance s'accroît d'autant plus que s'affirme la capacité d'absorption du marché français. Ainsi la vie commerciale, financière et industrielle semble-t-elle être sortie des vicissitudes qu'elle avait connues sous le règne précédent. C'est un secteur brillant, mais fragile que celui-là, soumis aux aléas des transports maritimes, des places de commerce étrangères, de la conjoncture internationale ; mais c'est un secteur capital qui assure des débouchés aux productions spécialisées (pacotilles, farines, eaux-de-vie), ramène des produits de luxe, mais aussi des matières premières travaillées par les manufactures (sucres et mélasses, par exemple) et qui, surtout, fournit le royaume de ces piastres d'argent nécessaires aux transactions. Ainsi le secteur commercial et industriel se développe sous la surveillance de l'État mais sans être soumis à l'impôt, dont tout le poids, dès lors, retombe forcément sur le secteur majeur de la production, le secteur agricole.

La campagne

La presque totalité de la terre est cultivée par des paysans (19 millions à la mort de Louis XIV), qui n'en possèdent qu'une fraction et qui ne conservent des fruits de leur travail qu'un médiocre pourcentage, ce qui reste une fois qu'ont été prélevés les droits seigneuriaux, la dîme, les loyers et la taille royale. Sur cette part, le paysan doit, en outre, retenir un tiers pour la semence des futures récoltes. Sauf dans le cas des plus riches paysans, « laboureurs » cossus ou fermiers capitalistes auxquels les dimensions de leur exploitation laissent un surplus négociable, l'immense majorité des cultivateurs ne conserve que le minimum de ce qu'il lui faut pour vivre. Le reste du revenu du sol (60 à 70 p. 100 du total) est perçu d'abord par le roi, propriétaire « éminent », puisqu'il perçoit l'impôt, puis par les percepteurs de la rente foncière, tous seigneurs ou propriétaires, ou les deux à la fois, quel que soit l'ordre auquel ils appartiennent, noblesse, clergé ou tiers. Les seigneurs sont loin, désormais, d'appartenir tous à l'ordre de la noblesse. Un grand nombre – dont la proportion ne cesse de croître – sont de riches roturiers qui, en plaçant leur argent dans une seigneurie, voient le moyen de confirmer un statut nobiliaire acheté ou d'en préparer l'acquisition. Au bas de l'échelle, cependant, on trouve des seigneurs fort pauvres, possesseurs de petites seigneuries ou de petits domaines, liés par une commune indigence à leurs locataires, d'autant plus âpres et chicaniers, et jalousement attachés aux droits honorifiques qui fondent l'identité morale de la gentilhommerie campagnarde.

Contrairement au secteur industriel et commercial, le secteur agricole reste gouverné par des structures de production et de distribution qui resteront, pour l'essentiel, inchangées tout au long du siècle. Le conservatisme agraire est conditionné par le manque de capitaux en milieu rural, les capitaux absorbés par les rentiers du sol ne lui faisant pratiquement jamais retour, les capitaux paysans étant plus volontiers affectés à des achats de terrain, ou utilisés par l'acquisition de quelque « office » administratif, pour bifurquer vers le fonctionnarisme et tous les avantages qui s'y rattachent. Dans un tel contexte, les perspectives d'une amélioration profonde de l'agriculture sont modestes.

Cette précarité continuelle d'une situation agricole dont dépend le sort de l'impôt en fait donc un secteur sensible des préoccupations gouvernementales. De mauvaises années, des hausses brutales de prix jouent au bénéfice des gros propriétaires et des marchands de grains, non à celui du paysan, qui n'a aucun surplus à négocier. Bien au contraire, des conditions adverses peuvent avoir des conséquences catastrophiques dans le monde rural et, par répercussion, sur la production industrielle à cause de la réduction de la consommation des produits de l'industrie. Aussi, surveillance et orientation marquent-elles constamment l'action gouvernementale : « police » des marchés et des boulangers ; restrictions à la circulation ; établissement de stocks ; contrôle ou taxation du prix du pain, le pain à bon marché étant la condition du maintien du calme dans les villes, puisque le pain fait le fond de la nourriture du petit peuple et des ouvriers. Néanmoins, les nécessités politiques aboutissaient toujours à des mesures fiscales contraires aux intérêts des paysans, destinés semblait-il, par l'ordre des choses, à faire perpétuellement les frais d'une vie nationale indifférente aux problèmes agricoles et avec d'autant plus d'injustice que les contribuables riches et influents (notamment les notables campagnards) parvenaient à payer proportionnellement beaucoup moins. Aussi les paysans restent-ils constamment méfiants et violemment hostiles aux « accaparements » ou aux « greniers d'abondance », soupçonnés d'être des objets de spéculation qui contribuent à l'aggravation de leur misère.

Ce malaise va prendre une nouvelle dimension quand, vers le milieu du siècle, deux phénomènes d'ordre général vont accélérer certaines évolutions, alourdir certains problèmes. C'est d'abord l'essor démographique, dû à la fin des grandes « mortalités », et sa conséquence : une production accrue et – malgré la persistance d'une mortalité infantile élevée – l'allongement de la durée moyenne de la vie. En 1789, le nombre des paysans se serait accru de 2 millions depuis 1770 et aurait augmenté d'autant dans les décennies précédentes. Jusque vers 1750, l'équilibre est tant bien que mal réalisé entre l'économie agricole et la population : économie de survie a-t-on dit. Mais autour de 1720-1740 s'amorce enfin une « mutation », quand les rendements tendent à dépasser 5 pour 1 (6 à 7 pour 1 vers 1770), résultat de transformations agricoles multiples et complexes. Alors, la paysannerie, malgré ses charges, passe le seuil de la simple subsistance. Variable suivant les endroits, le progrès général est incontestable et se marque au moins pour les paysans par ce gain essentiel qu'est la vie. Le mieux-être ne dure que jusque vers 1770. La surpopulation relative signifie dès lors pour les propriétaires paysans l'émiettement des parcelles divisées entre des héritiers plus nombreux dont elles ne parviennent plus à assurer convenablement la subsistance et, pour les ouvriers agricoles, des salaires de misère, le chômage et finalement l'accroissement des bandes d'errants et de vagabonds.

Cette hausse des prix qui se marque de façon décisive après 1730 et qui termine la longue stagnation du « tragique » XVIIe siècle introduit à la campagne d'autres modifications lourdes de conséquences. Bien plus qu'au paysan elle profite aux seigneurs, au clergé percepteur de dîmes, aux riches « laboureurs » indépendants ou fermiers. Ainsi l'écart s'accroît entre le revenu paysan et celui des rentiers ou des gros producteurs, accélérant l'essor et les ambitions des riches ruraux.

Mis en appétit, notables et seigneurs voudraient, sans bourse délier, accroître la superficie de leurs « propriétés », conserver l'intégralité de leurs récoltes en accentuant leurs convoitises, depuis longtemps déclarées, sur les terrains communaux et en prétendant restreindre les « droits d'usage » acquis aux communautés paysannes. Mais ils ne sont pas seuls à espérer de plus larges profits de la terre. Le gouvernement, qui tire de la taille levée sur les paysans et, dans le Midi, sur les terres roturières une proportion considérable de ses revenus, considère lui aussi avec un intérêt croissant l'augmentation en quantité et en valeur du produit agricole dont il entend bien faire profiter le trésor royal. Encouragé par la propagande de l'école physiocratique, il va, dans un dessein largement fiscal, susciter des « améliorations » et stimuler des profits, réalisés en fin de compte aux dépens de la majorité des ruraux. L'évolution du problème agricole dissimule, dans l'euphorie de la hausse des prix et la propagande intéressée pour une « agriculture nouvelle », de graves menaces dont le monde paysan prend une conscience aiguë. Ainsi se trouve relancé, à partir du grand « tournant » économique des années 50, ce problème de l'agriculture, fournisseur primordial de la subsistance et des revenus de l'immense majorité des habitants du royaume, qui est la base de tous les calculs gouvernementaux dans l'ordre des impôts et de la « police » (c'est-à-dire la politique générale) de l'État.

Voilà pourquoi, dans une large mesure, c'est par les humbles mécanismes agricoles et le savant et complexe détournement de leurs profits que peuvent s'expliquer tant des problèmes que, dans une incohérence apparente, l'Ancien Régime agite sur le devant de la scène française.

Ambiguïtés de la société d'« ordres »

A l'intérieur des trois ordres qui, officiellement, divisent la société française, des évolutions, lourdes de conséquences elles aussi, se précisent. Les trois sections verticales qui partagent la société sont d'importance numérique extrêmement inégale puisque le clergé compte environ 150 000 personnes, la noblesse à peine un demi-million et le tiers état — à la veille de la Révolution — les 24,5 millions restants. A l'intérieur de chaque ordre, c'est la fortune désormais qui devient le critère majeur de la différenciation. C'est elle qui répartit les membres des ordres en strates, en « classes ». Au-dessus d'une base, privée par sa pauvreté ou sa médiocrité de toute force ascensionnelle, s'étagent, aux sommets des ordres, des catégories nuancées et graduées, mais ayant en commun d'être riches. Aussi ces hautes catégories se tendent-elles la main par-dessus la barrière juridique qui continue à les distinguer.

Les nobles

Dans la noblesse, depuis longtemps le fonctionnement du cursus traditionnel fondé sur la fortune terrienne, le nom, les charges ou les grades de l'armée a été infléchi par l'arrivée en son sein d'une noblesse « nouvelle », celle des offices. Les parvenus de la « noblesse de robe », utilisant la puissance irrésistible de l'argent, se sont taillé dans l'ordre une place de choix. Propriétaires et seigneurs de terres (dont la gestion attentive et efficace témoigne de leur origine bourgeoise), ils ajoutent, à l'influence dérivée de la part substantielle qu'ils touchent désormais de la rente foncière, celle, considérable, que leur confère leur situation officielle d'auxiliaires ou de représentants de l'État. Aussi, malgré les réticences originelles de la « vraie » noblesse, l'alliance — par les mariages — entre les catégories fortunées de la noblesse est-elle, au début du XVIIIe siècle, un fait accompli, gros de conséquences sociales et politiques. D'abord, elle a contribué à confiner la gentilhommerie rurale dans l'horizon subalterne des petites seigneuries et des carrières médiocres. Ainsi délaissée, la petite noblesse provinciale devient une valeur sous-exploitée par le régime.

Au sommet de l'ordre, et même si le « ton » diffère entre les catégories anciennes et nouvelles qui s'y engouffrent, la fusion devient à peu près complète entre des intérêts qui mutuellement s'épaulent et dont le dénominateur commun est l'argent. Ainsi s'organise le « cercle magique » où se confondent nobles authentiques, anciens et nouveaux, laïques et ecclésiastiques, nobles présumés ou tolérés, et finalement roturiers fortunés. Cercle magique, en effet, qui, par les mille canaux propres à chaque catégorie, aspire vers ses hauteurs une part majeure du revenu agricole, auquel s'ajoutent les profits d'activités financières, juridiques, administratives ou commerciales, toutes activités animées par et fonctionnant pour l'avantage de cette classe dominante. Ainsi, cette haute société du XVIIIe siècle, dans laquelle l'argent égalise et unifie les « rangs » et les conditions, est-elle bien différente de l'ancien ordre nobiliaire paradant, cérémonieux et entiché de « distinctions » comme Saint-Simon, son représentant attardé. Isolée et distincte de la masse de la noblesse médiocre ou pauvre, elle est bien une *aristocratie* où fusionnent, dans un mélange fastueux, les manières que procure la naissance et l'aisance que donnent la fortune, le goût du confort élégant, le respect pour la culture.

Cette évolution confère également à la « civilisation » française au XVIIIe siècle (entendons la culture de la haute société) son caractère ambivalent. D'un côté, le grand air, le charme, le raffinement, les idéaux élevés et le style magnifique ; de l'autre, la course à l'argent, qui est la préoccupation continuelle. Et pourtant tel est le prestige de l'appartenance à cet ordre dont les distinctions « honorifiques » fascinent la bourgeoisie, qu'il aboutit, pour les nouveaux venus, à un reniement de fait de leurs origines et à leur adhésion enthousiaste à toute une série de concepts « historiques » et mythologiques entretenus avec complaisance par les nobles « authentiques », notamment la notion de « naissance » et de supériorité du « sang ». A quoi s'ajoute aussi, au lieu de la notion de « service » public et de devoir envers la communauté — telle que la définiront les philosophes — l'exaltation de la notion d'« honneur » dont Montesquieu — apôtre des droits de la noblesse — sera le théoricien. Notion qui impliquait pour le noble tout un code de manières, d'attitudes, de modes et de langage même destiné à « distinguer » les membres de cet univers des « roturiers », congénitalement « inférieurs ».

Le théâtre de la vie noble n'est plus la campagne, où, dans un manoir délabré, végète le gentilhomme rustique, avec ses notions surannées de fidélité et de loyauté, mais la ville, dont certaines fonctions principales, et souvent l'aspect, sont déterminés par les critères agréables à l'aristocratie. C'est alors que se multiplient les beaux « hôtels », les superbes demeures des parlementaires qui ornent les capitales locales, Bordeaux, Aix, Dijon. Paris, plus que toute autre, reflète cette évolution. C'est là que s'élabore la « mode », création perpétuelle de l'aristocratie. Elle investit la rente foncière qui l'alimente en hôtels, en « folies » et dans les beaux objets que les compagnies coloniales et les industries de luxe (dirigées par ses associés et pourvues de capital issu, lui aussi, de la terre) lui fournissent. C'est son « cadre » et ses goûts qui s'expriment dans un certain urbanisme, mais surtout dans ces laboratoires de la vie noble que sont les salons, la comédie et surtout l'Opéra, où elle voit transposés ses aspirations, son univers, dont elle extrait sa mythologie et souvent ses attitudes et son langage. Tous les luxes sont à son service et même l'encanaillement et le dilettantisme intellectuel, puisqu'elle considérera comme des « nouveautés » savoureuses les déclamations ou les théories qui la clouent au pilori.

Cette « douceur de vivre » a son revers. Et d'abord ce qu'elle coûte et à quoi — sauf dans le cas d'une fortune exceptionnelle ou de solides revenus issus de la finance — la rente foncière finit par ne plus suffire. C'est ce malaise, d'ailleurs, qui va faire descendre la noblesse dans l'arène économique, où elle se heurtera à la bourgeoisie et, de façon plus sourde, mais non moins résolue, à la paysannerie, qui sera la première à porter physiquement la main sur elle. Depuis longtemps aussi elle a préparé sa rentrée sur la scène politique et la Régence fut bien une explosion libératrice. Ses théoriciens, qui tous utilisent le règne de Louis XIV comme repoussoir, veulent rendre à la noblesse un rôle considérable dans l'État. Dans cette évolution, la noblesse se sert de ses alliances avec les parlementaires et les financiers, auxquels, réciproquement, elle est utile. La cour, où elle fait la loi, cesse d'être l'appareil d'État qu'elle était sous Louis XIV pour devenir l'instrument des intérêts particuliers de la super-noblesse, essaim de groupes, de « partis » et de cabales, chacun avec ses ambitions propres. Elle devient l'échiquier somptueux et profondément corrompu de toutes les intrigues et de toutes les manœuvres. Actives, mais plus feutrées sous Louis XV, contenues par l'œil d'Argus des maîtresses ou de quelques fidèles sincères, les coteries deviennent insolentes et impudentes sous Louis XVI, autour des comtes de Provence et d'Artois et de la reine. Après 1780, c'est une succession de scandales en chaîne (banqueroute des Rohan-Guéménée ; faillite du comte d'Artois ; affaire du Collier) qui éclaboussent le trône et révèlent cette association entre l'aristocratie et le pouvoir. Largement représentée aux postes clefs du gouvernement, assurée sur ses arrières par la tactique des parlements, l'aristocratie confisque peu à peu l'État. Les cours souveraines se ferment aux nobles trop récents, l'accès à la cour se rétrécit. Dans la marine, dans l'armée surtout, plusieurs édits favorisent les officiers nobles ou réservent à la noblesse l'accès à certains grades. C'étaient là les miettes que l'aristocratie entendait réserver à la petite noblesse provinciale sans autres débouchés lucratifs que des « bénéfices » secondaires ou la carrière militaire. Certes, ces mesures restrictives comportaient — comme tout sous l'Ancien Régime — de multiples exceptions et, bien qu'y parvenir fût plus malaisé, la noblesse ne formait toujours pas un monde clos. L'impression prévalut, néanmoins, qu'elle entendait écarter dans son domaine toute concurrence, au moment même où elle empiétait sur celui de la bourgeoisie.

Le système de Law, ses alliances dans la finance ont initié bien des nobles aux « affaires » qui permettent de s'enrichir sans déroger. Beaucoup engagent de l'argent dans le grand commerce colonial ; les Isles, Saint-Domingue surtout, fournissent aux grands propriétaires des revenus considérables. En France même, à la fin de l'Ancien Régime, des nobles obtiennent des concessions minières, dirigent les compagnies charbonnières, s'intéressent aux industries nouvelles, à la métallurgie, aux industries chimiques. L'aristocratie, elle aussi, prépare la « révolution industrielle ». Vers 1770, quand le reflux des prix agricoles menace la rente foncière, de toutes parts prévaut l'idée d'une « réaction féodale » menée par la noblesse associée au gouvernement.

La bourgeoisie

Ce renouvellement de la noblesse ne laisse pas de provoquer de profondes perturbations dans la bourgeoisie, dont l'ascension est, elle aussi, continue, plus tenace encore, car elle calcule plus loin sur un chemin bien moins aisé. Laborieux, économes et sévères, marqués par une certaine morale « janséniste », les bourgeois censurent volontiers le genre de vie de la noblesse gaspilleuse, jouisseuse et corrompue. La bourgeoisie rentière élabore systématiquement, au XVIIIe siècle, sa propre culture, y donne délibérément son temps dans les discussions des académies de province, des sociétés de pensée, les loges bourgeoises de la franc-maçonnerie (distinctes de celles de la noblesse), et consacre beaucoup d'argent en livres, en recherches, en expériences. Elle manifeste l'appétit de connaître. Ainsi, laissant à ses plus brillants représentants le soin de répandre ses idées dans les salons, au cœur même du monde antagoniste, la bourgeoisie pénètre en force dans les forteresses de la nouvelle pensée.

Le clergé

Les problèmes qui se posent au clergé sont de deux ordres : matériel et moral. D'abord l'attribution des bénéfices se fait dans un cadre de plus en plus aristocratique ; après 1760, tous les évêques sont nobles. C'est le haut clergé qui perçoit le revenu principal de la dîme, dont il redistribue une faible part aux curés et vicaires sous forme de « portion congrue ». Exception faite pour les ordres sévères, la vie des réguliers se relâche et les abbayes finissent par n'être plus peuplées que de quelques religieux, issus le plus souvent de la noblesse, qui jouissent ainsi de revenus considérables, utilisés pour l'édification, au cours du siècle, d'innombrables et parfois somptueux bâtiments conventuels et palais abbatiaux. Cette évolution soulève des protestations de toutes sortes. Le haut clergé, plus qu'à ses devoirs pastoraux, s'intéresse, dans la seconde moitié du siècle, à des formes d'« administration » diocésaine beaucoup plus laïques que religieuses. Les fidèles campagnards, notamment, déplorent vivement la condition de leurs prêtres, proches d'eux sans doute par leur genre de vie, néanmoins mal préparés à des charges d'assistance spirituelle. Infériorité que le bas clergé ressent avec humiliation et qui accentuera en son sein des tendances « presbytériennes ». Enfin, l'opinion publique, désorientée par une telle évolution, travaillée par les idées nouvelles, en arrivera parfois à remettre en cause le rôle des « ministres des autels », dont les fonctions semblent bien vagues et peu utiles. D'autres réclament la laïcisation de toutes les fonctions dévolues au clergé et, ne voyant plus en lui qu'un bastion d'obscurantisme et d'abus, expriment un anticléricalisme résolu.

Au XVIIIe siècle, le jansénisme est devenu l'expression religieuse de l'hostilité à l'absolutisme gouvernemental. Le raidissement de toute une fraction de la société contre la bulle *Unigenitus* signale d'abord la persistante réaction d'un gallicanisme parlementaire et populaire hostile aux ingérences romaines et désignant dans la souplesse gouvernementale à l'égard de Rome (infidèle en cela à la tradition du gallicanisme royal) l'influence néfaste des jésuites. Les manifestations populaires du jansénisme (extrémisme des milieux dévots, des convulsionnaires de Paris et de province) expriment une révolte intime contre les formules religieuses héritées de l'autoritarisme de la Contre-Réforme, ou contre la doctrine jugée, au contraire, trop « facile » des jésuites et de leurs suppôts. Mais elles expriment aussi des impatiences à la fois sociales et politiques et ce sont celles-là qui seront saisies par les parlements. En prétendant intervenir dans les dérisoires querelles des refus de sacrements, des billets de confession, en se saisissant avidement des « appels comme d'abus » des ecclésiastiques « anti-constitutionnaires », les parlementaires — eux-mêmes souvent adeptes d'une tradition religieuse plus intime et plus austère — entendent faire pièce à l'absolutisme monarchique, restaurer, par ce biais, leur propre autorité et, dans la foulée, défendre leurs propres privilèges. Mais la querelle janséniste remet en question plus que la « tradition » romaine ou monarchique. Elle sert aussi de prétexte à une contestation des cadres de pensée et de culture imposés par le monopole ecclésiastique de l'enseignement. A ce point de vue, beaucoup de ceux qui soutiennent les oratoriens (plus jansénistes) contre les jésuites (malgré leurs hardiesses pédagogiques) le font pour des raisons tactiques, dans cette querelle qui est un combat pour plus de liberté. En 1764, la destruction des jésuites en holocauste aux parlements et aux Lumières (comme d'ailleurs au pacte de Famille) entraînera, comme il se devait, la déroute corrélative des jansénistes, apparus non sans raison comme l'autre face d'une religion désormais contestée dans son ensemble. L'extinction des grandes querelles doctrinales ne signifie pas la fin de la vie religieuse. Certains signalent avec complaisance la persistance presque partout de cette « pratique unanime » issue du XVIIe siècle. Mille symptômes pourtant signalent que la crise religieuse est profonde : en certaines régions, le jansénisme a pu accélérer une déchristianisation peu à peu perceptible ; la pensée religieuse cède graduellement la place à une religiosité épidermique indifférente à la doctrine. Et surtout la « philosophie » fait des progrès considérables, non seulement dans le bas clergé préparé à la recevoir, mais également dans un haut clergé qui compte dans ses rangs des anticléricaux notoires et des « philosophes » avérés. Le paradoxe, c'est que l'Église de France continue, dans la logique de son rôle et sa composition de « corps » officiel, à préconiser la répression contre toutes les dissidences, et d'abord contre les protestants, farouchement hostile à cette philosophie des Lumières que certains de ses prélats patronnent dans les salons. Et pourtant, malgré les revendications du bas clergé ou les écarts de tels évêques, malgré son hétérogénéité sociale, le clergé, profondément loyaliste, reste l'un des fondements de la société d'Ancien Régime.

Les groupes marginaux

Des forces sociales, pour une raison ou pour une autre, se situent « en marge du système » et posent certains problèmes, qui, pour n'être pas immédiatement redoutables, ne laissent pas, parfois, d'être préoccupants. Il y a d'abord les « gens à talents », d'origine bourgeoise, urbaine ou rurale, oscillant de leur milieu naturel au milieu de la société riche qui les emploie ou les accueille et où ils se fondent apparemment. Pas toujours pourtant ; et il est intéressant de noter que c'est vers le milieu du siècle que devient plus précisément observable une sorte de « bohème » à laquelle Diderot appartint et dont son *Neveu de Rameau* évoque les contours : habitués des cafés, jardins et places où se débitent les nouvelles, s'agitent les idées, s'obtiennent les renseignements et se nouent certaines intrigues. Elle a joué son rôle intellectuel d'abord, et artistique, mais aussi politique. A ce monde pittoresque et vivant, il faut associer aussi les milieux d'artistes et de comédiens, de courtisanes de haut vol. Cette sociabilité particulière est nette en certaines provinces, où, aux franges des « estats » et conditions, existent des groupes très mélangés animés de leur dynamique propre : sociétés de jeunesse, « gazettes » de pénitents, « chambrées » plus ou moins permanentes ; ou ces « compagnonnages » suspects aux autorités civiles et religieuses, qui y voient, non sans raison, des organisations d'entraide et de « coalitions » et où, sous couvert d'initiations, on pense un peu trop librement ; ou bien encore ces loges de francs-maçons, aux objectifs longtemps si vagues, mais si persévérantes dans leur recrutement. Structures d'accueil pour les défections, qui se précisent avec le temps et qui, par le jeu des « doubles appartenances », permettent, de l'intérieur des anciennes structures, d'en aménager de nouvelles.

Plus en marge encore, le monde des réprouvés religieux ou sociaux. Les protestants restent longtemps persécutés et l'intransigeance du « fanatisme » reste une constante dans la société comme dans le Conseil royal, à côté du rayonnement de plus en plus contraignant des Lumières. Mais si les protestants français n'obtiennent qu'en 1787 la reconnaissance de leur état civil et donc de leur vie juridique, les protestants étrangers, par contre — les banquiers notamment —, non seulement ne souffrent d'aucune discrimination du fait de leur religion, mais sont encore soutenus et portés par la société et par le gouvernement qui persécute leurs coreligionnaires français. Au XVIIIe siècle aussi, peu à peu, les juifs réapparaissent avec l'intensification du commerce, l'annexion de la Lorraine, où ils sont nombreux, ainsi que toute une catégorie d'étrangers dont l'influence sur le siècle ne sera pas négligeable. Dans le système, la place des ouvriers est modeste et leur nombre relativement peu élevé au sein d'une économie où la concentration industrielle est l'exception. Les ouvriers des manufactures urbaines sont, plus encore que les compagnons des « mestiers », soumis à surveillance stricte (livret ouvrier en 1781), ce qui n'empêche pas les insurrections et les émeutes : grèves des ouvriers de la soie de Lyon en 1744, incendie de la fabrique de papiers peints Réveillon en 1789, qui annonce le début des troubles à Paris. Les ouvriers des grandes entreprises situées à la campagne, mines, fonderies, etc., sont, en fait, des demi-paysans qui ne poseront pas de problèmes physiques. Néanmoins, des esprits se penchent sur la condition ouvrière, Diderot notamment, qui la comprendra et l'opposera avec ironie aux visions idylliques des aristocratiques dialecticiens du « bonheur ». Enfin, le monde mal connu, mais certainement très vivant, de la délinquance et du vice, monde très organisé celui-là, avec ses hiérarchies, son langage, ses coutumes, ses chefs : monde de la prostitution, qui est, en certaines villes, comme Paris ou Marseille, une véritable institution à tout faire et où se recrutent aussi bien les victimes de Sade que les complices de l'affaire du Collier ; monde des bandits de grand chemin, qui défraient la chronique populaire et sont les « héros » des complaintes : Cartouche, Mandrin, Gaspard de Besse. Aucun de ces groupes n'est assez puissant pour être véritablement une menace pour l'ordre matériel des choses. Ils ont néanmoins, parfois, préparé un climat, fourni quelques troupes quand la contestation explose à la campagne ou descend dans la rue.

Questions d'argent

Les parlements et les « libertés »

L'absolutisme avait laissé subsister les « privilèges » dont le maintien était, en effet, un aspect de ces « lois fondamentales » qui faisaient l'essence même de la monarchie. Car si la monarchie avait tenté de centraliser, elle n'avait jamais entendu niveler. Or, son évolution, justement, menaçait ce fondamental principe d'inégalité. Les « ordres », vidés de leurs justifications historiques et pratiques, ne subsistant qu'en tant que principe social, dotés de pouvoirs amoindris, avaient vu leurs privilèges encore rognés par des pouvoirs et des contraintes « extra-constitutionnels », les intendants et les impôts. Le pouvoir royal, législateur et administrateur souverain qui ne devait plus de comptes à personne – les états ayant été mis en sommeil ou supprimés –, ne pouvait être limité que par une notion fondamentale et intangible. C'est alors que les magistrats utilisèrent le droit de propriété, seul titre qui put s'opposer à la volonté royale. C'est sur cette notion que les cours de justice, restées les seuls porte-parole possibles d'une opposition, s'appuyèrent pour mettre en échec le pouvoir arbitraire du roi et les menaces directes qu'il représentait. Dès lors, toute action « organisatrice » du pouvoir, toute tentative de réformes structurelles allaient se trouver entravées sur la route des « innovations » par les résistances furieuses des « libertés » et « privilèges » auxquels la politique des parlementaires assimila les propriétés privées (offices et droits seigneuriaux) en un « mur » homogène de possessions acquises contre lequel devaient se briser les tentatives du gouvernement absolutiste. C'est là le rôle fondamental de la magistrature du XVIIIe siècle, gardienne vigilante des droits acquis et, d'ailleurs, « première intéressée dans l'affaire ». Dans cette politique dont l'alibi est la défense des « privilèges » des ordres, ce qui intéresse au premier chef les parlementaires, c'est d'abord le maintien perpétuel de la propriété des offices ; c'est aussi, contre l'impôt qui diminuerait leur part, le maintien strict des formes existantes de la rente foncière. Les magistrats vont mener contre l'absolutisme le combat des intérêts menacés et des appétits politiques qu'explique la conception nouvelle qu'ils prétendent faire admettre de leur rôle dans la monarchie.

Le parlement est populaire dans la mesure où il apparaît comme le dernier de ces « corps intermédiaires » dont l'élimination persévérante avait justement permis l'établissement de l'absolutisme, et il tient lieu, faute de mieux, de ces assemblées élues dont le tiers état a conservé la nostalgie. Il est également soutenu par la noblesse et par les riches, qui voient en lui, avec plus de raison, le rempart de leurs communs privilèges. Ce rempart, d'ailleurs, se renforce au moment où le parlement de Paris élabore la thèse de l'unité du corps parlementaire et renforce ses résistances de celles des cours de province, dont certaines, Rennes surtout, seront, entre 1763 et 1770, à la pointe du combat. La destruction des parlements par le chancelier Maupeou en 1771 et leur remplacement par de simples tribunaux n'ont été qu'un intermède terminé par la mort de Louis XV. Le vieux corps parlementaire apparaît tellement lié à l'ordre monarchique que Louis XVI le rétablit en 1774, et Turgot laisse faire, espérant par là concilier les magistrats à ses réformes, que ces mêmes magistrats le contraindront à abandonner quelques mois plus tard. Dès lors, les parlements ne cesseront de mener contre la politique fiscale du gouvernement de Louis XVI une guerre de plus en plus acharnée. En 1788, l'heure semble venue pour le parlement de s'assurer le contrôle du pouvoir royal en réclamant, avec les notables, la convocation des états généraux, où, dans les formes de 1614, domineront les privilégiés, pourvus maintenant d'une tactique et d'un corps de doctrine. C'est alors que le tiers état comprit les mobiles profonds de la robe, instrument de la réaction aristocratique, et que la scission s'opéra dans cette coalition d'intérêts si divergents. Car les magistrats n'avaient cessé de démontrer leur esprit conservateur, réactionnaire et obscurantiste, en multipliant les brûlements d'ouvrages philosophiques, en condamnant à mort La Barre, Calas, Lally-Tollendal, en s'opposant à la suppression de la torture. Cela révèle une autre contradiction, celle de l'engouement du monde aristocratique, et spécialement des magistrats, pour les idées des Lumières, dont ils ont été par leurs écrits, par leurs salons, les agents de propagation les plus essentiels. Il n'est pas douteux que leur adhésion aux idées d'une nouvelle justification des hiérarchies fondées sur l'utilité sociale et sur le talent, sur l'établissement dans la société des « droits naturels » de la liberté et de l'égalité, n'ait été sincère. Et pourtant, quand, en 1788, le moment est venu d'inscrire ces idées dans la pratique, la robe a reculé. C'est que, en fait, comme l'analyse finement F. Furet, « la mode philosophique et les équivoques du libéralisme ont effacé dans le ciel des idées les motivations profondes des groupes ». L'« aristocratie intellectuelle », qui avait combattu pour la liberté, sa liberté, ne put admettre l'égalité.

La pression fiscale

Tous les gouvernements royaux au XVIIIe siècle ont eu constamment un besoin pressant d'argent. Et l'augmentation des impôts a été très sensible au cours de cette période. La guerre d'abord a nécessité la constitution d'une armée, devenue de plus en plus nombreuse et complexe, exigeant des frais nouveaux : des casernes, des forts ; des effectifs augmentés et un corps d'officiers considérable ; l'artillerie modernisée. La guerre et la possession d'une superbe armée font, en effet, le caractère de la monarchie française, qui reste (à l'encontre des vœux des philosophes) une monarchie militaire. Militaire et navale, car la marine a eu son époque d'accroissement sous Maurepas, et surtout pendant le ministère de Choiseul (1758-1770). Par la suite, elle reste un poste très important des dépenses royales, car seule la possession d'une puissante marine peut continuer à faire de la France une puissance de premier rang. Et le rang est consubstantiel à la monarchie française. La conception de l'honneur chevaleresque et aristocratique qui règne en certains milieux du gouvernement et de l'armée pousse le gouvernement à faire des dépenses dans le secteur qui peut le mieux fournir à la noblesse un théâtre pour sa vocation naturelle. La magnificence aussi est liée à l'absolutisme monarchique. Si les constructions de prestige s'arrêtent pendant la Régence et pendant la prudente gestion de Fleury, elles reprennent sous l'influence de Mme de Pompadour. Dès lors, c'est une multiplication de travaux coûteux, certains utiles (place de la Concorde), mais souvent aussi d'une magnificence onéreuse : École militaire, Petit Trianon, église Sainte-Geneviève (Panthéon), Saint-Sulpice, cathédrale Saint-Louis de Versailles, opéra de Versailles. La cour, le « tombeau de la Nation », accroît, avec le temps qui passe, son faste extravagant : multiplication des petits appartements, plus riches encore que les grands ; fréquence et somptuosité des fêtes, en progression constante après la mort de Fleury ; entretien d'un personnel immense, et surtout distribution de pensions et de « grâces ». D'autres dépenses, mais d'importance bien moindre, concernent le traitement des fonctionnaires, les ambassades, les prêts ou dons à des villes, des provinces.

Depuis l'époque de Colbert, le gouvernement français avait parfaitement conscience que la guerre et les autres dépenses, devenues gigantesques, dépendaient de l'argent qui pourrait être levé en impôts et que ceux-ci dépendaient aussi des richesses sur lesquelles les asseoir. Des deux sources de la « richesse de l'État », agriculture et industrie, la sollicitude de Colbert et de ses successeurs, s'appuyant sur les exemples de la Hollande et de l'Angleterre, alla principalement — moins exclusivement qu'on ne le dit parfois — à l'industrie et au commerce. De là la tendance (qui prévalut pendant près d'un siècle, de 1660 à 1760 environ) à cantonner le secteur agricole dans son rôle de fournisseur de subsistances et de client pour la production industrielle ordinaire, des textiles communs notamment. Corollairement, l'État, supplantant ou dirigeant les initiatives privées, prit en main le développement et la défense des établissements coloniaux (Louisiane, Canada, Bourbon, île de France, Antilles) soumis aux ordres et aux prescriptions d'intendants nommés par Versailles. Dans ce cadre d'État, les intérêts privés trouvaient leur compte. En dépit des grandes guerres continentales et des revers essuyés par la marine de guerre, le commerce colonial et le commerce européen des produits de luxe, jamais interrompus, s'étaient vite ranimés après Utrecht. Rien d'étonnant à ce que ce secteur à la fois opulent et vulnérable ait constamment bénéficié de la sollicitude attentive du gouvernement, peu soucieux de le taxer et de décourager une activité qui fournissait au roi de la gloire, aux peuples de l'emploi et attirait en France ces richesses peu ou prou répercutées dans l'ensemble. Aussi l'impôt devait-il porter sur des richesses plus tangibles, plus faciles à cerner et à évaluer, les richesses issues de la terre. L'augmentation des impôts indirects (aides et traites portant sur les produits de consommation courante, vins et sels) se révèle par l'accroissement continu, après 1738, du bail de la Ferme générale. Par l'importance des droits qu'elle encaisse pour le roi et par l'organisation de ses services (responsabilité dont elle soulage le gouvernement), par les salaires qu'elle distribue à ses innombrables employés et le faste de ses directeurs, elle est devenue la première puissance financière de la France. La super-oligarchie des quarante fermiers généraux, liés entre eux par des mariages, pourvus d'une influence considérable dans le gouvernement, qui ne peut rien faire sans eux (et réciproquement), forme véritablement un monde particulier.

L'impôt et l'évolution économique

Mais la part principale du prélèvement royal sur le revenu de la terre provient de l'impôt direct, la taille, qui pèse presque exclusivement sur les paysans. Sans doute les privilégiés, comme les autres sujets, se voient-ils contraints de payer la capitation. Mais ils la payent mal et le rendement en est faible. En attendant l'établissement d'un impôt foncier proportionnel aux revenus (le vingtième, instauré à partir de 1749, si longtemps contesté et si lent à rapporter, malgré la phraséologie « sensible » des déclarations officielles), la taille continue à écraser la paysannerie.

Imposée dans le cadre agraire traditionnel, la taille contribuait à perpétuer la « routine » d'une agriculture de faible rendement fondée sur des assolements rudimentaires où la jachère occupait une grande place, sur l'exploitation mal conduite d'un terroir fait de parcelles émiettées et soumises aux contraintes et aux servitudes collectives, et sur le maintien des terrains communaux, indispensable complément de cet « ancien système ». Dans ce contexte, l'intérêt d'une augmentation de la production ou de la productivité de l'agriculture n'apparaissait pas, d'autant plus que jusqu'en 1730 les prix furent bas et peu rémunérateurs. Aussi n'y avait-il pratiquement aucun réinvestissement d'une portion de la rente foncière. Jusqu'en 1750, en effet, la France suivit mal l'évolution qui, à la même époque, était en train de transformer l'agriculture anglaise et qui était fondée sur l'amélioration de l'instrumentation, le développement des prairies artificielles — donc de l'élevage et des engrais — et l'élimination de la jachère. Ainsi la campagne française, les cultivateurs et les rentiers du sol, exception faite pour les plus riches ou les plus hardis, semblaient être condamnés à la stagnation.

Cet état de choses avait de profondes répercussions dans certains secteurs de l'économie et du gouvernement. Le trop faible pouvoir d'achat de la paysannerie ne pouvait conduire, comme en Angleterre, à un développement substantiel de l'industrie courante, ni, par conséquent, à une consommation accrue de produits manufacturés. Les formes industrielles de la France — marquées par la faible concentration et par l'éparpillement des ateliers à la campagne — n'intervenaient guère dans l'accroissement de la production agricole. Et si les industries de luxe fournissaient une clientèle dont les revenus provenaient bien de la rente foncière, elles ne renvoyaient pratiquement rien à la campagne. Le commerce — exception faite pour certains terroirs spécialisés dans la production des denrées destinées à l'exportation, farines et eaux-de-vie — n'exerçait qu'une influence très relative sur le développement agricole. On n'avait guère cru jusque-là aux possibilités de transformer rationnellement l'agriculture, et la recherche scientifique s'était plus volontiers appliquée aux arts « industriels ». Aux alentours de 1750, au contraire, une école d'agronomes et de penseurs appliquée à la « philosophie rurale » trouvant ses justifications dans l'expérience anglaise va montrer qu'une agriculture « améliorée » est possible en France. Elle se révèle d'autant plus opportune que la défaite militaire rend le gouvernement plus vulnérable et que, comme Quesnay le répète, la richesse — donc la puissance — de l'État dépend de son agriculture.

C'est alors qu'apparaît l'idée — fondée sur les calculs et les théories de la physiocratie — de prélever l'impôt de quotité sur le « produit net » de l'agriculture, encouragée, améliorée, réinstallée dans un circuit de liberté de production et des échanges, mise entre les mains d'une classe de « propriétaires » déféodalisée pour ainsi dire. Les paysans réduits à l'état de salariés deviendraient employés par ceux qui seraient désormais des « propriétaires » et non plus des rentiers. Principaux contribuables, ceux-ci seraient, de ce fait, associés à l'État. Cette théorie liait l'évolution agricole à l'anglaise à un gouvernement de « despotisme légal », toute féodalité ayant disparu. De cet ingénieux, mais ambitieux programme, le gouvernement retint la libéralisation du commerce des grains, la lutte contre les servitudes collectives (vaine pâture, communaux), mais non le démantèlement de la féodalité. La politique physiocratique aboutit donc à pénaliser les ruraux et à accroître, en période de hausse des prix (1760-1770), les profits des plus gros exploitants et des plus gros rentiers du sol. Entravée par la résistance du système seigneurial, la physiocratie n'aboutit qu'aux réformes de Turgot, qui n'allaient pas au fond du problème, et qu'à accroître chez les petits ruraux menacés la méfiance contre les « améliorations » et un système qui s'en faisait purement et simplement le complice.

L'absolutisme d'arrière-saison

Ainsi l'absolutisme « classique » mis en place par Louis XIV, qui avait, sous l'omnipotence du monarque, semblé agir comme un coordinateur et un facteur d'équilibre entre toutes les forces politiques et sociales naguère encore si antagonistes, perdit peu à peu, au XVIIIe siècle, ce caractère d'arbitre pour devenir comme garant, et en vérité complice, d'un ordre de choses social et moral de plus en plus déséquilibré, injuste et finalement insupportable.

Contradictions de l'absolutisme

Le gouvernement, bien qu'absolu, n'était pas arbitraire dans la mesure où les « libertés » et les privilèges compatibles avec l'exercice de la souveraineté avaient été maintenus, et où le monarque se soumettait lui-même aux « lois fondamentales ». Toutefois, en dehors de ces contrepoids — bien vagues et contingents —, c'était le roi qui était la loi, les juges n'étant que des exécutants à qui les affaires pouvaient être soustraites pour être confiées à d'autres : commissions, Grand Conseil ou intendants. Cette omnipotence — bornée seulement par les privilèges des corps — s'étendait sans limites sur les particuliers, démunis — dans cette forme de gouvernement — de toute garantie, de toute référence extérieure au souverain, puisqu'il était la loi et qu'il rendait « légal » tout ce qu'il « voulait » (« Si veut le roi, si veut la loi », disait l'adage ; « C'est légal parce que je le veux », dit Louis XVI). Aussi le roi pouvait-il, se référant à sa seule conscience et à la raison d'État, faire emprisonner et détenir qui bon lui semblait, par une simple lettre de cachet, procédé d'ailleurs parfaitement « légal » en ce sens qu'il ressortissait naturellement à tout le système du « bon plaisir ». En fait, ce système avait existé sous Louis XIV sans contestation profonde tant qu'il avait paru, en l'état des choses, le meilleur système possible, celui qui correspondait à des nécessités politiques et sociales et à une conception statique, hiérarchisée et surnaturelle de l'ordre du monde. Par contre, il perd graduellement, au XVIIIe siècle, sa force de conviction et le respect qu'on lui portait par tout un jeu de circonstances : les souverains ont incontestablement moins d'allure ; l'exercice de l'autorité se trouve étouffé par la prolifération des privilèges, par les transformations de la société et de l'économie, par le jeu de leurs forces internes, enfin par l'élaboration d'autres formules, notamment dans le système anglais, plus efficaces, moins pesantes et plus « rationnelles ».

Les privilèges

En ce qui concerne les privilèges, l'évolution du régime au XVIIIe siècle resta à la fois indécise et largement contradictoire. D'un côté, les privilèges « utiles » — et notamment ceux qui concernaient les impositions — furent soumis à une érosion continue et, en tout état de cause, remis périodiquement en question. D'un autre côté, la noblesse en conserva suffisamment pour que, ces avantages alliés aux privilèges honorifiques qui ne furent jamais contestés, elle continuât, et de plus en plus, à attirer les membres fortunés des catégories roturières de la population. C'est que, en effet, exception faite pour la gentilhommerie rurale, trop pauvre pour pouvoir aspirer à rien d'autre qu'au maintien de ses vaines « distinctions », l'appartenance à la noblesse confère plus que jamais l'accès aux échelons supérieurs de la société et aux avantages considérables qui y sont attachés : accès aux parlements, aux hautes fonctions municipales, aux hauts bénéfices ecclésiastiques et notamment à l'épiscopat, aux fonctions les plus distinguées de l'armée et de la marine : et, dans des cas plus limités, appartenance au monde de la cour, c'est-à-dire prise directe sur la source des grâces et d'avantages multiples.

Ainsi le gouvernement absolutiste du XVIIIe siècle, loin de mener contre les privilèges une lutte systématique tendant à les abolir en bloc, ne cessa, au contraire, dans des domaines apparemment secondaires, de les multiplier au point qu'ils rendirent l'exercice de l'administration pratiquement impossible par la multiplicité des dérogations, des exceptions, des exemptions. Et malgré les plaintes des administrateurs — notamment des intendants —, il dut ainsi compter avec la politique des parlements, défenseurs, sous l'étendard du droit de propriété, de l'intangibilité des privilèges les plus abusifs comme les plus « respectables ». Le pouvoir, perpétuellement à court d'argent, gêné par la guérilla contre l'absolutisme menée sous le couvert des querelles religieuses, et par-dessus tout privé, après 1740, de l'autorité et du prestige qu'aurait pu lui conférer une politique extérieure réussie, ne fit — jusqu'en 1771 — que reculer constamment devant la hardiesse croissante des parlements coalisés pour tenter de s'assurer le contrôle de l'État et, par là, de garantir à jamais la possession des « propriétés ».

L'évolution elle-même de la composition du gouvernement rendait ce dernier incapable de s'opposer efficacement aux appétits des privilégiés. Depuis l'expérience de la Régence, qui avait réintroduit la noblesse dans les hautes sphères gouvernementales, et malgré le retour apparent, après le fiasco de la polysynodie, aux « formes » antérieures d'un gouvernement géré par des techniciens de robe, le gouvernement français était resté, de près ou de loin, sous le contrôle de la noblesse, dont jamais les ambitions ne furent plus grandes. D'abord les familles administratives (Phélypeaux, Lamoignon, Fouquet, Argenson, etc., qui donnèrent tant de ministres) sont désormais à part entière des membres de la plus haute noblesse. Cette noblesse accède elle aussi au ministère : deux princes du sang (l'ex-Régent et le duc de Bourbon) furent Premiers ministres ; les plus grands noms occupèrent les secrétariats d'État : Ségur, Montbarrey, Montmorin et surtout les Choiseul. Les gouvernements de Louis XV et de Louis XVI apparaissent ainsi comme la revanche sur la « vile bourgeoisie » des ministres de Louis XIV. Rien d'étonnant à ce que — malgré les réticences des contrôleurs généraux, généralement moins huppés et dès lors moins en état de faire prévaloir leurs vues — l'exercice du gouvernement ait été monopolisé au bénéfice de l'oligarchie nobiliaire officière et financière (celle-ci, servie dans les coulisses par ses « créatures », comme Mme de Pompadour). Quand les difficultés du gouvernement l'affaiblirent, le chantage à l'absolutisme de la part du parlement trouva des alliés dans ce gouvernement lui-même. Un chancelier de France, d'Aguesseau, avait fourni aux magistrats — bien involontairement sans doute, mais de façon significative — leur phraséologie dès 1690 ; Choiseul, plus tard, apaisant ainsi à bon marché sa conscience « philosophique », y cédera en « vendant » les jésuites.

Les intendants

La contestation aristocratique de l'absolutisme n'apparaît pas moins marquée dans les provinces. Il faut en revenir sans doute sur l'omnipotence du « règne » de l'intendant, dont l'apogée se situe vers le milieu du siècle.

Ce grand corps des « commissaires départis » pour faire exercer les ordres du roi dans le domaine de la justice, de la police et surtout des finances apparaît dans l'ensemble, à travers les nombreuses études dont il a été l'objet, comme singulièrement remarquable. C'est aux intendants que les provinces doivent d'avoir été fournies au XVIIIe siècle de bien des instruments de leur modernisation : routes, bâtiments, ouvrages d'art, ports, etc. Rarement les intendants furent indifférents aux problèmes sociaux, et les projets concernant, notamment, l'« amélioration » de l'agriculture par l'abolition des usages collectifs ou le partage des communaux n'ont certes pas trouvé chez eux que des partisans. Ils ont également lutté contre la corruption ou l'injustice de certaines forteresses d'intérêts locaux, municipalités, chambres de commerce, compagnies d'agriculture ou de dessèchements, etc. Et pourtant il serait erroné de ne les considérer que comme les exécuteurs aveugles d'un pouvoir arbitraire. Non seulement ils savent comment adapter les prescriptions venues de Versailles aux réalités locales, mais ils apparaissent bien souvent comme les défenseurs de leur généralité contre l'administration centrale. Au reste, la durée parfois considérable de leur mandat les rend plus susceptibles qu'on ne le croirait à l'influence des autorités traditionnelles, parlements et états. Sans doute, des circonstances particulières et aussi leur tempérament les contraignent parfois — en tant que commissaires du roi, à qui le dernier mot, en principe, appartient — à déployer leur autorité. Aussi restent-ils évidemment la bête noire de ces corps qui s'estimèrent toujours dépossédés. Mais au fur et à mesure que s'écoule le siècle et que les principes du gouvernement central évoluent, les intendants perdent peu à peu ce caractère de vice-rois absolus qu'ils avaient un moment possédé. Souvent, d'ailleurs, il leur faut compter avec les gouverneurs issus de la haute noblesse de cour, dont la fonction retrouve partiellement le lustre et l'influence dont elle semblait avoir été définitivement dépossédée par Louis XIV.

Enfin, la fonction même des intendants va se trouver remise en question au sein même du gouvernement. Turgot, orfèvre en la matière, ne les aime guère ; Necker rogne sur leurs prérogatives et envisage de les supprimer. L'établissement des assemblées provinciales, entre 1778 et 1787, achève d'ôter à la fonction beaucoup de son lustre et de ses pouvoirs.

Le gouvernement central

Dans ces circonstances, la notion de centralisation, que l'on associe souvent à l'absolutisme, doit être, elle aussi, sérieusement réexaminée. Comme tant de choses du régime, elle est une tendance, un principe qui a, en effet, organisé ses réseaux et proclamé ses objectifs, plus qu'une réalité de fonctionnement. En effet la persistance de tout un complexe d'influences à l'échelon local s'interpose comme un frein ou un tampon entre la volonté — elle-même irrésolue, alternative et contradictoire — du gouvernement central et ses champs d'application théoriques. Ainsi, malgré intendants et subdélégués, qui filtrent naturellement les informations (celles-ci lentes à parvenir à leurs destinataires), Versailles et les bureaux ne sont-ils que très imparfaitement au fait de la vie générale du royaume. En retour, leurs prescriptions n'affectent guère une vie provinciale et des intérêts restés largement autonomes, particularistes, imparfaitement reliés les uns aux autres. En l'absence d'un fonctionnement efficace de la distribution des décisions à partir de l'échelon supérieur, en l'absence surtout de toute « constitution » organisatrice, la France — malgré les illusions de l'absolutisme centralisateur — reste, en 1789, un agrégat de peuples désunis.

Au reste, l'évaluation exacte des données sur lesquelles le gouvernement doit agir est de plus en plus difficile, en raison de la complexité croissante des réalités sociales et économiques. Tout au long du XVIIIe siècle, le gouvernement français agit dans l'ignorance — celle-là absolue — des forces composantes du royaume. La plupart des contrôleurs généraux, pourtant, lanceront des enquêtes qui se veulent approfondies et auront à des degrés divers une vision exacte des vrais problèmes, du moins de leurs contours. Leur travail restera incomplet, dépendant comme il est d'informations imprécises transmises par des fonctionnaires ou des autorités sujets à caution et intéressés à ne présenter qu'un aspect des choses. Ni les titulaires du contrôle général, qui changent fréquemment après 1745, ni les bureaux qui « suivent » les affaires ne parviendront à dresser, sinon très approximativement, ces « statistiques » dont il faut louer l'intention plus que l'utilisation qu'ils en firent. Ce n'est que tardivement — sous Terray — que des évaluations précises sur la population apparaissent. Et encore les mouvements profonds qui animent le corps social ne sont-ils au mieux que soupçonnés. Mêmes approximations en ce qui concerne la production, ses variations en nature et en valeur et sa redistribution ; d'où l'impossibilité d'aboutir à une juste répartition de l'impôt. Il faut attendre 1781 pour que, avec le *Compte rendu* de Necker — à la fois rudimentaire et incomplet, plaidoyer *pro domo* plus qu'information objective — une ébauche de budget soit rendue publique, à la stupéfaction générale et au scandale de ceux pour lesquels, on l'imagine aisément, le secret des finances était le plus jalousement gardé des secrets d'État. Hormis les responsables des finances — loin d'être eux-mêmes à l'abri de tout reproche — les titulaires des ministères « dépensiers » — Guerre, Marine, Affaires étrangères — et le roi restent superbement indifférents à toute discipline financière, dépensant en gentilshommes, « sans compter ». C'est là le reflet dans les actes de gouvernement d'une mentalité de classe aristocratique et légère.

Ainsi les méthodes absolues de gouvernement dévoilèrent-elles au cours du siècle leurs contradictions et leurs insuffisances. Comme toutes les bureaucraties, l'administration française, infiniment plus complexe et différenciée que sous Louis XIV, avait d'autant plus besoin de principes solides et de circuits d'autorité légitimes et permanents. Or, une fois Fleury, dernier Premier ministre véritable de l'Ancien Régime, disparu, ni Louis XV ni Louis XVI, extrêmement jaloux de leur autorité, n'entendirent jamais la déléguer longtemps à personne. Aucun ministre ne pouvait se croire à l'abri de disgrâces soudaines ni être assuré d'une autorité mise en échec par la rivalité de collègues souvent animés en sous-main par le monarque lui-même, ou contrecarrée par l'action de personnes sans qualité politique, maîtresses, épouses ou familiers, mais dont l'influence était grande sur le roi. Le secret était la marque même du gouvernement absolu et Louis XV et Louis XVI utilisèrent les services du Cabinet noir, qui, en violant le secret des correspondances privées, les informait — de façon d'ailleurs parfois dérisoire — de l'esprit et des mœurs de leurs sujets. En politique étrangère, le Secret du Roi (inauguré par le Régent, repris avec obstination par Louis XV et continué par Louis XVI jusqu'à l'épisode de l'armoire de fer), contrecarrant la diplomatie ostensible du ministre des Affaires étrangères, n'était pas de nature à instaurer de la sincérité dans les relations du souverain avec ses ministres ou avec ses interlocuteurs. Dans cet état de choses, les comités de ministres, multipliés pour débrouiller et régler les affaires en dehors du Conseil et sans la présence du souverain, peuvent bien apparaître d'intéressantes innovations techniques, mais sans les conséquences politiques qui marquent l'évolution en Angleterre vers le gouvernement de cabinet. Du point de vue politique, leur nature même ne pouvait leur permettre d'être beaucoup plus qu'une autre coterie de cour, temporairement plus puissante, jamais assurée du lendemain. Aussi, dans la marée montante des nostalgies, des ressentiments et des impatiences, l'absolutisme apparaît-il de plus en plus sous les traits — simplifiés sans doute, mais fort ressemblants — du despotisme arbitraire. De cette évolution, le loyalisme simpliste ou diplomatique des sujets n'entend pas rendre responsable le souverain, père des peuples, astreint à l'observance des lois fondamentales. Par contre, les intérêts les plus contradictoires s'allient naturellement pour dénoncer le « despotisme ministériel ».

Vers la crise

En fait, dans la seconde moitié du siècle, le régime en était arrivé au point où ni son style, ni l'origine de son autorité, ni sa façon de l'exercer ne semblaient plus pouvoir contenir ni empêcher, dans la société, dans l'économie, dans la religion et jusque dans l'État, la prolifération des intérêts contraires aux principes mêmes sur lesquels il était fondé. Déjà, la philosophie des Lumières, qui, à l'emporte-pièce, dénonçait les abus, mais savait aussi proposer des exemples et imaginer des remèdes, trouvait, dans la cohorte des parties prenantes du régime, des alliés séduits par l'avantage immédiat de l'affaiblissement d'un système dont l'arbitraire pouvait aussi bien quelque jour se retourner contre les « propriétés ». Aussi les plus perspicaces — souvent aussi les plus humains — des ministres se rallieront-ils, eux aussi, mais pour sauver le régime, à certaines propositions des philosophes, sans jamais pourtant pouvoir tenter beaucoup plus que des réformes partielles ou des expériences, sans jamais, en tout cas, pouvoir s'attaquer aux racines profondes du mal, à l'origine même du pouvoir absolu, c'est-à-dire en somme au droit divin.

Les réformes de l'équipe Maupeou-Terray, tout efficaces dans l'ordre judiciaire et équitables dans l'ordre social qu'elles fussent, sont justement le contraire des réformes « éclairées » dans la mesure où elles poussent l'absolutisme au paroxysme de la puissance « pure », sans aucun contrepoids. Une telle dictature du droit divin ne pouvait durer que grâce à l'entente étroite entre le roi et des ministres farouchement déterminés et des peuples qui eussent trouvé à cette forme de gouvernement assez d'avantages et de supériorité sur le régime antérieur pour l'appuyer sans réserve. La mort de Louis XV (1774) et l'arrêt brutal de l'expérience ne permettent guère d'imaginer quel sort lui eût été finalement réservé. On a peine à imaginer que des solutions durables eussent été trouvées au problème fondamental, qui dépassait les individus, d'une autorité sans freins ni contrepoids.

Enfin, et ce n'est pas là la moindre contradiction de l'époque : l'inaptitude des souverains à comprendre, sinon en termes simplistes, la signification profonde de leur métier de roi. Établi dans Versailles, au centre d'un univers artificiel qui l'isole des réalités, le roi est prisonnier d'un mode de vie et de pensée archaïque. Il est difficile de croire que la priorité dans l'emploi du temps royal donnée à la chasse, aux cérémonies et aux affaires étrangères — activités éminemment « cheva- leresques » — ait laissé beaucoup de place à l'approfondissement des problèmes techniques du gouvernement. Ni Louis XV, d'esprit plus délié et personnalité plus complexe malgré de graves défauts caractériels, ni Louis XVI, apathique et d'une singulière naïveté politique, n'ont l'instruction ni les aptitudes intellectuelles pour exercer des responsabilités devenues aussi complexes et aussi graves à pareille époque. Ni séduits ni même intéressés par l'exercice du pouvoir — sinon de façon rudimentaire — et pourtant hautement conscients de leur responsabilité suprême à l'égard de la couronne que Dieu leur a confiée, ils s'obstinent à maintenir intacts leurs droits. Attitude non sans grandeur, mais qui relève, une fois encore, d'une élégance morale — à l'antique — plus que d'une leçon politique assimilée. Ce n'était pas avec de fières attitudes que pouvait être endigué le flot montant des critiques qui, de tous côtés, assaillaient le régime. Ce ne pouvait être non plus avec la force ; et, en 1789, Louis XVI apprit à ses dépens que le loyalisme aveugle n'existait même plus dans l'armée, le suprême argument des rois.

II. LE RÈGNE DES IDÉES

La recherche du raisonnable

Les Lumières

Les Lumières ne sont pas, à proprement parler, une philosophie, si l'on entend par là une philosophie systématique, cohérente et exclusive. Autant de « philosophes », autant de philosophies, pourrait-on dire. Fontenelle est un mécaniste, Voltaire un théiste inquiet ; Helvétius est un matérialiste « égoïste », Diderot un matérialiste hyper-moral. Buffon est un naturaliste, La Mettrie est un médecin, d'Alembert un géomètre et Montesquieu un juriste. Pourtant, tous ont en commun une certaine attitude d'esprit inspirée de la méthode scientifique et cherchant dans l'investigation empirique des choses leurs corrélations jusque-là obscurcies par les « préjugés », pour parvenir à des explications nouvelles et plus profondes. Les Lumières sont une « intelligence » renouvelée, un « éclairage » nouveau. L'agent de cet éclairage n'est plus la foi, mais la raison véritablement illuminatrice, d'où leur nom. Au XVIIIe siècle, cette raison est ambiguë. D'un côté, la raison cartésienne justifiant les idées innées, les principes axiomatiques de la nature humaine ; de l'autre, la raison expérimentale, qui chemine parallèlement, l'une et l'autre s'éclairant mutuellement. Le rationalisme cartésien a donné le climat intellectuel des milieux de pensée et de culture. Quels qu'aient pu être, d'autre part, les correctifs qu'y apporte l'expérimentalisme de Newton et de Locke, les penseurs des Lumières resteront attachés à la forme de raisonnement généralisateur du cartésianisme. La philosophie des Lumières, en effet, avec toute sa passion du concret, n'est pas ennemie des thèses et postule volontiers l'innéisme des nouveaux universaux en majuscules, la Nature, le Progrès, le Bonheur, la Liberté, aboutissant ainsi souvent à une nouvelle « orthodoxie », un nouveau conformisme, auxquels les faits furent censés se plier. Cette attitude d'esprit, qui se traduisit, en effet, par une brillante manipulation d'idées, une virtuosité intellectuelle séduisante, fit, bien évidemment, une partie de la fortune mondaine de la philosophie. Mais les conséquences de ce « cartésianisme » furent bien plus profondes. En substituant partout la raison comme moyen et l'évidence comme garant de la vérité, l'argumentation philosophique, ruinant l'empire des dogmes, des traditions et de la « métaphysique » abhorrée, rechercha la vérité dans le monde physique, dans le monde pratique avant tout. Dans ce monde concret des hommes et des choses qui est son domaine de prédilection, la vérité se confond à la limite avec l'utilité. Le cartésianisme « empirique » ainsi entendu propose donc une morale dont l'intention et la justification sont indépendantes du dogme. Ainsi, les philosophes des Lumières sont raisonnables — et raisonneurs — plus que véritablement raisonnants (dans l'acception scolastique du terme) et on a pu dire que l'âge des Lumières n'est pas l'âge de la raison, mais l'âge de la révolte contre le rationalisme.

Les philosophes croient que le savoir est préférable à l'ignorance ; que les problèmes sociaux peuvent être résolus par des actions raisonnables fondées sur la recherche et l'analyse plutôt que sur la prière, le renoncement, l'abandon à une toute-puissante Sagesse ; que la discussion est préférable au fanatisme, et que tous les arguments d'ordre religieux ou traditionnel, les objections d'une philosophie dogmatique sont, en fait, des entraves à la connaissance et des fauteurs d'obscurantisme. Mais si la vérité, ou du moins la légitimité, des choses s'éclaire des démonstrations impartiales de la raison, elle procède aussi — et plus directement encore, diront de plus en plus les philosophes — de ces lumières intérieures que sont les impératifs de la nature, l'instinct, une sensibilité en éveil et un cœur droit. Voltaire, Diderot, Rousseau accorderont au cœur et au sentiment une valeur bien plus grande encore qu'à la raison pour appréhender, justifier ou orienter la réalité. D'autre part, et bien que la philosophie applique pour les faits concernant l'homme et l'existence les règles jusque-là appliquées à la matière, bien que certains philosophes, Helvétius, Diderot, d'Holbach, reconnaissent qu'un grand nombre de phénomènes humains sont déterminés par la matière — sont de la matière en action –, beaucoup n'iront pas jusqu'au bout de leurs prémisses et resteront attachés à un déisme plus ou moins affirmé. L'athéisme est le fait des « mécaniciens » comme La Mettrie ou des « expérimentalistes » comme Helvétius, Diderot, d'Holbach ou des plus hardis dans leur recherche d'un homme « total », Diderot encore. Les autres, parce qu'ils restent imparfaitement libérés des conventions sociales ou surtout parce que leur conception de la raison est plus morale, sociale ou utilitaire que rigoureusement scientifique, conserveront pour la plupart à Dieu une place minimale.

Car il s'agit de renouveler l'univers, du moins d'en renouveler la vision en l'organisant non plus autour de la tradition, et surtout de la révélation chrétienne – obscure, incompréhensible, historiquement incohérente, néfaste, indéfendable en un mot – mais autour de l'homme raisonnant et raisonnable dans sa liberté reconquise. L'homme dont il s'agit n'est plus « créature » théologique ou « sujet » d'institutions et de groupes traditionnels, expliqué dans son essence par des dogmes métaphysiques, ou déterminé et contraint par la tradition politique et sociale, mais il fait partie de la « nature », physique, matérielle, mesurable dont il est issu, dont il partage les droits imprescriptibles. Cette nature, c'est non seulement l'ordre inéluctable des choses tel que Newton l'a révélé, mais c'est aussi ce qui reste, ce sont ces origines – fondamentalement bonnes – que l'on retrouve, quand on laisse derrière soi les siècles condamnés de la « barbarie », des « préjugés gothiques », du « fanatisme imbécile », pendant lesquels la plupart des institutions politiques et sociales seraient nées. L'homme doit donc, utilisant raison et nature, les appliquer aux réalités immédiates, matérielles, morales, politiques, sociales, en un mot aux objets pratiques qui le concernent et qui concernent la société, afin de les soustraire à l'autorité du dogme tel que le présentait l'Église et de la tradition historique telle que la présentait l'État. Ainsi, la critique des Lumières – fondamentale ou appliquée – aboutissait à détruire l'autorité des « conventions » et bientôt celle des institutions les plus vulnérables. Réduits à la défensive, réduits à combattre avec des armes émoussées, les deux adversaires inexpiables du primat de la raison, l'argument théologique et l'argument historique, durent faire place à une redéfinition des justifications fondamentales. Cette libération à l'égard du « fanatisme » ou des « préjugés » ne va pas sans un certain scepticisme nuancé de pessimisme, voire de résignation stoïque. Cette dernière attitude n'est pas absente, loin de là, du mouvement des Lumières, trop de « clartés », comme chez Voltaire, s'achevant en tristesse, sinon en amertume.

Le progrès

Mais au moment de l'apogée des Lumières, vers 1750-1760, l'attitude « philosophique » est plus optimiste. Elle est la croyance – chez certains une foi – dans le pouvoir de la raison pour montrer le chemin vers l'amélioration des choses et des êtres ; elle est la croyance dans le progrès possible. Cet optimisme n'a duré qu'un temps ; la désillusion a remplacé la confiance ; et le suprême hymne au progrès est écrit par Condorcet, bientôt victime d'un nouveau fanatisme. Puis l'optimisme reste toujours tempéré par la conscience aiguë des obstacles opposés au triomphe de la raison par des infirmités peut-être inhérentes à l'homme. Humanisme tragique des Lumières, a écrit P. Gay. Cette lucidité du regard, cette volonté de n'être pas dupe, cette conviction de « servir » sans récompense surnaturelle, difficiles et souvent douloureuses comme elles sont, font de l'attitude philosophique avant tout peut-être un courage. Il est aisé de se moquer de la vie quotidienne des philosophes ou des gens éclairés, qui furent rarement, en effet, de l'étoffe dont on fait des martyrs, Rousseau excepté. Tous sont des aristocrates ou des bourgeois amis des aises et du confort, s'adressant à l'humanité à travers des catégories sociales où ils ont leur place – souvent leur place d'honneur – et qu'ils entendent servir sans s'exposer témérairement. Nombreux, pourtant, furent ceux qui furent poursuivis, persécutés par un régime qui pouvait toujours réserver de mauvaises surprises. Mais enfin, même si on admet qu'il n'y eut pas – malgré les exils, les embastillements, les brûlements de livres, les tracasseries — de philosophes « maudits » (et d'autant moins qu'eux-mêmes n'étaient guère tendres les uns pour les autres), il n'en reste pas moins que la volonté d'accéder à une grande aventure de l'esprit, de remettre en question tant de données intellectuelles et spirituelles qu'il eût été souvent plus confortable de conserver, de secouer tant de conventions, fut, à un moment donné au moins, un courage.

Les incertitudes, les insuffisances, les scories ne manquent pas dans un mouvement d'une telle ampleur. Il n'importe ; grâce à lui, l'époque cherche, se démène, avance les yeux ouverts vers l'avenir. Optimisme ou pessimisme, raison ou sentiment, quête du bonheur ou foi dans le progrès, ce ne sont là que les modalités de forces qui se conjuguent pour saper les conventions, les usages, les institutions que ne sanctionnent ni la nature, ni l'utilité, ni la justice. Et c'est à ce titre que l'intelligentsia, minoritaire, mais très influente, des philosophes et de leurs partisans a élaboré les lignes de force autour desquelles s'ordonnent graduellement certains des aspects majeurs de l'époque.

Vers les Lumières

L'évolution qui, au début du XVIIIe siècle, remit ouvertement en cause les antiques explications fournies par l'Église ou les soumissions exigées par l'ordre social et politique traditionnel avait des origines lointaines et des racines profondes. Beaucoup, depuis longtemps, refusaient ou mesuraient leur adhésion intellectuelle, voire spirituelle ou politique à des cadres de pensée et d'existence que les conditions d'un monde en transformation rapide avaient cessé, semblait-il, d'expliquer et de justifier.

Toutes ces tendances furent accélérées, mais aussi profondément infléchies par les apports de la pensée anglaise, plus marquée que la pensée française par le raisonnement inductif à partir des techniques d'observation et d'expérimentation. De Newton et de Locke, le XVIIIe siècle français hérita une foi invincible dans la raison et le droit naturel et, en même temps, une confiance absolue dans l'expérience et dans les sens.

Nature, bonheur, lois, progrès

L'empirisme expérimental préconisé par Locke eut sur le développement de la pensée des conséquences de la plus grande portée. Il contribua dans les domaines les plus divers à transformer les attitudes intellectuelles encombrées par les traditions et eut, de ce fait, une influence capitale sur la naissance d'un véritable esprit scientifique, combinaison de la vieille tradition de recherche érudite et de la pensée d'outre-Manche. La science découvre d'immenses horizons qui stimulent l'élan de l'esprit, le conduisent à l'idée d'une amélioration de la condition humaine par l'application des découvertes qui s'enchaînent. Pas de progrès sans progrès scientifique. La floraison, qui s'accroît au cours du siècle, de centres expérimentaux publics et privés, de laboratoires, de cabinets, de périodiques, de correspondances, de missions de recherche et d'investigation, de bureaux, d'académies, de sociétés à Paris et en province, contribue à faire pour la science ce que le combat philosophique entendait faire pour l'esprit et la vérité. Même les sciences exactes — relativement autonomes — sont touchées par le développement des sciences d'observation, dont l'influence est nette, par contre, sur la mise au point des inventions nées dans le climat nouveau d'expérimentation qui marque le siècle. De cela encore, la pensée de Locke, par l'entremise de ses continuateurs comme Condillac — dont le rôle dans l'élaboration de la méthode scientifique est considérable —, fut directement responsable. Mais son influence fut déterminante sur les sciences expérimentales et naturelles dans lesquelles persistaient tant de postulats scolastiques ou mythiques (la chimie jusqu'à Lavoisier restera empêtrée dans la théorie du « phlogistique »). De même, la physiocratie, ou gouvernement fondé sur les forces de la nature, qui repose, du point de vue scientifique, sur une physiologie de l'agriculture, relève de cette attitude, et Quesnay, qui fut le chef de file du mouvement, était un médecin. L'agriculture elle-même devient « expérimentale ». Mais de tous les sujets d'observation et d'expérimentation, ce fut naturellement l'homme qui fut le principal. L'étude de l'homme physique fut la préoccupation constante de la philosophie « appliquée », et c'est à elle que sont dus les progrès effectués dans le domaine de la médecine et de la physiologie, par exemple, marqués par la prédilection pour l'observation clinique à travers l'analyse des caractères (telle que la systématisera Lavater) et par l'étude des « cas » qui donneront à la littérature une dimension nouvelle ; ainsi Rousseau décrivant son masochisme, Resti son fétichisme, Laclos disséquant la perversion morale et Sade dressant un catalogue des monstruosités de la nature. Cet accent mis sur le fondement physique des caractères aboutit à l'idée que le moral dépend du physique, d'où l'intérêt pour la médecine, qui agit sur l'un à travers l'autre, pour l'éducation, qui agit de façon analogue. Idées qui vont modifier même les conceptions de l'art telles que Diderot les développe dans le *Paradoxe sur le comédien* ou dans les *Salons*, dont l'influence sur la peinture sera considérable. A l'analyse des caractères s'ajoute tout naturellement l'analyse des mœurs, traitées par tant de pièces et tant de peintures de genre dont l'ensemble forme comme la « comédie humaine » du siècle, qui eut la passion du théâtre. Les études de mœurs qui forment également l'objet principal de tant de romans de Lesage, Prévost, Duclos, Rousseau sont aussi l'alibi des romans érotiques et le fondement de travaux juridiques, depuis la théorie des climats de *l'Esprit des lois* jusqu'aux constitutions de Rousseau pour la Corse et pour la Pologne, ou économiques, comme les études sur le luxe qui posent le problème de la relation entre les mœurs et la morale.

Sous la variété des comportements, exprimée au travers de cette phénoménologie de la nature humaine, les philosophes soulignèrent ou découvrirent certaines structures profondes susceptibles d'éclairer le problème de la nature fondamentale de l'homme. Certains, plus sentimentaux ou plus optimistes, y découvrirent la sympathie naturelle. D'autres, en plus grand nombre, retrouvent l'idée de Hobbes que l'homme, création de la nature, est motivé dans ses actions par l'instinct de conservation (toute une théorie du gouvernement en découle) dont la raison définit les utilisations optimales. Mais si sympathie et instinct forment bien le noyau irréductible de la nature humaine, par contre l'instinct de conservation n'est qu'une partie seulement d'une force humaine plus vaste, la recherche du bonheur.

Le bonheur

Cette idée que le bonheur est le bien suprême signalait à la fois une attitude d'esprit et, corollairement, la négation d'idées traditionnelles comme celle, chrétienne, de la purification par l'épreuve ou la souffrance ou comme celle, nobiliaire et militaire, de la prééminence des vertus héroïques. L'idée de bonheur en tant que principe d'existence et en tant que style de vie impliquait une analyse, menée dans un esprit scientifique, des conditions du bonheur et en même temps un réexamen systématique des situations existentielles — selon les individus et selon les groupes sociaux — envisagées sous l'angle du bonheur. Par-delà ses implications affectives ou littéraires, par-delà ses ambiguïtés, il reste que l'idée de bonheur a ouvert à la philosophie un champ immense d'observations allant de l'hygiène à la psychologie et à la sociologie, et lui a donné une conscience « sociale » accentuée. Même s'ils ont été incapables de voir dans l'attitude chrétienne autre chose qu'un alibi de domination sociale, en soulignant l'importance du bonheur et le droit nouveau à l'acquérir, les philosophes ont contribué à poser en termes concrets les problèmes émouvants et redoutables du bonheur terre à terre.

Le ressort moral principal des actions humaines fut ainsi analysé par beaucoup en termes d'amour-propre (amour de soi-même, ou recherche par l'homme de son propre intérêt). Constatation axiomatique qui, pas plus que la nature humaine ou la nature de l'univers, ne pouvait comporter de jugement de valeur et qui accentuait la séparation de la morale et de la religion. Ainsi, toute l'organisation humaine, le droit, le gouvernement, échappant à la création divine, se trouvait être une conséquence de la raison humaine à la recherche du bonheur.

Et Montesquieu pouvait écrire que le droit est « la raison humaine en tant qu'elle gouverne les peuples de la terre ».

L'une des plus immédiates objections à cette idée générale consistait à se demander comment des millions d'individus vivant en société pouvaient rechercher chacun son bonheur propre et son propre intérêt sans entrer en conflit avec les autres. La réponse — quelles qu'en fussent les modalités — fut fournie par la théorie d'un contrat social par lequel les hommes à l'« état de nature » s'entendent pour former un corps civil, ou société, et se soumettre à un ensemble de lois qui seraient communes à tous. Que les motifs en fussent la crainte de la destruction mutuelle, comme chez Montesquieu, ou la volonté d'améliorer, par l'action collective, la condition de vie de chaque individu, comme chez Rousseau, les théoriciens du XVIIIe siècle s'accordent pour penser qu'un contrat originel a été formé, grâce auquel la vie sociale peut se développer au bénéfice des individus qui la composent. Les philosophes, néanmoins, diffèrent profondément les uns des autres quand il s'agit des bases pratiques de la coopération humaine. Montesquieu, puis Rousseau et ses disciples, d'accord en cela avec les moralistes anglais, tendent à croire qu'une sympathie instinctive et innée envers le prochain existe en chaque individu, ainsi incliné par la nature à coopérer avec les autres ; et Bernardin de Saint-Pierre ira jusqu'à faire de cette sympathie la finalité même de la nature. La majorité des penseurs, toutefois, comme Voltaire, Condillac, Helvétius et d'autres, affirment, au contraire, que la coopération n'est, en réalité, qu'une série complexe d'exploitations mutuelles, fondées sur l'égoïsme individuel, mais dont les conséquences générales se révèlent socialement utiles et finalement bénéfiques. Quoi qu'il en soit, tous s'accordent sur l'idée que la loi et le gouvernement, qu'ils soient établis pour mettre en œuvre une coopération positive ou simplement pour contrôler et éventuellement freiner la compétition individuelle, doivent justifier leur caractère et leur existence selon le critère de leur contribution au bonheur humain.

Tous ces changements, ces bouleversements des attitudes spirituelles, intellectuelles, concrètes et matérielles à l'égard du monde, de ses explications et de ses acteurs, s'accompagnaient, par-delà les résistances et les inquiétudes, de la conscience du dynamisme impressionnant des temps nouveaux, de la possibilité d'y puiser d'autres forces pour renouveler, voire reconstruire selon d'autres normes le vieil édifice social. La certitude qu'une amélioration était possible, qu'une meilleure vie terrestre était accessible, désignait la raison fondée sur l'expérience comme l'instrument principal. Telles étaient pourtant les résistances aux forces nouvelles que le climat politique et moral qui eût pu à la fois en augmenter l'efficacité et en diminuer la virulence leur fut souvent refusé, et notamment la tolérance. Ainsi assiste-t-on, au sein des milieux de gouvernement, à la coexistence de l'intolérance persécutrice (contre les protestants en 1724, 1752, 1762, et constamment, jusque vers 1770, contre les écrits philosophiques) et de courants de pensée plus réalistes acquis à la sécularisation de la pensée et de la politique, impliquant la diversité des opinions. Une telle attitude n'était pas aisée à faire prévaloir au sein d'un système dans lequel le pouvoir absolu se devait de conserver sa liaison avec l'ordre religieux traditionnel. Beaucoup continuaient à penser que l'unité de la société civile et de l'ordre politique était intimement liée à l'unité de croyance. Pour que d'autres, au contraire, aient approuvé la tolérance, il fallait bien qu'ils eussent plus ou moins rejeté la révélation comme explication totale du monde et qu'ils eussent, en revanche, accepté la possibilité d'accéder à la connaissance par d'autres moyens.

Restait pourtant une dernière difficulté. Si le monde social était bien une création de la raison humaine destinée à fournir des solutions aux problèmes de l'homme — donc destinée à accroître la somme de bonheur humain —, comment était-il possible d'expliquer la persistance de tant de misère et de tant de malheurs dans le monde ? Ce fut pour répondre à cette question, qui les hantait, que les philosophes entamèrent la critique de la société française. Tous leurs ouvrages dénoncent comment l'ignorance, exploitée par la supercherie, a, dans le passé, créé des institutions et des croyances inapplicables, ou plutôt directement opposées à une existence heureuse et harmonieuse pour tous. A peu près aucun, sans doute, ne contestait que l'humanité, au cours de sa longue histoire, n'eût progressé vers le bonheur : aucun ne prétendait que le progrès eût commencé avec sa propre époque. Mais tous restaient convaincus que ce qu'il pouvait y avoir eu de progrès antérieur avait été lent, hésitant et bien souvent purement accidentel. Tous, même Voltaire, finissent par admettre que la raison humaine peut errer ou être mal conduite. Beaucoup — Montesquieu, Voltaire, Rousseau — ne se défendent pas d'un certain pessimisme — fondé sur leur propre expérience et sur la connaissance de l'histoire — propre à tempérer les perspectives optimistes d'une amélioration rapide de la condition humaine. Même Condorcet, dont la méditation sur le progrès dans le *Tableau historique des progrès de l'esprit humain* est la plus systématisée, ne conclut qu'à un progrès relatif, et le coup d'œil qu'il jette sur l'humanité de son temps se traduit par une volonté d'espérance qu'on ne peut guère appeler optimisme. Tous les philosophes, cependant, font dépendre l'amélioration de la condition humaine de la diffusion des idées philosophiques dans la société.

A ce point de vue, les religions révélées, le christianisme en particulier et l'Église catholique spécialement, leur apparaissent non seulement comme l'obstacle permanent et fondamental à la propagation de la nouvelle doctrine, mais encore comme ayant toujours, au cours de l'histoire, accompli une fonction essentiellement obscurantiste. La classe des prêtres, que ce fût par insuffisance intellectuelle, par zèle exagéré et mal entendu ou par simple avidité, a toujours utilisé les espérances, les craintes, l'ignorance des hommes afin d'entraver les progrès de l'esprit humain et afin de perpétuer son autorité intellectuelle et ses intérêts de caste, sociaux, économiques et politiques.

Lutte contre l'Église de France

Aussi, aucun accommodement ne semblait possible avec l'Église de France, dont la situation officielle, les vastes pouvoirs de censure et de direction de l'opinion, l'influence écrasante sur tant de catégories sociales étaient autant d'obstacles à l'expansion des idées philosophiques. De fait, l'Église — quels que fussent, par ailleurs, ses propres divisions, le nombre ou l'importance de ses transfuges, l'édulcoration même de sa théologie — ne manquait pas d'utiliser tous les éléments de sa prééminence politique ou sociale pour s'opposer vigoureusement à une telle expansion.

Nul ne poursuivit avec plus de persévérance la destruction de l'autorité ecclésiastique, l'écrasement de l'« Infâme » que Voltaire, qui y consacra, au cours de sa longue carrière, des centaines d'écrits de tout genre. C'est lui qui — adaptant au goût du jour et à sa propre personnalité littéraire tant de thèmes déjà développés par les libertins — mit au point la technique satirique et mordante destinée non seulement à ridiculiser le clergé, sa bigoterie, son fanatisme aveugle, ses tares sociales, mais aussi l'irrationalité de la foi chrétienne, l'inconsistance des textes bibliques, l'obscurantisme des pratiques. Ses émules et ses disciples, comparant eux aussi les religions du monde, tentèrent de démontrer qu'elles pouvaient se réduire à quelques principes simples de morale qui eussent aussi bien pu se déduire des lois naturelles et sans la nécessité de cérémonies coûteuses, de rituels, de dogmes et de clergé, toutes additions qui faisaient des religions organisées un fardeau pesant pour l'humanité. D'autres encore — Montesquieu surtout — attaquèrent plus spécialement l'influence politique de l'Église et, utilisant à la fois leur expérience et les enseignements de l'histoire, dénoncèrent l'influence insidieuse de l'Église dans la vie sociale.

Mais si les méthodes et les points de vue diffèrent, tous s'accordent pour réclamer la tolérance à la fois religieuse et intellectuelle. Ainsi, l'Église qui barrait le chemin à la pensée libre — telle que l'interprétaient les philosophes — resta désignée, du commencement à la fin, comme le premier et le plus implacable des ennemis à combattre. Or, si l'Église devait être domptée, éclairée, purifiée, il fut rarement question, pendant longtemps du moins — sauf chez quelques penseurs radicaux, presbytériens ou démocrates à la Rousseau –, de supprimer cette composante essentielle de la structure sociopolitique française.

Les antiphilosophes

Une étude, aussi brève soit-elle, sur le mouvement des Lumières doit faire sa place aux antiphilosophes. Nonnotte, Palissot, Fréron, Moreau avaient pour la « cabale philosophique » une horreur quasi physique, qu'elle leur rendait au centuple. Leur histoire réciproque est marquée de ces antipathies qui font la trame de tout mouvement d'idées vivantes. Mais, plus encore que les questions de personnes, ce sont les conséquences morales et politiques de la philosophie que les antiphilosophes redoutent, ce sont les outrances de raisonnement et surtout les attaques contre la religion. Fréron n'était pas une non-valeur parce qu'il restait catholique. Son *Année littéraire* est un des périodiques importants de l'époque, plein de comptes rendus remarquables et d'articles agiles. En fait, les antiphilosophes ne sont pas opposés aux Lumières. Tous ils en représentent un certain aspect. Moreau, au moment où il combat la philosophie, dirige la collection des chartes sous l'égide du ministre Bertin et organise les recherches de paléographie médiévale. Il rejoint par là les préoccupations de l'Académie des inscriptions, qui, au moment où le « gothique » avait mauvaise réputation, groupait autour de Lacurne de Sainte-Palaye et de Bréquigny une équipe d'historiens remarquables, animateurs de chercheurs bénédictins dont le travail sur les sources de l'histoire de France est une des grandes aventures intellectuelles du siècle, au même titre que les études orientalistes organisées par le même Bertin. Il y avait beaucoup de gens éclairés en dehors des Lumières officielles.

En fait, le rationalisme qui règne dans les salons et les milieux lettrés n'a pas éliminé un courant de pensée persistant depuis la fin du XVIIe siècle. Les idées de « philosophie », de vertu attachées aux valeurs primitives, de bonheur, d'innocence naturelle avaient été développées par un grand nombre d'écrivains, mais dans un cadre resté à la fois marqué par l'admiration pour les Anciens et attaché au christianisme. Ce courant antiphilosophe apparaît comme le complément moins tapageur de la philosophie. Beaucoup de ses thèmes se retrouveront chez Rousseau et, au-delà, dans le néo-classicisme et le préromantisme, ces enfants dénaturés des Lumières.

L'« Encyclopédie »

Tous les aspects de la pensée des Lumières sont rassemblés dans l'*Encyclopédie*, dont on a dit qu'elle fut un « acte » autant qu'un livre. L'énorme entreprise, commencée en 1750, prétend dresser un tableau et faire le point des connaissances acquises en ce milieu de siècle, bien plus complètement que le *Dictionnaire* de Bayle ou la *Cyclopaedia* de Chambers, récemment parue alors en Angleterre. En tant qu'œuvre de science, l'*Encyclopédie* est imparfaite, souvent peu à jour ou très conservatrice. C'est la conséquence du peu d'homogénéité d'une équipe de collaborateurs nombreux, où les plus grands noms – Rousseau, Montesquieu, Voltaire, Turgot, qui ne donnent que peu d'articles – sont doublés de plus modestes tâcherons. Mais le propos général de l'œuvre est exaltant. Elle démontre la maîtrise possible de l'homme sur l'univers dont il dépend. Diderot et d'Alembert y exhortent leurs lecteurs à penser par eux-mêmes, à chercher la vérité dans la science et l'histoire et non plus dans la Bible ou la doctrine de l'Église. La nouveauté de l'entreprise consistait à montrer que le bonheur humain est entre les mains de l'homme lui-même, capable de tout entreprendre et de tout réaliser, à condition d'être libéré de ce qui, jusque-là, avait entravé son progrès. Bien que la contribution de Voltaire y fût mince, tout y respirait son esprit d'enquête et de critique. Dès sa parution, l'*Encyclopédie*, qui avait atteint le chiffre considérable de 4 300 souscripteurs malgré son prix élevé, fut violemment attaquée par l'Église, et un moment supprimée en 1759. En 1765, les dix derniers volumes parurent en bloc, suivis jusqu'en 1772 par 10 volumes de planches, documents incomparables sur les « arts » et techniques de l'époque. D'Alembert avait abandonné en 1758. Mais Diderot bénéficia du soutien de Mme de Pompadour et surtout de celui de Malesherbes, alors directeur de la librairie. Au reste, la persécution accrut le succès de l'œuvre, qui devint une grosse affaire commerciale.

Le credo encyclopédique est exposé dans le célèbre *Discours préliminaire*, rédigé par d'Alembert, qui est comme la formule de la nouvelle attitude : « Il faut tout examiner, tout remuer sans exception et sans ménagement ». L'optique morale est fondée sur le thème de l'harmonisation nécessaire de l'intérêt général et des intérêts particuliers, de l'utilité publique liée à la responsabilité des individus et de la nécessité de la vertu. Le bonheur est lié à la sécurité et à la liberté des individus, travaillant en tant que « citoyens » à la prospérité générale sous un gouvernement stable et éclairé. Ces « citoyens » que présente l'*Encyclopédie* — comme d'ailleurs la majeure partie des philosophes — sont des gens « éclairés » et « sages », pourvus d'instruction, des bourgeois, somme toute. Malgré l'évolution qui se fera sentir sur le tard dans la pensée de Voltaire — devenu plus sensible aux besoins du peuple —, malgré l'instinct et les sympathies populaires de Diderot, le peuple, trop grossier, doit être écarté de l'exercice direct du pouvoir. Même Rousseau estimera que l'ordre le meilleur est que « les plus sages gouvernent la multitude ». Il n'y a donc pas d'attaques directes contre une structure sociale que les encyclopédistes envisagent de façon très conservatrice. Il en est de même pour les idées concernant le gouvernement. La forme monarchique traditionnelle est conservée, c'est celle qui convient le mieux à la France. Les lois doivent être le contrepoids à la « force des choses » qui fait dégénérer tout gouvernement. C'est, en somme, l'idée d'une monarchie « à l'anglaise » qu'exprime l'*Encyclopédie* qui, néanmoins, définit aussi, plus fortement parfois que Rousseau, l'inaliénabilité des droits de la nation et de ses représentants. En somme, si le programme intellectuel de la philosophie était susceptible de développements indéfinis (et beaucoup de philosophes seront eux-mêmes effrayés et surpris des conséquences que tirèrent de leurs débats les révolutionnaires), leur programme de réformes était très modéré et aboutissait à réclamer une ouverture plus grande du gouvernement, l'arrêt des persécutions religieuses et la tolérance pour les minorités ; enfin, avec les articles de Quesnay, une réforme — fondamentale celle-là — de la production agricole.

La cité des Lumières

Les philosophes ont rêvé d'une cité idéale. Le siècle a été fertile en utopies de nature et d'importance variées, mais suggestives. Sans parler de celles qui continuent la tradition du *Télémaque* et de Salente (dont les thèmes sur l'organisation sociale, la dignité de l'agriculture, l'importance du commerce et de l'industrie, l'établissement de la justice et de la concorde résonnent à travers le siècle), il faut rappeler l'épisode des Troglodytes dans les *Lettres persanes* et même l'évocation du Taïti de Diderot, où les habitants ne sont gouvernés que par les lois de nature. Le *Discours sur l'inégalité* développe, en fait, plus le thème du regret de l'innocence perdue qu'un programme concret, sinon de vie simple et pastorale. Mais le *Contrat social*, avec toute sa rigueur déductive, ne conduit-il pas à une forme inaccessible, donc utopique, de société ? Malgré la superficialité de leur information anthropologique ou géographique, ou même la persistance dans leur raisonnement de bien des attitudes héritées de l'École, les philosophes ont indiqué des directions et défini un climat de morale sociale sans rien de systématique. Ils détestent tous les abus, la misère des uns, le luxe des autres, les privilèges injustifiés qui écrasent le peuple et le despotisme qui fait des âmes d'esclaves. Certains, comme Voltaire, prônent le luxe qui donne du travail aux manufactures et est le couronnement d'une civilisation ; d'autres, comme Diderot, le souhaitent modéré ; rares sont ceux qui souhaiteraient une austérité spartiate. Ils sont également pratiques en matière religieuse et leur idée est qu'il faut bien une religion, non pas pour le peuple, mais pour un peuple, religion éminemment sociale et exutoire psychologique, et que dans tous les cas il faut éviter de faire sortir les prêtres du domaine religieux et ne jamais les associer à l'État.

Critiques

Dans cette cité idéale où la liberté garantie par les lois fait des hommes « citoyens », où le droit de propriété — maintenu dans de justes bornes, mais absolument « pur » — est, sauf chez Rousseau, Mably, ou Morelly, absolument conservé, le problème de l'esclavage a été abordé de façon timide, sauf par le véhément abbé Raynal.

En même temps que les autres « préjugés » les philosophes — excepté l'aristocratique Montesquieu — critiquèrent âprement les valeurs militaires et « féodales » héritées du Moyen Age (et d'ailleurs intimement liées aux valeurs chrétiennes, courage, austérité, dévouement et esprit de sacrifice) qui faisaient de l'armée et de l'Église des « professions » complémentaires, parallèles et égales en dignité. L'antimilitarisme de la philosophie est naturellement un aspect de son hostilité aux valeurs traditionnelles de la noblesse. Mais il est aussi le résultat d'une analyse souvent pertinente — chez Voltaire notamment — de la méconnaissance des vraies priorités par le gouvernement. Aussi cet antimilitarisme apparaît-il non pas comme un manque de patriotisme, mais comme une protestation politique et comme l'idéal d'une France pacifique et « éclairée », au lieu d'être belliqueuse et traditionnelle.

Propositions

Toutes ces critiques, ces comparaisons ne forment pas un « programme », si l'on entend par là un ensemble cohérent de réformes fondamentales. Quant à savoir quelles réformes constitutionnelles étaient les plus souhaitables, la position des philosophes sur ce point est également nuancée. La plupart tendent à accepter la formule politique existante plus ou moins aménagée. Voltaire est un « absolutiste constitutionnel », comme le sont, pour la plupart, les autres philosophes, qui estiment impossible de trouver une alternative réaliste à l'absolutisme monarchique. La noblesse est trop égoïste et les masses sont trop ignorantes. La monarchie doit être utile ; elle a les moyens d'un bon gouvernement, à condition d'être contenue par l'affirmation des droits individuels, le respect de l'opinion publique et l'observation des « lois fondamentales ». Position conservatrice dans la tradition d'une monarchie forte, améliorée par le recours au bon sens. La deuxième position, exposée avec plus de cohérence par Montesquieu, est celle d'une monarchie aristocratique dans laquelle le pouvoir royal serait sujet à des contrôles concrets de la part de la noblesse et des « corps » aristocratiques. Traditions, ici, du féodalisme impénitent, de l'orgueil de la robe et du « patriotisme » opposé au despotisme.

La troisième position, et en son époque la plus contestée, est représentée par le *Contrat social,* de J.-J. Rousseau, où est exposé avec une rigueur « cartésienne » le problème fondamental : « Trouver une forme d'association qui défende et protège de toute la force commune la personne et les biens de chaque associé, et par laquelle chacun, s'unissant à tous, n'obéisse pourtant qu'à lui-même, et reste aussi libre qu'auparavant. » En cherchant la formule qui réconcilierait complètement la liberté des individus et les impératifs de l'organisation sociale, Rousseau développe la doctrine de la souveraineté populaire et de la démocratie politique par laquelle le gouvernement n'est que l'organe administratif de la volonté populaire générale et complètement sujet à son contrôle. L'essentiel, qui fut senti par les révolutionnaires, c'est l'idée capitale que le peuple est le seul légitime souverain, que les droits de l'État représentant la souveraineté sont supérieurs à ceux de l'individu et que la religion ne saurait être indépendante. De non moins grande conséquence fut l'importance donnée par Rousseau à l'émotion et à la sensibilité, base psychologique essentiellement différente pour le nouvel ordre des choses.

L'illusion physiocratique

La seule doctrine qui fut méditée par le gouvernement français est celle de la physiocratie, surtout parce qu'elle suggérait une solution à la crise financière. A partir du droit naturel de propriété – propriété privée –, les physiocrates réclament le droit de disposer librement de la propriété et de la faire servir à l'avantage de son propriétaire par le droit d'acheter et de vendre dans le cadre d'un marché libéré. Or, seule l'agriculture (et accessoirement les mines et la pêche) fournit un produit réel ou net qui accroît la richesse. L'industrie transforme simplement la forme du produit brut que le commerce redistribue. De ces postulats découle que toutes les relations d'échange foncières et commerciales doivent être rendues aussi libres que possible, l'accent étant mis significativement sur le commerce des grains, ce qui contribuerait à l'accroissement en valeur de la production d'une agriculture améliorée et, en combinaison avec l'arrêt des subventions gouvernementales aux diverses branches de l'industrie et du commerce, aboutirait à un système économique plus équilibré, plus naturel et plus prospère. Les « propriétaires », principaux bénéficiaires du nouveau système, en seraient aussi les contribuables principaux et, de ce fait, seraient associés à l'État. Dans le cadre mercantiliste et protectionniste de la politique française, ces propositions, fondées non seulement sur les investissements agricoles, mais aussi sur la liberté des échanges, impliquaient le renversement de la politique économique française. Mais les physiocrates, étudiant comment leurs réformes pourraient réellement être mises en œuvre, n'envisagèrent pas de transformation fondamentale du gouvernement monarchique tel qu'il existait. Au contraire, seule l'unique autorité du monarque pourrait trancher dans l'inextricable complexe des privilèges des « corps », des intérêts particuliers et des principes économiques irrationnels destinés à disparaître si la physiocratie s'établissait. Aussi les physiocrates parlent-ils de « despotisme légal », c'est-à-dire d'autorité absolue du souverain libéré des pressions égoïstes des groupes, mais sous le contrôle, qu'il s'impose à lui-même, de principes de droit, « éclairés » par l'infaillible nature. En somme, le despotisme éclairé.

La diffusion des idées neuves

Même si leur pensée contient en germe les principes d'une révolution, les philosophes ne sont en rien des révolutionnaires. Les audaces de leur pensée restent tempérées par les normes du milieu auquel ils appartiennent, pour lequel ils écrivent ou déclament. Les philosophes ne sont ni un groupe, ni un parti, ni une secte. Peu nombreux, si on ne considère sous ce vocable que les penseurs importants, ils sont légion si on leur adjoint leurs disciples, commentateurs et imitateurs, si on entend par « philosophes » les gens « éclairés » et « sensibles » du monde aristocratique et bourgeois dans lequel la philosophie restera cantonnée pendant la plus grande partie du siècle.

Il n'est aucun philosophe, aucun homme de lettres important qui ne soit passé par les salons. C'est, en effet, par les salons, où se coudoient gens du monde et hommes de lettres, que se mettent au point les formes de l'expression philosophique. Le souci d'atteindre vite et de dire bien des vérités efficaces et relatives plutôt que de disserter sur des vérités absolues, le goût des problèmes d'actualité plus que des problèmes éternels, donnent le ton de la philosophie. Il s'agit avant tout d'intéresser, d'« accrocher », de plaire. L'aspect de propagande ne peut, en effet, être séparé de ce règne des idées, qui est aussi celui du livre. Le livre, qui fait la fortune des éditeurs, qui contribue à rendre les écrivains indépendants du point de vue matériel, donc intellectuel, accentue chez certains leur « bourgeoisisme », où le goût de la sécurité s'accompagne des impatiences à l'égard de l'ordre politique et social.

Approches d'une révolution

Vers 1760 tout, ou à peu près, a été dit. L'œuvre de Montesquieu, les principales productions de Voltaire, de Quesnay sont toutes antérieures à cette date. La publication de l'*Encyclopédie* s'achève ; les trois œuvres majeures de Rousseau – *la Nouvelle Héloïse*, l'*Émile* et le *Contrat social* – sont publiées, les unes après les autres, entre 1761 et 1762. C'est alors, dans le quart de siècle qui suit, la diffusion en profondeur de la philosophie des grands auteurs. Elle gagne des secteurs influents de la noblesse, du clergé, du gouvernement, conscients de la crise de l'État, dont le prestige est ruiné après le traité de Paris. Les regards, qui se tournent de plus en plus vers l'Angleterre de Pitt, découvrent chez le peuple de « penseurs » les vertus politiques et sociales dont Montesquieu et Voltaire avaient parlé. Duclos, secrétaire perpétuel de l'Académie française, puis d'Alembert, qui lui succède, font de leur compagnie un bastion de la philosophie. Les idées nouvelles pénètrent à tous les niveaux, de la bourgeoisie jusqu'aux humbles catégories des curés de campagne ou des maîtres d'école. La multiplication des éditions des grandes œuvres (l'*Encyclopédie*, notamment), leur diffusion dans les milieux lettrés de la province, l'accueil que réservent les bibliothèques des particuliers aux œuvres audacieuses et violentes de Raynal, d'Holbach, la popularité de l'œuvre de Rousseau sont des symptômes d'un changement d'attitude intellectuelle. Dans les périodiques, journaux et revues, la proportion croissante des articles scientifiques — législation, économie rurale, économie politique — révèle bien le progrès des Lumières. Enfin, c'est un regard nouveau jeté sur le monde qui s'exprime à travers d'innombrables témoignages : indifférence religieuse ou vague de déisme dans les jeunes générations de la bourgeoisie ou de l'aristocratie ; goût pour les discussions hardies — même dans les milieux provinciaux, plus volontiers conservateurs, comme les académies ou les cercles — ; phraséologie « éclairée » ou « sensible », peu à peu adoptée par tous les milieux et toutes les conditions sociales. Les modes, sous Louis XVI, marquées par l'influence anglaise ou par le retour à des ajustements plus « naturels », ou bien par leur hardiesse provocante, témoignent d'une opposition grandissante aux critères de la cour et de l'aristocratie conservatrice. Dans l'enseignement, les méthodes changent, les études « modernes » et françaises font du chemin, et chez les religieuses même on parle de « l'égalité des hommes et du mépris des vaines distinctions ».

Ordre social et autonomie individuelle

Certes, les résistances sont vigoureuses. Résistance des traditions, de la paresse et de la routine, résistance du goût, résistance de certains milieux sociaux, des évêques, des intendants, des autorités locales. Au sein du gouvernement, sous Louis XVI, la « réaction » est nette. Pour un Turgot, un Malesherbes ou un Necker (tous vite renvoyés), combien de Maurepas, de Miromesnil, de Breteuil, de Barentin. Il n'importe. Par mille canaux, la pensée nouvelle se propage, remodèle les esprits et les mœurs. Les jeunes aborderont la Révolution avec un vocabulaire, des lectures, un état d'esprit « philosophique » qui mènent d'ailleurs aussi bien vers le déisme sentimental que vers le républicanisme. La philosophie n'est pas une révolte, c'est une pente. Dans l'ordre politique, les chances d'une conversion profonde se sont graduellement estompées. Mme de Pompadour, amie des philosophes, meurt en 1764 ; Choiseul (dont le rôle est d'ailleurs superficiel) tombe en 1770 ; la tentative de despotisme éclairé de Maupeou avorte en 1774 ; les ministres libéraux, Malesherbes et Turgot en 1776, Necker en 1781, ne parviennent à rien transformer et leur échec est significatif. Mais le changement d'humeur générale après 1760, s'il provient de circonstances extérieures, économiques, politiques, culturelles, provient plus encore et à un niveau plus profond des implications lentement développées des principes des Lumières. Longtemps, les philosophes avaient conservé leur loyalisme envers la monarchie, leur croyance en l'existence d'un Dieu unique (différent de celui du catholicisme, mais un Dieu tout de même) et leur conviction que les distinctions sociales étaient choses naturelles et nécessaires. Mais la philosophie des Lumières ne pouvait guère, au fond, se concilier avec les idées dominantes sur lesquelles l'Ancien Régime était fondé. Les institutions françaises ne pouvaient — sous peine d'une révolution à peine envisageable — que rester appuyées sur l'autorité et la tradition garanties par l'Église, et non pas se voir soumises à des critères rationnels ou utilitaires. Le vieil idéal d'une société d'« ordres » pyramidale et organique ne pouvait pas, en somme, s'harmoniser avec les nouveaux concepts d'une société composée d'individus autonomes. Aussi, la philosophie après 1760 devint-elle de plus en plus consciente des différences irréconciliables entre les implications des Lumières et les principes fondamentaux de l'Ancien Régime. Et l'attitude des aristocrates le révéla bien en 1788, quand, jetant bas le masque, ils refusèrent l'égalité inscrite dans cette philosophie des Lumières dont ils avaient été, au cours du siècle, les agents les plus essentiels.

III. PROBLÈMES D'ÉTAT ET DE GOUVERNEMENT

1788 : le régime en crise aiguë

En 1788 s'ouvre manifestement, pour la monarchie, une crise d'une extrême gravité. Depuis 1778, les fluctuations de l'économie, le trouble qui s'empare de la société et des esprits sonnaient le tocsin.

La France s'est engagée dans la guerre d'Amérique sans argent, et Necker doit financer le conflit à coups d'emprunts qui pèseront lourd sur les finances, à bout de souffle ; des calamités agricoles — pléthore du vin, puis sécheresse de 1785 — accentuent les effets d'une récession perceptible depuis 1770 ; au malaise paysan s'ajoute le malaise industriel, qui en découle et qu'aggravent encore les conséquences du traité de commerce franco-anglais de 1786, qui semble favoriser les produits britanniques, mais qui révèle encore plus le poids des taxes sur le prix des produits français. C'est en plein marasme que reparaît, en 1786, une vive hausse des prix, génératrice de faillites et de difficultés, avec, par surcroît, deux années de sérieux déficit agricole et de troubles agraires.

Au même moment, dans l'ordre politique s'opère un regroupement symptomatique des forces. La noblesse voit poindre le moment de sa revanche sur l'absolutisme : les notables refusent d'aider Calonne ; le parlement refuse les édits fiscaux de Loménie de Brienne et apparaît comme l'âme de la résistance à un pouvoir arbitraire et déconsidéré. Croyant bien jouer, il réclame les états généraux comme en 1614, c'est-à-dire sans doublement du tiers, en maintenant la séparation des ordres et la prééminence des privilégiés. Soudainement apparu comme le pilier de la réaction et des privilèges, il se déconsidère à jamais auprès de l'opinion, et ses membres vont renforcer la coalition aristocratique face à laquelle se cimente le bloc du tiers état, rallié par les grands bourgeois, qui n'ont jamais été vraiment acceptés par la noblesse. C'est la combinaison des trois problèmes, économique, social et financier, qui donna à la crise de 1789 son caractère de crise fondamentale. La monarchie absolutiste, qui avait prétendu les contrôler et les résoudre seule, se révélait maintenant incapable de le faire. Ce n'était donc plus à une vicissitude ordinaire que l'on assistait avec le « déficit », mais bien à une crise de régime. L'aristocratie et la bourgeoisie le comprirent ainsi et chacun se prépara fébrilement à la grande explication.

Héritages d'une politique extérieure

La banqueroute de 1789 n'était pas l'effet d'une crise soudaine. Mis à part dix années de stabilité financière sous le ministère d'Orry (1730-1745), le trésor royal s'était débattu dans des difficultés constantes. La guerre de la Succession d'Autriche avait accentué le malaise, aggravé encore par la guerre de Sept Ans et les banqueroutes en chaîne (1762, 1770), quoique dissimulées, qu'elle avait entraînées. Les événements de 1788 furent en grande partie le résultat de la discordance constante entre les objectifs de la politique française et les moyens dont elle disposait pour les mettre en œuvre. Le secteur de dépenses le plus important de la monarchie, bien au-delà de celui de la cour, qui ne représentait qu'une faible partie du « budget », était celui de la politique étrangère et de la guerre, dont le coût était considérable si l'on ajoute à l'entretien de grandes armées et de la marine les intérêts des dettes provoquées par les conflits antérieurs. Une proportion énorme des ressources (74 p. 100 des dépenses totales en 1786 – époque pacifique – et peut-être plus encore dans les grandes guerres du milieu du siècle) était ainsi absorbée par les dépenses militaires. Or, à cette époque, ce qui comptait dans un conflit, c'était moins la richesse intrinsèque du pays que la possibilité de financer rapidement les armées et les opérations. Le grand moyen restait l'emprunt. Si le gouvernement anglais trouvait facilement à emprunter, le gouvernement français, dont la solvabilité inspirait moins de confiance, était dans une situation plus difficile. Si l'on ajoute à cela la médiocrité du commandement, les options fluctuantes du Conseil, le Secret, en face desquels se dressaient des adversaires résolus comme Pitt et les marchands de la City ou Frédéric II, on comprendra la faiblesse et parfois la nullité de la politique extérieure française, avec ses corollaires, l'affaiblissement du prestige de la monarchie et la ruine graduelle de ses finances.

La politique coloniale

Or, ces gouvernements si faibles eurent une politique étrangère ambitieuse, héritage direct et comme nécessaire de celle de Louis XIV, même si les gouvernants par eux-mêmes étaient animés de tendances pacifiques – ce qui accentue encore ce trait politique fondamental de l'époque, d'un gouvernement partagé entre les tendances les plus contradictoires. La Régence, Fleury, Louis XV, Louis XVI furent tous amenés à engager le royaume dans des conflits moins incohérents qu'il ne semble et qu'explique cette « deuxième guerre de Cent Ans » ouverte entre la France et l'Angleterre lors de l'accession au trône britannique du Hollandais Guillaume III en 1688. C'est dans la politique coloniale des deux pays qu'il faut chercher l'origine de cette immense contestation. Depuis l'époque de Colbert, un secteur capital de l'économie française vivait du commerce et des manufactures, dont les fournisseurs et les marchés principaux se trouvaient dans ces territoires d'outre-mer où Anglais et Français s'étaient établis côte à côte, en Amérique, aux Antilles, en Inde. Pendant longtemps, les meneurs de jeu aux colonies avaient semblé être les Français – et il n'est pas douteux qu'au XVIIIe siècle les craintes exprimées par la City dénonçant le péril français étaient très réelles. Depuis la fin du XVIIe siècle, la Louisiane, c'est-à-dire le bassin entier du Mississippi, tendait la main au Canada par la vallée de l'Ohio, semée après 1748 de forts français destinés à bloquer l'avance vers l'intérieur des colons anglais de la côte, afin de réserver au roi la perspective d'un immense empire nord-américain. Le partage à peu près égal des territoires et des forces dans la mer des Antilles aboutissait à transporter la compétition en Afrique pour l'approvisionnement des « Isles » en esclaves, cependant que le déclin de l'empire espagnol pendant la première moitié du siècle entretenait à Madrid une rivalité continuelle entre les influences anglaises et françaises. En Orient, la Compagnie française des Indes, qui avait survécu au naufrage du système de Law, quoique moins puissante que la Compagnie anglaise, était cependant en assez bonne position pour commencer, vers 1740, une politique expansionniste. A quoi il faut ajouter le réveil très net du commerce français dans le Levant, grâce aux « capitulations » renouvelées avec la Porte en 1740. Toutes ces causes latentes de conflit étaient aggravées sur les lieux par les différends des colons ou des négociants, les passions politiques et religieuses, les atrocités qu'ils s'infligeaient mutuellement jusqu'au point où la complète élimination de l'un par l'autre sembla être la seule solution. Ainsi le comprirent bien les découvreurs français de l'Ouest américain, les colons de la Nouvelle-Angleterre et les agents des compagnies en Inde, Dupleix et Clive.

Pourtant, l'évolution des deux antagonistes transforma peu à peu les structures de la compétition. En effet, si la France, au cours du siècle, accroît ses ressources en hommes et en productions que valorise la hausse des prix, le trésor royal ne bénéficie pas – la taxation étant ce qu'elle est – en proportion de cette augmentation. D'autre part, la France continue à manquer, et c'est là la plus grave des conséquences du système de Law, d'un grand instrument de crédit que tous les banquiers de la capitale – eux-mêmes parasites du régime – ne pouvaient pas remplacer. En Angleterre, au contraire, l'expansion économique plus rapide, l'action de la Banque d'Angleterre, le crédit dont jouit le gouvernement britannique auprès des prêteurs – à quoi il faut ajouter la sécurité du territoire – permettaient la mobilisation de ressources rapides, à un moindre taux d'intérêt que le gouvernement français. Ce qui permettait au gouvernement anglais, avec pourtant de moindres revenus, de dépasser les dépenses militaires de la France et de maintenir constamment, à partir de 1740 environ, des flottes équivalentes à celles de la France et de l'Espagne réunies.

Mais il y a plus grave encore pour la France. Tant que, sur ses frontières continentales, n'existaient que des rivaux faibles et divisés, susceptibles d'être influencés par la diplomatie ou les subsides, la France avait pu donner une attention presque équivalente à l'Europe et à l'outre-mer, à quoi avait aidé la longue période de paix avec l'Angleterre. Au contraire, quand le conflit commercial et colonial reprend avec force entre la France et l'Angleterre, des transformations capitales se sont produites en Europe centrale, où la France doit désormais compter avec des puissances militaires nouvelles, la Prusse et l'Autriche. Après 1748, la possibilité d'une hégémonie française en Europe disparaît, au moment même où l'expansion commerciale et coloniale française devient véritablement inquiétante pour l'Angleterre, notamment en Inde, où, après 1748, Dupleix entreprend de conquérir l'Inde méridionale, menaçant ainsi d'étouffer le commerce anglais. En même temps, en Amérique, les incidents se multiplient dans la vallée de l'Ohio. Aux craintes exprimées par Londres répondent celles de Versailles et des commerçants français. Pourtant, alors que les affaires maritimes sont, par la force des choses, la préoccupation majeure du gouvernement anglais, le gouvernement français, de par la situation géographique de la France et les traditions de la monarchie, s'intéresse surtout aux affaires du continent, auxquelles il subordonne les questions commerciales et coloniales.

Les guerres

En 1740, avec la mort de l'empereur Charles VI et l'accession de Marie-Thérèse, la France semblait enfin en mesure de ruiner à jamais la puissance de la maison d'Autriche – ce mythe tenace – en organisant sous son égide, autour de la Bavière, une ligue de princes allemands, Frédéric II au premier chef. Or, l'Angleterre ne pouvait accepter pareille rupture de l'équilibre européen qui aurait permis à la France, en contrôlant l'Europe, de se retourner complètement vers le domaine colonial et de régler rapidement leur compte aux Anglais. Pour ces derniers, des alliances européennes étaient indispensables, afin d'empêcher par ce moyen la France de se consacrer tout entière à la guerre coloniale. Il était de l'intérêt de la France d'empêcher cet aspect du développement de l'influence britannique en Europe et, pour cela, il fallait, comme l'avait senti Louis XIV dans ses dernières instructions diplomatiques et, à sa manière, comme avait essayé de le faire Fleury, abandonner toute prétention à l'hégémonie sur l'Europe.

C'est ce que ne comprit pas le parti antiautrichien de la cour. Manœuvrée par les intérêts militaires de la noblesse, projetant dans un contexte différent les grands souvenirs et les grandes appréhensions du XVIIe siècle, cette coalition d'intérêts courtisans lança la France dans des guerres lamentables. Accrochée et battue partout en Europe, ses escadres surclassées par une marine britannique plus nombreuse et mieux équipée, la France perd le Canada en 1760, puis, entre 1760 et 1763, les Anglais raflent les points principaux de la puissance coloniale française et espagnole. Soumettant même les neutres à son contrôle, l'Angleterre apparaît au traité de Paris, en 1763, comme la maîtresse incontestée des mers avec une influence prépondérante en Europe. Cependant, elle rendit toutes ses conquêtes à la France, sauf le Canada – coûteux et difficile à gérer –, que Choiseul céda pour récupérer les Antilles, chères aux négriers et aux grands propriétaires de Saint-Domingue. Du point de vue commercial, le traité n'était pas une catastrophe ; la reprise sera rapide et le commerce français restera florissant dans l'Atlantique et l'océan Indien. Le plus grave, c'était que la monarchie française avait subi une humiliation désastreuse et avait perdu tout crédit auprès des autres nations.

Vergennes voulut rendre son lustre international à la monarchie en menant contre l'Angleterre, à la première occasion, une guerre de revanche. L'occasion se présenta quand les colonies anglaises d'Amérique se révoltèrent. Plus habilement que ses prédécesseurs, Vergennes sut faire prévaloir la paix en Europe, ce qui permit à la France de concentrer son effort sur le front maritime et américain et, grâce à des officiers nouveaux et excellents, de gagner la guerre américaine. Pourtant, la victoire arriva à un moment où la France n'était plus en mesure de continuer son intervention dans les affaires européennes ou mondiales. Ce dernier épisode du long duel franco-anglais sous l'ancienne monarchie avait achevé la désorganisation financière du royaume. Dans le contexte économique et social régnant alors, cette séquelle classique des guerres d'Ancien Régime devait avoir d'incommensurables conséquences. Elle ajouta encore à l'instabilité financière, source de mécontentement aigu parce qu'elle laissait prévoir de nouveaux impôts. Et surtout, peut-être, cette guerre, engagée par la monarchie absolutiste pour aider des insurgés à se libérer de leur souverain, avec toute la propagande en faveur de la liberté et de l'égalité ramenée d'Amérique par les officiers libéraux – et leurs troupes –, contribua dans une grande mesure à renforcer en France l'attaque contre le régime et ses privilégiés.

Finances et politique

Le problème financier était le second des grands problèmes d'État. Étant donné le système de gouvernement existant, ses besoins et ses ambitions, comment adapter l'impôt et comment – en accroissant les « facultés » des peuples – pouvoir lui faire rendre toujours plus. La dynamique de l'improvisation des dépenses et la dédaigneuse méconnaissance des contingences financières sous Louis XIV avaient amené l'État à un point tel qu'il ne pouvait être question de continuer des acrobaties épuisantes consistant à compléter substantiellement les ressources de l'« ordinaire » (les impôts), dévoré à l'avance, par des ressources « extraordinaires » (ventes d'offices, mutations monétaires, banqueroutes partielles ou déguisées) et surtout des emprunts qui avaient mis l'orgueilleux monarque sous la coupe de financiers et de traitants de basse extraction, comme Bernard, Crozat ou les frères Pâris.

La Régence mit en œuvre divers moyens pour pallier la crise politique et économique ouverte par la mort de Louis XIV. Dans l'euphorie de la « délivrance » – encouragée en haut lieu comme dérivatif à des questions plus graves – le Régent prit successivement des mesures importantes. En échange de la cassation du testament de Louis XIV qui limitait ses pouvoirs, il rendit au parlement le droit de remontrances. Il associa la noblesse aux responsabilités du gouvernement en l'introduisant dans les conseils (gouvernement de la Polysynodie) ; il fit « rendre gorge » aux traitants ; mais surtout, d'expédients en expédients, il effectua une banqueroute partielle. En même temps, le rapprochement avec l'Angleterre (alliance de La Haye, 1716) permit de se garer des ennemis extérieurs et intérieurs. La noblesse donnant la preuve de son incapacité dans les conseils, la démonstration par l'absurde se termina en 1718. C'est alors que put s'engager la grande expérience de Law, qui la préparait depuis 1716. Les actions des Indes et du Mississippi montent en flèche, drainent des fortunes vers la Banque royale. Mais Law émet trop de billets. La spéculation, les manœuvres, la fragilité même du système en provoquent l'effondrement en 1720. Il y eut, certes, des changements de condition chez les perdants et chez les gagnants, mais finalement pas de bouleversement majeur et surtout un coup de fouet donné à l'économie et la possibilité de liquider une partie de la dette. Libéré d'un souci majeur, le Régent rétablit le régime de style louisquatorzien, impose la bulle *Unigenitus* (1720) et rend leur influence aux frères Pâris.

La Régence a été comme la boîte de Pandore d'où se sont échappés sur le XVIIIe siècle les démons qui avaient commencé à agiter le soir du règne de Louis XIV. Avant tout, c'est la réaction contre ce que le Régent appelait les « antiquailles », la vieille cour, ses « maximes », ses principes. Les mœurs, débridées, courent vers la liberté, les « nouveautés » comme les modes, la musique de Campra, la décoration rocaille. Les idées lancées par Fontenelle, par les Modernes, par Voltaire, voltigent entre le Temple, le Palais-Royal, le café Procope. Paris retrouve, contre Versailles, un moment délaissé, sa prééminence politique, mondaine et culturelle. La noblesse a cru un moment triompher de l'absolutisme bureaucratique détesté. Le parlement a repris un rôle politique. Les jansénistes relèvent la tête et les jésuites sont honnis. L'argent, plus que jamais, semble être la mesure de tout, comme le but de tout est le plaisir, le luxe, la jouissance immédiate. Deux banqueroutes partielles en quatre ans et le système ont ruiné irrémédiablement le crédit gouvernemental et toute perspective de mettre sur pied un grand instrument de crédit. L'État, dès lors, dépend plus que jamais du bon vouloir des financiers.

Le duc de Bourbon, prince du sang, succède au Régent, mort en 1723, et la finance, à qui il doit beaucoup, reprend le contrôle occulte du pouvoir. L'absolutisme doucereux du vieux Fleury, créé cardinal, se traduit pendant son long gouvernement (1726-1743) par une administration de prudente autorité destinée à assurer dans tous les domaines une tranquillité dont le pays a besoin. Sa mort (29 janvier 1743) remet le pouvoir effectif entre les mains de Louis XV, dont la bonne volonté est certaine. Malgré des crises d'énergie sans lendemain, le roi se révèle surtout indolent et sceptique, esclave d'une sensualité exigeante qui le livre à l'influence de ses favorites. Après la faveur de l'énergique Mme de Châteauroux, la maîtresse en titre devient Mme de Pompadour, charmante, fine et cultivée, mais avide et prétentieuse, dont le rôle politique est néfaste. Issue de la finance, dont elle garantit les intérêts, elle est bien vue des philosophes, qu'elle flatte, et des artistes, qu'elle protège, mais l'opinion lui reproche les dépenses auxquelles elle entraîne le roi et surtout son ingérence dans les affaires. Appuyée sur une coterie d'intrigants, elle provoque la chute d'Orry (1745), le renvoi de Maurepas (1749), celui du comte d'Argenson (1757). C'est dans une France agitée par les troubles et alors que commencent à se faire sentir les effets de la diffusion des idées philosophiques que se produit l'attentat de Damiens (1757) qui met le comble au désarroi politique et financier.

L'avilissement du pouvoir politique continue sous le ministère de Choiseul (1758-1770), absorbé par la guerre et la diplomatie. La rébellion aristocratique menée en Bretagne contre le gouverneur, le duc d'Aiguillon, les incidents violents qu'elle provoqua et auxquels le parlement de Paris s'associa sans mesure provoquèrent alors un raidissement tardif du roi. Louis XV renvoie Choiseul et instaure un ministère de combat. Le « Triumvirat » Maupeou-Terray-d'Aiguillon, appuyé par le roi, excédé, frappa alors plusieurs coups et joua le va-tout de l'absolutisme. Mais le roi, alors tombé sous l'influence avilissante de Mme du Barry, disparut, emporté par la petite vérole, le 10 mai 1774. Louis XVI, monté trop jeune sur le trône, pensa bien faire en rétablissant l'ordre antérieur. Il renvoya le ministère détesté et confia le contrôle général à Turgot, grand homme de bien et « philosophe », qui tenta de mettre en œuvre un programme généreux de réformes sans abandonner la recherche d'un impôt plus équitable. Une fois de plus, les intérêts coalisés firent interrompre l'expérience et c'est dans un marasme financier que rien ne semblait pouvoir enrayer que s'ouvrit la guerre d'Amérique.

Parmi les multiples raisons qui, après 1748 environ, conduisirent la monarchie à sa ruine, dans l'ambiance paradoxale d'un pays en plein essor économique, d'un gouvernement dont les départements techniques améliorent leurs méthodes, leur esprit et leur rendement, dans l'épanouissement au sommet d'une civilisation éblouissante dans les domaines de la pensée, des arts et de la vie de société, c'est évidemment à l'impossibilité de trouver une solution durable à la crise financière qu'il faut donner la première place. Une telle solution était-elle possible dans le contexte des relations sociales existantes et surtout dans la nature du pouvoir telle qu'elle était conçue ? Pour améliorer la situation financière et éviter le spectre de la banqueroute totale qui hanta les dernières années de la monarchie, le remède ne pouvait venir que de cette refonte globale de toutes les institutions politiques et sociales qui devait être l'œuvre de la Révolution.

Les tentatives de réformes et l'échec final

Pourtant, les esprits réformateurs et perspicaces ne manquaient pas au gouvernement. Les plus grands, dans la tradition autoritaire d'une monarchie attachée à contenir les privilèges, s'attaquèrent à ceux de la noblesse, seule détentrice de revenus imposables, dès lors qu'il était manifestement impossible d'accroître indéfiniment la taille, qui, même lorsqu'elle était « réelle », finissait toujours par retomber sur la paysannerie. L'impôt proportionnel des vingtièmes et de leurs succédanés inauguré par le rigoureux Machault et continué par ses successeurs, Silhouette, Bertin, Terray, Turgot, frappa donc surtout les « privilégiés », à l'exception du clergé « abonné ». Malgré le concert de récriminations qui accompagna la levée des vingtièmes, malgré les reculades tactiques et malgré l'aggravation de l'agitation politique, le gouvernement n'abandonna jamais sa tentative et, non sans détermination, parvint à soumettre nobles et propriétaires à l'impôt. Pourtant, les injustices de la perception, les inégalités flagrantes de quote-part (tant était difficile une évaluation exacte de la richesse) dans toutes les régions provoquèrent chez les « victimes » des protestations curieusement analogues à celles de la paysannerie, et il n'est pas douteux qu'en bien des cas la « ruine » dont se plaignaient tant de détenteurs de fortunes médiocres n'était pas qu'une formule de style, étant donné leur train de vie, qui, en temps « normal », les empêchait déjà souvent de joindre les deux bouts. La contribution des catégories plus riches fut naturellement beaucoup plus élevée, mais resta limitée, d'abord par le faible nombre des privilégiés très fortunés (1 à 2 p. 100 de la population totale) et, ensuite, parce que la nature de l'impôt — proportionnellement plus lourd pour les fortunes médiocres que pour les grandes fortunes — et la forme de sa perception, plus douce pour les puissants que pour les faibles, laissaient des secteurs entiers de richesses en dehors des circuits de perception, notamment les revenus industriels ou commerciaux. Enfin parce que les grandes fortunes (celles des fermiers généraux, des financiers ou des courtisans) étant étroitement associées à l'État et partie intégrante du système, il était pratiquement impossible d'y toucher. Ainsi, les résultats financiers concrets restèrent très au-dessous des besoins, tout en contribuant à accroître les tensions à l'intérieur de la noblesse, à renforcer chez les privilégiés leurs résistances à ces attentats au droit de propriété ainsi que leurs tentatives de « réaction féodale » pour compenser leurs pertes.

La solution ne pouvait résider, en partie, comme tous les ministres des Finances l'avaient senti et notamment Turgot, que dans une réduction des grands secteurs de dépenses et — bien plus que celles de la cour, dont les retranchements ont surtout valeur symbolique — des économies d'ordre militaire. Elle résidait encore plus, comme l'explique lucidement Calonne à l'Assemblée des notables, dans une réforme fondamentale de la société de privilèges qui permettrait à chacun, particuliers, ordres et états, provinces, libérés par ailleurs de toutes les entraves mises à la production, de contribuer proportionnellement aux ressources de l'État. Le désordre de l'administration financière elle-même (l'absence de budget général, les dépenses désordonnées de chaque département, la multiplicité des caisses subsidiaires qui ne laissaient au Trésor que la gestion de la moitié au plus des fonds publics, l'impossibilité d'établir des « priorités » et, finalement, le gaspillage inconsidéré et imprudent) n'était pas la moindre cause de la crise et de l'impuissance du gouvernement.

Une refonte générale des structures du système étant inconcevable, les administrateurs en furent donc toujours réduits à des combats d'arrière- garde par des retouches de détail. Les Lumières avaient désigné l'un des vices fondamentaux de la société de leur temps : l'« empire de l'habitude », les « préjugés ». Les ministres éclairés, sans bien voir que ces « habitudes » étaient l'essence même du régime, tentèrent de s'y attaquer. Ce fut, dans le domaine industriel et commercial, la doctrine de Gournay, « laissez faire, laissez passer », au reste incomplètement appliquée : les inspecteurs des manufactures subsisteront jusqu'à la fin, comme les douanes intérieures, comme les jurandes et corporations, un bref moment abolies par Turgot, mais rétablies aussitôt après lui. Au reste, cette lutte contre ces homologues industriels des servitudes collectives agricoles était sans objet en ce qui concerne la « grande industrie », accaparée par la noblesse et la haute bourgeoisie. De toute façon, ce secteur opulent de la richesse française, s'il servait les intérêts de l'État, échappait largement à son contrôle. L'agriculture, une fois de plus, matière éminemment taxable et source fondamentale de tous les revenus, servit de champ d'expérience dans la lutte d'inspiration physiocratique contre la « routine ». Dans la perspective d'une régénération « à l'anglaise » des terroirs préconisée par les agronomes et les sociétés d'agriculture fondées par Bertin, la lutte contre les « usages » et la « vaine pâture » s'engagea sous forme d'édits autorisant la clôture et le partage de certains communaux. Ces transformations, qui ne devaient, en fait, profiter qu'aux plus gros propriétaires ou aux seigneurs, provoquèrent de sérieux troubles agraires et répandirent dans la masse paysanne des craintes et des ressentiments qui s'exprimèrent, avec bien d'autres, en juillet 1789. Conscients d'ailleurs des graves implications d'une telle « amélioration », les administrateurs, Bertin notamment, ne s'engagèrent jamais qu'à demi dans la voie d'une « révolution agricole » dont l'échec condamnait à la révolution politique. Ce ne fut qu'alors que se produisit le soulèvement de la paysannerie, dont la situation s'était suffisamment améliorée, malgré tout, pour n'avoir jamais donné lieu à des rébellions de type XVIIe siècle, non plus qu'à des soulèvements comme en connurent à la même époque la Russie ou la Bohême.

La Révolution fut donc le fait des « privilégiés », noblesse et bourgeoisie, dont la conscience politique s'était aiguisée au contact avec la philosophie, désormais assez proches du gouvernement pour en connaître les faiblesses et pour désirer d'y participer. Jusqu'en 1788, quand se produit le grand divorce entre les ambitions concurrentes de la noblesse et de la bourgeoisie, la lutte contre l'absolutisme avait été le fait des « corps », soutenus à la cour par les cabales et menés devant l'opinion par le grand corps hybride des parlements, tous unis en une opposition commune au « despotisme ministériel », l'adversaire en principe tout-puissant, mais en fait solitaire. Dans la lutte contre l'absolutisme, l'action des privilégiés avait trouvé un allié paradoxal dans la philosophie des Lumières, pourtant ennemie mortelle des « corps ». Autant qu'à la « tradition » religieuse, les philosophes étaient, en effet, opposés aux « privilèges » politiques et sociaux, « précédents », « traditions », « usages », mais surtout en tant que « distinctions » et avantages injustifiés et abusifs. Mais ils ne l'étaient pas moins au pouvoir arbitraire ; et leurs déclamations, outre le climat de révolte qu'elles contribuèrent à créer, fournirent à chaque groupe les armes propres à défendre leurs intérêts particuliers. Et pourtant telle était la puissance et le nombre des privilèges qu'aucune action partielle ne semblait plus pouvoir en réduire le nombre ou la nocivité.

La réorganisation indispensable ne pouvait venir des « corps » eux-mêmes pour lesquels l'avantage de chacun était lié à l'existence d'avantages analogues pour les autres, quels que fussent par ailleurs les jalousies et les mépris qu'ils se portaient réciproquement. La nature même du pouvoir absolu l'empêchait de les détruire ; les méthodes « éclairées » démontraient leurs insuffisances. Dans l'impuissance de l'autorité traditionnelle et l'impossibilité d'aboutir à un large consensus, le régime se révélait incapable de se réformer lui-même par des moyens légaux et pacifiques. En se proclamant Constituante le 9 juillet 1789, l'Assemblée nationale dépouillait le roi de sa souveraineté, et en la transférant aux représentants accomplissait enfin cette « révolution » fondamentale dont tout esprit éclairé avait depuis longtemps senti l'inévitabilité, mais que l'absolutisme ligoté ne pouvait entreprendre.

IV. LA CIVILISATION DES LUMIÈRES

L'aisance

Pendant la plus grande partie du règne de Louis XV, et malgré les déboires politiques du régime, la France fait belle figure. Au niveau de la création des richesses, l'euphorie est incontestable. Sans doute, tous les milieux n'ont pas également bénéficié de la prospérité. La masse paysanne demeure prisonnière de la « routine », accablée par l'impôt et les redevances, empêchée de réaliser des profits substantiels ou durables. Dans la mesure, cependant, où le développement industriel mesuré et d'ailleurs contrôlé n'a pas été une « révolution », il n'y a pas eu — comme c'est alors le cas en Angleterre — bouleversement des structures sociales et, de ce fait, les équilibres traditionnels persistent, la masse paysanne n'a été touchée ni par les expropriations massives ni par l'émigration forcée. Avec toutes ses lacunes et ses insuffisances, l'encadrement de cette société renforce, dans l'image qu'on peut se faire de ce long palier de prospérité, l'impression d'une belle époque. Au reste, si le règne de Louis XVI voit le retour d'une situation économique malaisée — misère dans l'agriculture et dans le monde ouvrier — et surtout l'aggravation des tensions politiques et sociales, l'impression d'une grande vitalité se poursuit. Chacun dans leur domaine propre, les serviteurs du régime, ministres, grands commis, intendants, fonctionnaires, ingénieurs, sont véritablement animés du sens de l'État royal, de la dignité de la nation et de l'utilité publique. Les réalisations en tout genre : équipement du territoire, routes, canaux ; aménagement urbain ; grands travaux et grands projets signalent, en effet, que l'époque fut laborieuse, curieuse et active, sachant utiliser la richesse et voir grand, assoiffée de création autant que de savoir.

Dans ce cadre matériel prestigieux s'épanouit aux sommets de la société une civilisation d'une abondance, d'une diversité, d'un brio et d'une séduction incomparables. L'impulsion, le mouvement sont donnés, après le coup d'envoi de la Régence, par le grand mouvement intellectuel des Lumières, par cette remise en question perpétuelle des normes et des traditions, des idées et des goûts, par l'élaboration de climats divers de sensibilité, de nouveaux critères qui attisent le feu de la création littéraire et artistique, l'amenant à présenter ses mille facettes diverses dans un mouvement où la joie de créer se nuance et s'enrichit, aux deux franges extrêmes de la période surtout, d'un charme fugace et comme inquiet. Cette avidité touche-à-tout multiplie les domaines de l'expression, les tentatives, les essais, les ébauches. Elle suscite et enhardit les talents, les encourage, les force à se révéler, à se proposer, dès lors que le gouvernement impérieux de la pensée et de l'art n'existe plus, dès lors que tant de catégories sociales nouvelles forment une clientèle, un public avides d'expérimenter, de connaître, de jouir.

La conversation

Dans le milieu élégant des salons, où la femme est reine, où le temps se passe en divertissements souvent futiles, où les âmes sont vides, mais les manières extérieurement irréprochables et la langue fine et acérée, la conversation est l'art suprême. Conversation parlée, mais aussi conversation écrite ; échange incessant de billets, de messages, de lettres griffonnées ou dictées à l'emporte-pièce, qui ont, en effet, créé un style de l'expression, agile, clair, net, sans lourdeur ni développements inutiles. Dans ce milieu si caractéristique d'une époque, les hommes de lettres ou de pensée, les philosophes font l'intérêt ou l'ornement de ces réunions qu'il faut évoquer.

La duchesse du Maine (1676-1753) dans son château de Sceaux avait donné l'exemple de ces rassemblements mondains — bien oubliés depuis le temps des Précieuses — où les fêtes, les divertissements s'accompagnaient des raffinements de la littérature. Les salons tenus par des dames de moindre rang seront plus simples, mais d'une qualité intellectuelle encore plus relevée. Celui de Mme de Tencin (1682-1749) rassemble des gens de cour comme d'Argenson ou Bolingbroke et des intellectuels comme Fontenelle, Helvétius, Montesquieu, Marivaux, d'Argental, Marmontel. Seul, d'Alembert, son fils naturel, n'y paraît pas. Mme Geoffrin (1699-1777), bourgeoise, femme d'un riche administrateur de Saint-Gobain, donnait deux dîners hebdomadaires. Le lundi, elle recevait les artistes (Van Loo, Boucher, Vernet, Soufflot, Lemoyne) ; le mercredi, des hommes de lettres (d'Alembert, Marivaux, Marmontel, Morellet, Saint-Lambert, d'Holbach). L'atmosphère de ces réunions était libre et aisée, mais la conversation ne devait pas dépasser certaines limites dans la hardiesse, et la maîtresse de maison savait discrètement y mettre le holà. Le salon de Mme du Deffand (1697-1780) était plus aristocratique. La dame du logis, ancienne beauté de la Régence, spirituelle, mordante, désabusée, cherchait dans la compagnie des hommes de talent un divertissement et un apaisement à son incurable ennui. Elle reçut Choiseul, Montesquieu, d'Alembert, Voltaire, qui lui resta toujours attaché, le président Hénault, son fidèle, et Horace Walpole, qui ranima les cendres de son vieux cœur. Mlle de Lespinasse, sa lectrice, se sépara d'elle en 1764 et ouvrit aussi son salon, plus simple, mais plus cordial, aux meilleures têtes de la philosophie, qui y remuèrent beaucoup d'idées nouvelles. D'autres cénacles s'étaient organisés autour des arts, comme le salon du fermier général La Popelinière, fastueux mécène de la musique, dont l'influence sur l'évolution du goût sera grande. Des hommes mariés comme Helvétius, d'Holbach, « maître d'hôtel de la philosophie », plus tard Lavoisier et Condorcet eurent également leur salon où les conversations étaient plus soutenues, plus sérieuses, de véritables laboratoires de l'esprit philosophique. La province aussi a ses salons, moins huppés sans doute que ceux de Paris, mais qui jouent leur rôle dans le raffinement des mœurs, la diffusion des goûts et des idées en vogue. A. Young trouvera à Dijon et en nombre de villes parlementaires des maisons où l'esprit est moderne et la conversation excellente. Au reste, chaque salon a son style propre ; ici les brillantes réceptions gravées par G. de Saint-Aubin ; là, les réunions plus intimes où la liberté du ton et des manières est plus grande, que les aquarelles de Carmontelle font revivre. Mais, toujours, ce qui séduit, c'est le plaisir de se retrouver entre gens d'esprit, sans étiquette contraignante, et de pouvoir se livrer à ces discussions, à ces reparties, à ces réflexions piquantes, à ces médisances aussi, qui font le style de cette bonne société et qui, si elles n'ont sans doute pas eu une influence déterminante sur les idées, ont cependant marqué de leur tour la façon de les énoncer et de les répandre. Il est d'ailleurs des réunions plus sérieuses où les conversations et les discussions sont plus suivies et plus approfondies. Ainsi, le club de l'Entresol, de l'abbé Alary, qui réunit une vingtaine des plus forts esprits du temps en une sorte d'académie libre où se discutent les problèmes les plus variés et à qui l'abbé de Saint-Pierre présente ses idées humanitaires et ses plans ingénieux de réformes. Inquiet des hardiesses qui s'y débitaient, Fleury le fit fermer en 1731. Le propos est analogue, souvent plus compassé et moins hardi, dans les académies de province et dans les sociétés de pensée qui se multiplient jusque dans les plus petites villes et qui fournissent néanmoins à la philosophie un public et des adeptes. Il y a enfin les cafés, innombrables depuis la Régence à Paris et en province, où se rassemblent, toutes classes mêlées, publicistes et gens du monde, où la tenue est plus libre et où, malgré les « mouches » de la police, les nouvelles, les anecdotes, les idées se répandent avec vivacité et hardiesse.

Le goût du jeu

L'esprit frondeur, brillant, narquois, l'art de la repartie, de l'allusion, du sous-entendu qui marque ces multitudes de petits ouvrages, d'opuscules, de « pièces », de « morceaux » au travers desquels s'expriment les idées et les goûts de cette société et dont, comme la littérature, la philosophie utilise les formes et les méthodes, révèle un certain goût du jeu qui a, en effet, marqué le siècle. Chez beaucoup d'auteurs et d'artistes, la maîtrise d'une certaine tactique d'expression dissimule la minceur du propos. Pourtant, ce goût de l'époque pour l'improvisation rapide, les esquisses, les pochades, les ébauches a incontestablement favorisé la « finesse » d'esprit et de cœur ; elle marque les fortes œuvres, qui sont souvent des œuvres courtes. Dans le domaine intellectuel et littéraire (mais les mêmes qualités se retrouvent dans celui des arts), cette gymnastique, enfin, a permis de mettre au point l'instrument de la création et l'arme de la pensée, c'est-à-dire la langue du XVIIIe siècle, langue dépouillée, nerveuse, concise et par-dessus tout empreinte de cette élégance dont elle ne se départit jamais, que ce soit dans la formule ramassée, la boutade de Voltaire, la période majestueuse de Buffon ou les harmonies enivrantes de Rousseau. Les exceptions ne manquent pas, sans doute, à ce schéma d'un art sans embonpoint. Le XVIIIe siècle a eu ses prosateurs pesants ou adipeux, ses poètes rocailleux, ses ouvrages fumeux et soporifiques, surtout à l'époque des effusions. Les bonbons acidulés de la première moitié du siècle deviennent volontiers de la guimauve dans la seconde. Les catalogues de bibliothèques recèlent bien souvent des monceaux de productions affligeantes qui sont la menue monnaie des grandes œuvres. Mais si leur intérêt est parfois très grand (pensons à l'immense production physiocratique ou janséniste) on peut difficilement en faire les témoignages exemplaires de l'époque. Il faut donc bien reconnaître que la culture de la haute société et de ses émules se caractérise par cette perfection du « métier » mondain, littéraire et artistique, par cette homogénéité — dans la diversité des productions et des moments — d'un goût fait de justesse de ton, de bienséances et d'élégance dans la forme et dans le paraître. On comprend, cependant, pourquoi ce règne implacable du goût qui marque la civilisation de l'aristocratie, des salons et des boudoirs a pu lasser les contemporains. Mais on ne peut se défendre de la séduction, parfois un peu irritante, de cette époque de la « douceur de vivre », de ce « temps si aimable », aux manières si élégantes, à la politesse calculée ; siècle de ces portraits de personnages attifés, rengorgés, campés ou nonchalants, au teint fleuri, aux traits estompés et animés d'un sourire spirituel et satisfait ; siècle de ces costumes aux teintes chatoyantes, de ces décorations délicates où s'entremêlent les dentelles du rococo, puis les roses, les carquois, les perles et les colombes, tous ces accessoires de la mythologie aristocratique. Il est bien vrai que, toute superficielle, frivole, égoïste et sceptique qu'elle soit, cette société brillante de la cour et des salons a su donner à l'art de vivre un style si parfait et un ton si élégant qu'elle a séduit l'Europe et qu'elle continue à séduire à deux cents ans de distance. Légère, chevaleresque, amoureuse du plaisir, elle ne saurait laisser insensible, et d'autant moins qu'elle a aussi été un écrin pour la femme, pour la « jolie femme », cette création du XVIIIe siècle.

On a souvent souligné le rôle des femmes dans la naissance de l'esprit nouveau. Les femmes avaient soutenu les Modernes contre les Anciens ; elles soutinrent la philosophie. Elles sentent, comme le remarque finement Van Tieghem, qu'une philosophie libératrice justifie leur conduite et que l'adoption des idées d'avant-garde est la consolation de l'âge mûr. En même temps, elles dictent les formes du style, de l'exposition des idées, et exigent que les sujets les plus austères se parent de séductions et de galanteries. Leur influence, d'ailleurs, dépasse les salons et se fait sentir dans la politique, dans l'art, même parfois dans l'économie (des femmes de la bourgeoisie ou du peuple réussissent dans les entreprises les plus variées, sont parfois chefs d'industrie). Que ce soit à Versailles ou dans les jardins du Palais-Royal, dans les salons ou dans les boutiques de modes, les femmes ne sont pas que l'ornement du siècle, elles en sont aussi l'aiguillon.

La culture bourgeoise

Mais l'époque des Lumières ne se réduit pas aux salons. Voici que se précise peu à peu l'aspect longtemps négligé de la culture populaire non seulement à travers l'étude d'un décor matériel — mobilier, faïences, costumes —, mieux connu des folkloristes, mais à travers la littérature de colportage, almanachs, contes, féeries, « écœurante littérature d'évasion » au service d'une « mise en condition » des classes populaires, pour les uns, ou plus simplement « part du rêve » pour les autres. Ce petit peuple des campagnes et celui des villes, les clients des guinguettes, les domestiques, les artisans, n'ont pas été négligés par l'époque. Chardin n'est pas seul à peindre les humbles ; une Françoise Duparc, en Provence, laisse le témoignage que les artistes pouvaient découvrir les secrets de l'âme populaire. Plus qu'aux paysanneries fabriquées de Greuze, il faut s'attacher, pour connaître le peuple, aux gravures, illustrations d'ouvrages techniques qui bien souvent fournissent à l'improviste des échappées parfois très belles sur le monde populaire, si différent du monde de l'aristocratie. De même, on trouve, dans le domaine littéraire, chez Prévost, chez Restif de La Bretonne, chez Rousseau, cette sympathie profonde avec les simples, les petits, qui complète la dimension d'une civilisation qu'on croirait autrement trop exclusivement aristocratique. La culture bourgeoise, dont l'importance devient prépondérante dans la seconde moitié du siècle, reflète sans doute, mais en les tempérant, certains traits de la culture aristocratique, surtout dans les catégories les plus riches de la bourgeoisie ; mais de plus en plus elle adopte ses propres normes, qui, bien plus que celles de la cour, vont faire la charpente culturelle du siècle. La bourgeoisie qui travaille, invente, crée, dirige la plupart des grandes entreprises modernes, dispose de beaucoup d'argent qu'elle met au service d'un style de vie confortable et intelligent. C'est à ce nouveau public qu'elle représente, à ces nouveaux et nombreux clients que s'adressent désormais hommes de lettres, artistes, artisans. Des maisons, des meubles plus simples, mais admirablement exécutés, une atmosphère plus familiale, une forme de vie plus réglée, plus « vertueuse », mais où les arts d'agrément sont activement cultivés, ainsi que les plaisirs de la lecture, du théâtre ou du concert, voici ce qui caractérise une certaine bourgeoisie aisée, révélée dans sa simplicité « janséniste » par Marivaux ou par Chardin, ou dans son confort cossu et sa rondeur sentimentale par Rousseau, Boilly ou Debucourt. C'est cette bourgeoisie cultivée que Diderot présente comme exemplaire, que l'opéra-comique et la comédie sentimentale mettent désormais en scène. C'est elle qui applaudira le changement du goût en musique, en peinture, en littérature. C'est à elle, finalement, que le meilleur de l'époque s'adressera. D'ailleurs, comme l'aristocratie, la bourgeoisie a ses duretés et ses inconsciences. Elle n'est pas tendre pour ses ouvriers, pour ses « compagnons » ; et à Bordeaux et à Nantes, c'est la traite des nègres qui fait sa prospérité. Ses manipulations financières sont moins innocentes que sa bonne conscience et elle déteste moins l'argent que les idoles philosophiques. Mais ce qu'elle est, elle le doit à son mérite et ses valeurs ne peuvent pas être celles de l'aristocratie.

L'envers du rationalisme

A feuilleter le siècle, on tombe bien souvent sur certains « envers » de ses idéaux ou de son rationalisme qui ne manquent pas de piquant. Même s'ils furent de très intéressantes inventions, saluons le fauteuil « trémoussoir » de l'abbé de Saint-Pierre, le clavecin optique du P. Castel, les projets d'Ebaudy de Fresne qui, pour rendre des chevaux à l'agriculture et les ôter aux carrosses et aux fiacres de Paris, songe à remplacer les rues de la capitale par des canaux... comme à Venise. Dans la serre chaude des bienséances, où la société comme il faut cultive ses conventions et dissimule ses fredaines, des individus courageux ont cassé quelques vitres. Les polissonneries de Crébillon fils ou de La Morlière ne gênent personne, surtout quand elles sont bien écrites, et d'autant moins que leur érotisme galant ne remet pas en cause la société qui les suscite et les consomme. Par contre, Diderot — dont les manières effarouchaient Mme Geoffrin — témoigne, comme Helvétius d'ailleurs, d'une approche véritablement renouvelée à l'égard des problèmes sexuels, non seulement en harmoniques de la critique sociale (comme dans *la Religieuse*), mais en tant que revendication déterminée de la dimension génitale du bonheur et de l'identité de l'être humain. Problème que l'œuvre de Rousseau évoque dans *les Confessions*, mais surtout dans *la Nouvelle Héloïse*. D'autres auteurs refusent d'être aussi « sublimes » que Jean-Jacques : Restif de La Bretonne et surtout Sade, dont la première caractéristique, malgré tout, est celle de la boulimie sexuelle.

La puissance n'est pas absente d'une époque qu'on veut trop souvent simplement jolie ou spirituelle. Sous ses ornements et ses grâces, elle a des jarrets d'acier, aussi bien dans le mouvement monumental d'une volute de Germain, l'orfèvre, que dans un trait fulgurant de Rameau. Le grand et parfois le gigantesque ne déplaisent pas au « siècle Pompadour », qui applaudit un moment l'œuvre « atroce » de Crébillon père et ses tragédies sanglantes. L'art ne fut pas que délicat ou charmant. En peinture, un « grand goût » — fort intéressant — persiste, illustré par A. Coypel, Cazes, Restout, de Troy, Natoire (et jusqu'à Fragonard avec sa *Callirrhoé*), dont les vastes compositions théâtrales, avec leurs attitudes maniérées de tragédie ou d'opéra et leurs mimiques emphatiques, se déroulent sous l'agitation des draperies, rendues souvent d'ailleurs avec brio et de belles couleurs. C'est là, en peinture comme en littérature, la manifestation de l'estime qu'on continue à accorder au genre noble et qui fait admirer avec obéissance les homologues peintres de Crébillon, de Campistron, de J.-B. Rousseau, de Lefranc de Pompignan. Ce « grand » de convention s'essouffle, d'ailleurs, dans la peinture après 1770 environ. Mais il est relayé par l'immense en architecture avec ces colossaux morceaux de grande prose que sont le Panthéon et la façade de Saint-Sulpice. A la même époque, l'influence de Piranèse inspire les projets mégalomanes de Peyre (*Œuvres d'architecture*, 1765), de Boullée, qui rêve d'une architecture « sentie », caractérisée par l'immense et le magique. Dans ses constructions réelles, C.N. Ledoux est plus pratique. Mais ses projets sont aussi souvent à la limite de l'onirique. Le siècle de la raison est bien aussi celui du fantastique, reçu avec droit de cité dans la société, les lettres et les arts. C'est alors que s'élabore le rituel des initiations maçonniques, où tant d'« épreuves » et « imprécations » évoquent une fois de plus le monde de l'opéra, corsé d'apports orientaux et égyptiens par Cagliostro. Fantastique de pacotille, celui que vend, non sans succès, le fameux comte de Saint-Germain, qui se dit contemporain des pharaons. Ces goûts qui s'accroissent dans la seconde moitié du siècle révèlent, au travers de la vogue pour les séances de Mesmer, la multiplication des rose-croix et des adeptes de Saint-Martin, la persistance — déjà révélée avec les convulsions jansénistes — de tendances mystiques ou du moins de la conscience des insuffisances de la religion traditionnelle, mais aussi de la raison. Dans le domaine littéraire toute une littérature de l'imaginaire et du fantastique signale le goût du dépaysement et l'espoir que tout n'est pas l'univers mécanique de Fontenelle.

Mais ce n'est là qu'un des aspects, tangible et rudimentaire, du fantastique. En art, le style rocaille est, à bien des égards, l'expression de cette tendance profonde, recherchant les « effets bizarres, singuliers et pittoresques, leurs formes piquantes et extraordinaires, dont souvent aucune partie ne répond à l'autre ». Symptomatiquement, ce goût pour le « genre pittoresque », qui exprimait une sorte de rébellion contre l'ordre rationaliste, se tarit vers le milieu du siècle. Cochin signale bien pourquoi quand, à son propos, il parle de « désordre », c'est-à-dire d'une remise en cause des fondements de l'État, de la société et de la culture.

19. LA RÉVOLUTION

De 1789 à 1799, la Révolution,
« temps légendaire de notre histoire ;
plus grand que celui de Louis XIV ;
moins flou que celui de Saint Louis ».

A. MALRAUX.

La Révolution française tient une place à part non seulement dans l'histoire nationale, mais dans l'histoire du monde. On insiste aujourd'hui sur son environnement : il est vrai qu'elle s'insère dans le flux des « révolutions atlantiques » qui, de l'Amérique au Royaume-Uni, à la Flandre ou à la Suisse, marquent la période qui va de 1770 à 1800, ... mais ces rapprochements, loin de la rapetisser, lui donnent, au contraire, son ampleur véritable ; un rayonnement inégalé sanctionne l'importance à la fois matérielle et idéologique d'une des secousses majeures qui ont constitué le monde moderne.

La Révolution est un mouvement : il faut en suivre la marche, sous peine d'en perdre le fil. Et l'historien mesure à cette tâche la difficulté de l'idéal que lui fixait Georges Lefebvre : ne point oublier que la science historique est aussi un art du récit. Au-delà de cet enchaînement, il convient de tenter un bilan des apports, fugitifs ou durables, de l'épisode révolutionnaire ; moyen, peut-être, d'en mesurer l'impact sur les destins français.

I. LA RÉVOLUTION EN MARCHE

Pourquoi la Révolution ?

La crise du vieux monde

Les révolutionnaires ont voulu abattre, ils l'ont dit, la « féodalité » : dans son purisme, le vocabulaire historique actuel conteste, ou du moins rectifie, le terme, dans la mesure où il renvoie au système précis des liens vassaliques médiévaux. Mais les juristes révolutionnaires savaient bien ce qu'ils voulaient : dans le système social global auquel ils se sont attaqués, on reconnaît les traits caractéristiques du mode de production féodal, ou *féodalisme* au sens moderne du terme. La France de 1789 en offre une illustration démonstrative, assortie toutefois de caractères spécifiques qui expliquent largement les traits de la Révolution française.

Le féodalisme, c'est tout d'abord l'ancien système économique d'une France dominée par le monde rural : les paysans forment 85 p. 100 à peu près de la population française, et la vie économique tout entière reste dominée par les rythmes oppressifs d'une économie de subsistance. Les crises de ce monde sont crises de sous-production agricole : le secteur industriel reste second et dépendant de ces réalités majeures, même si le XVIIIe siècle économique a vu régresser les famines des siècles précédents. Une technique agricole traditionnelle renforce la lourdeur d'un monde rural qui pèse de toute son inertie ; les rapports sociaux à la campagne reflètent encore l'importance du système seigneurial qui fut le couronnement de ce mode de production précapitaliste. La noblesse, en tant que groupe, possède une part importante du terroir français, près de 30 p. 100 peut-être ; le clergé, autre ordre privilégié, disposant de 6 à 10 p. 100 du sol, c'est plus du tiers du total qui revient à ces corps que l'on ne se prive pas de dire parasitaires. Surtout, et c'est là, sans doute, la survivance essentielle, en dehors même du domaine des privilégiés la terre est grevée des droits féodaux et seigneuriaux qui rappellent la propriété éminente du seigneur : du *complexum feudale* émergent les droits universellement perçus — comme les cens — et, beaucoup plus lourdes, les diverses formes du champart, prélèvement d'une fraction de la récolte. Saisonniers ou occasionnels, en argent ou en nature, en travail ou en obligations, lods et ventes, hommages, aveux, banalités, corvées... rappellent diversement les anciens liens de dépendance.

Sans doute, cette évocation, nécessairement sommaire, amène-t-elle cependant à insister sur l'originalité de la France dans la crise du féodalisme européen. Il est devenu traditionnel, mais non peut-être superflu, d'opposer le régime agraire français à celui d'une Angleterre émancipée, où une agriculture déjà capitaliste s'est installée, comme à celui de l'Europe centrale et orientale où l'aristocratie, maîtresse de la majorité des terres, dispose de la corvée de paysans dépendants dans leur personne. A mi-chemin entre ces deux systèmes, la France présente un système seigneurial d'autant plus lourdement ressenti dans son durcissement qu'il est moribond ; une paysannerie suffisamment pourvue et diversifiée pour tenir dans les combats à venir une place importante et peser aux côtés de la bourgeoisie dans les luttes contre une noblesse moins incontestée dans son primat économique et social que dans l'Europe au-delà de l'Elbe. Par référence, inversement, aux sociétés « atlantiques », parmi lesquelles on insère l'Ancien Régime, les subsistances du système « féodal » donneront à la Révolution française un caractère social beaucoup plus marqué qu'ailleurs.

Les réalités économiques ne sont point tout : on l'a dit naguère avec une extrême insistance, en opposant à la société de classes que le XIXe siècle voit s'affirmer, la société d'« ordres » d'Ancien Régime. A l'importance de l'aristocratie foncière répondrait ainsi la place des ordres privilégiés, noblesse et clergé, et l'organisation officielle d'un monde hiérarchisé suivant la pyramide des honneurs. La France, en 1789, c'est le défilé des états généraux : le clergé, premier ordre, lui-même coupé en deux par le clivage entre haut et bas clergé ; la noblesse, puis la masse noire et anonyme du tiers état. Cette hiérarchie est loin d'être pure façade : le terme de *privilégiés* dit bien ce qu'il veut dire. Les privilèges fiscaux, qui exemptent presque totalement la noblesse et le clergé, sont les plus évidents : ils ne sont pas les seuls. Clivages, coupures, tabous affirmés et ressentis témoignent de la force du système, et ce n'est point, croyons-nous, mesquiniser la réaction bourgeoise à l'attitude nobiliaire que de rappeler telle insulte subie au théâtre, à Grenoble, par la famille de Barnave, ou la petite Manon Roland envoyée manger... à l'office par telle bonne marraine aristocratique. Ces choses ne sont point mineures, et le terme de « refoulé social » qui a été attribué au bourgeois français du XVIIIe siècle couvre beaucoup plus qu'une explication psychologique marginale. La hiérarchie psychosociale des honneurs est d'autant plus ressentie qu'elle est devenue fausse, dans une société qui, derrière la fiction des ordres, laisse apparaître sans voiles sa structure de classes.

L'absolutisme est la troisième des vérités fondamentales de l'ancien monde. Pas plus, sans doute, qu'entre féodalisme et société d'ordres, il n'y a convergence mécanique et sans nuances entre société d'ordres et absolutisme : nous le verrons sous peu. Il reste que le roi tout-puissant, loi vivante qui pour la France de 1789 a les traits sans grandeur de Louis XVI, demeure au sommet de la pyramide sociale, garant d'un ordre fait pour les privilégiés. Après l'Espagne, le royaume de France est apparu depuis le XVIIe siècle comme l'exemple type d'un système étatique, où le roi en ses conseils dispose d'une autorité sans contrepoids réels : il a imposé la centralisation d'une administration dont les intendants dans leurs généralités furent les agents, l'effacement des « corps intermédiaires », cependant réticents, à l'imitation des parlements. Dans ce système des idées-forces de l'ancienne monarchie, le droit divin est, d'une certaine façon, la clef de voûte : oint du Seigneur, roi thaumaturge, le roi est un personnage sacré, une image du père. Il cautionne à ce titre également le monolithisme spirituel d'un État qui, malgré l'esprit du siècle et quelques brèches tardives, ne reconnaît qu'une religion, dont il impose la pratique à tous ses sujets.

En 1789, ce vieux monde est en crise : au-delà même de causes immédiates qu'il nous faudra reprendre, il révèle des tares flagrantes. Les plus voyantes, qui ne sont pas forcément les plus mortelles, touchent le système étatique de la monarchie absolue dans son inachèvement. Les manuels de notre enfance nous ont appris l'enchevêtrement des circonscriptions administratives, judiciaires, fiscales : des provinces aux généralités, aux bailliages et sénéchaussées, aux pays de grande, petite ou moyenne gabelle. On sait aussi le point faible des absolutismes classiques, l'organisation d'une fiscalité d'État inégalement répartie, déplorablement perçue. Cette lourdeur d'un héritage séculaire n'est pas, par définition, nouvelle, mais elle est plus lourdement perçue. Pourquoi ? On l'a dit, « parce que la volonté réformatrice de la monarchie se tarit », parce que la force créatrice de l'absolutisme centralisateur se relâche. Quel que soit le poids de l'argument, il renvoie plus largement, croyons-nous, à la crise d'une société.

Le déclin de l'aristocratie nobiliaire peut s'apprécier en chiffres absolus comme en valeur relative. Dans l'absolu, toute une partie de la noblesse apparaît fragile dans ses revenus insuffisants à soutenir un train de vie disproportionné ; la remarque vaut pour une certaine moyenne noblesse de province, parfois ancienne, comme pour la haute noblesse de cour dont le parasitisme est quasi institutionnel. On pourrait penser toutefois que la noblesse, fraction importante de la classe propriétaire, a profité de la hausse, de ce « flux » de la rente foncière qui couvre la majeure partie du XVIIIe siècle ; à ce titre elle entre dans le groupe des bénéficiaires de l'essor du siècle. Il faut cependant regarder au-delà : figée dans son oisiveté rentière, la noblesse ne peut être qu'en déclin relatif par rapport à la bourgeoisie active et conquérante.

On peut réagir différemment à un déclin collectif : la noblesse à la fin de l'Ancien Régime connaît des refus individuels en forme de déclassement explosif ; chacun à leur manière, Sade ou Mirabeau en sont des exemples. Mais c'est en termes de durcissement que la réaction de groupe s'exprime avant tout. On la trouve au niveau du village, où les seigneurs qui font renouveler leurs registres et plans « terriers » s'efforcent de percevoir plus exactement les droits anciens. Cette réaction seigneuriale se double d'une « réaction nobiliaire » au niveau des structures de l'État et de la société. La monarchie, lors de l'affirmation absolutiste, n'avait point dédaigné le recours à la « vile bourgeoisie », pour reprendre l'expression de Saint-Simon... ; en s'avançant, le XVIIIe siècle voit, au contraire, le monopole aristocratique se renforcer : Necker, ministre bourgeois, apparaîtra comme une éclatante exception à la règle. La vérité vaut à tous les échelons de la société : elle devient officielle. Des édits ferment l'accès des grades d'officiers militaires aux roturiers, renforcent le monopole aristocratique dans l'armée et la marine. Chérin, généalogiste éminent, est l'homme le plus redouté d'une cour qui compte par quartiers de noblesse. C'est se leurrer que de faire d'une noblesse libérale, tournée vers les investissements productifs, le pivot d'une nouvelle « élite ».

Réaction seigneuriale et réaction nobiliaire : deux faces d'une même attitude, origine de blessures profondes tant dans la mentalité bourgeoise que paysanne. La collusion de la monarchie absolutiste avec l'aristocratie nobiliaire apparaît, d'autre part, flagrante dans les édits militaires de la fin du règne. Ce fut un des aspects, cependant, de cette crise de l'ancien monde que de révéler en forme d'opposition politique les tensions internes qui opposent au monarque absolu une noblesse, « sa noblesse », dont il se sentira cependant solidaire au cœur de la Révolution. On a risqué le terme de révolution aristocratique, à tout le moins peut-on parler de révolte des nobles : lorsque le ministre Calonne, en 1787, convoque une Assemblée de notables pour résoudre le problème financier, il se heurte au refus de ces privilégiés ; on fit le procès de l'absolutisme, on attenta aux pouvoirs du roi et à l'autorité des ministres, on voulut faire passer Calonne en justice. Lorsque son successeur, Loménie de Brienne, se tourne vers les parlements pour le même motif, il rencontre chez ces autres privilégiés une opposition qui sait se faire un temps populaire, fût-ce par équivoque, et qui lancera une idée-force explosive : la convocation des états généraux. Derrière un libéralisme de façade, l'affrontement sur la fiscalité, indiquant le prix qu'attache la noblesse à la défense de ses privilèges, révèle les tensions internes à l'intérieur de l'Ancien Monde.

Les forces d'attaque

La Révolution française est-elle une révolution de la prospérité ou une révolution de la misère ? Pour être devenue exercice de style, où, à travers les ans, Michelet et Jaurès se répondent, la question n'en pèse pas moins lourdement sur l'interprétation générale du mouvement.

Lorsqu'il évoque le paysan français dans sa misère (« couché sur son fumier, pauvre Job... »), Michelet n'a sans doute point tort d'attirer l'attention sur la précarité du sort de la majeure partie des paysans français : ceux qui, du journalier sans terre au manœuvrier parcellaire ou au médiocre métayer entrent dans la catégorie de ce qu'on a appelé la paysannerie « consommatrice ». Pour ceux-ci, le XVIIIe siècle n'a rien de glorieux, et la hausse des prix dont profite la paysannerie vendeuse pèse lourdement sur ce monde de consommateurs. N'ont-ils rien gagné en ce siècle ? On a dit qu'ils y avaient au moins gagné la vie, par l'espacement et la régression des grandes crises mortelles de subsistances qu'avaient connues les âges précédents. Il n'en reste pas moins que cet équilibre nouveau, dans des structures de production agricole inchangées, reste précaire ; pour emprunter là encore une métaphore à l'historiographie classique, on songe à la suggestive image de Taine comparant le paysan à celui qui passerait à gué une rivière où il aurait à peine pied : qu'un trou d'eau se présente (et c'est — représentée en creux — une flambée de disette), le voici qui suffoque et perd pied. Révolution, donc, de la misère ? Encore convient-il de nuancer au niveau même de ceux — petit peuple rural ou urbain — qu'un malaise social va mobiliser ; si légitime qu'il soit d'insérer les mouvements populaires dans le flux des rébellions qui depuis la Ligue et au-delà ont agité villes et campagnes françaises, la participation populaire et singulièrement rurale à la Révolution sera beaucoup plus que l'association fortuite de rébellions primitives au flux constructeur d'une révolution bourgeoise, qui serait celle de la prospérité. Cette prospérité sanctionne l'essor d'un siècle de progrès économique. Un long mouvement de hausse des prix débute vers 1730, couvre et déborde le XVIIIe siècle ; non sans accidents, sans doute, crises brutales ou fléchissements de longue durée, mais le schéma d'ensemble est sans ambiguïté. Une population croissante, fruit de l'explosion démographique de la seconde moitié du siècle, confirme l'importance d'un État de 26 millions d'habitants, l'un des plus peuplés d'Europe.

Le groupe bénéficiaire de ce mouvement, nous l'appelions la « bourgeoisie » : on nous dit aujourd'hui, chez les historiens d'outre-Atlantique, qu'elle n'existe pas, du moins en 1789. Le mérite de ce qui semble surtout une querelle de mots sera peut-être de nous contraindre à préciser plus fermement les contours de cette réalité. Cette bourgeoisie, nous ne l'attendons ni triomphante ni monolithique. Le monde des villes, où elle se concentre principalement (mais non exclusivement), ne représente qu'un sixième de la population française ; le capital foncier l'emporte encore très largement sur le capital mobilier, et l'honorabilité vient aux bourgeois en achetant des terres, ou des offices anoblissants, ce qui est un autre moyen d'entrer dans les anciennes structures. Multiple, cette bourgeoisie, au sens moderne du mot, ne se confond que très minoritairement avec ce que le vocabulaire d'époque appelle le « bourgeois », vivant de ses rentes, ou, comme on dit, « noblement ». Elle est essentiellement productrice, mais à ce titre englobe la foule des détaillants et partiellement de l'artisanat, petite bourgeoisie de producteurs indépendants, aux frontières indécises, puis s'élève au monde du négoce, qui s'épanouit dans les milieux portuaires – à Nantes, à Marseille ou Bordeaux – enrichis par le grand commerce des Iles, et au monde de la banque parisienne ou lyonnaise. La bourgeoisie industrielle, déjà présente, reste seconde dans un monde où les techniques de production évoluent encore lentement et où le capitalisme commercial coordonne le travail de multiples ateliers, urbains ou ruraux.

Mais la bourgeoisie, c'est aussi tout un monde d'avocats, de notaires, de procureurs, médecins aussi parfois, en un mot membres des professions libérales, que le rôle qu'ils vont jouer dans la Révolution met en vedette. Bourgeoisie des services, au cœur cependant de la revendication du tiers état, leur attitude parfois étonne : ne devrait-on pas trouver, chez les hommes de loi du moins, les chiens de garde de la tradition et de l'ordre ancien ? Mais qui dit dépendance économique ne dit pas forcément dépendance idéologique.

La bourgeoisie prouve sa réalité par la cohésion d'un programme qui, pour elle comme pour les autres défavorisés de l'Ancien Régime, va incarner l'avenir. Minoritaire, multiple dans ses statuts, dépendant idéologiquement d'une bourgeoisie qu'il côtoie et avec laquelle il se mêle sans heurts encore majeurs dans « l'échoppe et la boutique », le salariat ne représente pas une force autonome. Si hiérarchisée qu'elle soit par des clivages tant économiques que culturels, la bourgeoisie représente la force qui donnera à la Révolution son sens et son programme. La philosophie des Lumières divulguée, monnayée en idées-forces simples, lui fournit son programme, le poids nouveau d'une opinion qui révèle sa force, se concrétise tant dans le flux d'une littérature que dans des structures d'accueil dont les loges maçonniques sont l'exemple le plus connu. « Le bonheur est une idée neuve en Europe », dira Saint-Just : de combien d'autres idées-forces, les libertés, l'égalité, ne pourrait-on en dire autant ? La pression qu'elles représentent trouve dans la crise de 1789 les conditions d'une réalisation.

L'explosion

La crise économique va servir de catalyseur aux mécontentements enracinés et tenir dans les causes immédiates de la Révolution une place majeure. Le monde rural en manifeste les signes dans les années 80 : stagnation des prix du blé et, plus encore, grave crise de surproduction viticole provoquant l'effondrement des cours sensibilisent le monde rural, cependant que le traité de commerce franco-anglais de 1786 n'est pas sans affecter l'industrie, touchée par la concurrence. En 1788, une récolte désastreuse substitue aux années de stagnation des prix la brutale flambée d'une disette : villes et campagnes s'émeuvent. A Paris, en avril 89, une émeute violente soulève le faubourg Saint-Antoine contre un manufacturier, Réveillon ; en province, des soulèvements éclatent. Dès ce moment, la guerre sociale amplifie une crise politique dont le déficit a été la cause immédiate la plus déterminante.

Il était aussi vieux que la monarchie : l'absolutisme a vécu d'expédients. Mais le malaise financier se trouve amplifié au point de devenir le révélateur de la crise du régime. Il est vrai que, depuis la guerre d'Amérique, le déficit s'est accru ; il est certain aussi que le peu de prestige et d'initiative du monarque a pesé d'un poids qui n'est pas nul au niveau des causes immédiates. On a tout dit sur le tempérament de Louis XVI, que sa médiocrité et ses limites rendent très inférieur aux circonstances, sur le tempérament, aussi, de Marie-Antoinette, par l'intermédiaire de qui s'exerce en bonne part l'influence du redoutable groupe de pression de la Cour ; mais trop de pesanteurs majeures, dont nous avons tenté de rendre compte, s'exercent par ailleurs pour que le poids — ou l'inconsistance — d'un homme aient pu changer grand-chose à la trame de l'histoire. Deux ministres, Calonne, puis Loménie de Brienne, ont vu échouer en 1787 et 1788 leurs projets réformateurs en matière d'impôt devant l'opposition des privilégiés de l'Assemblée des notables, puis la coalition des parlements.

Bien au-delà de sa revendication initiale, qui est toute de nostalgie nobiliaire, cette « prérévolution » déchaîne un mouvement qui la dépasse largement : en Béarn, en Bretagne, à Vizille en Dauphiné, la réclamation des états généraux prend une portée proprement révolutionnaire. Le roi cède en août 88 à cette exigence collective, en même temps qu'il appelle Necker au ministère.

Les succès d'une révolution bourgeoise

L'année 1789

On a parlé des « trois révolutions de 1789 » : une révolution parlementaire, une révolution des villes, une révolution des campagnes. Si l'on veut bien garder à l'esprit l'indissolubilité des trois visages d'un mouvement qui reste un, l'expédient garde son utilité pour exposer dans sa richesse l'histoire de 1789.

Le 5 mai 1789, les États généraux sont solennellement ouverts à Versailles par le roi ; moins de trois mois plus tard, le 9 juillet, ils se déclarent Assemblée nationale « constituante », et, dans les jours qui suivent, le triomphe populaire parisien du 14 juillet sanctionnera de fait un acquit irréversible. Que s'est-il passé entre-temps ? Le désuet cérémonial de l'ouverture des États ne pouvait d'entrée masquer la maturité d'une situation explosive. Les Français avaient, pour la première fois, massivement reçu la parole : ils en avaient profité en rédigeant ces *cahiers de doléances* qui, élaborés ou naïfs, demeurent un impressionnant témoignage collectif. En posant le problème du vote « par ordre » ou « par tête », le tiers état entend dès les premières séances imposer à une noblesse réticente dans sa majorité et à un clergé divisé la reconnaissance de son poids dans la nation : le 20 juin 1789, le Serment du Jeu de Paume voit les députés des communes jurer de « ne jamais se séparer [...] jusqu'à ce que la Constitution fût établie », cependant que la séance royale du 23 juin, où le roi tente de reprendre l'initiative, éprouve la solidité du tiers, qui répond par la bouche de Bailly que « la Nation assemblée n'a pas à recevoir d'ordres ». Devenu, courant juin, Assemblée nationale par la réunion progressivement opérée des trois ordres, le nouveau corps découvre, au contraire, sa fragilité aux préparatifs de réaction royale que les rassemblements de troupes à Paris laissent deviner, que le renvoi de Necker révèle le 11 juillet. Mais déjà l'initiative revient à la rue, à une population parisienne qui réagit et s'organise : la tension croissante dans les premiers jours de juillet conduit à la situation insurrectionnelle des 12 et 13 juillet, à la prise de la Bastille le 14.

A vrai dire, la mobilisation populaire, à Paris comme en province, ne débute pas à ce haut fait symbolique. Dès la fin de juin, la bourgeoisie parisienne, utilisant les assemblées électorales des États généraux, a mis en place de nouveaux pouvoirs de fait : les journées qui ont précédé la prise de la Bastille ont placé aux mains du peuple parisien des armes qui lui resteront jusqu'en l'an III ; ainsi révélé, le dynamisme populaire se manifeste encore en juillet par le meurtre de l'intendant de Paris, Bertier de Sauvigny, comme il se manifestera au début d'octobre dans l'expédition des Parisiennes et Parisiens sur Versailles pour en ramener la famille royale : « le boulanger, la boulangère et le petit mitron ». De tels épisodes aident à définir les liens qui unissent la révolution parlementaire, expression supérieure de la révolution bourgeoise, et la révolution populaire : que dans certains aspects de la violence populaire, comme dans les caractères d'une revendication sociale où l'inquiétude pour la subsistance joue un rôle important, la bourgeoisie ait peine à se retrouver est évident. Mais de l'une à l'autre révolution il y a, d'évidence aussi, beaucoup plus que coexistence inquiète ; c'est de l'intervention populaire que la révolution parlementaire tire la sanction de ses succès : le 14 juillet contraint, dès le 16, la royauté à capituler en rappelant Necker, et, recevant la cocarde tricolore, à reconnaître symboliquement la révolution faite ; les journées d'Octobre, répondant aux provocations des milieux de la Cour, évitent à l'Assemblée nationale la menace d'une contre-révolution qui n'a rien d'illusoire. La pression populaire n'est plus à cette date exclusivité parisienne : les villes de province, suivant l'exemple parisien, ont fait dans ces mois leur révolution municipale, tantôt pacifiquement en profitant de l'éclipse des anciennes autorités, tantôt au prix d'affrontements violents (à Bordeaux ou à Strasbourg entre autres).

La révolution paysanne se déroule, sinon en marge des révolutions urbaines, du moins apparemment suivant ses rythmes propres et en réponse à des revendications spécifiques. Prolongeant les soulèvements du printemps 89, la révolte agraire a déjà touché Hainaut, Bocage normand et Bretagne, haute Alsace et Franche-Comté, Mâconnais enfin : des châteaux brûlent, et plus souvent les titres seigneuriaux, dont on fait des feux de joie. Cette révolte, violente (très rarement homicide), va se muer dans la seconde quinzaine de juillet en un mouvement beaucoup plus vaste — il touche plus de la moitié du territoire français —, mais différent, et à première vue déroutant : la « Grande Peur ». On sait depuis Georges Lefebvre les formes et les chemins de cette panique collective — écho de la révolution urbaine répercuté dans les campagnes, quitte à y être déformé. Le schéma, simple dans sa diversité, voit les villageois s'armer à l'annonce d'un danger imaginaire : Piémontais dans les Alpes, Anglais sur les côtes..., « brigands » partout ; on est vite détrompé. Entre-temps, cependant, l'annonce court la poste, la nouvelle se transmet ailleurs ; si bien que la peur se propage en quelques jours d'un bout à l'autre du royaume. Elle relance parfois — c'est le cas en Dauphiné — la révolte agraire et le pillage des châteaux, en tous lieux elle anime et mobilise la paysannerie. Cette panique paysanne, qu'on dirait, si l'on voulait parler comme Michelet, « sortie du fond des âges », risque de nous déconcerter comme elle a déconcerté la bourgeoisie révolutionnaire de 1789. Lorsque le 3 août l'Assemblée se saisit de la question, ce sont des orateurs du tiers — Target ou Dupont de Nemours — qui prônent le retour à l'ordre..., mais la faille, réelle et qui ira s'accroissant entre révolution bourgeoise et révolution paysanne, ne doit pas masquer l'unité d'un mouvement que l'on voit parfois rayonner, spectaculairement, de la ville sur la campagne : indiscipliné, inattendu et déroutant, le mouvement paysan reste, jusqu'à nouvel ordre, contrôlé et dirigé par une bourgeoisie qui organise sa révolution.

Stabilisation, Constitution, Fédération...

Il y a quelque abus à isoler, de la fin de 89 aux premiers mois de 91, une révolution « constituante » qui serait celle des constructions paisibles, révolution bourgeoise et sans larmes : en un mot, la vraie Révolution. D'abord, parce que les plus importantes de ces conquêtes, celles qui touchent au plus profond de l'ordre social, se font à chaud : c'est le cas pour la destruction de la féodalité, en août 89 ; ensuite, parce que l'élaboration du nouveau système politique, loin de se faire sur la base d'un compromis amiable, révèle et accentue des tensions de plus en plus explosives ; que de bonnes récoltes relâchent la pression du malaise socio-économique..., alors, il faut en profiter.

La destruction du vieux monde s'est, en théorie du moins, vivement opérée : répondant à la Grande Peur, la nuit du 4 août voit un groupe de nobles libéraux – vicomte de Noailles ou duc d'Aiguillon –, en donnant l'exemple de la dénonciation de la féodalité, déclencher un mouvement collectif d'abandon des droits et des privilèges qui détruit, en une nuit, tout l'édifice de la féodalité au sens le plus large du mot. On pourrait – comme on l'a dit pour la Grande Peur, à laquelle l'épisode fait écho – s'interroger en termes de psychologie collective sur ce comportement : l'abandon ici n'est que passager, et le décret définitif, tout en proclamant que « l'Assemblée nationale détruit entièrement le régime féodal », distingue soigneusement entre les droits personnels supprimés et les droits réels déclarés rachetables. Malgré cette interprétation restrictive, la nuit du 4 août fait naître un nouveau droit civil bourgeois. Dans les mois à venir, les paysans en improviseront eux-mêmes, faute de textes satisfaisants, les décrets d'application, en supprimant de fait et sans indemnité les anciens droits seigneuriaux.

Restait à construire sur ces bases nouvelles : la discussion de la nouvelle Constitution, qui domine les séances de l'Assemblée nationale, verra, malgré l'initiale proclamation que représente le 26 août 1789 la Déclaration des droits de l'homme et du citoyen, son cours traversé d'épisodes inattendus et décisifs : dès les premières semaines, un style de vie politique nouveau s'est mis en place, dont la Révolution tout entière restera marquée, et qui n'est point sans doute la moindre des créations de cette période « constituante ». De l'agrégat des élus aux États généraux, une classe politique est née, qui se différencie en partis, en groupes tout au moins : aristocrates, « monarchiens », « patriotes », les uns et les autres dominés par les personnalités en vue : Cazalès ou l'abbé Maury à droite, Mounier, Malouet chez les monarchiens, tandis que les patriotes, tiraillés entre l'éloquence déjà suspecte de Mirabeau et la nullité influente de La Fayette, cherchent à gauche une direction plus sûre – un temps auprès du « triumvirat » : Barnave, Duport, Lameth. Progressivement, les leaders de la gauche de demain – Grégoire ou Robespierre – s'affirment eux aussi dans leur personnalité.

L'élaboration d'une Constitution devait être le couronnement de cette activité politique, aussi l'Assemblée nationale et ses commissions y consacrèrent-elles la plus grande part de séances, où les débats sur le droit de paix ou de guerre, ou sur le droit de veto restent les affrontements majeurs et décisifs. Mais avant même l'achèvement du texte constitutionnel, la pression des besoins financiers, entraînant la Révolution dans l'expérience monétaire de l'assignat fondée sur la nationalisation des biens du clergé, amenait la Constituante à donner par la Constitution civile du clergé un statut nouveau à un monde ecclésiastique fonctionnarisé : les réactions en chaîne à cet ensemble de mesures devaient se révéler immenses. La décision, le 2 novembre 1789, de mettre à la disposition de la nation les biens du clergé peut apparaître moins révolutionnaire qu'on ne l'a dit, dans ses motivations : elle s'insère, il est vrai, dans toute une tradition que la politique gallicane n'avait pas ignorée. Mais elle est révolutionnaire dans ses conséquences : la transformation, à partir du printemps 1790, de l'assignat, gagé sur ces biens nationaux, en un véritable papier-monnaie préludait à une aventure inflationniste qui devait peser sur toute la période. Inversement, la mise en vente des biens du clergé, devenus biens nationaux, représente dans cette phase d'une révolution qui cherche sa consolidation un des éléments majeurs : par cette expropriation massive qui touche près du dixième du territoire national, la révolution bourgeoise s'attache par des liens extrêmement forts le groupe de ceux que l'on voit, au feu des enchères en 1790 et 1791, profiter de l'aubaine.

Consolidation d'un côté, cassure de l'autre : la nationalisation des biens ecclésiastiques est inséparable de la fonctionnarisation qu'entreprend la Constitution civile du clergé, votée le 12 juillet 1790. Devenus fonctionnaires élus dans le cadre des nouvelles divisions administratives, évêques et curés doivent prêter le serment civique. L'hostilité du pape Pie VI, sa condamnation formelle des « jureurs » en avril 1791 introduisirent dans un monde révolutionnaire qui s'efforçait de sauvegarder le mythe de l'unanimité nationale une irrémédiable faille. Entre jureurs et réfractaires, un clivage apparaît verticalement : le haut clergé fut rarement jureur (7 évêques sur 130), le clergé paroissial fut beaucoup plus partagé : la carte du serment constitutionnel oppose ici des régions de serment massivement prêté (le quart sud-est, une partie du Bassin parisien et de l'Aquitaine) aux zones réfractaires (Ouest, Nord-Est, est du plateau central). Cette cassure devait, dans les mois et les années à venir, être de grande importance dans une opinion populaire dont le facteur religieux sera un élément de polarisation. Mais en ces mois où la Constituante achève de mettre en place avec la Constitution de 1791 les lois fondamentales du nouveau régime, on peut croire un temps encore à l'achèvement de la Révolution : dans ses thèmes comme dans ses fréquences, l'iconographie du temps nous le prouve, qui donne aux fêtes des fédérations une importance extrême.

L'idée était venue des sections parisiennes, de célébrer au Champ-de-Mars l'anniversaire de la prise de la Bastille, mais elle était dans l'air, et dans toute la France des fédérations locales célébrèrent la fin des anciennes provinces et l'unité nationale éprouvée. A Paris, malgré la pluie, l'impréparation (palliée par le travail volontaire de milliers de citoyens) et surtout le serment sans chaleur de Louis XVI, la fête de la Fédération (14 juillet 1790) est la manifestation ultime d'une Révolution qui veut croire encore à sa parfaite unanimité.

Le dépassement

Un an plus tard, la scène a changé : ce que l'iconographie révolutionnaire nous présente à la date du 17 juillet 1791 en grinçant rappel de la Fédération, c'est la fusillade du Champ-de-Mars. Animés par le club des Cordeliers, les pétitionnaires parisiens réclament la déchéance du roi. Bailly, maire de Paris, La Fayette, commandant la garde nationale, font proclamer la loi martiale et tirer contre les manifestants : cassure définitive entre la révolution populaire et une certaine révolution bourgeoise. Comment est-on arrivé là ?

L'interprétation n'est pas simple, de ce tournant de la Révolution qui, débutant en 1791, conduira, à l'été 92, à la chute de la royauté : dépassement inévitable et dans l'ordre des choses, ou gauchissement accidentel d'un processus qui eût fort bien pu en rester là ? Une brillante synthèse, en lançant le thème et le terme de « dérapage », a offert de cette seconde interprétation une formulation fort nette, même si son auteur (F. Furet) semble, depuis lors, s'être détaché de cette thèse. L'intervention des masses populaires, venant à la traverse du « droit chemin » d'une révolution bourgeoise quasi achevée, ne répondrait pas à une nécessité historique : une peur de type ancien s'incarnant dans le mythe du complot aristocratique, les réticences et maladresses aussi du monarque constitutionnel et de ses appuis intérieurs et extérieurs auraient amené, en relançant une révolution radicalisée, l'échec du compromis réalisé et la cassure du front des élites possédantes.

Séduisante, cette reconstruction ne nous semble pas tenir compte suffisamment des réalités d'une Contre-Révolution qui n'a rien de mythique. Une optique trop exclusivement parisienne empêche de voir l'état au vrai d'une France où la Révolution est loin d'avoir cause gagnée. Commencée dès l'été 89 avec la fuite des princes du sang, comte de Provence et comte d'Artois, grossie ensuite du flot d'un premier exode nobiliaire puis ecclésiastique, l'émigration ne resta pas longtemps thème de caricature gouailleuse : organisée autour du prince de Condé, comme du comité de Turin, elle tente sans succès de faire évader le roi (conspiration de Favras), mais trouve dans une partie de la province des structures d'accueil favorables à ses complots. C'est le cas dans toute une partie du Midi, où hostilités sociales, politiques et confessionnelles répondent aux mêmes clivages de Montauban à Nîmes. Entre Ardèche, Gard et Lozère, le camp de Jalès offre dès 1790 l'exemple de concentrations armées contre-révolutionnaires : jamais l'impression de fragilité d'une révolution juvénile, d'agressivité d'anciennes forces qui n'ont pas dit leur dernier mot, il s'en faut, n'apparaît plus vive que dans les troubles urbains de 1791 à 92 dans le sud de la France. Impression méridionale, dira-t-on ? Voire ! A Nancy, au mois d'août 1790, le marquis de Bouillé, en réprimant férocement la « rébellion » de soldats dont le tort essentiel est d'être patriotes, expérimente d'une façon que beaucoup eussent souhaitée exemplaire les méthodes d'une reprise en main contre-révolutionnaire. Dans ce contexte, l'attitude de la famille royale, du roi lui-même, est moins maladroite ou incertaine qu'on ne l'a dit : n'ayant jamais accepté de cœur le bouleversement révolutionnaire, lié par une correspondance secrète aux cours étrangères, il navigue entre les avis intéressés et rivaux des donneurs de conseils — Mirabeau, très tôt acheté et vendu, La Fayette, puis Lameth et Barnave —, mais va en fait son chemin ; le 20 juin au soir, la famille royale s'enfuit des Tuileries sous un déguisement ; elle est reconnue en chemin, arrêtée à Varennes et ramenée le 22 dans Paris, stupéfait et indigné.

A cette date, on peut dire que déjà toute une partie des masses urbaines les plus politisées, démystifiées, sont entrées dans la lutte : ce que l'on va appeler la « sans-culotterie » s'élabore entre 1791 et 1792. Comme en 1789, la pression économique joue son rôle dans le malaise populaire : mauvaises récoltes, dans une partie du moins du pays en 1791, accaparements ailleurs, hausse des prix partout, en relation avec la chute de l'assignat. Au-delà de ce stimulus immédiat, le malaise social se gonfle à la campagne de revendications plus profondes. Dans l'histoire sociale de la révolution paysanne, la période qui va de l'hiver 1791 à l'automne 1792 est marquée par une poussée de jacqueries paysannes dont l'ampleur ne le cède qu'à celle de la Grande Peur : tantôt taxations itinérantes de marché en marché (entre Seine et Loire), tantôt pillages et incendies de châteaux affectant par contagion des zones considérables (tout le Sud-Est méditerranéen). Ce dynamisme populaire renouvelé trouve dans le contexte de 1791 et 92 des cadres où s'insérer : l'essor des clubs et sociétés fraternelles couvre alors la France d'un réseau parfois étonnamment dense de sociétés populaires. A Paris, le club des Cordeliers, où parlent Danton et Marat, déborde, par son recrutement plus populaire, le club des Jacobins, qui reste, pour le moment, plus fermé.

Contre-Révolution ou révolution populaire, à tout le moins à participation populaire ? C'est là le dilemme auquel les cadres de la révolution bourgeoise se trouvent confrontés, et l'on peut dire que c'est en fonction de la réponse qu'ils y donnent que s'effectue le reclassement des forces politiques, lorsqu'au lendemain de la fuite de Varennes, du massacre du Champ-de-Mars et de la promulgation définitive de l'Acte constitutionnel par un souverain dont les députés ont voulu maintenir la fiction de l'enlèvement, se réunit la nouvelle Assemblée législative (1er octobre 1791). Pour les uns, tel Dupont de Nemours qui veut briser la « machine à insurrections », il faut arrêter la Révolution : ce seront les Feuillants, dont le nombre (263 sur 745 députés) ne masque pas les divisions en coteries, La Fayette d'un côté, le « triumvirat » de l'autre (Barnave, Duport, Lameth). Les autres, que l'on va appeler « brissotins », du nom d'un de leurs leaders, Brissot, ne sont sans doute pas moins tiraillés entre un groupe où Vergniaud, Guadet, Gensonné, Condorcet se détachent, et quelques démocrates avancés, Chabot, Merlin, ou Carnot. Mais avant que les dissensions n'éclatent, il peut paraître qu'ils font leur la formule par laquelle Jérôme Pétion, le maire de Paris, réfute à l'avance la théorie du « dérapage » : « La bourgeoisie et le peuple réunis ont fait la Révolution. Leur réunion seule peut la conserver. » Pour nombre des hommes de gauche (à part Marat, ou Robespierre aux Jacobins), le mariage dont il s'agit est un mariage de raison : on le voit à la manière dont les brissotins condamnent un mouvement populaire, qu'ils ne comprennent pas, dans ses revendications économiques ou sociales.

Très vite, la guerre, en ajoutant aux tensions internes le poids du danger extérieur, précise et durcit les attitudes. Cette guerre, on la sentait venir : inquiétude conservatrice et solidarité dynastique avaient amené en août 1791 les souverains étrangers, Empereur et roi de Prusse, à lancer à Pillnitz un appel à la coalition monarchique pour rétablir Louis XVI dans sa souveraineté. En France, l'affrontement fut souhaité par une étonnante convergence, on n'ose dire coalition, de groupes de pression disparates : le roi et la Cour, qui, jouant délibérément la politique du pire, souhaitent la victoire des coalisés ; La Fayette, à la recherche du succès qui ferait de lui l'homme indispensable ; les Girondins, enfin, au ministère depuis le printemps 92, et qui rêvent, pour leur part, du conflit où se démasquerait le roi. Seule — ou presque — la voix discordante de Robespierre aux Jacobins dénonce les périls de l'aventure extérieure.

La guerre déclarée le 20 avril au « roi de Bohême et de Hongrie » semble d'entrée justifier l'analyse prospective des brissotins, dans la mesure, du moins, où elle force à se démasquer une royauté qui refuse de sanctionner les décrets de l'Assemblée (un camp de « fédérés » sous Paris, notamment) et congédie ses ministres girondins. Elle ne semble pas non plus contredire les projets du roi et de ses amis, puisque les premiers engagements sont désastreux pour une armée française en pleine mutation, désorganisée par l'émigration de ses officiers. Dans ces conditions, pourquoi s'étonner d'un aveuglement contre-révolutionnaire qui conduira au célèbre manifeste de Brunswick, lancé le 15 juillet, par lequel les coalisés menacent de « livrer Paris à une exécution militaire et à une subversion totale » ? Moins attendue, au moins dans ses formes, son ampleur et sa maturité, est la réaction populaire à cette situation nouvelle : encore semi-improvisée, la journée du 20 juin, où les manifestants parisiens envahissent sans succès les Tuileries, prélude à une mobilisation plus grave. De province arrivent adresses demandant la déchéance du roi, et « fédérés » — dont les célèbres Marseillais — venus défendre la capitale, et la patrie que l'assemblée proclame « en danger » le 11 juillet.

En cet instant crucial où le trouble est partout, le front de la bourgeoisie révolutionnaire se scinde au contact d'un mouvement populaire qui, de force seconde qu'il était, passe au premier plan du dynamisme révolutionnaire ; complices passifs du 20 juin, les Girondins, pour la plupart, basculent dans le camp de l'ordre. Mais l'initiative leur échappe pour passer à la Commune insurrectionnelle de Paris, aux militants sectionnaires, aux Cordeliers et, parmi les cadres politiques confirmés, à quelques éléments en flèche : Robespierre, Marat, Danton... Le 10 août, sectionnaires et fédérés prennent d'assaut les Tuileries, désertées par la famille royale, après une meurtrière bataille contre les Suisses qui les défendent. L'Assemblée vote la suspension du roi, la réunion d'une nouvelle Constituante, une « Convention », dont l'élection se fera au suffrage universel : prélude symbolique à une révolution démocratique.

Il ne faut point chercher à dissocier les deux images sur lesquelles s'achève cette phase de la Révolution : Valmy et les massacres de Septembre. La bataille de Valmy, le 20 septembre 1792, brise l'offensive prussienne en Champagne : redressement inespéré après les premières défaites, engagement médiocre a-t-on dit, si l'on s'en tient au nombre des morts ; mais la jeune armée française à demi improvisée, sans expérience du feu, a contraint à la retraite les redoutables troupes prussiennes ; au niveau des idées-forces, c'est la Révolution qui vient de battre l'Ancien Régime européen. Pour comprendre les massacres de Septembre, il faut revenir au paysage intérieur d'une France qui, en province comme à Paris, vit sous la menace de l'invasion, dans la peur qui souvent n'a rien d'illusoire de complots aristocratiques. L'éclipse de l'autorité — le roi incarcéré au Temple, c'est un Comité exécutif dominé par Danton qui assure l'intérim — facilite le geste panique qui, du 2 au

5 septembre, porte sur les prisons parisiennes une foule décidée à se faire justice elle-même : ecclésiastiques, aristocrates, simples détenus parfois tombent victimes de cet épisode d'une révolution « des profondeurs ».

La Révolution populaire

Quatre-vingt-treize

Nous avons entendu Pétion, en 1792, déclarer que seule l'union « du peuple et de la bourgeoisie » pourrait sauver la Révolution. Le même Pétion s'écrie, au printemps 93 : « Vos propriétés sont menacées! » Dans ce retournement d'un homme qui se chercha entre Gironde et Montagne s'inscrit la cassure confirmée de la bourgeoisie française au tournant du 10 août.

Deux bourgeoisies : l'une pour laquelle, désormais, le péril social est devenu premier, le retour à l'ordre essentiel ; l'autre pour laquelle la défense d'une révolution contre l'aristocratie intérieure et étrangère suppose l'alliance avec le mouvement populaire, quitte à satisfaire une partie de son programme social et à recourir, sur le plan politique, à des moyens qui ne sont point ceux de la démocratie bourgeoise. N'y aurait-il entre ces deux bourgeoisies que l'épaisseur d'un choix différent, que l'opposition de deux étiquettes « girondins » et « montagnards » ? Il y aurait, croyons-nous, légèreté à y voir des équipes interchangeables, de même extraction bourgeoise, même si la sociologie des groupes parlementaires ne présente pas de différenciation massive : il faut tenir compte des troupes partout où l'étude peut être menée en profondeur ; en attendant, la simple géographie électorale peut déjà définir girondins et montagnards par l'origine de leurs « mandants » : la province, celle du capitalisme commercial des milieux portuaires, a délégué ces Girondins, tels Vergniaud, Guadet et Gensonné, qui sont parfois... languedociens ou provençaux : Rabaut, Barbaroux ou Isnard, ce dernier très représentatif dans son comportement de négociant grassois. Fortement enracinée dans le jacobinisme parisien, la Montagne offre de son côté une brillante galerie de portraits où les leaders connus — Robespierre, Danton, Marat — s'adjoignent des nouveaux venus tel le jeune Saint-Just.

C'est par rapport à une troisième force que se définissent ces deux bourgeoisies, qu'il serait aussi vain d'opposer en fonction de clivages mécanistes que d'uniformiser dans l'impression d'équipes incertaines. Cette force est celle des masses auxquelles les sections et les sociétés populaires assurent un encadrement, une formation, des structures. Des chefs ou de simples porte-parole sortent du groupe : des « enragés » — représentants du petit peuple dans sa revendication économique quotidienne, Varlet, Jacques Roux, « le prêtre rouge » — au groupe moins « pur » peut-être qu'animent autour de la Commune parisienne Hébert, Chaumette et beaucoup d'autres, semi-anonymes, que l'histoire actuelle découvre. De l'automne 92, où la jacquerie antinobiliaire du printemps précédent marque en province une nouvelle poussée lors des élections à la Convention, aux troubles de subsistances urbains du printemps 93, le « petit peuple » est dans la rue, plus politisé qu'il ne l'a jamais été et bien souvent ne le sera d'ici à la fin de la Révolution.

Procès du roi, victoires puis défaites extérieures, guerre civile en Vendée, tels sont les épisodes majeurs qui, au fil d'une année cruciale, vont rythmer les phases de l'affrontement Montagne-Gironde. Le procès du roi débute le 11 décembre 92 : la question, dès auparavant, avait opposé les deux partis. Les Girondins, partisans de la clémence et multipliant les tentatives au cours du procès pour éviter une condamnation capitale (pourquoi pas le sursis, la déportation, l'appel au peuple ?...), s'opposent aux Montagnards, qui, en des termes différents mais souvent remarquables chez Robespierre, Saint-Just ou Marat, démontrent la nécessité de la mesure pour le salut même de la Révolution. La mort votée (par 387 voix sur 718), le sursis rejeté, Louis XVI fut exécuté le 21 janvier 1793. En accomplissant cet acte de « providence nationale », les conventionnels étaient pleinement conscients de l'irréversibilité du tour qu'ils donnaient à la

Révolution, d'avoir, comme le dit Cambon, dont on n'attendait point ce lyrisme, abordé une île nouvelle et brûlé le navire qui les y avait conduits.

La mort du roi relance la guerre, qui avait, depuis Valmy, pris pour les armes françaises un tour favorable. Les préoccupations des puissances y étaient sans doute pour quelque chose, qui s'occupaient alors à dépecer la Pologne. Mais l'impulsion avait été donnée aussi par la Convention girondine : Jemmapes, en novembre, ouvre les Pays-Bas autrichiens, Nice et la Savoie suivent, et la rive gauche du Rhin où tombent Francfort et Mayence. Guerre de propagande, sur le thème « guerre aux châteaux, paix aux chaumières », ...bientôt guerre d'annexion : Danton donne à cette attitude ses justifications théoriques sur le thème des frontières naturelles. L'exécution du roi, en offrant aux souverains (Naples, l'Espagne, les princes allemands) raisons ou prétextes pour entrer dans l'alliance antifrançaise, fournit à la coalition ainsi formée son animatrice pour plus de vingt ans : l'Angleterre de William Pitt, inquiète de l'expansion française en Flandre. Le retour est rude après l'hiver conquérant de 1793 : la défaite de Neerwinden chasse Dumouriez de Belgique. La trahison s'en mêle, et le général équivoque passe à l'ennemi, cependant qu'à l'est la rive gauche du Rhin perdue enferme dans Mayence de précieuses troupes françaises.

L'insurrection vendéenne éclate en ces semaines, le 10 mars, pour plus de précision. Elle touche la région de Saint-Florent et de Cholet, le Marais breton : villageoise au début, et animée par des chefs d'origine populaire (Stofflet ou Cathelineau), elle s'étoffe très vite et se donne des cadres nobiliaires (d'Elbée, Charette, La Rochejaquelein) ; un temps îlots de résistance, les villes du bocage sont submergées au printemps. Il semble qu'on ait tout dit sur la guerre de Vendée, et pourtant que de problèmes encore... On sait depuis longtemps qu'aux origines de l'insurrection la levée des 300 000 hommes, décidée par la Convention, pesa sans doute plus qu'un sentiment monarchiste ou religieux réel, mais non premier. Mais pourquoi la Vendée ? Les études actuelles des structures sociales de l'Ouest nous aident progressivement à sentir les raisons du réflexe antibourgeois et antiurbain qui sécrète la Contre-Révolution.

En position de force lorsque se réunit la Convention, puisqu'elle formait le groupe le plus nombreux et, avec Roland, Clavière et Lebrun, détenait la direction du gouvernement, la Gironde ne résiste pas aux échecs successifs que représentent pour elle le procès du roi, le fiasco extérieur, puis la menace aux frontières, la guerre intérieure enfin. Il y a plus, dans la chute de la Gironde, que la sanction d'un échec politique : l'impossibilité pour cette fraction de la bourgeoisie, qui avait à son tour rêvé de clore la Révolution tout en poussant imprudemment à l'expansion extérieure, à assumer ses propres contradictions et à mettre sur pied un véritable gouvernement révolutionnaire. Quel contraste entre les débuts de la Législative, où la Gironde, sûre de sa force, attaque violemment les « Triumvirs », Danton, Marat, Robespierre, qu'elle accuse d'aspirer à la dictature, et ce mois d'avril 93 où Marat, décrété d'accusation, est triomphalement acquitté par le Tribunal révolutionnaire!

Par la force des choses, une nouvelle pratique et même une nouvelle légalité révolutionnaire s'élaborent dont les organes majeurs sont le Tribunal criminel extraordinaire (10 mars), les comités de surveillance dans les communes et, à partir du 6 avril, un premier Comité de salut public dominé par la personnalité de Danton. Éliminés d'une révolution qui leur échappe, les Girondins tentent des combats en retraite, dont la création d'une Commission des douze — machine de guerre contre la Commune de Paris — ou le procès Marat ne sont que des épisodes ; à ce que l'on a appelé le « manifeste de Brunswick girondin », le discours imprudent et célèbre par lequel Isnard menaçait la capitale (« Paris serait anéanti... Bientôt on chercherait sur les berges de la Seine si Paris a existé... »), le peuple parisien répond à sa façon : une première manifestation échoue le 31 mai ; cernée le 2 juin par les gardes nationales parisiennes, la Convention accepte de voter l'arrestation de

22 députés, les têtes du parti girondin. La Montagne triomphe.

Le gouvernement révolutionnaire

Amer triomphe : la République, comme le dit Barère à la Convention, n'est plus qu'une grande ville assiégée. Valenciennes est aux mains des Autrichiens, Mayence pris par les Prussiens, Dunkerque investie par les Anglais, tandis qu'Espagnols et Piémontais pénètrent les frontières. En France même, les chouans, devenus « armée catholique et royale », victorieux à Angers et Ancenis, échouent de peu devant Nantes.

La chute des Girondins fait éclater la révolte de la province contre Paris : Lyon, qui guillotine le montagnard Chalier, se soulève ; dans le Midi, l'insurrection fédéraliste couvre une partie du Languedoc, la Provence occidentale autour de Marseille, puis de Toulon, le Sud-Ouest bordelais ; Nantes est elle aussi touchée à l'Ouest ; en Normandie, enfin, partent à la fois de Caen la seule marche armée contre la « dictature » parisienne, troupe aisément dispersée près de Vernon, et Charlotte Corday, isolée de la Contre-Révolution dans son opération suicide, qui s'en va à Paris poignarder Marat.

Face à cette conjonction des périls, l'alliance se renforce entre la bourgeoisie montagnarde des jacobins, de la Convention, bientôt du Comité de salut public, et les masses populaires, surtout parisiennes, unies dans la sans-culotterie. Pouvait-il en être autrement ? La question se pose et a été posée en ce qui concerne du moins le mouvement populaire. Dans l'action de ces masses tenues en haleine depuis le printemps 93 par les Enragés, dont progressivement l'hébertisme prend le relais, on a voulu voir l'amorce d'une autre révolution, non plus démocratique et bourgeoise, mais proprement populaire, qui par le dynamisme propre d'une révolution permanente contenait en germe le dépassement des conquêtes bourgeoises. Dans cette optique, l'alliance dont nous parlons devient mystification et reprise en main de la part d'une bourgeoisie robespierriste qui utilise à ses fins le dynamisme des masses... On objecte à cette thèse qu'il n'est point bon de tirer sur les brins d'herbe pour les faire pousser et de prêter une conscience de classe à ce qui n'en est pas une. La sans-culotterie, les études de Soboul l'ont montré, dans un monde où l'entreprise capitaliste et le salariat qu'elle sécrète sont largement minoritaires, reste un agrégat composite où dominent les petits producteurs indépendants de « l'échoppe et la boutique » dont l'égalitarisme ne saurait déboucher sur un programme autonome. Cela ne veut pas dire que ce mouvement des masses populaires ne soit pas, en cette fin de 1793, une pièce maîtresse et comme le moteur du jeu politique : par une pression constante et efficace, il impose la mise à l'ordre du jour et l'application effective de plusieurs de ses mots d'ordre : le maximum des denrées (11 et 29 septembre), la Terreur (5 septembre), la loi des Suspects. Mais la poussée de septembre 93, dont ces mesures sont le résultat, est peut-être la dernière grande victoire du mouvement populaire.

La Montagne élabore, dans ces mêmes semaines, les éléments d'un gouvernement révolutionnaire qui n'est point conforme à l'idéal de démocratie directe fondée sur la spontanéité des masses dont avaient rêvé les militants sectionnaires. Le texte constitutionnel achevé en juin 93, au lendemain de la chute des Girondins, et proclamé après vote par les assemblées primaires le 10 août 93, ne sera jamais appliqué puisqu'un décret d'octobre 93 en suspend la mise en place en décidant : « Le gouvernement provisoire de la France est révolutionnaire jusqu'à la paix. » Né dans l'été 93, mis en forme en décembre (14 frimaire an II), le gouvernement révolutionnaire veut répondre aux circonstances exceptionnelles : « La Révolution est la guerre de la liberté contre ses ennemis. » Pièce maîtresse du système, le Comité de salut public, émané de la Convention, réunit, à partir de l'été 93 et pour un an, les mêmes membres ou à peu près. Galerie de portraits qu'on ne peut guère esquiver, et c'est justice, eu égard au rôle historique de ces héros révolutionnaires. Robespierre, « l'Incorruptible », Saint-Just, à vingt-six ans en pleine maîtrise de sa juvénile maturité, Couthon : cette triade majeure risque de rejeter dans l'ombre des personnalités qui n'ont rien de second et qu'il est un peu arbitraire de classer sous des étiquettes commodes. Techniciens ? Sans doute. Mais il y a beaucoup plus que cela chez Carnot, « l'Organisateur de la victoire », Jean Bon Saint-André ou les Prieur. Pareillement, la personnalité plus fluide d'un Barère, ou celles des deux « hébertistes » du Comité, Collot d'Herbois et Billaud-Varenne, sont loin d'être de second plan. Par son incessant travail, par une cohésion qui ne s'effritera que dans les derniers mois, le Comité de salut public coordonne et anime l'impulsion révolutionnaire. Son importance éclipse les autres organes centraux – ministres devenus de simples exécutants –, et même le Comité de sûreté générale, chargé des mesures contre les suspects.

Les rouages de transmission de l'influx révolutionnaire se sont mis en place progressivement : agents nationaux au niveau des districts, comités de surveillance dans les villes et bourgs. Entre le Comité et ces instances d'exécution, les représentants en mission ont joué un rôle à la mesure de la réputation qu'ils ont gardée devant l'histoire. Une histoire qui, aujourd'hui, a l'impression de les connaître à la fois très bien et fort mal. Quel parti une historiographie aujourd'hui dépassée n'a-t-elle pas tiré de ceux de ces « proconsuls » que leur intransigeance ou leur cruauté mit en valeur : Carrier à Nantes, Lebon dans le Nord, Fouché, de la Nièvre à Lyon, Fréron et Barras dans le Midi..., et quelle aubaine lorsque l'événementiel – prenant figure féminine – infléchit à Bordeaux les rigueurs d'un Tallien. L'histoire actuelle s'interroge sur l'influence réelle, l'environnement et les moyens d'action de ces agents de la Terreur. Récemment étudiée, l'armée révolutionnaire apparaît, sous la forme de l'armée parisienne ou de ses imitations provinciales, avoir été l'un de ces « instruments de la Terreur dans les départements » que le gouvernement révolutionnaire doit tolérer un temps comme l'une des créations semi-spontanées de sa phase constructive, et qu'il s'applique ensuite à réduire progressivement, puis à éliminer le moment venu.

Un mot d'ordre : la terreur, dont les applications dépassent de beaucoup la simple répression. Celle-ci est effective, et le Tribunal révolutionnaire, animé par l'accusateur public Fouquier-Tinville, verra par la loi du 22 prairial an II, prélude à la « Grande Terreur » de messidor, son activité renforcée. Mais la terreur se fait aussi économique, pour faire passer dans la pratique la revendication spontanée des masses populaires urbaines : la taxation des denrées est imposée par la loi du maximum général (29 septembre), qui l'étend aux salaires. Recherche des stocks, cours forcé de l'assignat, autant d'éléments qui, dans les vicissitudes révolutionnaires, font de la période un épisode relativement favorable aux catégories populaires urbaines.

Le fruit de cette tension des énergies collectives s'affirme en bilan spectaculaire de victoires. Victoires intérieures : le fédéralisme vaincu dès les premiers mois ; Lyon repris en octobre 93, Marseille dès septembre, Toulon, enfin, le 19 décembre après un siège où l'on remarque le jeune capitaine Bonaparte ; l'insurrection vendéenne est sinon abattue, du moins condamnée en décembre, par les victoires du Mans et de Savenay, à régresser au stade de la guérilla. Aux frontières, l'armée nouvelle des soldats de l'an II auxquels la pratique de l'« amalgame » apporte une nouvelle cohésion, et que porte l'enthousiasme révolutionnaire sous la conduite de jeunes généraux sortis du rang, mène hardiment une stratégie offensive et victorieuse : Hondschoote et Wattignies en Flandres, Wissembourg et Landau à l'Est préludent à la grande offensive de printemps qui conduit à la victoire de Fleurus (26 juin 1794), fille de la bravoure plus que de la stratégie, et par laquelle la Belgique est de nouveau française.

Fleurus : c'est un mois avant le 9 thermidor, et l'on peut être tenté de lier la chute à l'excès même de victoires qui « s'acharnaient sur Robespierre » (pour reprendre les propres paroles de Barère), ou du moins reconnaître que le régime de la Terreur, fait pour les circonstances exceptionnelles, ne pouvait leur survivre. Mais la contradiction est plus profonde : depuis un temps déjà, la Révolution était glacée.

« La Révolution est glacée »

La phrase célèbre de Saint-Just exprime avant tout le divorce entre dynamisme populaire et gouvernement de Salut public. Les sans-culottes avaient pu en septembre 1793 imposer une partie de leur programme : c'est des milieux de la sans-culotterie que naît, dans les mois suivants, le mouvement de la déchristianisation que connaissent dès brumaire certaines régions (la Nièvre), puis Paris, et qui s'étend à l'ensemble de la France. On sait depuis longtemps que cette onde déchristianisatrice, loin d'être la suprême invention du gouvernement révolutionnaire, comme l'ont dit les vieux auteurs, a été très tôt dénoncée par Danton, par Robespierre, et suspectée d'être une machination contre-révolutionnaire propre à éloigner le peuple de la Révolution. Elle n'est ni l'un ni l'autre, mais étonne à mesure qu'on la découvre par son caractère massif. Les déprêtrisations, dont l'évêque de Paris Gobel avait donné l'exemple, en témoignent dans nombre de régions, aussi bien que des manifestations qui vont de la mascarade antireligieuse, souvent très populaire, aux fêtes célébrées en l'honneur de la Raison dans les églises transformées à cet effet. Dérivatif des passions populaires, comme on l'a dit, plus encore élément d'une impatience qui trouve sur le plan politique ou économique d'autres aliments, la déchristianisation désavouée est un des éléments de la reprise en main du dynamisme des masses. La permanence des sections abolie depuis septembre, les sociétés populaires dénoncées dans leur foisonnement excessif, les armées révolutionnaires dissoutes, la Commune de Paris domestiquée... Toutes ces mesures, malgré une flambée d'agitation populaire qui culmine en ventôse, conduisent au procès, puis à l'exécution, le 4 germinal an II, d'Hébert et des hébertistes. Plus vulnérables encore, les Enragés avaient été liquidés dès l'hiver. Le mouvement sans-culotte « professionnalisé » n'offre plus ni résistance ni appui véritable désormais.

Il avait fallu pour cela s'appuyer sur le clan des Indulgents qui, autour de Danton ou de Camille Desmoulins (qui lance son « Vieux Cordelier »), regroupait une coalition parfois équivoque où des affairistes comme Fabre d'Eglantine trouvaient place. C'est donc contre eux que se tourne désormais le groupe robespierriste : il amalgame, en avril 1794, en une même fournée, les dantonistes et leurs amis, proches ou lointains.

De cette période où, tragiquement, le cercle se resserre autour de l'équipe jacobine au pouvoir, datent cependant quelques-unes des tentatives les plus étonnantes de ces hommes qui ont rêvé de bâtir sur la vertu un univers nouveau, pour reprendre prise sur un monde qui leur échappe. En contrepoint avec l'élimination des hébertistes, les décrets de ventôse, qui confisquaient les biens des suspects pour en faire distribution aux patriotes indigents, représentent à la fois la pointe extrême de la politique sociale jacobine et témoignent de ses limites. Redistribution importante dont un Grand Livre de la bienfaisance nationale devait fournir la base, elle restait, dans son égalitarisme, respectueuse d'un droit de propriété intouché. En contrepoint avec la déchristianisation, le culte de l'Être suprême, que le déisme robespierriste oppose au culte de la Raison, donne l'occasion d'une imposante célébration collective, le 20 prairial an II, où certains virent l'apothéose de Robespierre.

Contre lui et ses amis, la coalition se forme, dont la lassitude — on est au fort de la Terreur, que les lois de prairial ont accentuée — n'est qu'un élément. A la Convention, le groupe composite de ceux qu'on appellera les « thermidoriens » associe « indulgents » et « terroristes » repentis ou équivoques : Fouché, Tallien, Barras ; au Comité de salut public même, l'équipe dirigeante se dissocie et se heurte durement.

Le discours que prononce Robespierre le 8 thermidor, en forme de réquisitoire contre les « fripons », loin de paralyser les conjurés, les mobilise. La journée du 9 thermidor voit la Convention mettre en état d'arrestation les robespierristes. La mobilisation de la Commune de Paris en leur faveur est un semi-échec qu'accroissent les hésitations de Robespierre et de ses amis. L'Hôtel de Ville repris par les troupes de la Convention, Robespierre, Couthon, Saint-Just et dix-neuf de leurs partisans sont finalement guillotinés le 10 thermidor.

Rentrée dans l'ordre

Les thermidoriens

Thermidor – si nous nous plaçons au cœur même des faits – comportait plusieurs possibilités de lendemains. Cela aurait pu, certains l'avaient pensé, être le retour à une révolution attentive aux masses populaires, mais à direction collégiale, débarrassée simplement de l'emprise robespierriste. Ce rêve, qui fut sans doute celui de Barère, de Collot d'Herbois ou de Billaud-Varenne, s'évanouit le premier. Le procès puis la déportation des trois membres du Comité de salut public, la poursuite et l'exécution de Fouquier-Tinville, Carrier et d'autres boucs émissaires du régime terroriste, en témoignent très vite, de même que le démantèlement des structures du gouvernement révolutionnaire et l'ouverture des prisons. La Convention secoue le joug importun des comités ; les jacobins, hiérarchie parallèle du système révolutionnaire, sont neutralisés puis dispersés.

Ce n'est point, cependant, que manquent les conditions virtuelles d'une reprise de dynamisme populaire : l'an III puis l'an IV aiguillonnent par la famine des masses urbaines ou rurales, qui touchent le fond de la misère. De mauvaises récoltes y sont pour quelque chose ; le retour à la liberté des prix, aggravé par l'inflation du papier-monnaie, rend la crise tragique. Le spectacle d'une richesse qui s'étale désormais sans pudeur et sans frein accroît la rancœur des pauvres. Mais cette sollicitation ne suffit point ; entre le mouvement populaire, qui reste armé mais qui a perdu ses cadres et ses structures d'organisation, et l'état-major désorienté d'un groupe montagnard qui s'effrite, il ne peut plus y avoir que coalition de deux faiblesses. La sanction tragique de cette situation nouvelle est donnée par les journées parisiennes des 12 germinal et 1er prairial an III, où les sans-culottes envahissent la Convention pour réclamer « du pain et la Constitution de 1793 », associant mot d'ordre économique et revendication politique. Le prix de l'échec est dur : le faubourg Saint-Antoine désarmé, c'est la mort du mouvement populaire ; le dernier carré des Montagnards fidèles, les « crétois », éliminé, c'est la réaction politique facilitée.

Ces journées de germinal et de prairial, plus encore peut-être dans leurs épisodes provinciaux que parisiens (Toulon), sont combats en retraite devant le triomphe de la Contre-Révolution. Et c'est ici sans doute qu'on doit se demander pourquoi Thermidor n'a pu être ce que la majorité des thermidoriens souhaitait qu'il fût : le retour à la normale d'une révolution bourgeoise, un temps déviée de son cours. Plus encore que le mouvement populaire, le triomphe de la Contre-Révolution en ces jours rend illusoire l'espoir des stabilisations paisibles. Elle règne à Paris, où Fréron, terroriste repenti, organise les bandes de la « jeunesse dorée » recrutée parmi les « muscadins » ; elle s'affirme en province, dans un Midi où, de Lyon à Marseille, les bandes des « Compagnons de Jéhu » ou « Compagnons du Soleil » font une chasse féroce aux jacobins, aux prêtres constitutionnels, aux acquéreurs de biens nationaux. La complicité active des nouveaux représentants en mission accentue souvent la dureté de cette réaction. Sans doute faut-il, pour l'apprécier totalement, tenir compte du contexte de psychologie collective des lendemains de la tension terroriste, dans un monde où notables et nouveaux riches, vivant au jour le jour, étalent agressivement une étonnante fureur de vivre. Cette réaction n'est pas cependant, il s'en faut, toute de défoulement spontané. La Vendée, un temps pacifiée en apparence, se réveille pour appuyer le débarquement des émigrés à Quiberon (été 95) : sanglant fiasco sans doute, mais propre à rappeler les buts de guerre d'un royalisme que le nouveau prétendant, Louis XVIII, réaffirme dans son intégralité par la déclaration de Vérone.

Entre deux périls, l'étroit chemin, comme l'on dit, de la révolution bourgeoise se révèle bien malaisé. Montagnards repentis, Girondins revenus se regroupent, non sans heurts ni tiraillements, autour de ces conventionnels de la Plaine ou du Marais, dont c'est enfin le jour. Sieyès, Boissy d'Anglas, Daunou incarnent le type du thermidorien, plus peut-être que l'inquiétant Barras, homme de toutes besognes.

D'une répression à l'autre, des violences que l'on dirige à celles que l'on tolère ou que l'on encourage, il y a place pour les mesures réalistes qui définissent une politique : telle cette liberté des cultes décrétée en février 1795, qui établissait — anticipation audacieuse — la séparation de l'Église et de l'État. Aux tentatives de pacification intérieure répond l'idée de pacification européenne. Elle exploite les nouvelles victoires que, sur leur élan de l'an II, viennent de remporter les armées révolutionnaires : la Hollande conquise par Pichegru, la rive gauche du Rhin reprise par Jourdan, l'Espagne pénétrée. Signés avec la Prusse, la République batave et l'Espagne, les traités de Bâle et de La Haye (avril-juillet 1795) disloquent la coalition contre-révolutionnaire, reconnaissant à la France la Belgique et la rive gauche du Rhin. Choix ambigu, sans doute, que cet annexionnisme limité qui refuse encore l'aventure militaire, mais entretient les germes du conflit avec l'Autriche et l'Angleterre.

De cette recherche malaisée, et qui n'est pas toute d'opportunisme, se dégage un bilan politique impressionnant. Sans doute est-il gonflé, dans nos souvenirs d'école, par l'attribution abusive à la Convention thermidorienne de tout un ensemble de réformes juridiques, administratives, scolaires surtout, dont l'élaboration et le mérite reviennent bien souvent à la Convention montagnarde de l'an II. Mais s'il est une œuvre qui appartient en propre aux thermidoriens, c'est la Constitution bourgeoise et républicaine de l'an III, par laquelle ils voulurent clore la Révolution.

Le retour à l'orthodoxie de la pensée bourgeoise s'exprime dans la « Déclaration des devoirs » dont on a tenu à doubler la déclaration des droits, comme dans les déclarations d'intentions de certains : « Un pays gouverné par les propriétaires est dans l'ordre social », affirme Boissy d'Anglas. Et, de fait, c'est à quelque 200 000 électeurs censitaires que revient la désignation d'un législatif en deux tronçons : Conseil des Anciens et Conseil des Cinq-Cents. Au niveau de l'exécutif, la collégialité des cinq directeurs vise pour sa part à écarter le danger de pouvoir personnel. Dans ce système apparemment tout d'équilibre, tout semble avoir été ménagé pour établir le règne de la liberté (bourgeoise) victorieuse et paisible : il se trouve que la Révolution n'est ni victorieuse ni apaisée. Les thermidoriens en ont si claire conscience qu'ils imposent, par le « décret des deux tiers », leur reconduction, leur pérennisation majoritaire dans les nouvelles assemblées. Frustrés d'un succès escompté, les royalistes passent à Paris à l'action violente, en soulevant les sections conservatrices de la capitale : le 13 vendémiaire, les insurgés, mitraillés par les troupes conventionnelles, sont mis en déroute. Sous les ordres de Barras, le commandant des troupes s'appelle Napoléon Bonaparte : nous le retrouverons. Il reste pour l'instant que la Révolution bourgeoise, qui a secoué l'encombrante tutelle du mouvement populaire et, par la Constitution censitaire de l'an III, exclu le petit peuple de la scène politique, ne peut plus compter pour défendre sa légitimité nouvelle que sur la force militaire. C'est un lourd héritage pour le Directoire.

Palinodies du Directoire

Le Directoire laisse le souvenir d'un temps décrié, sans grandeur, temps de l'incertitude et de la corruption, où l'échec final apparaît comme une sanction méritée. On a fait tout un livre sur les « coups d'État du Directoire » : cette image du coup d'État institutionnalisé, et pour tout dire annuel, n'est-elle point le souvenir le plus clair qui reste aux Français, de cette période ? En faisant la part des injustices de l'histoire, d'un jugement rétrospectif souvent sommaire où la légende consulaire et impériale s'est dotée d'un repoussoir commode, on doit se demander si l'échec — flagrant — était inévitable.

Dès l'époque, on y vit la conséquence d'une fatalité interne au régime, d'un vice inhérent à la Constitution de l'an III. Les législateurs l'avaient tout entière conçue dans un esprit d'équilibre, dans la crainte d'une dictature émanée de l'exécutif ou de la représentation ; ils n'avaient prévu en cas de conflit entre les pouvoirs aucune procédure légale : le coup d'État s'en trouvait virtuellement inscrit dans la Constitution.

L'explication n'est pas sans valeur ; elle reste formelle. D'autres régimes ont su pallier, par la pratique, de tels vices de fabrication. C'est en termes d'affrontements ou de soutiens sociaux que les contradictions du Directoire se présentent et s'expliquent. Les hommes du pouvoir sont plus qu'un groupe de pression, malgré les apparences et même les réalités d'une vie politique en milieu fermé. Hommes de 89 et de 91, thermidoriens reconduits par eux-mêmes, les gouvernants du Directoire expriment le programme et les besoins de la bourgeoisie révolutionnaire : « se consolider ». Le terme apparaît sordide au niveau de l'aventure individuelle d'un Barras ; il trouve sa justification au niveau des attitudes collectives d'une classe qui entend défendre sa révolution politique et sociale. Face à une Contre-Révolution qui est loin d'avoir désarmé, et que le régime censitaire privilégie, la bourgeoisie révolutionnaire minoritaire devra se chercher des appuis : la pression populaire redoutée et refusée (déclinante aussi depuis prairial), c'est vers l'armée et ses chefs que l'on se tournera de plus en plus.

Des données économiques conjoncturelles ont pu peser sans doute sur le cours des choses. Le premier Directoire voit l'agonie et la mort de l'assignat, malgré une éphémère résurrection sous forme de « mandats territoriaux ». A l'inflation délirante des derniers mois du papier-monnaie, le retour au numéraire oppose les réalités de prix stagnants ou en baisse dans la majeure partie de la période, conséquence dans le monde rural de bonnes récoltes répétées. L'État souffre le premier, et tout particulièrement, de ce marasme. Régime aux caisses vides, le Directoire doit utiliser la guerre de conquête pour l'argent qu'elle rapporte. Dans cette escalade où le thème thermidorien des « frontières naturelles » se trouve dépassé, la dépendance s'accroît à l'égard des initiatives d'un pouvoir militaire qui « tient », financièrement, le pouvoir civil.

Sur ce canevas des lignes de force ou des constantes de la période, l'histoire oppose souvent un « premier » Directoire, qui dure jusqu'au 18 fructidor an V, au « second » Directoire, qui s'enfonce dans la pratique du coup d'État. Le premier Directoire, où l'équipe dirigeante associe cependant, avec Carnot, Reubell, Letourneur et Larévellière-Lépeaux, des visages bien contrastés du nouveau monde, tente de maintenir le difficile équilibre entre les oppositions démocratique et royaliste. Anciens jacobins montagnards, tel Lindet, républicains du club du Panthéon, babouvistes regroupés autour de Gracchus Babeuf constituent le premier danger... et la première cible. Le mouvement fut porté sans doute par la crise de l'an IV. Il dépasse, cependant, de beaucoup l'ampleur d'une simple réponse à la conjoncture. La personnalité de l'ancien feudiste, celles de plusieurs de ses compagnons tel Buonarotti, donnent à la conjuration des Égaux mise sur pied en 1796 un relief particulier. La nouveauté d'un système communiste pour la première fois affirmé, cherchant par la voie insurrectionnelle sa réalisation, confirme cette importance historique. Mais des Enragés à Babeuf, si l'histoire des idées enregistre le saut qualitatif d'une prise de conscience historique, l'histoire conjoncturelle enregistre pour sa part la retombée du mouvement populaire. Cadres sans troupes, les babouvistes annoncent un mouvement révolutionnaire qui sera, pour longtemps, conspirateur. L'échec du soulèvement du camp de Grenelle, le procès des babouvistes et l'exécution de Babeuf disperseront les derniers cadres du mouvement populaire.

Porté par une partie de l'opinion des notables qui triomphent aux élections de l'an V, le danger royaliste impose à son tour au Directoire — cependant disposé à nombre de compromis — une politique de répression. Derrière le paravent de groupements officiels, club de Clichy et Institut philanthropique, s'abritent les réseaux de la Contre-Révolution conspiratrice, s'affrontent aussi les « jacobins blancs », partisans de la réaction intégrale, et les royalistes constitutionnels. Quelles que soient les ambiguïtés du mouvement, c'est son succès même qui provoque sa perte : majoritaire aux Conseils, complotant avec Pichegru une restauration monarchique, le parti royaliste contraint le Directoire à prendre les devants par le coup d'État du 18 fructidor an V, qui casse les élections et envoie en Guyane — la « guillotine sèche » — royalistes et prêtres réfractaires. La réalisation technique du coup d'État a été confiée au général Augereau, délégué par Bonaparte : avec Fructidor le coup d'État militaire entre définitivement dans les mœurs. Politique de bascule, ou lutte sur deux fronts, l'an VI voit en floréal le Directoire ostraciser une partie des élus de gauche que le renouveau jacobin né de Fructidor avait amenés en abondance ; l'an VII, au contraire, amène une révolte des Conseils contre la tutelle du Directoire. Une poussée jacobine confirmée et accentuée aboutit à un renouvellement du Directoire favorable aux néo-jacobins : Ducos, Gohier, l'obscur général Moulin y représentent une majorité de gauche qui suscite dans le pays un regain de mesures révolutionnaires sinon terroristes. Tardive et inefficace poussée : à cette date, le régime directorial est déjà condamné sans appel.

Il l'est de l'intérieur, par le déclin de l'autorité d'un gouvernement sans moyens, par ailleurs inconstant. Sans doute l'histoire corrige-t-elle la légende de l'anarchie directoriale en rappelant les mesures d'assainissement financier d'un Ramel, la politique économique de François de Neufchâteau. Mais les années du Directoire sont, dans toute une partie de la France, l'époque du brigandage des « chauffeurs » de pieds : qu'ils attaquent la richesse circulante des diligences ou investie des fermes isolées, qu'ils soient des *primitive rebels* sans arrière-pensée ou des épaves de la Contre-Révolution armée, ils témoignent surtout de la faiblesse de l'État révolutionnaire. Mais autant que de l'intérieur, le Directoire est miné, paradoxalement, par l'enchaînement des victoires extérieures, d'où sortira le césarisme.

Vers le césarisme

C'est avec le Directoire que la guerre prend, dans l'histoire révolutionnaire, le pas sur les événements intérieurs. Ambitions ou génies personnels y sont pour quelque chose et, dans une aventure qui se confond en bonne part avec l'ascension de Bonaparte, il serait sans doute injuste de minimiser la part des individus et des événements. Mais l'événementiel n'explique pas tout. Plus qu'un avatar accidentel de la politique du Directoire, la guerre, devenue nourricière, répond à un besoin du régime et, en retour, elle contribue à en vicier le fonctionnement. Etroitement subordonnée en l'an II, l'armée s'érige aux échelons supérieurs en caste militaire, se transforme dans sa masse en troupe dépendant du chef qui la fait vivre. L'armée nationale de l'an II subit ainsi une évolution qui la rend propre à servir de moyen de pression privilégié sur un gouvernement faible et divisé.

Carnot avait établi pour 1796 les plans d'une campagne destinée à réduire l'obstination autrichienne. L'offensive devait, par l'Allemagne, menacer Vienne, un rôle de diversion étant dévolu à l'armée d'Italie. On sait qu'il en alla autrement : l'échec de l'offensive d'Allemagne fut compensé par les victoires du général Bonaparte, qui avait reçu le commandement de l'armée d'Italie. Vainqueur du Piémont (Millesimo, Mondovi), des Autrichiens, qu'il chasse du Milanais puis défait autour de Mantoue (Arcole, Rivoli), il s'ouvre au printemps 97 la route de Vienne, en prenant Venise au passage. Les préliminaires de Leoben, et plus encore le traité de Campoformio (17 octobre 1797), révèlent à la fois l'indépendance et les ambitions d'un général qui tranche à sa guise, et le nouveau cours qu'il imprime à l'expansion révolutionnaire : la création de républiques italiennes (Ligurienne, Cisalpine, Cispadane...) et l'octroi de Venise à l'Autriche font éclater les mythes contradictoires sur lesquels la guerre révolutionnaire avait jusqu'alors vécu (frontières naturelles et émancipation des peuples). Les mois suivants devaient voir le mouvement s'accentuer : républiques Romaine, Parthénopéenne et Helvétique complètent le réseau des « républiques sœurs ».

Officiellement dirigée contre l'adversaire anglais, mais, selon l'optique dans laquelle on l'envisage, première tentative de Bonaparte pour réaliser son rêve oriental, ou moyen pour le Directoire d'écarter un ambitieux, la campagne d'Égypte, entreprise au printemps 98, apparaît dans ce schéma comme une curiosité gratuite et exotique. Le succès de la bataille des Pyramides assure le contrôle du pays ; mais les Français s'y trouvent prisonniers après la bataille navale d'Aboukir, où Nelson détruit la flotte qui les y avait conduits. La meurtrière campagne de Syrie, qui vient buter sur Saint-Jean-d'Acre, consomme un échec dont Bonaparte prend son parti. La seconde coalition, formée entre-temps par l'Angleterre, l'Autriche, la Russie, Naples et la Turquie, avait à nouveau ramené la guerre en Europe. L'Italie perdue et les républiques sœurs envahies, défaites en Allemagne et en Suisse devant les Austro-Russes, débarquement en Hollande : tous ces revers avaient placé la France dans une situation un temps tragique dans l'été 99. Lorsque Bonaparte, de retour d'Égypte, débarque en France, la situation avait cependant été en partie rétablie par les victoires de Masséna sur Souvorov (Zurich, septembre 99). C'est plus dans le cadre d'une situation intérieure confuse que pour rétablir la position militaire de la France que s'impose l'homme providentiel. La poussée jacobine de l'an VII suscite, dans les milieux de la bourgeoisie directoriale, une réaction dont Sieyès, devenu directeur à la place de Reubell, est l'interprète et qu'il s'attachera à organiser. Aux projets de révision de la Constitution dans un sens autoritaire dont il rêve, il faut l'appui d'une participation militaire. Bonaparte est choisi pour en être l'agent. Un complot soigneusement préparé, médiocrement réalisé, tel apparaît le 18-Brumaire. Au Directoire, gagné ou complice à l'exception de Gohier et Moulin, aux Conseils transférés à Saint-Cloud sous prétexte de la découverte d'un complot « anarchiste », au ministère comme dans certains milieux d'affaires, des appuis ont été recherchés. A demi réussi le 18 brumaire, le coup d'État manque échouer le lendemain devant les Conseils. La présence d'esprit de Lucien Bonaparte, l'intervention armée des troupes assurent le succès de la journée. Trompant ceux qui ont cru être ses mandataires, Bonaparte pose les bases de son pouvoir personnel.

Une autre aventure commence. Prolongement ou gauchissement de l'époque révolutionnaire ? N'anticipons pas : il est temps ici de tenter, en forme de bilan, d'évoquer la civilisation de la Révolution française.

II. CIVILISATION RÉVOLUTIONNAIRE

Pour certains, la Révolution n'aura été qu'un mauvais souvenir ; et non seulement pour ceux qui n'y ont « rien appris et rien oublié ». Au niveau très humble des délibérations d'une municipalité de taille médiocre, on mesure parfois l'impact réduit de cet ébranlement universel. On y sent le passage de la Grande Peur en 89, puis, bien souvent, tout rentre dans l'ordre, à quelques épisodes près, tels le départ des volontaires ou les réquisitions de l'an II. La Révolution française n'aurait-elle été qu'une Grande Peur ou une grande fête, traumatisante mais passagère ?

Elle comporte certainement cet aspect. La crise, en elle-même, affecte trop de manifestations spectaculaires — même si elles furent éphémères — pour qu'on puisse les passer sous silence. Mais, plus encore, la Révolution française, par l'importance comme par l'étendue de son message, apportait au monde les règles et les schémas de la démocratie bourgeoise. Ces affirmations se trouvaient expérimentées dans le cadre d'une France bouleversée, à laquelle 1789 donnait son visage moderne. Au-delà même des certitudes acquises, c'est sur tout un ensemble de promesses, d'espoirs parfois déçus, d'insatisfactions aussi, que se termine la Révolution française, portant en elle les germes de son dépassement.

L'éphémère

Le grand remue-ménage, ou Révolution et démographie

Un grand remue-ménage : telle est l'image que laisse de la Révolution une première vision, volontairement naïve, sans être pour cela superficielle. On a entrepris d'étudier l'influence de la crise révolutionnaire sur les démographies, tant urbaines que rurales. Elle apparaît considérable. Des contemporains, souvent hostiles, avaient vu la Révolution comme facteur de stagnation, voire de dépeuplement ; les approches directes permettent de nuancer cette image. La Révolution est une époque de mariages ; villes et campagnes les voient se multiplier. On en devine sans peine les motivations : rupture de structures sociales anciennes et plus encore, peut-être, conséquence des levées d'hommes qui pèsent sur les célibataires. Si les causes sont événementielles, les conséquences n'en sont pas moins sensibles ; la natalité suit la courbe des mariages, alors que la mortalité est gonflée pour sa part par l'impact des crises de subsistances (la crise de l'an III), des épidémies et de la guerre. Le bilan global confirme l'impression non d'un recul, mais d'une croissance ralentie. La natalité, d'évidence, n'a pas suivi totalement les suggestions de la courbe des mariages. A travers les sources démographiques, prospectées localement, l'idée d'un contrôle accru des naissances s'impose.

Au-delà du bilan général, inévitablement schématique, que de réajustements et d'évolutions contradictoires ! A l'encontre de l'image de l'« exode » des villes vers la campagne, qu'une histoire encore récente nous impose, certaines villes se gonflent – réaction d'« ancien style » – par l'afflux de toute une population rurale déracinée, qui s'entasse dans leurs murs. Sur la route des frontières ou des zones troublées, des centres urbains s'hypertrophient momentanément ; d'autres, au contraire, et c'est, semble-t-il, le cas dans nombre de villes du Midi, perdent une part sensible de leur population. Là où les villes, dans leurs réactions différentes, se révèlent malgré tout secteurs économiquement préservés, les campagnes, dans leur évolution démographique, témoignent de leur sensibilité à une conjoncture dominée par le problème des subsistances : la Révolution s'était annoncée par une crise sévère en 1788, l'an III en retrouve l'équivalent ; pour nombre des errants courant les plaines de grande culture, à l'époque du brigandage directorial, il reste, dans les interrogatoires, l'année du « Grand Hiver » qui a vu leur déracinement.

On nous en voudrait sans doute, et à juste raison, de ne pas insérer dans cette étude le poids de la Terreur : quantifié, il se trouve, selon que l'on voudra, mesquinisé ou réduit à ses justes proportions. L'élimination physique des ennemis de la Révolution a touché de 35 à 40 000 personnes : c'est beaucoup et c'est peu (moins de 21 p. mille de la population française). Leur répartition sociale contraint à nuancer les idées reçues. 31 p. 100 d'ouvriers de métiers manuels, 28 p. 100 de paysans : la part des privilégiés est minoritaire parmi les victimes : il est vrai que la ponction, sur les effectifs de la catégorie, est beaucoup plus sensible. Le contraste majeur que révèlent les statistiques est sans doute celui de régions assez sévèrement touchées, par opposition à celles où la Terreur fut pratiquement inconnue : 16 p. 100 des condamnations capitales sont parisiennes, 71 p. 100 se répartissent entre l'Ouest vendéen (52 p. 100) et le Sud-Est insurgé (19 p. 100). Le chiffre total, dans sa sécheresse, doit être complété et nuancé par la statistique des emprisonnements (de 300 à 500 000 personnes au plus fort de la période). L'équité imposerait d'y ajouter l'estimation des victimes de la Contre-Révolution, cette première Terreur blanche de l'an III : dans le Midi provençal, elle se révèle aussi meurtrière que la Terreur jacobine. Dans l'image du « remue-ménage » qui a servi de point de départ à ce bilan démographique de la Révolution, l'émigration ne doit pas être sous-estimée. Dans les premiers mois de 1794, elle semble avoir atteint son point culminant avec quelque 60 000 personnes. En tenant compte du flux global, où retours et nouveaux départs se relaient, le total est sans doute inférieur à 100 000 personnes. Comme en ce qui concerne la Terreur, le poids de l'émigration et du brassage qu'elle entraîne ne saurait se mesurer uniquement aux effectifs intéressés : le choc a été d'un autre ordre et d'une autre nature.

Le temps des assignats, ou crise économique et crise inflationniste

La Révolution française s'est ouverte sur une crise économique. Sans cesse réamorcé, le malaise économique représente une des composantes majeures d'une période qui, pour beaucoup, restera le « temps de la cherté ». L'image d'un marasme économique dramatique et persistant surprend non pas ceux qu'une tradition ancienne au ras des témoignages accoutume à voir tout en noir dans les convulsions de la période, mais ceux que l'idée de ce grand XVIIIe siècle économique couvrant de sa hausse séculaire des prix la période 1730-1817 amènerait à voir dans la révolution économique un accident. Mais l'accident est majeur, et l'on en sait, dans le contexte français, les composantes principales. Il y a d'abord, dans un monde dominé par le souci des subsistances et par la crainte de la famine, les agressions nouvelles de mauvaises récoltes réitérées : en 1791 et 1794 notamment, des récoltes insuffisantes ramènent la famine, et la crise de l'an III comme celle de 92 marquent les moments les plus tragiques pour la subsistance populaire.

Les aventures de l'assignat donnent à ces éléments de tradition les dimensions d'une crise inflationniste spectaculaire : un milliard et demi de livres en circulation à la fin de 1791, 3 au milieu de 1793, 6 à la veille du 9-Thermidor, un peu plus de 34 au début de 1796. La dépréciation de l'assignat, que l'inflation provoque, scande les phases du mouvement. Assez sage jusqu'à la fin de 91, la courbe traduit une première chute brutale à l'articulation de 1792, puis à nouveau dans les six premiers mois de 93 ; après le coup d'arrêt provisoire qu'apporte alors le gouvernement révolutionnaire, la chute reprend sans appel de 1794 à la fin de 95. Hausse des prix et déclin du pouvoir d'achat répondent au schéma ainsi esquissé ; sans doute, les premières années de la Révolution – jusqu'à 91 – avaient-elles connu une chute des prix liée aux bonnes récoltes ; superposé aux crises des subsistances comme au malaise urbain, le torrent inflationniste entraîne ensuite une évolution précipitée.

C'est sur fond de cette courbe générale que la crise des économies urbaines peut s'apprécier pleinement. Sans doute, les villes apparaîtront-elles parfois préservées par des gouvernements modérés, ou jacobins, qui savent les risques du trouble dans la rue. Mais elles connaissent aussi des phases tragiques où la disette et la cherté s'installent : en 1792 ou l'an III, par exemple. Touchées en tant que consommatrices par la disette et la cherté inflationniste, les classes populaires urbaines le sont en tant que productrices ; l'émigration d'une part, la réduction du train de vie de bourgeoisies et aristocraties urbaines réduites « à conserver, à suppléer, mais à ne plus acquérir », d'autre part, affectent toute une partie des professions artisanales, et pas seulement dans le cadre des industries de « luxe ». Le bâtiment et le textile, ces deux activités-tests de la vitalité économique des villes du XVIIIe siècle, languissent ; le chômage sévit, et les essais de production dirigée, pour les besoins militaires, mis sur pied sous la Terreur n'ont fourni qu'un palliatif momentané et insuffisant. A la crise liée à la réduction du marché de consommation national, sensible à Paris, à Lyon, à Rouen et en bien d'autres villes, la rupture des ouvertures extérieures du grand commerce superpose, à partir du printemps 93, un autre élément de marasme. Dans les grands ports de la façade atlantique ou méditerranéenne, c'en est fait de l'insolente prospérité du XVIIIe siècle épanoui : des formes de reconversion ou d'adaptation à la crise voient un commerce de cabotage relayer partiellement (Marseille) le trafic lointain. Pour ces fronts pionniers du capitalisme commercial, le prolongement que l'Empire donnera à cette interruption élargit le malaise des années révolutionnaires en une crise beaucoup plus profonde : c'est la fin d'une prospérité séculaire dont on ne retrouvera l'équivalent qu'au cœur du XIXe siècle.

La crise sociale exprime les conséquences de la crise économique. En milieu rural, c'est pour la petite paysannerie consommatrice que la période est la plus dure. Le développement de l'errance, dans les rangs de laquelle l'insécurité et le brigandage prennent naissance, est la matérialisation du déracinement de la fraction la plus fragile de la paysannerie. En ville, les fluctuations numériques traduisent imparfaitement les modifications sociales momentanées de salariats, où le prolétariat flottant, venu de la campagne, se gonfle au détriment des catégories productives spécialisées.

Feu de paille que tout cela ? Oui et non. Il en restera au moins un souvenir, un traumatisme collectif dans les mentalités urbaines. Au niveau des images d'une révolution que l'on s'efforce d'appréhender d'abord par ce qu'en ont ressenti et vu les contemporains, le poids de la conjoncture économique ou démographique sous-tend et alourdit ce qui pour beaucoup est apparu comme un drame majeur, dans lequel, foule anonyme ou participants directs, ils ont engagé toute leur existence.

Foules et héros : la Révolution est un drame

De la participation collective à la Révolution, l'histoire n'a longtemps retenu que les foules. Encore ne les flattait-elle pas. Historiens conservateurs du XIXe siècle, hantés par l'image de la Commune de Paris, ou sociologues durkheimiens, ils nous ont légué l'image, en forme de reconstruction anthropomorphique, d'une foule, être collectif aux réactions irrationnelles, puériles, ou plus encore comparable à l'homme ivre dont parle Taine dans un célèbre morceau. Depuis Georges Lefebvre, qui posa les principes d'une étude scientifique des foules, on a appris, non point à réhabiliter des comportements collectifs qui n'ont pas à être jugés, mais sans doute à les mieux comprendre. A les hiérarchiser d'abord : de la coalescence spontanée, qui en période de famine se forme à la porte des boulangers, jusqu'à la réunion préparée d'une foule combative mobilisée sur des mots d'ordre précis. De l'une à l'autre, le paysage de la rue se modifie ; la foule, largement féminine dans le premier cas, fait prédominer dans le second les cadres artisans ou petits-bourgeois de la sans-culotterie en action. Ces foules, où l'on ne retrouve que très minoritaires, voire inexistants, les malfaiteurs et repris de justice dont la tradition historique les composait, sont sans doute par leurs mobiles, leurs comportements, dans la tradition des explosions populaires que Paris connut, de la Ligue à la Fronde, à travers l'Ancien Régime. Ne nous y trompons pas, cependant : la maturation comme l'encadrement révolutionnaire en font des éléments majeurs et non point semi-inconscients du drame auquel ils participent.

Foules et héros : la dialectique héritée du romantisme est trop simple, et par là même injuste, pour désigner les participants de l'action. L'attention se porte aujourd'hui sur les cadres organisés que la Révolution, premier mouvement de masse de type moderne, suscite et dont l'anonymat, et plus encore l'inexact signalement, sont désormais dépassés. Nous connaissons les sans-culottes parisiens, groupant, autour du massif noyau des cadres de l'échoppe et de la boutique, une part d'éléments de la petite et moyenne bourgeoisie, du salariat le plus évolué également. Sur les traces des armées révolutionnaires « instrument de la Terreur dans les départements », comme localement dans le recrutement des sociétés populaires, nous apprenons à découvrir sans-culottes, voire « enragés » provinciaux. La vieille image d'une Révolution toute parisienne, opposée à l'apathie provinciale, s'efface derrière les réalités d'une politisation souvent avancée. N'exagérons rien, sans doute. Dans le dénombrement de ses participants actifs, la Révolution reste phénomène de minorité agissante : dans les sections de Marseille, les poussées les plus massives de participation populaire n'ont jamais amené plus du quart des adultes masculins du quartier aux assemblées sectionnaires, que ce soit à l'été 92 ou au printemps fédéraliste de 93. Si l'on passe au dénombrement des « militants » véritables, le groupe actif se réduit encore plus. Du moins, de cette élite révolutionnaire des physionomies commencent-elles à se détacher ; une mentalité révolutionnaire s'esquisse : le fossé se comble entre les masses révolutionnaires et les héros du drame.

A vrai dire, le temps n'est plus où une vision biographique de l'histoire révolutionnaire semblait réduire le conflit à un affrontement dans les nuages. « Dantonistes » derrière Aulard, « robespierristes » derrière Mathiez représentent une approche de la Révolution qui n'est plus la nôtre, mais dont nous aurions assurément tort de sourire. Au demeurant, la notion que certains nous proposent aujourd'hui, d'« équipes » de dirigeants ou de meneurs révolutionnaires, est-elle toujours beaucoup plus satisfaisante ? Reste, quelle que soit la méthode d'approche, l'étonnement toujours renouvelé devant la fécondité en tempéraments comme en personnalités exceptionnelles de la France révolutionnaire. Il faut se garder du lyrisme, lui aussi passé de mode, comme de l'imagerie romantique d'une Révolution, telle Saturne, dévorant ses enfants..., toujours assurée, toutefois, de les remplacer. Lorsqu'on passe, dans telle rue provinciale ensommeillée, devant la maison où Brissot, Pétion, Sieyès se réunissaient, dit-on, avant 89 pour discuter de la réforme du royaume, et ce dans une ville médiocre qui donna, en outre, à la Révolution le général Marceau, on reste frappé de la richesse d'une période humainement exceptionnelle. Parce qu'elle avait substitué à une société close une société ouverte, dont on ne sentait pas encore les limites, parce qu'elle représenta, dans son dynamisme parfois sanglant, parfois héroïque, une offre massive de carrières exceptionnelles, la Révolution, printemps de la bourgeoisie française, représente une des périodes de vie collective la plus intense de l'histoire nationale. Cette vérité première n'est peut-être pas le moindre des aspects d'une période que nous avons jusqu'alors traitée en termes de « crise ».

La fête révolutionnaire

L'expression paraîtra grinçante à ceux qui n'y ont vu qu'une fête de la mort. Loin de nous l'idée de glisser dans une vision idéalisée et univoque sur les formes sanguinaires du défoulement collectif, rarement gratuit et injustifié, d'ailleurs. Les problèmes de psychologie collective de groupes que l'on voit passer, sans transition, de la mise à mort et de la mutilation à la farandole spontanée (meurtre du major de Beausset à Marseille en 1790) sont loin d'être élucidés. Mais quoi ? On a trop longtemps insisté sur la griserie de la guillotine, et présenté le spectacle révolutionnaire en termes de tricoteuses au pied de l'échafaud, pour qu'il ne soit pas nécessaire de réhabiliter ces fêtes que tant d'auteurs ont dit de conformisme et de convention ; de récentes études y engagent.

Les admirables gravures de Prieur, celles de ses contemporains livrent une documentation iconographique qui n'est pas académique. A feuilleter ces images, on voit s'organiser les types de la fête révolutionnaire : des grandes manifestations d'unanimité de 1790, dont la fête de la Fédération a fourni le type, à celles par lesquelles la Révolution proclame les nouvelles vérités (proclamation de la Constitution, 14 septembre 91) ou célèbre ses précurseurs (translation des cendres de Voltaire ou de Rousseau). L'unanimité a peine à défendre ses fictions dans l'année 92 où, coup sur coup, la fête de la Liberté célèbre les Suisses patriotes de Châteauvieux, et la fête de la Loi le maire d'Étampes, Simoneau, héros de la conservation sociale ; plus combatif, un nouveau style se dégage au gré des circonstances, dont la proclamation de « la Patrie en danger » en juillet 92 et la fête en l'honneur des morts du 10 août expriment la tension. L'an II, dans un clivage révélateur, oppose un cérémonial semi-spontané dans les cérémonies de la phase déchristianisatrice (fête de la Liberté et de la Raison en brumaire an II à la cathédrale de Paris) à une mise en forme officielle dont, peut-être, la fête de l'Être suprême, le 20 prairial an II, offre l'exemple le plus achevé. A une iconographie élaborée, il conviendrait d'apporter la confirmation d'une imagerie populaire prolixe qui en confirme les thèmes. A cette courbe ascendante, arrêtée en thermidor, la période thermidorienne et directoriale fournit un prolongement qui n'a rien de médiocre. Enfin, la province, dans son conformisme comme souvent dans ses innovations, se révèle en harmonie avec le monde parisien. Qu'il suffise ici de reconnaître à quel point la Révolution a mis, en tous temps et en tous lieux, la fête à l'ordre du jour.

Feu de paille ou révolution de la sensibilité ?

Le propre de la fête est d'être éphémère, mais aussi peut-être de laisser des souvenirs durables. Dans quelle mesure la fête révolutionnaire correspond-elle à un tournant de la sensibilité collective et, plus encore, dans un mouvement dialectique, l'a-t-elle hâté par une prise de conscience accélérée — à chaud pourrait-on dire — dans le creuset révolutionnaire ?

L'histoire de l'art ou de la littérature répondent, à première vue, négativement à l'enquête. On a dit que la Révolution française n'avait rien créé, et pour beaucoup la stérilité artistique emporte condamnation de l'époque qui a immolé un poète en la personne d'André Chénier, un savant en la personne de Lavoisier. Si l'on veut aller au-delà des stéréotypes commodes sur le thème « la République n'a pas besoin de savants », on fera remarquer avec bien d'autres que la brièveté de la période, que la hiérarchie des urgences aussi expliquent que la Révolution ait laissé peu de restes : ce n'est pas essentiellement dans la pierre que construisent les révolutions. Au-delà de cette justification, elle-même sommaire, il est évident que la Révolution, en désorganisant le marché ancien de consommation des œuvres littéraires et artistiques, ne put, d'entrée, en improviser un nouveau. Il est bien assez remarquable, déjà, de noter l'explosion d'une littérature populaire, non point nouvelle, mais combien élargie par le journal, le pamphlet, les feuilles volantes, une iconographie qui des gravures aux faïences envahit tout le quotidien. A ce niveau, c'est d'évidence dans les secteurs marginaux de la production — mais en sont-ils moins nobles ? — que l'on doit chercher l'originalité de la production révolutionnaire.

Que l'on se tourne vers l'éloquence, et la Révolution offre, dans un domaine tout nouveau, d'éclatantes affirmations. Des discours de Mirabeau à la chaleur d'un Vergniaud, d'un Danton, on passe à l'étonnante rigueur des discours et rapports de Saint-Just ou de Robespierre. A travers eux, la Révolution française a su mettre en forme un message à sa mesure. Le journal, considéré comme œuvre littéraire, fournirait, à travers les meilleurs articles de Desmoulins ou de Marat, autant de pièces qui dépassent l'événement par leur tenue. Pourquoi faut-il qu'une tradition héritée du siècle passé, mais en faveur chez nombre d'historiens contemporains, fasse de Marat, dont la violence la plus extrême reste toujours digne, voire pompeuse, un journaliste à la plume relâchée ? Peut-être faut-il incriminer un amalgame abusif avec Hébert, « le Père Duchesne », dont la violence et la verve populaire méritent d'ailleurs, elles aussi, considération. Chénier est bien loin, André du moins, dans un monde où l'élégie n'a pas sa place (mais où il sut manier l'ïambe) ; Marie-Joseph , frère ingrat selon la tradition romantique, mérite sans doute un nouvel examen ; et peut-être l'approche la plus valable de sa poésie académique est-elle de l'aborder en musique.

C'est à travers *le Chant du départ*, mis en musique par Méhul, et plus encore peut-être dans les œuvres de Gossec (*Marche lugubre, Hymne à l'Être suprême*, ou l'admirable *Peuple éveille-toi*) que l'on peut mesurer le renouvellement d'un art qui cherche et trouve une expression révolutionnaire. Morceaux de plein air, où les bois s'effacent devant les cuivres, remarquables par l'emploi audacieux d'imposantes masses chorales, la musique, comme le disait Gossec, « s'est donné des moustaches ». Encore ne pouvons-nous l'apprécier pleinement, sortie du cadre de spectacle total qu'ont représenté les grandes fêtes révolutionnaires. Travaillant dans l'éphémère, la Révolution ne nous laisse que l'image — parfois — de grandioses mises en scène.

L'art du décor ramène, cependant, à l'échec relatif de la Révolution française dans la recherche d'une expression picturale adaptée au dynamisme des temps nouveaux. L'affirmation est brutale. David n'est-il pas, par sa participation à la Révolution militante, le type même du peintre engagé, par son œuvre l'un des maîtres de la peinture française au tournant du XIXe siècle ? Ce fut peut-être son malheur, et celui de l'art français de la période, que la peinture ait fait, par sa grâce, sa prérévolution en imposant le néo-classicisme : *le Serment des Horaces* triomphe en 1785 ; la bourgeoisie française, nourrie d'humanités classiques, reconnaît dans cette « illusion héroïque » l'expression qui convient à la tension morale qu'elle oppose à la frivolité aristocratique. C'est en « oripeaux de Romains » que se dérouleront les fêtes révolutionnaires, en périodes à l'antique que s'expriment à la tribune des assemblées de nouveaux héros de Plutarque..., et c'est à travers une fiction académique que la Révolution cherche son art. Pas toujours, heureusement. Les portraits que nous laissent David et ses contemporains révolutionnaires perpétuent, sans convention, la grande tradition du portrait français. Mais, dans la peinture officielle, si l'ironie du destin seconde parfois l'académisme du peintre en poignardant le héros dans sa baignoire, l'échec d'une peinture véritablement révolutionnaire s'exprime dans l'esquisse que laissa David du jeune Bara : corps d'éphèbe, serrant sur son cœur son seul vêtement, une cocarde tricolore. Il faudra Géricault pour entraîner un art véritablement révolutionnaire au galop de son *Officier de chasseurs à cheval*. Pour s'être reconnue dans l'héroïsme néo-classique, la Révolution française n'apparaît pas, sur ce plan du moins, comme un tournant de sensibilité collective. Mais peut-on changer le cadre de la vie en dix ans ?

Peut-on changer les hommes en dix ans ?

De ces sollicitations visuelles, de ces éléments de crise superposés n'est-il resté que le souvenir, massif peut-être, obsédant, mais stérile ? La Révolution, traumatisme collectif, entraînant les êtres dans un dynamisme nouveau, a-t-elle changé les hommes ? Avant de passer aux modifications profondes que les aspects spectaculaires de la crise ne sauraient masquer, on ne peut écarter cette question en forme de bilan des aspects psychologiques de la Révolution.

L'expérience — et l'échec — des cultes révolutionnaires semble, sur ce plan, négatif. Il y eut le culte de la Raison, que les Parisiens découvrent en brumaire an II, que la province, soit spontanément, soit à l'initiative de représentants en mission, imite dans les mois qui suivent ; après les attaques des Indulgents, une reprise en main robespierriste substitue à ce foisonnement semi-spontané le conformisme éphémère du culte de l'Être suprême ; enfin, la période thermidorienne, puis le Directoire seront peut-être, malgré les apparences, les temps les plus fastes pour les fêtes civiques du culte décadaire. Que reste-t-il de toutes ces innovations qui n'ont duré que le temps d'un calendrier : ambitieuse et étonnante tentative de remodeler les rythmes du temps hérités des siècles à laquelle Fabre d'Églantine avait donné son vocabulaire ? Il faut éviter de conclure trop vite à l'éphémère. La question se pose du moins — et elle a été posée —, de savoir dans quelle mesure la crise révolutionnaire n'a pas opéré une déchristianisation « à chaud » par des filières parfois étonnantes ; que l'on songe à ces mystiques révolutionnaires et populaires qui trouvent leur aliment dans le culte des martyrs de la liberté : « O Cor Jésus, O cor Marat », entend-on en 1793... C'est à tort que l'on croirait la province en retard : elle a connu ses cultes révolutionnaires, même si sainte Pataude, la sainte aux ailes tricolores, reste une curiosité de la Vendée patriote. Cet aspect de l'explosion révolutionnaire ne devait pas être oublié.

Pas plus qu'on ne saurait esquiver le problème du tournant plus général qu'a pu représenter la Révolution française dans ces attitudes devant la vie, auxquelles on s'attache à juste titre aujourd'hui et dont elle a rompu les données séculaires. Mais la crise révolutionnaire est ici loin d'être une. Deux versants s'y distinguent qui proposent successivement deux images de l'homme nouveau. L'homme nouveau, selon la révolution jacobine, c'est peut-être dans le portrait du sans-culotte tel que nous le décrit Albert Soboul qu'on peut le chercher. Il n'est pas adolescent : il a trente-cinq ans, il est marié, il a des enfants. Il rêve d'un monde égalitaire, mais non point collectiviste, où chaque petit producteur indépendant disposerait de ce minimum d'aisance qui est pour lui l'idéal.

Il faut raccourcir les géants
Et rendre les petits plus grands,
Tout à la même hauteur
Voilà le vrai bonheur...

S'est-il libéré, en ce qui le concerne, de ses propres préjugés ? Il a du mal à considérer sa compagne comme une égale véritable, en politique du moins, s'il parvient parfois, dans sa vision individuelle du monde, à la conception d'une union libre, de caractère rousseauiste. Il commence à se libérer, certaines études le suggèrent tout au moins, du poids d'une fécondité naturelle qui rythmait jusqu'alors la vie et l'équilibre de la famille ; mais il faudra l'Empire pour confirmer la tendance.

Sur l'autre versant de la Révolution, le muscadin fait pendant au sans-culotte. Il exprime en d'autres termes une libération tout individuelle. Il est plus jeune et se soucie peu de famille, pour l'instant du moins. Il n'a pas exorcisé l'image du père en guillotinant un roi ; on s'en est chargé pour lui. Son appétit de vivre et de profiter s'extériorise dans la recherche vestimentaire de tenues extravagantes, où l'impudeur affichée des femmes prend allure de provocation ; sa liberté n'est que pour lui, c'est celle de l'argent revenu, d'une mobilité sociale que les circonstances rendent exceptionnelle. Il n'a que faire de la liberté du sans-culotte et de l'égalitarisme dont il tient à se distinguer par l'excentricité du langage. Deux portraits, deux images. Laquelle vaut pour la Révolution ? On serait tenté d'exclure la révolte muscadine de la jeunesse bourgeoise, défoulement de classe d'âge en lendemain de crise. Mais l'image du sans-culotte est faite, de son côté, d'autant de rêve que de réalités, l'*homo novus* est tourné autant vers le passé que vers l'avenir.

Il est temps de dépasser ces images de la crise révolutionnaire qui, tragiques ou brillantes, n'y sont que l'écume des jours, pour tenter de l'appréhender dans ses affirmations comme dans ses réalisations historiques.

Les valeurs sûres

Proclamations révolutionnaires

A cette Révolution qui la première a tenté de modeler le réel sur un idéal formulé en termes d'universalité, il convient de laisser la parole pour proclamer les nouvelles vérités. Les textes majeurs prennent corps dès les premiers mois de la Révolution. C'est le 26 août 1789 que l'Assemblée adopte le texte de la Déclaration des droits de l'homme et du citoyen. La Constitution de 1791 donne à ce texte de portée universelle prolongements et schémas d'application. Tout est-il dit ? Non sans doute, et la Constitution montagnarde de 1793 apporte à cet ensemble plus que des retouches : des vérités et un esprit nouveau, et c'est à ce titre que nous nous réservons d'en parler plus loin. Mais la Constitution de l'an III, version défensive du système de 1791, n'apporte que des confirmations et des nuances à l'apport massif de la Constituante. Cela ne veut pas dire que la puissance créatrice de la Révolution se soit immédiatement tarie. Le message s'enrichit et se précise constamment : au feu des affrontements sur les droits des Noirs et des mulâtres, durant la Constituante, s'affirme chez certains la vocation émancipatrice de la Révolution ; de Condorcet à Saint-Just ou à Lakanal, un idéal pédagogique s'élabore ; au détour d'une mission dans les Alpes-Maritimes, Grégoire affirme une théorie de la langue nationale. Malgré les discontinuités d'inspiration et de réels clivages, un message homogène s'affirme dont l'importance doit être soulignée. Dans cette ère des révolutions, il y avait eu d'autres proclamations. Jamais, cependant, affirmations nouvelles n'avaient revêtu telle force, ni telle universalité.

L'Égalité

« Les hommes naissent et demeurent libres et égaux en droits ; les distinctions sociales ne peuvent être fondées que sur l'utilité commune. » L'Ancien Régime avait eu ses libertés, qui ne sont point celles dont la Révolution proclame le caractère absolu ; fondé sur les structures d'une société d'ordres, il était, par essence, inégalitaire. C'est ce qui fait, dans le passage du féodalisme aux sociétés libérales et capitalistes du monde contemporain, l'importance de cette affirmation par la Révolution bourgeoise.

Elle s'apprécie d'abord négativement par l'importance des destructions opérées : fin de la société d'ordres, destruction de la noblesse dans ses privilèges séculaires, abaissement non seulement social mais économique du clergé, libération à la campagne du réseau des servitudes du régime seigneurial, en ville de tous les monopoles, de ceux du régime corporatif à ceux des compagnies de commerce privilégiées. Sur cette table rase, où la Révolution s'affirme avant tout comme révolution sociale, les formes proclamées de l'égalité montrent jusqu'où la bourgeoisie entend aller.

L'égalité civile ne pose pas de problème majeur. Réalité ou fiction, l'égalité des chances au départ est nécessaire au nouveau monde qui s'élabore : l'accès de tous à tous les emplois est proclamé. Sans doute, des blocages et des réticences révélatrices apparaissent-ils très vite. Le problème de l'esclavage aux Antilles révèle, dès la Constituante, les limites qu'une partie des cadres révolutionnaires entendent donner à l'égalité civile ; il faudra la Convention montagnarde pour trancher, de façon éphémère d'ailleurs, dans le sens émancipateur. Corollaire de la liberté de pensée proclamée par ailleurs, l'égalité de tous les citoyens intègre définitivement dans la communauté ceux que leur religion excluait du monde de l'Ancien Régime, protestants, puis israélites.

On sait, cependant, les limites que la Révolution bourgeoise a données à l'égalité qu'elle proclamait. Elles sont flagrantes dans le domaine politique. La distinction qu'introduit la Constituante entre citoyens actifs et passifs exclut, sur un critère économique, du tiers à la moitié de la population ; l'obligation censitaire du « marc d'argent » pour être éligible fait remarquer aux adversaires de ces restrictions que Jean-Jacques Rousseau n'aurait pu siéger à la Législative. Ces limitations politiques sont en fait des limitations sociales. On a fait sans doute remarquer que les différents régimes censitaires de la Révolution restaient, dans la fraction de la population qu'ils appelaient à voter, beaucoup plus libéraux que les régimes censitaires du XIXe siècle, et ce dans un monde où le suffrage universel ne s'impose pas encore comme un besoin collectif (voir les énormes pourcentages d'abstentions des scrutins révolutionnaires). Il n'en reste pas moins que la bourgeoisie constituante puis thermidorienne a entendu donner les limites de la démocratie qu'elle instaurait. Dans la triade révolutionnaire devenue plus tard classique : liberté, égalité, fraternité, on sait bien que le troisième terme n'est venu qu'ensuite. Sûreté et propriété passaient en premier pour la bourgeoisie révolutionnaire.

La Liberté

De toutes les idées-forces que la Révolution lance dans le monde, la liberté conquise est la plus populaire. On ergotera longtemps encore sur les conditions matérielles de la prise de la Bastille : la signification symbolique et historique du geste collectif est sans ambiguïté. Avec cette citadelle, c'est tout l'arbitraire de l'Ancien Régime qui s'écroule : l'an I de la liberté commence.

Aussi la liberté personnelle est-elle la première et la plus indiscutée des conquêtes de la Révolution. La Terreur, puis l'autoritarisme impérial en altéreront l'application, non le principe. La Constituante ne va pas jusqu'au principe d'un *habeas corpus* strictement défini à l'anglaise ; du moins proscrit-elle, par tout un ensemble de garanties, arrestation et détention arbitraire. Poursuivi par la justice, le citoyen cesse d'être gratuitement maltraité. Dans la voie de l'humanitarisme des lumières, qui avait imposé la suppression de la torture, la Révolution s'efforce de supprimer toute cruauté inutile dans la punition des coupables : avant d'être instrument répressif, la guillotine se présente comme une réaction contre la barbarie des supplices de l'Ancien Régime. Dans la tradition de l'historiographie conservatrice du XIXe siècle, il est devenu banal de sourire à l'humanité du docteur Guillotin ou de la proposition d'abolir la peine de mort du constituant Robespierre. Plus sereine, l'histoire actuelle peut faire la part des choses et concilier les contradictions d'une Révolution humanitaire et sanglante.

La liberté d'opinion semble le prolongement naturel de la liberté physique de la personne ; dans ses dernières années, l'Ancien Régime l'avait soupçonné en restituant l'état civil aux protestants (1787). La nouveauté était loin, cependant, d'avoir gain de cause, et le groupe que David place au centre du *Serment du Jeu de Paume,* où l'abbé Grégoire et dom Gerle donnent l'accolade au pasteur Rabaut Saint-Etienne, symbolise l'égalité nouvelle autant que la fin souhaitée des affrontements séculaires. Il s'en faut que le législation et, plus encore, la pratique se conforment sans heurts à l'idéal. Et si l'égalité des protestants est d'entrée proclamée et complète, les délais et les relatives réticences dans l'octroi de l'égalité aux israélites témoignent du caractère proprement révolutionnaire du principe. La fin du monopole de l'Église catholique dans la direction des consciences, conséquence implicite de la liberté de conscience proclamée, devait être un des éléments du fossé qui se creusa entre l'Église et la Révolution. Au fil d'un divorce accentué, la Révolution thermidorienne en vint à la mesure de séparation de l'Église et de l'État, qui peut nous apparaître aujourd'hui comme le prolongement naturel de la laïcisation de l'État, suite de la liberté de conscience. Mesure éphémère. Doit-on s'en étonner ? Ce serait manquer d'esprit historique envers une époque qui mesure son audace en proclamant : « Nul ne peut être inquiété pour ses opinions *même* religieuses. »

Corollaire de la liberté d'opinion, la liberté d'expression représente pour les révolutionnaires l'une des conquêtes les plus « précieuses » — et les plus redoutées. « Tout citoyen peut [...] parler, écrire, imprimer librement, sauf à répondre de l'abus de cette liberté » ; la liberté comporte son correctif incorporé dans la loi, témoignage d'une attitude ambiguë qui se prolongera en s'aggravant jusqu'à la monarchie censitaire. La Révolution prouve, du moins en la matière, le mouvement en marchant ; et le foisonnement de la presse révolutionnaire, vigoureuse et polémique, montre assez qu'une nouvelle force vient sinon de naître, du moins de s'organiser.

Au-delà des libertés de la personne, le nouveau monde posait, avec les libertés politiques — et de façon moins voyante, mais aussi efficace, avec la liberté d'entreprise —, les fondements de la société libérale. Souveraineté du peuple, principe électif en tous domaines, régime représentatif fondé sur la séparation des pouvoirs, tels sont les thèmes que proclame la Déclaration des droits, qu'adoptent les Constitutions de 1791 et de 93, que reprend en bonne part, parfois en les exagérant (la séparation des pouvoirs), la Constitution de l'an III. Certains d'entre eux ne devaient pas survivre à l'épisode révolutionnaire ; et les retours de la centralisation, à partir du Consulat, ont fait considérer avec une condescendance amusée un régime qui rêva d'élire ses juges, voire ses prêtres. Mais la souveraineté du peuple, comme la notion, héritée de Montesquieu, d'une liberté politique fondée sur l'équilibre des pouvoirs devaient, à travers toutes les restrictions et vicissitudes ultérieures, demeurer les idées-forces majeures du libéralisme politique, en France et ailleurs.

L'iconographie pieuse de la Révolution française est plus gênée pour introduire ici, au rang des libertés conquises, la liberté économique. Le siècle suivant devait montrer les ambiguïtés d'un tel acquis et combien la libre entreprise pouvait être difficilement conciliable avec l'idéal d'une société qui donne des chances égales à tous. Par la loi Le Chapelier, la Révolution constituante avait prohibé toute coalition comme tout monopole ; elle avait placé la liberté d'entreprise au rang des vérités fondamentales ; dès l'époque, ces éléments essentiels au nouveau monde bourgeois soulevèrent de fortes résistances. Non point tellement de salariés, encore trop minoritaires, que de consommateurs, ruraux et urbains, affolés, sur la base de réflexes séculaires, par la libre circulation des subsistances. Mais liberté économique et propriété sont trop précieuses aux vainqueurs véritables de l'affrontement révolutionnaire pour subir plus que des atteintes momentanées.

Naissance de la France moderne

Il est facile, mais non superflu, de superposer ou de confronter la nouvelle carte de la France révolutionnaire, divisée en départements, aux cartes multiples des instances administratives, fiscales ou judiciaires de l'Ancien Régime : la nouvelle France se présente à nous dans un cadre renouvelé et simplifié. Quatre-vingt-trois départements, davantage ensuite, se sont substitués aux anciennes divisions. Leur forme et leur structure témoignent, chez les membres du Comité de division de la Constituante qui en ont établi le découpage, d'une méthode et, plus encore, d'une option consciente. On a souhaité effacer le passé dans ses incohérences comme dans les lourdeurs d'un héritage collectif importun ; c'est pourquoi on a arbitré tant de nostalgies provincialistes, tranché tant de querelles de clocher d'une ville à l'autre. Mais, inversement, la Révolution évite la table rase. Non qu'elle n'y ait songé, puisqu'un découpage « à l'américaine » en étendues quadrangulaires équivalentes fut proposé. La solution retenue témoigne à la fois de soucis pratiques dans l'équilibre des distances et du respect relatif des réalités imposées par la géographie et l'histoire. Dans son harmonie, le résultat ne doit pas cacher l'âpre lutte de groupes de pression locaux, que parfois le tracé des districts et des cantons révèle sur le terrain ; mais la compensation statistique, au niveau national, sauvegarde l'harmonie générale.

A cadres nouveaux, institutions nouvelles. Le retour de bâton du centralisme consulaire et impérial limite ici l'héritage d'une Révolution qui n'a pas été suivie dans son idéal décentralisateur, ni dans l'application du principe électoral aux fonctions administratives, judiciaires ou religieuses. Il ne manque pas de traces importantes, cependant, des nouveautés révolutionnaires. Dans sa structure unifiée et rationalisée, l'organisation judiciaire en témoigne. Il pourra sembler dérisoire de voir dans la fiscalité nouvelle dont le XIXe siècle hérite un des apports majeurs des réformes institutionnelles. L'égalité devant l'impôt, qu'elle sanctionne, est cependant l'une des preuves les moins équivoques de la destruction de l'Ancien Régime social. Les « quatre vieilles » contributions que connaîtra encore la France contemporaine : la foncière, la mobilière, les patentes et la contribution des portes et fenêtres, valent ainsi par leur institution même, au-delà des vicissitudes que le malheur des temps devait apporter, tout au long de la crise révolutionnaire, dans leur recouvrement.

On voudrait, dans ce bilan, éviter l'inévitable palmarès, en termes de succès ou d'échecs, de ce qui demeure de la Révolution française dans les institutions. A l'échec du calendrier, répond le succès du système métrique, langage commun dans la mesure ; à l'étonnante réussite séculaire du nouveau découpage administratif répond l'inévitable inachèvement des innovations judiciaires ou pédagogiques, pierres d'attente dont la brièveté de la phase étudiée justifie les limites, encore que le mérite soit grand, pour l'époque, d'avoir émis l'idée de la gratuité et de l'obligation de l'enseignement primaire. Mais au-delà de ces cadres nouveaux de la vie nationale, peut-être importe-t-il plus encore de voir dans quelle mesure, de l'intérieur, la France a été profondément transformée.

Une société nouvelle

A passer de l'universalisme des proclamations aux réalités de la nouvelle France dont la Révolution offre l'image, on risque une déception : la Révolution n'a pas tout changé, et sans doute faut-il se défendre de la double tentation, à laquelle le XIXe siècle a souvent cédé, d'y voir un universel cataclysme ou, au contraire, un simple incident confirmant les tendances antérieures de l'évolution sociale d'Ancien Régime.

Au niveau du capital foncier, alors prépondérant, elle est loin d'être une complète redistribution. Il suffit qu'elle ait représenté pour une part non négligeable du territoire français, 15% peut-être, un des transferts les plus importants et les plus brutaux de l'histoire sociale du pays. Il convient de tenter le bilan de l'expropriation massive qu'est la vente des biens nationaux ; l'élimination économique du clergé, par la vente des biens de première origine, fut intégrale : c'est 6 à 10% du territoire national qui changeaient ainsi de mains. L'attaque de l'autre corps social privilégié, la noblesse, fut, dans ses résultats, beaucoup moins convaincante. Tous les nobles n'ont pas émigré, tous les émigrés n'ont pas perdu leurs biens. L'expropriation est donc très loin, pour eux, d'être intégrale. Pour éviter, inversement, de la sous-estimer, il faudrait apprécier plus largement, en comparant l'implantation nobiliaire avant et après la Révolution, le bilan des ventes volontaires, souvent importantes, qui témoignent de la lourdeur de la crise collective que la Révolution a fait peser sur le groupe tout entier. Le recul excède souvent de beaucoup ce que les ventes des biens de « seconde origine » permettraient d'escompter. Il conviendrait surtout de mesurer le poids de la suppression de la féodalité et des redevances seigneuriales. Lourde tâche si l'on considère les difficultés techniques de l'entreprise ; du moins ne peut-on omettre, au rang des modifications majeures de l'ère révolutionnaire, cette amputation majeure du revenu nobiliaire, cette ponction évanouie sur le revenu paysan. Chantier ouvert pour la recherche actuelle.

Cela vaut pour les perdants. En limiter le groupe au clergé, comme à la noblesse amoindrie, serait sans doute pécher par défaut. La débâcle de l'Ancien Régime social entraîne des formes archaïques de revenu, comme les rentes foncières, que nombre de bourgeois possédaient par dizaines. Déclarées rachetables, on les voit se volatiliser en quelques semaines, en l'an III, quand l'assignat ne vaut plus rien. Rentiers de l'État ou possesseurs de rentes foncières, tout un groupe social est éliminé, ou du moins affecté dans sa fortune, par la Révolution. Mais il s'en faut que ce soit définitivement : sous une forme identique ou modifiée, il resurgit immédiatement pour tenir une place importante dans la France du XIXe siècle. Dans le monde des rentiers, la Révolution se traduit beaucoup plus par une mobilité accrue des personnes que par un changement des structures.

De cette nouvelle donne, quels ont été les bénéficiaires ? La question se pose essentiellement en ce qui concerne les biens nationaux. On est loin d'y avoir répondu de façon complète. Des deux parties prenantes majeures, bourgeois d'une part, paysans de l'autre, de grandes études pionnières, comme *les Paysans du Nord* de G. Lefebvre, donnaient la seconde comme victorieuse. Discontinues mais nombreuses, d'autres études monographiques ont amené parfois à nuancer considérablement le tableau de cette relative émancipation paysanne. Capitales régionales ou simples bourgs-marchés ont pu, par l'âpreté de bourgeoisies avides de terre, réduire à la portion congrue la paysannerie locale. L'étude de cette rivalité inégale, menée dans le bocage sarthois, a fait apparaître la victoire de la bourgeoisie révolutionnaire des villes dans la conquête de la terre comme un des éléments majeurs qui ont pu tourner vers la chouannerie une paysannerie locale déçue. Peut-on porter un jugement d'ensemble ? Les bourgeoisies parisiennes ou provinciales ont absorbé moitié, et parfois plus, de l'héritage foncier du clergé et d'une partie de la noblesse. Pour la paysannerie française, l'opération se solde, malgré tout, par un gain net. Si l'on veut parler en termes de rapports ville-campagne, on constate inégalement, suivant les régions, une émancipation partielle du monde rural à l'égard d'une colonisation extérieure. Mais de quelle paysannerie ? On songe d'entrée, en plaines de grandes cultures, aux gros paysans, « coqs de village », naguère fermiers généraux des nobles ou du clergé, que l'on ne s'étonne pas de rencontrer au feu des enchères sur les biens nationaux. Une paysannerie plus humble a pu, localement, profiter elle aussi de cette migration foncière durant la période montagnarde. Des coalitions paysannes, et plus encore la revente après morcellement par des acheteurs et spéculateurs bourgeois, ont, en plus d'un lieu, permis également une redistribution de seconde main aux ruraux. On s'explique ainsi que, dans nombre de cas où l'on peut suivre, de l'Ancien Régime au XIXe siècle, l'évolution d'une communauté paysanne, la Révolution voit un gonflement sensible des effectifs des propriétaires. Tournant décisif ou simple épisode ? Tout dépend des lieux, et la grande panique des propriétaires, dont on retrouvera l'écho chez Balzac dans *les Paysans*, d'un terroir national pulvérisé à la suite de ce premier ébranlement n'est qu'inégalement justifiée. Dans les plaines de grandes cultures, le gonflement de la paysannerie parcellaire ne résistera pas au mouvement de concentration du siècle suivant ; ailleurs (nous songeons aux plaines de la France méridionale), il prélude à l'émiettement à venir. A travers la diversité des gains de la paysannerie sous la Révolution, c'est tout le problème des réajustements de la société française dans la période qui s'esquisse. La vente des biens nationaux, pour en être l'élément sans doute le plus spectaculaire, n'est pas tout, et d'autres migrations majeures doivent être, à leur tour, enregistrées.

La plus importante, sans doute, est la formation du groupe des « propriétaires », dont le vocabulaire social des actes officiels ou de documents fiscaux atteste la naissance. Sans doute n'est-il pas né de rien ; on peut sans peine en reconnaître les éléments constitutifs. Embourgeoisée, la noblesse, à mesure de la rentrée des émigrés, reprend parmi les détenteurs du capital foncier une place qui est souvent la première ; mais elle se trouve rejointe par d'autres éléments. Les « bourgeois » — quasi-noblesse de l'oisiveté roturière — s'intègrent sans heurt dans le groupe, sur la base d'effectifs gonflés par de nouvelles recrues. Chez nombre de négociants, notaires, membres de professions libérales, la Révolution s'est traduite par un passage des activités productives à l'oisiveté du propriétaire ; les achats de biens nationaux ont facilité une ascension beaucoup plus rapide que dans la période antérieure. Parmi les groupes sociaux qui se fondent sous l'étiquette « propriétaires », la migration des officiers royaux d'Ancien Régime est trop massive pour n'être pas notable ; dans bien des cas, on les voit cesser leur activité pour vivre de leurs rentes. Ils laissent ainsi la place au groupe tout différent des fonctionnaires. C'est sous l'Empire qu'il recevra ses structures et sa physionomie définitive ; la Révolution en pose les éléments. Bureaucrates parisiens ou fonctionnaires provinciaux, ils sont bien différents des cadres des services publics d'Ancien Régime qu'ils ont remplacés, par leur statut social généralement moindre, une plus grande mobilité sociogéographique aussi. C'est parmi eux, cependant, qu'une partie des nouveaux venus de la Révolution ont réussi à trouver une position sociale. Le plus représentatif des groupes nouveaux, peut-être parce que c'est le seul où une démocratie pleinement ouverte ait fonctionné dans le cadre de la révolution bourgeoise, c'est l'armée de la Révolution. Par son recrutement de masse, par les conditions nouvelles d'un avancement rapide, par l'ouverture aussi d'un débouché massif, l'armée révolutionnaire présente les cas les plus spectaculaires de percée sociale ; sans doute, le groupe des généraux de vingt ans — les Hoche, les Marceau ou Kléber — ne survivra-t-il pas à la Révolution, les survivants seront encadrés dans les structures de l'Armée impériale. Il y a plus, cependant, qu'un feu de paille : l'armée, foyer de libéralisme au niveau de ses cadres moyens et inférieurs, telle qu'on la rencontrera jusqu'au tournant de 1848, qui prélude à l'option conservatrice de la fin du XIXe siècle, est bien un héritage révolutionnaire.

Ces réajustements, ces migrations où s'élabore le nouveau visage d'une société, on les trouvera finalement limités : on en a senti les limites dans la France rurale, elles sont plus nettes encore dans le monde urbain. Dans la ville, qui reprend à la fin de la période sa physionomie antérieure, les structures de la production comme les rapports sociaux dans la masse de la population n'ont pas sensiblement changé. La fin des corporations, la libération de la production ne sont encore qu'éléments virtuels d'une autre révolution — industrielle — à venir. La constitution du groupe des « propriétaires », régularisation plus que révolution, présente l'équivalent imparfait d'une *gentry* à l'anglaise, mais où, plus qu'en Angleterre, le capital foncier affirme dans la nouvelle bourgeoisie française une prépondérance encore écrasante. Là encore se retrouve le décalage de deux révolutions : la Révolution française, révolution sociale de la bourgeoisie qui conquiert les bases objectives de nouveaux rapports sociaux, la révolution industrielle des années 1830 qui en exploitera les virtualités. Dans l'entre-deux, il est encore de beaux jours pour les propriétaires qui vont devenir les notables de l'Empire, les électeurs censitaires de la monarchie restaurée ; le règne de cette bourgeoisie de transition durera, incontesté, au moins un demi-siècle, plus encore dans la province. Il s'en faut de beaucoup, toutefois, pour que le bilan global de la Révolution française s'en tienne à cette constitution d'une nouvelle bourgeoisie ; « dérapage » ou élément organique de la Révolution française, l'épisode violent qui en forme le centre laisse dans la société française un clivage majeur, qui divise le groupe même des notables, pour longtemps ; par-delà la physionomie de la nouvelle société française, la Révolution a agi comme révélateur d'options dans les attitudes collectives, qui vont peser durablement, parfois même jusqu'à nos jours.

De la société aux attitudes collectives : unité et contrastes français

Dans la France d'Ancien Régime, l'unanimité des comportements officiels risque de masquer la diversité socio-géographique du pays. Pour n'en prendre qu'un exemple, l'unanimité relative de la pratique religieuse, en pays de catholicisme officiel, rend très difficile l'établissement d'une carte de la pratique ou de la ferveur, que l'on peut déjà soupçonner. A plus forte raison, si l'on passe des attitudes religieuses à ce que l'on n'ose même pas encore appeler attitudes politiques. Inversement, cette ancienne France apparaît, dans le langage même des cahiers de doléances, tout encombrée de provincialismes. Vraie ou fausse diversité séculaire et qui risque de tromper.

Au-delà des aspects d'une crise éphémère, la Révolution représente, sur ce plan, un tournant dans la sensibilité française. Elle traduit, en langage et en contrastes modernes, les anciennes diversités. Dans cette dialectique, l'unité nationale éprouvée est la première étape ; la révélation que la nation en eut se fit en plusieurs étapes : du mouvement des fédérations entre 1789 et l'apothéose du 14 juillet 1790, à l'épreuve sanglante de l'invasion, de la levée en masse et de la résistance victorieuse, dont Valmy, médiocre engagement devant la polémologie, grande date devant l'histoire, est le symbole. C'est dans la violence de l'été 92 que se confirme la constitution de la nation française. La démonstration n'est pas sans faille ; les trois contradictions majeures s'appellent l'émigration, cosmopolitisme de l'internationale aristocratique, le fédéralisme, bourgeoisie provinciale contre bourgeoisie nationale, la Vendée, enfin, rébellion primitive et contre-révolution populaire. Le combat victorieux de la Révolution contre ces forces centrifuges témoigne de la maturité d'une unité nationale, que la lutte renforce encore.

A chaud, cependant, se révèle une nouvelle image de la France, où une diversité toute moderne des options se manifeste. En veut-on une démonstration ? Si les consultations électorales de l'époque ne fournissent que très imparfaitement les éléments d'une cartographie des attitudes politiques, des approches indirectes mais évocatrices le permettent parfois. Ainsi, une carte de l'importance de la toponymie révolutionnaire à travers la République révèle, dans ses inégalités, beaucoup plus, semble-t-il, qu'une carte des succès et des échecs de la déchristianisation. Dans l'homogénéité d'attitudes régionales individualisées, des comportements s'affirment : à l'ouest du Massif armoricain, massivement réfractaire à l'innovation, répond symétriquement le quart nord-est et, partiellement, le nord de la France. Inversement, la France de la déchristianisation poussée, et en même temps du jacobinisme rural, s'organise en aires cohérentes : elle rayonne largement autour de Paris, dans les plaines de grandes cultures, au sud de la Loire ; elle dessine autour du Plateau central une courbe qui, du Morvan au Quercy ou au Périgord, englobe Berry, Nivernais, Limousin. Elle se prolonge jusqu'au pied des Pyrénées par une percée aquitaine qui couvre les pays de la moyenne Garonne ; enfin, le Sud-Est provençal et languedocien se révèle, dans ses contradictions, jacobin plus que réfractaire. Sans doute de flagrantes exceptions (la Vendée militaire ou la Lozère) sont là pour rappeler le poids de l'événementiel révolutionnaire, des situations locales comme des initiatives individuelles dans ce « flash » cartographique des attitudes en l'an II. Toutefois, si l'on compare un tel document à ceux que la sociologie électorale, ou religieuse, propose pour le XXe siècle, on ne peut manquer d'être frappé des constantes massives qui s'y révèlent. Sans doute, ces constantes sont-elles accentuées par des cartes qui, les unes et les autres, privilégient le monde rural et sous-estiment le phénomène urbain ; sans doute doit-on remarquer aussi les discontinuités qu'offre l'histoire : l'épisode blanc du Sud-Est de 1815 à 1848, ou le Nord-Est un temps à gauche, inversement. Toutefois, l'apport de tels documents permet de discerner une France aux tempéraments politiques déjà formés. On ne saurait dès lors esquiver le problème de la place véritable de la Révolution dans la naissance des options de la France moderne : simple révélateur d'attitudes déjà mûres ou, plus précisément, traumatisme collectif où ces clivages ont pris naissance ? La réponse n'est pas unique. On soupçonne des régions où la Révolution n'a fait que confirmer des cassures antérieures, des traumatismes historiques pesant de toute la force d'inertie des structures mentales collectives ; ce pourrait être le cas du monde languedocien et cévenol, par exemple, où la rencontre des affrontements sociaux, politiques et confessionnels était déjà bien enracinée. Dans d'autres cas, au contraire, c'est la crise révolutionnaire qui tient la place du tournant historique décisif où se prennent les options durables ; c'est du moins ce que suggère une étude récente sur les origines du tempérament conservateur du bocage sarthois, où l'épisode de la Révolution semble avoir été déterminant.

Simple révélateur ou tournant majeur, la Révolution française apparaît ainsi comme un moment essentiel, au niveau des attitudes collectives inconscientes. *A fortiori*, il est inutile, peut-être, d'insister sur l'importance de la coupure, ressentie et structurée en forme d'idées-forces (les biens nationaux, la féodalité, la monarchie) autour desquelles va se cristalliser la vie politique française pour longtemps. La province balzacienne, d'*Une ténébreuse affaire* aux *Paysans*, témoigne d'un monde où chacun reste encore connu par sa fiche d'une époque révolutionnaire, qui a distribué les rôles de façon durable.

Expérimentations et promesses

Autant une tradition historique séculaire mit l'accent sur les aspects précurseurs de la Révolution, autant cette attitude semble aujourd'hui malvenue ; par peur de faire dire aux faits ce qu'ils ne signifient pas, on préfère se placer au cœur du « procès » révolutionnaire et fermer les yeux (ou faire semblant) sur ce qui est arrivé ensuite. La réaction est explicable et, d'une certaine façon, justifiée. Dans son épisode central, toutefois, la révolution populaire comporte tout un ensemble d'expérimentations, de formulations théoriques nouvelles qui font son originalité dans le flux des révolutions « atlantiques ». Que ces nouveautés, qui s'appellent la pratique du gouvernement révolutionnaire, l'idée de démocratie populaire, l'idée enfin de démocratie sociale, n'aient pas eu de lendemains immédiats, ne veut pas dire pour cela qu'elles soient des erreurs de parcours, voire des curiosités. On préfère conserver le titre d'« anticipations » qui leur a été donné.

La pratique révolutionnaire : spontanéité des masses ou gouvernement de Salut public

La force des choses ou, pour être précis, les nécessités de la lutte, ont amené la Révolution à dépasser le schéma libéral du régime représentatif, régime de la « liberté victorieuse et paisible ». Entre 1792 et 1794, deux découvertes essentielles à l'histoire politique se sont faites : le mouvement populaire dans son organisation spontanée, le gouvernement révolutionnaire dans ses structures. Il se trouve que les deux réalités devinrent antagonistes. La Révolution jacobine en fut « glacée », mais les idées- forces et les expériences restèrent vivantes.

Le mouvement populaire s'est organisé tout au long de la phase ascendante de la Révolution. Clubs et sociétés se sont ouverts à partir de 1792, surtout à des recrues populaires ; la garde nationale fut un élément de mobilisation efficace des masses ; dans les villes, les assemblées sectionnaires, qui, à partir du tournant de 1792, siègent en permanence, furent l'élément majeur de cette mise en forme dont les armées révolutionnaires servirent d'agent de propagation en province. C'est dans ces cadres souples, semi-officiels le plus souvent, voire franchement spontanés, que la sans-culotterie, dont on a vu le recrutement composite, a su se trouver dans la pratique révolutionnaire une base idéologique commune en forme de mots d'ordre massifs. Des théoriciens ont aidé à cette maturation ou à cette mise en forme. Marat, avant les Enragés, les hébertistes ensuite, ont joué ce rôle ; Marat mis à part, ils sont plus peut-être des échos que des guides.

De leur programme, finalement très simple, le premier thème qui se dégage est un idéal de démocratie directe, fondé sur une interprétation de la souveraineté populaire. Là où le peuple est réuni dans ses sections ou dans ses assemblées, il se considère investi de la souveraineté, de l'initiative qu'il va manifester pacifiquement par pétitions, par voie d'action directe aussi, lorsque le besoin s'en fait sentir. *Vox populi, vox Dei*, cette souveraineté, exprimée de bas en haut, suppose une forte dose de défiance envers les organes du système représentatif, et le thème maratiste du « contrôle des élus par leurs mandants », entraînant surveillance et révocabilité, découle de la première affirmation. De même peut-on voir, dans l'introduction de la sanction populaire des textes législatifs par voie de référendum, une des voies par lesquelles la Constitution montagnarde de 1793 reflète partiellement, en le mettant en forme, cet idéal de démocratie directe de la Révolution jacobine. L'importance de l'initiative populaire comporte une autre conséquence et, pourrait-on dire, une autre découverte : celle du rôle de la Révolution. L'affirmation semble paradoxale : dans la bourgeoisie qui en était principale bénéficiaire, l'idée se développe que la Révolution est unique et achevée. Marat, au contraire, exprime là encore la pensée populaire lorsqu'il déclare que « c'est des feux de la sédition que naît la liberté ». N'avait-il pas, dans *les Chaînes de l'esclavage*, publiées en 1774, formulé, avant même les sanctions de l'expérience, une théorie du processus révolutionnaire ? Dynamisme des masses entretenu, révolution sans cesse réamorcée et pour tout dire « permanente » (Engels). L'idée, là encore, fera du chemin.

Pour l'instant, elle se heurte à son contraire : la mise en place des structures du gouvernement révolutionnaire. De son côté, l'institution qui s'instaure, en 1793, représente un dépassement ou du moins une négation des structures en place de la démocratie bourgeoise. Elle reste sans doute issue de la Convention, assemblée représentative, qui en garde le contrôle théorique. Mais le gouvernement de Salut public est beaucoup plus qu'un comité exécutif. Si l'on s'en tient aux thèmes généraux des décrets comme des rapports constitutifs, décrets du 14 frimaire an II, rapport de Saint-Just du 10 octobre 93, ou de Robespierre du 25 décembre 93 « sur les principes du gouvernement révolutionnaire », et aux traits généraux des institutions, le gouvernement révolutionnaire se présente comme une structure de lutte, chargée de mener la « guerre de la liberté contre ses ennemis ». A ce titre, il est étroitement centralisé. Les deux comités de Salut public et de Sûreté générale détiennent, en fait, tout le pouvoir exécutif ; les représentants en mission sont investis dans l'aire qu'ils contrôlent de pouvoirs quasi illimités. Dans la lignée d'une pensée politique où Marat retrouve là encore un rôle de précurseur, le gouvernement révolutionnaire se reconnaît comme une dictature collective pour la sauvegarde de la Révolution : il revendique la « force coactive » sous la forme de la Terreur. Mais la dictature du Salut public n'est rien sans le soutien, et plus encore l'engagement de tous les révolutionnaires ; et c'est pourquoi la « vertu » est si essentielle au système. Techniquement, et pour faire triompher de façon durable une révolution populaire, cette dictature se devait d'organiser les groupes dont elle tirait son soutien. Elle n'y parvint pas. Sans doute le réseau des sociétés populaires et l'appui des jacobins évoque, dans son implantation, le parti sur lequel eût pu s'appuyer la Révolution montagnarde. Il ne masque pas, dans son conformisme croissant et « glacé », le divorce qui va s'augmentant avec le dynamisme populaire des masses.

Le hiatus entre dynamisme des masses et gouvernement révolutionnaire, dont mourra la Révolution montagnarde, est dans la nature des choses, non point au sens d'une fatalité éternelle, mais d'une insertion dans une situation historique concrète. Il reste de cet échec deux inventions, deux anticipations majeures sur les voies et les moyens de la révolution populaire. Le siècle suivant ne devait pas les oublier.

L'espoir d'une révolution sociale

De la révolution bourgeoise, on a vu les conquêtes sociales majeures : la destruction de la société d'ordres, l'affirmation complémentaire de l'égalité (civile) et de la propriété qui en restreint sensiblement l'étendue aux besoins d'une société où la libre entreprise va être une des formes majeures de la liberté conquise. Sur ces dogmes, la pensée officielle variera peu, et la formule célèbre proférée à la veille du 18-Brumaire : « Il me faut un roi, parce que je suis propriétaire », en révélant le prix que la nouvelle bourgeoisie des notables attache à l'appartenance à un régime social, plus important encore pour elle que les conquêtes politiques, laisse peu de jeu apparemment aux espoirs d'un bouleversement social intégral.

Ce n'est point, cependant, que la révolution populaire n'ait connu ses lames de fond, en forme de mouvements sociaux spectaculaires. Dans les campagnes, c'est la Grande Peur, et plus encore peut-être la série des jacqueries et rébellions paysannes qui, jusqu'à la fin de 1792, ont parachevé la destruction du régime féodal, sans remettre en cause, toutefois, un régime de la propriété où le bourgeois, dans la moitié des cas, relaie l'ancien propriétaire par l'achat des biens nationaux. En ville, de même, le mouvement social, sous la Révolution, offre dans ses traductions d'évidentes limites. L'agitation sociale du temps, on l'a souligné, est beaucoup plus le soulèvement de salariés et d'artisans « consommateurs » contre la cherté du pain que la coalition ouvrière pour le relèvement des salaires. L'équilibre du budget populaire, où le salaire représente une quasi-constante comparé aux oscillations brusques du prix des denrées, explique l'importance de cette attitude de consommateurs. Les conflits du travail de type moderne ne furent pas inconnus d'une révolution urbaine qui s'ouvre à Paris sur la mise à sac de la fabrique de papiers peints du manufacturier Réveillon. A travers des documents très directs, comme la pétition que les ouvriers maçons de l'église Sainte-Geneviève font parvenir à leur ami Marat, on en trouve l'écho très précis. Il n'en reste pas moins que les conditions d'une lutte des classes de type moderne ne sont pas réalisées dans un monde, en bonne partie, précapitaliste. L'image que donnait Mathiez du maître de forge franc-comtois Louvot, manufacturier jacobin qui emmène ses ouvriers voter pour la Montagne au son de la clarinette, lors des élections de la Convention, trouverait sans peine nombre d'homologues. On songe aux frères Duval, verriers de Montmirail, qui courent à cheval les marchés à la tête de leurs ouvriers pour y taxer le grain. Dans ces conditions, on s'étonne moins de l'immaturité et de la pauvreté relative d'une revendication spontanée dont la taxation du prix des denrées est la première formulation ; c'est l'un des thèmes majeurs de la revendication des Enragés de 1792, qui ont le mieux exprimé les aspirations populaires. Au-delà se développe, au fil de la montée du dynamisme révolutionnaire jusqu'en 1794, une agressivité croissante contre les riches, à la ville comme à la campagne, jugés dans leur égoïsme. Elle ne put guère aller, dans sa formulation théorique, au-delà de l'égalitarisme du sans-culotte parisien, pour lequel la généralisation du statut de producteur indépendant, dans sa médiocrité, se confond avec un idéal humain.

Il serait trop simple, dans ces conditions, de s'étonner des limites d'une législation jacobine même avancée, comme des incertitudes théoriques des plus grands révolutionnaires. Les lois de ventôse an II, pointe extrême de la politique sociale de la bourgeoisie montagnarde, représentaient sans doute, par la mainmise sur les biens des suspects, la plus grande expropriation qu'ait projetée la Révolution française ; le principe de répartition envisagé, par morcellement, entre les paysans les plus déshérités, auquel devait répondre l'établissement du Grand Livre de la bienfaisance nationale, eût représenté, au plus, l'application marginale et limitée du partage agraire, transposition dans le monde rural de l'idéal égalitaire de producteurs indépendants des sans-culottes parisiens. L'idée de la « loi agraire », qui devait fournir à toute une tradition conservatrice, formée dès l'époque, l'image du « partageux », n'a été celle d'aucun des grands montagnards — de Saint-Just, pourtant précis dans ses vues (partager les exploitations plutôt que les propriétés), à Marat, si proche cependant du « petit peuple » qu'il découvrit progressivement, qui n'y fait qu'une allusion unique dans toute son œuvre.

Et, cependant, c'est la Révolution française qui devait voir formuler, pour la première fois, l'idée d'une révolution sociale à caractère communiste, dans le cadre de la conspiration des Égaux. Le XVIIIe siècle des Lumières avait connu des utopies communistes, de Morelly à Mably ou au matérialiste dom Deschamps. Dès le début de la Révolution, les œuvres de Sylvain Maréchal et d'autres assuraient l'insertion de ce courant dans la pensée révolutionnaire. On étudie attentivement aujourd'hui les œuvres qui, de Lange à Dolivier, le collectiviste curé de Mauchamp, apparaissent comme la formulation la plus élaborée de ce qu'on peut appeler, en schématisant beaucoup, la pensée sociale des Enragés. Il revient à Babeuf et aux Égaux d'avoir su, à la rencontre des utopies du siècle des lumières et de la pratique souvent idéologiquement pauvre du mouvement populaire, exprimer une doctrine et en envisager la réalisation révolutionnaire. « Communisme de la répartition » (G. Lefebvre), la théorie de l'ancien feudiste dépasse le socialisme partageux de la loi agraire pour prôner une organisation collective du travail du sol, fondée sur la communauté des biens et des travaux. Moyen de parvenir à ce bonheur commun qu'assure l'« égalité des jouissances ». On n'insistera pas sur les limites d'un système enfermé dans les servitudes historiques de l'époque qui l'a vu naître. Dans sa nouveauté, au contraire, la conjuration des Égaux, en 1795-96, se présente par ses méthodes comme la première des conspirations révolutionnaires, telles que le XIXe siècle les connaîtra. La constitution d'un noyau conspirateur, appuyé sur un réseau plus large d'adhérents et escomptant l'appui des masses, fournit l'idée d'une minorité agissante qui, par Buonarotti, passera jusqu'à Blanqui et aux théoriciens des révolutions contemporaines. Au-delà de la sympathie que l'on peut porter à Babeuf, aux conjurés du camp de Grenelle et aux accusés du procès de Vendôme, l'histoire recueille un héritage essentiel.

Voies détournées de l'avenir

Dans les milieux de l'émigration, dans la pensée contre-révolutionnaire, d'autres mutations de la sensibilité et de l'idéologie prenaient naissance qu'il n'est pas, peut-être, abusif d'insérer dans les dépassements dialectiques de la Révolution par elle-même. Parmi ceux qui n'ont rien appris et rien oublié, ou qui, tel l'abbé Barruel, forgent en termes de complots maçonniques de sécurisantes fables, il est des émigrés qui, au contact d'une réflexion collective européenne de Burke à Joseph de Maistre, vont tirer de l'étude de la Révolution française les éléments d'une remise en cause de la philosophie des Lumières qui dépasse de beaucoup la simple polémique. A l'universalité de la Constitution de 1791, Bonald (1796, *Théorie du pouvoir politique et religieux...*) oppose la réalité sociale dans sa diversité à l'individualisme, le poids des groupes sociaux à l'intemporalité, l'importance de l'histoire. Chateaubriand, dans l'*Essai sur les révolutions*, esquisse une véritable approche sociologique de la réalité collective qui s'est imposée à son époque. L'apport de cette pensée contre-révolutionnaire apparaît ainsi dans son ambiguïté. Figée aujourd'hui dans une condamnation sans appel en forme de systèmes monolithiques (Bonald), elle pourra, quand l'histoire et la sociologie qu'elle découvre lui auront été ravies par la pensée révolutionnaire du siècle suivant, contribuer paradoxalement aux cheminements de nouvelles philosophies de l'histoire.

Au risque d'encourir le reproche d'utilisation abusive, ne pourrait-on placer dans ces voies détournées de l'avenir l'empreinte de la Révolution française sur une sensibilité romantique qui lui devra tant ? Sans doute, on n'ignore pas qu'elle précède, dans ses apparitions européennes, le choc révolutionnaire. Et l'on sait que l'évasion romantique, dans la majorité de ses formes européennes, se voudra longtemps contre-révolutionnaire : le préromantisme français n'est-ce point alors Chateaubriand ? Mais il existe, dès lors, plus dans une Europe ébranlée par le choc révolutionnaire que dans une France qui reste néo-classique, des rencontres essentielles entre les valeurs de libération que recèle la Révolution française et celles d'un romantisme qui s'affirme : le message beethovénien de la *Troisième Symphonie* en est la traduction magistrale. Il faudra, en ce domaine aussi, un long détour pour que le romantisme européen redécouvre et adopte pleinement la Révolution française. Mais on n'en finirait pas, à prospecter les voies directes ou indirectes par lesquelles cette commotion a pesé sur le XIXe siècle, comme elle continue à peser sur nous.

20. L'EMPIRE

1799-1815
En quinze ans, Napoléon extrait de l'héritage révolutionnaire la charpente rigide de la France moderne.

I. LA FRANCE NAPOLÉONIENNE : L'ENVELOPPE POLITIQUE ET IDÉOLOGIQUE

Le héros et son temps

Général de l'armée d'Italie, vainqueur sans scrupule de la fragile république des Directeurs, empereur restaurant les rites du sacre et les fastes de la Cour, triomphant à Austerlitz ou écrasé par l'hiver russe, Napoléon Bonaparte a tenu ses contemporains – et il en avait conscience – sous le charme. Construisant lui-même sa légende au rythme de ses succès et jusqu'au milieu de ses revers, il est entré dans la postérité comme il l'avait souhaité, auréolé de gloire. La plume médiocre de pamphlétaires oubliés, celle, géniale – mais malhonnête en la circonstance –, d'un Chateaubriand écrivant en 1814 *De Buonaparte et des Bourbons*, n'ont prévalu ni contre les écrits de Sainte-Hélène, ni contre les images séduisantes ou émouvantes élaborées par la mémoire collective et par un siècle et demi d'historiographie napoléonienne. Ce n'est pas effacer la France derrière Napoléon, ni davantage céder à l'illusion du rôle conducteur des grands hommes dans l'Histoire que de s'arrêter d'abord sur une individualité d'exception et sur les raisons objectives qui lui permettent d'exercer une fascination si durable.

Napoléon Bonaparte n'était pas beau ; cet homme petit, sec et brusque, dont le corps vieillira mal en s'empâtant, manquait de prestance. Toutefois, le masque, le profil, le regard étaient de ceux qui passionnent les artistes ; Jacques Louis David, le plus grand peintre du règne et le plus bonapartiste des anciens révolutionnaires, a dit son admiration pour cette figure de médaille antique. L'homme n'était pas aimable non plus ; il eut peu d'amis, peu de familiers, et vécut, avec les années, de plus en plus seul au milieu de la foule de ses fonctionnaires, de ses officiers ou de ses courtisans ; sa rudesse dès l'abord, le peu de cas qu'il paraissait faire de ses interlocuteurs, ses exigences à l'égard de tous ceux qui le servaient, sa redoutable pénétration psychologique aussi, avaient de quoi faire trembler ou, au mieux, déconcerter ses partenaires. Mais Napoléon Bonaparte s'imposait à l'admiration par un ensemble de qualités insolites à la fois par leur éclat et par leur convergence. Qualités, par-dessus tout, intellectuelles : non pas celles qui naissent d'une immense culture ou du raffinement du goût personnel, mais bien un ensemble d'aptitudes fondamentales permettant de résoudre les problèmes les plus divers. Une forte mémoire, une grande rapidité d'assimilation, une extraordinaire capacité d'analyse du rapport des forces – qu'elles fussent militaires, politiques, spirituelles – jointes à un talent particulier pour extraire d'une énorme masse d'informations les éléments d'une doctrine personnelle, plaçaient Napoléon très au-dessus de ses collaborateurs les plus zélés et lui permettaient d'agir comme le centre unique de diffusion d'une pensée politique, comme le seul foyer de l'impulsion gouvernementale. L'efficacité de cet homme, dont le cabinet était la pièce la plus importante dans toutes ses résidences, se trouvait décuplée par sa puissance de travail comme par le soin qu'il apportait à faire exécuter rapidement et exactement ses ordres, payant de sa personne sur les champs de bataille comme dans les voyages d'inspection, et à se tenir au courant quand il ne pouvait être présent sur les lieux. Tout cela, perceptible clairement aux échelons supérieurs de l'administration civile et militaire, ne l'était sans doute pas au même degré pour la masse de la nation, principalement sensible à la force du personnage. Lors du retour des cendres, en 1840, Lamartine dira : « Je ne me prosterne pas devant cette mémoire ; je ne suis pas de cette religion napoléonienne, de ce culte de la force que l'on veut substituer dans l'esprit de la nation à la religion sérieuse de la liberté. » Les succès militaires et diplomatiques, le fait d'avoir clos à son profit la longue liste des coups de force politiques de l'époque révolutionnaire, la réussite de son arbitrage national ont sans doute contribué de façon essentielle à reporter sur Napoléon, « roi de la Révolution », tout le crédit que le dernier Bourbon aurait pu trouver auprès de ses sujets s'il avait su allier à un grand prestige international l'exercice d'une autorité réformatrice à l'intérieur. Napoléon flattait à la fois la vanité nationale et le goût de l'ordre, aussi répandus dans le peuple que dans la bourgeoisie.

Si, à distance, on tente d'évaluer à nouveau les séductions de ce grand homme, il apparaît qu'elles sont de deux ordres. Il y a celles du destin individuel, du conquérant aux ambitions quasi fabuleuses, de l'homme de guerre qui a peu à peu confondu son aventure personnelle, secrète et déroutante, avec les nécessités de la politique extérieure de son pays. Mais on peut préférer, à l'histoire du héros romantique, celle de l'homme d'État rationaliste, et insister sur la réussite d'un règne dont l'œuvre politique et sociale a répondu aux exigences du moment avec une justesse qui constitue, à proprement parler, le génie napoléonien.

La France prête pour Bonaparte

Au 18-Brumaire, la bourgeoisie révolutionnaire, après des années de ce qui, à ses yeux, n'avait été qu'outrances égalitaires et terroristes, et devant le spectacle de l'impuissance du Directoire à consolider une République modérée, restait anxieuse de trouver les voies de la paix et de la stabilisation intérieure. Comment préserver l'égalité civile, l'inégalité naturelle, le gouvernement représentatif, la propriété privée et toutes ses acquisitions, à la fois contre les partisans de l'Ancien Régime, qui n'ont désarmé ni en France ni à l'étranger, et contre les risques d'une renaissance de l'esprit de 93 ? Le plus frappant, dans l'attitude de cette bourgeoisie de 1799, c'est sans doute l'altération profonde de son optimisme par rapport à 1789. Les hommes des lumières étaient alors en position d'attaque, prêts à provoquer la rupture de la société d'ordres. Tout en se défiant, dès la pré-Révolution, de l'action désordonnée de classes populaires, qu'ils jugeaient inaptes à élaborer et à exprimer convenablement leurs revendications propres, tout en défendant la conception d'une réforme de l'État et de la société conduite par les classes éclairées, seules détentrices de la science politique, ils entretenaient alors l'illusion que ces classes populaires, préfiguration grossière d'une bourgeoisie à naître, collaboreraient à l'établissement d'un État dont les notables guideraient le progrès idéologique et social, et s'y incorporeraient progressivement par l'éducation : conception remarquablement stable dans l'histoire de la France, de Condorcet à Jules Ferry. En fait, le développement autonome de la révolution populaire devait conduire la bourgeoisie révolutionnaire à se replier sur des positions défensives, sur une philosophie politique qui serait celle d'une classe seulement. Quel dessèchement, de l'enthousiasme du tiers état de 1789 à proposer des solutions au nom de la nation tout entière, à la dureté craintive des brumairiens de 1799 qui attendent d'un pouvoir fort qu'il enraye définitivement les conséquences nuisibles du mouvement révolutionnaire! Les hommes de 1789 ne sont plus que des révolutionnaires assagis, mais, aussi, affaiblis et limités dans leurs possibilités de manœuvre politique par l'échec de l'entente qu'ils avaient toujours recherchée avec les monarchistes modérés. Brisée en 1791-92 par la fuite à Varennes et la déchéance du roi, cette entente n'a pu se reconstituer sous le Directoire. La bourgeoisie, qui a cessé d'être révolutionnaire, est dans l'attente de l'homme qui saura enraciner les réformes et figer la Révolution. Faut-il préciser que ces subtilités de la pensée politique ne sortent pas des limites du cercle des « idéologues », comme on appelle maintenant les épigones des « philosophes », des écrits de Mme de Staël ou de Benjamin Constant ? La masse de la bourgeoisie, elle, aspire simplement à jouir des fortunes acquises et des places conquises. Comme le dit Lannes à Bonaparte : « Ceux qui vous aiment de cœur, hommes qui vous idolâtreront si vous donnez la paix, sont les paisibles, les propriétaires, la masse de la nation. » Mais si le recours à la force du sabre paraît désormais inévitable, il est aussi saut dans l'inconnu. Bonaparte, par compréhension personnelle comme par sens politique, est certes en mesure de devenir le dictateur d'une bourgeoisie satisfaite. Mais l'aventure vient se loger dans la marge considérable que la résignation de cette bourgeoisie laisse nécessairement à la libre invention de celui qu'elle se choisit pour « despote éclairé ».

Éclipse du parlementarisme, apogée du pouvoir personnel

La Révolution avait été un affrontement, libre jusqu'à la violence, des forces politiques. Le Consulat et l'Empire en ont voulu être la négation. Les idées révolutionnaires sont périmées, les idées réactionnaires sont haïssables. Les jacobins, les républicains seront frappés en masse après l'attentat de la rue Saint-Nicaise (24 décembre 1800) ; mais Cadoudal et le duc d'Enghien viendront s'inscrire au martyrologue des royalistes. L'extinction des passions politiques ne peut être obtenue que par l'anéantissement de leurs moyens d'expression. Aussi les assemblées et leurs débats sont-ils rejetés dans l'obscurité. Le Tribunat de la Constitution de l'an VIII, où avait trouvé refuge l'aile pensante du républicanisme, subit une épuration en 1802 et disparaît en 1807. Le Corps législatif, qui traversa toute la période, mènera la plus pâle et la plus intermittente des existences. Les vraies assemblées, mais qui n'ont d'assemblées que le nom, ce sont le Sénat — dont les membres titrés et prébendés se bornent à répondre docilement aux suggestions du pouvoir — et le Conseil d'État, organe essentiel du travail législatif, qui reconstitue l'ancien Conseil du roi, amputé seulement de ses fonctions judiciaires. Bonaparte y appelle les cinquante meilleurs techniciens du droit, de l'administration et des finances, y recueille des avis exprimés avec une relative indépendance, y préside à l'élaboration de tous les grands textes. Un tel régime porte donc en lui les germes, tout à la fois, de l'antiparlementarisme et de la technocratie. Il retarde durablement le développement de l'expérience du régime représentatif et de l'exercice des droits politiques. Le plus important de ces derniers, le droit de suffrage, est vidé de son contenu, par étapes, au bénéfice d'un système à plusieurs degrés dans lequel on ne procède qu'à la désignation de notabilités candidates à des sièges de muets. La liberté d'expression est brutalement réduite ; dès le début de 1800, 60 journaux parisiens sur 73 sont supprimés, et les survivants ne doivent pas publier d'articles « contraires au pacte social, à la souveraineté du peuple et à la gloire des armées » : au reste, plusieurs d'entre eux — *le Moniteur, le Journal des débats* — sont des feuilles « inspirées ».

Aux « factions », Bonaparte oppose l'idéal d'une nation réunifiée autour de sa personne, d'une nouvelle légitimité datant du coup d'État et s'exprimant par l'allégeance individuelle ou par le ralliement massif des plébiscites. Ainsi, le bonapartisme crée le pouvoir personnel, amalgame de tradition monarchique et de simulacre démocratique. Le Premier consul gouverne et règne à la façon d'un souverain éclairé qui concéderait au fait accompli de la Révolution de s'entourer de formes républicaines. Mais il crée ainsi une situation fort ambiguë. La monarchisation progressive de son pouvoir, du rétablissement d'une vie de cour, dès le Consulat, jusqu'à la proclamation de l'Empire héréditaire et au couronnement, est bien sûr la matérialisation d'un rêve de pouvoir absolu allant jusqu'à revêtir les formes d'une domination universelle, jusqu'à ressusciter des archaïsmes — Napoléon se prenant pour un nouveau Charlemagne. Mais, en même temps, la proclamation de l'Empire et les perpétuels renforcements du pouvoir personnel sont autant de moyens de consolider l'acquis de la Révolution en France et de défier la Contre-Révolution européenne : le sacre, dans cette perspective, s'interprète moins comme une mascarade autour d'un parvenu, comme un reniement qui rattacherait les Napoléonides aux rois de France, que comme un acte politique singulièrement audacieux par lequel la Révolution reprend leurs propres armes à ses adversaires.

Le ralliement national : prestige ou contrainte ?

La réconciliation nationale, même incarnée par le général Bonaparte, a d'ailleurs demandé des mois, des années. Dans le premier plébiscite, si l'opposition est minime l'indifférence est aussi forte que l'approbation. L'autorité, devenue plus pesante, doit fournir aux passions politiques des dérivatifs suffisamment puissants. La guerre est le premier d'entre eux : « L'héroïsme militaire, la gloire, écrit René Rémond, ont pris la relève des luttes politiques sous la Révolution. Différente de nature et dans son objet, la tension qui en résulte est peut-être aussi forte : en tout cas, elle périme les passions politiques. Par comparaison, les débats des assemblées pâlissent... »

L'orchestration des victoires et, quand le besoin s'en fera sentir, le travestissement par Napoléon lui-même ou par ses collaborateurs des défaites en brillants faits d'armes, jouent un rôle essentiel dans le développement d'un chauvinisme qui plonge ses racines dans la récente tradition révolutionnaire. La guerre, à la longue insupportable et détestée, est en même temps acceptée comme inséparable d'une France forte et du triomphe des idées de 1789 ; elle justifie en tout cas la concentration des pouvoirs, l'obéissance toujours plus absolue.

Autre dérivatif : la vanité. L'étoffement des administrations centrales et locales, l'importance de l'armée, la noblesse impériale permettent au régime napoléonien d'offrir en grand nombre les places, les traitements, les titres, les possibilités d'avancement. Tout se passe comme si les notables avaient accepté, momentanément, de renoncer à leurs prérogatives politiques à condition que le pouvoir fort — trop fort, même — leur facilitât l'installation dans les fonctions administratives et sur les échelons de la hiérarchie sociale. Mme de Staël l'a noté sans tendresse, mais non sans humour : « La grande force des chefs de l'État en France, c'est le goût prodigieux qu'on y a pour occuper des places [...]. Tout ce qui distingue un homme d'un autre est particulièrement agréable aux Français ; il n'est pas de nation à qui l'égalité convienne moins ; ils l'ont proclamée pour prendre la place des anciens supérieurs ; ils voulaient changer d'inégalité... »

Et de railler la manie des costumes, « depuis les huissiers jusqu'aux consuls » : « Le dernier des commis avait alors en France un petit filet d'or ou d'argent pour se distinguer des simples concitoyens. »

Nul doute, encore, que Napoléon ait compté, pour séduire, amuser, distraire, impressionner, sur l'étalage d'un luxe princier. S'installant dès 1800 aux Tuileries, le Premier consul y dépense en deux ans plus d'un million de francs, sur sa cassette personnelle, pour faire remeubler le palais, notamment par les soins des premiers ébénistes de Paris, les Jacob père et fils. Hors de Paris, Bonaparte aménage ou remeuble à son gré les palais de Saint-Cloud, Fontainebleau, Compiègne, et fait travailler dans dix autres palais situés dans de grandes villes hors de France. Les projets sont peut-être encore plus imposants que les réalisations : celui d'un palais impérial dans l'île de Perrache, à Lyon ; celui du palais du roi de Rome sur la colline de Chaillot. La volonté d'ostentation s'exprime encore par bien d'autres moyens, et l'emprise sur les arts, chargés d'émouvoir l'opinion et de célébrer le chef de l'État, est totale. En architecture, Napoléon n'a pas su rencontrer le génie de Claude Nicolas Ledoux, qui vécut jusqu'en 1806 et aurait pourtant voulu lui consacrer les derniers élans de son génie ; du moins a-t-il été servi par le dévouement et l'honnête talent de Percier et de Fontaine, et par ceux des directeurs des travaux de Paris, qui ont activement poussé la modernisation de la capitale. La sculpture se fait solennelle et héroïque sous l'inspiration de l'académisme canovien. Mais c'est avec la peinture que la direction officielle des arts atteint au plus réel succès. Jacques Louis David, déjà grand maître de l'art officiel au temps de la Convention, mais qui pensait que les Français n'étaient « pas assez vertueux pour être républicains », est nommé en 1805 premier peintre de l'Empereur ; tous les grands peintres de l'époque sont d'ailleurs passés par son atelier. Il répond admirablement aux vœux de son souverain, qui se disait « en droit d'attendre que le génie français produise des chefs-d'œuvre ». C'est dans la célébration de l'Empire, pour la naissance duquel il reçoit commande de quatre grandes compositions, qu'il trouve l'occasion d'atteindre au sommet de son art, évitant magistralement de tomber dans la froideur et la convention que le genre eût pu comporter avec d'autres. Son ancien protecteur, Vivant Denon, le premier vulgarisateur de l'art de l'Égypte ancienne, entre non moins brillamment dans les vues officielles quand, dans un rapport à l'Institut en 1803, il conseille à Bonaparte le style grandiose : « Il est à désirer que les gigantesques circonstances dans lesquelles nous vivons soient consacrées par des monuments colossaux. »

Nommé directeur général des musées en 1802, il fait du musée Napoléon – ou Musée national du Louvre – un prodigieux assemblage d'œuvres d'art de toutes les écoles européennes, dont les expositions attirent une clientèle internationale de visiteurs, et dont l'exemple suscite les fondations analogues du Prado, du Rijksmuseum et de la National Gallery. Déjà riche des pillages opérés sous le Directoire aux Pays-Bas, en Hollande et surtout en Italie, le Louvre de Vivant Denon, solennellement inauguré le 9 novembre 1802, troisième anniversaire du coup d'État, s'augmente encore des rafles effectuées, notamment, dans les collections de l'Électeur de Hesse-Cassel et du duc de Brunswick.

Les préfets du premier Empire

Mais la conception autoritaire des rapports entre culture et politique, il est vrai, comporte d'autres applications, stérilisantes et non point fécondes. A l'épuration du Tribunat succède celle de l'Institut. Après le contrôle de la presse viendra la censure des livres. Les institutions officielles étouffent la création littéraire. Pendant tout le règne, note André Monglond, Napoléon « travaille à ramener l'admiration vers le siècle de Louis XIV. [...] Il fait distribuer par l'Université impériale la culture la plus classique. [...] Il tente d'imposer à la littérature les règles d'Aristote et de Boileau ».

En 1810, l'Institut décerne un prix décennal – institué pour commémorer le 18-Brumaire – à La Harpe, à titre posthume, ignorant délibérément Mme de Staël et Chateaubriand. Dans un rapport au Conseil d'État sur « les progrès de la littérature », Marie-Joseph Chénier persifle à propos de la poétique nouvelle de Chateaubriand et exalte l'éloquence militaire de l'Empereur. Sous les fastes de l'Empire, la réalité quotidienne est celle d'une surveillance rigoureuse des adversaires de l'État.

Un État en progrès, incontestablement, sur ses devanciers. Tout en se rattachant à la tradition des intendants d'Ancien Régime, une institution politico-administrative comme celle des préfets témoigne – au même titre que l'intensification de la propagande officielle ou du contrôle policier – du perfectionnement des moyens d'action du pouvoir central. Débarrassé de toutes autorités rivales sur le plan local, dans la dépendance directe de la faveur du Premier consul et de l'Empereur, le préfet est l'homme à tout faire sur lequel Napoléon Bonaparte compte pour pacifier les esprits et tenir en main les populations. « Vos attributions, écrit Lucien Bonaparte aux préfets, embrassent tout ce qui tient à la fortune publique, à la prospérité nationale, au repos de vos administrés. » Et encore : « Pour affermir la paix dans votre département, détournez vers les notions de l'économie politique ce reste d'agitation qui succède aux mouvements d'une grande révolution. » Le préfet doit donc être d'abord l'artisan d'un bon « esprit public », et pour y parvenir il lui revient de surveiller les anciens jacobins et terroristes, les esprits indépendants, les anciens émigrés, les ex-curés réfractaires ; de prévenir et au besoin de réprimer les troubles qui pourraient naître à l'occasion des grands épisodes de la vie provinciale et rurale : perception des droits réunis, délicate en pays de vignoble ; conscription, avec ses séquelles possibles, la désertion et l'insoumission ; crises de subsistances, aux implications politiques redoutables, comme celle de 1811-12, survenant en pleine période de préparation de l'expédition de Russie, etc. D'une façon plus positive, il revient aussi au préfet de « faire » cet esprit public, en veillant à la bonne application des grandes mesures de réconciliation, tel le Concordat ; en suscitant les candidatures les plus zélées aux emplois administratifs ; en organisant les rares manifestations de la vie politique et de l'enthousiasme populaire ou bourgeois : constitution des collèges électoraux, préparation des visites consulaires et impériales, recrutement de gardes d'honneur. Tout cela est prétexte à une immense paperasserie : le préfet napoléonien est homme de dossiers et de rapports, comme il doit devenir, sur l'ordre des bureaux parisiens, homme de statistiques à propos des aspects les plus variés de la vie économique. Pour ces tâches, Napoléon Bonaparte a presque toujours préféré, selon sa propre expression, des « enfants de la Révolution », qu'elle avait « trempés dans ses eaux » ; des hommes compétents, modérés, et dont le maître était prêt à faire la fortune s'ils lui donnaient satisfaction.

Les irréductibles et les mécontents

Dans un pays dont le chef recueille, outre les traditions de la monarchie absolue, les innovations de l'administration révolutionnaire et les leçons des temps de guerre civile, et dont les citoyens doivent compter comme jamais auparavant avec les agents du fisc, avec les émissaires de la police, avec la peur des gendarmes ou des colonnes mobiles, il reste pourtant place pour de puissants courants, pour des forces latentes qui s'opposent à ce que l'État napoléonien puisse être autre chose qu'un placage. Sa durée est fonction, à la fois, de l'incapacité de ses adversaires intérieurs à passer aux actes, et de l'illusion que l'enchaînement des victoires militaires a longtemps entretenue dans l'opinion quant à l'avenir du régime.

Paradoxalement, c'est la frange intellectuelle de l'opposition qui, en dépit de sa lucidité, est la plus inopérante. Le grand ennemi idéologique du pouvoir consulaire et impérial a été Benjamin Constant. Les réserves d'un Henri Guillemin à l'égard de sa vie privée ou publique n'enlèvent rien au fait que les écrits de Constant, dans les trois premières décennies du XIXe siècle, ont fourni à la pensée libérale bourgeoise ses fondements intellectuels et apporté quelques-unes de ses plus belles pages à la défense, toujours à reprendre, des libertés individuelles. Mais les points de vue de Constant n'ont été partagés, au temps de Napoléon, que par des minorités bourgeoises empêtrées dans leurs contradictions : les libéraux n'étaient-ils point solidaires, sur bien des points, des intérêts conservateurs, et n'avaient-ils pas placé de grands espoirs dans le vainqueur de Brumaire ? Au fond, Constant manifestera une profonde unité de pensée en se ralliant à Napoléon lors des Cent-Jours : joignant le réalisme à la fermeté sur les principes, il démontrera alors que l'adhésion à l'Empire était possible — et souhaitable — dès lors que celui-ci se faisait libéral et constitutionnel. Par ailleurs, aucun lien n'existait entre ce type d'opposition et celle, par exemple, des catholiques détachés de Napoléon par le conflit renaissant entre ce dernier et le Saint-Siège ; ni, davantage, avec les manifestations intermittentes et sporadiques d'un mécontentement populaire dont les motifs étaient radicalement différents. Les bases objectives d'un « front » antinapoléonien n'existaient pas en France. La véritable menace, pour l'Empereur, résidait plutôt dans le développement de l'indifférence et de la lassitude, inséparable de l'évolution autoritaire du régime et de la prolongation indéfinie de la guerre.

II. LA NOUVELLE SOCIÉTÉ FRANÇAISE : RUPTURES ET CONTINUITÉS

Les hommes

La France est sortie de la Révolution avec une configuration démographique nouvelle. 1789 a sur ce plan provoqué une accentuation tellement rapide des tendances latentes à la fin de l'Ancien Régime que l'on peut considérer la fin du XVIIIe siècle comme une coupure assez significative dans l'histoire de notre population.

Le phénomène le plus marquant, comme le souligne Marcel Reinhard, est la combinaison entre l'accroissement de la nuptialité et le recul de la natalité. Quatre-vingt-cinq mariages pour 10 000 habitants dans les années 1770-1784 ; 157 de 1806 à 1810 ; 171 de 1811 à 1815. Au contraire, peut-être 390 naissances pour 10 000 habitants à la fin de l'Ancien Régime, 320 seulement sous l'Empire. La contrariété de ces mouvements évoque, bien évidemment, une plus large diffusion du contrôle des naissances, sans doute pratiqué par de nombreux couples appartenant aux classes populaires des campagnes comme des villes, et pas seulement à la bourgeoisie riche. Espacement des naissances qui paraît d'autant plus évident que l'âge du mariage a dû s'abaisser et la période de fécondité légitime s'allonger d'autant. Toute une situation sociale, politique, spirituelle trouve ici son écho : facilités offertes par la législation civile, le divorce, la suppression des interdits de l'avent et du carême ; recul de l'emprise morale des prêtres sur les consciences ; levées militaires (expliquant notamment la recrudescence de nuptialité de 1809 et de 1813) ; multiplication des propriétés rurales. Le résultat, c'est une croissance désormais modeste de la population, qui passe de 27 350 000 habitants en 1801 à 30 462 000 en 1821, soit un accroissement annuel moyen de l'ordre de 0,5 p. 100 ; le XIXe siècle s'achèvera sans que les 40 millions soient atteints.

Encore cet accroissement n'est-il rendu possible que par une baisse, également importante, de la mortalité. Très variable à la fin de l'Ancien Régime – de 320 à 390 pour 10 000 –, elle baisse et se stabilise tout à la fois autour de 260 à 270 à l'époque napoléonienne. Sans doute est-ce imputable, d'abord, au fait qu'il n'y a pas eu de très grave crise de subsistances pendant ces années-là. Ces chiffres montrent aussi que la mortalité exceptionnelle due à la guerre n'a pas joué de rôle appréciable dans l'évolution de notre population, contrairement à ce qui se passera en 1914-1918. On peut estimer les pertes du fait de la guerre à un million environ sur quinze ans, ce qui n'a pas été de nature à contrarier le mouvement de recul lié – comment l'expliquer autrement ? – à une amélioration du niveau de vie, particulièrement de l'alimentation, et à des progrès médicaux qui se constatent globalement mieux qu'ils ne sont connus dans le détail.

En revanche, la population française conserve des structures géographiques et sociales tout à fait analogues à celles de la fin de l'Ancien Régime. Les migrations saisonnières et temporaires sont très actives ; des villes comme Marseille, Lyon et surtout Paris en sont les pôles d'attraction pour un nombre de départements considérable. Mais l'exode rural n'est pas commencé. La population continue à s'entasser dans les plaines et les montagnes, et la misère de certains districts ruraux surpeuplés est un phénomène alors plus important que celui de la misère urbaine des ouvriers, en un temps où la révolution industrielle n'en est qu'à ses débuts. La population urbaine, estimée à 20 p. 100 de la population totale en 1789, n'atteindra encore que 25 p. 100 en 1846 ; bien plus, les grandes villes ont, du fait de la conjoncture politique ou économique, perdu une part notable de leur population pendant les années de la Révolution, et consacrent les années 1800-1815 à la récupérer, avant de reprendre leur croissance : c'est le cas de Paris, mais aussi de Rouen, de Bordeaux, de Lyon, etc., qui ont pu subir une diminution momentanée de l'ordre de 20 p. 100. L'image d'ensemble de la population française est donc bien en correspondance avec celle du pays lui-même, où l'avance du mental sur l'économique est si caractéristique des années révolutionnaires et postrévolutionnaires.

Peuple des campagnes et peuple des villes

Sans doute est-ce dans les masses paysannes qu'il faut aller chercher les soutiens les plus fidèles du régime consulaire et impérial : il les tranquillise, en effet, sur le sort des ventes de biens nationaux et sur l'éventualité d'une réaction féodale et seigneuriale. Fondamentalement, les campagnes sont satisfaites, même si la société rurale se trouve plus que jamais dissociée par le fait que ses différentes classes ont pris des parts très inégales aux bienfaits de la Révolution et si certaines inquiétudes continuent à l'agiter.

Les paysans avaient souhaité acquérir de la terre, beaucoup moins en vertu de quelque partage égalitaire que chacun selon ses moyens. Ce souhait a été exaucé dans une certaine mesure par la Révolution. Les paysans ont acheté des biens nationaux dans une proportion qui oscille peut-être, selon les départements, entre 15 et 60 p. 100 des ventes. Le nombre des propriétaires fonciers s'est accru notablement, des journaliers ont accédé à la propriété, des propriétaires de 1 ou 2 hectares en ont désormais possédé 5 ou 10, de solides propriétés de bourgeoisie rurale se sont constituées. Mais il est certain que le morcellement de l'exploitation s'en est trouvé aggravé et que les catégories inférieures de la propriété se sont gonflées. La preuve en est l'extension de la viticulture aux premières années du XIXe siècle : la propriété parcellaire s'accommode mieux, techniquement et économiquement, de la vigne que du blé. En Bourgogne, le gamay, cépage à gros rendement, s'insinue jusque dans les plaines à grains et les bas-fonds ; « le propriétaire que le besoin d'argent tourmente préfère la quantité à la qualité », écrit en l'an IX le préfet de l'Yonne. Il est vrai que le petit propriétaire incapable de tirer toute sa subsistance de son bien, que celui-ci soit « patrimonial » ou « national », peut toujours trouver un complément de revenu dans le travail industriel à domicile, car les structures de la production industrielle en France sont encore toutes proches de ce qu'elles étaient aux XVIIe et XVIIIe siècles.

Les paysans avaient aussi souhaité, avec passion et parfois avec fureur, se libérer de l'exploitation féodale et seigneuriale, du poids de la dîme, du champart et autres droits. Sur ce point, une partie d'entre eux n'a obtenu qu'une satisfaction purement verbale. Les droits ont en effet disparu du vocabulaire, mais non de la réalité économique pour tous ceux, métayers et fermiers, qui sont obligés de prendre de la terre à bail. La législation révolutionnaire, de la Constituante à la Convention et au Directoire, a, en effet, laissé, dans la pratique, le propriétaire-bailleur libre d'introduire dans les contrats des clauses de majoration transférant à son profit la charge représentée par les ci-devant redevances. Seul le propriétaire, et non l'exploitant, a donc bénéficié de leur abolition ; et comme cette situation s'est combinée avec un mouvement de hausse continue des fermages, liée au mouvement du prix des grains, on peut considérer avec Albert Soboul que la bourgeoisie des propriétaires, citadins ou ruraux, a consolidé à son profit la féodalité sous une forme économique : tant il est vrai que les éléments aisés du tiers état ont toujours conçu, consciemment ou non, la Révolution comme un transfert ou une extension de privilèges. Ajoutons à cela que, sous le Consulat et l'Empire, le retour d'un certain nombre d'émigrés sur ce qui leur restait de leurs terres et la restauration du prestige du clergé développèrent dans les campagnes, particulièrement dans l'Ouest et le Sud-Ouest, une atmosphère de réaction, une menace sourde de re-féodalisation, une pression morale du châtelain et du curé. Elles ont entretenu, dans des campagnes qui ne demandaient qu'à vivre sous un régime conservateur, un ferment d'agitation révolutionnaire que les seules apparences de l'autorité napoléonienne ne suffisaient pas à apaiser. D'autres éléments de mécontentement, dont le régime était lui-même la source, venaient d'ailleurs aigrir les petits propriétaires : inquisition fiscale, source de troubles locaux, dans les pays de vignoble pour la perception des nouveaux droits sur les boissons ; dureté du percepteur, partout, dans le recouvrement de la contribution foncière : il est courant qu'il se fasse payer en services ou en nature les intérêts des retards dans l'acquittement des cotisations, ou qu'il rappelle par l'envoi de garnisaires les plus mauvais souvenirs de l'Ancien Régime.

Les journaliers souffrent de la limitation des droits d'usage, qui leur interdit, sous peine de lourdes amendes, de faire paître leur vache dans les bois taillis communaux ou nationaux, tandis que le mouvement de défrichements restreint encore les surfaces de pacage. Cependant, le mouvement de hausse des salaires agricoles a été très vif depuis la Révolution, et ne peut que constituer un facteur positif dans l'appréciation du sort des campagnes. Au témoignage d'un juge de Clamecy, signalé par Guy Thuillier, un domestique de charrue se paie, en 1814, nourri, de 260 à 300 francs par an, contre 80 à 100 en 1789 ; un toucheur ou un pâtre, 80 à 100 francs au lieu de 30 à 36. Quant à l'artisan, il aurait triplé le prix de son travail. De là une relative aisance, dont cet observateur voit la preuve dans « leur mise et leur dépense de bouche qui sont frappantes » et « au-dessus de leur état » (*sic*).

Le peuple des villes, lui, est sorti de la Révolution en état d'infériorité, désarmé tant du point de vue militaire que du point de vue politique et idéologique. Les salariés se trouvent défavorisés tant par une série de dispositions légales que par une active surveillance policière, qui les mettent hors d'état de se concerter pour la défense de leurs intérêts. Mais, en revanche, les années napoléoniennes n'ont pu apparaître qu'assez douces, relativement, à ceux qu'on appelait naguère les « sans-culottes ». La tendance à la hausse des salaires nominaux, amorcée avec la Révolution, s'est confirmée dans beaucoup de branches avec une ampleur suffisante pour qu'on puisse en déduire une hausse du salaire réel et, par suite, une meilleure alimentation populaire comportant notamment une consommation accrue de viande. Les villes n'ont pas connu de crises de subsistances et de cherté comparables à celles qui avaient rythmé les années prérévolutionnaires et révolutionnaires ; les alertes de 1801 et de 1812 ont été combattues par les autorités centrales et préfectorales avec une énergie qui empruntait, d'ailleurs, ses moyens aux administrations qui les avaient précédées, et ne reculait pas pour maintenir l'ordre devant le recours à la force armée.

L'avènement des notables

En fait, l'originalité de l'œuvre sociale napoléonienne réside dans la définition et l'organisation de nouvelles élites sociales dont la domination doit caractériser la société d'après la Révolution. Les collèges électoraux institués par la Constitution de l'an X en sont une première forme. Ces corps permanents, composés de membres à vie, convoqués au niveau du canton, de l'arrondissement et du département, dégagent de l'ancienne aristocratie et de la bourgeoisie une élite de notables selon le critère de l'imposition. Les membres des collèges électoraux de département, les plus importants puisqu'ils sont les seuls à exercer directement, lorsqu'on veut bien le leur demander, un choix de candidats aux sièges vacants dans le Sénat, le Corps législatif et les conseils généraux, doivent être choisis parmi les 600 citoyens les plus imposés du département. Pratiquement, c'est la contribution foncière qui est d'abord prise en considération — et qui, de toute façon, a le plus de poids — dans l'élaboration des listes des 600 plus imposés. Le simulacre de régime représentatif que le Consul à vie a décidé de laisser subsister en France — mais un simulacre qui est beaucoup plus chargé de signification sociale que d'efficacité politique — profite donc à une aristocratie nouvelle, celle des propriétaires, parmi lesquels se rencontrent en majorité d'anciens nobles ou des bourgeois largement possessionnés et vivant de la rente foncière, flanqués d'un certain nombre de négociants, membres de professions libérales et fonctionnaires qui se trouvent qualifiés par la possession de maisons et de terres plus que par l'importance de leurs traitements, honoraires ou bénéficces. « Le véritable peuple de France, dira Napoléon, ce sont les présidents des cantons et les présidents des collèges électoraux ; c'est l'armée », et non pas « vingt ou trente mille poissardes ou gens de cette espèce, [...] la populace ignare et corrompue d'une grande ville ». Pour lui, le principe de la propriété « est un principe fondamental qui ne déroge pas à l'égalité ». Toutefois, la fortune foncière n'est pas seule prise en considération pour le choix des membres des collèges électoraux. Il est précisé qu'ils devront appartenir « aux familles les plus considérables par leur existence antérieure et présente, par l'étendue de leurs liaisons et parenté dans le département, par leurs bonnes mœurs et leurs vertus publiques et privées ». Le notable napoléonien est donc, aussi, un homme qui s'impose par sa valeur morale et dont l'État souhaite utiliser le réseau de relations humaines. On remarquera, de plus, la commodité d'un vocable qui permet d'unifier, sous la bannière des « bonnes familles », rescapés des anciennes classes privilégiées et éléments les plus distingués de l'ancienne roture.

La reconstitution d'une aristocratie

Mais Napoléon, très vite, est allé beaucoup plus loin. Il a tenu à définir une élite sociale et politique sur une base qui ne serait ni celle de la noblesse féodale (« non sur les distinctions du sang, ce qui est une noblesse imaginaire, puisqu'il n'y a qu'une seule race d'hommes »), ni celle de la richesse, dont « on ne peut faire un titre » : « de toutes les aristocraties, celle-là me semblait la pire », dira l'Empereur à Sainte- Hélène, ayant toujours tenu – ou feint de tenir – que les diverses formes de la fortune – mobilière ou immobilière – relevaient par leurs origines du vol et de la rapine. Ainsi Napoléon, qui a su dans l'occasion user des services des anciens émigrés comme de sa popularité auprès des acquéreurs de biens nationaux, a-t-il voulu imposer à la France de son temps une hiérarchie qui ne correspondait aux intérêts ni des premiers ni des seconds. Son plan a été celui d'un monarque éclairé ; sa démarche évoque celle d'un joséphisme élevant l'État comme puissance arbitrale au-dessus des ordres et des classes. L'État et la société, selon lui, ont besoin d'une aristocratie ; la société issue de la Révolution y trouvera son point d'ancrage, le régulateur des ambitions individuelles ; l'État y cherche son prestige et ses hauts serviteurs, il l'utilise comme le relais de son autorité auprès de la nation : « Il faut que je marche, que j'agisse, que j'avance. Il me faut des yeux, des bras, des jambes. » Cette aristocratie, elle aussi, doit servir la réconcilliation de la France ancienne et de la France nouvelle. Les hommes de la Révolution y auront leur place : elle les a « trempés dans ses eaux », et ils en sont sortis, dira Napoléon à Beugnot vers la fin de l'Empire, « avec une vigueur qui ne se reproduira plus ». Mais, le génie de l'ouvrier étant « de savoir employer les matériaux qu'il a sous la main », les familles de l'ancienne noblesse y entreront aussi, car leurs « fortunes toutes faites » et leur influence doivent être mises au service du gouvernement, qui, d'ailleurs, « n'est pas assez riche pour payer tout le monde ». En deux mots, les fondements de l'aristocratie impériale seront le mérite personnel et le service rendu à l'État. « Notre époque est celle du mérite ; il faut laisser les fils des paysans monter par des talents et des services au premier rang. [...] Partout où j'ai trouvé le talent et le courage, je l'ai élevé et mis à sa place. Mon principe était de tenir la carrière ouverte aux talents. » Ainsi naîtra une noblesse « historique » et « nationale », substituant aux parchemins les « belles actions, et aux intérêts privés les intérêts de la patrie ».

Napoléon voit donc dans la création d'une aristocratie d'un type nouveau, tout comme dans l'institution d'un Empire héréditaire, non pas une réaction ou une trahison à l'égard de la Révolution, mais, au contraire, une consolidation de l'ordre nouveau. « L'institution d'une noblesse nationale n'est pas contraire à l'égalité » ; elle est « éminemment libérale » et « propre à la fois à consolider l'ordre social et à anéantir le vain orgueil de la noblesse ». Elle est l'une de ces « masses de granit » qu'il entend jeter sur le sol de France pour asseoir définitivement la république. Et dans un mélange – qui est bien dans sa manière – de vigueur dans l'affirmation des principes et de cynisme dans les moyens de leur exécution, il trouve dans le tempérament des Français la justification d'une nouvelle échelle de titres : « il leur faut des distinctions », « c'est avec des hochets qu'on mène les hommes ».

La Légion d'honneur

Dès 1802, Bonaparte paraît se replacer dans la tradition monarchique en créant un ordre, à la fois militaire et civil, avec toutes les conséquences qui en découlent : la Légion d'honneur aura ses décorations, ses uniformes, ses grades, son traitement spécial, son serment de fidélité. Lui-même entend n'y voir qu'une « égalité de gloire » promise à tous ceux qui illustrent et honorent leur pays. La formule du serment veut confirmer le caractère républicain de l'institution : le légionnaire jure, en effet, « de se dévouer au service de la République, à la conservation de son territoire dans son intégrité, à la défense de son gouvernement, de ses lois et des propriétés qu'elles ont consacrées ; de combattre [...] toute entreprise tendant à rétablir le régime féodal, à reproduire les titres et qualités qui en étaient l'attribut ; enfin, de concourir de tout son pouvoir au maintien de la liberté et de l'égalité ».

En fait, l'évolution de la Légion d'honneur devait en altérer singulièrement le caractère : le serment prêté à la personne même de l'Empereur et à sa dynastie, le recrutement militaire à 96 p. 100 accentuèrent la ressemblance avec un ordre militaire d'Ancien Régime, tel que l'ordre de Saint-Louis, et la signification politique d'un corps uni au souverain par une allégeance personnelle.

Cour et noblesse impériales

A partir de 1804 et jusqu'en 1808, c'est-à-dire de la proclamation de l'Empire jusqu'au décret sur l'organisation de la noblesse impériale, la politique sociale de Napoléon s'est développée avec une plus grande complexité, incluant la Légion d'honneur elle-même dans un système minutieusement hiérarchisé. Au sommet, la famille Bonaparte. Autour d'elle, « une organisation du palais impérial conforme à la dignité du trône et à la grandeur de la nation », selon les termes du sénatus-consulte organique du 18 mai 1804 ; entendons, une Cour à laquelle Napoléon assignait pour fonction — au total bien mal remplie — de donner le ton à la société française en offrant l'exemple, au sommet, de la fusion des élites. Au premier rang des grands officiers, dix-huit maréchaux : leur promotion signifie, à la fois, tout le prix attaché par l'Empereur aux titres acquis au champ d'honneur, et l'importance qu'il accorde à l'armée comme instrument d'élévation sociale. Quand il crée les premiers titres nobiliaires en 1807, il fait le maréchal Lefebvre duc de Dantzig : à dessein, dit-il, car « ce maréchal avait été simple soldat, et tout le monde dans Paris l'avait connu sergent aux gardes françaises ». Le seul fait d'appartenir à la Légion d'honneur confère le titre de chevalier, le plus bas dans l'échelle. Mais les services civils trouvent bien sûr leur place et leur récompense dans les quelque 1 500 titulaires (chevaliers exclus) créés en huit ans : Talleyrand est prince de Bénévent aux côtés d'un Berthier prince de Neuchâtel ; Fouché est duc d'Otrante ou Gaudin duc de Gaète parmi tant de maréchaux-ducs ; aux rangs de comte et de baron, les préfets, les maires, les conseillers généraux, les hauts fonctionnaires se mêlent aux généraux.

C'est au niveau de l'organisation de la noblesse impériale que se situent les aspects les plus équivoques de la législation sociale napoléonienne. Étant très préoccupé, en effet, de mettre « sa » noblesse en état de soutenir quant aux apparences la concurrence de l'ancienne aristocratie, et d'aboutir à une fusion des éléments, l'Empereur a incontestablement transgressé le principe de l'égalité civile et réintroduit en France certains traits de féodalité. C'est ce qui ressort notamment de l'hérédité des titres nobiliaires, de la création de grands fiefs héréditaires avec substitution du domaine et transmission du titre au fils aîné, de la distribution de dotations en rentes, de l'institution des majorats sur l'initiative du gouvernement ou sur la demande des particuliers, autrement dit de propriétés de famille inaliénables destinées à garantir à l'héritier d'un titre de noblesse une fortune suffisante pour honorer ce titre, etc. Encore faut-il remarquer que le titre le plus abondamment décerné, celui de baron, n'est pas héréditaire ; que celui de chevalier peut être attribué sur simple justification d'un revenu de 3 000 francs par an ; que les fiefs et dotations ont été le plus souvent prélevés sur les royaumes vassaux, donc en terre étrangère. Le système conserve la souplesse et l'inachèvement des œuvres brutalement interrompues.

Les valeurs sociales de la France napoléonienne

D'ailleurs, les créations napoléoniennes dans l'ordre social importent moins que l'esprit dans lequel le Premier consul et l'Empereur a conçu l'organisation générale de la société — esprit dont la marque reste visible jusque dans notre France contemporaine.

A parcourir le Code civil, il est éclatant que la société post-révolutionnaire s'établit, par la volonté commune de la bourgeoisie et de Bonaparte, sur les principes de la propriété et de l'autorité. Propriété : sa définition, sa transmission, sa garantie à l'occasion des différents types de contrats et d'obligations font l'objet de dispositions minutieuses. Sa protection se trouve complétée par le Code de commerce. Sous sa forme immobilière, elle reçoit la sanction du cadastre, dans lequel Georges Lefebvre voyait l'une des innovations les plus appréciées du premier Empire. Être propriétaire, c'est, en effet, et avant tout, être propriétaire foncier. Jaurès, qui cherchait sans doute avec quelque exagération simplificatrice les origines de la Révolution dans le développement de la propriété industrielle et mobilière, a bien vu en même temps que la Révolution avait dû son succès définitif au fait qu'elle s'était « puissamment installée dans la propriété foncière, c'est-à-dire dans la force traditionnelle de ses propres ennemis ». Propriété, terre, mots clefs d'une société dominée par des notables qui tirent pour une bonne part leur force du transfert de biens, inséparable d'un transfert de prestige auquel 1789 a donné cours.

Autorité : elle est d'abord fortement affirmée au sein de la famille, où la puissance paternelle et maritale se trouve glorifiée. Du coup, le statut de la femme se dégrade, si l'on se réfère à un XVIIIe siècle relativement émancipateur et surtout à l'idéologie de la Révolution démocratique. « Nous autres peuples d'Occident, nous avons tout gâté en traitant les femmes trop bien. [...] Elles ne doivent pas être regardées comme les égales des hommes, et ne sont, en réalité, que des machines à faire des enfants. [...] Il vaut mieux qu'elles travaillent de l'aiguille que de la langue », etc. Le plan d'éducation tracé pour l'établissement d'Écouen traite les filles en cerveaux faibles ; que leur apprendra-t-on ? d'abord « la religion dans toute sa sévérité » ; puis les éléments d'une instruction primaire ; mais, surtout, on les occupera « pendant les trois quarts de la journée à des ouvrages manuels ». Dans la religion, précisément, Bonaparte reconnaît essentiellement le meilleur des auxiliaires pour le principe d'autorité, l'un des « grands éléments qui cohésionnent la société ». « Jamais d'État sans religion, sans culte, sans prêtres » : mais aussi ce puissant instrument doit-il être dans la main du gouvernement, pour « s'en servir comme d'un moyen social pour réprimer l'anarchie ». Voilà pourquoi le Concordat fut aux yeux de son auteur un acte politique majeur.

Mais, par une différence essentielle avec l'Ancien Régime, l'Église ne se trouve plus invitée qu'à fixer les croyances et qu'à justifier les injustices d'ici-bas par l'espoir de la justice dans l'éternité. Quant aux esprits, ils doivent lui échapper pour passer sous le contrôle de l'État. Voilà donc l'enseignement devenu, lui aussi, matière d'autorité. Mécontent d'une époque où « chacun peut lever une boutique d'instruction comme une boutique de drap », Napoléon aurait voulu confier exclusivement l'instruction publique à l'Université de France (fondée en 1806), corps intermédiaire, elle aussi, chargée de « diriger les opinions politiques et morales »... « Il faut que la morale et les idées politiques de la génération qui s'élève ne dépendent plus de la nouvelle du jour ou de la circonstance du moment. Il faut avant tout arriver à l'unité, et qu'une génération tout entière puisse être jetée dans le même moule. [...] Il n'y aura pas d'État politique fixe s'il n'y a pas un corps enseignant avec des principes fixes. Tant qu'on n'apprendra pas, dès l'enfance, s'il faut être républicain ou monarchique, catholique ou irréligieux, l'État ne formera point une nation ; il reposera sur des bases incertaines [...], constamment exposé aux désordres et aux changements. »

En fait, l'enseignement primaire n'a pas été organisé par les administrations locales et, conformément d'ailleurs au vœu profond des notables, il a été repris dans une large mesure par les Frères, finalement intégrés à l'Université. C'est au niveau de l'enseignement secondaire que les principes ont reçu une application, avec la création des lycées desservis par des agrégés. Les enfants de la « classe aisée » y reçoivent, dans la discipline stricte de l'internat, une formation essentiellement littéraire.

III. LES FINANCES ET L'ÉCONOMIE D'UN PAYS EN GUERRE

Discipliner et stabiliser la société, c'était une condition indispensable de la mobilisation des énergies en vue de l'accomplissement de grands desseins, militaires et civils. Une autre condition non moins nécessaire était d'échapper au tragique destin des régimes précédents — monarchique et révolutionnaire — paralysés par l'absence de moyens financiers suffisants. « Les finances ont été l'objet constant de mes méditations. Les finances d'un grand Empire doivent offrir les moyens de faire face aux circonstances extraordinaires, même aux vicissitudes des guerres les plus acharnées. » Cette méditation s'est organisée autour de trois thèmes : développement d'un nouveau système fiscal ; création de facilités nouvelles pour la Trésorerie, hors des liens de l'emprunt ou du crédit privé ; financement de la guerre.

La fiscalité napoléonienne

« Pour gouverner un grand État, il faut beaucoup de juges, beaucoup de gendarmes, beaucoup de soldats, ... beaucoup d'écus. Est-ce avec l'impôt territorial seul que vous pourriez parvenir à prélever tout l'argent nécessaire pour faire face aux dépenses de l'État ? Non, c'est encore là une folie de vos économistes. Il faut, pour alléger le fonds des impôts, le rétablir sous toutes les formes. » Ce texte de Napoléon est de 1804 — l'année de la création des droits réunis : droits sur le tabac, les cartes à jouer, les voitures publiques, la marque des objets d'or et d'argent, et surtout sur les boissons (le droit d'inventaire, perçu chez les récoltants fabriquant des boissons alcooliques, impliquant la visite de leurs caves six semaines après la récolte). Tandis qu'il allège la contribution foncière, le régime napoléonien rétablit une fiscalité indirecte évocatrice, pour les contemporains, des souvenirs encore frais des aides et de la ferme générale, qui avaient joué dans la crise prérévolutionnaire un rôle si actif de cristallisation des revendications populaires. « Nous avons reconnu, dira le décret de 1810 rétablissant la régie du tabac, qu'il fallait un grand nombre d'impositions qui pèseraient peu sur nos peuples en temps ordinaire, parce que le tarif en serait peu élevé, et seraient susceptibles de pourvoir à tous les besoins du Trésor dans des temps extraordinaires par la simple élévation du tarif. » C'est bien ce qui s'était passé dès 1806 avec l'institution d'une taxe sur le sel, le relèvement des droits sur les boissons et la création du congé pour leur circulation ; et ce qui devait encore arriver en 1813. Le rendement de l'impôt, la rapidité de son recouvrement et de sa centralisation s'améliorent considérablement avec la mise en place d'une structure administrative qui complète et systématise l'œuvre du Directoire dans ce domaine, et dont les finances contemporaines de la France vivent encore : contrôleurs établissant les rôles ; percepteurs pourchassant le contribuable ; receveurs collectant le produit des impôts. Tous sont soumis au cautionnement.

Le « Service du Trésor »

Dans le domaine de l'administration fiscale moins encore que dans tout autre secteur de l'administration, les progrès ne peuvent être foudroyants : la résistance et les lenteurs y sont particulièrement sensibles. Aussi Bonaparte a-t-il dû faire face — et cela d'autant plus qu'il avait hérité en Brumaire de caisses pratiquement vides — au problème classique du décalage entre les besoins immédiats et les espérances de recettes. C'est ici qu'intervenait, d'une façon non moins classique, la banque privée, à la bonne volonté et aux taux d'intérêt de laquelle les gouvernements étaient ordinairement soumis. Le Premier consul n'a pu éviter de recourir d'abord aux services de grands capitalistes groupés en consortiums – « Négociants réunis », « Banquiers du Trésor public » – où tous les grands noms de la finance d'alors se retrouvent. Mais tous ses efforts ont tendu à innover dans le domaine des avances à court terme à l'État, connues sous le nom de « Service du Trésor », et à transférer ce service à des organismes publics qui mettraient fin à la peu glorieuse et très incommode dépendance du gouvernement à l'égard des hommes d'argent, dépendance qui l'avait conduit notamment à relâcher, réhabiliter et utiliser un Ouvrard après l'avoir fait arrêter et accusé de malversations. Les receveurs généraux des départements furent d'abord invités à souscrire des rescriptions correspondant au montant des sommes à recevoir, et que le gouvernement pourrait escompter. La Caisse d'amortissement, création antérieure à la Banque de France elle-même, se chargerait de rembourser en numéraire ces traites lorsque les receveurs généraux n'auraient pas les moyens nécessaires à leur paiement lors de leur présentation ; mais, aussi bien, l'encaisse de cet organisme serait-elle alimentée par les cautionnements en espèces métalliques fournis par les receveurs généraux eux-mêmes. A partir de 1806, la Caisse d'amortissement émit, en outre, des bons que l'État utilisa, comme les rescriptions, pour couvrir ses dépenses, et dont le remboursement était assuré par la vente de biens nationaux remis en échange à la Caisse par l'État (ces biens nationaux, dont il restait pour 400 millions environ en 1801, n'étant plus cédés à des particuliers depuis cette date) ; à cette opération se rattache la nationalisation, en 1813, des biens communaux et leur mise en vente par la Caisse, qui gagea alors sur eux pour 180 millions de bons. C'est en 1806 encore que l'utilisation anticipée des impôts à recouvrer fut perfectionnée, grâce à la création de la Caisse de service, d'où sortit en 1815 notre actuelle Direction du mouvement des fonds. Les receveurs généraux furent invités à y verser sans retard tout ce qu'ils devaient dans l'immédiat, et aussi des sommes payables à échéance lointaine, sous la forme de lettres de change sur Paris. Sur cette garantie, la Caisse de service put émettre à son tour des bons, très proches, cette fois, des modernes bons du Trésor.

Toutefois, l'équilibre budgétaire aurait été compromis de bonne heure – et il le fut d'ailleurs, particulièrement à partir de 1811 – si la fiscalité napoléonienne n'avait pu compter que sur des ressources internes. En effet, si les recettes ordinaires passèrent de 684 millions en l'an XIII à 987 en 1813, à la faveur de l'augmentation tirée des droits réunis, des douanes et du droit sur le sel, les dépenses, elles, s'élevèrent de 550 millions en 1801 à 1 264 en 1813 : tel fut le prix des deux principales sources d'orgueil du chef de la France, ses victoires militaires et ses grandes réalisations dans l'ordre des travaux publics et des monuments. Les dépenses militaires, en particulier, finirent par coûter près des trois quarts des recettes. La compensation fut fournie, on le sait sans pouvoir la chiffrer avec exactitude, par les contributions levées hors des frontières de l'Empire : ces recettes, dites du « domaine extraordinaire », étaient gérées également par la Caisse d'amortissement. Ainsi, deux caractères fondamentaux des finances napoléoniennes se trouvent-ils mis en évidence. Napoléon n'a pas eu recours à l'emprunt, moyen « à la fois immoral et funeste » qui « impose à l'avance les générations futures », ni davantage à l'inflation des signes monétaires, qu'il a rigoureusement interdite à la Banque de France. Celle-ci n'a jamais aidé le Trésor autrement qu'en escomptant des valeurs d'État, c'est-à-dire en lui procurant « des facilités pour réaliser, à bon marché, ses revenus aux époques et dans les lieux convenables », à partir d'obligations du Trésor plus solides que le papier du meilleur banquier. Aussi n'est-ce pas, malgré les apparences, à propos de la politique financière de Bonaparte qu'il convient d'étudier le rôle de cet établissement. Napoléon apparaît donc comme un représentant de ce que nous appelons la stricte orthodoxie financière, comme un tenant d'une circulation monétaire purement métallique. Son système ne pouvait tenir que pour autant que les guerres se déroulaient hors du territoire national et que son autorité était effective sur l'Europe.

Il supposait, d'autre part, que la confiance régnât à l'intérieur, ce qui fut loin d'être constamment le cas, afin que la thésaurisation des métaux monétaires ne portât pas trop de préjudice à l'activité économique générale et laissât circuler assez d'espèces pour répondre à la fois aux ponctions fiscales et aux besoins des affaires.

Les idées économiques de Napoléon Ier

Partisan d'une gestion parcimonieuse des finances publiques, Napoléon Bonaparte avait sur l'économie des idées qui, sans remettre en cause les principes fondamentaux du libéralisme, maintenaient la nécessité d'une intervention de l'État.

Les différentes activités économiques font chez lui l'objet d'une « classification graduelle » qui maintient à la place d'honneur l'agriculture, « âme, base première de l'Empire » — moins donc en vertu de quelque prédilection physiocratique que pour des raisons politiques et sociales. Napoléon voit notamment dans le revenu des terres la mesure de ce que doit être le taux de l'intérêt. Il se préoccupe du prix des denrées, dont la modération doit être l'une des règles essentielles de l'ordre public.

Napoléon n'a jamais consenti au rétablissement des maîtrises, des jurandes, des compagnies de commerce privilégiées. Mais c'est dans le domaine industriel et commercial qu'il lui a paru le plus nécessaire de limiter les applications du libéralisme, en conformité avec les impératifs de la politique, de la stratégie ou de la moralité publique tout autant qu'avec les intérêts économiques eux-mêmes. Ainsi le développement industriel est-il conçu d'abord comme l'un des aspects de la lutte contre la prépondérance britannique et d'une politique douanière inspirée par un métallisme traditionnel. « Pour faire prospérer les manufactures nationales, il faut les protéger par des lois prohibitives : beaucoup de lois, encore plus de règlements, voilà les moyens de gouverner. » Toutefois, en se rattachant à la pratique d'administration économique de l'ancienne monarchie, Napoléon évoque aussi ce que pourra être plus tard le rôle d'un État animateur et non pas seulement gendarme de la vie économique : développer l'équipement, stimuler le crédit, mettre à la disposition des producteurs et des commerçants de bons instruments de travail et d'échanges. On ne peut ici que citer des exemples : l'application effective du nouveau système des poids et mesures hérité de la Révolution, et notamment la remise en ordre du système monétaire et de la circulation métallique ; les encouragements de toute nature prodigués à l'innovation technique ; le développement des voies de communication routières et fluviales ; la création de la Banque de France, banque d'escompte à bas prix pour le commerce et la banque privée, dont Napoléon, qui concevait pour elle un très grand avenir, ne réussit cependant pas à imposer le rayonnement effectif hors de la capitale.

Chaptal a pu accuser l'Empereur de n'avoir « jamais réfléchi sur la nature et l'importance des relations commerciales ». Sans doute ce jugement sévère conserve-t-il tout son fondement si l'on entend par là que Napoléon accordait par préférence son estime aux producteurs et se faisait de plus des activités économiques une conception continentale et nationale. Par tempérament comme par politique, il ne concevait pas que la France pût s'enrichir, à l'instar de sa mortelle ennemie, par la restauration et le développement d'un réseau d'échanges maritimes mondiaux dont, au fond, il ne pénétrait pas tous les mécanismes — ainsi qu'en font preuve les erreurs d'appréciation commises à l'égard de la capacité britannique d'échapper à certaines conséquences du Blocus continental — et dont les aspects spéculatifs lui paraissaient de surcroît malsains. Plus proche d'une idée carolingienne ou romaine de l'Empire que de celle qu'étaient en train d'élaborer les Anglais, Napoléon voyait la France, peuple encore nombreux et puissant, installée au centre d'une sphère d'influence européenne dans laquelle la hiérarchie des économies viendrait nécessairement se calquer sur celle des trônes. C'était supposer à l'économie française une plasticité, un dynamisme qu'elle ne possédait pas.

La lenteur des transformations agricoles

Après comme avant la Révolution, la France reste au premier chef un grand pays agricole, mais dans lequel les modifications récentes de la société et de la propriété contribuent à entretenir l'extrême lenteur du progrès technique et économique.

« De tous les secrets d'affaires, a pu écrire Ernest Labrousse, le secret de l'exploitation agricole demeure le moins pénétrable. » Et, de fait, l'on ne saurait chiffrer pour la France napoléonienne ni la production ni les rendements : incertitude peut-être en partie imputable à une insuffisante exploitation d'une riche information statistique en la matière. Ce qui reste certain, sous la forme de l'appréciation des tendances et de l'impression qualitative, c'est que la production agricole est en hausse (dans le prolongement du mouvement du siècle précédent), mais que la « révolution agricole » (entendons par là essentiellement la hausse rapide des rendements en céréales à l'hectare par la modernisation des assolements) ne s'accomplit pas pour autant dans le pays.

Hausse de la production de grains : elle se déduit aisément de deux constatations — continuation de la croissance démographique, qui soutient la pression de la consommation ; développement des emblavures, des superficies cultivées. Cette tendance a, d'ailleurs, été encouragée par la multiplication du nombre des petites propriétés. Un tel phénomène prend place dans le cadre d'une agriculture extensive, dont les rendements sont non seulement stables, mais en passe de reculer. Écoutons le duc de La Rochefoucauld-Liancourt, grand propriétaire exploitant-manufacturier, agronome éclairé, à propos de son coin de Beauvaisis : « Depuis la Révolution, les défrichements ont été poussés avec une sorte de fureur. [...] On a coupé, arraché tous les bois qui ont été vendus par la nation. [...] Les terrains que les cultivateurs instruits auraient jugés indignes d'être travaillés ont été retournés avec des peines qui ont rarement été récompensées par aucun profit réel pour celui qui les donnait. [...] Chacun a voulu être propriétaire, et la plupart, courant après l'indépendance et le bonheur, abandonnant le gain sûr que leur procurait leur travail chez les fermiers, n'ont trouvé que la misère ».

La « révolution agricole », pourtant, ne se déclenche pas. La révolution politique et sociale paraissait, certes, en avoir créé certaines conditions favorables, en confirmant, notamment, la liberté de la propriété et, en droit tout au moins, de la culture. La prolongation du mouvement de hausse des prix agricoles, l'offensive toujours vigoureuse de la propagande agronomique pouvaient en constituer d'autres. Mais le progrès agricole suppose décision et possibilité d'investir et de risquer — qu'il s'agisse de semences, d'outillage, de bétail. L'absence de progrès renvoie donc nécessairement à un certain état d'immobilisme mental et de pauvreté en capital. Cela est vrai à tous les niveaux : les riches propriétaires n'ont souvent pour seul souci que de tirer de leur bien la rente la plus élevée, en rajustant en hausse les fermages à l'occasion de baux fréquemment renouvelés, et, pour éviter d'être troublés dans la jouissance régulière de leur revenu foncier, ils interdisent de « dessoler ». Les fermiers prennent les terres en location le plus souvent, sans disposer eux-mêmes d'un capital suffisant ; ils éprouvent le désagrément d'une hausse des fermages plus considérable que celle des prix des grains. Les petits propriétaires consacrent de préférence leurs économies à tenter d'arrondir leur patrimoine — toujours menacé par la « machine à hacher le sol » que constitue l'égalité successorale. Ainsi l'ignorance, la pauvreté ou l'esprit rentier contribuent-ils à retarder l'innovation.

Ce qui n'exclut pas, toutefois, les exceptions locales. Des îlots de progrès technique dans les campagnes correspondent généralement à la présence, et à l'exemple plus ou moins contagieux dans un certain rayon, d'un propriétaire-exploitant intelligent et ouvert ; il appartient en plus d'un cas à l'ancienne noblesse, émigrée ou non, dont bien des membres se sont repliés sur leurs domaines. Ainsi, la jachère perd tout de même du terrain. Mais pour que tout agriculteur se sente contraint à l'abandonner, il faudra attendre, après le renversement de la conjoncture autour de 1817, que le profit agricole se trouve gravement menacé. Les conséquences de cette évolution encore si insensible sont graves. Peu élastique, trop orientée vers l'autoconsommation familiale, la production agricole n'est en mesure ni de bien nourrir et de bien faire vivre les habitants de la campagne, ni d'éviter les disettes imputables à l'irrégularité des récoltes. Pour les autres secteurs de l'économie, les populations rurales offrent des possibilités trop limitées d'absorption des produits fabriqués. Au sortir de la Révolution de 1789, les campagnes françaises ont acquis des traits qui se lisent encore dans leurs parties les plus arriérées jusqu'au milieu du XXe siècle.

Les difficultés de l'industrialisation

Le comportement de l'industrie française à l'époque napoléonienne apparaît à première vue beaucoup plus « nerveux ». Les années qui suivent la stabilisation monétaire réalisée par le Directoire ont été marquées par un nombre considérable de créations d'entreprises industrielles : ne faut-il donc pas situer autour de 1800 le premier acte de la « révolution industrielle » en France ?

C'est vrai, incontestablement, de l'industrie textile française, et particulièrement de l'industrie cotonnière – du moins aux stades de l'impression et de la filature –, donc, précisément, de l'industrie type de la révolution industrielle à ses débuts. L'indiennage, ou impression des étoffes de coton, pratiqué dans une centaine d'entreprises françaises vers 1790, compte trois fois plus d'ateliers à la fin de l'Empire ; stimulé par une consommation bourgeoise qui préfère la toile de coton à la toile de lin en même temps qu'elle trouve dans les « indiennes », ou « toiles peintes », un substitut relativement bon marché aux traditionnelles et aristocratiques soieries décorées, l'art de l'impression atteint chez Oberkampf, à Jouy, la plus haute perfection de dessins et de coloris, la plus haute technicité aussi avec l'utilisation du rouleau de cuivre que ce manufacturier a emprunté à l'Angleterre et acclimaté en France. L'important est toutefois que cette industrie de transformation et de finition soit soutenue – et dépassée en dynamisme – par les activités situées « en amont » : la filature mécanique, curiosité dans la France des années 1780, est solidement implantée dans celle de 1814. Dès le Consulat, les filatures se multiplient à Paris, centre de consommation et marché de main-d'œuvre qualifiée ; on note une trentaine de créations de l'an VII à la fin de 1805. Dans le reste de la France, toutefois, le plein essor est plus tardif, car vers 1802-1803 la concurrence des filés britanniques, dont le prix baisse constamment et dont la finesse reste imbattable, est encore très vive. En 1806, la prohibition des importations de filés, puis celle des toiles de coton d'origine britannique ou coloniale (toiles des Indes), précédant les décrets du Blocus proprement dits, donnent le départ à une industrialisation spectaculaire dans plusieurs départements, en particulier la Seine-Inférieure, le Nord, le Haut-Rhin (pour ne parler que de la France dans ses limites de 1792, à l'exclusion des départements réunis, dont certains, tels les départements belges, connaissent une poussée industrielle encore plus nette). Les indienneurs, les manufacturiers parisiens participent d'ailleurs activement à ce mouvement, se préoccupant de faire filer et tisser à façon dans les départements du Bassin parisien pour assurer leur approvisionnement ou pour profiter de conditions de salaire plus favorables hors de la capitale ; c'est le cas d'Oberkampf, de Richard-Lenoir et d'autres de moindre volée. Oberkampf lui-même adopte, d'ailleurs, finalement la solution de se transformer en une entreprise intégrée : c'est en 1806-1810 qu'il dépense 1 500 000 francs à édifier et équiper à Essonne une filature et un tissage qui rendront ses ateliers d'impression largement autonomes. Dans l'ensemble Lille-Roubaix-Tourcoing, le nombre des broches passe de 32 000 en 1806 à 177 000 en 1810. Un matériel plus moderne est utilisé, importé d'outre-Manche, ou imité tant bien que mal. A Saint-Quentin, en 1813, on file jusqu'au n° 180 ; on tisse les calicots qui remplacent désormais, pour l'impression, les toiles communes des Indes. A la fin de l'Empire, la France possède les deux tiers de la capacité de filature mécanique de l'Europe continentale, mais les traités de 1814-15 vont lui en faire perdre une partie, et de toute façon ces deux tiers ne représentent qu'un cinquième de la capacité britannique.

C'est dire que le tableau de l'industrialisation française a ses ombres. Le retard reste grand par rapport aux Anglais, en quantité mais aussi en qualité technique. L'enracinement d'une industrie textile moderne a été facilité par le Blocus, politique où se sont rencontrés la volonté napoléonienne de faire plier l'Angleterre par la guerre économique et les intérêts des cotonniers français, auxquels il a apporté la protection indispensable à l'égard d'une concurrence britannique qui aurait eu tôt fait de rayer notre industrie textile de la carte économique en l'obligeant à vendre à perte. Mais le Blocus a aussi contraint les manufacturiers français à travailler dans des conditions de prix qui eussent été insupportables autrement que dans un système très fortement protégé : la riposte britannique au Blocus interdisant en novembre 1807 aux navires neutres – et particulièrement aux Américains – d'approvisionner les ports français en matières premières : l'embargo américain de 1808 ; l'obligation de recourir aux cotons importés du Levant par voie de terre ; la taxation du coton brut à l'entrée dans l'Empire. Toutes ces circonstances font que les industriels français s'approvisionnent à des cours supérieurs de deux à quatre fois à ceux dont bénéficient leurs collègues anglais, alors qu'ils se trouvent déjà handicapés par un niveau de salaires qui est le plus élevé d'Europe. Cette cherté se répercute, naturellement, aux stades du tissage et de la finition. Elle est doublement inquiétante : d'abord, parce qu'elle ruine les manufacturiers – dans l'immédiat, par l'onéreuse constitution de stocks ; à terme, par la perspective d'une concurrence impossible à soutenir le jour où, la paix revenue, la prohibition cessera : aussi la Restauration devait-elle se trouver contrainte à rétablir bientôt un système de droits qui furent qualifiés de « blocus en pleine paix ». Ensuite, parce que la nouvelle industrie française, différant en cela d'une manière fondamentale de sa devancière du XVIIIe siècle, travaille désormais pour un marché national et intérieur. Ce marché a beau, provisoirement du moins, avoir été dilaté aux dimensions merveilleuses d'un Empire de 130 départements, prolongé par le royaume d'Italie, comment l'exploiter rationnellement si la consommation s'y trouve raréfiée par le prix même des produits offerts ?

Des pertes sans retour

Il y a plus. L'industrie cotonnière n'est encore qu'un secteur minoritaire dans l'ensemble de l'industrie française. L'industrie lainière, elle, ne commence à se moderniser que dans les grands centres manufacturiers de Normandie, du Nord et des Ardennes ; si elle se maintient à un niveau d'activité satisfaisant parce que les commandes de draps militaires affluent jusqu'à la fin de l'Empire, elle n'en souffre pas moins de la concurrence belge et, pour la draperie rurale des régions rhodanienne et languedocienne, de la fermeture des débouchés d'outre-mer. Axée sur l'exportation vers l'Europe centrale, orientale et vers les Etats-Unis, la soierie lyonnaise connaît des hauts et des bas, et, au mieux, retrouve son niveau d'activité d'avant 1789. La toilerie de lin, enfin, s'effondre littéralement en Normandie, dans le Maine et en Bretagne. Si les difficultés de la draperie et de la soierie peuvent être considérées, dans une certaine mesure, comme une aggravation par la conjoncture napoléonienne d'une crise de structure déjà sensible à la fin de l'Ancien Régime, le cas des toiles de lin se rattache plus directement à la crise mortelle du commerce maritime et colonial de la France.

L'événement majeur, du point de vue économique, et qui dépasse en importance la constatation des prémices de la révolution industrielle, c'est, en effet, l'extinction, progressive mais radicale, du grand commerce maritime – principalement atlantique –, sur lequel s'était fondée, au siècle précédent, la prospérité des façades occidentale et méridionale de la France, non pas seulement celle de Nantes, Bordeaux et Marseille, mais celle de leurs arrière-pays : des provinces entières, la moitié du royaume peut-être. Ce n'est donc pas un négoce périphérique, le vernis brillant d'une économie principalement terrienne qui a craqué et péri : c'est, comme l'a montré François Crouzet, toute une économie associée à ce négoce, industries des ports, agriculture et artisanat rural des *hinterlands;* à 200 kilomètres des ports qui se dépeuplent, des quais assoupis entre les pavés desquels pousse l'herbe, les campagnes et les bourgs entrent eux-mêmes dans le marasme économique. Arrêt des croissances urbaines, désindustrialisation et pastoralisation : des marches de l'Ouest à l'Aquitaine et au Midi méditerranéen s'esquisse un sous-développement durable qui vient de ce que la substitution d'une économie industrielle moderne à l'ancienne symbiose avec les Indes occidentales, l'Amérique hispano-portugaise, l'Europe du Nord — avec le Levant aussi, et l'océan Indien — n'a pas pu s'effectuer. Tandis que l'axe de plus grande activité économique de l'Empire français se déplaçait vers les régions d'entre Seine et Rhin, tous les facteurs géographiques et humains défavorables à la France de l'Ouest et du Midi se précisaient : éloignement, adossement à une péninsule Ibérique appauvrie et déchue, densité plus faible du peuplement, infériorité de la dotation naturelle en sols et en ressources minérales, défaut d'une élite d'entrepreneurs.

L'exemple de Bordeaux permet de suivre ce processus, qui n'a d'ailleurs pas été celui d'une chute brusque. Sauf pendant les années 1798-99, où le Directoire avait durci sa politique à l'égard de l'Angleterre, les guerres de la Révolution n'avaient pas entravé complètement le trafic portuaire, puisque les neutres — essentiellement les Américains — assuraient des relations indirectes entre les colonies françaises et leur métropole à condition de faire une escale intermédiaire dans un port britannique. De 1800 à 1807 se rétablit une semi-prospérité coupée de crises ; en 1802, par exemple — année de la paix avec l'Angleterre —, Bordeaux arma quelque 200 navires pour les colonies, chiffre comparable à celui d'une année de paix à la fin de l'Ancien Régime, et reçut 220 cargaisons coloniales, dont 90 sur des navires français ; une tendance à la reprise de la production et des expéditions s'affirmait à Saint-Domingue, tandis que dans l'ensemble des ports français et à Paris même on s'affairait à reconstituer des sociétés de commerce colonial. La rupture de 1803 avec l'Angleterre, l'échec de la reconquête de la grande île française des Indes occidentales vinrent briser beaucoup d'espoirs, dont quelques-uns se reportèrent sur le commerce avec l'île Bourbon et l'île de France. Mais le commerce indirect reprit par les neutres (Américains et Danois), comme précédemment. C'est seulement en 1807 que la situation se détériore d'une façon irrémédiable, les mesures françaises de Blocus, combinées avec les représailles anglaises décidées par les « ordres en conseil », enfin l'embargo américain rendant pratiquement impossible l'accès des ports français au trafic neutre : 121 navires américains étaient entrés à Bordeaux en 1807, 8 seulement y entrèrent en 1808. Par la suite, le système des licences de commerce ne permit que des échanges intermittents avec l'Angleterre (1809-1810, 1812). De toute façon, les solutions de remplacement n'avaient qu'une valeur économique très faible : la navigation ne se faisait plus sur des vaisseaux français, et c'était donc la mort des constructions navales (sauf les cas de l'armement en course ou en aventure) ; le commerce favorisait surtout les importations françaises de denrées coloniales et de matières premières, mais beaucoup moins les exportations, limitées généralement à des produits agricoles (blés, vins, alcools achetés par l'Angleterre, notamment), tandis que les anciennes colonies d'Amérique et les États-Unis eux-mêmes se fournissaient désormais en articles manufacturés d'origine britannique. Les marchés d'outre-mer étaient donc perdus et les industries locales condamnées à disparaître. Les raffineries de sucre de Bordeaux passèrent de 40 en 1789 à 8 en 1809. A Tonneins, la fabrication des cordages occupait 700 ouvriers vers 1780 ; en 1811, elle avait totalement disparu. Il en fut de même à Nantes pour les indiennes, jadis fabriquées pour les marchés d'outre-mer ; à Marseille, littéralement enfermée dans une Méditerranée où la maîtrise anglaise de la mer était absolue, le marasme atteignit son comble. On s'explique que la bourgeoisie des ports ait été farouchement hostile à la prolongation de la guerre et ait fourni à l'antinapoléonisme ses appuis les plus solides.

Les illusions d'un marché européen

Les exportations de produits fabriqués, qui s'élevaient dans les années 1781-1790 à une valeur moyenne annuelle de 450 millions de francs, descendent pour 1803-1812 à 355 millions. C'est dire que les marchés continentaux n'ont pas occupé toute la place laissée vacante par les marchés coloniaux. Si les États vassaux, en effet, ont été obligés de consentir une préférence parfois exclusive aux articles français, les États allemands se sont entourés de barrières douanières renforcées pour des raisons fiscales, la Russie s'est fermée aux importations françaises à la fin de 1810 : l'Europe napoléonienne demeure hérissée de protectionnismes, et les produits français rencontrent, outre les concurrences légales qui entravaient déjà leur vente avant 1789, la concurrence illégale des marchandises de contrebande — qui peuvent être aussi bien des toiles et des indiennes suisses pénétrant dans le royaume d'Italie, que les articles anglais qui continuent à circuler dans l'Empire lui-même et dans le reste de l'Europe, supportant, grâce à un prix de départ nettement avantageux, les hausses que leur imposent les détours et les risques de la clandestinité. Au surplus, les bases techniques d'un développement des échanges entre l'Empire et le reste de l'Europe font défaut. La seule liaison fluviale servant le commerce international qui soit à l'actif du régime napoléonien est la jonction du réseau de la Seine à celui de l'Escaut, et par suite le raccordement de Paris à Anvers ; mais en dehors même de l'immobilisation de ce port par le blocus anglais, il est à noter que l'Empereur n'a jamais considéré Anvers que comme une place de guerre. Projeté, le raccordement du réseau de la Seine à celui de la Sambre et de la Meuse n'a pas été réalisé. Les travaux routiers, exécutés souvent à l'économie et vite à refaire, n'ont eu de signification que stratégique. En 1813, un projet d'aménagement de la route Paris-Hambourg par Liège et Wesel choisit le tracé Laon-Hirson-Chimay, le plus court — considération essentielle pour la marche des troupes —, et sacrifie la desserte de la région industrielle — draps et forges — des Ardennes, par Reims, Rethel et Mézières. Dans la partie péninsulaire de l'Italie, les exportations de produits textiles français cheminent péniblement, dans la lenteur et l'insécurité, en direction de Rome et de Naples. Aux foires de Francfort et de Leipzig, le grand commerce français de commission, essentiellement parisien, est peu représenté. Quand en 1811-1813 Napoléon encourage l'établissement de liaisons régulières par roulage et par caravanes entre Salonique et les Provinces Illyriennes, tant pour importer les cotons du Levant que pour prendre pied dans le marché ottoman, il échoue à concurrencer sérieusement les liaisons antérieures, qui unissent Salonique à Belgrade, Pest et Vienne, et profitent à l'Empire d'Autriche : un exemple, parmi d'autres, de cette circulation de marchandises qui, au temps du Grand Empire, s'organise solidement dans le sens méridien, loin à l'est, en dehors de la ligne des douanes françaises, et véhicule la contrebande anglaise. En tout état de cause, le blocus maritime mit un frein efficace aux échanges.

La croissance industrielle française à l'époque napoléonienne repose donc essentiellement sur le marché intérieur. Des éléments favorables s'y distinguent, d'ailleurs : étendue de ce marché — on peut penser que c'est son souvenir et son exemple qui inspireront la constitution du *Zollverein;* hausse des dépenses de l'État ; hausse, sans doute, du pouvoir d'achat des agriculteurs. Ils ne sont pas suffisamment actifs pour compenser l'effet de freinage résultant de la contraction des exportations. L'avantage revient finalement à l'Angleterre, qui continue à miser nécessairement sur une croissance soutenue par l'exportation sur tous les continents, et qui, en dépit des obstacles que le Blocus continental, dans son imperfection même, lui a effectivement opposés, voit sa production industrielle doubler entre 1789 et 1815.

IV. LA GUERRE

C'est à elle, bien entendu, qu'il faut en revenir pour rendre compte de ce grand retournement géopolitique par lequel la

France, abandonnant la compétition séculaire qu'elle avait entretenue sur mer et dans les colonies avec la puissance britannique, s'est convertie à une tentative éphémère de domination directe ou indirecte du continent européen, à la fois étrangère à sa tradition, démesurée par rapport à ses moyens et génératrice de redoutables réactions nationales.

Du coup d'État de Brumaire à la paix d'Amiens (1799-1802)

Les premiers actes de politique militaire et diplomatique de Bonaparte ne portent guère d'autres caractères que ceux de l'urgence et de la liquidation : il s'agit de consolider la situation politique intérieure par la victoire, de récupérer et de faire admettre les conquêtes du Directoire, dont l'incapacité à terminer la guerre et à faire la paix avait servi de marchepied à l'auteur du coup d'État.

La France restait, au début de 1800, sous la menace d'une double invasion autrichienne. Massées autour de Gênes et en Souabe, renforcées, grâce à l'argent anglais, de contingents bavarois, les troupes impériales pouvaient déboucher en Provence et en Alsace. Laissant Masséna résister tant bien que mal en Ligurie, dotant Moreau, sur le Rhin, des moyens nécessaires à une offensive de fixation, Bonaparte prit un risque énorme en choisissant de passer en Italie par la Suisse et le Grand-Saint-Bernard avec 40 000 hommes, 6 000 chevaux et 40 canons et leurs munitions (18-20 mai). « Sans trop de respect pour notre espèce, écrit le capitaine Gervais, il ordonna de nous transformer sur-le-champ en bêtes de somme et de trait, ce qui fut effectué comme par enchantement. [...] La prédiction des habitants du pays qui avaient prévu que nous ne passerions pas fut tout à fait fausse. » Ainsi, les troupes autrichiennes d'Italie se trouvèrent prises à revers, tandis que celles d'Allemagne ne pouvaient leur envoyer aucun secours. Bonaparte se tint pour satisfait, trois ou quatre semaines plus tard, de remporter de justesse un succès à Marengo (14 juin) : insuffisante pour contraindre l'Autriche à la paix, cette bataille écartait pourtant le danger d'une offensive sur la France méridionale, et son retentissement à l'intérieur du pays remplissait exactement l'attente du Premier consul, qui avait dû, à bref délai et avec des moyens de fortune, rechercher une victoire avant tout politique. Le congrès de Lunéville, ouvert à l'automne, traîna jusqu'à ce que la victoire de Moreau en Bavière, à Hohenlinden (3 décembre), ouvrît aux Français la route de Vienne : les Autrichiens, qui voulaient éviter de traiter séparément d'avec les Anglais, et redoutaient d'avoir trop à perdre en Italie, finirent par consentir à la paix du 9 février 1801.

Le traité de Lunéville reprend en les étendant les dispositions avantageuses de Campoformio (1797). Dispositions capitales en ce qui concerne deux régions de l'Europe :

1) Au nord et à l'est de la France, le Consulat obtient la consécration des conquêtes révolutionnaires : départements belges et rhénans annexés. La réunion de la Belgique et la frontière naturelle du Rhin – de Bâle à la République batave – étaient des points sur lesquels Bonaparte était intransigeant ;

2) En Italie, l'influence française progresse, puisque, outre la confirmation de l'existence des républiques Cisalpine et Ligurienne – et, par suite, de la dépendance étroite du Piémont à l'égard de notre pays –, l'Autriche doit accepter de perdre la Toscane, qui passe à un prince de Bourbon-Parme en vertu de promesses faites à l'Espagne.

Une telle paix ne se suffisait d'ailleurs pas à elle-même. Elle orientait à l'évidence la politique française vers de nouvelles audaces : contrôle du reste de la péninsule italienne, remaniements territoriaux profonds à l'est du Rhin pour compenser les annexions sur la rive occidentale. Ainsi – on devait bien le voir dans la période qui suivit la paix d'Amiens – se dessinaient de nouvelles menaces contre l'Autriche, tête historique d'un *Reich* dans lequel Bonaparte se préparait à tailler à sa guise, et contre l'Angleterre, qui se voyait interdire le grand port méditerranéen de Livourne, relais et point de redistribution d'une partie du commerce du Levant, et ne pouvait que suivre avec inquiétude la pénétration des initiatives françaises en direction de l'Europe centrale. La logique, ou du moins l'engrenage de l'aventure napoléonienne s'aperçoit au travers de la première paix signée par le régime : Bonaparte a besoin de succès éclatants pour s'imposer à l'admiration obéissante des Français et pour garantir les conquêtes de tous ordres de la Révolution ; mais ses adversaires ne peuvent se résigner durablement aux conditions trop dures qui leur sont faites. Pour échapper à leurs tentatives de revanche, le général-consul sera entraîné à frapper de plus en plus loin et de plus en plus fort.

On n'en est toutefois pas encore là en 1801-02. En effet, l'Angleterre accepte une trêve que Bonaparte, pour sa part, est également disposé à rechercher. L'avantage de ce dernier est évident : la paix générale lui apportera l'auréole que, déjà, il se prépare à transformer en couronne. Mais pourquoi l'Angleterre cède-t-elle ? En apparence, rien ne l'y contraint absolument. Elle vient même de surmonter un certain nombre de difficultés que le Premier consul avait su lui opposer : en bombardant Copenhague, elle a découragé les États neutres de la Baltique, soutenus par le tsar Paul Ier son ancien allié, de se liguer pour résister aux exigences britanniques du droit de visite des navires marchands ; elle a guidé en sous-main l'assassinat de ce même Paul Ier, sur le point de s'entendre avec la France ; en Égypte, le hasard qui a armé la main de l'assassin de Kléber, à qui Bonaparte avait confié le corps expéditionnaire français, sert aussi les Anglais, puisque le remplaçant, Menou, est de peu de capacités, et, privé de tout secours venant de France, se fait battre et acculer à la capitulation par un débarquement anglais. Ainsi, la première année du siècle est-elle marquée par notre éviction de l'Égypte : point de départ vraiment symbolique, à nos yeux, des longues rivalités à venir. Précisément, c'est là une position de force sur le plan militaire, et particulièrement naval, qui permet à Londres de négocier honorablement, et de compenser les signes concomitants d'un affaiblissement intérieur. Outre qu'elle a perdu ses alliés continentaux, l'Angleterre doit compter, en effet, avec des adversaires intérieurs. La récolte déficitaire de 1800, aggravée par les difficultés d'importation de grains de la Baltique, suscite des troubles ruraux et urbains, tandis que s'agite l'Irlande. Voilà le moment où la fortune déclinante de Pitt cède devant celle, ascendante, de Bonaparte.

La paix d'Amiens reflète bien le profond déplacement, au terme de dix ans de guerre, de l'équilibre de la puissance française. Celle-ci s'est effondrée sur mer et outre-mer : si l'Angleterre restitue à la France la Martinique, la Guadeloupe, les comptoirs de l'Inde, Saint-Domingue est en fait définitivement perdue, et l'Égypte, évacuée, est rendue à l'Empire ottoman. En revanche, la France fait reconnaître par l'Angleterre, après l'Autriche, sa position prédominante en Europe. Mais est-ce là un triomphe diplomatique bien satisfaisant ? La France n'est pas en état de recouvrer ses anciennes positions coloniales, et l'Angleterre n'est pas résignée à voir Bonaparte s'assurer le contrôle de régions de plus en plus étendues du continent.

La reprise de la guerre avec l'Angleterre
et la marche à la guerre générale (1803-1805)

Dès la conclusion des préliminaires de paix, à la fin de 1801, la navigation commerciale lointaine avait retrouvé des conditions à peu près normales et les ports français, sortant d'une demi-torpeur, avaient songé à reprendre les armements pour l'Amérique et pour l'océan Indien. En même temps, Bonaparte avait mis en route une expédition vers Saint-Domingue, sous le commandement de son beau-frère le général Leclerc, afin de contraindre à la soumission le chef noir Toussaint Louverture, qui avait proclamé l'indépendance de l'île. Cette expédition n'était qu'une pièce d'un plus vaste projet de restauration du commerce atlantique de la France ; contre la promesse de l'État toscan pour un prince de la famille des Bourbons, Bonaparte avait obtenu de l'Espagne en 1800 la rétrocession de la Louisiane, dont les dimensions étaient alors celles d'une partie du bassin du Mississippi-Missouri. La création d'une grande colonie française sur le continent nord-américain n'aurait sans doute pas rencontré l'assentiment des Américains, qui avaient, au moins autant que les Anglais, profité de l'éclipse du commerce français dans cette partie du monde. De toute façon, elle ne fut pas menée à bien, mais, au contraire, précipitée dans le néant par l'échec de la reconquête de Saint-Domingue : à la fin de 1802, Leclerc avait accompagné 28 000 de ses hommes dans la mort (21 000 du fait de la maladie, 7 000 du fait des combats, sur un effectif total de 35 000). Cette entreprise, note le mémorialiste Norvins, « signala sous les feux des tropiques aussi cruellement l'avènement de Napoléon que les glaces de la Russie signalèrent sa décadence ». Après une négociation menée par le diplomate James Monroe, le président Jefferson racheta la Louisiane pour 60 millions de francs (mai 1803). Dans l'océan Indien, l'envoi du général Decaen à l'île de France n'eut guère de portée non plus. Dès 1803, la reprise de la guerre avec l'Angleterre, alors que la France ne dispose pas d'une flotte, assez nombreuse, ni assez entraînée ou convenablement commandée, porte condamnation définitive des projets du Consul comme des espoirs des bourgeoisies portuaires.

Tels quels, ces projets ont certainement inquiété l'Angleterre – moins, toutefois, que les conséquences tirées par Bonaparte d'une paix qui semblait lui laisser les mains libres en Europe. En premier lieu, la paix n'apporta pas aux Anglais le rétablissement normal des courants d'échange avec le continent, c'est-à-dire, du point de vue britannique, la négociation d'un nouveau traité de commerce analogue à celui de 1786 : le libéralisme avait été répudié, depuis 1791, au profit d'un retour au protectionnisme dont la Constituante avait pris l'initiative. Il ne manquait pas, dans la haute administration, de partisans d'un tel retour au libéralisme : Chaptal, dont la compétence englobait l'ensemble des affaires économiques ; Coquebert de Monbret, agent commercial français à Londres ; Cambacérès lui-même. Sous réserve de certaines protections, une telle politique douanière eût peut-être exercé une influence tonique sur l'industrie française, tout en facilitant le maintien de la paix avec l'Angleterre. C'est dans la même inspiration que devaient puiser des projets ultérieurs, d'un modernisme audacieux et qui n'eurent aucune suite, tel que celui de profiter du Blocus continental pour réaliser une union douanière entre la France impériale et ses vassaux et alliés. Ce fut, de toute façon, la tendance inverse qui prévalut : trop de fonctionnaires se souvenaient du rôle de la crise industrielle aux origines de la Révolution de 1789, trop d'industriels du textile, et notamment de cotonniers, étaient farouchement partisans de la protection pour que le Premier consul ne se laissât aisément convaincre de reprendre, de 1803 à 1806, une politique d'élévation des tarifs, frappant notamment, et d'une façon de plus en plus forte, les produits coloniaux ne provenant pas directement des colonies françaises, les filés puis les toiles de coton. Ainsi, dès le printemps de 1806, six mois avant le fameux décret de Berlin, en était-on déjà arrivé à un blocus de fait, une tarification écrasante équivalant à la prohibition. L'Angleterre réagit très vite à cette politique mercantiliste traditionnelle – qui du côté français ne s'était pas encore chargée de toute la signification d'une guerre économique sans merci, comme ce sera le cas à partir de 1806-07 – en reprenant pour sa part la politique de blocus maritime, appliqué d'abord aux bouches de l'Elbe et de la Weser (pour répondre à l'occupation du Hanovre), puis aux ports français de la mer du Nord et de la Manche.

En second lieu, la paix fut compromise par l'inquiétante politique allemande de Bonaparte, qui était de nature à dresser contre lui non seulement l'Angleterre, pour des raisons politico-économiques évidentes, mais aussi l'Autriche, qui sentait venir son exclusion hors d'Allemagne et le coup de grâce pour les institutions impériales, et également la Russie, qui prétendait depuis quelques décennies au contrôle des affaires allemandes. Sous le prétexte d'indemniser les princes et les États lésés et dépossédés par l'annexion de la rive gauche du Rhin à la France, Bonaparte procéda, en effet, par le recès de 1803, à un très profond remaniement territorial qui, par les concentrations opérées, équivalait à créer, entre une Autriche vaincue et une Prusse d'ailleurs très largement dédommagée, une « troisième Allemagne » de petits et moyens États qui constituaient, en fait, de possibles clients de la France. La troisième coalition (1805) que Pitt réussit à constituer contre celle-ci devait reposer sur le désir des puissances continentales de contraindre l'Empereur à renoncer à l'organisation d'une « Allemagne française » — et même, dans le cas de l'Autriche, d'abolir les concessions de 1797 et de 1801 qui l'avaient chassée des Pays-Bas et de l'Italie.

L'intention de Napoléon Bonaparte était d'en finir, semble-t-il, une bonne fois pour toutes avec l'Angleterre au moyen d'un débarquement qui aboutirait à chasser le gouvernement et à faire bénéficier les îles d'un régime comparable à celui de la France, grâce à quoi s'établirait enfin entre les deux peuples une certaine compatibilité : « Le monde est assez grand pour que nos deux nations puissent y vivre. » Mais l'exécution du débarquement supposait sa protection par l'ensemble des forces navales françaises et espagnoles, dans une Manche préalablement débarrassée des escadres anglaises. De là les manœuvres complexes de l'été de 1805, qui aboutirent à l'écrasante défaite de Trafalgar. Avant même que celle-ci ne fût connue de l'Empereur, qui s'impatientait du retard avec lequel ses navires risquaient de se présenter sur le théâtre des opérations, il décida d'abandonner ses projets et de retourner l'ensemble des forces de la Grande Armée vers l'Europe centrale. Leur concentration sur les côtes françaises avait-elle, d'ailleurs, jamais eu d'autre objectif réel que d'intimider l'Angleterre et de la convaincre de traiter à nouveau ? Quoi qu'il en soit, le dispositif militaire français devait nécessairement se reconvertir pour répondre à la menace des troupes autrichiennes, une fois de plus entrées en Bavière. En octobre 1805, quand reprend la guerre générale, c'est selon les conditions voulues par les adversaires de la France.

D'Austerlitz à Tilsit (1805-1807)

Mais Napoléon dispose alors d'un instrument militaire encore excellent ; il est en pleine possession de ses moyens personnels. La troisième coalition va être disloquée, et la quatrième à son tour, par une demi-douzaine de succès français qui, pour avoir été acquis dans des conditions de plus en plus difficiles, n'en forment pas moins le faisceau le plus glorieux de l'histoire militaire impériale.

L'hiver de 1805-06 est sans doute le plus désastreux de l'histoire de l'Autriche. Successivement, elle perd à Ulm une armée contrainte à la capitulation, et à Austerlitz une bataille engagée avec ses dernières forces, et celles de ses alliés russes, sur le terrain choisi par Napoléon. La paix de Presbourg, qui consacre cet effondrement, ouvre la voie à un formidable élargissement de la politique allemande de l'empereur des Français. Celui-ci, reprenant une tradition deux fois centenaire de la diplomatie française, en profite, en effet, pour installer au cœur de l'Allemagne du Sud un État relativement puissant : la Bavière, parée du titre royal, agrandie du Tyrol, d'Augsbourg, de Nuremberg, sauvée de l'invasion et peut-être de l'annexion autrichienne par des troupes françaises qui peuvent se vanter d'être venues « assurer l'indépendance du corps germanique ». Le Wurtemberg devient aussi un royaume ; le grand-duché de Bade accède à l'électorat ; tous trois se trouvent liés par des alliances matrimoniales à la famille Bonaparte. Un grand-duché de Berg est créé sur la rive droite du Rhin, dans la région de la Ruhr. Divers autres États de l'Allemagne rhénane et moyenne sont invités (une invitation qu'appuie la présence de la Grande Armée, maintenue en Allemagne) à constituer une Confédération du Rhin, dont les membres souverains sont détachés de l'Empire germanique et placés sous la protection de Napoléon — qui, bientôt, ne verra plus en eux que des fournisseurs de contingents (63 000 hommes). C'est dans le champ de cette Confédération que va s'exercer le plus nettement, sans contrainte pour autant, le rayonnement des institutions sociales et administratives de la France révolutionnaire et impériale.

La première moitié de l'année 1806 paraît bien, avec le recul, avoir été cruciale. La négociation s'engage avec l'Angleterre, où Pitt vient de mourir, et avec la Russie. Elle échoue. Les successeurs de Pitt — Canning, en particulier – montreront bientôt qu'ils ne lui cèdent en rien quant à la tranquille volonté de vaincre à tout prix. Le blocus maritime des côtes européennes s'étend désormais de Brest à l'Elbe. Quant au roi de Prusse, il refuse d'être placé à la tête d'une Confédération de l'Allemagne du Nord, et prend finalement la décision d'entrer dans la guerre aux côtés de la Russie.

La constitution de la Confédération du Rhin avait contraint François II à abandonner le titre d'empereur d'Allemagne pour celui d'empereur d'Autriche. La double victoire française d'Iéna-Auerstaedt oblige Frédéric-Guillaume III à dépouiller l'ombre glorieuse de Frédéric II. Tous les mythes – les plus anciens, et d'autres plus récents – s'évanouissent devant la progression des armées napoléoniennes. Elle met aussi Napoléon en possession des côtes de la mer Baltique, la plus fréquentée par le commerce britannique. Ainsi, l'occupation de Berlin par les troupes françaises est bientôt suivie par le décret qui, ripostant au blocus maritime anglais, déclare l'Angleterre en état de blocus depuis les côtes de l'Europe. Ainsi se trouve annoncée – mais non encore inscrite dans la réalité – une nouvelle forme de guerre : la guerre économique à outrance, dont Napoléon fait choix pour contraindre à capituler son adversaire le plus irréductible.

L'effondrement de la Prusse porte à son extension maximale l'influence de la France au-delà du Rhin. Comme il avait dressé la Bavière sur les dépouilles de l'Autriche, Napoléon grandit la Saxe, bientôt accrue d'un « grand-duché de Varsovie », résurrection très partielle de l'ancienne Pologne, en dépouillant la Prusse. Celle-ci perd aussi, à l'ouest de l'Elbe, tout ce qui va constituer le royaume de Westphalie. La Confédération du Rhin s'étend jusqu'à l'Oder et à la Vistule. Le roi de Prusse payait les frais de la guerre.

Restait à vaincre la Russie. La campagne de Prusse orientale, dans l'hiver de 1806-07, ressemble après coup à une répétition de la funeste campagne de Russie de 1812 : déjà il a fallu à Napoléon tenir compte des distances, des difficultés à faire vivre les hommes et les chevaux sur le terrain conquis, de la nécessité de poursuivre l'adversaire pour lui imposer la bataille destructrice. Pour la première fois, l'Empereur paraît avoir été frappé par le coût de la gloire en vies humaines ; après Eylau, il écrit à Joséphine (14 février 1807) : « Ce pays est couvert de morts et de blessés. Ce n'est pas la belle partie de la guerre ; l'on souffre et l'âme est oppressée de voir tant de victimes. » Friedland (14 juin 1807 : l'anniversaire de Marengo) est plus conforme à la légende ; l'armée russe est cette fois en déroute. Trois semaines plus tard, deux empereurs, Napoléon et Alexandre, concluent à Tilsit une paix où les arrangements les plus réalistes se mêlent aux projets les plus grandioses et aux déclarations d'amitié les plus inattendues. Le réalisme est d'avoir fait payer tous les frais par la Prusse, cruellement amputée ; seule une paix légère à la Russie pouvait lui faire accepter l'extension de l'influence française jusqu'en Europe orientale. L'utopie est d'avoir cru – ou feint de croire ? – que la Russie aiderait sérieusement à l'universalisation du Blocus, alors que l'Angleterre était son premier partenaire commercial, ou qu'un hypothétique partage de l'Empire ottoman dédommagerait véritablement la Russie du formidable recul d'influence auquel elle venait de consentir en Europe. Tel quel, l'accord ouvre une période brève – un an à peine – qui est bien celle du véritable apogée de la puissance française.

Napoléon chef de guerre

L'éclat de sa gloire militaire, la facilité des succès accumulés jusqu'en 1807 tendent à estomper les caractères propres du génie guerrier du général Bonaparte et de l'Empereur. Dans le domaine militaire comme dans le domaine civil, Napoléon est avant tout l'homme de son temps, plus solidaire de traditions fort anciennes qu'anticipateur de la guerre moderne – mais, bien sûr, jouant avec une virtuosité exceptionnelle des instruments à sa portée.

Solidaire d'un passé proche, Napoléon chef de guerre l'est par tout ce qu'il a puisé dans les théoriciens du XVIIIe siècle : Guibert (*Essai général de tactique*), Bourcet (*Principes de la guerre de montagne*), du Teil (*Usage de l'artillerie nouvelle*) et bien d'autres, dont le Règlement militaire de 1791 faisait la synthèse. Solidaire d'une vieille tradition de commandement, il l'est aussi dans la mesure même où la conduite de la guerre reste, dans les premières années du XIXe siècle, un art avant tout — dans l'exercice duquel les qualités personnelles du général comptent plus que l'application de règles strictes ou l'utilisation de moyens techniques complexes. « L'art de la guerre est un art simple et tout d'exécution ; il n'a rien de vague ; tout y est bon sens, rien n'y est idéologie. [...] Les généraux en chef sont guidés par leur propre expérience ou par le génie. [...] Ce n'est pas l'armée romaine qui a soumis la Gaule, mais César. » On pourrait multiplier les citations de Napoléon qui attestent sa conception personnelle et empirique de l'art militaire. On s'explique ainsi l'isolement de Napoléon Bonaparte comme chef de guerre : toutes les décisions s'élaborent dans le secret d'une seule tête ; les états-majors n'ont à remplir aucune des fonctions qu'on leur assigne aujourd'hui : leur rôle est de simple transmission, au moment même de l'action ; Berthier a admirablement incarné l'officier d'état-major de ce temps, reflet passif de l'inspiration de son maître, dépourvu de toute initiative.

D'une façon empirique, Napoléon Bonaparte a toujours considéré que chaque bataille se présentait comme un ensemble de données originales. Néanmoins, il a toujours agi selon un certain nombre de principes dont l'application, il est vrai, s'est trouvée subordonnée à la liberté d'action plus ou moins large dont il disposait lui-même. Une campagne doit être selon lui rapide et décisive : Napoléon est l'homme des guerres de quelques semaines, bien adaptées à la mobilité de troupes peu chargées en matériel, ainsi, d'ailleurs, qu'au resserrement des moyens financiers ou aux difficultés d'approvisionnement à longue distance et de ravitaillement sur place. La décision s'obtient au moyen d'une bataille imposée à l'ennemi au terme de manœuvres destinées à disperser ses forces et sur un terrain soigneusement choisi, dans laquelle il convient d'engager le maximum d'effectifs : « L'art de la guerre consiste à se trouver en nombre supérieur sur le point où l'on veut combattre. » Action de surprise, coup de force : encore faut-il emporter le succès — et pour cela savoir garder en réserve des hommes et des canons pour l'attaque décisive — puis l'exploiter par la poursuite : « Vaincre n'est rien, il faut profiter du succès. » La guerre napoléonienne est une guerre de mouvement et de vitesse : tout y dépend de la qualité des jambes et des routes. La bataille napoléonienne est affaire de coup d'œil, d'évaluation, de gymnastique intellectuelle.

L'instrument dont disposait Napoléon Bonaparte a sensiblement évolué en quinze ans, plus sans doute que la conception même de la guerre. Ayant pris, de fait, depuis le Directoire, la forme d'une armée de métier, il est revenu à une forme proche de l'armée nationale de la Révolution lorsque la conscription a pris toute son ampleur, dans les années 1808-1814, pour perdre, enfin, une partie de ce caractère lorsqu'en prévision de la campagne de Russie l'Empereur a fait largement appel à des contingents étrangers. L'alourdissement progressif des effectifs, l'ampleur des entreprises guerrières ont fait naître des problèmes techniques inédits, qui n'ont pas reçu à l'époque de solution satisfaisante : ce sont ceux qui, aujourd'hui, sont traités par les responsables de la logistique. L'équivalent de leur action se trouve déjà chez le comte Daru, conseiller d'État, intendant général de la Grande Armée puis ministre, administrateur exigeant et de franc-parler qui avait la confiance totale de l'Empereur ; ayant participé sous le Consulat à la formation du train d'artillerie, il se voit confier l'organisation des marches et du ravitaillement lors du retournement de l'armée à la fin de 1805 ; plus tard, il crée le train des équipages, reçoit l'administration du Trésor de guerre, fait des prodiges en pays occupé pour nourrir et équiper hommes et chevaux. Le changement d'échelle de l'armée et celui de la guerre elle-même nécessitèrent d'autres innovations, notamment l'organisation d'armées ou corps d'armée distincts et autonomes : Napoléon, qui avait pourtant donné à l'École spéciale militaire, créée en 1802, installée à Saint-Cyr en 1808, un statut durable, devait se heurter ici à la rigidité de son propre système, dans lequel tout reposait sur un homme.

Le Blocus continental :
théorie, pratique et répercussions

Après Tilsit, Napoléon se trouve en mesure de tourner tous ses efforts contre l'Angleterre. C'est le moment où le Blocus continental entre réellement en application. Les soldats de la Grande Armée prennent position sur les côtes septentrionales de l'Europe ; une armée française traverse le nord de l'Espagne pour aller occuper Lisbonne ; les décrets de Milan (nov.-déc. 1807) viennent renforcer celui de Berlin en précisant l'interdiction du commerce par l'intermédiaire des neutres. Au début de 1808, l'Angleterre s'inquiète sérieusement du recul de ses exportations : si elle se trouvait un jour réduite à son seul marché intérieur, comment son industrie s'adapterait-elle à une telle contraction ? Pourtant, Napoléon ne réussit pas à fermer complètement l'Europe. Au nord, la Suède se refuse à appliquer le Blocus. Le Danemark s'y est rallié, mais l'Angleterre, par un audacieux coup de main, a réussi à capturer sa flotte. La péninsule italienne est bien gardée, car le royaume de Naples est français depuis 1806, et les États pontificaux sont annexés en 1809, mais les côtes de l'Espagne restent perméables. C'est à propos de l'Espagne, précisément, que vont se nouer les contradictions. « Certain que je n'aurai de paix solide avec l'Angleterre qu'en donnant un grand mouvement au continent, écrit Napoléon le 27 mars 1808, j'ai résolu de mettre un prince français sur le trône d'Espagne. » Mais l'entreprise suppose que la Grande Armée, de nouveau, effectue une gigantesque conversion, vers la péninsule Ibérique cette fois, et du même coup dégarnisse les côtes de l'Europe du Nord, sur lesquelles va s'organiser une florissante contrebande de marchandises prohibées, à partir de bases comme Héligoland ou Göteborg, et avec la connivence d'autorités trop complaisantes. D'autre part, la guerre d'Espagne s'engage hors de la présence et du commandement effectif de l'Empereur : l'été de 1808 est marqué de deux revers — Bailén et Sintra —, dont la portée militaire relativement réduite est infiniment dépassée par le retentissement psychologique, particulièrement dans les pays germaniques et en Autriche. Enfin, l'intervention française en Espagne, dont le départ a été l'exclusion de la dynastie légitime, donne naissance à une puissante réaction de nationalisme populaire. Napoléon ne peut compter ici sur les sympathies que les principes français pourraient mettre de son côté : les phénomènes de classe, pour l'heure, ne jouent pas. Le phénomène national les dépasse. Une situation analogue se reproduira en Russie et, dans une plus faible mesure, dans les pays allemands et autrichiens. C'est là une nouveauté capitale, sans doute mal perçue par l'Empereur.

L'année 1809 est marquée par un nouvel infléchissement des conditions de la lutte franco-anglaise. D'une part, l'Autriche tente une seconde fois de prendre sa revanche — soutenue comme toujours par les subsides britanniques, encouragée par le refroidissement des relations franco-russes, stimulée par le sursaut populaire espagnol, dont les dirigeants de la monarchie habsbourgeoise tentent de susciter l'équivalent par une ample action de propagande officielle autour de l'idée de la restauration du *Reich*, patrie historique et mystique d'une nation grand-allemande encore à naître. D'autre part, à partir du printemps de 1809, les nécessités économiques françaises conduisent l'Empereur à accorder — ce que des considérations d'ordre fiscal, on l'a vu, lui dictent par ailleurs — des licences pour le commerce avec l'ennemi. Désormais, le Blocus oscille entre deux conceptions. Certes, le souci de contrôler directement la plus grande longueur de côtes possible apparaît bien encore dans la paix imposée à l'Autriche après la nouvelle défaite subie par elle à Wagram : ce qu'elle perd, cette fois, ce sont ses côtes adriatiques. L'année suivante, Napoléon s'empara du royaume de Hollande, avant d'annexer les côtes de l'Allemagne jusqu'à Hambourg. Mais, d'un autre côté, en 1810, trois décrets — Saint-Cloud, Trianon, Fontainebleau —, tout en réprimant sévèrement la contrebande, étendent le système des licences et reviennent à la méthode de la taxation draconienne pour un certain nombre de produits, en encourageant, de ce fait, l'importation.

De la démesure à l'échec (1812-1814)

Que la conception initiale du Blocus soit, toutefois, restée constamment présente à l'esprit de l'Empereur, c'est ce qui paraît évident dans sa décision d'aller forcer la Russie sur son propre sol à respecter les principes de la prohibition des marchandises anglaises. Molé a pu dire de Napoléon qu'il avait été un homme de génie incapable de voir où étaient les limites du possible. A quoi Napoléon répond lui-même dans le *Mémorial de Sainte-Hélène :* « Si j'avais réussi, j'aurais été le plus grand homme de l'histoire. » De fait, la campagne de Russie a mobilisé une armée d'une ampleur telle que les conditions techniques du temps ne pouvaient que trahir Napoléon. Mais on peut aussi penser que s'il avait pu, à la bataille de la Moskowa, remporter le succès décisif, mener la bataille de destruction qu'il recherchait, l'Angleterre aurait sans doute connu des jours beaucoup plus sombres que ceux des deux crises qu'elle traversa au cours du Blocus (1808 et 1811).

Les relations franco-russes s'étaient lentement détériorées depuis qu'en 1808 Napoléon et Alexandre avaient à l'entrevue d'Erfurt réaffirmé leur alliance. Le soutien russe avait été d'une évidente mollesse lors de la guerre de 1809 avec l'Autriche. En 1810, Napoléon avait préféré à une négociation incertaine avec la cour de Saint-Pétersbourg un mariage rondement conclu avec une archiduchesse autrichienne. A la fin de cette même année, la prohibition des importations françaises par la Russie avait été décidée. Tandis que celle-ci s'inquiétait de l'éventuelle reconstitution d'une grande Pologne sur son flanc occidental, Napoléon tolérait mal l'avance que son illustre allié prenait en direction de Constantinople à l'occasion d'une nouvelle guerre avec la Turquie. Dès 1811, Napoléon était décidé à la guerre et avait entrepris méthodiquement la constitution d'une nouvelle Grande Armée – la troisième, après celle de 1805 et celle de 1809 – et la préparation de ses bases de ravitaillement en Allemagne et en Pologne. Il semble bien que la première cause de l'échec de la guerre contre la Russie ait résidé dans un mauvais calendrier. Commencée trop tard dans la saison, la campagne traîna en longueur parce que Napoléon dut poursuivre un adversaire qui se dérobait au combat ; par la suite, il perdit encore du temps à Moscou, où son séjour fut, du point de vue stratégique, un véritable temps mort. L'hiver survint, précoce ; mais le climat en lui-même ne joua sans doute qu'un rôle accessoire. Le second écueil fut plutôt l'impossibilité de ravitailler au retour une armée en retraite à travers un pays qui avait quelques mois plus tôt été soumis à la tactique de la « terre brûlée », et que parcouraient au surplus les troupes ennemies ; les chevaux morts de faim, la troupe se trouva ralentie ou paralysée. En troisième lieu, Napoléon se heurta, en Russie comme en Espagne, à une forme de guerre à laquelle son armée était mal préparée : nombreuses furent les pertes imputables au harcèlement par les cavaliers cosaques ou par les auxiliaires paysans.

L'année 1813 fut vraiment celle de la crise du système napoléonien. Le Blocus perdit rapidement de son efficacité avec la réouverture de fait des côtes de la Baltique aux marchandises anglaises. L'influence politique de la France en Allemagne s'effondra avant même qu'elle ait pu ramener ses soldats à l'ouest du Rhin, puisque l'empereur d'Autriche, après de longues hésitations et une tentative de négociation, rejoignit le camp des adversaires de son gendre, tandis que le roi de Prusse allait jusqu'à lancer un appel à l'insurrection « nationale », tentant d'élargir en guerre de libération de l'Allemagne ce qui n'était, au vrai, pour lui qu'une guerre de restauration territoriale et dynastique. La situation devenait du même coup fort complexe en Europe centrale : la crainte de voir se reconstituer une Prusse puissante et intervenir une Russie promue par sa victoire de 1812 au rang d'arbitre européen, fut pour beaucoup dans la décision de François II, l'empereur d'Autriche, et de son chancelier Metternich, de rentrer en lice aux côtés des plus forts, afin d'avoir son mot à dire – et de sauvegarder le plus possible, d'ailleurs, du système d'États intermédiaires constitué par Napoléon, système en fait favorable aux intérêts de l'Autriche. Enfin, sur le plan militaire, si Napoléon réussit à reconstituer, au prix d'un effort de mobilisation sans précédent des jeunes classes, une armée nombreuse (mais inexpérimentée), il ne réussit pas à ressaisir la victoire. Partout où il fut présent personnellement, à Lützen, à Bautzen, à Dresde, il remporta encore de beaux succès ; mais à la grande bataille de Leipzig, en octobre, il succomba sous le nombre, victime, au reste, de la tactique de convergence des forces sur l'ennemi qu'il avait lui-même toujours adoptée. Ce désastre sans précédent contraignit les armées françaises à se replier sur le territoire national, désormais menacé par la progression résolue des Alliés, ce qui ne s'était pas produit depuis quatorze ans. En même temps s'accomplissait l'évacuation de l'Espagne, sanctionnée par la victoire anglaise de Wellington à Vitoria.

Avec les premiers mois de 1814 et le franchissement du Rhin par les Prussiens, les Russes et les Autrichiens s'ouvre une crise nationale, que le renouvellement constant des victoires et le renforcement continu du pouvoir auraient pu faire croire impossible. L'approche des troupes des puissances absolutistes, synonyme de contre-offensive du féodalisme européen, mettait à la disposition de Napoléon un capital d'énergies populaires dont il usa militairement – l'abandon et la trahison n'ont pas effleuré la conscience de ses troupes, même aux jours de la défaite finale –, mais non point politiquement, tant la conception qu'il se faisait de son pouvoir l'écartait de toute forme révolutionnaire de gouvernement, dont l'organisation aurait pu, dans l'imminence des périls, se concevoir. En revanche, le retour de fortune subi par l'Empereur encouragea contre lui les forces d'opposition latentes, ou longtemps désarmées. C'est l'heure du divorce entre l'Empereur et les notables qu'il avait installés dans son propre régime tout en les muselant ; et, même, l'heure de la solidarité défaillante jusque dans les rangs de la famille impériale ou de l'aristocratie militaire. « Je ne sache pas de corps qui doive s'inscrire dans l'Histoire avec plus d'ignominie que le Sénat », dira Napoléon à Sainte-Hélène, quelques mois après sa seconde abdication. Joseph, après avoir perdu l'Espagne, se préoccupe davantage de hâter la paix que de défendre la capitale. Les maréchaux sont las de la guerre. Napoléon, lui, paraît – après avoir donné dans la campagne de Russie des signes de fatigue physique et d'indécision – en pleine possession, à nouveau, de ses dons stratégiques. Il reste des trois mois de la campagne de France de 1814 le souvenir d'une éblouissante démonstration de ce que l'on peut faire, avec une centaine de milliers d'hommes, face à un ennemi progressant en ordre dispersé et sur un territoire hostile. Démonstration qui a permis de retarder au maximum cette progression au cours d'une série de victoires en Champagne et dans la Brie, mais qu'est venue abréger l'ouverture des portes de la capitale, sur les arrières de l'Empereur. Cette fois, ce n'est plus à l'influence française en Europe que vont s'attaquer les vainqueurs : c'est aux annexions révolutionnaires et au régime lui-même.

Napoléon après Napoléon

Un an à peine après la première abdication, le plus puissant souverain de l'Europe, devenu principicule de l'île d'Elbe, devait tenter de rétablir sa position personnelle et celle de la France – qu'il se refusait de considérer comme distinctes – au cours de l'épisode des Cent-Jours. La première Restauration, entre-temps vécue par la France, lui permit alors de se présenter au pays sous un profil différent de celui qu'on lui connaissait avant la défaite.

C'est en soldat de la Révolution qu'il débarque au golfe Juan. Au peuple français, il affirme : « Dans mon exil j'ai entendu vos plaintes et vos vœux : vous réclamiez ce gouvernement de votre choix qui est seul légitime. » A l'armée, il lance : « Arrachez ces couleurs que la nation a proscrites, et qui pendant vingt-cinq ans servirent de ralliement à tous les ennemis de la France! Arborez cette cocarde tricolore ; vous la portiez dans nos grandes journées... Reprenez ces aigles que vous aviez à Ulm, à Austerlitz, à Iéna... » Sa propre interprétation du « vol de l'aigle » insiste sur le soutien assuré du peuple et de l'armée : « Si l'Empereur eût accepté et secondé le mouvement de la population, il fût arrivé à Paris avec un million de paysan... L'Empereur arriva aux Tuileries environné par une foule immense d'officiers, de paysans... » Mais Napoléon a-t-il vraiment changé en un an ? A Sainte-Hélène, en 1816, il dira : « J'aurais été franchement le monarque de la constitution et de la paix, comme j'avais été celui de la dictature et des grandes entreprises. » En fait, il préféra tenter d'amadouer les notables en confiant à Benjamin Constant le soin de rédiger un « acte additionnel aux Constitutions de l'Empire » qui élargissait le rôle de la représentation nationale, plutôt que de faire revivre les spectres de l'an II : mauvais calcul, qui ne pouvait réussir auprès d'une bourgeoisie qui n'éprouvait nul désir de faire l'expérience d'une variante du régime déchu. Quant à la paix, eût-il réellement renoncé comme il le disait « aux idées du grand Empire » qu'elle n'eût pas dépendu de lui, mais des Alliés, à qui la restauration napoléonienne était absolument insupportable. L'empereur rentré à Paris se trouva donc, comme quinze ans auparavant, placé devant l'obligation d'une campagne victorieuse : or, ce fut Waterloo. « Journée incompréhensible! Concours de fatalités inouïes! [...] Singulière campagne où, dans moins d'une semaine, j'ai vu trois fois s'échapper de mes mains le triomphe assuré de la France et la fixation de ses destinées! » On ne saurait mieux avouer que d'un bout à l'autre de la carrière du dictateur et du conquérant la guerre était restée le ressort essentiel et fragile d'un régime d'exception.

Moderne César, ou moderne Alexandre, Napoléon Ier n'a donc fondé ni une dynastie ni une forme politique durables. Qu'on se garde de conclure pour autant qu'il ait passé comme une comète, sans laisser d'empreinte dans le ciel. Son importance est d'avoir dressé un barrage que les défaites de 1814-15 elles-mêmes n'ont pas pu bousculer, contre le reflux de l'ancien ordre social — et l'on n'abordera pas ici l'immense problème de la commotion révolutionnaire communiquée, sur son initiative, à presque toute l'Europe. L' Empire fut le régime transitoire à travers lequel la Révolution s'enracina en France. Mais, d'une façon plus positive, l'Empereur a laissé derrière lui un héritage politique et mental qui entrera en composition dans toute l'histoire de la France contemporaine, héritage dont l'élaboration se poursuivra au-delà de 1815 en même temps que prendra forme et s'enrichira la légende napoléonienne : la permanence de l'attachement des Français aux valeurs guerrières, à la personnalisation de l'autorité, au goût de l'égalitarisme tempéré par celui des hiérarchies, doit sans doute beaucoup à l'auréole de la gloire impériale.

21. LA FRANCE ROMANTIQUE ET BOURGEOISE

1815-1848
Face à la défaite, au retour des Bourbons et des émigrés, au gouvernement des notables, la nostalgie de la liberté et de la gloire.

La monarchie constitutionnelle que la France a connue de 1815 à 1848 lui apporta d'abord la paix.
Tandis que persiste l'ancien régime économique, qui recule lentement devant l'économie nouvelle, illustrée par les filatures mécaniques, les chemins de fer et les banques, la bourgeoisie, minorité agissante, héritière des acquisitions révolutionnaires et gardienne de ses revendications, conquiert peu à peu un pouvoir que l'aristocratie voulut encore lui interdire sous la Restauration. C'est au sein de la bourgeoisie que s'incarne le libéralisme, que prennent naissance des habitudes politiques nouvelles, que s'élaborent les idées neuves.
Contre cette ascension bourgeoise, les réactions proviennent moins des autres groupes sociaux – en dépit des premières révoltes d'un prolétariat qui prend lentement naissance, mais qui reste tourné vers le passé – que des aspirations intellectuelles et artistiques refusant les compromissions du présent. La France bourgeoise et la France romantique sont les deux faces opposées d'une même société qui cherche son équilibre entre l'ordre et la liberté, société à prépondérance rurale et société pénétrée peu à peu par la dynamique industrielle, société hiérarchisée à relations interpersonnelles et société à relations fonctionnelles.
Le développement de la bourgeoisie, servie par l'usage des libertés et par le libre jeu des initiatives individuelles, contribue à l'expansion économique, mais celle-ci aggrave les antagonismes sociaux en même temps qu'elle fait craquer les structures sociales et mentales d'une population encore en majorité rurale. La lenteur de l'évolution économique – qui fait hésiter à parler pour la France de « révolution industrielle », même vers 1840 – contraste avec l'effervescence du mouvement des idées et du mouvement politique. La tradition révolutionnaire, la centralisation napoléonienne, le développement du régime représentatif à partir de la Charte ont contribué à renforcer le rôle

de Paris, qui bouscule les hiérarchies, change le régime en 1830 et en 1848, conteste par ses journaux, par ses écrivains, par ses députés, les gouvernements en place, mais consacre aussi la puissance des nouvelles catégories dirigeantes et s'identifie à la force croissante de l'État. Ainsi Paris s'affirme la capitale révolutionnaire d'une France soucieuse de stabilité.

I. LA RESTAURATION

La lassitude de la guerre et la diplomatie des Alliés attisée par les intrigues des hauts dignitaires du régime impérial, comme Talleyrand, avaient été les principaux agents de la restauration des Bourbons en 1814. Après la seconde Restauration, en 1815, la tâche de Louis XVIII était plus difficile ; la France connaissait une défaite plus complète, des conditions de paix plus dures, l'occupation d'une partie de son territoire. La faillite de la première Restauration avait exaspéré les royalistes, et l'intermède des Cent-Jours avait réveillé les divisions d'une opinion où sommeillaient encore les souvenirs de l'époque révolutionnaire.

L'établissement du régime constitutionnel

Louis XVIII rentra le 8 juillet 1815 à Paris avec un gouvernement présidé par Talleyrand. Il lui fallut d'abord imposer partout l'autorité de ses ministres et de leurs agents ; les commissions extraordinaires envoyées en province furent supprimées, le Conseil d'État réorganisé, l'université impériale maintenue, la Chambre des pairs épurée. Une contribution extraordinaire de 100 millions sous forme d'emprunt sur les plus riches devait permettre de subvenir aux besoins financiers les plus urgents.

La Charte hâtivement rédigée au début de la première Restauration avait reconnu, en dépit d'affirmations de souveraineté rappelant les anciens temps, les principales acquisitions de la législation de la Constituante : l'égalité civile, les libertés publiques (avec des limitations), la propriété des acquéreurs de biens nationaux étaient confirmées. Elle consacrait aussi la réorganisation de la société par le Consulat en maintenant le Code civil et en faisant bénéficier le nouveau régime des instruments de la centralisation impériale. La Charte établissait une monarchie constitutionnelle sans aucun caractère parlementaire ; le roi avait des pouvoirs très étendus et pouvait même se passer des Chambres en ayant recours à l'article 14, qui lui permettait de légiférer par ordonnances dans des circonstances exceptionnelles.

A côté de la Chambre des pairs, composée de membres nommés par le roi ou héritiers du siège, la Chambre des députés n'était que médiocrement représentative. Les députés tenaient leur pouvoir de la Charte, donc du roi ; ils étaient élus selon un régime censitaire très restreint : un peu moins de 100 000 électeurs (payant au moins 300 F d'impôt) élisaient des députés qui devaient avoir au moins quarante ans et payer 1 000 F d'impôt. Sur des données aussi imprécises et précaires allait se développer néanmoins le gouvernement représentatif, au point que l'utilisation de l'article 14 entraîna finalement la chute du régime. Cette évolution constitutionnelle résulta plus de l'évolution sociale et de l'interprétation que de la lettre de la Charte ; rien ne la laissait prévoir en 1815.

La Contre-Révolution en 1815

En renouant avec la tradition révolutionnaire pendant les Cent-Jours, Napoléon avait provoqué par sa seconde abdication la victoire de la Contre-Révolution. Celle-ci apparaît partout dans le pays : exaspérées par le retour de l'île d'Elbe, des bandes royalistes, utilisant de vieilles rancunes, soulèvent la population contre les bonapartistes dans le midi de la France, à Marseille, à Avignon où le maréchal Brune est massacré par la foule, à Nîmes où les catholiques persécutent les protestants. Quand les autorités royalistes interviennent, elles sont aussi menacées, et le général Ramel est assassiné à Toulouse en voulant protéger des bonapartistes.

Dans le gouvernement, le ministère Talleyrand-Fouché, qui avait assuré le retour de Louis XVIII, prit prétexte des dures conditions imposées par les Alliés pour se retirer. En fait, ce ministère de transition était dirigé par des hommes trop équivoques pour enrayer la Terreur blanche et pour être supportés par les ultraroyalistes. Ces derniers voyaient dans la Charte une concession aux idées nouvelles, c'est-à-dire à la Révolution, et lui reprochaient de limiter le pouvoir du roi. Ils prenaient appui sur le frère de Louis XVIII, le comte d'Artois, le futur Charles X. Maîtres des élections en août 1815, ils étaient 350 sur 398 dans ce que Louis XVIII appela, non sans ironie, la « Chambre introuvable ». Ils comptaient parmi leurs chefs le comte de Villèle, venu de Toulouse ; le comte de La Bourdonnaye, un ancien officier de l'armée des Émigrés à Coblence ; le vicomte de Chateaubriand, qui écrivit l'étude la plus hostile au régime constitutionnel en 1816, *De la monarchie selon la Charte*. Ils s'inspiraient de la philosophie traditionaliste du vicomte de Bonald, concevant la société composée de groupes hiérarchisés, depuis la famille jusqu'à l'État. Le clergé et les notables ruraux donnaient aux ultras le poids de leur influence incontestée ; dans les villes du Midi, le petit peuple des artisans et des boutiquiers suivait les chefs royalistes qui avaient constitué à la fin de l'Empire tout un réseau de sociétés secrètes ; la plus importante fut celle des Chevaliers de la foi, établie sous le couvert d'une association religieuse, la Congrégation.

Les ultras firent pression sur le gouvernement pour obtenir la destitution de nombreux hauts fonctionnaires ou généraux ; les conventionnels régicides furent exilés, des conseils de guerre condamnèrent à mort les généraux qui s'étaient ralliés à Napoléon pendant les Cent-Jours ; pour le même motif, le maréchal Ney fut condamné à mort par la Chambre des pairs et fusillé le 7 décembre 1815. Dès le 31 octobre, une loi de sûreté générale suspendit la liberté individuelle ; des tribunaux spéciaux — les cours prévôtales — furent établis, près de 70 000 suspects arrêtés, et une vaste épuration atteignit le quart des fonctionnaires. Ils furent souvent remplacés par des nobles anciens émigrés.

La Contre-Révolution triomphe aussi dans la position internationale de la France, l'une des premières puissances à adhérer à la Sainte-Alliance. Le choix du duc de Richelieu, le 24 septembre 1815, pour succéder à Talleyrand et à Fouché avait été une nouvelle preuve de l'influence de la Russie, d'où revenait ce grand seigneur.

La Chambre des députés trouvait, cependant, que le ministère n'était pas assez favorable aux ultras ; sûre de son influence, elle se fait l'avocat du gouvernement représentatif avec Vitrolles, réclame le contrôle du gouvernement et la remise de l'administration locale aux grands propriétaires et au clergé. Elle voudrait une loi électorale qui élargisse le corps électoral pour neutraliser les voix de la bourgeoisie, soupçonnée de sympathie pour les idées révolutionnaires, dans une plus grande masse de voix rurales. Les journaux ultras, les seuls à paraître, font le procès des ministres. La réaction contre tout ce qui rappelle la France nouvelle issue de 1789 embarrasse le ministère et inquiète les Alliés, qui redoutent un nouveau renversement des Bourbons.

Par la dissolution de la Chambre introuvable le 5 septembre 1816, Louis XVIII, par réalisme plus que par goût personnel, mettait un terme à tous les espoirs de retour à l'Ancien Régime. Pourtant, la majorité ultra, tout hostile qu'elle fût aux idées libérales, avait infléchi l'application de la Charte de façon irréversible dans le sens du gouvernement représentatif.

Les forces de restauration

Partout, dans l'Europe de 1815, la Contre-Révolution, victorieuse de Napoléon, s'appuie sur une aristocratie foncière soucieuse de se réserver le marché national des subsistances, et sur la défense d'une tradition fondée sur l'union du trône et de l'autel.

L'Église

La tradition catholique donnait son fondement à la tradition monarchique et à la tradition familiale. La réaction religieuse, commencée dès l'époque napoléonienne, accentue donc le caractère contre- révolutionnaire. L'Église catholique, en 1815, n'est pas seulement une force religieuse, son clergé aspire à retrouver l'organisation et l'influence sociale dont il avait été privé depuis vingt-cinq ans.

Aux retours individuels à la foi religieuse – dont Chateaubriand avait été le plus prestigieux exemple à la fin du siècle précédent – se substitue la fiction officielle d'un État et d'un pays tout entiers catholiques. Ainsi, l'influence spirituelle de l'Église est mise au service non seulement d'un régime, mais aussi d'une tendance politique ; c'est en cela qu'apparaissent dans la vie politique française, de façon simultanée et complémentaire, le cléricalisme et l'anticléricalisme.

La situation matérielle du clergé s'améliore ; les églises et les bâtiments ecclésiastiques sont remis en état, le traitement des prêtres est augmenté ; dans les séminaires, le nombre des boursiers est multiplié en vue de favoriser le recrutement du clergé ; une nouvelle génération de jeunes et nombreux prêtres apparaît dans l'Église de France sous la Restauration ; leur formation intellectuelle est médiocre, mais, sous l'impulsion d'un épiscopat souvent aristocratique, des Pères de la foi (le nom sous lequel réapparaît la Compagnie de Jésus, tolérée sans être autorisée) et des Missions de France de l'abbé Rauzan, un très gros effort est entrepris pour réveiller la vie religieuse. Les missionnaires s'adressent à la sensibilité populaire, entraînent souvent la ferveur des femmes, prêchent un Dieu sévère, usent de la peur de l'enfer. A leur arrivée ils interdisent les bals et les spectacles, avant leur départ ils multiplient les cérémonies de réparations pour les outrages de l'époque révolutionnaire à l'encontre de la religion et aussi à la mémoire de Louis XVI et des victimes de la Terreur. Aussi leur passage rallume-t-il souvent les querelles à peine apaisées de l'époque révolutionnaire, ou provoque un enthousiasme qui tourne plus à l'agitation politique qu'à la conversion morale. Des associations pieuses doivent entretenir ce zèle ; des sociétés de bonnes œuvres, des réunions de piété associent à l'action du clergé des jeunes gens ou des adultes issus le plus souvent des classes supérieures de la société.

Auprès des classes populaires, c'est par les écoles que l'Église pouvait le mieux exercer son influence, mais le nombre des Frères de la doctrine chrétienne est insuffisant, et la scolarité reste faible dans les régions rurales. Pour les paysans, qui forment la majorité de la population, la messe et le sermon du dimanche restent, dans les départements de l'Ouest surtout, la principale ouverture sur la société.

L'aristocratie

Sur le monde paysan, la noblesse n'a pas perdu tout prestige, et le curé du village est encore souvent sous la dépendance tacite du châtelain. Sans caractère juridique, la noblesse, authentique ou fausse, n'en garde pas moins une existence sociale, mais son influence s'exerce d'autant mieux qu'elle peut joindre à la tradition d'un nom et d'une famille l'usage d'une fortune foncière. La confirmation de la noblesse d'Empire, les nombreux anoblissements qui récompensèrent, sous la Restauration, les dévouements aux Bourbons pendant l'époque précédente, la multiplication des titres usurpés par les cadets de familles authentiquement nobles, les usages abusifs et trompeurs de la particule « de » ont reconstitué une aristocratie dont les membres les plus récents ne sont pas les moins intransigeants sur les prétentions nobiliaires.

La tradition familiale reste très forte dans le milieu aristocratique ; elle contribue à projeter une vision idéalisée du passé (et du passé le plus lointain) sur le présent ; elle entretient d'autant plus l'horreur de la Révolution que la période révolutionnaire a le plus souvent assombri l'histoire familiale des nobles par l'arrestation, l'émigration, voire l'exécution d'un ou de plusieurs membres.

L'épopée napoléonienne avait enlevé à la noblesse son prestige le plus traditionnel, celui des armes. Mais à partir de 1815 les nobles, et notamment les anciens émigrés, pénètrent dans l'État, au Parlement et dans l'administration. La Chambre des pairs semble avoir été conçue pour eux, et ils forment 54 p. 100 de la Chambre introuvable ; la députation est uniquement composée de nobles dans neuf départements.

L'implantation de la noblesse dans l'administration préfectorale ou financière, dans la magistrature (où elle reprend une tradition d'Ancien Régime adaptée à une législation nouvelle), a d'autant plus de force que la centralisation administrative continue à progresser pendant toute la Restauration.

La noblesse joue aussi un rôle important dans la vie sociale et littéraire ; elle donne le ton à la mode, anime le mouvement romantique à ses débuts, s'entiche du vicomte d'Arlincourt (bel exemple de noblesse et de talent usurpés). Mais son influence comme la plupart de ses revenus viennent surtout de la domination qu'elle continue à exercer sur le monde rural par l'importance de sa propriété foncière, à une époque où, Stendhal le notera, jamais la grande propriété n'a été plus florissante.

L'économie agraire

Le monde paysan, qui a bénéficié dans certaines régions, comme le Nord ou l'Alsace, de la vente des biens nationaux, connaît une très grande diversité, caractéristique d'un pays qui, en l'absence de communications modernes, reste encore à unifier. Toutefois, le château reste le centre politique et social dans presque toute la France ; prédominants parmi les grands propriétaires, les nobles n'ont pas seulement reconstitué souvent leur domaine, ils l'ont rendu plus homogène. Influents au Parlement, ils contribuent à faire voter une législation favorable à l'agriculture ; la loi du 16 juillet 1819 établit l'échelle mobile sur les grains qui protégeait la production française contre l'entrée des blés d'Odessa. Les nostalgies mercantilistes occupent les esprits des grands propriétaires producteurs de blé autant que des manufacturiers ; la fonte au bois, encore dominante en France, associe pour sa fabrication possesseurs des grands domaines forestiers et maîtres de forges, parmi lesquels on trouve encore de nombreux nobles.

Les forces de progrès

Après tant d'années d'oppression et de conformisme de la pensée, l'époque de la Restauration connut une effervescence culturelle, restreinte à un milieu limité par l'étroitesse de la formation intellectuelle, mais encouragée par la liberté de penser dont la France apprit peu à peu à user après la dissolution de la Chambre introuvable.

La pensée scientifique

Le développement de la pensée scientifique s'était poursuivi sans trop subir le contrecoup des bouleversements politiques. La France apparaît jusqu'en 1840, avec l'École polytechnique, le principal foyer des études mathématiques. Leur méthode s'applique d'abord à la mécanique et à l'astronomie, puis à l'ensemble des sciences physiques. Elle s'étend aussi aux sciences naturelles, qui dépassent, aussi bien avec Lamarck qu'avec Cuvier, le stade des compilations de nomenclature pour aborder l'analyse méthodique de la substance vivante et des lois qui assurent les fonctions de la vie. Il n'est pas jusqu'aux phénomènes sociaux et moraux qui ne soient perçus par le nombre, à la suite de l'esquisse par Laplace de la théorie des probabilités et des applications, ensuite, de Charles Dupin.

Les études scientifiques, de plus en plus liées à l'évolution des techniques, n'apparaissent plus comme une activité d'amateur ou un complément des spéculations philosophiques. Elles deviennent un facteur essentiel du progrès matériel ; bien que l'aide aux grands établissements, inaugurée par la Révolution, soit quelque peu ralentie après 1815, la production scientifique est favorisée à Paris par de grandes institutions comme l'Académie des sciences, le Collège de France, le Muséum d'histoire naturelle ; elle est appuyée par les éléments les plus dynamiques de la bourgeoisie d'affaires, les Perier, les Delessert, et par l'opinion publique éclairée représentée par des revues libérales comme *le Mercure* ou *la Minerve*. Rompant avec la métaphysique, la science s'efforce de faire prédominer l'expérience ; la rupture avec les traditions, à laquelle concourent le libéralisme naissant et le romantisme à des titres divers, ouvre la voie à l'initiative individuelle.

Le libéralisme

Le libéralisme donne une justification doctrinale à la primauté accordée à l'initiative individuelle ; il s'agit, en fait, d'un état d'esprit plus que d'une idéologie. Il repose sur une interprétation de la liberté conçue en fonction de l'autonomie individuelle. Il s'est façonné à la fois contre la dictature révolutionnaire ou napoléonienne et, après 1815, contre les théories ultraroyalistes. Il est pénétré d'influences étrangères et protestantes que l'on retrouve chez Guizot et chez Benjamin Constant : « Le but des Modernes — écrit ce dernier en 1819 — est la sécurité dans les jouissances privées, et ils nomment liberté les garanties accordées par les institutions à ces jouissances » ; ces garanties, la pensée libérale croit les trouver dans des institutions politiques visant davantage, sous la Restauration, la protection de l'activité individuelle que l'organisation du pouvoir, et dans une situation économique et sociale résultant du libre jeu des initiatives individuelles à un moment où commence à s'opérer un renouvellement des techniques, commerciales d'abord, puis industrielles.

La défense des libertés individuelles est surtout le fait de la bourgeoisie, dont elles ont favorisé l'émancipation. C'est encore Benjamin Constant qui a le mieux exprimé ce caractère de « juste-milieu » en écrivant : « Par liberté, j'entends le triomphe de l'individualité, tant sur l'autorité qui voudrait gouverner par le despotisme, que sur les masses qui réclament le droit d'asservir la minorité à la majorité. »

Paris

La Contre-Révolution s'était appuyée sur la province, mais c'est Paris qui donne le ton et la puissance. La place de Paris n'est pas seulement exceptionnelle par son importance démographique avec ses quelque 700 000 habitants au début de la Restauration, sans comparaison avec Marseille ou Lyon, qui dépassent à peine 110 000 âmes. La richesse s'y concentre sous toutes ses formes ; c'est la ville lumière, ses écoles, ses académies, ses écrivains et ses journaux, qui tiennent davantage des revues que de nos quotidiens actuels, en font un foyer intellectuel et culturel qui rayonne en dehors même de la France. C'est à Paris que naissent les créations littéraires et artistiques, les découvertes scientifiques, les théories politiques qui s'élaborent autour de l'application de la Charte. Mais Paris a encore son cadre d'Ancien Régime, surtout dans les quartiers du centre et de l'est, qui accueillent le plus d'immigrants venus des départements voisins, du Nord, de l'Est, ou d'Auvergne pour la plupart. Les quartiers poursuivent leur vie originale, et nulle part les contrastes ne sont plus affirmés, bien que l'on y trouve tous les niveaux de la société, habitant parfois les étages d'une même demeure. Paris réunit toutes les forces, celles de restauration et celles de progrès, assure le gouvernement, prépare les changements et conditionne l'avenir.

L'après-guerre

La majorité des Français retrouve avec la paix la poursuite d'une vie traditionnelle qui n'est plus menacée par la crainte de la conscription. La population s'accroît sensiblement ; au lendemain de 1815 la France atteint les 30 millions de Français. La population urbaine dépasse à peine le dixième. Les paysans, qui possèdent un peu moins de la moitié du sol cultivable, représentent plus des deux tiers de la population active ; c'est encore l'Ancien Régime économique, fondé sur la prépondérance de l'économie agricole (et plus précisément sur la production des céréales) et sur l'insuffisance des moyens de transport à bas prix, qui fournit leur subsistance et leurs revenus à la majorité des Français. Les rendements sont faibles, l'alimentation absorbe plus des deux tiers des dépenses des familles populaires.

C'est sur la propriété foncière que pèsent le plus le lourd héritage des guerres et les clauses financières du traité de Paris. Or, le revenu foncier diminue au moment où les charges fiscales sont le plus lourdes ; ce fut même l'une des causes profondes de l'échec des ultras, car les conceptions agrariennes de leur politique étaient en contradiction avec la tendance de l'économie dominante.

L'indemnité de guerre imposée par les Alliés et le déficit budgétaire laissé par Napoléon contribuent à faire passer les problèmes financiers au premier rang des affaires et à donner aux banquiers une importance qui apparaît dans leur rôle politique. En 1816-17, une crise économique qui, d'Angleterre, gagne le continent et la France, opère un renversement de la conjoncture ; la baisse des prix agricoles qui s'ensuit touche à la fois l'exploitant et le propriétaire. Pour défendre la production nationale dans l'économie de concurrence qu'a ouverte le retour à la paix, le protectionnisme douanier ne suffit pas. Des défrichements, en Picardie et en Anjou, étendent les surfaces ensemencées ; dans les régions les plus riches, comme les plaines du nord de la France, des techniques agraires nouvelles, stimulées par la culture de la betterave à sucre, accroissent les rendements

L'industrie française bénéficie d'une main-d'œuvre abondante et peu chère, ce qui ne l'oblige pas — comme en Angleterre — à une mécanisation rapide. L'artisanat domine encore les principaux secteurs industriels, le bâtiment et le textile. Pourtant, sous l'impulsion d'un patronat dynamique, souvent d'origine protestante, comme à Mulhouse, quelques foyers d'industrie moderne se constituent en haute Alsace (filature de coton et impression des étoffes), dans la région de Sedan (fabrique de draps). Maisons de banque ou de commerce et manufactures restent des entreprises familiales qui tirent de leurs activités commerçantes ou industrielles un profit bien supérieur au revenu foncier. La grande bourgeoisie active, qui tient ces entreprises, a conscience de sa force et de son dynamisme et supporte mal les prétentions de la noblesse ultra à dominer la société. Son désir de voir l'État sauvegarder la libre initiative individuelle la rallie à une application libérale de la Charte.

L'interprétation constitutionnelle de la Charte

Sous le ministère du duc de Richelieu, qui obtint dès 1818 l'évacuation du territoire par les armées alliées d'occupation, les partisans des principes de 1789 et ceux qui tenaient pour acquise la reconstruction de l'État à l'époque napoléonienne s'appuyaient sur le pouvoir du roi ; les plus actifs parmi eux formaient le petit groupe des « doctrinaires », sans appui dans les Chambres, sans doctrine précise malgré leur surnom, mais soucieux d'adapter les institutions aux circonstances et à l'état social de la France. Avec Royer-Collard, Camille Jordan, Guizot, ils exercent une influence sur plusieurs ministres, sur Lainé, le ministre de l'Intérieur du duc de Richelieu, puis sur le comte de Serre, garde des Sceaux, et sur Decazes, ministre de la Police puis de l'Intérieur, qui domine le gouvernement bien qu'il ne soit en titre président du Conseil que quelques mois en 1819-20. Ils font triompher leurs idées avec la loi Lainé du 8 février 1817 ; contre les ultras, réclamant avec Villèle des élections à deux degrés et un abaissement du cens électoral, les doctrinaires défendirent l'élection directe en un seul collège par département, réunissant au chef-lieu tous les électeurs âgés de trente ans et plus, et payant au moins 300 francs de cens (patente comprise). Ce mode de scrutin favorisait la bourgeoisie, puisque les électeurs des campagnes devaient se déplacer pour voter.

La Chambre des députés, dont les membres étaient élus pour cinq ans, se renouvelait par cinquième chaque année. Dès 1817, la première application de cette loi est défavorable aux ultras et permet, au contraire, à un petit groupe de quelque 25 libéraux, qu'on appelle alors des « indépendants », de former une gauche, qui inquiète les ministres les plus modérés. La loi militaire Gouvion-Saint-Cyr, votée le 12 mars 1818, organise les conditions de recrutement par volontariat et par tirage au sort, avec la possibilité de remplacement qui sera maintenue jusqu'en 1872, ce qui satisfait la bourgeoisie ; elle règle aussi l'avancement des cadres, ce qui mécontente les ultras, car désormais un noble ne peut plus entrer directement dans l'armée comme officier.

Le refus de Decazes de s'associer à une modification de la loi électorale provoqua en décembre 1818 une crise ministérielle et le retrait imprévu du duc de Richelieu. Sous la présidence nominale du général Dessolles,

Decazes, qui par son intelligence et la souplesse de son caractère avait acquis les faveurs du roi, pratiqua une politique opportuniste ; arrivé au pouvoir par la grâce royale, il chercha à s'y maintenir avec l'appui de la gauche. La suppression du ministère de la Police est un symbole de l'orientation libérale du nouveau ministère ; la destitution de préfets ultras remplacés par d'anciens fonctionnaires impériaux, la nomination de 60 nouveaux pairs qui renverse, en faveur des constitutionnels, la majorité de la Chambre des pairs et met fin aux demandes de révision de la loi électorale, le souci du développement des intérêts matériels et d'une bonne gestion financière assurée par le baron Louis rallient au gouvernement la bourgeoisie. Mais ce sont surtout les lois de Serre sur la presse en mai-juin 1819 qui consacrent l'orientation libérale du ministère. Désormais, les délits de presse (dont le nombre est réduit) sont soumis au jury composé de propriétaires plus indépendants que les magistrats des tribunaux correctionnels ; une simple déclaration suffit pour fonder un journal, avec toutefois une limitation financière, le dépôt d'un cautionnement plus ou moins élevé selon les villes et un impôt du timbre proportionnel au tirage. Ces projets, élaborés par le duc de Broglie, Barante et Guizot, ont permis un développement de la presse politique, qui fonde la vie politique française sur les relations étroites entre la presse et les élections, toutes les deux exprimant l'opinion publique. Ainsi sont formées les bases de la vie parlementaire, avant même que son fonctionnement ne soit assuré par les institutions. A Paris, mais aussi en province, se multiplient les journaux, qui profitent plus à la droite ultra et à la gauche libérale qu'au ministère.

Decazes et les doctrinaires voulaient aussi étendre le régime représentatif aux institutions locales, et ils songeaient à introduire le système électoral dans le recrutement des conseillers municipaux et des conseillers généraux. Mais les élections de 1819 amenèrent Decazes à donner un coup d'arrêt à cette politique. Ce renouvellement partiel en septembre fut marqué par un recul très sensible non seulement des ultras, mais aussi des candidats ministériels au profit de la gauche, qui enleva près des deux tiers des sièges ; l'élection à Grenoble de l'ancien conventionnel et ex-évêque constitutionnel Grégoire fit scandale tant restait grande la hantise de tout ce qui rappelle la Terreur. Dès lors, Decazes, ralliant le comte de Serre, est converti à l'idée de réviser la loi électorale, ce qui le sépare des ministres les plus libéraux et des doctrinaires et l'oblige à prendre la présidence en novembre 1819. Les vains efforts de Decazes pour présenter un remaniement de la loi électorale qui pourrait satisfaire les ultras ne font que soulever la bourgeoisie libérale. C'est dans cet état d'inquiétude de l'opinion que survient, dans la nuit du 13 au 14 février 1820, l'assassinat du duc de Berry, le seul neveu du roi susceptible d'assurer la continuité de la dynastie.

Cet acte criminel d'un isolé, coïncidant avec le développement depuis quelques mois en Europe d'un mouvement révolutionnaire, provoqua l'effroi des milieux politiques et ruina les efforts tentés depuis cinq ans pour établir un régime constitutionnel modéré. Le roi, sous la pression de son frère, le comte d'Artois, et des ultras, est obligé de sacrifier Decazes, malgré la rupture de ce dernier avec les libéraux. Tandis que le duc de Richelieu constitue le 20 février un nouveau ministère, il n'y a provisoirement plus de place dans la vie politique française entre Contre-Révolution triomphante et gauche libérale qui se fait révolutionnaire avant de s'effacer ou de se renouveler.

L'échec du mouvement révolutionnaire (1820-1822)

La réaction qui suivit l'assassinat du duc de Berry rallia de nombreux opposants à des solutions illégales et violentes, devant l'inefficacité des réclamations en faveur des libertés individuelles ou publiques. A Paris, de jeunes manifestants, élèves des grandes écoles ou des facultés de droit et de médecine, jeunes avocats et jeunes employés de commerce, réunis devant le palais Bourbon, ovationnent les députés libéraux ou conspuent les orateurs de la droite. La mort d'un étudiant, Lallemand, tué le 3 juin par un garde-royal, développe une agitation que l'armée réprime. A Rennes, à Grenoble, à

Caen, à Toulouse se déroulent des manifestations bruyantes. La censure fait disparaître les journaux les plus hostiles ; mais les pamphlets, comme ceux de Paul-Louis Courier, les chansons, comme celles d'Émile Debraux et de Béranger, circulent plus aisément malgré les tracasseries policières. La mort de Napoléon, en mai 1821, rallie une partie des libéraux à la légende napoléonienne ; bonapartistes, anciens républicains et jeunes libéraux exploitent contre le gouvernement de Richelieu ou de Villèle et contre la Sainte-Alliance le culte de Napoléon, présenté désormais par eux comme le défenseur des peuples et devenu l'expression populaire du sentiment national.

L'opposition violente s'organise en sociétés secrètes. Sous l'impulsion de Bazard, un jeune commis d'octroi, de jeunes républicains entrèrent en relation avec le général La Fayette et des notabilités ultra-libérales comme Voyer d'Argenson ou Manuel. Ceux-ci les rapprochèrent d'officiers bonapartistes partisans de conspirations militaires à la manière du soulèvement des officiers de Cadix ou des *carbonari* napolitains. L'avortement d'une conspiration fixée au 19 août 1820 — seuls des comparses furent arrêtés — permit à la droite, en grossissant le péril révolutionnaire, de se renforcer aux élections suivantes, mais aussi fit sentir aux partisans du mouvement révolutionnaire la nécessité d'une organisation qu'ils trouvèrent dans la Charbonnerie. Organisée d'abord par des jeunes républicains (étudiants ou employés de commerce), elle comprend aussi des avocats (comme Barthe ou Mérilhou), des médecins, des professeurs comme Dubois, Jouffroy, des industriels même comme Kœchlin, de Mulhouse. Elle est composée de petits groupes, les « ventes » ; on en trouve surtout à Paris, dans l'Est et dans l'Ouest. En 1822 il y en aura dans 60 départements ; à leur tête, une vente suprême couronne l'organisation, animée par un comité plus restreint dont La Fayette est le chef, mais l'élément le plus actif est formé par des jeunes, tels Bazard, Trélat, qui poussent à l'action insurrectionnelle.

Il y a divergence entre les chefs nationaux et les ventes locales, pressées d'agir. Seuls les plus exaltés s'offrent à prendre la tête d'insurrections, qui échouent, à Saumur, à La Rochelle, à Colmar, à Belfort. Il y eut de nombreuses arrestations et douze exécutions, parmi lesquelles celles du général Berton, du colonel Caron et des quatre sergents de La Rochelle, jugés et exécutés à Paris le 21 septembre. La répression n'atteignit pas les députés de l'extrême gauche, dont on ne put démontrer la compromission dans le mouvement.

L'échec de l'action révolutionnaire provoqua la dislocation de la Charbonnerie et la liquidation de l'élément bonapartiste qui avait joué le rôle essentiel dans les conspirations. Les *pronunciamientos* militaires n'auront pas de prise sur l'évolution politique française. La lente reconstitution d'une opposition parlementaire ou légale s'appuya sur une nouvelle génération bourgeoise et libérale.

L'interprétation conservatrice de la Charte

L'assassinat du duc de Berry, l'agitation étudiante dans plusieurs grandes villes, les conjurations manquées permirent aisément au ministère et aux ultras de dénoncer une vaste conspiration révolutionnaire et d'obtenir d'une opinion inquiète les moyens d'assurer le triomphe des forces conservatrices. Le 28 mars 1820, une loi avait suspendu la liberté individuelle des individus soupçonnés de complot ; le 30 mars, la presse avait été à nouveau soumise à l'autorisation préalable et à la censure ; le 30 juin, enfin, une nouvelle législation électorale établit un double vote en faveur des plus imposés de chaque département (des grands propriétaires, souvent nobles). Ces mesures, l'épuration qui sévit dans l'armée, dans l'administration et dans l'université, l'exploitation du sentiment monarchique à la faveur de la naissance d'un fils posthume du duc de Berry, le duc de Bordeaux, surnommé « l'Enfant du miracle », contribuèrent à donner la victoire aux ultras et aux plus conservateurs lors des élections de novembre 1820. Louis XVIII et le duc de Richelieu durent ouvrir le ministère à deux chefs ultras, Villèle et Corbière, qui firent évoluer le gouvernement vers la droite sans que celle-ci fût satisfaite. Mal soutenu par Louis XVIII, vieillissant, désabusé, s'abandonnant de plus en plus à l'influence de son entourage, critiqué ouvertement par le comte d'Artois, désapprouvé par l'Adresse de la Chambre des députés, Richelieu se retira le 13 décembre 1821.

Avec le nouveau gouvernement formé sous l'impulsion du comte d'Artois, Villèle aux Finances, Corbière à l'Intérieur, le duc de Montmorency aux Affaires étrangères, c'était, en fait, le règne de Charles X qui commençait (Louis XVIII ne mourut que le 16 septembre 1824). Le comte de Villèle devait se maintenir pendant plus de six ans à la tête du gouvernement, sans toutefois s'imposer à son parti, qui le trouvait trop modéré. Pendant ce ministère, le plus long du régime, s'affirmèrent néanmoins la restauration du rôle international de la France et le renforcement de l'État.

La restauration diplomatique

Soucieux d'une politique de prestige qui placerait la France à la tête de la Contre-Révolution, décidés d'autant plus à une intervention française contre les libéraux espagnols que toute action de la Sainte-Alliance en Espagne devrait passer par le territoire français, les ultraroyalistes veulent aller rétablir l'autorité de Ferdinand VII. Au congrès de Vérone, en dépit de l'élimination de Montmorency, favorable à l'intervention à laquelle Villèle était hostile, Chateaubriand, nouveau ministre des Affaires étrangères, soutenu par une majorité parlementaire, engage la responsabilité de la France et pousse le gouvernement à rompre avec l'Espagne libérale à la fin janvier 1823. L'intervention des troupes françaises sous le commandement du duc d'Angoulême, un neveu du roi, est présentée comme une entreprise nationale et non comme une opération de la Sainte-Alliance. Les troupes pénètrent aisément jusqu'à Madrid (le 23 mai) et, après la prise du fort du Trocadéro le 31 août, s'emparent de Cadix et libèrent Ferdinand VII, qui procède à une répression sanglante. En dépit de l'opposition acharnée des députés libéraux (c'est à cette occasion que Manuel fut expulsé de la Chambre), les ultras, dominant la majorité et le gouvernement, exploitent ce succès facile des armées françaises au moment des élections générales de 1824 ; c'est la « Chambre retrouvée », dans laquelle siègent à peine 20 opposants libéraux, tandis que plus de la moitié des députés sont des fonctionnaires, soumis aux directives gouvernementales. Sans menace à gauche, Villèle n'a plus à craindre que le mécontentement des « pointus », les plus excessifs des ultras, auxquels le renvoi de Chateaubriand du ministère donne un porte-parole dangereux devant le pays.

Le renforcement de l'État

En dépit de ses plaidoyers au début de la Restauration en faveur d'une administration décentralisée, Villèle profita de la centralisation administrative pendant son gouvernement, usa des agents de l'État comme instruments de sa politique et même étendit la tutelle de l'État sur les pouvoirs locaux. Par sa compétence financière, Villèle assura à la France les finances d'un État moderne et parlementaire auquel correspondait mal le reste de sa politique. Il établit des règles budgétaires et spécialisa davantage le budget, qui entre 1822 et 1826 devint excédentaire.

Profitant de la saine gestion de ses prédécesseurs, Villèle maintint le crédit public et la bonne tenue de la rente ; la prospérité matérielle facilitait la plus-value des impôts indirects et permit de procéder à plusieurs dégrèvements fiscaux qui soulagèrent surtout la propriété foncière. Elle permit aussi de surmonter les dépenses de caractère politique provoquées par l'expédition d'Espagne et par le milliard des Émigrés.

La réaction aristocratique

La droite, qui s'était précédemment organisée à la fois sur le plan parlementaire (la réunion Piet) et de façon occulte (les Chevaliers de la foi), présente un programme social et religieux qu'elle va chercher à imposer au gouvernement de Villèle en profitant de l'effroi que les mouvements révolutionnaires avortés avaient provoqué dans l'opinion. Au préalable, elle obtient des mesures de consolidation de sa victoire politique. Une loi de septennalité, promulguée le 9 juin 1824, assure à la Chambre retrouvée une longue durée. Réclamant des fonctionnaires une soumission étroite à ses directives politiques, le gouvernement de Villèle confie de plus en plus la magistrature et les fonctions administratives à des nobles de province, qui renforcent les cadres provinciaux de l'ultracisme. Avoir émigré sous la Révolution devient alors un titre de compétence pour occuper une fonction publique.

Redoutant la liberté d'opinion, considérée comme subversive de l'ordre social et politique, le ministère réglemente plus sévèrement la presse. Dès 1822, les procès intentés à des journaux sont soumis à des tribunaux correctionnels, plus sévères que les jurys ; les poursuites contre la presse sont facilitées par les procès de tendance qui incriminent non un article déterminé, mais l'esprit dans lequel est publié un journal ; elles menacent finalement l'existence même des journaux qui ne sont pas entièrement soumis au gouvernement.

Le gouvernement s'était ainsi donné les instruments nécessaires pour briser toute opposition afin d'exécuter son programme ; il s'agissait d'abord de consolider la prééminence de la noblesse. Celle-ci ne s'était pas résignée à la perte de ses biens, confisqués pendant la Révolution, et les détenteurs des biens nationaux s'inquiétaient de ces revendications. Villèle présenta un projet d'indemnisation des Émigrés dont les biens avaient été confisqués et vendus ; après un an de discussions, on aboutit à la loi du 28 avril 1825, qui leur donnait 30 millions de rentes (ce qui représentait un capital d'environ 630 millions et non le légendaire milliard) ; cette loi accrut la valeur des propriétés appartenant aux acquéreurs d'anciens biens nationaux ; mais les nobles usèrent assez peu de ces rentes pour racheter des terres — ce qu'avait souhaité Villèle, soucieux de renforcer la grande propriété foncière, fondement de la hiérarchie sociale. Dans le même dessein, il avait déposé en 1826 un projet de rétablissement du droit d'aînesse, qui fut écarté par les pairs. Cette politique semblait menacer le nouveau régime social issu de la Révolution.

La réaction religieuse

Cette réaction nobiliaire s'appuie sur la situation prééminente donnée à l'Église catholique. L'avènement de Charles X et le sacre solennel à Reims en mai 1825 restaurent une pompe religieuse et monarchique rappelant l'Ancien Régime et réveillant les enthousiasmes populaires. Un épiscopat de grands seigneurs domine l'Église de France et renoue avec la tradition gallicane qui donne au clergé la formation et le contrôle des consciences populaires. Mgr Frayssinous, d'abord grand maître de l'Université, puis ministre des Cultes en 1824, utilise le monopole universitaire hérité de Napoléon pour replacer l'enseignement sous l'influence religieuse ; des prêtres sont placés à la tête des collèges ; les évêques, depuis une ordonnance du 8 avril 1824, peuvent accorder l'autorisation d'enseigner et ont le droit de surveillance dans les écoles primaires. Un soin tout particulier est témoigné aux petits séminaires, dont plusieurs sont dirigés par des jésuites, bien que leur congrégation ne soit pas autorisée en France.

Les affaires religieuses compromettent la stabilité politique et contribuent au pourrissement de la majorité. Le comte de Montlosier, vieux gallican, dénonce en 1826 dans plusieurs mémoires la Congrégation et les jésuites. Le vieux noble redoute les empiétements du « parti prêtre » sur la volonté monarchique.

Villèle espérait rallier par une saine gestion financière et par la prospérité matérielle l'opinion, que pouvait lui aliéner la politique contre-révolutionnaire de sa majorité. Mais une crise agricole et commerciale, en 1827, inquiète le peuple et menace les profits de la bourgeoisie, qui accueille plus aisément la dénonciation des « prodigalités » du ministère, rendu directement responsable des difficultés financières. Six ans de politique guidée par le souci de réduire le plus possible l'héritage de la Révolution aboutissent aux élections de novembre 1827, faites contre le ministère, et à la chute de Villèle, provoquée autant par la « défection » de l'extrême droite et par les intrigues de la Cour que par l'opposition libérale. En sacrifiant Villèle, bouc émissaire dont l'impopularité laissait intact le prestige royal, Charles X va désormais assumer la responsabilité directe – après l'intermède inefficace du ministère Martignac – d'une politique contradictoire aux aspirations de la France nouvelle.

II. LES ASPIRATIONS NOUVELLES

L'échec final de Villèle n'était pas seulement le contrecoup de difficultés économiques et financières ou le résultat de l'usure d'un pouvoir dont l'autorité se trouvait compromise par des pressions partisanes, il montrait l'impossibilité de tout retour à l'Ancien Régime et même de tout gouvernement allant à contre-courant de l'opinion dominante.

Entre les élections de 1824 et celles de 1827, il s'opéra, dans le corps électoral et dans le milieu encore très restreint qui formait l'opinion publique, une transformation profonde ; une nouvelle génération renouvela les idées, les sentiments, et les mots pour les exprimer.

Une nouvelle génération

Dans un livre publié en 1827, Charles Dupin, un polytechnicien qui avait introduit la statistique dans l'économie politique, député libéral de surcroît, montrait que les deux tiers de la population française étaient nés après 1789, et même que, depuis 1824, le corps électoral (ne comprenant que des hommes âgés d'au moins trente ans) était composé d'une majorité, sans cesse croissante, d'individus qui n'avaient pas encore atteint vingt ans au début de la Révolution. De cette constatation démographique, il tirait des conclusions plus générales : « Ce qui caractérise les idées de la génération nouvelle, c'est le respect pour les droits et la sympathie pour les besoins de nos forces productives et commerciales. » Le sentiment d'une mutation profonde dans la société française était ressenti par des contemporains de toute tendance. Une nouvelle génération, qui n'avait pas encore atteint l'âge légal des responsabilités politiques mais qui avait parfois participé déjà, ou du moins assisté, au naufrage de l'ancienne gauche ou aux vains efforts des doctrinaires pour concilier la dynastie et une application progressiste de la Charte, arrivait à l'âge d'homme. Tandis que les générations en place projetaient sur le présent leurs antagonismes passés, elle aspirait à la liberté sans vouloir la Terreur, à l'ordre sans l'intolérance. Non pas uniforme mais diverse, elle renouvelait les idéologies, les littératures et les politiques. Minorité dérisoire, certes, si on la compare à la masse stagnante de la population, ou même à ce qu'elle représentait dans les catégories dirigeantes ou instruites de l'époque – minorité dominante si l'on considère ses aspirations, elle fit évoluer la société, malgré les pesanteurs d'une France rurale et figée.

L'effervescence idéologique

Rejetant les conformismes, la nouvelle génération – qu'elle fréquente les facultés de droit ou de médecine, ou les comptoirs du commerce – se donne ses propres maîtres ou les choisit en dehors des consécrations officielles.

Le comte de Saint-Simon (1760-1825), précurseur du socialisme moderne, prolonge le libéralisme, non celui des économistes et des libéraux français, souvent protestants, dont l'inspiration est individualiste et moralisatrice, mais le libéralisme du XVIIIe siècle, celui d'Adam Smith réhabilitant la valeur du travail. Il élabore un système d'organisation de la société fondé sur l'« industrialisme », pressentant la société industrielle que la France ne connaissait pas encore. Après le *Catéchisme des industriels* (1823), qui préconise le dépérissement de l'État et veut substituer l'administration par les « producteurs » au gouvernement traditionnel, son dernier livre, *le Nouveau Christianisme* (1825), se préoccupe de réformer la religion par l'introduction d'une morale nouvelle fondée sur la recherche du bien-être ; contre la Sainte-Alliance, il réclame l'association des peuples et prévoit un Parlement européen.

Ses idées influencent une élite de jeunes, polytechniciens, financiers ou savants, qui lancent en 1825 une revue, *le Producteur*, et mettent l'accent sur l'organisation du travail.

Une autre publication, *le Mémorial catholique*, lancée en 1824 par deux jeunes prêtres, Gerbet et Salinis, marque le renouvellement de la pensée traditionaliste sous l'influence de l'abbé de La Mennais. A travers l'héritage révolutionnaire, celui-ci dénonce l'individualisme ; dans l'*Essai sur l'indifférence en matière de religion*, le romantisme de La Mennais oppose la foi à la raison pour la rapprocher du consentement universel ; c'est une nouvelle contre-réforme qu'il appelle, en plaçant sa confiance dans le pape et dans le peuple.

Enfin, un troisième courant dans cette jeunesse est représenté par l'organe libéral *le Globe*, que viennent de fonder en 1824 Pierre Leroux et P.-F. Dubois, et auquel collaborent Stendhal et Mérimée ; ils sont une cinquantaine qui occuperont, dix ou quinze ans plus tard, la Chambre (comme Charles de Rémusat ou Duchâtel), la haute administration ou l'Institut (comme Sainte-Beuve). Animés par une volonté commune de liberté et de progrès, ils sont sensibles au spiritualisme éclectique de Victor Cousin et à la philosophie de l'histoire de Guizot ; partisans affirmés d'une application libérale de la Charte, ils prétendent, toutefois, « ne penser sur la parole d'aucun maître » (Rémusat). C'est d'eux que devait provenir l'idée d'une réorganisation du mouvement libéral par l'utilisation des seuls moyens légaux.

Une nouvelle sensibilité : le romantisme

Dans le domaine littéraire et artistique, la réaction qui a dominé la France après 1815 n'a pas été une restauration. Le quart de siècle précédent, prolongeant sur le plan des idées le rationalisme du XVIIIe siècle et, sur le plan des formes, les règles figées du classicisme, avait provoqué un tel bouleversement des attitudes de l'homme devant la société que la Contre-Révolution ne pouvait qu'être novatrice. La réaction contre le rationalisme, à la fois révolutionnaire et classique, provoqua l'apparition d'un nouveau style et d'un nouveau langage. En France, où elle se développa plus tard, on peut cependant parler, plus qu'en Angleterre ou en Allemagne, de « révolution romantique » tant la tradition classique gréco-latine avait régné en maître absolu sur la poésie, le théâtre et les arts.

Le romantisme est d'abord un état d'âme : c'est la version nouvelle du non-conformisme dans un monde inquiet. Cette inquiétude de l'homme émancipé brusquement de ses cadres traditionnels produit une littérature d'exaltation individuelle exprimant la nostalgie, le « mal du siècle ». Annoncée par Chateaubriand et par Mme de Staël, la bataille romantique n'impose pas sans tumulte les goûts nouveaux : dans la peinture d'abord, avec l'exposition en 1819 du *Radeau de la Méduse* par Géricault ; dans la littérature ensuite, par la publication des *Méditations poétiques* de Lamartine en 1820 ; plus tard, en 1830, au théâtre avec la « bataille d'Hernani », où triomphe Victor Hugo, et en musique avec la *Symphonie fantastique* de Berlioz Rompant avec les règles classiques, mêlant les genres, les cénacles romantiques élaborent théories et manifestes ; le romantique ne cherche plus son idéal dans un type humain, mais dans des principes qui expriment et expliquent la société ; ainsi, Victor Hugo, dans la Préface de *Cromwell*, en 1827, lance un manifeste de la Jeune-France rompant avec le passé.

La soif d'absolu et l'imagination romantique sont d'abord satisfaites par des explications du monde transfigurant le passé le moins connu. Le Moyen Age — sous l'influence du romantisme allemand —, le « gothique », est découvert comme une époque de foi, de fantastique, d'exaltation lyrique. Le romantisme est anti-intellectualiste et, contre la raison, retrouve la puissance du sentiment, au moment où la foi religieuse d'un La Mennais s'affirme aussi anti-intellectualiste. L'hostilité des libéraux du *Censeur européen*, de *la Minerve* et surtout du *Constitutionnel* a contribué à affirmer le caractère catholique et ultra du romantisme en France à ses débuts. Mais le refus du présent, la recherche solidaire d'une vision nouvelle du beau, du vrai, du juste amènent les romantiques à exalter la liberté dans tous les domaines de la vie. La Préface de *Cromwell* marque précisément ce passage du romantisme au libéralisme sans que pour autant cessent les liens étroits entre traditionalisme et romantisme : « La liberté dans l'art, la liberté dans la société, voilà le double but auquel doivent tendre d'un même pas tous les esprits conséquents et logiques. Nous voilà sortis de la vieille formule sociale. Comment ne sortirions-nous pas de la vieille formule poétique. » Désormais, le refus romantique du présent est tourné vers l'avenir, le poète doit être le guide des aspirations populaires ; la jeunesse pensante ou artiste semble adopter la réflexion de Stendhal : « Elle n'a rien à continuer, cette génération, elle a tout à créer ». Mais le romantisme ne s'arrête pas au libéralisme ; son non-conformisme l'amène à être révolutionnaire, démocrate, patriote et socialiste après 1830. Il pénètre le roman, l'histoire, les questions religieuses et sociales ; il répand l'idée, la conviction même, que le progrès ne s'arrête pas, qu'il avance par bond, par crise, par révolution. Il donne au socialisme utopique, à celui des saint-simoniens et plus encore à celui de Fourier, son caractère mystique et visionnaire, tandis qu'il en reçoit une inspiration donnant naissance à un romantisme populaire ou populiste illustré quelques années plus tard par Eugène Sue ou George Sand.

Le romantisme anime toutes les idéologies de son temps, il aggrave leur antagonisme en refusant les compromis. Il donne une vision tragique de la réalité, exagère le grotesque, ridiculise le bourgeois. Il amplifie l'horreur, celle que provoquent le choléra de 1832 comme la dureté de la répression des émeutes ; que l'on songe à l'effet de la *Rue Transnonain* de Daumier. Il contribue à la prise de conscience de la misère ouvrière.

Le romantisme développe aussi la vision épique. Chateaubriand et Victor Hugo contribuent au mouvement philhellénique, ainsi que le peintre Delacroix. L'atmosphère romantique développe les sympathies pour les Polonais après 1830 et pour les peuples aspirant à une émancipation nationale. Elle favorise surtout l'épanouissement de la légende napoléonienne ; le culte de l'Empereur, célébré par les poètes, les romanciers, les chansonniers et les peintres, traduit, en fait, l'expression populaire du sentiment national.

Les insurgés de 1830, admirablement figurés par Delacroix, plus tard Barbès, pour qui plaida Victor Hugo, sont des héros romantiques. Mais la jeunesse légitimiste, qui s'ennuie dans sa province après 1830, fidèle à la duchesse de Berry – dont l'équipée de 1832 ressemble à un mélodrame –, trouve dans l'expression littéraire un refus du présent ; détournée de la politique bourgeoise du « juste-milieu », une partie de cette jeunesse ne sait que se complaire dans l'« horreur de la réalité ». Mais à la veille de 1830 la jeune génération n'a pas encore usé ses enthousiasmes. Elle ne veut plus des traditions.

La tradition impossible et la chute des Bourbons

Les jeunes libéraux, animateurs de la société « Aide-toi, le ciel t'aidera », avaient joué un rôle important dans la victoire des opposants aux élections de 1827. Celles-ci donnèrent une majorité qui, suffisante pour obliger Villèle à se retirer, ne pouvait soutenir un gouvernement cohérent menant une politique plus libérale. La tentative du nouveau ministre de l'Intérieur, Martignac, pour concilier la bourgeoisie et le gouvernement de Charles X, échoua, et le roi l'élimina.

La formation, le 8 août 1829, d'un ministère comprenant le prince de Polignac – dont le nom rappelle les erreurs de l'Ancien Régime finissant –, le comte de Bourmont, qui avait abandonné Napoléon sur le champ de bataille, et La Bourdonnaye, un des plus violents ultras, fit l'effet d'une provocation. Quand le roi ouvrit la session parlementaire, le 2 mars 1830, il menaça ouvertement les députés dans le discours du trône : « Si de coupables manœuvres suscitaient à mon gouvernement des obstacles que je ne veux pas prévoir, je trouverais la force de les surmonter... » L'Adresse par laquelle la Chambre répondait traditionnellement, au début de la session, fut une riposte : « Une défiance injuste des sentiments et de la raison de la France est aujourd'hui la pensée fondamentale de l'administration, votre peuple s'en afflige. » Elle fut votée par une majorité de 221 députés. Furieux, Charles X dissout la Chambre et fait appel lui-même aux électeurs pour qu'ils désignent les candidats du ministère. Il espérait que l'amour-propre national, flatté par une expédition punitive contre Alger, lui concilierait l'opinion des électeurs. Cette intervention, entreprise à la fin mai, correspondait au désir d'un succès militaire au nom de la morale internationale contre la piraterie barbaresque.

Les élections se déroulèrent à la fin de juin et furent même retardées jusqu'au mois de juillet à Paris et dans les grandes villes. L'opposition, qui avait fait campagne en faveur des 221 signataires de l'Adresse (qui furent presque tous réélus), revint renforcée, avec une majorité de 274 députés contre 143 ministériels. C'était le ministère et non le pouvoir du roi qui était ainsi désavoué. Néanmoins, Charles X vit dans ce résultat une rébellion contre son autorité. Le souvenir des concessions de Louis XVI, la conviction — partagée par de nombreux ambassadeurs à Paris — que l'affrontement attendu entre les forces révolutionnaires et les forces de restauration avait une signification européenne, l'annonce de la prise d'Alger (prise survenue le 5 juillet) précipitèrent la décision du roi. Les rapports adressés au ministère laissaient croire à un vaste complot ; l'apparition de journaux antidynastiques, comme *la Tribune* ou *le National*, contribuait à cette inquiétude.

Les ordonnances de Juillet et les Trois Glorieuses

Le 25 juillet, précédées d'un rapport insistant sur la menace d'une révolution, sur le rôle néfaste de la presse, accusée d'être un « instrument de désordre et de sédition », quatre ordonnances suspendent le régime constitutionnel, annulent les dernières élections, modifient le régime électoral et censurent la presse. Le recours à l'article 14 faisait figure de coup d'État ; mais l'opposition parlementaire, encore dispersée par les élections, fut d'abord consternée. Quelques députés libéraux, présents à Paris, se réunirent chez l'un d'eux, le banquier Casimir Perier, sans prendre de résolution immédiate ; le 26, ce furent des journalistes, réunis avec Thiers au bureau du journal *le National*, qui élevèrent la première protestation ; dans le même local, des électeurs parisiens tiennent réunion et envisagent le refus de l'impôt.

C'est de la réaction populaire que vint la riposte aux Ordonnances : en trois journées tumultueuses, les « Trois Glorieuses », le 27, le 28, le 29 juillet 1830, l'émeute parisienne devenait révolution, forçait Charles X à l'abdication et chassait sa dynastie. La jeunesse des écoles et les ouvriers typographes encadrent les rassemblements populaires, grossis par des ouvriers, dont les ateliers ont fermé aux premiers troubles ; parfois même leurs patrons ont promis de leur payer leur journée s'ils vont manifester. Des barricades s'élèvent dans les quartiers est de Paris, le faubourg Saint-Marceau, le faubourg Saint-Antoine, les portes Saint-Denis et Saint-Martin. La nomination de l'impopulaire maréchal Marmont à la tête des troupes avait aggravé le mécontentement ; il fallut retirer les bataillons et laisser les insurgés maîtres de Paris. Sensible à l'idéologie nationale et au drapeau tricolore que les jeunes républicains avaient arboré, l'armée de ligne avait, en effet, fraternisé avec les émeutiers, parmi lesquels se trouvaient aussi d'anciens soldats de l'armée napoléonienne.

Une révolution comprend toujours une première phase durant laquelle le régime en place s'effondre ; victime d'une insurrection parisienne, hanté par le souvenir de la première révolution, Charles X fut vite dépassé par les événements, et toutes ses concessions — retrait de Polignac, retrait des Ordonnances, nomination du duc d'Orléans lieutenant général du royaume, enfin sa propre abdication le 2 août au profit de son petit-fils le duc de Bordeaux — furent trop tardives et inefficaces. Quelque 8 000 à 10 000 insurgés avaient renversé le trône. Mais les révolutions ne sont pas toujours gagnées par ceux qui les font. La vacance du pouvoir ne fut pas comblée par les jeunes, républicains ou bonapartistes, qui avaient espéré trouver un chef dans le général La Fayette, improvisé commandant de la garde nationale. Quelques députés libéraux se résolurent, après bien des hésitations, à constituer une commission municipale avec

Laffitte et Casimir Perier. L'affichage, le 30 juillet, d'un placard anonyme (en réalité rédigé par Thiers) en faveur du duc d'Orléans offrait une solution qui apparut aux députés libéraux comme une planche de salut pour éviter la république, synonyme de terreur. La commission municipale, qui constitua un véritable gouvernement provisoire, nomma le 31 juillet le duc d'Orléans lieutenant général du royaume ; le même jour, La Fayette, du balcon de l'Hôtel de Ville, présenta le duc d'Orléans à la foule. Par ce geste symbolique, renouvelant la tradition de 1789, La Fayette maintenait la monarchie en la rendant nationale et anéantissait les visées des républicains, qui n'avaient espéré qu'en lui. A l'annonce d'une marche populaire, Charles X, d'abord retiré à Rambouillet, se dirigea vers Cherbourg, d'où il s'embarqua pour l'Angleterre.

La révolution impossible et l'avènement de Louis-Philippe

Étrange révolution : les Chambres, ignorant certes l'ordonnance de dissolution, se réunissent le 3 août, à la date de convocation primitivement fixée par Charles X. Elles commencent par proclamer le trône vacant ; puis, sous la pression des plus libéraux, mais aussi de l'agitation qui persiste dans la rue, les députés se décident à une révision de la Charte, élaborée par le duc de Broglie et Guizot. Tout se passe très rapidement : le 7 août, le texte révisé et la désignation du duc d'Orléans comme roi des Français sont votés par 219 députés contre 33 (la Chambre comprenait en tout quelque 430 députés) et par 89 pairs contre 10. Le 9 août, Louis-Philippe Ier venait prêter serment de fidélité à la Charte, au Palais-Bourbon, en guise de sacre.

Ainsi, la révolution avait établi sur un trône qui n'était plus tout à fait celui des Bourbons un homme de cinquante-sept ans que les chansonniers et les caricaturistes de l'époque se plurent à représenter en bourgeois bonhomme et parcimonieux. Sa réputation de libéralisme tenait à ses origines. Son père, conventionnel régicide, avait été guillotiné avec les girondins ; lui-même avait combattu dans les armées révolutionnaires, sa participation à la bataille de Jemmapes, trop souvent rappelée, devint rapidement un lieu commun usé. Il avait dû, ensuite, s'exiler, en Suisse, aux États-Unis, à la cour de Naples, où il avait épousé la princesse Marie-Amélie. A l'écart de la politique contre-révolutionnaire de la Restauration, soupçonné, depuis que son nom avait été prononcé en 1815 dans certaines chancelleries, d'ambitions usurpatrices, sa promotion flattait la bourgeoisie, qui croyait se reconnaître dans ce « Roi-Citoyen ». Sa vie de famille, la jeunesse de ses fils, élevés dans les collèges royaux, la popularité de l'aîné (qui prit après la révolution de Juillet le titre de duc d'Orléans) pour ses aventures galantes et un goût du panache qui contrastait avec l'attitude de son père firent accepter Louis-Philippe par la bourgeoisie parisienne. Le roi avait un sens de l'opinion qui l'amena, dans les premiers temps de son règne, à faire les gestes qu'on pouvait attendre de lui. Il sut s'entourer d'abord des hommes qui avaient conservé une audience auprès des révolutionnaires, qui tenaient encore la rue à la fin de 1830 : Laffitte, La Fayette ou Odilon Barrot ; ensuite, il flatta l'amour-propre national en officialisant le culte napoléonien. Mais nous verrons plus loin que cette faculté de composer avec l'opinion devait faire plus tard sa faiblesse en devenant duplicité et en faussant le régime parlementaire.

En réalité, l'ambiguïté de la monarchie de Juillet s'est manifestée dès ses débuts. L'impuissance des légitimistes, partisans de Charles X, frappés de stupeur devant l'effondrement si rapide de leur prince, celle des républicains ou des bonapartistes, incapables d'imposer leur solution et de prendre en charge le pouvoir qu'ils avaient eu à portée de la main, ne sauraient cacher les divergences profondes qui apparaissent dès le mois d'août 1830 parmi les partisans de la nouvelle dynastie. Deux tendances, deux interprétations de la révolution de Juillet sont représentées dans le premier ministère constitué par Louis-Philippe le 11 août. Le parti de la « résistance », qui n'est pas l'ancêtre du parti de l'ordre de 1849, car il lui manque la force de l'Église et celle de la grande propriété foncière, en majorité légitimiste et hostile, reste encore imprégné de libéralisme politique ; pour lui, il n'y a pas eu de révolution en juillet 1830, mais une riposte au coup d'État que représentaient les ordonnances de Charles X. Il a pour théoriciens le duc de Broglie et Guizot, pour leader Casimir Perier, pour organe *le Journal des débats*, pour clientèle la grande bourgeoisie soucieuse de progrès rationnel, d'expansion économique et de limitation des responsabilités politiques en fonction d'une capacité qu'elle identifie à la richesse ; ce groupe a accepté Louis-Philippe « parce que Bourbon », et son programme correspond à celui de l'ancienne opposition libérale, des 221, prépondérants dans la Chambre des députés.

Pour le parti du Mouvement – du mouvement réformiste –, il y a bien eu une révolution en 1830, et les réformes de 1830 ou celles qui ont été promises ne sont qu'un point de départ vers une plus grande démocratisation de la vie publique. Il veut garder le contact avec le mouvement populaire pour éviter toute menace contre-révolutionnaire, et ses partisans sont sensibles aux aspirations nationales étrangères qui font appel à la France. Membres de la jeune génération comme Odilon Barrot, ou chefs libéraux impressionnés par les passions populaires et entraînés par leur popularité comme Laffitte ou La Fayette, ils s'appuient sur les sentiments démocratiques et patriotiques qui animent la petite bourgeoisie et la garde nationale, à Paris, dans les grandes villes et dans l'est de la France. *Le National*, avec Armand Carrel, est encore leur principal organe, et, profitant de l'essor qu'a pris la presse politique avec la chute de Charles X, ils prennent appui sur la majorité des journaux de Paris et même de province. Mais ils sont minoritaires dans la Chambre des députés, dont ils souhaitent le remplacement ; et, pourtant, lorsqu'il apparut impossible de maintenir un ministère aussi disparate, ce fut Laffitte qui devint président du Conseil, le 2 novembre. Guizot, qui avait assuré le renouvellement des agents locaux du gouvernement, Molé, qui avait renoué les relations diplomatiques, avaient facilité la reconnaissance du nouveau régime dans les départements, mais ils étaient trop impopulaires à Paris et s'effacèrent volontairement.

Forces révolutionnaires et aspirations démocratiques

La révolution n'est pas finie pour les jeunes républicains, qui n'ont pu tirer profit de leur victoire. Ils s'efforcent de rééditer la première révolution : à l'occasion du procès des anciens ministres de Charles X, d'abord en octobre, puis à la fin de 1830 ; à l'occasion du sac de l'archevêché en février 1831 ; plus tard, dans l'effervescence malsaine provoquée par le choléra, au cours des funérailles du général Lamarque, qui dégénèrent en émeute les 5 et 6 juin 1832 ; enfin, en avril 1834, lorsque les républicains de Lyon et de Paris se soulèvent contre de nouvelles lois visant les associations et le maintien plus strict de l'ordre.

Cette agitation révolutionnaire, à laquelle mettront fin le procès des accusés d'avril et plus encore les lois de septembre 1835 interdisant toute propagande républicaine, est animée par une fraction de la jeunesse bourgeoise, étudiants et jeunes commis, ouverts aux idées nouvelles pourvu qu'elles tranchent avec le conformisme et la stabilité. Ils se sont habitués à ne pas reconnaître la loi, en 1830 d'abord, puis sous le ministère Laffitte, indécis et rapidement usé. Les associations républicaines s'usent vite elles aussi, mais elles se renouvellent en mobilisant un nombre de plus en plus grand d'affiliés, à Paris, à Lyon et dans l'est de la France : société « Aide-toi, le ciel t'aidera », qui profite de son implantation avant 1830 pour se radicaliser et couvrir 35 départements ; société des « Amis du peuple », plus parisienne et pénétrée de préoccupations sociales, et surtout, à partir de 1833, société des « Droits de l'homme », se réclamant de la tradition jacobine, baptisant ses sections « Robespierre », « Babeuf », « 21 Janvier », mais pénétrée aussi des aspirations socialistes, affichées non sans tumulte par les saint-simoniens ou vulgarisées par les fouriéristes. Ainsi l'idée de l'organisation du travail, de la limitation du droit de propriété, de l'impôt progressif pénètre dans les sections républicaines qui, de l'Alsace au Rhône, rassemblent quelque 10 000 membres (autant que le reste des départements), patriotes, démocrates, attendant de Paris des mots d'ordre qui n'arrivent pas. Car les républicains ne sont unis que par un commun refus du régime de Juillet (à partir de 1832) et de la politique ministérielle ; le désaccord de leurs chefs sur les principes, sur les méthodes, sur l'organisation épuise ou neutralise l'ardeur de leurs jeunes troupes. Isolés du pays légal, de la bourgeoisie qu'ils effraient par les outrances de leurs journaux et qu'ils rejettent vers les conservateurs, isolés aussi des milieux populaires que l'imprécision ou les contradictions de leurs doctrines ne séduisent guère, les jeunes républicains de 1830, en mal d'héroïsme romantique, restent des individualistes exaltés pour qui la révolution est souvent un jeu, même s'ils en meurent. Les plus convaincus vont entretenir après 1835 et même radicaliser, dans des sociétés secrètes d'autant plus sensibles aux utopies qu'elles ne sont pas enracinées profondément dans la réalité, une flamme républicaine qui réapparaîtra en 1848, démocrate et socialisante.

L'établissement du régime parlementaire

La révision de la Charte avait donné à la Chambre des députés l'initiative des lois, qu'elle partageait désormais avec le roi, et l'extension du régime représentatif fut réalisée par plusieurs lois élaborées surtout sous le ministère Laffitte : abaissement du cens électoral à 200 francs pour les électeurs, et élection des députés au scrutin d'arrondissement, par la loi du 19 avril 1831 ; extension du régime électoral au recrutement des conseillers municipaux par la loi municipale du 21 mars 1831, qui donna à plus de 2 millions de citoyens, les plus imposés de chaque commune, le droit de vote à ce niveau ; ouverture de la garde nationale par la loi du 22 mars 1831 à tous les contribuables, qui purent désormais élire leurs officiers. Une autre loi, le 25 juin 1833, étendit le système électoral (toujours censitaire) au recrutement des conseils généraux de départements. L'abolition de l'hérédité à la Chambre des pairs, en réduisant l'indépendance de cette assemblée envers le ministère, accentuait l'importance de la Chambre des députés. Les nouveaux dirigeants souhaitaient établir un « juste-milieu » entre les opposants légitimistes, dont la tentative manquée de la duchesse de Berry (la mère de leur prétendant), en 1832, révéla à la fois l'influence et les faiblesses, et l'agitation républicaine. Les premiers avaient un programme qu'ils ne pouvaient imposer ; la seconde représentait une force, mais nous avons vu qu'elle n'aboutissait à aucune construction positive.

Le ministère Laffitte dut se débattre au milieu de difficultés de tous ordres. Il servit – malgré lui – à démobiliser une partie des forces révolutionnaires, et, en montrant l'impossibilité de mener une politique plus libérale, à rendre possible l'arrivée au pouvoir de Casimir Perier, le 13 mars 1831. Par ce nouveau ministère, puis, après la mort de Casimir Perier, par le ministère du 11 octobre 1832, qui réunissait le duc de Broglie, Guizot et Thiers, la bourgeoisie libérale s'installait au pouvoir et cherchait un équilibre entre l'ordre et la liberté. Une nouvelle génération – celle qui s'était formée dans les comités libéraux de la Restauration alors qu'elle n'avait pas encore le droit de vote – occupa les places laissées vacantes par le retrait ou l'épuration des légitimistes ; installée plus jeune que de coutume dans l'État et au Parlement, elle devait s'y perpétuer plus longtemps et faire évoluer, avec son âge, son libéralisme dans un sens conservateur. Les libéraux français conservèrent, au pouvoir, un réflexe centralisateur et continuèrent à confier à l'administration un rôle moteur ; aux difficultés du moment, ils apportèrent des solutions politiques, mais ils identifièrent les intérêts de la France à ceux du corps politique, dont la définition, censitaire, était essentiellement sociale.

La question sociale

La persistance de troubles, le malaise ressenti dans la presse, dans la littérature, dans la pensée – y compris la pensée religieuse avec la personnalité inquiète de La Mennais –, la désaffection rapide envers les institutions les plus démocratiques, la garde nationale et les élections municipales, révèlent que la solution politique apportée en 1830 n'a pas résolu les problèmes posés par l'insurrection de Juillet. D'autres difficultés, il est vrai, se sont présentées : le règlement en sa faveur du conflit qui opposait la bourgeoisie à l'aristocratie a provoqué son éclatement ; il apparut qu'elle était composée de divers éléments opposés dans leurs intérêts, leurs sentiments et leurs mentalités. Tandis que la grande et la moyenne bourgeoisie se sont réservé le contrôle politique et se disputent les fonctions de l'État, la petite bourgeoisie et la jeunesse des Écoles (bien qu'issue de la bourgeoisie) éveillent dans le peuple des grandes villes la contestation du pouvoir des notables.

Les difficultés économiques

Le chômage avait jeté sur le pavé de Paris une main-d'œuvre sans emploi qui n'avait rien à perdre dans l'émeute ; il s'accrut encore après les journées de Juillet. Partout, de province, arrivent des rapports inquiétants sur la stagnation des affaires, la fermeture des manufactures ou des chantiers de construction, le développement de la mendicité et de la misère. Le désarroi du commerce extérieur qui redoute la guerre, les faillites des banques – à commencer par celle de Laffitte – se répercutant de Paris en province, paralysant le crédit déjà précaire et l'ensemble des affaires, aggravent considérablement la crise qui semble résulter de la révolution, même si elle lui est antérieure. Le gouvernement et les municipalités durent intervenir, distribuer des secours, ouvrir des ateliers de charité, effectuer des prêts aux milieux d'affaires. Les impôts indirects sont maintenus ; comme les ressources diminuent, leur poids pèse plus lourdement.

Les troubles sociaux

Dès le mois d'août 1830, des mouvements de grève, des bris de vitres ou de machines (à Roubaix, à Nantes, à Saint-Étienne un peu plus tard), des mouvements contre les ouvriers étrangers à Lyon ou à Grenoble traduisent l'âpre défense d'un travail menacé par la concurrence de la machine ou de la main-d'œuvre étrangère. La presse, favorable au nouveau régime, incrimine l'action occulte des légitimistes ou du « parti prêtre ». Déjà, le 6 septembre 1830, les ouvriers fileurs avaient fait reculer la garde nationale à Darnetal en défendant leur salaire et la fixation de la journée de travail à douze heures, alors qu'elle atteignait jusqu'à quatorze et quinze heures.

Mais la révolte des canuts lyonnais, en novembre 1831, fut la révélation la plus tragique de la misère ouvrière et de la force d'un prolétariat qui avait pris pour devise « Vivre en travaillant ou mourir en combattant ». Nul mobile politique à l'origine de ce mouvement, mais la revendication d'un tarif des salaires dans un milieu d'artisans de la soie, dépendants des négociants pour la fourniture de la matière première et l'écoulement de leur produit, mais encore maîtres de leur travail. Cette population travailleuse de la Croix-Rousse, constituée en société de secours mutuels, avait obtenu d'un préfet, vite révoqué, la reconnaissance d'un tarif qu'elle défendit sur des barricades ; maîtresse pendant cinq jours de la ville de Lyon, que les autorités et la troupe avaient évacuée, elle ne se livra à aucun pillage et, sans programme, sans organisation, ne fit aucun obstacle au retour des troupes. « Les barbares qui menacent la société ne sont point au Caucase ou dans les steppes de la Tartarie ; ils sont dans les faubourgs de nos villes manufacturières », conclut *le Journal des débats*, qui y vit « la lutte entre la classe qui possède et celle qui ne possède pas ». Et pourtant, ces premiers porteurs du drapeau noir agissaient moins en forçats de la faim que par un sursaut de dignité contre le ravalement de leur condition.

Le choléra de 1832

Il sévit dans une population mal nourrie depuis que se développait la crise économique, agitée et brutale comme le sont les hommes affluant trop nombreux dans des villes où ils s'entassent et comme le restent longtemps les peuples auxquels l'insurrection a montré leurs forces sans améliorer leur condition ; c'est le Paris des *Misérables*, dans lesquels Victor Hugo perçoit toutes les misères humaines. Non que le reste de la France fût préservé : Bordeaux, Lille, Marseille subirent l'épidémie et son cortège de misère et d'agitation ; mais c'est à Paris (où le choléra frappa le quartier Saint-Avoye et ses rues d'émeutiers, mais aussi le président du Conseil Casimir Perier, qui en mourut) que l'épidémie révèle le mieux, cependant, les antagonismes à la fois biologiques et sociaux qui opposent la bourgeoisie et les classes populaires. Pour la première, le choléra est un fléau supplémentaire à imputer aux ouvriers, rendus responsables du marasme des affaires consécutif à la persistance de l'agitation : devant l'épidémie, son dernier remède c'est la fuite hors de Paris. Les bourgeois ne sont que quelques centaines au début d'avril 1832 à partir ainsi de la capitale, mais cela suffit à exaspérer l'imagination populaire, cherchant des responsables, accusant les agents de l'autorité de les empoisonner, tandis que le clergé ou les gazettes légitimistes s'empressent de reconnaître la colère de Dieu et le châtiment de la révolution. Ainsi, l'incompréhension et la haine s'accroissent, l'agitation tourne à l'insurrection, comme en juin. Le choléra et les émeutes de 1832 ont accru la méfiance des bourgeois devant les classes laborieuses, qui pouvaient devenir un jour les classes dangereuses.

Le paupérisme

La France ne s'est pas encore engagée dans la voie de l'industrialisation rapide vers laquelle la poussera la construction des chemins de fer, dont nous verrons bientôt les débuts. Elle en connaît pourtant déjà l'un des revers. Le chômeur vagabond, le cholérique ou l'indigent, ce n'est plus le « bon pauvre » des œuvres de charité ; la pauvreté n'est plus l'élément, inévitable mais respecté, d'une société chrétienne ; à sa place, le paupérisme est un mal social qui inquiète la société bourgeoise et menace le budget de ses villes, parce que c'est un fait collectif. Les premiers qui prirent conscience, dans les classes dirigeantes, de ce divorce entre les progrès de l'industrie et l'appauvrissement rapide des travailleurs industriels furent souvent des légitimistes catholiques, rendant responsables du développement de la misère, matérielle et morale, l'idéologie libérale, le régime de Juillet et la bourgeoisie d'affaires ; le vicomte de Villeneuve-Bargemont, un ancien préfet du Nord sous la Restauration, publia en 1834 son *Économie politique chrétienne ou Recherches sur la nature et les causes du paupérisme en France et en Europe* ; il illustrait ce que Marx appellera le « socialisme féodal », dressant « un acte d'accusation contre la bourgeoisie ».

Pour la bourgeoisie libérale, l'extension du paupérisme était provoquée par des causes morales, et elle préconisait des remèdes moraux – le développement de l'instruction et l'éducation religieuse – qui apporteraient une solution sans ébranler le système social. Mais elle restait très attachée à la libre initiative individuelle du patronat, qu'elle combinait avec l'application stricte d'un appareil législatif et juridique assurant sa domination sur ses ouvriers. Toutefois, le prolétariat industriel était encore très peu nombreux dans la France de 1830, et sa situation à Mulhouse, à Lille ou à Rouen restait peu connue avant l'enquête du docteur Villermé. Les vieux métiers de l'ancien régime économique, et notamment les ouvriers du bâtiment, fournissaient encore l'essentiel des agitations populaires.

La paix difficile

Le gouvernement de la Restauration s'était effondré au moment où il venait de renforcer son prestige diplomatique en contribuant à la formation du nouveau royaume grec, et de flatter l'opinion, soucieuse de prestige militaire, par la conquête d'Alger. Sa chute n'en apparut pas moins comme le résultat d'une révolution autant nationale que libérale. *Le National,* tel s'était appelé, au début de l'année 1830, le nouveau journal de l'opposition libérale comptant Thiers parmi ses premiers rédacteurs. Au lendemain de la révolution, le terme de « patriote » retrouve sa vogue de l'époque de la première République : l'exemple français avait déchiré le statut européen de 1815 et poussait à l'action ceux que l'œuvre du congrès de Vienne avait mécontentés. Dès ses débuts, la révolte belge trouva un large appui parmi les révolutionnaires de Juillet.

Les déceptions des patriotes

La révolte polonaise, fin novembre 1830, et l'agitation en Italie suscitèrent en France des sympathies qui rendirent délicate la politique du nouveau régime. Louis-Philippe, dont la royauté sortait trop des barricades au gré de nombreux souverains d'Europe et surtout du tsar Nicolas Ier, avait été reconnu, cependant, par les différentes cours en raison de la persistance de l'agitation révolutionnaire dans les rues de Paris : non par sympathie, mais par crainte de voir l'avènement de la république. « L'Orléans ne sera toujours qu'un infâme usurpateur », écrivait le tsar à son frère. Louis-Philippe — qui prit dès le début une part importante dans la conduite des affaires diplomatiques — et ses ministres des Affaires étrangères, Molé, puis le général Sébastiani, s'efforcèrent de rassurer les gouvernements européens sur les intentions pacifiques de la France. Mais le nationalisme des manifestations populaires ou de la majorité des journaux parisiens n'en faisait pas moins considérer la France comme la responsable des troubles européens. Car le gouvernement français ne pouvait courir le risque de trop heurter de front les passions bellicistes qu'exploitait l'agitation républicaine ; sa politique de non-intervention dans les troubles intérieurs des autres États ne pouvait être pratiquée que dans la mesure où elle était suivie par toutes les grandes puissances, comme ce fut le cas dans la révolte polonaise. La France n'intervint pas malgré la pression très forte de l'opinion et se contenta d'offrir un asile à de nombreux insurgés émigrés ; cette émigration polonaise contribua à renforcer en France l'impopularité de la Russie tsariste et aussi à renouveler le romantisme avec le pianiste Chopin et le poète Mickiewicz.

Cependant, lorsque les Autrichiens réoccupent les Romagnes, en janvier 1832, pour réprimer l'agitation des *carbonari*, Casimir Perier (pourtant conservateur) se doit d'envoyer un corps expéditionnaire à Ancône, malgré les craintes de Louis-Philippe ; il ne s'agit pas de soutenir un mouvement révolutionnaire, mais de contrebalancer l'intervention de Metternich. Les troupes françaises étaient déjà intervenues en Belgique en août 1831, mais c'était dans le cadre d'un règlement international. Très tôt, dès la fin de 1830, une conférence diplomatique réunie à Londres, menée par le jeune Palmerston et le vieux Talleyrand, décide du sort des Belges. Louis-Philippe, qui a découragé les rumeurs d'annexion, refuse la couronne que le Congrès national belge avait offert à son second fils et accepte le candidat préféré par l'Angleterre, Léopold de Saxe-Cobourg, qui devient le gendre du roi des Français. Quand les Français pénétrèrent en Belgique pour obliger les Hollandais à évacuer Anvers, ce fut à la fois un succès pour la cause des nationalités, chère à l'opinion libérale française, et un succès pour la paix européenne, car la question belge était résolue par les grandes puissances sans provoquer entre elles un conflit.

L'alliance anglaise

La formation de l'État belge avait été l'occasion d'un rapprochement franco-anglais souhaité par le régime de Juillet, soucieux de sortir de l'isolement diplomatique que désiraient seuls les jeunes républicains, nourris des souvenirs de l'Empire, enflammés de rêves romantiques, espérant, par la guerre et la révolution européenne, vivre et prolonger leur révolte.

Mais le rapprochement franco-anglais sous la monarchie de Juillet — on l'a même appelé parfois la première entente cordiale — était une idée politique qui ne tenait pas compte des opinions publiques des deux pays. Aussi l'alliance reste-t-elle incertaine ; des rivalités politiques et économiques continuent à opposer les intérêts français et anglais en Espagne, en Grèce, en Orient. L'épanouissement de la légende napoléonienne entretient l'animosité populaire contre la « perfide Albion », tandis que l'engouement romantique pour O'Connell et l'Irlande excite l'anglophobie. Il y eut rarement plus grande divergence entre l'opinion publique et l'opinion agissante des dirigeants conservateurs établissant un parallèle entre la révolution anglaise de 1688 et la révolution de Juillet, et souhaitant une alliance fondée sur l'analogie (relative) des régimes politiques. La raison d'État — celle des doctrinaires surtout — justifiait une politique extérieure rationnelle et libérale sans être révolutionnaire ni belliqueuse ; mais en même temps le gouvernement français courait le risque de la rompre en Algérie.

L'Algérie ou l'épopée circonscrite

Le nouveau régime avait hérité d'Alger sans trop savoir qu'en faire : « Nous y sommes restés par une sorte de sacrifice à l'esprit national », écrivit quelques années plus tard Léon Blondel, qui avait été le directeur des Finances pendant les cinq premières années de la conquête. Mais s'agissait-il de conquête ou d'occupation ? La monarchie de Juillet ne se souciait pas d'indisposer l'Angleterre, fort peu favorable à l'entreprise. Pourtant, le principal argument en faveur de la conservation d'Alger fut la crainte de voir son abandon considéré comme une concession à l'Angleterre. Il n'en fallait pas plus pour rallier une grande partie de l'opinion française à l'extension de la conquête. L'occupation d'Oran (1831), de Bône, puis de Bougie et de Mostaganem (1833) donnait une frange côtière. Il fallut, toutefois, attendre juillet 1834 pour voir la formation d'un *gouvernement général des possessions françaises dans le nord de l'Afrique*, formule encore ambiguë traduisant les hésitations des ministres et des gouverneurs militaires successifs, entre une occupation restreinte à la côte et la domination de l'intérieur.

D'autres causes, moins affectives, poussaient à la conservation : les villes françaises de la Méditerranée, principalement Marseille, en espéraient un regain d'activité commerciale ; les militaires, qui avaient mis la main dès le début sur la nouvelle conquête, y virent un lieu de bataille permettant un avancement qu'une époque pacifique rendait nécessairement trop lent à leur gré ; la présence ultérieure des fils de Louis-Philippe devait permettre à la nouvelle dynastie de tirer, de la seule guerre menée alors par les armées françaises, le prestige militaire, le seul véritable aux yeux des masses populaires de cette époque. Ce n'était pas seulement un exutoire pour les passions belliqueuses (et les ministres de Louis-Philippe furent souvent obligés de ratifier des décisions prises en Algérie de leur propre initiative par les généraux) ; l'un des premiers préfets de police, Baude, avait recruté parmi les révolutionnaires de Juillet quelques milliers de nouveaux combattants : « Ils ont tourné contre les Arabes un courage qui pouvait s'égarer dans les discordes civiles. » Le gouvernement de Juillet, en évitant de prendre une position nette, entraînait ainsi, presque malgré lui, la France dans la voie de la colonisation moderne.

III. LES CONTRADICTIONS DE LA FRANCE ORLÉANISTE

Les soubresauts révolutionnaires se sont calmés après 1834, hormis les attentats d'individus isolés contre Louis-Philippe et une tentative avortée, en mai 1839, par la société secrète des *Saisons*. Le régime de Juillet trouve désormais en lui-même ses principales difficultés. Issu d'une révolution, il souhaite se stabiliser en promettant la paix et la prospérité ; mais cette dernière ne peut résulter que d'une croissance économique liée à un mouvement d'industrialisation encore lent, certes, mais secouant la routine et les habitudes ancestrales. Ainsi se contredisent l'évolution politique conservatrice et l'évolution économique progressive de la bourgeoisie d'affaires, qui ne représente qu'une minorité du pays légal, mais son élément le plus dynamique.

Les contradictions politiques

L'élimination des périls légitimiste et républicain essouffla la majorité parlementaire qui avait soutenu la politique de la résistance au mouvement révolutionnaire ; les élections législatives de juin 1834, qui virent l'effondrement des républicains dans le corps électoral, donnèrent une législature composée d'éléments hétérogènes, favorables à Louis- Philippe, mais indécis sur la politique à suivre, approuvant successivement des politiques contradictoires. L'étroitesse des collèges électoraux individualise le vote et place souvent le député élu à la merci de quelques riches familles ou de l'administration préfectorale. Le nombre de plus en plus important de fonctionnaires parmi les députés fausse le mécanisme parlementaire. Avec des méthodes différentes et des ministères qui changent, mais qui se composent souvent des mêmes hommes, la politique orléaniste est surtout opportuniste. L'instabilité ministérielle (en dépit du maintien du comte Molé de la fin de 1836 à 1839), l'instabilité parlementaire (les chambres sont dissoutes avant d'avoir fait leur temps, en 1837 puis en 1839) permettent au roi de jouer un rôle trop politique pour un chef d'État parlementaire. C'est son pouvoir personnel, jugé excessif sous le ministère Molé, qui provoque contre ce dernier cette étrange coalition regroupant aux côtés d'adversaires du régime des représentants de toutes les fractions de l'orléanisme, Guizot, Thiers, Odilon Barrot ; elle triomphe aux élections de 1839 sans arriver à donner une majorité cohérente.

Car le jeu du roi n'est possible qu'en raison des conflits de personnes qui opposent les principaux ministres après la mort de Casimir Perier. L'absence de grave contestation à l'égard des dirigeants orléanistes et du régime représentatif tel qu'il fonctionne favorise, au niveau national comme au niveau local, les antagonismes personnels, qui reposent souvent davantage sur des conflits d'intérêts que sur des oppositions de principe. Quand il s'agit d'hommes comme Guizot et Thiers, associés longtemps avant de s'opposer, ils suscitent des chefs-d'œuvre d'éloquence parlementaire.

Aux susceptibilités personnelles, d'autant plus durables que l'absence de partis organisés entretient l'individualisme politique, s'ajoutent les antagonismes régionaux. La quasi-unanimité des catégories dirigeantes quant à la valeur du système social, fondé sur la complète liberté de la propriété, et la faiblesse de leurs divergences idéologiques donnent une plus grande importance à leurs divergences économiques et régionales. La bourgeoisie, dominant le corps électoral, est toutefois animée d'aspirations contradictoires ; elle est à la fois soucieuse de liberté – liberté de penser qui l'oppose à l'Église catholique, liberté d'entreprise qui l'oppose aux velléités bien modestes que l'État peut manifester (par exemple dans la lente élaboration de ce qui deviendra la loi de 1841 sur le travail des enfants) –, mais aussi soucieuse de protection contre les troubles paysans ou ouvriers, contre la concurrence étrangère et même contre les difficultés de la conjoncture en réclamant des commandes de l'État en temps de crise.

L'opportunisme du juste-milieu

Le principal représentant de la bourgeoisie orléaniste était un intellectuel qui ne sortait pas du milieu des grands notables qui dominèrent le règne de Louis-Philippe. Thiers était un « homme de Juillet », journaliste venu de Marseille, provincial sans vergogne, jouant sa réussite sur une *Histoire de la Révolution* qui lui apporta la fortune et l'engagea dans le sillage des révolutionnaires ; il avait, après 1830, soutenu à la fois Laffitte et la politique de Casimir Perier ; ministre de l'Intérieur, il fit arrêter la duchesse de Berry, ce que les légitimistes ne lui pardonnèrent jamais ; et c'est lui aussi qui fit voter les lois de septembre 1835 mutilant la presse républicaine. Pourtant, ses deux ministères, en 1836, puis en 1840, font figure de gouvernement libéral et parlementaire. Vaniteux, beau parleur mais ne s'enferrant pas dans les sottises qu'il a pu prononcer, Thiers pressent la politique de l'avenir ; il a un souci marqué de l'opinion, contrôle *le Constitutionnel* et s'efforce, quand il est au pouvoir, de se concilier les bonnes grâces de la presse. Il sait flatter le sentiment national, et ses deux ministères, marqués chaque fois par une politique louvoyante s'appuyant sur des majorités de rechange, ne furent pas renversés par la Chambre des députés, car dans les deux cas il réussit à se faire renvoyer par le roi en se présentant comme le champion de l'honneur national, sacrifié aux partisans de la paix à tout prix. Enfin, Thiers – en dépit d'un mot malheureux sur les chemins de fer à leurs débuts – eut le sens des grandes affaires et pressentit le développement du capitalisme industriel et financier. Son premier ministère, en 1836, marque la volonté de l'État de stimuler l'activité économique par une politique de travaux publics et de moyens de communication ; la loi du 21 mai 1836, qui oblige les autorités communales à entretenir les routes locales, y contribue. En 1840, cette politique de soutien à un grand capitalisme lent à naître est marquée par le renouvellement anticipé du privilège de la Banque de France, pour l'inciter à multiplier ses comptoirs en province, et par diverses lois accordant les premières garanties d'intérêts à des compagnies construisant des chemins de fer, le Paris-Orléans et le Paris-Rouen ; une ligne de navigation à vapeur fut aussi établie entre la France et l'Amérique. La défense constante du protectionnisme douanier traduit à la fois l'importance que Thiers attachait aux milieux d'affaires et l'audience qu'il avait auprès d'eux. « Monsieur Thiers », le moins romantique des Français, joue avec les passions populaires ; sous la monarchie de Juillet, il s'oppose à toute réforme électorale, mais il suscite l'émotion nationale en préparant le retour de la dépouille mortelle de Napoléon. Il joue et perd — provisoirement — en 1840, et son échec ministériel discrédite la gauche dynastique, qu'il avait compromise sans appliquer son programme. A vrai dire, il reste jusqu'en 1848 un parvenu, et la bourgeoisie, qu'il a pu par instant séduire, ne saurait déjà se reconnaître en lui ; celle-ci est encore trop proche de la terre et Thiers ignore les paysans.

La France rurale

La France de 1840 reste un pays en grande majorité rural ; les trois quarts des Français vivent dans des communes de moins de 3 000 habitants, et dans la majorité des départements (57 sur 86) les modifications sont insensibles au cours des dix années qui suivent. Le paysan français est souvent propriétaire, mais ses terres, fréquemment morcelées (il y a 11 millions et demi de cotes foncières en 1842), ne sont pas toujours suffisantes pour le faire vivre, et il exploite, comme fermier, métayer ou manouvrier à la journée, des domaines qui appartiennent à la bourgeoisie ou à l'aristocratie. Cette dernière — éliminée après 1830 du pouvoir politique — continue à jouer un rôle important dans la société provinciale, surtout dans les départements de l'Ouest ou du Bassin parisien, dans lesquels elle possède une part importante des grandes propriétés. Elle a même parfois, comme en Mayenne, renforcé ses positions par rapport à la situation antérieure à 1789, et son abstention systématique dans l'État orléaniste a amené une part importante de la noblesse légitimiste à se retirer sur ses terres et à y introduire des cultures et des méthodes nouvelles. Sur les 512 plus fort imposés de la France de 1840 (alors que la contribution foncière est de beaucoup l'impôt le plus important pour le calcul du cens), plus de 300 sont des nobles ou affichent dans leur nom des prétentions nobiliaires. A la différence du petit propriétaire, qui songe surtout à acheter de nouvelles terres, le propriétaire non paysan, disposant aussi de plus de capitaux, les investit en achat d'outils ou d'engrais. Le perfectionnement de l'outillage agricole, illustré par Mathieu de Dombasle, le chaulage des terres siliceuses, le drainage des terres trop humides, souvent pratiqués sous l'impulsion des sociétés d'agriculture et des comices agricoles, permettent un meilleur rendement des terres. La culture de la betterave à sucre joue un rôle de stimulant dans les Flandres, en Normandie et en Limagne. L'intérêt porté à l'élevage des bovins par les plus riches propriétaires, notamment en Normandie et dans le Centre-Ouest, renforçait le protectionnisme ; le futur maréchal Bugeaud, grand propriétaire et député de la Dordogne, s'était fait à la Chambre le défenseur farouche et intéressé des droits établis sur les importations de bestiaux. Mais, dans de nombreuses régions, comme le Limousin, l'archaïsme et la fidélité aux pratiques agricoles traditionnelles ne sont guère rompus que par les migrations temporaires poussant des artisans paysans vers les grandes villes.

L'industrialisation sans révolution

C'est pourtant l'activité industrielle qui s'accroît le plus rapidement, deux fois plus vite que l'activité agricole entre 1835 et 1845. Mais la croissance de la production industrielle est moins étroitement liée qu'en Angleterre à la révolution technique ; l'abondance de la main-d'œuvre, d'origine rurale, stimule moins la recherche de nouveaux procédés de fabrication ; le moteur hydraulique résiste devant la machine à vapeur et reste encore prédominant dans la métallurgie. La modernisation s'accélère après 1840, mais ne touche directement que quelques secteurs de l'activité industrielle. C'est la filature de coton qui connaît le plus grand dynamisme sous l'impulsion du patronat mulhousien : les Kœchlin, les Dollfus opèrent les premières grandes concentrations verticales, modernisant la fabrication des indiennes, construisant leurs nouvelles mécaniques et s'intéressant très tôt à la construction des chemins de fer. La région du Nord procède aussi à la mécanisation de son ancienne industrie textile dans le cadre de l'entreprise familiale. Dans la basse Seine, la modernisation passe davantage par la ruine de la fabrication rurale et domestique. Toutefois, l'industrie cotonnière, très localisée, entraîne plus qu'elle ne concurrence l'industrie lainière. Celle-ci, plus dispersée géographiquement, est aussi moins concentrée dans des manufactures. Si la filature mécanique triomphe à Elbeuf ou à Sedan, les centres lainiers, répandus dans toute la France, maintiennent une tradition souvent encore artisanale qui profite du développement du commerce extérieur ; la valeur des tissus de laine exportés double sous la monarchie de Juillet. La modernisation industrielle est bénéfique à moins de travailleurs qu'elle n'en affecte ; aussi, lors de la crise de 1839, voit-on pour la première fois en France les grèves de l'industrie textile plus importantes que celles de l'artisanat et du bâtiment, les deux secteurs qui continuent à utiliser le plus grand nombre de travailleurs du secteur secondaire.

L'archaïsme des moyens de communication et la cherté des coûts de transport ont contribué à la persistance des formes anciennes de l'industrie dans une grande partie de la France ; l'insuffisance des ressources du sous-sol aussi ; et les forges catalanes continuent à subsister dans le Midi. Toutefois, l'extraction du minerai de fer double sous la monarchie de Juillet, et le nombre des machines à vapeur passe de 2 450 en 1839 à 4 853 en 1847 ; la fonte au coke, qui ne représentait que 36 p. 100 de la fonte française en 1836, en produit 44 p. 100 en 1847. Ce développement de la métallurgie est en rapport avec la demande agricole (notamment pour les nouvelles charrues) et avec les progrès de l'outillage textile, mais surtout avec ceux des constructions ferroviaires.

Les chemins de fer ont démarré lentement en France : 175 kilomètres de voies construites en 1837, 499 en 1841, 1 900 à la fin de la monarchie de Juillet. Ce retard est dû, pour une part, à l'antagonisme qui opposa pendant de nombreuses années les banques et l'État, représenté principalement par les ingénieurs des Mines et des Ponts et Chaussées. Si la construction ferroviaire a joué dans la modernisation industrielle de la France un rôle exceptionnel, dont on vit les effets surtout sous le second Empire, c'est aussi parce que l'État jouait un rôle exceptionnel dans l'activité économique en France, en dépit du libéralisme officiel. La bourgeoisie française a pris appui sur l'État sous trois aspects. D'abord, par une tradition ancienne, mais rendue plus vivante par la menace que la dépression, effet de la rareté monétaire, fait peser sur l'économie et sur le profit, elle réclame la protection douanière de l'État, remède classique et qui n'est pas inopérant ; c'est ainsi que les maîtres de forges et les fabricants de l'industrie textile font échouer en 1842-43 les projets d'union douanière avec la Belgique, en s'organisant en comité des intérêts métallurgiques, comité des constructeurs de machines, comité des lins, et en regroupant des députés dans la réunion Fulchiron. Mais elle profite, par contre, de l'appareil législatif et juridique rigide mis en place par tous les régimes depuis le Directoire, pour éviter toute entrave légale à la liberté du patron dans son entreprise. Cette liberté permit une compression des salaires qui rendit possibles, même dans une période de dépression relative, des profits suffisants pour moderniser l'équipement industriel et accumuler de nouvelles richesses ; l'application stricte de l'interdiction faite aux ouvriers français de se coaliser équivalait à un protectionnisme intérieur de l'État en faveur de la bourgeoisie industrielle. Mais l'État, centralisé, n'est pas toutefois le simple reflet des classes dirigeantes, par ailleurs divisées en matière économique en raison d'antagonismes de régions et de productions. L'Administration, en devenant une force au sein de l'État, en participant aussi à la direction politique par les nombreux membres du Conseil d'État ou des administrations centrales qui siègent dans les deux Chambres, joue un rôle de guide de l'activité économique. En multipliant les questionnaires auprès des préfets et des chambres de commerce, en publiant des statistiques concernant les diverses activités économiques, en introduisant dans l'enseignement supérieur l'étude de l'économie politique, en appelant dans le Conseil général des manufactures les industriels les plus dynamiques comme Talabot, l'État donne une impulsion à la vie économique, qui se manifeste surtout dans un domaine, celui des voies de communication. Par des crédits de plus en plus importants à partir de 1837, le réseau routier fut amélioré, tandis que la loi de 1836 sur les chemins vicinaux contribuait à sortir les communes de leur isolement. Le principal effort porta sur les voies navigables : 1 440 kilomètres de canaux furent construits sous la monarchie de Juillet. Quant aux chemins de fer, ils sont apparus, pour des raisons politiques, un enjeu trop important pour que leur construction fût confiée à l'État ; la Chambre des députés s'y opposa en 1837, et la loi du 11 juin 1842 trouva une solution tardive qui associait l'État et le capitalisme financier, avec une participation plus apparente que réelle des autorités locales.

Le retard de la construction ferroviaire était dû principalement à deux causes : à l'intervention de l'opinion et notamment de l'opinion parlementaire, trop sensible aux intérêts adverses et routiniers, et à l'insuffisance des capitaux mobiliers et de l'organisation bancaire. Les capitaux anglais et suisses ont joué un rôle déterminant après 1840 et ont permis la formation des grandes compagnies, Paris-Orléans, Paris-Rouen, le Nord..., qui ont drainé une partie de l'épargne française alléchée par la spéculation dans les dernières années de la monarchie de Juillet. Cet engouement tardif et désordonné provoqua la formation des premières (et éphémères) grandes banques d'affaires, comme la Caisse Laffitte, et dissocia l'action du capital de celle du grand capitaliste. La construction des chemins de fer transforma les conditions du pouvoir économique, accentua les déséquilibres régionaux au profit des départements les plus riches, et déposséda, à plus ou moins long terme, les notables de leur emprise sur l'économie locale.

Le régime des notables

Pourtant, la monarchie de Juillet et, surtout, la longue période de stabilité à partir de la formation du ministère Soult-Guizot le 29 octobre 1840 apparaissent comme l'époque au cours de laquelle s'est le mieux épanouie la domination des notables. Ceux-ci — grands bourgeois ou aristocrates — tirent leur puissance d'abord de leur richesse, et plus particulièrement de leur richesse foncière ; c'est la terre qui donne la notabilité, comme elle donne l'éligibilité à la Chambre à qui paie 500 francs de cens. Ceux qui s'enrichissent dans le négoce, dans la fabrique, dans l'activité des professions libérales achètent un domaine. Mais le notable, sous la monarchie de Juillet, n'est pas seulement un homme riche (plutôt qu'enrichi, ce qui le distingue du parvenu), c'est aussi l'homme d'une famille, et souvent d'une famille dont l'implantation dépasse le cadre local. La vitalité de la tradition familiale contribue à la stabilité sociale, professionnelle et politique. Les alliances matrimoniales y participent ; le mariage de raison est une affaire de famille dans laquelle les sentiments intimes ne jouent que rarement le premier rôle ; c'est peut-être l'une des raisons du succès romantique qui berce de rêves d'amour une réalité toute différente. Les notables qui dirigent alors la France n'arrivent qu'assez tard à l'âge des responsabilités supérieures (rarement avant quarante ou quarante-cinq ans), mais leur longue durée de vie — qui les différencie de l'ensemble de la population dont l'espérance de vie est encore faible — renforce la stabilité de leur pouvoir social. De plus, leurs origines familiales leur permettent d'arriver aux fonctions supérieures plus jeunes que les éléments issus de la petite et de la moyenne bourgeoisie ; restant plus longtemps en fonction, la longue durée de leur activité dirigeante contribue à accroître l'influence des notables et explique leur permanence au pouvoir.

Car la troisième composante est l'influence que le notable exerce sur la société en raison soit de ses fonctions à la tête de l'activité économique ou administrative, soit de son élection. L'étroitesse du collège électoral d'arrondissement, la prépondérance des influences personnelles ou familiales, l'inorganisation des tendances politiques personnalisent le vote. Les électeurs censitaires votent pour un homme mandataire de leurs intérêts plus que pour un porte-parole de leurs idées. Aussi la physionomie du notable diffère-t-elle selon les régions : entre le comte d'Andigné, député (légitimiste) de Montfort d'une part, et Nicolas Kœchlin, grand manufacturier de Mulhouse, ou Victor Grandin, fabricant et député (libéral) d'Elbeuf, d'autre part, il n'y a pas seulement une différence d'opinion politique, ils sont les représentants de deux sociétés différentes.

Si nous considérons les caractères de cette puissance qui s'exerce à la fois sur le plan régional et sur le plan national, nous pouvons constater d'abord qu'elle traduit une transition entre l'aristocratie d'une société d'Ancien Régime aux fondements juridiques (qui n'existent plus) et à prépondérance agraire (qui subsiste encore dans de nombreux départements), et le groupe des chefs d'entreprises capitalistes d'une société industrialisée telle qu'elle s'installe déjà, vers 1840, dans quelques foyers isolés. Entre ces deux types d'hommes, un comte d'Andigné ou un Kœchlin, les dissemblances ne sont cependant pas totales ; leur puissance – qu'elle s'exerce principalement sur des paysans ou sur des ouvriers – se caractérise par une confusion des pouvoirs économique, social et politique dans les mains d'hommes qui sont personnellement connus. L'autorité d'un seigneur sur ses paysans au XVIIIe siècle, l'autorité d'un président de grande société industrielle ou commerciale à la fin du XIXe siècle n'a pas à être acceptée, elle s'impose, sans contact souvent entre celui qui l'exerce et celui qui la subit. Au contraire, le monde des notables est une société où prédominent les relations interpersonnelles, où le pouvoir est accepté, consenti par ceux qui le subissent. La conception paternaliste qui anime les rapports sociaux est partagée par ceux sur lesquels s'exerce ce paternalisme ; cette situation repose, certes, sur des rapports de forces économiques – qui sont à la fois constatées et privilégiées par les institutions censitaires –, mais aussi sur une psychologie sociale caractérisée par une conscience de classe moins développée que la conscience d'appartenir à une même communauté locale ou régionale, dont le notable est le représentant.

C'est un second caractère du notable que d'être un intermédiaire. D'abord entre l'État et les populations, c'est le cas des élus – députés, conseillers généraux, membres des chambres de commerce... –, c'est le cas aussi des magistrats et des hauts fonctionnaires, qui ajoutent à l'autorité anonyme de leur fonction l'influence personnelle attachée à leur nom ou à leur fortune : par exemple, Gaillard de Kerbertin n'est pas seulement le premier président de la cour royale de Rennes, c'est aussi un grand propriétaire, député favorable à la monarchie de Juillet, l'ancien chef du parti libéral à Rennes sous la Restauration, au moment où il était le vénérable de la loge la Parfaite Union. Le sous-préfet de Gaillac, Bermond, était aussi le fils d'un ancien membre du Conseil des Anciens, député libéral au début de la monarchie de Juillet, le frère d'un conseiller général, et sa famille était, par la richesse, la deuxième de l'arrondissement. Par ses relations, par ses fonctions, le notable peut faire entendre les revendications ou seulement l'opinion de ses concitoyens, et obtenir pour eux certains avantages. Il est aussi l'intermédiaire entre le monde rural, qui forme la majorité de la population, et la ville, qui est l'élément minoritaire, mais dynamique, de la société. Le notable n'est pas seulement l'homme qui *a*, qui a des biens, qui a une famille, qui a des relations, c'est aussi l'homme qui *sait*, et, dans certaines provinces marginales, c'est même l'homme qui sait s'exprimer à la fois en français et en patois.

C'est aussi l'homme qui vit dans un temps de longue durée, l'homme qui a un passé et un avenir. Le notable est maître de son temps, et ses revenus (surtout la rente foncière) sont soumis à des fluctuations plus lentes que celles des autres catégories sociales. Ainsi trouvons-nous, sous des aspects différents, cette relation étroite entre les conditions économico-sociales et les mentalités. Mais la confusion des pouvoirs politique, économique et social entre les mêmes mains a pour contrepartie une dispersion des influences régionales. N'étant pas directement menacés par d'autres groupes sociaux pour la direction du pays, les notables sont divisés par leur passé aussi bien que par leur vision de l'avenir ou par leurs intérêts. Les antagonismes idéologiques, géographiques ou personnels révèlent ce qui les divise sans qu'ils perçoivent ce qu'ils ont en commun. Car la société dominée par les notables correspond à une période de faiblesse du pouvoir central ; faiblesse provoquée par l'épanouissement du libéralisme qui, refusant à l'État le rôle d'arbitre dans les relations sociales, le rend solidaire des classes dirigeantes et de leurs divergences internes ; provoquée aussi par la confusion entre le pouvoir local et le pouvoir national exercés par les mêmes groupes, si bien que les influences locales pèsent à la fois sur l'administration centrale et sur les majorités parlementaires, davantage représentées par des coalitions d'intérêts que par l'accord sur un programme positif. Ainsi, le régime des notables produit un système conservateur dans une société en transition, c'est-à-dire en mouvement.

Guizot et le système conservateur

Quand un nouveau ministère fut formé, le 29 octobre 1840, sous la présidence du vieux maréchal Soult, il ne faisait de doute pour personne que la direction réelle du cabinet appartenait à Guizot, ministre des Affaires étrangères, appelé à ce poste pour empêcher la guerre sans trop heurter les passions nationales. La peur de la guerre et la crainte provoquée par les troubles sociaux et quelques banquets, au cours desquels des discours révolutionnaires avaient été prononcés, allaient faire de Guizot le leader d'un parti conservateur encore inorganisé. Cet universitaire protestant, royaliste constitutionnel, puis libéral sous la Restauration, « doctrinaire » de la bourgeoisie, mais opportuniste dans ses alliances politiques, avait le rare mérite d'être à la fois un orateur habile à rallier l'intelligence ou les intérêts de son auditoire, et un homme politique capable de concevoir un programme cohérent et de le mener à bonne fin. Son long passé de haut fonctionnaire et d'homme politique lui donnait la double expérience des cabinets ministériels et de la tactique parlementaire. L'accusation de vouloir la paix à tout prix proférée par un nationalisme ambigu dans lequel se retrouvaient les oppositions extrêmes, légitimiste et radicale, eut pour résultat de convaincre les notabilités conservatrices que Guizot était leur meilleur guide. Contre toute attente, il sut se concilier la faveur de Louis-Philippe, à qui il laissait une part importante dans la direction des affaires diplomatiques et militaires. Ainsi, ce ministère qu'on croyait éphémère allait durer jusqu'à la fin du régime, qu'il devait entraîner dans sa chute, Guizot ne prenant la présidence officielle du conseil qu'en 1847.

Il apportait la paix, l'ordre, la stabilisation financière, trois conditions politiques du développement économique conforme à son programme. Cette satisfaction des intérêts matériels, résumée dans une phrase d'un discours — « Enrichissez-vous par le travail et par l'épargne » — ne convenait certes qu'aux classes bourgeoises. Elle servit, toutefois, à endormir les sentiments politiques du corps électoral. Les grands débats portent sur la politique extérieure, c'est-à-dire sur le domaine où l'action du Parlement se fait le moins sentir, alors que les questions économiques et techniques emportent la décision des électeurs, dépolitisent les débats parlementaires et politisent, au contraire, les décisions de l'administration centrale. L'application de la loi de 1842 sur les chemins de fer devint ainsi un moyen commode de marchandage pour le ministère ; il serait toutefois excessif de considérer qu'il donnait inévitablement la priorité aux voies ferrées des régions dont les députés votaient pour lui, comme le lui reprochait l'opposition.

Plus grave était la difficulté du gouvernement de promouvoir des réformes qui heurtaient toujours une majorité attachée aux situations acquises ; l'impossibilité de mener une politique plus dynamique sans modifier la constitution du régime (et Guizot se refusa constamment à toute réforme électorale) prolongeait le ministère et transforma peu à peu la stabilité ministérielle, tant souhaitée au début, en immobilisme. Guizot sut renforcer sa majorité en utilisant les menaces qui pesaient sur le régime. Par exemple, la mort du jeune duc d'Orléans, le 13 juillet 1842, d'un accident de voiture à chevaux, provoqua de grandes manifestations de sympathie en faveur du roi au moment où des élections législatives venaient de donner une très faible majorité au ministère ; l'accord entre le souverain et l'opinion exprimée à l'occasion de ce deuil renforçait la poursuite de la politique ministérielle. C'était, toutefois, s'abuser sur le sens qu'attachait l'opinion dynastique à la monarchie de Juillet. En négligeant les critiques de plus en plus hostiles de la presse parisienne, en grande majorité opposante, Guizot eut trop tendance à confondre les symptômes d'une désaffection de plus en plus profonde envers le régime avec une polémique qui aggravait son impopularité mais qui lui était indifférente ; or, cette désaffection provint, dans une large fraction de l'opposition dynastique, de la mort du duc d'Orléans, réputé plus libéral que son père et Guizot. Désespérant de voir une orientation du régime conforme à ses vœux, après la désignation comme régent éventuel du duc de Nemours, réputé comme étant très conservateur, elle se détacha de plus en plus de la monarchie constitutionnelle.

Le ministère voulut aussi profiter de l'agitation légitimiste. Celle-ci profita de la présence à Londres, à la fin de 1843, de son prétendant, le jeune et effacé duc de Bordeaux, pour organiser en son honneur une manifestation de sympathie. Le voyage à Londres d'un millier de notabilités légitimistes soulignait ce paradoxe de la monarchie de Juillet : les adversaires les plus acharnés du souverain régnant étaient les partisans les plus convaincus du principe monarchique. Le gouvernement de Guizot souhaitait se concilier l'Église catholique en accordant une liberté de l'enseignement qui laissât à l'État un certain contrôle ; en se ralliant ostensiblement à la cause la plus intransigeante de la liberté de l'enseignement, les légitimistes entravèrent le ralliement du clergé à la nouvelle dynastie.

Guizot sous-estimait la force de l'opinion en dehors des Chambres. Certes, l'impuissance de l'opposition parlementaire se manifestait à chaque session, mais les éléments les plus dynamiques de la société, les populations des grandes villes, s'étaient détachés du régime. C'était avant tout le cas de Paris. Ville du pouvoir, Paris attire les notables et en même temps les ignore ; la majorité des journaux et aussi la majorité des députés de Paris sont hostiles à la politique conservatrice. La vie intellectuelle s'y élabore en marge du régime et en dépit des consécrations officielles que les Académies prodiguent aux hommes politiques. Les idéologies socialistes commencent à répandre, dans une fraction de la jeunesse des facultés et même des classes populaires, une contestation globale de la société libérale et bourgeoise que l'on retrouve aussi dans les romans de Balzac et d'Eugène Sue. Paris crée le mouvement dans tous les domaines de l'activité et renferme les passions les plus ardentes qui menacent, encore sourdement, la stabilité sociale.

Le régime de Juillet tient compte de l'opinion du seul pays légal ; or, le régime représentatif qu'il préconise est faussé par l'usure du pouvoir maintenu trop longtemps dans les mêmes mains, par les combinaisons électorales et parlementaires qui accaparent de plus en plus les préoccupations ministérielles, et par la neutralisation de ses initiatives sous la pression de groupes d'intérêts contraires.

Les élections législatives d'août 1846 contribuèrent à endormir le ministère dans une confiance excessive. Aucune chambre, sous la monarchie de Juillet, ne donna une plus forte majorité : 291 députés ministériels contre 168 représentant les différentes oppositions, qui avaient pourtant mené une campagne électorale active, organisée, s'appuyant sur la majorité des journaux.

La crise de 1846-47 et la chute du régime

La stabilité ministérielle, renforcée par le résultat des élections de 1846, était liée au maintien de l'expansion économique et de la paix. Or, la rupture de l'entente cordiale avec l'Angleterre amène Guizot, en 1846, à se rapprocher de Metternich et à pratiquer une politique contraire au mouvement des nationalités, en Suisse notamment. La France de Juillet se rapproche des monarchies autoritaires au moment où leur influence est de plus en plus difficilement supportée en Europe. Quant à la prospérité, elle s'est trouvée interrompue dès l'automne 1846 par une grave crise économique. Celle-ci a d'abord présenté l'aspect traditionnel des difficultés provoquées par de mauvaises récoltes ; déjà, en 1845, la récolte de la pomme de terre (qui dépassait généralement, en poids, celle du froment) avait été médiocre ; en 1846, les récoltes de céréales et de fourrages furent gravement endommagées, d'abord par une chaleur et une sécheresse excessives, puis, à l'automne, par des inondations qui pesèrent lourdement sur le sort des cultivateurs, à l'exception des régions méditerranéennes, préservées, et du Sud-Ouest, où le maïs put remplacer le blé. Même dans les régions qui ne furent pas directement atteintes, l'annonce de la crise frumentaire réveilla l'antique peur de la disette. La peur de manquer de grains ou l'espoir de les vendre plus cher, avec la pénurie, amenèrent de nombreux propriétaires à suspendre leur vente. Dans l'Ouest, surtout en Ille-et-Vilaine, en Mayenne, en Maine-et-Loire, les paysans entravèrent la circulation des grains, qu'ils ne voulaient pas voir partir vers les villes ; ailleurs, comme dans l'Indre, ils voulurent, au contraire, forcer à la vente les détenteurs de grains et se livrèrent à des visites domiciliaires qui tournèrent à l'émeute à Buzançais. Ainsi, la crise entretint la crise et créa dans les régions rurales une situation révolutionnaire, sans but politique.

Les ressources populaires sont accaparées par les achats alimentaires, tant a monté le prix du pain, que l'on se refuse presque partout à taxer. En contrecoup, le peuple n'achète plus de vêtements ni d'autres objets, et les travailleurs de l'industrie, notamment du textile, sont menacés par le chômage au moment où la hausse du pain rend plus urgente la nécessité de se procurer des ressources. La mauvaise récolte perturbe le commerce ; les importations de blé étranger, surtout de Russie, déséquilibrent la balance commerciale. Mais d'autres causes viennent aggraver la crise, qui persiste en 1847, l'abondance de la nouvelle récolte ne suffisant pas à ramener la prospérité. L'engouement pour les actions des compagnies de chemin de fer, bien que tardif, s'est étendu aux diverses couches de la bourgeoisie, détournant vers la spéculation des capitaux jusqu'alors utilisés plus sainement dans le commerce ou la fabrique. Le maniement maladroit des techniques de capitalisation, l'appel des fonds par les compagnies qui avaient émis des actions dont la souscription n'était perçue qu'ultérieurement, par tranches, provoquent un effondrement des cours en Bourse, notamment de l'action du chemin de fer du Nord, qui, appuyé par les Rothschild, avait fait figure de valeur guide. L'arrêt des travaux sur les chantiers de construction de chemin de fer accroît le nombre des chômeurs et détermine aussi la suspension des commandes dans la métallurgie. Ainsi s'accumulent les catastrophes : chômage, faillites, banqueroutes sont accompagnés par un cortège de misères.

Devant la crise, l'opinion cherche des responsables. L'opposition dénonce aisément le ministère, qui pendant plusieurs semaines a fait preuve d'indécision. Informé par les préfets que la récolte serait mauvaise, il a commencé par minimiser la gravité de la situation, puis il affole l'opinion en autorisant un abaissement exceptionnel des droits de douane sur les blés étrangers et la hausse du taux de l'escompte en janvier 1847. La dénonciation des spéculateurs dans la presse accentue le fossé qui sépare la petite et la grande bourgeoisie.

La crise a révélé une mentalité peu adaptée au mécanisme du crédit. L'importance exceptionnelle des phénomènes de circulation (qu'il s'agisse des grains, du numéraire ou des transports internationaux) fait apparaître la crise industrielle et financière de 1847 comme une conséquence des transformations économiques et de l'entrée — partielle — de l'économie française dans une nouvelle phase de l'évolution capitaliste. Le journal *la Presse* écrit le 25 juillet 1847 : « Notre système financier est à la science économique ce que sont les rouets des ménages aux machines des filatures. » Mais la crise a révélé aussi que l'État devait inévitablement intervenir. La multiplication des ateliers ouverts par les municipalités avec l'aide financière de l'État pour secourir les ouvriers en chômage sous-entendait le devoir de l'État de fournir du travail, au moment précisément où une partie de l'opinion bourgeoise rendait responsables des soulèvements populaires, épars dans le pays, les doctrines socialistes.

La crise morale et idéologique

Si un regroupement s'opère entre légitimistes et orléanistes conservateurs ou libéraux sur la défense de la propriété individuelle, on assiste, inversement, à une véritable mise en accusation des catégories dirigeantes. Déjà, au moment des élections de 1846, la dénonciation de la corruption autant que les pressions morales exercées par les électeurs et abondamment dénoncées par les journaux avaient usé le prestige de la classe politique. L'accusation de spéculer ou d'accaparer pendant la crise économique jeta le discrédit sur une bonne partie de la bourgeoisie d'affaires et fit entrer le terme de « capitaliste » dans le vocabulaire de la polémique. Plusieurs scandales vinrent en 1847 déconsidérer des membres de la Chambre des pairs, accusés de concussion, comme les anciens ministres Teste et Cubières, ou coupables d'assassinat, comme le duc de Choiseul-Praslin, qui avait tué sa femme. L'affaiblissement de la moralité touche toutes les classes, mais l'impression d'immoralité des classes dirigeantes amène les notables à douter eux-mêmes de la légitimité de leur pouvoir, premier signe d'une démission, inséparable du déclin de leur prestige devant les foules urbaines informées de ces incidents. La bourgeoisie avait ressenti à tous les niveaux et sous des formes diverses le malaise économique comme victime et comme témoin. Les transformations économiques bouleversaient la hiérarchie des valeurs, ce qui provoquait aussi la confusion des programmes politiques : l'opposition libérale prend la défense des principes conservateurs qu'elle accuse le ministère de discréditer ; les légitimistes sont déchirés dans des contradictions, les uns adhèrent au mouvement pour la liberté d'enseignement qui les rapproche d'une large fraction des conservateurs, tandis que d'autres rejoignent les radicaux et admettent, avec l'abbé de Genoude, le suffrage universel. Tocqueville déclare à la Chambre quelques semaines avant la révolution de Février : « Le sentiment de l'instabilité, ce sentiment précurseur des révolutions, existe à un degré très redoutable dans ce pays. »

La campagne des banquets

L'opposition dynastique a perdu tout espoir, après les élections de 1846, d'arriver au pouvoir avec la législation électorale en cours ; elle s'efforce en vain, en 1847, d'obtenir du Parlement une réforme électorale (par abaissement du cens) et parlementaire (par l'incompatibilité réclamée entre le mandat de député et les fonctions salariées). Au cours de l'été, elle relance la revendication dans le pays : des banquets associent la garde nationale et la bourgeoisie radicale dans des manifestations qui n'ont rien de révolutionnaire. Mais peu à peu les radicaux, et même des socialistes comme Louis Blanc, jouent un rôle prépondérant qui effraie les bourgeois libéraux et tempère leur opposition. Le ministère Guizot refuse toute concession, toute réforme et, en interdisant le banquet réformiste qui doit clôturer la campagne à Paris le 21 février 1848, il pense avoir réduit l'opposition à une capitulation sur le plan légal. Les chefs de l'opposition dynastique semblent s'y être résignés, presque avec soulagement, mais ils sont dépassés par leurs troupes, qui suivent désormais les mots d'ordre des plus radicaux. Le refus du dialogue parlementaire pousse l'opposition à se manifester dans la rue. La démission forcée de Guizot, le 23 février, devant les premières barricades ouvre une vacance de l'autorité qu'aggrave l'indécision de Louis-

Philippe. Vieilli, passant d'un excès de confiance à une démoralisation complète, celui-ci abdique le 24 février. Dans une lettre du 7 novembre 1847 à Aumale, Joinville avait vu juste : « Le roi est arrivé à cet âge où l'on n'accepte plus les observations [...], mais où les forces manquent pour prendre une résolution virile. » En quelques heures, le régime de Juillet, qui hésitait à se défendre, s'est effacé faute de défenseurs.

22. LA SECONDE RÉPUBLIQUE

1848-1852
Première expérience du suffrage universel, qui, d'un essai prématuré de république sociale, conduit en quatre ans au césarisme.

I. LA RÉVOLUTION ET LA RÉPUBLIQUE CONCILIATRICE

Février-Mai 1848

Les causes de la révolution

La seconde République restera dans notre histoire intimement liée à l'adoption définitive et aux expériences multiples du suffrage universel.

La grande Révolution s'en était bien passée, pourtant, en 1789. On pouvait croire alors que la justice et la liberté progressaient avant tout par les efforts des classes moyennes et que l'intervention des masses était, pour ces hautes valeurs, plus souvent menaçante qu'utile. Le petit peuple, alors, n'était pas seulement un danger d'anarchie, de violence incontrôlée, d'aspirations économiques rétrogrades ; il était aussi, entre deux bouffées de colère, éminemment accessible aux séductions et aux manœuvres des autorités traditionnelles et contre-révolutionnaires, noblesse ou clergé. Cette analyse, qui justifiait une interprétation de gauche de l'oligarchie censitaire, avait encore pu se répéter en l'an III, en l'an VIII, en 1814, à la rigueur en 1830. En 1848, elle est évidemment périmée. Depuis une génération au moins, l'absence de troubles intérieurs graves, un certain progrès des moyens de communication, les premiers effets de la loi Guizot sur l'instruction primaire, la diffusion, modeste sans doute, mais croissante, de la presse d'opinion ont amélioré l'éducation des masses. Et surtout l'oligarchie a fait ses preuves, négatives. Les 200 000 électeurs qui monopolisent la vie politique mettent trop évidemment ce pouvoir au seul service de leurs intérêts de classe. En outre, leur fractionnement en collèges électoraux, de villes, de cantons ou de circonscriptions législatives, qui groupent tout au plus quelques centaines de personnes, facilite trop l'esprit d'intrigue et de coterie aux dépens des luttes d'opinion. Bref, la moralité politique et la justice sociale conjuguent leurs exigences en faveur de la réforme électorale.

D'autant que la question sociale était pressante, ou plutôt les questions sociales. Dans les usines équipées de machines à vapeur et d'éclairage au gaz, des rythmes et des durées de travail jusque-là inconnus s'introduisent, contre lesquels l'ouvrier n'a aucun recours, puisque la liberté de l'entrepreneur, la non-intervention de l'État et l'interdiction des coalitions sont des dogmes. L'exploitation de la main-d'œuvre masculine, féminine, enfantine même, la compression des salaires, l'insécurité de l'emploi, et toutes les conséquences de cette misère, taudis, maladie, criminalité, atteignent dans les années 40 des degrés qui étaient — et qui resteront, en France du moins — inégalés. Mais la « question sociale » n'est pas seulement ouvrière. Dans les campagnes, qui n'ont jamais été aussi peuplées qu'elles le sont alors, subsistent, en dépit de la Révolution, bien des inégalités et bien des archaïsmes. Des ressources d'appoint (travail industriel à domicile) sont menacées par la grande industrie ; d'autres (droits d'usage divers : pâturage, cueillettes, prises gratuites de bois, etc., dans des forêts privées ci-devant seigneuriales, par exemple) sont contestées par les grands propriétaires, de plus en plus épris de liberté et de modernité agronomiques ; et l'État, avec le code forestier, va dans le même sens pour préserver les forêts des communes et du domaine. Bref, il existe encore en 48 une question paysanne.

Ce peuple souffrant, et que l'on connaît mieux, n'inspire pas que de la crainte ou que de la pitié. Le goût romantique de la nature, des forces primitives, du retour aux sources fait que les voyageurs cultivés découvrent avec sympathie les singularités rustiques et les folklores. Par un sentiment voisin de celui qui inspire ailleurs en Europe certains théoriciens des nationalités sujettes, plus d'un jeune bourgeois français voit dans le « peuple » un réservoir de valeurs et une chance de régénération.

Tels sont quelques éléments de ce mélange diffus d'aspirations révolutionnaires dont la crise de 1846-47 devait amener la rapide cristallisation. C'est d'abord une crise économique, ou plutôt la conjonction de deux crises ; l'une, typiquement capitaliste, de surproduction et spéculation ; l'autre, de nature archaïque, consistant en mauvaise récolte et disette alimentaire. La crise est d'ailleurs européenne, et ce n'est sans doute pas par hasard si l'Europe, alors, connaît une vague de troubles, de Pologne en Italie en passant par la Suisse. Mais tandis que la crise fait grandir les exigences mêlées de réforme politique et de mieux-être social, le gouvernement de Guizot, infatué par six ans de stabilité, ne voit de remède que dans le rapprochement diplomatique avec les puissances contre-révolutionnaires, et dans l'incorporation à sa majorité d'une partie de l'opposition de droite (élections de 1846). Contre Guizot, indéracinable et « immobile », une grande campagne d'opposition se forme en 1847 avec pour but la « réforme » et pour moyen les célèbres banquets. La révolution devait y trouver sa cause occasionnelle.

Les journées de Février à Paris

A la mi-février 1848, l'interdiction par le gouvernement de l'un de ces banquets déchaîne à Paris un mouvement de protestation dans lequel les organisateurs, opposants modérés, se disant eux-mêmes « dynastiques » (Odilon Barrot), sont vite débordés par les éléments les plus radicaux. Au banquet interdit se substitue, le 22 février, une manifestation de masse dans laquelle sont accourus les membres étudiants, artisans, ouvriers, etc., des sociétés secrètes républicaines. Les faits décisifs ont lieu le 23 : le petit bourgeois parisien, qui, sous l'habit de garde national, est le maître de l'ordre public à Paris, enfin lassé de l'exclusivisme oligarchique intransigeant de Guizot et des gros censitaires, se déclare pour la réforme. Cette défection de la garde nationale ouvre les yeux au vieux roi, qui accepte pour la première fois de sacrifier Guizot et de donner le pouvoir à Thiers et à Odilon Barrot. Concession trop tardive : les manifestations continuent, et l'une d'elles subit une collision fortuite mais sanglante avec un élément de force militaire sur le boulevard des Capucines. Alors, dans la nuit du 23 au 24 s'élèvent les barricades ; l'armée, commandée par Bugeaud, est débordée ; les ministres anciens et nouveaux sont en plein flottement ; le roi abdique et quitte le palais des Tuileries, puis Paris et la France, « comme Charles X »... Le jeune bénéficiaire de l'abdication, le comte de Paris, enfant de neuf ans, est aussitôt conduit par sa mère, la duchesse d'Orléans, à la Chambre des députés. Il y a été devancé par la foule des manifestants qui a envahi le Palais-Bourbon et qui exige un changement complet de régime. Les députés de l'opposition, qui seuls peuvent se faire entendre, suivent le courant et se prononcent pour la république, écartant la régence d'une princesse pourtant réputée libérale. Mais il ne s'agit pas que cette république soit dominée par les faubourgs et les quartiers plébéiens de Paris... Lamartine, Ledru-Rollin et leurs amis quittent donc en hâte le Palais-Bourbon pour se rendre à l'Hôtel de Ville, centre politique traditionnel du peuple parisien, où, au milieu d'une foule immense de manifestants, tout ce qui compte comme cadres républicains du mouvement a spontanément convergé. C'est là que s'élabore le Gouvernement provisoire, par la fusion (à dosage inégal) de deux listes concurrentes, celle qui avait été préparée dans les bureaux du *National*, journal républicain libéral et modéré, et à laquelle appartenaient les députés de l'extrême gauche, et celle qui sortait de *la Réforme*, journal républicain inclinant au socialisme et plus lié aux cadres non parlementaires. Les premiers, les plus bourgeois, ont la part du lion, avec sept membres (sans compter les deux acceptés par l'autre liste) ; les autres ne sont que quatre (y compris Flocon et Ledru-Rollin dont on vient de parler) ; encore l'écrivain socialiste Louis Blanc et l'ouvrier mécanicien Albert y sont-ils d'abord en position subalterne. Cette promotion absolument extraordinaire – symbolique ou scandaleuse, selon les opinions – d'un prolétaire dans le gouvernement ne pouvait longtemps faire oublier la prépondérance bourgeoise dans son sein. D'autant que si les onze dans leur ensemble formaient un chef d'État collectif, un exécutif qui délibérait en commun, certains d'entre eux, mais non pas tous, et surtout pas les socialistes, assumaient en plus la direction d'un département ministériel, tandis que les autres ministères étaient attribués à d'autres amis de la tendance majoritaire. Nous reviendrons sur ces hommes et sur ces tendances en les voyant à l'œuvre. Pour l'heure, dans la soirée du 24 et la journée du 25 février, dans un Hôtel de Ville grouillant et effervescent, assiégé en permanence par une foule enthousiaste et vigilante à la fois, le gouvernement provisoire compense en quelque sorte la modération de son équilibre interne par la hâte et la hardiesse de ses premières décisions de principe. Sans attendre que la nation entière ait été consultée, on proclame la république comme nouveau gouvernement de la France. L'assemblée qui sera appelée à la constituer sera élue au suffrage universel. L'esclavage est aboli dans les colonies. La peine de mort en matière politique est supprimée. Ainsi revenait-on, en quelques décrets, à ce que la première République avait fait de plus généreux, tout en répudiant la Terreur, qui en avait compromis le souvenir.

L'accueil de la province

La nouvelle de la république gagne rapidement la province grâce au télégraphe optique. Elle devance ainsi de beaucoup les premiers agents du nouveau pouvoir, qui, au trot des diligences, mettront quelques jours à gagner leurs chefs-lieux. Loin de Paris s'ouvrent ainsi des interrègnes, les préfets et sous-préfets hésitent, parfois se dérobent, et l'autorité reste en fait aux maires des communes, qui font face comme ils peuvent aux événements. Mais il y a peu d'événements, car de tous ceux qui pouvaient d'habitude soulever ici ou là des manifestations populaires, les républicains sont satisfaits... et les contre-révolutionnaires ne le sont pas moins : car pour beaucoup de légitimistes et de membres du clergé, que Louis-Philippe et Guizot, malgré tous leurs efforts, étaient bien loin d'avoir pu tous rallier, 1848 apportait à 1830 une revanche inespérée. La république bénéficie donc de nombreux ralliements, d'une neutralité largement bienveillante. Les vrais piliers de l'orléanisme, paisibles rentiers et fonctionnaires, entrepreneurs et marchands, l'innombrable et timide classe moyenne, ne sont pas hommes à élever des barricades, même en faveur de Louis-Philippe. Souvent, donc, maires ou sous-préfets de la monarchie déchue annoncent eux-mêmes la république, en assortissant leur proclamation d'un appel pressant à l'ordre public.

Près de Paris, à Neuilly et à Suresnes, les luxueuses résidences du roi Louis-Philippe et du banquier Rothschild sont envahies et pillées et incendiées. L'occasion était bonne, sans doute, pour des gens sans aveu, d'y faire de fructueuses razzias. Mais ce n'est sans doute pas la seule cause, car il existait bien d'autres maisons riches à voler en banlieue. La qualité des propriétaires donne aussi à penser qu'il y eut une part au moins d'exécution symbolique – sur les biens, à défaut des personnes – dans ces expéditions ; des équivalents suburbains du viol des Tuileries effectué en plein Paris (mais ici à peu près sans pillage) au cours même de la révolution.

En province, dans quelques villes, on brûle des registres d'octroi ou de l'impôt sur les boissons, comme on avait fait (plus souvent, semble-t-il) en 1830. Mais ce n'est pas encore là le plus intéressant.

On voit aussi des troubles en quelques villages reculés, où les masses paysannes de simples gens, engagées unanimement dans l'un de ces conflits forestiers dont nous avons parlé, voient d'abord dans la république l'espoir d'une solution favorable : ici l'on chasse le garde forestier, là on envahit le terrain litigieux, parfois on saccage les plantations prétendues usurpées, tout cela dans la liesse et au son du tambour. Veut-on profiter de l'affaiblissement des forces répressives en période de vacance du pouvoir ? A-t-on gardé un vague souvenir de la première République, où bien souvent les paysans faisaient ce qu'ils voulaient dans les bois contestés ? ou bien a-t-on déjà reçu (par quels canaux ?) l'idée que la république est par essence un pouvoir du peuple et que la satisfaction des humbles est sa raison d'être ? Dans cet état d'esprit, où l'on ne doute pas d'avoir raison, on anticipe sur la satisfaction espérée, directement et sans formalités. Ces faits sont sporadiques, et, en outre, assez peu graves en eux-mêmes ; l'ordre reviendra aisément à la première admonestation des autorités nouvelles, qui n'hésiteront pas à faire des promesses que l'avenir révélera bien imprudentes. C'est le symptôme qu'il faut en retenir. Déjà, dans certaines régions rurales de province, comme dans les faubourgs des villes, on ne conçoit la république qu'assortie d'un programme social avancé. Équivoque fondamentale, que nous retrouverons.

Le Gouvernement provisoire : les hommes

L'équivoque existe, d'ailleurs, au sein même du Gouvernement provisoire. Avec ceux que nous avons déjà nommés, les socialistes Louis Blanc et Albert, les républicains radicaux Ledru-Rollin et Flocon, avec Lamartine, il comprenait encore six républicains libéraux, les avocats Dupont (de l'Eure), Marie et Crémieux, l'astronome Arago, le négociant Garnier-Pagès et le journaliste Armand Marrast. Une prééminence purement honorifique appartenait à l'octogénaire Dupont (de l'Eure), qui avait été déjà député sous la première Révolution, mais ses facultés affaiblies ne lui permettaient plus de jouer un rôle politique réel. L'ouvrier Albert, taciturne et peu cultivé, passait pour le double et l'écho de Louis Blanc, et Flocon pour être celui de Ledru-Rollin. Marie, Crémieux, Arago, Garnier-Pagès et Marrast formaient un bloc à peu près homogène, celui des républicains libéraux, c'est-à-dire franchement hostile au socialisme. Marie, en prenant le ministère des Travaux publics, et Garnier-Pagès (quelques jours après), en prenant celui des Finances, obtiennent aussitôt le moyen de veiller à l'orthodoxie économique. A l'extrême opposé, Louis Blanc représente et défend de son mieux l'idéal d'une république accompagnée de réformes sociales profondes ; sa position très minoritaire est plus forte qu'il ne paraît, dans la mesure où il passe pour le porte-parole des foules d'ouvriers et de chômeurs qui tiennent permanence sous les fenêtres du conseil. Le rôle clef est celui des deux hommes qui sont en position centrale, Ledru-Rollin et Lamartine. Ledru-Rollin avait été le principal orateur de la petite minorité de républicains que contenait la Chambre des députés sous Louis-Philippe. Avocat à succès, homme riche dont la fortune personnelle venait souvent au secours de la presse républicaine, il était l'homme le plus en vue et le moins exclusif du parti républicain ; sans adhérer le moins du monde au principe du socialisme, il acceptait assez de philanthropie légale pour se distinguer des purs libéraux et faire route parfois avec *la Réforme*. Pour achever de le définir, disons que le parti radical-socialiste, dans la première moitié du XXe siècle, se reconnaîtra explicitement en lui. Pour l'heure, il reçoit le ministère de l'Intérieur, ce qui l'identifie, lui, son entourage proche (où se distingue George Sand) et son personnel administratif, à toutes les missions et tribulations du nouveau régime, trop révolutionnaire pour les uns, pas assez pour les autres.

C'est la même position qu'occupe Lamartine, mais — si l'on peut dire — à l'étage supérieur. Personne ne doute que le poète ne soit le principal personnage du Gouvernement provisoire. Il est un peu au vénérable Dupont (de l'Eure) ce qu'était depuis 1840 Guizot au maréchal Soult, le chef réel auprès du chef nominal. Comme Guizot, Lamartine est d'ailleurs titulaire du portefeuille le plus prestigieux, celui des Affaires étrangères. Parmi ses collègues, il est le seul (avec le savant Arago) dont une part de notoriété ne doive rien à la politique. Il est, dans l'équipe, le seul à être un aristocrate, un diplomate de métier, un académicien, un homme du monde. Bref, il émerge — et aussi par le talent. C'est peut-être pour lui un prestige de plus d'être venu de si loin à la république, après avoir été pur royaliste jusqu'en 1830, et parce qu'il a jugé enfin l'Ancien Régime anachronique et le juste-milieu méprisable. Faut-il ajouter enfin que, grâce à sa gloire littéraire et grâce aussi à Henri Guillemin, Lamartine nous est infiniment mieux connu que ses collègues du Gouvernement provisoire ? Une conclusion ressort, en tout cas, des travaux que nous venons d'évoquer : il faut bannir le cliché du « poète égaré dans la politique » : personne mieux que ce poète (ou ancien poète) n'a été alors aisé, et même habile, et, au besoin, manœuvrier, dans l'exercice de ce pouvoir périlleux. Contre le socialisme, bien sûr, qu'il jugeait impossible, et l'histoire retient à bon droit le fameux discours qui fit maintenir le drapeau tricolore (adorné seulement d'une rosette rouge à la hampe) comme drapeau de la France. Mais aussi contre l'étroitesse d'esprit et, bientôt, contre les désirs de réaction et de vengeance des conservateurs, et d'abord de ses collègues du groupe Marie. Étranger à la classe moyenne, étranger à son univers mental de rationalisme strict qui débouchait souvent alors sur la plus stricte orthodoxie économique, Lamartine, ancien chrétien, ancien romantique, un temps intéressé par le saint-simonisme, Lamartine homme de cœur, de curiosité, d'ouverture, était sans doute plus apte même que Ledru-Rollin à sentir que le socialisme humanitaire du temps représentait une valeur et méritait pour le moins des essais de conciliation. On sait ce qu'il en adviendra.

Le Gouvernement provisoire : œuvre sociale et politique

On ne peut entrer ici dans le détail des péripéties presque quotidiennes qui marquent la politique française dans les mois de mars et d'avril 1848. Tout se passe dans Paris et consiste en un échange complexe entre manifestations de rues et décisions du gouvernement. Tout s'ordonne, cependant, pour l'essentiel autour de deux problèmes : celui de la crise économique et sociale, celui de l'avenir politique du régime.

Antérieure à la révolution, la crise industrielle et bancaire lui survivait, aggravée même par les événements. La crainte de désordres, voire du socialisme, sapait la confiance chez tous les entrepreneurs. On disait alors que les riches « resserraient leurs capitaux », ce qui compromettait les éléments de reprise possibles. Le marasme des affaires, déplorable en lui-même, pose de graves problèmes à l'État, dont il menace les ressources, et à la société, où le chômage s'étend. Contre le premier péril, la crise économique proprement dite, le gouvernement prend des mesures opportunes (cours forcé des billets de banque, création des petites coupures, encouragement aux comptoirs d'escompte qui se créent en province, où les établissements de crédit étaient fort inférieurs aux besoins). Contre le deuxième, ses difficultés de trésorerie, il choisit la solution techniquement facile, mais qui se révélera politiquement périlleuse, d'augmenter les impôts directs de 45 p. 100 (les fameux « quarante-cinq centimes »). Contre le troisième, enfin, le chômage qui met sur le pavé de Paris des dizaines et des dizaines de milliers d'hommes, il veut aussi agir, mais ici deux solutions s'opposent : ou bien la solution traditionnelle, qui consiste, en attendant que la crise passe, à occuper les chômeurs qu'on secourt à des travaux publics secondaires, tels que des réfections de voirie, c'est l'« atelier de charité » de tous les anciens régimes ; ou bien, selon le vœu de Louis Blanc, la solution socialiste, qui consiste à profiter de cette défaillance de l'industrie privée pour encourager les ouvriers (qui n'ont pas tous vocation de terrassiers!) à prendre en main leur propre métier par la coopération : ce serait les « ateliers sociaux ». Sous le nom d'« ateliers nationaux », c'est en fait la première solution qui est choisie ; l'exécution en est confiée à Marie, comme ministre des Travaux publics, et l'on commence aussitôt à enrôler largement les chômeurs parisiens, que l'on encadre par de jeunes élèves de l'École centrale. Marie semble avoir vu dans les ateliers nationaux ainsi conçus non seulement l'avantage de ne pas attenter aux droits du patronat privé, mais encore celui de soustraire un grand nombre de chômeurs parisiens aux séductions de la rue, des clubs politiques et des manifestations socialistes. Du côté socialiste, on perçut très tôt ce genre de manœuvres et l'orientation conservatrice du gouvernement. Une manifestation populaire vint exiger la création d'un ministère du Travail, c'est-à-dire la mise explicite des réformes sociales au rang des devoirs de l'État. Le gouvernement s'en tira en lui accordant beaucoup moins : la création d'une commission formée de délégués ouvriers qui siégeraient dignement au Luxembourg, dans les fauteuils des pairs de France, sous la présidence de Louis Blanc et d'Albert, naturellement, et qui étudieraient les problèmes sociaux. Comme l'écrira Karl Marx deux ans après, avec amertume, « pendant qu'au Luxembourg on cherchait la pierre philosophale, on frappait à l'Hôtel de Ville la monnaie qui avait cours... ». Certes, Louis Blanc restait membre de cet exécutif collectif suprême qu'était le Gouvernement provisoire, mais, enfin, outre qu'il y était minoritaire, il n'avait toujours pas de département ministériel à gérer, donc nulle prise sur une portion de réel. Au Luxembourg, on étudia effectivement les problèmes, on rendit quelques arbitrages utiles dans des conflits sociaux mineurs, et l'on exposa longuement et publiquement les diverses théories socialistes du temps, ce qui contribua beaucoup à effrayer le bourgeois.

Bien d'autres choses l'effrayaient, dans l'ordre de la politique pure. D'abord, la liberté intégrale de la presse et des réunions, avec sa profusion de journaux et de clubs, de toutes opinions sans doute, mais où l'on remarquait surtout les plus avancés : ceux des critiques sociaux les plus radicaux (Cabet, Raspail, Proudhon), ceux des éternels rebelles fraîchement sortis de prison (Barbès, Blanqui), ceux des femmes socialistes et féministes, etc. Autre sujet d'effroi, l'ordre public ; non qu'il soit menacé pour l'instant, Paris est tranquille et calme, mais on s'inquiète de voir un « farouche » républicain, Caussidière, occuper la préfecture de police et de voir les ouvriers s'enrôler dans la Garde nationale. En vérité, le « péril » réel n'était pas si grand : les ouvriers ne dominaient que dans un petit nombre de légions de la Garde nationale, Caussidière était beaucoup plus lié à Ledru-Rollin qu'à Louis Blanc, et surtout l'Intérieur avait imaginé de créer une « garde nationale mobile », permanente et soldée : autant de jeunes chômeurs mis à la haute paye, enlevés eux aussi à la rue et aux clubs, et qui seront une vraie police.

Tous ces conflits finissent par être éclipsés par un nouveau problème politique qui les résume tous : celui de la date des élections. Après tout, entre les deux camps, libéral et socialiste, qui se partagent ainsi Paris et le Gouvernement provisoire, et qui s'opposent à tout propos, c'est la province qui arbitrera par son vote. Or, on pressent très tôt que ce vote ne sera pas révolutionnaire et que l'arbitrage sera rendu, contre le socialisme, par les masses rurales incultes, ou guidées par les notables.

Le mot d'ordre de la révolution devient donc : retarder les élections, pour laisser au peuple des campagnes le temps de s'éveiller. On sait comment entre mainte autre péripétie complexe la manifestation du 17 mars n'arracha au gouvernement qu'un report dérisoire, et comment celle du 16 avril fut repoussée. Les élections restèrent fixées au 23 avril, dimanche de Pâques.

La province sous le Gouvernement provisoire

Pendant ces deux mois de mars et d'avril, la province avait été prise en charge par les commissaires de la République. Ces personnages devaient remplacer les préfets de la monarchie, mais jouissaient, du fait des circonstances, de pouvoirs plus étendus qui faisaient presque songer à ceux des représentants en mission de la grande époque. Ledru-Rollin, qui, comme ministre de l'Intérieur, eut le principal rôle dans leur désignation, ne voulut prendre que des républicains convaincus, ce qui l'obligea à utiliser bien des hommes dont la compétence et l'expérience n'égalaient pas la conviction. Émile Ollivier, envoyé à Marseille, avait à peine vingt-trois ans! Encore ce choix était-il bon, en lui-même. A ce futur ministre de l'Empire libéral faisait pendant, à l'autre bout de la France, Charles Delescluze, commissaire à Lille et futur dirigeant de la Commune. Ces hommes ont à faire face aux incidents locaux dont nous avons parlé ; ils ont à prendre les mesures d'urgence qu'appelle la détresse économique (beaucoup ouvrent ainsi des ateliers nationaux, sur le modèle de Paris) ; ils ont surtout à installer la république dans l'administration, en renouvelant les sous-préfets et en remplaçant, au moins dans les principales communes, les conseils municipaux par des commissions municipales provisoires, de recrutement plus populaire. Dans les autres branches de la fonction publique, ils n'avaient pas à procéder à de telles épurations, et, d'ailleurs, tout le monde s'y déclarait républicain. C'est alors qu'apparaît dans le langage politique la distinction entre les « républicains de la veille » (ceux qui se sont déclarés et qui ont lutté avant la révolution de Février) et les « républicains du lendemain ». Au premier rang de ces ralliés figure le clergé catholique. On le voit bien à l'occasion des fêtes qui marquent un peu partout l'installation de la république. En bonne place dans ces cérémonies figure généralement la plantation d'un arbre de la liberté ; avec les défilés, les chants et les discours a lieu une bénédiction de l'arbre par le prêtre du pays. Le contraste est ici complet avec les lendemains de la révolution de juillet 1830, où l'on avait aussi planté des arbres, mais sans prêtres, et plutôt comme un symbole laïque opposé consciemment aux érections de croix de mission d'avant 1830. En 48, au contraire, l'arbre n'est plus une anticroix, il en serait plutôt, si l'on ose dire, une esquisse, une approche. Le changement s'explique, d'ailleurs. L'Église, en 48, bénéficiait des quelques tracasseries qu'elle avait subies sous la monarchie de Juillet ; certains de ses membres avaient su dénoncer le scandaleux accroissement de la misère ouvrière ; et surtout, du côté des jeunes républicains passés par le romantisme, un vague spiritualisme déiste avait souvent recouvert la culture voltairienne reçue de la génération précédente. Plus d'un aurait volontiers prolongé les fraternisations politiques de Février par un vrai syncrétisme idéologique. Moment fugace...

Tous les commissaires, cependant, n'ont pas les mêmes réactions, et l'expérience révèle finalement en eux un personnel assez peu homogène. Un premier test est fourni par la place qu'ils croient devoir accorder (ou refuser) aux « républicains du lendemain » dans leurs diverses nominations. Un second vient du socialisme : dans les villes où existe une population ouvrière et des clubs socialistes de quelque importance, le commissaire peut les protéger, comme ailes marchantes ou enfants de prédilection de la nouvelle république sociale ; ou bien il peut les combattre (discrètement encore, en leur suscitant des concurrents) au nom de l'ordre, maître mot déjà bien souvent prononcé. D'où un fourmillement de situations régionales fort diverses, parfois des conflits et même des révocations.

Mais très vite, comme à Paris, l'approche des élections envahit l'horizon politique.

Ledru-Rollin donne à ses commissaires, dont la tâche d'installation de la république s'était en somme terminée au mieux, une sorte de prolongement à leur mission en les invitant, par une circulaire fameuse, à éclairer l'opinion et (pratiquement) à favoriser l'élection de républicains de la veille. On sut ainsi bien clairement ce que le gouvernement souhaitait : contre les faubourgs, pas de socialisme, mais contre la province rurale, pas de réaction monarchiste. En fait, les propagandes électorales furent parfaitement libres, et c'est même dans une véritable profusion que chaque journal, chaque club, chaque groupement qui le voulut lança et diffusa des listes, où souvent, d'ailleurs, revenaient les mêmes noms.

Les premières élections : 23 avril

Pour rompre avec la politique de clocher et de coterie, la nouvelle loi électorale renonçait au vote uninominal effectué au niveau de l'arrondissement. On va voter dans le cadre du département, donc pour une liste de noms (mais la liste n'est pas « bloquée » : le décompte des voix restera individuel), et ces noms seront nombreux, car l'Assemblée aura quelque 900 membres, comme au temps de la Révolution. Autre signe d'esprit révolutionnaire : l'élu ne sera plus appelé « député », mais « représentant du peuple ». Et, surtout, il sera effectivement l'élu de tout le peuple (masculin) âgé d'au moins vingt et un ans. On n'a pas osé encore pousser la logique de la démocratie jusqu'à faire voter à la commune même : il faut se rendre au chef-lieu de canton (ou tout au plus dans une commune choisie comme chef-lieu d'une section de canton) ; mais en ce temps les hommes sont grands marcheurs, et si l'on émet quelques plaintes ce n'est pas pour le fait d'avoir à cheminer deux heures, mais parce qu'ici ou là un pont manque sur un torrent. On fait la route ensemble ; ce 23 avril est précisément le dimanche de Pâques, journée où la grand-messe fait l'unanimité. Le curé est, d'ailleurs, parfois avec le maire à la tête du cortège des villageois qui vont au bourg faire le premier usage de la liberté, parfois aussi il y a le châtelain, pour nous rappeler les limites concrètes de cette liberté... Mais on ne les sentit point trop en ce printemps presque partout encore conciliant. Les résultats sont difficiles à interpréter, précisément parce qu'il n'y avait guère encore de partis bien tranchés, du moins à l'échelle de la France entière. Des minorités se dégageront dans la nouvelle Assemblée, dite « nationale et constituante » : à droite, des conservateurs, souvent restés en réalité monarchistes, souvent d'ailleurs anciens députés des chambres censitaires ; à gauche, des socialistes. Mais il y a des échecs significatifs : à droite celui de Thiers, à gauche ceux de Raspail, Blanqui, Barbès. La France a voté conformément à la ligne de la majorité du Gouvernement provisoire : république libérale, sans révolution sociale ni réaction monarchique. Dans la Seine, les membres du gouvernement sont tous élus, Lamartine recueillant le plus de suffrages, suivi de ses collègues modérés, qui devancent eux-mêmes Ledru-Rollin et les socialistes. Cette ligne étant aussi celle du journal *le National*, ce nom sert quelquefois à désigner le groupe politique ainsi vainqueur des élections et qui va gouverner la France pendant plusieurs mois. Parmi les élus de province, on remarque un grand nombre de commissaires de la République, comme il est naturel puisqu'ils représentaient — ou du moins la plupart d'entre eux — à la fois l'administration en place et l'idéal de république rassurante. Les listes officieuses qu'ils conduisaient avaient cru devoir faire place à des ouvriers, pour symboliser jusqu'au bout la fraternité triomphante ; symbolisme prudent toutefois, on ne mettait guère plus d'un prolétaire par liste, et encore l'avait-on choisi parmi les ouvriers qui s'étaient un peu distingués de leur classe : tel théoricien d'un compagnonnage rénové, tel contremaître mécanicien autodidacte, tel portefaix-poète, gens dont la notoriété tenait aux voies de la promotion, non à celles de la lutte des classes. L'ouvrier-représentant, au printemps de 48, est aussi « centre-gauche » (comme nous dirions) que les innombrables avocats, médecins ou journalistes qui ont bien voulu l'adopter. A l'extrême gauche siégeront surtout des intellectuels, et aussi Lacordaire.

Le premier sang : Rouen

Le lendemain des élections voit les premières effusions de sang. Cela se produit, comme il est naturel, dans une grande ville industrielle ravagée par la crise : Rouen ; le chômage y était total et massif. Le commissaire de la République, Deschamps, qui avait organisé des ateliers nationaux pour secourir les ouvriers, était populaire parmi eux, et il était de ceux, rares, qui inclinaient au socialisme ; la bourgeoisie, dont le chef de file était le procureur général Sénard, républicain de la nuance du *National*, était exaspérée par les impôts nouveaux qui servaient à couvrir la dépense – à la vérité peu productive, sinon comme charité – des ateliers nationaux. Le compte se règle lors des élections : Sénard et les siens sont élus, Deschamps et ses amis battus, les votes de l'ensemble du département ayant aisément submergé ceux de la ville chef-lieu. Le 26, les résultats connus, une manifestation ouvrière se déroule devant la mairie. Les travailleurs voulaient-ils, comme on l'a dit, contester l'issue du scrutin, voire imposer la nomination de Deschamps ? ou, plus probablement, rappeler leurs besoins et protester préventivement contre la suppression des ateliers nationaux (leur unique ressource), suppression que la victoire des hommes d'ordre laissait prévoir ? Ils sont repoussés rudement par la garde nationale, restée de composition bourgeoise. Les coups confus portés dans la bousculade, puis les charges de cavalerie sont sentis comme une provocation par les ouvriers, qui, achevant alors leur manifestation centrale, refluent dans leurs quartiers où ils élèvent des barricades. Le soir et le lendemain, Sénard requiert la troupe, et même le canon, et les barricades sont balayées, sans perte pour les forces de l'ordre, mais au prix d'une dizaine de morts ouvriers.

Notre attention à cet événement n'est pas aussi disproportionnée qu'il paraît : c'est une chose importante en elle-même, non pas certes comme premier conflit entre républicains (le 16 avril à Paris en était bien un), mais comme premier conflit sanglant, qui rompe sur une ligne de lutte de classes l'euphorie de la fraternité nouvelle. Et c'est important aussi – on peut le dire par anticipation – parce que ce conflit né autour des ateliers nationaux préfigure celui qui va naître à Paris et se conclure de semblable façon, à la dimension près. Au lendemain des élections, fin avril, c'est bien une période de la république qui s'achève, la période heureuse et conciliante.

Fin du temps révolutionnaire

C'est une fin aussi, à d'autres égards, celle du régime provisoire. Car, avec les élections universelles et libres, une régularité et même une légitimité républicaine sont fondées. Aussi, quand se réunissent à Paris, le 4 mai, pour leur première séance, les représentants élus le 23 avril, ils se croient tenus de proclamer à nouveau la république. Ils le font unanimement dans leur salle, et même le refont ensuite sur les marches de leur palais, « à la face du soleil ». On assure que le cri de « Vive la république! » y fut poussé en chœur jusqu'à dix-sept fois de suite. L'anecdote est connue. Ce qu'on sait moins, c'est l'importance qui devait être ultérieurement accordée à cette date. En 1849, 50 et 51, la fête officielle de la république sera célébrée le 4 mai, et non pas le 24 février. Toute une philosophie politique est incluse dans cette substitution : le régime veut être né dans une assemblée régulièrement élue, et non pas sur des barricades. Curieux recommencement : Louis-Philippe aussi minimisait l'anniversaire des Trois Glorieuses, et faisait de préférence célébrer la Saint-Philippe (qui tombait, opportunément d'ailleurs, le 1er mai, date folklorique propice). De juillet ou de février, les barricades sont mises à leur vrai rang par l'histoire, mais leurs bénéficiaires en ont quelquefois rougi.

II. FORMATION ET EXPÉRIENCES D'UNE RÉPUBLIQUE CONSERVATRICE

Mai 1848-Novembre 1851

La Commission exécutive et le tournant politique de mai

Comme au temps de la grande Révolution – référence constante –, l'Assemblée constituante va avoir deux missions : faire une Constitution et orienter, en attendant, la politique générale dont elle est la seule source possible. Comme la Convention – cette Constituante sans roi –, elle doit tirer de son sein un exécutif collégial, qui choisira et dirigera les ministres, considérés comme des techniciens spécialisés. Cette commission exécutive n'aura que cinq membres, ce qui exclut la reconduction générale des onze du gouvernement provisoire. Au reste, l'occasion est bonne pour faire le tri parmi eux, au profit de l'aile conservatrice. La rancœur des hommes du *National* (et à plus forte raison de la droite) s'étendait jusqu'à Ledru-Rollin, considéré comme trop avancé ; n'était-il pas le responsable, après tout, de la nomination d'un Deschamps à Rouen ? Mais Lamartine, qui admet qu'on sacrifie les socialistes purs, plaide pour Ledru-Rollin, dont l'exclusion serait une réaction trop significative. La majorité n'ose pas s'opposer à ce vœu du grand écrivain, pour qui le 23 avril avait été un véritable plébiscite personnel (élu en tête à Paris, il était élu aussi dans dix autres départements), et la Commission exécutive est finalement composée d'Arago, Marie, Garnier- Pagès, Lamartine et Ledru-Rollin (les nombres de voix obtenus par chacun s'échelonnant dans cet ordre significatif). Le gouvernement (les ministres) est composé à l'avenant. Louis Blanc n'est plus que le chef d'une opposition de gauche bien réduite.

La réaction contre le socialisme va d'ailleurs emprunter tout de suite d'étranges chemins, s'il faut en croire (et personne ne l'a véritablement démentie) l'explication que propose Henri Guillemin pour l'affaire du 15 mai. Le Paris populaire devait manifester ce jour-là en faveur de la Pologne. C'était, en effet (comme aux lendemains de 1830), un des griefs de la gauche révolutionnaire contre le nouveau pouvoir que la passivité de celui-ci en face de la lutte que livraient partout en Europe les nationalités aux empires. Lamartine lui-même, chef de notre diplomatie du 24 février au 4 mai, y avait contribué soit par pacifisme de principe, soit par réalisme, soit même par souci de l'intérieur... Il n'avait guère accordé d'attention — et encore circonspecte — qu'aux affaires italiennes, les plus voisines. A plus forte raison n'avait-il pris aucune initiative pour la Pologne ; et à plus forte raison encore, Bastide, son successeur au ministère des Affaires étrangères. Comme le sentiment de la solidarité des peuples en lutte était très fort au cœur des Parisiens, la manifestation polonophile pouvait être une bonne occasion de dresser la foule révolutionnaire contre une Assemblée qui paraissait retourner au conservatisme. Faut-il penser que cette foule voulait, plus généralement, venger l'échec électoral de ses leaders, dissoudre l'Assemblée, recommencer la Révolution ? Il y en eut toute l'apparence, puisque le Palais-Bourbon fut envahi et que Barbès eut le temps d'y proclamer un nouveau gouvernement provisoire, juste avant que les forces de l'ordre n'arrivent pour restaurer, disperser, arrêter... Mais, comme les socialistes n'avaient rien prémédité de semblable, comme les premières initiatives prises furent le fait de clubistes dont l'obédience policière est maintenant démontrée, comme le siège de l'Assemblée avait été laissé opportunément sans défense, il est bien permis de penser que Barbès, Blanqui, Albert et quelques autres étaient tombés dans une gigantesque provocation. Le piège faillit même se refermer aussi sur Louis Blanc, que des émeutiers avaient acclamé et porté en triomphe, à son corps défendant. Il put, de justesse, établir sa bonne foi. En attendant, tous les hommes d'action du socialisme, vétérans des sociétés secrètes, leaders de clubs parisiens avancés, se retrouvent en prison. Quant à Lacordaire, il abandonne volontairement, le 17, son siège de représentant.

Le changement complet d'atmosphère politique survenu depuis un mois est démontré par les élections complémentaires du 4 juin (rendues nécessaires par les nombreuses élections multiples du 23 avril). Elles ne sont plus centristes, mais polarisées : à droite comme à gauche, des battus du 23 avril retrouvent des sièges : Thiers et le général Changarnier, Caussidière et Proudhon, pour ne citer que les plus significatifs. Et parmi les nouveaux élus figure encore un singulier revenant, Louis Napoléon Bonaparte...

Les journées de Juin

A cette date, la liquidation des ateliers nationaux devient le principal souci de la majorité. D'abord, parce qu'elle veut en finir avec les expériences sociales, même dévoyées, et surtout quand elles coûtent cher. Ensuite, parce que leur fonction seconde de neutralisation politique joue de moins en moins : n'a-t-on pas vu des rapprochements s'opérer entre ouvriers des ateliers et ouvriers des clubs socialistes ? N'entend-on pas aussi, dans certains de leurs rassemblements, des cris de « Vive Napoléon! » ? Enfin — troisième raison de crainte —, dans l'entourage de Lamartine certains avancent l'idée audacieuse de lier la question des ateliers nationaux à celle des chemins de fer : on utiliserait cette main-d'œuvre sur les chantiers ferroviaires interrompus par la crise, mais que l'État reprendrait à son compte. On pressent les mérites que trouvait le poète à cette solution : humanité (liquider sans trop de drame les ateliers) et progressisme économique (le grand œuvre des chemins de fer, pour lesquels il avait des sentiments quasi saint-simoniens). Mais la majorité de l'Assemblée ne voulait pas d'une nationalisation, qui eût un peu trop senti le socialisme ; peut-être aussi ne tenait-elle pas à éviter le drame.

Car, à lire certaines déclarations du temps, certains *Mémoires* ou *Souvenirs*, on peut bien avoir l'impression (à la suite, encore une fois, de Karl Marx ou d'Henri Guillemin) que le drame n'a pas été seu lement accepté, mais provoqué : la dissolution des ateliers, la révolte quasi certaine qui s'ensuivrait et la répression qui viendrait à son tour, permettraient d'écarter définitivement les menaces de la rue et du socialisme. C'est en tout cas le plan qui va se dérouler. Le jeu est mené, au nom de la majorité de l'Assemblée — une majorité dont la droite monarchiste est l'aile marchante —, par une commission spéciale dont le rapporteur est le comte de Falloux. Du côté gouvernemental, on compte moins sur la Commission exécutive que sur les ministres, et notamment sur le nouveau ministre de la Guerre, le général Cavaignac. Ce personnage devient alors l'homme du jour. Militaire jusqu'au bout des ongles, farouchement antisocialiste et ami de l'ordre, il a sur les autres généraux l'avantage supplémentaire d'être, comme fils de Conventionnel et frère d'un ardent militant des années 30, nettement républicain. Or, compte tenu de la composition de l'Assemblée, la république est une caution dont l'ordre ne peut encore se passer.

Les événements sont bien connus : le 21 juin, dissolution des ateliers (aux ouvriers est laissée seulement la faculté de s'engager dans l'armée, ou de partir défricher la Sologne marécageuse), désespoir des ouvriers, qui s'exprime d'abord en rassemblements, défilés dans les rues, le 22 puis le 23 dans l'érection de barricades. S'engage alors une rude bataille de trois jours, le long de la ligne nord-sud qui, au niveau de l'Hôtel de Ville, sépare le Paris bourgeois de l'ouest du Paris ouvrier de l'est. La garde mobile, la garde nationale des quartiers bourgeois, l'armée surtout entrent en action, avec une lenteur peut-être calculée (dans une conversation privée rapportée par Victor Hugo dans ses *Choses vues*, Lamartine accuse nettement Cavaignac d'avoir laissé grossir l'émeute, comme pour pouvoir donner à la répression plus d'ampleur). Le 26, à midi, la bataille est gagnée, après de lourdes pertes, mais, comme toujours, inégalement partagées, d'autant que bien des insurgés ont été massacrés après le combat. Du côté de l'ordre, où l'on a voulu voir dans l'insurrection une explosion de brigandage et de sauvagerie, la bonne conscience est parfaite, et l'on impute aux ouvriers rebelles non seulement la mise à mort de deux généraux, mais aussi celle de l'archevêque de Paris, Mgr Affre, frappé au cours d'une tentative de médiation par une balle tirée d'une maison du faubourg par un inconnu isolé.

Les conséquences politiques sont aussitôt considérables : dès le 24, l'Assemblée a exigé la démission de la Commission exécutive et l'a remplacée par le général Cavaignac. Un nouveau lien est ainsi rompu avec les jours de Février.

Pendant que ce drame se jouait à Paris, la province attendait. Toutefois, en plusieurs villes, des gardes nationales se mobilisaient pour aller vers la capitale secourir l'ordre légal et battre l'anarchie parisienne et révolutionnaire. Il faut noter ce décalage entre Paris et la province, car il se modifiera bientôt singulièrement. En revanche, les « journées de Juin », qui ont aussi lieu à Marseille les 22 et 23, ne sauraient être considérées comme une révolte de solidarité avec celle du Paris ouvrier, qu'elles n'eurent pas le temps de connaître. Nées aussi dans les ateliers nationaux, elles eurent leur propre mode de déclenchement et s'apparenteraient plutôt à celles que nous avons vues à Rouen deux mois plus tôt. Elles sont réprimées aussi, mais elles donnent au pouvoir l'occasion de sanctionner le jeune préfet Émile Ollivier, coupable d'avoir eu trop d'indulgence sentimentale avec les prolétaires. Ollivier quittera ainsi la scène politique en même temps que son maître Lamartine, et, en somme, pour la même raison.

Le gouvernement de Cavaignac. Réactions et consolidations mêlées

De juin à décembre, le pays va donc connaître une nouvelle forme de régime provisoire, ou préconstitutionnel : aux côtés de l'Assemblée constituante aux missions inchangées, le général Cavaignac est seul titulaire du pouvoir exécutif, faisant fonction à la fois de chef de l'État et de président du Conseil des ministres.

Il est bien connu que c'est une ère de réaction. Le personnel politique, des ministres aux préfets, reste, dans l'ensemble, républicain dans la ligne du *National*, mais on commence, pour entraver la propagande des révolutionnaires, à rogner sur les libertés. Premières lois restrictives sur la police des clubs, premières lois sur la presse, qui aggravent délibérément le coût du fonctionnement d'un journal (on connaît la traduction lapidaire donnée par La Mennais : « Silence aux pauvres! »). Une commission d'enquête sur les origines des troubles de Juin s'arrange pour en imputer fort abusivement la responsabilité morale et même pénale aux leaders du socialisme. Pour échapper à la prison, Louis Blanc prend le chemin de Londres ; la République, qui avait ses emprisonnés, a maintenant ses premiers exilés.

On ne saurait pourtant réduire le bilan de l'été 1848 à cette œuvre de réaction ; cette vue trop parisienne des choses a été récemment rééquilibrée par toute une historiographie « provinciale » (celle de Philippe Vigier, entre autres) sans l'apport de laquelle une clef manquerait à la suite des événements. En effet, pendant que la liberté d'expression recule, l'éducation démocratique n'en continue pas moins à avancer par le simple effet des institutions nouvelles. Ce mois d'août est aussi celui où le suffrage universel est appelé à renouveler les conseils généraux, conseils d'arrondissement et conseils municipaux. Il s'agissait de remplacer à la fois les élus d'avant 48, issus d'un vote censitaire anachronique, et les commissions municipales nommées, en février ou mars, à titre provisoire. La France entière vote donc à nouveau, en discrets comices. Si, bien souvent, les riches notables, par définition influents sur les masses, retrouvent leurs sièges aisément, il est aussi des régions où le suffrage populaire sait déjà se retourner contre eux, portant à la mairie le maréchal-ferrant au lieu du notaire, ou encore, de façon plus simple, le notaire « rouge » au lieu du notaire « blanc ». Car il y avait aussi, en ce temps, des notaires rouges. De toute façon, le suffrage entrait dans les mœurs.

Le troisième intérêt du moment, non le moindre, est enfin le travail constitutionnel de la Constituante. Le résultat en sera proclamé le 4 novembre. Une déclaration des droits précède les stipulations proprement juridiques. On y remarque toutes les libertés, y compris la liberté d'enseignement, et l'absence du « droit au travail », dont l'implication socialiste évidente était contraire au cours nouveau des choses. Le régime politique comprendra trois pouvoirs bien distincts : judiciaire, avec une haute cour ; législatif, avec une Assemblée unique élue pour trois ans au suffrage universel ; exécutif, avec un président (chef d'État et de gouvernement) élu pour quatre ans au suffrage universel et non rééligible. Sur le vote de ces dernières dispositions, évidemment décisives, planaient quelques ombres : celle de George Washington, bien sûr (et de tout le modèle américain, démocratie, liberté et civisme), mais aussi, ombres plus familières, celles des élus possibles.

L'élection présidentielle

Pour la plupart des constituants, le Washington français ne pouvait être que Cavaignac. Mais Cavaignac était républicain, et la plus grande partie des classes dirigeantes n'avait pas encore pris son parti de la république. La droite de l'Assemblée, se séparant cette fois des hommes du *National*, se constitue en un comité dit « de la rue de Poitiers » (lieu de ses réunions), et commence à monopoliser l'expression de parti de l'ordre ; pour ces hommes, légitimistes et orléanistes, d'autant plus facilement alliés qu'aucune des deux dynasties n'offrait de prétendant désireux ou capable de courir la chance du suffrage universel, la monarchie restait la clef de voûte nécessaire d'un système conservateur sérieux. On sait comment, sur la proposition de Thiers, le parti de l'ordre décide d'adopter pour candidat à la présidence de la République Louis Napoléon Bonaparte. Sa carrière d'aventurier, les dettes dont il était couvert, son apparence physique même, assez ingrate, et où rien ne révélait au premier abord ses aptitudes intellectuelles ni sa volonté — tout cela faisait croire qu'on aurait toujours barre sur lui. Et la popularité de son nom dans les masses, un peu inquiétante en elle-même, était en la circonstance évidemment avantageuse. Ce choix fait, Cavaignac ne pouvait avoir pour lui qu'une minorité des notables riches et influents — sauf dans certaines régions (provençale en particulier) où le souvenir du premier Empire était plutôt répulsif. Toutefois, il représentait le pouvoir établi, l'administration en place, la continuité, le connu. La partie la plus modérée de l'« intelligentsia » républicaine le soutenait, la presse, en particulier, lui était en grande partie favorable.

Mais il avait déjà trop fait dans le sens de la réaction pour rester le candidat de tous les républicains. C'est précisément la réaction commençante qui permet à Ledru-Rollin d'entamer une nouvelle carrière : alors qu'au printemps, ministre de l'Intérieur, il avait quelque peu contribué à contenir le socialisme, voici qu'à l'automne il fonde un mouvement intitulé « la Solidarité républicaine », qui fera une opposition de gauche au gouvernement Cavaignac, qui lui opposera sa propre candidature, et auquel certains socialistes amis de Louis Blanc viennent participer. La Solidarité républicaine est ainsi le point de départ d'une longue tradition politique de la démocratie française, l'alliance entre les plus avancés des républicains libéraux et les plus modérés des tenants du socialisme. Bien entendu (et ceci sera aussi une tradition), une fraction intransigeante du socialisme, ceux qu'on appelait parfois les « communistes », se refuse à ce regroupement ; pour l'élection, ils mettent en avant le nom de Raspail. On sait que Lamartine, se jugeant à bon droit le meilleur des symboles des grandes heures de Février, tint à courir sa chance, en solitaire hautain... — *Vae soli*... Le 10 décembre 1848, les électeurs choisissaient Bonaparte par 5 434 000 voix ; suivaient Cavaignac (1 448 000), Ledru-Rollin (371 000), Raspail (37 000) et Lamartine (8 000).

C'est le 20 décembre que Cavaignac quitta le pouvoir et que le président de la République en prit possession. L'Assemblée constituante acclama le premier comme un nouveau Cincinnatus, et elle reçut avec une attentive gravité le serment officiel du second : Louis Napoléon Bonaparte jura solennellement de rester fidèle à la Constitution, cette Constitution qui l'obligeait de façon formelle à redevenir dans quatre ans un citoyen comme les autres. Au nombre des participants de la cérémonie se trouvait un représentant de la Seine, qui siégeait alors du côté droit, et qui avait voté pour Napoléon au 10 décembre : Victor Hugo...

Le nouveau président forme aussitôt un ministère. Il y appelle logiquement les hommes du parti de l'ordre. Les personnalités les plus marquantes en sont Odilon Barrot et le comte de Falloux. A tous les échelons, un véritable changement de personnel administratif s'effectue, bien plus complet que celui de l'été. En voici deux exemples complémentaires : le jeune préfet Émile Ollivier, que Cavaignac s'était contenté de déplacer de Marseille à Chaumont (Haute-Marne), est en janvier 1849 privé de tout emploi ; à la même date, le jeune baron Haussmann, sous-préfet sous Louis-Philippe, sans emploi depuis février 48, se voit nommer à une préfecture. La réaction n'est plus antisocialiste, elle est nettement antirépublicaine.

Les élections législatives et la crise de juin 49

Pour achever la mise en place des organes constitutionnels, il ne manquait plus que l'Assemblée législative. A vrai dire, la Constituante, dont la majorité républicaine s'inquiétait de la tournure des événements, se serait volontiers prolongée quelque temps encore pour en jouer le rôle. Mais, après tout, sa mission constituante étant remplie, cette intention était faiblement fondée, et elle finit par accepter de se dissoudre. Les élections législatives sont donc fixées au 13 mai 1849.

Il est devenu banal d'opposer aux élections du 23 avril 48, souvent unanimistes et confuses, ces élections du 13 mai 49 ; s'affrontent, en effet, pour la première fois deux grands « partis » organisés (encore que leur organisation n'ait rien de commun avec ce que nous appelons « parti » au XXe siècle : nos partis contemporains sont juridiquement des associations ; mais la liberté d'association n'était pas codifiée au XIXe siècle, elle était même mal vue de toute l'opinion libérale, toujours prompte à soupçonner de conspiration tout groupement à liens solides – c'est un problème majeur de l'époque, nous le retrouverons bientôt). « Parti de l'ordre » d'un côté, « parti » montagnard de l'autre sont des groupes sans statuts ni discipline formelle, mais consciemment rassemblés, à l'échelle nationale, autour de quelques leaders, de quelques journaux, de quelques principes. Les montagnards (nom emprunté à la Convention de 93) prolongent la Solidarité républicaine, qui avait été interdite après quelques semaines d'existence, précisément comme association. Leur idéal étant une république « démocratique et sociale », le public les appellera « démocsocs », et leurs ennemis les stigmatiseront du terme de « rouges ». Entre ces deux camps, les républicains modérés, qui ont en 1848 occupé presque toute la scène, se reclasseront, suivant leur penchant propre, soit vers l'ordre conservateur, soit vers la démocratie, ou bien, comme Lamartine, se retireront du débat. Rares seront ceux qui pourront, dans leur département, se faire élire en position centriste.

Car l'élection du 13 mai est une élection polarisée. Il est également devenu banal – mais il reste fort important – d'y voir naître la première carte géographique stable de l'opinion politique française, celle dont jusqu'à nos jours les commentateurs se plaisent à retrouver quelques linéaments aux lendemains des consultations populaires : stabilité d'une province « radicale » (au sens large du mot) dont les départements votent à l'extrême gauche même s'ils sont surtout ruraux, Var et Basses-Alpes, Lot-et-Garonne et Dordogne, Cher et Allier, et l'on en passe... Au total, cela ne fait qu'une minorité : environ 200 montagnards sont élus contre presque 500 conservateurs, et un centre qui n'atteint pas la centaine, sur un total de 750 représentants. Sur le moment, on ne pouvait savoir que cette géographie de la province rouge serait à peu près stable (et donc minoritaire) pour plusieurs dizaines d'années. On crut (pour s'en lamenter ou pour s'en réjouir) qu'il s'agissait seulement d'un début. On fut sensible au fait – qui, après tout, méritait bien d'être remarqué – que le socialisme pouvait séduire des électeurs au-delà des faubourgs prolétariens des villes. Qu'une version rurale de la démocratie sociale soit possible, c'est bien la grande révélation des élections de mai 1849 ; elle va marquer (comme Ph. Vigier l'a fortement et justement souligné) toute l'histoire de la seconde République. Et, sur le moment, l'effroi que cette découverte inspire aux conservateurs, comme l'espérance qu'elle suscite dans l'opposition, donne à la rentrée politique une singulière tension.

La première explosion jaillira, cependant, à propos de la politique extérieure. La réaction était apparue en ce domaine aussi ; en Italie, les républicains (Mazzini, Garibaldi) ayant triomphé à Rome, d'où Pie IX s'était enfui, une armée française s'y était rendue, d'abord, en principe, pour empêcher l'Autriche d'exploiter la situation à son profit. Mais voici que le nouveau gouvernement étend et aggrave la mission de notre corps expéditionnaire : il lui fait reprendre Rome sur les républicains et rétablir, avec le pape, le pouvoir anachronique des cardinaux. A l'Assemblée, la gauche montagnarde, par la voix de Ledru-Rollin, interpelle, mais en vain, puisqu'elle est minoritaire ; le 13 juin, la Montagne décide alors à la hâte une démonstration de rue, qui échoue piteusement ; Ledru-Rollin et ses collègues sont presque seuls sur les boulevards quand la troupe se présente. Ledru-Rollin, échappant de justesse à l'arrestation, peut gagner Londres, pour grossir le petit groupe de proscrits ; d'autres représentants sont emprisonnés. La Montagne, un peu réduite en nombre, passera sous la direction de personnages de second plan, l'avocat Michel (de Bourges) ou le maçon Martin Nadaud. Mais, déjà, grande différence avec juin 48, ce semblant de révolte parisienne a eu des échos en province. A Lyon, le 15 juin, la manifestation montagnarde aboutit à une bataille de rues qui fait en quelques heures plusieurs dizaines de morts dans chaque camp. Quelques autres villes, et même des villages (dans l'Allier), ont aussi remué.

1849-50.
Au centre, croisade antisocialiste

L'état de siège est la réponse, en plusieurs départements. Car, de cet été de 1849 jusqu'à l'été de 1850, la politique est de plus en plus sous le signe de la répression. Le bilan de cette année, en dépit de quelques discordances mineures entre le président, ses ministères (Barrot puis d'Hautpoul) et la majorité de l'Assemblée, c'est une entente de tous les pouvoirs pour tenter d'étouffer l'opinion démocratique : épuration toujours plus complète du personnel administratif et du personnel enseignant ; vote d'une nouvelle loi sur les clubs ; procès intentés à la presse d'opposition, tout ce qu'on a appelé cyniquement à l'époque l'« expédition de Rome à l'intérieur ». C'est dans cet ensemble et dans ce climat que s'insère la célèbre loi Falloux : elle ne se propose pas seulement d'honorer une promesse libérale, la liberté d'enseignement, elle met aussi sous le contrôle des autorités administratives et « morales » (c'est-à-dire, en fait, de l'Église) l'ensemble des établissements laïques de l'Université. Cet aspect de la réaction ne va pas d'ailleurs sans chocs en retour : le débat sur la loi Falloux montre que la Montagne a gagné un nouvel orateur, prestigieux, sinon efficace, avec le ralliement de Victor Hugo à ses rangs.

Pour combler précisément ces rangs éclaircis par la répression consécutive au 13 juin 49, des élections complémentaires ont lieu les 10 mars et 28 avril 1850. Un certain nombre de montagnards ayant été élus à la place des emprisonnés, le parti de l'ordre s'en prend au suffrage universel : la loi du 31 mai 1850 met à l'inscription sur la liste électorale des conditions (inscription au registre des impôts directs, résidence fixe depuis trois ans) bien calculées pour éliminer les citoyens les plus pauvres. Moment décisif, comme nous le verrons.

On ne comprend ces mesures exorbitantes, ce retour à l'alliance du trône (si l'on peut dire) et de l'autel, ce retour au suffrage restreint, que si l'on se représente le véritable esprit de croisade morale qui animait alors la France conservatrice. « La Religion, la Famille et la Propriété » formaient une trinité sacrée dont toute vie civilisée était censée inséparable. Le socialisme, quand il critiquait l'extrême infériorité de la condition féminine dans le mariage bourgeois, était suspect de prôner la liberté sans freins, la polygamie ou la promiscuité ; quand il critiquait les abus de la richesse, il était censé faire l'apologie du vol ; considéré dans sa critique d'ensemble du monde présent, il devenait un retour à la barbarie. Il est vrai que le socialisme des « démoc-socs » était confus, et d'ailleurs point homogène ; et, par exemple, la distinction classique entre propriété des moyens de production et propriété des biens de consommation était sentie sans doute, mais mal formulée, mal exposée, et cette absence rendait évidemment plus inquiets les propriétaires... Reste que ceux-ci ne faisaient pas grand effort de compréhension, et toutes les protestations que faisaient les « démoc-socs » de leur moralité, de leur modération, de leur évangélisme même (car la plupart d'entre eux continuaient à répudier le matérialisme et à se réclamer du véritable esprit chrétien) passaient pour des démentis hypocrites, qui aggravaient plutôt leur cas.

Jamais, peut-être, le dialogue entre la droite et la gauche de la France politique n'a ressemblé davantage à un dialogue de sourds. Au reste, Flaubert a tout fait revivre de l'esprit de ce temps dans son admirable *Education sentimentale.*

1849-50.
En province, les grandes espérances

Mais, encore une fois, l'essentiel est la province, et la province rurale.

Or, l'agriculture est en passe de devenir le secteur économique le moins favorisé. Non que la grande crise ait été entièrement surmontée ailleurs. L'absence d'institutions de crédit puissantes et modernes, l'incertitude aussi de la conjoncture politique font que les grands travaux publics et les chantiers de chemin de fer restent en panne, ce qui contribue à compromettre l'activité de la métallurgie, par exemple. Mais dans un grand nombre d'autres fabrications industrielles en 1849 et 50 la reprise a lieu, et l'activité commerciale se ranime. Au contraire, dans l'agriculture, le marasme persiste : les prix des céréales, des vins, pour ne citer que les principaux, restent au niveau le plus faible. Quoi qu'il en soit des causes (retard normal de l'évolution en ce secteur, effet particulièrement sensible ici du climat politique, production accrue grâce à de bonnes récoltes), le fait demeure : le revenu agricole est au plus bas. Or, la société rurale est — on s'en souvient — particulièrement vulnérable à cette époque où l'agriculture doit nourrir avec des techniques encore, pour l'essentiel, archaïques une population plus dense que jamais. La conséquence en est que l'endettement du paysan ne cesse de s'aggraver. Dans certaines régions, on commence à le percevoir comme le plus aigu des problèmes sociaux du moment.

Les démocrates, en tout cas, l'ont bien vu, et depuis 1849 ils ont entrepris de faire de grands efforts de propagande dans les campagnes, et de faire bonne place dans cette propagande à la dénonciation de l'usurier près de celle du « féodal ». Dans certaines régions (pas dans toutes — et l'histoire nous en dira quelque jour les raisons profondes — mais à l'époque on ne prévoyait pas les limites de ces conquêtes), dans certaines régions, donc, du sud, du centre ou de l'est de la France, le paysan apprend à mettre dans la « république démocratique et sociale » l'espoir du crédit à bon marché ou de la réduction de l'impôt indirect. Les gains électoraux que nous avons indiqués viennent pour une bonne part de ces convictions. C'est ce qui explique l'optimisme du parti montagnard. De décembre 48 à mai 49, et parfois de mai 49 à mars 50, les amis de Ledru-Rollin ont fait de tels progrès qu'ils croient pouvoir gagner les élections prévues de mai 1852. Échéance décisive : à cette date, en effet, expireront à la fois les pouvoirs de l'Assemblée, élue pour trois ans en 49, et ceux du président, élu pour quatre ans en 48. L'avènement pacifique d'une France socialiste par le seul bulletin de vote en 1852 fait de ce millésime un véritable symbole, d'espoir pour les uns, d'effroi pour les autres.

Cet espoir qui fait l'optimisme des Montagnards leur permet aussi de garder à peu près toujours un calme méritoire en face des innombrables provocations dont les accablent les pouvoirs publics : les procès de presse dont nous avons parlé ne sont que l'élément le plus voyant d'une incessante guerre de coups d'épingle (procès-verbal pour port d'une cravate rouge, procès-verbal pour avoir chanté une chanson sociale de Pierre Dupont, procès-verbal pour avoir fait lecture à haute voix d'un journal politique dans le local d'une société de secours mutuels, etc.). La gendarmerie accumule alors dans les villages une solide impopularité, et les braconniers ne seront pas les seuls, en 1851, à avoir des comptes à régler. Cette guérilla rustique est d'autant plus ardente que les villages d'alors grouillent de monde, que les gens y sont simples, naïfs, chaleureux, qu'ils se sont jetés dans la politique « rouge » avec des enthousiasmes de néophytes et qu'en même temps ils restent attachés à toutes leurs coutumes, fêtes et traditions. Entre la politique démocratique et le folklore se produisent alors des amalgames spontanés d'une rare saveur. Il arrive d'ailleurs, parfois, que les dirigeants de la Montagne orientent ces liaisons et cet enracinement. C'est sur un mot d'ordre de *la Feuille de village*, le journal de Joigneaux, représentant de l'Yonne et spécialiste rural du parti, qu'en bien des communes on peut voir, un dimanche matin, tous les hommes se rassembler pour aller piocher le champ d'un camarade blessé ou malade. Retrouvant et systématisant une pratique spontanée de solidarité populaire, les Montagnards voulaient ainsi démontrer que leur collectivisme était d'abord moral, généreux, fraternel. Hélas! comme les camarades exaltés par ce sentiment se rendaient au champ en cortège, en chantant les refrains de leur répertoire, et quelquefois derrière un drapeau rouge, la police verbalisait ces signes séditieux. Vous nous interdisez de faire acte moral, disaient les uns. Vous prenez prétexte de morale pour faire de l'agitation, disaient les autres — l'incompréhension était au plus haut degré. Nous l'avons déjà dit, mais ce n'est pas seulement une vérité de presse parisienne, c'est une expérience concrète universelle.

1850-51. En province, le temps des organisations

On devine le trouble apporté dans cette situation euphorique de conquête montagnarde par la loi du 31 mai 1850 : l'abolition de fait de ce suffrage universel qui portait tant d'espérances remet inévitablement la révolution à l'ordre du jour, soit qu'il y ait à reconquérir le droit de vote en 52, soit qu'il y ait, même avant cette date, à résister à d'autres réactions. C'est alors que certains démocrates, s'intitulant « la Nouvelle Montagne », entreprennent de grouper plus étroitement les militants les plus solides, et d'améliorer leurs communications de localité à localité, et même de département à département, par un réseau de sociétés secrètes. A vrai dire, il y avait eu dès avant 1848 quelques associations politiques, même populaires, et même provinciales, constituées sur le modèle des sociétés à initiation classique (franc-maçonnerie ou charbonnerie). Mais avec la république commençante, l'associationnisme politique s'était normalement exprimé en organisations ostensibles et légales, clubs, comités électoraux, cercles, sociétés de secours mutuels, etc. Puis était venue la réaction, proscrivant les clubs, interdisant aux cercles et mutuelles de sortir de leur rôle spécifique et les dissolvant à la moindre infraction. Vers 1850, il était devenu pratiquement impossible à un groupe de citoyens de se réunir pour parler d'affaires publiques, sinon dans un domicile privé, ou encore dans un café, mais avec quelle vigilance! On se réunissait quand même, bien entendu, surtout dans les régions méridionales de la France, où la sociabilité était enracinée dans la coutume. Mais il y fallait quelque discrétion. L'autorité répressive, quand elle en avait connaissance, dénonçait alors la « société secrète » là même où n'existait qu'un cercle inoffensif contraint à la dissimulation par la carence ou l'hostilité de la loi. Du fait que les pouvoirs publics voyaient ainsi des sociétés secrètes partout, avec d'évidentes exagérations, il est arrivé que des historiens républicains de tradition libérale — tombant dans un excès inverse — nient ou minimisent les véritables sociétés secrètes, comme pour laver les grands ancêtres du péché de conspiration. On voit mieux aujourd'hui la vérité, qui est moyenne.

Dès l'automne de 1850, l'arrestation à Lyon d'un important militant avignonnais, Alphonse Gent, qui faisait la liaison entre les sociétés du Midi et les proscrits de Genève ou de Londres, permet de découvrir un certain nombre de liens d'affiliation dans tout le sud-est de la France. C'est l'affaire dite « du complot de Lyon ». De nombreux militants influents du Gard, de la Drôme, des Basses-Alpes, du Var, des Bouches-du-Rhône notamment sont ainsi arrêtés jusqu'à la fin de l'année 50. Bien qu'on n'ait pu prouver que des liaisons, et point de préparatifs insurrectionnels concrets, les peines prononcées en août 51 seront lourdes : la déportation aux îles Marquises (à Nuku-Hiva) pour trois dirigeants, les forts de Belle-Ile pour une dizaine d'autres. Bien entendu, sociétés et réseaux se reconstituent, mais avec d'autres cadres, moins bien trempés peut-être.

Il ne faudrait pas se représenter, cependant, le parti démocrate et socialiste comme homogène et uniformément engagé dans des activités de politique défensive. Certains semblent avoir tiré de cette impossibilité présente d'user du bulletin de vote la tentation de se replier, hors de la lutte politique, vers la recherche d'améliorations sociales concrètes : restaurants ou boulangeries sociétaires, coopératives ouvrières de production connaissent, en effet, une certaine renaissance dans le courant de 1851. Mais le pouvoir ne cherche pas le moins du monde à exploiter la faille entre activisme politique et économisme ouvrier. Il ne veut voir dans ce dernier que l'atteinte apportée au patronat privé, à moins qu'il n'y soupçonne des camouflages de conspiration. Ses tracasseries aboutissent ainsi à maintenir l'unité du mouvement démocratique et populaire.

1850-51. Au centre, le temps de la confusion

Cependant, depuis cet été de 1850 et les mesures prises pour écarter le péril rouge, le camp conservateur pouvait envisager l'avenir pour son propre compte. Mais il ne pouvait plus, dès lors, rester uni : pour Louis Napoléon, le meilleur moyen d'éviter la crise en 1852 serait de se perpétuer au pouvoir ; il commence à cultiver sa popularité personnelle en visitant des casernes, en faisant des voyages en province, en s'efforçant de dégager, du sein de la majorité de l'Assemblée, un véritable « parti de l'Élysée ». Surtout, ses préfets incitent les conseils généraux à émettre des vœux, les citoyens à signer des pétitions en faveur d'une révision constitutionnelle qui abolirait notamment l'article sur la non-rééligibilité du président. Le succès en est mitigé. Mais il est clair que le président joue un jeu personnel qui mène à la dictature et à l'empire. Certains conservateurs s'en inquiètent, soit qu'ils tiennent aux institutions libérales, soit qu'ils restent fidèles à l'espoir de restaurer l'une des branches des Bourbons, soit que des conflits d'intérêt personnel ou économique les opposent aux coteries et aux groupes d'affaires qui ont misé sur le bonapartisme. Le parti de l'ordre est donc coupé en deux, du moins dans les hautes sphères politiques. Dès la fin de 1850, et pendant toute l'année de 1851, la politique nationale consiste dans la lutte entre le président et la fraction antibonapartiste (surtout animée par Thiers) de la majorité conservatrice de l'Assemblée. De ses nombreuses péripéties se dégage d'abord, au début de 1851, l'affaire Changarnier : le président ôte son commandement à ce général, l'un des espoirs de l'opposition conservatrice, qui avait interdit à ses soldats de crier Vive l'Empereur! En revanche, en juillet, Bonaparte enregistre l'échec de la révision constitutionnelle. L'Assemblée ne pouvait en décider l'ouverture qu'à la majorité des trois quarts des voix ; or, les Montagnards et les conservateurs antibonapartistes font ensemble bien plus que le quart d'opposants requis.

Une sentinelle invisible

Survient alors, en octobre-novembre, l'habile manœuvre présidentielle qui annonce par avance l'un des éléments du coup d'État, et qui consiste à proposer l'abrogation de la loi du 31 mai 1850 ; il se trouve naturellement une majorité conservatrice pour la rejeter, c'est-à-dire pour maintenir la mutilation du droit de suffrage. L'essentiel est que la division entre opposants conservateurs et opposants démocrates soit réapparue, comme il était inévitable, en cette occasion. On s'explique ainsi l'affaire décisive de la proposition des questeurs. La révision rejetée, le président ne peut plus se maintenir au pouvoir en 52 que par un viol de la Constitution ; le coup d'État est donc probable, ses préparatifs sont patents. Les questeurs, liés au groupe des conservateurs antibonapartistes, proposent une loi qui permettrait à l'Assemblée d'organiser sa propre protection militaire. Mais ces conservateurs ont été, il y a peu, si réactionnaires et si antipopulaires que les Montagnards ont peine à croire à ce regain de libéralisme de leur part. Craignant un coup d'État... des amis de M. Thiers, la plupart des Montagnards votent avec le parti de l'Élysée et font rejeter la proposition des questeurs. Le principal auteur de cette erreur décisive de tactique parlementaire, Michel (de Bourges), l'avait justifiée par un discours fameux où il montrait l'Assemblée et la liberté suffisamment gardée par une « sentinelle invisible », le peuple. Cette solennelle sottise attribuait aux barricades, et aux appels qui les susciteraient, une vertu magique que l'expérience allait bien démentir.

III. L'ORDRE CONSERVATEUR CONTRE LA « BONNE » RÉPUBLIQUE

Décembre 1851-Décembre 1852

Préparation du coup d'Etat

Le président Louis Napoléon Bonaparte était... un bonapartiste : dans les discussions de la presse et de la tribune, il ne voyait que bavardage et confusion inutiles ; quant aux aspirations populaires, il pouvait en sentir les motifs et les justifier, mais il exigeait qu'un pouvoir fort en ordonne (et en limite) les satisfactions. Le bonapartisme n'était pas seulement pour lui une doctrine ou un état d'esprit, c'était un héritage à restaurer, une sorte de mission familiale et personnelle à laquelle il paraît n'avoir jamais cessé de croire. Le choix du 2 décembre, jour anniversaire du sacre impérial de 1804 et de la victoire d'Austerlitz en 1805, comme date du coup d'État, prouve assez cette mystique et cette superstition. Idéologie et mystique n'excluent d'ailleurs pas la motivation sordide dont on a beaucoup parlé à l'époque : il est certain que le président avait, à titre personnel, des finances fort obérées et qu'un retour à la situation de simple particulier lui aurait été fort difficile.

Les mêmes mobiles se retrouvent, diversement dosés, dans l'entourage de familiers — certains déjà promus à des fonctions importantes, d'autres encore simples confidents — qui, à l'insu même de certains des ministres, aidaient depuis plusieurs semaines le président dans ses préparatifs : Morny, son demi-frère, Saint-Arnaud, général et ministre de la Guerre, Maupas, préfet de police, pour ne citer que les principaux. Avec les manœuvres parlementaires que nous avons dites, avec les opérations plus discrètes de séduction et d'épuration dans les cadres de l'armée, la promotion progressive de Maupas et de Saint-Arnaud aux postes clefs du maniement de la force avait constitué l'essentiel de la préparation. Morny en avait été le principal stratège, comme il allait être le véritable dirigeant de l'exécution le jour venu — ou plutôt la nuit venue...

Le coup d'Etat

Dans la nuit du 1er au 2 décembre, en effet, se déroulent les opérations essentielles : mise en place de troupes aux points stratégiques de la capitale ; impression, dans l'Imprimerie nationale, mise sous bonne garde, d'affiches qui vont être immédiatement apposées ; arrestation à leur domicile d'un certain nombre de représentants influents, parmi lesquels Thiers et Changarnier. Ces arrestations visent à priver de chefs l'opposition parlementaire, les affiches visent à neutraliser l'opposition populaire. Les proclamations dont elles reproduisaient le texte étaient destinées l'une à l'armée, l'autre à la population. Celle-ci était évidemment la principale. Elle annonçait de grandes décisions : dissolution de l'Assemblée législative, plébiscite, nouvelle Constitution ; pour les justifier, au-delà des thèmes classiques du bonapartisme sur les mérites de l'œuvre du Consulat et les impuissances des Assemblées délibérantes, elle annonçait le rétablissement du suffrage universel par abrogation de la loi du 31 mai 1850. Ainsi, les hommes du coup d'État, préférant dans un premier temps la démagogie à la violence, se plaçaient-ils habilement plus à gauche que l'Assemblée dissoute.

Paris neutralisé — du moins l'espérait-on —, la province suivrait. Nous savons combien de cadres politiques se trouvaient déjà exilés ou emprisonnés ; d'autres, les élus, étaient rassemblés à Paris pour la session parlementaire. Le pouvoir était sûr de ses agents locaux : les généraux commandant les régions militaires et les départements suivraient les ordres du ministre de la Guerre. Quant aux préfets, ils allaient recevoir ceux de Morny, qui s'installe dès l'aube du 2 au ministère de l'Intérieur. Le nouveau chef de l'administration n'opère qu'un nombre limité de mutations : le corps préfectoral mis en place depuis 1849 l'avait souvent été (les *Mémoires* d'Haussmann en font foi) sous l'inspiration directe de l'Élysée, et l'allégeance bonapartiste y était déjà très fréquente. Et, surtout, en trois années de lutte acharnée contre la propagande « rouge », la plupart des préfets avaient pris des habitudes de vigueur dénuée de scrupules juridiques qui préparaient le coup d'État et déjà le préfiguraient. Pour tous ces fonctionnaires (et, nous le verrons, pour une partie de l'opinion) le pas était facile à franchir, de la république à la dictature, parce que cette république, faute notamment d'une législation valable sur les réunions, les associations ou la presse, était déjà assez peu libérale.

Résistance à Paris

Le matin du 2 décembre 1851, donc, la plupart des représentants qui n'ont pas été arrêtés, traversant les rues d'un Paris glacé où les rares passants qui lisent les affiches sont moins indignés que curieux, se rendent au Palais-Bourbon. Leur indignation à eux ne faisait pas de doute : leur mandat brisé, leurs collègues arrêtés dans des domiciles violés, et, par-dessus tout, en ces temps où la culture et l'éducation juridiques des bourgeois étaient hautes et solides, cette révélation de la forfaiture et du parjure du chef de l'État. Mais, au moment où la discussion s'organise, sous la molle présidence de Dupin, accablé de cette responsabilité, un régiment se présente pour faire évacuer la salle des séances. Le 2 Décembre ressemble ainsi de plus en plus à un 18 (ou 19)-Brumaire, mais ce nouvel épisode, qui ajoute un nouveau motif à l'indignation des représentants, en rend aussi l'expression moins aisée.

Les élus expulsés se retrouvent, au nombre de quelque 200, dans un lieu public voisin, la mairie du Xe arrondissement (actuels VIe et VIIe). Ils y délibèrent assez longuement pour chercher la meilleure parade juridique, mais sans envisager le moins du monde d'appeler, au service d'un bon droit évident, une force qui ne pourrait être que populaire, et par conséquent révolutionnaire. Lorsqu'à son tour la mairie du Xe, vers le milieu de la journée, voit arriver la force armée, les représentants protestent hautement, mais se laissent arrêter, avec — on l'a bien noté dès cette époque — une sorte de soulagement : l'arrestation manifestait qu'ils n'étaient pas complices du coup d'État, et elle leur ôtait le moyen d'aller — s'ils en avaient été tentés — rejoindre le camp de l'émeute. Ainsi étaient satisfaites d'un même coup leur conscience de libéraux et leur prudence de conservateurs. Le séjour à Mazas ne sera pas long ; après, tout au plus, un bref temps d'exil hors de France, l'aile droite de l'élite politique française s'apprête dignement à passer quelque vingt ans sur l'Aventin.

Plus d'un Parisien, même du petit peuple, était goguenard en voyant rouler les voitures qui menaient en prison ces graves messieurs de province. Pourquoi se battrait-on pour ces personnages qui, en juin 48, avaient fait traiter le prolétariat avec une incroyable dureté, et puis, en mai 50, lui avaient retiré le droit de vote ? La passivité immédiate des rues de Paris constitue un succès pour le coup d'État tel qu'il a été d'abord conçu, démagogique et antiparlementaire. C'est ce courant que va essayer de remonter un petit groupe de représentants de la Montagne échappés à l'arrestation et dédaigneux des palabres de leurs collègues : Michel (de Bourges), Victor Hugo, Victor Schœlcher (l'apôtre de l'émancipation des esclaves antillais) et d'autres moins célèbres forment un comité clandestin et décident d'appeler aux armes les travailleurs des vieux faubourgs révolutionnaires de l'Est. Dans la journée du 3, des barricades s'élèvent, en effet, rue Saint-Martin, quartier Beaubourg, faubourg Saint-Antoine, attestant qu'une avant-garde lucide refuse de laisser dissocier l'aspiration au bien-être populaire de l'aspiration au libéralisme politique traditionnel. Que tel soit bien le sens du dialogue difficile qui s'instituait alors entre ouvriers et notables républicains, c'est ce que veut illustrer l'anecdote, significative même si elle n'est pas exactement authentique, de la mort du représentant Baudin sur une barricade du faubourg Saint-Antoine. L'indemnité parlementaire étant de 25 francs par jour (alors qu'un ouvrier était fort bien payé lorsqu'il en gagnait 5), un homme du peuple aurait dit aux représentants qui l'appelaient à la lutte : « Nous ne voulons pas nous faire tuer pour vous garder vos 25 francs par jour! — Vous allez voir, aurait dit Baudin, comment on peut mourir pour 25 francs. » Montant sur la barricade, Baudin essuie le feu des soldats qui s'avancent, et se fait tuer en effet. La mort de Baudin ou celle de Dussoubs, frère d'un autre représentant, donnent tout son poids à cette résistance de l'aile gauche de l'Assemblée. Et cette mort dans ces circonstances, érigée en symbole dès 1868 par les amis de Gambetta, indique l'idéal déjà naissant d'une république qui saurait être à la fois libérale et populaire. Dans l'immédiat, la bataille de rues dans l'est de Paris se poursuivait mollement, d'abord parce que les insurgés n'avaient pas réussi à entraîner de grandes masses derrière eux, ensuite aussi parce que Morny, selon un schéma classique, laissa grandir le mouvement jusqu'au milieu de la journée du 4 pour que la répression en soit plus étendue. Le plan ne réussit que trop bien. Au début de l'après-midi du 4, en effet, alors que les barricades populaires tenaient encore, la foule habituelle des promeneurs des Grands Boulevards s'était remise à circuler, curieuse d'une lutte que sa relative lenteur pouvait donner pour incertaine, plutôt hostile aux troupes qui passaient. Un incident, surgi on ne sait d'où, amena une unité de cavalerie à charger et à ouvrir le feu. Ainsi, le soir du 4, Paris était maté, mais, aux victimes habituelles fournies par les quartiers populaires, la « fusillade des Boulevards » avait ajouté un contingent plus bourgeois dont le souvenir devait durer.

Résistances en province

Au moment où s'achevait à Paris cette lutte difficile, et même équivoque, on apprenait que certaines régions, sortant de la passivité qui paraissait être depuis le début du siècle le lot de la province, prenaient les armes pour résister au coup d'État.

Mais non pas toutes les régions, et, dans les régions soulevées, non pas toutes les localités. Aux quatre coins du territoire national, de Lille à Lyon et à Marseille, de Bordeaux à Nancy et à Strasbourg, les grandes villes connaissent toutes, en réduction, le destin de Paris : comme elles sont bien garnies de troupes, les manifestations des républicains descendus dans la rue le 3 sont empêchées de se développer en émeutes. Presque aussitôt, au contraire, la police contre-attaque en arrêtant à domicile ou au siège des journaux les militants connus. Certains s'échappent et gagnent les localités environnantes, où ils contribuent — si cela est possible — à soulever la résistance. Celle-ci va donc caractériser les régions où le parti démocratique, loin de se réduire aux foules industrielles des grandes villes, avait su gagner à sa cause un nombre appréciable d'adeptes dans les petites villes, bourgs et villages. Cette résistance retrouve donc, et confirme, la géographie différentielle de l'opinion politique française dont les élections législatives du 13 mai 1849 avaient tracé la première image. On ne bouge pas dans les régions de plaines situées au nord de Paris, on ne bouge pas dans l'Ouest armoricain (sauf dans la frange républicaine du département de la Sarthe, où se soulève le bourg de La Suze), on ne bouge pas au cœur du Massif central, on ne bouge guère dans les provinces du Nord-Est, sauf en deux petites villes du Jura (Poligny, Arbois). La résistance est le fait de trois ensembles régionaux. L'un traverse le centre de la France, au nord du Massif central, de l'Ain et de Saône-et-Loire à la Haute-Vienne, en passant par l'Yonne, la Nièvre, le Loiret, l'Allier et le Cher. Il est loin, d'ailleurs, de couvrir l'ensemble de ces départements ; une seule sous-préfecture est occupée par les insurgés et connaît des incidents sanglants : Clamecy ; ailleurs, ce sont des rassemblements ruraux sporadiques, et qui sont dispersés avant d'avoir abordé les chefs-lieux. La seconde zone de soulèvements est celle du bassin d'Aquitaine : Tarn-et-Garonne, Lot, Lot-et-Garonne et Gers, et partiellement Dordogne et Aveyron. Là encore la zone est discontinue ; toutefois, plusieurs sous-préfectures, Nérac, Marmande, Mirande, etc., sont occupées, et peu s'en faut que les préfectures d'Agen et d'Auch ne le soient aussi. La dernière zone, et la plus importante, est celle du Sud-Est méditerranéen et alpin : Pyrénées-Orientales, Hérault et Gard, Var et Vaucluse, Basses-Alpes, Drôme et Ardèche. C'est là que le soulèvement fut parfois massif, notamment dans le centre de l'Hérault, la moitié ouest du Var, l'ouest et le sud des Basses-Alpes, le sud de la Drôme ; c'est là qu'il fut quelquefois marqué de violence (à Bédarieux, dans l'Hérault, notamment) ; c'est là qu'on vit non seulement de nombreuses sous-préfectures (Béziers, Brignoles, Sisteron, etc.), mais encore, cas unique en France, une préfecture, celle de Digne, occupées pendant quelques heures ou quelques jours. C'est là, enfin, que le rétablissement de l'ordre par les colonnes militaires parties des grandes villes donna lieu, les 9 et 10 décembre, à des semblants de batailles rangées, à Aups (Var), aux Mées (Basses-Alpes) et à Crest (Drôme).

La similitude et la simultanéité de ces événements sont frappantes. Mais c'est que le coup d'État était prévisible et prévu, et que tout militant républicain avait eu le temps d'en connaître et d'en faire connaître la parade juridique : l'article 68 de la Constitution, qui prévoyait explicitement sa violation par le président et qui stipulait pour cette éventualité sa déchéance, et l'article 111, qui, en termes plus généraux, confiait « la garde de la Constitution au patriotisme de tous les Français ». On pouvait en déduire assez naturellement que les autorités administratives qui continuaient à obéir au président Bonaparte au-delà du 2 décembre, étant complices de sa forfaiture, devaient être frappées de la même déchéance et remplacées par des citoyens résolus à respecter la Constitution et la république. Par une rencontre curieuse, il semble bien que Bonaparte lui-même ait involontairement renforcé ce courant en proclamant le suffrage universel rétabli. « Le peuple rentre dans ses droits », entendait-on dire dans les insurrections locales des 3, 4 et 5 décembre, et il est souvent difficile de discerner si cette traduction populaire de l'événement se rattachait à l'interprétation des articles 68 et 111 ou à l'abrogation de la loi du 31 mai. Quoi qu'il en soit, la notion d'un droit populaire, fondamentalement légitime, qu'il fallait rétablir et réexercer, est partout présente. Aussi le mouvement est-il partout, d'abord, municipal. L'on se rend à la mairie, et si le conseil en fonction refuse de prendre la tête du mouvement, on forme une commission municipale provisoire qui s'installe à sa place. Le mouvement n'est jamais si fort que lorsqu'il y avait déjà contestation du pouvoir municipal ; lorsque, par exemple, cas fréquent dans le Midi, une commune était administrée par un conseiller municipal conservateur qui avait été nommé maire par le préfet à la place d'un maire démocrate révoqué. Alors, l'insurrection consiste à rétablir en sa place le véritable élu du peuple. A regarder de près la genèse et surtout les antécédents locaux des mouvements, on s'aperçoit ainsi qu'ils ont été particulièrement vigoureux lorsqu'il y avait un contentieux local (politique ou — nous y reviendrons — social) à liquider, lorsque la résistance au coup d'État de Paris donnait l'occasion de prendre une revanche sur les mille et un coups d'État locaux que les préfets et certains notables avaient multipliés depuis quelques mois. Installés dans les mairies, les républicains songent avant tout à s'armer, avec un armement de fortune ou avec les fusils de la garde nationale s'ils peuvent s'en emparer (et l'on ne comprendrait pas l'ampleur de ces prises d'armes de décembre 51 et la bonne conscience juridique avec laquelle elles furent accomplies si l'on n'avait présente à l'esprit l'existence de cette institution fondamentale de l'époque qu'était la garde nationale) ; et ils songent aussi à désarmer leurs adversaires : la caserne de gendarmerie, s'il y en a une, est investie et envahie, les armes saisies ; les domiciles des bourgeois membres du parti de l'ordre sont souvent perquisitionnés aux mêmes fins. Plus rarement, l'on s'assure de la personne des gendarmes et des notables présumés les plus combatifs en les incarcérant. Après les mairies, l'échelon de pouvoir à conquérir pour faire obstacle au coup d'État se situe dans les sous-préfectures et préfectures. Conquête difficile : un chef-lieu possède souvent une petite garnison, et, surtout, autour des fonctionnaires, des bourgeois, des propriétaires, le parti de l'ordre y est, en général, singulièrement plus étoffé. C'est pour marcher sur les chefs-lieux que les démocrates, qui se sont hâtivement concertés, s'organisent en colonnes formées par les contingents de plusieurs villages. La marche sur La Palisse des villageois de l'Allier, la marche sur Digne des villageois bas-alpins, la marche à travers le Var de la colonne que Zola devait immortaliser, sous des pseudonymes sans mystère, dans *la Fortune des Rougon*, sont les plus spectaculaires. On en connaît les diverses fortunes.

Ce schéma universel, qu'il était nécessaire de rappeler parce qu'il donne l'essence du mouvement, se complète de circonstances locales plus diverses. Il s'en faut de beaucoup que le sang ait coulé partout ; lorsque cela eut lieu, ce fut le plus souvent quand les gendarmes tentèrent de résister à leur désarmement. Les rixes civiles et les meurtres de « bourgeois » furent plus rares encore (Clamecy, Béziers), épisodes qui devaient souvent rester mal élucidés et d'où l'on ne peut exclure l'hypothèse du malentendu ou même celle de la vengeance privée. A l'issue du mouvement, nous le savons, il y eut ici bataille rangée, là — plus souvent — dispersion spontanée. Dans le cours même des heures ou des journées du soulèvement, une autre variété vient de ce que quelquefois — mais non pas partout — il y eut des tentatives d'action immédiate sur les institutions (dans le Midi, par exemple, quelques proclamations hostiles à l'impôt des boissons, avec destruction des registres des « droits réunis ») ; quelquefois aussi, des actions colorées de revendication sociale (saccage d'une propriété, extorsion d'une amende), beaucoup moins, d'ailleurs, contre le patronat commercial ou industriel que contre tel ou tel usurier de village.

Faits de violence brute ou de rancœur économique, spectaculaires, certes, mais de caractère sporadique, et que, dans l'insurrection même, certains chefs tentèrent d'empêcher. Ils font ainsi deux fois contraste avec le caractère universel et unanime de l'action proprement politico-juridique.

Réinterprétations

Mais les faits locaux de violence et de rébellion sociale n'étaient pas seulement les plus remarquables par leur nature même, ils étaient les plus opportuns pour les propagandes antirépublicaines, et c'est pourquoi, immédiatement, ils vinrent occuper le devant de la scène. Cette insurrection, qui ne venait pas des grandes villes, mais des campagnes et du fond des provinces (et de quelles provinces! montagnes « farouches » des Alpes ou du Morvan, vieilles terres « fanatiques » de Provence et de Languedoc), ne pouvait être un mouvement de progrès, mais un symptôme d'arriération ; c'était la « jacquerie ». La « jacquerie » devient aussitôt le maître mot de la presse française en cet hiver de 1851-52. On feint d'y voir l'explosion de subversion et de rancœur, que les rouges étaient censés préparer sous le nom de « république démocratique et sociale » après leur victoire électorale redoutée de 1852. Nous avons déjà dit l'image caricaturale que le parti de l'ordre se faisait du socialisme. C'est cette image dont les conservateurs veulent voir la confirmation dans les journées provinciales de décembre. Il leur fallut pour cela — on le sait bien aujourd'hui, après un siècle d'historiographie critique — une prodigieuse déformation des faits : omission de tout le processus proprement politique, généralisation massive des quelques épisodes à caractère sanglant ou déprédateur, parfois invention pure et simple de détails sadiques ou scabreux, et surtout sortes de réinterprétations systématiques, la plus simple étant celle qui consistait à mettre sous la rubrique de « pillages » (donc de vol, donc... de socialisme) des agissements assez répandus mais de caractère réellement militaire, tels que saisies d'armes, réquisitions (soigneusement réglées) de pain et de vin dans les villages traversés, ou contrôle des dépêches dans les bureaux de postes. Dans cette légende de la jacquerie, qui fait irruption en décembre, sans être contredite (et pour cause!) par une presse de gauche réduite au silence, conservateurs libéraux et conservateurs bonapartistes rivalisent de zèle... et se réconcilient. Ce n'est pas, en effet, le moindre résultat — bien involontaire — du mouvement républicain que d'avoir reconstitué l'unité du parti de l'ordre. Le péril rouge justifie les uns d'avoir laissé faire le coup d'État et les autres de l'avoir fait. Car le mythe de la jacquerie permet à Louis Napoléon et à son entourage d'infléchir très habilement leur propagande : c'est pour sauver la société du péril révolutionnaire qu'il leur fallait consolider l'État. Ainsi, le coup d'État bonapartiste, qui comportait le 2 décembre, à Paris, une vague composante de gauche, est devenu vers le 10 décembre une entreprise radicalement conservatrice. Il faudra près de dix ans au bonapartisme pour retrouver son ambivalence spécifique.

Aboutissement et synthèse de quatre années effervescentes, l'insurrection républicaine de décembre 1851 est nécessairement complexe. La légende qui en faisait une « jacquerie » ne résistera pas à l'examen critique auquel se livreront, dès les années 60, les publicistes républicains, suivis (presque jusqu'à nos jours) par l'historiographie universitaire. Mise en lumière de la motivation juridique fondamentale, dénonciation des inventions calomnieuses, rétablissement de la vérité sur les épisodes contestables et juste appréciation de leur rareté, mise en valeur du légalisme, des scrupules et de la modération des chefs, tels seront les acquis définitifs de cette indispensable réaction historiographique. Mais les réactions vont souvent trop loin, et les « légendes roses » ne servent pas mieux l'intelligence historique que les « légendes noires ». C'est un fait : on ne s'est nulle part si ardemment battu pour l'article 68, le droit, et la république, que là où l'injustice avait le visage familier d'un hobereau, d'un notaire ou d'un commissaire de police abusifs et détestés. Mais parce que les conservateurs avaient, pour étayer le thème de la « jacquerie », abusé de l'explication par les antécédents locaux et par les luttes de classes, les républicains devaient pendant longtemps minimiser, voire nier ce genre de mobiles. De même que, les conservateurs ayant exagéré le rôle des sociétés secrètes, les républicains devaient aussi en réduire l'importance. Il n'y a pas si longtemps qu'une vision équilibrée des mouvements de Décembre s'élabore ; elle n'est, d'ailleurs, pas comme il peut le sembler à première vue une totalisation éclectique de l'apport utile des deux traditions en présence ; elle veut être une réflexion approfondie sur les rapports qu'entretiennent les aspirations économico-sociales avec les idéaux de politique pure.

Dans l'immédiat, cependant, journalistes et écrivains avaient un autre chapitre d'histoire à écrire, celui de la répression, et le principal thème de la défense présentée par les républicains fut de mettre en contraste la rareté de leurs violences (légitimes ou non) avec l'énorme ampleur de celles que l'Ordre commettait. Il y eut des morts dans les combats ; il y en eut (davantage sans doute) dans les obscures « chasses aux rouges » qui suivirent la dispersion des bandes, il y en eut, sous la guillotine, à la suite de procès haineux. Mais l'iniquité majeure fut la thèse implicite suivant laquelle, la « jacquerie » de Décembre étant l'aboutissement normal de la propagande « rouge », tout propagandiste était un complice moral des bandits insurgés. On poursuivit ainsi, en d'immenses rafles, quantité de républicains qui n'avaient même pas participé à l'insurrection, et que la répression qui suivit celle-ci fournit l'occasion de neutraliser pendant des années (ne serait-ce que par la forme bénigne de la mise sous surveillance policière ou de la mise en résidence forcée). Enfin, l'esprit juridique du siècle fut violemment choqué par l'instauration, pour trier cet énorme gibier, d'une juridiction exorbitante, les fameuses « commissions mixtes », où collaboraient trois pouvoirs, le judiciaire, le préfectoral et le militaire. Traduction en conseils de guerre, en cours d'assises, aux tribunaux correctionnels, déportation en Guyane, déportation en Algérie (avec ou sans résidence forcée), exil hors de France, degrés divers de surveillance en France – telle était la gamme des issues possibles. L'Angleterre, la Belgique, la Suisse, le Piémont virent ainsi affluer les militants, exilés ou fugitifs, dont le plus célèbre allait, par ses écrits, immortaliser la proscription. Car cette République de 1848 fut au moins romantique en cela qu'elle eut un Lamartine pour saluer son printemps et un Victor Hugo pour bercer son long hivernage.

Vers l'Empire

Le 21 décembre, un plébiscite de quasi-unanimité émis sous la terreur dans certains départements, et partout en l'absence complète de débats, ratifie le fait accompli. Il permet à Louis Napoléon Bonaparte de réaliser ses vœux constitutionnels : une république à prépondérance présidentielle, dont le chef (dit désormais le prince-président) n'aurait qu'un titre à changer pour se retrouver empereur. Dans les mois de janvier et février 1852, diverses lois restreignent de façon définitive ce qui restait des libertés de presse, de réunion et d'association.

Sur un point essentiel, cependant, on ne retourne pas au premier Empire : le régime reste moderne et populaire en ceci qu'il maintient le suffrage universel ; pour se prémunir contre d'éventuels résultats démocratiques, il compte sur deux ensembles de précautions : d'abord l'absence de toutes les garanties libérales, et aussi le retour au fractionnement de l'électorat. Comme au temps de Guizot, les députés, dont le nombre est réduit, sont élus, au scrutin uninominal, dans des circonscriptions opportunément découpées. Le système devait avoir dix ans d'efficacité quasi totale (cinq opposants élus seulement). Expérience considérable : le suffrage universel n'était donc pas une arme absolue contre les notables, et même pas contre les monarques ; il pouvait être assimilé par un conservatisme autoritaire, tout en lui donnant une caution de modernité. Plus encore que l'instauration du suffrage universel en février 48, son maintien en janvier 52 atteste que la politique française est entrée dans l'ère des masses, qui n'est pas nécessairement celle de la liberté.

Dans un tout autre domaine, un autre écart du régime au début de cette même année le montre quelque peu différent du conservatisme traditionnel, et même inquiète un temps les tenants de celui-ci. Il nationalise les biens de la famille d'Orléans, avec l'intention d'en doter des institutions charitables. C'est du « socialisme », commente Guizot, et Dupin traduit, d'un calembour amer, « c'est le premier vol de l'aigle... ». Les orléanistes n'avaient pas renoncé, comme on voit, à identifier le socialisme et le vol, ils se trompaient seulement en prenant pour du socialisme cet acte, resté d'ailleurs unique, où se mêlaient vengeance et démagogie. Dès le printemps de 1852, l'essor nouveau de la vie économique, dû en partie à la conjoncture mondiale, en partie à l'effacement de l'échéance rouge de « 1852 », en partie aux encouragements du pouvoir et de son entourage, atteste, au contraire, que le nouveau régime sera une ère faste pour le capitalisme libéral. Cette euphorie rapidement ressentie aide, d'ailleurs, certainement le second bonapartisme à se transformer en un second Empire. Louis Napoléon n'avait jamais cessé d'y songer. Une tournée en province jalonnée de gestes habiles (pose de la première pierre de la nouvelle cathédrale de Marseille, exemple entre bien d'autres) et de discours retentissants (Bordeaux : « L'Empire c'est la paix ») prépare cette restauration ; un nouveau plébiscite l'accepte (21 novembre) ; un nouveau 2-Décembre, enfin, celui de 1852, l'ajoute à la chaîne superstitieuse des anniversaires napoléoniens. Mais c'est le 2 décembre de 1851 qui devait rester dans notre histoire le « 2-Décembre » tout court.

Bilan de la République

Mais ce 2-Décembre est-il lui-même autre chose qu'un nouveau 18-Brumaire ? Karl Marx, l'un des premiers, fit un sort à cette analogie en intitulant *le Dix-Huit-Brumaire de Louis Bonaparte* la suite qu'il donna aux *Luttes de classes en France*. Le rapprochement pouvait aller plus loin, d'ailleurs. N'avait-on pas revu des « Montagnards » ? Pour le même Karl Marx, c'est l'ensemble de la seconde République — et pas seulement son épisode final — qui avait valeur de répétition bouffonne ; Ledru-Rollin après Robespierre, comme Badinguet après Napoléon, c'était la farce après la tragédie. On est aujourd'hui moins sévère, dans la mesure où l'on apprécie mieux ce que la seconde République a apporté de nouveau par rapport à la première : on pourrait dire un enracinement. L'idée républicaine a débordé les élites intellectuelles, celles des cadres bourgeois et petits-bourgeois organisés en sociétés post- ou néo-jacobines, pour gagner, dans quelques régions au moins, des sympathies populaires de masse qu'aucune terreur blanche ne pourrait effacer. Ce qui n'allait pas, du reste, sans compliquer le problème, car en gagnant le peuple, l'idée républicaine se combinait nécessairement avec les autres aspirations du peuple, aspirations sociales, aspirations au mieux-être. Dans l'explosion d'expressions spontanées qui accompagnait les insurrections de Décembre, une formule revenait souvent : la « bonne », la « bonne république », « Nous allons ramener la bonne république »... Qu'était-ce dire, sinon que la république qui avait régi la France de mai 48 à décembre 51 en maintenant le peuple dans ses difficultés usuelles de vie n'était pas la « bonne », pas la vraie, pas la véritable — autrement dit que la vraie république ne pouvait être qu'une république favorable aux petites gens ?

Or, dans ces mêmes années, les notables des anciens partis avaient commencé à découvrir qu'un régime républicain n'était pas toujours incapable de maintenir l'ordre établi, et qu'il offrait même l'avantage d'échapper aux exigences coûteuses de l'une ou l'autre dynastie. On sait comment, après le désastre du nouvel empire à Sedan, les conservateurs, derrière M. Thiers, seront amenés à reprendre cette expérience de 1849-50, celle d'une république conservatrice, et à s'y rallier, pour la plupart définitivement.

Ainsi naissent à la fois, dans les quatre ans que nous venons d'évoquer, deux notions, deux définitions antagonistes de la république ; l'une est purement négative : tout régime est républicain s'il n'est pas monarchique et s'il n'est pas exagérément dictatorial ; l'autre, plus vague quoique vivement sentie, est plus riche de contenu : on n'est vraiment en république que si l'aspiration démocratique et socialiste est reconnue comme visée principale.

Or, ce malentendu sur la chose, et d'abord sur le mot lui-même, déjà patent autour de 1850, n'est-il pas encore au premier rang de ceux qui départagent, au troisième quart de notre XXe siècle, la droite et la gauche de l'opinion française ?

En cela aussi, l'époque contemporaine s'ouvre bien au milieu du XIXe siècle.

LES TEMPS NOUVEAUX DE 1852 À NOS JOURS

23. LE MOUVEMENT D'UNE CIVILISATION NOUVELLE

1852-1914
La machine : les puissances d'argent et la naissance de la classe ouvrière

I. PROBLÉMATIQUE ET CONCEPTS

Une civilisation industrielle ?

A l'extrême fin du XIXe siècle, le journaliste Jules Huret, de sympathies socialistes, s'en alla interroger diverses personnalités sur la « question sociale ». Dans l'entretien que lui accorda le patron du Creusot, Henri Schneider, le journaliste fut amené à poser au célèbre maître de forges la question suivante : « Croyez-vous que la concentration des capitaux et des moyens de production a atteint son maximum, ou doit encore se développer ? » La réponse n'attendit pas et fut vivement donnée : *« Il n'y a pas de maximum! »* s'écria rudement M. Schneider. Et ses mains firent un grand geste autour de lui. « Ça marche toujours, ça n'a pas de bornes, ça[1*]! » Tout était dit, du fond du cœur, sur les faits économiques contemporains et leur mouvement sans fin ; et tout était révélé quant aux mentalités des dirigeants des grandes affaires, qui ne voient pas de « bornes », au-delà des soubresauts de la conjoncture, à l'extension de leurs opérations, à leur désir d'avancer, à leur ambition d'agir.

C'est bien une fois franchies les années troubles de 1848-1851 que la société française fut vraiment engagée dans la voie d'une civilisation nouvelle — la nôtre, au vrai. Quant aux mécanismes fondamentaux du développement économique et des rapports sociaux, la France actuelle n'est pas, en effet, distincte de la France du second Empire. Si l'on veut bien juger de notre histoire sur le mode du long terme, et ne pas croire que les régimes politiques ont suffi, et suffisent, à faire la France, l'évidence est là. La machine et l'usine, le chemin de fer et le réseau bancaire, le patronat et les « classes ouvrières » — on employait alors le pluriel ; nous sommes passés, depuis, par un effort conceptuel, au singulier —, la ville et ses mutations, la ville pompe aspirante des ressources, des épargnes et de la main-d'œuvre du plat pays, porteuse des espoirs d'ascension sociale... ces quelques innovations, ces quelques traits parmi d'autres qui permettent de distinguer la France de Zola de celle de Balzac marquent bien que quelque chose, il y a quelque cent vingt-cinq années, s'est affirmé, a commencé, pour ne plus s'arrêter, quelque chose qui n'est pas différent de nous-mêmes, et dont nous ne vivons que les incessants prolongements.

Civilisation nouvelle donc, par rapport à la vieille France de l'Ancien Régime économique et social, dont on a suivi la très lente détérioration de la fin du XVIIIe siècle au milieu du siècle suivant. Civilisation, c'est-à-dire manière de faire et manière d'être, de produire et de penser, manière de vivre dans un groupe social, en relation avec d'autres individus du groupe, et d'autres groupes.

Civilisation industrielle ? Le fait même de poser une interrogation indique le problème. Pourquoi hésiter à qualifier ainsi la civilisation française d'avant la Première Guerre mondiale, telle qu'elle est alors issue d'une période de mue rapide — relativement aux rythmes des siècles précédents — depuis les années 1850 ? Il est de tradition d'user de l'épithète, dans la mesure où les souvenirs aussi bien que les observations concernent les éléments « de pointe » de la transformation économique et sociale, ceux-là mêmes qui étaient évoqués il y a un instant. Comment nierait-on le caractère industriel de cette France nouvelle, tel qu'il pouvait apparaître dans les années 1860 ou les années 1900 du haut des collines entourant Le Creusot, au cœur des immeubles fonctionnels des banques nouvelles à Paris, dans les galeries des Expositions universelles — 1855, 1889, 1900 furent les plus célèbres —, où s'étalaient les plus récentes productions de la technique liée à la science, ou bien encore au centre des gares de triage des grands réseaux, dans le fracas des tampons heurtés et le bruit des locomotives ? Que serait-ce que cette civilisation industrielle telle que nous la percevons du dehors, telle que nous la subissons dans la vie quotidienne et telle qu'elle fut il y a plus d'un siècle, immédiatement subie et perçue, sinon celle des mouvements accélérés, des bruits mécaniques multipliés et des relations de plus en plus serrées et complexes entre les choses et les êtres ?

La société française, de toute évidence, n'y a pas échappé. Elle a été saisie, dans ses structures mêmes, et entraînée, du même mouvement que l'économie. Il n'y a plus désormais ni de « maximum » ni de « bornes » à l'effort de production et à ses résultats : les quantités produites. Notre pays s'éloigne alors de l'ère des pénuries matérielles et aborde aux rivages de la surproduction, de la consommation et de l'abondance, si l'on veut bien raisonner à l'échelle séculaire et ajouter à chacun de ces trois mots le qualificatif de « relative ».

Demandons à Jean Jaurès, qui a été profondément sensible à la mobilité de la civilisation nouvelle, de nous faire sentir comment l'ouvrier a été lui-même tiré et poussé par et dans le mouvement de l'industrie. De cet ouvrage de 1911, *l'Armée nouvelle*, qui contient d'admirables pages sur le développement du capitalisme, pages qui n'ont aujourd'hui pas une ride, on peut détacher le passage suivant : « Il est vrai que par sa mobilité ardente et brutale, par sa fougue révolutionnaire du profit, le capitalisme a fait entrer jusque dans les fibres, jusque dans la chair de la classe ouvrière la loi de la grande production moderne, le rythme ample, rapide du travail toujours transformé. L'ouvrier n'est plus l'ouvrier d'un village ou d'un bourg, il n'est plus le servant du métier bienveillant et commode. Il est une force de travail sur le vaste marché, associée à des forces mécaniques colossales et exigeantes, et il ne peut plus concevoir le monde de l'avenir, même celui où il sera le maître, que comme une puissance infiniment productive, qui ne battra pas d'un battement de fièvre, mais qui ne retombera pas non plus aux nonchalances de jadis[2]. » Mais alors pourquoi tergiverser ? L'industrie et l'industrialisation — il faudra revenir sur ces mots — ont bien été les premiers moteurs. La France des débuts du XXe siècle est un grand pays industriel ; sa civilisation est à dominante industrielle.

Oui ou non ? La vérité semble plus ambiguë : oui et non. Le problème clef de toute histoire — qu'elle soit économique et sociale, ou autre — centrée sur la France de 1852-1914 est de savoir dans quelle mesure, à quelles doses, selon quelle profondeur l'ensemble du corps social a été affecté par les violents remous de la surface ; de savoir quelles résistances l'économie, la société, les hommes ont opposées aux forces nouvelles qui violentaient les éléments en place et les habitudes des êtres ; de mesurer, par rapport à d'autres pays, industriels eux aussi, comme l'Angleterre et l'Allemagne, pour ne prendre que des unités nationales quantitativement comparables, s'il y eut bien — car on le répète... depuis un siècle — un retard relatif dans la vitesse de croissance de l'économie tout entière, et de l'industrie plus particulièrement, retard qui tiendrait à des « causes » propres à notre pays. A ces questions essentielles, puisque les réponses devraient éclairer notre xxe siècle, l'histoire n'apporte encore que des éléments partiels et incertains. Les historiens — étrangers et français — demeurent embarrassés ; leurs analyses, fortement intuitives et subjectives ; leurs propositions, souvent contradictoires. Mais quoi ? L'ambiguïté est forcément dans les esprits, puisqu'elle est d'abord dans les faits.

Il est remarquable de constater que selon le degré de l'angle de vision, et selon l'échelle même de l'observation des réalités françaises d'avant la Première Guerre mondiale, tout peut changer et s'opposer. Tout en haut de l'échelle sociale, et à la tête du développement économique, dans les industries « vedettes », pour emprunter le langage de Jean Marczewski, celles qui ont les taux de croissance les plus rapides, nous sommes bien, dans les années 1860, ou les années 1900, au niveau du dynamisme le plus vrai, le plus efficace, et qui supporte aisément la comparaison avec les grands rivaux du dehors. Pour ne prendre qu'un cas — mais qui nous servira beaucoup encore —, la firme Schneider, dès les années 1860, construit des locomotives capables d'enlever des marchés à l'étranger aux machines anglaises, et, dans les années 1900, fait jeu égal avec la maison Krupp sur ces mêmes marchés pour ce qui est de la vente des armements les plus perfectionnés. Des locomotives aux blindages, des rails en acier aux canons en acier, telle est bien alors, d'ailleurs, la ligne de développement des affaires en sidérurgie.

Mais plus bas dans l'échelle sociale, plus profond dans les structures de la communauté française, plus loin hors des grandes villes et du périmètre immédiat des grandes usines, c'est un autre monde, une autre époque, encore très avant dans le temps. Ne l'a-t-on pas cent fois écrit ? La France de la Belle Époque demeure très fortement, très massivement, paysanne et rurale, artisanale et boutiquière, rétive devant la dure logique du capitalisme en expansion, attachée à des valeurs sûres... au double sens de ce mot, qui comporte et les vieilles notions morales apprises au catéchisme ou à l'école laïque — ce sont les mêmes sur bien des points — et les réalités nouvelles des placements en Bourse : la rente et l'obligation priment sur l'action, la sécurité sur le risque, la certitude sur le pari dans la psychologie de la majorité des épargnants français de ce temps.

Méditant en 1940 sur les causes profondes de la défaite française du printemps, l'historien Marc Bloch, qui allait mourir quatre ans plus tard, au cœur de l'été de 1944, fusillé par les Allemands, n'écrivait-il pas une page à la fois tendre et poignante sur la petite ville française endormie ? : « Ayons le courage de l'avouer, ce qui vient d'être vaincu en nous c'est précisément notre chère petite ville. Ses journées au rythme trop lent, la lenteur de ses autobus, ses administrations somnolentes, les pertes de temps que multiplie à chaque pas un mol laisser-aller, l'oisiveté de ses cafés de garnison, de ses politicailleries à courtes vues, son artisanat de gagne-petit, ses bibliothèques aux rayons veufs de livres, son goût du déjà vu et sa méfiance envers toute surprise capable de troubler ses douillettes habitudes : voilà ce qui a succombé devant le train d'enfer que menait contre nous le fameux « dynamisme » d'une Allemagne aux ruches bourdonnantes[3]. »

Aujourd'hui même, ne se trouve-t-il pas de nombreux mentors — chez les gens d'affaires, les économistes, les dirigeants politiques, voire même les responsables syndicaux — pour constater, et déplorer, après quelque vingt-cinq ans cependant de croissance économique extrêmement rapide, notre retard industriel, l'inachèvement de nos structures de production, la lourdeur de l'appareil de distribution, la pusillanimité de tant de faux entrepreneurs, et les freins de toutes sortes mis au développement, à commencer par la défense de style poujadiste, ou néo-poujadiste, de tout ce qui est petit, c'est-à-dire médiocre : comme si cette civilisation industrielle avait eu et a encore un mal extrême à s'imposer à notre être, et comme si le corps social, dans sa masse, se refusait toujours à dépasser le maximum et à franchir les bornes.

Le problème, pour l'historien, devient alors un problème de mesure. Comment mesurer — c'est-à-dire quoi mesurer — dans la seconde moitié du XIXe siècle, afin d'établir à la fois la balance et les rapports de la France dynamique et de la France à la traîne ? La balance, c'est-à-dire les poids respectifs ; les rapports, c'est-à-dire les influences : influences positives des secteurs, milieux et régions entraînés dans le flux de l'industrie, sur les éléments en retard ; influences négatives des zones et groupes relativement immobiles, exerçant un effet de freinage sur le développement du tout économique et social.

Mesure d'autant plus périlleuse à tenter que tout n'est pas mesurable. Les millions de tonnes d'acier, le trafic ferroviaire, les prix des produits, les profits des firmes, les structures des entreprises, la répartition de la population et de la main-d'œuvre... Certes, tout cela peut être évalué, chiffré, avec une certitude raisonnable. Mais les mobiles des décisions d'investissement ou des refus d'entreprendre ? Le poids des mentalités héritées pesant contre les innovations et les nouveautés ? Le retard du social sur l'économique, celui du mental sur le social ? Le rôle des idéologies anciennes, héritées d'un autre âge que celui du siècle, en tant qu'obstacles au développement, chariant, par exemple, avec elles un ruralisme à la fois conservateur et mièvre ? L'influence certainement profonde du refus du pari et de la spéculation — âme du capitalisme —, refus lié à la vieille malédiction religieuse contre le gain d'argent, contre l'usure, c'est-à-dire contre l'idée même d'emprunt ? Le jeu du système d'enseignement, des valeurs qu'il proposait, des milieux sociaux qu'il favorisait et de ceux qu'il mettait en tutelle ?

Voilà qui ne se pèse ni ne se mesure. C'est dire que les historiens longtemps encore poseront plus de questions qu'ils ne tireront de définitives conclusions. Mais avant de justifier l'ordre qui sera suivi dans les pages ultérieures pour essayer de mieux voir le oui et le non dans la civilisation industrielle de la seconde « moitié » du XIXe siècle — laquelle se termine en 1914 —, il importe de s'entendre sur le mot *industrie.*

Industrie et industries ; industrialisation et rationalisation

On sait quel abus a été fait du terme de « révolution industrielle ». Le mot *révolution* est, quoi qu'il en soit, forcé, et particulièrement pour la France du XIXe siècle. Si dans le concept de révolution se mélangent les notions de changement et de brusquerie du changement, alors il faut dire « évolution » de l'industrie, c'est-à-dire marche lente, progressive, heurtée, et inégale selon les temps, les lieux, les secteurs et les branches ; extension des changements industriels pendant des décennies, avec des périodes de poussées — première, seconde « révolution industrielle », voire troisième à l'heure actuelle — et d'autres de ralentissement. Par ailleurs, la révolution industrielle ne peut être entendue que d'une façon large ; elle n'est pas que technique et mécanique, si elle est d'abord telle ; pas même seulement économique. Elle s'est accompagnée de nouvelles répartitions démographiques dans l'espace — le célèbre et ambigu « exode rural » — et de nouveaux équilibres entre les milieux socio- professionnels, selon des glissements bien connus entre les « secteurs » dits « primaire », « secondaire », et « tertiaire ». Elle a, du même coup, donné un nouveau visage aux structures sociales, a modifié les rapports de forces et les relations entre les classes sociales et les groupes et milieux qui les composent. Bouleversant enfin les genres et les niveaux de vie, elle a mis au jour de nouveaux problèmes humains, ébranlé — plus ou moins — les mentalités et les conceptions de la vie.

Mais cette évolution industrielle, qui domine le siècle passé et le nôtre de ses apports novateurs et révolutionnaires à long terme, qu'est-elle donc en elle-même ? C'est, dit excellemment l'économiste T.J. Markovitch dans la conclusion de sa grande enquête sur « l'industrie française de 1789 à 1964 », « une transformation des forces sociales de la production, le passage décisif au travail manufacturier — du foyer à l'atelier, et de l'atelier à l'usine ». Or, dans la France de la seconde moitié du XIXe siècle coexistent encore, en un puzzle géographique étonnamment complexe, en un dessin social extraordinairement hétérogène, toutes les formes historiques de la production industrielle : la production familiale des paysans qui fabriquent encore de leurs mains une partie — certes, déclinante — de ce qui est nécessaire à leur vie et à leur exploitation (vêtements, chaussures, petit outillage), et qui consomment cette production sans la mettre du tout sur le marché : autoconsommation industrielle paysanne. Un degré au-dessus, intégré aux échanges industriels, c'est le travail à domicile : travail des paysans — et surtout des paysannes —, serruriers ici, fileurs et tisserands là, monteurs de mécanismes d'horlogerie ou fabricants de boissellerie ailleurs —, tous dépendant de négociants fournisseurs de matières premières ; travail des « chambrelans » dans les villes, droit issus des formes médiévales de la production urbaine, victimes du « système de la suée », en particulier dans les métiers de la confection et de la couture, et dont Jules Simon, dans *l'Ouvrière*, a montré l'exploitation et la misère (1861). A cette production industrielle atomisée s'ajoute un troisième niveau, lui aussi dispersé, et triomphant dans certaines branches — le meuble, la joaillerie, le vêtement, la quincaillerie... : l'artisanat et ses ateliers, le patron et ses « compagnons ». Enfin, le niveau noble de l'industrie proprement dite, le monde des fabriques et des usines, où l'outillage, les matières premières, la main-d'œuvre, les cadres et la direction sont rassemblés et brassés dans de grands bâtiments qui sont autant de tristes et bruyantes casernes. Les producteurs y apprennent, lentement et durement, la nécessaire discipline du travail collectif : forme sociale de la production et appropriation privée de l'outillage et du produit, comme Marx analysait alors ces réalités du nouvel âge.

On voit la complexité du milieu de l'industrie en son entier, d'autant plus que l'industrie des usines est à elle seule, dès les premiers temps de son essor, tout un monde bourgeonnant et diversifié, quant à la taille des établissements industriels et quant aux types de produits fabriqués. Ainsi, un grand nombre d'activités industrielles sont passées « de la campagne à la cité, et du travail à la pièce au travail en série » (T.J. Markovitch), mais le monde industriel demeure un musée où se côtoient l'ancien et le neuf.

Nous retrouvons alors les problèmes de mesure. L'industrie, ce n'est pas, comme on le croit et l'écrit spontanément, par habitude et paresse, la production des seules usines. Le produit (ou revenu) industriel comprend les quatre niveaux, et non pas seulement le plus élevé et le plus moderne. Il faudrait donc mesurer le produit industriel global et sa structure : la place des divers niveaux dans l'ensemble du produit. C'est à ce travail essentiel que T.J. Markovitch, dans le cadre des travaux de l'équipe de l'I.S.E.A., animée par François Perroux et Jean Marczewski, s'est attelé. Longue besogne, fort avancée, et qui n'en est pas à son terme. Elle devrait être au cœur du problème de l'industrialisation, puisque, dans une large mesure, les dispositions et volumes respectifs des quatre niveaux de la production industrielle (familiale, domestique, artisanale, usinière) définissent la part du nouveau et de l'ancien, du dynamique et du retardataire, des stades inférieurs et des stades supérieurs de la production dans la civilisation en train de naître en France ; et puisque nous avons affaire ici à des milieux sociaux et à des hommes — et non pas à des « unités de production » — influençant, les uns et les autres, en des sens opposés, la marche de la collectivité nationale.

Poursuivons encore ces généralités concernant les processus industriels, car il serait vain de se ruer aux études concrètes, aux événements de l'économie et de la société, aux « hauts faits », sans être capables de comprendre leurs enchaînements et leur signification. Comment passer du concept d'industrie à celui d'industrialisation, et de ce dernier à cet autre qui l'accompagne ordinairement : la rationalisation ?

Là encore, T.J. Markovitch peut servir de précieux guide. Qui dit industrialisation dit processus de développement, extension et avance des nouvelles formes sociales de production. Mais on peut entendre l'industrialisation selon trois modes, que l'on retrouve bien dans la France qui nous occupe : à l'intérieur de la production industrielle globale, d'abord, l'industrialisation représente « l'avance prise par l'industrie proprement dite sur l'artisanat et le travail familial ». A l'échelle de l'économie nationale, industrialisation signifie « progrès de la production manufacturière, éventuellement extractive, par rapport aux autres secteurs de l'économie, commerce, transports, etc. ». Enfin, l'industrialisation se marque par « la pénétration des méthodes industrielles dans les divers secteurs, par exemple dans l'agriculture ».

Ainsi entendue, l'industrialisation s'est accompagnée d'un « processus complexe et généralisé de rationalisation » : rationalisation sociale, marquée par le caractère de moins en moins individuel et de plus en plus social de la production ; rationalisation économique, qu'entraîne la diminution des prix de revient, des coûts industriels, diminution d'autant plus forte que le processus de rationalisation sociale est plus avancé ; rationalisation technique — la plus communément connue —, qui ne concerne pas seulement l'outillage modernisé ni la productivité accrue du travail, mais aussi les économies sur les matières premières et sur le traitement des déchets, qui ont joué dans certaines branches (textiles, chimiques) un rôle essentiel ; rationalisation géographique enfin, dans la mesure où l'industrie française s'est intégrée peu à peu dans « la division internationale du travail » et dans les échanges mondiaux.

On voit mieux alors ce que devrait être une étude complète de l'entrée de notre pays, bon gré, mal gré, dans l'évolution industrielle et dans une civilisation nouvelle. Il serait imprudent d'affirmer que nos connaissances sont assez avancées, du côté des éléments mesurables comme du côté de ceux qui ne le sont pas, ou le sont fort mal, pour nous permettre de dresser un tableau solide des mutations françaises du second Empire à 1914. D'autant plus qu'il serait aisé de faire un tableau impressionniste, qualitatif, sensible ; alors que nous avons d'abord besoin, pour comprendre en profondeur le qualitatif, de quantifier, de mesurer et de peser avec le plus de précision et de finesse possible.

Tout ordre est contestable. Le nôtre partira des éléments démographiques, conçus seulement en tant que révélateurs des nouveaux temps, c'est-à-dire dans leurs relations avec les changements économiques. Les caractéristiques essentielles du développement industriel seront ensuite abordées ; puis, plus brièvement, les progrès de la vie de relations et d'échanges. Il sera enfin utile d'observer certains comportements et certaines mentalités, où se liront, d'une autre manière que dans le domaine démographique, les audaces et les hésitations françaises devant la civilisation d'une époque nouvelle.

II. LES RÉVÉLATIONS DE LA DÉMOGRAPHIE

Démographie et économie

« On ne peut guère exagérer l'importance de la révolution industrielle dans l'histoire démographique, a écrit récemment l'historien anglais E.A. Wrigley. Dans son sillage, nous voyons apparaître des changements fondamentaux dans le mécanisme démographique, la répartition de la population, la structure de l'emploi, la grandeur relative des populations urbaines et rurales[5]. » L'accent est mis sur les répercussions des changements industriels dans les mouvements et les structures de la population : migrations territoriales, glissement des populations rurales vers les villes, croissance du secteur « tertiaire » de l'emploi, baisse de la mortalité, baisse de la natalité... Mais il faut compter aussi avec les incidences de la situation démographique sur le développement industriel — et, plus largement, économique[6]. Alfred Sauvy répète avec insistance qu'il y a un lien de causalité étroite, dans le cas français, entre une croissance démographique fortement ralentie et un développement économique relativement lent aux XIXe et XXe siècles — du moins jusqu'à la Seconde Guerre mondiale. Sans doute, comme le note André Armengaud, s'est-il plus appuyé « sur le raisonnement que sur l'analyse historique[7] ». Ce qui signifie qu'il reste à éprouver, au contact d'analyses concrètes et précises, la part d'hypothèse que comporte l'opinion du célèbre démographe et économiste français.

Quelque évidentes qu'apparaissent les interactions entre démographie et économie, elles n'en sont pas simples pour autant. E.A. Wrigley reconnaît : « S'il y a quelque chose de clair dans le stupéfiant enchevêtrement des rapports entre la population et les changements économiques et sociaux au cours de la révolution industrielle [...], c'est qu'il est impossible d'étayer toute conception simpliste de ces rapports[8]. » Certes ; mais, sous réserve d'une démarche prudente dans l'observation, quoi de plus révélateur que les faits démographiques au cours d'une période longue de mutations économiques ?

Évidences démographiques

Il nous paraît superflu de répéter trop longuement ce qui est acquis. On sait la croissance ralentie de la population française du XIXe siècle – jusqu'en 1939 – par rapport à tous les autres pays d'Europe, la part déclinante de la population de notre pays dans celle du continent ; l'extrême précocité – dès la fin du XVIIIe siècle, voire plus haut dans le temps – du contrôle des naissances dans les couches populaires (et pas seulement dans les hautes classes), l'amenuisement, de décennie en décennie, du bénéfice démographique annuel (excédent des naissances sur les décès), le vieillissement de notre population, où la part des vieillards va en augmentant, celle des enfants et jeunes gens en diminuant[9]. Le dessin séculaire des courbes des taux de natalité et de mortalité est assez démonstratif, et le bilan global, pour la seconde moitié du XIXe siècle, éloquent : alors qu'entre 1850 et 1900 la population allemande passe de 35 à 56 millions, celle de notre pays, partie de 36, n'atteint que 41 millions.

Ne reprenons pas non plus, parce que familière, la problématique de la baisse du taux de natalité, liée au mieux-être, au désir d'ascension sociale, donc au mouvement même de la société à l'époque de l'industrialisation. « Chaque molécule sociale, a écrit A. Dumont, s'efforce à monter sans cesse. » Philippe Ariès a fort bien montré pourquoi, à la fin du XIXe siècle, « la ligne de partage des classes ne sépare plus des attitudes différentes devant la vie. À tous les degrés de l'échelle sociale, on organise son existence[10]. » De sorte que, dans la seconde moitié du XIXe siècle, promotion économique, promotion sociale, ralentissement de la fécondité vont de pair en France, à l'échelle du pays comme à celle des atomes individuels qui le constituent.

Évidences, donc. Évidences aussi en ce qui concerne les glissements professionnels de la population, tels que l'ouvrage dirigé par Jean Fourastié sur les migrations professionnelles les restitue[11]. Du second Empire à 1914, on enregistre l'augmentation de la population active (14,2 millions en 1856, 20,7 en 1906), l'augmentation du taux d'activité (part des actifs dans la population totale), celle de la proportion des femmes dans la population active (l'industrialisation a été mangeuse de main-d'œuvre féminine), le déplacement de la population active du « primaire » vers le « tertiaire » (la part du « secondaire » industriel demeurant à peu près constante), les modifications de la structure de la population active (variations des effectifs au travail dans les secteurs et les branches)...

Évidences encore au plan de la répartition entre population urbaine et population rurale, que l'on conçoive la « ville » comme une agglomération supérieure à 2 000 ou à 5 000 habitants – ce dernier critère paraissant, en tout état de cause, plus valable. Voici comment la part de population urbaine a évolué :

Part de la population urbaine dans la population totale [12]

années	*agglomérations de 2 000 habitants et plus*	*agglomérations de 5 000 habitants et plus*
1851	25,5 p. 100	17,9 p. 100
1866	30,5 p. 100	24,4 p. 100
1891	37,4 p. 100	
1911	44,2 p. 100	38,4 p. 100

A la veille de la Grande Guerre, la part de la population rurale est largement supérieure à celle de la population urbaine. La France, pays de villages, de bourgs, de petites villes... Nous retrouvons ici Marc Bloch. Certes, il y a eu croissance urbaine, « succion des villes... sur certaines campagnes[13] ». Et le cas — monstrueux, dit-on — de Paris : 1 million d'habitants en 1851, à peine 3 p. 100 de la population française ; mais, en 1911, après le bourgeonnement de l'agglomération, 2,88 millions pour la ville elle-même et 4,154 millions pour le département de la Seine : plus de 10 p. 100 de la population française! La France urbaine n'a cependant pas la démesure allemande ou anglaise. En 1914, 13 p. 100 seulement des Français vivent dans des agglomérations de plus de 100 000 habitants. Aux 16 villes françaises de plus de 100 000 habitants répondent les 45 villes allemandes, les 47 du Royaume-Uni. Aucune autre ville, en dehors de Paris et Lyon, ne dépasse alors 300 000 habitants. Poussée de l'industrie ? Oui, pour nombre d'agglomérations usinières, comme Lille, Roubaix, Tourcoing, Le Creusot, Saint-Étienne... Mais la poussière des villes petites et moyennes a surtout dû sa constitution en molécules plus grosses aux progrès de leurs fonctions commerciales et administratives.

Pourcentage des trois grands secteurs de la population active [14] (en millions)

	1856	*1876*	*1896*	*1906*
Secteur primaire [15]	51,4	49,3	45,3	43,2
Secteur secondaire (industrie)	31,1	27,6	29,2	29
Secteur tertiaire (services)	17,5	23,1	25,5	26,1
Mal désignés				1,7
Total	100,00	100,00	100,00	100,00

Effectifs des trois grands secteurs de la population active (en millions)

	1856	*1876*	*1896*	*1906*
Secteur primaire	7,305	7,995	8,463	8,845
Secteur secondaire	4,418	4,469	5,452	5,936
Secteur tertiaire	2,493	3,754	4,749	5,701
Sans emploi				0,239
Population active	14,216	6,218	18,934	20,721

Pas de débat, jusqu'alors. Nous sommes sur le terrain des affirmations familières. Le développement relativement lent du fait urbain, la présence massive des populations rurales signifient, apparemment, moindre dynamisme industriel que dans les deux grands pays voisins.

Là où un problème apparaît, c'est à propos du contenu exact de l'exode rural. Observons les deux tableaux ci-dessus.

Quant aux proportions des grands emplois, la leçon est claire. L'équilibre des trois secteurs et leurs glissements sont bien conformes à la vérité proclamée. Mais les perspectives se modifient sensiblement et forcent à la réflexion si l'on observe non plus les « poids » relatifs, mais les chiffres absolus eux-mêmes : les trois secteurs voient leurs effectifs augmenter — inégalement bien sûr. Mais le fait digne d'être remarqué et qui n'a, à notre connaissance, pas attiré suffisamment l'attention des historiens, c'est la croissance absolue de la population agricole active entre 1856 et 1906. Elle augmente de plus de 1,5 million de personnes...

Dira-t-on (non sans raison) que le chiffre de la population active agricole est suspect, du fait de la prise en considération des femmes (dont on ne peut mesurer la part exacte dans l'activité de l'exploitation agricole) ? Mais les données concernant la population active masculine du primaire n'indiquent pas une tendance différente[16]... Comme le souligne Mme Cahen, dans sa remarquable étude sur la population active depuis un siècle : « Les effectifs agricoles en valeur absolue restent pratiquement constants jusqu'après la guerre de 1914-1918. » Il est remarquable de constater que nos confusions et incertitudes proviennent de ce que, dans leur raisonnement, des auteurs substituent les données relatives aux données absolues. On écrira que la population active agricole décline, parce que son rapport à la population active totale diminue...

Il faut alors réviser la notion d'exode rural et les idées toutes faites qu'elle continue à charrier, souvent malgré les auteurs eux-mêmes. A l'échelle du pays en son entier (les choses peuvent aller tout autrement, nous le verrons, au niveau des régions et des « pays »), il n'existe pas de « désert français » avant la Première Guerre mondiale. La terre française se trouve alors effectivement porter un plus grand nombre de paysans actifs, après plus d'un demi-siècle d'évolution industrielle cependant... Certes, si l'on envisage la répartition de la population totale du pays selon l'activité du chef de famille, le taux de la population vivant de l'agriculture a diminué : 18 514 millions en 1856, 17 436 en 1896[17]. Cela signifie qu'une partie de la population agricole a bien quitté la terre pour la ville, la partie qui se trouvait en surnombre, en surcharge. Mais cela ne signifie pas que la terre ait partout été abandonnée, désertée. Il s'en faut.

A cette première observation macrodémographique, il faut en ajouter d'autres. Spontanément, on a tendance à confondre population rurale et population agricole. La question est, en effet, de savoir quelle part ont eue les paysans, les agriculteurs, dans l'exode dit rural d'avant 1914. Nous sommes bien loin de le savoir.

La population rurale comprend les gens du bourg, qui relèvent pour l'essentiel des secteurs secondaire et tertiaire de l'activité, et ceux des hameaux et fermes isolées, qui font partie du secteur primaire. Qui pourrait croire que la croissance des villes (au-delà de 2 000 ou de 5 000 habitants) n'ait été due qu'à un apport de paysans ? En vérité, dans une proportion que nous ignorons, les bourgs (et pas seulement les hameaux et les fermes) ont nourri les villes. L'exode rural est donc composite par nature. Il englobe le glissement vers les villes de la population agricole excédentaire et le glissement de la population rurale non agricole, en premier lieu des artisans. En outre, il n'entraîne pas avec lui seulement des éléments de la population en pleine activité, mais sans doute une forte proportion de jeunes. Illustrons ces observations par quelques données concrètes, qualitatives ou mesurées, avant de voir la signification économique générale de la rigidité de la population agricole active dans la seconde moitié du XIXe siècle.

Cas régionaux et locaux

Certes, des « déserts » se sont constitués dans certaines campagnes françaises dès avant 1914, surtout dans les zones montagneuses : Alpes, Pyrénées[18], quelques régions du Massif central. Mais nous serait-il impossible de constater, même pour des secteurs peu favorisés par la nature des sols, avec quelle âpreté la population paysanne s'est longtemps maintenue, dans les conditions d'exploitation les plus médiocres, contre toute rationalité ? Nous connaissons personnellement bien les cantons nord-est de la Haute-Loire, situés à quelques dizaines de kilomètres de la dépression charbonnière et usinière de Firminy-Saint-Étienne, cantons aux terres granitiques et au climat rude. Aujourd'hui, ce ne sont que fermes abandonnées, souvent croulantes, hameaux vides, rencontrés au hasard des promenades à travers bosquets de pins et prairies. Mais de quand date leur abandon ? Du tournant des années 1930, où il s'est amorcé, pour s'accélérer après la Seconde Guerre mondiale. Dans les années 1920 — à plus forte raison avant 1914 —, il était exceptionnel d'y rencontrer une exploitation à l'abandon.

Étudiant récemment la croissance de l'agglomération bordelaise de 1870 à 1914, Georges Dupeux a souligné lui-même l'intérêt de certaines des données[19]. A la fin du XIXe siècle, les habitants, pour la moitié environ, ne sont pas natifs de Bordeaux ; ces « immigrants » sont originaires d'une demi-couronne de départements entourant le grand port de la Garonne, qui a exercé un effet de « pompage de la population du Bassin aquitain[20] ». Or, l'analyse des origines des immigrants venus du seul département de la Gironde démontre que les deux cinquièmes d'entre eux n'ont pas quitté la campagne, mais des communes urbaines (plus de 2 000 habitants agglomérés). « L'immigration, écrit G. Dupeux, n'est pas un phénomène aussi simple qu'on l'a cru parfois : ce n'est pas seulement un mouvement des campagnes vers la grande ville, c'est aussi un mouvement des petites villes vers la métropole régionale. »

Les études locales devraient se multiplier pour montrer la diversité des cas, la complexité des faits. De ce point de vue, les recherches de Philippe Pinchemel sur la « dépopulation rurale » de 1836 à 1936 en Picardie sont un modèle[21]. 1872-1911 sont les années de la « grande période de l'exode des campagnes[22] ». Mais qu'implique la notion de « dépopulation rurale » ? Un « surpeuplement relatif à l'origine, ou du moins un excès de population par rapport aux possibilités d'emplois agricoles, industriels, commerciaux à une époque donnée[23] ». Or, plus que l'élément paysan – cultivateurs, ouvriers agricoles, « ménagers[24] » –, c'est le secteur artisanal (bonnetiers, serruriers) qui est « le grand responsable[25] » de la dépopulation. Dans les trois cantons picards étudiés, la population active agricole de 1836 à 1911 passe de 5 469 à 6 139, tandis que les artisans et ouvriers d'usine glissent de 6 427 à 2 569... « Ruralisation » et simplification de la structure sociale ancienne des villages ; divorce irrémédiable de l'économie agricole et de l'économie industrielle, laquelle se concentre peu à peu dans les villes [...]. Et ce ne sont pas des célibataires qui partent, « mais des ménages, des familles[25]. »

L'auteur est amené ainsi, à la suite de Louis Chevalier, à distinguer deux types de dépeuplement rural – et cela n'a pas valeur que pour la Picardie. D'une part, un dépeuplement démographique, ou non actif, ou normal, qui intéresse jeunes, femmes, chômeurs, vieillards ; dépeuplement qui atteint l'excédent de population rurale et joue le rôle d'une soupape de sûreté pour des régions rurales surpeuplées. D'autre part, un dépeuplement professionnel, actif, anormal, qui atteint la population rurale active elle-même, dépeuplement volontaire de ceux qui partent, artisans et paysans, parce qu'ils vivent de plus en plus difficilement, et parce qu'ils sont attirés par ce qu'on leur dit de la « ville ». On devine ici, d'ailleurs, les rôles du chemin de fer et du service militaire, qui ont ouvert les horizons, brisé les solitudes, effacé bien des ignorances. « Alors, écrit P. Pinchemel, nos campagnes picardes n'ont pas connu de véritable exode rural, puisque, dans leur grande majorité, les départs étaient normaux. » Le sol, en effet, n'a nullement été abandonné : la Picardie « riche » n'est pas le Gers ou la Lozère. Les friches ne se sont pas étendues. Les campagnes ont été « tenues ». La population agricole active des trois cantons a augmenté de 1836 à 1911... Il y a bien divers types régionaux et locaux de dépopulation rurale, « selon les types de milieux ruraux » : dépopulation des montagnes, des régions d'altitude moyenne, des zones agricoles des plaines. Ces dépopulations ont varié, à travers tout le territoire, selon l'existence (ou non) d'un artisanat industriel, selon la fertilité des terres, les structures de la propriété...

Descendons à l'échelle du microcosme. Voici Mazières-en-Gâtine, commune rurale des Deux-Sèvres, entre Niort et Parthenay, dont Roger Thabault a conté l'histoire de 1848 à 1914 avec tant de talent et de vérité[26], histoire d'une collectivité isolée, close, que la vie nouvelle de relations – routes et chemins d'abord, voie ferrée bien tardivement, en 1881... – va faire pénétrer, lentement, petitement, sûrement dans une ère matérielle et morale nouvelle. Ne retenons que les notations démographiques de l'auteur. La population de cette commune rurale n'a pas reculé, des années 1840 à la Grande Guerre ; de 900 habitants environ en 1841, elle s'élève à 1 162 en 1911. La superficie cultivée est passée de 287 hectares (1849) à 1 118 hectares (1903) : aspect principal de la révolution agricole. Mais quoi de plus hétérogène que le petit monde d'une minuscule commune ? C'est la population du bourg, et non celle des villages, qui a profité de cette croissance. Le bourg groupait 210 habitants en 1851, 378 en 1911. La population spécifiquement agricole, elle, n'a cependant pas diminué. Ainsi, pas d'exode rural véritable : à cette échelle microscopique, nous retrouvons, comme en Picardie, le grand fait national d'une population agricole qui n'a pas fléchi. Les artisans dits « ruraux » ont bien déserté les villages et hameaux de la commune, dans la période considérée. Mais leur nombre s'est accru au bourg (cordonniers, maçons, menuisiers). La structure sociale de celui-ci s'est étoffée et diversifiée : montée des fonctionnaires, des commerçants (quincailliers, aubergistes, grainetiers), des professions libérales (notaire, huissier). Ceux qui partent – rares avant 1880, bien plus nombreux dans les vingt années suivantes – sont-ils en majorité des paysans ? Non. Mais d'abord des fils de facteur, gendarme, maréchal-ferrant, qui vont à l'école normale de Parthenay ; des filles de commerçants, d'artisans, de fonctionnaires du bourg. Encore une majorité de jeunes gens du bourg dans ceux qui partent après le service militaire. Vont-ils en usine ? Bien rarement. On les retrouve dans les chemins de fer, la gendarmerie, la garde républicaine, l'armée d'active... Deux domestiques de ferme, parce qu'ils ont réussi des mariages (peut-être) bien calculés, feront fortune l'un dans l'hôtellerie, l'autre dans le négoce. Comme métiers industriels, on ne relève, parmi les partants, que quelques mécaniciens d'auto.

Les réalités humaines et locales sont donc bien loin de tout schéma. Exode rural et exode agricole ne se confondent pas. Au-delà des divergences régionales et locales demeure cette vérité statistique qui ne peut être contestée : à l'échelle de la nation entière, au début du XXe siècle, la population agricole active n'a pas diminué, bien au contraire, depuis le milieu du XIXe siècle. Fait considérable, dont on a mal vu le sens et l'importance.

Rigidité de la population active agricole et croissance économique

Le niveau (ou masse) de la population active rend compte essentiellement du niveau atteint par le « produit physique » : production agricole et production industrielle. Le ralentissement progressif de la croissance démographique française au XIXe siècle est alors, souligne fortement Jean Marczewski, « une des principales causes[27] » du dépassement du produit physique de notre pays par celui de l'Angleterre, pourtant parti de plus bas au XVIIIe siècle. Vérité générale qui vaut encore davantage pour l'agriculture, où la productivité du travail a, naturellement, beaucoup moins de souplesse et de ressort que dans l'industrie. « La lenteur de l'accroissement démographique a été une des principales causes de la faible croissance du produit agricole français[28]. » Mais plus graves paraissent être encore les répercussions de cet état de fait sur le développement industriel, donc sur la croissance économique.

Part de l'agriculture et de l'industrie dans le produit physique et dans la population employée dans la production matérielle [29]

	AGRICULTURE		*INDUSTRIE ET ARTISANAT*	
Décennies	*Part dans la population*	*Part dans le produit physique*	*Part dans la population*	*Part dans le produit physique [30]*
1855-1864	66 p. 100	46,8 p. 100	34 p. 100	53,2 p. 100
1865-1874	65 p. 100	46,9 p. 100	35 p. 100	53,1 p. 100
1875-1884	64 p. 100	43,8 p. 100	36 p. 100	56,2 p. 100
1885-1894	61 p. 100	41,1 p. 100	39 p. 100	58,9 p. 100
1895-1904	58 p. 100	39,2 p. 100	42 p. 100	60,8 p. 100
1905-1913	58 p. 100	39,8 p. 100	42 p. 100	60,2 p. 100

Le tableau de la page précédente a trait tout à la fois à des proportions, à des structures comparées, d'une part, entre agriculture et industrie-artisanat, de l'autre entre populations actives des deux secteurs et produits physiques respectifs. Ce n'est pas l'évolution dans le temps qui est ici plus importante, quoiqu'elle rende sensible le déclin relatif du secteur agricole, déclin de sa place dans la population active et dans le produit physique. Ce qui attire davantage l'attention, à observer le secteur agricole lui-même, c'est la disproportion entre sa part dans la population active (plus élevée) et sa part dans le produit physique (moins élevée). En 1855-1864, avec 66 p. 100 de la population active[31], l'agriculture n'assure que 47 p. 100 du produit physique. En 1905-1913, les choses n'ont pas changé : 58 p. 100 de la population active ne fournissent que 40 p. 100 du produit.

« Pourquoi cet immobilisme » ? demande Jean Marczewski[32]. Un double immobilisme agricole apparaît, en effet : immobilisme du niveau de la masse de la population employée ; immobilisme de la place du produit agricole dans le produit physique. Le second est dans une certaine mesure plus simple à comprendre, sinon à expliquer vraiment. La faible productivité agricole d'ensemble (par rapport à l'Angleterre, par exemple) rend compte de cet enchaînement : niveau de la population active agricole rigide ; déclin de sa place dans la population active ; maintien de la place inférieure du produit agricole dans le produit physique. C'est la productivité rigide qui tire vers le bas, qui freine le développement du volume du produit de l'agriculture. Resterait à « radiographier » la productivité agricole, à expliquer son infériorité. Mais ces pages n'ont pas l'ambition de tout dire sur le développement économique français[33].

Quant au premier immobilisme — rigidité de la masse de la population active agricole —, il est au centre d'une problématique dont la seule dialectique, malgré ses éminentes vertus, est incapable de trouver la clef. Jean Marczewski en pose ainsi les termes : ou bien des « obstacles empêchaient les paysans de quitter la terre[34] », malgré l'appel de l'industrie — dans cette hypothèse, l'industrie aurait pâti du manque et de la cherté de la main-d'œuvre — ; ou bien l'industrie était incapable « d'absorber davantage de main-d'œuvre rurale[34] » — dans ce cas le développement industriel « se serait heurté à l'insuffisance de débouchés[34] ». Les faits fournissent « de nombreux arguments à l'appui de ces deux thèses[34] ». C'est donc qu'elles seraient également vraies...

Jean Marczewski n'en fait pas moins des observations éclairantes : « Il est un fait, écrit-il, que la population agricole française n'a jamais été chassée de ses terres, que les structures agraires et le régime social ne l'invitaient pas à quitter les campagnes, que le paysan français s'est toujours montré extrêmement attaché à son exploitation familiale et que la politique officielle française a toujours été inspirée par le désir de le raffermir dans ce sentiment[35]. » La législation révolutionnaire et impériale sur le partage égal des propriétés entre les héritiers, puis le maintien du protectionnisme favorable à des prix agricoles élevés allèrent dans ce sens[36].

Il apparaît finalement à l'économiste que « les structures économiques, sociales, juridiques de l'agriculture française ont, dans l'ensemble, aidé puissamment à ralentir l'offre de main-d'œuvre à l'industrie[37] ». Non que l'industrie (sauf certains secteurs, et pour des périodes brèves) ait manqué effectivement de bras. Mais elle s'est trouvée alourdie dans son développement, donc peu compétitive au-dehors, par une structure rigide des prix et des salaires (plus rigide qu'en Angleterre), parce que « l'offre existante de main-d'œuvre » — venant de la terre — « n'était pas assez forte pour transformer cette structure ».

D'un autre côté, le pouvoir d'achat (la faculté de consommation) de la population vivant de l'agriculture, tel qu'il a été évalué par J.C. Toutain, ne représente par individu, des années 1850 à la Première Guerre mondiale, que les 45 p. 100 du pouvoir d'achat de la population vivant de l'industrie[38]. Comme la masse de la population agricole est plus importante que celle de la population industrielle — respectivement 15,07 et 12,4 millions pour 1905-1913[39] —, le pouvoir d'achat global du monde agricole, de la paysannerie, malgré son incontestable augmentation au cours de notre période, « ne fournissait à l'industrie qu'une très faible incitation à la croissance[40] ».

Enfin, la place et le poids tenus par l'agriculture dans les structures de la population et celles du produit physique ont exercé des actions de freinage pour une dernière raison : toute crise atteignant l'agriculture concernait fortement l'ensemble du corps français. Ce fut très évident lors de la grande dépression agricole européenne de 1873-1896, qui vit, en France, se mêler facteurs exogènes (concurrences extérieures) et endogènes (crise du phylloxéra, recul de certaines cultures, telle la garance...). La croissance du produit physique et celle du produit industriel lui-même s'en ressentirent fortement : elles furent par habitant plus faibles alors en France qu'en Angleterre[41].

Dans la quête difficile du degré d'industrialisation de notre pays avant 1914, dans la recherche de la mesure du fait et du développement industriels, dans l'analyse des caractères fondamentaux de la civilisation nouvelle, il était bien nécessaire de faire une large place aux éléments démographiques et professionnels. Signes et causes, éléments révélateurs et dynamiques à la fois — il y a une dynamique du freinage comme une dynamique du développement —, ils nous confirment que pour une large partie de son être la France de 1914 était plus proche de la France de 1850 que de celle de 1970. Mais pour une partie seulement : ce que l'on a tendance, parfois, à oublier.

III. LES INNOVATIONS INDUSTRIELLES

Le contraste majeur

1897. Nous voici, avec Jules Huret, à Maninghen, village situé à 10 kilomètres de Boulogne-sur-Mer, dans une région qui n'est cependant pas un désert : « Et pas un bruit, jamais une voiture dans la montée rude, aucun passant. La vie répète là ses journées toujours les mêmes, sans autre révélation des existences extérieures que l'apparition du journal *la Croix*, envoyé gratuitement de temps en temps, et de quelques feuilles du pays que la fermière rapporte parfois le samedi du marché. Dans ce trou perdu, très rustique, comme endormi, les luttes politiques et les changements sociaux demeurent inconnus. Le pays est assez fertile, le paysan y fait, bon an mal an, ses affaires, sans rien changer ou presque aux méthodes séculaires[42]. » Même année et même témoin. Mais un tout autre monde, celui du Creusot, tel que le journaliste en consigne les traits âpres : formes, couleurs, bruits, et cette foule agglomérée et liée aux machines :

« Un gouffre immense est sous nos pieds, borné, au fond, par une rangée de feux sombres ; au centre, dans le trou, un flamboiement extraordinaire illumine les façades vitrées de halls gigantesques, les spectres prodigieux de tourelles de fer, les pignons des hangars, les bras rigides des grues, des amoncellements de métaux ; sur le ciel bleu profond sali de tourbillons de fumée, toutes les choses prennent des développements surhumains ; c'est un chaos inouï de formes inattendues, heurtées, rudes, disproportionnées, sur lesquelles se projettent, démesurées, les ombres d'hommes gesticulant follement devant la gueule des fours, enjambant des ruisseaux de feu liquide qui serpentent dans la terre noire ; de temps en temps, des guichets de brasiers s'ouvrent sur des constructions basses d'où s'échappent, par vingtaines, des flammes ardentes et c'est, par ces portes d'enfer, une dégringolade continue de gros blocs rouges qu'un plancher roulant entraîne sous des jets d'eau. Au-dessus de ce spectacle dantesque, l'accompagnant dans une harmonie farouche, un indescriptible bruit, fait de vacarmes indistincts, de tapages lointains, plane, gémit, hurle.

« [...] Une journée tout entière j'ai parcouru les kilomètres d'ateliers qui sont au Creusot. Mon admiration pour cette organisation merveilleuse, pour les engins monstrueux et dociles [...] s'épuisa vite et je fus bientôt exclusivement absorbé, conquis par le grouillement d'hommes qui m'entourait. Je me disais : « C'est donc cela, l'ouvrier! » L'ouvrier, ce n'est pas seulement un homme en blouse et en casquette qu'on voit passer dans les rues et dont on craint la mauvaise éducation ; un homme qui travaille de ses mains, qui n'est pas riche et qui a un gros appétit ; ce n'est pas seulement un homme sans instruction et aux idées rudimentaires, qui remplit, en somme, sa destinée et son rôle social en fatiguant ses muscles : non! non! L'ouvrier, ce sont ces milliers d'êtres palpitant aux gueules des fournaises sous le soleil de juillet ; ce sont ces faces terreuses et maigres, aux yeux brillants de fièvre qui regardent passer, respectueusement, le visiteur curieux de leurs fronts mouillés, de leurs paupières rougies, de leurs cils brûlés, de leurs torses dégouttants de sueur ; ce sont ceux qui mangent sans appétit, à deux pas des brasiers, assis sur des tas de métaux, le pain que leurs mains noircissent, que la poussière poivre, que l'horrible fumée empeste ; ce sont ceux qui se lèvent à six heures du matin tous les jours, tous les jours, depuis leur plus tendre enfance, pour venir s'enfermer dans ces immenses hangars, où tout est noir et rouge... Et ils continueront, demain, l'année prochaine, toujours, jusqu'à l'extrême vieillesse, sans quinze jours, sans huit jours de repos[43]. »

Les innovations techniques, économiques, humaines de la grande industrie ont envahi, en effet, pas à pas, le paysage de la production et des échanges depuis les années 1840. Les contemporains ont enregistré la profonde et irréversible mutation, le contraste majeur entre les champs et l'usine. A leurs yeux se sont confondus en un tout, que les théoriciens socialistes ont nommé capitalisme, l'usine et la banque, le chemin de fer et la compagnie d'assurances, la Bourse des valeurs et le « grand magasin ».

Jaurès, juge du capitalisme

Regardons avec Jean Jaurès le sens de marche de ce capitalisme du XIXe siècle. Au-delà de la contestation, il n'est pas sans intérêt de s'apercevoir que le contestataire rend fidèlement compte du dynamisme du système, du mouvement qui l'emporte. Là était le changement, à long terme, pour l'économie et la société de notre pays. En 1912, Jaurès le savait et le disait :

« La domination capitaliste et bourgeoise qui s'exerce dans tous les pays est un effet naturel, nécessaire, du développement économique. Le capitalisme n'est pas éternel, et en suscitant un prolétariat tous les jours plus vaste et plus groupé il prépare lui-même la force qui le remplacera. Il devient un obstacle, une force de résistance et de réaction, à mesure que se développent et s'organisent les éléments d'une société nouvelle ; mais il a été, dans toute la période où il s'est constitué, une force immense de progrès. Et aujourd'hui encore, bien que sa puissance de compression et d'exploitation soit vivement ressentie par le prolétariat qui monte, il reste une grande force de mouvement. En suscitant, en organisant les forces productrices, il accroît le patrimoine humain qui deviendra, par l'appropriation collective, le patrimoine des travailleurs eux-mêmes ; et par l'accroissement des masses prolétariennes en qui s'élabore un esprit nouveau il rend possible la révolution de propriété qui libérera les hommes. A aucun moment le capitalisme n'est une pure force de résistance, une force de réaction sans mélange. Tout à la fois, par une action indivisible, il abaisse et il élève, il asservit et il émancipe, il exploite et il enrichit. Ce n'est pas par la contrainte matérielle, ce n'est pas par la brutalité physique qu'il s'est imposé et qu'il se maintient [...]. Les prolétaires savent bien que ce n'est pas la volonté arbitraire d'un homme ou d'un groupe d'hommes qui a créé le milieu où ils agissent. Derrière la volonté, derrière le commandement des chefs du capitalisme, ils reconnaissent ou ils pressentent de vastes lois impersonnelles qui dominent toute une période de l'histoire et qui sont plus fortes bien souvent que les dirigeants eux-mêmes[44]. »

La course du progrès technique

Le progrès n'est pas alors conçu autrement par les industriels, les économistes, les grands publicistes, que comme celui de la machine. Serait-il heureux de récrire ici la chronique des inventions techniques ininterrompues, se répondant d'une branche à l'autre, qui n'ont pas cessé de fuser, des années 1850 à la Première Guerre mondiale ? Tous les manuels, de tous niveaux, dates et noms à l'appui, nous les ont apprises et, lorsque nous les avons oubliées, il en demeure quelques fortes images : la replète cornue Bessemer de 1855 qui va faire l'acier bon marché ; les 450 mètres de tuyaux de 40 centimètres qui, à Lancey, en novembre 1869, amènent, au débit de 500 litres-seconde, une masse d'eau puissante sur les défibreurs d'une papeterie, sous le regard enthousiaste de l'ingénieur Aristide Bergès ; la modeste dynamo de l'ouvrier belge Gramme présentée en 1871 à l'Académie des sciences de Paris, moteur extraordinaire, capable de produire de l'électricité si on lui fournit de la force motrice, et de donner du travail, si on l'alimente en courant électrique ; le moteur à essence de Lenoir et Otto, présenté à l'Exposition universelle de 1889... Quatre inventions, qui venaient elles-mêmes après une longue chaîne de tâtonnements et de recherches, et qui marquent chacune le début d'une suite ininterrompue d'autres inventions dans l'industrie sidérurgique, les utilisations multiples de l'électricité, les transports et les transmissions.

Refusons-nous la chronique des inventions. Au fond, parce qu'elle est brillante, mais superficielle. Tant pis pour le bandage pneumatique (1888) du vétérinaire de Belfast, Dunlop, pour les vingt-neuf voitures automobiles vendues par Armand Peugeot (Montbéliard) à la date de 1892, pour le premier décollage, sur 50 mètres, de Clément Ader en octobre 1890 ; tant pis même, et c'est un quasi-sacrilège, pour le procédé belge Solvay (1862) de la fabrication de la soude, ou pour la découverte (anglaise) de Thomas et Gilchrist sur la déphosphoration de la fonte (1877), qui porta au premier rang – la découverte du minerai de Briey aidant – la sidérurgie lorraine... Seule compterait, en effet, une histoire qui, pour la France, n'est pas faite, celle de l'extension des inventions, de leur conquête effective et généralisée dans telle ou telle branche, de leur application pratique (où ? quand ?), de leur extension économique et spatiale – une histoire et une géographie de l'*innovation*. Nous savons, en outre, que dans l'explosion inventive de la seconde moitié du XIXe siècle, où se prend déjà le relais de la révolution de la force de la vapeur par celles de l'électricité et du pétrole, les ingénieurs et les savants ont plus de poids que les artisans et les bricoleurs – encore que les premières étapes de l'industrie automobile doivent beaucoup aux passionnés de la mécanique. Nous savons aussi que les révolutions technologiques deviennent alors de plus en plus internationales : imagine-t-on le téléphone (1876) sans l'Américain Bell, le phonographe (1877) et l'ampoule (1879) sans l'Américain Edison, l'appareil Kodak sans l'Américain Eastman (1888) ? Et qu'aurait été la télégraphie sans fil en dehors de Hertz (Allemand), Branly (Français), Popov (Russe), Marconi (Italien) ?

La machine, a écrit l'historien Mantoux, est « un mécanisme qui, sous l'impulsion d'une force motrice simple, exécute les mouvements composés d'une opération technique effectuée auparavant par un ou plusieurs hommes [...]. Pour que le machinisme règne dans une ou plusieurs industries, il ne suffit pas que la machine concoure à la production, il faut qu'elle soit devenue le facteur essentiel, qu'elle détermine la quantité, la qualité et le prix de revient des produits ». La machine signifie : augmentation de la productivité du travail, augmentation des quantités produites, et, du fait de ces deux progrès irréversibles, diminution de coût des prix de revient.

L'extension du machinisme a entraîné assez rapidement une double réaction de fascination et de crainte. Voici Louis Reybaud, admirant les merveilles de l'Exposition de l'Industrie à Paris, en 1855, et d'abord le marteau-pilon exposé par la firme Schneider : « C'est un énorme marteau que la force de la vapeur, servie par le mécanisme le plus simple, élève à une hauteur réglée, et qui retombe ensuite de tout son poids, soit dans le vide, soit dans une atmosphère combinée. On peut frapper ainsi, à l'aide du même instrument, ou un bloc de fer ou une médaille. On conçoit de quelle utilité il a dû être pour la construction de ces machines de guerre qui menacent d'une révolution prochaine l'art de l'attaque et de la défense des côtes[45]. »

Mais l'observateur s'inquiète d'un problème que les constructeurs lui semblent négliger. Ils pensent puissance, vitesse, profit. Lui songe à la sécurité du travail en usine :

« Ces terribles machines à vapeur, bon gré mal gré, il faut compter avec elles. Quand on les oublie, un bruit sinistre rappelle inopinément leur puissance : il s'agit de victimes écrasées ou brûlées à petit feu, de membres brisés, de crânes ouverts. Qui ne tressaillirait ? Qui ne se tiendrait sur ses gardes... Une bielle, un frein, un essieu, une chaudière, voilà des mots qui par eux-mêmes sont bien peu engageants et n'alimentent guère l'intérêt ; mais quand on se prend à réfléchir que la vie dépend d'un frein qui se brise, d'un essieu qui se fourvoie, d'une chaudière qui éclate, à l'instant ces mots prennent une autre valeur que celle du vocabulaire[46]. »

Sécurité menacée d'autant plus que le mouvement rotatif à grande vitesse a bien montré, lors de l'Exposition, ses possibilités considérables : « Pour les machines à vapeur fixes, ce qui frappe surtout, c'est l'application presque générale du principe de la substitution du mouvement rotatif au mouvement de va-et-vient. C'est vraiment une révolution et des plus caractéristiques. Partout les machines oscillantes et les machines à balancier sont en retraite ; les machines horizontales les ont remplacées ; les machines oscillantes ne fournissaient qu'un travail irrégulier, compromis par des fuites de vapeur, des réparations fréquentes, des lésions continues dans les organes de la distribution, les machines horizontales ont amené un travail plus suivi, plus sûr, moins dispendieux[47]. »

Mais Louis Reybaud, en comparant les appareils et les produits de France et d'Angleterre, observa bien de quelle nature était le retard industriel français, économique autant que technique, dû à l'inadaptation (à cette date de 1855) aux exigences de la production de masse :

« Le propre des industries étrangères, c'est de ne mettre dans les objets de consommation usuelle que ce qu'il est indispensable d'y mettre pour un bon emploi, de les traiter d'après des modèles uniformes et dans de telles proportions que le coût en est nécessairement diminué ; c'est d'avoir pour constante préoccupation l'accroissement des débouchés, et d'y aboutir par la modération des prix et une grande loyauté professionnelle. De là le succès des établissements de premier ordre qui existent en Angleterre, et sur les traces desquels les nôtres s'efforcent de marcher [...]. Aussi faut-il reconnaître que pour les principaux articles de consommation, comme les tissus de coton, de laine et de fil, le travail des métaux, la construction des machines et du matériel naval, les objets d'économie domestique, la production de la houille, les porcelaines, les faïences et les poteries communes, ils l'emportent évidemment sur nous, nous ne les avons point encore atteints [...]. En revanche, la France est au premier rang pour les produits qui exigent plus d'art que d'industrie[48]. »

Machinisme..., encore faut-il construire des machines. La branche des constructions mécaniques – pour les usines, mais aussi les chemins de fer et la navigation – est la première bénéficiaire de l'extension des innovations. Le publiciste Turgan, dans l'un de ses premiers fascicules sur *les Grandes Usines de la France*, consacra, en 1862, un article significatif aux installations parisiennes de la firme Cail (matériel de sucreries, locomotives, tours et outillages divers) :

« Les travaux de la maison Cail appartiennent à un ordre tout nouveau, créé depuis cinquante ans au plus, et qui n'avait aucun précédent avant les premières années du XIXe siècle. Les établissements Dérosne et Cail ne sont ni une fonderie, ni une serrurerie, ni une chaudronnerie, ni un chantier de construction, et cependant ils sont tout cela, et bien d'autres choses encore ; car il faut être presque tout pour faire ce qu'ils font, c'est-à-dire des outils pour les usines engendrées depuis soixante ans par les sciences appliquées – non pas seulement pour copier des machines déjà faites et en usage depuis des siècles, mais pour lire dans le cerveau des savants, dans les desseins des inventeurs, exécuter en fer, en cuivre, en bois, en verre, les utiles chimères de leurs rêves et créer, enfin, ce monde de machines nouvelles sans lequel l'industrie actuelle ne pourrait plus vivre... Ce fut surtout dans les ateliers où l'on construisait les outils nécessaires aux diverses professions que l'outillage se perfectionna naturellement le plus[49]. »

Une trentaine d'années au-delà, la machine s'était multipliée. E.M. de Vogüé, décrivant, en 1889, pour les lecteurs de la

Revue des Deux Mondes, la galerie des Machines de l'Exposition, célébrait « la révolution scientifique et industrielle [...], fonction maîtresse du siècle [...], supérieure à tous les accidents de la vie nationale, de la vie européenne[50] » et poursuivait : « On ne saisit, du poste élevé où nous sommes, que le mouvement confus de cette foule d'automates ; bielle ou piston, chaque individu y poursuit son dessein particulier, dans le bruit et l'affairement collectif de la masse [...]. L'homme se dissimule derrière l'esclave mécanique, il le gouverne d'un geste. Dans ces réservoirs de tôle et sur ces fils de cuivre, il a capté les forces vives de la nature ; il joue avec ces puissances soumises, il les transforme et les distribue à son gré [...]. Il est midi, les lourdes machines dorment encore, tout est immobile, silencieux. Un coup de sifflet retentit, puis un grand rugissement de la force délivrée ; d'un bout à l'autre de la galerie, en quelques secondes, elle court et communique le mouvement aux rouages qui entrent en branle! [...]. Ce mouvement est toujours rythmique, doux et moelleux, avec quelque chose d'implacable dans cette douceur [...]. C'est l'image du travail moderne, accompli par la nature contre elle-même, pour le service de l'homme. C'est aussi l'image de l'état social créé par ce travail, de la « loi de fer » modelée sur le jeu impassible de cette mécanique. »

Monument inaltérable dédié à la civilisation de la machine, la tour Eiffel dominait l'Exposition. L'assemblage de ses poutrelles de fer fut un tour de force technique. Mais davantage sans doute que par la tour, qui n'était qu'une prouesse, E.M. de Vogüé était-il attiré par « la grande, l'incontestable nouveauté, l'électricité » :

« L'éclairage, écrivait-il, s'il est encore la principale application de cette force, n'est plus son unique souci ; elle se propose de supplanter ses aînées dans toutes les autres branches du travail [...]. Regardez cette machine qui rappelle par sa forme la roue du gouvernail sur un navire ; encore quelque temps et la comparaison sera plus frappante quand ce gouvernail imprimera le mouvement à toute l'usine. C'est la dynamo, le type le plus fréquent de la machine électromagnétique. Celle-ci développe une puissance de 250 ch ; cette autre, plus loin, fournirait 500 ch. Grands ou petits, nous retrouvons partout ces couples de bobines sous leur armature de fils goudronnés ; ils se mêlent aux lourdes machines à vapeur, ils s'insinuent entre les volants et s'accrochent aux courroies, comme une armée d'invasion résolue à asservir ces colosses. Et c'est bien là — retenons ce fait capital — la tendance actuelle de l'électricité : asservir la machine à vapeur, en attendant qu'on puisse s'en passer ; lui dérober sa force fatale, limitée à un court rayon d'action, pour la transformer en une force plus subtile, plus maniable, plus semblable de tout point à la force nerveuse de l'homme [...]. Pour beaucoup d'usages industriels, la dynamo s'est déjà interposée entre le moteur à vapeur et l'outil spécial du métier. Elle fait manœuvrer des treuils, des cabestans, des marteaux-pilons, des machines à river, à perforer. L'électricité soude les métaux, elle pousse sur nos têtes les ponts roulants ; ici elle actionne des wagonnets, là elle fait tourner l'hélice d'un bateau. Je ne rappelle que pour mémoire ses applications à l'acoustique, le téléphone, le phonographe, les appareils déjà populaires que l'on voit fonctionner dans l'exposition de M. Edison. Depuis les essais de M. Marcel Deprez, les recherches pratiques des électriciens ont pour principal objet la transmission du travail mécanique à distance. La dynamo emprunte aujourd'hui son énergie au moteur à vapeur. Ce n'est là, pour l'électricité, qu'une période transitoire [...]. Son idéal, c'est d'aller puiser directement cette énergie aux grandes sources de force naturelles, aux chutes et aux cours d'eau, d'abord [...]. Cet idéal est déjà réalisé en Suisse, et sur quelques points de notre Dauphiné[51]. »

L'entrée dans l'ère de l'automobile

Le début des chemins de fer, dans les années 1840, avait été marqué par ce que les chroniqueurs du temps appelèrent la « folie » ferroviaire. A dater des années 1890, la manie de l'automobile gagna les couches aisées, et les fabricants pullulèrent jusqu'à rendre vraies les réalités de la concurrence entre entrepreneurs. En 1900 circulaient en France 3 000 automobiles particulières ; en

1905, 22 000 ; en 1914, 108 000[52]. Très vite certains observateurs firent le pari sur l'industrie automobile en tant que secteur d'entraînement du développement industriel. Il faut citer, pour sa valeur prospective, le remarquable *Rapport sur l'évolution automobiliste en France, 1899-1905*, présenté en 1905 par Hennequin :

« Une industrie dans laquelle tant de capitaux sont engagés, et qui a su constituer un énorme et merveilleux outillage, une industrie qui a pris avec une rapidité extraordinaire un tel essor et remporté autant de victoires éclatantes, qui fait vivre un aussi grand nombre d'ouvriers ne saurait avoir une existence éphémère et péricliter du jour au lendemain. Ses intérêts sont défendus directement par des ingénieurs de premier ordre, qui ne cessent d'améliorer la fabrication, tout en s'efforçant de réduire le prix de revient, et par des commerçants dont l'habileté consommée saura triompher des indécis et des réfractaires au progrès, et assurer l'accroissement continu de la clientèle automobiliste [...]. D'ailleurs, l'automobilisme ne se réduit pas à la question qui a fait l'objet de notre étude ; il embrasse bien autre chose que les moyens de transport employés par les particuliers pour leur agrément, pour leur utilité ou pour leur profession. Il englobe la traction sur terre et sur eau, le transport des marchandises aussi bien que des personnes, si bien qu'à ce point de vue il a un champ d'application sans limites et qui n'est pour ainsi dire pas encore exploité. Tôt ou tard, dans les villes françaises, les transports en commun seront effectués par des omnibus automobiles comme ils le sont déjà en partie à Londres ; tôt ou tard la traction mécanique des voitures de place remplacera la traction hippomobile [...] Ne doit-on pas, d'autre part, prévoir dans un avenir assez prochain de nombreux services réguliers de voitures automobiles dans tant de régions où les moyens un peu rapides de locomotion font défaut, sont rares ou encore insuffisants, et plus particulièrement dans le centre de la France ? Est-il enfin permis de penser que la substitution de l'automobile à la voiture actuelle ne s'imposera pas dans un grand nombre de cas, pour le service par terre des correspondances de chemins de fer [...]. Que dire aussi des immenses débouchés qui s'offriront à l'industrie automobile quand elle développera la construction des véhicules industriels affectés au transport des marchandises ? [...].

L'avènement de l'automobile est un phénomène normal de civilisation [...]. La suppression ou le rapprochement des distances, réalisés par le télégraphe et le téléphone, [...] par la vapeur, [...] constitue l'un des traits les plus caractéristiques de la vie moderne, dont elle a décuplé l'intensité. Les tendances vers une plus grande vitesse sont générales et se manifestent : dans les transports, dans la production et la fabrication de toutes choses, dans la manutention et la livraison de tous produits, dans les transactions de toute nature. Jamais le temps n'a eu une aussi grande valeur et n'a semblé plus précieux... L'automobilisme n'est qu'une manifestation de cette grande évolution, de cette expansion incoercible du machinisme [...]. Toutes les considérations que nous avons développées militent donc en faveur d'un accroissement pendant une longue durée du nombre des automobiles, si ce mouvement ascendant n'est pas contrarié[53]. »

La grande usine type : Le Creusot

A la pointe de la puissance économique et du progrès technique, la grande usine. Revenons au Creusot. Jules Huret, en 1897, s'y montrait surtout sensible à la rencontre des machines et des hommes. D'autres visiteurs, avant lui, avaient été plus précis sur les aspects techniques et économiques de cet établissement industriel, où se réalisait la concentration des matières, des machines, de la main-d'œuvre. Voici la description des installations, en 1866, selon Turgan : « C'est surtout par les ateliers de construction que Le Creusot a acquis la réputation si étendue dont il jouit aujourd'hui [...]. Les bâtiments renfermant les ateliers de construction sont élevés au centre des autres divisions de l'usine ; ils peuvent ainsi recevoir de tous côtés les matériaux de toutes sortes dont ils ont sans cesse besoin. Leur personnel et leur matériel, quoique sous la haute direction du bureau central, forment une véritable usine spéciale renfermée dans Le Creusot même, avec une administration et une comptabilité particulières [...]. Ils sont eux-mêmes divisés en deux parties : les *chemins de fer* et la *marine*, suivant la nature des pièces que ces ateliers confectionnent ; ce n'est pas à dire pour cela que l'une des subdivisions ne fasse que des locomotives et l'autre des machines de steamer, mais l'outillage de chacune d'elles est disposé pour produire spécialement chaque ordre de machines et, de plus, toutes celles qui, par leur usage ou leur volume, se rapprochent du travail habituel de l'atelier [...]. Au milieu est établi le bureau central des dessins, sous les yeux de l'ingénieur en chef ; là, toute machine en projet est d'abord étudiée dans ses possibilités d'exécution, et ramenée, dans ses formes, aux proportions nécessaires à la solution du problème suivant : donner le plus d'effet utile possible sous le moins de volume, et pour le moindre prix, et malgré cela conserver une solidité à toute épreuve, tout en offrant une apparence extérieure élégante, quoique simple [...]. Les efforts pour diminuer le poids par force de cheval, et par conséquent le volume et le prix

CONSISTANCE DES USINES DU CREUSOT
Exercice 1867-68

Nombre d'ouvriers		
Chemins de fer et services divers	850	
Minerais	650	
Houillères	1 450	
Hauts-fourneaux	750	
Forge	3 250	
Ateliers de construction	2 500	
Chantier de Chalon	500	
TOTAL	9 950	
Étendue des usines		
Surface totale	125	ha
Surface des bâtiments	20	ha
Chemins de fer		
Étendue des voies	70	km
Nombre de locomotives	16	
Tonnage annuel, extérieur	720 000	t
Tonnage annuel, intérieur	690 000	t
Mouvement de la gare centrale	1 410 000	t
Nombre de trains journaliers à la gare centrale	152	
Minerais		
Deux concessions adjacentes en exploitation	15	km²
6 machines à vapeur, ensemble	90	ch
PRODUCTION ANNUELLE	300 000	t
Houillères		
Une concession exploitée	64	km²
6 machines d'extraction, ensemble	350	ch
2 pompes	400	ch
7 machines diverses	50	ch
PRODUCTION ANNUELLE 2	250 000	t
Hauts-fourneaux		
Fours à coke horizontaux	150	
Fours à coke Appolt	10	
7 machines soufflantes, ensemble	1 350	ch
10 machines diverses	150	ch
PRODUCTION ANNUELLE	130 000	t

Forge		
85 machines à vapeur, ensemble	6 500	ch
Pilons	30	
Laminoirs complets pour puddlage	15	
Laminoirs pour fers et tôles	26	
Fours à puddler	130	
Fours à réchauffer	85	
PRODUCTION ANNUELLE	110 000	t
Ateliers de construction		
32 machines à vapeur, ensemble	700	ch
Pilons	26	
Machines-outils	650	
Production		
Machines de navigation		
Machines fixes		
Locomotives		
Ponts et charpentes		
Machines et appareils de toutes sortes		
Chaudières, moulages, pièces de fonderie		
VALEUR ANNUELLE	14 000 000	F
Services divers		
15 machines à vapeur	160	ch

ont toujours été au Creusot le sujet d'études persévérantes[54]. »

Notons que Le Creusot, en 1866, est accaparé encore par des fabrications civiles – mais pas exclusivement. A la fin du siècle, il sera dans une large mesure adonné aux fabrications militaires, comme Henri Schneider, nous le verrons, le confirmera à Jules Huret.

L'excellent observateur des choses industrielles qu'était Reybaud se montrait fort étonné de l'immense part d'empirisme que comportaient toujours, à la fin des années 1860, les progrès de l'industrie sidérurgique. L'union de la science et de la technique est toujours plus facile à réaliser dans les livres que dans l'atelier : « Le plus singulier, écrit-il, c'est que, dans une industrie où ont passé tant de savants illustres, on en est encore, pour les détails, aux tâtonnements de l'empirisme. Pour la charge des fourneaux, par exemple, il y a plutôt des pratiques que des méthodes ; il en est de même du puddlage du fer. L'action de ces corps les uns sur les autres n'a pas été mieux déterminée que l'action du feu sur leur amalgame. On est exposé à de continuelles surprises. Chargés des mêmes matières et aux mêmes doses, tel fourneau donnera une bonne coulée, tel autre une coulée médiocre. Avec la même fonte, un four à puddler donnera du bon fer, un autre du mauvais. Le coup d'œil, la main de l'ouvrier entrent pour une part dans ces contrastes, l'état des installations y contribue également. »

Cependant, aux ateliers de la construction mécanique, la minutie, c'est-à-dire la division du travail, la spécialisation, l'emportent. On sait que ce seront désormais des données constantes du progrès de l'industrie : « La salle s'agite, observe Louis Reybaud, comme sous la baguette d'un magicien, et dans cette agitation réglée à une ligne près le métal prend toutes les façons dont il est susceptible. Pas un de ces outils qui ne soit un instrument de précision. Celui-ci tournera la roue d'une locomotive, celui-là polira la surface intérieure d'un cylindre, un autre donnera le fini à une bielle ou à une manivelle. Tout détail a son appareil, et une pièce, avant d'être achevée, aura passé par cinq ou six de ces appareils. Il y en a pour forer, fileter, mortaiser, raboter ; l'œil ne se lasse pas de suivre l'outil à l'œuvre mordant le fer comme si c'était du bois. L'ouvrier n'a là qu'une tâche, régler l'outil quand il marche, l'aiguiser quand il s'émousse. La machine fait le reste, et avec un degré de perfection qu'une main habile n'eût pas surpassé. »

Industrialisation :
militarisation et organisation du travail

Des travaux de recherches récents[55] ont mis l'accent à juste titre sur les formes militaires du travail dans les grandes entreprises : ordres descendant selon le sens de la hiérarchie, obéissance et discipline strictes, horaires minutés, punitions et sanctions graduées, séparation croissante des travailleurs et de la haute direction, rôle croissant des cadres intermédiaires. Les classes ouvrières deviennent une « troupe ». Les ingénieurs des chemins de fer se sont toujours plu à rapprocher l'organisation militaire de l'organisation ferroviaire — les plans de mobilisation les rendaient d'ailleurs solidaires. Les ingénieurs des mines n'en jugeaient pas différemment. Dans la métallurgie, même évolution.

On l'a, en effet, bien oublié : l'entrée progressive de millions de travailleurs dans les usines a signifié un très dur apprentissage de la discipline du travail, un apprentissage de nouveaux comportements et de nouvelles manières de vivre. Il s'agissait pour la plupart d'entre eux, qui quittaient le champ ou l'atelier, le village ou le bourg, un milieu professionnel ancien ou la cellule familiale, d'abandonner toute autre occupation, en particulier la traditionnelle combinaison du travail des champs et de celui des métiers, de s'insérer dans un mécanisme réglé, pour lequel le temps, unité de mesure, était la valeur première, de s'adapter à un travail parcellaire, répété et monotone, de respecter des horaires nouveaux, d'y conformer les modes d'alimentation...

Les ouvriers français ont résisté longuement. Ces paysans, ces ruraux, ces artisans, fiers de leur relative liberté, de leur relative indépendance, ne se sont jamais sentis à l'aise dans les grands établissements d'industrie, sous la garde des porions et des maîtres mineurs, des chefs d'équipe et des contremaîtres. Il faudra, au XXe siècle, les contraintes du taylorisme et de la « chaîne » pour les faire plier, pour les prendre aux pièges de la productivité « scientifique », et encore se rebelleront-ils contre le travail aux « pièces » et les « cadences », comme chez Renault dès avant 1914.

Un grand industriel de la construction mécanique pouvait faire, dès 1860, les confidences suivantes devant la commission d'enquête sur le traité douanier franco-anglais : « Depuis quarante ans je vis au milieu des ouvriers, et j'en ai vu des milliers sous mes ordres. J'ai suivi de près, et sur une étendue considérable de pays, les ateliers anglais. J'ai remarqué cette immense différence entre l'ouvrier anglais et l'ouvrier français. L'ouvrier anglais, en général, se résigne, depuis l'âge de quinze ans, où il entre comme apprenti dans un atelier, jusqu'à ce que la vieillesse le force d'en sortir, à faire toujours le même travail, la même pièce, dans la même catégorie de travail ; il devient en quelque sorte une machine vivante et intelligente, à force de faire une seule et même chose. En France, c'est tout différent. Cent fois il m'est arrivé qu'un ouvrier m'a dit : « Monsieur, depuis trois mois vous me faites mouler des roues d'engrenage de tel diamètre, je deviendrai machine, je ne serai plus un mouleur. » L'ouvrier anglais accepte cette situation : c'est là la cause de cette habileté plus grande qu'il a comparativement à l'ouvrier français ; c'est aussi la cause du prix infiniment moindre de la main-d'œuvre en Angleterre relativement à la France. J'ai vu des hommes âgés, à cheveux blancs, qui m'ont déclaré que, depuis leur apprentissage, ils n'avaient pas cessé de faire le même travail. J'ai remarqué aussi cet amour que l'ouvrier anglais prend pour le travail, l'amour-propre qu'il met à contribuer au succès de l'établissement qui l'emploie. Là, il n'y a pas cette hostilité des ouvriers contre les patrons qu'on rencontre dans notre pays. »

Louis Reybaud, sept ans plus tard, employait le mot d'« entraînement » pour caractériser l'adaptation de la main-d'œuvre rurale bourguignonne au travail chez les Schneider : « N'ayant pas de colons propres, Le Creusot a dû vivre d'emprunts et ouvrir ses portes à tous les bras disponibles. Il lui en est venu de la Bourgogne et de la Franche-Comté, mais surtout de ce rude

Morvan, son voisin le plus proche, et qui lui a fourni le premier essaim employé au travail de la mine [...]. Les manouvriers venus du Morvan n'avaient ni des corps bien robustes ni l'esprit bien ouvert. Il a fallu les soumettre à une sorte d'entraînement pour éveiller leurs facultés et développer leurs forces. Pour les facultés, on a eu l'école ; pour les forces, le régime alimentaire. C'est ainsi que la seconde génération, aujourd'hui à l'œuvre, est déjà tout autre que celle qui l'a précédée [...]. En cela comme en tout le reste, l'usine a fait acte d'autorité. Elle s'est emparée du gouvernement des familles comme elle s'emparait du gouvernement de la commune, en usant de l'influence la plus naturelle du monde, un salaire toujours croissant. C'est la seule violence qu'elle ait exercée. Un meilleur salaire permettait à l'ouvrier de mieux garnir sa table et de payer les frais d'école pour son enfant. Tout cela a été fait d'instinct, par la force des choses, et dans ce sens le mouvement des salaires se lie d'une manière étroite à l'avancement du Creusot. »

Mais laissons la parole au directeur lui-même du Creusot, A.P. Deseilligny, dans le très intéressant ouvrage qu'il fit publier chez Hachette en 1868 sur les problèmes sociaux posés par l'industrialisation. A propos des questions d'alimentation, il notait : « On sait qu'au début de la construction des chemins de fer en France on remarquait la supériorité de travail d'ouvriers venus d'Angleterre, et qui continuaient en France leur habitude de manger de la viande. Les Français se nourrissaient beaucoup plus mal et faisaient moins d'ouvrage ; mais ils arrivèrent peu à peu à imiter les Anglais et, en suivant la même méthode alimentaire, ils égalèrent leur puissance de travail. Ce qui s'est passé en petit dans ces chantiers s'est reproduit en grand dans toute la France, et le rendement des ouvriers s'est accru partout. Cette transformation ne s'est cependant pas faite facilement, surtout dans les campagnes, où règne un si grand esprit de routine. J'ai eu personnellement l'exemple de toutes les difficultés qu'on éprouve en voulant accoutumer à de rudes travaux industriels des hommes habitués à vivre de peu dans leur village et à fournir un faible labeur. On avait beau leur offrir des prix de journée élevés, pour peu qu'ils voulussent augmenter leur tâche, la mauvaise nourriture qu'ils prenaient ne leur permettait pas de développer plus de force, et le temps seul a pu les amener à améliorer leur alimentation. Ce changement, qui s'est produit déjà dans beaucoup de centres industriels, a développé le bien-être des familles ouvrières, mais il n'est pas encore complet[56]. »

Textes patronaux que ces trois documents, et dont les deux derniers auraient tendance à ne voir que l'aspect matériel — alimentaire — des choses, lequel comptait, à n'en pas douter. Mais c'est dans son sentiment de la liberté et ses relations avec le travail que l'ouvrier de la grande usine souffrait de se voir de plus en plus devenir « machine ». Après plusieurs décennies d'« entraînement », l'adaptation a fait, certes, d'énormes progrès. Rolande Trempe a fort bien montré que les mineurs de Carmaux, dans les années 1900, sont devenus de vrais mineurs. Dans les années 1860, ils demeuraient encore à demi paysans par leurs occupations de travail, leur nourriture, leur mentalité.

Mais c'est alors, au début du XXe siècle, époque où la militarisation industrielle des ouvriers est en passe de réussir en France dans toutes les branches et à l'échelle de la masse des travailleurs, que les questions de direction, d'administration, d'encadrement viennent au premier plan pour les dirigeants d'entreprises. On traduit en 1913 *la Direction des ateliers* de Taylor, où est soulignée la difficulté de recruter, dans certaines branches, des cadres moyens : « L'une des industries les plus difficiles à organiser est celle d'un grand établissement de construction mécanique, construisant des machines variées [...]. En pratique, tous les ateliers de cette catégorie sont organisés sur ce que l'on peut appeler le principe de la hiérarchie militaire. Les ordres du général sont transmis par les colonels, les commandants, les capitaines, les lieutenants et les sous-officiers aux hommes. De la même manière, les ordres dans les établissements industriels vont du directeur général aux chefs de service (superintendants), aux chefs d'atelier, aux chefs adjoints et, par les chefs d'équipe, arrivent aux ouvriers. Dans un établissement de ce genre, les devoirs des chefs d'atelier, des chefs d'équipe, etc., sont tellement variés et exigent une telle somme de connaissances spéciales, jointes à une telle diversité d'aptitudes, qu'ils ne peuvent être remplis de façon satisfaisante que par des hommes de valeur peu commune, ayant des années d'un dressage spécial. C'est en raison de la difficulté, et presque de l'impossibilité qu'on rencontre dans le recrutement des gens capables comme chefs d'atelier, contremaîtres, etc., plus que pour toute autre raison, qu'on constate si rarement le succès, pendant les premières années, de nouveaux ateliers de mécanique générale montés sur une grande échelle. »

C'est le problème de la formation professionnelle qui est ici posé, du moins dans l'un de ses aspects. On le retrouve aussi à propos du palier supérieur de la hiérarchie technique, celui des ingénieurs. Henri Fayol, ingénieur lui-même, directeur général de Commentry-Fourchambault- Decazeville (sidérurgie) depuis 1888, et qui résuma ses conceptions dans son ouvrage paru en 1917 : *Administration industrielle et générale,* était sans doute dominé par le souci de l'administration de l'entreprise. Il affirmait que les qualités administratives devaient être d'autant plus grandes que le poste occupé dans une firme industrielle était plus élevé. Il proposait d'établir une pyramide de chefs administrateurs aussi rigide que la pyramide militaire. Les soucis de Fayol traduisaient la croissance des dimensions des firmes et établissements industriels — dans certaines branches. Mais Fayol ne méconnaissait pas la complexité des problèmes, tout autres qu'administratifs, posés aux ingénieurs, du fait même de leur formation trop étroitement théorique. Ses « conseils aux futurs ingénieurs » méritent d'être lus — même aujourd'hui :

« Les qualités que vous allez avoir à mettre en œuvre ne sont pas exactement celles qui permettent d'arriver aux premiers rangs de l'École [...]. Vous n'êtes pas préparés à prendre la direction d'une entreprise, même petite. L'École ne vous a donné ni les notions administratives, ni les notions commerciales, ni même les notions de comptabilité nécessaires à un chef d'entreprise. Vous les eût-elle données qu'il vous manquerait encore ce qu'on appelle pratique, expérience et qui ne s'acquiert qu'au contact des hommes et des choses. Vous n'êtes pas davantage préparés à conduire immédiatement un grand service technique. Aucun chef d'industrie ne commettra l'imprudence de vous confier immédiatement le fonçage d'un puits de mine, la conduite d'un haut fourneau ou d'un laminoir. Il faut d'abord que vous appreniez le métier que vous ne connaissez pas.

« [...] Les notions théoriques que vous possédez vous permettront de vous assimiler rapidement les détails de n'importe quel genre de travail. Votre avenir dépendra beaucoup de votre capacité technique, mais il dépendra plus encore de votre capacité administrative. Même pour un débutant, savoir commander, prévoir, organiser et contrôler est le complément indispensable des connaissances techniques. On ne vous jugera pas sur ce que vous savez, mais sur vos œuvres. L'ingénieur accomplit très peu de chose sans l'intervention des autres, même à ses débuts. Savoir manier les hommes est pour lui une nécessité immédiate [...]. N'oubliez pas que le contremaître a l'expérience des ouvriers et celle de l'atelier qui vous manquent [...], pensez qu'à son contact vous pourrez acquérir de précieuses, d'indispensables données pratiques, complément nécessaire de l'enseignement de l'École[57]. »

Il existerait donc, dans l'entreprise industrielle idéale, une sorte de discipline qui ne se confondrait pas exactement avec la « force principale des armées ». Mais cependant que Fayol traçait ses épures de parfaite administration, l'ouvrier Charles Bedaux (1888-1944) mettait au point un système ingénieux de mesure du travail — l'unité étant la minute — qui devait, dans l'entre-deux-guerres, lier encore plus étroitement le travailleur à sa machine. Le destin des « ouvriers spécialisés » — O.S. — se dessinait de plus en plus clairement au début du XXe siècle, bien avant que Charles Chaplin en fasse les héros pitoyables des *Temps modernes* (1936). Minuté, au propre sens du terme, le temps industriel devenait de plus en plus de l'argent.

Industrialisation : rythmes, structures, disparités

La marche de l'industrie — des industries — a été tout autre que régulière ; le mouvement de l'industrie, tout autre qu'homogène. Deux mouvements, séculaires, sont d'abord repérables. Ce sont, sans doute, les plus décisifs en tant que résultat global et final de la croissance : l'augmentation des quantités produites et la baisse des prix, elle-même liée au mouvement des quantités et aux progrès de la productivité. Les études de T.J. Markovitch sur la production industrielle (artisanat et industries rurales compris) permettent d'opposer, en effet, les indices suivants. Par rapport à la base 1938=100, l'indice de la production industrielle totale passe de 9,4 en 1815-1824, à 19,5 en 1845-1854 et à 67,9 en 1913 : un très large triplement, donc, dans la seconde moitié du XIXe siècle. Quant à l'indice global des prix industriels (sur la base 1905-1913=100), on le trouve, aux mêmes périodes, aux niveaux 117,1, puis 119, enfin 100 : une baisse d'un cinquième du milieu du siècle à la Grande Guerre[58]. La civilisation industrielle, c'est bien l'augmentation considérable de l'offre et la baisse du prix.

Au-delà de ces grandes ondes, d'autres rythmes apparaissent : les plus connus sont ceux des cycles intradécennaux, avec leurs phases alternées de l'essor, de la crise, de la dépression, de la reprise. Crises de 1857, 1866, 1873, 1882, 1890, 1900, 1907, 1913, que la guerre fit heureusement avorter. On repère souvent ces soubresauts tout au long de l'histoire des prix, qui s'emballent dans l'essor et se tassent dans les dépressions ; on commence à les entrevoir au niveau des profits industriels ; on les a même rendus apparents à celui du volume même de la production industrielle. La courbe reconstituée par T.J. Markovitch du volume annuel de la production industrielle en fait foi.

Mais, avec François Simiand, Kondratief, Marjolin et G. Imbert, qui depuis le début du XXe siècle jusqu'à nos jours ont traqué statistiquement un nouveau type de rythme, ont été mises en valeur les phases interdécennales, couvrant deux à trois décennies : phases A, 1851-1873 et 1896-1913 ; phase B, 1874-1895 ; rythme intermédiaire entre les tendances séculaires et les cycles courts, rythme que l'étude des prix a privilégié, mais qui n'est absent ni des mouvements des revenus (salaires et profits) ni même de ceux de la production. En A, la tendance des prix et revenus à travers les

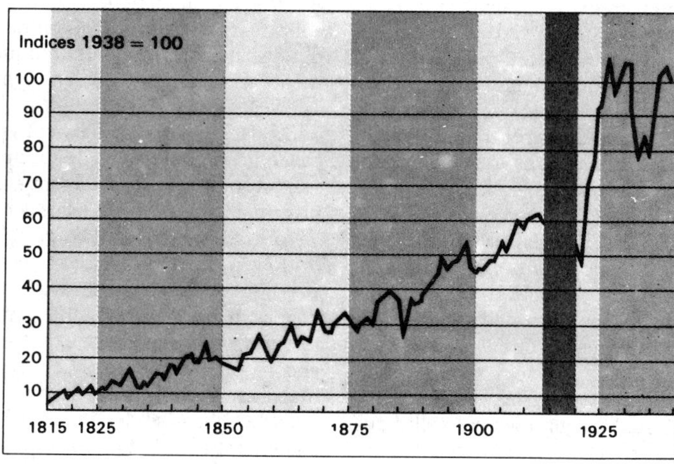

Base 1938 = 100
Indice « simple » : 1815-1859

Indice « complexe » : 1860-1884
Indice « simple » : 1885-1913

Indice du volume de la production industrielle. (D'après T. J. Markovitch, les « Cycles industriels en France » dans le *Mouvement social,* 1968.)

accidents du cycle est à la hausse et le taux de croissance industrielle est rapide ; en B, prix et revenus piétinent ou reculent, et le taux de croissance est moins vif — mais la croissance demeure, naturellement. Il est de fait que la vie française des années 1850 à la Première Guerre mondiale est passée par trois phases : l'une d'un allègre développement jusqu'au début des années 1870 ; l'autre de difficultés et de tensions économiques et sociales dans le troisième quart du siècle ; la troisième — les deux décennies de l'avant-guerre, la « belle époque » — d'un renouvellement des affaires, des profits et autres revenus et de la technologie. Les recherches récentes ont permis, tant à l'échelle de l'économie nationale qu'à celle de régions ou de secteurs, d'observer la réalité de ces « phases longues ». Quant à les expliquer, c'est tout autre chose, et l'on nous permettra de ne pas sortir de la route qui nous est imposée ici en n'abordant pas les disputes des chercheurs sur la part du monétaire et du technologique, par exemple, dans la genèse de l'alternance A — B — A.

Revenons aux réalités les plus massives, donc les plus importantes, celles des tendances séculaires. Le croquis ci-dessus, qui intéresse le secteur sidérurgique de 1850 à 1913, oppose les productions (volume), les prix et les valeurs (volume multiplié par prix) de quatre grands produits sidérurgiques. On observe la montée des productions, la descente des prix : les valeurs, qui sont la résultante des deux autres données, augmentent, quoique moins que les volumes produits. Tirées vers le bas par les prix, elles sont sauvées par les progrès de la production. Mais les valeurs produites coïncident (à peu de chose près) avec les chiffres d'affaires — et les chiffres d'affaires sont terre nourricière des profits industriels. Ce revenu — clef de l'économie capitaliste, le revenu de l'entreprise et celui de l'entrepreneur : les deux ne se confondent pas toujours, mais marchent du même pas — est le grand gagnant de l'industrialisation en France et dans les autres pays avancés. Une enquête récente sur *le Mouvement du profit en France au XIXᵉ siècle* a mis en lumière ce fait que, pour toutes les grandes firmes étudiées — d'industrie, mais aussi de banque —, le record absolu de leurs profits, entre 1850 et 1914, se situait dans l'immédiat avant-guerre : 1913, le plus

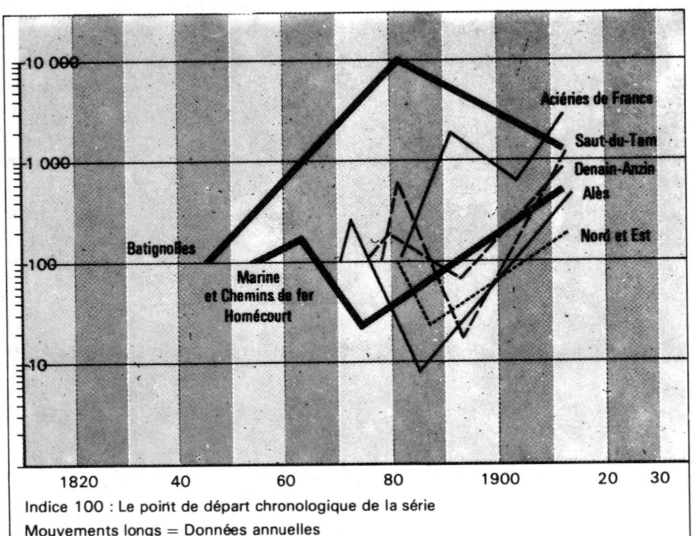

Sociétés sidérurgiques : les profits sont portés en indices. Sur sept firmes, six voient culminer leurs profits en 1913. (D'après J. Bouvier, F. Furet, M. Gillet, le *Mouvement du profit en France au XIXᵉ siècle,* Mouton, éd., 1965.)

souvent, parfois 1912. On peut donner, à titre de simple échantillon, l'exemple des mouvements longs des profits dans quelques firmes sidérurgiques.

On peut penser que le secteur sidérurgique ne fut pas une exception, mais une règle pour toutes les branches, celles, du moins, qui furent les grandes bénéficiaires de l'industrialisation. Un jour, les travaux en cours sur la chimie, les constructions mécaniques, l'industrie électrique, le confirmeront. Le cas de l'industrie charbonnière est cependant à signaler : les prix, en raison d'une productivité qui évolua peu, étaient plus élevés au début du XXe siècle que sous le second Empire. Mais production et profits charbonniers obéissaient bien à la loi commune.

Le développement industriel, cependant, ne pouvait être que très hétérogène. Dans le taux de croissance de l'industrie, que de taux dispersés d'industries, et que de glissements dans les structures du produit industriel! On peut donner une idée — incomplète — du second point en empruntant quelques données sectorielles, en guise d'exemples, au tableau de la « Structure industrielle » établi par T.J. Markovitch.

Certaines branches progressent, d'autres déclinent — relativement. On ne sera pas trop étonné. T.J. Markovitch souligne justement l'importance de ce constat — souvent oublié — qu'à la veille de la guerre les branches traditionnelles l'emportent largement, par leur place dans la structure, sur les branches nouvelles. Celles-ci ont progressé sans doute assez fortement, mais ne l'emportent pas en poids dans la valeur ajoutée, sur les secteurs massifs des industries de biens de consommation (textiles, habillement, alimentation). Le produit net de la sidérurgie (en millions de francs courants) passe, entre 1847 et 1908-1910, de 89 à 347 millions — presque un quadruplement. Celui de l'industrie textile, de 1 469 à 2 567 millions — bien en dessous d'un doublement. Mais on voit la différence de « poids » entre les deux secteurs au début du XXe siècle.

Dans ces conditions, il faut attacher une très grande importance à la distinction faite par Jean Marczewski entre « industries motrices » et « industries vedettes ». Les premières sont représentées par « les branches d'activité dont la valeur globale (le chiffre d'affaires pendant la période) a eu le plus grand accroissement en valeur nominale absolue[61] » ; les secondes sont « celles qui ont réalisé pendant la période les taux de croissance les plus élevés[62] ». Or, l'économiste appelle ici à une révision de points de vue anciens :

« L'influence qu'une branche d'activité, écrit-il, exerce sur l'ensemble de l'économie est mieux représentée par la valeur globale de sa production que par son taux de croissance annuel. Cette influence est, en effet, diffusée non seulement par le canal des revenus des facteurs dont se compose la valeur ajoutée, mais aussi, et souvent avant tout, par les achats à d'autres branches [...]. La valeur globale synthétise l'effet de masse et l'effet de rythme de la croissance [...]. L'emploi de ce critère nouveau est de nature à bouleverser les croyances traditionnelles sur le rôle

Structure industrielle (valeurs ajoutées en p. 100)
Évolution de la place de certaines branches dans la valeur totale de 1845-1854 à 1905-1913 [59]

Branches [60]	*1845-1854*	*1905-1913*
Électricité		0,7
Combustibles minéraux solides	0,5	2,7
Production des métaux	0,9	2,4
Transformation des métaux	3,9	12,7
Industries textiles	19,8	16,5
Industries alimentaires	16	14
Habillement et travail des étoffes	20,1	14,9
Bâtiments et travaux publics	23,2	13,2

	Accroissement de la valeur globale (millions F)	*Taux de croissance annuels (p. 100)*
* INDUSTRIES MOTRICES		
De 1855-1864 à 1865-1874		
alimentation	1 357	1
textiles	463	2
habillement et travail des étoffes	453	2,5
cuir	441	2
TOTAL	2 714	
part dans l'accroissement de la valeur globale	71,6 p. 100	
De 1895-1904 à 1905-1913		
textiles	2 752	1,9
alimentation	2 027	0,04
habillement et travail des étoffes	1 398	2,7
transformation des métaux	1 250	3,2
TOTAL	7 427	
part dans l'accroissement de la valeur globale	65,3 p. 100	
* INDUSTRIES VEDETTES		
De 1855-1864 à 1865-1874		
gaz	35	6,7
houille	80	4,8
presse édition	55	4,5
papier	82	4,2
TOTAL	252	
part dans l'accroissement de la valeur globale	6,7 p. 100	
De 1895-1904 à 1905-1913		
électricité	884	14,5
pr. métaux	537	11,2
extraction minerais métalliques	43	9,6
industries chimiques	101	4,7
TOTAL	1 565	
part dans l'accroissement de la valeur globale	13,8 p. 100	

* D'après J. Marczewski, *Introduction à l'histoire quantitative.*

relatif des différentes industries. Ce ne sont généralement pas les progrès spectaculaires des branches nouvelles qui déterminent le rythme de croissance de l'économie ; c'est le lent développement des activités anciennes, dont les quatre premières sont capables à elles seules de couvrir jusqu'à 75 p. 100 de l'accroissement total du chiffre d'affaires national. Cette « dépoétisation » de la notion d'industries motrices ne signifie cependant pas qu'il faille négliger le rôle d'industries nouvelles à taux de croissance élevés. Leur apparition anticipe le développement futur de l'économie[63]. » On trouvera ci-dessous quelques données, extraites de l'étude de Jean Marczewski, qui illustrent la distinction entre « motrices » et « vedettes », dans les années 1850-1870 et au début du XXe siècle. Tout en ralliant le point de vue de l'économiste, il faut cependant préciser que les industries vedettes — nouvelles — contribuent directement à la croissance des motrices — anciennes. Électricité, production des métaux, industries chimiques, « vedettes » au début du XXe siècle, ont bien été un élément des progrès des textiles, alimentation, transformation des métaux classés comme « motrices », en leur fournissant l'énergie, les colorants ou les matières premières. De sorte que les vedettes sont bien aussi, d'une certaine manière, motrices. Les disparités industrielles accompagnant la croissance sont en tous les cas infinies : disparités entre secteurs, branches, régions, localités.

Il faudrait dire, d'ailleurs, l'énorme capacité de résistance et de survie de l'artisanat, des petits métiers, des petites unités de production, « résistance de la production populaire[64] » [E. Labrousse], appuyée le plus souvent sur les privations, la longue durée du travail, l'adaptation à la clientèle et à ses besoins traditionnels. L'histoire des forges de village en fournirait un bel exemple dans toutes les contrées : elles ont mis longtemps à mourir tout à fait ; elles ne sont d'ailleurs pas tout à fait mortes aujourd'hui[65].

Les disparités industrielles seraient mesurables encore au niveau de la concentration technique, dont l'un des indices est la répartition des salariés entre les usines, selon la « taille » des usines, c'est-à-dire le nombre de salariés qu'elles emploient. Bien sûr, dans les industries lourdes cette concentration a énormément frappé les contemporains : c'est la multiplication des « grandes usines ». Louis Reybaud terminait d'ailleurs sur ce thème son livre de 1867 sur Le Creusot : « Dans les travaux du fer, le vent souffle aux grandes concentrations. Devant des conditions d'existence plus contestées, les petits ateliers désarment, tandis que les établissements principaux cherchent à mieux constituer leurs forces. Ce que nous venons de voir en Saône-et-Loire se reproduit avec des degrés divers d'intensité dans la Moselle, dans la Loire, dans l'Ardèche. Partout on en est au régime des concentrations. Les forges restées debout se partagent les dépouilles de celles qui tombent, comme dans la Haute-Marne et l'Aveyron [...]. Quand la question sera vidée, il ne restera plus qu'un problème à résoudre, c'est de savoir comment les survivants useront de l'empire, s'il y aura entre eux un choc ou un partage, et dans quel sens le sort des populations qui vivent du travail du fer sera affecté par ce régime de concentration poussé à outrance. »

Mais les grandes usines étaient entourées d'une mer d'établissements industriels de taille moyenne ou petite, voire minuscule. Et les choses avaient assez peu changé avant 1914 par rapport au second Empire. Nous manquons, il est vrai, d'études précises. L'excellente analyse donnée en septembre 1954 dans *Études et conjoncture* ne porte que sur la période 1896-1936[66]. Elle fournit cependant des indications assez significatives sur le faible degré de la concentration technique en France, « pays aux unités de travail minimes dans la plupart des cas ». En 1906, la répartition des ouvriers et employés selon la taille des établissements — secteur agricole compris — était la suivante : 57,9 p. 100 d'entre eux travaillaient dans des établissements employant de 1 à 10 salariés (49,2 p. 100 dans les établissements de 1 à 5 salariés...) ; 14,3 p. 100 dans les établissements de 11 à 50 ; 5,2 p. 100 dans ceux de 51 à 100 salariés ; 11,8 p. 100 au niveau 101-500 salariés ; et 10,8 p. 100 dans des établissements employant plus de 500 salariés[67]. Il y avait à cette date 532 646 établissements industriels — transports et manutention exclus — de 1 à 5 salariés, 67 889 de 6 à 50, 8 497 de 51 à 500, 611 établissements employant plus de 500 salariés[68]. Pour finir : à la date de 1906, 28,7 p. 100 de la population active industrielle était « non agglomérée », c'est-à-dire travaillait soit isolément, soit à deux associés, sans salariés...

Certes, ce monde industriel atomisé du début du XXe siècle connaissait d'autres formes de concentration, de contrôle et de domination que la seule concentration technique. Ces formes relevaient de la concentration financière, des prises de contrôle de firmes à firmes, des contrats de sous-traitance entre grandes usines et petites maisons, des accords de cartel entre les « grands » de chaque branche, accords multipliés à partir de l'extrême fin du siècle. Mais l'analyse de ces phénomènes, décisifs pour l'avenir du « pouvoir économique », est en marge de l'étude présente. Il demeure qu'au début du XXe siècle les structures techniques de l'industrie traînaient un poids assez lourd et disparate d'établissements peu aptes à la modernisation et à productivité peu élastique. Pour une part, l'industrie française était un conservatoire des formes anciennes du travail.

L'industrie dans le produit national

Il faut enfin revenir aux chiffres pour mieux voir, d'un coup d'œil d'ensemble, l'évolution de la part industrielle dans la totalité du produit physique, puis du produit national.

Du milieu du siècle à la guerre de 1914, les places respectives de l'agriculture et du secteur industrie-artisanat dans le produit physique calculé en valeur ont évolué de manière significative (comme le montre le premier tableau ci-dessous [69]) et la structure du produit national net en son entier présente les étapes suivantes (comme le montre le second tableau ci-dessous) de 1847 à 1910.

L'état actuel d'avancement des travaux ne permet pas, malheureusement, de radiographier en ses niveaux essentiels la structure du produit industriel-artisanal : industrie, artisanat, production paysanne pour le marché. Du moins voit-on que l'écart entre les valeurs du produit agricole et du produit industriel-artisanal s'est creusé en faveur du second entre 1847 et 1910 — cependant que les activités tertiaires étaient les principales bénéficiaires de l'évolution générale de la civilisation. On remarquera combien est évidente, de 1872 à 1892, la stagnation du produit physique ; pour le produit agricole, il s'agit même d'un net recul. La véracité des mouvements interdécennaux se trouve ainsi démontrée une fois de plus.

Quant aux taux de croissance, ils confirment la différence d'allure entre le monde de la terre et celui des usines et ateliers :

Produit physique

Décennies	*Agriculture*	*Industrie et artisanat*
1845-1854	44,9 p. 100	55,1 p. 100
1905-1913	39,8 p. 100	60,2 p. 100

Produit national net [70] (millions de francs-or)

	1847	*1872*	*1892*	*1908-1910*
Produit agricole net	5 153	8 267	7 132	10 088
Produit industriel et artisanal net	8 194	10 059	10 555	15 548
Activités tertiaires [71]	3 636	5 883	7 920	10 560
Produit total	16 983	24 209	25 607	36 196

Taux de croissance moyens annuels géométriques du produit brut [72] de l'agriculture et de celui de l'industrie et de l'artisanat [73]

	Produit brut de l'agriculture	*Produit brut de l'industrie et de l'artisanat*
1845-1854 à 1855-1864	1 p. 100	2,3 p. 100
1855-1864 à 1865-1874	0,6 p. 100	1,6 p. 100
1865-1874 à 1875-1884	0,3 p. 100	1,6 p. 100
1875-1884 à 1885-1894	0 p. 100	1,5 p. 100
1885-1894 à 1895-1904	0,8 p. 100	2 p. 100
1895-1904 à 1905-1913	1 p. 100	2 p. 100

IV. DE NOUVEAUX MODES, DE NOUVEAUX RYTHMES DE RELATIONS ÉCONOMIQUES

L'augmentation si remarquable du « tertiaire » dans le produit national – correspondant à celle de ce secteur dans la population active[74] – est, on le sait, un fait majeur de civilisation, caractérisant nos temps modernes. Elle traduit le gonflement des « services » de tous types rendus par l'État, les entreprises, les particuliers. Les services sont particulièrement le reflet des transformations considérables au niveau des échanges économiques – échanges de produits, échanges de capitaux –, transformations qui, accompagnant étroitement les progrès de l'industrie, ont nom réseau ferroviaire, réseau bancaire.

Réseaux ferroviaires et réseaux bancaires

Les deux réseaux sont étroitement liés dans leur développement et dans leurs interactions. Ils ont véhiculé par grandes masses et à grandes vitesses les hommes, les marchandises, les capitaux. La courbe de la longueur du réseau ferré de 1828 à 1913, les deux cartes du réseau bancaire du Crédit Lyonnais en 1878 et 1913 rendent sensibles la croissance des capacités de relations, leur extension spatiale. Les résultats ont été, dans les deux secteurs, de même nature : massiveté des éléments transportés et prix abaissés des transports. On le sait, du reste, pour les chemins de fer. Un exemple, tiré de la thèse de François Caron sur *la Compagnie du chemin de fer du Nord :* en 1849, le transport de la tonne kilométrique revient à 10,15 centimes ; en 1873, à 5,48 – cependant que dans les années 1860 le roulage demande, selon les vitesses, de 25 à 45 centimes, et avec une capacité de transport bien plus faible. En 1873-1877, la voie ferrée a transporté (moyenne quinquennale) 8,2 milliards de tonnes-kilomètre, et 23 en 1908-1913.

Mais voyons les banques. Leur croissance d'ensemble du second Empire à la Première Guerre mondiale est considérable. La courbe des dépôts au Crédit du Nord, la progression des bilans du Crédit Lyonnais en témoignent également pour deux types de banques : la banque de dépôts régionale fortement liée aux milieux industriels locaux et le grand établissement de crédit à assise nationale et internationale. D'où la fourniture de plus en plus ample de « monnaie de banque » – moyens de paiements, crédits – à l'économie. Dans quatre grands établissements, son niveau entre 1869 et 1913 passe de 426 à 5 661 millions. D'où, aussi, la baisse du prix de l'argent, du coût du crédit à court terme (« loyer de l'argent ») inscrite sur la courbe du taux de l'escompte à la Banque de France. Elle correspond, dans le domaine bancaire, à la baisse des tarifs ferroviaires, toutes deux étant dues à la massiveté et à la vitesse croissante de la circulation des capitaux et des marchandises.

Les réseaux bancaires – agences permanentes, bureaux temporaires – ont commencé leur développement dans les années 1865-1869, la Société générale ayant donné l'exemple, très vite suivie par le Crédit Lyonnais. Ils se sont appuyés et ont suivi en quelque sorte pas à pas la marche du rail et l'installation progressive des succursales de la Banque de France dans les départements, auprès desquelles, par le réescompte de leur portefeuille commercial, les banques étaient à peu près assurées de trouver aide et secours. Les nouveaux réseaux ferroviaires et bancaires ont joué un rôle immense. Les premiers ont été pendant des décennies un adjuvant essentiel des industries de biens d'équipement : sidérurgie, charbonnages, constructions mécaniques et travaux publics. On peut retrouver quelques rapports, dans les courbes chemin de fer et sidérurgie, entre le dynamisme de la production d'acier et des rails en acier, et le plafonnement, puis le recul — dans les années 1860 à 1880 — de la production de fer et des rails en fer. On lit aussi sur la courbe voisine l'extraordinaire chute des prix des rails, liée à la croissance de leur consommation.

Le chemin de fer a directement aidé à la solution du problème du transport de l'électricité-force : c'est en 1886 que, sur les 56 kilomètres de la ligne Creil-la Chapelle, est réalisé le premier transport de ce type : deux locomotives (sans roues) commandaient à Creil les mouvements d'une génératrice et le courant, envoyé à la gare de la Chapelle, pouvait actionner les cabestans, un marteau-pilon, un treuil et une aiguille. Mais la voie ferrée a bouleversé par ailleurs les anciennes conditions de la production en transformant les conditions des échanges : elle a brisé les isolements, unifié les marchés, rapproché les régions et les localités, accéléré les baisses de prix, permis les implantations industrielles nouvelles, favorisé telle branche, telle zone, telle localité — aux dépens d'autres... Pierre Léon a fort bien illustré, dans son ouvrage sur le Dauphiné, ce type de disparités. La voie ferrée a apporté à l'agriculture les engrais, les machines, les journaux ; elle a enlevé des champs les récoltes et les stocks ; elle a permis les choix locaux et les spécialisations régionales. La route et les chemins vicinaux — ne les oublions pas — ont contribué aussi à ces modifications des équilibres et des relations — beaucoup plus que les canaux et voies navigables, dont le réseau a été fort peu modifié au-delà du milieu du XIXe siècle.

Les usagers du rail, il est vrai, étaient plus sensibles à certains inconvénients des transports qu'à leur rôle économique décisif. Témoin Turgan, dans ce texte de 1879, qui nous rappelle que l'âge héroïque des chemins de fer a duré longtemps : « A l'Exposition de cette année il y a, même dans la section française, des progrès sérieux ; quelques spécimens d'un bon augure pour l'avenir, mais les wagons en service journalier sont encore, à de bien rares exceptions, absolument détestables, et comme suspension, et comme aménagements. J'ai voyagé il y a quelques jours dans un wagon de 1re classe de la Compagnie d'Orléans, le no 91, qui est bien le plus abominable véhicule dans lequel on puisse avoir le malheur d'être transporté. Le mouvement de trépidation du 91 rappelait, plus accentué encore, celui d'un tombereau passant au trot sur le pavé. Les glaces tremblaient à se briser ; toute la boiserie gémissait des secousses et quant aux coussins je suppose qu'ils n'ont jamais été recardés. Si encore on ne se servait du vieux matériel que pour les petits parcours, mais il y a des gares comme Tours, par exemple, où les améliorations étaient si imprévues, si peu probables, que les plaques tournantes ont un développement trop court pour manœuvrer les grandes voitures nouvelles de la Compagnie, et qu'alors on est forcé de composer des trains rapides avec d'anciennes voitures de tout modèle et de tout format, dont les tampons ne se joignent même pas dans leur entier diamètre[75]. »

Banques et développement

Quant à l'ajustement entre développement bancaire et mouvement industriel, il reste encore dans une certaine pénombre. C'est une question vivement débattue depuis les années 1900, et qui demeure absolument ouverte, de savoir dans quelle mesure le système bancaire français en ses divers rouages a joué le rôle de moteur ou de frein du développement industriel et de la croissance économique. Haute banque ancienne à maisons privées (type Rothschild), banques d'affaires nouvelles (type Banque de Paris et des Pays-Bas [1872] ou Banque de

En millions de francs

Années	*Total annuel des bénéfices*	*Affaires coloniales françaises*	*Affaires étrangères*	*(dont affaires russes)*	*Emprunt d'État et de collectivités en France*	*Sociétés françaises*
1896	6,766	2,249	1,222	(0,184)	0,166	3,129
1897	6,309	0,217	4,491	(1,282)	0,107	1,494
1898	6,236	néant	4,734	(1,955)	0,060	1,442
1899	9,959	0,242	6,109	(4,078)	2,426	1,182
1900	5,802	0,066	3,666	(1,762)	1,008	1,062
1901	5,024	0,420	3,385	(1,831)	0,113	1,106
1902	7,210	0,587	4,308	(0,972)	0,661	1,654
1903	9,372	0,455	7,009	(2,992)	1,332	0,576
1904	10,779	0,037	8,943	(7,961)	0,506	1,293
1905	4,914	0,613	3,623	néant	0,136	0,542
1906	19,076	0,382	17,111	(12,623)	1,252	0,331
1907	7,772	0,560	5,260	(0,473)	0,524	1,428
1908	9,375	0,514	7,028	(3,876)	0,235	1,598
1909	19,953	0,493	16,414	(12,082)	1,414	1,632
1910	13,451	0,800	11,308	(0,041)	0,249	1,094
1911	9,081	0,245	7,298	(0,013)	néant	1,538
1912	15,800	néant	10,636	(5,493)	2,062	3,102
1913	15,136	0,398	8,452	(4,613)	3,191	3,095
1914	12,865	0,248	9,122	(7,350)	1,342	2,153
1915	14,087	0,002	0,281	néant	13,723	0,081
TOTAUX : 1896-1914*	194,880	8,526	140,199	(69,581)	16,784	29,451

* Année 1915 exclue.

Structure des bénéfices sur « affaires exceptionnelles » et sur souscription au Crédit Lyonnais 1896-1914. *Il est donc vrai que les emprunts russes ont eu la terre de France comme marché d'élection.* (D'après J. Bouvier, F. Furet et M. Gillet, *le Mouvement du profit en France au XIXe siècle,* Mouton, éd., 1965.)

l'Union parisienne [1903]), grands organismes de crédit à réseaux nationaux d'agences (type Crédit Lyonnais [1863] ou Société générale [1864]), banques provinciales multipliées à partir des années 1860 (Société Lyonnaise de dépôts, Société Marseillaise de crédit, Crédit du Nord, etc.) : comment ces divers organismes ont-ils réagi devant les affaires et opérations de tous types qui sollicitaient les « emplois » de leurs « ressources » ? – mots clefs de la stratégie bancaire. Il est difficile, dans ce cadre, d'esquisser même le débat. Schématisé, il revient à savoir si la pratique des placements et investissements au-dehors — la France devient pays banquier à partir de la décennie 1850, et cette position ne se modifiera pas avant les années 1930 — a nui, ou non, au développement interne, tant industriel qu'agricole. Les réponses également simples que l'on a jusqu'alors données — oui ou non — ne rendent pas compte de la complexité d'une question à laquelle on devrait répondre par oui et non. Mais nous retrouverions encore le permanent problème de la mesure : dans quelles proportions ? Selon quels critères ?

Une chose en tous les cas doit être soulignée fortement : la croissance indus-

Postes et télégraphes [76] (moyennes quinquennales)

	1873-1877	*1908-1913*
Lettres ordinaires et chargées (en millions)	366	1 576
Recettes totales des services postaux (en millions de francs-or)	116	274
Télégrammes expédiés (en millions)	8,3	49,2

trielle française du XIXe siècle, quelles que fussent les dimensions des firmes, a été surtout assurée par un autofinancement systématique et impitoyable (réinvestissement immédiat de la plus grande part possible des bénéfices) aussi bien chez les firmes familiales du textile que pour les grands « monopoles » de la chimie ou de la sidérurgie. L'industriel français a toujours fait les efforts les plus constants pour ne pas être dépendant des banques ou contrôlé plus ou moins par elles. Il lui est arrivé d'emprunter soit au marché financier (obligations), soit aux banques (crédits à moyen terme). Mais il ne l'a toujours fait qu'à la dernière extrémité. Par curiosité, nous donnons à la page suivante la ventilation de l'argent gagné par le Crédit Lyonnais de 1896 à 1915, à l'occasion de ses ventes de valeurs à la clientèle. On y verra la place énorme des opérations faites avec l'étranger — la Russie d'abord — et la part modeste des placements de titres des firmes françaises. Mais il serait aventureux d'en conclure à une insuffisance du financement industriel en France, en raison même de l'importance de l'auto-financement.

Hommes, marchandises, capitaux... la vie de relations et ses nouveautés ne sont pas cependant tout à fait enfermées en cette trilogie. Le tableau suivant donnera un simple aperçu de la promotion des postes et télégraphes.

Les progrès postaux reflètent, eux, la vie de relations et traduisent de nouvelles habitudes : relations entre individus et entre familles (l'instruction se répand), relations de l'État et des citoyens et relations commerciales. Le commerce entre à son tour dans l'ère des bouleversements. Les quantités produites et commercialisées augmentent ; les courants de trafic deviennent de plus en plus rapides et denses ; leur diversité s'accroît. La marchandise va partout et vient de partout. Les structures et les habitudes du commerce changent donc forcément, mais très lentement. On voit progresser la publicité dans la presse. Elle devient de plus en plus insistante au-delà de 1900 : les collections de *l'Illustration* et du *Monde illustré* en portent témoignage. Le voyageur de commerce se multiplie, porteur d'échantillons ; les vieilles foires déclinent — telle celle de Beaucaire — et les anciens entrepôts périclitent. A quoi bon rassembler marchandises et marchands, lorsque la souplesse du chemin de fer et celle du télégraphe permettent l'échelonnement des envois dans le temps de produits rapidement disponibles, « à la commande ». La façon de vendre doit, à son tour, se plier aux exigences d'une clientèle qui, progressivement, tend à devenir de masse. Le commerçant va montrer et se montrer, étiqueter ses prix et devenir de plus en plus soucieux des besoins de la clientèle, quitte à les créer, naturellement, par les tentations de l'étalage, l'appât du rabais, la réclame martelée : c'est la révolution du « grand magasin » qui apparaît dans les grandes villes sous le second Empire, et à propos duquel on peut bien écrire que le meilleur reportage, inégalé depuis, demeure le roman de Zola *Au bonheur des dames*. Non, certes, par sa fin dérisoire, digne des *Veillées des chaumières*, où l'employée modeste épouse le patron dynamique. Mais par sa double description, dont la valeur sociologique demeure actuelle, des techniques de l'appel à la clientèle et de la militarisation — là aussi — imposée à la main-d'œuvre féminine par un patronat qui recherche l'efficacité.

Certes, la « boutique » révèle d'exceptionnelles qualités d'adaptation, de résistance, de survie — et de développement. C'est en quoi Zola donne un coup de pouce aux phénomènes sociaux réels. C'est cependant à son niveau peut-être, encore plus qu'à celui de l'artisanat, que se maintiennent le plus durablement, du moins dans le nombre immense des petites agglomérations, le vieux décor — et les odeurs familières. On peut trouver encore aujourd'hui des « épiceries » rurales vieux style qui donnent comme une impression d'éternité, et des « bistrots » de banlieues ouvrières dont le « zinc » est en service depuis de fort nombreuses décennies. Le petit commerçant, cousin du petit agriculteur, frère du petit artisan et lecteur du *Petit Journal* dans une petite ville, était apte à embrasser les passions radicales contre les « gros ». Il n'a d'ailleurs ni disparu ni beaucoup varié, témoin des lenteurs des évolutions dans certaines parties du « tertiaire ». Tout n'a pas été dit, dans les développements antérieurs, ni sur les faits de population, ni sur ceux d'industrie, ni sur les échanges intérieurs. Il n'était question que de rendre plus sensibles les principales nouveautés dans la civilisation nouvelle en train de naître. Mais nous avons privilégié jusqu'ici le chiffre et la courbe, et nous avons cédé parfois à la tentation de la mesure. Il reste alors un immense domaine à reconnaître : celui des comportements et des mentalités. Dans quelle mesure y a-t-il eu, à ces niveaux qualitatifs, disponibilité devant l'industrie et ses normes, capacité d'adaptation à la civilisation nouvelle, attitudes de refus ou d'intégration ?

V. REFUS DE LA CIVILISATION INDUSTRIELLE

Ruralisme et adaptation à l'industrie

Il a été donné à certains, des premiers romans de Jean Giono aux Chantiers de la Jeunesse sous le gouvernement de Vichy, de vivre la résurrection — parfois émouvante, parfois cocasse — du ruralisme, du retour à la terre, l'exaltation des valeurs paysannes — « La terre, elle, ne ment pas », disait obscurément le maréchal Pétain — et la condamnation globale (et confuse) de l'usine, de la ville et des trusts. Quelque artificiels qu'aient été ces thèmes, surtout par rapport au contexte politique qui les assumait et les canalisait — à l'insu, parfois, de certains chantres de la nature et de certains animateurs de groupements de jeunes —, il est significatif qu'ils aient repris vigueur et rencontré une audience certaine en plein XXe siècle. Ils avaient d'ailleurs conservé une évidente permanence : l'honorable Méline, protectionniste d'intérêt, n'avait-il pas écrit, en 1905, un singulier ouvrage sur *le Retour à la terre et la surproduction industrielle* ? Le problème de l'adaptation à la civilisation industrielle paraît donc bien consubstantiel aux réalités françaises.

Comportements et mentalités : des individus, des milieux professionnels, des classes sociales, des collectivités locales et régionales. Qui nierait leur influence déterminante sur l'orientation des attitudes et des choix, face aux aspects nouveaux de la civilisation ? Il y a des engouements et des répulsions de masse qui peuvent faciliter ou non des adaptations de masse et des accélérations du développement. Les mentalités expliquent les comportements. Mais les mentalités elles-mêmes ne viennent pas du ciel. Elles ne sont ni *sui generis* ni éternelles. Elles sont elles-mêmes les produits de l'histoire, des structures, des milieux, des institutions. Elles peuvent se figer ; elles ne sont pas incapables d'évoluer. Il faut démythifier les mentalités, c'est-à-dire être conscient de leur relativité. La tendance — la mode actuelle — d'en faire le *Deus ex machina* de l'histoire sans prendre la précaution d'en voir la genèse et le conditionnement est aussi dangereuse et stérile que celle qui ne considérerait que la face économique des choses.

Il apparaît d'une manière générale que, pour reprendre une formule d'Ernest Labrousse, « le mental retarde sur le social », et « le social sur l'économique ». Ce qui frappe l'observateur, ce sont les obstacles que les mentalités semblent opposer à la pénétration des formes les plus avancées de la vie industrielle dans la France d'avant 1914 — et d'après. Certes, le poids des structures (structures démographiques, structures de la propriété) est énorme, en agriculture comme en industrie. Mais le jeu spécifique et, à un certain degré, autonome, des mentalités va dans le même sens.

On sait — et qui ne la comprendrait ? — la constance de la résistance ouvrière aux disciplines du travail manufacturier et aux essais d'augmentation de la productivité. Toutes les recherches récentes sur l'histoire ouvrière avant 1914 ont mis en lumière cette résistance : réticence envers la mécanisation par crainte du chômage ; lutte contre l'intensification du travail ; hostilité envers la rationalisation qui déshumanise les gestes de la production. Résistances d'autant plus vives que, en raison de la lenteur du glissement de la population des campagnes vers les villes, le problème de l'adaptation au travail industriel s'est trouvé posé en permanence, pour ainsi dire, à des masses importantes de salariés, puisque l'exode rural n'en finissait pas.

Réflexes et réactions du patronat

Mais les troupes de l'évolution industrielle ne sont pas seules en cause. Qu'en allait-il des cadres et du patronat — des patronats ? Il est bien difficile de camper une attitude patronale devant la croissance. Ce que l'on en sait n'est pas suffisant. Le patronat français, d'ailleurs, se cache, cache ses archives, et demeure rebelle à l'analyse. De quoi a-t-il eu, ou a-t-il encore peur ? On se le demande bien. Quels traits de mentalité perçoit-on ? Une attirance plus forte pour la recherche des « différences », c'est-à-dire du profit, que pour le raisonnement et le calcul économique ; une culture économique d'ensemble faible ; le souci de la sécurité et la crainte des concurrences extérieures ; le manque d'imagination et de « punch » dans le repérage et la conquête des marchés ; la condamnation de l'État, quand celui-ci s'avise d'un quelconque contrôle ou nourrit des projets d'entreprises qui lui soient propres ; mais l'appel (permanent) à l'État pour la protection, la subvention, l'immunité fiscale, les contrats fructueux, et pour les multiples bénéfices tirés de la familiarité avec les milieux politiques dirigeants : informations, combinaisons, pressions et influences ; la capacité d'exploiter les multiples « rentes de situation » qu'offrait la diversité des structures et dimensions industrielles : les prix industriels d'une branche, en s'alignant sur le niveau élevé des prix des firmes les plus faibles, permettaient des surprofits aux maisons les plus modernes, à plus haute productivité.

Si l'on connaît un patronat « petit » ou « moyen » — qui était légion —, plus soucieux de sécurité que de prospective, intéressé par le seul marché national, préférant diminuer son prix de revient en pesant sur les salaires plutôt qu'en investissant et en modernisant, il est cependant des exemples d'esprits lucides, modernes, combatifs, qui n'étaient pas tous dans les très grandes affaires. Quelques industriels de l'obscure bourgade de Mazamet, en peu de temps, réussirent à monter, dans le troisième quart du siècle, un centre de délainage des peaux à échelle internationale. Des recherches en cours montreront sans doute la valeur exceptionnelle, en tant que « managers », de Xavier Rogé et Camille Cavaillier, qui se succédèrent avant la Grande Guerre à la tête de Pont-à-Mousson ; cette firme connut de brillants succès sur les marchés étrangers pour l'écoulement de ses célèbres tubes de fonte. Il serait difficile d'affirmer que Michelin ou Renault, Eiffel ou Schneider furent des entrepreneurs peu dynamiques...

Mais là encore, avec quelle balance peser les effets de dynamisme et les forces de freinage ? En tous les cas, des caractéristiques communes aux divers patrons se retrouvent bien souvent au plan de leurs attitudes devant la « question sociale » : une crispation permanente devant la contestation ouvrière ; l'incapacité de reconnaître la complexité du problème ouvrier ; la volonté de mise en tutelle de la masse des salariés selon des moyens variés, allant de la répression la plus féroce au paternalisme le plus absolu ; la confusion permanente entre la charité et la justice ; le refus de tout syndicalisme ouvrier — même chrétien. Le patronat du temps ne semblait pas voir qu'une politique défensive et timorée en matière sociale était contradictoire avec une attitude offensive et bénéfique en matière de développement économique. Les mentalités sociales — c'est-à-dire asociales — du patronat sont à considérer comme un élément de freinage du développement. Elles retardaient l'intégration de la classe ouvrière au système industriel, son adhésion réelle à ses normes et à ses valeurs, sa participation effective aux progrès du système. Naturellement, une telle situation facilita — elle ne la créa pas, car les causes en étaient plus profondes — la contestation de l'économie capitaliste et sa condamnation par les théoriciens et les militants du mouvement ouvrier.

Les témoignages abondent quant aux refus sociaux du patronat et à sa trop fréquente étroitesse de pensée. N'en citons que deux. Il est vrai que c'est aussi cruauté mentale que de faire relire certains textes anciens... Écoutons Henri Schneider parler fort librement avec Jules Huret, en 1896 : « Pensez-vous qu'il ne faut pas de l'argent pour faire marcher une « boîte » comme celle-ci ? Eh bien qui est-ce qui l'apportera, cet argent, à l'usine ? A côté du directeur, de la tête, il y a le capitaliste, qui aboule la forte somme [...]. Le capital sans lequel rien n'est possible, qui nourrit l'ouvrier lui-même! Ne représente-t-il donc pas une force qui doit avoir sa part de bénéfices, n'est-il pas une collaboration indispensable qu'il faut intéresser ? [...] Si vous supprimez au capital son intérêt vous n'en trouverez plus quand vous en aurez besoin! Ceux qui l'auront le conserveront, c'est tout simple!

« [...] Mais comment peut-on empêcher la formation du capital privé ? Ou plutôt que veut dire cette différence (entre capital privé et capital social) ? Est-ce que le capital n'est pas déjà social ? Est-ce que tout l'argent qui circule ne retourne pas aux ouvriers ?

« [...] Le pape a dit à cet égard tout ce qu'il y avait à dire ; je trouve que sa dernière encyclique est une merveille de sagesse et de bon sens. Il y explique que le patron a des devoirs à remplir vis-à-vis des salariés, et c'est vrai [...]. Je vous le répète, ici nous faisons tout ce que nous pouvons [...].

« Les crises sont un mal nécessaire, on n'y peut absolument rien! La production dépend de la mode, ou d'un courant dont on ne peut prévoir ni la durée ni le développement [...]. Il y a quelques années, lorsque M. de Freycinet, étant ministre des Travaux publics, voulait créer partout des chemins de fer, une foule de métallurgistes se sont mis à produire et à surproduire des rails et tout ce qui est du matériel de traction. M. de Freycinet a disparu, et tous les travaux faits à l'avance sont restés pour compte aux producteurs! Aujourd'hui, tout est au militaire, on ne fait que des canons en acier et des plaques de blindage ; demain, ce mouvement peut s'arrêter pour une cause ou pour une autre [...]. Donc, pléthore sur le marché, arrêt dans le travail, chômage, chômage forcé, fatal!

« Oui, dis-je, saisissant la balle au bond, avez-vous pensé à l'éventualité du désarmement au point de vue de votre industrie ? »

M. Schneider répondit :

« Oh! ce serait un grand malheur... Je ne sais pas ce qu'on ferait. »

Puis, après une courte réflexion :

« Après tout, il y aurait peut-être équilibre. Les cinq cent mille hommes que nous nourrissons, vous et moi, à ne rien faire, se trouveraient sans emploi du jour au lendemain ; ils viendraient faire la queue à la porte des usines, offrir leurs bras au rabais ; ça ferait baisser les salaires, et nous n'aurions plus à payer les vingt sous par jour qu'ils nous coûtent à chacun...

— L'intervention de l'État ?

— Très mauvaise! Très mauvaise! Je n'admets pas du tout un préfet dans les grèves ; c'est comme la réglementation du travail des femmes, des enfants ; on met des entraves inutiles, trop étroites, nuisibles surtout aux intéressés qu'on veut défendre ; on décourage les patrons de les employer et ça porte presque toujours à côté.

— La journée de huit heures ?

— Oh, je veux bien, dit M. Schneider, affectant un grand désintéressement, si tout le monde est d'accord, je serai le premier à en profiter, car je travaille souvent moi-même plus de dix heures par jour [...]. Seulement les salaires diminueront, ou le prix des produits augmentera, c'est tout comme! Au fond, voyez-vous, la journée de huit heures, c'est encore un dada, un boulangisme. Dans cinq ou six ans, on n'y pensera plus, on aura inventé autre chose. Pour moi, la vérité, c'est qu'un ouvrier bien portant peut très bien faire ses dix heures par jour, et qu'on doit le laisser libre de travailler davantage, si ça lui fait plaisir.

— En résumé, que croyez-vous qu'il soit bon de faire, étant donné la situation présente ?

— L'encyclique! Lisez l'encyclique! C'est tout à fait cela! Et c'est très amusant de voir M. de Mun, qui se dit catholique, et qui obéit au pape quand il s'agit de devenir républicain, se mettre en dehors des prescriptions pontificales pour devenir socialiste[77] ! »

Trente années auparavant, à la fin du second Empire, A.P. Deseilligny, le directeur du Creusot, s'était fort soucié de la faible moralité des classes laborieuses et y avait trouvé remède — une éducation selon de bons principes : « Souvent les manufactures sont réunies dans les grands centres ; quand elles sont isolées, elles constituent à elles seules de véritables petites villes [...]. L'industrie a ses périls qui lui sont propres. Cette grande agglomération d'hommes dans les ateliers, où se rencontrent toujours quelques mauvais esprits d'une pernicieuse influence, cette vie spécialisée, uniforme et sans horizon, telle que l'a souvent constituée aux ouvriers l'industrie moderne, cette défiance contre les chefs, entretenue par de fréquentes discussions de salaires, sont autant d'obstacles à la moralité des classes laborieuses. Un danger plus grand est celui que fait naître le mélange d'hommes et de femmes ou de jeunes filles dans certains ateliers [...]. La grande industrie, quand elle a été libéralement comprise par ses promoteurs, a apporté avec elle le remède moral par les institutions de patronage et de prévoyance qu'elle a développées et par les efforts qu'elle a faits en faveur de l'éducation. Quand des écoles bien tenues, et fréquentées même pendant le début de l'apprentissage, ont préparé l'esprit des jeunes ouvriers, quand l'enseignement religieux a été solide et s'est fortement imprimé dans les âmes, quand les jeunes filles ont été élevées en vue de devenir plus tard de bonnes épouses et de bonnes mères, alors l'industrie n'apparaît plus comme une source de danger moral, mais comme un élément civilisateur[78]. »

N'ayons pas la tentation de sourire et sachons retrouver dans les lignes suivantes du même auteur, tout en conservant la distance critique souhaitable, certaines façons de raisonner qui ne paraissent pas tellement étrangères au temps présent — sans oublier que nous avons affaire au directeur d'une grande firme, capable de mener une politique des salaires souple et, pour ainsi dire, non bornée : « Que les principes d'autorité aient été enseignés par la famille et que l'enfant ait appris à ne les séparer jamais de la justice et de l'honneur ; qu'il ait continué cet apprentissage de la vie sous un maître digne de sa mission, il y aura alors bien moins à craindre pour l'avenir. On aura prévenu ces aspirations malsaines vers l'indépendance, qui détruisent le respect de toute organisation établie et qui entravent les progrès de la liberté en ramenant sans cesse la crainte des révolutions [...]. Les ouvriers, plus instruits, seront, il est vrai, amenés à discuter plus souvent les tarifs qui leur seront proposés, mais le danger n'est pas dans cette application légitime du principe de liberté. Il faut plutôt craindre ces sourdes agitations qui se propagent sans motif parmi les ouvriers peu éclairés, ce mécontentement qui leur vient non d'eux-mêmes, mais d'un meneur sous l'empire duquel les place leur ignorance, ces préjugés habilement exploités et dont l'éducation fait justice, ces fâcheuses violences que condamnent les bons ouvriers et qui ont donné un regrettable caractère à toutes les grèves, quand elles se sont accomplies dans des populations peu instruites [...]. Avec le progrès de l'instruction, les ouvriers arriveront à substituer de libres et loyales discussions de salaires et de tarifs à d'inutiles et ruineux chômages[79]. »

Les placements bourgeois

Salariés, patrons. Mais les épargnants ?

L'épargnant français du XIXe siècle a été accusé du crime majeur de lèse-croissance. Cet individu moyen aurait fort inconsidérément eu des sympathies pour la rente d'État, pour la terre, pour la pierre. Il aurait chichement mesuré son adhésion aux valeurs mobilières, donc trahi l'investissement. Quand, à force de publicité et de promesses, on lui faisait sauter le pas et acheter de telles valeurs, il préférait de beaucoup, nous dit-on, les obligations à revenu fixe (l'intérêt) aux actions à revenu variable (le dividende). Acheteur d'actions, d'obligations ou de titres de rentes sur le marché boursier par l'intermédiaire des agents de change, le canal des agences bancaires ou le détour des « démarcheurs », il était plus friand, d'ailleurs, de titres étrangers que de titres français, plus disposé à combler les brèches du budget russe qu'à aider les entreprises françaises à agrandir leurs installations.

Ce portrait-robot est assez fidèle. Plus généralement, d'ailleurs, la monnaie fiduciaire, et l'usage du chèque encore bien davantage, n'ont pénétré chez nous que lentement dans le corps social. Encore aujourd'hui, payer avec des chèques ses achats quotidiens n'est guère prisé des commerçants. Le « papier », de monnaie ou de Bourse, est toujours apparu bien léger. Il ne faudrait pas croire certains publicistes de la Belle Époque au pied de la lettre, tel Neymarck, écrivant cent articles pour exalter la « démocratisation du capital ». Les choses de banque et de Bourse, au début du XXe siècle, ne mordent pas profondément dans les couches populaires. Elles ne sont familières qu'à la haute et moyenne bourgeoisie, et pas toujours à la petite, qui demeure souvent craintive devant le papier, le titre et la spéculation. Les paysans ne se sont pas rués non plus sur les billets et les valeurs, pas plus qu'ils n'ont couru par troupes déposer leur bas de laine aux guichets des banques : la terre et les pièces d'or avaient leurs préférences. On ne peut malheureusement pas mesurer l'extension sociale précise de la monnaie de banque, des billets et des valeurs. Les études historiques en cours sur la répartition et l'évolution de la fortune française ne sont pas assez avancées pour que l'on puisse en parler avec certitude. Mais on devine bien qu'ici, aussi, c'est une minorité de la société française qui a adhéré aux formes monétaires et bancaires nouvelles du développement industriel et des relations économiques. Il est probable que la recherche historique fera apparaître qu'au niveau du rassemblement de l'épargne c'est la bourgeoisie qui a assuré le financement capitaliste ; et non, comme on le laisse entendre, les éléments populaires des villes et des campagnes : avant 1914, c'était plutôt la propension à consommer qui faisait la substance de la vie quotidienne de ces dernières.

Qu'il y ait eu orientation dommageable de l'épargne, c'est possible. Encore la voit-on modifier son attitude dans les quatre ou cinq années avant 1914 : le réveil remarquable du placement des valeurs industrielles françaises est alors le signe certain de modifications objectives dans la croissance et de changements subjectifs chez les épargnants. Mais, faute de connaître précisément la sociologie de ceux-ci, on peut assez mal juger de leurs comportements. En tous les cas, les orientations des placements ne pouvaient être fondamentalement leur fait : ils ne pouvaient acheter que ce que les États, les firmes industrielles et les syndicats bancaires leur offraient. La rente russe, prise ici comme symbole, était offerte à domicile. Comment n'aurait-elle pas entraîné les porte-monnaie — voire les cœurs —, en raison de la belle et bonne alliance ?

Mais surtout il serait vain d'accuser les « rentiers tondeurs de coupons », puisque leurs choix étaient, en dernière analyse, rationnels — ou, du moins, qu'ils tentaient de l'être, qu'ils voulaient l'être. Une fort intéressante thèse d'économie a étudié récemment *les Placements des épargnants français de 1815 à nos jours*[80]. Elle aboutit à la mise en ordre d'une typologie des prêteurs, typologie à trois dimensions. Il n'y a pas deux types antithétiques d'épargnants — le spéculateur et le rentier —, mais trois, en raison de l'existence du « placeur moyen », qui paraît bien avoir été le type majoritaire. Celui-ci ne fait ni les arbitrages incessants du spéculateur ni les emplois définitifs du rentier. Visant à la fois le rendement et la sécurité dans ses placements, il professe une préférence pour la liquidité, c'est-à-dire pour les placements souples et réversibles. Alors que le rentier « paye pour avoir une assurance contre le risque[81] » et que le spéculateur « est prêt à payer pour pouvoir jouer[82] », le placeur diversifie ses placements et passe d'un type d'actif à l'autre selon les périodes. « Sa stratégie est une stratégie de la substitution plutôt que de l'arbitrage [...], celle d'un joueur sur la défensive[83]. »

Il est de fait que la seconde moitié du XIXe siècle, par rapport à la première, se caractérise par une évolution sensible des formes de l'épargne. La propriété foncière, les immeubles, les créances hypothécaires cèdent le pas aux titres et aux « actifs financiers » : dépôts dans les Caisses d'épargne et les banques, et bons du Trésor. C'est entre 1890 et 1895 que, dans la structure patrimoniale nationale, les actifs mobiliers dépassent les actifs immobiliers. A l'intérieur des premiers, ce sont les valeurs mobilières qui l'emportent par leur dynamisme et leur rang. De 7 p. 100 du total des patrimoines en 1851-1855, elles passent à 39 p. 100 en 1911-1915. A cette dernière date les valeurs étrangères représentaient 34 p. 100 du portefeuille-titres français. Ce qui signifie que les deux tiers de ce portefeuille étaient bel et bien composés de titres français. Et, à l'intérieur de cette dernière catégorie — les valeurs françaises —, on enregistre, entre 1892 et 1913, le déclin de la part des rentes, la stabilité des obligations et une poussée certaine des actions, qui passent de 21 à 32 p. 100 du portefeuille-titres français. L'attitude des épargnants n'était donc pas, à la Belle Époque, aussi désespérante qu'on l'a jusqu'ici affirmé.

On retrouverait alors le problème abordé plus haut. Une partie de l'épargne, par surpression interne, était dérivée vers les placements extérieurs. Mais était-ce en raison de la demande insuffisante de capitaux en France — liée à une expansion industrielle freinée — ou en raison de l'attitude délibérée des groupes financiers français, dirigeant et orientant les placements au-dehors, vu les facilités que leur présentaient une offre massive de capitaux et les profits aisés acquis en vendant des titres étrangers ? A la question de savoir « si ce sont les investissements à l'étranger qui ont déprimé l'économie française, ou, au contraire, si c'est la stagnation de celle-ci qui a suscité le mouvement des capitaux[84] », C.A. Michalet répond en parlant « d'interrelation entre ces deux facteurs, leur action réciproque entraînant un mécanisme autonome de fuite-dépression[85] ». Peut-être... Une chose paraît acquise : les classes bourgeoises, qui ont seules alimenté massivement l'épargne, n'ont ni méconnu ni boudé le financement de la croissance — même si elles l'ont fait dans des proportions insuffisantes. Il faut se méfier des simplifications habituelles, et ne pas charger le « rentier » de tous les péchés, car il n'était pas le seul type de consommateur sur le marché des placements. Par contre, après avoir réhabilité quelque peu l'épargnant moyen, il faut être dur pour le rôle de l'école dans la croissance.

Enseignement et éducation : pour qui et pour quoi ?

Le remarquable et récent ouvrage d'Antoine Prost : *Histoire de l'enseignement en France (1800-1967)*[85], a attiré l'attention sur les problèmes — constants — des rapports entre système scolaire et réalités économiques et sociales. Deux faits sont à souligner : d'une part, l'incapacité du « système éducatif français à prendre en charge la formation des producteurs[86] ». Ni les lycées ni les écoles primaires supérieures « ne crurent que préparer la masse des travailleurs à leur métier fît partie de leurs fonctions[87] ». Tant bien que mal, divers types d'écoles formèrent des cadres supérieurs et moyens de l'activité économique, mais non pas des masses d'ouvriers préparés à un métier. Les écoles professionnelles, privées ou publiques, ne sortaient par an, au début du XXe siècle, que 9 000 élèves, « une goutte d'eau dans la mer de l'emploi[87] ». « La masse des travailleurs entre au travail sans formation professionnelle[88]. »

Dans un article sur « la crise de l'apprentissage[88] », la *Revue industrielle* du 7 janvier 1911 pouvait écrire des lignes éminemment significatives sur cette délicate question — leur partie positive et normative étant, on s'en rendra compte, assez mince : « La création d'écoles d'apprentissage (publiques ou privées), dont il existe maintenant un grand nombre, est-elle la véritable solution propre à amener la fin de cette crise et le relèvement de l'éducation professionnelle ? Ces écoles constituent sans doute un milieu factice où la vie est différente de celle de l'atelier et où l'adaptation à la discipline du travail, voire même aux dangers du métier, est impossible [...]. Les machines-outils sont de type démodé, l'outillage est incomplet.

Les maîtres, ayant perdu le contact avec l'industrie, ne sont pas au courant de l'évolution des procédés de fabrication [...]. D'une part, ces écoles ne sont pas accessibles aux familles nécessiteuses et, d'autre part, le prix de revient est trop élevé. Le coût d'un apprenti formé dans les écoles d'apprentissage de la Ville de Paris est, en moyenne, de 800 F par tête et par an, sans compter l'amortissement des locaux. On voit donc que la création de telles écoles est impossible à généraliser, et qu'il faut les limiter comme nombre à celles qui seront nécessaires à la formation de l'élite de nos artisans. En réalité, c'est à l'atelier que doit se former l'apprenti, quitte à recevoir au-dehors l'instruction technique qui lui manque. De nombreux cours professionnels du soir ont été organisés dans ce dessein par des associations diverses, par des syndicats patronaux ou ouvriers, dans les Bourses du travail, etc. Mais ils ne constituent pas d'une manière absolue le remède recherché [...]. C'est pourquoi on a préconisé la création de cours ayant lieu pendant les heures de travail. Deux cours, municipalisés en 1908, fonctionnent en ce moment, à Paris, dans ces conditions : l'un pour les apprentis mécaniciens, l'autre pour les ferblantiers-tôliers. Les patrons font l'abandon d'une heure de salaire ; les apprentis quittent l'atelier à 5 heures et rentrent dans leur famille à 7 heures [...]. Il est à souhaiter que pareil exemple soit suivi, que des subventions suffisantes permettent de créer des cours semblables dans les divers centres industriels. La collaboration des patrons est nécessaire à la réussite de semblables entreprises ; d'ailleurs, ils devront y trouver un jour leur intérêt. Aussi n'est-il pas douteux que les industriels ne se décident à seconder les efforts considérables qui sont faits en dehors d'eux par diverses sociétés ou organisations municipales en faveur des apprentis. »

Ainsi, pour résoudre la crise de l'apprentissage, la *Revue industrielle* préconise la suppression des écoles d'apprentissage! Elle ne songe d'ailleurs qu'à la formation d'une élite d'artisans. Elle compte sur un saupoudrage de cours, pris en sandwich entre les heures d'atelier et les heures de déplacement du lieu de travail au domicile, et elle prie les patrons — qui ne se sont jamais posé le problème de l'apprentissage en fonction du développement économique dans son ensemble — de bien comprendre leur intérêt... On a alors été moins surpris d'apprendre, en 1969 encore, que l'enseignement technique demeurait le « parent pauvre » de notre système scolaire!

Et cependant, en 1868, A. P. Deseilligny avait eu cette très heureuse formule : « Les perfectionnements mécaniques ne sont pratiquement possibles qu'avec des ouvriers éclairés. » Mais il restait dans la perspective d'un enseignement très strictement conforme aux besoins d'une usine, tenu en main entièrement par elle, soumis totalement à l'idéologie de ses dirigeants.

Car idéologie il y avait, et à tous les degrés de la formation — ou de la non-formation. Idéologie adaptée, très certainement, à la hiérarchie sociale, aux intérêts des classes dirigeantes et aux valeurs bourgeoises que ces intérêts soutenaient et sécrétaient à la fois. Mais idéologie fort mal conforme aux exigences de la croissance économique et de l'adaptation aux formes de la vie industrielle. Entre le souci de préserver son pouvoir, sa situation, son rang, et celui de promouvoir la modernisation et l'efficacité économiques, la bourgeoisie dirigeante, en tant que classe, n'a pas hésité, apparemment, à préférer la sécurité au mouvement, et la tradition à l'imagination. Socialement efficace, l'idéologie diffusée par tous les échelons du système d'enseignement était économiquement stérile. Pourquoi ? D'une part, parce que l'école reproduisait, en tentant de les figer, les relations sociales de dépendance et d'infériorité. D'autre part, parce qu'elle diffusait non pas un modèle souple et évolutif des relations entre les hommes, ou une image dynamique de l'industrie dans le corps social, mais une morale de soumission sociale et d'immobilisme. Et cela, quelle que fût l'école : laïque ou confessionnelle, « primaire » ou « secondaire ».

« École des notables » et « école du peuple ». Antoine Prost a démontré comment « la stratification sociale se projette sur le système éducatif ; l'inégalité des filières répond à celle des classes sociales ». Par la multiplication des barrières, évidentes ou subtiles, par le malthusianisme dans le recrutement du secondaire — ses effectifs n'augmentent pas de 1880 à 1930! —, par le rôle dévolu à l'enseignement du latin, la bourgeoisie veut surtout « se distinguer du peuple ». « Le système éducatif entretient activement supériorités et privilèges[89]. » Au niveau de l'école des notables, la bourgeoisie assume sans hésiter les séculaires valeurs de l'ancienne aristocratie. F. Buisson, signale Antoine Prost, oppose « les aptitudes intellectuelles qui font l'homme » aux « aptitudes pratiques qui font l'ouvrier » : c'est le très ancien thème du travail servile et de l'infériorité des « gens méchaniques », comme disait le jurisconsulte Loyseau au XVIIe siècle. Rien n'est plus « antitechnique » que l'enseignement général dispensé aux futurs cadres du pays. Les humanités tiennent lieu de signe de reconnaissance sociale. Il y a les élites qui ont appris le latin, et tous les autres. « Ce caractère, souligne avec raison Antoine Prost, compromettra la croissance économique[90]. » D'autant plus sûrement que, cultivant cet individualisme qui est l'essence de la société bourgeoise, « l'école ne donne pas l'habitude de s'intégrer à des groupes restreints ».

Mais, dirions-nous volontiers, il y avait pire : à savoir, la morale proposée aux enfants des couches populaires à travers le dense réseau des écoles primaires. La laïcité, l'obligation, la gratuité ont marqué de ce point de vue, à partir de 1880, un progrès décisif de l'emprise idéologique des classes dirigeantes sur les classes ouvrières et les couches moyennes, tant rurales qu'urbaines.

André et Julien : à enfants modèles, travailleurs modèles

Il faut alors relire les deux ouvrages hautement significatifs — ne serait-ce que par la permanence et la largeur de leur diffusion des années 1870 à la Grande Guerre — écrits par G. Bruno, fille et femme d'universitaires de renom[91] : *Francinet* (1re édition, 1870) et *le Tour de la France par deux enfants* (Cours moyen, 1re édition, 1877), le premier ayant servi d'ébauche au second. Ouvrons la quatre cent onzième édition du *Tour de la France*, celle de 1904[92]. Quoiqu'elle soit déclarée « entièrement revue », le texte n'en a pas changé depuis 1877, comme si la France économique n'avait pas évolué d'un pouce et s'était tout à fait endormie. Absence totale de l'idée de croissance et de développement. Un épilogue a bien été ajouté : il présente fort éclectiquement les découvertes de Pasteur, la lutte contre les serpents aux colonies, les sous-marins, les « colonies de la France » et les appareils électriques (téléphone, T.S.F., phonographe...). Mais c'est dans une ferme qu'a lieu, aux dernières pages du livre, la réunion de famille de Noël 1904, et l'ultime évocation de la France par le « petit Jean », fils de Julien, est celle de « notre village, qui est un petit coin de la France[93] ».

Tout au long du livre, d'ailleurs, sont valorisés les anciens métiers et l'artisanat : sabotiers, serruriers, fromagers, horlogers, chaudronniers, dentellières, mégissiers... Toute la vieille France rurale, mi-paysanne, mi-industrielle, est passée en revue avec piété. Les fermes encombrent le paysage français et symbolisent le pays. « Et toi, André, tu nous aideras à cultiver cette terre jusqu'à ce que nous ayons trouvé à t'établir comme serrurier au village voisin[94]. » Voilà scellé le destin des deux enfants à la fin de leur périple, en 1872 : entre l'écurie et le minuscule atelier. Vue parfaitement idyllique : « Quand il y a chômage chez le serrurier du bourg, André travaille à la ferme[95]. » Tel est l'idéal mièvre du faux équilibre français entre la petite exploitation paysanne et le petit métier, proposé un demi-siècle durant, et même davantage, aux enfants d'ouvriers, de paysans et de boutiquiers.

La grande industrie n'est pas à proprement parler oubliée, mais tout à fait minimisée. La description de la Bourgogne commence par les vignobles, se termine par la visite du Creusot et s'ouvre par une phrase de Sully sur l'agriculture, « vraies mines et trésors du Pérou ». Les mines de charbon n'ont droit qu'à une très courte page[96], à propos des installations du Creusot d'ailleurs. Il n'y est fait allusion qu'en une seule ligne, dans le passage sur le Nord et la

Flandre, passage agrémenté du dessin d'un plant d'œillette...

Mais la morale professée par ce livre de morale est encore bien plus digne d'être remarquée. Au vrai, le moralisme y coule à pleines pages et, comme il arrive quand la potion est trop forte, finit par écœurer. Les deux petits héros, André et Julien, sont mieux que des modèles de vertu. Ils sont la perfection vivante à un degré tel qu'ils en deviennent pour ainsi dire niais. Mais à travers les règles d'or de la morale courante, il s'agit de faire accepter la morale sociale d'une société bourgeoise, morale de la discipline, de l'obéissance, de la docilité envers ce qui est, et, d'abord, envers la hiérarchie patronale et celle des autorités. Il ne faut ni mentir, ni parler mal, ni boire de l'alcool, ni s'emporter, ni paresser. Qui n'applaudirait ? Mais il faut d'abord obéir aux ordres du patron ou du contremaître, être content des pièces d'argent que l'on gagne par son honnête labeur, tenir sa place et y demeurer, consommer peu et économiser beaucoup en vue des mauvais jours, fuir l'emprunt comme la peste et ne pas envier les riches. « Un homme courageux compte sur ce qu'il peut gagner par son travail, non sur ce qu'il peut emprunter aux autres[97]. » C'est bien pourquoi tant de millions de petits bourgeois, d'ouvriers et de ruraux ont été rétifs durant de longues décennies aux anticipations sur l'investissement et la consommation par le biais de l'emprunt. Le Français moyen n'a pas de dettes. Il vit en circuit fermé. Il ne sera ni amer ni malheureux, car il considérera, en regardant au-dessus de lui, que « ce qu'il y a d'heureux dans la richesse, c'est qu'elle permet de soulager la misère d'autrui[98] ».

Observons, entre parenthèses, que lord Keynes lui-même, réfléchissant plus tard assez irrévérencieusement sur les équilibres économiques et sociaux du XIXe siècle, confirme ce que *le Tour de la France* nous révèle : « La croissance de ce remarquable système, écrit-il, reposait à la fois sur le mensonge et sur la fraude. D'une part, les classes laborieuses acceptaient une situation où elles ne pouvaient prétendre qu'à une très petite part du gâteau, qu'elles, la nature et les capitalistes avaient travaillé ensemble à produire. Elles agissaient de cette façon soit par ignorance, soit par impuissance, soit forcées, persuadées ou trompées par l'habitude, les conventions, l'autorité et l'ordre bien établi de la Société. Et, d'autre part, les classes capitalistes étaient autorisées à prétendre au meilleur morceau du gâteau et libres, théoriquement, de le consommer. Mais, en pratique, une convention tacite leur en faisait consommer fort peu. Le devoir d'« épargne » devint les neuf dixièmes de la vertu, et l'élargissement du gâteau l'objet de toute vraie religion... Et ainsi le gâteau s'accrut [...]. Il fallait épargner, disait-on, pour votre vieillesse et vos enfants. Mais ce n'était là qu'une théorie, et la grâce du gâteau était qu'il ne serait jamais mangé, ni par vous ni par vos enfants après vous[99]. »

Naturellement, la notion d'exploitation du travail et des travailleurs n'affleure pas la conscience de nos deux petits. Les voici dans les ateliers du Creusot :

« Mais, dit Julien, c'est comme une ville, cette usine-là. Quel grand bruit cela fait! Et puis tous ces mille feux qui passent devant les yeux, cela éblouit. Un peu plus, on aurait grand'peur.

– A présent que nous entrons, dit André, ne me lâche pas la main, Julien, de crainte de te faire blesser.

– Oh! je n'ai garde, dit le petit garçon ; il y a trop de machines qui se remuent autour de nous. Il me semble que nous allons être broyés là-dedans.

– Non, petit Julien ; vois, il y a des enfants qui ne sont pas beaucoup plus âgés que toi[100] et qui travaillent de tout leur cœur ; mais ils sont obligés de faire attention.

– C'est vrai, dit le petit garçon en se redressant et en dominant son émotion. Comme ils sont courageux[101]! »

Julien pourrait donc faire un bon ouvrier. Il lui suffirait de puiser dans son courage (individuel) et de faire (individuellement) « attention ». L'usine n'en tournerait que mieux.

Le fait que l'ouvrier soit, juridiquement, un citoyen d'essence particulière ne trouble ni G. Bruno ni ses héros. Pour eux, et pour tous leurs lecteurs, le « livret », carte d'identité spéciale aux ouvriers, où sont inscrites les observations des divers patrons (et des maires), est institution naturelle. « André et Julien savent que tout ouvrier doit avoir des certificats en règle[102]. » Il suffit que ce soient de « bons[103] » certificats. Pour qu'il n'y ait pas d'ambiguïté, le livret d'André est même reproduit à la page 62 : « Sa conduite, y est-il consigné par le maire d'Épinal, n'a rien laissé à désirer. » Les classes laborieuses étaient considérées comme dangereuses par nature. Elles étaient surveillées. Nos deux enfants se laissent docilement surveiller.

Laissons là cette morale où sont habilement confondus les règles élémentaires de la « bonne conduite » individuelle, les règlements de l'usine disciplinaire et les interdits sociaux, en vue de l'apprentissage de la docilité universelle. Mais livrons sans commentaire, de peur de ne pas maîtriser notre plume, le poème qui clôt — à toutes les éditions — l'autre ouvrage de la bonne Mme Bruno, *la Chanson du pauvre* (1869) — dont le sous-titre pourrait être : « Battu, mais content. »

Du berceau jusqu'au cimetière
Longue est ma chaîne de labeurs!
Mais le travail fait l'âme fière
L'oisiveté, les lâches cœurs.
Seigneur! donne-moi ta lumière :
Je suis le fils des travailleurs!

C'est le travail qui rend féconde
La vieille terre aux riches flancs ;
C'est le travail qui prend à l'onde
Corail, perles et diamants.
Au travail appartient le monde,
Aux travailleurs, à leurs enfants!

Mon riche frère aux mains oisives,
Je suis fils de Dieu comme vous!
Nous sommes d'inégaux convives
Dans le banquet servi pour tous,
Mais l'amour rend les forces vives ;
Si tu veux, mon frère, aimons-nous!

Si notre origine est commune,
Pourquoi nous haïr plus longtemps ?
De ton orgueil naît l'infortune,
Ma haine a des rêves sanglants.
De deux âmes ne faisons qu'une ;
Dieu nous a nommés ses enfants!

Si tu veux nous irons sans cesse,
Bras enlacés, âme sans fiel,
Oubliant tout ce qui nous blesse
Dans un même effort fraternel ;
J'aurai nom : Force! et toi : Tendresse!
Frère, l'amour est fils du ciel! »

CONCLUSION

Éléments moteurs et éléments freins

A la question centrale posée au début de ces développements — le degré de pénétration de la civilisation nouvelle, industrielle, dans la France de la seconde moitié du XIXe siècle — nous n'avons apporté volontairement que des réponses fragmentaires. La problématique des éléments moteurs et des éléments freins n'est pas ici complète. Pourquoi ? Parce que nos connaissances elles-mêmes sont encore limitées en raison du retard de la recherche historique, retard qui est, certes, en voie d'être comblé, mais qui n'est pas encore résorbé, il s'en faut. Nos ignorances demeurent considérables, nos méthodes d'approche empiriques, puisqu'il faut à la fois mesurer ce qui peut l'être — et le travail de mesure n'est pas à son terme —, puis peser ce qui n'a pas de poids « physique » — et bien des analyses qualitatives attendent encore leurs équipes.

Ce qui domine l'état des travaux, français ou étrangers — par exemple ceux de David S. Landes, R.E. Cameron, Kindleberger —, c'est la conscience aiguë des retards français aux plans matériel, démographique, sociologique, psychologique, dans cette France de l'orée du XXe siècle, retards sentis comme relatifs par rapport aux civilisations et aux croissances économiques anglaise, allemande — à plus forte raison américaine. François Perroux, Jean Marczewski et leur équipe ont mis aussi l'accent sur les incidences des éléments freins, et nous-même nous venons, en quelque sorte, de les valoriser, de même que l'avait fait, avec beaucoup de finesse, Guy P. Palmade[104].

La tentation vient alors de donner un coup de barre, pour éviter de tomber dans le piège que le témoignage de G. Bruno nous tend. Il existe aussi, avant 1914, une France en avance, dynamique, moderne, efficace, avec ses réussites techniques et économiques, individuelles et sociales. Comme elle n'est pas encore tombée sous le scalpel de l'analyse scientifique, elle demeure dans une certaine pénombre, et, du coup, ignorée, ou, du moins, sous-estimée, minimisée. Ni les secteurs neufs du développement industriel de la fin du siècle (automobile, aviation, constructions électriques et électricité, chimie, aluminium, etc.) ni les fluctuations de la croissance au-delà du milieu des années 1890 n'ont fait encore l'objet de recherches approfondies. Et cependant, par lambeaux, au hasard des travaux désordonnés de l'individualisme universitaire, apparaissent de plus en plus les traits du visage d'une France nouvelle, dégagée des emprises du traditionalisme des structures et des mentalités. Nous avons cru les reconnaître, pour notre part, dans un travail collectif sur les profits des grandes firmes. Les études toutes récentes de T.J. Markovitch et de François Crouzet, concernant les mouvements de l'indice de la production industrielle, vont dans le même sens : la France des dix années d'avant 1914 traverse une phase de mutation industrielle aussi rapide et importante, sinon davantage, que celle des premières années du second Empire. Des économistes – T.J. Markovitch, François Walter, D.C. Paige... – se sont aperçus que, rapportées au chiffre de la population, les données absolues de la production industrielle et du produit national – autrement dit les productions et produits par tête, mesure la plus correcte de la croissance – aussi bien que leurs taux annuels d'accroissement soutenaient avec succès la comparaison, au moins au début du XXe siècle, avec les données similaires allemande ou anglaise. « Si l'on prend en considération, écrit Markovitch dans les conclusions de sa grande enquête sur l'industrie française de 1789 à 1964, les disparités dans l'accroissement démographique, la croissance industrielle de la France apparaît à maintes époques comme relativement plus forte (que la croissance anglaise), car elle s'est effectuée sous le signe d'un accroissement de la population qui était nettement freiné [...]. C'est en partant du taux moyen annuel de croissance du produit national par homme-année depuis le milieu du XIXe siècle qu'on a pu même affirmer que la croissance française a été supérieure à celle de l'Angleterre, des Pays-Bas et de l'Italie, et égale à celle de l'Allemagne et des pays scandinaves[105]. »

Il faudrait alors réviser – que l'intéressé nous pardonne – un certain pessimisme d'Alfred Sauvy, qui lie trop étroitement, trop mécaniquement, croissance ralentie de la population et croissance industrielle. Non que les freins démographiques n'aient pas joué. Mais ils n'étaient pas tels qu'ils aient jamais bloqué véritablement toute croissance : ce que l'on commence à savoir de la Belle Époque l'indique assez clairement.

Au fond, les observateurs ont été déconcertés par une sorte d'erreur d'optique. Parce qu'en « poids » – étendue du territoire, masse de la population, disponibilités des ressources du sous-sol [...] – l'économie française était de dimensions moyennes, et parce qu'en « qualités » – répartitions de la population, structures en micro-unités, mentalités et comportements peu favorables à l'adaptation – elle présentait d'évidents éléments freins, l'accent a été mis, trop exclusivement, sur les lenteurs et les retards français. Mais il nous suffit d'avoir montré les ambiguïtés de la civilisation française des années 1850 à la Grande Guerre et les difficultés de son analyse. Le débat est ouvert : il faut veiller à ce qu'il le demeure.

NOTES.

1. J. Huret, *Enquête sur la question sociale en Europe*, p. 32 (Perrin et Cie, 1896).
2. Édition de 1932 p. 336.
3. *L'Étrange Défaite*, p. 167 (Éd. Franc-tireur, 1946).
4. Conclusions générales, *Cahiers de l'I.S.E.A.* (novembre 1966, n° 179 ; série AF, 7, p. 312).
5. *Société et population*, p. 146 (Hachette, 1969).
6. Voir A. Armengaud, *Histoire économique et histoire de la population* (Clio, 1968, Bruxelles).
7. *Id.*, p. 36.
8. Ouvrage cité, p. 152.
9. Voir M. Reinhard, A. Armengaud et J. Dupaquier, *Histoire générale de la population mondiale* (Montchrestien, 1968).
10. *Histoire des populations françaises et de leurs attitudes devant la vie depuis le XVIIIe siècle*, p. 562 (Société d'éditions littéraires françaises, 1948).
11. *Migrations professionnelles* (P.U.F., 1958).
12. Georges Dupeux, *la Société française, 1789-1960,* p. 20 (A. Colin, 1959).
13. A. Demangeon, *la France économique et humaine*. Cité par Georges Dupeux, dans *la Société française*, p. 19.

14. Voir l'ouvrage de Jean Fourastié et l'article de Mme Cahen : « Évolution de la population active en France » (*Études et conjoncture*, juin 1953).
15. Agriculture, forêts, pêche.
16. Population active masculine du secteur primaire : 5,146 millions (1856), 5,777 (1876), 5,714 (1896), 5,516 (1906).
17. Étude de Mme Cahen. Les calculs n'ont pas été faits pour la période comprise entre 1892 et 1945. En 1954, le chiffre sera de... 9,531 millions. J.C. Toutain (*Cahiers I.S.E.A.*, 1963) a reconstitué une série décennale complète pour tout le XIXe siècle.
18. Les thèses de Georges Dupeux, de Pierre Léon, de Pierre Barral, d'André Armengaud en donnent d'évidentes illustrations.
19. Dans le tome VI de l'*Histoire de Bordeaux. Bordeaux au XIXe siècle*, ouvrage collectif (Fédération historique du Sud-Ouest, Bordeaux, 1969).
20. *Id.*, p. 418.
21. P. Pinchemel, *Structures sociales et dépopulation rurale dans les campagnes picardes de 1836 à 1936* (A. Colin, 1957). Étude des trois cantons de Rue, Hornoy, Rosières.
22. *Id.*, p. 63.
23. *Id.*, p. 65.
24. Le ménager n'a que quelques parcelles, et se loue chez autrui.
25. *Id.*, p. 99.
26. R. Thabault : *l'Ascension d'un peuple, 1848-1914. Mon village. Ses hommes. Ses routes. Son école* (Delagrave, 1944).
27. « Le produit physique de l'économie française de 1789 à 1913 ; comparaison avec la Grande-Bretagne », dans *Introduction à l'histoire quantitative* (Genève, Droz, 1965, p. 110).
28. *Id.*, note de la p. 174.
29. D'après les travaux de T.J. Markovitch et J.C. Toutain *(Cahiers de l'I.S.E.A.)*.
30. Autoconsommation paysanne non comprise.
31. N'oublions pas que ces taux ne sont calculés qu'à l'intérieur de la population active et du produit de l'ensemble de la seule production matérielle (produit physique). Le « tertiaire » est exclu.
32. *Id.*, p. 113.
33. Jean Marczewski met en avant « l'insuffisance des débouchés urbains offerts aux produits agricoles et à la main-d'œuvre d'origine paysanne » (*id.*, p. 175). D'où la faiblesse des revenus paysans, le manque d'incitation à investir et à moderniser — « à l'exception de quelques périodes relativement brèves... (1850-1870, 1905-1913) ». On voit que l'exception est notable. En tous les cas, en longue période, agiraient sur la lenteur de la croissance agricole des « causes extérieures à l'agriculture ». C'est en courte période que « les causes propres à l'agriculture française ont pu jouer le rôle de frein en rendant impossible l'ajustement rapide de l'offre à une demande momentanément grossie ».
34. Étude citée, p. 113.
35. *Id.*, p. 115.
36. Le libre-échange, en France, ne fut qu'un bref intermède entre 1860 et 1881.
37. *Id.*, p. 118.
38. *Id.*, p. 136.
39. *Id.*, p. 136.
40. *Id.*, p. 125.
41. *Id.*, p. 183.
42. *Enquête sur la question sociale en Europe* (pp. 142-143).
43. *Id.*, pp. 14-15 et pp. 22-23.
44. *L'Armée nouvelle*, pp. 303-304.
45. Article de la *Revue des Deux Mondes* (décembre 1855, p. 1291).
46. *Id.*, p. 1295.
47. *Id.*, pp. 1300-1301.
48. *Id.*, pp. 1318-1319.
49. Turgan, *les Grandes Usines de la France* (tome II, Lévy Frères, 1862, pp. 1-4).
50. *Revue des Deux Mondes* (1er juillet 1889, p. 190).
51. *Id.*, 1er août 1889 (pp. 696-698).
52. *Annuaire statistique de la France.* Partie rétrospective (p. 72) [1929].
53. *Rapport...*, pp. 97-103.
54. Turgan, *les Grandes Usines*, « Le Creusot », pp. 1-53 (Lévy Frères, 1866).
55. Ceux de Rolande Trempe : *les Mineurs de Carmaux (1848-1914)*, et de François Caron : *Histoire de l'exploitation d'un grand réseau français, la Compagnie du chemin de fer du Nord de 1846 à 1936* (ouvrages en cours d'impression en 1970).
56. *De l'influence de l'éducation sur la moralité et le bien-être des classes laborieuses*, pp. 244-245 (Hachette, 1868).
57. *Administration industrielle et générale*, pp. 127-129 (Dunod et Pinat, 1917).
58. « Les Secteurs dominants de l'industrie française », *Analyse et Prévision* (mars 1966).
59. « Les Secteurs dominants de l'industrie française », *Analyse et Prévision* (mars 1966).
60. T.J. Markovitch a distingué 23 branches industrielles. Nous n'en retenons ici que 8.
61. *Le Produit physique de l'économie française de 1789 à 1913.* Ouvrage cité : *Introduction à l'histoire quantitative* (pp. 146-148).
62. *Le Produit physique de l'économie française de 1789 à 1913.* Ouvrage cité : *Introduction à l'histoire quantitative* (pp. 146-148).
63. *Id.*, p. 148.
64. Préface à l'ouvrage de Pierre Léon (p. x).
65. Voir Marthe Chollot-Varagnac, « la Mort de la forge de village » (*Annales*, mars-avril 1969).
66. « La concentration des établissements en France de 1896 à 1936. »
67. *Id.*, p. 851.
68. *Id.*, p. 859.
69. D'après les travaux de T.J. Markovitch et J.C. Toutain, autoconsommation paysanne non comprise.
70. C'est-à-dire après déduction de l'amortissement des investissements.
71. Activité commerciale, professions libérales, pro-

priété bâtie, État. D'après les travaux de T.J. Markovitch et J.C. Toutain (*Cahiers de l'I.S.E.A.*).

72. C'est-à-dire avant amortissement des installations.

73. D'après les travaux de T.J. Markovitch et J.C. Toutain.

74. On a vu que les effectifs du tertiaire ont augmenté bien plus, de 1856 à 1906, que ceux des deux autres secteurs. De 2,493 millions, ils ont bondi à 5,7.

75. J. Turgan, *l'Exposition universelle de 1878. Wagons et moteurs*, p. 99 (Paris, 1879).

76. *Annuaire statistique de la France*. Partie rétrospective (Berger-Levrault, 1929).

77. J. Huret, *Enquête sur la question sociale en Europe*, pp. 24-35.

78. *In* A.P. Deseilligny, *De l'influence de l'éducation...*, pp. 175-176 (1868).

79. *Id.*, pp. 223-224.

80. Charles-Albert Michalet (P.U.F., 1968).

81. *Id.*, p. 335.

82. *Id.*, p. 338.

83. *Id.*, p. 345.

84. *Id.*, p. 223.

85. A. Colin, collection « U2 » (1968).

86. *Id.*, p. 293.

87. *Id.*, p. 310.

88. Article d'Albert Marnier.

89. Ouvrage cité, p. 326.

90. *Id.*, p. 342.

91. Les philosophes Guyau et Fouillée.

92. Elle a été reproduite en 1968, chez Belin, en édition anastaltique.

93. Page 318.

94. *Id.*, p. 296.

95. Page 299.

96. Page 115.

97. Page 193.

98. Page 128.

99. Cité par Bedarida, *Histoire du peuple français*, t.V, p. 296 (Nouvelle Librairie de France, 1965).

100. Julien avait sept ans.

101. *Id.*, pp. 110-111.

102. Page 13.

103. Page 37.

104. *Capitalisme et capitalistes français* (A. Colin, 1961).

105. *Capitalisme et capitalistes français* (A. Colin, 1961). *Cahiers de l'I.S.E.A.* (AF 7, n° 179, novembre 1966, p. 316).

24. LE SECOND EMPIRE

1852-1871
du 2-Décembre
au mur des Fédérés.

« Je vois, prophétise Tocqueville en 1840 dans une sorte d'infernal cauchemar, une foule innombrable d'hommes semblables et égaux qui tournent sans repos sur eux-mêmes pour se procurer de petits et vulgaires plaisirs dont ils emplissent leur âme. Chacun d'eux, retiré à l'écart, est comme étranger à la destinée de tous les autres [...]. Il n'existe qu'en lui-même et pour lui seul [...]. Au-dessus de ceux-là s'élève un pouvoir immense et tutélaire, qui se charge seul d'assurer leur jouissance et de veiller sur leur sort. Il est absolu, détaillé, régulier, prévoyant et doux. Il ressemblerait à la puissance paternelle si, comme elle, il avait pour objet de préparer les hommes à l'âge viril ; mais il ne cherche, au contraire, qu'à les fixer irrévocablement dans l'enfance. Il aime que les citoyens se réjouissent, pourvu qu'ils ne songent qu'à se réjouir. Il travaille volontiers à leur bonheur, mais il veut en être l'unique agent ; il pourvoit à leur sécurité, conduit leurs principales affaires, dirige leur industrie [...]. Que ne peut-il leur ôter entièrement le trouble de penser et la peine de vivre ? [...] L'égalité a préparé les hommes à toutes ces choses ; elle les a disposés à les souffrir et souvent même à les regarder comme un bienfait. »
Voici qu'au plébiscite de décembre 1851, par près de 7 millions et demi de voix, pour 650 000 dérisoires opposants, le peuple français, la « foule » française « absout » (c'est le mot même du prince) le coup d'État du second Bonaparte. Un an tout juste après, ce sont presque 8 millions d'hommes « semblables et égaux » qui couronnent, plébiscitairement encore, leur second empereur. N'est-ce pas comme le rêve infernal de Tocqueville qui vient brusquement de se réaliser ?

L'égalité contre la liberté ?

Le coup d'État sans doute, l'*événement* de ce 2 décembre 1851, c'était, dans le court terme, la solution brutale de la crise que traversait le trop jeune régime républicain, la solution du trop prévisible conflit entre un exécutif et un législatif si mal accordés dans l'utopique constitution de 1848 ; violence perpétrée sous le regard indifférent d'un peuple las de querelles qui ne le concernent plus. L'exécutif l'emporte, princier, bientôt impérial. Solution de court terme ? Nul, parmi les vrais politiques de ce temps, qui la croie durable. Pour Guizot, l'historien de l'irrésistible ascension bourgeoise, pour ses amis libéraux des « classes intelligentes » : « On réprime une émeute avec des soldats, on fait une élection avec des paysans. Mais les soldats et les paysans ne suffisent pas pour gouverner. Il y faut le concours des classes supérieures, qui sont naturellement gouvernantes. » Et tout à l'opposé Marx, observateur passionné des choses françaises : Hegel, son maître, lui a enseigné que l'histoire ne saurait se répéter qu'en farce. Après l'oncle, l'épisode grotesque du (prétendu) neveu. Marx aussi se risque à prophétiser, dans les dernières lignes du *18-Brumaire de Louis Bonaparte :* « Le jour où le manteau impérial tombera enfin sur les épaules de Louis Bonaparte, la statue d'airain de Napoléon s'écroulera du haut de la colonne Vendôme. » Tocqueville même, lui si lucide, se contraint à douter : « Quant à moi, qui ai toujours craint que toute cette longue révolution française ne finît par aboutir à un compromis entre l'égalité et le despotisme, je ne puis croire, confie-t-il, en 1852, à son ami Beaumont, que le moment soit encore venu où nous devions voir se réaliser définitivement ces prévisions, et, en somme, ceci a plutôt l'air d'une aventure qui se continue que d'un gouvernement qui se fonde. »

Et cependant l'aventure va durer quelque vingt ans, et ce n'est qu'en mai 1871 que s'écroulera la statue d'airain de la colonne Vendôme, sous les coups des communards insurgés. Dès lors, l'événement du 2- Décembre, n'est-ce pas tout autant, en long terme cette fois, l'aboutissement, un aboutissement de cette longue marche de l'histoire française qu'aperçoit si bien Tocqueville, vers une égalité inexorable, mais dont l'inexorable compagnon pourrait bien être le despotisme ? A peine (ou sitôt) dotée du suffrage universel, la foule des nouveaux citoyens français se précipite d'enthousiasme aux bras de l'homme providentiel. Plus largement, l'histoire de la lente démocratisation de la société française depuis la Révolution est marquée, dirait-on, comme rythmiquement ou bien par la réalité, ou bien par la tentation de ce refuge en cas de crise auprès d'un tuteur suprême. Certes, il ne saurait ici être question de comparaisons forcées, d'analogies intempestives. C'est l'événement, l'aventure que scrute l'historien, les raisons et les chances de son succès, puis de son échec, ses changeantes péripéties, à travers d'ailleurs les obscurités et ambiguïtés que recèle toujours l'exercice du pouvoir d'un seul. Mais pour la bien interpréter, pour la comprendre en profondeur, ne faut-il pas accorder quelque créance à cette manière de loi qui se dégage du rêve politique de Tocqueville, d'une sorte de dialectique historique française nécessaire de l'égalité et de la liberté ?

I. D'UN 2 DÉCEMBRE À L'AUTRE

Les bonapartismes s'installent au pas de charge. Il n'avait fallu que quelques mois au premier Bonaparte pour mettre en place l'essentiel de son régime ; il est vrai qu'il dut attendre cinq ans la dignité impériale. Le neveu « mime » étroitement l'aventure de l'oncle ; il met ses pas exactement dans les siens ; il presse même les choses, puisqu'il ne lui faut qu'un an tout juste pour conquérir une couronne, qu'il reçoit, légende oblige, le 2 décembre 1852. Il est vrai qu'il lui avait fallu patienter d'abord pendant les deux longues années d'une malcommode présidence.

Mise en place des institutions

Quatre mois de « dictature » suffisent à bâtir les principaux rouages du régime. Dictature :

entendons le mot au sens romain du terme, le seul qu'il ait en ce temps, de courte période d'exception qui, toute légalité momentanément suspendue avec l'assentiment de la plèbe, permet à l'individu providentiel de sauver la cité. Elle cesse le 27 mars 1852, quand les grands pouvoirs sont constitués, deux jours avant l'ouverture de la première session législative.

Comme avait été celle de l'an VIII, la nouvelle constitution est bâclée en quelques jours. Passant outre aux lenteurs de la Commission consultative qu'il avait désignée, le président en confie la rédaction définitive au fidèle Rouher, qui l'achève, seul ou presque, en vingt-quatre heures ; elle est prête le 14 janvier 1852. Brève suffisamment pour être souple, et modifiée quand il le faudra, elle ne fait que développer le canevas fondamental soumis à l'approbation du peuple par la proclamation du 2 Décembre, qui suffit à la résumer très correctement : « 1° Un chef responsable nommé pour dix ans ; 2° Des ministres dépendant du pouvoir exécutif seul ; 3° Un Conseil d'État formé des hommes les plus distingués, préparant les lois et en soutenant la discussion devant le Corps législatif ; 4° Un Corps législatif discutant et votant les lois, nommé par le suffrage universel sans scrutin de liste qui fausse l'élection ; 5° Une seconde assemblée formée de toutes les illustrations du pays, pouvoir pondérateur, gardien du pacte fondamental et des libertés publiques. » A quelques détails près, le plagiat est évident du texte de l'an VIII. Et, puisqu'il faut aller vite, point besoin d'approbation populaire ; elle a déjà été consentie avant la lettre.

L'homme providentiel

« Le propre de la démocratie est de s'incarner dans un homme », a dit autrefois le prince. En effet, l'homme providentiel, nouveau consul décennal, déjà presque dictateur (au sens moderne cette fois du mot), détient la quasi-totalité du pouvoir. Il gouverne, la formule est saisissante dans sa brutalité, « au moyen » des ministres, du Conseil d'État, du Sénat et du Corps législatif. Il possède seul le pouvoir exécutif : nommés et révoqués à son seul gré, les ministres ne sont que des instruments, grands commis techniciens, dont il négligera souvent de ménager les susceptibilités. Il a plus que large part au législatif : « La puissance législative s'exerce collectivement par le président de la République, le Sénat et le Corps législatif. » Cette assemblée — qui significativement est nommée la dernière — pourrait bien n'être, quoique le seul corps élu, qu'une ombre. On dit Corps législatif, non plus Assemblée nationale ; député, non plus représentant, car le seul Louis-Napoléon, plébiscité par 7 millions de Français, peut prétendre à « représenter » la volonté nationale. Jamais les ministres ne paraissent devant cette Assemblée diminuée, car le seul président dont ils sont les instruments est « responsable », et il ne l'est que « devant le peuple français ». Son président, son bureau sont désignés par le chef de l'État ; le Corps législatif ne siège que trois mois l'an, et le président le convoque, l'ajourne, le dissout à peu près à son gré. Il ne vote que les lois qui lui sont proposées par le Conseil d'État, corps de hauts fonctionnaires sans aucun doute éminents, mais nommés par l'exécutif et trop bien tenus en main pour être jamais rebelles ; les amendements doivent d'abord recevoir l'aval du Conseil d'État pour être discutés. Sa seule arme réelle, l'examen et le vote du budget ; encore va-t-on dérisoirement l'émousser.

Le Sénat dispose, en revanche — en apparence —, de pouvoirs étendus, on dirait presque redoutables. A lui de sanctionner les lois après en avoir examiné la constitutionnalité ; car il est l'interprète de la Constitution, qu'il a pouvoir de modifier par sénatus-consultes. Mais de ces pouvoirs, qui pouvaient être considérables, les sénateurs, choisis par le prince, bientôt richement dotés, n'oseront ou ne sauront jamais librement user.

Régime personnel, régime fort ; régime d'ordre aussi, sous lequel il faut, comme on sait, que « les bons se rassurent et que les méchants tremblent ». Régime assis pourtant, fondé (il le prétend du moins) sur les immortels principes de 89. On n'oubliera pas l'affirmation audacieuse qui est placée en tête du texte constitutionnel : « La Constitution *reconnaît, confirme et garantit* les grands principes proclamés en 1789 et qui sont la base du droit public français. » Et le futur empereur lui-même aime à dire : « J'appartiens à la Révolution. » Ne serait-ce là qu'un abri commode ?

Mise au pas de l'opinion

En même temps qu'elle permettait de fonder les institutions du régime, la dictature des quatre mois fut aussi l'occasion d'une vaste répression, de la mise en œuvre d'une gigantesque loi des suspects. Trente-deux départements avaient été placés en état de siège après le coup d'État ; ils le restent jusqu'au 27 mars 1852. Un décret du 8 décembre 1851 autorise la déportation à Cayenne, par simple mesure administrative, de toute personne convaincue ou seulement soupçonnée d'appartenir, ou d'avoir appartenu, à une société « secrète ». Secrètes, toutes les réunions, toutes les associations le sont désormais. Une circulaire du 3 février 1852 institue dans les départements des commissions « mixtes » (le préfet, un général, un procureur) qui ont tout pouvoir de décision, souverainement et sommairement. On répertoria officiellement 26 884 individus qui furent poursuivis ou arrêtés par leurs soins ; sur ce nombre, 15 033 furent condamnés, dont 9 530 transportés en Algérie, 239 déportés à Cayenne. On peut faire cette confiance aux statistiques officielles qu'elles sous-estiment toujours largement la vérité.

Quatre mois durant, donc, s'exerce cette immense répression, curieux amalgame des temps du Salut public et de la Terreur blanche. L'interprétation n'en est pas aujourd'hui facile après tant, comme il a été dit au livre précédent, de « réinterprétations » des lendemains du coup d'Etat. La terreur fut, certes, dirigée et exercée principalement contre les « rouges ». Mais qu'est-ce, au vrai, qu'un « rouge » ? Quelles étaient les intentions exactes des conspirateurs de décembre ? Il est loin d'être sûr qu'ils aient expressément voulu, et même seulement envisagé une opération répressive d'une telle ampleur, bien qu'on sache avec quelle facilité ils ont brandi l'épouvantail du péril rouge, et que l'opinion ait été, en effet, généralement convaincue que ce pourrait bien être en 1852 que chanterait le coq républicain. Rien n'est moins sûr non plus que les victimes furent bien celles qui avaient été d'abord désignées.

Il n'avait pas été difficile d'en terminer avec le premier, le principal obstacle, l'assemblée parlementaire, qu'il s'agisse à droite de quelques Burgraves récalcitrants, à gauche de ce qu'il subsistait d'authentiques républicains. On vit quelques arrestations, quelques exils bruyants, qui ne furent pas tous durables ; Paris, sauf quelques rues, n'en avait pas pris feu pour autant. Mais il y eut cette brusque flambée provinciale, cette insurrection qui, pour n'avoir pas été générale (elle fut surtout méridionale), n'en parut pas moins redoutable. Les troubles n'étaient pas imprévisibles ; c'est leur ampleur qui fut inattendue. Les auteurs du coup d'État avaient quelques raisons de croire qu'ils pouvaient tranquillement tabler sur l'inertie des masses populaires, gagnées à l'antiparlementarisme, qu'elles fussent urbaines ou rurales. Ils pouvaient croire acquises, depuis l'élection de décembre 1848, ce « février des ruraux », sinon toute la sympathie, à tout le moins une indifférence plutôt bienveillante des départements paysans, si touchés qu'on les sût par une active propagande républicaine. La lutte paysanne des petits contre les gros ne trouvait-elle pas son meilleur aliment dans la légende napoléonienne, dans le souvenir du premier empereur qui avait consolidé, étendu, pérennisé la « parcelle » rurale ? Et s'il était indispensable de briser les cadres politiques républicains, comme on brisait dans le même temps ceux du parti des notables, ne pouvait-on compter aussi avec cette longue fraternité des bonapartistes et des républicains dans des combats communs contre un libéralisme politique et social égoïste ?

La Terreur blanche

On avait profondément sous-estimé l'influence républicaine, démocrate-socialiste ;

on n'avait pas soupçonné qu'elle pût mobiliser tant de troupes pour une résistance si violente. Sans doute les rébellions furent-elles limitées, partout promptement matées. Mais, de leur fait, la répression dut s'infléchir carrément et premièrement contre la gauche ; son côté « terreur blanche » l'emporte sur l'autre aspect qu'on aurait voulu lui prêter, d'opération disciplinaire de salut public. Les chiffres parlent : sur les 26 884 arrêtés, 5 423 cultivateurs, tous des « petits » bien sûr, 1 850 journaliers, et tout le reste ou presque est peuple laborieux : 1 107 cordonniers, 888 menuisiers, 733 maçons, 688 tailleurs, 457 forgerons... Il y aurait lieu, sans doute, de nuancer localement. Toutes les commissions mixtes ne firent pas preuve d'égale rudesse. Toutes ne visaient pas toujours les mêmes victimes : ne dit-on pas que dans l'Hérault des légitimistes qui tenaient le haut du pavé ne se privèrent pas d'expédier en Algérie quelques authentiques bonapartistes ? On a exagéré aussi l'ampleur des coups qui furent portés aux organisations ouvrières ; elles étaient suffisamment ruinées déjà par la législation républicaine antérieure, et ce n'est qu'à Lyon qu'on traqua systématiquement leurs militants. Mais, dans l'ensemble, ce fut bien et d'abord la gauche républicaine, ce furent premièrement les humbles des villes ou des campagnes qui pâtirent de l'opération de police, qui fut plus que rude. Les notables des « classes intelligentes » étaient aussi frappés, mais combien moins nombreux, combien plus légèrement! Du coup qui les privait de leurs privilèges politiques, ils n'étaient pas d'ailleurs sans concevoir comme un lâche soulagement, du moment que le coup d'État tournait à la purge sociale. « Nous n'avons pas su garder le gouvernement libre, confessait Guizot, sachons supporter le pouvoir nécessaire ; il a aujourd'hui une mission de flagellation, d'expiation et de répression de l'anarchie que nul autre que lui ne saurait accomplir. » Et quelle jubilation chez les vrais blancs, chez, par exemple, le très catholique Veuillot : « Les gens qui tiennent le pouvoir sont pleins de bonnes intentions. Ce ne sont point des chrétiens, mais ce sont de bons diables! »

Le pli réactionnaire

Désormais, le nouveau régime a contracté aux yeux de tous, comme le note excellemment L. Girard, un « pli réactionnaire ». Il n'était probablement pas dans ses intentions d'apparaître sous un tel jour, de se donner ces couleurs par trop blanches. De ce premier pli, il lui sera malaisé de se défaire ; il n'y parviendra même jamais entièrement, que ce soit aux yeux des contemporains ou à ceux de l'histoire.

Mais, enfin, place nette était faite. Plus rien ne restait à peu près des « hommes incorrigibles des anciens partis » et de leurs jeux stériles ; toute velléité d'opposition est empêchée, à tout le moins contenue pour longtemps. Il n'est plus, pour ne rien perdre des avantages conquis, que de prendre des mesures qui ne sont que de routine ; et les précédents ne manquent pas, il suffit de perfectionner les méthodes. L'Université est épurée, domestiquée, mutilée. Un décret du 25 mars 1852 renforce et étend les pouvoirs des préfets. Les maires des communes seront choisis par l'exécutif, même, si besoin est, en dehors des élus du Conseil municipal. Un décret du même jour fortifie, sans rien changer à son fond, la législation en vigueur en matière de droits de réunion et d'association, qui demeurent totalement inexistants. Pas d'originalité non plus dans le décret du 17 février sur la presse : il ne fait que combiner tous les procédés répressifs des précédentes lois. Tout journal « traitant des choses politiques ou d'économie sociale » doit, pour paraître, obtenir une autorisation préalable ; d'avance, il doit payer comme une rançon, verser un cautionnement : 25 000 F dans les villes de plus de 50 000 habitants, 50 000 dans les trois départements de la région parisienne et dans celui du Rhône. Une seule condamnation pour crime commis par voie de presse, deux condamnations pour délit ou contravention en moins de deux ans entraînent la suppression de plein droit du journal. L'Administration, de surcroît, peut, après trois « fautes » graves, infliger un

« avertissement » ; après deux avertissements, c'est la suspension, après trois la suppression. Sous pareille tutelle, quelle opposition digne de ce nom trouverait occasion de s'exprimer ?

Des élections « administratives »

Cependant, par décret du 25 janvier, étaient désignés les 50 conseillers d'État, le lendemain 84 sénateurs, 12 de droit (des cardinaux, maréchaux, amiraux), 72 choisis par le prince. Il ne restait qu'à faire élire le Corps législatif ; il le fut les 29 février et 1er mars 1852, en pleine répression.

Le second Consulat, c'est sa grande originalité, a conservé le suffrage universel ; il l'a même rétabli dans son intégrité, le 2 février. Tous les Français âgés de vingt et un ans et ayant six mois de domicile sont électeurs ; soit, en 1852, près de 10 millions. Le mandat parlementaire est incompatible avec l'exercice de toute fonction publique ; ainsi ne devrait-on plus voir ces majorités fabriquées de députés-fonctionnaires qui avaient fait les beaux jours de la monarchie de Juillet. On substitue au scrutin de liste, comme dans la Constitution de 1793, le « vote unique par circonscriptions », le scrutin uninominal.

Suffrage universel. Mais nous sommes, ne l'oublions pas, en régime de démocratie plébiscitaire, qui d'abord se « personnifie » en un homme. Seul compte vraiment le plébiscite ; les élections législatives ne sont que de secondaire importance, procurant au chef de l'État de simples auxiliaires, aux compétences et pouvoirs limités, députés auprès de lui par la nation, non point représentants de celle-ci. Mais d'un autre côté, il faut, ces élections, qu'elles confirment, du moins qu'elles n'infirment pas les résultats triomphaux acquis par l'homme plébiscité ; il faut qu'elles soient comme de petits plébiscites locaux : d'où le scrutin uninominal, personnel. A la monarchie de Juillet, le régime emprunte — on voit qu'une fois de plus il n'innove guère — le procédé de la candidature officielle. Pour le candidat « du gouvernement du président », toutes les facilités possibles, l'appui des autorités, du plus puissant préfet jusqu'au plus petit des gardes champêtres, en passant par l'instituteur et le curé ; pour lui des affiches à foison, sur papier blanc, celui des communications gouvernementales, et des bulletins imprimés à son nom. En 1852, la liste de ces candidats a été tout simplement publiée au *Moniteur*. Pour l'adversaire, rien, naturellement, que des obstacles. C'est fait avec si peu de fard etsi crûment qu'il n'est même pas question de parler de cynisme : la candidature officielle est une institution comme une autre. « Il faut, dépêche en février 1851 l'Intérieur aux administrations, que le peuple soit en mesure de discerner quels sont ses amis et quels sont les ennemis du gouvernement qu'il vient de fonder. » Aux élections de 1857, on formulera plus clairement encore le dogme : « Comme le gouvernement propose des lois aux députés, il proposera des candidats aux électeurs. » Quelle plus belle glose que celle que tire un préfet de Dordogne ? « Le gouvernement veut le triomphe de ses candidats, comme Dieu veut le triomphe du bien, laissant à chacun la liberté du mal. » Les opposants ne désigneront bientôt plus ces scrutins fabriqués que du nom d'élections « administratives ».

Les élections de 1852

Répression et candidatures officielles ; on ne s'étonnera pas des brillants résultats obtenus. Pour 261 sièges, 8 opposants élus : 2 indépendants, 3 légitimistes de stricte obédience, élus dans l'Ouest, 3 républicains, Cavaignac et Carnot qui ont été députés par Paris, Hénon, élu de Lyon. Ces trois derniers refusèrent de siéger, parce qu'il leur eût fallu prêter serment d'« obéissance » à la nouvelle constitution. Ils ne restèrent donc que 5 opposants, qui ne firent pas autrement parler d'eux. Tout de même, l'élection n'était pas si bien réussie que le précédent plébiscite. L'opposition réunissait un peu moins de 600 000 voix, pas tout à fait autant que les non de décembre ; mais les candidats du gouvernement du président ne faisaient que 5 600 000 voix, quand il y avait eu 7 millions et demi de oui ; le pourcentage des abstentions avait doublé, passant de 17 à 37 p. 100. On sait que scores plébiscitaires et scores simplement électoraux sont toujours largement inégaux ; de surcroît, l'électeur français n'en est qu'à ses premiers balbutiements : il préfère visiblement les questions simples, et « personnalisées ». On ne pouvait s'empêcher de noter que les abstentions avaient été particulièrement nombreuses dans les grandes villes républicaines : plus de 50 p. 100 de déserteurs du vote à Paris, à Toulouse...

Il ne faudrait pas voir pourtant le côté seulement caricatural de ces élections « administratives ». A leur occasion, en effet, se trouvait posé un problème politique de taille. Il existait bien déjà un groupe, une faction bonapartiste (un complot si l'on préfère). Le plébiscite est une chose, et le seul nom de Bonaparte pouvait suffire à conquérir des foules crédules. Mais ce n'était qu'une première étape ; si l'on voulait sérieusement durer, il fallait de toute nécessité implanter un « parti » dans l'opinion, dans le pays. C'était là aussi, pour une bonne part, le sens qu'on néglige volontiers de l'opération des candidatures officielles. Persigny à l'Intérieur les patronnait par trop à la hussarde, mais si grossières que soient ses façons, il ne manquait pas de flair politique. Le plus subtil Morny, qui le précéda un moment au même poste, n'avait fait que dire la même chose, avec plus de doigté, recommandant qu'on cherchât systématiquement des hommes neufs, sur lesquels on pût non seulement compter pour les petites tâches législatives qui allaient leur être confiées, mais aussi se fonder solidement. Il voulait qu'on les choisît le plus possible hors de la « classe » politique traditionnelle : « Quand un homme a fait sa fortune par le travail, l'industrie ou l'agriculture, a amélioré le sort de ses ouvriers, a fait un noble usage de son bien, il est préférable à ce qu'on est convenu d'appeler un homme politique. » L'opération réussit-elle ? On connaît mal le personnel des législateurs de l'Empire et la part qu'y tinrent ces notables d'un nouveau genre que l'on tentait de recruter. Il est plus que probable qu'elle fut faible, face à la cohorte chevronnée, difficile à détrôner, des notables d'ancien style, que, faute de mieux, il avait fallu rallier et récupérer. On peut en croire, par exemple, cette remarque désabusée de Persigny : « Nous qui n'avons nos amis qu'en bas, nous avons livré le Corps législatif aux classes élevées. » On retiendra pourtant l'intention, qui est d'importance, de mettre fin au vieux règne des notables classiques.

L'Empire

Un consulat décennal, c'est chose piètre pour un Bonaparte. Pour l'opinion, pour l'entourage, il va de soi que l'édifice qu'on a commencé de bâtir ne peut s'achever qu'avec la couronne impériale. Celui pourtant qu'on n'appelle plus que le prince-président paraît hésiter. Prudence ? habileté ? Persigny, qui tranche toujours, se plaint qu'un « vertige de timidité » l'ait saisi. Puisqu'on dirait qu'il défaille, c'est aux proches de s'affairer, naturellement d'abord à Persigny lui-même. Le prince songe, en septembre 1852, à un voyage « d'interrogation » en province, bain de foule pour lequel il choisit, non sans panache, de faire trajet par ces régions méridionales qui lui avaient été les plus hostiles en décembre. Persigny, l'inconditionnellement fidèle, si totalement qu'il en est souvent maladroit, chapitre ses subordonnés. Partout les troupes et une claque stylée clameront leur enthousiasme, crieront dans une progression savante, « Vive le président! », puis « Vive l'empereur! », « Vive Napoléon III! » C'est fait avec si peu de vergogne que le prince lui-même s'en sent gêné, et rabroue le trop zélé ministre. Mais il paraît bien que cet enthousiasme, au départ orchestré, fut communicatif. A commencer par les ouvriers de Saint-Étienne, qui avaient voté majoritairement « non » au plébiscite et venaient d'élire conseiller municipal le républicain Jules Favre ; voici qu'ils réservent au candidat empereur un accueil qu'on peut qualifier de plus que chaleureux. Le voyage d'interrogation reçoit partout plus qu'une approbation. Indécis à Bourges, hésitant encore à Lyon, convaincu par l'accueil que lui réserve ce Midi prétendu rouge, Louis-Napoléon se décide enfin, le 9 octobre, à Bordeaux, où le préfet Haussmann a remarquablement chauffé l'opinion. Il accepte cet Empire auquel « la France semble vouloir revenir ». Il le promet, rassurant : « L'Empire, c'est la paix » ; d'ordre : « Je veux conquérir à la religion, à la morale, à l'aisance, cette partie encore si nombreuse de la population qui, au milieu d'un pays de foi et de croyance, connaît à peine les préceptes du Christ » ; il le peint actif et prospère : « Nous avons d'immenses territoires incultes à défricher, des ports à creuser, notre réseau de chemin de fer à compléter... »

Un premier sénatus-consulte du 7 novembre 1852 rétablit l'Empire. Un second, du 25 décembre, accroît, s'il était possible encore, les pouvoirs du chef de l'État, lui conférant la présidence du Sénat, l'autorisant à passer seul les traités de commerce avec l'étranger, à ordonner par simple décret tous travaux d'utilité publique. Le peuple français venait d'acquiescer plébiscitairement le 21 novembre : 7 824 000 « oui », à peu près 400 000 de mieux qu'en décembre 1851 ; 253 000 « non », à peu près 400 000 de moins. Il y avait de nouveau seulement 17% d'abstentions, principalement encore dans les villes, dans quelques régions irréductiblement rouges du Midi, et notablement, cette fois, dans quelques départements légitimistes de l'Ouest. Mais c'était plus qu'un consentement populaire, c'était une abdication.

L'empereur

Attardons-nous quelques instants à scruter le personnage ondoyant, fuyant encore, que la France vient de se donner comme maître. Taré, il l'est sans doute, comme tant de son entourage ; gardons-nous cependant de trop expliquer, comme il est parfois de mode, par ses plaies d'argent ou sa vie privée scandaleuse. Tout n'est pas dans le « héros Crapulinsky » que Marx tourne en dérision dans *le 18-Brumaire...* ; c'est un côté du personnage, non le seul. Le président sibyllin, mal à l'aise, aux yeux alourdis, s'est comme dénoué depuis le 2-Décembre. Il a fait preuve, suffisamment, qu'il n'avait rien du crétin falot qu'on pouvait mener. L'homme a su s'imposer, trouver une popularité authentique. Peut-on attendre de lui, qui doit-tant au seul nom de son oncle, œuvre originale. Il a beaucoup écrit, dans sa jeunesse romantique, profitant des loisirs de la prison, des choses souvent plates, pas toujours négligeables. Il a des « Idées napoléoniennes » ; c'est le titre d'une sienne brochure de 1839. Idées en vérité sensiblement revues de celles de l'oncle, et parfois transposées. Le premier Empereur a consolidé, continué la Révolution, qui sans lui « n'eût été qu'un grand drame qui laisse de grands souvenirs ». « Il fut le médiateur entre deux siècles ennemis. Il tua l'Ancien Régime en rétablissant tout ce que ce régime avait de bon. Il tua l'esprit révolutionnaire en faisant triompher les bienfaits de la Révolution ». « Qu'on se souvienne du « J'appartiens à la Révolution »! Toute l'histoire de France, dont Napoléon Ier a été le dernier merveilleux instrument, mène — c'est retrouver Tocqueville — vers un pouvoir toujours plus fort, qui seul rend possible une liberté qui ne peut être que seconde. Cela, Napoléon III le redit fortement en 1853 devant le Corps législatif : « La liberté n'a jamais aidé à fonder d'édifice politique durable, elle le couronne quand le temps l'a consolidé ». De l'oncle encore, quoique moins sûrement, l'idée d'une Europe pacifique, pacifiée, où les nationalités désunies seraient regroupées, où règnerait la féconde liberté des échanges ; tel est le but qui aurait été poursuivi lors de l'édification du Grand Empire, qui trop tôt s'écroula.

Fort pour permettre une liberté à venir, l'État doit être encore social, et c'est ce que veulent démontrer les trente petites pages d'*Extinction du paupérisme*, de 1844. « Aujourd'hui, le règne des castes est fini, on ne peut gouverner qu'avec les masses ». Il faut donc faire quelque chose pour celles-ci : mettre fin au sous-emploi par le défrichement de terres nouvelles, 9 millions d'hectares, dont la mise en valeur sera confiée à des colonies agricoles communautaires ; fin à l'anarchie dans le développement industriel par une intervention raisonnable ; favoriser l'organisation des classes ouvrières, en permettant leur représentation systématique par des délégués prudhommes élus. Tout cela est confus, peu napoléonien, sauf les apparences. Et surtout, révolution, nationalités, intervention économique, gouvernement « avec les masses », voilà qui ne ressemble guère à un programme de l'Ordre. Que pourra-t-il en advenir, dès lors que, pour l'emporter, le nouvel Empereur a dû, premièrement, s'appuyer sur les partis de l'Ordre, et briser ceux-là mêmes avec lesquels, pour lesquels il prétendait autrefois gouverner. A moins qu'on ne doive voir là que d'utopiques fantaisies de jeunesse.

Les Impériaux

Autour de lui, une équipe, si disparate que le terme convient à peine ; elle n'est unie que par une fidélité rare à la personne du maître. Il y a là quelques bonapartistes de toujours, comme Persigny, qu'on a vu à l'œuvre ; plus nombreux, les bonapartistes seulement de la veille, tous plus ou moins passés par l'orléanisme et qui assurent ainsi une certaine continuité dans le changement. Bineau et Magne, qui se succèdent aux Finances ; ce trio fameux d'avocats qui se révéleront des techniciens remarquables : Billault, successeur en 1854 à l'Intérieur de Persigny, Baroche, président du Conseil d'État, et Rouher, son vice-président, à partir de 1855 ministre du Commerce et des Travaux publics ; Achille Fould, qui assure les contacts avec la haute banque. Il y a ceux encore qu'on oserait presque appeler les technocrates du régime, saint-simoniens qui ont pris de l'âge et plaident énergiquement pour une politique économique neuve : Michel Chevalier, les frères Isaac et Émile Pereire... Il y a, enfin, la famille, qu'elle soit de filiation directe ou plus souvent bâtarde : Jérôme Napoléon, fils du roi de Westphalie, célèbre par ses incartades républicaines, pour l'instant sénateur et héritier présomptif du trône ; Walewski, porte-parole éminent des cléricaux ; et, au-dessus de tous, Morny, le demi-frère, l'affairiste douteux, viveur mondain, « l'homme du chic et du chèque », mais tout aussi bien le magistral auteur du coup d'État, puis le remarquable président du Corps législatif, sachant admirablement flairer les situations politiques, toujours d'excellent conseil, quoique pas toujours écouté. Équipe étrangement diverse : c'est le maître qui l'a voulue telle, pour disposer d'un clavier étendu de possibilités, et notamment non pas de majorités – il n'en a pas besoin –, mais de ministères de rechange ; pour jouer aussi des uns contre les autres, et empêcher qu'aucun ne prenne une place trop encombrante.

II. LE TEMPS DU BONAPARTISME FORT

On admet coutumièrement une partition en deux temps de l'histoire de l'Empire. Ce serait jusqu'en 1860 les temps dits « autoritaires » ; ensuite, ceux de l'Empire « libéral ». Périodisation qui n'est que politique et, même à ce niveau, pas bien convaincante ; Ch. Pouthas l'avait souligné, s'il est vrai qu'à partir de 1860 quelques réformes sont intervenues, c'est trop que de parler déjà d'Empire libéral ; il ne tend à le devenir vraiment qu'après 1867, ne l'est réellement qu'avec la réforme constitutionnelle de 1869. D'un autre côté, la période « autoritaire » est loin d'être une. Parmi les visages ondoyants et souvent ambigus du bonapartisme, il nous paraît utile d'en figer deux au moins, et dans la période autoritaire de distinguer deux moments. Le temps d'abord du bonapartisme « fort », sur la lancée encore du coup d'État, grevé de la lourde hypothèque de ce « pli » réactionnaire qu'il y a contracté, régime d'ordre (non pas pour autant *de l'Ordre*), qui dure jusque vers 1857. Puis les temps plus originaux des « idées napoléoniennes », vouées d'ailleurs toutes à l'échec.

Temps du bonapartisme fort ; une sommaire formule de l'empereur, quand il n'était que président, suffit à le définir : « Le nom de Napoléon est à lui seul tout un programme. Il veut dire à l'intérieur autorité, religion, bien-être du peuple ; à l'extérieur, dignité nationale. » Tel est, en effet, le premier visage du bonapartisme, en solide équilibre sur les deux béquilles classiques de l'ordre, la répression politique et la contention religieuse, y ajoutant – c'est une recette qui n'est pas moins ancienne – les deux anesthésiants de la prospérité et d'un peu de gloire nationale.

Autorité

Autorité d'abord et toute personnelle. L'empereur règne et gouverne seul et ne souffre ni atteintes ni obstacles à l'exercice de la primauté impériale. Les ministres ne sont bien, quel que soit leur talent, que des « moyens » qu'il emploie. Il les convoque en conseil deux fois par semaine, sur un ordre du jour qu'il a lui-même fixé. C'est l'occasion pour eux de se rencontrer, de s'informer mutuellement et d'informer leur maître. On discute, on opine, mais on ne conclut pas ; c'est à l'empereur qu'appartient la décision. Il est fréquent que, pour des problèmes d'importance, Napoléon III n'en traite et décide qu'avec le seul ministre compétent, les collègues de celui-ci n'étant avertis, comme l'opinion, que la chose faite. Il peut même arriver que, sans ménagements, le chef de l'État passe carrément au-dessus de la tête du ministre concerné. C'est le cas dans ce domaine tout particulièrement « réservé » qu'est la politique extérieure ; de décisions de gravité majeure, de tournants diplomatiques essentiels, les ministres des Affaires étrangères sont quelquefois les derniers informés. De solidarité interministérielle, évidemment point, puisque le maître appelle et renvoie à son gré ses serviteurs. Pendant la première moitié de l'Empire au moins, l'équipe au pouvoir va rester remarquablement homogène ; mais il y eut des départs discrets, des permutations de postes, signes, en général, d'importants changements décidés au sommet, qui restaient souvent obscurs aux intéressés eux-mêmes, à l'opinion, qui le sont quelquefois encore à l'historien lui-même.

L'empereur présent en sa province

Simples instruments encore, les magistrats, assermentés, les administrateurs, et au premier rang de ceux-ci, les préfets, qui sont comme l'empereur présent en sa province. On connaît mal encore, surtout au commencement de l'Empire, ce corps qui fut le rouage essentiel de l'exercice de l'autorité. On sait seulement sa puissance, récemment affermie, et on devine son efficacité remarquable. Conserva-t-on la majorité des exécutants qui avaient fait leur armes et leurs preuves sous la monarchie orléaniste ? Il y avait eu tout de même de notables changements sous la République présidentielle, pendant laquelle des hommes capables et sûrs furent partout placés ou ralliés. Ces serviteurs efficaces disposent de pleins pouvoirs, mais savent en user avec une habileté mesurée. Le préfet – c'est sa tâche première – doit être le moyen du contact direct, immédiat (entendons bien, sans autres médiations) entre le pouvoir d'en haut et les populations d'en bas, par-delà surtout l'écran des anciens notables. Un préfet de Haute-Garonne définit excellement, en 1854, le but de son administration : « Écarter tout ce qui peut donner une importance aux chefs de parti ou de coterie et s'attacher à cette communion directe du Prince avec le peuple qui n'admet point d'intermédiaire. Toute tentative d'oligarchie, de patronage, en dehors de la hiérarchie administrative, est un mal, et ce qui paraît une force un moment sera certainement un danger pour le lendemain. » Déraciner donc les anciennes influences (lors même qu'il peut être provisoirement utile de jouer de leur ralliement), faire que rien ne s'interpose entre l'homme providentiel et « son » peuple. Puis, bien sût, par tous procédés, gagner, affermir la conversion des populations, obtenir la soumission, si possible l'adhésion, l'affection du peuple à « son » empereur. Rarement régime fut mieux servi, et ces exécutants remarquables surent jouer d'un clavier subtil de moyens variés. Ce fut partout d'abord la simple coercition. Mais elle ne pouvait se prolonger, et lui succéda bientôt une conquête moins grossière, par une propagande qui vantait savamment les bienfaits du régime, la stabilité enfin retrouvée, la prospérité et la gloire que justement il apportait. En pays clérical, le préfet se faisait clérical. En pays où les anciens notables s'étaient montrés par trop « blancs », avaient trop rudement dominé une population plutôt « bleue », il s'appuyait sur celle-ci pour briser les anciennes influences. En pays trop bleu, il se découvrait des affinités plutôt blanches. Les succès les plus éminents furent sans aucun doute ceux qu'obtinrent certains préfets de départements méridionaux – l'Isère, le Gers, entre autres – gagnés en 1851 par une propagande rouge qui dressait les petits contre les gros, hostiles du même coup, et violemment, au coup d'État ; ceux-là surent, arguant habilement des côtés populaires du bonapartisme, ramener durablement une population de petits à l'affection pour le « Napoléon du Peuple ».

Fin des partis

Il fallait donc que les notables d'autrefois s'effacent, et il n'est plus de vie partisane possible. Le parti républicain était décapité, écrasé ; il continue pourtant longtemps d'accaparer l'attention principale d'une répression toujours active. Il est l'obsession des préfets et des magistrats, qui sans cesse dénoncent dans leurs rapports, véridiquement d'abord, bientôt seulement par habitude, les sociétés « secrètes », le « vieux levain démocratique et social » qui n'auraient nullement disparu. Réalité ? Il y eut quelques attentats contre la vie de l'empereur, mais qui n'étaient pas tous républicains. Il y eut des complots, comme celui de la « Marianne », qui aurait eu des ramifications, en 1855, dans toute la vallée de la Loire et jusqu'à Paris ; il est probable que l'appareil répressif en a lui-même exagéré l'ampleur. Car la répression, elle, continuait d'être réalité. Par amalgame, elle s'étendait de plus en plus volontiers des vrais adhérents ou des cadres du parti à toute population urbaine ou ouvrière tant soit peu indocile, aux bribes qui cherchaient à survivre des organisations ouvrières. Toute coalition — il y en eut de passablement nombreuses en 1853, en 1855 — était sévèrement punie. L'empire ne tolère que des sociétés ouvrières de secours mutuels (et à condition qu'elles ne fournissent pas le secours au chômage, qu'on transforme trop facilement en secours à la grève). La loi du 22 juin 1854 qui renforce et étend à tous les ouvriers l'obligation du livret fait des travailleurs des citoyens mineurs, qui ne peuvent circuler que munis d'une espèce de passeport dûment visé par les patrons et la police. Le parti républicain comme le mouvement ouvrier ne sont plus que cendres.

Sur le devant de la scène politique s'agitent encore quelques acteurs, mais c'est comme pour mieux révéler les faiblesses mortelles de la République. Ils se partagent, se divisent. Il y a ceux de l'exil, dont les philippiques ne sont pas sans écho dans l'opinion, quand elles lui parviennent, mais paraissent lointaines et vaines à ceux qui sont restés. Il y a ceux qu'on commence à appeler les « vieilles barbes », ceux de 48, qui se refusent à composer (tels les élus de 1852) avec le régime abhorré. Mais à côté d'eux, après eux, une génération jeune en vient à se demander s'il ne vaudrait pas mieux entrer partiellement dans le système pour le mieux combattre. Jeux superficiels ? l'histoire va bientôt en trancher. Les cendres, cependant, couvent comme une braise, dont on décèle mal çà et là quelques éclats. L'idée républicaine tant persécutée s'est terrée, s'est tapie dans la clandestinité des cœurs ; elle continue d'y vivre, d'une force qu'on ne devine qu'à la vivacité redoutable de son regain, dans les dernières années de l'Empire.

Fin des notables ?

Et du côté des « supériorités sociales », des « classes intelligentes » ? Passé le soulagement des débuts, les réactions ont été diverses, les légitimistes vrais avaient salué avec une joie non dissimulée l'écroulement d'une République détestable, qui elle-même avait bouté hors l'usurpateur Orléans. Comment ne pas attendre de la Providence une seconde et proche restauration ? Le plébiscite qui constituait l'Empire déjà les gêne ; les abstentions n'ont pas été les moindres en terres blanches. Henri V a commandé l'ignorance dédaigneuse de cette troisième usurpation. Nombreux sont ceux, dès lors, qui reprennent sans trop rechigner le chemin de cet exil de l'intérieur qu'ils s'étaient déjà longuement imposé pendant la monarchie de Juillet. Tous pourtant ne seront pas aveuglément fidèles, car le renoncement exigé est dur. Il y a de notables réticences chez quelques-unes des meilleures têtes du parti, un Falloux, un Berryer. L'Église, de surcroît, séduite par les promesses temporelles du bonapartisme, défaille dans son soutien traditionnel. Dans l'ensemble, pourtant, le parti a tenu bon ; sauf ralliements rares, il témoigne par son absence, par la « politique des bras croisés ». Mais il ne manifeste pas pour autant une hostilité déclarée ; on dirait plutôt une neutralité malveillante.

Libéraux et orléanistes ont fait montre de moindre solidité. Les chefs, en toute quiétude depuis que la tranquilité sociale est de nouveau assurée, reviennent à des préoccupations politiques, pour mieux dire à l'amère constation de l'impossibilité de toute politique. On se réfugie alors dans une fronde altière ; on fronde dans les salons, on fronde furieusement à l'Institut et à l'Académie, fiefs bien défendus où l'on ne se rencontre qu'en bonne compagnie, les Guizot, Thiers, Mignet, Tocqueville quand il en a le temps. On lance ces traits hautains qui font remarquablement mouche. Gouverne-t-on avec des paysans ? Guizot doctement assure : « La base du pouvoir de Louis Napoléon est essentiellement révolutionnaire et démocratique, radicale. » C'est comme une grève des intelligences, convaincues qu'aucun régime ne saurait se passer longtemps du concours des classes « naturellement gouvernantes ». Il va de soi que le régime n'en a cure. Et pour ces belles formules politiques, combien de ralliés, de cœur ou seulement du bout des lèvres, combien d'accommodants, tantôt grincheux, tantôt complaisants, combien de tentés ?

Les libéraux s'étaient persuadés que le Corps législatif, le seul organe élu du gouvernement, pourrait être le refuge d'une certaine liberté de l'esprit. « Composé de propriétaires, écrit Tocqueville, il ne peut manquer, dans un délai assez court, de se faire dissoudre, ou de sortir de la situation humiliante que la Constitution lui donne. » Il n'en fut rien ; la docilité était de règle chez les officiels. Non pas, toutefois, une passivité et une nullité totales. Il arriva que quelques propositions de loi gouvernementales furent refusées, et le premier Corps législatif suggéra, un historien en a fait un compte soigneux, 1 924 amendements, dont 842 furent acceptés. On n'était pas toute soumission ; ceux qu'on a appelé les budgétaires grognent déjà à mi-voix contre les facilités financières excessives que s'accorde le gouvernement. Mais en matière de vraie, de haute politique, seule parvient quelquefois à s'élever, et vainement, une grande voix, celle de Montalembert, candidat officiel pourtant : « Je regarde comme un mal sérieux l'anéantissement de tout contrôle et l'abaissement du seul corps électoral qui existe dans le gouvernement français. » Ayant payé de son siège, en 1857, ses incartades, il conclut amèrement : « *Mutum et turpe pecus*. Nul ne saura jamais ce que j'ai souffert dans cette cave sans air et sans jour, où j'ai passé six ans à lutter contre des reptiles. »

Religion

Les événements de 1848 avaient montré, depuis surtout que s'exerçait le suffrage universel, de quel poids politique pouvait peser l'Église. L'empereur plébiscitaire n'a garde de l'oublier, et on se souvient des étonnantes promesses de Bordeaux, « conquérir à la religion, à la morale » cette population qui « connaît à peine les préceptes du Christ » ; étonnantes chez un homme qui, s'il se disait catholique, l'était, selon le mot de La Gorce, à tout le moins « avec bien des lacunes du côté des mœurs ». Mais « bon diable », à qui il fallait s'assurer l'appui d'un clergé puissant encore sur tant de populations, et qui sait y mettre le prix.

Il paie, comptant, mieux que la précédente République. En espèces : le budget des cultes atteint 40 millions en 1852, il approchera les 50 en 1861. Et surtout en nature. En dépit des rigueurs de la législation, toute facilité est laissée aux réunions et associations religieuses. Les congrégations en profitent largement : on comptait 4 000 religieux en 1851, il y en a, en 1861, près de 18 000. Les journaux catholiques jouissent d'une tolérance exceptionnelle, lors même qu'ils se mêlent de politique, comme c'est le cas du bruyant *Univers* de Veuillot. Des relations plus que cordiales ont été établies avec Rome, qui s'est réjouie clairement du succès du coup d'État. Le ministère nomme, parmi les nouveaux évêques, moitié au moins d'ultramontains. A peine quelques réserves gallicanes : le gouvernement refuse qu'on touche au concordat napoléonien.

Ce sont temps bénis pour l'Église, et elle étend décisivement alors son emprise sur l'enseignement. On découvre les conséquences redoutables de la loi Falloux, façonnée dans un esprit de compromis plutôt libéral, mais qui « devait être appliquée dans l'esprit de Veuillot ». L'Église joue, gagne, sur deux tableaux à la fois. Toute liberté lui en étant laissée, elle s'active à créer ses propres écoles, concurrentes des écoles publiques, de plus en plus nombreuses à tous les niveaux de l'enseignement, surtout dans l'enseignement féminin. Mais, en même temps, elle pénètre en profondeur dans l'enseignement d'État. Le corps enseignant, dûment épuré déjà de tous ses éléments républicains et libres penseurs, passe toujours plus étroitement sous la tutelle des « hommes noirs ». Les évêques sont puissante partie dans les conseils académiques ; de nombreux recteurs, proviseurs, sont ecclésiastiques. A la clef de voûte de l'édifice, l'instituteur primaire, nommé par le préfet, ne l'est qu'avec l'assentiment des autorités religieuses ; dans l'exercice de son métier, il est sous la surveillance vigilante de son curé, dont il n'apparaît plus que comme l'auxiliaire direct : son premier devoir n'est-il pas de « donner aux enfants une éducation religieuse et de graver profondément en leurs âmes le sentiment de leurs devoirs envers Dieu » ? Ce n'est pas assez encore, il ne suffit pas aux écoles congréganistes de faire la plus dure des concurrences aux écoles d'État ; elles cherchent à les supplanter, se faisant reconnaître elles-mêmes et de préférence comme écoles publiques. Le gouvernement, momentanément, laisse faire ; il croit bien y trouver son intérêt.

Si bien payée, l'opération fut-elle payante ? Sûrement! Sans doute la situation peut-elle varier selon les régions ; quelquefois — en pays aquitain, par exemple — le clergé renâcle au ralliement, à briser ses liens anciens avec le légitimisme. Il est quelques évêques qu'on ne parvient pas à convaincre : M ?r de Luçon, qu'il faut « démissionner » en 1856, M ?r de Moulins (un Dreux-Brézé, d'un légitimisme par trop strict), qu'on défère en 1857 devant le Conseil d'État en procès comme d'abus. De fait, quand et là où il y a difficulté à s'entendre, c'est de réserve plutôt que d'hostilité que fait preuve le clergé ; il s'abstient, il ne combat pas. Et s'il arrive que l'épiscopat soit douteux, l'Empire trouve un appui décisif auprès du bas clergé, dont le véritable évêque — le pape presque — est Veuillot, totalement converti au bonapartisme anti-rouge. C'est alors l'alliance étroite, fructueuse pour tous deux, des cléricaux et des impériaux, comme en Normandie, en Flandre, en Picardie, où un clergé puissant seconde l'Administration, ou comme dans la vallée du Rhône, la Provence, le Languedoc, où l'Administration favorise, en même temps qu'elle s'appuie sur lui, un clergé moins solidement implanté. La meilleure victoire de l'Empire, c'est sans doute aucun celle qu'il a obtenue en Bretagne, où un clergé royalement influent sur les masses campagnardes, mais qui craint la contamination débilitante des villes bleues, déserte le camp légitimiste pour rallier celui de l'Empire. L'empereur saura payer cette victoire d'un pèlerinage somptueux aux pieds de Notre-Dame d'Auray, en 1858.

Bien-être du peuple...

« L'idée napoléonienne va vivifier l'agriculture ; elle invente de nouveaux produits ; elle emprunte aux pays étrangers les innovations qui peuvent lui servir. Elle aplanit les montagnes, traverse les fleuves, facilite les communications, et oblige les peuples à se donner la main. » Vaste programme que celui que s'était imposé le jeune Louis Napoléon! On dirait bien qu'il se montre capable de la réaliser. Que ce soit par l'impulsion du régime ou seulement par la grâce hasardeuse d'une heureuse conjoncture, une aura de prospérité illumine les premières années de l'Empire. Brillante expansion, accompagnée d'une hausse vigoureuse des prix, et de cette expansion produits et profits semblent largement partagés.

C'est d'abord, après le long marasme du milieu du siècle, la reprise d'une vigoureuse croissance industrielle. Quelques indications suffiraient à la caractériser : la production des fontes passe de 446 000 tonnes en 1851 à 923 000 en 1856, celle des fers et aciers de 254 000 à 731 000 tonnes ; en 1851, 3 546 kilomètres de voies ferrées sont en exploitation, en 1858, 8 675 ; à Paris, grâce aux efforts d'Haussmann, dans bien d'autres grandes villes, d'immenses travaux d'urbanisme sont entrepris, le bâtiment va très fort, et, comme on dit alors, « quand le bâtiment va, tout va ». Les historiens économistes veulent aujourd'hui des comptabilisations plus exactes des progrès accomplis, ils ont construit un indice de la production industrielle ; celui-ci révèle, entre le début des années 50 et 1857, qui ouvre une crise, des taux de croissance très élevés, de près de

4 p. 100 l'an, 5 à 6 p. 100 si l'on inclut le bâtiment. Cela signifie pour les entrepreneurs davantage de profits et toujours plus substantiels, pour les travailleurs davantage d'emplois.

Il est vrai qu'en contrepartie un même indice global de la production agricole n'accuse pas les mêmes apparences triomphales ; au mieux, il stagne. C'est l'effet de deux mauvaises récoltes de céréales, en 1853 et 1855 ; l'effet aussi du désastre de la viticulture, frappée par l'oïdium : la production de vin — cette production populaire par excellence — connaît une chute vertigineuse depuis 1851 (45 millions d'hectolitres) jusqu'aux planchers calamiteux de 1854 et 1855 (11 et 15 millions d'hectolitres). La France est majoritairement paysanne ; cette prospérité impériale, tant vantée des contemporains comme des historiens, faudrait-il admettre qu'elle ne fut pas pour tous, qu'elle ne fut même pour la majorité que factice, superficielle illusion ?

Il faut tenir compte non seulement des volumes, mais aussi des prix, et revenir un peu en arrière pour une comparaison éclairante. On sait — c'est un modèle ancien — quels terribles effets peuvent entraîner en ces temps de mauvaises récoltes ; l'exemple est tout récent de la catastrophe de 1847 : flambée des prix, rétrécissement du marché, paupérisation, mécontentement généralisés. Or, les mauvaises récoltes de 1853 et 1855 furent d'ampleur analogue à celle du désastre de 1847, à les mesurer tant par la chute de la production que par la hausse des prix qu'elle entraîne. L'accident économique n'a pas eu pourtant les mêmes redoutables conséquences, on serait tenté de dire *tout au contraire*. Nous entrons — ce n'est pas la moindre révolution que marque l'année 1851 — dans une période neuve où les mécanismes économiques ne fonctionnent plus tout à fait comme par le passé. On le sait depuis de remarquables et minutieuses enquêtes locales, menées en pays aquitain, dans la région alpine, en Loir-et-Cher, qui ont permis de scruter de près ces modifications essentielles. Tout d'abord, les années mauvaises — 1853, 1855 — se situent au sein d'une quinquennie heureuse, où des récoltes abondantes s'écoulent toujours à meilleur prix ; le producteur paysan accumule en bonne année une plus grande capacité de résistance. Mais surtout, pour la première fois, pour le paysan moyen et peut-être dans certains cas petit (à l'exception naturellement du viticulteur), la hausse de prix que provoque la chute de la production compense, quelquefois largement, la perte à la vente que représente cette même chute de production ; avantage autrefois réservé, comme un privilège, aux « gros » et aux rentiers du sol, qui, dirait-on, se démocratise, en même temps qu'apparaît l'Empire démocratique. Ce que redoute désormais le producteur, c'est moins la mauvaise récolte que la débilité des prix. On sait d'ailleurs aujourd'hui que ce qui, dans le monde paysan, a fait la calamité des années 1847-1851, c'est moins la mauvaise récolte de l'année initiale que la longue dépression des prix agricoles qui a suivi. Les hauts prix, pour le paysan maintenant les « bons » prix, c'est, par une coïncidence remarquable, le régime impérial qui les ramène : ce n'est pas la moindre cause de son affermissement.

Et, en second lieu — ceci étant peut-être expliqué par cela —, la crise agricole ne se double plus automatiquement d'une crise commerciale et industrielle. On note un ralentissement des activités industrielles dans la seconde moitié de 1853 et au début de 1854, mais de brève durée, et rien de tel n'apparaît plus en 1855 ou 1856. La crise, c'est en 1857 qu'elle survient, en toute indépendance. Mécanisme neuf, qui laisse pressentir une mutation en profondeur des structures. Le vieux modèle de crise a fait son temps.

Il reste à considérer, malgré tout, le sort du vaste monde des salariés. Les prix haussent, flambent de 1851 à 1856 ; cette inflation, profitable à beaucoup, risque d'avoir pour les consommateurs des effets redoutables. Il paraît bien que ce fut le cas ; on a, plus haut, observé que les années 1853 et 1855, années de pointe de prix, le furent aussi de pointe de grèves. Un fait neuf intervient pourtant ici encore, la hausse des salaires : de 10 p. 100 à peu près dans les villes, où elle commence vers 1853 ; à la campagne, un peu plus peut-être. Hausse moindre que celle des prix! elle adoucit, sans l'écarter vraiment, la dureté des temps. Mais on tiendra compte aussi du fort accroissement du volume de l'emploi, surtout dans les villes, ce qui, probablement, a contribué à soulager les misères. La prospérité — le bien-être promis — fut donc réelle dans les premières années de l'Empire. Elle se « démocratise » même. Elle reste cependant encore inéquitablement répartie. Ceux qui se trouvent toujours lésés, ce sont les salariés, les prolétaires.

... ou gouvernement des affaires ?

L'Empire, à ses débuts, a bénéficié d'une extraordinaire chance économique. Est-ce à dire que cette chance « conjoncturelle », il s'est contenté de l'accepter ? Non pas! Avec la nouvelle équipe, ce sont aussi des idées économiques neuves qui s'installent au pouvoir. Le gouvernement, dit-elle, sera « le moteur bienfaisant de tout l'organisme social ». Entendons bien qu'il ne saurait s'agir d'interventionnisme au sens contemporain du terme ; mais l'État bonapartiste s'est voulu l'auxiliaire utile du développement économique et, la chance aidant, n'a pas laissé d'abord d'y réussir. On sait l'importance des pouvoirs économiques que la Constitution accorde à l'empereur. Ne retenons ici que l'aspect principal de l'œuvre : l'aide apportée, dans un esprit nouveau, à ces deux auxiliaires du progrès économique que sont les moyens de communication et le crédit.

L'État a mis toutes ses forces à seconder le développement des chemins de fer, cassé par la crise du demi-siècle ; ils vont devenir le « leading sector » du nouveau démarrage industriel. Il multiplie les subventions, offre de substantielles garanties d'intérêt aux compagnies, pousse à leur fusion, car elles sont d'abord trop nombreuses pour ne pas se gêner et se combattre : il ne reste en 1857 que six compagnies principales. C'est pour une bonne part à l'État qu'on doit l'achèvement accéléré des 9 000 kilomètres de voies essentielles qui constituent, en 1858, le premier réseau, qu'on appelle bientôt l'ancien réseau. Son soutien culmine avec la conclusion, en juin 1859, des conventions Franqueville entre l'État et les compagnies ; celles-ci prennent à charge de construire un nouveau réseau, amplifiant et ramifiant l'ancien ; celui-là leur accorde, en contrepartie (et à grands frais), toutes facilités et garanties.

Esprit neuf aussi en matière de crédit, dont il est clair que l'insuffisante armature a été pour beaucoup dans le déclenchement, puis le prolongement de la catastrophe de 1847. Un décret du 28 février 1852 autorise la formation à Paris d'une banque foncière, suivie bientôt de deux autres, à Marseille et à Nevers ; elles fusionnent toutes trois en un unique Crédit foncier, qui prête à long terme aux propriétaires, sur hypothèque. Une telle création pouvait être de grande utilité aux ruraux endettés, et peut-être en était-ce l'intention première. Elle servit surtout aux possesseurs de biens urbains, jouant un rôle non négligeable dans la « relance » de cet autre secteur pilote de l'économie, le bâtiment. Et parmi les « grandes pensées du règne », il faut compter la création d'un Crédit mobilier, le 18 novembre 1852. Ses initiateurs : les frères Pereire, dont on sait les attaches avec l'équipe au pouvoir. Contre la vieille banque timorée, à laquelle le nouveau régime n'est pas fâché de faire pièce, ils lancent une entreprise aventureuse, qui pourrait prendre des proportions gigantesques. Leur nouvelle banque ne rendra pas seulement les services habituels ; elle projette d'être aussi une vaste entreprise de commandite des affaires, sur une échelle bien plus large que n'avait imaginé Laffitte, une génération auparavant, l'échelle où s'était placé autrefois Law, en qui les Pereire voient leur précurseur. Elle drainera une épargne inutilement retenue, créant des obligations, qu'elle peut émettre jusqu'à concurrence de 600 millions ; elle ira la chercher jusque dans le plus petit bas de laine populaire, démocratisant à leur tour crédit et profits, par le « suffrage universel des capitaux ». Cet argent inactif alimentera des entreprises toujours nouvelles. Et pourquoi, une fois émises, les obligations ne serviraient-elles pas de monnaie, une monnaie dont on a besoin en quantités toujours croissantes ? C'est ici qu'on aperçoit les limites qu'il faut assigner à l'esprit nouveau du règne. En dépit des faveurs qu'on leur prodiguait, les ambitions des Pereire parurent bientôt excessives. Il y avait les anciennes féodalités à ménager, la vieille Banque, et la Banque de France, détentrice du monopole de la création de papier-monnaie. Les Pereire n'eurent pas le droit d'émettre massivement les obligations à court terme qui étaient à la base de leur système. Ils prirent tout de même leur large part à la fête des profits des débuts de l'Empire ; en 1855, ils servaient à leurs actionnaires le dividende somptueux de 178,50 F pour une action de 500 F ; ils étaient présents dans de multiples compagnies de chemins de fer, tant françaises qu'étrangères, soumissionnaient tous emprunts, privés ou publics, participaient aux grands travaux de Paris et d'ailleurs. Tout cela avec leurs capitaux propres, ce qui sera une grande faiblesse pour l'avenir. Leur aventure n'en est pas moins symptomatique d'un esprit nouveau, de cette impulsion neuve que le second Empire prétendit donner aux affaires.

A l'extérieur, dignité nationale

L'Empire, avait-il été solennellement promis à Bordeaux, « c'est la paix ». Mais quel piètre bonapartisme serait-ce que celui qui ne se soucie pas d'offrir à ses sujets un peu de gloire extérieure. « Par ses origines, Napoléon III était obligé d'éblouir la France. » Tout régime autoritaire à l'intérieur ne s'efforce-t-il pas à une politique extérieure originale ?

Ce n'est pas seulement mime de la geste de l'oncle. On sait l'empereur préoccupé de la pacification de l'Europe, réellement soucieux de la question des nationalités. Et le chemin de toute rénovation européenne passe forcément par l'abolition des honteux traités inégaux de 1815. Comment les déchirer ? Il faut d'abord passer alliance avec la libérale Angleterre. Et parmi les adversaires, le premier à combattre est le Russe, pilier forcené d'un ordre européen qui a été établi, à ses yeux, une fois pour toutes au congrès de Vienne. La toujours brûlante « question » d'Orient vient à point donner l'occasion d'entamer des hostilités d'abord soigneusement couvertes, puis ouvertes. Pour le tsar Nicolas, le Turc est « un homme malade, gravement malade » ; la Russie prendrait part volontiers à un partage anticipé de ses riches dépouilles. Voilà qui ne laisse pas d'inquiéter Londres ; c'est sa sécurité méditerranéenne qui est en jeu. La France est aussi bien partie intéressée ; n'est-elle pas protectrice catholique des Lieux saints, qui, sous domination ottomane, font un vieux sujet de querelle entre orthodoxes et latins, entre protégés des Russes et protégés des Francs ? Cette vieille affaire avait connu un regain en 1850 et ne fut réglée que par un mauvais compromis au début de 1853. Voici que la Russie exige tout net un véritable protectorat sur les sujets catholiques de la Porte. Pour se faire mieux entendre, elle envahit en juillet l'empire turc par les principautés danubiennes, coule en novembre à Sinope les vieux bateaux de bois de la flotte ottomane. La France n'a pas de peine à persuader l'Angleterre de la nécessité d'une intervention. Le 27 mars 1854, c'est la guerre, tout à fait opportune pour Napoléon III. La coalition de 1815 est cassée : l'Angleterre est à ses côtés contre la Russie, tandis que l'Autriche tergiverse, que la Prusse se déclare neutre. A l'intérieur, il n'est pas difficile de faire passer l'aventure pour une croisade de la vraie chrétienté contre la chrétienté schismatique, ce qui satisfait fort les droites catholiques, cependant que libéraux, voire républicains, ne laissent pas d'acquiescer à une croisade des principes de la Révolution contre la barbarie slave. Pour l'armée, c'est comme une revanche ; le tsar lui-même a porté la question sur ce terrain : « La Russie saura se montrer en 1854 ce qu'elle fut en 1812. »

Il est vrai que, à militairement parler, l'opération ne fut pas si bonne. L'armée anglaise a vieilli ; l'armée française a de beaux restes, mais enfin il y a longtemps qu'elle n'a pas vraiment combattu, si ce n'est dans des luttes civiles ou des guerres coloniales. Le commandement est médiocre, la stratégie absente, l'appui logistique insuffisant. Sur la suggestion de l'empereur, on a choisi de porter les hostilités en mer Noire, et le 14 septembre les alliés débarquent en Crimée, devant l'arsenal de Sébastopol. On piétine un an devant la forteresse, cependant qu'entre quelques hauts faits anglais (la charge de la brigade légère) ou français (l'Alma, la tour Malakoff où Mac-Mahon s'installe et reste) les troupes sont décimées par le typhus et le choléra. Sébastopol ne sera même pas prise ; les Russes l'évacuent et la brûlent le 8 septembre 1855. C'était de toute façon, comme on dit alors, ne « crever qu'un œil à l'ours russe ». La lassitude de l'opinion, les dures épreuves de l'armée, l'active entremise de l'Autriche mènent enfin à la paix.

C'est celle-ci qui est pour l'Empire la meilleure victoire. Non que de l'affaire la France ait tiré quelque profit matériel ; tous iront à l'Angleterre. Mais c'est à Paris, le 25 février 1856, que s'ouvre le congrès de paix qui rassemble, sous la présidence du Français Walewski, les premières puissances d'Europe, pour discuter non seulement des clauses d'un traité qui est signé le 30 mars, mais aussi pour débattre de quelques-uns des grands problèmes que pose l'ordre européen. L'empereur, sans doute, n'est pas toujours parvenu à ses fins : on refuse, par exemple, l'unification qu'il suggère des principautés danubiennes. Mais quelle revanche, après cinquante ans, du congrès de Vienne! « La France, sans froisser les droits de personne, a repris dans le monde la place qui lui convenait. » Et l'intervention expresse de Napoléon III a permis qu'entre tant de questions soulevées, un tout petit État, le Piémont, qui avait aligné ses quelques troupes dans la guerre aux côtés des Anglo-Français, pose devant les Grands assemblés, et combien réticents, le problème redoutable de la nécessaire unification de l'Italie. Voici qu'apparaît la question italienne. Les temps ne sont pas loin de la fin du bonapartisme fort.

III. LE TEMPS DES IDÉES NAPOLÉONIENNES

Sur la fin des années 50, brusquement, imprévisiblement, dirait-on, le régime change de style. C'est une suite de coups d'éclat, d'aucuns murmurent de coups d'État. En 1859, l'appui, contre l'Autriche, à la cause nationale italienne ; en 1860, la liberté des échanges avec l'Angleterre ; bientôt, une main paternellement tendue aux classes ouvrières ; l'esquisse, enfin, d'une libéralisation politique. « L'Empire, constate Proudhon, a fait un demi-tour à gauche. » Second visage du second bonapartisme, où l'on reconnaît à peu près l'essentiel des « idées napoléoniennes ». Nous ne prétendons pas qu'il soit plus « vrai » que le premier. Il le complète, il révèle d'autres dimensions d'un régime, d'un système qui, pour être d'abord et avant tout autoritaire, ne tient pas tout entier en cela ; qui eût voulu du moins qu'on ne le tienne pas tout entier pour cela.

Le grand tournant

Pourquoi ce coup de tête à gauche ? Il est, pour la plupart des historiens, essentiellement, sinon exclusivement, le fait de la souveraine initiative impériale. Le maître impose brusquement (de fait, contre la presque totalité de son entourage) un cours nouveau. L'explication est plausible en un temps de régime personnel ; tout prouve d'ailleurs qu'à ses « idées » napoléoniennes Napoléon III tenait sincèrement, qu'elles étaient infiniment plus qu'un simple paravent démagogique à un régime de coercition ; il les met en œuvre quand il en juge le temps venu. Explication insuffisante pourtant, on le sent, car, de l'initiative souveraine, il reste à trouver les raisons, la justification du moins du moment et du comment.

Serait-ce que de quelconques difficultés intérieures obligent l'Empire à trouver un second souffle ? On ne le voit guère. Les élections de 1857 ont confirmé la solidité du régime. 5 millions et demi de suffrages sont allés aux « officiels », 665 000 à l'opposition : sur 267 élus, 12 opposants. Ce sont, à un rien près, les résultats de 1852. Il est vrai que la proposition pourrait se renverser. On n'a pas fait mieux qu'en 1852 ; en cinq années de pouvoir, l'Empire n'a rien gagné. Les abstentionnistes sont toujours 3 millions. Les républicains n'ont pas été totalement réduits ; ils sont encore une minorité non négligeable dans le Midi et l'Est, ils restent forts dans les grandes villes rebelles : Paris, qui, pour 10 sièges, nomme 5 républicains, Lyon, Bordeaux, qui en députent chacun un. Mais enfin il n'y a rien là de dangereux, d'autant que l'adversaire est divisé, plus encore qu'en 1852, entre ceux qui refusent et ceux, maintenant plus nombreux, qui acceptent de prêter le serment exigé par la Constitution. Ils ne resteront, après démissions et réélections, que 5 vrais opposants républicains au Corps législatif, « les Cinq » : Darimon, J. Favre, Hénon, E. Ollivier, E. Picard. Il leur arrivera de faire quelque bruit ; ils sont pourtant déjà, puisque assermentés, tant soit peu compromis. C'est seulement cette persistance timide d'un « ancien parti » qui est irritante.

La bombe d'Orsini

C'est traditionnellement l'attentat d'Orsini qu'on invoque pour expliquer la décisive conversion de Napoléon III à la cause italienne, qui fut le premier pas sur une route nouvelle. Quelques conspirateurs italiens, dirigés par l'ancien mazzinien Felice Orsini, jettent, le 14 janvier 1858, trois bombes sur le passage du cortège impérial qui se rend à l'Opéra. Ils ont manqué l'empereur, fait 8 morts et 150 blessés. Ils reprochent à celui qui, autrefois, quand il n'était que Louis Bonaparte, s'était rangé parmi les défenseurs de la nation italienne, d'en avoir, devenu empereur des Français, déserté le parti. L'histoire alors devient touchante. Condamné à mort, Orsini écrit à Napoléon III une ultime lettre (obtenue ou extorquée par le préfet de police Pietri) ; il l'adjure de se dévouer enfin à la réalisation de l'indépendance italienne. Ce testament est publié au *Moniteur*, et l'on dit que l'empereur, ému, accédant aux volontés dernières du condamné, se décida enfin à intervenir en Italie.

Il va de soi que les choses étaient moins simples. L'Italie, il y a longtemps que Napoléon III y pense, qu'il veut « faire quelque chose » pour elle. Elle est une pièce maîtresse dans son plan concerté d'attaque contre l'Europe modelée en 1815. L'affaire Orsini a été au mieux une occasion de frapper théâtralement l'opinion, de la préparer à l'annonce d'une décision longuement mûrie.

D'autant que loin d'amorcer dans l'immédiat un « demi-tour à gauche », l'attentat eut pour première conséquence un durcissement du régime. Il paraît bien que le haut personnel impérial, l'empereur peut-être, ont été pris d'affolement devant le geste tyrannicide. Qu'adviendrait-il si brusquement le maître venait à disparaître ? Son fils n'a pas deux ans, rien n'a été préparé pour une régence. On n'a pas prévu l'« après-bonapartisme », et le régime, dont la solidité repose exclusivement sur un homme et son nom, serait, selon toute probabilité, emporté. On se réfugie dans la répression, on feint de croire à l'existence d'un vaste complot contre l'État, ourdi naturellement par les rouges. « Le corps social est rongé par une vermine dont il faut coûte que coûte se débarasser » : c'est le programme que se donne le nouveau ministre de l'Intérieur, le général Espinasse, qui a fait ses preuves en 1851, et les renouvelle en faisant procéder à 2 000 arrestations. Le 27 février 1858 est promulguée une loi de sûreté générale qui permet à de nouvelles commissions mixtes de faire dans chaque département la chasse aux suspects, à tous ceux qui ont encouru une condamnation politique, notamment entre 1848 et 1852. Il y aura 400 transportations en Algérie. Le régime est revenu de six ans en arrière.

Bleu, entre blancs et rouges

C'est peut-être là, paradoxalement, qu'il faut chercher la raison exacte du grand tournant décidé par l'empereur. Châtier constamment, réprimer, ce n'est ni une solution ni une politique. L'opinion a mal accueilli la loi de sûreté, nul ne croit à ce vaste complot qu'on dénonce en haut lieu. La répression cesse au bout de quelques mois, le général Espinasse est remercié le 11 juin 1858. Il n'y a plus beaucoup à craindre, de toute façon, des républicains. Mais plus largement, l'épisode a achevé de mettre en relief la vraie difficulté, le mal réel dont souffre le régime. Si solidement établi qu'il apparaisse, il est en porte à faux ; il garde toujours son « pli réactionnaire ». L'empereur se voulait au-dessus, au-delà des partis ; il reste le prisonnier de ces droites qu'il a éclipsées du pouvoir, il fait, il réussit cette politique de répression sociale que souhaitait le parti de l'Ordre sans avoir su l'accomplir. L'Empire se dit l'héritier – infidèle, prodigue, autant qu'on veut – de la Révolution et de ses principes, régime en tout cas de progrès, de « mouvement » ; il n'a cessé de faire à l'intérieur le jeu de la « résistance ». Il s'appuie sur le clergé, il a l'assentiment des notables ; il n'apparaît que comme une forme, un peu particulière, de régime conservateur des intérêts et de l'ordre établis. Pendant six ans, le bonapartisme ne s'est présenté que sous des aspects négatifs ; pour Napoléon III, il est grand temps de lui restituer, en le démarquant de ces droites encombrantes, son originalité positive. L'attentat d'Orsini est peut-être à l'origine d'un nouveau cours ; ce ne fut, on le voit, que par un détour indirect.

Projets italiens...

C'est par la question italienne que s'amorce le cours nouveau. Napoléon III se pose en champion européen des nationalités, et il faut bien voir toute la portée de ce geste. La question des nationalités, au XIXᵉ siècle, c'est l'équivalent, à peu près, en charge explosive comme en poids sentimental et politique, de ce que sera, au XXᵉ, la décolonisation. Toutes les gauches européennes en défendent d'enthousiasme la cause, toutes les droites y font durement obstacle. C'est un Rubicon que passe là l'empereur français. Sans compter que l'aventure est grosse de périls. Poser le problème italien, c'est aller à une guerre inévitable avec l'Autriche, maîtresse du nord de la péninsule, et ce sans alliés ni appuis. La Russie défend qu'on touche au royaume de Naples, son protégé ; la Prusse ne tient pas encore à s'aliéner l'Autriche. L'Angleterre, si elle n'est pas défavorable à la cause italienne, craint un bouleversement de l'équilibre européen, et verrait du plus mauvais œil la France s'installer dans le rôle de tutrice d'une Italie libérée par ses soins. Et puis c'est soulever la redoutable question romaine, braquer inévitablement l'opinion catholique française, le plus fidèle soutien jusqu'à présent de ce bon diable d'Empire, mais intransigeante quand il s'agit des droits du Saint-Père.

Comme c'est souvent sa manière, l'empereur agit d'abord dans le secret. Le 21 juillet 1858, il reçoit en grand mystère le Premier piémontais Cavour à Plombières, où il prend les eaux. Aucun ministre n'est dans la confidence, surtout pas le ministre des Affaires étrangères, le trop catholique Walewski. Les deux interlocuteurs croquent ensemble la carte d'une Italie nouvelle. Le Piémont s'agrandira, aux dépens de l'Autriche et du pape, aux dimensions d'un royaume de Haute-Italie, à peu près à celles du royaume d'Italie des temps du premier Empire. La Toscane, elle aussi augmentée de partie des États pontificaux, formera un royaume d'Italie centrale, sur le trône duquel Napoléon III verrait bien son cousin Jérôme, un des rares adeptes dans son entourage de la cause italienne, de surcroît encombrant en France. On laissera subsister le royaume de Naples, et les Bourbons sur son trône, à moins que l'occasion ne se trouve – pourquoi pas ? – d'y installer un descendant de Murat. Le neveu continue de mimer fidèlement l'oncle. Le pape, réduit vraiment à la portion congrue, ne régnant plus que sur Rome et la campagne romaine, recevra la présidence de la Confédération, qui réunira les trois royaumes. Pour réaliser ce beau rêve, l'empereur promet 200 000 hommes contre l'Autriche ; il recevra, en honnête rétribution de ses services, la Savoie et Nice.

... et mésaventures

Ce n'est que projet ; il aura quelque peine à prendre corps. Avertis seulement à la fin de 1858, les ministres ne cachent pas leur hostilité : c'est courir à l'aventure. Le traité franco-piémontais qui scelle les dispositions prévues à Plombières n'est signé qu'à la fin de janvier 1859, et demeure secret. Pour sonder l'opinion, l'empereur fait diffuser, par des publicistes qu'il « inspire », ses idées sur la nécessaire rénovation de l'Italie. L'opinion réagit mal, tant dans le monde catholique que dans celui des affaires : la rente baisse ; le baron de Rothschild fait pour une fois un bon mot, avec le lourd accent qu'on lui sait : « L'Empire, c'est la paix. Pas de paix, pas d'Empire. » Les grandes puissances s'inquiètent ; la Russie propose la réunion d'un nouveau congrès européen. On perçoit alors chez Napoléon III cette grave faiblesse de caractère qu'on retrouvera à maintes reprises. Sa décision a été impulsive ; devant les difficultés conjuguées, il hésite, il renoncerait presque. Il faut que l'Autriche, exaspérée, décide d'en finir avec le provocant petit Piémont pour que commence, le 29 avril 1859, la guerre d'Italie.

La campagne d'Italie ne fut pas plus brillante que ne l'avait été celle de Crimée. L'empereur, puisqu'il s'agit de la réalisation de son idée, a pris lui-même le commandement des troupes. Cela lui vaut au moins les ovations, sincères, du peuple républicain du faubourg Saint-Antoine quand il s'en va prendre, à la gare de Lyon, le train pour l'Italie. Recouvrerait-il enfin l'affection et la confiance de ses « amis d'en bas » ? Il ne fut pas un si mauvais chef de guerre qu'on l'a dit parfois. Mais l'armée a été, cette fois encore, mal préparée, elle est mal remise de ses épreuves de Crimée. L'adversaire, heureusement, ne vaut pas beaucoup mieux. Il faudra cependant acheter durement les victoires, à Magenta le 4 juin, où l'on a frisé le désastre, à Solferino le 24, où ce fut un massacre. Est-ce le spectacle des malheurs de la guerre qui incite Napoléon III à la prudence ? Il ne tarde pas, en tout cas, à s'apercevoir qu'il s'est aventuré trop loin. En France, c'est la « grogne » ouverte des catholiques. En Italie souffle un vent inquiétant de révolution qui menace de pousser les choses bien au-delà de ce qui avait été convenu à Plombières. Les grandes puissances font vivement comprendre qu'il leur paraît souhaitable qu'on s'arrête là. Sans consulter son allié piémontais, l'empereur accorde brusquement un armistice à l'Autriche, le 12 juillet, et la paix de Zurich du 11 novembre ne tient à peu près aucune des promesses de Plombières : le Piémont s'accroît seulement de la Lombardie autrichienne.

Mauvaise affaire, qui ne vaut que des déconvenues. Ses rivaux peuvent se réjouir, la France en sort diminuée. Napoléon III a capitulé trop tôt. Les Italiens, qui lui pardonneront mal sa désertion, achèvent seuls leur unité. Un royaume d'Italie (et non plus trois) se forme de Turin à Naples, auquel ne manquent que la Vénétie, restée autrichienne, et Rome, toujours au pape, qui a été révolutionnairement dépouillé du reste de ses États. Tout s'est fait sans l'empereur ; pour lui, rien que les déboires et les débours. Le parti catholique, orléanistes et légitimistes pour une fois réconciliés, incrimine sans retenue la politique désastreuse qui n'a conduit qu'à déposséder le Saint-Père de son légitime patrimoine ; les plus audacieux dénoncent « Napoléon-Pilate ». C'était attendu, mais non pas sans contrepartie. La gauche serait plus favorable ; elle murmure cependant qu'il est étrange qu'on soit allé se battre pour les libertés de l'Italie quand on privait la France des siennes. Bref, la perte est sèche : pas tout à fait pourtant, puisqu'en 1860, d'assez mauvaise grâce, l'Italie a payé le prix convenu, Nice et la Savoie.

Le coup d'État commercial

Pour les privilégiés de l'ordre et des intérêts établis, l'empereur tenait en réserve une autre mauvaise surprise : la libération des échanges extérieurs. Autre idée napoléonienne : elle ne vient pas, celle-là, de l'oncle, mercantiliste s'il en fut. C'est en Angleterre, quand il y était exilé, que Louis Bonaparte a appris les vertus du *free trade*, un mot qu'on ne vient de traduire que récemment en France. Les saint-simoniens de l'entourage, Rouher, ministre des Travaux publics et du Commerce, converti de fraîche date, poussent vivement à sa réalisation. L'économie française se cramponne depuis trop longtemps au confort douillet d'un protectionnisme peureux. Les propriétaires céréaliculteurs vivent quiètement à l'abri d'une échelle mobile qui les garantit contre la baisse du prix de leurs produits : ceux-ci menacent-ils de se débiliter, aussitôt les barrières douanières montent aux frontières, empêchant les importations, pour leur réserver l'exclusive du marché national. Les industriels sont défendus contre leurs concurrents, principalement anglais, par tout un arsenal de prohibitions ou de taxes quasi prohibitives. N'est-ce pas se laisser gagner par une dangereuse torpeur quand, tout autour de la France, d'autres progressent à vive allure ?

Forcer ces confortables habitudes ne fut pas chose facile. Plusieurs tentatives, depuis 1853, s'étaient heurtées chaque fois à la résistance têtue du Corps législatif, qui, s'il n'a pas grand mot à dire en politique, peut renâcler obstinément quand il y va de la conservation des grands intérêts. Pas d'autre solution donc qu'une décision d'en haut ; on se souvient que l'empereur dispose constitutionnellement du droit de signer les conventions commerciales. L'affaire se trame, une fois encore, dans le mystère. Des négociations ultra-secrètes s'engagent entre Michel Chevalier, conseiller d'État et saint-simonien, et l'envoyé anglais Cobden ; Rouher venait les rejoindre masqué. Les récalcitrants apprennent, le 23 janvier 1860, qu'un traité de commerce vient d'être signé pour dix ans avec l'Angleterre : la France renonce à toute prohibition, abaisse ses droits de douane sur les matières premières et les produits industriels jusqu'à un maximum de 30 p. 100 *ad valorem* (les taxes réelles seront d'ailleurs beaucoup plus basses). Pour sa part, l'Angleterre admet en franchise, ou à peu près, les produits français qu'elle taxait encore, articles de luxe, soieries, nos vins surtout. Ce traité n'est que le premier d'une longue série de conventions qui sont signées dans les années suivantes avec les principales puissances économiques européennes. En outre, une loi du 15 juin 1861 abolit l'échelle mobile des céréales.

Coup d'État, révolution! c'est ce que clament les adversaires. Exagérément ; Rouher a raison qui leur objecte : « Il ne s'agit pas ici de libre-échange ; il s'agit de mesures prudentes de nature à hâter les progrès de l'industrie sans jamais en compromettre le développement. Est-ce qu'il y a du libre-échange avec un maximum de 30 p. 100 des droits protecteurs ? » C'est bien pourtant un coup d'éclat, un bouleversement radical des habitudes économiques françaises. Il n'est, pour s'en persuader, que d'écouter la vivacité des protestations qu'il suscite.

Une révolution raisonnable

Moins facile est de l'expliquer. Pourquoi prendre un tel risque, économique et politique ? Dira-t-on, avec un économiste, que « Napoléon III devançait son époque », qu'il aurait (lui ou les siens) infiniment mieux compris les intérêts réels des praticiens de l'économie que ces praticiens eux-mêmes. Sans nier l'audace novatrice des mesures et de leurs auteurs, il semble que ce soit attribuer à quelques hommes une compétence véritablement exceptionnelle. C'est aussi donner à la liberté des échanges toutes les vertus progressives, face à un protectionnisme qui serait tout mal. Comme le montrent aujourd'hui les travaux de l'histoire économique quantitative, l'économie française, sous le précédent régime de protection, s'est harmonieusement développée, à un rythme même plus rapide qu'elle ne le fera sous les auspices du libre-échange.

En réalité, la décision de 1860 révèle et le niveau atteint par l'économie française et ses difficultés et contradictions. Il faut souligner d'abord que l'empereur ou ses « technocrates », les saint-simoniens, ne sont pas seuls dans le combat pour le libre-échange. Il y a longtemps que les négociants des ports, que les propriétaires viticulteurs le réclament, et avec eux certains industriels exportateurs, les soyeux de Lyon, les indienneurs de Mulhouse. En dépit des apparences, ses adversaires sont peut-être moins nombreux, moins acharnés ; entrée en 1851 dans une période de bons prix, l'agriculture est moins farouchement attachée qu'autrefois à l'échelle mobile, qu'on a pu suspendre à plusieurs reprises entre 1853 et 1859, quand le bas niveau des récoltes nécessitait des importations. Au fond, le libre-échange vient *exactement à son moment*. Voici une quarantaine d'années que l'industrie française progresse d'un pas vigoureux. Elle a ses secteurs attardés (la métallurgie au bois, le textile normand) ; ce sont ceux-là qui se montrent attachés, avec acharnement, à une protection qui est pour eux condition essentielle de survie. Mais il y a aussi les secteurs avancés (la métallurgie au coke, le textile de l'Est) qui se sont modernisés rapidement, suffisamment pour être capables, dès le début des années 50, de résister victorieusement, à l'intérieur, voire sur les marchés extérieurs, à toute concurrence, même anglaise. On est ici encore protectionniste, parce que les hauts prix que maintient le système sont créateurs de surprofits ; mais la protection n'est plus une condition essentielle de sauvegarde ni de croissance ; on saura s'adapter au climat nouveau d'un marché libéré. Typique de ce point de vue la réaction d'un Schneider, grand patron métallurgiste du Creusot. En 1862, il déclare : « Je n'aime pas le traité, parce que je n'aime les révolutions d'aucune sorte. » Il reconnaît, en 1864, que l'empereur « a eu raison de devancer l'opinion publique *de quelques années*. Nos industriels ont pu, par leurs efforts et leurs sacrifices, résister à la concurrence étrangère ». La facilité, en tout cas, avec laquelle l'économie française a digéré le libre-échange montre qu'elle n'y était pas si mal préparée. Ce ne fut un drame que pour les plus faibles, de toute façon condamnés par les progrès des plus forts.

L'expansion économique générale s'accompagnait, d'autre part, d'un vif développement du commerce extérieur, qui lui était de plus en plus un poumon indispensable. Celui-ci ne représentait en 1830 que 13 p. 100 du produit national ; il en fait au moins 29 p. 100 en 1860. Nos exportations augmentent rapidement depuis 1840 au moins, plus vite encore depuis 1850. Exportations de produits agricoles, mais aussi, pour une part majeure, d'objets manufacturés, et en proportion toujours croissante du produit industriel : 7 p. 100 vers 1830, le double au moins vers 1860. Le traité de 1860 s'inscrit dans cette tendance à une commercialisation extérieure croissante de la production française. Il ne force la main aux producteurs que pour les obliger à s'y mieux adapter. Car de longue date (et du fait de leur protection artificielle), les prix français sont trop élevés sur le marché international, ce qui freine nos possibilités concurrentielles. Si l'on veut que l'expansion commerciale continue profitablement – de 1855 à 1857, grave avertissement, le niveau des importations a rejoint et dépassé celui des exportations –, il faut mettre sans attendre les entrepreneurs devant la réalité des faits, la « vérité des prix » ; l'abaissement brusqué des barrières douanières était un moyen d'y parvenir.

D'autres raisons, d'autres influences ont joué encore, dont on ne retiendra que deux, qui sont de « conjoncture courte ». Une grave crise économique est venue interrompre de 1857 à 1859 la prospérité des débuts de l'Empire, dont on a dit la part qu'elle avait tenue dans la consolidation du régime. L'ouverture au monde économique extérieur peut être considérée comme un moyen délibéré de « relance ». D'autre part, pour emprunter toujours un vocabulaire contemporain, l'expansion de 1851 à 1856 s'était faite « dans l'inflation ». Hausse des prix qui ne peut être qu'un préjudice supplémentaire à nos ventes à l'étranger. Hausse qui pénalise aussi une importante fraction de la population : si elle profite, et ce fut un bien, au producteur agricole, elle se traduit pour le consommateur salarié des villes par une grave poussée du coût de la vie, que les salaires s'essoufflent à suivre. La baisse des prix par la vertu de la concurrence, la vie à bon marché, c'est un argument classique des libre-échangistes. L'empereur, soucieux de la désaffection que lui témoignent les classes ouvrières, n'y a sûrement pas été insensible.

Premières et timides libertés politiques

Le traité de 1860 a fait beaucoup de mécontents : ce sont souvent les mêmes que ces libéraux (en politique, non en économie) déjà hostiles au caractère autoritaire du régime, ou que les catholiques adversaires de la politique italienne. S'il est excessif de parler de la formation d'un « parti catholique protectionniste », il n'en est pas moins vrai que les députés officiels se montrent moins dociles ; quelques-uns osent, à l'occasion, se rebiffer ouvertement. Ce n'est pas encore une fronde. Mieux vaut la désarmer par quelques concessions : un décret du 24 novembre 1860 stipule que le Corps législatif et le Sénat pourront désormais voter une adresse en réponse au discours du trône qui ouvre chaque session parlementaire, qu'ils discuteront en présence de représentants du gouvernement qui donneront tous éclaircissements sur la politique et les intentions de celui-ci. Des ministres sans portefeuille viendront défendre, avec les conseillers d'État, les projets de loi soumis au Corps législatif. Trois personnalités qui ne sont pas des moindres sont désignées pour remplir cet office : Baroche, Billault, Magne ; c'est signifier qu'on ne prend pas à la légère la tâche qu'on leur assigne. Un sénatus-consulte du 1er février 1861 achève de préciser la procédure des débats des deux Chambres, et ajoute qu'un compte rendu sténographique complet en sera dressé, et publié au *Moniteur* du lendemain. Le 31 décembre 1861, un second sénatus-consulte accroît sensiblement les pouvoirs de contrôle du Corps législatif en matière financière. Le gouvernement s'interdit désormais d'ouvrir par décret des crédits extraordinaires pendant les vacances de l'Assemblée ; le vote du budget ne se fera plus par ministères, mais par sections. Cette mesure veut satisfaire le monde des affaires et les députés « budgétaires » qui s'inquiétaient depuis longtemps des facilités financières, en vérité exorbitantes, que s'octroyait l'exécutif.

Concessions minimes, purement formelles, ont dit certains. Il est bien vrai qu'on n'est pas bien loin encore sur le chemin du parlementarisme. Il ne faut pas négliger pourtant l'importance de ce droit d'adresse qui vient d'être restitué. Il avait été, sous la monarchie constitutionnelle, l'instrument le plus efficace aux mains des députés pour imposer les règles du régime parlementaire. Dans l'immédiat, la discussion de la première adresse, en mars 1861, fut l'occasion pour les opposants à la politique italienne d'exprimer avec force leur mécontentement. Leurs amendements ne sont écartés que par 158 voix contre 91 au Corps législatif, 79 contre 61 au Sénat. On n'avait jamais vu rébellion de pareille ampleur.

Un peu de fermeté ne messied pas en même temps que les concessions. Le « parti » catholique va payer son opposition ; l'occasion est excellente de témoigner qu'on a toujours la ferme volonté de se démarquer des droites. *L'Univers* de Veuillot est suspendu, puis interdit. Le très gallican ministre des Cultes, Rouland, dénonce les « envahissements insupportables » d'un ultramontanisme qui confond la cause, toute spirituelle, de la religion avec celle, trop temporelle, des intérêts italiens du pontife. Il n'est plus nommé à partir de 1860 que des évêques gallicans, ou à qui l'on puisse politiquement se fier. La loi sur les congrégations est restaurée dans toute sa rigueur : aucune association religieuse nouvelle, surtout si elle est enseignante, ne peut se former sans autorisation. Ce sont naturellement les jésuites qui en font les premiers frais, mais aussi les bien inoffensives Conférences Saint-Vincent-de-Paul, qui, pour avoir refusé de solliciter une autorisation qu'on ne leur avait pas jusqu'à présent demandée, se voient dissoudre.

Les élections de 1863

Nouveau cours! il ne laisse pas de créer de cruels embarras. A l'extérieur, l'Empire souhaiterait n'être jamais entré dans le guêpier romain, où l'ont mis contre son gré ses alliés italiens, qui réclament maintenant Rome pour capitale ; mais les conventions de 1849 obligent les Français à continuer d'y tenir garnison pour protéger les intérêts du pape. A l'intérieur, c'en est fini du beau calme plat de la vie politique, des élections administratives sans surprises. Le renouvellement du Corps législatif, en mai-juin 1863, est l'occasion de tester le succès des idées napoléoniennes ; les résultats n'en sont pas encourageants.

L'opposition a mené campagne active. Disons les oppositions, car elles sont, c'est une chance, gravement divisées entre elles, voire à l'intérieur d'elles-mêmes. Les républicains d'abord, les plus vieux opposants ; chez eux, la coupure ne passe plus désormais entre irréductibles et assermentés : querelle maintenant sans objet, puisqu'on exige, depuis 1858, le serment non seulement des élus, mais des candidats ; si l'on veut être présent, il faut jurer. Les « Cinq » ont fait la preuve qu'ils pouvaient utilement élever la voix, et la jeune génération, qui veut agir, l'emporte sur les « sexagénaires ». Les divisions apparaîtraient plutôt entre ceux qui tiennent à conserver résolument leurs distances, quelque bien qu'on puisse penser du cours nouveau, et ceux qui, le cas échéant, ne refuseraient pas d'en soutenir positivement certains aspects, jusque et même par le vote : E. Ollivier, Havin, du *Siècle*, Guéroult de *l'Opinion nationale*, sans trop le dire ouvertement, seraient de ceux-là. Nouveau venu, le parti catholique a voulu se lancer dans la bataille. Sept évêques — le libéral Mgr Dupanloup, d'Orléans, a tenu la plume — ont diffusé un manifeste où ils engagent à ne voter que pour des candidats « catholiques », entendons des candidats qui se prononcent premièrement pour le respect des droits du pape, puis pour une complète liberté religieuse, plus généralement enfin pour « les libertés ». Chez les libéraux et les orléanistes, Thiers en tête (mais il n'a pas convaincu tous ses amis), on voudrait voir se réaliser une « Union libérale », front, coalition de tous les opposants, sans même excepter les républicains. Çà et là se présentent quelques légitimistes, outrepassant, pour le bien de la catholicité et le leur propre, les consignes du prétendant.

Chaque tactique particulière a à peu près échoué. Néanmoins, l'« opposition » a réussi un bon score. L'union libérale ne s'est faite nulle part, sauf (si l'on peut dire) à Paris, où Thiers et huit républicains emportent les neuf sièges, et à Marseille, qui choisit à la fois le républicain Marie et le légitimiste Berryer. Les sept évêques n'ont pas été suivis par leurs pairs. Sans doute le bas clergé, le clergé veuillotin, s'est-il efforcé de favoriser les candidats catholiques, mais il redoutait tant, en même temps, le progrès des rouges, qu'il a fait voter de préférence, quand il le fallait, pour l'officiel, pourvu qu'il fît profession suffisante et apaisante de catholicisme. Les seuls républicains continuent de progresser, avec ou sans l'appui des autres oppositions, dans les principales villes, mais ces victoires urbaines sont largement compensées, dans la plupart des cas, par la fidélité constante des ruraux.

Cela étant, alors que les officiels plafonnent, comme par le passé, à un peu plus de 5 millions de voix, les opposants, cette fois, côtoient les 2 millions ; les abstentions sont descendues à 26 p. 100 du corps électoral, signe que le pays prend plus d'intérêt aux débats politiques. 32 opposants ont été élus, 17 républicains, 15 « indépendants », libéraux, royalistes, catholiques, protectionnistes, on ne sait trop comment les désigner. Ils occupent plus du dixième des sièges : dans les conditions où l'on sait que se font les élections, c'est un grand succès. Et l'on peut se demander combien d'officiels, mal élus ou portés par des appuis douteux, se laisseront tenter par une opposition qui commence à devenir payante. L'empereur n'a pas caché son mécontentement. Il procède au premier remaniement ministériel d'envergure du règne, un remaniement d'ailleurs ambigu. Persigny, qui vient de rater ces élections, est fait duc et limogé ; il était le seul pourtant qui eût songé sérieusement à constituer un « parti » bonapartiste. Walewski, libéral et clérical, écarté déjà en 1862 des Affaires étrangères pour passer à un obscur ministère d'État, est définitivement évincé ; mais Rouland, le gallican, part en même temps que lui. Qu'en conclure quant aux suites qu'on va donner à la politique catholique et italienne ? D'autant que l'historien Victor Duruy, un ultragallican, se voit confier l'Instruction publique. En fait, ce sont les inconditionnels qui l'emportent, Baroche, qui prend la Justice et les Cultes, Billault, ministre d'État chargé des relations avec le Parlement, à la place des trois ministres sans portefeuille qui sont supprimés. La mort prématurée de Billault, en octobre 1863, fait nommer Rouher : Rouher le solide, le consciencieux, point trop bien doué pour la parole parlementaire, ni de grande envergure, mais gros travailleur et compétent, qui fait figure de plus en plus de chef du gouvernement et de la majorité. Belle occasion pour les mauvais plaisants qui moquent ses origines auvergnates, de dire « qu'à défaut d'un gouvernement, on a du moins un rouhernement ». Réussira-t-il à rétablir une situation qui se dégrade ?

Voici que déjà, au Corps législatif, s'élève l'aigre, mais puissante, séduisante, voix de Thiers, élu de Paris, qui réclame, le 11 janvier 1864, les « libertés nécessaires » : elles sont cinq et elles sont sœurs, « cinq conditions qui constituent ce que j'appelle le nécessaire en fait de liberté », la liberté individuelle, la liberté de presse, la liberté électorale, la liberté de la représentation nationale, et « enfin la dernière, dont le but est celui-ci : c'est de faire que l'opinion publique, bien constatée ici à la majorité, devienne la directrice de la marche du gouvernement ».

L'empereur des ouvriers ?

Puisque défaillait l'appui des « supériorités sociales », l'Empire ne devait-il pas se tourner plus délibérément vers ses « amis d'en bas », jusque-là bien oubliés ? Tentées par le prestige du nom de Bonaparte en 1848, plutôt indifférentes en 1851, les classes ouvrières avaient été socialement (par la répression) aussi bien qu'économiquement (par la baisse des salaires réels), les principales victimes des temps du bonapartisme fort ; cela les avait incontestablement renforcées dans leurs convictions républicaines. A partir de 1860, le climat change. « Ouverture à gauche » de pure tactique ? Non! Napoléon III croit aux vertus d'une démocratie autoritaire *et sociale*. Il a déjà rallié les classes paysannes en ramenant l'ordre et la prospérité ; il prônait aussi autrefois l'« extinction du paupérisme » par l'organisation des ouvriers : il veut, il voudrait la réaliser.

De l'opération de séduction des classes ouvrières est plus spécialement chargé le groupe dit « du Palais-Royal », un cercle animé par des saint-simoniens, Arlès-Dufour, Michel Chevalier encore, qui se souviennent d'avoir été eux aussi, naguère, des socialistes ; on voit y fréquenter quelques authentiques ouvriers. Le groupe s'abrite en le domicile et sous l'autorité du turbulent prince Jérôme, ce bonapartiste républicain.

En 1861 paraît une brochure, première d'une longue série, *l'Empereur, le peuple et les anciens partis*, signée de cinq ouvriers, émanant directement du Palais. Elle donne le ton de la propagande nouvelle. On rappelle que l'empereur n'est pas un souverain comme les autres, mais un prince national, populaire : par le suffrage universel, « nous sommes tous un peu empereurs ». Le peuple ne doit pas lui ménager sa confiance, il ne se laissera pas tenter par les jeux politiques stériles, égoïstes des anciens partis bourgeois. On promet à mots couverts (pourvu que cette confiance existe et se déclare) une proche suppression des lois qui tiennent les ouvriers dans une condition diminuée. Puis le Palais-Royal propose — et financera en partie — l'envoi en 1862 de délégués ouvriers à l'Exposition universelle de Londres. Ce geste amorce la reconnaissance de l'existence d'un mouvement ouvrier organisé. On procède, en effet, à l'élection, dans les grandes villes, de délégués des principaux métiers ; c'est l'occasion de renouer au sein de ceux-ci des liens de solidarité que la répression précédente avait fortement distendus : Paris en envoie 183, Lyon 60. A leur retour, les délégations publient leurs rapports, qui, quoique placés sous l'éminent patronage impérial, sont les premiers cahiers de doléances du prolétariat français. Tous soulignent l'infériorité de la situation de l'ouvrier français par rapport à celle de son collègue anglais, salaires moindres, pour une durée de travail plus longue. Bon nombre de professions réclament les libertés ouvrières essentielles, telles qu'on les pratique déjà outre-Manche, les droits d'association, de coalition.

Le manifeste des Soixante

L'offensive du sourire a-t-elle eu quelque écho ? Une petite élite ouvrière a peut-être été un moment tentée, sinon vraiment séduite. D'autant qu'il se manifeste quelque froideur entre le mouvement ouvrier qui refait surface et le parti républicain. Le premier reproche — justement — au second de se soucier peu, dans ses programmes et ses luttes, de la condition et des intérêts de ses électeurs prolétaires. A quoi — injustement — les républicains rétorquent la passivité complice des ouvriers au moment du coup d'État. La querelle tourne à l'aigre à Paris, lors des élections générales de 1863, puis des complémentaires de mars 1864. Des militants ouvriers ont décidé de présenter leurs propres candidats dans quelques circonscriptions populaires. Geste symbolique ; il est inutile de dire combien furent dérisoires les résultats obtenus. Mais le 17 février 1864, soixante ouvriers de la Seine publiaient un manifeste pour justifier leur conduite : « Le suffrage universel nous a rendu majeurs politiquement, mais il nous reste encore à nous émanciper socialement [...]. La bourgeoisie, notre aînée en émancipation, sut en 89 détruire d'injustes privilèges ; il s'agit pour nous de conquérir la même liberté d'action [...]. A moins de nier l'évidence, on doit reconnaître qu'il existe une classe spéciale de citoyens ayant besoin d'une représentation directe [...]. Nous ne haïssons pas les hommes, mais nous voulons changer les choses. » Les républicains prétendirent grossièrement, pour les besoins de leur cause, que ces candidatures et ce manifeste étaient guidés par le Palais-Royal, ce que celui-ci laissait dire, pour le bien de la sienne. A la vérité, si quelques-uns des Soixante avaient quelquefois approché le Palais, ils surent très tôt marquer leurs distances, tel le bronzier Tolain, qui mettait, en 1861, les choses au point avec rudesse : « Quand l'initiative vient d'en haut, elle n'inspire aux ouvriers qu'une médiocre confiance [...]. Il n'y a qu'un seul moyen, c'est de nous dire : vous êtes libres, organisez-vous, faites vos affaires vous-mêmes. » Le manifeste des Soixante est bien la première charte de classe d'un mouvement ouvrier français en voie de devenir indépendant et adulte.

Le droit à la grève

Naturellement, les militants profitaient au maximum des tolérances qu'on voulait bien leur accorder. A côté des traditionnelles sociétés de secours mutuels (on l'a dit, pas toutes innocentes) apparaissent, à partir de 1859, des sociétés de métier d'un type nouveau, de « crédit mutuel et d'épargne ». Elles ont pour but la constitution d'un capital commun de la profession qui servira à l'entraide, mais surtout à la formation d'associations coopératives de consommation ou de production, rivales des fabriques et ateliers patronaux. En outre, quelques-unes s'orientent déjà vers les voies bien moins inoffensives de la « résistance » syndicale : à l'occasion, l'épargne accumulée peut servir de fonds d'aide aux grévistes.

Et les grèves précisément se multiplient entre 1861 et 1863. Le plus marquant des mouvements est celui des typographes parisiens, en 1862. Leur « Société typographique », parfaitement légale, autorisée, qui groupe la presque totalité des ouvriers du métier, réclame une hausse des salaires, restés stagnants depuis près de vingt ans. Les patrons se refusent absolument à composer, font appel au travail féminin pour briser la résistance. La grève éclate, à peu près générale, en mars 1862. Elle échoue ; ses « moteurs », comme on dit alors, sont lourdement condamnés ; mais signe des temps nouveaux, l'empereur intervient pour gracier ces condamnés. Pareille attitude, après une telle épreuve de force, équivaut à promettre la liberté de coalition.

L'initiative est venue d'en haut, mais elle n'est pas que de pure bonne volonté impériale, car la décision était rendue nécessaire par la puissante, l'irrépressible offensive qui monte d'en bas. La loi du 25 mai 1864 modifie radicalement les articles 414 à 416 du Code pénal : le fait de coalition n'est plus réprimé en lui-même, mais seulement ses excès, notamment (c'est peu clair, le juge appréciera) toute « atteinte au libre exercice de l'industrie et du travail [...] à l'aide de violence, voies de fait, ou manœuvres frauduleuses ». Surprise! le rapporteur de la loi, son avocat « officiel », est le républicain Ollivier, que Morny a persuadé de « faire ce geste ». La droite, les députés d'affaires évidemment récalcitrent ; la gauche républicaine trouve la loi « inutile et dangereuse ». Les ouvriers semblent pourtant en être satisfaits ; ils ne vont pas tarder à faire l'épreuve de leurs nouvelles forces.

Le libéralisme impérialiste

On ne voudrait pas donner l'impression, par tout ce qui précède, que l'Empire s'est délibérément (et imprudemment) ouvert, jeté « à gauche », ne serait-ce que pour mieux échapper à ses droites. C'est de tout autre chose qu'il est question, et le mot cité plus haut de Proudhon déforme la réalité. L'Empire ne se peut dire ni ne se veut de droite ni de gauche ; il se déclare « ailleurs ». Et, de même façon, c'est une fausse question que de se demander, comme tant d'historiens, si (ou dans quelle mesure) l'Empire, à partir de 1860, est devenu « libéral ». Il faudrait s'entendre sur le sens des mots. Il y a d'un côté les libertés des « libéraux » ; leur libéralisme est un système précis, qui a vécu ses beaux jours sous la monarchie constitutionnelle, fondé sur le respect des libertés « individuelles », reposant, en fait, sur la supériorité politique des élites, culminant avec le régime parlementaire. Et il y a de l'autre, *dans un registre absolument différent*, les libertés napoléoniennes, des échanges, de la grève (voire, si dénaturé qu'il soit, le suffrage universel) ; libertés non moins essentielles, non moins « nécessaires » ; mais elles sont de celles précisément que les « libéraux » ont toujours inébranlablement refusées : ils ne les connaissent pas, elles ne sont pas de leur monde. Au premier sens du terme — qui est celui du temps —, l'Empire n'est pas devenu libéral, il n'a même pas, en dépit de l'octroi du droit d'adresse, commencé de l'être. Mais il y a bien un libéralisme bonapartiste authentique ; pour le bien nommer, il vaudrait mieux, plutôt que d'Empire libéral, parler de libéralisme impérialiste.

... et ses limites

Car pour le reste et quant au fond, rien n'a vraiment changé. Le système impérial repose toujours sur ses deux fondements essentiels : autorité intérieure, gloire extérieure. Autorité! les catholiques le savent qui ont l'occasion d'en tâter rudement, sous la férule du gallican Baroche, aux Cultes, et du laïque Duruy, à l'Instruction publique. Ultramontains et congrégations sont l'objet de tracas constants. Sous les coups répétés de Duruy, l'Église commence à perdre une part notable des avantages qu'elle avait conquis dans le domaine de l'enseignement ; l'État, qui n'a plus de raison de la ménager, lui reprend le terrain pied à pied. Au Corps législatif, qui est seulement devenu un peu plus bougon que par le passé, Rouher tient d'une main ferme sa majorité d'officiels. Aucune concession politique nouvelle n'est intervenue après 1861, en dépit des efforts de Morny, qui, clairvoyant toujours, devine l'approche de difficultés qu'on ne pourra résoudre par le seul exercice de l'autorité. Il disparaît trop tôt, en 1865.

Et la gloire extérieure est toujours là, qui vient servir de réconfort ou d'alibi apaisant. Il la faut aller conquérir désormais, il est vrai, en terres lointaines. Gloire coloniale. Dans l'Algérie pacifiée, Napoléon III se proclame « aussi l'empereur des Arabes », prétend — c'est un aspect qui n'est pas à négliger de son libéralisme — défendre les indigènes contre les envahissements excessifs des colons, sans beaucoup de succès. Ce sont des Français qui ont entrepris en Égypte le percement de l'isthme de Suez, vieille idée saint-simonienne. La France a pris pied en Extrême-Orient, participé à l'ouverture de la Chine ; elle s'installe en Cochinchine (1859-1867), s'impose comme protectrice, en 1863, du royaume voisin de Cambodge, pousse des pointes vers le Laos. On oublierait presque la tâche patiente d'implantation que mène au Sénégal Faidherbe, un colonel franc-maçon envoyé là-bas en disgrâce.

Mais la « plus grande pensée du règne », à ce moment, c'est sans contredit l'expédition mexicaine entreprise en 1862 : grande idée napoléonienne, et ce fut la dernière. Le Mexique, déchiré entre une faction libérale au pouvoir et une faction catholique conservatrice, est constamment au bord de la guerre civile ; lourdement endetté envers l'étranger, il est aux portes de la faillite. Terrain superbe pour le déploiement du machiavélisme impérial! Napoléon III rêve depuis longtemps à la nécessité qu'il y a d'équilibrer aux Amériques la puissance croissante des Etats-Unis — en difficulté justement avec la sécession du Sud — et à la possibilité de tailler à la France une zone d'influence en Amérique centrale. Intervenir au Mexique pour restaurer l'ordre (et les intérêts cléricaux), c'est aussi l'occasion bienvenue de consoler les catholiques français de leurs déconvenues récentes. Enfin, comme l'Espagne et la France, l'Angleterre est créancière du Mexique : c'est le moment de fortifier les liens qu'on a noués avec elle. Il est vrai qu'à cette affaire se mêlent des intérêts moins élevés, ceux du louche banquier suisse Jecker, qui a su intéresser Morny de très, de trop près, à ses opérations. France, Angleterre, Espagne décident d'intervenir de concert pour contraindre le Mexique à acquitter ses dettes. En fait, la France se retrouve tôt seule, ses deux alliées ayant défailli. Mais la conquête du Mexique n'est qu'une promenade pour le corps expéditionnaire du général Bazaine. Napoléon III en offre la couronne en avril 1864 à l'archiduc

Maximilien, frère de l'empereur autrichien : il n'est pas mauvais de tendre une main conciliante à l'Autriche.

Mécomptes extérieurs...

Mais c'est bien peu vraiment que cette gloire lointaine au regard des seuls vrais problèmes, qui sont ceux de l'Europe. La hantise de l'empereur est d'achever de déchirer les « détestables » traités de 1815. C'est sur ce champ de bataille que la chance va tourner contre lui, décisivement.

En 1863, la France, isolée, n'avait pu porter secours à la Pologne insurgée contre la Russie, et les puissances rejetaient sa proposition d'un Congrès qui eût redessiné enfin harmonieusement la carte européenne. Mais voici que la question nationale allemande vient à son tour à maturité ; la Prusse est prête à agir contre l'Autriche. L'empereur se doit de s'en mêler, à la fois par fidélité au principe des nationalités, et aussi parce que la constitution d'un nouvel État au-delà du Rhin est préoccupante : il ne faudrait pas que la jeune Allemagne naisse trop puissante. Il mène donc un jeu subtil, et comme toujours mystérieux, qui déroute en tout cas l'opinion française. Il a assuré Bismarck en octobre 1865 de sa neutralité, il a même favorisé la conclusion d'une alliance italo-prussienne. Mais de ce qu'il appelle une « neutralité attentive », il entend toucher un bon prix. Au Prussien, il demande des compensations, et par exemple, quand l'Allemagne sera faite, une rectification des frontières de 1815. Dans le même temps, il négocie avec l'Autriche, qui, moyennant cette même neutralité, promet de céder la Vénétie à l'Italie. En vérité, les cartes françaises étaient fortes. Tout laissait croire que l'inévitable guerre austro-prussienne allait être longue et difficile ; l'empereur se proposait d'intervenir en temps utile comme médiateur quand les deux adversaires seraient suffisamment affaiblis.

C'est tout le contraire qui se produisit. La Prusse exécute son adversaire en quelques jours ; et l'écrasement des Autrichiens à Sadowa, le 3 juillet 1866, c'est aussi la plus cuisante des défaites diplomatiques françaises. Sans doute Napoléon III se hâte-t-il d'offrir sa médiation, mais c'est dans les pires conditions, et Bismarck impose à peu près toutes ses volontés. L'Italie reçoit sans reconnaissance aucune cette Vénétie qui lui est due depuis 1859. Et de compensations (qu'il a su ne jamais promettre), de « pourboires », comme il dit méchamment, Bismarck ne veut d'aucune façon entendre parler.

Un désastre ne vient jamais seul. En 1867, la plaie romaine s'envenime de nouveau : il faut que des troupes françaises interviennent le 3 novembre, à Mentana, contre des volontaires garibaldiens qui marchent sur Rome ; « Les chassepots ont fait merveille » ce jour-là, malheureusement contre des amis italiens. Et à l'autre bout du monde, l'affaire mexicaine tourne à la catastrophe. Maximilien n'a pu s'imposer à ses nouveaux sujets. Seule la présence du corps expéditionnaire français le maintenait en place ; quand il faut le retirer, sur la vive pression des États-Unis, c'est l'écroulement de l'Empire mexicain sous les coups des guérillas populaires : Maximilien est fusillé à Queretaro le 19 juin 1867.

... contestation intérieure

C'est comme une débâcle qui commence. Si timide encore après 1863, l'opposition s'enhardit. Au Corps législatif, Rouher, constamment sur la brèche, peine à parer les coups que lui portent Thiers, qui se déchaîne contre la politique étrangère, et Ollivier, qui raille cruellement son rôle de « vice-empereur sans responsabilité ». Un tiers parti — on dit plaisamment Thiers parti — se dessine dans les Chambres. Entre l'opposition républicaine sectaire et l'obéissance inconditionnelle, il se voudrait d'opposition raisonnable, réaliste. Il n'en a pas contre l'Empire ; il souhaite seulement qu'on accorde plus de poids à la « représentation nationale », qu'on donne « tout son développement au grand acte de 1860 » — comprenons le droit d'adresse —, bref que l'Empire devienne réellement libéral, au sens où l'entendent les libéraux. On cesserait aussi de tracasser les catholiques et le Saint-Père, et d'aller chercher à l'extérieur une gloire dangereuse. Ce tiers parti n'est pas nombreux encore, mais l'idée libérale progresse, et combien d'officiels, s'ils n'étaient retenus par la férule de Rouher et le souci de leur réélection, n'iraient-ils pas se ranger de bon cœur dans ce camp-là ?

D'autant que les déboires extérieurs ne sont pas la seule cause de difficultés. L'apaisante prospérité économique, qui « anesthésiait » tant de mécontentements, vacille au même moment. L'industrie textile a été mise à mal par la famine de coton provoquée par la guerre de Sécession. Plus généralement, en dépit de la relance de 1860, qui a eu des effets bénéfiques sur le commerce extérieur, le rythme de l'expansion ralentit. En 1866-67 intervient une grave crise, financière (les Pereire se déclarent en faillite), industrielle (c'est, après la famine de coton, la surproduction). La mauvaise récolte de 1867 entraîne de surcroît une hausse du coût de la vie. Quoi de plus facile que d'attribuer ces difficultés aux méfaits du libre-échange ? Voilà pour le tiers parti l'assurance du renfort des protectionnistes.

Les travailleurs s'émancipent eux-mêmes

Échec encore de la tentative paternaliste pour forcer les sympathies ouvrières. Les travailleurs ont bien reçu les libertés qu'on leur octroyait, mais sans montrer de reconnaissance excessive. Au contraire, ils manifestent aussitôt leur volonté de n'agir, comme avait dit Tolain, que par eux-mêmes et pour leurs propres fins. Leurs délégués de 1862 avaient noué à Londres de sérieux liens d'amitié avec des représentants des trade-unions ; ces liens se sont faits sans cesse plus étroits, et de l'entente de militants anglais et français naît, en septembre 1864, une Association internationale des travailleurs, dont la fière et claire devise est : « L'émancipation des travailleurs sera l'œuvre des travailleurs eux-mêmes. » L'A.I.T. essaime en France ; en 1867, elle compte 32 sections dans les principales villes. Ce n'est encore qu'une « grande âme dans un petit corps », les internationaux ne sont que quelques milliers. Mais il s'agit d'une élite ardente, influente, qui pénètre et anime toujours davantage de sociétés ouvrières. Ces premiers militants sont imprégnés d'idées proudhoniennes. La méfiance que leur a inculquée leur maître pour les joutes politiques, même républicaines, les a fait accuser parfois de sympathies impérialistes. C'est notoirement inexact, tous sont chaleureusement républicains, mais la « vraie » République sociale qu'ils appellent de leurs vœux n'est pas la vieille République bourgeoise, dont ils entendent se démarquer autant qu'ils se démarquent de l'Empire. La lutte est pour eux premièrement économique ; leur idéal socialiste se situe — un peu utopiquement — au terme du développement progressif de l'organisation et de la « mutualité » ouvrières, par la multiplication des sociétés coopératives de production et d'échange.

Dans le même temps, les travailleurs faisaient joyeusement l'épreuve de leur nouveau droit de coalition. Les grèves se multiplient en 1864 et 1865, puis en 1867. Une corporation est particulièrement à la pointe du combat, celle des bronziers parisiens. Ils se sont battus victorieusement, en 1865, pour la journée de dix heures. Leur seconde grève, en 1867, pose un problème autrement redoutable. Le droit de grève n'est rien sans le droit de former des sociétés syndicales ; les bronziers sont organisés en Société de crédit mutuel, tolérée, mais qui, en toute illégalité, est l'animatrice de la résistance ouvrière. Les patrons ont décidé d'exclure de leurs ateliers tout membre de cette société ; la corporation riposte par la grève générale, et remporte une autre victoire.

Ces ouvriers décidément sont insatiables, et c'est maintenant le problème de la liberté syndicale qui est soulevé. A l'occasion de l'Exposition universelle de Paris en 1867, de nouvelles délégations ouvrières ont été élues. Elles rédigent, comme celles de 1862, leurs rapports, et cette fois leurs doléances se font plus vives. Elles dénoncent l'insuffisance et la dégradation des salaires, les « traquenards et les pièges » de la loi sur les coalitions, réclament la liberté d'expression et de réunion ; la majorité se prononce pour le droit d'association. Après l'Exposition — et ilfaut bien que le gouvernement le tolère — les délégués ont continué de se réunir, formant une Commission ouvrière qui siégera jusqu'en 1869 ; elle est un véritable Parlement ouvrier où l'on discute sans retenue de toutes les questions brûlantes du mouvement. Sous son égide, des chambres syndicales se constituent ; la première à prendre ouvertement ce nom est celle des cordonniers de Paris, en 1867 ; et d'autres suivent, toujours plus nombreuses.

En tout cela, l'Internationale n'a pas été la moins active. Elle a soutenu de tout le poids qui était le sien les grèves ; ses meilleurs militants comptent parmi les principaux organisateurs des nouveaux syndicats. Une tendance plus dure, plus révolutionnaire, commence d'ailleurs à l'emporter en son sein sur les proudhoniens, plus timorés, qui la dominaient au début. Voici qu'elle ne cache plus où vont ses sympathies politiques. En novembre 1867, pour protester contre Mentana, ses membres parisiens participent à une manifestation républicaine sur la tombe du patriote italien Manin. Le gouvernement riposte en intentant un procès pour association non autorisée aux dirigeants de la section parisienne, et prononce sa dissolution.

L'Empire devient libéral

En somme, toutes les idées napoléoniennes qui devaient donner à l'Empire son visage positif, original, ont fait faillite. Faut aussi l'empereur, maintenant vieilli, malade, tiraillé entre des intentions et des influences contradictoires. Une à une, tantôt il octroie impérialement, tantôt il se laisse extorquer les concessions essentielles, qui mènent inexorablement à l'Empire des « libéraux », qui est le contraire du libéralisme impérial, qui ne pouvait se dresser que sur ses ruines. Une lettre de l'empereur, publiée le 19 janvier 1867 au *Moniteur*, annonce un second cycle de mesures libérales. Le droit d'adresse est supprimé, mais il est remplacé par le droit d'interpellation ; les ministres concernés viendront prendre part aux débats. Par sénatus-consulte du 14 mars, les droits du Sénat sont augmentés : il peut, avant de se prononcer sur la promulgation d'une loi, la renvoyer pour nouvel examen devant le Corps législatif ; on s'achemine doucement vers un régime représentatif bicaméral. La lettre de janvier promettait aussi un adoucissement du régime de la presse et l'octroi d'un droit mesuré de réunion : ces deux mesures — c'est dire les hésitations et les résistances rencontrées — n'interviennent qu'en 1868. Une loi du 9 mai sur la presse supprime l'autorisation préalable et le système des avertissements ; les délits seront jugés exclusivement par les tribunaux correctionnels. Une loi du 6 juin autorise la tenue de réunions publiques, pourvu qu'on n'y fasse pas (sauf en période électorale) de politique. Une lettre du 31 mars 1868 au *Moniteur* du ministre de l'Intérieur annonce enfin qu'on accordera une très large tolérance aux associations de caractère syndical, et une loi du 2 août abolit l'article 1781 du Code civil qui consacrait l'inégalité devant la justice du maître et de l'ouvrier.

L'Empire déjà ne ressemble plus à l'Empire. Les oppositions étaient-elles pour autant satisfaites ? Pour les « libéraux », ce n'est pas assez, puisqu'on n'a pas encore vraiment le régime parlementaire et qu'il n'a pas été question d'un aménagement du libre-échange. L'opposition républicaine profite de la nouvelle licence pour se déchaîner ; laissant bien loin derrière elle la sage modération des vieux bonzes, c'est maintenant l'opposition violente, « irréconciliable », d'une jeune génération agressive. « Il y a en France 35 millions de sujets, sans compter les sujets de mécontentement » : ainsi commence le premier numéro du journal *la Lanterne*, du marquis de Rochefort-Luçay, rouge en dépit de ses titres, qui tire à 120 000 exemplaires. On ose parler ouvertement du coup d'État. Les deux petits livres d'E. Ténot, *la Province en 1851* et *Paris en décembre 1851*, racontent ce que fut la résistance républicaine.

Le 2 novembre 1868, des républicains sont allés manifester au cimetière Montmartre, sur la tombe du député Baudin, mort sur une barricade le 3 décembre 1851, et ouvrent une souscription pour l'érection d'un monument au martyr. Au procès qui leur est fait, c'est leur avocat. Léon Gambetta, qui accuse : « Tous les régimes qui se sont succédé dans ce pays se sont honorés du jour qui les a vus naître. Il n'y a que deux anniversaires, le 18 Brumaire et le 2 Décembre, qui n'ont jamais été mis au rang des solennités d'origine, parce que vous savez que si vous vouliez les y mettre, la conscience universelle les repousserait. »

IV. FIN OU RECOMMENCEMENT ?

Sous les coups qui lui sont portés – moins d'ailleurs sous ces pointes bruyantes que poussent les républicains, qui ne sont que le petit nombre, que sous la pression plus insidieuse des « libéraux » –, l'Empire est lentement, mais inexorablement amené à se renier. L'Empire autoritaire, cet alliage de fermeté et de ce qu'il faut bien appeler maintenant les « illusions napoléoniennes », n'est plus. Trop d'échecs douloureux ont été essuyés, trop de concessions ont dû être consenties. Le bonapartisme se survit-il ? – presque vingt ans, n'est-ce pas trop ? Est-il possible, trouvant un troisième visage, qu'il revive ?

Les élections de 1869

Les élections de mai-juin 1869 sanctionnent cette lente débâcle que nous venons de décrire. En dépit de toutes les pressions habituelles, malgré tous les efforts déployés – on a remodelé les circonscriptions, brandi plus fort que jamais le péril rouge –, elles sont une défaite. Les gouvernementaux n'ont recueilli que 4 438 000 voix, les opposants sont passés à 3 355 000 voix : à peine plus d'un million d'écart. En sièges, naturellement, la différence est plus considérable. Parmi les 292 élus, *le Moniteur* recense 216 partisans du gouvernement : 118 « officiels » et 98 « gouvernementaux libéraux » ; face à eux, 74 opposants : 49 appartenant à l'opposition libérale, 19 à l'opposition démocratique, 6 à une opposition radicale.

Comme à l'habitude, ni ces chiffres ni surtout ces étiquettes ne sauraient rendre un compte exact de la réalité. Mesurons mieux les choses. L'opposition a doublé et le nombre de ses voix et celui de ses sièges. Les républicains surtout chantent victoire ; ils ont défait le gouvernement dans toutes les grandes villes. Ils n'arrivent, malgré tout, au Corps législatif que 25, une trentaine si l'on ajoute quelques modérés étiquetés libéraux, comme Ollivier, élu dans le Var ; ils n'ont mordu sur la campagne que dans de rares cas encore, toujours dans le Midi ou l'Est. Ils se sont radicalisés, mais aussi divisés, au point qu'on a vu, jeunes loups contre vieilles barbes, des républicains affronter des républicains. A Paris, par exemple, où Rochefort a presque fait trébucher J. Favre, où Ollivier a été cruellement défait par Bancel, et Carnot par Gambetta. Ce dernier a connu un triomphe dans le nord-est rouge de la capitale, surtout auprès des Bellevillois, auxquels il a soumis un programme resté fameux : toutes les libertés, et un vrai suffrage universel, l'instruction primaire laïque, gratuite, la séparation de l'Église et de l'État, l'élection de tous les fonctionnaires, la suppression des armées permanentes, l'abolition des monopoles économiques – à très peu de chose près ce que sera le programme de la Commune de 1871. Il se déclarait surtout l'ennemi irréconciliable du régime. Profession de foi rouge qui ne laissa pas d'inquiéter même les plus avancés de ses collègues, et rejeta quelques pâles vers les bras tentateurs de l'Empire libéralisé. 25 républicains ne s'en affirmaient pas moins, quoique moins haut que Gambetta, « irréconciliables ». Ils s'isolaient du reste de l'opposition, du même coup affaiblie. Il est vrai que le même Gambetta se faisait dans le même temps élire à Marseille, avec le concours de Thiers, en s'affirmant comme le champion d'une démocratie qui, « précisément parce qu'elle est radicale, n'en est que plus dévouée à l'ordre, principe fondamental des sociétés ». Et Gambetta opta pour la députation que lui confiaient les sages Marseillais, non pour le siège brûlant que lui offrait Belleville, que reprend Rochefort.

Du côté des gouvernementaux, on aura remarqué que près de la moitié des élus n'étaient pas allés au combat avec l'estampille administrative, ceux qu'on désigne comme « gouvernementaux libéraux ». Ils s'étaient présentés, en effet, comme candidats dynastiques, mais aussi libéraux, quelques-uns se disaient même « indépendants » ; candidats agréables, officieux, quoique non officiellement agréés. C'est qu'en vérité ces élections difficiles avaient été une affaire complexe à mener. Quand il ne paraissait pas possible de faire passer un inconditionnel (et l'espèce s'en fait plutôt rare), le gouvernement a sagement composé ; contre un opposant déclaré, il a soutenu un ami qui souvent n'était pas tout à fait sûr. Mais, alors, quelle différence faire entre un libéral gouvernemental, dynastique, et un libéral d'opposition (qui, la plupart du temps, ne remet pas, du moins ouvertement, la dynastie en cause ?) La nuance est souvent infime, les deux élus ont été portés à peu près par les mêmes suffrages. Mieux, puisqu'on a ressuscité le spectre, quel est le préfet qui ne préférerait voir (sinon faire) passer un libéral opposant quand il s'agit de battre un rouge irréconciliable ? Contre ce même rouge, inversement, quel opposant libéral catholique, protectionniste, n'a pas préféré voter pour un libéral gouvernemental, quelquefois pour un officiel ? Dans bien des cas, en bien des lieux, l'ancien parti de l'ordre s'est reconstitué, tantôt au profit de l'Empire, tantôt à celui de l'opposition, ou, la plupart du temps, pour un entre-deux fort incertain.

Les étiquettes, les chiffres précédents importent finalement peu ; compte la façon dont les tendances se sont reclassées au Corps législatif. A l'extrême gauche, les 25 républicains irréductibles (pour le moment) ; en face, quelque 80 « vrais » bonapartistes, farouchement attachés au régime autoritaire, les « mameluks ». Entre eux, un « marais », où se distinguent mal officiels tentés par les libertés, libéraux d'opposition séduits par la possibilité de « participer », indépendants, agréés, agréables. De ce marais s'élève une sorte de centre : à l'ouverture de la première session, ils sont, le 6 juillet, 116 qui « demandent à interpeller le gouvernement sur la nécessité de donner satisfaction au sentiment du pays, en l'associant d'une manière plus efficace à la direction des affaires ». A travers les ombres, les dissimulations précédentes, on a reconnu l'avènement du tiers parti, soudain fortifié, qui s'articule autour d'un programme parlementaire, s'ordonne derrière deux chefs possibles, Thiers, le vieil avocat des libertés essentielles, ou le républicain pâli Ollivier.

Abdication ?

Il n'y a plus — à moins d'un nouveau coup d'État — pour l'Empire et l'empereur vieillis qu'une issue : des concessions ultimes, le renoncement. Il faut aux 116 « la constitution d'un ministère responsable devant l'empereur et la Chambre, le droit pour le Corps législatif de régler les conditions organiques de ses travaux et de ses rapports avec le gouvernement ». Devançant l'interpellation, Rouher, le 12 juillet, annonce à la Chambre la démission du ministère ; le « vice-empereur » abdique, et il promet, au nom de son maître, les réformes demandées. Le sénatus-consulte du 6 septembre 1869 amende fondamentalement la Constitution de janvier 1852. Le Corps législatif, désormais, partage avec l'empereur l'initiative des lois ; il est maître de son règlement et élit son bureau ; il vote le budget par chapitres. Les deux Chambres ont un droit illimité d'interpellation. Les tarifs douaniers ne seront obligatoires qu'en vertu d'une loi. Il est dit enfin que les ministres sont « responsables », et qu'ils le sont collectivement ; ils pourront être membres de l'une ou l'autre chambre. Il est précisé cependant qu'ils « ne dépendent que de l'empereur ».

Ici les historiens disputent. L'Empire est-il réellement devenu parlementaire ? N'est-il pas plutôt « semi-parlementaire », ou « libéral à virtualité parlementaire » ? Il est vrai que la question de la responsabilité ministérielle n'est pas clairement tranchée. Mais il faut se souvenir que, sur ce point, les chartes, autrefois, n'étaient pas beaucoup plus explicites ; ce régime parlementaire qu'appellent de leurs vœux les « libéraux » n'en a pas moins alors fonctionné. Napoléon III, en vérité, vient d'abdiquer devant l'Assemblée. Témoin les termes de la lettre qu'il adresse à E. Ollivier, le 28 décembre : « Je vous prie de *me désigner* les personnes qui peuvent former avec vous un cabinet homogène, *représentant fidèlement la majorité du Corps législatif.* »

Voici exaucé, posthumement, le vœu du libéral Morny. Ollivier, qu'il avait le premier tenté de séduire, le républicain qui a tant pâli qu'il n'est plus qu'un bonapartiste de gauche, forme, le 2 janvier 1870, ce ministère de majorité. Non sans peine (mais n'est-ce pas justement un caractère du système parlementaire), en soudant difficilement l'alliance d'un centre droit, un peu plus bonapartiste que parlementariste, et d'un centre gauche, un peu plus parlementariste que bonapartiste. Ce fut le « ministère des bonnes intentions », ainsi dit parce qu'il n'eut le temps d'en réaliser aucune. Mais à travers ces intentions, il est une chose qu'on aperçoit fort clairement : l'Empire libéral de 1870, c'est *l'inverse exact* du libéralisme impérial de 1860. C'est la réconciliation avec les catholiques, la guerre ouverte, au contraire, à un mouvement ouvrier de plus en plus rouge et de plus en plus exigeant. C'est, selon toute probabilité, le retour au protectionnisme ; il paraît évident qu'on ne reconduira pas la convention signée pour dix ans avec l'Angleterre qui vient à terme. C'en est fini — du moins les libéraux le souhaitent-ils — de l'excessive et coûteuse politique de prestige extérieur. Ollivier a ce malheureux talent de placer au mauvais moment les mots qu'il ne faut pas, mais qui restent : « Nous ferons, dit-il, à l'Empereur une vieillesse heureuse. » Est-ce que cela ne sonne pas comme une mise à la retraite ?

Retour aux sources ?

Un ultime sénatus-consulte du 20 avril 1870 achève d'édifier ce qui est bien l'Empire parlementaire. On n'amende plus cette fois, on révise décisivement la constitution de 1852. Les réformes sont confirmées, mises en ordre, et deux nouveautés importantes s'y ajoutent. Aux termes de l'article 19, « l'empereur nomme et révoque les ministres. Ils sont responsables » ; ce sont les mots exactement de la charte de 1814. Le Sénat devient une deuxième chambre législative, une Chambre des pairs ; il perd de ce fait son pouvoir constituant. « La constitution ne peut être modifiée que par le peuple sur la proposition de l'empereur. » On se croirait, n'était le suffrage universel, revenu aux beaux temps de la monarchie de Juillet.

Il est vrai que subsiste la prérogative impériale, plus importante, plus dangereuse, à cause justement de ce suffrage universel, que n'était autrefois la prérogative royale. Et l'empereur, les impériaux autoritaires qui voient tristement bafouer tout ce qu'avait été le bonapartisme, jouent au parlementarisme triomphant un dernier tour de leur façon. Puisque toute modification de la constitution doit être soumise à l'approbation populaire, le sénatus-consulte d'avril fait l'objet d'un plébiscite, le 8 mai 1870. La question posée est naturellement spécieuse : « Le peuple approuve les réformes libérales opérées dans la constitution depuis 1860 par l'empereur. » Qui refuserait d'approuver les libertés qui ont été consenties ? Mais dire « oui », c'est conforter l'autorité, la prérogative impériales. Les républicains s'insurgent, une extrême gauche invite à l'abstention. Les libéraux sont gênés ; Thiers penche pour le « non », Guizot pour le « oui », et le gouvernement lui-même se partage, quelques ministres de centre gauche se retirent. Mais le peuple consent d'enthousiasme : il y a 7 350 000 « oui », contre 1 538 000 « non ». L'empereur exulte : « J'ai retrouvé mon chiffre » ; ils sont en effet, comme en 1852, plus de 7 millions qui l'approuvent, l'opposition a perdu moitié au moins de ses voix. La gauche est atterrée, « l'Empire est plus fort que jamais ».

C'est bien ici (non sur la question, somme toute secondaire, de la responsabilité ministérielle) que gît l'ambiguïté. L'Empire parlementaire, ce n'est plus l'Empire, le régime bonapartiste a cessé d'exister ; mais l'empereur est toujours là, et le peuple n'a pas démenti sa fidélité au nom de Bonaparte. Comment le débat entre la prérogative impériale et la prérogative parlementaire allait-il être tranché ? Était-ce une fin ou un recommencement ? Le temps a manqué pour qu'il y fût répondu.

1869 et 1870, « années sociales »

Cependant, un péril monte, le péril rouge, dont on n'a pas eu tellement tort de brandir l'épouvantail au moment des élections.

Après une accalmie en 1868, les grèves reprennent de plus belle en 1869 et 1870. Il s'en produit à peu près dans toutes les professions, dans toutes les grandes villes industrielles. La première vague, aux lendemains de la loi de 1864, avait été plutôt parisienne ; celle-ci est maintenant surtout provinciale. Grèves du textile de Normandie, fin 1868-début 1869, puis d'Alsace, en 1870. Grèves des mineurs du Massif central, où la troupe intervient, faisant 13 morts à La Ricamarie, en juin 1869, 14 en octobre à Aubin. En janvier et mars 1870, deux grèves successives au Creusot, dans le fief du président de la Chambre, Schneider. Toutes s'achèvent par des échecs, car le gouvernement, que ce soit celui de Rouher ou celui d'Ollivier, est décidé à la résistance. Mais elles sont la preuve d'une poussée de vitalité du mouvement ouvrier, qui se traduit également par la multiplication des chambres syndicales : soixante-dix se sont constituées à Paris de 1867 à 1870, une quarantaine à Lyon, autant à Marseille. On assiste à la formation de fédérations locales de ces sociétés, qui préfigurent ce que seront, trente ans après, les Bourses du travail ; la première est apparue à Rouen début 1869, en décembre s'est créée celle de Paris ; suivent celles de Lyon, en mars, de Marseille, en avril 1870.

L'Internationale, après une année d'effacement consécutive à son procès de 1868, réapparaît, toujours plus vigoureuse. En 1869 renaissent des sections dans toutes les grandes villes ; à leur tête de nouvelles équipes, celles-ci résolument collectivistes, républicaines, révolutionnaires : à Paris le relieur Varlin, le teinturier Malon, à Rouen le lithographe Aubry, à Lyon Richard, à Marseille Bastelica, deux employés de commerce. Ces internationaux, plus encore qu'en 1866 ou 1867, sont les vrais animateurs du mouvement syndical qui se développe. Ce sont eux partout qui président à la formation des fédérations ouvrières, ils sont derrière presque toutes les grèves. Le nombre des adhérents à l'A.I.T. se monte bientôt non pas certes à quelques centaines, comme le prétend une police inquiète, mais à tout le moins à plusieurs dizaines de milliers.

Et toute équivoque, si jamais équivoque il y eut, se lève sur les prises de position politiques de ce mouvement ouvrier qui forcit sans cesse. Les internationaux, les militants des sociétés ouvrières rallient le mouvement républicain d'opposition radicale. « Nous devons, proclame l'un deux, nous occuper de politique, puisque le Travail est soumis à la Politique. » C'est le temps qu'annonçait Proudhon de la « capacité politique des classes ouvrières », mais celle-ci va bien au-delà de ce que prévoyait le pacifique réformateur. C'est à la naissance d'un premier syndicalisme révolutionnaire français qu'on assiste. Ces ouvriers veulent abattre l'Empire. Ils appellent de leurs vœux une République qui, bien sûr, ramènerait et garantirait toutes les libertés politiques, mais aussi confirmerait, accomplirait les libertés sociales qu'on vient de commencer de conquérir, qui entamerait la collectivisation des moyens de production, remis aux producteurs eux-mêmes. Car les nouveaux syndicats, dans chaque métier, ne se donnent pas seulement pour tâche la défense des intérêts immédiats de la profession ; ils ont l'ambition de prendre progressivement en main ateliers et fabriques, persuadés qu'ils sont de les faire bien mieux fonctionner en se passant de tout patronat parasitaire.

Relève républicaine ?

Fortifiée de ce ralliement ouvrier, l'opposition républicaine radicale a, depuis les élections de 1869, décidément le vent en poupe. Ses orateurs à la Chambre, sa presse toujours plus nombreuse, accablent l'Empire. Elle multiplie à Paris les réunions publiques vengeresses, les manifestations de rue. Le 12 janvier 1870, on est dans la capitale au bord de l'émeute, quand 100 000 personnes, derrière Rochefort, suivent, à Neuilly, les obsèques du républicain Victor Noir, malencontreusement abattu au cours d'une querelle par le prince Pierre Bonaparte. Il faut qu'Ollivier prenne « la révolution à bras le corps » ; il fait arrêter, en juin 1870, les principaux dirigeants de l'Internationale dans tout le pays, et dissout de nouveau l'association ; on découvre en même temps (ou on invente) un complot contre la vie de l'empereur qui permet de mettre sous les verrous les plus enragés des meneurs révolutionnaires.

Est-ce à dire que les républicains sont prêts à la relève, que la révolution est proche ? Non pas, et de loin! On a déjà souligné que les républicains n'ont réellement d'audience que dans les villes, et surtout les plus grandes. Il faut ajouter de surcroît qu'ils ne sont vraiment nombreux à être réellement révolutionnaires qu'à Paris, la ville par tradition rebelle. L'extrême gauche portée au coup de force, radicaux rouges, ceux qu'on appelle encore jacobins, blanquistes, disciplinés et décidés, mais dérisoirement peu nombreux, internationaux, ne constituent qu'une infime minorité, tant dans le « parti » que dans l'opinion républicaine. Les républicains modérés, bourgeois, qui sont la masse, et même beaucoup qui se sont dits à l'occasion radicaux, ne voient pas sans frayeur cette agitation excessive qui peut mener aux pires aventures, ou ce dangereux programme social dont se réclament les militants ouvriers. A la pointe même du combat, tous ne sont pas d'accord. Il y a des rivalités de personnes ou de groupes, et par exemple blanquistes et internationaux se détestent de longue date : ce sont les blanquistes qui ont accusé les internationaux d'être des impérialistes dissimulés. Plus profondément, il y a cette distance qui se creuse entre les routiniers d'une vieille tradition, qui ne vivent que du souvenir de 93 et de 48, et les jeunes internationaux socialistes, qui se sont fait une idée neuve de la République démocratique et sociale. Les projets de ceux-ci sont trop « modernes » pour être compris, admis par ceux-là, qui sont trop « classiques » : on s'en apercevra pendant la Commune.

Vers la guerre, d'un « cœur léger » ?

Ce n'est pas sous les coups directs d'une révolution, républicaine ou socialiste, que va mourir l'Empire. Il périt d'une dernière illusion, d'une dernière imprudence napoléonienne. Il y a, depuis Sadowa, tout un contentieux franco-allemand. La France, l'empereur ont été mortifiés des refus dédaigneux qu'opposait Bismarck aux demandes de compensations qui devaient équilibrer la puissance croissante de l'Allemagne, ou, si l'on veut, des « pourboires » qui devaient payer la neutralité incertaine de la France en 1866. On avait demandé, amenuisant chaque fois les exigences, le retour aux frontières de 1814, puis la Belgique, enfin seulement le petit Luxembourg. En vain! et les Français prennent langue sérieusement avec les Autrichiens et les Italiens pour parer aux progrès allemands. De l'autre côté du Rhin, rameuter les Allemands contre l'« ennemi héréditaire » était une occasion de fortifier leur désir d'unité ; Bismarck en usait entre autres moyens. N'était-ce pas la France qui avait empêché la complète unification de l'Allemagne ? La paix de 1866 n'avait permis que la formation d'une Confédération d'Allemagne du Nord, qui s'arrêtait au Main.

Les rapports franco-allemands atteignent un point critique lorsque le prince Léopold de Hohenzollern se porte, sur le conseil de Bismarck, candidat au trône vacant d'Espagne. La nouvelle en est connue en France le 3 juillet 1870 ; quatre jours auparavant, E. Ollivier venait de déclarer — un autre de ses mots malheureux : « A aucun moment le maintien de la paix n'a paru plus assuré. » La France ne peut supporter la présence d'un Allemand « sur le trône de Charles Quint » ; elle exige le retrait de cette candidature, qui est obtenu le 12 juillet. « Nous tenons la paix », dit encore Ollivier. Assurément, il tient à la paix. Mais il compte sans un parti belliqueux, sans les bonapartistes autoritaires maintenant sur la touche, regroupés volontiers derrière l'impératrice. Ceux-ci voient l'occasion de raffermir l'autorité du régime ébranlé, de lui rendre son vrai sens ; il y suffirait d'un peu de gloire extérieure, comme autrefois. L'empereur, affaibli, s'est laissé convaincre sans mal. On exige de la Prusse la garantie qu'une telle tentative ne se reproduira pas. Le roi Guillaume élude cette demande excessive de notre ambassadeur Benedetti ; mais d'Ems, Bismarck traduit injurieusement : « Sa Majesté a refusé de recevoir l'ambassadeur et lui a fait dire par l'aide de camp de service qu'elle n'avait plus rien à lui communiquer. » L'offense fait bouillir Paris, même et surtout le Paris républicain, populaire et patriote. Le Corps législatif, malgré Thiers, vote les crédits pour la guerre, qui est déclarée le 19 juillet. Et Ollivier a son dernier mot malheureux : « De ce jour commence pour mes collègues et pour moi une grande nous l'acceptons d'un cœur léger, je veux dire d'un cœur que le remords n'alourdit pas, parce que la guerre que nous faisons, nous la subissons. » L'histoire retiendra que ce pacifique commença « d'un cœur léger » une guerre désastreuse.

Car l'armée, cette ultime fois encore, n'est pas prête. Le Corps législatif a châtré, en 1868, un projet de réforme militaire qui devait constituer une importante réserve aux côtés de l'armée de métier. Les Français sont surclassés par la savante et moderne machine de guerre prussienne. Trois armées allemandes forcent nos frontières en Alsace et en Lorraine début août, et Bazaine, le 18, se laisse bloquer dans Metz avec le meilleur de nos forces. Au premier vent des défaites, le ministère Ollivier a été balayé, remplacé par un ministère d'autoritaires qui croient prendre leur revanche. Mal leur en prend, car ce qui reste de nos armées, commandé par l'empereur en personne, vient maladroitement s'enfermer dans la cuvette de Sedan et capitule le 1er septembre. Quand la nouvelle du désastre et de la capture de l'empereur parvient à Paris, c'est l'effondrement. Le 4 septembre, la foule descendue des quartiers populaires, adroitement menée, semble-t-il, par un petit groupe de révolutionnaires blanquistes, envahit le Corps législatif. Un gouvernement provisoire, formé des députés républicains de Paris, est acclamé à l'Hôtel de Ville. Comme en 1830, comme en 1848, la province suit fidèlement ; Lyon même a précédé Paris, proclamé la République quelques heures avant lui. Si fort d'apparence quelques mois auparavant, le régime n'a plus un défenseur.

V. L'ACCIDENT DE 1871

Voici la République sommairement proclamée ; peut-être ce chapitre consacré à l'Empire devrait-il ici s'achever court. La Commune de 1871 pourtant, la Commune déjà républicaine nous appartient encore. Toutes les dettes impériales ne sont pas acquittées. La guerre, si désastreusement entreprise, continue, à peine moins mal conduite, sans plus guère, en tout cas, de succès. Fondée en principe, la République n'a de garantie que dans l'acclamation parisienne. Le gouvernement en place est provisoire, en attendant l'élection régulière d'une Assemblée nationale, le 8 février 1871. C'est elle seule qui peut prononcer, au nom de la France non plus seulement parisienne, mais aussi provinciale et rurale, la vraie déchéance de l'Empire, ce qu'elle fait le 1er mars. Ce même jour, elle acceptait les conditions d'une paix humiliante ; et l'insurrection communaliste, ce fut au premier chef la réaction violente d'un patriotisme outragé. Plus profondément, elle est le dernier sursaut d'un peuple ouvrier parisien façonné au cours des années oppressantes de l'Empire. Nous suivrons Marx ici pour un temps : « L'antithèse directe de l'Empire, c'était la Commune. »

Le gouvernement de la Défense nationale

L'équipe qui s'installe au pouvoir manque de solidité. Elle est d'abord bien vieille : sept de ses onze membres frisent, s'ils ne l'ont pas dépassée, la soixantaine. Elle est disparate : on y compte en nombre les vieilles barbes de 48 ou d'antan, les Garnier-Pagès, Glais-Bizoin, Arago ; bien au-delà d'eux, les deux jeunes irréconciliables de 1869, Rochefort et Gambetta ; à la tête du gouvernement, le général Trochu, qu'on a placé là parce que gouverneur militaire de la capitale : ce soldat breton, s'il avait été un bonapartiste réticent, n'était rien moins que républicain. On l'a accablée, cette équipe, depuis les Parisiens, qui, après l'avoir portée au pouvoir, ne parlèrent bientôt plus que de gouvernement de défection nationale, jusqu'à tel historien contemporain, qui a cruellement vitupéré la « République des Jules » ; ils n'étaient que trois, après tout, à porter ce malheureux prénom, et le gouvernement comptait en son sein trois futurs présidents du Conseil de la Troisième qui ne furent pas des moindres. Il fut seulement inégal à une difficile situation.

Il se divisa tout de suite. D'abord sur la question de sa propre légitimité. Les uns, dont Favre, Ferry, souhaitaient des élections immédiates, qui permettraient d'installer un pouvoir régulier et fort. Gambetta, Simon objectaient qu'un recours à l'électeur souverain était peu indiqué en ces circonstances dramatiques, que de telles élections pourraient bien n'être pas un succès républicain. La France rurale ne venait-elle pas, quelques mois auparavant, de plébisciter un bonapartisme vaguement rajeuni ? On reporta les élections, mais le gouvernement se sentait mal à l'aise dans son illégalité. Ni pouvoir régulier, moins encore – il n'osait l'être – comité révolutionnaire de salut public. « Le gouvernement n'est pas un gouvernement politique, mais un pouvoir chargé de la défense. »

Défense ? Dans leur quasi-totalité, les membres du gouvernement n'avaient rien moins que foi en la possibilité d'une victoire. Il n'était que le seul Gambetta pour y croire ; début octobre, il quittait par ballon Paris assiégé pour aller tenter d'animer à Tours une hypothétique résistance provinciale. Le gouvernement, au contraire, décidait de ne pas abandonner la capitale. Faute grave ? probablement ; mais les Parisiens n'eussent pas souffert que le gouvernement qu'ils venaient d'acclamer prît la fuite, honteusement. On ne doit pas accabler trop tôt les « capitulards ». Considérée de Paris, et en dépit de l'enthousiasme bruyant d'un peuple patriote, la situation pouvait bien apparaître comme désespérée. La ville encerclée le 19 septembre, les Prussiens passant la Seine, touchant bientôt à la Loire. Les armées toutes prisonnières ; Bazaine livre traîtreusement la dernière à Metz, le 27 octobre, sans avoir combattu. Aucun appui à attendre : Thiers, qui est allé faire, au nom de cette nouvelle République pour laquelle il commence de se sentir quelque inclination, le tour des cours européennes, ne ramène que des refus. Il n'y a plus qu'à cesser le combat, mais on n'ose. Les exigences prussiennes sont rudes ; et il faut compter avec les susceptibilités extrêmes du peuple de Paris, qui, en même temps que la République, a proclamé le 4 septembre la « guerre à outrance ». Le gouvernement résistera mollement, il attend simplement que dans la capitale les vivres et la résistance s'épuisent.

Il faut toute l'ardeur juvénile de Gambetta pour tenter l'impossible. Celui que ses collègues n'appellent plus, avec un mépris mêlé d'inquiétude, que le « dictateur de Tours » (il se prenait, en effet, volontiers pour le Danton de ce nouveau 92) lève armée sur armée, jusqu'à 600 000 hommes. Troupes hâtivement constituées, commandées sans conviction ; elles ne pouvaient forcer la victoire. Deux armées successives de la Loire tentent vainement de débloquer Paris de novembre à janvier. Efforts aussi généreux qu'inutiles! Auraient-ils pu d'ailleurs être continués ? Il ne semble pas que le jeune tribun ait pleinement obtenu ce sursaut national qu'il cherchait. De toute façon, sans le consulter, le gouvernement a capitulé à Paris, le 28 janvier 1871.

La paix, Bismarck l'a exigé, doit être signée par un gouvernement régulièrement constitué. On procède le 8 février à l'élection d'une Assemblée nationale. Le pays donne une réponse sans ambages, qui dépasse les pires craintes des républicains. Les ruraux dans leur masse veulent la paix, envoient siéger à l'assemblée qui se réunit à Bordeaux une énorme majorité de conservateurs pacifistes, monarchistes de surcroît : plus des deux tiers des 650 élus. Le désaveu est formel de la politique de Gambetta. Thiers, qui avait eu raison d'attendre son heure élu de 26 départements, est nommé « chef du pouvoir exécutif de la République française ». C'est lui qui, dernier défenseur de la paix en 1870, négocie les termes d'un désastreux traité, finalement signé à Francfort le 10 mai. La France perd l'Alsace et partie de la Lorraine ; elle restera occupée jusqu'au paiement intégral d'une indemnité de guerre de 5 milliards de francs.

La Ville

Mais Paris n'est pas d'accord. La ville, chef et capitale, « tête et cœur » de la France, « Paris sans pair », comme disent de très vieux poèmes, Paris depuis toujours décide de la France. Il fait les révolutions, la province suit. Et la ville en a conçu comme un orgueil démesuré, une *ubpis* qui va recevoir son tragique châtiment.

Paris, en ce XIXe siècle, est devenu un être véritablement « monstrueux », gigantesque et parasitaire excroissance qui se développe sur la France. L'historien L. Chevalier a montré comment, dans la première moitié du siècle, cet organisme qui grandit sans frein est dangereusement malade : 550 000 habitants en 1801, plus du million au milieu du siècle, la surcharge démographique est disproportionnée à un espace urbain insuffisant à la contenir. Et les misérables des « classes laborieuses » qui y affluent toujours en plus grand nombre tendent à se confondre avec les criminels des « classes dangereuses », non pas seulement dans l'esprit craintif des témoins bourgeois, mais aussi dans une réalité vraiment pathologique. Le phénomène n'a pas été étranger aux convulsions révolutionnaires de 1830 ou de 1848. Même s'il y a dans cette thèse quelque exagération, il n'en reste pas moins vrai que la ville est malade, et cette maladie continue de progresser sous l'Empire, en dépit des médications radicales du préfet Haussmann. De 1851 à 1856, Paris et sa banlieue proche croissent de 250 000 âmes. La ville apoplectique éclate, elle absorbe en 1860 les communes suburbaines : le nouvel ensemble approche, en 1870, les 2 millions.

A quoi vient s'ajouter un fait nouveau. Haussmann a pansé les plaies du vieux Paris central, mais les coupes chirurgicales mêmes qu'il y fait, et l'afflux toujours grandissant des nouveaux immigrants, tendent à créer dans la ville une véritable ségrégation qui autrefois se dessinait à peine, qui est maintenant redoutablement évidente. Les aisés restent au centre, tandis que les éléments populaires sont rejetés toujours plus nombreux dans les faubourgs extérieurs. Une ceinture rouge enserre désormais la ville centrale. « Il n'est pas bon, disait un vieux texte, que les dodus soient d'un côté, et les menus de l'autre. » Un contemporain écrit : « On a constitué dans Paris deux cités bien différentes et hostiles, la ville du luxe, entourée, bloquée par la ville de la misère [...]. Vous avez mis toutes les séductions aux prises avec toutes les convoitises. » La plèbe, en effet, campe sur les Aventins de Montmartre et de Belleville, et menace de ces hauteurs déshéritées le plat pays riche des quartiers centraux. « Belleville descend », c'est le mythe redoutable dont s'apeurent les bourgeois. La Commune, ce sera pour une part la reconquête du Paris central, du vrai Paris, par les exilés des quartiers extérieurs.

Quelle plèbe, quel peuple ? Sur les 1 800 000 habitants qu'on a recensés en 1866, largement plus d'un million vivent d'un salaire, dont 730 000 d'un salaire ouvrier. Et sur les 370 000 patrons, que de si petits qu'on les différencie mal de leurs compagnons salariés ; sur les 120 000 propriétaires ou rentiers, combien de si pauvres qu'on ne doive les ranger encore dans le petit peuple ? Peuple et non prolétariat. La grande usine, la grosse fabrique est l'exception, l'atelier petit ou moyen la règle. Les métiers traditionnels l'emportent encore : le vêtement fait vivre 300 000 personnes, le bâtiment 160 000, les métiers d'art 160 000, le métal 100 000 à peine. Mais non plus artisanat, déjà classe ouvrière ; on a vu la force et la vivacité des organisations ouvrières parisiennes.

La ville assiégée

Profondément malade déjà, la ville va se trouver placée en situation d'exception. Ferry, alors son maire, voit dans la « folie du siège » une raison première de l'insurrection. L'explication n'est pas sans valeur : il y eut cette longue claustration, Paris coupé cinq mois du reste de la France, matériellement et psychologiquement, et aussi la disette, l'inégalité devant la faim, une mortalité triple de l'ordinaire. Mais tout n'est pas aussi simple.

Car la première fièvre qui a saisi Paris, c'est la fièvre patriotique. La population est en armes, mobilisée dans la garde nationale que le gouvernement a été contraint d'ouvrir en grand aux éléments populaires. On a formé 250 bataillons, dont on évite le plus possible de se servir ; car la ville en armes, c'est toujours chose redoutable pour l'ordre. Elle ne brûle pourtant que de la fureur de vaincre, et de tenter la « sortie torrentielle » qui enfoncera le blocus. Alors refleurissent les vieux souvenirs de la grande Révolution, les mots mêmes de 92 : levée en masse, salut public, organisation de la victoire, terreur s'il le faut. Bientôt le mot « commune ».

Sur la lancée du 4 septembre, les forces révolutionnaires s'organisaient. Pas de quartier qui n'eût son club ; ce fut une gigantesque libération de la parole. Du 5 au 10 septembre se constituaient dans chaque arrondissement des comités de « vigilance », sous l'impulsion des militants de l'Internationale, rejoints par des radicaux et des jacobins. Ces comités désignaient ensuite un « Comité central des vingt arrondissements », qui proposait, le 15, un programme : guerre à outrance jusqu'à la victoire ; un gouvernement vraiment républicain, démocratique et social ; dans l'immédiat, une organisation égalitaire des subsistances par rationnement et réquisitions.

Ce n'était pas tant qu'au départ on se méfiât du gouvernement ; il s'agissait plutôt de l'aider : même Blanqui offrait la trêve de tous les partis pour et jusqu'à la victoire. Mais des patriotes avancés se devaient d'être « vigilants ». Et le gouvernement fit tôt la preuve du peu d'ardeur qu'il mettait à sa mission de défense nationale. Il refusait surtout l'élection d'une municipalité parisienne : c'est qu'elle pourrait bien se donner les allures d'un autre gouvernement, d'une « commune » comme celle qui, en 92 et 93, pressait et forçait révolutionnairement les assemblées régulières. Le mot resurgit ; c'est probablement le Comité central qui l'emploie le premier, et les clubs le popularisent. La municipalité, ou la Commune, serait ce que n'ose être le « Provisoire », un pouvoir directement issu du peuple, et qui, lui, saura vaincre. Précis et vague à la fois, ce qui fait sa force, il porte aussi en lui toutes les aspirations sociales confuses des déshérités.

Mais ce qu'on doit bien voir, c'est combien fut faible pendant le siège l'audience des révolutionnaires. Septembre avait été leur mois faste ; leurs forces ne cessèrent ensuite de décliner, sauf en quelques quartiers rouges. Inquiets des intentions de plus en plus ouvertement « capitulardes » du Provisoire, les patriotes tentaient de le renverser le 31 octobre 1870. Belleville était descendu, mais Paris ne suivit pas. Bien au contraire, le gouvernement se faisait victorieusement plébisciter trois jours après : ses adversaires se comptaient à peine 60 000, ses partisans 300 000. Il pouvait dès lors consentir à des élections municipales, début novembre ; elles n'amenèrent pas une Commune, les rouges n'avaient conquis que quatre arrondissements. Dès lors, c'est l'étiage ; les clubs végètent ; le Comité central s'érige en vain, début janvier, par une seconde affiche rouge, en « délégation » révolutionnaire qui prétend au pouvoir : « Place au Peuple! Place à la Commune! » ; il manque lamentablement une seconde « journée », le 22 janvier 1871. Tout prouve qu'il existe bien à Paris un « parti » révolutionnaire, mais aussi qu'il n'est qu'un état-major sans beaucoup de troupes. Le mot « commune » est né, il a lentement cheminé sous le siège. Mais ce n'est pas du siège qu'est née la Commune.

La ville révoltée

Ce qui va provoquer l'insurrection, c'est la défaite, ce sont les menaces qui pèsent bientôt ouvertement sur la République. Ferry est ici un témoin lucide : « Tous les esprits tournés vers la guerre, et cette lutte de cinq mois aboutissant à une immense déception, une population entière qui tombe du sommet des illusions les plus immenses que jamais population ait conçues. » La capitulation du 28 janvier bouleverse dramatiquement Paris. De tous les bataillons de la garde nationale fusent les protestations, qu'ils soient bourgeois ou populaires. Puis c'est le nouveau choc : l'élection de l'Assemblée défaitiste et monarchiste. Paris, lui, tout entier, a voté républicain ; ses premiers élus sont Louis Blanc, Hugo, Gambetta. On dit que les princes d'Orléans viennent de rentrer en France, que Chambord s'apprête. La défaite d'abord, puis la restauration, comme en 1815. La ville alors se rebelle.

Ce ne sont pas les organisations révolutionnaires du siège qui conduisent cette rébellion. Mais un nouveau pouvoir surgit dans des conditions obscures, au moment des élections de février : la Fédération des bataillons de la garde nationale. Il jaillit, ce pouvoir, spontanément du sein du peuple, ouvriers, artisans, petits bourgeois confondus, car tous simplement républicains patriotes. Depuis la mi-février, chaque bataillon élit ses délégués, pour convenir des statuts d'une organisation fédérative, dont le programme est simple et tranchant : rien que la République, qui est au-dessus de tout, au-dessus même du suffrage universel. En mars commencent les élections au Comité central de la garde qui sera l'organe directeur de la Fédération.

Paris bouillonne. Des bataillons se succèdent chaque jour place de la Bastille, pour manifester leur colère républicaine, en honorant les morts de février 1848. L'Internationale, l'autre Comité central — celui des vingt arrondissements —, qui ont d'abord manifesté quelque méfiance à ce concurrent, acceptent finalement de le rallier. L'Assemblée nationale refuse de venir siéger dans la capitale et s'installe à Versailles. C'est un nouvel affront que de « décapitaliser » ainsi Paris au profit de la ville des rois. Le moindre incident, désormais, peut déclencher un affrontement violent. Celui-ci se produit le 18 mars 1871.

Le 18 mars

Le gouvernement de Thiers a tenté, en effet, d'en finir. Le premier danger est que Paris reste en armes, et, au nom de la République menacée, refuse obstinément de se laisser désarmer. La garde nationale n'a pas que de mauvais fusils, elle possède 227 canons, parqués à Montmartre, à Belleville, au Luxembourg, sur lesquels elle veille jalousement. Au petit matin du 18 mars, Thiers déclenche une opération militaire d'envergure. Elle était mal préparée, les troupes accomplissaient leur tâche sans enthousiasme. Au parc de la butte Montmartre, la foule, des femmes surtout, s'interpose ; les soldats mettent la crosse en l'air. Les Montmartrois se saisissent de deux généraux, Lecomte et Clément Thomas, les fusillent sans plus attendre. On ne connaîtra jamais les responsables de cette exécution sommaire : leur nom est la foule.

Ce qui aurait pu n'être qu'un grave incident prend dans la journée des proportions inattendues, immenses. Le tambour bat dans tous les quartiers populaires, l'émeute gronde. Le gouvernement évacue précipitamment la capitale pour se réfugier à Versailles. Dans ce vide subit du pouvoir, il n'existait qu'un seul organisme qui fût capable de mettre quelque ordre, de reprendre quelque peu les choses en main : le Comité central de la garde nationale. Il est, au soir du 18 mars, maître de Paris, sans du tout l'avoir voulu.

On a parlé de complot, de part et d'autre. Le Comité central en eût été bien empêché, il n'était même pas encore définitivement constitué ; seule une minorité de ses membres intervint le 18 mars. Du côté des insurgés, il n'y eut, comme au 4 septembre, que les blanquistes à agir de façon concertée ; ils surent être là pour prendre possession des centres vitaux de la capitale que venait d'abandonner le gouvernement. Y eut-il ruse délibérée de Thiers, qui n'aurait quitté Paris que pour le mieux reprendre et le dompter ? C'est la légende que le petit homme, qui se piquait d'art militaire, accrédita par la suite. Il est plus probable qu'il céda à un moment d'affolement, prit tout simplement la fuite, malgré les objurgations de plusieurs de ses collaborateurs ; il n'avait pas prévu cette réaction violente de la capitale, et surtout la défection de l'armée.

Que le 18 mars ne fut pas une révolution, et à peine une insurrection, rien ne le montre mieux que l'embarras du Comité central au lendemain de sa victoire imprévue. Commence une semaine étrange et incertaine. Le Comité, pour que Paris continuât de vivre, occupait et gérait tant bien que mal administrations et ministères désertés. Mais il proclame très haut qu'il « n'est pas un gouvernement », semble n'avoir eu de cesse que soit trouvée une solution légale à la situation ambiguë qui lui est faite. On parlemente avec Versailles, par l'intermédiaire des maires et députés de Paris. La ville ne veut que la garantie formelle de la République. Elle ne demande que des élections municipales (on dit aussi « communales », sans qu'il semble qu'on y fasse grande différence), mais exige des « franchises municipales sérieuses ». Les élections, après de longues et confuses palabres, furent fixées au 26 mars 1871. C'est elles qui allaient installer une « commune ».

La Commune

Sur quelque 470 000 électeurs, il n'y eut que 230 000 votants. En février, les votants avaient approché les 300 000 ; ils les avaient très largement dépassés lors du plébiscite du 3 novembre 1870. Si même l'on tient compte du départ, depuis la levée du siège, d'électeurs des quartiers riches, le déchet reste considérable. De surcroît, les 230 000 voix n'allaient pas toutes aux communeux ; il y eut 18 élus « bourgeois », qui refusèrent de siéger. La Commune ne représentait qu'à peu près la moitié de la population parisienne.

Presque tous les autres élus appartenaient aux organisations révolutionnaires, qui n'avaient su parvenir à leurs fins pendant le siège, principalement au Comité central des vingt arrondissements. On comptait des jacobins et des blanquistes, révolutionnaires ardents, mais qui, la révolution faite, n'avaient plus d'intentions bien arrêtées. Il leur manquait Blanqui : l'éternel « enfermé » venait, une fois de plus, de l'être, quelques jours avant le 18 mars. A côté d'eux, quelques internationaux, qui pourraient donner à l'aventure un tour plus nettement socialiste.

Car c'est à l'aventure qu'on allait. Qu'était-ce, en effet, que cette Commune qui venait d'être élue ? Un conseil municipal de Paris, simplement d'opinions avancées ? Un « contre-gouvernement », rival de celui de Versailles ? Le Conseil communal se donna dès les premiers jours des allures gouvernementales, nommant des commissions qui allaient être autant de petits ministères : des Finances, de la Justice, de l'Enseignement, du Travail, voire des Relations extérieures, et — comme en 93 — de Sûreté générale. Mais n'était-ce pas seulement qu'il fallait assurer les affaires courantes ? La vérité est que la Commune dut et voulut tout être à la fois. Elle prit en charge l'administration municipale de la capitale. Elle se considérait en même temps comme un gouvernement *provisoire*, qui, au nom du droit contre le fait, au nom de la « vraie » République et en attendant de « vraies » élections, déniait toute autorité à l'Assemblée félonne de Versailles et à son faux gouvernement. La France, trompée en février, trancherait ; Paris, qui l'avait toujours guidée dans le bon chemin, était sûr de son droit.

La ville libre

Mais qu'était-ce, en attendant, que ce gouvernement qui ne gouvernait qu'une ville, fût-elle Paris ? Dans cette situation confuse, quelques-uns — des socialistes proudhoniens — pouvaient procurer une justification théorique. Leur maître avait naguère prôné le fédéralisme, l'abolition du pouvoir central, l'éclatement de la France en autant de petites communes autonomes, qui se fédéreraient ensuite librement. « Paris libre » — c'était le mot du moment — n'était-il pas la première de ces « communes », donnant une fois de plus l'exemple au reste du pays ? Cette justification proudhonienne transparaît d'abord dans tous les manifestes de la Commune, et surtout dans la « Déclaration au peuple français » qu'elle lance le 19 avril. « Que demande Paris ?... L'autonomie absolue de la Commune étendue à toutes les localités de France [...]. Elle n'aura pour limite que le droit d'autonomie égal pour toutes les autres communes adhérentes au contrat, dont l'association doit assurer l'Unité française. » Le moindre paradoxe n'est pas que Marx ait emprunté à la Commune, et à travers elle à son mortel ennemi Proudhon, la confirmation de sa théorie de l'abolition nécessaire de l'État, qu'il développe longuement dans son commentaire des événements.

La guerre civile en France

Ces constructions théoriques ne pouvaient être évidemment du goût de la majorité jacobine, pour qui la révolution c'était d'abord le retour aux pures traditions de 92 et 93, l'installation d'une assemblée populaire, animée de la farouche détermination du « salut public », qui conduirait — dictatorialement s'il le fallait — Paris et la France à une victorieuse régénération révolutionnaire. Et c'est ainsi que le peuple parisien voyait aussi sa Commune, se retrouvant, en l'an 79 de la République, aussi chaudement sans-culotte qu'en l'an II. De là bien des contradictions — les plus « fédéralistes » des déclarations s'achevaient invariablement par le cri de « Vive la République une et indivisible! » — et bien des mésententes.

Cette étrange Commune, qui au fond n'a jamais su ce qu'exactement elle était, que pouvait-elle faire ? Elle dut, certes, « avant tout songer à se défendre ». Les Versaillais avaient contre-attaqué le 2 avril, et la ville se vit une seconde fois assiégée. Elle fit plus cependant. La Commune a d'abord, en Paris, voulu assurer, affermir la République. De là des mesures qui préfigurent ce que sera l'œuvre de la Troisième : séparation de l'Église et de l'État, projet d'une instruction laïque, gratuite, obligatoire. Puis elle apporta des solutions immédiates à quelques problèmes qui se posaient douloureusement au peuple parisien, qu'il fût ou non prolétaire. Pour les petits commerçants, qui avaient pâti du long arrêt des affaires, un moratoire des échéances. Pour la masse des locataires impécunieux, l'annulation de toutes les quittances dues depuis septembre 1870. Pour les plus pauvres, la restitution gratuite des objets engagés au Mont-de-Piété. La Commune fut-elle socialiste ? C'est Marx qui nous dit que non : « Outre qu'elle fut simplement la rébellion d'une ville dans des circonstances exceptionnelles, la majorité de la Commune n'était nullement socialiste et ne pouvait l'être. » Elle eut pourtant des velléités en ce sens. Ne parlons pas tant de l'interdiction du travail de nuit dans les boulangeries (qui fut une mesure impopulaire) ou de la suppression des amendes dans les ateliers, que du projet précis que fit Vaillant, délégué à l'Enseignement, d'une éducation professionnelle et technique, et surtout de l'activité intense de la Commission du travail, animée par des internationaux, en liaison avec les syndicats, qui se reconstituaient rapidement. Sur sa demande, un décret du 16 avril « communalisait » les ateliers abandonnés par des fabricants qui avaient fui la Commune, les remettait à la gestion d'associations coopératives formées par les chambres syndicales ouvrières. On n'eut le temps d'en faire fonctionner – plutôt mal que bien – qu'une dizaine. C'était commencer d'appliquer le programme de « syndicalisation », d'autogestion des moyens de production élaboré par les sociétés ouvrières dès la fin de l'Empire.

La ville ensanglantée

L'aventure ne pouvait évidemment aller qu'au plus tragique échec. Et d'abord les communeux se déchiraient eux-mêmes. A mesure que s'appesantissait la pression versaillaise, ce qui n'était que l'illusion de quelques idéologues, cette utopie d'un « Paris libre dans la France libre », s'effaçait. Le ton jacobin l'emportait toujours davantage à l'Assemblée communale, qui crut pouvoir comme magiquement exorciser le danger avec les mots sonores d'autrefois, qui n'étaient plus en 1871 que paroles gelées, instituant un Comité de salut public qui « décréterait la victoire ». Elle se scinda dès lors en une majorité « jacobine », qui se prosternait vainement devant les vieilles idoles, et une jeune minorité socialiste, consciente de la vanité ridicule de cet autre mime, mais qui n'avait guère mieux à présenter, et que d'ailleurs le peuple de Paris ne suivait pas.

Mais, surtout, comment résister sérieusement aux forces que Thiers amassait patiemment aux portes de la ville, quand on ne disposait que d'une garde nationale qu'aucun des délégués à la Guerre de la Commune, pas même Rossel, soldat patriote passé à l'insurrection, n'avait réussi à discipliner. La Commune surtout devait périr parce qu'elle ne fut que parisienne. La province rurale redoutait et détestait ceux qu'il était trop facile de lui présenter comme des « partageux ». Quelques villes se soulevèrent, il y eut des communes éphémères de Lyon, Marseille, Narbonne, Toulouse, du Creusot : mouvements d'ailleurs moins socialistes que républicains radicaux. C'était trop peu ; Paris est laissé seul là où il est allé trop loin, il ne conduit plus la France. La ville vient de perdre ce « leadership » révolutionnaire qu'elle exerçait souverainement depuis 92. Tournant majeur : c'est en ce sens que la Commune de 1871 est la dernière révolution du XIXe siècle français.

La répression fut féroce. Les Versaillais entrent dans la ville le 21 mai ; on s'y bat jusqu'au 28, pendant les huit jours d'une sanglante semaine dont on peut difficilement dire si elle fut si longue du fait de la vigueur de la résistance populaire ou parce que les troupes de l'ordre firent volontiers durer le temps des représailles. Le nombre des morts ne sera jamais exactement connu : il ne saurait être inférieur à une trentaine de milliers. On fit 40 000 arrestations, il y eut 10 000 condamnations, dont les plus nombreuses à une déportation en Nouvelle-Calédonie qui, pour beaucoup, durera près de dix ans.

Les statistiques que dressa alors des individus arrêtés la justice militaire permettent de se faire une idée assez proche de ce que fut l'insurgé de 1871. Ce sont les ouvriers qui s'insurgèrent principalement ; pas tout à fait seuls : parmi les arrêtés, 8 p. 100 d'employés, 8 p. 100 de petits commerçants, petits rentiers, membres des professions libérales, 5 p. 100 de domestiques. Mais journaliers (15 p. 100), ouvriers rudes du bâtiment (16 p. 100), ouvriers plus évolués du métal (12 p. 100) formaient la masse des fédérés. Ce ne sont pas encore tout à fait de modernes prolétaires, ni par leur profession ni par leur mode de travail. Mais ils devancent largement en nombre les artisans des vieux métiers parisiens du meuble (8 p. 100), du vêtement (8 p. 100), de tous les travaux d'art (10 p. 100), parmi lesquels, en revanche, se recrutaient plus volontiers les cadres, officiers et sous-officiers de l'émeute. Décalque assez exact de ce qu'est alors la population ouvrière parisienne : la Commune fut bien une révolte de la classe ouvrière.

Ce traumatisme sanglant va profondément marquer le mouvement ouvrier français. Dans l'immédiat par les vides cruels qu'il creuse dans toute une génération de militants. A plus long terme par les souvenirs brûlants qu'il laisse ; pour longtemps, une violente haine va séparer victimes et bourreaux, et le nouveau socialisme qui va bientôt naître ne peut pas ne pas être révolutionnaire : ce serait renier les morts de 1871. Ces socialistes justement se sont forgé le mythe d'une Commune qui aurait été la première des révolutions socialistes. C'est trop dire : elle fut l'insurrection républicaine radicale d'une ville qui se dressait, orgueilleusement, seule, contre tous les ennemis de la République ; socialiste, elle n'eut guère le temps de l'être.

VI. APRÈS VINGT ANS D'EMPIRE

Les grands politiques se trompent souvent, leurs erreurs n'en sont pas moins fécondes. Marx voit dans la Commune l'annonciation de la mort de l'État, « cet avorton surnaturel de la société », dont l'Empire qu'il abhorrait était, croyait-il, la pire et l'ultime incarnation ; mais l'État l'a emporté et a survécu. L'insurrection de 1871 n'en restera pas moins un lumineux (et mythique) exemple pour ses disciples. Et voici aussi bien que la dialectique tocquevillienne s'est inversée ; c'est la liberté — conservatrice — qui a eu raison cette fois de l'égalité — démocratique et despotique. On se croirait presque revenu de vingt ans en arrière : l'Empire avait jeté bas une République de l'ordre lui succède. Ce sont les mêmes que Louis Napoléon avait éclipsés du pouvoir qui reviennent sur le devant de la scène : les Thiers, les orléanistes, légitimistes, libéraux conservateurs, la « vieille rue de Poitiers ». L'Empire n'aurait-il été qu'un long « interrègne » ? Mais dialectique suggère dépassement : en ces vingt années, bien des choses ont, perceptiblement ou imperceptiblement, changé.

Transformations économico-sociales

On situait naguère sous l'Empire la « révolution industrielle », ou, selon le parler moderne, le démarrage économique français. Ce n'est plus guère de mode aujourd'hui qu'on sait que l'économie française ne s'est transformée qu'évolutionnairement, tout au long du XIXe siècle. De récents calculs économétriques montreraient que, contrairement à ce que l'on croyait volontiers, le second Empire n'a pas été la plus belle époque de l'économie au sein du siècle ; ses taux de croissance deviendraient sensiblement inférieurs à ceux des décennies précédentes : approximativement 1,5 p. 100 l'an, contre autrefois près de 2,5 p. 100.

Il n'est pas douteux que ces chiffres sont exacts, mais ils ne donnent qu'une vue incomplète des choses. L'économie, globalement, croît peut-être moins vite. Mais ses secteurs les plus modernes connaissent un vif progrès, ils sont en pleine mutation. Progrès! la production de houille est passée de 5 150 000 tonnes en 1847 à 13 510 000 en 1869, celle de fonte de 591 000 à 1 381 000 tonnes, et la consommation de coton (en dépit de la famine) de moins de 60 000 à presque 120 000 tonnes. Mutation! le nombre des hauts fourneaux au coke était de 79 en 1845, contre 353 au bois ; ils sont respectivement 199 et 91 en 1869, et 90 p. 100 de la production de fonte se fait désormais au coke. On recensait, en 1847, 4 835 machines à vapeur dans l'industrie, soit 61 360 ch ; on en compte, en 1870, 27 088, de 336 000 ch. Dans la métallurgie, le textile, les progrès de la mécanisation et de la concentration se font toujours plus rapides. Les 591 000 tonnes de fonte de 1847 étaient produites par plus de 400 hauts-fourneaux, les 1 381 000 de 1869 le sont par moins de 300. En 1862, les 29 filatures de Roubaix-Tourcoing avaient chacune en moyenne 9 000 broches ; les 25 de 1869 en ont 18 000. Toujours à Roubaix, on dénombre 3 900 métiers à tisser mécaniques en 1863, 12 000 en 1869. Ce ne sont que de rares exemples d'un phénomène général auquel on assiste sous l'Empire, qu'on appelle aujourd'hui « l'industrialisation de l'industrie ». Certes, l'artisanat, la petite industrie n'ont pas encore disparu, et de loin : Paris en est le meilleur témoin. Mais partout (et le libre-échange n'y est pas pour peu) les gros, les modernes tendent à l'emporter sur les petits, les traditionnels, le travail urbain sur le travail rural (notamment dans le textile), l'usine sur l'atelier (notamment dans la métallurgie). Et l'industrie n'est pas seule concernée. Dans le commerce apparaissent et se multiplient les grands magasins : à Paris, le Bon Marché en 1852, la Belle Jardinière en 1856, le Printemps en 1865. La France commence à se doter de ce réseau bancaire moderne, non seulement parisien mais provincial, qui lui avait fait cruellement défaut. La brillante aventure des Pereire s'est sans doute mal terminée en 1867, mais une jeune banque apparaît, vigoureuse, plus prudente qu'eux, moins timorée pourtant que la vieille banque : le Crédit Lyonnais d'Henri Germain en 1863, la Société générale en 1864, et bien d'autres qui tissent tout un réseau national et régional, accélérant la circulation des capitaux et de l'argent. 17 500 kilomètres de chemins de fer (contre 3 552 en 1851) couvrent maintenant le territoire, unifiant le marché national. Même l'agriculture se transforme lentement ; les rendements haussent, l'inégalité des récoltes tend à s'atténuer, les régions commencent à se spécialiser. Un de ces historiens économètres qui nient le « take-off » français et soulignent le net ralentissement de la croissance surtout à partir des années 60 réhabilite pourtant la mutation impériale : « C'est l'époque où le processus d'industrialisation a pris des proportions plus amples [...], où se sont développés les aspects modernes de l'organisation du crédit, des échanges, de la production, de la consommation. C'est au cours de ces années que la grande industrie a commencé à prendre le pas sur la petite. » Pourquoi ne pas parler alors simplement de révolution économique ?

A qui les bénéfices de ces transformations ? Toutes inégalités considérées — et il en est d'énormes, entre classes, entre secteurs, entre régions —, il faut souligner derechef le caractère démocratique de cette prospérité impériale. Sans doute, l'Empire ce fut d'abord la fête éclatante des grands profits, comme ils n'en connaîtront plus d'équivalente avant la veille de la Première Guerre mondiale : fête des profits houillers, sidérurgiques, bancaires, que de récentes enquêtes ont permis de mesurer, fête probablement générale. « La société bourgeoise, écrit Marx, libérée des soucis politiques, atteignit un développement qu'elle n'avait pas espéré elle-même. Son industrie et son commerce atteignirent des proportions colossales ; l'escroquerie financière célébra des orgies cosmopolites. » Mais si les gros s'enflent démesurément, les petits « profitent » aussi, et pas seulement de miettes. On a longtemps débattu, on débat encore de ce que fut l'évolution de la condition matérielle ouvrière. D'aucuns parlent, excessivement et sans beaucoup de preuves, de paupérisation. Au pire, la hausse du coût de la vie aurait pu neutraliser la hausse des salaires, qui est évidente et importante, qui est le fait nouveau, révolutionnaire en ce troisième quart du XIXe siècle. Ajoutons ceci qu'on oublie trop souvent dans les comptes : un emploi plus abondant, plus régulier, plus sûr. Dans l'énorme microcosme parisien, peuplé pour les deux tiers de salariés, la situation s'améliore. A la fin de la monarchie de Juillet, à la suite d'une longue et lente dégradation de son alimentation, le Parisien consommait en moyenne par an 60 kilos de viande, 10 douzaines d'œufs, 7 kilos de beurre, moins de 100 litres de vin ; à la fin de l'Empire, il mange 75 kilos de viande, 13 douzaines d'œufs, les accommode avec 8 ou 9 kilos de beurre, les arrose de presque 200 litres de vin ; au contraire — mais c'est un autre signe de l'amélioration de son menu —, sa consommation de pain diminue de 190 à 150 kilos. A un moindre degré on observerait dans les villes de province les mêmes mutations de la consommation. Certes, tout n'est pas rose : on meurt dru encore sous « les plafonds de pierre » des caves de Lille ; Coupeau finit à l'hôpital et Gervaise sur le trottoir. Mais, en dépit des doléances ouvrières, qui se font plus vives justement parce que l'ouvrier est plus fort, légalement, matériellement, physiquement, il est difficile de parler de paupérisation.

Et dans l'immense monde paysan ? Les preuves abondent encore d'une amélioration, à tout le moins d'un adoucissement des peines matérielles. Le campagnard se nourrit mieux lui aussi, il se vêt mieux, se loge mieux ; la chaussure apparaît à côté du sabot ; l'ardoise, la tuile remplacent le chaume. L'analphabétisme continue toujours de régresser. Le paysan vend et achète plus, il fait moins d'enfants. Le salaire du journalier hausse, au point que les grands propriétaires s'en plaignent vivement ; c'est peut-être que la ville commence à éponger le surplus démographique des campagnes. Ceux qui n'avaient que leurs bras achètent un jardin, un bout de vigne ou de terre ; la propriété se démocratise, le brassier, a-t-on dit, se « déprolétarise », à une échelle réduite peut-être, mais qui n'est pas négligeable. Dans le modeste Loir-et-Cher, un département justement comme les autres, quelconque, moyen, G. Dupeux mesure qu'entre la veille et les lendemains de l'Empire le revenu du paysan propriétaire céréalier a presque doublé, celui du vigneron sensiblement plus que doublé ; le profit du fermier a aussi progressé de plus de 100 p. 100, tandis que le rentier du sol, le propriétaire non exploitant, ce privilégié des hausses d'autrefois, n'a gagné que 40 p. 100. Chiffres locaux! ils n'en sont que plus sûrs, et sûrement représentatifs (aux détails près) d'une tendance générale. Bons prix, bon emploi, meilleur salaire, la paysannerie se consolide ; l'Empire a tenu — ou la conjoncture a tenu pour lui — les promesses de bien-être qu'il avait faites.

Une révolution politique silencieuse

Nous commencions avec Tocqueville prophétisant la ruine de la liberté par la démocratie despotique. En 1851, Marx, dans *le 18 Brumaire,* confirmait absolument son analyse, la précisant seulement. Ces hommes semblables et égaux, étrangers les uns aux autres, qui s'abandonnent à un pouvoir immense et tutélaire, ce sont très exactement les paysans. « Les paysans parcellaires, dit-il, constituent une masse énorme dont les membres vivent tous dans la même situation, mais sans être unis les uns aux autres [...]. La parcelle, le paysan et sa famille ; à côté une autre parcelle, un autre paysan et une autre famille [...]. La grande masse de la nation française est constituée par une simple addition de grandeurs de même nom, à peu près de la même façon qu'un sac rempli de pommes de terre forme un sac de pommes de terre. Dans la mesure où des millions de familles paysannes vivent dans des conditions économiques qui opposent leur genre de vie, leurs intérêts et leur culture à ceux des autres classes de la société, elles constituent une classe. Mais elles ne constituent pas une classe dans la mesure où il n'existe entre les paysans parcellaires qu'un lien local et où la similitude de leurs intérêts ne crée entre eux aucune communauté, aucune liaison nationale ni aucune organisation politique. C'est pourquoi ils sont incapables de défendre leurs intérêts de classe en leur propre nom. Ils ne peuvent se représenter eux-mêmes, ils doivent être représentés.

Leurs représentants doivent en même temps leur apparaître comme leurs maîtres, comme une autorité supérieure, comme une puissance gouvernementale absolue, qui les protège contre les autres classes et leur envoie d'en haut la pluie et le beau temps. » L'accord – presque mot pour mot – est admirable des deux maîtres politiques, et c'est bien là, en effet, qu'il faut chercher le vrai fondement du bonapartisme, la vraie raison de son succès.

Mais l'histoire, l'un et l'autre nous l'enseignent, ne s'arrête jamais. Le despotisme impérial n'était ni la forme ultime de l'État ni l'ultime avatar de la liberté. Il fut aussi le temps de ce que l'on pourrait déjà appeler « la révolution silencieuse des paysans ». A la démocratie, à la République, il y a beau temps que les villes sont définitivement converties. Mais les campagnes, ce support de l'Empire, presque imperceptiblement encore, sont sur la voie de les suivre, et l'Empire, contre son vœu, contre son gré, n'y fut pas pour peu. Il y avait déjà, dans le Midi surtout – on a pu l'observer lors des élections de 1849 –, des campagnes « rouges », bleues plutôt, républicaines. Il est arrivé que la démocratie démagogique bonapartiste parvienne à les rallier, non pas superficiellement, mais momentanément : sauf exceptions (le Gers, par exemple), elles reviendront vite à leurs premières amours. Mais ailleurs, au nord de la Loire, en Aquitaine, le paysan n'a pas été mûr si tôt. L'Empire, c'est-à-dire la prospérité du petit propriétaire, l'alphabétisation et surtout la pratique régulière du suffrage universel l'ont fait lentement mais sensiblement évoluer. Un suffrage universel naturellement déformé, dégradé, et jusqu'au dernier moment le piège du plébiscite a fonctionné. On remarquera cependant l'intérêt croissant, qui est signe de mûrissement, surtout dans les campagnes, que la population porte aux consultations électorales, comme le révèle la diminution régulière du nombre des abstentions : si l'on ne tient pas compte des plébiscistes, 36,7 p. 100 aux législatives de 1852, 35,5 p. 100 en 1857, 27,1 p. 100 en 1863, 21,9 p. 100 en 1869 – niveau de base qui a rarement été franchi depuis. L'électeur s'est lentement éduqué à la vie politique. Et le système lui-même de la candidature bonapartiste officielle avait, paradoxalement, certains aspects éducateurs et positifs. Qu'on se souvienne que Morny, Persigny se souciaient, que les préfets avaient pour mission, pour mieux ancrer le bonapartisme, de détrôner les notables locaux traditionnels, les petits cadres des anciens partis, tout comme leur maître avait dépossédé de leurs privilèges politiques les grands notables. Et ce bonapartisme (non sans raison ni passion) s'affirmait « peuple », dans la tradition de la Révolution consolidée. Même le paysan neutre, pâle, indifférent, mais qui se souvient des bienfaits d'une Révolution qui le fit propriétaire parcellaire, ou lui donna le moyen de le devenir, est sensible, vibre à cette propagande populiste. R. Rémond décrit excellemment ce phénomène : « Le succès dans les campagnes du parti bonapartiste est une révolte de la petite démocratie rurale contre l'oligarchie des notables départementaux. Voter pour le candidat officiel signifie peut-être tout simplement voter contre les notables et le curé ; le paysan qui suit les recommandations du préfet ne fait pas acte de dépendance ; au contraire, il affirme son indépendance à l'égard des tutelles séculaires. » Il y a comme un relent de gauche, parfois net, dans le Midi par exemple, parfois plus ambigu, au nord de la Loire, dans ce bonapartisme rural. L'Empire, toutes les enquêtes locales et régionales le montrent, ce fut déjà la « fin des notables », dans les couches inférieures de l'édifice politique avant qu'on la constate au sommet, après 1871. « La masse électorale a décidément changé ; ce n'est plus cette foule ahurie qui tantôt votait pour l'Empire, tantôt pour la République et tantôt pour l'Église [...]. Le peuple change de main, d'esprit peut-être » (D. Halévy). Oui, en effet, d'esprit et de main. Les paysans qui sont cette foule se sont, durant l'Empire, lentement ou imperceptiblement, totalement ou imparfaitement, émancipés d'une espèce de servage politique. L'évolution a été feutrée, sourde : en mai 1870, ils votaient encore, d'enthousiasme, bonapartiste ; ils sont, en février 1871, à tel point déroutés qu'on a pu croire qu'ils retournaient, comme autrefois, s'abriter sous l'autorité tutélaire de leurs anciens notables. Mais en vingt ans ils ont grandi. Pour la République qui naît, il est vrai qu'ils ne sont pas toujours, partout, tout à fait prêts ; mais ils sont disponibles, pourvu que cette République leur conserve leurs droits, l'ordre, la prospérité, et voix au chapitre, ce que leur avait promis et donné l'Empire et qu'ils veulent voir continuer. La République y pourvoira bientôt.

L'Empire est mort, mais au régime républicain qui lui succède il ne lègue pas qu'un passif. Les libéraux ont déjà, depuis mars 1870, ce régime parlementaire qu'il leur fallait, Thiers est revenu sur le devant de la scène. Et ces libéraux, qui n'avaient jamais admis ni compris le suffrage universel, l'expression du peuple, sont forcés désormais d'y consentir, de s'incliner devant l'inévitable. Pour quelques décennies vont se réconcilier l'égalité et la liberté.

25. LA IIIe RÉPUBLIQUE

1871-1914
Les enfances de la démocratie bourgeoise.

Au lendemain du plébiscite du 8 mai 1870, qui avait assuré à l'Empire une énorme majorité, les Français, même les plus exaltés des républicains, s'étaient convaincus de la solidité du régime. Quatre mois plus tard, l'Empire cédait la place à la République, une république provisoire et fort menacée au début, durable en réalité, puisqu'elle a tenu près de trois quarts de siècle.

La nouvelle République connaissait des débuts difficiles. Fondée paradoxalement par une Assemblée nationale à majorité monarchiste, mais trop divisée pour pouvoir instaurer une restauration, elle affrontait la guerre civile, avec la Commune de Paris et sa répression, dans un pays déjà marqué par l'humiliation de la défaite et de la perte de l'Alsace-Lorraine. Afin de garantir l'ordre et de rétablir le pouvoir de l'État, Thiers mettait en place un régime autoritaire. Ce n'est qu'à partir de 1789 que les vraies valeurs républicaines allaient triompher. Après le rétablissement des libertés publiques et l'institution de la laïcité de l'enseignement, le gouvernement de Jules Ferry favorisait l'expansion coloniale pour montrer que la France, malgré la défaite, pouvait encore jouer un rôle dans le monde. Échappant à la menace du boulangisme, au scandale de Panama et surtout, à la division causée par l'affaire Dreyfus, la IIIe République allait connaître ses plus beaux jours dans les premières années du siècle, jusqu'en 1914.

I. AVÈNEMENT ET IMPLANTATION D'UN NOUVEAU RÉGIME

Il est inexact d'affirmer que le second Empire ait été renversé : il a disparu dans la tourmente de Sedan.

Un régime né de la défaite

Ce qu'il est convenu d'appeler la révolution du 4 septembre est à peine une journée révolutionnaire. L'empereur prisonnier, l'impératrice impopulaire, le prince impérial trop jeune, les parlementaires accablés : le régime ne se défend même pas. Si la république est proclamée à l'hôtel de ville de Paris, comme l'exige la tradition, si un gouvernement provisoire est formé (des élus républicains de la Seine), ce gouvernement prend seulement le nom de gouvernement de la Défense nationale, car la tâche la plus urgente n'est pas de donner au pays de nouvelles institutions, mais de le protéger de l'invasion prussienne. Le 4 septembre est, comme le dit un historien, « moins une naissance qu'un constat de décès ». En réalité, Paris – ou plutôt un certain nombre de Parisiens – avait, une fois de plus, imposé sa volonté au reste du pays, sans, bien entendu, le consulter.

Si la proclamation de la république paraissait plutôt le fait d'un enchaînement d'événements imprévus que la manifestation d'une claire volonté politique, le fait du hasard plus que d'initiatives conscientes, la nécessité d'affermir le nouveau régime était déjà parfaitement ressentie par la meilleure « tête politique » des nouveaux dirigeants, Léon Gambetta. Celui-ci obtint, au sein du gouvernement de la Défense nationale, le poste clé de ministre de l'Intérieur. Dans son esprit, ce poste devait permettre, par le contrôle de l'administration et de la police, de consolider la fragile victoire républicaine. C'est pourquoi il installa rapidement de nouveaux préfets, choisis parmi les républicains convaincus, et demanda le recul des élections prévues pour légitimer le nouveau régime jusqu'à ce que la nouvelle administration provinciale ait eu le temps de préparer les électeurs.

L'aggravation de la situation militaire permit à Gambetta de montrer ses capacités et son énergie. De la fin de septembre 1870, date à laquelle il prit le ministère de la Guerre, jusqu'à la signature de l'armistice (28 janvier 1871), Gambetta mit toute sa volonté et son pouvoir de persuasion au service de l'intérêt national. C'est que pour lui une victoire militaire, un nouveau Valmy, aurait non seulement débarrassé la France des Prussiens, mais aurait enraciné définitivement la république. L'échec de la défense improvisée devait ruiner cette espérance.

Un régime redouté et contesté

En cette fin d'année 1870, le régime républicain, en effet, était loin d'être souhaité par la majorité du pays. Tout d'abord, il n'existait, à l'époque, aucun exemple en Europe de grande nation républicaine. Les seules républiques du continent étaient l'Andorre, Saint-Martin et la Confédération suisse. Les esprits prudents doutaient encore, en cette fin du XIXe siècle, que la république fût un régime convenant à d'autres pays que les minuscules. Les plus cultivés évoquaient le souvenir des cités grecques ou des républiques de l'Italie du Moyen Age, et ces souvenirs n'étaient pas rassurants.

Mais, surtout, l'image de la république restait, pour la masse, celle de la seconde, si fâcheusement ternie par son incapacité à sortir de la crise qui l'avait fait naître, et plus encore celle de la première. Restaurer la république, ne serait-ce pas s'exposer à un nouveau 93, à une nouvelle dictature robespierriste, à une nouvelle Terreur. Pour beaucoup, l'assimilation des républicains aux « buveurs de sang » s'imposait d'elle-même.

Ce régime redouté fut en outre, dès ses débuts, menacé par des groupes révolutionnaires qui multipliaient les manifestations et tentèrent plusieurs coups de force, le 5 octobre, puis le 31 – au cours duquel le gouvernement fut fait, pendant quelque temps, prisonnier –, enfin le 22 janvier 1871. Le terrain propice à cette agitation était créé par la prolongation de la guerre, prolongation sans espoir depuis l'échec des armées levées par Gambetta. Le gouvernement de la

Défense nationale le comprit, qui engagea, dès le 22 janvier, les négociations avec l'ennemi. Le 24, Bismarck accepta la capitulation de Paris et un armistice pour permettre l'élection d'une Assemblée nationale qui ferait la paix. Cet armistice fut signé le 28 janvier, et les élections à l'Assemblée nationale furent fixées au 8 février.

Les élections du 8 février 1871 montrèrent que la République était contestée par une partie très importante du corps électoral. Elles opposent, en effet, dans presque tous les départements, listes républicaines et listes conservatrices, c'est-à-dire monarchistes. Ces dernières l'emportent massivement, surtout dans les campagnes. Certes, les listes monarchistes s'étant prononcées en faveur de la paix, les suffrages qu'elles ont obtenus traduisent peut-être plus le désir d'en finir avec la guerre que celui de rétablir le régime monarchique. Il n'en reste pas moins que les listes républicaines, dont les candidats avaient généralement évité de se prononcer sur la question du retour à la paix ou de la prolongation de la guerre, proclamaient bien haut leur attachement au nouveau régime ; elles n'obtiennent qu'un tiers des sièges de la nouvelle Assemblée. La République ne paraît souhaitée que par une petite minorité des Français.

Les craintes se réalisent : la Commune

Réunie le 12 février à Bordeaux, l'Assemblée nationale dut s'acquitter de la tâche pour laquelle elle avait été élue, celle de faire la paix. Après de brefs débats, elle ratifia les préliminaires de paix le 1er mars : cession à l'Allemagne de toute l'Alsace, sauf Belfort, d'une bonne partie de la Lorraine, paiement de 5 milliards d'indemnité de guerre, entrée des troupes allemandes dans Paris. Ces conditions rigoureuses, et particulièrement la perte de l'Alsace-Lorraine, allaient peser pendant plusieurs décennies sur l'esprit public.

Mais l'Assemblée devait, en même temps, préparer le choix définitif des institutions. Dès sa constitution, elle avait reçu et accepté la démission du gouvernement de la Défense nationale. Le 17 février, elle désigna Adolphe Thiers comme « chef du pouvoir exécutif de la République française », en précisant toutefois que le système de gouvernement qu'elle instituait n'était que provisoire, « en attendant qu'il soit statué sur les institutions définitives ». Thiers s'étant engagé à ne pas imposer, de sa propre autorité, une solution, cette installation dans le provisoire institutionnel fut la conséquence de ce qu'on appela « le pacte de Bordeaux », conclu entre les deux pouvoirs, exécutif et législatif.

Un mois plus tard éclatait la révolution du 18 mars. La Commune fut le refus par Paris d'accepter les décisions du suffrage universel, de reconnaître une assemblée qualifiée d'« assemblée de ruraux », de voir mettre en question le régime républicain. Mais les chefs de la Commune ne purent ni armer ni organiser les masses qu'ils avaient sous leur autorité, ni résister, par conséquent, à l'offensive lancée tardivement par Thiers. Les horreurs de la guerre civile et de la répression pèseront longtemps sur la mémoire collective des Français.

Ce soulèvement (parisien ou limité à un très petit nombre de grandes villes) aurait pu détruire la république, en confirmant dans leurs craintes les ennemis de ce régime. C'est tout le contraire qui s'est produit : le « pouvoir exécutif de la République française » est apparu capable, aux yeux de tous, de maintenir l'ordre et d'écraser la révolution. On pourrait dire de la Commune que c'est la première insurrection parisienne de masse depuis 1789 à laquelle le pouvoir ait osé résister ; du même coup, ce pouvoir a fait ses preuves et acquis la confiance de tous ceux qui se sont sentis menacés. La république devenait un régime auquel on pouvait accorder une certaine « crédibilité » et dont on pouvait se demander s'il ne ferait pas aussi bien que la monarchie, au moins dans le domaine du maintien de l'ordre. Car c'est à ce maintien de l'ordre qu'aspirait la masse des Français.

Un régime pour garantir l'ordre (1871-1875)

La répression de la Commune a valu à Thiers un prestige considérable. Sa position stratégique, en juin 1871, est remarquable : cumulant les fonctions de président de la

République et de président du Conseil, il sait que l'Assemblée qui, théoriquement, pourrait mettre fin à ses pouvoirs est momentanément incapable de le faire, car la majorité monarchiste est divisée entre partisans de deux prétendants au trône, Chambord et Orléans. Il le sait si bien qu'il lance à cette majorité : « Avez-vous une monarchie à me proposer ? », et qu'il use, lorsque cette majorité devient réticente, du chantage à sa propre démission. C'est qu'après une longue carrière de monarchiste libéral, Thiers, dont le libéralisme ne résiste pas à un tempérament autoritaire, découvre dans la république un régime qu'il pourra dominer. Et cette république qu'il souhaite maintenant, il la présente aux Français comme un régime de tranquillité (« le régime qui nous divise le moins ») et d'ordre (« la république sera conservatrice ou ne sera pas »).

Ainsi, de 1871 à 1873, la France va connaître un régime exceptionnel, une république de fait pourvue d'un pouvoir exécutif fort et d'un « leadership » efficace. Et le chef du pouvoir exécutif, en menant à bien une entreprise de restauration, ou plutôt de relèvement, d'un pays vaincu et démoralisé, veut démontrer que le régime républicain est bien adapté aux vœux des Français. En quelques mois, Thiers obtient la libération des départements occupés par l'ennemi, par le versement anticipé de l'indemnité de guerre imposée par le traité de Francfort ; il restaure le crédit de l'État en émettant avec succès de grands emprunts ; il réorganise l'armée et relève son moral. Mais il ne sait pas doter la France d'institutions financières modernes et, par conservatisme, fait écarter le projet de création d'un impôt sur le revenu ; de même, il met fin à la politique libre-échangiste de Napoléon III, orientant le système douanier français vers un protectionnisme générateur de sclérose.

La vigoureuse et prudente action de Thiers lui valut, dans le pays, une réelle popularité, qui rejaillit sur le régime républicain. Aux élections partielles, les candidats républicains l'emportèrent généralement sur les monarchistes. Il est vrai que ces candidats républicains affectaient, à son exemple, une modération très remarquable. Habilement, ils retournaient contre les monarchistes l'argument qui avait été efficace en février 1871, l'accusation de vouloir la guerre, cette fois sous forme d'intervention en faveur du pape contre l'Italie. Les succès électoraux des républicains finissaient même par menacer la prépondérance des monarchistes à l'Assemblée.

Ceux-ci décidèrent d'écarter Thiers et de restaurer la monarchie dans les plus brefs délais. Encore leur fallait-il résoudre deux problèmes : réconcilier les deux factions monarchistes sur le nom d'un prétendant, trouver le plus tôt possible une personnalité susceptible de prendre la place de Thiers en attendant la réconciliation. Le second fut résolu le premier : ils réussirent à convaincre le chef de l'armée, le maréchal de Mac-Mahon, de se laisser porter au pouvoir pour le bien de la nation. Le 24 mai 1873, Thiers, mis en minorité à l'Assemblée, offrit sa démission de président de la République, persuadé qu'on ne pourrait le remplacer ; pris au mot, il dut céder sa fonction à Mac-Mahon. La restauration de la monarchie était une autre affaire. Il convenait d'abord de se mettre d'accord sur le nom d'un seul candidat au trône. La solution que l'on trouva fut celle de la « fusion ». Le prétendant Bourbon, le comte de Chambord, était âgé et sans descendance ; le prétendant Orléans, le comte de Paris, était jeune et chargé de famille. En août 1873, le comte de Paris reconnaît le comte de Chambord comme représentant du principe monarchique ; en échange, le comte de Chambord le reconnaît comme son successeur.

Restait à fixer les conditions de la restauration. La plupart des députés monarchistes désiraient un régime de type britannique, un monarque symbole de l'ordre et de l'autorité, mais soumis au pouvoir du Parlement. Ils ne voulaient surtout pas que les conditions de la restauration leur soient imposées du dehors.

Le comte de Chambord ne l'entendait pas de cette oreille. Il désirait rétablir une monarchie du type de l'Ancien Régime, et le fit savoir, en octobre 1873, en exigeant que le drapeau blanc redevînt le drapeau national. La « querelle du drapeau » était symbolique. Les chefs monarchistes, convaincus que la majorité du pays rejetterait le drapeau blanc (Mac-Mahon lui-même disait que l'armée ne l'accepterait pas), convaincus surtout de la nécessité de substituer au droit divin le droit du Parlement, abandonnèrent provisoirement leurs projets de restauration. Leur seul espoir n'était plus que d'attendre la mort du prétendant Bourbon et, pour s'accorder une bonne marge de sécurité, ils firent voter la prolongation des pouvoirs de Mac-Mahon pendant sept ans (le septennat). L'entêtement borné du comte de Chambord s'explique, semble-t-il, par l'absence de contact avec son pays, due à un long exil en Autriche ; pendant trente ans, il avait vécu dans un château, entouré d'une petite cour d'aristocrates émigrés qui ne se nourrissaient que d'illusions. Sa maladresse a fait de lui, très involontairement, l'un des fondateurs de la République.

Devenu président de la République, le maréchal de Mac-Mahon appela, comme vice-président du Conseil, le duc Albert de Broglie. Broglie, qui désirait s'appuyer sur la majorité monarchiste de l'Assemblée, ne pouvait s'engager trop précisément sans raviver les oppositions entre légitimistes et orléanistes. Aussi fixa-t-il comme programme d'action le « rétablissement de l'ordre moral », qui prit fréquemment la forme d'un renforcement de la puissance de l'Église catholique et de son ascendant sur les masses pratiquantes. En fait, ce régime d'attente et de conservatisme fut violemment attaqué dans les provinces par les républicains, qui effrayaient les paysans en leur faisant entrevoir la restauration des privilèges nobiliaires et de la dîme, et par les bonapartistes, souvent anticléricaux et qui, après quelques mois de désarroi, reprenaient confiance en leurs forces.

La république devient parlementaire...

Il était dangereux de laisser vivre le pays dans un provisoire institutionnel. En novembre 1873, l'Assemblée avait désigné une commission de trente membres en vue de préparer un projet de constitution. La commission travailla d'abord très lentement, mais les royalistes modérés commencèrent à s'inquiéter de la persistance des succès républicains aux élections partielles, et surtout d'un regain de popularité des bonapartistes qui s'exprimait dans quelques circonscriptions. L'idée peu à peu se précisa que, pour éviter des aventures, il serait prudent de doter la France d'une constitution telle que, républicain ou monarchiste, le régime soit avant tout un régime d'ordre. Ainsi se prépara le compromis de 1875 d'où sortirent les « lois constitutionnelles ». Ce compromis fut rendu possible par les modifications de l'éventail des tendances à l'Assemblée nationale.

A droite, deux groupes s'étaient constitués : une extrême droite, appelée le groupe des « chevau-légers », partisans de la restauration de la branche légitime, et un centre droit, moins rigide, de tradition orléaniste. A gauche, un centre gauche, formé d'anciens orléanistes qui, comme Thiers ou Casimir-Perier, avaient récemment admis l'établissement d'une république, à condition qu'elle soit conservatrice ; une gauche républicaine, avec des bourgeois modérés comme Grévy et Ferry ; une Union républicaine, que dirigeait Gambetta. Enfin, les radicaux formaient l'extrême gauche. Désormais, la ligne de clivage ne passait plus au centre de l'Assemblée, séparant monarchistes et républicains ; le clivage tendait à se faire vers les deux extrêmes et une convergence des centres paraissait possible, en vue de bâtir un régime qui confierait le pouvoir aux « honnêtes gens », c'est-à-dire aux conservateurs sociaux.

De ce rapprochement naquirent, à défaut d'une constitution, les lois constitutionnelles de 1875 : loi réglant l'organisation du Sénat (24 février), loi réglant l'organisation des pouvoirs publics (25 février), loi réglant les rapports des pouvoirs publics (16 juillet). Ces lois sont remarquablement imprécises. Le pouvoir législatif est exercé par deux chambres, le Sénat, dont la création a été imposée par le centre droit pour servir de frein aux emballements du suffrage universel, et la Chambre des députés. Le pouvoir exécutif appartient au président de la République, élu pour sept ans par les deux Chambres réunies en Assemblée nationale, et aux ministres, qu'il nomme et qu'il révoque ; il n'est pas prévu de Premier ministre ou de président du Conseil des ministres ; seul l'usage créera la fonction. Les pouvoirs du président de la République sont très étendus ; ce sont, en fait, les pouvoirs d'un monarque constitutionnel (y compris le droit de dissoudre la Chambre après avis conforme du Sénat, et celui de renvoyer devant les Chambres, pour une seconde lecture, une loi qui ne lui convient pas). Mais les lois de 1875 instituaient un régime parlementaire, puisque le président de la République était politiquement irresponsable, et que ses actes devaient être contresignés par un des ministres, responsables, eux, devant les Chambres.

Cette fausse constitution, fruit de nombreux compromis, est boiteuse. Elle ne précise pas le partage des attributions entre le président de la République et les ministres ; elle laisse peser une ambiguïté sur le statut de ces derniers, responsables devant le pouvoir législatif, mais révocables par le président. Elle n'est précédée d'aucune déclaration des droits, elle ne proclame aucun principe. Mais elle a le grand avantage d'être brève et de laisser à l'usage le soin de résoudre les incertitudes.

Elle avait surtout le grand mérite d'exister et de résoudre, au moins provisoirement, le problème du régime. Mais on peut se demander comment une assemblée monarchiste en était arrivée à instituer la république. Il y a, à ce paradoxe, plusieurs raisons. Tout d'abord, un facteur négatif : la majorité royaliste qui existait en 1871 s'est détruite elle-même par ses rivalités internes, de nature à peu près inconciliables. Une raison positive : l'aspect nouveau du républicanisme. Dans le passé, chaque fois que les républicains avaient accédé au pouvoir, l'élément modéré avait été immédiatement contesté par une minorité agressive et bruyante, l'aile égalitaire ou jacobine, et la contestation avait abouti à un affrontement sanglant entre les factions. A partir de 1871, le républicanisme prit, au contraire, un aspect rassurant. Ce fut l'aile modérée, libérale, qui obtint le contrôle du mouvement. La simple éventualité d'une prise de pouvoir par les radicaux, dont l'idéal était le régime de 1793, avec une seule Assemblée, toute-puissante comme l'avait été la Convention, aurait terrorisé les éléments conservateurs, notamment les classes moyennes. Ces dernières furent rassurées par les hommes sérieux, solennels, lourds et ennuyeux, qui s'affirmèrent, à l'Assemblée, comme les chefs du parti républicain. Elles furent rassurées surtout par la sagesse des deux grands leaders du mouvement. Thiers et Gambetta. Le rôle de Thiers, patriarche septuagénaire, fut de fournir à un pays traumatisé par la défaite et la guerre civile l'image de la compétence, du sang-froid et de la ténacité. Il y gagna un prestige extraordinaire, qu'on a peine à imaginer aujourd'hui ; son ralliement à la république a certainement été décisif. Le rôle de Gambetta a été de gagner une partie non négligeable de l'extrême gauche au programme modéré et réalisable de la gauche républicaine. L'attitude de Gambetta surprit nombre de ses contemporains, qui ne connaissaient de lui que l'aspect de démagogue bruyant et débraillé qu'il affectait parfois. C'est que derrière les affirmations tranchantes de l'idéologue, il y avait, chez Gambetta, un tempérament foncièrement modéré, mais aussi une saine appréciation des réalités. « La politique est l'art du possible », cette formule de Gambetta a ouvert la voie à ses vrais disciples, qu'on appellera les « opportunistes ».

La dernière raison, enfin, est de circonstance : c'est le regain de faveur que connut le bonapartisme dans les années 1874-1875. Les succès électoraux de candidats qui avaient exercé des fonctions importantes sous le second Empire et ne cachaient pas leurs sentiments « impérialistes » effrayèrent les monarchistes, qui durent se résigner à admettre que la seule dynastie vraiment populaire dans le pays était celle des Napoléonides ; mais les républicains, qui étaient moins assurés qu'ils ne voulaient le paraître du comportement des électeurs ruraux, si fidèles soutiens de l'Empire pendant si longtemps et, de surcroît, si peu dignes de confiance et si mal inspirés en février 1871, puisqu'ils avaient élu des monarchistes, ne furent pas moins effrayés. Ils virent subitement surgir le spectre d'un corps électoral rallié à la personnalité attachante et séduisante du jeune Prince impérial. Pour le conjurer, ils acceptèrent toutes les concessions nécessaires. Des deux côtés de l'Assemblée, la panique avait été le commencement de la sagesse.

Est-il nécessaire de faire intervenir une autre explication, avancée par certains historiens, et selon laquelle l'adoption du compromis de 1875 a été le fruit d'une subtile manœuvre des « dynasties bourgeoises », ces « hautes familles » parvenues à la richesse et au pouvoir au temps de la Révolution de 1789, et qui s'étaient maintenues aux postes de contrôle de l'État contre vents et marées depuis cette époque et à travers les régimes successifs qu'a connus la France ? Ces familles auraient, consciemment ou non, placé certains de leurs meilleurs représentants dans les deux partis, monarchique et républicain, pour contrôler le nouveau régime, quel qu'il fusse. Il est certain que des liens étroits, voire familiaux, unissaient quelques-uns des chefs de file du centre droit orléaniste et du centre gauche républicain : « On avait vu un moment le groupe centre droit présidé par le duc d'Audiffret-Pasquier et le groupe centre gauche présidé par Casimir-Perier, qui étaient beaux-frères, qui siégeaient tous deux au conseil d'administration des mines d'Anzin, et qui habitaient, avenue des Champs-Élysées, deux hôtels jumeaux, construits côte à côte par leur commun beau-père » (Beau de Loménie).

Est-il besoin de recourir à ce complot de la « société orléaniste » pour expliquer 1875 ? N'est-il pas suffisant de constater que si le centre droit et le centre gauche étaient séparés par une différence de principe sur le choix du régime, monarchie ou république, ils avaient en commun ce qui fait, finalement, l'essence de l'orléanisme : l'attachement au parlementarisme et au libéralisme. Pourquoi ne pas admettre qu'à une monarchie de droit divin la « société orléaniste » ait préféré un régime parlementaire et libéral, fût-il républicain, d'autant plus aisé à accepter qu'il pouvait, à tout moment (par la simple substitution d'un membre de la famille d'Orléans au président), redevenir monarchique.

... et la France devient républicaine

Ayant achevé son œuvre, la liquidation des conséquences de la guerre de 1870 et l'adoption des lois constitutionnelles, l'Assemblée nationale s'était séparée à la fin de l'année 1875. Pour mettre en place les nouvelles institutions, il convenait, le mandat du président Mac-Mahon ne devant s'achever, en raison du septennat, qu'en 1880, de faire élire les nouvelles assemblées.

Le Sénat, élu le 30 janvier 1876 selon le système électoral institué par la loi du 24 février 1875 (système à deux degrés, le collège électoral étant formé des représentants des municipalités, c'est-à-dire, avant tout, des représentants des communes rurales), fut, comme on s'y attendait, monarchiste, mais, comme on s'y attendait moins, avec une très faible majorité de quelques voix. Les mécanismes de sécurité prévus par les constituants de 1875 avaient donc assez bien fonctionné.

Les républicains espéraient gagner les élections à la Chambre des députés. Cependant, le mode de scrutin adopté en 1875 (scrutin uninominal à deux tours dans le cadre de l'arrondissement) avait été conçu pour favoriser les notables traditionnels, le plus souvent monarchistes. Pour réduire le risque, Gambetta proposa aux républicains de réaliser l'unité de candidature dès le premier tour ; il se heurta au refus des autres dirigeants républicains, peu soucieux de se ranger sous ses ordres. Le corps électoral, malgré tout, assura une extraordinaire victoire aux candidats républicains, qui enlevèrent 340 des 500 sièges à pourvoir.

Le conflit entre une Chambre des députés largement républicaine et un président monarchiste, pouvant s'appuyer sur un Sénat à majorité de droite, aurait éclaté très tôt si Mac-Mahon n'avait eu l'habileté et la sagesse de choisir comme président du Conseil des ministres (fonction qui apparaît pour la première fois) le centriste Jules Armand Dufaure, puis le très souple et modéré Jules Simon. Cependant, les occasions de conflit se faisant plus fréquentes, et la Chambre tendant de plus en plus à imposer à Jules Simon une politique que Mac-Mahon ne pouvait admettre, celui-ci, qui considérait, selon une certaine interprétation des textes constitutionnels sans doute très proche de celle des fondateurs, qu'il avait sinon une responsabilité devant le Parlement, du moins une « responsabilité envers la France », décida, le 16 mai 1877, de renvoyer le président du Conseil et de le remplacer par le duc de Broglie. Cette décision, appelée improprement coup d'État du 16-Mai, suscita la colère de la Chambre. Une majorité de 363 voix affirma, le 19 juin, que le nouveau cabinet n'avait pas « la confiance de la nation ». Mac-Mahon riposta par la dissolution de la Chambre, après avoir obtenu l'avis conforme du Sénat.

Ainsi le suffrage universel était-il amené à trancher un débat d'importance capitale pour l'évolution des institutions. D'un côté, la conception de Mac-Mahon, selon laquelle le président de la République est l'égal du Parlement, se trouve fondé à avoir sa propre politique et possède le droit de renvoyer des ministres qui n'ont plus sa confiance ; en cas de conflit avec le Parlement, c'est le corps électoral qui tranche. De l'autre, la conception des républicains, selon laquelle le président n'est qu'une figure symbolique et nomme des ministres dont les vues doivent être en parfaite harmonie avec celles de la Chambre. Celle-ci, seul pouvoir élu au suffrage universel, est souveraine, tandis que le président ne l'est pas.

Ces deux interprétations des lois constitutionnelles, pour opposées qu'elles fussent, pouvaient, en raison de l'imprécision de ces lois, être soutenues de bonne foi. Le rôle des élections prévues pour le 14 octobre 1877 aurait dû être d'imposer l'une ou l'autre. En réalité, ce débat se révélait trop subtil pour les électeurs. Une farouche campagne électorale opposa tout simplement, comme l'année précédente, les monarchistes groupés derrière Mac-Mahon et les républicains groupés derrière Gambetta. Alors que les premiers utilisèrent la pression administrative, les seconds remirent en vedette le nom de Thiers, dont la popularité n'avait cessé de grandir ; Thiers mourut pendant la campagne électorale, et Paris lui fit de grandioses funérailles.

Les résultats des élections de 1877 furent un peu moins clairs que ceux de 1876. Les républicains, partis en campagne au nombre de 363, eurent 321 élus (« nous reviendrons 400 », avait, bien imprudemment, annoncé Gambetta) ; les monarchistes, avec 208 députés, gagnèrent une quarantaine de sièges. Mais les républicains conservaient une solide majorité. Par leur victoire, ils eurent le sentiment de fonder une deuxième fois la république.

Il ne leur restait plus, pour achever cette victoire, qu'à conquérir la totalité du pouvoir législatif et à se débarrasser de Mac-Mahon. Le premier objectif fut atteint le 5 janvier 1879, avec le premier renouvellement partiel du Sénat. Les délégués des communes choisirent massivement des sénateurs républicains. Si bien qu'au Sénat la majorité changea de camp, et définitivement. Le second objectif fut atteint presque immédiatement après, le 30 janvier, par la démission de Mac-Mahon, dont le mandat ne fut, tout compte fait, écourté que d'une année.

1879 marque donc la victoire totale des républicains. Mais 1879 n'est que la conséquence de 1877, c'est-à-dire de la crise du 16-Mai et de la réponse sans équivoque du corps électoral. Les effets de la crise de 1877 devaient être, pour la IIIe République, de première importance. Tout d'abord, le pays s'était, dans ses profondeurs, affirmé républicain. Mais cette conversion n'était que l'aboutissement d'une lente évolution, depuis 1871, du corps électoral. Les républicains avaient su gagner la confiance des masses, lentement et prudemment, en se présentant très habilement comme les défenseurs de l'ordre établi, comme les partisans d'une politique toute de prudence, à l'intérieur comme à l'extérieur. Ils avaient réussi ce que l'historien Daniel Halévy décrit comme la substitution, au niveau de la commune rurale, de nouvelles autorités aux anciens notables : « Là vient de se produire, dispersée entre 30 000 centres si petits qu'aucun d'eux, pris en soi, n'est visible, une révolution dont l'historien ne perçoit que de rares échos, et que nous appellerons la révolution des mairies. »

Ensuite, l'issue de la crise de 1877 condamnait sans appel une certaine conception des institutions républicaines selon laquelle la présidence de la République devait être considérée comme une fonction dotée de pouvoirs capables d'équilibrer ceux du Parlement. La défaite électorale des candidats de Mac-Mahon signifiait la fin de l'équilibre des pouvoirs. L'action du successeur de Mac-Mahon, le rigide républicain Jules Grévy, devait aboutir à amoindrir encore les pouvoirs du président, Jules Grévy n'ayant jamais voulu, par exemple, utiliser la possibilité que lui donnaient les dispositions constitutionnelles d'exiger une seconde lecture de projets de lois qui ne le satisfaisaient pas. La IIIe République est donc devenue dès 1877, et n'a cessé d'être, un régime marqué par la toute-puissance d'une assemblée, la Chambre des députés.

Enfin, la crise de 1877 a contribué à rendre plus implacable encore et plus périlleux ce régime d'assemblée en jetant l'opprobre sur la dissolution de la Chambre. Les républicains victorieux ont, en effet, considéré que le droit de dissolution, utilisé par un président monarchiste pour ce qu'ils jugeaient être un coup de force, avait été disqualifié comme instrument d'une politique loyale. Pendant près d'un siècle, nul président du Conseil n'osera demander au président de la République l'application de cette arme empoisonnée.

Cette interprétation, très contestable, de la crise du 16-Mai devait avoir les plus fâcheuses conséquences. Les députés, débarrassés de la crainte salutaire d'une dissolution, assurés de conserver leur siège pendant la durée normale des législatures (quatre ans), devaient faire le plus mauvais usage de cette impunité, en rejetant toute discipline et même toute rigueur dans leur comportement. Cette indiscipline est certainement la cause fondamentale de l'instabilité ministérielle, si caractéristique de la IIIe République et si funeste, finalement, au prestige du régime. Elle est certainement aussi l'une des raisons de l'inexistence des partis politiques en France avant le début du XXe siècle, nul député ne se souciant d'aliéner sa liberté pour obéir, comme en Grande-Bretagne par exemple, au « whip » (chef de file) du parti qui l'a fait élire. Mais un régime parlementaire peut-il fonctionner harmonieusement sans l'existence de partis politiques sérieux et bien organisés ?

II. L'AMÉNAGEMENT DE LA RÉPUBLIQUE

Après l'abdication de Mac-Mahon, le pouvoir politique va rester pendant une vingtaine d'années entre les mains des républicains modérés, c'est-à-dire de la coalition des députés de l'ancien centre gauche, de la gauche républicaine de Jules Ferry et de l'Union républicaine de Gambetta. Ces deux derniers groupes, qui préfèrent la « politique des résultats » à la « politique des intransigeances », sont dits « opportunistes ».

Les « intransigeances » se situaient à droite et à gauche. A droite, les monarchistes ne sont plus dans les assemblées qu'une minorité, et les bonapartistes, malgré leur remontée, sont réduits à l'impuissance par la mort, en 1879, du prince impérial. Mais cette droite garde une forte influence sociale, dans l'administration, la magistrature, l'armée, le clergé. A gauche, les radicaux, dirigés maintenant par Clemenceau, Camille Pelletan, Brisson, Naquet, ne sont pas assez nombreux pour espérer déloger du pouvoir les opportunistes ; tout au plus, lorsque la conjoncture leur est favorable (aux élections générales de 1885, ils parviennent à enlever une centaine de sièges, contre 200 aux conservateurs et près de 200 aux opportunistes), peuvent-ils tenter de le partager avec eux. En réalité, leurs exigences et leur agitation développent, à partir de cette date, l'instabilité des gouvernements et favorisent la croissance de l'antiparlementarisme populaire.

Malgré ces difficultés, les opportunistes semblaient donc en mesure de mener une grande politique. Avec un peu d'imagination et un certain sens de l'évolution à venir, ils auraient pu se préoccuper de donner au régime républicain, en le dotant d'un pouvoir exécutif vigoureux et d'un système de partis bien organisés, les moyens d'efficacité dont il avait besoin ; ils auraient pu aussi tenter de prolonger l'effort de modernisation économique du pays que le second Empire avait entrepris. Il est vrai que, dans ce domaine, les républicains jouaient de malheur : arrivés au pouvoir au moment où se dessinait la crise économique de 1881, ils vont l'exercer dans une longue période de dépression des prix (spécialement des prix agricoles), qui va durer jusqu'à la fin du siècle. C'est pourquoi leur politique économique, dans la faible mesure où ils ont tenté d'en appliquer une, n'a pas été heureuse. Le « plan Freycinet » de construction de chemins de fer et de canaux, qui aurait pu se traduire par une fructueuse politique d'investissements, a dégénéré en la construction de coûteuses et inutiles « voies électorales » ; la politique douanière, dans sa vaine tentative d'empêcher la baisse des prix, a imposé au pays le carcan protectionniste dont les conséquences devaient être fâcheuses. Dans le domaine politique, la tentative de renforcement du régime républicain n'est guère allée au-delà d'un rétablissement des libertés fondamentales. Très vite, les opportunistes ont gaspillé leur énergie dans une politique de laïcité qui a pris rapidement l'aspect désuet d'une guerre de religion.

L'étroitesse de vues des opportunistes s'explique en grande partie parce qu'ils étaient bien plus tournés vers le passé que vers l'avenir. Très marqués par leur lutte contre le second Empire, aveuglés par la haine qu'ils portaient à ce régime et à tout ce qui le rappelait, ils ont cherché avant tout à en prendre le contrepied. Parce que l'Empire avait voulu (non pas au début, mais dans la période de difficultés des années 1860) s'appuyer sur les forces catholiques, et qu'une partie de la hiérarchie ecclésiastique en avait profité pour tenter de pousser ses avantages, le mot d'ordre favori des républicains était devenu la célèbre formule popularisée par Gambetta : « Le cléricalisme, voilà l'ennemi! » Parce que Napoléon III avait été sensible à la théorie d'un État agissant pour alléger les misères, corriger les inégalités, modifier les structures de l'économie, les républicains, y compris les plus avancés, en étaient revenus à la vieille doctrine du libéralisme, qui plaisait tant, et pour cause, au centre gauche et aux grands chefs d'entreprise qui lui étaient liés. Rien n'est plus révélateur de cette pauvreté de pensée que l'indifférence des républicains radicaux aux réformes sociales. Certes, ils parlaient volontiers de nationalisations (des chemins de fer) ou de lois de protection du travail. Mais ce n'était qu'affirmations abstraites. Pas plus que les opportunistes, les radicaux n'avaient aucune idée précise des besoins des catégories défavorisées, ni même une simple connaissance des phénomènes économiques.

Consolidation de la République

Elle est l'œuvre de Jules Ferry, qui, ministre puis président du Conseil de février 1879 à novembre 1881, puis de janvier à juillet 1882, enfin président du Conseil de février 1883 à mars 1885, entend « liquider l'application du programme républicain ».

Il s'agit d'abord de rétablir et d'organiser les libertés publiques, par les lois de 1881. La liberté de réunion limite au maximum la surveillance exercée sur les réunions publiques, même de nature politique, par l'administration. La liberté de la presse est établie par la suppression des entraves (autorisation préalable, cautionnement, droit de timbre) que le second Empire y avait apportées, par la limitation des délits de presse et par leur jugement en cours d'assises, c'est-à-dire par le jury, généralement fort indulgent en ces matières. La liberté d'association pose un problème : l'accorder à tous, c'est l'accorder aux congrégations religieuses, qu'on déteste. Les associations religieuses seront donc écartées de l'application de la loi de 1884, préparée par le ministre de l'Intérieur Waldeck-Rousseau. La loi de 1884 va faciliter l'essor du syndicalisme, qui, d'ailleurs, n'en acceptera jamais la lettre et refusera de se plier aux dispositions restrictives prévues par le législateur.

Il s'agit aussi d'améliorer, dans un sens républicain, le compromis constitutionnel de 1875. La procédure de révision est engagée en juin 1879 ; elle conduit à des lois qui transfèrent à Paris le lieu de réunion des Chambres et qui fixent au 14 juillet, anniversaire de la fête de la Fédération de 1790, la fête nationale. Une nouvelle révision (août 1884) déclare intangible la « forme républicaine du gouvernement » et inéligibles à la présidence de la République les membres des familles ayant régné sur la France, et enlève leur caractère constitutionnel aux articles réglant l'organisation du Sénat. Quelques semaines plus tard, une simple loi remanie les collèges électoraux du Sénat en donnant une part un peu plus grande aux représentants des communes les plus peuplées, c'est-à-dire des villes.

Il s'agissait, enfin, de rendre plus démocratique l'administration locale. La loi de 1882 attribua, dans toutes les communes, à l'exception de Paris, au conseil municipal lui-même le droit d'élire le maire et les adjoints (ils étaient, jusqu'ici, désignés par le pouvoir central). La loi de 1884 rendit publiques les séances des conseils municipaux ; mais l'application des décisions importantes resta soumise à l'autorisation du préfet, et Paris conservait son régime d'exception (le préfet de la Seine exerçait le pouvoir de maire, le préfet de police dirigeait la police municipale).

La laïcité de l'enseignement...

Le problème de l'enseignement, et spécialement celui de l'enseignement primaire qui s'adressait aux enfants du peuple, inquiétait les républicains. Non pas que l'état de choses ait été déplorable : la France n'était pas alors, comme on le dit trop souvent, illettrée, bien loin de là. Si l'on adopte comme critère approximatif du niveau de l'instruction élémentaire la proportion de conjoints qui ont su signer leur acte de mariage, critère utile parce qu'il est quantitatif et que l'état de notre documentation en permet l'usage, on trouve que, pour la période 1871-1875, la moyenne générale est de 72 p. 100, et que la proportion des hommes, c'est-à-dire des électeurs, est de 78 p. 100 (celle des femmes n'étant que de 66 p. 100). Encore existe-t-il en France, à côté de zones arriérées (Bretagne, Massif central, Landes), des régions où la proportion des hommes sachant lire et écrire dépasse 80 p. 100 (toute la partie nord du pays) et même 90 p. 100 (l'Est).

Il ne s'agissait donc pas, pour les républicains et particulièrement pour Jules Ferry, qui a attaché son nom au développement de l'instruction primaire, d'arracher la France à l'ignorance. D'autres régimes, bien avant eux, s'en étaient chargés. Ce qu'ils désirent, c'est arracher les écoles primaires du peuple, où sont formés (du moins le croient-ils) les citoyens, des mains de l'Église. Pour cela, il leur faut développer l'enseignement laïque, c'est-à-dire revenir sur la loi Guizot et sur la loi Falloux, qui ont permis aux congrégations religieuses et aux Frères des écoles chrétiennes d'assurer l'enseignement dans près de la moitié des écoles primaires publiques, et qui obligent l'instituteur, même s'il est un laïc, à enseigner aux enfants le catéchisme et à les conduire aux offices religieux. Mais pour laïciser l'enseignement, il faut le rendre obligatoire, et surtout en assurer la gratuité pour ne pas écarter les enfants des pauvres. Ainsi s'explique la fameuse formule de Jules Ferry : enseignement primaire obligatoire, gratuit, laïque, que les lois scolaires de 1881 et 1882 font entrer dans les faits.

A ces lois scolaires s'ajoute, lorsqu'il s'agit de l'enseignement du second degré, une attaque directe contre les congrégations. N'ayant pu obtenir du Sénat le vote d'un article de loi interdisant d'enseigner, même dans les écoles et collèges privés, aux membres des congrégations non autorisées, et qui visait les Jésuites, Jules Ferry fait prendre par le gouvernement deux décrets (29 mars 1880) qui exigent l'évacuation par les Jésuites de leurs établissements dans les trois mois, et laissent le même délai aux congrégations non autorisées pour se mettre en règle. Ces décrets furent fermement appliqués, et la dispersion de 5 000 congréganistes, sans compter l'exclusion de religieuses des hôpitaux par certaines municipalités anticléricales, souleva l'indignation des catholiques.

... et la nouvelle guerre de religion

Ces mesures anticléricales que les républicains ont prises et prendront encore lorsque se présenteront des conditions de nouveau favorables furent l'amorce d'un long conflit dont l'intensité, mais parfois aussi la médiocrité nous surprennent aujourd'hui. A l'origine de ce conflit se trouve le mouvement mondial de laïcisation, qui s'amplifie au XIXe siècle partout où l'Église catholique avait autrefois joui de larges privilèges et exercé un pouvoir considérable. Mais ce mouvement ne suffit pas à expliquer la violence des affrontements des débuts de la IIIe République en France. Il faut faire intervenir un autre facteur : s'il y eut guerre de religion, et c'est ainsi qu'on peut caractériser le conflit, c'est qu'à une foi s'est opposée une autre foi, à un dogme un autre dogme. Devant le catholicisme s'est dressé le rationalisme.

Le courant rationaliste, perceptible dès le milieu du siècle, mais qui s'épanouit dans les années 1870, est, plus que français, européen. Mais il a pris la forme la plus exaspérée en France, peut-être parce que les républicains étaient fiévreusement à la recherche d'une doctrine, d'une idéologie, d'une foi. Ils trouvèrent chez Auguste Comte le système qu'ils cherchaient. Dans son *Système de politique positive,* publié de 1852 à 1854, Auguste Comte expose la loi des trois états : chaque branche de nos connaissances passe successivement de l'état théologique, ou fictif, à l'état métaphysique, ou abstrait, et finalement à l'état scientifique, ou positif. Il faut donc, pour organiser la société à l'époque moderne, la fonder sur la politique positive. Ce que le radical Léon Bourgeois traduira en disant qu'il faut « organiser politiquement et socialement la société selon les lois de la raison ». Le positivisme comtiste est une résurrection des idées du XVIIIe siècle, de la philosophie des lumières, sur laquelle on a greffé une pointe d'évolutionnisme et de darwinisme. Cette philosophie est venue à point pour fournir aux républicains les bases théoriques dont ils avaient besoin ; Gambetta comme Ferry se réclament d'elle, mais aussi les radicaux de toutes nuances. Elle se dessèche et s'appauvrit chez certains, comme chez le radical Emile Combes, président du Conseil de 1902 à 1905, dont on a dit qu'il était « un petit bourgeois provincial, résolument conservateur, mû par un petit nombre d'idées fixes et dont la pensée se meut à l'aise dans le cadre de l'arrondissement ». Elle devient la doctrine quasi officielle de sociétés de pensée comme la franc- maçonnerie, véritable « contre-église » qui abandonne son ancien esprit de tolérance pour fournir aux politiciens républicains un puissant moyen d'action et, le cas échéant, de délation, et comme la libre pensée, groupe de choc antireligieux.

A cette exaspération des passions antireligieuses correspond un débordement de fanatisme dans certains milieux catholiques. Les tendances souples de la démocratie chrétienne, en faveur vers le milieu du siècle, furent balayées dans les années 1870 par une vague d'intolérance, soutenue par le Vatican. Les idées qui triomphent alors sont celles de Louis Veuillot (mort en 1883), pilier du catholicisme le plus traditionaliste. L'influence de Veuillot est renforcée par les progrès d'un ordre religieux, celui des Assomptionnistes, qui savent utiliser les moyens modernes de manipulation des foules. Avec leur journal à bon marché, *la Croix,* ils atteignent les milieux populaires et le bas clergé ; avec l'organisation, très remarquable, d'immenses pèlerinages, ils entretiennent une atmosphère émotionnelle. Ces procédés d'agitation ne pouvaient qu'effrayer les rationalistes au pouvoir, qui en vinrent à soupçonner les Assomptionnistes des plus noirs desseins. L'incompréhension entre les deux blocs, catholique et positiviste, ne cesse de grandir et se transforme en une haine mutuelle qui pousse aux mesures extrêmes ; rien ne paraît plus important à l'un et à l'autre que la destruction de l'adversaire.

Les républicains et l'Europe

Les républicains au pouvoir ont abordé les problèmes de la politique extérieure avec une extrême prudence : c'est qu'en face de la France vaincue se dresse le nouvel Empire allemand, qui dispose, sur le continent européen, d'une puissance prépondérante. La perte de l'Alsace-Lorraine n'est certes pas oubliée, et elle ne le sera jamais ; mais les milieux gouvernementaux font preuve d'une grande réserve. Gambetta lui-même, qui a dirigé la résistance armée et qui passe pour l'homme de la revanche, se garde bien de proposer une politique belliqueuse. Il sait la France isolée, et à la merci de Bismarck. Or, celui-ci est convaincu que les Français souhaitent une prompte revanche et qu'ils ne se résignent pas à la perte des deux provinces ; mais il sait qu'une France sans allié ne tentera rien. Toute sa politique sera donc d'isoler la France et, en même temps, de l'intimider. C'est pourquoi il laisse toujours planer la perspective d'une guerre préventive, adopte une attitude menaçante, exploite le moindre incident et provoque des crises diplomatiques qui secouent l'opinion (juin et décembre 1871, novembre 1873 et surtout avril 1875).

Les républicains pratiquent donc, pour éviter toute surprise, la « politique du recueillement », ce qu'on a appelé parfois une « politique d'inaction politique, qui se borne à des négociations diplomatiques et à des armements militaires destinés à maintenir la paix » (Seignobos).

Pourtant, la France vaincue n'est pas affaiblie économiquement ni même militairement ; dès 1875, l'armée active retrouve des effectifs à peu près égaux à ceux de l'armée allemande. Le sentiment patriotique connaît un sensible renouveau, même chez les républicains les plus avancés. Ce sentiment patriotique, qui ne peut, par prudence, s'exprimer ouvertement dans la question d'Alsace-Lorraine, trouve quelque aliment, de substitution d'ailleurs, dans l'expansion coloniale.

L'expansion coloniale

Au lendemain de la défaite, Thiers juge dangereuse toute intervention coloniale. En 1873 encore, lorsque Francis Garnier est tué à Hanoi, le gouvernement français ne réagit pas et fait évacuer le delta du Tonkin ; plus tard, l'influence française en Égypte n'est pas défendue contre les manœuvres anglaises. Une nouvelle politique s'esquisse dans les années 1880. Elle s'explique en grande partie par la volonté, partagée par des hommes politiques, des hommes d'affaires et, sur place, par des commerçants, des explorateurs et surtout des officiers, de montrer que la France est encore capable, malgré sa défaite, de jouer un rôle dans le monde. Elle est facilitée par les encouragements de Bismarck, qui y voit un moyen de détourner les yeux des Français de « la ligne bleue des Vosges ». En quelques années, la France s'installe en Tunisie, au Tonkin, en Annam, au Congo, sur le Niger, et provisoirement à Madagascar. Très souvent, et en particulier en Afrique, ces conquêtes n'ont pas été préparées : l'avance française a été le fruit d'initiatives locales d'explorateurs ou d'officiers qui s'ennuyaient dans leurs postes. Mais l'importance de ces initiatives locales ne doit pas être exagérée. Il est évident que les autorités supérieures, si elles en avaient reçu l'ordre, auraient pu les arrêter immédiatement ; le plus souvent, elles les ont, bien au contraire, couvertes. Mais surtout, la conquête de la Tunisie et celle du Tonkin relèvent d'une politique de large envergure, la politique de Jules Ferry. Celui-ci n'a, sans doute, pas conçu d'un seul coup une théorie de l'expansion coloniale, et ce n'est que tardivement, après sa chute, qu'il a exposé une doctrine coloniale, selon laquelle l'expansion est nécessaire à un grand pays comme la France pour des raisons militaires (nécessité d'obtenir des points d'appui et des bases navales dans le monde entier), économiques (besoin de débouchés et de marchés) et politiques (nécessité, pour maintenir le prestige d'un pays, de porter partout « sa langue, ses mœurs, son drapeau, ses armes et son génie »). Du temps qu'il a exercé le pouvoir, Jules Ferry a mené une action très prudente et très empirique, avançant quand il le pouvait, reculant dès qu'il sentait monter les résistances.

C'est que la politique d'expansion coloniale était très attaquée. Par la droite, qui dénonçait le coût financier des expéditions et les pertes militaires, et surtout par la gauche nationaliste, dont Clemenceau se fit le porte-parole. Pour Clemenceau, l'expansion coloniale était une trahison, parce qu'elle rendait impossible une politique de revanche : la France n'était pas assez forte pour combattre sur deux fronts, et c'était un sacrilège que de sacrifier l'Alsace-Lorraine à des terres lointaines.

Les incertitudes des théories de Jules Ferry, la violence des attaques qu'il eut à subir et qui provoquèrent, par deux fois (affaire de Tunisie, puis affaire du Tonkin), la chute de son gouvernement expliquent le caractère chaotique de la première expansion coloniale (1880-1885). A partir de 1890, de grands changements apparaissent. Avec l'alliance russe, la France ne se sent plus isolée sur le continent en face de l'Empire allemand ; ses arrières assurés, elle regarde plus volontiers outre-mer. Une propagande pour l'expansion coloniale est lancée par des hommes politiques ou des hommes d'affaires. Une technique de la colonisation est mise au point avec la création de l'École coloniale en 1889, d'une armée coloniale (formée de professionnels et de volontaires) en 1893, d'un ministère des Colonies en 1894. Alors commence la grande période de la colonisation ; en une dizaine d'années, la conquête et la pacification de l'Indochine, de Madagascar et d'une grande partie de l'Afrique noire sont menées à bien. Il suffira d'y joindre, à la veille de la guerre, le Maroc, pour constituer le second empire colonial du monde.

Cette œuvre coloniale a été réalisée, finalement, dans l'indifférence à peu près générale ; elle n'a suscité dans l'opinion ni grand enthousiasme ni opposition réelle. Seule l'extrême gauche socialiste et syndicaliste a cherché à dénoncer ce qu'elle croyait être une politique de brigandage inspirée par les intérêts « capitalistes ». En réalité, le facteur économique ne semble pas avoir joué un bien grand rôle dans ce domaine (en 1914, les matières premières importées des colonies ne représentaient même pas la dixième partie des matières premières importées des autres pays) ; ce sont les facteurs politiques et idéologiques qui ont été déterminants. Persuadés que la conquête coloniale devait apporter aux populations conquises les bienfaits inappréciables de la paix, de la sécurité et du progrès, les Français n'ont pas éprouvé de crises de conscience devant le problème de l'« impérialisme colonial », pour la simple raison qu'ils y voyaient un moyen d'offrir à des populations arriérées une civilisation qu'ils jugeaient la meilleure du monde, la leur.

III. LA RÉPUBLIQUE EN DIFFICULTÉ

La prédominance des opportunistes, qui avait permis d'asseoir solidement le régime, disparaît avec les élections de 1885, où se produit à la fois un renforcement de la droite (200 « conservateurs » ont été élus) et une percée de la gauche (les radicaux ont emporté une centaine de sièges). Ces résultats inattendus s'expliquent en partie par la campagne d'agitation nationaliste menée par Paul Déroulède sur le thème de la « revanche », par la réaction virulente des monarchistes et des catholiques contre l'œuvre laïque de la République, devenue pour eux la « gueuse » avec laquelle aucune réconciliation n'était imaginable et, à gauche, par le mécontentement des paysans, victimes d'une chute prolongée des prix agricoles, et des ouvriers, qui commençaient à se considérer comme les oubliés de la République.

Incapables de former un gouvernement s'appuyant sur une majorité assez large, les opportunistes cherchèrent des alliés. Ils se tournèrent d'abord, suivant un réflexe de « défense républicaine », vers leurs voisins radicaux. Ceux-ci, que leur succès avait rendus intransigeants, exprimèrent leurs exigences : pour participer au pouvoir, ils demandèrent la création d'un impôt sur le revenu et une politique plus ferme à l'égard de l'Allemagne. Bien qu'horrifiés par de telles demandes, mais trop engagés pour reculer, les opportunistes tentèrent de former avec eux des gouvernements de coalition, dont le sort fut éphémère. Ils se tournèrent alors vers le centre droit pour tenter une autre forme de coalition : mais le centre droit demandait des garanties, et spécialement l'apaisement des luttes religieuses. Les opportunistes se trouvèrent condamnés à bâtir des gouvernements sans autorité et sans programme, menacés à gauche et à droite, et renversés à la première occasion.

L'instabilité gouvernementale qui résultait de ces combinaisons commençait à indisposer fortement l'opinion ; un mouvement d'antiparlementarisme naissait. Quelques scandales, notamment le « scandale des décorations » dans lequel était impliqué le gendre du président de la République Grévy, mirent le comble à l'irritation. Les conditions avaient mûri d'une crise qui allait menacer le régime lui-même, la crise boulangiste.

Un général populaire, le général Boulanger

La carrière politique du général Boulanger commence avec l'appui des radicaux, qui, comme Clémenceau, le tenaient pour l'un des très rares officiers supérieurs qui fussent loyaux avec le régime. Lorsque la coalition du centre et de la gauche fut formée au lendemain des élections de 1885, les radicaux insistèrent pour que Boulanger reçût le ministère de la Guerre (7 janvier 1886). Il s'y tailla une énorme popularité.

Boulanger comprit, en effet, qu'une armée de conscrits, telle que commençait à le devenir l'armée française, avait besoin de plus de confort et d'une discipline moins sévère qu'une armée de soldats de métier ; il se rendit populaire en améliorant l'ordinaire et la condition des troupes. Le « brave général » à la barbe blonde, dont la prestance éclipsait aisément, lors de la revue du 14 juillet 1886, à Longchamp, le terne équipage du président de la République, connut ce jour-là une sorte d'apothéose. Devenu l'emblème de la force militaire française, il fut surnommé le « général Revanche » par les milieux patriotes, qui reprochaient aux gouvernements de la République l'abandon de l'Alsace- Lorraine. Déroulède, président de la Ligue des patriotes, réussit à le convaincre qu'il était de son devoir et de son intérêt de se mettre à la tête d'un grand mouvement national. L'attitude de Boulanger lors d'une crise des relations franco-allemandes le fit apparaître, aux yeux des masses, comme l'homme capable de faire reculer Bismarck. Mais les opportunistes, qui avaient pu mesurer sa légèreté et son irresponsabilité, avaient résolu de se débarrasser de lui. Après la chute du cabinet Freycinet (3 décembre 1886), Boulanger reste le ministre de la Guerre du cabinet Goblet, mais il perd son portefeuille avec l'arrivée au pouvoir du cabinet Rouvier (30 mai 1887), qui l'éloigne de Paris, en l'envoyant commander le 13e corps d'armée à Clermont-Ferrand. Le 8 juillet, une foule énorme se porte à la gare pour tenter d'empêcher, en vain d'ailleurs, le départ de son idole. Le mouvement boulangiste n'est encore, à ce moment, qu'un mouvement de sentimentalité populaire.

Le boulangisme, mouvement politique

Le scandale de l'Élysée qui éclate en octobre 1887, transforme le boulangisme en mouvement politique. Sur le nom de Boulanger se forme une coalition de tous les courants politiques hostiles à l'opportunisme en place : radicaux de la nuance Naquet, qui, depuis longtemps, réclamaient une révision de la Constitution ; patriotes de la ligue animée par Déroulède, qui voyaient dans le système en place un obstacle à la guerre de revanche ; royalistes et bonapartistes, qui avaient abandonné l'espoir d'une reprise du pouvoir par des voies légales. Boulanger, mis en retrait d'emploi à la fin de mars 1888 comme sanction de ses intrigues politiques, accepte de se placer à la tête de cette coalition (et même de recevoir les subsides de la royaliste duchesse d'Uzès), parce que ses ambitions sont encouragées par un entourage mêlé et remuant. Il organise un Parti républicain national, et oriente une bruyante campagne politique dans le sens de l'antiparlementarisme et de l'appel au peuple (formule bonapartiste), en proposant comme programme la dissolution de la Chambre des députés et la révision (sans autre précision) de la constitution de 1875 (« Dissolution, Constituante, Révision », tel est le mot d'ordre).

Pour faire pression sur les milieux dirigeants, le parti boulangiste adopte une tactique originale : poser la candidature de Boulanger à des élections partielles, le faire élire, puis démissionner, de telle sorte qu'on puisse faire plébisciter son nom par les électeurs de plusieurs régions. Successivement, Boulanger est élu dans le département de la Dordogne, le 8 avril, dans celui du Nord le 15, puis, à nouveau, le 19 août, avec d'énormes majorités, ainsi que dans les départements de la Somme et de la Charente-Inférieure. Il est battu dans l'Ardèche. Mais, le 27 janvier 1889, il est triomphalement élu à Paris, avec 80 000 voix d'avance sur le candidat des républicains. A cette élection, il a réuni sur son nom les voix des anciens électeurs de droite et celles des anciens électeurs radicaux et socialistes. Le soir même de l'élection, certains de ses amis le poussent à s'emparer du pouvoir par un coup d'État. Boulanger, respectueux de la légalité et convaincu que la masse du peuple l'imposera, dans quelques mois, aux milieux politiques, refuse.

Chute de Boulanger

Les dirigeants républicains, qui ont compris que Boulanger venait de laisser passer sa chance sans la saisir, contre-attaquent. La République avait été mise en danger par l'utilisation ingénieuse des règles du jeu parlementaire. Pour venir à bout du boulangisme, les républicains modifient ces règles en interdisant les candidatures multiples. Ils se débarrassent ensuite de Boulanger lui-même en préparant contre lui un procès devant le Sénat, constitué en haute cour de justice, pour crime d'attentat à la sûreté de l'État. Boulanger, certain d'avance d'être condamné par cette assemblée, à forte majorité républicaine, s'enfuit à l'étranger. Son prestige s'effondre.

Aux élections législatives de septembre-octobre 1889, les candidats boulangistes sont, sauf à Paris, abandonnés des électeurs. Le mouvement boulangiste ne parvient pas à faire élire plus d'une quarantaine de révisionnistes, contre près de 400 républicains. La fin approche, précipitée par les révélations d'un ouvrage qui fit scandale, *les Coulisses du boulangisme,* où un ancien agent du général révélait les compromissions de celui-ci avec les représentants des partis monarchistes. Le 30 septembre 1891, Boulanger se suicidait.

Le boulangisme a été un mouvement fort complexe. Au sommet, il a réuni des représentants des tendances extrêmes, monarchistes et bonapartistes d'un côté, radicaux plébiscitaires et même socialistes de tendance blanquiste de l'autre. A la base, il a groupé des électeurs d'orientation opposée, de droite et de gauche, mais de tempérament autoritaire, et a revêtu des aspects différents dans les campagnes, où il a attiré surtout les paysans conservateurs et bonapartistes, et dans les grandes villes, où, en réunissant ouvriers radicaux et ouvriers socialistes, il a pris une teinte révolutionnaire.

Des opportunistes aux modérés

L'échec du boulangisme avait, politiquement, porté un coup très dur aux radicaux, discrédités par leur imprudente confiance en Boulanger et par la profondeur de leurs divisions, les plus violents d'entre eux ayant suivi Boulanger jusqu'à sa chute et au-delà. Il ne pouvait plus être question, pour les opportunistes, de faire alliance avec eux, au moins pendant un certain temps.

L'échec du boulangisme avait été aussi l'échec de la droite extrême, c'est-à-dire de la droite belliqueuse, aventuriste et ligueuse. Aussi certains députés monarchistes, choqués par ses excès, avaient-ils décidé de faire contre mauvaise fortune bon cœur, d'accepter le régime tel qu'il était et de se transformer en républicains conservateurs. Ces convertis reçurent, au début des années 1890, l'approbation et les encouragements du Vatican, lorsque le pape Léon XIII recommanda le ralliement, par la bouche du cardinal Lavigerie d'abord, puis par l'encyclique « Au milieu des sollicitudes », publiée en français. Léon XIII y proposait aux catholiques français « d'accepter la Constitution », c'est-à-dire la république, pour « changer la législation », c'est-à-dire obtenir l'abrogation des lois laïques.

L'accueil réservé au ralliement par les hommes politiques de la droite ne fut pas, à vrai dire, excellent : la plupart des monarchistes restèrent fermes sur leurs positions. L'accueil des électeurs ne fut, à première vue, guère meilleur : les deux chefs les plus connus du mouvement du ralliement, Albert de Mun et Jacques Piou, furent battus aux élections de 1893, et la nouvelle Chambre ne compta guère plus de 30 députés « ralliés ». Mais « les suffrages des catholiques avaient contribué à l'élection de beaucoup de républicains de gouvernement », auxquels la statistique ministérielle attribuait 311 sièges [...]. Le mouvement du ralliement avait exercé sur le scrutin une influence décisive » (François Goguel). Désormais, les républicains du centre pouvaient se passer, pour gouverner, de l'appui des radicaux à gauche ou des monarchistes à droite.

Un nouveau scandale, le scandale de Panama (1891-1893), devait, indirectement, renforcer la position des modérés. L'affaire, en soi, était banale. Ferdinand de Lesseps, que le creusement du canal de Suez avait rendu célèbre (et que Gambetta avait appelé « le grand Français »), constitua, en 1881, une « Compagnie universelle du canal interocéanique pour le percement de l'isthme américain » de Panamá. Des erreurs d'appréciation (Lesseps s'entêtait à vouloir construire un canal de niveau sur un territoire vallonné qui exigeait un canal à écluses), les conditions draconiennes imposées par les banques françaises à Lesseps (ce qu'on a pu appeler « le second scandale de Panamá ») placèrent bientôt la compagnie devant des difficultés insurmontables. Pour obtenir de nouveaux fonds, celle-ci voulut lancer sur le marché des obligations remboursables par tirage au sort. Comme il fallait une loi pour l'y autoriser, elle acheta certains parlementaires (on en ignore le nombre) pour obtenir un vote favorable. Lorsque le public connut cette entreprise de corruption, un immense mouvement d'indignation, alimenté par une presse à sensation, dénonça les « chéquards », les « panamistes », et vint alimenter un nouvel accès d'antiparlementarisme.

Politiquement, les conséquences du scandale de Panamá ne parurent pas très importantes. Certes, des hommes politiques comme Rouvier et Clemenceau, fortement soupçonnés d'être mêlés étroitement au scandale, furent écartés pour quelques années de la vie publique. Mais la plupart des députés compromis furent réélus en 1893 ; et si quelques-uns d'entre eux furent battus, ils le furent pour d'autres raisons. Cependant, certains effets ne furent pas négligeables. Même réélus, nombre de politiciens se tinrent désormais sur leurs gardes, et se trouvèrent relégués au second plan. A leur place apparut une nouvelle génération de républicains, qui abandonnèrent le qualificatif d'opportunistes pour celui de modérés (en précisant, toutefois, qu'ils n'étaient pas « modérément » républicains) et qui, surtout, furent beaucoup plus libres de leurs mouvements que leurs prédécesseurs. Ces jeunes gens, dont les plus brillants étaient Poincaré, Barthou, Leygues, Delcassé, ne se sentaient plus liés par le passé ; ils n'avaient pas connu les luttes de la république naissante et, pour eux, le 16-Mai avait perdu sa valeur émotionnelle. Ils ne se considéraient pas, comme autrefois les opportunistes, liés de cœur à l'extrême gauche. Ils étaient prêts à accueillir tous les ralliements, même ceux de la droite. Ils avaient même tendance à se rapprocher de la droite plutôt que de la gauche, effrayés — ou au moins préoccupés — qu'ils étaient par les progrès d'une nouvelle tendance, le socialisme. La menace que les organisations socialistes faisaient peser sur l'ordre établi pouvait, en effet, leur paraître plus grave que la menace, maintenant bien usée, d'une restauration monarchique.

Le mouvement socialiste, un moment arrêté par la répression de la Commune, était reparti de l'avant après l'amnistie accordée, en 1879, aux condamnés. Pendant une dizaine d'années, toutefois, l'émiettement des tendances et les rivalités personnelles (Jules Guesde, Brousse, Allemane, Vaillant) n'avaient pas permis de remporter d'importants succès électoraux. Mais les élections de 1893 marquent l'essor du socialisme parlementaire : une cinquantaine de députés socialistes arrivent à la Chambre. Batailleurs, véhéments, volontiers grossiers, ils exaspèrent les modérés. Ils restent pourtant divisés, la moitié d'entre eux appartenant à cinq tendances organisées, l'autre moitié prenant, comme Jaurès et Millerand, l'étiquette de socialistes indépendants. Leur tâche sera de réaliser l'unité ; il leur faudra encore plus de dix ans.

Cette tendance dominante des modérés a exercé le pouvoir, à l'exception d'un bref ministère Bourgeois, radical (novembre 1895-avril 1896), de 1892 à 1898, par des ministères Dupuy, Ribot, Casimir-Perier et Méline. En ménageant les conservateurs plus habilement que ne l'avaient fait ses prédécesseurs, en adoptant une attitude conciliante envers les catholiques et en repoussant « l'anticléricalisme, tactique des radicaux pour tromper la faim des électeurs », ce dernier parvint même à conserver le pouvoir pendant plus de deux ans.

Une si remarquable stabilité n'a pas porté de fruits extraordinaires. Ni dans le domaine des réformes politiques ni dans celui des questions sociales, les modérés n'ont fait preuve d'imagination. Libéraux en économie, mais désireux de gagner les suffrages des paysans victimes de la crise agricole, ils ont donné à la France un régime douanier protectionniste qui a sévi dans toute sa rigueur à la fin du siècle, au moment où une nouvelle conjoncture économique de hausse des prix et de prospérité réclamait, au contraire, l'ouverture aux échanges mondiaux. Orthodoxes en matière de finances publiques, ils ont cherché à équilibrer les budgets, mais en conservant le système désuet des vieilles contributions du début du siècle et en repoussant de toutes leurs forces l'impôt sur le revenu qu'avaient déjà adopté les puissances modernes. Fermés au problème ouvrier, ils n'ont pas su préparer une législation qui eût permis une réglementation des conflits du travail et l'établissement de procédures de conciliation, pour faire cesser la guerre des lock-out et des grèves qui tendait à s'instaurer en cette fin de siècle.

En politique étrangère, les modérés ont su, cependant, échapper à cet isolement diplomatique qui avait tant inquiété leurs prédécesseurs opportunistes. Dans leur recherche obstinée d'une alliance avec une grande puissance européenne, ils ont été sérieusement aidés par les maladresses de la diplomatie allemande après le départ de Bismarck. Le rapprochement franco-russe fut longtemps retardé par l'hostilité et le mépris que nourrissaient les tsars à l'égard d'une république. Si l'ouverture du marché financier français aux emprunts russes pouvait faciliter les négociations et donner au gouvernement français des arguments de poids, l'affaire boulangiste renforça la méfiance russe. Ce n'est que parce que la diplomatie wilhelmienne le tint délibérément et définitivement à l'écart que le tsar Alexandre III se résigna à faire un geste, en invitant la flotte française à Cronstadt (janvier 1891). Un accord politique, signé en août, et, surtout, une convention militaire secrète, ratifiée en décembre 1893, furent les instruments décisifs d'un nouveau rapport de forces en Europe. Il y était précisé que si la France était attaquée par l'Allemagne, ou par l'Italie aidée de l'Allemagne, la Russie emploierait toutes ses forces disponibles pour attaquer l'Allemagne ; que si la Russie était attaquée par l'Allemagne, ou par l'Autriche-Hongrie soutenue par l'Allemagne, la France emploierait toutes ses forces disponibles pour combattre l'Allemagne. Cette alliance ne permettait pas à la France d'entreprendre à la légère une guerre de revanche contre l'Allemagne, car le tsar avait refusé de cautionner toute guerre offensive ; en revanche, la France ne cautionnait pas plus une politique aventureuse de la Russie dans les Balkans. Cette alliance franco-russe était défensive ; elle suffisait pour rassurer l'opinion française.

Mais la période de répit assurée par le gouvernement des modérés pendant laquelle le pays semble, malgré quelques difficultés et quelques alertes, respirer plus calmement, ne devait pas durer. De 1896 à la fin du siècle, la France connaît une crise sans précédent, la crise de l'affaire Dreyfus, si grave qu'on l'appelle communément « l'Affaire ». Elle débute comme une erreur judiciaire, mais le scandale qui éclate tourne vite au conflit idéologique et déchire les élites politiques du pays.

Une erreur judiciaire, la condamnation de Dreyfus

A la fin de septembre 1894, le Service des renseignements découvre un « bordereau » destiné à l'attaché militaire d'Allemagne à Paris et annonçant l'envoi de documents militaires secrets. Après enquête et analyse de l'écriture du bordereau, celui-ci est attribué au capitaine Dreyfus, un israélite, officier stagiaire à l'état-major. Dreyfus est arrêté le 15 octobre, traduit devant le conseil de guerre de Paris et jugé à huis clos. Pendant le procès, le ministre de la Guerre du cabinet Charles Dupuy, le général Mercier, adresse aux juges militaires, à l'insu de la défense, un « dossier secret » préparé par le Service des renseignements. Impressionné par ce dossier, le tribunal condamne Dreyfus à la déportation à vie dans une enceinte fortifiée (22 décembre 1894). Le 21 février 1895, le capitaine Dreyfus, après avoir subi la dégradation militaire, est déporté dans l'île du Diable, au large de la Guyane. Cette affaire de trahison, banale et qui n'a suscité d'abord aucune réaction, rebondit en mars 1896, au moment où le Service des renseignements intercepte une carte-télégramme, dite « petit bleu », adressée par l'ambassade d'Allemagne au commandant Esterhazy. Le nouveau chef du Service des renseignements, le commandant Picquart, enquêtant sur Esterhazy, découvre les relations suspectes que celui-ci entretient avec l'attaché militaire d'Allemagne et, rouvrant le « dossier secret », acquiert la conviction qu'Esterhazy est le véritable auteur du bordereau. Picquart prévient ses supérieurs, mais ceux-ci refusent de rouvrir le procès Dreyfus et, pour se débarrasser de lui l'envoient en Tunisie (décembre 1896). Pour enterrer définitivement l'affaire, l'adjoint de Picquart, le commandant Henry, remet au général Gonse, sous-chef de l'état-major, un document accablant pour Dreyfus. Ce document était, en réalité, un faux, le « faux Henry ».

Pendant ce temps, le vice-président du Sénat, Scheurer-Kestner, averti par des amis de Picquart de la conviction qu'avait acquise celui-ci de l'innocence de Dreyfus, engage le gouvernement à faire réviser le procès. Les ministres ayant refusé, de peur de soulever une agitation. Scheurer- Kestner se décide à interpeller au Sénat sur le refus de révision. Le ministre de la Guerre, le général Billot, déclare que Dreyfus a été « justement et légalement condamné », et le président du Conseil Méline prononce la phrase fameuse : « Il n'y a pas d'affaire Dreyfus » (7 décembre 1897). Puis le frère de Dreyfus ayant dénoncé Esterhazy comme l'auteur du bordereau, Esterhazy est renvoyé devant le conseil de guerre de Paris, qui l'acquitte.

Les partisans de la révision du procès Dreyfus essaient d'émouvoir l'opinion par des appels. Le 13 janvier 1898, le journal de Clemenceau, *l'Aurore*, publie, sous le titre « J'accuse! » une lettre ouverte d'Émile Zola au président de la République. Zola accusait deux ministres de la Guerre, les principaux officiers de l'état-major et les experts en écriture du procès Esterhazy d'avoir « mené dans la presse une campagne abominable pour égarer l'opinion », et le conseil de guerre qui avait condamné Dreyfus « d'avoir violé le droit en condamnant un accusé sur une pièce restée secrète ». Le ministre de la Guerre intente à Zola un procès en diffamation. Le procès Zola, en cour d'assises (7-21 février 1898), est l'occasion pour ses témoins et ses avocats de faire une critique sévère des procès de Dreyfus et d'Esterhazy. Le procès Zola fait connaître l'affaire Dreyfus au monde entier.

Le 7 juillet, le ministre de la Guerre du nouveau cabinet Brisson, Cavaignac, lit à la tribune de la Chambre le texte du « faux Henry » pour confondre les partisans de Dreyfus. Mais un membre de son cabinet, pressé par les démonstrations de Picquart, découvre le caractère apocryphe du « faux Henry ». Le 30 août, Cavaignac arrache à Henry l'aveu de son forfait ; le lendemain, Henry se suicide.

Un conflit idéologique

L'affaire Dreyfus devient un drame par le fait que, l'erreur judiciaire ayant été découverte, les autorités militaires persistent à vouloir la dissimuler. Ainsi se pose le problème de savoir s'il convient d'étouffer la vérité pour ne pas porter atteinte au prestige de l'armée, rempart de la patrie, ou de faire éclater le scandale pour réparer une erreur judiciaire, quelles qu'en soient les conséquences pour les « autorités ». Plus largement, on trouve d'un côté les « révisionnistes » ou « dreyfusards », qui veulent non seulement réhabiliter une victime innocente et protester contre la prétention des chefs militaires à trancher par le principe d'autorité des questions de fait et à se réserver un domaine interdit à toute critique, mais surtout défendre la justice et les droits de l'homme. De l'autre, les antidreyfusards considèrent que la raison d'État et l'intérêt national exigent qu'on ne revienne pas sur la chose jugée.

Le procès Zola fixa les formules. Les révisionnistes entendaient lutter « pour la justice et la vérité », et certains dénonçaient l'« alliance du sabre et du goupillon » ; les antirévisionnistes invoquaient l'« honneur de l'armée » et dénonçaient le « syndicat juif » de la « trahison ». L'antisémitisme, répandu déjà par les publications d'un Drumont (comme la *France juive*, 1886), attisé par une partie de la presse catholique, devint un élément essentiel de l'idéologie antidreyfusarde. De l'autre côté, la dénonciation des erreurs et des manœuvres des chefs militaires développa chez les révisionnistes de vifs sentiments antimilitaristes. L'affaire Dreyfus eut donc des conséquences durables sur le mouvement des idées politiques. Elle contribua à détourner la gauche, qui, jusqu'ici, continuait à diffuser la tradition jacobine du patriotisme, des valeurs nationales ou plutôt nationalistes. Celles-ci devinrent l'apanage de la droite, qui se donna, sur ce thème du nationalisme, des maîtres à penser avec Barrès et Maurras.

L'Affaire passionna les milieux politiques, et l'opinion à travers la presse. Elle contribua à développer de nouvelles formes d'organisations politiques, les ligues. A la Ligue pour la défense des droits de l'homme et du citoyen s'opposa la Ligue de la patrie française. Ces ligues furent capables d'animer de grandes manifestations populaires, pour ou contre la révision. Celle-ci fut finalement obtenue, après de nombreuses péripéties, et Dreyfus, gracié par le président de la République, fut réintégré dans l'armée en 1906.

Dans le domaine politique, l'Affaire eut des conséquences importantes. Alors que Jules Guesde refusait de s'engager parce qu'il considérait cette crise comme une simple « guerre civile bourgeoise », Jaurès prenait parti en faveur de Dreyfus. Les modérés étaient gravement divisés et beaucoup d'entre eux, s'alarmant des dangers courus par le régime, pensèrent à s'appuyer sur la gauche. C'est dans cet esprit que Waldeck-Rousseau forma, en juin 1899, un ministère de « défense républicaine » appuyé sur le « bloc des gauches ». Les radicaux se rangèrent du bon côté au moment où la victoire des dreyfusards se dessinait ; ils ne tardèrent pas à se persuader qu'ils venaient de sauver la République d'un complot clérico-monarchiste. L'affaire Dreyfus marque la fin de la période dominée par les modérés ou « républicains de gouvernement ». Les positions intermédiaires, centristes, sont devenues impossibles à tenir. La coupure entre droite et gauche s'accuse.

IV. LA RÉPUBLIQUE DU BLOC ET DES RADICAUX

La formation du ministère Waldeck-Rousseau ouvre une période nouvelle dans l'histoire de la IIIe République. Les radicaux, qui sont entrés en force dans ce ministère, ne seront plus écartés durablement du pouvoir, qu'ils détiendront, directement ou en alliance avec d'autres groupes, jusqu'en 1940.

Mais les « radicaux au pouvoir » étaient-ils si différents des « républicains de gouvernement » auxquels ils succédaient à ce tournant du siècle ? Le temps n'était plus où, élus des villes et surtout des faubourgs, ils se posaient en jacobins égalitaires. Comme représentants des catégories sacrifiées de la société moderne, ils avaient été remplacés par les socialistes. Leur force électorale s'était, avec le temps, déplacée, et ils étaient devenus les porte-parole des circonscriptions rurales ou faiblement urbanisées, les défenseurs des intérêts des commerçants, des artisans, des petits fonctionnaires, des employés, des « nouvelles couches » annoncées par Gambetta, des classes moyennes en un mot. Devenus plus individualistes qu'égalitaires, farouchement hostiles à l'autorité et aux autorités sociales, ils étaient déjà inspirés par cette philosophie étroite et desséchée de l'anarchisme petit-bourgeois qu'Alain exprimera parfaitement et enseignera entre les deux guerres.

L'arrivée au pouvoir des radicaux attire au parti de nouvelles recrues, jeunes politiciens en mal de carrière, qui n'éprouvent aucun scrupule à accepter les alliances qui peuvent s'offrir, même sur leur droite. Ils n'ont, avec la tradition radicale, que de très lointaines affinités. Pourtant, la masse du groupe parlementaire reste attachée aux vieilles formules, et tout particulièrement à celle qui affirme que les républicains n'ont « pas d'ennemis à gauche ». Ainsi le parti radical commence à prendre le double visage qu'il conservera au XXe siècle, et qui lui permettra de participer sans difficulté aux combinaisons ministérielles les plus variées, à la conjonction des centres d'après 1910 tout aussi bien qu'au « bloc des gauches » de 1899.

Une victoire sans merci

Constitué pour « défendre avec énergie les institutions républicaines et assurer l'ordre public », le ministère Waldeck-Rousseau engage rapidement des poursuites contre ceux qui, sous le couvert de l'affaire Dreyfus, ont mis en péril l'ordre républicain. Quelques procès et condamnations frappent les dirigeants de la Ligue antisémite et le supérieur de la congrégation des Assomptionnistes ; la congrégation elle-même est dissoute. En quelques semaines, l'agitation cesse dans le pays, et si Paris, en se donnant une municipalité nationaliste, devient « le refuge de la droite » contre la province, rien n'indique que le danger de subversion demeure.

Mais les républicains, sortis vainqueurs de la crise, n'entendaient pas en rester là : « A mesure, écrit François Goguel, que s'affirmera le succès des révisionnistes, c'est de leur côté que l'exploitation de l'affaire à des fins politiques tendra de plus en plus à l'emporter sur les motifs désintéressés du début [...]. La mystique dreyfusiste se dégrade peu à peu en politique dreyfusarde. » Aux yeux des vainqueurs, il convenait maintenant de faire payer aux vaincus les craintes qu'ils avaient suscitées dans les rangs républicains ; et ces vaincus étaient l'armée et l'Église.

Waldeck-Rousseau avait choisi comme ministre de la Guerre le général de Gallifet, bien vu de la droite, pour ne pas trop heurter celle-ci. Mais, après quelques mois, Gallifet fut remplacé par le général André, qui avait payé sa fidélité à la république par des brimades que lui avaient infligées ses supérieurs et par un avancement difficile. Pour protéger les officiers qui pensaient comme lui, André modifia la procédure des promotions, en enlevant ses pouvoirs à l'état-major pour les confier au ministre lui-même. Pour mieux connaître les opinions et le comportement des officiers, il eut l'idée d'organiser un système de surveillance, que son chef de cabinet confia à la franc-maçonnerie. Les renseignements ainsi recueillis furent rédigés sur des fiches centralisées au Grand Orient. Il advint que le secret de cette curieuse entreprise d'espionnage ne fut pas gardé. Le « scandale des fiches » qui éclata coûta au général André son portefeuille (qu'il avait conservé dans le ministère Combes). Si sa tâche n'était pas achevée, il avait cependant « républicanisé » l'armée, d'autant plus facilement que nombre d'officiers, découragés par l'atmosphère des lendemains de l'affaire Dreyfus, avaient préféré donner leur démission.

Quant à la punition de l'Église, Waldeck-Rousseau la concevait sous la forme d'une surveillance étroite des congrégations religieuses, mais non de leur suppression. Il est vraisemblable qu'il ne se proposait d'agir que contre les congrégations qui s'étaient signalées, pendant l'affaire Dreyfus, par leur extraordinaire fanatisme. Mais il fut rapidement dépassé. D'abord par le Parlement, qui, modifiant son projet, en fit la loi du 2 juillet 1901, selon laquelle aucune association religieuse ne peut se fonder sans être autorisée par une loi, aucun établissement nouveau d'une association existante ne peut être fondé sans un décret. Puis, et surtout, par son successeur Émile Combes. Cet ancien séminariste qui avait perdu la foi ne partageait en rien l'esprit de modération de Waldeck-Rousseau. Se comportant en fanatique qui voyait partout des intrigues et des complots « cléricaux », Combes entreprit d'appliquer dans toute sa rigueur la loi de 1901. Supprimant par décret, en un premier temps, tous les établissements non autorisés des congrégations elles-mêmes autorisées, il fit fermer plusieurs milliers d'écoles « libres » ; en un deuxième temps, il refusa toutes les demandes d'autorisation des congrégations, à l'exception de cinq, et fit disperser plus de 18 000 religieux. Enfin, allant au-delà de la loi de 1901, il s'en prit aux congrégations autorisées et interdit à leurs membres d'enseigner.

Ce paroxysme d'anticléricalisme suscita, dans les régions de forte pratique religieuse, de vifs incidents. A l'extérieur, elle aboutit, lorsque l'intransigeant Pie X eut succédé (août 1903) au souple Léon XIII, à une série de conflits avec la papauté, que Combes voulait, semble-t-il, contraindre à renoncer au Concordat. Mais il dut démissionner, pour des raisons de politique intérieure, avant d'avoir réalisé son dessein.

La séparation de l'Eglise et de l'Etat

Combes avait poussé si loin sa politique anticléricale que la dénonciation du Concordat n'était plus suffisante pour apaiser les passions. C'est une séparation complète de l'Église et de l'État que souhaitait maintenant le bloc des gauches. La loi de séparation

(9 décembre 1905), préparée par le rapporteur Aristide Briand, régla le problème d'une façon équitable ; elle fut votée comme une « loi d'apaisement ». Mais son application se heurta à l'incompréhension du pape Pie X d'une part, aux violences anticléricales de l'autre.

La question de la propriété des biens ecclésiastiques divisa les Français aussi profondément que l'avait fait l'affaire Dreyfus. La mesquine procédure des « inventaires » provoqua une nouvelle explosion de violence : les fonctionnaires envoyés pour « compter les chandeliers », comme dira Clemenceau, se heurtèrent, dans plusieurs régions, à la résistance organisée des catholiques. L'emploi de la force publique aggrava les conflits. Il fallut le rude cynisme de Clemenceau et la souplesse de Briand pour arrêter ce début de guerre civile.

Les catholiques français ont été profondément irrités par la Séparation. Ils y ont vu d'abord une insulte délibérée au Vatican ; ils y ont vu surtout le moyen inventé par les ennemis de l'Église pour annihiler son influence et tarir son recrutement. Dans le court terme, les événements leurs donnèrent raison : de 1905 à 1914, le nombre annuel d'ordinations passa de 1 563 à 704, celui des enfants fréquentant les écoles primaires catholiques diminua d'un tiers, et d'un quart celui des enfants fréquentant les écoles secondaires. Dans certaines régions rurales déjà « déchristianisées », mais où un certain conformisme social maintenait les apparences, le nombre des mariages civils s'accrut dans d'étonnantes proportions, celui des baptêmes s'effondra.

Dans le long terme, la Séparation eut des conséquences très différentes. L'Église y gagna une plus grande liberté d'action, tant au niveau de l'épiscopat qu'à celui des prêtres de paroisse ; elle y gagna aussi une amélioration de la qualité du recrutement, et même de la quantité. La courbe des ordinations se relève vigoureusement, en effet, à partir des années 1920. Dans le domaine politique, l'anticléricalisme y perdit l'essentiel de ses arguments, celui des dangers que faisait courir à l'État la puissance des « hommes noirs ». La Séparation aurait dû permettre de dissocier le problème religieux des problèmes politiques. Trop de politiciens, cependant, avaient intérêt à confondre les deux domaines pour que cette dissociation fût vraiment acceptée.

Clemenceau briseur de grèves

La stabilité politique que le bloc des gauches avait permise (du 22 juin 1899 au 18 janvier 1905, deux ministères seulement, ceux de Waldeck-Rousseau et d'Émile Combes, avaient exercé le pouvoir) ne survécut pas au retrait du parti socialiste de la majorité, retrait imposé, malgré la volonté de Jaurès, par le congrès international d'Amsterdam (1904). La rupture du bloc correspond (et c'est plus qu'une coïncidence) à l'aggravation des conflits sociaux dans le pays. On peut dire que c'est à partir de 1905 que les problèmes du XXe siècle, c'est-à-dire les problèmes de la société industrielle, passent au premier plan. Et l'on peut se demander si les milieux dirigeants étaient assez mûrs pour les affronter.

Le cas de Clemenceau est, à cet égard, révélateur. Le radical intransigeant des années 1880, l'homme qui, pendant longtemps, avait été le leader de l'extrême gauche à la Chambre et le tombeur des cabinets modérés, avait été appelé au ministère de l'Intérieur le 14 mars 1906 par Sarrien, puis avait formé son propre gouvernement le 25 octobre. Le ministère Clemenceau allait durer près de trois ans ; groupant de brillantes individualités, il promettait aux Français de réaliser de nombreuses réformes (dix-sept projets étaient énumérés dans la déclaration ministérielle) et « d'établir de façon définitive la démocratie dans le gouvernement ».

La conjoncture ne permit pas à Clemenceau de tenir ses promesses. Déjà, la catastrophe de Courrières (mars 1906), où plus de 1 100 mineurs avaient trouvé la mort, avait déclenché une grève qu'il avait dû, malgré les clameurs des députés socialistes, réprimer rigoureusement. La campagne de la Confédération générale du travail en faveur de la journée de huit heures avait pris, depuis le 1er mai 1906, une allure de plus en plus révolutionnaire ; l'année 1907 avait vu, avec les troubles du Midi viticole, la mutinerie du 17e régiment d'infanterie ; 1908 allait marquer le déchaînement d'une lutte ouverte entre le gouvernement et le syndicalisme révolutionnaire. L'affaire de Draveil-Villeneuve-Saint-Georges, où une grève, dont les origines restent troubles, tourna mal et où la répression fit plusieurs morts, valut à Clemenceau la qualification de « premier flic de France ». L'affaire de Draveil est révélatrice du drame de Clemenceau, venu proposer des réformes que les luttes sociales ne lui permirent même pas d'entreprendre, mais qui, de toute façon, se trouvaient irrémédiablement dépassées.

L'échec de celui que des affiches de la C.G.T. dénonçaient comme « Clemenceau le tueur » ou « la Bête Rouge de France » était aussi l'échec de cette même C.G.T., empêtrée dans le délire du syndicalisme révolutionnaire, forgeant son propre isolement dans le pays par ses outrances verbales, ses violences et son irresponsabilité. Le slogan de « la grève générale révolutionnaire et violente pour la révolution sociale intégrale » avait réussi à dresser contre elle la quasi-unanimité de la nation. Pas plus que le gouvernement, pas plus que la majorité radicale, la C.G.T. n'était mûre pour imaginer une solution aux conflits sociaux de son temps.

Le renouveau nationaliste

Les excès du syndicalisme révolutionnaire et ceux d'un mouvement socialiste qui tombait de plus en plus fréquemment dans un antimilitarisme provocateur allaient agir dans le même sens que l'aggravation des conflits diplomatiques pour faire renaître dans le pays un puissant courant nationaliste.

L'aggravation de la situation extérieure tenait d'abord à la politique pratiquée par l'Allemagne sous l'impulsion de Guillaume II, avec l'appui des pangermanistes, des coloniaux et des industriels. Mais cette politique allemande était aussi en partie une riposte aux imprudences de la diplomatie française qui, en la personne de Delcassé, et forte de la réalisation de l'Entente cordiale avec l'Angleterre, tentait l'aventure de la pénétration au Maroc. Les deux alertes de Tanger (1905) et d'Agadir (1911) furent les manifestations les plus spectaculaires de cette dangereuse tension.

Dans le même temps, un nouveau mouvement d'idées se développait dans le pays. Alors qu'au temps de l'affaire Dreyfus, Zola, Anatole France, les philosophes intellectualistes et rationalistes dominaient de haut les courants de pensée, dans les années 1900 de nouveaux noms s'étaient imposés, ceux de Barrès, de Maurras, de Péguy, de Claudel, qui inspiraient un mouvement de restauration des valeurs nationales et traditionnelles : « Le caractère de l'opinion et les tendances de la politique du pays, indifférents ou pacifistes en 1905, nous les retrouvons en 1913 et 1914 positifs, affirmatifs, et, sinon belliqueux, du moins activement instruits du danger — de la probabilité même — de la guerre » (Eugen Weber). Le mouvement nationaliste des années 1905-1914 a été, selon le même historien, « un produit de Paris, né des mêmes émotions et préjugés qui avaient valu à ses prédécesseurs la popularité précaire de ses boulevards [...]. Même en nouant des alliances, plus ou moins tacites, ici ou là, le nationalisme ne put jamais aspirer au succès électoral fondé sur la grande masse des campagnes et des petites villes solidement tenues par les radicaux d'abord, et aussi par d'autres groupes politiques. Mais il sut s'infiltrer dans la vie, la pensée, la société parisienne, et par ce biais dominer et influencer les représentants de ces provinces que directement il touchait si peu. »

Le renouveau nationaliste se manifeste avant tout par le regain de faveur, auprès de l'opinion, d'un programme et d'un vocabulaire patriotiques jugés, quelques années plus tôt, démodés. Il fait appel à la fierté nationale, au respect pour l'armée et pour l'ordre établi, à la conscience de la menace étrangère. Du point de vue politique et purement parlementaire, il s'exprime dans la querelle de la loi de trois ans.

Depuis 1905, la durée du service militaire était de deux ans. Mais, en 1912, le gouvernement de Berlin avait préparé un projet de crédit extraordinaire d'un milliard de mark destiné à augmenter les effectifs et le matériel de l'armée allemande. A Paris, le Conseil supérieur de la Guerre déclara nécessaire d'augmenter le nombre des hommes présents sous les armes (4 mars 1913). Le 6, le gouvernement Briand déposait à la Chambre un projet de loi étendant à trois ans la durée du service militaire ; la loi fut votée en juillet par la Chambre et le Sénat, malgré une vive opposition des socialistes et des radicaux.

L'opposition à la loi des trois ans permit de reconstituer, pour la période des élections législatives de 1914, le bloc des gauches. En effet, le parti radical, sous l'influence de Caillaux, décida au congrès de Pau (octobre 1913) d'adopter un programme électoral comportant, avec l'institution d'un impôt général sur le revenu, l'abrogation de la loi de trois ans ; le parti socialiste prit position contre la loi lors du congrès d'Amiens (janvier 1914). Aux élections d'avril-mai 1914, les adversaires de la loi de trois ans opérèrent de concert, par désistements réciproques. Le résultat des élections parut leur donner raison, avec plus de 300 radicaux et socialistes contre 260 élus du centre et de la droite.

La réalité était un peu différente. Nombre de radicaux s'étaient gardé, pendant la campagne électorale et malgré les décisions du congrès de Pau, d'attaquer la loi de trois ans. C'est qu'ils « savaient fort bien qu'ils ne pouvaient pas prendre position contre la loi que l'opinion dans leurs circonscriptions approuvait, sans courir de graves dangers au scrutin » (E. Weber). Paris et une partie du Bassin parisien, d'autre part, avaient suivi le renouveau nationaliste. Quant à l'est de la France, qui s'était montré républicain pendant les vingt-cinq premières années de la République, il s'était ensuite nettement déplacé vers la droite, choqué par l'antimilitarisme, qui heurtait les convictions d'une région vivant dans l'ombre de l'armée allemande. Le résultat fut que, malgré tous leurs efforts, les adversaires de la loi de trois ans ne parvinrent pas à la faire abroger par la nouvelle Chambre.

Le renouveau nationaliste, sensible dans la discussion des problèmes militaires, apparaît dans d'autres épisodes. La décision prise par Poincaré, en mai 1912, d'ériger la fête de Jeanne d'Arc en fête nationale, l'élection du même Poincaré à la présidence de la République en janvier 1913 grâce à l'appui des suffrages de droite, font découvrir l'existence d'une nouvelle alliance, celle de la droite traditionnelle, des républicains de gouvernement et d'une bonne partie des radicaux, devenus sensibles au mot d'ordre d'union, de discipline et de patrie.

Le renouveau nationaliste ne fut pas limité aux milieux parlementaires ou intellectuels. Il gagna rapidement les couches populaires. On le vit bien au moment où éclata la guerre : l'enthousiasme patriotique frappa tous les témoins des événements d'août 1914. C'est le journal du parti socialiste lui-même, *l'Humanité,* qui écrit, le 10 août : « Des entrailles du peuple, comme des profondeurs de la petite et grande bourgeoisie, des milliers de jeunes gens, tous plus ardents les uns que les autres, quittant leur famille, sans faiblesse et sans hésitation, ont rallié leurs régiments, mettant leur vie au service de la Patrie en danger. »

Lorsque le président du Conseil Viviani remania, le 26 août, son ministère pour former un gouvernement d'« Union nationale », il y appela des représentants du parti socialiste. Marcel Sembat et Jules Guesde lui-même répondirent à son appel. Cette participation ministérielle ne fut pas, comme le croyait Lénine, une erreur ; bien au contraire, par elle, le parti socialiste obtenait une intégration à la nation qui lui avait été longtemps refusée et qui lui a permis, vingt-deux ans plus tard, d'exercer, à son tour, le pouvoir.

CONCLUSION

De crises en « affaires », d'affaires en scandales, la IIIᵉ République avait affronté, en moins d'un demi-siècle, bien des difficultés et des périls. Elle les avait surmontés, et l'épreuve de la Première Guerre mondiale n'allait pas lui être fatale ; la victoire, dont il est difficile de dire qu'elle l'avait vraiment préparée, devait lui apporter, au moins temporairement, un prestige nouveau. Pourrait-on en conclure qu'après avoir tâté, depuis la Révolution, de bien des régimes, les Français avaient enfin trouvé en celui-ci le régime qui leur convenait le mieux, ou même, tout simplement, celui qui, comme avait dit Thiers, les « divisait le moins » ?

Si l'on regarde du côté des institutions, on découvre que les lois de 1875, à défaut d'une constitution bien préparée et bien rédigée, présentaient l'immense avantage de la brièveté et de la simplicité, et laissaient aux rouages du système une certaine souplesse. Mieux encore, une procédure de révision relativement simple avait été prévue. Elle fut, malheureusement, peu utilisée (en 1884 seulement, par Jules Ferry), et avec un esprit fort mesquin. La pratique constitutionnelle fut, au contraire, aisément modifiée par l'action personnelle de dirigeants, et spécialement de présidents comme J. Grévy. On ne saurait dire que ces modifications furent heureuses ; bien au contraire, elles tendirent le plus souvent à amoindrir l'exécutif au profit d'assemblées qui ne le méritaient guère. Les vices d'un système qui devenait un système d'assemblée, le dérèglement de la pratique parlementaire, surtout à la Chambre, par l'abus des interpellations et des votes-surprise, sans parler de la grandiloquence des débats et de l'« invasion des bavards », étaient ressentis par les dirigeants les plus lucides. La plaie de l'instabilité ministérielle était déplorée plus largement encore, jusqu'au niveau même de l'opinion commune.

Mais la lacune la plus notable du régime était l'absence de grands partis politiques, sans lesquels un régime parlementaire est voué aux incertitudes, aux allures cahotantes et erratiques. Pendant très longtemps, il n'y eut dans le pays que des groupements de notables, à préoccupations presque purement électorales, qu'on appelait des « comités » ; au Parlement, les « groupes » n'étaient que de très lâches associations de députés et sénateurs dont les vues générales concordaient ; encore pouvait-on appartenir à plusieurs groupes, ou à aucun. Si la notion de parti n'était pas inconnue (dès les débuts de la République, on a parlé d'un « parti républicain », on parlera ensuite d'un « parti boulangiste »), il ne s'agissait que de vagues regroupements autour de certaines tendances sans aucun lien organique. Ce n'est que très tard que furent organisés de vrais partis politiques. Le premier fut le Parti républicain radical et radical-socialiste, fondé en 1901 ; mais il était si peu cohérent qu'il fut longtemps incapable de rassembler ses propres membres, à la Chambre, en un seul groupe parlementaire. Ce n'est qu'en 1911 que ce parti exigea que tous ses élus appartinssent au même groupe.

A droite furent organisées l'Alliance démocratique en 1901, la Fédération républicaine en 1905. Ces groupements furent incapables de mettre en place dans le pays des réseaux de comités ou de fédérations, encore moins de recruter des adhérents en nombre significatif ; plus que des partis, ils représentaient des syndicats d'intérêts électoraux.

Ce n'est qu'à gauche que fut créé, mais bien tard, le seul parti digne de ce nom, c'est-à-dire un groupement organisé aussi bien sur le plan local que sur le plan national, avec une masse imposante d'adhérents et une administration sérieuse, le parti socialiste, né en avril 1905 de l'unification des tendances guesdiste et jaurésiste, et qui prit le nom de Parti socialiste unifié, section française de l'Internationale ouvrière. A la veille de la guerre, il comptait 80 000 adhérents et avait obtenu, aux élections de mai 1914, 104 élus et près d'un million et demi de voix. Malgré ses rapides progrès, il ne représentait encore qu'une petite minorité de l'opinion.

Si l'on regarde du côté des hommes qui ont dominé l'histoire politique de 1870 à 1914, il faut bien reconnaître que le personnel républicain, une fois disparue l'impressionnante silhouette de Gambetta, se révéla d'une extrême médiocrité. Sans parler des présidents de la République, choisis précisément parce que leur effacement était sans danger pour les prétentions des parlementaires à accaparer le pouvoir, les présidents du Conseil brillèrent souvent par leur insignifiance. La réputation de l'un des plus célèbres, celui qu'on appela, après sa chute, le « Périclès de la République », Waldeck-Rousseau lui-même, n'est pas sortie sans dommage d'une étude récente, et certain commentateur a évoqué « la médiocrité de l'homme et la pauvreté de l'œuvre ». Cependant, la génération politique d'après

1900 a été plus brillante ; on a pu dire qu'« un Briand, un Clemenceau, un Caillaux, un Jaurès bien sûr (il conviendrait évidemment d'ajouter à ces noms celui de Poincaré) étaient d'une autre taille ». Il n'est pas sûr, loin de là, que ces noms mêmes aient bénéficié en 1914 d'un réel prestige auprès de l'opinion.

Si l'on considère maintenant, et c'est peut-être le plus important, le « style » des républicains, c'est-à-dire leurs méthodes et leur état d'esprit lorsqu'ils ont été confrontés aux grands problèmes de l'époque, on est amené à porter sur ce personnel un jugement sévère. D'abord parce qu'ils se sont trop souvent cantonnés dans des querelles anachroniques, des luttes d'un autre âge. Dans les années 1870 et 1880, ils ont agité sans cesse le spectre d'une restauration, derrière le retour possible d'un roi, de l'Ancien Régime avec ses inégalités et ses privilèges, alors que l'Ancien Régime était mort, et bien mort, depuis un siècle ou presque. Puis ils ont fait de la laïcité, c'est-à-dire de la lutte contre la puissance du clergé, le fondement de leur politique, alors que, là aussi, le danger d'un retour au passé était parfaitement invraisemblable. Tandis que les problèmes qu'avait à affronter la nation française étaient ceux de son adaptation à un régime économique et social moderne, de type du XIXe siècle, ils ont raisonné en termes du XVIIIe, de la pré-Révolution ou, au mieux, du Directoire.

Sortis vainqueurs de luttes dépassées, ils n'ont pas su, et c'est sans doute le plus grave, dominer leurs victoires. Leur attitude à l'égard des perdants, monarchistes en 1879, boulangistes en 1889, nationalistes en 1899, catholiques en 1905, a été toute de rigueur et de mesquinerie. Ils ont entretenu comme à plaisir une atmosphère de revanche haineuse qui a interdit toute réconciliation et même tout ralliement. Par leur faute, les Français sont restés politiquement divisés, le régime républicain refusé par une partie non négligeable de la nation. S'il existait, à la veille de la guerre, une manière d'être, une manière de se comporter, une manière de vivre, peut-être même un certain bonheur de vivre, à la française, il n'y avait pas, parce que les républicains ne l'avaient pas voulu, de « consensus » sur les institutions politiques de la France.

26. L'OUVERTURE DES CONNAISSANCES ET LES MUTATIONS CULTURELLES

1871-1914
Le temps des instituteurs et des peintres maudits.

Révolution technique et industrielle, urbanisation, suffrage universel et avènement de la république, que de bouleversements en l'espace de deux ou trois générations d'hommes! Quelles en sont les répercussions sur la culture, non point seulement au sens traditionnel du terme – la culture savante et les grandes œuvres littéraires ou artistiques –, mais aussi au sens que nous ont enseigné les ethnologues, sur les comportements et les manières de penser propres à la société française (et même, pour être plus exact, aux divers groupes sociaux qui composent celle-ci) ? Il est encore difficile d'en juger.

Certes, nous commençons à bien connaître les représentants de la « grande » culture, ceux dont nous lisons, voyons, écoutons encore les œuvres : Proust, Cézanne, Debussy, par exemple. Mais que savons-nous des auteurs secondaires, des romanciers populaires, des peintres académiques, de tous ceux qui firent les succès de l'édition et les grandes ventes à la salle Drouot, un Ohnet, un Decourcelle, un Bouguereau ? Selon quels critères se répartissaient les admirateurs des valeurs établies et les audacieux qui soutenaient l'avant-garde ? Simple affaire de goût et d'intuition, différence de milieu social, opposition idéologique ? Grâce à des études récentes, l'histoire de l'enseignement nous apparaît de plus en plus clairement, mais nous mesurons encore mal le rôle exact de l'école dans l'affaiblissement des traditions du monde paysan. Et les contours de la culture des classes populaires urbaines se distinguent fort peu. Il est donc impossible, dans ce chapitre, de prétendre faire le point des connaissances acquises et donner la solution des problèmes élucidés ; tout au plus est-il permis de lancer quelques hypothèses et de proposer quelques thèmes de réflexion sous forme d'essai.

Certaines lignes de force semblent se dessiner nettement : c'est d'abord l'apparente stabilité d'une culture dominante qui exprime les modes de pensée des notables, culture bourgeoise, si l'on veut, à condition d'y inclure d'importantes survivances aristocratiques et de prendre conscience de la diversité des bourgeoisies, qui, chacune, y apportent leur tonalité particulière. Cette culture pénètre

largement les milieux populaires par l'intermédiaire de l'école et de la presse, en désagrégeant les structures mentales traditionnelles liées aux vieilles sociétés rurales. Une première contestation naît du monde ouvrier, plus précisément des syndicalistes qui voulaient promouvoir une réelle culture populaire, totalement indépendante des classes supérieures.
Mais la tentative tourna court. Plus profonde et plus radicale est la mise en cause de « l'avant-garde », issue pourtant des mêmes milieux « bourgeois » qui soutiennent les valeurs « officielles ». La contestation littéraire reste ambiguë et traduit autant une nostalgie du passé qu'une recherche de formes nouvelles, mais la révolution plastique commencée par les impressionnistes et qui ne cesse de se radicaliser annonce, parallèlement aux découvertes scientifiques des années 1900, notre univers du XXe *siècle et prépare ces mutations culturelles qui n'ont pas fini, aujourd'hui, de faire sentir leurs effets.*

I. LA CULTURE DOMINANTE

Hiérarchie sociale et organisation scolaire

Les notables conservent leur prééminence non seulement par la richesse, mais aussi par les privilèges culturels que l'école perpétue : Antoine Prost, qui sera notre principal guide en ce domaine, le montre bien.

La différence, en effet, entre l'enseignement primaire et l'enseignement secondaire n'est pas une question d'âge : par les écoles primaires supérieures, organisées à partir de 1889, les enfants des classes populaires doués trouvent un débouché naturel après le certificat d'études, tandis que, admis aux classes élémentaires des lycées, qui sont payantes alors que l'école primaire devient gratuite, les fils de notables n'ont pas de contact avec ceux des paysans et des ouvriers. Chaque ordre d'enseignement correspond à un recrutement social spécifique et leur différence de prestige traduit la hiérarchie des classes sociales. Fréquenter le lycée est un signe de bourgeoisie. L'enseignement secondaire n'est pas gratuit et les bourses de lycée sont en nombre limité (2 p. 100 d'une classe d'âge environ) et accordées de préférence aux fils de fonctionnaires (d'où l'importance de l'étape d'instituteur).

L'obstacle n'est pas uniquement matériel ; l'enfant issu des classes populaires a d'autant plus de difficultés à réussir qu'il n'est pas soutenu par son milieu familial ; c'est un « déraciné culturel », qui doit abandonner la manière de parler et les modes de penser de son groupe ; au contraire, le garçon d'origine aisée est de plain-pied avec l'enseignement secondaire ; il est préparé dès le plus jeune âge, par sa famille, à développer les qualités que l'on demande à un bon lycéen : le goût de l'abstraction et l'art de bien « disserter ».

Une culture aristocratique ?

Plus qu'un autre, en effet, l'enseignement français se veut coupé des réalités quotidiennes et de l'expérience concrète de l'adolescent. Le signe le plus visible de cette volonté est la place primordiale accordée aux « humanités » gréco-latines, auxquelles on joint la littérature classique dans la mesure où elle se reconnaît elle-même héritière des « anciens ».

Certes, il existe tout un courant « moderniste » qui voudrait réconcilier « l'école et la vie » et préparer les jeunes gens « à la vie économique et à l'action ». C'est lui qui, en 1880, diminue l'importance des langues mortes au profit du français, des langues vivantes, des sciences et de l'histoire-géographie ; il réussit à créer un « enseignement spécial », sans latin, plus concret, pour les enfants qui se destinent à l'agriculture, au commerce ou à l'industrie : l'enseignement spécial devient, en 1902, la section moderne des lycées et perd en droit son infériorité. Mais cette tendance reste très minoritaire. Tout amoindrissement de la place du latin et du grec paraît une mise en cause de la « culture française », comme le montrent les réactions à la réforme de 1902. La section moderne est profondément méprisée : on y place les élèves les plus médiocres et, dans les cours de récréation, les classiques se moquent des « bestiaux », les « pas latins ». Pour la plupart des bourgeois français, l'unique accès à la culture passe par une formation classique, et contester la prééminence des langues anciennes est sacrilège. Comment expliquer cet attachement passionné et sans nuance ?

Certains, ce n'est pas douteux, y voient une barrière sociale : « Les classes dirigeantes resteront toujours les classes dirigeantes, en dépit de vos efforts, lance Mgr Dupanloup à ses adversaires politiques, parce qu'elles savent le latin. » Faire de l'apprentissage du latin le critère d'appartenance à la « bonne société », c'est dresser un obstacle supplémentaire à l'ascension des « nouvelles couches sociales ».

Mais, dans d'autres pays d'Europe occidentale, l'enseignement secondaire, moins imprégné d'humanités classiques, est tout autant le domaine des notables. En France, les classes dirigeantes ne sont pas les seules à être attachées aux humanités ; il est parfaitement exact, comme l'affirme un adversaire de l'enseignement spécial, que « notre bourgeoisie la plus humble tient au latin et au grec ». C'est dire l'insuffisance de la première explication ; en fait, le lycée perpétue une longue tradition remontant bien au-delà de la Révolution : le jeune aristocrate et le jeune bourgeois de l'Ancien Régime étaient formés, sinon exactement de la même façon, du moins selon les mêmes principes : refus de l'utilitaire, méfiance vis-à-vis de la « modernité », exaltation des Anciens (et la querelle du latin existait déjà!). Conception qui, elle-même, s'apparente à celle que, précisément, se faisaient les Grecs et les Latins de la culture : mépris pour le négoce (le contraire de l'*otium*, de la noble oisiveté) et le travail manuel (fonction servile) ; l'homme cultivé doit exercer sa raison, mais sans l'appliquer à l'amélioration de son univers quotidien.

Il peut sembler paradoxal qu'en pleine révolution industrielle les notables aient adhéré, dans leur majorité, à une vision aussi « aristocratique ». Le paradoxe n'est qu'apparent : ne traduit-il pas l'un des traits de mentalité fondamental et permanent de la bourgeoisie française : l'ambiguïté de sa position vis-à-vis des transformations économiques ? Toute une partie d'elle-même se méfie des bouleversements techniques et les refuse, préférant, par exemple, le rassurant, mais immobile, protectionnisme aux risques d'une concurrence qui obligerait à des mutations accélérées. N'est-ce pas, comme le souligne Jean-Marie Mayeur, l'attachement à une « civilisation de légistes, non de producteurs » ? La IIIe République assure donc, en ce domaine, la permanence d'une tradition. Par contre, elle crée l'enseignement secondaire féminin et réforme profondément l'enseignement supérieur.

Former des compagnes républicaines

Dans la société bourgeoise du XIXe siècle, « les jeunes filles sont élevées pour la vie privée dans la vie privée » (Mgr Dupanloup), la vocation « naturelle » de la femme reste le foyer ; il suffit qu'elle apprenne à être bonne maîtresse de maison. Dans ce dessein, la jeune fille passait cinq à six ans dans un pensionnat religieux ; on développait en elle la dévotion ; on lui apprenait à rédiger des lettres, à tenir des comptes, à converser et à recevoir ; elle brodait, faisait de la couture et même peignait ou jouait du piano. Cette formation, si différente de celle des garçons, consacrait la séparation des sexes en deux mondes culturels, sans communication véritable. Certains le regrettaient, tel Jules Ferry, qui remarquait : « Il y a, aujourd'hui, une barrière entre l'homme et la femme, ce qui fait que beaucoup de mariages, harmonieux en apparence, recouvrent les plus profondes différences d'opinions, de goûts, de sentiments... » Avec les positivistes et les républicains, il s'inquiétait, en outre, de l'emprise que l'Église conservait par l'éducation dans la famille, car « celui qui tient la femme, celui-là tient tout [...]. Il faut que la femme appartienne à la science ou qu'elle appartienne à l'Église ». Pour tous les libéraux, il devenait urgent que l'État s'intéressât à l'enseignement féminin.

Dès le second Empire, Victor Duruy avait institué pour les jeunes filles des cours payants faits dans des locaux publics par des professeurs de lycée. Le succès fut médiocre : une centaine de cours, et guère plus de 4 000 auditrices. Pendant ce temps, le niveau des études, dans les pensionnats, s'améliorait ; des élèves passaient le brevet supérieur, quelques-unes s'enhardissaient jusqu'au baccalauréat. Les craintes de Jules Ferry se confirmaient : la femme échappait à la république. Aussi, à peine arrivés au pouvoir, les républicains, avant même d'organiser l'école primaire, créaient, en 1880, des lycées et des collèges de jeunes filles. Un corps de professeurs était établi avec la fondation de l'École normale supérieure de Sèvres (1881) et la création d'agrégations féminines (1884 et 1894).

Tout aussi persuadés que les conservateurs de l'infériorité naturelle de la femme, et désirant seulement « donner des compagnes républicaines aux hommes républicains », les opportunistes ne prévoient pas, pour les filles, une formation identique à celle des garçons : les études ne doivent durer que cinq ans et sont sanctionnées par un diplôme d'études secondaires. On n'enseigne pas, dans ces lycées, les disciplines les plus prestigieuses, les langues anciennes, mais uniquement le français, une seconde langue vivante, un peu de sciences et d'histoire-géographie. A la veille de la guerre de 1914, cependant, des cours de latin et de grec sont introduits dans quelques établissements féminins, prélude à l'assimilation définitive avec l'enseignement masculin, qui a lieu en 1924.

Longtemps, les résultats ne furent pas à la mesure de l'ampleur de l'entreprise. La plus grande partie de la bourgeoisie préférait encore les pensionnats religieux pour ses filles, alors qu'elle mettait ses garçons dans les lycées. Partage des écoles qui préfigure celui des fonctions dans le ménage, nous le verrons plus loin. Cependant, « amorcé depuis 1900, le nouveau départ de l'institution tout entière est surtout perceptible à partir de la rentrée de 1902 » (F. Mayeur). Résultat de la lutte contre les congrégations, mais aussi signe de l'évolution des esprits : on reconnaît à la fois la valeur intellectuelle des lycées féminins et la nécessité pour les jeunes filles d'études plus solides.

L'organisation définitive de l'enseignement supérieur

Jusqu'à la IIIe République, seules les facultés de droit et de médecine, qui conduisaient à des professions précises, étaient bien organisées et possédaient des étudiants. Le but unique des facultés des lettres et des sciences était la collation des grades et, en particulier, la constitution des jurys de baccalauréat. La licence ès lettres n'était qu'un « baccalauréat supérieur », sans préparation particulière, qui se passait en un an ; et la véritable formation scientifique se donnait dans les classes préparatoires des lycées, puis à Polytechnique, au Muséum ou au Collège de France. L'étudiant en lettres ou en sciences n'existait pas ; les candidats à la licence obtenaient toujours la dispense d'assiduité et prenaient leurs inscriptions à la veille de l'examen. Faute d'étudiants, les professeurs s'adressaient au grand public, dans des séances qui ressemblaient plus à la conférence mondaine qu'au cours magistral que nous connaissons. L'universitaire était alors apprécié pour son art oratoire et son habileté à vulgariser, et non pour la qualité de ses recherches et la solidité de son enseignement. Triste comparaison avec l'université allemande, à laquelle, de plus en plus, les intellectuels français attribuaient d'abord la victoire de Sadowa et, après 1870, celle de Sedan.

Pasteur, Berthelot, Claude Bernard, depuis longtemps, s'indignaient de la médiocrité des moyens mis à leur disposition. Au temps de Victor Duruy, une enquête montra la justesse de ces plaintes ; le ministre, pour faciliter la recherche, créa alors l'École pratique des hautes études, en 1868. Mais l'essentiel des réformes coïncide avec l'avènement des républicains. Les transformations se font sous l'influence d'un groupe d'universitaires de toutes les disciplines regroupés dans la Société pour l'étude des questions d'enseignement supérieur et s'exprimant dans la *Revue internationale de l'Enseignement* ; on rencontre là des historiens — Lavisse, Monod —, des juristes et des économistes — Lyon-Caen, Émile Boutmy, fondateur de l'École libre des sciences politiques —, des scientifiques — Pasteur et Marcelin Berthelot ; les liens avec l'Administration et les milieux politiques sont permanents ; et la presse s'y intéresse de près.

Dès 1877, la création de bourses de licence (suivie, peu après, de celle de bourses d'agrégation) donne enfin aux facultés de lettres et de sciences leurs étudiants ; car la contrepartie de cette aide publique est l'obligation pour les bénéficiaires de suivre des conférences de licence et d'agrégation organisées par des maîtres de conférences, institués à cet effet. Puis on organise la licence en la spécialisant (1880 et 1907), et même, pour les sciences, en établissant le système des certificats (1896). Le diplôme d'études supérieures doit, après la licence, initier à la recherche. Enfin, les agrégations prennent leur forme moderne (composition de longue durée à l'écrit, grande leçon à l'oral) en 1885. Pour la médecine et le droit, déjà structurés, on se contente d'aménager le système. Ainsi, on augmente la place des sciences dans les études médicales, en créant le certificat de sciences physiques, chimiques et naturelles, que les étudiants vont préparer à la faculté des sciences (1893), tandis que le doctorat de droit se divise en sciences juridiques et en économie politique (1895). Un peu partout s'édifient des facultés neuves, par exemple, à Paris, la Sorbonne actuelle, avec la participation d'artistes célèbres de l'époque, comme Puvis de Chavannes, mais aussi à Lyon, Lille ou Bordeaux.

L'œuvre accomplie est considérable : en témoignent l'augmentation du nombre des étudiants et le prestige accru de l'Université. Désormais, la plupart des professeurs du secondaire passent par la faculté ; la science se fait dans les laboratoires de celle-ci et le spécialiste remplace le conférencier mondain ; ce qui n'empêche point l'influence des universitaires de dépasser largement les murs de leur établissement. Ceux-ci exercent une véritable magistrature morale sur l'ensemble de l'enseignement, mais, par-delà, dans certains milieux politiques, « le parti intellectuel », « la république des professeurs » connaissent de beaux jours vers 1900, preuve de la confiance des notables envers l'Université tout entière. L'école n'est, cependant, pas le seul moyen pour transmettre de génération en génération les modèles culturels de la France bourgeoise.

Culture et milieu familial

Nous avons déjà fait allusion au rôle de la famille dans la formation du jeune lycéen. Là, très tôt, l'enfant des milieux aisés apprend à « s'exprimer correctement », à éviter les provincialismes et les accents locaux. Il prend l'habitude de la lecture, de la discussion. Il se distingue déjà fortement des autres groupes sociaux. Pourtant, un phénomène peut contrebalancer cette influence : le contact permanent avec les domestiques, qui représente la confrontation avec un univers socio-culturel populaire, même si cette catégorie sociale a évolué par ses liens avec les notables. Proust nous en donne le témoignage le plus frappant : par la coursière du grand hôtel de Balbec, Céleste Albaret, il découvre la saveur des parlers populaires du Massif central ; songeons surtout à la place privilégiée accordée à Françoise, la servante de sa grand-mère, passée à son service, qui, dans *le Temps retrouvé*, sera le témoin de son œuvre ; à travers elle, il comprend ce qu'a voulu narrer le sculpteur médiéval de Saint-André-des-Champs, car elle le fait pénétrer dans « une tradition à la fois antique et directe, ininterrompue, orale, déformée, méconnaissable et vivante ». De fait, beaucoup d'enfants, écoutant les contes et les légendes que leur raconte leur nourrice ou leur domestique, accèdent à ce vieux fonds de littérature populaire, littérature de colportage, encore très vivante dans les campagnes à la fin du XIXe siècle. Le premier, avant les historiens, Proust a senti ces interférences entre milieux socio-culturels très éloignés. Pierre Guiral et Guy Thuillier présentent d'autres témoignages littéraires très suggestifs. Mais il faudrait encore bien d'autres études pour répondre à la question : de quelle valeur, de quelle image sont responsables, dans la conscience enfantine, ces étrangers au monde bourgeois ?

La littérature enfantine : facteur d'intégration sociale ?

Avec la littérature enfantine, autre véhicule de modèle culturel, l'étude est moins difficile, malgré l'absence de recherches d'ensemble. Cette époque voit le développement rapide de cette forme littéraire. Les premiers livres d'enfants datent du second Empire, avec l'édition des romans de la comtesse de Ségur ou de Jules Verne, et le lancement des grandes collections, la « Bibliothèque bleue » ou « rose ». Les journaux d'éducation, moralisateurs et sévères, sans illustration (tel *le Journal des jeunes personnes*), laissent la place aux périodiques illustrés à l'intention des enfants. La formule a d'abord été mise au point par Charton dans son *Magasin pittoresque*, qui s'adressait plus largement à un public familial. Hetzel reprit le style de la publication, mais il l'adapta à un public enfantin en créant, en 1864, son célèbre *Magasin d'éducation et de récréation*, « véritable encyclopédie de l'enfance », qui se voulait à la fois, selon le titre, instructif et divertissant. L'éditeur réunit autour de lui une équipe prestigieuse, avec Jules Verne, Jean Macé, Hector Malot et Viollet-le-Duc. Chaque numéro comprenait un chapitre d'un roman de J. Verne, une poésie, un récit de vie d'enfant, des histoires humoristiques et un article de vulgarisation. Plus tard, Hachette publie un journal pour petites filles, *la Poupée modèle*, et le *Journal de la jeunesse* pour les adolescents, tandis que les catholiques avaient leur presse spécifique.

Cette éclosion de la littérature enfantine est évidemment en liaison avec le mouvement qui, depuis plus d'un siècle, valorise l'enfance en la constituant en univers autonome qu'il faut protéger du monde adulte. Auparavant, l'enfant était plutôt considéré comme un adulte non achevé, sans besoin spécifique. Le contenu des livres mérite qu'on s'y arrête, il n'est pas indifférent : la littérature pour les filles ne présente pas la même vision du monde que celle qui est destinée aux garçons.

Un monde traditionnel

Dans le premier cas, le roman baigne dans une atmosphère religieuse et même catholique. La société apparaît comme un monde très hiérarchisé où chacun doit rester à sa place (même si cette vision est tempérée, chez la comtesse de Ségur, par l'égalité devant Dieu et devant la loi). L'une des grandes qualités d'un pauvre, c'est de ne pas porter envie aux riches, bien qu'il y ait, les auteurs le reconnaissent, des mauvais riches ; dans l'un de ses romans, Girardin chante les louanges d'une famille d'artisans : « Ces pauvres gens étaient de l'ancienne roche. Pas une seule fois au cours de leur longue existence ils n'avaient porté envie aux riches, jamais ils n'avaient demandé que leur dû. » La plupart des héros se recrutent dans la haute bourgeoisie et plus encore dans l'aristocratie ; le milieu décrit est celui de la bonne société, au point que l'abbé Bethléem, guide des catholiques dans leurs lectures, craint que cette atmosphère ne trouble les lecteurs d'origine modeste : « A noter, dit-il, à propos de Zénaïde Fleuriot, qu'un certain nombre de ses livres renferme des descriptions de fêtes mondaines, dont l'abondance et l'éclat pourraient inquiéter des personnes peu instruites et les gens de la campagne. » Il existe aussi dans cette littérature une nostalgie du monde traditionnel : on se plaint de la décadence de la société entraînée par « les progrès de la civilisation » ; « mais je suis désolé de constater, dit Cadok, dans *l'Héritier de Kerguignon* (Z. Fleuriot), que c'est à pas de géant que notre pauvre Bretagne elle-même, si longtemps et si heureusement arriérée, marche vers la platitude et la vulgarité universelles ». On célèbre la vie simple et naturelle de la campagne ou de la petite ville de province. Les personnages préférés des romanciers, magistrats, propriétaires terriens, officiers surtout, ne sont point liés à l'économie moderne ; leur fortune, ancienne, ne doit rien à l'industrie ou au grand commerce ; au contraire, cette dernière activité attire souvent les gens malhonnêtes ou, en tout cas, peu scrupuleux sur les moyens. Enfin, la xénophobie n'est pas absente de ces romans : Allemands et Anglais y sont rarement sympathiques.

Un univers progressiste

Tout autre est le climat des livres destinés aux garçons. La neutralité religieuse est d'abord généralement la règle, ce que déplore d'ailleurs l'abbé Bethléem, parlant de Jules Verne : « Il est seulement regrettable qu'il n'ait presque jamais mis les influences de sa vogue prodigieuse au service de la religion. Ses livres sont, en effet, toujours neutres et laïques. » L'œuvre technique et scientifique de l'homme est exaltée : ainsi, l'un des sujets les plus populaires de la période est celui de Robinson Crusoé (on dénombre 43 Robinsons français de 1840 à 1875) ; la signification du thème est claire : montrer l'ingéniosité humaine surtout lorsqu'elle est aidée par des connaissances scientifiques ; à ce point de vue, l'aventure des naufragés qui abordent *l'Ile mystérieuse* est exemplaire : voilà des hommes qui, partis de rien, reconstituent progressivement la civilisation moderne ; chemin faisant, Jules Verne fait un bilan des conquêtes techniques et industrielles de son temps. Aucun mépris donc pour le monde nouveau, en pleine évolution : les héros favoris des écrivains sont des hommes totalement engagés dans la transformation de la planète, ingénieurs, savants, explorateurs. La vision s'élargit : si l'on trouve encore assez souvent le nationalisme et la haine de l'Allemand, le sentiment de solidarité européenne dans la conquête du monde n'est pas absent ; en tout cas, le jeune Français est habitué à rencontrer des Anglais ou des Américains sympathiques et entreprenants ; l'œuvre de Jules Verne en est remplie, mais aussi les nombreuses traductions d'auteurs anglo-saxons, en particulier Mayne Reid ou, à la fin de notre période, Jack London. Il est difficile de retirer de ces livres une vision de la société française ; le pauvre, par exemple, est ignoré plutôt que plaint ou critiqué.

Les filles ont donc à leur disposition une littérature essentiellement traditionaliste, conservatrice, facteur d'intégration sociale par son conformisme, tandis que les garçons se voient offrir un univers « progressiste » et libéral. Sans doute faudrait-il nuancer cette opposition. Il existe des récits réellement neutres. Les sœurs peuvent « voler » les livres de leurs frères et réciproquement. Certaines œuvres ont été lues avec une égale passion par les deux sexes : ainsi *Maroussia*, qui eut les honneurs du feuilleton du *Temps* en 1875, raconte les exploits d'une fillette de dix ans, Maroussia, qui conduit un héros de l'indépendance ukrainienne à travers les lignes ennemies russes ; voilà un livre qui, comme les autres romans de Stahl destinés aux jeunes filles, se rattache au courant libéral. Inversement, l'un des auteurs les plus féconds de la maison Blériot, qui publia souvent dans *les Veillées des chaumières*, Lamothe, défend les positions traditionalistes dans *les Fils du martyr, les Faucheurs de la mort, les Camisards*, et tant d'autres romans d'aventures pour les garçons. Il n'est pas douteux, cependant, que le combat entre les « deux écoles » se soit prolongé sous une autre forme dans la littérature enfantine, avec cette opposition que nous avons suggérée et qui coïncide avec la répartition dans les établissements scolaires, pensionnats pour les jeunes filles, lycées pour les garçons.

Influence durable de cette littérature

L'intérêt des familles spirituelles pour cet « enseignement parallèle à l'école » est tout à fait justifié, étant donné la profondeur de l'empreinte laissée par telle ou telle lecture d'enfance à une époque où n'existaient pas nos moyens audio-visuels. Prenons seulement le cas de Jules Verne : combien de vocations scientifiques a-t-il suscitées ? Belin affirme qu'il n'aurait jamais entrepris l'étude des télécommunications sans Jules Verne. L'explorateur Charcot avait un véritable culte pour l'auteur du *Tour du monde en 80 jours*. Charles Richet attribue la passion des hommes de sa génération pour l'aviation à la lecture de *Cinq Semaines en ballon* ; Lyautey, Cocteau, Apollinaire témoignent chacun de cette influence. Dans un pays dont nous savons à quel point il hésitait devant le monde moderne, Jules Verne apportait un optimisme et un enthousiasme pour l'avenir qui contrebalançaient tant de nostalgies de mondes passés.

En définitive, cependant, nous n'avons qu'une idée très partielle des effets de ces œuvres sur l'esprit enfantin. Que retenaient les jeunes bourgeois français de leur lecture ? Comment faisaient-ils la synthèse entre cet « enseignement », celui du lycée ou du pensionnat, et celui, plus ancien, mais non moins efficace, des premiers temps de l'enfance, donné par les domestiques, les mères si elles en avaient le temps, sans parler des grands-parents ? Les témoignages d'adultes et les souvenirs écrits généralement au temps de la vieillesse sont souvent des reconstructions du passé en fonction de la vie présente : la plus grande part du monde culturel de l'enfant nous échappe irrémédiablement. Perte grave! Nous savons maintenant à quel point l'univers mental de l'homme fait est tributaire des premiers temps et des premières expériences de sa vie. Tout au plus pouvons-nous supposer qu'il ne devait pas y avoir de rupture profonde entre la culture de l'enfant et celle de l'adulte ; les facteurs d'intégration sociale semblent l'emporter dans la jeunesse sur les facteurs de « dissociation » si nous en jugeons par les rapports entre les générations : les heurts étaient limités et l'héritage culturel se transmettait sans être profondément remis en cause. Pas de « contestation » de l'enseignement reçu dans les lycées, et les associations d'étudiants, qui se sont créées dans les années 80-90, avaient à cœur d'obtenir le patronage de personnalités du monde culturel officiel : Lavisse, Monod, le vicomte de Vogüé. Seule forme de troubles : les chahuts ou monômes, « soupapes de sûreté » acceptées par tous. Les mutations culturelles ne coïncident point avec l'avènement de nouvelles classes d'âge. Nous voici renvoyés au monde des adultes.

Domination culturelle de Paris

La vie culturelle n'échappe point au centralisme français. Si la culture des classes dirigeantes se diffuse à travers l'ensemble du pays, elle s'élabore à Paris. Paris domine très largement dans le haut enseignement et la recherche scientifique grâce à diverses institutions déjà citées, le Muséum, le Collège de France et les grandes écoles ; des traitements plus élevés attirent les meilleurs professeurs tant des facultés que des lycées (un agrégé parisien gagne, en 1913, près de 50 p. 100 de plus que son homologue provincial). Mais le rôle de Paris est plus important encore dans d'autres formes d'expressions culturelles : depuis *les Illusions perdues* rien n'a changé, le provincial ambitieux qui veut réussir dans les lettres, les arts ou le journalisme doit « monter » à Paris. Les institutions qui assurent cette prééminence de la capitale sont multiples.

Paris offre une multitude de lieux de rencontre où se lancent les auteurs, où se font et se défont les réputations. Et d'abord, les salons : « Cette station des jeunes de la littérature de cinq à sept heures tous les jours dans un intérieur de femmes à la mode, c'est, à l'heure actuelle, le procédé pour arriver », affirme un observateur. Le salon de la comtesse Greffulhe, par exemple, soutient les musiciens, celui de Mme de Loynes prépare les élections à l'Académie, couronnement normal de la carrière d'un écrivain en vogue, tout au moins s'il est de style classique et « bien pensant ». Certains critiquent le salon, « école du poncif et de la mode imbécile », qui, selon le féroce Léon Daudet, n'a produit que « Robert de Montesquiou et je ne sais combien de muses inutiles et comiques ». Ils lui préfèrent le café, « école de la franchise et de la drôlerie ». Mais la place du café dans la république des lettres est plus ambiguë. Les cafés des Grands Boulevards sont bien le rendez-vous des écrivains arrivés, tels le Napolitain ou, au début de la IIIe République, Tortoni ; les sujets discutés et les opinions exprimées ne diffèrent pas de ceux des salons. D'autres cafés, au Quartier latin et, à partir de 1900, à Montmartre, attirent un public mêlé ; là se côtoient les auteurs à la mode, ceux qui espèrent le devenir, et les « maudits », les « non-conformistes » ; c'est le lieu d'élection de la bohème ; on y discute souvent d'art nouveau et de littérature d'avant-garde ; nous ne sommes plus sur le terrain de la culture officielle reconnue par les notables.

Ceux-ci, en revanche, se retrouvent chez eux dans les théâtres subventionnés, Opéra, Opéra-Comique et Comédie-Française, qui font plus de 2 millions de recettes par an et où les représentations sont autant des manifestations mondaines qu'artistiques ; nulle audace, donc, sauf parfois à l'Opéra après 1900. Les auteurs joués sont des classiques ou des valeurs reconnues par une élection à l'Académie, une campagne de presse bien menée ou l'appui d'un salon influent. Le théâtre de boulevard est réservé au divertissement ; on y applaudit les acteurs qui, après de longues années au « Français », ont préféré le répertoire plus libre des scènes privées, Sarah Bernhardt à la Renaissance, Coquelin à la Porte-Saint-Martin, Réjane au Vaudeville. Là sont expérimentées certaines pièces avant d'entrer dans le répertoire de la Comédie-Française : ainsi triompha *Cyrano de Bergerac* à la Porte-Saint-Martin, le 28 décembre 1897. A l'écart de ces théâtres, il existe une troisième catégorie de scènes, mais elles ne se rattachent plus à cette culture dominante, et leur insuccès en est la première preuve ; il s'agit des troupes d'avant-garde qui cherchent un nouvel art dramatique, Antoine et son Théâtre-Libre, qui veut adapter le naturalisme à la scène, puis Lugné-Poe, qui défend le théâtre symboliste, et, à la veille de la guerre, Jacques Copeau et le Vieux-Colombier.

Enfin, Paris concentre la majeure partie des maisons d'édition et surtout des entreprises de presse. La presse parisienne n'est pas seulement un moyen de diffusion des valeurs culturelles du moment ; elle contribue à les créer et à les modifier. Cependant, dès cette époque, se distinguent nettement des journaux à forte diffusion, qui affirment se limiter à l'information et s'adresser à un public populaire (nous en reparlerons plus tard), et des journaux d'opinion et de réflexions, destinés à tous ceux qui se veulent « cultivés ». Cette presse d'opinion est encore très vivante : plus d'une quinzaine de quotidiens paraissent à Paris, représentant toutes les nuances, du socialisme à l'antisémitisme ou au bonapartisme, quelques-uns approchant même les 100 000 exemplaires.

La forme extérieure de ces journaux n'a guère varié ; les techniques d'illustration moderne ne l'aèrent pas : ce n'est pas ce que cherchent ses lecteurs. Ceux-ci, si l'on en juge par le contenu de la presse, s'intéressent plus à la littérature qu'à l'économie. Les lettres tiennent, en effet, une place considérable dans les quotidiens, sans parler de journaux à vocation essentiellement littéraire, le *Gil Blas* ou le premier *Écho de Paris*. Chez tous, la critique littéraire ou dramatique a autant d'importance que la chronique politique ; on lit le *Journal des débats* pour le feuilleton dramatique de Weiss, puis de Jules Lemaitre ; au *Temps*, Francisque Sarcey est une puissance redoutée, et c'est en interrogeant soixante-quatre personnalités sur l'évolution littéraire que Jules Huret crée l'enquête par interviews. Les journaux se disputent les écrivains ; *le Gaulois* se vante de ses seize académiciens. Il n'est pas rare de lire un éditorial consacré à un événement littéraire : ainsi le directeur des *Débats* disserte sur *le Disciple* de Paul Bourget. Aux yeux des notables formés par les humanités classiques, la littérature est le reflet de l'évolution du pays. Les grandes revues, *la Revue des Deux Mondes, la Nouvelle Revue* ou *la Revue bleue*, avec les mêmes chroniqueurs, présentent une physionomie identique, où l'on entremêle questions littéraires et réflexions politiques.

Cette presse, au-delà des divergences idéologiques, défend un certain style classique et des genres littéraires bien définis : qui voulait réussir devait s'y plier ; mais la défense de l'orthodoxie était encore mieux organisée dans le domaine des arts plastiques.

L'Institut garantit l'orthodoxie artistique

Dans les arts plastiques, plus qu'ailleurs, l'Institut s'efforçait de contrôler les créateurs et d'éviter toute innovation. Le peintre, en effet, qui voulait réussir devait franchir des étapes précises. Il entrait d'abord à l'école des beaux-arts ; là, il avait intérêt à s'inscrire à l'atelier d'un maître de l'Institut dont il prendrait la manière, ce qui lui donnerait des chances au concours du prix de Rome qui clôturait l'enseignement de l'école. Lauréat, après le séjour à la villa Médicis, il obtenait des commandes officielles ; en même temps, il proposait des toiles pour le Salon, le grand événement artistique de l'année. Accepté par le jury, il était admis à exposer, et médaillé ; on parlait alors de lui dans la presse ; *l'Illustration* reproduisait l'une de ses œuvres ; les gens du monde voulaient qu'il fît leur portrait ; ses tableaux se vendaient cher ; il vivait en riche bourgeois dans un hôtel particulier ; il pouvait se présenter à l'Institut ; élu, il avait à son tour des élèves qui imitaient son style. Pour le sculpteur et les autres artistes, l'évolution était comparable. A tous les stades de sa carrière, l'artiste dépendait de l'Académie des beaux-arts. C'est elle qui contrôlait l'enseignement de l'école et, donc, les admissions et les succès au prix de Rome. Ses membres faisaient partie des commissions artistiques qui conseillaient l'État dans ses commandes et des jurys qui décernaient les médailles dans les Salons.

Le drame, c'est que l'Académie des beaux-arts défendait une seule esthétique : le classicisme tel qu'Ingres, membre de l'Institut pendant plus de quarante ans, l'avait fait triompher. Gleyre, un peintre académique, le conseillait à Monet : « Rappelez-vous donc, jeune homme, que quand on exécute une figure, on doit toujours penser à l'antique. La nature, mon ami, c'est très bien comme élément d'étude, mais ça n'offre pas d'intérêt. » Peinture d'atelier, l'art officiel a sa hiérarchie des sujets : les thèmes nobles sont la peinture historique ou mythologique et le portrait ; le paysage est un genre mineur et la représentation de scènes populaires ou familières un signe de mauvais goût. Plus gravement encore, en réaction contre Delacroix, « trop révolutionnaire », le maître craint toujours que « cette satanée couleur » monte à la tête de son élève.

Hors du Salon et des voies décrites ici, point de salut ; il n'existe pas encore, au moins au début de notre période, de circuit parallèle qui fasse vendre et connaître, comme l'explique très bien Renoir : « Je viens tâcher de vous expliquer pourquoi j'envoie au Salon. Il y a dans Paris à peine quinze amateurs capables d'aimer un peintre sans le Salon. Il y en a quatre-vingt mille qui n'achèteront même pas un nez si un peintre n'est pas au Salon [...]. Mon envoi au Salon est tout commercial. » Le public approuve, en effet, entièrement l'Institut. Déjà, en 1863, les visiteurs avaient donné raison au jury officiel, en se moquant des œuvres du Salon des refusés. La peinture académique est parfaitement représentative des goûts de son temps.

Mépris pour le monde moderne

En architecture, on imite tous les styles, des temples grecs aux églises byzantines. Ici, le divorce entre l'évolution technique et les réalisations est criant. Les architectes refusent longtemps d'utiliser les possibilités de formes originales offertes par les nouveaux matériaux industriels, le fer ou le béton armé. Seules, les matières « nobles » — la pierre de taille ou le marbre —, avec lesquelles les Anciens avaient bâti leurs chefs-d'œuvre, sont dignes d'eux ; ils laissent les autres aux ingénieurs, tel Eiffel, « qui ne peuvent prétendre créer de la beauté, parce qu'ils font de l'utilitaire et se servent d'un produit de l'industrie ». Tous les bons esprits sont scandalisés par la tour en fer de l'Exposition de 1889. De la célèbre statue de la Liberté, on ne retient que la contribution fort académique de Bartholdi, alors que le véritable chef-d'œuvre se trouve être la charpente interne du même Eiffel. Cette opposition établie entre l'esthétique et le « fonctionnel », n'est-ce point un nouveau signe du refus de la civilisation industrielle ?

Le décor de la vie privée n'échappe pas à ce goût des imitations. Jusqu'au second Empire, les classes dirigeantes, à chaque génération, avaient créé un style d'ameublement. Sous la IIIe République, on ne crée plus, on copie ; on meuble son appartement de buffet Henri II, de guéridon Empire, de bibelots japonais ou de fauteuils en bambou. La seule tentative de renouvellement est le « modern style ». Partant du sentiment juste qu'il fallait un art en rapport avec les bouleversements contemporains, cet effort avorta, faute d'accomplir les ruptures nécessaires. Faisant triompher partout la volute et l'arabesque, il nous laissa les entrées de métro de Guimard, les verres de Gallé ou de Lalique et une appellation qui le ridiculisa, le « style nouille »!

Cette fuite dans le passé n'est pas sans rapport avec la formation donnée au lycée exaltant exclusivement l'Antiquité et la littérature classique. Mais elle traduit aussi le sentiment chez le notable d'être l'héritier légitime de la « civilisation », d'avoir donc le droit de reproduire les œuvres des Anciens. C'est aussi un moyen de se prémunir contre l'histoire. Créer des formes nouvelles en rupture avec le passé serait reconnaître le mouvement, l'évolution. La France bourgeoise fuit le temps en adhérant à l'idée d'une beauté éternelle déjà découverte, qu'il suffit de reproduire ; elle vit dans un monde artistique figé, sans histoire, puisqu'elle est, elle-même, la « fin de l'histoire ». Signe d'orgueil ou marque d'une sourde inquiétude ? Cette conception esthétique est enfin une des manifestations de ce rationalisme français qui est un des caractères dominants de la culture des classes dirigeantes.

Culture rationaliste et développement des sciences

Le rationalisme, pour ne pas dire l'intellectualisme, est véhiculé tant par l'enseignement secondaire que par la philosophie et même par la littérature à la mode. La dignité de l'homme réside exclusivement dans sa raison, qu'il faut donc chercher à développer ; la faculté d'analyse, l'esprit critique sont les premières qualités ; la sensibilité, l'intuition, la spontanéité sont méprisées et étrangères au « génie national » (brumes nordiques ou germaniques). Le romantisme n'a jamais été totalement accepté ; depuis 1848, la réaction contre lui est très vive. Même les milieux dirigeants catholiques, qui développent, au niveau populaire, une apologétique du miracle et du surnaturel, restent marqués par un rationalisme diffus : la formation dans les collèges religieux masculins ne diffère pas de celle des lycées, et dans les séminaires on redoute le fidéisme ; aussi enseigne-t-on toujours la théologie rationalisante de l'époque classique.

Mais ce rationalisme a pris une coloration scientifique et idéologique avec le succès, dans la bourgeoisie française, du positivisme. Dès 1830, Auguste Comte avait affirmé que l'humanité entrait dans le troisième âge, l'âge positif, où l'homme n'a plus besoin de religion ou de métaphysique, puisque la science les remplace en expliquant la réalité et en la transformant. Les succès scientifiques semblaient réaliser ses prévisions. Le développement des sciences n'a pas un caractère proprement national, mais les savants français y eurent une part importante. Cartan, Hadamard et Poincaré faisaient progresser les mathématiques ; Cailletet et Claude, en réussissant à liquéfier n'importe quel gaz, participaient à la création de l'industrie du froid ; Branly jouait un rôle dans la mise au point de la télégraphie sans fil ; mais c'est, sans contestation, dans le domaine de la radio-activité que la science française s'illustra le plus, avec Becquerel, qui observe, en 1896, le rayonnement des corps radio-actifs, avec Pierre et Marie Curie, qui découvrent, deux ans plus tard, le radium, et avec Maurice de Broglie, auteur de travaux sur le spectre des rayons X. Les sciences biologiques et médicales sont évidemment marquées par la « révolution » pasteurienne, l'antisepsie, l'asepsie, les diverses vaccinations : en quelques années, la physionomie de la médecine est radicalement transformée et l'œuvre de Pasteur est prolongée par ses disciples dans les Instituts Pasteur (1894 : Roux découvre le sérum antidiphtérique).

Mais le positivisme assigne à la science des ambitions plus hautes : expliquer non seulement la nature, mais aussi l'homme. Sous son impulsion, les sciences humaines tentent de se constituer selon les principes du déterminisme : dès 1863, Taine a expliqué l'écrivain par le milieu physique, la race et les circonstances. Durkheim, s'inspirant de l'idée de Comte, établit les premières règles d'une science des collectivités humaines, la sociologie. L'histoire n'a pas échappé à ce renouvellement, d'autant plus que les progrès de la science allemande (Ranke, Mommsen) étaient un défi à relever : les dernières structures de la recherche sont mises en place (École française de Rome en 1874 ; création de la *Revue historique* en 1876). L'historien scientifique espère, grâce à de saines méthodes, telles que Langlois et Seignobos les définissent dans l'*Introduction aux études historiques* (1897), atteindre « les faits » et écrire ainsi une histoire « objective » dégagée de tout parti pris. Tout l'esprit de cette tentative peut se résumer dans cette prétention épistémologique de Rambaud, que n'aurait pas désavouée l'auteur du *Cours de philosophie positive* : « La politique [...] doit aboutir, si on la traite avec un esprit vraiment scientifique, à des lois aussi certaines que celles de la physique, de la chimie ou de la physiologie. »

La mythologie positiviste n'épargne pas la littérature avec Zola et son roman expérimental ; de façon plus diffuse, toute l'esthétique réaliste se rattache à cette inspiration. En outre, le rationalisme alimente puissamment la critique du christianisme, depuis *la Vie de Jésus*, de Renan (1863), jusqu'aux thèses extrêmes de Jules Soury, qui fait du

Christ un malade mental atteint de « méningo-encéphalite »!

En revanche, la doctrine n'impliquait pas forcément une position politique « progressiste ». Certes, une tendance optimiste, celle que représente un Jules Ferry, estime que la science est source de progrès et de bonheur, permettant par sa diffusion une démocratie de plus en plus avancée. Mais, avec Taine, le positivisme devient pessimiste : l'homme du peuple n'est-il point irrationnel ? Et le courant s'inspirant de la théorie de l'évolution est persuadé du danger permanent de dégénérescence de l'espèce ; il ne s'agit donc plus de progresser, mais d'éviter la décadence. Ce sentiment obsède Maurras lorsqu'il propose son système de politique positive. En réalité, le scientisme marque peu ou prou toutes les familles idéologiques françaises, des monarchistes aux guesdistes, plus marqués par les mécanistes du XVIIIe siècle que par la dialectique marxienne.

Contradiction d'une culture

Ces bourgeois rationalistes ne sont pas exempts, cependant, d'illogisme. La « raison » est d'abord un « privilège masculin ». Beaucoup de maris voltairiens s'accommodent très bien de la différence des opinions, contrairement à Jules Ferry ; ils envoient leur épouse à l'église. L'homme, « positif » et occupé des affaires terrestres, peut se permettre de n'assister à la messe que le jour de Pâques ; la femme, « imaginative et romantique », est chargée de l'au-delà ; sa piété est d'ailleurs une garantie de fidélité, comme nous le rappelle un héros de Zénaïde Fleuriot, qui tient à épouser une jeune fille dévote : « Je veux que ma femme reste fidèle à tous ses devoirs, et je n'ai pas l'absurde fatuité de penser qu'elle le pourra par le seul fait de son affection pour moi. » La femme ne peut pas non plus tout lire ; ainsi, pour elle, le réalisme est un poison, tous s'accordent à lui vouloir une littérature idéaliste qui prolonge ses lectures de jeune fille. Octave Feuillet et surtout Georges Ohnet, voilà les auteurs à la mode. Le dernier cité, avec *le Maître de forges* (qui connut 250 éditions), nous donne l'un des thèmes favoris : le jeune bourgeois arrivant, par sa valeur, à conquérir le cœur de la belle aristocrate : « C'est, selon Jules Lemaitre critiquant Ohnet, la victoire du tiers sur la noblesse, et de la vertu sur le vice [...], l'idéal du héros bourgeois, ancien héros romantique pourvu de diplômes, muni de mathématiques et de chimie. » Le roman contient juste ce qu'il faut de rationalisme pour que la femme apprenne à ne pas entraver la carrière de son mari.

Mais l'ambiguïté de cette culture va plus loin encore dans la dualité des admirations. On fréquente le Français, mais on préfère le théâtre des Variétés ; on honore les classiques, mais on aime mieux le vaudeville. A côté des valeurs « nobles », un Paul Bourget par exemple, se développe toute une littérature d'alcôve, toute une série de spectacles polissons, des Folies-Bergère au quadrille naturaliste, traduction exacte, sur le plan culturel, du comportement familial de certains notables amenant leur femme à la reprise d'*Andromaque* avec Julia Bartet, mais « s'encanaillant » au Moulin-Rouge avec leur maîtresse.

1900 n'est pas la seule époque à connaître ce double comportement, mais jamais les activités culturelles de second niveau n'avaient eu plus de « renommée » que les œuvres officiellement reconnues. Ce sont celles-là qui ont laissé un souvenir dans la conscience moyenne des Français. Qui connaît encore les noms de Catulle Mendès, Maurice Donnay, Alfred Capus ou Henri Lavedan, les écrivains très arrivés du Tout-Paris ? Paul Bourget lui-même n'est plus qu'un nom. Les auteurs qui échappent à l'obscurité étaient en marge et « sentaient déjà le soufre » : un Barrès, longtemps considéré comme un dilettante sceptique, ou un Zola, « écrivain bien vulgaire »! Mais on joue toujours les vaudevilles de Feydeau, de De Flers et Caillavet, les comédies de Courteline ; on chante encore Aristide Bruant.

Curieux destin de cette culture dominante. Elle prétendait atteindre l'homme éternel dans ses imitations de l'Antique ou dans ses romans psychologiques, mais elle est incapable de survivre à la génération suivante, sinon dans ses réprouvés ou ses expressions les moins académiques. Quel contraste avec le siècle précédent, où la grande bourgeoisie commerçante participe activement au mouvement des lumières. L'apogée de la France bourgeoise coïncide, pour reprendre l'expression de Robert Mandrou, avec une « dépression culturelle ».

Unité ou diversité de la culture bourgeoise

Notre analyse, si imparfaite déjà, serait encore plus insuffisante si nous cédions à la tentation de la simplification : n'y a-t-il qu'une culture dominante uniformément répandue sur toute l'étendue du territoire et imprégnant également tous les notables ?

Premier problème, les rapports entre Paris et la province : la centralisation culturelle est-elle aussi avancée que la centralisation politique ? Le sens de l'évolution n'est pas niable : nous l'avons suggéré, la culture bourgeoise se veut instrument d'unification du pays. L'attitude à l'égard des langues régionales en est la preuve : aucun effort pour les sauvegarder, même dans les universités ; l'enseignement français dans sa totalité nie la possibilité d'une diversité culturelle régionale. En 1913, le président de la République peut bien visiter Mistral, ce n'est que la reconnaissance d'une valeur devenue internationale.

Pourtant, cette renaissance littéraire de tous les pays de langue d'oc pose un problème ; le félibrige n'est pas uniquement provençal (de l'autre côté du Rhône, Toulouse, Nîmes ou Montpellier sont des centres de littérature occitane). Le mouvement s'appuie sur un public populaire, mais il est animé par des érudits, notables provinciaux ; une partie de la bourgeoisie locale les soutient. Phénomène politique ? Une manière pour le royalisme de s'opposer au pouvoir ? Les tendances dominantes du félibrige provençal avec Roumanille ou Aubanel, ainsi que les thèses décentralisatrices de Maurras, pourraient le faire croire. Mais il existe aussi un « félibrige rouge », en Provence même, avec Pierre Devoluy, et surtout en Languedoc (De Ricard, Fourès). En fait, le point commun de ces courants réside dans un certain passéisme, la nostalgie de l'époque de l'artisanat et de la vie agraire traditionnelle. A droite comme à gauche, c'est une autre manière de refuser l'évolution économique.

L'originalité culturelle de certaines provinces ne se limite pas à leurs diversités linguistiques. Dans tout le Midi, la passion pour la chose publique ne traduit pas uniquement une position politique, mais aussi une culture dont la multiplicité des associations, le goût de la discussion et l'amour de l'art lyrique définissent les contours. En Bretagne, l'attachement aux idées catholiques et royales marque autant une volonté de se distinguer qu'un choix sur le régime. Partout, le développement de la presse provinciale, un équipement théâtral encore important offrent aux notables locaux la possibilité de sauvegarder des particularismes culturels. En dehors des régions déjà citées, peu en profitent.

A Paris même, les goûts de l'homme du monde ne coïncident pas avec ceux du bourgeois moyen. L'appartenance de longue date à l'aristocratie, le sentiment de faire partie héréditairement des classes dirigeantes donnent la liberté à l'égard de cette culture qui, pour d'autres, accorde le droit de bourgeoisie. Le snobisme encourage les nouvelles formes culturelles qui ne trouvent pas d'appui dans la masse de la bourgeoisie.

La France des royalistes et la France des républicains

Autre source de différence possible, les oppositions idéologiques. A plusieurs reprises, nous avons fait allusion au conflit entre la droite et la gauche, entre royalistes et républicains ; l'opposition dépasse le seul plan politique : deux visions du monde, deux systèmes de pensée se heurtent. La légende noire de l'un devient la légende dorée de l'autre ; chacun écrit l'histoire de France à sa manière. Chaque camp a son vocabulaire, ses moyens d'expression, ses écrivains. A certains moments, l'affaire Dreyfus par exemple, l'observateur contemporain pouvait avoir l'impression de deux cultures radicalement étrangères. Avec le recul, l'unité que nous nous sommes efforcés de dégager apparaît mieux : « Les anti-dreyfusistes et nous, les dreyfusistes, nous parlions le même langage », sentait déjà Péguy.

C'est pourtant à cette époque que le même Péguy, rejeté par tous les groupes constitués, n'arrivait pas à faire vivre ses *Cahiers de la quinzaine*, que Cézanne terminait sa vie dans le mépris de ses compatriotes aixois et que Rodin ne pouvait faire accepter son *Balzac* par la Société des gens de lettres. Chaque année apportait son lot d'œuvres littéraires ou artistiques vilipendées et maudites qui sont aujourd'hui reconnues.

Comment expliquer ces incompréhensions permanentes, sinon par des mutations culturelles nées du sein même de cette culture et qui la remettaient en cause ? Cette crise éclatait au moment où, apparemment, jamais le triomphe de la culture des notables n'avait été plus grand avec la conquête de « nouveaux territoires », les milieux populaires.

II. CONQUÊTE DES MILIEUX POPULAIRES ET AFFAIBLISSEMENT DES CULTURES TRADITIONNELLES

Jamais la culture populaire n'a été indépendante de celle des classes dirigeantes : au XVIIIe siècle, par exemple, la littérature de colportage véhiculait des thèmes et des images d'une ancienne culture aristocratique. Tout au moins avait-on le sentiment d'une autonomie relative. Le fait nouveau est l'ampleur des moyens d'influence dont dispose maintenant la culture des notables. L'instrument le plus spectaculaire est l'école primaire, dont le destin paraît lié à la république.

« Un grand personnage historique ? l'école primaire » (L. Febvre)

La IIIe République n'a pourtant pas créé l'enseignement élémentaire. Grâce aux mesures prises par Guizot et aux congrégations, la plupart des jeunes Français passaient déjà par l'école. Un réseau dense d'écoles normales de garçons formait les maîtres. Mais les républicains, partant de ces bases, ont bâti un système cohérent et stable qui commence simplement aujourd'hui à être remis en cause.

Trois séries de facteurs ont été avancées pour expliquer cette politique. Dans l'idéologie républicaine, le progrès politique et moral implique le progrès de l'instruction : « Cette tête de l'homme du peuple, disait Victor Hugo, cultivez-la [...], éclairez-la [...], vous n'aurez pas besoin de la couper. » C'est le moyen de régler le problème social en faisant disparaître « la dernière, la plus redoutable des inégalités qui viennent de la naissance, l'inégalité de l'éducation », et en effectuant « la première fusion qui résulte du mélange des riches et des pauvres sur le banc de quelque école » (J. Ferry).

Mais ces sentiments étaient largement partagés par une opinion populaire qui semble avoir évolué rapidement en une ou deux générations. A Mazières-en-Gâtine, par exemple, au début du second Empire, les paysans, s'ils avaient un respect diffus pour le savoir, n'envoyaient pas, pour autant, leurs enfants à l'école. Trente ans plus tard, l'attitude des campagnes est bien différente : tous ceux qui avaient fréquenté l'école ont pu, se servant de leur instruction, améliorer leur sort ; ils occupent des emplois de petits fonctionnaires et, lorsqu'ils partent au régiment, ils n'ont pas besoin d'un tiers pour donner de leurs nouvelles. Conclusion : il faut donc instruire les enfants. La bonne comtesse de Ségur se fait aussi l'écho de cette transformation de mentalité : au début de *la Fortune de Gaspard*, le père veut retirer ses fils de l'école pour les travaux des champs ; mais il mesure les inconvénients de l'ignorance ; il oblige alors Lucas, désireux de l'aider à la ferme, à suivre très régulièrement les cours de l'instituteur. La force de la politique républicaine est d'avoir senti ce courant nouveau dont, prisonniers d'une vision dépassée des paysans, la plupart des conservateurs n'ont pas mesuré l'ampleur. Enfin, une société en train de s'urbaniser et de s'industrialiser réclamait une diffusion générale de l'instruction.

La mise en place du système

La législation scolaire s'établit, dès l'arrivée au pouvoir des républicains, sous l'influence de Jules Ferry et d'un groupe de protestants libéraux. La formation des maîtres est d'abord renforcée par la création obligatoire, dans chaque département, d'une école normale d'institutrices et, dans la région parisienne, des écoles de Fontenay-aux-Roses et de Saint-Cloud, destinées à fournir des professeurs pour les écoles normales (1879-1881). Puis viennent les lois fondamentales : l'enseignement primaire devient gratuit (1881), ce qui permet de le rendre obligatoire de sept à treize ans (1882). Il est déclaré laïque ; l'enseignement officiel du catéchisme est supprimé, les locaux scolaires doivent être neutres et le personnel ne peut plus appartenir à une congrégation. Plus tard, à la suite des remous de l'affaire Dreyfus, le bloc des gauches interdit l'enseignement libre congréganiste (1904).

Désormais, l'organisation de l'école primaire est bien établie : les maîtres, payés par l'État et sortant tous d'écoles normales, travaillent et sont logés dans des bâtiments de la commune ; ils sont contrôlés et administrés dans le cadre départemental (inspecteur d'académie et conseil départemental de l'enseignement primaire). Les programmes et les méthodes sont aussi fixés. Il faut apprendre « ce qu'il n'est pas permis d'ignorer » pour tenir sa place dans la France d'alors, non seulement l'écriture, la lecture et le calcul, mais encore l'histoire, la géographie, un peu de sciences naturelles et d'agronomie simple. Chaque année, l'instituteur reprend les connaissances de l'année précédente en les approfondissant (méthode concentrique). Dès les instructions de 1887, les autorités insistent sur la nécessité de « faire participer l'élève à la découverte de la connaissance », c'est-à-dire utiliser des méthodes intuitives et actives. Le couronnement des études est le « certificat ».

L'édifice primaire est complété par les écoles maternelles et l'enseignement primaire supérieur. L'école maternelle est la suite des salles d'asile créées vers 1830 pour recueillir les enfants pendant que les mères travaillent dans les manufactures. Étant donné le nombre des élèves par classe (de 150 à 400), c'étaient de simples garderies, où l'on s'efforçait, par une discipline très autoritaire, de faire tenir les enfants un peu tranquilles. En 1881, un décret donne aux salles d'asile le nom d'« écoles maternelles » et en fait des écoles comme les autres, où l'on apprend aux enfants les premiers rudiments d'écriture et de calcul, sans se soucier de leur âge mental. Heureusement, le contenu et les méthodes vont évoluer sous l'impulsion d'une inspectrice générale, Pauline Kergomard, et à la lumière des progrès de la psychologie de l'enfance : le jeu est défini dans les programmes de 1887 comme le « travail des enfants ». Les exercices d'expression remplacent la leçon. L'évolution s'achève au-delà de notre période : à ce moment, le contraste entre les méthodes des maternelles et de l'école primaire sera total.

Les écoles primaires supérieures, contemporaines des maternelles, sont destinées à « donner satisfaction aux ambitions légitimes, sans surexciter les prétentions aveugles, aussi décevantes pour les individus que fatales à la société » (O. Gréard), c'est-à-dire à offrir un débouché aux bons élèves du primaire, sans les intégrer à la voie royale du secondaire. Les E.P.S. forment des employés de bureau ou de petits fonctionnaires. On y donne un enseignement général à programme « concentrique » d'une durée de quatre ans ; à côté de sections générales, quelques sections professionnelles dispensent une instruction technique, mais leurs succès furent limités (en 1906, moins d'un élève sur sept). En réalité, la formation du producteur est totalement négligée.

Bilan d'une politique

A en juger par les chiffres, la politique scolaire de la IIIe République a plutôt couronné une évolution que créé un mouvement. Au début des lois scolaires, l'effectif des élèves scolarisés équivalait presque à l'effectif scolarisable : trente ans plus tard, il le dépasse de 12 p. 100 ; des enfants vont maintenant à l'école avant six ans ou poursuivent leurs études dans les E.P.S. En outre, le nombre des conscrits illettrés est passé de 18 à 5 p. 100. Progrès, certes, mais progrès limité, qui ne doit pas cacher les ombres, les scolarités souvent inachevées en milieu paysan.

Quant aux méthodes, la rupture avec le passé est moins grande que ne le laissent supposer certaines instructions. Pour reprendre encore l'analyse d'A. Prost, la pédagogie de la défiance (l'élève oublie trop vite) l'emporte sur l'optimisme rousseauiste (il suffit d'éveiller un esprit naturellement doué). Le but de l'école n'est pas d'épanouir l'enfant, mais de le conduire à l'âge adulte sans toujours se soucier de son âge mental. C'est donc souvent un dressage : d'où le recours à l'autorité, le refus d'utiliser la spontanéité, l'emploi prioritaire de la mémoire, le primat de la « leçon » sur l'exercice expérimental. Pédagogie fort peu nouvelle « qui prolonge, au fond, la tradition cléricale » (L. Legrand). Par sa pratique, l'école véhicule un modèle de société autoritaire, en contradiction avec ses objectifs politiques : former des citoyens libres. C'est pourtant bien au niveau des mentalités que l'influence de l'œuvre de Jules Ferry est le plus décisive.

Le patriotisme est la première valeur que, très consciemment, l'école laïque veut développer, réconciliant riches et pauvres, et espérant atténuer les conflits idéologiques. Implicitement, l'école rivale l'approuve, étant pareillement patriote. Les fondateurs de l'école républicaine se rattachent tous à ce courant. Buisson fait partie du comité directeur de la Ligue des patriotes. Jean Macé préface un manuel de tirs à l'usage des écoles primaires. Les instituteurs, au moins dans les années 80, deviennent des auxiliaires de l'armée, organisant une véritable « préparation militaire », avec bataillons scolaires, exercices dans la cour avec des fusils de bois et défilés dans le village.

Toutes les disciplines apportent leur concours à cette exaltation du sentiment national. L'histoire en priorité : à l'époque de la croyance en l'« objectivité », le récit du passé n'est pas « neutre ». Le petit « Lavisse », principal manuel employé, fournit le modèle de cette interprétation du passé national dont Michelet est bien le créateur. L'historien universitaire montre la longue constitution de la France, à travers les dynasties et les régimes successifs, par le regroupement progressif de toutes les provinces pour atteindre enfin les « frontières naturelles » ; Vercingétorix, le vase de Soissons, Charlemagne, Bouvines, les bourgeois de Calais, « le grand Ferré », du Guesclin, Jeanne d'Arc brûlée à Rouen, Bayard, le panache blanc d'Henri IV, Bara, le pont d'Arcole, la charge de Reichshoffen, autant d'images historiques qui jalonnent cette ascension de la France, constituant ainsi l'« album de famille de tous les Français ». L'exaltation des vertus militaires se concilie avec le pacifisme du début du siècle grâce à la notion de guerre juste : si l'on doit refuser le bellicisme, il faut défendre la patrie attaquée. La perte de l'Alsace-Lorraine justifie la haine des Français pour les Allemands.

La géographie célèbre, à sa façon, la France, « hexagone régulier » aux belles proportions, « au climat tempéré ». Les productions du pays sont diverses et bien réparties, les paysages variés ; tout respire, dans cette géographie, douceur et équilibre, qualités principales de la France. En étudiant les sciences, le petit Français découvre le génie inventif de ses compatriotes, Bernard Palissy, Denis Papin, Lavoisier, Pasteur surtout, qui incarne en même temps le progrès actuel. La lecture ou les récitations, enfin, sont remplies de passages patriotiques qui prolongent et illustrent le livre d'histoire ; par exemple, « la Retraite de Russie » de Victor Hugo, « la Dernière Classe » ou « l'Enfant espion » d'Alphonse Daudet, et surtout le livre de lecture courante, *le Tour de la France par deux enfants*, autre grand succès de l'édition scolaire.

L'unité nationale suppose, conformément à la tradition jacobine, l'abolition des originalités provinciales. L'école est un instrument puissant d'uniformisation par la lutte contre les langues locales et la chasse aux tournures provinciales. Aucun intérêt pour la géographie ou l'histoire régionales, même lorsque celle-ci pourrait appuyer l'idéologie républicaine ; ainsi, en Cévennes, au témoignage de survivants, les instituteurs ne parlaient jamais de la persécution contre les protestants sous la monarchie, qui, pourtant, alimentait, sur le plan national, la polémique anticléricale et antiroyaliste. A plus forte raison, célèbre-t-on Paris, « image en raccourci de la France », dont « l'histoire se confond avec celle de notre pays ».

Le visage de la France reflété par les manuels était encore l'univers familier de beaucoup de Français, mais il traduisait aussi l'idéal d'un pays de petits propriétaires et d'artisans. Reprenons *le Tour de la France par deux enfants* ; les métiers décrits sont presque tous des professions de l'ancienne France : sabotiers, forgerons, marchands ambulants ; le héros principal, André, est ouvrier serrurier, et le livre se termine par un retour général à la terre : on visite la grande ville, mais on vit à la campagne ou dans la petite ville, Épinal, par exemple. Les vertus prônées sont, outre le travail et l'honnêteté, l'économie et l'épargne ; le crédit est toujours critiqué. « C'est se forger une chaîne de misère et de servitude que d'emprunter [...]. » Leçon qui rejoint exactement celle qui est donnée par Lavisse dans son manuel d'instruction civique lorsqu'il raconte la banqueroute frauduleuse de Larmuseau : le tort de ce petit commerçant est d'avoir voulu progresser trop vite en faisant trop largement crédit et en empruntant au banquier, qui « prête à gros intérêts », pour installer un magasin trop bien présenté, tous caractères que l'on attribue à une économie dynamique. L'histoire concourt à cette méfiance à l'égard des mouvements d'argent : dans la galerie des mauvais rois figurent ceux qui ont tripoté les monnaies, un Philippe le Bel entre autres. Par contraste, quel éloge des ministres économes, Sully, Colbert! Réaction contre l'esprit aristocratique de prodigalité, mais aussi incompréhension envers les phénomènes économiques modernes : ainsi se prépare le petit rentier qui recherche les « placements sûrs » et qui s'endort sur le coussin d'or que possède la France, à l'abri de solides barrières douanières.

Pourtant, et ce n'est pas une de ses moindres contradictions, cette école, fidèle à ses inspirateurs, pratique la « religion du progrès » ; sur ce point, la culture « laïque » se sépare de l'esprit de l'enseignement congréganiste. Mais le principal moteur du progrès est l'école elle-même, « temple de la foi des temps nouveaux » (Spuller) ; l'écolier devient le « petit missionnaire des idées modernes ».

Cette « foi laïque », en 1880, n'évince pas l'idée de Dieu, qui doit simplement être dégagée de l'institution ecclésiastique et de l'habit dogmatique. A la génération suivante, le spiritualisme laïque tend à être remplacé par un matérialisme de fait : c'est l'époque où, dans *le Tour de la France par deux enfants*, les allusions à Dieu et les prières disparaissent. S'il est ainsi assez facile de dresser un inventaire de la culture scolaire, la tâche est beaucoup plus ardue d'en mesurer l'influence sur les masses populaires.

Culture scolaire et cultures populaires

Certes, la conscience française contemporaine était persuadée de l'importance décisive de l'école dans la formation de la mentalité : « Ce n'est pas le fusil à aiguille, mais l'instituteur prussien qui a vaincu la France », avait-on coutume de dire, et plus tard on attribua le sursaut patriotique de 1914 à l'enseignement primaire, d'où l'âpreté des luttes pour la conquête de cet instrument.

Peut-on justifier cette intuition ? La réponse, en l'état actuel, doit être nuancée. L'instituteur n'est pas partout également admis : rejeté dans les pays à tradition royaliste, où l'école congréganiste accueille la majorité des élèves, il doit, ailleurs, vaincre les préventions paysannes à l'égard du fonctionnaire à l'emploi sûr, au salaire régulier et aux longues vacances qui se mêle de donner des conseils d'agriculture. Mais, souvent, le maître d'école est au centre de l'univers villageois. Tel est Joseph Sandre, l'un des instituteurs de *la Classe ininterrompue* présentés par Mona Ozouf ; déjà secrétaire de mairie et arpenteur, il ne finit pas d'ajouter d'autres activités, non rétribuées celles-là : « Partout, on le voit réunir les éléments d'un musée scolaire [...], partout il organise des conférences populaires sur la géologie, la préhistoire, mais aussi le thé, le café, la vigne et ses maladies [...]. Il donne des cours d'adultes, des leçons de dessin, multiplie les leçons particulières pour les enfants bien doués. Jamais las de transmettre ce qu'il sait, d'apprendre à mieux vivre, Joseph est au centre de tout [...] par l'influence culturelle. De ceci, il est pleinement conscient. Il est fier de cette nuée d'élèves qui, grâce à l'instruction qu'il leur a donnée, deviennent agents télégraphiques ou employés de chemin de fer [...]. Il suit leur carrière avec un attendrissement paternel. Ceux-ci en retour lui écrivent leur gratitude : s'ils ne sont pas, comme ils auraient dû l'être, domestiques de ferme, c'est que

Joseph les « a soustraits à l'ignorance ». » Mais si l'action du maître d'école pénétrait aussi aisément les esprits, c'est que d'autres facteurs agissaient dans la même direction, si bien qu'il reste impossible de déterminer la part spécifique de l'école.

Les autres moyens de diffusion

En tête, le journal. Avec l'invention de la rotative, en 1887, qui permet de tirer 20 000 exemplaires à l'heure, nous sommes entrés dans l'ère de la presse à grand tirage. En 1914, quatre quotidiens parisiens, *le Journal, le Petit Journal, le Matin* et *le Petit Parisien*, dépassent le million d'exemplaires. Le dernier cité (1 600 000 en 1914) est même, depuis 1893, coté en Bourse ; il possède sa propre papeterie et lance d'autres périodiques ; il organise des concours pour augmenter son tirage. Avec *le Petit Journal*, il a plus de 20 000 dépositaires en province, et la librairie Hachette lance, en 1898, un service de messageries pour acheminer les quotidiens de Paris dans toute la France. Malgré cette redoutable concurrence, la presse de province s'est aussi développée ; à la veille de la guerre, huit journaux dépassaient 200 000 exemplaires. Ainsi, dans le petit village de Mazières, cinq quotidiens étaient vendus au café ; un habitant sur huit prenait régulièrement son journal, sans compter les abonnés. Dans l'Aude, on commente avec ferveur l'éditorial de C. Pelletan dans *la Dépêche du Midi*. Dans les Cévennes, le soir, à la veillée, on lit à haute voix le compte rendu des débats parlementaires. Le journal est véritablement devenu « la prière quotidienne » du Français moderne.

La grande presse sportive date aussi de l'époque 1900 ; en 1914, le journal *l'Auto*, qui, pour tuer un concurrent, *le Vélo*, avait organisé en 1903 le premier Tour de France cycliste, atteignait 320 000 exemplaires. D'autres périodiques hebdomadaires ou bimensuels, à bon marché, se disputaient le public populaire : *Nos loisirs, la Vie à la campagne, Lectures pour tous, le Petit Écho de la mode* ou *les Veillées des chaumières*. Les catholiques, sous l'impulsion des pères assomptionnistes, avaient parfaitement compris l'importance de cette forme d'action en éditant, par exemple, *le Pèlerin*. Enfin, en 1910, paraît *l'Excelsior*, premier quotidien illustré, utilisant systématiquement la photographie. Forme et contenu de cette presse populaire se distinguent de plus en plus des traditions des journaux d'opinion. L'information compte moins que la diffusion ; tout est subordonné à la vente ; le style est donc simple, standardisé, les titres « accrocheurs », la mise en page aérée, les illustrations nombreuses ; faits divers et feuilletons sont les deux armes principales pour attirer la clientèle.

Les feuilletons sont repris dans les collections de romans populaires à bon marché, héritiers de la littérature de colportage autant par le public que par le contenu ; comme celle-ci, c'est une littérature d'évasion qui décrit l'univers des classes dirigeantes (avec une prédilection pour la vie aristocratique et le XVIe ou XVIIe siècle), en épouse les préjugés et en évoque les problèmes : un des thèmes privilégiés est celui de la mésalliance. On y trouve le mépris pour la ville, « sentine de tous les vices », et l'exaltation de la vie campagnarde simple et naturelle : Charles Mérouvel, Pierre Decourcelle, Xavier de Montépin, et, dans le style historique, Michel Zévaco et Paul Féval sont les auteurs les plus prisés. A la veille de la guerre, un nouveau genre se développait, le roman policier, avec l'*Arsène Lupin* de Maurice Leblanc ou le *Rouletabille* de Gaston Leroux ; il recevait la consécration populaire avec le prodigieux succès de *Fantomas :* c'était la résurrection du mythe du hors-la-loi défiant la société, Mandrin ou Cartouche, mais dans le cadre de la ville moderne.

Pendant toute la période, des villages et des bourgs somnolents s'ouvrent grâce à la voie ferrée (qui les atteint seulement sous la IIIe République). Les confrontations avec d'autres mondes culturels sont facilitées par la conscription. « Ceux qui allaient faire leur service à Poitiers, à Tours ou à Paris en demeuraient éblouis. Beaucoup revenaient en essayant de ne plus parler patois » (Thabault). D'autres partent comme ouvrier ou petit fonctionnaire. Des étrangers au pays s'y installent plus facilement ; un peu partout, le brassage de population menace les originalités locales. En réalité, c'est l'ensemble des phénomènes liés à la révolution technique et industrielle qui détruit progressivement les cultures traditionnelles ; l'école accélère un processus déjà largement engagé dans les régions les plus exposées, les villes, les concentrations industrielles, les grandes voies de passage.

Affaiblissement des cultures populaires traditionnelles

La disparition des mondes culturels anciens est, en effet, fort inégale. Il est encore impossible, faute d'études, d'en tracer la géographie ; contentons-nous de quelques impressions : le recul des « patois » en est le signe le plus visible ; leur régression est constante depuis trois siècles, mais la plupart des campagnards et nombre des gens des villes les parlaient dans la première moitié du siècle : tous les témoignages concordent sur ce point.

La IIIe République a accéléré le mouvement. Partout, les instituteurs traquent le « magma franco-patois » ; dans les cours de récréation du Gard ou de l'Hérault, les jeunes écoliers qui parlent languedocien sont punis et les parents soutiennent les maîtres : combien de grand-mères, semblables à celle de l'écrivain cévenol André Chamson, réprimandaient leur petit-fils lorsqu'il n'utilisait pas le français : « Tu ne réussiras jamais » ; car le lien entre l'abandon de la langue locale et l'ascension sociale est bien établi : le « succès » de tel fils de pauvre devenu fonctionnaire des postes parce qu'il savait écrire le français sans fautes le rappelle quotidiennement.

Avec la langue, ce sont maintes coutumes « antiques » qui disparaissent, le costume qui s'uniformise. L'intérêt que commencent à porter les savants à la tradition populaire ou « aux divers parlers de la France » (décembre 1885 : fondation d'une *Société de traditions populaires*) ne doit pas tromper : c'est le sentiment d'un monde en train de se défaire et dont il faut conserver le souvenir.

Certaines provinces résistent mieux, à cause d'un particularisme affirmé, la Bretagne, ou du cloisonnement du relief, les hautes terres du Massif central ; là, il faut l'ébranlement des deux conflits mondiaux. D'une façon générale, la ville est plus vite atteinte que le village ; dans celui-ci, le bourg plus tôt que la campagne environnante ; le marchand ou l'artisan est plus sensible à la nouveauté que le paysan, et le jeune homme plus que la vieille femme. A l'intérieur même des nouvelles formes culturelles, que de nuances à établir! Une au moins mérite qu'on s'y arrête, la différence entre milieu urbain et milieu rural.

Univers culturel du village

La IIIe République, a-t-on dit, s'appuyait sur les campagnes. Son apogée, de fait, coïncide avec celui du village, qui n'est point uniquement réalité politique, mais aussi univers culturel parfaitement cohérent : le village est sorti des fléaux naturels, il n'est pas encore détruit par les transformations modernes, dont il ne reçoit que les effets bénéfiques : comme l'a très joliment souligné G. Bonheur, « le village avait vaincu le croup, il écoutait sonner son horloge, il élisait des maires bonasses, il était desservi par le chemin de fer, et la route n'était encore qu'une promenade sous les platanes ». Chacun peut croire au progrès parce qu'il l'a vu : « Imaginons — c'est Roger Thabault ici qui témoigne — quel pouvait être l'état d'âme des gens qui, nés aux environs de 1830 dans un pays sans routes, sans commerce, dans une campagne surpeuplée et misérable, voyaient, en 1885 ou 1890, des routes nombreuses et sûres, une gare de chemin de fer toute proche, des maisons claires, un pays où venait l'aisance [...]. Le ciel tout proche et qui les écrasait s'était élevé. Ils rêvaient pour eux-mêmes, et surtout pour leurs enfants, d'un avenir meilleur encore, de progrès infinis. » A cette échelle, le progrès n'est pas un concept métaphysique, ni cette mutation accélérée auxquels nous ont habitués les économistes modernes ; conçu comme amélioration progressive dans un cadre de vie identique, il est parfaitement compatible avec la volonté de maintenir une France rurale, et il s'accompagne de beaucoup de survivances traditionnelles ; ainsi, le rebouteux et le conjureur de brûlures sont consultés comme le médecin.

Les villageois avaient découvert la lecture : journaux et livres. Certains empruntaient des ouvrages à la bibliothèque de l'école ; ils conservaient, en tout cas, précieusement leurs livres de prix, bases de modestes bibliothèques, parvenues parfois jusqu'à nous. Ils lisaient peut-être l'*Histoire de France* de V. Duruy, de Charton ou d'Henri Martin (l'édition populaire), sans doute Victor Hugo, certainement Erckmann-Chatrian, dont le succès ne se démentit pas pendant ces quarante ans. On en comprend les raisons : le style était volontairement simple ; pour éviter toutes incompréhensions, les auteurs limitaient leur vocabulaire à deux cents mots ; comme Hugo, ils préféraient mettre en scène des grandes forces, des idées ou des sentiments, la justice, la révolution, l'Ancien Régime, plutôt que des personnages à la psychologie complexe.

Enfin, autre similitude avec le poète des *Châtiments*, ils exprimaient cette idéologie que véhiculait aussi l'école primaire, mais qui fut si bien reçue parce qu'elle traduisait l'expérience et les aspirations de ce petit peuple villageois : la haine de l'Ancien Régime incarnée par l'aristocrate, la méfiance vis-à-vis de l'Église, l'amour de la république, la crainte de la guerre, qui n'excluait pas le patriotisme et même parfois le nationalisme. La foi dans le progrès était, en effet, inséparable, dans la mentalité nouvelle, de l'attachement à la république, défenseur des petits, que l'on créditait des améliorations déjà obtenues et de l'exaltation de la France, « patrie de la liberté », qui était menacée par une Allemagne absolutiste et aristocratique.

Cette culture était donc profondément politique et ne se comprenait pas sans cette base idéologique. La liaison traduisait le sentiment que l'évolution politique permettait précisément d'accéder au savoir et donc à la « vraie culture ». D'où l'importance réellement culturelle de ces événements en apparence purement politiques qu'étaient les élections ou la fête du 14-Juillet. La discussion politique au café, si typique de l'époque, dont on ne voit aujourd'hui que le côté rhétorique et futile, était, dans ce contexte, une des formes privilégiées d'expression : là, tout un peuple prenait conscience de lui-même et de son devenir. Il serait facile d'ironiser sur les orateurs du café du Commerce, sur ces autodidactes et ces « primaires » qui reconstruisent le monde. Ces hommes avaient pourtant atteint un équilibre de vie et de pensée qui n'est pas méprisable.

C'est dans ce climat qu'a surgi l'extraordinaire aventure du facteur Cheval. Ce modeste facteur rural de la Drôme construisit seul, avec une truelle, une brouette et quelques récipients pour mélanger le ciment, son « palais idéal ». Chef-d'œuvre d'architecture populaire, mais d'un art populaire non traditionnel, déjà transformé par l'école, cet édifice exprime les songes et les images mentales du peuple rural découvrant à travers le livre les nouvelles dimensions de la réalité.

Cette culture était sans doute dans la dépendance de celles des classes dirigeantes ; elle a pu servir l'ordre social en donnant l'illusion d'un monde où l'inégalité est en train de disparaître grâce aux chances offertes par l'instruction obligatoire et le suffrage universel : faire de la république « le gouvernement des travailleurs » semble peut-être assez naïf. Méfions-nous, cependant, de l'anachronisme ; dans le village, la domination du notable traditionnel paraît encore une menace, le vieux conflit de 1789 n'est toujours pas liquidé ; soutenir la république, défendre l'école laïque, c'est réellement, pour ces paysans, progresser, se libérer, et leurs enfants seront les premiers à en tirer bénéfice.

La mentalité que nous venons de décrire ne se limite pas au village, on la retrouve dans le gros bourg ou la petite ville, et même dans certains milieux d'artisans et de petits commerçants des grandes agglomérations urbaines. Mais, là, les ruptures sont plus brutales ; la dégradation des cultures traditionnelles n'est point compensée par de nouvelles formes et par un équilibre différent ; nous assistons à un véritable appauvrissement dont témoigne la médiocrité du contenu du roman populaire et de la presse à faits divers. C'est, cependant, le lieu de nouveaux types de loisirs significatifs de la culture du temps ; c'est enfin le siège des dissidences et des efforts pour établir des modes de pensée qui ne doivent rien aux classes dirigeantes.

Loisirs populaires à la ville

Le plus connu de ces loisirs, parce que la bourgeoisie l'a fait sien, est le café-concert. Né sous le second Empire, le « café chantant » joua, dès le début, de cette « dualité sociale ». Vedette de l'Eldorado, Thérésa fut reçue dans les salons, inaugurant la tradition du mélange entre le « monde » et le « demi-monde ».

La disposition de la salle de spectacles traduisait la diversité du public : dans les loges du bas, les « gens du monde » ; au premier balcon, les bourgeois ; au deuxième, les boutiquiers du quartier ; au troisième, le « poulailler », les ouvriers, midinettes et petits employés. C'est le poulailler qui donnait le ton à la salle, de là partaient les cris, les lazzis, les sifflets, les applaudissements qui faisaient ainsi le succès ou l'échec. Le langage volontairement vulgaire ou même trivial, les allusions « scabreuses », les jeux de scène forcés scandalisaient les critiques de la « bonne société », un Louis Veuillot ou un Anatole France, par exemple : « Le café-concert est la féerie du laid, de l'obscène et du grotesque. » Mais ces censeurs ne réussirent pas à arrêter le mouvement qui conduisait de plus en plus nombreux les bourgeois à « s'encanailler » élégamment. Vers 1900, toutes les grandes villes avaient leurs cafés-concerts et il en existait plus de 150 à Paris ; les plus célèbres, l'Eldorado, la Scala, le Concert parisien, l'Alcazar, furent d'abord dans le quartier des Grands Boulevards. Là s'illustrèrent Paulus (*le Père la Victoire*), Polin (*Ah! Mademoiselle Rose*), Dranem (*le Gniaf*) ou Mayol (*les Mains de femmes*). Les chansons n'étaient pas toutes légères ; certaines, après 1870, étaient patriotiques, comme *le Maître d'école alsacien, Qu'on se souvienne* ou *le Violon brisé*. Les allusions politiques n'en étaient pas absentes. L'exemple le plus connu est la *Marseillaise des mitrons et des calicots, l'Hymne boulangiste, En revenant de la revue*, que Paulus créa le 14 juillet 1886 ; la chanson devenait moyen d'action. Plus tard, à partir des années 90, les boulevards extérieurs et Montmartre furent à la mode, mais ce déplacement géographique s'accompagna d'une mutation du genre.

Des écrivains et des artistes profitèrent de la vogue du café-concert pour lancer le « cabaret » de chansonniers, « à mi-chemin entre le café-concert et le petit théâtre ». On y entendait des chansons, des poèmes ou des saynètes qui se voulaient d'un niveau plus relevé que le répertoire caf'conc'. Effort pour lier haute culture et expression populaire, les cabarets jouèrent un rôle important dans le mouvement littéraire et artistique non conformiste de la fin du siècle. Rapidement, le snobisme aidant, le public devint essentiellement mondain. Le Chat-Noir, le Mirliton d'Aristide Bruant ou le Lapin Agile en sont les meilleurs exemples.

Toute une littérature naquit de cette rencontre entre écrivains et gens du peuple, dont Jehan Rictus et ses *Soliloques du pauvre* sont un symbole. Le dessin en tira une plus grande renommée avec Steinlen, Willette et surtout Toulouse-Lautrec. Ce dernier a aussi perpétué le souvenir du Moulin-Rouge, autre avatar du spectacle populaire. Les propriétaires du Moulin-Rouge, Zidler et Oller, avaient bien compris cette « attirance trouble » de la bonne société bourgeoise pour les bas-fonds. L'idée était de confronter le « Tout-Paris » avec le « quadrille naturaliste », attraction populaire de l'Élysée-Montmartre ; jusqu'ici, les classes sociales, bien que dans la même salle, avaient chacune leur place tacitement réservée ; désormais, elles se côtoient et se mélangent ; la promiscuité ajoute un piment supplémentaire au divertissement. Du jour au lendemain, Jane Avril, la Goulue, Grille d'Égout sont des vedettes. Le mythe de Paris, « Babylone moderne », symbole des turpitudes de la ville, était constitué pour des générations de bourgeois provinciaux et étrangers, à la fois horrifiés et fascinés.

D'autres spectacles sollicitaient le public populaire : le cirque, beaucoup plus en vogue qu'aujourd'hui, ou les ombres chinoises. Vers 1900, enfin, le badaud découvrait le cinématographe.

Le cinéma, divertissement populaire

Il peut paraître scandaleux à un cinéphile actuel de traiter du cinéma au détour d'un paragraphe sur les loisirs populaires urbains.

Pourtant, jusqu'en 1914, le « septième art » ne dépassa guère ce stade : « Le cinématographe, proclamait une réclame de Pathé, n'est-il pas avant tout la distraction de l'humble et de l'ouvrier. »

Les débuts en France sont bien connus ; les frères Lumière achetèrent le kinétoscope d'Edison et le perfectionnèrent. Ils sont en mesure d'organiser une projection publique au Grand Café, à Paris, le 28 décembre 1895. En janvier 1896, ils diffusent le premier sketch, *l'Arroseur arrosé*. Mais la curiosité s'émousse malgré les efforts des opérateurs Lumière pour varier les sujets : actualités avec le couronnement du tsar Nicolas II ou tableaux historiques comme *le Duc de Guise, Marat* ou *les Dernières Cartouches*. Les films sont trop courts, 50 à 60 secondes, et ne se renouvellent pas assez. Bientôt, les grandes villes s'en désintéressent. Les forains s'en emparent et vont les présenter dans les campagnes comme une curiosité scientifique, à côté du phonographe, de la T.S.F., de la femme à barbe et du veau à deux têtes!

Méliès sauve le cinéma en créant, de 1897 à 1902, le scénario et la mise en scène. La durée des films passe de 1 à 15 minutes. Pendant cette période, il n'hésite pas à aborder les problèmes brûlants en reconstituant l'affaire Dreyfus pour apitoyer le public sur le sort de l'innocent. Ancien illusionniste, il découvre les truquages, qu'il multiplie dans son chef-d'œuvre, le *Voyage dans la Lune* (1902). Mais ses œuvres restent du « théâtre filmé » ; il s'agit, en général, d'une succession de tableaux pris toujours sous le même angle, la caméra restant fixe. Peu à peu, Méliès fut dépassé à la fois par les progrès de la prise de vue et l'évolution des conditions économiques de ce divertissement.

A la période Méliès succéda la période Pathé, de 1903 à 1909 : le cinéma se distingue du théâtre grâce à la variété des angles de prises de vue, et l'artisanat devient industrie sous l'impulsion de Charles Pathé, avec le concours du metteur en scène Zecca. Celui-ci filme, ou supervise, les premiers drames « réalistes » inspirés de Zola, comme *les Victimes de l'alcoolisme* ou *la Grève*, tourne les premières histoires sentimentales (*Roman d'amour*) et découvre le comique Max Linder. Les forains étaient les seuls, encore, à faire des séances payantes ; ailleurs, le cinéma n'était plus qu'un support publicitaire. Pathé s'occupe alors de l'exploitation en transformant des théâtres en salles de projection ; les séances se sont allongées, elles occupent la soirée entière. En 1908, la Société Pathé était un véritable trust international au chiffre d'affaires de 35 millions de francs.

Vers 1907-1908, nouvelle crise : le cinéma raconte des histoires, mais il les raconte mal ; les scénaristes médiocres se copient les uns les autres. Les gens « cultivés » dédaignent ce divertissement pour public de foire ; pour chercher à les conquérir, un journaliste, Lafitte, veut produire des « films d'art » en demandant des scénarios à des écrivains de l'Académie et en utilisant des acteurs de la Comédie-Française, sous la direction artistique de Le Bargy, un des « premiers rôles » de notre théâtre national. Le 17 novembre 1908, *l'Assassinat du duc de Guise* attirait le Tout-Paris. Pour la première fois, le cinéma avait les honneurs du feuilleton dramatique du *Temps*. Le succès fut sans lendemain.

Pathé, pour renouveler les sujets, se servit systématiquement du répertoire classique et des grandes œuvres romanesques du siècle : *l'Assommoir, les Mystères de Paris, les Misérables* et *Quatrevingt-Treize*, entre autres ; il produisit aussi des films bibliques. A la veille de la guerre, cependant, il était fortement concurrencé par la firme de Léon Gaumont. Plein d'audace, celui-ci avait ouvert la plus grande salle de cinéma d'Europe, le Gaumont-Palace (plus de 5 000 places), et son directeur artistique, Louis Feuillade, mit en scène le plus gros succès du temps : la série des cinq *Fantomas* ; désormais, le public allait au cinéma pour voir un film précis.

Cette dernière réussite est significative : c'est en adaptant un grand roman populaire que le cinéma s'imposait ; il montrait par là sa nature profonde de spectacle pour le grand nombre, ce qui expliquait le mépris dont il était accablé par la bonne société. Cependant, ses conséquences culturelles ne se faisaient pas encore pleinement sentir. Il faut attendre les années 30 pour le voir concurrencer victorieusement les autres formes de spectacles populaires. Les intellectuels reprochaient à l'ensemble de ces loisirs d'abaisser le peuple, au lieu de l'élever. Ne fallait-il pas chercher à contrebalancer ces influences néfastes ?

Les universités populaires

Dans le climat de l'affaire Dreyfus, des universitaires, ayant le sentiment que le monde ouvrier était resté indifférent à ce déni de justice, voulurent « rendre au peuple le sens de sa mission » en lui apportant la culture que l'école n'a pu lui donner. Deux courants se retrouvaient dans cette idée, l'esprit positiviste et le proudhonisme. Un peu partout, sous l'impulsion de professeurs (Herriot, à Lyon, par exemple) et d'avocats, se créèrent des « universités populaires », qui organisaient des causeries, des concerts, des représentations théâtrales, des visites artistiques. Le mouvement ne réussit pas à atteindre réellement le monde ouvrier : il attirait les petits fonctionnaires, les employés et les artisans, plutôt que les ouvriers d'industrie moderne. Ces derniers sortaient épuisés de leur travail. Les conférenciers ne savaient pas toujours s'adapter à leur public. Les sujets, trop hétérogènes, n'étaient pas choisis en fonction d'une réflexion sur la nature d'une culture populaire ; on admettait comme postulat implicite l'universalité de la culture classique française, sans se demander si elle correspondait aux besoins des travailleurs de l'industrie. Enfin, l'opposition d'une partie des socialistes et des syndicalistes était forte : c'était pour eux une « œuvre charitable destinée à amuser le peuple » ; ils posaient, d'ailleurs, à ce propos, le problème de la spécificité d'une culture ouvrière, indépendante, qui ne devrait rien aux classes dominantes.

Une culture ouvrière spécifique ?

Très tôt, le mouvement ouvrier français a réfléchi sur les problèmes culturels. Les pionniers avaient un double sentiment : conscience d'une infériorité qui les affaiblissait à l'égard des patrons, et qu'il fallait compenser par l'instruction ou, à défaut, la formation autodidacte ; intuition, cependant, d'être porteurs d'une vision différente du monde.

Dans les années 80, au moment de la formation du syndicalisme, la nécessité de l'instruction se fait de plus en plus sentir, mais la classe ouvrière ne peut se payer le luxe de la « culture gratuite et désintéressée ». La formation reçue doit être utile, c'est-à-dire non seulement technique et professionnelle, mais aussi économique et sociale, pour permettre à la classe ouvrière d'« avoir la science de son malheur » (Pelloutier) et aux militants de « substituer la connaissance précise des réalités économiques au vague des envolées oratoires ». Cela doit être l'œuvre, en particulier, des Bourses du travail, dont la bibliothèque est l'une des raisons d'être et qui mettent souvent le thème à l'ordre du jour de leur congrès. Là, la culture implicitement assimilée à l'instruction est instrument pour l'action. Mais, en même temps, les deux courants principaux, marxisme et anarchisme, développent l'idée que l'action militante et révolutionnaire est le principal moyen de formation des travailleurs et leur grande école. Nous ne sommes pas loin du thème de la lutte ouvrière créatrice de valeurs et porteuse, dans son déroulement, d'un nouvel humanisme et d'une nouvelle culture. Comment situer dans ce contexte l'humanisme classique traditionnel, monopolisé, pour l'heure, par la bourgeoisie ?

Pour les uns, tout ce qui sort de la société bourgeoise est radicalement corrompu et la tâche la plus urgente est « d'arracher à l'empoisonnement de l'État bourgeois le cerveau de l'enfant du prolétaire » (rapport au congrès de 1908 de la C.G.T.), d'où la proposition de la création d'écoles syndicales chargées de « contre-éduquer » l'enfant soumis aux divers institutions scolaires de l'État bourgeois. Pour d'autres (Lucien Herr, Péguy, Jaurès), il faut intégrer cet humanisme traditionnel en le dépassant, de la même façon que le socialisme doit assimiler l'héritage de 1789. Le débat sur la culture était, en réalité, une discussion de philosophie politique qui mettait en cause la définition du socialisme et les moyens pour y parvenir.

Cependant, par son refus, conscient ou non, d'accepter intégralement les valeurs culturelles établies, le mouvement ouvrier contestait la notion de « culture universelle » adaptée à l'homme éternel, fondement précis de la culture des notables ; il en dévoilait le caractère partiel et historiquement situé. Son intuition rejoignait sans le savoir un autre mouvement qui, par les intermédiaires successifs de Manet et de Cézanne, aboutissait, en 1914, avec Picasso, à une conclusion identique.

III. LES MAUDITS

Littérature et peinture sont les deux supports principaux de la contestation de l'ordre culturel établi ; la sculpture connaît bien son scandale (le refus du *Balzac* de Rodin), mais se fraye un chemin derrière la lutte des peintres ; la musique suscite aussi des batailles, mais les polémiques sont moins violentes et les ruptures moins fortement ressenties. La littérature s'insère dans une crise plus vaste qui atteint non seulement les formes d'expression, mais aussi les contenus idéologiques, la crise du rationalisme.

La crise du rationalisme

Avant de se constituer en système idéologique, cette mise en cause se manifeste par un climat de pessimisme qui marque la jeunesse intellectuelle à partir de 1885 environ.

« La névrose fin de siècle »

De Chateaubriand à Baudelaire, l'ennui, le spleen, le dégoût de vivre, le sentiment de l'irrémédiable décadence étaient parmi les constantes du romantisme, mais le positivisme et le réalisme semblaient avoir chassé ces « miasmes » et l'auteur des *Fleurs du mal* apparaissait comme une survivance, témoin d'une époque heureusement abolie. Le triomphe de la république et les progrès scientifiques, tous deux fils du rationalisme, ne rendaient-ils pas caduque ce type de sentiment ? « Werther ne fait plus école », affirme joyeusement, en 1878, le critique de la *Revue bleue*. « Le sombre pessimisme [...] infiltre son poison dans les vieilles couches, les nouvelles échappent à la contagion. »

Huit ans plus tard, le porte-parole de Zola, l'écrivain Sandoz, constate tristement, à la fin de *l'Œuvre* : « C'est une faillite du siècle, le pessimisme tord les entrailles, le mysticisme embrume les cervelles. » A travers la presse, il est facile de suivre cette brutale résurgence. Avant 1885, ce n'était qu'une maladie distinguée de quelques littérateurs en mal de renommée ; après 1885, la « nouvelle génération » tout entière semble en être infectée. « Pourquoi nos jeunes gens sont-ils si tristes ? se demande Francisque Sarcey. Je ne comprends rien à la désespérance de la génération qui s'élève. » Brunetière s'interroge, dans une conférence publique, sur les causes du « pessimisme » actuel. En 1886, l'Académie des sciences morales et politiques met au concours l'étude des diverses théories modernes du pessimisme. Un peu partout, à Clermont-Ferrand, à Lyon, à Besançon, à Orléans, dans les discours de distribution de prix ou les conférences mondaines, on disserte sur la crise de la jeunesse moderne. Les plus hautes autorités s'en inquiètent : le ministre Goblet y consacre une partie de son discours à l'inauguration des travaux de la nouvelle Sorbonne. Névrose, névrosisme, fin de siècle, décadentisme, nihilisme, autant de mots qui soudain connaissent une vogue extraordinaire. Le jeune dilettante, désenchanté, devient le personnage favori de nombreux romans.

En 1890, les analystes qui se penchent sur la jeunesse y constatent, à côté du pessimisme, un « souffle nouveau », la « nostalgie du divin », dit Lavisse ; « la jeunesse n'est plus voltairienne, confirme Anatole France, les jeunes gens n'attendent rien des méthodes positives » ; « nous assistons à un commencement de réveil de l'esprit religieux », surenchérit Jules Lemaître ; « une sorte d'évangélisme vague flotte dans l'air qu'on respire autour des grandes écoles », conclut un éditorialiste du *Temps*. Époque du « néo-christianisme » où l'on refuse de s'enfermer dans les dogmes, mais où l'on sent le besoin d'une religion « sensible » au cœur et fraternelle qui regrouperait tous les hommes de bonne volonté ; Paul Desjardins, créant son Union pour l'action morale, se fait l'interprète de cette aspiration : s'y retrouvent là des protestants, des agnostiques, et même des catholiques qui veulent, par-delà les divergences dogmatiques, s'unir dans la religion de la souffrance humaine. Tout Paris court applaudir *la Marche à l'étoile*, de Fragerolle, et *la Passion*, d'Haraucourt. Au même moment, des hommes de la génération précédente traduisent ce mouvement sur le plan idéologique, en critiquant le XVIIIe siècle (Faguet), en montrant les dangers pour la société du scientisme (*le Disciple*, de Paul Bourget) ou en proclamant la faillite de la science (Brunetière). Enfin, des conversions retentissantes frappent les esprits — Claudel, le premier, en 1886, et surtout la génération de 1900 : Péguy, Psichari, Maritain, parmi tant d'autres. Ces conversions s'accompagnent souvent de la réhabilitation de l'action, de la méfiance pour l'esprit d'analyse trop poussé et pour l'intellectualisme, et lient « la foi patriotique » à la foi chrétienne. Renversement donc total des valeurs. Tout le climat culturel de la France bourgeoise en est affecté, les manifestations de cette crise en sont multiples, à la fois signes et causes de la réaction contre le rationalisme.

Cosmopolitisme littéraire et goût de l'irrationnel

Les défenseurs de la raison accusent les influences étrangères d'avoir « étouffé les qualités éminemment françaises, la clarté d'esprit, la gaieté et la bonne humeur ». On n'est pas loin de soupçonner l'Allemagne de chercher ainsi à nous affaiblir. Les pessimistes se réclament, en effet, de Hartmann (*Philosophie de l'inconscient*, traduit en 1877) et surtout de Schopenhauer, dont la pénétration en France est déjà ancienne, mais dont la renommée s'accroît chaque année ; les « décadents » y trouvent la justification de l'inutilité de l'action et le goût du néant, puisque « le vouloir vivre entraîne le mal et la souffrance ». L'auteur du *Monde comme volonté et comme représentation* est, en même temps, l'une des voies de pénétration du bouddhisme.

La doctrine de Çäkyamuni bénéficie, en effet, d'un large attrait ; les cours de l'orientaliste Rosny « sont suivis par un public attentif où les lettrés se mêlent aux mondaines », affirme A. France, pour qui « il y aurait plus de 30 000 bouddhistes à Paris ». Cet engouement traduit une aspiration au « monde invisible » dont l'ouvrage de Schuré, *les Grands Initiés* (1889), se fait aussi l'écho : « Jamais l'âme, dit celui-ci, n'a eu un sentiment plus profond de l'insuffisance, de la misère, de l'irréel de sa vie présente ; jamais elle n'a aspiré plus ardemment à l'invisible au-delà, sans parvenir à y croire. » A ce courant se rattachent aussi le goût pour l'occultisme, les efforts pour restaurer les rose-croix, et le prestige du « Sâr » Péladan.

En 1886, Vogüé consacre le succès de la littérature russe par son étude *le Roman russe*, « événement littéraire de l'année », « date dans l'histoire intellectuelle et morale de son temps » (Bourget). La plupart des œuvres de Tolstoï et de Dostoïevski sont traduites de 1884 à 1888 (en cette dernière année, le record des traductions est atteint avec vingt-cinq ouvrages). Les raisons de cette mode sont diverses, depuis l'espérance de l'alliance russe jusqu'à l'exotisme. Mais la nouvelle génération y trouve surtout « le nihilisme et le pessimisme [...], l'ombre de l'infini [...], une interrogation [...] sur l'inaccessible, un soupir lointain de la fatalité dans le néant » (Vogüé).

De la steppe russe, on passe aux brumes scandinaves vers 1890 : ici, le théâtre est le principal véhicule de l'influence nordique. Antoine et son Théâtre-Libre est le précurseur en jouant *le Canard sauvage*, d'Ibsen, en avril 1891 ; c'est encore lui qui crée, en 1893, *Mademoiselle Julie*, de Strindberg ; il est suivi par Lugné-Poe, qui montera d'autres pièces d'Ibsen. « L'ibsénisme rejoint le tolstoïsme dans la recherche du « frisson nouveau. » A la fin du siècle, d'autres écrivains étrangers apparaissent comme les inspirateurs du nouvel esprit, Nietzsche, dont on retient le culte du surhomme et la critique antidémocratique, ou D'Annunzio et l'exaltation de la volonté.

Succès du symbolisme

Le symbolisme, jusqu'ici confiné dans quelques cercles d'esthètes raffinés ou dans les cafés du Quartier latin, devient à la mode ; il peut être enrôlé dans la réaction

« idéaliste » contre la « platitude réaliste et naturaliste », puisque « le mot symbolisme fait songer les uns d'obscurité, d'étrangeté [...], d'autres y découvrent je ne sais quel spiritualisme esthétique ou quelle correspondance des choses visibles avec celles qui ne le sont pas » (Valéry). Ni *l'Après-midi d'un faune*, de Mallarmé (1876), ni *Sagesse* (1881), de Verlaine, n'avaient attiré l'attention des critiques. Mais le gentilhomme Des Esseintes, le héros du roman de Huysmans *A rebours*, paru en 1884, aime *Sagesse* et recopie sur un parchemin neuf poèmes de Mallarmé ; c'est sans doute un « décadent », un « parfait névrosé » : Jules Lemaitre en voit la preuve dans ses goûts littéraires ; mais les poètes maudits, même s'ils sont ridiculisés, sortent alors de l'obscurité. C'est à cette époque que le jeune Claudel s'enthousiasme pour Rimbaud, et que Barrès proclame, dans « les Taches d'encre », son intérêt pour les poètes « décadents ». La presse de 1885 et 1886 est remplie d'articles sur ces nouvelles tendances poétiques, parmi lesquels figure le manifeste de Jean Moréas sur le symbolisme. En 1888, les critiques en place, Lemaitre, A. France et Brunetière, continuent à condamner la poésie moderne ; en 1893, pourtant, le même Brunetière y consacre un de ses cours libres en Sorbonne, l'année où Lugné-Poe monte, aux Bouffes-Parisiens, *Pelléas et Mélisande*, l'œuvre d'un poète belge dont les « snobs » commencent à parler, Maeterlinck. A sa mort, en 1896, Verlaine est salué comme « un grand poète français » (*le Gaulois*).

En fait, tout ce qui est encore aujourd'hui lu ou joué se rattache à ce courant de réactions antipositivistes, qu'il s'agisse de Claudel, dont, courageusement, le directeur de l'Œuvre monte en 1912 *l'Annonce faite à Marie*, de Péguy, socialiste et chrétien, dreyfusard et patriote, qui échappe à tout classement idéologique, ou des familiers des mardis de Mallarmé, Gide et Valéry, qui publient leurs premières œuvres dans le sillage symboliste, tandis que Proust prépare *A la recherche du temps perdu* avec l'aide de la philosophie bergsonienne.

Le mouvement trouve, en effet, son philosophe. Bergson, après avoir été mécaniste à l'École normale, découvre, en préparant sa thèse, de 1883 à 1887 (toujours la même décennie), que le temps mathématique élimine la durée vécue : il oppose alors le rationalisme scientifique, analytique, qui décompose la réalité en la trahissant, à l'intuition, qui seule permet d'atteindre le réel dans sa plénitude. Le succès de Bergson ne cesse de s'affirmer à partir de l'*Essai sur les données immédiates de la conscience*, paru en 1889, jusqu'à sa nomination au Collège de France, en 1900. Sa philosophie répondait « à un appel de notre temps », écrit, en 1914, G. Hanotaux, par son « hymne à la vie » et l'« apologie active de l'énergie ».

Ainsi, à lire la presse, à regarder les devantures des librairies, à écouter les conversations de salon, nous avons le sentiment d'une conversion complète à l'irrationnel, d'un rejet général du positivisme. Mais ne sommes-nous pas victimes de nos sources de documentation ?

Profondeur et limites du courant antirationaliste

Le mouvement est à la fois plus étendu et plus limité qu'une première impression pourrait le laisser croire. Dépassant largement les frontières françaises, c'est un phénomène européen, plus étonnant dans le pays de Descartes, étant donné la force de la tradition des « lumières ». Mais, partisans et adversaires de l'irrationalisme s'accordent pour en restreindre l'influence aux classes dirigeantes, et encore avec des nuances. Sans aller jusqu'à la position d'Anatole France, qui limitait le phénomène aux normaliens littéraires, remarquons que beaucoup de notables considéraient ce mysticisme comme « malsain et destructeur des qualités de l'esprit français ».

Parmi ceux qui se réclamaient de ce courant, beaucoup suivirent la mode, sans accepter pour autant les audaces novatrices des écrivains les plus authentiques. Bergson dut une partie de son succès à la clarté de son expression ; en revanche, Huysmans ou Léon Bloy furent toujours des romanciers « en marge » et finalement rejetés. Claudel ne songea même pas à faire jouer ses pièces avant 1912. L'appui des salons et des milieux officiels aux tentatives de renouvellement littéraire fut intermittent et parcimonieux ; il poussa plus les romanciers mondains à varier leur thème qu'il n'aida l'avant-garde à s'imposer. Par-delà les « toquades » et le « snobisme », les œuvres de la nouvelle esthétique ne bénéficièrent que du soutien des cercles étroits, autour de revues comme *la Plume* ou la *Revue blanche*, et plus tard *la Nouvelle Revue française*, dans les cafés de la bohème. Ainsi, le conformisme des classes dirigeantes, en matière littéraire, ne fut nullement bousculé par ce changement de climat culturel.

Par ailleurs, l'irrationalisme des classes populaires dont nous avons montré quelques exemples ne doit pas être confondu avec la volonté antirationnelle de certains milieux bourgeois : irrationalisme spontané d'avant la connaissance, il traduit la crainte devant un monde que l'on ne maîtrise pas ; il recule lentement devant l'offensive scolaire et la diffusion des connaissances ; chaque école devient donc un foyer de rationalisation ; l'écolier primaire apprend la force de la raison au moment où l'élève du lycée commence à s'en défier : l'un a besoin de la rationalité pour s'élever dans l'échelle sociale, l'autre en est assez imprégné par une longue tradition familiale pour se payer le luxe de s'en détacher. Cependant, même limitée, la crise de la fin du siècle mérite, par les œuvres produites comme par son influence sur la sensibilité contemporaine, que nous nous interrogions sur ses origines.

Une réaction politique et sociale ?

L'explication la plus banale est de voir dans cet antipositivisme la manifestation naturelle d'une alternance constante à travers notre histoire culturelle : l'idéalisme irrationnel succéderait au réalisme positif comme celui-ci avait été en réaction contre le romantisme, qui, lui-même, avait, en son temps, remplacé les « lumières ». Sans nier ce balancement, notons que l'hypothèse ne rend pas compte de la date où s'effectue le renversement de tendances ; elle risque aussi de nous faire négliger le caractère original de la crise, sa durée (notre culture littéraire vit encore dans cette atmosphère) et son caractère surprenant — jamais la science n'apparaissait plus près de justifier les espoirs placés en elle.

Le rapprochement avec la conjoncture politique est plus significatif ; le courant irrationnel prend son essor entre 1884 et 1889, période de crise pour la république. Simple coïncidence ? Nous ne le pensons pas. Les républicains au pouvoir ne s'y sont pas trompés, qui ont vu dans le pessimisme une critique directe du régime. Voilà pourquoi un Goblet ou un Dionys Ordinaire, député opportuniste du Doubs, se sont sentis obligés de défendre à ce propos le régime. De quoi se plaignent ces jeunes gens, disait le dernier nommé, « ils ont la liberté, la presse libre, les réunions libres [...]. Nous avons une démocratie jeune ». La plupart des « fins de siècle » se situent, en effet, dans l'opposition, d'abord boulangiste avec Barrès et Paul Adam, puis anarchisante avec Mallarmé, par exemple, qui témoigna en faveur des accusés du procès des Trente. Le parti républicain confondait son destin avec l'idéologie positiviste qui imprégnait ses principaux chefs ; son échec relatif rejaillit sur sa philosophie.

D'autres liaisons avec l'histoire générale peuvent être établies. Ainsi, pour le philosophe Lukacs, cette montée de l'esprit mystique et de l'irrationnel correspond à une attitude défensive de la bourgeoisie européenne tout entière ; dans sa période d'ascension, au XVIIIe siècle, et dans la première moitié du XIXe siècle, celle-ci, confiante et sûre d'elle-même, utilise la raison comme arme offensive. Se sentant menacée par la montée du prolétariat, elle se réfugie dans l'irrationalisme et la religion. Certains faits donnent raison à cette théorie. La Commune effraie beaucoup d'écrivains, qui perdent alors confiance dans le progrès. Bourget et Brunetière se rallient d'abord à l'Église, par souci de conservatisme social, et bien des bourgeois les imitent pour qui le catholicisme reste le rempart principal de l'ordre établi et qui sont donc scandalisés par les prêtres démocrates ou *le Sillon*.

S'il faut, cependant, établir une relation avec l'évolution sociale, sans nier la dernière corrélation, nous décèlerions, dans le pessimisme, plus la peur devant l'évolution économique et la modernisation que devant la montée de la classe ouvrière. Une image apparaît à l'époque, celle de la locomotive folle qui a perdu son mécanicien : c'est exactement le thème de *la Bête humaine*, de Zola, symbole du monde moderne qui se transforme trop rapidement et ne sait plus où il va. On ne peut manquer d'être frappé par le nombre de développements sur la vie moderne « épuisante », « qui crée la névrose » et la nostalgie d'un Moyen Age de convention, agreste et artisanal. D'ailleurs, ce mouvement antirationaliste est antérieur à la grande peur sociale des années 90 ; en revanche, une autre coïncidence est troublante : la correspondance avec le développement de la crise de 1882, qui est aussi un des facteurs du succès boulangiste ; dans un climat de marasme économique, n'est-on pas plus sensible aux imperfections qu'aux bienfaits des progrès scientifiques et techniques rendus responsables des misères présentes ? De là à rejeter l'idée même de progrès, il n'y a qu'un pas, vite franchi lorsqu'on ne s'est jamais totalement adapté au monde industriel.

Le rationalisme dépassé

Mais les origines d'un tel mouvement sont complexes : aux facteurs externes, ajoutons la causalité interne, la prise de conscience de l'insuffisance du rationalisme traditionnel pour suivre le mouvement des sciences. Dès 1874, Boutroux montrait la contingence des lois de la nature, mais surtout les nouvelles théories scientifiques du début du siècle, la relativité d'Einstein et les quanta semblent justifier, après coup, la critique bergsonienne. Les livres de H. Poincaré, *la Science et l'hypothèse* (1902) ou *Science et méthode* (1909), confirment la remise en cause des lois traditionnelles de la science, tandis que Vidal de La Blache, fondant l'école géographique française, récuse le déterminisme du milieu physique.

La révolution des études psychologiques fait aussi découvrir l'inconscient. La mode, vers 1885, est à l'hypnotisme ; partout, à Clermont, à Lille, à Nancy, les hypnotiseurs attirent la grande foule. Le congrès international d'hypnotisme, réuni en 1889, est obligé de réclamer l'interdiction des séances publiques. Presse et livres sont remplis des controverses entre l'école de Paris et celle de Nancy. A la Salpêtrière, Charcot, qu'un jeune médecin viennois, Freud, vient voir en 1885, affirme que, seuls, les hystériques peuvent être hypnotisés ; c'est d'ailleurs pour lui un moyen de guérison. Bernheim, à Nancy, estime que l'hypnose est un phénomène de suggestion que tout le monde peut ressentir. Janet, enfin, en 1889, démontre l'action pathogène de souvenirs oubliés. Tous ces médecins se veulent scientifiques puisqu'ils cherchent à expliquer naturellement des faits extraordinaires, mais l'opinion n'en retient que l'aspect mystérieux qui met en échec l'image de l'homme guidé par la raison. L'indicible, l'ineffable trouvent leur fondement : l'homme n'est pas seulement conscience claire. Une certaine analyse psychologique paraît désormais sommaire et inexacte.

Plus largement, le positivisme n'est-il pas lié à une époque déjà dépassée et pas seulement dans le domaine scientifique ? N'est-il point, comme le signale Romain Rolland, l'idéologie de la première révolution industrielle, celle du charbon et de la machine à vapeur ? Avec l'apparition de l'énergie électrique, le bergsonisme, qui se veut dépassement du rationalisme, correspondrait mieux au nouvel univers en train de s'édifier.

On ne peut donc mieux terminer cette analyse qu'en insistant sur l'ambiguïté de cette contestation. D'un côté, une vision passéiste, une nostalgie des anciens temps, et même chez quelques-uns un conservatisme social affirmé. De l'autre, la volonté de s'adapter au nouveau monde engendré aussi bien par la technique que par les progrès des sciences physiques et humaines. L'ambiguïté est dans chaque manifestation du mouvement : par exemple, le retour au christianisme, pour beaucoup, est un refuge contre l'évolution et le « désordre » ; pour d'autres, c'est le sentiment que l'inspiration chrétienne transcende les vicissitudes historiques et donc qu'elle n'est pas liée à un régime politique ou social — d'un côté Bourget ou Brunetière, de l'autre, malgré leur opposition, Péguy ou Marc Sangnier.

Voilà pourquoi, peut-être, nombre d'œuvres engendrées par ce courant ont vieilli, et pourquoi celles qui ont survécu n'ont pas toujours été reconnues lors de leur parution. Le mouvement pictural est beaucoup moins ambigu, mais il a beaucoup de peine à s'imposer.

Primat de la peinture en France

En cette fin du XIXe siècle, chaque pays semble s'être réservé le privilège d'avant-garde dans un art déterminé. Ainsi, l'Allemagne fait la révolution wagnérienne, puis les Russes prennent le relais ; enfin, les musiciens viennois, Schönberg, Berg et Webern, créent le dodécaphonisme. L'architecture nouvelle s'élabore d'abord aux États-Unis. La France est la terre d'élection de la peinture ; pendant un demi-siècle, les écoles se succèdent, allant chaque fois plus loin dans la remise en cause de la vision plastique traditionnelle de l'Occident. Cette percée a été rendue possible non seulement grâce au courage des peintres, mais grâce aussi à l'ouverture d'esprit de quelques amateurs.

Les circuits parallèles de diffusion et de vente

Nous avons vu la rigidité des filières de la peinture officielle ; heureusement, se constituent peu à peu d'autres réseaux de diffusion et de vente ; très insuffisants pour faire vivre les artistes, ils leur évitent néanmoins la misère totale et l'incognito.

Au centre de ces nouvelles structures, le marchand de tableaux, parfois ancien marchand de couleurs, tel le père Tanguy, l'ami de Cézanne. On connaît bien ceux qui luttèrent à côté des peintres, un Durand-Ruel, le soutien des impressionnistes, pour qui « un véritable marchand de tableaux doit être prêt à sacrifier au besoin son intérêt apparent du jour à ses convictions artistiques », un Ambroise Vollard, dépositaire des tableaux de Cézanne et de Gauguin, un Daniel Kahnweiler, l'ami des cubistes, qui le premier institua le contrat de monopole, achetant à un peintre toute sa production et lui garantissant un gain minimal. Allié du marchand de tableaux, le collectionneur participe à l'aventure : il se recrute dans les diverses catégories de la bourgeoisie et dans les professions les plus variées, financiers comme le banquier Ephrussi, médecins tel le docteur Gachet, qui soigna Van Gogh, simples fonctionnaires comme l'inspecteur des douanes Chocquet. Le marchand, ou les peintres eux-mêmes, organisent, en dehors du Salon, des expositions collectives ou individuelles ; on utilise aussi les salles de café : par exemple, en 1889, les nabis exposent au café Volpini. Bientôt, il existe un Salon des artistes indépendants, qui s'ouvre régulièrement chaque année à partir de 1884 : nulle condition d'accès, pas de jury pour contrôler l'orthodoxie. Le Salon d'automne vient compléter cet équipement culturel (1903) ; les artistes non conformistes peuvent maintenant largement se faire connaître, sinon vendre leurs toiles.

L'aventure impressionniste

En 1863, le *Déjeuner sur l'herbe*, de Manet, est refusé par le jury avec plus de quatre mille autres toiles ; devant l'agitation des milieux artistiques, l'empereur autorise l'ouverture d'un Salon des refusés, première manifestation de l'art moderne. Mais il faut attendre dix ans pour que la nouvelle école prenne conscience d'elle-même. Pendant ces années si riches, on admire les estampes japonaises d'Hokusai, qui révèlent un univers sans souci de perspective, on s'exerce à l'académie Suisse, on plante son chevalet sur les plages normandes, à Trouville ou à Honfleur, dans l'Ile-de-France, sur les bords de la Seine ou dans la forêt de Fontainebleau ; on discute des expériences au café Guerbois, autour de Manet et de Zola, on cherche à faire recevoir au Salon quelques toiles. Ce n'est qu'en 1873 que Monet, Renoir, Pissarro renoncent aux gris, et que Manet, Degas et Cézanne adoptent la palette claire. L'année suivante, tous, sauf Manet, se retrouvent dans la salle prêtée par le photographe Nadar et reçoivent d'un critique malveillant, en manière de dérision, leur nom de baptême. L'opinion n'a pas, en effet, désarmé : « peinture d'un chat qui se promènerait sur le clavier d'un piano ou d'un singe qui se serait emparé d'une boîte à couleurs », écrit, en 1875, dans *le Figaro*, A. Wolff. En 1878, dans une vente aux enchères, Manet atteint 583 francs, Monet 184 francs et Sisley 114 francs (les peintures académiques se vendaient alors couramment de 10 000 à 20 000 francs). La misère est le lot quotidien de ceux qui n'ont pas de fortune personnelle ; par exemple Monet, qui mendie auprès de Manet un billet de 20 francs pour payer le boucher et le boulanger, ou Pissarro, qui laisse, en 1878, échapper cette plainte : « Ce que j'ai souffert est inouï, ce que je souffre actuellement est terrible [...], cependant, il me semble que je n'hésiterais pas s'il fallait recommencer à suivre la même voie. » Le combat continue à travers huit expositions collectives de 1874 à 1886. Les caractères de l'école nouvelle apparaissent alors nettement.

Les artistes modernes s'opposent d'abord à la peinture académique par leur volonté de peindre en plein air pour mieux saisir la réalité. « Trois coups de pinceau d'après nature valent mieux que deux jours de travail au chevalet », disait déjà le précurseur Boudin. Là, ils découvrent que « le noir n'est pas dans la nature », ils adoptent donc le parti pris des teintes claires. Ils s'aperçoivent que les formes académiques sont purement conventionnelles et correspondent à une simplification intellectuelle et à un conformisme visuel. En réalité, seule la lumière existe, qui modifie les contours et la couleur selon l'angle et le moment de la journée ; les peintres le démontrent en étudiant les reflets dans l'eau ou en traitant le même sujet à des heures différentes, tel Monet et ses *Cathédrales*. Ils obligent donc le spectateur à se débarrasser de ses schémas, à regarder le monde dans sa fraîcheur primitive et à ordonner lui-même le chaos coloré. Partis d'un souci de réalisme, les impressionnistes s'en éloignent puisqu'ils prouvent le caractère ambigu de cette notion, le réel n'étant finalement que l'« impression » que nous laissent les jeux de lumière. Avec eux disparaît aussi le primat du « sujet », du contenu du tableau ; tout est dans la manière de représenter ; ils pourraient déjà ratifier cette définition, plus tardive, de Maurice Denis : « Avant d'être un cheval de bataille, une femme nue ou une quelconque anecdote, un tableau est essentiellement une surface plane recouverte de couleurs en un certain ordre assemblées. » Pas de hiérarchie donc dans les thèmes ; au contraire, la peinture historique n'offre aucun intérêt, les paysages sont réhabilités, ainsi que les scènes familières et populaires. Si, vers 1885, Manet commence à être accepté par une partie des critiques, ses compagnons plus « révolutionnaires » sont toujours méprisés. En 1889, Lavisse les classe parmi « les fantaisies françaises » qui font plaisir à « nos ennemis », avec « les décadents, les incohérents et le général Boulanger ». A la vente des toiles du père Tanguy, les Cézanne ne dépassent pas, en 1894, 215 francs. Le succès vient peu à peu, vers 1900, mais les milieux officiels sont toujours hostiles. Quand Caillebotte, peintre et ami des impressionnistes, lègue, à sa mort, en 1894, 67 tableaux de la nouvelle école à l'État, on en refuse 25, malgré trois ans de négociations. « Pour que l'État ait accepté de pareilles ordures, il faut une bien grande flétrissure morale », s'écrie le peintre académique Gérome, qui, quelques années plus tard, à l'Exposition de 1900, barre l'entrée de la salle impressionniste à M. Loubet : « Arrêtez, monsieur le Président, c'est ici le déshonneur de la France. » Pourtant, depuis longtemps déjà, des artistes critiquaient la « timidité des impressionnistes ».

Origine de la peinture contemporaine

Certains reprochaient, en effet, à Monet et à ses amis d'être « trop romantiques » et de ne pas être allé jusqu'au bout de leurs découvertes. Seurat, aidé de Pissarro, s'efforce ainsi, en 1886, de fonder « un néo-impressionnisme » scientifique, qui appliquerait intégralement les théories de Chevreul sur la décomposition et la recomposition des tons. Plus profonde est la critique de Cézanne lui-même, longtemps formé à cette école : « La lumière dévore la forme », disait-il. Il réagit contre la dissolution totale des objets et veut créer un nouveau classicisme « en traitant la nature par le cylindre, la sphère, le cube, le tout mis en perspective ». Ce qui ne veut pas dire revenir à la vision conventionnelle, mais, au contraire, dépasser le monde des « taches flottantes » cher à ses anciens compagnons et construire rigoureusement chaque toile.

Gauguin accusait les impressionnistes de conserver encore les « entraves de la vraisemblance » ; il veut « établir le droit de tout oser ». « Ne copiez pas trop d'après la nature, conseillait-il, l'art est une abstraction : tirez-le de la nature en rêvant devant elle et pensez plus à la création qu'au résultat. » Le premier, il pressent le rôle que doit jouer l'art « sauvage » dans le renouvellement de la vision picturale : « Les jeunes trouveraient le salut en allant s'abreuver aux sources lointaines et sauvages. » Voilà pourquoi il s'embarque pour Tahiti. Ses toiles ne « représentent rien d'absolument réel au sens vulgaire du terme », mais, par « des arrangements de lignes et de couleurs », le peintre obtient « des harmonies, des symphonies » « qui doivent faire penser comme la musique fait penser ». Un moment compagnon de Gauguin, Van Gogh applique le même programme : « Au lieu de chercher à rendre exactement ce que j'ai devant les yeux, je me sers de la couleur plus arbitrairement pour m'exprimer fortement. » Cézanne, Gauguin, Van Gogh sont les trois précurseurs directs de notre art contemporain, en achevant la libération vis-à-vis du sujet du tableau. Désormais, l'artiste crée sa forme en se servant plus ou moins du réel, qui devient moyen et non plus fin en soi.

Au début de notre siècle, trois mouvements explicitent ces intuitions, le fauvisme (1905), le cubisme (1907) et l'art abstrait (1910), en rapport avec la découverte de la sculpture nègre et une plus juste appréciation des arts primitifs et populaires. Ce nouvel essor artistique consacre définitivement Paris comme capitale mondiale de la peinture ; tous les peintres étrangers y séjournent longuement, même s'ils trouvent déjà chez eux un milieu artistique actif, comme à Munich ou à Moscou. Certaines écoles étrangères préfèrent d'abord diffuser leurs idées en France : ainsi, c'est dans *le Figaro* que le futurisme italien publie son manifeste.

Le fauvisme

Le fauvisme se constitua en réaction contre l'esprit de système et la peinture « rationnelle » de Seurat et de ses amis. Forme française de l'expressionnisme, « la cage aux fauves » — encore une plaisanterie de critique devenue titre de gloire — comprenait, entre autres, Vlaminck, Derain, Dufy et Matisse ; on pourrait y rattacher Rouault et Chagall. Dans la lignée de Van Gogh, ces artistes valorisent la spontanéité « créatrice » et se laissent conduire par leur imagination ; romantiques modernes ; ils veulent avant tout traduire fortement leurs émotions. Ils s'insèrent ainsi dans ce grand courant « irrationnel » dont les manifestations sont essentiellement littéraires et philosophiques. Le mouvement ne dura guère ; beaucoup allèrent, tel Matisse, chercher ailleurs leur inspiration, mais, chez tous, il en resta une certaine manière de faire vibrer la couleur, « le pot de peinture jeté au visage du public », selon le mot, qui se voulait méchant, de la critique du temps, toujours aussi aveugle.

L'épopée cubiste

L'aventure cubiste est plus longue, plus profonde et plus décisive pour notre monde contemporain. Elle déborde les frontières de la peinture ; elle touche aussi bien la sculpture que la littérature — avec Apollinaire et Max Jacob, qui participent totalement à la lutte —, le théâtre, la musique et le décor de la vie quotidienne.

Le cubisme se rattache directement à Cézanne, dont le Salon d'automne présenta une rétrospective en 1907 ; Picasso et Braque, les premiers, décident de suivre les conseils du maître d'Aix en traitant eux aussi la nature par les formes géométriques. Contrairement aux fauves, ils désirent contrôler leur sensation ; ils veulent aussi se détacher de l'anecdote, du « descriptif » ; ils aiment la sculpture nègre parce que « l'artiste nègre ne représente pas ce qu'il voit, mais ce qu'il pense ». Art, donc, profondément rationnel, le cubisme a l'ambition de cerner la vérité de la nature. Traditionnellement, en effet, le peintre ne représentait que les « illusions optiques », un seul côté de l'objet ou une perspective dans laquelle les personnages éloignés paraissaient plus petits, ce qui est faux. En juxtaposant sur sa toile les diverses faces d'un objet, l'artiste a l'ambition d'en donner une vision totale. En supprimant la perspective, il achève la destruction de l'espace plastique créé par les peintres de la Renaissance, et pose les bases d'un nouvel espace.

Le scandale, un de plus, éclate dès 1908 ; refusé au Salon d'automne, Braque expose chez Kahnweiler, où son paysage de *l'Estaque* est traité par petits cubes. Cette année-là, le premier groupe se constitue au Bateau-Lavoir, autour de Picasso et de Braque, avec Juan Gris, Apollinaire et Marie Laurencin, Max Jacob et Fernand Léger. D'autres les rejoignent, Gleizes, Kupka, le couple Delaunay, les frères Duchamp. En s'accroissant, le groupe se divise en plusieurs tendances. Les uns, comme Villon ou son frère, cherchèrent à traduire le mouvement et le dynamisme du monde moderne, rejoignant par là les préoccupations du futurisme italien. D'autres, au contraire, comme Mondrian, refusaient le mouvement, privilégiant dans leurs toiles la simplicité des lignes droites. Un troisième courant, avec Delaunay, s'intéressait aux contrastes de couleurs jusqu'ici négligés par le cubisme, tandis que Picasso et Braque inventaient, en 1912, les premiers « collages » qui incorporaient aux tableaux les matériaux les plus variés. En 1913, Apollinaire peut établir un bilan (*les Peintres cubistes*), alors qu'imperturbable la critique officielle ne croit pas « que cette crise éphémère de géométrie ait un retentissement mondial ».

Par-delà ces diversités, il est aisé de mesurer aujourd'hui l'apport considérable du mouvement cubiste pendant ces sept années. Poursuivant l'effort des impressionnistes, il abolit définitivement la notion de sujets nobles : une bouteille de vin, une table de cuisine méritent autant l'attention du peintre que tout autre thème. Il n'existe plus, aussi, de « matières nobles » : de la tapisserie déchirée, une vieille chaussette peuvent permettre de construire une œuvre belle, conclusion qui aide l'architecture à se débarrasser de ses préjugés sur la qualité « inesthétique » des matériaux industriels. D'ailleurs, contrairement à la peinture officielle, les artistes cubistes ont le goût de la modernité : usines, spectacles sportifs, célébration de l'aviation, voilà quelques-uns de leurs sujets favoris. Ils habituent l'œil aux lignes simples et stylisées, préparant un décor moderne en accord avec l'évolution technique. Le cubisme, enfin, est un des principaux relais vers l'art abstrait.

L'art abstrait

Ce dernier mouvement n'est pas uniquement d'origine française. Kandinsky et Klee à Munich, Malévitch à Moscou, en sont aussi les initiateurs. Mais tous ont passé à Paris, ou connaissent bien les œuvres de l'école française. En fait, il suffit de suivre l'évolution de la peinture depuis Manet pour comprendre cet aboutissement logique qu'est l'art non figuratif. C'est à travers *les Meules* de Claude Monet que Kandinsky découvre l'abstraction. Pour Gauguin, nous l'avons vu, tout art est abstrait, et la toile doit être comparée à un concerto ou à une symphonie. Pour tous, même pour ceux qui sont proches du réalisme, la vérité ne réside jamais dans la vision conventionnelle que chaque homme perçoit, mais dans la reconstruction de l'artiste.

En France, trois peintres, issus du cubisme, tirèrent toutes les conséquences de cette évolution : Kupka, Mondrian et Delaunay, qui sont à l'origine de la tendance géométrique de l'art abstrait, tandis que Kandinsky, influencé par les fauves, faisait, à Munich, la première aquarelle abstraite non géométrique. Nouvelle manifestation de l'opposition entre le climat culturel rationaliste français et l'irrationalisme slave et germanique ? Il serait simpliste de l'affirmer, tout au moins peut-on y voir la preuve du prestige du cubisme, et, par-delà, de Cézanne sur toute l'école de Paris. En tout cas, sur ce point, le divorce avec l'évolution littéraire est net : la rationalité ne cesse de marquer l'effort pictural français. Telle est, dans sa diversité, la peinture moderne, dont le rayonnement s'étend sur les autres expressions artistiques.

La sculpture, fille de la révolution picturale

Pendant très longtemps, la sculpture fut, par excellence, le refuge du « pompiérisme ».

Seul Rodin, de scandale en scandale, faisait passer un souffle nouveau : il se qualifiait lui-même d'impressionniste, probablement parce que, contrairement aux sculpteurs de l'Institut, il s'efforçait de saisir l'impression d'un moment au lieu de prétendre au portrait « intemporel » et idéalisé. Il refusait aussi l'exactitude « photographique », car « la ressemblance qu'il doit obtenir est celle de l'âme ». Mais Rodin, précurseur de la sculpture moderne, n'eut pas, à proprement parler, de disciple. Bourdelle et Maillol restent fidèles à la tradition, mais en la renouvelant, se sentant plus proches de l'art grec archaïque que de l'époque classique.

La création de nouvelles conceptions devait venir du cubisme, qui rendait par là ce qu'il devait à la sculpture. Picasso, qui, déjà, dans ses premières toiles cubistes, sculptait ses visages (par exemple, dans *les Demoiselles d'Avignon*), mena pendant cette période une carrière de sculpteur presque aussi riche que son travail de peintre. D'abord inspiré par la statuaire africaine, il transcrivit le principe du collage dans la sculpture avec *le Verre d'absinthe*, où sont utilisés les matériaux les plus inattendus. Bientôt, des sculpteurs, souvent originaires de pays slaves, se groupent autour de Braque et de Picasso : Raymond Duchamp-Villon, Laurens, Zadkine, Lipchitz, entre autres, font des sculptures cubistes. Pendant ce temps, en marge du mouvement, mais influencé par lui, un « paysan » roumain, Brâncusi, profondément nourri de l'art populaire de son pays, sculptait des formes de plus en plus simples. Ce dernier cas est un symbole de ce qui fait l'unité de toutes ces individualités depuis Bourdelle : la réhabilitation, comme en peinture, de l'archaïque, du primitif, du populaire, mieux capable de traduire avec force le sentiment.

Retard de l'architecture

Là encore, l'« académisme » triomphe d'autant plus aisément que l'architecte dépend plus étroitement du public : pour concrétiser ses plans, il faut des clients. La France paraît, à la fin du siècle, très en retard, si l'on excepte les œuvres d'Eiffel. Le modern style n'entraîne pas un réel renouvellement des formes. Dans les dernières années de notre période, une évolution se dessine avec Tony Garnier et son plan de cité industrielle, et surtout avec les frères Perret. L'art décoratif ne se transforme pas encore profondément ; seule, l'affiche, « genre méprisé », participe à la révolution des formes, grâce à Toulouse-Lautrec et à Bonnard. Ceux-ci préparent les yeux aux couleurs vives et aux contours simplifiés. Ils créent un style qui n'eut pas de peine à assimiler, bien après la guerre, les formes héritées du cubisme.

Une révolution musicale tardive

Depuis le second Empire, c'est Wagner qui représente l'avant-garde et le signe de contradictions. L'école française fait peu parler d'elle. Des compositeurs de valeur, tels Lalo, Saint-Saëns, César Franck, Gabriel Fauré ou Vincent d'Indy, continuent la tradition, sans songer à bouleverser le langage musical. Des efforts sont faits pour diffuser la musique et éduquer le public sous l'impulsion de la Société nationale de musique. Les sociétés musicales qui organisent des concerts réguliers se multiplient : Concerts Pasdeloup en 1861, Colonne en 1873, Lamoureux en 1881 ; la Schola Cantorum est créée en 1896, pour étudier et remettre à l'honneur la musique religieuse. Les musiciens ne pouvaient pas, cependant, rester indéfiniment insensibles aux bouleversements de l'expression littéraire et surtout picturale ; déjà, chez Gabriel Fauré on a pu déceler un style « impressionniste et symboliste » qui annonçait la révolution de Debussy.

Ce dernier allait renouveler le langage musical français, après avoir découvert la musique russe, elle-même imprégnée de folklore, et, à l'Exposition de 1889, la musique d'Extrême-Orient ; il fut, plus que tout autre, sensible au climat culturel du temps : l'utilisation de notes isolées et la rupture de la ligne mélodique rappelaient la technique impressionniste de la division des tons, et la discrétion de l'expression faisait songer au symbolisme. C'est précisément la création d'un opéra à partir de la pièce de théâtre symboliste de Maeterlinck, *Pelléas et Mélisande*, qui déclencha le premier grand scandale musical, en 1902, et consacra le triomphe de Debussy. Le maître transcrivit aussi musicalement le poème de Mallarmé *l'Après-midi d'un faune*, et intitula l'une de ses œuvres *Impression*, se proposant par là la réconciliation entre poésie, peinture et musique. A partir de « Claude de France », l'école française s'épanouira surtout après 1918, mais déjà Maurice Ravel et Erik Satie en montrent la nouvelle richesse.

Avant la guerre, le public français a le temps de découvrir directement, après la littérature, la musique russe ; en 1908, Chaliapine chante à l'Opéra *Boris Godounov*, de Moussorgski ; les années suivantes, les Ballets russes révèlent à Paris Borodine, Rimski-Korsakov, et enfin, en 1913, le jeune Stravinski suscite un nouveau scandale avec son *Sacre du printemps*. D'« impressionniste », la musique devenait « cubiste ».

Prodigieux foisonnement de cette dernière décennie de la « Belle Époque », comme si, conscient des menaces, chaque artiste voulait rapidement livrer ses découvertes! Les Ballets russes pourraient être le symbole de cet élan. A leur tête, un homme, Serge de Diaghilev, qui fit découvrir aux Russes la peinture française moderne en 1899, puis aux Français la musique russe, en organisant des concerts en 1907. Frappé par les danses d'Isadora Duncan, il veut sortir le ballet de son académisme. Il réalise ce que pressentent Debussy, Picasso et Apollinaire, le spectacle total, où toutes les formes d'expressions esthétiques se rencontrent et s'interpénètrent. Dans les Ballets russes, en effet, musique et décoration ne sont pas simples supports de la chorégraphie. Les peintres, en particulier, jouent un rôle important en participant à la mise au point de la chorégraphie, qui met en valeur les costumes, comme ceux-ci soulignent l'évolution des danseurs ; aucun élément ne peut être traité en lui-même, tout concourant à l'expression plastique. Le ballet russe résume ainsi l'évolution de ce demi-siècle. Il nous révèle à quel point la révolution picturale a bouleversé toute la vie culturelle. Quel est le sens de cette mutation décisive ? Pourquoi se heurte-t-elle à l'incompréhension des notables ?

Un art représentatif d'une nouvelle société ?

Le surintendant des Beaux-Arts du second Empire, Nieuwerkerke, déclarait que la peinture impressionniste était « une peinture de démocrates, de gens qui ne changent pas de linge ». Et un journaliste de *la République française* disait à Renoir, en lui refusant un article sur l'Exposition de 1877 : « Mais vous ignorez donc que vous êtes des révolutionnaires. » Les mutations plastiques coïncident-elles donc avec des transformations de la société, par exemple avec l'avènement de « nouvelles couches sociales » dont parlait Gambetta ?

Si l'on étudie la provenance sociale des peintres, il est impossible d'arriver à des conclusions précises : à côté d'hommes issus de la petite bourgeoisie et sans ressources particulières, tels Pissarro ou Monet, d'autres, de « bonne bourgeoisie », vivent dans l'aisance sans avoir besoin de vendre leurs toiles, comme les fils de banquiers Cézanne et Degas.

Pas d'unité apparente non plus dans les idées politiques et sociales. Si, comme beaucoup de symbolistes, certains manifestent de la sympathie pour le mouvement anarchiste ou socialiste — c'est le cas de Pissarro —, d'autres refusent de s'engager, ainsi Renoir, ou sont conservateurs, comme Degas ou Cézanne. Tous s'éloignent des idées de Courbet sur le contenu social de l'art. Esquisser une sociologie de leurs admirateurs n'est pas plus éclairant : Gambetta est bien l'ami de Renoir, et Clemenceau celui de Monet, mais c'est un député de la gauche qui s'indigne, en 1914, de « ce que nos palais nationaux puissent servir à des manifestations d'un caractère aussi nettement antiartistique et antipathique ». Inversement, un certain snobisme de la haute société a favorisé des artistes d'avant-garde, surtout à partir de 1900. En fait, la compréhension de l'art nouveau ne paraît pas liée à la place dans la société ; tout au plus, pourrait-on suggérer que les milieux marginaux, par exemple la bourgeoisie juive ou la haute société, fournissaient un pourcentage d'admirateurs plus grand. Y a-t-il donc pur et simple malentendu, et l'épithète de peinture démocrate ou révolutionnaire est-elle seulement le fruit d'un aveuglement esthétique ? Ce n'est pas sûr.

Mise en cause d'un univers mental

Si l'on considère, en effet, les valeurs implicites véhiculées par l'art non académique, on comprend le point de vue des adversaires : tous les principes des notables français sont bafoués. En plein impérialisme colonial, alors que toutes les sciences humaines sont européo-centriques, les artistes abolissent la hiérarchie des civilisations en acceptant de se mettre à l'école des Japonais, des Polynésiens et des Africains. Bien plus, à l'époque où Lévy-Bruhl définit la « mentalité prélogique des primitifs », Picasso affirme la rationalité absolue de la statuaire nègre. Les premiers, les peintres démontraient, bien avant les ethnologues ou les historiens, la relativité de nos classements. A l'intérieur de notre civilisation, ils contestaient l'« ordre socio-culturel » qui établissait la hiérarchie des goûts selon l'instruction reçue et le niveau social, puisqu'ils réhabilitaient les arts populaires, exaltaient le douanier Rousseau, ou même choisissaient volontiers leurs thèmes dans les loisirs et les spectacles du commun.

Par ailleurs, le bourgeois français vivait, nous l'avons vu, dans la tranquille certitude d'un univers stable où le refuge dans la tradition pouvait lui faire oublier l'évolution. En rompant avec un passé figé, en innovant, les artistes rappellent à l'homme du XIXe siècle son insertion dans le mouvement historique ; ils lui enseignent la relativité de la vision : l'espace de la Renaissance n'est qu'une manière, parmi d'autres, de percevoir le réel. La permanence rassurante du monde a disparu.

En même temps, les peintres célèbrent notre univers industriel et technique : leur admiration pour la tour Eiffel contraste avec le mépris des notables ; ils refusent d'opposer l'art à la vie quotidienne et à l'utilitaire, contrairement à tout ce qu'enseignaient traditionnellement le lycée et l'Institut. Les premiers, ils comprennent la nécessité de trouver un langage nouveau, en accord avec l'univers créé par le savant et l'ingénieur, par Einstein et Eiffel. Ils pressentent la mutation sans précédent qu'allait connaître notre monde. L'ambiguïté même de leur art, à la fois optimiste et tragique, annonçait l'angoisse et l'orgueil contemporains, normalement suscités par les résultats contradictoires du « progrès scientifique et technique ». Voilà pourquoi, sans doute, la société américaine, plus ouverte, convertie totalement à la modernité, accepta plus tôt (dès le voyage de Durand-Ruel aux États-Unis, en 1886) ce nouveau langage, tandis que les classes dirigeantes françaises, à la mentalité préindustrielle, offraient une résistance très vive à ce qui détruisait leur monde figé.

Contrastes du climat culturel français

Un bilan rapide fait donc apparaître certains paradoxes : l'ouverture des connaissances, la transformation des moyens de diffusion de la culture s'accompagnent d'une permanence des modèles culturels, dont beaucoup plongent leurs racines dans l'Ancien Régime. Même dans le domaine des cultures populaires traditionnelles qui s'affaiblissent, des traits anciens subsistent, comme le calendrier des fêtes ou le charivari.

De la « haute culture » à la culture scolaire se dessine une image identique de la France, pays de « mesure et d'équilibre », grâce aux « solides vertus paysannes » et aux qualités d'épargne d'une bourgeoisie restée proche de la terre et de la petite ville. Le mouvement socialiste, lui-même, en est imprégné avec le succès persistant du proudhonisme. Dans la haute culture, cette méfiance envers le monde urbain et industriel se traduit aussi bien par l'étroitesse du rationalisme français que par la contestation de ce même rationalisme. Le Zola de *la Débâcle* est proche du René Bazin de *La terre qui meurt*.

Sans doute ne faut-il pas minimiser le conflit entre l'Église et la république, qui n'oppose pas seulement deux politiques, mais aussi deux cultures, avec leurs écoles, leurs journaux, leurs éditions et leurs littératures, chacune ayant son visage bourgeois et son visage populaire ; deux conceptions s'affrontent : d'un côté, un monde menacé par le désordre et l'anarchie et que seules de fortes hiérarchies et une autorité légitime peuvent préserver ; de l'autre, un monde en progrès indéfini, qui, grâce à la science et à la diffusion des connaissances, peut espérer atteindre l'égalité et la paix. Ne négligeons pas non plus les variantes régionales et les efforts du mouvement ouvrier pour se constituer en groupe culturel autonome. Mais tous, finalement, reconnaissent des valeurs communes, parmi lesquelles le patriotisme n'est pas une des moindres ; la mobilisation générale, qui revêt partout l'allure d'une fête grave et parfois joyeuse, n'est pas, là non plus, uniquement une cérémonie politique, c'est aussi une manifestation culturelle où se mêlent à la fois l'enseignement de l'école primaire laïque, de la presse illustrée de droite et de gauche, la réaction antirationaliste et l'idéologie positiviste.

On part défendre la « grande nation », le « pré carré », la « Grèce moderne, patrie de la raison, héritière de l'humanisme », la « race »... L'union sacrée n'est qu'un signe parmi d'autres d'un consensus culturel assez général.

La seule contestation réelle naît de cette avant-garde qui emprunte, en France, le langage pictural. D'une façon continue, pendant un demi-siècle, de petits groupes remettent en cause, à travers la vision impressionniste, puis cubiste, toute la conception officielle du monde et préparent notre univers spirituel contemporain. C'est la seule mutation culturelle sérieuse, beaucoup plus décisive, malgré son caractère minoritaire, que cet autre grand phénomène qu'est la scolarisation primaire ; en effet, la IIIe République ne fait qu'accentuer un mouvement déjà largement amorcé, et l'école tend à conformer les classes populaires au modèle culturel des notables, sans chercher à créer des modes de pensée et d'expression originaux. Le fait scolaire est d'importance pour la compréhension de l'évolution politique de la IIIe République ou de l'histoire de la campagne française ; mais les transformations culturelles qu'il entraîne se confondent largement avec l'action de la révolution technique. L'influence des peintres par l'affiche, l'architecture, la transformation du décor quotidien, déborde rapidement le cercle étroit des esthètes et des snobs. En transformant notre vision, n'ont-ils pas modifié nos structures mentales ? Est-il donc, alors, si scandaleux d'affirmer que les grands révolutionnaires du temps sont Manet, Cézanne et Picasso ?

27. LA GRANDE GUERRE

1914-1918
La fin d'un monde.

L'entrée dans la guerre

Il serait téméraire de prétendre résumer en quelques pages l'histoire du peuple français pendant la Grande Guerre. L'entreprise serait, au surplus, prématurée, car les études préalables, détaillées, voire même au ras du sol, nécessaires avant de tenter une pareille synthèse, sont à peine commencées. Il reste vrai, d'ailleurs, que toute la vie nationale est alors conditionnée par les événements militaires. Mais si l'on s'attache à ceux-ci, ne risque-t-on pas de se heurter à l'écueil inverse ? Y a-t-il sujet plus rebattu que l'histoire des grandes batailles de 1914-1918, histoire alimentée et approfondie, au surplus, par les controverses sur les mérites et démérites des chefs militaires rivaux ?

Pourtant, si l'étonnement et l'incompréhension sont les premières vertus de l'historien, ils peuvent nous suggérer, ici encore, une présentation nouvelle et nous faire apercevoir des problèmes qui ne sont résolus qu'en apparence.

Nous ne rangerons pas parmi ceux-ci la question des origines de la guerre. En effet, après avoir été passionnément discutée tant qu'elle alimentait des conflits politiques intérieurs ou extérieurs d'actualité, elle fait maintenant l'objet de traitements qui, même d'un pays à l'autre, ne diffèrent que par des nuances. Sur un point, cependant, nous pouvons présenter une observation qui n'est pas toujours faite : il s'agit de l'influence des doctrines militaires et des plans stratégiques sur le déclenchement du conflit.

Les doctrines militaires ? Mais ne sont-elles pas, en France et en Allemagne, substantiellement les mêmes ? En 1870, la victoire de l'Allemagne sur la France a été la victoire du mouvement, de l'attaque incessante, sur des armées statiques, trop enclines à la défensive, et se laissant l'une après l'autre enfermer dans des places fortes vouées à la capitulation. La leçon n'a pas été perdue. Ce qui prévaut maintenant chez les deux adversaires, c'est la doctrine de la guerre de mouvement : il ne s'agit pas de conquérir ou de défendre du terrain et des places, mais de détruire l'armée adverse par la manœuvre, et avant tout par l'offensive, qui seule donne la décision. A la vérité, tous les chefs militaires — notamment en France — ne sont pas des partisans aussi ardents de cette doctrine ; des controverses se sont élevées, en particulier, sur le rôle du feu et sur celui du retranchement. Mais s'il faut nuancer le tableau, les traits généraux de l'enseignement tactique demeurent.

Au contraire, la situation de la France diffère beaucoup de celle de l'Allemagne dans le domaine des plans stratégiques. En Allemagne règne depuis 1905 le plan Schlieffen : partant de l'hypothèse que l'Allemagne aura à combattre en même temps la France et la Russie, ce plan vise à mettre la France hors de combat avant que la Russie, lente à mobiliser, puisse peser de tout son poids dans la lutte. Pour cela, il faut envelopper l'armée française par une offensive à la fois très vaste et très rapide, donc en terrain libre. Fort de cette conception, l'état-major allemand va imposer au pouvoir civil, en 1914, des mesures qui pèseront lourd quand s'ouvrira le procès des responsabilités de la guerre : écarter les dernières tentatives de conciliation, car il ne faut pas laisser de temps aux préparatifs russes ; prendre l'initiative de violer la neutralité belge, car l'offensive Schlieffen ne peut passer que par la Belgique ; du même coup, obliger l'Angleterre à entrer dans une guerre qui, de prime abord, la laissait réservée. Qu'importe ? le rôle de l'Angleterre sera des plus réduits si la guerre, comme on l'espère, ne dure que quelques semaines.

En France, au contraire, l'autorité militaire est strictement subordonnée, pour la politique générale, à un pouvoir civil républicain, dont la conduite est prudente soit parce qu'il est démocratique, soit parce que le souvenir de la défaite pèse sur lui et qu'il sait que la France a besoin d'alliés. Il n'est donc pas question pour l'armée française d'entrer la première en Belgique. L'état-major français, attaché à l'offensive malgré tout, est réduit à envisager celle-ci dans des conditions très défavorables, car la frontière franco-allemande — Bismarck y a veillé — se prête fort bien à la défensive du côté allemand. Mais la possibilité pour les Allemands de passer par la Belgique est présente à l'esprit de tous, et l'état-major français a dû prévoir une manœuvre dans cette hypothèse — dont il ne peut d'ailleurs pas calculer exactement la portée.

C'est dire que le commandement français est dans un cruel embarras, et cet embarras se reflète dans les versions contradictoires qui ont été données des intentions du général en chef français Joffre, en 1914, telles qu'on essaie de les deviner à travers le « plan XVII ». D'après ce plan, l'essentiel des armées françaises, à l'ouverture des hostilités, doit être concentré en Lorraine, laissant largement dégarnie toute la région à l'ouest de la Meuse. Et le plan prévoit, dès les premiers jours, une offensive générale des armées françaises, dans un terrain presque partout très difficile. Comme, d'autre part, Joffre, naturellement très réservé, n'explique guère ses intentions profondes, plusieurs hypothèses peuvent être avancées. Selon la première, Joffre, intoxiqué par la doctrine de l'offensive à outrance, a cru pouvoir d'emblée imposer sa volonté à l'adversaire et l'obliger à renoncer à ses plans (dont les grandes lignes n'étaient plus guère secrètes). Selon une deuxième hypothèse — la plus répandue —, Joffre aurait supposé que l'adversaire prendrait bien l'offensive en Belgique, mais ne dépasserait pas la ligne de la Meuse, à la fois parce qu'il n'aurait pas d'effectifs suffisants pour une manœuvre plus ample, et parce que celle-ci ne pourrait d'abord se développer qu'à travers le Limbourg hollandais (ce qui eût supposé la violation de beaucoup de neutralités à la fois). Et, dans ce cas, les troupes françaises n'auraient pas eu beaucoup de chemin à faire pour se porter dans les Ardennes, selon une variante prévue dans le plan XVII. Une troisième hypothèse qu'il faut également mentionner, c'est que Joffre comptait que l'ennemi entreprendrait sa manœuvre de débordement à travers toute la Belgique, mais qu'alors son dispositif deviendrait trop mince, et qu'on pourrait le percer en son centre, précisément en Lorraine et dans les Ardennes. Or, négliger une menace de débordement par les ailes et frapper au centre, c'est la « manœuvre d'Austerlitz », nom prestigieux qui devait exercer une attraction irrésistible sur des généraux français. Quoi qu'il en soit, dans toutes les hypothèses, Joffre et son état-major avaient commis une erreur de calcul : ils n'avaient pas compté sur la présence dans la ligne allemande, dès le début, des corps de réserve. C'est eux qui permirent à la manœuvre allemande de se développer sans présenter, au début, les points faibles qu'on escomptait.

L'avantage initial de l'initiative — dont le prix politique sera si lourd — peut-il suffire à assurer le succès du plan Schlieffen ? Comment l'armée allemande peut-elle espérer venir à bout en quatre semaines de l'armée française, alors qu'elle n'est pas assurée, même en utilisant toutes ses ressources, de disposer d'une forte supériorité numérique ? En effet, la France, en s'imposant un effort plus grand pour compenser son infériorité démographique, parvient à aligner un nombre de divisions à peu près égal à celui des divisions allemandes qui vont l'attaquer. L'Allemagne doit donc compter sur une supériorité qualitative : ses troupes, naturellement plus disciplinées, ont été plus méthodiquement entraînées. Elles sont mieux équipées – ici, il faut déjà faire des réserves ; les déficiences de l'armée française, uniformes trop voyants, manque d'artillerie lourde, etc., sont bien connues ; reste qu'elle dispose de fusils et de canons de campagne au moins égaux à ceux de l'adversaire : n'est-ce pas essentiel pour une guerre de mouvement ?

Mais – sans parler ici de comparaisons entre les races que certains ont faites depuis longtemps – on doute en Allemagne que la France aura un ressort moral suffisant pour la gigantesque lutte. Et cela en raison de son régime politique. Bismarck déjà escomptait que la République démocratique vouerait la France à la faiblesse. Bien des événements survenus depuis pouvaient renforcer cette conviction chez l'observateur étranger peu enclin à la sympathie. Il ne s'agissait pas seulement de comparer la violence révolutionnaire du syndicalisme français à la puissance disciplinée, mais assez maniable, de la social-démocratie allemande. C'est l'ensemble de la France qui ne paraissait guère prêt moralement à affronter un conflit majeur. L'année précédente, une loi portant le service militaire à trois ans, loi déclarée indispensable par l'état-major en raison justement de sa crainte d'une offensive brusquée des Allemands, avait été adoptée à grand-peine. Or, les élections des 26 avril et 10 mai 1914 venaient de consacrer le triomphe de partis en majorité hostiles à la loi de trois ans. L'hostilité à cette loi avait empêché Ribot de faire vivre le premier ministère de la nouvelle législature ; une allusion de sa part aux éventuels périls extérieurs avait été fort mal accueillie par la Chambre. N'était-ce pas le signe que la France était prête à s'abandonner ?

Il était naturel de raisonner ainsi, mais c'était pourtant méconnaître le fonctionnement très particulier du système parlementaire français. Renverser, au nom des principes les plus élevés, un ministère qui a le malheur d'invoquer les nécessités concrètes de la situation, c'est rendre à ces principes l'hommage qui leur est dû. Après quoi, leurs champions intransigeants prennent le pouvoir, et sont justement les mieux placés pour faire comprendre à l'opinion – et en premier lieu à leurs partisans – qu'il faut se résigner à l'inévitable. Ainsi Ribot est-il remplacé par Viviani, qui reprend le même programme, mais en s'appuyant sur une majorité de gauche indiscutable ; c'est ce gouvernement, plus conforme à l'état d'âme du pays, qui affrontera sans faiblir le conflit. Et la nation entrera dans la guerre avec une unanimité, voire un enthousiasme, que la veille même personne ne croyait possible. Même l'assassinat de Jaurès, qui incarnait le courant de résistance à la guerre, ne troublera pas sérieusement le soulèvement moral de la France.

Le début des opérations

Dès le 6 août 1914, exécutant le plan Schlieffen, les armées allemandes pénètrent en Belgique et attaquent Liège. Leur manœuvre doit se développer largement au-delà de la Meuse, faisant ainsi peser sur l'armée française une menace effective de débordement par l'ouest. Pendant ce temps, les attaques françaises en Alsace et en Lorraine échouent, lancées qu'elles sont sur un terrain trop difficile. Mais il y a plus grave : la contre-offensive prévue en cas d'entrée des Allemands en Belgique se termine par de sévères défaites, notamment à Mons et à Charleroi. A quoi tiennent ces défaites ? D'abord, sans doute, à l'erreur stratégique du commandement français, qui a sous-estimé l'ampleur de la poussée allemande vers l'ouest. Mais aussi, peut-être, à l'insuffisance tactique des troupes françaises, dont la préparation au combat a été moins poussée.

Quoi qu'il en soit, à partir du 25 août, Joffre, général en chef français, doit mener à bien un double mouvement de ses forces : une manœuvre en retrait de sa gauche et de son centre, et simultanément un glissement vers l'ouest d'une partie importante des troupes, pour échapper au débordement qui menace. La réussite de ces mouvements demeure son plus beau titre de gloire ; notamment le fait de retrouver, après dix jours de retraite, des armées ayant conservé une organisation intacte et l'essentiel de leur armement est apparu à beaucoup, et notamment à ses adversaires, comme un prodige. Pourtant, la possibilité de reprendre l'offensive, à laquelle Joffre n'a cessé de penser, paraît s'éloigner à mesure que la retraite se prolonge. Et l'état-major français en arrive à envisager une ligne de repli sur la haute Seine qui rendrait problématique la liaison de l'armée avec le camp retranché de Paris.

Telle est d'ailleurs, semble-t-il, poussée à l'extrême, la logique de la doctrine militaire dominante. Obéissant à la même logique, l'armée allemande s'était rabattue de l'ouest vers le sud en laissant derrière elle Anvers servir de réduit à la résistance belge ; et von Klück, le chef de la Ire armée allemande, qui, à l'extrême ouest, a le rôle principal dans la manœuvre d'enveloppement, se détourne de Paris, qui était d'abord son objectif, pour foncer, dans l'est de la capitale, à la poursuite de l'armée française en retraite : il s'agit toujours de détruire cette armée, non de conquérir une place forte.

Mais ici intervient pour la première fois l'élément civil, rebelle à cette doctrine militaire. Le gouvernement français admet bien de se replier à Bordeaux, mais il exige que la capitale de la France soit défendue ; une armée spéciale est constituée à cet effet, et se trouve par là même menacer sur leur flanc les colonnes ennemies. Assez tôt, le commandement français voit là l'occasion de ressaisir l'initiative et de livrer enfin dans les meilleures conditions la grande bataille offensive. On discute depuis longtemps la question de savoir si le mérite de la victoire revient à Gallieni, gouverneur militaire de Paris, à d'autres encore, ou à Joffre lui-même ; les uns et les autres ont sans aucun doute admirablement fait leur métier. Mais peut-être ne faut-il pas oublier non plus le rôle de ces politiciens qui ont senti, mieux peut-être que certains militaires trop dogmatiques, que la perte de Paris, capitale hypertrophiée d'un pays fortement centralisé, équivalait à la défaite décisive.

Quoi qu'il en soit, le 6 septembre, à l'appel de Joffre, toute l'armée française trouve la force de faire demi-tour et de repartir à l'attaque. Von Klück fait face très rapidement à la menace qui se dessine sur son flanc ; mais en faisant pivoter son armée, il perd le contact avec l'armée voisine. De proche en proche, le dispositif allemand se disloque et ne peut rétablir ses liaisons que par une retraite préalable. Le 9 septembre, après quatre jours de bataille acharnée, l'ensemble des armées allemandes est stoppé dans son offensive et contraint au recul sur une partie de la ligne. C'est la victoire de la Marne : le plan Schlieffen n'a pu être réalisé dans les délais prévus ; l'armée française a prouvé sa capacité, la première surprise passée, de tenir tête à son redoutable adversaire.

Mais la victoire n'est pas décisive. Pour les Allemands, ce n'est qu'un contretemps : Moltke, le généralissime, n'a pas su diriger d'assez près la bataille ; il est aussitôt remplacé par Falkenhayn. Celui-ci est bien résolu à reprendre l'offensive, et notamment à reconstituer sur de nouvelles bases la manœuvre de débordement par l'ouest. Pourtant, un changement décisif, d'abord inaperçu, se produit vers ce moment. La bataille de la Marne a révélé les difficultés de conduire une guerre de mouvement avec d'immenses armées couvrant un espace considérable : elles risquent à tout instant d'être coupées les unes des autres. Pour éviter ce risque, l'armée allemande — sur laquelle l'armée française calquera d'ailleurs son attitude — ne portera à l'ouest qu'une portion limitée de ses forces, et maintiendra la continuité de son front au centre et à l'est par des réseaux ininterrompus de tranchées et d'abris. Et devant l'échec des manœuvres de débordement réciproques, le front se solidifiera de proche en proche, en remontant au nord jusqu'à la mer.

Quand l'hiver arrive, ralentissant les opérations, le plan stratégique de l'Allemagne a échoué. Mais ses armées occupent en France un vaste espace de terrain — de ce terrain naguère si méprisé. Et le fait pour la France de voir entre les mains de l'ennemi une partie de ses provinces les plus peuplées et économiquement les plus riches va peser très lourd sur sa politique militaire et sa politique tout court. Les Français seront contraints de reconquérir leur territoire, alors que les Allemands pourront plus facilement se cantonner dans la défensive ; et le gouvernement français ne pourra jamais envisager une paix négociée, une paix de compromis, qui, sur la base des positions acquises, se traduirait nécessairement par une nouvelle et très grave amputation de territoire.

A la recherche d'un champ de manœuvres

Dès la fin de 1914, certains – en particulier, dans le personnel politique, un Briand, un Lloyd George, un Churchill – estimèrent qu'en la présence de fronts fortifiés continus il était désormais très difficile d'obtenir à l'ouest un succès décisif. Les projets de débarquement sur les côtes allemandes, caressés notamment par certains Britanniques, étaient trop manifestement impraticables. La recherche à la fois de nouveaux alliés et de nouveaux terrains d'action – les uns et les autres étant dans une large mesure liés – se porta donc avant tout sur la zone méditerranéenne. Elle devait aboutir à bien des mécomptes.

Un succès d'apparence brillant fut pourtant obtenu en mai 1915 avec l'entrée en guerre de l'Italie contre l'Autriche-Hongrie. Mais la configuration de la frontière italo-autrichienne, constituée par les Alpes et le plateau du Carso, la rendait particulièrement peu propice aux opérations militaires de grande envergure. Et déjà avec l'Italie se présentait le cas qui allait apparaître beaucoup plus nettement ailleurs : la plupart des alliés entrés dans la guerre après coup n'y avaient naturellement pas un intérêt vital, et ne s'y engageaient pas de toutes leurs forces et avec toute leur ardeur.

Mais le grand rêve était de reconstituer contre les Empires centraux la grande alliance balkanique réalisée contre les Turcs en 1912. Ce rêve avait pris une consistance particulière dès novembre 1914 avec l'entrée en guerre aux côtés de l'Allemagne de la Turquie, le grand ennemi des peuples des Balkans. A vrai dire, les préoccupations de l'Angleterre s'orientaient de façon un peu différente : peu soucieuse de faire dans les Balkans le jeu de la Russie, elle tenait, par contre, à mettre hors de portée des Turcs le canal de Suez, la mer Rouge, le golfe Persique, voie impériale par excellence. Surtout les pays balkaniques se montrèrent plus préoccupés de leurs querelles locales que de la guerre générale, et très soucieux en même temps de ne pas s'engager dans une voie périlleuse sans être à portée de soutien d'une armée occidentale puissante. Mais l'envoyer là-bas, c'était distraire du front occidental des forces précieuses et les exposer, elles et leur ravitaillement, aux périls de la mer et aux coups de la flotte autrichienne. Un moyen parut se présenter de sortir de difficulté : frapper l'Empire turc au cœur, à Constantinople, par une action purement navale : on obtiendrait l'avantage supplémentaire d'assurer des relations beaucoup plus aisées avec l'allié russe. Mais il fallait pour cela franchir les Dardanelles, très long et très étroit défilé marin entre des montagnes escarpées, qui offrait des facilités exceptionnelles à la défense. L'attaque navale échoua ; on la fit alors appuyer par un débarquement de troupes terrestres, qui piétinèrent en subissant d'énormes pertes. Finalement, pour secourir les Serbes en situation désespérée, les troupes des Dardanelles, renforcées, furent reportées sur la base grecque de Salonique. Là, les déceptions s'accumulèrent : la Grèce refusa finalement de s'engager dans le conflit, et l'armée alliée de Salonique, enserrée dans une région montagneuse à peu près dépourvue de voies de communication, se trouva hors d'état d'aider les Serbes, acculés à une retraite catastrophique dans une autre direction. La Roumanie, dont l'aide était tant escomptée, n'entra pas en guerre en 1915 au côté des Alliés, tandis que la Bulgarie, qu'on avait tant fait pour se concilier, se déclarait, au contraire, pour l'Allemagne. La seule consolation, toute négative, était que l'armée de Salonique n'avait pas été rejetée à la mer : les difficultés du terrain et surtout l'insuffisance des moyens de transport gênaient les Austro-Allemands non moins que leurs adversaires, et les Bulgares non plus, une fois débarrassés de leurs voisins et ennemis les Serbes, ne manifestaient pas beaucoup d'ardeur à s'attaquer à de grandes puissances lointaines.

De plus, Allemands et Autrichiens, qui avaient sur leurs adversaires l'avantage de pouvoir transporter leurs troupes sur des lignes intérieures et terrestres, avaient trouvé ailleurs un champ de bataille dégagé pour la guerre de mouvement : c'est contre les Russes, dans la vaste plaine polonaise, qu'ils remportaient en 1915 des succès considérables, sinon encore décisifs.

La guerre des tranchées

Ainsi toutes les opérations de diversion qui paraissaient s'offrir aux Alliés se heurtaient, en réalité, à des obstacles à peu près insurmontables. Joffre avait raison : c'est seulement sur le front de l'ouest que la décision militaire pouvait être obtenue. Mais là se présentaient des difficultés toutes nouvelles, auxquelles l'enseignement militaire n'avait préparé ni les esprits ni les moyens matériels. Non que la guerre des tranchées et ses procédés tactiques fussent chose inconnue : sans même invoquer les précédents de la guerre russo-japonaise, voire de la guerre de Sécession, tranchées, boyaux d'approche, mortiers et mines étaient des procédés usités depuis des siècles dans l'attaque des forteresses. La grande nouveauté était l'application de ces méthodes à des fronts s'étendant sur des centaines de kilomètres. Et la difficulté résidait moins dans la rigidité de la ligne défensive à franchir que dans son élasticité : une ligne de tranchées conquise, une autre se rencontrait — ou se reconstituait — quelques centaines de mètres plus loin.

L'opération de percée était toujours à recommencer, sans jamais aboutir à la reprise de la guerre de mouvement en terrain libre. Ce n'était pas la tactique qui posait des problèmes insolubles, mais la stratégie générale qui se trouvait bouleversée.

Comment, dès lors, les responsables du destin militaire de la France — et avant tout Joffre — envisagent-ils de parvenir à la victoire finale ? Ils ne doutent pas de cette victoire, convaincus qu'ils sont de la supériorité de ressources des Alliés — France, Empire britannique, Russie — sur l'Allemagne et l'Autriche-Hongrie. Encore faut-il mobiliser ces ressources, c'est-à-dire fournir aux innombrables soldats russes un armement adéquat, et décider l'Angleterre à se doter d'une armée de terre à la mesure de ses possibilités ; effectivement, l'importance et le rôle des troupes britanniques augmentent, mais lentement ; c'est en 1916 seulement que l'Angleterre institue le service militaire obligatoire. Un autre effort de longue haleine est à accomplir pour doter les troupes du matériel nouveau et des munitions nécessaires pour briser des organisations défensives qui, de leur côté, se perfectionnent sans cesse.

Ces éléments ne conduisent-ils pas à envisager une stratégie d'attente ? C'est ce que pensent des chefs aux tempéraments aussi dissemblables que Foch et Pétain. Mais ce n'est pas l'avis de Joffre, et encore moins de ses conseillers militaires les plus écoutés, les « Jeunes Turcs ». Joffre a d'abord tendance à sous-estimer la puissance de la défensive nouvelle et les capacités de résistance de l'ennemi ; en cela il s'accorde avec le sentiment général, qui continue à croire pendant longtemps à une guerre courte. Joffre et son entourage pensent que l'offensive a des vertus morales irremplaçables, et qu'il sera facile de revenir à la guerre de mouvement et de manœuvres, qui est pour ainsi dire la plus naturelle. Ajoutons qu'en 1915 la France est dans l'obligation de venir en aide à la Russie menacée par les offensives austro-allemandes : en 1914, les attaques lancées par les Russes sans attendre que leurs armées fussent prêtes ont permis aux Français la victoire de la Marne, c'est-à-dire le salut.

Les offensives de 1915

Mais comment obtenir la rupture du front, et l'exploiter, pour retrouver la guerre de mouvement en terrain libre ? Sur ce point, la pensée de Joffre paraît essentiellement empirique : c'est en multipliant les attaques, en les étendant sans cesse, qu'on finira bien par tomber sur la solution du problème. Il n'est pas interdit de retrouver là une suite logique de l'état d'esprit du commandement français de 1914, voué à l'offensive et obligé en même temps, par le respect nécessaire de la neutralité belge, de subir d'abord le plan stratégique de l'ennemi : l'assaut tactique finira par déterminer de lui-même le développement stratégique. D'ailleurs, la ligne du front, largement choisie par l'ennemi à l'automne 1914, place souvent les Français en position défavorable, fournissant beaucoup de motifs à des « rectifications » limitées. Au plan des exécutants, on en arrivera peu à peu à considérer comme fin en soi la conquête de lambeaux de tranchées, d'« observatoires » que les progrès de l'aviation, du camouflage, de l'enterrement des forces rendent de plus en plus illusoires. Et l'on finit par ce « grignotage » de l'ennemi, qui se révèle coûteux surtout pour les troupes françaises. Les opérations de 1915 coûtent aux Français 349 000 tués, soit une moyenne mensuelle de 29 000, contre 21 000 en 1916 et 1918, qui compteront pourtant de terribles batailles.

De nombreuses attaques sont ainsi tentées. L'une d'elles, en Artois, paraissait prometteuse, en raison de la proximité immédiate du bassin houiller du Pas-de-Calais si important pour une guerre de matériel. Mais dans l'esprit de Joffre elle ne fut jamais que secondaire. Le général français visait essentiellement — conformément à sa perspective de guerre de mouvement — les voies de communication, et en premier lieu la « rocade » Metz-Hirson-Mézières. Et c'est pour atteindre cette dernière ville qu'il s'acharna — en février, en septembre, en octobre — à tenter la percée sur le front de Champagne, dans un terrain particulièrement favorable à l'organisation défensive. Des centaines de milliers d'hommes furent sacrifiés là pour des gains de terrain insignifiants et des avantages stratégiques nuls : la pression allemande sur les Russes ne s'en trouva pas sensiblement allégée.

1916 : l'équilibre de l'usure

De ces expériences, Joffre avait tiré certaines leçons : nécessité de combiner — ou au moins de faire coïncider dans le temps — des offensives des Alliés sur les différents fronts ; il obtenait à cet égard, des Italiens et des Russes, des promesses inégalement suivies d'effet : si les Italiens continuaient à piétiner sur l'Isonzo, l'offensive de Broussilov en Galicie allait constituer le plus brillant fait d'armes des Russes dans cette guerre.

Deuxième leçon : la percée ne peut réussir sans usure préalable de l'ennemi ; et pour cette tâche préliminaire Joffre compta d'abord sur l'armée anglaise, dont la puissance commençait à s'affirmer, avant de monter une offensive combinée franco-anglaise — la première — de part et d'autre de la Somme. Troisième leçon : Joffre acceptait de mettre à l'épreuve les nouvelles idées de Foch : l'offensive ne devait plus être une charge massive à corps perdu, escomptant plus ou moins la surprise, mais une progression lente, par poussées successives, précédées chacune d'une préparation d'artillerie intense et prolongée ; autrement dit, c'est la conception de la guerre d'usure qui, implicitement, commençait à prévaloir. Et l'offensive de la Somme, lancée en juillet, fut la première grande victoire franco-anglaise depuis la Marne.

Mais depuis février déjà les Allemands avaient déclenché contre Verdun une bataille qui, dans l'esprit de leur général en chef Falkenhayn, devait être l'application parfaite de la théorie de l'usure poussée jusqu'à ses dernières conséquences. Pour Falkenhayn, en effet, il ne s'agissait pas tellement de prendre Verdun que de contraindre l'armée française à se laisser annihiler par le feu plutôt que de manœuvrer en retrait, au risque de perdre une place qu'elle ne pouvait, moralement et politiquement, abandonner. Sans doute, le principal exécutant allemand, Knobels- dorff, méconnut-il la pensée de son chef et chercha-t-il effectivement à s'emparer de Verdun, de sorte que l'armée allemande connut, elle aussi, des pertes très lourdes. Et la résistance française fut un modèle d'héroïsme et de ténacité qui frappa le monde entier à cette époque, et donna au nom de Verdun, pendant longtemps, une valeur de symbole. On peut pourtant se demander, avec cinquante ans de recul, si le calcul de Falkenhayn était aussi mauvais qu'il a longtemps paru, et si le pouvoir politique, si justifié en imposant en 1914 la défense active de Paris, avait autant raison en 1916 en attribuant à Verdun plus d'importance que n'y attachaient certains théoriciens militaires. Car, en raison de sa situation démographique, la France pouvait beaucoup moins bien que l'Allemagne supporter une usure poussée à ce point. Et sa confiance en elle-même et en ses chefs, sinon même sa volonté de vaincre, allaient présenter, à partir de Verdun, des signes d'ébranlement notables : l'effort physique et moral avait été trop grand.

L'arrière

Ce qui avait pourtant frappé, dans l'été 1914, les observateurs et surtout ceux qui connaissaient l'histoire récente, c'était le grand élan d'unanimité nationale avec lequel la France était entrée dans la guerre. Ce qu'on a désigné sous le nom d'« union sacrée », ce n'était pas seulement, ni même surtout, l'élargissement de la base du gouvernement, qui fut opéré le 26 août 1914, mais uniquement vers la gauche, par l'adjonction de deux socialistes. Ce fut bien plutôt le fait que les Français de tous les horizons politiques s'engagèrent à servir la patrie d'un même cœur. Il n'y eut aucune réticence de la part des vaincus de la République, des catholiques blessés par la loi de séparation, des royalistes qui cherchaient à s'identifier au nationalisme, des princes eux-mêmes, Orléans et Bonaparte, qui ne demandèrent qu'à servir. Il n'y en eut guère davantage, au début, de la part de l'extrême gauche internationaliste et pacifiste. Cette unité morale ne se traduisit d'ailleurs pas par la stabilité ministérielle : le ministère Viviani, après plusieurs remaniements, dut céder la place le 29 octobre 1915 à un ministère Briand. Mais peu importait. Car la confiance de la nation et la responsabilité essentielle du sort du pays reposaient sur le général Joffre. La chose était pratiquement inévitable lors de la guerre de mouvement rapide des premiers mois d'hostilités. Mais il n'en alla guère autrement une fois le front stabilisé et rétablies les conditions d'un fonctionnement à peu près normal des pouvoirs publics ; lorsque, notamment, à partir de janvier 1915, le Parlement siégea en permanence. Et ce n'était pas la conséquence d'un partage d'attributions logique et inévitable : la distinction entre la « conduite de la guerre », apanage du gouvernement, et la « conduite des opérations », domaine particulier du chef militaire suprême (qui n'eut même pas toujours le titre de général en chef), était essentiellement verbale. Si Joffre ne toléra jamais l'intrusion du pouvoir civil dans l'établissement des plans d'opérations, l'état-major sans cesse grossissant qu'il constitua à Chantilly ne craignit pas de se mêler de la guerre économique et du blocus, des fabrications de guerre, voire de diplomatie (à propos des « théâtres d'opérations extérieurs »). Et, s'il se constitua des coteries politiques, principalement d'ailleurs autour de certains généraux — Gallieni, puis Sarrail —, elles n'ébranlèrent pas véritablement l'autorité de Joffre, dont la personnalité, on peut le dire, domine toute la première moitié de la guerre.

Les facteurs de la confiance

Pour expliquer cette confiance solide et persistante, il faut tout d'abord remonter à ces jours où la guerre éclate : par son enthousiasme, la France montre qu'elle est sûre d'elle-même et de son bon droit. Elle est peut-être, en son tréfonds, moins sûre de sa force, et au bout d'un mois d'épreuves n'est peut-être pas loin de désespérer et de céder à la panique ; c'est pour cela que la victoire de la Marne — succès militaire assez net, mais nullement décisif — est saluée comme un « miracle ». Et Joffre — très justement, car en tout état de cause il est le responsable — en tire un prestige qui ne sera pas ébranlé de longtemps. Et tandis que la guerre se prolonge semaine après semaine, le culte de Joffre entre dans l'imagerie populaire. Il y fait sa place d'autant plus facilement que l'aspect physique de l'homme, ses manières, son passé préviennent toute inquiétude politique ; on sait qu'il n'est pas l'agent de la « réaction cléricale », et personne n'ira imaginer un dictateur militaire sous cette allure paisible et bonhomme.

Il ne faut pas pourtant se tromper sur la qualité de cette confiance ; elle n'est pas celle que l'Angleterre de 1940 accorda à un Churchill qui lui annonçait de longues épreuves en même temps que sa résolution d'en venir à bout. La France de 1914, même une fois que les fronts sont stabilisés, croit encore que la guerre sera courte. Beaucoup de chefs militaires — Joffre lui-même dans une certaine mesure — escomptent avec une ardeur souvent renouvelée que la prochaine offensive amènera la percée et peut-être la victoire finale. Et les dirigeants civils — même si, dans le privé, ils expriment parfois des doutes – agissent également dans cette perspective à court terme. En témoignent la lenteur de la mobilisation économique et le caractère provisoire des dispositions financières. Le droit de réquisition de certaines denrées n'est institué que par la loi du 16 octobre 1915, et seulement pour le blé et le charbon ; il ne sera étendu à d'autres produits que le 20 avril 1916. Le financement de la guerre a été particulièrement critiqué ; aucun effort ne fut fait pour répondre à des besoins nouveaux par une fiscalité nouvelle ; on eut d'abord recours à l'expédient à court terme des bons du Trésor, puis, en janvier 1915, à des obligations dont la durée n'excédait pas dix ans et qui donc allaient créer dès 1925 un problème grave. Le premier emprunt de guerre en rentes perpétuelles ne voit le jour qu'en novembre 1915. Le premier programme d'impôts nouveaux, bien modestes, présenté le 18 mai 1916, n'entre en vigueur que le 31 juillet 1917, c'est-à-dire lorsque la guerre, aux yeux des Français, est entrée, nous le verrons, dans une phase nouvelle.

Le « bourrage de crânes » et la censure

Chaque fois qu'une communauté est soumise à une tension nerveuse et à une émotion collective intenses, la vérité se déforme de bouche en bouche, les légendes naissent. Autrement dit, le « bourrage de crânes », il faut le comprendre, est d'abord et avant tout un phénomène spontané. Il s'exerce d'ailleurs dans les deux sens : au début de la guerre, les moindres succès sont amplifiés, l'adversaire est minimisé, la victoire est à portée de la main, à la fois – peu importe la contradiction – facile et glorieuse. Mais que la guerre se prolonge, que les difficultés s'accroissent, et le découragement peut se répandre aussi vite que l'enthousiasme. Il ne s'agit pas uniquement d'ailleurs de phénomènes passagers, car l'objectivité n'est absolument pas naturelle à l'homme. Il y a eu un « bourrage de crânes » d'après guerre aussi bien qu'un « bourrage de crânes » de guerre. Un critique exigeant et méticuleux de l'immense littérature de guerre, Jean Norton Cru, a pu accuser Dorgelès et Barbusse eux-mêmes d'avoir fortement romancé leurs témoignages – conformément d'ailleurs à d'illustres précédents. Si donc le « bourrage de crânes » a pu apparaître comme un phénomène caractéristique de la guerre de 1914-1918, c'est en raison de la durée de la guerre, qui a transformé en routine et presque en institution un phénomène d'abord spontané ; c'est aussi en raison du décalage mental croissant entre l'« arrière » et l'« avant » ; la littérature fabriquée essentiellement pour les besoins de l'arrière a fini par devenir intolérable aux combattants, qui savaient que la guerre qui y était dépeinte n'avait plus aucun rapport avec celle qu'ils faisaient.

Il faut avoir constamment ces phénomènes présents à l'esprit pour comprendre ce que fut l'action de la censure française. Non qu'aucun doute puisse exister sur la nécessité de contrôler étroitement les informations militaires : il y avait trop d'exemples, dans la guerre de Sécession ou la guerre de 1870, de batailles perdues simplement parce que l'ennemi avait su lire les journaux. Mais les attributions de la censure en France sont beaucoup plus étendues : « La censure doit supprimer tout ce qui tend à surexciter l'opinion ou à affaiblir le moral de l'armée ou du public. » Cette question du « moral » va devenir prépondérante : le peuple français passant pour être aussi prompt au découragement qu'à l'enthousiasme, on lui dissimulera systématiquement les mauvaises nouvelles. Ce n'est pas tout : quand les choses vont mal, l'opinion est prompte à s'en prendre aux institutions, qui en France ne sont jamais incontestées ; or, une crise politique majeure peut signifier la perte de la guerre. Mais les politiciens useront souvent sans mesure de cette facilité pour étouffer les critiques gênantes. Et d'ailleurs la guerre psychologique – dont on reconnaît aujourd'hui toute l'importance – suppose des techniques approfondies et délicates, qui à ce moment sont encore dans l'enfance. La censure se ridiculisera par des maladresses facilement évitables, et les risques de panique seront aggravés lorsque se découvrira subitement une vérité trop longtemps et trop complètement cachée. Malgré tout, s'il est facile de critiquer rétrospectivement les procédés un peu naïfs de cette époque, il ne faut pas oublier que la confiance a toujours été un élément primordial du succès.

L'ébranlement de la confiance

A vrai dire, la confiance si largement accordée à Joffre dans les premières années de la guerre ne se traduisit jamais par la passivité de l'opinion et de ses représentants naturels. Dès la fin de 1914, les campagnes de presse sur le thème « des canons! des munitions! » indiquèrent que la nation entendait coopérer activement à la guerre et ne pas s'en remettre exclusivement à son armée du soin de son destin. Mais cette campagne ne pouvait qu'appuyer les demandes de Joffre, et les critiques qu'elle renfermait implicitement s'adressaient uniquement à l'autorité civile, soupçonnée de remplir imparfaitement son rôle de pourvoyeuse des troupes.

Le commandement paraissait, au contraire, directement visé par les revendications incessantes visant à établir une inspection parlementaire aux armées. Joffre résista énergiquement à cette pression : permettre à des parlementaires d'interroger les soldats, qui pourraient ainsi formuler leurs opinions et leurs plaintes sans passer par la voie hiérarchique, c'était à ses yeux saper la discipline. Pourtant, il ne faudrait pas s'exagérer l'importance réelle des prétentions parlementaires, et se laisser tromper par un vocabulaire qui cherchait à évoquer les « représentants en mission » de 1793 : le culte verbal de la Grande Révolution était une des traditions de la IIIe République, même sous sa forme la plus sage. Les parlementaires cherchaient tout simplement à accomplir leur mission de représentants de leurs électeurs — même sous l'uniforme — auprès des pouvoirs publics. Et il pouvait en résulter de nombreux cas de friction, mais non un ébranlement de la confiance globale dans le commandement tant que d'autres motifs plus profonds ne venaient pas miner peu à peu et détruire celle-ci.

Le premier de ces motifs fut la prolongation même de la lutte. Elle entraîna non seulement la déception, la souffrance engendrée par les deuils accumulés et les privations commençantes, mais un malaise plus subtil. A mesure que la guerre s'éternise, le « front » et l'« arrière » s'installent dans des genres de vie différents, créant peu à peu des mentalités différentes. L'« arrière » se reconstitue tant bien que mal une vie à peu près normale, ce qui ne peut que choquer les combattants en permission. Au front, on arrive à prendre l'habitude de conditions exceptionnelles, et les soldats, même devenus « anciens combattants », garderont en commun une expérience incommunicable ; toute une littérature de romans et de récits de guerre donnera une expression concrète à ces malentendus, à ce fossé qui ne cesse de s'élargir. Et de part et d'autre, plus on s'installe dans la guerre, moins on en voit la fin, et notamment la fin victorieuse.

Lorsque, à la chute du ministère Viviani (29 octobre 1915), Millerand perdit le ministère de la Guerre, on put voir là un premier avertissement adressé au commandement : Millerand était critiqué principalement parce que, disait-on, il se préoccupait exclusivement de couvrir Joffre, et non de le contrôler. Pourtant, sous les successeurs de Millerand, Gallieni, puis Roques, la position de Joffre ne fut pas profondément atteinte. Mais c'est autour de Verdun que se polarisèrent, pour ainsi dire, les inquiétudes et les doutes latents.

Dès avant l'attaque allemande sur Verdun, bien des bruits avaient fait pressentir cette offensive. Pour le commandement français, ce n'était qu'une possibilité parmi d'autres, et des renseignements qui lui paraissaient également valables l'incitaient à se tenir sur ses gardes aussi en d'autres points. Mais les Allemands, peut-être intentionnellement, avaient été moins discrets qu'à l'ordinaire sur leurs intentions, et l'attention des milieux politiques eux aussi était attirée sur Verdun. Et la rumeur circulait que la défense de Verdun était négligée, en dépit des avertissements venant de toutes parts. Comment s'expliquait cette carence ? Il n'est que juste de ne pas passer sous silence à cet égard les explications de Joffre. Selon lui, il est devenu évident, en 1915, que l'artillerie lourde joue un rôle décisif dans la guerre de tranchées. Or, l'armée française, mal pourvue à cet égard, ne peut attendre les fabrications nouvelles : il faut se servir de ce qui existe, notamment dans les camps retranchés comme Verdun ; aussi bien, l'importance des places fortes et la manière de les défendre sont sujettes à révision, puisque, désormais, la guerre se déroule sur un front continu. L'offensive allemande débutera précisément alors que la défense de Verdun est en cours de réorganisation sur ces nouvelles données. Mais ces explications, Joffre n'a sans doute pas cru pouvoir les fournir aux civils sur le moment même. D'où l'accusation d'imprévoyance ou de négligence qui lui est restée attachée jusqu'à nos jours. D'ailleurs, Joffre n'avait pas compris la pensée de Falkenhayn, qui, en déclenchant cette bataille d'usure autour d'un symbole, cherchait à briser la force de résistance du peuple français et non pas seulement de son armée.

Or, si, militairement, Verdun se termina par une victoire française indiscutable, politiquement le calcul de Falkenhayn ne se révéla pas si faux. Car, au cours des épuisants efforts dépensés pour garder Verdun, le peuple français commence à perdre confiance en lui-même et en ceux qui le dirigent. Pour la première fois, des rapports signalent un fléchissement du moral des combattants. Mais il y a des indices beaucoup plus nets. Jusque-là, le Parlement n'avait siégé qu'en séance publique, s'interdisant par là même de discuter de la conduite de la guerre. Le 16 juin 1916, la Chambre se réunit pour la première fois en comité secret, pour parler de Verdun précisément. Ces comités secrets vont se multiplier (il y en aura huit à la Chambre jusqu'au 16 octobre 1917, et le Sénat suivra l'exemple) et bientôt ils n'auront plus de secret que le nom ; ainsi le doute et l'inquiétude des milieux avertis se propageront dans l'opinion. Briand lui-même, à la fin de 1916, se résoudra au geste sans précédent de sacrifier Joffre, malgré la grande popularité que conservait celui-ci. Cette résolution énergique n'empêchera pas Briand lui-même d'être renversé et de quitter définitivement le pouvoir le 19 mars 1917, ouvrant en pleine guerre une ère d'instabilité ministérielle aiguë.

Pendant ce temps, naturellement, la simple lassitude de la guerre réveille les tendances pacifistes, tandis que les difficultés de la vie matérielle, la hausse des prix amènent un renouveau des grèves. Quelques délégués ouvriers des nations en lutte les unes contre les autres se rencontrent en Suisse ; ils sont bien peu nombreux à Zimmerwald, en septembre 1915 ; mais la réunion de Kienthal, dès avril 1916, est beaucoup plus importante. Il n'y a pas de grève en 1914, mais on en compte 98 en 1915 et 314 en 1916. Mais ce ne sont là que les manifestations, propres à certains milieux, d'un malaise beaucoup plus largement général. L'inquiétude n'est nullement confinée à l'extrême gauche ; parmi les critiques les plus ardents des autorités en place, on remarque un Clemenceau, un Tardieu. Et tandis que certains des inquiets rêvent de paix, d'autres réclament une conduite beaucoup plus énergique de la guerre. Ce sont ces derniers qui l'emporteront.

Nivelle

Le remplacement de Joffre par Nivelle, un général inconnu la veille, dont l'avancement avait été singulièrement rapide, n'était évidemment pas sans rapports avec des considérations politiques : ces dernières avaient contribué à l'élimination des concurrents les plus en vue, Foch et Pétain. Mais, aussi, la personnalité de Nivelle répondait bien à l'attente de moins en moins patiente qui était l'état d'esprit du moment. Nivelle appartenait, comme Joffre, à l'école « offensive », mais tandis que Joffre, secret et prudent, s'appliquait à laisser connaître le moins possible de ses intentions, surtout aux civils, Nivelle séduisait par les vastes perspectives qu'il ouvrait aux imaginations et qui stimulaient l'espoir d'une fin rapide de la guerre. La contrepartie inévitable, c'est que Nivelle, qui n'avait pas encore à son actif des faits d'armes justifiant une confiance indiscutée, allait avoir sans cesse à persuader, donc à discuter ses plans : non seulement avec les Anglais, dont le rôle était d'une importance croissante, mais avec le gouvernement français et avec ses propres subordonnés. Situation difficile, résultant de l'atmosphère même qui avait rendu possible sa nomination, mais aggravée bientôt par le caractère aventureux des conceptions du nouveau général en chef, et aussi par une série de circonstances qui, à ce moment même, changeaient complètement les données fondamentales de la guerre.

Il serait à peine abusif de dire que Nivelle, supposant résolu le problème de la percée qui avait arrêté jusque-là les meilleurs cerveaux militaires, consacrait l'essentiel de son attention à l'exploitation du succès initial, qu'on avait précédemment toujours laissée dans le vague. Ce n'est pas à dire d'ailleurs que ce problème de l'exploitation était, même théoriquement, résolu : la masse de manœuvre nécessaire à la reprise de la guerre de mouvement, en particulier, n'était pas véritablement constituée. Surtout, Nivelle s'était trop fié à la facilité avec laquelle il avait mené la reconquête des approches de Verdun, à l'issue d'une longue bataille d'épuisement qui avait bouleversé le terrain et détruit radicalement toute organisation défensive. Joffre avait escompté ce facteur en projetant de mener sa principale offensive de 1917 dans la Somme, en prolongement des batailles de 1916 ; mais, objectait Nivelle, l'ennemi avait désormais concentré là ses réserves, notamment d'artillerie lourde ; on ne pouvait donc y mener qu'une série d'attaques successives, échelonnées, incapables d'emporter la décision. Aussi Nivelle — laissant à peu près inchangée la mission des Anglais en Artois — reporta-t-il le projet principal sur la redoutable position fortifiée du Chemin des Dames, secteur réputé calme, avec l'idée de prendre de flanc à partir de là les masses allemandes du front de la Somme. Pour rompre le front du Chemin des Dames, Nivelle n'avait imaginé aucun procédé tactique nouveau : il comptait évidemment surla surprise. Mais celle-ci avait d'autant moins de chances de se produire que l'exaltation des imaginations et la propagande menée autour de la grande offensive future rendaient la règle du secret plus difficile à observer.

Aussi les Allemands prirent-ils pour la première fois une mesure préventive spectaculaire : ils n'hésitèrent pas à replier le grand angle droit de leur front, autour de Noyon, qui depuis l'automne 1914 faisait peser sur Paris la menace la plus directe. C'était là, avant tout, un moyen d'économiser des troupes de première ligne ; et que le commandement allemand se fût résolu pour cela à un tel sacrifice, c'était bien un indice que l'usure de ses forces avait atteint le degré critique. Et d'ailleurs, en ce début de 1917, l'Allemagne n'envisage plus d'offensives terrestres, mettant son dernier espoir dans la guerre sous-marine à outrance. Ceux qui, parmi les Alliés, escomptaient une fin rapide de la guerre n'étaient pas entièrement le jouet d'illusions. Mais en même temps le repli allemand désorganisait les plans de Nivelle : l'offensive projetée sur la Somme pour user l'ennemi avant le coup décisif allait tomber dans le vide ; et il serait très difficile de remonter une offensive contre le nouveau front à partir d'une zone méthodiquement dévastée par l'ennemi dans sa retraite.

Un fait nouveau de bien plus grande portée encore, et tout à fait indépendant des problèmes militaires de l'Ouest, allait venir justifier les inquiétudes et l'intervention de plus en plus pressante du gouvernement dans la conduite des opérations. La révolution russe de mars allait entraîner assez vite, malgré certaines illusions complaisamment entretenues, l'effondrement du front russe. Or, les offensives de 1917 étaient projetées dans un cadre comportant sinon une concertation, au moins une concordance chronologique des efforts franco-anglais et russes. Mais que faire ? Abandonner d'un seul coup, sans même les avoir mis à l'épreuve, les projets offensifs qui représentaient l'espoir d'une nation lassée d'attendre ? Le gouvernement, pas plus que Nivelle, ne put s'y résoudre.

Et la grande offensive du Chemin des Dames, malgré des circonstances atmosphériques contraires qui l'avaient d'abord retardée, fut lancée finalement le 16 avril. On pourrait en présenter les résultats, sous l'éclairage le plus favorable, comme des succès partiels très coûteux, assez comparables à ceux des offensives de Champagne de 1915. Mais dans le climat psychologique tout différent de 1917, beaucoup conclurent très vite à un échec d'autant plus grave que les espérances conçues avaient été plus vastes. Dès le 15 mai, Nivelle perdait le commandement en chef.

Pétain et la guerre longue

Il était remplacé par son antithèse vivante. Pétain était, en effet, le plus en vue des tenants de la doctrine militaire défensive, et sa nomination ne résultait pas seulement d'une conformité de ses vues avec celles du nouveau ministre de la Guerre, Painlevé, elle révélait aussi le désarroi du personnel dirigeant, prêt désormais à passer en quelques jours d'un extrême à l'autre.

Pétain, à vrai dire, ne considérait pas que la défensive seule pouvait gagner la guerre. Sa grande originalité était de penser que la puissance du feu l'emportait sur celle du mouvement, et que seule la supériorité du feu permettait des mouvements efficaces : « L'artillerie conquiert le terrain, l'infanterie l'occupe. » Mais cette conception tactique condamnait, en fait, la stratégie des offensives incessantes qui avait jusque-là prévalu et qui avait infligé à l'armée française des pertes qu'elle ne pouvait indéfiniment supporter. Pétain voulait attendre, pour attaquer, d'avoir des moyens – en particulier des moyens de feu – indiscutablement supérieurs à ceux de l'adversaire.

Il se trouve d'ailleurs que cette expectative allait être précisément imposée, au même moment, par une crise grave qui secouait l'armée française : les « mutineries » de mai-juin 1917, qui se déroulèrent à l'arrière des secteurs de la grande offensive Nivelle : le Chemin des Dames et la Champagne. Des études récentes ont permis de préciser le caractère de ces mutineries : elles ne furent pas le fruit d'une organisation, la propagande pacifiste elle-même n'y joua qu'un rôle secondaire ; elles furent avant tout l'expression spontanée de la lassitude physique et morale des combattants après trois années d'efforts et de souffrances sans résultats apparents, et prirent la forme non pas tellement d'une « grève des tranchées » que celle d'une « grève des attaques », d'une protestation contre les offensives mal préparées, épuisantes, sanglantes et inefficaces. Pétain rétablit la discipline sans rigueurs excessives, avant tout en obligeant les officiers, à tous les niveaux, à se préoccuper du bien-être matériel du soldat. Une fois la troupe apaisée, il s'appliqua à lui redonner confiance par des attaques limitées, où, conformément à sa formule, l'assaillant disposerait d'une supériorité de feu écrasante : celle de La Malmaison (23-26 octobre) assurait enfin à l'armée française la possession de l'ensemble de la position du Chemin des Dames.

Néanmoins, la stratégie d'ensemble était désormais celle de l'attente, et elle n'eût pas même été concevable si certaines circonstances générales ne l'avaient rendue possible. La guerre sous-marine à outrance, lancée par les Allemands au début de l'année, avait pour but de mettre l'Angleterre à genoux dans les six mois ; or, après une période dangereuse, dès le mois de mai l'efficacité de ce genre de guerre décroît et son échec final paraît probable. Et cela d'autant plus que l'attaque sous-marine a finalement entraîné l'entrée en guerre des États-Unis et que ceux-ci – contrairement à ce que beaucoup pensaient d'abord – sont décidés à peser de tout leur poids dans le conflit. Mais ils doivent créer de toutes pièces une armée et ne pourront aligner des forces appréciables qu'à l'été 1918 ; par contre, ils assureront aux Alliés, calcule-t-on, une supériorité numérique indiscutable et définitive dans le courant de 1919. L'idée d'« attendre les Américains », après tant d'offensives décevantes, paraît donc naturelle. Elle comporte cependant un risque et un pari : car, pendant ce temps, le front russe, dangereusement ébranlé par la révolution intérieure, donne de plus en plus des signes de désagrégation. Pétain est donc obligé de supposer qu'aucun effort venant de l'Ouest ne peut sauver le front russe chancelant, mais en même temps que les Allemands, grossis des troupes qu'ils pourront ramener de l'Est, ne parviendront pas à remporter la victoire décisive avant l'arrivée des Américains. Rétrospectivement, ces appréciations se sont révélées justes ; mais elles étaient loin de paraître évidentes aux contemporains.

Cette installation dans une guerre longue permit de donner une allure plus systématique aux mesures de mobilisation économique, prises jusque-là sans plan d'ensemble et le plus tard possible, sous la pression de la nécessité. Certes, depuis longtemps il avait fallu improviser toute une industrie de guerre, pour fabriquer les armes nouvelles et encore plus faire face à des besoins en munitions que nul n'avait prévus ; un très large appel avait été fait pour cela à la main-d'œuvre féminine, tout à fait en dehors de ses secteurs habituels d'activité ; non seulement la femme remplaçait l'homme à la ferme, mais, déjà depuis longtemps ouvrière du textile, elle se faisait métallurgiste. Cependant la distribution de salaires pour des activités improductives, aussi bien que la raréfaction des produits consommables, entraînait une hausse des prix contre laquelle les pouvoirs publics se trouvaient à peu près désarmés. Le droit de réquisition et de taxation fut bien élargi par la loi du 3 août 1917. Mais de telles mesures étaient vouées à l'inefficacité si elles ne s'accompagnaient pas d'une restriction systématique et ordonnée de la demande, autrement dit d'un rationnement, système devant lequel les habitudes françaises se révoltaient. On eut donc recours, avec des retards et des regrets, à des demi-mesures : limitation des menus des restaurants, par exemple. Puis on institua la carte de sucre, la carte de pain (en novembre 1917 dans les grandes villes, en janvier 1918 dans l'ensemble du pays). C'est en avril 1918 seulement que le rationnement fut étendu à d'autres denrées.

Un autre fait, dans un domaine différent, reflète la même tendance de pensée : c'est le 23 décembre 1917 que sont prorogés les pouvoirs de la Chambre et du Sénat ; ce qui signifie que jusque-là, on n'avait pas osé reconnaître officiellement que la guerre ne serait pas terminée aux dates normales des élections.

Clemenceau et la volonté de vaincre

La phase la plus aiguë de la crise politique suivit de quelques mois la crise du moral de l'armée. Les causes, ici et là, étaient les mêmes : lassitude de la guerre, perte de la confiance en la victoire. Mais la crise politique revêtait une ampleur et une complexité beaucoup plus grandes, car les problèmes posés par la révolution russe, les tractations secrètes entre adversaires et la question des buts de guerre se mêlaient de façon à peu près inextricable. Nous ne pouvons, cependant, traiter ici des aspects diplomatiques et internationaux de ces questions, qui exigeraient un développement beaucoup trop ample, et nous nous bornerons, comme nous l'avons fait jusqu'ici, au point de vue proprement français.

La manifestation la plus visible de la crise est l'attitude du parti socialiste. Celui-ci, depuis août 1914, est associé non seulement à la défense nationale, mais au gouvernement. Or, à l'instigation des Russes, une conférence socialiste internationale est convoquée à Stockholm pour mai 1917 ; les délégués appartenant à des pays ennemis pourraient s'y rencontrer, et sans doute parler de la paix. Le gouvernement français, comme ceux d'autres pays belligérants, refuse aux délégués socialistes leurs passeports pour Stockholm. Ce fait, joint à la recrudescence de l'agitation proprement sociale causée par la course des salaires et des prix, ramène progressivement le parti socialiste dans l'opposition. En septembre, pour la première fois, les socialistes refusent leur participation au nouveau ministère Painlevé, pourtant nettement orienté à gauche.

Ce n'est pas là le plus grave pour le gouvernement de guerre : car le parti socialiste, malgré son importance, se sépare nettement du reste du pays. Mais le découragement, le « défaitisme » (entendons par là le fait non pas de souhaiter la défaite, mais de la croire probable), le désir d'une paix de compromis gagnent des sphères beaucoup plus larges de l'opinion. Et il paraît possible que ces nouveaux sentiments s'imposent, car ils se cristallisent autour d'une personnalité dominante, un homme capable de prendre le pouvoir, l'ancien président du Conseil Joseph Caillaux.

Caillaux n'appartient à la gauche ni par son ascendance, ni par son tempérament, ni, au fond, par la plupart de ses idées. Pourtant, peu avant la guerre, il avait commencé à faire figure de chef virtuel de la gauche en raison de son attitude sur deux points particuliers : technicien de l'impôt sur le revenu, il apparaissait ainsi comme un financier « progressiste » ; partisan de l'entente avec l'Allemagne, il rejoignait sur ce point Jaurès et ses disciples. Mais il ajoutait à ce désir une pointe anti-anglaise qui annonce plutôt le régime de Vichy. Rien d'étonnant que, une fois la guerre engagée, un tel homme ait fait l'objet des attentions particulières des services secrets allemands, ce qui, joint à son caractère aventureux, à sa légèreté en paroles et même parfois en actes, devait fournir beaucoup d'apparences à une accusation d'intelligences avec l'ennemi. Mais, en réalité, il s'agissait moins d'une affaire de personnes que d'une question politique fondamentale. Et la Chambre en avait si bien conscience qu'elle fournit l'occasion d'un choix décisif en renversant le ministère Painlevé par un vote public, le premier depuis le début de la guerre ; conformément aux précédents et à la prudence, ce vote avait lieu d'ailleurs sur un incident tout à fait secondaire.

L'appel du président de la République à Georges Clemenceau et la ratification de ce choix par la Chambre à une très forte majorité (20 novembre 1917) décidèrent ainsi de l'orientation de la politique française et rendirent la victoire possible. Clemenceau était l'incarnation même de la république jacobine. Attaché sans réserves au dogme de la souveraineté du peuple, il poussait cette doctrine jusqu'à sa conséquence logique : un patriotisme intransigeant. Cela ne voulait pas dire qu'il fût disposé à incliner le pouvoir civil devant les prérogatives des chefs militaires : il avait prouvé le contraire en se lançant à fond dans l'Affaire Dreyfus ; depuis le début de la guerre, il n'avait jamais envisagé qu'on dût laisser carte blanche au général en chef ; devenu président du Conseil, il fit d'autant mieux accepter son autorité de l'armée, que celle-ci le savait inaccessible au défaitisme et assez conscient de ses responsabilités pour couvrir entièrement ses subordonnés sous l'uniforme contre les critiques et les assauts parlementaires : la disparition des comités secrets montra bien que l'époque de crise et d'incertitude politiques était terminée. D'ailleurs, Clemenceau avait l'esprit beaucoup plus ouvert, et même le caractère plus souple, que ne le laissait croire sa terrible légende ; il sut apprécier équitablement les généraux, même ceux contre lesquels il avait des préventions, tout en recherchant ardemment le contact direct avec les « poilus » dans la tranchée.

L'un des premiers actes du ministère Clémenceau fut naturellement d'obtenir de la Chambre l'autorisation des poursuites contre Caillaux, sous forme de levée de son immunité parlementaire. A peu près en même temps, une autre affaire politique s'orientait vers une solution judiciaire, celle de Malvy. Le cas de Malvy était d'ailleurs bien différent : Malvy n'incarnait pas, comme Caillaux, une politique et un programme tranchés ; mais c'était un représentant typique de la facilité et du laisser-aller souvent reprochés aux mœurs parlementaires françaises. Ministre de l'Intérieur sans interruption depuis le début de la guerre jusqu'au 31 août 1917, il avait été partisan de Nivelle, et ce fut avec Pétain, le chef prudent et parfois pessimiste, que ses relations se tendirent : ce qui montre bien que le « défaitisme » était une formule équivoque recouvrant bien des états d'esprit différents. On reprocha essentiellement à Malvy — et Clemenceau s'était mis en vedette dans cette attaque — sa mollesse et sa négligence dans la répression aussi bien des affaires de trahison caractérisées que des menées pacifistes.

Contre ces menées, et plus encore contre l'état d'esprit de découragement qui gagnait rapidement en cette année 1917, Clemenceau incarna, avec toute la puissance de ses convictions et de sa volonté, la résolution de mener la guerre jusqu'au bout. Il est assez vraisemblable que, si ses adversaires et notamment Caillaux l'eussent emporté, il en eût résulté, au point où la France était alors parvenue, une débâcle morale et politique telle que le commandement allemand eût été à même d'imposer une paix préservant ses conquêtes. Mais, le risque d'effondrement intérieur écarté, le problème militaire demeurait entier.

Foch et les problèmes du commandement

Il ne faisait guère de doute, avant même la rupture du front italien à Caporetto, que l'Allemagne profiterait de la débâcle russe pour tâcher d'arracher la décision à l'Ouest avant que le poids de la puissance américaine se fasse sentir de manière irrésistible. Pour se préparer à cet affrontement suprême, une des premières choses à faire était de réaliser l'unité de commandement des diverses armées alliées : française, anglaise, belge, plus tard américaine. Cela nous paraît si évident que nous comprenons mal pourquoi ce problème, discuté pendant des mois de façon à peu près vaine, ne fut résolu finalement qu'en mars 1918, sous la pression du péril immédiat.

C'est que, en réalité, le problème était d'une complexité et d'une gravité extrêmes. Il ne s'agissait pas seulement de lier étroitement des puissances d'importance à peu près équivalente et de conceptions nécessairement divergentes, mais l'unité de commandement remettait en cause dans chaque pays le principe de la primauté du pouvoir civil. En France, tout l'effort des politiques depuis 1915 avait tendu à mettre fin à la dictature de fait du général Joffre, et Clemenceau était à la fois trop autoritaire et trop démocrate pour accepter de gaieté de cœur la reconstitution d'un semblable pouvoir militaire. Or, un commandant en chef interallié, relevant, en principe, de plusieurs gouvernements à la fois, risquait, pour de simples raisons d'efficacité, de se rendre indépendant de tous. Aussi a-t-on pu reprocher à Clemenceau de n'avoir mis aucune hâte à résoudre le problème du commandement unique.

Mais, de son côté, Lloyd George se méfiait beaucoup des généraux britanniques, ce qui diminuait sa répugnance à les subordonner à un Français. Quant aux généraux anglais, ils avaient appris à apprécier la personnalité de Foch et savaient qu'en cas de péril extrême celui-ci leur viendrait en aide beaucoup plus résolument qu'un Pétain, par exemple. Ainsi s'explique que, au moment où les armées anglaise et française tendaient à se séparer sous le poids de l'offensive allemande, les Anglais eux-mêmes offrirent à Foch de coordonner les efforts des Alliés ; et Clemenceau y consentit devant la grandeur du péril.

La réalisation du commandement unique fut donc moins le fruit d'un développement logique que l'effet des circonstances. Et elle n'eut jamais la portée qu'on fut tenté de lui attribuer. Foch, en dépit de toute son ardeur impatiente, dut se borner à persuader les divers chefs alliés, plutôt qu'à commander au sens militaire du terme. Et il ne pouvait persuader qu'à condition de ne pas trop s'écarter des idées communément admises : les innovations géniales en matière de stratégie ou de tactique lui étaient de ce fait interdites.

Le suprême effort allemand

Au contraire, le commandement allemand était contraint d'essayer de nouvelles méthodes : car il lui fallait, dans les quelques mois où il disposerait d'une certaine supériorité de moyens avant l'intervention massive des Américains, arracher la décision ; ce qui supposait non seulement de percer le front adverse, mais d'exploiter cette percée suffisamment pour retrouver la guerre de mouvement en terrain libre. Or, les moyens matériels de cette guerre nouvelle sont alors entre les mains des Alliés : ceux-ci disposent, en effet, de la supériorité aérienne et d'un quasi-monopole des chars d'assaut. Par contre, avec les troupes ramenées du front de l'Est, les Allemands retrouvent une infanterie et un encadrement qui ont gardé l'habitude du mouvement et de la manœuvre de grande ampleur. Avec cet atout, le commandement allemand va soigneusement mettre au point ce dont Nivelle n'avait fait que rêver. Il s'agit de percer d'abord, assez profondément pour n'avoir plus devant soi de système défensif organisé ; pour cela on concentrera l'assaut sur un front restreint, et on cherchera vraiment l'effet de surprise : cela suppose que la préparation d'artillerie sera réduite à quelques heures ; elle ne détruira donc pas les défenses adverses, mais se contentera de neutraliser provisoirement les défenseurs grâce aux obus toxiques. Dans l'étroit couloir ainsi pratiqué, on fera défiler en hâte les divisions d'élite spécialisées dans la manœuvre, qui, ayant atteint le terrain libre, chercheront alors à se répandre dans toutes les directions : c'est l'exploitation « en éventail » déjà pratiquée à Riga et à Caporetto. Si des môles de résistance se reconstituent, on ne s'arrêtera pas à les réduire par la force : on cherchera à passer ailleurs. De telles offensives n'auront pas d'objectifs stratégiques strictement fixés à l'avance ; il s'agira plutôt d'exploiter à fond les occasions qui se présenteront.

La première offensive ainsi conçue est lancée le 21 mars 1918 sur la Somme, à la charnière des armées française et britannique : c'est là, évidemment, que la brèche a le plus de chances de se produire, en raison de la difficulté de maintenir la liaison entre des troupes sous commandement différent. Effectivement, les premiers résultats paraissent confirmer l'excellence de la méthode : la brèche s'ouvre entre Français et Anglais, découvrant Amiens, et la Ve armée anglaise disparaît subitement ; c'est là un phénomène que nous apprendrons à connaître en 1940, et qui ne signifie pas l'anéantissement physique, mais la désorganisation totale de troupes surprises par le mouvement trop rapide de l'adversaire, et qui perdent du coup leurs états-majors, leurs liaisons, leur ravitaillement, et ne savent plus dès lors que fuir en désordre.

Pourtant, après quelques jours de brillants succès, l'offensive piétine et finalement s'arrête. La réalisation *in extremis* de l'unité de commandement allié fait disparaître la raison en quelque sorte administrative de la brèche. Les réserves françaises amenées en hâte reconstituent presque d'instinct un front de défense linéaire. Mais, de leur côté, les Allemands n'appliquent pas jusqu'au bout leurs conceptions nouvelles ; ils dépendent trop pour cela de leurs lignes de ravitaillement, de plus en plus longues et difficiles ; et, par conséquent, les unités les plus avancées risquent d'être prises de flanc et coupées de leurs bases. En réalité, les Allemands ne disposent pas – pas encore – des moyens de leur doctrine : leurs unités d'élite, infanterie et artillerie, ne se déplacent pas assez vite pour profiter pleinement des brèches qui s'ouvrent pour quelques heures, et surtout elles ne sont pas assez autonomes pour foncer sans se préoccuper si le reste – et notamment l'intendance – peut les suivre. La percée « en éventail » a simplement abouti à la constitution d'une énorme « poche » très vulnérable.

La seconde offensive, lancée en avril dans les Flandres, paraît tabler essentiellement sur la difficulté pour les Alliés d'amener assez vite leurs réserves en ce point extrême du front, alors que leurs principales voies ferrées ne sont plus utilisables. Mais le calcul fut déjoué, et la bataille s'enlisa bientôt en assauts limités contre les « monts » de Flandre.

Le troisième effort devait porter sur un secteur jugé naturellement fort, et par conséquent faiblement tenu : celui du Chemin des Dames. Cette fois, le succès de l'attaque, lancée le 27 mai, dépassa tous les espoirs : dès le premier jour, les Allemands avancèrent de 20 km ; l'Aisne fut franchie, puis la Marne. En six jours, une « poche » était créée de 70 km de large sur 50 km de profondeur. Mais, là encore, les Allemands restaient tributaires du nœud ferroviaire de Soissons ; pour le mettre hors d'atteinte, il leur fallait élargir la poche vers l'ouest au lieu de tenter la grande manœuvre stratégique par le sud. L'armée française avait été profondément ébranlée ; Foch, un moment contesté, ne fut sauvé que par l'énergie et l'ascendant parlementaire de Clemenceau. Le commandement français parvint à reconstituer une ligne de défense, et surtout à consolider, à l'ouest de Soissons, un môle de résistance qui devait être aussi une excellente base de départ pour la contre-offensive.

A ce moment, l'Allemagne a remporté de très brillants succès, mais non la victoire décisive, et le temps travaille contre elle : ses forces s'épuisent sans espoir de renouvellement ; le moral de l'arrière se ressent de plus en plus du blocus anglais. Certains responsables allemands jugent qu'il serait plus sage de négocier ; pourtant, le haut commandement va tenter un suprême effort.

Le « plan incliné vers la victoire »

Au mois de juillet 1918, le rapport des forces, conformément aux prévisions, est devenu défavorable aux Allemands : ceux-ci n'ont plus que 200 divisions, contre 210 ou davantage aux Alliés. Et la supériorité alliée en matériel est encore plus forte : supériorité légère en artillerie, très nette en aviation, écrasante en chars d'assaut : mais ceux-ci, s'ils ont déjà permis de redresser des situations critiques, n'ont pas fait naître encore une doctrine d'emploi qui les utilise pleinement ; ils n'ont nullement renouvelé les méthodes de guerre des Alliés.

Ceux-ci pourtant envisagent dès ce moment l'offensive ; d'après certains bruits, elle doit se déclencher, symboliquement, le 14 juillet ; et le terrain en est déjà choisi : le plateau de Dommiers, vers Soissons. Pourtant, le 15 juillet, Ludendorff attaque lui-même, dans la poche déjà créée par l'offensive du Chemin des Dames. Il espère sans doute, en gardant l'initiative, imposer finalement sa volonté à l'adversaire. Peut-être aurait-il réussi s'il n'avait eu affaire qu'à Pétain, qui, devant les premiers succès allemands, était prêt à soustraire des forces à la contre-offensive prévue. Mais Foch est d'un autre tempérament : le 18 juillet, la contre-attaque se déclenche avec toute sa puissance, sur le front ouest de la poche allemande, et le soir même la situation est retournée.

Retournement dont on a parfois exagéré le caractère spectaculaire. Les armées allemandes prises de flanc ne sont pas anéanties, elles réussissent à se dégager par la retraite ; et l'avance alliée, avec les chars, sera constamment beaucoup plus lente que l'avance allemande — sans chars.

C'est que — on ne le soulignera jamais trop, car là est inscrit d'avance le désastre de 1940 — tout le commandement allié, y compris Foch, en est resté aux conceptions de la guerre de position et de la guerre d'usure. D'août à novembre 1918, Foch va profiter de la supériorité de moyens dont il dispose désormais pour déclencher une série d'offensives ; jamais il ne les concevra en termes de percée et d'exploitation, toujours il fixera des objectifs limités : dégagement de lignes de communication, réduction de saillants. Et cette pensée militaire s'inscrit sur la carte : le front des Alliés en progression ne fera jamais de poches. Simplement, à mesure qu'on acquerra l'avantage, on attaquera sur des fronts plus larges : c'est ce que Joffre envisageait en 1915.

Pourquoi donc la victoire arrive-t-elle, plus tôt même qu'on ne l'espérait ? Ce n'est pas que l'afflux des troupes américaines ait déjà entraîné la supériorité numérique écrasante à laquelle rien ne résiste. C'est qu'au terme de cette longue guerre d'usure, et après les suprêmes efforts du printemps 1918, l'armée allemande est effectivement usée, physiquement et moralement. A la suite de l'offensive du 8 août, le commandement allemand commençait à craindre de voir ses troupes « craquer » subitement, et cette préoccupation peut expliquer sa pression soudaine en faveur d'une demande d'armistice. Mais la débâcle ne se produisit pas ; l'armée allemande recula pied à pied, et elle n'était nullement en déroute quand, le 11 novembre, l'armistice intervint.

Rétrospectivement, devant le mal que faisait la légende d'une armée allemande invaincue et « poignardée dans le dos », certains regrettèrent que l'armistice ait été accordé trop tôt, qu'on n'eût pas au moins attendu le déclenchement, prévu pour se produire quelques jours plus tard, de l'offensive franco-américaine de Lorraine, qui devait, pensait-on, couper l'armée allemande de sa ligne de retraite et l'anéantir par encerclement. Mais quelles raisons y avait-il de croire que cette offensive eût été d'une autre nature que les précédentes, et beaucoup plus décisive ?

La victoire n'en était pas moins obtenue, et sans devoir grand-chose aux « menées révolutionnaires » en Allemagne. C'était assurément la victoire d'une coalition, et il serait bien vain de prétendre minimiser la part qu'y prirent les Anglais et les Américains, dont nous n'avons eu à parler ici que très indirectement. Pourtant, la France avait produit un effort qui, compte tenu de ses possibilités, l'emportait de loin sur tout autre. Et la victoire de 1918 était bien avant tout la sienne.

Victoire d'abord de ses institutions républicaines parlementaires, qui présentaient une telle apparence de faiblesse, et qui s'étaient révélées, dans le péril suprême, étonnamment fortes dans leur souplesse ; elles avaient fait face, sans avoir besoin de se transformer radicalement, à des exigences surhumaines.

Victoire, encore plus irrationnelle, d'une économie arriérée et semi-artisanale, sur une des premières économies industrielles de l'époque. Comment un tel pays, privé au surplus dès le début de la guerre de ses bassins essentiels du Nord et de l'Est, parvint-il à fournir, non seulement à ses armées, mais aussi à ses alliés, un armement et un équipement qui finalement surclassèrent ceux de l'ennemi ? L'ampleur du résultat final, beaucoup plus que les retards initiaux, a de quoi surprendre. L'improvisation d'une industrie de guerre considérable dans de telles conditions mériterait, en notre temps voué à l'histoire économique, d'être étudiée beaucoup plus qu'elle ne l'a été jusqu'ici.

Victoire enfin d'un peuple beaucoup plus réputé pour son art de vivre que pour ses vertus viriles et son sens de la lutte. Un éminent académicien s'étonnait un jour que l'endurance physique animale nécessaire pour subir sans faiblir quatre ans de tranchées ait pu être déployée par ces Français qui avaient horreur du sport, craignaient les courants d'air et se couvraient de flanelle. Mais il ne faut pas oublier que la guerre de 1914-1918 a été, du côté français, essentiellement une guerre de paysans ; d'abord parce que la France était encore en majorité rurale, puis parce que beaucoup d'habitants des villes furent ramenés vers l'arrière pour alimenter la guerre qui se prolongeait. Or — la « furia francese » n'étant plus depuis longtemps qu'une légende —, la guerre de tranchées, qui resta dans l'esprit des Français jusqu'en 1940 comme la seule guerre concevable, était parfaitement adaptée aux possibilités et à la mentalité d'un peuple de paysans, depuis des siècles enracinés, accrochés à la terre, habitués à se disputer interminablement quelques arpents, passionnés par les questions de bornage. A ce point de vue, la « Grande Guerre » a été vraiment l'effort suprême et ultime d'une race pour garder sa terre. Effort de plus en plus difficile, non pas même à égaler, mais à comprendre, par une France économiquement et socialement transformée, dont les chapitres suivants donneront l'image.

28. L'ENTRE-DEUX-GUERRES

1919-1939
Des illusions de la Victoire à la « drôle de guerre ».

La France est victorieuse et a conscience de l'être. L'humiliation de 1871 est effacée, l'Alsace-Lorraine recouvrée. Pour avoir fourni l'effort de guerre principal, la France apparaît à tous comme la première puissance militaire de l'Europe ; pour avoir combattu pour la cause du droit et de la morale – les Alliés et elle-même en jugent-ils ainsi –, la France se sent auréolée de toutes les vertus des anciens preux. Les défilés succèdent aux commémorations, les harangues aux discours ; l'exaltation populaire culmine le 14 juillet 1919, lorsque les chefs des armées alliées, les représentants des troupes combattantes descendent les Champs- Élysées. Maurice Barrès s'écrie : « Foch commande à toutes les armées de l'univers. » C'était la « der des der », et la France en sortait victorieuse.

Pauvre pays, en vérité, que ce pays surchargé d'allégresse. Un bouleversement d'une rare ampleur a ébranlé ses assises. A l'heure du bilan, ne faudra-t-il pas parler de victoire à la Pyrrhus ?

Le coût d'une guerre

1,4 million de morts et de disparus, soit plus de 10 p. 100 de la population active de la France : c'est le taux le plus élevé parmi les belligérants, la Serbie exceptée. Mais ce n'est pas tout : 3 millions de blessés, dont 750 000 invalides, 125 000 mutilés. L'hécatombe a surtout atteint les hommes jeunes, producteurs en pleine activité et reproducteurs potentiels. Finalement, sur dix hommes âgés de vingt à quarante-cinq ans en 1914, « deux avaient été tués, un tombait à la charge de ses concitoyens, trois étaient amoindris pour un temps plus ou moins long » (Georges Dupeux). Il faudrait aussi parler de la qualité des disparus. Tous les groupes sociaux ont été frappés, mais les paysans et les professions libérales plus que tous autres. Le tribut intellectuel a été particulièrement lourd : la moitié des instituteurs mobilisés ont été tués au combat, une proportion très élevée de normaliens, de polytechniciens, pour ne pas mentionner un Péguy, un Alain-Fournier, un Apollinaire.

Fait peut-être plus grave encore : à partir d'avril 1915, le nombre des naissances s'effondre ; pendant la guerre, quelque 1,7 million de personnes ne naissent pas, qui auraient dû naître. Dramatique déficit, que ne comblera pas, loin de là, le redressement démographique des années 1920-1921.

Tout cela s'additionne et se répercute dans la durée : parce que 1,4 million d'hommes, jeunes pour la plupart, sont morts, il y aura moins de naissances dans les années 1920 ; parce que 1,7 million d'hommes et de femmes ne sont pas nés, il y aura moins de naissances dans les années 1934-1939, lorsque les « classes creuses » de la guerre seront en âge de procréer.

L'économie aussi a beaucoup pâti du conflit. Terres rendues stériles, usines détruites et mines noyées, villes sinistrées : dans la zone des tranchées bien sûr, dans les dix départements occupés aussi, les dégâts sont considérables. La capacité productive du pays se trouve amputée du cinquième environ de ses possibilités. Une reconstruction s'impose. Et une reconversion des usines axées sur les productions de guerre. Bien vite, cependant, l'agriculture et l'industrie française se redresseront.

Les finances, non. Car cette guerre fut prodigieusement dispendieuse. Pour y faire face, l'État pouvait recourir à l'impôt, à l'emprunt ou à la planche à billets. Il a choisi la facilité, et la dette publique est passée de 33 milliards de francs en 1913 à 204 en 1919, la monnaie en circulation de 6 milliards en 1913 à 38 en 1920. L'État a demandé aux Français leur sang, il n'a pas exigé d'eux leur argent ; par crainte sans doute : y avait-il plus sacré pour la bourgeoisie française que le patrimoine ?

Mais l'État n'a pas seulement emprunté à l'intérieur : quelque 30 milliards de francs ont été fournis par l'étranger, les États-Unis surtout, et le problème de leur remboursement empoisonnera jusqu'en 1932 les relations de la France et de ses anciens alliés. Enfin, la France d'avant 1914 exportait massivement ses capitaux, et en retirait des intérêts qui équilibraient sa balance des comptes ; la guerre a amenuisé ce portefeuille en valeurs étrangères : il a fallu financer les achats à l'extérieur, et certains pays débiteurs (Russie, Turquie) se sont dotés de nouveaux régimes peu enclins à reconnaître les dettes de leurs prédécesseurs. Déficit du budget et de la balance commerciale avec l'étranger, accroissement des billets en circulation : la conséquence est inéluctable, elle porte un nom que les hommes du siècle précédent avaient fini par oublier — l'inflation.

Le bouleversement moral

La guerre en elle-même n'a guère ébranlé les structures de classes de la société, elle en a plutôt touché les assises morales. Des millions d'hommes ont vécu pendant des mois hors de leurs foyers, dans la boue des tranchées et l'attente des combats : là s'est créé un autre monde fait de fraternité et de rudesse, un monde d'hommes sans femmes. La réadaptation ne se fera pas en un jour — quand elle se fera. Paul Vaillant-Couturier, dans un de ses livres, évoque le cas d'un fonctionnaire paisible qui, venu en permission, répète à l'envi : « Pour étrangler un bonhomme, c'est pas difficile : tu lui remontes la pomme d'Adam » : c'est si peu difficile qu'une nuit, dans son sommeil, il étrangle son épouse! Cas extrême, mais tout de même symptomatique.

Le souvenir des morts et la camaraderie des tranchées se perpétuent dans des associations d'anciens combattants. Étrange destinée que la leur : elles vont glisser pour la plupart à droite, combattre le régime. C'est qu'école de fraternité, la guerre est aussi école de discipline. Et militent dans ces associations « ceux qui n'ont pas trouvé, ou peut-être pas cherché, d'autre secteur où s'engager. Qu'ils n'aient point cherché est déjà l'indice d'un certain esprit à l'égard de la vie civile ; on peut gager que se retrouvent tous ceux qui s'y sont mal adaptés » (René Rémond). « Unis comme au front » : tel sera l'un de leurs refrains ; or, le système parlementaire non seulement s'accommode des désaccords, mais les sollicite, le citoyen y est appelé à exercer son sens critique. L'« esprit ancien combattant » sécrète l'antiparlementarisme.

De leur côté, les femmes ont assumé, dans tous les secteurs, des responsabilités nouvelles : elles ont pris les places laissées vacantes par les combattants. Après la guerre, même si elles abandonnent ces travaux, leur comportement ne saurait être tout à fait le même ; et nombreuses sont les veuves de guerre : elles se trouvent investies de toutes les fonctions d'un chef de famille. Que vont devenir les femmes célibataires, exposées à le demeurer, vu l'ampleur de l'hécatombe masculine ? Il y a compensation : l'immigration étrangère intervient pour une part, la surnuptialité des survivants pour une autre, mais surtout les célibataires se marient avec des hommes plus jeunes : aussi la différence d'âge entre époux s'affaiblit-elle, et le comportement social s'en trouve modifié.

Des femmes en bien plus grand nombre entrent dans les universités, s'intègrent aux professions libérales, accèdent à des responsabilités supérieures. Certes, les résitances demeurent vives. Mais rien n'y fait : les femmes s'émancipent, les mœurs bourgeoises évoluent, les modes elles-mêmes changent ; c'est l'époque des « garçonnes », aux cheveux ras, aux robes courtes, à l'allure affranchie. Hommes marqués par la guerre, femmes livrées à elles-mêmes : les couples ne se reforment pas sans difficultés, et beaucoup se défont. Me Floriot se souvient qu'il plaidait alors dix à douze divorces par jour : « on liquidait le passif de la guerre ».

Ce n'est pas seulement une liquidation ; 15 000 divorces en 1911, 23 000 par an entre 1921 et 1931 : au lendemain de la guerre, la reprise des mariages, comme celle de la natalité, fut éphémère, tandis que le divorce entra dans les mœurs.

Après *le Diable au corps*, voici *le Bal du comte d'Orgel*. Des dancings ouvrent à chaque carrefour : on danse avec frénésie le tango nouvellement importé d'Argentine. Le jazz fait son apparition. Les cinémas se multiplient. Les débits de boissons prolifèrent, et la consommation des alcools quadruple de 1919 à 1930. « Il y eut quelque chose d'effréné, une fièvre de dépense, de jouissance et d'entreprise, une intolérance de toute règle, un besoin de nouveauté allant jusqu'à l'aberration, un besoin de liberté allant jusqu'à la dépravation. » (Léon Blum, *A l'échelle humaine*.) Est-ce joie d'une paix enfin retrouvée, est-ce volonté d'oubli ? En tout cas, le goût pour les loisirs connaît alors une extension durable et décisive. Mais rares sont ceux qui s'inquiètent de tous ces bouleversements.

I. L'ILLUSION D'UNE PROSPÉRITÉ : LES ANNÉES 20

La victoire rend généralement optimiste : nul besoin d'être grand clerc pour formuler une telle remarque! Les Français de 1919 n'échappent pas à la règle : pour les uns, on va pouvoir reprendre les choses là où elles en étaient avant guerre, revenir à une époque qui fera bientôt figure de « belle » ; pour les autres — parfois les mêmes —, de profondes réformes vont pouvoir être élaborées ou une révolution se réaliser. La déception les guette tous.

L'inflation est péniblement jugulée

L'inflation d'après guerre, prolongeant celle de la guerre, est surtout alimentée par l'émission de monnaie fiduciaire : pour financer la reconstruction, pour verser les intérêts des emprunts émis ou rembourser les bons venus à échéance, l'État fait ample usage de la planche à billets et recule devant l'effort fiscal, toujours impopulaire. L'impôt sur les bénéfices de guerre est une mascarade. En 1924 seulement, à un moment fort peu propice – une veille d'élections –, le gouvernement Poincaré se résout, devant la crise inflationniste, à faire voter le « double décime », c'est-à-dire une hausse de 20 p. 100 de tous les impôts : l'effort reste insuffisant, et l'imposition sur le capital, préconisée par les socialistes, est obstinément rejetée ; en 1926 même, pour « rétablir la confiance » (des possesseurs de capitaux, s'entend), un nouveau gouvernement Poincaré diminue le taux de l'impôt sur le revenu, tout en adoptant, il est vrai, un impôt à la première mutation. Dans ces conditions, la masse de monnaie en circulation augmentant, la demande s'accroît, et l'emporte sur l'offre, l'emporte sur une production qui ne peut suivre au même rythme : le mécanisme d'une inflation des prix est ainsi en place ; les prix de 1928 sont six fois et demie supérieurs à ceux de 1914.

Corollaire de l'inflation, mieux, moteur de l'inflation : la maladie du franc. Moteur de l'inflation, car la chute du franc précède souvent la hausse des prix. C'est qu'au-delà des mécanismes monétaires les facteurs psychologiques ou politiques interfèrent de façon décisive. L'ampleur des dettes de l'État est telle que tout climat de défiance peut se révéler désastreux : les capitaux s'évadent alors à l'étranger, la spéculation se donne libre cours ; les consommateurs fuient devant la monnaie et achètent plus qu'à l'ordinaire ; les producteurs « jouent la hausse » et stockent : le processus inflationniste, une fois déclenché, se nourrit de lui-même. Comment arrêter le cycle ?

De 1919 à 1929, la France connaît deux périodes d'inflation galopante. La crise de 1919-20 est épongée par la dépression économique mondiale de 1921. Au début de 1924, une nouvelle poussée de fièvre, de moindre importance, se produit : Poincaré a fait occuper la Ruhr en 1923, au grand mécontentement des Anglo-Américains, pour contraindre l'Allemagne à payer les dommages de guerre ; une partie de la haute finance internationale joue contre le franc ; mais Poincaré rétablit la situation par un emprunt à la banque américaine Morgan, le vote du double décime et des concessions en politique étrangère. Après la victoire, aux élections du printemps 1924, du Cartel des gauches, la chute du franc, la hausse des prix reprennent : les possesseurs de capitaux se défient d'un gouvernement soutenu par les socialistes, partisans d'un impôt sur le capital et de réformes de structure.

Ministre des Finances d'un des nombreux gouvernements qui achoppent alors sur la question financière, Georges Bonnet, radical bon teint, se souvient de la réunion du Conseil de régence de la Banque de France où il avait soumis son projet de relèvement financier ; il y avait là quelques-uns des plus grands noms de la banque et de l'industrie : « Painlevé [le président du Conseil du moment] était venu assister à cette séance mémorable et il l'ouvrit à sa façon, simple et charmante : « La situation financière est difficile, le ministre des Finances a établi un plan dont il vous exposera les grandes lignes. Nous aimerions connaître vos observations ou entendre vos conseils, car nous connaissons votre expérience et votre autorité... ». J'exposais mes projets. Un long et pénible silence. De nouveau Painlevé prit la parole : « Vous avez entendu, Messieurs. « N'avez-vous pas quelques suggestions à présenter ? Cela ne vous engage à rien. Car, bien entendu, tout ce qui est dit dans cette réunion doit rester confidentiel. » Alors, à la suite de cette invite touchante, on entendit dans le fond de la salle une voix chevrotante : « Monsieur le Président, il faut rétablir la confiance. » Je ne sus jamais lequel des régents avait lancé cette vérité banale, mais je me rappelle qu'elle provoqua une protestation indignée du président du Conseil de régence, qui foudroya du regard son collègue en s'écriant : « Vous en avez trop dit. Nous ne pouvons affirmer qu'une chose, c'est que nous sommes les soldats du franc et que nous nous ferons tuer dans la tranchée pour le franc. » A partir de ce moment-là, aucun des régents n'ouvrit plus la bouche. En vain, Painlevé et moi-même nous efforcions de faire parler ces experts de marque. Puisqu'ils ne voulaient rien dire, nous les interrogions : « Vous avez parlé de rétablir la confiance. Comment vous y prendriez-vous ? » Mais chaque fois le président reprenait sa formule de « soldats du franc », formule qui visiblement l'enchantait. Impossible d'en tirer autre chose... Les régents ne pouvaient évidemment pas dire tout haut ce qu'ils pensaient au fond d'eux-mêmes : « Chassez les socialistes de votre majorité. »

Les éléments psychologiques, ou politiques, interviennent donc, et leur rôle est déterminant : les prix suivent la dépréciation du franc, et le franc se déprécie parce que les capitaux quittent le pays. L'État, embarrassé de son immense dette, ne trouve plus sur le marché financier de quoi emprunter, tandis que les détenteurs de bons à court terme ne les renouvellent pas ; les gouvernements sont contraints de recourir aux avances de la Banque de France, donc à l'émission des billets. C'est le cercle vicieux. La livre est à 90 F en décembre 1924, à 130 F en décembre 1925 ; elle atteint 165 F en mai 1926 ; l'opinion s'effraie, elle cherche des responsables : le gouvernement bien sûr, mais aussi l'étranger (des touristes sont pris à partie). Le 16 juillet 1926, la livre est à 202 F, le 21 juillet à 240 F ; des manifestations éclatent devant la Chambre des députés. Herriot, leader du Cartel des gauches, démissionne de la présidence du Conseil ; Poincaré forme un gouvernement d'« Union nationale » — c'est-à-dire dont sont exclus les socialistes —, et annonce un train de mesures financières. Il n'en fallait pas plus : le 23 juillet, la livre est retombée à 200 F. Edouard Herriot dresse un bilan désabusé : « Il faut croire que les difficultés financières étaient en partie artificielles et politiques. Dès que le ministère Poincaré [dont Herriot fait d'ailleurs partie] est constitué, tout péril immédiat disparaît comme par enchantement [...]. La liberté politique m'apparaissait une fois de plus terriblement réduite. Les porteurs de bons, les banquiers de France ou d'ailleurs, étaient, au-dessus des hommes politiques, les maîtres, toujours invisibles, mais toujours présents de la France. »

A la fin de 1926, Poincaré stabilise le franc au cinquième de sa valeur d'avant guerre : c'est une stabilisation de fait, qui sera légalisée en 1928, lorsque le franc sera de nouveau indexé sur l'or. Poincaré lui-même était partisan non d'une stabilisation — mot pudique pour ne pas dire dévaluation —, mais d'une revalorisation, d'un retour à la parité-or de 1914 ; à supposer que l'opération ait été réalisable, elle aurait porté trop de préjudices aux exportations françaises.

Les années 1926-1929 forment une période de paix monétaire comme la France n'en a plus connu depuis : on peut croire en ce temps-là qu'un mauvais rêve s'achève. Mais ce rêve a laissé de durables empreintes. L'inflation, ce mal du XXe siècle, a bouleversé, plus que la guerre ne l'avait fait, les assises de la société capitaliste. Au rang de ses victimes, on rencontre d'abord les ouvriers, les employés, les fonctionnaires : salaires et traitements augmentent moins vite que les prix. Mais ils augmentent! Car que dire des rentiers, des créanciers de l'État, cette catégorie si caractéristique de la société d'avant guerre ? Que dire des retraités, des vieux travailleurs. Ils touchent, en 1928, six fois moins qu'en 1913 : pour les uns, c'est l'obligation de travailler, la « chute dans le salariat » ; pour les autres, c'est la gêne, voire même la ruine ; pour tous, c'est une immense amertume. Au contraire, l'inflation bénéficie aux producteurs : moins aux petits, qui achètent aussi beaucoup, qu'aux gros. Bénéficiaires de l'inflation sont surtout les débiteurs, et au premier chef l'État : sans la hausse des prix, qu'il a contribué si puissamment à développer, comment pourrait-il éponger ses dettes ? De même, les grandes sociétés industrielles peuvent emprunter pour rénover leur outillage, puis rembourser sans difficultés les sommes nominales ; ainsi, l'inflation favorise le développement de certains secteurs de l'économie nationale.

Les répercussions morales et psychologiques sont moins vives qu'on ne le pourrait supposer. Certes, l'inflation favorise la consommation au détriment de l'épargne ; mais moins dans la longue durée que lors des crises sporadiques, lors des flambées des prix. Elle désoriente plutôt l'opinion, elle trouble les esprits, elle obsède les gouvernements et les économistes, qui restent démunis devant elle. Car peu de gens comprennent son mécanisme et ses causes profondes. Pour la grande majorité des Français, pour les spécialistes les plus écoutés, sinon les plus compétents, deux idées maîtresses, deux remèdes miracles : le retour à l'étalon-or, l'équilibre du budget. La droite pense que l'État dépense trop, que les fonctionnaires sont trop nombreux : Poincaré, en 1926, promet des coupes sombres parmi eux. Plus étonnante est l'attitude de la gauche, soucieuse pourtant d'une redistribution des fortunes : les socialistes eux-mêmes prônent dans ces années-là l'équilibre budgétaire. C'est que personne ne perçoit d'autre solution. Devant un fait nouveau, devant un phénomène inhabituel, les imaginations se tarissent. En 1969 encore, publiant ses *Mémoires*, Georges Bonnet, qui fut ministre des Finances en 1925, affirme que l'équilibre budgétaire était la seule panacée : aussi, tel Sisyphe, ne remontait-il la pente que pour mieux la descendre.

L'économie se redresse vite

Les Français produisent moins en 1921 qu'en 1891, trente ans plus tôt. Mais crise financière et crise économique ne vont pas nécessairement de pair : dans les années 20, la hausse des prix stimule les profits, allège les dettes des entreprises ; la dépréciation monétaire, en dépit de l'inflation intérieure, favorise les exportations. A partir de 1926, le retour au franc stabilisé, l'arrivée de capitaux étrangers sur la place de Paris permettent aux banques françaises, bien lestées en disponibilités, de pratiquer une politique de crédit facile : les escomptes de la Banque de France passent de 45 milliards en 1927 à 105 en 1929. Et, de 1921 à 1929, la conjoncture mondiale ne cesse d'être favorable. Ajoutons que les ressources de l'Alsace-Lorraine donnent à l'industrie française une assise beaucoup plus solide, et que notre influence politique en Europe, à l'est en particulier, ne manque pas d'entraîner une expansion économique.

La reconstruction, d'abord, s'opère à un bon rythme. L'aide financière du gouvernement, sans cesse requise, y contribue puissamment. Sur 2 millions d'hectares rendus incultes par la guerre, 95 p. 100 ont été remis en état en 1925 ; dans l'industrie, à la faveur de la reconstruction, des modernisations s'effectuent : ainsi l'équipement des mines de charbon du Nord est entièrement rénové. La prospérité s'installe. Tout en témoigne : le rythme d'accroissement de la productivité, de la production, du revenu national ; l'excédent, certes temporaire (1924- 1927), mais tout à fait nouveau, de la balance commerciale.

A la pointe de l'expansion économique se placent deux sources d'énergie nouvelles, liées à ce qu'on appelle la seconde révolution industrielle : le pétrole et l'électricité. La production d'électricité décuple de 1913 à 1929 et entraîne à sa suite l'expansion de la tréfilerie, de l'appareillage électrique, et aussi du cinéma, de la radio. La France s'est assurée 23,75 p. 100 du pétrole irakien au lendemain de la guerre et construit des raffineries à l'abri d'un tarif douanier protecteur. D'autres chiffres ? Des mines de charbon sortent 40 millions de tonnes en 1913, 55 millions en 1929. Pour la fonte comme pour l'acier, la production double de 1913 à 1929, et la France se classe au troisième rang mondial, derrière les États-Unis et l'Allemagne. L'industrie automobile française, qui construit 250 000 véhicules en 1929, s'impose comme la première d'Europe. Certes, les points noirs ne manquent pas : les industries textiles stagnent, quand elles ne déclinent pas. Mais le bilan est largement positif : la France atteint en 1929 un niveau industriel qu'elle ne retrouvera que dans les années 1950.

En même temps la concentration se poursuit ; mieux, elle s'intensifie. La France avait, il est vrai, sur ce point un gros retard à combler : en 1906, 10 p. 100 des ouvriers et employés travaillaient dans des établissements occupant plus de 500 salariés — en 1931, la proportion s'est élevée à 18 p. 100. Mais, plus encore que de concentration technique, c'est de concentration financière qu'il s'agit, en particulier dans les nouveaux secteurs de l'électricité, du pétrole, de la chimie ; trois sociétés dominent cette dernière : Kuhlmann, Saint-Gobain, Pechiney ; deux firmes se partagent l'industrie de l'aluminium : Ugine et Pechiney. Trusts, holdings et cartels, grandes banques et grandes sociétés se recoupent en un lacis inextricable, où les mêmes hommes se retrouvent. Voici Ernest Mercier : ancien polytechnicien, ingénieur, il fonde après la guerre l'Union d'électricité ; quinze ans plus tard, il est président, administrateur ou directeur de quarante-neuf firmes, et non des moindres, dans les industries électrique, pétrolière, chimique, et dans la banque (Lyonnaise des eaux, Alsthom, Compagnie française des pétroles, etc.) ; ce n'est plus un entrepreneur, c'est déjà un manager. Comme beaucoup de ses pairs, il mêle étroitement les affaires et la politique : animé d'une passion dominante – faire de la France une grande puissance industrielle –, soucieux de rationalisation du travail et de concentration de la production, il croit à la nécessité de la discipline sociale, de l'ordre politique, et crée le Redressement français, mouvement qui milite en faveur d'un régime autoritaire.

La concentration affecte aussi le secteur de la distribution. Certes, le petit commerce prévaut toujours ; mais le concurrencent de plus en plus deux nouveaux types d'établissements : les magasins à succursales multiples, tels les Docks rémois ou le Familistère dans la région parisienne ; et, à partir de 1927, les chaînes de Monoprix, Uniprix et autres Prisunic qui vendent en grandes quantités des produits peu variés à prix relativement bas, grâce à la rapidité de rotation des stocks : ce sont les « Magasins du pauvre ».

Cet esprit d'uniformisation n'épargne pas la production industrielle. Venus des États-Unis, l'automatisme et la standardisation, techniques nouvelles en France, s'implantent d'abord dans les nouvelles industries : elles y permettent un accroissement de la productivité. Pionnier de leur introduction dans l'automobile, André Citroën illustre jusqu'à la caricature le dynamisme des années 20 : ancien polytechnicien lui aussi, il installe pendant la guerre, à Javel, une usine de fabrication d'obus, qu'il reconvertit en 1919 ; tout de suite il se lance dans la production en série de voitures populaires : construction à la chaîne, standardisation des pièces, rapidité de rotation doivent assurer de bas prix de vente ; le souci du rendement et de la qualité prime toute autre considération. Citroën, d'autre part, utilise avec intensité, avec excès même, les possibilités de la publicité : son nom en lettres lumineuses sur la tour Eiffel, des croisières automobiles en Afrique et en Asie (la « Croisière noire » et la « Croisière jaune »), ... Dès 1926, l'entreprise passe sous le contrôle de la banque Lazard : le temps des capitaines d'industrie est en passe d'être révolu.

Expansion donc, et d'une réelle ampleur. La facilité du crédit, la spéculation à la hausse sur les valeurs boursières sont un terrain nourricier pour les scandales : en 1928, c'est l'arrestation de Marthe Hanau, gérante de la *Gazette du franc* et propriétaire d'une officine boursière ; en 1930, c'est l'affaire Oustric : ce banquier peu scrupuleux avait reçu d'importants crédits de la Banque de France, grâce à l'appui d'hommes politiques. Il y a dans ces années-là toute une ambiance d'« affairisme » que Marcel Pagnol rend bien, quoique à petite échelle, dans son *Topaze*. Certains scandales, déjà en gestation, n'éclateront qu'après le retour au pouvoir des gauches en 1932, et seront un élément de choix dans le réveil de l'antiparlementarisme.

Mais cette expansion a ses limites. Elle ne touche vraiment ni l'agriculture, ni le commerce, ni même l'ensemble de l'industrie : les « petits » se défendent vaillamment, et leur nombre, garant de leur force électorale, leur assure fréquemment la protection des gouvernements. Car les Français attendent beaucoup de l'État : « Toutes les classes, celles qui se jugent injustement traitées et surtout celles qui se jugent menacées par le développement de la vie économique, réclament l'appui de l'État. Les dirigeants même de la vie économique trouvent en lui l'auxiliaire précieux de leur activité. » (Ch. Morazé) La protection douanière ne se dément pas et maintient facticement de nombreux secteurs de production ; même les puissantes sociétés réclament une intervention étatique, qu'elles rejettent par ailleurs, lorsque les investissements de base s'annoncent très élevés : ainsi dans le pétrole, dans l'hydroélectricité s'est préparée l'union de l'initiative privée et du pouvoir d'État. Mais si les Français attendent beaucoup de l'État, ils lui donnent aussi beaucoup : en dépit de l'inflation, malgré les expériences du passé, avec une obstination désarmante, les épargnants – et le phénomène, qui mieux est, s'intensifie – préfèrent les fonds publics aux actions des entreprises privées. L'épargne française est de moins en moins créatrice. L'État est donc conduit à jouer de plus en plus un rôle de redistributeur des richesses, mais surtout à travers les rentes, les pensions, les traitements, les intérêts des emprunts.

« La politique de prospérité »

La formule est lancée par André Tardieu, en 1929, lorsqu'il devient président du Conseil, après la retraite de Poincaré. Depuis 1926, en effet, le budget est en excédent ; il le restera jusqu'en 1930. Les réserves de la Banque de France s'accroissent. Le Parlement, l'opinion se laissent gagner par la conviction que la France possède un « trésor », et des pressions s'exercent pour le partage de ce pactole. Le ministre des Finances Chéron, qui, soucieux de popularité, a révélé l'existence de cette « cassette du père Gaspard », a beau s'écrier : « Oui, je monte la garde autour de ce trésor et je n'y laisserai pas porter atteinte », les gouvernements de droite, Tardieu ou Laval, qui se succèdent de 1929 à 1932, ne résistent pas à la satisfaction de contenter leurs administrés.

Et pourtant rien de plus factice que ce « trésor » : il ne faut pas confondre le signe de la richesse qu'est la monnaie avec la richesse elle-même. D'ailleurs, déverser cet argent sur le marché, ce serait risquer une relance de l'inflation, si la production ne peut suivre ; et pour qu'elle suive, il faudrait encourager l'investissement, et pas seulement la consommation : l'État est mal préparé à ce rôle, et « l'optique juridico-comptable de l'époque » (A. Sauvy) n'a guère conscience de cet aspect des choses.

En 1928, un système d'assurances sociales est voté par la Chambre, et définitivement adopté en 1930 ; les ressources auront une double provenance : un prélèvement de 5 p. 100 sur les salaires, une cotisation d'égale ampleur des employeurs – en un mot de quoi mécontenter tout le monde, les salariés dont les revenus sont, temporairement au moins, amputés, les patrons qui vont mener une longue et furieuse campagne contre le principe même de la loi. Puis, à partir de 1929, les mesures se multiplient : extension progressive de la gratuité de l'enseignement secondaire ; hausse des traitements des fonctionnaires ; retraite pour les anciens combattants ; dégrèvements fiscaux ; indemnités pour les victimes des calamités agricoles ; plan d'outillage national (équipement routier, électrification des campagnes, ...), qui ne connaîtra qu'un début de réalisation ; enfin, en 1932, allocations familiales. Ainsi l'intervention de l'État dans la vie économique et sociale ne cesse de se faire plus active : mouvement séculaire certes, mais il est paradoxal que des gouvernements de droite l'aient accéléré.

Cette politique ne vaut pas à Tardieu une grande popularité : trop de gens se sentent lésés, soit pour avoir moins touché que d'autres, soit pour devoir d'abord verser des cotisations. Tardieu se heurte d'ailleurs à une opposition politique très vive : ressentiment d'une gauche à qui il « vole » une partie de son programme ? Hostilité à la personne même de ce grand bourgeois hautain, à l'allure dominatrice ? Sourde inquiétude de la droite devant tant de prodigalités ?

Mais l'échec de cette politique est tout simplement imputable à la fin de la prospérité ; car on revient presque aussitôt aux bonnes vieilles recettes de l'orthodoxie budgétaire : une telle politique ne paraissait, ni à ses adversaires ni à ses promoteurs, un moyen de combattre la crise. Il y a cependant, entre la « politique de prospérité » de Tardieu et la « politique du pouvoir d'achat » de Roosevelt ou même de Blum plus qu'un air de parenté.

« Gagner la paix : ce sera encore plus difficile » (Clemenceau)

L'Allemagne! Le grand vaincu de la guerre reste une menace virtuelle, une obsession pour la France meurtrie. Ni son sol ni ses industries n'ont été touchés par les combats ; 41 millions de Français, c'est peu face à 65 millions d'Allemands. Comment se protéger durablement, comment assurer une paix si chèrement acquise ?

Deux politiques s'affrontent, que deux hommes – Poincaré et Briand – symbolisent. La première ne croit qu'à la fermeté : pour elle, il ne faut pas se leurrer sur l'Allemagne, penser qu'un peuple change en quelques années ; si l'Allemagne sollicite la discussion, c'est par duplicité ; si elle recherche l'entente, c'est dans l'intention de manquer à la parole donnée. Aussi le traité de Versailles doit-il être appliqué sans concessions. La seconde politique se veut optimiste : elle croit aux vertus de l'arbitrage, à la possibilité d'une réconciliation franco-allemande, à la nécessité d'un désarmement ; elle fait sienne l'espérance wilsonienne d'une Société des nations, qui dirait le droit international et l'appliquerait. Il y a là deux façons de voir le monde et de regarder les hommes, où certains ont cru saisir le fil ténu séparant la philosophie de droite de celle de gauche.

Après la victoire du Bloc national aux élections de 1919, la politique de sécurité traditionnelle trouve son application ; d'ailleurs, rares sont ceux – les socialistes exceptés – qui, à l'époque, en prônent une autre. Résumons-en les têtes de chapitre : pour le passé, l'Allemagne doit payer ; dans l'avenir, elle ne doit pas pouvoir recommencer et, pour ce faire, elle doit rester encerclée et affaiblie face à une France renforcée.

« L'Allemagne paiera » : cet axiome avait justifié les prodigalités financières du Bloc national. En 1921, lorsque le montant des réparations est fixé, l'Allemagne affirme ne pouvoir s'acquitter. Le gouvernement Poincaré, avec le seul appui de la Belgique, fait occuper la Ruhr (janvier 1923) : techniquement, l'opération finit par se révéler un succès, mais politiquement elle suscite l'hostilité des Anglo-Américains, l'exaspération du nationalisme allemand, l'inquiétude d'une opinion française avide de paix. Le président du Conseil se voit affublé de sobriquets peu amènes : « Poincaré-la-guerre », « l'homme-qui-ricane-devant-les-tombes » ; il accepte l'internationalisation du problème : il espère ainsi lier réparations et dettes interalliées. Le plan Dawes en 1924, puis le plan Young en 1930 réduisent de façon substantielle le montant des réparations, le divisent en de nombreuses annuités, et l'Allemagne paie ; des accords franco-anglais et franco-américains fixent, en 1926, le total des dettes de la France, et la France rembourse. En 1930, tout semble réglé, mais les rancœurs subsistent ; et prévoir pour terme des versements l'année 1988, c'est faire montre d'un réel optimisme!

En 1920, la France n'a plus d'alliés, la Belgique exceptée : les États-Unis retournent à un isolationnisme dont Wilson ne les avait que difficilement sortis, l'Angleterre souhaite un relèvement de l'Allemagne, aussi bien pour des raisons commerciales que pour l'équilibre politique du continent. Or, les traités de 1919-20 ont abouti à la création de nouveaux États : Pologne et Tchécoslovaquie, à l'extension territoriale de la Serbie et de la Roumanie. Voilà pour la France des alliés potentiels ; ces pays craignent, plus encore qu'elle, une remise en cause du *statu quo*. La France conclut des accords avec la Pologne (1921), la Tchécoslovaquie (1924), la Roumanie (1926), la Yougoslavie (1927) ; mais ces pays peu industrialisés (sauf la Bohême), ces nations peu solides encore ne sauraient vraiment remplacer la Russie, les États-Unis, l'Angleterre.

Renforcer la France. Dès 1920, deux thèses sont en présence, et deux hommes les exposent : Foch affirme la nécessité d'une armée puissante, capable d'offensive ; Pétain met l'accent sur la défense du territoire : il suggère une ligne continue de forteresses, au moins tout au long de la frontière du Nord-Est. Pour des raisons budgétaires, un choix s'impose. Et peu à peu l'idée d'une France inviolable, d'une invasion impossible emporte l'adhésion des milieux militaires comme de l'opinion et du Parlement. En 1930, le projet d'une ligne fortifiée est adopté (le ministre de la Guerre s'appelait alors Maginot) ; en 1934, la « ligne Maginot », cette « muraille de France » qui va de Longwy à Bâle, est pratiquement achevée. Le défaut de cette ligne n'était pas, comme on l'a trop souvent dit, d'être contournable. Son défaut, c'était d'être en profonde contradiction avec les alliances orientales de la France : si l'Allemagne inversait sa stratégie de 1914 et cherchait d'abord à annihiler ses adversaires de l'Est, comment la France ferait-elle pour prendre l'offensive ? Devrait-elle assister impuissante à la mise hors de combat de ses alliés ?

Affaiblir l'Allemagne. Le traité de Versailles limite l'armée allemande à 100 000 hommes, lui interdit les armements lourds et la possession d'une flotte de guerre, supprime le service militaire ; une commission interalliée contrôlera l'application de ces mesures ; la Rhénanie est démilitarisée, et temporairement occupée. La France pouvait-elle obtenir davantage ? Pouvait-elle détacher la Rhénanie de l'Allemagne ? Foch, dans une série d'entretiens publiés après sa mort, l'affirme (1929) ; Clemenceau lui réplique, dans *Splendeurs et misères d'une victoire* : « Le Parthe, au galop de sa fuite, décochait encore un trait derrière lui. Au moment de s'engouffrer dans la nuit funèbre, le maréchal Foch paraît avoir laissé tout un flot de flèches perdues, à l'arc incertain d'un sagittaire improvisé » ; et de s'écrier : « Voyons, Foch! Foch! mon bon Foch! Vous avez donc tout oublié » ; et de rappeler que la France n'a pas gagné la guerre seule, qu'elle avait des alliés qui se sont opposés à l'occupation permanente de la Rhénanie, *a fortiori* à la constitution d'un État rhénan, et qu'il obtint en contrepartie un traité anglo-américain de garantie des frontières françaises, qui fut rejeté par le Sénat des États-Unis. Jusqu'en 1925, en tout cas, les clauses du traité de Versailles sont appliquées sans restriction. Mais en 1927 la commission de contrôle est supprimée ; et en 1930, à la suite de l'adoption du plan Young sur les réparations, la France renonce, avant terme, à l'occupation de la dernière portion rhénane non encore évacuée.

C'est que, depuis 1924 et l'échec de la politique unilatérale de contrainte, depuis la victoire du Cartel des gauches, les gouvernements s'intéressent davantage à la Société des nations, fille elle aussi du traité de Versailles, et aux idées d'arbitrage, de conciliation, de diplomatie ouverte. Ces idées étaient neuves en Europe. Elles suscitèrent un tel engouement dans l'opinion que d'avril 1925 à janvier 1932 l'homme en qui elles s'incarnaient, Aristide Briand, fut un inamovible ministre des Affaires étrangères. Dès lors, les initiatives se multiplient, les négociations succèdent aux négociations, les traités s'accumulent. Sur les bords du lac Léman, entre diplomates de bonne compagnie, entre hommes politiques souvent de talent et de culture, dans l'atmosphère d'optimisme des années 1924-1929, avec en toile de fond l'ardent désir de paix des peuples épuisés, se tisse un réseau extrêmement savant d'ententes, qui laissent en suspens les points de désaccord essentiels.

1924 voit l'adoption du Protocole de Genève, que l'Angleterre, où les conservateurs reprennent en novembre le pouvoir, ne ratifie pas et rend par là même caduc ; le protocole préconisait l'arbitrage obligatoire des différends internationaux et, en cas de refus, des sanctions économiques, voire militaires. 1925 : c'est le pacte de Locarno ; les frontières de l'Allemagne avec la France et la Belgique, ainsi que la zone démilitarisée, sont garanties par les trois puissances intéressées, auxquelles s'adjoignent l'Italie et la Grande-Bretagne. Par là même la France renonce aux expéditions punitives au-delà du Rhin ; en contrepartie – et la contrepartie est de taille –, l'Allemagne lui reconnaît de nouveau l'Alsace et la Lorraine, et l'Angleterre lui garantit sa frontière. Mais l'Allemagne se refuse toujours à tenir pour immuables ses nouvelles frontières orientales, et l'Angleterre ne veut pas s'engager sur ce terrain ; aussi, le jour de la signature du pacte, la France confirme-t-elle ses alliances avec la Pologne et la Tchécoslovaquie : acte symbolique, qui laisse entiers les désaccords. 1926 voit l'entrée de l'Allemagne à la S.D.N. ; « Lorsque le 10 septembre – douzième anniversaire de la Marne – Gustav Stresemann [ministre allemand des Affaires étrangères] fendit la foule qui avait envahi les avenues, les couloirs, les tribunes de la salle de la Réformation, traversa l'Assemblée et prit possession de la tribune, les délégués, debout, l'applaudirent, soulevés d'une frénésie dépassant les délires qui avaient accueilli le Protocole et les Accords de Locarno [...]. Aristide Briand lui répondit par un discours [...] qui fit couler les larmes sur des visages habituellement cyniques : « Certes, nos différends n'ont pas disparu, mais, « désormais, c'est le juge qui dira le droit [...].

Arrière les « fusils, les mitrailleuses, les canons! » Place à la conciliation, « à l'arbitrage, à la paix! » (Louise Weiss, *Mémoires d'une Européenne.*) 1928 : c'est le pacte Briand-Kellogg ; soucieux de renouer avec les États-Unis, Briand avait lancé un appel au peuple américain : pourquoi les deux pays ne renonceraient-ils pas solennellement à se faire la guerre! Kellogg, secrétaire d'État américain, propose en réponse que tous les pays du monde « renoncent à la guerre comme instrument de la politique nationale » ; le pacte est signé par 57 nations, dont l'Allemagne et l'Italie. 1929 : Briand, jamais à court d'initiatives, lance un projet d'Union européenne.

Mais la crise point à l'horizon. Et lorsqu'en février 1932 une conférence du désarmement s'ouvre à Genève, en présence de 62 pays, l'Allemagne revendique comme première mesure l'égalité des droits, et donc, en l'absence de décisions immédiates sur le désarmement des autres, son propre réarmement! La conférence s'enlise dans des discussions byzantines ; puis, avec Hitler, elle agonise. C'en est fini de l'ère Briand. Le « pèlerin de la paix » lui-même a dû se retirer en janvier 1932 ; il meurt deux mois plus tard.

Deux politiques, disions-nous au début. L'opposition est moins vive cependant qu'il pourrait paraître ; elle s'atténue surtout au fil des années : Briand ne devient-il pas ministre des Affaires étrangères de Poincaré durant trois ans (1926-1929) ? Si la contradiction entre ces deux politiques est potentielle, si elles correspondent bien à deux écoles de pensée, elles ne s'opposent pas dans les années 1925-1932 : aucune révision du traité de Versailles n'est amorcée par Briand, la ligne Maginot est bâtie, et c'est Tardieu qui présente le plan le plus conséquent de désarmement. On ne peut accuser la politique de Briand d'avoir laissé la France impréparée devant le péril allemand — tout au plus pourrait-on mettre en cause l'esprit de cette politique.

Les défaites du mouvement ouvrier

De 1918 à 1920, la Confédération générale du travail (C.G.T.) et la Section française de l'Internationale ouvrière (S.F.I.O.) connaissent un remarquable afflux d'adhésions : la guerre semble effacée, et la révolution de nouveau d'actualité.

En novembre 1919, des élections se déroulent : le parti socialiste les prépare avec le plus grand soin. Ne mise-t-il pas, depuis longtemps déjà, sur l'éducation des citoyens pour prendre le pouvoir et réaliser la révolution sociale ? Ne compte-t-il pas sur une victoire parlementaire comme préliminaire de toute transformation radicale de la société ? La déception fut à la mesure des espérances : 300 000 voix de plus qu'en 1914, 35 députés de moins (en raison du système électoral). En 1920, « le socialisme se retrouve désemparé, puisque sa perspective révolutionnaire était fondée sur le préalable d'une victoire électorale » (Annie Kriegel).

Désemparée, en 1920, la C.G.T. ne l'est pas moins. Elle s'assignait le même but que la S.F.I.O. : la révolution sociale, mais elle espérait y parvenir par de tout autres moyens : l'éducation se ferait dans la lutte quotidienne, et la lutte serait prolétarienne ou ne serait pas. La grève : telle était l'arme par excellence de ce syndicalisme révolutionnaire. En 1920, la C.G.T. vient de mettre en application ses méthodes : elle a échoué. Tout avait pourtant bien commencé : le 1er mai 1919, malgré le vote en avril d'une loi limitant à huit heures la journée de travail, l'ordre de grève générale est largement suivi ; en juin 1919, la grande grève des métallurgistes est un succès. Le point culminant est atteint en mai 1920 : du 1er au 10, comme dans une des batailles de la dernière guerre, la C.G.T. procède par vagues d'assaut : un jour les mineurs, les marins, les dockers se lancent dans la grève, un autre les métallurgistes ; à la pointe du combat dès le 2 mai : les cheminots ; une revendication majeure : la nationalisation. C'est l'échec, car le patronat s'est préparé de longue date, une partie de la classe ouvrière demeure dans l'expectative, et le gouvernement fait donner la justice. C'est un échec cuisant : 18 000 cheminots sont révoqués. La C.G.T. voit alors ses effectifs fondre. Marcel Cachin note : « De même que, le 16 novembre, le bloc des partis capitalistes a vaincu le socialisme sur le terrain politique, de même il a vaincu, il y a quelque temps, le syndicalisme » (19 juin 1920).

Alors, que faire ? A court de solutions, des militants, de plus en plus nombreux, se tournent vers le bolchevisme, « unique issue possible à la fraction du mouvement ouvrier français qui ne se résignait pas à considérer que l'échéance révolutionnaire devait être reportée à plus long terme » (Annie Kriegel) : la révolution française ne naîtra-t-elle pas d'une révolution mondiale, prolongement de la révolution russe ? « Les masses ouvrières se tournèrent vers Moscou comme vers la ville sainte du socialisme... Ce que les socialistes de tous les pays avaient souhaité, désiré, préparé, attendu vainement, les socialistes de Russie, animés d'une volonté implacable, le réalisaient » : ainsi s'exprime L.O. Frossard, qui sera le premier secrétaire général du parti communiste français, avant de rejoindre la social-démocratie et de finir comme ministre de Pétain. Mais les bolcheviks se méfient des conversions opportunistes et établissent vingt et une conditions d'adhésion à l'Internationale communiste, des conditions empreintes de dureté. A la veille du congrès de Tours, qui s'annonce décisif (décembre 1920), trois tendances principales se discernent à l'intérieur de la S.F.I.O. : une forte majorité, hétéroclite d'ailleurs, choisit sans réserve l'adhésion ; derrière Longuet (petit-fils de Karl Marx), un centre « reconstructeur » penche pour l'adhésion, mais veut aussi maintenir l'unité socialiste ; enfin, aux côtés de Léon Blum, une droite s'affirme hostile au « blanquisme à la sauce tartare ». Les bolcheviks interviennent encore pendant le congrès, exigeant l'exclusion de Longuet et de ses amis, pénétrés, disent-ils, « d'un esprit de réformisme et de diplomatie mesquine et chicanière ». Dès lors, les jeux sont faits : 70 p. 100 des mandats se portent sur la motion Cachin-Frossard en faveur de l'adhésion à la IIIe Internationale et optent pour la création d'un parti communiste ; le centre longuetiste recueille 20 p. 100 des suffrages, et la droite 10 p. 100. Frossard s'écrie : « Nous allons nous séparer [...]. Demain je ne prononcerai pas à votre égard une parole blessante. Je vous considère comme des socialistes et je le dis. Je vois ici des hommes que je connais depuis quinze ans, des hommes comme Blum qui a apporté au Parti son talent, sa vaste culture, sa puissance de travail, qui l'a grandement honoré [...]. Je veux que les dernières paroles que j'aurais pu leur adresser ici soient l'hommage que je leur dois, à eux qui ont été avant moi dans la bataille socialiste et révolutionnaire. » Mais tout de même lucide, il ajoute : « Plus de frein aux ambitions ; nos forces dispersées ; nos énergies absorbées par une lutte fratricide. Voilà ce que nous réserve demain. »

C'en est fini, en effet, de l'unité socialiste, même si les participants n'en sont pas toujours conscients : le mouvement socialiste n'a-t-il pas connu d'autres scissions, suivies de retrouvailles ? L'année suivante, la C.G.T. se disloque à son tour ; mais la majorité reste dans le camp « réformiste », tandis que les communistes s'en vont fonder une Confédération générale du travail unitaire (C.G.T.U.).

Au lendemain de Tours, les perspectives révolutionnaires s'estompant toujours davantage, le parti communiste s'étiole : 110 000 adhérents en 1921, une trentaine de mille dix ans plus tard. La C.G.T.U. suit un mouvement similaire. Le parti se rétrécit d'autant plus qu'à partir de 1924 il se « bolchevise » pour former une organisation d'un type nouveau en France. Beaucoup, en effet, n'avaient accepté les 21 conditions que du bout des lèvres, tous demeuraient imprégnés des vieilles méthodes socialistes ou syndicalistes révolutionnaires. Sous la pression de l'Internationale communiste, le P.C.F. adopte une organisation proche du modèle russe : il s'implante dans les usines (lieu de la lutte des classes) et non plus seulement sur les lieux d'habitation (champ des luttes électorales), il prend soin de demeurer à majorité ouvrière, il se dote d'une stricte discipline, fait élire chaque échelon par l'échelon inférieur, subordonne chaque échelon à l'échelon supérieur, instaure en un mot un « centralisme démocratique » ; enfin, son caractère de Section française de l'Internationale communiste s'inscrit de plus en plus dans la réalité. Le parti se sépare de son aile droite en 1922-23, de son aile gauche en 1925-1927. Il pratique la tactique électorale « classe contre classe », qui rompt avec la tradition républicaine d'union des gauches au second tour ; « Nous devons, dit Thorez, passer à une offensive plus vigoureuse, plus systématique et, surtout, plus conséquente contre le parti socialiste et ses chefs, mais en même temps développer notre tactique de front unique pour gagner les ouvriers socialistes. Il n'y a pas de contradiction dans le fait d'attaquer les chefs et de gagner les ouvriers. » Ce n'était pas si sûr ; en tout cas, cette tactique réduit à la portion congrue la représentation parlementaire du parti communiste, fait du parti socialiste l'ennemi principal, volontiers qualifié de « social fasciste » ou « social flic ». Le parti, affaibli, n'échappe ni au sectarisme ni aux déchirements internes ; à plusieurs reprises, la direction est écartée. Tandis que la bolchevisation s'achève avec l'élimination du « groupe » Barbé-Célor (1931) et que les effectifs continuent de fondre, une nouvelle génération de militants, pour qui la guerre a été « la grande accoucheuse », surgit au premier plan : Maurice Thorez devient secrétaire général. La greffe du bolchevisme russe sur le socialisme français s'est faite dans la douleur.

L'échec de la gauche réformiste

Léon Blum avait dit à Tours : « Pendant que vous irez courir l'aventure, il faut que quelqu'un reste garder la vieille maison. » L'expression a fait fortune, mais que reste-t-il à garder ? Quelque 30 000 membres : c'est peu ; mais si les simples adhérents ont opté en majorité pour le communisme, il n'en va pas de même des notables. En s'appuyant sur les vieilles structures et en conservant la vieille doctrine, le parti socialiste se reconstitue peu à peu ; il accueille les démissionnaires et les exclus communistes ; dès 1923, il l'emporte en effectifs sur son rival. Le parti socialiste prend allure de Janus : il ne répudie pas l'idéal révolutionnaire, mais plus que jamais l'éducation des citoyens lui paraît une étape préalable, les réformes lui paraissent des jalons nécessaires. Et Léon Blum de distinguer soigneusement entre exercice du pouvoir et conquête du pouvoir. En fait, derrière les références aux grands ancêtres, se cache mal une sclérose de la doctrine. Certains s'en émeuvent et, devant un capitalisme qui s'obstine à ne pas être moribond, cherchent de nouveaux modèles autour d'eux, du côté du capitalisme américain ou même de celui du corporatisme italien : adepte d'un « socialisme national », Marcel Déat évoluera vers le fascisme.

De plus en plus soucieuse d'action parlementaire, la S.F.I.O. s'allie, en 1924, au parti radical — mais sans programme commun, et pour le temps d'une élection : le Cartel des gauches une fois victorieux, les socialistes refusent de participer au gouvernement, et se contentent de le soutenir. Et le ministère radical présidé par Édouard Herriot ne réalise aucune réforme sociale ou économique, se complaît aux manifestations symboliques et ressuscite les querelles déjà surannées (Herriot veut remettre en vigueur les lois laïques, les étendre à l'Alsace-Lorraine, supprimer l'ambassade au Vatican). Les socialistes ne se privent pas de défendre leurs idées, de faire des propositions : l'impôt sur le capital, le contrôle des changes ; les paroles effraient l'adversaire, et l'absence d'actes le fortifie ; une violente campagne catholique conduit à l'abandon des mesures anticléricales, l'exode des capitaux et la défiance des épargnants engendrent une crise financière et la dislocation du Cartel. Non sans virulence, Herriot dénonce le « mur d'argent », puis il entre dans un ministère Poincaré dont les socialistes sont exclus.

Droites anciennes ou nouvelles

En 1919 se produit un renversement de majorité : le Bloc national triomphe aux élections et, si l'on excepte l'intermède de 1924-1926, les droites contrôlent le gouvernement jusqu'en 1932. Mais ce renversement de majorité ne manque pas d'être quelque peu factice : les radicaux participent au Bloc national, aux gouvernements d'« union nationale » de 1926 à 1928. Car les droites de l'après-guerre acceptent le régime. Signe d'une évolution des droites — mais aussi d'une évolution vers la droite des groupes de gauche : le vieux programme républicain une fois mis en place, ses promoteurs n'en sont plus que les « conservateurs ». Divisée encore sur la question religieuse, sur la fonction de l'État, la droite adhère à quelques thèmes simples, susceptibles d'un large consensus : l'application sans concessions des traités et la confiance en la seule force, l'opposition à toute augmentation des dépenses publiques, à tout accroissement de la charge fiscale ; un antisocialisme viscéral vient coiffer l'ensemble. Dans ce programme, rien de bien neuf : la guerre n'a pas marqué une rupture. Raymond Poincaré, président de la République jusqu'en 1920, est, entre 1922 et 1929, plus de cinq ans président du Conseil : il incarne, dans sa continuité, une France bourgeoise, à la fois conservatrice et parlementaire ; il défend la sécurité militaire (il fait occuper la Ruhr en 1923) et l'équilibre budgétaire (qu'il réalise en 1926).

L'Action française elle-même compose, pour peu de temps il est vrai, avec la République. Chantre du nationalisme, elle connaît au lendemain de la victoire un apogée, et jouit d'un rayonnement sans commune mesure avec le nombre de ses adhérents et la diffusion de sa presse : Mauriac, Gide, Martin du Gard, Malraux subissent son influence, pour ne citer que des écrivains. Mais, adepte d'un royalisme intégral, le mouvement reste une secte, qui ne peut rencontrer la nation devenue républicaine. Et, champion du parti catholique, le voilà en 1926 mis à l'Index par le Vatican : découverte, bien tardive, de l'agnosticisme de Maurras, ou volonté d'accélérer le ralliement des catholiques à la République ? En tout cas, dès lors, l'Action française décline, d'autant que ce mouvement à clientèle conservatrice voit — autre paradoxe — quelques-uns de ses militants les plus dynamiques le quitter pour l'action révolutionnaire : rompant avec Maurras et ses compagnons, Georges Valois fonde en 1925 le Faisceau des combattants et des producteurs.

Lorsque les gauches l'emportent aux élections de 1924, l'antiparlementarisme, sorte de succédané de l'antirépublicanisme d'autrefois, mais aussi vieux thème de la droite nationaliste, resurgit avec violence, et de nouvelles organisations naissent. Pierre Taittinger fonde les Jeunesses patriotes, qui revendiqueront jusqu'à 300 000 membres ; la doctrine n'est guère originale : nationalisme, exécutif fort, mais les méthodes le sont davantage : organisation de type militaire, habillement distinctif (imperméable bleu, béret basque), actions de rue. L'analogie avec le fascisme apparaît aussitôt, plus évidente encore dans le cas du mouvement de Georges Valois, au nom symptomatique. Alors : droite ancienne (de type boulangiste) ou droite nouvelle (de type fasciste) ? Le succès de ces ligues est trop éphémère dans les années 20 pour qu'on puisse déjà conclure. Ce développement traduit néanmoins les désillusions de beaucoup d'anciens combattants, les craintes de déclassement d'une petite et moyenne bourgeoisie lésée par l'inflation, mais aussi la peur profonde du socialisme qui imprègne la bourgeoisie.

Plus que jamais l'oligarchie capitaliste intervient dans la vie politique : l'Union des intérêts économiques du sénateur Billiet, le Redressement français d'Ernest Mercier financent les droites ; le parfumeur millionnaire François Coty soutient les ligues et lance un journal à grand tirage, *l'Ami du peuple*. Haute administration, monde politique et monde des affaires s'imbriquent en un réseau subtil d'intérêts réciproques.

1930 : la droite parlementaire s'est ralliée tout entière au régime ; l'Action française, catholique et royaliste, souffre d'avoir été condamnée à la fois par le pape et par le prétendant ; les ligues végètent depuis le retour de Poincaré au pouvoir et la stabilisation qui s'ensuivit. Mais des mutations sont en germe : une nouvelle génération, qui n'a pas connu le combat pour la république (Tardieu, Laval), prend la relève, la crise de 1924-1926 a révélé la force sous-jacente de l'antiparlementarisme.

L'ouverture catholique

Avec l'Union sacrée et la guerre, la querelle laïque s'est apaisée. Pie XI, élu en 1922, se montre plus conciliant que ses prédécesseurs ; la résurgence anticléricale de 1924-1925 se tarit vite ; la condamnation de l'Action française en 1926 renforce le courant qui veut dépolitiser l'Église. Les catholiques abandonnent la défensive pour se tourner vers le monde extérieur et pratiquer l'apostolat.

Il était temps. Le nombre des ordinations de prêtres ne cessait de baisser depuis le début du siècle, l'école laïque favorisait la déchristianisation des campagnes et des banlieues ouvrières. « La France pays de mission ? » se demandera-t-on bientôt. Car de ces données, l'opinion catholique commence à prendre conscience : c'est l'époque où Gabriel Le Bras fonde la sociologie religieuse. Des organisations se créent, qui associent les laïques pour encadrer la jeunesse, souci majeur de l'Église : la Jeunesse ouvrière chrétienne (1927), la Jeunesse étudiante chrétienne et la Jeunesse agricole chrétienne (1929). Le scoutisme se développe à partir de 1919 : il correspond, d'ailleurs, à un mouvement de retour à la nature assez caractéristique de l'entre-deux-guerres. La C.F.T.C. (Confédération française des travailleurs chrétiens) regroupe les syndicats chrétiens en 1919. La vitalité intellectuelle de l'avant-guerre demeure : Emmanuel Mounier et la jeune équipe d'*Esprit*, Jacques Maritain renouvellent, chacun à leur manière, la réflexion catholique.

La capacité créatrice se maintient

Après un conflit aussi destructeur pour les élites, on est étonné de la fécondité intellectuelle des années 20. Éclat persistant de la recherche scientifique : aux noms d'Irène et Frédéric Joliot-Curie, de Jean Perrin, de Paul Langevin, de Louis de Broglie restent attachées des découvertes de portée universelle. Dynamisme de la création musicale, de la création picturale : de Honegger à Ravel, de Picasso à Braque, il serait fastidieux de dresser un répertoire. Renouveau de la mise en scène et du théâtre, avec Copeau et Dullin, mais aussi Gaston Baty, Pitoëff, Jouvet. Renaissance de l'urbanisme, où se profile un effort pour rationaliser l'architecture, pour humaniser l'habitation (Le Corbusier).

Mais l'accès à ces œuvres demeure l'apanage d'une élite, et le rayonnement parisien cache mal un déclin de la province. La rencontre entre l'art et le peuple ne se produit — et encore! — qu'à travers le cinéma naissant et le roman. Deux nouvelles générations littéraires apparaissent. Générations désabusées : la quiétude de l'avant-guerre s'est estompée, la candeur n'est plus de mise. « Les femmes de Claudel sont pieuses, celles de Mauriac torturées, et quand au catholicisme s'allie un regret monarchiste, il est véhément avec Maurras, mais parle d'une voix plus sourde avec Bernanos... Montherlant ne s'accepte pas lui-même aussi aisément qu'André Gide. » (Charles Morazé.) Ceux qui ont eu vingt ans dans la première décennie du siècle dressent, avec Duhamel, Martin du Gard, Jules Romains, la fresque d'une famille, d'une société, se penchent avec Bernanos et Mauriac sur les conflits de l'univers catholique, sur les déchirements des consciences chrétiennes, analysent avec Giraudoux les ressorts des âmes françaises. Tous s'intéressent à leur temps, s'en font les témoins, rarement les contempteurs. Mais la société qu'ils décrivent est une société bourgeoise, dont la classe ouvrière est pratiquement absente. Emmanuel Berl y voit, en 1925, le signe d'une *Mort de la pensée bourgeoise* ; il dénonce cette « école de l'acceptation ».

Dans les années 1925-1929 se fait connaître notre dernière grande génération d'écrivains : spectateurs ou acteurs, leur adolescence s'est écoulée sous le signe de la guerre (était-il facile d'avoir vingt ans en 1916 ?). Beaucoup vont fuir une société qui a fait faillite, subir les attraits de l'aventure — aventure du langage, aventure du voyage —, partir à la recherche de nouveaux mondes, de nouvelles sensations, de nouvelles expressions. En 1922, la rage nihiliste de Dada s'épuisait ; le surréalisme naît. Ses tenants — Breton, Éluard, Aragon, bien d'autres encore — prétendent explorer les domaines de l'inconscient, du rêve, de la folie, à une époque où l'influence de Freud commence à se faire sentir. Il faut, disent-ils, débrider l'imagination, libérer le verbe. « Faites-vous apporter de quoi écrire [...]. Placez-vous dans l'état le plus passif ou réceptif que vous pourrez. Faites abstraction de votre génie, de vos talents et de ceux de tous les autres. Dites-vous bien que la littérature est le plus triste chemin qui mène à tout. Écrivez vite sans sujet préconçu, assez vite pour ne pas retenir et ne pas être tenté de vous relire... Fiez-vous au caractère inépuisable du murmure. » (André Breton, *Manifeste du surréalisme.*) Mouvement de refus total de la société bourgeoise, la « révolution surréaliste » conduit certains de ses adeptes, parmi les plus notoires, au communisme.

Des temples khmers à l'Aéropostale, de la Sibérie à l'Arabie se dessine l'itinéraire d'écrivains en quête d'une nouvelle authenticité. La littérature ne paraît souvent chez eux qu'un succédané de l'aventure ; et, là encore, pour quelques-uns, l'engagement politique est au bout du chemin. Après le temps des témoins et des « aventuriers » viendra celui des militants.

Les modes de vie évoluent

Le sport s'impose comme un phénomène de masse, que ne dédaignent pas d'exalter un Giraudoux, un Montherlant. Est-ce une conséquence de l'urbanisation croissante (au recensement de 1931, pour la première fois, la population citadine dépasse la population rurale) ? Le spectacle, cependant, l'emporte sur la pratique. Répercutés par une presse dont le tirage n'a jamais été aussi élevé et qui développe le culte de la vedette, les exploits sportifs provoquent l'engouement des foules. En 1921, un caricaturiste fait conserver deux badauds : « Ce serait une grande déception pour la France... — Si on donnait toute la Silésie à l'Allemagne ? — Mais non! Si Carpentier était battu par Dempsey... » Le stade ressuscite les grandes fêtes dont l'Église avait perdu, sinon la possibilité, du moins le sens et la République le goût.

Sports encore, mais déjà modes de communication, la bicyclette, l'automobile, l'avion donnent aux distances une nouvelle signification. La vitesse devient une composante du monde moderne ; le goût du record se répand. L'auto surtout connaît un remarquable essor : 100 000 véhicules en 1913, 1,1 million en 1930 ; elle facilite le développement du tourisme. Décidément, cette époque est bien celle d'une redécouverte des loisirs, mais seule une minorité peut vraiment s'y adonner.

Les années 20 laisseront le souvenir de folles années : « folie » d'une mode et « folie » d'un art qui rompent avec les expressions de l'avant-guerre, « folie » monétaire qui permet toutes les spéculations, mais aussi audaces industrielles, diffusion massive de moyens de communication qui transforment le rythme même de la vie quotidienne. Années, en réalité, paisibles pour la bourgeoisie triomphante, où les conflits sociaux se restreignent, où, à partir de 1926, en politique intérieure comme en politique extérieure, les modérés tiennent le haut du pavé. Et pourtant les piliers de l'édifice fléchissent, la démographie s'étiole, les classes dirigeantes restent engoncées dans leurs idées anciennes et se révèlent peu capables d'innover, la paysannerie ne bouge guère, l'aliénation ouvrière ne s'atténue pas. Quel que soit le brio des apparences — ou l'aveuglement des contemporains —, la société d'alors connaît une phase de stagnation, une période dépressive.

II. LA SCLÉROSE D'UNE SOCIÉTÉ

« Le Français se fait rare » (Jean Giraudoux)

Le taux de natalité passe de 20,2 p. 1 000 dans les années 1921-1925 à 14,7 p. 1 000 en 1936-1939 ; le nombre des naissances tombe de 770 000 à 620 000. Un mouvement de recul affecte aussi le taux de mortalité, mais de moindre ampleur : 17,4 p. 1 000 en 1925, 15,2 p. 1 000 en 1936-1939. De sorte que l'excédent des naissances sur les décès, déjà faible avant guerre, ne se relève que temporairement en ses lendemains, puis fond peu à peu jusqu'à disparaître ; à partir de 1935 — fait unique en temps de paix dans les annales d'un pays industrialisé — la population française diminue : 41,8 millions d'habitants en 1931, 41,5 en 1936. Recul d'autant plus grave qu'il ne touche que la population active : en cinq ans, elle passe de 21,6 à 20,2 millions. Quant au taux net de reproduction, qui mesure la capacité de renouvellement d'une génération (nombre de filles qu'a une génération de mères), tombé en dessous de l'unité dès avant 1914, il s'y maintient (0,96 en 1901-1910 ; 0,89 en 1936-1939). Non seulement la population diminue, mais elle ne se renouvelle plus. Comment expliquer ce déclin ?

La guerre, d'abord, a laissé deux creux démographiques ; la crise des années 30, ensuite, n'a pas favorisé l'optimisme matrimonial : l'extension du chômage s'est accompagnée d'une baisse de fécondité ; on pourrait aussi invoquer le retard que prend peu à peu la construction, avec le maintien après guerre du blocage des loyers, retard qui ne facilite pas l'installation des jeunes couples ; on pourrait invoquer l'émancipation féminine, les nouvelles sollicitations du monde moderne,... Mais ce sont là facteurs conjoncturels. Toutes ces explications paraîtraient peut-être suffisantes si, avant 1914 déjà, la population n'avait stagné : car les classes bourgeoises ou embourgeoisées, soucieuses d'ascension sociale et de sécurité, avaient voulu assurer l'aisance à leurs enfants. C'est parce que la guerre, la crise économique, et leurs conséquences, viennent se greffer sur une tendance malthusienne séculaire, et la renforcer, que le déclin démographique prend figure de catastrophe nationale.

Conséquence inéluctable, le vieillissement du pays s'accentue : les plus de soixante ans représentent, en 1901, 12,4 p. 100 de la population totale, en 1936, 14,7 p. 100. L'augmentation du nombre des vieillards est signe de progrès : la vie humaine s'allonge ; mais l'augmentation de la proportion des vieillards dans la population est signe de faiblesse. Le dynamisme de la France ne peut que s'en trouver amoindri.

La nation tout entière est atteinte, mais à des degrés divers selon les milieux sociaux ou géographiques. Des enquêtes, notamment en 1926, ont montré que le nombre des enfants était souvent fonction inverse des ressources familiales. En tout cas, la proportion des familles nombreuses est plus élevée dans la paysannerie, dans la classe ouvrière — mais aussi dans une fraction de la grande bourgeoisie ; quant aux « classes moyennes », dont l'importance numérique et sociale ne cesse de croître, elles n'assurent plus leur propre renouvellement. Encore faut-il nuancer selon les régions — et les religions. L'Ouest, l'Est (Lorraine et Jura), la frange sud-est du Massif central, le Nord, la Savoie, le Pays basque font preuve de plus de dynamisme démographique. Car ici intervient la pratique religieuse : en terres chrétiennes, natalité et fécondité se maintiennent à des taux élevés. Inversement, le Centre, le Midi méditerranéen et aquitain, les grandes villes ont une démographie déclinante.

De toutes ces données, les Français de l'époque ne sont guère conscients. Une loi de 1920 a réprimé la provocation à l'avortement et à la propagande anticonceptionnelle ; une autre loi, en 1932, a contraint les employeurs au versement d'allocations familiales, peu substantielles à vrai dire : mesures limitées, de peu de conséquence pour le présent. « Après les accords Matignon qui marquaient un relèvement très important des salaires, quelqu'un demanda à Léon Blum pourquoi les allocations familiales n'avaient pas bénéficié d'une amélioration au moins égale à celle des bas salaires. Sa réponse fut : « Personne n'y a pensé, personne ne l'a proposé. » (Alfred Sauvy). Il faudra attendre la veille même de la guerre (juillet 1939) pour qu'une perspective d'ensemble soit enfin dégagée, dans le cadre d'un Code de la famille, qui prévoyait le relèvement et l'extention des allocations, des prêts aux jeunes ménages, etc.

Pour l'heure, plus que jamais, la France est devenue un pays d'immigration. Les étrangers sont 1,1 million en 1911, 1,5 en 1921, mais surtout 2,5 en 1926, 2,9 en 1931 — ensuite, avec la crise et le chômage, leur nombre va décroissant. Il y a donc un véritable afflux au lendemain de la guerre et de la dépression de 1921, dans les années de reconstruction et d'expansion économique : les immigrés compensent alors l'insuffisance de la main-d'œuvre française. D'où viennent ces étrangers ? D'Italie d'abord (30 p. 100 du total au recensement de 1931), de Pologne aussi (20 p. 100), et pour le reste d'Espagne, de Belgique, de Suisse, d'Algérie, etc. Où s'établissent-ils ? Dans les départements frontaliers et les zones industrielles. Car que font-ils ? Manœuvres plus qu'ouvriers qualifiés, salariés agricoles plutôt que métayers ou fermiers, ils assument avant tout les travaux rebutants délaissés par les Français. Ils posent un problème : l'intégration ; beaucoup se font naturaliser : ils sont 1,7 million à l'être en 1936 ; cependant l'assimilation se trouve freinée par leur densité dans certaines régions et par des accords entre gouvernements : ainsi se voient-ils garantir des droits, possèdent-ils souvent des écoles, des journaux, continuent-ils à utiliser leur langue nationale. Cette immigration ne va pas sans susciter quelque mécontentement dans la classe ouvrière française (crainte de la concurrence salariale), sans développer dans une fraction de la population des sentiments xénophobes. En tout cas, la croissance de l'immigration révèle, s'il en était encore besoin, l'ampleur de la crise démographique : les étrangers comblent un vide.

Aristide Briand, l'homme de la tentative de réconciliation franco- allemande, l'homme de la « mise hors la loi de la guerre », devait déclarer un jour : « Je fais la politique (étrangère) de notre natalité. » Et Jean Giraudoux, au début de 1939, liait lui aussi démographie et destin national : « Cette impression presque funèbre que nous donne l'annonce de toute guerre, qu'elle soit européenne ou africaine, c'est moins l'angoisse au sujet des générations françaises qui survivent que l'appel inconscient à celles qui ne naissent pas. » (*Pleins Pouvoirs.*)

Stabilité de la France rurale

Dans un roman d'André Maurois, *Bernard Quesnay*, des ouvrières viennent demander, vers 1920, une augmentation : « On peut pus vivre! C'est les paysans, M'sieur Bernard, c'est les paysans qui nous dévorent. Allez-y plutôt voir au marché du Pont-de-l'Eure. » Au lendemain du conflit mondial, la paysannerie paraît à beaucoup responsable de la hausse des prix ; elle en semble, en tout cas, bénéficiaire.

L'inflation favorise, en effet, les producteurs et les débiteurs, ce que sont la plupart des paysans : aussi leur niveau de vie s'améliore-t-il. Mais leur esprit surtout change. Le repliement sur soi-même, l'individualisme, si vifs dans la petite paysannerie, marquent le pas : les coopératives se font plus nombreuses, les syndicats plus dynamiques. La ville étend son influence : la presse et la radio, le cinéma, les nouveaux moyens de communication contribuent, pour une large part, à l'ouverture des campagnes. L'élevage, plus rémunérateur, s'étend aux dépens des labours (les Français ont tendance à consommer moins de pain et davantage de viande), les engrais et la mécanisation se diffusent (2 500 tracteurs en 1919, 27 000 en 1929, 33 000 en 1939), et les rendements progressent.

Mais que de lenteurs dans cette évolution! A la veille de la Seconde Guerre mondiale, l'archaïsme prédomine toujours dans les modes d'exploitation et les modes de vie. La mécanisation ? Fort bien, si elle est rentable, c'est-à-dire si les surfaces cultivées ont un minimum d'ampleur ; or, le remembrement demeure très limité ; aussi les rendements ne passent-ils, dans le cas du blé par exemple, que de 13 q à l'hectare en 1910-1913 à 16 q/ha en 1932-1936 : à cette date, en Grande-Bretagne, ils se sont élevés à 23 q/ha. L'ouverture sur le monde moderne ? Le fait ne souffre guère contestation, mais favorise plutôt l'exode rural qu'il ne transforme la vie des campagnes. La hausse des prix agricoles reste elle-même médiocre, bien inférieure à celle que l'industrie connaît ; elle est aléatoire, à la merci de toute bonne récolte ; elle se révèle d'ailleurs provisoire : dès 1930, une baisse s'amorce, et l'agriculture est frappée par la grande dépression plus durement que tout autre secteur de l'économie nationale.

Dès lors, la fameuse stabilité paysanne, tant vantée par toute une idéologie conservatrice, cette stabilité qui aurait été source à la fois de vitalité et de pondération pour le pays, a une lourde contrepartie : une agriculture vraiment rétrograde, une mentalité routinière, et, en fin de compte, pour les nombreux petits propriétaires, un train de vie médiocre, voire même misérable. « La prétendue force traditionaliste, la fidélité aux vieux principes de notre classe paysanne ne sont que l'artificielle traduction d'une mauvaise intégration de l'économie agricole française. » (Charles Morazé.)

Quantités de nourriture consommée (en kg) par des familles ouvrières parisiennes

	1908	*1936/37*
Pain	900	600
Viande	128	262
Charcuterie	12,4	49,5
Poisson	8,5	40
Beurre	52,8	23,5
Œufs [pièces]	440	629
Sucre	75	59,5
Épicerie	–	90,5
Riz	8	5,7
Pâtes	4	36,6
Fromage	20	43,6
Lait [litres]	280	490
Pommes de terre	190	297
Haricots secs	30	25,2
Fruits	–	211
Café	9,3	14,6
Chocolat	4,75	12,9
Vin [litres]	910	730

D'après Halbwachs (M.), « Genre de vie », *Revue d'économie politique,* 1939.

Les conditions ouvrières

C'est à une autre espèce de non-intégration que nous confronte le monde ouvrier. L'aliénation ouvrière, dans l'ensemble, empire. Avec la mécanisation de plus en plus poussée, avec la standardisation, certains travaux se trouvent décomposés peu à peu en une série d'opérations simples, qui ne nécessitent pas un long apprentissage ; un nouveau type de prolétaire fait son apparition : l'O.S., l'ouvrier spécialisé. Sur le travail à la chaîne, sur le « travail en miettes » – l'expression est de Georges Friedmann –, les sociologues et les psychologues ont accumulé les analyses ; toutes concluent à une dégradation de la condition ouvrière. Le travailleur perd tout lien avec l'ouvrage produit, on ne requiert plus de sa part une quelconque qualification préalable. Seule compte la cadence, et seules subsistent la monotonie et la fatigue. Dans la sidérurgie, dans la construction mécanique, les O.S. représentent bientôt près de la moitié des effectifs.

Pour le reste, les conditions de vie de la classe ouvrière ne changent guère, du moins jusqu'en 1936. Certes, les salaires réels de 1930 sont supérieurs à ceux de 1913. Mais l'insécurité de l'emploi ne s'est pas atténuée : un O.S. est aisément remplaçable ; elle s'accroît même avec la crise, et elle explique la véritable fascination qu'exerce la fonction publique dans une large fraction du prolétariat.

L'accès à la culture demeure difficile. Les bourses sont chichement accordées, et en nombre plus élevé aux fils de fonctionnaires qu'aux fils d'ouvriers : de 1880 à 1930, les effectifs du secondaire restent pratiquement stables! Comme l'écrit Edmond Goblot à propos du baccalauréat : « Voilà la barrière sérieuse, la barrière officielle et garantie par l'État, qui défend contre l'invasion. On devient bourgeois, c'est vrai ; mais pour cela il faut d'abord devenir bachelier » (*la Barrière et le niveau*, 1925). Aliénation culturelle ? Le mot n'est pas trop fort : les rares théâtres des quartiers ouvriers se contentent de jouer des mélos, la radio diffuse à longueur de journée les chansons falotes d'un Chevalier ou d'un Tino Rossi, les bibliothèques d'accès libre restent une exception, même à Paris. Et pourtant la soif de culture du prolétariat surprend tous les observateurs ; mais seule une minorité parvient à la satisfaire, au prix de lourds sacrifices. Prestige du fonctionnaire, passion du savoir : devenir instituteur représente pour beaucoup de fils d'ouvriers le moyen d'une promotion sociale. Et Jacques Duclos rappelle dans ses *Mémoires* que c'est le métier dont il rêvait.

L'univers ouvrier est un univers triste de banlieues laides et comme retranchées de la ville. Un univers cloisonné qui suscite le désir d'évasion (Louis Bodin et Jean Touchard notent « l'importance du thème de la gare et du thème du port dans la littérature populaire et dans le cinéma »). Évasion dans le mythe, mais aussi évasion dans la lutte, par la lutte. Et, sporadiquement, la lutte ouvrière fait frémir la bourgeoisie.

Les conditions bourgeoises

La bourgeoisie de l'entre-deux-guerres se sent menacée. Financièrement, si l'on fait abstraction de la diversité des situations pour ne considérer que les ensembles, elle l'est indiscutablement. « Jadis ressource presque unique de beaucoup de familles, ultime espoir de tant d'autres, qui en étaient encore aux premières pentes du succès, la rente fondait entre des mains étonnées. La résistance du salariat faisait bloc contre toute pression sur les rémunérations ouvrières, amenuisant, à chaque crise, le profit patronal, avec les dividendes. » (Marc Bloch.) Dans les revenus bourgeois, la part des rentes, des dividendes s'effrite ; les salaires tiennent une place croissante. Et l'impôt sur le revenu développe peu à peu ses effets.

Atteinte dans son niveau de vie, la bourgeoisie est moins que jamais ouverte sur les idées neuves. Marc Bloch décèle une « paresse du savoir », dont il rend en partie responsable l'enseignement, surtout le secondaire : « Notre enseignement secondaire fait beaucoup trop peu pour développer l'énergie intellectuelle [...]. Il accable les élèves d'examens [...]. J'ai connu plus d'un bon élève qui, sorti du lycée, n'a jamais ouvert un livre sérieux ; plus d'un cancre ou d'un demi-cancre, chez qui se révèle aujourd'hui un goût profond de la culture. Une fois par hasard, l'aventure n'aurait rien de scandaleux. Répétée, elle devient troublante. » L'enseignement secondaire ne forme pas, ou peu, aux réalités du moment. Il se méfie du technique et des spécialistes, cultive les idées générales, finalement participe encore d'une mentalité archaïque qui se rattache pour une part au mépris aristocratique du travail manuel, pour une autre à la tradition humaniste, remise en honneur au XIXe siècle. Mais surtout l'enseignement secondaire, qui n'est ni obligatoire ni gratuit avant les années 30, est l'enseignement bourgeois par excellence ; il joue un rôle de barrière. La querelle du latin est à tous égards exemplaire : l'abandon partiel de cette langue morte se heurte à des résistances passionnées. Edmond Goblot a analysé le phénomène : « Qu'arriverait-il si l'on pouvait faire des études secondaires sans latin ? Un élève intelligent et travailleur, en complétant ses études primaires élémentaires par l'école primaire supérieure ou même par un bon enseignement technique, pourrait être plus instruit et même plus cultivé que la moyenne des élèves de l'enseignement secondaire. Il n'y aurait plus cette inégalité de culture qui distingue les classes sociales ; tout serait confondu. Le bourgeois a besoin d'une instruction qui demeure inaccessible au peuple, qui lui soit fermée » ; et le baccalauréat vient sanctionner cette éducation.

Il est toujours malaisé de généraliser, mais la bourgeoisie de l'entre-deux-guerres donne l'impression de manquer d'esprit d'entreprise, de dynamisme créateur. A trop considérer les nouveaux patrons, qui doivent souvent leur fortune à la guerre, et qui insufflent un nouvel élan à l'industrie, on risquerait de laisser échapper l'essentiel. L'attitude malthusienne de la bourgeoisie face à la vie est symptomatique. Mais aussi son comportement en matière économique, cette préférence de plus en plus accusée pour l'épargne aux dépens des investissements, pour les valeurs d'État réputées sûres au détriment des actions ou obligations industrielles. Et que dire de la carence, jusqu'en 1936, de la législation sociale : une comparaison avec le début du siècle serait, à cet égard, révélatrice. Le Front populaire n'enlèvera à la bourgeoisie que l'ombre du pouvoir. Mais déjà inquiète, sur la défensive, touchée plus qu'on ne l'a dit par la crise, elle sera gagnée par la peur. La bourgeoisie de l'entre-deux-guerres avait « cessé d'être heureuse » (Marc Bloch).

Immobilisme politique

Avant 1914, l'État intervient peu dans le domaine économique et financier ; on s'affronte sur la forme républicaine du régime, sur la laïcité de l'école ; les socialistes eux-mêmes parlent plus volontiers de politique sociale que de politique économique. Déjà sans doute une évolution s'amorce, avec la grande bataille de l'impôt sur le revenu. Mais c'est pendant la guerre que les attributions de l'État s'élargissent vraiment. Et en 1919, les problèmes de la reconstruction, de l'inflation, des réparations sollicitent tous les gouvernements ; l'État se penche de plus en plus sur les divers aspects de la vie nationale. Changement en profondeur, né du conflit et de ses suites, que la crise des années 30 confirme ; l'économique envahit le politique.

A cette intrusion, le politique ne s'adapte guère. Sur le plan institutionnel, l'immobilisme prévaut. Cette monarchie manquée, ce régime né bâtard et provisoire a survécu à la guerre ; il en sort par là même renforcé : seule une infime minorité se réclame encore du royalisme. Le dilemme formulé jadis par le socialiste Sembat — « Faites la paix, ou bien faites un roi » — n'était, apparemment, qu'un faux dilemme.

Mais lorsque la crise monétaire et financière de 1924-1926, puis la récession économique développent leurs conséquences, devant la paralysie des gouvernements, devant les atermoiements du Parlement, la nécessité d'une réforme se fait jour. Chacun finit par l'admettre. Cependant, l'extrême droite la réclame avec trop de virulence pour que la gauche ne se méfie pas ; les socialistes, pourtant anxieux de restreindre le rôle du Sénat, et les communistes eux-mêmes se retrouvent aux côtés des radicaux dans la « défense du régime ». D'ailleurs, le parti radical voulait-il vraiment d'une réforme ? Le philosophe Alain exprime assez bien l'essence du radicalisme lorsqu'il le définit comme « le contrôle permanent de l'électeur sur l'élu, de l'élu sur le ministre », lorsqu'il justifie la défense des intérêts particuliers et qu'il exalte « le citoyen contre les pouvoirs ». En tout cas, dès 1936, André Tardieu ne parle plus de réforme, mais de « révolution à refaire » : comme lui, des hommes politiques, des intellectuels vont alors se tourner vers l'extrémisme de droite, sympathiser avec les régimes autoritaires.

L'immobilisme n'est pas moindre en matière coloniale. Pourtant un nationalisme se dessine au Maghreb et en Indochine. Certains prônent l'indépendance, d'autres un retour à la tradition, quelques-uns l'intégration. Mais les revendications d'un Allal el-Fassi, d'un Messali Hadj ou d'un Fahrat Abbas, d'un Bourguiba, d'un Hô Chi Minh restent sans écho ; mieux : elles sont ignorées de la population métropolitaine. Car c'est l'époque où triomphe l'idée coloniale, dont l'Exposition de 1931 à Paris marque l'apogée : l'intérêt pour l'Empire n'a jamais été aussi grand, et cela se manifeste aussi bien dans la littérature que dans l'enseignement. D'ailleurs, les colons européens s'opposent avec véhémence à tout embryon de réforme ; sous leur pression, le projet Blum-Viollette, qui accordait simplement la citoyenneté française à quelque 20 000 Algériens, pour la plupart anciens combattants, est enterré. Après les espoirs déçus du Front populaire, l'agitation maghrébine se fait plus intense ; la répression aussi, et les chefs une fois arrêtés, le mouvement se meurt. En 1939, la paix civile règne sur l'Empire, pour peu de temps.

A cet immobilisme général correspond une stabilité du corps électoral, qui n'exclut certes pas les changements de majorité. Cinq élections se déroulent dans l'entre-deux-guerres : novembre 1919, mai 1924, avril 1928, mai 1932, avril-mai 1936. Or, les déplacements de voix entre ce qu'il est traditionnel d'appeler, depuis François Goguel, partis de l'ordre et partis du mouvement portent en 1928 sur 400 000 suffrages, en 1932 sur 150 000, en 1936, après une campagne pourtant passionnée, sur 180 000 : soit moins de 5 p. 100 du corps électoral. Ainsi il n'y a pas, ou peu, de vote flottant : nous retrouvons le poids des traditions. Mais il faut nuancer : à l'intérieur des deux grands blocs, des mutations s'opèrent ; en 1936, les radicaux perdent quelque

400 000 voix, le P.C. en gagne 800 000 ; cependant, ce sont des déplacements par contiguïté, et non en « saute-mouton » comme après 1945 : en 1936, des électeurs qui votaient radical jusqu'alors votent socialiste, d'autres qui votaient socialiste votent communiste.

L'immobilisme engendre l'instabilité : instabilité des majorités, instabilité des ministères. L'ambiguïté du parti radical y est pour beaucoup. Ce parti domine la vie parlementaire : entre les deux guerres, sur 42 gouvernements, les radicaux en président 13 ; ils ne furent jamais rejetés hors d'un ministère malgré eux ; c'est de leur propre chef qu'ils décidèrent, à la veille des élections de 1924, au lendemain des élections de 1928, de faire une « cure d'opposition » ; et, lors de toutes les crises ministérielles entre 1919 et 1939, sans la moindre exception, le parti radical fut sollicité soit de diriger le gouvernement, soit d'y participer. Car ce parti tenait une place cruciale sur l'échiquier politique : parti du centre, aux contours un peu flous, largement ouvert aux hommes de valeur, obtenant selon les élections de 15 à 30 p. 100 des suffrages, il n'était guère possible de gouverner sans lui. Il est né à gauche, au début de ce siècle, farouche défenseur de la république parlementaire contre les droites autoritaires, de la laïcité contre les droites cléricales ; allié « naturel » des socialistes sur ces thèmes, il s'en sépare en matière financière, économique, et même sociale : il ne veut ni des nationalisations ni de l'impôt sur le capital. Or, dans l'entre-deux-guerres, alors que ces dernières questions sont devenues primordiales, les radicaux réagissent électoralement selon les vieux schémas : contre le cléricalisme en 1924, contre le péril autoritaire en 1936, les radicaux s'allient à gauche ; mais, une fois au pouvoir, confrontés à des crises monétaire, financière ou économique particulièrement aiguës, en désaccord avec les socialistes sur les remèdes, ils s'en séparent à travers une cascade de chutes ministérielles. Trois fois – en 1924, en 1932, en 1936 – un cartel des gauches ou un front populaire se constitue et l'emporte aux élections ; trois fois, au bout de deux ans, la majorité se disloque, et les radicaux forment avec la droite une nouvelle majorité, sans qu'il y ait dissolution et nouvelles élections : le monde parlementaire fonctionne en vase clos. Ainsi le parti radical, politiquement avancé, mais socialement conservateur, se trouve en porte à faux. Il incarne assez bien une France timorée, insatisfaite du présent, mais inquiète de l'avenir, une France âgée, encore imprégnée des luttes anciennes.

Mais c'est l'instabilité ministérielle qui a surtout heurté les contemporains : elle révèle avec le plus d'évidence le dérèglement progressif du régime. Quarante-deux gouvernements en vingt et un ans, une durée moyenne de six mois : les chiffres frappent, sans exprimer pleinement la réalité. Car peut-on parler d'instabilité lorsqu'un président du Conseil devient président de la République (Millerand en 1920), ou doit se retirer pour raison de santé (Poincaré en 1929), ou se succède à lui-même sans vraiment remanier son ministère ? L'instabilité n'en demeure pas moins un fait majeur, d'autant que certains gouvernements ont eu une vie relativement longue (Poincaré : vingt-six mois en 1922-1924, vingt-huit mois en 1926-1928), ce qui restreint encore la durée des autres. Cette instabilité a de multiples raisons d'être, mais il en est une essentielle : la totale dépendance de l'exécutif à l'égard du législatif. Cette instabilité est cependant pondérée par la permanence du personnel politique (de 1920 à 1939, Queuille est vingt fois ministre, A. Sarraut, dix-neuf, Daladier, dix-sept, Chautemps, seize – tous quatre sont, bien sûr, des radicaux), par la continuité de l'Administration.

Le déséquilibre entre un législatif souverain et un exécutif faible entraîne le recours à des procédures d'exception, qui permettent aux députés et sénateurs de ne pas remettre en cause leurs pouvoirs théoriques. Déjà pendant la guerre, sous Briand puis sous Clemenceau, les Chambres ont consenti au gouvernement le droit de légiférer par voie de décrets pour un temps délimité. Ce sont, là encore, les crises financières et économiques qui déterminent l'extension de la procédure au temps de paix ; en 1924-1926, les pleins pouvoirs sont demandés par Poincaré (à deux reprises), par Caillaux (on les lui refuse) ; de 1934 à 1938, cinq présidents du Conseil les requièrent, trois les obtiennent, et pour une durée chaque fois plus longue (Daladier, quatre ans!).

Instabilité, procédures d'exception : le régime paraît à tous anachronique et défectueux, mais il ne réussit pas à se réformer lui-même. « Au lieu de treize régimes en quatre-vingts ans, il n'y a eu, depuis 1871, qu'un seul régime en soixante-cinq ans... Tandis que les régimes antérieurs tombaient avant de vieillir, le régime actuel a vieilli avant de tomber. » (André Tardieu, *le Souverain captif*, 1936.)

III. LA RÉALITÉ D'UNE CRISE : LES ANNÉES 30

Un jeudi d'octobre 1929, à Wall Street, les cours de la Bourse s'effondrent : c'est le début de la plus importante crise qu'ait connue le monde capitaliste. Les contemporains ne s'en doutent guère ; ils y voient l'amorce d'une de ces dépressions cycliques qui affectent, depuis longtemps, le rythme des économies : en un an, en deux ans au plus, elles sont résorbées. 1929, 1930, 1931, 1932 : on attend toujours la reprise, mais elle ne vient pas ; on s'installe dans la crise ; jamais on n'avait vu autant de chômeurs. Dès lors, il n'est plus possible de laisser faire ; les gouvernements, même les moins portés au dirigisme, interviennent. Cette crise est mondiale : nul pays capitaliste n'y échappe.

Une crise économique et sociale

La France ne s'en émeut pas outre mesure. Au contraire, beaucoup y trouvent une source de satisfaction : ne voilà-t-il pas ébranlée l'orgueilleuse Amérique ? La France n'est-elle pas un havre où les capitaux se réfugient : en trois ans, de mai 1928 à mai 1931, le stock d'or de la Banque de France double presque. Et la production se maintient vaille que vaille, en tout cas fléchit à un rythme moindre que celui des autres grands pays industriels. Pourquoi ce répit ? On y a vu l'effet des tarifs douaniers protecteurs ; mais c'est surtout, semble-t-il, l'ampleur de la « stabilisation » Poincaré qui a permis aux prix industriels français de rester compétitifs plus longtemps.

Aussi la dévaluation de la livre, en septembre 1931, se révèle-t-elle une catastrophe ; elle équivaut, en fait, à une réévaluation du franc. Regardons les chiffres : la production industrielle (indice 100 en 1928) est encore à l'indice 102 en janvier 1931, elle est à l'indice 80 en janvier 1932 ; 40 000 chômeurs en moyenne sont secourus durant le premier semestre 1931, 250 000 en janvier 1932.

La France, à son tour, s'enfonce dans la crise. Les secteurs de pointe sont les plus touchés : de 1930 à 1935, la production d'acier se réduit de 40 p. 100 ; la production d'aluminium de 50 p. 100. Les exportations diminuent des deux tiers. Le nombre des faillites traduit bien ce marasme, et l'État, sollicité par ceux-là mêmes qui pestaient contre ses interventions, renfloue la Banque d'Alsace-Lorraine, puis la Banque nationale du Crédit, qui devient la B.N.C.I. ; il sauve la Compagnie générale transatlantique et l'Aéropostale. Il n'en reste pas moins que la crise de surproduction sévira en France avec moins de force qu'ailleurs, sans doute en raison même du retard économique du pays : des entreprises dont les investissements ont été réduits, dont le matériel est déjà amorti — et il y a beaucoup de petites entreprises de ce type en France — supportent mieux une baisse des prix. Moins intense, la crise est aussi plus durable.

Car, devant cette récession, gouvernements et opinion, dans un premier temps, confondent problèmes financiers et problèmes économiques : l'équilibre budgétaire demeure toujours une panacée, et pour pallier les moins-values fiscales dues à la réduction de l'activité économique, on élabore plans sur plans afin d'augmenter les recettes et de restreindre les dépenses. Mais bientôt la disparité est excessive entre les prix français et ceux de pays qui ont dévalué : en 1933, après la dévaluation du dollar, seuls les Pays-Bas, la Belgique, la Suisse, l'Autriche et l'Afrique du Sud continuent, avec la France, d'être rattachés à l'étalon-or. Jusqu'en 1934, les gouvernements naviguent au jour le jour : hausse des droits de douane, contingentements, limitation de la production, accords de cartel entre producteurs. C'est l'arsenal classique de tout malthusianisme économique. Mais on ne peut aller très loin dans cette voie sans s'exposer à des actions de rétorsion de la part de l'étranger. Il faut choisir.

La dévaluation ? Elle est rejetée par l'opinion, les milieux politiques, les experts. Paul Reynaud, presque seul, la défend dès 1934. Car la France s'accroche à l'étalon-or ; elle y voit une preuve de bonne santé, un moyen de puissance, un signe de prépondérance. Il ne reste donc que la déflation. En juillet 1935, le gouvernement Laval s'engage résolument dans cette direction, et décide une baisse autoritaire des prix et des salaires ; l'État donne l'exemple : les traitements des fonctionnaires, les pensions, les rentes sont amputés. Sur le plan social, l'échec est patent : le nombre des chômeurs secourus se maintient au-dessus de 400 000. Sur le plan psychologique, l'effet est désastreux : comme à l'ordinaire, personne n'est conscient de l'ampleur de la baisse des prix, et chacun proteste avec véhémence contre la réduction de son salaire. Les hommes politiques en tireront la leçon, et préféreront à l'avenir favoriser l'inflation que risquer la déflation.

La crise affecte toutes les classes de la société, mais au premier chef la paysannerie : des troubles éclatent dans les campagnes ; des mouvements extrémistes, telles les Chemises vertes de Dorgères, côtoient le fascisme. Les grèves, au contraire, marquent le pas : les périodes de dépression ne sont jamais propices au succès des revendications ouvrières. D'ailleurs, la situation des salariés peut paraître plus favorable, puisque les salaires résistent toujours mieux que les prix. Mais c'est faire abstraction du chômage. Même s'il épargne relativement les Français — il se produit un reflux des travailleurs étrangers —, le chômage, global ou partiel, touche plusieurs millions d'hommes ; il traumatise la conscience prolétarienne, qui en conservera la hantise. Les classes moyennes, elles aussi, sont mécontentes : les commerçants, dont le volume des affaires s'amenuise, les fonctionnaires, principales victimes des décrets-lois de déflation après avoir été les principaux bénéficiaires de la chute des prix. Ce mécontentement des classes moyennes est crucial : il laisse la bourgeoisie isolée. Est-ce à dire que la crise épargne cette dernière ? Non, bien sûr ; mais, seule, elle dispose de réserves qui lui permettent de la mieux supporter. En 1935, pourtant, une reprise économique s'amorçait. Nul ne l'a prévue.

Une crise diplomatique

Aucun pays européen n'a été plus durement frappé que l'Allemagne par la récession. Un chiffre suffira : 6 millions de chômeurs complets en 1932. Devant une telle détresse, le président des États-Unis Hoover proclame en 1931 un moratoire d'un an sur tous les comptes de nation à nation ; un an passe : l'Allemagne se déclare incapable de reprendre le paiement des réparations. Malgré Herriot, alors président du Conseil, le Parlement français lie réparations et dettes interalliées, et refuse de continuer à rembourser ces dernières. Voilà l'opinion américaine ulcérée. Ainsi, dès 1932, il ne reste plus rien des clauses financières des traités ni des accords sur les dettes — sinon des ressentiments.

Conséquence encore de la crise, et d'une autre importance celle-là, Hitler accède au pouvoir en janvier 1933 ; lors des dernières élections libres au Reichstag (novembre 1932), son parti avait recueilli 37 p. 100 des suffrages exprimés. Ses initiatives ne vont cesser de bouleverser l'échiquier diplomatique, de prendre de court les chancelleries européennes. Dès 1933, l'Allemagne se retire de la Société des nations ; en 1934, des agents nazis assassinent le chancelier autrichien, mais la prompte réaction italienne fait avorter la tentative d'Anschluss ; et l'Allemagne, en violation du traité de Versailles, réarme — et s'en fait gloire.

Face au péril hitlérien, la nécessité pour la France d'avoir de puissants alliés se fait jour. Louis Barthou, ami de Poincaré, réaliste de la vieille école, négocie avec l'U.R.S.S. un pacte d'assistance, que Laval signe, non sans lui avoir ôté de son tranchant, en mai 1935. Dans le même temps, la France se rapproche de l'Italie fasciste, et un « front » s'élabore, à Stresa, entre Mussolini, Laval et le Premier britannique Chamberlain. Au-delà des incompatibilités idéologiques, la France semble renouer avec la tradition diplomatique de l'avant-guerre. Sursaut éphémère, car vicié par l'extrême hostilité des classes dirigeantes au communisme, qui se teinte souvent chez elles de sympathies pour le régime italien.

Lorsqu'en octobre 1935 Mussolini envahit l'Éthiopie, État indépendant, membre de la Société des nations, Laval adopte une attitude ambiguë : il voudrait ménager le nouvel allié, mais ne peut passer outre à une violation aussi flagrante du pacte de la S.D.N. ; il élabore avec le ministre anglais des Affaires étrangères un plan de partage de l'Éthiopie, dont l'effet est déplorable, puisqu'il prouve le peu de respect des démocraties pour les principes mêmes qu'elles défendent ; l'opinion britannique est scandalisée ; d'ailleurs Mussolini rejette le plan. Des sanctions économiques sont prises contre l'Italie. Elles se révèlent inefficaces (en mai 1936, le négus prend le chemin de l'exil), et la confiance en la S.D.N. s'estompe. Mussolini dénonce les accords franco-italiens et amorce un rapprochement avec l'Allemagne.

La droite française se déchaîne. Avec seize académiciens, une pléiade d'intellectuels — Marcel Aymé, Pierre Gaxotte, Thierry Maulnier, bien d'autres — s'en prend à la « fureur d'égaliser » au nom de laquelle « se formulent des sanctions qui, pour mettre obstacle à la conquête civilisatrice d'un des pays les plus arriérés du monde [...], n'hésiteraient pas à déchaîner une guerre universelle, à coaliser toutes les anarchies, tous les désordres, contre une nation où se sont affirmées, relevées, organisées, fortifiées depuis quinze ans quelques-unes des vertus essentielles de la haute humanité ». Et le pacte franco-soviétique devient l'objet de vives controverses : en février 1936, la majorité des députés de droite votent contre sa ratification.

Hitler, justement, argue de ce pacte pour renier la signature de Locarno : il réoccupe la Rhénanie démilitarisée. Cette fois, la France est directement visée. Va-t-elle réagir ? Tout l'indique lorsque le président du Conseil Albert Sarraut s'écrie solennellement à la radio : « Nous ne sommes pas disposés à laisser placer Strasbourg sous le feu des canons allemands. » Mais le gouvernement tergiverse ; l'Angleterre se récuse ; l'état-major affirme que pour une action militaire il faut mobiliser, au moins partiellement : à deux mois des élections, une telle mesure est impensable, et l'état-major ne l'ignore pas. Finalement, la France s'en remet à la S.D.N.! On sait aujourd'hui que Hitler bluffait : l'armée du Reich était hors d'état de résister à une attaque française, même sans mobilisation partielle. Deux ans plus tard, le rapport des forces sera inversé. Paul Stehlin, qui était à l'époque attaché militaire à l'ambassade de Berlin, pense que « la dernière grande chance de porter un coup décisif au régime national-socialiste, et de sauver la paix, venait de nous échapper » (*Témoignage pour l'histoire*).

La faiblesse des démocraties a fait la force des dictatures. Les responsabilités de l'état-major, du gouvernement, qui n'ose agir sans l'aval des généraux et le soutien de l'Angleterre, sont indéniables. Mais il existe aussi, ancré dans l'opinion, un pacifisme viscéral : c'est un phénomène nouveau en France, du moins par son ampleur. Il est né, bien sûr, de la guerre et de ses hécatombes. La paix n'est plus seulement désirée, elle devient la valeur suprême. Neuf ans après *Bella*, le Giraudoux de *La guerre de Troie n'aura pas lieu* (1935) a perdu son bel optimisme ; il ironise sur la S.D.N. : « L'anéantissement d'une nation ne modifie en rien l'avantage de sa position morale internationale » ; et déjà, pour préserver la paix, Andromaque et Hector, héros chers à son cœur, proposent de remettre Hélène aux Grecs ; et déjà la guerre s'annonce inéluctable.

Voilà donc la France atteinte, et atteinte de l'extérieur : la crise américaine, la crise allemande ont bouleversé sa relative quiétude. L'incompréhension des contemporains a de quoi fasciner ; avec les articles de la presse de l'époque et les déclarations des hommes politiques, on pourrait composer un très joli sottisier. L'inadaptation des réactions gouvernementales, les troubles qui s'ensuivent provoquent un regain de tensions internes.

« La révolution manquée du 6 février »
(Robert Brasillach)

Une coalition de type « cartelliste » (radicaux et socialistes) l'emporte aux élections de 1932 ; elle se montre non moins impuissante face à la crise ; la ronde des ministères continue. L'antiparlementarisme renaît, de droite ou de gauche, mais surtout de droite. Les vieilles ligues se font de nouveau entendre et de nouvelles se créent. Il y a les Jeunesses patriotes et l'Action française, il y a le Francisme de Marcel Bucard et la Solidarité française de Jean Renaud, qui ne cachent pas leurs sympathies fascistes, il y a, de plus en plus, les Croix de feu du colonel de La Rocque. Combien sont-ils ? Certainement moins de 150 000 avant le 6 février 1934.

Le mécontentement se développe, alimenté par la déception des anciens combattants (« A quoi a donc servi la guerre ? »), par le chômage, par les inquiétudes des classes moyennes ; quelques grands patrons jouent les apprentis sorciers. L'affaire Stavisky fait fonction de révélateur : grandeur des faits divers! Derrière les compromissions de quelques politiciens — qui sont de tous temps et de tous lieux — se profile la revendication d'un régime autoritaire. Pour l'heure, éclaboussé par les retombées du scandale, le radical Sarraut démissionne. Daladier, dont le physique semble porter garantie de la fermeté, lui succède ; il veut muter le préfet de police Chiappe, soupçonné de mansuétude à l'égard des ligues. Le 6 février 1934, le gouvernement Daladier reçoit l'investiture de la Chambre, tandis qu'au vieux cri d'« A bas les voleurs! », quelque 30 000 manifestants, dont une bonne moitié de membres de l'Union nationale des combattants, convergent vers le Palais-Bourbon ; place de la Concorde, la police tire : on relève plus de 10 morts et de nombreux blessés. Edouard Herriot, pris à partie sur l'esplanade des Invalides, entend crier « A la Seine! » et se sent humilié « à la pensée qu'un maire de Lyon pouvait finir ses jours dans un fleuve autre que le Rhône ». Mais rares sont ceux qui ironisent. Pour la gauche, c'est une menace contre les institutions républicaines qui se révèle. La menace était-elle réelle ? Qu'importe! La gauche y croit, et de cette croyance naîtra pour une part le Front populaire. Pour Robert Brasillach, jeune intellectuel séduit par le fascisme, « si le 6 fut un mauvais complot, ce fut une instinctive et magnifique révolte, ce fut une nuit de sacrifice, qui reste dans notre souvenir avec son odeur, son vent froid, ses pâles figures courantes, ses groupes humains au bord des troittoirs, son espérance invincible d'une révolution nationale » (*Notre avant-guerre*).

Une révolution manquée ? Certes, pour la première fois dans l'histoire de la IIIe République, le Parlement cède sous la pression de la rue, certes Daladier démissionne, mais c'est Doumergue, soixante et onze ans, ancien président de la République, qui le remplace, flanqué de Tardieu sur sa droite, d'Herriot sur sa gauche, avec, déjà, Pétain à la Défense nationale. « Le fascisme est un sursaut de jeunesse : l'opinion de droite accueille avec empressement un vieillard » (René Rémond), comme elle avait accueilli Clemenceau, comme plus tard elle se ralliera à Pétain. Pierre Nora juge les membres de l'Action française « obsédés de la décadence française plutôt que menacés dans leurs intérêts économiques, hostiles à la société du XXe siècle plus encore que victimes de l'industrialisation ». Ne peut-on en dire autant d'autres ligues, et par là même tracer la ligne de rupture avec le cas allemand, sinon italien ? La société française est restée remarquablement stable ; sa sclérose a peut-être été sa meilleure protection contre le fascisme.

En réplique à l'émeute du 6, une grève générale est déclenchée le 12, et des manifestations l'accompagnent dans toute la France. Le succès surprend les organisateurs eux-mêmes. La reconversion du P.C. est pourtant récente : le 6, les communistes manifestaient contre le fascisme, mais aussi contre le régime ; sous la pression peut-être de Moscou, échaudé en tout cas par les conséquences catastrophiques des luttes entre sociaux-démocrates et communistes allemands, le P.C. prend conscience d'une contradiction entre les deux thèmes. Le 12, cependant, syndicats communistes et socialistes lancent des appels distincts ; mais, à la base, spontanément, presque partout, les frères ennemis défilent ensemble ; la force du réflexe unitaire, de la mystique républicaine implantée par près d'un demi-siècle d'école laïque pèse d'un grand poids. Le 12 février préfigure le Front populaire, dans les masses, sinon parmi les dirigeants.

L'alliance des états-majors de la gauche se noue peu à peu. Juillet 1934 : unité d'action socialo-communiste ; octobre 1934 : ouverture du parti communiste vers les radicaux ; juillet 1935 : le parti radical rallie le Rassemblement ; janvier 1936 : publication d'un programme commun, qui renonce aux réformes de structure préconisées par la S.F.I.O. et la C.G.T., les radicaux s'y opposant pour des raisons de principe, et les communistes pour des raisons de tactique ; janvier 1936 : fusion de la C.G.T. et de la C.G.T.U. De grands défilés associent les foules à cette genèse : c'est le 14 juillet 1935, où un serment solennel, renouvelé de 1790, lie les participants ; c'est le 24 mai 1936, où, devant le mur des Fédérés, hommage est rendu aux morts de la Commune. Et, chaque fois, les manifestants se comptent par centaines de milliers.

Lors des élections générales d'avril-mai 1936, les désistements réciproques au second tour permettent aux partis du Front populaire, malgré un faible déplacement des voix, de remporter une victoire électorale complète. Le parti radical perd des sièges, tandis que les socialistes et surtout les communistes en gagnent ; mais il n'y a toujours pas de majorité possible sans les radicaux.

« Front populaire : révolution manquée »
(Daniel Guérin)

Au lendemain de la victoire électorale, et après cette victoire seulement, un immense mouvement de grèves, tel que le pays n'en avait jamais connu, déferle. Mouvement très largement spontané, qui se propage lentement dans la métallurgie en mai (11 mai : usine Breguet du Havre), gagne début juin les industries chimiques, le textile, le bâtiment, les grands magasins, et finit par toucher quelque 2 millions de travailleurs, sans atteindre toutefois le secteur public. Mouvement d'un nouveau type, grève sur le tas, qui terrifie le patronat : la révolution est-elle pour demain ? Sauf exceptions, les revendications demeurent limitées à l'entreprise, les patrons ne sont pas inquiétés, aucun effort n'est fait pour prendre connaissance des bilans ni pour remettre l'usine en marche. Car ces grèves sont avant tout des grèves de l'évasion, de la détente. L'usine, lieu de travail et d'aliénation, s'humanise : on y mange, on y danse, on y dort. « Vous comprenez, dit un dirigeant de la C.G.T., c'est comme s'ils avaient été au tombeau jusqu'à aujourd'hui. Ils ont soulevé la pierre tombale et ils voient enfin la lumière. » Ce sont des grèves de la joie, plus importantes peut-être par leur existence même que par leurs résultats. Et cela, nul ne l'a mieux rendu que Simone Weil : « Joie de pénétrer dans l'usine avec l'autorisation souriante d'un ouvrier. Joie de trouver tant de sourires, tant de paroles d'accueil fraternel [...]. Joie de parcourir ces ateliers où on était rivé sur sa machine [...]. Joie de vivre, parmi ces machines muettes, au rythme de la vie humaine. Bien sûr cette vie si dure recommencera dans quelques jours. Mais on n'y pense pas, on est comme des soldats en permission pendant la guerre. Et puis, quoi qu'il puisse arriver par la suite, on aura toujours eu ça. » Joie d'une libération, joie d'une affirmation : « Il s'agit de bien autre chose que de telle ou telle revendication particulière, si importante soit-elle [...]. Il s'agit, après avoir toujours plié, tout subi, tout encaissé en silence [...] d'oser enfin se redresser, se tenir debout, prendre la parole à son tour, se sentir des hommes pendant quelques jours. » Car la fête printanière n'a qu'un temps.

Le 4 juin, Blum a constitué un ministère socialo-radical, avec pour seule originalité la présence de trois femmes, la création d'un secrétariat d'État aux Loisirs et aux Sports, l'autonomie de la présidence du Conseil, qui s'installe à Matignon. Dès le 7 juin, à la demande patronale, C.G.T. et C.G.P.F. (Confédération générale de la Production française) se rencontrent ; Blum arbitre. L'accord Matignon reconnaît l'exercice du droit syndical, prévoit l'établissement de contrats collectifs de travail et l'élection de délégués ouvriers, recommande un relèvement des salaires de 7 à 15 p. 100 sans que la hausse totale par entreprise puisse dépasser 12 p. 100. « La victoire est acquise », titre *l'Humanité* ; « Victoire de la classe ouvrière », s'écrie *le Populaire*. Après l'appel lancé par Thorez le 11 juin (« Il faut savoir terminer une grève »), le mouvement reflue, très lentement. Ni les socialistes ni les communistes n'étaient prêts à l'encadrer vers une révolution : les uns comme les autres voulaient appliquer le programme du Front populaire, sans plus ; et les trotskystes étaient par trop minoritaires et isolés, la gauche révolutionnaire de la S.F.I.O. (Marceau Pivert, Daniel Guérin) par trop soucieuse de l'unité du parti.

Les lois se succèdent, adoptées avec célérité et en général à d'écrasantes majorités par la Chambre et le Sénat : conventions collectives, congés payés de deux semaines, semaine de quarante heures. C'est un bouleversement de la condition ouvrière. La Banque de France est réformée, les industries de guerre sont nationalisées, un Office du blé est créé pour soutenir les prix. La scolarité est rendue obligatoire jusqu'à quatorze ans. Par décret, les ligues ont été dissoutes. Lorsque les parlementaires partent en vacances, un train de réformes d'une exceptionnelle ampleur a été passé.

Mais le Front populaire, ce n'est pas seulement un catalogue de lois ou une coalition parlementaire. C'est avant tout l'intrusion des masses dans la vie politique, et l'éclosion chez elles d'une immense espérance : « Il est revenu un espoir, un goût du travail, un goût de la vie » (Léon Blum, 31 décembre 1936). Il y a une exaltation de 1936, faite de foi dans l'homme, de croyance au progrès, de retour à la nature, de fraternité, et qu'on retrouve aussi bien dans les films de Renoir que dans ce roman de Malraux qui relate son aventure espagnole et justement s'appelle *l'Espoir*.

A la rentrée d'octobre, les difficultés s'amoncèlent, les adversaires se reprennent, les dissensions internes transparaissent.

Pour Blum et ses conseillers, inspirés par le New Deal américain, la surproduction n'est qu'une conséquence de la sous-consommation : il faut donc pratiquer une « politique du pouvoir d'achat » : les augmentations de salaires, l'instauration d'un prix minimal du blé peuvent se situer dans cette perspective. Ce programme, cependant, est contrecarré par divers facteurs. La semaine de quarante heures ne peut, à moins d'une amélioration exceptionnelle de la productivité, que restreindre la production ; elle ne réussit même pas à juguler le chômage. La dévaluation, enfin décidée en septembre 1936, se fait à un taux trop faible, inférieur aux taux anglais de 1931 et américain de 1933, et dans des conditions psychologiques peu favorables. Allons plus loin : la politique du pouvoir d'achat était illusoire dans la mesure même où le patronat, pessimiste, méfiant, inquiet, risquait de ne pas investir pour répondre à l'accroissement de la demande. C'est ce qui s'est plus ou moins produit. Seule la dévaluation a relancé, temporairement, l'économie. Car les chiffres sont là ; en mai 1937, l'indice de la production industrielle est à 89 (base 100 en 1928), contre 88 en avril 1936 ; et 350 000 chômeurs sont encore secourus.

L'évasion des capitaux — cette grève générale de la bourgeoisie — vient compliquer la tâche du gouvernement. Il hésite, comme à l'ordinaire, entre la coercition et l'apaisement. La pause, proclamée en février 1937, donne des résultats décevants. Où est-il le temps (mai 1935) où Blum s'écriait : « Nous n'attendrons ni une semaine, ni trois jours, ni même une heure pour le répéter solennellement : nous ne subirons pas la loi de la spéculation internationale ? » Ce gouvernement savait pourtant ne rien avoir à attendre de la bourgeoisie : il fut vilipendé plus qu'aucun autre, et l'on a peine à rendre l'atmosphère de calomnie qui entoura son éphémère existence (suicide du ministre de l'Intérieur Salengro).

Le Front populaire a aussi été la victime de ses dissensions internes. Les paysans, les membres des classes moyennes qui ont participé au mouvement politique ont très vite été inquiets du mouvement social et de la persistance des troubles, des grèves. Leur sympathie initiale ne résiste pas à la crainte de la révolution ou de l'anarchie. Ils forment l'électorat du parti radical. Lorsque Blum, face à la fuite des capitaux, opte pour la coercition et propose d'instituer un contrôle des changes (juin 1937), les radicaux du Sénat font tomber le gouvernement.

La non-participation des communistes au gouvernement Blum a été décidée, malgré Thorez, par un vieux réflexe de méfiance à l'égard du ministérialisme. Le P.C. a joué le jeu du Front populaire. Pour une raison stratégique : l'hitlérisme lui apparaît maintenant comme l'ennemi primordial. Et c'est pourquoi la guerre d'Espagne ouvre une faille. En juillet 1936, un *pronunciamiento* dirigé par le général Franco tente de renverser le gouvernement légal, de Front populaire lui aussi, issu d'élections libres. Blum, inquiet des risques de guerre européenne, voire même civile, soucieux de ne pas se couper de l'Angleterre, se rallie, la mort dans l'âme, à la non-intervention. Mais Franco continue à être fourni en armes par Hitler, en hommes par Mussolini. L'Espagne est donc pour les communistes un champ de lutte contre le nazisme. Ils ne peuvent tolérer la passivité du gouvernement Blum : à quoi bon l'alliance avec les démocraties si elles ne sont même pas capables de résister aux dictatures fascistes ?

Il n'y a pas jusqu'aux ouvriers qui n'aient perdu de leur combativité. Les avantages acquis – au premier chef les augmentations de salaires – se volatilisent peu à peu. En 1938, le gouvernement Daladier s'en prend même aux quarante heures : la C.G.T. lance un mot d'ordre de grève générale pour le 30 novembre – c'est l'échec. Mais déjà les préoccupations extérieures colorent toutes choses : Munich divise la C.G.T. elle-même.

Le Front populaire pouvait-il être une révolution ? Les masses désiraient-elles des bouleversements profonds ? On peut en douter. En tout cas, ni à droite en 1934 ni à gauche en 1936, des organisations d'importance n'étaient prêtes à les encadrer dans une voie révolutionnaire.

Une crise nationale

Pas de révolution, donc ; guère de transformations dans les structures politiques ou sociales ; mais que de bouleversements dans les esprits! Les oppositions se sont exacerbées. N'en prenons pour exemple que les organisations politiques. De 30 000 adhérents en 1933, le P.C. passe à 300 000 en 1937, et devient le premier parti de gauche. La droite surtout se transforme. Dans un milieu traditionnellement réfractaire aux encadrements se constitue un véritable parti de masse, le Parti social français : ce n'est apparemment que la nouvelle mouture des Croix-de- Feu, dissous en juin 1936, mais le P.S.F. du colonel de La Rocque groupe plus de 2 millions d'adhérents – chiffre énorme à l'époque –, et, même s'il accepte maintenant le jeu électoral, n'en reste pas moins hostile au régime et tout dévoué à un chef. En 1936 aussi naît un parti « socialiste et national », le Parti populaire français, sous la férule de Doriot, communiste repenti : le P.P.F., qui peut être qualifié d'organisation fasciste, aurait compté plus de 200 000 membres. Et les anciens chefs de la droite de 1930, des politiciens modérés comme Tardieu et Laval, se laissent gagner à une sympathie de plus en plus avouée pour les régimes autoritaires. Quel meilleur symbole de l'évolution de la bourgeoisie ? « On saurait difficilement exagérer, écrit Marc Bloch, l'émoi que, dans les rangs des classes aisées, même parmi les hommes en apparence les plus libres d'esprit, provoqua, en 1936, l'avènement du Front populaire [...]. De plus en plus loin du peuple, dont elle renonçait à pénétrer, pour sympathiser avec eux, les authentiques mouvements d'âme, tour à tour refusant de le prendre au sérieux ou tremblant devant lui, la bourgeoisie, en même temps, s'écartait, sans le vouloir, de la France tout court. En accablant le régime, elle arrivait, par un mouvement trop naturel, à condamner la nation qui se l'était donné... »

Par peur foncière du communisme redevenu à ses yeux menaçant, la droite, qui applaudissait à l'occupation de la Ruhr, qui raillait Briand, cherche maintenant l'accord avec Hitler. Qu'importe alors les arguments lancés – l'absence de soutien de l'Angleterre, l'impréparation militaire. « L'ouvrier syndiqué a pris la place du Boche », affirme le catholique Bernanos, retour d'Espagne. Dans l'autre camp aussi un retournement s'opère : la gauche, pacifiste depuis quinze ans, se rallie en partie à une politique de défense nationale, voire de fermeté. Déjà, en

1936, le Front populaire a lancé un programme de réarmement de 14 milliards de francs, ce qui est considérable. Mais une fraction de la gauche reste attachée aux vieux idéaux, à la paix à tout prix — en particulier au sein de la S.F.I.O., de la C.G.T., des syndicats d'enseignants.

Munich s'inscrit dans ce contexte. Lorsque Hitler revendique le territoire tchécoslovaque des Sudètes, peuplé de quelque 3 millions d'Allemands, la France, qui a pourtant garanti les frontières de son allié, s'incline : ce n'est pas seulement parce que Hitler invoque le droit des peuples à disposer d'eux-mêmes, parce que le traité de Versailles paraît à beaucoup déficient ; seule la hantise de la guerre peut expliquer un tel manquement à la parole donnée. Léon Blum parle de « lâche soulagement ».

En 1938-39 cependant, une tardive réaction nationale s'amorce. Reynaud, aux Finances, bénéficiant d'une conjoncture mondiale favorable, a enfin sorti la France de la crise ; la bourgeoisie est quelque peu rassurée par l'échec syndical du 30 novembre 1938. Et l'Italie revendique maintenant la Tunisie, la Corse, tandis que Hitler fait occuper pour la première fois un territoire non peuplé d'Allemands, la Bohême-Moravie (mars 1939). La fiction du droit des peuples est abandonnée. De ce moment date le revirement de l'opinion anglaise. La France se montre plus hésitante.

Une sorte de désenchantement, de morosité plane sur le pays. Désenchantement d'une classe ouvrière qui a vu très vite s'estomper l'espoir de 1936. Désenchantement d'une bourgeoisie qui a contemplé de trop près le spectre de la révolution pour n'en pas conserver une durable frayeur. Désenchantement d'un peuple : la guerre est redevenue possible. Une atmosphère de fatalité imprègne les esprits : le soldat déserteur de *Quai des brumes*, les bourgeois de *la Règle du jeu*, l'ouvrier du *Jour se lève*, le marin de *Remorques* ne maîtrisent plus leur destin.

France triomphante de 1919, France prospère de 1929, France écrasée de 1940 : la dernière image n'est paradoxale qu'en apparence. La France fut-elle vaincue par sa victoire ? Certes, la victoire a coûté cher. Mais surtout se sont manifestées alors les faiblesses structurelles d'une démographie, d'une économie, d'une société : c'était l'héritage d'avant 1914, et l'euphorie du triomphe contribua à le masquer. Lorsque les crises surgirent, imbriquées les unes dans les autres, la prospérité économique, les finances péniblement redressées, les traités si doctement élaborés, tout vola en éclats. Le Front populaire amorça le réarmement, le gouvernement Daladier-Reynaud le redressement économique. Mais une fraction de la gauche demeura ancrée dans un pacifisme désuet. Et la bourgeoisie, dans sa majorité, traumatisée par « 36 », sensible parfois même aux séductions du fascisme, refusa le conflit qui s'annonçait. Ici le verdict d'un Léon Blum rejoint celui d'un Marc Bloch. La bourgeoisie « ne voulait de la guerre en aucun cas, et elle n'avait pas peur de Hitler, parce que toute sa capacité de peur était accaparée par le Front populaire, et surtout par le communisme », écrivait en 1941 le leader politique. Et le grand historien disait de son côté, en 1940 : « Une grande partie de nos classes encore dirigeantes, celles qui nous fournissaient nos chefs d'industrie, nos principaux administrateurs, la plupart de nos officiers de réserve [...] défendaient un pays qu'ils jugeaient, d'avance, incapable de résister. » L'aboutissement, ce fut l'« étrange défaite ».

29. LA FRANCE DANS LA SECONDE GUERRE MONDIALE

1939-1945 La défaite, l'occupation, la résistance.

De 1939 à 1945, la France a vécu une des plus graves crises de son histoire. Elle a connu la guerre et la défaite, avec son accompagnement de misère et de drames, l'humiliation, l'occupation de son territoire, le pillage de ses ressources. Pire encore, dans l'équivoque d'une situation sans précédent, elle a vu son unité nationale compromise par les divisions intérieures et les luttes fratricides. Mais l'héroïque effort de ce qu'on a appelé – d'un terme rapidement consacré – la Résistance lui a permis de rentrer dans la guerre active des Alliés contre l'Allemagne nazie et de participer à la victoire finale. Cette histoire est celle d'un effondrement, d'une longue période de douleur qui prépare, cependant, des jours meilleurs, et d'une renaissance éclatante qui ne peut pourtant effacer totalement les traces profondes laissées par un tel drame.

I. LA FRANCE VAINCUE

La France en 1939

Le 1er septembre 1939, l'armée allemande envahit la Pologne. Le 3, à la suite de l'Angleterre, la France déclare la guerre à l'Allemagne pour défendre l'alliée à laquelle elle a formellement promis son aide. Les Français, vivant sur le souvenir de la Grande Guerre de 1914-1918, sont unanimes à penser que celle-ci aussi sera longue. Comment sont-ils prêts à l'affronter et à la mener ?

L'armée française est considérée par tous les stratèges comme la meilleure du monde. Le général Weygand vient de le proclamer, et c'est aussi l'avis de l'état-major allemand, qui n'a pas oublié, lui non plus, 1918. Numériquement, avec l'appoint de l'armée polonaise (on ne peut compter sur l'armée anglaise, qui ne peut envoyer que deux divisions sur le continent en 1939), elle l'emporte sur la jeune armée de Hitler, la Wehrmacht. Son organisation, son armement n'ont guère été modifiés depuis 1918. Sans doute s'est-elle engagée, mais bien timidement, dans la voie de la motorisation, et ne manquait-elle pas de chars, comme on l'a trop souvent dit et répété : on s'apercevra, en mai 1940, que les blindés allemands ne surclassent les chars français ni en quantité ni en qualité. Mais, en d'autres domaines, les insuffisances sont manifestes. En aviation, tout d'abord. En 1938, le chef d'état-major de l'armée de l'Air, le général Vuillemin, avait déclaré que son aviation « était hors d'état de soutenir une guerre », et la situation ne s'était guère améliorée depuis lors. En septembre 1939, l'armée de l'Air avait en état de vol environ 700 avions de chasse et 175 bombardiers, et pas des types les plus modernes. Même avec l'appoint britannique, le rapport des forces était de un à cinq en faveur de la Luftwaffe allemande. Font aussi lourdement défaut l'artillerie de D.C.A. et l'artillerie antichars, ainsi que les mines.

Bien qu'un réel effort ait été accompli depuis 1936, le réarmement du pays a été paralysé par de nombreux obstacles : manque d'adaptation de l'industrie, trop dispersée, en retard pour ses méthodes comme pour son outillage ; absence chez les chefs militaires de vues d'ensemble sur les besoins réels de l'armée ; irréalisme dans la conception des prototypes ; problèmes de matières premières et de main-d'œuvre... Pendant des années, tout l'effort militaire du pays s'est concentré sur la ligne Maginot, qui n'est d'ailleurs pas complète, puisque la frontière belge n'est pas couverte, et qui se révélera finalement néfaste : elle a donné au pays un faux sentiment de sécurité, elle a fait évoluer l'armée vers une conception de plus en plus défensive, qui lui enlève tout élan et toute capacité de manœuvre. C'est un signe de cette sclérose qui a frappé le pays après la saignée de 1914-1918 et que l'on retrouve chez tous ses dirigeants : elle aura bientôt des conséquences tragiques. C'est le même état d'esprit qui a fait mépriser les nouveautés les plus spectaculaires dans le domaine militaire : la France n'a pas d'unités de parachutistes, bien que l'exemple en ait été fourni par l'U.R.S.S. quelques années auparavant ; si elle ne manque pas de chars, leur emploi est prévu en accompagnement d'infanterie, comme en 1918, et l'état-major s'est opposé avec obstination à la constitution des unités blindées réclamées par le colonel de Gaulle et Paul Reynaud. Dans un seul domaine, l'armement est satisfaisant : avec plus de 500 000 tonneaux de navires modernes, présentant une gamme variée depuis les grands navires de ligne, comme le *Dunkerque,* jusqu'aux bâtiments légers et aux sous-marins, la marine française épaule sérieusement la marine britannique dans les tâches qui attendent les Alliés et qui sont essentiellement la protection des liaisons avec les colonies et des relations avec les neutres, et le blocus de l'Allemagne. Seuls font défaut les porte-avions, dont on ne soupçonne pas encore le rôle décisif qu'ils joueront dans cette guerre.

L'instrument de guerre français n'est pas au point, c'est le moins qu'on puisse dire. Mais le pays n'est-il pas responsable de cette situation, qui traduit son état d'esprit ? Sans doute, l'idéologie hitlérienne, son totalitarisme et, plus encore, les coups de force de son chef contre l'ordre établi par les traités de 1919 et les accords internationaux ont-ils dressé contre l'Allemagne une grande partie de l'opinion, les uns par esprit de lutte contre le fascisme, les autres par défiance contre l'« Allemagne éternelle », militariste et guerrière. Mais il existe aussi des censeurs de la démocratie parlementaire qui soulignent ses déficiences en lui opposant l'efficacité des régimes d'ordre et d'autorité. Ceux-ci ne sont-ils pas le meilleur rempart contre la subversion sociale ? Il est vrai que, de ce point de vue, l'accord germano-soviétique, signé le 23 août, peut ébranler bien des consciences. Mais le fait le plus net – et le plus grave –, c'est que la France entre en guerre sans enthousiasme, avec discipline sans doute, mais surtout avec résignation. On est loin de l'élan de la mobilisation de 1914. C'est qu'il n'y a pas cette fois de but de guerre exaltant. Abattre le régime nazi ? C'est, après tout, celui que les Allemands se sont donné. Mettre fin aux agressions de Hitler ? Ne pourrait-on y parvenir par des accords pacifiques ? L'« esprit de Munich » n'est pas mort. Et par-dessus tout, la France, affaiblie dans son potentiel humain autant qu'économique, redoute une nouvelle épreuve.

Ce ne sont évidemment pas de bonnes conditions pour entrer en guerre. A la fois pour éviter les hécatombes de 1914 et pour se donner le temps de remédier aux insuffisances de la préparation et de mettre en œuvre les ressources de leurs empires, Français et Anglais adoptent une stratégie d'attente ; c'est aussi celle qui correspond le mieux au tempérament du général Gamelin, commandant en chef des armées alliées, un intellectuel plus qu'un chef de guerre, un esprit louvoyant qui fuit les responsabilités et se réfugiera dans l'inaction. On se flatte d'affaiblir l'Allemagne par le blocus, de nouer une vaste coalition des neutres, et – qui sait ? – d'amener les Allemands à rejeter d'eux-mêmes leur régime néfaste. « Nous vaincrons, dit la propagande alliée, parce que nous sommes les plus forts. » Encore faut-il être certain de sa force et avoir la volonté de s'en servir.

La « drôle de guerre »

Cette stratégie laisse l'initiative à Hitler, qui, en trois semaines de guerre éclair, efface la Pologne de la carte et en partage les dépouilles avec son allié Staline. Le gouvernement polonais a, en vain, multiplié ses appels à l'aide : la France n'accomplit qu'un geste platonique, une timide avance en Sarre jusqu'aux lisières de la ligne Siegfried, qui ne fut même pas maintenue. Dès que les Allemands eurent amené des renforts, nos troupes se retirèrent sur leur base de départ (16 octobre). On discute encore des raisons précises de cette inaction, grave aveu d'impuissance. Mais, désormais, et pour de longs mois d'hiver, les seules troupes au contact de l'ennemi sont celles qui montent la garde à la frontière du Palatinat et le long du Rhin. Une garde où il ne se passe rien, qu'une activité intermittente de patrouilles, quelques coups de main de corps francs, de rares et brefs duels d'artillerie. L'essentiel de l'armée trompe son ennui, dans les casemates de la ligne Maginot ou dans les cantonnements de l'arrière, en se livrant à des exercices fastidieux. C'est, en plus morne, la vie de caserne, malgré le théâtre aux armées et les permissions, établies sur le même rythme qu'en 1915. On se demande comment finira cette « drôle de guerre », et on imagine confusément qu'elle pourra cesser un jour, par on ne sait quel miracle, avant que la véritable bataille ait commencé. Chez les civils, c'est le même pourrissement. Après le choc des premiers jours, la surprise de voir que rien de ce qu'on attendait ne s'est produit, ni attaque terrestre ni bombardement aérien, chacun retourne peu à peu à ses préoccupations et à ses habitudes, à peine troublées par une législation de guerre bien discrète. Les familles des mobilisés souffrent de la séparation, mais dans beaucoup de professions on voit revenir des « affectés spéciaux », plus utiles à leur travail qu'à garder un front où il ne se passe rien.

Hitler entretient, et accentue, avec l'art qu'on lui connaît, cette atmosphère malsaine. Dans un discours au Reichstag, le 6 octobre, il a lancé une offensive de paix : pourquoi continuer la guerre, puisque le problème polonais est maintenant définitivement réglé ? Aucun foyer de discorde ne subsiste en Europe, l'Allemagne ne revendique plus rien et les démocraties feraient mieux de s'entendre avec elle pour assurer la prospérité de tous. Sans doute, ce langage ne séduit-il que ceux qui veulent se laisser abuser, et Daladier, président du Conseil, répond aussitôt par un refus catégorique, suivi quelques jours plus tard par le Premier britannique, Chamberlain. Il n'empêche que la propagande ennemie agit sournoisement, par des appels aux soldats sur le front, par des tracts antimilitaristes dans les usines, par la radio dans tout le pays.

Le gouvernement et l'état-major ne sont pas insensibles à ce danger, auquel seule une activité guerrière pourrait remédier. Mais où agir, et comment ? Gamelin ne croit pas à une action possible sur le front du Nord-Est, front étroit où les deux adversaires s'épuiseront dans une guerre de position, meurtrière et stérile, comme de 1914 à 1918. Il cherche ailleurs, mais aussitôt des obstacles se dressent, qui soulignent une navrante impréparation de la guerre sur tous les plans. Une armée commandée par Weygand est envoyée en Syrie, pour mener campagne éventuellement en Méditerranée orientale et dans les Balkans ; mais elle est d'une pauvreté lamentable en moyens modernes. Et, pour agir efficacement, il faudrait s'appuyer sur un front balkanique des puissances menacées par Hitler. Or, aucune n'a suffisamment confiance dans la force et la détermination des Alliés pour entrer pleinement dans leur jeu. L'impréparation politique et diplomatique rejoint l'impréparation militaire.

Le 30 novembre, l'U.R.S.S., désireuse de contrôler la Baltique orientale, attaqua la Finlande, mais contrairement à toute attente, elle rencontra une résistance opiniâtre et efficace. Les Alliés virent là l'occasion d'ouvrir un second front, aux perspectives multiples. Venir en aide à la Finlande, c'était répondre à un élan de sympathie dans l'opinion pour ce petit pays pacifique ; c'était satisfaire un antisoviétisme développé par le pacte Staline-Hitler et par l'attitude du parti communiste, interdit, mais qui menait une action clandestine contre la guerre ; c'était atteindre indirectement l'économie de guerre allemande, copieusement alimentée par les matières premières et le pétrole soviétiques ; c'était enfin, et surtout peut-être, faire pression sur la Suède et la Norvège, pour qu'elles laissent passer les troupes et le matériel alliés, et saisir ainsi l'occasion de priver l'Allemagne du fer suédois qui lui parvenait par le port norvégien de Narvik. Mais, là encore, les Alliés manquèrent d'efficacité. Avant que tous les problèmes que posait cette intervention aient été résolus, la Finlande avait dû s'incliner et accepter les conditions soviétiques (12 mars 1940).

Cet échec amena la chute du gouvernement Daladier, accusé de mollesse dans la conduite de la guerre. Paul Reynaud prit alors le pouvoir. Esprit brillant, lucide, il excellait en formules frappantes : « Vaincre, c'est tout sauver ; succomber, c'est tout perdre », et paraissait l'homme de la situation, celui qui donnerait une impulsion décisive à la guerre. Son premier acte fut d'aller à Londres, pour conclure un accord par lequel la France et l'Angleterre s'engageaient à ne signer ni un traité de paix ni un armistice séparés. En même temps, soutenu par Churchill, il faisait décider de « couper la route de fer » en débarquant un corps expéditionnaire allié en Norvège. Mais, une fois de plus, Français et Anglais furent pris de court. Hitler connaissait leur projet et préparait, de son côté, une expédition en Norvège depuis plusieurs mois. En même temps qu'il occupait le Danemark sans résistance, il débarquait des troupes dans la plupart des ports norvégiens, d'Oslo à Narvik (9 avril). Les Alliés ne refusèrent pas le combat, mais celui-ci se présentait dans des conditions difficiles ; il fut mené surtout par la marine et l'aviation britanniques. La France y engagea des chasseurs alpins, commandés par le général Béthouard. Ils chassèrent les Allemands de Narvik, fin mai. Mais, à cette date, en France, s'étaient déroulés des événements tragiques, et il fallut rappeler le corps expéditionnaire : la campagne de Norvège s'achevait par un échec total.

La défaite

Le 10 mai, en effet, Hitler avait mis fin à la longue période d'attente sur le front occidental, en envahissant la Belgique et les Pays-Bas. Cette attaque décisive, primitivement prévue pour l'automne 1939 et remise à maintes reprises à cause du mauvais temps, avait été minutieusement préparée. Au lieu du plan primitif, qui reprenait les conceptions de 1914, d'un grand mouvement d'enveloppement par le nord, Hitler avait imposé à son état-major, sceptique, un plan original, dû à l'imagination du général Manstein et à sa propre intuition. Il consistait à attirer l'essentiel des forces franco-britanniques dans les plaines belges, mais à percer par le centre, à travers les Ardennes faiblement défendues, jusqu'à la mer, pour couper ainsi les armées alliées et les battre successivement. Le succès serait fondé sur la surprise, et son exploitation rapide grâce à l'action combinée de l'aviation et de l'armée blindée. C'était la formule parfaite de la guerre éclair ; elle réussit magnifiquement.

Le commandement allié ne pouvait pas être surpris par l'attaque allemande sur la Belgique ; au cours de l'hiver, plusieurs alertes lui avaient donné des indications suffisantes. Mais la défense de la Belgique posait un problème que le général Gamelin n'avait pas résolu. Depuis 1936, notre voisine s'était réfugiée dans une prudente neutralité : elle espérait ainsi renforcer sa cohésion intérieure en donnant des gages aux adversaires de liens étroits avec la France, et peut-être aussi échapper au conflit qui s'annonçait entre les grandes puissances. Aussi refusait-elle de prendre en commun des dispositions d'état-major qui eussent été en contradiction avec cette attitude. Gamelin, qui avait toujours jugé nécessaire de lui venir en aide, pour des raisons à la fois politiques et stratégiques, considérait cependant qu'un accord préalable était indispensable : il n'avait pas su l'imposer et le 10 mai il lança l'armée française dans une bataille de rencontre dont il avait toujours mesuré l'extrême difficulté. Le résultat fut immédiat : l'armée belge fut surprise dans le désordre d'une mise en place et incapable de défendre le canal Albert, qui devait être la première ligne de résistance ; l'armée hollandaise, réduite à la capitulation le cinquième jour de la lutte ; l'armée française et le contingent britannique, bousculés en rase campagne, sans rien pouvoir opposer aux chars et aux avions allemands et rejetés sur la frontière...

Mais là n'était pas le plus grave. Pendant ce temps, les meilleures divisions blindées allemandes traversaient le massif ardennais, jugé par les stratèges impénétrable. Le 13 mai, elles franchissaient la Meuse à Sedan et créaient une brèche profonde dans un secteur particulièrement mal défendu. Surpris, le commandement français n'eut que des réactions désordonnées et inefficaces. Il manquait de réserves, et ne sut pas utiliser les quelques divisions cuirassées mises sur pied pendant l'hiver. Le 15 mai, une brèche profonde était réalisée entre Hirson et Rethel. Par l'Aisne et par l'Oise, la route classique des invasions était ouverte, les blindés allemands pouvaient foncer sur Paris. En réalité, ils avaient mieux à faire pour exploiter complètement ce succès initial, et ils n'y manquèrent pas. S'élançant hardiment vers l'ouest, par Saint-Quentin et Amiens, ils gagnèrent la côte à Abbeville, séparant ainsi le groupe d'armées du Nord du reste des forces alliées. Ils risquaient gros, car, dans cet étroit couloir, ils pouvaient aisément être eux-mêmes coupés de leurs arrières et anéantis par une attaque convergente, venue du nord et du sud : c'est ce que tenta le général Weygand, rappelé hâtivement de Syrie pour remplacer Gamelin, limogé le 19 mai ; mais il manquait de moyens et contrôlait mal une coalition qui commençait à se disloquer ; la contre-attaque esquissée n'eut jamais lieu. Les armées du Nord, attaquées de toutes parts, se replièrent vers la mer, en se défendant pied à pied, sur un terrain de plus en plus étroit. Mais la capitulation de l'armée belge, le 28 mai, acheva de désorganiser la résistance. L'objectif n'était plus que de sauver le plus grand nombre possible des hommes entassés dans une poche autour de Dunkerque. Grâce aux efforts héroïques de la marine et de l'aviation, surtout anglaises, 330 000 hommes, dont la presque totalité de l'armée britannique et 130 000 Français, furent transportés en Angleterre, entre le 28 mai et le 4 juin. Mais l'armée française avait perdu ses meilleures unités, notamment ses divisions motorisées, et tout ce qu'elle possédait de matériel moderne. Dès ce moment, la bataille de France était perdue.

Sans doute, Weygand s'était-il efforcé de reconstituer un front s'appuyant sur la Somme et l'Aisne, pour atteindre la ligne Maginot. Mais, à la Wehrmacht triomphante, exaltée par son succès, il ne pouvait opposer que des corps de troupes squelettiques, équipés d'un matériel hétéroclite et périmé. Attaqué le 5 juin, son front était percé irrémédiablement le 7. Et pour rendre le destin plus impitoyable, Mussolini décida d'entrer en guerre le 10. Alors qu'il s'était maintenu dans une prudente nonbelligérance depuis le début des hostilités, il crut maintenant la victoire proche et voulut « s'asseoir à la table des vainqueurs ». Sans être bien mordante, l'attaque italienne obligea à défendre un nouveau front et affaiblit d'autant la résistance au véritable adversaire. Désormais, c'est l'écroulement. Le 10, le gouvernement quitte Paris, déclaré ville ouverte, et l'armée allemande y fait son entrée le 14. L'exode des populations, qui a commencé en mai en Belgique et dans les départements du Nord et du Nord-Est, gagne une grande partie du territoire. Ce sont maintenant des millions de réfugiés, de tous âges et de toutes conditions, qui sont jetés sur les routes, fuyant la bataille et l'invasion. Mais la bataille est partout et l'invasion les rejoint. Leur flot ne fait que paralyser les dernières résistances, en empêchant les communications et en répandant la panique. En quelques jours, les unités motorisées allemandes gagnent les points extrêmes du territoire, ne rencontrant que quelques « bouchons », foyers héroïques de résistance, qu'elles négligent ou contournent le plus souvent. Elles atteignent ainsi la Bretagne, franchissent la Loire, foncent sur Bordeaux, où s'est réfugié le gouvernement. Vers l'est, par le plateau de Langres, elles arrivent jusqu'à la frontière suisse, encerclent la ligne Maginot, qui est évacuée, et, par la vallée du Rhône, prennent à revers l'armée des Alpes. Il n'y a pratiquement plus d'armée française. La campagne a fait 100 000 morts, et c'est la preuve qu'il y eut, en certains points au moins, des combats acharnés. Mais il y a plus de 2 millions de prisonniers.

L'armistice

Le pays, abasourdi par une telle catastrophe, était hors d'état de juger les événements, mais ses dirigeants devaient en mesurer les conséquences. La question, posée dès le 25 mai, ne peut être éludée après le 10 juin : que doit faire le gouvernement si, comme il est prévisible, l'armée est complètement battue, le territoire national totalement occupé ? Deux camps s'opposent aussitôt. Le général Weygand constate qu'il est impossible de poursuivre la lutte et réclame que le gouvernement prenne ses responsabilités en demandant l'armistice ; il est soutenu par le maréchal Pétain, que Paul Reynaud a fait entrer dans son ministère dans l'espoir de rendre ainsi confiance au pays. Mais le président du Conseil repousse l'idée de capitulation ; il veut rester fidèle à son alliée et poursuivre la lutte en Afrique du Nord, s'il n'est plus possible de le faire en France. Entre ces deux partis, les ministres flottent, hésitent ; ils subissent des pressions extérieures, celles notamment de Laval et de Darlan, partisans de cesser le feu. Finalement, Reynaud, découragé, démissionne le 16 juin et le président de la République Lebrun, respectant scrupuleusement les usages du régime, confie le pouvoir au maréchal Pétain. Dès le 17, celui-ci annonce aux troupes « qu'il faut cesser le combat » et fait transmettre à Hitler une demande d'armistice et ses conditions de paix ; car, persuadé qu'après l'effondrement de la France, l'Angleterre ne poursuivra pas une lutte vaine, il a l'espoir d'une paix proche. Mais Hitler ne l'entend pas ainsi, il veut s'assurer la soumission de la France et le moyen d'attaquer éventuellement l'Angleterre. Tel est le sens des conditions d'armistice présentées à la délégation française convoquée le 21 juin dans la clairière de Rethondes et dans le wagon même du maréchal Foch. L'Allemagne occuperait plus de la moitié du pays, tout l'Est, le Nord, le Centre jusqu'à la Loire et la zone littorale de Dunkerque à Bayonne ; la France pourvoirait à l'entretien des troupes d'occupation ; son armée serait démobilisée et livrerait tout son matériel ; elle n'aurait droit qu'à une force de police de 100 000 hommes, l'« armée de l'armistice » ;

les prisonniers ne seraient libérés qu'à la conclusion de la paix. Ces conditions étaient dures et ne souffrirent aucun adoucissement : c'était un *Diktat*. Toutefois, Hitler s'était montré conciliant sur deux points : aucune exigence ne visait l'Empire et il ne réclamait pas la livraison de la flotte, qui devait demeurer, désarmée, dans ses ports d'attache. C'est que l'Empire et la flotte étaient hors de son atteinte et qu'il courait le risque, en se montrant trop exigeant, de voir la flotte rallier la marine anglaise et lui apporter ainsi un soutien inestimable. L'armistice, signé le 22 juin, fut complété par un accord analogue avec l'Italie ; ils entrèrent en vigueur le 25. Depuis sa signature, il est l'objet de polémiques entre ceux qui pensent qu'il était effectivement inévitable et ceux qui affirment que la poursuite de la lutte était possible, hors du territoire national. La recherche historique ne peut pas apporter d'éléments pour trancher un tel débat, qui se situe largement dans le domaine des hypothèses. Quoi qu'il en soit, l'armistice représente une date décisive, et il eut des conséquences dramatiques dès les jours suivants.

Premières conséquences

Dans le domaine extérieur, il constituait un retournement complet de situation, très inquiétant pour l'Angleterre. Tant que Paul Reynaud était demeuré au pouvoir. Churchill, devenu Premier ministre le 10 mai, avait prodigué les paroles de compassion à l'armée vaincue, sans dissimuler sa détermination de poursuivre la lutte, quoi qu'il arrivât. Mais Pétain et ses conseillers Laval et Darlan, dont l'anglophobie était bien connue, ne lui inspiraient aucune confiance. Et comment se serait-il fié à la parole de Hitler, bien que celui-ci ait déclaré solennellement « qu'il n'avait pas l'intention d'utiliser pendant la guerre à ses propres fins la flotte française, stationnée dans les ports sous contrôle allemand ». Dans l'état de dénuement où elle se trouvait et devant la menace de l'invasion, la perspective de voir la marine française passer au service de l'Allemagne représentait pour l'Angleterre un danger mortel. Churchill était résolu à tout pour y parer, et n'était sans doute pas fâché de montrer, aussi bien aux Américains qu'aux Anglais, jusqu'où pouvait aller sa volonté de se battre : le 3 juillet, le gros de la flotte française, au mouillage à Mers el-Kébir, dans la rade d'Oran, était sommé de se livrer à l'Angleterre ou de gagner un port des Antilles ou de se saborder dans les six heures ; sur le refus de son commandant, l'Amirauté fit ouvrir le feu. En quelques instants la marine française perdit l'essentiel de ses grandes unités, et 1 300 marins furent tués au combat. Churchill était soulagé. Mais, en France, l'émotion fut intense ; on parla de représailles. Ce fut, du moins, la rupture avec l'Angleterre, qui ouvrait la voie à la collaboration avec l'Allemagne.

A l'intérieur, la masse des civils fuyant sur les routes, sans gîte, sans ravitaillement d'aucune sorte, mitraillée par l'aviation ennemie, celle des soldats sans ordres, sans chefs, sans liaisons, accablés par le sentiment de leur impuissance, accueillirent l'armistice avec soulagement. Mais tous ne se résignaient pas. Pour les anciens combattants qui avaient vécu les jours glorieux de 1918, l'amertume était grande, malgré la caution du maréchal Pétain. Et le général de Gaulle, entré comme sous-secrétaire d'État dans le gouvernement de Paul Reynaud lors de son dernier remaniement, refusait de s'incliner. Il avait gagné Londres, d'où il lançait, à la radio, le 18 juin, un appel destiné à faire date :

« [...] Nous avons été, nous sommes submergés par la force mécanique, terrestre et aérienne de l'ennemi [...]. Mais le dernier mot est-il dit ? L'espérance doit-elle disparaître ? La défaite est-elle définitive ? Non! [...] Les mêmes moyens qui nous ont vaincus peuvent faire venir un jour la victoire [...]. Car la France n'est pas seule! [...]. Elle a un vaste empire derrière elle. Elle peut faire bloc avec l'Empire britannique, qui tient la mer et continue la lutte. Elle peut, comme l'Angleterre, utiliser sans limite l'immense industrie des États-Unis [...]. Foudroyés aujourd'hui par la force mécanique, nous pouvons vaincre dans l'avenir par une force mécanique supérieure. Le destin du monde est là. »

« Moi, général de Gaulle, actuellement à Londres, j'invite les officiers et les soldats français qui se trouvent en territoire britannique ou qui viendraient à s'y trouver, avec leurs armes ou sans leurs armes, j'invite les ingénieurs et les ouvriers spécialistes des industries d'armement qui se trouvent en territoire britannique ou qui viendraient à s'y trouver, à se mettre en rapport avec moi. »

« Quoi qu'il arrive, la flamme de la résistance française ne doit pas s'éteindre et ne s'éteindra pas. »

Ces formules prophétiques, peu de Français les entendirent. Moins nombreux encore furent ceux qui répondirent à cet appel. Dans les premiers temps, de Gaulle ne vit venir à lui aucun grand chef militaire, aucun homme politique notoire. Après quelque flottement, l'Empire, sauf l'Afrique équatoriale, demeura fidèle à la métropole. Pendant ce temps, le gouvernement s'était installé à Vichy, dans la « zone libre ». Le maréchal Pétain y subissait de plus en plus l'influence de Pierre Laval, qui avait écarté tous les autres anciens parlementaires du pouvoir. Le 10 juillet, l'Assemblée nationale, réunie au casino de Vichy, vota, par 569 voix contre 80 et 18 abstentions, la révision de la Constitution et confia au maréchal Pétain les pleins pouvoirs, avec mission de donner au pays une nouvelle Constitution. Comme en 1815 et en 1871, la défaite entraînait l'écroulement du régime. A tous les points de vue, une étape nouvelle commençait dans la vie de la France.

II. LA FRANCE ÉCRASÉE ET DIVISÉE

L'Angleterre ne s'inclinant pas, la guerre continuait. Elle allait même devenir mondiale avec l'attaque de l'Allemagne contre l'U.R.S.S. (22 juin 1941) et l'intervention du Japon contre les États-Unis et l'Empire britannique (7 décembre 1941). Comment la France aurait-elle pu demeurer à l'écart d'un drame qui n'épargnait plus aucun continent et s'étendait à toutes les mers du globe ? Mais, au moins jusqu'à la fin de 1942, elle n'eut à peu près aucune prise sur les événements. Elle les subit, sans pouvoir les diriger ni même les infléchir.

Les exigences allemandes

Les clauses de l'armistice étaient dures, elles mettaient pratiquement la France métropolitaine à la merci de l'Allemagne. Leur application allait être plus dure encore et s'aggraver à mesure que se feraient plus impérieux les besoins de l'Allemagne en guerre.

Les premiers gestes du vainqueur montrent bien son intention : pour le présent, maintenir la France dans l'impuissance ; pour l'avenir, en faire un État de second rang. Dans la zone occupée, l'administration militaire allemande s'impose et s'ingère dans tous les domaines ; elle commande les fonctionnaires français, en leur laissant l'impopularité d'exécuter les mesures qu'elle prescrit. Sur le gouvernement de Vichy, elle use largement du moyen de pression dont elle dispose, la ligne de démarcation entre les deux zones, qu'elle transforme en une véritable frontière, plus ou moins rigoureusement fermée, au point qu'à certains moments les membres du gouvernement eux-mêmes ne peuvent pas venir de Vichy à Paris. Mais il y a plus grave encore. Les trois départements de l'ancienne Alsace-Lorraine ont été immédiatement incorporés au Reich ; ils sont administrés par des *Gauleiter*, fonctionnaires allemands ; la langue française y est interdite, et les indésirables sont brutalement expulsés. Annexion clandestine, qui viole la convention d'armistice, et contre laquelle les protestations, d'ailleurs secrètes, de Pétain n'eurent aucun effet. Le Nord et le Pas-de-Calais sont rattachés administrativement à la Belgique occupée. Dans le Nord-Est, de la Picardie à la Lorraine, est délimitée une « zone interdite », où les populations qui ont fui pendant l'exode ne peuvent rentrer, et où certains domaines ainsi abandonnés sont remis en exploitation par des cultivateurs allemands. Ne serait-ce pas l'indice d'un démembrement futur du territoire ?

A mesure que la guerre se prolonge et s'étend, l'Allemagne a des besoins plus immédiats. Il lui faut puiser dans les ressources de la France, ressources financières, économiques, humaines, et y assurer l'ordre, la sécurité de ses troupes, la liberté des mouvements que la conduite de la guerre peut nécessiter. C'est une politique réaliste, qui vise avant tout à l'efficacité. La France est mise au pillage, littéralement. Elle doit verser 400 millions de francs par jour pour couvrir les frais d'occupation – somme exorbitante qui aurait permis d'entretenir 10 millions d'hommes – et souscrire un accord de clearing qui aboutit, en fait, à un énorme transfert d'argent français en Allemagne. Avec cet argent, les Allemands achètent tout ce qu'ils ne peuvent pas réquisitionner. C'est ainsi que Goering se constitue sa célèbre collection d'œuvres d'art ; mais c'est ainsi également que des entreprises allemandes s'appliquent à obtenir des participations dans des affaires françaises, où elles deviennent majoritaires. C'est une forme indirecte et sournoise de colonisation économique.

Mais à mesure que s'intensifie son effort de guerre, l'Allemagne s'efforce d'exploiter les ressources de toute l'Europe, et la France n'a pas la moindre part dans cette mobilisation forcée. Le blé, les pommes de terre ou le bétail du paysan français vont nourrir les populations et l'armée allemandes, les ateliers et usines de toute nature se voient imposer de fournir équipement et armement à la Wehrmacht. Lorsque sera édifié le célèbre « mur de l'Atlantique », destiné à protéger la « forteresse Europe » contre l'invasion alliée, ce sont des entreprises françaises qui devront fournir matière première, outillage et main- d'œuvre, sous la haute direction de l'Organisation Todt. Peu à peu s'instaure ainsi une économie dirigée, mais dirigée uniquement en fonction des besoins de la machine de guerre allemande. « Les perturbations dans la vie économique des Français nous laissent indifférents », déclarait le général Keitel dès septembre 1940.

Dans les premiers temps, l'Allemagne parut à l'abri des besoins de main-d'œuvre, d'autant plus qu'à la masse des prisonniers français vinrent s'ajouter plus tard les lamentables cohortes de l'Europe de l'Est, civils et militaires, hommes et femmes, arrachés à leur pays pour venir travailler à l'intérieur des frontières du Grand Reich. Mais, avec les pertes terribles de la guerre à l'Est, la mobilisation de tous les hommes valides, les nécessités d'une guerre totale, il fallut faire appel davantage à l'étranger et, là encore, la France dut, bon gré, mal gré, apporter sa contribution. Ce furent d'abord des volontaires qui partirent pour l'Allemagne, chassés par le chômage, la fermeture d'entreprises qui manquaient de charbon, d'électricité et de matières premières, et attirés par des contrats de travail alléchants. Mais leur nombre ne suffit pas. En 1942, Laval espéra éviter une réquisition générale par une formule originale : trois volontaires assureraient la « relève » d'un prisonnier, qui serait libéré. Mais le résultat fut encore insuffisant aux yeux des Allemands, et Laval dut finalement céder aux exigences du Gauleiter Sauckel, que sa besogne de négrier a rendu tristement célèbre : l'organisation du Service du travail obligatoire (S.T.O.) prévoit alors la mobilisation de tous les jeunes gens nés de 1920 à 1922, qui pourront être envoyés travailler en Allemagne.

L'autre souci allemand, c'est la sécurité et l'ordre. Bien entendu, en territoire occupé, l'autorité militaire dispose de tous les pouvoirs de police, et elle a à son service aussi bien la police française que la gendarmerie allemande, la Feldgendarmerie ; elle développe aussi un important réseau de services spéciaux – renseignements et contre- espionnage –, l'Abwehr. Mais, à côté d'elle, collaborant avec elle, ou la surveillant selon les circonstances, opèrent la police d'État et le service de sécurité des S.S., qui dépend de Himmler, dont l'un des principaux organes est celui de la Gestapo (*Geheime Staatspolizei*), de lugubre renommée. Très vite, ces diverses polices procèdent à des perquisitions, des arrestations et des internements arbitraires, des prises d'otages, dont les premiers sont fusillés en août 1941. En mars 1942, le système fut renforcé par la nomination à la tête de ces policiers du Polizeiführer Carl Oberg, et la police allemande commença à exercer ses activités en zone libre.

De la France exploitée, surveillée, réduite à l'impuissance, Hitler tirait ainsi tout ce qu'il pouvait espérer pour la conduite de la guerre. Pourquoi aurait-il écouté les conseillers qui lui suggéraient d'en faire son alliée, sur le plan militaire, et de prendre le risque de réarmer un pays qui ne pouvait que lui être profondément hostile ?

Les souffrances des Français

Les Français s'étaient fait beaucoup d'illusions en juin 1940. La plupart d'entre eux étaient persuadés que très vite tout rentrerait dans l'ordre : la paix serait signée, les prisonniers reviendraient, la vie d'autrefois reprendrait. Et ces soldats allemands, qu'on croyait être des soudards, n'étaient-ils pas d'une correction parfaite, disciplinés, secourables à l'occasion envers les réfugiés et les sinistrés ? C'était l'offensive du sourire... Bientôt, on déchanta.

Premier souci, première angoisse : la dispersion, la dislocation des familles. Sans doute, une fois passée la grande tourmente de l'exode, chacun s'efforça de rentrer chez soi. Mais, dans la plupart des familles, il y avait désormais un absent, fils, frère ou mari, prisonnier ; pendant des mois on demeurait sans nouvelles de lui, et ensuite on correspondait par des cartes en quantité strictement limitée, au nombre de lignes rigoureusement réglementé. D'une zone à l'autre, les communications n'étaient guère plus faciles. Les voyages étaient interdits, sauf à ceux qui possédaient un laisser-passer, qu'on ne pouvait obtenir que pour un motif précis, et non, le plus souvent, sans patience ni intrigue ; quant à la correspondance, elle était réduite à des « cartes interzones » qui n'autorisaient à donner que des nouvelles brèves et stéréotypées. Les familles ne furent pas frappées seulement dans leur vie affective. Comment vivre sans le salaire du prisonnier ? Comment travailler sans possibilité de contact entre fournisseur et client, entre dirigeant et personnel d'exécution ?

Progressivement, l'économie du pays est paralysée. Aux prélèvements allemands s'ajoutent les effets du blocus britannique, qui empêche l'arrivée de matières premières et d'un certain nombre de produits indispensables. Mais pourquoi les Anglais assureraient-ils un ravitaillement qui profiterait immédiatement à l'effort de guerre ennemi ? Sans doute, la production de charbon s'est-elle maintenue presque à son niveau d'avant guerre jusqu'en 1942, et celle d'électricité a-t-elle même augmenté jusqu'en 1943. Mais la France manque d'essence, d'engrais, de matières premières industrielles, telles que textiles, oléagineux, caoutchouc, même fonte ou acier, qui sont absorbés par l'industrie de guerre allemande. Dans tous les domaines, la production s'effondre : de 100, en 1939, à 70 en 1944, pour les produits agricoles, à 43 pour les produits industriels. Sur cette production réduite, les Allemands font une lourde ponction, qui va jusqu'à 40 p. 100. Il faut ajouter à cela la pénurie des transports. L'automobile, le camion disparaissent peu à peu, faute d'essence. La S.N.C.F., qui a été contrainte de livrer à l'ennemi le quart de ses locomotives et la moitié de ses wagons de marchandises, est, de plus, obligée d'assurer en priorité les transports allemands ; ceux-ci absorbent plus de 50 p. 100 du trafic en 1944 ; d'année en année, le trafic civil est devenu plus réduit, plus précaire.

Les Français font donc l'apprentissage d'un régime de restrictions, qui s'aggrave d'année en année. Dans certains cas apparaissent les produits de remplacement, les *ersatz*, qu'il faut une bonne dose d'optimisme pour trouver satisfaisants. Le charbon de bois remplace l'essence, dans des moteurs à gazogène ; le cuir disparaît, on fabrique des souliers à semelle de bois ; des fibres de toute nature remplacent le coton ou la laine des vêtements ; on voit apparaître sur les marchés des fromages contenant 0 p. 100 de matières grasses ; on distribue, sous le nom de « mélange national », un café qui est à base d'orge grillée, et la saccharine donne l'illusion du sucre... Mais rien de tout cela ne satisfait réellement les besoins élémentaires, se nourrir, s'habiller, se chauffer. La pénurie a entraîné, cela va de soi, le rationnement. Dès l'été 1940, un service de ravitaillement est mis en place : il rationne le pain, le sucre, le café, les matières grasses, la viande, les pommes de terre, le lait, le vin... Bientôt, il n'y a plus de produits alimentaires en « vente libre ». Chacun a sa carte de ravitaillement, dont on détache un ticket à chaque distribution. Bien heureux encore lorsque, après des heures de queue par n'importe quel temps, on a pu faire honorer les tickets. Bientôt, il en faut aussi pour avoir droit à un sac de charbon l'hiver, à une paire de chaussures pour l'année. Naturellement, le rationnement est inégal. Les riches régions agricoles, les campagnes, en général, sont relativement privilégiées, puisque la pénurie des transports les empêche d'expédier au loin leurs produits. Mais les villes, les régions défavorisées au point de vue agricole souffrent terriblement. En moyenne, le rationnement leur fournit à peine de quoi couvrir la moitié des besoins normaux. A Paris, dans l'hiver 1943-44, la ration de viande tombe à 300 grammes, celle de matières grasses à 200 grammes par mois, et les distributions sont très irrégulières. Les enfants manquent de lait ; le lait frais arrive par à-coups et le lait concentré n'est distribué que contre ordonnance médicale. La plupart des médicaments sont introuvables. La population, sous- alimentée, amaigrie, est une proie pour la maladie ; les cas de tuberculose augmentent de 30 p. 100. La mortalité s'accroît de plus de 50 p. 100 dans les Bouches-du-Rhône, de 25 p. 100 à Paris. Sans doute diminue-t-elle dans les départements agricoles de l'Ouest, probablement parce que les restrictions forcées ont fait reculer l'alcoolisme. Mais ceci ne compense pas cela.

La pénurie, s'ajoutant à l'inflation, a fait monter les prix. On admet que les prix officiels ont triplé, mais ils ne donnent qu'une idée incomplète des conditions de vie. Car le rationnement entraîne la fraude, les échanges clandestins, le « marché noir ». Ce trafic procure à ceux qui en profitent des bénéfices scandaleux ; c'est un agent de corruption, en même temps qu'une cause supplémentaire de misère et d'amertume pour la grande masse des déshérités.

Et la France n'est pas neutre. Bon gré, mal gré, elle est solidaire de l'occupant, face aux entreprises des Alliés. Avant de songer eux-mêmes à l'offensive, ceux-ci cherchent à affaiblir la menace de guerre allemande, en bombardant les centres industriels, les constructions navales, les bases de sous-marins. Les ports sont particulièrement visés : Dunkerque, Le Havre, Brest, Lorient, Nantes et Saint-Nazaire sont attaqués de plus en plus sévèrement, mais aussi les villes de l'intérieur, Paris en 1943. On évalue à 60 000 morts et 75 000 blessés les victimes des bombardements aériens pendant l'Occupation. Et les rescapés, souvent sinistrés, devaient fuir dans les conditions les plus précaires leurs villes ravagées.

Rares étaient les Français que la guerre n'atteignait pas dans leur vie profonde, dans leurs affections, dans leur idéal. Mais pire que tout fut le sort des israélites. Dès 1940, les autorités allemandes et le gouvernement de Vichy leur ont appliqué des mesures discriminatoires, qui devaient les retrancher de la communauté française, pour finalement aboutir à leur extermination. Ils sont chassés des administrations, privés de leurs biens ; la plupart des activités leur sont interdites ; repérés par l'insigne spécial, l'étoile jaune qu'ils sont contraints de porter depuis juin 1942, la police, allemande et française, les traque. Dans les villes, on procède à des rafles systématiques. A Paris, 13 000 juifs sont ainsi arrêtés dans la nuit du 16 au 17 juillet 1942, hommes, femmes, enfants, parqués dans des prisons de fortune. Des camps d'internement ont été ouverts pour eux : dans la banlieue parisienne, c'est Drancy, d'où la plupart sont ensuite emmenés à Compiègne, et de là dans les camps d'extermination d'Allemagne. Le nombre des victimes de la persécution raciale aurait été de 85 000 environ.

Ceux qui collaborent

Cette soumission au vainqueur et à ses exigences, certains Français l'acceptent. Ils « collaborent » avec l'occupant, mais il existe différentes formes et des degrés dans la collaboration. Pour certains trafiquants, il ne s'agit que de faire de bonnes affaires, en aidant les Allemands à piller la France. Ils servent d'intermédiaires dans des opérations de marché noir, de spoliation des juifs et des patriotes arrêtés ou en fuite ; ils étalent leur vulgarité, sans scrupule, mais sans envergure. Pour beaucoup d'autres, la collaboration est un engagement politique. Engagement de faibles, qui subissent le prestige du triomphateur et s'inclinent devant la force ? Engagement de calculateurs, qui misent sur la victoire définitive de l'Allemagne nazie et qui pensent que leur intérêt — mais peut-être aussi celui du pays — est d'être du bon côté lors du règlement final ? Engagement de partisans convaincus, qui condamnent un libéralisme impuissant et un communisme destructeur, antisémites et anglophobes, séduits par la mystique de l'ordre, de la discipline, du chef ? Tous ces aspects se rencontrent sans doute. On a pu voir alors à quel point la propagande nationale-socialiste avait insidieusement préparé le terrain dans la France d'avant guerre, car toutes les fractions politiques, de l'extrême droite à la gauche, furent représentées dans l'éventail de la collaboration. Celle-ci ne consista jamais qu'en de petits groupes, rivaux entre eux, mais ne manquent pas, grâce à l'appui allemand, de moyens matériels. Ils représentaient des nuances variées. La tradition du fascisme français, qui venait des ligues d'avant guerre, se retrouvait surtout dans l'équipe d'un journal, *Je suis partout,* avec Robert Brasillach, venu de *l'Action française,* dans le mouvement de Doriot, le Parti populaire français, et chez des intellectuels comme Drieu La Rochelle et Céline. C'est, au contraire, dans une tradition de gauche qu'on peut classer certains syndicalistes, comme Dumoulin, et des hommes politiques, dont le plus marquant était Marcel Déat. Celui-ci avait été, dès avant la guerre, à l'origine d'un mouvement néo-socialiste de type autoritaire ; il fonda un véritable parti, le Rassemblement national populaire ; dans son journal *l'Œuvre,* il attaquait avec violence non seulement tous les ennemis de l'« ordre nouveau », mais aussi, à l'occasion, le gouvernement de Vichy et son administration. Car, bien entendu, ces collaborateurs de Paris, bien tenus en main par les Allemands, étaient un excellent moyen de pression sur le maréchal Pétain et son gouvernement.

Les relations avec l'Allemagne ont été, en effet, la grande affaire du gouvernement de Vichy. Elles ont été et elles demeurent l'objet d'ardentes polémiques. Aussi convient-il d'examiner avec attention les divers aspects des problèmes qu'elles ont posés.

Le gouvernement de Vichy

A l'intérieur, le Maréchal et son entourage ont voulu prendre le contrepied de la République. A la devise républicaine, ils ont substitué la formule : *Travail, Famille, Patrie.* Une propagande active stigmatise avec vigueur le régime déchu et tous ceux qu'on pouvait rendre responsables de la défaite : le régime parlementaire, les partis politiques, les juifs, les francs-maçons... L'aboutissement en fut le procès mené à Riom, par un tribunal d'exception, contre Léon Blum, Daladier, Reynaud, Gamelin et quelques autres, sans qu'on sache si le crime qu'on leur imputait était d'avoir provoqué la guerre ou de l'avoir perdue ; il fallut d'ailleurs en interrompre précipitamment le cours, car il tournait au réquisitoire contre la politique hitlérienne, et lui substituer une décision administrative d'internement, manifestation de pouvoir absolu du chef de l'État.

Le maréchal Pétain s'est arrogé, en effet, tous les pouvoirs. Il nomme et révoque les ministres, prend les décisions sans en référer à aucune Assemblée ; il prétend être pour les Français à la fois le père, celui qui protège, et le chef, celui qui dirige. Son régime est une dictature, teintée de paternalisme, qui s'inspire sans doute avant tout de l'exemple portugais de Salazar. Son ambition a été de rebâtir la France selon un schéma emprunté au passé le plus conventionnel : une France paysanne et chrétienne, dirigée par des notables ruraux, dans des structures corporatistes et hiérarchisées. Cette « révolution nationale », qui visait à transformer les mœurs autant que les institutions, n'a d'ailleurs donné naissance qu'à des créations éphémères, comme la Charte du travail. Malgré le culte du chef, la réunion des jeunes dans les Chantiers de jeunesse, le rassemblement des anciens combattants dans la « Légion », c'est un mouvement qui doit plus à l'Action française qu'à l'idéologie fasciste. Peu à peu, à partir de 1942 et surtout sous la pression des circonstances, le régime s'est rapproché davantage du modèle nazi, en particulier par le renforcement des mesures policières et par l'application de lois d'exception. Il ne lui fut cependant jamais complètement semblable, et du point de vue idéologique, la France de Vichy ne s'est pas totalement alignée sur l'Allemagne de Hitler.

Les relations avec l'Allemagne

Il n'en est évidemment pas de même en ce qui concerne ses relations extérieures. Il est difficile de connaître les objectifs réels de Pétain dans ce domaine, car il n'a jamais livré le fond de sa pensée. Mais, et c'est là le fait important, lorsque Hitler, faute d'avoir pu vaincre l'Angleterre directement, caressa le projet de dresser contre elle une coalition méditerranéenne pour laquelle l'accord du Maréchal était indispensable, celui-ci ne repoussa pas ses avances, et c'est ainsi qu'eut lieu la rencontre historique de Montoire entre le chef de l'État français et le Führer du Reich allemand (24 octobre 1940). Jusqu'où Pétain était-il décidé à aller lorsqu'il annonçait aux Français : « J'entre aujourd'hui dans la voie de la collaboration » ? S'agissait-il de cette collaboration limitée aux domaines administratif et économique, que la pratique de l'armistice inscrivait déjà dans les faits ? Irait-il plus loin, dans une collaboration politique, diplomatique et finalement militaire contre l'Angleterre ? Cet engagement, à vrai dire bien vague et qui devait le rester, était-il simplement la promesse d'un faible, qui chercherait à l'éluder s'il était mis au pied du mur, une finasserie pour gagner du temps en amadouant son vainqueur, une forme à la fois rouée et naïve de l'attentisme ? Il se peut que Pétain n'ait eu en vue qu'une politique à la petite semaine. Mais il est certain que son geste eut une portée considérable. Alors qu'il appelait les Français à s'unir autour de lui, il provoquait la division du pays, en encourageant les activistes de la collaboration et en révoltant ses adversaires. « Cette politique est la mienne, déclarait-il [...], c'est moi seul que l'Histoire jugera. » Il acceptait par là la responsabilité des drames qui découleraient de son geste.

Sur cette question essentielle, l'unanimité était loin de régner dans l'entourage du chef de l'État. D'un côté, le général Weygand était fermement hostile à la collaboration, tout en refusant, par fidélité au Maréchal, d'écouter les propositions des ennemis de l'Allemagne ; mais Pétain, qui l'avait pris dans son gouvernement, l'en renvoya dès septembre 1940, en faisant de lui, il est vrai, son délégué général en Afrique du Nord. Les Allemands n'eurent d'ailleurs de cesse qu'ils n'aient obtenu son rappel, en novembre 1941, et qu'ils ne l'aient ensuite arrêté et déporté, en novembre 1942. Mais, de l'autre côté, les deux chefs de gouvernement successifs étaient bien décidés à aller aussi loin que possible dans la voie de la collaboration. Le premier, Pierre Laval, qui s'était imposé à Vichy, fut renvoyé brusquement, le 13 décembre 1940, sans que les raisons de cette disgrâce aient été clairement exprimées. Mais il revient au pouvoir en avril 1942 et il n'hésite pas à déclarer publiquement quelques semaines plus tard, par opportunisme peut-être : « Je souhaite la victoire de l'Allemagne. » Le second, Darlan, qui a gouverné jusqu'en avril 1942, après un bref intermède Flandin, a mené la France de Vichy au plus près de la rentrée dans la guerre aux côtés de l'Allemagne. En mai 1941, il accepta d'aider les Allemands à soutenir l'Irak, qui venait de se révolter contre l'Angleterre, et signa à ce propos les Protocoles de Paris les autorisant à utiliser les aérodromes de Syrie, ainsi que les bases de Bizerte et de Dakar. En fait, cet accord n'aboutit pas, car Hitler n'avait pas suffisamment confiance dans la France pour lui permettre de réarmer, si peu que ce fût ; et, du côté français, l'opposition fut également très vive. L'initiative de Darlan conduisit cependant à une guerre fratricide : pour empêcher les Allemands de prendre pied en Syrie et au Liban, les Français libres, appuyés par des forces britanniques, en chassèrent l'armée aux ordres de Vichy. Affrontement dramatique, résultat immédiat de l'équivoque dans laquelle vivait le régime de Pétain.

Une telle politique devait inévitablement troubler profondément le pays. En 1940, l'immense majorité des Français s'était ralliée au vieillard qui leur avait dit : « Je fais à la France le don de ma personne pour atténuer son malheur. » Ils avaient le sentiment que, grâce à lui, la France n'était pas entièrement à la merci du vainqueur. Sa popularité demeura longtemps vive dans la zone Sud, qui échappait à l'occupation ; son programme d'ordre et de moralité satisfaisait la bourgeoisie et l'Église. Ceux qui auraient pu s'y opposer étaient désorientés, dispersés, impuissants. Il n'existait plus ni partis politiques, ni syndicats, ni associations autres que celles qu'avait créés le régime. Mais même lorsqu'ils étaient « pétainistes », presque tous les Français étaient anti-allemands. Ils allaient le montrer, timidement d'abord, mais de plus en plus nettement.

Ceux qui résistent

Le terme de « Résistance », qui devait faire fortune, fut employé pour la première fois par le général de Gaulle, le 18 juin 1940, et c'est hors de France que se manifesta d'abord la réaction anti-allemande. A Londres, de Gaulle groupa autour de lui ceux qui refusaient la capitulation, et qui prirent le nom de « Français libres ». Peu nombreux au début, leurs rangs grossirent peu à peu avec l'arrivée de volontaires, convaincus par les appels de la radio de Londres ou qui fuyaient la France, au prix souvent des plus grandes difficultés. Pauvre en hommes, dépourvu de toutes ressources, de Gaulle faisait preuve d'une énergie indomptable et affirmait représenter la France en face d'un gouvernement illégal et défaitiste, qui s'était d'ailleurs hâté de le faire condamner à mort. Il échoua dans une tentative pour prendre pied dans l'Empire, en débarquant à Dakar, et cet échec souligna sa faiblesse. Mais le gouvernement de Churchill ne lui refusa jamais son aide, et peu à peu les ralliements se firent plus nombreux. Bientôt, il put constituer une force armée, qui prit part aux combats à partir de la fin de 1940. Au début de 1941, le colonel Leclerc, parti de Fort-Lamy avec une troupe misérablement équipée, franchit 1 600 kilomètres de désert, fait capituler la garnison italienne du fort de Koufra, et prononce le « serment de Koufra » : « Nous ne nous arrêterons que quand le drapeau français flottera aussi sur Metz et Strasbourg. » En mai 1942, la brigade du général Koenig résiste pendant seize jours, à Bir Hakeim, aux assauts de l'armée allemande de Rommel, et permet ainsi aux Anglais, bousculés en Libye, de se réorganiser. Ces exploits, plus importants moralement encore que stratégiquement, témoignent du relèvement de la force militaire française. En juin 1942, les Forces françaises libres comptent 70 000 hommes, au moral élevé ; elles sont le noyau de la future armée française.

Mais, en même temps, était née une résistance intérieure, spontanée, inexpérimentée, inorganisée. Elle avait pris forme surtout en zone occupée, alimentée par la présence obsédante de l'ennemi, et elle se manifestait sous les aspects les plus divers, d'abord passifs, puis de plus en plus actifs. Au début, ce n'est guère plus qu'une fronde : on feint de ne pas comprendre les règlements qu'édicte l'occupant, ou on l'ignore systématiquement, on se moque de lui, on apprend l'irrespect de la force, on prend l'habitude d'écouter la B.B.C., malgré le brouillage de la censure allemande, et sans toujours se préoccuper de savoir si ce sont des Anglais ou des Français qui « parlent aux Français ». Bientôt, on aide les prisonniers qui s'évadent des camps provisoires établis en France ou, par des filières d'évasion, à partir des frontières : c'est déjà un engagement plus marqué et un commencement d'organisation. Plus tard, on aide de la même manière tous les suspects, et notamment les juifs. De proche en proche, la résistance prend des formes plus actives, plus efficaces, plus périlleuses aussi : c'est la rédaction et la diffusion de tracts, de journaux, qui dénoncent les mensonges de la propagande de Berlin, et à l'occasion aussi de celle de Paris, qui donnent des raisons d'espérer en montrant qu'il existe dans l'ombre des forces qui luttent et qui ne sont pas négligeables. C'est aussi la constitution de réseaux de renseignements qui, patiemment, mais passionnément, épient, collectent tout ce qui peut éclairer sur les forces et les faiblesses, sur les intentions ou les craintes de l'ennemi, et renseignement Londres par les chemins les plus divers. C'est enfin l'action directe, les sabotages, les attentats, l'activité de « maquisards », retranchés dans des montagnes ou des forêts, qui harcèlent l'occupant, le démoralisent, enrayent sa machine de guerre. C'est une guerre de type nouveau, la guerre subversive, dont les résistants font lentement, et souvent maladroitement, l'apprentissage, au prix de lourdes pertes.

Dès 1940 ont lieu les premières manifestations de résistance spontanée : le 11 novembre, des étudiants parcourent les

Champs-Élysées en criant « Vive de Gaulle », et les Allemands, surpris, réagissent mollement. Mais bientôt les résistants se groupent, par hasard, par affinités d'opinion ou par solidarité de travail. Des organisations se constituent, les unes à peine ébauchées, faibles, parfois rapidement décimées par la répression, d'autres plus solides, mais toujours précaires. Elles sont particulièrement nombreuses dans la zone Nord, où les incidents de la vie quotidienne leur fournissent un aliment sans cesse renouvelé : c'est à Lille, où les souvenirs de l'occupation de 1914-1918 sont restés vivaces, *la Voix du Nord*, mais c'est aussi *Ceux de la Résistance*, *Défense de la France*, *Libération-Nord*, et bien d'autres. En zone Sud, où la résistance est moins tournée vers l'action immédiate, mais plutôt vers l'organisation et les problèmes d'avenir, les mouvements se structurent davantage. Ce sont *Franc-Tireur*, *Libération-Sud*, avec d'Astier de La Vigerie, et surtout *Combat*, animé par Henri Frenay. Avec le déclenchement de la guerre contre l'U.R.S.S., tous ces mouvements reçoivent un élan nouveau, d'abord parce que les perspectives de victoire allemande s'éloignent, et aussi parce que le parti communiste entre désormais en force et sans arrière-pensée dans la Résistance. Il lui apporte le nombre, la foi de ses militants, l'expérience de la vie clandestine qu'il connaît lui-même depuis son interdiction, en septembre 1939.

« Les hommes de la nuit »

Car les résistants sont des clandestins, des « hommes de la nuit », qui apprennent à vivre dangereusement, toujours en marge des lois. Fausses identités, fausses cartes de ravitaillement, adresses fictives, tout chez eux est irrégulier. Ils doivent généralement conserver une façade officielle, mais ils mènent le plus souvent une vie errante, pour accomplir leur besogne et échapper aux polices qui les traquent. Ils sont à la merci d'un hasard, d'une imprudence, d'une dénonciation. Et ce qui les attend, c'est la prison, la torture, le peloton d'exécution ou l'envoi en Allemagne dans les camps de la mort lente : 30 000 fusillés, plus de 100 000 déportés, dont la plupart morts dans les camps ou peu après leur retour, tel fut le martyrologe de la Résistance. Résistance de tout un peuple, où sont confondues, dans un poignant élan volontaire, toutes les classes sociales, toutes les opinions, toutes les régions, car il n'est pas de milieu, si limité fût-il, qui n'y ait participé.

Entre ces formes complémentaires de la Résistance, l'unité de vue n'était pas toujours complète, ni l'indispensable coordination facile à réaliser. La résistance intérieure prit rapidement une coloration politique, au risque d'accroître ses divisions ; car, en même temps qu'aux Allemands, elle se heurtait à l'administration, à la police, à la justice de Vichy ; elle se préoccupa rapidement de l'après-guerre, du régime qu'on substituerait à la France de Pétain, et sur ce point les solutions divergeaient fatalement entre les groupes. Chacun d'entre eux tendait à demeurer indépendant, pour avoir ses coudées franches à l'heure de l'action décisive et au moment de l'exploitation du succès. Mais cela n'entrait pas dans les vues du général de Gaulle. La France libre ne pouvait pas être pour lui un mouvement uniquement militaire qui échapperait difficilement au risque de tomber à la solde de l'étranger. Pour que la France vécût, pour que ses intérêts fussent sauvegardés, il fallait qu'elle soit présente comme un État, avec toutes ses prérogatives politiques, militaires, diplomatiques, à l'heure de la victoire. Pour que la mission qu'il s'était donnée de la représenter fût reconnue par les Alliés, il lui fallait rassembler tous les Français autour de lui. Un de ses soucis essentiels fut d'unir la Résistance et de se faire reconnaître comme son chef. Il y parvint, non sans laborieuses discussions, sans difficultés et incidents, grâce surtout à l'action de Jean Moulin, qui réussit à réunir sous sa présidence, dans le Conseil national de la Résistance, les représentants des principaux mouvements de résistance et des partis politiques clandestins (27 mai 1943). Arrêté peu après, Jean Moulin mourut sous la torture. A cette date, la Résistance française avait acquis suffisamment de poids pour ne pas laisser les Alliés seuls libérer le pays et pour prendre en main son relèvement.

III. LA FRANCE RELEVÉE ET LIBÉRÉE

Le débarquement en Afrique du Nord et ses conséquences

Le 8 novembre 1942, une flotte anglo-américaine de 800 bâtiments, transportant 75 000 hommes, abordait les côtes d'Afrique du Nord, à la grande surprise des autorités françaises et allemandes. Elle exécutait l'opération « Torch », étape décisive dans la rentrée de la France dans la guerre active, bien qu'elle n'ait pas été décidée en fonction des intérêts français.

Cette opération avait été très insuffisamment préparée, et il devait en résulter des conséquences graves. Une des craintes des Alliés avait été de se heurter à une résistance armée des Français, crainte qui n'était pas sans fondements, car l'armée, l'administration et les colons d'Afrique du Nord étaient très attachés à Pétain, très hostiles aux Anglais et à de Gaulle. Pour tenir compte de ces sentiments, les Anglais s'étaient effacés devant les Américains, et de Gaulle avait été tenu dans l'ignorance complète du projet. Le commandement allié s'était efforcé de préparer le terrain pour désamorcer l'opposition et se ménager des appuis ; mais, au cours des contacts qui avaient été pris avec diverses personnalités, il s'était toujours refusé à dévoiler ses projets précis, par crainte qu'ils n'arrivent aux oreilles des chefs militaires et des hauts fonctionnaires tout dévoués à Vichy. Si bien que, le moment venu, les petits noyaux de fidèles à la cause alliée allaient se trouver extrêmement gênés pour apporter une aide efficace à leurs amis. Les Américains crurent bien faire en s'assurant le concours du général Giraud. Dans un certain sens, le choix n'était pas mauvais ; Giraud jouissait d'un grand prestige dans l'armée, accru encore par sa récente évasion d'Allemagne, où il était prisonnier depuis mai 1940, et il était connu pour son hostilité foncière aux Allemands. Mais il était totalement dépourvu d'expérience et même de sens politiques. Fidèle au maréchal Pétain, il approuvait hautement la révolution nationale, tout en réprouvant violemment la collaboration, et cette contradiction ne le gênait pas. Il méprisait les mouvements clandestins, qui n'avaient pas la structure militaire classique, et il rêvait naïvement de prendre le commandement des armées alliées pour aller à la reconquête de la France, à partir des rives de la Méditerranée. Il était mal préparé au rôle qui l'attendait, et les accords qu'il conclut avec les Américains étaient ambigus et imprécis, ce qui allait encore accroître les difficultés.

Lors du débarquement, l'affrontement entre Français et Alliés ne put être évité. Du moins fut-il limité. Un armistice, conclu dès le premier jour pour Alger, fut ensuite étendu aux autres points de contact. Les Anglo-Américains contrôlaient la côte et l'arrière-pays, du Maroc à Alger, mais ils n'avaient pas osé étendre leurs opérations jusqu'à Bizerte, ce qui les privait d'une base stratégique décisive. C'est surtout sur le plan politique que l'opération se révéla décevante et prit un tour inattendu. Contrairement au plan prévu, Giraud n'était pas à Alger au moment du débarquement ; il était retenu à Gibraltar, où il discutait avec le général Eisenhower, chef de toute l'opération, des modalités d'organisation du commandement interallié. Mais l'amiral Darlan, toujours successeur désigné de Pétain, s'y trouvait, lui, pour des raisons d'ailleurs accidentelles et purement familiales. Pris de court, c'est à lui que les Américains s'adressèrent pour négocier un cessez-le-feu. Darlan exploita habilement la situation pour opérer un retournement spectaculaire. Il écarta sans grande difficulté Giraud, qui ne songeait qu'à exercer un commandement militaire ; il se prévalut d'un « accord intime » avec Pétain, qui demeure très discuté, car il est impossible de savoir de façon certaine si le chef de l'État lui donnait son accord pour résister aux envahisseurs ou pour cesser cette résistance. Quoi qu'il en soit, il apparut, aux yeux des Américains, comme le personnage indispensable, et ils se hâtèrent de lui reconnaître le pouvoir *de facto*.

Cette succession de coups de théâtre eut immédiatement des prolongements importants. D'abord surpris, Hitler réagit avec un temps de retard, mais vigoureusement. Il fit appliquer le plan « Attila », prévu pour une telle circonstance. Le 11 novembre, la Wehrmacht envahit la zone Sud et occupa tout le territoire ; l'armée de l'armistice, impuissante, fut désarmée, puis dissoute. Seul reste de la force française, demeurait la flotte, rassemblée dans la rade de Toulon. Mais ne risquait-elle pas de rallier à son tour Alger, à l'appel de Darlan, à qui elle devait tant ? Hitler se méfiait, et malgré ses promesses de ne rien tenter contre elle, il donna l'ordre de l'attaquer le 27 novembre. La parade était prévue depuis longtemps et elle joua à plein. Sur l'ordre du commandement, la flotte tout entière se saborda. Elle échappait à l'ennemi, mais sans profit pour la France, et Vichy perdait le dernier atout qui lui restait. En même temps, Hitler se hâta de faire occuper la Tunisie, que les Alliés, par timidité et manque de moyens, n'avaient pas osé inclure dans leurs plans. Les troupes françaises, désorientées et menées par des chefs indécis, demeurèrent passives. Tunis et Bizerte furent ainsi abandonnées aux Allemands, qui y établirent une solide tête de pont. En même temps que l'Afrique du Nord, le gouvernement de Vichy perdait le contrôle de l'Afrique, car l'Afrique occidentale se ralliait à Darlan. Sans armée et sans flotte, sans empire, son territoire entièrement occupé, sa capitale sous contrôle ennemi, que restait-il au gouvernement de Vichy ? Sa souveraineté n'était plus qu'une fiction insoutenable. Et le maréchal Pétain avait refusé d'accomplir le geste que beaucoup de Français espéraient : gagner l'Afrique et se ranger du côté des Alliés, ou du moins abandonner un pouvoir désormais inexistant. Il s'en tenait à l'attitude qu'il avait adoptée en 1940, pour continuer à protéger les Français. En fait, dépourvu de toute autorité, il allait laisser de plus en plus la direction des affaires à Laval, qui devenait, bon gré, mal gré, un simple exécutant des volontés de l'occupant. Son gouvernement allait ainsi mener une existence humiliée, misérable, jusqu'au jour où, en août 1944, il lui fallut s'exiler en Allemagne, devant l'avance alliée qui signifiait la libération de la France.

Le redressement

Le débarquement en Afrique du Nord, qui eut lieu à un moment décisif de la guerre, marque un tournant essentiel dans les affaires de la France, dont il amorçait le redressement. Mais celui-ci ne se produisit pas sans difficultés. La reconnaissance par les Américains du pouvoir de Darlan à Alger était pour la France libre un coup très dur. Sans doute Roosevelt l'avait-il qualifiée d'« expédient provisoire », mais cela ne faisait que confirmer son attitude générale, qui était de ne traiter qu'avec les autorités locales, en refusant à quiconque, et surtout à de Gaulle, le droit de parler au nom de la France. Attitude sans doute favorable à la conduite de la guerre telle qu'il la concevait, mais très dangereuse pour les intérêts français, qui n'étaient nulle part défendus. Et ceux qui avaient rallié la cause alliée en 1940 ne pouvaient qu'être scandalisés de voir au pouvoir l'un de leurs pires ennemis, au prix d'un reniement sans pudeur. A Alger, où les partisans du régime de Vichy étaient nombreux, l'atmosphère était trouble, les passions exaspérées. Le 24 décembre, un jeune gaulliste assassina Darlan, mais la situation n'en fut pas simplifiée pour autant. Le conseil des gouverneurs des colonies, qui venait d'être créé, choisit Giraud pour lui succéder, et ce choix ne pouvait que combler les désirs des Américains. Son programme, qui écartait systématiquement tout problème politique — « un seul but, la victoire » —, leur laissait, en effet, les mains libres. Pour de Gaulle, au contraire, la situation était extrêmement grave. La mise en place à Alger d'une autorité française indépendante et rivale de celle de Londres lui était inadmissible, autant qu'un accord sincère avec Giraud, qui refusait de désavouer le régime de Vichy. Il ne put éviter, sous la pression de Churchill, qui cédait lui-même aux exigences de Roosevelt, de rencontrer Giraud à Casablanca, en présence des deux hommes d'État anglo-américains, mais la poignée de main maussade qu'échangèrent alors les deux généraux n'était qu'un geste de façade qui ne résolvait rien. De Gaulle avait toutefois pour lui la force de sa personnalité, la logique de sa position, l'appui des résistants. Il devait finalement l'emporter, mais ce ne fut pas sans querelles pénibles, qui ne relevaient pas le prestige de la France aux yeux des Alliés.

Après de longues négociations préparatoires destinées à souligner les quelques points d'accord, de Gaulle vint à Alger et forma avec Giraud le Comité français de Libération nationale, dont ils furent les coprésidents. En fait, Giraud, qui conservait en même temps le titre de commandant en chef, cessa peu à peu de jouer un rôle politique et fut finalement complètement éliminé en novembre 1943. De Gaulle devint alors le chef incontesté du C.F.L.N., qui agit comme un véritable gouvernement. Pour renforcer son autorité en l'appuyant sur une adhésion des Français aussi large que possible, il institua une Assemblée consultative, où furent représentés les territoires libérés, ainsi que les mouvements de résistance. Non seulement il annula, partout où son autorité s'exerçait, les mesures prises par Vichy, mais il prépara l'avenir, c'est-à-dire le rétablissement de l'ordre et de l'indépendance dans le territoire national à mesure qu'il serait libéré. Il faudrait alors, en effet, éliminer et châtier tous ceux qui avaient collaboré avec l'ennemi, mettre en place une administration nouvelle et assurer la collaboration entre la résistance intérieure et la résistance extérieure, qui s'ignoraient pratiquement. Il fallait que la France se montrât capable de se gouverner et de s'administrer elle-même, immédiatement et efficacement, pour éviter l'administration militaire que les Alliés songeaient à lui imposer et dont le signe le plus visible, et sans doute un des plus déplaisants, était la monnaie d'occupation que les services américains avaient déjà préparée. L'efficacité de son action donna au C.F.L.N. une autorité suffisante pour qu'il se sente capable, en mai 1944, de franchir une nouvelle étape en se proclamant Gouvernement provisoire de la République française.

Les Forces françaises libres

Le signe le plus net de ce redressement est la renaissance de l'armée et sa participation aux combats libérateurs. Refaire une armée française n'était pas une besogne facile. Du point de vue psychologique et humain, d'abord, il s'agissait de rapprocher, et autant que possible d'amalgamer, des hommes et des chefs venus d'horizons singulièrement éloignés : entre les gaullistes de la première heure, ceux qui avaient suivi Leclerc et les vichyssois ralliés à Giraud, dont certains s'étaient trouvés face à face en Syrie, l'accord n'était pas facile. Le problème se compliqua même plus tard avec l'afflux dans cette armée des combattants venus de la résistance intérieure, et le temps seul permit de le résoudre. Dans l'immédiat, la mise sur pied d'une armée capable de reprendre la lutte fut la préoccupation essentielle du général Giraud. Ses effectifs furent fournis en grande partie par l'Afrique du Nord et par l'Afrique noire, mais il ne fut pas toujours facile de les encadrer de façon satisfaisante. Pour le matériel et l'équipement de toute nature, on ne pouvait compter que sur les fournitures américaines, ce qui posait inévitablement des problèmes d'adaptation. De plus, les Américains réservaient la priorité à leurs propres besoins et voulaient imposer leur conception, étrangère, d'un petit nombre de combattants dotés d'un matériel important et appuyés sur des services très développés. Il faut ajouter, enfin, les réticences et les difficultés suscitées au niveau du commandement par l'intégration inévitable dans une guerre de coalition. La tâche était donc particulièrement délicate ; elle fut cependant menée à bien, puisqu'on parvint à lever et à équiper, hors de la métropole, plus de 500 000 hommes, dont la moitié constituèrent les corps expéditionnaires et participèrent aux campagnes d'Italie et de France. Mais l'armée française ne pouvait pas attendre d'être remise sur pied pour participer à la guerre. L'arrivée des Allemands en Tunisie imposait une action d'urgence, et c'est une armée improvisée qui fit ses premières armes dans l'hiver 1942-43. Elle les fit dans des conditions particulièrement difficiles : terrain accidenté et climat rude, pénurie d'armement et d'équipement, manque d'entraînement de la troupe, à quoi s'ajoutaient, au début, les hésitations des chefs désorientés par l'évolution de la situation politique et par le manque de coordination entre les commandements français et allié. Après les combats défensifs de l'hiver, qui avaient arrêté l'attaque allemande sur la dorsale tunisienne, l'armée d'Afrique, commandée par le général Juin et intégrée maintenant dans l'ensemble des forces alliées, prit une part brillante à la campagne de printemps, dont l'aboutissement fut la destruction totale des forces de l'Axe en Tunisie.

La Méditerranée redevenait accessible aux Alliés. Le débarquement en Sicile, l'invasion de l'Italie, la capitulation de Badoglio ouvrirent des perspectives nouvelles. Giraud voulut en profiter pour libérer la Corse, par une opération purement française, sans la coopération des Alliés, qu'il évita même d'informer. En fait, cette libération fut activement préparée, et en grande partie réalisée, par une résistance intérieure où l'influence communiste était très agissante. Mais un « bataillon de choc » y prit part, et l'île fut rapidement libérée de ses occupants italiens et allemands (septembre 1943). Sur le plan militaire, l'affaire était de faible importance, mais la libération de la Corse — premier département métropolitain délivré — eut un grand retentissement moral.

A partir de novembre 1943, un corps expéditionnaire français est engagé en Italie ; les Alliés y piétinent dans la région centrale, de relief tourmenté et où les Allemands ont établi une solide ligne de résistance, la « ligne Gustav ». Toutes les attaques frontales échouent, notamment autour du mont Cassin, et les forces alliées s'usent pendant tout l'hiver dans une stérile guerre de position. C'est une manœuvre du général Juin, exécutée par les Marocains dans des montagnes jugées inaccessibles, qui permet de débloquer la situation. Les Allemands, pris à revers, doivent se replier (17 mai 1944) ; la route de Rome est ouverte et les Français font leur entrée dans cette ville le 4 juin, derrière les premiers éléments américains. Ils poursuivent l'ennemi vers le nord et entrent à Sienne, avant d'être retirés du front d'Italie pour se préparer à débarquer dans le midi de la France. L'heure de la libération, en effet, est proche.

La libération

Pour les Anglo-Américains, dont les états-majors combinés préparaient depuis 1942 l'invasion de l'Europe, la libération de la France n'était qu'un aspect de la bataille qui devait aboutir à la capitulation de l'Allemagne. Dans la guerre planifiée qu'ils concevaient, les Américains ne comptaient guère sur l'aide de la Résistance, qui, de plus, leur était suspecte politiquement. Quant au général de Gaulle, ils ne voulaient rien faire qui pût magnifier son rôle, et ce n'est qu'au dernier moment qu'il fut prévenu du déclenchement des opérations de débarquement en Normandie.

De fait, le débarquement anglo-américain du 6 juin 1944, sur les côtes de Normandie, s'effectue avec un déploiement de forces terrestres, maritimes et aériennes tel que tout ce que pourraient apporter les Français apparaît dérisoire. Après un départ difficile, car les Anglais piétinent devant Caen, les Américains percent le front allemand, hâtivement constitué, à la base du Cotentin. Négligeant les unités allemandes qui résistent confusément sur leurs arrières ou se retranchent dans des ports (où certaines se maintiendront jusqu'à la capitulation générale), les unités alliées poursuivent leur avance, bien plus rapide que ne l'avaient prévue les états-majors, avec comme objectif le Rhin : les Anglais par le nord de la France et la Belgique, vers les Pays-Bas et la Ruhr, les Américains par les pays de la Loire et de la Seine, vers la Lorraine et la Sarre. Le 15 août, un second débarquement a lieu en Provence, sur la côte des Maures ; cette fois, des troupes françaises y participent, la Ire armée du général de Lattre, venue d'Italie ; là encore, le succès est rapide et complet. Les Allemands se replient par la vallée du Rhône, et le 12 septembre les libérateurs, venus les uns de l'Océan et les autres de la Méditerranée, font leur jonction dans la région d'Autun. Lorsqu'en novembre le mauvais temps et les difficultés d'approvisionnement contraignent les Alliés à s'arrêter, la France, sauf l'Alsace et une partie de la Lorraine, est libérée.

Le 6 juin, annonçant aux Français le début des opérations, le général de Gaulle avait déclaré au micro de la B.B.C. : « C'est la bataille de France et c'est la bataille de la France. » De fait, ni pour lui, ni pour les soldats de la France libre qui venaient de toutes les parties du monde, ni pour les résistants de l'intérieur, qui risquaient leur vie depuis des mois ou des années en la préparant, la France ne pouvait être absente de cette bataille qui marquerait sa renaissance.

La résistance intérieure s'était renforcée à mesure que les espoirs de libération se précisaient. Elle avait reçu une aide accrue des Alliés. Sans perdre son individualisme et le cloisonnement inhérent à son caractère clandestin, elle s'était davantage structurée. Sans doute, les divergences subsistaient, personnelles ou politiques, et elles allaient apparaître au grand jour lors des combats pour la libération. Mais, depuis la constitution du Conseil national de la Résistance, des organismes communs avaient été créés. Les combattants de la résistance (Forces françaises de l'intérieur, ou F.F.I.) devaient recevoir leurs directives d'un comité d'action militaire, le C.O.M.A.C. Et, en avril 1944, de Gaulle les avait placés sous les ordres du général Kœnig, qui les commanderait de Londres. Des plans d'action avaient été préparés : « plan vert » pour saboter les communications ennemies par voies ferrées, « plan bleu » contre le réseau électrique, « plan violet » contre le téléphone. Il était même prévu des lieux de rassemblement, dans des montagnes, fonctionnant comme centres mobilisateurs. Aux jeunes gens des maquis, qui s'étaient considérablement développés depuis l'institution du S.T.O., viendraient se joindre tous les volontaires pour les opérations décisives. L'appel à l'action immédiate des résistants fut effectivement lancé le 6 juin. Cet ordre se révéla rapidement inopportun, car les moyens matériels que leur fournirent les Alliés n'étaient pas à la mesure de cette véritable « levée en masse ». Des forces demeurèrent inutilisées, de l'héroïsme fut dépensé en vain. Mais il est incontestable que la Résistance facilita la tâche des libérateurs dans une proportion que ceux-ci n'avaient pas prévue. Partout ils étaient renseignés, tandis que l'ennemi se débattait dans un réseau de fausses indications. Des sabotages, des embuscades arrêtaient la marche des Allemands, les harcelaient, les maintenaient dans un climat démoralisant d'insécurité. L'armée allemande mesura à sa juste valeur le danger psychologique et militaire que représentait pour elle cette forme de guerre subversive. Elle réagit avec une particulière violence contre l'action de ceux que la propagande de Hitler qualifiait de « terroristes », avec l'aide de la « milice » créée par le gouvernement de Vichy. Elle décima des rassemblements de maquisards, comme celui du Vercors, écrasé après avoir trop compté sur une aide extérieure qui ne vint pas. Elle se livra même à des excès inexpiables, comme le massacre des habitants d'Oradour-sur-Glane, qu'aucune provocation ne peut expliquer. Ce fut une lutte cruelle et sans merci, qui se déroula sur tout le territoire et dont il est bien difficile de faire le bilan. La libération de Paris en fut l'épisode le plus spectaculaire ; elle allait avoir un retentissement mondial.

Libérer rapidement Paris n'entrait pas dans les plans des Alliés, qui y voyaient moins d'avantages que de soucis politiques ou administratifs. Mais, après le succès de la campagne de Normandie, le Comité parisien de Libération, où dominent les communistes, lance l'ordre d'insurrection : il s'agit de montrer aux Alliés et au monde que le peuple de Paris n'attend pas sa délivrance de l'étranger et saura se libérer lui-même. Mais, à Paris comme ailleurs, les F.F.I. manquent de moyens. Si le commandement allemand le voulait réellement, il détruirait la ville et écraserait ses défenseurs. Les délégués du Gouvernement provisoire en ont conscience, et ils craignent aussi la formation d'un gouvernement insurrectionnel qui s'opposerait à celui de De Gaulle. Une trêve est péniblement conclue avec le commandement allemand, que gagne le défaitisme, mais la Résistance ne la respecte pas. Finalement, de Gaulle obtient des Alliés qu'ils infléchissent leur dispositif pour sortir d'une situation qui risque de devenir dramatique. La division Leclerc, débarquée d'Angleterre le 1er août, est autorisée à marcher sur Paris, où elle pénètre le 24. La capitale est ainsi libérée à la fois par les Français de l'intérieur et par ceux de l'extérieur, et leur rencontre prend un sens symbolique. Le général de Gaulle, qui, dès le 14 juin, était venu à Bayeux, première ville libérée, affirmer sa qualité de chef du gouvernement, s'installe à Paris, où personne ne conteste son autorité.

Au cours de ces semaines décisives, la France est sortie de l'équivoque et a montré des signes évidents de redressement. Vichy, son gouvernement et son administration se sont effondrés. Pétain et Laval, emmenés par les Allemands à Sigmaringen, se considèrent maintenant comme des prisonniers sans aucune autorité. Partout des organismes nouveaux, prévus dans la clandestinité, ont pris en main l'administration. Le gouvernement provisoire, remanié pour y inclure des représentants de la Résistance intérieure, a rétabli provisoirement la législation de la IIIe République, en attendant de pouvoir consulter les Français sur les institutions futures qu'ils veulent se donner. Aux yeux de l'étranger, il est incontestablement le gouvernement légitime de la France, et les Alliés acceptent alors de le reconnaître comme tel.

La fin de la guerre

A bien des égards, cependant, la situation demeure très difficile, et le dernier hiver de guerre reste dans le souvenir des Français comme l'un des plus pénibles, malgré l'immense espoir qui soulève le pays.

Prisonniers de guerre, travailleurs du S.T.O. et surtout déportés voient leur condition s'aggraver à mesure que la guerre se rapproche des frontières de l'Allemagne. Tiendront-ils jusqu'à la délivrance ? C'est une anxiété qui n'épargne guère de familles. La vie matérielle est difficile, le rationnement est aussi rigoureux, sinon plus, que sous le régime allemand : les bombardements qui ont préparé le débarquement et les combats de la libération ont anéanti tout le système des communications, et les Alliés ont trop de soucis pour accorder une place privilégiée au ravitaillement du pays ; la vie économique est paralysée. La libération ne s'est pas accomplie sans troubles, la vengeance populaire contre les collaborateurs a parfois abouti à d'odieux règlements de compte, et des autorités locales improvisées ont pu être tentées de profiter de la précarité des moyens d'action du gouvernement pour abuser de leurs pouvoirs. Dans l'ensemble, cependant, la situation s'est rapidement normalisée, grâce à l'optimisme et à l'enthousiasme général, et à la discipline dont firent preuve les organisations de résistance. Les troubles sociaux que certains craignaient ne se produisirent pas, et le parti communiste, le premier, appela les Français au travail.

Sur le plan militaire, les Allemands, vaincus en Normandie, ont reflué précipitamment vers l'est ; mais ils s'accrochent maintenant en Lorraine et dans les Vosges, de même qu'ils résistent sur un certain nombre de points vitaux des côtes, à Dunkerque, Lorient, Royan... Sans doute, l'armée française se renforce-t-elle de nombreux volontaires F.F.I., chez qui l'enthousiasme compense le manque d'instruction et qui s'amalgament facilement aux anciens de la France libre. Mais cette armée, dépourvue de moyens propres, dépend entièrement de ses alliés. Venant de la vallée du Rhône et du Jura, l'armée de Lattre a libéré en novembre la haute Alsace ; de son côté, Leclerc a percé dans les Vosges et libéré Strasbourg, le 23 novembre. Mais les Allemands se maintiennent autour de Colmar. En décembre, ils lancent dans les Ardennes une contre-offensive qui prend les Alliés au dépourvu ; les Américains veulent évacuer Strasbourg pour raccourcir leur front et il faut une intervention brutale de De Gaulle pour les en empêcher. Ce n'est d'ailleurs qu'une courte crise et, au printemps, la logique de la supériorité alliée l'emporte. Dans l'assaut général qui franchit le dernier obstacle, le Rhin, et livre aux Alliés l'Allemagne, les Français tiennent leur rôle avec honneur. L'armée de Lattre franchit le Rhin à Spire, et c'est une prouesse technique remarquable. Les forces françaises se répandent dans l'Allemagne du Sud, occupent Stuttgart et libèrent le Tyrol ; la division Leclerc, fonçant en Bavière, s'empare, le 4 mai, du nid d'aigle de Hitler, à Berchtesgaden. Aussi l'armée française est-elle présente lors de la capitulation allemande à Berlin, où le général de Lattre s'est rendu, sur l'ordre de De Gaulle.

C'est que, sur le plan diplomatique, celui-ci dut lutter obstinément pour faire admettre que la France reprenne sa place parmi les grandes nations. En décembre, pour faire pièce aux réticences américaines, il avait conclu avec Staline un pacte d'assistance. Mais il n'avait pas été invité à la conférence de Yalta, où les « trois grands » avaient réglé le sort futur de l'Europe et du monde. Toutefois, ceux-ci avaient admis, grâce à l'insistance de Churchill, que la France participerait à l'occupation de l'Allemagne et qu'elle aurait un siège permanent, comme la Chine, aux côtés des États-Unis, de l'U.R.S.S. et de la Grande-Bretagne, au Conseil de sécurité des Nations unies.

Pendant que les Alliés s'efforçaient de régler, une fois encore sans la France, les problèmes européens à la conférence de Potsdam, la guerre s'achevait dans le Pacifique. La France y était directement intéressée, puisque le sort de l'Indochine en dépendait. Les Japonais s'y étaient établis en 1940, sous le couvert d'une « défense commune », et y avaient encouragé les mouvements antifrançais. En mars 1945, ils s'étaient emparés complètement du pouvoir par un coup de force brutal. Leur capitulation, le 16 août, laisse un vide : l'anticolonialisme américain s'efforce de maintenir les Français à l'écart ; ce sont les Chinois dans le Nord et les Anglais dans le Sud qui sont chargés de désarmer les troupes japonaises et d'assurer le maintien de l'ordre.

Lorsque la guerre s'achève, l'avenir demeure sombre sur plus d'un point. La guerre a coûté à la France, directement, environ 600 000 victimes — 200 000 soldats et 400 000 civils, dont la moitié morts en déportation. Sans doute est-ce peu par rapport aux pertes de l'Allemagne ou de l'U.R.S.S., mais c'est une perte grave cependant, dans l'état de faiblesse démographique où se trouve la France de la première moitié du XXe siècle. Il faut ajouter le déficit des naissances et tous les troubles provoqués par un brutal fléchissement de la population adulte. L'outillage économique a été durement touché : ports, voies ferrées, ponts, usines ont été détruits, le matériel dispersé, emmené en Allemagne. La terre elle-même a souffert du manque de main-d'œuvre et d'engrais ; elle a été bouleversée par les bombardements, truffée par endroits de champs de mines. Dans tous les domaines, le rendement s'est effondré. Complètement dépourvue de stocks, la France n'a rien à vendre et doit tout acheter : la hausse des prix et des salaires, le déficit du budget, le péril de la monnaie exigent des mesures immédiates.

La défaite du gouvernement de Vichy est aussi celle de la droite, qui lui a souvent marqué de la complaisance. Trois formations dominent la vie politique renaissante : communistes, socialistes, Mouvement républicain populaire, celui-ci d'inspiration catholique et issu directement de la Résistance. Ils sont d'accord avec le général de Gaulle pour mettre en place un certain nombre de réformes économiques et sociales : nationalisation des grandes entreprises, sécurité sociale. La Résistance semble ainsi sur le point de réaliser ses rêves, ébauchés dans la clandestinité, d'une France plus juste et plus fraternelle. Mais elle ne peut empêcher que les malheurs du pays n'aient atteint ses forces vives et ébranlé son prestige dans le monde. Dans l'Empire, les répercussions, encore peu visibles, en sont inéluctables : l'Indochine est perdue, au moins provisoirement, les mouvements nationalistes se développent en Afrique du Nord et il a fallu reconnaître l'indépendance de la Syrie et du Liban.

Enfin, la guerre — avec ses privations, ses ruines, ses tortures et ses violences, le virus nazi et son immense entreprise d'humiliation et de démoralisation — a laissé des marques profondes, dont la gravité n'est pas facile à apprécier, mais dont l'emprise reste vive dans le monde d'après guerre. Si l'essor de la civilisation industrielle a fait disparaître rapidement les traces matérielles de la guerre, il n'en est certainement pas de même dans le domaine psychologique et moral.

30. HISTOIRE RÉCENTE DE L'ÉCONOMIE ET DE LA SOCIÉTÉ FRANÇAISES

de 1945 à 1980
Dans l'élan de productivité, puis dans le doute de la crise, les contradictions de la nouvelle société.

Depuis le début du XIXe siècle, la France a connu plusieurs périodes de croissance rapide : 1850-1870, 1896-1913, 1920-1929, 1946-1970. De toutes ces périodes, la dernière est la plus régulière, la plus intense et surtout la plus longue. Ce caractère s'explique en partie par les retards accumulés précédemment. La croissance de la période récente ne s'inscrit en relief que par rapport aux « creux » nombreux du XIXe siècle et du premier tiers du XXe siècle. Si nous comparons nos résultats à ceux d'autres pays industriels avancés, nous sommes ramenés à plus de modestie : la performance française s'inscrit alors simplement dans une bonne moyenne.

Il faut bien expliquer cependant cette rupture de rythme et ce dynamisme soutenu de la croissance. On hasardera l'hypothèse suivante : paradoxalement, le choc considérable provoqué par le second conflit mondial est à l'origine d'un examen de conscience très profond chez de nombreux Français, qu'ils appartiennent aux milieux politiques, syndicaux, militaires, intellectuels. L'armistice de 1918 nous avait précipités dans la paix avec une mentalité de vainqueurs et des forces de vaincus, d'où les dangereuses illusions et les mortelles prétentions de l'entre-deux-guerres. En revanche, l'« étrange défaite » de 1939 et la longue nuit de l'Occupation introduisirent chez nous le doute créateur, d'où un bouillonnement extraordinaire d'idées plus ou moins révolutionnaires qui se manifestèrent dans la clandestinité et la Résistance et qui se traduisirent dans le programme du Conseil national de la Résistance. De ce programme généreux, une faible partie seulement passa dans les faits après la Libération. Toutefois, un seuil fut franchi dans la modification des mentalités aussi bien que dans celle des institutions économiques et sociales. Malgré la réaction qui suivit à partir des années 1948-1950, on n'osa pas remettre ouvertement en question un certain nombre de conquêtes sociales, ni des réformes économiques comme les nationalisations ou la planification indicative.

Ce sursaut moral paraît avoir précédé le renouveau démographique qui vint prendre bientôt le relais. De fait, les effets de l'expansion démographique ne se manifestèrent que lentement ; lorsque la vague arriva et bouscula les plans des ministères, des producteurs, etc., les bases de la renaissance économique française étaient déjà très largement en place. Il faut donc admettre qu'un certain nombre d'hommes, répartis dans les instances politiques, dans les administrations, dans les entreprises publiques ou privées, ont eu la lucidité et les « capacités » nécessaires pour analyser, prévoir et réaliser l'essentiel. Ainsi, des réformes de structure donnèrent à l'État les moyens d'intervenir efficacement dans les rouages de l'économie nationale. Ainsi, les plans de modernisation et d'équipement, grâce à une participation capitale des finances publiques, firent sauter progressivement les goulots d'étranglement de l'expansion au niveau de l'énergie, des transports, des industries de base. Ainsi, une politique de productivité s'efforça d'abaisser les coûts et d'améliorer la capacité commerciale des entreprises.

Les pressions antagonistes des groupes sociaux, l'instabilité politique et le financement de la reconstruction et de l'équipement national par le déficit budgétaire ou par des procédés monétaires lancèrent un processus inflationniste qui se développa jusqu'à ce que la France décide de jouer le jeu du libre-échange. Au temps de la « spirale inflationniste » succéda alors l'ère des plans de stabilisation à partir de 1963. Mais « casser net l'inflation » équivalait à couper brutalement le tirage d'une chaudière surchauffée. De fait, à l'expansion dans l'inflation succéda la récession entrecoupée de timides mesures de relance. Le mouvement de mai 1968, bientôt relayé par une politique monétaire « laxiste », vint contrarier brutalement, mais pour peu de temps, les premières manifestations de la récession. La crise pétrolière de la fin de 1973 devait révéler bientôt au monde occidental étonné la rupture durable de la phase de forte croissance et ouvrir le temps de la crise.

Avant l'ouverture du Marché commun, la France n'était pas indépendante du reste du monde. Le contexte international de l'après-guerre a pesé fortement sur les possibilités et les choix nationaux. Toutefois, là encore, très tôt, certains hommes se sont efforcés de diminuer le poids des sujétions extérieures en amorçant la construction européenne. Si cette construction est loin de correspondre aujourd'hui à l'idée que s'en faisaient ses « inventeurs », nous le devons, sans doute, à la persistance des égoïsmes nationaux et aussi au renouveau de l'économie libérale. Or, le devenir économique et social de notre pays est aujourd'hui étroitement lié au devenir européen. Si les pays de l'Europe des Six se montraient incapables de dépasser le stade du Marché commun, c'est-à-dire de l'union douanière, pour passer à celui d'une véritable communauté économique et politique, on voit mal comment nous pourrions relever certains défis scientifiques, culturels ou politiques et échapper longtemps à l'attraction des économies dominantes. Il semble que nous acceptions mal encore cette dépendance étroite de l'histoire de France par rapport à celle des autres nations développées et même par rapport à celle de nos voisins immédiats.

I. LA TOILE DE FOND DE L'EXPANSION FRANÇAISE

Le contexte international

La France « aux crochets » des États-Unis, 1945-1951

Les États-Unis se sont efforcés très tôt de reconstruire le marché mondial mis à mal par la vague de protectionnisme des années 30 et la guerre. Mais ce fut un des grands mérites des Américains, pas entièrement dénués d'arrière-pensées politiques, de comprendre qu'il n'y aurait pas de reconstruction du marché mondial sans le renforcement prioritaire de certains blocs régionaux d'États et tout particulièrement de l'Europe. D'où l'idée lancée par le général Marshall, le 5 juin 1947, d'accorder une aide massive à l'Europe, échelonnée sur plusieurs années. L'*European Recovery Program*, plus connu en Europe sous le nom de *plan Marshall*, comportait essentiellement des dons.

Mais l'originalité essentielle de cette aide résidait dans le fait qu'elle devait déboucher sur une action concertée des pays bénéficiaires. Ainsi, sans abandonner pour autant l'espoir de rétablir à terme une organisation libérale des échanges internationaux, les Américains encouragèrent une action collective des États européens visant à la coordination des programmes de reconstruction et d'équipement, au rétablissement de la stabilité financière et de la convertibilité des monnaies.

Dans l'ensemble, le plan Marshall a efficacement aidé l'Europe à s'aider elle-même dans son redressement économique et dans sa reconstruction. La France, qui avait déjà reçu 20 p. 100 de l'aide américaine en juin 1951, soit quelque 2 milliards de dollars, a pu, d'une part, financer ses importations essentielles et, d'autre part, utiliser la contre-valeur en francs à renforcer son premier plan d'équipement et de modernisation. Mais peut-être le mérite essentiel du plan Marshall a-t-il été, en définitive, d'amener les pays européens à rechercher progressivement et non sans succès les voies de leur unité.

La décolonisation et la construction de l'Europe, 1952-1958

La France a plus subi le contrecoup de la guerre froide au moment de la hausse des prix des grands produits de base internationaux, de juillet 1950 à janvier 1952, qu'au moment de la récession qui a suivi la fin de la guerre de Corée. Mais ce sont surtout les guerres coloniales qu'elle n'a pas su ou pas voulu éviter qui multiplièrent ses difficultés politiques, économiques et sociales.

La décolonisation

Le conflit d'Indochine, que l'on avait présenté pendant des années comme une série d'opérations de maintien de l'ordre, prit l'allure d'une véritable guerre à partir des sérieux revers de Cao Bang (3 octobre 1950) et de Lang Son (20 octobre 1950).

Les gouvernements français qui se succédèrent s'efforcèrent alors de présenter le conflit aux Américains comme une pièce maîtresse de la vaste croisade de l'Occident contre le communisme. De fait, la France obtint une aide militaire en dollars qui s'ajouta d'abord au plan Marshall, puis se prolongea jusqu'à la fin de 1955. Au total, de 1952 à la fin de l'année 1955, la France reçut encore quelque 3 milliards de dollars au titre de l'aide économique ou de l'aide militaire proprement dite. Pourtant, cette masse de dollars ne suffit pas toujours à équilibrer les comptes extérieurs, soit en raison d'une évolution défavorable de la balance commerciale et des transactions invisibles, soit en raison de l'aggravation des conflits coloniaux.

La guerre d'Indochine, puis l'aggravation des « événements » en Algérie à partir des années 1955-1956, l'expédition de Suez sont les causes essentielles des difficultés internes et externes françaises de cette période. Sans doute, les guerres coloniales et plus particulièrement la guerre algérienne ont pu stimuler la croissance de certains secteurs et entretenir de dangereux optimismes chez certaines catégories d'entrepreneurs en gonflant de manière malsaine, par l'inflation, la demande interne. Mais il ne faut pas oublier la longue liste des effets économiques négatifs de ces guerres coloniales : gonflement des dépenses militaires improductives ; raréfaction de la main-d'œuvre disponible, par suite de la mobilisation du contingent et de l'allongement de la durée du service militaire ; gonflement des achats de matériels militaires à l'étranger et aux États-Unis en particulier, ce qui accrut le déficit des finances extérieures ; mobilisation d'une partie de nos industries de pointe au service de la production militaire, ce qui les empêcha de rechercher des débouchés plus difficiles mais plus durables à l'extérieur ; désorganisation de nos réseaux commerciaux extérieurs à la suite de l'« expédition de Suez », etc. Enfin, l'instabilité politique créée systématiquement par les nostalgiques du passé colonial n'a pas peu contribué aux graves crises monétaires et financières que connut la France tout au long de cette période.

L'Europe en chantier

Pourtant, ces difficultés n'empêchèrent pas la France de collaborer efficacement à la construction de l'Europe. On peut dire, en effet, que c'est grâce à l'initiative de Robert Schuman et de Jean Monnet que purent être dépassées les premières réalisations comme l'Organisation européenne de coopération économique (O.E.C.E.) ou l'Union européenne des paiements (U.E.P.), ainsi que les premières expériences régionales de regroupement comme le Benelux ou l'Union douanière franco-italienne. Le *plan Schuman* créant la *Communauté européenne du charbon et de l'acier* (C.E.C.A.) est né en 1951 d'une double volonté politique et économique. Il s'agissait, d'une part, de rapprocher les adversaires d'hier, principalement la France et l'Allemagne, en constituant un pool de leurs industries de base et un réseau d'interdépendance tel qu'ils ne puissent plus se séparer ensuite ; il s'agissait, d'autre part, d'éviter la reconstitution des cartels privés du charbon et de l'acier. Mais cette union était bien la préfiguration d'une construction plus vaste qui allait sortir des traités de Rome le 25 mars 1957 : le *Marché commun* et l'*Euratom*. En effet, si la C.E.C.A. avait obtenu un plein succès dans le domaine de l'acier, en revanche ses résultats étaient beaucoup moins brillants sur le plan de la production et de la commercialisation du charbon. Il apparut qu'il était impossible de promouvoir une politique commune du charbon sans se préoccuper des autres sources d'énergie comme le pétrole, le gaz, l'électricité. De même que la formule des regroupements régionaux, celle des regroupements trop spécialisés avait montré ses limites étroites. Désormais, l'idée d'une Communauté économique européenne faisait son chemin dans les esprits, malgré les soubresauts politiques.

L'arrivée au pouvoir du général de Gaulle put soulever un moment de graves inquiétudes chez nos partenaires. Pourtant, la mise en œuvre du Marché commun était effective le 1er janvier 1959. Depuis, la réalisation de l'*Union douanière*, c'est-à-dire la suppression progressive des contingentements et des droits de douane à l'intérieur du Marché commun, a été accélérée au point de devenir une réalité bien avant le terme du 1er juillet 1968. De même, les Six ont pris de l'avance dans l'élaboration d'une politique commerciale commune à l'égard des pays tiers.

Parallèlement à la mise en œuvre de l'Union douanière, c'est-à-dire du Marché commun *stricto sensu*, les pays adhérents et tout particulièrement les membres de la commission de Bruxelles se sont attaqués, non sans succès, à une série de redoutables problèmes dont la solution conditionne une union plus complète et plus effective : citons, par exemple, la lutte contre les cartels et les ententes abusives, l'égalisation des salaires masculins et féminins, l'harmonisation des charges sociales, l'harmonisation fiscale. Mais c'est surtout la mise en œuvre du Marché commun des produits agricoles et l'élaboration d'une politique agricole commune qui constituent les créations les plus spectaculaires de la Communauté économique européenne (C.E.E.) et plus précisément de la Commission.

Toutefois, ces succès partiels peuvent toujours être remis en question. La réalisation du Marché commun a progressé beaucoup plus vite que le rapprochement de la politique économique des États membres. L'une dépend de la logique libérale, ou, si l'on veut, du « laissez faire, laissez passer » ; l'autre, par contre, est subordonné à la volonté politique commune et aussi à un abandon de certaines prérogatives nationales. Or, jusqu'à présent, si l'Allemagne s'est constamment montrée hostile à toute velléité d'organisation planifiée, la France, tout au moins jusqu'au départ du général de Gaulle, ne voulait renoncer à aucun attribut de la souveraineté nationale, ce qui ne permettait guère de « promouvoir le développement harmonieux des activités économiques des six pays ». Les successeurs du général de Gaulle se montrant plus souples, la C.E.E. franchira de nouvelles étapes institutionnelles : un premier élargissement de la Communauté avec l'adhésion de la Grande-Bretagne, de l'Irlande, du Danemark et de la Norvège en 1972 ; l'institution d'un budget général des Communautés (C.E.C.A., Euratom, C.E.E.) avec affectation de ressources propres en 1975 ; la mise en place d'un système monétaire européen (S.M.E.) en mars 1979 ; la signature du traité d'adhésion de la Grèce en mai 1979, qui prélude à l'élargissement à l'Espagne et au Portugal ; enfin, l'élection au suffrage universel direct du Parlement européen en juin 1979. Les élargissements successifs de la C.E.E., sans progression parallèle notable de l'union économique, sociale et politique des pays membres, risquent de diluer la Communauté dans une zone de libre-échange où le leadership des États-Unis s'exercerait sans contrepartie. Ce risque s'est déjà concrétisé, comme on le verra mieux plus bas, dans le domaine de la politique industrielle, de l'énergie... et plus encore dans le domaine monétaire. De plus, les exigences spécifiques de la Grande-Bretagne, les « désordres monétaires » intermittents et la concurrence de la Grèce, de l'Espagne, du Portugal et de certains pays du Commonwealth sapent les fondements de la politique agricole commune, ébranlant par là même l'ensemble de l'édifice communautaire.

Dans un tel contexte néolibéral, les politiques d'association timidement amorcées avec les États africains et malgache (convention de Yaoundé en 1964 et 1969), et plus largement avec les pays en voie de développement (accords de Lomé en 1975), risquent d'être inopérantes. On est encore loin du modèle des « États-Unis d'Europe » cher à Jean Monnet.

Le contexte national

Les forces de renaissance économique

Les premiers facteurs de la renaissance économique de l'après-guerre, ce sont les hommes eux-mêmes, leur capacité d'innovation, leur comportement démographique, les réformes de structures qu'ils sont capables de promouvoir au bon moment.

L'accroissement de la population

La population de la France est passée de 40 à 53 millions de personnes entre 1946 et 1978, soit un accroissement de 13 millions de personnes en une trentaine d'années, chiffre à peu près égal à celui qu'elle avait connu entre 1800 et 1946, c'est-à-dire en un siècle et demi... Cet accroissement résulte à la fois d'un *excédent naturel* (différence entre le nombre de naissances et le nombre de décès), qui traduit, jusqu'en 1974, un changement des comportements démographiques des Français, et d'un *solde migratoire* (différence entre le nombre d'entrées et le nombre de sorties) fortement positif jusqu'en 1974. L'année 1974 marque donc, pour des raisons différentes, une rupture nette dans l'évolution de la population en France.

Le renouveau démographique de 1946 à 1974

Ainsi, de 1946 à 1960, la France a enregistré en moyenne quelque 811 000 naissances par an, et près de 850 000 entre 1960 et 1974.

Le redressement de la natalité française après la guerre est d'autant plus remarquable qu'il fut précédé par une très longue période baisse rapide du taux brut de natalité. En effet, le mouvement de baisse de la natalité qui affecta la plupart des pays européens au cours de la dernière partie du XIXe siècle commença chez nous avec un bon demi-siècle d'avance. Ce mouvement de baisse continue, à peine interrompu après la Première Guerre mondiale, se combinant avec le déficit des naissances et les pertes de la guerre, conduisait la France à une situation catastrophique, puisque la population ne se renouvelait même plus. Entre 1935 et 1945, le *taux brut de natalité* était tombé, en effet, à 15 p. 1 000. Comme le taux de mortalité

Évolution de la durée moyenne de vie depuis le début du siècle.

	1898-1903	*1928-1933*	*1946-1949*	*1966*	*1976*
Hommes	45,3	54,3	61,9	68,2	69,2
Femmes	48,7	59	67,4	75,4	77,2

Chiffres extraits des tableaux de l'*Économie française,* I.N.S.E.E.

atteignait encore plus de 16 p. 1 000, l'évolution naturelle de la population était devenue régressive : 0,1 p. 1 000. Après la guerre, le taux de natalité s'éleva en moyenne à 20 p. 1 000 entre 1946 et 1954, à 18 p. 1 000 entre 1954 et 1964 et à un peu moins de 17 p. 1 000 entre 1965 et 1974.

De son côté, le *taux brut de mortalité,* qui avait déjà fortement baissé depuis le début du XXe siècle, passant de 20 p. 1 000 à 17-16 p. 1 000 entre les deux guerres, est tombé à moins de 11 p. 1 000 dès les années 1960, ce qui paraît être un seuil durable, compte tenu du bon niveau de santé, d'hygiène et d'alimentation atteint en moyenne par la population, et compte tenu en particulier de la baisse très forte de la mortalité infantile, qui passe de 40 p. 1 000 au début des années 1950 à moins de 14 p. 1 000 à partir de 1975. Il en résulte un allongement sensible de la *durée moyenne de vie :* un homme a, en moyenne, 24 années de plus à vivre qu'au début du siècle. La femme, pour sa part, a gagné 28,5 années de vie.

Les mouvements migratoires

Enfin, le mouvement général de la population française s'explique par les mouvements migratoires. L'*immigration nette* (immigration-émigration), qui avait pratiquement cessé entre 1936 et 1946 par suite de la grande crise, puis de la guerre, a repris à un rythme assez lent jusqu'en 1954 : un peu plus de 40 000 personnes par an en moyenne. A partir de 1955, le mouvement s'accéléra. De 1955 à 1960, 155 000 personnes par an en moyenne (avec un maximum de 220 000 personnes en 1957 ; de 1961 à 1964, un volume global de 1 485 000 personnes, avec deux pointes : 860 000 en 1962 et 250 000 en 1963 à la suite des rapatriements massifs d'Algérie ; à partir de 1965, le solde migratoire diminue nettement, tombant à un niveau légèrement supérieur à 100 000 personnes par an en moyenne jusqu'en 1974 — à l'exception des années d'euphorie provisoire de 1970 à 1972, où l'on remonte à 150 000 environ. A partir de 1974-75, le solde positif diminue très rapidement jusqu'à 0 à compter de 1977 ; enfin, des mesures légales et réglementaires seront prises (« loi Bonnet » et « loi Stoléru ») pour aboutir à un solde migratoire négatif à partir de 1980.

La population étrangère vivant en France, qui dépassait légèrement 4 millions en 1979, diminuerait ainsi de 200 000 par an.

Pour comprendre les causes fondamentales de mouvements migratoires de cette ampleur, il faut porter son attention non plus seulement sur le mouvement de la population totale, mais sur l'évolution de la population en âge de travailler, représentée par le groupe d'âge de vingt à soixante-quatre ans (tableau ci-après).

En effet, on peut y lire que la *population en âge de travailler* n'a cessé de diminuer en pourcentage de 1946 jusqu'à ces trois dernières années, malgré l'apport net d'une population immigrée principalement composée de personnes en âge actif, qui n'a fait que combler le trou de la *population active* (personnes qui exercent ou qui entendent exercer une activité professionnelle). Celle-ci n'a que peu varié de 1936 à 1962, avoisinant 19 millions de personnes. Encore évaluée à 20,4 millions au recensement de 1968, elle a atteint en 1975 21,8 millions de personnes, dont 8,1 millions de femmes, qui comptent pour les trois quarts de l'accroissement de la population active entre 1968 et 1974. Ainsi, jusqu'en 1965, la France a dû faire appel massivement à la population immigrée pour compenser l'insuffisance de sa propre population en âge de travailler. A partir des années 1962-1965, l'arrivée des classes jeunes à l'âge actif, l'accroissement du taux d'activité des femmes ont rendu moins nécessaire l'appel à l'immigration, qui diminue sensiblement. A partir de 1974, la crise limite la création d'emplois, alors que la population active continue à croître fortement. La population étrangère est alors ressentie comme un facteur d'aggravation du chômage, ce qui provoque un blocage de l'immigration.

Évolution de la répartition de la population par grands groupes d'âge.

	PROPORTION (EN P. 100 DE LA POPULATION TOTALE)		
Année	*moins de 20 ans*	*de 20 à 64 ans*	*65 ans et plus*
1901	34,2	57,3	8,5
1946	29,5	59,4	11,1
1954	30,7	57,8	11,5
1965	33,9	54,1	12,0
1978	30,7	55,4	13,9

Sources : Annuaire statistique de la France 1966 (rétrospectif) et I.N.E.D.

Le poids des jeunes et des personnes âgées aurait été encore plus lourd pour les Français en âge de travailler s'ils n'avaient reçu l'appoint massif des travailleurs étrangers de 1946 à 1965.

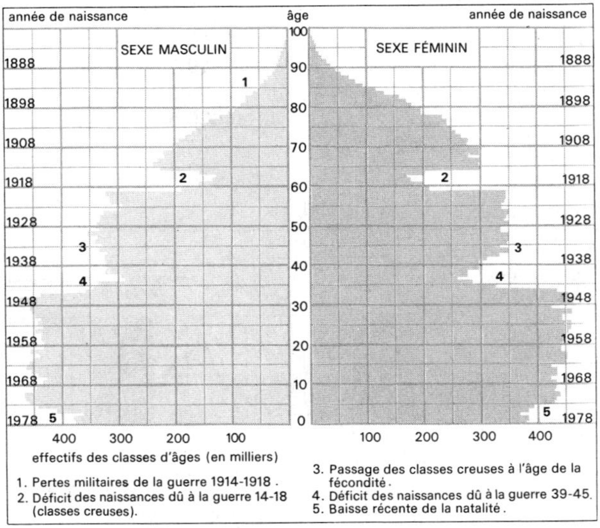

Pyramide des âges en France au 1er janvier 1979.

Le recensement de 1975 avait dénombré 1 600 000 travailleurs étrangers. Ce chiffre était considéré comme sous-estimé, et on avançait celui de 1 900 000 comme plus proche de la réalité, soit 8 p. 100 de la population active. Mais les étrangers représentaient alors 17 p. 100 des ouvriers. Leur pourcentage s'élevait à 32,2 p. 100 dans le bâtiment et les travaux publics, 23 p. 100 dans la production des métaux, 18,5 p. 100 dans les mines. De 1975 à 1977, on estime que leur nombre a déjà diminué de 16 p. 100. Selon les estimations de l'I.N.S.E.E., ils étaient un peu moins de 1 500 000 en 1977 (ce qui représenterait une diminution de 20 p. 100 par rapport aux 1 900 000 de 1975).

Le tableau ci-après fait bien ressortir les écarts qui se créent à partir de 1946 entre la

« population active » et la population ayant effectivement un emploi, écarts qui s'appellent « demandes d'emploi non satisfaites », ou chômage. Or, comme le taux d'activité des classes jeunes (générations 1946 et suivantes), de plus en plus nombreuses, ne semble pas pouvoir être modifié (le tassement observé entre 1968 et 1972, dû au prolongement de la scolarité obligatoire jusqu'à 16 ans, ayant déjà produit ses effets) et que l'accroissement du taux d'activité des femmes de 25 à 54 ans est lié à des phénomènes inéluctables (accroissement de l'offre d'emploi dans le secteur tertiaire, urbanisation croissante, accroissement de durée des études et de la formation professionnelle des femmes), les seules variables des disponibilités en main-d'œuvre sur lesquelles le gouvernement et les employeurs puissent peser sont la réduction de l'immigration des travailleurs étrangers, la diminution de la durée de travail et l'abaissement de l'âge de la retraite. Malgré les mesures envisagées et du fait d'une croissance de la population active encore plus rapide jusqu'en 1985 (240 000 par an au lieu de 200 000 jusqu'en 1978), on estime à plus de 2 500 000 le nombre des demandeurs d'emploi en septembre 1986. Cette alarmante progression frappe d'ailleurs tous les pays d'Europe.

Population totale, population active et emploi.

	Population ayant un emploi (en millions)	*Population active (en millions)*	*Demandeurs d'emploi (P.D.R.E.) (en millions)*
1946	19,4	19,4	≠ 0
1954	19,0	19,2	≠ 0,2
1962	19,5	19,7	0,2
1968	20,2	20,6	0,4
1975	21,2	21,8	0,7
1978	21,2	22,6	1,4

Source : recensements et ministère du Travail.

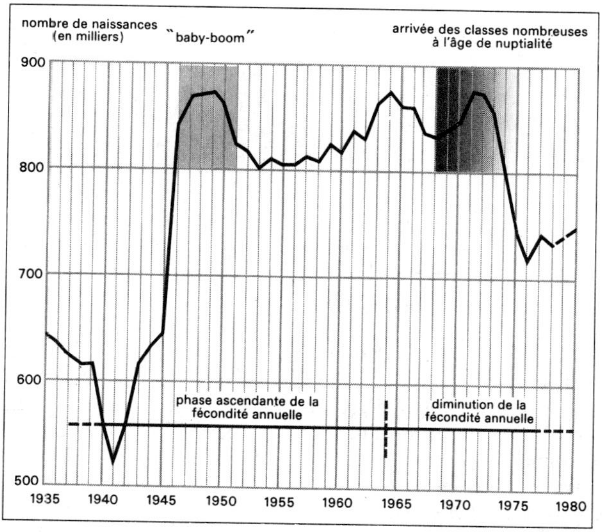

Évolution du nombre annuel des naissances (1935-1975).

Durée du travail

L'évolution de la durée du travail hebdomadaire est une variable importante de l'offre globale de travail, et donc de l'ajustement problématique de l'offre et de la demande de travail.

A la fin de la guerre, la France n'a pas pu maintenir la durée hebdomadaire du travail à quarante heures, votée en juin 1936. Malgré quelques variations liées aux phases d'expansion et de récession, la durée du travail, qui s'était établie au-dessus de quarante-quatre heures dès 1945, est montée à quarante-six heures dans les branches non agricoles vers 1966. Cette augmentation n'a fait que compenser l'allongement des congés payés annuels, qui sont passés de deux à trois semaines de 1954 à 1956 et de trois à quatre semaines de 1962 à 1964. Au total, par conséquent, la *durée annuelle de travail* est restée remarquablement stable au cours de cette période.

Jusqu'en 1968, la durée hebdomadaire de travail demeura très au-dessus de la moyenne des principaux pays de capitalisme évolué (entre 41 et 42 heures). Après les accords de Grenelle, elle va baisser au rythme de 1 p. 100 par an, plus vite dans les industries manufacturières que dans le B.T.P., le commerce, les services, les transports. Au 1er janvier 1978, la durée hebdomadaire moyenne était de 41,5 heures pour les ouvriers et de 40,7 heures pour les employés. La France a ainsi rejoint la moyenne des pays de l'O.C.D.E.

Les causes du renouveau démographique

Si l'on connaît bien les causes qui ont provoqué l'abaissement régulier du taux de mortalité, on continue à s'interroger sur les causes de l'accroissement du taux de natalité. Les démographes français ont observé que ce phénomène s'expliquait surtout par l'augmentation de la proportion des couples qui acceptaient d'avoir deux enfants plutôt qu'un et, dans une moindre mesure, trois plutôt que deux. Ils ont observé, en revanche, que la population des jeunes ménages sans enfants et celle des familles de plus de trois enfants ne se sont guère modifiées depuis la guerre. C'est dire que la mutation de comportement à l'égard de la natalité est loin d'être générale.

Peut-on expliquer à présent les changements d'attitude des familles qui acceptent d'avoir plus d'enfants ? Diverses hypothèses ont été avancées. Ainsi, la guerre, en abaissant les normes de sécurité individuelle qui commandent, en général, la restriction des naissances, aurait paradoxalement déclenché, par réaction, l'explosion démographique. De même, le climat d'expansion et le plein-emploi créeraient des situations propices à la natalité. Enfin, la création de la Sécurité sociale et les mesures prises en faveur des familles en 1938 et après la guerre (Code de la famille, généralisation des allocations familiales, allocations prénatales et de maternité...) ont sans doute contribué à soutenir la natalité.

La chute de la natalité à partir de 1974

À partir de 1974, le nombre moyen annuel des naissances tombe au-dessous de 750 000, soit 100 000 de moins que pour la période 1960-1974. Cependant, l'excédent naturel de population subsiste. Cette chute est la conséquence d'une baisse de la *fécondité* qui s'amorce dès 1964, s'accélère en 1973-74 et paraît se stabiliser au-dessous du *taux de renouvellement des générations* à partir de 1976 (graphique page suivante).

Ce nouveau changement de comportement démographique semble beaucoup plus lié à une élévation du niveau de vie et de culture, au phénomène d'urbanisation rapide, au désir des femmes d'exercer une activité professionnelle et aussi d'élever elles-mêmes leurs enfants en bas âge, ou encore au comportement des jeunes (baisse du taux de nuptialité et baisse du nombre de naissances en début de mariage), qu'aux insuffisances de la législation familiale ou à l'évolution des techniques et de la législation de la contraception, ou à l'insuffisance des équipements sociaux (crèches...) et des logements accessibles aux jeunes. On en veut pour preuve le fait que la chute de la fécondité est un phénomène général dans les pays développés (graphique page suivante), quelle que soit leur politique sociale

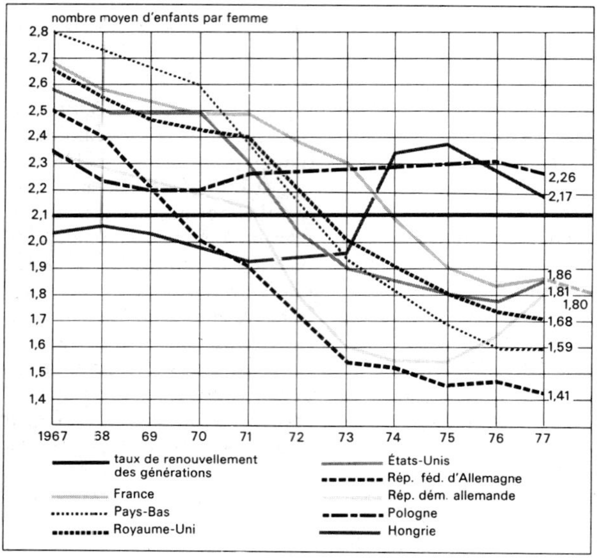

Chute de la natalité dans les pays occidentaux (1967-1977).

ou familiale. Les démographes ne sont pas sûrs que les mesures prises en 1973 en Hongrie et en 1976 en R.F.A. contrecarrent durablement les tendances profondes de la fécondité.

Évolution de la population et économie

La « montée des jeunes » après la guerre a exercé de multiples influences positives sur la croissance.

Le lien se fait par la pression exercée par cette masse de population jeune sur la demande finale, qu'il s'agisse de la demande de biens durables (logement, équipements divers), des biens de consommation courante (alimentation, vêtements, médicaments) ou de services (éducation, santé, transports, loisirs, etc.). Pour satisfaire cette demande supplémentaire ainsi que celle qui résulte progressivement de l'élévation moyenne du standard de vie, la fraction de population active, et plus particulièrement celle qui est chargée de famille, doit travailler davantage et mieux.

Mais il y a plus : non seulement la population croît, mais sa répartition géographique se modifie profondément. De 1946 à nos jours, le mouvement de concentration urbaine s'accélère. La concentration de la population dans des agglomérations de plus de 2 000 habitants et surtout dans les très grandes villes entraîne des modifications considérables dans les habitudes de consommation et de vie. Ces nouvelles habitudes profitent directement aux produits industriels et à de très nombreuses branches du secteur tertiaire ; elles engendrent une *propension à consommer élevée,* c'est-à-dire une tendance à dépenser une proportion moyenne du revenu plus grande que jadis.

Cette pression constante modifia le comportement des entrepreneurs en matière d'investissement et d'innovation : « L'innovation ne fut plus un risque mais, au contraire, une nécessité ». (A. Cotta).

La chute de la natalité, à partir de 1974, aura des conséquences inverses à terme : réduction des investissements collectifs dans l'éducation, ralentissement de la demande interne en biens d'équipement et biens de consommation durables ou non durables, baisse de l'esprit d'innovation. Mais ces conséquences ne se feront sentir que progressivement en raison de l'inertie des phénomènes de population. C'est ainsi qu'entre

1975 et 2 000, la population d'âge actif va continuer à croître en nombre absolu (de 28,7 à 33,4 millions) et en proportion de la population totale. Donc, le rapport inactifs-actifs va diminuer, ce qui serait une bonne chose si, parallèlement, ne se développait pas un chômage inquiétant qui risque à son tour de consolider ou de précipiter la baisse de la fécondité. Ainsi, le mot désabusé d'A. Sauvy reste-t-il d'actualité : « La France a gagné la bataille de la natalité en 1951, sans y gagner celle de la jeunesse et de la vie. »

Les grandes réformes de structure

Les fonctions nouvelles de l'État et le développement du secteur public

Conformément aux grandes options du programme du Conseil national de la Résistance, les pouvoirs politiques en place à la Libération se sont engagés dans la voie d'une réforme profonde du capitalisme, qui a pu prendre parfois les allures d'une petite révolution. Les objectifs poursuivis par les auteurs de ces modifications structurelles n'étaient pas identiques, voire compatibles. Les forces de gauche souhaitaient l'avènement d'un régime de type socialiste. Les autres forces politiques qui cautionnaient les réformes, comme les gaullistes et le M.R.P., souhaitaient sauvegarder le système libéral en le corrigeant.

L'institution des *comités d'entreprise* par l'ordonnance du 22 février 1945 illustre bien ce conflit d'objectifs. Les syndicats ouvriers concevaient les attributions des comités d'entreprise comme un premier pas vers le contrôle ouvrier. Les représentants des autres familles politiques, et tout particulièrement du gaullisme, entendaient amorcer, au contraire, l'association capital-travail. De même, si la généralisation de la *Sécurité sociale* et des *allocations familiales* devait constituer essentiellement, pour certains, une mesure de justice sociale en même temps qu'un moyen essentiel de la politique démographique, pour d'autres, les prestations sociales permettaient d'introduire dans le système un puissant stabilisateur de conjoncture. De la même façon, la place nouvelle prise par les finances publiques, et d'une manière plus large par le secteur public, après la guerre devait constituer pour les uns une évolution irréversible dans le sens d'une altération du capitalisme et, pour les autres, un moyen efficace de résoudre certaines difficultés temporaires ou durables du système.

Le secteur public et la production de biens et de services

Dans le domaine de la production de biens et de services, les modifications structurelles les plus importantes résultent du train de nationalisations de 1945-46. En deux ans furent créées, dans le domaine de la production, les grandes entreprises publiques que nous connaissons encore aujourd'hui : Charbonnages de France, Électricité de France, Gaz de France, Commissariat à l'énergie atomique et usines Renault.

Il en est de même pour la R.A.T.P. Il faut citer aussi les nombreuses sociétés d'économie mixte à majorité de capitaux publics comme la S.N.C.F., déjà nationalisée en 1938, la S.N.I.A.S., Air France, Air Inter, la Compagnie française des pétroles, l'Agence Havas, les grandes compagnies d'aménagement du territoire (canal du Bas-Rhône-Languedoc...), les compagnies maritimes (C.G.T...). Certaines sont même connues, comme la Société du tunnel sous le Mont-Blanc ou la Société de l'autoroute de l'Estérel... Enfin, on ne saurait oublier que, si le nombre et la place relative des entreprises publiques ont eu tendance à baisser depuis 1959, en revanche le nombre de leurs filiales s'est considérablement accru, traduisant par là une stratégie d'insertion des grandes entreprises publiques françaises dans la logique des affaires commerciales et notamment dans les relations internationales.

Au total, sous une forme juridique ou sous une autre, les entreprises publiques françaises occupent aujourd'hui près de 12 p. 100 de la population active et elles détiennent la totalité du transport ferroviaire, la quasi-totalité du secteur énergétique, la majorité du transport aérien et maritime, la majorité de l'industrie aéronautique, la majorité des sociétés d'information et de publicité, le tiers de l'industrie automobile, le tiers de la consommation de logements, etc. Elles contribuent pour plus du quart à la formation brute du capital fixe, surtout depuis la crise de 1974. Mais c'est sans doute dans le domaine des activités financières que le rôle exercé par les pouvoirs publics s'est montré le plus déterminant lors de l'après-guerre.

Le secteur public, le contrôle du crédit et le financement général de l'économie après la guerre

La réorganisation du crédit par la loi du 2 décembre 1945 qui met en place le *Conseil national du crédit,* la nationalisation complète de la Banque de France, des quatre grands établissements de dépôt et des plus grandes compagnies d'assurances donnent à l'État de puissants moyens de contrôle des institutions financières. Mais ce n'est pas tout. L'État contrôle étroitement la plupart des organismes de crédit spécialisés, comme le Crédit agricole, le Crédit national, le Crédit hôtelier, etc. Le réseau des Caisses d'épargne, les chèques postaux, la Caisse des dépôts et consignations fournissent régulièrement au Trésor les liquidités qui lui font défaut pour équilibrer au jour le jour les recettes et les dépenses quotidiennes de l'État.

L'État, soit directement par ses subventions, soit indirectement par des prêts consentis par le Fonds de développement économique et social (anciennement Fonds de modernisation et d'équipement), ou encore par l'intermédiaire des organismes de crédit spécialisés placés sous son contrôle, a assuré près de la moitié des investissements nationaux après la guerre. A partir des années 50, cette fonction a diminué. De plus, il y a eu substitution des *organismes financiers* spécialisés contrôlés par l'État (Caisse des dépôts, Crédit foncier, Crédit national, Crédit agricole, Crédit hôtelier...) aux *fonds publics* « stricto sensu » (subventions et prêts divers, notamment du F.D.E.S.), phénomène connu sous le nom de débudgétisation. Cependant, l'ensemble assurait encore 31 p. 100 des investissements (F.B.C.F.) en 1973, contre 28 p. 100 en 1962. Or, depuis la crise de 1974, ce pourcentage s'est sensiblement accru devant la carence du secteur privé. La *Caisse des dépôts et consignations* mérite une mention spéciale dans la mesure où, grâce aux énormes ressources collectées auprès des caisses d'épargne privées, de la Caisse nationale d'épargne, des organismes de prévoyance et de sécurité sociale, et autres dépôts, elle est devenue la grande banque des collectivités locales, le principal pourvoyeur de crédit du logement social, mais aussi un auxiliaire précieux pour le crédit de l'État et du secteur public en général (placements en fonds publics à long, moyen et court terme).

Sans doute le vaste secteur financier des « banques d'affaires » a-t-il échappé à la nationalisation et par conséquent au contrôle de l'État. Ces lacunes ont incontestablement émoussé les armes que s'était données l'État pour contrôler les circuits financiers. Toutefois, le développement du secteur public a constitué un facteur de croissance beaucoup plus décisif que l'adoption d'une procédure de planification indicative.

La planification française

Le Commissariat général du plan est né en 1946. Son instigateur, Jean Monnet, devait présenter en 1947 le *premier plan de modernisation et d'équipement,* qui répondait à une triple exigence immédiate : orienter l'effort de reconstruction, coordonner l'activité du secteur public et distribuer la contrepartie de l'aide Marshall ; il accordait une priorité à l'appareil productif de base et au rétablissement de l'infrastructure : électricité, charbon, acier, ciment, transports ferroviaires, ports, matériel agricole. Dans l'ensemble, les objectifs de ce premier plan ont pu être réalisés : de 1947 à 1953, la production de charbon est passée de 47 à 58 millions de tonnes, celle d'électricité de 21 à 40 millions de kilowatts-heures, celle d'acier de 6 à 10 millions de tonnes, le parc de tracteurs est passé de 30 000 à 200 000 unités, l'infrastructure des transports a été rétablie et améliorée. Seuls les progrès de l'agriculture demeurèrent largement en deçà des prévisions.

Le *IIe plan* (1954-1957) démarra dans de bonnes conditions conjoncturelles. De plus, les progrès de la *comptabilité nationale* permettaient désormais d'opérer de meilleures prévisions et de réaliser une meilleure cohérence de l'ensemble du programme. Le plan fut beaucoup plus orienté que le précédent vers les industries de transformation. Il se préoccupa également du développement de la recherche scientifique et de l'amélioration de la productivité. Enfin, les premières mesures sérieuses furent prises en faveur de la construction et du développement régional. Cette œuvre fut en grande partie celle de deux hommes politiques compétents en matière économique : Mendès France et Edgar Faure.

Le *III*[e] *plan* (1958-1961), puis le plan intérimaire des années 1960-61, nécessité par la récession, la dévaluation et la remise en ordre de janvier 1959, s'attachèrent à renforcer les points faibles de cette brillante expansion : le déséquilibre des finances extérieures, l'inflation et le développement insuffisant de certaines productions agricoles, notamment les productions animales.

Le *IV*[e] *plan* (1962-1965) prit le nom de « plan de développement économique et social ». Il tint compte de trois grands facteurs de transformation de l'économie française : la montée d'une jeunesse nombreuse qui commençait à atteindre l'âge du travail ; l'ouverture progressive et inéluctable des frontières avec la mise en œuvre du Marché commun ; la transformation de nos relations avec les États africains à la suite du mouvement général de décolonisation. Il mit pour la première fois l'accent sur le développement prioritaire des équipements collectifs.

Avec le *V*[e] *plan*, nous abordons un tournant dans l'histoire de la planification française qui nécessite un examen plus général de l'évolution des rapports entre secteur public et secteur privé.

L'évolution des rapports entre l'économie publique et l'économie privée, depuis 1963

La libéralisation de l'économie française, c'est-à-dire l'effacement réel ou apparent de l'État et du secteur public dans les rouages économiques et financiers, est un phénomène difficile à dater. Le tournant a été pris lorsque le plan de stabilisation conçu en 1963 par Giscard d'Estaing, alors ministre des Finances, commença à porter ses fruits à partir de 1964 et 1965. Il s'agissait d'assagir la croissance et de poursuivre l'expansion dans la stabilité. L'accent fut mis nettement sur la stabilité des prix, même si cela devait se faire provisoirement au détriment de la croissance. Le but secondaire visé était le retour à l'*équilibre budgétaire*. Pour cela, au cours des années 1964, 1965 et 1966, on « modula » la croissance des dépenses publiques sur celles de la production intérieure, on débudgétisa certains investissements dont on pensait qu'ils pouvaient être financés désormais par les ressources propres du secteur public, le marché financier ou les établissements de crédit spécialisés. Il s'agissait de faire cesser la « concurrence déloyale » exercée par le Trésor et ses correspondants privilégiés, comme la Caisse des dépôts et consignations, sur le système bancaire et les marchés financiers. Le but fondamental poursuivi à travers ces mesures techniques était tout à fait clair : *régénérer le marché financier*, ce « grand état-major du système capitaliste », selon l'expression de J. Schumpeter, et créer pour cela à Paris une place financière d'envergure européenne. Il s'agissait en définitive de restaurer le rôle régulateur de l'épargne privée et de l'investissement productif, c'est-à-dire les fondements d'une économie libérale.

Les principaux éléments de cette politique se retrouvent dans le *V*[e] *plan* (1966-1970). Celui-ci, dans les perspectives de la libération des échanges à l'intérieur de la C.E.E. et même dans un cadre plus large, met fortement l'accent sur la nécessité de développer les investissements productifs, tout en accélérant la formation des équipements collectifs, rendus inéluctables par la montée des jeunes et par le processus d'urbanisation très rapide des dernières années. Cet effort d'investissement est donc orienté en grande partie vers l'amélioration de la capacité concurrentielle de l'économie française, c'est-à-dire vers le commerce extérieur, qui doit désormais jouer un rôle moteur essentiel dans la croissance économique. Pour cela, il faut freiner la consommation interne des particuliers, d'où la nécessité de passer à une *planification en valeurs*, c'est-à-dire à une *politique des revenus*, qui ne peut être autre chose dans l'immédiat qu'une *politique des salaires*. Il faut également pratiquer une *politique de « vérité des prix »* dans le secteur public, afin de diminuer les charges publiques et de rétablir les conditions d'une « saine concurrence entre le secteur public et le secteur privé ».

Le *VIe plan* (1971-1975) se situe après l'explosion sociale de mai 1968, les démarches monétaires de l'automne et la dévaluation de 1969. Il s'agit franchement, cette fois, d'adapter les structures productives aux exigences de la concurrence internationale. Le Plan donne priorité absolue à l'*impératif industriel*. Sa logique est subordonnée aux exigences du « secteur exposé », c'est-à-dire de la stratégie du secteur industriel, qui affronte la concurrence internationale. Il sacrifie donc logements et équipements collectifs à l'exception de ceux qui sont directement complémentaires de l'industrie et des échanges commerciaux (télécommunications, transports...). Mais sa réalisation va se heurter de plein fouet à la crise internationale (1974-75).

Le *VIIe plan* (1976-1980) s'efforce de réagir à la crise par l'élaboration d'une stratégie axée sur la mise au point d'actions prioritaires (P.A.P.), qui prétendent s'attaquer aux grands déséquilibres économiques et sociaux : déséquilibre commercial, chômage, détérioration du cadre de vie, inflation, inégalités sociales... Il cherche donc à lier plus étroitement l'économique et le social. En fait, il ne s'éloigne ni des objectifs prioritaires de politique industrielle du *VIe plan* ni, plus fondamentalement, de la logique libérale du *V^e*. Il s'agit avant tout de poursuivre l'effort de *redéploiement industriel* et d'insertion de l'économie française dans la nouvelle division internationale du travail. Pour cela, il faut restaurer avant tout la rentabilité du capital (rapport entre profits réalisés et capitaux investis), les marges d'autofinancement des entreprises et, par là, provoquer un nouveau développement de l'investissement productif.

Le *VIIIe plan* (1981-1985), dont les options ont été adoptées en 1979, reste de la même veine : « politique offensive de l'exportation », grâce à une « spécialisation des industries exportatrices », partage de la valeur ajoutée favorable aux profits, donc à l'épargne, qui « contribue à accroître l'investissement productif et donc la production et l'emploi de demain ». Les chômeurs d'aujourd'hui (1 500 000 à l'époque) peuvent donc douter de la volonté exprimée par ailleurs de réduire le chômage. L'accent mis sur les problèmes de l'énergie (économie, nucléaire, diversification des approvisionnements...) donne une marque d'originalité à ce plan, ainsi que le refus systématique de faire un pronostic chiffré sur la croissance.

Ainsi le Plan est devenu essentiellement une stratégie industrielle qui illustre les rapports nouveaux entre l'État et le secteur public, d'une part, et le secteur privé, d'autre part. Paradoxalement, l'effort de libéralisation amorcé au début des années 60 et poursuivi sans relâche pendant vingt ans n'a pas entraîné une baisse relative des dépenses publiques dans le produit national, mais, tout au contraire, une hausse sensible. Ainsi la part des dépenses publiques (État, collectivités locales, Sécurité sociale, autres administrations) dans le P.I.B. est passée de 36 p. 100 en 1950 à 40 p. 100 en 1960, à 45 p. 100 en 1970, et atteindrait 50 p. 100 au début des années 80 (la part de l'État *stricto sensu* ayant nettement décru au profit de la Sécurité sociale et des autres administrations).

Si l'on rapproche cette observation de celles qui ont été effectuées à propos de l'évolution des entreprises publiques, on peut dire que le risque n'est donc pas de voir dépérir le vaste secteur de l'économie publique, mais bien de voir l'État et tout son appareil d'action et d'intervention se soumettre à une rationalité économique du secteur privé qui est étrangère à sa nature et à sa mission propres.

Croissance, fluctuations, inflation, crise

Les rythmes de croissance

Pour apprécier l'importance de la croissance économique française, il faut la situer à la fois par rapport au passé et par rapport aux résultats obtenus par d'autres pays de capitalisme évolué. Ainsi se dégagent les caractéristiques de cette croissance. Il s'agit d'une croissance relativement rapide et s'étendant sur une période exceptionnellement longue. De plus, cette croissance est relativement régulière, c'est-à-dire exempte des fluctuations à très forte amplitude jusqu'en 1973.

P. Dubois décompose la croissance de 1945 à 1969 en quatre périodes. *De 1945 à 1951 : une période de reconstruction et de redémar-*

rage de l'économie. C'est la période de remise en état de l'infrastructure et des industries de base, et de la suppression progressive des restrictions et des goulots d'étranglement industriels. Les taux de production intérieure brute sont très élevés au cours des premières années, mais s'expliquent en grande partie par ce redémarrage massif des activités de base. Le fléchissement des taux à partir de 1949 traduit simplement le retour progressif à des conditions normales de production et bientôt de consommation.

De 1951 à 1957 : on entre dans le premier cycle d'après-guerre. C'est une période qui débute par une croissance accélérée amorcée dans la période antérieure et qui va entraîner une forte inflation (1951 et début de 1952). Le gouvernement, désireux de stabiliser les prix, freine la croissance par une politique déflationniste (première stabilisation de Pinay) qui aboutit effectivement à un ralentissement de la croissance pendant plus d'un an (une partie de 1952 et de 1953). Puis la croissance reprend à un rythme soutenu de 5 à 6 p. 100 l'an.

De 1957 à 1963 se renouvelle le même processus, ce qui fait qualifier cette troisième période de *second cycle de l'après-guerre*. En effet, la croissance rapide des années 1956 et 1957 s'accompagne d'une forte inflation. À nouveau, le gouvernement entreprend une politique de stabilisation (deuxième expérience Pinay) en 1958, qui aboutit à un fléchissement net de la croissance fin 1958 et en 1959. Puis l'expansion se développe à nouveau rapidement à partir de mars 1959, grâce au coup de fouet de la dévaluation, pour culminer en 1963.

De 1963 à 1969, l'évolution est plus complexe. La croissance inflationniste de 1963 est enrayée par la politique de stabilisation de Giscard d'Estaing, qui produit ses effets en 1965. Mais le mouvement a du mal à repartir par lui-même. Désormais, l'économie nationale est davantage sujette aux influences extérieures. Les hésitations de l'année 1966 sont renforcées par les récessions internationales de 1967-68. Les timides mesures de relance (plan Debré, fin de 1967 et début de 1968) ne suffisent pas à contrebalancer ces influences. Les troubles de mai-juin 1968 et les tensions inflationnistes qui les suivent provoquent une relance plus ou moins artificielle à la fin de 1968 et au début de 1969, bientôt relayée par la reprise mondiale. Le refus de la dévaluation par le général de Gaulle, en novembre 1968, semble orienter la politique française vers la

Taux de croissance annuel moyen (P.N.B.) en France et dans quelques autres pays.

	1870-1913	*1913-1950*	*1950-1960*	*1960-1970*
France	1,6	0,7	5,0	5,8
Grande-Bretagne	2,2	1,7	2,8	2,7
États-Unis	4,3	2,9	3,2	4,0
Italie			5,5	
Allemagne	2,9	1,2	7,7	4,8
Japon			9,5	10,0

Source : J.-M. Albertini, *Comptes de la nation.*

Ce tableau indique le rythme de croissance de la production globale pour diverses périodes de l'histoire économique de la France et de quelques pays de capitalisme évolué. Pour les deux périodes plus anciennes, le rythme est beaucoup moins fort en France que dans les autres pays ; la période 1913-1950 est très hétérogène et subit l'influence des deux guerres mondiales et de la grande crise.
On remarque que la France occupe, pour les deux dernières périodes, une place intermédiaire, dans la « course à l'expansion », avec des taux de croissance supérieurs à ceux qui ont été réalisés par la Grande-Bretagne et les États-Unis, mais nettement inférieurs à ceux de l'Italie, de l'Allemagne et du Japon, pays des « miracles économiques ».

déflation. Puis les événements politiques de 1969 viennent altérer le cours de cette politique. En effet, le départ du général de Gaulle, puis l'annonce de la dévaluation en août 1969 impliquent le refus d'une politique trop systématiquement déflationniste et une tentative de relance durable de l'activité économique par le commerce extérieur sur des bases monétaires nouvelles.

Au total, malgré les fléchissements sensibles des taux de croissance en période de récession qui suivent les trois années de haute conjoncture 1951, 1957 et 1963, auxquelles on doit ajouter la récession industrielle légère de 1949 et la dernière récession de 1967-68, on ne peut pas dire que l'économie française ait subi des fluctuations brutales du type de celles que les pays en voie d'industrialisation connurent jusqu'à la Seconde Guerre mondiale. Ce phénomène n'est pas propre à la France. Depuis la Seconde Guerre mondiale, le terme même de « crise » avait été rayé du vocabulaire économique.

La crise des années 70

Dès le début des années 70, des symptômes d'une nouvelle crise s'étaient manifestés dans certains pays comme le Royaume-Uni, l'Allemagne et l'Italie, où l'on parlait déjà de « stagflation » (combinaison de stagnation relative et d'inflation), et surtout dans le domaine du système monétaire international, par exemple à l'occasion de la suspension définitive de la convertibilité du dollar, le 15 août 1971, et des troubles monétaires qui se sont succédé par la suite. Mais la crise économique internationale ne devait éclater dans toutes ses dimensions que dans les années 1974-75, à la suite de la crise pétrolière de la fin de l'année 1973.

Évolution du taux annuel de croissance (en pourcentages) pour la France.

1970 1973	*1973*	*1974*	*1975*	*1976*	*1977*	*1978*	*1979*	*1980*
5,8	5,4	2,8	- 0,3	4,6	3,0	3,3	3,2	2,5

Source : I.N.S.E.E., T.E.F.

En France, pour la première fois depuis la fin de la guerre, on assistait à une diminution de la production totale et à une chute de la production industrielle de l'ordre de 10 p. 100 en 1975, qui contrastaient brutalement avec les performances des années 1970 à 1973.

Les autres pays de capitalisme évolué n'étaient pas mieux lotis dans l'ensemble, comme le montre le tableau ci-dessous.

Évolution du produit national brut dans quelques pays ; taux de croissance annuel en pourcentages.

	(moyennes) *1970-1973*	*1973-1977*	*1978*	*1979*	*1980*
France*	5,8	2,6	3,3	3,2	2,5
États-Unis	4,7	2,0	4,0	2,5	1,7
Allemagne	3,9	1,7	3,1	3,5	2,6
Grande-Bretagne	4,2	0,3	3,0	1,4	0,5
Italie	3,9	2,0	2,6	4,0	1,8
Japon	8,1	3,1	5,6	4,8	3,7

* *P.I.B. marchand*

Source : ministère de l'Économie.

Face à cette situation, le gouvernement a réagi en donnant une priorité absolue à la lutte contre l'inflation, perçue comme la manifestation la plus dangereuse de la crise contemporaine dans un contexte d'économie ouverte ; d'où l'enchaînement des plans de stabilisation (plan Fourcade, 1975 ; plan Barre, septembre 1976, et ses variantes successives). Cela justifie un examen plus détaillé de l'évolution de l'inflation en France.

Les inflations françaises.
De l'après-guerre à 1968

L'inflation très rapide de l'immédiat après-guerre présente un caractère trop exceptionnel pour être retenue ici ; ainsi, par rapport à l'année 1938 prise comme base 100, l'indice des prix de détail à Paris se retrouve à 285 en 1944 et à 1817 en 1949.

Après 1950, l'inflation continue d'être un phénomène mondial. Ce qui distingue l'inflation française des inflations subies par d'autres pays de capitalisme évolué, c'est son exceptionnelle intensité. La hausse de l'indice des prix du produit national brut entre 1950 et 1966 est évaluée à 143 p. 100 pour la France, à 80 p. 100 pour l'Angleterre, à 69 p. 100 pour l'Allemagne, à 68 p. 100 pour les États-Unis.

Cette hausse fut très différente selon les branches d'activité (v. tableau page suivante). Ainsi la hausse de 155 p. 100 du niveau général des prix est faite d'un « mélange » : l'ampleur considérable de la hausse des loyers explique à elle seule plus de 10 p. 100 de celle du niveau général des prix.

D'autre part, plusieurs périodes inflationnistes caractéristiques apparaissent, séparées par des périodes de hausse modérée des prix que l'on peut pratiquement qualifier de périodes de stabilité.

1. *1950-1952 inflation rapide.*
2. *1953-1955 stabilité.*
3. *1956-1959 inflation.*
4. *1960-1961 hausse modérée.*
5. *1962-1963 inflation.*
6. *1964-1967 hausse modérée.*

L'inflation a parfois des causes indépendantes de la volonté des agents nationaux, telles que goulets d'étranglement provoqués par les destructions de la guerre, hausse du prix des matières premières internationales consécutive à la guerre de Corée (1950), mauvaises récoltes (1957) et tensions créées par la guerre d'Algérie (1956-1957), etc. Mais la plupart du temps elle résulte des luttes auxquelles se livrent les divers groupes sociaux pour le partage du revenu national réel. Dans un climat politique et social caractérisé par des affrontements violents, la tentation des pouvoirs publics est alors de choisir des voies de développement qui soulèvent le moins de réactions immédiates parmi les groupes sociaux antagonistes. Ces voies de facilité consistent à utiliser massivement l'inflation comme un moyen de financement au profit de l'État et des producteurs privés. C'est un moyen relativement indolore dans la mesure où le pouvoir d'achat de ceux qui font principalement les frais de cette politique est grignoté par la hausse des prix et non pas officiellement amputé par un prélèvement forcé. Cela s'est passé en 1946 lorsque le général de Gaulle a choisi la solution de Pleven plutôt que la solution d'austérité préconisée par Mendès France, mais également en 1951, en 1956 et même en 1968. Les gouvernements pouvaient-ils procéder autrement ? En théorie oui, mais cela aurait supposé des possibilités d'accord entre les diverses catégories sociales sur une politique d'austérité, c'est-à-dire, en définitive, une plus grande cohésion politique. Puisque tel n'était pas le cas, la croissance économique des années 50 et 60 ne pouvait s'effectuer qu'au prix de l'inflation.

Sans doute, au fur et à mesure que l'on s'éloigne de la période de reconstruction, l'intensité de l'inflation diminue. C'est ainsi que le rythme quinquennal de l'évolution du niveau général des prix, qui était de 42 p. 100 au cours de la période 1949-1954, tombe à 32 p. 100 pour la période 1954-1959 et à 18 p. 100 pour la période 1959-1967. Mais au cours de la dernière période on entre aussi dans la phase de libération des échanges avec l'extérieur et en particulier avec les pays de la C.E.E. Cela signifie que les progrès de notre économie, en particulier du point de vue de la stabilité des prix, ne doivent plus s'apprécier par rapport à nos résultats passés, mais par rapport à ceux de nos partenaires. Or, il n'est

Hausse des prix de 1949 à 1968 par branche d'activité.

Branche d'activité	*Pourcentage d'accroissement*
Service du logement	+ 1 043
Services divers	+ 247
Bois, papiers, industries diverses	+ 212
Bâtiment et travaux publics	+ 209
Transports et télécommunications	+ 176
Matériaux de construction et verre	+ 141
Pétrole et gaz naturel	+ 138
Minerais et métaux non ferreux	+ 132
Minerai de fer et sidérurgie	+ 118
Industries mécaniques et électriques	+ 113
Industries agricoles et alimentaires	+ 112
Charbon et gaz	+ 106
Agriculture	+ 93
Électricité	+ 89
Textile habillement, cuirs	+ 77
Chimie	+ 69
Niveau général des prix (P.I.B.)	+ 155

Source : Centre d'étude des revenus et des coûts.

pas douteux que les autres pays de la C.E.E. et plus largement les autres pays de capitalisme évolué ont connu dans l'ensemble des taux d'inflation moins élevés pendant cette période. On voit poindre déjà les conséquences que cette disparité d'évolution des prix français par rapport aux prix des autres pays va entraîner pour notre commerce extérieur.

En effet, du point de vue économique, la première conséquence du renchérissement plus rapide des prix français est de rendre plus coûteux les achats de l'étranger en France et donc de rendre plus difficiles nos exportations. Réciproquement, beaucoup de produits étrangers deviennent relativement bon marché et cela stimule nos importations. La balance commerciale de la France risque donc de devenir sérieusement déficitaire dans les périodes d'inflation relativement rapide. Dans une telle situation, que faire ? La solution choisie comme la plus facilement applicable consiste à rendre moins chers les francs dont l'étranger a besoin pour acheter nos produits, ce qui est évidemment un moyen indirect de rendre moins chers nos produits. Ce procédé s'appelle la *dévaluation*. Pour retrouver une compétitivité extérieure et aussi pour renverser les mouvements spéculatifs qui épuisaient nos réserves d'or et de devises, les gouvernements de la IVe et de la Ve République ont usé à plusieurs reprises de la dévaluation, imitant en cela les gouvernements de la IIIe République après la Première Guerre mondiale. En quarante et un ans, le franc a été dévalué treize fois : si le franc Poincaré valait encore 65,5 milligrammes d'or fin, la dévaluation du 1er août 1969 a fixé la valeur de l'ancien franc (du centime) à 1,60 milligramme d'or fin. On peut mesurer le chemin parcouru!

La dévaluation, qui consacre l'érosion du franc sur le marché des changes, consacre aussi les gains ou les pertes des divers groupes sociaux. Si l'inflation peut être considérée, en effet, comme un moyen de financement d'une économie en croissance rapide, c'est parce qu'elle opère de vastes transferts de revenus entre les groupes sociaux. Si ces transferts s'opèrent au profit de groupes qui utilisent de manière productive ce prélèvement déguisé, c'est-à-dire pour la modernisation de l'appareil productif, alors l'inflation favorise la croissance. Mais le transfert peut aussi s'opérer au profit de groupes sociaux parasitaires.

En France, ces deux types de situation ont coexisté. En effet, l'élévation des prix a pour conséquence automatique de réduire la valeur des créances et des dettes existantes. Ont donc profité de cette érosion des dettes l'État, principalement dans l'immédiat après-guerre et les années 50, et les entrepreneurs, principalement dans les années 60, c'est-à-dire à partir du moment où ils se sont sérieusement endettés. Mais l'inflation permet aussi, par des anticipations de hausse des prix, nommées plus communément « valse des étiquettes », et par l'aisance financière qui en résulte, de laisser subsister un grand nombre d'entreprises marginales, voire même de créer des activités sans justification économique. Évidemment, ces mêmes entreprises ou activités se trouvent en difficulté lorsque la hausse de prix se ralentit ou s'arrête. C'est ainsi que le mouvement poujadiste s'est développé puissamment dans la seule véritable période de stabilité des prix qu'ait connue la IVe République, en 1953, 1954 et 1955. En d'autres termes, la stabilité des prix a été une véritable catastrophe pour la masse des petits commerçants et artisans qui se nourrissait de l'inflation depuis la guerre. Malgré cet « effet pervers » de l'inflation, on peut néanmoins dire que ce mécanisme de résorption des créances et des dettes a été en grande partie responsable d'abord de la part importante et directe prise par les finances publiques dans les investissements de la France de 1945 à 1954 (autour de 30 p. 100) et ensuite de la vigueur du boom des investissements constatés de 1956 à 1964 et de 1969 à 1973.

Certains groupes sociaux ont évidemment fait les frais de l'opération. Il s'agit de tous les groupes qui ont des revenus fixes ou relativement fixes, c'est-à-dire les détenteurs de la dette publique (essentiellement des titres à long terme) et d'obligations privées, les propriétaires soumis au blocage des loyers ou à la réglementation des baux ruraux. Mais ce sont les salariés qui ont payé l'essentiel de la note, soit sous forme de perte nette de pouvoir d'achat lorsque la hausse des prix était plus rapide que celle des salaires — ce fut le cas pour de nombreuses catégories de salariés entre 1944 et 1950 et même entre 1956 et 1958 —, soit sous forme de freinage de leur revenu réel. Certaines catégories sociales comme les retraités, les « smigards », les salariés agricoles, les travailleurs étrangers ont particulièrement souffert de la hausse des prix, étant donné le retard apporté au réajustement du salaire minimum ou des retraites.

En conclusion, on peut dire que la croissance économique française n'aurait certainement pas été aussi rapide sans l'inflation jusqu'en 1972. Mais cette croissance dans l'inflation a été la source de nombreuses injustices et elle a sans doute aggravé les tensions sociales dans notre pays, rendant ainsi problématique le choix d'une politique de croissance dans la stabilité qui puisse être largement acceptée par les divers groupes sociaux. L'écho si inattendu rencontré par la révolte étudiante, en mai-juin 1968, dans le monde ouvrier, ne peut s'expliquer autrement.

L'accélération de l'inflation de 1968 à 1973

Cette accélération ressort nettement des chiffres suivants :

	65/68	*68/72*
France	3,3	5,5
Grande-Bretagne	3,7	7,8
Allemagne	2,3	6,7
Italie	2,3	6,4
États-Unis	3,3	4,6
Japon	4,8	

Source : J.-M. Albertini, *Comptes de la nation.*

Alors que l'évolution tendancielle du prix du P.I.B. était d'environ 3 p. 100 par an depuis 1973, le taux d'inflation est passé à près de 6 p. 100 par an entre 1969 et 1972. En France, l'I.N.S.E.E. a pu montrer que ces 3 p. 100 de hausse supplémentaire s'expliquaient par la combinaison de plusieurs facteurs : forte accélération du prix des produits agricoles, tension constante sur les capacités de production de l'industrie, accélération de la progression de l'investissement se répercutant sur les coûts et les prix, accélération du coût salarial par unité produite malgré des gains de productivité élevés, progression très rapide du prix des matières premières importées. La plupart de ces causes ont également joué dans les autres pays de capitalisme évolué, qui connaissent, dans l'ensemble, des taux d'inflation plus forts que chez nous de 1968 à 1972. C'est pourquoi le gouvernement français laisse filer l'inflation, la maxime en vigueur étant alors qu'« il ne faut pas faire plus de bêtises que nos voisins ».

L'inflation de crise à partir de 1973

L'année 1973, avant même l'enregistrement des effets des hausses du pétrole de la fin de l'année, marque une rupture. On a déjà atteint ou on frôle presque partout l'« inflation à deux chiffres », c'est-à-dire à un taux égal ou supérieur à 10 p. 100. Les années 1974 et 1975 seront particulièrement catastrophiques, mais les années suivantes n'apporteront que peu d'améliorations malgré les plans nationaux de lutte contre l'inflation, sauf en Allemagne, aux États-Unis, puis au Japon (voir le tableau ci-dessous). L'année 1979 marque une nouvelle accélération de l'inflation.

Comment peut-on expliquer des taux d'inflation aussi élevés alors même que l'on enregistre une tendance persistante à la stagnation depuis 1974 ? Ici s'affrontent des thèses soustendues par des théories fort différentes, mais souvent plus complémentaires que contradictoires. Ainsi il est exact que les hausses répétées du prix du pétrole brut entretiennent des tensions non négligeables sur la structure des prix avec un triple effet (répercussions mécaniques, effet psychologique, conséquences politiques). Mais cette cause n'explique pas pourquoi le taux d'inflation est beaucoup plus fort en France ou en Italie qu'en Allemagne ou au Japon. Il est exact aussi que la dégradation du système monétaire international, l'abandon des « disciplines monétaires » dues autrefois aux règles de convertibilité totale (étalon or) ou partielle (étalon de change or) entraînent, au niveau national comme au niveau international (avec de puissants effets de propagation du second au premier), une création monétaire exagérée qui est source, et pas seulement effet, des hausses de prix. Mais, plus fondamentalement, on trouve d'autres causes étroitement liées au fonctionnement des économies libérales et qui jouent à des degrés divers selon les pays, expliquant ainsi que, malgré les causes inflationnistes générales évoquées ci-dessus, il existe cependant de fortes différences dans les taux d'inflation.

Ainsi les résistances à la réduction de l'emploi, qui ont été plus fortes en France et en Italie ou au Japon qu'en Allemagne (où l'on a enregistré le départ de 700 000 travailleurs immigrés depuis la crise) et aux États-Unis, ont entraîné une augmentation du coût salarial par unité produite. De même, la rigidité du pouvoir d'achat à la

	1973	*1974*	*1975*	*1976*	*1977*	*1978*	*1979*
France	8,1	15,2	11,7	9,6	9,6	11,8	
Grande-Bretagne	9,8	17,1	24,2	16,5	15,9	11,2	17,2
Allemagne	6,6	6,9	6,0	4,5	4,0	2,4	5,4
Italie	11,4	19,3	17,0	16,5	17,0	13,3	18,8
États-Unis	7,8	11,8	9,1	5,8	6,5	9,0	13,3
Japon	11,3	25,0	11,8	9,3	8,1	3,5	5,8

Source : O.C.D.E.

baisse, qui s'explique à la fois par les règles de détermination des salaires nominaux et du salaire indirect (couverture sociale), a pesé sur le coût salarial plus fortement dans certains pays, comme la France, que dans d'autres. Mais il y a bien d'autres raisons : une création monétaire et des profits bancaires exagérés dus à la progression des taux d'intérêt ; des hausses de prix élevées au niveau de la production pour compenser la baisse du taux de rentabilité dans les industries qui ne subissaient pas trop la concurrence étrangère ; des hausses de prix anticipées au niveau de la consommation favorisées par la libération des prix à partir de 1978 ; la spéculation foncière et immobilière, qui pèse si fortement sur le prix des logements ; une progression trop forte des dépenses publiques, due notamment à l'accroissement des dépenses militaires, mais aussi à la croissance inéluctable des équipements publics, etc.

II. LES GRANDS SECTEURS DE L'ÉCONOMIE NATIONALE

Évolution générale du système productif français

Avant de pénétrer à l'intérieur de chaque secteur et branche productive, il est nécessaire de projeter quelque lumière sur la dynamique générale du système productif français. On dispose, pour cela, de la « fresque historique » de l'I.N.S.E.E., qui couvre la période 1952-1972 (fin de la période de reconstruction à la veille du retournement de tendance de la croissance).

En quelques années, à partir de 1968, l'économie française se transforme fondamentalement dans sa structure et aussi dans sa finalité. Alors que, jusqu'en 1968, la politique économique pouvait réaliser un certain compromis entre l'objectif d'accumulation et de valorisation du capital d'une part et l'augmentation du pouvoir d'achat des travailleurs nationaux et la sauvegarde de l'emploi d'autre part, désormais, l'objet prioritaire et pratiquement exclusif de la politique économique est de conquérir et de conserver la meilleure place possible dans la division internationale du travail. Il s'agit donc de diminuer les coûts (recherche de compétitivité), de rechercher les bonnes spécialisations (« redéploiement ») et de soumettre l'ensemble de l'économie, y compris l'économie publique, aux mêmes normes de rationalisation et de rationalité. La dynamique économique ne joue donc plus du tout en faveur du plein emploi, et les politiques d'inspiration keynésienne sont hors de saison « pour le noyau dur du capitalisme français ».

Évolution des prix en onze branches (1952-1972).

	croissance annuelle moyenne (en p. 100)
1. Agriculture	3,7
2. Industries agricoles et alimentaires	3,6
3. Énergie	3,1
4. Industries intermédiaires	2,4
5. Industries d'équipement	2,8
6. Industries de consommation	4,1
7. Service du logement	10,2
8. Transports et télécommunications	4,3
9. Bâtiment et travaux publics	5,2
10. Services	6,65
11. Commerces	3,6
Ensemble de l'économie	4,2

Croissance de l'économie française en onze branches (1952-1972).

(En volume aux prix de 1959)	*croissance annuelle moyenne* (en p. 100)
1. Agriculture	2,5
2. Industries agricoles et alimentaires	4,25
3. Énergie	7,2
4. Industries intermédiaires	6,9
5. Industries d'équipement	7,4
6. Industries de consommation	4,7
7. Service du logement	4,85
8. Transports et télécommunications	5,2
9. Bâtiment et travaux publics	6,55
10. Services	5,3
11. Commerces	5,35
Ensemble de l'économie	5,55

Source : Fresque – I.N.S.E.E.

On observe tout d'abord que, si le taux de croissance annuelle moyenne de l'ensemble de l'économie a été de 5,55 p. 100 sur cette période, les taux de croissance des onze branches sont très différenciés, les plus faibles étant ceux de l'agriculture (2,5), des industries agricoles et alimentaires (4,25) et des industries de consommation (4,7), et les plus forts ceux des industries d'équipement (7,4), de l'énergie (7,2), des industries intermédiaires (6,9) et des bâtiments et travaux publics (6,55) ; proches de la moyenne, on trouve les services du logement (4,85), les transports et télécommunications (5,2), les services (5,3) et les commerces (5,35).

On observe ensuite, par voie de conséquence, que la contribution de chacune de ces branches à la production totale a beaucoup varié au cours de cette période.

La prise en compte de la productivité du travail introduit une nouvelle donnée de la dynamique économique. On peut voir que la croissance de la productivité a été supérieure à la moyenne annuelle de 1952 à 1972 (5,6 p. 100 par an) dans les branches de

Croissance à prix courants de l'économie française en onze branches (1952-1972).

Valeur ajoutée aux prix réels	*Structure* (en p. 100) *1952*	*1972*	*Par an* (en p. 100) *1952-1972*
1. Agriculture	13,6	6,9	6,3
2. Industries agricoles et alimentaires	8,5	5,9	8,0
3. Énergie	5,9	6,5	10,5
4. Industries intermédiaires	7,7	6,7	9,5
5. Industries d'équipement	12,5	13,8	10,4
6. Industries de consommation	10,7	8,8	8,9
7. Service du logement	1,9	5,2	15,5
8. Transports et télécommunications	5,9	5,7	9,7
9. Bâtiment et travaux publics	7,7	11,3	12,1
10. Services	11,1	16,8	12,3
11. Commerces	14,5	12,4	9,1
Ensemble de l'économie	100	100	10,0

Croissance de productivité apparente de travail par branche.	
	Croissance annuelle 1952-1972 (en p. 100)
Énergie	8,8
Industries intermédiaires	6,7
Agriculture	6,3
Industries de consommation	6,2
Industries d'équipement	5,7
Moyenne	*5,6*
I.A.A.	4,4
Transports, télécommunications	4,3
B.T.P.	3,8
Commerces	3,3
Services	2,7

l'énergie, des industries intermédiaires, de l'agriculture, des industries de consommation et des industries d'équipement ; en revanche, elle a été inférieure à la moyenne dans les cinq autres branches (industries agricoles et alimentaires, transports et télécommunications, Bâtiment et travaux publics, commerces, services).

Le jeu combiné de l'évolution respective de la productivité du travail, des prix relatifs et de la demande interne et extérieure va donc aboutir de 1952 à 1972 à de puissants transferts de main-d'œuvre d'une branche à une autre. C'est ce que l'on constate dans le tableau ci-dessous : diminution spectaculaire du volume de l'emploi (et donc de sa part relative) dans l'agriculture (-2 700 000) et à un moindre degré dans les industries de consommation (-415 000) et dans l'énergie (-745 000) ; augmentation dans les autres branches en valeur absolue et relative, particulièrement nette dans les services

Évolution de l'emploi en onze branches (1952-1972).	*En milliers*			*En p. 100*	
	1952	*1972*	*De 1952 à 1972*	*1952*	*1972*
1. Agriculture	5 201,0	2 505,0	- 2 696,0	31,4	14,5
2. Industries agricoles et alimentaires	646,1	648,3	2,2	3,9	3,8
3. Énergie	411,9	337,4	- 74,5	2,5	2,0
4. Industries intermédiaires	811,7	942,6	130,9	4,9	5,5
5. Industries d'équipement	1 553,2	2 364,9	811,7	9,4	13,7
6. Industries de consommation	2 271,2	1 855,8	- 415,4	13,7	10,8
7. Service du logement	62,1	82,5	20,4	0,4	0,5
8. Transports et télécommunications	935,5	1 106,0	170,5	5,7	6,4
9. Bâtiment et travaux publics	1 220,4	2 035,5	815,1	7,4	11,8
10. Services	1 771,0	2 914,5	1 143,5	10,7	16,9
11. Commerces	1 657,3	2 424,9	767,6	10,0	14,1
Ensemble des branches	**16 541,4**	**17 217,4**	**+ 676,0**	**100**	**100**

Répartition de la valeur ajoutée à prix constants entre les onze branches (1952-1972).

	1952	*1972*
	(en p. 100)	
1. Agriculture	12,0	6,7
2. Industries agricoles et alimentaires	7,6	5,9
3. Énergie	6,6	9,0
4. Industries intermédiaires	6,4	8,3
5. Industries d'équipement	11,4	16,1
6. Industries de consommation	10,5	8,8
7. Service du logement	3,3	2,8
8. Transports et télécommunications	6,0	5,7
9. Bâtiment et travaux publics	8,2	9,9
10. Services	13,1	12,5
11. Commerces	14,9	14,3
Ensemble de l'économie	100	100

(+ 1 143 000) et commerces (+ 768 000), le bâtiment et les travaux publics (+ 815 000) et les industries d'équipement (+ 812 000) ; bien après viennent les transports et télécommunications (+ 170 000) et les industries intermédiaires (+ 131 000), etc.

L'agriculture

Le déclin relatif de l'agriculture malgré des brillants résultats techniques

L'agriculture, qui était encore en 1968 la « première industrie nationale » du point de vue de l'emploi, avec ses 3 125 000 personnes actives occupées, ne comptait plus, en 1977, que 2 000 000 de personnes actives. Pourtant, la production agricole, en volume, a crû d'un peu plus de 3 p. 100 par an en moyenne de 1959 à 1977 ; on estime qu'elle a doublé en moins de trente ans. Ce résultat est d'autant plus remarquable qu'il a été obtenu malgré une diminution de la superficie agricole utilisée (-10 p. 100 par rapport à la surface agricole de 1928), superficie estimée, en 1977, à 32 millions d'hectares, et malgré une diminution très rapide du nombre de personnes travaillant dans l'agriculture. Cette évolution traduit donc une augmentation considérable des rendements et des gains de productivité du travail très importants.

En trente ans, la production de lait par vache a augmenté de 1 000 litres et atteint 3 300 litres par an en 1977, etc.

La plupart des gains de rendement ont été obtenus après 1950. C'est à partir de cette date que les consommations intermédiaires et les achats d'équipement du secteur agricole s'accrurent rapidement, en particulier auprès des branches de la chimie (engrais, insecticides, herbicides...), des industries mécaniques (tracteurs, machines agricoles...), mais aussi des industries agricoles et alimentaires (aliments concentrés pour bétail...), ou à l'extérieur (importations de tourteaux), ou enfin à l'intérieur même du secteur agricole (achat de fourrage et de céréales d'embouche). Il ne faut pas oublier pour autant les progrès réalisés par les agriculteurs eux-mêmes dans leurs méthodes de production et de gestion, grâce à une meilleure forma-

Rendement	*Blé* (q/ha)	*Maïs* (q/ha)	*Pommes de terre* (q/ha)	*Betterave industrielle* (q/ha)
Moyenne 1930-1938	15,3	15,4	110,3	269,3
Moyenne 1961-1966	28,9	32,3	178,3	386
1977	40			

tion professionnelle et à l'appui de divers organismes techniques, professionnels ou syndicaux. Enfin, l'accroissement de la surface agricole par actif à temps plein (21 ha en 1970) a contribué aussi bien à l'amélioration de la productivité qu'à celle des rendements.

Les causes fondamentales du déclin de l'agriculture

Quant au déclin relatif de l'activité agricole – la production agricole a crû deux fois moins vite que la production moyenne d'ensemble –, il s'explique par l'évolution économique globale. On peut distinguer trois causes fondamentales : l'évolution de la consommation des ménages, la substitution de produits industriels aux produits agricoles pour certains usages (textiles, teintures), la substitution d'activités industrielles aux activités agricoles (développement des industries agricoles et alimentaires).

La première de ces causes est la plus importante. En 1949, l'alimentation représentait 42 p. 100 de la consommation des ménages ; par contre, en 1966, elle était tombée à 32,3 p. 100 et à 22,6 p. 100 en 1977. Pourtant, la consommation alimentaire des ménages n'a pas cessé de s'élever en volume tout au long de cette période ; elle s'est simplement élevée moins vite en moyenne que la consommation totale et surtout elle s'est diversifiée. Le marché intérieur n'aurait donc pas suffi à absorber des productions agricoles en forte croissance, y compris pour les céréales non destinées à l'alimentation du bétail. C'est pourquoi plus du quart de la production agricole est exporté. Cela explique que la part des productions végétales, qui avait nettement régressé entre 1959 et 1966 au profit des productions animales, ait à nouveau progressé pour se retrouver à 45 p. 100 environ de la production agricole totale en valeur.

Ainsi, en 1976, la France a produit 400 millions de quintaux de céréales, contre 140 millions en 1948. Dans le même temps, la production de viande bovine est passée de 800 000 tonnes à 1,6 million de tonnes. La production de viande de porc a plus que doublé et atteint 1,7 million de tonnes. La production de lait est passée de 100 à 250 millions d'hectolitres, etc.

Ces progressions spectaculaires n'ont pas empêché une baisse relative de la contribution de l'agriculture au P.I.B., qui passe de 14 p. 100 en 1952 à 5 p.100 environ en 1977. La conjonction de ce phénomène, dû en partie à la baisse relative des prix agricoles, avec l'amélioration rapide de la productivité du travail (augmentation de la production par personne active), qui a été de l'ordre de 6 p. 100 par an en moyenne de 1952 à 1972 (contre 5,4 p. 100 pour l'ensemble des branches), a entraîné une accélération de l'exode rural à partir de 1954.

Les migrations des agriculteurs

La population agricole fut d'abord soumise aux forces de répulsion constituées par la dégradation relative de son revenu et de son niveau de vie. Mais le facteur déterminant du départ des agriculteurs semble bien être l'existence d'emplois non agricoles. Cette cause joua d'autant plus fortement que les emplois non agricoles se trouvaient disponibles à une distance peu importante de l'exploitation. Il est prouvé que les taux de diminution de la population active agricole les plus forts sont situés dans la partie de la France où le développement économique d'ensemble a été le plus accentué. Il est également prouvé que ces forces de répulsion ou d'attraction agissent plus fortement sur les salariés agricoles et les aides familiaux jeunes que sur les exploitants et en particulier ceux qui ont plus de quarante ans.

Mais le rythme relativement lent de départ des « exploitants » a une conséquence néfaste ; le nombre des exploitations agricoles diminue moins rapidement que le nombre des personnes actives. Il en résulte que la France compte encore beaucoup d'exploitations, ce qui signifie une superficie moyenne trop faible et aussi une rentabilité insuffisante des équipements.

Cependant, comme le phénomène d'élimination des exploitations agricoles a concerné beaucoup plus fortement les petites que les grandes exploitations, on observe un phénomène de concentration du capital foncier, mais relativement lent, puisque

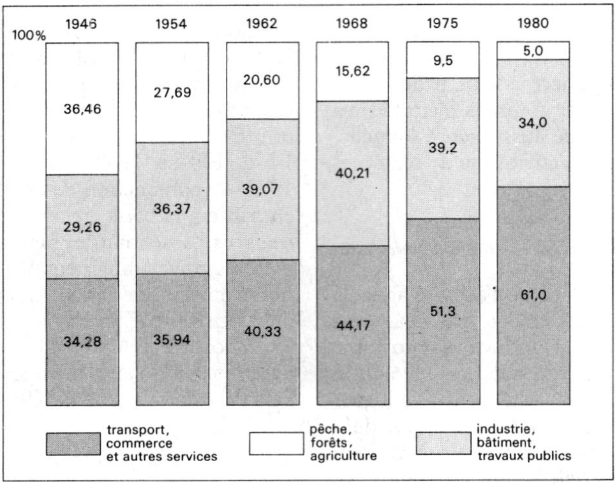

Évolution de la structure de l'emploi en trois secteurs et par branches.

69 p. 100 des exploitations ont encore moins de 20 ha, ce qui est considéré comme la limite inférieure de la surface des exploitations européennes « viables ».

L'évolution du revenu agricole

Par l'effet des migrations rurales et l'accroissement sensible de la consommation alimentaire, on pourrait penser que le revenu agricole par personne active s'est élevé fortement depuis 1950.

Or, il faut voir ici que la dépense alimentaire des ménages ne bénéficia que partiellement aux agriculteurs ; en bénéficièrent aussi les industries agricoles et alimentaires, les branches qui fournissent les consommations intermédiaires de l'agriculture, le commerce et les transports.

Les achats courants des agriculteurs aux autres secteurs (consommation intermédiaire) n'ont cessé d'augmenter en valeur relative. Leur part, qui était de 20 p. 100 de la production agricole en 1949, est passée à 34 p. 100 en 1972.

De plus, le revenu net agricole est amputé par l'amortissement financier des emprunts contractés pour l'équipement ou le foncier, amortissement qui représentait, en 1976, 21,4 p. 100 du revenu brut agricole, soit plus du double qu'en 1960 ; l'endettement de l'agriculture, qui était de 44,6 p. 100 du revenu brut d'exploitation en 1960, est passé à 168 p. 100 en 1976 ! Ce phénomène d'endettement et de charges financières est évidemment la contrepartie de la modernisation et de l'accroissement de surface des exploitations, qui ont, eux-mêmes, engendré en grande partie les gains de productivité du travail.

Cependant, si le revenu réel des agriculteurs n'a pas augmenté au même rythme que celui de l'ensemble des autres catégories socio-professionnelles, il a doublé de 1959 à 1972. En revanche, il baisse, puis stagne depuis cette date. Encore ces tendances moyennes camouflent-elles les très grandes disparités de revenus qui se manifestent dans l'agriculture française. Cette évolution hésitante ou régressive du revenu moyen des agriculteurs et son enjeu économique, social et politique expliquent les multiples composants de la politique agricole au niveau national tout d'abord, puis dans le cadre de la Communauté économique européenne ensuite.

La politique des prix et des marchés agricoles

Elle vise à soutenir le revenu agricole par une action sur les prix et donc sur l'organisation des marchés. Celle-ci remonte à la création de l'Office du blé par le gouvernement du Front populaire en 1936, devenu l'*Office national interprofessionnel des céréales* (O.N.I.C.) en 1940. Mais il faut attendre 1953 et les premières grandes manifestations paysannes de l'après-guerre pour que soient jetées les bases d'une organisation plus large des marchés agricoles. Ce sont les produits laitiers et la viande qui font l'objet des premières mesures d'organisation et de soutien. C'est en 1957, dans le cadre du *IIIe plan*, qu'est mis en place le premier régime général des prix agricoles.

À cet effet, les décrets de septembre 1957 et la loi de décembre 1957, tout en conservant les organismes antérieurement créés, en précisèrent les modalités d'intervention selon un système de prix complexe qui se proposait de protéger à la fois les producteurs (*prix planchers et prix indexés*), les consommateurs (*prix plafonds*) et les objectifs généraux des pouvoirs publics (*prix d'objectifs, prix de campagne*). Ce système est resté théoriquement en vigueur jusqu'à la mise au point des règles du Marché commun. Dans le cadre de la loi d'orientation agricole du 5 août 1960, le gouvernement s'attacha aussi à perfectionner l'ancien Fonds de garantie mutuelle et d'orientation de la production agricole, qui devenait le Fonds d'orientation et de régularisation des marchés agricoles, et la mise en place de la politique agricole commune va devenir un relais du Fonds européen d'orientation et de garantie agricole (F.E.O.G.A.).

La *loi d'orientation agricole* de 1960 et la *loi complémentaire* de 1962, ou loi Pisani, vont s'attacher à réaliser de meilleures conditions de confrontation de l'offre et de la demande. C'est ainsi que sont mis en place des *groupements de producteurs* et des *comités économiques agricoles.*

L'objectif de cette organisation à deux étages, le premier au niveau de la petite région de culture, le second au niveau d'une région agricole, était de faciliter aux organisations de producteurs le contrôle de la production et de la commercialisation de leurs produits. Il s'agissait, en particulier, de renforcer le pouvoir contractuel de ces organisations face au circuit commercial. Une loi du 6 juillet 1964 se préoccupa également de réglementer le développement de l'économie contractuelle (contrat de culture et d'élevage), en particulier par la définition d'accords types offrant des garanties aux agriculteurs. Enfin, la loi s'efforça d'améliorer les circuits de commercialisation de la viande par la création de réseaux d'abattoirs modernes et d'un contrôle plus strict des viandes, et le circuit des fruits et légumes par la création des marchés d'intérêt national.

La liste de ces mesures est donc impressionnante et l'effet n'a pas tardé à s'en faire sentir d'ailleurs sur les finances publiques.

Dans l'ensemble, la politique de soutien des prix a permis une évolution moins défavorable que par le mécanisme du marché. De plus, dans bien des cas, elle a évité des fluctuations brutales, tout particulièrement pour la viande de boucherie. Mais qui a le plus profité de cette politique ? Il fait peu de doute qu'elle a profité principalement aux exploitations de grandes dimensions des zones de grande culture, aux céréaliers plutôt qu'aux éleveurs, et qu'elle a accentué les disparités entre les productions, les exploitations et donc entre les régions.

La politique des structures

L'originalité de la loi de 1960 et de la loi Pisani de 1962 réside surtout dans les éléments d'une « politique des structures ». L'objectif général était d'atteindre la « parité » entre l'agriculture et les autres activités par un rattrapage des revenus agricoles, puis par une progression parallèle à celle des autres catégories de revenus. Pour atteindre cet objectif, on se proposait non seulement d'améliorer les mécanismes de soutien des prix, mais encore de « promouvoir et favoriser une structure d'exploitation de type familial, susceptible d'utiliser au mieux les méthodes des techniques modernes de production et de permettre le plein emploi du travail et du capital d'exploitation ». Cet objectif rejoignait ainsi la vieille réclamation du C.N.J.A. des années 50. L'exploitation type devait être mise en valeur par deux unités de main-d'œuvre, et sa superficie devait être déterminée par « région naturelle et par nature de culture ou type d'exploitation ». Il fallait donc, avant tout, favoriser la concentration foncière des exploitations. Pour cela, la loi d'orientation créait les *sociétés d'aménagement foncier et d'établissement rural* (les S.A.F.E.R.), qui, par leur intervention sur le marché foncier, vont favoriser le remembrement et l'extension des exploitations agricoles. De plus, la loi de 1962 cherche à encourager le départ des agriculteurs âgés et donc la rétrocession de leurs exploitations à des agriculteurs plus jeunes. A cet effet est créé le *Fonds d'action sociale pour l'amélioration des structures agricoles* (F.A.S.A.S.A.), qui verse une *indemnité viagère de départ* (I.V.D.) aux agriculteurs de plus de 65 ans qui acceptent de céder leur exploitation à une S.A.F.E.R. ou à un autre agriculteur.

La loi encourage enfin le regroupement des agriculteurs par la formule des *groupements d'exploitations en commun* (G.A.E.C.). En dépit des bonnes intentions de ses promoteurs, la politique, des structures n'a fait qu'accompagner, selon B. Rosier, « le lent mais inexorable mouvement de concentration foncière qui bénéficie aux exploitations déjà les mieux dotées ». Les S.A.F.E.R., en raison de leurs faibles moyens et aussi d'une absence de politique cohérente, n'ont eu qu'un impact très marginal sur le marché foncier et n'ont en rien bloqué la spéculation foncière, qui s'est fortement accélérée depuis les années 70, rendant très difficile l'accroissement des exploitations « moyennes ». C'est pourquoi près de 70 p. 100 des exploitations comptent encore moins de 20 ha, la concentration foncière se faisant plutôt dans la tranche des 20 à 100 ha. De son côté, la législation sur l'interdiction des cumuls n'a eu que des effets très limités.

La politique agricole commune et ses conséquences

Les accords de Bruxelles du 14 janvier 1962 ont fait entrer dans les faits la *politique agricole commune*. Cette politique concerne presque exclusivement l'organisation des marchés. Elle vise à créer un marché commun agricole et à favoriser l'achat mutuel entre ses membres (principe de la préférence communautaire) ; elle vise aussi à maintenir les prix agricoles à des niveaux compatibles avec un revenu « équitable » des agriculteurs et avec l'orientation des productions souhaitables. Les modalités de cette politique comportent donc deux éléments clés : un mécanisme de soutien des prix et un mécanisme de « protection extérieure » contre la concurrence « anormale » des pays tiers.

Le système européen de soutien des prix concerne un grand nombre de produits (qui représentent 72 p. 100 du revenu agricole) : céréales, lait et produits laitiers, viande bovine, certains fruits et certains légumes. Il repose sur la fixation annuelle d'un prix *indicatif* ou d'un *prix d'orientation* (viande de bœuf). Les *prix d'intervention* du F.E.O.G.A., en cas de besoin, constituent donc un prix garanti, notamment pour les céréales, les produits laitiers et le bœuf. De nombreux produits qui ne bénéficient pas de ce système sont néanmoins protégés de la concurrence extérieure et bénéficient du *système de protection* vis-à-vis des pays tiers. Enfin, certains produits comme le vin ou le sucre bénéficient d'un système de protection ou d'aide particulier.

La mise en œuvre de cette politique a conduit à un développement considérable des échanges intracommunautaires et à une certaine stabilisation du revenu agricole, mais elle a eu aussi pour effet, comme la politique nationale, une accentuation des disparités entre productions, entre types d'exploitation et entre régions. On peut dire qu'elle a profité surtout aux exploitations de grande culture. Les désordres monétaires internationaux, qui se sont amplifiés depuis le début des années 70 et qui ont abouti à des dévaluations ou des dépréciations successives dans les pays à monnaie faible comme la Grande-Bretagne, l'Italie, la France et au contraire à des réévaluations dans les pays à monnaie forte comme l'Allemagne ou les Pays-Bas, se sont fortement répercutés sur le fonctionnement de la politique agricole commune. Les *montants compensatoires monétaires* (« taux verts ») qui ont été créés pour éviter les conséquences internes fâcheuses de variation du taux de change sur les revenus des agriculteurs ont abouti en fait à des distorsions graves dans les coûts et les prix de l'économie agricole européenne, qui ont fortement favorisé l'agriculture allemande au détriment des consommateurs allemands et des autres producteurs européens, notamment les Français et les Anglais.

Enfin, la construction de la politique agricole commune est fortement menacée aujourd'hui par les problèmes de surproduction permanente du lait, de la viande bovine et du vin, par les exigences nouvelles de la Grande-Bretagne, qui voudrait s'approvisionner au meilleur prix mondial tout en conservant le système de protection intérieure de son agriculture, et par l'ouverture de la C.E.E. à la Grèce, à l'Espagne et au Portugal.

Le secteur industriel

L'énergie, base du développement

L'expansion de sources d'énergie conditionne directement le développement industriel d'un pays ou d'une région. Mais, par-delà, l'énergie conditionne aussi le bien-être matériel par ses très nombreuses applications domestiques ou encore par les possibilités très larges qu'elle offre au développement des transports, des communications et des activités de loisirs.

C'est pourquoi la « crise de l'énergie » de 1973-74 marque une cassure non seulement dans notre rythme de croissance actuel, mais aussi dans notre façon d'envisager le futur.

De 1960 à 1978, la consommation française d'énergie primaire est passée de 85,6 millions de tonnes d'équivalent pétrole (tep) à 182,3 millions de tep, c'est-à-dire qu'elle a plus que doublé, mais dans le même temps les importations de pétrole sont passées de 26 millions de tonnes à 106 millions de tonnes, c'est-à-dire qu'elles ont été multipliées par 4 en volume. D'une manière plus générale, alors qu'en 1960 la France n'importait que 41 p. 100 de son énergie primaire, en 1973 elle en importait 75 p. 100, chiffre qui s'est stabilisé depuis. Donc, en 1978, la France est obligée d'importer les trois quarts de l'énergie qu'elle consomme.

Comment en est-on arrivé à un tel degré de dépendance extérieure ? De la fin de la guerre à la fin des années 1950, la politique énergétique de la France a été une *politique du charbon* et, en 1959, le général de Gaulle déclarait encore : « Jamais il ne faut renoncer à notre charbon ». Pour cela on a maintenu artificiellement le prix des autres formes d'énergie à un niveau qui permettait d'écouler le charbon national.

Mais, à partir des années 60 et de l'ouverture de notre économie, on s'est orienté vers les sources d'énergie les moins chères pour accroître la compétitivité. Vers 1965, on se lance dans une *politique du pétrole* à bas prix. Sur l'ensemble de la période 1958-1970, le rapport de prix de la thermie fuel par rapport à la thermie charbon passe de 1,05 à 0,58 pour les usages industriels. Il en résulte que les Charbonnages de France, qui avaient déjà perdu les gros marchés de G.D.F. depuis la conversion du réseau au gaz naturel, perdent aussi très rapidement l'important marché des centrales thermiques d'E.D.F.

C'est pourquoi la production, qui avait atteint son apogée en 1958 avec 60 millions de tonnes, est tombée à 22,4 millions de tonnes en 1978 malgré un freinage volontaire de la baisse de production depuis 1973. Dans le même temps, la reconversion des bassins miniers du Nord-Pas-de-Calais, de Lorraine et du Centre-Midi (malgré la grande grève des mineurs en 1963) s'est traduite par une baisse considérable des effectifs de mineurs, qui passent de 358 000 en 1945 à 69 000 en 1978. Jusqu'à la fin de l'année 1973, on assistera donc au triomphe du pétrole et du gaz naturel, que la France se procure à très bas prix sur les marchés extérieurs où elle a pris des intérêts depuis longtemps déjà. En effet, dès les années 20, la politique de l'État avait amené à la création de sociétés pétrolières à participation de capitaux publics, comme la C.F.P., qui prend des intérêts au Moyen-Orient ou, dans les années 1940, la Régie autonome des pétroles, la Société nationale des pétroles d'Aquitaine, le Bureau de recherches pétrolières et, en 1960, l'U.G.P. (pour exploiter le pétrole du Sahara), qui fusionneront en 1966 et 1967 pour constituer le groupe d'État

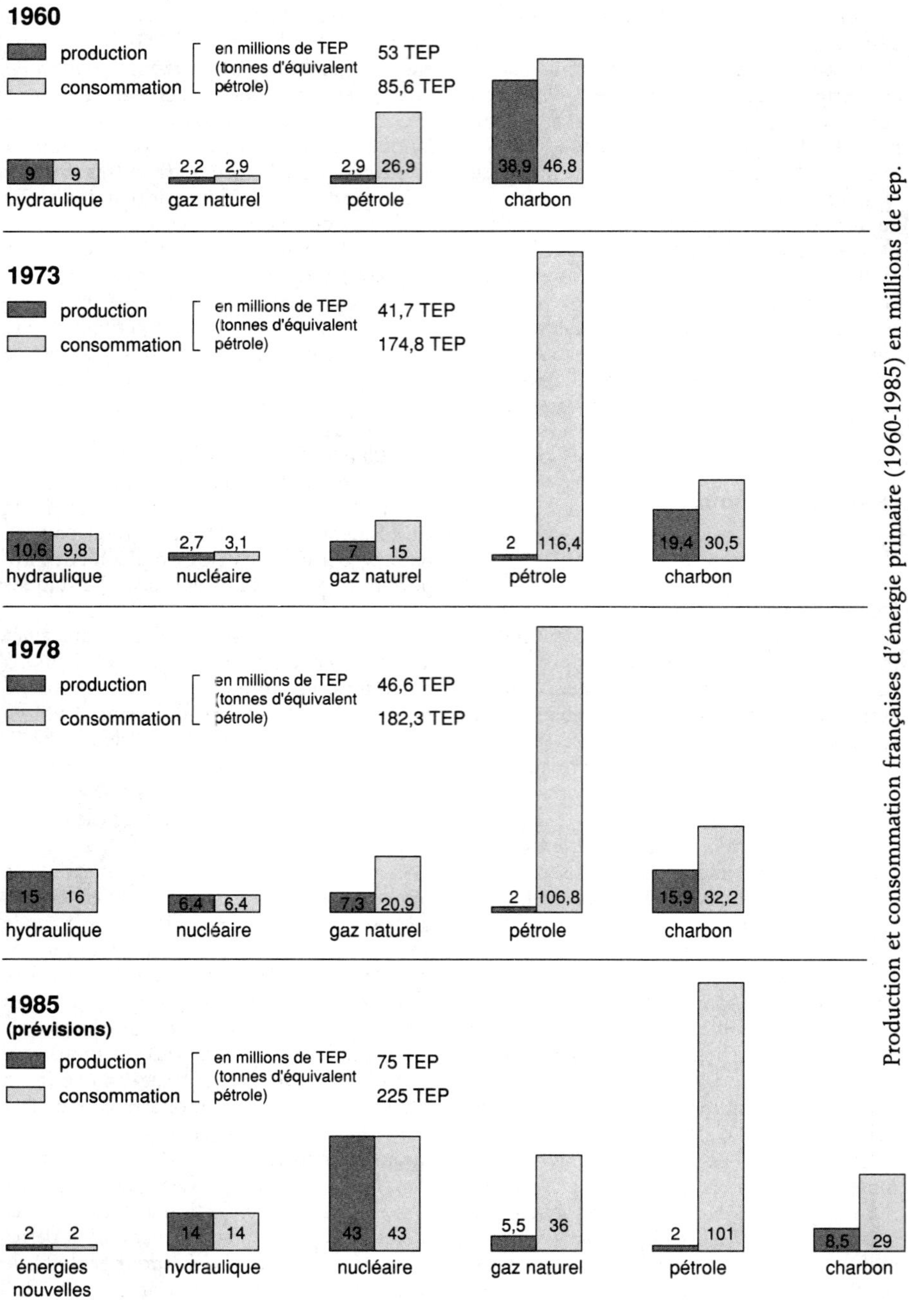

Production et consommation françaises d'énergie primaire (1960-1985) en millions de tep.

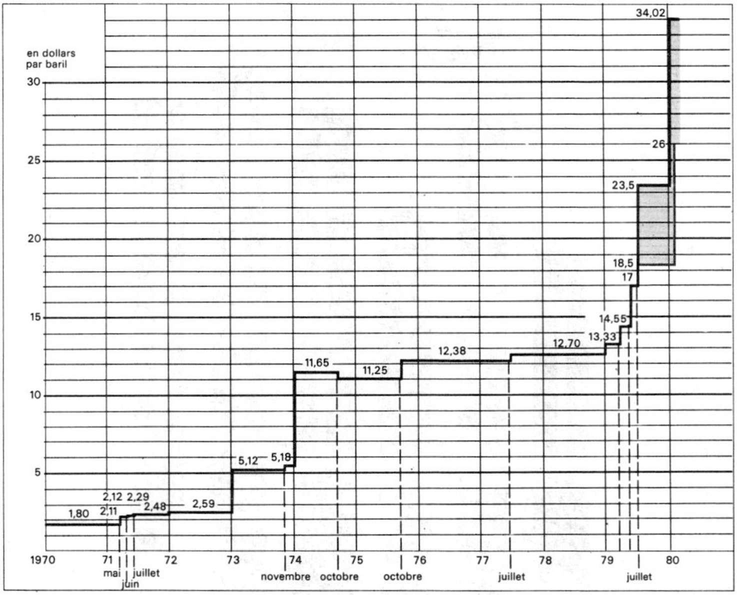

Évolution de la hausse du prix de base du pétrole (1970-1980).

ERAP-ELF. En définitive, vers la fin des années 60, non seulement les groupes français sous tutelle directe de l'État ont de solides intérêts dans divers pays producteurs, mais, de plus, ils contrôlent avec le groupe Antar 50 p. 100 du marché français, à égalité avec les « majors » étrangers implantés en France (comme Esso, BP, Shell, Mobil, Fina...). Cette politique pétrolière, si elle a abouti à une très grande dépendance sur le plan de l'approvisionnement, nous a en revanche garanti une indépendance certaine sur le plan du raffinage et de la distribution.

Cependant s'amorçait aussi en pleine euphorie pétrolière une *politique du nucléaire*. Mais, là encore, pour des raisons de rentabilité, E.D.F., appuyée par les constructeurs de centrales, va pousser à l'abandon de la filière nucléaire française, jugée moins intéressante que la filière américaine de Westinghouse. Le Centre de l'énergie atomique (C.E.A.) voit ainsi se rompre les principaux liens qui unissaient ses laboratoires à E.D.F. et à l'industrie. Dès lors, des expériences seront poussées dans une autre voie, celle des surgénérateurs : construction des réacteurs « Rapsodie » à Cadarache (1967) et « Phénix » à Marcoule (1961) en association avec E.D.F.!

La « crise de l'énergie » se traduit brutalement par le quadruplement du produit du brut entre 1972 et 1974, par une multiplication par 9 du prix en dollars par baril de 1972 à la fin de l'année 1979 (de 2,598 à plus de 23,68) et par une multiplication par 13 en février 1980. Elle impose une modification profonde de la politique énergétique française, qui se développe dès lors selon les axes suivants :

• *une politique d'économie* (qui pourrait économiser 35 millions de tep en 1985), qui vise les trois grandes catégories d'utilisateurs : sidérurgie et industrie (2a5 de la consommation), logement et tertiaire (2a5), transports (1a5), l'agriculture ne représentant que 2 p. 100 de la consommation finale. Jusqu'à présent, c'est essentiellement la baisse d'activité de l'économie qui a entraîné des économies substantielles dans l'industrie et les transports. Des économies réelles impliquent en effet de profondes modifications de la technologie industrielle, des normes nouvelles de construction, de nou-

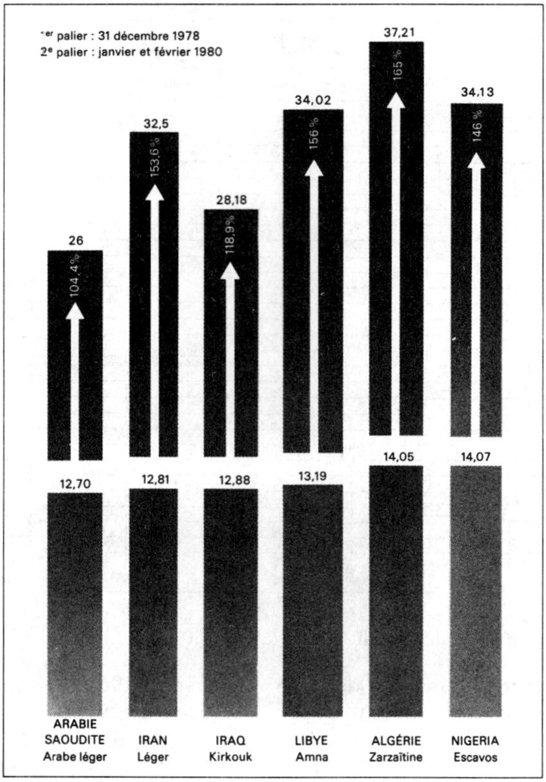

Renchérissement du pétrole depuis la fin de 1978 (en dollars par baril).

veaux modes de transports et d'urbanisme. Il s'agit en fait d'une conversion radicale de notre mode de développement ;

• *une exploitation optimale des ressources énergétiques nationales,* qui ne fournissent en 1978 que le quart de notre énergie primaire et dont on espère qu'elles fourniraient le tiers en 1985. Parmi elles :

— *le charbon,* malgré une relance de l'activité des bassins, ne peut apporter plus de 13 p. 100 de notre consommation en 1985 contre 17 p. 100 en 1978, en raison de l'épuisement de nos « réserves techniquement exploitables » ;

— *le pétrole,* malgré un effort nouveau de prospection, n'apporte pour l'instant que 2 Mtep de brut contre 115 Mtep importés (1978). Les réserves évaluées (Bassin parisien et Aquitaine) sont minimes ;

— *le gaz naturel,* malgré une exploitation convenable des gisements d'Aquitaine, ne fournit, depuis dix ans, que 4 à 8 Gm^3 sur les 25 que nous consommons, soit un peu moins du tiers ;

— *l'énergie hydraulique,* qui représentait 10 p. 100 de l'énergie consommée en 1960, n'en représentait plus que 8 p. 100 en 1978, soit l'équivalent de 15 Mtep. Au mieux, selon les récents inventaires, la France pourrait produire 20 à 22 Mtep par an d'origine hydraulique, soit 10 p. 100 de la consommation de 1985 ;

— *les « énergies nouvelles »* sont promises à des avenirs inégaux. On estime qu'au total elles ne fourniraient que 3 à 4 p. 100 de nos besoins en l'an 2000 ;

— *l'énergie nucléaire* paraît donc être, au moins dans une période de transition d'une

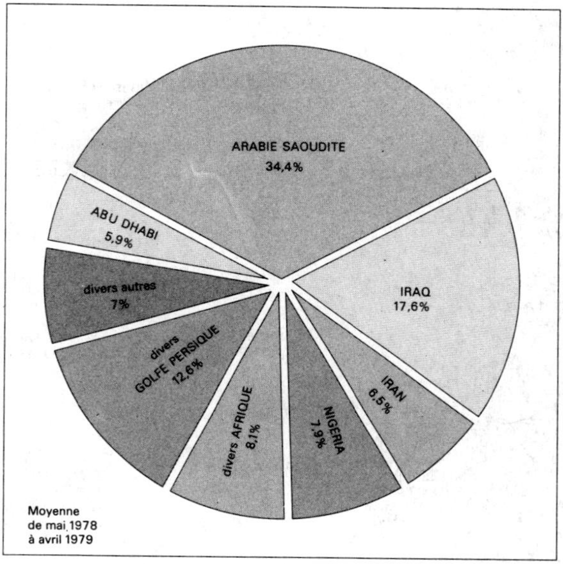

Sources d'approvisionnement de la France en pétrole, au 17 juillet 1979.

trentaine d'années, la solution principale d'une plus grande indépendance énergétique nationale.

La part du nucléaire dans la production d'électricité est passée de 0,5 p. 100 en 1963 à 2,7 p. 100 en 1968 et à 13,4 p. 100 en 1978 (soit 3,6 p. 100 de nos besoins en énergie ou l'équivalent de 6,4 millions de tonnes-pétrole). Dans les années 80, l'énergie nucléaire fournit 195 milliards de kilowatts-heures. Elle représente alors près de 20 p. 100 de notre consommation énergétique.

• *La diversification des sources d'énergie et des sources d'approvisionnement* (indépendamment de l'exploitation des richesses nationales). Il s'agit de réduire la dépendance de la France vis-à-vis de certains fournisseurs ou de certaines régions du monde. Pour cela, en 1975, il a été décidé d'accroître la part du *gaz* dans nos approvisionnements en énergie primaire (8,4 p. 100 en 1973, 11,5 p. 100 en 1975 et 16 p. 100 en 1985). Nos importations en 1978 proviennent, pour l'essentiel, des Pays-Bas (10,3 Gm^3 sur 17,45) et, pour le reste, de l'U.R.S.S. (2,7), de l'Algérie (2,7) et de la mer du Nord (1,8).

Par ailleurs, on développe les importations de *charbon* essentiellement en provenance de la R.F.A. (8,7 millions de tonnes sur 25 d'importation en 1985), de la Pologne (4,7) et de l'Afrique du Sud (6,7). En revanche, pour le *pétrole*, malgré les objectifs de diversification que l'on s'était fixés, on assiste au contraire à une aggravation de la concentration de nos achats en Arabie Saoudite et en Irak, qui fournissent (en 1978-79) 52 p. 100 de nos approvisionnements contre 40 p. 100 il y a cinq ans.

Reste le problème de l'approvisionnement en *uranium*, pour lequel les réserves du territoire national ne suffisent pas et qui nécessite de fortes importations de la République centrafricaine, du Niger et du Gabon, seuls espoirs de disposer d'une autonomie en uranium jusqu'en l'an 2000.

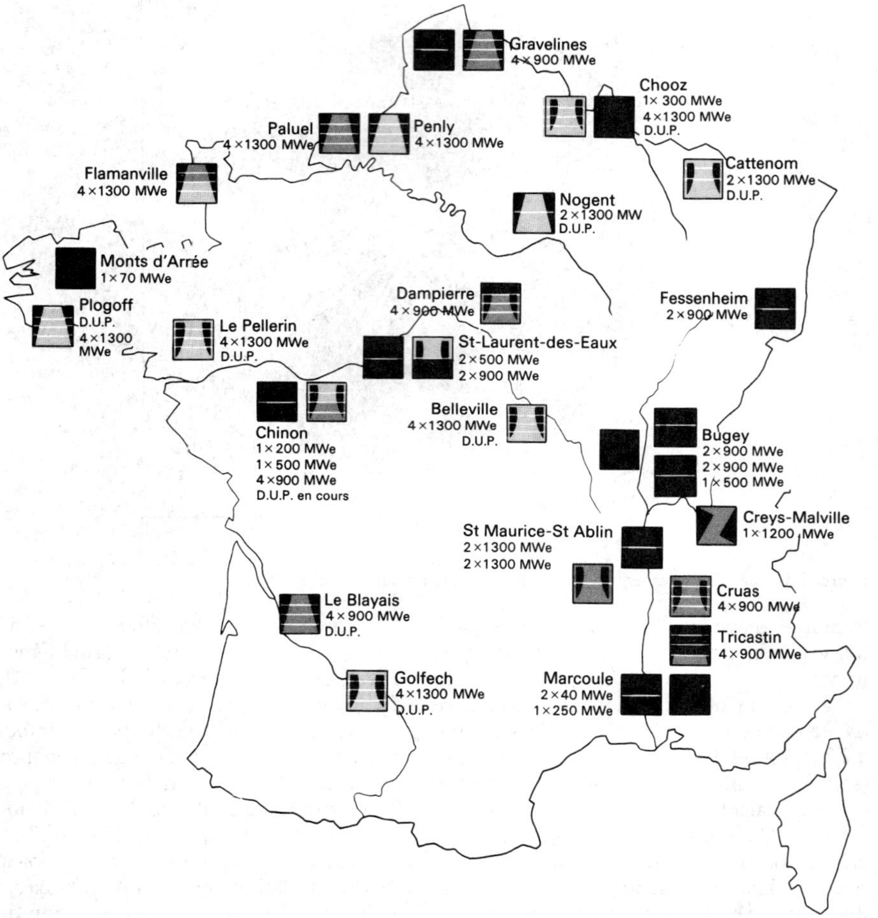

Implantation des centrales et installations nucléaires en France, au 4 décembre 1978.

La puissance industrielle

La signature du traité de Rome en 1957 impliquait un pari audacieux pour une industrie française engourdie par des décennies de protectionnisme et de relations privilégiées avec un empire colonial qui n'était pas tout à fait démantelé. Malgré la reconstruction, les interventions multiples de l'État à travers le Plan, le commissariat à la productivité et les entreprises publiques, l'industrie française exportait peu, travaillait essentiellement pour un marché national peu stimulant parce que protégé. La mise en application accélérée du traité de la C.E.E., dès le début des années 60, a donc produit l'effet d'une grande fenêtre ouverte par laquelle entrait le vent vif de la concurrence. Dès lors, la restructuration du secteur industriel devait aller bon train sous la double influence de la dynamique propre du capitalisme national et international, d'une part, et de la politique industrielle de l'État, d'autre part. Selon l'expression de l'I.N.S.E.E. : « L'ouverture des frontières a précipité l'industrie française dans une guerre économique mondiale de mouvement ». De fait, à l'issue d'une première « bataille » qui s'achève à la veille de la crise pétrolière, une partie du terrain a été reconquise sur les marchés extérieurs. C'est d'ailleurs en 1972 que les experts de l'O.C.D.E. prédisent une marche triomphante à l'économie et plus particulièrement à l'industrie française. Cet optimisme n'est plus de saison dans les années 80, car, entre-temps, la crise économique est venue révéler les déséquilibres structurels de l'industrie française et la fragilité de ses performances sur les marchés mondiaux et dans le cadre de la nouvelle division internationale du travail. Pourquoi cet échec relatif malgré vingt ans de stratégies d'adaptation à la concurrence internationale ? A partir des leçons de cette histoire récente, peut-on envisager un avenir industriel pour la France ?

La France est-elle devenue une puissance industrielle ?

En examinant plus haut les caractéristiques générales de l'évolution du système productif français à l'aide de quelques indicateurs globaux comme la part de l'emploi industriel dans l'ensemble de la population active occupée, la part de la valeur ajoutée des grandes branches de l'industrie (I.A.A., intermédiaires, équipement, consommation, B.T.P.) dans le P.I.B., leur gain de productivité du travail, leur taux de croissance annuel moyen, etc., nous avons noté en particulier les bonnes performances des industries d'équipement et des industries intermédiaires, et, à un moindre degré, des industries de consommation. La reconversion industrielle de la France a donc été très spectaculaire au cours des trente dernières années. Mais il s'agissait là de performances internes. Pour savoir si la France est devenue une puissance industrielle, il faut la confronter à ses principaux concurrents étrangers. Cette confrontation s'opère à la fois à l'extérieur, sur les marchés internationaux, par la progression plus ou moins forte des exportations de biens industriels français, et, à l'intérieur, par la pénétration plus ou moins forte du marché français par les produits étrangers. Un autre aspect de cette confrontation concerne l'importance des investissements français à l'étranger et celle des investissements étrangers en France, car une firme ou un groupe a le choix entre exporter ou s'implanter à l'étranger. L'étude synthétique de l'évolution de nos échanges extérieurs sera menée plus loin. On se bornera ici aux observations qui permettent de mieux situer la position relative de l'industrie française dans la division internationale du travail.

L'industrie et les échanges internationaux

Observons tout d'abord, avec l'I.N.S.E.E., la période qui va du traité de Rome à la veille de la crise pétrolière. Au début des années 60, le commerce extérieur français avec les pays industrialisés avait encore une structure semblable à celle d'un pays en voie de développement : plutôt spécialisé dans l'agriculture, les produits manufacturés de base (électricité, verre, minerai de fer et sidérurgie, première transformation des métaux) et les biens de consommation traditionnels (textiles, habillement, cuir...). La politique industrielle des Ve et VIe plans a eu comme principal effet de développer les industries de biens d'équipement et de biens intermédiaires. Cependant, le bilan de cette période est ambigu.

« Sur la période 1959-1972, la France semble être restée quelque peu en retrait dans la compétition mondiale. L'intégration croissante de la France dans la C.E.E. s'est soldée, certes, par une bonne performance à l'exportation, dans la ligne de l'objectif du VIe plan, mais, plus encore, par un accroissement des importations, en particulier des produits fabriqués.

« Sur cette période, les importations françaises de produits finis ont été beaucoup plus sensibles à la libération des échanges que les exportations. Si on fait une analyse détaillée par produit, on constate que les achats de demi-produits ont progressé et qu'en contrepartie l'amélioration de la balance des produits finis n'a pas eu lieu. Des secteurs à technologie avancée tels que industries mécaniques, électriques, électroniques et chimiques n'exportent qu'une part modeste de leur production (un quart en 1972, un tiers pour les industries chimiques), et les branches les plus exportatrices en 1972 sont les mêmes qu'il y a treize ans.

« L'appareil productif français ne semble donc pas avoir suffisamment transformé ses caractéristiques internes pour que l'ouverture des frontières ait été accompagnée d'une réorientation suffisante, géographique et structurelle, du commerce extérieur, autrement dit d'une amélioration de la compétitivité de l'industrie française. »

La période qui s'étend du début de la crise à la fin des années 1970 a-t-elle infirmé ce diagnostic ? Ici, l'analyse de C. Stoffaës vient souligner les effets révélateurs de la crise sur les déficiences structurelles de nos échanges extérieurs et donc la faiblesse relative de l'industrie française, qui est « prise en tenaille » entre les principaux concurrents : l'Allemagne, le Japon, les États-Unis et les pays industriels neufs (T'ai-wan, la Corée du Sud, Hongkong, Singapour, le Mexique, le Brésil, etc.). En effet, depuis la crise, les échanges entre l'industrie française et l'extérieur se caractérisent ainsi :

— un fort excédent tendanciel pour les *biens d'équipement et de consommation durables* (automobiles en particulier), mais qui est fondé sur une très rapide progression des exportations à destination du tiers monde et des pays de l'Est et trop lié aux aléas de la signature de « contrats du siècle » (centrales nucléaires, armement...) ;

— une dégradation accélérée du solde des *biens de consommation*, qui, de positif en 1975, est devenu négatif depuis, révélant aussi bien une forte pénétration des marchés français (dans le domaine des biens de consommation durables électriques et électroniques ; appareils ménagers, appareils de radio et de télévision, appareils photographiques, que dominent les producteurs allemands, italiens, japonais, et encore davantage dans les produits textiles et les cuirs) qu'une perte de nos positions sur les marchés extérieurs, en particulier européens. Or, précisément, la France était-elle jusqu'à une date récente relativement spécialisée dans les branches aujourd'hui structurellement menacées des textiles, de l'habillement, du cuir, de la chaussure et des industries agricoles et alimentaires.

En revanche, la position des industries agro-alimentaires est sans rapport avec la puissance de l'agriculture française. Cela signifie que la France exporte trop de produits agricoles à l'état brut.

— Pour les *biens intermédiaires*, le déficit extérieur français est tendanciel. Malgré une très forte concentration des entreprises et des techniques de production très modernes, les groupes français ne font pas encore le poids, sauf dans le verre, face aux groupes allemands, en particulier dans la métallurgie et la chimie et, à un moindre degré, les métaux non ferreux.

— C'est dans les *industries d'équipement* (y compris l'automobile et l'armement) que le rattrapage de la France sur l'Allemagne a été le plus net. Cependant, la situation y est contrastée. L'industrie *automobile* a enregistré des résultats remarquables.

— Parmi les *biens d'équipement professionnels*, le matériel d'équipement électrique et l'électronique professionnelle ont atteint le niveau de compétitivité mondiale. En revanche, le déficit vis-à-vis de l'Allemagne se creuse pour les véhicules industriels et les machines-outils.

— L'*industrie mécanique* a remporté de beaux succès à l'exportation depuis la crise, mais ils sont trop liés à des livraisons d'usines clés en main dans les pays en voie de développement. La construction navale a été fortement frappée par la crise internationale.

— Restent les *biens d'équipement incorporant un haut niveau de technologie,* comme les armements, l'électronique professionnelle civile et militaire, l'aéronautique militaire et civile, le cycle des matières nucléaires (enrichissement, retraitement...) et, à un moindre degré, les télécommunications, l'espace, l'informatique, où la France occupe des positions solides mais avec l'appui massif et continu de l'État.

C. Stoffaës estime en définitive que « l'industrie française n'a pas su, en général, exploiter au mieux les atouts naturels d'une économie développée, disponibilité en main-d'œuvre qualifiée et recours à un tissu industriel homogène ».

Comment peut-on expliquer des résultats aussi mitigés ? Plusieurs explications sont souvent invoquées, parmi lesquelles une concentration insuffisante, une main-d'œuvre trop chère, des investissements productifs insuffisants, une recherche-développement trop timide, une pression fiscale trop forte et une aide de l'État insuffisante.

En fait, toutes les études comparatives entre la France et ses concurrents de la C.E.E., voire de l'O.C.D.E., infirment la plupart de ces arguments.

Le coût de la main-d'œuvre est généralement plus élevé ailleurs que chez nous. Cela est d'autant plus vrai que l'industrie française, depuis vingt ans, s'est caractérisée par une utilisation massive de main-d'œuvre dévalorisée (immigrés, femmes). La pression fiscale globale est plus forte que chez nous dans la plupart des pays de l'O.C.D.E. (sauf aux États-Unis et également au Japon). Si la recherche-développement (dépenses mesurées par tête correspondante) est une des plus fortes des pays occidentaux, loin derrière les États-Unis, son orientation prioritaire vers les secteurs de technologie de pointe à vocation souvent incertaine pose toutefois problème. Quant à l'aide de l'État sous toutes ses formes (marchés publics, subventions, prêts bonifiés, etc.), elle a été importante et constante depuis la fin de la guerre et elle constitue un des piliers de la politique industrielle. Cependant, là encore, son orientation massive vers certaines branches au détriment d'autres activités pose problème.

Enfin, en ce qui concerne la progression des investissements productifs, là encore toutes les études montrent qu'elle a été très forte en France, notamment dans la période d'accumulation intensive du capital des années 60, et jusqu'à la crise, et généralement aussi forte ou plus forte que dans les principaux pays industriels et en tout cas beaucoup plus régulière. Reste donc la question clé : les entreprises françaises sont-elles suffisamment concentrées ?

La restructuration de l'industrie française

On peut remarquer, avec B. Bellon, que cette restructuration prend ses racines dans la période de la monarchie de Juillet, lorsque se constitue l'alliance privilégiée de la grande bourgeoisie et de l'État avec les premières formes du capital financier d'origine bancaire. Par la suite, et notamment dans la période récente, de 1958 à nos jours, la restructuration industrielle ne cessera d'être marquée par cette double liaison avec l'appareil bancaire et avec l'appareil d'État.

Jusqu'à une époque récente, la concentration, en dehors du secteur bancaire, avait surtout concerné la sidérurgie et, à la faveur de la Première Guerre mondiale, la chimie, avec la constitution des quatre principaux groupes : Saint-Gobain, Pechiney, Rhône-Poulenc et Kuhlmann. Une autre exception concerne les groupes pétroliers, soit d'origine étrangère, soit les groupes publics français dont nous avons vu le développement dans l'entre-deux-guerres. La Seconde Guerre mondiale n'a pas modifié ce tableau, si bien qu'en 1945 le reste de l'industrie est encore essentiellement constitué de petites et moyennes entreprises. Or, en vingt ans, de 1958 à 1978, sous les effets conjugués de la politique industrielle de l'État, de la concurrence internationale et de l'entrée des capitaux étrangers, les structures industrielles se sont profondément transformées, quoique de manière inégale selon les branches, du triple point de vue financier (groupe), économique (entreprise) et technique (établissement). Alors que, de 1950 à 1958, les opérations de concentration sont peu nombreuses et concernent surtout les petites entreprises, la rupture s'opère en 1958 avec l'ouverture des frontières et la fin de la décolonisation. On notera ensuite une deuxième accélération en 1964-65, puis surtout de 1967 à 1973. Enfin, la crise et l'intensification de la « guerre économique » déclenchent de nouveau d'amples manœuvres qui concernent essentiellement les groupes internationaux ou à vocation internationale.

Si l'on se situe au niveau de la *concentration technique*, c'est-à-dire des unités de production ou usines ou *établissements*, on observe que la concentration s'est accrue essentiellement au cours de la période d'intense accumulation du capital des années 60, plutôt qu'au cours des années de crise. Cette concentration technique s'est opérée par une rapide régression des petits établissements (de 10 à 20 salariés), par une homogénéisation de la production autour des établissements de taille moyenne (200 à 500) et par un développement moindre des grands établissements (plus de 1 000).

Par comparaison avec les grands pays industriels, la taille des établissements de 50 salariés a crû moins vite en France qu'en Allemagne, mais suffisamment vite pour devenir comparable, sinon supérieure, à celle des autres pays industrialisés ; de même, on observe une tendance à l'uniformisation de la taille des grands établissements dans tous les pays avancés et principalement dans les industries de biens d'équipement et de biens intermédiaires (métaux non ferreux, construction électrique, automobile, constructions navale et aéronautique, verre, chimie, sidérurgie...). Il semble donc ici que la taille soit subordonnée à des impératifs technologiques.

Parallèlement, on observe au niveau de la *concentration économique*, c'est-à-dire des *entreprises* ou unités juridiques, une tendance très nette à la disparition de l'artisanat et à la concentration des entreprises locales dans chaque branche. Ainsi la part des entreprises de plus de 1 000 salariés dans l'ensemble des entreprises a nettement augmenté au cours des années 60. A ce phénomène s'ajoute la régression du nombre des entreprises individuelles, surtout dans le textile, l'habillement et le travail du bois, mais pas dans le B.T.P. Il semble que le mouvement s'amplifie lui-même — y compris dans la période qui suit la crise : les secteurs les plus concentrés se concentrent encore (automobile, construction navale, aéronautique, aluminium, armement, par exemple), alors que des secteurs très peu concentrés se concentrent faiblement (habillement, bois, par exemple). Pour les secteurs déjà concentrés au début des années 60, on assiste donc à un renforcement de leur caractère oligopolistique. Ainsi, comme aux États-Unis, les quatre premières firmes faisaient plus de 90 p. 100 du chiffre d'affaires de la branche dès 1970 (automobile, aluminium, verre plat, turbines, etc.).

Mais la restructuration de l'industrie française est bien davantage marquée par la *concentration financière* qui s'est opérée au niveau des *groupes* au cours des vingt dernières années (1960-1980). Cette forme de concentration, typique de l'évolution structurelle du capitalisme contemporain, correspond non seulement à la volonté politique inscrite dans les Ve, VIe et VIIe plans, mais encore et surtout à la stratégie des groupes financiers et des groupes industriels nationaux et internationaux qui s'affrontent pour le partage des marchés mondiaux. Cette restructuration s'est faite en plusieurs vagues successives : la première au cours de la période 1958-1965, qui se traduit davantage par une redistribution des activités entre les 500 premiers groupes français. Une deuxième entre 1966 et 1971, période d'accélération de la concentration financière avec émergence des grands groupes industriels dans la plupart des secteurs. Une troisième période — 1971-1977 — est de nouveau une période de « rectification de frontière » et de remaniement interne de groupes (absorption de filiales, par exemple) et dans une quatrième phase, qui s'amorce en 1978, on assiste à une nouvelle vague de restructurations liée à une accumulation de capitaux liquides résultant d'un fort ralentissement des investissements productifs. En d'autres termes, les groupes concernés, au lieu de privilégier un mode de *croissance interne* par investissement, choisissent de nouveau un mode de *croissance externe* par absorption ou prix de contrôle.

On donnera comme exemples récents : le rachat par Peugeot-Citroën de Chrysler Europe (1978), l'intégration du groupe Boussac par Agache-Willot (1979) ; dans l'agro-alimentaire, le contrôle de William Saurin par Lesieur (1979) ; dans l'industrie horlogère, le contrôle de Yema par Jaz (1979) ; dans le textile, le contrôle de La Bonnal par Kindy ; dans la papeterie, la fusion du groupe Baignol et Farjon avec Blazy Conté Gilbert...

Malgré son caractère impressionnant à la fois par ses conséquences sociales (fermetures d'usines, délocalisation, compression de personnels, etc.), par ses dimensions économiques et financières (part de marché conquise, taille des groupes en cause...) ou par ses modalités parfois tapageuses (offre publique d'achat, ou O.P.A.), il semble que ce mouvement de concentration financière ait été relativement faible en France par rapport aux mouvements de même nature qui ont affecté les structures productives des principaux pays de capitalisme évolué. Pour le vérifier, on peut utiliser deux types de données : celles qui sont relatives au poids des plus grands groupes français par rapport à leurs concurrents internationaux et celles qui concernent le degré d'internationalisation des groupes français.

Selon la revue *Fortune*, dans les cinquante plus grandes firmes mondiales, qui sont toutes des « multinationales » (selon le critère du chiffre d'affaires en 1977), il n'y a que cinq françaises : Renault (22e), la C.F.P. (24e), Peugeot-Citroën (33e), Elf-Aquitaine (46e) et Saint-Gobain-Pont-à-Mousson (50e). Ainsi, il n'y a aucun groupe français parmi les 20 premiers groupes mondiaux, alors que la Hollande, avec ses 14 millions d'habitants, en compte trois et l'Allemagne quatre.

Dans le tableau des vingt premières sociétés françaises, on peut relever celles qui « font véritablement le poids » vis-à-vis de leurs concurrents internationaux : dans le secteur automobile, le groupe *Renault* et le groupe *Peugeot-Citroën*, surtout depuis le rachat de Chrysler-Europe (non pris en compte dans le tableau) ; dans le pétrole, les groupes publics *C.F.P.* et *Elf* ; dans le verre et les matériaux de construction, *Saint-Gobain-Pont-à-Mousson*, *B.S.N.-Gervais-Danone* (également spécialisé dans l'alimentation) et *Lafarge* (ciment) ; dans la production d'aluminium, *P.U.K.* (Pechiney-Ugine-Kuhlmann) ; dans l'aéronautique, l'*Aérospatiale* (groupe public).

En revanche, aucune des grandes sociétés françaises classées ici « ne fait le poids » dans la chimie, dominée par l'Allemagne (Hoechst, BASF et Bayer), la sidérurgie (dominée par les Allemands et les Japonais), le matériel électrique et l'électronique (dominés par les Américains, les Hollandais — Philips —, les Allemands — Siemens, AEG-Telefunken), la mécanique (dominée par les Japonais — Mitsubishi), l'informatique (dominée par les Américains — IBM) ; les sociétés de construction navale (dominées par le Japon), du textile (dominé par le Royaume-Uni — Courtaulds) ne figurent même pas dans la liste.

Cela évidemment ne signifie pas que les sociétés qui « ne font pas le poids » (au sens de la taille mesurée ici par le chiffre d'affaires) n'ont pas de bonnes performances économiques (taux de croissance, rentabilité et surtout développement des ventes à l'extérieur), mais cela signifie un handicap dans les luttes sans merci qui se développent au niveau international.

Examinons à présent les performances des groupes français en matière de *redéploiement* à l'étranger. Le développement des groupes à l'étranger, mesuré à travers leurs ventes, peut prendre deux formes : celle des *exportations* à partir du territoire national et celle de l'*implantation directe de filiales à l'étranger*. Souvent ces deux formes se combinent.

Ainsi, sur les quatorze groupes étudiés (Rhône-Poulenc, P.U.K., Michelin, S.G.P.M., Roussel-Uclaf, C.G.E., Thomson-Brandt, Air Liquide, Creusot-Loire, L'Oréal, Peugeot-Citroën, Renault, Lafarge, B.S.N.-Gervais-Danone) par Janine Cohen (D.A.F.S.A.), et qui excluaient les groupes pétroliers et la sidérurgie en raison de la violence de la crise qui les touche, neuf ont réalisé plus de la moitié de leur chiffre d'affaires à l'étranger en 1977, contre quatre seulement en 1973. Sur les quatorze groupes, onze ont accru leur pourcentage de chiffre d'affaires réalisé à l'étranger au cours de la même période. Seuls Renault, B.S.N.-Gervais-Danone et Lafarge avaient enregistré une baisse relative de leur pourcentage de vente à l'étranger.

Si l'on observe la progression de l'indice des chiffres d'affaires (sur la base 100 en 1973) respectivement réalisés en France et à l'étranger, on note que, pour tous les groupes, sauf les trois déjà mentionnés, le rythme de progression des ventes à l'étranger a été nettement plus rapide que celui des ventes réalisées en France. C'est donc grâce à ces performances extérieures que l'indice global de production reste soutenu pour ces groupes, malgré la crise. Cependant, pour la majorité des groupes étudiés, on enregistre une progression des ventes par les filiales plus rapide que par le biais des exportations. Ce phénomène est donc tout à fait révélateur de la multinationalisation et du redéploiement des grands groupes français.

Mais, pendant ce temps, les groupes étrangers ne sont pas restés inactifs, et ont pénétré eux aussi le marché français à la fois par les exportations, comme on l'a vu plus haut, et par leurs filiales en France (soit rachetées, soit créées par des investissements nouveaux). Malgré une présence américaine conséquente (I.B.M., General Electric, I.T.T., Esso, Ford, General Motors), la pénétration étrangère en France est à dominante européenne : Pays-Bas (Shell, Unilever, Philips...), Suisse (Nestlé, Ciba-Geigy...), R.F.A. (Hoechst, Bayer, Siemens...), Belgique, Royaume-Uni (BP, ICI...).

Les secteurs les plus pénétrés sont, par ordre décroissant : la fabrication de matériel de bureau et de matériel de traitement de l'information, la production de pétrole et de gaz, la production de machines agricoles, la parachimie, l'extraction et la préparation des minerais de fer, la production de minéraux divers, l'industrie pharmaceutique, la fabrication de produits amylacés, la fabrication d'instruments et de matériels de précision, l'industrie chimique de base, la fabrication de matériel électronique ménager et professionnel...

En définitive, malgré une restructuration accélérée et un redéploiement parfois spectaculaire au cours des dernières années, on reste sur une impression mitigée ; forces et faiblesses de l'industrie française se compensent trop souvent et de graves handicaps subsistent : poids insuffisant des entreprises et des groupes, redéploiement trop limité à certains secteurs, pénétration trop forte du marché intérieur par les producteurs étrangers. Qui est responsable de ces résultats mitigés : l'État, qui détermine la politique industrielle, ou les groupes, qui élaborent les stratégies industrielles et financières ?

De la planification à la politique industrielle

Dès le *V^e^ plan*, l'État s'est efforcé à la fois de réorganiser son propre secteur industriel (concentration du groupe Erap, Charbonnages de France-chimie, réorganisation de Renault, réorganisation de l'aéronautique...) et de donner les impulsions nécessaires à la restructuration des secteurs clés de l'industrie française ; on peut citer à cet égard la convention État-sidérurgie (1966-1970), le premier plan Calcul (1967-1971), le contrat professionnel de la construction navale (1968), les grands programmes aéronautiques, le programme espace (1969-70). Mais, à côté de ces grands programmes de restructuration assortis de moyens financiers directs ou indirects considérables, l'État a favorisé l'industrie par une fiscalité favorable aux investissements, aux fusions, au redéploiement international, aux valeurs mobilières, etc.

Donc l'État, depuis vingt ans, a été ouvertement et fortement présent dans la restructuration industrielle. Que lui reproche-t-on alors ? C. Stoffaës lui adresse trois reproches :

— « une politique économique marquée, à de trop rares exceptions près, par la facilité : relance permanente, laxisme en matière de création monétaire, inflation non maîtrisée, dévaluations « compétitives » qui, si elles facilitaient à court terme les exportations de nos entreprises sur le marché européen, les dispensaient en même temps de l'effort d'adaptation permanent qu'il aurait fallu mener » ;

— « une attitude de freinage des mutations (...) et un soutien généreux accordé à l'effort de réadaptation de certains secteurs menacés par les évolutions, comme l'agriculture, le charbonnage, les transports ferroviaires, etc., qui ont faussé l'allocation des ressources au détriment de l'industrie ». Pour Stoffaës, le prix à payer, « c'est peut-être un volant de chômage supérieur à un million et demi d'actifs, une remise en cause de la politique d'aménagement du territoire, des facilités nombreuses qu'il faudra *avoir le courage de supporter pendant une période plus proche de dix ans que de trois* » ;

— « un effort de concentration des structures industrielles qui, s'il a abouti à créer des groupes financièrement puissants, n'a pas nécessairement conduit à des unités industrielles menant des stratégies de filières cohérentes (chimie, métallurgie) ». En revanche, « un tissu de petites et moyennes entreprises insuffisamment relié au marché mondial faute de formule de regroupement du type des sociétés de commerce international allemandes ou japonaises (1 500 entreprises comptent pour 90 p. 100 dans nos exportations sur 50 000...) ».

A. Cotta, pour sa part, pense que « l'on a sacrifié la richesse de notre tissu industriel à des produits de haut de gamme d'une compétitivité douteuse » ; il y a là sans doute une remise en cause des grands projets gaulliens (armement nucléaire, aéronautique et espace) qui ont détourné d'énormes ressources.

En sens inverse, J. Mistral pense que, « loin d'être imputable à un développement insuffisant des exportations, le déficit industriel français tient donc plutôt à la part croissante du marché intérieur détenu par les producteurs étrangers. Il faut donc reconquérir le marché intérieur, en particulier dans le domaine des biens d'investissement, sans exclure *a priori* le recours à un protectionnisme sélectif ». C'est donc préconiser le recours à une politique de l'offre « volontariste » où l'État doit jouer un rôle à tous les niveaux.

Le pouvoir financier et l'industrie

Pour B. Bellon, « certains groupes sont dits *financiers* parce qu'ils rassemblent en eux-mêmes l'essentiel des capacités d'interventions industrielles, commerciales ou financières (comme c'est le cas de groupes comme Rothschild, Empain-Schneider, Suez, Paribas, Lazard...) ». La concentration industrielle n'est (donc) que l'aspect visible d'une structure beaucoup plus vaste et différenciée de regroupement du capital financier. Derrière des groupes aussi autonomes et structurés que Saint-Gobain-Pont-à-Mousson, Rhône-Poulenc, Schlumberger ou Pechiney-Ugine-Kuhlmann, il y a donc un réseau d'alliances structurées qui joue un rôle fondamental au niveau des grandes décisions stratégiques (fusion, absorption, contrôle, redéploiement...). Au cœur de ces alliances, il y a de plus en plus souvent la présence de partenaires tels les « grands ensembles financiers », et plus particulièrement les groupes Suez et Paribas, aux nombreuses liaisons complexes.

Pourquoi ces liaisons tendent-elles à se multiplier en donnant ainsi à ces groupes financiers un pouvoir considérable dans l'industrie française ? Parce que l'inefficacité du marché boursier et la diminution des capacités d'autofinancement des groupes industriels (liée à la baisse de la rentabilité du capital et à un partage défavorable de la valeur ajoutée) rendent de plus en plus nécessaire l'appel au crédit bancaire à long terme. Dès lors, le banquier n'est plus seulement un bailleur de fonds, c'est un partenaire actif dans l'établissement progressif des stratégies financières. Sans doute certains groupes industriels absorbent-ils ou créent-ils des établissements bancaires. C'est le cas de groupes comme Marine Wendel (Banque Demachy), Michelin (Industrielle et mobilière privée), Dassault (banque Vernes), P.U.K. et C.F.P. (Crédit chimie), C.G.E. (Electro-banque), Peugeot (Financière de banque), Thomson (Financière électrique), D.N.E.L. (Industrielle de banque) ou Renault (Financière et foncière).

Mais combien de groupes, en revanche, entrent dans un processus de dépendance financière du fait de leur endettement et aussi pour pouvoir participer aux grandes manœuvres défensives ou offensives de la restructuration internationale ?

Le développement rapide du secteur tertiaire

Les fonctions des services sont parfois divisées en deux catégories : celles qui tendent directement à la « valorisation des personnes » et celles qui tendent à la « valorisation des organisations ou des entreprises ».

Répondent aux premières fonctions les services qui visent à « assurer le mieux-être des personnes en satisfaisant leurs besoins d'éducation, de santé, d'information, de sécurité, de mobilité (transports, hôtellerie), de communications, de crédit, d'hygiène, de loisirs et de distraction »... On y trouve encore les besoins qui visent à « assurer l'acheminement, le stockage, la distribution (vente ou location), la répartition et l'enlèvement, après usage, des produits alimentaires ou industriels consommés par les ménages ». Certains de ces services ont été jugés à ce point importants dans nos types de société qu'ils ont été financés par l'impôt et mis en œuvre en totalité ou en partie par des administrations publiques. Mais, réciproquement, ces services correspondent à des besoins tellement fondamentaux des hommes que ceux-ci n'hésitent pas à les acquérir sur des marchés, au même titre que des produits alimentaires ou industriels. D'où le partage de la plupart de ces services en deux sphères : « services marchands » et « services non marchands rendus à des particuliers » (qui concernent tous les deux la santé, l'éducation, l'aide ou l'action sociale, les services récréatifs, culturels, sportifs, etc.).

Répondent à la valorisation des organisations ou entreprises les services qui visent à « les aider à une meilleure gestion ou à se substituer à elles pour certaines tâches en y apportant les avantages de la spécialisation et de la division du travail ». On peut énumérer ici : le transport, l'entrepôt, le commerce, le crédit, l'assurance, la formation, la location de matériel, la restauration collective..., mais aussi la publicité, la sécurité et la surveillance, l'organisation du transit international, l'ingénierie, l'informatique, les conseils et études, les prestations de travail temporaire.

Beaucoup de ces services étaient autrefois incorporés dans les entreprises industrielles. De plus en plus, elles les délèguent aujourd'hui à des entreprises du secteur tertiaire, ce qui peut expliquer partiellement d'ailleurs le gonflement du secteur tertiaire et, réciproquement, la stagnation du secteur industriel du point de vue de la répartition intersectorielle de la population active. De la même façon, cela explique en partie le poids plus faible du tertiaire dans des pays comme l'Allemagne ou la Suisse, car, à la différence de la France, de nombreuses fonctions tertiaires continuent à être intégrées dans les entreprises du secondaire.

La multiplicité de ces fonctions explique donc le développement impressionnant des « activités de services » depuis la fin de la guerre.

Le secteur tertiaire n'occupait, en effet, que 34 p. 100 de la population active en 1946. En 1977, il en occupait 53 p. 100, soit 11 millions de personnes environ et, en 1980, environ 61 p. 100. De plus, de 1962 à 1975, sur un total de 3 700 000 emplois nouveaux, 2 800 000 ont été créés dans les services, soit les trois quarts. Si l'on raisonne en matière d'emplois salariés, du 1er janvier 1974 au 1er janvier 1978 (c'est-à-dire sur la période de crise), alors que l'agriculture a perdu en quatre ans 82 000 emplois salariés et l'industrie 514 000 (!), les services en ont gagné 454 400, les branches qui ont le plus créé d'emplois étant les « services divers », le service civil d'État, les commerces, les banques. Cette progression, qui est souvent considérée comme malsaine, est pourtant tout à fait comparable à celle qu'ont connue les principaux pays de l'O.C.D.E.

La contribution du secteur tertiaire à la production nationale a suivi une progression comparable. Elle atteignait, en effet, 55 p. 100 de la valeur ajoutée totale en 1976, grandeur comparable à la place occupée par la population active du secteur tertiaire dans la population active totale.

Si l'on s'intéresse d'une manière plus précise au développement des diverses catégories de services, on notera, selon le critère des effectifs, que, de 1954 à 1975, la progression a été la plus forte dans les banques, institutions financières et assuran-

Trafic routier en 1979.

ces (+ 158 p. 100), dans les « autres services », télécommunications et administrations publiques (+ 68 p. 100) ; viennent ensuite les commerces (+ 36 p. 100), les transports (+ 15 p. 100). Les services domestiques ont connu, pour leur part, une évolution fortement régressive (-40 p. 100).

On soulignera encore deux points de l'évolution. Le premier concerne la *féminisation* du secteur tertiaire. Au niveau global, si les femmes représentent (1975) 36,64 p. 100 de la population active totale, elles représentent 47,35 p. 100 de la population active du secteur tertiaire. Plus de 66 p. 100 des femmes travaillent dans le tertiaire.

Leur taux de participation est élevé dans les services médicaux (79 p. 100), les employés de bureau (65 p. 100), les employés de commerce (60 p. 100), parmi les instituteurs, enseignants et professions intellectuelles (plus de 50 p. 100) ; il est faible encore, malgré une progression plus rapide, chez les ingénieurs, les techniciens, les cadres administratifs supérieurs.

Enfin, il faut noter l'importance de la contribution du secteur tertiaire à l'équilibre des comptes extérieurs. Ce rôle est important et cependant méconnu. Ainsi, en 1976, les exportations de services ont atteint 42 milliards de francs, et 58 milliards si on inclut les recettes du tourisme, soit 21 p. 100 des exportations de marchandises. Le principal poste excédentaire est celui des *services marchands rendus principalement aux entreprises*, et non le tourisme, dont la balance est tout juste équilibrée. Ces services, qui représentent fondamentalement le « savoir-faire » des pays industriels avancés, se développent très rapidement (au même rythme que les exportations de marchandises, soit + 168 p. 100 pour la période 1970-1976), et leurs exportations conditionnent en fait l'exportation des biens, et plus particulièrement des biens d'équipement. C'est dire qu'ils correspondent aux avantages spécifi-

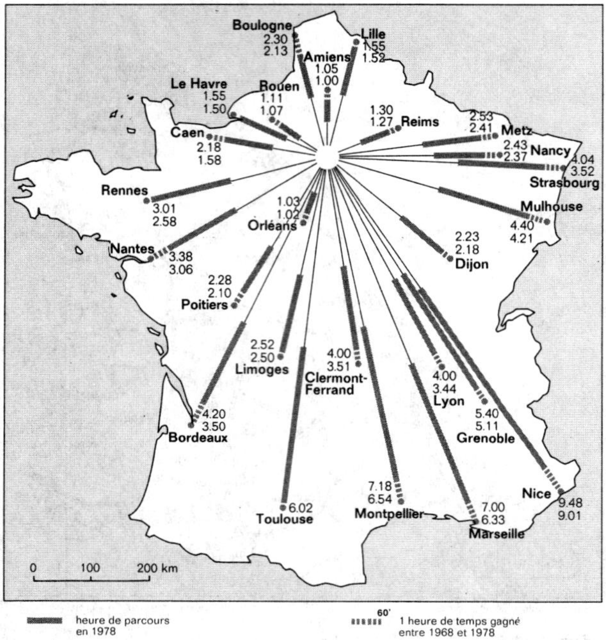

Trafic des voyageurs S.N.C.F. en 1978.

ques des pays industriels avancés dans la nouvelle division internationale du travail actuellement en cours.

Nous accorderons une attention particulière à une branche du secteur des services qui concerne la vie quotidienne des Français et aussi l'aménagement de l'espace : les transports et télécommunications.

La grande mutation des transports et des moyens de communication

Le développement des moyens de transport et de communication est, comme celui des sources d'énergie, un facteur fondamental de la croissance économique. A ce titre, ces activités occupent une place de choix dans le regroupement hétéroclite que constitue le secteur tertiaire.

Les transports de passagers

L'évolution du transport des passagers est marquée, depuis une dizaine d'années tout particulièrement, par le développement très rapide des transports individuels au détriment des transports collectifs. Ainsi, sur la base 100 en 1959, les dépenses des ménages français, en volume, étaient déjà, en 1966, à l'indice 220 pour les transports individuels et à l'indice 123 seulement pour les transports collectifs. Cette préférence manifeste des Français pour les transports individuels, c'est-à-dire pratiquement pour l'automobile, s'est confirmée jusqu'à nos jours malgré la crise de l'énergie ; elle a des conséquences différentes selon qu'il s'agit de transports intra-agglomération, de transports internes (territoire national) ou de transports internationaux.

Pour transporter un nombre égal de personnes, il faut de quatre à vingt fois plus de surface de voirie avec l'automobile qu'avec les transports collectifs. Au prix du mètre carré dans le centre des grandes agglomérations et même des moins grandes, il est clair que l'automobile privée ne devrait pas pouvoir concurrencer pendant très longtemps les transports collectifs. Les dépenses de voirie, dans les grandes villes, sont d'ores et déjà la cause majeure de l'endettement des communes au détriment des autres dépenses d'équipement. Mais les pouvoirs publics et les élus locaux, soit par souci électoral, soit pour ne pas déplaire aux constructeurs d'automobiles et à leurs nombreux alliés, n'ont pas su dissuader en temps utile la circulation automobile individuelle *intra muros* par une sévère réglementation ou par la taxation. Aussi la moyenne de vitesse des automobiles particulières est-elle tombée bien au-dessous de celle des fiacres du début du siècle, la pollution de l'air atteint parfois des seuils d'alerte, le stationnement toléré ou abusif aboutit à la destruction de tout espace public.

Dans le domaine des transports interurbains ou interrégionaux, la circulation automobile a connu, au cours des vingt dernières années, un essor extraordinaire et très certainement exagéré, compte tenu de la progression moyenne des revenus des Français, du retard des autres formes d'investissements prioritaires des ménages, comme le logement. Ainsi le parc automobile français est passé de 7 millions de véhicules en 1962 à près de 19 millions en 1977, ce qui représente une moyenne de 35 automobiles pour 100 habitants.

En 1960, on pouvait décompter un débit journalier de 88 millions de véhicules-kilomètres. En 1977, le débit atteignait 5 500 millions de véhicules-kilomètres, ce qui représente 437 milliards de voyageurs-kilomètres pour la seule circulation motorisée légère. Cette croissance de la circulation routière s'est accompagnée d'une amélioration progressive du réseau routier, et, en particulier, du réseau autoroutier. En 1971, la France comptait 1 600 kilomètres d'autoroutes. A la fin de 1979, elle en comptait 5 000 kilomètres, et 1 100 kilomètres étaient également en chantier.

Dans ce contexte, le chemin de fer a beaucoup de difficultés à conserver ses positions. Il ne manque pas d'atouts cependant. Lui seul peut assurer plusieurs fois par an, à l'occasion des vacances, le déplacement de millions de Français en l'espace de deux ou trois jours. Lui seul peut déverser et reprendre, aux heures de pointe, 1 300 000 banlieusards chaque jour à Paris (trafic S.N.C.F. seulement). Le train à grande vitesse met Lyon à deux heures de Paris, ce qui chasse désormais l'avion sur cette ligne. En 1978, le trafic annuel urbain a porté sur 431 millions de voyageurs, correspondant à 7,46 milliards de voyageurs-kilomètres, auxquels il faut ajouter les 2 milliards de passagers de la R.A.T.P. (9,400 milliards de voyageurs-kilomètres).

Pour leur part, les transports non urbains de la S.N.C.F. ont concerné 253 millions de voyageurs et ont porté sur 46 milliards de voyageurs-kilomètres. Au total, les transports collectifs par rail (S.N.C.F. et R.A.T.P.) urbains et non urbains ne représentaient cependant, en 1978, que 14,5 p. 100 des transports par véhicules automobiles individuels.

Dès son lancement, la compagnie Air Inter, créée à l'initiative de banquiers, de transporteurs, d'Air France et de la S.N.C.F., avec l'appui des pouvoirs publics et des collectivités locales, avait affirmé sa triple vocation à l'aménagement du territoire, à la desserte des régions sous-développées et sous-desservies par les autres modes de transport, enfin à la diffusion du transport aérien populaire. Depuis 1960, le trafic aérien intérieur n'a cessé de s'accroître, puisque le nombre de voyageurs est passé de 16 000 en 1960 à 2 000 000 en 1968, à plus de 8 000 000 en 1978, qui représentaient 5,4 milliards de voyageurs-kilomètres. L'avion n'est cependant pas encore un moyen de transport populaire, comme il l'est très largement déjà aux États-Unis ou en U.R.S.S., où les tarifs ne sont pas plus élevés que nos tarifs ferroviaires de 2e classe. Cela tient évidemment à un réseau beaucoup moins développé et à une moyenne kilométrique par passager beaucoup moins importante que dans les vastes contrées. En définitive, moins de 4 p. 100 de la population française utilise ce mode de transport dans les années 80.

C'est dans le domaine des transports internationaux que l'aviation a affirmé nettement sa supériorité au cours des vingt dernières années. De 1963 à 1978, le

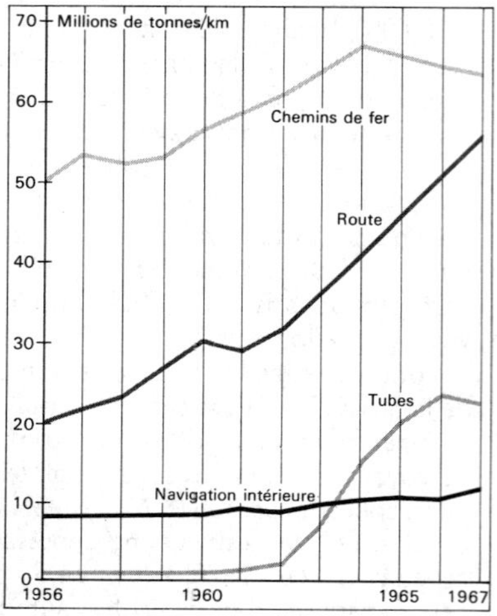

Part des différents modes de transport dans le trafic des marchandises.

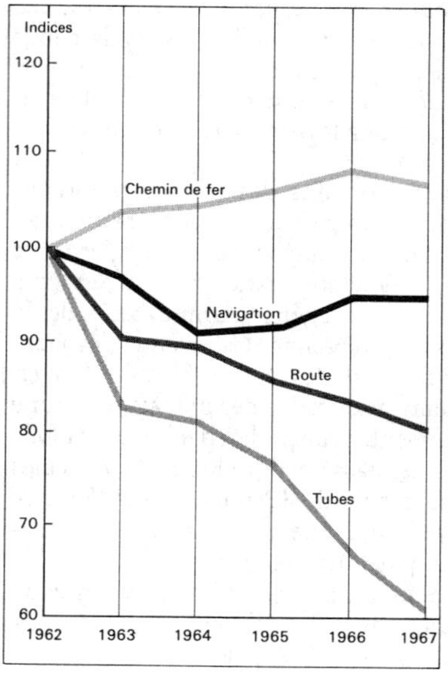

Prix de revient des différents modes de transport des marchandises.

nombre de passagers en trafic international embarqués sur les aérodromes français s'est élevé de 3 à 17 millions. Les compagnies Air France et U.T.A. avaient réalisé, pour leur part, un trafic international de 24,5 milliards de voyageurs-kilomètres en 1977 (plus de 10 millions de voyageurs). Cependant, le trafic maritime, qui ne portait que sur 2,5 millions de passagers en 1958, atteint 6 millions en 1977, mais 3,2 millions seulement si on exclut le trafic avec la Corse (le taux annuel moyen de progression a été de 7,4 p. 100 de 1967 à 1977). Les principaux trafics passent par Calais, Boulogne, Marseille, Le Havre, Dieppe, Bastia.

Les transports de marchandises

La répartition du trafic des marchandises, beaucoup plus que celle du trafic des passagers, est fonction non seulement de la vitesse des divers moyens de transport et de leur souplesse (porte à porte), mais encore et surtout de leur prix respectif. L'évolution de cette répartition, de 1956 à 1967, est ainsi la conséquence plus ou moins directe de l'évolution relative des prix de revient des différents modes de transport.

La part du chemin de fer en valeur relative est tombée de plus de 60 p. 100 du trafic total intérieur à 34 p. 100 en 1978. Au premier degré, le déclin du chemin de fer s'explique par la disparition du quasi-monopole de fait dont il jouissait encore à la fin de la Seconde Guerre mondiale. Outre la concurrence traditionnelle de la voie d'eau, qui a peu augmenté son trafic depuis une vingtaine d'années, le rail doit affronter celle, de plus en plus vive, de la route et, depuis 1962, celle des oléoducs. La part des transports par oléoducs et autres conduites, qui n'atteignait pas 1 p. 100 en 1960, est d'environ 15 p. 100 en 1978 (transit inclus).

La part des transports par route, qui n'était que de 20 p. 100 en 1956, atteignait 45 p. 100 en 1978 (cette part serait plus importante – 50 p. 100 environ – si on excluait le trafic de transit des oléoducs et de la navigation intérieure). De plus, au cours des années précédant la crise du pétrole, on notait que la progression de la route la plus importante concernait le trafic à longue distance (400 km et plus), ce qui entamait un peu plus le trafic spécifique de la S.N.C.F. ou des voies navigables.

Il faut bien voir les causes exactes de la concurrence victorieuse de la route. Elles tiennent à ce que les chemins de fer supportent le double poids de charges fixes très lourdes et d'une interprétation erronée du service public, alors que les transporteurs routiers, sous la pression de la profession et des constructeurs de véhicules, ne supportent pratiquement aucune part des frais d'infrastructure ni des coûts sociaux, qu'ils infligent généralement à la collectivité. La suppression de la coordination rail-route, en 1961, a amorcé une dangereuse évolution au profit exclusif des transporteurs routiers et des constructeurs de véhicules, mais au détriment de la collectivité. Aucun grand pays industriel, comme le montre abondamment l'exemple de nos voisins et tout particulièrement de l'Allemagne, ne peut se passer d'une politique coordonnée des transports.

Le transport par oléoducs est de loin celui dont le coût a le plus diminué depuis 1962. Dans le domaine des transports internationaux, les hydrocarbures et le gaz naturel ont également réveillé tout un secteur des transports maritimes et, par voie de conséquence, de la construction navale. Avec l'appoint du transport des hydrocarbures et du gaz, le trafic des ports maritimes est passé de 82 millions de tonnes en 1959 à 175 millions en 1968, et à 300 millions de tonnes en 1977 (trafic international, cabotage national, transit et transbordement). Marseille et ses annexes restent en tête, avec 100 millions de tonnes, devant Le Havre (80 millions de tonnes), Dunkerque (33,5 millions de tonnes) et enfin Rouen et Nantes-Saint-Nazaire et annexes, avec chacun 17 millions de tonnes.

Les produits pétroliers représentent à eux seuls environ 70 p. 100 du trafic total maritime. Mais, pour certains ports, comme Marseille-Fos et Le Havre, ils représentent 85 p. 100 du trafic.

Le trafic de fret aérien, bien qu'en progression constante, demeure négligeable par le poids transporté : environ 2 800 millions de tonnes en 1975 (9 fois plus qu'en 1969), ce qui ne représente que 1,4 p. 100 du seul trafic intérieur de la S.N.C.F. Toutefois, le fret kilométrique se compte déjà en centaines de millions de tonnes kilométriques (dernières années). Mais il s'agit d'un trafic capital du point de vue des communications internationales, puisque la plus grande partie du trafic postal est aujourd'hui transportée par avion (42 000 tonnes en 1975, soit 20 fois plus qu'en 1948). Enfin, dans l'acheminement du commerce extérieur de la France, si le tonnage transporté par air est insignifiant (moins de 0,2 p. 100), il est important en valeur (10 p. 100 des importations et 12 p. 100 des exportations).

La crise de l'énergie est venue perturber l'évolution des prix relatifs des divers modes de transport. En effet, à partir de 1974, on perçoit une augmentation nettement plus forte de l'indice des prix des transports individuels et de l'indice des tarifs des transports de marchandises par route. Elle devrait logiquement encourager les modes de transports collectifs des passagers et freiner, sinon faire régresser, les modes de transport individuels. Cependant, de 1974 à 1980, cette évolution est très peu sensible, et la consommation de carburant s'est révélée remarquablement inélastique par rapport aux prix, ce qui tend à montrer que le besoin de l'automobile est devenu dans les budgets individuels aussi incompressible que celui de la nourriture...

En matière de transports de marchandises, les hausses successives des carburants redonnent leur chance aux transports ferroviaires et aussi aux transports par voie navigable, dont l'évolution régressive de 1974 à 1977 (– 6 p. 100 par an) est totalement incompréhensible. Mais, pour parvenir à ce résultat, il est nécessaire qu'une politique de transports exprime clairement ses préférences, notamment par une redistribution des crédits d'équipement en faveur des modes de transport les moins coûteux en énergie et les plus cohérents avec une politique d'aménagement du territoire. En attendant, l'augmentation en valeur des échanges (surtout en matière de commerce international) a profité essentiellement à deux modes de transport : la route et l'air.

Trafic postal et télécommunications

Après une période d'ajustement difficile aux nouveaux besoins de communication de la population, en quantité et en qualité, il semble que les P.T.T. soient en train de faire peau neuve au cours du *VIIe plan*, grâce à une augmentation très substantielle de leurs crédits d'équipement et de fonctionnement. Ainsi, en 1980, le budget des P.T.T. est redevenu le premier budget des ministères civils. Cet effort budgétaire a permis une modernisation sans précédent du tri postal et des télécommunications, qui correspondaient à deux objectifs prioritaires du *VIIe plan*.

Si le trafic postal des lettres a diminué de 1968 à 1978 (tombant de 4,6 milliards de lettres par an à 4,3 milliards), le reste du trafic a nettement progressé et atteint les chiffres impressionnants de 6,4 milliards de plis divers, 2,2 milliards de périodiques, 368 millions d'objets, etc. La construction de quatre centres de tri automatique des lettres (Dijon, Le Mans, Orléans et Poitiers) et de trois centres de tri de lettres et paquets (Arras, Limoges et Lille) devrait améliorer encore la qualité des services.

La France arrivait encore en 1972, avec une densité téléphonique de 9,5 lignes pour 100 habitants, au dernier rang des pays de la C.E.E., et très loin derrière les États-Unis ou la Suède (48 lignes pour 100 habitants!). De même, la qualité des services calculée à partir de divers critères internationaux était nettement inférieure en France... Pourtant, au cours du *VIIe plan*, la France avait comblé une bonne partie de son retard et réalisé un des quatre objectifs prioritaires : « améliorer l'équipement téléphonique du pays » — 13,7 millions de lignes en 1979 contre 3,5 millions en 1968 ; un indice de qualité de services proche de 80 p. 100 ; un délai moyen de raccordement inférieur à 8 mois (contre plus de 15 à Paris en 1974...). Ainsi, la période du « 22 à Asnières » est révolue... Ce résultat remarquable a été atteint grâce à une augmentation considérable des crédits, qui ont permis une extension rapide des réseaux automatiques et de la commutation électronique. La manne de ces crédits et la perspective de « contrats fabuleux », constitués par les centraux téléphoniques, ont provoqué de solides ententes entre les frères ennemis d'autrefois qui s'appellent Thomson-Brandt (Fr.), C.G.E. (Fr.), ITT (É.-U.), Philips (Holl.), Ericsson (Suède). Ces groupes se partagent les marchés de la commutation, de la transmission, des câbles, des postes d'abonnés, des télex, des satellites, etc. Cependant, à la suite des décisions ministérielles de mai 1976, ce sont les groupes français Thomson et C.G.E. qui ont les parts de marché les plus importantes. Le groupe Thomson, à cet effet, a été poussé à prendre le contrôle de L.M.T., filiale rachetée au groupe américain ITT, et de la Française des téléphones Ericsson (filiale du groupe suédois). Thomson a ainsi la maîtrise de la « commutation spatiale » (centraux Metaconta et Axe). De son côté, le groupe C.G.E. se voit confirmé dans son rôle de leader de la « commutation temporelle » (E-10 et E-12). En fait, depuis 1976, les P.T.T. ont privilégié l'installation de centraux spatiaux dont les licences sont détenues par le groupe ITT et Ericsson-Suède, bien que les ingénieurs français y aient beaucoup travaillé. De ce fait, le système « temporel », fruit de la technologie française, est passé au second rang, ce qui a nui considérablement à nos exportations de centraux téléphoniques.

Les P.T.T. aujourd'hui se préoccupent beaucoup du développement de la *télématique*, et mettent au point, en liaison avec les groupes industriels, la télécopie, le télétraitement de textes, le Vidéotex et des services professionnels spécifiques, tels le service de téléinformatique touristique et le service de commutation de messages bancaires, etc. Peu à peu les communications des Français s'en trouvent changées. On enregistre déjà une baisse sensible du trafic de lettres et une augmentation corrélative du nombre de communications téléphoniques par abonné.

Les déséquilibres de la croissance française

Espace convoité, espace oublié

Paris et le désert français. Le livre de Gravier n'a-t-il pas été écrit trente ans trop tôt ? En 1947, en effet, le dépeuplement des campagnes est à peine commencé et les grandes reconversions n'ont pas encore bouleversé le paysage industriel et humain de certaines régions. Pourtant, déjà, les déséquilibres spatiaux du développement sont patents pour des observateurs attentifs. Mais les hommes politiques, les économistes, les technocrates du Plan et des ministères ont oublié l'espace ; ils raisonnent en moyennes et en taux de croissance nationaux. Le *IIe plan* (1954-1957) entreprend timidement de s'intéresser au développement régional, mais il faut attendre 1963 pour qu'une Délégation à l'aménagement du territoire et à l'action régionale (D.A.T.A.R.) soit mise en place. Ses objectifs ? Formellement, ils n'ont pas beaucoup varié depuis l'origine : « Une géographie volontaire du développement... orientée vers les régions situées à l'ouest d'une ligne unissant Le Havre à Marseille (Ouest, Sud-Ouest, Massif central), ainsi que vers les zones de conversion (Nord, Pas-de-Calais et Lorraine). Un impératif : freiner la croissance des grandes agglomérations — notamment de Paris — et enrayer le déclin du milieu rural. » Ses moyens ? Essentiellement une action interministérielle de coordination et d'inspiration, et une batterie d'institutions financières et fiscales ou de moyens réglementaires. Ses résultats ? On peut les examiner au regard de l'évolution de ces vingt dernières années, qui fait ressortir, d'une part, une amplification du grand mouvement de désertification des campagnes et, d'autre part, le faible impact de la « géographie volontaire du développement » ou encore le mythe du développement régional équilibré.

Une urbanisation sans urbanisme et une campagne vidée de sa jeunesse

La population urbaine (vivant dans des agglomérations de 2 000 habitants et plus), qui, au temps du second Empire, ne représentait qu'un quart de la population totale, en constitue près des trois quarts en 1980. La progression de la population dans les grandes agglomérations a été particulièrement importante de 1954 à 1975, et on doit noter ici que la politique de renforcement des « métropoles régionales d'équilibre » au détriment de Paris (doctrine en vigueur au cours du *Ve plan* — 1965-1970) a donné des résultats positifs. De même, la politique ultérieure (*VIe plan*) des « villes moyennes » (20 000 à 200 000 habitants), puis des « petites villes » (1974), signataires des « contrats de pays », a pu utilement assister des tendances spontanées qui ont favorisé une répartition nouvelle de la population dans des zones rurales périphériques des métropoles ou des villes moyennes. Mais le mouvement résultait bien davantage de l'évolution des transports routiers, du prix des terrains et logements dans les centres-villes, et de l'encombrement des grandes agglomérations.

Le mouvement continu de la population vers les « zones rurales périurbaines » camoufle statistiquement le mouvement de désertification des zones rurales de 1954 à 1975. En effet, si, par exode rural, on désigne le solde net des émigrations et des immigrations relatives aux espaces ruraux, en moyenne pour l'ensemble de la France, l'exode rural a diminué. En revanche, si on exclut des zones rurales les zones périphériques des grandes villes ou des villes moyennes et si, avec Jean Rochas, on entend par exode rural « le solde déficitaire des mouvements migratoires des jeunes et des forces vives des régions rurales », alors on constate que l'exode demeure intense et tout particulièrement au cours des quinze dernières années. Une des conséquences les plus dramatiques de l'exode rural accéléré des jeunes, c'est l'effondrement de la natalité rurale, qui accélère le vieillissement de la population rurale consécutif au départ des jeunes et renforcé par le retour fréquent des retraités à la campagne.

De plus, les moyennes régionales camouflent de profondes disparités d'évolution entre les départements et même les cantons qui les composent. Ainsi, pour la période 1968-1975, quarante-trois départements enregistrent un déficit de naissances par rapport aux décès ; dans l'ensemble, ce sont les mêmes qui enregistrent aussi un déficit migratoire. Cela signifie pour un proche avenir un effondrement extrêmement rapide de la population rurale et surtout de la population d'âge actif de très nombreux « pays ». Si on exclut les zones rurales périurbaines, c'est l'ensemble de l'espace rural français restant qui décroît, tant par le déficit migratoire que par le déficit des naissances, et qui vieillit rapidement.

Cette évolution de la répartition spatiale de la population correspond notamment à une régression rapide de la part de l'*emploi agricole* dans la plupart des régions de 1954 à 1975. Cette régression a été particulièrement rapide dans les régions suivantes : Alsace (quatre fois moins importante) ; Lorraine, Franche-Comté, Provence-Alpes-Côte d'Azur, Rhône-Alpes, Picardie, Centre, Haute-Normandie et Bourgogne (trois fois).

La régression est moins rapide (deux fois et demi) dans les Pays de la Loire, en Bretagne, Poitou-Charentes, Aquitaine, Languedoc-Roussillon, Auvergne, Limousin, Midi-Pyrénées, Nord-Pas-de-Calais et Île-de-France, et surtout en Champagne-Ardenne et Basse-Normandie (deux fois moins).

Cependant, malgré les évolutions rapides de ces vingt années, la population active agricole reste relativement importante (par rapport à la moyenne nationale, de 9,1 p. 100) :

— dans le Limousin, la Basse-Normandie et la Bretagne (21 p. 100 contre 50 p. 100 environ en 1954) ;

— dans les Pays de la Loire, Midi-Pyrénées, Auvergne, Aquitaine (16 à 18 p. 100 contre 42 à 45 p. 100).

En revanche, les taux sont nettement au-dessous de la moyenne nationale dans les régions industrielles en Île-de-France (0,9), Nord-Pas-de-Calais (5,1), Lorraine (4,9), Alsace (4,7), Rhône-Alpes (7,2), et même dans une région à vocation agricole comme la Provence-Alpes-Côte d'Azur (6,4)... De plus, ces moyennes régionales camouflent de profondes disparités d'évolution et de situation entre les départements et les cantons qui les composent.

L'aménagement du territoire et le développement inégal des régions

Si le bilan de la « géographie volontaire du développement » n'est pas brillant du point de vue d'une meilleure répartition spatiale de la population entre villes et campagnes, il l'est encore moins du point de vue du rééquilibrage du développement régional.

De 1963 à la fin des années 60, l'esprit saint-simonien soufflait à la D.A.T.A.R., sur les nouveaux technocrates de l'espace français qui s'appelaient Olivier Guichard et son futur successeur Jérôme Monod, car « il s'agissait alors de répartir la croissance (D.A.T.A.R., colloque de Vichy, décembre 1978). Il fallait donc aider la conversion économique des régions menacées par le déclin de leurs activités trop spécialisées.

En Lorraine, l'extraction du fer et du charbon, la sidérurgie, les textiles et le bâtiment avaient nécessité, au cours des vingt dernières années, l'immigration massive de travailleurs étrangers et procuraient encore 60 p. 100 des emplois industriels. Maintenant, certaines parties de la Lorraine, comme la Moselle, sont fortement menacées. En Alsace, c'est le manque de souplesse de l'industrie textile traditionnelle qui posait problème. Dans le Nord, les « trois vieilles » industries — charbon, textile et sidérurgie — étaient en déclin rapide : à la fin du VIe plan, les houillères des bassins du Nord et du Pas-de-Calais avaient réduit leur production de moitié ; le triangle textile Lille-Roubaix-Tourcoing était amené à se réorganiser rapidement, face à une concurrence internationale très vive ; le bassin de la Sambre stagnait. En Bourgogne, le triangle industriel — Le Creusot, Montceau-les-Mines et Chalon-sur-Saône — connaissait une baisse sensible d'activité et un taux de chômage important. En Aquitaine, des menaces graves pesaient sur la métallurgie, les constructions navales, les constructions aéronautiques, la papeterie, les industries de la chaussure (dans les Pyrénées-Atlantiques). En Provence-Côte d'Azur, la reconversion du port de Marseille, ancienne « porte de l'empire colonial français », et de ses industries des corps gras, la fermeture de certains ateliers de construction et réparation navales créaient des problèmes d'autant plus délicats que l'immigration y était, après Paris, plus forte que partout ailleurs. On peut évoquer encore la crise des Aciéries du Saut-du-Tarn, la reconversion du bassin de Decazeville et de Carmaux dans le Midi-Pyrénées ou la fermeture des mines des Cévennes dans le Languedoc.

Bref, les terrains d'action ne manquaient pas et il s'agissait de savoir si une « géographie volontaire » pouvait contrebalancer ou parfois accompagner efficacement les déterminismes géographiques et économiques.

Les progrès techniques dans le domaine des moyens de transport, des télécommunications et du traitement à distance de l'information peuvent diminuer grandement le handicap des régions excentrées par rapport à la capitale ou aux principaux pôles de développement. De même, les sources nouvelles d'énergie et leur mode de transport ont encore réduit les contraintes exercées naguère par les « déterminismes géographiques ». Mais il s'agit là de progrès ambigus, car ils peuvent remettre en question des facteurs jadis favorables et des rentes de situations. C'est précisément le cas dans les principales régions en voie de reconversion et en particulier des grands bassins miniers.

Si les contraintes géographiques pèsent moins que naguère, elles n'ont pas disparu pour autant. Ainsi, la proximité de Paris ou des grandes régions industrielles frontalières constitue-t-elle un atout très important pour des régions comme la Haute-Normandie, le Centre, la Picardie, la Champagne, la Bourgogne, la Franche-Comté, l'Alsace, la Lorraine et le Nord. Mais ce voisinage de régions très dynamiques peut renforcer le caractère de région satellite. C'est le cas de l'Alsace à l'égard de la région allemande du Bade-Wurtemberg et aussi des régions périphériques de la Région parisienne. De même, l'existence de grandes voies de communication naturelles reste au départ un atout précieux ou tout au moins un espoir. En effet, c'est le plus souvent à partir de ces voies naturelles que sont entrepris les grands travaux d'aménagement qui donneront de nouvelles chances à certaines régions. Les choix qui ont été effectués par le gouvernement en faveur du port de Fos et de celui de Dunkerque pour la sidérurgie, et de celui du Havre pour le pétrole, montrent que les avantages des sites naturels restent essentiels, sinon exclusifs dans les décisions stratégiques. De même, les possibilités naturelles d'aménagement de l'axe mer du Nord-Méditerranée par la liaison Rhône-Rhin donneront sans doute, dans un proche avenir, des chances nouvelles aux régions de l'est et du sud-est de la France.

La création d'activités nouvelles qui viennent remplacer les activités déclinantes ou qui suscitent des emplois nouveaux peut dépendre de plusieurs facteurs. Ainsi, les investissements allemands en Alsace s'expliquent à la fois par la position centrale de cette région, par l'énergie disponible (barrage du grand canal d'Alsace, pipe-line Marseille-Karlsruhe, etc.), par des sols relativement bon marché, par la main-d'œuvre abondante... La décentralisation de certaines usines Renault dans le Nord, en Haute-Normandie ou dans les Pays de la Loire, des usines Citroën en Bretagne, de Michelin à Tours, etc., a sans doute été aidée par les pouvoirs publics ; mais elle résulte aussi des conditions de production favorables : main-d'œuvre disponible, terrains, etc. On pourrait en dire autant de l'implantation des usines d'électronique en Bretagne, dans le Sud-Est ou dans le Centre. Quant à l'installation des grands complexes pétrochimiques du Havre en Haute-Normandie, de Donges en Pays de la Loire, de Bordeaux, de l'étang de Berre, de Lyon, de Strasbourg, elle s'explique essentiellement par les facilités d'importation ou d'approvisionnement en brut et d'exportation ou de livraison des produits raffinés ou finis.

Donc, la stratégie défensive de la D.A.T.A.R., dans le Nord et dans l'Est, face à l'Allemagne et la Belgique, dans le Sud-Ouest face à l'Espagne ou sur la « façade atlantique », a sans doute beaucoup plus aidé les industriels à redéployer dans l'espace certaines de leurs activités (ce qu'ils auraient fait de toute manière — l'exemple de Fos est ici tout à fait probant) qu'elle n'a véritablement changé le cours des choses. L'évolution de l'*emploi industriel* (B.T.P. exclus) entre 1954 et 1975 permet d'ailleurs de mesurer les résultats de la politique de décentralisation économique. Conformément aux objectifs de la D.A.T.A.R., le nombre des emplois industriels a bien diminué en Île-de-France, tandis qu'il augmentait à un rythme plus élevé que celui de la moyenne française dans l'Ouest (Poitou-Charentes, Pays de la Loire, Bretagne). Mais les grands bénéficiaires sont tout de même les régions du Bassin parisien. Le rééquilibrage n'a pas profité au Languedoc-Roussillon (+ 2,2 p. 100 seulement). Quant aux régions de conversion, elles ont subi une mutation catastrophique. La Lorraine n'a progressé que de 4,83 p. 100, et surtout le Nord a perdu 71 800 emplois industriels (-12,63 p. 100). La Bretagne ne comptait en 1975 que 19 p. 100 de sa population active dans l'industrie (hors les B.T.P.) [contre 30 p. 100 au niveau national], mais 10,4 p. 100 dans les B.T.P., contre 9 p. 100 en France ; pour le Languedoc-Roussillon, les chiffres étaient de 17 p. 100 et de 12 p. 100, et pour Provence-Alpes-Côte d'Azur, de 19 p. 100 et de 12,4 p. 100.

Les années de crise 1974-1977 ont affecté l'industrie dans son ensemble, mais en pénalisant plus particulièrement les régions déjà en perte de vitesse par rapport à l'ensemble national (Nord-Pas-de-Calais, Île-de-France, Lorraine). Le Midi-Pyrénées connaît une régression sensible en fait de construction aéronautique, de matériaux de construction, d'industries alimentaires. La région de Provence-Alpes-Côte d'Azur a été surtout affectée par la régression des industries de construction et réparation navales, des industries mécaniques, des industries agro-alimentaires, mais aussi de la pétrochimie et de la sidérurgie. Même la région Rhône-Alpes a été sérieusement touchée dans les activités de la chimie de base, le textile, l'habillement et le papier-carton.

En définitive, « la crise a bloqué le rééquilibre industriel en freinant la mobilité si bien que les régions se retrouvent figées dans leur situation relative. Les possibilités d'intervention au titre de l'aménagement du territoire se sont donc considérablement amenuisées ». Il n'est pas sûr que cette conclusion du rapporteur du Conseil économique et social (nov. 1978) gêne beaucoup les nouveaux responsables de la politique de l'aménagement. En effet, dès la fin des années 60 et plus encore au plus fort de la crise en 1974-75, on avait bien compris que « aménagement et compétitivité ne font pas forcément bon ménage ». En d'autres termes, on ne peut pas concilier une politique d'aménagement volontaire avec une politique industrielle qui vise fondamentalement à restaurer les libres mécanismes du marché et donc l'autonomie décisionnelle des grandes firmes. La conclusion logique semble avoir été tirée par le président de la République à la conférence de Vichy (déc. 1978) sur l'aménagement du territoire, qui invite les grandes firmes à prendre leurs responsabilités dans l'aménagement du territoire. Désormais, la politique régionale doit être axée sur les entreprises et ne fait ainsi que prolonger la politique industrielle. Cette optique, selon Stoffaës, doit conduire à orienter la politique régionale « autour du développement de quelques grandes métropoles d'équilibre (cinq ou six zones en France) et renoncer à vouloir tout faire partout ». Le Fonds d'adaptation industrielle, créé en 1978, est d'ailleurs conçu « comme une machine pour les opérations coup de poing », non pas pour soutenir des activités en déclin, mais pour y substituer « des emplois sains et durables ».

Il faut donc s'attendre à une nouvelle régression industrielle des régions les plus défavorisées, puisque ce sont les hommes qui doivent désormais aller vers le capital et non pas le capital vers les hommes. On est très loin de la revendication « Vivre, travailler, décider au pays ».

L'évolution de l'*emploi dans le secteur tertiaire* vient-elle infirmer ou conforter les tendances observées pour les emplois industriels ? La D.A.T.A.R. s'est efforcée de décentraliser certaines activités tertiaires, notamment des activités de formation de haut niveau et des activités de recherche scientifique et technique.

Le Centre national d'études judiciaires s'est installé à Bordeaux ; l'École de la santé publique à Rennes ; l'École des impôts à Clermont-Ferrand ; l'École supérieure de l'aéronautique et de l'espace à Toulouse. L'École des mines a décentralisé des laboratoires à Valbonne près d'Antibes, etc., et, en ce qui concerne diverses institutions sociales, le service des pensions de l'armée s'est installé à La Rochelle, le service de retraite complémentaire de la Caisse des dépôts à Angers, une institution de retraite des cadres à Blois, etc. ; dans le droit fil des propositions du rapport Dalion, d'autres décentralisations d'institutions sociales ont été réalisées.

Mais, là encore, cette volonté de décentralisation se heurte à de sérieux obstacles, et en premier lieu aux traditions monarchiste, colbertiste et jacobine réunies, ainsi qu'à la forte centralisation du pouvoir économique et financier. C'est pourquoi les résultats sont bien modestes, même si les chiffres peuvent donner à penser le contraire. En effet, de 1968 à 1975, le taux d'emploi du tertiaire a augmenté moins vite en Île-de-France que dans le reste du pays. Les taux de progression les plus forts ont été enregistrés en Rhône-Alpes, en Provence-Alpes-Côte d'Azur, Languedoc-Roussillon et Midi-Méditerranée. A l'inverse, l'accroissement a été inférieur à la moyenne nationale particulièrement en Basse-Normandie, Haute-Normandie, Poitou-Charentes, Auvergne, Bourgogne, et surtout dans le Limousin.

Il ne suffit pas cependant de poser le problème du tertiaire en termes quantitatifs. Il faut aussi lui donner une dimension qualitative. Or, il est évident que le tertiaire de haut niveau reste excessivement concentré en Île-de-France. Les sièges sociaux des sociétés importantes y restent concentrés. Sur les 500 premières entreprises françaises, 375 avaient leur siège social en Île-de-France en 1958 et 388 en 1976. La part de Rhône-Alpes, pourtant présenté comme un pôle tertiaire, est passée de 20 à 15 sièges sociaux.

Une enquête effectuée en 1971 auprès de 55 p. 100 des salariés du secteur secondaire a montré que les entreprises ayant leur siège en Île-de-France contrôlaient, dans les années 70, 40 p. 100 de l'emploi industriel établi dans toutes les autres régions françaises.

Une réforme régionale pour presque rien

La réforme régionale réalisée par la loi de juillet 1972 peut-elle substituer une volonté régionale à une politique nationale qui a abandonné l'objectif d'un développement régional équilibré ?

En fait et en droit, toutes les précautions ont été prises pour limiter étroitement le pouvoir régional et préserver les prérogatives du pouvoir central : la loi de 1972 a donné aux régions le statut de simples établissements publics territoriaux et non pas celui de collectivités territoriales, qui auraient bénéficié de pouvoirs beaucoup plus généraux. Les membres du *Conseil régional* (l'assemblée délibérative) ne sont pas élus au suffrage universel direct et ne bénéficient donc pas de l'autorité morale qui s'y rattache. Le *Comité économique et social* qui est censé représenter les « forces vives de la Région » n'a qu'un pouvoir consultatif et joue un rôle effacé. Les ressources fiscales ou financières des 22 régions sont plafonnées et ridiculement modestes (0,5 p. 100 du budget de l'État). L'établissement public régional n'a pas le droit de disposer de services propres. C'est le préfet qui est l'exécutif de la Région. Enfin, ses compétences sont extrêmement limitées par la loi et par les circulaires du ministère de l'Intérieur.

François Grosrichard a dressé le bilan édifiant du pouvoir régional : « Une commune veut-elle aider une entreprise au bord de la faillite ? La réglementation lui interdit de le faire. Une région sidérurgique veut-elle intervenir dans un plan de sauvetage de l'acier ? Les experts parisiens gardent leur rapport sous le coude. Les mouvements culturels demandent-ils une meilleure place pour les langues régionales ? On parle à Paris d'atteinte à l'unité du pays, ignorant que la décentralisation, en dehors de considérations politiques et économiques, c'est aussi la restitution des origines. Les élus demandent-ils d'arbitrer, dans leur région, la répartition et le taux des primes à l'industrialisation ? La D.A.T.A.R. se braque et croit son pouvoir menacé. Une commune de montagne demande-t-elle de déroger momentanément aux décrets pour constituer un service d'ambulance ? Impossible : la réglementation est la même pour tous. Le centralisme uniformisateur décourage les initiatives avant même qu'elles ne s'expriment. On dirait que l'État craint de perdre en autorité politique ce dont il se dépouillerait en administration ».

En vérité, cela va beaucoup plus loin encore, puisque l'État français refuse que les régions puissent s'adresser directement au F.E.D.E.R. (Fonds européen de développement économique régional) et bénéficier ainsi des ressources que pourrait leur procurer la C.E.E. pour rééquilibrer un peu les inégalités régionales qui ne cessent de se créer non seulement en France, mais à l'échelle de l'Europe.

Évolution des relations économiques internationales de la France

En 1978, la France se classe à la quatrième place du commerce extérieur mondial derrière les États-Unis, la R.F.A. et le Japon, et très proche du Royaume-Uni. Ce rang, en fait, n'a pas varié depuis 1954, mais, entre-temps, l'évolution du commerce mondial a été très rapide.

L'analyse sectorielle de l'économie française nous a déjà permis de mettre en valeur l'évolution de nos échanges extérieurs par grandes catégories de produits et services. Il nous reste à synthétiser les grandes phases de l'évolution de nos relations commerciales avec l'étranger, à la fois par produit et par grande zone géographique.

1944-1962. La restauration des réseaux d'échanges internationaux et le choix d'une politique structurelle

Cette période est dominée par deux faits majeurs qui expliquent les libertés que la France a pu prendre à l'égard de certaines règles d'or des échanges extérieurs : la France bénéficiait d'une aide extérieure importante par l'intermédiaire du plan Marshall et de l'U.E.P. Cette aide lui permit de couvrir le déficit chronique de ses échanges. D'autre part, la France pratiqua une politique protectionniste plus ou moins déguisée. Ces deux facteurs auraient pu jouer en faveur d'une politique de facilité sans lendemain. Tout au contraire, ils ont permis une politique structurelle qui porta ses fruits au-delà de 1962.

Cette politique a porté essentiellement sur le développement et l'amélioration de la productivité d'un certain nombre d'activités industrielles, et tout particulièrement sur la production de biens d'équipement, des machines et du matériel de transport, comme on le voit dans le tableau ci-dessous. Entre 1950 et 1958, les exportations de biens d'équipement ont gagné 6,5 points dans la structure de nos exportations ; elles ne gagnèrent que 3 points dans la période équivalente de 1958 à 1966.

Mais cette politique de pari sur l'avenir dépendait strictement de l'aide extérieure et ne pouvait être indéfiniment poursuivie. Toutefois, les progrès structurels qu'elle a permis de réaliser au cours de la période 1950-1958 ont étroitement conditionné le succès des dévaluations de 1957 et 1958 et les excédents commerciaux réalisés entre 1960 et 1963.

1962-1972. Ouverture de la France sur le monde et redéploiement géographique de nos échanges

Par rapport à la période précédente, on observe une nette intensification des échanges commerciaux. Ainsi le volume des importations croît à un taux presque deux fois supérieur à celui du P.N.B., au cours de la période, contre 1,5 fois seulement au cours de la décennie 1952-1962. La progression des exportations a été un peu moins rapide (1,8 fois le P.N.B. ; leur part dans le P.N.B. est passée de 10 p. 100 en 1962 à 13 p. 100 en 1972 ; la part des importations de 10 à 15,2 p. 100. En 1972, les ratios exportations P.N.B. et importations P.N.B. étaient respectivement de 16,7 p. 100 et 17,4 p. 100 pour l'Italie, 17,8 p. 100 et 17 p. 100 pour le

Évolution de la structure des exportations françaises de 1950 à 1966 par catégorie de produits.

	1950	*1958*	*1966*
Alimentation, boissons, tabacs	10,8	13	15,8
Énergie, lubrifiants	6,1	6,2	3,4
Produits bruts	16,1	7,3	7,1
Produits manufacturés	66,9	73,4	73,6
dont demi-produits	26,5	27,6	27,3
Biens d'équipement industriel	11,6	17,1	20,2
Biens d'équipement agricole	0,8	0,6	0,9
Biens de consommation	28	28,1	25,2
Or industriel	6,1	0,1	0,1
Total	100	100	100

Royaume-Uni, 19,4 p. 100 et 16,7 p. 100 pour la R.F.A.

Nous avons déjà eu l'occasion de caractériser l'évolution de la structure de nos échanges par produit au cours de cette période, qui révèle une fragilité persistante : bons résultats des produits agricoles et alimentaires (on est passé d'une structure déficitaire en 1962 à un fort excédent en 1972 : 5,8 milliards de francs) ; une dépendance énergétique qui s'accroît ; une situation préoccupante pour les produits semi-manufacturés (leur part dans les exportations décroît alors que leur part dans les importations s'accroît) ; une détérioration des échanges concernant les articles manufacturés dans la mesure où les importations (surtout de biens durables destinés aux ménages) s'accroissent beaucoup plus vite que les exportations ; une bonne tenue des échanges d'équipement, machines et matériels de transport.

Le trait le plus marquant du redéploiement géographique, au cours de cette période, est l'*intensification des échanges entre la France et ses partenaires de la C.E.E.* La C.E.E. représentait, dès 1972, la moitié de nos débouchés et de nos approvisionnements (contre 27 p. 100 environ en 1959). La R.F.A. reste alors notre premier client et notre premier fournisseur. Mais c'est avec l'Italie, les Pays-Bas et l'U.E.B.L. que nos courants d'échanges enregistrent la plus forte augmentation. Le deuxième trait est un *déséquilibre croissant des échanges avec les États-Unis* et avec d'autres pays de l'O.C.D.E., dont le Japon. On note encore un excédent de nos échanges avec les pays en voie de développement (hors zone franc) et avec les pays de l'Est, mais faiblement croissant. Cependant, les importations en provenance du Moyen-Orient sont rapidement croissantes à partir de la fin des années 60, ce qui est le reflet de notre politique pétrolière. Enfin, les échanges avec les pays de la zone franc sont en régression continue.

1973-1978. Une déformation de nos échanges qui laisse subsister nos problèmes permanents

Au cours de cette période de crise, la structure de nos échanges a subi certaines transformations. On peut noter :

— un fort accroissement du déficit énergétique, qui représente 20 p. 100 de nos exportations en 1978 au lieu de 12 p. 100 en 1972 ;

— l'accroissement de l'excédent industriel, qui compense très exactement le renchérissement du coût de l'énergie (le taux de couverture industriel — rapport entre la valeur des exportations et celle des importations —, y compris le matériel stratégique, atteint 123 p. 100) ;

— l'enflure considérable du solde des services et plus particulièrement des « services grands travaux et coopération technique », qui est liée en grande partie aux « grands contrats d'équipement » conclus avec les pays en voie de développement (notamment les pays de l'O.P.E.P.) et avec les pays de l'Est ;

— en revanche, une forte dégradation du solde des biens de consommation, principalement en raison de nos échanges déficitaires avec les pays développés (+ 2 milliards en 1973 et – 6 milliards en 1978). Au total, 1978 marque le retour à un excédent du solde commercial : + 2,5 milliards de francs au lieu de -13,9 milliards en 1977. De plus, « la balance des invisibles » s'améliore d'une dizaine de milliards (le solde positif des services s'élevant à 24 milliards!).

Du point de vue de la répartition géographique des échanges, on peut observer là encore des déformations sensibles des courants commerciaux :

– la France continue à enregistrer un *déficit important avec les pays de la C.E.E.*, avec lesquels nous continuons à faire 50 p. 100 de nos échanges (le taux de couverture, qui était de 97,5 p. 100 en 1973, est tombé à 95,8 p. 100 en 1978). Cela s'explique par un fort déficit de nos échanges avec l'Allemagne (l'excédent de nos exportations agricoles ne compense pas le déficit dû à nos achats de biens d'équipement, de matières premières, de métaux et de produits chimiques) et avec les Pays-Bas (fortes importations de gaz, mais aussi de fruits, légumes et viandes). En revanche, on note un solde positif en accroissement avec le Royaume-Uni et un rétablissement de notre équilibre avec l'U.E.B.L. et l'Italie ;

– le déficit de nos échanges avec les *autres pays de l'O.C.D.E.* (hors C.E.E.) continue à s'aggraver lui aussi (le taux de couverture est passé de 95,5 p. 100 à 87,7 p. 100 de 1973 à 1978). Cette évolution est due à une stabilisation de notre déficit à l'égard des États-Unis – nos échanges sont déficitaires pour les produits agricoles, céréales, soja..., pour les demi-produits (chimie), et surtout les biens d'équipement professionnels et ménagers – et de la Suède, mais aussi à un fort accroissement de notre déficit vis-à-vis du Japon et de l'Espagne (déficit de produits agricoles et de biens industriels de consommation). En revanche, notre excédent à l'égard de la Suisse se consolide ;

– *avec les pays de l'O.P.E.P.*, notre déséquilibre record a été atteint en 1974 (33 milliards de déficit). Depuis, la France a cherché à diminuer ses achats – chose relativement facile en temps de crise – et à accroître ses ventes d'équipement civil et militaire. Ce double effort a limité le déficit à 24 milliards en 1978 ;

– *le déficit de nos échanges commerciaux avec les pays de l'O.C.D.E. et de l'O.P.E.P. est en partie comblé grâce à l'excédent de nos échanges avec les pays à économie centralisée et les pays en voie de développement.* L'excédent dégagé avec les pays de l'Est tend toutefois à se réduire. Quant à notre commerce avec les P.V.D., il dégage un excédent à peu près du même ordre que le déficit enregistré avec les pays de l'O.C.D.E. (y compris la C.E.E.). Notre commerce extérieur apparaît ainsi comparable à celui d'un « *pays intermédiaire* », puisqu'il se caractérise par un déficit des échanges avec les pays hautement industrialisés et par un excédent pour les transactions avec les pays moins développés.

Cette situation est loin d'être satisfaisante et stable. En effet, soulignons quelques points d'inquiétude ou d'interrogation :

– nos échanges excédentaires avec les pays de l'Est et les P.V.D. (hors O.P.E.P.) sont relativement coûteux, car ils s'accompagnent obligatoirement de crédits importants et avantageux (près de 18 milliards en 1977 et 16,5 milliards en 1978, sommes qui correspondent presque aux tirages sur emprunts extérieurs contractés par la France, soit 38 milliards en deux ans). Tout se passe donc comme si la France empruntait à l'étranger à des conditions onéreuses pour prêter ensuite à des conditions avantageuses pour ses acheteurs des pays de l'Est et des P.V.D., qui ne sont pas tous entièrement solvables. De plus, les pays de l'Est nous imposent de plus en plus des « restitutions », c'est-à-dire des contreparties en importations de biens non nécessaires à notre économie ; il est évident que cette politique ne peut pas se poursuivre indéfiniment ;

– il ne semble pas que l'on puisse encore diminuer notre solde négatif avec les pays de l'O.P.E.P. pour trois raisons au moins : le prix du pétrole n'a cessé de monter depuis 1978, la dépréciation du dollar a été freinée en 1979, les achats d'équipements des pays de l'O.P.E.P. ne peuvent s'accroître indéfiniment, et la concurrence internationale est vive sur « les marchés du siècle » ;

– l'amélioration récente de nos échanges agro-alimentaires est menacée à la fois de l'intérieur de la C.E.E. par la concurrence des productions italiennes, hollandaises, allemandes..., qui se sont fortement développées ces dernières années en raison du niveau de prix relativement élevé des produits agricoles, et par celle des pays tiers ou associés (Grèce, Espagne, Portugal...) ; elle est menacée aussi par la position dominante des États-Unis sur le marché des céréales, du soja, et par le contrôle de nos industries agro-alimentaires par nombre de groupes étrangers... ;

— seules les exportations d'armes (à haute technologie incorporée notamment) continuent à avoir un bel avenir, car les « besoins » sont illimités et 75 p. 100 des marchés se traitent de gré à gré entre États. Elles ont plus que quadruplé en francs constants depuis 1969 (et ont été multipliées par 8,5 en francs courants). Elles ont donc progressé deux fois plus vite que l'ensemble de notre commerce extérieur et représentent en 1978 5 p. 100 de nos exportations totales.

En définitive, nous sommes ramenés aux problèmes soulevés plus haut : l'industrie française sera-t-elle capable de reconquérir son marché intérieur de biens d'équipement professionnel, des biens durables de consommation... et d'élargir nos parts de marché dans les pays de l'O.C.D.E. ?

III. LES CLASSES SOCIALES ET LE PARTAGE DES FRUITS DE LA CROISSANCE

Les structures de la société française

La composition de la société française a évolué sous l'effet des mutations de notre économie et des transferts de population active qui en résultent. Ces transferts et ces déplacements massifs s'opèrent entre les trois grands secteurs distingués plus haut ; mais ils s'opèrent tout autant à l'intérieur des secteurs, entre les diverses activités qui les composent, et, enfin, à l'intérieur même de chaque activité ou branche, entre les diverses catégories socio-professionnelles. La grande difficulté d'une étude sur la société vient du fait que les catégories statistiques relatives à l'emploi ne recouvrent pas, tant s'en faut, les classes ni les strates sociales. Néanmoins, il nous paraît nécessaire de partir d'une analyse de l'évolution des principales catégories socio-professionnelles et d'un graphique élaboré à l'aide de données des quatres derniers recensements de la population française.

On peut y lire que les ouvriers français constituent la fraction la plus importante de la population active (37,7 p. 100) et que ce pourcentage est resté pratiquement constant depuis 1962. La part relative des employés, des cadres moyens et techniciens, des cadres supérieurs et professions libérales ne cesse de s'accroître depuis 1954. Cela ne peut évidemment s'expliquer que par la croissance rapide, en valeur absolue comme en valeur relative, du nombre des agriculteurs et, à un moindre degré, des patrons de l'industrie et du commerce.

On s'intéressera successivement à la classe ouvrière et aux « couches sociales » qui en sont proches, puis aux « classes moyennes », en troisième lieu à la bourgeoisie composée des patrons de l'industrie et du commerce et des « managers » privés ou publics, enfin aux agriculteurs.

Classe ouvrière et mouvement ouvrier
Salariés et ouvriers

Aujourd'hui, il n'est évidemment plus possible de confondre, comme le faisait pratiquement Marx au XIXe siècle, salariés et ouvriers[1]. Le taux de salarisation global (pourcentage de salariés par rapport à la population active occupée) a dépassé 82 p. 100 depuis le dernier recensement. La France a donc presque rejoint, de ce point de vue, la plupart des pays de capitalisme évolué. Mais l'évolution des différentes catégories de salariés a été très différente, comme on peut le voir dans le tableau ci-après.

La catégorie des ouvriers a donc crû nettement moins vite que celle des autres salariés. C'est pourquoi les ouvriers ont tout juste maintenu leur poids relatif dans la population active.

Ces disparités d'évolution ne doivent pas faire oublier que le rythme de progression s'applique et aboutit à des effectifs en valeur absolue très différents.

Progression des diverses catégories de salariés de 1962 à 1975.

	1962-1968	*1968-1975*
Salariés agricoles	- 30 p. 100	- 36 p. 100
Cadres supérieurs	+ 33 p. 100	+ 50 p. 100
Cadres moyens	+ 34 p. 100	+ 38 p. 100
Techniciens	+ 54 p. 100	+ 43 p. 100
Employés	+ 26 p. 100	+ 28 p. 100
Ouvriers	+ 7 p. 100	+ 6 p. 100
Personnels de service	+ 11 p. 100	+ 7 p. 100

En conséquence, même si l'on adopte une conception marxiste rigoureuse de la classe ouvrière, celle du « collectif de travail directement productif et créateur de plus-value », assez proche finalement de la catégorie socio-professionnelle de l'I.N.S.E.E. des « ouvriers », on peut voir que la classe ouvrière *stricto sensu* reste de loin la plus nombreuse. En son sein, les contremaîtres et les ouvriers qualifiés ont augmenté à un rythme nettement plus rapide que celui des ouvriers spécialisés et surtout des manœuvres ; ces deux dernières catégories se sont maintenues néanmoins à 56 p. 100 du total des ouvriers, les deux premières ont vu leur part relative passer de 37 p. 100 en 1962 à 42 p. 100 en 1975. Parmi les autres catégories d'ouvriers, ce sont les apprentis et les mineurs qui ont le plus diminué en valeur absolue comme en valeur relative.

La classe ouvrière subit en second lieu une évolution sensible dans son comportement social. Les ouvriers ont, en effet, tendance à rechercher hors du travail des satisfactions et le principe d'une définition sociale. Or, l'élévation du niveau de vie moyen, la fin de la ségrégation recherchée systématiquement dans l'urbanisme du XIXe siècle, l'impact considérable des *mass media*, tout contribue à intégrer d'une certaine façon les ouvriers dans l'ensemble du corps social. Diversification et intégration dans la société globale seraient donc les deux traits distinctifs de ce que l'on a appelé la « nouvelle classe ouvrière ».

Si l'on suit Serge Mallet, il n'y aurait pas lieu de dissocier les différentes catégories de salariés intervenant dans un même procès de travail comme les ouvriers, les employés, les techniciens et même les ingénieurs qui travaillent dans une même unité de production. En revanche, pour Nicos Poulantzas, les ingénieurs et techniciens, qui œuvrent conjointement avec les ouvriers, sont séparés par une barrière de classe de ces derniers en raison des fonctions de direction, de surveillance et de reproduction des rapports idéologiques au sein du procès de production matérielle qu'ils accomplissent. De fait, le mode de vie, le prestige et le pouvoir dont bénéficient les ingénieurs et techniciens, ainsi que leur comportement politique, les

	1962	*1968* *(en milliers)*	*1975*
Ouvriers	7 061	7 706	8 207
Employés	2 396	2 996	3 841
Cadres moyens	1 501	2 006	2 770
Cadres supérieurs	641	854	1 243
Personnels de service	1 047	1 266	1 243
Techniciens	344	531	760
Salariés agricoles	826	584	375

(Chiffres arrondis au millier supérieur).

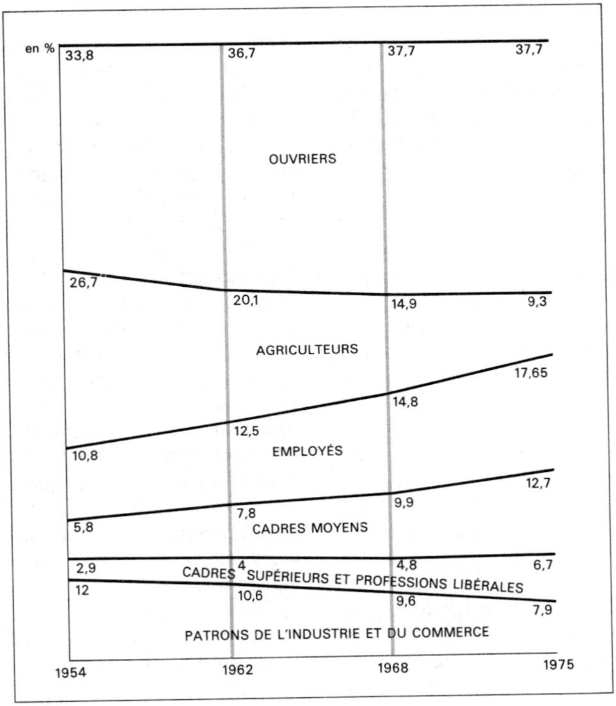

Composition socioprofessionnelle de la population active en France, 1954-1968. *Les pourcentages concernent la place des différentes catégories socioprofessionnelles par rapport à la population active totale (indice 100), à l'exception des personnels de service (respectivement 5,3, 5,4, 5,7 et 5,7 p. 100), des techniciens (respectivement 1, 1,8, 2,6, 2,5 p. 100) et des « divers ».*

différencient suffisamment des ouvriers pour que l'on puisse admettre la position de Poulantzas. Mais faut-il aller plus loin dans le découpage de la classe ouvrière et en séparer radicalement les 376 000 salariés agricoles, les 1 250 000 personnels de services et surtout les 3 841 000 employés ? Voici le point de vue de Jacques Julliard :

« Plus généralement, la distinction entre le travail directement productif et les autres formes de travail salarié est devenue largement caduque dans la pratique et n'a plus qu'une importance scolastique. Il est bien certain en tout cas que cette séparation n'est pas vécue par les travailleurs eux-mêmes : entre un fondeur dans la sidérurgie, une vendeuse de grand magasin et un employé des postes, il y a certes des différences ; la distinction entre travail manuel et travail intellectuel ou, mieux, entre travail musculaire et travail de bureau continue de marquer existentiellement et culturellement les auteurs de ces divers travaux. Mais il ne viendrait à l'idée de personne d'affirmer que les uns sont exploités, au sens technique du terme, tandis que les autres ne le sont pas. Ce qui signifie que dans l'expérience quotidienne le montant du revenu et le genre de vie qu'il induit ont pris le pas sur la nature de ce revenu ».

Pourtant, sans nier ces changements profonds, il faut également souligner la permanence d'un certain nombre de traits spécifiques qui fondent une communauté de destin. Il s'agit de la pauvreté relative, de la dépendance et de l'insécurité qui continuent à peser toujours autant sur la majorité des ouvriers. Ces trois traits fondamentaux paraissent expliquer la permanence du phénomène de conscience de la classe ouvrière traditionnelle. La vitalité du syndicalisme ouvrier français, par-delà ses divisions et les crises, constitue la manifestation la plus tangible de cette permanence.

Les syndicats ouvriers

On peut distinguer, avec G. Lefranc, plusieurs grandes phases dans l'évolution du syndicalisme ouvrier depuis la Libération.

1944-1947 : la collaboration avec le pouvoir et l'unité syndicale. Pendant la « longue nuit » de la guerre et de la Résistance, la C.G.T. avait reconstitué son unité par un accord entre communistes et non- communistes (accord du Perreux du 17 avril 1943) ; de plus, elle avait collaboré avec la C.F.T.C., et les deux organisations avaient adhéré au programme du Conseil national de la Résistance. Les syndicats ouvriers revinrent donc en force au moment de la Libération et les deux grandes organisations furent reconstituées le 27 juillet 1944. Pendant quelque temps ce ne furent pas seulement les idées du syndicalisme ouvrier qui vinrent au pouvoir, mais aussi ses hommes : Ambroise Croizat, Marcel Paul, Robert Lacoste, Christian Pineau, Albert Gazier. La C.G.T. et la C.F.T.C. accordèrent donc leur appui au programme d'action de la majorité politique de gauche qui était au pouvoir et réalisa un certain nombre des grandes réformes incluses dans le programme du C.N.R. : nationalisations, création des comités d'entreprise, mise en place de la Sécurité sociale... C'était l'époque où la C.G.T. lançait le mot d'ordre « Produisez d'abord, revendiquez ensuite ». De son côté, la C.F.T.C., si elle refusait l'unité organique, était tout à fait favorable à l'unité d'action avec la C.G.T., et un comité d'entente fut même créé à cet effet. Toutefois, des germes de division étaient déjà à l'œuvre. Devant la montée de l'influence communiste à la C.G.T., la minorité s'organisa et créa la tendance Force ouvrière (décembre 1945). De plus, les syndicats autonomes commencèrent à se créer avec les anarchistes de la C.N.T. ou la Fédération syndicaliste des P.T.T. Mais ce furent les premières difficultés politiques et surtout la hausse des prix qui ébranlèrent l'unité des syndicats. La dégradation du pouvoir d'achat, malgré des hausses de salaires de 20 à 35 p. 100 obtenues lors de la *conférence du Palais-Royal* (juillet 1946), engendra un vif mécontentement à la base et la dénonciation des premiers accords C.G.T.-C.N.P.F. Éclatèrent alors les grèves d'avril 1947, qui furent suivies de l'éviction des ministres communistes (4 mai 1947). Le mouvement de grève, qui s'amplifia en novembre et décembre 1947, prit parfois, notamment à Marseille et dans la métallurgie parisienne, un caractère quasi insurrectionnel dans le contexte des débuts de la guerre froide et de l'offre du plan Marshall. La tendance Force ouvrière se détacha alors de la C.G.T. (19 décembre 1947) et créa bientôt une nouvelle Confédération (12 avril 1948) sous le nom de C.G.T.-F.O. La C.F.T.C., de son côté, refusa nettement de suivre la C.G.T. dans la voie risquée de la grève générale. Enfin, la Fédération de l'Éducation nationale, par souci de maintenir sa propre unité, devint autonome par rapport à la C.G.T.

1948-1953 : le pluralisme syndical et l'affaiblissement du mouvement ouvrier. La scission C.G.T.-F.O. et la méfiance engendrée par le contexte politique de l'opposition de blocs affaiblirent le mouvement syndical, qui perdit une partie de son audience de l'immédiat après-guerre. De plus, les relations se dégradèrent considérablement entre le pouvoir, qui avait nettement glissé à droite, et un syndicalisme fortement secoué par des événements qui lui étaient extérieurs. La C.G.T. prit, en effet, nettement position sur un certain nombre de questions de politique internationale ; en particulier, elle se prononça contre le plan Schuman. Sur ces grandes questions, les positions des autres centrales furent très différentes. La C.F.T.C. enregistra, lors de son congrès de 1953, une évolution grâce à l'influence d'une forte minorité ; elle manifesta désormais beaucoup plus nettement qu'auparavant son hostilité au système capitaliste, son attachement à la planification ; de plus, le désir d'unité d'action avec la C.G.T. fut réaffirmé. Les grandes grèves de l'été 1953 lancées par F.O. furent largement suivies.

1954-1958 : les désillusions. La succession des gouvernements Mendès France, Edgar Faure et Guy Mollet créa des conditions relativement favorables aux organisations ouvrières. La période d'expansion dans la stabilité des prix de 1954-55 permit la politique des « rendez-vous » de Mendès France et l'élévation du pouvoir d'achat des travailleurs. Mais au cours de l'été 1955 le climat se dégrada. De violents incidents éclatèrent à Saint-Nazaire. L'accord Renault, qui vint compléter en septembre 1955 la convention collective de la métallurgie parisienne, joua sans doute alors le rôle de contre-feu patronal. De fait, il eut une portée considérable et relança le mouvement des négociations collectives et des réalisations paritaires. Les trois semaines de congé payé furent rapidement étendues à la majorité des salariés avant d'être généralisées par la voie légale. Les événements de Suez et de Hongrie et l'intensification de la guerre en Algérie vinrent à nouveau perturber les relations entre le pouvoir et les syndicats, d'une part, et les relations entre les centrales, d'autre part. Les événements de mai-juin 1958 et la fin de la IVe République, qui s'effondra dans la quasi-indifférence des masses populaires, accentuèrent encore les désillusions du mouvement ouvrier.

1959-1962 : la défensive. L'instauration de la Ve République suscita les réserves générales des trois centrales. La doctrine gaulliste de l'association capital-travail n'engendra chez elles que méfiance, et les mesures de promotion sociale se heurtèrent à un scepticisme général. Bref, on peut dire que les trois centrales restèrent sur la défensive à l'égard du nouveau régime. La politique néolibérale de M. Pinay ne fut pas faite, au départ, pour arranger les choses. Beaucoup de syndicalistes préférèrent alors les négociations particulières avec le patronat. Ainsi, un accord important fut conclu à la fin de décembre 1958, qui aboutit à la création des assurances chômage complémentaires.

La formule paritaire fit un nouveau progrès avec la généralisation des retraites complémentaires en décembre 1961. Mais au fur et à mesure que l'expansion se développait dans l'inflation des années 1960 à 1963, le mécontentement s'accentua. Toutefois, les dangers de subversion liés à l'évolution de la situation algérienne amenèrent les trois centrales à mettre une sourdine à leurs revendications et à soutenir la politique algérienne du général de Gaulle.

1963-1968 : reprise de l'offensive. Dès que les dangers de subversion s'éloignèrent, les syndicats reprirent leur distance à l'égard du pouvoir. La grande grève des mineurs au printemps 1963 rencontra un soutien populaire massif et mit le gouvernement dans une situation très délicate, puisqu'il était prouvé désormais qu'un ordre de réquisition pouvait être ouvertement bafoué. Finalement, après l'épisode insolite de la Commission des sages, des concessions importantes durent être faites par le gouvernement, qui enregistrait ainsi un sévère échec. Bientôt, le rapport Massé sur la politique des revenus et le rapport Toutée sur la procédure d'augmentation des salaires dans les entreprises nationalisées déclenchèrent de nouveau, au début de l'année 1964, l'hostilité des organisations syndicales, qui dénoncèrent le projet de « police des salaires » et proclamèrent leur attachement au principe fondamental de la négociation collective. Néanmoins, certains projets cheminèrent avec l'appui du ministre du Travail, Gilbert Grandval. Il en fut ainsi d'un projet de réforme des comités d'entreprise, qui aboutit le 18 juin 1966. De même, à l'initiative d'un membre de la C.F.T.C., Mathevet, un texte donnant à la section syndicale d'entreprise une base légale fut proposé à la réflexion du Conseil économique et social ; il ne déboucha sur un texte de loi que le 27 décembre 1968, après les accords de Grenelle. L'année 1964 fut surtout marquée par l'aboutissement du projet de laïcisation de la C.F.T.C. Le congrès extraordinaire de novembre créa la *Confédération française démocratique du travail* (C.F.D.T.) ; une minorité tenace aboutissait ainsi, après vingt ans d'efforts, à emporter l'adhésion de la majorité. Les adversaires de la laïcisation, nombreux dans les mines, chez les employés, en Alsace-Lorraine, se regroupèrent et décidèrent de maintenir la C.F.T.C. Le gouvernement, en décembre, reconnut la « C.F.T.C. maintenue » comme représentative. Le 10 janvier 1966, un pacte d'unité d'action fut conclu entre la C.G.T. et la C.F.D.T. Pour la première fois dans l'histoire syndicale, les deux centrales définissaient une plate-forme d'action commune. Dès lors, des luttes furent menées en commun, en particulier contre les ordonnances relatives à la réorganisation de la Sécurité sociale (septembre 1967). Mais les divergences tactiques apparurent et se développèrent sur un fond d'opposition politique. Les relations entre la C.G.T. et le Parti communiste d'une part, les relations de certains syndicalistes de la C.F.D.T. avec la Fédération de la gauche et aussi avec le Parti socialiste unifié d'autre part entraînèrent un malaise durable que les événements de mai 1968 transformèrent en divorce.

L'explosion sociale de mai-juin 1968. La révolte étudiante ne provoqua de mouvement de solidarité des organisations syndicales que le 11 mai, lorsque la C.G.T., la C.F.D.T., F.O. et la F.E.N. décidèrent une grève générale de protestation contre les brutalités policières pour le lundi 13 mai, anniversaire de la révolte d'Alger de 1958. Les manifestations du 13 mai, qui prirent une grande ampleur sous les bannières « Ouvriers, enseignants, étudiants solidaires », furent probablement à l'origine de la propagation rapide du mouvement dans les milieux ouvriers. En effet, dès le mardi 14, l'usine Sud-Aviation de Nantes était occupée par les ouvriers. Puis le mouvement gagna successivement les usines Renault à Cléon, à Flins, à Billancourt et au Mans. Le samedi 18, la grève était devenue presque générale, sans qu'aucune grande organisation syndicale en ait décidé ouvertement. Le dépôt d'une motion de censure à l'Assemblée, qui ne recueillit d'ailleurs pas la majorité requise, les hésitations du président de la République, la nuit d'émeute du 24 au 25 créèrent une atmosphère très lourde, aggravée par le manque de vivres et d'essence.

Ce fut dans ce contexte que le Premier ministre invita à une grande réunion de confrontation, rue de Grenelle, l'ensemble des organisations d'employeurs et de travailleurs. Les négociations aboutirent, le lundi 27 mai, à un « protocole d'accord » (les syndicats diront un « constat »). Le gouvernement et le patronat avaient cédé en une nuit plus qu'ils n'auraient cédé « normalement » en dix ans. Mais, de leur côté, les organisations syndicales entendirent faire approuver le constat par la base. C'est alors que le mouvement de grève rebondit après le meeting de Renault à Billancourt. À partir du 27 mai s'ouvrit une phase complexe, où se mêlèrent étroitement la politique et le social. Dès lors, les oppositions tactiques des centrales ouvrières reflétèrent plus profondément les luttes sociales auxquelles se livraient en ces moments cruciaux le Parti communiste, la Fédération et le P.S.U.

La rivalité entre la C.G.T. et la C.F.D.T. s'accentua au fil du mois de juin. La C.F.D.T. ne cessa de privilégier les exigences de « conquêtes qualitatives » (pouvoir syndical dans l'entreprise, par exemple), en reprochant à la C.G.T. de mettre trop l'accent sur les revendications matérielles. La C.G.T. eut le souci constant de ne pas se laisser déborder sur sa gauche et dénonça vigoureusement les « aventuristes ». Cependant, les négociations s'engagèrent secteur par secteur dans l'industrie, le commerce et l'Administration, et les protocoles d'accord intervinrent dans le secteur public, où le travail reprit début juin. Par contre, la situation resta très tendue pendant presque tout le mois de juin dans la métallurgie et l'automobile. De graves incidents se produisirent à Flins le 10 juin, ainsi qu'à Montbéliard, aux usines Peugeot.

Après la reprise du travail aux usines Renault de Billancourt, puis chez Berliet, chez Citroën et à l'usine de Flins, le mouvement de grève s'épuisa rapidement après le 20 juin. Les urnes allaient donner la parole aux « silencieux », c'est-à-dire aux masses paysannes, aux classes moyennes du petit commerce, à l'ensemble de la bourgeoisie et même à une partie des salariés qui n'avaient suivi le mouvement que contraints et forcés. Le résultat des élections législatives ne laissa aucun doute sur l'ampleur de la coupure que les événements de mai-juin avaient créée dans le corps social français.

Les « événements » de mai-juin 1968 devaient avoir des conséquences très importantes aussi bien sur l'ensemble des relations sociales du travail que sur l'évolution des grandes organisations syndicales. On s'attachera pour l'instant à caractériser l'évolution des grandes centrales ouvrières.

1968-1980 : un renforcement du pluralisme syndical ou « la classe ouvrière éclatée ». D'une certaine façon, le maintien, voire le renforcement, du pluralisme syndical ouvrier ne fait que traduire le mouvement constant d'éclatement ou de segmentation de la classe ouvrière elle-même. Ce phénomène n'est pas nouveau, et déjà au XIXe siècle les clivages étaient très forts entre une certaine « aristocratie ouvrière » et la masse des manœuvres ou ouvriers sans qualification, entre les hommes et les femmes et les enfants, etc. Plus tard, de nouvelles segmentations se créent entre les travailleurs nationaux et les travailleurs immigrés, par exemple. Ces clivages n'ont pas disparu aujourd'hui, mais d'autres se sont développés après 1968, et plus encore après les premières mutations du capitalisme liées à la crise. Ainsi, on oppose souvent à présent les travailleurs « stables » et les travailleurs « précaires » (travailleurs intérimaires, travailleurs à temps partiel, agents auxiliaires ou contractuels de l'État) ou encore les travailleurs « protégés » et ceux qui ne le sont pas parce qu'ils relèvent de statuts, de professions ou d'entreprises non couverts par les garanties sociales contractuelles ou réglementaires, et généralement parce qu'ils ne sont pas syndiqués.

Ces nouveaux clivages passent souvent par les anciens (c'est-à-dire que l'on retrouve parmi les travailleurs « précaires » ou « déprotégés » beaucoup de femmes, d'immigrés, d'O.S., etc.), mais ils ne les recouvrent pas forcément dans la mesure où se multiplient, à la faveur de la crise et du redéploiement industriel, les opérations de sous-traitance, de délégation de tâches, c'est-à-dire de rejet d'une partie des opérations productives ou d'entretien des « entreprises du centre » vers des « entreprises de la périphérie », c'est-à-dire précisément vers des secteurs déprotégés.

De ce fait, les grandes organisations syndicales sont confrontées à un nouveau défi : redonner une unité au monde ouvrier éclaté par une action revendicative qui traduise dans les faits la *notion d'intérêt de classe*. Comme le souligne Pierre Rosanvallon, « alors que l'électoralisme peut s'appuyer sur la fragmentation et la corporatisation sociale, la démarche syndicale implique au contraire la production d'une représentation de l'avenir de la classe ouvrière ». C'est à ce niveau que vont se manifester les clivages entre les syndicats.

Un premier clivage classique distingue les syndicats qui proposent un idéal révolutionnaire, c'est-à-dire une stratégie de rupture avec le capitalisme par référence au schéma de lutte des classes. La C.G.T., depuis ses origines et, plus particulièrement, depuis la charte d'Amiens, s'inscrit dans cette tradition révolutionnaire. Cela l'amène, par exemple, à refuser formellement la politique contractuelle dans le secteur public et nationalisé parce qu'« en réalité, pour ses promoteurs, cette politique est synonyme de collaboration, voire d'intégration des syndicats ». Or, pour la C.G.T., les « partenaires sociaux » sont en fait des « adversaires de classe ».

La C.F.D.T. s'est formellement ralliée à cette tradition révolutionnaire du mouvement ouvrier à son congrès de 1970, en adoptant les options du président sortant A. Jeanson. Comme le souligne J.-D. Reynaud, « donnant la primauté à la lutte de classe et affirmant son appartenance à la famille socialiste, elle capte ainsi le vécu courant du syndicalisme révolutionnaire pour lui donner une forme rénovée » (thème de l'autogestion notamment). De ce fait, la C.F.D.T. sera également opposée, sur le plan des principes, à la politique contractuelle et à la politique officielle de concertation.

En revanche, F.O. et la C.F.T.C. ne font pas mystère de leur option réformiste, bien qu'elles se défendent d'une politique de collaboration de classes ; surtout F.O., qui conserve dans ses rangs de solides noyaux d'ouvriers trotskistes et anarcho-syndicalistes. Un des objectifs majeurs de la C.F.T.C., au contraire, est la réalisation de la cogestion sur le modèle allemand. Cette orientation placera F.O., tout particulièrement, dans une position tout à fait favorable pour la négociation de grands accords interprofessionnels et, *a fortiori*, pour la négociation des « contrats de progrès » dans le secteur public de 1969 à 1974.

Mais un autre clivage tout aussi important va différencier les centrales syndicales. Il passe cette fois-ci par les relations entre syndicats et partis et, plus fondamentalement encore, par le choix du modèle de démocratie indirecte ou bien de démocratie directe. Ce clivage oppose essentiellement la C.G.T. et la C.F.D.T., bien que les autres centrales soient très sensibilisées à ces questions.

A un premier niveau, la C.F.D.T. et les autres organisations syndicales reprochent à la C.G.T., sinon d'être la « courroie de transmission » du P.C., tout au moins les liens nombreux et étroits qui existent entre ses principaux dirigeants et le parti qui se proclame le « parti de la classe ouvrière ». De fait, si une minorité des adhérents de la C.G.T. appartient au P.C. (250 000 environ sur 2 350 000 adhérents), en revanche la moitié des membres du bureau confédéral de la C.G.T. sont des responsables du P.C. ou sont inscrits à ce parti. C'est le cas aussi de nombreux secrétaires de fédérations ou d'unions départementales du syndicat. Bien que la clientèle de la C.F.D.T., de F.O. et, dans une certaine mesure, de la C.F.T.C. soit portée vers le débat politique et la tradition socialiste ou socialisante, et bien que de nombreux militants aient des engagements politiques à gauche, il est certain que ces organisations syndicales ont toujours affirmé avec force le principe de l'indépendance des syndicats vis-à-vis des partis politiques. De plus, dans les faits, si de nombreux dirigeants du syndicat adhèrent à un parti, ils n'y exercent aucune responsabilité.

Mais, à un niveau plus profond, la C.F.D.T. rejette le modèle de démocratie représentative ou indirecte qui fonde les attitudes fondamentales aussi bien que les pratiques du P.C. et de la C.G.T. Ce modèle aboutit en effet à ce que – pour reprendre les termes de Jacques Julliard –, « en affirmant d'une part "le rôle dirigeant de la classe ouvrière" et en s'affirmant simultanément le "parti de la classe ouvrière", le P.C.F. justifie à la fois sa prétention à diriger effectivement les alliances politiques qu'il contracte et à parler souverainement au nom de la classe ouvrière ». Dans ces conditions, la C.G.T. ne peut avoir une marge de manœuvre bien grande.

Ces questions ne sont pas purement théoriques et se traduisent par des différences de comportement et de tactique sur le terrain de l'action syndicale.

C'est ainsi que la C.G.T., dans sa volonté de conserver le contrôle du « noyau dur » de la classe ouvrière *stricto sensu*, va privilégier toutes les formes d'actions nationales, autour de plates-formes de « revendications unifiantes », susceptibles de la faire apparaître comme la grande fédératrice du mouvement ouvrier. En d'autres termes, ces formes d'action globales et contrôlées la légitiment dans son rôle privilégié d'organisation de masse (dans la tradition de Lénine), nettement distinct du rôle d'avant-garde du « parti de la classe ouvrière » : le P.C.F.

Au contraire, la C.F.D.T. va s'efforcer, après mai 1968, de privilégier les actions directes à la base proches du modèle de démocratie directe ou semi-directe. A la différence de la C.G.T., elle sera donc beaucoup plus tolérante à l'égard des « gauchistes », elle sera plus disposée à soutenir des initiatives hardies et parfois violentes de la base. Bref, il s'agit, selon Edmond Maire, de « bâtir l'action syndicale au plus près de chaque travailleur ».

Cette attitude a entraîné la C.F.D.T. très loin, notamment dans son soutien aux conflits spontanés ou « sauvages » qui se sont multipliés à la base au début des années 70 et qui étaient le fait de travailleurs « marginaux » (immigrés, femmes et jeunes non qualifiés, ouvriers d'origine rurale, etc.) et non pas de l'« élite ouvrière » masculine : grève des immigrés de Girosteel du Bourget, de Penarroya à Lyon..., des employés des Nouvelles Galeries en Moselle, des O.S. du Joint français à Saint-Brieuc (1973). Cette dernière grève illustre bien l'attitude, la tactique du « bord du gouffre » mise en œuvre par la C.F.D.T. : non seulement elle a apporté un soutien total à la grève à durée illimitée, mais elle a accepté l'entrée de la Ligue communiste dans le comité de soutien et elle a favorisé la campagne de soutien en Bretagne et ailleurs ; d'où des risques de débordement évidents. Cependant, plus largement encore, la C.F.D.T. s'est souvent engagée soit directement, soit par l'intermédiaire de ses militants locaux dans de nombreux conflits qui dépassaient largement le cadre de l'action syndicale traditionnelle et qui concernaient bien davantage les choix globaux d'une société, c'est-à-dire les

Effectifs des centrales.

	Avant 1968[1]	*En 1977*[2]	*Pourcentage aux élections prud'homales de 1979*[3]
C.G.T.	1 500 000 à 2 000 000	2 350 000	42,4
C.F.D.T.	500 000 à 700 000	820 000	23,1
F.O.	500 000 à 600 000	800 000	17,4
C.F.T.C.	80 000 à 100 000	225 000	6,9
F.E.N.	400 000	550 000	
C.G.C.	160 000 à 200 000	250 000	5,2

1. Chiffres estimés
2. Chiffres déclarés par les organisations
3. Le taux de participation a été de 63,3 p. 100

objectifs habituels des partis politiques : lutte pour l'environnement, luttes contre le nucléaire, luttes urbaines, luttes de femmes, etc. Malgré la volonté de « recentrage » de la politique syndicale autour de la négociation des conditions de vie et de travail exprimée en 1978, la C.F.D.T. ne semble pas avoir renoncé à assumer les « nouveaux mouvements sociaux » afin d'apporter des solutions alternatives à la crise.

Pour A. Bergeron, le secrétaire général de F.O., « les pratiques actuellement à la mode ne peuvent que conduire au chaos, à la négation de l'organisation syndicale et finalement à sa désagrégation ». Pour lui, « le syndicat ne peut être autre chose que le syndicat, c'est-à-dire le lieu de rassemblement de celles et de ceux qui, ensemble, prennent conscience de la nécessité de défendre leurs intérêts professionnels ». D'où l'attachement de F.O. au principe du contrat collectif et de la négociation ; d'où sa méfiance à l'égard d'une politisation du syndicat. Les faits auraient-ils donné raison à F.O. et, plus largement, aux syndicats réformistes comme la C.F.T.C. ou la C.G.C. ?

Depuis le début de la crise économique, on a effectivement assisté à une baisse sensible des effectifs aussi bien à la C.G.T. qu'à la C.F.D.T. Fait caractéristique, cette baisse a commencé dès 1974, dans des entreprises qui ont longtemps symbolisé les luttes ouvrières comme Alsthom à Belfort ou la Saviem à Caen. Les difficultés économiques rencontrées par les travailleurs expliquent ce désengagement, qui prend l'allure de débâcle dans les cas les plus graves comme à Longwy, dans la sidérurgie lorraine. Cette baisse des effectifs a gagné les militants actifs en 1978 et 1979, après l'échec électoral de la gauche, d'autant plus durement ressenti que le syndicalisme s'était laissé aller à un certain attentisme électoral. Or, il ne semble pas que F.O. ait souffert de cette baisse des effectifs. Cela est-il dû à sa politique de présence permanente sur le front de la négociation sociale, c'est-à-dire au niveau de l'entreprise et de la profession, et à son attitude pragmatique et réformiste ?

Comment ont évolué les effectifs et les influences respectives des grandes centrales ouvrières et, plus largement, des grandes centrales de salariés ?

L'audience des syndicats est évidemment variable selon les secteurs et selon les régions : ainsi la C.G.T. a recueilli plus de 50 p. 100 des voix aux élections prud'homales de 1979 dans l'industrie, elle arrive encore en tête dans le commerce, mais est devancée par la C.F.D.T. dans l'agriculture.

On sait que la C.F.D.T. est bien implantée dans les régions de l'Ouest, la C.F.T.C. dans les régions minières du Nord, F.O. en Corse, dans la fonction publique et certaines entreprises publiques (S.N.I.A.S., banques, assurances).

Même si l'on retient les effectifs d'adhérents déclarés par les diverses centrales (y compris les « autonomes »), on aboutit à un taux de syndicalisation de 30 p. 100 par rapport à la population salariée totale. En fait, ce taux est plus vraisemblablement de 25 p. 100 environ, et il varie beaucoup selon les secteurs et, à l'intérieur de ceux-ci, selon la taille des entreprises : ainsi, il n'est que de 10 p. 100 chez les salariés agricoles, mais il dépasse 50 p. 100 dans certains secteurs comme celui du livre et 80 p. 100 chez les instituteurs. Par ailleurs, il est connu que la syndicalisation est plus forte dans les grandes entreprises que dans les petites. Comme nous l'avons déjà indiqué, ces taux sont en baisse depuis 1974.

Si le taux de syndicalisation est faible dans la plupart des secteurs et des branches, si le syndicalisme français reste divisé en organisations et même parfois, à l'intérieur des organisations, en tendances difficilement conciliables, on ne saurait en déduire que le syndicalisme n'est pas représentatif du monde ouvrier français. L'histoire des luttes sociales, depuis la fin de la Seconde Guerre mondiale et bien au-delà, montre à l'évidence que les grandes actions déclenchées à l'initiative des organisations syndicales ont toujours été massivement suivies par les ouvriers de la base, d'une part lorsque les mobiles de ces actions n'étaient pas obscurcis par un contexte politique ambigu et, d'autre part, lorsqu'un minimum d'entente était réalisé au niveau des grandes centrales ouvrières. De même, si les divergences restent profondes au niveau des grandes options idéologiques, il existe un accord très global sur quelques grandes options : le *refus du capitalisme en tant que système* (ce qui différencie profondément le syndicalisme français du syndicalisme nord-américain ou allemand, par exemple) et, en second lieu, le *refus d'un syndicalisme purement corporatif*. Enfin, il existe bien un consensus global au niveau des grands thèmes de l'action revendicative : la défense des droits syndicaux, la libre discussion des salaires, le relèvement du pouvoir d'achat des travailleurs et en particulier des catégories défavorisées, la défense de l'emploi, la réduction de la durée du travail. C'est pourquoi, chaque fois que l'un quelconque de ces objectifs majeurs est gravement menacé par le pouvoir politique ou par le patronat, les grandes organisations syndicales se retrouvent dans une action convergente, sinon commune. Du même coup, elles attirent alors à elles la masse des travailleurs, on l'a vu encore récemment, malgré l'aggravation de la division syndicale, lors du conflit d'Alsthom-Atlantique dans le Territoire de Belfort ou lors des élections prud'homales de 1979.

Les classes moyennes

Les catégories socio-professionnelles établies par l'I.N.S.E.E. permettent d'isoler très grossièrement les sous-catégories constitutives de ce que l'on appelle parfois les classes moyennes et parfois la petite bourgeoisie. Mais de nombreux cas limites illustrent aussi l'arbitraire induit par une telle ventilation des catégories socioprofessionnelles entre « classes sociales ».

On peut voir dans ce tableau de ventilation combien nombreux sont les cas limites.

Tout d'abord pour la ventilation des sous-catégories socio-professionnelles entre « bourgeoisie » et « classes moyennes ». Ainsi, parmi les ingénieurs, on trouve aussi bien ceux qui sont issus des grandes écoles et qui exercent souvent des fonctions de « manager » ou de direction dans les secteurs privé ou public que ceux qui sont « sortis du rang » ou d'écoles de seconde catégorie. Il est tout à fait évident que les uns et les autres en moyenne ont des niveaux de revenus et de patrimoines très inégaux, qu'ils sont généralement issus de milieux sociaux différents et qu'ils ne sont pas appelés aux mêmes fonctions d'encadrement. De même, il y aurait des ventilations secondaires à opérer parmi les « professeurs, professions littéraires et scientifiques » et les cadres administratifs supérieurs : les professeurs d'université ont des revenus nettement supérieurs à ceux des enseignants du secondaire ; un sous-lieutenant se retrouve dans la même catégorie qu'un grand avocat ou un directeur de ministère.

Ensuite, il y a problème entre les « classes moyennes » et les « classes populaires ». La grande majorité des techniciens n'a qu'un niveau de formation égal ou inférieur au C.A.P. De nombreux cadres administratifs moyens ne se reconnaîtraient pas dans les classes moyennes, ne serait-ce qu'en raison de leur niveau de revenu inférieur à celui d'ouvriers qualifiés ; de même pour de nombreux instituteurs auxiliaires. D'ailleurs, les instituteurs en général, avec leurs traditions de laïcité, de mutualité, de républicanisme, constituent un milieu très spécifique qui se traduit dans leur forte syndicalisation au S.N.I. Réciproquement, certains personnels de service comme les hôtesses de l'air ou certains garçons de café sont certainement mieux « à leur place » dans les classes moyennes.

Enfin, des fractions importantes de la « petite bourgeoisie » ne glissent-elles pas vers la prolétarisation, comme certains « petits commerçants », certains artisans et, évidemment, une partie de la paysannerie que nous retrouverons plus loin ?

C. Baudelot, R. Establet et J. Malemort, en se référant aux concepts marxistes, se sont efforcés de définir « la petite bourgeoisie en France » et de la distinguer des autres classes de la société : la bourgeoisie capitaliste, le prolétariat, la paysannerie. Pour cela, ils se sont efforcés de définir la place qu'occupent aujourd'hui les « petits bourgeois » dans les rapports capitalistes de production.

Les auteurs distinguent trois fractions de cette classe moyenne, qui comprendraient, selon eux :

— la petite bourgeoisie commerçante de biens et services ;

— la petite bourgeoisie d'encadrement de l'appareil d'État ;

— la petite bourgeoisie d'encadrement de l'appareil économique capitaliste (que Nicos Poulantzas qualifie de « nouvelle petite bourgeoisie »).

C'est sur cette dernière fraction que la « classe capitaliste » « se décharge des aspects secondaires des rapports de production : surveillance, travail intellectuel productif, travail d'encadrement, organisation du travail ».

« Cette classe ne se confond pas avec la bourgeoisie capitaliste puisqu'elle ne partage que les miettes de son pouvoir ; elle n'extorque pas elle-même la plus-value aux ouvriers, elle n'a pas son mot à dire sur l'orientation de l'accumulation. » « Mais elle ne se confond pas davantage avec le prolétariat : elle ne tire historiquement son existence et sa raison d'être que de la prolétarisation des masses et de la soumission croissante du prolétariat au capital. »

Par exemple, les enseignants sont globalement classés parmi les petits bourgeois non seulement parce qu'ils bénéficient de la rétrocession d'une partie de la plus-value (leur salaire est supérieur à celui qui correspondrait strictement à l'estimation de leur force de travail et à sa reproduction), mais encore parce qu'ils participent, volontairement ou non, à la reproduction sociale.

Cependant, si on peut parler d'une certaine homogénéité de cette petite bourgeoisie, par son niveau de revenu et la place qu'elle occupe dans les rapports de production, les fractions qui la composent n'ont pas toujours les mêmes comportements ni, *a fortiori*, la même « conscience de classe ». On peut le vérifier dans leurs choix politiques fort divergents et, pour ce qui nous concerne ici, dans leur appartenance syndicale.

Ainsi les fonctionnaires, et plus particulièrement les enseignants, comme nous l'avons vu, se regroupent dans des fédérations généralement très autonomes, comme la Fédération de l'Éducation nationale (F.E.N.), mais dont les options sont assez proches de celles des grandes centrales ouvrières, avec cependant tous les clivages évoqués ci-dessus.

Les petits commerçants, coincés dans les contradictions du capitalisme et menacés parfois de prolétarisation par le grand mouvement de concentration qui a affecté, depuis une quinzaine d'années, le secteur de la distribution, se sont organisés sur des bases corporatives, souvent très réactionnaires (mouvements Poujade, Nicoud, etc.).

Reste l'encadrement des entreprises privées ou publiques, dont on aura soigneusement isolé l'encadrement directionnel. Si la Confédération générale des cadres (C.G.C., dont Y. Charpentier est devenu secrétaire général en 1975, après M. Malterre), créée en 1944, n'a pas réussi à arracher aux fédérations de cadres des grandes confédérations ouvrières une partie substantielle de leurs adhérents, elle a nettement marqué des points après 1968, malgré une certaine

Essai de ventilation des catégories socio-professionnelles en classes sociales.

	grande bourgeoisie	*petite bourgeoisie ou classes moyennes*	*classe ouvrière et couches sociales voisines*	*paysannerie*
agriculteurs exploitants	« gros exploitants »			petits et moyens exploitants
salariés agricoles			375 000	
patrons de l'industrie et du commerce	industriels → 60 000 - 20 000 gros commerçants → 187 000 - 23 000	artisans 534 000 - 86 000 petits commerçants et patrons pêcheurs 930 000 - 115 000		
professions libérales et cadres supérieurs	professions libérales → 172 000 + 32 000	← professeurs, professions littéraires et scientifiques 377 000 + 164 000		
		ingénieurs 256 000 + 70 000 cadres administratifs supérieurs (dont officiers) 654 000 + 200 000		

cadres moyens et techniciens	Instituteurs ↔ 737 000 + 175 000 services médicaux et sociaux ↔ 298 000 + 125 000 techniciens ↔ 759 000 + 228 000 cadres administratifs moyens 970 000 + 230 000	
employés		3 841 000
personnels de service	autres personnels de service ↔ 855 000 + 197 000	gens de maison 234 000 - 46 000 femmes de ménage 154 000 - 73 000
divers	artiste 59 000 + 9 000 clergé 197 000 - 20 000 armée, police 348 000 + 10 000	

C'est à dessein que nous avons placé certaines sous-catégories socio-professionnelles entre deux classes pour exprimer leur mobilité interclasse, qui reste faible, mais aussi pour traduire l'incertitude de la ventilation ainsi opérée. Les flèches expriment précisément cette indétermination et le fait que telle ou telle sous-catégorie peut être classée ici ou là selon les critères retenus. Les chiffres concernent les effectifs de la sous-catégorie au recensement de 1975. Les variations en plus ou en moins s'entendent entre les recensements de 1968 et de 1975.

bouderie des techniciens et la scission de 1969, qui aboutit à la création de l'U.C.T. (Union des cadres et techniciens). En effet, au cours des dix dernières années, les résultats des élections aux comités d'entreprise, aux conseils d'administration des régimes de retraite complémentaire, aux prud'hommes, etc., montrent une progression constante de cette organisation. Aujourd'hui, avec près de 300 000 adhérents, elle est particulièrement représentative de l'idéologie des cadres moyens d'entreprises, qui représentent environ 40 p. 100 de ses effectifs. (Les ingénieurs et cadres supérieurs n'en représentent plus que 45 p. 100 environ.)

Si, sur le plan tactique, des rapprochements ont été parfois esquissés avec l'Union générale des ingénieurs, cadres et techniciens de la C.G.T. ou avec la Fédération nationale des ingénieurs et cadres de F.O., en revanche les positions de la C.F.D.T. relatives à la réduction des écarts hiérarchiques hérissent les cadres de la C.G.C., très attachés au maintien de la hiérarchie. *A fortiori* en est-il de certaines formes d'action comme les occupations d'usines et... la séquestration des dirigeants, qui ont parfois provoqué de vives réactions des « cols blancs » contre les ouvriers en grève du Joint français à Saint-Brieuc ou aux usines Paris à Nantes (1973).

La grande bourgeoisie ou la classe dirigeante

L'histoire de la bourgeoisie en France a donné lieu à une littérature considérable depuis le XIXe siècle et encore tout récemment. Il ne peut s'agir ici que d'un repérage sommaire de la « classe dirigeante » et d'une brève incursion dans l'évolution de sa stratégie du pouvoir au cours des trente dernières années. Cette classe dirigeante, que les marxistes désignent après Marx comme la « bourgeoisie capitaliste » ou « monopoliste », existe-t-elle encore ou bien a-t-elle été détrônée par les « managers » selon Burnham ou la « technostructure » selon Galbraith ?

Si le mouvement de concentration industrielle et financière intense que la France a connu depuis le début des années 60 a profondément modifié la structure du capitalisme français et la structure sociale qui la sous-tend, il n'a pas entraîné pour autant la disparition de la propriété des moyens de production. Cependant, celle-ci a évolué dans sa nature et dans sa structure. Ainsi on reconnaît aujourd'hui la dissociation relative qui s'est produite entre propriété économique et propriété juridique. Ce phénomène, lié au développement de la société par actions, n'est pas nouveau, mais il est caractéristique de l'évolution du capitalisme au cours de ces vingt dernières années. Il engendre des modifications sensibles dans la sociologie du pouvoir économique.

Ainsi le mouvement de concentration, qui a détrôné de nombreux membres des « grandes dynasties bourgeoises » — que l'on songe à la chute de l'« empire Boussac » par exemple —, en a consacré d'autres qui illustrent dans les années 70 la vigueur du « capitalisme familial », tels Renaud Gillet (Rhône-Poulenc), François Michelin, Peugeot, de Wendel (sidérurgie), Beghin et Say (sucreries), Agache et Willot (textile). F. Morin montre ainsi que cent des deux cents premières sociétés industrielles françaises sont encore sous contrôle familial. Mais le capitalisme familial est plus menacé que menaçant aujourd'hui, et bien souvent il ne doit sa survie qu'à des alliances avec les groupes bancaires (Suez notamment).

Cependant, l'évolution des structures financières du capitalisme français, et notamment le développement du capitalisme financier, a développé dans les années 70 de nouvelles modalités de contrôle des firmes et a porté au pouvoir une nouvelle race de patrons salariés, les « managers », tels Roger Martin, p.-d. g. de Saint-Gobain-Pont-à-Mousson, Ambroise Roux, p.-d. g. de la C.G.E., ou Philippe Thomas, p.-d. g. de Pechiney-Ugine-Kuhlmann ; il n'est pas jusqu'au « patron des patrons », François Ceyrac, qui n'incarne ces patrons technocrates qui ne possèdent pas ou très peu de capital productif. Il faut bien voir toutefois que les grandes entreprises industrielles « sous contrôle technocratique », selon l'expression de F. Morin, sont reliées sans exception aux groupes bancaires comme Suez et Paribas, qui sont eux-mêmes sous contrôle technocratique.

Mais est-ce à dire que ces grands directeurs ne seraient que des salariés assimilables aux classes moyennes, puisqu'ils ne détiennent pas de fractions importantes du capital ? On ne peut le penser car les tâches de direction ne se confondent pas avec les tâches de gestion courante ou d'encadrement. Les managers ont accès aux décisions stratégiques, la plus grande partie de l'encadrement (ingénieurs et cadres supérieurs) n'accède qu'aux décisions administratives et opérationnelles. Entre les deux passe une barrière sociale réelle.

En fait, ces « managers » savent qu'ils doivent se considérer comme les dépositaires de l'autorité et les défenseurs des intérêts de l'entreprise. Le pouvoir suprême ne s'obtient et ne se garde qu'à la condition stricte de respecter la règle du jeu. C'est pourquoi les dirigeants, qu'ils soient possédants ou non, salariés ou non, ont la même attitude. Ils ont intériorisé les valeurs du système, s'ils ne les avaient déjà reçues dans leur berceau, car, pour gravir les échelons du pouvoir, ils ont dû constamment agir en conformité avec ces valeurs. Cette catégorie de cadres supérieurs est donc assimilable à celle des patrons de l'industrie et du commerce.

Une distinction du même ordre devrait être faite entre les « grands commis » de l'État et le personnel politique, d'une part, et la très grande majorité des fonctionnaires ou cadres des entreprises publiques, d'autre part.

En définitive, les membres de la classe dirigeante, de cette bourgeoisie régnante, sont peu nombreux. Combien ? On ne peut ici que procéder à des approximations.

Si l'on retire des 1 600 000 entreprises françaises les 1 500 000 qui ont un caractère artisanal (pas de salariés ou moins de dix salariés), il reste environ 100 000 patrons de l'industrie et du commerce. Le recensement de 1975 ne dénombrait que 60 000 industriels et la concentration a dû en éliminer un certain nombre au cours des cinq dernières années. Sur le nombre restant, très peu employaient 200 salariés ou plus en 1977 (3 346) ; pour 500 salariés et plus, l'effectif tombait à 1 243 et pour 1 000 salariés et plus, à 541. Le même recensement dénombrait aussi 187 000 « gros commerçants », mais le critère utilisé pour les dénombrer (trois salariés et plus) ne permet nullement de les classer dans la « grande bourgeoisie ». On peut s'en faire une idée d'après le nombre des supermarchés et des hypermarchés en 1977 (respectivement 3 297 et 368, les premiers employant en moyenne une trentaine de salariés et les seconds plus de 200). Donc, les patrons de l'industrie et du commerce qui peuvent accéder à la classe supérieure sont probablement moins de 10 000. Il faudrait y ajouter les dirigeants des entreprises financières (banques, compagnies d'assurance...), qu'ils soient p.-d. g., membres de conseils d'administration, gros porteurs d'actions, et la plupart des membres des professions libérales qui, par fonction, sont les conservateurs de la propriété industrielle, commerciale ou financière (agents de change ; notaires, avocats, conseillers, cabinets d'études, agents immobiliers *spécialisés*...). On peut encore compter ceux qui ont des responsabilités particulières dans la défense des structures productives, soit dans le maintien de l'ordre interne ou extérieur (encadrement supérieur de l'armée et de la police...), soit, plus généralement, dans l'appareil d'État (hauts fonctionnaires d'autorité). Même si l'on rajoute enfin une petite partie des intellectuels (écrivains, artistes, enseignants) qui se sont voués à la défense et à la propagation du système de valeur de l'idéologie dominante et, bien entendu, la classe politique dirigeante et les gros propriétaires fonciers..., on doit aboutir en tout à quelques dizaines de milliers de personnes pour l'ensemble de la classe dirigeante assimilable à la grande bourgeoisie. C'est peu par le nombre, mais c'est beaucoup par la concentration des pouvoirs économiques, politiques et sociaux.

Quelles sont les organisations syndicales ou professionnelles (à l'exclusion des organisations politiques *stricto sensu*) qui représentent cette classe sociale ? Elles sont très diverses, allant du club ou de la simple association (par exemple association d'anciens des grandes écoles ou amicales diverses), en passant par des associations patronales comme le *Centre français du patronat chrétien*, le *Centre des jeunes dirigeants* (ancien

Centre des jeunes patrons, jusqu'en 1968), l'*Association des cadres et dirigeants de l'industrie* (A.C.A.D.I.) ou l'*Association des grandes entreprises* (A.G.R.E.F.), jusqu'à de véritables organisations consulaires (chambres de commerce et d'industrie...) ou syndicales ; ce sont ces dernières qui retiendront ici notre attention.

En effet, les patrons, comme les travailleurs, sont regroupés dans des organisations communes qui ont une histoire tenace comme celle des syndicats de salariés. Cela n'est point le fait du hasard, mais tout simplement la traduction institutionnelle d'une certaine communauté d'intérêts.

L'évolution économique très brutale des dix dernières années a aujourd'hui séparé les destinées de la masse des « petits patrons », regroupés au sein de la Confédération générale des petites et moyennes entreprises, fondée en 1944 par Léon Gingembre, de celles du grand patronat, regroupé au sein du C.N.P.F. Il faut souligner que l'autorité sans partage de L. Gingembre, toujours à la tête de la C.G.P.M.E., a été parfois battue en brèche par les initiatives beaucoup plus virulentes d'un P. Poujade (années 50) ou encore d'un G. Nicoud. L'élimination rapide de nombre de petits commerçants et d'artisans depuis 1954 explique le succès des formes d'action directe violente au détriment des formes de représentation plus classiques incarnées par le délégué général de la C.G.P.M.E.

L'accord constitutif du *Conseil national du patronat français* n'a été signé que le 12 mai 1946. En effet, le patronat était sorti déconsidéré de la guerre en raison de la collaboration de fait de trop de ses membres avec l'occupant, et aussi de sa collaboration institutionnelle aux Comités corporatifs créés par Vichy. Toutefois, sous l'impulsion du général de Gaulle en particulier, des pourparlers s'étaient engagés au début de 1945 et avaient abouti à la constitution d'une commission de liaison qui élabora le projet du C.N.P.F.

Le C.N.P.F. faisait suite, après l'interruption de la guerre, à la Confédération générale du patronat français, issue elle-même, en 1936, de la Confédération générale de la production française et des petites et moyennes entreprises. Il se présentait désormais comme une association de fédérations et de syndicats. Toute entreprise devait être représentée à la fois à travers des organisations professionnelles et des organisations géographiques. Mais, à la différence des organisations syndicales ouvrières, qui se sont efforcées de traiter sur un pied d'égalité les structures géographiques ou horizontales (unions) et les structures verticales (fédérations), le C.N.P.F. accorde une nette prééminence aux associations professionnelles. Il faut dire ici que certaines de ces associations, comme l'Union des industries métallurgiques et minières, exercent depuis longtemps un rôle déterminant dans les orientations de la politique patronale.

Jusqu'à la réforme d'octobre 1969 et malgré les progrès enregistrés dans son organisation depuis la guerre, le C.N.P.F. était resté essentiellement un organisme de liaison regroupant des entreprises hétérogènes. D'où de nombreuses oppositions, d'abord entre les grandes entreprises orientées vers le commerce extérieur et un grand nombre de petites et moyennes entreprises menacées par l'ouverture des frontières ; d'autre part, entre des fédérations comme celles de la sidérurgie, de la mécanique ou de la chimie, qui acquittaient les principales cotisations, et les parentes pauvres. D'où aussi une certaine impuissance du C.N.P.F. à se poser en organisme suffisamment représentatif en face des autres « partenaires », c'est-à-dire l'État et les syndicats de salariés.

Le paradoxe de cette situation est apparu nettement au moment des négociations de Grenelle en juin 1968. Le C.N.P.F., dont les entreprises affiliées représentaient les trois quarts de la valeur ajoutée nationale et quelque 10 millions de salariés, ne pouvait pratiquement pas engager ses mandants. C'est pourquoi plusieurs tinrent rigueur à leur président, Paul Huvelin, d'avoir pris en leur nom certains engagements. Ainsi, François Michelin quitta l'organisation, et avec lui le syndicat national du caoutchouc. Dans le sillage des événements de mai-juin 1969, la réforme du 28 octobre 1969 s'imposa aux responsables du patronat.

Désormais, le C.N.P.F. devra définir, mettre en œuvre et faire connaître une « politique de développement des entreprises industrielles et commerciales ». C'est dire que les statuts mettaient beaucoup moins l'accent sur la « fonction patronale », comme l'avait fait la charte d'inspiration « archéo-libérale » du 19 janvier 1965, que sur la « politique industrielle » dont les pouvoirs publics s'étaient fait paradoxalement les porte-parole presque exclusifs jusqu'alors. En second lieu, le C.N.P.F. « assumera la représentation de l'ensemble des entreprises auprès des pouvoirs publics, des partenaires sociaux et de l'opinion ». La représentativité de l'organisation patronale, qui était autrefois l'exception, est devenue la règle.

Depuis 1968, deux choses ont nettement changé au C.N.P.F.

En premier lieu, par le nombre de ses adhérents comme par sa capacité de les engager effectivement, le C.N.P.F. est devenu éminemment représentatif de l'ensemble des employeurs français à l'exclusion des P.M.E. La personnalité de François Ceyrac, qui succède en 1972 à Paul Huvelin et hérite donc de la réforme de 1969, n'est pas étrangère à cette unification, mais la représentativité du C.N.P.F. a également été forgée par les nécessités économiques, sociales et politiques, et en particulier par les craintes inspirées par la montée de la gauche avant mars 1978 et par la concurrence internationale.

En second lieu, le C.N.P.F. s'est doté d'une politique économique et surtout sociale. Sur le plan économique, le C.N.P.F., depuis la préparation du *VIe plan*, s'est fait le champion d'une croissance rapide et d'une économie ouverte, que la crise toutefois est venue quelque peu tempérer. De plus, le C.N.P.F. ne se dissimule plus pour prôner le retour aux principes de l'économie de marché, pour exalter le rôle de l'entrepreneur et pour défendre le profit comme moteur de la croissance.

Mais c'est sur le plan social que l'évolution de la politique patronale est la plus spectaculaire. F. Ceyrac parle même de « révolution patronale ». En effet, selon lui, « la pratique généralisée des conventions collectives avait abouti à une véritable sous-traitance des questions sociales aux syndicats. Mais c'était un marché de dupes. Peu à peu, direction et hiérarchie se trouvaient exclues de la gestion des rapports humains. L'armée syndicale occupait le terrain... ».

La révolution patronale va donc consister à reconquérir ce terrain social. Comment ? En supprimant la base du contre-pouvoir syndical constituée par le « capital d'insatisfaction » que géraient jusqu'alors les syndicats par l'intermédiaire des délégués du personnel, de leurs représentants au comité d'entreprise ou des délégués syndicaux. Ces pouvoirs des syndicats avaient été singulièrement renforcés par la loi du 27 décembre 1968 sur l'exercice du droit syndical dans l'entreprise. Pour comprendre l'enjeu de cette « révolution patronale », il faut examiner l'évolution de la négociation collective depuis 1968.

Négociation collective et politique contractuelle depuis 1968

On considère volontiers qu'en France la loi a tenu une place très importante et qu'elle s'est souvent substituée à la négociation entre les intéressés pour fixer elle-même les conditions de leurs relations. De fait, son rôle est très important, ne serait-ce que pour fixer le cadre institutionnel et les conditions de la négociation collective. Ainsi en est-il, par exemple, de la loi de février 1950 sur le retour à la libre négociation des salaires, de la loi de 1968 sur la section syndicale d'entreprise ou de la loi du 13 juillet 1971 sur la négociation collective et la possibilité d'extension au niveau national des accords professionnels ou interprofessionnels. Cependant, il ne faut pas oublier que la plupart de ces lois ont été longuement négociées avec les intéressés à travers des rencontres officieuses (à l'occasion de l'élaboration de rapports de « sages ») ou d'instances officielles comme le Conseil économique et social. De plus, souvent, des accords professionnels viennent mettre en œuvre ou compléter les dispositions de la loi. Par exemple, la convention sociale de la sidérurgie lorraine de 1967 et l'accord interprofessionnel sur l'emploi de 1969 sont indissociables de la loi de 1963 relative au Fonds national de l'emploi. Dans certains cas, l'accord précède et préfigure la loi. Ainsi en est-il de l'accord du 9 juillet 1970 qui esquisse une réforme de la formation professionnelle et du financement de la formation continue, et qui précède donc la loi du 16 juillet 1971 sur ces mêmes sujets. Puis l'accord du 9 juillet 1976 viendra enfin compléter et préciser les obligations que crée la loi. De même, l'accord du 10 décembre 1977 sur la mensualisation des ouvriers est étendu par une loi du 19 janvier 1978.

Donc la loi et l'accord ne s'excluent pas, mais, bien au contraire, ont eu tendance à s'articuler étroitement en France. De même, dans le règlement des conflits du travail, les pouvoirs publics interviennent fréquemment en marge des procédures légales d'arbitrage ou de médiation, qui sont peu utilisées. Pour sortir d'un conflit difficile, les deux parties acceptent souvent et parfois même sollicitent l'intervention discrète des pouvoirs publics... Ainsi, selon l'importance du conflit, l'inspecteur du travail, le préfet ou un haut fonctionnaire, mandatés par le gouvernement, interviennent comme conciliateurs hors procédure. Alors, « se rallier aux propositions de l'Administration, c'est une manière de sauver la face quand il faut se résoudre à des concessions (et peut-être aussi de les faire accepter à ses mandants) », comme le suggère J.-D. Reynaud.

Par ailleurs, la régulation qui résulte de la négociation collective ne se substitue pas aux décisions des acteurs sur le marché du travail. Ainsi, en France, les salaires effectifs échappent en grande partie au contrôle de la négociation, qui ne traite en général que des barèmes minimaux, des écarts hiérarchiques ou des clauses d'indexation.

Enfin, la négociation peut laisser une place importante aux décisions unilatérales du patron. Il est arrivé fréquemment que celles-ci n'interviennent qu'à défaut d'accord, et, dans ce cas, elles ne peuvent pas ne pas tenir compte des résultats atteints par la négociation avant sa rupture. Le pluralisme syndical ne peut d'ailleurs que multiplier les occasions de ces décisions unilatérales qui sont en fait des « états intermédiaires » entre négociation collective réelle et décisions véritablement unilatérales.

Cependant, la décision unilatérale peut aussi résulter d'une volonté politique du patronat de contourner la négociation collective en tant qu'« instrument majeur du changement social » et donc le contre-pouvoir syndical lui-même.

Comment se caractérise, de ce point de vue, l'évolution des quinze dernières années ?

De longues années de blocage de la négociation collective avaient précédé la révolte de 1968. Peut-être ce blocage venait-il de ce que l'on croyait trop facilement dans le patronat, comme chez les pouvoirs publics, que l'amélioration constante du niveau de vie entraînait inéluctablement un apaisement des oppositions et donc une certaine inutilité de la grève...

Les événements de 1968 et le formidable rapport de forces créé par la grève générale allaient balayer ces illusions et déclencher, dans la foulée du « constat » de Grenelle, une vague de négociations très importante dans le secteur privé comme dans le secteur public et la fonction publique. On a plus négocié dans la période 1969-1974 que dans toute la période précédente (1950-1968). C'est vrai tout d'abord dans le secteur public avec la mise en place de la « politique contractuelle », en application du rapport Nora, dès 1969, dans les entreprises « pilotes », E.D.F. et G.D.F., puis à la S.N.C.F. en 1970. Au total, quelque 150 accords seront signés dans les entreprises publiques. D'autres accords ont concerné la fonction publique, c'est-à-dire 2 millions de salariés civils et plus de 400 000 militaires, sans compter les retraités et les agents des collectivités locales. Ceux-ci ont porté sur les rémunérations, le reclassement, la durée du travail, les problèmes sociaux, etc. Ces accords, faisant suite aux « rendez-vous annuels », ont permis notamment un net rattrapage des traitements par rapport aux rémunérations du secteur parapublic. Mais, dans l'ensemble du secteur public, les négociations sont devenues très difficiles à partir de 1977, c'est-à-dire avec un certain décalage par rapport à la crise.

Pour le secteur privé précisément, la crise marque une rupture très nette dans la phase des négociations qui s'étaient réamorcées en 1968 et qui avaient donné quelques accords interprofessionnels spectaculaires « au sommet » : indemnisation du chômage partiel (1969), formation continue (1970), indemnisation pour licenciement économique (1974), accord sur la garantie d'emploi signé en 1969 et révisé en 1974, amélioration des conditions de travail, durée de travail, etc. Parallèlement, l'entreprise apparaît de plus en plus comme un niveau privilégié de négociations. En quatre ans, de 1968 à 1972, on a négocié quatre fois plus d'accords d'entreprises que de 1954 à 1968, soit en quatorze ans.

Cependant, alors que se développait ce processus d'« institutionnalisation des conflits » et de « légalisation de la classe ouvrière », à travers ses organisations syndicales (l'expression est de B. Edelman), se multipliaient aussi, selon les termes de A. Touraine, des « conduites de rupture » chez les travailleurs marginaux ou se percevant comme tels, qu'il s'agisse des travailleurs du secteur privé (voir ci-dessus les grèves d'O.S. de Renault du Mans ou du Joint français) ou du secteur public. De ce fait, le nombre moyen annuel de journées de travail perdues du fait de grève continuait à osciller autour de 4 millions (chiffre très inférieur à ceux que connaissaient alors l'Italie et la Grande-Bretagne, mais très supérieur, en revanche, à ceux de la R.F.A. ou des Pays-Bas).

Mais la crise allait faire évoluer considérablement la politique des pouvoirs publics et du patronat. Tout d'abord avec l'adoption du premier plan Barre (automne de 1976) est remise en cause la « politique contractuelle » dans le secteur public et la fonction publique, puisqu'il n'y a pratiquement plus rien à négocier. Mais c'est surtout chez le patronat que le changement d'attitude est caractéristique. Désormais, le terrain social, qui avait été abandonné à l'action sans partage du syndicalisme, doit être considéré comme un terrain de libre concurrence. En fait, la direction de l'entreprise doit, par la communication et l'information, et par l'intermédiaire du personnel d'encadrement, renouer un contact direct avec le personnel, sans passer par la médiation des délégués du personnel, des délégués syndicaux ou des membres du comité d'entreprise. Cette politique s'affirme nettement après 1978 ; elle ne peut qu'aboutir à une régression de la négociation collective. De plus, comme nous l'avons vu, par une stratégie de délocalisation des unités de production (parfois à l'étranger), par la multiplication des opérations de sous-traitance, par l'augmentation de l'emploi de travailleurs intérimaires, etc., on réduit considérablement le champ d'application des accords déjà négociés. Ce double mouvement, blocage de l'extension des accords et rétrécissement de leur champ d'application, crée un risque considérable pour les organisations syndicales de salariés et remet en cause le processus de « législation de la classe ouvrière » qui s'était dégagé après 1968.

La paysannerie

L'I.N.S.E.E. ne connaît pas la paysannerie. Les recensements dénombrent des *agriculteurs exploitants* d'une part et les *salariés agricoles* d'autre part. Ces deux catégories socio-professionnelles sont en chute vertigineuse depuis quarante ans et ne représentent plus aujourd'hui que l'équivalent de 2 millions de personnes actives contre 7 millions à la veille de la Seconde Guerre mondiale. Pourquoi alors ce paradoxe relevé par Maryvonne Bodiguel : « Avec la fin des paysans s'épanouit l'idéologie paysanne » ? Serait-ce uniquement parce que « le paysan devient un symbole : réceptacle d'un patrimoine culturel méconnu, incarnation d'une identité locale menacée, jardinier de la nature en péril » ? Ou bien est-ce parce que le « monde paysan » constitue encore — pour combien de temps ? — l'« épine dorsale » de notre système politique ? Comme le souligne en effet Yves Tavernier, « depuis plus d'un siècle, les forces politiques conservatrices perpétuent la vision d'une paysannerie gardienne de l'ordre social et toujours prête à se mobiliser pour faire échec aux fauteurs de troubles ». De fait, malgré une assez forte diversité des familles politiques au sein du monde paysan français, il faut bien reconnaître que les agriculteurs, depuis la Ve République, ont souvent prêté main-forte au régime établi : « Seule catégorie sociale active à avoir majoritairement voté oui lors du référendum du 27 avril 1969, la paysannerie a accordé 69 p. 100 de ses voix à V. Giscard d'Estaing lors du second tour de l'élection présidentielle le 19 mai 1974. Les élections législatives des 12 et 19 mars 1978 ont confirmé ces données.

Mais les forces politiques ne sont pas les seules à profiter de la paysannerie. Les « gros agriculteurs », qui sont le plus souvent de gros propriétaires fonciers, ne cultivent pas seulement des céréales ou des betteraves. Ils cultivent aussi le mythe de l'unité du monde paysan. Cette solidarité d'intérêt proclamée, sinon réelle, qui fonde l'existence d'une conscience de classe tout à fait vivante, chez les agriculteurs, a certainement permis aux plus gros d'entre eux de retirer de substantielles rentes des mécanismes de fixation des prix des produits agricoles tant au niveau national, naguère, qu'au niveau de la C.E.E., aujourd'hui. Il faut donc essayer de retrouver la diversité des agriculteurs derrière la façade de l'unité paysanne.

Les salariés agricoles

En premier lieu, il faut examiner la situation sociale des salariés agricoles, qui ne peuvent être confondus avec les exploitants ou leurs aides familiaux, même si parfois leur mode de vie se rapproche de celui des « paysans pauvres ». En effet, même si plus de 60 p. 100 des ouvriers agricoles continuent à percevoir des avantages en nature, et en particulier le logement et la nourriture, le temps des « valets de ferme » paraît à peu près révolu aujourd'hui. Cette population salariée se distingue de moins en moins par son comportement syndical et politique de la population ouvrière.

Les organisations syndicales ouvrières comme la C.F.D.T., la C.G.T. et F.O. ont largement démantelé le quasi-monopole que détenait la Confédération générale de l'agriculture après la guerre. Toute l'action syndicale de ces organismes a tendu à faire reconnaître les salariés de l'agriculture comme des salariés à part entière. Les discussions de Varenne, qui ont fait pendant en mai 1968 aux discussions de Grenelle, ont abouti en partie à la satisfaction de cette revendication fondamentale, notamment pour la fixation du S.M.I.G. Cependant, c'est en 1973 seulement que ces salariés auront droit au même système de protection sociale que les autres, et, dans de nombreux cas, les conventions collectives signées par département ne sont pas respectées à la base.

Le paradoxe est que certaines revendications aboutissent aujourd'hui, alors que la catégorie des salariés agricoles est en diminution rapide : 1 200 000 en 1954, moins de 400 000 en 1975, soit trois fois moins. Cependant, pour la même année, le ministère de l'Agriculture ne dénombre que 250 000 salariés permanents travaillant sur les exploitations agricoles. Cette baisse est due essentiellement à la mécanisation rapide des grandes exploitations de type capitaliste, qu'il s'agisse des exploitations disposant de grandes surfaces ou qu'il s'agisse d'exploitations intensives (élevage, pépinières, horticulture, cultures fruitières et maraîchères). Elle est due aussi à ce que peu de jeunes acceptent aujourd'hui un travail aussi pénible (la durée hebdomadaire de travail y reste la plus longue : 49 heures), aussi dangereux (le taux d'accidents mortels est identique à celui de l'industrie des B.T.P.) et aussi mal payé (même après impôts et redistribution, les salariés agricoles perçoivent un revenu qui atteint 50 p. 100 environ du revenu moyen disponible après impôt de l'ensemble des actifs français). Pour toutes ces raisons, les salariés permanents et, *a fortiori*, les salariés saisonniers de l'agriculture sont de plus en plus souvent des immigrés : on pouvait les estimer à 75 000 travailleurs permanents autour de 1975 et à 135 000 travailleurs saisonniers, les Nord-Africains et les Portugais tendant à remplacer les Italiens et les Espagnols.

Mais, si les salariés agricoles proprement dits diminuent rapidement, en revanche l'emploi se développe dans les organisations syndicales, professionnelles et mutualistes agricoles, dans les établissements d'enseignement agricole et, évidemment, dans les industries agro-alimentaires, qui employaient 674 000 personnes en 1974. Dans ces cas, on retombe donc dans l'analyse des catégories socio-professionnelles déjà examinées (employés, ouvriers, cadres moyens ou supérieurs, ingénieurs...).

Les exploitants agricoles

Les agriculteurs, ce sont avant tout aujourd'hui des exploitants et des aides familiaux, puisqu'ils effectuent plus de 85 p. 100 du travail dans les exploitations. Les exploitants, qui étaient encore 1,9 million en 1954, n'étaient plus que 1,1 million environ en 1975 ; les aides familiaux ont diminué à un rythme beaucoup plus rapide, passant de 2,1 millions à 500 000 entre ces deux dates. Si l'on veut retrouver des classes sociales derrière ces chiffres globaux, il faut examiner la distribution des exploitations agricoles en fonction de quelques critères simples, telles la surface agricole utilisée (S.A.U.) et la main-d'œuvre salariée.

En 1976, la France comptait, selon Klatzmann, 1,2 million d'exploitations de 1 hectare et plus, couvrant une trentaine de millions d'hectares ; 700 000 exploitations de moins de 20 hectares n'occupaient que le cinquième de la surface totale, soit 6 millions d'hectares ; 350 000 exploitations de 20 à 50 hectares et quelque 150 000 exploitations de 50 hectares et plus se répartissaient les 80 p. 100 restants.

Autre indicateur : sur 1,6 million d'exploitations agricoles, 1,1 million n'emploient ni permanents ni saisonniers. Le travail salarié ne commence à prendre une certaine importance que dans les exploitations d'au moins 30 hectares (ou dans les cultures intensives sous serres), et c'est surtout à partir de 100 hectares qu'il devient plus important que le travail familial (plus de 64 p. 100).

Les « gros » agriculteurs

Ainsi, si l'on combine ces deux critères, on peut déterminer approximativement le nombre de grandes exploitations, ou *exploitations patronales :* 30 000 de plus de 100 hectares environ, soit à peine 2 p. 100 du nombre total d'exploitations ; la tranche inférieure (50 à 100 hectares) représenterait 100 000 exploitations. Cette *agriculture de type capitaliste,* pour reprendre l'expression de B. Rosier, est particulièrement bien représentée dans le Bassin parisien et le Nord, mais on la trouve également en Camargue ou dans des exploitations de taille plus réduite sur certaines productions : vignoble d'appellation contrôlée, cultures maraîchères et florales intensives (notamment cultures sous serres), élevage industriel, etc. Au total, moins de 100 000 agriculteurs exploitants entreraient dans cette couche sociale proche de la grande bourgeoisie.

Exploitants et paysans

Et le reste des agriculteurs ? Ils appartiennent indiscutablement au monde encore vaste des exploitations familiales, dont M. Debatisse donnait naguère cette définition : « L'exploitation familiale, c'est l'exploitation de la famille. » Plusieurs spécialistes se sont efforcés d'établir une typologie de ces exploitations.

Ainsi, Louis Malassis distinguait, dans le rapport Vedel, les *exploitations artisanales traditionnelles,* qui constituaient la grande masse de l'agriculture pauvre, pratiquant la polyculture-élevage sur des superficies insuffisantes et avec peu de moyens techniques, et les *exploitations néo-artisanales,* qui avaient franchi le seuil de viabilité, mais au prix d'un progrès technique coûteux et source d'endettement. En 1963, il comptait 1 million des premières et 600 000 des secondes.

B. Rosier distingue tout d'abord une *agriculture paysanne marginalisée en survie,* « constituée d'exploitations de taille réduite, tenues le plus souvent par des agriculteurs âgés et situées principalement dans des zones difficiles du point de vue de l'application des techniques modernes, en particulier de la mécanisation (zones de montagne ou de semi-montagne : Alpes, Massif central, Pyrénées centrales) ». Il distingue ensuite une *agriculture paysanne moderniste,* qui constitue le gros des exploitations familiales.

Malgré leur différence de situation économique, les deux derniers types d'agriculteurs constituent, pour B. Rosier, une même classe sociale. C'est peut-être les « modernistes » qui sont particulièrement frappés par le « malaise paysan » dans la mesure où ils sont entrés dans un processus de modernisation et de croissance qui les domine et qui se traduit par une intensification du travail de la famille, par un endettement croissant et par une dépendance croissante vis-à-vis des firmes agroalimentaires « intégratrices ».

L'hétérogénéité du monde paysan se traduit bien dans les inégalités de revenus que l'on y rencontre. Pour Klatzmann, il n'existe pas de groupe social où les écarts soient aussi grands que dans l'agriculture. Ici, le concept de revenu moyen a peu de sens. On dispose de chiffres relativement précis pour l'année 1975. Ainsi : « Pour les exploitations de 10 à 20 hectares de l'orientation « bovins-terres arables », la moyenne nationale s'établit à 17 000 F, contre 83 000 F pour les exploitations de 100 hectares et plus du groupe « agriculture générale ». L'écart est de 1 à 5. Mais ces moyennes nationales cachent les disparités régionales. Les petites exploitations d'élevage bovin de la région Aquitaine-Midi-Pyrénées sont bien au-dessous de la moyenne nationale de leur groupe, tandis que les grandes exploitations d'agriculture générale de la région Nord-Picardie sont sensiblement au-dessus de cette moyenne. L'écart entre les deux est, cette fois, de 1 à 10 environ. Entre l'exploitation bovine la plus pauvre du Sud-Ouest et l'exploitation la plus riche d'agriculture générale du nord de la France, l'écart était certainement beaucoup plus important qu'entre le salaire du manœuvre et celui du président-directeur général d'une grande entreprise nationale. » En outre : « les régions françaises diffèrent entre elles à la fois par la nature des productions et par les tailles des exploitations. On peut donc s'attendre à d'assez grandes inégalités régionales de revenus agricoles. En fait, les moyennes départementales (revenu brut d'exploitation par actif familial, en 1975) font apparaître des écarts considérables. »

A dire vrai, beaucoup de ménages d'agriculteurs ne s'en sortent que par l'appoint de revenus extérieurs à l'exploitation agricole (salaires, retraites, pensions...). C'est le cas, notamment, pour les agriculteurs à temps partiel, qui représentent plus du tiers des exploitants français.

Les organisations syndicales et professionnelles agricoles

L'hétérogénéité des situations économiques, les disparités des revenus, l'inégalité des perspectives d'avenir expliquent déjà amplement la diversité des organisations syndicales et professionnelles agricoles. Cependant, le « monde paysan » ne se laisse pas réduire facilement, lui non plus, à une analyse unidimensionnelle de type économique. D'autres facteurs, historiques, religieux ou démographiques, jouent leur rôle.

Depuis la fin de la Seconde Guerre mondiale, l'évolution des organisations professionnelles et du mouvement syndical agricole est dominée en particulier par le conflit des générations. C'est lui qui a ébranlé les vieilles cloisons établies entre la droite et la gauche, les cléricaux et les radicaux, les monarchistes et les républicains. Ainsi, face aux organisations traditionnelles de la Mutualité et du Crédit agricole, face aux conservatrices chambres d'agriculture, face aussi à la F.N.S.E.A. (Fédération nationale des syndicats d'exploitants agricoles) ou encore aux syndicats professionnels spécialisés (Syndicats des vins, par exemple) s'est constituée peu à peu une organisation syndicale de jeunes agriculteurs, le C.N.J.A. (Centre national des jeunes agriculteurs), qui influença profondément le mouvement syndical et professionnel.

Au départ, c'est la J.A.C. (la Jeunesse agricole catholique) qui a joué le rôle de révélateur en aidant les jeunes à prendre conscience de la situation de l'agriculture, à mettre en cause ses structures et à dégager des voies nouvelles. Michel Debatisse en fut le secrétaire général avant de fonder le C.N.J.A. et de devenir le secrétaire général d'une F.N.S.E.A. passablement rénovée. En 1956, le C.N.J.A., qui venait de naître, était encore intégré à la F.N.S.E.A. Mais ses prises de position originales, son langage nouveau devaient rapidement transformer l'autonomie concédée en une indépendance totale. Le C.N.J.A. s'est, en effet, rapidement dissocié des revendications des organisations traditionnelles, qui continuaient à porter, non sans hypocrisie, sur la défense de la petite exploitation familiale (les dirigeants de toutes ces organisations étaient de grands propriétaires pour la plupart) et sur la nécessité du soutien des prix agricoles. Pour sa part, et dans la ligne des premières réflexions de la J.A.C., le C.N.J.A. a mis l'accent sur l'urgente nécessité des modifications des structures de l'exploitation et sur la solution offerte par l'agriculture de groupe. Beaucoup de ses membres ont joué un rôle actif dans des organismes de vulgarisation ou de gestion comme les centres de gestion ou les centres de comptabilité rurale. Ce langage trouva des échos très favorables au ministère Pisani, puis au ministère Edgar Faure. C'est pourquoi, dès 1960, le C.N.J.A. inaugura avec les pouvoirs publics et l'Administration une politique de dialogue assez étrangère à la F.N.S.E.A. ou aux organismes professionnels, qui lui avaient toujours préféré la pression sur les milieux parlementaires et l'intervention sur le plan électoral. Cette action débouchera sur la loi d'orientation agricole de 1960, et surtout sur la loi complémentaire de 1962, ou loi Pisani.

Mais les premiers jeunes agriculteurs ont vieilli et ont pris le contrôle d'un grand nombre de fédérations départementales et de sièges au conseil d'administration national de la F.N.S.E.A. De ce fait, le style des revendications ainsi que la stratégie syndicale ont tendu à changer. M. Debatisse est aujourd'hui devenu secrétaire d'État aux Industries agro-alimentaires, après avoir présidé la F.N.S.E.A., dans laquelle le C.N.J.A. semble désormais bien intégré. Certes, tous les anciens de la J.A.C. et du Mouvement rural de la jeunesse chrétienne (M.R.J.C.), qui lui a succédé en 1961, ne sont pas aussi « rangés » ; par exemple, ceux qui ont créé avec Bernard Lambert le mouvement des *Paysans-travailleurs*, proche de la C.F.D.T. et du P.S.U. Le mouvement ne regroupe que quelques dizaines de milliers de militants, mais très actifs dans les départements de l'Ouest et la vallée du Rhône. Ils se caractérisent par des actions de commandos pour appuyer leurs revendications et leurs luttes.

La galaxie syndicale paysanne de la F.N.S.E.A. a connu une autre explosion avec la création du M.O.D.E.F. (Mouvement pour la coordination et la défense de l'exploitation familiale) en avril 1959, sous l'impulsion des ligues régionales de petits et moyens paysans du sud de la Loire, d'abord regroupés dans le « Comité de Guéret » (1954). Le mouvement s'est transformé en syndicat en 1975 et revendique aujourd'hui 200 000 adhérents ; aux dernières élections des chambres d'agriculture, le M.O.D.E.F. obtenait un peu moins de 20 p. 100 des suffrages. Le parti communiste y exerce une influence certaine.

Les notables du Centre et de la façade atlantique se sont regroupés à leur tour dans la Fédération française de l'agriculture (F.F.A.), qui ne recueille guère que 5 p. 100 des voix des agriculteurs. La F.F.A. se bat pour un relèvement des prix agricoles et pour la défense du droit de propriété ; c'est dire qu'elle est farouchement opposée à toute politique de restructuration agraire.

La F.N.S.E.A., qui recueille un peu plus de 60 p. 100 des suffrages aux élections des chambres d'agriculture et qui fédère une quarantaine d'associations spécialisées (blé, betteraves, élevage bovin, lait, etc.), n'a donc pas perdu son quasi-monopole officiel de la représentation du monde paysan. C'est donc elle qui négocie avec les pouvoirs publics la politique agricole. Les organismes mutualistes (coopératives, crédit, mutualité) s'occupent de la gestion des affaires économiques et sociales. Enfin, l'Assemblée permanente des chambres d'agriculture (A.P.C.A.) est un établissement public de la profession qui, à côté de sa mission consultative, a aussi une mission d'intervention économique et sociale dans le département (programme de développement).

Les *caisses de mutualité sociale agricole* se divisent en deux groupes : celui des *assurances mutuelles agricoles*, qui s'occupe des assurances de personnes, de biens et de responsabilité ; il compte 26 000 caisses locales, 66 caisses départementales et une caisse centrale qui gère plus de 7 millions de contrats ; celui de la *mutualité sociale agricole*, qui gère trois caisses : allocations familiales (salariés et exploitants), assurance vieillesse et la caisse du secours mutuel agricole.

La *coopération agricole* a été longtemps partagée par un clivage politique : coopératives de gauche « du boulevard Saint-Germain » et coopérative de droite « de la rue d'Athènes ». Depuis 1966, le mouvement coopératif agricole est fusionné au sein de la Confédération française de la coopération agricole (C.F.C.A.).

Sur le plan économique, là encore, deux grands groupes se sont affrontés jusqu'à nos jours, où les rivalités s'estompent : le *groupe La Fayette* (du nom de la rue où se trouve le siège social), avec l'Union générale des coopératives, et le *groupe Mac-Mahon*, plutôt situé à gauche, qui était davantage spécialisé à l'origine dans les céréales et l'approvisionnement. La coopération agricole réalise aujourd'hui près du quart du chiffre d'affaires des industries agro-alimentaires. Elle emploie 60 000 personnes environ, c'est-à-dire 15 p. 100 de l'effectif salarié de la branche.

L'activité des coopératives est particulièrement forte dans les opérations les plus proches de la production agricole, et elle diminue au fur et à mesure que l'élaboration des produits augmente. C'est dire qu'elles sont principalement localisées dans des activités offrant les plus faibles opportunités de profit, les activités les plus lucratives étant investies par les grandes firmes privées de l'agro-alimentaire (Générale occidentale, B.S.N.-Gervais-Danone, Lesieur, Nestlé...). Cependant, plusieurs groupes coopératifs ont réussi à se hisser parmi les vingt plus grandes firmes agro-alimentaires françaises (Sodima-Yoplait, Union coopérative de Bretagne, Régilait, Unicopa, Cana, etc.).

Le *Crédit agricole* repose sur plus de 3 000 caisses locales et 8 500 bureaux répartis dans toute la France et contrôlés par les caisses régionales. Ces caisses sont coiffées par un organisme public, la Caisse nationale de crédit agricole, et elles sont regroupées, pour la défense de leurs intérêts professionnels, dans la Fédération nationale du crédit agricole. Le Crédit agricole, qui a un quasi-monopole du crédit dans le secteur agricole, a largement débordé depuis quinze ans la clientèle des agriculteurs et s'est solidement implanté dans le secteur urbain, où la clientèle est plus sûre. Une propagande habile, une organisation solide, mais aussi des privilèges fiscaux et réglementaires l'ont porté au premier rang mondial des établissements bancaires... Il est donc difficile de penser aujourd'hui qu'elle est avant tout la banque des paysans.

Après les ébranlements des années 1968 et 1969, provoqués notamment par la perspective alarmiste du rapport Vedel, qui prévoyait de « geler » 8 ou 11 millions d'hectares de S.A.U. dans les années 1970-1985, soit le tiers des surfaces cultivées (le plan Mansholt, déjà fortement critiqué, ne prévoyait qu'une réduction de 5 millions d'hectares pour toute la communauté), les agriculteurs n'ont pas cessé de se sentir collectivement menacés. On comprend mieux à présent qu'ils sont très inégalement menacés : les exploitations de type capitaliste ont très largement profité de la situation globale ; on peut en voir un indice dans la rapidité du mouvement de concentration foncière. Les paysans pauvres mais peu endettés sont davantage éliminés par la disparition inéluctable des tranches d'âge les plus élevées que par une aggravation de leur condition économique, qui est restée médiocre tout au long de la période étudiée. C'est au niveau de la fraction des « paysans modernistes » que l'instabilité économique est la plus grande. Elle s'est singulièrement aggravée depuis quelques années avec la concurrence des pays tiers et des pays associés de la C.E.E., et tout particulièrement avec les positions défendues par la Grande-Bretagne. Cependant, on peut penser que, malgré ces difficultés et ces menaces, subsistera un large secteur d'exploitations familiales qui continuera à fournir, selon Claude Servolin, une *petite production marchande* indispensable au fonctionnement du système dans la mesure où les prix rétrocédés aux exploitants familiaux sont forcément inférieurs à ceux qu'il faudrait rétrocéder à une agriculture capitaliste fonctionnant sur le modèle exclusif de la rentabilité maximale. De plus, des facteurs, sinon nouveaux mais tout au moins de plus en plus présents à la conscience collective, peuvent redonner des chances à l'exploitation paysanne familiale française : le déficit alimentaire inquiétant des pays du tiers et du quart monde, la prise en compte croissante de la fonction paysanne de conservation de la nature, des pratiques nouvelles d'un développement régional plus équilibré, enfin la nécessité vitale pour la

Répartition des ménages selon leur revenu disponible en 1975

Revenu annuel	*Nombre de ménages (p. 100)*
Moins de 10 000 F	9,6
10 000 à 20 000 F	15,9
20 000 à 30 000 F	17,3
30 000 à 40 000 F	17,1
40 000 à 50 000 F	13,4
50 000 à 60 000 F	9,2
60 000 à 100 000 F	13,3
Plus de 100 000 F	4,4
	100,0

France d'une plus grande autonomie énergétique, ce qui englobe notamment la production alimentaire, la production forestière, la biomasse, etc.

Le partage des fruits de la croissance

Nous avons pu apprécier plus haut l'ampleur du phénomène de croissance en France de la fin de la guerre à 1974, puis son fléchissement sensible depuis la crise. Les richesses qui ont été ainsi produites, comment ont-elles été réparties entre ceux qui ont participé à leur création, c'est-à-dire les différentes catégories socio-professionnelles ? Les inégalités sociales ont-elles eu tendance à diminuer entre les classes sociales, entre les actifs et les « non-actifs », entre les hommes et les femmes... ?

L'évolution du revenu par tête depuis 1949

De 1949 à 1954, le revenu réel par tête avant impôt a augmenté de 24 p. 100 ; de 1954 à 1959, il s'accroît à un rythme quinquennal plus modéré : + 18 p. 100. Puis il va doubler entre 1960 et 1978. Ainsi, évalué en francs 1978, le *revenu moyen par tête* était de 18 060 F en 1960 et il atteignait 35 690 F en 1978. Si l'on considère à présent le *revenu disponible moyen par ménage*, il est passé de 43 000 F en 1960 à 83 000 F en 1978.

Le chiffre paraîtrait sans doute élevé à de nombreux chefs de famille... Comment l'expliquer ? Tout d'abord, il faut préciser qu'il s'agit de toutes les ressources monétaires perçues par le ménage, y compris les prestations perçues et les loyers fictifs, et qu'un ménage reçoit en moyenne un peu plus d'un revenu (on compte 1,3 personne active par ménage). Mais, de plus, il s'agit d'un *revenu moyen* qui dissimule de grandes inégalités. Le tableau ci-dessous donne déjà une idée pour l'année 1975 de la dispersion des revenus disponibles par ménage.

Les disparités de revenus selon la catégorie socio-professionnelle

Du tableau ci-après, on peut tirer des ordres de grandeur sur les écarts de revenus disponibles par ménage regroupé à l'intérieur des grandes catégories socio-professionnelles.

Ainsi, les chiffres tirés des comptes de la nation et les calculs du Centre d'étude des revenus et des coûts (C.E.R.C.) feraient apparaître que les revenus moyens disponibles des ménages des professions indépendantes et ceux des cadres supérieurs ne seraient que 2,5 fois supérieurs à ceux des salariés agricoles, ce qui, là encore, paraît contredire les observations les plus simples que l'on peut être amené à faire sur les trains de vie des uns et des autres. On voit bien ici les limites étroites de ce type de regroupement statistique. En effet, à l'intérieur même de certaines catégories, et plus particulièrement les deux catégories supérieures et celle des exploitants agricoles, les inégalités de revenus sont évidemment beaucoup plus grandes que celles qui apparaissent ici entre les moyennes de diverses catégories. Par exemple, nous avons vu plus haut qu'entre un céréaliculteur de la Beauce et un petit éleveur bovin du Sud-Ouest, les écarts de revenus pouvaient être de 1 à 10.

Revenus disponibles moyens par catégorie socio-professionnelle en 1978

Professions indépendantes non agricoles	153 100 F
Cadres supérieurs	155 500 F
Cadres moyens	97 600 F
Exploitants agricoles	82 300 F
Employés	79 000 F
Ouvriers	75 100 F
Salariés agricoles	62 000 F
Inactifs	61 400 F
Ensemble	84 000 F

Source : Enquête I.N.S.E.E., comptabilité nationale et calculs C.E.R.C.

De même, entre un petit commerçant et un p.-d. g. de grande entreprise, il peut y avoir des écarts de revenus de 1 à 7, si l'on se réfère à des catégories « moyennes », ou de 1 à 25, 50, 100, 150... si l'on prend des cas extrêmes.

Le partage des revenus « primaires »

La difficulté d'une approche correcte des inégalités de revenus en France tient à ce que, si les comptables nationaux parviennent, par leurs calculs, à rétablir des masses de revenus par grandes catégories socio-professionnelles proches de la vérité, il n'en va pas de même lorsqu'on veut s'approcher des revenus individuels. Ceux-ci ne sont connus directement que par les déclarations fiscales ou par les enquêtes. Dans les deux cas, certaines catégories de revenus sont très largement sous-estimées.

Cependant, on peut en tirer des ordres de grandeur pour l'estimation des écarts des *revenus primaires* déclarés entre les très riches et les très pauvres.

Des vrais riches

Selon une étude de l'I.N.S.E.E., 1,1 p. 100 des foyers français déclare à l'administration fiscale plus de 100 000 francs de revenus en 1970, ce qui équivaudrait, pour le C.E.R.C., à 230 000 F en 1977. Parmi ces foyers, et selon les statistiques des Contributions, on pouvait isoler 8 000 contribuables, soit 0,04 p. 100 des foyers, ayant déclaré pour 1973 un revenu supérieur à 400 000 F, ce qui correspondrait à 680 000 F environ en 1977, selon les estimations du C.E.R.C. Après corrections pour sous-évaluations diverses, le C.E.R.C. aboutit à la conclusion que ces 8 000 foyers perçoivent un revenu supérieur à 1,05 ou 1,35 million de francs par an, sans compter les services rendus par leur patrimoine ni, bien entendu, les gains en capital réalisés à l'occasion d'opérations, d'achats et de ventes d'éléments du patrimoine (titres, valeurs, biens fonciers ou immobiliers, fonds de commerce, etc.). Donc, il y a peu de doute sur le fait qu'il s'agit là de vrais riches.

En revanche, il est plus difficile de cerner le phénomène de la pauvreté dans ses dimensions quantitatives et qualitatives.

Les pauvres aujourd'hui

Ce phénomène de pauvreté, qui n'est pas particulier à la France, est en général mal connu. Tout au plus apprend-on de temps en temps par la presse ou la télévision quelque « drame de la misère ». *A fortiori* ignore-t-on l'ampleur du phénomène et surtout le processus dynamique du « cercle vicieux de la pauvreté ». Non seulement il existe des « îlots de pauvreté absolue » dans les pays riches, et dans le nôtre en particulier, mais encore ces milieux de pauvres se renouvellent de génération en génération. Qui plus est, dans la plupart des cas, le processus d'évolution est régressif, c'est-à-dire que la pauvreté matérielle prolongée finit par entamer la stabilité familiale et par engendrer tous les symptômes d'inadaptation classique : criminalité, maladies physiques et mentales, acculturation, etc.

Ces pauvres et ces misérables, combien sont-ils ? Ici, les statistiques sont étrangement pudiques. Il faut remonter à une étude de 1962 pour obtenir des renseignements indiscutables. Elle révèle que 27 p. 100 des ménages disposaient alors d'un revenu annuel inférieur à 4 000 F, c'est-à-dire permettant difficilement, même en y rajoutant les prestations familiales, de couvrir les besoins élémentaires de nourriture, de logement, d'habillement. Cette masse de ménages réellement pauvres comprenait essentiellement des catégories particulières : les *inactifs* (personnes âgées, malades, chômeurs prolongés, en particulier dans les anciens centres industriels en décadence), les ménages de *travailleurs étrangers*, des petits exploitants agricoles, des salariés agricoles, des familles sans père, des petits commerçants, etc. Combien sont-ils aujourd'hui ? Diverses évaluations ont pu être faites, fort différentes dans la mesure où elles ne retiennent pas les mêmes critères de pauvreté.

Une statistique de la D.A.S.S. (Direction de l'action sanitaire et sociale) permettait d'évaluer, pour 1977, à 6,7 p. 100 des salariés de l'industrie et du commerce (soit environ 800 000 personnes) ceux qui percevaient réellement un revenu inférieur au S.M.I.C., c'est-à-dire au-dessous de 1 530 F par mois, soit 18 360 F par an. On évaluait également à 800 000 les membres actifs des professions indépendantes (agriculteurs, petits commerçants, artisans...) qui « vivaient » sur un bénéfice inférieur à 20 000 F par an. On pouvait estimer à 2 millions le nombre de personnes qui disposaient du minimum vieillesse (10 000 F par an depuis juillet 1977) et à 250 000 les bénéficiaires des allocations pour handicapés (environ 10 000 F par an). Si l'on rajoute enfin les 600 000 travailleurs qui se trouvent au voisinage immédiat du S.M.I.C. et les chômeurs non indemnisés ou percevant l'aide publique minimale (environ 600 000 demandeurs d'emploi), on aboutit à un nombre de pauvres « primaires », c'est-à-dire en deçà ou tout juste au niveau du standard de vie minimal, de l'ordre de 5 millions de personnes. Mais si l'on étend la « plage de pauvreté » aux salariés qui gagnaient en 1977 plus que l'équivalent du S.M.I.C. mais moins de 2 000 F par mois, soit 30 p. 100 de plus que le S.M.I.C., il faudrait rajouter 4 millions de salariés environ. Cependant, la condition de ces personnes peut être très différente selon qu'elles sont isolées, selon qu'elles appartiennent à des ménages ne disposant que d'un ou plusieurs revenus très bas, ou bien au contraire selon qu'elles appartiennent à des ménages disposant par ailleurs de ressources plus élevées.

De plus, des enquêtes réalisées par le mouvement *Aide à toute détresse - Quart Monde* et par l'I.N.S.E.E. dans des villes de 50 000 à 500 000 habitants ont montré que 7 p. 100 des familles avec enfants disposaient d'un niveau de revenu primaire inférieur au S.M.I.C. en 1975 (à Reims, le revenu était de 717 F par mois alors que le montant du S.M.I.C. était de 1 260 F).

Les inégalités de salaires de 1950 à nos jours

La catégorie des revenus la mieux connue est celle des salaires. Comment se présente aujourd'hui la distribution des salaires et comment ont évolué, d'une part, la dispersion des salaires et, d'autre part, les disparités entre les grandes catégories de salariés selon les critères de la qualification (critère hiérarchique), du sexe, de la branche d'activité et de la région ? D'une manière générale, les inégalités de revenus salariaux ont-elles eu tendance à se réduire ou à s'accroître ?

La figure ci-après illustre la répartition des salariés suivant le montant de leur salaire pour les grandes catégories socio-professionnelles de salariés.

Ouverture de l'éventail des salaires de 1954 à 1972

Le C.E.R.C. a étudié l'évolution des inégalités de salaires sur la période 1954-1972, en distinguant les sous-périodes 1954-1963, 1963-1967, l'année 1968 et 1969-1972. Pour l'ensemble des salariés, toutes catégories confondues, l'éventail des salaires était nettement plus ouvert en 1972 qu'en 1954. L'éventail s'est ouvert de 1954 à 1963 ; il s'est stabilisé entre 1963 et 1967 ; il s'est brusquement refermé en 1968, puis s'est ouvert à nouveau de 1969 à 1972. En gros,

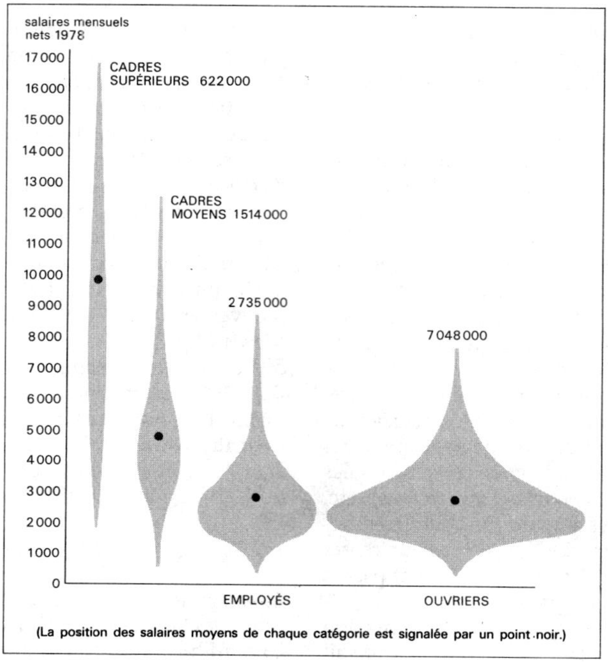

Répartition des salariés suivant le montant de leur salaire pour chaque catégorie socio-professionnelle (C.E.R.C., 1979).

on retrouvera ces diverses tendances par sous-période pour l'évolution des disparités de salaires des grandes catégories de salariés (cadres, employés, ouvriers, hommes, femmes, etc.), l'année 1968 étant donc une année charnière.

Examinons précisément l'évolution des principaux écarts ou disparités de salaires sur cette période. On peut partir tout d'abord d'une photographie de l'échelle des salaires par catégorie socio-professionnelle, qui met en évidence les caractéristiques suivantes pour l'année 1972 :

— le salaire d'un cadre valait en moyenne quatre fois celui d'un ouvrier ;

— le salaire d'un homme valait en moyenne une fois et demie celui d'une femme (cet écart, bien entendu, est en grande partie le reflet des différences moyennes de qualification et des types d'emploi occupés respectivement par les hommes et les femmes) ;

— le salaire moyen dans la branche « pétrole et carburants liquides » valait trois fois le salaire moyen de la branche « hygiène et services domestiques » et deux fois et demie environ celui des branches habillement, cuirs et peaux, bois et ameublement, textile... ;

— enfin, le salaire moyen dans la région parisienne valait une fois et demie le salaire moyen en province.

Les écarts que l'on constate en 1972 ont-ils eu tendance à s'accroître ou à diminuer depuis 1954 ?

— Les disparités entre cadres et ouvriers étaient sensiblement les mêmes en 1972 qu'en 1954, comme le montrent les chiffres suivants :

Rapport :	*1954*	*1972*
moyenne « cadres supérieurs » / moyenne « ouvriers »	4,1	4,2
moyenne « cadres moyens » / moyenne « ouvriers »	2,0	2,0

Cependant, dans leur ensemble (en faisant jouer toutes les catégories intermédiaires entre le cadre supérieur et l'ouvrier), les disparités hiérarchiques étaient encore assez nettement supérieures en 1972 à ce qu'elles étaient en 1954.

— En revanche, l'écart entre les employés et les ouvriers s'est réduit, passant de 1,13 à 1,06. Il faut y voir en partie le résultat de la féminisation des professions d'employés dans toutes les branches, et donc l'effet du niveau plus faible du salaire moyen des femmes.

— Les disparités entre hommes et femmes étaient sensiblement les mêmes en 1972 qu'en 1954.

— Les disparités entre région parisienne et province ont légèrement augmenté malgré l'abolition des zones de salaires.

— Les disparités entre branches d'activité ont très légèrement diminué.

Au total, sur l'ensemble de la période 1954-1972, ce sont — et de loin — les disparités hiérarchiques qui ont le plus augmenté. Viennent ensuite les disparités de salaires entre Paris et la province, tandis que les disparités de salaires entre les deux sexes se retrouvent au même niveau et que les disparités sectorielles se sont réduites.

Si l'on observe plus finement l'évolution des écarts à l'intérieur de la *catégorie des ouvriers*, on constate que l'éventail hiérarchique entre les salaires moyens des ouvriers qualifiés et ceux des manœuvres était pratiquement le même en 1972 qu'en 1954, mais l'éventail, qui s'était largement ouvert de 1954 à 1968, a fortement diminué par la suite. En revanche, les écarts Paris-province et les écarts interbranches ont diminué.

A l'intérieur de la *catégorie des cadres*, l'évolution a été tout à fait originale : réduction des écarts de salaires de 1954 à 1967, contrairement à la tendance générale à l'ouverture de l'éventail, mouvement peu accusé en 1968, alors que l'on assiste généralement à un écrasement de l'éventail à la suite des « événements », puis tendance à l'ouverture depuis 1969, alors qu'on enregistre généralement la tendance inverse.

Parmi les facteurs qui permettent d'expliquer cette évolution de la structure des salaires, on doit en relever deux : les variations du S.M.I.G. et du S.M.I.C. et l'état du marché du travail.

De 1955 à 1967, le S.M.I.G. n'a fait que suivre, « avec mauvaise grâce », l'évolution du coût de la vie. Il n'a pas été utilisé comme un moyen de relèvement prioritaire des bas salaires. De ce fait, les tensions du marché du travail ont joué dans le sens d'une ouverture générale de l'éventail des salaires : pénurie de certaines qualifications ouvrières jouant dans le sens d'un accroissement de la hiérarchie ; à l'inverse, l'abondance d'une main-d'œuvre « banale » fournie par l'exode rural, le développement du travail des femmes et l'immigration étrangère freinaient la hausse des salaires modestes. De fait, chaque fois qu'un relèvement du S.M.I.G. refermait par le bas l'éventail des salaires, quelques mois plus tard se produisait un « coup d'accordéon » en sens inverse qui rétablissait la hiérarchie au profit des ouvriers et salariés les mieux payés. Dans ces conditions, il en résultait que le S.M.I.C. avait pris peu à peu un sérieux retard sur l'évolution du salaire moyen.

En 1968 et au cours des années qui ont suivi, au contraire, le S.M.I.G. devenu S.M.I.C. (salaire minimum interprofessionnel de croissance) a été utilisé comme un instrument de politique salariale pour relever prioritairement les bas salaires.

Or, les relèvements successifs du S.M.I.C. n'ont pas entraîné, cette fois-ci, de coups d'accordéon compensatoires dans le reste de la structure des salaires. Il faut en chercher l'explication dans les nouvelles tendances du marché du travail après 1968 : marché moins tendu avec accroissement du nombre et du niveau de formation des candidats à un emploi, la tendance à l'augmentation du chômage, très nette avant même la crise, y compris chez les ouvriers qualifiés et les cadres, agissant dans le sens d'une réduction générale des écarts et en particulier de l'écart entre S.M.I.C. et taux de salaire moyen.

De 1972 à nos jours

Ces tendances générales ont été confirmées au cours des dernières années, et en particulier après la crise.

Évolution des indicateurs de salaires depuis 1970

	1970	*1975*	*1978*
S.M.I.C. (moyenne annuelle)	100	213	311
Taux horaires ouvriers	100	196	282
Gains hebdomadaires ouvriers	100	187	267
Gains mensuels :			
— employés	100	186	259
— techniciens et maîtrise	100	181	247
— cadres	100	170	230
Traitement des fonctionnaires :			
— catégories C et D (les plus basses)	100	182	246
— catégorie B	100	174	235
— catégorie A	100	165	227

Source : C.E.R.C., n° 51.

Le tableau ci-dessus met bien en évidence la progression plus rapide des rémunérations les plus basses dans l'ensemble de la structure hiérarchique, aussi bien dans le secteur privé que dans la fonction publique. La progression du S.M.I.C. a été particulièrement forte.

La redistribution et l'évolution des inégalités

En France, comme dans la plupart des pays occidentaux, à l'exception du Japon, la part des revenus de transfert n'a cessé de s'accroître dans le revenu global des ménages, et, par conséquent, la part des ressources tirées par les agents économiques de leur participation directe à cette activité n'a cessé de décroître.

En 1960, les revenus primaires, c'est-à-dire ceux tirés par les « agents » de leur activité économique sous forme de salaires, de profits, d'intérêts, représentaient environ 66 p. 100 du revenu national. En 1978, ils n'en représentaient plus que 61 p. 100. Mais ces revenus primaires étaient encore amputés par les impôts sur le revenu. Le revenu disponible après impôt représentait alors 61 p. 100 en 1960 et un peu moins de 55 p. 100 en 1978. Dans le même temps, le prélèvement total du système redistributif est passé de 37 à 44 p. 100. Les prestations sociales, qui atteignaient 15,5 p. 100 du revenu national en 1960, atteignaient 26 p. 100 en 1978. Ou encore elles constituaient un cinquième du revenu des ménages en 1960 contre un tiers aujourd'hui. L'autre partie du « revenu social », ou revenu redistribué, qui est constituée par les services publics gratuits, n'a, en revanche, pas beaucoup varié, demeurant au voisinage de 20 p. 100 du revenu national.

Donc, il est indiscutable que, depuis une vingtaine d'années, l'équilibre s'est déplacé entre les formes des ressources des ménages : la part des *revenus sociaux,* ou revenus redistribués selon des critères sociaux, a crû fortement au détriment de la part des *revenus économiques,* tirés directement par les actifs de leur participation à la vie économique.

Le mécanisme de cette redistribution est illustré par le schéma ci-dessus.

Mais cette tendance générale n'implique pas automatiquement une redistribution de type vertical, c'est-à-dire allant des plus riches vers les plus pauvres, la redistribution pouvant aussi s'opérer sur un plan horizontal : des bien-portants vers les malades, des célibataires vers les chargés de famille, des jeunes vers les personnes âgées, etc.

Que s'est-il donc passé en France de 1960 à nos jours ? La redistribution massive a-t-elle abouti à une réduction sensible des inégalités des revenus primaires constatées plus haut ?

L'inégalité par les prélèvements fiscaux et parafiscaux

Les études du C.R.E.D.O.C. et du C.E.R.C. permettent de dresser pour l'année 1976 un

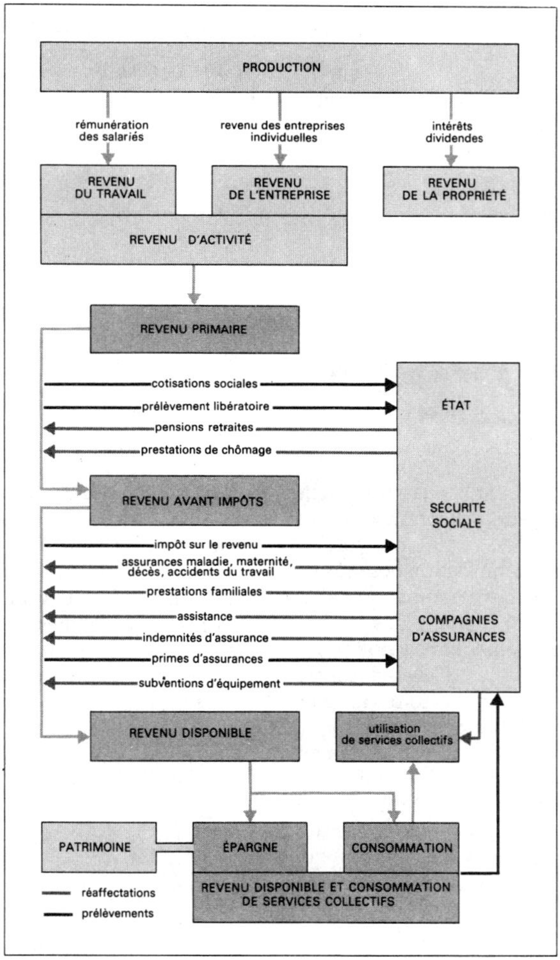

Schéma d'ensemble de la distribution des revenus (C.E.R.C., 1977).

tableau retraçant les prélèvements fiscaux et parafiscaux subis par les diverses catégories socio-professionnelles par rapport à leur revenu primaire (base 100).

La colonne *impôts directs,* relative essentiellement à l'I.R.P.P. (impôt sur le revenu des personnes physiques), fait nettement ressortir le caractère progressif de cet impôt : dans l'ensemble, les revenus élevés des catégories sociales supérieures sont plus fortement frappés que ceux des catégories les plus basses.

En revanche, la colonne *impôts indirects,* qui concerne les divers impôts sur la consommation et en particulier la T.V.A., fait ressortir le caractère inique de ce type d'impôt, qui prélève 12,1 p. 100 du revenu primaire des ménages contre 7,6 p. 100 seulement pour l'impôt direct. En effet, plus les revenus sont élevés et plus la part du revenu épargnée est forte. Il en résulte qu'une fraction seulement du revenu primaire des classes aisées subit cette forme d'imposition. A l'inverse, les titulaires des

Prélèvements rapportés au revenu primaire des ménages en 1976.

	Revenu primaire	*Impôts directs*	*Impôts indirects*	*Cotisations sociales*	*Total*
0. Exploitants agricoles	100	4,4	8,4	10,0	22,8
1. Salariés agricoles	100	2,2	13,2	30,8	46,2
2. Professions indépendantes	100	11,7	6,3	8,6	26,6
3. Cadres supérieurs	100	12,6	9,6	19,6	41,8
4. Cadres moyens	100	7,5	12,5	24,5	44,5
5. Employés	100	4,7	13,2	27,3	45,2
6. Ouvriers	100	3,2	13,2	32,8	49,2
7. Inactifs (1)	100	5,4	11,2	7,1	23,6
7. Inactifs (2)	100	1,0	23,0	14,5	48,5
Ensemble	100	7,6	12,1	21,7	41,4

(1) y compris les pensions de retraite
(2) sans les pensions de retraite

revenus faibles dépensent la quasi-totalité de leur revenu pour leur consommation. Ils paieront donc la T.V.A. sur la quasi-totalité de leur revenu. La différenciation des taux de T.V.A. ne suffit donc pas à compenser l'effet très inégalitaire de cet impôt.

On peut tirer les mêmes conclusions de la colonne *cotisations sociales*. Celles-ci constituent le prélèvement obligatoire le plus important : 21,7 p. 100 du revenu primaire des ménages. Il est donc particulièrement grave, du point de vue de l'équité, de constater son effet redistributif à rebours : ce sont les catégories les plus basses de salariés (ouvriers, salariés agricoles et employés) qui payent, proportionnellement à leur revenu, les cotisations les plus fortes. Ce résultat s'explique évidemment par le système de plafonnement des cotisations sociales, qui n'est pas fondamentalement remis en cause malgré les déplafonnements successifs réalisés depuis 1967.

Au total, comme on peut le constater dans la dernière colonne, le système fiscal et parafiscal français reste profondément injuste.

La réaffectation plus égalitaire des ressources prélevées

Au profit de qui les énormes sommes prélevées sur la production et sur les revenus primaires des Français sont-elles redistribuées ? Elles peuvent l'être au profit des familles, des retraités et personnes âgées, des malades, des chômeurs, etc. Mais elles peuvent l'être aussi plus globalement au profit des plus pauvres.

Le tableau ci-après montre qu'effectivement une redistribution de type vertical s'opère des plus riches vers les plus pauvres si l'on admet que, *grosso modo*, les grandes catégories socio-professionnelles permettent de les distinguer : ce sont, en effet, les inactifs, les salariés agricoles, les ouvriers et les employés qui perçoivent les pourcentages de ressources redistribuées les plus forts par rapport à leur revenu primaire. Ce tableau fait la synthèse des effets redistributifs des prélèvements obligatoires et des réaffectations.

Les résultats de la dernière colonne « revenu disponible » sont mitigés du point de vue des effets égalitaires du processus de redistribution. En premier lieu, il apparaît que les inactifs sont les grands et les seuls bénéficiaires nets de la redistribution (leur revenu disponible était le double de leur revenu primaire, pension de retraite exclue). Cependant, les salariés agricoles et les ouvriers ont une récupération nette moins défavorable que les cadres supérieurs et moyens, ce qui traduit bien une certaine redistribution verticale. En revanche, les exploitants agricoles et les professions indépendantes s'en sortent relativement bien, ce qui peut être aussi bien le résultat d'une redistribution verticale insuffisante

Bilan de la redistribution pour chaque catégorie socio-professionnelle.

	Revenu primaire	*Prélèvements*	*Réaffectations*	*Revenu disponible*
0. Exploitants agricoles	100	22,8	19,3	96,5
1. Salariés agricoles	100	46,2	34,1	87,9
2. Professions indépendantes	100	26,6	7,9	81,3
3. Cadres supérieurs	100	41,8	11,3 (2)	69,5
4. Cadres moyens	100	44,5	20,0 (2)	75,5
5. Employés	100	45,2	23,1 (2)	77,9
6. Ouvriers	100	49,2	29,3 (2)	80,1
7. Inactifs (1)	100	23,6	21,6 (2)	98,0
(2)	100	48,5	149,0 (2)	200,5
Ensemble	100	41,4	31,7 (2)	90,3

(1) y compris les pensions de retraite
(2) sans les pensions de retraite

que de la grande hétérogénéité sociale de ces catégories, comme nous l'avons vu plus haut.

Cependant, le graphique en bas de page traduit assez clairement un resserrement de l'éventail des revenus entre les catégories socio-professionnelles lorsque l'on passe du revenu primaire au revenu disponible moyen par ménage.

Enfin, si l'on examine l'évolution des disparités des revenus disponibles de 1962 à 1978, on constate là encore une tendance générale à un resserrement de l'éventail. C'est indiscutablement le résultat de la masse sans cesse croissante de revenu redistribué.

La redistribution selon la taille des familles

Le tableau ci-dessous, établi pour l'année 1976, met en évidence le fait que le mécanisme redistributif au profit des familles réduit sensiblement les disparités de revenu par famille. Dans l'exemple retenu ici, l'écart des revenus primaires avant redistribution allait de 1 à 4,4 (entre la famille I et la famille III) ; après redistribution, il va de 1 à 3,5 pour les familles de 2 enfants et de 1 à 3,2 pour celles de 4 enfants.

Disparité des revenus avant et après redistribution.

	Revenu primaire (ici des salaires)	*Revenu disponible*	
		2 enfants	*4 enfants*
Famille I	1,0	1,0	1,0
Famille II	1,4	1,3	1,3
Famille III	4,4	3,5	3,2

Source : C.E.R.C., nos 37-38.

Ce tableau nous montre que cela est le résultat combiné et en partie contradictoire du système de fiscalité directe et du jeu des prestations familiales.

Enfin, le tableau ci-après montre que, de 1970 à 1975, les disparités selon la taille des ménages se sont accrues. Le revenu moyen des personnes vivant seules était de 2,7 fois la moyenne par tête des ménages de six personnes et plus en 1970 ; le rapport est de 2,9 fois en 1975. Il faut probablement y voir la conjugaison de deux faits : d'une part les personnes seules sont souvent des personnes âgées, dont une proportion notable reçoit le minimum vieillesse ; or, celui-ci a été revalorisé ; d'autre part, les familles nombreuses

Disparité des revenus selon la taille du ménage en 1970 et 1975.

	1970	*1975*
1 personne	141	144
2 personnes	137	138
3 personnes	124	116
4 personnes	96	94
5 personnes	75	74
6 personnes et plus	53	49
Ensemble	**100**	**100**

Source : C.E.R.C., nº 51 (1979).

voient leur revenu croître un peu moins vite que les autres, du fait que les prestations familiales progressent moins que les autres revenus.

Ainsi, depuis la Libération, on constate bien une certaine modification du système de redistribution. Alors qu'au lendemain de la guerre, la quasi-totalité des aides aux familles était constituée par des allocations familiales indépendantes du niveau de revenu, la solidarité de la nation jouant donc pleinement en faveur d'une politique familiale, depuis une dizaine d'années une redistribution verticale s'y est ajoutée par l'extension des aides dégressives en fonction des ressources (plafonnement de l'allocation logement, complément familial créé en 1978 et réévalué en 1980, etc.). Les aides sous conditions de ressources, qui ne représentaient que 7 p. 100 du total des aides familiales, en représentent aujourd'hui 42,5 p. 100.

Cependant, si l'on considère l'énormité des sommes mises en jeu par la redistribution globale, qui passe aussi bien par le budget de la Sécurité sociale que par celui de l'État ou encore par celui des collectivités locales (toutes ces mesures se combinent dans le *budget social* de la nation), on est frappé par le caractère limité de la redistribution verticale (des plus riches vers les plus pauvres). Donc, si l'on voulait réellement améliorer aujourd'hui l'effet redistributif égalitaire, il faudrait moins jouer sur la progression de la masse du revenu social — ce qui risque de provoquer des effets pervers sur les activités productives, c'est-à-dire sur l'accroissement du gâteau social à partager — que sur le système de prélèvement fiscal et parafiscal. Celui-ci reste profondément injuste par l'importance relative des impôts sur la consommation et des cotisations sociales prélevées sur la masse des salaires (qui sont des prélèvements particulièrement régressifs), par le jeu du « quotient familial », qui favorise surtout les familles à haut revenu, par un régime d'imposition des revenus du capital (dividendes, intérêts, rentes foncières...) particulièrement avantageux, par une imposition du capital quasiment inexistante en France (malgré quelques concessions à l'impôt sur les plus-values...), le tout étant considérablement aggravé par l'inégale possibilité d'évasion et de fraude fiscale entre les titulaires de revenus salariaux et... tous les autres. Mais l'histoire a abondamment montré qu'il était plus facile en France de proposer de nouvelles mesures sociales que de remettre en cause le système fiscal et parafiscal. Faut-il en conclure que ceux qui votent les réformes sociales espèrent en rejeter le prix essentiel sur les autres ?

Les inégalités de niveau de vie

Les écarts entre les niveaux de consommation totale par tête selon les catégories sociales, qui étaient en 1972 de l'ordre de 1 à 2 entre un ouvrier et un cadre supérieur, de 1 à 1,4 entre un ouvrier et un cadre moyen, étaient plus faibles que les écarts de revenu moyen. Cela signifie que les niveaux d'épargne étaient très différents. Il en résulte que les inégalités dans l'accumulation du capital personnel (sous forme de biens fonciers, valeurs mobilières, etc.) sont plus

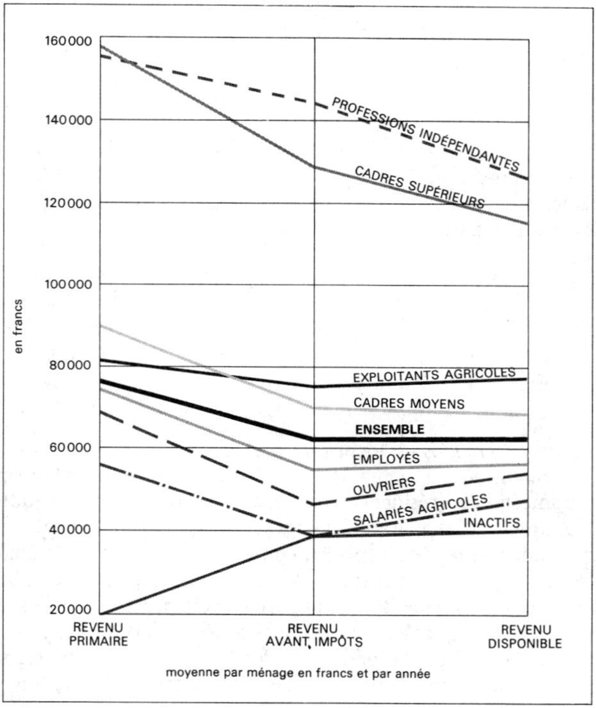

Évolution des disparités des revenus disponibles (1962-1978).

fortes que les inégalités de revenus entre les classes les plus fortunées et les classes les plus modestes.

Les travaux du C.E.R.C. permettent d'avoir une estimation valable des différences de montant de patrimoine par catégorie socio-professionnelle, malgré les risques de sous-évaluation des patrimoines les plus importants et le fait qu'une fois de plus il s'agit de moyennes qui, pour certaines catégories particulièrement hétérogènes comme les professions libérales ou les exploitants agricoles, perdent beaucoup de leur signification. On relève, dans le tableau des écarts de patrimoine entre les foyers par catégorie socio-professionnelle, des écarts beaucoup plus importants que ceux que l'on avait pu constater entre les revenus moyens de diverses catégories socio-professionnelles. Par exemple, entre les foyers d'ouvriers et ceux des cadres supérieurs, les patrimoines bruts moyens sont dans le rapport de 1 à 5,9, alors que les revenus ne sont que dans le rapport de 1 à 3,3 environ.

Les différents modes d'utilisation du capital induisent évidemment des inégalités de niveau de vie, mais aussi des inégalités de revenu et d'imposition de ce revenu, puisque des mesures fiscales très favorables au placement des épargnes ont été renforcées constamment depuis 1965.

Les disparités d'évolution des consommations individuelles

Le graphique ci-dessous fait ressortir l'évolution de la consommation par tête, par grandes fonctions, de 1950 à 1974. On constate que ce sont les dépenses d'hygiène-

Montant moyen du patrimoine des foyers en 1975.

	Patrimoine moyen par foyer	*Indice ensemble des foyers = 100*
Professions libérales	1 330 000	620
Industriels et gros commerçants	1 270 000	590
Exploitants agricoles	620 000	290
Artisans et petits commerçants	500 000	230
Cadres supérieurs	480 000	225
Cadres moyens	200 000	93
Inactifs	200 000	93
Autres actifs	110 000	51
Employés	100 000	47
Ouvriers, salariés agricoles et personnel de service	80 000	37
Ensemble	**251 000**	**100**

Source : Le patrimoine des Français - Documents du C.E.R.C. n° 49.
Ces chiffres comprennent des éléments de patrimoine utilisés à quatre fins par leur propriétaire : à des fins domestiques (résidences principales et secondaires, meubles...), à des fins professionnelles (bâtiments d'exploitation, terres agricoles, matériel d'exploitation, cheptel...), pour le revenu que rapporte leur prêt (placement valeurs mobilières, immeubles loués...) ou pour d'autres raisons (réserves, spéculation...). La structure de patrimoine en fonction du mode d'utilisation est très différente selon les catégories socio-professionnelles. Par exemple, le patrimoine des exploitants agricoles est consacré à 66 p. 100 à l'usage professionnel. Ce pourcentage tombe à 33 et 37 p. 100 pour les industriels et gros commerçants et les artisans et petits commerçants. Le patrimoine à usage de rapport est particulièrement élevé (plus de 40 p. 100) pour les inactifs, les professions libérales, les cadres supérieurs et les gros commerçants. Chez les ouvriers, les employés, les salariés agricoles..., plus de 60 p. 100 du patrimoine sont constitués par des biens à usage domestique (logement...).

santé, de transports et télécommunications, de culture et loisirs et d'habitat qui ont progressé le plus vite, les dépenses d'alimentation, au contraire, étant nettement au-dessous de la moyenne. Par-delà ces évolutions moyennes, on peut s'attendre à des disparités d'évolution sensibles des types de consommation selon la catégorie socio-professionnelle ou le niveau de revenu.

Si l'on considère l'évolution des consommations par type de biens entre 1953 et 1972, on constate, en ce qui concerne les dépenses alimentaires, des écarts en pourcentage relativement faibles entre les budgets modestes et les budgets fortunés : 1 à 1,3 au maximum. En revanche, les disparités sont beaucoup plus marquées pour les autres consommations, et tout particulièrement pour les transports et les télécommunications et l'ensemble des dépenses de « culture, loisirs et divers » ; ici, les écarts vont de 1 à 4. Ces écarts ont légèrement baissé de 1953 à nos jours, alors qu'ils se sont fortement réduits en ce qui concerne les achats de biens durables du type « équipement du logement » et « transports ». Alors que, en 1953, 8 p. 100 seulement des ouvriers possédaient une automobile, en 1976, 75 p. 100 en ont au moins une ; le pourcentage est de 93 p. 100 pour les cadres supérieurs et les professions libérales ; pour les téléviseurs, les réfrigérateurs, les machines à laver le linge, les taux d'équipement de l'ensemble des ménages sont aujourd'hui comparables, quelle que soit la catégorie socio-professionnelle, et généralement supérieurs à 80 p. 100. Mais à quel prix un grand nombre d'ouvriers paient-ils la possession d'une automobile ? Les ménages à budget modeste ont bien souvent sacrifié certaines dépenses de logement, d'alimentation et surtout de culture et loisirs à l'achat de l'automobile, de la télévision ou du réfrigérateur : on sait, par exemple, que 52 p. 100 seulement des ouvriers sont partis en vacances d'été en 1976, contre 84 p. 100 chez les cadres supérieurs et les membres des professions libérales. Dans la plupart des cas, ils ont dû s'endetter fortement et à court terme, ce qui expliquerait en particulier le comportement des ouvriers en matière d'heures supplémentaires, en désaccord avec un des thèmes constants du syndicalisme.

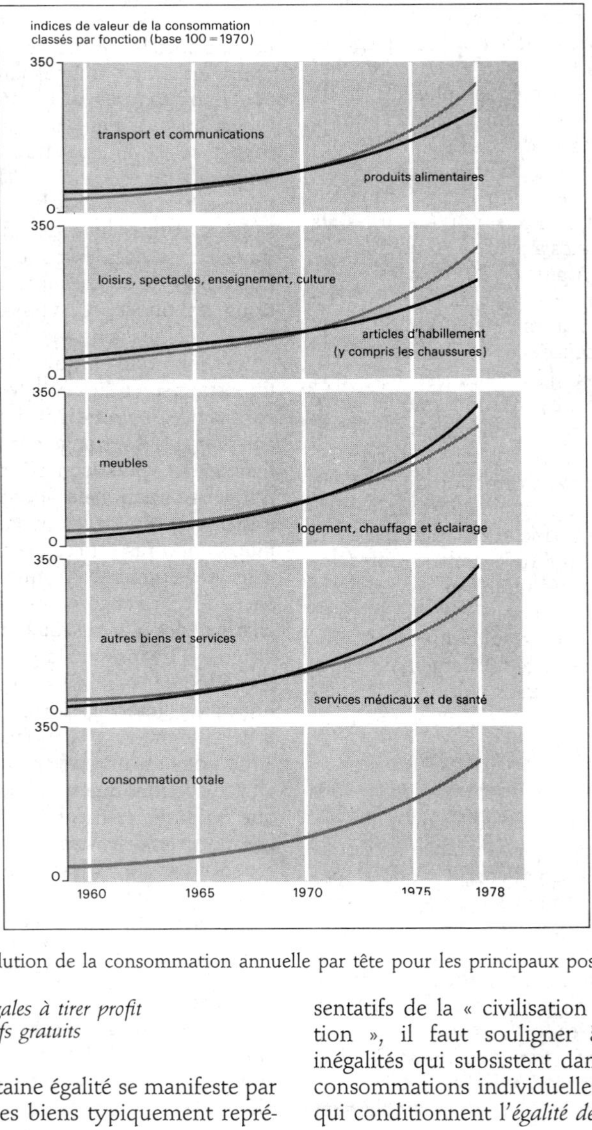

Évolution de la consommation annuelle par tête pour les principaux postes.

Des aptitudes inégales à tirer profit des services collectifs gratuits

Mais si une certaine égalité se manifeste par la possession des biens typiquement représentatifs de la « civilisation de consommation », il faut souligner à nouveau les inégalités qui subsistent dans des types de consommations individuelles ou collectives qui conditionnent l'*égalité des chances*. Dans ce domaine, l'étude des budgets de consommation nous est d'un faible recours, puisque les services d'éducation, de formation et de culture qui conditionnent étroitement la réussite sociale sont des services collectifs gratuits, pour la plupart. Il faut donc savoir quels sont les groupes sociaux qui profitent de ces services, car « les équipements et le savoir collectifs ont une utilité sociale proportionnée à l'aptitude à en user ».

Les graves lacunes que l'on repère encore dans le partage du savoir, et en particulier dans l'accès aux degrés les plus élevés de l'enseignement, traduisent l'inégale aptitude des diverses catégories sociales à profiter des savoirs collectifs gratuits. Les chances d'accéder à l'université selon la profession du père vont d'une chance sur 100 pour les fils de salariés agricoles à près de 70 pour les fils d'industriels et à plus de 80 pour les fils de membres des professions libérales. Une telle inégalité dépend au premier degré du poids de l'hérédité culturelle. « L'efficacité des facteurs sociaux d'inégalité est telle que l'égalisation des moyens économiques pourrait être réalisée sans que le système universitaire cesse pour autant de consacrer les inégalités par la transformation du privilège social en don ou en mérite individuel. Mieux, l'égalité formelle des chances étant réalisée, l'École pourrait mettre toutes les apparences de la légitimité au service de la légitimation des privilèges. » (P. Bourdieu et J.-C. Passeron.) Il en résulte que le pouvoir social et politique reste très largement l'apanage des classes sociales culturellement favorisées.

Questions

Les bouleversements des structures économiques et sociales que la France a connus depuis la fin du second conflit mondial, par leur ampleur comme par leur rapidité, sont sans précédent dans son histoire. Cette mutation accélérée de l'économie et de la société contraste avec des formes d'organisation du pouvoir politique et social pratiquement pétrifiées.

Cette tension grandissante avait déjà provoqué l'explosion de mai 1968, et de jeunes prophètes issus de l'inconscient collectif l'avaient bien traduite sur les murs de la Sorbonne : « On ne tombe pas amoureux d'un taux de croissance » ou encore « l'imagination au pouvoir ». Mais « la grande peur des bien-pensants » de droite et de gauche avait bien vite recouvert les braises ardentes du « joli mois de mai » sous les cendres de leurs privilèges et de la démocratie représentative. Cependant, ici ou là, parallèlement aux terrains balisés de l'action sociale, des feux éclataient encore de temps en temps, allumés par des jeunes, par des femmes, par des immigrés, par des O.S..., bref par des « marginaux ». D'autres foyers se développaient, sur des terrains nouveaux ou très anciens : l'écologie, la vie de quartier, le régionalisme. De nouveaux slogans surgissaient des murs : « Vivre, travailler et décider au pays », « non au nucléaire »..., et les appareils des organisations politiques et syndicales en récupéraient quelques-uns.

La crise mondiale qui éclate en 1974 paraît un instant servir de révélateur et réveiller les consciences comme l'avait fait, trente-cinq ans plus tôt, l'« étrange défaite ». La crise de l'énergie et, plus largement, celle de l'économie internationale vont-elles nous acheminer vers un développement moins gaspilleur des ressources naturelles, vers cet « éco-développement » que préconise Isacy Sachs ? Ou encore va-t-on investir les champs des « nouveaux mouvements sociaux » ? Or, après un temps d'hésitation, où les discours paraissent intégrer quelques nouvelles interrogations, on s'achemine brusquement vers la mobilisation générale « qui nous est imposée » par le contexte de guerre économique mondiale. C'est la logique du redéploiement à marche forcée qui l'emporte, et de vastes espaces économiques et sociaux sont désormais soumis à la tourmente d'une concurrence internationale sans merci. La chasse aux « canards boiteux » se traduit en fait par un véritable massacre, dont on a pu mesurer les effets en termes de chômage, d'accélération de l'exode rural et de désertification des campagnes et d'élimination du tissu de petites et moyennes entreprises. Jusqu'où ira ce type de redéploiement ? La glaciation de vastes espaces économiques est-elle nécessaire à la survie du noyau dur des entreprises « saines et compétitives » ?

En fait, notre analyse des tendances les plus récentes de l'économie et de la société françaises s'est appuyée largement sur les phénomènes quantifiables, c'est-à-dire sur l'économie et la société officielles, celles qui sont suivies, mesurées et contrôlées par les appareils statistiques. Or, il semble qu'à la faveur de la crise se reproduise à une grande échelle ce qui s'était déjà produit dans les guerres mondiales, c'est-à-dire le développement d'une « économie souterraine », car ignorée du système de comptabilisation économique et sociale : activités domestiques, petite production directement autoconsommée, entraide familiale, services de voisinage, troc, travail noir sous toutes ses formes. Tel est le point de vue défendu par Pierre Rosanvallon : « Tout se passe comme si la société disposait de ressources invisibles et renouvelables, de réserves internes à la structure sociale elle-même, qui sont d'un autre ordre que celles provenant d'une épargne préalablement accumulée. Cette sphère économique, souterraine en tant qu'elle échappe globalement au regard du comptable national, ne naît pas avec la crise. Elle ne fait que se ranimer et s'étendre à cette occasion. La crise peut être comprise de ce point de vue comme un processus d'éclatement et de restructuration de l'espace économique et social. La rétraction du champ de l'économie officielle privée et publique ne se traduit pas par une baisse ou un ralentissement équivalents du taux d'activité sociale globale. »

Ainsi s'expliquerait « la capacité d'encaissement » des sociétés industrielles, et de la nôtre en particulier, face à la crise qui contraste quelque peu avec les indicateurs officiels de la conjoncture.

Mais une telle situation, issue somme toute d'un réflexe vital du « corps social », ne pourrait qu'accentuer le clivage entre une France officielle, protégée, régulée, comptabilisée et normalisée, et une France plus souterraine, déprotégée, non contrôlée, bref, une France en marge. Dériverait-on alors vers un modèle de société et de pouvoir à l'italienne ?

31. LES INSTITUTIONS ET LA VIE POLITIQUE

de 1945 à 1980

« La forme du gouvernement de la France est et demeure la République. En droit celle-ci n'a pas cessé d'exister. » Frappée comme une médaille, cette formule, tirée de l'article premier de l'ordonnance du 9 août 1944 portant rétablissement de la légalité républicaine, traitait l'épisode de Vichy comme un accident et visait à refermer, sans autre forme de procès, la parenthèse ouverte dans la continuité républicaine par la loi constitutionnelle du 10 juillet 1940. Mais la beauté des formules et la pureté des principes sont une chose, et la réalité une autre : dans la pratique, il ne faudra pas moins de trente mois pour effacer les traces du régime de Vichy et pour rétablir effectivement la continuité républicaine.

I. À LA RECHERCHE D'UN NOUVEAU RÉGIME

Le Gouvernement provisoire

Quand le Gouvernement provisoire de la République française s'installe dans Paris libéré au mois d'août 1944, il a d'autres soucis que de trancher les problèmes constitutionnels : il lui faut poursuivre la guerre aux côtés des Alliés, achever la libération du territoire, assurer le ravitaillement, procéder à la relève de l'Administration de Vichy et parer aux risques que comporte l'action de certains groupes de résistants qui confondent la libération avec la révolution. Au reste, ni le général de Gaulle ni ses collaborateurs ne semblent avoir, à cette époque, de doctrine établie sur le point de savoir s'il convient d'en revenir à la IIIe République ou de bâtir un nouveau régime pour la France. De son côté, le Conseil national de la Résistance, où se retrouvent les différents courants de la lutte organisée contre l'occupant, a émis des vues assez précises sur les réformes économiques et sociales à accomplir, mais n'a pas, à proprement parler, de programme politique ni de projet institutionnel. Quant à consulter le pays, il ne peut en être question aussi longtemps que les opérations militaires ne seront pas terminées et que les prisonniers de guerre et les déportés du travail ne seront pas rentrés dans leurs familles. La France libérée s'installe donc dans le provisoire. Il lui faudra attendre deux ans pour en sortir.

Pour mieux asseoir son autorité, le Gouvernement provisoire fait place à des représentants de la résistance intérieure ; dans le même esprit, il décide d'élargir la composition de l'Assemblée consultative, qui, dans les institutions provisoires, tient lieu de Parlement. Ces diverses désignations reflètent, avant toute consultation électorale, le nouveau rapport des forces politiques ; la droite classique, largement compromise avec le régime de Vichy, n'est plus représentée que par des personnalités isolées ; la gauche est majoritaire dans toutes les instances issues de la Résistance, et, au sein de cette gauche, le parti communiste occupe une place importante, que lui vaut sa participation massive à la lutte clandestine depuis l'entrée en guerre de l'Allemagne contre l'Union soviétique. Une force politique nouvelle, dont il est difficile de mesurer l'audience et de prévoir le destin, apparaît toutefois sur l'échiquier : le Mouvement républicain populaire, d'inspiration démocrate-chrétienne, se veut fidèle à l'esprit de la Résistance, à laquelle ses dirigeants ont pris une large part, et entend soutenir l'action du général de Gaulle. Ce dernier, peu disposé par tempérament et par tactique, à se laisser influencer par un parti, même celui de ses amis, entend maintenir ses distances à l'égard de toutes les formations politiques et rester le symbole de l'unité nationale.

Les circonstances prouvent, cependant, que la tâche ne sera pas facile : dès la fin d'avril 1945, des élections municipales attestent la poussée des forces de gauche : les relations entre le Gouvernement provisoire et l'Assemblée consultative sont émaillées d'incidents qui témoignent de l'impatience des cadres politiques et de leur volonté de secouer la tutelle d'un gouvernement qui légifère par ordonnances et qui échappe pratiquement à tout contrôle. Des deux côtés, la situation est inconfortable.

Le référendum

Il faut attendre le mois de juillet 1945 pour entrevoir une issue. C'est à cette époque que le gouvernement décide de soumettre au peuple, par voie de référendum, le choix d'un nouveau régime politique. L'innovation procédurale mérite d'être notée : c'est la première fois qu'on a recours, en France, à une technique de démocratie directe, en dehors de l'utilisation qui en avait été faite par les régimes bonapartistes. Même si l'on ne pouvait exclure l'éventualité d'une exploitation plébiscitaire – exclusion impossible, comme le prouvera la suite des événements –, la brèche ainsi créée dans la tradition du régime représentatif suffirait à modifier sensiblement le jeu du principe démocratique : à la représentativité des élus, on pourra désormais opposer la légitimité supérieure qui résulte de l'assentiment populaire. La leçon ne sera pas perdue, comme on pourra le constater sous la Ve République.

Deux questions seront posées aux électeurs : la première vise à trancher le conflit opposant les partisans et les adversaires de la IIIe République ; faut-il en revenir au régime d'avant-guerre ou faut-il élaborer de toutes pièces la Constitution d'une nouvelle République ? Seuls, les radicaux militent en faveur de la première solution. Le général de Gaulle et l'ensemble des autres forces politiques se prononcent en faveur d'un changement de régime. Le verdict populaire du 21 octobre 1945 leur donnera raison à une écrasante majorité (96,4 p. 100 de « oui »). Ainsi, la IIIe République est bien morte, et Vichy n'aura pas été qu'une parenthèse : le régime de 1875 n'aura survécu ni à la défaite de 1940 ni à la victoire de 1945. Mais le verdict populaire confirma aussi la croyance tenace, congénitale à la démocratie française, selon laquelle il convient de rechercher dans un aménagement des institutions la solution des problèmes politiques, sinon des difficultés économiques et sociales. En rouvrant le dossier constitutionnel, la France renoue, sans le savoir, avec une longue tradition d'instabilité politique que la durée exceptionnelle de la IIIe République avait simplement interrompue.

Car il ne suffit pas d'abolir un régime ; il faut encore s'entendre pour en établir un nouveau. Sur ce point, les opinions divergent sensiblement, comme va déjà le montrer la réponse à la seconde question posée par voie de référendum. Le gouvernement avait offert le choix entre deux solutions, pour le cas où le retour à la IIIe République aurait été écarté : ou bien l'élection d'une Constituante souveraine, ou bien l'adoption d'un régime transitoire qui limitait la compétence constituante de l'Assemblée (pouvoirs réduits à six mois, obligation de faire ratifier son œuvre constitutionnelle par référendum) et réglementait, sur le mode parlementaire, les rapports entre le gouvernement et l'Assemblée pendant la période transitoire. Le général de Gaulle, soucieux de faire « du neuf et du raisonnable », défendait cette dernière solution ; mais le parti communiste et le parti radical militaient en faveur d'une Constituante souveraine. Cette solution ne fut écartée que par une majorité réduite (66,3 p. 100). Dès le point de départ, le désaccord en matière constitutionnelle éclatait au grand jour.

L'Assemblée constituante

Ce désaccord ne pouvait manquer de rebondir au sein de l'Assemblée constituante. Celle-ci fut élue selon des modalités qui consacraient d'abord l'extension du droit de suffrage aux femmes et aux militaires (l'innovation avait été introduite lors des élections municipales d'avril 1945), mais qui introduisaient aussi, pour la première fois, le système de la représentation proportionnelle, avec scrutin de liste dans le cadre départemental. L'avènement du suffrage féminin, réclamé au nom de la démocratie par les partis de gauche, semble avoir eu, à la longue, un effet modérateur, sinon conservateur. Quant à la représentation proportionnelle, elle était réclamée par la plupart des formations politiques pour des motifs complexes et souvent contradictoires. Certaines défendaient en elle la justice électorale ; d'autres, comme le parti communiste, y voyaient le moyen de tirer le meilleur parti possible de la dispersion géographique de leur électorat ; d'autres, enfin, vantaient les mérites du pluralisme et voyaient dans la représentation proportionnelle un rempart contre la dictature éventuelle d'une majorité parlementaire. On peut considérer comme une anomalie du système politique français que la règle du jeu électoral soit modifiable à tout moment et ne bénéficie même pas de la relative stabilité des dispositions constitutionnelles. La IIIe République avait donné, sur ce point, de fâcheux exemples. Si la IVe naît sous le signe de la représentation proportionnelle, ses dirigeants n'y seront pas toujours fidèles, et leurs successeurs reviendront au scrutin uninominal majoritaire à deux tours.

Dans l'immédiat, les conséquences de l'introduction de la représentation proportionnelle ne se manifestent que sur le plan électoral. Le système favorise les grands partis fortement organisés à l'échelon national : communistes, socialistes et républicains populaires contrôlent 80 p. 100 des sièges ; les deux premiers de ces partis détiennent à eux seuls la majorité absolue à l'Assemblée constituante. Les autres formations politiques sont littéralement pulvérisées. Ainsi, les états- majors des trois grands partis sont en mesure de dominer la vie politique, et ils entendent bien manifester aussitôt leur puissance. C'est là qu'ils vont se heurter à la personnalité du général de Gaulle.

Le gouvernement de Gaulle

Ce dernier, « investi par l'Histoire », selon sa propre formule, avait sans doute, dès cette époque, si l'on en croit ses *Mémoires*, une conception très personnelle de sa légitimité. Son destin avait effectivement coïncidé avec celui du pays depuis l'appel du 18 juin 1940 ; et personne n'avait songé à disputer au chef de la France libre la charge de présider le Gouvernement provisoire. Mais à partir du moment où les procédures démocratiques reprennent vie, le personnage historique rentre dans le rang et doit se plier, s'il veut se maintenir au pouvoir, à de nouvelles règles de légitimité. A défaut d'une investiture populaire, qu'il n'a pas voulu solliciter pour garder les mains libres à l'égard des partis, il reste l'investiture parlementaire que l'Assemblée est disposée à lui accorder, en vertu des dispositions de la loi référendaire sur l'organisation transitoire des pouvoirs publics. Ainsi le chef du Gouvernement provisoire devient-il, par un vote acquis à l'unanimité, chef du gouvernement transitoire. Mais cette investiture est lourde de malentendus. Ceux-ci éclatent dès qu'il s'agit de former le nouveau gouvernement. Refusant de céder aux instances des partis (notamment du parti communiste, qui, fort de ses succès électoraux, revendiquait des postes clefs), le chef du gouvernement remet son mandat à la disposition de l'Assemblée. Seul un compromis laborieux permettra d'éviter la rupture et de concilier, au moins provisoirement, les points de vue en présence.

Car ce qui oppose, dès cet instant, le général de Gaulle aux partis n'est rien d'autre que la conception même du pouvoir. Le chef de la France libre reproche aux partis, quels qu'ils soient, de défendre des programmes et des intérêts particuliers, au lieu de se placer au niveau de l'intérêt supérieur du pays. La controverse rebondit, en fin d'année, à propos du vote des crédits militaires. Ce n'est qu'en usant de la menace de démission – au demeurant parfaitement conforme à l'esprit du régime parlementaire – que le chef du gouvernement obtient satisfaction. Ces escarmouches ne suffisent pas, malgré tout, à expliquer la décision surprenante que prend le général de Gaulle, le 20 janvier 1946 : sa démission est officiellement motivée par le retour au fonctionnement normal des institutions. Mais l'argument ne trompe personne, et chacun cherche à percer le sens d'une retraite qui ne peut être que tactique. La suite des événements prouvera que le général de Gaulle n'a pas cédé à la guerre d'usure que lui livraient les membres de l'Assemblée, mais qu'il a surtout voulu, en laissant à d'autres les commandes de l'État, prendre ses distances et ménager sa liberté de jugement à l'égard de projets constitutionnels dont il était manifeste qu'ils consacreraient une conception du pouvoir diamétralement opposée à la sienne.

Le tripartisme

Le départ du général de Gaulle creuse un vide que les trois grands partis qui dominent la Constituante vont s'efforcer de combler, en coalisant leurs forces autour du nouveau chef du gouvernement, Félix Gouin, député socialiste, qui avait assuré jusqu'alors la présidence de l'Assemblée. Le règne du tripartisme, qui dominera pendant dix-huit mois la politique française, commence. Cependant, le pacte qui lie les trois partis ne couvre que l'action gouvernementale et parlementaire ; la coalition se brise sur le problème constitutionnel, et c'est finalement une étroite majorité socialo-communiste qui approuvera, le 19 avril 1946, un projet de Constitution dont la principale caractéristique est d'abaisser l'exécutif et de remettre le pouvoir à une assemblée unique et omnipotente. Le M.R.P. s'est désolidarisé de ce texte, où beaucoup voient le signe avant-coureur de la transformation du pays en démocratie populaire. Le corps électoral va donner doublement gain de cause aux républicains populaires : le projet constitutionnel est repoussé de justesse (53 p. 100 de

« non ») ; de ce fait, une nouvelle Assemblée constituante doit être élue le 2 juin, et le M.R.P. devient, à la faveur de cette élection, le groupe parlementaire le plus nombreux, devant les groupes socialiste et communiste, qui perdent la majorité absolue. Entre les deux partis de gauche, qui avaient fait jusqu'alors cause commune, une certaine tension commence à se manifester. Bref, les consultations populaires du printemps de 1946 marquent un coup d'arrêt très net à l'extrême gauche et semblent devoir ramener le pays dans la voie moyenne de la démocratie parlementaire et bourgeoise.

Mais une nouvelle phase transitoire s'ouvrait, et les chances d'un compromis constitutionnel acceptable par les partis et susceptible d'être approuvé par le corps électoral restaient minces. Les correctifs que le M.R.P., porté par son succès à la présidence du gouvernement en la personne de G. Bidault , voulait apporter au texte du 19 avril (renforcement des pouvoirs du chef de l'État, reconstitution d'une seconde Chambre, création de nouvelles structures pour les rapports avec les dépendances d'outre-mer) risquaient de ne pas être acceptés par l'extrême gauche. Quant à chercher une majorité de rechange, la faiblesse des groupes de droite à la Constituante et la puissance de la gauche dans le pays l'interdisaient manifestement.

Si la Constitution de la IVe République fut tout de même votée par la Constituante, le 30 septembre, et adoptée par le pays lors du référendum du 13 octobre, cela tient, semble-t-il, à deux facteurs différents dont les effets se cumulèrent : d'une part, la lassitude de l'opinion incitait à sortir enfin du provisoire, qui, sous des formes diverses, durait depuis bientôt deux ans ; d'autre part, le retour en scène du général de Gaulle, qui, dès le 14 juin, avait exposé à Bayeux ses vues constitutionnelles et qui ne cessa de critiquer publiquement l'orientation des travaux de la seconde Constituante, pouvait faire craindre aux dirigeants des trois grands partis qu'un nouvel échec n'ouvrît la voie à un régime gaulliste. Mais l'amertume que suscita la résignation aux solutions de compromis et la violence de l'opposition conduite par le général de Gaulle firent que la Constitution ne fut approuvée qu'à une « minorité de faveur » : sur plus de 26 millions d'électeurs inscrits, le nombre des « oui » fut de 9 263 000 ; il y eut 8 millions d'abstentions, soit 3 millions de plus qu'en mai. Dès sa naissance, la légitimité du régime pouvait être contestée, et elle n'allait jamais cesser de l'être.

Encore fallut-il attendre plusieurs semaines pour que les nouvelles institutions puissent entrer en vigueur. La mise en place des pouvoirs publics exigeait de nouvelles élections et de longs délais. De ces consultations, le parti communiste sortit renforcé, tandis que les socialistes et le M.R.P. subissaient un recul assez sensible ; les républicains populaires ont été desservis, devant l'opinion, par la rupture avec le général de Gaulle à propos du débat constitutionnel ; le « parti de la fidélité », vers lequel était allé le gros des forces conservatrices, ne se relèvera pas de cette aventure.

En attendant que le président de la République, dont dépendait la formation du gouvernement, puisse être élu, on n'eut pas d'autre ressource, pour former un nouveau et ultime gouvernement provisoire, que de faire appel à Léon Blum, entouré de ministres socialistes. C'est seulement le 21 janvier 1947 que Paul Ramadier, candidat désigné par le nouveau président de la République, Vincent Auriol, fut investi par l'Assemblée nationale et devint le premier président du Conseil de la IVe République. Les douleurs de cet interminable enfantement devaient peser très lourd sur le nouveau régime.

L'œuvre du régime transitoire

Ces péripéties ne doivent pas conduire à oublier l'œuvre considérable que les gouvernements successifs ont accomplie depuis la Libération jusqu'en 1946. L'ordre public a été maintenu ou rétabli, en dépit de circonstances difficiles ; les libertés publiques ont été restaurées ; des réformes de structure, conformes au programme du Conseil national de la Résistance, ont été mises en œuvre, par voie d'ordonnances, puis par voie législative : la nationalisation d'un large secteur de l'activité économique (dans le domaine de l'énergie, du crédit et de l'industrie), la création de la Sécurité sociale, la mise en place du Commissariat au plan, l'institution des comités d'entreprise, la réforme des conditions d'accès aux postes supérieurs de la fonction publique constituent un ensemble de mesures qui recueillirent un large assentiment et ne furent jamais, par la suite, remises en question. Les « conquêtes sociales de la Libération » s'inscrivent donc dans le patrimoine de ces droits fondamentaux, auquel chaque étape de notre histoire apporte sa propre contribution, et dont la continuité contraste avec la fragilité de nos institutions politiques. Il aura malheureusement manqué à ces réformes la contrepartie d'une politique financière rigoureuse ; de ce fait, la IVe République devra souvent payer la note des frais engagés dans l'enthousiasme de la Libération par des gouvernements provisoires ou transitoires.

Sur le plan extérieur, l'intransigeance du général de Gaulle a permis au pays de reprendre rapidement, au sein des grandes puissances, une place que plusieurs d'entre elles étaient peu disposées à lui accorder, et dont témoigne l'attribution d'un siège permanent au Conseil de sécurité des Nations unies. Certes, le poids spécifique de la France reste faible dans les grandes querelles qui agitent déjà le monde après la défaite de l'Allemagne et du Japon. Mais les perspectives d'une action plus étendue restent ouvertes. Les dirigeants français croient pouvoir compter, pour appuyer leur action internationale, sur l'appoint d'un empire colonial dont les liens, distendus par la guerre, sont patiemment reconstitués. Mais l'esprit de réforme, qui souffle sur cet empire depuis la conférence de Brazzaville et qui aboutira à la formule de l'Union française, reste trop timide. Aucun des dirigeants français n'interprétera correctement les signes de résistance qui se manifestent déjà à l'égard de cette politique, spécialement en Indochine et en Algérie. Rêves de grandeur et mythe de l'assimilation ont entraîné la France dans une voie où la IVe République allait finir par sombrer.

Ici, comme ailleurs, le règne du provisoire a scellé le destin des années à venir.

II. LA IVe RÉPUBLIQUE

La Constitution détermine les nouvelles règles du jeu politique. C'est donc par elle qu'il faut commencer pour comprendre le fonctionnement du régime. Mais les institutions ne fournissent qu'un cadre à la vie politique ; celle-ci est animée par une série de forces dont l'affrontement et la combinaison pèsent, en définitive, aussi lourd que les textes. Que serait-il advenu de la IVe République si la France avait connu un système de partis à l'anglaise, avec alternance au pouvoir de deux grandes formations politiques cohérentes ? Il suffit de poser la question pour apercevoir l'importance des forces qui jouent à l'intérieur des institutions.

La Constitution

Fruit d'un laborieux compromis, la Constitution de 1946 présente cependant une impressionnante façade institutionnelle. Le président de la République n'a certes plus les pouvoirs que les lois constitutionnelles de 1875 accordaient à son prédécesseur. Mais il intervient toujours dans la désignation du chef du gouvernement, préside le Conseil des ministres, le Conseil supérieur de la magistrature et le Conseil supérieur de la défense nationale. Il dispose du pouvoir réglementaire et décide de la nomination aux plus hautes fonctions civiles et militaires. Enfin, il est de droit président de l'Union française, établie entre la République française (qui comprend la métropole, les départements et les territoires d'outre-mer) et les États et territoires associés que la Constitution invite à s'unir à la France. A ce titre, il préside le Haut Conseil de l'Union, sorte d'exécutif qui veut être le gouvernement de l'ensemble de l'Union. Toutes ces attributions ne sont pas purement nominales. Même quand la règle du contreseing vient associer le gouvernement à l'action du chef de l'État et transférer au premier la responsabilité des actes du second, selon le principe du régime parlementaire, le président de la République conserve une certaine marge d'initiative et dispose d'une magistrature d'influence, dont l'expérience montrera qu'elle n'est pas négligeable. Les treize tours de scrutin qui furent nécessaires, à l'expiration du septennat de Vincent Auriol, pour assurer l'élection de René Coty, suffisent à montrer que le choix du titulaire de la fonction par le Parlement n'a pas été considéré comme une simple formalité.

Mais le véritable chef de l'exécutif, sous la IVe République, est le président du Conseil, qui voit son autorité enfin consacrée par les textes constitutionnels. Ceux-ci en font à la fois la tête du gouvernement, l'autorité administrative suprême et l'interlocuteur privilégié du Parlement. La France est donc officiellement dotée d'un gouvernement qui a qualité pour conduire les affaires du pays aussi longtemps qu'il possède la confiance de l'Assemblée.

Face à l'exécutif, la Constitution a multiplié les Assemblées, à tel point qu'on a pu évoquer, à ce propos, la polysynodie. L'Assemblée nationale et le Conseil de la République constituent le Parlement de la République, tandis qu'une Assemblée de l'Union française assure la représentation des différents peuples qui composent cet ensemble multinational. Un Conseil économique regroupe, en marge du Parlement, les représentants des grands intérêts pour les associer à l'élaboration des mesures économiques et sociales. Cette façade n'est, malgré tout, qu'un trompe-l'œil. L'Assemblée de l'Union française et le Conseil économique n'ont que des fonctions consultatives. Au sein du Parlement, le Conseil de la République n'est plus que l'ombre du Sénat. La Constitution lui a retiré non seulement son nom, mais aussi une partie de ses attributions, notamment le droit de mettre en jeu la responsabilité ministérielle. Il continue de participer au travail législatif, mais ne peut prétendre rivaliser avec l'Assemblée nationale, qui est, d'après l'article 3 de la Constitution, le véritable dépositaire de la souveraineté. C'est donc entre l'Assemblée nationale et le gouvernement qu'il convenait surtout d'aménager les rapports.

De ce point de vue, la Constitution de 1946 confirme le principe du régime parlementaire, qui veut que le gouvernement soit responsable devant les représentants du peuple. Mais elle s'est aussi efforcée d'aménager ce principe pour éviter de retomber dans les errements que la pratique de la IIIe République avait révélés. Si curieux que cela puisse paraître aujourd'hui, la crainte de l'instabilité ministérielle a véritablement hanté les rédacteurs de la Constitution de 1946. Pour éviter le retour du fléau, on s'est employé à réglementer strictement les rapports entre les deux pouvoirs.

En vue d'établir solidement la confiance dès la formation du gouvernement, on avait retiré au chef de l'État le pouvoir de choisir librement le président du Conseil. Désormais, le président de la République ne peut que désigner un candidat soumis à l'investiture de l'Assemblée nationale. Comme cette investiture doit résulter d'un vote acquis à la majorité absolue des membres de l'Assemblée, on espère fonder sur un véritable contrat l'accord entre le nouveau gouvernement et la majorité. A cette garantie initiale viennent s'ajouter les précautions entourant la mise en jeu de la responsabilité ministérielle : la question de confiance ne peut être posée que par le président du Conseil, après délibération du Conseil des ministres ; le vote sur une question de confiance ou sur une motion de censure ne peut intervenir qu'après un délai de réflexion fixé à un jour franc après le dépôt de ces instruments ; enfin, et surtout, la confiance ne peut être refusée et la censure adoptée qu'à la majorité absolue des membres de l'Assemblée. Une crise ministérielle ne peut donc plus, théoriquement, surgir au hasard des débats, sur un coup de tête ou sur une erreur de calcul de l'un des deux partenaires. Les constituants estimaient que seules des circonstances d'une gravité exceptionnelle pourraient justifier le renversement de la majorité d'investiture. Ce dispositif était encore renforcé, de l'extérieur, par le régime de la dissolution : celle-ci ne pouvait être prononcée que si, à l'expiration d'une période de dix-huit mois, considérée comme une période d'essai et de tâtonnements au début de chaque législature, deux crises ministérielles survenaient, dans les conditions prévues par la Constitution, au cours d'une même période de dix-huit mois. Ainsi, la dissolution apparaissait-elle comme une arme de dissuasion, et le rapporteur du projet de Constitution pouvait-il conclure avec optimisme que ce système « forme un tout harmonieux et organise vraiment la stabilité ministérielle ».

Cette savante construction n'a pourtant pas résisté plus de six mois à l'épreuve des faits, parce qu'on avait négligé de prendre en considération l'état des forces politiques : dans un régime de bipartisme, ces dispositions eussent été parfaitement inutiles ; dans un système de multipartisme, encouragé par la représentation proportionnelle, elles devenaient aussitôt inopérantes.

Les forces politiques

C'est, en effet, le multipartisme qui caractérise d'abord l'état des forces politiques sous la IVe République. Mais le nombre des partis n'est pas seul en cause : il faut aussi tenir compte de l'instabilité étonnante des forces partisanes, sans doute inspirée par la versatilité d'une opinion publique qui comporte une fraction anormalement élevée d'électeurs flottants. De ces caractéristiques résulte, en fin de compte, la faiblesse d'un système de partis, inapte à résister aux pressions envahissantes des groupes d'intérêt.

La IVe République est née sous le signe du tripartisme, puisque son premier gouvernement associe, sous la présidence de Paul Ramadier, les socialistes, les communistes et les républicains populaires. Mais la coalition ne durera pas. Dès le mois de mai 1947, le président du Conseil, prenant prétexte de désaccords au sein du gouvernement, révoque les ministres communistes et rejette ainsi dans l'opposition un parti qui avait été associé à l'exercice du pouvoir depuis la Libération. La décision est lourde de conséquences, tant sur le plan social, où les

Les élections législatives sous la IVe République.

	ASSEMBLÉES CONSTITUANTES		ASSEMBLÉE NATIONALE		
Étiquettes politiques	*1945*	*1946*	*1946*	*1951*	*1956*
Parti communiste / Progressistes	5 005 336	5 119 111	5 489 288	4 910 547 146 058	5 514 403
Divers gauche				38 393	393 219
Parti socialiste (S.F.I.O.)	4 561 411	4 187 818	3 431 954	2 744 842	3 247 431
Radicaux-socialistes / R.G.R.-U.D.S.R.	2 131 763	2 295 119	2 831 834	1 887 583	2 240 538 593 727
M.R.P.	4 780 338	5 589 059	5 058 307	2 369 778	2 366 321
Gaullistes (R.P.F., R.S.)			312 635	4 125 492	842 351
Modérés (P.R.L., Indépendants)	2 545 835	2 539 845	2 565 526	2 656 995	3 257 782
Poujadistes					2 483 813
Extrême droite					260 749
Autres partis	165 116	69 789	63 976	87 346	98 600
ABSTENTIONS	4 965 259	4 481 749	5 486 536	4 859 868	4 634 209
ÉLECTEURS INSCRITS	24 622 862	24 696 949	25 052 233	24 530 523	26 772 255

Le tableau ci-dessus fait ressortir un certain nombre de variations intéressantes : si le parti communiste reste à peu près stable, le parti socialiste et les radicaux enregistrent un déclin sensible, à peine masqué par la combinaison du Front républicain en 1956. Le M.R.P. amorce un déclin inexorable dès 1946 ; sa clientèle se divisera, à partir de 1951, entre les gaullistes et les modérés. La poussée des gaullistes, en 1951, et celle des poujadistes, en 1956, illustrent le phénomène du vote flottant qui pèse, à travers les élections, sur les combinaisons parlementaires.

difficultés vont s'accumuler, que sur le plan parlementaire, où il va falloir trouver en direction du centre une majorité de rechange. L'opération est d'autant plus nécessaire que les forces de droite, anéanties par les précédentes consultations électorales, se réorganisent et reprennent campagne, non seulement contre la politique économique et sociale du gouvernement, mais aussi contre le régime. Dès le mois d'avril 1947, le général de Gaulle rentre sur la scène politique en fondant le Rassemblement du peuple français. Le succès de ce mouvement aux élections municipales du mois d'octobre incite le général de Gaulle à contester, à travers le défaut de représentativité de l'Assemblée, la légitimité du régime, cependant que le R.P.F. pénètre au Parlement, où il parvient à enrôler, grâce à la technique de l'intergroupe et de la double appartenance, un certain nombre de députés. A cette menace vient s'ajouter, à partir de 1948, celle qui résulte du redressement des modérés, qui s'efforcent de regrouper leurs éléments dispersés et de coordonner leur action sous l'étiquette du Centre national des indépendants. Entre les deux périls du communisme et du gaullisme, les partis intermédiaires vont rechercher une voie moyenne : c'est la « troisième force », qui englobe désormais, à côté des socialistes et du M.R.P., une partie des radicaux et quelques modérés. Mais la combinaison repose sur des équilibres fragiles et, en dépit de la double menace qui pèse sur elle de l'extérieur, elle ne parvient que très difficilement à surmonter ses propres contradictions (notamment sur le plan scolaire et sur le plan économique). La troisième force ira s'amenuisant et ne subsistera jusqu'à la fin de la législature que pour tenter d'assurer, grâce au système des apparentements, sa survie au-delà de l'échéance électorale.

En dépit du jeu des apparentements (système destiné à fausser la représentation proportionnelle en limitant la répartition des sièges aux partis qui se sont « apparentés » dans une circonscription, à condition que ceux-ci aient obtenu la majorité absolue des suffrages), les élections de juin 1951 sont caractérisées par l'entrée en force du R.P.F. à l'Assemblée nationale. La gauche sort singulièrement affaiblie de la consultation : les communistes perdent 500 000 voix et n'ont plus que 103 sièges, au lieu de 177 ; les socialistes tombent de 3 400 000 voix à 2 700 000. Quant au M.R.P., principale victime de la poussée gaulliste, il perd la moitié de ses voix et de ses sièges. Les gaullistes obtiennent plus de 4 millions de voix et emportent 118 sièges.

Dans ces conditions, la reconduction de la troisième force n'est pas concevable : après deux ministères de transition (Pleven et Edgar Faure), la législature bascule vers le centre droit (ministères Pinay et Laniel), à partir du moment où le gaullisme parlementaire se laisse entraîner dans le jeu du système. Seule l'expérience Mendès France (juin 1954-février 1955) interrompt cette évolution, au profit d'une combinaison qui s'appuie sur les radicaux, les gaullistes et une partie des modérés, tout en bénéficiant, à l'extérieur, de la neutralité communiste et du soutien socialiste, mais qui reste soumise à l'hostilité du M.R.P. La parenthèse refermée, le second ministère E. Faure revient à une combinaison de centre droit, qui caractérise bien l'axe principal de la législature.

C'est la dissolution prononcée par le président E. Faure qui va provoquer, par anticipation sur la date normale, les élections du 2 janvier 1956. Celles-ci sont caractérisées par une poussée à gauche et par une redistribution des forces de la droite. Les communistes regagnent une partie du terrain perdu en 1951. Socialistes et radicaux, unis sous la bannière du Front républicain, améliorent sensiblement leurs performances et vont pouvoir prétendre à la direction du gouvernement. Au centre, le M.R.P. paraît stabilisé ; mais, à droite, les gaullistes subissent une défaite sévère et ne peuvent plus prétendre jouer aucun rôle parlementaire : leurs dépouilles électorales sont recueillies, principalement, par le Centre national des indépendants, qui atteint un chiffre record de suffrages, mais aussi par une nouvelle formation, l'Union de défense des commerçants et artisans (mouvement Poujade), qui remporte de grands succès dans les départements du Centre et du Midi. Après un gouvernement de « front républicain », qui devait battre, sous la présidence de Guy Mollet, le record de longévité de la IVe République, les difficultés financières et les déboires de la politique algérienne conduisirent à des gouvernements de centre gauche, présidés par des radicaux (Bourgès-Maunoury, Gaillard) et dans lesquels on peut voir une sorte de réédition de la troisième force, dressée à la fois contre les communistes et contre l'opposition extra-parlementaire (gaullistes et partisans de l'Algérie française).

L'opinion publique a donc une part de responsabilité dans le comportement erratique des formations politiques. Mais les états-majors des partis ne sont pas, pour autant, à l'abri de toute critique. Constitués en chapelles idéologiques, barricadés derrière leur intransigeance, le plus souvent rongés de l'intérieur par les conflits de personnes, les partis sont manifestement plus soucieux de la défense de leurs positions que de l'intérêt public. Mais le qualificatif de « République des partis » qui a été attribué à la IVe République n'en apparaît pas moins fallacieux. S'il correspond à la psychologie d'une large fraction de la classe politique, il demeure assez éloigné de la réalité. Parce qu'ils sont trop nombreux, les partis sont très faibles. Les effectifs d'adhérents fondent tout au long de la IVe République : à la fin de celle-ci, il n'y a sans doute pas plus de 500 000 électeurs qui possèdent la carte d'un parti. La plupart des formations politiques, à l'exception du parti communiste, se réduisent à un comité directeur et à des comités électoraux ; entre la base et le sommet, le courant ne passe plus, parce qu'il n'y a ni implantation réelle dans le pays ni encadrement véritable du corps électoral. Et parce qu'ils sont trop faibles, les partis sont impuissants à contrôler le jeu politique. Chaque mouvement d'opinion donne naissance à une nouvelle formation, souvent aussi éphémère que celles qu'elle entend remplacer. En face de ces partis, les intérêts organisés se déchaînent : tantôt ils parviennent à coloniser tel ou tel parti, qui devient celui de l'école libre ou des petits fonctionnaires ou des agriculteurs ; tantôt, et plus souvent encore, ils pratiquent un jeu de surenchère et de marchandage qui leur permet d'investir tous les partis et, à travers eux, le Parlement, le gouvernement et l'administration. La défaillance des forces politiques finit par livrer la puissance publique à la pression des intérêts, dont seul le caractère contradictoire atténue la nocivité. De tous ces phénomènes, l'opinion publique n'est pas dupe : aussi les partis, sommairement identifiés au régime, sont-ils largement discrédités quand la IVe République doit affronter l'épreuve de force à Alger.

L'instabilité ministérielle

Dans ces conditions, il est facile de comprendre que le jeu des forces politiques a pesé très lourdement et très fâcheusement sur le fonctionnement du régime. De l'équilibre que les constituants avaient entendu établir entre l'exécutif et le législatif, il ne reste bientôt plus rien : l'instabilité ministérielle devient monnaie courante et prend un caractère encore plus accusé que sous la IIIe République. A vrai dire, ce phénomène n'a pas toujours été correctement analysé : certes, les ministères se succèdent à un rythme accéléré, et les périodes de vacance du pouvoir — il faut parfois quatre à cinq semaines pour sortir d'une crise ministérielle — paralysent fréquemment toute capacité de décision à la tête de l'État. Mais la crise est inhérente au système des coalitions gouvernementales, qui dépend lui-même de la pluralité et de la faiblesse des partis. L'examen de la pratique montre que l'instabilité ministérielle n'engendre pas toujours l'instabilité politique : les changements d'orientation (passage du tripartisme à la troisième force, de la troisième force au centre droit, etc.) demeurent exceptionnels et ne coïncident pas forcément avec les changements de gouvernement. C'est à l'intérieur d'une relative continuité que se produisent la plupart des crises. On a pu considérer celles-ci comme des moyens de gouvernement, tant il est vrai que chaque équipe ministérielle était constituée autour d'une majorité pour résoudre un problème déterminé ; dès qu'un obstacle nouveau apparaissait, la coalition se disloquait, et la crise servait à trouver une nouvelle combinaison propre à franchir l'obstacle. Contrairement aux apparences, l'instabilité ministérielle est donc une manifestation de l'immobilisme, plutôt qu'une preuve de l'instabilité politique.

Cette pratique a cependant eu de déplorables conséquences. Outre les effets psychologiques sur l'opinion publique, elle a entraîné de sérieuses perturbations dans les rapports entre le gouvernement et l'Assemblée. Ceux-ci sont caractérisés, pendant toute la IVe République, par une sorte d'interversion des rôles. Paralysée par ses divisions, et accaparée par ses fonctions de contrôle, l'Assemblée est hors d'état d'assumer la plénitude de la fonction législative ; elle est donc amenée à consentir périodiquement, à chaque gouvernement nouveau, des lois de délégation de pouvoirs qui aboutissent à transférer, sinon en droit, du moins en fait, au gouvernement une partie considérable de l'activité législative. Ce procédé, d'abord utilisé pour résoudre les questions économiques et financières, fut ensuite étendu à la solution des questions les plus diverses à la faveur de la crise algérienne. Le rite de la délégation de pouvoirs finit par prendre rang dans le cérémonial du règlement des crises ministérielles. Mais, par un curieux retour des choses, l'abus du contrôle parlementaire aboutissait à dessaisir l'exécutif de son pouvoir d'initiative et de décision. Pas une mesure importante ne fut prise sans avoir été préalablement soumise à la délibération de l'Assemblée. Ces errements s'étendirent même au domaine, traditionnellement réservé à l'exécutif, de la politique étrangère, et l'on vit parfois l'Assemblée s'engager dans de longs débats et procéder à de nombreux votes sans parvenir pour autant à dicter une ligne de conduite à la coalition gouvernementale. Ainsi, au moment même où l'Assemblée se déchargeait sur le gouvernement d'une large partie du fardeau législatif, la même Assemblée s'immisçait-elle dans l'exercice de la fonction gouvernementale. S'il fallait à tout prix chercher un qualificatif pour caractériser le régime effectif de la IVe République, c'est bien celui de régime d'Assemblée qui conviendrait. Mais cette qualification est, elle-même, trompeuse si elle évoque une Assemblée souveraine et omnipotente. Certes, l'Assemblée traite le gouvernement comme un simple commis chargé d'exécuter sa politique ; mais l'Assemblée est encore plus divisée que le gouvernement, et les deux pouvoirs sont plus unis dans une impuissance commune qu'ils ne sont hiérarchisés l'un par rapport à l'autre. Aussi ne faut-il pas s'étonner que le régime ait été incapable de résister à l'affrontement de la crise nationale provoquée par l'affaire algérienne en mai 1958 ; mais la paralysie des centres de décision explique aussi le rôle joué par l'Administration dans les réformes intervenues sous la IVe République.

Le bilan du régime

Malgré les difficultés de fonctionnement, il n'est pas, en effet, entièrement négatif. Il faut d'abord reconnaître que la IVe République a opéré un redressement méritoire sur le plan économique. Les tâches de la reconstruction, mais surtout celles de la modernisation étaient immenses. Aidés par les crédits accordés à l'Europe au titre du plan Marshall, à partir de 1948, portés par une conjoncture internationale favorable à partir de 1952, les dirigeants de la IVe République ont réussi non seulement à rénover l'appareil de production, mais aussi à relever le niveau de vie de la majorité des Français. Dans cet effort, l'initiative privée a été constamment stimulée par les incitations publiques, qu'il s'agisse de la planification ou de la politique du crédit. C'est sans aucun doute en ce domaine que la neutralisation relative du pouvoir politique a été le mieux compensée par la ténacité d'équipes de hauts fonctionnaires et de techniciens. Mais la faiblesse de l'Assemblée et des gouvernements successifs a eu pour effet d'assurer la prospérité des Français aux dépens de la fortune de l'État. Quand la crise du mois de mai 1958 est survenue, les caisses du Trésor étaient vides, et le crédit de la puissance publique épuisé.

Dans l'ordre des affaires intérieures, la IVe République n'aura laissé la trace d'aucun bouleversement des structures. Elle s'est contentée d'aménagements mineurs, tant en ce qui concerne la haute administration que la gestion des collectivités locales. Cette prudence peut s'expliquer de plusieurs manières : après la coupure de Vichy, le rétablissement des mécanismes démocratiques et des traditions républicaines constituait une sorte de victoire sur laquelle on était tenté de se reposer. D'autre part, il y avait fort à faire pour consolider les réformes accumulées au lendemain de la Libération et amortir les effets des changements intervenus dans la gestion des entreprises publiques. Ces explications ne justifient pas, malgré tout, une forte dose d'imprévoyance : les conséquences de l'exode rural n'ont pas été aperçues à temps ; il aurait fallu en prévoir plus tôt les répercussions, tant sur le plan de l'administration locale que sur celui de l'urbanisme et de la politique du logement. De même, la poussée démographique des années 1945-1950 aurait dû inciter les pouvoirs publics à réformer profondément les structures de l'enseignement plutôt qu'à prolonger la guerre des écoles. Mais la guérilla quotidienne entre le Parlement et le gouvernement, les rivalités permanentes entre les partis rendaient impossible l'élaboration de grands projets. Ce n'est pourtant pas de cette défaillance que la IVe République est morte, mais plutôt de sa politique extérieure ou, plus exactement, dans son incapacité à résoudre les problèmes d'outre-mer.

Les problèmes extérieurs

Au chapitre de la politique étrangère, la IVe République peut faire état d'une remarquable continuité sur deux plans complémentaires. En premier lieu, la majorité des dirigeants a pris clairement parti, dès 1949, en faveur de la coalition atlantique, destinée à protéger l'Europe occidentale contre la menace d'une agression soviétique. Cette option, qui contraste avec la politique d'équilibre entre les blocs, symbolisée par le traité de Moscou de décembre 1944, s'explique par la tension provoquée par la guerre froide. Mais la fidélité « atlantique » du régime ne se démentira pas. Sur un autre plan, cependant, les dirigeants de la IVe République ont opté en faveur d'une solution, l'intégration européenne, qui tendait à contrebalancer l'influence excessive des États-Unis au sein de la coalition antisoviétique. Dès mai 1950, R. Schuman lance l'idée du « pool charbon-acier », qui deviendra, l'année suivante, la Communauté européenne du charbon et de l'acier. Si le projet de Communauté européenne de défense échoue devant le Parlement français, en août 1954, et entraîne avec lui l'abandon du projet de Communauté politique qui lui était associé, l'initiative est reprise, en 1957, avec les traités de Rome, qui instituent le Marché commun et l'Euratom. En 1958, la France est donc engagée dans une vaste entreprise d'intégration avec ses cinq partenaires de l'Europe occidentale. La constance des efforts est, ici, tout à fait remarquable.

La même obstination fut apportée, mais, hélas! dans le mauvais sens, pour tenter de résoudre les problèmes d'outre-mer. Jamais les dirigeants ne semblent avoir correctement interprété les signes avant-coureurs de la révolte des colonies. Fidèles aux mythes de l'assimilation et de la « plus grande France », ils ne surent comprendre que les réformes libérales n'avaient quelque chance d'être appréciées que si elles s'inscrivaient dans la perspective de l'indépendance. C'est pourquoi l'Union française devait rester un cadre vide. Les territoires d'outre-mer placés sous tutelle des Nations unies (Togo, Cameroun) ne pouvaient pas disposer librement de leur sort, pas plus que la France, puissance administrante, ne pouvait disposer du leur. La catégorie d'État associé avait été prévue pour accueillir les protectorats : la longue guerre d'Indochine, terminée par la défaite de Diên Biên Phu et par les accords de Genève, ruina tous les espoirs de coopération institutionnelle avec les nouveaux États indépendants de la péninsule. Quant aux protectorats d'Afrique du Nord, leurs souverains refusèrent la qualité d'État associé ; ils préférèrent revendiquer, et finir par obtenir, non sans mal, en 1957, l'indépendance pure et simple. Ces événements affectèrent déjà sensiblement une opinion encore très marquée par le nationalisme. Mais la crise fut portée à son point culminant par le démantèlement de la « République française ». Celui-ci fut amorcé, officiellement, dès 1956, par la loi-cadre modifiant le statut des territoires d'outre-mer (Afrique noire et Madagascar). La mesure fut cependant accueillie avec une relative indifférence. Il ne pouvait en être de même avec le sort de l'Algérie, remis en question par la rébellion dès 1954 ; l'existence d'une forte minorité d'origine européenne, les liens très étroits avec la France rendaient aux yeux de très nombreux citoyens toute solution d'abandon impossible. Dès lors, la France dut s'engager dans une longue guerre antisubversive, qui menaça progressivement de se transformer en guerre civile. Quand, au lendemain de la révolte du 13 mai 1958, les généraux pactisèrent avec les partisans de l'Algérie française, le régime était littéralement à bout de forces. Sa chute demeura cependant conforme au génie du compromis qui avait été le sien. Plutôt que de céder aux chefs militaires ou de courir le risque d'une guerre civile, il préféra louvoyer et passer la main au général de Gaulle (dont les partisans avaient souvent eu partie liée avec les émeutiers d'Alger), qui devait aussitôt faire payer son concours d'un changement de régime. Ainsi se vérifie une fois de plus cette sorte de loi qui veut que le sort des institutions soit lié à celui des camps qui s'affrontent pour contrôler le pouvoir.

III. LA Ve RÉPUBLIQUE

Le nom de la Ve République a toujours été et restera sans doute longtemps encore associé à celui du général de Gaulle. Le nouveau régime lui doit en effet non seulement sa naissance, mais aussi son statut et, surtout, son style initial. Mais la Ve République a survécu à la retraite de son fondateur. Le régime devait donc évoluer, surtout si l'on tient compte de sa forte tendance à la personnalisation du pouvoir. Si l'on veut dresser un bilan du régime et, surtout, se risquer à quelque pronostic, il faut suivre sa transformation à travers les incarnations successives qu'il a connues, depuis Charles de Gaulle jusqu'à Valéry Giscard d'Estaing en passant par Georges Pompidou.

La République gaullienne

Du point de départ (juin 1958) au point d'arrivée (avril 1969), cette première phase est marquée par la personnalité exceptionnelle du général de Gaulle. Le personnage qui sort de sa retraite pour offrir ses services au pays n'est pas un Gaston Doumergue venu replâtrer une combinaison ministérielle ni même aider à franchir une passe difficile. Depuis le 18 juin 1940, il se considère comme « investi par l'Histoire » d'une mission dont le cours n'a été qu'interrompu par sa démission de chef du gouvernement en janvier 1946. L'échec de la IVe République lui laisse désormais le champ libre pour achever sa mission : redresser la France pour lui permettre d'accéder à la hauteur des ambitions qu'il lui prête et en dehors desquelles elle perdrait son âme. Pour cela il importe avant tout de changer le régime détestable adopté, contre ses conseils, en 1946. C'est pourquoi, en échange des pleins pouvoirs qui lui sont accordés pour régler le problème algérien, il demande et il obtient pour son gouvernement une sorte de délégation du pouvoir constituant, grâce à laquelle il pourra, sous réserve de l'approbation populaire par voie de référendum, choisir de nouvelles institutions. La nouvelle Constitution introduit des changements considérables dans la distribution du pouvoir. Mais c'est surtout la pratique qui va modeler, progressivement, le visage du nouveau régime.

Le cadre institutionnel

Le texte élaboré par le gouvernement et approuvé à une très forte majorité (80 p. 100) par le référendum du 28 septembre 1958 résulte, pour l'essentiel, d'un compromis entre les idées exposées par le général de Gaulle dans le fameux discours de Bayeux (juin 1946) et les thèses réformatrices des dirigeants les plus lucides de la IVe République. L'autorité du chef de l'État est renforcée ; son corps électoral est élargi au-delà des limites du Parlement ; ses attributions sont étendues, aussi bien en période normale (pouvoir discrétionnaire de dissolution, sauf pendant la première année de chaque législature ; droit de recourir au référendum) qu'en période de crise (le célèbre article 16) ; il se voit enfin reconnaître une fonction d'« arbitrage », qui peut être interprétée comme un moyen d'assurer l'équilibre entre les pouvoirs publics. L'aménagement de ceux-ci subit des retouches sensibles : au sein du Parlement, la seconde Chambre retrouve son titre de Sénat, mais ne recouvre pas toutes les prérogatives du Sénat de la IIIe République. Le Conseil économique devient le Conseil économique et social ; il bénéficie désormais d'une représentativité plus satisfaisante, mais ses pouvoirs demeurent strictement consultatifs. Du côté du gouvernement, le changement de terminologie, qui fait désormais du président du Conseil un « Premier ministre », semble présager un renforcement de l'exécutif, puisque l'article 20 déclare que « le gouvernement détermine et conduit la politique de la nation », et l'article 21 que « le Premier ministre dirige l'action du gouvernement ».

Ce sont surtout les rapports entre les pouvoirs publics qui sont affectés par les dispositions constitutionnelles. Celles-ci maintiennent formellement le principe du régime parlementaire, qui veut que le gouvernement soit responsable devant l'Assemblée nationale ; mais ces dispositions s'efforcent de combiner ce principe avec la règle de la « séparation des pouvoirs ». En réalité, cette séparation est conçue de telle manière qu'elle assure plutôt la supériorité de l'exécutif sur le législatif. En un mot, l'Assemblée perd la souveraineté dont elle était dépositaire sous la IVe République. Elle ne peut se réunir que dans la limite des sessions fixées par le texte constitutionnel ; l'élaboration de son règlement est soumise à l'appréciation d'un Conseil constitutionnel habilité à annuler toutes les dispositions de ce règlement qui seraient contraires à la Constitution ; ses pouvoirs législatifs sont eux-mêmes étroitement délimités par l'article 34 de la Constitution, qui autorise le gouvernement à prendre des règlements dans tous les domaines qui ne sont pas expressément réservés au « législateur », et c'est encore le Conseil constitutionnel qui est qualifié pour trancher souverainement les litiges opposant, en cette matière délicate, le gouvernement et le Parlement ; enfin, toute une série de dispositions « procédurales » régissent le travail parlementaire (fixation de l'ordre du jour, travail des commissions) dans un sens favorable aux initiatives gouvernementales et aménagent le contrôle parlementaire (question de confiance et motion de censure) de telle façon que l'exécutif se trouve à l'abri d'une opposition de fortune et puisse continuer à obtenir le concours du Parlement, même en matière législative, aussi longtemps que l'Assemblée nationale ne lui a pas manifesté sa défiance par un vote acquis à la majorité absolue de ses membres.

Telles étaient les principales mesures destinées à établir enfin, selon la formule d'un des auteurs de la Constitution, Michel Debré, le « vrai régime parlementaire ». On aurait pu, effectivement, imaginer que la Constitution soit appliquée dans cet esprit et conduise à un système amélioré, de style plus britannique que français, mais conforme au génie du parlementarisme. En réalité, ces précautions furent accumulées sous l'effet de la hantise de l'instabilité ministérielle et se trouvèrent, paradoxalement, rendues inutiles par l'installation à l'Assemblée nationale d'un parti dominant, puis majoritaire. Mais elles furent surtout détournées de leur sens initial par l'action du général de Gaulle, qui, prenant habilement appui sur les circonstances, fit basculer le régime vers une sorte de présidentialisme.

L'affirmation du pouvoir présidentiel

Les circonstances ont eu leur part, à côté de la volonté humaine, dans la transformation du régime. Au cours de la première phase (1958-1962), c'est la solution du problème algérien qui commande tout le jeu politique. Certes, le général de Gaulle, élu président de la République en décembre 1958, n'avait nullement caché ses intentions de prendre personnellement en main le destin du pays. Mais l'immense majorité des Français — y compris bon nombre des adversaires du chef de l'État — faisaient confiance à ce dernier pour trouver une issue au drame algérien. Contre le gouvernement présidé par Michel Debré, gaulliste de stricte obédience, mais aussi suspect en raison de ses prises de position antérieurement favorables à l'Algérie française, les partis et le Parlement, appuyés en cela par un fort courant d'opinion, misèrent sur le chef de l'État. Celui-ci ne tarda pas à apparaître comme le véritable chef de l'exécutif, dont les ministres, y compris le Premier d'entre eux, ne pouvaient être que les fidèles auxiliaires. La transformation du régime était donc largement amorcée, avec la connivence d'une bonne partie du pays, lorsque survint la crise de 1962 qui inaugure la seconde phase de l'évolution.

L'affaire algérienne étant considérée comme résolue par les accords d'Évian et par l'accès du territoire à l'indépendance, les partis espéraient pouvoir récupérer leur liberté de manœuvre. Mais le général de Gaulle, profitant de l'émotion suscitée par l'attentat manqué du Petit-Clamart (septembre 1962), décida de soumettre au pays, par voie de référendum, un projet de loi modifiant la Constitution et destiné à faire élire le chef de l'État au suffrage universel. Ce projet se heurta aussitôt à la résistance de la classe politique, qui, hantée par le spectre du second Empire, vit, dans l'initiative du général de Gaulle, une manœuvre propice à l'instauration d'une dictature légale. Il fut d'autant plus facile de mobiliser les opposants que la procédure choisie était pour le moins insolite, le référendum ne figurant pas parmi les moyens de révision prévus par la Constitution. C'est dans ces conditions qu'une motion de censure, votée à la majorité absolue le 5 octobre 1962, obligea le gouvernement de Georges Pompidou à démissionner. A travers le gouvernement, le conflit était donc ouvert entre le chef de l'État et l'Assemblée. Or, le général de Gaulle devait gagner contre l'Assemblée deux batailles décisives : il réussit à faire approuver son projet par une majorité confortable (61,7 p. 100), et ses partisans remportèrent, quelques semaines plus tard, les élections consécutives à la dissolution qui avait sanctionné aussitôt la motion de censure.

Dès lors, le régime évolue dans le sens d'un renforcement de l'autorité présidentielle. Celle-ci s'exerce pratiquement sans partage à la tête des affaires de l'État – sauf pour les questions mineures, dont le gouvernement conserve la charge quotidienne. Toutes les décisions importantes sont effectivement prises à l'Élysée, dans des conditions et selon des méthodes qui déroutent parfois les observateurs. L'Assemblée est traitée comme une simple chambre d'enregistrement, « chargée de faire de bonnes lois », c'est-à-dire de voter les projets qui lui sont présentés par le gouvernement. Il n'est pas jusqu'à l'autorité judiciaire qui ne sente son indépendance menacée par certains propos du chef de l'État, qui considère sa mission de guide suprême comme fondée sur un mandat populaire avant même que la réforme constitutionnelle de 1962 soit entrée en application.

Car l'autorité présidentielle est aussi, il faut prendre garde de l'oublier, une autorité populaire : les « bains de foule » au cours de nombreuses tournées provinciales, les interviews, les conférences de presse, les allocutions radio-télévisées, les consultations référendaires, à l'occasion desquelles la menace de démission est toujours agitée, sont autant de moyens d'en appeler au peuple pardessus la tête de tous les intermédiaires. Les démocrates qui s'insurgent contre la personnalisation excessive du pouvoir sont dans une position fort embarrassante, puisque les Français n'ont jamais autant voté que sous la Ve République.

Certes, l'élection présidentielle de 1965 marque un recul sensible de l'influence du général de Gaulle, qui est mis en échec au premier tour de scrutin et qui ne recueille au second tour que 55 p. 100 des suffrages exprimés. Ce succès modeste ouvre cependant un nouveau septennat qui devrait logiquement confirmer les traits du précédent. Même avec une majorité parlementaire réduite, comme ce fut le cas à partir des élections de mars 1967, le régime paraît devoir jouer gagnant. Véritable chef de l'exécutif, le président de la République est, du fait de son irresponsabilité, à l'abri des critiques parlementaires, qui ne peuvent atteindre que le gouvernement. Mais il bénéficie également de la hiérarchisation des pouvoirs établie par la Constitution de 1958 et dispose, de ce fait, de pouvoirs plus étendus que ceux du président des États-Unis face au Congrès. La combinaison originale du parlementarisme et du régime présidentiel assure à l'exécutif le maximum d'indépendance et d'autorité dont on puisse rêver dans une démocratie. Or, cette conception du pouvoir repose sur l'hypothèse d'un soutien populaire constant. Ce dernier vient-il à manquer, tout l'édifice s'effondre : faute d'avoir ménagé des issues à l'intérieur du système, on est acculé à la crise de régime ou à l'abdication du monarque républicain. De ces deux éventualités, le général de Gaulle devait aussi faire l'expérience. Si le pouvoir charismatique s'impose aisément en temps de crise, il doit savoir composer avec les autres forces politiques quand un régime atteint sa vitesse de croisière.

Le jeu des forces politiques

Bien que les partis et les forces politiques fussent pour la première fois officiellement reconnus par la Constitution de 1958, les uns et les autres n'ont exercé qu'une influence secondaire sur l'orientation de la République gaullienne. Cela tient d'abord au prestige personnel du général de Gaulle ; mais cela provient aussi du fait qu'une majorité parlementaire va se constituer pour soutenir l'action présidentielle et que, face à cette majorité, l'opposition ne parviendra jamais à offrir à l'opinion publique une alternative crédible. C'est pourtant une explosion de forces populaires qui va ébranler le régime en 1968 et une coalition de partis qui va contraindre le chef de l'État à la démission en 1969.

Les élections législatives de novembre 1958 n'avaient pas apporté de révélations bouleversantes : socialistes et républicains populaires maintenaient, au premier tour, leurs voix et leur pourcentage ; les radicaux perdaient quelque 500 000 voix par rapport aux élections de 1956, mais les communistes en perdaient 1 700 000 et tombaient pour la première fois depuis 1945 au-dessous de 19 p. 100 des suffrages. Les poujadistes disparaissaient pratiquement de la scène électorale et l'Union pour la nouvelle République (U.N.R.), nouveau parti gaulliste, emportait avec 3 600 000 voix (contre 4 125 000 pour le R.P.F. en 1951) 17,6 p. 100 des suffrages. Les indépendants progressent d'un million de voix et deviennent, avec près de 20 p. 100 des suffrages, la formation la plus importante sur le plan électoral. Hormis la chute impressionnante des voix communistes, l'électorat semble manifester une relative stabilité. Mais la substitution du scrutin uninominal à deux tours à la représentation proportionnelle devait accentuer les écarts et peupler l'Assemblée d'une majorité de députés favorables, sous diverses étiquettes, à la politique algérienne du général de Gaulle.

Compte tenu des positions prises par les partis au cours de la crise de 1962, les élections législatives du mois de novembre confirmèrent la poussée des gaullistes, qui obtinrent, dès le premier tour, plus de 5 800 000 suffrages. Du côté des opposants au référendum, les communistes regagnent un peu du terrain perdu (4 000 000 de voix contre 3 800 000). Mais le trait le plus caractéristique de ces élections est le déclin des formations intermédiaires : à gauche, socialistes et radicaux enregistrent une forte déperdition en voix (1 800 000) et en pourcentage (13 p. 100 au lieu de 26 p. 100). Il en va de même du M.R.P., qui perd 800 000 voix et tombe de 11,6 à 5,1 p. 100 des suffrages. Quant au centre droit, il est divisé entre les indépendants, qui sont favorables au général de Gaulle, et les nostalgiques de l'Algérie française. L'extrême droite est réduite à néant.

Dans ces conditions, deux tactiques s'offraient aux adversaires du régime : la première correspond à la tentative que fit Gaston Defferre (socialiste) en vue des élections présidentielles et qui consistait à rassembler, en dehors des communistes, tous les adversaires du gaullisme, de la S.F.I.O. au M.R.P. On peut voir là une tentative de reconstitution de la « troisième force ». Cette tentative devait échouer par suite de la rupture des négociations entre socialistes et républicains populaires. La seconde tactique fut celle de François Mitterrand, qui se porta, seul, candidat aux élections présidentielles de 1965 et se présenta comme candidat de toute la gauche, communistes compris. Malgré les rancœurs accumulées contre le gaullisme par certains électeurs du centre (qui n'hésitèrent pas à voter Mitterrand au second tour), cette combinaison était vouée à l'échec en raison de la défiance inspirée à la majorité de l'opinion par le parti communiste.

Mais la tactique de l'union de la gauche faillit bien réussir en mars 1967. Mitterrand avait créé la Fédération de la gauche démocrate et socialiste (regroupant les socialistes, les radicaux et les membres des clubs) ; il avait même constitué, à la manière britannique mais de façon tout à fait officieuse, un « contre-gouvernement ». Les accords électoraux conclus en décembre 1966 entre la F.G.D.S. et le parti communiste furent scrupuleusement respectés aux élections législatives de 1967, et les partis gouvernementaux (U.N.R. et indépendants) ne conservèrent que de justesse une majorité, absolue mais précaire.

Conformément à la logique de l'élection présidentielle, les forces politiques semblaient en voie de regroupement autour d'une majorité et d'une opposition ; mais les deux coalitions en présence n'étaient ni équivalentes ni interchangeables. Si l'on assiste à quelques escarmouches, du côté de la majorité, entre gaullistes et indépendants, la cohésion du soutien parlementaire à l'action du chef de l'État n'est pas en cause, du moins jusqu'en 1969. Du côté de l'opposition, l'entente est beaucoup moins solide entre communistes et socialistes, qui n'iront pas au-delà, en février 1968, d'une « déclaration commune » où l'énoncé des divergences voisine avec celui des points d'accord. On est encore loin de ce que sera, quatre ans plus tard, le « Programme commun de gouvernement ». C'est surtout la politique étrangère qui divise la gauche, les communistes approuvant une partie de la stratégie gaulliste (équilibre entre l'Est et l'Ouest, retrait de l'O.T.A.N.) alors que les socialistes restent beaucoup plus favorables à l'Alliance atlantique et à l'intégration européenne. Mais l'opposition comprend aussi des « centristes » (démocrates-chrétiens, radicaux, modérés) qui se définissent à la fois contre la gauche et contre la politique intérieure et extérieure du général de Gaulle. Eût-elle emporté les élections de 1967 ou celles qui eurent lieu, après dissolution de l'Assemblée, en 1968, l'opposition aurait été fort en peine de gouverner.

Ces formations sont d'ailleurs tout à fait étrangères à l'explosion des « événements » de mai 1968, qui prendront par surprise les états-majors de tous les partis et des syndicats aussi bien que les gouvernants. La gauche cherchera à récupérer sur-le-champ la révolte, qui, partie des universités, s'étendra, comme une traînée de poudre, à de larges couches de la population. Mais, dans cette course de vitesse, elle sera battue sur le poteau grâce au sursaut tardif mais victorieux du général de Gaulle. C'est, par contre, la classe politique exclue du pouvoir depuis dix ans qui prendra sa revanche sur le chef de l'État à l'occasion du référendum manqué de 1969. Les forces politiques de l'opposition finiront donc par avoir raison de leur adversaire, mais ce fut en partie avec la complicité de celui-ci et sans pouvoir, en raison de leurs querelles intestines, tirer profit de leur victoire.

Politique intérieure et politique extérieure

La République gaullienne n'aura duré que dix ans, mais elle aura profondément marqué la vie du pays. Cela tient, pour une part, à l'effort de redressement accompli dans tous les domaines, depuis les finances jusqu'à l'administration en passant par l'éducation et les universités. Si l'on excepte ces dernières, qu'il fallut tirer de l'ornière où elles étaient tombées en 1968, aucune réforme marquante n'aura cependant été prise. Le changement vient de ce que les affaires sont traitées avec compétence et autorité et que la continuité est assurée à la tête de l'État. C'est surtout dans le domaine des affaires extérieures que les innovations vont se succéder, au point de modifier complètement la place de la France sur l'échiquier mondial.

Le « grand dessein » du général de Gaulle ne se révélera pourtant que progressivement. Il lui faut tout d'abord régler le problème algérien, qui absorbe toute l'énergie du pays. Ce sera chose faite en 1962, non sans difficiles tractations avec l'adversaire et non sans un dur combat contre les partisans de l'Algérie française, qui bénéficieront à deux reprises de la complicité d'une partie de l'armée. Bien que négociée, l'indépendance de l'Algérie n'était pas un titre de gloire, pas plus que l'indépendance rapidement acquise par les jeunes États africains, qui se dégageront, dès 1960, du cadre trop rigide de la « Communauté » établie à leur intention par la Constitution de 1958. De ces déboires, le général de Gaulle devait cependant tirer argument pour se poser, à partir de 1962, en champion de la décolonisation et en interlocuteur privilégié du tiers monde. Du côté européen, il acceptera l'héritage du traité de Rome et l'ouverture du Marché commun à la date initialement prévue (1er janvier 1959). Mais il apparaîtra par la suite comme le défenseur intransigeant de l'intérêt national, allant jusqu'à boycotter pendant six mois (1965) les institutions de Bruxelles pour prévenir toute velléité d'intégration communautaire. Artisan d'une réconciliation spectaculaire avec la République fédérale d'Allemagne (traité de 1963), il s'opposera à la candidature britannique au Marché commun pour éviter, par Grande-Bretagne interposée, la pénétration de l'influence américaine dans les affaires de l'Europe. En même temps, il prend ses distances vis-à-vis des États-Unis, refuse la signature du traité de 1963 portant interdiction des expériences nucléaires, retire la France de l'O.T.A.N. (1966), critique ouvertement la politique américaine au Viêt-nam (1966), prône le retour à l'étalon-or pour remplacer la suprématie du dollar, fait une tournée triomphale en Amérique latine (1964), soutient l'indépendance du Québec (1967) et multiplie les avances en direction de l'U.R.S.S. (1967) et des démocraties populaires (Pologne, 1967 ;

Les élections législatives pendant les dix premières années de la Ve République (résultats du 1er tour de scrutin).

Étiquettes politiques	*23 novembre 1958*	*18 novembre 1962*	*5 mars 1967*	*23 juin 1968*
Parti communiste	3 907 763	4 003 553	5 029 808	4 435 357
Extrême gauche non communiste (U.F.D., puis P.S.U.)	261 738	427 467	506 592	814 212
Socialistes (S.F.I.O.)	4 193 786	2 298 729		
Fédération de la gauche			4 207 166	3 654 003
Radicaux	1 503 787	1 429 649		
M.R.P.	2 273 281	1 665 695		
Centre démocrate, puis P.D.M.			2 864 272	2 290 165
Centre national des Indépendants	4 502 449	1 404 177		
Républicains indépendants		1 089 348		917 539
Gaullistes (U.N.R., puis U.D.R.)	4 010 787	5 855 744	8 453 512	9 663 605
Extrême droite	533 651	159 429	194 776	28 871
ABSTENTIONS	6 241 694	8 608 199	5 404 687	5 631 892
ÉLECTEURS INSCRITS	27 236 591	27 526 358	28 291 838	28 171 635

Le changement du mode de scrutin intervenu en 1958 (passage de la représentation proportionnelle au scrutin majoritaire uninominal à deux tours) rend difficile toute comparaison entre les résultats électoraux de la IVe et de la Ve République. C'est pourquoi on n'a retenu ici que les résultats du 1er tour de scrutin. Sur ce tableau, on notera particulièrement : 1. La relative stabilité du parti communiste ; 2. L'effritement de la gauche non communiste, malgré le regroupement opéré sous la bannière de la F.G.D.S. ; 3. La disparition du M.R.P., en tant que formation politique, à partir de 1962 ; 4. Les hésitations du centre, qui finira pas se scinder en deux groupes, celui qui se rattache aux démocrates-chrétiens et celui qui penche vers le gaullisme ; 5. La montée régulière du gaullisme, qui résulte à l'évidence de l'effondrement des forces du centre et de la droite.

Roumanie, 1968), sans oublier l'ouverture en direction de la Chine, qui sera reconnue dès 1964. Enfin, la guerre des six jours (1967) lui fournit l'occasion de prendre position en faveur des pays arabes. « Homme malade » de l'Europe sous la IVe République, la France est devenue, à la fin des années 60, l'enfant terrible de la politique internationale, présente sur tous les compartiments de l'échiquier et prête, semble-t-il, à prendre la tête d'une sorte de troisième force mondiale qui rivaliserait avec la puissance des deux grands blocs.

Cette stratégie n'était pas exempte de contradictions, et il n'est pas certain qu'elle ait pu se déployer longtemps sans susciter de fortes résistances ; mais elle a surtout été freinée, puis paralysée par les blocages internes. « L'intendance suivra » : même si ce mot est apocryphe, il souligne bien que la politique intérieure devait être, dans la vision du général de Gaulle, au service de la politique extérieure. Or, malgré la vague de prospérité dont le pays bénéficiait, les mécontentements sectoriels et les tensions sociales s'étaient accumulés, sans espoir de trouver une issue dans le fonctionnement du système politique. Au moment même où le général de Gaulle était reçu triomphalement à Bucarest (13 mai 1968), la capitale de la France était aux mains d'émeutiers sortis des universités et d'autant plus dangereux qu'ils agissaient sans programme, avec pour seul objectif de démontrer l'impuissance du pouvoir et la fragilité des institutions. L'escalade de la violence réveilla bientôt toutes les insatisfactions méconnues, dont le débordement finit par recouvrir et par étouffer le mouvement estudiantin. Ce n'est qu'au prix de lourdes concessions sociales (les accords de Grenelle négociés par Georges Pompidou avec les syndicats) et d'un nouvel appel au peuple convoqué pour élire une autre Assemblée nationale que l'ordre put être rétabli après de longues semaines d'un sociodrame sans précédent dans l'histoire et sans équivalent dans le monde.

Dès lors, le charme était rompu, et la faiblesse de la politique française mise à nu. C'est sans doute pour rétablir son prestige entamé que le général de Gaulle décida, contre l'avis de ses conseillers, de soumettre au pays, par voie de référendum, un projet de régionalisation qui comportait, en outre, une profonde réforme du Sénat. La suite des événements montrera que l'opinion française s'intéressait médiocrement à ces projets, qui seront repris ultérieurement (1972) par la voie législative et sous une forme beaucoup plus modeste. Mais l'inconvénient majeur de l'initiative gaulliste était de remettre en cause l'existence du Sénat, vieille institution républicaine, et, à travers lui, de menacer la défense de nombreux intérêts locaux. La démarche était donc imprudente et elle prenait une allure suicidaire dès lors qu'à son habitude le général de Gaulle décidait de lier son sort personnel au résultat de la consultation — ce qu'aucun texte ne l'obligeait à faire. Avant même que les résultats officiels fussent publiés (53 p. 100 de « non »), le général de Gaulle faisait savoir, par un simple communiqué, qu'il cessait d'exercer ses fonctions. Il ne devait même pas revenir à l'Élysée et il s'abstiendra désormais de toute intervention dans la vie publique. L'ombre de l'homme providentiel, qui se retirera dans le silence à Colombey pour y méditer de nouveau sur l'« insignifiance des choses », planera longtemps encore sur la scène politique française. Mais les circonstances de son départ montrent combien il est difficile, même aux grands hommes, de concilier la grandeur de la France avec le bonheur des Français.

La République pompidolienne

« Je ne suis pas le général de Gaulle... » Telles sont les premières paroles prononcées par Georges Pompidou au début de sa campagne présidentielle. Dix-huit mois plus tard, le président Pompidou choisira, pour annoncer aux Français le décès de Charles de Gaulle, cette étrange formule : « La France est veuve... » De l'aveu même du principal intéressé, la différence de stature entre les deux chefs d'État était donc écrasante, et l'héritage du premier très lourd à porter par le second.

Georges Pompidou ne manquait pas, cependant, des qualités indispensables à l'homme d'État. De formation littéraire (normalien), il avait été l'un des collaborateurs personnels du général de Gaulle au lendemain de la Libération. Au Conseil d'État, puis dans la banque, il avait acquis l'expérience de l'administration et des affaires. En 1958, il avait repris du service auprès du nouveau chef de l'État et allait être l'un des principaux négociateurs des accords d'Évian. En avril 1962, il devait succéder comme Premier ministre à Michel Debré et conserver ce poste jusqu'en juillet 1968, date à laquelle il fut, comme son prédécesseur, « mis en réserve de la République ». Bien qu'il eût commis l'imprudence, fort mal appréciée par le général de Gaulle, de dévoiler trop tôt ses ambitions présidentielles, il était, de tous les dirigeants gaullistes, le mieux placé pour assurer la succession. Mais celle-ci ne pouvait s'opérer sans un changement de style, sinon d'orientation politique.

L'autorité n'est plus celle du chef historique, mais plutôt celle du maître qui s'applique, dans les conférences de presse, à exposer avec compétence et clarté le contenu de ses dossiers ; les rêves de grandeur cèdent peu à peu devant une sorte de prudence qui sent son terroir ; le souci de la bonne gestion l'emporte sur les ambitions extérieures, comme il sied à un président de conseil d'administration qui connaît la fragilité de son entreprise et qui sait, d'expérience, qu'elle a besoin de quelque répit après la crise mal cicatrisée de mai 1968 ; les vents d'ouest sont mieux accueillis que ceux qui soufflent du froid par un président plus soucieux d'utiliser les rapports de force internationaux que de les bouleverser. On pourrait dire que le gaullisme s'embourgeoise ; mais c'est bien toujours du gaullisme qu'il s'agit, puisque Georges Pompidou ne se prêtera à aucune transaction quand l'autorité de l'État, l'intérêt du pays ou l'indépendance nationale se trouveront en jeu, comme on le verra surtout à partir de l'automne de 1973 quand la crise du Moyen-Orient changera brusquement les données de la situation internationale. Que serait-il advenu de ce destin si la maladie ne l'avait pas perturbé et la mort soudainement arrêté au printemps de 1974 ? Personne ne le saura jamais ; mais il est sûr que Georges Pompidou ne concevait pas sa mission comme une simple transition vers l'après-gaullisme. Le changement du climat politique et l'aggravation des tensions extérieures vont cependant contraindre le nouveau chef d'État à lutter sur tous les fronts dans des conditions difficiles.

Le réveil des forces politiques

Malgré la permanence d'une opposition, la compétition entre les partis était restée largement factice sous la présidence du général de Gaulle, en raison de la personnalité du chef de l'État, mais aussi du fait de l'incapacité où se trouvaient ses adversaires de constituer un front uni contre lui. L'élection de Georges Pompidou témoigne encore de cet état de choses, puisque socialistes et communistes présentent séparément un candidat à la présidence de la République et que le second tour voit le président du Sénat, Alain Poher, représentant d'un centre droit d'inspiration démocrate-chrétienne et de tendance pro-européenne, s'opposer au candidat gaulliste. Le nouveau président de la République a donc les coudées franches pour constituer un gouvernement homogène et fidèle à la ligne politique du gaullisme.

Du côté des fidèles, on enregistre bien la défection de quelques individualités qui suspectent Georges Pompidou d'être moins gaulliste que de Gaulle. Mais l'U.D.R. soutient, dans son immense majorité, le nouveau Premier ministre, Jacques Chaban-Delmas, qui présente cette particularité d'avoir été l'un des « barons » du gaullisme, en même temps que l'un des piliers de la IVe République. L'U.D.R. acceptera même le geste d'ouverture qui consiste à faire entrer au gouvernement quelques personnalités du Centre Démocratie et Progrès, qui s'étaient opposées, naguère, au général de Gaulle. Chaban-Delmas, soucieux de rénover l'image de marque du gouvernement, va lancer un projet de « nouvelle société » fondé sur la concertation entre groupes sociaux et sur la participation.

Cet effort d'innovation ne parvient pas à séduire les centristes d'opposition et incite la gauche à une vigoureuse contre-offensive. Les premiers continuent à dénoncer la dictature de l'« État U.D.R. » dans l'appareil gouvernemental et administratif et, malgré les satisfactions qui leur seront données sur l'Europe, une politique extérieure trop nationaliste. Les seconds se réorganisent : Georges Marchais et son équipe prennent en main la direction du parti communiste, tandis que François Mitterrand réussit à s'imposer à la tête d'un parti socialiste rénové (juin 1971). Des négociations sont ouvertes entre ces deux partis et le Mouvement des radicaux de gauche pour conclure un accord susceptible de servir de programme de gouvernement en cas de victoire de la gauche aux prochaines élections législatives. C'est vraisemblablement pour déjouer cette tentative, en faisant éclater publiquement un désaccord entre les deux partis de gauche, que le président Pompidou annonce son intention de recourir à la procédure du référendum pour faire ratifier le traité portant adhésion de la Grande-Bretagne à la Communauté économique européenne. La tactique n'était pas mauvaise puisque les communistes donneront la consigne de voter « non » au référendum d'avril pour manifester leur hostilité à l'intégration européenne, tandis que les socialistes, bien que partisans de l'ouverture du Marché commun à la Grande-Bretagne, donneront une consigne d'abstention pour ne pas tomber dans le « piège » tendu par le chef de l'État. Mais cet incident de parcours n'empêchera pas les trois partis concernés de signer le 27 juin 1972 un « Programme commun de gouvernement ». Cet événement bouscule toutes les perspectives de la politique française, car il y a tout lieu de penser qu'une gauche enfin réconciliée (pour la première fois depuis 1947) exercera une attraction beaucoup plus forte sur l'électorat qu'une coalition de partis autour d'un simple accord électoral. Un tel accord avait cependant suffi, en 1967, pour menacer la majorité gaulliste, et chacun, à commencer par le président de la République et le gouvernement, savait que l'Assemblée élue dans la foulée des événements de 1968 ne pourrait être « retrouvée » à l'issue normale de la législature fixée en 1973. La France va, dès lors, entrer dans une campagne électorale permanente qui opposera, avec des fortunes diverses, la majorité et l'union de la gauche.

Au début de juillet 1972, le président Pompidou se sépare de son Premier ministre selon le rituel, désormais bien établi sous la Ve République, d'une démission qui équivaut à une « révocation consentie ». La réputation personnelle de J. Chaban-Delmas a eu quelque peu à souffrir de la divulgation de sa feuille d'impôts par *le Canard enchaîné*. Son style un peu trop décontracté, sa maladresse évidente sur les écrans de la télévision et, surtout, l'enlisement de la politique contractuelle dont il s'était fait le défenseur ne font pas de lui, aux yeux du président de la République, le chef de gouvernement le plus apte à conduire la majorité à la bataille électorale. Pour assumer cette responsabilité, Georges Pompidou fait appel à Pierre Messmer, gaulliste inconditionnel mais personnalité plus effacée et sans doute plus docile aux consignes de l'Élysée que son prédécesseur. Au sein du gouvernement, la part des gaullistes « historiques » est renforcée. Si la nouvelle équipe a peu de chances, dans ces conditions, d'élargir la majorité en place, elle peut au moins escompter sauver l'unité de celle-ci et contenir, autour de ce bastion, la poussée des opposants.

Les élections législatives de mars 1973 confirment ce pronostic puisque la majorité sortante, malgré un net recul, reste en position dominante au Parlement avec 275 sièges sur 473. Bien que perdant 90 sièges, l'U.D.R. reste le parti majoritaire au sein de la majorité. Les progrès de la gauche, surtout sensibles du côté socialiste, restent limités (176 députés contre 91 en 1968 et 193 en 1967) et l'opposition des centristes-réformateurs piétine. Dans ces conditions, la continuité paraît devoir s'imposer et Pierre Messmer est reconduit dans ses fonctions de Premier ministre. Son équipe n'est que légèrement modifiée, sauf pour un poste, celui du ministère des Affaires étrangères, dont l'attribution va à Michel Jobert, ancien secrétaire général de l'Élysée et, de ce fait, collaborateur direct du chef de l'État. C'est l'évolution de la situation internationale qui va bientôt donner tout son relief à cette désignation et conférer à la dernière année de la présidence Pompidou une forte tonalité gaulliste.

Le poids de la politique extérieure

Les premières années de ce qui aurait dû être un septennat s'inscrivent en effet en retrait par comparaison avec la ligne de crête suivie par la politique extérieure du général de Gaulle. En levant le veto opposé par ce dernier à la candidature britannique au Marché commun, et en prenant l'initiative d'une relance de la construction européenne, Pompidou semble avoir voulu donner simultanément quelques gages aux centristes d'opposition et quelques apaisements aux partenaires immédiats de la France, souvent décontenancés depuis dix années par les sautes d'humeur de la diplomatie gaullienne. Sur l'axe des rapports Est-Ouest, l'indépendance de la politique de défense est maintenue (encore que les rapports avec l'O.T.A.N., dont la France reste absente, semblent s'améliorer) et l'équilibre soigneusement sauvegardé entre l'attraction des États-Unis et celle des pays de l'Est. Le président Pompidou sera même le premier chef d'État français à se rendre en Chine populaire (septembre 1973) après les visites rituelles à Washington (février 1970) et à Moscou (octobre 1970). Sur l'axe Nord-Sud, enfin, les dirigeants français semblent vouloir accorder la priorité à une « politique méditerranéenne » qui n'a jamais été clairement définie mais qui paraissait motivée par le besoin d'assurer les approvisionnements pétroliers et par le souci de renouer des liens privilégiés avec les pays arabes.

Cette triple stratégie se heurte toutefois à de nombreux obstacles. Si l'admission de la Grande-Bretagne dans la Communauté économique européenne permet à la France de trouver un contrepoids utile à l'influence de l'Allemagne, elle ne facilite pas la mise en œuvre des projets de confédération, qui vont s'enliser dans des négociations confuses, cependant que la France assiste, impuissante et un peu inquiète, aux développements de l'*Ost-Politik*, qui vont aboutir à la normalisation des rapports germano-soviétiques et libérer la République fédérale d'une hypothèque qui pesait lourdement sur sa liberté d'action diplomatique. Sur l'axe Est-Ouest, les États-Unis n'hésitent pas à renverser leur stratégie en renouant avec la Chine populaire, tout en recherchant avec les Soviétiques une entente qui va se concrétiser par la signature du traité sur la limitation des armements stratégiques (1972) et par les accords Nixon-Brejnev de juin 1973, où l'on a pu voir la volonté des deux grandes puissances d'établir un condominium sur les affaires mondiales. De ce jeu, l'Europe et la France sont absentes, et c'est à peine une consolation, pour celle-ci, que de pouvoir offrir son hospitalité à la conférence qui cherche une issue à la guerre d'Indochine. L'Europe et la France sont également atteintes de plein fouet par les mesures monétaires et commerciales prises par les États-Unis le 15 août 1971 et qui vont entraîner progressivement la liquidation du système monétaire international instauré au lendemain de la guerre et menacer la stabilité des échanges. Quant à la « politique méditerranéenne », elle achoppe presque aussitôt sur le conflit pétrolier avec l'Algérie, qui se soldera en 1971 par la nationalisation des intérêts que la France avait conservés dans ce secteur au titre des accords d'Évian. Si la continuité, toujours affirmée, de la politique extérieure gaullienne est effectivement maintenue, c'est sur un mode mineur et avec des résultats plutôt ternes : d'où quelque impatience du côté des gaullistes purs et durs, prompts à dénoncer l'affairisme médiocre vers lequel semble glisser la diplomatie française.

Le réveil viendra de la guerre du Kippour, en octobre 1973. Face au nouveau conflit israélo-arabe, Michel Jobert prend parti, aussi vigoureusement que le général de Gaulle l'avait fait en 1967, en faveur de la cause arabe. Certes, la diplomatie française a peu de part dans le règlement du conflit, dominé une fois de plus par les tractations américano-soviétiques. Mais, une fois les hostilités terminées, le ministre des Affaires étrangères multiplie les initiatives : en novembre 1973, il relance devant l'Assemblée de l'Union de l'Europe occidentale l'idée d'une défense européenne et signera, le mois suivant, à Copenhague, une déclaration sur l'identité européenne dans laquelle les neuf pays membres s'engagent à « parler d'une même voix dans les affaires du monde ». Mais c'est surtout dans le règlement de la crise pétrolière que la position française se distingue. Non seulement Michel Jobert va s'opposer, seul parmi les représentants des pays occidentaux, à la proposition américaine de constituer une Agence internationale de l'énergie, mais il va rencontrer à Alger le président Boumediene et jeter avec lui les bases de la session extraordinaire que l'Assemblée générale des Nations unies consacrera, en avril 1974, au problème des matières premières. Une France dressée contre la domination américaine et disposée à servir d'interlocuteur privilégié aux pays du tiers monde, voilà des traits qui évoquent la grande période de la diplomatie gaulliste. Même s'il ne s'agit plus, comme dans les années 60, d'un combat entre les géants, la lutte courageuse de David contre Goliath semble démontrer que l'inspiration gaulliste n'est pas épuisée et que le régime peut trouver dans une politique extérieure audacieuse le moyen de compenser les difficultés qu'il éprouve sur la scène intérieure. C'est en tout cas l'image qui s'imposera à beaucoup quand la mort soudaine de Georges Pompidou viendra briser le cours de ces tentatives.

La République giscardienne

La « guerre de succession » qui s'est ouverte dès le 3 avril 1974 marque le début d'une nouvelle période dans l'histoire de la Ve République. Comme en 1965, la gauche se présente unie à la bataille sous l'étiquette de François Mitterrand et aussi, pour la première fois, sous la bannière du « Programme commun de gouvernement », adopté en 1972. Elle ne sera défaite que de justesse, puisque l'écart de voix entre les deux candidats qui restent en compétition pour le second tour ne dépasse pas 425 000 voix sur plus de 26 millions de suffrages exprimés. L'élément nouveau provient surtout du fait que le vainqueur de la compétition n'est pas un gaulliste (Jacques Chaban-Delmas a été éliminé au premier tour de scrutin avec 15 p. 100 des voix), mais le chef de file des indépendants, Valéry Giscard d'Estaing.

Peut-on dire que la République change de mains ? Au premier abord, les apparences sont plutôt en faveur de la continuité. Jacques Chirac, qui avait été l'un des rares parmi les dirigeants gaullistes à soutenir activement la candidature du ministre des Finances, se voit attribuer le poste de Premier ministre. L'U.D.R. conserve la majorité de la majorité à l'Assemblée nationale, mais les gaullistes ne sont plus majoritaires au gouvernement, où l'on trouve, à côté de fidèles lieutenants du nouveau chef de l'État, des représentants du Centre réformateur, qui avaient jusqu'alors refusé leur soutien tant au président Pompidou qu'au général de Gaulle. Plus encore que le déplacement du centre de gravité de l'équipe gouvernementale (simple reflet, en fin de compte, des glissements du corps électoral qui se sont manifestés à la faveur de l'élection présidentielle), c'est la personnalité du nouveau chef de l'État qui fait problème.

De formation scientifique (Polytechnique), ancien élève de la toute jeune École nationale d'administration, Valéry Giscard d'Estaing est entré très tôt en politique, d'abord comme député (1954), puis comme secrétaire d'État et ministre des Finances (poste qu'il occupera de 1959 à 1966, puis de 1969 à 1974). Sa carrière était donc étroitement liée au régime de la Ve République. Mais ce jeune et brillant ministre, déjà connu de la presse et du public pour ses performances oratoires à la tribune des Assemblées, ne pouvait qu'inquiéter les gaullistes de stricte obédience : d'abord et avant tout parce qu'il n'était pas des leurs ; ensuite parce qu'on pouvait lui reprocher, en recommandant le « non » au référendum d'avril 1969, d'avoir précipité le départ du général de Gaulle ; enfin parce qu'il avait déclaré publiquement et sans ambages que la France aspirait à être gouvernée « au centre ». Au-delà de ces faits objectifs commencent les procès d'intention susceptibles d'alimenter toutes les querelles, tant à l'intérieur de la majorité qu'entre la majorité et l'opposition.

Par un de ces paradoxes dont l'histoire est fertile, c'est en s'appuyant sur les institutions (gaullistes) du régime que le président de la République parviendra à conserver le contrôle de la situation politique, et c'est en jouant des difficultés extérieures qu'il parviendra à contenir la poussée des oppositions internes.

Le jeu des forces politiques

Des deux périls auxquels il aura à faire face, celui d'une victoire électorale de l'opposition ou celui d'un éclatement de la majorité, il est difficile de dire lequel aura été le plus redoutable pour Valéry Giscard d'Estaing.

Pendant les deux premières années de la présidence, le jeu des forces politiques obéit à un clivage de type bipolaire. Du côté de la majorité, le Président s'efforce de séduire l'opinion par un style plus direct et plus décontracté que celui de ses prédécesseurs. Il est aidé en cela par sa jeunesse et par une étonnante capacité de présence à la télévision. En même temps, il s'efforce de faire prévaloir dans la législation et dans les mœurs un libéralisme diversement apprécié, surtout par ceux qui redoutent la consécration officielle de la société « permissive ». Quant au Premier ministre, il gère les affaires courantes, se bat au Parlement et négocie avec les forces sociales dans des conditions d'autant plus difficiles que la situation économique et sociale, ébranlée par la hausse des produits pétroliers, se dégrade rapidement. Chacun sait que la hargne et la grogne sévissent dans les rangs du gaullisme, mais la face est sauvée comme dans les ménages bourgeois, qui cultivent plus volontiers la mésentente que le divorce.

Ce dernier aura pourtant lieu au cours de l'été de 1976, sans qu'on puisse décider qui porte la responsabilité de la rupture. La lettre de démission de Jacques Chirac est un acte d'accusation contre le laxisme du président de la République, mais ce dernier ne perdra aucune occasion, par la suite, de laisser entendre que la montée de l'inflation et celle du chômage sont imputables à la faiblesse et à l'imprévision de son Premier ministre. Dès lors, la rupture est consommée entre les gaullistes et les partisans du président de la République. Chirac ne va pas tarder à reprendre en main les premiers, en fondant un nouveau mouvement, le Rassemblement pour la République (décembre 1976), dont il devient le fougueux président. De leur côté, les partisans du président de la République se regroupent et finiront par constituer, à la veille des élections législatives de 1978, une coalition électorale (Union pour la démocratie française), un peu hétéroclite mais assez forte pour attirer les suffrages des électeurs de la majorité qui veulent se distinguer du gaullisme. La tactique s'avérera payante puisque le R.P.R. perdra une trentaine de sièges (153 contre 183 pour l'U.D.R. en 1973) et que l'U.D.F., avec 137 élus ou apparentés, progressera d'une trentaine de sièges par rapport aux résultats des mêmes formations composantes en 1973. L'année suivante verra l'U.D.F. devancer très nettement le R.P.R. aux élections européennes (28 p. 100 contre 17 p. 100). Si le gaullisme reste une force non négligeable, il semble condamné à n'être plus qu'une tendance politique parmi d'autres. Seule une crise dramatique de la société pourrait lui redonner sa chance et lui permettre d'entreprendre la reconquête de l'Élysée.

En même temps que s'opérait un reclassement des forces à l'intérieur de la majorité, une autre bataille se déroulait entre la majorité et l'opposition de gauche. Face à la dynamique présidentielle, celle de l'union de la gauche semblait devoir porter ses fruits dans un climat de crise économique larvée, caractérisée par l'inflation, le chômage et les difficultés monétaires. Aux élections cantonales du printemps de 1976, la gauche devance nettement la majorité. Malgré le redressement opéré par le gouvernement de Raymond Barre (professeur d'économie politique, ancien membre de la Commission de Bruxelles et ministre du Commerce extérieur depuis le début de 1976 dans le gouvernement de Jacques Chirac), l'opinion continue de bouder la majorité, qui subit une nouvelle défaite aux élections municipales de 1977. A quelque tendance qu'ils appartiennent, les observateurs donnaient alors peu de chances à la majorité en place de gagner la bataille des élections législatives fixées en mars 1978. La victoire de la gauche eût vraisemblablement ouvert une crise de régime, car on voit mal comment les convictions libérales du président Giscard d'Estaing auraient pu se concilier avec la mise en œuvre des réformes de structure inscrites au programme de la gauche. La perspective d'un conflit entre le chef d'État et le gouvernement, l'éventualité d'une dissolution de l'Assemblée nationale ou d'une démission du président de la République ont certainement pesé lourd dans la balance électorale. Mais ce sont certainement les signataires du Programme commun qui ont scellé leur propre défaite en étalant publiquement leurs divisions. En prenant l'initiative de demander une « renégociation » du Programme commun de 1972, le parti communiste s'est engagé au début de l'été de 1977 dans une politique de surenchère qui devait forcer ses partenaires, socialistes et radicaux, soit à capituler devant lui, soit à se trouver rejetés sur la droite. Il est certain que le parti communiste a voulu, ainsi, reprendre l'initiative au sein d'une union de la gauche dont la dynamique bénéficiait surtout au parti socialiste. Ce faisant, il pouvait espérer conquérir une place dominante au sein du futur gouvernement de gauche. Mais il est probable que les dirigeants communistes ne se faisaient pas beaucoup d'illusions sur le résultat de cette manœuvre et qu'ils ont préféré miser provisoirement sur la victoire de la majorité et, à terme, sur la désagrégation du parti socialiste. De la sorte, ils n'auraient pas à porter la responsabilité de mesures impopulaires dans des circonstances difficiles et ils pourraient, ultérieurement, accéder en position de force au gouvernement quand la crise du capitalisme serait parvenue à un point de non-retour. Pour un parti qui a la certitude de marcher dans le sens de l'histoire, le temps a peu d'importance, et la stratégie de la conquête définitive du pouvoir compte plus que la satisfaction d'en partager momentanément l'exercice avec un allié trop puissant.

Toujours est-il que les Français apprennent avec stupéfaction, le 23 septembre 1977, la rupture des négociations sur l'actualisation du Programme commun. Les partis de gauche iront séparément à la bataille, sans programme politique, et se contenteront de bâcler, au lendemain du premier tour de scrutin, un accord de désistement dont l'application ne suffira pas à renverser le courant. Bien qu'ayant recueilli approximativement 49 p. 100 des suffrages, la gauche, défavorisée par le scrutin majoritaire à deux tours, ne remporte que 201 sièges. Le parti communiste plafonne à 20,6 p. 100 des voix, mais gagne 12 sièges, alors que le parti socialiste arrive en tête des formations de gauche avec 22,6 p. 100 des voix, mais ne gagne que 9 sièges.

La majorité a conservé, de justesse, le pouvoir ; mais la France, qu'on avait cru divisée en deux fractions antagonistes, se retrouve désormais coupée en quatre grandes familles politiques, qui sont condamnées à se battre continuellement sur deux fronts pour sauver leur identité face à leurs rivales aussi bien que face à leurs adversaires. Cette distribution des forces facilite, dans une certaine mesure, l'arbitrage exercé par le chef de l'État, mais elle condamne les partis à de savantes manœuvres pour affronter l'échéance électorale de 1981. C'est dans un « paysage politique » entièrement nouveau que se déroule la fin du septennat.

La politique extérieure

Si la majorité doit son salut aux divisions de l'opposition, elle a été aussi aidée, bien que paradoxalement, par les mutations survenues sur la scène internationale.

La politique extérieure du président Giscard d'Estaing est cependant difficile à saisir. A certains égards, il assumera délibérément l'héritage gaulliste : d'abord par sa manière de traiter directement et personnellement les affaires, laissant à de hauts fonctionnaires la charge du Quai d'Orsay ; ensuite par son souci de participer personnellement et activement au règlement des grands dossiers de l'actualité. Mais il le fait avec son style propre, où le technicien, averti de la complexité des problèmes, l'emporte sur le stratège et sur le diplomate. Au crédit de ce « mondialisme » d'un type nouveau peuvent être portées plusieurs initiatives : la création du Conseil européen, qui coiffe désormais les institutions du traité de Rome et qui permet aux chefs d'État ou de gouvernement de se réunir périodiquement pour traiter au sommet des affaires européennes, la réunion de la conférence Nord-Sud, qui se tiendra à Paris en 1976 et qui aura été précédée par un voyage historique à Alger. Plus discutés, surtout par les gaullistes, furent le maintien d'un équilibre entre l'U.R.S.S. et les États-Unis ainsi que la politique de défense. Mais si l'on fait la part des procès d'intention et des circonstances, il reste que les grandes orientations diplomatiques et militaires ont été maintenues.

Ce qui prête à controverse, c'est l'éclectisme et les demi-mesures. Les centristes attendaient du nouveau chef de l'État une grande politique européenne. Ce sera pour apprendre que l'Europe « chemine » et que la seule perspective d'intégration qui lui soit offerte est celle d'une vague confédération, ou encore que l'Assemblée de Strasbourg, élue au suffrage universel direct en 1979, devra se contenter des pouvoirs qui lui ont été attribués par le traité de Rome. Après l'échec de la conférence Nord-Sud, la France ne se distinguera pas particulièrement dans la croisade en faveur du tiers monde, et les relations avec l'Algérie traverseront une passe difficile au plus fort de la crise saharienne. La force de frappe est maintenue et renforcée, mais c'est à l'issue d'un débat où la stratégie de la « bataille », défendue par l'état-major de l'armée de terre, a failli l'emporter sur celle de la « dissuasion ». L'équilibre de façade préservé entre Washington et Moscou ne peut masquer que les sympathies vont plutôt du côté atlantique, surtout quand il s'agit de régler les questions financières et économiques.

Mais le voyage de Varsovie (mai 1980), d'où V. Giscard d'Estaing revient les mains vides après son entrevue avec L. Brejnev, laisse l'impression fâcheuse que la France pratique une politique d'apaisement à l'égard d'un pays qui vient d'envahir et d'occuper militairement l'Afghanistan.

Le seul domaine dans lequel des risques ont été pris est celui des affaires africaines. Les relations privilégiées avec l'Afrique noire, qui avaient connu quelque relâchement depuis le milieu des années 60, sont rétablies et elles s'étendent même au-delà des limites des anciennes possessions françaises. La France n'hésitera même pas à intervenir militairement, avec des fortunes diverses, au Tchad et au Zaïre, pour y protéger les gouvernements en place, et en Centre-Afrique, pour mettre fin à la dictature sanglante de l'empereur Bokassa.

Tout bien pesé et en dépit (ou à cause) du caractère velléitaire de certains aspects de cette politique, il semble bien qu'elle ait fini par rallier la majorité des suffrages à l'intérieur de l'Hexagone. Les thèmes de la campagne électorale de 1978 font apparaître un large consensus sur la nécessité de poursuivre la construction européenne comme sur le maintien d'une force de frappe indépendante. Cette unanimité, qui tranche avec les grandes querelles des années 60, n'est évidemment pas exempte d'arrière-pensées, et c'est probablement le risque de voir remettre en question les engagements extérieurs de la France qui a retenu une partie des électeurs d'apporter leur voix aux partis de gauche. La continuité de la politique extérieure a servi ainsi de régulateur à la politique intérieure. Mais c'est surtout l'image de la confusion et des bouleversements de la scène internationale – image constamment et soigneusement exploitée par le chef de l'État – qui a servi la politique gouvernementale. Sur cette scène, les pays pétroliers servent de bouc émissaire, les désordres italien ou britannique de repoussoir, la prospérité de la République fédérale d'Allemagne de modèle, les changements en cours dans les équilibres mondiaux d'excuse à la médiocrité de nos performances et le calme relatif de notre vie quotidienne de fiche de consolation face à la montée universelle de la violence. La démonstration, intellectuellement correcte, présente l'inconvénient d'incliner l'opinion à la résignation. Les partisans de la manière forte ne manqueront pas de réagir, mais ils échoueront, au moins provisoirement, à présenter une alternative crédible à ce mondialisme dans lequel la France est tentée de se replier sur la défensive. Seul l'avenir pourra décider si le président Giscard d'Estaing a choisi pour la France la voie de la sagesse ou celle du renoncement. Les difficultés externes auront en tout cas servi à contenir la poussée des revendications internes.

Quel que soit le bilan du septennat, la présidence de V. Giscard d'Estaing présente cette particularité d'être la première qui soit parvenue à son terme normal depuis la réforme constitutionnelle de 1962. L'ardeur de la compétition qui se prépare pour le gain des présidentielles de 1981 prouve que cette réforme est entrée dans les mœurs : elle est populaire auprès de l'opinion, comme le montre la participation très élevée à ce type d'élection ; elle est aussi admise comme règle du jeu par la majorité de la classe politique, dont les principaux dirigeants font campagne pour conquérir le poste clef des institutions, qui se trouve désormais situé à l'Élysée.

Si favorable qu'il soit, ce test n'est pas, toutefois, décisif. Il reste à savoir si le régime est capable de résister à la double épreuve de l'alternance et de la cohabitation. La réponse sera fournie au cours de la décennie suivante.

32. EXPRESSION ET DIFFUSION DE LA CULTURE

de 1945 à 1980. Vers quel avenir ?

La présence de ce chapitre et plus encore sa place et son objet sont à eux seuls fort significatifs, jusqu'à paraître presque insolites. Au rituel intermède ornemental sur les belles-lettres et les beaux-arts, hier encore hâtivement mis en scène par l'historien à la faveur de quelque bref entracte du vieux drame tyrannique – déroulement compact, confus, tumulteux des règnes, des révolutions, des batailles, des traités, des crises politiques, sociales, économiques –, voici qu'est substitué, dans un livre d'histoire, avec les longues résonances, le multiple ébranlement, la chaîne d'ondes produits désormais par le mot vaste et vague de culture, *voici qu'est posé, presque solennellement, l'accord final en quoi semble venir se résoudre provisoirement l'Histoire.*

Ce signe du temps est plus facile à tracer qu'à déchiffrer. Pour tenter d'ébaucher une histoire de la culture, fût-ce pour une certaine période, le moins qu'on puisse faire est de se demander ce qu'est la culture. Et de tâcher de répondre. Réponse hasardée, parce que la période considérée est celle que nous venons de vivre, que nous vivons encore, où nous sommes engagés ; et surtout parce que, bien loin d'être relativement fixée ou fixable, arrêtée dans son temps, cette période-là, avec tout ce qu'elle porte, et d'abord son poids de culture, s'engouffre en tourbillonnant dans un futur dont on sait seulement qu'il ne ressemblera probablement à rien de connu, et qui est donc purement imaginaire.

Mais, justement, il faut l'imaginer. Sinon, le présent, le passé immédiat, qui sont notre objet, deviennent non seulement obscurs, mais irréels. Bref, l'idée, d'ailleurs multiple, contradictoire, déchirée, violente que nous nous faisons aujourd'hui de la culture (qu'on l'ait toujours à la bouche ou qu'on aille jusqu'à refuser de la nommer ; ainsi Montherlant : « De ce qu'on n'ose appeler culture, tant le mot en a été rendu impossible ») et la projection de cette idée explosive dans l'avenir sont au cœur de notre histoire, et beaucoup plus importantes que les faits et les fruits de la culture – d'autres diraient : feu la culture – au cours de quatre décennies. Ou, si l'on préfère, le fait de culture qui domine tous les autres, et plus abruptement depuis 1968, c'est la mise en question – et la mise à la question – de la culture, de ce corps de culture dont nous disposons : on n'interroge, torture et détruit que ce qui existe. Sans évoquer toutes les définitions, même scientifiques, du mot culture, *gonflable ou dégonflable à merci, où l'on peut presque tout mettre et d'où l'on peut, par conséquent, presque tout retirer, notons que deux pentes de la pensée* contemporaine se partagent sur la culture, pour en rendre compte : l'une réductive, l'autre extensive, que nous dirons, rapidement, la première, structurelle, la seconde, existentielle. Ainsi se trouvent, du même coup, mis en évidence les deux ismes les plus caractéristiques des trois premiers quarts de notre période : existentialisme et structuralisme.

Or, les observateurs ont commencé de relever leur recul sur l'horizon : ils appartiennent déjà à l'histoire. Cependant que deux ismes beaucoup plus historiques encore, et qui dominèrent le siècle, continuent de s'affronter à travers les diverses entreprises d'une mise à jour qui, de la part de certains, va parfois jusqu'à la mise à mort : celle de Marx comme celle de Freud. Les dieux meurent beaucoup depuis Nietzsche. Tous, fussent-ils des dieux ennemis, ne s'en portent pas toujours beaucoup plus mal.

En sommes-nous donc à ratiociner et disputer autour de testaments vénérables, sur lesquels fleurissent et bourgeonnent, avec effervescence et délectation, des cultures (cette fois au sens biologique) de néant ? N'oublions pas qu'on nous rappelle à satiété (quoique déjà avec, semble-t-il, moins d'assurance ; ou bien moins d'oreilles s'y prêtent, et plus distraitement) que l'homme, lui aussi, est mort.

N'est-il donc question là-dedans que de notre mort, et, par conséquent, de celle de la culture telle qu'elle est ? Mais d'abord, qu'est-elle ? Culture étroite : en ce sens qu'elle est la pointe de la pyramide ; et donc exaltation et couronnement. Essentielle, et pourtant accessoire – société et histoire humaine la relèguent derrière religion et nation (d'où sa relégation dans les livres d'histoire) –, et presque pur ornement. Ainsi apparaît bien son étroitesse : culture que déborde, de toutes parts, la culture. Selon les philosophies et le vocabulaire : culture de classe, de happy few, privilège aristocratique ; ou accession de l'homme à l'homme : bref, humanisme. C'est de cette culture-là que nous vivons. Et rien ne l'a encore remplacée. Car les sciences ont administré la preuve de leur inaptitude, par leur nature même, à fonder un humanisme, des humanités, à la place des humanités, de l'humanisme, qu'elles ont contribué à détruire. C'est donc cette culture-là qui est contestée, menacée, exécrée ; encore que l'exécration soit naturellement mêlée d'amour. Ambivalence qui tient à la nature humaine, mais aussi à la nature de cette culture : balancée qu'elle est entre la mort violente et la résurrection, tout de même qu'entre deux attitudes également absurdes : la rejeter, l'anéantir dans une révolution totale ; ou bien l'arracher à son accapareur bourgeois pour la conserver telle quelle à l'intention du peuple, la consacrer comme bien souverain, définitif, intangible.

Cette deuxième attitude nous mène tout droit au second type de culture qui se développe parallèlement au premier : la culture de masse. Mais on s'avise très vite que la culture de masse ne diffère de l'autre que par la masse de culture distribuée. Culture industrielle, industrie culturelle, produite, produisant, ou plutôt transformant, transportant, véhiculée, déchargée par les mass media, les agences de voyages (voyage, nourriture et délices de la culture, qui peut n'être plus qu'un travelling éberlué), week-end, bandes dessinées, presse du cœur, presse de la violence (car le sociologue impartial porte au crédit de la culture toute image et toute lecture ; dans un temps où chaque valeur sécrète son anti, tend à devenir cet anti, il est dans l'ordre que l'anticulture compte pour culture) ; masse énorme donc, mais étalée, laminée, diluée, déprisée. C'est une chaîne de grands magasins à livraison universelle ininterrompue, reproduisant et diffusant à l'infini les modèles de la haute couture.

A celle-là, une autre conception s'oppose : que tout le monde soit vraiment habillé par le vrai Dior. Que la culture aristocratique accueille une promotion généralisée d'aristocrates : telle est bien la démocratisation par le haut ; que le soleil de quelques-uns devienne enfin la lumière et la chaleur de tous. Ce fut l'ambition, d'autres disent l'illusion, en tout cas l'espèce d'héroïsme *d'un Malraux : la seule politique de la culture est celle qui amène chacun à la contemplation du musée imaginaire, à l'écoute des voix du silence, à la voie royale de toute possession spirituelle et sensible ; que l'humanisme total soit le bien de la totalité des hommes.*

C'est, si l'on veut, au stade modeste des commencements, la culture de France-Culture et des maisons de la culture. Pour celles-ci, l'ennemi n'est-il pas dans la place ? Car, même pour ceux qui ne mettent en doute, bien entendu, ni la sincérité dans la visée ni la possibilité d'atteindre la cible, et surtout pour ceux-là, ce paradis culturel est l'enfer. Tout au contraire que de donner à tous cette culture qui cultive l'homme dans ce qu'il est, c'est en tous qu'il faut la détruire, pour renouveler l'homme. Tel est le principe même d'une révolution culturelle. Les plus raisonnables, ayant toutes raisons de douter que la culture, telle qu'elle est, soit salutaire, inclinent à chercher le salut dans une autre.

Une autre culture qui reste à inventer, qui procéderait des deux premières en s'y opposant, dans une dialectique toujours tendue ; culture s'engendrant elle-même, ne se fondant plus ni sur la possession privilégiée et initiatique d'un savoir ni sur une consommation de matière culturelle, mais essentiellement sur la créativité. *A la limite, cette culture inventée sera l'invention – mise au jour, conscience et possession – de la vie même, dans la plénitude du bonheur. Une seule inquiétude : que les inventeurs, de la meilleure foi d'ailleurs, proposent, imposent leur propre idée du bonheur. La pente du monde étant ce qu'elle est, on se doit de demeurer en garde contre le glissement de la culture totale à une culture totalitaire.*

En tout cas, contre une culture ayant évacué la vie, pour une culture récupérant la vie, et une vie animée, irriguée, tendue par l'Éros – l'érotisme étant signe et manifeste de la libération totale dans la joie totale, mais aussi de la libération par la destruction : Sade–, telle fut bien l'insurrection qui explosa dans le printemps de l'an 68, avec une espèce de spontanéité bouleversante, quel qu'eût été, d'ailleurs, dans le conscient ou l'inconscient, le rôle du détonateur Marcuse. C'est entendu, « personne n'avait lu Marcuse », si l'on en croit les têtes apparentes du mouvement (ce qui, soit dit en passant, ne témoignait pas que ces têtes, enseignantes ou enseignées, péchassent par excès de lectures) ; mais aussi nul besoin de l'avoir lu : il était dans l'air, et il suffisait de l'avoir respiré.

Les forces accumulées qui produisirent alors l'explosion printanière comprenaient aussi la double poussée qui est allée s'amplifiant et s'accélérant au cours des années suivantes et dont la portée n'est pas mesurable. Il y a dix ans, personne ne connaissait le mot « écologie ». Se chargeant de sens multiples et de contenus émotionnels puissants, il est devenu l'un des maîtres mots de ce temps. D'autre part, le féminisme était encore à peu près lié à une revendication sociopolitique marginale. Le mouvement de « libération de la femme » (avec ses implications plus proprement culturelles : parole spécifique, « écriture féminine ») tend à bouleverser un état de choses immémorial. Au centre de cette insurrection, il y a la revendication par la femme de la libre et entière disposition de son corps : à l'égard de l'homme (affranchissement sexuel, au moins dans le principe ; abolition de toute discrimination et hiérarchie) ; à l'égard de la société comme des religions (déni proclamé de la fonction « naturelle » ; institution d'un droit tenu, lui, pour naturel : la légalisation de la contraception et de l'avortement). Il allait de soi que cette révolte et cette affirmation provoqueraient des réactions vives, voire brutales, contrastant, par ailleurs, avec une assez large indifférence.

Au contraire, le mouvement écologique est devenu une « valeur culturelle » à peu près unanimement reconnue, soutenue, saluée, professée ; il a envahi jusqu'au milieu et aux appareils politiques, contraints d'y être attentifs. Il est une remise en question fondamentale de la « civilisation » technologique industrielle, du mythe de la croissance continue, d'une certaine idée du « progrès », de leurs moyens et de leurs fins ; il se fonde sur la prise de conscience, éclairée par la science, non seulement de l'empoisonnement des « sources », de la dégradation du milieu culturel, donc humain, mais de sa destruction à terme, jusque dans l'épuisement des ressources et de « biens » considérés comme inépuisables, à commencer par l'air et l'eau.

Outre que les femmes sont spontanément accordées aux thèmes et à la sensibilité écologiques, les deux contestations se rejoignent d'une société ici mise en danger de mort par l'homme lui-même ; là inventée par l'homme seul et pour l'homme seul (entendez : le mâle humain). Double entreprise révolutionnaire au sens pur, c'est-à-dire en dehors des diverses idéologies « dominantes », toutes considérées comme équivalentes et objectivement complices. Il convient de retenir ici que l'attitude même de l'ensemble des femmes devant une « libération » diversement interprétée par elles met exemplairement en lumière – et en pratique – une évidence trop souvent occultée ; il est de l'essence de la liberté qu'aucune liberté ne saurait jamais être obligatoire.

La notion même de culture, au sens moderne, nous a obligé, au moins pour un moment, à dépasser le cadre de la culture entendue dans son sens à la fois étroit et « noble » (nous dirions « élitiste ») pour replacer notre histoire de la pensée, de la création sous toutes ses formes, de l'acquisition de la connaissance, au sein de l'histoire tout court, et plus précisément de l'histoire de la société. Il importait de rappeler ici que la culture investit, exprime, signifie cette société tout entière. La culture est aussi dans la violence, le terrorisme, le gigantisme (construction, technologie), le délire automobile (phénomène universel comme les autres, mais qui exerce ses ravages de toutes sortes avec une particulière virulence en France, l'extrême de sa frénésie ayant, un moment, gagné la tête même de l'État), la drogue, le « hippysme », l'éclatement des morales, la désaffection à l'égard des religions, à quoi s'opposent des aspirations religieuses neuves (souvent polarisées par les sectes, les variantes de l'hindouisme, etc.). Quant à la libération sexuelle, au moins théorique, on peut se demander si elle n'est pas un autre conformisme, un conditionnement contraire, et une incitation à la consommation – la publicité dont elle fait l'objet est un signe –, bref, le contraire d'une liberté.

Quoi qu'il en soit, l'idée de culture nous balance désormais entre deux visions : une Université élargie à la mesure du peuple, un peuple s'entretenant avec Socrate sous les portiques ; ou culture qui n'est rien de moins que tout, c'est-à-dire la vie et le bonheur. Or, on n'insistera jamais trop là-dessus, cette double vision et surtout la seconde, ce phénomène complexe et puissant, apparaît – dans l'ordre de la culture et peut-être dans l'ordre de l'histoire – sans conteste comme ce qui marque et domine ce crépuscule du siècle, qu'on peut appeler aussi bien les premières clartés du siècle à venir.

I. L'IMAGINATION AU POUVOIR

Nous n'aurons pas moins à dresser le bilan comptable de l'actif culturel (puisqu'il faut bien user de ce vocabulaire), ou du legs de ces dernières années, en l'inscrivant, rubrique par rubrique, dans les colonnes traditionnelles des « valeurs » et des œuvres, de la philosophie, de la science, de la littérature et des arts, bien que celles-là comme ceux-ci, qui ont formé la substance de la culture, soient parfois regardés aujourd'hui — un aujourd'hui qui, d'ailleurs, commence à sentir l'hier — au mieux comme de beaux accidents, une efflorescence magnifique, une pourriture noble. Mais avant que d'ordonner ce tableau compartimenté, il n'est pas inutile d'examiner la situation et la fonction de l'intelligentsia, et surtout des créateurs littéraires, dans la société tout court et dans la société politique françaises.

Elle reste privilégiée, même si elle a subi les atteintes qu'ont eu à souffrir toute hiérarchie, toute position de mandarin ou de notable. Mais, enfin, la considération dont a joui et jouit encore l'écrivain — l'artiste est plus suspect au regard de la société bourgeoise — reste enviable, et demeure enviée des écrivains de la plupart des autres pays. Cette place, fort éminente, quoique toute morale, sous la IIIe République — de tous les régimes, d'ailleurs, celui qui restera le plus brillant par l'absence de « politique culturelle », jusque dans son exercice le plus simple : le mécénat ; et qui a toujours reculé devant la dépense d'un monument digne de l'histoire que, pourtant, il a faite ou soutenue —, cette place fut reconnue, consacrée officiellement, pourvu, toutefois, que l'écrivain ne se mêlât point des affaires de l'État. Ni même de celles de la révolution. Les Barrès, comme les Anatole France, furent des drapeaux, des clairons, des ornements, des résonateurs, à la rigueur des consciences — auxquelles on se réservait de faire la sourde oreille —, ils ne détinrent jamais une parcelle de pouvoir, à peine d'influence. Perçut-on un changement dans les dernières années de la République ? Un Jules Romains put faire figure de conseiller secret, de directeur de conscience des éminences radicales dont la pourpre avait fort blanchi. Avant d'être appelé à éclairer et, s'il se pouvait, galvaniser la nation, Giraudoux, avec une nonchalante conviction, avait légiféré sur les pleins pouvoirs. Et, dans le temps que personne n'avait plus envie de rire, la République crut devoir s'offrir un poète comique officiel en la personne de Sacha Guitry : on a le Molière qu'on peut. Et le Versailles qu'on peut aussi : dans les architectures et les jardins éphémères, les fastes et les fêtes de l'Exposition de 1937, au grand banquet final, où siégaient les ministres et les ambassadeurs de quarante nations, devant un parterre d'uniformes où ne manquait certes pas l'uniforme allemand — déjà, par anticipation, la croix gammée flottait sur les rives de la Seine —, on put donc voir Sacha Guitry se lever, après le président du Conseil, et prendre la parole au nom de l'esprit français, de la glorieuse tradition littéraire française, de la culture — précisément — française. Ce fut un des spectacles les plus saisissants de la tragi-comédie que celui de ce Pierrot de talent, blême, vêtu de noir, tirant ses fusées glacées, en cette veillée funèbre de l'Europe.

Quand le rideau se releva, le théâtre avait beaucoup changé. L'engagement intellectuel pesait dans la politique. Et l'engagement à rebours, la défaillance de l'esprit furent pesés, eux, au poids de la mort. Même le dégagement hautain, chez un Montherlant, prenait un sens. Enfin, pendant la guerre d'Algérie, Zola deviendrait légion, et quotidien *J'accuse*. Mais le changement est sensible aussi du côté du pouvoir. Des hommes neufs, dès 1944, prennent position dans le fauteuil des « Beaux-arts », usé par des générations de fonctionnaires distingués et impuissants et, dans le meilleur des cas — ou le pire —, de politiciens d'appoint. On retombera d'ailleurs, un temps, dans ces mauvaises habitudes, jusqu'à ce qu'on voie ce qu'on n'avait pas vu depuis Chateaubriand et Lamartine (mais pour beaucoup plus longtemps) : un grand écrivain prenant part au pouvoir.

C'est d'André Malraux que je parle, bien entendu ; aussi ai-je dit « prendre part » et non pas « prendre » tout court, ou emplir le pouvoir ; ou mieux encore : *être* le pouvoir. Car, pour celui qui avait la vocation d'incarner à la fois le pouvoir, la nation et la légitimité, il semble que d'autres rayons, ou des ombres, aient obscurci ou éclipsé à nos yeux la face imaginaire dont la face réelle tirait sa puissance. On n'a pas vu, ou à peine, cette rencontre unique : Bonaparte qui serait à soi-même son Chateaubriand. Ou encore : Chateaubriand trouvant dans les circonstances l'emploi de son génie politique, inséparable de son génie poétique. Chateaubriand, et Bossuet, et Saint-Simon, et Shakespeare au pouvoir. Au pouvoir, où on appelait à hauts cris l'imagination : elle y était.

Sans doute n'était-ce pas exactement de celle-là qu'on parlait. Pour ce qui nous occupe : n'importe. C'est peut-être la première fois, et probablement la dernière, qu'on aura vu, dans les trente années du milieu de notre siècle, l'invention dramatique et le génie de l'acteur, à la mesure de l'histoire, se saisir de l'histoire ; la dernière fois — qu'on le veuille ou non, ce drame, péripétie et dénouement, reste unique — que le héros, l'acteur et le poète tragique en un seul homme, aura taillé son poème et sa représentation à même l'histoire. Mais pas tout à fait : dans les intervalles et à la fin, il lui restait à écrire ses *Mémoires d'outre-tombe*.

Marc Aurèle est sans doute unique dans l'histoire, et s'il arrive qu'un philosophe soit porté au pouvoir, il n'a pas à prouver que sa philosophie y échoue : il l'a reniée aussitôt. Platon remarquait déjà que ses « philosophes-rois » cessaient, et vite, d'être philosophes à mesure qu'ils devenaient *plus* rois ; ils se corrompaient, et pas seulement intellectuellement. A plus forte raison, si le roi n'est qu'un intellectuel plus ou moins distingué, ou qui s'est voulu tel, provisoirement faute de mieux : au pied du trône, Frédéric, élève de Voltaire, écrivait *l'Anti-Machiavel*. Couronné, il devenait immédiatement le Prince.

Alors, qu'en est-il de ce « pouvoir intellectuel » sur lequel on glose beaucoup aujourd'hui ? Quatrième pouvoir (la presse, par laquelle il se manifeste pour une part, se confondant alors avec lui, ou devenant le cinquième ?), ou bien pouvoir purement et simplement anéanti ? C'est ce que certains pensent avec Leonardo Sciascia : dans un proche avenir, un tiers des hommes seraient mis « hors de jeu », et, au premier rang de ceux-là, les écrivains, les artistes, les intellectuels, qui seront, par refus ou par nature, hors d'usage pour le pouvoir politique. Hypothèse extrême qui n'a pas, par définition, à entrer en ligne de compte dans la prise en considération d'un pouvoir intellectuel.

Ce qui paraît sûr, c'est qu'un tel pouvoir doit entrer avec intransigeance dans le principe de la séparation des pouvoirs. Autrement dit, refuser pour lui-même ce qu'on appelle le « pouvoir », tout court. Il y perd tout simplement son âme. Et plus simplement son intelligence, une vue et une pensée à longue portée, l'imagination, justement. Le pouvoir intellectuel ne doit agir qu'en pensant et imaginant : par quoi il contrôle et contraint l'autre (quand la démocratie fonctionne à l'intérieur, ou quand il existe, à l'extérieur, une opinion assez puissante). Dans la revue *Esprit*, qui dressait le bilan de faillite de toutes les politiques du monde entier, quelqu'un, constatant la stérilisation immédiate des intellectuels intégrés dans quelque appareil politique que ce soit, posait une question d'un humour un peu brutal : « La politique rend-elle idiot ? » En tout cas, il semble que ce soit — partout et pour un avenir indéterminé — l'imagination hors pouvoir.

II. THÉÂTRE POPULAIRE ET DRAMATURGIE D'AVIGNON

Il se trouve que, dans ce qui fut sinon la révolution culturelle, du moins l'enthousiasme de culture qui prit élan dans l'été de 1944, il se trouve que le théâtre apparaît le premier, dans l'ordre chronologique et dans l'ordre d'importance. Il n'en pouvait guère aller autrement : s'il est, par origine et par nature, par essence et par fonction, un art populaire, un art de participation et de communication, c'est bien l'art du drame. Le théâtre enfin, il convient de le noter tout de suite, fut le noyau de l'organisation culturelle à venir, à commencer par les maisons de la culture.

Ce serait fort réduire la décentralisation dramatique entreprise en 1945 que d'y voir seulement une initiative régionaliste : elle fut essentiellement conquête de l'espace et du public. Ce vrai public de théâtre endormi en lui-même, s'ignorant lui-même, que Copeau appelait le « peuple fidèle ». Or, le « peuple fidèle » restait, pour la plus grande part, à la porte de l'église ; il n'en soupçonnait même pas toujours l'existence. C'était tout de même un événement que l'État donnât l'impulsion à un théâtre national et le prît en charge ; qu'il considérât — au moins en principe — le théâtre pour ce qu'il est : un service public. Avec une très grande modestie de moyens, certes, et un long travail de préparation et d'essais. Il fallut attendre quelques années encore pour que se levât sur notre théâtre ce nouveau soleil dont on peut aujourd'hui mesurer le cours, ou plutôt, au sens propre du mot, la révolution. Mais aussi les séquelles récentes.

Dans un art populaire, collectif, dans un art de représentation et de célébration comme le théâtre, il n'y a point de création spontanée, de décision individuelle du talent et même du génie, mais nécessairement cette conjonction de destin qui fait justement l'histoire. Bref : une rencontre d'aspirations, de circonstances, de volonté et de pouvoir, portés par une impulsion puissante à travers accidents et catastrophes. Sans doute fallait-il que le théâtre en France participât d'une tragédie et d'une libération nationales. Si Jean Vilar a donné corps à des rêves et à des idées que Copeau n'avait pu que projeter dans l'avenir par une vision et des annonces prophétiques, ce n'est pas parce qu'il était Vilar — Copeau, alors, eût accompli le destin du théâtre national et populaire —, c'est parce qu'il s'est trouvé là, et qu'on a su l'y voir.

Il serait plus juste encore de dire : parce que les temps l'ont rejoint. La circonstance politique et sociale a été déterminante ; encore fallait-il qu'il se trouvât quelques hommes pour la saisir et l'assumer. Quelques hommes : un homme, d'abord, et une femme. Un ministre, qui fut Pierre Bourdan ; un fonctionnaire volontaire et passionné, qui fut Jeanne Laurent. Sans la seconde, qui porta avec constance et courage ce que le premier, si vite disparu, avait tout juste eu le temps d'inscrire dans les textes, qui sait ce qu'il fût advenu de la décentralisation, des festivals et du Théâtre national populaire — en quoi s'est faite la rénovation dramatique née de la Libération.

Dans l'histoire du théâtre français, Avignon, voulu, imaginé, créé par Vilar — comme esprit et comme lieu —, Avignon a été l'initiateur et l'archétype des festivals dramatiques, dont l'histoire reste à écrire et dont le sens demande encore à être dégagé, éclairé, réaffirmé. La vérité, c'est qu'il y eut à Avignon tout autre chose qu'amplification et exaltation d'un théâtre préexistant : mutation véritable, changement d'essence et de nature ; ou plutôt : retour à l'essence et à la nature du drame ; reconquête, reprise de possession. Nous avons été le premier, croyons-nous, à parler d'une dramaturgie d'Avignon. Il y a une trentaine d'années l'expression était encore un acte de confiance, mais qui est très vite devenu cette réalité esthétique et historique — ce *fait* de culture — que nul ne conteste plus aujourd'hui. Même ceux qui l'on rejeté alors avec violence. Vilar est physiquement mort de cette mort d'Avignon. Que fallait-il entendre par là ? Ceci : au-delà de la réussite exceptionnelle d'un homme de théâtre, il existait désormais une pensée et une énergie capables de mettre en œuvre les principes énoncés par les maîtres, en dénonçant et répudiant du même coup dans l'action ce qui n'avait pu l'être jusqu'ici que dans les mots. Vilar fut un *animateur* au sens propre et au sens plein : dans un certain lieu, choisi par lui, il entreprit de rendre au théâtre un souffle, une inspiration, une « âme ». On vit se manifester la dramaturgie retrouvée — renouvelée, baignée dans l'histoire de ce temps —, par quoi le drame, après une longue éclipse, commençait enfin de se libérer, tentait, en un sursaut pathétique, de ne pas mourir. Dans les hauts murs d'Avignon, le théâtre redevenait enfin ce qu'il est : une cérémonie, sinon un office, pour le « peuple fidèle ».

Susciter des drames et des auteurs nouveaux (la seule ambition qui ne fut pas remplie), re-présenter les drames et les grands poètes du théâtre universel, ce n'était qu'un aspect de la dramaturgie renouvelée ; il s'agissait de donner ces drames à un vrai public, de célébrer les noces du public et du drame. Et ces noces-là ne se scellent pas sans amour, et n'importe où. Plutôt, elles se célèbrent partout où l'esprit dramatique peut souffler. En plantant ses tréteaux dans une cour, fût-elle celle du palais des Papes, Vilar ne faisait que retourner, avec un parti de grandeur qui n'exclut pas l'humilité, au lieu même de la nativité élisabéthaine. Et c'est sans doute aussi pourquoi, malgré Corneille, Büchner, Kleist ou Musset, qui connurent là de véritables résurrections, les grandes heures d'Avignon — et les premières — furent shakespeariennes. On a noté le seul manque (dont on pourrait analyser les causes) : peu d'auteurs contemporains ; encore, à une ou deux exceptions près, n'avaient-ils rien de nouveaux venus — Claudel, Montherlant ou Supervielle — et leur présence n'en était pas moins comme d'appoint.

Avignon est devenu une institution. Il fut d'abord une aventure, et véritablement bouleversante. Enfin, il a engendré, essaimé, crû et multiplié, avec une force, une rapidité qui prouvent à quel point il répondait à une attente et à un besoin. A sa suite et à son exemple, les festivals se sont allumés par toute la France, révélant, éveillant des lieux dramatiques qui n'attendaient que leur drame. A Nîmes, le *Jules César* de Raymond Hermantier restera une date dans l'histoire de la mise en scène et de la maîtrise de l'espace. Hermantier eut encore le mérite de s'attacher d'abord à des drames et des auteurs nouveaux : Maurice Clavel, *les Albigeois, Canduela* ; Jules Roy, *Beau Sang* ; Jean Mogin, *A chacun selon sa faim* ; Yves Florenne, *le Cavalier d'or*. Il est significatif que ce créateur fougueux ait très tôt démarré de nos rivages pour remonter jusqu'aux sources sauvages et nous ramener, un jour, du cœur de l'Afrique un envoûtant *Macbeth* noir. Ce n'est qu'un trait, mais qui manquerait au tableau et à l'histoire d'une culture.

Tableau et histoire ne donnent que trop lieu à nomenclatures pour que nous songions à énumérer les festivals, ni même les centres régionaux et leurs animateurs, d'autant que la fête dramatique a gagné jusqu'aux villages, pour remonter paradoxalement à Paris. Ce qu'il faut marquer, c'est l'énorme matière dramatique produite et consommée, les possibilités quasi illimitées offertes à la représentation. Partout, si humbles qu'ils fussent, les festivals ont rendu le théâtre à tout homme qui en a le désir ou le besoin ; plus encore : ils ont rendu aux hommes ce besoin et ce désir. Ils ont ramené au théâtre des spectateurs par millions, et mieux que des spectateurs : des assistants, des participants. Ils ont donné carrière au grand répertoire confiné jusqu'alors dans un ou deux théâtres subventionnés, dans deux ou trois salles dites « d'avant-garde ». C'est par eux que Shakespeare a connu cette extraordinaire faveur qui fit de lui l'auteur le plus joué en France, et le plus populaire. Moins faits pour le plein air et les vastes assistances, nos classiques ont pourtant gagné en vingt ans un public — pour le nombre et pour les origines — qu'ils n'avaient point rassemblé en trois siècles. Partout, ces grandes musiques ont retenti largement, remettant à leur place les petits concerts de chambre à quoi s'était réduit le théâtre. Il y a eu comme une fécondation réciproque du public — ce nouveau public, vaste et multiple — par les grandes œuvres, et de la représentation contemporaine à la fois par l'exercice de ces grandes œuvres et par le public même.

Cette recherche de l'espace et du plein ciel, si elle s'est surtout développée autour des monuments et des ensembles urbains et dans les théâtres antiques, a eu pour conséquence singulièrement heureuse de stimuler, notamment sous l'impulsion du metteur en scène et animateur de festival Jean Deschamps et de l'architecte Claude Perset, la construction de théâtres de plein air, et par conséquent de susciter une architecture neuve dont le plus bel exemple est peut-être le théâtre de la Mer, à Sète, incrusté dans la coquille creuse d'un fort de Vauban battu par la vague, au-dessous du phare et du « Cimetière marin ».

Ce qu'il faut voir et savoir, c'est que les festivals ne furent ni une mode ni un accident brillant, un épisode séduisant, heureux et tout de même accessoire, mais une circonstance décisive pour l'art dramatique, et sans doute l'événement capital dans l'histoire du théâtre de ce temps.

Les auteurs et les œuvres. Les metteurs en scène

Dans les premières années de cette renaissance, les grands inventeurs et animateurs de l'avant-guerre, qui restaient les fondateurs, les pionniers et les maîtres, poursuivaient leur œuvre avant de disparaître (Pitoëff dès 1939). Copeau s'était retiré dans la méditation et l'écrit – où nous le retrouverons –, son ultime création, et sa dernière œuvre dramatique, *le Miracle du pain doré*, précède de peu sa mort, en 1949. La même année meurt Dullin, le plus riche et le plus généreux de sa génération ; puis, peu avant Baty, Jouvet (venu comme Dullin du Vieux-Colombier de Copeau), qui eut encore le temps de porter à la scène deux des trois dernières pièces de Giraudoux (*la Folle de Chaillot*, 1945 ; *l'Apollon de Bellac*, 1947), toutes posthumes. Il allait revenir à J.-L. Barrault de créer la troisième, *Pour Lucrèce*, en 1953.

Dans la relève de l'après-guerre, la fondation de la Compagnie Renaud-Barrault est l'un des événements les plus importants : à travers luttes et vicissitudes, changements de fortune et changements de lieux, elle s'est vouée, pour l'honneur de la scène française, en France et par le monde, à une œuvre qui se poursuit dans la création continue, où l'illustration neuve du répertoire classique va de pair avec la curiosité passionnée pour les recherches actuelles. Mais, bien avant de trouver ses « classiques » en Ionesco et Beckett, le premier acte de J.-L. Barrault aura été de lancer vers la haute mer, avec *le Soulier de satin*, la nef de la représentation claudélienne. La pièce « interdite », *Partage de midi*, allait bientôt suivre, véritablement incarnée par Edwige Feuillère. Toutes les pièces paraîtront sur tous les théâtres, jusqu'au couronnement de *Tête d'or*, qu'on doit encore à J.-L. Barrault. Il renouvelle, de loin en loin, sa vision du *Soulier de satin* (jusqu'à la version intégrale, monumental spectacle de six heures, 1980) et de *Christophe Colomb* (1975, dans les costumes de M.-H. Dasté). C'est là un des faits majeurs de notre période : écrite, pour la plus grande part, depuis un demi-siècle, l'œuvre dramatique de Claudel demeurait à peu près non jouée, comme une musique enfermée dans sa partition et jamais entendue. On peut dire qu'elle a pris naissance pour nous, et que seulement alors elle est apparue dans sa dimension véritable. Quelle création dramatique supporterait aujourd'hui de lui être comparée ? Elle domine notre temps. Mais est-elle de notre temps ? Est-elle de « notre avenir » ? Certes, aucune n'a si totalement lié partie avec Dieu. Il y a tout de même là, avec un grand risque, une certaine chance de durée.

Cependant, les auteurs qui étaient entrés dans la carrière avant la guerre s'y maintenaient, ou s'y développaient, ou scellaient leur œuvre : Armand Salacrou, Marcel Achard, Cl.-A. Puget, G. Neveux, A. Obey, Cocteau, Jules Romains, Mauriac. Parmi eux, déjà, mais qui appartient surtout à notre période, Jean Anouilh, qui applique aux héros et aux mythes, avec une grinçante habileté, l'art des réducteurs de têtes (*Antigone, Eurydice, Roméo et Jeannette, l'Alouette*). Trois auteurs viennent alors d'entrer en scène, l'aîné, déjà célèbre (mais dans le roman et le récit lyrique), les deux autres qui ne vont pas tarder à le devenir. Avec *la Reine morte*, puis *le Maître de Santiago* et *Malatesta*, que suivront *Port-Royal*, *le Cardinal d'Espagne*, Henry de Montherlant prend possession du théâtre. Comme tel de ses héros, il y respire à la plus grande hauteur, avec une intensité tragique, tendue, cuirassée par la beauté de la langue, dans une sorte de dégagement superbe. Engagés, au contraire, champions de l'engagement, Albert Camus et surtout J.-P. Sartre. Avec *les Mouches*, *Huis clos* (1944), *Morts sans sépulture*, *la Putain respectueuse* (1946 – pour laquelle les dernières pudeurs de l'époque ne supportaient encore que des points de suspension), *les Mains sales*, *le Diable et le Bon Dieu* (1951), *les Séquestrés d'Altona* (1959), Sartre met en action les thèmes actuels de la philosophie (la sienne d'abord, bien entendu) et de la révolution, dans la forme et le langage les plus traditionnels et les plus rationnels (sauf dans la dernière pièce). Plus engagé encore dans le destin de l'homme que dans telle idéologie, Albert Camus exprime l'absurde, l'« étrangeté » des êtres les uns aux autres, le désespoir, la révolte, avec une générosité d'accent, une chaleur profonde, une passion (celle de l'amour, où Sartre est si conventionnel, n'a pas, chez Camus, la part la moins brûlante), forçant l'abstraction, dans la beauté dure ou tendre d'un langage qui se parle d'un jet naturel, sans provoquer de questions sur lui-même. *Le Malentendu* (1944), *Caligula* (1945), *l'État de siège* (1948), son chef-d'œuvre, selon nous ; puis *les Justes* (1949) ; enfin, dans les années qui précèdent sa mort (1960), *Requiem pour une nonne* (d'après Faulkner) et *les Possédés* (adaptés de Dostoïevski).

Un autre écrivain engagé — d'un engagement différent — et dont l'influence intellectuelle avait été assez comparable à celle de Camus avant la guerre, Thierry Maulnier, aborde le théâtre avec *la Course des rois*, *le Profanateur*, *Jeanne et les juges* ; et l'adaptation (1954) de *la Condition humaine* : il est bien surprenant que, seul, Malraux, justement, soit resté à l'écart de l'expression dramatique, lui qui est écrivain tragique par excellence, et si pathétique, romantique, magnifique « preneur » de la parole. Les mêmes années mettaient en relief un cas analogue à celui de Claudel : le théâtre de Michel De Ghelderode, écrit depuis longtemps, était fort peu joué ou pas joué du tout, même en Belgique, quand André Reybaz le révéla en France dans toute sa puissance expressive et explosive : tragique, truculente, rutilante (une palette flamande), métaphysique (*Fastes d'enfer*, *Sire Halewijn*, *Barabbas*, etc.). Comme pour Claudel, ce dégel signifiait que les temps étaient venus : les temps de la poésie. Le temps aussi des mises en cause, des mises en question, des retournements.

Presque en même temps venaient d'apparaître Jean Genet, avec *les Bonnes* (1947), et Audiberti, avec *Quoat-Quoat* (1946), *Le mal court* (1947), *la Fête noire* (1949) ; viendront *la Fourmi dans le corps* (à la Comédie-Française), *l'Effet Glapion*, enfin *Cavalier seul* (1963), univers baroque, balançant entre le tragique et le cocasse, dans l'invention constante du langage. Oui, c'est le temps des poètes : Henri Pichette (Audiberti met en scène les *Épiphanies* avant que Pichette donne au T.N.P. sa *Nucléa*), Jean Vauthier (*Capitaine Bada*, 1953 ; *le Sang*, 1970), Georges Schéhadé (*Monsieur Bobl'e*, 1951 ; *Histoire de Vasco*, 1957) ; Julien Gracq, le solitaire, donne sa pièce unique, *le Roi pêcheur*, dont la beauté échappe, bien entendu, à la critique « officielle ». Avant de quitter la poésie, il faudrait noter la renaissance du spectacle de mime, avec Decroux, J.-L. Barrault, Marceau.

Pourtant, en 1950, exactement sur la ligne de partage du siècle,un jeune metteur en scène propose un bref spectacle — une « anti-pièce » — qui annonce quelque chose de neuf, d'insolite : *la Cantatrice chauve*, d'Eugène Ionesco. Langage et vision surréalistes, incontestablement poétiques, dont le thème obsessionnel est le couple ; l'érotisme ou la haine séniles du couple, dans une claustration atroce : *les Chaises* (1952), *Victimes du devoir* (1953). Cet univers fascinant et confiné s'élargit, s'humanise, en même temps que les pièces, assez brèves jusqu'ici, s'amplifient : *Tueur sans gages*, *Rhinocéros* (1960), *Le roi se meurt* (1962), *la Soif et la faim* (Comédie-Française, 1966). Ionesco peut dire de lui qu'il est un classique. Il est donc moins surprenant qu'il a pu paraître de voir l'auteur d'*Amédée ou Comment s'en débarrasser* rejoindre, à l'Académie française, l'auteur de *la Reine morte*.

Classique, le dirait-on aussi d'Arthur Adamov, révélé la même année 1950 par deux pièces : *la Grande et la Petite Manœuvre* et *l'Invasion* ; et souscrira-t-on au jugement quelque peu provocant de Jean Vilar : « Je préfère Adamov à Claudel » ?

— Lui, en tout cas, est bien de ce temps : dissolvant tout lyrisme, peu « lisible » et sans doute peu soucieux d'être lu, pensant en spectacle : un spectacle qui montre et dénonce l'aliénation de l'homme par le capitalisme (*le Ping-Pong*, 1955 ; *Paolo Paoli*, 1957). Enfin, Beckett vint : *En attendant Godot* (1953), puis *Fin de partie* (1957), *Oh! les beaux jours* (1963). Dans le fantastique hallucinatoire, le dérèglement organisé et la désintégration du langage, la mort humaine dans la pétrification du monde, c'est l'exaltation désespérée du néant. Selon le dramaturge américain Albee, « le théâtre ne peut plus être après Beckett ce qu'il était avant Beckett ».

La question reste de savoir si le théâtre peut encore être quand rien n'est plus rien. On n'en notera pas moins au passage l'universalité, pour parler comme Rivarol, persistante et consolante de la langue et de la culture française, quand les trois dramaturges français de pointe, dont un « classique » au moins, se nomment Beckett, Adamov et Ionesco. Ils sont d'ailleurs rejoints vers 1960 par Arrabal, Espagnol de langue française, l'un des derniers venus d'une jeune cohorte où l'on aperçoit Chr. Ligier, F. Billetdoux, R. Dubillard, A. Gatti. Enfin, Vercors aborde le théâtre avec *Zoo* (1963) et *Œdipe* (1970). Pour n'être pas trop incomplet, on ne saurait omettre le représentant le plus brillant du Boulevard pour toute cette période : A. Roussin ; ni la fantaisie déliée de M. Aymé ; ni la verve satirique non plus que les astuces de F. Marceau.

Dans un théâtre qui répudie, non parfois sans violence, toute littérature et qui se veut geste plus que parole — en tout cas, que parole textuelle —, la part du metteur en scène, déjà très grande, tend à devenir la plus grande. Outre ceux qui sont déjà apparus dans notre tableau, c'est par dizaines qu'il les faudrait nommer : de Jean Dasté, doyen valeureux et chaleureux de la décentralisation provinciale, à Guy Rétoré, chef de file d'une décentralisation nouvelle, celle de Paris et des banlieues. On se bornera aux deux novateurs dont la maturité est la plus éclatante : Antoine Bourseiller et Roger Planchon.

Deux événements marquent la période ouverte par 68. D'abord, cette douzaine d'années coïncide avec la carrière remplie avec éclat par le Théâtre de la Ville. Fondation municipale, assez exemplaire en ceci qu'elle n'a pas consisté à remettre à ceux qui allaient en jouer un instrument préfabriqué, plus ou moins bien, ou mal, adapté à sa fonction et à leurs besoins : ils ont été invités à participer à sa conception. Cette histoire a un sens. (Il est vrai que le déplorable contresens commis autrefois à Chaillot était un salutaire avertissement). Ainsi, les quatre murs d'un vaste théâtre Napoléon III n'ont servi qu'à loger une structure moderne, qui se trouvait la plus ancienne : dans ce sédiment du XIXe siècle s'est incrustée la haute coquille de sable d'un théâtre grec éclairé de mille soleils. Et hanté de grands fantômes qui sont des « intercesseurs » : celui, historique, de Sarah Bernhardt ; celui, très vivant, de Dullin ; celui, enfin, de Nerval, qui vint y chercher la mort du poète, au lieu même où serait édifiée la scène.

Mais qu'en eût-il été si le théâtre n'avait trouvé en Jean Mercure un animateur à sa mesure ? Le mot — comme l'expression « animation culturelle » — trop usé retrouve ici son sens fort : âme, souffle. Deux représentations ou manifestations chaque jour rassemblent un public intensément participant : musique (de Karajan à Boulez), danse (grands ballets internationaux compris, bien entendu, Béjart), chanson. Ce sont les accompagnements du théâtre ou ses préludes : au cours de douze saisons, trente-sept pièces représentées, dont maintes créations. Des classiques — Shakespeare, Corneille, Marivaux, Schiller — aux auteurs d'à présent, les aînés et les cadets : Sartre, Camus, Vercors, A. Miller, Ionesco, Billetdoux, Coburn ; d'autres classiques, ceux d'hier et d'avant- hier : Labiche, Tchekhov, Pirandello, Brecht, Shaw..., Claudel, bien entendu (*l'Échange* restera un des grands moments de toute la représentation claudélienne). Enfin, Jean Mercure a fait la preuve, contre une mode déprisante véhiculée par la critique, que Giraudoux emportait l'adhésion enthousiaste des publics d'aujourd'hui. Plus encore qu'un répertoire exceptionnel (présenté hors de France, de Moscou à New York), il y a là tout un panorama dramatique. A Paris, mais non pas seulement pour Paris, le Théâtre de la Ville est venu combler la place laissée vide à Chaillot (il faut, au passage, déplorer que rien n'ait été prévu par l'État pour l'accueil à Paris du T.N.P. de Planchon) et accomplit sa vocation de théâtre national, bien que parisien, et non moins populaire. Il a retrouvé aussitôt le public qui fut, ou aurait été, celui de Vilar, largement composé d'une jeunesse qui se renouvelle. Quand tant de symptômes sont inquiétants, il faut mettre en évidence les signes qui permettent de croire au destin du théâtre en France.

Le second événement fut précisément la liquidation du Théâtre national populaire de Chaillot, après des expériences en vase clos. (C'est l'occasion de citer deux autres novateurs : l'un, plus théoricien, F. Lang, qui fit, un temps, du festival d'Épinal un lieu européen du théâtre en quête de lui-même ;

l'autre, P. Chéreau, metteur en scène foisonnant et fascinant qui s'est tourné, comme Vilar à la fin, vers l'opéra). Elle avait, fort heureusement, pour corollaire la décentralisation du T.N.P. à Lyon sous la direction de Roger Planchon, qui l'a ressuscité dans ce nouvel avatar. Créateur d'avant-garde (en tant qu'auteur aussi) – notons au passage sa remarquable présentation, en 1979, du *No man's land* de Painter –, Planchon, qui, fidèle à ses débuts, est demeuré un shakespearien plein de ferveur et d'audace, aura donné une vie vraiment nouvelle, actuelle, permanente, aux classiques sans les dénaturer ou les solliciter abusivement, dans la constance d'une invention toujours neuve : c'est par là qu'il les rapproche efficacement de nous. A cet égard, sa *Bérénice*, ses deux *Tartuffe* sont exemplaires. Enfin, il a, de toute son autorité, pris parti pour le texte, le dialogue, le métier, l'art et le savoir. Il est au premier rang de ceux qui ont le mieux vu, et mis en évidence par leur travail même, les généreuses illusions fondées sur la « créativité ».

Car, dans les années qui ont suivi 68, l'élan initial et la nostalgie qu'on en gardait ont poussé à théoriser ce qui est par essence spontané, et à vouloir que la créativité remplaçât la création. C'est là un des traits de cette période. Que chacun – retrouvant l'enfance et une virginité culturelle – pût libérer ses désirs d'expression, voire ses désirs tout court, ses obsessions et ses fantasmes, c'est certainement un bien, même pour la collectivité. Mais la théorie, voire une espèce de religion, allait beaucoup plus loin qui érigeait la créativité en héritière de la création et, du même coup, enterrait allègrement feu le créateur, faut-il dire « professionnel » ? On a fini par s'apercevoir qu'on mélangeait confusément les genres. Il suffit que chacun se remette soi-même à sa place, et tout ira pour le mieux. Le théâtre peut y trouver son bien. Il suffit toujours d'un authentique créateur.

Telle s'est précisément révélée Ariane Mnouchkine, qui fonde le spectacle sur une sorte de spontanéisme (tout de même « dirigé »), émouvant, convaincant, où peut s'organiser la « création collective ». Son Théâtre du Soleil compte beaucoup aujourd'hui (après *1789*, puis *Molière*, on lui doit la reconstitution des procès de Prague de 1979, non plus théâtre, mais réalité à vif), tout comme on discerne déjà la place que va tenir la jeune compagnie de Laurent Terzief, non seulement grand acteur, mais véritable poète de la scène.

Tout au long de cet itinéraire dramatique, nous n'avons cessé de rencontrer, surgi au début du siècle – avec la révolution du Vieux- Colombier de Copeau, puis avec son héritier le Cartel –, un nouveau venu dont l'action fut féconde, mais qui est devenu un parvenu abusif et triomphant. Maître du spectacle, des acteurs, de l'auteur, surtout s'il est mort, bref, maître de l'œuvre, la vitalité créatrice du metteur en scène est féconde, parfois abusive, voire sciemment destructrice. L'abus ou l'illusion étant sans doute les plus sensibles quand, dans le fil de sa logique doctrinale, et peut-être hanté par les ombres de Molière et de Shakespeare, il se fait ou se veut son propre auteur. Il y a chez lui un certain masochisme dans cette destruction du poète dramatique jusqu'en soi-même.

Les œuvres sécrétées par le temps immédiatement présent, il est rare qu'elles aient affronté l'épreuve des festivals : elles ne s'épanouissent pas dans l'espace et respirent mal en plein air. Plus difficilement encore elles formeraient cet accord où puissent se rencontrer et vibrer plusieurs milliers de spectateurs de toutes origines (il y a de l'illusion, et qui fausse l'analyse, à voir un public populaire dans un public d'étudiants). Avec les dramaturges, nous entrons tout naturellement dans le drame de l'art contemporain : le désir, la profession même de communication, et l'incapacité fondamentale à communiquer. L'artiste s'enferme dans son *ghetto*, en compagnie de son langage, ou de la recherche de son langage ; et il ne se prive pas d'en souffrir, non d'ailleurs sans jouissances.

Puisqu'on n'a pu en finir, décidément, avec eux, finissons par les auteurs. On a vu que sur ce chapitre, pourtant capital, ou qui du moins avait passé pour l'être, le bilan est assez mince. On feint de croire et on répète qu'« il n'y a pas d'auteurs ». Mieux vaudrait reconnaître que (pour des raisons économiques surtout, mais aussi par la tyrannie terrorisante de la mode et des metteurs en scène) c'est l'accès de la scène qui leur est pratiquement interdit.

Or, c'est la volonté « d'en sortir » à tout prix qui a suscité le poète-acteur-chanteur parti à la modeste conquête d'un public de quelques dizaines de personnes. Ainsi est né le café-théâtre, essaimant dans les banlieues, dans les provinces (il était tôt apparu à Bordeaux), avec une vocation à la fois d'avant-garde et populaire. Il y a là une des pointes extrêmes du combat mené par de jeunes compagnies qui apparaissent, disparaissent, renaissent, souvent dans des théâtres de fortune. Le foisonnement des initiatives, individuelles ou artisanales, la résistance, la combativité, l'agressivité même, enfin le mouvement sont les meilleurs signes d'une vitalité qui entend se manifester *autrement*.

Enfin, il faut mettre à part une institution illustre et quasi sacrée : la Comédie-Française. Dans le souffle de libération, de rénovation, de purification de l'immédiat après-guerre, un philosophe du théâtre, P.-A. Touchard, fut nommé administrateur général : il demeura, dans sa tâche, fidèle à un esprit qui était le sien. Après des intermèdes contestables ou déplorables, une tradition nouvelle semble s'établir de confier le gouvernement des comédiens-français à l'un d'entre eux, qui a leur confiance mais n'en demeure pas moins le représentant de l'État au sein de la société et à sa tête. Maurice Escande a réussi dans une fonction délicatement équilibrée ; puis c'est à Pierre Dux que la Comédie-Française a dû d'être conduite dans la navigation toujours la plus difficile : maintenir fermement une grande tradition sans la figer, en s'attachant à l'ouvrir. Il faut de singulières qualités pour être le moderne conservateur d'un musée national de théâtre — unique au monde — voué à la fois au grand art ancien et à l'art contemporain.

III. COMMUNICATIONS DE MASSE L'IMAGE ET LA PAROLE

L'événement le plus important dans l'histoire des communications de masse est sans aucun doute la vulgarisation de la télévision (à partir de 1950), celle-ci étant à coup sûr la forme la plus puissante et décisive de ces communications de masse : les *mass media*, pour parler américain comme tout le monde. Encore que, même en français, l'expression soit passablement ambiguë : *communications en masse aux masses* rendrait mieux compte de la réalité. « Communication aux... » qui devient aisément « action sur... », pour le meilleur ou pour le pire.

La mise en service des satellites a commencé de bouleverser les conditions de l'information. La part de la France et de l'Europe, demeurée longtemps plus que modeste, est entrée dans la voie des réalisations avec le projet de mise en place et d'exploitation de satellites européens, consacré par le lancement de la fusée « Ariane ».

La télévision

La télévision est vite devenue moyen de gouvernement ou de persuasion, ou force de dissuasion, instrument du pouvoir ; soit d'une façon diffuse, soit très ouvertement par l'institution du dialogue direct — dialogue où, bien entendu, l'un des deux interlocuteurs est muet — entre le pouvoir et le peuple. Le pouvoir, désormais, peut se prendre et se garder par le micro et le petit écran. Dans les crises graves, le rôle de la télévision peut être capital. On l'a bien vu à deux ou trois reprises dans les années 60. Sans doute, à la veille de la guerre déjà, le gouvernement avait pris timidement, et non sans provoquer méfiance et réserves, l'initiative de s'adresser au pays sur les ondes. Mais on peut mesurer tout l'écart entre la radiodiffusion et la télévision par la simple comparaison de l'appel du 18-juin et des apparitions du général de Gaulle sur l'écran lors des rébellions militaires en Algérie. Ce qui était perdu en mystère lointain et poignant — qui est toujours celui d'une voix réduite à elle-même — était gagné en fascination, en efficacité, en « présence réelle ».

La révolution qui superpose la télévision à la radiodiffusion est comparable — bien qu'inversée — à celle qui marque le passage du cinéma muet au parlant. Mais la seconde révolution est d'une tout autre portée :

d'abord, par la nature de la télé-image-parole, et par sa puissance quasi illimitée de diffusion et de pénétration ; ensuite, par l'inversion même des facteurs, dans la mesure où, en trente ans, l'image a pris autant d'importance que la parole. En tout cas, le phénomène proprement révolutionnaire, c'est, à tout moment, l'irruption du monde dans chaque chambre. L'homme peut bien n'en point sortir : tous les malheurs, selon Pascal, viennent l'y rejoindre. C'est une fenêtre qui ouvre non plus sur la rue ou la campagne, mais sur la planète entière et même sur le cosmos. Par cette fenêtre, tout homme peut prendre directement et immédiatement connaissance de tout : du moins, de tout ce qu'on veut bien lui montrer. Dans ces limites, on a pu espérer établir mieux qu'une communication : une communion humaine et une prise de conscience, l'image suppléant le manque d'imagination dans la représentation des misères, des injustices et des horreurs du monde. Malheureusement, il semble qu'on assiste à un phénomène presque contraire : psychologues et sociologues ont remarqué que le téléspectateur, à qui l'on donne le monde en spectacle, tend à considérer le monde comme spectacle. La guerre, les massacres, les fléaux, les crimes participent de l'irréalité des fictions distribuées par le même écran ; ils y ont moins de réalité interne, provoquent moins d'émotion profonde et de participation que la tragédie sur le théâtre.

Cependant, dès sa naissance ou presque, l'homme devient captif d'un réseau de « chaînes ». Les anticipateurs ont beau jeu à imaginer le renversement par lequel le bouton de commande changerait de main ; le pouvoir, visiteur du citoyen, deviendrait grand inquisiteur ; le spectacle se ferait regard ; et le spectateur, objet observé, contrôlé, maintenu dans le champ ou dans la « ligne ». Mais c'est assez faire la part des propres pouvoirs de la télévision, y compris les plus inquiétants ou « diaboliques ». Dans l'autre plateau, les bienfaits de l'instrument sont évidemment immenses : la masse des hommes se trouve mise en état d'information et de communication, qui sont déjà culture. Culture encore, le divertissement. Culture, enfin, cultivée dans la représentation ou la reproduction des œuvres, la transmission de la musique, l'initiation à l'art, aux sciences et aux techniques. Plus précisément encore, la télévision avec, et sans doute avant, le film et le disque, est le moyen de l'information et de l'enseignement audiovisuels, en plein développement.

Les moyens audiovisuels

L'audiovisuel, qui tient lui-même de la langue d'Ésope, n'est pas sans susciter des inquiétudes, d'ailleurs liées à celles que nous avons évoquées : dissolvant de l'attention, de la réflexion au sens propre, excluant toute rigueur, tout approfondissement et tout retour. C'est le moyen de la culture par imprégnation ou aspersion, opposée à la culture par labour et ensemencement. Il y a là une part de vérité, mais aussi une part d'habitude : celle que nous tenons d'une civilisation de l'écriture et plus précisément de l'imprimerie. Or, la civilisation a existé avant Gutenberg — et même la « culture de masse ». Sans parler des civilisations purement orales, comme la celtique (autre mauvaise habitude que de les dédaigner), les civilisations les plus glorieuses, antique ou médiévale, sont largement civilisations, cultures de la parole et de l'image. Le vrai péril tiendrait bien plutôt en ceci que l'image se fît ombre, et que la parole ne fût plus que du son.

« Cela » prendra-t-il sa revanche en tuant « ceci » ? La naissance et la croissance non de l'audiovisuel, certes, mais de ses formes modernes ont amené à prophétiser sur la mort de l'imprimé. Défions-nous des facilités de l'anticipation. Simple exemple : celle-ci, pour les trois quarts — et toujours terrifiants —, a vécu jusqu'à hier sur l'hypothèse des « Martiens », brusquement dégonflée. La « guerre des mondes » n'aura pas lieu. Il nous reste la guerre terrestre et la fin de notre monde. C'est bien assez.

La presse

Quoi qu'il en soit, civilisation et culture reposent toujours sur l'imprimé : le livre tend même, avec l'apparition du livre de poche, à entrer dans les *mass media*, dont la presse, en tout cas, demeure l'un des piliers. Ce pilier est-il ébranlé ? Le statut économique de la presse est périlleux. Sa tendance croissante à la concentration (80 quotidiens en 1914, à Paris, 11 aujourd'hui) est un péril d'un autre ordre. Mais il n'y a pas désaffection. Le tirage global des journaux a baissé par rapport à l'avant-guerre, relativement à la démographie, mais de façon modérée, nullement générale – des titres progressent –, et surtout sans commune mesure avec la concurrence audiovisuelle. Certes, dans la comparaison, les chiffres sont éloquents : ici, une trentaine de millions d'informés, là une dizaine (pour les seuls quotidiens), mais cette résistance et ce maintien ne sont pas moins significatifs. La chance des journaux reste dans le recours à la réflexion offerte par l'imprimé, et dans l'indépendance, voire l'opposition, à l'égard d'un pouvoir qui monopolise les moyens d'information audiovisuels, sinon l'information même.

Les changements se manifestent par la disparition des « mammouths » tirant à près de 2 millions d'exemplaires (*Paris-Soir, le Petit Parisien*) et, de ce fait, par un dégonflement de la masse des quotidiens parisiens par rapport à ceux de province, en expansion (2 millions de moins, d'un côté ; 3 millions de plus, de l'autre). Les journaux conservent donc à peu près leurs lecteurs, même compte tenu de l'accroissement de la population. Mais ces lecteurs, qu'y cherchent-ils ? Au vrai, ce qu'ils y cherchent importe beaucoup moins que ce qu'ils y trouvent, fût-ce malgré eux. Source d'information, et source de culture ? Sans doute, mais fort mêlée ; et parfois corrompue.

On ne l'a que trop dit : par ses quotidiens et par ses magazines, la presse dégage l'érotisme et fait éclater la violence. Elle développe aussi le goût assez malsain, et qui peut être scandaleux, de s'introduire dans la vie privée. Mais le reproche de perversion que cette presse partage avec le cinéma, quels que soient d'ailleurs ses mobiles, mercantiles ou autres, ce reproche, le mérite-t-elle objectivement ? Ne procède-t-il pas d'un moralisme superficiel ? Il est malaisé de démêler la part de stimulation et la part de purgation nécessaire et de défoulement (surtout de l'agressivité), comme de séparer d'un trait net l'anticulture de ce qui est encore culture.

Au chapitre de la presse, l'un des phénomènes les plus significatifs, et le plus paradoxal en apparence (mais où se manifestent probablement des réflexes défensifs, où se révèlent, en tout cas, de vrais besoins), c'est, sous l'inspiration et la direction d'H. Beuve-Méry, l'étonnante fortune du journal *le Monde* et sa croissance accélérée : le seul pourtant qui ait, par un audacieux défi, banni l'image (totalement pendant longtemps, avec des accommodements plus récemment) et qui, d'ailleurs, ne se borne pas à cet aspect visuel au profit d'une information purement écrite, et qu'on s'accorde à juger peu frivole et peu complaisante dans son abondance. C'est peut-être la revanche la plus éclatante et la plus inattendue de l'écriture et de l'imprimé. Au même crédit, il faudrait porter encore la prolifération des revues, coïncidant d'ailleurs avec le déclin des revues littéraires traditionnelles – la N.R.F. est maintenue, le *Mercure de France* est sacrifié –, cependant que se multiplient les revues de critique, de méthode, de doctrine et de système. Mais, quelles que soient son importance et son audience *Tel quel* n'a aucune ambition de compter dans les communications de masse. Les revues les plus lues sont ou furent les grandes engagées : *les Temps modernes* ou *Esprit*. Doyenne de celles-ci, immuable, si l'on ose dire, dans son perpétuel mouvement, *Europe* ne cesse de s'affirmer comme une encyclopédie toujours à jour de la culture et des littératures du monde entier. Il faut saluer le retour à une tradition qui fut vivante et par lequel la *Nouvelle Revue des Deux-Mondes* s'attache à retrouver, à cent cinquante ans de distance, l'esprit de 1830, dans toutes ses variations. Citons encore *Poétique*, revue de théorie, ainsi que *Littérature*, nées de 68, dont l'université de Vincennes fut le berceau, et *Change*, fruit d'une rupture avec *Tel quel*. Le phénomène le plus étonnant est le foisonnement des revues de poésie (une enquête en a dénombré quelque deux cent cinquante) ; plus attendu, celui des revues de sciences dites « humaines » et des revues de politique plus ou moins imprégnées de préoccupations culturelles, ou des revues culturelles plus ou moins orientées, voire conditionnées, par les idéologies. Enfin, l'apparition des revues de femmes – qui n'ont rien à voir avec les magazines et journaux à l'usage des femmes –, qui se multiplient de façon significative.

Toutes, quand elles ne sont pas celles d'un groupe, restent celles du plus ou moins petit nombre. Le tirage à un million d'exemplaires d'une revue *littéraire* japonaise nous paraîtra toujours fabuleux. Il en va de même, d'ailleurs, pour les livres, où quelques exceptions masquent la règle générale. Il y a d'ailleurs beaucoup de vérité dans cette boutade : en France, tout le monde écrit et personne ne lit.

La publicité et la mode

Les journaux tendent à n'être plus, pour une part ou tout entiers, qu'une affiche portative où la typographie géante et l'image accrochent et orientent l'attention – et la consommation ; un véhicule de publicité, comme l'écran, les murs et le ciel même. Or, la publicité n'est pas seulement une fonction économique : en dehors même de l'élément « culturel » qui peut entrer dans la consommation proprement dite, il y a consommation d'images, d'« idées », de stimulants ; suppléance à l'imagination, information psychologique, et même plaisir esthétique. Le trait dominant de la publicité, et qui va s'accentuant, c'est son érotisation, même pour ce qui paraît le plus éloigné de tout érotisme : extases de ménagères étreignant le réfrigérateur rêvé. Ce n'est que signe et qu'utilisation de l'érotisation générale ; mais, du même coup, recharge d'érotisme. La publicité utilise l'érotisme ambiant et se fait publicité pour l'érotisme. Sade s'avance masqué, se glisse partout, jusque sous les formes les plus frelatées, il devient une mode, même au sens étroit (et la mode, surtout féminine, est incontestablement un fait de culture) : les femmes, à mesure qu'elles se dévêtent d'étoffes, se couvrent de chaînes de pacotille, souvent sans trop savoir ce qu'elles font.

Les *mass media*, nul ne le contestera, sont communication, à sens sinon unique, du moins dominant. La « masse », échauffée, électrisée, est toute réceptivité, quand elle n'est pas passivité. Nous sommes fort loin de la *créativité*, qui a passé pour être l'essence de la nouvelle culture. En attendant, la création, elle, se manifeste à l'intérieur des *mass media*, à commencer par la publicité, qui a continué à donner, dans l'affiche, des chefs-d'œuvre « classiques » ; radiodiffusion et télévision cherchent des modes d'expression qui leur soient propres. Enfin, bien avant leur naissance, le cinéma était déjà devenu un art autonome.

Le cinéma

L'art cinématographique aura connu, pendant notre période, une remarquable expansion, esthétique et économique. Certes, en 1945, il existe depuis un demi-siècle, et le « parlant » a pris possession de l'écran. On assiste cependant, dès les années de guerre, à de multiples recherches techniques qui permettront de découvrir tout un champ nouveau. Au cinéma, comme ailleurs, les années 1955-1958 marquent un tournant : c'est le moment où Godard s'affirme tout comme Béjart et Boulez. Une nouvelle ère commence. Le cinéma traverse une crise à la fois économique et esthétique. De 1957 à 1967, la fréquentation des salles baisse presque de moitié ; peut-être par un effet de saturation, sans doute aussi par l'apparition en masse d'un nouveau consommateur d'images : le téléspectateur.

Tout d'abord, il est intéressant de constater que le cinéma fit mieux que se survivre pendant la guerre, où se sont élaborés quelques-uns de ses chefs-d'œuvre, comme s'il trouvait un stimulant dans le risque et dans la relative pauvreté. C'est sous l'Occupation que Carné tourne *les Visiteurs du soir* ; et l'année 1945 marque l'achèvement de ce film incomparable, le chef-d'œuvre absolu du cinéma, *les Enfants du Paradis*. Suivront bientôt *les Portes de la nuit* (1946), cependant que l'année suivante Cl. Autant-Lara donne *le Diable au corps* (dès lors, Gérard Philippe, sur l'écran comme au théâtre, deviendra du côté masculin le seul mythe qui se puisse comparer à celui de Brigitte Bardot). C'est l'époque du retour à Paris, après quinze ans d'absence, de René Clair, avec *Le silence est d'or*, suivi des *Belles de nuit*, etc. Cocteau et Pagnol reviennent à l'écran. Les deux grands vétérans, Abel Gance et Marcel L'Herbier, sont toujours à l'œuvre, cependant que débutent R. Clément, J. Becker, H.-G. Clouzot.

Toute cette période est dominée par Max Ophuls et surtout Jean Renoir. Ophuls, qui mourut en 1957, reste très marqué par l'expressionnisme allemand. Renoir poursuit son œuvre avec *le Carrosse d'or* (1953), *French-Cancan* (1955), *Eléna et les hommes* (1956), *le Testament du docteur Cordelier* (1959). Le film comique, genre périlleux, surtout quand il identifie un acteur à un personnage (l'ombre de Chaplin risque d'être écrasante), va pourtant trouver un renouvellement avec Jacques Tati.

Après 1956, toute une cohorte de jeunes cinéastes s'attachent à créer un cinéma neuf, dans son esprit et dans ses techniques. Si Vadim atteignit le plus vite à la célébrité, ce n'est pas lui, pourtant, qui s'est montré le plus révolutionnaire. Mais *Et Dieu créa la femme* permit la création d'une femme et d'un mythe : Brigitte Bardot. Le groupe qui se constitua autour des *Cahiers du cinéma* tient une place exceptionnelle dans l'histoire, puisqu'il réunit F. Truffaut, C. Chabrol, J.-L. Godard. Après des articles de critique, Truffaut produit *les Quatre Cents Coups*, d'un accent personnel dans la tradition de *Zéro de conduite*, de Vigo. Accent qui s'affirme dans *Tirez sur le pianiste* (1960), *La mariée était en noir* (1967) ; son chef-d'œuvre reste sans doute, jusqu'ici, *Jules et Jim* (1961). Alain Resnais, qui avait débuté par de courts métrages, se classe au premier rang avec son premier grand film, *Hiroshima mon amour*. Œuvre belle et singulière encore, *l'Année dernière à Marienbad* (1961), sur un scénario de Robbe-Grillet, exprime une dialectique baroque du temps et de l'espace. On n'oubliera ni la violence de G. Franju ni la voluptueuse rigueur de Louis Malle, dont *les Amants* sont une réplique moderne et fort réussie de *Point de lendemain*, de Vivant Denon ; puis *le Souffle au cœur, Lacombe Lucien*. On notera enfin le retour de Carné, après un long exil, avec *les Tricheurs*.

Jean-Luc Godard pourrait bien être à la crête de la nouvelle vague, par la variété des thèmes comme par sa recherche de techniques très hardies : *A bout de souffle* (1959), *Deux ou Trois Choses que je sais d'elle* (1966). Surtout, *Pierrot le Fou* (1965) allie la nouveauté du langage cinématographique à un élan romantique qui est de tous les temps. On goûtera moins la suite, d'ailleurs volontairement interrompue (mais nullement reniée). L'œuvre de Bresson est comme atemporelle par son absolu dépouillement. *Le Journal d'un curé de campagne, Un condamné à mort s'est échappé, Au hasard Balthazar, Mouchette, le Procès de Jeanne d'Arc* présentent toujours cette même rigueur où les ressources du noir et du blanc sont poussées à l'extrême. Viennent ensuite *Lancelot du Lac* (1973), *le Diable probablement* (1977). N'omettons ni le farouchement indépendant (du milieu comme de la finance) Melville : *le Silence de la mer, le Samouraï* ; ni Rohmer et sa suite de « Contes moraux » : *la Collectionneuse, Ma nuit chez Maud, le Genou de Claire*, etc. ; ni Costa-Gavras : *Z, l'Aveu* ; ni Yves Robert : *la Guerre des boutons* (1962), *Nous irons tous au paradis* (1977).

Cinéma ou cinémas ? — Le pluriel, un peu insolite, rendrait mieux compte d'une réalité si diverse et parfois contradictoire. Il est bien caractéristique de notre période qu'elle abonde en réussites, aussi bien dans le registre du court métrage (*Ballon rouge*, de Lamorisse) que dans les recherches du cinéma vérité (*Un cœur gros comme ça*) ; dans le dessin animé, qui compte un chef-d'œuvre laissant loin derrière lui les Américains : *la Bergère et le Ramoneur*, de Grimault (1952), texte de Prévert ; puis, des mêmes auteurs avec la même poésie, *le Roi et l'Oiseau* (1977) ; et, bien entendu, le documentaire (Ichac, Cousteau). Les possibilités sont loin encore d'être épuisées d'un art qui semble particulièrement apte à porter plusieurs fonctions, de la simple information ou de l'éducation à l'œuvre essentiellement esthétique : art de masses, art de cinéphiles (création de la cinémathèque, en 1936) ; art de l'image, mais art total aussi, puisque le texte littéraire peut y avoir une grande importance (de Prévert à Marguerite Duras, qui, sans quitter l'écriture, s'est saisie de l'écran pour une recherche de création novatrice ; Giraudoux y fait figure de pionnier) et que la musique y apporte sa nécessaire contribution, écrite par des spécialistes, certes, mais aussi par nombre de compositeurs « purs ».

IV. LITTÉRATURES

En matière de littérature, le pluriel, cette fois, s'impose. La belle et majestueuse unité, peut-être un peu voulue, composée, ordonnée, sinon forcée, de la littérature française, cette unité s'est brisée en fractions — ou factions — étrangères, voire ennemies. Ce que Duhamel appelait l'Église littéraire de France semble appartenir au passé, déchirée, menacée qu'elle est par les hérésies les plus violemment iconoclastiques, par les sectes délibérément sacrilèges. Pourtant, l'activité des éléments destructeurs, ou reconstructeurs, ne correspond pas tout à fait à leur masse ni à leurs fruits. Et parmi ceux, nombreux, parfois considérables, dont l'obédience à l'Église ne saurait faire de doute, on trouve des novateurs, des « révolutionnaires » authentiques : on a déjà vu que Ionesco revendiquait une niche classique dans la chapelle où l'on vénère le saint patron Molière.

Les grands

Une certaine unité est d'ailleurs maintenue, à travers les ruptures, par les grands anciens qui continuent de manifester leur puissance créatrice. A commencer par Claudel, que, d'ailleurs, les Lasserre du commencement du siècle excommuniaient avec indignation. Son *Journal* commence de paraître en 1969. De nombreuses correspondances sont publiées : avec Suarès, Jammes, notamment. L'autre grand poète de ce siècle, Saint-John Perse, donne, après vingt ans de silence, des œuvres parmi les plus admirables : *Exil* (1942-1945), *Vents* (1946), *Amers* (1957), *Chronique* (1960). Il reçoit en 1960 le prix Nobel. P.-J. Jouve, né la même année 1887, ajoute à son œuvre poétique, l'une des plus hautes, belles et singulières de ce temps : il publie *En miroir*, autobiographie intérieure, et se fait le veilleur alarmé d'une humanité menacée par elle-même.

André Gide meurt en 1951. A ses dernières années appartient la publication du *Journal*. La formule du journal convenait à Gide : aux antipodes de la remontée de la mémoire et de cette continuité de la durée que supposent Mémoires et souvenirs, le journal est comme l'expression littéraire de l'instant et de la discontinuité gidiens. Gide porte à la scène *les Caves du Vatican* et laisse publier ses correspondances : avec Claudel, Valéry, Suarès, R. Martin du Gard, Dorothy Bussy. On y découvre, dans une familiarité qui ne s'abandonne jamais que jusqu'à un certain point, une sagesse dont Gide entendait livrer l'ultime message dans son *Thésée* (1946). Jusqu'à ses derniers jours, Colette donne des fruits qui n'ont rien perdu de leur chaude saveur charnelle. Léautaud est révélé au grand public à quatre-vingts ans et entreprend la publication, dont la plus grande part sera posthume, de son *Journal littéraire*, où le vrai — humain — et le faux — historique et biographique — sont inextricablement tissés ensemble. Cocteau-Protée s'exprime toujours avec la même séduction dans la diversité des domaines — théâtre, poésie, dessin, cinéma — et des styles.

La seconde génération

Des écrivains plus jeunes poursuivent une œuvre importante : Marcel Arland, qui rend vie à un genre négligé, la nouvelle, et retrouve le temps perdu : *Avons-nous vécu ?* (1977), *Ce fut ainsi* (1979) ; André Chamson : *la Neige et la fleur*, *le Chiffre de nos jours* (1954). Giono se renouvelle avec *le Hussard sur le toit* ; et Céline se retrouve, sans aller jamais aussi loin que dans son *Voyage au bout de la nuit*. Jouhandeau ajoute inlassablement à la « saga » d'Élise et rédige ses *Journaliers*. Julien Green donne son très beau *Moïra*, s'essaie au théâtre et publie les premiers volumes de son *Journal*. Si elle n'avait pas été une femme, on se serait sans doute moins pressé de considérer Jeanne Galzy comme une survivante. Elle a montré son étonnante vitalité, la puissance et la chaleur de ses dons, en publiant autour de sa quatre-vingtième année les six gros volumes de *la Surprise de vivre,* suite romanesque, comparables aux plus célèbres « histoires d'une famille » du roman traditionnel.

Le surréalisme n'est toujours pas mort. Breton est mort en 1966, quelques mois avant que disparaisse aussi l'inventeur même du mot « surréalisme », P.-A. Birot. Les *Prolégomènes à un troisième manifeste du surréalisme ou non* paraissent en 1946 ; *Arcane 17* en 1945. Ribemont-Dessaignes publie en 1958 *Déjà jadis ou du mouvement Dada à l'espace abstrait.* Philippe Soupault est toujours présent. La force du surréalisme semble sensible surtout dans une littérature née bien après lui : chez un Pieyre de Mandiargues, un Green, un Gracq. L'intérêt que porte actuellement le grand public aux expositions, aux ouvrages relatifs au surréalisme est encore un signe de cette modernité d'un mouvement qui, brillant à l'entrée du XXe siècle, en est comme le fanal. Et le slogan de mai 68, « L'imagination au pouvoir », n'est-il pas l'essence même du surréalisme, dans ce qu'il fut toujours lié à la révolution ?

Aragon, dadaïste et surréaliste de la première heure, appartient à cette génération d'écrivains nés dans les dernières années du XIXe siècle, que la Seconde Guerre mondiale surprend donc en pleine maturité et qu'elle va amener à un changement d'orientation, à un renouvellement parfois radical ; à vivre comme une seconde existence. L'œuvre d'Aragon va gagner en densité, en gravité, en cohérence. « François la colère » prolonge son œuvre de poète de la clandestinité dans *En étrange pays dans mon pays lui-même* (1945) ; le cycle d'Elsa, inauguré par *les Yeux d'Elsa* (1942), s'amplifie dans *Elsa* (1959) et *le Fou d'Elsa* (1963). Mais, surtout, un grand romancier est né. Il y avait quelque chose de grêle et d'inachevé dans les premiers romans d'Aragon. *Aurélien* (1944), un des grands livres de notre siècle, marque un changement décisif ; le temps, la mémoire y prennent une dimension capitale ; c'est son *Éducation sentimentale.* Cette veine romanesque qui se révélait si riche va montrer toute sa fécondité dans trois chefs-d'œuvre : *la Semaine sainte* (1958), *la Mise à mort* (1965), *Blanche ou l'Oubli* (1967).

Pour d'autres écrivains, au contraire, ce changement de cap se manifeste par l'abandon, au moins momentané, du genre romanesque, soit pour le théâtre, soit pour la méditation esthétique élargie à une vision de l'homme. Mauriac, au lendemain de la guerre, observe le monde contemporain et la politique, dans son *Bloc-notes* ; en compensation, il s'abandonne à la remontée des souvenirs (*Mémoires intérieurs*) ; puis, à quatre-vingt-quatre ans, revient au roman, avec une force intacte, dans *Un adolescent d'autrefois.* Cette vitalité nous l'a fait évoquer dans une génération qui n'est pourtant pas la sienne : il est légèrement l'aîné de Saint-John Perse et de Jouve. De 1945 à 1963, Maurois ajoute à sa galerie de biographies les portraits de trois grands modèles : Hugo, Sand, Balzac.

Il est difficile de savoir ce qu'aurait écrit Bernanos s'il n'était mort prématurément ; après *Monsieur Ouine* (1946), qui semble l'aboutissement de cet univers romanesque tragique, il publie la *Lettre aux Anglais* (1946), *la France contre les robots* (1947), *le Chemin de la croix des âmes* (1948). Nombre de posthumes ravivent une influence très sensible chez les intellectuels chrétiens des années 50. Montherlant, dont Bernanos disait qu'il était « le plus grand, peut-être, de nos écrivains », se consacre, on l'a vu, à une œuvre dramatique. Il publie toutefois ses *Carnets* de 1947 à 1966 (il continue à les égrener dans les revues) ; *la Rose de sable,* écrite trente ans plus tôt ; *les Garçons* (1969) marquent, comme *l'Adolescent* de Mauriac, mais dans une tout autre optique, on s'en doute, un retour tardif mais fécond au roman. L'exemple le plus radical d'un changement profond et de l'abandon du genre romanesque, on le trouve chez André Malraux, qui est d'ailleurs nettement le cadet des écrivains que nous venons d'évoquer. A partir de 1945, il entreprend une étonnante œuvre d'esthéticien visionnaire, avec *l'Esquisse d'une psychologie du cinéma* (1947), puis, surtout, le triptyque de la *Psychologie de l'art, les Voix du silence* (1951), suivies d'un nouveau triptyque, *le Musée imaginaire de la sculpture mondiale.* Avec un art de la formule et de la forme qui apparente son style à la grande statuaire, Malraux parcourt son musée imaginaire, avec la conviction que l'art est justement, avant tout, un style, beaucoup plus qu'une vision, heureux de trouver, seul apaisement à l'angoisse qui traversait son univers romanesque, cette continuité que manifeste, entre les peuples et les siècles, la création de l'œuvre d'art. Enfin Malraux s'interroge sur son passé, en le revivant par grands fragments cohérents qui télescopent ou font éclater le temps ; le mémorialiste s'y refuse à l'égotisme — « Que m'importe ce qui n'importe qu'à moi » —, d'où la double raison du titre de ces mémoires : *Antimémoires*. Dans les dernières années, l'interrogation se fait plus pressante : sur la maladie, les approches de la mort ; elle s'exprime notamment dans *Lazare*. La veille, il avait donné cet admirable témoignage que sont *les Chênes qu'on abat*, dialogue et méditation ultimes avec de Gaulle.

La troisième génération

En 1945, la nouvelle littérature prend ses contours non seulement esthétiques, mais économiques, idéologiques. La matière écrite commence à surabonder chez les éditeurs et, même après filtrage, aux étalages du libraire. La littérature est d'ailleurs noyée dans une paralittérature dont la fortune ira croissant. En littérature « pure », les genres éclatent, le langage se désintègre, l'écart se creuse, comme dans tous les arts, entre le créateur et le public. On a de plus en plus tendance à identifier, presque, la littérature au roman, qui, dans la tradition littéraire française, a longtemps été un genre mineur et qui, même au XIXe siècle, venait, certes, après la poésie et le théâtre. Le reflux de celui-ci (surtout en tant que texte) et de celle-là pourrait expliquer l'envahissement du terrain par les eaux romanesques. En outre, le nom de *roman* désigne un discours sans lois ni contours : essai, poésie, méditation, confession, laboratoire de langage... Bref, on trouve tout dans le roman contemporain, excepté souvent — disent les malveillants — le roman. Quoi qu'il en soit, la production romanesque — pour une grande part, d'ailleurs, ou fort traditionnelle, ou conventionnelle, sinon commerciale — tend à submerger la création littéraire.

Génération de romanciers, donc, la génération qui prend la parole en 1945. Que cette prise de parole suive des années de guerre, de souffrances, de révolte, c'est assez pour expliquer le caractère « engagé » de cette littérature et un éclairage plutôt sombre, le refus de tout romantisme ; ce qui n'exclut pas, toutefois, un lyrisme expressionniste, en particulier chez Camus.

L'existentialisme et la personnalité de Jean-Paul Sartre ont une place prééminente dans la pensée et la littérature de 1945 à 1955. Étendue par le champ de son audience, l'œuvre de Sartre l'est aussi en ce qu'elle embrasse à peu près tous les domaines de la création — excepté la poésie, à laquelle elle demeurera, partout, imperméable. Sans revenir sur le théâtre, sans oublier de nombreux articles de philosophie, de critique, de réflexion politique, sans ignorer son rôle de directeur des *Temps modernes* et de maître à penser de toute une génération, retenons ici l'œuvre philosophique et romanesque. Les théories sartriennes trouvent leur pleine formulation dans *l'Être et le Néant*. Les problèmes et une théorie du roman moderne sont exposés à plusieurs reprises, en particulier dans la préface à *Portrait d'un inconnu*, de Nathalie Sarraute. La création romanesque de Sartre est parfois controversée, et lui-même semble s'être détaché des *Chemins de la liberté*. Pourtant, cette vaste fresque de l'homme moderne a de la grandeur, dans son abondance nourrissante, quasi balzacienne, malgré le style neutre. C'est cette abondance, ce flux vital, qui manque terriblement aux *Mots*, autobiographie desséchée. Contrastant avec la pâle incompréhension de son étude sur Baudelaire, son *Flaubert* est un grand livre critique.

Simone de Beauvoir, comme Sartre, a su allier philosophie — existentialiste, puis marxiste — à l'invention romanesque. *Les Mandarins* apportent un tableau d'époque : celui d'un groupe d'intellectuels, à la Libération ; mais le vrai roman, d'une sincérité poignante, c'est l'« histoire d'amour ». Simone de Beauvoir a publié plusieurs essais philosophiques ; elle a su analyser la condition féminine — elle fait figure de précurseur — avec vigueur et originalité dans *le Deuxième Sexe*. Enfin, depuis quelques années, elle avait découvert une nouvelle voie où elle avait atteint, avec simplicité, à sa plus grande réussite : l'autobiographie, entreprise avec les *Mémoires d'une jeune fille rangée*, close avec *Une mort très douce*. En marge, un essai sur *la Vieillesse* (1970).

Chez Camus aussi se retrouve cet équilibre entre la philosophie et la fiction, quoique la part de poésie y soit plus grande ; et moins forte — du moins, elle n'est pas celle d'un philosophe « professionnel » — la pensée philosophique. Aux essais (*le Mythe de Sisyphe, l'Homme révolté, Actuelles*) répondent les récits : *l'Étranger, la Peste* (1947), *la Chute* (1956). Le langage, classique, exprime l'intensité de la vision et de la sensation chez un artiste résolument méditerranéen et solaire, et si moderne qu'il ouvre des perspectives au nouveau roman. L'ingratitude est de règle, mais elle est allée jusqu'à un dédain qu'il est de bon ton d'affecter et qui s'étend au vaste public, souvent très jeune, qui trouve en Camus ce qu'il cherche. Chez Queneau, au contraire, la prise de conscience de l'absurde est d'abord prise de conscience de la crise du langage (*Exercices de style ; Zazie dans le métro*, 1959). À l'existentialisme, on rattachera des romancières de talent : Violette Leduc (*la Bâtarde*) ou Albertine Sarrazin (*l'Astragale*), et surtout Françoise Sagan, « vulgarisatrice » de l'existentialisme, dont le talent aigu, doux-amer, une certaine musique personnelle se sont accordés à un moment de la sensibilité du public.

D'autres tendances se sont fait jour dès le lendemain de la Libération, qui se tiennent à distance de l'existentialisme ou réagissent contre lui. Jean Dutourd représente bien la génération qui a vingt ans à la guerre et entre dans les lettres quand s'éteignent les combats auxquels elle a participé. Romancier (*Au bon beurre, Doucin, les Horreurs de l'amour*), essayiste, moraliste, mémorialiste (*les Taxis de la Marne, le Demi-Solde, le Fond et la Forme*), c'est un écrivain d'une belle vitalité, peignant son temps, les caractères, les mœurs et les modes d'un trait vigoureux, parfois allègrement féroce, dans une langue ferme, drue et tout simplement classique. L'œuvre de Vercors et le nom même de l'écrivain qui avait été jusque-là le dessinateur Jean Bruller sont nés de l'Occupation et de la Résistance. *Le Silence de la mer* (1942) l'avait rendu célèbre, que suit *la Marche à l'étoile* (1943). Livres clandestins, bien entendu, dont l'auteur est aussi le fondateur des Éditions de minuit. Ce caractère exceptionnel d'écrivain « historique » aura porté, très injustement, quelque tort à l'œuvre que Vercors n'a cessé d'édifier : nombreuse, diverse (on l'a déjà rencontrée au chapitre du théâtre), généreuse, riche en interrogations neuves sur la nature de l'homme et son destin ; essais et fiction romanesque : *Sylva, les Animaux dénaturés, Sur ce rivage, Colères*... Rationaliste ouvert à l'inconnu (regardé comme provisoire), il donne, avec *les Chevaux du temps*, un chef-d'œuvre dans le registre du fantastique, de l'onirique.

Né aussi de la Résistance, le premier livre de Roger Vailland, *Drôle de jeu*. L'auteur y révèle tout de suite le tempérament et le style qui font le romancier de race. En dehors de textes critiques — brillants, certes, mais contestables, comme la thèse sur *les Liaisons dangereuses* —, il a donné des romans intenses : *les Mauvais Coups* (1948), *la Loi* (1957), *la Fête* (1960), *la Truite* (1964). Son journal, publié après sa mort prématurée, est un passionnant témoignage sur un homme en proie à une sensualité et une intelligence également exigeantes.

Sont issus aussi de la Libération : *les Amants d'Avignon*, d'Elsa Triolet, dont l'œuvre romanesque est notable ; *Éducation européenne*, de Romain Gary, suivi des *Racines du ciel* (1956) ; *la Vallée heureuse* et *Retour de l'enfer*, de Jules Roy ; la peinture, par David Rousset, de l'univers concentrationnaire. Le monde de la guerre et du nazisme réapparaît dans une œuvre comme *la Dispersion* (1969), de S. Doubrovsky. Cette génération de 1945 est celle de la diversité. Quelques noms repères dessineront l'étendue et les contrastes souvent vifs du panorama : Henry Troyat, Roger Peyrefitte, J.-L. Curtis, Hervé Bazin, Jacques Perret, Roger Nimier, François Nourissier, Béatrix Beck, C. Bourniquel, J. Cabanis, Claude Roy, F.-R. Bastide, B. Poirot-Delpech ; la continuité se manifeste d'un réalisme souvent poétique (B. Clavel, P. Gamarra). J. de Bourbon-Busset est bien original en ce temps : le centre de son œuvre est le roman lyrique de l'« amour nuptial ».

Il faut faire une place à part à ce que Gaëtan Picon appelle le roman de la « transfiguration », le mot ayant un sens mystique aussi bien que magique, et l'œuvre pouvant donc procéder du sentiment religieux comme de la vision fantastique. Le roman catholique connaît un renouveau avec P.-H. Simon, Luc Estang, Gilbert Cesbron, Pierre Emmanuel. Le lyrisme chrétien de Jean Cayrol s'accompagne d'une technique qui apparente cet écrivain à l'école du nouveau roman. Mysticisme retourné, d'un fantastique très personnel chez Marcel Schneider, ou éclairé des étranges lumières du romantisme allemand chez Marcel Brion. La magie diabolique transmute la passion chez le Pauwels de *l'Amour monstre*. La transfiguration est comme spontanément poétique chez Nicole Védrès, ou encore chez Henri Bosco, où l'ardeur secrète de la Provence *intérieure* est tout imprégnée d'une spiritualité qui vient des troubadours. C'est une Ardenne intérieure qui nourrit l'inspiration poétique et légendaire d'A. Dhôtel, qui fut un précurseur. La transfiguration s'opère, pour Marguerite Yourcenar, à travers une vision de l'histoire, comme dans une sphère de cristal noir.

Enfin, le surnaturalisme de Julien Gracq s'exprime dans les grands mythes du romantisme, et parfois même avec leur décor, dans un univers atemporel. *Le Rivage des Syrtes* (1951) suscite, dans une langue admirable, un univers de la fascination. Julien Gracq est l'exemple de l'indépendance. Son œuvre solitaire et haute (*Un balcon en forêt*, 1958 ; *la Presqu'île*, 1973), peu faite pour les succès de public, ne lui a jamais valu la célébrité que lui acquit, d'un coup, son pamphlet *la Littérature à l'estomac*. A. Pieyre de Mandiargues s'est révélé un très bel écrivain, à la fois par la qualité de son imagination érotique et surréaliste et par une recherche de style qui aboutit à des récits d'une rare perfection formelle : *le Musée noir, la Motocyclette, la Marge*. Jean Genet se situe dans la tradition de Sade : poète de l'illégalité, de l'absurde et de la révolte ; son œuvre fut d'abord publiée clandestinement, puis au grand jour entre 1951 et 1953 (*Notre-Dame des Fleurs, Pompes funèbres, Haute Surveillance, Journal du voleur*). Mais Genet, plus que Sade, est parvenu à libérer son univers du sentiment de la culpabilité, dans une sorte d'innocence, d'allègement qui se transmutent en poésie, alors qu'est empreinte d'on ne sait quelle froideur hautaine et d'une théologie hérétique l'érotique de P. Klossovsky, dans *Roberte ce soir* et *la Révocation de l'Édit de Nantes*. Georges Bataille, dans *Ma mère, l'Œil, Madame Edwarda*, se situe, lui aussi, aux limites de l'indicible, à la jonction du ciel et de l'enfer, de l'érotique, du sacré et de la mort ; et, lui aussi, est de la postérité de Sade.

C'est dans une optique semblable qu'il faut envisager les meilleurs des romans érotiques apparus depuis 1945 : l'*Histoire d'O*, de Pauline Réage, qui reste inégalée ; *Irène*, publiée sans le nom de son (célèbre) auteur ; *Blason d'un corps*, d'Étiemble ; *l'Île*, d'Anne Lauris, l'un des derniers (1972). En effet, le caractère commercial qui s'est développé du fait de l'évolution des mœurs entraîne une production médiocre et hâtive.

La plupart de ces écrivains, qui sont souvent aussi des poètes, et d'autres poètes encore (P.-J. Jouve, Y. Bonnefoy) ressortissent, dans ces textes, moins au roman qu'à ce que J.-Y. Tadié a défini et étudié dans son livre *le Récit poétique*.

Nouveau roman et roman nouveau

Les années 1950 ont été marquées par une transformation du style et de la technique romanesque. Cette révolution fut inaugurée, comme il se doit, par une contestation radicale des structures traditionnelles. On a remis en question la notion d'intrigue, de personnage, d'analyse psychologique. D'où le nom d'anti-roman proposé par Sartre dans la préface de *Portrait d'un inconnu*. Nathalie Sarraute (*le Planétarium, les Fruits d'or*) pratique le dialogue, mais ce qu'elle veut saisir par lui, ce sont les « mouvements de la sous-conversation ». Tandis que d'autres romanciers, comme A. Robbe-Grillet (*les Gommes, le Voyeur, Dans le labyrinthe, la Maison de rendez-vous*), privilégient l'objet ou plutôt le rapport regard-objet : c'est d'ailleurs la présence de ce regard qui fait que le monde de Robbe-Grillet ne parvient pas à être un univers de l'objet pur ; avec « Nature, humanisme et tragédie », il a donné un texte fondamental pour la théorie du nouveau roman. Mais ce qui illustre peut-être le mieux celui-ci, c'est *la Modification*, de Michel Butor, avec l'utilisation du « vous » par le narrateur pour raconter sa propre histoire, l'adéquation entre l'objet — le train et son trajet — et le contenu, la signification d'une vie affective. Butor a trouvé un équilibre assez rare entre la destruction du récit et son édification (*Passage de Milan, l'Emploi du temps*). La notion de genre ayant été, elle aussi, abolie, on nommera « textes », et très divers, ce que M. Butor publie dans une veine très abondante : la suite d'*Illustrations, Boomerang*, etc.

À cause de l'importance de l'objet et du regard, on a souvent — trop souvent — comparé la technique du nouveau roman à celle du cinéma. Il est vrai que Robbe-Grillet a trouvé aussi dans le cinéma un moyen d'expression ; tout comme Marguerite Duras, dont la contribution à un nouveau roman tempéré est importante (*Moderato cantabile, le Square, le Ravissement de Lol V. Stein*). Le roman anglais (Joyce) ou américain (Dos Passos) est pour beaucoup dans la naissance de notre nouveau roman ; mais, tout autant, et probablement davantage, ces aînés que furent Flaubert et, plus près de nous, Céline, le Camus de *l'Étranger* (la parenté est certaine de Claude Simon, dans *le Tricheur*), d'autres encore : Michel Leiris (*la Règle du jeu*), M. Blanchot (*Thomas l'Obscur*).

Les formes, doctrines et méthodes d'une nouvelle littérature — science-littérature — trouvent leur expression dans la revue *Tel quel*, qui rencontra très vite l'hostilité de Sartre et des *Temps modernes*. Dans l'engagement idéologique, ce groupe est axé sur les problèmes du renouvellement du langage en fonction du bouleversement actuel de la linguistique. Philippe Sollers, le leader, est l'auteur du *Parc*, de *Drame*, etc. J.-P. Faye a rompu avec *Tel quel* et fondé *Change* — « atelier d'écriture » — ; il a donné *la Cassure, l'Écluse, Analogues, le Récit hunique*.

En dehors du nouveau roman, on constate une très grande diversité de tendances ; en littérature comme en matière de mode, tout est possible et les extrêmes se touchent. Certains (faute de pouvoir les citer tous) utilisent une technique classique dans un esprit neuf ; ainsi d'Yves Berger, J. Borel, A. Cohen, Dominique Fernandez, J. Lahougue, M. Tournier. D'autres enchevêtrent plusieurs plans de récit dont le lien est l'intensité dramatique : S. Doubrovsky ou Hélène Cixous, celle-ci représentant bien, par son enseignement, sa critique théorique, et dans la fiction, la revendication et la réalité de l'« écriture féminine ». J.-M. G. Le Clézio est très caractéristique de cette heureuse conjonction du lyrisme et d'une technique issue du nouveau roman (*le Procès-verbal, le Déluge*).

La poésie

L'aventure poétique moderne a pris une nouvelle signification à partir de la Libération. Dans la multitude de mouvements contradictoires, la cohérence de cette durée d'un quart de siècle apparaît de plus en plus clairement. Peut-être au contact de l'événement, la poésie se sent-elle plus libre que jamais. Mais cette liberté ne fait qu'accroître la conscience de certains problèmes majeurs de toute poétique. À une époque où la notion de communication est si dominante, il n'est pas surprenant que le poète s'inquiète et cherche à établir un contact vivant avec son lecteur ; or jamais non plus la communication ne se heurta à tant de difficultés. D'abord, le public est devenu indifférent à la poésie ; puis, la poésie veut communiquer l'incommunicable et se refuse à tout épanchement sur un registre sentimental, voire politique ou simplement humain, parce qu'elle est de plus en plus réflexion sur la poésie. L'influence du surréalisme reste capitale ; pourtant, les poètes semblent de moins en moins prêts à s'abandonner à la parole. Les tendances les plus récentes se caractérisent par un rejet de la mystique, quelle qu'elle soit, et même par un désir de démythification, pour remettre en question le langage même. La démarche poétique paraît alors consister essentiellement en une recherche de ce qu'est le langage[1].

À partir de 1945, les poètes de l'ère précédente disparaissent : Valéry (1945), Artaud (1948), Eluard (1952), Claudel (1955), Supervielle et Reverdy (1960), suivis d'Audiberti (1965) et Breton (1966), puis Jouve, Saint-John Perse (1975). Mais, nous l'avons vu, ils ont encore donné de grandes œuvres. Henri Michaux, l'indépendant, persévère dans sa révolte : *Passages, Connaissances par les gouffres* (1961), *Vents et poussières* (1962).

Enfin, l'influence de certains, tel Artaud, ne fait que croître après leur mort ; ils marquent définitivement la poésie des plus jeunes. Jouve est de ceux dont la haute trace est très sensible chez Pierre Emmanuel ou Yves Bonnefoy. La poésie d'Aragon avait besoin de l'événement pour s'élancer. Paul Eluard se rattache, lui aussi, au surréalisme ; et lui aussi a été le poète de la guerre et de la Résistance. Car surréalisme et Résistance se sont trouvés scellés : Char en est encore une illustration. Par la Résistance, la poésie a repris contact avec l'histoire, pour les aînés comme pour les plus jeunes : Emmanuel, Pichette (*les Épiphanies*, 1947), M.-P. Fouchet. Bien présent encore, le surréalisme, chez Aimé Césaire, Jean Malrieu, Luc Decaunes, A. Pieyre de Mandiargues ; il resurgit chez René Char dans une sorte d'« instantanéité foudroyante de la parole ». Pierre Emmanuel construit son univers poétique chargé d'une mythologie spiritualiste ; Patrice de La Tour du Pin tente de donner à notre temps sa *Divine Comédie* ; Marie-Jeanne Durry est le poète de l'angoisse et du destin humains, et d'une sorte de maternité cosmique (*Éden, Orphée*). Jean Grosjean est capable de retrouver le souffle de l'inspiration biblique (à sa manière aussi, Meschonnic, dans ses traductions) dans un hymne passionné et d'un haut lyrisme (*Austrasie*, 1960 ; *Élégies*, 1967). De grandes résurgences baudelairiennes sont recueillies, à long intervalle de temps, dans des vaisseaux neufs, de P.-J. Jouve à Yves Bonnefoy (héritier de Baudelaire encore par sa critique d'art) : *Du mouvement et de l'immobilité de Douve* (1955), *Hier régnant désert* (1958) comptent parmi les grands textes poétiques de notre temps. La poésie de Francis Ponge se veut essentiellement un regard sur l'objet (*le Parti pris des choses*) ; et tout de même pour Guillevic, Follain, Frénaud, ou Tardieu. Au concert de la poésie contemporaine, G.-E. Clancier apporte une musique nécessaire ; il se rattache aussi à la rubrique précédente par ses « vrais » romans, solides et amples.

Dans l'entreprise de démythification de la poésie, il faut faire une place à A. du Bouchet (*Dans la chaleur vacante*) ; au même courant se rattacheraient Jacques Dupin, Pleynet, et en général les poètes du groupe *Tel quel*.

Critique qui s'intéresse à l'homme non moins qu'à son texte, Robert Mallet est d'abord poète (*Quant le miroir s'étonne*). Pareillement Michel Deguy, dont l'œuvre est décisive (*Poèmes de la presqu'île, Biefs, Figurations*) ; pour lui, la poésie est « langage du langage ». Cette définition situe bien la démarche poétique moderne. La poésie est recherche sur le langage, mais grâce à un langage qui est déjà poésie. Ainsi, chez les meilleurs, cette quête aboutit non à une réflexion desséchante, mais — par-delà l'ascèse — à une glorification du Verbe.

Essai, philosophie, critique

Comme la poésie, la philosophie, tout en abordant des domaines d'accès fort difficile, est soucieuse de s'adresser à un véritable public, non à quelques spécialistes ou initiés. D'où, à la fois, une spécialisation de plus en plus poussée, comme ailleurs ; et, d'autre part, l'infiltration de la philosophie dans la littérature au sens large.

Étiemble s'insurgeait contre les trois tyrannies : existentialisme, marxisme, christianisme. De fait, ce sont là les trois courants de pensée, au lendemain de la guerre. L'existentialisme a trouvé son mode d'expression dans le groupe des *Temps modernes*, autour de Sartre, Simone de Beauvoir et Merleau-Ponty ; celui-ci s'est finalement détaché, et on tend aujourd'hui, dix ans après sa mort, à juger sa pensée plus importante et neuve que celle de Sartre. Henri Lefebvre, auteur d'un pamphlet contre l'existentialisme, est le représentant le plus caractéristique du marxisme ; sans oublier toutefois les prises de position retentissantes de R. Garaudy. E. Mounier et le groupe d'*Esprit* défendent le personnalisme et le spiritualisme. Des écrivains ont redonné à la pensée religieuse un éclat que l'on n'aurait guère espéré au commencement du siècle : J. Maritain, Gabriel Marcel, Simone Weil. Teilhard de Chardin unit dans une même vision son système de l'évolution, sa foi de chrétien et ses dons de poète. Étienne Souriau, Jean Wahl, Raymond Ruyer, Raymond Aron, René Girard (*la Violence et le Sacré*) — pour ne pas citer encore Merleau-Ponty —, enfin, trop longtemps méconnu, Jankélévitch : tous, et d'autres, ont renouvelé ou approfondi les différents domaines de la philosophie, notamment l'esthétique.

Qu'en sera-t-il demain d'un nouveau « nouveau », celui des « nouveaux philosophes », qui, à défaut d'apporter une nouvelle philosophie, ont le mérite de secouer les vieilles idoles. Et de la « philosophie du désir » (J.-F. Lyotard), à laquelle on ne sait trop s'il faut rattacher la théorie des « machines désirantes » de Deleuze et Guattari, chefs de file des iconoclastes de la religion freudienne. La psychanalyse n'a pas moins enrichi la critique que la littérature : avec Mauron et sa psychocritique, l'écrivain (Racine, Mallarmé) était sur le divan ; avec Derrida, ceux qui suivent ses voies ou l'y avaient précédé, c'est le texte qu'on y étend.

Plus ancienne, mais, pour ce dernier rebondissement d'un merveilleux esprit et quasi légendaire, appartenant pleinement à notre période : la conception par Gaston Bachelard de quelque chose comme une psychanalyse de la matière, profonde, féconde, d'une grande beauté littéraire et qui a entraîné une transformation de la critique.

On s'en féliciterait, si mutation et foisonnement n'avaient vite pris l'allure d'un phénomène pathologique. La critique a dévoré la création, pullulé sur ce tissu vivant, en se donnant l'alibi d'être elle-même création et, en définitive, la forme supérieure, moderne, bientôt exclusive, de la création. Les conquêtes de la linguistique (brillamment poursuivies par de jeunes linguistes, telle Julia Kristeva) devenaient envahissantes et despotiques. Le texte engendrait le texte, le prétexte s'effaçant de plus en plus, et le texte critique se prenant lui-même pour objet dans un jeu de glace à l'infini. Le « terrorisme » avait eu tôt fait de terroriser les révolutionnaires, les « nouveaux » créateurs mis en demeure de justifier, d'illustrer davantage les théories élaborées sur leur propre vivisection, les poussant ainsi à des performances toujours renouvelées dans une espèce de fuite en avant.

La terreur a connu son Thermidor clandestin, sans bruit, couperet ni victimes. L'essoufflement se perçoit — non dans le public, qui n'avait pas à souffler, n'ayant pas suivi — avec le besoin de respirer ailleurs. La critique « textuelle », tournée de plus en plus sur elle-même, s'enfermant elle-même, commence à s'ouvrir des issues : pour se convertir, sans les nommer, mais non sans les enrichir, à l'histoire littéraire ou à la biographie, la veille encore rayées du droit à l'existence. Ou tout simplement, après le dur labeur de ses « lectures », elle redécouvre, avec une presque innocence, le « plaisir de la lecture ».

La théorique, la poétique et même la science de la littérature ne nous avaient pas attendus pour exister, n'avaient même pas attendu la linguistique et le structuralisme ; et, si Valéry est regardé à bon droit comme un des pères fondateurs (assez insoucieux de l'être) de la critique moderne, Baudelaire, s'engageant dans la voie d'Edgar Poe, était déjà allé fort avant. Mais non sans s'abandonner, avec un nouvel accent et des intuitions profondes, à la critique de sensation, de sympathie, voire d'humeur. Pour s'y laisser aller aujourd'hui, il faut de l'inconscience, de l'ingénuité ou beaucoup d'indifférence à l'opinion (un Guillemin s'y lance à cœur perdu : pour une critique passionnée, passionnelle, justicière, où se mêlent donc le juste et l'injuste, et qui poursuit l'homme à travers le texte et dans sa vie).

Nous n'entrerons pas ici — au moins faut-il la noter — dans la polémique de la « critique universitaire » et de la « critique anti-universitaire », d'autant plus piquante (elle est fort barbelée) que celle-ci est entièrement nourrie par des universitaires. Remarquons au passage que jamais la littérature n'aura été à ce point le fait (elle l'était en vérité fort peu) d'universitaires. Il s'agit certainement beaucoup moins d'un phénomène culturel que d'une nécessité économique, mais enfin ses conséquences sur la création littéraire sont appréciables. Des conquêtes incontestables, de la nouvelle critique ou de la critique nouvelle, laissent donc avec dédain derrière elles ce que la critique, après avoir dépassé la critique de règles et de dogmes, fut souvent : interrogation, impression en même temps qu'entretien d'un écrivain avec un autre, l'un ne se voulant que lecteur réfléchissant, et non pas savant de la « lecture ». Celui-ci jusqu'à se faire parfois l'illisible du lisible.

Certes, la critique est création : chez les Valéry, les Du Bos, les Suarès... Ce temps (tous les temps, d'ailleurs, pour des sectarismes divers ou opposés), et pas seulement en littérature il va sans dire, aurait grand besoin de se souvenir d'un de nos saints patrons, Mallarmé : « *Je ne connais pas un point de vue en art qui soit inférieur à un autre, et je jouis partout...* » Il est vrai que la jouissance en art est fort méprisée : là-dessus Jankélévitch a repris très vivement Boulez.

Souvent, la critique « littéraire » est donc, ou essaie d'être, à la fois une science et une philosophie, en étroite relation avec la création détachée de son créateur : du moins pour les « purs » aux yeux de qui l'auteur n'est même pas une créature d'encre et de papier. Restent les impurs. Et, par chance, le scientifique de la littérature peut rester un écrivain. Parmi les aînés (le plus souvent « libéraux ») : A. Béguin, M. Blanchot, M. Brion. En tête de la seconde génération, Georges Blin analyse les mécanismes créateurs chez Stendhal ; il apporte au cœur de la création baudelairienne des lumières neuves et profondes ; il éclaire de façon non moins décisive la poésie moderne, de Lautréamont à Char. Avec *la Cribleuse de blé*, il donne un beau traité, quelque chose comme son « art critique », dont il traçait déjà les hautes perspectives dans sa leçon inaugurale du Collège de France. Le temps humain est devenu l'objet de l'étude de G. Poulet. J. Starobinski s'est attaché notamment à la notion de transparence et d'obstacle chez Rousseau. Marc Soriano a appliqué avec fruits la méthode pluridisciplinaire à l'étude d'un vaste domaine dédaigné : la littérature orale et les traditions populaires, comme matière et comme source (Perrault), et la littérature pour la jeunesse. Jean Mouton s'est voué à Proust (ainsi que J. Bersani et J.-Y. Tadié) et à Du Bos ; J. Bellemin-Noël à l'« inconscient du texte » ; Marcel Raymond poursuit l'interrogation de l'univers poétique, du surréalisme à nos jours. Jean-Pierre Richard a fondé la thématique ; il s'est avancé fort loin dans l'exploration de l'imaginaire, notamment chez Mallarmé (1963), et renouvelle et enrichit sa méthode (*Microlectures*, 1979).

Autour ou à côté de *Tel quel* se sont affirmés des critiques originaux, comme G. Genette et S. Todorov. Ce groupe se rattache pour une part au structuralisme. A la fois doctrine et méthode, le structuralisme s'applique à tous les domaines : sociologie, philosophie — qu'il remet en question —, linguistique et critique littéraire. Si le structuralisme s'est infiltré dans la pensée contemporaine comme, précédemment, l'existentialisme, quelques esprits y dominent : Cl. Lévi-Strauss, Michel Foucault, J. Derrida, L. Althusser (qui propose une nouvelle « lecture » de Marx), L. Goldmann (*le Dieu caché*), Roland Barthes (*le Degré zéro de l'écriture ; Mythologies*).

Parmi les essayistes, dont la réflexion est d'ordre philosophique, esthétique ou historique, s'imposent Roger Caillois, Brice Parain (*De fil en aiguille, Petite Métaphysique de la parole*), Jean Grenier, Denis de Rougemont, E.-M. Cioran, Georges Bataille (*la Littérature et le mal ; l'Érotisme*, 1957) ; où faire sa place à l'enfant terrible revenu à la philosophie après être passé brillamment par le théâtre, prophète et pamphlétaire qui se souvient de Bloy : Maurice Clavel ?

Enfin, celui qui n'a pas moins marqué notre période que les précédentes, Jean Paulhan, dont l'influence sur toute la littérature contemporaine a été si grande et décisive. Il faudrait citer ici les historiens de l'art, esthéticiens, critiques qui, héritiers souvent de Focillon, mettent au service de la pensée scientifique un grand talent d'écrivain : René Huyghe, Jean Cassou, ainsi que P. Francastel, A. Chastel, J. Leymarie.

Depuis une trentaine d'années, ce qui paraît caractériser la littérature (et pas seulement la littérature), c'est, d'une part, l'activité intense des mises en cause et des mises en question, la conscience ou la croyance que tout est révolu et que tout commence ; c'est la multiplication des laboratoires et la multiplicité des recherches excitantes ; l'existence, enfin, d'une masse, d'une gélatine intellectuelle foisonnante en pleine fermentation ; et c'est, d'autre part, la disparition, avec les grandes œuvres, de ce qu'on appelait naguère, et qu'on continue d'appeler rétrospectivement, les grands écrivains. Ceux qui restent — sans qu'on soit sûr, d'ailleurs, qu'ils se puissent mesurer aux grands écrivains de notre histoire —, ceux-là sont des survivants.

Sur le point de quitter la littérature, on s'avise qu'avec elle on n'en a jamais fini. Nous avons, par commodité, tenté de la compartimenter, de la classer : elle est à la fois dans ces cadres et hors d'eux. On la fragmente sans la saisir tout entière. Par exemple, c'est à l'occasion d'autres œuvres que nous avons effleuré le rayon si nourri des journaux, intimes ou non, des Mémoires et des souvenirs. Retenons ici, pour leur double valeur littéraire et historique, ces échantillons de deux femmes aujourd'hui disparues : ceux de Mme Simone, doyenne de notre littérature ; et de Louise Weiss, histoire d'une femme et chronique du siècle. Où classer les essais si originaux, si révélateurs d'une société, de Casamayor sur la Justice ?

Nous avons traité à part le théâtre, art total, mais qui, longtemps, fut d'abord un texte, et le genre souverain de la littérature. Quelqu'un vient troubler nos classifications, et il a fallu le dépecer pour l'y faire entrer : c'est Jacques Copeau. Théoricien, praticien du théâtre, mais auteur de théâtre, donc de textes ; fondateur du théâtre du Vieux-Colombier, cofondateur de la célèbre revue *la Nouvelle Revue française*. Or, il a laissé un vaste et multiple testament dramatique, littéraire, spirituel, qu'on ouvre seulement sous nos yeux. Ce sont ses *Registres* : écrits sur le théâtre, principalement ; sa correspondance (celle avec R. Martin du Gard a été récemment publiée) ; enfin, son *Journal*, où le théâtre encore, la littérature, la vie intérieure et la vie la plus intime s'enlacent, et qui apparaîtra non moins important que celui de Gide, avec lequel souvent il dialogue.

La littérature, c'est toute trace écrite. Mais c'est d'abord et essentiellement le livre. Leur destin est lié. Or, un phénomène inquiétant vient recouper celui que nous observions dans notre examen du théâtre, en tant que texte : la représentation de ce texte pratiquement interdite pour un nombre croissant d'auteurs. Et voici que le livre vient d'être changé totalement en ce qu'il n'était que partiellement : une marchandise comme les autres. Dans la logique du système, l'écrivain deviendrait un fournisseur comme les autres de ce produit comme les autres, dont les critiques ne seraient plus que des publicitaires comme les autres. Ce qui signifierait, à terme rapproché, la mort de la littérature. Il n'est de survie pour elle que dans un domaine protégé, en osmose avec le marché, mais non soumise, non livrée au marché. La culture tout entière est à ce prix.

V. ARTS DE L'ESPACE ET ARTS DU TEMPS

Pour l'aventure des arts, plus encore peut-être que pour tout autre, l'historien se gardera d'un travers ingénu qui veut que notre temps soit celui des mutations — on abuse beaucoup du mot — radicales, du jamais fait-jamais vu, de l'*ex nihilo* et, partant, de la table rase. L'art d'aujourd'hui n'est pas né aujourd'hui et n'est pas sorti de rien. La révolution n'est pas de ce matin, mais d'avant-hier, et la peinture, non seulement celle des trente ou quarante dernières années, mais celle du siècle, n'a fait que pousser dans ses conséquences, en l'explorant avec une prodigieuse richesse d'invention et une vigueur décisive, cette révolution qui porte un nom : l'impressionnisme. En 1874, à la représentation du monde extérieur figuré, qui apparaissait comme l'objet même, la raison d'être de la peinture, a été substituée la peinture pure, n'ayant d'autre raison et d'autre objet qu'elle-même. Mais d'abord et surtout, conscience est prise et proclamée que l'impression, la perception l'emportent désormais sur l'intellect, sur la construction mentale. Encore, la révolution « luministe » de Monet n'est-elle, elle-même, que la conséquence de la théorie — et pratique — des *reflets* de Delacroix, qui aura, décidément, tout inventé, annoncé et contenu. Il n'est pas de plus belle peinture abstraite que, regardée à vingt pas, l'admirable esquisse pour *la Chasse aux lions*, où il n'y a plus de lions, ni de cheval, ni de chasseurs, mais une spirale fulgurante.

La peinture

Une circonstance heureuse qui fait que, plus encore qu'en littérature, notre période est non seulement reliée aux précédentes, mais éclairée dans ses profondeurs, c'est la longévité des « grands ancêtres ». Picasso, en particulier, qui emplit son siècle, comme Titien, fait mieux qu'en assurer la continuité : par sa prodigieuse protéité, il en exprime, contient, assume, dans sa propre création, les caractères, les aspirations, les inventions, les contradictions (voire les mystifications) : figure et antifigure, destruction de l'objet et délices de l'objet, peinture « pure » et peinture baignée dans l'humain, et même peinture ardemment « engagée ». Il est bien significatif que le peintre qui domine le temps de la destruction des formes et des figures soit le plus puissant, le plus jubilant, le plus passionné, le plus enivré des créateurs de figures : un homme fou de figures ; et dont la création est une suite de « morts » et de transfigurations, d'avatars toujours surprenants. La dernière partie du parcours n'est pas la moins féconde, dans le plus étonnant des itinéraires que peintre ait jamais connu, et où la création et la vie s'enlacent, s'unissent avec une évidence si sensible, chaude, charnelle, dans l'apparition exaltante de formes et de femmes nouvelles. Il est bien significatif encore que la merveilleuse « sagesse » en bleu et rose des commencements soit rejointe, à soixante ans de distance, au-delà des manières et des styles, par le dépassement de Mougins.

« Un homme est mort qui était une partie de l'honneur de la France » : ainsi Malraux saluait-il Braque, qui, pendant les trois quarts de notre quart de siècle, atteint les sommets de son art, avec les *Billards* (à partir de 1945) ; avec les grandes natures mortes, où l'on assiste à la mort, en effet, de l'objet et à l'apparition de son spectre ; avec le thème de l'oiseau qui prendra tout son essor dans le plafond du Louvre (1952-1953). Deux paroles de Braque (qui fut aussi, comme Delacroix, un grand « réfléchisseur » de l'art) peignent le peintre : « Je ne suis pas un peintre révolutionnaire » — ce tempéré qui aura tout bouleversé, tout *brûlé*, passé outre à tout. Et, par-delà le formel et l'informel, signe de l'art du temps, affirmation superbe du créateur : « Je pars de l'informe et je forme. »

La même année que Braque disparaît Jacques Villon, qui, un peu plus tôt, à quatre-vingt-six ans, a consenti à la première grande exposition qui embrasse toute son œuvre. Or, celle-ci ne cesse qu'avec lui : le groupe de « la Section d'or », fondé jadis par lui, traduit des exigences et des recherches qui seront demeurées les mêmes dans le troisième quart du siècle : celles d'une rigueur mélodieuse où une mathématique idéale donnerait la formule de la beauté, du rythme, de la poésie plastique. C'est après soixante ans qu'il a entrepris cette conquête de l'espace où s'accomplit son art. Et pour Matisse, l'aîné des patriarches, on pourrait presque dire que c'est après soixante-quinze ans! On pense naturellement à *la chapelle de Vence* (1951) ou à la *Jeune Anglaise* (1947), au *Grand Intérieur rouge* (1948) ; mais l'exposition du Grand Palais, en 1970, aura apporté d'autres révélations : *Katia en robe jaune*, contemporaine de *Vence* ; *Souvenirs d'Océanie* (1953) ; peut-être la musique intérieure de Matisse n'aura-t-elle jamais trouvé expression plus achevée que dans *le Silence habité des maisons* (1947) et le *Nu bleu* (1952). Quand Rouault — qui n'a que deux ans de moins que Matisse et lui survit quatre années — meurt à quatre-vingt-sept ans, il a eu le temps de se faire restituer 800 toiles et de brûler 315 d'entre elles ; il aura surtout, dans les dix dernières années, approfondi sa vision, renouvelé sa palette, métamorphosé un art qui tenait du vitrail en une peinture dont la matière est celle de la mosaïque : *Paysage biblique* (vers 1949), *Sarah* (1956). « Message biblique » encore le couronnement du message pictural de Chagall, dont auront témoigné tant les expositions particulières (1969) des 103 illustrations pour la Bible que l'exposition au Louvre (1967) des 17 grandes peintures sur lesquelles plane le vol nuptial du *Cantique des cantiques*.

Parmi les maîtres qui ont poursuivi l'approfondissement de leur art, non sans parfois un éloignement sévère à l'égard des « relâchements » de la peinture actuelle, comme Dunoyer de Segonzac, il faudrait citer encore Derain, Vlaminck, Léger, Lhote.

Et, un peu à part, voué à la résurrection glorieuse de la tapisserie, Lurçat, qui a donné son chef-d'œuvre monumental, en 1964, avec *le Chant du monde*.

C'est, paradoxalement, à la même génération, par l'âge, qu'appartient Roger Bissière ; il est pourtant de notre période par l'essentiel de son œuvre. Il peut passer pour un « grand ancêtre », sans le savoir, de l'art contemporain, par une conversion quasi symbolique : sortant d'une cécité de cinq années, il entre, en 1945, dans cette foi nouvelle qui apparaissait dès la Première Guerre mondiale et qui, après la Seconde, a conquis l'art : l'abstrait. Le mot a, d'ailleurs, une fâcheuse résonance intellectuelle desséchante, alors qu'il s'agit précisément du contraire : la rupture avec le mental, avec la convention sociale et figurative ; et, enfin, l'accomplissement de cette peinture qui n'est que peinture, comme la musique n'est que son. Les grands « abstraits » appartiennent à une tout autre génération que celle de Bissière, même le prophète exultant, Pollock, qui est Américain. Pour nous en tenir aux Français (ou francisés) : Hartung, Nicolas de Staël (qui reviendra au figuratif avant sa mort volontaire), Fautrier, Mathieu, Poliakoff, Soulages.

L'abstrait, qui, dans ses tendances très diverses et fluctuantes, a non seulement conquis l'art, mais le marché de l'art, et jusqu'à devenir art officiel, l'abstrait qui semblait la seule voie de l'avenir n'en est pas moins déjà contesté, combattu : notamment par les tenants du pop'art, forme nouvelle de Dada et champion de l'anti-tout. Des peintres parmi les plus importants, les plus originaux — un Singier, un Manessier, un Bazaine — se trouvent comme au carrefour d'une tradition picturale française, du cubisme, de l'abstrait ; et il arrive que chez tel ou tel l'inspiration spirituelle donne à l'œuvre sa vibration intérieure : c'est souvent chez eux et par eux que s'est renouvelé l'art sacré. Où placer un Jean Dubuffet, dont la première exposition a eu lieu en 1944, inventeur de l'« art brut », père de l'« informel », dont l'influence fut et demeure considérable ? Et Miró, qui dans sa dernière période peint comme les peintres de Lascaux ? A part encore, les peintres de la transfiguration poétique et du rêve construit : André Masson, quêtant quelque âge d'or dans un mouvement cosmique ; le mystérieux Yves Tanguy ; Magritte, frère cadet de De Chirico ; et les tenants ou héritiers du surréalisme, aussi divers qu'un Labisse, un Coutaud, un Balthus, un Delvaux, un Borgeaud, une Jane Graverol (l'érotisme est toujours au centre de cet art), un Lepri. Mais la fille du surréalisme, à la fois la plus belle et la plus singulière, qui remonte en *même temps* à cette naissance de la peinture moderne qu'est le quattrocento, et aussi la seule fille légitime de Baudelaire, c'est, à coup sûr, Leonor Fini. Dans la cuve de cet art fantastique et magique, surréaliste et « surnaturaliste », se déchiffre la destinée humaine, à travers la mort et l'érotisme métaphysique. Art classique du présent et du futur, figuratif de l'onirique et du symbolique : voyez ce mouvement des corps célestes dans *la Nuit inquiète* (1977). Peinture pure, cependant, et même « abstraite », de *la Toilette inutile* : ôtez le visage flottant et les mains, reste ce tourbillon incandescent qui répond, justement, aux « lions » de Delacroix. Voilà refermé le cercle.

Leonor Fini (maître aussi du dessin et de l'illustration), qui a moins décoré des spectacles que créé des spectacles par son seul décor, viendrait nous rappeler que notre période a produit une floraison sans égale de décorateurs de théâtre (outre les peintres déjà nommés, Derain, Coutaud, Masson, Labisse, etc., et Braque lui-même) : Christian Bérard (qui survit juste assez pour donner les décors de *Dom Juan* et de *Folle de Chaillot*), Gischia, Cassandre, Wakhévitch, J.-D. Malclès, F. Ganeau, J. Dupont, J.-P. Ponnelle, J. Le Marillier, B. Daydé.

Enfin, dans un art qui bouleverse, détruit, recrée les formes, comment négliger les perspectives, déjà présentes, de possibilités nouvelles de l'art : mécaniques, optiques, cinétiques, dynamiques... Ainsi les « métaformes » de E.-B. Weill — visions de Poe, hallucinations de la mescaline, songes cosmiques — obtenues en projetant les photos en couleurs de mobiles en mouvement. Peinture ? Cinéma ? Sculpture ?

La sculpture

En tout cas, le mobile est introduit dans la sculpture par Calder, son inventeur, à la veille de la guerre, et la sculpture abstraite du même coup. Le dernier degré de l'abstraction — celui où le « créateur » s'abstrait de son « œuvre » — est-il atteint quand l'artiste se borne à *signer* une racine, un minéral ? Mais alors : sculpture abstraite ou sculpture concrète (comme la musique concrète) ? L'ambiguïté est bien révélatrice. En fait, le débat n'est point, en sculpture, entre figuratif et abstrait ; il porte sur ce qui est propre à la sculpture elle-même : problèmes et rapports d'espace, de volume, de matériau. En sculpture, les grands novateurs — en avance sur leur propre peinture — s'appellent Picasso, Matisse, Braque. Les sculpteurs, eux, procèdent du cubisme, même, paradoxalement, quand ils répudient tout angle pour les seules courbes, comme Laurens. Lipchitz s'en détache radicalement, reniant le volume pour l'arabesque, et élaborant sa théorie de la « sculpture transparente ». On peut trouver quelque chose de semblable dans les creusements dont, à partir de 1940, Zadkine allège, aère sa sculpture, joue du vide. Son chef-d'œuvre — et le chef-d'œuvre de la sculpture monumentale contemporaine — est le monument commémoratif de la destruction de Rotterdam (1948-1951). Rien de moins abstrait, comme on voit : non seulement la forme humaine, mais la tragédie humaine demeurent l'essence de cette sculpture où domine toujours la recherche, parfois tourmentée, de l'expression, voire de l'expressionnisme, et qui s'exprime, précisément, avec autant de diversité que chez un Giacometti ou une Germaine Richier ; ou même un César, qui, à coups de chalumeau et de marteau-pilon, manifeste avec une bonhomie sauvage un expressionnisme baroque. Et les préoccupations ou les actes de foi « abstraits », « scientifiques », « collectifs » de l'art cinétique, prolongement idéologique du constructivisme, ne semblent plus en avance, mais dépassés ou écartés par la génération qui prend le ciseau vers 1950 et qui marque un retour au figuratif dans une inspiration de nouveau expressionniste et encore surréaliste ; autrement dit renoue avec la génération qui aura laissé les chefs-d'œuvre du siècle, après Rodin, avec Maillol et Despiau ; Maillol, dont la leçon reste vivante chez les sculpteurs pour qui le corps, en particulier le nu féminin, demeure l'objet même de toute création dans la glaise ou dans la pierre ; ferveur et grâce très sensibles chez Yencesse. Dans la génération plus jeune, le plus personnel, spontané, le plus frais et charnel de ces re-créateurs de la forme humaine est peut-être Lucile Passavant ; mais qui, hantée par les origines mêmes de la sculpture, avant et après Sumer, oriente ses recherches vers une expression fantastique et onirique, monumentale aussi, des métamorphoses.

Enfin, il faut porter au crédit de l'époque, avec le nettoyage des façades urbaines et la remise en valeur des monuments (on s'est aperçu alors que Paris, chose de plus en plus rare, contrairement à tant de capitales, est une ville de *pierre*), la réorganisation et la modernisation de nos musées, parallèlement à la multiplication des grandes expositions et de leur public, inconcevable autrefois. Ces foules qui font, à la porte du Grand Palais, plus longuement la queue que devant les cinémas aiment-elles la peinture autant que le cinéma ? Mais la culture a toujours fait flèche de tout bois, à commencer par la mode et le snobisme, qui sont d'ailleurs partie d'elle-même, non moins que le désir d'apprendre et de découvrir. Il est certes excellent que, pour beaucoup de Français (beaucoup plus que de Françaises, qui furent toujours le public des expositions comme du roman), ce qui était naguère du temps perdu soit devenu temps de la recherche.

On trouvera une variante de ce « signe culturel » dans le succès du Centre national, maison géante de la culture, qui partage, de façon aussi équitable que significative, avec la voie sur berge, la dédicace au président Pompidou. Le public semble prendre plaisir au spectacle et à la fréquentation de la construction comme à un Luna-Park de la culture : architecture qui adopte avec franchise la logique fonctionnelle et l'esthétique naturelle d'un corps où l'on aurait mis à l'extérieur la tuyauterie intestinale, respiratoire, circulatoire, les viscères et une bonne part du squelette. Le contenu, en tout cas, est riche, varié, utile : bibliothèque ouverte, musée, expositions, publications, « animation culturelle » permanente et multiple. Mais rien n'a plus de sens et d'attrait que l'animation tout court : concours de foule enfin flânante (il est vrai qu'on a fait en sorte que le plus vaste lieu piétonnier de Paris, qui en compte si peu, soit aussi le plus chargé en automobiles, à cela près qu'elles circulent au-dessus des têtes), rassemblements de musiciens, de jongleurs, de mangeurs de feu et autres funambules, comme si, curieusement, paradoxalement, revivait soudain en ces lieux l'esprit populaire de la Vieille Halle, du Pont-Neuf et des parvis médiévaux.

L'architecture

Excepté aux États-Unis et en quelques points privilégiés de l'Europe, l'architecture « nouvelle » n'était guère sortie des plans et des doctrines jusqu'en 1945. Les bouleversements provoqués par la guerre et les nécessités sans précédent de la reconstruction ont donné à cette architecture une diffusion planétaire : l'« architecture internationale », qui était jusqu'alors celle de New York et de Chicago, méritait enfin son nom. Mais c'était au moment où les « penseurs » de l'architecture la regardaient comme appartenant déjà au passé. Architecture d'équilibre statique, attachée au système des proportions antiques, alors que l'architecture en devenir se fondait sur l'équilibre dynamique — passait, en somme, du roman au gothique — hors ou « au-dessus » de toute esthétique. L'un des résultats significatifs de cette conception, et des progrès de la technologie, a été la substitution pure et simple de l'ingénieur — jusqu'alors auxiliaire indispensable — à l'architecte : pour s'en tenir à un exemple français, l'église Notre-Dame de Royan, par l'ingénieur B. Lafaille et l'architecte Gillet. Pour certains, cette architecture d'ingénieurs serait la forme unique de l'architecture future.

Notre époque n'en demeure pas moins celle d'une architecture d'architectes, soit qu'elle procède toujours de l'« architecture internationale », dans ses deux tendances opposées : synthétique, s'exprimant par l'acier ; analytique, par le béton, sur laquelle se greffe une branche dite « organique », créée par Wright à partir de 1947 ; soit qu'elle s'engage dans deux voies inconciliables qui traduisent, elles aussi, les contradictions du temps. D'une part, les recherches de Jean Prouvé et de Lods vont dans le sens de la construction industrielle, qui n'existe guère encore que dans la doctrine, notamment dans les idées formulées par le Bauhaus. D'autre part, un retour presque violent à l'esthétique. Il est illustré par la dernière période de Le Corbusier : à Ronchamp et au couvent Sainte-Marie-de-La-Tourette, comme à Harvard et à Chandigarh, où on a pu voir une architecture-sculpture. La spéculation architectonique ne doit cependant pas faire perdre de vue l'œuvre de constructeurs originaux, appliquant des méthodes neuves à une idée humaine de la construction et se souvenant que l'architecture, loin de sacrifier l'esthétique à la fonction, a trouvé l'esthétique dans la fonction. Laprade pour la génération ancienne, Pouillon pour la génération de la maturité et avec une grande capacité d'invention ont donné des modèles de cette architecture. Cependant, la plupart des *ismes* apparus ou réadaptés récemment — brutalisme, expressionnisme — sont des variantes sur ce mouvement puissant dont l'extrême pointe est l'architecture « pop ». Du coup, l'architecture retrouve avec la sculpture et la peinture son entente des « grandes époques » ; et, en 1967, un grand peintre comme Dubuffet, lâchant la brosse pour le compas, se met à *faire* des maisons — des maisons à la mesure de l'homme. Après 1970 est apparue l'aberration, sociale plus encore qu'architecturale, des « grands ensembles » et des tours. Ainsi, l'architecture « retombe » dans l'art, selon les uns, comme dans un péché mortel en notre temps ; retrouve l'art, selon les autres, et avec l'art son humanité et ses chances de salut.

La musique

La musique est-elle architecture du temps, mathématique ? L'espèce de jansénisme qui tend à faire d'elle une pure combinatoire, exclusive de tout hédonisme, comme de toute effusion passionnée ou spirituelle, pourrait bien pousser à ses extrêmes conséquences la règle qui semble souvent celle de l'art et de la littérature tout entiers : déplaire. D'où des œuvres et des délectations que certains jugent austères.

Les recherches inaugurées avant la guerre étendent leur champ du chromatisme exacerbé à la musique concrète, en passant par la musique électronique. Du côté du public, même élan : il afflue aux concerts, dans les festivals ; la radio et le disque multiplient les moyens d'information, de culture, d'approche des œuvres. Mais ces deux mouvements sont plus parallèles que convergents : ce n'est guère la musique nouvelle qui attire l'auditeur. La création elle-même se poursuit dans une certaine confusion et dans les contradictions. Une double aspiration se fait jour, parfois douloureusement ressentie, mais dont la tension est féconde, entre un désir d'expérimenter et la volonté de fuir l'inarticulé, de trouver des structures fermes. Le système tonal depuis longtemps ébranlé pourrait-il renaître ? Le chromatisme n'attire plus comme en 1950 ; on a assisté à la fin du système sériel. La musique est donc en quête d'un langage et d'une architecture de plus en plus exigeante pour la continuité du discours.

Dans le foisonnement musical de l'après-guerre, il est malaisé de distinguer des écoles. De grandes individualités dominent, mais qui appartiennent à l'avant-guerre ; l'entrée en scène de ceux qui n'avaient que vingt ans en 1945 marque le tournant des années 1950. À la Libération, trois indépendants font figure de grands aînés : Jacques Ibert, Claude Delvincourt et Marcel Delannoy, classiques que l'académisme « fait frémir », selon le mot d'Ibert lui-même. À cette génération appartiennent aussi, plus ou moins, J. Rivier, Roland-Manuel, Cl. Arrieu, J. Françaix.

Le « groupe des Six » survit à la guerre. Honegger, qui disparaît jeune encore, en 1955, reste, avec Darius Milhaud, la haute figure de l'époque ; il donne des œuvres très importantes : la 3e symphonie, *Liturgique*, la 4e, la 5e, *Di tre re*. La production de Georges Auric est fort variée malgré les fonctions officielles et administratives qu'il occupe. C'est par l'esprit, l'intelligence, le charme que la musique de Francis Poulenc continue à exercer une influence (sonate pour deux pianos), et par l'émotion ou la force dramatique du sentiment religieux (*Stabat mater* et le *Dialogue des carmélites*). Dans la lignée du groupe d'Arcueil, Henri Sauguet donne quelques-unes de ses œuvres les plus achevées, notamment le ballet *les Forains* et ses opéras, *la Gageure imprévue, les Caprices de Marianne*. C'est Darius Milhaud qui semble avoir le plus contribué à la formation d'un langage musical résolument moderne. Il avait poussé loin l'expérience de la polytonalité, sans vouloir s'enfermer dans ce qui aurait pu être un système (*David, Moïse,* 11e symphonie, en 1962). André Jolivet a mené très loin des recherches audacieuses sur les timbres et les formes musicales. Parmi les musiciens arrivant à la pleine maturité, l'un des plus originaux, en qui la recherche n'étouffe pas l'inspiration, est Henri Dutilleux, dont la *Symphonie* apparaît comme un « classique ». « Jeune- France » de 1936, Daniel-Lesur l'est resté par son souci du « plus humain » ; parler lui paraît plus urgent que de faire des recherches sur la parole. Son *Cantique des cantiques*, sa *Sérénade* pour orchestre à cordes, ses pièces pour guitare sont des œuvres belles et achevées dans leur grâce ou leur force. Son opéra *Andrea del Sarto* témoigne d'un romantisme moderne.

Olivier Messiaen, si résolument moderne, prophétiquement moderne, s'avance après 1945 dans des voies qu'il avait tracées en pionnier. Sa puissance créatrice le dispense de rejeter une tradition musicale qu'il métamorphose. De sa production abondante, profonde, variée, retenons une œuvre majestueuse et novatrice : *Turangalîla-Symphonie*, et sa *Messe de la Pentecôte, Catalogue d'oiseaux, Chronochromie*.

Pierre Boulez (né en 1925) donne à Salzbourg, en 1952, des extraits de son *Soleil des eaux* d'après René Char. Les *Structures* pour deux pianos manifestent un renouvellement de la musique sérielle. C'est à partir de 1955 qu'éclate l'originalité, que se manifeste toute la maîtrise du jeune compositeur, en particulier dans les cycles vocal et instrumental : *le Marteau sans maître*. Depuis 1960, la maturité et l'équilibre du musicien s'affirment, tandis que son audience auprès du public s'élargit. Lui aussi fait figure de classique de ce temps. Sa chaire au Collège de France en est un signe. Ne l'est pas moins sa fondation de l'I.R.C.A.M., conçu comme un lieu de rencontre entre scientifiques et musiciens.

Si telles œuvres de Boulez donnent un rôle majeur à l'interprète, celui-ci est banni de la musique concrète ; ou plus exactement la notion d'interprète n'a guère de sens dans cet univers. L'exécutant comme la notation graphique sont hors de propos. La composition consiste à la fois à créer le matériel sonore par des métamorphoses successives des bruits et sons captés, et à choisir par le montage des fragments de bandes magnétiques. Les recherches de musique concrète ont commencé en France après la guerre, en particulier dans les studios de la Radiodiffusion, sous la direction de Pierre Schaeffer, qui a « composé » ainsi *4 Études, Étude aux allures*, etc. Son collaborateur Pierre Henry (*Concerto des ambiguïtés, Haut Voltage*) poursuit seul, depuis 1958, des recherches de synthèse : musique concrète-musique électronique.

On ne peut citer tous les musiciens dont l'œuvre a chance de laisser une trace. Dans la génération arrivant ou arrivée à maturité, il faudrait nommer, de tendances fort différentes : M. Le Roux, H. Pousseur, M. Jarre, G. Delerue, J. Charpentier, M. Landowski, Ohana, Xénakis. Marius Constant a écrit de la musique de ballet pour Roland Petit et pour Béjart ; tout comme Pierre Henry, d'ailleurs, qui a collaboré avec Schaeffer à la *Symphonie pour un homme seul*. C'est dire le lien étroit qui unit ces recherches musicales avec un art de la danse en totale transformation.

Le ballet

Ce que — faute sans doute d'une postérité française de *Wozzeck* — l'opéra n'a guère donné, faut-il le chercher dans le ballet ? Mais cela ne s'y trouvait-il pas déjà depuis Diaghilev ? Dans le vide qui suivit, Serge Lifar apporta ses ressources, mais c'était avant que s'ouvrît notre période. Le ballet vraiment vivant vient d'ailleurs : de Roland Petit, original sinon révolutionnaire, et qui a trouvé de grandes réussites, notamment avec *les Forains*, d'Henri Sauguet. Janine Charrat, si elle se rattache à une tradition classique, a su la renouveler par une imagination très personnelle. Enfin, Maurice Béjart, qui avait d'abord subi l'influence de Massine, a créé avec la *Symphonie pour un homme seul* (1955) la première d'une série d'œuvres où s'affirme un art véritablement neuf : chorégraphie pour *la Damnation de Faust, Messe pour le temps présent, Mallarmé, Baudelaire, Seraphita, Pli selon pli* (1975), etc. C'est largement grâce à Béjart que la danse, jusque-là réservée à une « élite », est devenue un art presque populaire. L'art de Béjart est essentiellement viril. Les corps n'y sont pas instruments d'un divertissement mondain, mais expriment une foi en la danse et en l'homme moderne, avec la ferveur d'un rite. Béjart, comme Artaud, retourne aux danses orientales comme à une source ; elles réapprennent à l'homme d'Occident ce qu'il n'a que trop oublié : que la danse est un acte religieux, le grand jeu cosmique où l'homme recrée l'espace et le temps.

VI. SCIENCES ET TECHNOLOGIE

Alors que la science détermine de plus en plus la vie et la condition de l'homme, il est hors de son champ, nous l'avons noté, de fonder un nouvel humanisme. Elle n'entre d'ailleurs dans la culture de masse (et même d'« élite », pour la plus grande part) que par ses effets et ses reflets, sa légende dorée, sa mythologie bienfaisante ou terrifiante. Il échappe que la science est tout à fait hors, ou au-delà — même quand le savant en a la conscience la plus angoissée — de cette bienfaisance comme de ces menaçants périls. Quoi qu'il en soit, si tout le monde peut, théoriquement, lire Dante et même Dada, personne ne sait « lire » Einstein, et toute connaissance scientifique un peu spécialisée, toute opération mathématique un peu poussée reste hors de portée du très grand nombre et même des scientifiques d'autres spécialités. Différence fondamentale avec une création du même ordre que la mathématique : la création musicale, qui peut être pour le premier venu source d'inépuisable et incomparable richesse.

La non-communicabilité de la science, non seulement vers l'extérieur, mais, plus gravement, à l'intérieur d'elle-même, cette juxtaposition de cellules étanches où s'élaborent des miels étrangers ne pouvaient pas ne pas inquiéter et provoquer un effort pour une ouverture, une synthèse, la recherche d'une transcendance et, au sens propre, d'une religion. De cette inquiétude, de ces tentatives procède, en marge, toute une activité, suspecte, certes, mais peut-être aussi initiatrice et annonciatrice, qu'on ne peut négliger, en tout cas, fût-ce pour la dénoncer, et qui tendrait à constituer comme une espèce d'alchimie à l'échelle des mutants, bref, une magie : c'est le « matin des magiciens ». Il convient de noter enfin une certaine confusion dans l'idée, souvent trop *vulgaire,* qu'on se fait — et parfois les « scientifiques » eux-mêmes — de la science. Dans l'opinion commune, la pointe extrême de la science, c'est la fusée lunaire et la greffe du cœur.

Dans un inventaire, il faut bien pourtant entrer dans cette confusion, en distinguant ; d'autant que la pure création scientifique est rare, et que le tableau est évidemment plus riche en applications et en techniques ; beaucoup plus riche, d'ailleurs, aux États-Unis que partout ailleurs. On se bornera à quelques repères et points culminants, dans les principaux domaines de la connaissance, de la recherche et de la découverte. Dans les sciences aussi, la Libération a marqué un effort de renouvellement et de stimulation, d'organisation, en réaction contre l'indifférence conjuguée de l'État et de l'industrie, illustrée dans les *fioretti* de la pauvreté scientifique par le laboratoire misérable où Branly donna naissance à la future radiophonie. Cette carence est comptabilisée en prix Nobel : 14 seulement en plus de trois quarts de siècle (39 pour la Grande-Bretagne, 43 pour l'Allemagne, 75 pour les États-Unis), dont 3 depuis 1945 (5 pour la seule littérature), sur lesquels nous allons revenir. On ajoutera, si l'on veut, Cournand, dont l'adoption de la nationalité américaine est significative. En 1948, le Centre national de la recherche scientifique prend vraiment corps ; puis le Commissariat à l'énergie atomique. Dans la période qui s'ouvre, la physique nucléaire connaît les développements qui permettront à la France d'être la quatrième puissance mondiale en ce domaine.

En mathématiques, l'équipe publiant ses travaux depuis 1938 sous le pseudonyme de Bourbaki poursuit son œuvre. En 1950 naît la théorie des distributions de Schwartz ; et, en astronomie, découverte par Dollfus (1966) du dixième satellite de Saturne, baptisé *Janus*. En physique : travaux de Néel, prix Nobel 1970, sur le magnétisme ; invention du pompage optique par Kastler, prix Nobel 1966. Biologie : l'année précédente, un prix Nobel avait été décerné à Monod, Jacob et Lwoff, qui avaient, dès 1950, commencé à mettre au jour le processus de la construction de l'embryon sous l'effet de l'A.D.N. (acide désoxyribonucléique). Les mêmes ont déposé, en 1979, entre les mains du président de la République, un rapport récapitulatif et prospectif illustrant les possibilités apparemment sans limites de leurs recherches sur la physiologie et le métabolisme des bactéries, et de nouvelles découvertes, encore enrichies grâce aux travaux menés par le Pr Kourilisky et l'équipe de biologistes de l'Institut Pasteur. Possibilités non seulement dans et par la connaissance de la vie cellulaire et les bouleversements thérapeutiques qui en découlent : car voici qu'on va parvenir à une véritable domestication des bactéries. Elles seront propres à tout, y compris à se convertir en inépuisables sources d'énergie! Les perspectives ouvertes par la génétique — science qui laisse désormais loin derrière elle les rêveries les plus « utopiques » de la science-fiction — apparaissent comme pratiquement infinies.

En médecine, la vaccination antipoliomyélitique est apportée par Lépine, en 1954 ; Mathé réalise avec succès les premières greffes de moelle osseuse, en 1957. Publication, en 1959, des travaux de Turpin et Lejeune sur la pathologie des aberrations chromosomiques. On inscrira ici le chapitre de la contraception, bien qu'il puisse apparaître d'abord comme d'ordre juridique. Mais c'est précisément la législation de la contraception, particulièrement par les moyens biochimiques, qui a stimulé la recherche de laboratoire et la pratique médicale.

Mais la médecine est déjà un complexe fait d'un « art », d'une connaissance, puisant et baignant dans plusieurs sciences, ou exactes, ou « humaines ». La science tend à tout comprendre, ou l'on tend à tout comprendre dans la science, à commencer ou à finir par cela qui passait pour lui être antinomique : la littérature. Il suffit de regarder cet arbre à l'ombre tutélaire et sans cesse élargie qu'est le C.N.R.S., il n'y manque aucune branche : de la mathématique à la poétique, de la cosmographie à la scénographie. Heureusement, les sciences dites — mal dites — « humaines », les sciences de l'homme sont plus accessibles que les autres. Tout le monde aussi, théoriquement, peut lire Soustelle — et plus encore Lévi-Strauss. D'ailleurs, par sa beauté éclatante et sombre, par les portes qu'elle ouvre sur le jour et sur la nuit, l'œuvre du grand anthropologue — les titres seuls la signifient : *Tristes Tropiques, Du miel aux cendres, la Pensée sauvage* — appartient aussi, en quelque sorte, à la poésie, et féconde la poésie.

On sait la part décisive que Claude Lévi-Strauss a prise dans la mise en œuvre du structuralisme, doctrine et méthode dont le champ d'application fut d'abord le langage et qui a permis dans la linguistique des novations très caractéristiques de notre époque, auxquelles ne doivent plus porter ombrage les excès d'un certain « impérialisme ». La psychologie a fait des progrès suffisants pour que certains psychologues veuillent faire d'elle, non sans témérité, une « science exacte ». Le développement de la sociologie s'accélère, surtout à partir de 1957, cependant qu'elle se diversifie : sociologie de la culture, du loisir, du travail ; sociologie morale, religieuse (Le Bras) ; création par Edgar Morin d'une sociologie à chaud : la sociologie événementielle (*la Rumeur d'Orléans*). La sociologie de la femme a pris un grand développement (Évelyne Sullerot), au moins égalé par celui de la sexologie. Essor aussi d'une sociologie raciale, bien entendu antiraciste, qui est parfois moins enquête que témoignage (A. Memmi). Dans le vaste domaine de la science sociale et politique, nourrie parfois d'une expérience personnelle, citons au moins Castoriadis. Pionnier d'un territoire inexploré, Jean Duvignaud jette les bases d'une anthropologie sociologique du rêveur — en l'espèce du rêveur français. Après trente années de recherches et d'enquêtes, Georges Friedmann, auteur du célèbre *Travail en miettes*, laisse avec *la Puissance et la Sagesse* comme un testament philosophique. Mais il semble que nous nous promenons de nouveau sur les confins de la « littérature ». Nous en éloignons-nous en évoquant la recherche historique et son renouvellement, voire son bouleversement, si important aujourd'hui ? Une réserve bien naturelle s'impose à nous dans un ouvrage d'histoire. Il nous faut au moins noter ici, comme fait de culture de masse, l'attrait de l'histoire, de la vulgarisation historique — bien entendu —, comme aussi de l'histoire scientifique, mais « écrite ». Ce qu'atteste l'audience de livres comme ceux de E. Le Roy Ladurie, de G. Duby, ou de la revue *l'Histoire*.

La littérature nous avait conduit à approcher l'histoire de l'art. Plus significative encore, et apparemment paradoxale en un temps où se proclame et se pratique la table rase de la culture et du passé, est la place prise par l'histoire des religions, des croyances, des mythes, grâce à des esprits d'une exceptionelle puissance visionnaire, conceptuelle et de synthèse, en qui se conjuguent précisément la science, le sens de l'art et l'expression littéraire — Dumézil, Éliade —, qui ont donné à leurs travaux une saisissante ampleur. Enfin, notre connaissance de l'histoire des religions, des sociétés, des civilisations est évidemment nourrie par l'archéologie, qui, par un paradoxe analogue, de curiosité d'« antiquaire », est devenue une science populaire et l'un des supports de la culture. Le traditionnel apport français s'est notablement enrichi. On retiendra, par exemple, les fouilles de Delphes de La Coste-Messelière, de son équipe et de ses successeurs ; les prolongements éclatants sur le site de Mari, en 1965, des découvertes dues à A. Parrot au cours des travaux entrepris en Mésopotamie avant la guerre. Et, en France même : pour la préhistoire, les nouvelles lumières jaillies, seize ans après

Lascaux, des galeries peintes de Rouffignac (1956) ; pour la civilisation celtique, l'invention, en 1953, du « trésor » de Vix ; ou, renforcées d'année en année depuis 1962, les hypothèses, fouilles et mises au jour d'A. Berthier, d'un intérêt évident pour l'histoire nationale, sur l'identification du vrai site d'Alésia, venant après la rectification, plus facile, néanmoins très discrète, d'une même « tradition » concernant celui de Gergovie.

Nous avons déjà observé et il allait sans dire qu'en France, comme ailleurs, notre période reste travaillée à deux niveaux — encore opposés mais déjà communicants — par la pensée psychanalytique (il faut citer au moins, pour la ferveur et pour la vive contestation qu'il polarise, le nom de Lacan) et par la pensée marxiste. L'exégèse de celle-ci comme de celle-là se faisant de plus en plus diversifiée, voire fraternellement ennemie ; sans parler, bien entendu, des contestations, réexamens, remises en cause et mises à jour.

VII. FIN DE L'HISTOIRE

Dans le siècle, l'heure de midi n'est point marquée par l'an 50, mais par l'an 45 ; ou plutôt par l'année qui, de 1944 à 1945, s'étend d'un été à l'autre été. Cette partie du jour qui vient de s'écouler est moins importante, sans doute, par ses lumières et ses ténèbres propres que par celles qu'elle projette dans le futur. Deux événements marquent l'ouverture et le terme du quart de siècle que mesurent 1945 et 1970 : l'explosion d'Hiroshima et le premier pas sur la Lune. Le troisième apparaît au sein des vingt dernières années du millénaire : l'exploration de l'espace vient d'atteindre ses limites, c'est-à-dire celles du système solaire. Et l'explorateur électronique, qui a pu recueillir « en passant » toutes les informations possibles, est allé se perdre hors de la portée de notre connaissance et même de notre imagination. Valéry pouvait déjà apercevoir que le temps du monde fini était commencé. Nous sommes au point où, pour longtemps, le temps et ce monde sont, en effet, *finis*. Ce qui n'est nullement une raison pour prophétiser la fin du monde et celle des temps.

Trois événements qui, strictement, ne sont que des résultats décisifs d'une même technologie, mise au service d'une pensée ou d'une politique, là de guerre — vite devenue, par l'heureuse force des choses, de non-guerre —, ici de paix ; ou plutôt de connaissance à fins pacifiques (non dépourvues de prévisibles prolongements, déviations ou perversions).

Mais ils ont valeur de symboles : l'homme est désormais balancé entre le néant et l'espérance d'une trajectoire sans bornes. Pour la première fois dans son histoire, c'est dans cette poignée d'années qu'il a réuni toutes les conditions pour un anéantissement radical de l'espèce et peut-être de la planète ; et qu'il a pris conscience de ce que pourrait être une autre sorte d'anéantissement : celui de l'homme dans l'homme. Les techniques de mise en condition et les manipulations biologiques, l'exploitation sans frein du « capital » génétique font entrer dans le possible un homme de Pavlov sécrétant ses désirs, ses « vouloirs » et ses « pensées » au gré de stimulations organisées ; et produit d'ailleurs selon des normes et en séries planifiées. Changer l'homme, ou le détruire ? Ou bien donner à l'homme — que l'homme se donne — ce pouvoir de se créer lui-même en avançant : ce pouvoir qui serait précisément la culture ? Peut-être n'y a-t-il, en dehors, bien entendu, du suicide planétaire, que ces deux voies : conditionnement de l'humanité ; ou, déjà imaginable, encore imaginaire, quelque cité terrestre que gouverne la liberté de l'esprit.

33. BILAN D'UNE FIN DE SIÈCLE

de 1980 à 1995

Qualifié tour à tour par Valéry Giscard d'Estaing de « meilleur économiste de France » et de « Joffre de l'économie », Raymond Barre était persuadé que le nouveau choc pétrolier n'était que la cause secondaire de la crise économique, dont les facteurs étaient, selon lui, d'ordre essentiellement structurel. Un outil industriel vétuste et inadapté à la demande, une productivité insuffisante, une politique trop laxiste du crédit généraient l'inflation et le chômage. Aussi le Premier ministre mit-il en pratique, sans état d'âme, une politique néolibérale dont il était depuis longtemps le théoricien.

Ses mesures furent sévères mais économiquement efficaces : la limitation de la hausse des salaires, l'encadrement strict du crédit, le plafonnement de la facture pétrolière ralentirent momentanément l'inflation en 1977 ; la libération des prix industriels, l'encouragement de l'épargne à l'investissement (détaxation Monory en 1978), le transfert au budget de l'État, aux dépens des salariés, d'une partie des charges sociales des entreprises donnèrent de l'aisance à leurs trésoreries et améliorèrent la productivité des plus performantes d'entre elles tandis qu'étaient éliminés des « canards boiteux » par suppression de l'aide publique.

Le coût social de cette politique de rigueur fut très lourd, en particulier en matière d'emploi. La mise en place d'un comité d'orientation pour le développement des industries stratégiques, le lancement d'un plan de sauvetage de la sidérurgie, la création enfin d'un fonds d'adaptation industrielle n'eurent pas le temps de porter leurs fruits avant l'échéance présidentielle de 1981. Dans les secteurs et dans les régions les plus touchés par les mesures de restructuration, de nombreux travailleurs licenciés n'avaient pu être réembauchés lorsque survint cette dernière. Au total, la France comptait alors près de deux millions de chômeurs, chiffre qui fut fatal au président sortant. L'alternance en résulta.

ÉCONOMIE ET SOCIÉTÉ

Le changement

La campagne électorale s'était faite sur le thème du changement, que François Mitterrand concevait comme une rupture avec le libéralisme. Celle-ci aurait un double but, conforme au « Projet socialiste pour les années 80 » : réorienter l'économie pour mieux la maîtriser et mettre fin à la crise en assurant le plein-emploi ; transformer la société en accordant des droits nouveaux aux travailleurs, aux femmes et aux enfants, notamment dans les domaines de l'éducation, de la santé et des loisirs.

Mais, pour atteindre de tels objectifs, encore fallait-il réaliser au préalable les grandes réformes de structure prévues pour l'essentiel dans les « 110 Propositions » du nouveau président et qui constituent le « socle du changement » : nationalisations, décentralisation, réformes fiscales et sociales, réforme judiciaire. Pierre Mauroy en fut chargé. Il y parvint non sans difficulté, en particulier en ce qui concerne la pierre angulaire du socle : la loi sur les nationalisations, qui devait compléter l'œuvre de la Libération en ce domaine, c'est-à-dire placer sous le contrôle de l'État les grandes entreprises d'utilité publique en situation de monopole dans les secteurs de pointe de la production et du crédit afin de maîtriser l'investissement et d'orienter de manière décisive l'économie nationale.

Malgré les réticences qui s'exprimèrent au sein du gouvernement, Jacques Delors et Michel Rocard estimant trop large la liste des sociétés retenues alors que leurs quatre collègues communistes la jugeaient trop limitative, malgré l'opposition déterminée du R.P.R. et de l'U.D.F., qui déposèrent 1 438 amendements, et malgré une révision des conditions d'indemnisation sur décision du Conseil constitutionnel, la loi sur les nationalisations fut définitivement adoptée le 28 janvier 1982. Elle concernait cinq grands groupes industriels (Compagnie générale d'électricité, Pechiney-Ugine-Kuhlmann, Pont-à-Mousson, Thomson-Brandt, Rhône-Poulenc-Saint-Gobain), trente-six banques d'affaires, dont les dépôts dépassaient un milliard de francs (soit 95 p. 100 des dépôts français), et deux compagnies financières (Paribas et Suez). Corollaire de la nationalisation intégrée au « socialisme à la française », conçu par François Mitterrand comme une voie médiane entre la social-démocratie et le marxisme, la planification était remise à l'honneur. Précédant l'élaboration du IXe Plan (1984-1988) par les services de Michel Rocard, la mise en œuvre rapide d'un plan intérimaire de deux ans (1982-1983) devait, dans l'esprit de ses auteurs, permettre de tirer un profit immédiat de la loi du 28 janvier en permettant d'initier rapidement une restructuration des grandes entreprises par des investissements susceptibles d'améliorer la productivité et donc la compétitivité intérieure et extérieure des « filières » les plus riches d'avenir et les plus capables de relancer l'emploi, notamment par le relais de la sous-traitance. Tel était le cas des industries du bois, de l'agroalimentaire, de l'énergie et, plus encore, de l'électronique et de l'aéronautique, susceptibles en outre, par la dispersion relativement facile de leurs établissements industriels, de contribuer à l'aménagement du territoire. Ce dernier était d'ailleurs conçu dans le cadre de la « décentralisation », réforme qui aurait pour but de rapprocher les populations des centres de décision. Mise en œuvre par le ministre de l'Intérieur, Gaston Defferre, la loi promulguée le 2 mars 1982 transféra aux représentants élus des collectivités locales (présidents des conseils généraux et des conseils régionaux) les compétences et les ressources des préfets de département et celles des préfets de Région, devenus des commissaires de la République, représentants de l'État. Complétée par la création de chambres régionales des comptes et par l'octroi d'un statut particulier à la Corse, cette loi visait finalement à desserrer non seulement l'étreinte du pouvoir central mais aussi à diminuer le poids de la capitale et de l'Île-de-France sur chacune des 25 Régions « provinciales ». Réponse administrative et politique, en somme, au problème économique et social posé par les rapports de dépendance existant depuis longtemps entre « Paris et le désert français ».

Réponse qui paraissait nécessaire à l'heure où s'accélérait l'insertion de la France dans une C.E.E. dont de nombreux pays membres comportaient trois niveaux d'administration locale. Résolu à humaniser les pratiques pénales, le garde des Sceaux, Robert Badinter, fit voter par le Parlement les principaux volets de sa réforme judiciaire : suppression de la Cour de sûreté de l'État, dont les responsabilités en matière de terrorisme international sont restituées dès le 29 juillet 1981 aux jurys populaires des cours d'assise, abolition de la peine de mort les 18 et 30 septembre 1981, abrogation des lois anticasseurs et « sécurité et liberté » respectivement le 15 décembre 1981 et le 24 juillet 1982. Qualifiées de laxistes par l'opposition, toutes ces dispositions s'inspiraient d'une philosophie qui préjugeait de la bonté naturelle de l'homme et rejetait la responsabilité de la délinquance sur l'ordre social établi. Il fallait donc en entreprendre la réforme en privilégiant la fiscalité comme instrument de réduction des inégalités. La création d'un impôt déclaratif sur les fortunes supérieures à 3 millions de francs, le plafonnement du quotient familial, la majoration de 10 p. 100 de la fraction de l'impôt sur le revenu supérieure à 15 000 francs par la loi budgétaire votée en 1981 pour être appliquée en 1982 eurent pour but essentiel non pas de procurer des ressources supplémentaires à l'État mais de réduire l'écart des revenus. Cette finalité sociale se retrouve dans la loi Quilliot du 22 juin 1982, qui modifie les termes du contrat entre bailleurs et locataires en protégeant ces derniers contre un exercice abusif du droit de reprise par les propriétaires. Elle apparaît également dans les lois Auroux, qui précisent en 1982 les droits nouveaux des travailleurs dans les entreprises en matière d'exercice du droit d'expression le 4 août, de représentation du personnel le 28 octobre, de négociation annuelle le 13 novembre, de création de comités d'hygiène et de sécurité le 18 décembre. Elle se révèle aussi dans le projet de réforme du ministre de la Santé, Jack Ralite, qui entend supprimer dans les hôpitaux, en octobre 1982, le secteur privé. Destinée à préparer l'avenir, la mise en place du « socle du changement » suscitait le vif mécontentement des victimes de ces réformes de structure (actionnaires des sociétés nationalisées, cadres des entreprises et membres de professions libérales aux revenus amputés par la réforme fiscale, professionnels du bâtiment inquiétés par la loi Quilliot, etc.). Mais elle ne donnait aucune satisfaction immédiate aux électeurs de François Mitterrand, pour lesquels le « changement » devait se traduire par une amélioration immédiate de leurs conditions de vie et, d'abord, de leurs revenus.

Anticipant les profits supposés et à venir des nationalisations et de la nouvelle politique fiscale, Pierre Mauroy avait lancé dès le 8 juillet 1981 un plan de relance par la consommation, condamnant ainsi la politique de son prédécesseur, Raymond Barre, qui avait freiné cette dernière pour accroître la compétitivité internationale des entreprises françaises. Le salaire horaire moyen fut fortement relevé (16,3 p. 100 pour l'ensemble de l'année 1981), le S.M.I.C. progressa encore plus rapidement (22,5 p. 100 durant la même période), les allocations familiales, les allocations logement et le minimum vieillesse furent également augmentés. Il en coûta dans l'immédiat 7 milliards à l'État et à plus long terme 20 milliards de francs, ce qui entraîna une inquiétante dérive du déficit budgétaire, porté de 57 milliards le 3 août à plus de 73 milliards en octobre. Lancé le 15 septembre 1981, réalisé par ordonnances du 13 janvier au 31 mars 1982 selon la procédure de l'article 39, qui permettait d'éviter l'obstacle contraignant de la procédure parlementaire toujours fort longue, le plan antichômage reposait sur le concept du partage de l'emploi comme en témoignent ses dispositions essentielles : réduction de 40 à 39 heures de la durée hebdomadaire du travail ; instauration de la cinquième semaine de congés payés ; développement du travail à temps partiel ; aménagement du « plan avenir jeunes » portant de six mois à un an leur garantie d'emploi ; interdiction du cumul travail-retraite.

Les effets conjugués de la relance de la consommation et de la hausse des charges salariales, après un temps d'euphorie, entraînèrent une augmentation des coûts, un renchérissement des prix et donc une perte de compétitivité, qu'il fallut compenser par une triple dévaluation du franc (3 p. 100 le

4 oct. 1981, 5,75 p. 100 le 12 juin 1982, 2,25 p. 100 le 21 mars 1983), complétée aux mêmes dates par une triple réévaluation du deutsche Mark de 5 p. 100, de 4,25 p. 100 et de 5,5 p. 100. C'était souligner non seulement la bonne santé de l'économie de la R.F.A. mais aussi l'impossibilité dans laquelle s'étaient trouvés les décideurs économiques de prévenir le dérapage de la relance, d'empêcher l'inflation d'atteindre un taux de 14 p. 100 à la fin de 1981 et la crête de deux millions de chômeurs d'être constamment dépassée depuis la fin du mois d'octobre.

La rigueur

Les réformes sociales étaient trop onéreuses. De plus, elles s'inscrivaient à contre-courant de la politique de restriction du crédit et de la consommation que pratiquaient les autres grandes puissances industrielles en cette période où la crise économique mondiale s'obstinait à perdurer contrairement aux espérances des gouvernants. Il fallait changer de politique. François Mitterrand aurait pu invoquer la nécessité d'une « pause », mais c'était rappeler le fâcheux précédent de 1937. Il préféra parler le 9 juin 1982 de l'entrée dans « la deuxième phase du changement », ce qui permettait d'inscrire dans la logique de ses 110 propositions le plan d'austérité que Jacques Delors fit adopter le 13 juin au lendemain de la deuxième dévaluation : blocage pour quatre mois des prix et des salaires, dont l'évolution devait être ensuite strictement contrôlée ; augmentation de la T.V.A. ; compression des dépenses publiques ; allègement de la charge des entreprises. Complétées par les dispositions draconiennes du plan d'économie et de redressement de la Sécurité sociale adopté le 21 juillet à l'instigation du ministre de la Solidarité nationale, Pierre Bérégovoy, ces mesures orientent définitivement vers la « rigueur » la politique économique et sociale du gouvernement. C'est d'ailleurs en son nom que sont prises par Jacques Delors les mesures fiscales du 25 mars 1983 : emprunt obligatoire (14 milliards), annulation de crédits (10 milliards), réduction du déficit de la Sécurité sociale par l'impôt (9 milliards), etc. Destinées à accompagner la troisième dévaluation du 23, elles avaient toutes pour but de ralentir la hausse des prix pour rétablir la compétitivité des entreprises françaises et donc de supprimer le déficit du commerce extérieur.

Faute d'une reprise économique mondiale et conséquence de l'endettement croissant de l'État sur le marché international, le plan Delors ne put atteindre ses objectifs. Mais il frappa de plein fouet les ménages, dont il réduisit le pouvoir d'achat et donc la consommation, et les entreprises, dont il multiplia les faillites et dépôts de bilan.

Le temps de la relance était, cette fois, bien révolu. Celui de la gestion était venu. Il fallait prendre en compte les conséquences de la révolution des technologies et des transports et procéder à d'inéluctables opérations de restructurations industrielles entraînant des licenciements collectifs dans les secteurs de production les plus riches d'emploi : charbonnages, dont la fermeture des puits reprit en mars 1984, alors que le chef de l'État avait promis en 1981 d'en relancer l'exploitation pour retrouver en 1991 un niveau d'extraction de 30 millions de tonnes, égal à celui atteint en 1973 ; sidérurgie, dont l'avenir n'était plus en Lorraine, mais sur l'eau, et qui devait réviser à la baisse ses objectifs de production du fait de la concurrence de nouveaux matériaux : aluminium ou plastique ; chantiers de constructions navales, condamnés par la concurrence impitoyable des entreprises japonaises, sud-coréennes ou taïwanaises similaires ; industrie automobile, contrainte à la robotisation pour éviter une perte accrue de parts du marché du fait de charges salariales trop lourdes par rapport au Japon (12 $ l'heure) et surtout à la Corée du Sud (2 $).

La réduction du pouvoir d'achat, la reprise de la progression du chômage, si contraires à l'esprit du 10 mai, alourdissent d'autant plus le climat social que le deuxième plan Delors a été conçu et mis en œuvre sans aucune concertation préalable avec les syndicats. Des grèves éclatent contre la modernisation de l'outil de travail, synonyme de réduction d'emploi : ainsi à l'usine d'automobiles Citroën d'Aulnay en février 1983.

Des manifestations catégorielles se multiplient : cadres de la papeterie de La Chapelle-Darblay à Rouen le 24 octobre 1983 ; employés de la S.N.C.F. à Paris Saint-Lazare le 8 mars 1984 ; ouvriers sidérurgistes de Longwy le 4 avril. Des incidents éclatent surtout dans les banlieues ouvrières entre travailleurs métropolitains et immigrés en compétition pour les mêmes emplois, ce qui pose en termes aigus le problème de l'immigration et du racisme.

Une étincelle met le feu aux poudres. En voulant, au nom de la neutralité et de la laïcité, défendre la « liberté » contre les « libertés » par la création d'un service public unifié de l'Éducation intégrant l'école privée, le projet de loi scolaire d'Alain Savary déclenche une marée de protestations qui, de ville en ville, déferle jusqu'à Paris, où défilent finalement, le 24 juin 1984, un million et demi de ses défenseurs venus de tous les points de l'Hexagone.

Les contraintes de l'économie, la pesanteur des traditions sociales s'étaient révélées plus fortes que la volonté de changement. Le président de la République en prit conscience et, puisqu'il ne pouvait changer la vie, il se contenta de changer de gouvernement et nomma le 17 juillet le plus jeune Premier ministre qu'ait jamais eu la France : Laurent Fabius.

Le temps de la gestion (1984-1986)

Au printemps de 1984, la reprise économique mondiale s'était esquissée. Il devenait dès lors d'autant plus urgent de rétablir l'équilibre du commerce extérieur et celui des finances publiques que le risque s'aggravait de perdre de nouvelles parts de marché et de voir croître l'endettement de l'État et celui des entreprises. En fait, cette restauration des grands équilibres avait été esquissée dès 1982 et accentuée en 1983. Mais, pour la réussir, c'est-à-dire pour améliorer la compétitivité des produits français sur le marché international, encore fallait-il comprimer leurs coûts en bloquant les salaires et en allégeant les charges fiscales et sociales des entreprises, ce qui restaurerait leur capacité d'investissement et de modernisation. C'était aller directement à l'encontre de la tradition interventionniste des socialistes au plan économique et redistributrice au niveau social. Dès lors, le risque de divorce était grand entre le « peuple de gauche » et le « pouvoir ». C'est au nom de la gestion « des acquis sociaux du changement » que le second tenta de faire accepter un tel renversement de sa politique.

Ministre de l'Industrie dans le dernier gouvernement de Pierre Mauroy, Laurent Fabius paraissait d'ailleurs particulièrement qualifié pour suivre depuis l'hôtel Matignon la mise en œuvre du IXe Plan (1984-1988), dans le cadre duquel il devait inscrire son programme de modernisation et de rassemblement, qui se caractérisait par un désengagement économique de l'État. Celui-ci invite les directeurs des sociétés nationalisées à assumer leurs responsabilités de chefs d'entreprise, notamment en équilibrant leurs comptes, fût-ce au prix d'une réduction drastique des capacités de production et donc de l'emploi dans les secteurs maintenus jusque-là en survie artificielle par des subventions publiques qui coûtent cher aux contribuables et qui sont, par ailleurs, de plus en plus sévèrement condamnées par la Communauté économique européenne. Les charbonnages, la sidérurgie et les constructions navales sont les principales industries victimes de cette amorce de libéralisation que développe la « loi de respiration du secteur public », qui permet à ses filiales privées d'émettre des titres participatifs sur le marché financier à l'intérieur et hors des frontières. Certaines même sont vendues. D'aucuns y voient une forme de « dénationalisation rampante », qu'ils dénoncent. En tout cas, la formule a un avantage : procurer à l'État une partie de l'argent frais dont il a besoin pour créer des zones de conversion industrielle dans les quatorze bassins d'emploi et pour soutenir l'essor des entreprises des seules filières de pointe de l'électronique, de la productique, des biotechnologies, grosses consommatrices d'or gris et susceptibles de nourrir de commandes en sous-traitance de nombreuses P.M.I. (petites et moyennes industries). Toutes en obtiennent, les nationalisées en tête (Saint-Gobain, Rhône-

Poulenc, C.G.E., Thomson), mais toutes n'en tirent pas profit, tel Bull, champion français de l'informatique, qui semble incapable de générer des bénéfices, peut-être parce qu'il ne sait pas combiner, comme Thomson et la C.G.E., deux stratégies en apparence contradictoires : celle de l'assainissement du secteur de gros équipement, de moins en moins porteur, et celle de la diversification des techniques de pointe dans le cadre d'alliances internationales où le partenaire étranger (américain, japonais) est en général en position de force. Peut-être aussi parce que ses moyens financiers sont insuffisants pour lui permettre de rivaliser avec les géants américains IBM ou ITT et parce que sa puissance relative au sein de l'Hexagone le prive d'une capacité d'adaptation que possèdent des P.M.E. Seules ces dernières permettent en effet de faire face à la demande, en croissance rapide, de matériel d'automatisation – la productique –, demande qui représente, dès 1984, 4 p. 100 des investissements dans l'agroalimentaire, 10 p. 100 dans l'automobile, 20 p. 100 dans la chimie, 24 p. 100 dans l'énergie.

Sur le plan économique, cette politique est partiellement efficace. Certes, elle ne relance pas la Régie Renault, qui connaît alors ses plus mauvais résultats financiers depuis vingt ans, à l'heure où, sous l'impulsion de Jacques Calvet, Peugeot S.A. amorce un redressement bientôt spectaculaire. Mais elle ralentit l'inflation et favorise la décélération de la hausse des prix qui en résulte (9,3 p. 100 en 1983 ; 6,7 p. 100 en 1984 ; 4,7 p. 100 en 1985), décélération qui est d'ailleurs insuffisante puisqu'il subsiste un différentiel d'inflation favorable notamment à l'Allemagne, au Japon et aux Pays-Bas et donc défavorable à la France et surtout à son commerce extérieur, dont la dégradation porte le plus grand tort aux entreprises françaises.

Par contre, sur le plan social, cette politique est loin de résoudre le problème de l'emploi et surtout pas celui des travailleurs non qualifiés, souvent d'origine étrangère. Ces derniers, particulièrement nombreux dans le secteur du bâtiment, sont victimes à la fois de la réduction de la consommation des ménages et des contraintes de la loi Quilliot, qui détournent les investisseurs du marché de l'immobilier. Aussi la marée noire du chômage ne cesse-t-elle de croître. Alors que Pierre Mauroy avait fait de la lutte contre ce fléau « la priorité des priorités », le nombre des demandeurs d'emploi s'est accru de 500 000 de mai 1981 à mai 1984 ; en octobre 1984, il s'élevait à 2 500 000 ; en décembre, la barre de 10 p. 100 des actifs était frôlée ; en janvier 1985, cette dernière était allègrement franchie (2 524 000).

En prenant une allure épidémique, le chômage ne pouvait plus être résorbé par un traitement social et politique toujours onéreux et qui aurait relancé l'inflation, dont les autorités désiraient, au contraire, réduire le rythme d'accroissement. La création d'emplois publics sur fonds publics s'étant révélée coûteuse, seule désormais celle d'emplois productifs paraissait susceptible de résorber le mal à condition que leur nombre soit supérieur à celui des postes supprimés du fait de la modernisation et de la restructuration industrielles (et de la réduction de la main-d'œuvre agricole). Dans cette perspective, le gouvernement de Pierre Mauroy avait, dès le 8 février 1984, interdit les mises en préretraite à 55 ans, sauf dans quatorze pôles de conversion particulièrement sensibles où celles-ci pouvaient avoir pour contrepartie le recrutement de chômeurs ou de licenciés économiques. Diverses mesures complétaient ce dispositif de restriction sociale : « allocation temporaire dégressive » rendant moins amère l'acceptation d'une déqualification professionnelle dans certains bassins d'emploi ; « congés de conversion » accordés aux mineurs, aux sidérurgistes et aux ouvriers des chantiers de constructions navales avec 70 p. 100 de leur salaire antérieur au maximum pendant deux ans pour assurer leur formation à un nouvel emploi.

Une telle politique ne pouvait bénéficier aux jeunes, souvent en situation d'échec scolaire, qui cherchaient à s'insérer dans le monde du travail à leur sortie du système éducatif. Des mesures spécifiques furent alors prises en leur faveur par le nouveau gouvernement de Laurent Fabius sous la responsabilité du ministre du Travail, Michel Delebarre : création le 26 septembre 1984 de « travaux d'utilité collective » (T.U.C.) en faveur de volontaires âgés de 16 à 21 ans et qui acceptaient, pendant un an au maximum, de les effectuer pendant 80 heures par mois contre une rémunération de 1 250 francs, somme éventuellement majorée de 500 francs versés par une collectivité locale ou par un organisme privé ; mise en œuvre de la formation en alternance de 300 000 jeunes en vertu de l'accord signé entre les partenaires sociaux (patronat et syndicats) le 26 octobre 1983 ; offre de 100 000 stages d'initiation à la vie professionnelle d'une durée de trois mois mais pouvant parfois être doublée.

C'était la voie ouverte à une privatisation de fait du « traitement social du chômage », ce qu'avait réclamé, en août 1983, le président du C.N.P.F., Yvon Gattaz, au chef de l'État : « la flexibilité » sans laquelle les entreprises françaises ne pourraient faire face à la concurrence internationale. *Flexibilité* d'abord de l'appareil de production par recours à l'automatisation et, notamment, à la robotique, par modulation de l'âge de la retraite en fonction des compétences acquises, par individualisation des salaires, dont la progression n'est plus un acquis définitif mais une donnée réversible liée à l'évolution de la productivité de chacun des membres du personnel pris individuellement. *Flexibilité,* encore et surtout, du travail et de l'emploi afin de libérer l'entreprise des carcans administratifs et fiscaux qui l'empêchent d'embaucher, et cela par l'adoption de mesures drastiques : institutionnalisation du travail à temps partiel dans le cadre de contrats à durée déterminée (C.D.D.) d'une durée maximale de deux ans par décret d'avril 1985 pris en faveur des chômeurs de longue durée (plus d'un an d'inscription à l'A.N.P.E.) ; extension jusqu'à dix-huit mois des missions d'intérim, renouvelables une fois pour un maximum de six mois dans des cas spécifiquement définis (salariés permanents momentanément absents ; travailleurs saisonniers) par l'accord patronat-syndicats de mai 1985 ; instauration, par la loi de juillet 1985, de congés-conversion d'au moins six mois avec une rémunération variant entre 60 et 70 p. 100 du salaire brut antérieur, financés à la fois par l'État et par les entreprises.

Souhaitée par ces dernières, acceptée par les salariés, ainsi qu'en témoignent de nombreux sondages, dont celui réalisé par l'I.F.O.P. et publié par l'*Usine nouvelle* en janvier 1985, cette remise en cause des acquis sociaux et, plus particulièrement, du contenu des ordonnances Auroux de 1982 avait été refusée le 21 décembre 1984 par les organisations syndicales. En vain. La nécessité économique se révéla plus forte que la rigueur idéologique. Aux marges de la légalité, des initiatives individuelles enclenchèrent d'autres mesures accroissant la flexibilité de l'emploi : aménagement du temps de travail non plus dans un cadre hebdomadaire mais annuel selon le système élaboré par les laboratoires Yves Rocher ou dans un cadre saisonnier selon le calendrier élaboré par les entreprises de travaux publics pour tenir compte des contraintes climatiques (accord du 28 juin 1985). Il resterait, pour compléter ce dispositif favorable à l'embauche, à donner satisfaction à trois autres demandes du patronat : la réduction des délais de licenciement, il est vrai largement occultée par les congés-conversion, dont les 30 000 bénéficiaires ne sont pas considérés juridiquement comme licenciés ; l'abaissement des *seuils* qui freinent l'embauche des petites entreprises en les assujettissant au 1,1 p. 100 de formation professionnelle et au 0,9 p. 100 pour le logement à partir de 10 salariés, à l'élection de délégués du personnel (11 salariés), à la mise en place d'un comité d'entreprise (50 salariés) ; la suppression du S.M.I.C., destructeur d'emplois pour les jeunes sans qualification, selon Yvon Gattaz, ou, tout au moins, la création d'un salaire minimal interprofessionnel pour ces derniers afin d'éviter un trop fort tassement de la hiérarchie.

Ce désengagement partiel de l'État en matière sociale avait pour corollaire un desserrement de son étreinte économique sur les entreprises privées ou publiques, ces dernières étant même autorisées à émettre des titres participatifs ou à introduire des filiales de droit privé sur le marché. C'était aller à l'encontre de la politique pratiquée de 1981 à 1984, mais c'était aligner l'économie française sur celle des autres économies occidentales, également frappées, depuis les années 1970, par le ralentissement de la croissance, dont la relance ne pouvait être assurée, face à la concurrence internationale, que par une amélioration de la productivité. Et celle-ci ne pouvait être le fruit que d'une augmentation des investissements et d'une diminution des charges sociales et fiscales des entreprises.

Au grand mécontentement des partisans du « tout État » et des défenseurs de l'intégrité du service public, c'est cette politique qui avait été mise en œuvre par le gouvernement de Laurent Fabius. Hors la sidérurgie et l'industrie automobile, elle porta ses premiers fruits économiques avant les élections législatives du 16 mars 1986. Mais elle avait été mise en œuvre trop tard pour inverser la courbe du chômage avant la date fatidique. En flirtant avec la crête des 2 500 000 sans-emploi depuis octobre 1984, cette dernière condamnait inexorablement la majorité sortante, qui semblait s'en remettre désormais à la charité publique pour pallier les conséquences les plus dramatiques de cette crise sociale : la faim, le froid dont souffraient les plus démunis, en faveur desquels s'ouvrirent les « Restaurants du cœur », dont le fantaisiste Coluche fit la promotion sur le plateau de TF1 le 26 janvier 1986 en présence de nombreuses personnalités politiques.

Interprétée par l'opinion comme un aveu de la carence des pouvoirs publics, cette manifestation de désespérance renforça le courant qui porta au pouvoir l'opposition unie, dont le leader, Jacques Chirac, inaugura, dès le 20 mars, un nouveau système de gouvernement : la cohabitation.

Le renouveau libéral (1986-1988)

Il y avait urgence à relancer la production pour relancer l'emploi. Aussi, dès le 20 mars, le nouveau gouvernement décida-t-il de légiférer par ordonnances dans le domaine économique et social mais il ne put faire entrer en vigueur cette procédure que le 2 juillet en raison de l'opposition du chef de l'État et de celle du Parti socialiste, qui s'armaient de la motion de censure et du recours au Conseil constitutionnel pour retarder la remise en cause des acquis de 1981-1982.

Cette attente n'avait pas empêché le ministre de l'Économie, des Finances et de la Privatisation, Édouard Balladur, de prendre les décisions destinées à faciliter les exportations et les investissements. Les premières bénéficièrent dès le 6 avril, grâce aux ministres de l'Économie de la C.E.E., d'une dévaluation de fait du franc de 6 p. 100 par rapport au mark et au florin ; les seconds tirèrent un large profit d'une amnistie fiscale, du rétablissement immédiat de l'anonymat des transactions sur l'or, de la baisse des taux d'intérêt déclenchée le 14 par la diminution d'un demi-point du taux d'intervention de la Banque de France, du retour progressif mais total et définitif à la liberté des changes et des prix, de la suppression de l'impôt sur les grandes fortunes (I.G.F.) à compter du 1er janvier 1987, de la réduction, voire de la suppression totale de l'impôt sur les revenus pour deux millions de petits contribuables, qui retrouvèrent, dès lors, une certaine capacité d'intervention sur le marché des biens de consommation.

Purement conjoncturelles, ces mesures prouvèrent à l'opinion publique que la nouvelle majorité était décidée à appliquer rapidement son programme électoral, qui visait, au niveau des structures, à désengager l'État du secteur de la production et à faire de lui non plus un acteur mais un arbitre de la vie économique et sociale. Deux réformes d'importance y contribuèrent : la loi du 6 août concernant la privatisation, avant le 1er mars 1991, de soixante-cinq entreprises nationalisées en 1945 et en 1982 (*J.O.R.F.* du 7) ; les lois du 3 juillet et du 30 décembre, la première supprimant l'autorisation administrative de licenciement, la seconde définissant les nouvelles procédures en cette matière.

Contribuables et épargnants firent bon accueil à cet appel à la confiance. Du 12 juillet 1986 au 31 janvier 1987, les premiers rapatrièrent près de 16 milliards de francs. Les seconds achetèrent en nombre considérable les actions des entreprises dénationalisées. Mises sur le marché à un prix proche des minima fixés par la Commission des privatisations, ces dernières trouvèrent rapidement preneurs : 1 547 000 acquéreurs pour Saint-Gobain du 24 novembre au 12 décembre 1986 ; 3 800 000 pour Paribas du 19 au 31 janvier 1987 ; 287 320 pour Matra, dont le cinquième du capital, soit 3 700 000 titres, fut alors mis en vente. Pour protéger cet actionnariat dilué contre le risque éventuel d'une offre publique d'achat (O.P.A.) hostile, le gouvernement avait constitué dans chacune des 24 sociétés dénationalisées un noyau dur formé par quelques-unes des 84 firmes appelées à y participer mais dont aucune ne devait détenir plus de 5 p. 100 des actions.

Retardé par le second krach de Wall Street du lundi 19 octobre 1987, interrompu définitivement par la réélection de François Mitterrand à la présidence de la République le 8 mai 1988, le programme de privatisations que s'était assigné la nouvelle majorité ne fut donc réalisé qu'à près de 37 p. 100. Mais il eut un triple résultat : fidéliser les petits porteurs, dont une partie osa conserver ses actions en portefeuille au lendemain du 19 octobre, ce qui traduisait un changement notable des comportements à l'égard de la Bourse ; assurer à l'État un revenu net de 60 milliards de francs, dont un tiers au moins fut affecté aux dotations en capital des entreprises restées sous son contrôle ; réduire enfin les dettes de l'État puisque le solde de cette somme fut, pour l'essentiel, employé au remboursement par anticipation des emprunts contractés en 1982, au moment de la mise en place du socle du changement, ce qui, par contrecoup, réduisit le coûteux service des intérêts qui les rémunéraient.

Favorisée par la double diminution des prix du baril de pétrole (env. 50 p. 100) et du cours du dollar (30 p. 100), ce qui allégea de 75 milliards de francs le montant de la facture énergétique de la France, cette politique néolibérale eut, en outre, deux autres conséquences positives : réduire l'inflation en 1986 au taux exceptionnellement bas de 2,4 p. 100 avant que ce dernier ne se stabilise légèrement au-dessus de 3 p. 100 (3,1 p. 100 en 1987 contre 13,9 p. 100 en 1981) ; assurer la reprise d'une assez forte croissance, qui représente, dès 1987, 3,4 p. 100 du produit national brut.

Bénéfique au plan économique, puisque l'entreprise privée n'est pas soumise par l'État, comme une firme publique, à une redoutable confusion entre les objectifs économiques et les objectifs sociaux, la dénationalisation ne pouvait résoudre le problème de l'emploi, nombreux étant les femmes, les jeunes et les immigrés —clandestins ou de seconde génération surtout — non intégrables au système de production de l'ère postindustrielle, qui exige de plus en plus de grandes capacités intellectuelles et un haut niveau de formation.

Les membres du nouveau gouvernement en étaient parfaitement conscients. Et, plus que tout autre, le ministre des Affaires sociales et de l'Emploi, Philippe Séguin. Le premier, celui-ci osa reconnaître l'existence d'un chômage « incompressible » car, déclara-t-il à la lumière des rapports d'experts, « les réserves de productivité de l'industrie et des services classiques sont énormes et la compétition internationale les fera toujours jouer à plein ». Il fit ainsi prendre conscience aux Français que la crise de l'emploi n'était pas seulement la résultante de phénomènes démographiques et sociaux d'ordre conjoncturel : forte croissance annuelle de la population active disponible, de l'ordre de 200 000 personnes en 1986 et en 1987 ; taux d'activité féminine en progression continue et accélérée (66,5 p. 100 en 1986). Mais qu'elle était d'abord et avant tout d'ordre structurel parce qu'elle était la conséquence inéluctable de l'accroissement du rendement de l'appareil de production. Et c'était ce qui la rendait si grave et ce qui empêchait que le nombre d'emplois ne puisse cesser de se réduire tant que le taux de croissance brute ne pourrait dépasser largement 3 p. 100 par an. Dans ces conditions, il ne faut pas s'étonner que 10,7 p. 100 des Français soient inscrits au chômage en septembre 1986, ce qui situe ce dernier sur la crête des 2 500 000 demandeurs d'emploi. Un quart d'entre eux sont toujours des jeunes de moins de 25 ans dépourvus d'expérience professionnelle. Mais 48,6 p. 100 sont désormais des adultes âgés de 25 à 49 ans et, plus particulièrement, des travailleurs qualifiés du bureau (31 p. 100) et de l'usine (22 p. 100), principales victimes de l'allongement de la durée du fléau, qui atteint 333 jours en moyenne, délai au-delà duquel la réinsertion dans la vie active devient très aléatoire.

À regarder de plus près les statistiques, il apparaît que la progression mensuelle du nombre de demandeurs d'emploi dans cette tranche d'âge frappe prioritairement les femmes (plus 10 000) par rapport aux hommes (plus 4 000) alors que les jeunes de moins de 25 ans sont plus modérément touchés (plus 3 000), ce qui met en évidence un relatif glissement du chômage au bénéfice des moins de 25 ans et au détriment de leurs aînés.

Les mesures prises par le gouvernement en faveur de l'emploi des jeunes auraient donc dépassé les effets escomptés. Mais, indiscutablement, elles avaient été efficaces. L'ordonnance du 16 juillet 1986 avait invité les employeurs à embaucher des jeunes de 16 à 25 ans en leur accordant des exonérations partielles ou totales de charges sociales pour un montant de 4,5 milliards de francs. Il en était de même du « plan urgence » élaboré par Philippe Séguin et qui comportait trois séries de dispositions analogues allégeant de 25, de 50 ou de 100 p. 100 le montant des charges sociales dues par les entrepreneurs embauchant des jeunes, soit directement, soit à la suite d'un contrat d'apprentissage ou d'une formation en alternance, ou encore acceptant de prendre en charge l'initiation professionnelle des plus inexpérimentés dans le cadre de l'une ou l'autre de ces deux dernières formules. L'effet fut immédiat et positif puisque le ministère du Travail enregistrait, dès le 30 septembre, 400 000 recrutements avec exonérations, ce qui contribua à faire de 1986 l'année de la décennie où le recul de l'emploi fut le plus faible (+ 0,3 p. 100).

Sur un plan plus général, la relance de ce dernier devait être assurée par des mesures qui en accroissaient la flexibilité : instauration de contrats de conversion ou de stages de formation professionnelle de cinq mois rémunérés à 70 p. 100 du salaire dans le cadre de la loi du 3 juillet 1986 supprimant l'autorisation administrative de licenciement à compter du 1er janvier 1987 ; recours aux contrats à durée déterminée, au travail temporaire, à temps partiel et même intermittent en vertu de l'ordonnance du 11 août 1986 ; aménagement, désormais officiel et non plus semi-clandestin, du temps de travail dans un cadre annuel après conclusion d'accords de branches ou d'entreprises permettant de prolonger l'activité de ces dernières au-delà des 40 heures traditionnelles durant la nuit et même le week-end aux fins d'en améliorer la productivité ; prolongation des T.U.C. de 12 à 24 mois et élargissement de leur champ d'action aux chômeurs de longue durée de plus de 25 ans acceptant de participer à des programmes rémunérés d'insertion locale (P.I.L.) tout en conservant le bénéfice de leurs indemnités de chômage ; création d'activités périphériques aux secteurs familial, social ou économique à seule fin de « ne pas laisser les jeunes dans la désespérance » de l'inactivité.

Partiellement libéré de lourdes contraintes sociales, le monde de l'entreprise était invité à relever de nouveaux défis : celui de la liberté générale et irréversible des prix défini par l'ordonnance du 1er décembre 1986 ; celui de « la libre circulation des marchandises, des personnes, des services et des capitaux » prévu par l'Acte unique européen, que l'Assemblée nationale ratifia le 21 novembre 1986 afin qu'il puisse entrer progressivement en vigueur du 1er juillet 1987 au 31 décembre 1992 ; celui de la construction du tunnel sous la Manche, entreprise à la suite de la ratification à Paris, le 29 juillet 1987, du traité franco-britannique du 19 février 1986, qui mettait un terme définitif à l'insularité britannique. Une telle opération comportait d'ailleurs de nombreuses conséquences induites : ouverture du chantier de Sangatte offrant une garantie d'emploi de cinq ans à 10 000 travailleurs du génie civil ; essor et déplacement du centre de gravité économique de la région Nord-Pas-de-Calais du Bassin houiller en voie de fermeture vers le littoral, où la croissance de Calais risque de se réaliser au détriment de celle de Dunkerque et de Boulogne et, surtout, du trafic maritime trans-Manche ; décision de construire un nouveau T.G.V. Nord, dont le tracé est rendu public le 9 octobre 1987 ; lancement en fin d'année d'un programme portant en dix ans le réseau autoroutier de 6 500 à 11 300 kilomètres afin d'assurer le dégagement des abords du tunnel, de rééquilibrer l'aménagement du territoire par l'élimination des pôles répulsifs du Massif central, de mieux intégrer enfin la France à l'espace européen, notamment grâce à la rocade des estuaires par Le Havre, Nantes et Bordeaux.

Succès et limites de la nouvelle croissance (1988-1991)

Économiquement, ces programmes étaient riches d'avenir. Ils nourrissaient naturellement les carnets de commandes des entreprises de travaux publics, des fabricants de matériel de transport (Alsthom), d'appareillage électronique, de régulation par ordinateur des flux de circulation ferroviaire, etc. Et ils contribuaient à la relance de la croissance, dont le taux se stabilisa au niveau de 3,4 p. 100 de la production nationale brute (P.N.B.) en 1987 et en 1989, progressant même entre-temps, c'est-à-dire en 1988, jusqu'à 4,4 p. 100, ce qui permit de faire reculer légèrement le taux de chômage par rapport à la population active (10,5 p. 100 au 1er janv. 1987 ; 8,9 p. 100 au 1er janv. 1990). Apparemment, le nouveau changement de gouvernement qu'avait généré la réélection de François Mitterrand à la présidence de la République n'avait eu aucun impact sur la conjoncture économique car, dans sa *Lettre à tous les Français,* publiée dans la presse le 7 avril 1988, le chef de l'État avait rassuré à la fois les socialistes et les chefs d'entreprise en affirmant ne vouloir ni nouvelles privatisations ni nouvelles nationalisations. C'était imposer le maintien du *statu quo* et donc la pérennisation d'une économie mixte seulement modifiée par la loi dite « de noyautage » du 10 juillet 1989, qui libérait de leurs obligations les actionnaires stables des sociétés dont Édouard Balladur avait remis les capitaux sur le marché.

Le respect des lois de ce dernier s'était donc imposé à tous en matière de prix, de change, de crédit. Décidément, le temps n'était plus au changement mais à la gestion. Au risque du socialisme, le chantre de l'autogestion, Michel Rocard, en fut chargé dès le 12 mai 1988 avec le titre de Premier ministre.

Sa tâche était rude puisqu'il devait l'accomplir dans le respect des grands équilibres et sans que soit portée atteinte au principe général de la liberté des prix. Il lui fallait en effet réduire impérativement le différentiel d'inflation qui subsistait entre la France et ses principaux partenaires économiques pour que s'inverse le solde de sa balance commerciale et que celui-ci ne soit pas seulement positif avec les pays pauvres ou à monnaie faible, souvent peu solvables, du tiers-monde ou de l'Europe de l'Est. Pratiquée par Pierre Bérégovoy, renforcée par Édouard Balladur, la politique de rigueur budgétaire et de défense du franc fut donc poursuivie par le ministre socialiste de nouveau en charge des finances de l'État. Et elle atteignit presque son objectif puisque, en octobre 1989, le différentiel d'inflation avec l'Allemagne n'était plus que de 0,4 p. 100.

Dès lors, la France parut mieux armée pour affronter les risques que représente pour elle l'entrée dans le grand marché européen le 1er janvier 1993. Et c'est d'ailleurs pour faciliter cette dernière qu'est prévue, dans le budget de 1989, une première baisse des taux de la T.V.A. et qu'est élaboré le Xe Plan (1989-1992), qui doit privilégier l'éducation, la formation, l'emploi et la recherche dans le cadre d'une croissance non inflationniste.

Malheureusement, cette politique ne peut entraîner une diminution du chômage, d'autant que les allègements fiscaux bénéficient presque uniquement aux entreprises qui embauchent ou qui consentent à investir alors que croissent l'impôt sur le revenu et les cotisations sociales, qui amputent les ressources disponibles des ménages. En fait, contrairement aux espoirs nourris en 1981 par les nouveaux hommes de pouvoir, la réduction des inégalités sociales n'a été qu'un phénomène passager, qui n'a pu survivre à l'arrêt de la croissance. Pire, la situation des plus démunis s'est dégradée, ce qui s'est traduit par la marginalisation d'un nombre croissant de personnes âgées, de handicapés, d'illettrés, voire d'analphabètes – qui échouent, un soir de misère, sur un quai de métro ; à moins que leur jeunesse ne les invite à la révolte contre la société de consommation, comme ce fut le cas des immigrés de la seconde génération à Vaulx-en-Velin le 6 octobre 1990.

Pour prévenir de tels risques, le gouvernement avait pourtant institué le R.M.I. (revenu minimum d'insertion) en faveur de toute personne disposant de moins de 2 500 francs par mois pour un célibataire, de 3 000 francs pour un couple avec une majoration de 600 francs par enfant à charge. Adoptée le 30 novembre 1988 par l'Assemblée nationale unanime, cette mesure devait être théoriquement financée (au moins en partie) par l'I.S.F. (impôt de solidarité sur la fortune), avatar du défunt I.G.F. Elle devait être complétée chaque année, depuis 1988, par des *plans emplois* présentés au début de l'automne.

Tous comprenaient des mesures allégeant les charges fiscales et sociales qui freinaient l'embauche par les entreprises. Le premier prévoyait, en outre, des crédits pour améliorer la formation des bénéficiaires d'un T.U.C. ou d'un S.I.V.P. (stages d'initiation à la vie professionnelle). Le deuxième privilégiait la réinsertion des chômeurs de longue durée. Le troisième visait à réduire la pénurie de main-d'œuvre qualifiée, pénurie qui s'accentuait depuis 1987 en raison de la reprise de la croissance. Cette dernière avait d'abord joué en faveur du bâtiment et des travaux publics, qui avaient perdu 600 000 emplois jusqu'en 1984. En 1988, elle avait étendu ses effets à la sidérurgie. Fusionnées depuis 1986 au sein du groupe franco-allemand Usinor-Sacilor, ses deux entreprises constitutives se hissaient dès 1989 au premier rang européen et, immédiatement après Nippon Steel, au deuxième rang mondial. Pour faire acquérir également la taille internationale à l'industrie automobile française, le gouvernement décida, le 11 avril 1990, de transformer la Régie Renault en société anonyme (loi du 4 juill.) dont l'État détiendrait 75 p. 100 des actions et céderait le solde au groupe suédois Volvo, au sein duquel il prendrait une participation financière afin de permettre la mise en œuvre de l'accord de coopération technique et commerciale signé le 23 février.

De janvier 1989 à décembre 1990, le chômage dépassa pourtant toujours la crête des 2 500 000 demandeurs d'emplois, même en période où l'offre de ces derniers augmentait dans le secteur secondaire et restait soutenue dans le secteur tertiaire, continûment dynamique depuis 1954.

Malheureusement, d'autres facteurs annulèrent cette progression sectorielle. Le premier fut le recul inévitable de l'emploi agricole, provoqué par un productivisme excessif, par la constitution de « surplus » non commercialisables au prix du marché, par trois sécheresses estivales consécutives contraires, de 1988 à 1990, aux intérêts des éleveurs, par la réduction des subventions consenties par la C.E.E., ce qui a accéléré la disparition des exploitations (250 000 en dix ans) et réduit à 1 868 000 le nombre des travailleurs familiaux.

La croissance démographique augmente en outre chaque année la population active de 180 000 personnes, auxquelles s'adjoint l'apport de quatre millions d'immigrés dont plus de 50 p. 100 sont d'origine africaine. En s'élevant de 36,1 p. 100 en 1968 à 45,4 p. 100 en 1984, le développement de l'emploi féminin joue dans le même sens puisque, en 1988, il représente finalement 42 p. 100 des actifs.

L'évolution des mentalités explique en partie ce phénomène, lié au refus du mariage, à la pratique du concubinage, à la multiplication des divorces. Mais il est aussi le résultat de contraintes économiques directes (célibat subi) ou indirectes (nécessité d'un second salaire pour maintenir un niveau de vie dégradé par la désindexation des salaires par rapport aux prix ainsi que par l'alourdissement constant des charges fiscales et sociales, notamment par l'instauration, le 19 novembre 1990, de la C.S.G. [contribution sociale généralisée] de 1,1 p. 100, prélevée pour la première fois sur les salaires en février 1991 pour financer le déficit de la Sécurité sociale).

Ce renversement de la conjoncture rend plus difficile à supporter cette réduction du revenu des ménages. Encore positif au troisième trimestre 1990 (+ 1,3 p. 100), le taux de croissance devient en effet brutalement négatif au quatrième (- 0,4 p. 100) en raison non pas de la guerre du Golfe mais du ralentissement continu de l'investissement des entreprises (10,8 p. 100 en 1988, 6,7 p. 100 en 1989, 4,6 p. 100 en 1990), ce qui réduit par contrecoup de 3,5 p. 100 les ventes de l'industrie automobile en fin d'année.

Plus adaptables aux aléas de la conjoncture, les formes précaires de l'emploi sont alors privilégiées par les entrepreneurs, qui fractionnent son marché en trois ou quatre composantes.

La plus défavorisée est celle des travailleurs sans qualification (jeunes non diplômés) ou supposés inadaptés à toute reconversion (chômeurs de plus de cinquante ans), qui dépassent en général la durée moyenne d'inscription à l'A.N.P.E., laquelle atteint 370 jours en 1989. Parvenus en fin de droits, ils sont évidemment condamnés à la marginalisation.

Naturellement méconnue, la catégorie des travailleurs clandestins (ou au noir) est sans doute plus contrastée dans sa composition puisqu'elle englobe aussi bien des immigrés, souvent exploités et travaillant de nuit dans des ateliers en chambre, que des artisans ou des ouvriers qui se procurent ainsi un revenu d'appoint parfois important et échappant en tout cas à tout prélèvement fiscal ou social.

Insérés dans la fonction publique ou dans le noyau central de l'entreprise, les salariés à temps plein bénéficient du privilège recherché de la garantie d'emploi. Si les premiers sont mal rémunérés et s'en plaignent souvent, les seconds restent soumis au risque du licenciement. Peu syndicalisés, ils adhèrent étroitement au projet de l'entreprise et constituent le relais indispensable entre la direction et les concepteurs d'une part et le monde de la sous-traitance et des collaborateurs « externalisés » d'autre part, dont la rémunération est en parfaite adéquation avec la quantité et la qualité du travail commandé.

Beaucoup plus étroite, mais mieux rétribuée, une petite élite de cadres et de spécialistes généralement issus des grandes écoles (17 000 par an) ou du 3e, voire du 2e cycle des universités (70 000 par an) n'éprouve par contre aucune difficulté pour trouver un emploi. C'est que de la collaboration de ceux-là dépend la réussite nationale ou internationale de leurs employeurs. Touchant des salaires qui peuvent varier pour un polytechnicien ou pour un I.N.S.S.E.A.D. débutant de 250 000 à 400 000 francs par an, informaticiens, financiers, gestionnaires, ingénieurs de production sont parmi les principaux bénéficiaires de cet accroissement continu des inégalités sociales.

Ce n'est pas là le moindre des paradoxes d'une décennie au cours de laquelle la jeunesse des lycées et des universités a compris, consciemment ou non, que la formation était la clef du succès. Et c'est bien pour cela qu'elle a manifesté du 4 au 6 décembre 1986 contre le projet d'Alain Devaquet instaurant la sélection à l'entrée des universités et qu'elle a fait de la sécurité dans les établissements d'enseignement l'un des principaux thèmes de ses manifestations du 15 octobre au 16 novembre 1990.

À la recherche d'un nouvel élan (1991-1993)

La guerre du Golfe, malgré les tensions qu'elle avait provoquées dans l'opinion jusqu'à son issue victorieuse, le 28 février 1991, avait fait croire que la France était encore une grande puissance. Mais elle n'avait pas arrêté la croissance inexorable du chômage (+ 0,4 % en janvier ; + 1,8 % en février) qui devait dépasser la barre fatidique de trois millions de sans-emploi en février 1993, à la veille des élections législatives. Pour en inverser la courbe, le Premier ministre, Michel Rocard, emprunta à Jean Poperen l'idée d'indexer les salaires non plus sur les prix mais sur la croissance économique. En vain. L'arrêt de la course aux armements au Proche-Orient réduisait considérablement les ventes de matériel de guerre en un temps où le manque de compétitivité des entreprises françaises se traduisait par la persistance du déficit du commerce extérieur qu'aggravait la récession internationale. Dès lors, il fallut procéder à de dramatiques restructurations, destructives d'emplois, dans de nombreux secteurs : celui de la flotte de pêche le 13 mai 1991 ; celui de l'électronique, où Thomson et Bull bénéficièrent le 3 avril de dotations en capital s'élevant respectivement à 1,8 milliard et à 2 milliards de francs ; celui de la télévision publique, dont les deux chaînes Antenne 2 et France 3 reçurent le même jour un milliard de francs ; ceux de la sidérurgie et des transports aériens aussi, dans la mesure où deux entreprises publiques, pourtant en situation de monopole, Usinor-Sacilor et Air France, ne purent poursuivre leurs activités qu'en recevant respectivement du Crédit Lyonnais le 15 juillet et de la B.N.P. le 17 deux milliards et demi et un milliard de francs.

Ces mesures contribuèrent à aggraver le déficit des finances publiques que creusait le traitement social du chômage dont le coût fut alourdi de 10 milliards en année pleine par le programme que présenta le ministre du Travail, Martine Aubry, le 29 avril 1992. Considérant comme chômeurs de longue durée toutes les personnes inscrites à l'A.N.P.E. depuis au moins un an (et non plus deux), le ministre proposait en effet à 920 000 personnes un emploi ou un stage dont la non-acceptation entraînerait automatiquement la radiation administrative des fichiers de cet organisme.

Pour assurer le financement de mesures d'une telle ampleur, il fallut autoriser les entreprises nationalisées à accepter une participation minoritaire de capitaux privés à leur capital social à concurrence de 49,99 %, conformément aux stipulations du décret paru au Journal Officiel du 5 avril 1991. Revenant sur le dogme du « ni-ni » (ni nouvelles nationalisations, ni nouvelles privatisations) tel que l'avait défini le chef de l'État en 1988, ce texte, souhaité par Michel Rocard, contribua peut-être, pour partie, à lui faire perdre le pouvoir, mais procura à ses successeurs, en un an, de novembre 1991 à novembre 1992, la somme de 17 milliards de francs, représentant près de 10 % du déficit budgétaire de 1992 (184 milliards). Il fut ainsi possible de poursuivre une politique de désinflation, laquelle, par son refus de toute réévaluation du franc, rendit plus compétitifs les produits français sur le marché international et permit ainsi de gagner des parts de marché à l'exportation, sans pour autant relancer la consommation interne ni ralentir la chute des investissements industriels, qui atteignit 11 % en 1992.

En provoquant en 1991-1992, un déficit cumulé des comptes de l'U.N.E.D.I.C. (assurance d'indemnisation du chômage) de 20 milliards de francs et un déficit des comptes de la Sécurité sociale de plus de 16 milliards en 1991 et de plus de 7 milliards en 1992, la crise de l'emploi généra malheureusement une augmentation des cotisations sociales et une diminution des prestations qui obérèrent les bénéfices des entreprises et les incitèrent en tout cas à réduire encore davantage la masse salariale par des progrès de productivité et des réductions accrues d'effectifs, ce qui ne pouvait que multiplier les mécontentements.

Court-circuitant les centrales syndicales qui perdaient une part de leur influence, ainsi que le prouve l'échec relatif de la grève interprofessionnelle lancée le 24 octobre 1991 par F.O. et par la C.G.T., ces derniers se traduisirent par des manifestations catégorielles de grande ampleur : celles des professionnels de la santé qui, au nombre de 100 000, défilèrent dans les rues de Paris le 11 juin puis le 17 novembre pour s'opposer à une « étatisation des soins » et à la réforme du système d'assurance maladie ; celle des 200 000 agriculteurs qui défilèrent pacifiquement dans la capitale le 29 septembre — alors que les plus jeunes d'entre eux se heurtaient depuis plusieurs semaines aux forces de l'ordre, n'hésitant pas à entretenir dans les campagnes une agitation qui allait perdurer durant tout le mois d'octobre pour contraindre le gouvernement à alléger une fiscalité trop lourde et à prendre les mesures sectorielles susceptibles de relever leurs revenus menacés par le projet européen de réforme de la P.A.C. (politique agricole commune) ; celle des chauffeurs de poids lourds qui bloquèrent la circulation sur les routes du 30 juin au 8 juillet 1992 pour protester contre l'instauration du permis de conduire à points, dont l'application sans souplesse risquait de priver rapidement de leur emploi un trop grand nombre d'entre eux, à l'heure où le rythme annuel des licenciements s'élevait, en octobre 1992, à 530 000 ! Une telle situation rendit plus insupportable à de nombreux Français, notamment sans emploi, le renforcement d'une forte présence étrangère dans les banlieues des grandes villes où de grands ensembles (le Val-Fourré à Mantes-la-Jolie, le Mas-du-Taureau à Vaulx-en-Velin, les Minguettes à Venissieux...) sont peuplés à 40 % de jeunes de moins de 20 ans, généralement d'origine africaine et maghrébine, souvent en butte à une scolarisation difficile et menacés par la délinquance, la drogue et l'exclusion. La mise en œuvre par Michel Delebarre, par Bernard Tapie et par François Loncle d'une politique de la Ville associant les parents d'élèves à l'école et les entreprises privées, en quête de main-d'œuvre, à la rénovation des quartiers en difficulté a eu le mérite de poser les problèmes à défaut de les résoudre.

En outre, cette situation rendit les Français méfiants à l'égard d'une Europe que les accords de Schengen pourraient ouvrir à des candidats à la nationalité originaires cette fois de l'est du continent. Ces peurs conjugées expliquent pour une part la majorité réduite de 51,01 % par laquelle ils autorisèrent, le 20 septembre 1992, la ratification des accords de Maastricht du 10 décembre 1991. Les responsables de l'opposition l'avaient compris. Dès le 19 juin 1991, Jacques Chirac constatait l'existence d'une « overdose » d'étrangers ; le 25 septembre, Valéry Giscard d'Estaing dénonçait le risque d'« invasion » que représentait une immigration non contrôlée. Pour faire bonne mesure, le chef du gouvernement, Édith Cresson, envisageait même, le 9 juillet, de recourir à des vols spéciaux de charters pour expulser les étrangers en situation irrégulière. Mais, cette attitude choquant de nombreux militants et électeurs de gauche, il fallut attendre le changement de majorité législative lors des élections des 13 et 21 mars 1993 pour qu'une réponse, au moins partielle, puisse être donnée à l'attente d'une large fraction du corps électoral.

Du rééquilibrage social à la reprise économique (1993-1995)

Au lendemain des élections, le nouveau ministre de l'Intérieur, Charles Pasqua, mit aussitôt en chantier trois réformes importantes qui avaient pour objectif « de tendre vers une immigration zéro ». Celle du Code de la nationalité, définitivement adoptée le 24 juin 1993, subordonna l'acquisition de la nationalité française par les enfants nés en France de parents étrangers à une déclaration solennelle exprimant leur volonté d'adhérer à la communauté nationale entre 16 et 21 ans, et à la double condition de n'avoir pas été condamnés à six mois de prison ferme et d'accomplir leur service militaire en France, même en cas de binationalité ; celle des contrôles d'identité fut votée par l'Assemblée nationale en première lecture, le 10 juin 1993, et habilita les forces de police à réclamer ses papiers « à toute personne quel que soit son comportement » ; celle de la maîtrise de l'immigration réglementa les conditions d'entrée, d'accueil et de séjour des étrangers, mais le Conseil constitutionnel en rejeta le 13 août certaines dispositions, notamment celles concernant le droit d'asile, les mariages mixtes et les regroupements familiaux.

Frein à l'arrivée de nouveaux travailleurs sur le marché de l'emploi, ces mesures ne pouvaient, de toute façon, empêcher la progression du nombre des chômeurs. En juillet 1993, ils étaient plus de 3 200 000 ; en décembre, 11,2 % des actifs se trouvaient sans emploi, 21,8 % des jeunes et, fait nouveau, les cadres étaient plus particulièrement touchés. Pour lutter contre la concurrence de la main-d'œuvre des pays du tiers-monde, pour restaurer, voire pour accroître leurs marges bénéficiaires, certaines entreprises recoururent même à des méthodes expéditives tels le licenciement minute, dénoncé par le Premier ministre, Édouard Balladur, le 25 mai (IVECO, filiale de Fiat ; Bull...), le choix entre une baisse des salaires de 5 % ou la suppression de 60 emplois (Raymond Morin, à Strasbourg), la délocalisation sauvage avec réduction d'un tiers des postes de travail (Hoover, de Longvic, en Bourgogne, à Cambusland, en Écosse). Pire, le 15 septembre, Peugeot, Bull, Thomson-C.S.F., S.N.E.C.M.A. et Air France annonçaient concomitamment la mise en œuvre de nouveaux plans de restructuration entraînant la suppression de plus de

13 000 emplois. La récession était devenue dépression.

Cependant, dès sa constitution, le nouveau gouvernement avait pris les mesures d'urgence nécessaires pour tenter de remédier aux déficits des comptes sociaux. La loi sur les retraites allongeait la durée des cotisations, ce qui remettait en cause la retraite à 60 ans. L'augmentation de la C.S.G. de 1,1 à 2,4 % à compter du 1er juillet 1993 rapportait en année pleine entre 30 et 50 milliards de francs, c'est-à-dire une somme représentant entre 30 et 50 % du montant cumulé du déficit de la Sécurité sociale, le solde devant être comblé par une participation accrue du patient aux frais de santé (5 %), par une augmentation du coût de ces derniers (5 %) et par diverses mesures contraignantes pour les médecins et pour les malades. Parallèlement, l'accord sur l'assurance chômage arraché le 24 juillet 1993 aux partenaires sociaux parvenait à sauver, au moins temporairement, l'U.N.E.D.I.C., au prix de hausses douloureuses des cotisations.

Ce n'étaient que des palliatifs provisoires, comme le prouva la persistance d'un déficit de 56,4 milliards de francs dans les comptes de la Sécurité sociale à la fin de 1993. Pour le résorber, il fallait multiplier les cotisants, donc les emplois. Telle était l'ambition de la loi quinquennale sur l'emploi présentée, le 13 septembre, par le ministre du Travail, Michel Giraud, en Conseil des ministres et qui comprenait 53 dispositions fort diverses. Les unes étaient purement incitatives, soit à l'adresse des entreprises auxquelles étaient accordées 28 milliards d'exonérations fiscales, soit à l'adresse des particuliers que la création du chèque-service vendu par La Poste dispensait d'établir le bulletin de paie de leur personnel domestique. D'autres s'efforçaient de redonner vie à des méthodes de formation tombées en désuétude, tel l'apprentissage qu'Édith Cresson avait déjà proposé de réactiver en 1991. Certaines, enfin, exploraient des voies nouvelles : l'ouverture le dimanche des magasins de vente de biens culturels et de services ; l'annualisation et la réduction du temps de travail (la semaine de 32 heures), dont seule une tentative « expérimentale » permettrait de dire si elles étaient riches d'emplois nouveaux ; la création, enfin, du contrat d'insertion professionnelle (le C.I.P.), en faveur des jeunes d'un niveau inférieur à « bac + 2 » auxquels le décret du 23 février 1994 offrit un salaire dont le montant était égal à 80 % de celui du S.M.I.C., la différence de 20 % rémunérant le coût de leur formation assurée par les chefs d'entreprise. Perçue comme un « S.M.I.C. jeune » qui les excluait du monde du travail, cette mesure jeta immédiatement dans la rue lycéens, élèves des grandes écoles et étudiants des I.U.T., qui, au nombre de 330 000, défilèrent dans la capitale le 17 mars. Le 30, le projet était retiré.

Cet échec était révélateur des difficultés qui accompagnent toute volonté politique, quelle qu'elle soit, de toucher aux grands symboles sociaux. Il restait une issue : celle de la relance économique. Après avoir tenté de l'assurer par une ponction fiscale de 90 milliards de francs destinés à réduire le déficit budgétaire de 410 à 317 milliards de francs (collectif du 10 mai 1993), politique qui a l'avantage de maintenir un franc fort, mais qui a l'inconvénient de réduire la consommation des ménages et donc d'aggraver la crise de production, Édouard Balladur lança le 25 mai un grand emprunt populaire de 40 milliards de francs au taux de 6 %, à échéance de 4 ans, mais convertible dès l'automne en actions des entreprises privatisées. Couvert pratiquement trois fois puisque 110 milliards de titres furent souscrits, cet emprunt permit non seulement de financer des travaux publics au bénéfice des banlieues et de l'Éducation nationale, mais aussi d'alléger les charges des entreprises, de soutenir les collectivités locales et, d'accorder une généreuse allocation de rentrée scolaire (1 500 francs par enfant). Enfin, les privatisations ont permis à l'État de drainer 43 milliards d'argent frais en 1993 (B.N.P., Rhône-Poulenc, Crédit local de France), 52 milliards en 1994 (ELF-Aquitaine, U.A.P.). Accrues du produit de l'ouverture du capital de la Régie Renault à des actionnaires privés, ouverture décidée le 13 septembre 1994, ces sommes ont contribué à alléger les charges des entreprises (suppression du décalage d'un mois du remboursement de la T.V.A.).

La relance a été le fruit essentiel de cette politique, d'autant plus que la conjoncture internationale s'améliorait de mois en mois. Maintenant leurs investissements au lieu de continuer à les réduire, les entreprises ont pu répondre à l'accroissement, certes modéré, de la demande. Celle-ci fut favorisée d'abord par la reprise de la croissance dans de nombreux pays, et plus particulièrement dans le monde anglo-saxon et en Allemagne, dont les marchés absorbèrent les produits d'exportation français et contribuèrent largement à assurer un excédent commercial annuel de 80 milliards de francs. Mais ce timide accroissement de la demande n'aurait pas perduré s'il n'avait été soutenu par celui de la consommation intérieure dopée par la « prime Balladur » de 5 000 francs accordée par le Premier ministre au début de l'année à tout acheteur d'une voiture neuve contre cession d'un véhicule automobile d'au moins dix ans d'âge. La mesure était populaire, car elle allégeait les charges de l'automobiliste ; elle était habile, car elle ne coûtait rien au Trésor puisque son montant était compensé par les recettes de T.V.A. induites par la vente de 200 000 automobiles supplémentaires ; elle était efficace puisqu'elle permettait à la croissance de dépasser 2,3 % en 1994 et d'atteindre peut-être 3,5 % en 1995.

Mais cette dernière restait fragile pour de multiples raisons. Elle dépendait trop étroitement de l'essor d'un seul secteur industriel : celui de l'automobile. Elle était ralentie par trop de charges indues pesant sur les finances de l'État, contraint de recapitaliser un grand nombre d'entreprises du secteur public : Crédit Lyonnais, à hauteur de 23,7 milliards du fait d'investissements à risques dans l'industrie et dans l'immobilier en 1994 ; Air France, à hauteur de 20 milliards en 1994 ; G.A.N. en 1995... Elle exigeait un accroissement du pouvoir d'achat que rendait théoriquement possible la réduction de l'impôt sur le revenu, mais qu'empêchait la hausse des impôts locaux, conséquence presque inéluctable de la diminution des subventions accordées par l'État aux collectivités locales. Elle ne pouvait être soutenue par une dépréciation de la monnaie qui aurait été favorable aux exportations mais qu'interdit le dogme du franc fort, dont la Banque de France défend l'intangibilité avec d'autant plus de vigueur qu'elle est devenue indépendante du gouvernement le 1er janvier 1994, au risque d'accroître le poids de la dette publique dans le budget de l'État et de favoriser le maintien de taux d'intérêt élevés qui freinent la reprise souhaitée, sans laquelle la légère baisse du chômage constatée au printemps 1995 ne serait qu'un feu de paille.

LA VIE POLITIQUE

L'histoire est une inépuisable boîte à surprises. Commencée dans l'euphorie des retrouvailles avec le peuple de gauche, la décennie s'achève par l'engagement des troupes françaises dans une opération militaire placée sous l'égide des Nations unies. Personne n'aurait pu prévoir qu'un chef d'État et un gouvernement socialistes, portés au pouvoir par la coalition de forces réputées pacifistes et anticolonialistes, se retrouveraient impliqués, notamment aux côtés des États-Unis, dans une guerre contre un pays du tiers-monde auquel la France n'avait pas ménagé jusqu'alors son soutien. Rien ne saurait mieux illustrer, en tout cas, le poids des imbrications entre politique intérieure et politique extérieure.

Ni l'effondrement de l'U.R.S.S. et des régimes communistes en Europe de l'Est ni la crise du Golfe n'avaient été prévus par les experts, dont le regard était braqué, à l'époque, sur l'implantation des missiles soviétiques, en Europe de l'Est, face à ceux de l'O.T.A.N. et sur la guerre très meurtrière entre l'Iran et l'Irak. Les institutions et la vie politique françaises ne seront, il est vrai, affectées que tardivement par ce brusque revirement des affaires internationales. Elles ne furent pas, pour autant, à l'abri des surprises et des remous.

Le premier défi résultait de l'hypothèse de l'alternance : une majorité constituée par des partis dont les dirigeants avaient toujours dénoncé la nuisance des institutions de la Ve République allait-elle pouvoir s'accommoder d'un régime initialement taillé sur mesure à l'usage de son fondateur ?

À supposer que l'épreuve de l'alternance soit surmontée, que se passerait-il si un conflit venait à surgir entre la légitimité populaire (incarnée par le chef de l'État) et la légitimité parlementaire (incarnée par l'Assemblée nationale) ? Ce cas de figure devait se produire en 1986, à l'occasion d'un changement normal de législature. La réponse fut trouvée dans une expérience originale dite « de cohabitation ». Mais le retour du balancier, aux élections présidentielles de 1988, devait bientôt proroger l'alternance ouverte en 1981.

Dès lors se pose une autre question. Après dix ans d'expérience, la France s'est-elle convertie au socialisme, comme elle était devenue gaulliste dans les années 60 ? Ou bien le socialisme s'est-il affadi à l'épreuve du pouvoir sous la pression d'une opinion plus attachée à la sécurité et à la continuité qu'aux propositions dogmatiques et aux réformes de structure ?

L'absence de recul ne permettra pas d'apporter une réponse définitive à ces deux interrogations. Mais le seul fait qu'on doive les formuler laisse planer quelque doute sur la stabilité de notre système politique et sur la capacité de changement de notre société.

L'alternance

Peu d'experts se seraient risqués, à la fin de 1980, à prévoir la victoire de la gauche au printemps de 1981. Le changement de majorité s'est pourtant produit, dans des conditions parfaitement régulières et dans un calme étonnant.

Si l'on ne prend en considération que la stratégie des formations politiques, on peut dire que F. Mitterrand doit sa victoire du 10 mai à la modification du rapport des forces à l'intérieur de chacun des camps en présence au moins autant qu'à la poussée de la gauche. Du côté de la majorité sortante, trois personnalités se réclamant du gaullisme (J. Chirac, M. Debré, M.-F. Garraud) ont fait acte de candidature à l'élection présidentielle. Le score qu'elles ont obtenu le 26 avril (18,2 p. 100 en faveur de J. Chirac, 21,8 p. 100 pour les trois candidats réunis) ne constituait pas, par lui-même, une menace pour la réélection du président sortant, puisque ce dernier arrivait légèrement en tête de tous les candidats avec 27,8 p. 100 des suffrages contre 26 p. 100 à F. Mitterrand, son concurrent le plus proche. Mais les trois héritiers du gaullisme n'avaient pas ménagé leurs attaques contre la personne ni contre la politique (surtout contre la politique extérieure) de V. Giscard d'Estaing. Ils avaient ainsi contribué à saper la crédibilité d'un candidat qu'ils ont pourtant été obligés de soutenir, sans grande conviction ni enthousiasme, au second tour de scrutin. La gauche, toutes tendances confondues, n'ayant obtenu que 47 p. 100 des voix au premier tour, la victoire de F. Mitterrand ne peut être imputable qu'au mauvais report des voix de la part des électeurs qui avaient voté, quinze jours plus tôt, pour l'un des candidats « gaullistes ». À l'intérieur de la gauche, le fait nouveau révélé par le premier tour de l'élection présidentielle est le recul du parti communiste : G. Marchais ne recueille que 15,4 p. 100 des suffrages exprimés alors que les candidats du P.C. avaient obtenu 20,6 p. 100 des voix aux élections législatives de 1978. La défection du quart d'un électorat réputé fidèle à son parti sanctionne certainement les excès d'une campagne électorale dirigée aussi bien contre le candidat socialiste que contre V. Giscard d'Estaing ; mais elle peut bien refléter un comportement tactique de la part d'électeurs soucieux de voter dès le premier tour pour le candidat de gauche le mieux placé, de l'avis général, pour battre le candidat sortant. Ainsi, la division de la droite et l'affaiblissement du parti communiste ont fait le jeu de F. Mitterrand au second tour de l'élection présidentielle, puis du parti socialiste aux élections législatives qui se sont déroulées les 14 et 21 juin après dissolution de l'Assemblée nationale par le nouveau président.

La victoire de la gauche a été largement consolidée par ces élections puisque le parti socialiste et ses alliés du M.R.G. détiennent à eux seuls la majorité des sièges dans la nouvelle Assemblée. Bien que favorables, en principe, à la représentation proportionnelle, les nouveaux dirigeants socialistes n'ont pas hésité à provoquer immédiatement des élections pour profiter du mode de scrutin en vigueur. Les résultats leur ont donné raison puisque l'effet amplificateur du scrutin majoritaire à deux tours a joué, cette fois, en leur faveur : avec 37,5 p. 100 des suffrages au premier tour de scrutin, ils enlèvent au second tour plus de la moitié des sièges.

Mais la dynamique présidentielle a aussi joué un rôle déterminant dans ce résultat. Entre le second tour de l'élection présidentielle et le premier tour des élections législatives, le taux d'abstention passe de 14 p. 100 à 29,6 p. 100. La droite perd ainsi 3 800 000 voix, mais la gauche en perd elle-même 1 750 000. Tout se passe comme si une partie des électeurs avait considéré que les jeux étaient faits depuis le 10 mai et que les élections législatives étaient sans importance ; d'autres ont sans doute préféré, en s'abstenant, laisser les mains libres à la nouvelle majorité plutôt que de provoquer un conflit entre le président et l'Assemblée. Le fait que le parti communiste n'a que légèrement augmenté son score d'une élection à l'autre (16,1 p. 100 contre 15 p. 100) montre bien que, même à l'intérieur de la gauche, on a volé au secours de la victoire plutôt que de chercher une quelconque revanche. Du coup, les candidats communistes ont été devancés, dans la plupart des circonscriptions, par les candidats socialistes et ont perdu, au second tour, la moitié de leurs sièges. C'est sans doute parce qu'il a estimé que le parti communiste ne constituait plus un danger que F. Mitterrand a nommé, dans le second gouvernement de P. Mauroy constitué le 23 juin, quatre ministres communistes, dont un ministre d'État (Charles Fiterman, placé second dans la hiérarchie du P.C.).

L'union de la gauche, forgée en 1972, n'est plus un rêve. Elle est installée au pouvoir mais elle n'a pu y parvenir qu'au prix d'un rééquilibrage interne dont le parti socialiste est, pour l'instant, le principal sinon le seul bénéficiaire.

Au-delà de la stratégie des forces politiques et du jeu des mécanismes institutionnels, il serait injuste de ne pas chercher les causes plus profondes du changement que constitue la double et incontestable victoire de la gauche. L'usure du pouvoir a joué contre les « sortants », comme il arrive toujours et partout dans un pays qui traverse une période difficile (chômage, inflation, déficit du commerce extérieur). Mais la question de la durée du mandat présidentiel se trouvait aussi posée : quels que soient les avantages de la stabilité, un septennat indéfiniment renouvelable ne paraît pas une solution adaptée aux exigences d'une société démocratique dès l'instant où le chef de l'État détient l'essentiel du pouvoir. Enfin et surtout, le corps électoral a changé. Non seulement il a rajeuni, grâce à l'abaissement à 18 ans de la majorité électorale (mesure adoptée à l'instigation de V. Giscard d'Estaing dès le début de son mandat), mais ses composantes socioculturelles ont évolué : l'extension du salariat et l'arrivée massive des femmes sur le marché du travail, le recul de la pratique religieuse, la poursuite de l'urbanisation, la scolarisation accrue ont certainement transformé les mentalités et ont pu modifier, sans qu'on soit encore en mesure d'évaluer quantitativement l'effet de ces mutations, les comportements électoraux. Au-dessous du « raz de marée » électoral, il y a certainement une lame de fond qui part des tensions internes à la société et qui semble avoir trouvé dans le ralliement au socialisme son expression politique.

Tous les problèmes sont-ils pour autant résolus ? Aucun historien ne pourrait prendre le risque d'affirmer que la roue du destin s'est arrêtée de tourner, même pour sept ans, et que la France va connaître une ère prolongée de stabilité, de prospérité et de concorde.

Une seule chose paraît acquise : le régime instauré par le général de Gaulle a résisté à l'épreuve de l'alternance. Mieux encore, le principe majoritaire a bien servi les opposants d'hier dans la conquête du pouvoir, et le présidentialisme va les aider, désormais, à assumer leurs responsabilités dans l'exercice du pouvoir. Ce n'est pas un mince paradoxe que la victoire de la gauche ait consolidé des institutions qui avaient été conçues contre la volonté de cette dernière et, aussi, pour la tenir éloignée des centres de décision.

Le fait que l'ancienne majorité, condamnée désormais à vivre dans l'opposition, découvre les mérites du parlementarisme après avoir tant vanté ceux du présidentialisme donne la mesure de la relativité des opinions politiques en fonction des circonstances. Reste cependant dans les institutions de la Ve République une faille qui pourrait un jour se révéler dangereuse : que se passerait-il si le président de la République et l'Assemblée nationale, tous les deux issus du suffrage universel, venaient à s'affronter ? Jusqu'ici, la dynamique présidentielle l'a toujours emporté sur la dynamique parlementaire. S'il devait une seule fois en être autrement, les institutions et la constitution seraient mises à rude épreuve.

La gauche à l'épreuve du pouvoir

Beaucoup d'observateurs ont eu recours à des accents lyriques pour traiter des débuts de l'alternance. La « force tranquille » du président repose sur une très longue expérience de la vie politique française. Député et plusieurs fois ministre sous la IVe République, trois fois candidat à l'Élysée, rénovateur du Parti socialiste en 1970, François Mitterrand bénéficie d'une autorité d'autant plus forte qu'il a su rassembler dans le gouvernement présidé par Pierre Mauroy les différents courants de son propre parti et que ce dernier détient à lui seul la majorité des sièges à l'Assemblée nationale. Le renouvellement du personnel politique, le loyalisme d'une grande partie de l'administration et la pratique délibérée du *spoil system* pour réduire les îlots de résistance éventuels donnent l'impression que la gauche va pouvoir appliquer sans restriction son programme de réformes. Ce sont en tout cas les initiatives prises par les nouveaux dirigeants qui vont dominer, pendant cinq années, la vie politique française et sceller le destin de la gauche.

La politique intérieure

À l'intérieur de l'Hexagone, la gauche va s'engager dans une frénésie de réformes qui ne visent à rien de moins qu'à changer la vie des Français. Les premières mesures, de caractère social, seront d'ailleurs très populaires, même si l'on a commis l'imprudence de ne pas en évaluer le coût en termes budgétaires et économiques : réduction de la durée du temps de travail, octroi d'une cinquième semaine de congés payés, relèvement des bas salaires et des prestations sociales, recrutement de 300 000 fonctionnaires. Puis le gouvernement engage et finit par gagner au Parlement la longue bataille des nationalisations, dont l'enjeu est le contrôle par la puissance publique de l'ensemble des grands groupes industriels et financiers.

Simultanément, il s'emploie à réformer l'administration (régionalisation), le droit social (lois Auroux sur les droits des travailleurs), le logement (loi Quilliot), l'enseignement (loi Savary), l'audiovisuel, le statut de la presse, pour ne citer que les domaines les plus importants de son action.

La plupart de ces projets feront l'objet de disputes acharnées avec l'opposition, qui dispose de la majorité au Sénat. Mais la résistance de ce dernier et la multiplication des recours devant le Conseil constitutionnel ne feront que retarder les échéances : la majorité parlementaire est souveraine sous réserve des verdicts du Conseil constitutionnel, lequel ne peut statuer qu'en droit et non en opportunité. Deux incidents de parcours vont cependant obliger la gauche à modifier l'orientation de sa politique.

Le premier est l'aggravation de la situation économique : la relance de la consommation a eu un effet inflationniste, les avantages accordés aux salariés ont creusé le déficit budgétaire et mis beaucoup d'entreprises en difficulté, cependant que le déséquilibre de la balance commerciale s'accroît et que le chômage augmente. Trois dévaluations successives s'imposent ; mais elles ne peuvent produire d'effets bénéfiques que si le gouvernement met fin à ses libéralités et s'engage dans une politique de rigueur de plus en plus draconienne (freinage des dépenses publiques, blocage des salaires, relèvement des impôts, relance de l'investissement).

Le virage est pris, courageusement mais silencieusement, par le gouvernement Mauroy dès le printemps de 1982. Dès lors s'opère un divorce entre un discours qui veut rester généreux et une pratique où l'austérité l'emporte, parfois aux dépens des moins favorisés (notamment dans le domaine de la fiscalité). Pendant deux ans, Pierre Mauroy affrontera l'impopularité même au sein du peuple de gauche. Son remplacement en juillet 1984 par Laurent Fabius (38 ans) infléchira le discours officiel dans un sens résolument moderniste et technocratique qui laisse peu de place à l'idéologie traditionnelle de la gauche et qui fournit des arguments en faveur de la poursuite de l'austérité.

Si l'axe dominant de la politique économique et sociale a pivoté de 180 degrés, il est un domaine dans lequel le gouvernement a dû renoncer à mettre en œuvre ses projets de réforme. La loi Savary tendant à créer un « grand service public unifié de l'éducation nationale » se heurte à une si forte résistance de la part des défenseurs de l'enseignement privé que le président de la République décide en juillet 1984 de retirer le projet de loi en cours de discussion devant le Parlement — entraînant par là la démission d'Alain Savary, en même temps que celle de Pierre Mauroy.

Sous la pression des circonstances, le pouvoir a décontenancé son électorat traditionnel. Jamais le gouvernement Fabius ne parviendra à recréer le climat de confiance qui régnait dans les milieux populaires au début du septennat. Ce n'est pas que le bilan de la gauche au pouvoir soit entièrement négatif. Mais, si les indices s'améliorent, à la fin de la législature (sauf en matière d'emploi), c'est grâce à une pratique qui ne doit plus grand-chose à l'idéologie socialiste. En se vantant d'avoir réussi à gérer, sans causer trop de dégâts, une économie qui reste dominée par la loi impitoyable du marché, les socialistes s'enferment dans une contradiction que les électeurs finiront, logiquement, par sanctionner.

La politique extérieure

Dans le domaine de la politique extérieure, l'alternance aurait pu introduire des changements substantiels. Certes, les termes du « Programme commun » de 1972 étaient complètement dépassés depuis la rupture de l'union de la gauche en 1977 et le ralliement du Parti communiste d'abord et du Parti socialiste ensuite à la force de frappe. La présence de quatre ministres communistes au sein de l'équipe gouvernementale n'était pas suffisante pour infléchir, dans un sens prosoviétique, le cours de la diplomatie française ; bien plus, elle incitait le président de la République et la majorité socialiste à s'affranchir de toute obédience à l'Est pour démontrer à l'ensemble de l'opinion publique que la gauche restait fidèle à la tradition d'indépendance chère à la Ve République. Mais c'est au sein du Parti socialiste que la confusion des idées risquait de peser sur les choix du nouveau gouvernement de la France. Certes, on savait que le Parti socialiste était plus « atlantiste » et plus « européen » que les gaullistes. Mais ces orientations n'impliquaient pas forcément une rupture avec le flou qui caractérisait les choix du précédent septennat. Plus énigmatique était l'attitude du nouveau chef d'État, qui n'avait pas ménagé ses critiques à l'égard de la théorie et de la pratique du « domaine réservé ». Plus troublantes pour l'avenir étaient les prises de position des militants socialistes en faveur du désarmement et surtout pour un appui systématique aux revendications du tiers-monde, telles qu'elles s'étaient exprimées, par exemple, dans *le Projet socialiste.*

Or, dans tous ces domaines, c'est la continuité qui l'a, de loin, emporté sur le changement. S'agissant de la conduite de la politique étrangère, le chef de l'État a assumé, conformément à la tradition léguée par ses prédécesseurs, la plénitude des pouvoirs qui lui étaient accordés par les textes et par la coutume constitutionnelle. Choisi dans « la carrière » (Claude Cheysson) ou parmi des proches amis et collaborateurs (Roland Dumas), le ministre des Relations extérieures ne risquait pas de lui porter ombrage. Le chef de l'État a multiplié les déplacements à l'étranger, entretenu parfois, grâce à des émissaires personnels, une diplomatie parallèle et, surtout, n'a jamais manqué d'intervenir pour arbitrer personnellement entre les tendances qui pouvaient surgir, au sein de l'équipe gouvernementale, sur les grands problèmes à l'ordre du jour. Quand le porte-parole de l'Élysée déclare, le 12 janvier 1982, que « le président de la République a rappelé que la politique extérieure relève de sa responsabilité directe et qu'il lui appartient que la France parle d'une seule voix sur ces problèmes », il consacre et confirme la conversion, assez inattendue, de la gauche à la théorie du domaine réservé.

Sur le fond, la continuité ne peut être appréciée qu'en fonction des variations de la conjoncture internationale. Il semble toutefois que le réalisme ait pris le pas, en tous domaines, sur l'idéologie. S'agissant des rapports Est-Ouest, François Mitterrand a d'abord contribué à la détente dans les relations avec les États-Unis puis il a pris fermement et publiquement position, en pleine campagne pacifiste, en faveur de l'implantation des euromissiles (discours au Bundestag, le 20 janv. 1983). Mais il fut aussi le premier chef d'État occidental à recevoir en visite officielle le nouveau maître du Kremlin, Mikhaïl Gorbatchev (1985). Si la défiance à l'égard de l'Union soviétique l'emporte (Afghanistan, Pologne), le souci de maintenir le dialogue avec l'Est demeure une constante de la politique française. Dans le domaine des rapports Nord-Sud, les déclarations d'intention en faveur des peuples opprimés (discours de Mexico) ou de l'urgence de l'aide au tiers-monde (discours de Cancun) ne manquent pas. Mais la générosité a ses limites, surtout en temps de crise, et la prudence l'a emporté face aux risques de déstabilisation dans les pays du Sud. À l'abri des grands projets proposés aux autres, la France s'est assez vite repliée sur la défense du « pré carré africain », objectif principal de son action de coopération et de ses interventions militaires (opération Manta au Tchad). La démission du ministre délégué à la Coopération et au Développement (déc. 1982) met un terme au rêve d'une action mondialiste. Au Maghreb, au Proche-Orient, les initiatives prises en direction de l'Algérie et d'Israël trouvent rapidement leurs limites dans le souci de ne pas couper les ponts avec le Maroc et avec le monde arabo-palestinien. L'enlisement puis le désengagement dans l'affaire libanaise montrent la limite des capacités d'intervention de la France dans la région. Finalement, c'est peut-être dans la solution du délicat problème de la Nouvelle-Calédonie que le gouvernement de la gauche retrouvera une sensibilité tiers-mondiste malgré la difficulté de concilier, sur le terrain, le droit des peuples à disposer d'eux-mêmes avec les revendications indépendantistes des Kanaks.

Globalement, la continuité l'a donc emporté sur le désir initial de changement. S'il en fut ainsi, c'est sans doute parce que le poids des contraintes extérieures est plus fort que celui des contraintes internes, surtout en période de crise, mais c'est aussi parce que le chef de l'État a voulu réaliser, autour de cet aspect de sa politique, un large consensus. Ce faisant, il condamnait l'opposition à cantonner ses critiques sur le terrain de la politique intérieure et il pouvait espérer rallier à la légitimité de son action, en cas d'élection, une fraction de l'électorat du centre et de la droite. Le calcul a-t-il été payant ?

Les forces politiques

Si l'état de grâce a régné pendant plusieurs mois dans les sphères du pouvoir, l'opinion a fait assez rapidement défection. Dès le début de 1982, les premières législatives partielles sont perdues par la majorité. L'opposition se redresse et entreprend progressivement la reconquête de l'électorat. Elle gagne les élections cantonales de mars 1982 et les élections municipales de mars 1983 et conquiert la présidence de la majorité des conseils régionaux. Les élections européennes de 1984 creusent un peu plus encore l'écart entre la gauche, qui détient le pouvoir, et la droite, qui peut se prévaloir de la majorité dans le pays (55 p. 100 des voix).

Mais les changements affectent aussi les composantes des deux camps en présence. Le Parti communiste semble condamné à une lente et inexorable hémorragie, que ne parvient même pas à stopper son retrait du gouvernement en juillet 1984. Le recul de l'électorat socialiste apparaît, dès lors, beaucoup plus grave puisqu'il confirme le déclin de l'ensemble de la gauche. Électeurs, et, surtout, militants ont sans doute été plus déconcertés que stimulés par le réveil des tensions au sein du Parti socialiste. Aux querelles traditionnelles entre les « courants » viennent s'ajouter les rivalités entre les personnes. Chacun des leaders s'efforce de faire porter au voisin le fardeau de l'impopularité et, surtout, de soigner son image de marque pour rester dans la course à la présidence de la République. Certains ministres claquent la porte au moment qu'ils jugent opportun (Michel Rocard) ; d'autres prennent du champ (Jacques Delors à la tête de la Commission de la C.E.E.) ; d'autres reviennent après avoir démissionné (Jean-Pierre Chevènement). Entre le chef du gouvernement socialiste (Laurent Fabius) et le secrétaire général du Parti socialiste (Lionel Jospin), la querelle s'envenime publiquement sur le point de savoir qui dirigera la campagne électorale de 1986. La réconciliation générale, au congrès de Toulouse en 1985, paraîtra comme une trêve imposée par les circonstances.

Du côté de l'opposition, les choses ne sont pas tellement plus simples. Si les giscardiens et les chiraquiens parviennent à se réconcilier, c'est en conservant l'autonomie de leurs formations respectives et, au niveau de leurs deux dirigeants, l'intégralité de leurs ambitions présidentielles. De son côté, Raymond Barre fait ostensiblement bande à part. Ces manœuvres prouvent que les trois « cavaliers de l'opposition » demeurent en situation de rivalité face à l'échéance présidentielle et que chacun d'eux cherche le moyen d'aborder dans la meilleure posture cette étape décisive.

Le paysage de l'opposition va se trouver modifié par l'apparition inattendue d'un nouveau partenaire : le Front national, dirigé par Jean-Marie Le Pen. La résurgence d'une force d'extrême droite sur l'échiquier politique est un phénomène chronique en France. S'il y a un fait nouveau dans la montée du Front national, c'est que le ciment qui a permis de coaliser les nostalgiques de l'Ancien Régime, les fanatiques de l'anticommunisme, les tenants de l'antiparlementarisme et le résidu des pétainistes a été le rejet du phénomène de l'immigration. Ce n'est pas un effet du hasard si le premier succès significatif du Front national se produit à l'occasion des élections municipales dans une ville de province (Dreux) qui comporte 25 p. 100 de population d'origine étrangère. Démagogie, racisme ? Sans doute. Mais le score (10,9 p. 100) réalisé par le Front national aux élections européennes de 1984 prouve qu'une fraction significative du corps électoral est désormais sensible aux arguments du Front national. La droite classique se trouve ainsi confrontée, pour la première fois depuis longtemps, à une extrême droite qui ose dire son nom.

C'est dans ce contexte que le changement de loi électorale prend sa véritable signification. Certes, le retour à la représentation proportionnelle figurait aussi bien dans le Programme commun de la gauche que dans les 110 propositions du candidat François Mitterrand. Mais la mise en œuvre de cet engagement vient à point nommé pour servir les intérêts du pouvoir en place. Tous les indicateurs (sondages, élections partielles et locales) laissent prévoir un écart de dix points en faveur de l'opposition. Le mode de scrutin en vigueur (uninominal à deux tours) assurerait à cette dernière une majorité écrasante en sièges dans la future Assemblée nationale. La représentation proportionnelle, votée par le Parlement en juin 1985, aura pour effet de freiner la dynamique majoritaire (qui s'exerce au second tour) et de favoriser l'accès des minorités au Parlement. Le Parti socialiste sait qu'il ne risque pas grand-chose sur sa gauche, sauf un regain bien peu probable des voix communistes ; mais il fait un cadeau inattendu au Front national et peut ainsi espérer empêcher la formation d'une majorité de droite cohérente à l'Assemblée nationale.

Cette stratégie a bien failli réussir aux élections législatives du 16 mars 1986. Grâce à une campagne très active, le P.S. dépasse la barre des 30 p. 100 (résultat inespéré quelques mois auparavant) mais le P.C. descend au-dessous de la barre des 10 p. 100. Sa marginalisation consolide la position du P.S. au sein de la gauche mais affaiblit globalement la position de celle-ci face à la droite. Avec 54,7 p. 100 des voix, la droite, toutes tendances confondues, obtient 323 sièges ; mais le Front national a 36 élus et la coalition du R.P.R. et de l'U.D.F. n'obtient une courte majorité de quelques sièges que grâce à l'appoint des non-inscrits. Si la proportionnelle n'a pas réussi à sauver la gauche de la défaite, elle a au moins réussi à limiter la portée politique de la victoire de la droite.

De toute façon, une page est tournée. Le président de la République reste en fonctions ; mais la gauche n'est plus en état de gouverner. François Mitterrand en tire très démocratiquement les conséquences en faisant savoir, dès le lendemain des élections, qu'il appellera le chef de la nouvelle majorité à former le gouvernement. Quelques jours plus tard, Jacques Chirac succède à Laurent Fabius comme Premier ministre. Une nouvelle phase s'ouvre dans l'histoire du septennat ; mais l'alternance devra cette fois s'accommoder d'une « cohabitation » au sommet de la hiérarchie du pouvoir.

La cohabitation (1986-1988)

La période dite « de cohabitation » ouvre une nouvelle phase dans l'histoire de la Ve République. Jamais le chef de l'État ne s'était encore trouvé, à l'issue d'élections législatives, face à une majorité parlementaire contraire à celle qui l'avait antérieurement porté au pouvoir.

Le cas de figure était si troublant que certains dirigeants politiques (et non des moindres, comme Raymond Barre) estimaient qu'il était contraire à l'esprit du régime de laisser la dyarchie s'installer au sommet de l'État. Conformément à la tradition léguée par le général de Gaulle, qui n'avait pas hésité à remettre son mandat en jeu lors de chaque consultation nationale, il fallait considérer que le chef de l'État avait été désavoué et qu'il devait, en conséquence, se démettre de ses fonctions.

À l'esprit du régime s'opposait toutefois la lettre de la Constitution. François Mitterrand rappela qu'il avait été élu pour sept ans et qu'il avait l'intention de rester à son poste jusqu'au terme normal de son mandat. Cette attitude, parfaitement fondée en droit, ne pouvait cependant prévaloir qu'avec la connivence de la classe politique et l'assentiment de l'opinion publique. S'agissant de la première, les socialistes préféraient naturellement conserver le plus longtemps possible l'un des leurs à la tête de l'État plutôt que de courir le risque d'une élection anticipée ; quant à la nouvelle majorité parlementaire, elle était impatiente d'appliquer son programme et comptait que la dynamique du changement la placerait en position favorable pour aborder l'élection présidentielle de 1988.

L'opinion publique, de son côté, s'est montrée favorable, au moins au début, à une expérience inédite, sans que les sondages permettent de discerner les motifs réels de cette attitude : souci de ne pas interrompre, par une nouvelle campagne électorale, la continuité de l'exercice du pouvoir, ou bien préférence pour une certaine forme de coalition au sommet de l'État après les secousses d'une alternance trop brutale ? Toujours est-il que la perspective de la cohabitation a été accueillie favorablement par la majorité des Français.

Les leçons du passé permettaient cependant d'augurer l'apparition d'une situation conflictuelle dans les rapports entre le chef de l'État et le chef du gouvernement. Officiellement, chacun s'apprêtait à camper sur ses positions à l'abri des dispositions constitutionnelles qui permettaient, théoriquement, le partage des attributions jusqu'ici confondues au profit du chef de l'État. Ce dernier pouvait alléguer à son profit le rôle de gardien de la Constitution, de chef des armées et d'arbitre chargé d'assurer « le fonctionnement régulier des pouvoirs publics ainsi que la continuité de l'État » (art. 5). Le gouvernement entendait donner enfin sa pleine signification à l'article 20 de la Constitution, en vertu duquel il « détermine et conduit la politique de la nation ». Le moins qu'on puisse dire est que la distinction des rôles était confuse et que le chef de l'État a usé avec une habileté suprême de toutes ses prérogatives pour saper l'action gouvernementale et, à travers elle, l'autorité du Premier ministre.

Sur le terrain de la politique étrangère, F. Mitterrand a fait prévaloir la pratique antérieure du domaine réservé : participation personnelle aux grandes conférences internationales, déclarations publiques énonçant la position française sur les problèmes internationaux, notamment en matière de défense, etc. J. Chirac a bien tenté de s'immiscer dans le rôle et dans la fonction au prix d'acrobaties protocolaires souvent plus pittoresques qu'efficaces. Y a-t-il eu, pendant cet intermède, deux politiques étrangères concurrentes, sinon divergentes ? Dans sa *Lettre aux Français,* publiée en avril 1988, F. Mitterrand affirme qu'il a gardé seul la haute main sur la politique étrangère et il cite plusieurs exemples dans lesquels il aurait fait triompher son point de vue sur l'opinion contraire du Premier ministre. En réalité, les deux hommes savaient qu'ils seraient candidats l'un contre l'autre en 1988 et aucun d'eux n'avait intérêt à briser le consensus, même fragile, censé inspirer la politique extérieure de la France. Le seul point visible de divergence aura porté sur l'interprétation de l'accord Reagan-Gorbatchev de décembre 1987 et sur les conséquences qu'il convenait d'en tirer pour assurer la sécurité du territoire français.

Si un consensus de façade a été maintenu en politique extérieure, il n'en va pas de même pour les affaires de politique intérieure. Certes, le chef de l'État ne pouvait faire directement obstacle à l'exercice normal du pouvoir législatif. Mais il n'a pas hésité à manifester, à maintes reprises, son désaccord avec la politique gouvernementale, soit en refusant de signer certaines ordonnances, soit en usant de communiqués ou de déclarations publiques pour formuler ses critiques. Il a ainsi encouragé l'opposition socialiste à livrer un combat parlementaire acharné contre les réformes proposées par le gouvernement et à saisir presque systématiquement le Conseil constitutionnel, promu ainsi au rang d'arbitre suprême entre la majorité et l'opposition. Le désaveu infligé au gouvernement par le chef de l'État dans l'affaire du statut de la Nouvelle-Calédonie ou à l'occasion des manifestations qui ont accompagné la discussion de la loi Devaquet sur la réforme des universités aura pesé lourd dans la suite des événements. Beaucoup d'observateurs de la majorité ont estimé que le chef de l'État se comportait moins comme l'arbitre qu'il prétendait être que comme le chef réel de l'opposition.

En réalité, F. Mitterrand n'a pu prendre de tels risques qu'en exploitant le mécontentement ou l'inquiétude de la population face à une vague de réformes mal préparées ou maladroitement présentées.

Si les privatisations ont été un succès et n'ont dû leur suspension qu'au krach boursier de 1987, l'ensemble de l'opinion s'est montré beaucoup plus réticent à l'égard d'autres projets, comme ceux de la révision du Code de la nationalité, de la privatisation des prisons ou du statut des universités, pour ne citer que les principaux points de désaccord. Toujours est-il que sur ces dossiers, qui figuraient pourtant dans sa plate-forme électorale, le gouvernement a dû reculer, soit en retirant son texte (sur les universités), soit en renvoyant le débat devant des commissions d'experts (sur le Code de la nationalité).

D'autres réformes, comme celle du fameux « paysage audiovisuel », ont abouti mais ont suscité des critiques de plus en plus vives. Bref, si l'on exclut les privatisations et certains succès obtenus par la manière forte dans le domaine de la lutte contre l'insécurité intérieure, les grands projets de société avancés par le gouvernement se sont heurtés à la passivité ou à l'hostilité déclarée du public. Il était dès lors facile de prévoir que le chef de l'État recueillerait le bénéfice de la guérilla menée contre le gouvernement, d'autant plus que la popularité initiale de la cohabitation se dégradait au fil des mois. L'opinion publique et la classe politique attendaient que les candidats à la présidence de la République se démasquent enfin publiquement et elles espéraient de cette élection une clarification jugée nécessaire au bon fonctionnement des pouvoirs publics.

La réélection de F. Mitterrand, en 1988, viendra logiquement mettre un terme à l'intermède peu glorieux de la cohabitation. Mais elle sanctionnera aussi, selon un scénario proche de celui de 1981, l'incapacité des forces de droite à rassembler leur électorat autour de celui des candidats, J. Chirac, appelé à disputer le second tour du scrutin après l'élimination de ses rivaux (R. Barre et J.-M. Le Pen). Que la confrontation entre les deux principaux protagonistes de la cohabitation tourne à l'avantage du chef de l'État contribue à renforcer encore le pouvoir présidentiel.

La nouvelle expérience socialiste

La victoire électorale du printemps de 1988 constitue un succès incontestable pour la personne du chef de l'État. Mais elle débouche, à l'issue de la dissolution et de l'élection d'une nouvelle Assemblée, sur une situation qui ne ressemble en rien à celle de 1981. Le P.S., bien que le plus nombreux, ne dispose pas de majorité parlementaire (malgré le maintien du scrutin majoritaire rétabli par la droite).

Le gouvernement qui en est issu devra donc soit s'élargir à d'autres composantes, soit pratiquer un jeu de bascule délicat entre deux majorités de rechange. Malgré les efforts du président de la République, la première solution va tourner court. Pourtant, le choix de Michel Rocard comme Premier ministre laisse augurer une politique gestionnaire, propre à rassurer les centristes ; mais ceux-ci ne veulent pas apparaître comme les otages du P.S., et les quelques personnalités qui acceptent d'entrer au gouvernement au nom de la « politique d'ouverture » le font à titre individuel, sans engager leurs formations respectives. Faute de disposer d'une majorité parlementaire, le gouvernement devra réduire ses ambitions.

La droite restera, sauf défections individuelles et occasionnelles, fidèle à son rôle d'opposition. Quant au P.C., dont la représentation parlementaire se trouve encore réduite, il mesure de plus en plus chichement son soutien, se contentant généralement de s'abstenir dans les votes importants. Mais l'Union de la gauche n'est décidément plus qu'un souvenir ; les critiques l'emportent de loin sur la solidarité avec le P.S., et le P.C. finira, en décembre 1990, par mêler ses voix à celles de la droite dans un vote de censure qui aurait pu menacer le gouvernement.

La situation est d'autant moins confortable, pour ce dernier, que les dossiers à traiter sont nombreux et, surtout, épineux. Parmi eux figurent deux dossiers « territoriaux » : celui de la Nouvelle-Calédonie avait atteint, dans les derniers jours de la « cohabitation », une intensité dramatique. M. Rocard reprend habilement l'affaire en main et réussit à rétablir, par les accords de Matignon signés en juin 1988, l'ordre sur le terrain en même temps que la confiance entre les deux communautés locales. Plus lancinant est sans doute le problème corse. Sur le terrain, la trêve est rompue et les attentats reprennent non seulement contre les intérêts matériels mais aussi contre les personnes. L'aile dure du mouvement indépendantiste hausse le ton et semble récuser d'avance un statut d'autonomie jugé trop audacieux en métropole parce qu'il évoque la notion de « peuple corse ».

Mais les préoccupations des Français sont plus que jamais dominées par les problèmes économiques et sociaux. Est-ce la rançon des bulletins de santé optimistes diffusés par la droite au cours de la campagne électorale ou bien l'espoir de voir un gouvernement de gauche distribuer plus généreusement les « dividendes de la croissance » ? Toujours est-il que, en deux ans et demi, le flot des revendications n'a cessé de grossir et de s'étendre. Si l'on excepte un bref et dur conflit dans le secteur privé (Peugeot, oct. 1989), la « grogne » s'adresse surtout aux pouvoirs publics : les paysans s'insurgent contre les quotas de production, le niveau des prix agricoles et l'insuffisance des compensations financières destinées à réparer les dégâts causés par la sécheresse. De leur côté, toutes les branches du secteur public se dressent contre leurs employeurs : grèves, occupations de locaux, manifestations de rues se succèdent sans relâche pour réclamer une amélioration des conditions de vie et de travail : infirmières, policiers, magistrats, employés de la Sécurité sociale, personnel de l'audiovisuel, gardiens de prison, agents du fisc, enseignants revendiquent tour à tour. Selon la méthode qui lui est chère, le gouvernement Rocard s'efforce de désamorcer les conflits un par un et de limiter les concessions au strict minimum compatible avec la rigueur budgétaire. Enfin, les pouvoirs publics doivent faire face à la révolte des usagers des services publics. Sans atteindre le caractère dramatique des manifestations étudiantes de 1987, les protestations de jeunes débordent des lycées sur la voie publique (oct. 1990). Pour mettre un terme à l'agitation, le gouvernement doit débloquer, en faveur de l'enseignement, des crédits beaucoup plus considérables que ceux qui avaient été prévus.

Si la politique de rigueur est ébréchée, les grands équilibres ont pu, momentanément au moins, être sauvegardés. Mais l'ampleur et la répétition des contestations trahissent l'existence d'un double malaise : d'abord une perte de confiance dans un gouvernement socialiste qui ne semble plus avoir de grandes perspectives à offrir à la partie la plus fidèle de son électorat, ensuite le discrédit des intermédiaires traditionnels (partis, syndicats) au profit de négociations directes entre le pouvoir et des « coordinations » aussi improvisées que difficiles à contrôler.

La « méthode Rocard » est en partie responsable de ce glissement insidieux vers des procédures de règlement qui combinent démocratie directe et néocorporatisme. Mais elle s'inscrit dans un contexte où la représentation nationale est de plus en plus déconsidérée aux yeux de l'opinion.

Le Parlement, bridé par le recours systématique à l'article 49 § 3, se transforme de plus en plus en chambre d'enregistrement. Dans le même temps, le sens du débat politique s'obscurcit. Il n'y a plus ni gauche ni droite, mais deux camps à l'intérieur desquels les rivalités fleurissent. D'un côté, la rupture entre le P.C. et le P.S. est définitivement consommée. Le premier se rétracte sur un électorat de plus en plus réduit, autour d'une direction sclérosée que des « rénovateurs » ne parviennent même pas à ébranler. Le P.S. est déchiré par les conflits de tendances qui éclatent à l'occasion de chaque élection interne (secrétariat du parti, présidence du groupe parlementaire) et qui vont exploser publiquement, sans trouver de solution, lors du désastreux congrès de Rennes (mars 1990). En face, la situation n'est pas meilleure. Le R.P.R. et le P.R. campent sur leurs positions et ne parviennent même pas à se mettre d'accord sur la procédure des « primaires » à organiser en vue de la prochaine élection présidentielle. La dissidence de quelques personnalités marquantes ne fait que mieux souligner, sans parvenir à y porter remède, le malaise qui règne au sein des partis. Réformateurs et rénovateurs sont aussi impuissants à droite qu'à gauche contre les appareils partisans.

En fait, toutes ces querelles intestines sont dominées par une seule préoccupation : se placer en bonne position pour l'élection présidentielle de... 1995. Le « présidentialisme à la française » a trop bien réussi, au point d'hypothéquer la stratégie de tous les leaders et de faire le vide autour du palais de l'Élysée. De la guerre des chefs, dont elle n'a rien à attendre dans l'immédiat, l'opinion publique n'a cure. Son indifférence se transforme en méfiance quand elle assiste au déballage, par les médias, d'affaires de corruption dans lesquelles se trouvent compromis des politiciens de droite et de gauche. Et le malaise s'accroît encore quand l'Assemblée nationale vote, à la fin de 1989, une loi amnistiant les infractions liées au financement des partis politiques et des campagnes électorales — ce qui semble avoir pour objet de soustraire les parlementaires aux rigueurs de la justice.

Le discrédit de la classe politique s'exprime déjà clairement à travers la progression du taux d'abstention dans tous les types d'élection (50,9 p. 100 aux cantonales de 1988, 62 p. 100 au référendum sur la Nouvelle-Calédonie, en nov. 1988, 27,6 p. 100 aux municipales de mars 1989, 51,9 p. 100 aux élections européennes de juin 1989). Or l'analyse des résultats démontre que les bénéficiaires de ces abstentions sont, pour l'essentiel, des formations marginales et extraparlementaires. Aux élections européennes, le Front national (11,7 p. 100), les « Verts » (10,7 p. 100) et les listes diverses (9 p. 100) recueillent près de 30 p. 100 des suffrages exprimés alors que les formations parlementaires ne mobilisent que 55 p. 100 des électeurs inscrits. Il suffit d'un peu de démagogie pour s'emparer de ces chiffres, dénoncer l'écart entre le « pays légal » et le « pays réel » et faire resurgir le vieux fond d'antiparlementarisme qui subsiste toujours dans la conscience politique des Français. L'opération est d'autant plus facile qu'elle se combine avec l'exploitation des sentiments de crainte inspirés par la cohabitation d'une partie de la population avec les minorités d'immigrés.

Dix ans de cure socialiste n'auront donc pas suffi à réconcilier les Français avec la politique. Il n'y a eu ni conversion ni aversion mais une désaffection croissante. Cette « mélancolie démocratique », pour reprendre le titre d'un livre de Pascal Bruckner, pourrait n'être qu'une crise de majorité si l'opposition d'aujourd'hui parvenait à fournir rapidement une alternative crédible pour demain. Si la situation reste bloquée, à droite et à gauche, on peut craindre une crise de régime, qui porterait au pouvoir un parti autoritaire. À moins qu'il ne s'agisse d'un nouvel épisode de cette « crise de société » à laquelle les experts croient toujours pouvoir porter remède en suggérant une nouvelle réforme des institutions. Aucune réponse ne peut être fournie à ces questions puisque la gravité de la crise du Golfe rejette dans l'ombre les péripéties de la petite politique. Comment en est-on arrivé là ?

En politique extérieure, le second septennat de F. Mitterrand s'ouvre sur un décor en trompe-l'œil. La perestroïka se poursuit, mais la détente Est-Ouest est à peine amorcée. L'Europe poursuit son cheminement vers l'échéance de janvier 1993, qui doit voir s'appliquer les dispositions de l'Acte unique européen adopté en 1985. La diplomatie française va multiplier ses efforts en vue de favoriser la mise en place d'une union monétaire et d'une union politique, dont les contours restent encore très flous.

Mais le brusque dégel qui s'opère en Europe de l'Est, au cours du second semestre 1989, et qui se prolonge avec succès l'année suivante met la France en porte-à-faux : au moment où s'opère la grande réconciliation américano-soviétique, où la démocratie recouvre ses droits en Europe, où l'Allemagne opère sans heurts sa réunification, Paris perd ses points de repère habituels. Face à cette cascade d'événements, sur lesquels elle n'a aucune prise, la diplomatie française adopte, par la force des choses, un profil bas, essayant avant tout de préserver les acquis communautaires et de rééquilibrer ses relations avec l'Allemagne, dont la puissance renforcée risque de modifier le rapport des forces en Europe. Sans doute aura-t-elle la satisfaction de voir se tenir à Paris, en novembre 1990, la session solennelle de la Conférence sur la sécurité et la coopération en Europe, qui scelle la réconciliation des États membres. Mais la politique ne saurait se contenter de symboles...

C'est l'affaire du Golfe, provoquée par l'invasion du Koweït en août 1990, qui va restituer à la France le rôle de grande puissance, auquel elle n'a jamais renoncé. Au cours de la phase diplomatique de la crise (août 1990-janv. 1991), F. Mitterrand va tenter d'user de la présence française au Conseil de sécurité et de nos « relations privilégiées » avec le monde arabe pour faire pression sur l'Iraq. Devant l'échec de ces tentatives, le président de la République se ralliera à la « logique de guerre » et enverra sur le champ de bataille un corps expéditionnaire appelé à combattre au sein d'une « coalition » largement dominée par les forces armées américaines.

La défaite militaire de l'Iraq et son retrait du Koweït (28 févr. 1991), après un mois d'intenses bombardements aériens et une courte bataille terrestre, consacrent le succès de ceux qui avaient misé sur la défense du droit sous l'égide des Nations unies. Ce bref épisode pourrait bien marquer une coupure dans l'histoire du septennat.

La crise du Golfe aura souligné les faiblesses d'une « politique arabe » plus habile à satisfaire les dirigeants en place qu'à susciter l'adhésion des foules, surtout au Maghreb. La passivité dont l'Europe des Douze aura fait preuve en la circonstance augure mal de l'avenir de l'union politique et du renforcement de la coopération diplomatique et militaire, surtout à l'heure où la France se flatte d'avoir retrouvé son « rang » de grande puissance en assumant pleinement ses obligations de membre permanent du Conseil de sécurité. C'est au cours et, surtout, à l'issue des laborieuses tractations qui devront contribuer à la mise en œuvre du « nouvel ordre international » (spécialement au Moyen-Orient) qu'on pourra apprécier si la France a eu raison de se réintroduire dans la « cour des grands » plutôt que de tabler sur ses alliances régionales.

Sur le plan de la politique intérieure, l'autorité du chef de l'État, qui a pratiquement géré seul la crise du Golfe, sort incontestablement renforcée de l'épreuve. L'opinion, plutôt réticente face à la perspective d'un engagement militaire sur le terrain, s'est massivement ralliée à cette solution dès que l'obstination de l'Iraq a rendu inévitable le recours à la contrainte armée. Les forces politiques ont réagi de façon beaucoup plus désordonnée. Si l'opposition parlementaire s'est solidarisée, à quelques exceptions près, avec la stratégie du chef de l'État, l'hostilité à la guerre a curieusement rapproché les extrêmes : P.C. et Verts à gauche, Front national à l'extrême droite. Dans cette mêlée, J.-M. Le Pen a certainement perdu une partie de son audience auprès de la fraction « patriotique » de son électorat – ce qui pourrait influer sur le résultat des prochaines élections. Mais ce sont surtout les états d'âme du Parti socialiste qui retiennent l'attention. Des défections se produisent dans ses rangs lors du vote que le gouvernement sollicite, le 16 janvier, avant l'ouverture des hostilités. La minorité pacifiste, qui comporte plusieurs notabilités (dont deux anciens ministres), s'organise autour du ministre de la Défense, J.-P. Chevènement, qui finira par démissionner de son poste quelques jours après le début de la guerre. L'incident, qui met en cause la solidarité gouvernementale, ne fera que confirmer l'âpreté des luttes de tendances et des rivalités de personnes au sein du parti dominant.

Finalement, la crise du Golfe aura connu un dénouement trop rapide pour entraîner un bouleversement immédiat du paysage politique français. Elle aura simplement accentué le vide qui se creuse, au fil des années, autour du monarque républicain qui siège à l'Élysée et elle aura démontré, une fois de plus, qu'il n'existe pas d'alternative véritable à une politique gestionnaire – laquelle ne parvient pas à sortir de l'ornière du quotidien. La gloire acquise sur les champs de bataille extérieurs s'épuise rapidement. Quand l'intendance reprend ses droits, elle souligne la médiocre qualité du débat politique et l'absence de perspectives offertes à une société qui a perdu beaucoup de ses illusions mais qui persiste néanmoins à s'interroger sur son destin.

LA DIFFICILE SURVIE DU SOCIALISME DE GESTION (1991-1993)

Avant et pendant la guerre du Golfe, Michel Rocard avait été contraint au « devoir de grisaille » par François Mitterrand. Il est vrai que le Premier ministre avait revendiqué lui-même ce profil bas. Cela ne l'empêcha pas de continuer à bénéficier d'une forte cote de popularité puisque les sondages révélèrent que 74 % des Français souhaitaient son maintien à Matignon. Il voulut profiter de cette conjoncture politique favorable pour réaliser plusieurs réformes qui devaient, à terme, permettre de ralentir la croissance du chômage. Adoptée à une voix de majorité le 9 avril, la loi sur l'administration territoriale imposait aux villes une coopération intercommunale sous la présidence, pas toujours souhaitée, du préfet. Pour éviter le risque d'un désaveu parlementaire, il fallut recourir à la procédure du « 49-3 » pour que le projet de loi sur la réforme hospitalière franchisse le cap de la première lecture à l'Assemblée nationale, où l'instauration de la carte sanitaire et celle d'un régime d'autorisation à durée déterminée pour les établissements de soins étaient loin de faire l'unanimité. Pire, le 9 mai, le Conseil constitutionnel condamnait l'inclusion, dans le statut du 12 avril, de la notion de « peuple corse », bien que les pouvoirs publics eussent pris soin de préciser qu'il était une « composante du peuple français ». Contraint, par ailleurs, de renoncer dès le 17 avril à modifier le mode de scrutin pour les élections régionales de 1992, faute de majorité parlementaire pour approuver cette réforme, constamment mis en doute par le chef de l'État qui l'a toujours considéré comme un adversaire politique, Michel Rocard ne survécut pas à la relance des « affaires » : malgré le vote concomittant de textes réglementant enfin le financement des campagnes et des partis politiques, l'opinion publique ne pardonnait pas à la majorité parlementaire d'avoir « autoamnistié », par la loi 90-55 du 15 janvier 1990, les élus qui avaient commis des infractions fiscales à des fins électorales et dont le plus connu était le responsable de l'affaire du Carrefour du développement, l'ancien ministre de la Coopération, Christian Nucci. Des maladresses aggravèrent l'ire des électeurs : révocation, le 18 mars 1991, de l'inspecteur de la police nationale, Antoine Gaudino, pour avoir dénoncé, en 1990, l'affaire des fausses factures de la SORMAE, société chargée de financer les campagnes électorales du P.S. ; désaisissement par le parquet, le 7 avril, du juge d'instruction Thierry Jean-Pierre pour perquisition jugée abusive au siège parisien d'Urbatechnic, bureau d'études en quête de fonds pour le compte de ce même parti. Pire encore, la décision des magistrats, le 2 mai, de renvoyer devant le tribunal correctionnel, pour émission de fausses factures dans le Sud-Est, les seuls inculpés dépourvus de mandat parlementaire, le principal étant l'homme clef de la campagne présidentielle, Gérard Monate, condamné finalement à quinze mois de prison et à 300 000 francs d'amende, le 31 janvier 1992. Le scandale rebondit avec l'incarcération en 1991 de l'industriel nantais René Trager puis, en 1992, avec celle du P.-D.G. de la S.A.G.E.S., Michel Reyt, qui ristournaient aux élus du P.S. d'importantes commissions sur la passation des marchés publics par les municipalités. Finalement, le scandale atteignit le régime à sa tête lorsque le juge d'instruction de Rennes, Renaud Van Ruymbeke, décida d'inculper le 14 septembre 1992 le troisième personnage de l'État, le président de l'Assemblée nationale, Henri Emmanuelli, trésorier du Parti socialiste à l'époque des faits incriminés. En réalité, l'agonie avait débuté le 25 avril 1991 lorsque la presse avait révélé que le Centre national de transfusion sanguine (C.N.T.S.) avait pris le risque, pour des raisons financières et corporatistes, de contaminer par le V.I.H. (virus du sida), et en connaissance de cause, de 1983 à 1985, 1 200 hémophiles, et peut-être 6 000 à 7 000 opérés. La prise d'un tel risque était d'autant plus insensée que, dès novembre 1984, « l'inactivation du virus après un chauffage des dérivés sanguins » était connue de la Direction générale de la Santé. Les responsables du C.N.T.S. préférèrent pourtant attendre la mise au point des tests de dépistage par l'Institut Pasteur plutôt que d'utiliser ceux des laboratoires Abbot. Plus grave, ils retardèrent l'achat des produits chauffés autrichiens et américains pour faciliter l'écoulement des stocks de produits français non chauffés. Responsable de « la diffusion en connaissance de cause de produits que l'on savait dangereux », le directeur du C.N.T.S., le docteur Michel Garretta, fut condamné, le 23 octobre 1992, par le tribunal correctionnel de Paris au maximum de la peine encourue pour ce genre de délit : quatre ans de prison ferme, assortis d'une amende de 500 000 francs.

En raison du nombre et des souffrances des victimes, la sanction parut insuffisante à l'opinion publique, qui estimait que ce délit était en réalité un crime relevant de la cour d'assises et qu'il engageait la responsabilité des autorités politiques dont relevaient le condamné principal et ses coïnculpés. Respectivement secrétaire d'État à la Santé, ministre des Affaires sociales et de la Solidarité et Premier ministre au moment de ces événements, Edmond Hervé, Georgina Dufoix et Laurent Fabius furent donc « mis en accusation » devant la Haute Cour de justice le 20 décembre 1992.

La gravité de ces affaires ressuscita l'opposition. Après avoir déposé le 9 avril 1991 une motion de censure qui recueillera, le 11, 261 voix pour défendre l'indépendance de la justice, le bureau politique de l'Union pour la France (U.P.F.) signa le 10 un accord par lequel le R.P.R. et l'U.D.F. s'engageaient à organiser des primaires pour l'élection présidentielle de 1995 et à présenter des candidats communs aux élections régionales de 1992 et législatives de 1993.

Au vu du résultat d'élections partielles qui attestaient, par ailleurs, du discrédit croissant du Parti socialiste, François Mitterrand tenta un coup de poker politique : remplacer Michel Rocard – dont la popularité lui faisait de l'ombre – par Édith Cresson. Pour la première fois, en France, une femme était appelée à exercer les fonctions de chef du gouvernement.

Le résultat de ce choix ne fut pas à la hauteur des espérances du chef de l'État. En vue des échéances électorales, Édith Cresson fut en effet contrainte de renouer avec la politique d'union de la gauche et donc de renoncer à celle d'ouverture au centre pratiquée par son prédécesseur. Privée de ce fait du soutien de nombreux membres de la France unie (frange d'élus centristes favorables à la majorité présidentielle), critiquée pour les faiblesses de sa déclaration de politique générale ainsi que pour quelques maladresses orales, le Premier ministre fut surtout victime des contrecoups de la récession internationale, du manque de compétitivité des entreprises françaises, de l'aggravation du déficit de la Sécurité sociale et de l'accroissement du chômage. Impuissante à prévenir les manifestations catégorielles qui empêchèrent à l'automne les ministres de se déplacer en province, elle ne parvint pas à juguler le discrédit du P.S. Après avoir perdu de nombreuses élections partielles, ce parti fut en effet deux fois vaincu le 22 mars 1992 lorsqu'il ne recueillit respectivement que 18,3 % et 18,94 % des suffrages exprimés aux élections régionales et aux cantonales. La cote de popularité de François Mitterrand s'étant déjà effondrée de 65 % en février à 31 % en décembre 1991, le chef de l'État ne pouvait courir un risque supplémentaire de discrédit en maintenant son appui à la politique volontariste d'Édith Cresson. Le 2 avril 1992, celle-ci dut démissionner et fut aussitôt remplacée par le ministre d'État chargé de l'Économie, des Finances et du Budget, Pierre Bérégovoy. Dernier Premier ministre socialiste du septennat, l'homme était fier de sa réputation de bon gestionnaire, défenseur des grands équilibres et du franc fort, conditions préalables à la réduction du chômage dont il entendait faire son objectif prioritaire. Mais sa mission essentielle était de restaurer la crédibilité présidentielle. Il tenta d'y parvenir d'abord en apaisant les tensions scolaires qu'avaient réveillées les projets de réforme du ministre de l'Éducation, Lionel Jospin, et de son conseiller, Claude Allègre : ce fut l'œuvre de Jack Lang, qui signa, le 13 juin, avec le père Max Cloupet l'accord État-École privée, qui mettait fin au contentieux financier opposant les deux parties. Il fut moins heureux en organisant le référendum du 20 septembre 1992 sur le traité européen de Maastricht qui ne fut ratifié que par 51,04 % des suffrages exprimés, malgré l'engagement personnel des principaux dirigeants de l'opposition, Valéry Giscard d'Estaing et Jacques Chirac. Enfin, il fut entravé dans son action par des péripéties extérieures : arrêt de non-lieu de la cour d'appel de Paris, dont bénéficia, le 13 avril 1992, le milicien Paul Touvier (exécution des otages de Rillieux-la-Pape en juin 1944) ; manifestations hostiles au chef de l'État lors de la commémoration du cinquantenaire de la rafle du Vél' d'Hiv, le 16 juillet 1992 ; dépôt d'une gerbe présidentielle le 11 novembre 1992 sur la tombe du maréchal Pétain ; relance des affaires Urba et S.A.G.E.S., qui facilita l'adoption puis la validation le 20 janvier 1993 de la loi relative à la prévention de la corruption et à la transparence de la vie économique ; enfin, dramatique mise en accusation, devant la Haute Cour de justice, et sur sa demande, du Premier secrétaire du P.S. en exercice, Laurent Fabius, dans l'affaire du sang contaminé, le 19 décembre.

L'« annus horribilis » des socialistes s'achevait en désastre. Les élections législatives des 21 et 28 mars 1993 donnèrent de ce dernier une traduction chiffrée en réduisant leur représentation parlementaire de 257 à 53 députés (dont 5 apparentés) au profit de l'U.P.F. (Union R.P.R.-U.D.F.) qui disposa dès lors de 472 sièges.

La seconde cohabitation (1993-1995)

Jacques Chirac ayant refusé d'assurer une seconde fois la direction d'un gouvernement de cohabitation pour mieux préparer sa candidature à l'élection présidentielle de 1995, le chef de l'État confia, dès le 29 mars 1993, la succession de Pierre Bérégovoy à un membre du groupe parlementaire le plus important de la nouvelle Assemblée nationale : Édouard Balladur.

Celui-ci disposait d'atouts exceptionnels : l'appui sans faille des quatre cinquièmes de l'Assemblée nationale ; la disparition de toute opposition à gauche. Faute de relais au sein du Parlement, le chef de l'État était contraint, à la fin de son dernier septennat, de préserver une « cohabitation douce », en cohérence avec le tempérament et la politique du chef du gouvernement. Victime de son incapacité à empêcher l'irrésistible montée du chômage ainsi que les malversations de ceux qui « ont, de ce seul fait, cessé de mériter le beau nom de socialistes » – comme l'avait déclaré Michel Rocard dans son discours de Montlouis-sur-Loire, dès le 17 février 1993 –, le P.S. était condamné à l'effacement pendant les longs mois que ce dernier allait consacrer à sa refondation. Après avoir éliminé Laurent Fabius de son poste de Premier secrétaire le 3 avril, le maire de Conflans-Sainte-Honorine s'était en effet fait attribuer sa succession définitivement – du moins le croyait-il – à l'issue du congrès constituant du Bourget des 22, 23 et 24 octobre. Enfin, amputé de plus de la moitié de ses électeurs désorientés par la dissolution, le 25 décembre 1991, de l'U.R.S.S. dont le bilan avait pourtant été jugé « globalement positif » par son secrétaire général, Georges Marchais, le P.C.F. était en quête d'un rénovateur, qu'il ne trouva que le 30 janvier 1994 en la personne du maire de Montigny-les-Cormeilles, Robert Hue, que le 28e congrès, tenu à Saint-Ouen, appela à la fonction toute nouvelle de « secrétaire national ».

Malgré une conjoncture politique qui lui était particulièrement favorable et une cote de popularité qui se maintint à un niveau très élevé jusqu'à son entrée dans la compétition présidentielle en 1995, Édouard Balladur se heurta à de nombreuses difficultés. Survenant un mois après son entrée en fonction, le 1er mai 1993, le suicide de Pierre Bérégovoy l'empêcha, par l'émotion qu'il suscita dans l'opinion, de publier un audit sur la gestion de son prédécesseur et donc de justifier les mesures impopulaires qu'il lui fallait prendre pour arrêter la progression du chômage, combler les déficits sociaux, réduire les taux d'intérêt dont la montée paralysait l'activité du pays : augmentation de la C.S.G. ; blocage des retraites et des pensions ; remise en cause de fait de la retraite à 60 ans ; limitation de la revalorisation du S.M.I.C. ; gel des salaires de la fonction publique.

Prétextant du moratoire annoncé le 8 avril 1992 par le gouvernement de Pierre Bérégovoy, le chef de l'État empêchait la reprise des essais nucléaires réclamés par la nouvelle majorité et indispensable à la mise au point des nouvelles fusées balistiques M5 de la force océanique. Mais, au nom des Droits de l'homme, il s'accordait avec le Premier ministre pour engager au Rwanda, du 23 juin au 21 août 1993, l'opération « Turquoise » destinée à suspendre les massacres des Hutus. Entre les mains des socialistes, la saisine du Conseil constitutionnel devenait une arme pour invalider les dispositions essentielles des réformes votées par le Parlement et les vider, par contrecoup, de leur substance. Le 28 juillet 1993, au motif qu'un établissement public ne peut fixer ses règles de création et de fonctionnement, la loi du 6 juillet sur l'autonomie des universités était annulée ; le 13 août, au nom du droit d'asile, la loi sur la maîtrise de l'immigration votée le 13 juillet était amputée de 8 articles qui fermaient l'accès du territoire national à toute personne dont la demande avait déjà été refusée par un État européen signataire des accords de Schengen, ce qui amenait le ministre de l'Intérieur, Charles Pasqua, à réclamer une réforme de la Constitution mettant le droit français en accord avec le droit européen : ce fut fait le 19 novembre 1993. Et le 13 janvier 1994, au nom du principe d'égalité, le même Conseil constitutionnel invalidait la loi Bourg-Broc votée le 15 décembre 1993 en annulant les articles qui auraient permis aux collectivités locales d'accorder aux établissements d'enseignement privé une aide aux investissements supérieure à 10 % de leur montant. Comble du paradoxe, la loi Falloux, si longtemps abhorrée des partisans de l'école laïque, était sauvée aux fins d'assurer « l'avenir de l'école publique » !

La crainte de provoquer des troubles sociaux dont il ne pourrait maîtriser le déroulement en période préélectorale incita aussi le chef du gouvernement à renoncer à certaines réformes pour privilégier le dialogue. Par une grève très dure (18-29 octobre 1993), le personnel d'Air France obtint ainsi pratiquement sans difficulté la démission du P.-D.G., Bernard Attali, le 24, et le retrait, le 29, de son plan d'austérité présenté le 15 septembre et qui prévoyait la suppression de 4 000 emplois et 5,1 milliards de francs d'économie. Mais, après en avoir longuement discuté avec le nouveau P.-D.G., Christian Blanc, 81,26 % des 40 000 salariés d'Air France acceptaient le 11 avril 1994 un plan presque aussi contraignant pour sauver l'entreprise qui souffrait d'un déficit de 7,5 milliards de francs en 1993 et d'un endettement de 37 milliards : 5 000 emplois étaient, cette fois, supprimés, mais sans licenciement sec ; les salaires étaient gelés pendant trois ans et la durée du travail augmentée d'une heure hebdomadaire pour le personnel au sol et de huit heures mensuelles pour le personnel navigant.

Avant même d'avoir ainsi prouvé son efficacité, la méthode Balladur avait été utilisée par le gouvernement pour tenter d'effacer les séquelles de la révolte des jeunes provoquée par la publication du décret du 23 février 1994 instituant le contrat d'insertion professionnelle (C.I.P.) qu'il fallut retirer le 30 mars sous la pression de la rue. Dans ce but, le Premier ministre avait annoncé, le 21 avril, l'envoi à 9 millions de jeunes de 15 à 25 ans d'un questionnaire baptisé « faites agir vos idées ». 1 500 000 réponses prouvèrent que le dialogue pouvait être renoué avec la jeunesse et que le gouvernement était capable d'en tenir compte, comme en témoignèrent les 29 mesures – à vrai dire bien timides – retenues le 15 novembre 1994 par ce dernier. Entre-temps, il avait été moins long, mais peut-être techniquement plus difficile, de réduire la révolte des marins pêcheurs bretons, victimes de la chute des cours et de l'augmentation des importations de poissons non européens. Certes, ils obtenaient un plan d'aide à la pêche comportant un allègement des charges sociales, mais, au soir du 4 février 1994, le parlement de Bretagne, joyau de l'architecture classique du XVIIe siècle, n'était plus que ruines fumantes au centre de Rennes.

Toutes ces reculades au nom de la nécessaire concertation avec les partenaires sociaux n'effaçaient pas les résultats obtenus : la réforme du Code de la nationalité, le 24 juin 1993 ; celle du statut de la Banque de France, indépendante du gouvernement depuis la publication de la loi du 4 août au J.O. ; la signature, le 20 octobre, par les syndicats des professions médicales et par les caisses de Sécurité sociale de la convention sur la « maîtrise médicalisée » des dépenses de santé ; la signature de l'accord final du GATT, le 15 décembre 1993, après l'obtention d'un compromis avec les Américains dans le domaine délicat de l'agriculture et, plus encore, après la reconnaissance de « l'exception culturelle », en particulier dans le secteur de l'audiovisuel. Désireux d'inscrire son action dans la durée, le gouvernement parvenait même à faire voter de nombreuses lois d'orientation ou de programmation, généralement quinquennales, répondant à la gravité des problèmes de l'heure, ou nécessitant la mise en œuvre de moyens financiers techniques et humains dans un cadre excédant largement celui d'un budget annuel : loi quinquennale sur l'emploi du 20 décembre 1993 ouvrant la possibilité d'une réduction de la semaine de travail de 39 à 32 heures ; loi d'orientation relative à la maîtrise des finances publiques visant à réduire progressivement le déficit jusqu'en 1999 ; loi de programmation militaire pour les années 1995 à 2000 ; lois relatives à la sécurité, à la justice (statut de la magistrature, organisation des juridictions, programme relatif à la justice), au nouveau contrat pour l'école pour les années 1995 à 1999, adopté le 22 décembre 1994 en première lecture par l'Assemblée nationale. En même temps, arrivait à terme le grand projet de Charles Pasqua : la loi de développement du territoire, qui vise à corriger progressivement les déséquilibres régionaux en donnant la parole aux citoyens dans les petites communes grâce à l'instauration du référendum d'initiative populaire et en leur attribuant les moyens financiers de procéder à ces rééquilibrages par la création d'un fonds de péréquation pour les transports aérien, routier et fluvial, et par celle d'un fonds de gestion de l'espace rural.

L'œuvre législative accomplie était considérable. À quatre exceptions près, aucune autre année depuis 1958 n'avait été marquée par l'adoption d'un si grand nombre de lois. Et pourtant, les parlementaires se plaignaient de l'insuffisance du travail qui leur était demandé, sans doute parce qu'ils ressentaient avec amertume le discrédit des formations politiques auxquelles ils appartenaient. Les élections cantonales des 20 et

27 mars 1994 n'en furent qu'un écho très atténué, le rapport de force entre la droite et la gauche n'étant guère modifié. Perturbées, par contre, par l'irruption dans le débat du problème posé par l'intervention française en Bosnie en 1992, les élections européennes du 12 juin 1994 révélèrent la fragilité des appareils politiques traditionnels, qui ne purent empêcher leurs électeurs d'apporter leurs suffrages à deux « électrons libres » de la droite et de la gauche : l'U.D.F. Philippe de Villiers, catholique vendéen, défenseur des « valeurs » traditionnelles de la nation française ; le « M.R.G. » Bernard Tapie, enfant terrible de la banlieue parisienne, aventurier des affaires plus qu'entrepreneur, symbole vivant de la réussite sociale en un monde où celle-ci s'identifie à la détention de l'argent et du pouvoir. Et ce repreneur d'entreprises, habile non pas à les gérer mais à les liquider, n'avait-il pas été ministre de la Ville à deux reprises, du 2 avril au 23 mai 1992 puis du 24 décembre 1992 au 29 mars 1993, dans le gouvernement de Pierre Bérégovoy, avant d'être mis lui-même en liquidation judiciaire et déchu de ce fait de tous ses mandats électifs le 14 décembre 1994 ? L'opinion ne fut pas étonnée, car cette décision du tribunal de commerce de Paris concluait à la fois la longue saga judiciaire des époux Tapie et « l'année de tous les scandales ».

Alors qu'à la veille des élections législatives de 1993, les magistrats avaient principalement mis en cause des hommes et des organismes qui assuraient le financement illégal du P.S., voire du P.C.F., ce furent des responsables de la nouvelle majorité R.P.R.-U.D.F. qui furent inculpés d'abus de biens sociaux et mis en examen à la veille des élections présidentielles. Généralement issus de l'École nationale de la magistrature, où ils avaient souvent suivi les cours du conseiller à la cour d'appel de Rennes, Renaud Van Ruymbeke, qui était leur mentor, de jeunes juges d'instruction ne craignaient pas de s'attaquer aux hommes de pouvoir, contraignant même trois ministres d'Édouard Balladur à la démission : Alain Carignon, ministre R.P.R. de la Communication le 17 juillet, Gérard Longuet, ministre P.R. de l'Industrie, des Postes et Télécommunications et du Commerce extérieur le 14 octobre, Michel Roussin, ministre R.P.R. de la Coopération le 12 novembre, alors que le premier d'entre eux subissait du 12 octobre 1994 au 3 mai 1995 une longue détention préventive à Lyon pour corruption passive. Dans le domaine économique, les juges inculpèrent successivement les P.-D.G. des entreprises les plus importantes de l'Hexagone : Didier Pineau-Valenciennes, de Schneider, incarcéré à Bruxelles du 27 mai au 7 juin ; Pierre Bergé, patron de Saint-Laurent, Pierre Suard d'Alcatel Alsthom et Jean-Louis Beffa de Saint-Gobain, respectivement mis en examen le 31 mai, le 3 juillet et le 6 septembre 1994. À terme, cela ne manquera pas de poser le problème de la direction extrêmement centralisée et concentrée des entreprises françaises par rapport à leur concurrentes anglo-saxonnes ou allemandes.

Pour endiguer cette vague déferlante de la corruption, le gouvernement prit deux mesures essentielles : l'institution, le 19 juillet 1994 par le Congrès de Versailles, d'une Cour de justice de la République substituée à la Haute Cour de justice et chargée de juger au pénal les ministres pour les crimes et les délits commis dans l'exercice de leurs fonctions, la présence de trois magistrats écartant toute suspicion de procès politique ; la constitution, le 11 septembre, d'une commission des sages présidée par Simone Rozès et chargée de proposer des remèdes à ce mal qui gangrène la démocratie. Remis le 2 décembre au Premier ministre, son rapport proposait 27 mesures qui furent à la base des cinq propositions de lois destinées à clarifier les rapports entre la politique et l'argent, propositions définitivement adoptées par le Parlement les 22 et 23 décembre 1994.

En interdisant tout financement des partis par les entreprises et en soumettant les hommes politiques et les dirigeants des entreprises nationalisées et ceux des plus puissantes sociétés d'économie mixte à la déclaration de leur patrimoine, ces lois avaient pour but d'éviter toute confusion entre l'argent public et l'argent privé. Mais elles ne pouvaient remédier au désarroi d'une opinion publique désabusée, dans une France plus que jamais divisée à la veille des élections présidentielles. À gauche, un Parti socialiste, laminé par les élections et par... Bernard Tapie, ne rassemblait plus que 14,5 % des suffrages exprimés, le 12 juin 1994, mais se payait le luxe d'éliminer de sa direction le 19 juin son candidat naturel à la présidence de la République, Michel Rocard, et d'appeler, le même jour, au poste de Premier secrétaire un mitterrandiste convaincu, nostalgique de l'Union de la gauche, Henri Emmanuelli. Le miracle, attendu par beaucoup, d'une candidature Delors aux élections présidentielles ne se produisit pas. Le président en exercice de la Commission européenne renonçait à se présenter en décembre 1994, constatant l'impossibilité politique, pour un éventuel président de gauche, de mettre en œuvre son programme.

À droite, la crainte d'une compétition suicidaire entre l'U.D.F. et le R.P.R. avait fait de Charles Pasqua le chantre des « élections primaires » en 1994, élections difficiles à organiser et de toutes façons inutiles puisque, contre toute attente, il n'y eut pas de candidature U.D.F. mais deux candidatures R.P.R., celles de « deux amis de trente ans » : Jacques Chirac et Édouard Balladur — dont la cote de popularité se maintint à un niveau exceptionnellement élevé jusqu'au jour où il dévoila officiellement ses ambitions présidentielles.

Sceptique sur la capacité des hommes et des institutions à réduire le chômage, à rétablir la sécurité, à alléger les charges fiscales et sociales pesant sur les hommes et sur les entreprises malgré un léger redressement de l'emploi depuis octobre 1994, la France restait divisée.

Deux « France » émergeaient que tout opposait : celle des partisans des accords de Maastricht du 7 février 1992 qui voient l'avancée du pays à travers l'unification européenne ; celle de leurs adversaires dont les élections européennes du 12 juin 1994 ont révélé qu'ils étaient près de 50 % dans une nation où règne depuis au moins deux siècles un nationalisme ombrageux, voire intransigeant.

En voie d'approfondissement, cette ligne de fracture en recoupait d'autres qui paraissaient consolidées mais que le moindre mouvement tellurique peut faire jouer : celle qui sépare la France de l'école privée de la France de l'école publique qui occupa la rue parisienne le 16 janvier 1994 pour protester contre l'abrogation de la loi Falloux pourtant invalidée le 13 janvier par le Conseil constitutionnel ; celle qui sépare la France des villes de la France des campagnes et de la mer comme en témoigna l'incendie du parlement de Rennes par les marins pêcheurs bretons le 4 février 1994 ; celle plus profonde encore qui sépare la France des nantis, heureux (?) détenteurs d'un emploi, de la France des exclus : chômeurs, bénéficiaires du revenu minimum d'insertion (R.M.I.) ou d'une des formes du traitement social du chômage (contrats emploi-solidarité ; stages de formation, contrats de qualification ou d'adaptation...) et, pire encore, sans domicile fixe (S.D.F.).

Passionnés par leurs querelles passées, les hommes et les forces politiques du pays paraissent fâcheusement impuissants à résoudre les problèmes du présent. En 1981, les élections présidentielles s'étaient faites sur le thème du « changement ». Par le biais des impôts les Français en payèrent le socle (les nationalisations), mais ils n'en touchèrent pas les revenus : le chômage qui, au lieu de se réduire progressivement, bondit en quatorze ans de deux à trois millions d'allocataires. En 1995, le « changement » est toujours le maître mot de la campagne électorale. Mais, âgés respectivement de 62 et de 57 ans, les candidats qui déclarent vouloir le réaliser, Jacques Chirac pour le R.P.R. et Lionel Jospin pour le P.S., ne sont pas des hommes politiques nouveaux. Alors que le premier était entré dans un gouvernement dès 1967, le second était déjà en 1973 secrétaire national du P.S. aux côtés de François Mitterrand.

Le 23 avril, près de 40 % des électeurs se prononcèrent au premier tour pour des candidats situés en dehors du système politique dominant. Au second tour, le 7 mai, on revint à un schéma classique d'affrontement droite-gauche : Jacques Chirac l'emporta avec 52,6 % des voix sur Lionel Jospin, qui, fort de ses 47,4 %, put se flatter de redonner espoir à son camp. Les deux candidats du second tour ont refusé de se plier à l'arbitrage de Le Pen qui, capitalisant 15 % des voix, avait tenté de ramener à ses idées les programmes des deux protagonistes encore en lice. Il restait au nouveau président – comme au leader de l'opposition – la charge de proposer aux Français des perspectives suffisamment crédibles, notamment en matière d'emploi, pour les détourner d'un rejet massif du jeu politique dominant.

LA VIE CULTURELLE

Pendant les dernières décennies du deuxième millénaire, le bouleversement des valeurs consécutif à la mouvance de 1968 a perdu de son impact sans être véritablement remplacé par de nouvelles orientations dans la culture et la pensée. À une époque marquée par des mutations fondamentales dans le monde entier, les nouveaux espoirs et les nouvelles peurs interdisent de tracer les lignes de force d'une société dont les ambitions et les valeurs sont aussi complexes que contradictoires. Cela est particulièrement sensible dans le domaine culturel, où l'on assiste à une perpétuelle oscillation entre le modernisme et le conservatisme. Les Français ne vivent plus à l'heure de leur patrie mais à celle de l'Europe et même à celle de l'Univers. L'entité française n'a plus la même signification que dans les décennies précédentes, car elle a tendance à se mélanger aux influences venues de l'extérieur. Cela explique la confusion des valeurs : partagés entre leur goût du modernisme et leur intérêt pour les vestiges du passé, signes de leur patrimoine national qu'il devient de plus en plus urgent de protéger, les Français ont du mal à choisir entre le repli sur eux-mêmes, qui tourne facilement à la passivité et à l'immobilisme, et l'enthousiasme souvent de courte durée pour tous les apports nouveaux.

À la recherche d'une tendance dominante

Le 27 septembre 1985, Bernard Pivot fête la 500e émission télévisée d'*Apostrophes,* véritable consécration de ce magazine culturel qui, chaque semaine, accueille des écrivains de toutes tendances et de tous horizons. *Apostrophes* a pris une telle place dans le domaine des lettres que, lorsqu'en 1990 son animateur décide de l'interrompre, sa décision laisse orphelins les millions de Français pour lesquels l'émission est devenue la référence incontournable. Plus que les traditionnels prix littéraires, dont l'influence est devenue plus que passagère, *Apostrophes* est parvenu, grâce au talent qu'a eu son animateur pour soutirer des écrivains le meilleur d'eux-mêmes, à donner à un large public l'envie de lire. D'autres émissions consacrées aux livres ont pris le relais : *Caractères,* de Bernard Rapp, *Bouillon de culture,* nouvelle présentation des faits culturels par Bernard Pivot ou *Ah ! Quels titres !,* magazine de Philippe Tesson. En 1994, la suppression de l'émission *Jamais sans mon livre,* sur France 3, provoque l'indignation des milieux de l'édition, qui sont conscients de l'importance de la télévision pour la promotion de leurs productions. Cette médiatisation positive des auteurs, grâce à laquelle la « galaxie MacLuhan » rejoint la « galaxie Gutenberg », a entraîné aussi l'apparition d'autres manifestations liées à la littérature, tel l'annuel Salon du livre, qui, depuis 1981, accueille des visiteurs de plus en plus nombreux, ainsi que toutes les foires ou expositions de même nature organisées par de multiples villes de province.

Cet intérêt réel du public pour le livre, ou tout au moins pour les écrivains dont les visages lui sont devenus familiers grâce au petit écran, présente cependant le danger de donner la priorité au spectaculaire et à l'éphémère. Les modes vont vite en littérature comme ailleurs et les engouements des lecteurs ne sont pas toujours à la mesure de la valeur des auteurs. Il faut dire qu'il est difficile de s'y retrouver dans la profusion des livres que les maisons d'édition font paraître tous les mois et dans la diversification des collections de livres au format de poche, qui, par leurs prix modiques, mettent, peu de temps après la parution de l'original, les ouvrages à la portée de tous les publics. Dans la dernière décennie du XXe siècle, une nouvelle menace se dessine pour l'édition traditionnelle : grâce aux progrès de l'informatique apparaissent les CD-Rom, qui, sur un disque compact, permettent de stocker l'équivalent de plusieurs encyclopédies.

Pendant la décennie 1980-1990 disparaissent de grands intellectuels, maîtres à penser de plusieurs générations. La mort de Jean-Paul Sartre en 1980, suivie de celle de Vladimir Jankélévitch en 1983 et de celle de Simone de Beauvoir en 1986, relègue en quelque sorte au second plan le mouvement existentialiste, prépondérant depuis la fin de la guerre de 1940. Cette philosophie, si contestée en son temps, rejoint les rangs des classiques avec l'entrée, en 1990, de la pièce de Sartre, *Huit clos,* dans le répertoire de la Comédie-Française. C'est en 1983 que meurt Raymond Aron, camarade de Sartre à l'École normale supérieure et son adversaire idéologique, dont le dernier ouvrage, *Mémoires,* fait le bilan des théories politiques d'un demi-siècle. Jacques Lacan, qui, en opposition à l'école freudienne, a rapproché la psychanalyse de la linguistique en interprétant l'inconscient comme un langage, s'éteint en 1981. Tué accidentellement en 1980, Roland Barthes, par ses travaux sur les écrivains français et sur le vocabulaire de la vie quotidienne, a ouvert la voie à une nouvelle forme de critique, fondée sur la linguistique structurale et l'anthropologie moderne et approfondissant la mythologie des relations entre l'homme et les signes de son univers. Autre grand philosophe du comportement humain qui s'est fait connaître par ses théories sur la folie et l'univers carcéral, Michel Foucault, disparu en 1984, n'a pu achever sa monumentale *Histoire de la sexualité,* vaste étude du désir en Occident. En histoire, on déplore la perte à un an d'intervalle de deux maîtres dont la profondeur et l'originalité des recherches ont fait école : en 1985, Fernand Braudel, l'un des pères de la nouvelle école historique française des *Annales,* et, en 1986, Georges Dumézil, qui, pendant plus de cinquante ans, a travaillé sur les mythes indo-européens pour en déduire la théorie de l'idéologie des trois fonctions (souveraineté, guerre et fécondité) détectées par lui dans les religions des peuples d'origine indo-européenne.

La continuité ou la relève de ces intellectuels, dont l'influence a été considérable depuis la seconde moitié du XXe siècle, sont assurées soit par des talents confirmés (l'ethnologue Claude Lévi-Strauss, les sociologues Edgar Morin et Pierre Bourdieu), soit par la nouvelle génération de philosophes, André Glucksman, Bernard-Henri Lévy, Alain Finkielkraut. Ces deux derniers, en publiant en 1987 le premier *Éloge des intellectuels* et le second *Défaite de la pensée,* se font les porte-parole de tout un courant d'opinion en s'interrogeant avec pessimisme sur la culture française, à laquelle ils prédisent un sombre avenir. À la croisée de la philosophie et de l'histoire, la décennie a vu aussi la parution d'œuvres majeures, telles celles de Jean Delumeau *(le Péché et la peur),* de Paul Veyne, spécialiste de la culture antique, et de Michel Serres, attaché à établir le « passage » entre les mathématiciens et les littéraires *(les Cinq Sens).* Mais chez tous ces auteurs, quelle que soit leur appartenance idéologique ou politique, on rencontre le même refus d'imposer des théories dogmatiques et le même malaise à formuler de façon définitive les grandes questions posées à l'homme dans la société : comment définir la morale qui sera celle du troisième millénaire et quel rôle doit jouer l'intellectuel dans l'évolution du monde actuel ?

Pendant toute cette période, où disparaissent des noms confirmés de la littérature française comme Georges Perec (1982), Marguerite Yourcenar (1987), Jean-Didier Wolfrom, Yves Navarre et Ionesco (1994), la production romanesque a été très diversifiée, allant de l'œuvre intimiste et psychologique à celle de fiction mettant en scène de multiples personnages et brassant l'histoire de plusieurs générations de héros, sans que l'on puisse définir une tendance dominante. Des gloires consacrées ont tenu le devant de la scène : Marguerite Yourcenar conclut la trilogie de ses souvenirs d'enfance par *Quoi ? L'Éternité,* publié après sa mort. L'Académie française ouvre enfin son cénacle très fermé aux femmes : Marguerite Yourcenar y fait son entrée en 1980, suivie, quelques années plus tard, par l'historienne Hélène Carrère d'Encausse et l'helléniste Jacqueline de Romilly. Julien Gracq entre, de son vivant, au panthéon de la Pléiade (1989). Les représentants du Nouveau Roman font encore figure de phares intellectuels : Claude Simon *(les Géorgiques)* est le douzième écrivain français à recevoir en 1985 le prix Nobel de littérature. Le prix Goncourt 1984 est attribué à Marguerite Duras pour son roman en partie autobiographique *l'Amant,* qui, en dépit de la réputation d'intellectualisme de son auteur, reçoit un accueil triomphal du grand public. Nathalie Sarraute, avec *Enfance* (1983), renoue brillamment avec son art de décrire les instants psychologiques fugaces. On retrouve aussi au premier plan des romanciers confirmés, tels Françoise Sagan (*Un orage immobile,* 1983), Michel Tournier (*le Médianoche amoureux,* 1989), Jean d'Ormesson (*le Vent du soir,* 1985), Philippe Sollers (*Femmes,* 1983), Jacques Laurent (*les Sous-ensembles flous,* 1982), J.-M. G. Le Clézio (*Printemps et autres saisons,* 1989), parmi tant d'autres, tandis qu'au long des années de nouveaux talents assurent la relève : citons entre autres Patrick Modiano (*Quartier perdu,* 1985), Danielle Sallenave (*les Portes de Gubbio,* 1980), Angelo Rinaldi (*Une jeunesse,* 1981), Yann Queffélec (*Noces barbares,* 1985), Pascal Quignard (*le Salon du Wurtemberg,* 1986), Philippe Djian (*Crocodiles,* 1989), Michel Schneider (*Bleu passé,* 1990). Mais une telle liste est obligatoirement réductrice, laissant dans l'ombre tant d'écrivains au talent incontestable. Le hasard a aussi permis d'exhumer des œuvres inédites d'auteurs du passé : le manuscrit d'un roman inachevé d'Albert Camus, *le Premier Homme,* est édité en 1994, plus de trente ans après la mort de son auteur. Encore plus étonnant, on découvre un texte inconnu de Jules Verne, *Paris au XXe siècle,* roman d'anticipation, lui aussi publié en 1994.

Cependant, malgré le grand nombre de romans qui continuent à être publiés chaque année et qui relèvent de toutes les formes de structure et de narration, on constate que l'imaginaire est en perte de vitesse dans les choix du public et que les livres les plus recherchés s'attachent à la résurrection de la mémoire privée ou collective. Peut-être est-ce un des effets secondaires de l'émission *Apostrophes,* dans laquelle les auteurs d'essais et de biographies ont eu plus de facilité à faire valoir leurs œuvres que les romanciers. On assiste à la vogue des livres de souvenirs qui témoignent à la fois de l'expérience personnelle de l'auteur et des périodes qui ont servi de cadre à sa vie, tels *le Temps immobile,* de Claude Mauriac, *Mémoires intimes,* de Georges Simenon, *la Lumière du monde,* de Julien Green, ou *la Cérémonie des adieux,* de Simone de Beauvoir. La période de l'avant-guerre et de l'Occupation exerce une fascination certaine sur le public et les auteurs, qui en font l'arrière-plan de leurs œuvres, tel *l'Avant-guerre,* de Jean-Marie Rouart. Pendant les années 1994-1995, où on commémore le cinquantenaire de la Libération de la France et de la découverte de l'horreur des camps de concentration, de nombreux témoignages paraissent sur cette époque éprouvante dont le souvenir est ainsi sauvé de l'oubli. On constate aussi un intérêt croissant pour les études historiques, biographiques ou thématiques ainsi que pour les essais et les pamphlets consacrés à des problèmes de société ou à des sujets d'actualité. Tous ces ouvrages, dérivés du journalisme, par leur « révélations » déclenchent des polémiques enflammées. C'est le cas par exemple, en 1994, du livre de Pierre Péan, *Une jeunesse française - François Mitterrand - 1934-1947,* ou de celui de Catherine Nay, *le Dauphin et le Régent* (sur les relations entre Jacques Chirac et Édouard Balladur), dont les répercussions politiques dépassent de loin le contenu.

Il faut enfin souligner l'importance d'une nouvelle forme d'édition, celle des bandes dessinées qui ne sont plus réservées aux enfants. En janvier 1990, le Centre national de la bande dessinée et de l'image, dû à l'architecte Roland Castro, est inauguré à Clermont-Ferrand. Tous les ans, le Festival d'Angoulême attire de nombreux amateurs de cette forme particulière de livre, à mi-chemin entre la littérature et l'art pictural.

On reste en définitive perplexe devant la production de cette fin de siècle, car il semble difficile de distinguer le véritable apport culturel de la nouvelle génération d'écrivains qui occupent la première place dans les médias et veulent offrir un reflet fidèle des préoccupations des Français. Mais cette confusion des valeurs culturelles et la difficulté de définir la place de l'écrivain français en cette fin du XXe siècle n'ont-elles pas trouvé une illustration symbolique dans l'affaire Gary-Ajar, lorsqu'on découvrit en 1981 que la « révélation » Émile Ajar, lauréat du prix Goncourt pour *la Vie devant soi,* n'était en fait que son oncle, le très célèbre Romain Gary, auteur d'une des plus spectaculaires mystifications de la littérature française ?

L'art entre la résurrection du passé et l'audace esthétique

Il peut aussi paraître délicat de déterminer parmi les artistes qui ont connu leur heure de gloire depuis 1980 ceux dont les œuvres deviendront classiques. Cependant, c'est sans doute dans le domaine de la sculpture que les nouveaux talents ont eu la plus grande latitude pour s'exprimer grâce aux commandes, faites par les municipalités, de pièces monumentales destinées aux lieux publics. Figuratives ou abstraites, bien loin des règles de la statuaire classique et faisant souvent appel à des matériaux de récupération, ces sculptures, où l'insolite se mêle à l'humour, suscitent bien des controverses dans le public, décontenancé par l'originalité souvent provocatrice des créateurs : à Paris, l'*Hommage à Picasso,* de César, ou la *Fontaine Stravinski,* élevée devant le centre Georges-Pompidou par Jean Tinguely et Niki de Saint-Phalle, provoquent indifféremment admiration et sarcasmes. Cet art se veut parfois construction de l'éphémère, tel « l'emballage » du Pont-Neuf de Paris en 1985 par l'Américain Christo, qui s'est fait une spécialité de l'empaquetage des monuments ou des sites les plus inattendus. La plus grande querelle a eu pour objet en 1986 l'édification dans la cour du Palais-Royal de deux cents colonnes tronquées à rayures noires et blanches conçues par Daniel Buren, successivement commencées et interdites avant d'être définitivement acceptées. À l'heure actuelle, les passions se sont calmées et les « colonnes de Buren » se sont intégrées dans l'architecture classique du Palais-Royal.

L'État prend une part active à la promotion de l'activité artistique dans la France tout entière, et les organismes officiels, le F.I.A.C.R.E. (Fonds d'incitation à la création) et les F.R.A.C. (Fonds régionaux d'art contemporain), s'emploient à aider financièrement les réalisations plastiques et à vaincre les réticences de certaines autorités régionales à l'égard des audaces de l'art contemporain. Paris n'est plus la seule ville à focaliser les démarches artistiques, mais l'ouverture de nouveaux musées et l'organisation de festivals dans toutes les provinces donnent aux régions françaises la possibilité d'affirmer leur vitalité dans les domaines de la découverte et de la consécration de jeunes peintres ou sculpteurs. Le ministre de la Culture, Jack Lang, a pu disposer de crédits importants pour promouvoir un art plus accessible à l'ensemble du public. En 1992, on compte plus de quatre cents chantiers de rénovation et d'expansion des musées et des « lieux de culture » ouverts en France. De nombreuses villes de province redécouvrent les trésors de leurs collections, mises en valeur dans des bâtiments restaurés, tels les musées de Grenoble, de Rouen, de Caen, de Valenciennes, de Lille, de Douai, etc. Ces bâtiments rénovés ne sont plus les conservatoires parfois désuets des œuvres artistiques, mais de véritables centres polyvalents, présentant aux visiteurs des salles de conférences et de projections cinématographiques, ainsi que de multiples annexes commerciales, comme la vente des catalogues d'expositions et de multiples objets « dérivés », bibelots ou souvenirs inspirés par les œuvres exposées.

Il est vrai que le public français, tous âges et classes confondus, témoigne d'un intérêt de plus en plus grand pour les manifestations culturelles. Chaque année, les grandes expositions organisées à Paris drainent des foules de plus en plus nombreuses et avides de retrouver les grands représentants du patrimoine national : donation Picasso en 1979, magistrales rétrospectives Watteau (1984), Renoir (1985), Boucher (1986), Fragonard (1987), Degas (1988) et Gauguin (1989), Géricault (1991), Toulouse-Lautrec (1992), Poussin (1994). La collection privée du riche Américain Barnes est exposée pour la première fois en France en 1993. Le public le plus populaire donne sa préférence à l'école impressionniste et découvre des talents moins connus que Manet, Renoir ou Van Gogh : *l'Impressionnisme : les origines* (1994), Caillebotte (1994), Whistler (1995). On a parfois aussi la surprise de découvrir des talents oubliés, tel celui de Camille Claudel, sœur du poète et amie de Rodin, dont les sculptures passionnées et frémissantes reçoivent, près de cent ans après leur réalisation, l'hommage qui leur est dû. Enfin, les visiteurs sont de plus en plus attirés par l'art contemporain, dont ils comprennent mieux les audaces : la F.I.A.C. (Foire internationale d'art contemporain), qui offre tous les ans un panorama fidèle des tendances nouvelles, reçoit, en 1989, 140 000 visiteurs qui témoignent du fantastique engouement du public pour la création contemporaine.

Au-delà de ses qualités esthétiques, l'œuvre d'art est aussi au cœur d'un marché en pleine expansion. Des ventes spectaculaires (*Noces de Pierrette,* de Picasso) font des tableaux, dessins ou sculptures l'objet de spéculations effrénées entre acheteurs du monde entier. L'ouverture en 1980 du Nouveau Drouot a eu pour conséquence de familiariser un plus large public avec le marché de l'objet d'art. Parallèlement aux mises aux enchères de prestige (meubles, tableaux, argenterie, faïences anciens), qui intéressent surtout les clients étrangers, on note la confirmation de la vogue des créations de l'époque Art nouveau et Art déco et, plus récemment, des objets et du mobilier des années 50. Enfin, les collectionneurs ont favorisé le développement de la vente de curiosités (art populaire, poupées, cartes postales, instruments scientifiques, etc.) plus accessibles par leurs prix à de nombreux amateurs.

Dans les années 80, la création artistique a pris un nouveau souffle grâce au mécénat pratiqué par des entreprises privées finançant des entreprises culturelles. La loi « Initiative et liberté », promulguée en 1987, en permettant la déduction fiscale des fonds engagés pour la « défense du patrimoine artistique ou de l'environnement culturel », a donné à de nombreux créateurs les moyens d'exprimer leur talent. Même si ce mécénat n'est guère encore pratiqué que par de grosses sociétés et s'il pose le problème de la publicité dont ces dernières bénéficient en sponsorisant les chefs-d'œuvre artistiques, il a le mérite d'insuffler des crédits dans un domaine particulièrement fragile.

Mais il ne s'agit pas seulement pour les Français de s'intéresser à la création contemporaine et de la promouvoir. Ils prennent conscience aussi que leur patrimoine national est un héritage précieux qu'ils doivent préserver. Devant la dégradation par la pollution, l'érosion du temps, voire la disparition par destruction de nombreux témoins du passé, une loi sur la protection du patrimoine entre en vigueur en 1988 permettant la réhabilitation d'édifices prestigieux (châteaux, cathédrales, abbayes...) ou de plus humbles bâtiments rescapés d'une époque révolue. Municipalités et associations bénévoles œuvrent pour restaurer et entretenir églises, jardins historiques, sites archéologiques aussi bien que les instruments techniques de métiers aujourd'hui disparus. C'est ainsi que, pour préserver la mémoire collective d'une région ou d'un métier, on est parvenu, beaucoup mieux que dans le passé, à élargir la notion de « patrimoine culturel » : le dernier puits de mine à Forbach, le Castel Béranger de Guimard à Paris, des manufactures textiles dans le Nord, de vieux gréements dans le port de Douarnenez ou le pittoresque cinéma parisien la Pagode échappent à la destruction en étant classés « monuments historiques ». On cherche aussi à faire revivre ces monuments que l'on s'acharne à préserver : festivals, expositions, manifestations théâtrales ou sportives sont organisés pour attirer les visiteurs vers ces lieux du passé, qui s'intègrent ainsi dans le présent. Le patrimoine ne cesse aussi de s'accroître par de nouvelles découvertes archéologiques. De 1989 à l'automne 1990, l'Année de l'archéologie permet aux Français de découvrir dans plus de cent villes du pays les trésors du passé, exhumés par les fouilles récentes. Au Grand Palais, l'exposition de 3 000 objets provenant de 284 sites archéologiques donne une idée du travail accompli dans ce domaine par les spécialistes. Lors des travaux gigantesques entrepris pour la restauration du Louvre, c'est tout un ancien quartier de Paris qui est mis au jour. Ce sont des siècles d'histoire qui ressuscitent sous le palais actuel, depuis un campement néolithique jusqu'aux douves du château médiéval et au splendide donjon de Philippe Auguste, ainsi que de multiples objets, modestes témoins de la vie des Parisiens à l'époque médiévale, ou les nombreuses céramiques « ratées » que Bernard Palissy, travaillant dans un atelier situé à cet endroit, avait jetées dans un dépotoir. En 1991, près de Cassis, Henri Cosquer découvre, dans une grotte située à 37 mètres de profondeur, sous la mer, des peintures rupestres de toute beauté, restées intactes depuis le paléolithique supérieur. Les fouilles du Vieux-Port de Marseille permettent de retrouver des vestiges de navires antiques. C'est en janvier 1995 qu'est divulguée la plus spectaculaire de ces découvertes. À La Combe d'Arc, en Ardèche, le spéléologue Jean-Marie Chauvet pénètre dans une salle souterraine qui contient le fleuron de l'art pariétal français : des dizaines de peintures, datant de 20 000 ans, représentent, dans un état de conservation parfait, plus de 300 espèces d'animaux. Une découverte passionnante pour tous les paléontologues, car elle va peut-être permettre de mieux dégager la signification profonde de ce type de peintures pariétales.

Cependant, dans la vie culturelle des décennies 1980-1990 et 1990-2000, la place majeure doit être donnée à l'architecture. Cette discipline a été dominée pendant des années par les réalisations conformes aux théories de Le Corbusier et de ses successeurs, qui accordent la primauté au rôle fonctionnel et à la standardisation des édifices, donnant naissance à des ensembles issus de desseins généreux mais pouvant dégénérer en réalisations impersonnelles et monotones. Dans les années 80, à cette architecture « moderne » se substituent peu à peu des tendances dites « postmodernes », caractérisées par leur éclectisme. On redécouvre les effets décoratifs de l'architecture ancienne, voire antique, pour les intégrer dans des réalisations urbaines où le modernisme s'allie à la tradition et qui deviennent de véritables décors aux proportions particulièrement saisissantes. Un des maîtres de cet art postmoderne est le Catalan Ricardo Bofill, qui a su créer un nouveau classicisme à partir des grands styles du passé dans l'édification de quartiers entiers comme l'*Antigone* de Montpellier ou les *Arcades du lac* de Saint-Quentin-en-Yvelines.

Une autre tendance de l'architecture postmoderne prend pour appui les formes géométriques fondamentales (cercle, pyramide, arc) dont la pureté des lignes favorise les jeux de l'ombre et de la lumière. Cette inspiration se retrouve dans le Carré d'Art édifié à Nîmes par Norman Foster, édifice de verre et de métal qui fait face aux colonnades de l'antique Maison carrée. C'est autour d'un arbre que les parois transparentes de la nouvelle Fondation Cartier se déploient. En janvier 1995, on inaugure le pont de Normandie, rejoignant Le Havre à Honfleur, et dont le tablier, de près d'un kilomètre, surplombe la Seine à plus de 214 mètres, véritable défi à la pesanteur obtenu par la hardiesse de ses haubans d'acier. Dès le début de son premier septennat, François Mitterrand a lancé un plan de « grands projets présidentiels » qui ont apporté à la capitale des transformations majeures. Souvent contestées au moment de leur édification, parce qu'elles étaient considérées comme inconciliables avec les monuments historiques voisins, ces œuvres architecturales ont acquis désormais droit de cité. Sur l'emplacement des abattoirs de la Villette est installé, sur les plans de l'architecte Adrien Fainsilber, la Cité des sciences et de l'industrie, inauguré en 1986 et dont l'élément le plus révolutionnaire est la Géode, sphère d'acier poli de 36 mètres de diamètre et renfermant une salle de spectacles. En pendant à cette Cité des sciences est inaugurée en 1995 la Cité de la musique, dont le jeu de courbes et d'obliques est dû à Christian de Portzamparc et qui, outre une salle de concert modulable, renferme un musée de près de 500 instruments de musique. Dans la vaste nef de l'ancienne gare d'Orsay réaménagée par l'Italien Gae Aulenti, le musée d'Orsay rassemble peintures, sculptures, meubles, objets divers, photographies de la seconde moitié du XIXe siècle conservés jusque-là au Louvre, au palais de Tokyo, au Jeu de paume, ou provenant de legs et de dations, dans un beau panorama des fluctuations et des tendances de l'art du siècle dernier. Au cœur du quartier de Bercy, le nouveau ministère de l'Économie et des Finances allonge au bord de la Seine ses monumentaux bâtiments. Face à Notre-Dame de Paris, l'Institut du monde arabe, conçu par Jean Nouvel, joue sur la transparence de ses façades de verre décorées de motifs géométriques, référence discrète à l'art islamique. Le muséum d'Histoire naturelle, fermé depuis trente ans, est rénové par les architectes Paul Chemetov et Borja Huidobro, et, en 1994, on ouvre la grande galerie de zoologie, où défilent en procession toutes les espèces animales du monde, reconstituées avec un soin méticuleux.

C'est en 1989, au moment des fêtes du bicentenaire de la Révolution française, que les trois réalisations les plus spectaculaires, mais aussi les plus controversées des projets mis en œuvre par François Mitterrand, reçoivent leur consécration officielle : les chefs d'État étrangers invités pour les cérémonies du 14-Juillet sont reçus dans le Grand Louvre sous la pyramide de l'architecte sino-américain Ieoh Ming Peï, surprenant polyèdre de verre et d'acier dont les mille facettes renvoient la lumière. Le sommet des Sept a pour cadre l'arche de la Défense, fermant le grand axe partant de la pyramide du Louvre, traversant la place de la Concorde, les Champs-Élysées et l'arc de triomphe de l'Étoile pour aboutir à ce portique de marbre et de verre imaginé par le Danois Otto von Spreckelsen. Enfin, pendant la soirée du 14 juillet, est inauguré par les grands de ce monde l'Opéra-Bastille, dont la construction, dirigée par le Canadien Carlos Ott, a été accompagnée de nombreuses polémiques. La résurrection du Louvre se poursuit par l'inauguration, en 1993, de l'aile Richelieu. La richesse des œuvres accessibles maintenant au public dans les différentes ailes du Louvre, l'aménagement très spectaculaire choisi pour mettre en valeur les pièces présentées font qu'en l'espace d'une décennie le chiffre des visiteurs du plus célèbre musée parisien a doublé, atteignant maintenant plus de 5 millions par an. En revanche, l'édification, près du pont de Tolbiac, d'un autre projet architectural présidentiel, la Très Grande Bibliothèque, avec ses quatre grandes tours transparentes reproduisant des livres ouverts et conçues par le Français Dominique Perrault, se heurte à des difficultés financières. En 1993, on décide de rattacher son fonctionnement à celui de la Bibliothèque nationale, et ce qui est devenu la Bibliothèque nationale de France devrait pouvoir être terminé fin 1996 ou début de 1997.

Des spectacles pour l'œil et pour l'oreille

De tout temps, les Français ont aimé les spectacles, et la meilleure preuve en est le succès extraordinaire qu'a obtenu le clou des fêtes organisées en 1989 pour le bicentenaire de la Révolution française, l'étonnant défilé organisé par Jean-Paul Goude sur les Champs-Élysées le soir du 14 juillet. Un demi-million de badauds massés sur les trottoirs de la grande avenue depuis la veille et 600 millions de téléspectateurs dans le monde entier, malgré les prédictions défaitistes des esprits chagrins, se sont émerveillés devant le cortège de milliers de figurants représentant toutes les nations de la Terre dans un kaléidoscope étourdissant de couleurs, de musiques, de danses et débouchant sur la place de la Concorde, où la cantatrice Jessye Norman, enveloppée dans les plis d'une immense robe tricolore, entonna *la Marseillaise,* véritable carnaval chargé de symboles transformant le cosmopolitisme exubérant en liturgie de la liberté et de la fraternité. Trois ans plus tard, l'ouverture des XVIes jeux Olympiques, à Albertville, est marquée par la virtuosité de l'animation chorégraphique confiée à Philippe Decouflé : la féerie des personnages fantastiques ou burlesques, les trouvailles surprenantes des costumes et des jeux de lumière soulèvent un enthousiasme mérité. Goude et Decouflé font école : désormais, on multiplie les occasions de ces spectacles, qui deviennent fêtes pour les foules avides de ces manifestations collectives. Cependant, le triomphe réservé à ces parades festives ne doit pas masquer les problèmes réels connus par les arts du spectacle en France, essentiellement le théâtre et le cinéma, concurrencés jusqu'à l'asphyxie par la prédominance impérialiste de la télévision.

Le théâtre, grâce à la diversification de ses manifestations, résiste peut-être mieux à la toute-puissance de l'audiovisuel. La comédie de boulevard continue à avoir son public fidèle à la recherche de délassement et de recettes éprouvées. Chaque année voit aussi la reprise des grands titres du répertoire classique français, anglais, russe, italien ou allemand, que les variantes de leur interprétation renouvellent constamment. Le théâtre-laboratoire tente des expériences intéressantes mais que leur obscurité, rendant leur compréhension délicate, réserve à des amateurs initiés. Cependant, le public est fasciné par les shows à grand spectacle dont certains metteurs en scène se sont fait une spécialité. Jérôme Savary et son *Magic-Circus* ont continué à divertir des salles entières par la jeunesse de leurs prestations et leur humour glissant vers la dérision (*Cyrano de Bergerac* en 1983, *Bye-Bye Show-Biz* en 1985). Le principal organisateur de ces grand-messes où des milliers de spectateurs communient avec les acteurs reste sans conteste Robert Hossein, qui a su retrouver les recettes du théâtre populaire dans ses mises en scène propres à enthousiasmer le public, qui est invité à participer activement au déroulement de l'intrigue (*Danton et Robespierre* en 1980, *Un homme nommé Jésus* en 1983, *Jules César* en 1985, *l'Affaire du courrier de Lyon* en 1987, *la Révolution ou la mort* en 1989). Alors que le répertoire classique, Molière en tête, retrouve une nouvelle jeunesse (en 1990, on ne compte pas moins de six versions du *Misanthrope*), les plaies de la société française, le sida, le chômage, les S.D.F. renouvellent les sources d'inspirations, comme pour *la Ville parjure ou le Retour des Érinyes* mise en scène en 1994 par Ariane Mnouchkine et Hélène Cixous.

Un des signes que le théâtre n'a pas perdu de sa vitalité réside dans l'inauguration de salles nouvelles. Le couple vedette Jean-Louis Barrault-Madeleine Renaud installe dans l'ancien palais de Glace des Champs-Élysées le théâtre du Rond-Point. Après la disparition du couple en 1994, c'est Marcel Maréchal qui reprend leur suite à la tête du théâtre du Rond-Point. À Marseille, c'est encore Marcel Maréchal qui ouvre sur le Vieux-Port le théâtre de la Criée, dont le succès témoigne du triomphe de la décentralisation. Le théâtre national de Chaillot, animé de 1981 à 1988 par Antoine Vitez, retrouve les grandes heures de l'époque de Jean Vilar. On ne saurait oublier la place importante tenue par les compagnies qui se sont installées dans les communes de la périphérie de Paris : Patrick Chéreau crée en 1983 le théâtre des Amandiers de Nanterre et se fait immédiatement remarquer par deux mises en scène controversées, *Combats de nègres et de chiens* et *les Paravents.* À la Cartoucherie de Vincennes, le théâtre du Soleil d'Ariane Mnouchkine se spécialise toujours dans des réalisations ambitieuses (*l'Indiade* en 1987). Il faudrait aussi y ajouter le théâtre Gérard-Philipe de Saint-Denis, le théâtre de la Commune d'Aubervilliers ou le théâtre Daniel-Sorano de Vincennes, qui, par leur dynamisme, ont su convaincre les spectateurs parisiens de quitter le soir la capitale pour se rendre dans ce qui leur semble une lointaine banlieue.

Tous ces efforts de créativité, ces multiples recherches pour renouveler les mises en scène et donner un éclairage inédit aux textes les plus classiques ont porté leurs fruits car on assiste à partir de 1985 à un regain d'intérêt de la part du public, qui reprend en plus grand nombre le chemin des salles de spectacle. Peut-être un des nouveaux attraits du théâtre consiste dans le fait que les metteurs en scène font de plus en plus souvent appel à des vedettes du cinéma bien connues des spectateurs : Michel Galabru donne une interprétation truculente de *la Femme du boulanger,* Michel Serrault joue *l'Avare* sous la direction de Roger Planchon, Michel Piccoli et Jane Birkin sont les interprètes écorchés de *la Fausse Suivante* de Marivaux, Miou-Miou devient l'Hermione de l'*Andromaque* montée au T.N.P. de Villeurbanne en 1989. Il ne faut pas non plus négliger la publicité que donne à la création théâtrale le festival d'Avignon, où les réalisateurs n'hésitent pas à monter des créations d'une longueur exceptionnelle, tel *le Soulier de satin,* présenté par Antoine Vitez en 1987, *Hamlet,* mis en scène par Patrick Chéreau en 1986, la Célestine, interprétée en 1989 par Jeanne Moreau et Lambert Wilson sous la direction d'Antoine Vitez. Toujours dans le cadre du Festival d'Avignon, une expérience intéressante est tentée en 1990, lorsque des troupes thaïlandaises, malaisiennes, balinaises et javanaises interprètent pendant un mois différents épisodes de la grande épopée indienne du *Ramayana*.

La situation est plus inquiétante pour le cinéma, auquel le petit écran et les vidéocassettes imposent une récession qui se traduit par la baisse significative de la fréquentation des salles de cinéma malgré la qualité de la production française. La rentabilité étant devenue le facteur déterminant de la création cinématographique, les réalisateurs ont de plus en plus de difficultés à trouver les crédits nécessaires à leurs projets. L'omniprésence de la production américaine menace tout le cinéma européen, et la France est, toutes proportions gardées, un des pays qui résiste le mieux à cette déferlante, soit par la réalisation de superproductions, soit par des films plus intimistes, très caractéristiques du « cinéma à la française ». Ces deux styles permettent d'expliquer les alternances de marasme et d'optimisme des milieux cinématographiques, aidés aussi par la création de campagnes promotionnelles destinées à faire retrouver aux Français le chemin des salles obscures, comme les journées à prix réduits et l'annuelle fête du Cinéma. Cependant, chaque année, le public témoigne de son intérêt pour les films dits « commerciaux » qui exploitent les intrigues fondées sur l'aventure, l'étude psychologique ou le suspense policier et continue à apprécier les réalisations de qualité d'Henri Verneuil, de Claude Sautet, de Philippe de Broca, de Georges Lautner ou d'Yves Robert. *La Boum* de Claude Pinoteau (1981), *l'As des as* de Gérard Oury (1982), *l'Été meurtrier* de Jean Becker (1983) ou le diptyque *Jean de Florette* et *Manon des Sources,* mis en scène en 1986 par Claude Berri d'après l'œuvre de Pagnol, ont été des succès durables, sans toutefois atteindre l'accueil triomphal réservé à la comédie de Coline Serreau *Trois hommes et un couffin.* Le film de Rappeneau, *Cyrano de Bergerac* (1990), grâce à la performance de l'acteur Gérard Depardieu, obtient un succès qui dépasse les frontières de la France. À la suite de ce triomphe, les réalisateurs s'emploient à trouver leurs scénarios chez les auteurs les plus classiques de la littérature française : Marcel Pagnol, avec l'adaptation par Yves Robert de *la Gloire de mon père* et celle du *Château de ma mère* (1990), Marguerite Duras, avec *l'Amant* de Jean-Jacques Annaud (1992), Zola, avec le *Germinal* de Claude Berri (1993), Alexandre Dumas, dont la *Reine Margot,* réalisée par Patrice Chéreau en 1994 consacre, si besoin en était, le talent d'Isabelle Adjani. Parfois, un film prévu pour une exploitation modeste obtient un succès foudroyant, comme *les Visiteurs* de Jean-Marie Poiré (1992), par son comique des situations et des personnages.

Les représentants de la Nouvelle Vague et des Cahiers du cinéma continuent d'alimenter la production cinématographique des œuvres dont ils se sont fait la spécialité mais qui ont perdu de leur marginalité initiale pour devenir des classiques. À partir de 1980, Jean-Luc Godard retrouve sa traditionnelle réputation de provocateur en suscitant le scandale par son *Prénom Carmen* (1983) et son *Je vous salue Marie* (1985). Alain Resnais s'engage dans une voie nouvelle avec *Mon oncle d'Amérique* (1980), curieuse méditation sur la science, et le bouleversant *Amour à mort* (1984). Changeant complètement de genre, il se livre en 1993, avec *Smoking/No smoking,* à un jeu subtil de variations romanesques, servi par l'étonnante prestation des deux acteurs Sabine Azéma et Pierre Arditi. Claude Lanzmann livre un bouleversant témoignage, *Shoah* (1985). François Truffaut a sans doute donné dans *le Dernier Métro* (1980) son œuvre la plus achevée et a pu terminer avant sa mort prématurée, en 1984, la tragique *Femme d'à côté* (1981) et la comédie *Vivement dimanche* (1983), où triomphe la fascinante comédienne Fanny Ardant. Que ce soit dans les *Fantômes du chapelier* (1984) ou dans *Poulet au vinaigre* (1985), Claude Chabrol s'en prend avec sa diabolique férocité coutumière aux bourgeoisies bien-pensantes. Dans sa série « Comédies et Proverbes » *(les Contes de la pleine lune, l'Ami de mon amie, Conte de printemps, Conte d'hiver),* Éric Rohmer se fait l'interprète des intermittences du cœur, et Louis Malle obtient en 1987 la Palme d'or du festival de Venise avec son émouvant *Au revoir les enfants.*

En continuité avec cette tradition du

cinéma de qualité, une nouvelle génération de metteurs en scène français s'affirme en créant de nouvelles approches de l'écriture cinématographique. Apprécié du grand public dès son premier long métrage *l'Horloger de Saint-Paul,* Bertrand Tavernier s'impose par des réalisations fortement structurées, alternant satire féroce (*Coup de torchon,* 1981), méditation intimiste (*Une semaine de vacances,* 1981 ; *Un dimanche à la campagne,* 1984), « reconstitution historique » (*la Vie et rien d'autre,* 1989), descente dans le monde de la drogue et du crime (*L 627,* 1992 ; *l'Appât,* 1995). D'une originalité décapante, Bertrand Blier heurte le public avec ses œuvres dérangeantes, *Buffet froid* (1980), *Tenue de soirée, Trop belle pour toi* (1989), *Merci la vie* (1991). Tout aussi contesté, l'ancien « cinéaste maudit » Maurice Pialat touche une grande audience avec *Loulou* (1980), *À nos amours* (1983), *Sous le soleil de Satan* (1987), *Van Gogh* (1991). Dans cette évocation des personnalités remarquables du nouveau cinéma français, il ne faudrait pas oublier Michel Deville avec ses étranges histoires à la limite de la perversion (*Eaux profondes,* 1981 ; *Péril en la demeure*), Jean-Jacques Beneix (*Diva,* 1980 ; *la Lune dans le caniveau,* 1983) et Jacques Doillon (*la Fille prodigue,* 1980 ; *le Petit Criminel,* 1990). Jacques Rivette, en 1991, évoque les relations d'un peintre et de son modèle dans le film *la Belle Noiseuse,* inspiré de Balzac et, en 1994, produit un ambitieux diptyque consacré à Jeanne d'Arc, *la Pucelle - les Batailles (1) - les Prisons (2).* Les films couronnés lors de la cérémonie annuelle des Césars en 1989 traduisent bien l'éclectisme des goûts du public : le somptueux *Camille Claudel* de Bruno Nuytten, transfiguré par l'interprétation d'Isabelle Adjani, est récompensé en même temps que le truculent *La vie est un long fleuve tranquille* d'Étienne Chatilliez, irrésistible mise en pièces des tics et des travers de la bourgeoisie, l'insolite *Ours* de Jean-Jacques Annaud, déjà salué en 1982 pour sa préhistorique *Guerre du feu,* et le monde sous-marin du *Grand Bleu* de Luc Besson, élevé au rang de film-culte par la majorité de la jeunesse. En 1989, Éric Rochant, dans *Un monde sans pitié,* évoque avec une justesse de ton remarquable la difficulté de vivre des nouvelles générations dans la société française. C'est enfin le sida que prend pour thème le jeune metteur en scène Cyril Collard, dont *les Nuits fauves* enthousiasment les adolescents et sont couronnées par les césars trois jours après la mort de leur auteur.

En dépit de toutes les menaces qui pèsent sur elle, la vitalité indéniable de la production cinématographique doit beaucoup au grand nombre de nouveaux talents qui ont obtenu en quelques années une consécration méritée. Les talents confirmés (Simone Signoret, Romy Schneider, Catherine Deneuve, Annie Girardot, Michel Piccoli, Philippe Noiret, Jean Rochefort, Michel Serrault, Jean Poiret, Michel Bouquet, Alain Delon, Jean-Paul Belmondo, Lino Ventura et bien d'autres) sont pour les cinéastes des valeurs sûres qui laissent présager le succès du film. Mais la relève est assurée par de jeunes femmes aussi différentes qu'Isabelle Adjani, Isabelle Huppert, Sandrine Bonnaire, Nicole Garcia, Miou-Miou, Fanny Ardant, Nathalie Baye, Sabine Azéma, Emmanuelle Béart, ainsi que toutes les nouvelles venues, Juliette Binoche, Judith Henry, Julie Delpie ou Irène Jacob, qui ont su imposer à la fois leur charme et la qualité de leur talent. Du côté des hommes, la star montante des années 1980 a été sans conteste Gérard Depardieu, élevé au rang de vedette internationale, mais une pléthore de jeunes espoirs des années 80 font maintenant aussi figure de grands comédiens, tels Patrick Dewaere (mort en 1982), Pierrre Arditi, André Dussolier, Richard Berry, Lambert Wilson, Richard Bohringer, Fabrice Lucchini, Richard Anconina, Jacques Perrin, Daniel Auteuil, Gérard Lanvin ou Vincent Pérez. Quant aux comédiens venus du café-théâtre (Anémone, Josiane Balasko, Marie-Anne Chazel, Dominique Lavanant, Michel Blanc, Gérard Jugnot, Thierry Lhermitte, Christian Clavier), ils ont su réussir leur passage dans le cinéma, qu'ils aient gardé leur vocation d'amuseurs ou qu'ils aient opté pour des rôles plus dramatiques.

Même si les Français n'ont pas la réputation d'être de grands connaisseurs dans le domaine de la musique, il n'en est pas moins vrai qu'ils sont grands consommateurs de concerts. La création par Jack Lang en 1983 de l'annuelle fête de la musique institutionnalise en quelque sorte ce regain de faveur. Qu'elles soient consacrées aux œuvres du répertoire classique (*Lulu,* d'Alban Berg, mis en scène par Antoine Bourseiller 1989), à la musique légère des opérettes ou aux créations contemporaines (*Saint François d'Assise,* d'Olivier Messiaen [mort en 1992], créé à l'Opéra de Paris en 1983), les manifestations musicales sensibilisent le public au gré des festivals, des commémorations ou des récitals exceptionnels donnés par des chefs d'orchestre ou des solistes internationaux de tout premier plan, grâce auxquels le répertoire s'est largement diversifié. La construction de nouvelles salles de spectacle aux dimensions imposantes correspond à ce goût du public : la vaste enceinte du nouveau palais omnisports de Bercy est le cadre en 1984 d'une représentation mémorable d'*Aïda.* La salle Pleyel trouve un prolongement dans l'auditorium des Halles, où se déroule tous les ans le festival estival de Paris. Le remplacement du palais Garnier par l'Opéra-Bastille, capable d'accueillir 3 000 spectateurs dans sa salle modulable, devrait aussi permettre une fréquentation accrue des amateurs d'opéras, qui n'appartiennent plus seulement à une élite d'amateurs mais se recrutent dans toutes les classes sociales. Malheureusement, depuis son inauguration en 1990 par la représentation des *Troyens,* d'Hector Berlioz, l'Opéra-Bastille ne fonctionne que par à-coups, les grèves et les manifestations de toute nature entraînant chroniquement l'interruption des spectacles. La province n'est pas en reste sur Paris : en 1986, le Conseil national de la Moselle est à l'origine de la création du Salon international de la musique de Metz, qui joue un rôle important dans la création internationale. Les orchestres des villes de province (celui de Lille, dirigé par Jean-Claude Casadesus, celui des Pays de Loire, par Marc Soustrot, celui de Lyon, par Serge Baudo ou celui de Montpellier-Languedoc-Roussillon, inauguré en 1984 par Cyril Diederich), par la qualité et la diversité de leurs prestations, ont bien souvent, pendant la décennie, pris le pas sur Paris.

Autre domaine culturel qui a connu dans les années 80 une expansion remarquable, la danse, qui, grâce à l'appui privilégié des ministres de la Culture successifs, permet à la France de se porter en concurrente des grandes troupes chorégraphiques des États-Unis. En 1990, le danseur étoile Patrick Dupond reprend, à la suite de Rudolf Noureïev, la direction de la danse au palais Garnier. La province a là encore joué un rôle important soit par la création de centres de la danse comme à Angers ou à Lyon, soit par l'organisation de festivals, dont l'un des plus importants est celui de Montpellier. Le ballet de l'Opéra de Paris, scindé en trois troupes en 1981, doit surmonter de nombreuses difficultés mais permet à de nouvelles vedettes (Noëlla Pontois, Patrick Dupond) de s'imposer et la nomination en 1983 de Rudolf Noureïev comme directeur de la danse a été ressentie comme l'espoir d'un renouveau pour cette institution nationale. Quant à la chorégraphie contemporaine, outre Roland Petit et Maurice Béjart, gloires consacrées depuis longtemps dans ce domaine, une école française moderne pleine de promesses a permis de découvrir le talent de Régine Chopinot, de François Verret, de Jean-Claude Gallota notamment. Enfin, les Français ont réservé un accueil chaleureux aux spectacles chorégraphiques appartenant à des répertoires étrangers comme les ballets chinois ou japonais, et une des grandes dates culturelles de l'année 1985 fut la représentation du *Mahabharata,* drame musical indien d'une durée de neuf heures et mis en scène par Peter Brook.

L'ère de la médiatisation

1985 a été capitale dans l'histoire de l'audiovisuel puisque c'est cette année-là que le monopole de l'État sur la télévision prend fin et que, à côté des chaînes publiques (Antenne 2 et FR 3), sont autorisées des chaînes privées. Il serait trop long de revenir sur les péripéties tragi-comiques qui ont présidé à l'attribution de ces chaînes, mais les intérêts financiers mis en jeu ont été tellement considérables qu'une lutte sans merci s'est livrée entre les différents candidats au rachat de ces trois chaînes (TF 1, la 5 et M 6) et celles-ci mettront plusieurs années avant de trouver leur rythme de croisière. Cependant, avant cette répartition mouvementée du monopole des ondes, la chaîne à péage Canal Plus a vu le jour en novembre 1984. Fort différente de ses concurrentes et s'inspirant des meilleurs modèles américains, elle est principalement consacrée à la diffusion de films et à la retransmission des grandes rencontres sportives. Par ses magazines impertinents et décontractés, Canal Plus a su aussi se faire une place à part dans l'univers de la télévision, et le nombre de ses abonnés n'a cessé d'augmenter. Après le dépôt de bilan de La 5 en 1991, le canal est repris en 1992 par la chaîne culturelle franco-allemande Arte, émettant en clair, à partir de 19 h, des soirées thématiques qui, peu à peu, ont su vaincre, par leur diversité et leur qualité, les réticences des téléspectateurs. Depuis l'automne 1994 fonctionne une nouvelle chaîne éducative et culturelle financée par l'État, La Cinquième. Cependant, la révolution la plus importante de la fin du siècle est la multiplication de la télévision par câble et par satellites. Après des débuts difficiles, elle touche maintenant de nombreux foyers français qui ont ainsi accès à de multiples programmes soit thématiques, soit venus de pays étrangers.

Si l'on met à part le cas particulier de Canal Plus, les autres chaînes, tant publiques que privées, se livrent à une impitoyable course à l'audience, ce qui a profondément modifié le paysage audiovisuel (P.A.F.). Certes, il reste des émissions de qualité, mais elles sont bien souvent reléguées à des heures tardives. L'« Audimat » (dispositif utilisé pour mesurer l'audience d'une émission) impose de passer aux heures de grande écoute des spectacles populaires (variétés, séries généralement d'origine américaine) qui drainent les suffrages du public car les messages publicitaires, qui ou bien encadrent les émissions ou bien, dans le cas des chaînes privées, entrecoupent les films et les feuilletons, sont devenus la principale source de revenus de la télévision et imposent d'être intégrés dans des programmations faciles suivies par le plus grand nombre possible de téléspectateurs. Depuis 1992, la diffusion de « reality-shows », qui exploitent à la fois la douleur des participants et le voyeurisme des téléspectateurs, l'apparition d'émissions « érotiques » accentuent encore la dépendance des programmateurs face au redoutable « chiffre d'écoute ». Cependant, malgré les multiples dégradations, que la privatisation a accélérées, il faut saluer ceux qui, dans les émissions d'information ou dans la réalisation de téléfilms de haute tenue, s'acharnent à préserver une certaine qualité de la télévision française. Dans le domaine de la fiction, malgré la concurrence des États-Unis, des séries françaises « fidélisent » les téléspectateurs par des héros sympathiques dont les aventures peuvent s'échelonner sur des années, tandis que de grandes sagas romanesques, avatars modernes des romans-feuilletons, tiennent en haleine les Français pendant des semaines.

La radio elle aussi a connu bien des avatars depuis 1980. Cette année-là, la décentralisation des ondes entraîne la multiplication des radios pirates, indépendantes, locales, qui en 1982 atteignent un chiffre supérieur à un millier. Il devient urgent de limiter cette recrudescence des radios libres où le meilleur côtoie le pire et, en 1983, sur les 1 700 projets de radios privées, 800 obtiennent une existence légale sur modulation de fréquence.

Que ce soit par la radio ou par la télévision, la fin du XXe siècle est l'époque de la médiatisation dans tous les domaines. Hommes politiques, écrivains et artistes, représentants des grandes causes humanitaires, vedettes du théâtre, du cinéma ou de la chanson ont tous besoin de ce moyen de diffusion privilégié et ne peuvent se faire entendre et connaître que par un passage réussi dans une émission diffusée à une heure de grande écoute. Outre le sport, le domaine des variétés a été le grand bénéficiaire de l'audiovisuel. Devant l'hégémonie des musiques anglo-saxonnes, la chanson française a encore de beaux jours devant elle : les « anciens » (Charles Trenet, Tino Rossi, mort en 1983, Yves Montand, mort en 1991, Charles Aznavour, Barbara) prouvent qu'ils peuvent encore faire vibrer des millions de téléspectateurs, de même que les rescapés des années 60, devenus avec le temps des « classiques » (Johnny Halliday, qui fête ses cinquante ans en 1993 sur la scène du Parc des Princes, Serge Gainsbourg, mort en 1991, Eddy Mitchell). Les générations de jeunes artistes (Francis Cabrel, Bernard Lavilliers, Alain Souchon, Richard Gotainer, Alain Bashung, Patrick Bruel, Michel Sardou, Patricia Kaas, Vanessa Paradis) ont su faire leur chemin dans des voies différentes et originales. Le vidéo-clip, en donnant à la chanson un scénario visuel, a beaucoup fait pour favoriser l'audience des jeunes chanteurs ou des nombreux groupes de musique rock, punk, reggae. La décennie a consacré aussi la primauté des spécialistes du rire, des classiques Raymond Devos ou Bernard Haller aux plus insolites et aux plus dérangeants, Guy Bedos, Thierry Le Luron, Pierrre Desproges, Coluche, dont l'ironie à l'égard des institutions et des hommes politiques a inauguré une philosophie de la dérision qui a eu beaucoup d'impact sur le public. Depuis la disparition prématurée de ces trois derniers comiques, la relève est assurée par une pléiade de nouveaux amuseurs (Jacques Villeret, Patrick Timsit, Smaïn, les Inconnus, Pierre Palmade, Michel Boujenah, etc.) qui ont su tirer profit de l'insolence décapante de leurs aînés. Ce sont surtout les vedettes féminines qui font une percée remarquée dans l'univers des comiques (Muriel Robin, Mimi Mathie, Valérie Lemercier, Charlotte de Turckheim, etc.).

Une place particulière doit être réservée à la musique rapp, d'abord pratiquée par les jeunes des banlieues déshéritées et qui, en dix ans, est parvenue à une audience nationale, grâce à des représentants d'exception comme M.C. Solaar. En 1991, lors de la traditionnelle garden-party donnée à l'hôtel Matignon pour la fin de la session parlementaire, plusieurs groupes de rappeurs participèrent à l'animation de la fête. Depuis cette date, la ville de Montpellier organise tous les ans un festival consacré à ces musiques issues des communautés africaine ou arabe.

À la recherche d'une éthique scientifique

Favorisée et prolongée par l'application de techniques de pointe (ordinateur, laser, banques de données, manipulations génétiques et biotechnologiques) dans de nombreux domaines, que ce soit la médecine, l'agriculture, l'industrie ou les activités tertiaires, la recherche scientifique française occupe une place plus qu'honorable dans la course mondiale aux nouveaux défis technologiques. Grâce à de nouveaux matériaux testés à l'heure actuelle de façon expérimentale dans les domaines particulièrement compétitifs de l'aviation et de la navigation, on peut multiplier à l'infini les combinaisons à haute performance entre métaux, céramiques et plastiques, qui laissent déjà prévoir les applications pratiques qu'elles recevront en l'an 2000. La robotique, l'informatique, l'électronique ont dépassé le stade expérimental pour devenir d'usage courant dans les usines, les entreprises, les administrations, voire les particuliers.

Cependant, en cette fin de siècle, la science n'est plus depuis longtemps l'aventure solitaire de savants retranchés dans leurs laboratoires. Plusieurs facteurs entrent en ligne de compte pour modifier les structures traditionnelles de la recherche. Ce sont tout d'abord les luttes impitoyables que se livrent les pays et les centres de recherche pour obtenir la première place dans la course à la découverte et à la mise au point de nouveaux produits. Alors que les enjeux économiques deviennent primordiaux pour le développement de telle ou telle branche de l'activité scientifique, tout ce qui peut bouleverser les données du problème entraîne des réactions violentes. C'est ainsi que la théorie audacieuse du professeur Jacques Benveniste sur la « mémoire de l'eau » déclenche en 1989 une querelle largement entretenue par les médias entre communautés scientifiques de la France et des pays anglo-saxons.

Il devient d'autre part impossible de limiter la recherche aux frontières de l'Hexagone et les scientifiques français conçoivent désormais leur travail au sein d'une coopération européenne, voire internationale. En juin 1983, le premier vol commercial de la fusée européenne Ariane à partir du centre spatial guyanais de Kourou – fusée destinée à un brillant avenir dans le lancer des satellites – est le résultat prometteur de l'action simultanée des treize États européens membres de l'Agence spatiale européenne (ESA). De même, le premier télescope à « optique active » (NTT) inauguré en 1989 dans l'observatoire européen installé au Chili, par ses performances exceptionnelles et le fait qu'il puisse être commandé à distance, prouve l'efficacité des recherches conjuguées des huit pays d'Europe qui en ont conçu le projet. Enfin le Cern (Laboratoire européen de physique des particules), établi près de Genève, met au point en 1989 le collisionneur électrons-positrons (LEP), ou accélérateur de particules, qui met l'Europe – et, par voie de conséquence, la France – au premier plan de la recherche nucléaire mondiale et lui permet, provisoirement sans doute, de distancer les États-Unis.

Deux ans de suite, le prix Nobel couronne l'excellence de la recherche scientifique française : le physicien Pierre-Gilles de Gennes est récompensé en 1991 pour ses travaux sur la matière ; en 1992, Georges Charpak reçoit à son tour le prix Nobel de physique pour ses recherches sur les détecteurs de particules. Les progrès de la recherche scientifique en France, indissociable maintenant de celle de l'Europe, sont innombrables et il serait fastidieux de vouloir en dresser un catalogue exhaustif. Un de ses aspects les plus intéressants réside sans doute dans l'émergence des problèmes que posent non seulement à la communauté scientifique mais encore à l'ensemble de l'opinion publique la multiplication des découvertes et leur utilisation, dont on arrive mal encore à entrevoir toutes les possibilités. Par une large médiatisation rendant accessibles à un large public les arcanes de la science, celle-ci donne naissance à un nouvel humanisme qui s'interroge fondamentalement sur la place de l'homme dans la nature ainsi que sur ses droits et ses devoirs à l'égard de lui-même et de l'Univers. Il n'y a rien de surprenant à constater que, dans les sondages, on trouve parmi les personnalités les plus appréciées des Français un cancérologue, le professeur Léon Schwarzenberg, un océanographe écologiste, le commandant Jacques-Yves Cousteau, et un géologue vulcanologue, Haroun Tazieff, dont les prises de position, tant à la télévision que dans la presse, reçoivent une large audience. De même, les ouvrages écrits par des savants à l'autorité incontestée dans leur spécialité et destinés à des lecteurs néophytes obtiennent un succès considérable, que ce soit dans des domaines aussi « pointus » que la neurobiologie (*l'Homme neuronal,* de Jean-Pierre Changeux), la génétique cellulaire (*le Jeu des possibles,* de François Jacob), l'hématologie (*le Sang et l'histoire,* de Jean Bernard), la psychanalyse (*Au jeu du désir,* de Françoise Dolto), la paléoanthropologie (*le Singe, l'Afrique et l'homme,* d'Yves Coppens) ou l'astrophysique (*Poussières d'étoiles,* de Hubert Reeves). La science n'est plus isolée mais intégrée dans ses interférences avec les autres formes de la pensée, comme le prouve avec force le philosophe Michel Serres, dont les œuvres se veulent à la recherche du « passage entre la science exacte et les sciences humaines ».

Grâce à cette diffusion médiatique dans l'opinion publique à la fois des progrès scientifiques et des problèmes qu'ils posent à la conscience humaine, l'avenir de la planète Terre est de plus en plus ressenti comme relevant de la responsabilité collective et non plus de celle des spécialistes ou même du hasard. Pendant la décennie se sont multipliées de façon significative les questions relatives à la survie des éléments naturels et au devoir qui incombe à l'homme dans la préservation de son univers. Il lui revient tout d'abord de freiner la disparition des espèces animales, qui met la faune planétaire en danger, et la détérioration de la flore par la diminution accidentelle (incendies) ou préméditée (déboisements abusifs) des forêts. Directement liée à la société de consommation, l'invasion des déchets et résidus industriels doit trouver une solution rationnelle, et l'inauguration en 1988 à Amiens d'une usine pilote de traitement et de transformation des ordures marque une date décisive dans ce domaine. De la même façon, la campagne menée à l'origine par les mouvements écologistes contre les pollutions de toute nature a entraîné une prise de conscience généralisée sur les conséquences pour l'homme, la flore et la faune du rejet dans les eaux douces des déchets agricoles ou industriels (engrais azotés, germes pathologiques, substances dangereuses) et dans les océans des détergents et des hydrocarbures provenant du dégazage en haute mer des citernes des pétroliers. Les affaires les plus conflictuelles ont trait au stockage des déchets radioactifs provenant des centrales nucléaires, ce qui provoque de violentes réactions des habitants des sites choisis à cet effet. Enfin, l'attention du public a été mobilisée pour mettre un frein à la destruction de la couche d'ozone, qui, en filtrant les rayons ultraviolets, est indispensable à la survie de la Terre. Dans tous ces domaines, l'homme se rend compte du rôle qu'il a à jouer dans la conservation de ce patrimoine commun qu'est sa planète et la France se joint à l'ensemble des nations pour administrer de façon rationnelle ses ressources naturelles.

Au problème de la gestion de son environnement se juxtapose pour l'homme celui des droits qu'il a sur sa propre personne. Dans ce domaine, les progrès de la médecine fœtale permettent de mieux atténuer, voire de supprimer, les anomalies génétiques. C'est ainsi que, en 1992, à l'hôpital Saint-Vincent-de-Paul de Paris, une équipe, dirigée par le professeur Frédéric Bargy, parvient à réaliser *in utero* une opération chirurgicale sur une pathologie grave présentée par un fœtus. Les progrès de la biologie ont reculé les frontières de l'impossible. La procréation assistée et la fécondation in vitro, depuis la naissance en 1982 d'Amandine, le premier bébé-éprouvette français, ont rapidement exigé des réglementations définissant une nouvelle éthique. La conservation des embryons congelés et les greffes in utero posent des questions essentielles sur le statut de l'embryon et du fœtus humains. La thérapie génique, qui en est encore à ses premiers pas, se donne pour but de remplacer les gènes défectueux, souvent héréditaires et responsables de graves maladies jusqu'à présent incurables. Les promesses chirurgicales permettent de traiter des pathologies réputées jusque-là incurables. Le professeur Carpentier et ses équipiers de l'hôpital Broussais réussissent, en 1990, la première greffe cœur-foie-poumons effectuée en France. Si, grâce à la recherche biologique, naissent de nouveaux espoirs pour l'humanité, il n'en reste pas moins que les manipulations génétiques et les diverses variantes de la procréation artificielle posent de graves problèmes moraux liés à la tentation de l'eugénisme.

Le Comité consultatif national d'éthique, créé par décret en 1983 et regroupant chercheurs scientifiques et personnalités philosophiques ou religieuses, a la redoutable mission de veiller à la mise en pratique de ces pouvoirs qui semblent illimités et d'empêcher les savants de jouer aux apprentis sorciers en faisant passer au second plan le respect dû à la personne humaine.

Comment qualifier cette « fin de siècle » ? D'une part, les lignes directrices semblent manquer, que ce soit dans les arts ou les lettres. Aucune école apparemment ne s'impose, à laquelle les historiens pourront par la suite donner un nom résumant toutes les tendances que l'on voit apparaître çà et là. En contrepartie, le foisonnement d'expériences diverses laisse espérer que le XXIe siècle saura discerner entre elles ce qui était éphémère et ce qui était essentiel. Mais l'apport le plus important de ces dernières décennies du siècle n'a-t-il pas été de faire éclater les frontières, les particularismes locaux, les chauvinismes restrictifs au bénéfice d'un épanouissement aux dimensions de la planète, propre à renouveler et à stimuler les énergies créatrices ?

CHRONOLOGIE

CHRONOLOGIE

L'astérisque indique une date probable. *Les crochets indiquent* des dates entre lesquelles est compris le fait énoncé, sans qu'une précision plus grande soit possible. *Le point d'interrogation indique* une date légendaire ou très incertaine.

600	Les Phocéens fondent Marseille.
390	Prise de Rome par les Gaulois.
*350	Prise de Bologne par les Gaulois.
*327-325	Voyage de Pythéas de Marseille dans les mers du Nord.
apr. 300	Conquête de la Gaule méridionale par les Celtes.
*250	Apparition des Belges en Gaule. Nouvelle invasion celte en Cisalpine.
231	Marseille fait envoyer une ambassade romaine en Espagne.
123	Fondation d'*Aquae Sextiae* (Aix-en-Provence).
121	Défaite de Bituit, roi des Arvernes. ORGANISATION DE LA PROVINCE ROMAINE DE TRANSALPINE.
61	Les Germains envahissent la Gaule.
59	Les Helvètes envahissent la Gaule ; César sur le Rhône.
53	Révolte générale de la Gaule : Vercingétorix.
52	Sièges d'*Avaricum* et de Gergovie. **Alésia.**
50	Prise d'*Uxellodunum* par César. Fin de la guerre des Gaules.
43	Fondation de *Lugdunum* (Lyon).
12 av. J.-C.	Réunion à *Lugdunum* du premier « concile des Gaules ».
21	Révolte de Florus et Sacrovir en Gaule.
68	Mars. Révolte de Vindex à *Lugdunum.*
70	Assemblée de Reims : essai d'un empire des Gaules.
121	Voyage de l'empereur Hadrien en Gaule.
162	Incursions germaniques dans l'est de la Gaule.
186	Soulèvement des brigands de Maternus en Gaule.
196	Révolte d'Albinus.
197	19 févr. Bataille de *Lugdunum.* Mort d'Albinus.
233-34	Premières invasions des Alamans.
v. 250	Fondation de la plupart des églises des Gaules.
256	Victoire de l'empereur Gallien sur les Francs.
260-275	L'Empire des Gaules.
260-268	Postumus, empereur des Gaules, repousse les invasions franques
306	Expédition de Constantin contre les Francs.
313	L'« édit de Milan » accorde la tolérance au christianisme dans l'Empire romain.
355	INVASION DES FRANCS, ALAMANS ET SAXONS EN GAULE.
v. 361	Saint Martin fonde le monastère de Ligugé.
364	Les Alamans envahissent la Gaule.
372	Saint Martin fonde Marmoutier.
373-397	**Saint Martin, évêque de Tours.**
413	Les Visigots dans le midi de la Gaule.
*418	Saint Cassien fonde Saint-Victor de Marseille.
435-437	Grande révolte des Bagaudes.
443	Les Burgondes s'établissent en Savoie.
av. 450	Disparition des écoles publiques en Gaule.
451	LES HUNS ENVAHISSENT LA GAULE.
[455-470]	Les Alamans s'installent en Alsace.
469-476	Euric conquiert la Gaule.
476	Fin de l'Empire d'Occident.
481	Clovis succède à Childéric.
484	Alaric II succède à Euric.
486	SYAGRIUS BATTU ET TUÉ PAR CLOVIS À SOISSONS.
*490-525	Saint Avit, évêque de Vienne.
*493	Mariage de Clovis et de Clotilde.
*494	Clovis s'introduit au sud de la Loire.
av. 496	Bataille de Tolbiac.
496 ?	**Conversion de Clovis.**
500	Première campagne de Clovis contre les Burgondes.
501	Gondebaud fait l'unité des Burgondes et fait rédiger la loi « Gombette ».
503	Saint Césaire, évêque d'Arles.
507	Clovis bat les Visigots à Vouillé.
[507-511]	Publication de la loi salique.
509	Guerre entre Théodoric et les Burgondes.
*509	Les Francs Ripuaires reconnaissent Clovis comme roi.
511	Concile d'Orléans. MORT DE CLOVIS. Partage de son royaume entre ses fils.
515	Sigismond fonde le couvent d'Agaune.
516	Sigismond succède à Gondebaud.
*520	*Vie de Sainte Geneviève.*

524 Les Burgondes sont écrasés par les Francs et Théodoric. Mort de Sigismond.
529 Concile d'Orange : saint Césaire d'Arles fait condamner les thèses semi-pélagiennes.
531 Childebert repousse les Visigots en Espagne.
532-534 Les Francs conquièrent le royaume burgonde.
536-37 Les Francs conquièrent la Provence.
*538 20 nov. Naissance de Grégoire de Tours.
543 Mort de saint Césaire d'Arles.
[543-556] Fondation de Saint-Germain-des-Prés.
*550 Sainte Radegonde fonde Sainte-Croix de Poitiers.
558 Clotaire, seul roi des Francs.
561 Mort de Clotaire. Partage de son royaume entre ses fils.
565 Le poète Fortunat en Gaule.
567 Mort de Charibert : nouveau partage. Chilpéric assassine Galswinthe et épouse Frédégonde.
*568 Les Avars attaquent les Francs.
569-575 Les Lombards envahissent cinq fois la Gaule.
573-593 Épiscopat de Grégoire de Tours.
573 Début de la première guerre entre Chilpéric et Sigebert.
575 Triomphe et meurtre de Sigebert. Childebert II, roi d'Austrasie.
578 Les Bretons prennent Vannes.
579 Les Bretons envahissent les pays de Rennes et de Nantes.
585-589 Échecs de Gontran en Septimanie.
587 Mort de sainte Radegonde. Les Gascons s'installent en Aquitaine.
592 Grégoire de Tours achève l'*Histoire des Francs.*
594 ? Saint Colomban fonde le monastère de Luxeuil.
597 Mort de Frédégonde.
*597 Fortunat, évêque de Poitiers.
apr. 600 Mort de Fortunat.
602 Childebert soumet les Gascons.
613 Supplice de Brunehaut. Clotaire II, seul roi.
614 Concile de Paris : l'évêque obtient la juridiction exclusive sur les clercs de son diocèse.
629 Mort de Clotaire II. **Dagobert.**
630-31 Tournées d'inspection de Dagobert en Austrasie et en Bourgogne. Ses réformes.
630 ? Apparition en Gaule de la règle bénédictine.
634 Sigebert reçoit de son père l'Austrasie.
635 Dagobert fonde la foire de Saint-Denis.
639 Mort de Dagobert.
640 Mort de Pépin de Landen, maire du palais en Austrasie.
640-660 Saint Éloi, évêque de Noyon.
643 Le fils de Pépin, Grimoald, maire du palais en Austrasie.
*650 Fondation de l'abbaye de Saint-Wandrille.
654 Fondation de l'abbaye de Jumièges.
656 Grimoald usurpe le trône d'Austrasie pour son fils, Childebert III.
*660 Composition de la *Chronique* dite « de Frédégaire ».
662 Assassinat de Grimoald et de Childebert III.
663-679 Épiscopat de saint Léger d'Autun.
v. 670 Derniers actes royaux mérovingiens rédigés sur papyrus.
673 Révolte des grands. Childéric II, seul roi.
675 Meurtre de Childéric II.
*675 Les Aquitains se rendent indépendants.
*680 **Pépin d'Héristal, maire du palais d'Austrasie.** Il est battu par Ébroïn de Neustrie. Le Frison Radbod commence la lutte contre les Francs chrétiens.
683 ? Meurtre d'Ébroïn.
*686 Mort du maire du palais de Neustrie. Pépin II intervient dans les querelles de succession et s'empare de la mairie du palais. Décadence définitive des Mérovingiens.
*695 Pépin rejette les Frisons au-delà du Rhin.
696-742 Disparition des conciles dans l'Église des Gaules.
700 Le duc des Alamans, Gottfried, proclame son indépendance.
709-712 Expédition de Pépin contre les Alamans.
714 MORT DE PÉPIN II. Sa veuve, Plectrude, tente de maintenir l'unité de la mairie du palais.
715 Grégoire II, pape. Plectrude battue à Cuise par Rainfroi, maire du palais de Neustrie.
716 Chilpéric II accorde à l'abbaye de Corbie des privilèges commerciaux à Fos, en Provence.

716-719 CHARLES MARTEL RÉDUIT LES NEUSTRIENS À L'OBÉISSANCE.
717-725 Les musulmans conquièrent la Septimanie.
719-738 Campagnes de Charles contre les Saxons.
720 Charles bat les Aquitains.
723 Saint Boniface, évêque, auprès de Charles Martel.
724 Évangélisation des Alamans par saint Pirmin, qui fonde le monastère de Reichenau.
apr. 727 Composition des *Gesta Regum Francorum*.
728 Charles Martel soumet la Bavière.
730 Charles Martel soumet le dernier duc alaman.
731 Grégoire III, pape.
732 **Défaite des Arabes à Poitiers.**
733-34 Charles Martel conquiert la Frise.
734-739 Révolte des Bourguignons. Incursions des Sarrasins en Provence. Allié aux Lombards, Charles Martel pacifie le pays.
735 Charles Martel tente de conquérir l'Aquitaine.
737 Mort de Thierri IV, roi de Neustrie, de Bourgogne et d'Austrasie. Vacance du trône mérovingien.
737-739 Victoire de Charles Martel sur le duc de Provence.
739 Appel de Grégoire III à Charles Martel contre les Lombards. Maintien de l'alliance entre Francs et Lombards.
741 Avènement du pape Zacharie. MORT DE CHARLES MARTEL. Révolte générale contre ses fils.
742-43 La dernière grande peste du haut Moyen Âge.
742 Pépin et Carloman soumettent l'Aquitaine et les Alamans. Carloman fait appel à Boniface pour réformer le clergé franc. Naissance de Charlemagne.
743 Childéric III, dernier roi mérovingien. Synode austrasien des Estinnes. Début de la réforme de l'Église franque.
743-44 Expédition punitive contre les Saxons.
744 Soumission des Bavarois. Nouvelle révolte des Alamans. Synode neustrien de Soissons. Sturmius fonde le monastère de Fulda.
746 Les Alamans écrasés à Canstatt. Boniface, évêque de Mayence.
747 Abdication de Carloman. Pépin, seul maire du palais.
748-49 Révolte de la Bavière.
751 **Pépin se fait élire roi à l'assemblée de Soissons.** Childéric III déposé.
752-757 Étienne II, pape.
753 Étienne II en Gaule.
754 Entrevue de Ponthion entre Étienne II et Pépin. Sacre de Pépin par le pape. Martyre de saint Boniface.
av. 756 Pépin rend la dîme ecclésiastique obligatoire.
756 Attaque lombarde sur Rome. EXPÉDITION DE PÉPIN.
apr. 756 Pépin et ses fils, rois des Francs et patrices des Romains.
757-767 Paul Ier, pape.
758 Expédition contre les Saxons.
759 Les Arabes sont chassés du bas Languedoc. Pépin achève de conquérir la Septimanie.
760-768 Pépin soumet l'Aquitaine.
763 Tassilon III, duc de Bavière, se rend indépendant. Il occupe la Carinthie.
768 Étienne III, pape. Ambassade arabe en Gaule. MORT DE PÉPIN : Charles et Carloman.
apr. 768 *Chronique* d'Hildebrand et Nivelon.
769 Différend entre Charles et Carloman.
770-840 ? Vie d'Eginhard.
800 Capitulaire *De villis*, sur l'administration des domaines royaux.
771 **Charles, seul roi.**
772 Adrien succède à Étienne III.
772-776 Expéditions punitives de Charles en Saxe.
772 Charles épouse Hildegarde.
773 Charles en Italie ; siège de Pavie.
774 Charles à Rome : il renouvelle la donation faite par Pépin de l'État pontifical. Capitulation de Pavie : CHARLES, ROI DES LOMBARDS.
775 Charles occupe le bas du pays saxon.
v. 776 Fondation de l'abbaye de Lorsch.
778 Naissance de Louis le Pieux. Charlemagne en Espagne : Roncevaux.
av. 779 Réformes monétaires de Charlemagne.
781 Louis, roi d'Aquitaine. Théodulf en Gaule.
782 Charlemagne annexe la Saxe, qui se révolte. IL FAIT VENIR D'ANGLETERRE ALCUIN.
[782-786] Paul Diacre en Gaule.

783-785 Conquête de la Saxe. Aix-la-Chapelle, résidence principale de Charlemagne.
*784 Paul Diacre : *Gesta episcorum Metensium.*
785 Charlemagne exige un serment de fidélité des habitants de l'État pontifical.
785 ? *Capitulation de partibus Saxoniae.*
788 Théodulf, évêque d'Orléans.
Conquête de l'Istrie. Charles annexe la Bavière.
789 Charlemagne ordonne l'ouverture d'écoles monastiques. Dans l'*Admonitio generalis,* il réglemente pour la première fois le prêt à intérêt.
790 Accord entre Charlemagne et le roi Offa de Mercie.
791 Début de la guerre contre les Avars.
793-798 Révolte de la Saxe du Nord.
794 Charlemagne fixe un prix maximal des denrées.
795 Léon III, pape.
796 Les Avars se reconnaissent vassaux des Francs.
796-805 Eudes de Metz construit la chapelle Palatine.
797 Assemblée d'Aix-la-Chapelle : *Capitulare Saxonicum.*
799 Synode d'Aix-la-Chapelle. Conspiration contre Léon III.
800 25 déc. **Charlemagne couronné empereur par Léon III, à Rome.**
802 Régularisation de l'institution des *missi.*
802-03 Fin des campagnes contre les Avars.
802-03 ? Publication de la *Lex Frisionum.*
803 Paix de Salz entre Charlemagne et les Saxons. Rupture entre Charlemagne et Nicéphore.
804 Mort d'Alcuin.
805 Les nobles vénitiens se reconnaissent soumis à Charlemagne.
*805-862 Vie de Loup de Ferrières.
806 Premier partage de l'Empire. Le capitulaire de Nimègue interdit l'usure.
807 Ambassade d'Haroun al-Rachid ; il reconnaît des droits aux Francs sur les Lieux saints.
*807 Construction de l'église de Germigny-des-Prés. Fondation de l'abbaye de Gellone.
809-10 Conquête de la Vénétie par Pépin.
809 Charlemagne intervient dans la question de la procession du Saint-Esprit.
810 Mort de Pépin.
811 Mort de Charles.
812-13 ? Mort de saint Guilhem, à Gellone.
813 Louis le Pieux mate l'Aquitaine et occupe la Navarre. Louis associé à l'Empire et couronné.
814 **Mort de Charlemagne : Louis le Pieux empereur.** Mort du poète Angilbert.
815 Reprise de la lutte contre les Sarrasins d'Espagne.
816 Étienne IV, pape. Couronnement de Louis à Reims, par Étienne IV.
816-17 Concile d'Aix-la-Chapelle : influence de saint Benoît d'Aniane.
816-840 Agobard, évêque de Lyon.
817 Lothaire, empereur associé. Pépin, roi d'Aquitaine, Septimanie et Bourgogne. Louis, roi de Bavière, Carinthie, Bohême et Croatie. Louis le Pieux reconnaît la liberté d'élection des papes. *Ordinatio imperii.* Pascal Ier, pape.
819 Mariage de Louis le Pieux avec Judith de Bavière. Consécration de l'abbaye de Fulda.
av. 821 Eginhard : *Vita Caroli.*
821 Mort de saint Benoît d'Aniane et de Théodulf d'Orléans.
822 Confession publique de Louis, à Attigny.
823 Juin. Naissance de Charles le Chauve. Couronnement de Lothaire par le pape.
824 Eugène II succède à Pascal Ier. *Constitutio romana,* de Lothaire.
824-25 Correspondance entre Michel le Bègue et Louis le Pieux sur le culte des images.
828 Raid franc en Afrique. Assemblée d'Aix : opposition du clergé à Louis le Pieux.
829 Août. Acte de Worms. Dotation de Charles le Chauve. Révolte de Lothaire.
829-882 *Annales de Saint-Bertin.*
830 Annulation de l'acte de Worms. Les fils de Louis le Pieux s'emparent du pouvoir.
830 ? Invention du corps de saint Jacques, à Compostelle.
831 Diète d'Aix. Louis le Pieux reprend le pouvoir. Jonas d'Orléans : *Institution royale.* Paschase Radbert : *De corpore et sanguine Domini.*
832 Nouvelle révolte des fils de Louis le Pieux. Lothaire et Charles, seuls héritiers.

833 Juin. DÉPOSITION DE LOUIS LE PIEUX. 1er octobre. Pénitence de Louis le Pieux à Saint-Médard de Soissons.

834 Restauration de Louis.

836 Les moines de Noirmoutier émigrent à Saint-Philbert-de-Grand-Lieu.

838 Charles le Chauve, couronné roi. Mort de Pépin d'Aquitaine.

840 20 juin. **Mort de Louis le Pieux.** Lothaire contre Louis le Germanique et Charles le Chauve.

841 Défaite de Lothaire et Pépin II à Fontenoy-en-Puisaye.

[841-843] Nithard : *Histoire.*

842 14 févr. Serments de Strasbourg entre Louis et Charles. Marche sur Aix-la-Chapelle. Armistice entre les trois frères. Élimination de Pépin II. Chronique en vers d'Ermold le Noir.

843 **Traité de Verdun.** Régime de la « confraternité ».

844 Conférence de Thionville. Exécution de Bernard de Septimanie.

844-45 Échec de Charles le Chauve contre Pépin II, en Aquitaine.

845 Jean Scot à la cour de Charles le Chauve. Pépin reçoit l'Aquitaine. Les Normands pillent Paris. Hincmar, évêque de Reims.

av. 846 Thégan : *De la vie et des actions de l'empereur Louis le Pieux.*

847 Léon IV, pape. Conférence de Meerssen.

848 Juin. Couronnement de Charles à Orléans, par Ganelon.

849 Charles le Chauve reprend Toulouse. Pépin II détrôné. Raids sarrasins en Provence. Réconciliation de Péronne entre Lothaire et Charles.

849-854 Échecs de Charles II en Aquitaine.

*850 Jean Scot : *De praedestinatione.*

852 Robert le Fort, abbé laïc de Marmoutier.

853 Robert, *missus* en Anjou, Touraine et Maine.

855 Mort de Lothaire Ier. Partage de la Lotharingie : Louis II, empereur et roi d'Italie ; Lothaire II, roi de Francie médiane ; Charles, roi de Provence ; Louis l'Enfant, roi d'Aquitaine.

855-862 Les Normands ravagent l'Île-de-France.

858 Nicolas Ier, pape.

858-59 Louis le Germanique envahit la France ; il échoue devant l'opposition du clergé.

859 Offensive de Charles contre Louis.

860 6 juin. Traité de Coblence. Paix de *statu quo.*

861 Robert le Fort, duc entre Seine et Loire.

862 Divorce de Lothaire II et de Teutberge ; il épouse Waldrade.

[862-869] Jean Scot : *De divisione naturae.*

863 Les Normands en Auvergne. Enquête ordonnée par Nicolas Ier sur le divorce de Lothaire II. Synodes de Metz et du Latran. Mort de Charles de Provence. Charles le Chauve soumet l'Aquitaine. Louis II d'Italie s'empare de la Provence, Lothaire II du duché de Lyon. Raids normands en Aquitaine.

864 Assemblée des Pîtres : mesures contre les Normands. Charles le Chauve s'efforce de réduire à neuf le nombre des ateliers monétaires. Pépin II, condamné à Pîtres, entre au couvent.

865 Entrevue de Tusey : Charles le Chauve et Louis le Germanique contre Lothaire II. Soumission de Lothaire II. Retour de Teutberge à la cour de Lorraine.

866 VICTOIRE DE ROBERT LE FORT SUR LES NORMANDS À BRISSARTHE. Mort de Robert. Hugues l'Abbé lui succède.

869 Août. Mort de Lothaire II. Ouverture de la succession de Lorraine.

870 Août. Traité de Meerssen. Accroissement des territoires de Charles le Chauve et de Louis le Germanique en Lorraine.

872 Jean VIII, pape.

875 Août. Mort de Louis II de Provence. Ouverture de la succession impériale. 25 déc. CHARLES LE CHAUVE COURONNÉ EMPEREUR PAR LE PAPE, À ROME.

876 31 janv. Charles, roi d'Italie.

877 Mai. Charles achète le départ des Normands. Juin. Assemblée de Quierzy : concessions du roi aux grands de Francie occidentale.
Oct. **Mort de Charles le Chauve.** Louis le Bègue, ayant refusé la couronne impériale, est couronné roi à Compiègne.

878 Voyage de Jean VIII en France pour chercher secours contre les Sarrasins. Intrigues de Bernard de Gotie en Aquitaine.

879 Mort de Louis le Bègue. Louis III et Carloman. 15 oct. Boson élu roi de Provence au concile de Mantaille.

879 Oct. Rapprochement des Carolingiens de France et d'Allemagne.
880 Naissance de Charles le Simple, fils posthume de Louis le Bègue.
881 Guerre entre Boson et Bernard Plantevelue. Victoire de Louis III, à Saucourt, sur les Normands.
882 Mort d'Hincmar à Reims. Août. Mort de Louis III. Hugues l'Abbé, administrateur du « duché de France ».
884 Mort de Carloman. Charles le Gros élu roi contre Charles le Simple.
885 Siège de Paris par les Normands, que repousse Eudes, fils de Robert le Fort. Extension du duché robertien.
887 Mort de Boson. Régence d'Ermengarde en Provence.
888 Rodolphe Ier, roi de Bourgogne. Févr. Eudes proclamé roi de France contre Charles le Simple.
890 Louis (l'Aveugle), fils de Boson, roi de Provence.
893 Janv. CHARLES LE SIMPLE couronné roi par Foulque de Reims. Guerre civile.
897 Paix entre Charles et Eudes.
898 Janv. Mort d'Eudes. Robert, frère d'Eudes, comte d'Anjou, de Tours, de Blois et de Paris.
901 Louis de Provence, empereur.
905 Louis battu et aveuglé par Bérenger de Frioul. Administration d'Hugues d'Arles dans les domaines français de Louis l'Aveugle.
910 **Guillaume d'Aquitaine fonde le monastère de Cluny.**
911 TRAITÉ DE SAINT-CLAIR-SUR-EPTE et fixation des Scandinaves en Normandie. Charles le Simple enlève la Lorraine au roi de Germanie.
914 Fondation de l'abbaye de Brogne.
[915-917] Construction de la première abbatiale de Cluny.
917 Fondation du premier prieuré de Cluny, à Déols.
920 Soulèvement des Robertiens.
921 Mort de Richard le Justicier, duc de Bourgogne ; Raoul lui succède.
922 Le duc Robert proclamé roi.
923 Juin. Mort de Robert. Raoul, duc de Bourgogne, lui succède. Charles prisonnier d'Herbert de Vermandois.
926 Hugues d'Arles, roi d'Italie.
926-942 Saint Odon, deuxième abbé de Cluny.
928 Mort de Louis l'Aveugle. Fin des Carolingiens d'Italie et de Provence.
929 Mort de Charles le Simple en captivité.
931 Privilège de Jean XI en faveur de la congrégation clunisienne.
*934 Rodolphe II, roi de Bourgogne, devient roi de Provence. Le royaume d'Arles.
936 Janv. Mort de Raoul. Juin. Sacre de Louis IV, fils de Charles le Simple.
940 Othon Ier reprend la Lorraine et reçoit l'hommage d'Hugues.
945 Louis IV, maître de la Normandie.
*946 Construction de la cathédrale de Clermont-Ferrand.
948-994 Saint-Maïeul, abbé de Cluny.
954 Sept. Mort de Louis IV.
Nov. Lothaire élu et sacré. Hugues le Grand, duc de Bourgogne et d'Aquitaine.
[975-1000] CONSTRUCTION DE LA SECONDE ABBATIALE DE CLUNY.
978 Tentative de Lothaire sur la Lorraine.
980 Des vitraux peints sont posés par l'archevêque Adalbéron, de Reims.
986 Mars. Mort de Lothaire. Louis V, roi.
987 Mort de Louis V.
1er-3 juill. **Élection, puis sacre d'Hugues Capet, à Reims.**
989 DÉBUT DE LA PAIX DE DIEU EN AQUITAINE. Association au trône du prince Robert.
990-1014 Construction du porche et du clocher de Saint-Germain-des-Prés, à Paris.
991-995 Richer : *Histoires.*
991-998 Conflit entre le pape et les Capétiens à propos du siège épiscopal de Reims.
996 Mars. Soumission et mort du comte de Blois.
24 oct. Mort d'Hugues Capet. ROBERT LE PIEUX, SEUL ROI. Second mariage de Robert, avec Berthe d'Anjou.
*1000 Construction de l'église Saint-Vorles, à Châtillon-sur-Seine.
*1000-1088 Vie de Bérenger de Tours.
1002 Mort d'Henri, frère d'Hugues Capet. Robert le Pieux commence la conquête de la Bourgogne.
1003 Troisième mariage de Robert le Pieux, avec Constance de Provence.
1006-1019 CONSTRUCTION DE L'ÉGLISE SAINT-PHILIBERT DE TOURNUS.
1009 Construction de l'église Saint-Martin-du-Canigou.
1020-21 Sculptures du linteau de Saint-Genis-des-Fontaines, première œuvre datée de la sculpture romane.

1022 Des hérétiques (manichéens) sont brûlés à Orléans.
1023 Formation du comté de Blois-Champagne. Entrevue d'Ivois, entre Robert le Pieux et l'empereur Henri II.
*1023 Le moine Helgaud, biographe de Robert le Pieux.
1023-24 Construction de l'abbatiale du Mont-Saint-Michel.
1031 Juill. Mort de Robert le Pieux.
HENRI Ier.
1032 Henri Ier inféode la Bourgogne à son frère. Le roi cède le Vexin français aux Normands.
*1033 Famine en Occident.
1035 Henri Ier soutient Guillaume le Bâtard, duc de Normandie.
[1039-1065] Construction de Sainte-Foy de Conques.
1041 Organisation définitive de la trêve de Dieu.
1046 Raoul Glaber : *Histoires*.
1046-1117 Vie de Robert d'Arbrissel.
1046-1130 Vie de Baudri de Bourgueil.
1049 Léon IX, pape.
Construction de Saint-Hilaire-le-Grand, à Poitiers.
*1049-1077 Construction de la cathédrale de Bernay.
1049-1109 SAINT HUGUES, ABBÉ DE CLUNY.
1050 ?-1120 Vie de Roscelin de Compiègne.
1051 Mariage d'Henri Ier avec Anne de Kiev.
1052 Naissance de Philippe Ier.
1055 Victor II, pape.
Le comté de Sens est rattaché au domaine royal.
1056-1133 Vie d'Hildebert de Lavardin.
1057 Étienne IX, pape.
1059 23 mai. PHILIPPE Ier COURONNÉ.
1060 4 sept. Mort d'Henri Ier.
*1060-1150 Construction de Saint-Sernin de Toulouse.
1061 Alexandre II, pape.
1062-1066 Construction de l'Abbaye-aux-Dames, à Caen.
1063 Consécration de l'église de Moissac.
1064 ?-1079 Construction de l'Abbaye-aux-Hommes, à Caen.
1066 **Guillaume de Normandie, roi d'Angleterre.**
1067-1107 Construction de l'abbatiale de Saint-Benoît-sur-Loire.
1068 Rattachement du Gâtinais au domaine royal.
1070 Affaire de succession de Flandre.
1071 Philippe Ier vaincu à Cassel par Robert le Frison.
1073-1085 Grégoire VII, pape.
1074 Réunion de Corbie au domaine royal.
1076 Le pape demande au roi de France de rembourser les sommes extorquées aux marchands italiens en Île-de-France. Philippe Ier triomphe de Guillaume le Conquérant au siège de Dol.
1077 Consécration de la cathédrale de Bayeux.
1078 Saint Anselme, abbé du Bec.
1079 Naissance d'Abélard.
v. 1080 Naissance de Louis VI.
1081 ?-1151 Vie de Suger.
1082-1095 Construction de l'abbatiale de Fécamp.
1084 Saint Bruno fonde la Grande-Chartreuse.
1087 Guillaume le Roux succède à Guillaume le Conquérant.
1088-1130 CONSTRUCTION DE LA TROISIÈME ABBATIALE DE CLUNY.
1090-1113 Yves, évêque de Chartres.
1091 Hildebert de Lavardin, évêque du Mans. Construction de la cathédrale de Coutances.
1092 Philippe Ier épouse Bertrade de Montfort, comtesse d'Anjou.
1094 Excommunication de Philippe Ier.
1095 Voyage d'Urbain II en France. **Concile de Clermont.**
Prédication de la première croisade.
v. 1096 *Cur Deus homo* de saint Anselme.
1096 Synode de Rouen.
1096-1141 Vie d'Hugues de Saint-Victor.
1097 Consécration de Saint-Étienne de Nevers.
1097-98 Conflit entre Guillaume le Roux et Anselme.
1097-1100 Le prince Louis mène la guerre en Vexin.
1098 ROBERT DE MOLESME FONDE CÎTEAUX.
1099 Pascal II, pape. Consécration de Sainte-Radegonde de Poitiers.
v. 1100 Cloître de Moissac : sculptures.
1100 Réunion de Bourges et de Dun au domaine royal.
*1100 Louis est roi associé.
1100 ou 1101 Robert d'Arbrissel fonde Fontevrault.
[1100-1150] Geste de Guillaume d'Orange.

1102-1136 ENSEIGNEMENT D'ABÉLARD.
1103 Guillaume de Champeaux à la tête de l'école épiscopale de Paris.
1104 Absolution de Philippe Ier.
1108 19 juill. Mort de Philippe Ier ; LOUIS LE GROS lui succède.
1108-1137 Charte de Lorris.
1109 Mort de saint Anselme.
1109-1122 Pons de Melgueil, abbé de Cluny.
1112 L'évêque de Laon, Gaudry, est mis à mort au cours d'une émeute. SAINT BERNARD ENTRE À CÎTEAUX.
1113 Guillaume de Champeaux rédige la règle des chanoines de Saint-Victor de Paris. Fondation de l'abbaye de La Ferté, première fille de Cîteaux.
*1113 Aventure d'Héloïse et d'Abélard.
1114 Traité de Gisors : Beauclerc suzerain du Maine et de la Bretagne. Fondation de l'abbaye de Pontigny, seconde fille de Cîteaux.
1115 **Saint Bernard fonde Clairvaux.**
1116 Mort d'Yves de Chartres.
1118 Réunion de Montlhéry au domaine royal.
*1118 Fondation de l'ordre des Templiers.
1119 Défaite de Louis VI à Brémule. Calixte II, pape. Concile de Reims. Consécration de la cathédrale de Cahors.
1120 Fondation de l'ordre des Prémontrés par saint Norbert.
v. 1120 *Sic et non,* d'Abélard.
apr. 1120 Construction de Saint-Front de Périgueux.
1121 Abélard condamné à Soissons.
1122 **Suger, abbé de Saint-Denis.**
1122-1126 Expédition de Louis VI en Auvergne pour la protection des églises.
1122-1156 Pierre le Vénérable, abbé de Cluny.
1124 Invasion de la Champagne par l'empereur Henri V.
Honorius II, pape. Mort de Guibert de Nogent.
*1125 *Sacramentaire* de Limoges.
[1125-1150] *Pèlerinage de Charlemagne.*
1127 Mort de Guillaume IX, duc d'Aquitaine. Assassinat de Charles le Bon, comte de Flandre. Échec du candidat de Louis VI, Guillaume Cliton.
apr. 1127 Foucher de Chartres : *Historia Hierosolymitana.*
1128 Mort de Guillaume Cliton, au siège d'Alost.
1129 Mariage de Mathilde d'Angleterre avec Geoffroi Plantagenêt, comte d'Anjou.
1130 Élection de deux papes rivaux, Innocent II et Anaclet II. Concile d'Étampes.
*1130 *Gormont et Isembart.*
[1130-1155] Vie du troubadour Cercamon.
1131 SACRE DE LOUIS VII, par Innocent II.
1132 ?-1144 Construction de l'abbatiale de Saint-Denis.
v. 1132 Achèvement de l'abbatiale de Vézelay et de la cathédrale d'Autun.
1135 Deuxième monastère de Clairvaux.
[1135-1145] Floraison de la lyrique provençale.
*1135-1168 Construction de la cathédrale de Sens.
1137 Mort de Guillaume X, duc d'Aquitaine, comte de Poitiers ; Aliénor héritière.
22 juill. Mariage de Louis VII et d'Aliénor d'Aquitaine.
1er août. MORT DE LOUIS VI ;
Louis VII lui succède.
1137-1147 Construction de Saint-Pierre de Montmartre.
1138 Fin du schisme pontifical.
1139-1147 Construction de l'abbatiale de Fontenay.
*1140 *Chanson des Chétifs.* Publication du *décret de Gratien. Roman d'Alexandre.* Apogée du poète Jeauffré Rudel.
1140 Concile de Sens : condamnation d'Abélard.
1141 Louis VII excommunié. Les partisans de Mathilde défont le roi d'Angleterre, Étienne de Blois.
1142 Guerre entre Louis VII et Thibaut de Champagne ; saint Bernard intervient.
1144 Traité de Vitry entre Louis VII et Thibaut ;
Consécration du chœur de Saint-Denis.
*1145 Suger : *Vie du roi Louis VI.* Construction de la cathédrale de Noyon ; sculptures du portail Royal de Chartres.
1146 Départ de Louis VII pour la croisade. Suger, régent du royaume.
1148 Consécration de l'abbatiale de Cîteaux. Condamnation de Gilbert de la Porrée au concile de Reims.
*1150 Construction de Notre-Dame-du-Port, à Clermont-Ferrand, et de l'église de Saint-Leu-d'Esserent. Chanson de *Raoul de Cambrai.*

1150-1220 Construction de la cathédrale de Langres.

[1150-1155] Début de la construction de la cathédrale de Bourges.

[1150-1165] *Roman de Thèbes. Roman d'Eneas. Roman de Troie.*

1150-1195 Le poète Bernard de Ventadour.

*1150-1210 Vie de Jean Bodel.

1151 Mort de Geoffroi Plantagenêt ; Henri lui succède. Mort de Suger.

1152 Concile de Beaugency. LOUIS VII RÉPUDIE ALIÉNOR D'AQUITAINE, QUI ÉPOUSE HENRI PLANTAGENÊT.

1153 Mort de saint Bernard.

1154 Adrien IV, pape ; Henri II Plantagenêt, roi d'angleterre. Août. Traité avec Henri II.
Deuxième mariage de Louis VII, avec Constance de Castille. Hostilités franco-normandes.

*1155 Construction de la cathédrale de Senlis.

1158 Second traité avec Henri II.

1159 Louis VII met en échec Henri II devant Toulouse.
Pierre Lombard, évêque de Paris. Alexandre III, pape.

1160 Troisième mariage de Louis VII, avec Alix de Champagne. Béroul : *Tristan et Iseult.* Apogée de Mathieu de Vendôme.

1160-1196 Épiscopat de Maurice de Sully, à Paris.

1162 Hugues III, duc de Bourgogne. Henri II prend le Vexin.

[1162-1182] Activité littéraire de Chrétien de Troyes.

1163 **Début de la construction de Notre-Dame de Paris.** Concile de Tours. Début du conflit entre Henri II et Thomas Becket.

1164-1213 Vie du chroniqueur Villehardouin.

1165 Naissance de Philippe, fils de Louis VII.

1166-1173 Campagnes de Louis VII, aidé par Hugues III, contre les féodaux.

1167 SYNODE CATHARE DE SAINT-FÉLIX-DE-CARAMAN.

1173 VALDÈS FONDE À LYON LA SECTE VAUDOISE.

1174 Traité de Montlouis, entre Henri II et ses fils. Partage des domaines des Plantagenêts. Première mention d'un garde des foires de Champagne.

*1175 *Lais* de Marie de France.

1175 ?-1212 Construction de la cathédrale de Soissons.

1177 [ou 1192] Mort d'Adam de Saint-Victor.

apr. 1177 Début de la composition du *Roman de Renart.*

1179 COURONNEMENT DE PHILIPPE II AUGUSTE.

1180 Fondation du premier collège pour les étudiants de Paris. Mariage de Philippe Auguste avec Isabelle de Hainaut (l'Artois en dot). Alliance des Blois-Champagne et des Plantagenêts contre Philippe. 28 juin. Traité de Gisors.

1181 Coalition Flandre-Champagne contre Philippe Auguste. Intervention d'Henri II.

1182 ?-1226 Saint François d'Assise.

1185 Traité d'Amiens avec le comte de Flandre. Philippe Auguste acquiert Amiens et le Vermandois.

1186 Défaite d'Hugues III de Bourgogne.

1187 Acquisition de Tournai. Rupture entre Philippe Auguste et Henri II.

1187-88 Philippe Auguste prend le Berry et entre en Touraine. Révolte des princes Plantagenêt soutenue par Philippe Auguste.

1189 Interdiction des confréries d'artisans à Rouen. Le clergé français refuse le paiement de la « dîme saladine ». Traité d'Azay-le-Rideau. Richard Cœur de Lion succède à Henri II.

1190 PHILIPPE AUGUSTE ET RICHARD CŒUR DE LION À LA CROISADE.

*1190 Début de la construction de la cathédrale de Bourges.

1191 Mort de Philippe d'Alsace, comte de Flandre. Campagne du prince Louis en Vermandois flamand.

1193 Philippe Auguste épouse, puis abandonne Ingeburge de Danemark.

1194 Bataille de Fréteval. Premiers privilèges des maîtres des écoles de Paris. Incendie et début de la reconstruction de la cathédrale de Chartres.

1196 Mariage de Philippe Auguste avec Agnès de Méran.

1197 Coalition formée par Richard contre Philippe Auguste.

1198 Innocent III, pape. Déroute de Gisors.

1199 Trêve de Vernon.
JEAN SANS TERRE SUCCÈDE À RICHARD : révolte de ses possessions françaises.

1200 Paix du Goulet avec Jean sans Terre. Innocent III met le royaume de France en interdit après le mariage du

1200 roi avec Agnès de Méran. Traité de Péronne avec Beaudoin X de Flandre. Privilège de Philippe Auguste en faveur des maîtres et des étudiants parisiens.

[1200-1250] Composition d'*Aucassin et Nicolette.*

1201-1214 Reconstruction du chœur de la cathédrale de Rouen.

1201-1253 Thibaut IV de Champagne, le Chansonnier.

1202 LA COUR DE PHILIPPE AUGUSTE CONDAMNE JEAN SANS TERRE À LA CONFISCATION DE SES FIEFS.

1203-04 Mission de Pierre de Castelnau et d'Arnaud Amalric contre les albigeois.

1204 Mort d'Aliénor.
Philippe Auguste achève la conquête de la Normandie et du Poitou.
PRISE DE CONSTANTINOPLE PAR LES CROISÉS.

1204-1209 Innocent III tente en vain d'entraîner Philippe II contre les albigeois.

1205 Philippe II conquiert la Touraine et l'Anjou.

1205-1235 Reconstruction des portails de Chartres.

1206 Prédication de saint Dominique chez les albigeois.

apr. 1206 Robert de Clari : *Conquête de Constantinople.*

1207 Excommunication de Raymond VI de Toulouse.

1208 [ou 1209] Constitution de l'association des maîtres et des étudiants de Paris.

1208 Meurtre du légat Pierre de Castelnau. **Innocent III prêche la croisade contre les albigeois.**

1209 Sac de Béziers. Simon de Montfort saisit les terres du comte de Toulouse.

1210-1240 Sculptures des portails de Notre-Dame de Paris.

apr. 1210 Début de la construction de la cathédrale de Reims.

1211-1213 Coalition féodale contre le roi.

1212 Croisade des « enfants ». Seconde croisade contre les albigeois.
Innocent III protège les maîtres parisiens révoltés contre l'évêque et reconnaît leur association.

*1212 *Conquête de Constantinople* de Villehardouin.

1213 Sept. Bataille de Muret. Réconciliation de Philippe II avec Isambour. Philippe Auguste prépare une expédition en Angleterre.

1214 Naissance de Saint Louis. Débarquement de Jean sans Terre, allié à l'empereur Othon de Brunswick. Juill. **Victoires françaises de la Roche-aux-Moines et de Bouvines.**
Rigord : *Gesta Philippi Augusti.*

*1214 Guillaume le Breton : *Philippide.*
Au IVe concile du Latran, FIXATION DES STATUTS DE L'UNIVERSITÉ DE PARIS.

1215 Simon de Montfort, comte de Toulouse. Les Anglais offrent la couronne au prince Louis.

1215-1217 Échec du prince Louis en Angleterre. Mort de Jean sans Terre ; réaction anglaise : Henri III.

1216 Honorius III, pape, prêche la Ve croisade.

1217 Le futur Raymond VII reprend Toulouse.

1218 Mort de Simon de Montfort.

1219 Mort de Guillaume le Breton.
Diffusion de l'ordre franciscain en France.

1220 Début de la construction de la cathédrale d'Amiens.

1222 Mort de Raymond VI de Toulouse. Avènement de Raymond VII.

1223 14 juill. Mort de Philippe Auguste. LOUIS VIII lui succède.
Apanage de Philippe Hurepel.
Rupture entre Louis VIII et Henri III d'Angleterre.

1224 Louis VIII conquiert le Poitou et la Saintonge. Amaury de Montfort cède ses droits en Languedoc à Louis VIII.

av. 1225 Composition du *Lancelot* en prose.

1225-1240 Construction du château de Coucy.

1226 Louis VIII en Languedoc. Prise de La Rochelle et d'Avignon.
Conquête du Toulousain. Sénéchaussées de Beaucaire et de Carcassonne.
LES APANAGES DES PRINCES : Robert en Artois, Charles en Anjou et Maine, Alphonse en Poitou.
8 nov. Mort de Louis VIII ; LOUIS IX lui succède. Blanche de Castille régente. Coalition féodale.

1227 Grégoire IX, pape.

1228 Guillaume d'Auvergne, évêque de Paris.

1229 Fondation de l'université de Toulouse. Inquisition dans le Languedoc. Avril. Traité de Paris avec Raymond VII.

av. 1230 Traduction de la *Métaphysique* d'Aristote.

1230-1252 Construction de Notre-Dame de Dijon.
1231 Bulle pontificale *Parens scientiarum,* en faveur de l'université de Paris.
[1231-1236] Guillaume d'Auvergne : *De l'univers.*
1234 Mariage de Louis IX avec Marguerite de Provence. Thibaut de Champagne, roi de Navarre.
1235 Coalition de Thibaut IV, du duc de Bretagne et du comte de la Marche. Sculptures de la façade de la cathédrale d'Amiens.
*1236 Guillaume de Lorris compose la première partie du *Roman de la Rose.*
1242 Henri III débarque à Royan. Victoires du roi de France à Taillebourg et à Saintes.
1243 *Livre des Assises de la cour des Bourgeois.*
1245 Concile de Lyon.
1245-1248 Enseignement de saint Albert le Grand à Paris.
CONSTRUCTION DE LA SAINTE-CHAPELLE À PARIS.
1246 Charles d'Anjou épouse Béatrice de Provence. L'université de Paris obtient le droit du sceau.
1248 SAINT LOUIS À LA CROISADE. Blanche de Castille, régente.
1248-1256 Enseignement de saint Bonaventure à Paris.
1249 Saint Louis prend Damiette.
1250-1254 Saint Louis en Palestine.
1250 ?-1310 Vie d'Arnaud de Villeneuve.
1252 Mort de Blanche de Castille. Début de la lutte des maîtres séculiers de l'université de Paris contre les ordres mendiants.
1252-1259 Saint Thomas d'Aquin enseigne à Paris.
1254 Saint Louis revient de croisade.
1255 Alexandre IV révoque toutes les mesures prises par l'université de Paris contre les ordres mendiants.
1256 Le « Dit » de Péronne. Alexandre IV impose à Paris des maîtres de son choix et exclut les opposants.
1257 L'université de Paris se soumet au pape.
1258 Traité de Corbeil avec Jacques d'Aragon.
1258-1274 Robert de Sorbon organise le collège qu'il fonde à Paris.
1259 *Livre de jostice et plet.*
TRAITÉ DE PARIS AVEC HENRI III, qui fait hommage au roi de France ; Louis IX lui rend la Saintonge, l'Agenais, une partie du Limousin, du Quercy et du Périgord.
1259-60 Saint Thomas : *Somme contre les gentils.*
*1260 Sculptures du portail de la Vierge à Notre-Dame de Paris. *Ancien Coutumier de Champagne.*
[1260-1270] Rutebeuf : *Miracle de Théophile.*
1261 Saint Thomas commence les *Commentaires* sur Aristote.
1262 Réformes monétaires de Louis IX : écus d'or et « gros » d'argent.
1262-1266 Construction de Saint-Urbain de Troyes.
v. 1266 Naissance de Duns Scot.
1267 Brunetto Latini, Florentin, écrit le *Trésor* en Français.
Mort de Pierre de Montreuil, architecte. Saint Thomas commence la *Somme théologique.*
1268 *Livre des métiers de Paris* d'Étienne Boileau. Mort de Clément IV. Interrègne pontifical.
1269-1272 Second enseignement de saint Thomas d'Aquin à Paris.
1270 25 août. **Mort de Louis IX à Tunis ;** PHILIPPE III LE HARDI lui succède. Mort de Thibaut V de Champagne.
[1270-1280] *La Châtelaine de Vergy.*
apr. 1270 *Jugement dernier* de la cathédrale de Bourges.
1271 Philippe le Hardi hérite du comté de Toulouse.
1271-1284 Annexions capétiennes en Vivarais.
1272 « *Établissements de Saint Louis* ». Début de la construction du chœur de la cathédrale de Narbonne et de celui de Saint-Étienne de Toulouse.
1273 Philippe III, candidat à l'empire. Début de la construction de la cathédrale de Limoges..
1274 Première rédaction en français des *Grandes Chroniques de Saint-Denis.* Mort de Robert de Sorbon et de saint Thomas d'Aquin. Concile de Lyon : fin du schisme oriental. Le pape acquiert le comtat Venaissin. Annexions capétiennes en Lyonnais. Mort d'Henri III de Champagne.
1275 Guillaume Durand : *Speculum judiciale.*
*1276 Deuxième partie du *Roman de la Rose,* par Jean de Meung. Adam de la Halle : *Jeu de la feuillée.*
1277 L'évêque de Paris Étienne Templier condamne les thèses thomiste et averroïstes. Début de la construction de la cathédrale de Rodez.
1278 L'ordre dominicain adopte le thomisme comme doctrine officielle.

1279 Traité d'Amiens : l'Agenais revient au domaine royal, la Saintonge à Henri III d'Angleterre.

*1280 Enseignement de Jacques de Revigny à Toulouse. Naissance de Guillaume d'Ockham.

1282 Début de la construction de Sainte-Cécile d'Albi. Adam de la Halle : *Jeu de Robin et de Marion.*

1283 Philippe de Beaumanoir : *Coutumes de Beauvaisis.* Le pape Martin IV offre la couronne d'Aragon à Philippe III. Le prince Charles reçoit le comté de Valois. Concile de Paris.

1284 Écroulement du chœur de la cathédrale de Beauvais. Mariage de Philippe IV avec Jeanne de Navarre.

1285 Rutebeuf : *Complainte de Saincte Église.* Échec d'une expédition contre l'Aragon. Mort de Philippe III, à Perpignan. PHILIPPE IV LE BEL lui succède.

av. 1287 *Le Châtelain de Coucy.*

1289 Statuts de l'université de Montpellier.

1291 Guillaume de Nogaret enseigne le droit à Montpellier.

*1291 La *Vierge dorée* d'Amiens.

1294 Philippe IV fait saisir la Guyenne. Boniface VIII, pape.

1294-95 Premières mutations monétaires de Philippe IV.

1294-1297 Les trois campagnes contre le roi d'Angleterre. Conquête partielle de la Guyenne.

1295 *Couronnement de Renart.* Les « légistes », Pierre Flotte, Nogaret.

1297 Arrestation des marchands flamands en France.

1301 Condamnation de Bernard Saisset, évêque de Pamiers.

1302 Consultation des « états » du royaume à propos des prétentions pontificales. Massacre des Français à Bruges. Défaite de Courtrai.

1303 La Guyenne rendue à Édouard Ier. Philippe IV fait saisir le pape par Nogaret, à Anagni.

1303 Mort de Guillaume de Nangis.

*1303 *Le Tournoiement des dames de Paris.*

1304 Bataille de Mons-en-Pévèle. Annexion de Lille, Douai et Béthune.

1304-1308 Enseignement de Duns Scot à Paris.

1305 **Élection du pape Clément V, qui se fixe en Avignon.** Traité avec la Flandre. Pierre Dubois : *De recuperatione Terrae Sanctae.*

*1305 Mort de Jean de Meung.

1307 ARRESTATION DES TEMPLIERS en France. Entrevue de Poitiers. Philippe le Bel exige de Clément V la condamnation de Boniface VIII.

1308 **Assemblée de Tours. Mariage d'Édouard II et d'Isabelle de France. Mort de Duns Scot.**

1308-1332 Construction du chœur de la cathédrale de Nevers.

1309 Joinville : *Vie de Saint Louis.*

1310 12 mai. Supplice de cinquante-quatre templiers.

1312 Bulle supprimant l'ordre des Templiers.

1313 Mort de Nogaret ; crise financière et mutations monétaires. Marsile de Padoue, recteur de l'université de Paris.

1314 Scandales à la cour de Paris. 29 nov. Mort de Philippe le Bel ; LOUIS X LE HUTIN lui succède.

1316 5 juin. Mort de Louis X. Jean Ier le Posthume, puis PHILIPPE V LE LONG. Jean XXII, pape.

1316-1391 Construction du palais des papes en Avignon.

1317 Jean Pucelle : *Bréviaire de Belleville.* Mort de Joinville. Mars. Assemblée des « états » à Paris et à Bourges.

1318 Début de la construction de Saint-Ouen de Rouen.

1320-1322 Soumission des cathares de Carcassonne, Albi et Cordes.

1322 3 janv. Mort de Philippe V ; son frère, CHARLES IV, lui succède.

1323 Jean de Jandun : *Traité des louanges de Paris.*

1325 L'université de Paris lève sa condamnation contre le thomisme.

1327 Jean Buridan, recteur de l'université de Paris.

1328 Louis de Bavière dépose Jean XXII : Nicolas V, antipape. 1er févr. Mort de Charles IV ; extinction des Capétiens directs. Édouard III d'Angleterre, fils d'Isabelle de France, réclame la couronne de France.
Régence de Philippe de Valois.
Avril. **Avènement de Philippe VI de Valois.**
Août. Répression de la révolte flamande.

-1330 *Renart le Contrefait.*

1331 Hommage lige d'Édouard III d'Angleterre pour ses terres françaises.

1332 Contestation théologique entre Jean XXII et l'université de Paris. Fondation de l'université de Cahors. Condamnation de Robert d'Artois ; il part pour la cour d'Angleterre.

1333 Philippe VI désavoue la théologie de Jean XXII.
Le prince Jean, duc de Normandie ; la France soutient les Écossais partisans de David Bruce.

1333-1336 Philippe VI prépare une croisade.

1334 Benoît XII succède à Jean XXII.

1337 L'université de Paris condamne l'ockhamisme.
Pétrarque en Vaucluse.
24 mai. Philippe IV prononce la saisie de la Guyenne. Fondation de l'université d'Angers.

1337-1410 Vie de Jean Froissart.

1338 Révolte de la Flandre ; Jacques Van Artevelde s'allie à Édouard III.

1339 Fondation de l'université de Grenoble. Projet d'invasion normande en Angleterre.
Sept. Siège de Cambrai par Édouard III. Alliance d'Édouard III avec Louis de Bavière. Alliance de la France avec la Castille.

1340 Alliance anglo-flamande. 24 juin. Bataille de l'Écluse.

1341 Louis de Bavière s'allie au roi de France. Philippe VI appuie en Bretagne Charles de Blois contre les Montfort.

1342 Mathieu d'Arras entreprend la construction de la cathédrale de Prague. Clément VI, pape.

1343 Geoffroy d'Harcourt à la cour d'Édouard III.

1343-1347 Fresques de la tour de la Garde-Robe, en Avignon.

1345 Raid de Derby de Bayonne à Angoulême. Mort d'Artevelde.

1346 26 août. **Bataille de Crécy.** Mort du roi Jean de Bohême. Siège de Calais. Campagne de Derby dans l'Ouest. Défaite et capture de David Bruce en Angleterre.

1347 Défaite de Charles de Blois à La Roche-Derrien. 3 août. Capitulation de Calais.

1347-1351 Trêve franco-anglaise.

1348 Jeanne de Naples vend Avignon à Clément VI.
La Grande Peste.

1348-49 Philippe VI achète Montpellier et le Dauphiné.

1349-1387 Charles le Mauvais, roi de Navarre.

1351 25 mars. Affrontement de chevaliers français et anglais devant Ploërmel, en Bretagne.
Avril. Fin de la trêve conclue entre la France et l'Angleterre le 28 septembre 1347.

1352-1363 Prédication de Guillaume de Bordes chez les vaudois du Dauphiné.

1354 8 janv. Assassinat de Charles d'Espagne.

1355 Sept. Traité de Valognes entre la France et l'Angleterre.
Novembre. Chevauchée du Prince Noir en Languedoc.

1356 Printemps. États généraux du Languedoc à Toulouse.
5 avril. À Rouen, Jean le Bon fait emprisonner Charles le Mauvais.
Juillet. Le Prince Noir envahit le Poitou.
19 septembre. BATAILLE DE POITIERS. Jean le Bon prisonnier.

1356-1357 Hiver. Étienne Marcel, prévôt des marchands de Paris, soulève le peuple contre la « mauvaise » monnaie.

1357 Les vaudois de Provence assassinent deux inquisiteurs. Le dauphin Charles régent du royaume.
Mars. Grande ordonnance monétaire.
22 mars. Trêve de Bordeaux entre la France et l'Angleterre.

1358 Janv. Étienne Marcel soulève Paris contre le dauphin. Il s'allie aux Jacques.
10 juin. Charles le Mauvais écrase les Jacques.
Étienne Marcel ouvre Paris aux Anglais.
Juillet. Le peuple de Paris chasse les Anglais et abat Étienne Marcel.

1359 Paix entre le dauphin et Charles le Mauvais. Les préliminaires de Londres sont rejetés par le dauphin.

1360 Innocent VI réforme l'ordre dominicain. Échec d'une chevauchée d'Édouard III en France.
1er-9 mai. Négociations et traité de Brétigny.
24 octobre. Paix de Calais.

1361 Jean le Bon héritier du duché de Bourgogne.

1362 6 avril. Les « Tard Venus » écrasent les troupes du roi et du comte de Forez au sud de Lyon.

1363 Installations de l'« étape » des laines à Calais. Philippe le Hardi duc de Bourgogne.

1363-1365 L'inquisiteur François Borel pourchasse les vaudois des Alpes.
1363-1431 ? Vie de Christine de Pisan.
1364 8 avril. Mort de Jean le Bon à Londres. Charles V roi.
16 mai. Duguesclin bat Charles le Mauvais à Cocherel.
29 septembre. Fin de la guerre de succession en Bretagne : bataille d'Auray.
1367 Urbain V quitte Avignon pour Rome. Froissart : *l'Épinette amoureuse.*
1368 Hiver. Reprise de la guerre entre Français et Anglais.
1369 Mariage de l'héritière de Flandre avec Philippe le Hardi, duc de Bourgogne.
1370 Duguesclin connétable.
Reconquête du Limousin.
Urbain V rejoint Avignon.
1371 Duguesclin écrase Robert Knowles en Champagne.
1371-1372 Charles V reconquiert le Poitou, l'Aunis et la Saintonge.
1372 Les Anglais occupent la Bretagne.
1373 Froissart : *Chroniques* (livre Ier). Première manifestation du gothique flamboyant à la cathédrale d'Amiens.
1374 Dernière persécution contre les cathares à Toulouse.
1375 Le pape ménage la trêve de Bruges entre la France et l'Angleterre.
1377 Mort d'Édouard III, roi d'Angleterre. Richard II lui succède.
1378 Charles V fait saisir les possessions normandes de Charles le Mauvais. Élections contradictoires des papes Urbain VI et Clément VII : début du grand schisme d'Occident.
1379 Clément VII, vaincu en Italie, s'installe en Avignon.
1380 Mort de Duguesclin. Mort de Charles V.
4 novembre. Sacre de Charles VI.
1381 L'Université de Paris demande la convocation d'un concile œcuménique pour résoudre le schisme.
1382 Le duc d'Anjou tente de recueillir l'héritage de Jeanne de Naples en Provence, puis en Italie.
Émeutes en France : les Maillotins à Paris, la Hérelle à Rouen, les Tuchins en Languedoc.
1384 Philippe le Hardi devient comte de Flandre.
1385 Mariage de Charles VI et d'Isabeau de Bavière.
1387-1392 ? Froissart : *Chroniques* (livres II et III).
1388 Campagne de Philippe le Hardi contre le duc de Gueldre.
1389 Pierre d'Ailly chancelier de l'Université de Paris.
1391 Gerson demande à Charles VI de mettre fin au grand schisme.
1392 Folie de Charles VI. Ses oncles reprennent le pouvoir.
1394 L'Université de Paris réclame de nouveau la fin du schisme.
1396 Gerson chancelier de l'Université de Paris.
Début du conflit entre les ducs de Bourgogne et d'Orléans.
1404 Mort de Philippe le Hardi. Jean sans Peur lui succède.
1407 23 nov. Jean sans Peur fait assassiner Louis d'Orléans.
1408-1416 Les frères de Limbourg : *Très Riches Heures du duc de Berry.*
1412 Naissance de Jeanne d'Arc. Les Armagnacs traitent avec les Anglais.
1413 États généraux à Paris. Émeute des Cabochiens.
Les Armagnacs chassent les Bourguignons de Paris.
1414 Henri V, nouveau roi d'Angleterre, réclame l'héritage des Plantagenêts en France.
1415 Paix d'Arras entre les Armagnacs et les Bourguignons.
25 octobre. BATAILLE D'AZINCOURT.
1418 Mai. Les Parisiens ouvrent la ville aux partisans de Jean sans Peur.
Décembre. Le dauphin Charles, fils de Charles VI, se proclame régent.
1419 Henri V maître de la Normandie.
Meurtre de Jean sans Peur.
Philippe le Bon duc de Bourgogne.
1420 21 mai. Philippe le Bon signe avec Henri V le TRAITÉ DE TROYES.
1422 31 août. Mort d'Henri V au château de Vincennes.
21 oct. Mort de Charles VI.
1428 Les Anglais mettent le siège devant Orléans.
1429 23 févr. Jeanne d'Arc rencontre le dauphin Charles à Chinon.
29 avril-8 mai. Délivrance d'Orléans.
17 juillet. Charles VII est sacré à Reims.
1430 23 mai. Jeanne d'Arc capturée devant Compiègne.
1430 ?-1470 ? Vie de François Villon.
1431 30 mai. JEANNE D'ARC BRÛLÉE À ROUEN.

1431 16 déc. Le régent anglais fait couronner Henri VI, fils d'Henri V, roi de France.

1435 Traité d'Arras entre Charles VII et Philippe le Bon.

1436 Charles VII prend Paris.

1437 Siège de Montereau.

1437-1451 Construction de l'église Saint-Maclou, à Rouen.

1438 Pragmatique sanction de Bourges.

1439-1440 Échec des négociations de paix entre la France et l'Angleterre.

1440 Jacques Cœur « argentier du roi ». Procès de Gilles de Rais.

1442 Révolte de Charles d'Orléans, aidé par le duc de Bourgogne Philippe. Jacques Cœur membre du conseil du roi.
L'*Annonciation* d'Aix-en-Provence.

1443 Fondation du parlement de Toulouse.

1444 Trêve entre Charles VII et les Anglais. Mariage d'Henri VI et de Marguerite d'Anjou.

1445 Charles VII institue les « compagnies de l'ordonnance du roi ».

1447 Le dauphin Louis se retire en Dauphiné.

1447 ?-1511 Vie de Philippe de Commynes.

1449 24 mars. Reprise des hostilités entre la France et l'Angleterre à Fougères.

1450 15 avril. Bataille de Formigny. Charles VII reconquiert la Normandie.

1450-1454 Construction du chœur du Mont-Saint-Michel.

1451 Arrestation de Jacques Cœur.

av. 1452 Arnoult Gréban : *Passion.*

1452 Réforme de l'Université de Paris par le cardinal d'Estouteville.

1453 17 juillet. Bataille de Castillon. Charles VII reconquiert la Gascogne. Enguerrand Charonton : *le Couronnement de la Vierge* (Villeneuve-lès-Avignon).

1454 Grande ordonnance judiciaire de Montil-lès-Tours.

1456 Le dauphin Louis se réfugie en Bourgogne.
Réhabilitation de Jeanne d'Arc.

1461 Mort de Charles VII ; Louis XI lui succède.

1462 Louis XI se fait céder par Jean II d'Aragon le Roussillon et la Cerdagne. Il s'allie à Marguerite d'Anjou.

1463-1472 Agrandissement du château de Plessis-lez-Tours.

1465 16 juillet. Bataille indécise de Montlhéry entre Louis XI et l'armée de la ligue du Bien public. Traités de Conflans et de Saint-Maur.

1467-1540 Vie de Guillaume Budé.

1468 9-14 octobre. ENTREVUE DE PÉRONNE entre Louis XI et Charles le Téméraire.

1470 Novembre. Assemblée de Tours ; Louis XI réoccupe les villes de la Somme. La Sorbonne est dotée d'une imprimerie.

1472 Louis XI occupe la Picardie. Siège de Beauvais par Charles le Téméraire : Jeanne Hachette.
Concordat avec le pape Sixte IV, qui réserve le droit de présentation du roi aux bénéfices majeurs.

1473 Entrevue de Trèves entre l'empereur Frédéric III et Charles le Téméraire.

1474 Échec du siège de Neuss. Affaiblissement de la puissance bourguignonne.

1475 13 septembre. Trêve entre le duc de Bourgogne et Louis XI. Conquête du Roussillon.

1477 5 janvier. Mort de Charles le Téméraire à la bataille de Nancy.
18 août. Marie, fille du duc de Bourgogne, épouse Maximilien de Habsbourg.

1479 7 août. Bataille de Guinegatte.

1480 Mort du roi René d'Anjou.

1481 Louis XI soumet la Franche-Comté, acquiert la Provence et le Maine.

1482 23 décembre. Négociations d'Arras : Maximilien renonce à la Bourgogne et à la Picardie.

1483 30 août. Mort de Louis XI.
Le *Décaméron* est imprimé pour la première fois en France.

1484 Les Beaujeu cèdent le Barrois à René de Lorraine.
L'Anjou entre dans le domaine royal. États généraux de Tours.

1488 Bataille de Saint-Aubin-du-Cormier : fin de la « guerre folle ».

1489-1490 Commynes rédige les six premiers livres de ses *Mémoires.*

1490 Mariage d'Anne de Bretagne et de Maximilien d'Autriche.

1491 Occupation de la Bretagne par les Français. Annulation du mariage d'Anne avec Maximilien.
Décembre. Elle épouse Charles VIII.

1492 Mai. Alliance de Charles VIII et de Ludovic Sforza, dit « le More ».

1493 Traité de Senlis entre Charles VIII et Maximilien. Traité de Barcelone : Charles VIII restitue le Roussillon à Ferdinand d'Aragon. Commission de Tours. Réforme du clergé régulier français.

1494 ?-1553 Vie de François Rabelais.

1494 Septembre. Charles VIII libère Pise, sujette de Florence depuis 1406.

1495 22 février. Charles VIII entre à Naples portant le manteau impérial et la quadruple couronne de France, Naples, Jérusalem et Constantinople.
Mars. Constitution de la « ligue de Venise ».
5 juillet. Bataille de Fornoue.

1496 Février. Les Français battus à Naples.

1496-1544 Vie de Clément Marot.

1498 8 avril. Mort de Charles VIII. Louis XII roi.

1499 Alliance de Louis XII avec Venise et Florence. Mariage de Louis XII et Anne de Bretagne. 16 mars. Traité de Lucerne avec les Suisses.

1500 11 novembre. Traité de Grenade entre la France et l'Aragon.

1503 Rupture entre la France et l'Aragon.

1504 Les Français perdent Naples.
Septembre. Traités de Blois entre Louis XII et l'Empereur.

1506 États généraux de Tours : fiançailles de Claude de France avec François d'Angoulême.

1507 ?-1573 Vie de Michel de l'Hospital.

1508 10 décembre. Ligue de Cambrai.

1509 Lefèvre d'Étaples : *Quintuplex psaltarium...*

1511 5 octobre. Le pape Jules II forme une Sainte Ligue contre Louis XII.

1512 11 avril. Bataille de Ravenne. Mort de Gaston de Foix.
Maximilien abandonne Louis XII. Perte de l'Italie par les Français.
Lefèvre d'Étaples édite les *Épîtres* de saint Paul.

1513 Louis XII traite avec Venise ; il signe une trêve avec Ferdinand.

1513-1593 Vie de Jacques Amyot.

1514 Guillaume Budé : *De asse.*
Louis XII accorde à l'exportation l'exemption de la taxe douanière.

1515 Mort de Louis XII.
Création d'un parlement de Normandie.
13 septembre. **Bataille de Marignan.**
François Ier invite Léonard de Vinci.

1515 14 décembre. Léon X fait la paix avec François Ier.

1515-1524 Construction de l'aile François-Ier à Blois.

1515 ?-av. 1568 Vie de Jean Goujon.

1516 « Paix perpétuelle » entre la France et les cantons suisses.
13 août. Traité de Noyon. Concordat.

1517 Reconstruction de Saint-Étienne-du-Mont, à Paris.
11 mars. Traité de Cambrai.

1519 François Ier candidat à la couronne impériale.

1520 7 juin. Entrevue du Camp du Drap d'Or.

1521 Bayard défend victorieusement Mézières devant les Impériaux.

1522 Les Français, battus à La Bicoque, sont chassés du Milanais.

1522-1560 Vie de Joachim du Bellay.

1523 François Ier crée le « Trésor de l'épargne ».

1524 Mort de Bayard en Piémont. Le duc de Bourbon, devenu lieutenant de Charles Quint, envahit la Provence.

1524-1585 Vie de Pierre de Ronsard.

1525 24 février. BATAILLE DE PAVIE : François Ier prisonnier.

1527 Démantèlement des possessions de la maison de Bourbon.
Mai. Sac de Rome par les troupes de Charles Quint.

1529 Grande émeute à Lyon.
5 août. Paix de Cambrai. Exécution de Berquin, ami d'Érasme.

1530 Mise en exploitation de la route postale Paris-Boulogne.
François Ier crée le Collège de France.

[1530-1540] Reconstruction du château de Saint-Germain-en-Laye.

1531 Marguerite de Navarre : *Miroir de l'âme pécheresse.*

1532 Rabelais : *Pantagruel. Les Horribles et Épouvantables Faits...*

1533 François Ier exile les docteurs de Sorbonne. Entrevue de Marseille entre le roi de France et le pape.
Mise en exploitation de la route postale Lyon-Marseille.

1533-1592 Vie de Michel de Montaigne.

1534-1543 Expéditions de Jacques Cartier.

1534 La Sorbonne intente un procès aux lecteurs royaux devant le parlement.
Rabelais : *la Vie... du grand Gargantua...* – Affaire des placards : la « Chambre ardente ».

1535 François Ier revendique le Milanais pour son fils.

1536 La Provence est occupée par les troupes de l'Empereur.
L'ordonnance de Crémieu accroît les attributions des tribunaux, des bailliages et des sénéchaussées.

1538 Mise en exploitation de la route postale Lyon-Turin.
14 juillet. Entrevue d'Aigues-Mortes entre François Ier et Charles Quint.
Reprise de la persécution contre les réformes en France. Montmorency connétable.

1539 Août. Ordonnance de Villers-Cotterêts.

1541 Disgrâce de Montmorency. Marot traduit les Psaumes.
L'*Institution* de Calvin traduite en français.

1541-1544 Goujon et Lescot : jubé de Saint-Germain-l'Auxerrois à Paris.

1542-1560 Expédition française en Écosse.

1544 François Ier affranchit les serfs de ses domaines bourguignons (édit révoqué en 1545).
13 avril. Bataille de Cérisoles. 16 septembre. Traité de Crépy avec Charles Quint.

1545 Massacre des vaudois d'Avignon.

1546 Début de la reconstruction du Louvre. Rabelais : le *Tiers Livre*.

1547 Mort de François Ier. Marguerite de Navarre : *les Marguerites de la Marguerite des princesses.*

1548-1549 Lescot et Goujon : fontaine des Innocents.

1549 Du Bellay : *Défense et illustration de la langue française.*

1550 Traité de paix franco-anglais : Boulogne rendue à la France. Ronsard : *Odes.*

1551 Henri II reprend la guerre en Italie contre le pape.
Il désavoue officiellement le concile de Trente.

1552 Tombeau de François Ier à Saint-Denis.

1552-1553 Ronsard : *Amours.*

1555 Alliance d'Henri II avec le pape.

1557 10 août. Bataille de Saint-Quentin.

1558 Mariage de Marie Stuart et du Dauphin.

1559 3 avril. TRAITÉ DU CATEAU-CAMBRÉSIS.
10 juillet. Mort d'Henri II.
23 décembre. Exécution du conseiller Anne du Bourg. Édit d'Écouen.

1560 Mars. Conjuration d'Amboise.
Mai. Édit de Romorantin.
2 juillet. Michel de l'Hospital chancelier.
21 août. Assemblée de Fontainebleau.
5 décembre. Mort de François II. Charles IX lui succède.

1561 États généraux d'Orléans. Synode des réformés à Poitiers.
Assemblée du clergé à Poissy. États généraux de Pontoise.
Septembre. Colloque de Poissy.

1562 Ronsard : *Discours sur les misères de ce temps.*
Janvier. Édit de Saint-Germain. Février. Le parlement de Paris refuse de l'enregistrer.
1er mars. Massacre de Vassy. Révolte des protestants.
Siège de Rouen. Bataille de Dreux, 19 décembre.

1563 24 février. Assassinat de François de Guise. 19 mars. Paix d'Amboise.

1564 Publication du *Cinquième Livre* de Rabelais.

1564-1566 Voyage de Charles IX à travers la France.

1566 Ordonnance de Moulins.

1567 Nouvelle prise d'armes des protestants.

1568 23 mars. Paix de Longjumeau. Disgrâce de Michel de l'Hospital.

1569 Combats de Jarnac, 13 mars, et de Montcontour, 3 octobre. Assassinat de Louis de Condé. Troisième « guerre de Religion ».

1570 8 août. Paix de Saint-Germain.

1571 Grève des imprimeurs à Paris et à Lyon.

1572 Ronsard : *la Franciade.*
24 août. LA SAINT-BARTHÉLEMY. Abjuration d'Henri de Navarre. Quatrième « guerre de Religion ».

1573 Catherine de Médicis fait la paix avec les protestants.

1573-1613 Vie de Mathurin Régnier.

1574 Mort de Charles IX.
30 mai. Henri III lui succède. Reprise de la guerre religieuse. Ronsard : *Sonnets pour Hélène.*

1576-81 ?-1660 Vie de saint Vincent de Paul.

1576 Jean Bodin : *la République.* Constitution de la Sainte Ligue et sixième et septième « guerres de Religion ».

1580 Montaigne : *Essais* (1re édition).

1584 10 juin. Mort du duc d'Anjou.

1585 30 mars. Déclaration de Péronne.
9 septembre. Henri de Navarre déchu de ses droits à la couronne par Sixte Quint. Dernière « guerre de Religion ».
1588 12 mai. « Journée des Barricades ». États de Blois.
23-24 décembre. Assassinats du duc de Guise et du cardinal de Lorraine.
1589 Janvier. Mort de Catherine de Médicis. Réconciliation d'Henri de Navarre et d'Henri III. Mayenne chef de la Ligue.
Monitoire de Sixte Quint à Henri III.
2 août. MORT D'HENRI III.
Henri IV lui succède.
La Ligue fait du cardinal de Bourbon le roi Charles X. Henri IV s'empare de Dieppe. 20-21 septembre. Bataille d'Arques.
1590 14 mars. Bataille d'Ivry.
1591 Septembre. Le pape lève une armée contre Henri IV.
La Ligue fait régner la terreur à Paris : exécution du président Brisson.
1593 17 mai. Henri IV est couronné à Chartres.
22 mars. Le gouverneur Brissac lui ouvre les portes de Paris. Le parlement de Paris bannit les jésuites.
1594-1665 Vie de Nicolas Poussin.
1595 15 juin. Henri IV sauve à Fontaine-Française la Bourgogne envahie par les Espagnols.
Septembre. Le pape fait la paix avec Henri IV. Fuentes s'empare de Cambrai.
1596-1650 Vie de René Descartes.
1597 25 septembre. Henri IV reprend Amiens.
1598 13 avril. PUBLICATION DE L'ÉDIT DE NANTES.
2 mai. Paix de Vervins avec les Espagnols.
1598-1666 Vie de François Mansart.
1600 Mariage d'Henri IV et de Marie de Médicis. Olivier de Serres : *Théâtre d'agriculture.*
18 septembre. Réforme de l'université de Paris.
1600-1682 Vie de Claude Gellée, dit le Lorrain.
1601 Traité de Lyon.
1602 29 juillet. Exécution du maréchal de Biron.
1602-1674 Vie de Philippe de Champaigne.
1603 Henri IV réintroduit les jésuites en France.
1605-1606 Révolte du duc de Bouillon.
1606-1684 Vie de Pierre Corneille.
1607 Début de la construction de la place Dauphine à Paris.
1608 Saint François de Sales : *Introduction à la vie dévote.*
1609 Avril. Trêve entre les Provinces-Unies et l'Espagne : arbitrage d'Henri IV.
1610 14 mai. **Henri IV est assassiné par Ravaillac.**
Louis XIII roi.
1610-1660 Vie de Scarron.
1611 Assemblée générale des Églises réformées à Saumur.
1613-1680 Vie de La Rochefoucauld.
1613-1700 Vie de Le Nôtre.
1614 Révolte de Condé : traité de Sainte-Menehould, 15 mai.
Réunion des états généraux à Paris, 27 octobre.
1615 Nouvelle révolte de Condé. Construction du palais du Luxembourg.
1616 Mai. Condé est nommé chef du conseil.
1617 24 avril. Assassinat de Concini. Renvoi de Richelieu.
Faveur de Luynes.
1619-1655 Vie de Cyrano de Bergerac.
1619-1690 Vie de Le Brun.
1620 Août. Nouveau soulèvement nobiliaire. Réunion du Béarn à la France.
1622-1673 Vie de Molière.
1623-1662 Vie de Pascal.
1623 Alliance entre la France, la Savoie et Venise.
7 février. Traité de Paris.
1624 Avril. La reine mère fait entrer Richelieu au conseil.
13 août. Arrestation de son rival La Vieuville : RICHELIEU CHEF DU CONSEIL DU ROI. Soulèvement des campagnes et des villes du Quercy.
1624-1629 Construction de l'hôtel de Sully.
1625 Exécution en effigie de Théophile de Viau.
1625-1712 Vie de Jean Cassini.
1626 5 février. Paix de La Rochelle.
Août. Complot et exécution du marquis de Chalais.
1626-1696 Vie de la marquise de Sévigné.
1627 22 juin. Exécution de Montmorency-Bouteville et de Des Chapelles.
Octobre. Richelieu met le siège devant La Rochelle.
1627-1704 Vie de Bossuet.

1628 1er novembre. Le roi entre dans La Rochelle.

1629 28 juin. « Édit de grâce » d'Alès, ordonnant la destruction des châteaux fortifiés.

1630 Richelieu s'empare de Pignerol, 31 mars. Louis XIII conquiert la Savoie. Prise de Saluces, 20 juillet. Émeute de Dijon. « Journée des Dupes », 10 novembre. Destitution de Michel de Marillac.

1631 Théophraste Renaudot fonde *la Gazette.*
8 mars. Richelieu conclut une alliance défensive avec la Bavière.

1632 Édit de Béziers. Septembre. Défaite de Gaston d'Orléans. Révolte et exécution, 20 octobre, de Montmorency.

1632-1687 Vie de Lulli.

1633 Émeute en Guyenne. Callot : *les Misères de la guerre.*

1634 Saint Vincent de Paul et Louise de Marillac fondent les Filles de la Charité.

1635 10 février. Fondation de l'Académie française.
Lemercier construit la chapelle de la Sorbonne.
19 mai. Le roi de France déclare la guerre au roi d'Espagne.

1636 Corneille : *le Cid.*
15 août. Reddition de Corbie. Insurrection des Croquants en Angoumois, Saintonge, Limousin et Poitou.

1636-1711 Vie de Boileau.

1637 **Descartes : « Discours de la méthode ».**
Querelle du *Cid.* Début de la société des solitaires de Port-Royal des Champs.

1638 Saint Vincent de Paul fonde l'œuvre des Enfants trouvés.

1639 L'armée de Louis XIII s'empare d'Hesdin.

1639-1699 Vie de Jean Racine.

1640 Prise d'Arras, 9 août. Refonte générale des monnaies en France.
Les jésuites interdisent l'enseignement du cartésianisme dans leurs collèges. Fondation de l'Imprimerie royale à Paris. Corneille : *Horace.*

1641 Descartes : *Méditations.* Corneille : *Polyeucte.*

1642 Olier fonde la congrégation de Saint-Sulpice.
Complot et exécution de Cinq-Mars.
4 décembre. Mort de Richelieu.

1642-1648 François Mansart : château de Maisons.

1643 Mort de Louis XIII. Régence d'Anne d'Autriche. Mazarin. Premières remontrances du parlement et premières émeutes fiscales.
19 mai. Bataille de Rocroi. Molière fonde l'Illustre Théâtre.

1644 Édit du Toisé, taxe des « aisés ». Descartes : *Principia philosphiae.*

1645 François Mansart commence la construction du Val-de-Grâce. Corneille : *Rodogune.*

1645-1648 Le Sueur : *Vie de saint Bruno.*

1645-1696 Vie de La Bruyère.

1646 Rotrou : *Saint Genest.*

1646-1708 Vie de Jules Hardouin-Mansart.

1647 Édit du Tarif à Paris. Pascal : *Expériences nouvelles touchant le vide.* Vaugelas : *Remarques sur la langue française.*

1647-1706 Vie de Pierre Bayle.

1647-1714 Vie de Denis Papin.

1648 30 janvier. Traité de La Haye. Batailles de Zusmarshausen, 17 mai, et de Lens, 20 août. Traités de Westphalie, 24 octobre. Arrêt d'union, 13 mai.
Déclaration de la chambre Saint-Louis, 15 juin.
Abolition des intendants, 13 juillet.
Arrestation de Broussel : révolte parisienne, 26 août.
Fuite de la régente.
Fondation de l'Académie royale de peinture et de sculpture à Paris.

1649 5 janvier. La cour s'enfuit à Saint-Germain. Siège de Paris par le roi.
11 mars. Paix de Rueil. Révolte de Turenne.
Descartes en Suède.

1650 18 janvier. Arrestation de Condé, Conti et Longueville. La Tour : *Martyre de saint Sébastien.*

1651-1657 Scarron : *le Roman comique.*

1651 Mars. Les représentants des ordres privilégiés réclament la convocation des états généraux.

1651-1715 Vie de Fénelon.

1652 Avril. Condé, battu par Turenne, se réfugie à Paris.
21 octobre. Le roi rentre à Paris.

1659 7 novembre. Paix de Pyrénées.

1661 **Début du gouvernement personnel de Louis XIV.**
15 septembre. Institution du Conseil royal.

1662 Traité de Montmartre : la Lorraine cédée à la France.
6 février. Colbert fait racheter les rentes sur les « cinq grosses fermes ».
Création d'hôpitaux généraux dans tout le royaume.
Alliance défensive de la France avec les Provinces-Unies.
Corneille : *Sertorius*. Molière : *l'École des femmes*.
Le Brun premier peintre du roi. Philippe de Champaigne : *la Mère Agnès et Sœur Catherine*.

1663 Mars. Le roi renouvelle la ligue du Rhin avec les princes rhénans.
Juillet. Le parlement d'Aix prononce la réunion à la Couronne du comtat Venaisssin.
Août. Occupation de la Lorraine.
19 décembre. Les intendants reçoivent l'administration des impôts directs.
Colbert fonde l'Académie des inscriptions et belles-lettres.
Molière : *la Critique de « l'École des femmes ». L'Impromptu de Versailles.*

1663-64 Négociations franco-néerlandaises en vue du partage des Pays-Bas espagnols.

1664 Premier tarif douanier protecteur de Colbert.
Août. Dispersion des religieuses de Port-Royal de Paris.
20 décembre. Condamnation de Fouquet.
Colbert surintendant des Bâtiments.
Fondation de l'ordre des Trappistes.
Molière : première représentation de *Tartuffe*.

1665-1685 La Fontaine : *Contes*.

1665 Colbert contrôleur général des Finances.
La Rochefoucauld : *Maximes*.
Molière : *Dom Juan*.

1666 Janvier. Louis XIV interdit les remontrances au parlement de Paris.
Molière : *le Misanthrope*. Colbert fonde l'Académie des sciences.

1667 31 mars. Alliance franco-portugaise.
Mai. Campagne des Pays-Bas.

1668 19 janvier. Traité secret entre Louis XIV et l'empereur Léopold Ier.
23-24 janvier. Triple Alliance de La Haye.
2 mai. Traité d'Aix-la-Chapelle.
Guilleragues : *Lettres portugaises*. Racine : *les Plaideurs*. Molière : *Amphitryon ; l'Avare*.

1669 1er février. Déclaration limitant la portée de l'édit de Nantes.
7 mars. Colbert secrétaire d'État à la Marine.
Bossuet : *Oraison funèbre d'Henriette de France*.

1671 Fondation de l'Académie d'architecture.
L'enseignement du cartésianisme est interdit à Paris.

1672 12 juin. Louis XIV et Condé passent le Rhin à Tolhuis.
Louvois entre au Conseil.
Louis XIV s'installe à Versailles.
Molière : *les Femmes savantes*.
Fondation de l'Académie de musique.

1673 30 juin. Louis XIV et Vauban prennent Maëstricht.

1674 Rupture de la Diète avec la France.
Boileau : *l'Art poétique*.

1675 Louvois fixe la hiérarchie des grades et de l'ancienneté par l'ordre du Tableau.
Janvier. Victoire de Turenne à Turckheim.

1675-1755 Vie de Saint-Simon.

1677 Racine : *Phèdre*.

1678 Traités de Nimègue : franco-néerlandais, 10 avril, et franco-espagnol, 17 septembre.
Madame de La Fayette : *la Princesse de Clèves*.

1679 Traités de Saint-Germain. Création d'une chaire de droit français à l'Université de Paris.

1680 Fondation de la Comédie-Française.

1682 19 mars. Déclaration des quatre articles.

1683 L'Espagne déclare la guerre à la France.
Mort de Colbert.

1683-1764 Vie de Jean-Philippe Rameau.

1684 15 août. Trêve de Ratisbonne.

1684-1721 Vie de Watteau.

1685 18 octobre. RÉVOCATION DE L'ÉDIT DE NANTES.

1686 Fontenelle : *Entretiens sur la pluralité des mondes*.

1688 La Bruyère : *les Caractères*.

1689-1755 Vie de Montesquieu.

1690 1er juillet. Victoire de Fleurus. Fondation de la compagnie d'Afrique.
Denis Papin : *Mémoire sur l'emploi de la vapeur d'eau*.

1691 Racine : *Athalie*.

1692 Mai. Défaite de la Hougue.
Juin. Prise de Namur.
1694 Boileau : satire *Contre les femmes.*
Juin. Jean Bart bat les Hollandais.
Parution du *Dictionnaire de l'Académie.*
1694-1778 Vie de Voltaire.
1695 Pourparlers de paix entre Louis XIV et les Pays-Bas.
18 janvier. Institution de la capitation.
1697 Traités de Ryswick, 20 septembre et 30 octobre.
Malebranche : *Traité de l'amour de Dieu.*
1698 Négociations franco-anglaises sur la succession d'Espagne. Fondation de la compagnie de Chine.
1699 Janvier. Adoucissement des mesures contre les protestants. Fénelon : *Télémaque.* Mansart surintendant des Bâtiments.
1699-1779 Vie de Chardin.
1700 1er novembre. Testament de Charles II en faveur du duc d'Anjou.
4 décembre. Louis XIV se fait remettre le gouvernement des Pays-Bas espagnols.
1701 27 août. Monopole français sur la traite négrière dans le Nouveau Monde.
1702-1704 Révolte des Camisards.
1703-1770 Vie de Boucher.
1704 Les Français occupent la Savoie.
1705 Les Français conquièrent Nice et le Piémont.
1707 Disgrâce de Vauban. Denis Papin construit un bateau à vapeur.
1707-1788 Vie de Buffon.
1708 Regnard : *le Légataire universel.*
1709 23 octobre. Louis XIV disperse les religieuses de Port-Royal des Champs.
Lesage : *Turcaret.*
11 septembre. Villars et Boufflers arrêtent une invasion à Malplaquet.
1710 28 avril. Destruction de Port-Royal des Champs.
14 octobre. Louis XIV établit l'impôt du dixième.
10 décembre. Le duc de Vendôme est vainqueur à Villaviciosa.
Fénelon : *Mémoire sur la situation déplorable de la France.*
1711 16 avril. Mort du Grand Dauphin.
8 octobre. Préliminaires de Londres.
1712 Mort du duc de Bourgogne, 18 février, et du duc de Bretagne, 8 mars.
1712 Ouverture du congrès d'Utrecht, 29 janvier. Armistice franco-anglais, 17 juillet. Bataille de Denain, 24 juillet. Armistice franco-portugais, 7 novembre.
Fondation de la compagnie des Mers du Sud.
1712-1778 Vie de Jean-Jacques Rousseau.
1713 11 avril. TRAITÉ D'UTRECHT. 8 septembre. Bulle *Unigenitus.*
1713-1784 Vie de Diderot.
1714 Louis XIV force le parlement à enregistrer la bulle *Unigenitus,* 15 février.
6 mars. Traité de Rastatt.
1715 1er septembre. **Mort de Louis XIV.** Louis XV.
12 septembre. Le parlement annule le testament de Louis XIV. Lesage : *Gil Blas.*
1715-1747 Vie de Vauvenargues.
1716 2 mai. Law fonde la « Banque générale ».
Octobre. Association de la banque et de l'État.
Création du corps des Ponts et Chaussées.
Fénelon : *Lettre sur l'Académie.*
1717 Watteau : *l'Embarquement pour Cythère.*
1717-1783 Vie de D'Alembert.
1718 Mai. Refonte des monnaies.
4 septembre. Law rachète la ferme des tabacs.
4 décembre. Sa banque devient établissement d'État et se substitue à la compagnie du Sénégal.
1719 La compagnie Law se substitue à celles des Indes et de Chine, 26 mai, et à celle d'Afrique, juillet.
9 janvier. Guerre franco-espagnole.
19 août. Prise de Saint-Sébastien.
1720 5 janvier. Law contrôleur général.
1er novembre. L'État abandonne les billets de banque. 12 décembre. Démission et fuite de Law.
1721 26 janvier. Enquête sur les opérations de Law.
27 mars. Réconciliation franco-espagnole.
Fondation de la première loge maçonnique en France.
Montesquieu : *Lettres persanes.*
1722 Voltaire : *Épître à Uranie.*
1723 Majorité de Louis XV. Le duc de Bourbon premier ministre.
1724 14 mai. Déclaration contre les protestants.

1724 18 juillet. Ordonnance sur la mendicité.
Fondation de la Bourse de Paris.

1725 5 juin. Établissement de l'impôt du cinquantième.
15 août. Mariage de Louis XV et de Marie Leszczyńska.

1726 Disgrâce du duc de Bourbon : Fleury premier ministre, 12 juin. 19 août. Rétablissement de la ferme générale.

1726-1729 Voltaire en Angleterre.

1726-1730 Le Peletier des Forts contrôleur général.

1727 Début de l'affaire des convulsionnaires de Saint-Médard.

1727-1781 Vie de Turgot.

1730 Début de la célébrité du salon de Mme du Deffand.
Marivaux : *le Jeu de l'amour et du hasard.*

1730-1745 Orry contrôleur général.

1731 Dispersion du club de l'Entresol.
Dupleix gouverneur de Chandernagor.
Voltaire : *Charles XII.* Abbé Prévost : *Manon Lescaut.*

1732 Fleury fait fermer le cimetière de Saint-Médard, 29 janvier. Voltaire : *Zaïre.* Marivaux : *les Serments indiscrets.*

1732-1799 Vie de Beaumarchais.

1732-1806 Vie de Fragonard.

1733 Établissement de l'impôt du dixième, 17 novembre.
Campagne de Villars en Italie.
26 septembre. Traité franco-piémontais de Turin.
Voltaire : *le Temple du goût.*
Rameau : *Hippolyte et Aricie.*

1734 Montesquieu : *Considérations.* Voltaire : *Lettres anglaises. Remarques sur les « Pensées » de Pascal.* 1er avril. L'empereur déclare la guerre à la France. Les français prennent Phillippsbourg.

1735 5 octobre. Préliminaires secrets franco-autrichiens.
Marivaux : *le Paysan parvenu.*

1735-1736 La Condamine et Maupertuis mesurent le méridien.

1735-1740 Lemoyne : décoration de l'hôtel de Soubise.
La Bourdonnais gouverneur de l'île de France.

1735-1741 Dumas directeur des établissements français dans l'Inde.

1736 13 avril. Convention franco-autrichienne.
28 août. Règlement de la question de Lorraine.

1737 20 février. Disgrâce de Chauvelin.
Institution des « Salons » de peinture.
Marivaux : *les Fausses Confidences.*
Rameau : *Castor et Pollux.*

1737-1814 Vie de Bernardin de Saint-Pierre.

1738 Ordonnance régularisant la corvée royale.
8 septembre. Traité franco-suédois.
Voltaire : *Éléments de la philosophie de Newton. Discours sur l'homme.*
Fondation de la manufacture de porcelaine de Vincennes (transférée à Sèvres en 1756).

1739 Bouchardon : fontaine de la rue de Grenelle à Paris.

1740 Ultimatum français à l'Angleterre, 8 juillet, et rupture, décembre. Négociations franco-prusso-bavaroises.
Chardin : *le Bénédicité.*

1741 La Tour : *le Président de Rieux.*

1741-1803 Vie de Choderlos de Laclos.

1741-1828 Vie de Houdon.

1742 15 mars. Alliance franco-danoise.
Voltaire : *Mahomet.* J. A. Gabriel premier architecte du roi. Dupleix gouverneur général de l'Inde française.

1743 29 janvier. Mort de Fleury.
23 juin. Bataille de Dettingen.
Septembre. Les Français se replient en Alsace.
31 septembre. Guerre franco-sarde.
D'Alembert : *Traité de dynamique.*

1743-1757 Le comte d'Argenson secrétaire d'État à la Guerre.

1743-1794 Vies de Lavoisier et de Condorcet.

1744 15 mars. Louis XV déclare la guerre à l'Angleterre et à l'Autriche. Il fait envahir le Piémont et les Pays-Bas. Les Français prennent Fribourg.

1744-1747 Le marquis d'Argenson secrétaire d'État aux Affaires étrangères.

1745 Machault d'Arnouville contrôleur général. Début de la faveur de Mme de Pompadour.
11 mai. Bataille de Fontenoy. Convention d'Aranjuez entre Louis XV, l'Espagne et Gênes. Rameau : *le Temple de la Gloire.*

1746 21 février. Prise de Bruxelles par les Français.
21 mars. Traité franco-saxon. Condillac : *Essai sur l'origine...* Vauvenargues : *Maximes.* Diderot : *Pensées philosophiques.* 21 septembre. La Bourdonnais prend Madras, qu'il rend aux Anglais.

1746-1818 Vie de Monge.

1747 Disgrâce du marquis d'Argenson. Fondation par Trudaine de l'École des ponts et chaussées de Paris.
17 avril. Guerre franco-hollandaise.
2 juillet. Bataille de Lawfeld.
16 septembre. Prise de Bergen-op-Zoom par les Français. Voltaire : *Zadig*. La Tour : *Portrait de Monsieur de Saxe*.

1748 28 octobre. Traité d'Aix-la-Chapelle. La Tour : *Portrait de Louis XV*.

1748-1822 Vie de Berthollet.

1748-1825 Vie de Louis David.

1748-1836 Vie de Jussieu.

1749 30 avril. Disgrâce de Maurepas. Édits imposant l'impôt du vingtième à toute la nation, mai, et établissant le contrôle royal sur les biens du clergé. Buffon : *Théorie de la Terre*. Diderot : *Lettre sur les aveugles*.
Septembre. Dupleix obtient des princes hindous des cessions territoriales.

1749-1791 Vie de Mirabeau.

1750 Lutte de Machault contre les privilégiés : dissolution des états du Languedoc et de l'Assemblée du clergé.
Émeute à Paris. Tentative de marche sur Versailles.
Machault garde des Sceaux.
Rousseau : *Discours sur les sciences et les arts*.

1750-1753 Voltaire à Berlin.

1751 Janvier. Accord provisoire franco-anglais sur l'Acadie.
23 décembre. Édit suspendant l'application du vingtième au clergé.
PARUTION DU PREMIER VOLUME DE L'« ENCYCLOPÉDIE ».
Voltaire : *le Siècle de Louis XIV*.

1752 7 février. Première condamnation de l'*Encyclopédie*.
Affaire des « billets de confession ».
J. A. Gabriel commence la construction de l'École militaire à Paris.

1753 Avril. « Grandes Remontrances ». Exil, mai, et rappel, octobre, du parlement à propos de l'affaire des billets de confession.
Buffon : *Discours sur le style*. La Tour : *Portrait de D'Alembert* et *de Rousseau*.
Gabriel commence la construction de l'Opéra de Versailles.

1753-1821 Vie de Joseph de Maistre.

1754 Machault quitte le contrôle général pour la Marine.

1754 Condillac : *Traité des sensations*.
Rousseau : *Discours sur l'origine de l'inégalité*.
Diderot : *Pensées sur l'interprétation de la nature*.
Gabriel commence la construction de la place Louis-XV à Paris.
Août. Dupleix quitte l'Inde.

1755 Greuze : *le Père de famille*... La Tour : *Portrait de Mme de Pompadour*.

1756 21 août. Édit créant un nouveau vingtième. Octobre. Encyclique mettant fin à la querelle des billets de confession. Agitation parlementaire.
15 mai. Guerre franco-anglaise.
28 juin. Prise de Minorque par les Français. 12 juillet. Traité franco-suédois.
Voltaire : *Essai sur les mœurs*. Mirabeau : *l'Ami des hommes*.
Faillite du P. de La Valette aux Antilles.

1757 5 janvier. Attentat de Damiens.
Février. Disgrâce du comte d'Argenson et de Machault d'Arnouville.
21 mars. Alliance franco-suédoise.
Les Français prennent Hanovre, 11 août, et Verden, 23 août.
Diderot : *le Fils naturel*.
Rameau : *les Surprises de l'amour*.
Décembre. Choiseul secrétaire d'État aux Affaires étrangères. Diderot : *le Père de famille*. Rousseau : *Lettre à d'Alembert*. Quesnay : *Tableau économique*.

1759 8 mars. Seconde condamnation de l'*Encyclopédie*.
Voltaire : *Candide*.

1760 Les Français occupent la Hesse-Cassel.

1760-1825 Vie du comte de Saint-Simon.

1761 Choiseul secrétaire d'État à la Guerre, 27 janvier, et à la Marine, 15 octobre.
31 mars. Propositions françaises de paix à l'Angleterre.
8 mai. Procès du P. de La Valette.
Juin-septembre. Négociations de Versailles.
Rousseau : *la Nouvelle Héloïse*.

1762 Procès et exécution de Calas.
10 octobre. Le parlement ordonne la suppression des Jésuites.
Mars. Nouvelles négociations franco-anglaises.
Rousseau : *Émile*. *Du contrat social*.

1762-1768 Gabriel construit le Petit Trianon.

1762-1794 Vie d'André Chénier.

1763 10 février. Traité de Paris.
Voltaire : *Traité sur la tolérance*.

1764 Mort de Mme de Pompadour, 15 avril. Début des affaires de Bretagne : La Chalotais contre d'Aiguillon, 5 juin. Dissolution des Jésuites, novembre.

1764-1780 Soufflot constuit le Panthéon à Paris.

1765 9 mars. Réhabilitation de Calas. Démission du parlement de Rennes et arrestation de La Chalotais.

1766 23 février. Mort de Stanislas Leszczyński. Rattachement de la Lorraine à la France.
Conflit avec le parlement de Paris à propos des affaires de Bretagne : séance de la flagellation, 3 mars. Procès et condamnation du chevalier de La Barre.
Turgot : *Réflexions sur la formation et la distribution des richesses.*

1766-1817 Vie de Mme de Staël.

1766-1824 Vie de Maine de Biran.

1767 Mai. Les Jésuites bannis de France.

1768 15 mai. Traité de Versailles : la France acquiert la Corse.
Conflit de Clément XIII avec les Bourbons.
Saisie d'Avignon.

1769 15 août. Naissance de Napoléon Bonaparte.
22 décembre. Terray contrôleur général des Finances.

1770 16 mai. Mariage du Dauphin et de Marie-Antoinette.
Mai-octobre. Mission de Dumouriez en Pologne.
24 décembre. Disgrâce de Choiseul.

1771 20 janvier. Exil du parlement de Paris.

1772-1837 Vie de Fourier.

1773 Formation du Grand Orient de France.
21 juillet. Clément XIV dissout l'ordre des Jésuites.

1774 Mort de Louis XV, 10 mai. Louis XVI roi. Maurepas conseiller intime, 12 mai. Turgot à la Marine, 20 juillet, puis aux Finances, 24 août. Il rétablit le parlement, 12 novembre.

1775 Disette à Paris.
Beaumarchais : *le Barbier de Séville.*

1776 Suppression de la corvée, 5 janvier, et des corporations. Chute de Turgot, 12 mai. Rétablissement de la corvée et des corporations, 11 août.
Jouffroy fait naviguer un bateau à vapeur sur le Doubs. Construction des premiers rails en fer.

1777 La Fayette en Amérique.
Necker directeur général des Finances.
28 mai. Traité d'alliance entre la France et les Cantons.
Juin. Création de l'École de guerre.

1779 Suppression du servage sur les domaines royaux.
12 avril. Alliance franco-espagnole d'Aranjuez.

1780 24 août. Abolition de la question préparatoire.
Houdon : *Diane.*

1780-1867 Vie d'Ingres.

1781 19 mai. Démission de Necker. Mai. Édit réservant les grades militaires à la noblesse.

1782 Laclos : *les Liaisons dangereuses.*
Publication des *Confessions* de Rousseau.

1782-1854 Vie de Lamennais.

1783 10 novembre. Calonne contrôleur général des Finances. Lavoisier réalise l'analyse de l'eau. Ascensions de Montgolfier et Pilâtre de Rozier en ballon. Beaumarchais : *le Mariage de Figaro.*

1783-1842 Vie de Stendhal.

1784 Necker : *De l'administration des finances de la France.* Calonne recrée la Compagnie française des Indes.

1784-1855 Vie de Rude.

1785 David : *le Serment des Horaces.*

1785-1786 Affaire du Collier de la reine.

1786 20 août. Projets de réforme financière de Calonne.
26 septembre. Traité de commerce franco-anglais.
Première ascension du mont Blanc.

1786-1853 Vie d'Arago.

1787 8 avril. Chute de Calonne.
25 mai. Renvoi des notables.
27 juillet. Exil du parlement. Émeutes à Paris. Rappel du parlement.
11 janvier. Traité de commerce franco-russe.
Bernardin de Saint-Pierre : *Paul et Virginie.*
David : *la Mort de Socrate.*

1788 1er mai. Abolition de la question préalable.
2 août. Convocation des états généraux.
25 août. Rappel de Necker.
27 décembre. Doublement du tiers état au Conseil.

1789 27 avril. Émeute du faubourg Saint-Antoine.

1789 Mai. Guerre civile en Bretagne. 5 mai. OUVERTURE DES ÉTATS GÉNÉRAUX.
20 juin. Serment du Jeu de Paume.
27 juin. Capitulation du roi devant le Tiers.
9 juillet. Proclamation de la Constituante.
11 juillet. Renvoi de Necker.
14 juillet. **Prise de la Bastille.**
16 juillet. Rappel de Necker. La « Grande Peur » et la nuit du 4-Août.
20 août-1er octobre. Première discussion sur la Constitution.
26 août. Déclaration des droits de l'homme.
2 novembre. Les biens du clergé à la disposition de la nation.
14 décembre. Création des assignats.
14 et 22 décembre. Lois organisant les pouvoirs locaux.
Jussieu : *Genera plantarum...* Lavoisier : *Traité de chimie.* David : *le Serment du Jeu de Paume.*

1790 Janvier. Élection des municipalités.
15 mars. Décret organisant le rachat des droits féodaux.
10 mai. Création de la commission des poids et mesures.
14 mai. Mise en vente des biens du clergé.
12 juillet. Vote de la Constitution civile du clergé.
14 juillet. Fête de la Fédération.
27 août. Transformation des assignats en papier-monnaie. Jussieu organise le Jardin des Plantes à Paris.

1790-1869 Vie de Lamartine.

1791 2-17 mars. Abolition des corporations.
2 avril. Mort de Mirabeau.
14 juin. Vote de la loi Le Chapelier.
22 juin. Le roi est arrêté à Varennes.
17 juillet. Fusillade au Champ-de-Mars.
14 septembre. Louis XVI jure fidélité à la Constitution.
1er octobre. Réunion de l'Assemblée législative.
16 décembre. Discours de Robespierre contre la guerre.
14 septembre. Rattachement d'Avignon à la France.
29 novembre. Ultimatum à l'électeur de Trèves.

1792 25 avril. Rouget de Lisle compose *la Marseillaise.*
13 juin. Renvoi des ministres girondins.

1792 16 juin. Démission de Dumouriez.
11 juillet. Proclamation de la patrie en danger. Un défilé militaire accompagne la publication du décret, le 22.
10 août. Suspension du roi. Institution d'un tribunal révolutionnaire.
25 août. Abolition définitive des droits féodaux.
2-5 septembre. Massacres de Septembre.
21 septembre. Abolition de la royauté.
22 septembre. Début du calendrier révolutionnaire.
29 novembre. Suppression du tribunal révolutionnaire.
11 décembre. Début du procès du roi.
25 janvier. Ultimatum français à l'Autriche.
20 avril. Déclaration de guerre.
20 septembre. BATAILLE DE VALMY. Les Français prennent Chambéry, 24 septembre, et Nice, 29 septembre.
6 novembre. Bataille de Jemmapes. Dumouriez conquiert la Belgique.

1792-1867 Vie de Victor Cousin.

1793 21 janvier. EXÉCUTION DE LOUIS XVI.
10 mars. Soulèvement de la Vendée.
6 avril. Création du Comité de salut public.
13 juillet. Assassinat de Marat.
27 juillet. Robespierre au Comité de salut public.
11 septembre. Création de l'armée révolutionnaire. Procès et exécution, 16 octobre, de Marie-Antoinette.
31 octobre. Exécution des Girondins.
24 novembre. Fermeture des églises.
8 décembre. Robespierre fait décréter la liberté des cultes.
19 décembre. L'instruction primaire est déclarée gratuite et obligatoire.
31 janvier. La France annexe Nice.
Mars-septembre. Formation de la première coalition. Victoire de Jourdan et Carnot à Wattignies, 16 octobre.
19 décembre. Reprise de Toulon sur les Anglais.

1794 27 janvier. Le français devient la langue obligatoire dans tous les actes publics.
10 mars. Arrestation des dantonistes.
24 mars [4 germinal]. Exécution des hébertistes.
5 avril. Exécution des dantonistes.
27 juillet [9 thermidor]. **Chute de Robespierre.**
18 septembre. Séparation complète de l'État et des Églises.

1794 30 octobre. Création de l'École normale supérieure.
19 novembre. Fermeture du club des Jacobins.
24 décembre. Abolition du maximum.
Mai. Les Français envahissent la Catalogne. Victoires de Jourdan à Tourcoing, 18 mai, et à Fleurus, 25 juin. Pichegru prend Anvers, 27 juillet.
22 novembre. Début des négociations de paix franco-prussiennes.
27 décembre. Les Français entrent en Hollande.
Condorcet : *Esquisse d'un tableau historique des progrès de l'esprit humain.*

1795 12-17 février. Négociations avec les chouans.
21 février. L'État abandonne l'Église institutionnelle.
8 mars. Rappel des Girondins.
31 mai. Suppression du tribunal révolutionnaire. La Terreur blanche. Réouverture des églises.
16 juin. Épuration de la garde nationale.
22 août. Vote de la Constitution de l'an III.
5 octobre. Journée du 13 vendémiaire : Bonaparte écrase les royalistes. Loi Lakanal sur l'enseignement.
26 octobre. Séparation de la Convention. Installation du Directoire. Avril-juillet. Traités de Bâle et de La Haye. Décembre. Armistice franco-autrichien.

1796 Février-mars. Répression de la chouannerie. Complot et, 10 mai, arrestation de Babeuf.
4 décembre. Loi rendant leurs droits civiques à certains contre-révolutionnaires.
2 mars. Bonaparte commandant en chef de l'armée d'Italie.
14 mai. Prise de Milan.
5 août. Bataille de Castiglione.
15-17 novembre. Bataille d'Arcole.
19 décembre. Échec des négociations franco-anglaises.

1796-1875 Vie de Corot.

1797 Février-mai. Procès de Babeuf. Abolition des dernières mesures contre les Émigrés, 27 juin, et les prêtres réfractaires, 16 juillet. Fermeture des clubs, 26 juillet.
5 septembre. Coup d'État du 18 fructidor.
30 septembre. Banqueroute des deux tiers.

1797 12-16 janvier. Bataille de Rivoli.
21 mars. Bonaparte prend Gorizia.
10 août. Traité de paix franco-portugais.
17 octobre. Traité de Campoformio.
Lamarck : *Mémoire de physique.*

1797-1799 Barruel : *Mémoire pour servir à l'histoire du jacobinisme.*

1798 Réunion de Mulhouse, 28 janvier, et de Genève, 26 mars, à la France. Élections jacobines de l'an VI, 9-18 avril. Coup d'État du 22 floréal, 11 mai. Loi Jourdan sur la conscription, 5 septembre. Création d'une administration spéciale des contributions directes, 12 novembre.
Rupture diplomatique entre la France et les États-Unis.
Les Français imposent une Constitution à la Hollande, 22 janvier, et aux cantons suisses, 8 février. Prise de Rome par les Français.
19 mai. Départ de l'expédition d'Égypte. Prise de Malte, 10-12 juin, et d'Alexandrie, 1er juillet.
21 juillet. Bataille des Pyramides.
23 juillet. Prise du Caire.
1er août. Bataille d'Aboukir. Juillet-décembre. Formation de la seconde coalition. 15 septembre. Occupation de Turin par les Français. 9 décembre. Occupation complète du Piémont.
22 août. Bonaparte fonde l'Institut du Caire.
Gros : *le Pont d'Arcole.*

1798-1857 Vie d'Auguste Comte.

1798-1863 Vie d'Eugène Delacroix.

1798-1874 Vie de Jules Michelet.

1799 16 mai. Élection de Sieyès au Directoire.
18 juin. Coup d'État du 30 prairial des Conseils contre le Directoire. Fouché ministre de la Police.
6 juillet-23 août. Reconstitution du club des Jacobins.
1er août. Abrogation des restrictions à la liberté de presse.
9 octobre. Retour de Bonaparte en France.
9 nov. **Coup d'État du 18-Brumaire.**
23 janvier. Championnet prend Naples.
Février. Bonaparte envahit la Syrie.
16 avril. Bataille du Mont-Thabor.
20 mai. Échec de Bonaparte devant Saint-Jean-d'Acre.

1799 22 août. Bonaparte abandonne l'Égypte.
25-26 septembre. Victoire de Masséna à Zurich.
Monge : *Traité de géométrie descriptive.*

1799-1850 Vie d'Honoré de Balzac.

1800 13 février. Création de la Banque de France.
28 février. Plébiscite sur la Constitution de l'an VIII. 3 mars. Clôture de la liste des émigrés.
24 décembre. Attentat de la rue Saint-Nicaise.
14 juin. BATAILLE DE MARENGO.
31 septembre. Traité franco-américain de Mortefontaine.
22 novembre. Reprise des hostilités franco-autrichiennes.
1er octobre. Restitution de la Louisiane à la France.
Bichat : *Recherches physiologiques sur la vie et la mort.*

1800-1805 Cuvier : *Leçons d'anatomie comparée.*

1801 5 janvier. Déportation des Jacobins.
15-16 juillet. Signature du Concordat.
9 février. Traité de Lunéville.
29 mai. Acte de Malmaison.
1er octobre. Préliminaires de paix franco-anglais.
8 octobre. Traité franco-russe.
28 octobre. Intervention militaire française en Suisse.
Bichat : *Anatomie générale.*
Bonald : *Essai analytique...* Madame de Staël : *De la littérature...* Chateaubriand : *Atala.*

1802 Épuration, 18 janvier, et réorganisation du Tribunat, 1er avril.
2 août. Bonaparte nommé consul à vie par plébiscite.
4 août. Constitution de l'an X.
13 septembre. Disgrâce de Fouché.
24 décembre. Création des chambres de commerce. Bonaparte président de la République cisalpine, 24 janvier, qui devient République italienne, 26 janvier. 25 mars. Traité d'Amiens. Annexion de l'île d'Elbe, août, du Piémont, septembre, et de Parme, octobre. Bonald : *De la législation primitive.* Chateaubriand : *Génie du christianisme.* Maine de Biran : *Influence de l'habitude.* Gérard : *Portrait de Mme Récamier.*

1802-1885 Vie de Victor Hugo.

1802 12 avril. Interdiction des coalitions ouvrières. Mai. Reprise de la chouannerie.

1803 Décembre. Complot de Pichegru.
16 mai. Rupture de la paix d'Amiens. Bonaparte occupe le Hanovre.
27 septembre. Alliance franco-suisse.
3 mai. Les États-Unis achètent la Louisiane à la France.
19 novembre. Expulsion des Français à Saint-Domingue.
J.-B. Say : *Traité d'économie politique.*

1803-1869 Vie de Berlioz.

1803-1870 Vie de Mérimée.

1804 Février-mars. Arrestation de Moreau, Pichegru et Cadoudal. Enlèvement, 15 mars, et exécution du duc d'Enghien, 21 mars. PROMULGATION DU CODE CIVIL. Établissement de l'Empire.
18 mai. Constitution de l'an XII.
10 juillet. Fouché redevient ministre de la Police.
2 décembre. COURONNEMENT DE NAPOLÉON.
24 mai. Alliance défensive franco-russe.
Septembre. Rupture diplomatique franco-russe.
Fourier : *Harmonie universelle* (publiée dans le *Bulletin de Lyon*).

1804-1869 Vie de Sainte-Beuve.

1805 18 mars. Napoléon roi d'Italie.
Septembre. Début de la crise financière en France.
6 juin. Annexion de Gênes.
25 septembre. La Grande Armée franchit le Rhin.
15 octobre. Capitulation d'Ulm.
21 octobre. Bataille de Trafalgar.
2 décembre. BATAILLE D'AUSTERLITZ.
15 décembre. Traité franco-prussien de Schönbrunn.
26 décembre. Traité de Presbourg.
Maine de Biran : mémoire sur *la Décomposition de la pensée.* Chateaubriand : *René.*

1806 13 février. Napoléon rompt avec Pie VII. 10 mai. Création de l'Université impériale.
15 février. Traité franco-prussien de Paris. Négociations de paix franco-russes, mai-septembre, et franco-anglaises, juin-octobre.
14 octobre. Batailles d'Iéna et Auerstaedt.
21 novembre. Blocus continental décidé par le décret de Berlin.
27 novembre. Napoléon prend Varsovie.
Ingres : *la Belle Zélie.* Début de la construction de l'Arc de triomphe de l'Étoile à Paris.

1807 4 juillet. Exil de Chateaubriand.
9 août. Disgrâce de Talleyrand.
19 août. Suppression du Tribunat. Publication du Code de commerce. Rétablissement de la Cour des comptes. Début de la confection du cadastre.
8 février. Bataille d'Eylau.
14 juin. Bataille de Friedland.
25 juin. Début des négociations de Tilsit.
7 juillet. Alliance franco-russe.
18 août. Jérôme Bonaparte roi de Westphalie.
13 octobre. Décret de Fontainebleau.
23 novembre et 17 décembre. Décrets de Milan. Occupation de l'Espagne par les troupes françaises.
Études de Gay-Lussac sur la dilatation des gaz.
Maine de Biran : mémoire sur *l'Aperception immédiate.* David : *le Sacre.*

1808 1er mars. Création de la noblesse impériale. Décembre. Conspiration de Talleyrand et de Fouché.
Murat roi de Naples, 6 juin.
30 novembre. Bataille de Somosierra.
4 décembre. Occupation de Madrid.
Girodet : *Atala portée au tombeau.*

1808-1855 Vie de Gérard de Nerval.

1808-1879 Vie d'Honoré Daumier.

1808-1889 Vie de Barbey d'Aurevilly.

1809 Nuit du 10 au 11 juin. Excommunication de Napoléon.
6 juillet. Enlèvement du pape.
10 avril. Guerre franco-autrichienne.
13 mai. Napoléon prend Vienne.
14 octobre. Traité franco-autrichien de Schönbrunn.

1809-1865 Vie de Proudhon.

1810 Rétablissement de la censure, 5 février, et des prisons d'État, 3 mars. Mariage de Napoléon et de Marie-Louise, 2 avril. Disgrâce de Fouché, 3 juin. Publication du Code pénal.
Les Français prennent Séville, 1er février, et Malaga, 2 février. J. de Maistre : *Essai sur le principe générateur des constitutions politiques.*

1810-1857 Vie d'Alfred de Musset.

1811 20 mars. Naissance du roi de Rome.

1811-1872 Vie de Théophile Gautier.

1812 23 février. Napoléon déclare le concordat annulé.
Juin. Il fait transporter le pape à Fontainebleau. Napoléon franchit le Niémen, 24 juin, et prend Vilna, 26 juin. 5-7 septembre. **Bataille de la Moscova.**

1812 28-29 novembre. Passage de la Bérésina.

1813 25 janvier. Concordat de Fontainebleau.
24 mars. Rétractation du pape.
16 mars. La Prusse déclare la guerre à Napoléon.
12 août. L'Autriche déclare la guerre à Napoléon.
8 octobre. Wellington envahit le midi de la France.
16-19 octobre. Bataille de Leipzig.

1813-1878 Vie de Claude Bernard.

1814 Le Sénat proclame la déchéance de Napoléon, 2 avril, et fait appel à Louis XVIII, 6 avril. Abdication de Napoléon, 6 avril. Déclaration de Saint-Ouen, 2 mai. Publication de la Charte, 4 juin. Louis XVIII reconnaît les dettes de l'Empire.
5 janvier. Trahison de Murat.
30-31 mars. Capitulation de Paris.
11 avril. Traité de Fontainebleau.
1er octobre. Talleyrand fait admettre la France au futur congrès de Vienne.
Ingres : *la Grande Odalisque.*

1815 1er mars. Retour de l'île d'Elbe.
20 mars. Napoléon à Paris.
1er juin. Acte additionnel.
22 juin. Seconde abdication.
8 juillet. Louis XVIII rentre à Paris.
Juillet-septembre. La Terreur blanche.
14-22 août. Élection de la « Chambre introuvable ».
Septembre. Renvoi de Talleyrand et de Fouché.
7 décembre. Exécution du maréchal Ney.
Traité d'alliance entre la France, l'Angleterre et l'Autriche, 3 janvier.
9 juin. ACTE FINAL DU CONGRÈS DE VIENNE.
18 juin. **Bataille de Waterloo.**
13 octobre. Murat est fusillé.
20 novembre. Traité de Paris.

1816 5 septembre. Dissolution de la « Chambre introuvable ».
Rétablissement de la Société des missions étrangères.
Cuvier : *le Règne animal...* Broussais : *Examen de la doctrine médicale.*
Benjamin Constant : *Adolphe.*

1817 Les Gallicans font repousser un projet de Concordat.
8 février. Loi Lainé sur les élections.
Lamennais : *Essai sur l'indifférence en matière de religion.*

1818 25 décembre. Retraite de Richelieu. Dessolles et Decazes.
12 mars. Loi Gouvion-Saint-Cyr sur la conscription.

1818-1859 Ministère de J.-B. M. Vianney, curé d'Ars.

1818-1893 Vie de Charles Gounod.

1818-1894 Vie de Leconte de Lisle.

1819 Mai-juin. Loi De Serre sur la presse.
Novembre. Gouvernement Decazes.
Études de Gay-Lussac sur la solubilité des solides.
Laënnec : *De l'auscultation médiate.*
J. de Maistre : *Du pape.*
Géricault : *le Radeau de la Méduse.*
Gérard : *Corinne au cap Misène.*

1819-1856 Vie de Chassériau.

1819-1877 Vie de Courbet.

1820 20 février. Le duc de Richelieu constitue un nouveau ministère après l'assassinat du duc de Berry.
Lamartine : *les Méditations poétiques.*
Ampère découvre l'électrodynamique. Arago réussit l'aimantation par l'électricité. Découverte de la quinine.

1821 5 mai. Mort de Napoléon.
13 décembre. Richelieu se retire du gouvernement.
Fondation de l'École des chartes.

1821-1880 Vie de Gustave Flaubert.

1822 Septembre. Exécution des quatre sergents de La Rochelle. Fourier : *Traité de l'association domestique agricole.*
Stendhal : *De l'amour.*

1822-1890 Vie de César Franck.

1822-1895 Vie de Louis Pasteur.

1822-1896 Vie d'Edmond de Goncourt.

1823 Janvier. Rupture avec l'Espagne.
23 mai. Prise de Madrid.
31 août. Prise du Trocadéro.
Saint-Simon : *Catéchisme des industriels.* Delacroix : *Scènes des massacres de Scio.*

1824 Élection de la « Chambre retrouvée ».
9 juin. Promulgation de la loi de septennalité.
Mort de Louis XVIII.

1825 Mai. Sacre de Charles X à Reims.

1826 Vigny : *Poèmes antiques et modernes. Cinq-Mars.*

1827 Villèle dissout la Chambre : élections libérales, novembre. Hugo : Préface de *Cromwell.* Victor Cousin : *Cours d'histoire de la philosophie.*

1828 3 janvier. Démission de Villèle.

1828-1893 Vie de Taine.

1829 8 août. Ministère Polignac.
Hugo : *Orientales.*
Mérimée : *Chronique du règne de Charles IX.*

1830 5 juillet. Prise d'Alger.
27, 28, 29 juillet. *Les Trois Glorieuses.*
2 août. Abdication de Charles X.
9 août. Louis-Philippe prête serment de fidélité à la charte.
25 février. Bataille d'*Hernani.*

1831 Révolte des canuts lyonnais.

1832 11 octobre. De Broglie, Thiers et Guizot au pouvoir.

1832-1883 Vie de Manet.

1833 Prise de Mostaganem. Création de la société des « Droits de l'homme ».
Michelet commence la publication de l'*Histoire de France.* Balzac : *Eugénie Grandet.*

1833-1836 Rude : *la Marseillaise.*

1834 Avril. Soulèvements républicains à Lyon et à Paris.
Musset : *Lorenzaccio.*
Lamennais : *Paroles d'un croyant.*
Balzac : *le Père Goriot.*

1834-1917 Vie d'Edgar Degas.

1835 Septembre. Lois « scélérates » contre la propagande républicaine.
Hugo : *les Chants du crépuscule.*
Vigny : *Chatterton.*

1835-1840 Tocqueville : *De la démocratie en Amérique.*

1835-1921 Vie de Saint-Saëns.

1836 Construction du chemin de fer Paris-Saint-Germain-en-Laye.

1839 Louis Blanc : *De l'organisation du travail.*
Stendhal : *la Chartreuse de Parme.*

1839-1906 Vie de Paul Cézanne.

1840 29 octobre. Ministère Soult-Guizot.
Proudhon : *Qu'est-ce que la propriété ?*
Hugo : *les Rayons et les Ombres.*

1840-1902 Vie d'Émile Zola.

1840-1926 Vie de Claude Monet.

1841-1918 Vie d'Auguste Renoir.

1842 13 juillet. Mort du duc d'Orléans.

1842-1898 Vie de Mallarmé.

1844-1896 Vie de Paul Verlaine.

1845-1918 Vie de Vidal de La Blache.

1846 Août. Élections législatives. Crise économique.
Berlioz : *la Damnation de Faust.*
Fondation de l'École française d'Athènes.

1847 Guizot président du Conseil.

1848 24 février. Chute de Louis-Philippe.

1848 25 février. **Proclamation de la République.** 17 mars. Les socialistes réclament l'ajournement des élections.
16 avril. Échec d'une manifestation socialiste à Paris.
4 mai. Réunion de la Constituante.
15 mai. Émeute à Paris.
22-26 juin. JOURNÉES DE JUIN.
5 juillet. Cavaignac président du Conseil. Lois sur les clubs, 27 août, et sur la presse, 9-11 août.
12 novembre. Promulgation de la constitution.
10 décembre. Louis Napoléon élu président.

1849 Expédition française contre Rome, 24 avril.
26 mai. Dissolution de la Constituante.
19 juin. Suspension du droit d'association.
Prise de Rome par les Français, 1er juillet.
2 novembre. Louis Napoléon constitue un ministère extraparlementaire.
27 novembre. Interdiction des grèves.
Courbet : *les Casseurs de pierres.* George Sand : *la Petite Fadette.*

1850 15 mars. Vote de la loi Falloux.
31 mai. Loi contre le suffrage universel. Courbet : *l'Enterrement à Ornans.* Millet : *le Semeur.*

1850-1893 Vie de Maupassant.

1850-1923 Vie de Pierre Loti.

1851 Mars. Organisation d'un comité pour la réélection de Louis Napoléon.
2 décembre. **Coup d'État.**
4 décembre. Fusillade des boulevards. Suppression de la liberté de la presse.
21 décembre. Plébiscite en faveur de Louis Napoléon.

1851-1854 Auguste Comte : *le Système de politique positive.*

1851-1862 Sainte-Beuve : *Causeries du lundi.*

1852 14 janvier. Promulgation de la nouvelle constitution française.
17 février. Instauration du régime des avertissements pour la presse.
Fondation du Crédit foncier, 10 décembre, et du Crédit mobilier, 18 novembre. Fondation du premier « grand magasin » de Paris : « Au Bon Marché ».
Auguste Comte : *Catéchisme positiviste.* Leconte de Lisle : *Poèmes antiques.* Rude : Tombeau de *Godefroy Cavaignac.*
2 décembre : RÉTABLISSEMENT DE L'EMPIRE.

1853 2 juin. Envoi des flottes françaises aux Dardanelles.
1er juillet. Haussmann, préfet de la Seine.
Hugo : *les Châtiments.* Musset : *Comédies et Proverbes.* Rude : *le Maréchal Ney.*

1854 27 mars. La France et l'Angleterre déclarent la guerre à la Russie.
26 juin. Les Alliés occupent la Grèce.
8 juillet. Protocole de Vienne entre les Alliés et l'Autriche.
Berthelot pose les principes de la thermochimie. V. Cousin : *Du beau, du vrai, du bien.* Viollet-le-Duc : *Essai sur l'architecture militaire du Moyen Âge.*

1854-1891 Vie d'Arthur Rimbaud.

1855 26 janvier. Alliance franco-anglosarde.
Avril. Attentats de Pianori et Bellamar contre Napoléon III.
9-19 avril. Échec général des Alliés devant Sébastopol.
2 mai. Lois sur les travaux de Paris et sur la propriété industrielle.
19 mai. Saïd concède à Ferdinand de Lesseps la fondation de la Compagnie du canal de Suez.
18 juin. Nouvel échec devant Malakoff.
8 septembre. Prise de Malakoff.
Berthelot réalise la synthèse de l'acool. EXPOSITION INTERNATIONALE DE PARIS. Fondation de la Compagnie générale transatlantique. COURBET : « L'ATELIER DU PEINTRE ».

1856 25 février. Ouverture du congrès de Paris.
30 mars. Traité de Paris.
26 juillet. Réforme de la législation française sur les sociétés commerciales.
A. Comte : *Synthèse subjective.* Hugo : *les Contemplations.* Flaubert : *Madame Bovary.* Taine : *Essai sur Tite-Live.*

1857 Septembre. Entrevue de Stuttgart entre Napoléon III et le tsar. Faidherbe fonde le port de Dakar.
28 décembre. Les Franco-Anglais occupent Canton.
Début des travaux du tunnel du Mont-Cenis.
BAUDELAIRE : « LES FLEURS DU MAL ». Courbet : *les Demoiselles du bord de Seine.* Millet : *les Glaneuses.*

1858 14 janvier. Attentat d'Orsini contre Napoléon III.
19 février. Loi de sûreté générale.

1858 31 mai. Les Franco-Anglais prennent T'ien-tsin.
24 juin. Création du ministère de l'Algérie à Paris.
13 juillet. Entrevue de Plombières entre Napoléon III et Cavour. Conférence de Paris sur les principautés roumaines.
Proudhon : *la Justice dans la Révolution et l'Église*. Offenbach : *Orphée aux enfers*.

1858-1917 Vie d'Émile Durkheim.

1858-1929 Vie de Georges Courteline.

1859 23 janvier. Alliance franco-sarde.
18 février. Occupation de Saigon par les Français.
25 avril. Début des travaux du canal de Suez.
Fondation de la Société générale.
4 juin. Bataille de Magenta.
8 juin. Prise de Milan.
11 juin. Loi établissant le régime financier des chemins de fer français.
24 juin. Bataille de Solferino.
8-12 juillet. Armistice et préliminaires de Villafranca.
15 août. Décret d'amnistie.
10 novembre. Traité de Zurich.
Mistral : *Mireille*. Millet : *l'Angélus*. Ingres : *le Bain turc*. Gounod : *Faust*.

1859-1891 Vie de Seurat.

1859-1906 Vie de Pierre Curie.

1859-1941 Vie de Bergson.

1860 23 janvier. Traité de commerce franco-anglais.
10 février. Rétablissement du gouvernement général de l'Algérie.
24 mars. LE PIÉMONT CÈDE LA SAVOIE À LA FRANCE.
26 avril-5 juin 1861. La France occupe la Syrie.
9-13 juillet. Massacres de Damas.
23 août. Les Franco-Anglais occupent T'ien-tsin et, le 6 octobre, le palais d'été.
24-25 octobre. Traités de Pékin.
24 novembre. Le Corps législatif reçoit le droit de voter une adresse annuelle.
Crémieux fonde l'Alliance israélite universelle. Berthollet : *Chimie organique fondée sur la synthèse*. Renan : *Mission de Phénicie*. Taine : *La Fontaine et ses Fables*. Labiche : *le Voyage de M. Perrichon*. Saint-Saëns : *Oratorio de Noël*.

1861 21 juillet. Accord franco-espagnol sur les dettes mexicaines.

1861 21 décembre. Accroissement des pouvoirs du Corps législatif en matière financière.
Proudhon : *Théorie de l'impôt*.
Charles Garnier commence la construction de l'Opéra de Paris.

1861-1929 Vie d'Antoine Bourdelle.

1861-1938 Vie de Georges Méliès.

1862 29 mars. Traité de commerce franco-prussien.
5 juin. L'Annam cède la Cochinchine à la France. Les Français occupent Obock.
30 octobre. Napoléon III propose un médiateur commun dans la guerre de Sécession.
Berthelot réalise la synthèse de l'acétylène. Foucault mesure la vitesse de la lumière. Claude Bernard découvre le rôle des nerfs vaso-moteurs. Thiers : *Histoire du Consulat et de l'Empire*. Hugo : *les Misérables*. Leconte de Lisle : *Poèmes barbares*. Flaubert : *Salammbô*. Manet : *Lola de Valence*. Carpeaux : *Ugolin et ses fils*.

1862-1918 Vie de Claude Debussy.

1862-1923 Vie de Maurice Barrès.

1863 Loi autorisant les sociétés à responsabilité limitée.
11 avril. La France impose son protectorat au Cambodge.
Fondation du Crédit Lyonnais.
Renan : *la Vie de Jésus*. Proudhon : *Du principe fédératif*.
Taine : *Histoire de la littérature anglaise*.
Manet : *le Déjeuner sur l'herbe*.

1863-1869 Victor Duruy ministre de l'Instruction publique.

1863-1870 Sainte-Beuve : *Nouveaux Lundis*.

1864 Février. Manifeste des Soixante.
28 avril. Convention de Genève : fondation de la Croix-Rouge internationale.
25 mai. Loi Émile Ollivier sur le droit de grève.
15 septembre. Convention franco-italienne pour l'évacuation de Rome.
Invention du four Martin.
28 septembre. Fondation de l'Internationale.
Fustel de Coulanges : *la Cité antique*. Victor Cousin : *Histoire de la philosophie*. Vigny : *les Destinées*. Michelet : *la Bible de l'humanité*. Dumas fils : *l'Ami des hommes*. Rodin : *l'Homme au nez cassé*. Gounod : *Mireille*. Offenbach : *la Belle Hélène*.

1864-1901 Vie de Toulouse-Lautrec.

1865 Reconnaissance légale de la valeur du chèque.
Octobre. Les États-Unis demandent le rappel des troupes françaises du Mexique.
Berthelot invente le calorimètre. Claude Bernard : *Introduction à la médecine expérimentale*. G. Paris : *Histoire poétique de Charlemagne*. Proudhon : *Du principe de l'art*. MANET : « OLYMPIA ». Carpeaux : *Flore*.

1865-1866 Doudart de Lagrée et Francis Garnier explorent la vallée du Mékong.

1866 Faillite du Crédit mobilier à Paris.
12 juin. Convention franco-autrichienne sur la Vénétie.
5 août. Napoléon III demande la rive gauche du Rhin, puis, le 20 août, le Luxembourg et la Belgique.
Renan : *les Apôtres*. Corot : *l'Église de Marissel*. Offenbach : *la Vie parisienne*.

1867 19 janvier. Lettre de l'empereur au ministre d'État. Vote du statut légal des coopératives.
Février. Napoléon III retire ses troupes du Mexique. Études de Pasteur sur la fermentation du vin. Charles Tellier invente la machine frigorifique. Exposition internationale de Paris.
23 octobre. Garibaldi envahit l'État pontifical.
26 octobre. Envoi de troupes françaises.
3 novembre. Bataille de Mentana.
Mistral : *Calendal*. Gounod : *Roméo et Juliette*.

1868 20 mars. Dissolution de la section française de l'Internationale. Napoléon III fonde une caisse pour les accidents du travail.
31 juillet. Fondation de l'École pratique des hautes études.
A. Daudet : *le Petit Chose*. Corot : *la Femme à la perle*.

1869 Septembre. Négociations d'alliances franco-austro-italiennes.
17 novembre. INAUGURATION DU CANAL DE SUEZ.
Décembre. Fondation de la Bourse du Travail de Paris.
Renan : *Saint Paul*. Flaubert : *l'Éducation sentimentale*. Daudet : *Lettres de mon moulin*. Carpeaux : *la Danse*. Offenbach : *les Brigands*.

1870 2 janvier. Formation du ministère Émile Ollivier.
12 janvier. Obsèques de Victor Noir.

1870 20 avril. Sénatus-consulte sur les pouvoirs de l'empereur.
8 mai. Plébiscite en faveur de l'Empire.
Juin. Émile Ollivier fait arrêter les principaux dirigeants de l'Internationale.
13 juillet. DÉPÊCHE D'EMS.
19 juillet. Déclaration de guerre de la France à la Prusse.
4 août. Bataille de Wissembourg.
5 août. Évacuation de Rome par les Français.
6 août. Batailles de Frœschwiller et de Forbach.
9 août-28 septembre. Siège de Strasbourg.
14-19 août. Batailles sous Metz.
30 août-2 septembre. BATAILLE DE SEDAN.
4 septembre. **Déchéance de l'Empire.**
19 septembre. Début du siège de Paris.
27 octobre. Capitulation de Metz.
29 octobre. La Russie dénonce le traité de Paris.
5 novembre. Bataille de Coulmiers.
28 novembre. Bataille de Beaune-la-Rolande.
Taine : *De l'intelligence*.

1871 3 janvier. Bataille de Bapaume.
10-11 janvier. Bataille du Mans.
28 janvier. Armistice franco-prussien.
12 février. Réunion de l'Assemblée nationale à Bordeaux.
17 février. Thiers, chef de gouvernement. Protestation solennelle des Alsaciens-Lorrains.
26 février. Préliminaires de paix.
3 mars. Formation du Comité central de la garde nationale à Paris.
10 mars. Pacte de Bordeaux.
18 mars. **Révolte à Paris.**
26 mars. Élection du conseil communal.
Avril. Loi municipale, loi Rivet et loi sur les conseils généraux.
5 avril. Décret des otages.
21-28 mai. La « semaine sanglante ». Massacre des otages.
5 juillet. Affaire du drapeau blanc. Inauguration du tunnel du Mont-Cenis.
Renan : *la Réforme intellectuelle et morale*.

1871-1922 Vie de Marcel Proust.

1872 14 mars. Loi contre l'Internationale.
28 juillet. Loi militaire. Synode général des protestants français.
François Coppée : *les Humbles*. Daumier : *la Monarchie*.

1872-1946 Vie de Paul Langevin.

1873 Mars. Révision de la loi Rivet.
24 mai. Démission de Thiers. Mac-Mahon, président.
16 septembre. Les troupes allemandes évacuent la France.
27 octobre. Échec des tentatives de restauration.
20 novembre. Loi du septennat.
Francis Garnier s'empare d'Hanoi.
Guizot : *Histoire de France.* Renan : *l'Antéchrist.* Rimbaud : *Une saison en enfer.*

1873-1914 Vie de Charles Péguy.

1874 15 mars. Traité franco-annamite.
Flaubert : *la Tentation de saint Antoine.* Puvis de Chavannes : fresque du Panthéon de Paris. César Franck : *Rédemption.* EXPOSITION DES IMPRESSIONNISTES.

1875 30 janvier. Vote de l'amendement Wallon.
24 février. Loi sur l'organisation du Sénat.
25 février. Loi sur l'organisation des pouvoirs publics.
16 juillet. Loi sur les rapports des pouvoirs publics.
31 décembre. Séparation de l'Assemblée nationale. Fondation du *Petit Parisien.*
Marcelin Berthelot : *la Synthèse chimique.* Manet : *les Canotiers d'Argenteuil.* Bizet : *Carmen.* Saint-Saëns : *la Danse macabre.*

1875-1882 Savorgnan de Brazza découvre et explore la région de l'Ogooué.

1875-1892 Fustel de Coulanges : *Histoire des institutions de l'ancienne France.*

1875-1937 Vie de Maurice Ravel.

1876 Février-mars. Élections républicaines.
Ministère Jules Simon.
Fondation de l'École française de Rome. Fondation de la *Revue historique* par G. Monod. Taine : *les Origines de la France contemporaine : l'Ancien Régime.* Mallarmé : *l'Après-midi d'un faune.* Dumas fils : *l'Étrangère.* Renoir : *le Moulin de la Galette.*

1877 16 mai. Mac-Mahon renvoie Jules Simon.
Juin. Dissolution de la Chambre.
3 septembre. Mort de Thiers.
14 octobre. Élections républicaines.
10 novembre. Démission de De Broglie.
Renan : *les Évangiles.* Cournot : *Revue sommaire des doctrines économiques.* Flaubert : *Trois Contes.* E. de Goncourt :

1877 *la Fille Elisa.* Zola : *l'Assommoir.* Rodin : *l'Âge d'airain.* Massenet : *le Roi de Lahore.* Saint-Saëns : *Samson et Dalila.*

1878 Claude Bernard : *la Science expérimentale.* François Coppée : *Récits et Élégies.*

1879 30 janvier. Démission de Mac-Mahon.
Juin. Élection de Jules Grévy. Projet de loi contre les ordres enseignants.
4 août. Constitution accordée à l'Alsace et à la Lorraine.
Pasteur découvre le principe des vaccins.

E. de Goncourt : *les Frères Zemganno.* Pierre Loti : *Azyadé.* Offenbach : *la Fille du tambour-major.*

1880 Mars. Décrets contre les congrégations.
Septembre. Jules Ferry, président du Conseil.
Achèvement du tunnel du Saint-Gothard.
Taine : *Philosophie de l'art.* Maupassant : *Boule-de-Suif.* Rodin : *le Penseur.* Renoir : *De la loge.*

1880-1918 Vie de Guillaume Apollinaire.

1881 29 mars. Lois municipales.
12 mai. Traité du Bardo. Massacre de la mission Flatters au Sahara.
30 juin. Loi sur le droit de réunion.
29 juillet. Loi sur la presse. Chute de Jules Ferry.
Septembre. Conflit franco-chinois à propos de l'Annam.
14 novembre. Gambetta.
Expédition française en Tunisie.
H. Poincaré : *Sur la théorie des fonctions fuschiennes.* Pasteur découvre le vaccin anticharbonneux. Hugo : *les Quatre Vents de l'esprit.* Verlaine : *Sagesse.* A. France : *Le Crime de Sylvestre Bonnard.* Puvis de Chavannes : *le Pauvre Pêcheur.* Renoir : *le Déjeuner des canotiers.* César Franck : *Rébecca.* Massenet : *Hérodiade.* Offenbach : *les Contes d'Hoffmann.*

1881-1958 Vie de Roger Martin du Gard.

1882 LOI JULES FERRY SUR L'ENSEIGNEMENT PRIMAIRE. Krach de l'Union Générale à Paris.
7 janvier. Note commune franco-anglaise au khédive.
12 février. Convocation d'un congrès pour les affaires d'Égypte.
11 juin. Émeute d'Alexandrie.
29 juillet. Le Parlement français repousse une intervention franco-anglaise.

1882 31 décembre. Mort de Gambetta.
Becque : *les Corbeaux*. Manet : *le Bar des Folies-Bergère*.

1882-1944 Vie de Jean Giraudoux.

1883 25 avril. Rivière s'empare d'Hanoi. Courbet bombarde Hué et impose le protectorat français à l'Annam. Expédition au Tonkin. Guerre franco-chinoise.
Mai-décembre. Les Français occupent Madagascar.
Maupassant : *Une vie*. César Franck : *le Chasseur maudit*.
Février-mars 1885. Second ministère Jules Ferry.

1884 21 mars. Loi Waldeck-Rousseau sur les syndicats.
5 avril. Loi municipale. Loi Naquet sur le divorce.
11 mai. Traité franco-chinois de T'ien-tsin.
Octobre. Négociations franco-allemandes contre l'Angleterre : entrevue de H. von Bismarck et de Jules Ferry.
9 décembre. Suppression des sénateurs inamovibles.
Leconte de Lisle : *Poèmes tragiques*. A. Daudet : *Sapho*. Massenet : *Manon*.

1885 13 février. Les Français occupent Langson, puis l'évacuent le 28 mars.
9 juin. Second traité de T'ien-tsin.
17 décembre. Traité de protectorat français sur Madagascar.
28 décembre. Réélection de Jules Grévy.
Pasteur inocule pour la première fois le vaccin contre la rage.
Zola : *Germinal*. Becque : *la Parisienne*. A. France : *le Livre de mon ami*.

1885-1967 Vie d'André Maurois.

1885-1970 Vie de François Mauriac.

1886 1er juillet. Boulanger ministre de la Guerre.
Drumont : *la France juive*. Rimbaud : *les Illuminations*. Loti : *Pêcheurs d'Islande*. Courteline : *les Gaietés de l'escadron*. Saint-Saëns : *Symphonie en* ut *mineur avec orgue*.

1887 Mai. Boulanger exclu du ministère de la Guerre.
Juillet. Manifestation de la gare de Lyon à Paris. Scandale Wilson : démission de Grévy le 2 décembre. Élection de Sadi Carnot.
16 novembre. Établissement d'un condominium franco-anglais sur les Nouvelles-Hébrides.

1887 Loti : *Madame Chrysanthème*. Antoine fonde le Théâtre-Libre.

1887-1893 Renan : *Histoire du peuple d'Israël*.

1887-1965 Vie de Le Corbusier.

1888 Émission du premier emprunt russe sur la place de Paris.
Inauguration de l'Institut Pasteur.
Barrès : *Sous l'œil des barbares*. Maupassant : *Pierre et Jean*. Debussy : deux *Arabesques*.

1889 27 janvier. Élection de Boulanger à Paris. Constans ministre de l'Intérieur. Dissolution de la Ligue des patriotes.
1er avril. Fuite de Boulanger. Septembre. Échec du boulangisme aux élections. Vote de la loi militaire de trois ans.
Premier congrès socialiste international de Paris : fondation de la IIe Internationale.
Exposition internationale de Paris : LA TOUR EIFFEL.
Brown-Séquard découvre le rôle des glandes à sécrétion interne.
Bergson : *Essai sur les données immédiates de la conscience*. Paul Bourget : *le Disciple*.

1889-1893 Puvis de Chavannes : fresques de la Sorbonne et de l'Hôtel de Ville de Paris.

1890 Mai. Accord franco-russe contre le nihilisme.
5 août. Convention coloniale franco-anglaise sur le Soudan, Madagascar et Zanzibar.
Novembre. Le cardinal Lavigerie annonce le « ralliement » des catholiques à la République.
Fondation de l'École biblique française de Jérusalem. Paul Valéry : *Narcisse*. Paul Claudel : *Tête d'or*. Zola : *la Bête humaine*. Claude Monet : *les Meules*.

1891 27 avril. ACCORD DIPLOMATIQUE FRANCO-RUSSE.
1er mai. Grèves et incidents de Fourmies.
23 juillet. Visite de la flotte française à Cronstadt.
Verlaine : *Bonheur*. Barrès : *le Jardin de Bérénice*. Courteline : *le Train de 8 h 47*. Claude Monet : *les Nymphéas*.

1892 Nouveau tarif protectionniste : le système Méline.
17 avril : Convention militaire franco-russe.
H. Poincaré : *les Méthodes usuelles de la mécanique céleste*. Naissance de Darius Milhaud. Verlaine : *Liturgies intimes*.

1892-1893 SCANDALE DE PANAMÁ.

1892-1955 Vie d'Arthur Honegger.

1893 8-21 mars. Procès de Panamá. Condamnation de Lesseps.
3 octobre. Le Siam cède la rive gauche du Mékong à la France.
13-29 octobre. Une flotte russe à Toulon.
17 novembre. La France impose son protectorat au Dahomey.
Marey construit le premier projecteur cinématographique.
Fondation de la *Revue de métaphysique et de morale.* Verlaine : *Élégies.* Mallarmé : *Vers et prose.* Heredia : *les Trophées.* Zola : *Au bonheur des dames.* A. France : *la Rôtisserie de la reine Pédauque.* P. Bourget : *Cosmopolis.* Courteline : *Messieurs les ronds-de-cuir, Boubouroche.*

1894 24 juin. Assassinat de Sadi Carnot. Élection de Casimir-Perier.
29 juillet. Vote des « lois scélérates ».
Novembre. Expédition française à Madagascar.
Décembre. Premier procès de Dreyfus.
Roux découvre le sérum antidiphtérique.
Durkheim : *Règles de la méthode sociologique.* Lanson : *Histoire de la littérature française.* Barrès : *Du sang, de la volupté et de la mort.* A. France : *le Lys rouge.* Rodin : *les Bourgeois de Calais.* Massenet : *Thaïs.* Debussy : *Prélude à l'après-midi d'un faune.*

1895 13 janvier. Démission de Casimir-Perier. Élection de Félix Faure. Fondation de la C.G.T.
24 avril. « Conseil amical » franco-russe-allemand au Japon.
30 septembre. Les Français prennent Tananarive. Nouveau traité de protectorat.
Expériences de J. Perrin sur les rayons cathodiques. Les frères Lumière réalisent le premier appareil cinématographique.
F. Coppée : *Pour la couronne.* E. Rostand : *la Princesse lointaine.* Valéry : *la Soirée avec M. Teste.* H. de Régnier : *Aréthuse.* Maurras : *le Chemin de Paradis.*

1896 5 janvier. Accord franco-anglais sur le Siam.
30 septembre. Accord franco-italien sur la Tunisie.
Renouvier : *Philosophie analytique de l'histoire.* Naissance d'Henry de Montherlant.

1897 Durkheim fonde la *Revue de sociologie.* L. Brunschvicg : *la Modalité du jugement.* Bergson : *Matière et mémoire.* Mallarmé : *Divagations.* Barrès : les *Déracinés.* A. GIDE : « LES NOURRITURES TERRESTRES ».

1897-1901 A. France : *Histoire contemporaine.*

1898 30 janvier. ZOLA : « J'ACCUSE ».
14 juin. Convention franco-anglaise pour la délimitation des frontières africaines.
30 juillet. Delcassé, ministre des Affaires étrangères.
Août. Affaire du « faux » Henry. Fondation de *l'Action française.* Loi sur les accidents du travail.
26 novembre. Accord commercial franco-italien.
Création des délégations financières en Algérie.
E. Rostand : *Cyrano de Bergerac.* Rodin : *Balzac.* Puvis de Chavannes : *Geneviève veillant sur Lutèce.*

1899 Mort de Félix Faure.
18 février. Élection de Loubet.
21 mars. Convention franco-anglaise sur le Soudan égyptien.
Juin. Tentative de coup d'État de Déroulède. Constitution du cabinet Waldeck-Rousseau.
SECOND PROCÈS DE DREYFUS, QUI EST GRACIÉ.
9 août. Modification secrète de l'alliance franco-russe.
H. Poincaré : *la Théorie de Maxwell et les oscillations hertziennes.* Maurras : *Trois Idées politiques.* Courteline : *Le Commissaire est bon enfant.* Ravel : *Pavane pour une infante défunte.*

1900 Loi Millerand sur la durée du travail.
16 décembre. Accord secret franco-italien sur la Tripolitaine.
Les Français abattent l'empire de Rabah au Tchad.
Exposition universelle à Paris.
Maurras : *Enquête sur la monarchie.* Rostand : *l'Aiglon.* Maillol : *Femme assise* (Perpignan). Charpentier : *Louise.* Debussy : trois *Nocturnes.*

1901 1er juillet. Reconnaissance du droit complet d'association. Les congrégations sont exclues.
20 juillet. Protocole franco-marocain pour la police des frontières.
C. Jullian : *Vercingétorix.* Maurras : *Anthinéa.* Zola : *Travail.* Ravel : *Jeux d'eau.*

1902 Juin. Retraite de Waldeck-Rousseau. Combes.

1902 28 juin. Les États-Unis rachètent les droits de la Compagnie française de Panamá.
30 juin. Accord secret de neutralité franco-italien.
H. Poincaré : *Science et hypothèse.* Gide : *l'Immoraliste.* Maurras : *les Amants de Venise.* H. de Régnier : *la Cité des eaux.* Claude Monet : *Vues de Vertheuil.* Debussy : *Pelléas et Mélisande.*

1903 Mai. Visite d'Édouard VII à Paris.
Zola : *Vérité.* R. Rolland : *le Théâtre du peuple.* Courteline : *la Paix chez soi.* Debussy : *Jardins sous la pluie.* Ravel : *Schéhérazade.*

1904 Avril. Visite de Loubet à Rome.
8 avril. Accord colonial franco-anglais, amorce de l'Entente cordiale.
7 juillet. Loi interdisant l'enseignement à toutes les congrégations. Loi militaire des « deux ans ».
Rupture entre la France et la papauté.
Novembre. Mission Saint-René Taillandier à Fez.
Monet : *Vues de Loudun.*

1905 19 janvier. Démission de Combes.
25 avril. Constitution de la S.F.I.O.
30 mai. L'Allemagne exige le renvoi de Delcassé et propose le 6 juin une conférence sur le Maroc.
28 septembre. Accord franco-allemand sur le Maroc.
9 décembre. LOI DE « SÉPARATION ».
Aulard : *Histoire politique de la Révolution française.* Maurras : *l'Avenir de l'intelligence.* Sertillanges : *Socialisme et christianisme.* R. Rolland : *Jean-Christophe.* Courteline : *la Conversion d'Alceste.* Rodin : *Victor Hugo.*

1906 17 janvier. Début des conversations militaires franco-britanniques.
Février. Le pape condamne la loi de séparation : encyclique *Vehementer nos.* Troubles des « Inventaires ». Fallières, président de la République. Congrès de la C.G.T. et charte-programme d'Amiens.
19 mai. Inauguration du tunnel du Simplon.
12 juillet. Réhabilitation de Dreyfus.
Octobre. Ministère Clemenceau.
Lyautey, commandant de la division d'Oran.
H. Poincaré : *la Valeur de la science.* Bergson : *l'Évolution créatrice.*

1907 26 mars. Loi sur la liberté du culte.
Mai. Grève des inscrits maritimes.
Caillaux propose l'établissement de l'impôt sur le revenu.

1907 Auguste Lumière invente la photographie en couleurs.
Anna de Noailles : *les Éblouissements.* Rétrospective de Paul Cézanne.

1907-1928 C. Jullian : *Histoire de la Gaule.*

1908 Juillet. Grèves de Draveil : Clemenceau fait arrêter les dirigeants de la C.G.T.
25 juillet. Blériot traverse la Manche en avion.
25 septembre. Affaire des légionnaires de Casablanca.
G. Sorel : *Réflexions sur la violence.* R. Rolland : *Musiciens d'autrefois et d'aujourd'hui.* Claude Monet : *Vues de Venise.* Ravel : *Ma mère l'Oye.*

1909 9 février. Accord franco-allemand sur le Maroc.
Mars. Grève des postiers.
Juillet. Briand succède à Clemenceau.
Gide : *la Porte étroite, le Retour de l'enfant prodigue.* Barrès : *Colette Baudoche.* Bourdelle : *Héraklès archer.*

1910 Condamnation du *Sillon* par Pie X.
Octobre. Grève des cheminots.
Sertillanges : *Saint Thomas d'Aquin.* Rostand : *Chantecler.* Péguy : *le Mystère de la charité de Jeanne d'Arc.*

1911 4 mai. Occupation de Fez par les Français.
Claudel : *l'Otage, Cinq Grandes Odes.* Debussy : *le Martyre de saint Sébastien.* Maillol : *Flore.*

1912 14 janvier. Cabinet Poincaré.
30 mai. Convention de Fez : protectorat français sur le Maroc. Lyautey, résident général.
Septembre. Convention navale franco-anglaise.
Durkheim : *les Formes élémentaires de la vie religieuse.* Péguy : *le Porche du mystère de la deuxième vertu.* Barrès : *Gréco ou le Secret de Tolède.* J. et J. Tharaud : *la Fête arabe.* Claudel : *l'Annonce faite à Marie.* Brieux : *la Foi.* Anatole France : *Les dieux ont soif.* Maillol : *Pomone.* Ravel : *Daphnis et Chloé, Valses nobles et sentimentales.*

1913 17 janvier. Poincaré, président de la République.
3 avril. Incidents franco-allemands de Lunéville, puis de Nancy le 13 avril.
7 avril. Loi de trois ans.
Maritain : *la Philosophie bergsonienne.* Barrès : *la Colline inspirée.* R. Martin du Gard : *Jean Barois.* Jules Romains : *les Copains.* Péguy : *la Tapisserie de Notre-Dame.*

1913-1927 PROUST : « À LA RECHERCHE DU TEMPS PERDU ».

1914 Avril-mai. Élections législatives : Chambre pacifiste et démocratique, hostile à la « folie des armements ». Chute de Ribot.
13 juin. Viviani, président du Conseil.
31 juillet. ASSASSINAT DE JAURÈS.
31 juillet. Ultimatum allemand à la Russie et à la France.
1er août. Mobilisation générale en France.
3 août. **Déclaration de guerre de l'Allemagne à la France.** Les Allemands envahissent la Belgique.
2 septembre. Le gouvernement français se réfugie à Bordeaux.
5-10 septembre. **Bataille de la Marne.**
24-25 septembre. Batailles de l'Aisne et de la Somme.
29 octobre. L'Angleterre et la France (le 6 novembre) décident le blocus économique de l'Allemagne.
Décembre. Opérations de Notre-Dame-de-Lorette et Champagne.
22 décembre. Convocation du Parlement.
Gide : *les Caves du Vatican.*

1915 19 février. Les flottes alliées attaquent les Dardanelles.
26 février. Attaque française en Champagne.
4 mars. Les Russes réclament Constantinople et les Détroits.
11 mars. Opération de Neuve-Chapelle.
12 mars. Les Anglais, puis les Français le 10 avril, y accèdent.
5-8 avril. Attaque de Woëvre.
25 avril. Débarquement allié à Gallipoli, et à Salonique le 5 octobre.
Mai-juin. Offensives alliées en Artois, et en Champagne en septembre-octobre.
4 septembre. Formation du Bloc progressiste.
29 octobre. Démission du cabinet Viviani et formation du cabinet Briand.
6-8 décembre. Conférence militaire interalliée de Chantilly.
Romain Rolland : *Au-dessus de la mêlée.*

1916 21 février. DÉBUT DE LA BATAILLE DE VERDUN.
25 février. Les Allemands prennent Douaumont. Pétain, commandant du front de Verdun.
6-10 mars. Combats du Mort-Homme et de la cote 304.

1916 6 juin. Les Allemands prennent le fort de Vaux, mais échouent dans un assaut général le 23 juin.
21 juin. Falkenhayn arrête la bataille.
1er juillet-23 octobre. Offensive franco-anglaise sur la Somme.
15 septembre. Premier emploi des chars d'assaut.
24 octobre. Les Français reprennent les forts de Douaumont, puis, le 1er novembre, de Vaux.
Décembre. Congrès socialiste. Formation d'un groupe minoritaire.
2 décembre. Joffre remplacé par Nivelle.
13 décembre. Remaniement du cabinet Briand.
Henri Barbusse : *le Feu.*

1917 10 janvier. Note alliée sur les buts de guerre.
14 février. Accord franco-russe sur les buts de guerre.
24 février-13 mars. Repli allemand sur la position Hindenburg. Offensives Nivelle : 9 avril, les Anglais en Artois ; 16 avril, les Français en Champagne. Échec général.
14 mars. Démission de Briand.
31 mars. Entrevue des princes de Bourbon-Parme avec Poincaré.
6 avril. Ribot : conseil de guerre français à Compiègne.
19 avril. Arrêt des opérations. Accords de Saint-Jean-de-Maurienne entre les Alliés et l'Italie.
15 mai. Nivelle remplacé par Pétain.
Mai-juin. Grèves à Paris.
22 juillet. Début des attaques de Clemenceau contre Malvy.
31 août. Démission de Malvy.
7 septembre. Painlevé succède à Ribot.
11 octobre. L'Angleterre garantit à la France la restitution de l'Alsace et de la Lorraine.
3 novembre. Accord franco-anglo-italien sur la répartition du tonnage maritime.
6-7 novembre. Conférence interalliée de Rapallo. Rupture de l'« Union sacrée » en France.
13 novembre. Chute de Painlevé.
17 novembre. Ministère Clemenceau.
P. Valéry : *la Jeune Parque.* Duhamel : *la Vie des martyrs.* J. et J. Tharaud : *À l'ombre de la Croix.*

1918 2 janvier. Conférence interalliée à Versailles : création du Comité exécutif.

1918 11 mars. Constitution d'un Comité économique interallié.
21 mars. Offensive allemande sur la Somme. Rupture du front anglais. Menace sur Amiens.
26 mars. Conférence franco-anglaise de Doullens : Foch, généralissime allié.
Mars-mai. Grèves réprimées par Clemenceau.
5 avril. Arrêt de l'offensive allemande.
9 avril. Nivelle attaque dans les Flandres.
25 avril. Prise du mont Kemmel.
27 mai. Offensive du Chemin des Dames.
29 mai. Prises de Soissons, Dormans, et de Château-Thierry le 31.
5 juin. Arrêt de l'offensive.
20 juin. Rupture entre les Alliés et la Russie.
15 juillet. Offensive allemande sur la Marne. Échec complet.
18 juillet. Contre-offensive française de Villers-Cotterêts.
21 juillet. Ludendorff abandonne la ligne de la Marne.
8 août. Offensive franco-américaine sur la Somme. Offensive française sur l'Aisne.
21 août. Offensive anglaise sur Cambrai.
4 septembre. Retraite générale des Allemands sur la position Hindenburg.
15 septembre. Offensive américaine sur Saint-Mihiel.
26 septembre. Offensive française en Champagne et américaine en Argonne.
27 septembre. Offensive anglaise sur la Somme.
28 septembre. Offensive interalliée dans les Flandres.
4 novembre. Retraite des Allemands sur la ligne Anvers-Meuse, qui est forcée à Sedan le 7 novembre.
11 novembre. **Armistice de Rethondes.**
Décembre. Les Français débarquent à Odessa et en Crimée.
Claudel : *le Pain dur.* Giraudoux : *Simon le pathétique.* Maurois : *les Silences du colonel Bramble.* R. Rolland : *Colas Breugnon.* A. France : *le Petit Pierre.*

1919 25 février. La France réclame la frontière militaire du Rhin. Clemenceau y renonce en échange de la garantie anglo-américaine.
4 mars. Fondation de la IIIe Internationale (Komintern).
Mars. Rupture de l'accord de solidarité militaire interallié.
Mars. Rembarquement des troupes françaises d'Odessa.
28 juin. **Signature du traité de Versailles** et des traités de garantie franco-anglo-américains.
19 septembre. Traité de Saint-Germain.
16 novembre. Élection du « Bloc national ». La Chambre « bleu horizon ».
27 novembre. Traité de Neuilly.
G. Sorel : *Matériaux pour une théorie du prolétariat.* Giraudoux : *Elpénor.* Barbusse : *Clarté.* Gide : *la Symphonie pastorale.* P. Benoit : *l'Atlantide.*

1920 Janvier. Démission de Clemenceau. CONGRÈS DE TOURS : scission entre socialistes et communistes. Mort de Deschanel.
10 janvier. Entrée en vigueur du traité de Versailles et du pacte de la S.D.N.
17 janvier. Deschanel, président de la République.
24 janvier. Constitution de la Commission des réparations.
8 mars. Fayçal se fait proclamer roi de Syrie.
6 avril-17 mai. Occupation de Darmstadt et Francfort par la France.
Juin. Création de la Chambre de commerce internationale à Paris.
24 juillet. La France fait occuper Damas.
10 août. Traité de Sèvres.
23 septembre. Élection de Millerand.
Bergson : *l'Énergie spirituelle.* Maritain : *Art et scolastique.* Lanson : *Histoire de la tragédie française.* Claudel : *le Père humilié.* Duhamel : *la Confession de minuit.*

1920-1924 Gide : *Si le grain ne meurt.*

1921 Janvier-décembre. Ministère Briand.
24-29 janvier. Conférence des réparations à Paris.
Mars. Occupation de Düsseldorf, Ruhrort et Duisbourg par les Français.
30 avril. Ultimatum à l'Allemagne sur la question des délits de guerre.
Juillet. Reprise des relations entre le Saint-Siège et la France.
27 juillet. Accord franco-allemand de Wiesbaden.
Giraudoux : *Suzanne et le Pacifique.* J. et J. Tharaud : *Quand Israël est roi.*

1921 Maurois : *les Discours du docteur O'Grady*. A. France : *la Vie en fleur*.

1922 12 janvier. Ministère Poincaré.
Juillet. Scission entre socialistes et communistes à la C.G.T.
Giraudoux : *Siegfried et le Limousin*. Mauriac : *le Baiser au lépreux*. Valéry : *Charmes*.

1922-1940 Roger Martin du Gard : *les Thibault*.

1923 11 janvier. Poincaré, d'accord avec les Belges, fait occuper la Ruhr.
L. de Broglie pose les principes de la mécanique ondulatoire.
Maritain : *Éléments de philosophie*. Maurois : *Ariel ou la Vie de Shelley*.

1924 26 janvier. Alliance franco-tchécoslovaque.
11 mai. Élections du « Cartel des gauches ».
11 juin. Démission forcée de Millerand.
13 juin. Élection de Doumergue.
15 juin. Ministère Herriot.
29 octobre. La France reconnaît l'Union soviétique.
Manifeste du surréalisme. Valéry : *l'Âme et la danse. Eupalinos*. Maurras : *l'Allée des philosophes*. Montherlant : *les Olympiques*. Giraudoux : *Juliette au pays des hommes*. Romains : *Knock*.

1924-1944 Valéry : *Variété*.

1925 10 avril. Chute du ministère Herriot.
1er juillet. Début de l'évacuation de la Ruhr.
Canonisation de Thérèse de Lisieux.
Gide : *les Faux-Monnayeurs*. Bourdelle : *Sapho*. Maillol : *Monument à Cézanne*. Ravel : *l'Enfant et les sortilèges*. EXPOSITION DES ARTS DÉCORATIFS, À PARIS.

1926 31 janvier. Évacuation de la zone de Cologne.
29 mai. Accords franco-américains et, 12 juillet, franco-anglais sur les dettes interalliées.
20 juillet. Chute maximale du franc.
23 juillet. Formation du ministère Poincaré. CONDAMNATION DE « L'ACTION FRANÇAISE » par le pape.
Sertillanges : *la Vie intellectuelle*. Eluard : *Capitale de la douleur*. Montherlant : *les Bestiaires*. Giraudoux : *Bella*. Bernanos : *Sous le soleil de Satan*. Mauriac : *Thérèse Desqueyroux*.

1927 31 janvier. Fin du contrôle militaire en Allemagne.
Maurois : *Vie de Disraeli*. Duhamel : *Journal de Salavin*. Bourdelle : *Mickiewicz*. Matisse obtient le prix Carnegie. René Clair : *Un chapeau de paille d'Italie*.

1928 Mars. Loi sur les assurances sociales. Stabilisation officielle du franc.
Avril. Élections modérées.
27 août. Pacte Briand-Kellogg.
Novembre. Les radicaux abandonnent le ministère Poincaré.
A. Breton : *Nadja*. Malraux : *les Conquérants*. J. Green : *Léviathan*. Ravel : *Boléro*. Début de l'utilisation commerciale du cinéma parlant.

1929 27 juillet. Retraite de Poincaré.
24 octobre. Début des conséquences du krach boursier de New York.
Giraudoux : *Amphitryon 38*. Claudel : *le Soulier de satin*. Second *Manifeste du surréalisme*.

1930 22 mai. La France promulgue une Constitution pour la Syrie.
Sertillanges : *Catéchisme des incroyants*. Duhamel : *Scènes de la vie future*. Maillot : *Vénus au collier*. Ravel : *Concerto pour la main gauche*.

1931 13 mai. Élection présidentielle : Briand battu par Doumer.
Valéry : *Regards sur le monde actuel*. J. Romains : *Donogoo*. Maurras : *Au signe de Flore*. Dunoyer de Segonzac illustre *les Géorgiques*. René Clair : *À nous la liberté*.

1932 2 février. Ouverture de la conférence du désarmement.
5 mai. Assassinat de Doumer. Lebrun, président.
Mai. Élections générales.
4 juin. Ministère Herriot.
29 novembre. Pacte de non-agression franco-soviétique.
11 décembre. Les Alliés reconnaissent à l'Allemagne l'égalité des droits.
15 décembre. La France refuse de payer les dettes américaines.
Mauriac : *le Nœud de vipères*. CÉLINE : « VOYAGE AU BOUT DE LA NUIT ». Matisse illustre les *Poésies* de Mallarmé.

1932-1945 Duhamel : *Chronique des Pasquier*.

1932-1946 J. Romains : *les Hommes de bonne volonté*.

1933 30 janvier. Hitler, chancelier.
14 octobre. L'Allemagne quitte la conférence du désarmement, puis la S.D.N. Joliot-Curie réalise la radioactivité artificielle.
MALRAUX : « LA CONDITION HUMAINE ». Giraudoux : *Intermezzo*. Maillol : *monument de Cl. Debussy*. Matisse : *la Danse*.

1934 Janvier. Début du scandale Stavisky.
30 janvier. Ministère Daladier.
6 FÉVRIER. FUSILLADE DE LA PLACE DE LA CONCORDE. Démission de Daladier.
9 février. Ministère Doumergue.
Échec de Doumergue sur la réforme constitutionnelle.
7 novembre. Doumergue démissionne.
Ajournement de la conférence du désarmement.
Montherlant : *les Célibataires.*

1934-1937 Maillol : *les Trois Grâces.*

1935 6 janvier. Accord franco-italien de Rome.
13 janvier. Plébiscite de la Sarre.
14 avril. Accords franco-austro-italiens de Stresa.
2 mai. Traité d'assistance mutuelle franco-soviétique.
Giraudoux : *La guerre de Troie n'aura pas lieu.*
Feyder : *la Kermesse héroïque.*

1936 ÉLECTIONS DU « FRONT POPULAIRE ».
Mai. Grèves et occupations d'usines.
4 juin. Ministère Blum.
7 juin. Accords syndicaux sur le temps de travail et les congés payés.
9 août. Protocole franco-syrien.
9 septembre. Réunion de la commission de non-intervention en Espagne, à Londres. Les brigades internationales.
25 septembre. Dévaluation du franc.
13 novembre. Protocole franco-libanais.
Gide : *Retour de l'U.R.S.S.* Bernanos : *Journal d'un curé de campagne.*

1937 24 janvier. Accord franco-turc sur Alexandrette.
21 juin. Chute du ministère Blum.
30 juin. Nouvelle dévaluation.
EXPOSITION INTERNATIONALE DE PARIS. Construction du palais de Chaillot.

1938 Mai. Troisième dévaluation.
30 septembre. ACCORDS DE MUNICH.
Octobre. Rupture du Front populaire.
30 novembre. Grève générale.
6 décembre. Déclaration franco-allemande de Paris.
22 décembre. L'Italie dénonce les accords franco-italiens de Rome.
Mauriac : *Asmodée.* Malraux : *l'Espoir.* Sartre : *la Nausée.* Cocteau : *la Voix humaine, les Parents terribles.* Lurçat rénove la tapisserie d'Aubusson. Léger : *le Transport des forces.*

1939 15 mars. L'armée allemande occupe la Tchécoslovaquie.
22 mai. Alliance militaire italo-allemande.
Juillet. Mission militaire franco-anglaise à Moscou.
23 août. Pacte de non-agression germano-soviétique.
1er septembre. L'armée allemande envahit la Pologne.
3 septembre. **L'Angleterre puis la France déclarent la guerre à l'Allemagne.**
9-30 septembre. Offensive française dans la Sarre.
13 septembre. Remaniement du cabinet Daladier.
19 octobre. Traité franco-anglo-turc.
10 novembre. Évacuation de Forbach par les Français.
30 novembre. Daladier obtient les pleins pouvoirs.
12 décembre. Accords financiers Reynaud-Simon.
14 décembre. L'U.R.S.S. exclue de la S.D.N.

1940 20 mars. Démission de Daladier. Paul Reynaud lui succède.
28 mars. France et Angleterre s'engagent à ne pas conclure de paix ni d'armistice séparés.
10 mai. L'armée allemande envahit la Belgique, la Hollande et le Luxembourg.
14 mai. Le front français est rompu à Sedan.
18-21 mai. Occupation de Saint-Quentin, d'Amiens et d'Arras.
28 mai-3 juin. Bataille de Dunkerque.
6 juin. Rupture du front de la Somme.
9 juin. Prise de Rouen.
10 juin. Déclaration de guerre de l'Italie à la France.
14 juin. Occupation de Paris.
16 juin. **Pétain demande l'armistice.**
Démission de P. Reynaud.
17 juin. Pétain.
18 juin. **Appel de De Gaulle à Londres.**
21 juin. Occupation de Lyon et Vienne.
22 juin. Armistice franco-allemand.
23 juin. Armistice franco-italien.
28 juin. Le gouvernement britannique reconnaît de Gaulle comme chef des F.F.L.
2 juillet. Installation du gouvernement français à Vichy.
4 juillet. Rupture des relations diplomatiques franco-anglaises.

1940 10 juillet. Réuni à Vichy, le Parlement donne le pouvoir constituant au maréchal Pétain. Fin de la IIIe République.
7 août. Accord Churchill-de Gaulle sur l'organisation des F.F.L.
21 août. Condamnation à mort de De Gaulle par contumace.
28 août. L'A.-É.F. se rallie à de Gaulle.
23 septembre. Ultimatum japonais à la France concernant l'Indochine.
28 septembre. Attaque thaïlandaise contre l'Indochine.
3 octobre. Loi portant sur le statut des Juifs en France.
24 octobre. Entrevue Hitler-Pétain à Montoire.

1941 9 février. Darlan, vice-président du Conseil.
11-12 mai. Entrevue Hitler-Darlan à Berchtesgaden.
2 juin. Nouvelle loi sur les Juifs.
8 juin. Le général Catroux met fin au mandat syro-libanais.
30 juin. Rupture des relations diplomatiques entre Vichy et l'U.R.S.S.
17 juillet. Weygand, délégué général en Afrique du Nord.
29 juillet. Accord franco-japonais sur la défense de l'Indochine.
14 août. Institution de tribunaux spéciaux contre les communistes. Signature de la Charte de l'Atlantique.
21 août. Mise en vigueur du système des otages.
23 septembre. Constitution du Comité national français.
4 octobre. Promulgation de la Charte du travail.
22 octobre. Exécution des otages de Châteaubriant, Nantes et Bordeaux.
20 novembre. Les Allemands exigent la mise à la retraite de Weygand.
1er décembre. Entrevue Pétain-Goering à Saint-Florentin.

1942 18 avril. Laval reprend la tête du gouvernement.
8 novembre. Débarquement allié en Afrique du Nord.
11 novembre. L'ARMÉE ALLEMANDE OCCUPE LA « ZONE LIBRE » et Toulon : sabordage de la flotte française le 27 novembre.
16 novembre. Déchéance de Darlan.
20 novembre. Arrestation de Weygand par les Allemands.
24 décembre. Assassinat de Darlan.
Vercors : *le Silence de la mer.* Aragon : *les Yeux d'Elsa.* Carné : *les Visiteurs du soir.*

1943 30 janvier. Création de la Milice française.
16 février. Institution du travail obligatoire.
24 mars. Entrevue Giraud-de Gaulle à Casablanca.
15 mai. Constitution du Conseil national de la Résistance.
31 juillet. Giraud, commandant des forces françaises.
9 novembre. De Gaulle, seul président du C.F.L.N.
Vercors : *la Marche à l'étoile.*

1944 20 avril. Massacre de Saint-Genis-Laval.
21 avril. Démission de Giraud. Ordonnance d'Alger sur l'organisation des pouvoirs après la Libération.
6 juin. **Débarquement allié en Normandie.**
10 juin. Massacre d'Oradour-sur-Glane.
27 juin. Libération de Cherbourg.
28 juin. Assassinat de Ph. Henriot.
7 juillet. Assassinat de G. Mandel.
9 juillet. Prise de Caen.
13-21 juillet. Massacres dans le Vercors.
30 juillet. Percée d'Avranches.
15 août. Débarquement allié en Provence.
20 août. Arrestation de Pétain par les Allemands.
23 août. Libération de Marseille et de Grenoble.
25 août. Massacre de Maillé. LIBÉRATION DE PARIS.
6 septembre. Constitution du Gouvernement provisoire de la République française.
11 septembre. Libération de Lyon.
13 septembre. Jonction des armées alliées du Nord et du Sud en France.
Offensive française : 20 novembre, prises de Belfort, 21 novembre, de Mulhouse et, 23 novembre, de Strasbourg.
5 octobre. Nouveau régime électoral : vote des femmes.
27 novembre. Retour de Thorez à Paris.
10 décembre. Pacte franco-soviétique.
14 décembre. Nationalisation des houillères du Nord.
J.-P. Sartre : *les Mouches, Huis clos.* Camus : *le Malentendu.* Aragon : *Aurélien.*

1945 1er janvier. Offensive allemande en Lorraine.

1945 2-12 janvier. Conférence de Yalta.
20 janvier. Repli définitif des Allemands dans les Ardennes.
20 février. De Gaulle refuse de rencontrer Roosevelt à Alger.
8 mai. CAPITULATION GÉNÉRALE DES ARMÉES ALLEMANDES.
Juin. Vive tension franco-anglaise, puis, 25 juillet, accord concernant les États du Levant.
23 juillet-14 août. Procès Pétain.
3 août. La France est invitée à la conférence des réparations.
3 septembre. De Gaulle dénie à la C.G.T. le droit de s'occuper de politique.
21 octobre. Élections générales.
9 novembre-21 décembre. Celle-ci a lieu à Paris.
15-21 novembre. Conflit entre de Gaulle et les communistes sur la formation du gouvernement.
3 décembre. Nationalisation des banques et du crédit.
Mort de Valéry. Giraudoux : *la Folle de Chaillot*. Camus : *Caligula*. Carné : *les Enfants du Paradis*.

1946 20 janvier. De Gaulle abandonne la présidence du gouvernement.
19 avril. Vote d'une première Constitution.
24-26 avril. Nationalisation des houillères et des assurances.
23 juin. Ministère Bidault.
14 septembre. Établissement d'un *modus vivendi* franco-vietnamien.
16 décembre. Ministère Blum.
Sartre : *Morts sans sépulture, la Putain respectueuse*. Saint-John Perse : *Vents*. Gide : *Thésée*. Bernanos : *Monsieur Ouine*.

1947 22 janvier. Ministère Ramadier.
13 février. Grève générale.
4 mars. Traité d'alliance franco-anglais de Dunkerque.
14 avril. De Gaulle crée le R.P.F.
Juin. Vague de grèves.
5 août. Sanglants incidents en Tunisie.
27 août. Vote du statut de l'Algérie.
5 octobre. Les élections sarroises entérinent le rattachement économique à la France.
9 octobre. Offensive française au Tonkin.
19-26 octobre. Élections municipales : important succès du R.P.F.
Novembre-décembre. Vague importante de grèves.
12 novembre. Manifestations communistes à Marseille.
19 novembre. Démission de Ramadier.
23 novembre. Cabinet R. Schuman.
30 novembre. Mesures contre le P.C.F.
19 décembre. Scission entre la C.G.T. et F.O.
Camus : *la Peste*. Giraudoux : *l'Apollon de Bellac*. Jean Genet : *les Bonnes*. Audiberti : *Le mal court*. Matisse : *la Jeune Anglaise, le Silence habité des maisons*.

1948 24 janvier. Dévaluation du franc. Institution d'un marché libre de l'or.
4-11 avril. Élections en Algérie.
20 mai. Formation du premier gouvernement vietnamien.
26 juillet. A. Marie remplace R. Schuman.
7 septembre. Second ministère Schuman.
4 octobre-29 novembre. Vague de grèves dans les usines et les chemins de fer.
Mort d'Antonin Artaud. Camus : *l'État de siège*. Vailland : *les Mauvais Coups*. Matisse : *Grand Intérieur rouge*. Zadkine : monument commémoratif de la destruction de Rotterdam.

1949 19 septembre. Dévaluation du franc.
20 septembre. Début de l'affaire des généraux.
5 octobre. Démission du ministère Queuille.
28 octobre. Ministère Bidault.
30 décembre. La France transmet ses pouvoirs au Viêt-nam.
Camus : *les Justes*.

1950 24 juin. Chute du ministère Bidault.
12 juillet. Ministère Pleven.
6 décembre. De Lattre de Tassigny nommé haut-commissaire en Indochine.
31 décembre. Vote des crédits du réarmement.
Ionesco : *la Cantatrice chauve*.

1951 Janvier. Offensives viêt-minh.
22 février. Première conférence de la Commission européenne de Défense (C.E.D.), à Paris.
28 février. Chute du ministère Pleven.
13 mars. Troisième ministère Queuille.
16 mars-4 avril. Grèves dans les transports et dans l'énergie.
18 avril. Traité de Paris instituant la C.E.C.A.
17 juin. Élections générales : recul des communistes et du M.R.P.

1951 18 juin. Offensive française près d'Hanoi.
11 août. Nouveau ministère Pleven.
21 septembre. Loi Barangé sur l'aide à l'enseignement privé.
1er novembre. Graves émeutes à Casablanca.
11-14 décembre. Échec viêt-minh devant Hoa Binh.
Julien Gracq : *le Rivage des Syrtes.* Malraux : *les Voix du silence.* Sartre : *les Mains sales, le Diable et le Bon Dieu.* Publication autorisée des œuvres de Genet : *Notre-Dame des Fleurs, Pompes funèbres, Haute Surveillance, Journal du voleur.*

1952 7 janvier. Chute du ministère Pleven.
17 janvier. Sanglantes émeutes à Bizerte et Ferryville.
18 janvier. Répression : grève générale à Tunis.
20 janvier. Constitution du ministère Faure.
24 février. Évacuation d'Hoa Binh.
26 mai. Lancement d'un emprunt indexé.
27 mai. Traité de Paris sur la C.E.D.
28 mai. Violentes manifestations communistes à Paris.
11 juillet. Scission du R.P.F.
30 octobre-18 novembre. Opération « Lorraine » au Tonkin.
18 novembre. Le sultan du Maroc revendique la souveraineté marocaine.
21 novembre. Offensive viêt-minh au Laos.
8 décembre. Émeute à Casablanca.
23 décembre. Démission du ministère Pinay.
Mort de Paul Eluard. Ionesco : *les Chaises.*

1953 9 janvier. Constitution du ministère Mayer.
Avril, offensive viêt-minh au Laos.
6 mai. De Gaulle se sépare du groupe parlementaire R.P.F.
16 août. Graves émeutes au Maroc.
15-19 octobre. Congrès national vietnamien.
20 novembre. Occupation de Diên Biên Phu.
29 novembre. Hô Chi Minh expose les conditions vietnamiennes d'armistice.
Beckett : *En attendant Godot.* Renoir : *le Carrosse d'or.*

1954 3 février-7 mai. BATAILLE DE DIÊN BIÊN PHU.

1954 19 juin. Ministère Mendès France.
27 juillet. Entrée en vigueur de l'armistice au Tonkin.
31 juillet. Visite de Mendès France à Tunis : proclamation du principe de l'autonomie interne.
30 août. Le Parlement rejette la C.E.D.
4 septembre. Ouverture des négociations franco-tunisiennes.
9 octobre. Évacuation d'Hanoi.
21 octobre. Accord franco-indien sur la cession des comptoirs français de l'Inde.
23 octobre. Accord franco-allemand de Paris sur la Sarre.
1er novembre. Vague d'attentats en Algérie. DÉBUT DE L'INSURRECTION DU MASSIF DES AURÈS.
Mort de Matisse et de Colette. Simone de Beauvoir : *les Mandarins.* Tati : *les Vacances de M. Hulot.*

1955 26 janvier. Soustelle est nommé gouverneur général de l'Algérie.
23 février. Constitution du ministère E. Faure.
31 mars. Vote du projet de loi sur l'état d'urgence et son application en Algérie.
15 mai. Les dernières forces françaises quittent le Nord Viêt-nam.
Mort de Claudel, Fernand Léger et Utrillo. Publication des poèmes de Minou Drouet. Robbe-Grillet : *le Voyeur.* Béjart : *Symphonie pour un homme seul.*

1956 1er février. Guy Mollet, président du Conseil.
2 mars. La France reconnaît l'indépendance du Maroc.
26 juillet. Nationalisation égyptienne du canal de Suez.
31 octobre. Les forces franco-britanniques bombardent les aérodromes égyptiens.
7 novembre. Rupture de Sartre avec le P.C.F. après l'intervention soviétique en Hongrie.
3 décembre. La France et la Grande-Bretagne acceptent de retirer leurs troupes de Port-Saïd.
12 décembre. Ratification des accords franco-allemands sur la Sarre.
Mort de Paul Léautaud, Gustave Charpentier et Mistinguett. Alain Resnais : *Nuit et Brouillard.*

1957 7 janvier. Massu est chargé du maintien de l'ordre à Alger.
28 janvier. Le F.L.N. lance un ordre de grève générale.

1957 13 septembre. Projet de loi-cadre sur l'Algérie approuvé au conseil des ministres.
6 novembre. Félix Gaillard, président du Conseil.
Francis Carco reçoit le Grand Prix littéraire de la Ville de Paris, Albert Camus le prix Nobel de littérature. Vailland : *la Loi.* Butor : *la Modification.* Beckett : *Fin de partie.* Bataille : *l'Érotisme.* Saint-John Perse : *Amers.* Bresson : *Un condamné à mort s'est échappé.* Louis Malle : *Ascenseur pour l'échafaud.*

1958 28 janvier. Adoption par l'Assemblée nationale de la loi électorale et, 31 janvier, de la loi-cadre pour l'Algérie.
27 mars. Le gouvernement fait saisir *la Question* d'Henri Alleg.
13 mai. CRÉATION À ALGER D'UN COMITÉ DE SALUT PUBLIC SOUS LA PRÉSIDENCE DE MASSU.
15 mai. Déclaration de De Gaulle qui se dit « prêt à assumer les pouvoirs de la République ».
16-17 mai. Vote de l'état d'urgence.
29 mai. Pressenti par le président Coty pour devenir chef du gouvernement, de Gaulle accepte.
31 mai. Démission de Pflimlin.
1er juin. L'Assemblée nationale investit le général de Gaulle et vote les « pleins pouvoirs ».
4-7 juin. Premier voyage de De Gaulle en Algérie.
16 juin. Massu nommé préfet d'Alger.
19 septembre. Constitution au Caire d'un « gouvernement algérien libre » présidé par Ferhat Abbas.
24 septembre. Création de l'U.N.R., sous la présidence de Soustelle.
28 septembre. Référendum sur la nouvelle Constitution : 79,25 % de « oui » en métropole, 95 % en Algérie.
5 octobre. Fin de la IVe République.
21 décembre. De Gaulle est élu président de la République et de la communauté.
Mort de Francis Carco et de Roger Martin du Gard. Aragon : *la Semaine sainte.* Bonnefoy : *Hier régnant désert.*

1959 1er janvier. ENTRÉE EN VIGUEUR DU MARCHÉ COMMUN.
8 janvier. Debré, Premier ministre.
16 septembre. De Gaulle proclame le droit des Algériens à l'autodétermination (après pacification) par voie de référendum.

1959 28 septembre. Le G.P.R.A. se déclare « prêt à entrer en pourparlers ».
2 décembre. Catastrophe de Fréjus.
Mort de Gérard Philipe. Barrault devient directeur du Théâtre de France (l'ex-Odéon) et y monte *Tête d'or,* de Claudel. Grand Prix national des Lettres à Saint-John Perse. Sartre : *les Séquestrés d'Altona.* Queneau : *Zazie dans le métro.* Chabrol : *le Beau Serge.* Truffaut : *les Quatre Cents Coups.*
Renoir : *le Testament du Dr Cordelier.*
Godard : *À bout de souffle.* Resnais : *Hiroshima mon amour.*

1960 24 janvier. DÉBUT DE LA « SEMAINE DES BARRICADES » À ALGER. État de siège décrété.
1er février. Lagaillarde incarcéré à la Santé.
2 février. Vote des pouvoirs spéciaux pendant un an.
24 février. Démantèlement du « réseau Jeanson ».
13 avril. Le congrès de l'U.N.E.F. vote une motion réclamant des négociations avec le F.L.N.
25 avril. Soustelle exclu de l'U.N.R.
Juin. Proclamation de l'indépendance du Mali, du Dahomey, du Niger, de la Haute-Volta, de la Côte-d'Ivoire, du Tchad, de la République centrafricaine, du Congo et du Gabon.
5 septembre-1er octobre. Procès des membres du « réseau Jeanson ».
6 septembre. Publication du « manifeste des 121 » sur le droit à l'insoumission.
14 septembre. Salan prend position à Alger contre la politique de De Gaulle.
12-14 octobre. L'assemblée des cardinaux et archevêques condamne l'insoumission.
Mort d'Albert Camus. Lévi-Strauss inaugure sa chaire au Collège de France. Vailland : *la Fête.* Ionesco : *Rhinocéros.* Truffaut : *Tirez sur le pianiste.*

1961 8 janvier. Référendum sur la politique algérienne.
20-22 février. Conversations secrètes France-F.L.N. en Suisse.
22-25 avril. Coup de force des généraux Challe, Jouhaud, Zeller et Salan à Alger. Mise en application de l'article 16 de la Constitution.
10 mai. La dépouille mortelle de Lyautey est transférée aux Invalides.

1961 20 mai. Ouverture des négociations d'Évian.
1er juin. Challe et Zeller condamnés à quinze ans de réclusion criminelle.
1er juillet. Salan, condamné à mort par contumace.
30 septembre. Levée de l'application de l'article 16.
8 novembre. Adoption par l'Assemblée nationale des crédits de l'Algérie.
19 décembre. Manifestation à Paris contre l'O.A.S. Une centaine de blessés.
Mort de Céline et de Merleau-Ponty. Bachelard reçoit le Grand Prix national des Lettres. Sollers : *le Parc.* Truffaut : *Jules et Jim.* Resnais : *l'Année dernière à Marienbad.*

1962 4 janvier. Attentat O.A.S. contre le P.C. à Paris.
8 février. Manifestation anti-O.A.S. à Paris : huit morts (Charonne).
15 mars. Mouloud Feraoun assassiné à El-Biar par l'O.A.S.
18 mars. CONCLUSION DES ACCORDS D'ÉVIAN.
19 mars. Cessez-le-feu en Algérie. Grève déclenchée par l'O.A.S.
23 mars. L'O.A.S. ouvre le feu sur les forces de l'ordre. Violents combats à Bab-El-Oued : 35 morts.
8 avril. Référendum sur les accords d'Évian et la politique algérienne : 90,70 % de « oui ».
14 avril. Démission de Debré. Pompidou devient Premier ministre.
20 avril. Salan est arrêté à Alger.
1er juillet. Référendum en Algérie sur l'indépendance.
3 juillet. Le gouvernement français reconnaît officiellement l'indépendance de l'Algérie.
28 octobre. Référendum sur l'élection du chef de l'État au suffrage universel : 62,25 % de « oui ».

1963 4 janvier. Création de la Cour de sûreté de l'État.
1er mars. Grève des mineurs en Lorraine.
18 décembre. Defferre fait acte de candidature à la présidence de la République.
30 décembre. L'ex-colonel Argoud condamné à la détention criminelle à perpétuité.
Mort de Braque. Beckett : *Oh ! les beaux jours.* Le Clézio : *le Procès-verbal.* Robbe-Grillet : *l'Immortelle.* Rossif : *Mourir à Madrid.* G. Wilson succède à Jean Vilar à la direction du T.N.P.

1964 27 janvier. Reconnaissance officielle de la Chine communiste par la France.
16 mars. Voyage du général de Gaulle à Mexico, à la Guadeloupe et à la Martinique.
17 mai. Thorez est élu président du P.C. Il est remplacé au secrétariat général par Waldeck-Rochet.
Sartre refuse le prix Nobel de littérature. Nathalie Sarraute : *les Fruits d'or.* Godard : *le Mépris.* Lurçat : *le Chant du monde.*

1965 28 janvier. Mort du général Weygand.
26 mai. L'Assemblée nationale approuve l'institution d'un service national de seize mois.
9 septembre. François Mitterrand annonce sa candidature à l'Élysée.
23 septembre. Le comité central du P.C. décide de soutenir la candidature de Mitterrand.
29 octobre. Enlèvement de Ben Barka à Paris.
5 décembre. Premier tour des élections présidentielles : de Gaulle 44,64 % des voix, Mitterrand 31,72 %.
19 décembre. De Gaulle est réélu président de la République avec 55,19 % des suffrages.
Attribution du prix Nobel de médecine aux professeurs Jacob, Lwoff et Monod pour leurs travaux sur la génétique. Grand Prix national des Arts à Giacometti et des Lettres à Henri Michaux (qui le refuse). Aragon : *la Mise à mort.* Perec : *les Choses.* Godard : *Pierrot le Fou.*

1966 9 février. Massu est nommé commandant en chef des troupes françaises en Allemagne.
18 avril. Création des *Paravents* de Jean Genet au théâtre de l'Odéon. Lelouch : *Un homme et une femme.*
4 mai. Fusion de la B.N.C.I. et du Comptoir national d'escompte, qui deviennent la Banque nationale de Paris.
1er juin. Le gouvernement français annonce sa décision de ne plus affecter à l'O.T.A.N. les troupes françaises stationnées en Allemagne. Création du parti des Républicains indépendants, présidé par V. Giscard d'Estaing.
20 juin-1er juillet. Voyage de De Gaulle en U.R.S.S.

1967 12 mars. Élections législatives : Ve République, 244 sièges ; P.C., 73 ; F.G.D.S., 116.

1967 17 avril. Ouverture à Paris du nouveau procès des « ravisseurs » de Ben Barka. Verdict : deux condamnations à six et huit ans de prison, cinq acquittements.
Malraux : *Antimémoires.* Claude Simon : *Histoire.* Godard : *la Chinoise.* Melville : *le Samouraï.* Robbe-Grillet : *Trans-Europ-Express.* M. Duras : *la Musica.*

1968 26 janvier. Violentes bagarres à Caen au cours d'une manifestation ouvrière.
11 mars. Très forte augmentation des transactions sur l'or à la Bourse de Paris.

MAI 2. Incidents à la faculté de Nanterre, où le doyen suspend les cours. 3. La police à la Sorbonne. 5-6-7. Manifestations au Quartier latin. 10-11. Nuit des barricades : 468 interpellations. 13. Occupation de la Sorbonne par les étudiants. Manifestations de masse dans toute la France. 14. Occupation de l'usine Sud-Aviation à Nantes. 15. Occupation de l'Odéon. 19. Multiplication des grèves avec occupation d'usines. De Gaulle : « La réforme, oui, la chienlit, non ! » 25. L'O.R.T.F. en grève. Protocole d'accord entre les dirigeants syndicaux, le patronat et le gouvernement. Les ouvriers de Renault et des grandes entreprises se prononcent contre la reprise du travail. 27. Meeting à Charlety. 30. Dissolution de l'Assemblée nationale. Manifestation gaulliste place de l'Étoile.

JUIN 5. Reprise du travail à l'E.D.F.-G.D.F. et dans les charbonnages. 6. Reprise du travail à la S.N.C.F., à la R.A.T.P. et dans les P.T.T. 7. Violents accrochages à Flins : un mort. 8. Rentrée de Bidault en France. 10. Ouverture de la campagne pour les élections législatives. 11. Manifestations à Paris et à Montbéliard : un manifestant tué par la police. 12. Manifestations interdites. Dissolution de la plupart des groupements d'extrême gauche. 15. Salan et dix autres condamnés pour subversion sont graciés. 16. La police fait évacuer la Sorbonne. 23. Premier tour des législatives. 30. Au second tour, la majorité enlève 358 des 485 sièges.
13 juillet. Démission de Pompidou. Ministère Couve de Murville.
4 septembre. Suppression du contrôle des changes.

1968 10 octobre. Vote de la loi d'orientation de l'enseignement supérieur.
20-21 octobre. Jeannette Thorez-Vermeersch démissionne du P.C.F. Celui-ci inflige un « blâme public » à Roger Garaudy.
24 octobre. Rentrée en France de Soustelle.
Décembre. Grève des cours à Nanterre. La police occupe le campus.
31 décembre. De Gaulle déclare dans son allocution de fin d'année : « Portons donc en terre les diables qui nous ont tourmentés pendant l'année qui s'achève. »
Ariane Mnouchkine monte *la Cuisine* de Wesker.

1969 17 janvier. Pompidou annonce lors d'un voyage privé à Rome qu'il briguera la succession du général de Gaulle.
22 janvier. Celui-ci déclare : « J'ai le devoir et l'intention de remplir mon mandat jusqu'à son terme. »
2 février. 34 étudiants sont exclus pour un an de l'Université de Paris pour avoir occupé les locaux du rectorat. Pompidou, à la télévision suisse : « J'aurai peut-être, si Dieu le veut, un destin national. »
27 avril. Référendum sur le Sénat et la régionalisation : 52 % de « non ».
28 avril. DÉMISSION DE DE GAULLE.
29 avril. A. Poher assure l'intérim. Pompidou annonce sa candidature à l'élection présidentielle.
31 mai. Premier tour : Pompidou, 44,46 % des suffrages exprimés ; Poher, 23,30 % ; Duclos, 21,27 %.
15 juin. Au deuxième tour, G. Pompidou est élu avec 58,21 % des suffrages.
Dévaluation du franc.
Planchon monte *Bérénice* de Racine. Costa-Gavras : *Z.* Rohmer : *Ma nuit chez Maud.*

1970 19 janvier. Incidents à l'université de Nanterre et au centre de Censier.
23 janvier. Élection de l'écrivain Eugène Ionesco à l'Académie française.
2-21 février. Grèves surprises et locales à la S.N.C.F. avec extension à partir du 18 février.
4-8 février. XIXe congrès du P.C.F. : exclusion de Roger Garaudy du bureau politique et du comité central.
20 février. Ouverture à Paris du 1er tronçon du R.E.R., Étoile-La Défense.

1970 23 février-3 mars. Voyage officiel aux États-Unis de Georges Pompidou, président de la République française.
2 et 3 mars. Violent incident à l'université de Nanterre : plus de cent blessés.
8 et 15 mars. Élections cantonales remportées par la majorité (U.D.R. et R.I.).
12 mars. Mise en service du 1er turbotrain sur la ligne Paris-Caen.
16 mars et 24 avril. Démissions successives des doyens des facultés des lettres et de droit de Nanterre : Paul Ricœur et Jean-Marie Verdier.
17 mars. Décès de l'historien Jérôme Carcopino, de l'Académie française.
27 mars. Accords sur la mensualisation des salaires des ouvriers de la Régie Renault.
29 avril. Admission des femmes à l'École polytechnique.
30 avril et 4 juin. Adoption de la loi anticasseurs par le Parlement.
20 mai. Exclusion de Roger Garaudy du P.C.F.
23 mai. Décès du juriste René Capitant, ancien garde des Sceaux.
27 mai. Dissolution de la Gauche prolétarienne.
19 juin. Décès du metteur en scène Jacques Hébertot.
21 et 28 juin. Élections législatives partielles de Nancy favorables à Jean-Jacques Servan-Schreiber aux dépens de l'U.D.R. Roger Souchal.
9 juillet. Accord C.N.P.F. syndicats sur la formation professionnelle permanente.
1er septembre. Décès de l'écrivain François Mauriac.
20 septembre. Élections législatives partielles de Bordeaux. Succès au premier tour de Jacques Chaban-Delmas (63,55 % de suffrages), vainqueur de Jean-Jacques Servan-Schreiber (16,59 % de suffrages).
6-13 octobre. Voyage officiel en U.R.S.S. de Georges Pompidou.
9 octobre. Décès de l'écrivain Jean Giono, du professeur Louis Pasteur-Vallery Radot et du ministre d'État Edmond Michelet.
10 octobre. Décès de l'ancien président du Conseil Édouard Daladier.
23 octobre. Visite officielle en France du président de la république populaire de Yougoslavie, le maréchal Josef Broz Tito.

1970 9 novembre. Décès du général Charles de Gaulle.
12 novembre. Deuil national lors des obsèques du général Charles de Gaulle à Colombey-les-Deux-Églises.
11 décembre. Distribution de 542 000 actions à 45 600 salariés de la Régie Renault.
12 décembre. Lancement à Kourou, en Guyane, du satellite français *Peole* par une fusée *Diamant B.*
19 décembre. Adoption définitive de la réforme hospitalière.
Claude Simon : *la Bataille de Pharsale, Orion aveugle.* Alain Robbe-Grillet : *Projet pour une révolution à New York.* Jean Giono : *l'Iris de Suse.* Roland Barthes : *l'Empire des signes.* Jean-Marie G. Le Clézio : *la Guerre.* Julien Gracq : *la Presqu'île.*

1971 7 janvier. Création du ministère de l'Environnement.
8 janvier. Échouage et perte du paquebot *Antilles* aux Caraïbes.
27 janvier. Transformation de la S.N.C.F. en « entreprise autonome ».
3-12 février. Voyage de Georges Pompidou dans l'Afrique francophone du sud du Sahara.
14-21 mars. Élections municipales.
11 avril. Mort de l'écrivain André Billy et du peintre Marcel Gromaire.
22 avril. Jacques Chaban-Delmas, premier chef de gouvernement français en visite à Belgrade.
3 juin. Élection de Julien Green à l'Académie française.
10 juin. Nomination de Jean-Louis Barrault à la direction du Théâtre des Nations.
5 août et 9 septembre-15 octobre. Grave conflit entre le ministère de l'Intérieur et la police qui menace de reprendre le droit de grève.
18-25 août. Crise monétaire : institution du double marché des changes.
30 août. Mort de l'ingénieur Louis Armand.
26 septembre. Élections sénatoriales favorables à la majorité.
25-30 octobre. Visite officielle de Leonid Brejnev, secrétaire général du P.C. de l'U.R.S.S.
28 novembre, 5 et 12 décembre. Élections législatives partielles.
23 décembre. Accord franco-algérien réduisant d'un tiers l'immigration algérienne en France.

1971 Claude Simon : *les Corps conducteurs.* André Malraux : *les Chênes qu'on abat.* Roland Barthes : *Sade, Fourier, Loyola.* Michel Butor : *Il Où ?*

1972 3-10-14-15 janvier, 7 février. Révolte des prisons.

19 janvier. Publication des déclarations d'impôts du Premier ministre, Jacques Chaban-Delmas : crise politico-fiscale (problème de l'avoir fiscal).

25 février et 4 mars. Mort par balle et inhumation du militant maoïste Pierre Overney.

15 mars. Mort du père Georges Guérin, fondateur de la J.O.C. française.

23 avril. Référendum pour l'élargissement de la Communauté économique européenne ; oui, 67,7 % ; non, 32,30 %.

15-19 mai. Visite officielle à Paris d'Élisabeth II, reine de Grande-Bretagne.

9 juin. Inauguration par Georges Pompidou, à Lyon, du Centre international de recherches sur le cancer.

18 juin. Inauguration du mémorial Charles-de-Gaulle à Colombey-les-Deux-Églises.

27 juin et 9 juillet. Établissement, puis ratification du programme commun de gouvernement par les communistes et les socialistes.

5 juillet. Démission de Jacques Chaban-Delmas, Premier ministre.

5 juillet 1972-27 mai 1974. Pierre Messmer, Premier ministre (1er cabinet, 7 juillet 1972-28 mars 1973).

14 août et 21 septembre. Mort des académiciens Jules Romains et Henry de Montherlant.

8 octobre. Interdiction du parti nationaliste basque, l'E.T.A.

1973 12-13 janvier. Entretiens Brejnev-Pompidou à Minsk.

9 février. Établissement de relations diplomatiques avec la R.D.A.

15 février. Décès du cardinal Achille Liénart.

4-11 mars. Élections législatives : victoire de la majorité (273 sièges) sur l'opposition de gauche (176).

18 mars. Décès de Roland Dorgelès.

28 mars. Démission du Premier ministre Pierre Messmer.

2 avril. Élection d'Edgar Faure à la présidence de l'Assemblée nationale.

5 avril 1973-27 février 1974. Deuxième cabinet Pierre Messmer.

1973 8 avril. Décès à Mougins de Pablo Picasso.

29 avril. Décès de Jacques Maritain.

24 mai. Élection de l'ethnologue Claude Lévi-Strauss à l'Académie française.

31 mai-1er juin. Entretiens Nixon-Pompidou à Reykjavík.

4 juin. Accords franco-malgaches fixant au 1er septembre au plus tard le retrait définitif des troupes françaises de l'île.

26-27 juin. Entretiens Brejnev-Pompidou à Rambouillet.

28 juin. Dissolution de la Ligue communiste et d'Ordre nouveau.

13-17 septembre. Visite officielle de Georges Pompidou en Chine populaire.

23-30 septembre. Élections cantonales : poussée de la gauche.

18 octobre. Élection de l'écrivain Jean d'Ormesson à l'Académie française.

22-25 octobre. Visite officielle du prince Juan Carlos en France.

5 décembre. Plan gouvernemental anti-inflationniste.

Claude Simon : *Triptyque.* Jacques Derrida : *l'Archéologie du frivole.* Michel Butor : *Intervalle, Illustration III.* Louis Malle : *Lacombe Lucien.*

1974 19 janvier. Institution pour six mois du franc flottant.

24 janvier. Plan énergétique de deux ans annoncé à Poitiers par Georges Pompidou.

30 janvier. Dissolution par le gouvernement des organisations autonomistes basque (E.N.B.A.T.A.), bretonne (F.L.B.), corse (F.P.C.L.).

27 février. Démission du Premier ministre, Pierre Messmer.

2 mars-27 mai. Troisième cabinet Pierre Messmer.

8 mars. Inauguration de l'aéroport Charles-de-Gaulle à Roissy-en-France (ouverture le 14).

2 avril. Décès du président de la République Georges Pompidou.

2 avril-27 mai. Alain Poher, président de la République par intérim.

21 avril 1974-30 janvier 1977. Captivité de Françoise Claustre au Tibesti.

5 et 19 mai. Élection au second tour du président de la République, Valéry Giscard d'Estaing, avec 50,81 % des voix contre 49,19 % à François Mitterrand.

1974 20 mai. Décès du cardinal Jean Daniélou.
27 mai. Début du septennat de Valéry Giscard d'Estaing.
27 mai 1974-25 août 1976. Jacques Chirac, Premier ministre.
12 juin. Adoption du plan de *refroidissement* de l'économie par le conseil des ministres.
16 juillet. Premier remaniement du ministère Jacques Chirac. Création d'un secrétariat d'État à la condition féminine.
22 juillet. Deuxième remaniement du ministère Jacques Chirac.
4 septembre. Décès de l'auteur dramatique Marcel Achard.
10 septembre. Manifestation de 200 soldats du contingent à Draguignan.
17 septembre. Décès du peintre André Dunoyer de Segonzac.
22 septembre. Elections sénatoriales : succès de l'opposition de gauche.
29 septembre et 6 octobre. Élections législatives partielles.
29 octobre. Troisième remaniement du ministère Jacques Chirac.
29 novembre et 15 décembre. Vote par l'Assemblée nationale puis par le Sénat de la loi sur l'interruption de grossesse (268 voix contre 175).
5 décembre. Entretiens de Rambouillet : Leonid Brejnev-Valéry Giscard d'Estaing.
14-16 décembre. Entretien de la Martinique : Gerald Ford-Valéry Giscard d'Estaing.
18 décembre. Entrée en vigueur de la loi sur l'avortement.
22 décembre. Référendum pour l'indépendance des Comores (95 % de « oui »).
Jacques Derrida : *Glas*. Roland Dubillard : *Confession d'un fumeur de tabac* (nouvelle). Marguerite Yourcenar : *Souvenirs pieux*.

1975 6 janvier. Entrée en service des sept sociétés qui succèdent à l'O.R.T.F.
27-28 janvier. Visite officielle à Paris du président égyptien Anouar el-Sadate.
31 janvier. Quatrième remaniement du ministère Jacques Chirac.
10 avril. Visite officielle en Algérie de Valéry Giscard d'Estaing (la première visite d'un président de la République française depuis l'indépendance).

1975 25 avril. Décès de Jacques Duclos, membre du P.C.F.
12-16 mai. Visite officielle à Paris du vice-Premier ministre de Chine, Teng Hsiao-Ping.
6 juillet. Proclamation unilatérale de l'indépendance des Comores : refus des élus de Mayotte.
4 août. Décès de Benoît Frachon, ancien secrétaire général de la C.G.T.
6 août. Grève des ouvriers du Livre.
22 août. Assassinat à Aléria de deux gendarmes par un commando autonomiste corse appartenant à l'A.R.C. (Action pour la renaissance de la Corse).
27 août. Dissolution de l'A.R.C.
4 septembre. Lancement par Valéry Giscard d'Estaing du plan de soutien à l'économie (30,5 milliards) adopté par l'Assemblée nationale le 11 et par le Sénat le 12.
20 septembre. Décès du poète et diplomate Saint-John Perse (Alexis Léger), prix Nobel de littérature.
30 septembre. Réception à l'Élysée de Robert Fabre, président du Mouvement des radicaux de gauche (M.R.G.).
3 octobre. Décès de Guy Mollet, ancien secrétaire général de la S.F.I.O.
17 octobre. Vote de la réforme foncière par l'Assemblée nationale.
23 octobre. Inauguration du pont reliant, sur l'estuaire de la Loire, Saint-Nazaire à Saint-Brévin.
5 novembre. Constitution à Besançon d'une section syndicale des soldats du contingent.
15-17 novembre. Réunion des Six Grands à Rambouillet pour définir un « nouvel ordre économique mondial » : accord sur la stabilisation des changes.
27 novembre-8 décembre. Poursuites contre les « comités de soldats ».
25 décembre. Décès de l'éditeur Gaston Gallimard.
Pierre-Jakez Hélias : *le Cheval d'orgueil*. Emmanuel Le Roy-Ladurie : *Montaillou, village occitan de 1294 à 1324*. André Glucksmann : *la Cuisinière et le mangeur d'hommes*. Michel Foucault : *Surveiller et punir, la naissance de la prison*. Hervé Bazin : *Madame Ex*. Michel Butor : *Matière de rêve*.

1976 11 janvier. Octroi du droit d'asile au dissident soviétique Leonid Pliouchtch. Condamnation par le car-

1976 dinal François Marty du commerce français des armes.
12 janvier. 5e remaniement du gouvernement de Jacques Chirac.
21 janvier. Premiers vols commerciaux de l'avion « Concorde » : Paris-Rio et Londres-Bahrein.
4-8 février. XXIIe congrès du P.C.F. à Saint-Ouen : renonciation à la notion de dictature du prolétariat.
8 février. Référendum maintenant l'île de Mayotte dans la République française (99,4 % des suffrages).
7-14 mars. Élections cantonales : progression de l'opposition de gauche.
24 mars. Jacques Chirac nommé coordonnateur de la majorité par Valéry Giscard d'Estaing.
9 mai. Élection législative à Tours : 57 % des suffrages en faveur de Jean Royer (divers, majorité).
22 mai. Fusion du Centre démocrate et du Centre démocratie et progrès en un nouveau Centre des démocrates sociaux présidé par Jean Lecanuet.
24 mai. Premier vol Paris-Washington sur « Concorde ».
31 mai. Décès du biologiste Jacques Monod, prix Nobel de médecine.
23 juin et 10 juillet. Adoption du projet de loi sur les plus-values par l'Assemblée nationale, puis par le Sénat.
23 juillet. Décès de Paul Morand.
25 août. Démission du Premier ministre Jacques Chirac. Raymond Barre nommé Premier ministre.
27 août 1976-28 mars 1977. Premier gouvernement Raymond Barre.
22 septembre. Publication du plan Barre de lutte contre l'inflation.
11 octobre. Mise en vente de l'œuvre de Valéry Giscard d'Estaing, *Démocratie française.*
25 octobre. Décès de l'écrivain Raymond Queneau.
14 et 21 novembre. Élections législatives partielles : la majorité perd 2 sièges.
23 novembre. Décès de l'écrivain André Malraux.
5 décembre. Création du Rassemblement pour la République (R.P.R.) par Jacques Chirac.
24 décembre. Assassinat à Paris de l'ancien ministre Jean de Broglie, député R.I. de l'Eure.
Michel Foucault : *la Volonté de savoir.* Michel Butor : *Second Sous-sol, Illustration IV.* Alain Robbe-Grillet : *Topologie d'une cité fantôme.* Alain Resnais : *Providence.*

1977 28 et 31 janvier. Inaugurations successives par le président Valéry Giscard d'Estaing du palais de l'Europe à Strasbourg, puis du Centre national d'art et de culture Georges-Pompidou à Paris (œuvre d'O. Arup and Partners, R. Piano et R. Rogers).
30 janvier. Libération par les Toubous de Pierre et Françoise Claustre.
27 février. Occupation à Paris de l'église Saint-Nicolas-du-Chardonnet par des intégristes, amis de Mgr Marcel Lefebvre.
13-20 mars. Élections municipales favorables à l'opposition de gauche.
25 mars. Jacques Chirac élu maire de Paris (le premier depuis 1871).
28 mars. Démission du Premier ministre Raymond Barre.
30 mars-26 septembre. Deuxième gouvernement Raymond Barre.
8 mai. Référendum ratifiant l'indépendance du territoire français des Afars et des Issas (98,79 % de « oui »).
10 mai. Chiffrage du programme commun de la gauche publié par *l'Humanité* : chute des cours à la Bourse.
19 mai. Transformation à Fréjus des Républicains indépendants en Parti républicain.
23 mai. Succès de l'emprunt Barre porté de 6 à 8 milliards de francs.
13 juin. Accord entreprise-syndicats sur la préretraite à 60 ans dans le secteur privé.
20-21 juin. Visite officielle de Leonid Brejnev à Paris.
27 juin. Accession à l'indépendance du territoire des Afars et des Issas qui devient la République de Djibouti.
6 juillet. Constitutionnalité de la loi sur l'emploi des jeunes reconnu par le Conseil constitutionnel.
8 juillet. Discours à Carpentras de Valéry Giscard d'Estaing sur l'union nécessaire de la majorité.
13 juillet. Adoption de la charte de l'environnement par le conseil des ministres.
15 juillet. Première « nuit bleue » (20 attentats) en Corse.
14 septembre. Échec du sommet de l'union de la gauche (problème des nationalisations).
23 septembre. Rupture de l'union de la gauche.

1977 25 septembre. Élections sénatoriales : succès relatif des partis de gauche.
26 septembre 1977-30 mars 1978. Troisième gouvernement Raymond Barre.
6 octobre. Adoption par l'Assemblée nationale de la loi sur l'informatique et les libertés.
22 novembre. Premier vol régulier du « Concorde » sur la ligne Paris-New York.
André Glucksmann : *les Maîtres penseurs.* Raymond Aron : *Plaidoyer pour l'Europe décadente.* Bernard-Henry Lévy : *la Barbarie à visage humain.* Philippe Ariès : *l'Homme devant la mort.* Marguerite Yourcenar : *Archives du Nord.*

1978 4-6 janvier. Visite officielle à Paris du président des États-Unis, Jimmy Carter.
14-23 janvier. Visite officielle en Chine du Premier ministre Raymond Barre.
27 janvier. Discours de Valéry Giscard d'Estaing définissant à Verdun-sur-le-Doubs le « bon choix » pour la France.
3 février. Constitution de l'U.D.F. (Union pour la Démocratie française), réunissant le P.R., le C.D.S. et le parti radical.
22 février. Création d'un Commissariat à l'énergie solaire.
12 et 19 mars. Élections législatives : victoire de la majorité (291 sièges) sur l'opposition (200).
16 mars. Naufrage du pétrolier libérien *Amoco Cadix* polluant plus de 100 km du littoral nord-ouest de la Bretagne. 30 mars. Démission du Premier ministre Raymond Barre.
3 avril. Élection de Jacques Chaban-Delmas (R.P.R.) à la présidence de l'Assemblée nationale.
5 avril-11 septembre. Quatrième gouvernement Raymond Barre.
19 mai-7 juin. Intervention des parachutistes français du 2e REP à Kolwezi, au Zaïre, pour sauver les ressortissants du massacre lors de la seconde guerre du Shaba.
5 juin. Conférence des Cinq à Paris sur la déstabilisation de l'Afrique (États-Unis, France, Royaume-Uni, R.F.A., Belgique).
3 juillet. Deuxième « nuit bleue » en Corse.
16-17 juillet. Quatrième conférence au sommet des Sept à Bonn (Canada, États-Unis, France, Italie, Japon,

1978 R.F.A., Royaume-Uni) [accords de relance économique et d'union antiterroriste].
19-20 juillet. Première visite officielle de Valéry Giscard d'Estaing au Portugal.
12 août. Libération du prix du pain pour la première fois depuis 1793.
11 septembre. Cinquième gouvernement Raymond Barre.
6 octobre 1978-1er février 1979. Séjour de l'ayatollah Khomeiny à Neauphle-le-Château (Yvelines).
10 octobre. Adoption du plan Acier par l'Assemblée nationale (276 voix contre 200).
29 novembre. Nomination de Jean François-Poncet au ministère des Affaires étrangères en remplacement de Louis de Guiringaud.
6 décembre. Appel de Cochin, lancé par Jacques Chirac et condamnant la politique européenne de Valéry Giscard d'Estaing.
19 décembre. Opération Longwy ville morte dirigée contre les licenciements dans la sidérurgie.
Michel Butor : *III Boomerang.* Alain Robbe-Grillet : *Souvenirs du triangle d'or, Un régicide.* Roger Caillois : *le Fleuve Alphée.* René Girard : *Des choses cachées depuis la fondation du monde.* Jacques Le Goff : *la Nouvelle Histoire.*

1979 1er janvier. Entrée en vigueur de la taxation sur les plus-values.
5 et 6 janvier. Entretiens de la Guadeloupe (Valéry Giscard d'Estaing, Jimmy Carter, James Callaghan et Helmut Schmidt).
24 janvier. Reprise de la participation française à la Conférence du désarmement à Genève.
24 et 26 janvier, 6, 9, 21 et 24 février, 30 janvier. Suppression du statut de réfugié accordé aux républicains espagnols depuis 1936.
8 et 23 mars, 18 mai. Manifestations parfois violentes des ouvriers sidérurgistes contre les licenciements à Longwy, à Denain, à Briey, à Roissy et de nouveau à Longwy et à Denain, à Paris, enfin à Longwy.
10 mars. Troisième « nuit bleue » en Corse (31 attentats).
12-14 mars. Conférence européenne des Neuf à Paris instituant le Système monétaire européen (S.M.E.),

1979 dont l'unité est l'écu *(European Currency Unit)* : son cours est fixé à 5,79831 F.
14-16 mars. Session extraordinaire du Parlement.
16 mars. Congrès socialiste de Metz.
2 et 31 mai. Deux « nuits bleues » à Paris provoquées par le F.L.N.C. (33 et 22 attentats).
7 mai. Quatrième « nuit bleue » en Corse : 33 attentats.
9-13 mai. Congrès du P.C.F. à Saint-Ouen.
5 juin. Première visite à Paris de Margaret Thatcher, Premier ministre britannique.
7 et 10 juin. Premières élections au suffrage universel dans l'Europe des Neuf (Assemblée de Strasbourg).
16 juin. Attentats du F.L.N.C. à Paris et en Corse.
19 juin. Présentation du plan anticrise du président Valéry Giscard d'Estaing.
21 et 22 juin. Conférence européenne au sommet de Strasbourg (les Neuf) sur l'énergie.
4 juillet. Remaniement ministériel. En remplacement de Simone Veil démissionnaire, nomination de Jacques Barrot au ministère de la Santé publique et de Jean Farge au ministère de la Sécurité sociale.
7 juillet. Lancement du premier sous-marin d'attaque à propulsion nucléaire, *le Provence.*
17 juillet. Élection de Simone Veil à la présidence de l'Assemblée européenne de Strasbourg par 192 voix sur 377 au second tour.
18 août. Départ du Havre pour Bremerhaven (R.F.A.) du paquebot *France* rebaptisé *Norway.*
4 septembre. Inauguration du Forum des Halles par Jacques Chirac, maire de Paris.
20 septembre. Échec de la première rencontre au sommet P.C.-P.S. depuis 1978.
21 septembre. Intervention de l'armée française à Bangui en faveur de David Dacko. Élimination politique à Bangui de l'empereur de Centrafrique Bokassa Ier.
26 septembre. Réunion à Paris des sept grandes puissances industrialisées pour économiser l'énergie.

1979 18 octobre. Rejet par l'Assemblée nationale (P.C., P.S. et R.P.R.) du nouveau barème de l'impôt sur le revenu.
23 octobre. Première grève nationale des médecins.
20 décembre. Vote du Parlement rendant définitive la loi sur l'avortement de 1975 grâce à l'apport des voix de l'opposition.
24 décembre. Annulation par le Conseil constitutionnel de la loi de finances de 1980.
27-28 décembre 1979-janvier 1980. Session extraordinaire du Parlement pour voter la nouvelle loi de finances.

1980 13 janvier. Adoption du « projet socialiste » pour les années 80 par le parti socialiste (P.S.).
30 mai-2 juin. Voyage en France (Paris et Lisieux) du pape Jean-Paul II.
7-8 juin. Adoption du Nouveau Manifeste radical.
26 juin. Neuvième conférence de presse de Valéry Giscard d'Estaing au cours de son septennat : annonce de la mise en service, en 1982, d'un missile stratégique mobile et de la mise en route du processus de développement de la bombe à neutrons.
4 septembre. Dénonciation par Edmond Maire, secrétaire général de la C.F.D.T., de « l'alignement complet de la C.G.T. sur la politique d'isolement sectaire du parti communiste ».
13 septembre. Dénonciation par Georges Séguy, secrétaire général de la C.G.T., du « bilan globalement négatif » du « recentrage » de la C.F.D.T.
3 octobre. Explosion d'une bombe devant la synagogue de la rue Copernic, à Paris.
19 octobre. « Candidature à la candidature » à la présidence de la République du socialiste Michel Rocard.
8 novembre. Candidature du socialiste François Mitterrand à la présidence de la République. Retrait de la candidature de Michel Rocard.
20 novembre. Présentation par Georges Marchais d'un « plan de lutte » en 131 points.
23 et 30 novembre. Sept élections législatives partielles. Double succès du P.S. et du R.P.R. Échec de l'U.D.F.
18 et 19 décembre. Adoption définitive de la loi « Sécurité et Liberté » par l'Assemblée nationale, puis par le Sénat.

1981 23 janvier. Entretien du Vatican entre le pape Jean-Paul II et le président de la République Valéry Giscard d'Estaing.
12 février. « Nuit bleue », en Corse, marquée par 46 attentats autonomistes.
27 février. Mgr Jean-Marie Lustinger, archevêque de Paris, en remplacement de Mgr François Marty.
2 mars. Seconde candidature de Valéry Giscard d'Estaing à la présidence de la République.
28 mars. Dernier vol de la *Caravelle* après vingt-deux ans de service sur les lignes d'Air France.
9 avril. Ouverture officielle de la campagne présidentielle, opposant dix candidats.
26 avril. Premier tour de l'élection présidentielle, plaçant en tête Valéry Giscard d'Estaing et François Mitterrand avec respectivement 28,32 et 25,85 % des suffrages exprimés.
5 mai. Face-à-face télévisé Valéry Giscard d'Estaing-François Mitterrand.
10 mai. Élection de François Mitterrand à la présidence de la République avec 51,75 des suffrages exprimés contre 48,25 % à Valéry Giscard d'Estaing.
11 mai. Panique à la Bourse de Paris : suspension des cotations pendant quarante-huit heures.
13 mai. Démission du Premier ministre Raymond Barre.
21 mai. Entrée en fonctions du président de la République François Mitterrand.
22 mai-22 juin. Premier ministère de Pierre Mauroy (P.S.).
23 juin 1981-29 juin 1982. Deuxième ministère de Pierre Mauroy.
23 juin 1981-17 juillet 1984. Participation du Parti communiste français (P.C.F.) aux quatre gouvernements d'Union de la Gauche de Pierre Mauroy (2e à 5e).
2 juillet 1981-28 février 1986. Septième législature de la Ve République.
7 juillet. Strasbourg, siège de toutes les sessions plénières de l'Assemblée européenne.
14 juillet-7 novembre. Libération par grâce présidentielle de 6510 prisonniers.
29 juillet. Vote de la loi abrogeant la Cour de sûreté de l'État.
5 août. Loi d'amnistie relative aux infractions commises avant le 10 mai 1981.

1981 12 septembre. Vote de la deuxième partie de la loi sur la décentralisation par l'Assemblée nationale.
18 et 20 septembre. Vote de l'abolition de la peine de mort par l'Assemblée nationale (363 voix contre 127) et par le Sénat (160 voix contre 126).
22 septembre. Inauguration officielle du T.G.V. Paris-Lyon (en exploitation le 27).
24 septembre. Première conférence de presse du président de la République François Mitterrand.
30 septembre. Levée de l'anonymat sur l'or.
4 octobre. Bruxelles : première dévaluation du franc (- 3 %) et réévaluation du mark (+ 5,5 %).
26 octobre et 18 décembre. Votes du projet de loi sur les nationalisations par l'Assemblée nationale.
7 novembre. Émeute à Nouméa, capitale de la Nouvelle-Calédonie.
23 novembre. Rejet du projet de loi sur les nationalisations par le Sénat (184 voix contre 109).
25 novembre. Vote par l'Assemblée nationale de l'abrogation de la loi « anticasseurs ».
11 décembre. Octroi par l'Assemblée nationale du droit pour le gouvernement de légiférer par ordonnances en matière sociale.
15 décembre 1981-16 décembre 1986. Yvon Gattaz, président du C.N.P.F., en remplacement de François Ceyrac.

1982 17 janvier. Élections législatives partielles : 4 élus R.P.R.-U.D.F.
23 janvier et 5 février. Accords franco-soviétique de Paris et franco-algérien d'Alger sur la livraison à la France de gaz naturel.
26 janvier. Vote en première lecture par l'Assemblée nationale de la « loi Quilliot » réglant les rapports entre locataires et bailleurs.
1er février. Instauration de la 5e semaine de congés payés et de la semaine de 39 heures (décision du Conseil des ministres du 13 janvier) sans réduction de salaire (décision présidentielle du 10 février).
11 février. Approbation par le Conseil constitutionnel de la loi sur les nationalisations.
2 mars. Loi portant statut particulier de la Corse.

1982 3 mars. Promulgation de la loi « Droits et Libertés des communes, départements et régions ».
14 et 21 mars. Élections cantonales remportées par l'opposition (49,92 % des suffrages contre 49,59 %).
24 mars. Élections aux présidences des Conseils généraux remportées par l'opposition R.P.R.-U.D.F. (59) sur l'Union de la Gauche (36).
25 mars. Adoption par le Conseil des ministres de sept ordonnances sociales.
4-6 juin. Réunion à Versailles du 8e sommet des pays industrialisés.
9 juin. Deuxième conférence de presse du président de la République François Mitterrand.
12 juin. Bruxelles : deuxième dévaluation du franc (5,75 %) et réévaluation du mark (4,25 %).
29 juin-8 décembre. Troisième ministère de Pierre Mauroy (P.S.).
13 juillet. Adoption en Conseil des ministres d'une nouvelle loi électorale municipale ; dispositions spéciales pour Paris, Lyon, Marseille.
21 juillet. Adoption d'un plan d'économies pour la Sécurité sociale.
22 juillet. Invasion à Nouméa de l'Assemblée territoriale de Nouvelle-Calédonie par les anti-indépendantistes.
24 juillet. Abrogation par les députés de la loi « Sécurité et Liberté ».
28 juillet. Dissolution du Service d'action civique (S.A.C.).
4 août-28 octobre-13 novembre-18 décembre. Lois Auroux sur les libertés des travailleurs dans l'entreprise.
8 août. Tuerie antisémite rue des Rosiers à Paris : 6 morts, 22 blessés parmi les clients du restaurant *Jo Goldenberg*.
18 août. Dissolution du mouvement *Action directe* par décision du Conseil des ministres.
21 août-13 septembre. Premier séjour à Beyrouth du contingent français de la force d'interposition multinationale.
31 août. Mise en place de la Haute Autorité de l'audiovisuel sous la présidence de Michèle Cotta (31 août 1982-9 septembre 1986).
24 septembre 1982-31 mars 1984. Second séjour à Beyrouth du contingent français de la force d'interposition.
29 septembre. Adoption par le Conseil des ministres du Plan Bérégovoy : retenue/chômage de 1 % sur le traitement des fonctionnaires.

1982 23 novembre. Amnistie des généraux français de l'O.A.S. par engagement de la responsabilité gouvernementale devant l'Assemblée nationale.
8 décembre. Élections prud'hommales : recul de la C.G.T. au profit des confédérations réformistes.
8 décembre 1982-22 mars 1983. Quatrième ministère de Pierre Mauroy (P.S.).

1983 5 janvier. Promotion au cardinalat de Mgr Lustiger, archevêque de Paris, et du père jésuite Henri de Lubac. Dissolution du F.L.N.C. après de nombreux attentats en Corse.
14 février-20 mai. Grève des étudiants en médecine contre la réforme des études médicales.
4 mars 1983-4 mars 1986. Daniel Mayer, président du Conseil constitutionnel.
6 et 13 mars. Élections municipales : succès de l'opposition R.P.R.-U.D.F.
21 mars. Troisième dévaluation du franc (- 2,5 %) et réévaluation du mark (+ 5,5 %).
22 mars 1983-17 juillet 1984. Cinquième ministère de Pierre Mauroy (complète le 24 mars).
25 mars. Deuxième plan de rigueur : emprunt forcé de 10 % sur trois ans ; prélèvement de 1 % sur les revenus imposables de 1982 (3 ordonnances du 29 avril, du 1er et du 11 mai).
1er avril. Entrée en vigueur de la retraite à 60 ans.
5 avril. Expulsion de 47 diplomates soviétiques accusés d'espionnage en France.
5, 11 et 24 mai. Heurts entre les forces de l'ordre et les manifestants contre le projet de réforme de l'enseignement supérieur.
31 mai. Loi d'abrogation définitive de la loi « Sécurité et Liberté ».
27 juin. Adoption définitive des lois de programmation militaire 1984-1988 et de modification du code du service national.
9-10 août 1983-10 novembre 1984. Opération « Manta » au Tchad.
14-15 août. Visite du pape Jean-Paul II à Lourdes.
25 septembre. Élections sénatoriales : succès de l'opposition U.D.F.-R.P.R. (+ 12).
10 octobre. Adoption par l'Assemblée nationale du projet de loi de réforme hospitalière.

1983 15 octobre-3 décembre. « Marche des jeunes contre le racisme » de Marseille à Paris (60 000 personnes dans la capitale).

22 octobre. Manifestation à Nantes de 80 000 partisans de la liberté de l'enseignement.

23 octobre. Mort de 58 soldats français et de 239 soldats américains victimes à Beyrouth de deux « camions-suicides ».

1er décembre. Rencontre au sommet P.S.-P.C.F. pour vérifier le respect de l'accord de gouvernement du 23 juin 1981.

21 décembre. Vote définitif du projet de loi d'orientation de l'enseignement supérieur.

1984 22, 29 janvier et 4 mars. Manifestations des partisans de l'école libre à Bordeaux (60 000), puis à Lyon (150 000), enfin à Versailles (700 000).

1er-28 mars. Assassinats sur terre et incidents sanglants sur mer entre Basques espagnols et Français dans le Sud-Ouest.

12 mars. lancement officiel de l'avion *Airbus A-320* (150 places).

25-31 mars. Évacuation des troupes françaises de la Force d'intervention à Beyrouth.

28 mars. Publication par le gouvernement du « Plan Acier » : plus de 20 000 suppressions d'emplois en trois ans.

4 avril. Troisième conférence de presse de François Mitterrand.

25 avril. Défilé à Paris de 150 000 partisans de l'enseignement laïc.

17 juin. Élections à l'Assemblée européenne : victoire de l'opposition (43 % des suffrages) sur le P.S. (21 %) et le P.C.F. (11 %).

24 juin. Manifestation de la Bastille à Paris pour le soutien à l'école libre : un million et demi de participants.

27 juin. Dissolution de l'Assemblée régionale de Corse.

6 juillet. Rencontre François Mitterrand-Valéry Giscard d'Estaing à Chamalières.

12 juillet. Annonce par François Mitterrand d'un projet de référendum sur les libertés publiques et du retrait du projet de loi Savary sur l'enseignement.

16 juillet. Démission d'Alain Savary, ministre de l'Éducation nationale.

1984 17 juillet. Démission du Premier ministre Pierre Mauroy. Nomination du Premier ministre Laurent Fabius (P.S.). Refus de participation du P.C.F. au gouvernement : fin de l'union de la gauche.

19 juillet. Pierre Bérégovoy, ministre de l'Économie, des Finances et du Budget en remplacement de Jacques Delors, futur président de la C.C.E.

24 juillet. Élection de Pierre Pflimlin à la présidence de l'Assemblée européenne de Strasbourg.

4 août. Lancement avec succès de la fusée Ariane 3 à Kourou (Guyane) -1er tir.

8 août et 5 septembre. Rejet par le Sénat du projet de révision de l'article 11 de la Constitution (projet présenté le 12 juillet).

12 août. Élection de la deuxième Assemblée régionale de Corse : succès de l'opposition R.P.R.-U.D.F. et F.N.

17 septembre. Accord franco-libyen de désengagement du Tchad.

23 septembre. Valéry Giscard d'Estaing élu député du Puy-de-Dôme (63,25 % des suffrages exprimés).

11 octobre. Rejet par le Conseil constitutionnel des dispositions de la loi sur la presse à caractère rétroactif.

19 octobre. Suppression par l'Assemblée nationale de l'avantage fiscal de l'emprunt 7 % 1973, dit « emprunt Giscard » indexé sur l'or.

15 novembre. Rencontre à Elouda en Crète de François Mitterrand et du colonel Khadafi.

18 novembre. Élection de l'Assemblée territoriale de Nouvelle-Calédonie : victoire du R.P.C.R. (70,87 % des suffrages exprimés) ; rejet de sa représentativité par les indépendantistes.

22 novembre 1984-21 mai 1985. Troubles parfois sanglants en Nouvelle-Calédonie entre indépendantistes (F.L.N.K.S.) et anti-indépendantistes (R.P.C.R.).

1er décembre 1984-21 mai 1985. Edgard Pisani, délégué du gouvernement en Nouvelle-Calédonie.

7 décembre 1984-20 septembre 1985. Deuxième ministère de Laurent Fabius (P.S.).

1985 1er janvier. Entrée en fonctions de Jacques Delors, président de la Commission des communautés européennes (1re séance le 7 janvier).

1985 7 janvier. Plan Pisani pour la Nouvelle-Calédonie.
12 janvier-30 juin. État d'urgence en Nouvelle-Calédonie.
10 et 17 mars. Élections cantonales remportées par l'opposition (U.D.F., R.P.R.-U.D.F.) et F.N.) sur la gauche (P.S. et P.C.F.) : 59 % - 41 %.
4 avril. Démission du ministre de l'Agriculture Michel Rocard, hostile à la réforme du mode de scrutin.
10 avril. Signature de l'accord R.P.R.-U.D.F. « pour gouverner... seulement ensemble » en 1986.
21 mai-13 novembre. Edgard Pisani, ministre chargé de la Nouvelle-Calédonie.
25 mai. Mise en service du sixième sous-marin nucléaire français : *l'Inflexible.*
8-9 juin. Convention libérale de Paris : première réunion depuis 1981 des « 3 cavaliers de l'opposition » : Chirac, Giscard d'Estaing et Barre.
10 juillet. Sabotage, dans le port d'Auckland, du *Rainbow Warrior,* chalutier du mouvement antinucléaire *Greenpeace.*
11 juillet. Publication au J.O. des lois relatives à la réforme électorale et à l'instauration du scrutin proportionnel.
25 juillet. Vote définitif du projet de loi sur les congés de conversion en cas de licenciement économique.
24 août. Promulgation de la nouvelle loi sur le statut de la Nouvelle-Calédonie (régionalisation).
20 septembre. Démission du ministre de la Défense, Charles Hernu.
20 septembre 1985-20 mars 1986. Troisième ministère de Laurent Fabius : Paul Quilès, ministre de la Défense.
29 septembre. Premières élections régionales en Nouvelle-Calédonie (60,84 % des suffrages aux anti-indépendantistes).
11-13 octobre. Congrès socialiste de Toulouse.
18 octobre. Accord électoral R.P.R.-U.D.F. (listes communes dans 45 départements).
20 octobre. Création par décret du Haut Conseil de la population et de la famille.
21 octobre. Quatrième conférence de presse de François Mitterrand.
27 octobre. Face à face télévisé Laurent Fabius-Jacques Chirac.

1985 20 décembre. Vote définitif de la loi interdisant de cumuler plus de deux mandats électifs.

1986 20 janvier. Accord franco-britannique de Lille sur la construction de deux tunnels ferroviaires sous la Manche : mise en service prévue en 1993.
24 janvier. Opposition de Raymond Barre à la cohabitation réaffirmée sur France 3.
12 février. Retour des forces françaises au Tchad après intervention libyenne le 10.
16 février. Début de l'opération « Épervier » au Tchad.
19 février. Nomination du nouveau président du Conseil constitutionnel, Robert Badinter (entrée en fonctions le 4 mars).
28 février. Adoption définitive de la loi sur l'aménagement du temps de travail.
28 février. Dernière séance de la septième législature de la Ve République.
16 mars. Élections législatives : victoire du R.P.R., de l'U.D.F. et de leurs alliés (291 élus) sur le P.S. (216), le P.C.F. (35) et le F.N. (35). Élections régionales.
20 mars. Démission du Premier ministre Laurent Fabius (P.S.). Nomination du Premier ministre Jacques Chirac (R.P.R.). Attentat à la bombe aux Champs-Élysées à Paris.
21 mars. Élection des présidents des Conseils régionaux : 20 à la nouvelle majorité, 2 à la gauche.
22 mars. Premier Conseil des ministres de la cohabitation.
2 avril. Jacques Chaban-Delmas président de l'Assemblée nationale.
9 avril. Déclaration de politique générale de Jacques Chirac approuvée par 292 voix contre 285 (nuit du 9 au 10).
22 avril. Abrogation par René Monory de la réforme des lycées par Jean-Pierre Chevènement.
28 avril. Suppression par René Monory du recrutement des P.E.G.C.
4-6 mai. Douzième sommet de sept pays les plus industrialisés du monde à Tokyo en présence de François Mitterrand et de Jacques Chirac.
15 mai. Abaissement de 1,5 % du taux de rémunération de l'épargne.
22 mai. Rétablissement de l'anonymat pour les transactions sur l'or (J.O. du 22 mai).

1986 2 juin. Approbation par le Conseil constitutionnel de la loi d'habilitation sur les ordonnances économiques et sociales « sous les strictes réserves d'interprétation ».
1er juillet. Présentation par Philippe Séguin du plan de financement de la Sécurité sociale.
3 juillet. Loi portant suppression de l'autorisation administrative de licenciement.
12 juillet 1986-31 janvier 1987. Amnistie fiscale.
16 juillet. Signature de l'ordonnance sur l'emploi des jeunes (moins de 25 ans) par François Mitterrand qui refuse celle sur les privatisations.
7 août. Publication au J.O. de la loi sur la privatisation de 65 entreprises (votée le 31 juillet).
19 août. Publication au J.O. de la loi sur le financement des retraites et pensions (2 prélèvements de 0,40 % en 1985 et 1986).
24 août et 28 septembre. Réélection des députés sortants en Haute-Corse, puis en Haute-Garonne après annulation pour fraude des élections du 16 mars (décision du Conseil constitutionnel du 8 juillet).
3 septembre. Approbation par le Conseil constitutionnel du régime spécial antiterroriste. 4, 8, 12, 14 et 15 septembre.
18 septembre. Approbation par le Conseil constitutionnel de la loi Léotard du 13 août sur l'audiovisuel.
28 septembre. Renouvellement du tiers du Sénat : succès de la majorité R.P.R.-U.D.F.
13 novembre. Remplacement de la Haute-Autorité par la Commission nationale de la communication et des libertés (C.N.C.L.) présidée par Gabriel de Broglie élu dès le 4 novembre.
17 novembre. Assassinat du P.D.G. de la régie Renault, Georges Besse, par « Action directe ».
17 novembre-10 décembre. Agitation lycéenne et étudiante contre le projet de loi de réforme universitaire d'Alain Devaquet.
18 novembre. Approbation par le Conseil constitutionnel de la loi du 23 octobre sur le nouveau découpage électoral.
24 novembre-12 décembre. Privatisation de Saint-Gobain.

1986 28 novembre. Publication au J.O. de la loi Léotard limitant les concentrations dans les médias.
1er décembre. Inauguration du musée d'Orsay consacré à l'art du XIXe siècle.
5 au 6 décembre (Nuit du). Mort à Paris d'un manifestant étudiant, Malik Oussekine.
6 décembre. Démission d'Alain Devaquet, ministre délégué à la Recherche et à l'Enseignement supérieur.
8 décembre 1986-15 janvier 1987. Conflits sociaux dans la marine marchande et les transports publics.
16 décembre. François Périgot, président du C.N.P.F. en remplacement d'Yvon Gattaz.
20 décembre 1986-27 juin 1987. Débat parlementaire concernant l'aménagement du temps de travail.

1987 1er janvier. Entrée en vigueur de l'Acte unique européen (ratifié par l'Assemblée nationale le 21 novembre 1986) et de l'ordonnance du 26 octobre instituant la liberté des prix et de la concurrence.
2 janvier-8 août. Reconquête du Tchad de Fada à Aozou par les FANT d'Hissène Habré avec l'appui logistique de la France.
8 janvier. Installation de la Commission consultative des Droits de l'homme.
12 janvier. Réaménagement à Bruxelles des parités au sein du serpent monétaire européen.
19-31 janvier. Privatisation de Paribas.
20 janvier. Remaniement ministériel : Jacques Valade (R.P.R.), ministre délégué chargé de la Recherche et de l'Enseignement supérieur.
21 janvier. Dissolution du Mouvement corse pour l'autodétermination (ex-F.L.N.C.).
13 février. Lancement à Toulouse de l'Airbus A-320.
21 février. Arrestation à Vitry-aux-Loges (Loiret) des quatre chefs historiques d'Action directe.
23-28 février. Procès et condamnation à la réclusion criminelle à perpétuité de Georges Ibrahim Abdallah.
11-12 mars. Premier sommet institutionnel franco-espagnol à Madrid.
22 mars. Élections régionales en Haute-Corse assurant la majorité absolue à la coalition R.P.R.-U.D.F. à l'Assemblée régionale de Corse (31 sur 61).

1987 7 avril. Valéry Giscard d'Estaing, président de la commission des Affaires étrangères de l'Assemblée nationale.
22 avril-27 juin. Parcours parlementaire de la loi sur la prévention et le chômage de longue durée.
7 mai-9 juillet. Parcours parlementaire de la loi instituant l'autorité parentale conjointe sur les enfants du divorce.
11 mai-4 juillet. Procès à Lyon et condamnation à la réclusion à perpétuité de l'officier SS Klaus Barbie pour 17 crimes contre l'humanité.
18 mai. Candidature d'André Lajoinie (P.C.F.) à la Présidence de la République (approuvée par le P.C.F. le 13 juin).
22 mai. Promulgation de la loi de programmation militaire 1987-1991 votée en première lecture le 10 avril à l'Assemblée nationale (539 voix contre 35 et 1 abstention).
29 mai. Augmentation des cotisations sociales.
11 juin. Prélèvement social exceptionnel de 1 % sur les revenus du capital financier et mobilier.
15 juin-25 novembre. États généraux de la Sécurité sociale.
17 juin. Assassinat à Ajaccio du militant antiindépendantiste Jean-Paul Lafay.
22 juin 1987-7 janvier 1988. Réunions de la commission des Sages (16) sur le code de la nationalité.
29 juin-29 novembre. Crise franco-iranienne : Wahid Gordji s'enferme dans l'ambassade d'Iran à Paris.
30 juin. Vote par la Commission spéciale de l'Assemblée nationale de la mise en accusation de Christian Nucci (ancien ministre de la coopération P.S.) [Affaire du « Carrefour du développement »].
1er juillet. Suppression des montants compensatoires européens.
5 et 12 juillet. Élections municipales de Grasse : victoire de l'union R.P.R.-U.D.F.-F.N.
7 juillet. Loi d'indemnisation des rapatriés.
8 juillet. Suppression totale du contrôle des changes.
15 juillet. Suppression de la corbeille à la Bourse de Paris.
17 juillet. Affaire Gordji : rupture des relations diplomatiques avec l'Iran.
19 juillet. Ratification à Paris par Margaret Thatcher et par François Mit-

1987 terrand du traité relatif à la construction du tunnel sous la Manche. Envoi en mer d'Oman du groupe aéronaval de Toulon et du porte-avions Clemenceau, afin de « protéger les intérêts de la France » (minage par l'Iran du golfe Persique).
31 juillet. Publication au J.O. de la loi appliquant aux fonctionnaires de l'État la règle du « trentième indivisible » en cas de grève courte.
29 août. « Candidature à la candidature présidentielle » de Jean-Pierre Chevènement (P.S.).
2-4 septembre. Sommet francophone de Québec en présence de François Mitterrand et de Jacques Chirac.
3 septembre. Emprunt d'État à plus de 10 %.
13 septembre. Référendum d'autodétermination favorable au maintien de la Nouvelle-Calédonie dans la République (98,30 % des suffrages exprimés).
17 septembre. Abaissement de 33,3 à 28 % du taux de TVA sur les automobiles.
21-24 septembre. Premières grandes manœuvres communes franco-allemandes : « Moineau hardi ».
5-17 octobre. Privatisation de Suez.
19 octobre. Crise boursière à New York, puis à Paris.
23 octobre. Émeutes à Papeete (Tahiti) lors de la grève des dockers.
22 et 29 novembre. Élection cantonale partielle de Marseille remportée par l'U.D.F.-R.P.R. malgré l'opposition du F.N.
25 novembre. Vote par l'Assemblée nationale du nouveau statut de la Nouvelle-Calédonie.
27 novembre. Libération à Beyrouth des otages français Jean-Louis Normandin et Roger Auque. Échange à Téhéran de Wahid Gordji avec le Consul de France, Paul Torri.
9 décembre. Élections prud'hommales : 45,95 % d'abstentions ; percée F.O. : 20,49 % des suffrages exprimés.
10 décembre. Renvoi par le Sénat de Christian Nucci devant la Haute Cour de justice.

1988 7 janvier. Remise au Premier ministre Jacques Chirac du rapport de la Commission des sages sur la réforme du Code de la nationalité.
7-9 janvier. Première visite officielle en France d'un chef d'État de la R.D.A.: Erich Honecker.

1988 16 janvier. Annonce à l'hôtel Matignon de la candidature de Jacques Chirac à la présidence de la République.
18 janvier. Remboursement du solde de l'emprunt 7 % 1973, dit « emprunt Giscard ».
8 février. Annonce à Lyon de la candidature de Raymond Barre à la présidence de la République.
11-12 février. Accord des Douze à Bruxelles sur la réforme du financement de la Communauté (limitation des dépenses agricoles).
25 février. Vote définitif par le Parlement des deux lois sur le financement de la vie politique.
11 mars. Lancement à Kourou (Guyanne) de deux satellites de communication américain (Spacenet III) et français (Télécom 1 C) par la fusée européenne Ariane.
22 mars. Annonce par François Mitterrand à Antenne 2 de sa quatrième candidature à la présidence de la République (pour un deuxième septennat).
7 avril. « Lettre à tous les Français » de François Mitterrand.
21 avril. Lancement officiel du programme de l'avion de combat Rafale après signature de deux contrats avec Dassault-Breguet et la S.N.E.C.M.A.
22 avril-5 mai. Assassinat de 4 gendarmes et prise en otages de 27 autres par un « commando » indépendantiste canaque à Ouvéa (îles Loyauté).
24 avril. Premier tour des élections présidentielles. Ralliement de Raymond Barre (16,54 % des suffrages exprimés) à la candidature de Jacques Chirac (19,94 %) que les électeurs opposent à François Mitterrand (34,09 %). Percée du président du Front national Jean-Marie Le Pen (14,39 %).
24 avril. Élections régionales en Nouvelle-Calédonie : victoire du R.P.C.R. (35 sièges sur 48).
27 avril. Soutien de Valéry Giscard d'Estaing à la candidature de Jacques Chirac.
28 avril. Face à face télévisé sur Antenne 2 et TF1 François Mitterrand-Jacques Chirac.
4 mai. Libération à Beyrouth des trois derniers otages français du Liban : Marcel Carton, Marcel Fontaine et Jean-Paul Kauffmann.

1988 5 mai. Libération par la force des 23 otages d'Ouvéa.
8 mai. Réélection de François Mitterrand à la présidence de la République.
10 mai. Démission du Premier ministre, Jacques Chirac (R.P.R.).
10 mai 1988-15 mai 1991. Michel Rocard, Premier ministre (P.S.).
12-13 mai. Entrée au gouvernement de trois membres de l'opposition.
14 mai. Dissolution de l'Assemblée nationale.
17 mai. Création de l'U.R.C. (Union pour le Rassemblement au Centre) par le R.P.R. et l'U.D.F. : un candidat par circonscription électorale.
5 et 12 juin. Élections législatives à l'Assemblée nationale : majorité relative pour le P.S. et ses alliés.
14 juin. Démission du Premier ministre, Michel Rocard.
23 juin. Nomination du Premier ministre, Michel Rocard (P.S.). Élection du Président de l'Assemblée nationale, Laurent Fabius (P.S.). Constitution du groupe de l'Union du centre (U.C.) indépendant de l'U.D.F. à l'Assemblée nationale.
26 juin. Accords Matignon sur l'avenir de la Nouvelle-Calédonie entre Jacques Lafleur (R.P.C.R.) et Jean-Marie Tjibaou (F.L.N.K.S.).
28-29 juin. Deuxième gouvernement de Michel Rocard.
30 juin. Élection de Valéry Giscard d'Estaing à la présidence de l'U.D.F.
8 juillet. Adoption par l'Assemblée nationale du projet de la loi d'amnistie.
14 juillet. Renonciation de François Mitterrand à la politique d'ouverture.
8 septembre. Première condamnation sans réserve par le R.P.R. de toute alliance électorale avec le Front national.
14 septembre. Présentation du plan emploi par M. Rocard et J.-P. Soisson.
21 septembre. Adoption par le Conseil des ministres du projet de loi portant création de l'I.S.F. (impôt de solidarité sur la fortune) et du R.M.I. (revenu minimum d'insertion).
25 septembre-2 octobre. Élections cantonales : record d'abstentions (50,87 et 53 %) : stabilité des rapports droite (50,9 %)-gauche.

1988 7 octobre. Élection des présidents des conseils généraux : 71 élus de l'opposition ; 30 de la majorité présidentielle.

8-11 octobre. 4e séjour en France du pape Jean-Paul II (en Alsace-Lorraine) sous le signe de l'Europe.

3 novembre. Plan gouvernemental de lutte contre le sida.

6 novembre. Référendum sur l'avenir de la Nouvelle-Calédonie : 63,1 % d'abstentions ; approbation du projet de la loi par 79,9 % des votants.

17 novembre. Premier accord salarial dans la Fonction publique entre les syndicats et le gouvernement (valable pour 1988 et 1989).

25 novembre. Signature de l'accord de coopération spatiale franco-soviétique de Moscou.

26 novembre-21 décembre. Second vol spatial d'un français, le cosmonaute Jean-Loup Chrétien à bord du vaisseau soviétique Soyouz T M-7.

30 novembre. Adoption définitive à l'unanimité de l'Assemblée nationale du R.M.I. (revenu minimum d'insertion), projet présenté le 18 mai.

19 décembre. Signature à Turin de l'accord de production automobile Peugeot-Fiat-Auto (usines proches de Valenciennes et de Naples).

1989 1er janvier-31 décembre. Commémoration du *Bicentenaire* de la Révolution française.

5 janvier. Accord électoral U.D.F.-R.P.R. pour les municipales.

9-14 janvier. Procès des 4 membres d'Action directe, meurtriers le 17 novembre 1986 du P.D.G. de la Régie Renault, Georges Besse.

12 janvier. Accord électoral P.C.-P.S. pour les municipales.

13 janvier. Promulgation de la loi n° 89-18 facilitant l'embauche.

17 janvier. Promulgation de la loi n° 89-25 adoptée sans débat le 22 décembre 1988 et substituant le Conseil supérieur de l'Audiovisuel (C.S.A.) à la commission nationale de la communication et des libertés (C.N.C.L.).

29 janvier. Élection du député des Bouches-du-Rhône, Bernard Tapie (majorité présidentielle) en remplacement de Guy Tessier (U.D.F. invalidé et mis en minorité).

30 janvier. Entrée en fonction du Conseil supérieur de l'audiovisuel (C.S.A.) présidé par Jacques Boutet nommé le 24 janvier par le chef de l'État.

1989 4 février. Remplacement d'André Bergeron par Marc Blondel au sécrétariat général de Force ouvrière.

6 février. Grève des surveillants de prison.

27 février. Signature par le gouvernement et les syndicats de l'accord de revalorisation des carrières des praticiens hospitaliers.

12 et 19 mars. Élections municipales : recul de l'opposition (perte de 35 villes de plus de 2 000 habitants) qui reste majoritaire en sièges (60,11 %).

16 mars. Signature de l'accord sur la revalorisation des carrières universitaires entre le gouvernement et les syndicats d'enseignants.

20 mars. Refus définitif du C.D.S. de Bernard Méhaignerie de faire liste commune avec le R.P.R. et l'U.D.F. lors des élections européenne du 18 juin.

21 et 24 mars. Signature par la C.G.C. et par la C.F.D.T. de l'accord sur l'aménagement du temps de travail.

24 mars. Candidature officielle de Laurent Fabius comme tête de liste du P.S. aux élections européennes.

28 mars-13 avril. Échec du projet d'une liste d'union des jeunes réformateurs de l'opposition (R.P.R.-U.D.F.-C.D.S.).

8 et 13 avril. Soutien des conseils nationaux du R.P.R. et de l'U.D.F. à la liste d'Union de l'opposition dirigée par Valéry Giscard d'Estaing et Alain Juppé.

18 avril. Émission du premier emprunt d'État en écus pour un montant de sept milliards de francs sur huit ans.

27 avril. Simone Veil, tête de liste du C.D.S. aux élections européennes.

28 avril. Adoption sans débat du Xe plan (1989-1992) par l'Assemblée nationale.

1er mai. Séjour du pape Jean-Paul II à la Réunion.

4 mai. Double assassinat à Ouvéa des dirigeants du F.L.N.K.S., Jean-Marie Djibaou et Yeiwéné Yeiwéné par un extrémiste canaque, Djoubelli Wéa, hostile aux accords Matignon sur la Nouvelle-Calédonie du 26 juin 1988.

17 mai. Présentation du projet de loi de Pierre Joxe sur les conditions d'entrée et de séjour des étrangers en France.

24-26 mai. Troisième sommet des pays francophones à Dakar : annulation de la dette de 35 pays négro-africains (16 milliards de francs).

1989 6 juin. Rejet de la motion de censure déposée contre le projet de loi de Pierre Joxe du 17 mai sur les conditions d'entrée et de séjour des étrangers en France.
11 juin. Victoire du R.C.P.R. aux élections provinciales en Nouvelle-Calédonie.
13 juin. Promulgation de la loi concernant le Groupement européen d'intérêt économique.
18 juin. Élections européennes remportées en France par l'union R.P.R.-U.D.F. (28,89 %) [Forte poussée du Front national (11,73 %) et des Verts (10,59 %)].
19 juin. Adoption sans débat par l'Assemblée nationale du projet de loi relatif à l'audio-visuel public (présidence commune à Antenne 2 et FR3).
1er juillet-31 décembre. Présidence française de la C.E.E.
6 juillet. Promulgation de la loi n° 89-461 relative à la détention provisoire.
10 juillet. Promulgation de la loi d'amnistie concernant les nationalistes corses et guadeloupéens.
14-16 juillet. Conférence au sommet à Paris des chefs d'État et de gouvernement des sept pays les plus riches du monde.
2 août. Promulgation de la loi créant une seule présidence pour les deux sociétés de l'audiovisuel public : Antenne 2 et FR3 (vote du 3 juillet à l'Assemblée nationale). Promulgation de la loi n° 89-531 relative à la sécurité et à la transparence du marché financier placé sous le contrôle de la C.O.B. (Commission des opérations en Bourse). Promulgation de la loi n° 89-548 concernant les conditions d'entrée et de séjour en France des étrangers.
17 août. Engagement de poursuites contre Jean-Marie Le Pen pour propos antisémites tenus le 11.
1er septembre. Présentation par Michel Rocard du projet de « pacte de croissance ».
24 septembre. Élections sénatoriales : renouvellement du tiers sortant favorable au R.P.R.
20 octobre. Arrêt du conseil d'État faisant prévaloir un traité sur une loi postérieure.
7 novembre. Reprise des attentats nationalistes en Corse près de Porto-Vecchio.

1989 26 novembre et 3 décembre. Élection au 2e tour du nouveau député de Dreux, Marie-France Stirbois (F.N.).
19 décembre. Promulgation de la loi n° 89-905 pour faciliter l'insertion professionnelle des travailleurs en difficulté. Création du Haut Conseil de l'intégration (sera installé le 9 mars 1990).
20 décembre. Arrêt du Conseil d'État renforçant la responsabilité des établissements d'enseignement en matière de discipline intérieure (affaire du « foulard islamique »).
31 décembre. Promulgation de la loi n° 89-1010 destinée à pallier les difficultés liées au surendettement des particuliers.

1990 9 février. Accord sur la modernisation de la *grille unique* des salaires.
11 février. Assises du R.P.R. Réélection unanime du président Jacques Chirac et du secrétaire général Alain Juppé.
5 mars-5 avril. 22e recensement de la population française.
15-18 mars. Fractionnement du Parti socialiste en cinq blocs.
17 mars. Inauguration de l'Opéra de la Bastille par la première représentation intégrale des *Troyens* d'Hector Berlioz.
21 mars. Accord de synthèse des dirigeants du P.S. : réélection à l'unanimité du 1er secrétaire, Pierre Mauroy.
24 mars. Élection du président du F.L.N.K.S., Paul Nézoutyine, successeur du Jean-Marie Tjibaou.
7 avril. Autodissolution du P.S.U.
11 avril. Projet de loi transformant la Régie Renault en société anonyme (deux actionnaires : Renault à 75 % et Volvo à 25 %).
15 mai. Accord Thomson-Philips sur le développement de la recherche sur la *télévision à haute définition* (T.H.V.D.) [20 milliards sur 5 ans].
23 mai. Adoption par le Conseil des ministres du *bilan de développement des universités* (1616 milliards de francs).
20-21 juin. Seizième sommet franco-africain de La Baule.
26 juin. Formation de la Confédération de l'opposition R.P.R.-U.D.F. : « Union pour la France ».
28 juin. Adoption par le Parlement du projet de loi réformant le statut de la Régie Renault.
19-21 juillet. Séjour de Michel Rocard au Japon.

1990 27 juillet. Effacement de la dette extérieure de la France après remboursement de la dernière tranche d'un emprunt de 22 milliards de francs contracté en 1983.
2 août 1990-1991. Crise du Golfe déclenchée par l'occupation du Koweït par l'Iraq.
21 août. Annonce par François Mitterrand de l'instauration d'une « logique de guerre » au Proche-Orient.
15 septembre. Décision d'engager l'opération « Daguet » en Arabie Saoudite.
18 septembre. Sommet franco-allemand de Munich (François Mitterrand-Helmut Kohl) sur l'implication allemande et le renforcement de la construction européenne.
19 septembre. Présentation du troisième *plan emploi* de Michel Rocard (8 milliards de francs).
3 et 4 octobre. Voyage de François Mitterrand dans le golfe Persique.
6-9 octobre. Émeute de la jeunesse immigrée de Vaulx-en-Velin dans la banlieue de Lyon.
15 octobre-16 novembre. Manifestations lycéennes dans toute la France sur « la démocratie dans les lycées ».
23 octobre. Journée nationale d'action et de grève des professions judiciaires.
19 novembre. Rejet de la motion de censure de l'opposition condamnant la C.S.E. (contribution sociale généralisée).
1er décembre. Jonction sur la Manche des équipes françaises et britanniques qui creusent le tunnel de service.
4 décembre. Annonce à Lyon par François Mitterrand d'un *plan* de cinq ans pour la rénovation des *quartiers défavorisés.*
6 décembre. Démissions de Michel Noir et de Michèle Barzach du R.P.R. et de l'Assemblée nationale.
8 décembre. Décision de renforcement du dispositif « Daguet » aux confins irako-saoudiens (9 500 hommes au 15 janvier 1991).
13 décembre. Perte par la C.G.T. de la majorité absolue à la Régie Renault (46,79 % des voix).
13 décembre. Adoption définitive par le Parlement du projet de loi contre le tabagisme et l'alcoolisme.

1990 21 décembre. Nomination d'un nouveau ministre d'État chargé de la Ville : Michel Delebarre.
21 décembre. Fermeture à Oignies du dernier puits d'extraction de charbon encore en activité dans la région Nord-Pas-de-Calais.
22 décembre. Réélection à l'unanimité moins une voix de Georges Marchais au secrétariat du P.C.F.

1991 13-14 janvier. Inspection par Michel Rocard et Pierre Joxe du dispositif « Daguet » en Arabie Saoudite.
16 janvier. Message de François Mitterrand au Parlement et vote de ce dernier autorisant le recours à la force contre l'Iraq.
17 janvier. Premier raid français contre les Irakiens au Koweït.
24 janvier. Premier raid français contre des objectifs militaires en Iraq.
27 janvier. Approbation par le Conseil des ministres d'un plan social pour le gouvernement.
29 janvier. Démission du ministre français de la Défense Jean-Pierre Chevènement, hostile à la logique de guerre. Nomination à ce poste d'un nouveau ministre, Pierre Joxe.
23-25 février. Violentes émeutes à la Réunion.
25 février. Versement à la France d'un milliard de dollars par l'émir du Koweït.
3 mars. Cessez-le-feu temporaire entre les forces de l'O.N.U. et l'Iraq.
12 avril. Adoption définitive par l'Assemblée nationale du nouveau statut de la Corse.
17 avril. Annonce de l'adoption par le gouvernement de 60 mesures en faveur de la Réunion.
18 avril. Adoption définitive par l'Assemblée nationale de la loi sur la solidarité financière entre les communes.
15 mai. Démission de Michel Rocard.
15 mai 1991-2 avril 1992. Édith Cresson, Premier ministre (P.S.).
19 mai. Premier vol du prototype de l'avion de combat Rafale.
3 juin. La France décide d'adhérer au Traité de non-prolifération nucléaire (T.N.P.).
11 juillet-21 novembre. Traversée du Pacifique (Choshi, Japon — Ilwaco, É.-U.) en canot par Gérard d'Aboville.

1991 29 septembre. Manifestation à Paris de 200 000 agriculteurs, victimes de la chute des revenus agricoles et du surendettement.
16 octobre. Le prix Nobel de physique est attribué à Pierre-Gilles de Gennes.
17 octobre. Répression par les C.R.S. de la manifestation des infirmières à Paris.
21 octobre. « Affaire du sang contaminé » : inculpation du professeur Jacques Roux, des docteurs Robert Netter et Michel Garretta, directeur du C.N.T.S.
25 octobre. Accord franco-iranien : remboursement des avances faites par le chah en 1975 pour la réalisation du projet Eurodif.
7 novembre. Délocalisation de l'E.N.A. à Strasbourg, de la S.E.I.T.A. à Angoulême.
17 novembre. Manifestation de plus de cent mille membres des professions de santé pour la défense du système d'assurance-maladie.
19-21 novembre. IVe sommet de la francophonie à Paris.
29 novembre. Introduction en Bourse du Crédit local de France (27 % du capital).
1er décembre. Victoire de la France à Lyon en finale de la Coupe Davis.
9 et 10 décembre. 46e Conseil européen de Maastricht : adoption du traité sur l'union économique et monétaire.
19 décembre. Adoption par le Parlement du projet de loi réduisant la durée du service national de 1 an à 10 mois.
21 décembre. Adoption définitive du projet de loi d'indemnisation des transfusés contaminés par le virus du sida.

1992 3 janvier. La chaîne de télévision « La Cinq » dépose son bilan.
5-7 janvier. Visite d'État de Boris Eltsine en France et signature le 6 du traité franco-russe d'entente et de coopération.
6 janvier. Remise au cardinal Albert Decourtray du rapport établi sur « Touvier et l'Église » par la commission présidée par René Rémond.
9 janvier 1992-3 avril 1993. Laurent Fabius, Premier secrétaire du P.S.
31 janvier. Louis Viannet Secrétaire général de la C.G.T. en remplacement d'Henri Krasucki.

1992 14 janvier. Affaire URBA. Perquisition du juge d'instruction Renaud Van Ruymbeke au siège du P.S. et à celui de la S.A.G.E.S.
29 janvier. Georges Habache, dirigeant palestinien, est hospitalisé à Paris. Georgina Dufoix démissionne de toutes ses fonctions.
7 février. Signature du traité de Maastricht instituant l'Union européenne.
8-28 février. XVIes jeux Olympiques d'hiver à Albertville.
22 mars. Élections régionales remportées par l'union R.P.R.-U.D.F.
22-29 mars. Défaite du Parti socialiste aux élections cantonales.
31 mars. Fermeture de l'usine Renault de Boulogne-Billancourt.
2 avril. 1992-29 mars 1993. Pierre Bérégovoy Premier ministre (P.S.).
8 avril. Moratoire de Pierre Bérégovoy empêchant la reprise des essais nucléaires.
9 avril. Avis du Conseil constitutionnel favorable à la révision de la Constitution avant la ratification du traité de Maastricht.
12 avril. Ouverture à Marne-la-Vallée du plus grand parc d'attraction d'Europe : Euro Disneyland.
13 avril. Non-lieu de la Cour d'appel de Paris en faveur de Paul Touvier.
2 mai. Traité de Porto (A.E.L.E.-C.E.) créant l'Espace économique européen.
5 mai. Drame du stade Furiani à Bastia : 15 personnes trouvent la mort lors de l'effondrement d'une tribune montée à la hâte.
6 mai. Éclatement de la F.E.N. par exclusion du S.N.E.S. à l'initiative du S.N.I.
23 mai. Démission du ministre de la Ville, Bernard Tapie.
13 juin. Signature par Jack Lang et le Père Max Cloupet de l'accord État-École privée.
22 juin-31 juillet. Procès à Paris des responsables du Centre national de transfusion sanguine (C.N.T.S.).
14 septembre. Inculpation par le juge Renaud Van Ruymbeke du président de l'Assemblée nationale, Henri Emmanuelli, ancien trésorier du P.S.
20 septembre. Référendum sur les accords de Maastricht (oui à 51,01 %).

1992 28 septembre. Début de la chaîne télévisée culturelle franco-allemande Arte, sur le réseau de l'ex-Cinq.

6 octobre. Le prix Nobel de physique est attribué à Georges Charpak.

20 octobre. Élection du nouveau président du Sénat, le centriste René Monory.

23 octobre. Condamnation à 4 ans de prison du docteur Michel Garretta, ancien directeur du Centre national de la transfusion sanguine (C.N.T.S.). Relaxe de l'un des quatre inculpés.

1er novembre. Entrée en vigueur de la loi antitabac.

20 décembre. Affaire du sang contaminé : mise en accusation devant la Haute Cour de justice du secrétaire d'État à la Santé, Edmond Hervé, du ministre des Affaires sociales et de la Solidarité, Georgina Dufoix, et du Premier ministre, Laurent Fabius, en fonction de 1984 à 1986.

24 décembre 1992-29 mars 1993. Bernard Tapie (M.R.G.), ministre de la Ville pour la seconde fois.

1993 1er janvier. Entrée en vigueur du Marché unique de l'Europe des Douze.

20 janvier. Validation de la loi relative à la prévention de la corruption et à la transparence de la vie économique.

5 février. Reconnaissance par la commission d'instruction de la Haute Cour de la prescription de l'action publique contre Laurent Fabius, Georgina Dufoix et Edmond Hervé dans « l'affaire du sang contaminé ».

10 février. Présentation du « projet de l'Union pour la France » (U.P.F.), programme électoral de l'U.D.F. et du R.P.R.

17 février. Discours de Montlouis-sur-Loire : le big bang de Michel Rocard (P.S.).

1er mars. Entrée en vigueur du nouveau Code de procédure pénale (loi du 19 décembre 1992, J.O. du 4 janvier 1993).

21 et 28 mars. Victoire de l'U.P.F. (union R.P.R.-U.D.F.) aux élections législatives : la « vague bleue ».

29 mars 1993-10 mai 1995. Édouard Balladur, Premier ministre (R.P.R.) de la seconde cohabitation.

1993 2 avril. Philippe Seguin, président de l'Assemblée nationale (R.P.R.).

3 avril-23 octobre. Michel Rocard, président de la commission collégiale du P.S.

1er mai. Suicide de Pierre Bérégovoy.

8 juin. Assassinat à Paris de René Bousquet, secrétaire général de la police française en 1942-1943.

23 juin. Début de l'affaire OM-VA, révélant des pratiques de corruption dans le monde du football.

24 juin. Adoption par l'Assemblée nationale de la réforme du Code de la nationalité.

25 juin-10 juillet. Succès de l'« emprunt Balladur » (près de 110 milliards de francs au lieu de 40).

5 juillet. Adoption par l'Assemblée nationale du projet de loi sur les privatisations.

19 juillet. Congrès de Versailles concernant le Conseil supérieur de la magistrature et instaurant la Cour de justice de la République.

24 juillet. Accord sur l'assurance chômage rétablissant l'équilibre des comptes de l'U.N.E.D.I.C.

28 juillet. Annulation par le Conseil constitutionnel de la loi du 6 juillet 1993 sur l'autonomie des universités.

2 août. Réforme du système monétaire européen (S.M.E.) prévoyant un important élargissement des marges de fluctuation des monnaies entre elles.

4 août. Publication au J.O. de la réforme du statut de la Banque de France.

12-29 octobre. Conflit entre les syndicats et la direction d'Air France.

20 octobre. Signature définitive de la convention sur la maîtrise des dépenses de santé.

22-24 octobre. Premier Congrès constituant du P.S. au Bourget.

23 octobre 1993-19 juin 1994. Michel Rocard, Premier secrétaire du P.S.

1er novembre. Entrée en vigueur du traité de Maastricht : substitution de l'Union européenne (U.E.) à la Communauté européenne.

16 novembre. Début de la privatisation de Rhône-Poulenc.

18 novembre. Inauguration de l'aile Richelieu du musée du Louvre par François Mitterrand.

1993 19 novembre. Congrès de Versailles : réforme de la Constitution restreignant le droit d'asile.
15 décembre. Signature à Genève de l'Acte final de l'Uruguay Round par 117 pays membres du GATT (V. 15.04.94.)
20 décembre. Loi quinquennale sur l'emploi.

1994 1er janvier. Indépendance de la Banque de France. Entrée en vigueur de l'Espace économique européen (E.E.E.).
13 janvier. Invalidation par le Conseil constitutionnel des articles de la loi Bourg-Broc permettant une aide des collectivités locales aux établissements d'enseignement privé.
16 janvier. Manifestation à Paris de 260 000 personnes hostiles à l'abrogation de la loi Falloux.
21 janvier. Promulgation de la loi Bourg-Broc sur l'aide aux investissements de l'enseignement privé.
25-29 janvier. XXVIIIe Congrès du P.C.F. à Saint-Ouen : Robert Hue, secrétaire général.
1er-15 février. Grève des marins-pêcheurs bretons.
3-10 février. Privatisation d'Elf Aquitaine.
4 février. Incendie du Parlement de Bretagne à Rennes.
23 février. Décret d'application du contrat d'insertion professionnelle (C.I.P.). Adoption en Conseil des ministres du projet de loi relatif à l'emploi de la langue française (modifié par le Conseil constitutionnel le 27 juillet 1994).
1er mars. Entrée en vigueur du nouveau Code pénal.
17 mars-20 avril. Procès du milicien Paul Touvier, condamné à la prison à perpétuité pour crime contre l'humanité.
30 mars. Retrait du contrat d'insertion professionnelle (C.I.P.), suite à d'importantes manifestations d'hostilité au projet.
15 avril. Signature de l'Acte final de l'Uruguay Round à l'issue de la conférence de Marrakech (12-15 avril).
20 avril. Adoption par l'Assemblée nationale de la loi de programmation militaire pour la période 1995-2000.

1994 22 avril. Édition du manuscrit inachevé d'Albert Camus : *le Premier Homme.*
6 mai. Inauguration du tunnel ferroviaire sous la Manche par Élisabeth II et François Mitterrand.
6 juin. Commémoration du cinquantième anniversaire du Débarquement américain en Europe.
9 et 12 juin. Élections européennes chez les « Douze ». Large échec, en France, de la liste P.S.
19 juin. Henri Emmanuelli, premier secrétaire du P.S. en remplacement de Michel Rocard.
23 juin. Adoption définitive des 3 lois sur la bioéthique.
23 juin-21 août. « Opération turquoise » à caractère humanitaire menée par l'armée française au Rwanda sous l'égide de l'O.N.U.
3 juillet. Mise en examen de Pierre Suard, P.-D.G. d'Alcatel Alsthom.
11 juillet. Reconnaissance officielle par les États-Unis de la découverte du virus du sida par l'équipe du professeur Luc Montagnier.
12 juillet. Publication du rapport parlementaire constatant de graves lacunes dans la gestion du Crédit Lyonnais.
14 juillet. Premier défilé de l'Eurocorps sur les Champs-Élysées.
17 juillet. Démission du ministre de la Communication, Alain Carignon (mis en examen le 25).
4 août. Arrestation et assignation à résidence à Folembray (Aisne) de seize islamistes algériens.
15 août. Arrestation au Soudan et remise à la France du terroriste international Illitch Ramirez Sánchez, surnommé Carlos.
8 septembre. Évacuation de Berlin par les Armées américaine, anglaise et française.
12 septembre. Entretien télévisé sur le passé de François Mitterrand entre Jean-Pierre Elkabbach et le président de la République.
27, 29 et 30 septembre. Mise en examen de Georgina Dufoix, d'Edmond Hervé et de Laurent Fabius pour complicité d'empoisonnement.
13 octobre 1994-3 mai 1995. Incarcération préventive d'Alain Carignon, ancien ministre R.P.R. de la Communication.

1994 14 octobre. Démission du ministre de l'Industrie, des Postes et Télécommunications et du Commerce extérieur, Gérard Longuet (P.R.).
3 novembre. Privatisation partielle de la Régie Renault.
4 novembre. Candidature de Jacques Chirac à la présidence de la République.
12 novembre. Démission du ministre de la Coopération, Michel Roussin (R.P.R.).
11 décembre. Refus de Jacques Delors d'être candidat à la présidence de la République.

1994 14 décembre. Mise en liquidation judiciaire de Bernard Tapie.
23-24 décembre. Vote définitif de 5 propositions de loi sur le financement public de la vie politique.

1995 1er janvier. Naissance de l'O.M.C. (Organisation mondiale du commerce), en remplacement du GATT.
23 avril et 7 mai. Élections présidentielles.
7 mai. Élection de Jacques Chirac à la présidence de la République (52,64 % des suffrages exprimés).
10 mai. Démission du Premier ministre Édouard Balladur.

BIBLIOGRAPHIE

I. GÉNÉRALITÉS

F. Braudel, *Identité de la France* (Flammarion, nouv. éd., 1990, 3 vol.). - A. Burguière, *Dictionnaire des sciences historiques* (P.U.F., 1986). - A. Burguière et J. Revel (sous la dir. de), *La France dans son Histoire* (Le Seuil, Paris, t. I et t. II, 1989). - J. Carpentier et F. Lebrun (sous la dir. de), *Histoire de France* (Le Seuil, 1987). - J. Delumeau et Y. Lequin, *les Malheurs des temps. Histoire des fléaux et des calamités en France* (Larousse, coll. « Mentalités : vécus et représentations », 1987). - G. Duby, *le Moyen Âge : de Hugues Capet à Jeanne d'Arc, 987-1460* (Hachette, coll. « Histoire de France », t. I, 1987). G. Duby et R. Mandrou, *Histoire de la civilisation française* (A. Colin, Paris, t. I, nouv. éd., 1984). - J. Dupâquier (sous la dir. de), *Histoire de la population française* (P.U.F., 2e éd., 1991, 4 vol.). - J. Favier, *le Temps des principautés (1000-1515)* [Fayard, coll. « Histoire de France », t. II, sous la dir. de J. Favier, Paris, 1984]. - P. Goubert, *Initiation à l'histoire de France* (Tallandier, coll. « Approches », Paris, 1984). - E. Lavisse, *Histoire de France depuis les origines jusqu'à la Révolution* (Hachette, Paris, 1903-1911). - J. Le Goff et R. Rémond (sous la dir. de), *Histoire de la France religieuse* (Le Seuil, Paris, t. I, 1988 ; t. II, 1988). - K.F. Werner, *les Origines. Avant l'an mil* (Fayard, coll. « Histoire de France », t. I, sous la dir. de J. Favier, 1984).
Pour placer les phénomènes français dans le cadre de l'évolution européenne, on utilisera :
M. Crouzet, *Histoire générale des civilisations* (P.U.F., Paris, nouv. éd., 1967-1985, 7 vol.). - M. Daumas, *Histoire générale des techniques* (P.U.F., Paris, nouv. éd., 1964-1979, 5 vol.). - A. Fliche et V. Martin, *Histoire de l'Église depuis les origines jusqu'à nos jours* (Bloud et Gay, Paris, 1935-1964). - J.-M. Mayeur, Ch. Piétri, A. Vauchez et M. Vénard (sous la dir. de), *Histoire du christianisme : des origines à nos jours* (Fayard-Desclée, 1990 et années suivantes, en cours). - L.-H. Parias (sous la dir. de), *Histoire générale du travail* (Nouvelle Librairie de France, Paris, 1959-1961, 4 vol.). - R. Taton (sous la dir. de), *Histoire générale des sciences* (P.U.F., Paris, nouv. éd., 1966-1983, 4 vol.).

II. PRÉHISTOIRE ET ANTIQUITÉ

Généralités

J. Déchelette, *Manuel d'archéologie préhistorique et celtique* (A. et J. Picard, Paris, 1910 ; rééd., 1987-1989, 4 vol.). - A. Grenier, *Manuel d'archéologie gallo-romaine* (A. et J. Picard, réimpr., 1985-1989, 4 vol.). - J.-Ph. Rigaux (sous la dir. de), *les Hauts Lieux de la Préhistoire en France* (Bordas, coll. « Le Voyage culturel », 1989).

2. LA PRÉHISTOIRE

- **La préhistoire ancienne**

Généralités. J. Demoule, *la France de la Préhistoire : mille millénaires des premiers hommes à la conquête romaine* (Nathan, 1990). - A. Leroi-Gourhan, *la Préhistoire* (P.U.F., coll. « Nouvelle Clio », n° 1, nouv. éd., Paris, 1977) ; *Dictionnaire de la Préhistoire* (P.U.F., coll. « Grands Dictionnaires », Paris, 1988). - J. Piveteau, *Traité de paléontologie* (t. VII : *les Primates, l'Homme*) [Masson, Paris, 1957] ; *Origine de l'homme* (Hachette, Paris, 1962). - D. de Sonneville-Bordes, *l'Âge de la pierre* (P.U.F., coll. « Que sais-je ? », n° 948, Paris, nouv. éd., 1981).

Peuplement paléolithique. E. Bonifay, *les Terrains quaternaires dans le sud-est de la France* (Impr. Delmas, Bordeaux, 1965). - F. Bordes, *les Limons quaternaires du bassin de Paris* (Masson, Paris, 1953). - J. Combier, *le Paléolithique de l'Ardèche dans son cadre paléoclimatique* (Impr. Delmas, Bordeaux, 1967). - L. Méroc, *la Conquête des Pyrénées par l'homme* (Paris, 1953). - L. Pales, *les Néanderthaliens en France* (Masson, Paris, 1958). - J. Roussot-Larroque, *la Préhistoire en Périgord* (Ouest-France, coll. « Guides couleur », Rennes, 1984). - P. Smith, *le Solutréen en France* (Bordeaux, 1966).

Vie quotidienne et culturelle. F. Bordes, *Typologie du paléolithique ancien et moyen* (C.N.R.S., Bordeaux, 1979). - H. Breuil, *Quatre Cents Siècles d'art pariétal* (Centre d'études et de documentation préhistorique, Montignac, 1952). - A. Leroi-Gourhan, *les Religions de la préhistoire paléolithique* (P.U.F., coll. « Quadrige », n° 44, Paris, 1990) ; *Préhistoire de l'art occidental* (Mazenod, Paris, 1965). - A. Leroi-Gourhan et J. Allain, *Lascaux inconnu* (C.N.R.S., Paris, 1979). - C. Perlès, *Préhistoire du feu* (Masson, Paris, 1977). - D. Stordeur, *les Aiguilles à chas au paléolithique* (C.N.R.S., Gallia, Paris, 1979). - H. V. Vallois, *Vital Statistics in Prehistoric Populations as Determined from Archaeological Data* (Chicago, 1960) ; *The Social Life of Early Man. Evidence of Skeletons* (Chicago, 1961). - C. Zervos, *l'Art de l'époque du renne en France* (Ed. « Cahiers d'art », Paris, 1959).
On trouvera l'essentiel des résultats récents dans les ouvrages collectifs : *la Préhistoire française,* sous la direction de H. de Lumley (C.N.R.S., Paris, 1976). - *La Fin des temps glaciaires en Europe.* Colloque international, n° 271, C.N.R.S., sous la direction de D. de Sonneville-Bordes (C.N.R.S., Paris, 1979).

- **La préhistoire récente**

Généralités. J. Guilaine, *Premiers Bergers et paysans de l'Occident méditerranéen* (Civilisation et Sociétés, 58, Mouton, Paris-La Haye, 1976). - J. Lichdardus et collab., *la Protohistoire de l'Europe* (P.U.F., coll. « Nouvelle Clio », n° 1 bis, 1985). - J.-P. Millotte, *Précis de protohistoire européenne* (A. Colin, coll. « U2 », Paris, 1970). - R. Riquet, *Populations et races au néolithique et au bronze ancien* (thèse, faculté des sciences, Bordeaux, 1967) ; *Anthropologie du néolithique et du bronze ancien* (Texier, Poitiers, 1970). - J.-G. Rozoy, *les Derniers Chasseurs* (Bulletin de la Société archéologique champenoise, Charleville, 1978).

Mésolithique. M. et S.J. Péquart, M. Boule et H.V. Vallois, *Téviec, station nécropole mésolithique du Morbihan* (Masson, Paris, 1937).

Néolithique, chalcolithique et bronze. J. Arnal, *les Dolmens du département de l'Hérault* (P.U.F., « Préhistoire », t. XV, Paris, 1963). - J. Arnal, G. Bailloud et R. Riquet, *les Styles céramiques du néolithique français* (P.U.F., « Préhistoire », t. XIV, Paris, 1960). - G. Bailloud, *le Néolithique dans le Bassin parisien* (C.N.R.S., « Gallia-Préhistoire », IIe Supplément, Paris, 1964). - J. Briard, *les Dépôts bretons et l'âge du bronze atlantique* (Travaux du Laboratoire d'anthropologie préhistorique, faculté des sciences, Rennes, 1965).

– P.R. Giot, J. L'Helgouach et J. Briard, *la Bretagne* (Arthaud, Grenoble-Paris, 1962). – J. Guilaine, *la France d'avant la France : du néolithique à l'âge de fer* (Hachette-Pluriel, coll. « Pluriel », nouv. éd., Paris, 1985). – J. L'Helgouach, *les Sépultures mégalithiques en Armorique, dolmens à couloir et allées couvertes* (Travaux du Laboratoire d'anthropologie préhistorique, faculté des sciences, Rennes, 1965). – A. Niederlender, R. Lacam et J. Arnal, *le Gisement néolithique de Roucadour* (C.N.R.S., « Gallia-Préhistoire », IIIe Supplément, Paris, 1966). – R. Riquet, A. Coffyn et J. Guilaine, *les Campaniformes français* (C.N.R.S., « Gallia-Préhistoire », t. VI, Paris, 1963). – C. Schaeffer, *les Tertres funéraires préhistoriques dans la forêt de Haguenau.* I, *les Tumulus de l'âge du bronze* (Impr. de la ville, Haguenau, 1928). – J. Vaquer, *le Néolithique en Languedoc occidental* (C.N.R.S., Paris, 1990).

Religion. P. M. Duval, *les Dieux de la Gaule* (P.U.F., Paris, 1957). – J. Le Goff, R. Rémond et F. Lebrun (sous la dir. de), *Des Dieux de la Gaule à la Papauté d'Avignon* (Le Seuil, coll. « Histoire de la France religieuse », t. I, Paris, 1988). – F. Le Roux, *les Druides* (P.U.F., Paris, 1961). – J. Markale, *le Druidisme : traditions et dieux des Celtes* (Payot, coll. « Bibliothèque historique », 1985). – M.L. Sjoestedt, *Dieux et Héros des Celtes* (P.U.F., Paris, 1940). – E. Thévenot, *Divinités et Sanctuaires de la Gaule* (Fayard, Paris, 1968). – J. de Vries, *la Religion des Celtes* (Payot, Paris, 1963).

Art celtique. H.-J. Eggers, E. Will, R. Joffroy et W. Holmqvist, *les Celtes et les Germains à l'époque païenne* (A. Michel, Paris, 1964). – A. Varagnac et coll., *Art gaulois* (Ed. Abbaye Sainte-Marie de la Pierre-qui-Vire, Saint-Léger-Vauban, 1956).

Monographies régionales. Alsace : C.F.A. Schaeffer, *les Tertres funéraires de la forêt de Haguenau* (t. II, musée de Haguenau, Haguenau). – Bourgogne : R. Joffroy, *l'Oppidum de Vix et la civilisation hallstattienne finale dans l'est de la France* (Les Belles Lettres, Paris, 1960). – Provence : F. Benoît, *Recherches sur l'hellénisation du midi de la Gaule* (Ophrys, Gap, 1965). – M. Louis et O. et J. Taffanel, *le Premier Âge du fer languedocien* (Institut international d'études ligures, Bordighera, 1955-1960). – M. Py, *Recherches sur Nîmes préromaine* (Ed. du C.N.R.S., Paris, 1981).

Rites funéraires et tombes à char. R. Joffroy, *les Sépultures à char du premier âge du fer en France* (A. et J. Picard, Paris, 1958) ; *le Trésor de Vix* (P.U.F., Paris, 1954) ; *Vix et ses trésors* (Tallandier, Paris, 1979).

3. LA GAULE AVANT LA CONQUÊTE ROMAINE

Textes. G. Dottin, *Manuel pour servir à l'étude de l'antiquité celtique* (Champion, Paris, 1906 ; ouvrage qui donne les textes des auteurs anciens qui ont parlé de la Gaule et des Celtes).

Généralités. M. Dillon et N. K. Chadwick, *les Royaumes celtiques* éd. augmentée de l'œuvre de J. Guyonvarchh et F. Leroux, *la Gaule dans le monde celtique* (Fayard, coll. « L'Aventure des civilisations », nouv. éd., 1977). – P.M. Duval, *les Celtes* (Gallimard, coll. « L'Univers des formes », Paris, 1977) ; *Travaux sur la Gaule (1946-1986)* [De Boccard, coll. de la D.E.F.A.R., Rome-Paris, 1990, 2 vol.]. – Ch. Gaudineau, *César et la Gaule* (Errance, Paris, 1990). – A. Grenier, *les Gaulois* (Payot, Paris, 1945). – J. Harmand, *Vercingétorix* (Fayard, Paris, 1984). – C. Jullian, *Histoire de la Gaule* (t. I, II et III, Hachette, Paris, 1907-1909). – V. Kruta, *les Celtes* (Hatier, Paris, 1978) ; *les Celtes* (P.U.F., coll. « Que sais-je ? », no 1649, Paris, 5e éd., 1990). – M. Rambaud, *César* (P.U.F., coll. « Que sais-je ? », no 1049, Paris, 4e éd., 1983). – E. Thévenot, *Histoire des Gaulois* (P.U.F., coll. « Que sais-je ? », no 206, Paris, 8e éd., 1987).

4. LES GALLO-ROMAINS

Généralités. R. Bloch et J. Cousin, *Rome et son destin* (A. Colin, Paris, 1960). – F. Jacques et J. Scheid, *Rome et l'intégration de l'Empire, 44 av. J.-C.-260 apr. J.-C.,* t. I : *les Structures de l'Empire romain* (P.U.F., coll. « Nouvelle Clio », Paris, 1990). – P. Grimal, *la Civilisation romaine* (Arthaud, Paris, 1960). – L. Harmand, *l'Occident romain. Gaule, Espagne, Bretagne, Afrique du Nord (31 av. J.-C.-235 ap. J.-C.)* [Payot, coll. « Bibliothèque historique », Paris, nouv. éd., 1989]. – P. Lévêque, *Empires et barbaries. IIIe s. av. J.-C.-Ier s. apr. J.-C.,* (Larousse, coll. « Histoire universelle », t. III, nouv. éd., Paris, 1974). – M. Meuleau, *le Monde antique* (t. II, Bordas-Laffont, Paris, 1965). – P. Petit, *la Paix romaine* (P.U.F., coll. « Nouvelle Clio » no 9, Paris, nouv. éd., 1982). – M. Rouche, *les Empires universels. IIe-IVe siècle* (Larousse, coll. « Histoire universelle », t. IV, nouv. éd., Paris, 1974). *Synthèses sur la Gaule romaine.* F. Beck et H. Chew, *Quand les Gaulois étaient Romains* (Gallimard, coll. « Découvertes », Paris, 1989). – G. Coulon, *les Gallo-Romains : au carrefour de deux civilisations* (A. Colin, coll. « Civilisations », Paris, nouv. éd., 1990, 2 vol.). – P.M. Duval, *la Vie quotidienne en Gaule romaine pendant la paix romaine (Ier-IIIe s. apr. J.-C.)* [Hachette, Paris, 1953]. – A. Grenier, *la Gaule, province romaine* (Didier, Paris, 1946). – J.J. Hatt, *Histoire de la Gaule romaine (120 av. J.-C. à 451 apr. J.-C.). Colonisation ou colonialisme ?* (Payot, coll. « Bibliothèque historique », Paris, nouv. éd., 1970). – L. Lerat, *la Gaule romaine* (A. Colin, coll. « U2 », Paris, 1977). – F. Lot, *la Gaule, les fondements ethniques, sociaux, politiques de la nation française* (Fayard, Paris, 1947 ; éd. revue et mise à jour par P.-M. Duval, 1967). – E. Thévenot, *les Gallo-Romains* (P.U.F., coll. « Que sais-je ? », no 314, 6e éd., Paris, 1983).

Problèmes politiques et administratifs. A. Audin, *Lyon, miroir de Rome dans les Gaules* (Fayard, coll. « Résurrection du passé », Paris, nouv. éd., 1979). – J. Carcopino, *Étapes de l'impérialisme romain* (Hachette, Paris, 1961). – P.M. Duval, *Paris antique, des origines au IIIe siècle* (Hermann, Paris, 1961). – R. Étienne et P. Barrère, *Bordeaux antique* (Fédération historique du Sud-Ouest, Bordeaux, 1962). – Ph. Fabia, *la Table Claudienne de Lyon* (Audin, Lyon, 1929). – M. Gayraud, *Narbonne antique des origines au IIIe siècle* (De Boccard, Paris, 1981). – P. et M. Levêque, *les Villes dans l'Occident romain* (Université de Besançon, Diffusion Belles-Lettres, 1984). – H.-G. Pflaum, *le Marbre de Thorigny* (Champion, Paris, 1948) ; *les Fastes de la province de Narbonnaise* (Éd. du C.N.R.S., Paris, 1978). – J. Prieur, *la Province romaine des Alpes Cottiennes* (Publications du Centre d'études gallo-romaines de la faculté des lettres et sciences humaines de Lyon, Lyon, 1968). – W. Seston, *Dioclétien et la Tétrarchie* (E. de Boccard, Paris, 1946). – P. Wuilleumier, *Lyon, métropole des Gaules* (Les Belles Lettres, Paris, 1953).

Économie et société. R. Dion, *Histoire de la vigne et du vin en France des origines au XIXe siècle* (chez l'auteur, Paris, 1959). – A. Grenier, *la Gaule romaine* (dans *An Economic Survey of Ancient Rome,* sous la direction de T. Frank) [vol. III, Baltimore, 1937]. – J.J. Hatt, *la Tombe gallo-romaine* (Picard, nouv. éd., 1986). – F. Hermet, *la Graufesenque* (Leroux, Paris, 1934). – M. Le Glay, « la Gaule romanisée », dans *Histoire de la France rurale,* sous la direction de G. Duby et A. Wallon (Le Seuil, Paris, 1975, t. I, pp. 190-285). – A. Piganiol, *les Documents cadastraux de la colonie romaine d'Orange* (C.N.R.S., Paris, 1963). – M. Renard, *Technique et agriculture en pays trévire et rémois* (Latomus, Berchem, 1959).

- J.A. Stanfield et J. Simpson, *Central Gaulish Potters* (University Press, Oxford, 1958).

Vie religieuse et culturelle. F. Benoît, *Mars et Mercure, nouvelles recherches sur l'interprétation gauloise des divinités romaines* (Ophrys, Gap, 1959). - P.M. Duval, *les Dieux de la Gaule* (P.U.F., Paris, 1957). - R. Étienne, S. Prete, L. Desgraves, *Ausone humaniste aquitain* (Société des bibliophiles de Guyenne, 1987). - I. Gobry, *les Moines en Occident,* t. I : *les Origines orientales (de saint Antoine à saint Basile)* [Fayard, Paris, 1965]. - E. Griffe, *la Gaule chrétienne à l'époque romaine* (Letouzey et Ané, Paris, 1947-1965, 3 vol.). - J.J. Hatt, *Sculptures gauloises* (Éd. du Temps,Paris, 1966). - H. Schoppa, *Die Kunst des Römerzeit in Gallien, Germanien und Britannien* (Fribourg, 1958). - H. Stern, *Recueil général des mosaïques de la Gaule* (C.N.R.S., Paris, 1957 et suiv.). - E. Thévenot, *Divinités et sanctuaires de la Gaule* (Fayard, Paris, 1968).

III. HAUT MOYEN ÂGE

Généralités

M. Banniard, *le Haut Moyen Âge occidental* (P.U.F., coll. « Que sais-je ? », n° 1807, Paris, 2e éd., 1986). - R. Folz, A. Guillou, L. Musset, D. Sourdel, *De l'Antiquité au monde médiéval* (P.U.F., coll. « Peuples et civilisations », t. V, Paris, 1972). - R. Fossier (sous la dir. de), *le Moyen Âge,* t. I, *les Mondes nouveaux, 350-950,* t. II, *l'Éveil de l'Europe, 950-1250* (A. Colin, Paris, 2e éd., 1990). - S. Lebecq, *les Origines franques, ve-ixe siècle* (Seuil, Points-Histoire, coll. « Nouvelle Histoire de la France médiévale », t. I, 1990). - F. Lot, *la Fin du monde antique et le début du Moyen Âge* (A. Michel, Paris, nouv. éd. préfacée par P. Riché, 1989). - L. Musset, *les Invasions, les vagues germaniques* (P.U.F., Paris, coll. « Nouvelle Clio », n° 12, 2e éd., 1969). - P. Riché, *les Invasions barbares* (P.U.F., coll. « Que sais-je ? », n° 556, Paris, 7e éd. avec la collab. de P. Le Maître, 1989).

5. LES MIGRATIONS BARBARES

Textes. P. Courcelle, *Histoire littéraire des grandes invasions germaniques* (Études augustiniennes, Paris, 3e éd., 1964). - Grégoire de Tours, *Histoire des Francs,* éd. et trad. R. Latouche (Les Belles Lettres, Paris, 1963-1965, 2 vol.). - Sulpice Sévère, *Vie de saint Martin,* éd. et trad. J. Fontaine (Éd. du Cerf, Paris, 1968-1969, 3 vol.).

La société et l'économie. S. Dill, *Roman Society in the Last Century of the Western Empire* (réimpr., New York, 1960). - A.H.M. Jones, *The Decline of the Ancient World* (Londres, 1966). - R. Latouche, *les Origines de l'économie occidentale (ive-xie siècle)* [A. Michel, Paris, nouv. éd., 1971]. - R. Macmullen, *Soldier and Civilian in the Later Roman Empire* (University Press, Cambridge [Mass.], 1963).

La fin de Rome. A.H.M. Jones, *The Later Roman Empire (284-602). A Social, Economic and Administrative History* (Blackwell, Oxford, 1964, 3 vol.). - R. Rémondon, *la Crise de l'Empire romain de Marc Aurèle à Anastase* (P.U.F., coll. « Nouvelle Clio », n° 11, Paris, nouv. éd., 1976). - V.A. Sirago, *Galla Placidia e la transformazione politica dell'Occidente* (Publications universitaires, Louvain, 1961). - E. Stein, *Histoire du Bas-Empire* (Desclée De Brouwer, Paris, 1949 et 1959, 2 vol.).

Vie religieuse et intellectuelle. M.B. Bruguière, *Littérature et droit dans la Gaule du ve siècle* (Toulouse, 1974). - Mgr L. Duchesne, *Histoire ancienne de l'Église* (t. III et IV, Fontemoing, Paris, 1911-1925). - I. Gobry, *les Moines en Occident,* t. II : *l'Enracinement (de saint Martin à saint Benoît)* [Fayard, Paris, 1985]. - E. Griffe, *la Gaule chrétienne à l'époque romaine* (Letouzey et Ané, Paris, 1947-1965, 3 vol.). - J. Hubert, J. Porcher et W. F. Volbach, *l'Europe des invasions* (Gallimard, Paris, 1967). - P. Riché, *Éducation et culture dans l'Occident barbare (vie-viiie siècle)* [Le Seuil, Paris, 4e éd., 1989]. - An. *Rome et le christianisme dans la région rhénane* (P.U.F., Paris, 1963).

La conquête franque. F. Lot, *Naissance de la France* (Fayard, coll. « Grandes Études Historiques », Paris, 2e éd., 1970). - E. Salin, *la Civilisation mérovingienne d'après les sépultures, les textes et le laboratoire* (A. et J. Picard, Paris, 2e éd., 1986-1989, 4 vol.). - J. Stengers, *la Formation de la frontière linguistique de Belgique ou De la légitimité de l'hypothèse historique* (Latomus, Berchem, 1959). - C. Verlinden, *les Origines de la frontière linguistique en Belgique et la colonisation franque* (La Renaissance du Livre, Bruxelles, 1955).

6. LES TEMPS MÉROVINGIENS

Textes. Grégoire de Tours, *Histoire des Francs,* éd. et trad. R. Latouche (les Belles Lettres, Paris, 1963-1965, 2 vol.). - *Vie des Pères du Jura,* trad. F. Martine (Éd. du Cerf, Paris, 1968). - P. Riché et G. Tate, *Textes et documents d'histoire du Moyen Âge, ve-xe siècle,* t. I, *Ve-milieu du viiie siècle* (Sedes, Paris, 1972). - Association française d'archéologie mérovingienne, éd. *Bretagne, Pays de Loire, Touraine, Poitou à l'époque mérovingienne* (Errance, 1987).

Généralités. H. Atsma éd., « La Neustrie. Les pays au nord de la Loire de 650 à 850 », *actes du colloque international de Rouen* (Thorbecke Verlag, Sigmaringen, 1989). - F. Cardot, *l'Espace et le pouvoir : étude sur l'Austrasie mérovingienne* (Publications de la Sorbonne, coll. « Histoire ancienne et médiévale », n° 17, Paris, 1987). - G. Faider-Feytmans, *la Belgique à l'époque mérovingienne* (La Renaissance du Livre, Bruxelles, 1964). - G. Fournier, *les Mérovingiens* (P.U.F., coll. « Que sais-je ?, n° 1238, Paris, 1966 ; 6e éd., 1991). - P. O. Geary, *le Monde mérovingien. Naissance de la France* (Oxford University Press, 1988 ; Flammarion, coll. « Histoires », 1989). - M. Rouche, *l'Aquitaine des Wisigoths aux Arabes (418-781). Essai sur le phénomène régional* (coéd. E.H.E.S.S., Jean Touzot, Paris, 1979). - J.-H. Roy et J. Deviosse, *... oct. 733, la bataille de Poitiers* (Gallimard, coll. « Trente Journées qui ont fait la France », n° 2, 1966). - G. Tessier, *25 décembre 496, le baptême de Clovis* (Gallimard, coll. « Trente Journées qui ont fait la France », n° 1, Paris, 1964). - L. Theis, *Dagobert* (Fayard, Paris, 1982).

Histoire sociale et économique. G. Fournier, *le Peuplement rural en basse Auvergne durant le haut Moyen Âge* (P.U.F., 1962) ; *les Mérovingiens* (P.U.F., coll. « Que sais-je ? », n° 1238, Paris, 6e éd., 1991). - F.L. Ganshof, *Qu'est-ce que la féodalité ?* (Tallandier, 5e éd., 1982). - R. Latouche, *les Origines de l'économie occidentale (ive-xie siècle)* [A. Michel, Paris, nouv. éd., 1971]. - Ch. Lelong, *la Vie quotidienne en Gaule à l'époque mérovingienne* (Hachette, coll. « la Vie quotidienne », Paris, 1963).

Vie religieuse et culturelle. M. Banniard, *Genèse culturelle de l'Europe, ve-viiie siècle* (Le Seuil, coll. « Points histoire », n° 127, Paris, 1989). - J. Dubois, L. Beaumont- Maillet, *Sainte-Geneviève de Paris : la vie, le culte, l'art* (Beauchesne, coll. « Saints de tous les temps », nouv. éd., Paris, 1985). - I. Gobry, *les Moines en Occident,* t. III : *De saint Colomban à saint Boniface : le temps des conquêtes* (Fayard, Paris, 1987). - J. Hubert, J. Porcher et W.F. Volbach, *l'Europe des invasions* (Gallimard, Paris, 1967). - E. Mâle, *la Fin du paganisme en Gaule et les plus anciennes basiliques chrétiennes* (Flammarion, Paris, 1950). - O. Pontal, *Histoire des conciles mérovingiens*

(Cerf, I.R.H.T., 1989). - P. Riché, *Éducation et culture dans l'Occident barbare (VIe-VIIIe siècle)* [Éd. du Seuil, 4e éd., 1989] ; dans *Histoire spirituelle de la France* (Beauchesne, Paris, 1964 pp. 44-60). - E. Salin, *la Civilisation mérovingienne d'après les sépultures, les textes et le laboratoire* (A. et J. Picard, Paris, 2e éd., 1986-1989, 4 vol.).

IV. LE MOYEN ÂGE

Généralités

A. Chédeville, *la France au Moyen Âge* (P.U.F., coll. « Que sais-je ? », n° 69, Paris, 7e éd., 1988). - J. Chelini, *Histoire religieuse de l'Occident médiévai* (A. Colin, coll. « U », Paris, 1968). - R. Delort, *la Vie au Moyen Âge* (Le Seuil, coll. « Points Histoire », n° 62, nouv. éd., Paris, 1982). - G. Demians d'Archimbaud, *Histoire artistique de l'Occident médiéval* (A. Colin, coll. « U », Paris, 1968 ; 2e éd. 1983). - G. Devailly, *l'Occident du Xe au milieu du XIIIe siècle* (A. Colin, coll. « U », Paris, 1970). - G. Duby, *l'Économie rurale et la vie des campagnes dans l'Occident médiéval, France, Angleterre, Empire, IXe-XVe siècle* (Aubier, Paris, 1962, 2 vol.) ; *Adolescence de la chrétienté occidentale, 980-1140* (Skira, Genève, 1967 ; Flammarion, Paris, nouv. éd., 1984) ; *l'Europe des cathédrales* (Skira, Genève, 1966) ; *le Moyen Âge : de Hugues Capet à Jeanne d'Arc, 987-1460* (Hachette, coll. « Histoire de France-Hachette », t. I, 1987 ; coll. « Pluriel », n° 8457, Paris, 1990). - G. Duby, R. Mantran et collab., *l'Eurasie, XIe-XIIIe siècle* (P.U.F., coll. « Peuples et civilisations », t. VI, 1982). - J. Favier, *le Temps des principautés, 1000-1515* (Fayard, coll. « Histoire de France » sous la dir. de J. Favier, t. II, Paris, 1984). - R. Fossier, *Histoire sociale de l'Occident médiéval* (A. Colin, coll. « U », Paris, 2e éd., 1984). - R. Fossier (sous la dir. de), *le Moyen Âge*, t. II, *l'Éveil de l'Europe, 950-1250* ; t. III, *le Temps des Crises, 1250-1520* (A. Colin, Paris, 2e éd., 1986 et 2e éd., 1990). - G. Fournier, *l'Occident de la fin du Ve siècle à la fin du IXe siècle* (A. Colin, coll. « U », Paris, 1970). - G. Fourquin, *Histoire économique de l'Occident médiéval* (A. Colin, coll. « U », Paris, 4e éd., 1990). - L. Génicot, *les Lignes de faîte du Moyen Âge* (Casterman, Tournai, 6e éd., 1969). - B. Guillemain, *l'Éveil de l'Europe, 1100-1250* (Larousse, coll. « Histoire universelle », t. VI, nouv. éd., 1974). - J. Le Goff, *la Civilisation de l'Occident médiéval* (Arthaud, coll. « les Grandes Civilisations », Paris, 1964 ; éd. poche, 1984) ; *le Moyen Âge (1060-1330)* [Bordas, coll. l'Aurige, Paris, 1971]. - J.-F. Lemarignier, *la France médiévale : institutions et société* (A. Colin, coll. « U », Paris, 8e éd., 1987). - Ch. Klapisch-Zuber (sous la dir. de), *le Moyen Âge* (Plon, coll. « Histoire des femmes » sous la dir. de G. Duby et de M. Perrot, t. II, Paris, 1991). - R.S. Lopez, *Naissance de l'Europe, Ve-XIVe siècle* (A. Colin, coll. « Destins du monde », Paris, 1962). - F. Lot et R. Fawtier (sous la dir. de), *Histoire des institutions françaises au Moyen Âge* (P.U.F., Paris, 1957-1962, 3 vol. parus). - M. Pacaut, *les Structures politiques de l'Occident médiéval* (A. Colin, coll. « U », Paris, 1969). - J. Paul, *Histoire intellectuelle de l'Occident médiéval* (A. Colin, coll. « U », Paris, 1969 ; rééd. 1973). - Éd. Perroy, *le Moyen Âge* (P.U.F., *Histoire générale des civilisations*, t. III, Paris, 6e éd., 1980). - P. Riché, *Grandes Invasions et Empires, Ve-Xe siècle »* (Larousse, coll. « Histoire universelle », t. V, Paris, nouv. éd., 1974).

7. LA CONSTRUCTION CAROLINGIENNE

8. LES DERNIÈRES INVASIONS

Textes. Ch. M. de La Roncière, R. Delort et M. Rouche, *l'Europe du Moyen Âge* (A. Colin, coll. « U », Paris, t. I, 1969). - G. Tessier, *Charlemagne* (A. Michel, coll. « le Mémorial des Siècles », Paris, 1967).

Structures politiques. J. Boussard, *Charlemagne et son temps* (Hachette, Paris, 1968). - R. Delort, *Charlemagne* (MA Éditions, coll. « Le Monde de... », 1986). - J. Devisse, *Hincmar, archevêque de Reims, 845-882* (Droz, Genève, 1976). - J. Dhondt, *Études sur la naissance des principautés territoriales en France (IXe-Xe siècle)* [Bordas, éd. revue par M. Rouche, 1976]. - H. Fichtenau, *l'Empire carolingien* (Payot, coll. « Bibliothèque historique », Paris, 1958). - R. Folz, *25 décembre 800, le Couronnement impérial de Charlemagne* (Gallimard, coll. « Trente Journées qui ont fait la France », n° 3, Paris, 1964). - L. Musset, *les Invasions, le second assaut contre l'Europe chrétienne (VIIe-XIIe siècle)* [P.U.F., Paris, coll. « Nouvelle Clio », n° 12 *bis* ; nouv. éd., 1971]. - R. Mussot-Goulard, *Charlemagne* (P.U.F., coll. « Que sais-je ? », n° 471, Paris, 1re éd., 1984) ; *la France carolingienne, 843-987* (P.U.F., coll. « Que sais-je ? », n° 2390, 1re éd., 1988). - P. Riché, *les Carolingiens, une famille qui fit l'Europe* (Hachette, Paris, 1983). - L. Theis, *l'Héritage des Charles. De la mort de Charlemagne aux environs de l'An mil* (Le Seuil, Points-Histoire, coll. « Nouvelle Histoire de la France médiévale », t. II, 1990). - P. Zumthor, *Charles le Chauve* (Tallandier, nouv. éd., Paris, 1981).

Économie et société. R. Boutruche, *Seigneurie et féodalité* (Aubier-Montaigne, Paris, t. I, 1959 ; 2e éd., 1968 ; t. II, 1970). - J. Dhondt, *le Haut Moyen Âge (VIIIe-XIe siècle)*, éd. et mis à jour par M. Rouche (Bordas, Paris, 1976). - R. Doehaerd, *le Haut Moyen Âge occidental. Économies et sociétés* (P.U.F., coll. « Nouvelle Clio », n° 14, Paris, 3e éd., 1990). - G. Duby, *Guerriers et paysans, VIIe-XIIe siècle. Premier essor de l'économie européenne* (Gallimard, Paris, 1973 ; coll. « Tel », n° 24, Paris, 1978). - F.L. Ganshof, *la Belgique carolingienne* (La Renaissance du Livre, coll. « Notre passé », Bruxelles, 1958). - R. Latouche, *les Origines de l'économie occidentale (IVe-XIe siècle)* [Albin Michel, Paris, nouv. éd., 1971]. - St. Lebecq, *Marchands et navigateurs frisons du Haut Moyen Âge* (Presses universitaires de Lille, 1983). - E. Magnou-Nortier, *la Société laïque et l'Église dans la province ecclésiastique de Narbonne de la fin du VIIIe à la fin du XIe siècle* (Association des Publications de l'Université de Toulouse-Le Mirail, Toulouse, 1974). - P. Riché, *la Vie quotidienne dans l'empire carolingien* (Hachette, coll. « la Vie quotidienne », Paris, 4e éd., 1986).

Vie culturelle. J. Chelini, *l'Aube du Moyen Âge. Naissance de la chrétienté occidentale. La vie religieuse des laïcs à l'époque carolingienne* (Picard, Paris, 1991). - C. Heitz, *l'Architecture religieuse carolingienne* (Picard, Paris, nouv. éd., 1986). - J. Hubert, J. Porcher et W.F. Volbach, *l'Empire carolingien* (Gallimard, coll. « l'Univers des Formes », Paris, 1968).

9. LES FÉODAUX

Textes. L'An Mil, présenté par G. Duby (Gallimard, coll. « Archives », n° 30, Paris, 1973). - *L'An mille. Œuvres de Liutprand, Raoul Glaber, Adémar de Chabannes, Adalbéron, Helgaud*, présentées par E. Pognon (Gallimard, Paris, 1947). - Ch. M. de La Roncière, R. Delort et M. Rouche, *l'Europe du Moyen Âge* (A. Colin, coll. « U », Paris, t. II, 1969).

Structures politiques. D. Barthélémy, *l'Ordre seigneurial (XIe-XIIe siècle)* [Le Seuil, Points-Histoire, coll. « Nouvelle Histoire de la France médiévale », t. III, Paris, 1990]. - M. Bloch, *les Rois thaumaturges* (Istra, Strasbourg, 1924 ; Gallimard, coll. « Bibliothèque des Histoires », nouv. éd., Paris, 1983). - P. Bonnassie, *la Catalogne au tournant de l'An Mil* (Albin Michel, 2e éd., 1990). - M. de Boüard, *Guillaume le Conquérant* (Fayard, Paris, 1984). - M. Bur, *la Formation du Comté de Champagne v. 950-v. 1150* (Publ. de l'Université de Nancy II, Nancy, 1977). - R. Fawtier, *les Capétiens et la France* (P.U.F., Paris, 1942). - R. Fawtier et J.-C. Fawtier Stone, *Autour de la France capétienne : personnages et institutions* (Variorum Reprints, Londres, coll. « Recueil d'études », 267, 1987). - F.L. Ganshof, *Qu'est-ce que la féodalité ?* (Tallandier, coll. « Approches », 6e éd., Paris, 1987). - O. Guillot, *le Comte d'Anjou et son entourage au XIe siècle* (A. et J. Picard, Paris, 1972). - J.-F. Lemarignier, *le Gouvernement royal aux premiers temps des Capétiens (987-1108)* [A. et J. Picard, Paris, 1965]. - A. Lewis, *le Sang royal. La famille capétienne et l'État, France Xe-XIVe siècles* (Gallimard, Paris, 1986). - J.-P. Poly et E. Bournazel, *la Mutation féodale, Xe-XIIe siècles* (P.U.F., coll. « Nouvelle Clio », no 16, Paris, 2e éd., 1991). - P. Riché, *Gerbert d'Aurillac ; le pape de l'An mil* (Fayard, Paris, 1987). - Y. Sassier, *Hugues Capet* (Fayard, Paris, 1986). - L. Theis, *3 juillet 987. L'avènement de Hugues Capet* (Gallimard, coll. « Trente Journées qui ont fait la France », no 4, Paris, 1984).

Économie et société. M. Bloch, *la Société féodale* (A. Michel, Paris, coll. « l'Évolution de l'Humanité », éd. poche, no 8, 1983). - P. Bonnassie, *la Catalogne du milieu du Xe à la fin du XIe siècle, croissance et mutation d'une société* (Association des Publications de l'Université de Toulouse-Le Mirail, Toulouse, 1976). - A. Déléage, *la Vie rurale en Bourgogne jusqu'au début du XIe siècle* (Protat frères, Mâcon, 1941). - G. Devailly, *le Berry du Xe* au milieu du *XIIIe siècle. Étude politique, religieuse, sociale et économique* (Mouton, La Haye-Paris, 1973). - G. Duby, *la Société aux XIe* et *XIIe siècles dans la région maconnaise* (E.H.E.S.S., coll. « Bibliothèque générale », 3e éd., Paris, 1982) ; *l'Économie rurale et la vie des campagnes dans l'Occident médiéval, France, Angleterre, Empire, IXe-XVe siècle* (Aubier, coll. « Historique », Paris, 1962, 2 vol. ; Flammarion, coll. « Champs », nos 26 et 27, Paris, 1977) ; *les Trois Ordres ou l'Imaginaire du féodalisme* (Gallimard, Paris, 1978) ; *le Chevalier, la femme et le prêtre. Le mariage dans la France féodale* (Hachette, coll. « la Force des idées », Paris, 1981) ; *Mâle Moyen Âge. De l'amour et autres essais* (Flammarion, coll. « Champs », 1990). - R. Fossier, *Enfance de l'Europe, Xe-XIIe siècles. Aspects économiques et sociaux* (P.U.F., coll. « Nouvelle Clio », no 17 et 17 *bis*, Paris, nouv. éd., 1989, 2 vol.). - M. Parisse, *la Noblesse lorraine, XIe-XIIIe siècle* (Lille, Université de Lille-III ; Paris, diff. H. Champion, 1976, 2 vol.) ; *les Nonnes au Moyen Âge* (C. Bonneton, Paris, 1983) ; *les Religieuses en France au XIIIe siècle* (études réunies par) [P.U. de Nancy, réimpr. 1991]. - E. Power, *les Femmes au Moyen Âge* (Aubier-Montaigne, coll. « Historique », Paris, 1979). - J. Rossiaud, *la Prostitution médiévale* (Flammarion, coll. « Champs », 1990).

Vie religieuse, attitudes mentales, histoire culturelle. - X. Barral I. Altet (sous la dir. de), *le Paysage monumental de la France autour de l'an mil* (Picard, Paris, 1987) ; *l'Art médiéval* (P.U.F., coll. « Que sais-je ? », no 2518, Paris, 1re éd., 1991). - J. Chailley, *Histoire musicale du Moyen Âge* (P.U.F., Paris, coll. « Quadrige », no 12 bis, nouv. éd., 1984). - Dom J. Leclercq, *l'Amour des lettres et le désir de Dieu* (Éd. du Cerf, Paris, 1957). - M. Pacaut, *l'Ordre de Cluny* (Fayard, coll. « Nouvelles Études historiques », 1986). - P. Zumthor, *Histoire littéraire de la France médiévale (VIe-XIVe siècle)* [P.U.F., Paris, 1954].

10. L'ESSOR DU XIIe SIÈCLE

Textes. Suger, *Vie de Louis le Gros*, éd. et trad. H. Waquet (Les Belles Lettres, Paris, 1929).

Structures politiques. C. Berune, *la Naissance de la nation France* (Gallimard, coll. « Bibliothèque des Histoires », 1985). - E. Bournazel, *le Gouvernement capétien au XIIe siècle, 1108-1180. Structures sociales et mutations institutionnelles* (P.U.F., Paris, 1975). - M. Bur, *la Formation du comté de Champagne v. 950-v. 1150* (Publ. de l'université de Nancy-II, Nancy, 1977). - J.-F. Lemarignier, *la France médiévale : institutions et société* (A. Colin, coll. « U », Paris, 9e éd., 1989). - W.M. Newman, *le Domaine royal sous les premiers Capétiens (987-1180)* [Sirey, Paris, 1937]. - M. Pacaut, *Louis VII et son royaume* (S.E.V.P.E.N., Paris, 1964). - St. Scoones, *les Noms de quelques officiers féodaux des origines à la fin du XIIe siècle* (Klincksieck, Paris, 1976).

Économie et société. M. Bourin-Derruan et R. Durand, *Vivre au village au Moyen Âge* (Messidor, 1984). - A. Chédeville, *Chartres et ses campagnes, XIe-XIIIe siècle* (Klincksieck, Paris, 1973). - R. Coquand, P.M. Duval, G. Hubert, G. Livet et L. Trenard, *les Routes de France depuis les origines jusqu'à nos jours* (Hachette, Paris, 1959). - G. Devailly, *le Berry du Xe siècle au milieu du XIIIe siècle. Étude politique, religieuse, sociale et économique* (Mouton, Paris-La Haye, 1973). - J. Flori, *l'Essor de chevalerie* (Droz, Genève, 1986). - R. Fossier, *Chartes de coutume en Picardie, XIe-XIIIe siècle* (Bibliothèque nationale, Paris, 1974). - F.L. Ganshof, *Étude sur le développement des villes entre Loire et Rhin au Moyen Âge* (P.U.F., Paris, 1943). - J. Gardelles et J. Lafaurie, *Bordeaux pendant le haut Moyen Âge* (Fédération historique du Sud-Ouest, Bordeaux, 1963). - J. Heers, *la Ville au Moyen Âge en Occident* (Fayard, 1990). - M. Pastoureau, *la Vie quotidienne en France et en Angleterre au temps des chevaliers de la Table ronde, XIIe-XIIIe siècle* (Hachette, coll. « la Vie quotidienne », Paris, 1976). - C. Petit-Dutaillis, *les Communes françaises. Caractères et évolution, des origines au XVIIIe siècle* (A. Michel, coll. « l'Évolution de l'humanité », t. XLIV, Paris, 1947 ; nouv. éd. poche, 1970). - J.P. Poly, *la Provence et la société féodale, 879-1166. Contribution à l'étude des structures dites féodales dans le Midi* (Bordas, Paris, 1976). - P. Wolff et P. Dollinger, *Bibliographie d'histoire des villes de France* (Klincksieck, Paris, 1967).

Vie religieuse, enseignement, histoire culturelle. Pierre Abélard. Pierre le Vénérable. Les courants philosophiques, littéraires et artistiques en Occident au milieu du XIIe siècle. Abbaye de Cluny, 2 au 9 juillet 1972 (C.N.R.S., Paris, 1975). - R.R. Bezzola, *les Origines et la formation de la littérature courtoise en Occident (500 à 1200)* [Champion, Paris, 1946-1960]. - R. Crozet, *l'Art roman* (P.U.F., Paris, 1981). - H. Davenson, *les Troubadours* (Éd. du Seuil, Paris, 1960). - G. Duby, *la Sculpture. Le grand art du Moyen Âge du Ve au XVe siècle* (Skira, Genève, 1990). - H. Focillon, *Art d'Occident : le Moyen Âge roman et gothique* (A. Colin, Paris, 1937). - J. de Ghellinck, *l'Essor de la littérature latine au XIIe siècle* (Desclée De Brouwer, Paris, 1946). - E. Gilson, *la Philosophie au Moyen Âge* (Payot, Paris, 4e éd., 1962). - M. Hélin, *la Littérature latine au Moyen Âge* (P.U.F., Paris, 1972). - J. Longère, *Œuvres oratoires de maîtres parisiens au XIIe siècle. Étude historique et doctrinale* (Études augustiniennes. Paris, 1975, 2 vol.). - J. Paul, *l'Église et la culture en Occident, IXe-XIIe siècle* (P.U.F., « Nouvelle Clio » no 15 et 15 *bis*, 1986). - P. Miché, *Petite Vie de saint Bernard* (Desclée de Brouwer, coll. « Petites Vies », Paris, 1989). - A. Vauchez, *les Laïcs au Moyen Âge : pratiques et expériences religieuses* (Cerf, coll. « Histoires », 1987). - J. Vignaud, *la Pensée au Moyen Âge* (A. Colin, Paris, nouv. éd., 1958).

11. LA SYNTHÈSE CAPÉTIENNE

Textes. Joinville, *Histoire de Saint Louis,* éd. par A. Pauphilet et Ed. Pognon, dans *Historiens et Chroniqueurs du Moyen Âge* (Gallimard, Paris, 1952). – *Les propos de Saint Louis,* présentés par D. O'Connell et préfacés par J. Le Goff (Gallimard, « Archives », Paris, 1974). – *La Croisade albigeoise,* présentée par M. Zerner-Chardavoine (Gallimard, « Archives », Paris, 1979).

Structures politiques. J. Baldwin, *Philippe Auguste* (Fayard, Paris, 1991). – R.-H. Bautier présente *la France de Philippe Auguste. Le temps des mutations* (C.N.R.S., 1983). – M. Bourin, *Temps d'équilibres, temps de ruptures 1200-1350* (Le Seuil, coll. « Points », « Nouvelle Histoire de la France médiévale », t. 4, Paris, 1990). – R. Fawtier, *les Capétiens et la France* (P.U.F., Paris, 1942). – R. Fédou, *l'État au Moyen Âge* (P.U.F., coll. « l'Historien », n° 8, Paris, 1971). – C. Petit-Dutaillis, *la Monarchie féodale en France et en Angleterre (Xe-XIIIe siècle)* [La Renaissance du Livre, puis A. Michel, coll. « l'Évolution de l'Humanité », t. XLI, Paris, éd. poche, 1971]. – J. Richard, *les Ducs de Bourgogne et la formation du duché du XIe au XIVe siècle* (Slatkine, Genève, réimpr. 1987) ; *Saint Louis* (Fayard, 1983). – G. Sivery, *Saint Louis et son siècle* (Tallandier, coll. « Figures de proue », Paris, 1983) ; *Marguerite de Provence. Une reine au temps des cathédrales* (Fayard, 1987) ; *Blanche de Castille* (Fayard, 1990).

Économie et société. P. Desportes, *Reims et les Rémois aux XIIIe et XIVe siècles* (A. et J. Picard, Paris, 1979). – G. Duby, *27 juillet 1214. Le dimanche de Bouvines* (Gallimard, coll. « Trente Journées qui ont fait la France », n° 5, Paris, 1973, coll. « Folio-Histoire », n° 1, 1985) ; *la Société aux XIe et XIIe siècles dans la région mâconnaise* (S.E.V.P.E.N., Paris, 2e éd., 1971). – R. Fossier, *la Terre et les hommes en Picardie jusqu'à la fin du XIIIe siècle* (Nauwelaerts, Paris-Louvain, 1969, 2 vol.). – G. Fourquin, *Histoire économique de l'Occident médiéval* (A. Colin, coll. « U », 4e éd., 1990). – Sous la direction de Ch. Higounet, *Histoire de Bordeaux,* t. III, P. Capra, J. Gardelles et B. Guillemain, *Bordeaux sous les rois d'Angleterre* (Fédération historique du Sud-Ouest, Bordeaux, 1965). – M. Th. Lorcin, *la France au XIIIe siècle* (Nathan, Paris, 1975) ; *Société et cadre de vie en France, Angleterre et Bourgogne : 1050 à 1250* (C.D.U.-S.E.D.E.S., Paris, 1985). – M. Le Méné, *l'Économie médiévale* (P.U.F., coll. « l'Historien », n° 29, 1977). – G. Sivery, *l'Économie du royaume de France au siècle de Saint Louis* (Presses Universitaires de Lille III, 1984). – Ph Wolff, *Histoire de Toulouse* (Privat, Toulouse, 1958).

Vie religieuse, attitudes mentales, histoire culturelle. J.-M. Bienvenu, *Robert d'Arbrissel, l'étonnant fondateur de Fontevraud* (Nouvelles Éditions latines, 1981). – J. Chailley, *Histoire musicale du Moyen Âge* (P.U.F., coll. « Quadrige », n° 12 *bis,* Paris, nouv. éd., 1984). – A. Demurger, *Vie et mort de l'Ordre du Temple : 1118-1314* (Le Seuil, coll. « Points Histoire », Paris, 2e éd., 1989). – J. Fouquet et Philippe-Étienne, *Histoire de l'Ordre de Grandmont, 1074-1772* (C.L.D., Paris, 1985). – É. Gilson, *la Philosophie au Moyen Âge* (Payot, Paris, 4e éd., 1962). – J. Le Goff, *les Intellectuels au Moyen Âge* (Éd. du Seuil, coll. « Points Histoire », Paris, nouv. éd. 1985). – E. Le Roy Ladurie, *Montaillou village occitan, de 1294 à 1324* (Gallimard, Paris, 1975). – M. Th. Lorcin, *Façons de sentir et de penser : les fabliaux français* (H. Champion, coll. « Essais », Paris, 1979). – M. Mollat et A. Vauchez (sous la dir. de), *Un temps d'épreuves (1274-1449)* [Desclée de Brouwer-Fayard, coll. « Histoire du christianisme des origines à nos jours », t. VI, 1991]. – E. Panofsky, *Architecture gothique et pensée scolastique* (Éd. de Minuit, Paris, 1967). – J. Verger (sous la dir. de), *Histoire des universités en France* (Privat, Toulouse, coll. « Bibliothèque historique Privat », 1986). – M.H. Vicaire (sous la dir. de), *les Moines noirs, XIIIe-XIVe siècle* (Privat, Toulouse, coll. « Cahiers de Fanjeaux », n° 29, 1984). – P. Zumthor, *Histoire littéraire de la France médiévale (VIe-XIVe siècle)* [P.U.F., Paris, 1954].

12. LE GRAND ROYAUME

Histoire et structures politiques. A. Artonne, *le Mouvement de 1314 et les chartes provinciales de 1315* (Alcan, Paris, 1912). – B. Chevalier, *l'Occident de 1280 à 1492* (A. Colin, coll. « U », Paris, nouv. éd., 1986). – R. Cazelles, *la Société politique et la crise de la royauté sous Philippe VI de Valois* (D'Argences, Paris, 1958). – J. Favier, *Philippe le Bel* (Fayard, Paris, 1978). – B. Guenée, *Entre l'Église et l'État : quatre vies de prélats français à la fin du Moyen Âge, XIIIe-XVe siècles* (Gallimard, coll. « Bibliothèque des Histoires », 1987). – Ch. V. Langlois, *le Règne de Philippe III le Hardi* (Hachette, Paris, 1887). – P. Lehugeur, *Histoire de Philippe V le Long, roi de France* (t. I, Hachette, Paris, 1897 ; t. II, Sirey, Paris, 1931). – G. Zeller, « les Rois de France candidats à l'Empire », dans *Revue historique* (t. CLXXIII, 1934).

Économie, société, démographie. E. Baratier, *la Démographie provençale du XIIIe au XVIe siècle* (S.E.V.P.E.N., Paris, 1961). – R. Cazelles, *Nouvelle Histoire de Paris : de la fin du règne de Philippe Auguste à la mort de Charles V, 1223-1380* (Hachette, Paris, 1972). – Ph. Dollinger, « le Chiffre de population de Paris au XIVe siècle : 210 000 ou 80 000 habitants ? » dans *Revue historique* (t. CCXVI, 1956, pp. 35-44). – E. Fournial, *les Villes et l'économie d'échange en Forez aux XIIIe et XIVe siècles* (Klincksieck, Paris, 1967). – G. Fourquin, « la Population de la région parisienne aux environs de 1328 », dans *Moyen Âge* (1956) ; *le Domaine royal en Gâtinais d'après la prisée de 1332* (S.E.V.P.E.N., Paris, 1963). – A. Higounet-Nadal, *Périgueux aux XIVe et XVe siècles. Étude de démographie historique* (Bordeaux, 1978). – Ch. Higounet, *la Grange de Vaulerent. Structure et exploitation d'un terroir cistercien de la plaine de France (XIIe-XVe siècle)* [S.E.V.P.E.N., Paris, 1965]. – B. Leroy, *la Navarre au Moyen Âge* (Albin Michel, coll. « l'Aventure humaine », Paris, 1984). – F. Lot, « l'État des paroisses et des feux de 1328 », dans *Bibliothèque de l'École des chartes* (1929). – J.M. Richard, « Thierry d'Hireçon, agriculteur artésien », dans *Bibliothèque de l'École des chartes* (1892). – J. Schneider, *la Ville de Metz aux XIIIe et XIVe siècles* (impr. G. Thomas, Nancy, 1950). – R.-W. Southern, *l'Église et la Société dans l'Occident médiéval* (Flammarion, coll. « Nouvelle Bibliothèque scientifique », 1987). – Ph. Wolff, *les « Estimes » toulousaines des XIVe et XVe siècles* (Association Marc-Bloch, Toulouse, 1956).

Histoire des mentalités. G. de Lagarde, *Naissance de l'esprit laïque au déclin du Moyen Âge* (P.U.F., Paris, 1948). – Ch. V. Langlois, *la Vie en France au Moyen Âge, de la fin du XIIe au milieu du XIVe siècle* (Hachette, Paris, 1924-1928). – J. Lods, *le Roman de Perceforest. Origines. Composition. Valeur et influence* (Droz, Genève, 1951). – M. Pastoureau, *Figures et couleurs : études sur la symbolique et la sensibilité médiévales* (Léopard d'Or, 1986) ; *Couleurs, images, symboles* (Léopard d'Or, 1989). – Y. Renouard, « l'Ordre de la Jarretière et l'ordre de l'Étoile. Étude sur la genèse des ordres laïcs de chevalerie et sur le développement progressif de leur caractère national », *le Moyen Âge* (1949, nos 3 et 4, p. 281-300).

Les débuts de la guerre de Cent Ans. E. Déprez, *les Préliminaires de la guerre de Cent Ans* (Fontemoing, Paris, 1902). – Jean le Bel, *Chronique,* éd. J.Viard et E. Déprez (Laurens, Paris, 1904). – E. Perroy, *la Guerre de Cent Ans* (Gallimard, Paris,

1946 ; nouv. éd., 1976). - P.C. Timbal et coll., *la Guerre de Cent Ans vue à travers les registres du Parlement* (C.N.R.S., Paris, 1961). - Ph. Wolff, « Un problème d'origines : la guerre de Cent Ans », dans *Hommage à Lucien Febvre* (A. Colin, Paris, 1954).

13. LE MALHEUR DES TEMPS

Sources. Thomas Basin, *Histoire de Charles VII,* éd. Ch. Samaran (Les Belles Lettres, « les Classiques de l'histoire de France au Moyen Âge », n°s 15 et 21, Paris, 2e éd., 1964-1965, 2 vol.). - A. Chartier, *Œuvres latines* (éd. P. Bourgain-Hemerick Paris, 1977). - *Chronique des règnes de Jean II et de Charles V,* éd. R. Delachenal (Laurens et Champion, « Société de l'histoire de France », Paris, 1916-1920, 4 vol.). - J. Froissart, *Chroniques* (éd. S. Luce-G. Raynaud-L. et A. Mirot Renouard, Laurens et Klincksieck, « Société de l'histoire de France », Paris, 15 vol., parus de 1869 à 1976). - *Journal d'un bourgeois de Paris (1405-1449),* éd. A. Tuetey (Champion, « Société de l'Histoire de France », Paris, 1881). - J. Juvénal des Ursins, *Histoire de Charles VI,* dans Michaud et Buchon, *Choix de chroniques,* pp. 333-469 (Paris, 1829). - J. Juvénal des Ursins, *Écrits politiques,* éd. P.S. Lewis et A.M. Hayez (C. Klincksieck, « Société de l'Histoire de France », n° 489 et n° 496, Paris, 1979 et 1985, 2 vol. parus). - J. Le Fevre, *Journal,* éd. H. Moranvillé (Paris, 1887). - Chr. de Pisan, *le Livre des fais et bonnes meurs du sage roy Charles V,* éd. Solente (Champion, « Société de l'Histoire de France », Paris, 1936-1941, 2 vol.). - J. de Roye, *Journal dit Chronique scandaleuse,* éd. B. de Mandrot (Renouard, « Société de l'Histoire de France », Paris, 1894 et 1896, 2 vol.). - P.C. Timbal et coll., *la Guerre de Cent Ans vue à travers les registres du parlement (1337-1369)* [C.N.R.S., Paris, 1961]. - J. de Venette, *Continuation de Guillaume de Nangis (1300-1368),* t. II, éd. Géraud (Renouard, « Société de l'Histoire de France », Paris, 1844).

Généralités. Ch. Allmand, *la Guerre de Cent Ans,* trad. par Ch. Cler (Payot, 1989). - Ph. Contamine, *la Guerre de Cent Ans* (P.U.F., Paris, coll. « Que sais-je ? », n° 1309, 1968, 5e éd., 1989) ; *la Vie quotidienne pendant la guerre de Cent Ans, France et Angleterre* (Hachette, coll. « la Vie quotidienne », Paris, 1977) ; *la Guerre au Moyen Âge* (P.U.F., coll. « Nouvelle Clio », n° 24, Paris, 2e éd., 1986). - G. Duby et R. Mandrou, *Histoire de la civilisation française,* t. Ier (A. Colin, coll. « U », Paris, 7e éd., 1984). - *Histoire de France depuis les origines jusqu'à la Révolution,* sous la dir. d'E. Lavisse ; t. IV, Ire partie, A. Coville, *les Premiers Valois et la guerre de Cent Ans (1328-1422)* ; 2e partie, Ch. Petit-Dutaillis, *Charles VII, Louis XI et les premières années de Charles VIII (1422-1492)* [Hachette, Paris, 1911]. - A. Demurger, *Temps de crises, temps d'espoirs. XIVe-XVe siècles* (Le Seuil, coll. « Points » « Nouvelle Histoire de la France médiévale », t. 5, Paris, 1990). - J. Favier, *De Marco Polo à Christophe Colomb (1250-1492)* [Larousse, coll. « Histoire universelle », t. VII, Paris, nouv. éd., 1974]. - J. Favier, *La Guerre de Cent Ans, 1337-1453* (Fayard, 1980 ; Marabout, coll. « Marabout Université » n° 426, nouv. éd., Paris, 1983). - J. Favier, *le Temps des principautés (1000-1515)* [Fayard, coll. « Histoire de France », sous la dir. de J. Favier, t. II, Paris, 1984]. - R. Fédou, *Lexique historique du Moyen Âge* (A. Colin, coll. « U », Paris, 3e éd., 1989). - A. Leguai, *la Guerre de Cent Ans* (Nathan, Paris, 1974). - P. Lewis, *la France à la fin du Moyen Âge* (Hachette, Paris, 1977). - E. Perroy, *la Guerre de Cent Ans* (Gallimard, Paris, nouv. éd., 1976).

Structures politiques et événements. F. Autrand, *Naissance d'un grand corps de l'État. Les Gens du Parlement de Paris, 1345-1454* (Publications de la Sorbonne, 1981). - Fr. Autrand, *Charles VI* (Fayard, Paris, 1986). - J. d'Avout, *la Querelle des Armagnacs et des Bourguignons* (Gallimard, Paris, 1943) ; *31 juillet 1358, le meurtre d'Étienne Marcel* (Gallimard, coll. « Trente Journées qui ont fait l'histoire de France », n° 8, Paris, 1960). - R.-H. Bautier présente *la « France anglaise » au Moyen Âge* (C.T.M.S., « Actes du IIIe congrès national des sociétés savantes [Poitiers, 1986], Paris, 1988. - R. Cazelles, *la Société politique et la crise de la royauté sous Philippe de Valois* (Librairie d'Argences, Paris, 1958) ; « Jean II le Bon. Quel homme ? Quel roi ? » (*Revue historique,* 1974, pp. 5-26). - R. Cazelles, *Société politique, noblesse, couronne sous Jean II le Bon et Charles V* (Genève, Droz, 1982). - R. Cazelles, *Étienne Marcel, champion de l'unité française* (Tallandier, coll. « Figures de proue », Paris, 1984). - Ph. Contamine, *Guerre, État et société à la fin du Moyen Âge* (Mouton, Paris-La Haye, 1972). - R. Delachenal, *Histoire de Charles V* (A. et J. Picard, Paris, 1909-1931, 5 vol.). - J. Deniau, *la Commune de Lyon et la guerre bourguignonne, 1417-1435* (Masson, Lyon, 1935). - B. Guenée, *l'Occident aux XIVe et XVe siècles. Les États* (P.U.F., coll. « Nouvelle Clio », n° 22, Paris, 3e éd., 1987). - B. Guenée et F. Lehoux, *les Entrées royales françaises, 1328-1515* (C.N.R.S., Paris, 1968). - J.B. Henneman, *Royal Taxation in fourteenth century France* (Princeton, 1971). - M. Jones, *Ducal Britanny, 1364-1399* (Oxford, 1970). - A. Leguai, *les Ducs de Bourbon pendant la crise monarchique du XVe siècle* (Les Belles Lettres, Paris, 1962) ; *De la seigneurie à l'État. Le Bourbonnais pendant la guerre de Cent Ans* (Impr. réunies, Moulins, 1969). - F. Lehoux, *Jean de France, duc de Berri* (A. et J. Picard, Paris, 1966-1968, 4 vol.). - E. Le Roy Ladurie, *l'État royal de Louis XI à Henri IV, 1460-1610* (Hachette, coll. « Histoire de France-Hachette », 1987 ; coll. « Pluriel », 1990). - R. Pernoud et M.V. Clin, *Jeanne d'Arc* (Fayard, 1986). - J. Quillet, *Charles V, le roi lettré. Essai sur la pensée politique d'un règne* (Perrin, Paris, 1984). - M. Rey, *le Domaine du roi et les finances extraordinaires sous Charles VI (1388-1413)* [S.E.V.P.E.N., Paris, 1965] ; *les Finances royales sous Charles VI. Les causes du déficit (1388-1413)* [S.E.V.P.E.N., Paris, 1965]. - P. Tucoo Chala, *Gaston Fébus. Un grand prince d'Occident* (Marimpouey jeune, Pau ; Paris, diff. Touzot, 1976). - M.G.A. Vale, *English Gasconny, 1399-1453* (Oxford University Press, 1970) ; *Charles VII,* (Londres, 1974). - R. Vaughan, *Philip the Bold* (Longman, Londres, 1962) ; *John the Fearless* (Longman, Londres, 1966) ; *Philip the Good. The Apogee of Burgundy* (Longman, Londres, 1970).

Économie et société. É. Baratier, *la Démographie provençale du XIIIe au XVIe siècle* (S.E.V.P.E.N., Paris, 1961). - É. Baratier et F. Reynaud, *Histoire du commerce de Marseille,* t. II, *De 1291 à 1480* (Plon, Paris, 1951). - C. Billot, *Chartres à la fin du Moyen Âge* (E.H.E.S.S., Paris, 1987). - J. N. Biraben, *les Hommes et la peste en France et dans les pays méditerranéens* (Mouton, Paris-La Haye, 1975-76, 2 vol.). - G. Bois, *Crise du féodalisme* (Presses de la Fondation nationale des sciences politiques, Paris, 2e éd., 1981). - R. Boutruche, *la Crise d'une société. Seigneurs et paysans du Bordelais pendant la guerre de Cent Ans* (Les Belles Lettres, Paris, 2e éd., 1963). - M.-Th. Caron, *la Noblesse dans le duché de Bourgogne (1315/1477)* [Presses universitaires de Lille, Lille, 1987]. - E. Carpentier, « Autour de la peste noire : famines et épidémies dans l'histoire du XIVe siècle », dans *Annales. Économies, Sociétés, Civilisations* (A. Colin, Paris, 1962, pp. 1062-1092). - E. Carpentier et J. Glénisson, « Bilans et Méthodes : la démographie française au XIVe siècle », dans *Annales. Économies, Sociétés, Civilisations* (A. Colin, Paris, 1962). - R. Cazelles, *Paris de la fin du règne de Philippe Auguste à la mort de Charles V (1223-1380)* [Nouvelle Histoire de Paris, Paris, 1972]. - B. Chevalier, *Tours, ville royale,*

1356-1520 (Vander/Nauwelaerts, Louvain-Bruxelles, Paris-Louvain, 1975) ;« Pouvoir urbain et pouvoir royal à Tours pendant la guerre de Cent Ans » *Annales de Bretagne,* 1974 ; *les Bonnes Villes de France du XIVe* au *XVIe siècle* (Aubier, coll. « Historique », 1982). - Ph. Contamine (présentés par), *la Noblesse au Moyen Âge du XIe* au *XVe siècle, essais à la mémoire de R. Boutruche* (P.U.F., Paris, 1976). - R. Delort, *le Commerce des fourrures en Occident à la fin du Moyen Âge* (Rome-Paris, De Boccard, coll. « B.E.F.A.R. », fasc. 236, 1974-1980, 2 vol.). - H. Dubois, *les Foires de Chalon et le commerce dans la vallée de la Saône à la fin du Moyen Âge (vers 1280-vers 1430)* [Imprimerie nationale, coll. « Publications de la Sorbonne », série Sorbonne 4, Paris, 1976]. - G. Duby, *l'Économie rurale et la vie des campagnes dans l'Occident médiéval. France, Angleterre, Empire, IXe-XVe siècle,* t. II (Aubier, Paris, 1962). - J. Favier, *Paris au XVe siècle, 1380-1500* (Hachette, coll. « Nouvelle Histoire de Paris », Paris, 1974). - J. Favier, *les Finances pontificales à l'époque du Grand Schisme d'Occident* (De Boccard, coll. de la « B.E.F.A.R. », fasc. 211, Paris, 1966). - J. Favier, *François Villon,* (Fayard, Paris, 1982). - R. Favreau, *la Ville de Poitiers à la fin du Moyen Âge. Une capitale régionale* (Soc. des Antiquaires de l'Ouest, Poitiers, 1978, 2 vol.). - É. Fournial, *les Villes et l'économie d'échange en Forez aux XIIIe* et *XIVe siècles* (Klincksieck, Paris, 1967). - G. Fourquin, *les Campagnes de la région parisienne à la fin du Moyen Âge* (P.U.F., Paris, 1963). - B. Geremek, *le Salariat dans l'artisanat parisien, XIIIe-XIVe siècle* (Mouton, Paris-La Haye, 1969) ; *les Marginaux parisiens aux XIVe et XVe siècles* (Flammarion, coll. « l'Histoire vivante », Paris, 1976). - P. Gresser, *la Franche-Comté au temps de la guerre de Cent ans* (L'être, Besançon, 1990). - B. Guillemain, *la Cour pontificale d'Avignon, 1309-1376, l'Étude d'une société* (De Boccard, coll. de la B.E.F.A.R., fasc. 201, Paris, 2e éd., 1966). - J. Heers, *l'Occident aux XIVe* et *XVe siècles, aspects économiques et sociaux* (P.U.F., coll. « Nouvelle Clio », n° 23, Paris, 5e éd., 1990). - A. Higounet-Nadal, *Périgueux aux XIVe* et *XVe siècles* (Fédération historique du Sud-Ouest, Bordeaux, 1978). - Ch. Higounet (sous la dir. de), *Histoire de Bordeaux,* t. III et IV (Fédération historique du Sud-Ouest, Bordeaux, 1965 et 1966). - F. Humbert, *les Finances municipales de Dijon du milieu du XIVe siècle à 1477* (Publications de l'université de Dijon ; les Belles Lettres, Paris, 1962). - M. Kriegel, *les Juifs à la fin du Moyen Âge dans l'Europe méditerranéenne* (Hachette, Paris, 1979). - M.T. Lorcin, *les Campagnes de la région lyonnaise aux XIVe* et *XVe siècles* (l'auteur, Paris-Lyon, 1974). - M. Mollat, *les Pauvres au Moyen Âge. Étude sociale* (Complexe, coll. « Historique », nouv. éd., Bruxelles, 1984). - M. Mollat et Ph. Wolff, *Ongles bleus, Jacques et Ciompi* (Calmann-Lévy, Paris, 1970). - G. Sivery, *les Structures agraires et la vie rurale dans le Hainaut à la fin du Moyen Âge* (Lille, 1973). - L. Stouff, *Ravitaillement et alimentation en Provence aux XIVe* et *XVe siècles* (Mouton, Paris-La Haye, 1971). - M.R. Thielemans, *Bourgogne et Angleterre : les relations politiques et économiques entre les Pays-Bas bourguignons et l'Angleterre, 1435-1467* (Institut de sociologie de l'université libre, Bruxelles, 1966). - *Villages désertés et histoire économique* (S.E.V.P.E.N., Paris, 1965). - Ph. Wolff, *Commerces et marchands de Toulouse (vers 1350-vers 1450)* [Plon, Paris, 1954] ; « les Luttes sociales dans les villes du Midi français (XIIIe-XVe siècle) », dans *Annales* E.S.C. (A. Colin, Paris, 1947, pp. 443-454) ; *Regards sur le Midi médiéval* (Toulouse, 1978) ; *Automne du Moyen Âge ou printemps des temps nouveaux ? L'économie européenne aux XIVe* et *XVe siècles* (Aubier, coll. « Historique », Paris, 1986). - M. Zerner, « En Provence, une crise de mortalité au *XVe siècle » (Annales,* E.S.C., 1979, n° 3).

Vie religieuse. Attitudes mentales. Histoire culturelle. L. Binz, *Vie religieuse et réforme ecclésiastique dans le diocèse de Genève, 1378-1450* (Jullien, Genève, 1973). - J. Chailley, *Histoire musicale du Moyen Âge* (P.U.F., « coll. Quadrige », n° 55, Paris, nouv. éd., 1984). - A. Chiffoleau, *la Comptabilité de l'Au-delà. Les hommes, la mort et la religion dans la région d'Avignon à la fin du Moyen Âge (vers 1320-vers 1480)* [Palais Farnèse, « collection de l'École française de Rome », 1980). - E. Delaruelle, E.R. Labande et P. Ourliac, *l'Église au temps du Grand Schisme et de la crise conciliaire (1378-1449),* dans *Histoire de l'Église,* fondée par A. Fliche et V. Martin, t. XIV (Bloud et Gay, Paris, 1962). - J. Delumeau, *la Peur en Occident (XIV-XVIIIe siècle). Une cité assiégée* (Fayard, Paris, 1978). - G. Duby, *Fondements d'un nouvel humanisme, 1280-1440* (Skira, Genève, 1966) ; *le Temps des cathédrales : l'art et la société, 980-1420* (Gallimard, Paris, 1978). - B. Guenée, *Histoire et culture historique dans l'Occident médiéval* (Aubier, coll. « Historique », nouv. éd., 1991). - J. Huizinga, *le Déclin du Moyen Âge* (Payot, Paris, 1948) ; *l'Automne du Moyen Âge* [nouveau titre du précédent ouvrage] (Payot, Paris, 1977). - F. Lebrun (sous la dir. de), *Du christianisme flamboyant à l'aube des lumières (XIVe-XVIIIe siècle)* (Le Seuil, coll. « Histoire de la France religieuse » sous la dir. de J. Le Goff et de R. Rémond, t. III, 1988). - É. Mâle, *l'Art religieux de la fin du Moyen Âge en France* (A. Colin, Paris, 1948). - H. Martin, *les Ordres mendiants en Bretagne, vers 1250-vers 1530* (Klincksieck, Paris, 1975). - M. Meiss, *French Painting in the Time of Jean de Berry* (Phaidon, Londres-New York, 1969, 2 vol.). - M. Parisse, *les Nonnes au Moyen Âge* (C. Bonneton, Paris, 1983). - D. Poirion, *le Poète et le prince* (Presses universitaires de Grenoble, Grenoble-Paris, 1965) ; *le Moyen Âge II, 1300-1480* (Littérature française, Arthaud, Paris, 1971). - F. Rapp, *l'Église et la vie religieuse en Occident à la fin du Moyen Âge* (P.U.F., coll. « Nouvelle Clio », n° 25, Paris, 3e éd., 1983). - A. Tenenti, *la Vie et la Mort à travers l'art du XVe siècle* (S. Fleury, coll. « la Mesure du temps », nouv. éd., 1982). - J. Toussaert, *le Sentiment religieux en Flandre à la fin du Moyen Âge* (Plon, Paris, 1963). - *Les Universités à la fin du Moyen Âge,* éd. par J. Paquet et J. Isewijn (Louvain, 1978). - A. Vauchez, *la Sainteté en Occident aux derniers siècles du Moyen Âge (1198-1431). Recherches sur les mentalités religieuses médiévales* (De Boccard, coll. de la B.E.F.A.R., fasc. 239, Rome-Paris, 1981). - A. Vauchez et M. Mollat du Jourdin (sous la dir. de), *Un temps d'épreuves : 1274-1449,* t. VI de l'*Histoire du christianisme des origines à nos jours* sous la dir. de J.-M. Mayeur, Ch. Piétri, A. Vauchez, M. Vénard (Fayard, Desclée, 1990). - J. Verger (sous la dir. de), *Histoire des universités en France* (Privat, coll. « Bibliothèque historique Privat, Toulouse, 1986).

14. DE LA RECONSTRUCTION À L'EXPANSION

Textes. Thomas Basin, *Histoire de Louis XI,* éd. Ch. Samaran et M.-C. Garand (Les Belles Lettres, coll. « les Classiques de l'histoire de France au Moyen Âge », nos 26, 27 et 30, Paris, nouv. éd., 1963-1972, 3 vol). - Jean d'Auton, *Chronique de Louis XII* (S.H.F., Paris, 1889-1895, 4 vol.) ; *Affaires de Jacques Cœur. Journal du Procureur Dauvet,* éd. M. Mollat (S.E.V.P.E.N., Paris, 1952-53, 2 vol.). - Philippe de Commynes, *Mémoires,* éd. J. Calmette et G. Durville (Les Belles Lettres, coll. « les Classiques de l'histoire de France au Moyen Âge », nos 3, 5 et 6, Paris, nouv. éd., 1964-1965).

Généralités. J. Calmette et E. Déprez, *Histoire générale,* t. VII, *l'Europe occidentale de la fin du XIVe siècle aux guerres d'Italie :* 2e partie, *les Premières Grandes Puissances* (P.U.F., Paris, 1939). - B. Guenée, *l'Occident aux XIVe* et *XVe* s. Les États (P.U.F., coll. « Nouvelle Clio », n° 22, Paris, 3e éd., 1983).

- P. Lewis, *la France à la fin du Moyen Âge* (Hachette, Paris, 1977). - M. Mollat, *Genèse médiévale de la France moderne, XIVe-XVe siècle* (Arthaud, Paris, 1970, rééd. Le Seuil, 1977). - E. Perroy, *la Guerre de Cent Ans* (Gallimard, coll. « la Suite des temps », Paris, 1946 ; nouv. éd., 1976).

Vie politique et institutions. J. Bartier, *Charles le Téméraire* (Arcade, Bruxelles, 1970) ; *Légistes et gens de finances au XVe siècle. Les conseillers des ducs de Bourgogne Philippe le Bon et Charles le Téméraire* (Académie royale, Bruxelles, 1955). - B. Chevalier, Ph. Contamine (sous la dir. de), *la France de la fin du XVe siècle : renouveau et apogée, économie, pouvoirs, arts, culture et conscience nationale* (Centre d'études supérieures de la Renaissance, Tours, 3-6 octobre 1983, éd. du C.N.R.S., 1986). - P. Champion, *Louis XI* (Champion, Paris, 1927, 2 vol. ; Slatkine, Genève, nouv. éd., 1984). - P.-R. Gaussin, *Louis XI, roi méconnu* (A.-G. Nizet, Paris, 1976). - P.M. Kendall, *Louis XI* (trad. fr. Fayard, Paris, 1974). - Y. Labande-Mailfert, *Charles VIII, le vouloir et la destinée* (Fayard, Paris, 1986). - R. Philippe, *Agnès Sorel* (Hachette, Paris, 1983). - B. Quillet, *Louis XII* (Fayard, Paris, 1986). - M. G. Vale, *Charles VII* (Oxford University Press, Oxford, 1974). - R. Vaughan, *Charles the Bold, the Last Valois Duke of Burgundy* (Longman, Londres, 1973).

Économie et société. J. Bernard, *Navires et gens de mer à Bordeaux (vers 1400-vers 1550)* [S.E.V.P.E.N., Paris, 1968, 3 vol.]. - R. Boutruche et coll., *Histoire de Bordeaux,* t. IV, *Bordeaux de 1453 à 1715* (Fédération historique du Sud-Ouest, Bordeaux, 1966). - G. Caster, *le Commerce du pastel et de l'épicerie à Toulouse, 1450 environ à 1561* (Privat, Toulouse, 1962). - B. Chevalier, *Tours, ville royale, 1356-1520* (Vander-Nauwelaerts, Paris-Louvain, 1975). - Ph. Contamine, *Guerre, État et Société à la fin du Moyen Âge. Étude sur les armées des rois de France* (Mouton, Paris-La Haye, 1972). - J. Favier, *Paris au XVe siècle, 1380-1500* (Hachette, coll. « Nouvelle Histoire de Paris », Paris, 1974). - R. Favreau, *la Ville de Poitiers à la fin du Moyen Âge. Une capitale régionale.* (Soc. des Antiquaires de l'Ouest, Poitiers, 1978, 2 vol.). - R. Fédou, *les Hommes de loi lyonnais à la fin du Moyen Âge. Étude sur les origines de la classe de robe* (Les Belles Lettres, Paris, 1964). - G. Fourquin, *les Campagnes de la région parisienne à la fin du Moyen Âge* (P.U.F., Paris, 1963). - R. Gandilhon, *Politique économique de Louis XI* (P.U.F., Paris, 1941). - B. Guenée, *Tribunaux et gens de justice dans le bailliage de Senlis à la fin du Moyen Âge (vers 1380-vers 1550)* [Les Belles Lettres, Paris, 1963]. - M. Mollat, *le Commerce maritime normand à la fin du Moyen Âge* (Plon, Paris, 1952) ; *les Pauvres au Moyen Âge. Étude sociale* (Ed. Complexe, coll. « Historique », Paris, nouv. éd., 1984) ; *Jacques Cœur ou l'Esprit d'entreprise* (Aubier, coll. « Historique », 1988). - H. Touchard, *le Commerce maritime breton à la fin du Moyen Âge* (les Belles Lettres, Paris, 1967). - Ph. Wolff, *Commerces et marchands de Toulouse (vers 1350-vers 1450)* [Plon, Paris, 1954].

Vie religieuse. R. Aubenas et R. Ricard, *l'Église et la Renaissance (1449-1517),* dans *Histoire de l'Église,* fondée par A. Fliche et V. Martin, t. XV (Bloud et Gay, Paris, 1951). - P. Imbart de la Tour, *les Origines de la Réforme,* t. I, *la France moderne ;* t. II, *l'Église catholique, la crise et la renaissance* (Librairie d'Argences, Paris, 2e éd., 1946). - F. Lebrun (sous la dir. de), *Histoire des catholiques en France du XVe siècle à nos jours* (Hachette, coll. « Hachette Pluriel », Paris, nouv. éd., 1985). - M.-T. Lorcin, *Vivre et mourir en Lyonnais à la fin du Moyen Âge* (C.N.R.S., Paris, 1981). - V. Martin, *les Origines du gallicanisme* (Bloud et Gay, Paris, 1939, 2 vol.). - F. Rapp, *l'Église et la vie religieuse en Occident à la fin du Moyen Âge* (P.U.F., coll. « Nouvelle Clio », n° 25, Paris, nouv. éd., 1983). - A. Renaudet, *Préréforme et humanisme à Paris pendant les premières guerres d'Italie, 1494-1517* (Librairie d'Argences, Paris, 2e éd., 1953).

Culture et vie artistique. J. Huizinga, *le Déclin du Moyen Âge,* trad., J. Bastin (Payot, Paris, 2e éd., 1948, rééd. sous le titre *l'Automne du Moyen Âge,* Paris, 1977). - É. Mâle, *l'Art religieux de la fin du Moyen Âge en France* (A. Colin, Paris, 1948). - A. Michel, *Histoire de l'art,* t. II, 2e partie, *Formation, expansion et évolution de l'art gothique* (A. Colin, Paris, 1906) ; t. III, 1re partie, *le Réalisme. Les débuts de la Renaissance* (A. Colin, Paris, 1907).

15. RENAISSANCE ET DISCORDES RELIGIEUSES

Textes. On trouvera des listes de sources dans les nos 30, 30 bis, 31 et 32 de la collection « Nouvelle Clio », respectivement pp. 9 (n° 30), 27-29 et 33-35 (n° 31) et 7-9 (n° 32), dont les titres figurent ci-dessous.

Généralités. B. Bennassar, J. Jacquart, *le XVIe siècle* (A. Colin, coll. « U », Paris, 2e éd., 1990). - F. Braudel, *la Méditerranée et le monde méditerranéen à l'époque de Philippe II* (A. Colin, Paris, 9e éd., 1990, 2 vol.) ; *Civilisation matérielle, économie et capitalisme, XVe-XVIIIe siècle* (A. Colin, nouv. éd., Paris, 1986, 3 vol.). - A. Croix, J. Jacquart et Fr. Lebrun présentent *la France d'Ancien Régime. Études réunies en l'honneur de Pierre Goubert* (Privat, Société de démographie historique, Toulouse, 1984, 2 vol.). - J. Delumeau, *la Civilisation de la Renaissance* (Arthaud, Paris, 1967). - J.-Cl. Margolin (sous la dir. de), *l'Avènement des Temps modernes* (P.U.F., coll. « Peuples et Civilisations », t. VIII, Paris, 1977). - M. Morineau, *le XVIe siècle, 1492-1610* (Larousse, coll. « Histoire Universelle », t. VIII, Paris, nouv. éd., 1974). - R. Mousnier, *les XVIe et XVIIe siècles : les progrès de la civilisation européenne et le déclin de l'Orient (1492-1715)* [P.U.F., coll. « Histoire générale des civilisations », t. IV, Paris, 4e, 5e éd., 1967].

Travaux d'ensemble sur la France. J.-P. Babelon, *Henri IV* (Fayard, Paris, 1982). - B. Barbiche, *Sully* (Albin Michel, Paris, 1978). - P. Chevallier, *Henri III, roi shakespearien* (Fayard, Paris, 1985). - I. Cloulas, *Catherine de Médicis* (Fayard, Paris, 1980) ; *Henri II* (Fayard, Paris, 1985). - G. Dodu, *les Valois. Histoire d'une maison royale, 1328-1589* (Hachette, Paris, 1934). - J. Jacquart, *François Ier* (Marabout, coll. « Marabout-Université » n° 403, nouv. éd. en poche, Paris, 1984). - H. Lemonnier, *les Guerres d'Italie. La France sous Charles VIII, Louis XII et François Ier (1492-1547),* dans *Histoire de France,* sous la direction d'E. Lavisse, t. V, 1re partie (Hachette, Paris, 1911). - J.-H. Mariejol, *la Réforme et la Ligue. L'édit de Nantes (1559-1598),* dans *Histoire de France...,* t. VI, 1re partie (Hachette, Paris, 1911). - H. Méthivier, *L'Ancien Régime* (P.U.F., coll. « Que sais-je ? », n° 925, 10e éd., Paris, 1990). - H. Méthivier, *l'Ancien Régime, XVIe-XVIIe-XVIIIe siècle* (P.U.F., coll. « Précis », Paris, 2e éd., 1991). - J. Meyer, *la France moderne, 1515-1789* (Fayard, coll. « Histoire de France », sous la dir. de J. Favier, t. III, Paris, 1985). - M. Mollat et J. Habert, *Giovanni et Girolamo Verrazano, navigateurs de François Ier* (Imprimerie nationale, coll. « Voyages et découvertes », Paris, 1983). - J.-C. Sournia, *Blaise de Monluc, soldat et écrivain (1500-1577)* [Fayard, Paris, 1981]).

Vie politique et institutions. G. Cabourdin et G. Viard, *Lexique historique de la France d'Ancien Régime* (A. Colin, coll. « U », Paris, nouv. éd., 1990). - M. Devèze, *la Vie de la forêt française au XVIe siècle* (S.E.V.P.E.N., Paris, 1961, 2 vol.). - R. Doucet, *Étude sur le gouvernement de François Ier dans ses rapports avec le parlement de Paris (1525-1527)* [Champion, Paris, 1922-1926, 2 vol.] ; *les Institutions de la France au XVIe siècle* (A. et J. Picard, Paris, 1948, 2 vol.). - M. Fogel, *les Cérémonies de l'information dans la France du XVIe* au *XVIIIe siècle* (Fayard, Paris, 1989). – H. Lapeyre, *les Monarchies européennes du XVIe siècle ; les relations internationales* (P.U.F., coll. « Nouvelle Clio », n° 31, Paris, 1967 ; nouv. éd., 1973). – J.R. Major, *Representative Institutions in Renaissance France (1421-1559)* [Madison, 1960]. – G. Zeller et P. Magnard, *les Institutions de la France au XVIe siècle* (P.U.F., coll. « Dito », Paris, nouv. éd., 1987).

L'évolution économique et sociale. Y.-M. Bercé, *Histoire des Croquants* (Le Seuil, coll. « Historique », Paris, 1986). – F. Billacois, *le Duel dans la société française des XVIe et XVIIe siècles : essai de psychologie historique* (E.H.E.S.S., coll. « Civilisations et sociétés », n° 73, Paris, 1986). – M. Bloch, *les Caractères originaux de l'histoire rurale française* (A. Colin, Paris, 3e éd., 1988). – F. Braudel et E. Labrousse (sous la dir. de), *Histoire économique et sociale de la France (1450-1660)* [P.U.F., Paris, 1977, 2 vol., rédigés respectivement par P. Chaunu et R. Gascon et E. Le Roy Ladurie et M. Morineau]. – G. Chaussinand-Nogaret (sous la dir. de), J.-M. Constant, C. Durandin et A. Jouanna, *Histoire des élites en France du XVIe* au *XXe siècle. L'Honneur, le Mérite, l'Argent* (Tallandier, Paris, 1991). – G. Duby et R. Mandrou, *Histoire de la civilisation française,* t. Ier, *le Moyen Âge et le XVIe siècle* (A. Colin, coll. « U », Paris, 7e éd., 1984). – G. Duby et A. Wallon (sous la dir. de), *Histoire de la France rurale* (Le Seuil, Paris, 1975) : vol. II *(1340-1789)* dirigé par E. Le Roy Ladurie. – G. Fourquin, *les Campagnes de la région parisienne à la fin du Moyen Âge* (P.U.F., Paris, 1963). – P. Harsin, *les Doctrines monétaires et financières en France du XVIe* au *XVIIIe siècle* (Alcan, Paris, 1928). – A. Jouanna, *le Devoir de révolte. La noblesse française et la gestation de l'État moderne (1559-1660)* (Fayard, coll. « Nouvelles Études historiques », Paris, 1989). – J.-P. Labatut, *les Noblesses européennes de la fin du XVe* à la fin du *XVIIIe siècle* (P.U.F., Paris, 1978). – E. Le Roy Ladurie, *les Paysans de Languedoc* (S.E.V.P.E.N., Paris, 1966, 2 vol.). – Fr. Mauro, *le XVIe Siècle européen. Aspects économiques* (P.U.F., coll. « Nouvelle Clio », n° 32, Paris, nouv. éd., 1981). – J. Meyer, *la Noblesse française à l'époque moderne : XVIe-XVIIe siècle* (P.U.F., coll. « Que sais-je ? », n° 830, Paris, 1991). – G. Roupnel, *Histoire de la campagne française* (Grasset, Paris, 1955). – B. Schnapper, *Histoire d'un instrument de crédit : les rentes au XVIe siècle* (S.E.V.P.E.N., Paris, 1958). – H. Sée, *Histoire économique de la France* (A. Colin, t. Ier, Paris, 1948). – Fr. Spooner, *l'Économie mondiale et les frappes monétaires en France, 1493-1680* (Droz, Genève, et A. Colin, Paris, 1956). – P. de Vaissière, *Gentilshommes campagnards de l'Ancienne France* (Presses du Village, coll. « Terroirs de France », nouv. éd., Paris, 1986).

Les arts. L'Art de Fontainebleau (Ed. du C.N.R.S., Paris, 1975). – S. Béguin, *l'École de Fontainebleau* (Gonthier, Paris, 1960). – A. Blunt, *Art and Architecture in France, 1500-1700* (Penguin Books, Harmondsworth [Middlesex], 1957) ; *Philibert de l'Orme* (Julliard, Paris, 1963). – F. et G. Francastel, P. Tiné et M. Bex, *Histoire de la peinture française du XIVe* au *XVIIIe siècle* (Elsevier, Paris-Bruxelles, 1955, 2 vol.). – Fr. Gébelin, *les Châteaux de la Loire* (Alpina, Paris, 1957) ; *les Châteaux de la Renaissance* (Les Beaux-Arts, G. van Oest, Paris, 1927). – J. Hautecœur, *Histoire de l'art,* t. II, *De la réalité à la beauté* (Flammarion, Paris, 1959). – F. Herbet, *Fontainebleau* (Paris, 1937).

Les lettres. P. Barrière, *la Vie intellectuelle en France, du XVIe siècle à l'époque contemporaine* (A. Michel, Paris, 1961). – H. Chamard, *Origines de la poésie française de la Renaissance* (E. de Boccard, Paris, 1920) ; *Histoire de la Pléiade* (Didier, Paris, 1939, 4 vol.). – P. Faure, *la Renaissance* (P.U.F., coll. « Que sais-je ? », Paris, 9e éd., 1990). – P. Jourda, *Marguerite d'Angoulême, duchesse d'Alençon, reine de Navarre* (Champion, Paris, 1930, 2 vol.). – A. Lefranc, *Grands Écrivains français de la Renaissance* (Champion, Paris, 1914). – P. Mesnard, *l'Essor de la philosophie politique au XVIe siècle* (Vrin, Paris , 2e éd., 1952). – J. Plattard, *la Renaissance des lettres en France de Louis XII à Henri IV* (A. Colin, Paris, 3e éd., 1952).

Les mentalités et la vie quotidienne. A. Denieul-Cornier, *la France de la Renaissance (1488-1559)* [Arthaud, Paris, 1962]. – J. Delumeau, *la Peur en Occident (XIVe-XVIIIe siècle)* [Fayard, Paris, 1978]. – R. Mandrou, *Introduction à la France moderne, 1500-1640. Essai de psychologie collective* (A. Michel, coll. « l'Évolution de l'Humanité », t. LII., Paris, 1961 ; nouv. éd., n° 36, Paris, 1974). – R. Muchembled, *Culture populaire et culture des élites dans la France moderne, XVe-XVIIIe siècle* (Flammarion, Paris, 1978).

Philosophie, religion. H. Busson, *les Sources et le développement du rationalisme dans la littérature française de la Renaissance (1533-1601)* [Letouzey et Ané, Paris, 1922]. – L. Cristiani, *l'Église à l'époque du concile de Trente,* dans l'*Histoire de l'Église* d'A. Fliche et V. Martin, t. XVII (Bloud et Gay, Paris, 1948). – J. Delumeau, *Naissance et affirmation de la Réforme* (P.U.F., coll. « Nouvelle Clio », n° 30, Paris, 3e éd., 1988) ; *le Catholicisme entre Luther et Voltaire* (P.U.F., Paris, coll. « Nouvelle Clio », n° 30 bis, 3e éd., 1985). – L. Febvre, *le Problème de l'incroyance au XVIe siècle : la religion de Rabelais* (A. Michel, Paris, 1947) ; *Au cœur religieux du XVIe siècle* (Droz, Genève et S.E.V.P.E.N., Paris, 1957). – J. Garrisson, *les Protestants au XVIe siècle* (Fayard, coll. « Nouvelles Études historiques », Paris, 1988). – P. Imbart de la Tour, *les Origines de la Réforme* (Hachette, Paris, 1905-1914, 4 vol. ; t. II et III, nouv. éd., Librairie d'Argences, Paris, 1946 et 1948). – F. Lebrun, *Du christianisme flamboyant à l'aube des Lumières (XIVe-XVIIIe siècle)* [Le Seuil, coll. « Histoire de la France religieuse », sous la dir. de J. Le Goff et de R. Rémond, t. II, Paris, 1988]. – E.G. Léonard, *Histoire générale du protestantisme,* t. Ier, *la Réformation* (P.U.F., coll. « Quadrige », n° 101, nouv. éd., Paris, 1988). – G. Livet, *les Guerres de Religion, 1559-1598* (P.U.F., coll. « Que sais-je ? », n° 1016, Paris, 6e éd., 1988). – R. Mandrou, *Histoire de la pensée européenne.* 3 : *Des humanistes aux hommes de science, XVIe-XVIIe siècle* (Le Seuil, coll. « Points. Histoire », n° 8, Paris, 1973). – E. de Moreau, P. Jourda et P. Janelle, *la Crise religieuse du XVIe siècle,* dans l'*Histoire de l'Église* d'A. Fliche et V. Martin, t. XVI (Bloud et Gay, Paris, 1950). – R. Stauffer, *la Réforme* (P.U.F., coll. « Que sais-je ? », n° 1376, Paris, 4e éd., 1988).

16. LA FRANCE BAROQUE

Textes. Richelieu, *Testament politique ou les Maximes d'État de Monsieur le cardinal de Richelieu,* éd. D. Dessert (P.U.F., coll. « Historiques-Politiques », n° 63, Paris, 1990). – R. Mousnier, *Lettres et mémoires adressés au chancelier Séguier (1633-1649)* [P.U.F., Paris, 1964, 2 vol.].

Généralités. F. Bluche (sous la dir. de), *Dictionnaire du Grand Siècle (1589-1715),* [Fayard, Paris, 1990]. – P. Chaunu, *la Civilisation de l'Europe classique* (Arthaud, coll. « les Grandes Civilisations/Poche », nouv. éd., Paris, 1984). – G. Durand, *États et institutions XVIe-XVIIIe siècle* (A. Colin, coll. « U », Paris, 1969). – P. Goubert et D. Roche, *Les Français et l'Ancien Régime* t. I, *La Société et l'État ;* t. II, *Culture et Société* (A. Colin, Paris, nouv. éd., 1990, 2 vol.). – H. Méthivier, *l'Ancien Régime* (P.U.F., coll. « Que sais-je ? » n° 925, 10e éd., 1990). – H. Méthivier, *l'Ancien Régime, XVIe-XVIIe-XVIIIe siècle* (P.U.F., coll. « Précis », Paris, 2e éd., 1991). – H. Méthivier, *le Siècle de Louis XIII* (P.U.F., coll. « Que sais-je ? » n° 1138, Paris, 7e éd., 1990). – J. Meyer, *la France moderne, 1515-1789*

(Fayard, coll. « Histoire de France » sous la dir. de J. Favier, t. III, Paris, 1985). - R. Mousnier, *les XVI*^e^ *et XVII*^e^ *siècles,* dans *Histoire générale des civilisations,* t. IV (P.U.F., Paris, 1967). - V.L. Tapié, *la France de Louis XIII et de Richelieu* (Flammarion, Paris, nouv. éd., 1980).

Vie politique et institutions. D. Bitton, *The French Nobility in Crisis* (Stanford, 1969). - M. Carmona, *Marie de Médicis* (Fayard, Paris, 1981) ; *Richelieu. L'ambition et le pouvoir* (Fayard, Paris, 1983). - P. Chevallier, *Louis XIII, roi cornélien* (Fayard, Paris, 1979). - H. Duccini, *Concini. Grandeur et misère du favori de Marie de Médicis* (A. Michel, Paris, 1991). - E. Esmonin, *Études sur la France des XVII*^e^ et *XVIII*^e^ *siècles* (P.U.F., Paris, 1964). - P. Goubert, *Mazarin* (Fayard, 1990). - J. M. Hayden, *France and the Estates general of 1614* (Cambridge, 1974). - E. Kossmann, *la Fronde* (Leyde, 1954). - Sous la direction d'E. Lavisse, *Histoire de France depuis les origines jusqu'à la Révolution,* t. VI, 2e partie, J. H. Mariéjol, *le Règne de Louis XIII* (Hachette, Paris, 1911). - G. Livet, *la Guerre de Trente Ans* (P.U.F., coll. « Que sais-je ? », n° 1083, Paris, 5e éd., 1990). - A. Lloyd Moote, *Louis XIII, the Just* (Berkeley, Los Angeles, Londres, University of California Press, 1989). - H. Méthivier, *la Fronde* (P.U.F., coll. « L'Historien », n° 4, 1984). - R. Mousnier, *la Vénalité des offices sous Henri IV et Louis XIII* (Mégariotis Reprints, 1979) ; *14 mai 1610, l'assassinat d'Henri IV* (Gallimard, coll. « Trente Journées qui ont fait la France », n° 13, Paris, 1964) ; R. Mousnier et ses collaborateurs, *le Conseil du roi de Louis XII à la Révolution* (P.U.F., Paris, 1970). - G. Pagès, *la Guerre de Trente Ans* (Payot, coll. « Regard de l'histoire », Paris, 3e éd., 1979). - O. Ranum, *les Créatures de Richelieu, secrétaire d'État et surintendant des Finances, 1635-1642* (Pedone, Paris, 1966). - V.-L. Tapié, *la Guerre de Trente Ans* (S.E.D.E.S., coll. « les Cours de Sorbonne », nouv. éd., 1989).

Économie et société. Fr. Billacois, *le Duel dans la société française des XVI*^e^*-XVII*^e^ *siècles. Essai de psychologie historique* (E.H.E.S.S., coll. « Civilisations et Sociétés », 73, Paris, 1986). - M. Foisil, *la Révolte des Nu-pieds 1639* (P.U.F., Paris, 1970). - B. Carnot, *Société, cultures et genres de vie dans la France moderne, XVI*^e^*-XVIII*^e^ *siècle* (Hachette, coll. « Carré histoire », 1991). - P. Goubert, *Beauvais et le Beauvaisis. Contribution, l'histoire sociale de la France au XVII*^e^ *siècle* (E.H.E.S.S., coll. « Démographie et Sociétés », n° 3, Paris, nouv. éd., 1983, 2 vol.). - H. Hauser, *la Pensée et l'Action économiques du cardinal de Richelieu* (P.U.F., Paris, 1944). - M. B. Porchnev, *les Soulèvements populaires en France de 1623 à 1648* (S.E.V.P.E.N., Paris, 1963).

Religion, mentalités, culture. A. Adam, *Histoire de la littérature française au XVII*^e^ *siècle* (Domat-Montchrestien, Paris, 1951-1956, 5 vol.). - H. Bremond, *Histoire littéraire du sentiment religieux en France depuis la fin des guerres de Religion jusqu'à nos jours* (A. Colin, Paris, réimpress., 1967-68, 11 vol.). - A. Châtelet et J. Thuillier, *la Peinture française de Fouquet à Poussin* (Genève, Skira, 1963). - P. Coste, *Monsieur Vincent, le grand saint du grand siècle* (Desclée de Brouwer, Paris, 1935, 3 vol.). - L. Hautecœur, *Histoire de l'architecture classique en France* (A. et J. Picard, Paris, 1943-1957, 7 vol.). - J. Le Goff, R. Rémond et F. Lebrun, *Du christianisme flamboyant à l'aube des Lumières, XVI*^e^*-XVII*^e^ *siècle* (Le Seuil, coll. « Histoire de la France religieuse », t. II, 1988). - E. G. Léonard, *Histoire générale du protestantisme* (P.U.F., coll. « Quadrige », n° 101, Paris, 1988, 3 vol.). - É. Mâle, *l'Art religieux de la fin du XVI*^e^ *siècle, du XVII*^e^ *siècle et du XVIII*^e^ *siècle* (A. Colin, Paris, 1951). - R. Mandrou, *Magistrats et sorciers en France au XVII*^e^ *siècle* (Plon, Paris, 1968). - H. J. Martin, *Livres, pouvoirs et société à Paris au XVII*^e^ *siècle* (Droz, Genève-Paris, 1969). - J. Morel, *la Tragédie* (A. Colin, Paris, 1964). - R. Mousnier, *Richelieu et la culture* (Éd. du C.N.R.S., Paris, 1987). - J. Orcibal, *les Origines du jansénisme* (Vrin, Paris, 1947-48, 3 vol.). - R. Pintard, *le Libertinage érudit dans la première moitié du XVII*^e^ *siècle* (Boivin, Paris, 1943, 2 vol.). - V.-L. Tapié, *le Baroque* (P.U.F., coll. « Que sais-je ? », n° 923, Paris, 1991).

17. L'ÂGE CLASSIQUE

Généralités. Fr. Bluche, *Louis XIV* (Fayard, Paris, 1986). - R. Bornecque (sous la dir. de), *la France de Vauban* (Arthaud, Paris, 1984). - A. Corvisier, *la France de Louis XIV, 1643-1715, Ordre intérieur et place en Europe* (S.E.D.E.S., coll. « Regards sur l'histoire », n° 33, Paris, 2e éd., 1981). - A. Corvisier, *Louvois* (Fayard, Paris 1983). - P. Goubert, *Louis XIV et vingt millions de Français* (Fayard, coll. « l'Histoire sans frontières », Paris, 1969 ; Hachette-Pluriel, coll. « Pluriel », Paris, 1977). - J.-P. Labatut, *Louis XIV, roi de gloire* (Imprimerie nationale, Paris, 1984). - F. Lebrun, *le XVII*^e^ *siècle* (A. Colin, coll. « U », Paris, 9e éd., 1990). - R. Mandrou, *la France aux XVII*^e^ et *XVIII*^e^ *siècles* (P.U.F., « Nouvelle Clio », n° 33, Paris, 4e éd. augmentée par M. Cottret) ; *Louis XIV en son temps, 1661-1715* (P.U.F., « Peuples et Civilisations », t. X, Paris, 2e éd., 1978). - H. Méthivier, *le Siècle de Louis XIV* (P.U.F., « Que sais-je ? », n° 426, Paris, 11e éd., 1991). - J. Meyer, *la France moderne, 1515-1789* (Fayard, coll. « Histoire de France », sous la dir. de J. Favier, t. III, Paris, 1985). - S. Pillorget, *Apogée et société d'ordres, 1610-1787* (Larousse, coll. « Histoire universelle », t. IX, nouv. éd., Paris, 1973). - A. Rossel, *Histoire de France à travers les journaux du temps passé : le faux grand siècle, 1604-1715* (A. Colin, coll. « l'Arbre verdoyant », Paris, 1982).

Politique étrangère. Louis XIV et l'Europe (*XVII*^e^ *Siècle,* numéro spécial 123, 1979). - Problèmes de politique étrangère sous Louis XIV (*XVII*^e^ *Siècle,* numéro spécial 46-47, 1960). - L. Bély, *Espions et Ambassadeurs au temps de Louis XIV* (Fayard, coll. « Nouvelles Études Historiques », 1990). - Ch.-A. Jullien, *les Français en Amérique au XVII*^e^ *siècle* (C.D.U., Paris, 1977).

Population. J. Dupâquier, *la Population française aux XVII*^e^ et *XVIII*^e^ *siècles* (P.U.F., coll. « Que sais-je ? », n° 1786, Paris, 1re éd., 1979) ; *la Population rurale du Bassin parisien à l'époque de Louis XIV* (Presses universitaires de Lille et E.H.E.S.S., Paris, 1979). - J. Dupâquier (sous la dir. de), Annales de démographie historique (1985) : *Vieillir autrefois* (E.H.E.S.S. Paris, 1986, 2 vol.) ; *Histoire de la population française,* t. II, *De la Renaissance à 1789* (P.U.F., Paris, 1989).

Vie économique. Aspects de l'économie française au XVIIe *siècle* (*XVII*^e^ *Siècle,* numéro spécial 70-71, 1966). - P. Léon, « la Crise de l'économie française à la fin du règne de Louis XIV (1685-1715) », dans *l'Information historique,* t. XIII, n° 4, septembre-octobre 1956, pp. 127-137. - J. Meuvret, *Études d'histoire économique* (A. Colin, Paris, 1971) ; *le Problème des subsistances à l'époque de Louis XIV. La production des céréales dans la France du XVII*^e^ et du *XVIII*^e^ *siècle* (Mouton, Paris-La Haye, 1977). - J. Meyer, J. Tanade, A. Rex-Goldzeiguer, J. Thobie, *Histoire de la France coloniale,* t. I, *De 1600 à 1914* (A. Colin, coll. « Histoires », 1991).

Vie sociale. Fr. Bluche et J.-F. Solnon, *la Véritable Hiérarchie sociale de l'ancienne France, le tarif de la première capitation (1695)* [Droz, Genève, 1983]. - J.-L. Flandrin, *Familles, parenté, maison, sexualité dans l'ancienne société* (Le Seuil, coll. « l'Univers historique », nouv. éd., Paris, 1984). - P. Goubert, D. Roche, *les Français et l'Ancien Régime,* t. I, *la Société et l'État ;* t. II, *Culture et Société* (A. Colin, Paris, 1990 et 1986,

2 vol.). - R. Mousnier, *les Hiérarchies sociales de 1450 à nos jours* (P.U.F., coll. « l'Historien », n° 1, Paris, 1969). [En particulier le chapitre VI.]. - R. Pillorget, *la Tige et le rameau. Famille anglaise et famille française aux XVIe-XVIIe siècles* (Calmann-Lévy, Paris, 1979).

Gouvernement et institutions, dans leurs rapports avec l'état social. L. André, *Michel Le Tellier et Louvois* (A. Colin, Paris, 1942). - J. Meyer, *Colbert* (Hachette, Paris, 1981). - R. Mousnier (sous la dir. de), *Un nouveau Colbert,* actes du colloque pour le tricentenaire de la mort de Colbert (C.D.U.-S.E.D.E.S., 1985). - I. Murat. *Colbert* (Fayard, Paris, 1980). - R. Mousnier, *les Institutions de la France sous la monarchie absolue, 1598-1789* (t. I, *Société et État ;* t. II, *les Organes de l'État et la Société*) [P.U.F., Paris, 2e éd., 1990 et 1re éd., 1980, 2 vol. ; coll. « Dito », 1990]. - *Serviteurs du roi. Quelques aspects de la fonction publique dans la société française du XVIIe siècle* (*XVIIe Siècle,* numéro spécial 42-43, 1959). - B. Pujo, *Vauban* (A. Michel, 1991). - J.-L. Thireau, *les Idées politiques de Louis XIV* (P.U.F., Paris, 1973).

Vie des provinces. G. Gabet, *la Naissance de Rochefort sous Louis XIV, 1666-1715 : une ville nouvelle et ses habitants au Grand Siècle* (Centre d'animation lyrique et culturel de Rochefort, 1986). - E. Le Roy Ladurie, *les Paysans de Languedoc* (S.E.V.P.E.N., Paris, 1966, 2 vol.). - G. Livet, *l'Intendance d'Alsace sous Louis XIV* (Les Belles Lettres, Paris, 1956). - R. Pillorget, *les Mouvements insurrectionnels de Provence entre 1596 et 1715* (Pedone, Paris, 1975).

Vie religieuse. Les Camisards, présentés par Ph. Joutard (Gallimard, coll. « Archives », Paris, 1976). - L. Cognet, *le Crépuscule des mystiques : le conflit Fénelon-Bossuet* (Desclée et Cie, Paris, 1958). - *Fénelon et son tricentenaire* [*XVIIe Siècle,* numéros spéciaux 12 (1951) et 14 (1952)]. - E. Labrousse, *la Révocation de l'édit de Nantes : une foi, une loi, un roi ?* (Payot, coll. « Petite Bibliothèque Payot », n° 34, Paris, nouv. éd., 1990). - *Missionnaires catholiques à l'intérieur de la France pendant le XVIIe siècle* (*XVIIe Siècle.* numéro spécial 41, 1958). - J. Orcibal, *Louis XIV et les protestants* (Vrin, Paris, 1951). - R. Taveneaux, *Jansénisme et politique* (A. Colin, coll. « U », Paris, 1965) ; *le Catholicisme dans la France classique (1610-1715)* [S.E.D.E.S., Paris, 1980].

Mentalités, vie intellectuelle et artistique. P. Bénichou, *Morales du Grand Siècle* (Gallimard, Paris, 1948). - L. Benoist, *Histoire de Versailles* (P.U.F. coll. « Que sais-je ? », n° 1526, Paris, 2e éd., 1980). - M. Bertaud, *le XVIIe Siècle. Littérature française* (Presses universitaires de Nancy, coll. « Phares », Nancy, 1990). - F. Bluche, *la Vie quotidienne au temps de Louis XIV* (Hachette, coll. « la Vie quotidienne », Paris, 1984). - Y. Bottineau, *Versailles, miroir des princes* (Arthaud, Paris, 1989). - *Comment les Français voyaient la France au XVIIe siècle* (*XVIIe Siècle,* numéro spécial 26, 1955). - J.-M. Constant, *la Vie quotidienne de la noblesse française aux XVIe et XVIIe siècles* (Hachette, coll. « la Vie quotidienne », Paris, 1985). - P. Hazard, *la Crise de la conscience européenne, 1680-1715* (Fayard, Paris, nouv. éd., 1989). - R. Mandrou, *Magistrats et sorciers en France au XVIIe siècle. Une analyse psychologique historique* (Plon, Paris, 1968) ; *la Bibliothèque bleue. La littérature populaire en France du XVIe au XIXe ssiècle* (Gallimard, coll. « Archives », Paris, 1971). - V.-L. Tapié, *Baroque et classicisme* (Plon, Paris, nouv. éd., 1972). - B. Teyssèdre, *l'Art au siècle de Louis XIV* (Librairie générale française, Paris, 1967). - *Versailles et la musique française* (*XVIIe Siècle,* numéro spécial 34, 1957). - J. de Viguerie, *l'Institution des enfants. L'éducation en France, XVIe-XVIIIe siècle* (Calmann-Lévy, Paris, 1978).

18. LES LUMIÈRES

Textes. C.P. Duclos, *Considérations sur les mœurs de ce siècle,* éd. Green (Cambridge, 1939). - Montesquieu, *Lettres persanes.* - J.-J. Rousseau, *Julie ou la Nouvelle Héloïse ; Du contrat social.* - Voltaire, *Correspondance,* éd. Th. Besterman (Les Délices, Institut et musée Voltaire, Genève, 1953-1966, 107 fasc.).

Généralités. M. Denis et N. Blayau, *le XVIIIe siècle* (A. Colin, coll. « U », Paris, 6e éd., 1990). - G. Durand, *États et institutions, XVIe-XVIIIe siècle* (A. Colin, coll. « U ». Paris, 1969). - L. Forestier, *XVIIIe Siècle français. Le siècle des lumières* (Seghers, Paris, 1961). - P. Goubert, *Initiation à l'histoire de France* (Tallandier, coll. « Approches », Paris, 1984). - J. Lough, *An Introduction to Eighteenth Century France* (Londres, 1960). - R. Mandrou, *la France aux XVIIe et XVIIIe siècles* (P.U.F., coll. « Nouvelle Clio », n° 33, Paris, 4e éd. augm. par M. Cottret, 1988). - H. Méthivier, *l'Ancien Régime* (P.U.F., « Que sais-je ? », n° 925, Paris, 10e éd., 1990) ; *le Siècle de Louis XV* (P.U.F., « Que sais-je ? », n° 1229, Paris, 7e éd., 1991) ; *la Fin de l'Ancien Régime* (P.U.F., « Que sais-je ? », n° 1411, Paris ; 6e éd., 1991) ; *L'Ancien Régime, XVIe-XVIIe-XVIIIe siècle* (P.U.F., coll. « Précis », Paris, 2e éd., 1991). - J. Meyer, *la France moderne, 1515-1789* (Fayard, coll. « Histoire de France » sous la dir. de J. Favier, t. III, Paris, 1985). - R. Mousnier, E. Labrousse, *le Dix-Huitième Siècle, l'époque des Lumières, 1715-1815* (P.U.F., coll. « Quadrige », n° 79, Paris, 1985). - S. Pillorget, *Apogée et Déclin des sociétés d'ordres 1610-1787* (Larousse, coll. « Histoire universelle Larousse », t. IX, nouv. éd., Paris, 1973). - A. Soboul, G. Lemarchand et M. Fogel, *le Siècle des Lumières,* t. I, *l'Essor (1715-1750),* vol. 1 (P.U.F., coll. « Peuples et Civilisations », t. XI, Paris, 1977). - A. de Tocqueville, *l'Ancien Régime et la Révolution* (Gallimard, Paris, 1952 ; nouv. éd., coll « Folio », 1985).

Économie, société, État. M. Antoine, *le Conseil du roi sous le règne de Louis XV* (Droz, Genève, 1970) ; *Louis XV* (Fayard, Paris, 1991). - J.F. Bluche, *les Magistrats du parlement de Paris au XVIIIe siècle* (l'auteur, Paris, 1960). - F. Braudel et E. Labrousse, *Histoire économique et sociale de la France,* t. II, *Des derniers temps de l'âge seigneurial aux préludes de l'âge industriel, 1660-1789* (P.U.F., Paris, 1970). - G. Chaussinand-Nogaret, *Gens de finances au XVIIIe siècle* (Bordas, Paris, 1972 ; *la Noblesse au XVIIIe siècle : de la féodalité aux Lumières* (Complexe, coll. « Historique », n° 7, Bruxelles, nouv. éd., 1990). - A. Corvisier, *l'Armée française, de la fin du XVIIe siècle au ministère de Choiseul. Le soldat* (P.U.F., Paris, 1964, 2 vol.). - A. Daumard et Fr. Furet, *Structures et relations sociales à Paris au XVIIIe siècle* (A. Colin, « Cahier des Annales », n° 18, Paris, 1961). - P. Deyon et J. Jacquart, *les Hésitations de la croissance, 1580-1730* (A. Colin, coll. « Histoire économique et sociale du monde », t. II, Paris, 1978). - J. Egret, *la Pré-Révolution française, 1787-1788* (P.U.F., Paris, 1962) ; *Louis XV et l'opposition parlementaire, 1715-1774* (A. Colin, Paris, 1970). - E. Faure, *12 mai 1776 la Disgrâce de Turgot* (Gallimard, coll. « Trente Journées qui ont fait la France », n° 16, Paris, 1961). - E. Faure, *7 juillet 1720, la Banqueroute de Law* (Gallimard, coll. « Trente Journées qui ont fait la France », n° 15, Paris, 1977). - N. Ferrier-Caverivière, *Le Grand Roi à l'aube des Lumières : 1715-1751* (P.U.F., Paris, 1985). - F.L. Ford, *Robe and Sword. The Regrouping of the French Aristocracy* (Harvard University Press, Cambridge [Mass.], 1953). - R. Forster, *The Nobility of Toulouse in the Eighteenth Century* (Baltimore, 1960). - M. Garden, *Lyon et les Lyonnais* (Flammarion, coll. « Champs », nouv. éd., Paris, 1984). - P. Goubert, *l'Ancien Régime,* t. I, *la Société* (A. Colin, coll. « U », 6e éd., 1979) ;

t. II, *les Pouvoirs (id.,* 3e tirage, 1977). - P. Goubert, D. Roche, *les Français et l'Ancien Régime,* t. I, *la Société et l'État ;* t. II, *Culture et société* (A. Colin, Paris, nouv. éd., 1990, 2 vol.). - Ph. Haudière, *la Compagnie française des Indes, 1719-1795* (Librairie de l'Inde, 1989, 4 vol.). - F. Hincker, *les Français devant l'impôt sous l'Ancien Régime* (Flammarion, Paris, 1971). - J.-P. Labatut, *les Noblesses européennes de la fin du XVe siècle à la fin du XVIIIe siècle* (P.U.F., coll. « l'Historien », n° 33, Paris, 1978). - C.E. Labrousse, *Esquisse du mouvement des prix et des revenus en France au XVIIIe siècle* (Éditions des Archives contemporaines, coll. « Réimpressions », Paris, 1984). - C. Lefebvre, *Études orléanaises* (Bibl. nationale, Paris, 1963-64, 2 vol.). - J. Levron, *Madame de Pompadour. L'amour et la politique* (Perrin, Paris, 1973). - J. McManners, *French Ecclesiastical Society under the Ancien Régime. A Study of Angers in the Eighteenth Century* (Londres, 1960). - J. Meyer, *la Noblesse bretonne au XVIIIe siècle* (S.E.V.P.E.N., Paris, 1966, 2 vol. ; E.H.E.S.S., coll. « Bibliothèque générale », nouv. éd., Paris, 1985, 2 vol.) ; *Noblesses et pouvoirs dans l'Europe d'Ancien Régime* (Hachette, Paris, 1973) ; *le Régent : 1674-1723* (Ramsay, 1985). - M. Morineau, *les Faux-semblants d'un démarrage économique : agriculture et démographie en France au XVIIIe siècle* (A. Colin, coll. « Cahiers des Annales », Paris, 1971). - R. Mousnier, *les Institutions de la France sous la monarchie absolue, 1598-1789* (P.U.F., Paris, 2 vol., 2e éd., 1990 ; 1re éd., 1980, 2 vol.). - F. Olivier- Martin, *Histoire du droit français des origines à la Révolution* (Éd. du C.N.R.S., nouv. éd., Paris, 1984). - Ph. Sagnac, *la Formation de la société française moderne ;* t. II, *la Révolution des idées et des mœurs et le déclin de l'Ancien Régime (1715-1788)* [P.U.F., Paris, 1946]. - C. Saguez-Lovisi, *Les Lois fondamentales au XVIIIe siècle. Recherches sur la loi de dévolution de la Couronne* (P.U.F., coll. « Publications de l'Université de droit, d'économie et de sciences sociales de Paris, série : sciences historiques, Paris, 1984). - A. Soboul, *la France à la veille de la Révolution,* t. I, *Économie et Société* (C.D.U., Paris, nouv. éd., 1966). - R. Vaillot, *le Cardinal de Bernis : la vie extraordinaire d'un honnête homme* (Albin Michel, Paris, 1985). - G. Zeller, *les Temps modernes,* II, *De Louis XIV à 1789,* t. II de l'*Histoire des relations internationales* (Hachette, Paris, 1955). - G. Ziegler, *les Coulisses de Versailles,* t. II, *Louis XV et sa Cour* (Julliard, Paris, 1965).

Mouvement intellectuel et civilisation. S.M. Alsop, *les Américains à la cour de Louis XVI* (J.C. Lattès, Paris, 1983). - F. Bluche, *la Vie quotidienne de la noblesse française au XVIIIe siècle* (Hachette, coll. « la Vie quotidienne », Paris, 1973) ; *la Vie quotidienne au temps de Louis XVI* (Librairie gén. française, coll. « le Livre de poche, série vie quotidienne », n° 5 810, Paris, 1984). - E. Cassirer, *The Philosophy of the Enlightenment* (Princeton University Press, 1951). - R. Chartier, *les Origines culturelles de la Révolution française* (Le Seuil, Paris, 1990). - A. Corvisier, *Arts et sociétés dans l'Europe du XVIIIe siècle* (P.U.F., coll. « l'Historien », n° 34, Paris, 1978). - E. Dacier, *le Style Louis XVI* (Larousse, Paris, 1939). - N. Dufourcq (sous la direction de), *la Musique, les hommes, les instruments, les œuvres* (Larousse, Paris, 1965, 2 vol.). - M. Launay et J.M. Goulemot, *le Siècle des lumières* (Éd. du Seuil, Paris, 1968). - R. Mauzi, *l'Idée du bonheur au XVIIIe siècle* (A. Colin, Paris, 1960). - L. Réau, *l'Art au XVIIIe siècle en France. Époque Louis XVI* (Le Prat, Paris, 1952). - J. Starobinski, *l'Invention de la liberté (1700-1789)* [Skira, « Art, Idées, Histoire », Genève, 1962]. - M. Taillefer, *Une Académie interprète des Lumières : l'Académie des sciences, inscriptions et belles-lettres de Toulouse au XVIIIe siècle* (Éd. du C.N.R.S., Paris, 1985). - V.-L. Tapié, *Baroque et classicisme* (Plon, Paris, nouv. éd., 1972). - P. Verlet, *le Style Louis XV* (Larousse, Paris, 1942). - J. Vier, *Histoire de la littérature française au XVIIIe siècle* (A. Colin, Paris, 1965-1970, 2 vol.). - G. Weulersse, *La Physiocratie à l'aube de la Révolution : 1781-1792* (E.H.E.S.S., coll. « Bibliothèque générale de l'École des hautes études en sciences sociales », 1984).

19. LA RÉVOLUTION

Grands classiques. A. Aulard, *Histoire politique de la Révolution française* (A. Colin, Paris, 1901, réédit. 1926). - J. Jaurès, *Histoire socialiste* (nouv. éd. par A. Soboul, Éditions sociales, coll. « Bibliothèque du bicentenaire de la Révolution Française », Paris, 1983-1986, 6 vol.). - E. Lavisse, *Histoire de la France contemporaine,* t. I, *la Révolution (1789-1792)* par P. Sagnac, et t. II, *la Révolution (1792-1799)* par G. Pariset (Hachette, Paris, 1920). - A. Mathiez, *la Révolution française* (A. Colin, Paris, 1922-1927, réédit. 1959). - H. Taine, *les Origines de la France contemporaine* (Hachette, Paris, 1876-1893). - A. de Tocqueville, *l'Ancien Régime et la Révolution* (Lévy frères, Paris, 1856 ; éd. présentée par G. Lefebvre, Gallimard, Paris, 1952 ; nouv. éd., coll. « Idées », Paris, 1964).

Manuels. P. Caron, *Manuel pratique pour l'étude de la Révolution française* (A. et J. Picard, Paris, nouv. éd., 1947). - A. Soboul et collab., *Dictionnaire historique de la Révolution française* (P.U.F., Paris,1989). - J. Tulard, J.-F. Fayard et A. Fierro, *Histoire et dictionnaire de la Révolution Française* (Laffont, Paris, 1987). - G. Walter, *Répertoire de l'histoire de la Révolution française. Travaux publiés de 1800 à 1940,* t. I, *les Personnes ;* t. II, *les Lieux* (Bibl. nationale, Paris, 1941-1945).

Synthèses récentes. Fr. Bluche et St. Rials (sous la dir. de) *les Révolutions françaises* (Fayard, Paris, 1989). - Fr. Bluche, St. Rials et J. Tulard, *la Révolution française* (P.U.F., coll. « Que sais-je ? », n° 142, Paris, 2e éd., 1979). - M. Bouloiseau, *la République jacobine (10 août 1792-9 thermidor an II)* [Le Seuil, « Nouvelle Histoire de la France contemporaine », t. II, Paris, 1972]. - F. G. Dreyfus, *le Temps des révolutions, 1787-1870* (Larousse, coll. « Histoire universelle », t. X, nouv. éd., Paris, 1973). - F. Furet et D. Richet, *la Révolution française* (Fayard, Paris, nouv. éd., 1987). - F. Furet, *la Révolution de Turgot à Jules Ferry, 1770-1880* (Hachette, coll. « Histoire de France Hachette », t. IV, Paris, 1988 ; Hachette Pluriel, coll. « Pluriel », n° 8549 et 8550, Paris, 2 vol., 1990). - F. Furet et M. Ozouf, *Dictionnaire critique de la Révolution française* (Flammarion, 1888). - F. Gendron, *la Jeunesse sous Thermidor* (P.U.F., coll. « Histoires », n° 22, Paris, 1983). - J. Godechot, *les Révolutions (1770-1799)* [P.U.F., coll. « Nouvelle Clio », n° 36, Paris, 4e éd., 1986]. - G. Lefebvre, *la Révolution française* (P.U.F., « Peuples et Civilisations », XIII, Paris, nouvelle rédaction en 1951, coll. « Dito », 1987) ; *Études sur la Révolution française* (P.U.F., Paris, 1954, réédit. 1963) ; *la France sous le Directoire, 1795-1799* (Éditions sociales, coll. « Terrains », nouv. éd. présentée par J.-R. Suratteau, Paris, 1984). - C. Mazauric et alii, *Histoire de la France contemporaine,* t. I *(1789-1799)* [Éd. sociales, livre-club Diderot, Paris, 1979]. - R. Mousnier, E. Labrousse et M. Bouloiseau, *le XVIIIe Siècle. Révolution intellectuelle, technique et politique (1715-1815)* [P.U.F., coll. « Quadrige », 1985]. - A. Soboul, *Précis d'histoire de la Révolution française* (Éd. sociales, Paris, 1962) ; *la Révolution française,* (Gallimard, coll. « Idées », n° 43 et 46, Paris, 1964, 2 vol.) ; *le Directoire et le Consulat* (P.U.F., coll. « Que sais-je ? », n° 1266, 3e éd., 1980) ; *la Civilisation et la Révolution française* (Arthaud, coll. « les Grandes Civilisations », Paris, 1982-

1983, 3 vol. ; coll. « les Grandes Civilisations poche », 1988) ; *Dictionnaire historique de la Révolution Française* (P.U.F., 1984). - J. Tulard, *les Révolutions de 1789 à 1851* (Fayard, coll. « Histoire de France », sous la dir. de J. Favier, t. IV, Paris, 1985). - M. Vovelle, *la Chute de la monarchie, 1787-1792* (Seuil, « Nouvelle Histoire de la France contemporaine », t. I, Paris, 1972). - D. Woronoff, *la République bourgeoise de Thermidor à Brumaire, 1794-1799* (Le Seuil, « Nouvelle Histoire de la France contemporaine », t. III, Paris, 1972).

Les origines de la Révolution. E. Labrousse, *la Crise de l'économie française à la fin de l'Ancien Régime et au début de la Révolution* (P.U.F., Paris, coll. « Dito », nouv. éd., 1990) ; *Esquisse du mouvement des prix et des revenus en France au XVIIIe siècle* (Éd. des Archives contemporaines, coll. « Réimpressions », Paris, nouv. éd., 1984, 2 vol.) - A. Soboul, *la France à la veille de la Révolution,* t. I, *Aspects économiques et sociaux* (C.D.U., Paris, 1961).

Déroulement et épisodes de la Révolution. P. Caron, *les Massacres de Septembre* (Maison du livre français, Paris, 1935). - J. Godechot, *la Prise de la Bastille* (Gallimard, coll. « Trente journées qui ont fait la France », n° 17, Paris, 1965). - G. Lefebvre, *la Grande peur de 1789* suivi de *les Foules révolutionnaires* (A. Colin, Paris, nouv. éd. présentée par J. Revel, 1988) ; *Quatre-vingt-neuf* (Éditions sociales, Paris, nouv. éd., 1970). - J. Massin, *Almanach de la Révolution française* (Club français du Livre, Paris, 1963). - A. Ollivier, *9 novembre 1799, le Dix-Huit Brumaire* (Gallimard, coll. « Trente Journées qui ont fait la France », n° 19, Paris, 1959). - R. Palmer, *le Gouvernement de la Terreur. L'année du Comité de salut public* (A. Colin, Paris, 1989). - M. Reinhard, *10 août 1792, la Chute de la royauté* (Gallimard, coll. « Trente Journées qui ont fait la France », n° 18, Paris, 1969).

Les hommes de la Révolution. Fr. Bluche, *Danton* (Perrin, Paris, 1984). - M. Bouloiseau, *Robespierre* (P.U.F., coll. « Que sais-je ? », n° 724, Paris, 6e éd., 1986). - M. Bruguière, *Gestionnaires et profiteurs de la Révolution : l'Administration des Finances françaises de Louis XVI à Bonaparte* (Orban, 1986). - G. Chaussinand - Nogaret, *Mirabeau* (Éd. du Seuil, coll. « Points », Paris, nouv. éd., 1984). - J.J. Chevallier, *Barnave ou les Deux faces de la Révolution* (P.U.G., Grenoble, nouv. éd., 1979). - J. Egret, *Necker, ministre de Louis XVI* (Honoré Champion, Paris, 1975). - B. Gainot, *Dictionnaire des membres du Comité de salut public* (Tallandier, Paris, 1990). - G. Maintenant, *les Jacobins* (P.U.F., coll. « Que sais-je ? », n° 190, Paris, 1re éd., 1984). - K. Margerison, *P.L. Roederer : Political throught and practice during the French Revolution,* (Philadelphia, 1983). - J. Massin, *Marat* (Club français du Livre, Paris, 1960). - A. Mathiez, *Études sur Robespierre* (A. Colin, Paris, 1918, nouv. éd., 1973, 2 vol.). - Cl. Mazauric, *Babeuf et la Conspiration pour l'égalité* (Éd. sociales, Paris, 1962). - A. Ollivier, *Saint-Just et la force des choses* (Gallimard, Paris, 1955). - M. Poniatowski, *Talleyrand et le Directoire, 1796-1800* (Perrin, Paris, 1982). - M. Reinhard, *le Grand Carnot* (Hachette, Paris, 1950-1952, 2 vol.). - A. Soboul, *Girondins et Montagnards* (Clavreuil, Paris, coll. « Bibliothèque d'histoire révolutionnaire », 1981).

Histoire des institutions. J. Godechot, *les Institutions de la France sous la Révolution et l'Empire* (P.U.F., Paris, 1951 ; 2e éd. revue et augmentée, 1968 ; coll. « Dito », 1989).

Histoire économique et sociale. P. Bois, *Paysans de l'Ouest. Des structures économiques et sociales aux options politiques depuis l'époque révolutionnaire dans la Sarthe* (Mouton, Paris, 1960 ; E.H.E.S.S., coll. « Sociétés, mouvements sociaux et idéologies, études », nouv. éd., Paris, 1984). - F. Gautier, *la Voie paysanne dans la Révolution française* (Maspero, Paris, 1977). - F. Hincker, *la Révolution française de l'économie. Décollage ou catastrophe* (Nathan, coll. « Circa », Paris, 1990). - G. Lefebvre, *les Paysans du Nord pendant la Révolution française* (réédit. A. Colin, Paris, 1972). - J.-C. Martin, *La Vendée de la France* (Le Seuil, coll. « Univers historique », Paris, 1987). - A. Mathiez, *la Vie chère et le mouvement social sous la Terreur* (Payot, Paris, 1927 ; nouv. éd., 1973, 2 vol.). - G. Rude, *The Crowd in the French Revolution* (Clarendon Press, Oxford, 1959). - R. Sécher, *le Génocide franco-français. La Vendée-Vengé* (P.U.F., coll. « Histoires », nouv. éd., 1989) ; *la Guerre de Vendée* (Tallandier, coll. « Guide Histoire », 1989). - A. Soboul, *les Sans-Culottes parisiens de l'an II : mouvement populaire et gouvernement révolutionnaire, 1793-1794* (Le Seuil, coll. « Points Histoire », 1979) ; *Problèmes paysans de la Révolution, 1789-1848* (La Découverte, coll. « Fondations », Paris, nouv. éd., 1983).

Idéologie révolutionnaire. P. Barbier et Fr. Vernillat, *l'Histoire de France par les chansons,* t. IV, *la Révolution* (Gallimard, Paris, 1957). - S. Bianchi, *la Révolution culturelle de l'An II. Élites et peuples, 1789-1799* (Aubier-Montaigne, coll. « Floréal », Paris, 1982). - F. Brunot, *Histoire de la langue française des origines à 1900,* t. IX, *la Révolution et l'Empire* (A. Colin, Paris, 1927, 2 vol.). - F. Furet, *Penser la Révolution française* (Gallimard, coll. « Folio Histoire », n° 3, 1985) ; *l'Héritage de la Révolution française* (Hachette, 1989). - J. Godechot, *la Pensée révolutionnaire en France et en Europe (1789-1799)* [A. Colin, Paris, 1964]. - P. Goubert et M. Denis, *1789, Les Français ont la parole : les Cahiers de doléances des États généraux* (Gallimard, « Archives », n° 1, Paris, nouv. éd., 1989). - Cl. Nicolet, l'*Idée républicaine en France, 1789-1924. Essai d'histoire critique* (Gallimard, coll. « Bibliothèque des histoires », Paris, 1982). - M. Ozouf, *la Fête révolutionnaire, 1789-1799* (Gallimard, Paris, 1976). - J. Starobinski, *1789, les Emblèmes de la Raison* (Flammarion, Paris, 1973). - M. Vovelle, *les Métamorphoses de la fête en Provence, 1750-1820* (Aubier-Flammarion, Paris, 1976).

Histoire religieuse. C. Cholvy, *la Religion en France de la fin du XVIIIe siècle à nos jours* (Hachette, coll. « Carré Histoire », 1991). - A. Latreille, *l'Église catholique et la Révolution française* (Hachette, Paris, 1946-1950, 2 vol. ; nouv. éd., 1971). - Mgr J. Leflon, « la Crise révolutionnaire, 1789-1848 », dans *l'Histoire générale de l'Église* de A. Fliche et V. Martin, t. XX (Bloud et Gay, Paris, 1951). - B. Plongeron, *Conscience religieuse en révolution. Regards sur l'historiographie religieuse de la Révolution française* (A. et J. Picard, Paris, 1964). - B. Plongeron (sous la dir. de), *l'Église de France et la Révolution,* t. I, *l'Ouest* (Beauchesne, coll. « Bicentenaire de la Révolution », Paris, 1983). - M. Vovelle, *Religion et Révolution, la déchristianisation de l'an II* (Hachette, Paris, 1976).

L'expansion révolutionnaire. M. Acerra et J. Meyer, *Marines et révolutions* (Ouest-France, 1988). - J.-P. Bertaud, *la Révolution armée, les soldats-citoyens de la Révolution française* (R. Laffont, Paris, 1980). - R. C. Cobb, *les Armées révolutionnaires, instrument de la Terreur dans les départements* (Mouton, Paris, 1964, 2 vol.). - A. Fugier, « la Révolution française et l'Empire napoléonien », t. IV de l'*Histoire des relations internationales* (Hachette, Paris, 1954). - J. Godechot, *la Grande Nation. L'expansion révolutionnaire de la France dans le monde, 1789-1799* (Aubier-Montaigne, coll. « Historique », Paris, éd. refondue, 1983, 1 vol.) ; *la Contre-Révolution, doctrine et action (1799-1804)* [P.U.F., coll. « Quadrige », n° 63, Paris, 1984]. - G. Lefebvre, « Place de la Révolution française dans l'histoire du monde », dans *Annales. Économies. Sociétés. Civilisations,* 1948, pp. 257-266.

- G. du Pontavice, *la Chouannerie* (P.U.F., coll. « Que sais-je ? », n° 2594, Paris, 1re éd., 1991). - A. Soboul, *les Soldats de l'an II* (Club français du Livre, Paris, 1959). - J. Tulard et B. Yvert, *la Contre-Révolution : origines, histoire et postérité* (Perrin, Paris, 1990). - J. Vidalenc, *les Émigrés français, 1789-1825* (Public. de la faculté des lettres et sciences humaines, Caen, 1963).

20. L'EMPIRE

Ouvrages généraux. Colloque Napoléon (Paris, Sorbonne, et Ajaccio, octobre 1969), rapports et actes dans la *Revue d'histoire moderne et contemporaine* (A. Colin, Paris, 1970). - L. Bergeron, *l'Épisode napoléonien : 1799-1815, aspects intérieurs* (Éd. du Seuil, « Nouvelle Histoire de la France contemporaine », t. IV, Paris, 1972). - J.-P. Bertaud, *le Consulat et l'Empire 1799-1815* (A. Colin, coll. « Cursus », Paris, 1989) ; *la France de Napoléon 1799-1815* (Messidor-Éditions sociales, coll. « Histoire », 1987). - R. Dufraisse, *Napoléon* (P.U.F., coll. « Que sais-je ? », n° 2358, Paris, 2e éd., 1991). - J. Godechot, *l'Europe et l'Amérique à l'époque napoléonienne 1800-1815* (P.U.F., coll. « Nouvelle Clio », n° 37, Paris, 1967) ; *Napoléon* (A. Michel, « le Mémorial des siècles », Paris, 1969). - A. Latreille, *l'Ère napoléonienne* (A. Colin, coll. « U », Paris, 1974). - G. Lefebvre, *Napoléon* (P.U.F., coll. « Peuples et Civilisations », t. XIV, Paris, 5e éd. rev. et augm., 1969). - *Napoléon et l'Empire,* ouvrage collectif publié sous la direction de J. Mistler (Hachette, Paris, 1968, 2 vol.). - A. Soboul, *le Premier Empire 1804-1815* (P.U.F., coll. « Que sais-je ? », n° 1541, Paris, 2e éd., 1980) ; *la Civilisation et la Révolution Française,* t. III, *la France napoléonienne* (Arthaud, coll. « les Grandes Civilisations », Paris, 1983). - A. Thiers, *Histoire du Consulat et de l'Empire* (Lheureux, Paris, 1845-1862, 20 vol.). - J. Tulard, *Napoléon ou le mythe du sauveur* (Fayard, Paris, nouv. éd., 1986) ; *le Grand Empire 1804-1815,* (A. Michel, coll. « l'Évolution de l'humanité », Paris, 1982) ; *Dictionnaire Napoléon* (Fayard, nouv. éd., 1989).

Textes, mémoires, documents. J. Arnna, *Napoléon Ier. Lettres au comte Mollien...* (Gay, Rochecorbon, 1965). - Chateaubriand, *Mémoires d'outre-tombe,* éd. Levaillant (Flammarion, Paris, 1964). - J. Damas-Hinard, *Dictionnaire ou Recueil alphabétique des opinions et jugements de Napoléon Ier* (Club de l'honnête homme, Paris, 1965, 4 vol.), rééd. sous le titre *Napoléon par Napoléon* (Club de l'honnête homme, Paris, 1965, 2 vol.). - A. Dansette, *Napoléon. Pensées politiques et sociales* (Flammarion, Paris, 1969). - E. de Las Cases, *Mémorial de Sainte-Hélène ;* trois éditions récentes, par les soins de M. Dunan (Flammarion, Paris, 1951) ; A. Fugier (Garnier, Paris, 1961) ; J. Tulard (Éd. du Seuil, Paris, 1968). - J. Massin, *Almanach du Premier Empire : du 9-Thermidor à Waterloo* (Encyclopædia Universalis, Paris, 1988). - Napoléon, *Correspondance. Six cents lettres de travail (1806-1810),* éd. M. Vox (Gallimard, Paris, 1943) ; *Lettres, ordres et apostilles. Extraits des archives Daru,* éd. S. d'Huart (Imprimerie nationale et S.E.V.P.E.N., Paris, 1965) ; *Œuvres littéraires et écrits militaires (1786-1815),* préface de M. Dunan, appareil critique de J. Tulard (Société encyclopédique française, Paris, 1967, 3 vol.). - Exposition « Napoléon et la Légion d'honneur » (1968), *la Cohorte,* numéro spécial, Paris, 1968. - *Napoléon, l'œuvre et l'histoire,* 12 vol. de textes éd. par J. Massin (Club français du Livre, Paris, 1969 sqq.). - *Le Sacre de Napoléon Ier,* éd. H. Pinoteau (Les Seize. Éd. du Palais-Royal, Paris, 1969). - Exposition « Napoléon tel qu'en lui-même », Archives nationales (1969), catalogue. - A. Palluel, *le Dictionnaire de l'Empereur* (Plon, Paris, 1971). - Chancelier E.D. Pasquier, *Souvenirs, 1767-1862,* introduction et notes par R. Lacour-Gayet (Hachette, Paris, 1964). - Mme de Staël, *Dix Années d'exil,* réimpress. (Les Bibliophiles de France, Brie-Comte-Robert, 1957). - Général baron P. Thiébault, *Mémoires,* éd. R. Lacour-Gayet (Hachette, Paris, 1962).

Généalogies, biographies. T. Aronson, *les Bonaparte : histoire d'une famille* (Fayard, Paris, 1967). - L. Bergeron et G. Chaussinand-Nogaret (sous la dir. de), *Grands Notables du Premier Empire* (Éd. du C.N.R.S., Paris, 1978-1988, 18 vol. parus). - L. Chardigny, *les Maréchaux de Napoléon* (J'ai lu, coll. « J'ai lu l'histoire », n° 1621, Paris, nouv. éd., 1984). - J.M. Cornwall, *Masséna, l'enfant chéri de la victoire* (Plon, Paris, 1967). - G. Coutant le Saisseval, *les Maisons impériales et royales d'Europe* (Les Seize. Éd. du Palais-Royal, Paris, 1966). - N. Gotteri, *Grands Dignitaires, ministres et grands officiers du premier Empire : autographes et notices biographiques* (Nouvelles Éditions latines, Paris, 1990). - F.-G. Hourtoulle, *Ney, le brave des braves* (Lavauzelle, Paris, 1981). - H. de La Barre de Nanteuil, *le Comte Daru ou l'Administration militaire sous la Révolution et l'Empire* (Peyronnet, Paris, 1966). - L. Madelin, *Fouché, 1759-1821,* (Plon, Paris, 1955). - B. Melchior-Bonnet, *Un policier dans l'ombre de Napoléon, Savary, duc de Rovigo* (Perrin, Paris, 1962). - J. Orieux, *Talleyrand ou le sphinx incompris* (Flammarion, Paris, 1970). - F. Papillard, *Cambacérès* (Hachette, Paris, 1961). - J. Pigeire, *la Vie et l'Œuvre de Chaptal* (Spes, Paris, 1932). - M. Poniatowski, *Talleyrand et le Consulat* (Perrin, Paris, 1986). - D. Reichel, *Davout et l'art de la guerre* (Delachaux et Niestlé, Lausanne, 1975). - J.-P. Rioux, *les Bonaparte* (Complexe, coll. « Le Temps et les hommes », n° 11, Bruxelles, 1982). - P. Saint-Marc, *le Maréchal Marmont, duc de Raguse* (Fayard, Paris, 1957). - A. Soubiran, *le Baron Larrey, chirurgien de l'Empereur* (Fayard, Paris, 1966). - R. Szramkiewicz, *les Régents et censeurs de la Banque de France* (Droz, Paris-Genève, 1974). - E. Tarlé, *Napoléon* (Éd. du Progrès, nouv. éd., 1990) ; *Talleyrand* (Éd. en langues étrangères, Moscou, 1958). - J. Tulard, *Murat* (Hachette, Paris, 1983 ; Marabout, coll. « Marabout Université », n° 406, rééd., Paris, 1984). - J. Valynseele, *les Princes et ducs du premier Empire non maréchaux, leur famille et leur descendance* (l'auteur, Paris, 1959).

Institutions et vie politique. L. Bergeron et G. Chaussinand-Nogaret, *les Collèges électoraux du premier Empire* (Paris, 1978). - Fr. de Dainville et J. Tulard, *Atlas administratif de l'Empire Français d'après l'Atlas rédigé par ordre du duc de Feltre en 1812* (Droz, Genève, 1973). - C. Durand, *Études sur le Conseil d'État napoléonien* (P.U.F., Paris, 1949). - J. Godechot, *les Institutions de la Révolution et de l'Empire* (P.U.F., Paris, 2 éd., 1968 ; coll. « Dito », 1989). - B. Melchior-Bonnet, *la Conspiration du général Malet* (Del Duca, Paris, 1963). - M. Regaldo, *la Décade philosophique* (Atelier de reproduction des thèses, Lille, 1976). - J. Savant, *les Préfets de Napoléon* (Hachette, Paris, 1958). - J. Tulard, *l'Anti-Napoléon, la légende noire de l'Empereur* (Julliard, Paris, 1965) ; *Paris sous le Consulat et l'Empire, 1800-1815* (Diffusion Hachette, coll. « Nouvelle Histoire de Paris », Paris, 1970 ; *Paris et son administration, 1800-1830* (Imprimerie municipale, Paris, coll. « Bibliothèque historique de la ville de Paris », 1976). - L. de Villefosse et J. Bouissounouse, *l'Opposition à Napoléon* (Flammarion, Paris, 1969). - J. Waquet, « la Société civile devant l'insoumission et la désertion à l'époque de la conscription », dans *Bibliothèque de l'École des chartes,* 1968.

Vie économique et sociale. L. Bergeron et G. Chaussinand-Nogaret, *les Masses de granit. Cent mille notables du Premier Empire* (E.H.E.S.S., coll. « Bibliothèque générale », 1979).

– L. Bergeron, *Banquiers, négociants et manufacturiers parisiens, du Directoire à l'Empire* (Mouton, Paris-La Haye-New York, 1978). – J. Bouvier, *les Rothschild* (Complexe, coll. « le Temps et les Hommes », n° 16, Paris, nouv. éd., 1983). – C.-I. Brelot, *la Noblesse en Franche-Comté de 1789 à 1808* (Public. de la faculté des lettres, Besançon, 1972). – F. Caron, *Histoire économique de la France, XIXe-XXe siècle* (A. Colin, coll. « U », Paris, 2e éd., 1984). – B. de Jouvenel, *Napoléon Ier et l'économie dirigée. Le Blocus continental* (La Toison d'or, Paris, 1942). – J. Labasse, *le Commerce des soies à Lyon sous Napoléon et la crise de 1811* (P.U.F., Paris, 1957). – M. Payard, *le Financier Ouvrard, 1770-1846* (Académie nat. de Reims, 1961). – R. Priouret, *la Caisse des dépôts. Cent cinquante ans d'histoire financière* (P.U.F., Paris, 1960). – J. Tulard, *Napoléon et la noblesse d'Empire avec la liste complète des membres de la noblesse impériale : 1808-1815* (J. Tallandier, coll. « Bibliothèque napoléonienne », Paris, nouv. éd., 1986) ; *la Vie quotidienne des Français sous Napoléon* (coll. « la Vie quotidienne », 1978 ; nouv. éd. Librairie gén. française, coll. « le Livre de poche », n° 5803, Paris, 1983).

Histoire religieuse, intellectuelle et artistique. A. Cabanis, *la Presse sous le Consulat et l'Empire (1799-1814),* [Société des Études robespierristes, coll. « Bibliothèque d'histoire révolutionnaire », série 3, 16]. – S. Delacroix, *la Réorganisation de l'Église de France après le Concordat (1801-1809)* [Éd. du Vitrail, Paris, 1962, 3 vol.]. – A. Francastel, *le Style Empire, du Directoire à la Restauration* (Larousse, Paris, 1939). – L. Hautecœur, *l'Art dans la Révolution et l'Empire en France* (Le Prat, Paris, 1953). – A. Latreille, *l'Église catholique et la Révolution française,* t. II, *l'Ère napoléonienne et la crise européenne (1800-1815)* [Hachette, Paris, 1950]. – J. Leflon, *la Crise révolutionnaire (1789-1848)* dans *l'Histoire générale de l'Église* d'A. Fliche et de V. Martin, t. XX (Bloud et Gay, Paris, nouv. éd., 1966). – E.-G. Léonard, *Histoire générale du protestantisme,* t. III, *Déclin et Renouveau* (P.U.F., coll. « Quadrige », n° 103, Paris, nouv. éd., 1988). – M. Leroy, *Histoire des idées sociales en France,* t. II, *De Babeuf à Tocqueville* (Gallimard, Paris, 1951). – B. Melchior-Bonnet, *Napoléon et le pape* (Amiot-Dumont, Paris, 1958). – F. Pietri, *Napoléon et les israélites* (Berger-Levrault, Paris, 1965). – D. Robert, *les Églises réformées de France* (1800-1830) [P.U.F., Paris, 1961]. – J. Tulard, *L'Histoire de Napoléon par la peinture* (Belfond, coll. « l'Histoire... par la peinture », Paris, 1991).

Armée et campagnes. M. Baldet, *la Vie quotidienne dans les armées de Napoléon* (Hachette, Paris, 1965). – R. Darquenne, *la Conscription dans le département de Jemappes (1798-1813). Bilan démographique et médico-social* (Mons, 1970). – J. Jourquin, *le Dictionnaire des maréchaux du premier Empire* (Tallandier, coll. « Bibliothèque napoléonienne », 1986). – H. Lachouque, *Iéna* (G. Victor, Paris, 1962) ; *Napoléon et la Garde impériale* (Bloud et Gay, Paris, 1956). – H. Lachouque et J. Tranié, *la Garde impériale* (Lavauzelle, coll. « les Grands Moments de notre histoire », Paris, 1982). – Ph. Masson et J. Muracciole, *Napoléon et la marine* (Peyronnet, Paris, 1968). – J. Lovie et A. Palluel-Guillard, *l'Épisode napoléonien. Aspects extérieurs* (Éd. du Seuil, « Nouvelle Histoire de la France contemporaine », t. V, Paris, 1972). – J.-Cl. Quennevat, *Atlas de la Grande Armée. Napoléon et ses campagnes (1803-1815).* [Éd. Sequoia, Paris-Bruxelles, 1966]. – G. Six, *Dictionnaire biographique des généraux et amiraux français de la Révolution et de l'Empire* (Saffroy, Paris, 1934-1935, 2 vol.) – J. Tranié et J.-C. Carmignani, *Napoléon et la Russie : les années victorieuses, 1805-1807* (Copernic, Paris, 1980).

Napoléon, l'Europe et l'Orient. S. Askenasy, *Napoléon et la Pologne* (E. Leroux, Éd. du Flambeau, trad. par H. Grégoire, Paris, 1925). – F. Crouzet, *l'Économie britannique et le Blocus continental,* 1806-1813 (P.U.F., Paris, 1958, 2 vol.). – E. Driault, *Mohamed Aly et Napoléon (1807-1814). Correspondance des consuls de France en Égypte* (Champion, Paris, 1927). – M. Dunan, *Napoléon et l'Allemagne. Le système continental et les débuts du royaume de Bavière, 1806-1810* (Plon, Paris, 1942). – M. Dunan (sous la dir. de), *Napoléon et l'Europe* (Paris-Bruxelles, 1961). – A. Fugier, *Napoléon et l'Espagne* (1799-1803) [F. Alcan, Paris, 1930, 2 vol.]. ; *Napoléon et l'Italie* (Janin, Paris, 1947) ; *la Révolution française et l'Empire napoléonien* (Hachette, Histoire des relations internationales, t. IV, Paris, 1954). – C. de Grünwald, *Les Alliances franco-russes. Neuf siècles de malentendus* (Plon, Paris, 1965). – L. Madelin, *la Rome de Napoléon. La domination française à Rome, de 1809 à 1814* (Plon-Nourrit et Cie, Paris, 1906). – H. Nicholson, *le Congrès de Vienne, histoire d'une coalition, 1812-1822* (Hachette, nouv. éd., Paris, 1957). – J. H. Pirenne, *la Sainte Alliance et le traité de Vienne* (La Baconnière, Neuchâtel, 1946-1950, 2 vol.) – A. Sorel, *l'Europe et la Révolution française* (Plon, Paris, 1885-1904, 8 vol.). – J. Spellman *Napoléon et l'Islam* (S, s. l., 1970). – E. Tarlé, *le Blocus continental et le royaume d'Italie* (F. Alcan, Paris, 1928). – J. Tulard, *l'Europe de Napoléon* (Horvath, coll. « Histoire de l'Europe », Roanne, 1989).

21. LA FRANCE ROMANTIQUE

Textes et documents. H. de Balzac, *Correspondance 1819-1850* (Calmann-Lévy, Paris, 1876). – Chateaubriand, *Mémoires d'outre-tombe,* éd. Levaillant (Flammarion, Paris, 1949). – F. Guizot, *Mémoires pour servir à l'histoire de mon temps* (Lévy Frères, Paris, 1858-1967, 8 vol.) ; *Lettres de François Guizot et de la princesse de Lieven,* préface de J. Schlumberger (Mercure de France, Paris, 1963-64, 3 vol.). – Ch. de Rémusat, *Mémoires de ma vie,* éd. Ch.-H. Pouthas (Plon, Paris, 1958-1962, 4 vol.). – Ch. Sainte-Beuve, *Correspondance* (Lévy, Paris, 1877-78). – G. Sand, *Correspondance,* éd. Lubin (Garnier, Paris, en cours, 6 vol. parus, 1964-1970). – Stendhal, *Mémoires d'un touriste,* éd. V. del Litto (Rencontre, Lausanne, 1962). – A. de Tocqueville, *Correspondance avec le vicomte de Beaumont* (Gallimard, Paris, 1967, 3 vol.). – L. Veuillot, *Correspondance,* éd. Fr. Veuillot (Lethielleux, Paris, 1931-1933, 12 vol.). – J. Viennet, *Journal* (Amiot-Dumont, Paris, 1955). – A. de Vigny, *Mémoires inédits* (Gallimard, Paris, 1958). – A. de Villeneuve- Bargemont, *Économie politique chrétienne* (Paris, 1834, 3 vol.). – L. R. Villermé, *Tableau de l'état physique et moral des ouvriers employés dans les manufactures de coton, de laine et de soie* (Renouard, Paris, 1840, 2 vol.).

Études politiques et sociales. G. de Bertier de Sauvigny, *la Révolution de 1830 en France* (A. Colin, coll. « U2 », n° 117, Paris, 1970) ; *la France et les Français vus par les voyageurs américains, 1814-1848* (Flammarion, Paris, 1982) ; *Au soir de la monarchie. Histoire de la Restauration* (Flammarion, coll. « Histoire », nouv. éd., Paris, 1983) ; *la Restauration* (Flammarion, coll. « Champs », n° 237, Paris, 1990). – Fr. Bluche, *le Bonapartisme : aux origines de la droite autoritaire (1800-1850)* [Nouvelles Éditions latines, Paris, nouv. éd., 1980] ; *le Bonapartisme* (P.U.F., coll. « Que sais-je ? », n° 1980, Paris, 1re éd., 1981). – L. Girard, *la Garde nationale, 1814-1871* (Plon, Paris, 1964). – A. Jardin et A.-J. Tudesq, *la France des notables : 1815-1848* (Le Seuil, coll. « Nouvelle Histoire de la France contemporaine », t. VI et VII, coll. Points, Paris, 1973). – J. Lhomme, *la Grande Bourgeoisie au pouvoir, 1830-1880* (P.U.F., Paris, 1960). – J.-J. Oeschlin, *le Mouvement ultra-royaliste sous la Restauration* (Libr. générale de droit et de jurisprudence, Paris, 1960). – F. Ponteil, *la*

Monarchie parlementaire (1815-1848) [A. Colin, 2e éd., Paris, 1958] ; *les Institutions de la France de 1814 à 1870* (P.U.F., Paris, 1966). - R. Rémond, *la Vie politique en France depuis 1789,* t. I., *1789-1848* (A. Colin, coll. « U », Paris, 1965) ; *la Droite en France, de la Restauration à nos jours* (Aubier-Montaigne, coll. « Historique », Paris, nouv. éd., 1982). - St. Rials, *le Légitimisme* (P.U.F., coll. « Que sais-je ? », no 2 107, Paris, 1re éd., 1983). - A.-J. Tudesq, *les Grands Notables en France 1840-1849* (P.U.F., Paris, 1964). - J. Vidalenc, *la Restauration, 1814-1830* (P.U.F., coll. « Que sais-je ? », no 1214, 5e éd., 1983). - Ph. Vigier, *la Monarchie de Juillet* (P.U.F. coll. « Que sais-je ? », no 1002, Paris, 6e éd., 1982). - E. de Waresquiel, *le Duc de Richelieu, 1766-1822. Un sentimental en politique* (Perrin, Paris, 1990).

Économie et société : études dans le cadre national. M. Augé-Laribé, *la Révolution agricole* (A. Michel, Paris, 1955). - A. Beetran et P. Griset, *la Croissance économique de la France (1815-1914)* [A. Colin, coll. « Cursus », 1988]. - F. Braudel et E. Labrousse (sous la dir. de), *Histoire économique et sociale de la France,* t. III. *De 1789 à 1880 : l'avènement de l'ère industrielle* (P.U.F., Paris, 1976). - F. Caron, *Histoire économique de la France, XIXe-XXe siècle* (A. Colin, coll. « U », Paris, 2e éd., 1984). - A. Dewerpe, *le Monde du travail en France (1800-1950)* [A. Colin, coll. « Cursus », 1989]. - G. Duby et A. Wallon (sous la dir. de), *Histoire de la France rurale,* t. III, *1789-1914* (Paris, 1976). - G. Duby (sous la dir. de), *Histoire de la France urbaine,* t. III et t. IV (Le Seuil, Paris, 1981-1982). - A.L. Dunham, *la Révolution industrielle en France, 1815-1848* (Rivière, Paris, 1953). - Cl. Fohlen, « Naissance d'une civilisation industrielle », t. III de l'*Histoire générale du travail* (Nouvelle Librairie de France, Paris, 1961). - B. Gille, *la Banque et le crédit en France de 1815 à 1848* (P.U.F., Paris, 1959). - L. M. Jouffroy, *l'Ère du rail* (A. Colin, Paris, 1953). - A. Soboul, *Problèmes paysans de la révolution, 1778-1848* (Maspéro, coll. « Fondations », Paris, 1983). - J. Vidalenc, *la Société française de 1815 à 1848* (Rivière, Paris, 1970).

Études dans un cadre régional. G. de Bertier de Sauvigny, (Paris sous) *la Restauration : 1815-1830* (Diffusion Hachette, coll. « Nouvelle Histoire de Paris », Paris, 1977). - L. Chevalier, *Classes laborieuses et classes dangereuses à Paris pendant la première partie du XIXe siècle* (Rivière, Paris, 1958). - A. Corbin, *Archaïsme et modernité en Limousin au XIXe siècle* (Rivière, Paris, 1975). - A. Daumard, *la Bourgeoisie parisienne de 1815 à 1848* (S.E.V.P.E.N., Paris, 1963). - G. Désert, *les Paysans du Calvados, 1815-1895,* (Université de Lille-III, 1975, 3 vol.). - G. Fayolle, *la Vie quotidienne en Périgord au temps de Jacquou le Croquant* (Hachette, Paris, 1977). - M. Gillet, *les Charbonnages du nord de la France au XIXe siècle* (Mouton, Paris-La Haye, 1973). - P. Leuilliot, *l'Alsace au début du XIXe siècle* (S.E.V.P.E.N., Paris, 1956-1961, 3 vol.). - P. Lévêque, *Une société provinciale,* t. I, *la Bourgogne sous la monarchie de Juillet ;* t. II, *Une société en crise : la Bourgogne au milieu du XIXe siècle (1846-1852),* [E.H.E.S.S., Paris, 1983]. - G. Livet et Ch. Gras, *Régions et régionalisme en France du XVIIIe siècle à nos jours* (Colloque de Strasbourg, 1975) [P.U.F., Paris, 1976]. - G. Ribe, *l'Opinion publique et la vie politique à Lyon lors des premières années de la seconde Restauration, 1815-1822* (Sirey, Paris, 1958). - G. Thuillier, *Aspects de l'économie nivernaise au XIXe siècle* (A. Colin, Paris, 1967). - L. Trénard, *Lyon, de l'Encyclopédie au préromantisme* (P.U.F., Lyon, 1958, 2 vol.). - J. Vidalenc, *le Département de l'Eure sous la monarchie constitutionnelle (1814-1848)* [Rivière, Paris, 1952]. - Ph. Vigier, *Essai sur la répartition de la propriété foncière dans la région alpine : son évolution, des origines du cadastre à la fin du second Empire* (E.H.E.S.S., coll. « Les Hommes et la Terre », no 8, 1963).

Vie religieuse et culturelle. H.R. d'Allemagne, *les Saint-Simoniens* (Gründ, Paris, 1930). - D. Bagge, *les Idées politiques en France sous la Restauration* (P.U.F., Paris, 1952). - C. Bellanger et J. Godechot (sous la dir. de), *Histoire générale de la Presse française,* t. II, *De 1815 à 1871* (P.U.F., Paris, 1969). - H. Clouzot, *le Style Louis-Philippe-Napoléon III* (Larousse, Paris, 1938). - A. Dansette, *Histoire religieuse de la France contemporaine,* t. I (Flammarion, Paris, 1948). - L. Epsztein, *l'Économie et la Morale aux débuts du capitalisme industriel en France et en Grande-Bretagne* (A. Colin, Paris, 1966). - H. Focillon, *la Peinture au XIXe siècle* (Laurens, Paris, 1928). - Ch. Gide et Ch. Rist, *Histoire des doctrines économiques* (Larose et Ténin, Paris, 1909). - Y.-M. Hilaire, *Une chrétienté au XIXe siècle. La vie religieuse du diocèse d'Arras (1840-1914)* [Presses universitaires, Lille, 1977]. - R. Huyghe, *la Peinture Française au XIXe siècle* (Flammarion, Paris, 1974-1976, 3 vol.). - Ch. Ledré, *la Presse à l'assaut de la monarchie, 1815-1848* (A. Colin, Paris, 1960). - M. Leroy, *le Socialisme des producteurs, Henri de Saint-Simon* (Rivière, Paris, 1923). - J. Lucas-Dubreton, *le Culte de Napoléon* (A. Michel, Paris, 1960). - P. Moreau, *le Romantisme,* t. VIII de l'*Histoire de la littérature française* (Del Duca, Paris, 1957). - R. Picard, *le Romantisme social* (Brentano's, Paris, 1947). - F. Ponteil, *Histoire de l'enseignement en France, 1789-1965* (Sirey, Paris, 1966). - Ch.-H. Pouthas, *l'Église et les questions religieuses sous la monarchie constitutionnelle* (C.D.U., Paris, 1942). - D. Robert, *les Églises réformées en France, 1800-1830* (P.U.F., Paris, 1961). - L. J. Rogier, G. de Bertier de Sauvigny, J. Hajjar, *Siècle des Lumières, Révolutions, Restaurations* (Le Seuil, coll. « Nouvelle Histoire de l'Église », t. IV, 1966).

Études biographiques. P. Barbéris, *Balzac et le mal du siècle* (Gallimard, Paris, 1970, 2 vol.). - P. Barral, *les Périer dans l'Isère au XIXe siècle d'après leur correspondance familiale,* (P.U.F., Paris, 1964). - P. Bastid, *Benjamin Constant et sa doctrine* (A. Colin, Paris, 1966, 2 vol.). - G. de Bertier de Sauvigny, *Un type d'ultra-royaliste, le comte Ferdinand de Bertier, et l'énigme de la Congrégation* (Presses continentales, Paris, 1952 ; nouv. éd., 1958). - J. Bouvier, *les Rothschild* (Fayard, Paris, 1967, Éd. Complexe, coll. « le Temps et les hommes », no 16. ; nouv. éd., Paris, 1983). - J. Cabanis, *Lacordaire et quelques autres. Politique et religion* (Gallimard, Paris, 1982). - J.M. Carré, *Michelet et son temps* (Perrin, Paris, 1926). - R. de Castries, *Louis-Philippe* (Tallandier, Paris, 1980). - A. Dansette, *Louis-Napoléon à la conquête du pouvoir* (Tallandier, Paris, 1980). - J.-R. Derré, *Lamennais, ses amis et le mouvement des idées à l'époque romantique (1824-1834)* [Klincksieck, Paris, 1962]. - E. Dolléans, *Proudhon* (Gallimard, Paris, 1948). - J. H. Donnard, *Balzac, les réalités économiques et sociales dans la « Comédie humaine »* (A. Colin, Paris, 1961). - J. Gouhier, *la Jeunesse d'Auguste Comte et la formation du positivisme* (Vrin, Paris, 1933-1941, 3 vol.). - H. Guillemin, *Lamartine et la question sociale* (La Palatine, Genève, 1946). - J.-Cl. Lamberti, *Tocqueville et les deux démocraties* (P.U.F., coll. « Sociologie », Paris, 1983). - E. Lever, *Louis XVIII* (Fayard, Paris, 1988). - F. Ley, *Benjamin Constant, Chateaubriand, Bernardin de Saint-Pierre, Madame de Staël et Madame de Krüdener* (Aubier, Paris, 1967). - Ph. Mansel, *Louis XVIII,* traduit de l'anglais par D. Meunier (Pygmalion, Gérard Watelet, Paris, 1982). - P. Moreau, *Chateaubriand* (Hatier, Paris, 1956). - Ch.-H. Pouthas, *Guizot pendant la Restauration* (Plon, Paris, 1923). - M. Reclus, *Monsieur Thiers* (Plon, Paris, 1929). - V.L. Tapié, *Chateaubriand par lui-même* (Le Seuil, Paris,

1965). - J. Touchard, *la Gloire de Béranger* (A. Colin, Paris, 1968).

Politique extérieure et politique coloniale. J. Ancel, *Manuel historique de la question d'Orient* (Delagrave, Paris, 1927). - G. de Bertier de Sauvigny, *Metternich et la France après le Congrès de Vienne* (Hachette, Paris, 1968-1972, 3 vol.). - J. Droz, *Histoire diplomatique de 1648 à 1919* (Dalloz, coll. « Études politiques, économiques et sociales », Paris, 3e éd., 1972). - J.-B. Duroselle, *l'Europe du XIXe siècle à nos jours : vie politique et relations internationales* (P.U.F., coll. « Nouvelle Clio », no 38, Paris, nouv. éd., 1988). - J.-P. Faivre, *l'Expansion française dans le Pacifique (1800-1842)* [Nouvelles Éditions latines, Paris, 1953]. - Ch.-A. Julien, *Histoire de l'Algérie contemporaine,* t. I, *la conquête et les débuts de la colonisation* (P.U.F. Paris, 1964). - J.-H. Pirenne, *la Sainte Alliance et le Traité de Vienne* (La Baconnière, Neuchâtel, 1946-1950, 2 vol.). - Ch.-H. Pouthas, *la Politique étrangère de la France sous la monarchie constitutionnelle* (C.D.U., Paris, 1948). - P. Renouvin, *Histoire des relations internationales,* t.V, *le XIXe siècle,* vol. I : *De 1815 à 1871* (Hachette, Paris, 1954). - J. Tramond et A. Reussner, *Éléments d'histoire maritime et coloniale contemporaine (1815-1914)* [Sté d'Édit. géographiques, maritimes et coloniales, Paris, 1946-1948]. - Ch. Webster, *The Congress of Vienna* (Londres, 1934).

22. LA RÉVOLUTION ET LA RÉPUBLIQUE CONCILIATRICE

Les *mises au point* les plus récentes : M. Agulhon, *1848 ou l'apprentissage de la République, 1848-1852* (Le Seuil, coll. « Nouvelle Histoire de la France contemporaine », t. VIII, coll. « Points. Histoire », no 108, Paris, 1973) ; *les Quarante-huitards* (Gallimard, coll. « Archives », no 61, Paris, 1975) ; *1848 : les utopismes sociaux* (S.E.D.E.S., Paris, 1983). - G. de Bertier de Sauvigny, *la Révolution parisienne de 1848 vue par les Américains* (Bibliothèque historique de la Ville de Paris, coll. « Verte », 1984). - P. Dominique, *les Journées de Juin* (Berger-Levrault, Paris, 1967). - G. Duveau, *1848* (Gallimard, coll. « Idées », Paris, 1965). - L. Girard, *Naissance et mort de la IIe République* (Calmann-Lévy, Paris, 1968). - F. Ponteil, *1848* (A. Colin, Paris, 3e éd., 1955). - A.-J. Tudesq, *l'Élection présidentielle de Louis-Napoléon Bonaparte, 10 décembre 1848* (A. Colin, coll. « Kiosque », Paris, 1965). - Ph. Vigier, *la Seconde République* (P.U.F., « Que sais-je ? », no 295, 5e éd., Paris, 1988) ; *la Vie quotidienne en province et à Paris pendant les journées de 1848* (Hachette, coll. « la Vie quotidienne », Paris, 1982). - L. Willette, *le Coup d'État du 2 décembre 1851* (Aubier-Montaigne, coll. « Floréal », Paris, 1982).
renvoient elles-mêmes :

a) soit à des *histoires anciennes* ayant plutôt un caractère de sources (Daniel Stern, Garnier-Pagès, E. Ollivier, Lamartine, etc.) ;

b) soit à des synthèses dépassées, mais riches de faits, telles que celle de Ch. Seignobos au tome VI de l'*Histoire de France contemporaine* (Hachette, Paris, 1921) de É. Lavisse, celle de G. Renard au tome IX de l'*Histoire socialiste* (1906) dirigée par J. Jaurès, ou celle de P. de la Gorce, *Histoire de la Seconde République française* (1887), qui représentent bien respectivement les trois orientations classiques : républicaine, socialiste et conservatrice ;

c) soit à des *travaux particuliers* dont on trouvera une sélection dans les mises au point citées plus haut.

On retiendra seulement que les principaux *renouvellements récents* de points de vue sont venus :
a) d'une part, des beaux travaux néo-lamartiniens de H. Guillemin, *le Coup du 2-Décembre* (Gallimard, coll. « Trente Journées qui ont fait la France », Paris, 1952) et *la Première Résurrection de la République, 24 février 1848* (Gallimard, coll. « Trente Journées qui ont fait la France », Paris, 1967) ;

b) d'autre part, des thèses d'histoire sociale à cadre régional : Ph. Vigier, *la Seconde République dans la région alpine* (P.U.F., Paris, 1963, 2 vol.). - M. Agulhon, *la République au village : les populations du Var, de la Révolution à la IIe République* (Seuil, coll. « Univers historique », 1979) et *Une ville ouvrière au temps du socialisme utopique : Toulon de 1815 à 1851* (E.H.E.S.S., coll. « Publ. de l'École pratique des hautes études, Sorbonne. VIe section : Civilisations et Sociétés », no 18, nouv. éd., 1977). - A. Corbin, *Archaïsme et modernité en Limousin au XIXe siècle* (Rivière, Paris, 1975, 2 vol.), et la série n'en est pas close ;

c) d'une active historiographie sociale de langue anglaise, dont on peut retenir R. Price, comme auteur de *The French Second Republic, a social history* (Batsford, Londres, 1972), et comme « éditeur » de *Revolution and Reaction, 1848 and the Second French Republic* (CroomHelm, Londres, 1975), ainsi que J. Merriman, *The Agony of the Republic* (Yale University Press, 1978) ;

d) d'un récent regain d'intérêt pour l'histoire intellectuelle, dont émerge *le Temps des prophètes* de Paul Bénichou (Gallimard, Paris, 1977).

L'École française d'histoire ouvrière, celle d'E. Dolléans, de G. Duveau, d'E. Labrousse, s'exprime principalement dans *le Mouvement social,* revue trimestrielle (Éditions ouvrières, Paris). Elle a réalisé sous la direction de J. Maitron un *Dictionnaire biographique du mouvement ouvrier français,* 1re partie, *1789-1864* (Éditions ouvrières, Paris, 1965-1971, 3 vol.) où la plupart des « quarante-huitards » connus font l'objet de notices élaborées de première main.
Enfin la *Société d'histoire de la révolution de 1848,* qui avait naguère publié le périodique *Études, bibliothèque de la révolution de 1848* (interrompu depuis 1968), a donné en 1975 un utile numéro spécial aux *Annales historiques de la Révolution française* (« 1848 - et la Seconde République ») ; elle apporte aujourd'hui sa coopération à *Romantisme, revue du XIXe siècle* (trimestrielle, chez Champion).

23. LE MOUVEMENT D'UNE CIVILISATION NOUVELLE

N'ont été retenus que des ouvrages et articles récents et originaux. Ch.-R. Ageron, J. Thobie, G. Meynier, C. Coquery-Vidrovitch, *Histoire de la France coloniale,* t. II, *De 1914 à nos jours* (A. Colin, coll. « Histoires », 1991). - M. Agulhon, *la République : de Jules Ferry à François Mitterrand, 1880 à nos jours* (Hachette, coll. « Histoire de France-Hachette », t. V, 1990). M. Agulhon (sous la dir. de), *la Ville de l'âge industriel, le cycle haussmannien (1840-1950)* [Éd. du Seuil, coll. « Histoire de la France urbaine » dirigée par G. Duby, t. IV, Paris, 1983]. - A. Armengaud, *la Population française au XIXe siècle* (P.U.F., coll. « Que sais-je ? », no 1420, Paris, 2e éd., 1976). - J.-C. Asselain, *Histoire économique de la France du XVIIIe siècle à nos jours,* t. I *(du XVIIIe siècle à 1919)* [Éd. du Seuil, Paris, 1984]. - P. Bairoch, *Commerce extérieur et développement économique de l'Europe au XIXe siècle* (Mouton, La Haye-Paris, 1976). - P. Barral, *le Département de l'Isère sous la IIIe République, 1870-1940* (A. Colin, Paris, 1962). - A. Beltran et P. A. Carré, *la Fée et la Servante. La société française face à l'électricité (XIXe-XXe siècle* (Belin, coll. « Histoire et Société »). - L. Bergeron, *les Capitalistes en France, 1780-1914*

(Gallimard, coll. « Archives », Paris, 1978) ; *l'Industrialisation de la France au* XIX*e siècle* (Hatier, Paris, 1979) ; *les Rothschild et les autres : la gloire des banquiers* (Perrin, coll. « Histoire et fortunes », 1991). - J. Bouvier, *le Crédit Lyonnais de 1863 à 1882. Les années de formation d'une banque de dépôts* (S.E.V.P.E.N., Paris, 1961, 2 vol.) ; *Naissance d'une banque : le Crédit Lyonnais* (Flammarion, Paris, nouv. éd., 1968) ; *Un siècle de banque française* (Hachette, Paris, 1973). - J. Bouvier, Fr. Furet et M. Gillet, *le Mouvement du profit en France au* XIX*e siècle* (Mouton, La Haye-Paris, 1965) ; *Charbon et sciences humaines. Actes du colloque de Lille, 1963* (Mouton, La Haye-Paris, 1966). - F. Braudel et E. Labrousse (sous la dir. de), *Histoire économique et sociale de la France,* t. III, *l'Avènement de l'ère industrielle, 1789-années 1880* (P.U.F., Paris, 1976, 2 vol.) ; t. IV, *l'Ère industrielle et la société d'aujourd'hui, 1880-1980* (P.U.F., Paris, 1976 et 1979, 2 vol.). - D. et A. Cabanis, *Histoire économique, sociale et politique de la société française aux* XIX*e et* XX*e siècles* (Privat, Toulouse, 1990). - R.E. Cameron, « Profit, croissance et stagnation en France au XIXe siècle », dans *Économie appliquée,* avr.-sept. 1957 ; *la France et le développement économique de l'Europe, 1800-1914* (Le Seuil, Paris, 1971). - « La Concentration des établissements en France de 1896 à 1936 », dans *Études et conjoncture,* sept. 1954. - F. Caron, *Histoire de l'exploitation d'un grand réseau, la Compagnie du chemin de fer du Nord, 1846-1937* (Mouton, La Haye-Paris, 1973). - F. Caron, *Histoire économique de la France,* XIX*e*-XX*e siècles* (A. Colin, coll. « U », Paris, 2e éd., 1984) ; *Le résistible des sociétés industrielles* (Perrin, Paris, 1985) ; *La France des patriotes de 1851 à 1918* (Fayard, coll. « Histoire de France », t. V, sous la dir. de J. Favier, Paris, 1985). - P. Cayez, *Du métier Jacquard aux hauts fourneaux : aux origines de l'industrie lyonnaise* (P.U.L., Lyon, 1978) ; *Crises et croissance de l'industrie lyonnaise, 1850-1900* (P.U.L., Lyon, 1980). - F.-P. Codaccioni, *De l'inégalité sociale dans une grande ville industrielle : le drame de Lille de 1850 à 1914* (Presses de l'Université de Lille-III, Lille, 1976). - A. Corbin, *Archaïsme et modernité en Limousin au* XIX*e siècle* (M. Rivière, 1975, 2 vol.). - F. Crouzet, « Essai de construction d'un indice annuel de la production industrielle française au XIXe siècle », dans *Annales E.S.C.,* janv.-févr. 1970, pp. 56-99 ; « Encorela croissance française au XIXe siècle », dans *Revue du Nord,* juill.-sept. 1972. - A. Daumard et alii, *les Fortunes françaises au* XIX*e siècle* (Mouton, La Haye-Paris, 1973). - M. Daumas et alii, *Histoire générale des techniques,* t. III et IV (P.U.F., Paris, 1969 et 1979). - G. Désert, *Une société rurale au* XIX*e siècle ; les paysans du Calvados 1815-1895* (Université de Lille-III, Lille, 2 vol. ; Champion, Paris, 1975, 1 vol.). - J. Dupâquier (sous la dir. de), *Histoire de la population française.* T. III : *de 1789 à 1914 ;* T. IV : *de 1914 à nos jours* (P.U.F., Paris, 1988 et 1989). - G. Dupeux, *Aspects de l'histoire sociale et politique du Loir-et-Cher, 1848-1914* (Mouton, La Haye-Paris, 1962) ; *la Société française, 1789-1970* (A. Colin, Paris, 6e éd., 1986) ; *Atlas historique de l'urbanisation de la France (1811-1975)* [Éd. du C.N.R.S., 1982]. - Dik. Fieldhouse, *Economics and Empire, 1830-1914* (MacMillan, Londres, 1984). - Cl. Fohlen, *l'Industrie textile au temps du Second Empire* (Plon, Paris, 1956). - J. Fourastié, *Migrations professionnelles* (P.U.F., coll. I.N.E.D., Paris, 1957). - P. Fridenson et A. Strauss (sous la dir. de), *le Capitalisme français,* XIX*e*-XX*e siècle. Blocages et dynamisme d'une croissance* (Fayard, 1987). - R. Fruit, *la Croissance économique du pays de Saint-Amand (Nord), 1668-1914* (A. Colin, Paris, 1963). - G. Garrier, *Paysans du Beaujolais et du Lyonnais, 1800-1970* (P.U.G., Grenoble, 1973, 2 vol.). - G. Garrier (sous la dir. de), *la Domination du capitalisme 1840-1914* (A. Colin, coll. « Histoire économique et sociale du monde », sous la dir. de P. Léon, t. III, Paris, 1977). - B. Gille, *Histoire de la maison Rothschild, 1848-1870,* t. II (Droz, Genève, 1967) ; *la Sidérurgie française au* XIX*e siècle* (Droz, Genève, 1968). - M. Gillet, « Révolution industrielle ou « take-off » ?, dans *l'Information historique,* mars-avr. *1970,* pp. 67-75 ; *les Charbonnages du nord de la France au* XIX*e siècle* (Mouton, La Haye-Paris, 1973) ; *Histoire sociale du Nord et de l'Europe du Nord-Ouest* (P.U.L., Lille, 1984). - L. Girard, « Valeur et permanence des thèmes saint-simoniens », dans *Cahiers de l'I.S.E.A.,* Économies et sociétés, avr. 1970. - A. Gueslin, *les Origines du Crédit agricole* (Annales de l'Est, Mémoire no 59, Nancy, 1978). - P. Guillaume, *Individus, Familles, Nations* (S.E.D.E.S., Paris, 1985). - R. Hübscher, *l'Agriculture et la société rurale dans le Pas-de-Calais du* XIX*e siècle à 1914* (Arras, 1974, nouv. éd., 1979-1980, 2 vol.). - Ch. Kindleberger, *Economic Growth in France and Britain, 1851-1950* (Harvard University Press, Cambridge, Massachusetts, 1964). - M. Laget, *Naissances. L'accouchement avant l'âge de la clinique* (Éd. du Seuil, Paris, 1982). - Cl. Lamming et J. Marseille, *le Temps des chemins de fer en France* (Nathan, 1986). - P. Léon, *la Naissance de la grande industrie en Dauphiné (fin du* XVII*e siècle-1869)* [P.U.F., Paris, 1954, 2 vol.] ; « l'Usine d'Allevard, 1869-1914 », dans *Cahiers d'histoire,* 1963 ; P. Léon, F. Crouzet, R. Gascon et alii, *l'Industrialisation en Europe au* XIX*e siècle* (C.N.R.S., Paris, 1972). - Y. Lequin, *les Ouvriers de la région lyonnaise, 1848-1914* (P.U.L., Lyon, 1977, 2 vol.). - M. Lévy-Leboyer, « la Croissance économique en France au XIXe siècle », dans *Annales E.S.C.,* juill.-août 1968, pp. 788-807 ; M. Lévy-Leboyer et alii, *la Position internationale de la France* (E.H.E.S.S., 1977). - F. Loyer, *le Siècle de l'industrie* (Skira, Paris, 1983). - J. Marczewski, « le Produit physique de l'économie française de 1789 à 1913 ; comparaison avec la Grande-Bretagne », dans *Cahiers de l'I.S.E.A.,* série AF, juill. 1969. - T.J. Markovitch, « l'Industrie française de 1789 à 1964 », dans *Cahiers de l'I.S.E.A.,* série AF, 4 vol., 1965-1966 ; « les Cycles industriels en France », dans *le Mouvement social,* avr.-juin 1968 ; « les Secteurs dominants de l'industrie française », dans *Analyse et prévision,* mars 1966. - J. Marseille, *Empire colonial et capitalisme français : histoire d'un divorce* (Albin Michel, coll. « l'Aventure humaine », 1986 et Le Seuil, coll. « Points-Histoire », no 426, 1989) ; *l'Âge d'or de la France coloniale* (Albin Michel, coll. « Beaux livres », 1986) ; *les Paysans : 1850-1880* (Atlas, coll. « Un certain âge d'or », 1987). - C.-A. Michalet, *les Placements des épargnants français de 1815 à nos jours* (P.U.F., Paris, 1968). - G.-P. Palmade,*Capitalisme et capitalistes français au* XIX*e siècle* (A. Colin, Paris, 1961). - M. Perrot (sous la dir. de), *De la Révolution à la Grande Guerre* (Le Seuil, coll. « Histoire de la vie privée », t. IV (sous la dir. de G. Duby et de Ph. Ariès), Paris, 1987). - Ph. Pinchemel, *Structures sociales et dépopulation rurale dans les campagnes picardes de 1836 à 1936* (A. Colin, Paris, 1957). - A. Prost, *Histoire de l'enseignement en France (1800-1967)* [A. Colin, coll. « U », Paris, 6e éd., 1986] ; *Petite Histoire de la France au* XX*e siècle* (A. Colin, coll. « U », Paris, 5e éd., 1986). - R. Rémond, *Notre siècle (1918-1991)* [Fayard, coll. « Histoire de France », t. VI, sous la dir. de J. Favier, Paris, 2e éd., 1991]. - J.-P. Rioux, *la Révolution industrielle 1780-1880* (Le Seuil, Paris, 1971). - R. Roehl, « l'Industrie française : une remise en cause », dans *Revue d'histoire économique et sociale,* 1977. - W. Serman, *les Officiers français dans la nation 1848-1914* (Aubier-Montaigne, coll. « Historique », 1982). - J.-F. Sirinelli, *Intellectuels et passions françaises. Manifestes et pétitions au* XX*e siècle* (Fayard, coll. « Nouvelles études historiques », Paris, 1990). - P. Sorlin, *la Société française,*

t. I *(1840-1914)* [Arthaud, Paris, 1969]. - A. Thépot et alii, *l'Ingénieur dans la société française* (Éditions ouvrières, coll. « Mouvement social », Paris, 1985). - G. Thuillier, *Pour une histoire du quotidien au XIXe siècle en Nivernais* (Mouton, La Haye-Paris, 1977). - R. Trempé, *les Mineurs de Carmaux, 1848-1914* (Éditions Ouvrières, 1971, 2 vol.). - J. Vial, *l'Industrialisation de la sidérurgie, 1814-1864* (Mouton, La Haye-Paris, 1968, 2 vol.). - E.A. Wrigley, *Société et population* (Hachette, Paris, 1969).

24. LE SECOND EMPIRE

Ouvrages généraux. A. Dansette, *Du 2 décembre au 4 septembre* (Hachette, Paris, 1972). - A. Gérard, *le Second Empire, innovation et réaction* (P.U.F., Paris, 1972). - P. Labracherie, *le Second Empire* (Julliard, Paris, 1962). - P. Miquel, *le Second Empire* (A. Barret, Paris, 1979). - A. Plessis, *De la fête impériale au mur des Fédérés, 1852-1871* (Le Seuil, coll. « Nouvelle Histoire de la France contemporaine », t. IX, Paris, 1973). - G. Pradalié, *le Second Empire* (P.U.F., coll. « Que sais-je ? » n° 739, Paris, 7e éd., 1987).

L'Empereur. Napoléon III, Man of destiny. Enlightened statesman or protofascist ? ed. by B.G. Gooch (New York, 1962). - L. Girard, *Napoléon III* (Fayard, Paris, 1986). - W. Smith, *Napoléon III* (Hachette, trad. fr., Paris, 1982).

Les personnes. N. Blayau, *Billault, ministre de Napoléon III d'après ses papiers personnels* (Klincksieck, Paris, 1969). - J. Durieux, *le Ministre Pierre Magne d'après ses lettres et ses souvenirs* (Champion, Paris, 1929). - G. Lameyre, *Haussmann, préfet de Paris* (Flammarion, Paris, 1958). - B. Leclère et V. Wright, *les Préfets du second Empire* (A. Colin, Paris, 1972). - J. Maurain, *Un bourgeois français au XIXe siècle : Baroche, ministre de Napoléon III* (Alcan, Paris, 1936). - B. Melchior- Bonnet, *Jérôme Bonaparte, l'envers de l'épopée* (Perrin, Paris, 1979). - M. Parturier, *Morny et son temps* (Hachette, Paris, 1969). - J. Rohr, *Victor Duruy, ministre de Napoléon III. Essai sur la politique de l'Instruction publique au temps de l'Empire libéral* (Librairie générale de droit et de jurisprudence, Paris, 1967). - R. Schnerb, *Rouher et le second Empire* (A. Colin, Paris, 1949).

Institutions et vie politique. R. Bellet, *Presse et journalisme sous le second Empire* (A. Colin, Paris, 1967). - J.-J. Chevallier, *Histoire des institutions de la France de 1789 à nos jours* (Dalloz, nouv. éd. Paris, 1981). - J. Dubois, *le Vocabulaire politiqueet social en France de 1869 à 1872* (Larousse, Paris, 1962). - L. Girard, R. Gossez, A. Prost, *les Conseillers généraux en 1870* (P.U.F., Paris, 1967). - P. Guiral, *Prévost-Paradol, pensée et action d'un libéral sous le second Empire* (P.U.F., Paris, 1955). - B. Le Clère et V. Wright, *les Préfets du second Empire* (A. Colin, Paris, 1973). - A. Plessis, *Régents et gouverneurs de la Banque de France sous le second Empire* (Droz, Genève-Paris, 1985). - H.C. Payne. *The Police State of Louis-Napoléon Bonaparte, 1851-1860* (Seattle, University of Washington Press, 1978). - M. Rubel, *Karl Marx devant le bonapartisme* (Mouton, Paris, 1960). - I. Tchernoff, *le Parti républicain au coup d'État et sous le second Empire* (Pedone, Paris, 1906). - V. Wright, *le Conseil d'État sous le second Empire* (A. Colin, Paris, 1972). - Th. Zeldin, *The Political System of Napoléon III* (McMillan, Londres, 1958).

L'Empire libéral et la « crise » finale. Les Élections de 1869, sous la direction de L. Girard (Rivière, Paris, 1960). - Th. Zeldin, *E. Ollivier and the Liberal Empire of Napoléon III* (Clarendon Press, Oxford, 1963).

La vie économique et sociale. A. Armengaud, *les Populations de l'Est aquitain au début de l'époque contemporaine. Recherches sur une région moins développée (vers 1845-vers 1871)* [Mouton, Paris, 1961]. - A. Armengaud et A. Fine, *la Population française au XIXe siècle* (P.U.F., coll. « Que sais-je ? », n° 1167, Paris, 2e éd., 1976). - R. Cameron, *la France et le développement économique de l'Europe* (Seuil, coll. « Univers historique », Paris, 1971). - A.-L. Dunham. *The Anglo-French Treaty of Commerce of 1860 and the Progress of the Industrial Revolution in France* (Detroit, University of Michigan Press, 1930). - G. Duveau, *la Vie ouvrière sous le second Empire* (Gallimard, Paris, 1946). - C. Fohlen, *l'Industrie textile au temps du second Empire* (Plon, Paris, 1956). - J. Gaillard, *Paris, la Ville, 1852-1870* (Université de Lille-III, 1976 ; Champion, Paris, 1976). - L. Girard, *la Politique des travaux publics du second Empire* (A. Colin, Paris, 1952). - L. Girard, *Paris sous la Deuxième République et le second Empire, 1848-1870* (Diffusion Hachette, coll. « Nouvelle Histoire de Paris », Paris, 1981). - P. Guiral, *la Vie quotidienne en France à l'âge d'or du capitalisme, 1852-1879* (Hachette, Paris, 1976). - J. Lhomme, *la Grande Bourgeoisie au pouvoir, 1830-1850* (P.U.F., Paris, 1960). - T.J. Markovitch, *Salaires et profits industriels en France sous la Monarchie de Juillet et le second Empire* (Cahiers de l'I.S.E.A., 1965). - *Marseille sous le second Empire. Centenaire de la chambre de commerce* (Plon, Paris, 1961). - P. Pierrard, *la Vie ouvrière à Lille sous le second Empire* (Bloud et Gay, Paris, 1965). - A. Plessis, *la Banque de France et ses deux cents actionnaires sous le second Empire* (Droz, coll. « Travaux d'histoire éthico-politique », n° 40, Genève, 1983). - A. Rowley, *Évolution économique de la France du XIXe siècle à 1914* (C.D.U. et S.E.D.E.S., 1982).

Aspects de la politique extérieure. St Bobr-Tylingo, *Napoléon III, l'Europe et la Pologne, 1863-1964* (Rome, Institutum Historicum Polonicum, 1963). - L.M. Case, W. Spencer, *French Opinion on War and Diplomacy during the Second Empire* (Philadelphie, 1954). - G. Delamare, *la Tragédie mexicaine, une faute de Napoléon III* (Thone, Liège, 1963). - A.-L. Dunham, *The Anglo-French Treaty of commerce of 1860 and the Progress of the Industrial Revolution in France* (Detroit, University of Michigan Press, 1930). - J.-B. Duroselle, *l'Europe du XIXe siècle à nos jours, vie politique et relations internationales* (P.U.F., coll. « Nouvelle Clio », n° 38, Paris, nouv. éd. 1988). - *La Première Internationale* (C.N.R.S., Paris, 1964). - J.-G. Larregola, *le Gouvernement français face à la guerre de Sécession* (Pedone, Paris, 1970). - P. Renouvin, *Histoire des relations internationales,* t. V, *le XIXe siècle,* vol. I : *de 1815 à 1871* (Hachette, Paris, 1964).

Les guerres du second Empire ; armée, diplomatie et conflits. L.M. Case, *Franco-Italian Relations 1860-1865. The Roman Question and the Convention of September* (Philadelphia, 1932). - P. Guichonnet, *l'Unité italienne* (P.U.F., coll. « Que sais-je ? », n° 942, Paris, nouv. éd. 1978) ; *Histoire de l'annexion de la Savoie à la France* (Roanne, Horvath, 1983). - R. Guillemin, *la Guerre de Crimée* (France-Empire, Paris, 1981). - L. Monnier, *Études sur les origines de la guerre de Crimée* (Droz, Genève, 1978). - B. Schnapper, *le Remplacement militaire au XIXe siècle* (S.E.V.P.E.N., Paris, 1968). - Fr. Valsecchi, *l'Unificazione italiana e la politica europea dalla guerra di Crimea alla guerra di Lombardia 1854-1859* (Milano, 1939).

La guerre de 1870 et la Commune. J.-F. Audoin-Rouzeau, *1870 : la France dans la guerre* (A. Colin, 1989). - J. Bruhat, J. Dautry, E. Tersen, *la Commune de 1871* (Éd. sociales, Paris, 1970). - A. Decouflé, *la Commune de Paris* (Cujas, Paris, 1969). - L. M. Greenberg, *Sisters of Liberty. Marseille, Lyon, Paris and the Reaction to a Centralized State, 1868-1871* (Harvard University Press, 1971). - H. Lefebvre, *26 mars 1871, la Proclamation de la Commune* (Gallimard, coll.

« Trente Journées qui ont fait la France », n° 26, Paris, 1965). – Ch. Rihs, *la Commune de Paris (1871). Sa structure et ses doctrines* (Le Seuil, coll. « Univers historique », Paris, 1973). – J. Rougerie, *Procès des Communards* (Julliard, Paris, 1964) ; *Paris libre 1871* (Le Seuil, Paris, 1971) ; *la Commune de Paris* (P.U.F., « Que sais-je ? », n° 581, Paris, 1re éd., 1988). – W. Serman, *la Commune de Paris (1871)* [Fayard, Paris, 1986].

25. LA TROISIÈME RÉPUBLIQUE

Études d'ensemble. L'histoire de la IIIe République est réinsérée dans un cadre mondial par A. Jourcin, *Prologue à notre siècle, 1872-1918* (Larousse, coll. « Histoire universelle », t. XI, Paris, 1974). Son étude est esquissée dans le livre, bref et clair, de P. Bouju et H. Dubois, *la Troisième République (1870-1940)* [P.U.F., coll. « Que sais-je ? », n° 520, 11e éd., 1988]. Elle est plus détaillée par C. et A. Ambrosi, *la France (1870-1986)* [Masson, coll. « Un siècle d'histoire », 4e éd., 1986]. – Elle est éclairée par J. Dalloz, *Histoire de la France au XXe siècle par les textes* (Masson, coll. « Un siècle d'histoire », Paris, 1985). – Les ouvrages les plus complets sont ceux de J.-M. Mayeur, *les Débuts de la IIIe République, 1871-1899,* et de Madeleine Rebérioux, *la République radicale, 1899-1914,* qui forment les t. X et XI de la *Nouvelle Histoire de la France contemporaine* (Éd. du Seuil, Paris, 1973 et 1975) [larges orientations bibliographiques]. L'ouvrage de J.-B. Duroselle, *la France de la Belle Époque. La France et les Français, 1900-1914* (Éd. Richelieu, Paris, 1972), éclaire la fin de la période. Des œuvres d'écrivains plus anciens sont aujourd'hui des classiques, telles celles de F. Goguel, *la Politique des partis sous la IIIe République* (Éd. du Seuil, Paris, 1946, 2 vol.), d'A. Siegfried, *Tableau politique de la France de l'Ouest* (Paris, 1914 ; A. Colin, Paris, 1964), de D. Halévy, *la Fin des notables et la République des ducs* (le Livre de Poche, Paris, nouv. éd., 1972), et, de Ch. Seignobos, *l'Évolution de la Troisième République* (Hachette, coll. « Histoire de la France contemporaine », t. VIII sous la dir. d'E. Lavisse, Paris, 1921).

Études particulières. Les principaux faits politiques sont relatés par J. Chastenet, *Histoire de la IIIe République* (Hachette, Paris, t. I à IV, 1952-1954), par R. Rémond, *la Vie politique en France depuis 1789,* t. II *1848-1879* (A. Colin, Paris, 3e éd., 1986)et par J.-P. Azéma et M. Winock, *la IIIe République* (Calmann-Lévy, Paris, 1970). – Les grandes crises et les « scandales », sont relatés dans la collection « Archives » (Gallimard, Paris) : J. Bouvier, *les Deux Scandales de Panama* (1964), J. Julliard, *Clemenceau, briseur de grèves* (1965), J.-M. Mayeur, *la Séparation de l'Église et de l'État* (1966), et dans la collection « Kiosque » (A. Colin, Paris) : P. Boussel, *l'Affaire Dreyfus et la presse* (1963), A. Kriegel et J.-J. Becker, *1914, la Guerre et le mouvement ouvrier français* (1964), J. Néré, *le Boulangisme et la presse* (1964), M. Ozouf, *l'École, l'Église et la République, 1871-1914* (1963). Pour l'histoire religieuse, consulter J.-M. Mayeur (sous la dir. de), *Guerres mondiales et totalitarismes (1914-1958)* [Fayard-Desclée, *Histoire du christianisme des origines à nos jours,* t. 12, 1990].

Ouvrages de référence. L. Charlet, P. Albert, F. Terrou, et R. Ranc, *Histoire générale de la presse française,* sous la dir. de Cl. Bellanger, L. Charlet, J. Gudechot, t. III, 1871-1940 (P.U.F., Paris, 1972). – J. Jolly (sous la dir. de), *Dictionnaire des parlementaires. Notices biographiques sur les ministres, députés et sénateurs français de 1889 à 1940* (P.U.F., Paris, 1960-1977, 8 vol.). – J. Maîtron, *Dictionnaire biographique du mouvement ouvrier français* (Éd. ouvrières, Paris, 1964-1983, 20 vol.). – R. Rémond et collab., *Atlas historique de la France contemporaine, 1800-1965* (A. Colin, coll. « U », Paris, nouv. éd., 1966). – A. Robert et G. Gougny. *Dictionnaire des parlementaires français... depuis le 1er mai 1789 jusqu'au 1er mai 1889...* (Bourcoton, Paris, 1889-1891, 5 vol.).

La vie politique. P. Chevallier, *la Séparation de l'Église et de l'École. Jules Ferry et Léon XIII* (Fayard, Paris, 1981). – J. Gadille, *la Pensée et l'Action politique des évêques français au début de la IIIe République, 1870-1883* (Hachette, Paris, 1967, 2 vol.). – J. Kayser, *les Grandes Batailles du radicalisme des origines aux portes du pouvoir, 1820-1901* (Rivière, Paris, 1961). – G. Lachapelle, *le Ministère Méline. Deux années de politique intérieure et extérieure 1890-1898* (Éditions d'Art, Paris, coll. des « Politiques contemporains », sous la dir. de J.L.L. d'Artrey, 1928). – B. Lavergne, *Journal : 1879-1887. Les deux présidences de Jules Grévy* (Fischbacher, Paris, 1967). – J.-M. Mayeur, *la Séparation de l'Église et de l'État* (Julliard, Paris, 1966). – J.-M. Mayeur, *la Vie politique sous la IIIe République* (Éd. du Seuil, Paris, 1984). – B. Ménager, *la Vie politique dans le département du Nord* (P.U.L., Lille, 1983). – P. Miquel, *l'Affaire Dreyfus* (P.U.F., coll. « Que sais-je ? », n° 867, Paris, 7e éd., 1985). – Cl. Nicolet, *le Radicalisme* (P.U.F., coll. « Que sais-je ? », n° 761, 5e éd., 1983). – R. Rémond, *les Droites en France* (Aubier-Montaigne, coll. « Historique », nouv. éd., 1982). – A. Thibaudet, *la République des professeurs* (Grasset, Paris, 1927). – E. Weber, *l'Action française* (Stock, Paris, 1962). – G. Wormser, *la République de Clemenceau* (P.U.F., Paris, 1961).

Personnages. J.-C. Allain, *Caillaux* (Imprimerie nationale, Paris, 1981). – G. Aumercier, *Paul Leroy-Beaulieu* (Université de Paris IV). – P. Barral, *les Périer dans l'Isère au XIXe siècle, d'après leur correspondance familiale* (P.U.F., Paris, 1964). – P. Barral, *les Agrariens français* (A. Colin, coll. « U », Paris, 1968). – P. Barral, *les Fondateurs de la IIIe République* (A. Colin, Paris, 1968). – J. Bouvier, *les Rothschild* (Éd. Complexe, coll. « le Temps et les Hommes », n° 16, Bruxelles, nouv. éd., 1983). – R. Cazelles, *le Duc d'Aumale* (Tallandier, coll. « Figures de proue », Paris 1984). – G. Cendrars (présenté par), *Jean Jaurès (1859-1914)* [les Éd. ouvrières, coll. « Aux sources du socialisme », Paris, 1984). – J. Chastenet, *Léon Gambetta* (Fayard, Paris, 1969). – Ch. Chesnelong, *les Derniers Jours de l'Empire et le gouvernement de Monsieur Thiers* (Perrin, Paris, 1932). – A. Dansette,*Histoire des présidents de la République. De Louis-Napoléon Bonaparte à Georges Pompidou* (Plon, Paris, 1981). – J. Estèbe, *les Ministres de la République* (F.N.S.P., Paris, 1982). – B. Foucart, *Courbet* (Paris, 1982). – J.-M. Gaillard, *Jules Ferry* (Fayard, Paris, 1989). – H. Goldberg, *Jean Jaurès. La biographie du fondateur du parti socialiste* (Fayard, Paris, 1970). – P. Guiral, *Adolphe Thiers* (Fayard, Paris, 1986). – D. Halévy, *Péguy* (Grasset, Paris, 1979). – J. Julliard, *Fernand Pelloutier* (Éd. du Seuil, Paris, 1971). – B. Leroy, *Gustave Eiffel* (F. Hazan, Paris, 1984). – Ph. Levillain, *Boulanger, le fossoyeur de la monarchie* (Flammarion, Paris, 1982). – Albert de Mun, *Catholicisme français et catholicisme romain du Syllabus au ralliement* (Rome, École française de Rome, 1983). – J.-M. Mayeur, *Un prêtre démocrate, l'abbé Lemire, 1853-1928* (Casterman, Paris, 1968). – Louise Michel, *Matricule 2182. Souvenirs de ma vie (extraits)* [Dauphin, coll. « Archives », Paris, 1982]. – P. Miquel, *Poincaré* (Fayard, Paris, nouv. éd., 1984). – C. Molette, *Albert de Mun* (Beauchesne, Paris, 1970). – F. Pisani-Ferry, *le Général Boulanger* (Flammarion, Paris, 1969) ; *Jules Ferry et le partage du monde* (Grasset, Paris, 1962). – M. Rebérioux, *Jean Jaurès* (Calmann-Lévy, Paris, 1983). – J. Silvestre de Sacy, *le Maréchal de Mac-Mahon, duc de Magenta* (Éditions Inter-Nationales, Paris, 1970).

– P. Sorlin, *Waldeck-Rousseau* (A. Colin, Paris, 1966). – C. Willard, *Jules Guesde, textes choisis* (Éditions sociales, Paris, 1959) ; *les Guesdistes* (Éd. sociales, Paris, 1965). – A. Zévaès, *Jules Guesde* (Rivière, Paris, 1929) ; *Clemenceau* (Julliard, Paris, 1949).

Vie économique. J.-P. Aron et alii, *Misérable et glorieuse. La femme au XIXe siècle* (Fayard, Paris, 1980). – H. Bonin, *Histoire économique de la France depuis 1880* (Masson, coll. « Un siècle d'histoire », Paris, 1988) ; *l'Argent en France depuis 1880. Banquiers, financiers, épargnants dans la vie économique et politique* (Masson, coll. « Un siècle d'histoire », Paris, 1989). – J. Bouvier, *le Krach de l'Union générale* (P.U.F., Paris, 1960). – J.-P. Chaline, *les Bourgeois de Rouen* (F.N.S.P., Paris, 1982). – R.-H. Hubscher, *l'Agriculture et la société rurale dans le Pas-de-Calais* (Commission départementale des monuments historiques du Pas-de-Calais, 1979-1980, 2 vol.). – G. Jacquemet, *Belleville au XIXe siècle* (E.H.E.S.S., Paris, 1984). – J. Maurin, *Armée, Guerre, Société. Soldats languedociens (1889-1919)* [Publications de la Sorbonne, Paris, 1982]. – J.-Y. Mollier, *Histoire du capitalisme d'édition, 1860-1920* (Fayard, coll. « Nouvelles Études historiques », Paris, 1988) ; *le Scandale de Panama* (Fayard, coll. « Nouvelles Études historiques », Paris, 1991). – C. Omnes, *De l'atelier au groupe industriel, Vallourec, 1882-1978* (Paris, 1981). – Michelle Perrot, *les Ouvriers en grève, 1871-1890* (Mouton, Paris, 1974).

Politique étrangère. Ch. Andrew, *Théophile Delcassé and the Making of the Entente Cordiale* (Londres, 1968). – J. Droz, *Histoire diplomatique de 1648 à 1919* (Dalloz, coll. « Études politiques et sociales », 3e édit., 1972). – J.-B. Duroselle, *l'Europe de 1815 à nos jours. Vie politique et relations internationales* (P.U.F., coll. « Nouvelle Clio », no 38, nouv. éd., 1988). – R. Girault, *Emprunts russes et investissements français en Russie, 1887-1914* (A. Colin, Paris, 1973). – P. Guillen, *l'Allemagne et le Maroc de 1870 à 1905* (P.U.F., Paris, 1967). – G. Haupt et M. Rebérioux, *la Deuxième Internationale et l'Orient* (Cujas, Paris, 1967). – P. Milza, *les Relations internationales de 1871 à 1914* (A. Colin, Paris, 1968). – R. Poidevin, *les Relations économiques et financières entre la France et l'Allemagne de 1890 à 1915* (A. Colin, Paris, 2e éd., 1979). – P. Renouvin, *le XIXe siècle, de 1872 à 1914* (Hachette, coll. « Histoire des relations internationales », t. VI, Paris, 1955). – J. Thobie, *les Intérêts économiques, financiers et politiques français dans la partie asiatique de l'Empire ottoman* (Publications de la Sorbonne, Paris, 1975).

Politique coloniale. Ch. R. Ageron, *les Algériens musulmans et la France, 1871-1919* (P.U.F., Paris, 1968, 2 vol.) ; *Politiques coloniales au Maghreb* (P.U.F., coll. « Hier », Paris, 1973) ; *Histoire de l'Algérie contemporaine,* T. II. *De l'insurrection de 1871 à la guerre de libération, 1954* (P.U.F., Paris, 1979). – H. Brunschwig, *Mythes et réalités de l'impérialisme colonial français* (A. Colin, Paris, 1960) ; *Noirs et Blancs dans l'Afrique noire française ou comment le colonisé devient colonisateur (1870-1914)* [Flammarion, coll. « Nouvelle Bibliothèque scientifique », Paris, 1983]. – C. Coquery-Vidrovitch, *le Congo au temps des grandes compagnies concessionnaires (1898-1930)* [Mouton, Paris, 1932]. – J. Ganiage, *les Origines du protectorat français en Tunisie* (P.U.F., Paris, 1959) ; *l'Expansion coloniale de la France sous la IIIe République, 1871-1914* (Payot, Paris, 1968). – R. Girardet, *l'Idée coloniale en France* (La Table ronde, Paris, 1972). – P. Goinard, *Algérie, œuvre française* (Robert Laffont, Paris, 1984). – Ch. Meyer, *la Vie quotidienne des Français en Indochine 1860-1910* (Hachette Littérature, coll. « la Vie quotidienne », Paris, 1985). – M. Michel, *l'Appel à l'Afrique* (Éditions de la Sorbonne, Paris, 1982). – J.-L. Miège, *Expansion européenne et décolonisation de 1870 à nos jours* (P.U.F., coll. « Nouvelle Clio », no 28, Paris, nouv. éd., 1986). – A. Reussner, *Éléments d'histoire maritime et coloniale contemporaine (1815-1914)* [Société d'éditions géographiques, maritimes et coloniales, Paris, 1946-1948]. – X. Yacono, *Histoire de la colonisation française* (P.U.F., « Que sais-je ? », no 452, 5e éd., Paris, 1988).

26. L'OUVERTURE DES CONNAISSANCES ET LES MUTATIONS CULTURELLES, 1871-1914

Témoignages. G. Bonheur, *Qui a cassé le vase de Soissons ? L'album de famille de tous les Français* (Laffont, Paris, 1963) ; *La République nous appelle* (Laffont, Paris, 1965). – É. Carles, *Une soupe aux herbes sauvages* (J.-C. Simoën, Paris, 1977). – L. Chaleil, *la Mémoire du village* (Stock, Paris, 1977). – *La Classe ininterrompue. Cahiers de la famille Sandre, enseignants 1780-1960, présentés par Mona Ozouf* (Hachette-Littérature, Paris, 1979). – B. Dussane, *Dieux des planches* (Flammarion, Paris, 1964). – Jacques-Charles, *le Caf'Conc'* (Flammarion, Paris, 1966). – R. Jeanne, *Cinéma 1900* (Flammarion, Paris, 1965). – J. Ozouf, *Nous les maîtres d'école* (Gallimard, Paris, 1967). – M. Proust, *À la recherche du temps perdu* (Gallimard, Paris, 1913-1927, 15 vol.). – R. Thabault, *1848-1914. L'ascension d'un peuple : mon village, ses hommes, ses routes, son école* (Delagrave, Paris, 1945).

Généralités. J. Cassou, E. Langui et N. Pevsner, *les Sources du XXe siècle* (Éd. des Deux-Mondes, Paris, 1961). – M. Crubelier, *Histoire culturelle de la France, XIXe-XXe siècle* (A. Colin, Paris, 1974). – R. L. Delevoy, *Dimensions du XXe siècle (1900-1945)* [Skira, Genève, 1965]. – F. Loux, *le Corps dans la société traditionnelle* (Berger-Levrault, Paris, 1979). – *Niveaux de culture et groupes sociaux. Actes du colloque réuni du 7 au 9 mai 1966 à l'École normale supérieure* (Mouton, La Haye-Paris, 1967). – N. Ponente, *les Structures du monde moderne (1850-1900)* [Skira, Genève, 1965].

Cadres de la vie culturelle. C. Amalvi, *les Héros de l'histoire de France* (Phot'œil, Paris, 1980). – L. Charlet, P. Albert, F. Terrou et R. Ranc, *De 1871 à 1940* (P.U.F., coll. « Histoire générale de la presse française », t. III sous la dir. de C. Bellanger, L. Charlet, J. Godechot, P. Guiral, R. Ranc, F. Terrou, Paris, 1972). – M. Blancpain, *la Vie quotidienne dans la France du Nord sous les occupations (1824-1914)*[Hachette-Littérature, coll. « la Vie quotidienne », Paris, 1983]. – G. Désert, *la Vie quotidienne sur les plages normandes du second Empire aux années folles* (Hachette, coll. « la Vie quotidienne », Paris, 1983). – R. Dumesnil, *l'Époque réaliste et naturaliste* (Tallandier, Paris, 1945). – « Enseigner l'histoire », *H-Histoire,* no 1, mars 1979. – F. Furet et J. Ozouf, *Lire et écrire* (Éd. de Minuit, Paris, 1977, 2 vol.). – P. Gerbod, *la Vie quotidienne dans les lycées et collèges au XIXe siècle* (Hachette, coll. « la Vie quotidienne », Paris, 1960). – P. Guiral et G. Thuillier, *la Vie quotidienne des domestiques en France au XIXe siècle* (Hachette-Littérature, coll. « la Vie quotidienne », Paris, 1978). – P. Labracherie, *la Vie quotidienne de la bohème littéraire au XIXe siècle* (Hachette, coll. « la Vie quotidienne », Paris, 1967). – F. Mayeur, *l'Enseignement secondaire des jeunes filles sous la troisième République* (Presses de la Fondation nationale des sciences politiques, Paris, 1977) ; *Histoire générale de l'éducation en France,* T. III (Nouvelle Librairie de France, Paris, 1981). – A. Martin-Fugier, *la Place des bonnes, la domesticité féminine à Paris en 1900* (Grasset, Paris, 1979). – R. Moulin, *le Marché de la peinture en France* (Éd. de Minuit, Paris, 1967). – P. Ory, « Sorbonne, cathédrale de la science républicaine », dans *l'Histoire,* no 12, mai 1979. – P. Ory et J.-F. Sirinelli, *les Intellectuels en France de l'affaire Dreyfus à nos jours* (A. Colin, coll. « U », Paris, 1986). - B. Plessy et L. Challet, *la Vie quotidienne des mineurs au temps de Germinal* (Hachette-Littérature, coll. « la Vie quotidienne », Paris, 1984.) - Ch. Prochasson, *les Années électriques : 1880-1910* (La Découverte, coll. « l'Aventure intellectuelle du xxe siècle », Paris, 1991). - A. Prost, *Histoire de l'enseignement en France (1800-1967)* [A. Colin, coll. « U », Paris, 1968].

Idées politiques et vie intellectuelle. E. Carassus, *le Snobisme et les lettres françaises, de Paul Bourget à Marcel Proust, 1884-1914* (A. Colin, Paris, 1966). - G. Cholory et Y.-M. Hilaire, *Histoire religieuse de la France contemporaine,* t. II : *1880-1930* (Privat, coll. « Bibliothèque historique », Toulouse, 1986). - R. Girardet, *Le Nationalisme français 1871-1914* (A. Colin, Paris, 1966). - R. Griffiths, *Révolution à rebours, le renouveau catholique dans la France de 1871 à 1914* (Desclée de Brouwer, Paris, 1971). - G. Leroy et alii, *les Écrivains et l'affaire Dreyfus* (P.U.F., Paris, 1983). - J. Lethève, *Impressionnistes et symbolistes devant la presse* (A. Colin, Paris, 1959). - M.-B. Palmer, *Des petits journaux aux grandes agences* (Aubier-Montaigne, Paris, 1983). - R. Rémond, *l'Anticléricalisme en France. De 1815 à nos jours* (Fayard, coll. « Grandes Études contemporaines », Paris, 1986. Éditions Complexe, coll. « Historiques », Bruxelles, 1985). - Z. Sternhell, « les Origines intellectuelles du racisme en France », dans *l'Histoire,* n° 17, nov. 1979 ; *Maurice Barrès et le nationalisme français* (A. Colin, Paris, 1972). - M. Ambrière (sous la dir. de), *Précis de littérature française du XIXe siècle* (P.U.F., coll. « Précis », 1990).

Vie artistique. J. Combarieu et R. Dumesnil, *Histoire de la musique,* t. IV et V (A. Colin, Paris, 1958 et 1960). - P. Francastel, *Peinture et société* (Audin, Lyon, 1952). - R. Huyghe, *l'Art et l'homme,* t. III (Larousse, Paris, 1961). - J. Leymarie, *l'Impressionnisme* (Skira, Genève, 1955, 2 vol.). - D. Pistone, *la Musique en France de la Révolution à 1900* (Champion, Paris, 1979). - M. Raynal, *Peinture moderne : Matisse, Munch, Rouault* (Skira, Genève, 1953). - M. Raynal, J. Lassaigne et A. Rudlinger, *De Picasso au surréalisme* (Skira, Genève, 1950). - J. Rewald, *Histoire de l'impressionnisme* (édit. franç., A. Michel, Paris, 1955, nouv. éd. poche, 1965). - G. Sadoul, *Histoire générale du cinéma,* t. I, II, III (Denoël, Paris, 1946, 1947, 1952). - M. Sérullar, *l'Impressionnisme* (P.U.F., coll. « Que sais-je ? », n° 974, Paris, 9e éd., 1990). - M. Seuphor, *la Peinture abstraite, sa genèse, son expansion* (Flammarion, Paris, 1965) ; *la Sculpture de ce siècle* (Le Griffon, Neuchâtel, 1959).

27. LA GRANDE GUERRE

Histoire générale. J.J. Becker, *le Carnet B, les pouvoirs publics et l'antimilitarisme avant la guerre de 1914* (Klincksieck, Paris, 1973) ; *1914 : comment les Français sont entrés dans la guerre* (F.N.S.P., Paris, 1977) ; *les Français dans la Grande Guerre* (Robert Laffont, Paris, 1980). - Ph. Bernard, *la Fin d'un monde, 1914-1929* (Le Seuil, coll. « Nouvelle Histoire de la France contemporaine », t. XII, Paris, nouv. éd., 1975). - P. Miquel, *la Grande Guerre* (Fayard, coll. « Histoire », 1983). - P. Renouvin, *la Crise européenne et la Première Guerre mondiale* (P.U.F., « Peuples et Civilisations », t. XIX, Paris, nouv. éd., 1969). - P. Renouvin, *la Première Guerre mondiale* (P.U.F., coll. « Que sais-je ? », n° 326, Paris, 7e éd., 1987).

L'histoire proprement militaire est largement renouvelée par deux ouvrages d'ensemble : Celui de J.E. Valluy et P. Dufourcq, *la Première Guerre mondiale* (Larousse, 1968, 2 vol.) ; celui de F. Gambiez et M. Suire, *Histoire de la Première Guerre mondiale* (Fayard, Paris, 1968-1969, 2 vol.). Elle l'est aussi par les mises au point de H. Contamine, *la Revanche* (Berger-Levrault, Paris, 1957) ; *9 septembre 1914, la Victoire de la Marne* (Gallimard, coll. « Trente Journées qui ont fait la France », n° 27, Paris, 1970). À signaler la thèse de G. Pedroncini, *Pétain, général en chef, 1917-1918* (P.U.F., coll. « Publications de la Sorbonne », Paris, 1974). Le cadre politique est mis en place par E. Bonnefous, *Histoire politique de la IIIe République,* t. II, *la Grande Guerre, 1914-1918* (P.U.F., Paris, 1957, nouv. éd., 1967).

Les plus importants des Mémoires de chefs politiques et militaires sont ceux de R. Poincaré, *Au service de la France* (Plon, Paris, 1926-1928, 5 vol.), de G. Clemenceau, *Grandeurs et misères d'une victoire* (Plon, Paris, 1929), du maréchal Joffre (*Mémoires,* t. II, 1910-1917) [Plon, Paris, 2 vol.] et du maréchal Foch *(Mémoires pour servir l'histoire de la guerre de 1914-1918)* [Plon, Paris, 2 vol., 1931].

Si les monographies concernant les opérations sont trop nombreuses pour être citées, les livres d'*histoire de la nation et de la société* sont au contraire très rares. Il faut signaler : A. Ducasse, J. Meyer et G. Perreux, *Vie et mort des Français, 1914-1918* (Hachette, Paris, 1962). - G. Perreux, *la Vie quotidienne des civils en France pendant la Grande Guerre* (Hachette, coll. « la Vie quotidienne », Paris, 1966). - J. Meyer, *la Vie quotidienne des soldats pendant la guerre mondiale* (Hachette, coll. « la Vie quotidienne », Paris, 1968). De nombreux témoignages de combattants ont été analysés et critiqués par J. N. Cru, *Témoins* (Les Étincelles, Paris, 1929). Un modèle d'étude minutieuse a été donné récemment par G. Pedroncini, *les Mutineries de 1917* (P.U.F., Paris, nouv. éd., 1983).

Pour l'*histoire diplomatique,* consulter J.-B. Duroselle, *la Politique extérieure de la France de 1914 à 1945* (C.D.U., Paris, 1965). - P. Renouvin, *Histoire des relations internationales,* t. VII, *les Crises du xxe siècle, de 1914 à 1929* (Hachette, Paris, 1957) ; *11 novembre 1918. L'armistice de Rethondes* (Gallimard, coll. « Trente Journées qui ont fait la France », n° 28, Paris, 1968) ; *le Traité de Versailles* (Flammarion, Paris, 1969) ; J. Bariéty, *Les Relations franco-allemandes après la Première Guerre mondiale, 10 novembre 1918-10 janvier 1925* (A. Pédone, nouv. éd., 1986).

En ce qui concerne l'*histoire économique* de la France pendant la Grande Guerre, voir l'article bibliographique de J.-B. Duroselle dans *Revue d'histoire moderne et contemporaine,* t. XVI, janv.-mars 1969).

28. L'ENTRE-DEUX-GUERRES

Témoignages. S. de Beauvoir, *Mémoires d'une jeune fille rangée* (Gallimard, Paris, 1958) ; *la Force de l'âge* (Gallimard, Paris, 1960) ; *la Force des choses* (Gallimard, Paris, 1963). - L. Blum, *À l'échelle humaine* (Mermod, Lausanne, 1945). - G. Bonnet, *le Quai d'Orsay sous trois républiques* (Fayard, Paris, 1961) ; *Vingt Ans de vie politique, de Clemenceau à Daladier* (Fayard, Paris, 1969). - R. Brasillach, *Notre avant-guerre* (Plon, Paris, 1941). - A. François-Poncet, *De Versailles à Potsdam* (Flammarion, Paris, 1948). - J. Guéhenno, *Journal d'un homme de quarante ans* (Grasset, Paris, 1934). - Éd. Herriot, *Jadis,* t. II, *D'une guerre à l'autre, 1914-1936* (Flammarion, Paris, 1952). - E. Moreau, *Souvenirs d'un gouverneur de la Banque de France* (M.-T. Génin, Paris, 1954). - J. Paul-Boncour, *Entre deux guerres ;* t. II, *les Lendemains de la victoire 1919-1934 ;* t. III, *Sur les chemins de la défaite 1935-1940* (Plon, Paris, 1945-1946). - P. Reynaud, *Mémoires,* t. I, *Venu de ma montagne ;* t. II, *Envers et contre tous, 1936-1940* (Flammarion, Paris, 1960-1963).

Généralités. M. Agulhon et A. Noushi, *la France de 1914 à 1940* (Nathan, coll. « Fac », Paris, 1971). - Ch. Ambrosi, *la France 1870-1981* (Masson, Paris, 1981). - J.-P. Azéma, *De Munich à la Libération 1938-1944* (Éd. du Seuil, coll. « Nouvelle Histoire de la France contemporaine », t. XIV, Paris, 1979). - J.-P. Azéma et M. Winock, *Naissance et mort de la IIIe République* (Calmann-Lévy, Paris, 1970). - J.-J. Becker et S. Berstein, *Victoires et Frustrations : 1919-1929* (Seuil, Points-Histoire, 112, coll. « Nouvelle Histoire de la France contemporaine », t. XII, Paris, 1990). - F. Bédarida, J.-M. Mayeur, J.-L. Monneron et A. Prost, *Histoire du peuple français,* t. V (Nouvelle Libr. de France, Paris, 1964). - S. Berstein, *la France des années 30* (A. Colin, coll. « Cursus », 1988). - D. Borne et H. Dubief, *la Crise des années trente : 1929-1938* (Éd. du Seuil, coll. « Nouvelle Histoire de la France contemporaine », t. XIII, Paris, nouv. éd., 1989). - Cl. Fohlen, *la France de l'entre-deux-guerres (1917-1939)* [Casterman, Paris, 1966]. - J. Néré, *la Troisième République, 1914-1940* (A. Colin, coll. « U », Paris, 1967). - Y. Trotignon, *la France au xxe siècle* (Bordas/Mouton, coll. « Études », 2 vol., 1968 et 1976).

Économie. M. Augé-Laribé, *la Politique agricole de la France de 1880 à 1940* (P.U.F., Paris, 1950). - Ch. Bettelheim, *Bilan de l'économie française (1919-1946)* [P.U.F., Paris, 1946]. - J.-J. Carré, P. Dubois, F. Malinvaud, *la Croissance française. Un essai d'analyse économique causale de l'après-guerre* (Éd. duSeuil, Paris, 1972). - B. Gazier, *la Crise de 1929* (P.U.F., coll. « Que sais-je ? », n° 2126, 3e éd., Paris, 1989). - P. Guillaume, P. Delfaud, *les Anciens Combattants et la Société française, 1914-1939* (Presses de la F.N.S.P., Paris, 1977, 3 vol.). - J. Néré, *la Crise de 1929* (A. Colin, coll. « U Prisme », n° 22, Paris, 5e éd., 1983) ; *les Crises économiques au xxe siècle* (A. Colin, coll. « Cursus », 1989). - M. Roncayolo (sous la dir. de), *la Ville aujourd'hui. Croissance urbaine et crise de la cité* (Le Seuil, coll. « Histoire de la France urbaine » dirigée par G. Duby, t. V, Paris, Paris, 1985).

Sociétés. G. Dupeux, *la Société française 1789-1970* (A. Colin, coll. « U », 6e éd., 1986). - S. Hoffmann et coll., *À la recherche de la France* (Éd. du Seuil, Paris, 1963). - R. Predal, *la Société française 1914-1945 à travers le cinéma* (A. Colin, coll. « U2 », Paris, 1972). - J.-F. Sirinelli, *Génération intellectuelle. Khâgneux et normaliens dans l'entre-deux-guerres* (Fayard, coll. « Nouvelles Études historiques », Paris, 1988). - P. Sorlin, *la Société française* (B. Arthaud, coll. « Sociétés contemporaines », Grenoble, 2 vol., 1972).

Vie politique. S. Bernstein, *Histoire du parti radical* (F.N.S.P., Paris, 1980 et 1982, 2 vol.). - Éd. Bonnefous, *Histoire politique de la troisième République* (t. III à VI, *De 1919 à 1940)* [P.U.F., Paris, 1960]. - F. Goguel, *la Politique des partis sous la IIIe République* (Éd. du Seuil, Paris, 1946, 3e éd., 1958). - J.-N. Jeannency, *François de Wendel en République : l'argent et le pouvoir, 1914-1940* (Le Seuil, coll. « l'Univers historique », 1976) ; *Georges Mandel, l'homme qu'on attendait* (Le Seuil, coll. « xxe siècle », 1991). - A. Kriegel, *le Congrès de Tours 1920. Naissance du parti communiste français* (Gallimard, coll. « Archives », n° 7, Paris, 1964) ; - *Aux origines du communisme français 1914-1920. Contribution à l'histoire du mouvement ouvrier français* (Mouton et C°, Paris-La Haye, 1964, 2 vol., Flammarion, Paris, 1969). - G. Lefranc, *les Gauches en France 1789-1972* (Payot, coll. « le Regard de l'histoire », Paris, 1973) ; *Le Mouvement socialiste* (Payot, coll. « Petite Bibliothèque Payot », n° 307 et 308, Paris, 1977). - R. Rémond, *les Droites de 1815 à nos jours* (Aubier-Montaigne, coll. « Historique », Paris, nouv. éd., 1982). - E. Weber, *l'Action française* (Stock, Paris, 1964).

Le Front populaire. L. Bodin et J. Touchard, *Front populaire 1936* (A. Colin, Paris, 1961). - G. Dupeux, *le Front populaire et les élections de 1936* (A. Colin, Paris, 1959). - G. Lefranc, *Histoire du Front populaire (1934-1938)* [Payot, coll. « Études et Documents », Paris, 1965] ; *Juin 1936 : l'explosion sociale* (Gallimard, coll. « Archives », n° 22, 2e éd. 1970) ; *l'Expérience du Front populaire* (P.U.F., coll. « Dossiers Clio », n° 40, 1972) ; *le Front populaire* (P.U.F., coll. « Que sais-je ? », n° 1209, Paris, 6e éd., 1984). - A. Prost, *la C.G.T. à l'époque du Front populaire 1934-1939* (A. Colin, Paris, 1964).

29. LA FRANCE DANS LA SECONDE GUERRE MONDIALE

Mémoires et témoignages. M. Bloch, *l'Étrange Défaite* (Gallimard, coll. « Folio- Histoire », Paris, nouv. éd., 1990). - Cl. Bourdet, *l'Aventure incertaine* (Stock, Paris, 1975). - H. du Moulin de Labarthète, *le Temps des illusions* (le Cheval ailé, Genève, 1947). - H. Frenay, *La nuit finira* (Laffont, Paris, 1973). - Général Gamelin, *Servir* (Plon, Paris, 1947, 3 vol.). - Ch. de Gaulle, *Mémoires de guerre* (Plon, Paris, 1954-1959, 3 vol.). - Général Giraud, *Un seul but : la victoire. Alger 1942-1944* (Julliard, Paris, 1949). - P. Reynaud, *La France a sauvé l'Europe* (Flammarion, Paris, 1947, 2 vol.). - M. Weygand, *Mémoires. Rappelé au service* (Flammarion, Paris, 1953).

Études. H. Amouroux, *la Grande Histoire des Français sous l'Occupation* (R. Laffont, Paris, 8 vol., 1976-1987). - J.-P. Azéma, *De Munich à la Libération, 1938-1944* (Le Seuil, coll. « Nouvelle Histoire de la France contemporaine », t. XIV, Paris, 1979). - J.-J. Becker, *Histoire politique de la France depuis 1945* (A. Colin, coll. « Cursus », 1988). - J. Chapsal et A. Lancelot, *la Vie politique en France depuis 1940* (P.U.F., coll. « Thémis », 5e éd., 1979). - M. et J.-F. Cointet, *la France à Londres : renaissance d'un État, 1940-1943* (Complexe, Bruxelles, 1990). - J. Defrasne, *Histoire de la collaboration* (P.U.F., coll. « Que sais-je ? », n° 2030, Paris, 2e éd., 1987). - F.-G. Dreyfus, *Histoire de Vichy. Vérités et légendes* (Perrin, Paris, 1990).- Y. Durand, *la France dans la Seconde Guerre mondiale* (A. Colin, coll. « Cursus », Paris, 1989). - E. Jäckel, *la France dans l'Europe de Hitler* (Fayard, Paris, 1968). - A. Latreille, *la Seconde Guerre mondiale* (Hachette, Paris, 1966). - Cl. Lévy, *les Nouveaux Temps et l'idéologie de la collaboration* (A. Colin, Paris, 1974). - J. Marseille et D. Le Febvre, *1940 au jour le jour* (Albin Michel, Paris, 1989). - Ph. Masson (sous la dir. de), *Dictionnaire de la Seconde Guerre mondiale,* avec le concours d'A. Melchior-Bonnet (Larousse, 1979-1980, 2 vol.). - H. Michel, *Vichy, année 40* (Laffont, Paris, 1966) ; *la Drôle de guerre* (Hachette, Paris, 1972) ; *Histoire de la France libre* (Hachette, Paris, 1972) ; *Histoire de la Résistance en France* (P.U.F., coll. « Que sais-je ? », n° 429, Paris, 10e éd., 1987) ; *le Procès de Riom* (A. Michel, Paris, 1979) ; *Pétain et le régime de Vichy* (P.U.F., coll. « Que sais-je ? », n° 1720, 3e éd., Paris, 1986) ; *la Seconde Guerre mondiale* (P.U.F., coll. « Que sais-je ? », n° 265, Paris, 7e éd., 1989). - P. Ory, *la France allemande* (Gallimard-Julliard, Paris, coll. « Archives », 1977). - O. Paxton, *la France de Vichy,* 1940-1944 (Le Seuil, Paris, 1973). - C. Richard, *la Deuxième Guerre mondiale. La Guerre 1939-1945* (Masson, coll. « Histoire contemporaine générale (1680-1984) », Paris, 1987). - J.-P. Rioux (sous la dir. de), *la Vie culturelle sous Vichy* (P.U.F., coll. « Questions au xxe siècle », n° 18, Paris, 1990). - D. Rossignol, *Histoire de la propagande en France de 1940 à 1944. L'utopie Pétain* (P.U.F., coll. « Politique d'aujourd'hui », Paris, 1991). - A. Sauvy, *la Vie économique des Français de 1939 à 1945* (Flammarion, Paris, 1978). - R. Thalmann, *la Mise au pas. Idéologie et stratégie sécuritaire dans la France occupée* (Fayard, coll. « Pour une histoire du XXe siècle », Paris, 1991). – O. Wormser et H. Michel, *Tragédie de la déportation, 1940-1945* (Hachette, Paris, 1954).

Voir aussi les comptes rendus de colloques : *Français et Britanniques dans la drôle de guerre* (C.N.R.S., Paris, 1979) ; *le Gouvernement de Vichy, 1940-1942* (A. Colin, Paris, 1972) ; *la Guerre en Méditerranée* (C.N.R.S., Paris, 1971) ; *la Libération de la France* (C.N.R.S., Paris, 1976).

Consulter également la *Revue d'histoire de la Deuxième Guerre mondiale* (trimestrielle), qui publie, depuis octobre 1950, des travaux scientifiques et analyse tous les ouvrages importants consacrés à l'histoire de la guerre. Chacun de ses numéros comporte une bibliographie complète des livres et articles parus au cours du trimestre.

30. L'ÉCONOMIE ET LA SOCIÉTÉ FRANÇAISE

Ouvrages généraux. P. Arnaud Ameller, *Mesures économiques et financières de décembre 1958* (A. Colin, Paris, 1967) ; *la France à l'épreuve de la concurrence internationale* (A. Colin, Paris, 1970). – P. Bauchet, *la Planification française* (Éd. du Seuil, Paris, 1962). – P. Bleton, *le Capitalisme français* (Éd. ouvrières, Paris, 1966). – F. Bloch-Lainé, *À la recherche d'une économie concertée* (Éd. de l'Épargne, Paris, 1959). – D. Borne, *Histoire de la société française depuis 1945* (A. Colin, coll. « Cursus », 2e éd., Paris, 1988). – P. Bourdieu et J.-C. Passeron, *les Héritiers. Les étudiants et la culture* (Éd. de Minuit, Paris, 1964). – G. Cholvy et Y.-M. Hilaire, *Histoire religieuse de la France contemporaine,* t. III, *1930-1988* (Privat, coll. « Bibliothèque historique », Toulouse, 1988). – P. H. Chombart de Lauwe. *Des hommes et des villes* (Payot, Paris, 1965). – M. Crouzet, *Histoire générale des civilisations,* t. VII, *l'Époque contemporaine. À la recherche d'une civilisation nouvelle* (P.U.F., Paris, nouv. éd., 1969). – Darras, *le Partage des bénéfices. Expansion et inégalités en France* (Éd. de Minuit, Paris, 1966). – A. Delattre, *Politique économique de la France depuis 1945* (Sirey, coll. « Politiques économiques », Paris, 1966). – Cl. Delmas, *l'Aménagement du territoire* (P.U.F., Paris, 1962). – J. Derogy et P. Lescaut, *Population sur mesure* (Éd. du Seuil, Paris, 1965). – P. Drouin, *l'Europe du Marché commun* (Julliard, Paris, 1963). – G. Dupeux, *la France de 1945 à 1965* (A. Colin, coll. « U », Paris, 1969, 4e éd., 1983). – J. Ensemble, *le Contre-Plan* (Éd. du Seuil, Paris, 1965). – P. Fabra. *Y a-t-il un Marché commun ?* (Éd. du Seuil, Paris, 1965). – J.-P. Fourastié et J.-P. Courtheoux, *la Planification économique en France* (P.U.F., coll. « l'Économiste », n° 3, Paris, 1968). – J.-F. Eck, *Histoire de l'économie française depuis 1945* (A. Colin, coll. « Cursus », 1988). – M. Gervais, C. Servolin et J. Weil, *Une France sans paysans* (Éd. du Seuil, Paris, 1965). – R. Girardet, *la Crise militaire française (1945-1962). Aspects sociologiques et idéologiques* (A. Colin, cahiers de la F.N.S.P., n° 123, Paris, 1964). – J. F. Gravier, *Paris et le désert français* (Flammarion, nouv. éd., Paris, 1958 et 1972) ; *l'Aménagement du territoire et l'avenir* (Flammarion, Paris, 1964). – J. Guyard, *le Miracle français* (Éd. du Seuil, coll. « Société », n° 6, Paris, 1965). – H. Hatzfeld et J. Freyssinet, *l'Emploi en France* (Éd. ouvrières, Paris, 1964). – S. Hoffmann et coll., *À la recherche de la France* (Éd. du Seuil, Paris, 1963). – J.-M. Jeanneney, *Forces et faiblesses de l'économie française, 1945-1956* (A. Colin, Paris, 1956). – J.-N. Jeanneney, *l'Argent caché : milieux d'affaires et pouvoirs politiques dans la France du XXe siècle* (Éd. du Seuil, Paris, 1984, Le Seuil, coll. « Points-Histoire », n° 70, Paris, 1984). – B. de Jouvenel, *Arcadie. Essai sur le mieux-vivre* (S.E.D.E.S., Paris, 1969). – A. Delattre, *la France* (Sirey, Paris, 1966). – G. Lefranc, *le Mouvement syndical, de la Libération aux événements de mai-juin 1968* (Payot, Paris, 1969). – M. Le Lannou, *le Déménagement du territoire* (Éd. du Seuil, Paris, 1967). – J.-A. Lesourd et C. Gérard, *Histoire économique, XIXe et XXe siècle,* t. II (A. Colin, coll. « U », Paris, 9e éd., 1987). – J.-P. Maillard, *le Nouveau Marché du travail* (Éd. du Seuil, Paris, 1968). – S. Mallet, *la Nouvelle Classe ouvrière* (Éd. du Seuil, Paris, 1969). – P. Masse, *le Plan ou l'Anti-Hasard* (Gallimard, Paris, 1965). – G. Mathieu, *Peut-on loger les Français ?* (Éd. du Seuil, Paris, 1965). – M. Niveau, *Histoire des faits économiques contemporains* (P.U.F., coll. « Thémis », Paris, nouv. éd., 1984). – F. Perroux, *l'Europe sans rivages* (P.U.F., Paris, 1954) ; *la Coexistence pacifique* (P.U.F., Paris, 1958, 3 vol.) ; *le IVe Plan français (1962-1965)* [P.U.F., Paris, 1962]. – A. Philip, *Histoire des faits économiques et sociaux de 1800 à nos jours* (Aubier, Paris, 1963). – A. Prost (sous la dir. de), *De la Première Guerre mondiale à nos jours* (Le Seuil, coll. « Histoire de la vie privée », t. V, sous la dir. de G. Duby et de Ph. Ariès, Paris, 1987). – J.-D. Raynaud, *les Syndicats en France* (A. Colin, coll. « U », Paris, 1964). – A. Sauvy, *Histoire économique de la France entre les deux guerres (1918-1931)* [Fayard, Paris, 1965]. – F. Sellier, *Stratégie de la lutte sociale* (Éd. ouvrières, Paris, 1961) ; *Dynamique des besoins sociaux* (Éd. ouvrières, Paris, 1970). – A. Touraine, la *Civilisation industrielle* (Nouvelle Librairie de France, coll. « Histoire générale du travail », t. IV, Paris, 1961) ; *la Conscience ouvrière* (Éd. du Seuil, Paris, 1966) ; *Sociologie de l'action* (Éd. du Seuil, Paris, 1965) ; *la Société post-industrielle* (Gonthier, Paris, 1969). – M. Villain, *la Politique de l'énergie en France de la Seconde Guerre mondiale à l'horizon 1985* (Cujas, Paris, 1969). – L.-A. Vincent, « la Mesure de la productivité à l'échelle de la nation et des branches d'activité », dans *Études et conjoncture,* août 1961.

Publications diverses. Le Phénomène urbain, n° spécial de *l'Action populaire,* n° 165, févr. 1963. – « Qu'est-ce que la classe ouvrière française ? » dans *Arguments,* n°s 12-13, 1959. – *Vues sur l'économie et la population de la France jusqu'en 1970,* Cahiers de l'I.N.E.D., n° 17, 1953. – *Des villes pour les hommes,* n° 161 d'*Économie et Humanisme,* 1965. – *L'Aménagement urbain en question,* n° 176 d'*Économie et Humanisme,* août 1967. – N° spécial d'*Esprit,* décembre 1957. – « Les Transports en France », dans *la Documentation photographique,* n° 5-223. – « La Population en France », dans *la Documentation photographique,* n° 5-262. – « Le Tourisme en France », dans *la Documentation photographique,* n° 5-271. – « Les Industries chimiques en France », dans *la Documentation photographique,* n° 5-275. – « Les Échanges extérieurs de la France », dans *la Documentation photographique,* n° 5-280. – « Prix, coûts et revenus en France de 1949 à 1968 », dans *Documents du Centre d'études des revenus et des coûts,* n° 2 (1969).

Généralités. A. Armengaud et A. Fine, *la Population française au XXe siècle* (P.U.F., coll. « Que sais-je » ?, n° 1167, Paris, 7e éd., 1988). – Fr. Bloch-Lainé et J. Bouvier, *La France restaurée (1944-1954). Dialogue sur les choix d'une modernisation* (Fayard, 1986). – R. Boyer, J. Mistral, *Accumulation, inflation, crises* (P.U.F., Paris, 1978). – F. Caron, *Histoire économique de la France, XIXe-XXe siècle* (A. Colin, coll. « U », 2e éd., 1984) ; *le Résistible Déclin des sociétés industrielles* (Perrin, coll. « Histoire et décadence », 1985). – J.-J. Carré, P. Dubois, E. Malinvaud, *la Croissance française. Un essai d'analyse économique causale de l'après-guerre* (Le Seuil, Paris, 1972) ; *Abrégé de la croissance française* (Le Seuil, Paris, 1973). – A. Gauron, *Histoire économique et sociale de la Ve République* (la Découverte-Maspero, 1983, 1 vol. paru). – P. Guillaume, P. Delfaud, *Nouvelle Histoire économique,* t. II : *le XXe siècle* (A. Colin, coll. « U », Paris, 9e éd., 1987). – P. Léon, *le Second Vingtième Siècle de 1947 à nos jours* (A. Colin, coll. « Histoire économique et sociale du monde » sous la dir. de P. Léon,

t. VI, 1977). - A. P. Mariano, *Métamorphose de l'économie française, 1963-1973* (Arthaud, Paris, 1973). - A. Pratte, *les Batailles économiques du général de Gaulle* (Plon, coll. « Espoir », Paris, 1978). - M. Roncayolo (sous la dir. de), *la Ville aujourd'hui. Croissance urbaine et crise de la cité* (le Seuil, coll. « Histoire de la France urbaine », dirigée par G. Duby, t. V, Paris, 1985). - R. Sédillot, *Histoire du franc* (Sirey, Paris, 1979). - Y. Trotignon, *la France au xxe siècle,* t. I et II (Bordas, Paris, 1968 et 1976). - G. Vincent, *les Français - 1945-1975. Chronologie et structure d'une société* (Masson, Paris, 1977). - INSEE, *Rapport sur les comptes de la nation* (Collections de l'INSEE, C. 62-63, 1977) ; *Statistiques et indicateurs des régions françaises* (Collections de l'INSEE, R. 34-35, 1979) ; *les Transports en France en 1978* (Collections de l'INSEE, C. 81, 1979) ; Tableaux de l'économie française (INSEE, 1984). - « Le Monde », *l'Année économique et sociale (1975-1979)* [Dossiers et documents]. - « Le Nouvel Observateur », *Faits et chiffres (1973-1979).*

Système productif, industrie. M. Battiau, *les Industries textiles de la région du Nord-Pas-de-Calais* (Lille-Paris, Champion, 1976). - B. Bellon, P. Allard, M. Beaud, A.-M. Lévy, S. Liénart, *Dictionnaire des groupes industriels et financiers en France* (Le Seuil, Paris, 1978). - B. Bellon, *le Pouvoir financier et l'industrie en France* (Le Seuil, Paris, 1980). - A. Cotta, *la France et l'impératif mondial* (P.U.F., Paris, 1978). - H. Delestre, J. Mairesse, *la Rentabilité des sociétés privées en France 1956-1975* (I.N.S.E.E., 1978). - J. Denizet, *la Grande Inflation (salaires, intérêt et change)* [P.U.F., coll. « l'Économiste », n° 68, 1978]. - J. Labasse et M. Laferrère, *la Région lyonnaise* (P.U.F., Paris, 1966). - G. Lafay, *Dynamique de la spécialisation internationale* (Economica, 1979). - F. Morin, *la Structure financière du capitalisme français* (Calmann-Lévy, Paris, 1974). - Ch. Stoffaes, *la Grande Menace industrielle* (Calmann-Lévy, Paris, 1978). - L. Stoléru, *l'Impératif industriel* (LeSeuil, Paris, 1969). - H. Bertrand, « la Croissance française, analysée en sections productives (1950-1974) » [*Statistiques et études financières,* n° 35, 1978]. - Desrosières, « le Découpage de l'industrie » (*Économie et statistiques,* n° 40, 1971). - B. Guibert et alii, *la Mutation industrielle de la France. Du traité de Rome à la crise pétrolière* (2 tomes) [Collections de l'INSEE, E. 31-32]. - INSEE, *Fresque historique du système productif* (Collections de l'INSEE, 27, 1974). - C. Leprêtre, *la Concentration des établissements industriels français en 1962 et 1972* (Collections de l'INSEE, E. 43).

Agriculture. M. Gervais, M. Jollivet et Y. Tavernier, *la Fin de la France rurale de 1914 à nos jours* (Le Seuil, coll. « Histoire de la France rurale », t. IV, sous la dir. de G. Duby, 1976). - J. Klatzmann, *l'Agriculture française* (Le Seuil, Points Économie, Paris, 1978). - *Le Monde paysan (les Cahiers français,* n° 187, juill.-sept. 1978). - J.-P. Girard, M. Gombert, M. Petry, *les Agriculteurs,* t. I : *Clés pour une comparaison sociale* (Collections INSEE, 46-47, Entreprises).

Énergie. F. Bollon, *la Situation énergétique de la France. État et perspective (Économie et humanisme,* n° 250, nov.-déc. 1979). - *Problèmes économiques, la Politique énergétique française depuis 1975 (Bulletin du ministère de l'Économie et du ministère du Budget,* n° 1605, 10 janv. 1979). - P. Amouyel, *l'Avenir énergétique de la France (Projet,* n° 137, juill.-août 1979). - Lacoste, *Énergie, quelles contraintes ? (Projet,* janv. 1980).

Commerce international. Les Multinationales (les Cahiers français, n° 190, mars-avr. 1979) ; *le Commerce mondial (les Cahiers français,* n° 191, mai-juin 1979) ; *Redéploiement ou protectionnisme (les Cahiers français,* n° 192, juill.-sept. 1979).

Classes sociales. C. Baudelot, R. Establet, J. Malemort, *la Petite Bourgeoisie en France* (Maspero, Paris, 1975). - P. Bourdieu, J.-C. Passeron, *la Reproduction (éléments pour une théorie du système d'enseignement)* [Éd. de Minuit, coll. « le Sens commun », Paris, 1970]. - F. Braudel et E. Labrousse (sous la dir. de), *l'Ère industrielle et la société d'aujourd'hui (1880-1980),* vol. 3 : *Année 1950 à nos jours* (P.U.F., coll. « Histoire économique et sociale de la France », t. IV, Paris, 1982). - M. Debatisse, *la Révolution silencieuse. Le combat des paysans* (Calmann-Lévy, Paris, 1963). - B. Lambert, *les Paysans dans la lutte des classes* (Le Seuil, Paris, 1970). - G. Lefranc, *le Mouvement syndical de la Libération aux événements de mai-juin 1968* (Payot, Paris, 1969) ; *les Organisations patronales en France* (Payot, Paris, 1976). - S. Mallet, *la Nouvelle Classe ouvrière* (Le Seuil, coll. « Politique », Paris, 1969). - M. Perrot, *le Mode de vie des familles bourgeoises* (Presses de la F.N.S.P., Paris, nouv. éd., 1982). - N. Poulantzas, *les Classes sociales dans le capitalisme d'aujourd'hui* (Le Seuil, coll. « Points-politique », Paris, 1974). - J.-D. Reynaud, *les Syndicats en France* (2 tomes) [Le Seuil, coll. « Points- politique », Paris, 1975] ; *les Syndicats, les patrons et l'État* (Éd. ouvrières, Paris, 1978). - P. Sorlin, *la Société française,* t. II, *1914-1968* (Arthaud, coll. « Sociétés contemporaines », 1971). - INSEE, *Données sociales* (Éd. 1978). - P. Rosanvallon, A. Touraine, M. Wieviorka, E. Maire, B. Trentin, *Crise et avenir de la classe ouvrière* (« Faire », n° 49, nov. 1979).

Revenus, inégalités. Dispersion et disparités de salaires en France, au cours des vingt dernières années (Revue C.E.R.C., nos 25 et 26, 1er et 2e trimestre 1975). - *Les Revenus des Français* (C.E.R.C., nos 37 et 38, 3e trimestre 1977). - *Le Patrimoinedes Français, montant et répartition* (C.E.R.C., n° 49, 1979). - *Deuxième Rapport sur les revenus des Français* (C.E.R.C., n° 51, 1979).

31. LES INSTITUTIONS ET LA VIE POLITIQUE

Ouvrages généraux. Faits, textes et statistiques sont répertoriés par *l'Année politique,* publiée depuis 1945 aux Presses universitaires de France.
On complétera cette documentation par deux ouvrages : F. Goguel et Alfred Grosser, *la Politique en France* (A. Colin, Paris, 1970) et J. Chapsal, *la Vie politique en France de 1940 à 1958* (P.U.F., coll. « Thémis », Paris, 5e éd., 1979). L'histoire de la France de 1939 à 1969 est réinsérée dans son cadre mondial par M. Crouzet, *l'Époque contemporaine* (P.U.F., coll. « Histoire générale des civilisations », t. VII, 5e éd., 1969) et par les ouvrages de P. Thibault, *l'Âge des dictatures, 1918-1947* et *le Temps de la contestation, 1947-1969* (Larousse, coll. « Histoire universelle », t. XII et XIII, nouv. éd., 1974).

Les forces politiques au sein de la société française. Ph. Ardant et O. Duhamel, *le Mendésisme* (P.U.F., Paris, 1983). - S. Bernstein, *Histoire du parti radical* (Presses de la F.N.D.S.P., Paris, 1980-1982, 2 vol. parus). - E.F. Callot, *le Mouvement républicain populaire* (Rivière, Paris, 1978). - J. Charlot, *le Gaullisme d'opposition 1946-1958. Histoire politique du gaullisme* (Fayard, Paris, 1983). - A. Chebel d'Appollonia, *Histoire politique des intellectuels en France 1944-1954,* t. I : *Des lendemains qui déchantent,* t. II : *le temps de l'engagement* (Complexe, Diffusion P.U.F., coll. « Questions au xxe siècle », nos 31 et 32, Bruxelles-Paris, 1991). - Fr.-G. Dreyfus, *Histoire des gauches en France, 1940-1974* (Grasset, Paris, 1975). - J. Droz (sous la dir. de), *Histoire générale du socialisme,* t. IV, *De 1945 à nos jours* (P.U.F., Paris, 1978). - F. Goguel et A. Grosser, *la Politique en France* (A. Colin, coll. « U », 8e éd., Paris, 1980). - F. Goguel,

Chroniques électorales (Presses de la F.N.D.S.P., t. I, 1981). - S. Hoffmann, *le Mouvement Poujade* (A. Colin, Paris, 1956). - A. Kriegel, *les Communistes français, essai d'ethnographie politique* (Éd. du Seuil, Paris, 1968). - G. Lefranc, *les Gauches en France 1789-1972* (Payot, coll. « Le Regard de l'histoire », 1973). - Cl. Nicolet, *le Radicalisme* (P.U.F., coll. « Que sais-je ? », n° 761, nouv. éd., 1983). - P. Ory, *l'Anarchisme de droite* (Grasset, Paris, 1985). - Ch. Purtschet, *le Rassemblement du peuple français* (Cujas, 1965). - R. Quilliot, *la S.F.I.O. et l'exercice du pouvoir, 1944-1958* (Fayard, Paris, 1972). - R. Rémond, *les Droites en France de 1815 à nos jours* (Aubier-Montaigne, coll. « Historique », nouv. éd., 1982). - J.-P. Rioux et J.-F. Sirinelli, *la guerre d'Algérie et les intellectuels français* (Complexe, coll. « Questions au XXe siècle », Bruxelles, 1991). - Ph. Robrieux, *Histoire intérieure du parti communiste* (Fayard, Paris, 1980-1984, 4 vol.). - J. Touchard, *le Gaullisme, 1940-1969* (Éd. du Seuil, Paris, 1978) ; *la Gauche en France depuis 1900* (Éd. du Seuil, coll. « Points », Paris, nouv. éd., 1981). - M. Vaussard, *Histoire de la démocratie chrétienne,* (Éd. du Seuil, coll. « Esprit », Paris, 1956). - E. Weber, *l'Action française* (Stock, Paris, 1964).

Période de la guerre et de la Libération. R. Aron, *Histoire de Vichy* (Fayard, Paris, 1954) ; *Histoire de la libération de la France* (Fayard, Paris, 1959). - J. Dalloz, *la France de la Libération, 1944-1946* (P.U.F., coll. « Que sais-je ? », n° 2108, Paris, 3e éd., 1991). - La lecture des *Mémoires de guerre* de Ch. de Gaulle (Plon, Paris, 1954-1959, 3 vol.) est également indispensable.

La IVe République. Les cinq ouvrages les plus accessibles sont ceux de J. Fauvet, *la IVe République* (Fayard, Paris, 1959), de J. Julliard, *la IVe République* (Calmann-Lévy, Paris, 1968), de J.-P. Rioux, *la IVe République 1944-1958* et *La France de la IVe république : l'expansion et l'impuissance, 1952-1958* (Seuil, Points-Histoire, nos 115 et 116, coll. « Nouvelle Histoire de la France contemporaine », t. XV et XVI, Paris, 1980 et 1983) et de P. Courtier, *la IVe République* (P.U.F., coll. « Que sais-je ? », n° 1613, Paris, 5e éd., 1989). Autres travaux : de J. Chapsal, *la Vie politique en France de 1940 à 1958* (P.U.F., coll. « Thémis », 1979). - G. Elgey, *la République des illusions* (Fayard, Paris, 1965) ; *la République des contradictions* (Fayard, Paris, 1968). - P.-M. de La Gorce, *Apologie et mort de la IVe République* (Grasset, Paris, 1979). - Philip Williams, *Politics in Post-War France* (Longmans, Londres, 1954). - M. Duverger (sous la dir de), *Partis politiques et classes sociales en France* (A. Colin, Paris, 1955). - A. Grosser, *la IVe République et sa politique extérieure* (A. Colin, Paris, 1961). - V. Auriol, *Mon septennat* (Gallimard, Paris, 1970), témoignage précieux sur la vie politique.

La Ve République. La *Revue française de science politique* a commenté le texte de la Constitution (numéro spécial, mars 1989). - Sous la dir. de F. Luchaire et de G. Conac a été entreprise l'étude de la pratique de la *Constitution de la République française* (Economica, Paris, 2e éd., 1987). - L'Association française de science politique a fait de même : *la Constitution de la cinquième République* (Presses de la F.N.D.S.P., 1985). La nature et la vie du régime ont été l'objet de nombreux travaux : P. Avril, *le Régime politique de la Ve République* (Librairie générale de droit et de jurisprudence, Paris, 1975). - J. Chapsal, *la Vie politique sous la Ve République* (P.U.F., coll. « Thémis », 2e éd. 1984) ; *la Vie politique sous la Ve République* (P.U.F., coll. « Thémis », t. I ; *1958-1974* [Section sciences économiques] ; t. II : *1974-1987* [Section sciences politiques], Paris, 1987-1989). - C. Debbasch (et alii), *la Cinquième République* (Economica, Paris, 1985). - Henry W. Ehrmann, *Politics in France* (Little Brown, Boston, 1976). - F. Furet, J. Julliard et P. Rosanvallon, *la République du centre, la fin de l'exception française* (Calmann-Lévy, 1988 ; Hachette-Pluriel, coll. « Pluriel », n° 8534, Paris, 1989). - J. Gicquel, *Essai sur la pratique de la Ve République* (Librairie générale de droit et de jurisprudence, Paris, 1968). - L. Hamon, *Une République présidentielle ?* (Bordas, Paris, 1977). - P.-M. de La Gorce, B. Moschetto, *la Cinquième République* (P.U.F., coll. « Que sais-je ? », n° 1763, Paris, 5e éd., 1989). - A. Lancelot, *les Élections sous la cinquième République* (P.U.F., coll. « Que sais-je ? », n° 2109, Paris, 2e éd., 1987). - J. Massot, *la Présidence de la République en France, vingt ans d'élection au suffrage universel* (la Documentation française, Paris, 1986) ; *le Chef du gouvernement en France* (la Documentation française, Paris, 1979). - S. Sur, *la Vie politique en France sous la Ve République* (Montchrestien, coll. « Université nouvelle », Précis Domat, Paris, nouv. éd., 1982). - B. Tricot et R. Hadas-Lebel, *les Institutions politiques françaises* (Presses de la F.N.D.S.P., Paris, 1985). - J.-L. Quermonne : *le Gouvernement de la France sous la Ve République* (Dalloz, Paris, 1980).

L'histoire de la période gaullienne est retracée par S. Berstein, *La France de l'expansion : la République gaullienne, 1958-1969* (Seuil, Points-Histoire ; 117, coll. « Nouvelle Histoire de la France contemporaine », t. XVII, Paris, 1989). Sa lecture est éclairée par celle irremplaçable des œuvres de Ch. de Gaulle. *Discours et messages* (Plon, Paris, 1970) ; *Mémoires d'espoir* (Plon, Paris, 1970, 2 vol.). Sous la dir. de G. Pilleul, *l'« Entourage » et de Gaulle* (Plon, Paris, 1979) éclaire les mécanismes de prise de décision. Les courants d'idées sont étudiés par J. Touchard, *le Gaullisme, 1940-1969* (Seuil, Paris, 1978) et par J. Charlot, *les Français et deGaulle* (Plon, Paris, 1971), les événements de mai 1968 par M. Grimaud, *En mai, fais ce qu'il te plaît* (Stock, Paris, 1977), et les thèmes de la révolte, par Épistémon, *Ces idées qui ont ébranlé la France* (Fayard, Paris, 1968). Trois auteurs analysent la politique internationale du chef de l'État : M. Couve de Murville, *Une politique étrangère* (Plon, Paris, 1971), A. Grosser, *la Politique extérieure de la Ve République* (Seuil, Paris, 1965) et G. de Carmoy, *les Politiques de la France* (La Table ronde, Paris, 1973).

La pensée de G. Pompidou se révèle dans les *Entretiens et discours* (Plon, Paris, 1975, 2 vol.) et dans *le Nœud gordien* (Plon, Paris, 1974). Celle de V. Giscard d'Estaing s'est exprimée à travers son livre *Démocratie française* (Fayard, Paris, 1976). Voir également « le Giscardisme » (N° spécial de la revue *Pouvoirs,* n° 9, 1979) et l'ouvrage de S. Cohen et M.-Cl. Smouts, *la Politique extérieure de Valéry Giscard d'Estaing* (Presses de la F.N.D.S.P., Paris, 1985). L'état récent des forces partisanes est fourni par Fr. Borella dans *les Partis politiques dans la France d'aujourd'hui* (Seuil, Paris, 1975) et par O. Duhamel : *la Gauche et la Ve République* (P.U.F., Paris, 1980).

Les thèses du parti socialiste ont été exposées dans *le Projet socialiste* (Paris, Club socialiste du livre, 1980) et celles de F. Mitterrand dans *Politique* (A. Fayard, Paris, 1977) et *Ici et maintenant* (A. Fayard, Paris, 1980). Sous la dir. de D. Chagnollaud, des universitaires analysent les résultats de leur application dans *1991 : Bilan politique de la France, les Institutions, les Partis, la Vie politique, les Débats* (Hachette, 1991).

32. EXPRESSION ET DIFFUSION DE LA CULTURE

Généralités. G. Berger, *l'Homme moderne et son éducation* (P.U.F., Paris, 1967). - P. Cabanne, *le Pouvoir culturel sous la Ve République* (Orban, Paris, 1985). - B. Charbonneau, *le Paradoxe de la culture* (Denoël, Paris, 1965). - É. Gilson, *la Société de masse et sa culture* (Vrin, Paris, 1967). - M. Cointet,

Histoire culturelle de la France 1918-1959 (S.E.D.E.S.-C.D.U., coll. « Regards sur l'Histoire », n° 66, Paris, 2e éd., 1989). - M.-C. Gousseau, *Qu'est-ce que la culture ?* (Morin, Colombes, 1969). - C. Lévi-Strauss, *Race et histoire* (Gonthier, Paris, 1967). - M. Nicholson, *la Révolution de l'environnement* (Gallimard, Paris, 1973). - P. Ory, *l'Entre-deux- mai, Histoire culturelle de la France, mai 1968 - mai 1981* (Le Seuil, Paris, 1983). - A. Prost, *Histoire de l'enseignement en France (1800-1967)* [A. Colin, coll. « U », Paris, 6e éd., 1986].

Théâtre. A. de Baecque, *le Théâtre d'aujourd'hui* (Seghers, Paris, 1964). - *Enciclopedia dello Spettacolo* (Le Maschere, Rome, 1954-1968, 11 vol.). - J. de Jomaron (sous la dir. de), *le Théâtre en France* (A. Colin, coll. « les Grands classiques », Paris, 1989, 2 vol.). - P.-L. Mignon, *le Théâtre contemporain* (Hachette, Paris, 1969). - E. Piscator, *le Théâtre politique* (L'Arche, Paris, 1962). - L.-C. Pronko, *le Théâtre d'avant-garde* (Denoël, Paris, 1963). - *Le Théâtre moderne,* ouvrage collectif, t. II : « Depuis la Deuxième Guerre mondiale » (C.N.R.S., coll. « le Chœur des Muses », Paris, 5e éd., 1978). - J. Vilar, *De la tradition théâtrale* (L'Arche, Paris, 1955). - *Les Voies de la création théâtrale* (C.N.R.S., coll. « Arts du spectacle », Paris, 1970-1985, 13 vol. parus).

Télévision. P. Albert et A.-J. Tudesq, *Histoire de la radio-télévision,* (P.U.F., coll. « Que sais-je ? », n° 1904, Paris, 2e éd., 1986). - T. de Galiana, *la Télévision* (Éd. du Cap, Monte-Carlo, 1966). - E. Melon-Martinez, *la Télévision dans la familleet les sociétés modernes* (Éd. sociales françaises, Paris, 1969). - P. Miquel, *Histoire de la radio et de la télévision* (Perrin, Paris, nouv. éd., 1984).

Presse. P. Albert et F. Terrou, *Histoire de la presse* (P.U.F., coll. « Que sais-je ? », n° 368, Paris, 6e éd., 1990). - Cl. Bellanger, L. Charlet, J. Godechot..., *Histoire générale de la presse française,* t. IV : *De 1940 à 1958 ;* t. V : *De 1958 à nos jours* (P.U.F., Paris, 1975 et 1976). - H. Calvet, *la Presse contemporaine* (Nathan, Paris, 1959). - R. Cayrol, *la Presse écrite et audiovisuelle* (P.U.F., coll. « Thémis », Paris, 1973). - *Le Lieu théâtral dans la société moderne* (C.N.R.S., Paris, 4e éd. 1979). - B. Voyenne, *la Presse dans la société contemporaine* (A. Colin, coll. « U », Paris, nouv. impr. 1966).

Cinéma. Histoire du cinéma français contemporain, 1945-1977 (Paris, 1978). - C. Clouzot, *le Cinéma français depuis la nouvelle vague* (Nathan, Paris, 1972). - J. Daniel, *Guerre et cinéma* (A. Colin, Paris, 1972). - J.-P. Jeancolas, *le Cinéma des Français, la Ve République* (Stock, Paris, 1979). - A. Kyrou, *le Surréalisme au cinéma* (Le Terrain vague, Paris, 1963). - A. Labarthe, *Essai sur le jeune cinéma français* (Le Terrain vague, Paris, 1960). - J. Mitry, *Esthétique et psychologie du cinéma* (Éd. universitaires, Paris, 1963-1965, 2 vol.). - J. L. Passek, *Dictionnaire du cinéma* (Larousse, Paris, 1986). - R. Prédal, *la Société française, 1914-1945, à travers le cinéma* (A. Colin, coll. U², n° 201, 1972). - G. Sadoul, *le Cinéma français, 1890-1962* (Flammarion, Paris, 1962) ; *Histoire du cinéma mondial, des origines à nos jours* (Flammarion, Paris, nouv. éd., 1966). - J. Tulard, *Dictionnaire du cinéma* (R. Laffont, coll. « Bouquins », Paris, 2e éd., 1984, 2 vol.). - Voir aussi les *Cahiers du Cinéma,* numéros en cours et collection.

Littérature. J.-P. Bernard, *le Parti communiste et la question littéraire, 1921-1939* (P.U.G., Grenoble, 1972). - P. de Boisdeffre, *Une histoire vivante de la littérature d'aujourd'hui 1938-1964* (Le Livre contemporain, Paris, 1964) ; *le Roman français depuis 1900* (P.U.F., coll. « Que sais-je ? », Paris, 2e éd., 1985). - G. Brée, *Littérature française,* t. XVI (Arthaud, Paris, 1978). - P. Foulquié, *l'Existentialisme* (P.U.F., coll. « Que sais-je ? », n° 253, Paris, 20e éd., 1984). - R. Garaudy, *Perspectives de l'homme* (P.U.F., coll. « Bibl. Phil. cont. », Paris, nouv. éd., 1969). - G. Loiseaux, *la Littérature de la défaite et de la capitulation* (Publications de la Sorbonne, Paris, 1984). - E. Mounier, *Introduction aux existentialismes* (Denoël, Paris, 1947). - J.-P. Sartre, *Qu'est-ce que la littérature ?* (Gallimard, coll. « Folio-Essais », n° 19, Paris, nouv. éd., 1985). - P. Deshusses, *Dix Siècles de littérature française,* t. II, *XIXe-XXe siècle* (Bordas, 1991). - R.-M. Albérès, *Métamorphoses du roman* (A. Michel, Paris, 1966). - F. Alquié, *Philosophie du surréalisme* (Flammarion, Paris, 1955). - Y. Duplessis, *le Surréalisme* (P.U.F., coll. « Que sais-je ? », n° 432, Paris, 13e éd., 1987). - M. Nadaud, *le Roman français depuis la guerre* (Gallimard, Paris, 1963). - Y. Olivier-Martin, *Histoire du roman populaire en France 1840-1978* (A. Michel, Paris, 1980). - M. Raimond, *le Roman français contemporain,* t. I, *le Signe des temps* (C.D.U. et S.E.D.E.S., 1976) ; *les Romans de Montherlant* (C.D.U.-S.E.D.E.S., 1982). - A. Robbe-Grillet, *Pour un nouveau roman* (Éd. de Minuit, Paris, 1964). - N. Sarraute, *l'Ère du soupçon* (Gallimard, Paris, 1956). - P. Claudel, *Réflexions sur la poésie* (Gallimard, Paris, 1963). - P. Eluard, *les Sentiers et les routes de la poésie* (Gallimard, Paris, 1954). - G. Mounin, *Poésie et société* (P.U.F., Paris, 1962). - P. Seghers, *la Résistance et ses poètes* (Seghers, Paris, 1974). - M. Merleau-Ponty, *Éloge de la philosophie* (Gallimard, Paris, 1965). - G. Picon, *Panorama de la nouvelle littérature française* (Gallimard, Paris, nouv. éd., 1960). - R. Verneaux, *Histoire de la philosophie moderne* (Beauchesne, Paris, 1957).

Arts plastiques. L'Art de notre temps depuis 1945 (Éd. de la Connaissance, Bruxelles, 1969). - R. Charmet, *Dictionnaire de l'art contemporain* (Larousse, Paris, 1965). - *Dictionnaire de la peinture française* (Larousse, coll. « Essentiels », 1989). - H. Koepf, *la Sculpture en Europe* (Hachette, Paris, 1964). - M. Laclotte, *Petit Larousse de la peinture* (Larousse, Paris, 1979, 2 vol). - J. Marchiori, *la Sculpture moderne en France* (Bibliothèque des arts, 1963). - *Nouveau Dictionnaire de la sculpture moderne* (Hazan, Paris, 1970). - H. Perruchot, *la Peinture* (Hachette, Paris, 1965). - V. Scully Jr., *l'Architecture moderne* (Éd. des Deux-Mondes, Paris, 1963). - Y. Taillandier, *Naissance de la peinture moderne* (Les Libraires associés, Paris, 1963). - P. Walberg, *les Demeures d'Hypnos* (Éd. de la Différence, Paris, 1976).

Musique et ballet. J. Attali, *Bruits. Essai sur l'économie politique de la musique* (P.U.F., Paris, nouv. éd., 1981). - H. Barraud, *Pour comprendre les musiques d'aujourd'hui* (Éd. du Seuil, Paris, 1968). - P. Boulez, *Penser la musique aujourd'hui* (Gallimard, coll. « Tel », n° 124, 1987). - R. de Candé, *Histoire universelle de la musique,* tome II (Éd. du Seuil, Paris, 1978). - A. de Mille, *l'Âme de la danse* (Flammarion, Paris, 1964). - *Dictionnaire de la musique : Les hommes et leurs œuvres,* 2 vol. ; *Science de la musique : technique, formes, instruments,* 2 vol. (Bordas, Paris, 1976). - *Dictionnaire du ballet moderne* (Hazan, Paris, 1957). - Sous la direction de N. Dufourcq, *la Musique, les hommes, les instruments, les œuvres* (Larousse, Paris, 1964-1965, 2 vol.). - W. Furtwängler, *Musique et Verbe* (A. Michel, Paris, 1963). - G. Hacquard, *la Musique et le cinéma* (P.U.F., Paris, 1959). - Cl. Samuel, *Panorama de l'art musical contemporain* (Gallimard, Paris, 1962). - P. Schaeffer, *Traité des objets musicaux* (Éd. du Seuil, coll. « Pierres vives », Paris, 1966). - M. Scriabine, *Introduction au langage musical* (Éd. de Minuit, Paris, 1961). Sous la direction de M. Vignal, *Dictionnaire de la musique française* (Larousse, Paris, 1988).

Sciences et technologie. J. Bureau, *l'Ère logique* (Laffont, Paris, 1959). - L. Couffignal, *la Cybernétique* (P.U.F., coll. « Que sais-je », n° 638, Paris, 5e éd., 1978). - A. Danjon, *Astronomie générale* (Sennac, Paris, 1962). - M. Daumas (sous la dir.

de), *Histoire générale des techniques,* t. IV et V : *les Techniques de la civilisation industrielle* (P.U.F., Paris, 1979). - L. Leprince-Ringuet et J. Rigal (sous la dir. de), *la Science contemporaine* (Larousse, Paris, 1964, 2 vol.). - J. Sarano, *Hommes et sciences de l'homme* (Éd. de l'Épi, Paris, 1968). - R. Taton (sous la dir. de), *Histoire générale des sciences,* t. III, vol. 2, *la Science contemporaine, le vingtième siècle* (P.U.F., Paris, 2e éd., 1983).

Ouvrages récents

Histoire générale. J. Barbey, *Être roi. Le roi et son gouvernement en France de Clovis à Louis XVI* (Fayard, Paris, 1992). - H.-M. Bercé et Ph. Contamine (sous la dir. de), *Histoire de France, historiens de France,* actes du colloque international de Reims, 14 et 15 mai 1993 (Librairie Honoré-Champion, « Société de l'histoire de France », n° 510, 1994). - H. Bonin, *la Banque et les banquiers en France du Moyen Âge à nos jours* (Larousse, Paris, 1992). - Th. Charmasson, A.-M. Lelorrain, M. Sonnet, *Chronologie de l'histoire de France* (P.U.F., Paris, coll. « Premier Cycle », 1994). - A. Corvisier (sous la dir. de), *Histoire militaire de la France* (P.U.F., Paris, 1992-1994, 4 vol.). - J. Le Goff et P. Rémond, *Histoire de la France religieuse* (Le Seuil, Paris, 1988-1992, 4 vol.). - A. Lombard-Jourdan, *la Plaine Saint-Denis, deux mille ans d'histoire* (C.N.R.S., Paris, 1994). - J. Meyer et M. Acerra, *Histoire de la marine française des origines à nos jours* (Ouest-France, Rennes, 1994). - P. Nora (sous la dir. de), *les Lieux de mémoire* (Gallimard, coll. « Bibliothèque des histoires », Paris, 1993). - M. Vergé-Franceschi (sous la dir. de), *Guerre et commerce en Méditerranée, IXe-XXe siècle* (Veyrier, Paris, 1991).

Histoire ancienne. J.-L. Brunaux et B. Lambot, *Guerre et armement chez les Gaulois, 450-52 av. J.-C.* (Errance, Paris, 1988). - P.-M. Duval, *De Lutèce oppidum à Paris capitale de la France* (Hachette diffusion, coll. « Nouvelle histoire de Paris », 1993). - F. Favory et J.-L. Fiches (sous la dir. de), *les Campagnes de la France méditerranéenne dans l'Antiquité et le haut Moyen Âge : études microrégionales* (coll. « Documents d'archéologie française », Maison des sciences de l'homme, Paris, 1994). - A. Ferdière, *les Campagnes en Gaule romaine, 52 av. J.-C. – 486 ap. J.-C.* (Errance, 1988, 2 vol.). - St. Fichtl, *les Gaulois du Nord de la Gaule, 150 – 20 av. J.-C.* (Errance, Paris, 1995). - Ch. Goudineau, *César et la guerre* (Errance, Paris, 1990). - Ch. Goudineau et Y. de Kisch, *Vaison-la-Romaine* (Errance, Paris, 1991). - Jules César, *Guerre des Gaules,* présentation par Ch. Goudineau (Imprimerie nationale, Paris, 1994). - C. Jullian, *Histoire de la Gaule* (Hachette, réédition intégrale, Paris, 1993). - Y. Le Bohec (sous la dir. de), *Militaires romains en Gaule civile* (Centre d'études romaines et gallo-romaines de l'université de Lyon-III, Lyon, 1993). - A. Pelletier, *la Civilisation gallo-romaine de A à Z* (Presses universitaires de Lyon, 1993).

Le Moyen Âge. M. Aurel, *les Noces du comte. Mariage et pouvoir en Catalogne, 785-1213* (Presses de la Sorbonne, Paris, 1995). - F. Autrand, *Charles V le Sage* (Fayard, Paris, 1994). - D. Barthélemy, *la Société dans le comté de Vendôme de l'an Mil au XIVe siècle* (Fayard, Paris, 1993). - C. Bozzolo et E. Ornato (études réunies par), *Préludes à la Renaissance. Aspects de la vie intellectuelle en France au XVe siècle* (C.N.R.S., Paris, 1992). - G. Brunel et E. Lalou (sous la dir. de), *Sources d'histoire médiévale, IXe*-milieu du *XIVe siècle* (Larousse, coll. « Textes essentiels », Paris, 1992). - J.-P. Brunterc'h, *Archives de la France,* t. I, *Ve-XIe siècle,* sous la dir. de J. Favier (Fayard, Paris, 1994). - L. Buchet (sous la dir. de), *la Femme pendant le Moyen Âge et l'Époque moderne* (C.N.R.S., Paris, 1994). - M. Bur, *Suger, abbé de Saint-Denis, régent de France* (Perrin, Paris, 1991). - M.-Th. Caron, *Noblesse et pouvoir royal en France (XIIIe-XVIe siècle). De Saint Louis à François Ier* (A. Colin, Paris, 1994). - Ph. Contamine, M. Bompaire, St. Lebecq et J.-L. Sarrazin, *l'Économie médiévale* (A. Colin, coll. « U », Paris, 1993). - Ph. Contamine et Ch. Giry de Loison, *Guerre et société en France, en Angleterre et en Bourgogne, XIVe-XVe siècle* (Presses universitaires de Lille-III, 1991). - Ph. Contamine, *Des pouvoirs en France, 1300-1500* (Publications de l'École normale supérieure, Paris, 1992). - Ph. Contamine (présentation par), *Mémoires de Philippe de Commynes* (Imprimerie nationale, Paris, 1994). - J. Day, *Monnaies et marchés au Moyen Âge* (Imprimerie nationale, « Comité pour l'histoire économique et financière de la France », Paris, 1995). - B. Delmaire, *le Diocèse d'Arras de 1093 au milieu du XIVe siècle. Recherches sur la vie religieuse dans le Nord de la France au Moyen Âge* (Arras, commission départementale d'histoire et d'archéologie du Pas-de-Calais, 1995). - J. Favier, *Dictionnaire de la France médiévale* (Fayard, Paris, 1993). - J. Flori, *la Chevalerie en France au Moyen Âge* (P.U.F., coll. « Que sais-je ? », n° 972, Paris, 1995). - R. Fossier, *la Société médiévale* (A. Colin, coll. « U », Paris, 1re éd., 1991). - R. Fossier, *l'Occident médiéval du Ve au XIIIe siècle* (Hachette, Paris, 1995). - F. Gasparri (sous la dir. de), *le XIIe siècle : mutations et renouveau en France dans la première moitié du XIIe siècle* (Le Léopard d'Or, Paris, 1994). - Cl. Gauvard, *« De grâce especial », Crime, État et société en France à la fin du Moyen Âge* (Publications de la Sorbonne, Paris, 1991). - P.-J. Geary, *le Vol des reliques au Moyen Âge* (Aubier, Paris, 1993). - N. Gonthier, *Délinquance, justice et société dans le Lyonnais médiéval de la fin du XIIIe siècle au début du XVIe siècle* (Arguments, Paris, 1993). - B. Guenée (préface de), *Chronique du religieux de Saint-Denys contenant le règne de Charles VI de 1380 à 1422* (C.T.H.S., Paris, 1994). - B. Guenée, *Un meurtre, une société. L'assassinat du duc d'Orléans, 23 novembre 1407* (NRF, 1992). - O. Guillot, A. Rivaudière, Y. Sassier, *Pouvoirs et institutions dans la France médiévale* (A. Colin, coll. « U », Paris, 1re éd., 1994, 2 vol.). - P. Guiral, *Clemenceau en son temps* (Grasset, Paris, 1994). - O. Guyot-Jeannin, *le Moyen Âge, Ve-XVe siècle* (Fayard, coll. « Archives de l'Occident », t. 1, sous la dir. de J. Favier, 1992). - P.-M. Gy, *Guillaume Durand, évêque de Mende (v. 1230-1296)* [C.N.R.S., Paris, 1992]. - J. Heers, *Gilles de Rais* (Perrin, coll. « Vérités et légendes », Paris, 1994). - Ch. Higounet, *Défrichements et villeneuves du Bassin parisien, XIe-XIVe siècle* (C.N.R.S., Paris, 1991). - G. Jéhel, *la Méditerranée médiévale de 350 à 1450* (A. Colin, coll. « Cursus », Paris, 1992). - R.W. Kaeuper, *Guerre, justice et ordre public. La France et l'Angleterre à la fin du Moyen Âge* (Aubier, coll. « Historique », éd. franç., Paris, 1994). - J. Krynen, *l'Emprise du roi. Idées et croyances politiques en France, XIIIe-XVe siècle* (Gallimard, Paris, 1993). - J. Krynen et A. Rigaudière, *Droits savants et pratiques françaises du pouvoir, XIe-XVe siècle* (Presses universitaires de Bordeaux, 1992). - M. Laharie, *la Folie au Moyen Âge, XIe-XIIIe siècle* (Le Léopard d'Or, Paris, 1991). - R. Locatelli, *Sur les chemins de la perfection. Moines et chanoines dans le diocèse de Besançon vers 1060-1220* (Publications universitaires de Saint-Étienne, 1992). - A. Lombard-Jourdan, *Fleur de lis et oriflamme : signes célestes du royaume de France* (C.N.R.S., Paris, 1991). - B. Merdrignac, *la Vie religieuse en France au Moyen Âge* (Ophrys, Gap, 1995). - R. Musso-Goulard, *la Naissance de la France* (Perrin, Paris, 1995). - M. Pacaut, *les Moines blancs. Histoire de l'ordre de Cîteaux* (Fayard, Paris, 1993). - M. Parisse (études réunies par), *À propos des actes d'évêques. Hommage à Lucie Fossier* (Presses universitaires de Nancy, 1991). - M. Parisse (sous la dir. de), *Veuves et veuvages dans le haut Moyen Âge* (Picard, Paris, 1993). - R. Pernoud, *Christine de Pisan* (Calmann-Lévy, Paris, 1995). - J.-Ch. Picard (sous la dir. de), *les*

Chanoines dans la ville. Recherches sur la topographie des quartiers canoniaux en France (De Boccard, Paris, 1994). – A. Plaisse, *À travers le Cotentin : la grande chevauchée guerrière d'Édouard III en 1346* (Isoète, Cherbourg, 1995). – L. Pressouyre (sous la dir. de), *Pèlerinages et croisades.* Colloque de Pau, 1993 (C.T.H.S., Paris, 1995). – B. Prévot, B. Ribemont, *le Cheval en France au Moyen Âge* (Paradigme, coll. « Medievalia », Caen, 1994). – Ch. Prigent, *Pouvoir ducal, religion et production artistique en Basse-Bretagne 1350-1575* (Maisonneuve-et-Larose, Paris, 1992). – Ch. Raynaud, *Mythes, cultures et sociétés (XIIIe-XVe siècle). Images de l'Antiquité et iconographie politique* (Le Léopard d'Or, Paris, 1995). – A. Renoux, *Fécamp. Du palais ducal au palais de Dieu. Bilan historique et archéologique des recherches menées sur le site du château des ducs de Normandie* (C.N.R.S., Paris, 1991). – P. Riché, *les Carolingiens, une famille qui fit l'Europe* (Hachette, coll. « Pluriel », nouv. éd., Paris, 1992). – P. Riché (sous la dir. de), *la Christianisation des pays entre Loire et Rhin, IVe-VIIe siècle* (Éd. du Cerf, Paris, 1993). – P. Riché et D. Alexandre-Bidon, *l'Enfance au Moyen Âge* (Le Seuil, coll. « Bibliothèque de France », Paris, 1994). – A. Rigaudière, *Gouverner la ville au Moyen Âge* (Anthropos, Paris, 1993). – S. Roux, *le Monde des villes au Moyen Âge, XIe-XVe siècle* (Hachette Supérieur, coll. « Carré Histoire », Paris, 1994). – Y. Sassier, *Louis VII* (Fayard, Paris, 1991). – A. Saunier, *« Le pauvre malade » dans le cadre hospitalier médiéval : France du Nord, vers 1300-1500* (Arguments, Paris, 1993). – P. Sicard, *Hugues de Saint-Victor et son École* (Brépols, Paris, 1991). – G. Sivéry, *Philippe Auguste* (Plon, Paris, 1993). – G. Sivéry, *Louis VIII le Lion* (Fayard, Paris, 1995). – M. Sot, *Un historien et son Église. Flodoard de Reims* (Fayard, Paris, 1993). – Suger, *la Geste de Louis VI* (Imprimerie nationale, Paris, 1994). – A. Terroing, *Un bourgeois parisien du XIIIe siècle. Geoffroy de Saint-Laurent (1245 ? -1290),* édité par L. Fossier (C.N.R.S., Paris, 1992). – C. Vincent, *les Confréries médiévales dans le royaume de France, XIIIe-XVe siècle* (A. Michel, Paris, 1994). – C. Vincent, *Introduction à l'étude de l'Occident médiéval* (Le livre de poche, Paris, 1995). – A. Saint-Denis, *Institutions hospitalières et société aux XIIe et XIIIe siècles. L'Hôtel-Dieu de Laon, 1150-1300* (Presses universitaires de Nancy, 1982). – A. Saint-Denis, *le Siècle de Saint-Denis* (P.U.F., coll. « Que sais-je ? », n° 1481, Paris, 1re éd., 1994). – A. Saint-Denis, *Apogée d'une cité : Laon et son pays aux XIIe et XIIIe siècles* (Presses universitaires de Nancy, 1994).

Histoire moderne. A.-L. Angoulvent, *l'Esprit baroque* (P.U.F., coll. « Que sais-je ? », n° 3000, Paris, 1994). – I. Aristide, *la Fortune de Sully* (Comité pour l'histoire économique et financière de la France, Imprimerie nationale, Paris, 1990). – M. Balard, J.-Cl. Hervé, N. Lemaître (présentation par), *Paris et ses campagnes sous l'Ancien Régime.* Mélanges offerts à Jean Jacquart (Presses de la Sorbonne, Paris, 1994). – F. Bayard, P. Guignet, *l'Économie française aux XVIe, XVIIe et XVIIIe siècles* (Ophrys, Gap, 1991). – L. Bély, *la France moderne, 1498-1789* (P.U.F., coll. « Premier Cycle », Paris, 1994). – Y.-M. Bercé, *la Naissance dramatique de l'absolutisme, 1598-1661* (Le Seuil, coll. « Nouvelle histoire de la France moderne », t. III, n° H 209, Paris, 1992). – J. Bérenger et J. Meyer, *la France dans le monde au XVIIIe siècle* (SEDES, coll. « Regards sur l'histoire », n° 84, Paris, 1993). – J. Bergin, *l'Ascension de Richelieu* (Payot, Paris, 1994). – F. Bluche et J.-F. Solnon, *la Véritable Hiérarchie sociale de l'ancienne France. Le tarif de la première capitation, 1695* (Droz, Genève, nouv. éd., 1995). – J.-L. Bourgeon, *l'Assassinat de Coligny* (Droz, Genève, 1992). – R. Bourgerie, *Magenta et Solférino (1859). Napoléon III et le rêve italien* (Économica, Paris, 1993). – L. Bourquin, *Noblesse seconde et pouvoir en Champagne aux XVIe et XVIIe siècles* (Publications de la Sorbonne, Paris, 1994). – E. Brian, *la Mesure de l'État. Administrateurs et géomètres au XVIIIe siècle* (A. Michel, Paris, 1994). – P. Burke, *Louis XIV. Les stratégies de la gloire* (Le Seuil, Paris, 1995). – P. Butel, *l'Économie française au XVIIIe siècle* (SEDES, coll. « Regards sur l'histoire », n° 87, Paris, 1993). – A. Cabantous, *Dix Mille Marins face à l'océan. Les populations maritimes de Dunkerque au Havre aux XVIIe et XVIIIe siècles. 1660-1794* (Publisud, Lagny-sur-Marne, 1991). – A. Cabantous, *les Citoyens du large. Les identités maritimes en France, XVIIe-XIXe siècle* (Aubier, Paris, 1995). – R. Chartier, *Malesherbes, mémoires sur la librairie, mémoire sur la liberté de la presse* (Imprimerie nationale, Paris, 1994). – S. Charton-Le Clech, *Chancellerie et culture au XVIe siècle. Les notaires et secrétaires du roi de 1515 à 1547* (Presses universitaires du Mirail, coll. « Histoire notariale », Toulouse, 1993). – L. Châtelier, *Catholicisme et Contre-Réforme (début du XVIe -milieu du XVIIe siècle),* t. I, *le XVIe siècle* (SEDES, coll. « Regards sur l'histoire », Paris, 1995). – P. Chaunu, *la Civilisation de l'Europe des Lumières* (Arthaud, Paris, nouv. éd., 1993). – G. Chaussinand-Nogaret, *le Citoyen des Lumières* (Éditions Complexe, coll. « Historiques », n° 91, Bruxelles, 1994). – G. Chaussinand-Nogaret, *Voltaire et le siècle des Lumières* (Éditions Complexe, Bruxelles, 1994). – O. Christin, *les Réformes. Luther, Calvin et les protestants* (Gallimard, coll. « Découvertes », Paris, 1995). – G. Collard, *Voltaire, l'affaire Calas et nous* (Les Belles Lettres, Paris, 1994). – J.-M. Constant, *la Société française aux XVIe, XVIIe et XVIIIe siècles* (Ophrys, Gap, 1994). – J. Cornette, *le Roi de guerre. Essai sur la souveraineté dans la France du Grand Siècle* (Payot, Paris, 1993). – J. Cornette, *le XVIe siècle. Chronique de la France moderne* (SEDES, coll. « Regards sur l'histoire », Paris, 1995). – J. Cornette, *l'Affirmation de l'État absolu, 1515-1652* (Hachette Supérieur, coll. « Carré Histoire », Paris, 1993). – J. Cornette, *Absolutisme et Lumières 1652-1783* (Hachette Supérieur, coll. « Carré Histoire », Paris, 1993). – B. Cottret, *la Vie politique en France aux XVIe, XVIIe et XVIIIe siècles* (Ophrys, Gap, 1991). – B. Cottret (présentation par), *Jacques Fontaine. Mémoires d'une famille huguenote, victime de la révocation de l'édit de Nantes* (Chaleil, Montpellier, 1993). – L. Crété, *les Camisards* (Perrin, Paris, 1992). – D. Crouzet (présentation par), *la Vie de Bayard par Champier* (Imprimerie nationale, Paris, 1993). – D. Crouzet, *la Nuit de la Saint-Barthélemy. Un rêve perdu de la Renaissance* (Fayard, Paris, 1994). – J. Cubero, *l'Affaire Calas. Voltaire contre Toulouse* (Perrin, Paris, 1993). – G. Daridan, *MM. Le Coulteux et Cie, banquiers à Paris. Un clan familial dans la crise du XVIIIe siècle* (Loysel, Paris, 1994). – Ch. Delmas, *la Tragédie de l'âge classique, 1553-1770* (Le Seuil, Paris, 1994). – R. Darnton, *Gens de lettres, gens du livre* (Odile Jacob, Paris, 1992). – P. Delsalle, *la France industrielle aux XVIe, XVIIe et XVIIIe siècles* (Ophrys, coll. « Synthèse et histoire », Gap, 1993). – P. Delsalle, *le Cadre de vie en France aux XVIe, XVIIe, XVIIIe siècles* (Ophrys, Gap, 1995). – J. Delumeau, *le Temps des supplices : de l'obéissance sous les rois absolus, XVe-XVIIIe siècle* (A. Colin, coll. « Références », Paris, 1992). – J. Delumeau (sous la dir. de), *Jurieu, l'accomplissement des prophètes* (Imprimerie nationale, Paris, 1994). – G. Deregnaucourt et D. Poton, *la Vie religieuse en France aux XVIe, XVIIe et XVIIIe siècles* (Ophrys, Gap, 1994). – J. Ducoin, *Naufrages, conditions de navigation et assurances dans la marine de commerce du XVIIIe siècle. Le cas de Nantes et de son commerce colonial avec les îles d'Amérique* (Librairie de l'Inde, Paris, 1993). – J.-M. Duhamel, *la Musique dans la ville, de Lully à Rameau* (Presses universitaires de Lille, 1994). – Cl. Dulong, *Marie Mancini. La première passion de Louis XIV* (Perrin, Paris, 1993). – Y. Durand, *la Société française au XVIIIe siècle. Institutions et société* (SEDES, coll. « Regards sur l'histoire », n° 85, Paris, 1992). – F.-X. Emmanuelli, *État et pouvoirs dans la France des XVIe-XVIIIe siècles. La métamorphose inachevée* (Nathan, Paris, 1992). – A. Farge, *Vivre dans les rues de Paris au XVIIIe siècle* (Gallimard, coll. « Folio-Histoire », Paris, 1992). – A. Farge, *la Vie fragile, violence, pouvoirs et solidarités à Paris au XVIIIe siècle* (Le Seuil, coll. « Points-Histoire », Paris, 1992). – A. Farge, *Dire et mal dire. L'opinion publique au XVIIIe siècle* (Le Seuil, coll. « La Librairie du XXe siècle », Paris, 1992). – A. Félibien, *les Fêtes de Versailles. Chroniques de 1668-1674* (Dédale/Maisonneuve-et-Larose, Paris, 1994). – M. Fogel, *l'État dans la France moderne de la fin du XVe au milieu du XVIIIe siècle* (Hachette, coll. « Carré Histoire », sous la dir. de R. Muchembled, 1992). – M. Foisil, *la vie quotidienne en France au temps de Louis XIII* (Hachette, coll. « La Vie quotidienne », Paris, 1992). – B. Carnot et D. Poton, *la France et les Français au XVIIIe siècle. Sociétés et pouvoirs, 1715-1788* (Ophrys, Gap, 1992). – J. Garrisson, *Royaume, Renaissance et Réforme, 1483-1559* (Le Seuil, coll. « Nouvelle histoire de la France moderne », t. 1, n° H 207, Paris, 1991). – J. Garrisson, *Guerre civile et compromis, 1559-1598* (Le Seuil, coll. « Nouvelle histoire de la France moderne », t. II ; n° H 208, Paris, 1991). – J. Garrisson, *Marguerite de Valois* (Fayard, Paris, 1994). – J. Gaston, *la Communauté des notaires de Bordeaux, 1520-1791* (Presses universitaires du Mirail, Toulouse, 1992). – J.-P. Gutton (sous la dir. de), *l'Intendance du Lyonnais, Beaujolais, Forez en 1698 et en 1762. Édition critique du mémoire rédigé par Lambert d'Herbigny* (C.T.H.S., Paris, 1992). – M. Hamon et D. Perrin, *Au cœur du XVIIIe siècle industriel. Condition ouvrière et tradition villageoise à Saint-Gobain* (Éd. PAU, Paris, 1993). – Ph. Hamon, *l'Argent du Roi. Les finances sous François Ier* (Ministère des Finances, Paris, 1994). – Ph. Haudrère, *La Bourdonnais, marin et aventurier* (Desjonquères, Paris, 1992). – D.Hickey, *le Dauphiné devant la monarchie absolue. Le procès des tailles et la perte des libertés provinciales, 1540-1640* (Presses de l'université de Grenoble, 1993). – F. Hildesheimer, *le Jansénisme en France aux XVIIe et XVIIIe siècles* (Publisud, Paris, 1992). – F. Hildesheimer (édité par), *Testament politique de Richelieu* (Honoré Champion, « Société de l'histoire de France », n° 511, Paris, 1995). – J. Imbert, *le Droit hospitalier sous l'Ancien Régime* (P.U.F., Paris, 1993). – R. Kleinman, *Anne d'Autriche* (Fayard, Paris, 1993). – A. Kraatz, *la Compagnie française de Russie. Histoire du commerce franco-russe aux XVIIe et XVIIIe siècles* (F. Bourin, Paris, 1993). – M. Lachiver, *les Années de misère. La famine au temps du grand Roi, 1680-1720* (Fayard, Paris, 1991). – J. Lecler, *Histoire de la tolérance au siècle de la Réforme* (A. Michel, Paris, nouv. éd., 1994). – M. Le Moël, *la Grande Mademoiselle* (Éditions de Fallois, Paris, 1994). – E. Le Roy Ladurie, *l'Ancien Régime, 1610-1770* (Hachette, coll. « Histoire de France », t. III, Paris, 1991). – E. Le Roy Ladurie (présentation par), *la Dîme royale du maréchal Vauban* (Imprimerie nationale, Paris, 1992). – G. Lesage, *Denain, 1712, Louis XIV sauve sa mise* (Economica, Paris, 1992). – M.-F. Limon, *les Notaires au Châtelet de Paris sous le règne de Louis XIV* (Presses universitaires du Mirail, Toulouse, 1992). – G. Livet, *l'Intendance d'Alsace du Saint Empire romain germanique au royaume de France, de la guerre de Trente Ans à la mort de Louis XIV, 1634-1715* (Presses universitaires de Strasbourg, 1991, 2 vol.). – Ph. Loupès, *la Vie religieuse en France au XVIIIe siècle* (SEDES, coll. « Regards sur l'histoire », n° 89, Paris, 1993). – B. Lugan, *Histoire de la Louisiane française, 1682-1804* (Perrin, Paris, 1994). – Abd. Ly, *la Compagnie du Sénégal* (Karthala, Paris, nouv. éd., 1993). – Ph. Masson et M. Verge-Franceschi (sous la dir. de), *la France et la mer au siècle des grandes découvertes, XVIe siècle* (Tallandier, Paris, 1993). – H. Merlin, *Public et littérature en France au XVIIe siècle* (Les Belles Lettres, Paris, 1994). – J. Meyer, *Béveziers, 1690. La France prend la maîtrise de la Manche* (Économica, Paris, 1993). – J. Meyer, *La Chalotais. Affaires de femmes et affaires d'État sous l'Ancien Régime* (Perrin, Paris, 1995). – Cl. Michaud, *l'Église et l'argent sous l'Ancien Régime. Les receveurs généraux du clergé de France aux XVIe-XVIIe siècles* (Fayard, Paris, 1991). – G. Minois, *Censure et culture sous l'Ancien Régime* (Fayard, Paris, 1995). – J.-M. Moriceau, *les Fermiers de l'Île-de-France, XV-XVIIIe siècle* (Fayard, Paris, 1994). – J.-M. Moriceau et G. Postel-Vinay, *Ferme, entreprise, famille. Grande exploitation et changements agricoles, XVIIe-XIXe siècles* (Éd. de l'E.H.E.S.S., Paris, 1992). – R. Mousnier, *l'Homme rouge ou la vie du cardinal de Richelieu, 1585-1642* (Laffont, coll. « Bouquins », Paris, 1992). – R. Muchembled, *le Temps des supplices. De l'obéissance sous les rois absolus, XVe-XVIIe siècles* (A. Colin, coll. « Références », Paris, 1992). – R. Muchembled, *le Roi et la sorcière. L'Europe des bûchers, XVe-XVIIIe siècles* (Desclée de Brouwer, Paris, 1993). – R. Muchembled, *Magie et sorcellerie en Europe du Moyen Âge à nos jours* (A. Colin, Paris, 1994). – R. Muchembled, *Cultures et société en France du début du XVIe au milieu du XVIIe siècle* (SEDES, coll. « Regards sur l'histoire », Paris, 1995). – R. Muchembled, *Société et mentalités dans la France moderne, XVIe-XVIIe siècle* (A. Colin, coll. « Cursus », Paris, 1990). – A. Muhlstein, *Cavelier de La Salle, l'homme qui offrit l'Amérique à Louis XIV* (Grasset, Paris, 1992). – B. Neveu, *Érudition et religion aux XVIIe et XVIIIe siècles* (A. Michel, Paris, 1994). – M. Pernot, *la Fronde* (Éditions de Fallois, Paris, 1994). – J.-Cl. Perrot, *Une histoire intellectuelle de l'économie politique, XVIIe-XVIIIe siècles* (Éd. de l'E.H.E.S.S., coll. « Civilisations et Sociétés », n° 85, Paris, 1992). – J. Peter, *Vauban et Toulon. Histoire de la construction d'un port-arsenal sous Louis XIV* (Économica, Paris, 1994). – J. Peter, *les Artilleurs de la marine sous Louis XIV* (Économica, Paris, 1995). – J.-Ch. Petitfils, *Louis XIV* (Perrin, Paris, 1995). – P. Pluchon, *Histoire de la colonisation française.* t. I : *le Premier Empire colonial. Des origines à la Restauration* (Fayard, Paris, 1994). – A. Poitrineau, *Ils travaillaient la France. Métiers et mentalités du XVIe au XIXe siècle* (A. Colin, coll. « Références », Paris, 1993). – O. Ranum, *la Fronde* (Le Seuil, Paris, 1995). – M.-E. Richard, *la Vie des protestants français de l'édit de Nantes à la Révolution, 1598-1789* (Éd. de Paris, Paris, 1995). – D. Richet, *De la Réforme à la Révolution. Études sur la France moderne* (Aubier, Paris, 1991). – D. Roche, *la France des Lumières* (Fayard, Paris, 1993). – M. Simonin, *Charles IX* (Fayard, Paris, 1995). – J.-F. Solnon, *les Ormesson au plaisir de l'État* (Fayard, Paris, 1992). – J.-F. Solnon (sous la dir. de), *Sources d'histoire de la France moderne, XVIe – XVIIe -XVIIIe siècles* (Larousse, « coll. Textes essentiels », Paris, 1994). – R. Taveneaux, *Jansénisme et Réforme catholique* (Presses universitaires de Nancy, 1992). – M. Touzery, *Atlas de la généralité de Paris au XVIIIe siècle. Un paysage retrouvé* (Imprimerie nationale, Paris, 1995). – D. Troyanky, *Miroirs de la vieillesse : en France au siècle des Lumières* (Eshel, Paris, 1992). – D. Van Der Cruysse, *l'Abbé de Choisy, androgyne et mandarin* (Fayard, Paris, 1995). – M. Vénard, *Réforme protestante, réforme catholique dans la province d'Avignon, XVIe siècle* (Éd. du Cerf, Paris, 1993). – M. Vergé-Franceschi, *Marine et éducation sous l'Ancien Régime* (C.N.R.S., 1991). – M. Vergé-Franceschi, *Abraham Duquesne. Huguenot et marin du Roi-Soleil* (France-Empire, Paris, 1992). – M. Vigié, *Dupleix* (Fayard, Paris, 1993). – J. de Viguerie, *Histoire et dictionnaire du temps des Lumières, 1715-1789* (R. Laffont, coll. « Bouquins », Paris, 1995). – R. Vincent, *Pondichéry (1674-1761). L'échec d'un rêve d'empire* (Autrement, Paris, 1993). – T. Wanegffelen, *la France et les Français : XVIe – milieu du XVIIe siècle, la vie religieuse* (Ophrys, Gap, 1994). – J. Villain, *la Fortune de Colbert* (Comité pour l'histoire économique et financière de la France, Imprimerie nationale, Paris, 1994). – D. Woronoff, *Histoire de l'industrie en France, du XVIe siècle à nos jours* (Le Seuil, Paris, 1994). – A. Zysberg, *la Puissance et la guerre, 1661-1715* (Le Seuil, coll. « Nouvelle histoire de la France moderne », t. IV, n° H 210, Paris, 1994). – A. Zysberg, *l'État et les Lumières, 1715-1783* (Le Seuil, coll. « Nouvelle histoire de la France moderne », t. V, n° H 211, Paris, 1995).

Histoire contemporaine. Ch.-R. Ageron, *la Décolonisation française* (A. Colin, coll. « Cursus », Paris, 1991). – Ch.-R. Ageron, M. Michel, *l'Afrique noire française : l'heure des indépendances* (C.N.R.S., Paris, 1992). – M. Agulhon (sous la dir. de), *Cultures et folklores républicains.* Colloque de Toulouse, 1992 (C.T.H.S., Paris, 1995). – F. Arnault, Frédéric Le Play, *De la métallurgie à la science sociale* (Presses universitaires de Nancy, 1993). – J.-P. Azéma et F. Bédarida (sous la dir. de), *le Régime de Vichy et les Français* (Fayard, coll. « Pour une histoire du XXe siècle », Paris, 1992). – J.-P. Azéma et F. Bédarida, *la France des années noires* (Le Seuil, Paris, 1993, 2 vol.). – J.-P. Azéma et O. Wieviorka, *les Libérations de la France* (Éd. de la Martinière, Paris, 1993). – R. Bellet, *Jules Vallès* (Fayard, Paris, 1995). – A. Bergounioux et G. Grunberg, *le Long Remords du pouvoir. Le Parti socialiste français, 1905-1992* (Fayard, coll. « L'espace du politique », Paris, 1992). – S. Berstein et P. Milza, *Histoire de la France au XXe siècle* (Éd. Complexe, Bruxelles, 1991, 3 vol.). – S. Berstein, P. Milza, *Histoire de la France au XXe siècle* (Éd. Complexe, coll. « Questions au XXe siècle », n° 65, Bruxelles, 1994). – J.-P. Bertaud, *les Causes de la Révolution française* (A. Colin, coll. « Cursus », Paris, 1992). – J.-P. Bertaud, *l'An I de la République* (Perrin, Paris, 1992). – M. Biard, *Collot d'Herbois. Légendes noires et révolution* (Presses universitaires de Lyon, 1995). – F. Bourillon, *les Villes en France au XIXe siècle* (Ophrys, Gap, 1992). – M. Bourset, *Casimir Perier. Un prince financier au temps du romantisme* (Publications de la Sorbonne, Paris, 1994). – Cl.-I. Brelot, *la Noblesse réinventée. Nobles de Franche-Comté de 1814 à 1870* (Presses universitaires de Besançon, Besançon, 1992, 2 vol.). – Ph. Burrin, *la France à l'heure allemande, 1940-1944* (Le Seuil, Paris, 1995). – P. Buton et J.-M. Guillon (sous la dir. de), *les Pouvoirs en France à la Libération* (Belin, Paris, 1994). – J.-Cl. Caron, *la France de 1815 à 1848* (A. Colin, coll. « Cursus », Paris, 1993). – Ch. Charle, *la République des universitaires, 1870-1940* (Le Seuil, coll. « L'Univers historique », Paris, 1994). – L.-M. Clénet, *la Contre-Révolution* (P.U.F., coll. « Que sais-je ? », n° 2633, Paris, 1re éd., 1992). – J.-P. Cointet, *Pierre Laval* (Fayard, Paris, 1993). – M. Cointet, *Vichy, capitale 1940-1944* (Perrin, Paris, 1993). – E. Conan et H. Rousso, *Vichy, un passé qui ne passe pas* (Fayard, Paris, 1994). – O. Coquard, *Marat* (Fayard, Paris, 1993). – C. Coquery-Vidrovitch (sous la dir. de), *l'Afrique occidentale au temps des Français. Colonisateurs et colonisés, 1860-1960* (La Découverte, Paris, 1992). – A. Corbin et N. Gérôme (sous la dir. de), *les Usages politiques des fêtes aux XIXe et XXe siècles* (Publications de la Sorbonne, Paris, 1994). – F. Crouzet, *la Grande Inflation. La monnaie en France de Louis XVI à Napoléon* (Fayard, Paris, 1993). – M. Crubellier, *l'École républicaine 1870-1940* (Éd. Christian, Paris, diffusion A. et J. Picard, Paris, 1993). – P. Darmon, *Pasteur* (Fayard, Paris, 1995). – D. Domergue-Cloarec, *la France et l'Afrique après les indépendances* (SEDES, coll. « Regards sur l'histoire », n° 97, Paris, 1994). – J. Dupâquier et D. Kessler, *la Société française au XIXe siècle. Tradition, transition, transformations* (Fayard, coll. « Nouvelles Études historiques », Paris, 1993). – E. du Réau, *Édouard Daladier, 1884-1970* (Fayard, coll. « Pour une histoire du XXe siècle », Paris, 1993). – J.-B. Duroselle, *la France de la « Belle Époque »* (Presses de la Fondation nationale des sciences politiques, Paris, 1992). – J.-B. Duroselle, *la Grande Guerre des Français, 1914-1918* (Perrin, Paris, 1994). – G. Elgey, *Histoire de la IVe République* (Fayard, coll. « Grandes Études contemporaines », Paris, 1965-1992, 3 vol.). – A. Fierro et J. Tulard, *Histoire et dictionnaire du Consulat et de l'Empire* (R. Laffont, coll. « Bouquins », Paris, 1995). – H. Fréchet, *Histoire de la France au XIXe siècle* (Ellipses, Paris, 1993). – F. Furet et M. Ozouf, *la Gironde et les Girondins* (Payot, Paris, 1991). – F. Furet et M. Ozouf (sous la dir. de), *le Siècle de l'avènement républicain* (Gallimard, Paris, 1993). – A. Gérard, *la Vendée, 1789-1793* (Champ Vallon, Seyssel, 1992). – P. Goetschel et E. Loyer, *Histoire culturelle et intellectuelle de la France au XXe siècle* (A. Colin, Paris, 1994). – A. Gueslin, *l'État, l'économie et la société française XIXe-XXe siècle* (Hachette Supérieur, coll. « Carré Histoire », Paris, 1992). – A. Gueslin (sous la dir. de), *Michelin, les hommes du pneu. Les ouvriers Michelin à Clermont-Ferrand de 1889 à 1940* (Éd. de l'Atelier, Paris, 1993). – P. Guillaume, *Histoire sociale de la France au XXe siècle* (Masson, Paris, 1992). – P. Guiral, *les Militaires français à la conquête de l'Algérie, 1830-1857* (Critérion, Paris, 1992). – P. Jeannin, *Deux siècles à Normale Sup'. Petite histoire d'une grande École* (Larousse, Paris, 1994). – P.-A. Lambert, *la Charbonnerie française (1821-1823). Du secret en politique* (Presses universitaires de Lyon, 1995). – P. Lévêque, *Histoire des forces politiques en France,* t. I : *1789-1880 ;* t. II : *1880-1940* (A. Colin, coll. « U », Paris, 1992 et 1994). – A. Martin-Fugier, *la Vie quotidienne de Louis-Philippe et de sa famille* (Hachette, Paris, 1992). – G. Merle, *Émile Combes* (Fayard, Paris, 1995). – J. Meyer et A. Corvisier, *la Révolution française* (P.U.F., coll. « Peuples et civilisations », t. XIII, 1er vol., Paris, 1991). – P. Milza et R. Poidevin, *la Puissance française à la Belle Époque. Mythe ou réalité ?* (Éd. Complexe, Bruxelles, 1992). – P. Milza, *les Relations internationales de 1918 à 1939* (A. Colin, Paris, 1995). – P. Miquel, *le Second Empire* (Plon, Paris, 1992). – P. Miquel, *la Guerre d'Algérie* (Fayard, Paris, 1993). – F. Monnet, *Refaire la République. André Tardieu, une dérive réactionnaire, 1876-1946* (Fayard, coll. « Pour une histoire du XXe siècle », Paris, 1993). – J.-F. Muracciole, *Histoire de la Résistance en France* (P.U.F., coll. « Que sais-je ? », n° 429, Paris, 1re éd., 1993). – H. Néant, *la Politique en France XIXe-XXe siècle* (Hachette Supérieur, coll. « Carré Histoire », Paris, 1991). – Cl. Nicolet, *l'Idée républicaine en France 1789-1924* (Gallimard, Paris, 1995). – Ph. Nivet, *la France de 1815 à nos jours* (Ellipses, Paris, 1994). – P. Ory et J.-F. Sirinelli, *les Intellectuels en France de l'affaire Dreyfus à nos jours* (A. Colin, coll. « U », Paris, 2e éd., 1992). – J. et M. Ozouf, *la République des instituteurs* (Gallimard/Le Seuil, Paris, 1992). – G. Pedroncini (sous la dir. de), *Leclerc et l'Indochine, 1945-1947* (A. Michel, Paris, 1992). – G. Pedroncini, *Pétain, la victoire perdue, novembre, 1918-juin 1940* (Perrin, Paris, 1995). – A. Pessin, *le Mythe du peuple et la société française au XIXe siècle* (P.U.F., coll. « Sociologie d'aujourd'hui », Paris, 1992). – M. Rebérioux, G. Candar, *Jaurès et les intellectuels* (Éd. de l'Atelier, Paris, 1994). – M. Reinhard, *Le Grand Carnot. Lazare Carnot, 1753-1823* (Hachette, Paris, nouv. éd., 1994). – F. Renault, *le Cardinal Lavigerie. L'Église, l'Afrique et la France, 1825-1892* (Fayard, Paris, 1992). – P. Rosanvallon, *le Sacre du citoyen. Histoire du suffrage universel en France* (Gallimard, Paris, 1992). – P. Rosanvallon, *la Monarchie impossible. Les chartes de 1814 et de 1830* (Fayard, Paris, 1994). – H. Rousso, *les Années noires. Vivre sous l'Occupation* (Gallimard, coll. « Découvertes », Paris, 1992). – M. Ruby, *Jean Zay* (Corsaire, Orléans, 1994). – J. de Saint Victor, *la Chute des aristocrates. La naissance de la droite, 1787-1792* (Perrin, Paris, 1992). – S. Schweitzer, *André Citroën, 1878-1935* (Fayard, coll. « Pour une histoire du XXe siècle », Paris, 1992). - W. Serman, *la Vie professionnelle des officiers français au milieu du XIXe siècle* (Éd. Christian, Paris, diffusion A. et J. Picard, Paris, 1994). - A. Siegfried, *Tableau politique de la France de l'Ouest,* présentation par P. Milza (Imprimerie nationale, Paris, 1995). - J.-F. Sirinelli (sous la dir. de), *Histoire des droites en France* (Gallimard, Paris, 1992, 3 vol.). - F. Sirinelli, *la France de 1914 à nos jours* (P.U.F., coll. « Premier Cycle », Paris, 1993). - J.-F. Sirinelli (sous la dir. de), *École normale supérieure. Le livre du bicentenaire* (P.U.F., Paris, 1994). - J.-F. Sirinelli (sous la dir. de), *Dictionnaire historique de la vie politique française au XXe siècle* (P.U.F., Paris, 1995). - F. Sudt, *Un passé imparfait. Les intellectuels en France, 1944-1956* (Fayard, coll. « Pour une histoire du XXe siècle, Paris, 1992). - L. Trenard, *la Révolution française dans la région Rhône-Alpes* (Perrin, Paris, 1992). - J. Tulard, *Napoléon II* (Fayard, Paris, 1992). - P. Vaisse, *la IIIe République et les peintres* (Flammarion, Paris, 1995). - J. Valette, *la Guerre d'Indochine, 1945-1954* (A. Colin, Paris, 1994). - J. Valette, *la France et l'Afrique. L'Afrique subsaharienne de 1914 à 1960* (SEDES, coll. « Regards sur l'histoire », no 90, Paris, 1994). - P. Verley, *Entreprises et entrepreneurs du XVIIIe siècle* (Hachette, Paris, 1994). - M. Vovelle, *la Révolution française, 1789-1799* (A. Colin, coll. « Cursus », Paris, 1992). - M. Vovelle, *la Découverte de la politique. Géopolitique de la Révolution française* (La Découverte, Paris, 1993). - O. Wieviorka et Ch. Prochasson (présentation de) *la France du XXe siècle. Documents d'histoire* (Le Seuil, coll. « Points », Paris, 1994). - Cl. Willard (sous la dir. de), *la France ouvrière,* t. I : *Des origines à 1920* (Éd. de l'Atelier, Paris, 1993). - M. Winock, *le Socialisme en France et en Europe XIXe-XXe siècle* (Le Seuil, Paris, 1992). - J.-M. Wiscart, *la Noblesse de la Somme au XIXe siècle* (Encrage, Amiens, 1994). - J. Wolff, *les Périer. La fortune et les pouvoirs* (Économica, Paris, 1993). - X. Yacono, *Histoire de l'Algérie de la fin de la Régence turque à l'insurrection de 1954* (Éd. de l'Atlanthrope, Paris, diffusion Distique, Lucé, 1993). - D. Zeraffa-Dray, *Histoire de la France : d'une république à l'autre, 1918-1958* (Hachette Supérieur, coll. « Carré Histoire », Paris, 1992).

INDEX

A

B

C

D

G

J

K

L

S

Photocomposition Maury – Malesherbes
Impression Aubin Imprimeur à Ligugé – L [illegible]
Dépôt légal : septembre 1995 – n° d'édition [illegible]
Imprimé en France (Printed in France) 750026-[illegible]

Photocomposition Maury – Malesherbes
Impression Aubin Imprimeur à Poitiers, Ligugé – L 54319
Dépôt légal : septembre 1995 – n° de série éditeur : 19336
Imprimé en France (Printed in France) 750026 03 – juillet 1997